법학총서

신형사소송법
[제6판]

신 동 운 저

法 文 社

제 6 판 머리말

이번에『신형사소송법』제6판을 내어놓게 되었다.『신형사소송법』제5판이 2014년에 출간되었으니 실로 10년 만의 개정판이라고 할 수 있다. 그러나 실질적으로는 그동안『간추린 신형사소송법』이 매년 개정판을 거듭하면서『신형사소송법』제6판의 역할을 어느 정도 담당해 주었다고 할 수 있다.

2008년 국민참여재판제도의 실시와 함께 형사소송법도 200여개 조문이 개정되는 대변화를 맞이하였다. 공판절차가 증거조사 후 피고인신문의 형태로 재구성되었고, 위법수집증거배제법칙이 증거법의 기본원칙 가운데 하나로 자리잡게 되었다. 사회 전반에 걸쳐 인터넷이 보급되고 휴대전화가 일상화되면서 전기통신 및 정보저장매체와 관련한 압수·수색의 법리가 비약적으로 발전하고 있다. 헌법재판소의 위헌결정 및 헌법불합치결정은 형사절차와 관련한 각종 특별법의 개정을 가져오고 있다.

2020년 검찰·경찰의 수사권조정이 마침내 입법적으로 해결을 보게 되었다. 검사와 경찰공무원인 사법경찰관 사이에 수평적 협력관계가 형사소송법에 원칙으로 선언되었다.「검찰청법」개정에 의하여 검사의 직접수사 개시권이 대폭 축소되었다. 2022년부터 수사절차에서 일차적 수사기관은 검사가 아니라 사법경찰관의 몫이 되었다.

애당초『신형사소송법』은 제5판 서문에서 밝힌 바와 같이 소위 교과서형 주석서를 지향하고 있었다. 초학자를 위한 기본적인 법리 소개는『간추린 신형사소송법』에 맡기고, 수사기관과 재판기관에 종사하는 실무자들이 활용할 수 있는, 살아있는 법리를 상세히 소개하려는 것이『신형사소송법』의 집필의도였던 것이다.

그러나 급격한 입법환경의 변화와 판례의 비약적인 전개는 방대한 시간과 노력을 요하는 교과서형 주석서의 집필을 쉽사리 허용하지 않았다. 새로운 입법과 판례를 독자들에게 신속하고 정확하게 소개하는 것이 급선무로 다가왔고, 이를 해결하기 위하여 우선 급한 대로『간추린 신형사소송법』의 개정판에 의존하지 않을 수 없었다. 그 과정에서 독자들로부터『간추린 신형사소송법』의 대본이 되는 본격적인 교과서가 언제 출간될 것인가 하는 질문도 여러 번 제기되었다.

『간추린 신형사소송법』이 제15판에 이르는 동안 그 분량이 '간추린'이라는 책 제목에 걸맞지 않게 대폭 늘어나게 되었다. 저자는 다시 초심으로 돌아가 2024년 3월 축약된 형태로『간추린 신형사소송법』제16판을 출간하였다. 그리고 곧이어『신형사소송법』제6판을 내어놓으려고 하였으나 개인적인 사정으로 지연되던 중 마침내 출간에 이르게 되었다.

『신형사소송법』 제6판은 실질적으로는『간추린 신형사소송법』 제15판에 대한 개정판의 내용을 유지하면서 체제에 변화를 꾀한 것이라고 할 수 있다. 교과서형 주석서의 형태를 전면적으로 구현할 수는 없었지만 형사절차에 종사하는 실무가들을 염두에 두고 집필한 점에는 변함이 없다. 소위 내사사건의 처리절차에 관한 서술이 그 예의 하나이다. 내사사건은 형사소송법이 규정하고 있지 않지만 형사실무에서의 중요성을 감안하여 관련 실무준칙을 상세히 소개하였다.

『신형사소송법』 제6판은 2024년 8월 말까지를 기준으로 새로운 법령과 판례를 소개하였다. 판례의 소개에는 본문의 각주를 활용하였다. 판례는 선고연월일, 사건번호 및 수록처를 밝히고, 임의로 사건명을 붙여두었다. 사건명이 판례의 사실관계에 대한 안내자 역할을 담당할 수 있기를 기대해 본다. 문헌은 저자 자신이 집필한 몇 가지 논문을 소개하는 정도에 그쳤다. 저자의 연구역량에 한계가 있을 뿐만 아니라, 입법환경이 급변하고 판례가 비약적으로 발전함에 따라 학설의 정립에 다소 시간이 소요될 수 있다는 판단도 작용하고 있다. 문헌소개는 앞으로 보완해야 할 과제이다.

본서의 출간에 여러 분들의 도움을 받았다. 법문사의 김제원 이사님, 유진걸 과장님께 감사를 전한다. 동국문화사의 이정은 선생님은 전문가의 원숙한 기량으로 본서의 출간에 많은 도움을 주셨다. 감사의 마음을 표한다.

2024년 10월

영종도에서

저 자 씀

제 5 판 머리말

2012년 3월 본서 제4판을 출간한 지 2년이 지났다. 본서는 2013년 12월 말까지 개정된 법령과 공간된 판례를 반영하여 새롭게 내용을 다듬은 것이다.

그동안의 법령 개정을 보면 무엇보다도 각종 성범죄(간통죄 제외)를 친고죄에서 비친고죄로 전환하고 성범죄 피해자의 보호를 대폭 강화한 「형법」, 「성폭력범죄의 처벌 등에 관한 특례법」, 「아동·청소년의 성보호에 관한 법률」의 개정을 들 수 있다. 이 과정에서 결혼 목적 약취·유인죄의 고소기간을 규정한 형사소송법 제230조 제2항이 삭제되었다. 한편 법원의 구속집행정지결정에 대해 검사에게 즉시항고 권한을 부여한 형사소송법 제101조 제3항이 헌법재판소에 의하여 위헌으로 선언되었다.

판례의 경우를 보면, 위법수집증거배제법칙의 적용을 둘러싼 원칙과 예외의 관계, 컴퓨터용디스크 등 각종 정보저장매체의 증거능력 요건 등에 대해 깊이 있는 분석과 판단기준을 제시한 판례들이 주목된다.

본서에서 저자는 개정된 법령과 최신 판례를 충실히 소개하려고 노력하였다. 이 과정에서 특히 수사실무상 내사와 수사의 구별, 변호인 접견교통권의 제한, 정보저장매체의 증거능력과 증거조사방법, 형사소송법 제313조의 요건과 효과 등에 대해 새로운 서술을 시도하였다.

이미 제4판 머리말에서 밝힌 바와 같이 본서는 전통적인 대학교재의 차원을 넘어서서 교과서형 주석서의 단계로 나아가고 있다. 형사소송법과 관련 형사특별법들이 지속적으로 개정되고 있는 상황에서 다수의 필자들이 참여하는 대형 주석서는 개정 법령을 신속하고 정확하게 소개하는 데에 한계가 있다. 또한 조문 순서대로 내용을 해설해 가는 전통적인 주석서 형태로는 각종 형사특별법의 내용들을 유기적으로 설명하기가 쉽지 않다. 이러한 문제점을 의식하여 저자는 교과서 형식의 기존 서술체계를 유지하되 실무에서 필요한 최신 법령과 판례들을 가능한 한 자세히 소개하려고 하였다.

실무에 필요한 주석서의 역할을 수행하려면 상세한 색인을 갖추는 것이 필수적이다. 이를 위하여 특히 형사소송법과 형사소송규칙의 조문색인을 조문의 표제와 함께 정리해 두었다. 이 조문색인은 사항색인, 판례색인과 함께 본서의 유기적인 활용에 도움이 될 것이라고 생각한다. 또한 본서가 수사 및 재판실무에서 실무가들에게 도움이 될 수 있도록 「검사의 사법경찰관리에 대한 수사지휘 및 사법경찰관리의 수사준칙에 관한 규정」, 「검찰사건사무규칙」,「범죄수사규칙」,「보석·구속집행정지 및 적부심 등 사건의 처리에 관한 예규」등 실무준칙의 관련 조문을 해당되는 서술 항목에서 각주 형식으로 적시해 두었다.

본서의 집필은 자매서인『간추린 신형사소송법』(제6판) 및『판례분석 신형사소송법 II』(증보판)의 출간작업과 함께 진행되었다. 본서에 고딕체로 판례번호가 표시되고 사건명이 부여되어 있는 판례들은 저자가『판례분석 신형사소송법』및『판례분석 신형사소송법 II』에 사실관계, 사건의 경과, 판시사항 등을 분석해 놓은 것이다.『간추린 신형사소송법』은 시간에 쫓기는 독자들을 위한 개설서이다. 보다 심층적인 내용을 파악하려고 할 때 본서의 자세한 해설이 도움이 되리라고 본다.

형사실무를 의식한 교과서형 주석서를 지향하는 과정에서 본서의 지면이 또다시 상당 부분 늘어나게 되었다. 아울러 조문색인, 사항색인, 판례색인 등의 편집에도 많은 시간과 노력이 소요되었다. 법률서적의 출판이 여의치 않은 상황에서도 저자의 의도와 희망을 충실히 반영하여 본서가 출간될 수 있도록 도와주신 법문사의 김제원 부장님, 장지훈 차장님께 감사를 표한다. 아울러 전문가의 기량을 가지고 최종 출간에 이르기까지 정성스럽게 조판을 도와주신 동국문화사의 이정은 선생님께 감사의 인사를 전한다.

2014년 2월

관악산을 바라보며

저 자 씀

신형사소송법
초판 머리말

I

2007년은 한국 형사법의 역사에 있어서 중요한 한 해로 기억될 것이다. 2003년 말부터 시작되었던 사법개혁작업의 일환으로 형사소송법 개정작업이 추진되었다. 사법개혁위원회와 사법제도개혁추진위원회의 활동에 힘입어 2005년에는 형사소송법 개정법률안이 성안되었다. 2006년에 정부가 국회에 제출한「형사소송법 일부개정법률안」을 토대로 국회 법제사법위원회는 수정안을 마련하였고, 수정안이 반영된 개정법률안이 2007년 4월 30일 국회 본회의를 통과하였다. 개정된 형사소송법은 2007년 6월 1일 공포되어 2008년 1월 1일부터 시행에 들어가게 되었다.

개정된 형사소송법은 공판중심주의적 법정심리절차의 확립과 수사절차의 적법절차성 강화를 목표로 하고 있다. 특히 새로운 형사소송법은 2008년 1월 1일부터 시행되는 국민참여재판을 염두에 두면서 공판중심주의를 강화한 점에 특색이 있다.「국민의 형사재판 참여에 관한 법률」에 의하여 실시되는 국민참여재판이란 국민이 배심원으로 참여하는 형사재판을 말한다. 일반시민이 형사절차에 참여하게 되면서 종전과 같이 수사기관이 작성한 조서를 중심으로 심리를 행하던 법정심리방식은 더 이상 유지될 수 없게 되었다.

배심원으로 참여하는 일반시민의 정확한 심증형성을 위하여 신형사소송법은 구두변론주의와 집중심리주의를 공판절차의 기본원칙으로 설정하고 있다. 나아가 신형사소송법은 위법수집증거배제법칙의 도입을 통하여 수사절차의 적법절차성을 강화하는 한편 이를 토대로 조사자의 법정증언을 허용함으로써 실체적 진실발견의 역량을 강화하고 있다.

이와 같은 일련의 변화들은 다양한 조문의 신설과 개정을 통하여 가능하다. 형사소송법은 전체의 3분의 1에 가까운 조문이 개정되었다. 형사소송규칙 또한 수십개의 조문들이 개정되었다. 이와 같이 개정의 내용이 방대할 뿐만 아니라 형사소송법을 바라보는 기본시각에 큰 변화가 생겼다. 국민이 형사재판에 배심원으로 참여하게 되면서 공판절차의 구성은 제3의 심판자인 배심원을 염두에 둔 당사자주의 소송구조를 취하지 않을 수 없게 되었기 때문이다.

이러한 여러 가지 사정을 표현하기 위하여 필자는 2007년 6월에 공포된 개정형사소송법을 '신형사소송법'으로 부르고 있다. 개정내용의 방대함과 아울러 패러다임의 근본적 변화가 단순한 '개정형사소송법'의 차원을 훨씬 뛰어 넘기 때문이다. 그리하여 필자는 현행 형사소송법의 해설을 목적으로 하는 본서의 제명(題名)을 『신형사소송법』으로 붙이면서 종전의 구판과는 크게 다른 체제와 내용을 지향하고 있다.

II

필자는 이번의 형사소송법 개정작업에 여러 가지 형태로 관여하는 기회를 가졌다. 사법개혁위원회 위원, 사법제도개혁추진위원회 실무위원, 법무부 형사법개정특별심의위원회 위원 등의 자격으로 형사소송법의 개정방향 모색과 조문성안 및 검토작업에 참여하였던 것이다. 그리고 이와 같은 경험을 바탕으로 삼아 필자는 신형사소송법에 대한 본격적 해설서의 집필에 임하였다.

그런데 원고의 집필과 교정이 거의 끝나갈 무렵인 2007년 11월에 국회는 형사소송법에 대한 또 다른 개정안을 통과시켰고, 이 개정법률은 2007년 12월에 공포·시행되었다. 한 해에 두번씩이나 형사소송법이 개정된 것이다. 공소시효의 연장, 전문심리위원·전문수사자문위원제도의 도입, 2007년 6월 개정법률의 편집상 오류 시정 등을 내용으로 하는 개정형사소송법을 본서에 반영하는 데에 또 다시 시간이 소요되었다.

형사소송법의 개정과 함께 관련되는 주요 법률에도 상당한 변화가 있었다. 종전의 행형법이 「형의 집행 및 수용자의 처우에 관한 법률」로 명칭이 변경되면서 내용도 대폭 개정되었다. 소년법은 소년의 연령을 19세로 낮추는 등 주요 부분에 개정이 있었다. 형사절차 외에서 체포·구속적부심사제도와 유사한 기능을 수행하게 될 인신보호법이 제정되었다. 법원조직법도 일부 개정되었다.

III

본서는 이상과 같은 실정법의 다양한 변화를 배경으로 하면서 준비되었다. 본서의 집필에 임하면서 필자는 다음의 점에 유념하였다. 첫째로, 최신의 법령과 판례를 충실하게 소개하려고 노력하였다. 형사소송법을 위시하여 최근에 개정된 각종 법률들은 2007년 12월 말을 기준으로 반영하였다. 판례는 위법수집증거배제법칙을 수용한 2007년 11월 15일자의 대법원판결까지 소개하였다.

두번째로, 신형사소송법의 시행과 관련하여 새로이 출간된 문헌들을 소개하려고 하였다. 신형사소송법의 해설서로 이미 몇 종류의 교과서들이 출간되어 있다. 교과서 수준의 문헌 이외에 신형사소송법의 제정을 둘러싼 일련의 입법자료들도 소개하려고 노력하였다. 아울러 법무부와 법원행정처에서 발간한 신형사소송법 해설서도 참고하여 필요한 부분을 소개해 두었다.

세번째로, 필자는 신형사소송법의 내용을 심도 있게 분석하기 위하여 지면을 아끼지 않았다. 신형사소송법 및 그에 따른 개정형사소송규칙의 내용 자체를 소개하는 데에도 많은 지면이 소요되었을 뿐만 아니라 예상되는 여러 논점들에 대해 필자의 의견을 제시할 필요를 느꼈기 때문이다. 지면의 증가는 대학이나 수험가의 독자들에게 많은 부담이 될 것이라고 생각한다. 그러나 형사소송법에 대한 기초지식의 습득은 필자가 집필한『간추린 신형사소송법』을 통하여 일단 가능할 것으로 보고, 본서는 신형사소송법의 심층적 해설서를 지향하였다. 이러한 방향설정에는 최근의 출판계 상황에 비추어 본격적인 주석서의 출간을 당분간 기대하기 어렵다는 점도 고려되었다.

IV

신형사소송법의 시행을 앞두고 개정법률의 타당성에 대한 논의가 뜨겁다. 필자는 신형사소송법의 성안과정에 관여하였던 한 사람으로서 신형사소송법의 입법적 결단에 대한 책임의 일단을 무겁게 느끼고 있다. 그러나 입법적 논의는 신형사소송법의 시행을 좀더 지켜본 후에 진행하여도 늦지는 않으리라고 본다. 현재로서 중요한 과제는 신형사소송법의 입법취지를 최대한 살리면서 시행착오가 없도록 정밀한 해석론을 준비하는 일이다. 본서가 신형사소송법의 성공적인 정착에 미력이나마 도움이 될 수 있다면 필자에게는 더없는 기쁨과 보람이 될 것이다.

본서를 출간함에 있어 여러 분들의 도움을 받았다. 법문사의 현근택 차장님, 김영훈 차장님, 그리고 전산작업을 담당한 동국문화의 이정은 선생님은 언제나와 마찬가지로 능숙한 기량으로 필자의 작업을 도와주었다. 이 자리를 빌려서 이 분들께 감사의 인사를 전한다.

2007년 12월

관악산 연구실에서

저   자

형사소송법
초판 머리말

이제 오랫동안 구상하고 준비하였던 형사소송법 교과서를 출간하게 되니 기쁜 마음보다 두려움이 앞선다. 형사소송법은 국가와 국민 사이의 역학관계를 가장 분명하게 보여주는 법분야로서 우리 국민의 정의에의 갈망과 좌절, 그리고 그 도상에서 빚어진 시행착오의 집적체라고 할 수 있다. 최선의 형사소송법을 얻기 위한 그동안의 노력은 각국의 진보적 법률제도를 우리나라 형사절차에 수용하려는 시도로 나타났으며 그 과정에서 때로는 상호모순되는 원리들이 무비판적으로 도입되었다. 그리하여 형사소송법은 그 자체로서 분석이 매우 어려운 법률로 변질되었고 여기에 외국의 법률이론이 우리 형사소송법의 해석지침으로 거의 수정 없이 득세하게 됨으로써 한국의 형사사법현실에 대한 문제의식이 없는 외국의 이론들이 우리 학계를 지배하는 현상이 빚어지게 되었다.

필자는 4년여에 걸친 독일에서의 박사학위논문 집필과정과 작년 일년 동안 미국에서 보낸 연구생활을 통하여 무비판적인 외국이론의 수용이 가져오는 한계를 절감하였다. 그리하여 필자는 대한민국이라는 고유의 법률적 토양 위에서 생성된 우리 형사소송법의 주체적 분석과 이론적 해명을 통하여 학계와 일반국민들에게 함께 공감되는 형사소송법 교과서의 집필을 희망하여 왔다. 다행히 미국 연구생활 가운데 집필에 전념할 수 있는 기회를 얻어 이제 감히 형사소송법 교과서를 내어 놓게 되었다.

본서를 대하게 될 독자들의 이해를 위하여 필자가 본서를 집필함에 있어서 유념하였던 몇 가지 사항들을 간단히 소개하고자 한다.

첫째로 우리 형사사법의 새로운 현상으로서 종래 사실상 장식조항에 지나지 않았던 헌법상의 여러 기본권조항들이 형사절차의 재판규범으로 활발히 운용되기 시작한 점을 들 수 있다. 외국의 경우에 유례를 찾아볼 수 없을 정도로 상세한 형사피의자, 피고인의 기본권조항들은 특히 헌법재판소의 결정례들을 통하여 그 내용과 적용범위가 구체화됨으로써 우리나라 형사절차의 새로운 지평을 열어 가고 있다. 본서는 형사절차에 관한 헌법의 관련규정들과 헌법소원 등 헌법재판에 관한 사항을 형사소송법의 핵심적 내용으로 파악하여 전통적인 형사소송법전의 해설서라는 수준을 벗어나려고 하였다.

두번째로 본서는 우리 형사소송법의 고유한 모습과 그 의미내용을 밝히려고 노력하였다. 이를 위해서는 근대 형사사법제도가 이 땅에 시행되기 시작한 역사적 맥락의 점검이 필수적이므로 일제 식민치하의 조선형사령과 의용형사소송법, 해방 후 미군정하의 형사소송법의 개정, 건국 후 제정 당시의 형사소송법, 그리고 5·16 군사혁명과 그 후의 비정상적인 권력개편과정에서 행해진 형사소송법의 개정과 개악의 과정을 소개하려고 하였다. 이러한 시도는 그동안 평면적인 비교법학의 기법에 의존하고 있었던 학계에 대한 불만의 표출임과 동시에 우리 형사소송법의 고유한 모습과 그로부터 나오는 독자적 해석의 필요성을 확인하는 작업이기도 하다.

세번째로 본서는 종래의 형사소송법전 편별에 따른 서술방식을 지양하여 수사개시, 수사종결, 공소제기, 공판절차, 재판, 상소, 비상구제절차, 형집행 등 형사절차의 실제 진행순서에 따라서 관련절차 및 이론을 소개하였다. 본서는 특히 수사절차에 있어서의 강제처분을 법전체계와는 달리 별도로 독립시켜 고찰함으로써 인권보장과 관련된 헌법체계와의 상호조화를 꾀하려고 노력하였다. 이러한 서술방식은 형사소송법을 공부하는 법학도들에게 관련이론의 입체적 이해를 촉진시키고자 하는 뜻도 담고 있지만 동시에 형사피의자, 피고인 또는 범죄피해자 등의 지위에서 형사절차와 관련을 맺게 되는 일반시민들에게 자신이 처하고 있는 현재의 위치를 기준으로 하여 소송법적 권리, 의무를 손쉽게 파악할 수 있도록 하려는 데에도 그 목적이 있다.

네번째로 본서는 우리 형사소송법체계의 실정법조문을 해석함에 있어서 그 이론적 전거로 외국의 문헌을 직접 인용하는 방식을 지양하였다. 형사소송법이란 역사적 산물이며 하나의 정밀한 법체계라고 이해할 때 그 체계를 구성하는 관련법률의 일점, 일획이라도 변경되면 전체적인 의미내용과 적용범위가 달라지지 않을 수 없다. 그럼에도 불구하고 외국의 법률을 해석하기 위한 외국 학자의 문헌이 대한민국 형사소송법을 해석하기 위한 전거로 제시된다는 것은 모순이 아닐 수 없다. 본서에서는 외국 형사소송법에 관한 비교법적 고찰을 행하는 과정에서 외국의 법상태나 법률이론을 직접 소개하는 자리에 한하여 외국 문헌을 인용하기로 하였다.

이상에서 본서가 가지는 몇 가지 특징을 강조하고자 하였으나 이것이 자칫 필자의 오만과 불손으로 비추어지는 일이 없기를 바란다. 왜냐하면 형사소송법의 이론적 규명은 선배 및 동료 학자들의 피나는 연구성과를 토대로 할 때 비로소 가능한 것이며 외국 문헌의 직접 인용이라는 수고를 덜 수 있는 것도 바로 우리 형사소송법학계의 학문적 축적을 바탕으로 하기 때문이다.

본서는 주로 1992년 미국에서의 연구기간 중에 집필되었다. 그 후 원고의 인쇄와 교정과정에서 새로운 법령과 판례들이 추가로 보완되었다. 따라서 본서의 내용은 1993년 2월 말 현재의 법령과 판례들을 기준으로 삼고 있다고 말할 수 있다.

끝으로 본서의 출판에 이르기까지 언제나 따뜻한 사랑과 조언의 말씀으로 격려하여 주신 은사 이수성 교수님, 심헌섭 교수님, 원고의 교정을 열심히 도와 준 박사과정의 김재봉군, 이건호군, 문성도군, 석사과정의 홍기원군, 한상훈군, 그리고 수차례의 수정과 개고에 따르는 편집 및 인쇄상의 어려움을 성심성의껏 해결해 주신 법문사의 최복현 이사님, 전충영 부장님, 이재필 차장님께 이 자리를 빌려서 마음으로부터 감사의 말씀을 전한다.

1993년 2월

서울대학교 법과대학 연구실에서

저   자

차   례

제1편 수   사

제 4 장　임의수사와 강제수사　　　　　　　　　　　　　(152~217)

제 5 장　수사상 강제처분　　　　　　　　　　　　　　　　(218~358)

제 2 편　수사종결과 공소제기

제 1 장　수사종결 (361~396)

제 3 편　공판절차

제 1 장　공판절차의 기초지식 (487~512)

제4편 상소와 그 밖의 절차

제1장 상 소 (961~1058)

제 3 장 특별절차

제 4 장   재판의 집행절차 (1109~1123)

약 어 표

〔판례집〕

법원행정처, 대법원판결(례)집   집

법원행정처, 법원공보   공

법원행정처, 판례공보   공

헌법재판소, 헌법재판소판례집   헌집

헌법재판소사무처, 헌법재판소공보   헌공

청림각, 판례총람   총람

〔법령약어표〕

형사소송법   법

형사소송규칙   규칙

검사와 사법경찰관의 상호협력과 일반적 수사준칙에 관한 규정   수사준칙

판례표기

1. 판례표기는 다음의 방법에 의하였다.

· 1963. 9. 12. 63도190, 집 11②, 형29라 함은 1963년 9월 12일 선고된 사건번호 63도190 대법원 판결로서 대법원판결집 제11권 2집 형29면 이하에 수록된 것을 말한다.

· 1987. 11. 10. 87도2020, 공 1988, 125라 함은 1987년 11월 10일 선고된 사건번호 87도2020 대법원판결로서 법원공보 1988년분 125면 이하에 수록된 것을 말한다.

· 2008. 10. 23. 2008도7362, [미공간]이라 함은 2008년 10월 23일 선고된 사건번호 2008도7362 대법원판결로서 판례데이터베이스 「대한민국 법원 종합법률정보」에 수록된 미공간 판례를 말한다. ([미공간], [공보불게재] 등이 기재된 것은 판례데이터베이스에만 수록되고 대법원판례집이나 판례공보에 게재되지 않은 것을 나타낸다.)

· 1993. 7. 29. 90헌마35, 헌집 5②, 14(30)이라 함은 1993년 7월 29일 선고된 사건번호 90헌마35 헌법재판소결정으로서 헌법재판소판례집 제5권 2집 14면 이하에 수록된 것을 말하며 해당논점은 30면 이하에 등장하고 있음을 가리킨다.

· 2011. 2. 15. 2011헌마30, 헌공 제173호, 336라 함은 2011년 2월 15일 선고된 사건번호 2011헌마30 헌법재판소결정으로서 헌법재판소공보 제173호 336면 이하에 수록된 것을 말한다.

· 1975. 7. 8. 74도3195, 총람 338조, 5번이라 함은 1975년 7월 8일 선고된 사건번호 74도3195 대법원판결로서 청림각 편, 판례총람 형사소송법 제338조 항목에 수록된 5번 판례를 가리킨다. 판례총람의 권수 및 면수에 의한 인용은 번잡을 피하기 위하여 사용하지 않았다.

· 판례의 사실관계를 짐작할 수 있도록 『 』 속에 저자가 임의로 사건명을 붙여두었다.

2. 판례의 이해를 돕기 위하여 자주 등장하는 판례부호를 소개하면 다음과 같다.

〔형사사건〕

고단	형사1심단독사건
고합	형사1심합의사건
노	형사항소사건
도	형사상고사건
로	형사항고사건
모	형사재항고사건
보	형사준항고사건

오   비상상고사건
재   재심사건[1]
감도   치료감호상고사건
전도   부착명령상고사건

〔민사사건〕

가단   민사1심단독사건
가합   민사1심합의사건
나   민사항소사건
다   민사상고사건

〔행정사건〕

구   행정1심사건
누   행정항소사건
두   행정상고사건

〔헌법재판소사건〕

헌가   위헌법률심판사건
헌마   제1종 헌법소원심판사건
헌바   제2종 헌법소원심판사건

(자세한 사항은 대법원 재판예규 제1308호『사건별 부호문자의 부여에 관한 예규』(재일 2003-1) 및 헌법재판소 규칙 제446호『헌법재판소 사건의 접수에 관한 규칙』참조 바람)

---

1) 사건별 부호문자의 부여에 관한 예규(재일 2003-1)
　제2조 ② 모든 재심사건(준재심사건을 포함한다)은 재심대상사건의 사건부호 앞에 "재"를 붙인다. 다만, 재심사건이 상소되는 경우 상소심의 사건부호는 원래의 사건부호 앞에 "재"를 붙이지 아니한다.

제 1 편 수　　사

수

사

형사소송법

제1 편 수 사

제1장 형사소송법의 기본개념

제1절 형사소송법의 의의와 성격

제1 형사소송법과 적법절차의 원칙

형사소송법이란 형사절차를 규율하는 국가의 법체계이다. 형사절차란 범죄에 대하여 국가의 형벌권을 실현하는 절차이다. 형사절차는 범죄의 수사, 범인의 검거, 공소의 제기, 공판절차, 유·무죄의 선고, 형의 집행 등으로 구성된다. 형사소송법은 형벌권을 실현하기 위한 일련의 절차를 규율하는 법률이다.

형사절차의 기본적 임무는 범죄사실과 범죄인을 적발하여 국가의 형벌권을 실현시키는 것이다. 그러나 형사절차는 적법절차의 원칙을 준수하지 않으면 안 된다. 헌법 제12조 제1항은 법률과 적법한 절차에 의하지 아니하고는 형사처벌을 받지 않는다고 규정하고 있다. 나아가 헌법 제12조 제3항은 체포·구속·압수 또는 수색을 할 때 적법한 절차에 따를 것을 요구하고 있다.

이때 '적법절차에 의한다' 함은 법공동체의 구성원들 사이에 지속적으로 공유되고 있는 법의식의 근저에서 유래하는 기본적 요청을 준수한다는 의미를 갖는다. 적법절차는 법공동체가 공유하는 가장 기본적인 규범의식이 요구하는 것, 즉 기본적 인권이 보장되는 절차를 말한다. 다시 말하자면 적법절차란 문명화된 사회공동체의 지반을 구성하는 절차적 요청이다.

국가기관은 형벌권을 실현하는 절차에서 적법절차를 준수하지 않으면 안 된다. 적법절차에 따르지 않고 수집된 증거는 유죄의 증거로 사용될 수 있는 자격을 상실한다(법308의2). 적법절차에 위반하여 수집된 증거를 유죄의 증거로 사용할 수 없게 하는 법리를 가리켜서 위법수집증거배제법칙이라고 한다.

제2 실체적 진실주의

형사절차의 본질적 과제는 실체형법에 위반할 때 발생하는 형벌권을 구체적으로 실현시키는 데에 있다. 국가기관은 이를 위하여 형벌권의 발생근거가 되는 범죄사실의 객관적 진실을 발견하여야 한다. 형사절차에서 범죄사실의 객관적 진실을 밝혀야 한다는 요청을 가리켜서 실체적 진실주의라고 한다.

실체적 진실주의는 형식적 진실주의에 대립하는 개념이다. 사인 간의 이해관계에 관한 분쟁을 해결하려고 하는 절차가 민사소송이다. 민사소송의 경우에는 대립당사자의 공격과 방어를 토대로 사실관계를 확정하고 법적 판단을 내린다. 따라서 법원은 대립당사자가 제출한 증거를 비교하여 증거가 우위에 있는 당사자에게 유리한 판단을 내리게 된다.

그러나 형사절차는 사인 간의 이해관계가 아닌, 국가의 형벌권을 실현하는 절차이다. 이 때문에 형사절차에서는 민사소송과 같이 형식적 진실에 만족할 수 없고 사안의 객관적 진실을 규명할 것이 요구된다.

실체적 진실주의는 적극적 측면과 소극적 측면을 가지고 있다. 형사절차의 일차적 임무는 적극적으로 범죄를 적발하고 범인을 색출하여 그에게 범죄에 상응하는 국가 형벌을 부과하는 데에 있다. 이러한 적극적 측면을 가리켜서 적극적 실체적 진실주의라고 한다. 이에 대해 형사절차는 무고한 시민을 범죄의 혐의에서 벗어나게 함으로써 부정의한 형벌의 부과가 일어나지 않도록 하는 것도 또 하나의 임무로 하고 있다. 이러한 소극적 측면을 가리켜서 소극적 실체적 진실주의라고 한다.

일반적으로 실체적 진실주의라고 하면 소극적 실체적 진실주의를 의미한다. 소극적 실체적 진실주의는 적극적 실체적 진실주의의 단순한 이면의 차원을 넘어서는 원리이다. 소극적 실체적 진실주의의 입장에서는 특히 유죄판결의 경우에 보다 엄격한 심사를 가할 것을 요구한다. 형사소송법 제307조 제2항이 "범죄사실의 인정은 합리적 의심이 없는 정도의 증명에 이르러야 한다."고 규정한 것은 소극적 실체적 진실주의를 입법적으로 천명한 것이다.

제3 직권주의와 당사자주의

1. 직권주의와 당사자주의의 비교

형사절차는 실체적 진실의 규명을 목표로 하고 있다. 그런데 이와 같은 기본목표를 달성함에 있어서 사용해야 할 구체적 방안에 대해 직권주의와 당사자주의라는 상이한 모델이 제시되고 있다.

직권주의란 실체적 진실발견의 책무를 기본적으로 법원에 부과하는 태도를 말한다. 이 입장에서는 형사절차가 지향하는 객관적 진실발견의 최종적 담보자를 법원으로 본다. 객관적 진실발견을 도모하기 위하여 직권주의 입장에서는 법관에게 진실발견을 위한 주도적 권한을 인정한다.

당사자주의란 실체적 진실발견의 원동력을 갈등·투쟁하는 대립당사자의 소송활동에서 구하는 태도를 말한다. 당사자는 소송의 결과에 대하여 직접적인 이해관계를 가지고 있다. 이 때문에 당사자는 적극적으로 증거를 제출하고 상대방이 제출한 증거를 비판적으로 음미한다. 대립당사자의 적극적인 공격과 방어를 통하여 실체적 진실이 변증법적으로 부각되어 간다고 보는 것이 당사자주의의 입장이다.

직권주의와 당사자주의는 모두 형사절차에서 실체적 진실을 발견하기 위한 노력의 일환 이다. 두 접근방법은 각각 나름대로의 타당성을 가지고 있어서 이론적으로 그 우열을 논할 수 없다. 다만 역사적·문화적 배경과 함께 형사사법의 주변 여건에 비추어서 두 가지 접근 방법 가운데 어느 하나를 기본입장으로 선택해야 한다.

2. 국민참여재판과 당사자주의

그동안 우리나라는 근대적 형사사법체계를 운용하면서 직업법관에 의한 형사재판제도를 유지하여 왔다. 이 때문에 직업법관에게 실체적 진실발견의 주도적 권한을 인정할 수 있는 여건이 존재하고 있었다. 그리하여 1954년 제정형사소송법의 입법자는 직권주의를 기본으로 하면서 당사자주의를 가미하는 선에서 우리 형사소송법의 기본구조를 설정하였다. 이후 당사 자주의를 강화하는 방향에서 일련의 형사소송법 개정이 이루어졌으나 직업법관에 의한 재판 의 속성상 직권주의를 완전히 극복하기는 어려웠다.

그런데 2008년부터 국민참여재판제도가 실시되었다. 국민참여재판이란 국민이 배심원으로 참여하는 형사재판을 말한다. 이에 대해 직업법관만에 의한 종전 방식의 재판을 통상재판이라 고 한다. 배심재판은 직업법관과는 별도로 배심원단을 구성하여 실체판단에 임하는 재판형식 을 말한다. 2008년부터 시행된 국민참여재판은 영미식의 전형적인 배심재판과 달리 유·무죄 및 양형에 관하여 직업법관에게 권고적 의견을 제시하는 형태를 취하고 있다.

국민참여재판이 실시됨에 따라 형사절차는 당사자주의에 따라 진행되지 않으면 안 된다. 배심원은 사건의 실체심리에 주도적으로 참여할 수 없다. 배심원은 객관적인 관찰자의 입장 에서 제시되는 증거를 음미할 뿐이다. 증거를 배심원의 면전에 제출하고 그에 대해 비판을 가하는 것은 당사자들의 몫이다. 검사와 피고인은 대립하는 당사자로서 공격과 방어를 행할 책임을 지지 않으면 안 된다.

　국민참여재판제도의 도입은 우리나라 형사절차의 구조에 근본적인 변화를 가져오게 하였다. 수치상으로 볼 때 국민참여재판은 일부 사건에 대해 실시되고 있다. 그러나 형사소송법은 국민참여재판까지 염두에 두고 형사절차를 규정하고 있다. 2008년부터 실시된 개정형사소송법을 '신형사소송법'이라고 부르게 되는 이유는 지금까지의 직권주의 소송구조를 탈피하여 본격적인 당사자주의 소송구조로 전환하였기 때문이다.[1)

제 2 절 형사소송법의 법원

제 1 형사절차법률주의

　우리 헌법은 제12조 제1항 제2문에서 "누구든지 … 법률과 적법한 절차에 의하지 아니하고는 처벌 … 을 받지 아니한다."고 규정하고 있다. 이 조문은 형사절차를 법률로써 규정할 것을 요구하고 있는데, 이 경우 법률은 국회를 통과한 성문법률을 말한다. 이처럼 형사절차를 반드시 성문법률로 규율해야 한다는 원리를 가리켜서 형사절차법률주의라고 한다.

　형사절차를 규율하는 성문법률로서 대표적인 것이 「형사소송법」이다. 형사소송법은 형사절차에 관하여 가장 중요하고도 기본적인 규정들을 한 곳에 모아놓은 것이다. 그러나 형사소송법 이외에 각종의 특별법들이 형사절차를 규정하고 있다. 「경찰관 직무집행법」이나 「통신비밀보호법」 등은 여기에 속하는 예들이다.

　헌법 제108조는 법률에 저촉되지 아니하는 범위 안에서 소송에 관한 절차, 법원의 내부규율과 사무처리에 관한 규칙을 제정할 수 있는 규칙제정권을 대법원에 부여하고 있다. 이에 따라 형사절차에 관한 대법원규칙으로 형사소송규칙이 제정되어 있다.

　대법원규칙과 구별되는 것으로 대법원예규가 있다. 이것은 사법부 내부의 복무지침이나 업무처리의 통일을 기하기 위하여 마련된 준칙이다. 그러나 대법원예규는 법률이나 대법원규칙이 아니기 때문에 형사절차를 직접적으로 규율하는 근거가 될 수 없다.

제 2 대통령령 등 행정입법의 지위

　근래에 들어 형사소송법이 세부내용을 행정입법에 위임하는 경우들이 나타나고 있다. 형

---

1) 신동운, "국민참여재판의 활성화 방안", 형사정책, 제33권 4호(2022), 51-77면 참고 바람.

소법 제195조 제2항은 검사와 경찰공무원인 사법경찰관 사이에 수사를 위하여 준수해야 하는 일반적 수사준칙에 관한 사항을 대통령령으로 정하도록 위임하고 있다. 이에 따른 대통령령으로 「검사와 사법경찰관의 상호협력과 일반적 수사준칙에 관한 규정」(수사준칙)이 2021년부터 시행되었고, 2023년에 일부 개정되었다. 또한 형사소송법은 전문수사자문위원의 지정(법245의3⑤), 벌금 등의 분납(법477⑥) 등에 관한 사항은 법무부령으로 정하도록 하고 있다.

「검찰청법」 제11조는 검찰청의 사무에 관하여 필요한 사항을 법무부령으로 정하도록 규정하고 있다. 이에 따라 「검찰사건사무규칙」, 「검찰압수물사무규칙」, 「자유형 등에 관한 검찰집행사무규칙」, 「재산형 등에 관한 검찰 집행사무규칙」, 「검찰보고사무규칙」, 「특별사법경찰관리에 대한 검사의 수사지휘 및 특별사법경찰관리의 수사준칙에 관한 규칙」 등과 같은 일련의 법무부령이 제정되어 있다.

2020년 단행된 검경 수사권 조정을 계기로 행정안전부령으로 「경찰수사규칙」이 제정되었고, 해양수산부령으로 「해양경찰수사규칙」이 제정되어 각각 2021년 1월 1일부터 시행되었다. 「경찰수사규칙」(동규칙1)은 경찰공무원인 사법경찰관리가, 「해양경찰수사규칙」(동규칙1)은 해양경찰청 소속 경찰공무원인 사법경찰관리가, 각각 형사소송법 및 「검사와 사법경찰관의 상호협력과 일반적 수사준칙에 관한 규정」 등 수사 관계 법령에 따라 수사를 하는 데 필요한 사항을 규정함을 목적으로 하고 있다. 아울러 법무부령인 「검찰사건사무규칙」도 전부 개정되어 2021년 1월 1일부터 시행되었다.

이와 같은 대통령령이나 행정안전부령·법무부령 등이 단순한 조직규범을 넘어서 형사절차에 참여하는 피의자·피고인 등 소송주체나 그 밖의 소송관계인들에게 권리와 의무를 부여하거나 제한하는 형사소송법의 법원(法源)이 될 수 있을 것인지 문제된다. 이에 대해서는 형사소송법이나 「검찰청법」 등에 의하여 위임의 근거를 가지고 제정된 행정입법도 대법원이 제정한 「형사소송규칙」에 대응하는 것으로서 형사소송법의 법원이 된다고 보는 견해를 생각할 수 있다.

그러나 헌법 제12조 제1항 제2문은 "누구든지 법률에 의하지 아니하고는 체포·구속·압수·수색 또는 심문을 받지 아니하며, 법률과 적법한 절차에 의하지 아니하고는 처벌·보안처분 또는 강제노역을 받지 아니한다."고 규정하여 형사절차법률주의를 천명하고 있다. 권력분립의 관점에서 형사절차는 입법부가 법률로써 규율해야 하며, 그에 대한 예외를 인정하려면 헌법에 근거가 있어야 한다.

「형사소송규칙」은 헌법 제108조에 근거를 두고 있어서 예외적으로 형사소송법의 법원(法源)이 될 수 있다. 그러나 그와 같은 헌법적 근거가 없는 대통령령이나 행정안전부령·법무부령 등의 행정입법은 대법원예규의 경우와 마찬가지 이유에서 수사기관 내부의 업무처리지침을 규정한 것에 불과하다. 따라서 위에서 언급한 「검사와 사법경찰관의 상호협력과 일반적 수사준칙에 관한 규정」, 「경찰수사규칙」, 「검찰사건사무규칙」[1] [2] 등은 형사소송법의 직접적인 법원(法源)을 구성하지는 못한다.

1) 헌재 1991. 7. 8. 91헌마42, 헌집 3, 380, 『광업권 고소 재기수사 사건』.
2) 2007. 10. 25. 2007도4961, 공 2007하, 1889, 『기명날인 공소장 사건』.

제2장 수사기관과 피의자

제1절 수사의 의의

제1 수사절차의 개념

1. 수사와 내사의 의의

(1) 수사와 내사의 의미

수사기관은 범죄의 혐의가 있다고 사료하는 때에는 범인, 범죄사실과 증거를 수사한다(법196①, 197① 참조). 여기에서 수사란 범죄혐의의 유무를 명백히 하여 공소를 제기·유지할 것인가를 결정하기 위해 범인을 발견·확보하고 증거를 수집·보전하는 수사기관의 활동을 말한다.[1] [2] 범죄가 발생하였다고 인정되는 경우 수사기관은 범인을 발견·검거하며 증거를 수집·보전하는 일련의 조사활동을 하게 된다. 이때 수사활동이 연속적으로 진행되는 일련의 과정을 가리켜서 수사절차라고 한다.

수사는 '범죄혐의가 있다'고 사료되는 때에 개시되는 수사기관의 조사활동이다. 아직 '범죄혐의가 있다'고 판단되지 아니한 상태에서 행하는 각종의 조사활동은 수사에 해당하지 않는다. 수사준칙은 "입건 전에 범죄를 의심할 만한 정황이 있어 수사 개시 여부를 결정하기 위한 사실관계의 확인 등 필요한 조사"라는 표현을 사용하고 있는데(수사준칙16③) 이러한 조사를 가리켜서 내사라고 한다. 내사는 범죄에 관한 기사, 익명의 신고 또는 풍설이 있을 때 사법경찰관이나 검사가 그 진상을 조사하는 형태로 나타난다. 내사는 아직 '범죄혐의가 있다'고 판단하기 전에 이루어지는 조사활동이므로 형사소송법의 규율대상이 되지 않는다.

(2) 내사 개념의 성립

'내사'는 현행 형사소송법의 상정하지 아니한 개념이다. 비교법적으로 볼 때 우리 형사소송법에 영향을 미친 일본 형사소송법이나 독일 형사소송법에도 내사의 개념이 등장하지 않는다. 추측컨대 우리나라 형사실무상 내사의 개념이 등장한 것은 검찰·경찰 간의 수사권 독립

---

1) 1999. 12. 7. 98도3329, 공 2000, 240, 『무인 카메라 사건』.
2) 2018. 8. 30. 2014헌마843, 헌집 30-2, 404, 『집회 행진 채증활동규칙 사건』.

논쟁과 무관하지 않다고 생각된다.

1954년 제정 형사소송법은 검사를 수사의 주재자로, 사법경찰관리를 수사의 보조자로 설정하였다(1954년 형소법195, 196① · ②).[1] 경찰 측에서는 검사의 수사지휘권을 우회하는 방법의 하나로 내사 개념을 활용하게 되었다. 경찰 측의 논리구조는 다음과 같다. 수사는 범죄혐의가 인정될 때 개시되는 조사활동이다. 이에 대해 내사는 범죄혐의가 아직 인정되지 아니한 상태에서 범죄혐의 여부를 확인하는 조사활동이다. 내사는 수사가 아니므로 검사의 수사지휘권 대상이 아니다.

이러한 논리구조에 대응하기 위하여 2011년 형사소송법 개정 시에 "수사관, 경무관, 총경, 경정, 경감, 경위는 사법경찰관으로서 모든 수사에 관하여 검사의 지휘를 받는다."는 형태로 수사지휘권 규정이 개정되었다(2011년 형소법196①).[2] 여기에서 '모든 수사'란 내사를 포함하여 실질적으로 범죄혐의를 조사하고 있는 사건을 모두 수사에 포함시키기 위한 표현이다.

일선 수사기관의 실무에서 발전한 '내사' 개념은 이후 실정법에 일부 근거를 확보하게 되었다. 2011년 말 입법자는 「통신비밀보호법」을 개정하면서 수사기관이 '각 피의자별 또는 각 피내사자별로' 통신제한조치 허가신청을 하도록 규정하였다(동법6① · ②).[3] 피내사자에 대해서도 피의자와 마찬가지로 강제수사방법이 도입된 것이다. 아직 범죄혐의가 확인되지 아니하

---

1) 1954년 제정 형사소송법 제195조(검사의 수사) 검사는 범죄의 혐의 있다고 사료하는 때에는 범인, 범죄사실과 증거를 수사하여야 한다.
　제196조(사법경찰관리) ①수사관, 경무관, 총경, 경감, 경위는 사법경찰관으로서 검사의 지휘를 받어 수사를 하여야 한다.
　②경사, 순경은 사법경찰리로서 검사 또는 사법경찰관의 지휘를 받어 수사의 보조를 하여야 한다.
　2) 2011년 개정 형사소송법 제195조(검사의 수사) 검사는 범죄의 혐의있다고 사료하는 때에는 범인, 범죄사실과 증거를 수사하여야 한다.
　제196조(사법경찰관리) ① 수사관, 경무관, 총경, 경정, 경감, 경위는 사법경찰관으로서 모든 수사에 관하여 검사의 지휘를 받는다.
　② 사법경찰관은 범죄의 혐의가 있다고 인식하는 때에는 범인, 범죄사실과 증거에 관하여 수사를 개시 · 진행하여야 한다.
　③ 사법경찰관리는 검사의 지휘가 있는 때에는 이에 따라야 한다. 검사의 지휘에 관한 구체적 사항은 대통령령으로 정한다.
　④ 사법경찰관은 범죄를 수사한 때에는 관계 서류와 증거물을 지체 없이 검사에게 송부하여야 한다.
　⑤ 경사, 경장, 순경은 사법경찰리로서 수사의 보조를 하여야 한다.
　3) **통신비밀보호법 제6조**(범죄수사를 위한 통신제한조치의 허가절차) ① 검사(군검사를 포함한다. 이하 같다)는 제5조 제1항[범죄수사를 위한 통신제한조치]의 요건이 구비된 경우에는 법원(군사법원을 포함한다. 이하 같다)에 대하여 각 피의자별 또는 각 피내사자별로 통신제한조치를 허가하여 줄 것을 청구할 수 있다.
　② 사법경찰관(군사법경찰관을 포함한다. 이하 같다)은 제5조 제1항[범죄수사를 위한 통신제한조치]의 요건이 구비된 경우에는 검사에 대하여 각 피의자별 또는 각 피내사자별로 통신제한조치에 대한 허가를 신청하고, 검사는 법원에 대하여 그 허가를 청구할 수 있다.

여 조사대상이 된 피내사자를 범죄혐의가 인정된 피의자와 마찬가지로 취급하는 것이다. 법체계의 모순이 아닐 수 없다. 2011년의 「통신비밀보호법」 개정은 실제로는 범죄혐의를 조사하면서 피내사자라는 이름을 붙여 영장주의를 우회하는 폐단을 방지하기 위하여 고육책으로 이루어진 것이다. 이 점을 고려하면 체계상의 부조화를 이해하지 못할 바는 아니다. 그와 동시에 피내사자에 대해 통신제한조치 허가신청이 이루어지는 경우가 있다면 이것은 곧 '내사' 개념이 남용되는 상황임을 경계하지 않으면 안 된다.

2020년 형사소송법이 개정되면서 검찰과 경찰의 관계가 수평적인 상호협력관계로 재편되었다(법195).[1] 따라서 경찰 측에서 '내사' 개념을 사용하여 검사의 수사지휘권을 우회할 필요성은 대폭 줄어들었다. 그러나 경찰의 '내사' 개념 활용에 대한 경계 필요성은 여전히 존재한다. 2020년 「검찰청법」 제4조의 개정을 통하여 검사의 직접 수사권이 대폭 제한되면서, 이에 대응하여 검사의 경찰 수사에 대한 통제장치들이 새로이 규정되었다.[2] 경찰이 '내사' 개념을 이용하여 검사의 통제를 벗어나는 상황은 계속 경계하지 않으면 안 된다.

내사 사건의 개념은 우리나라 수사기관의 실무에서 확고히 자리잡은 실무관행이다. 그런데 형사소송법은 이에 대해 아무런 언급을 하고 있지 않다. 일반 시민들이 피내사자의 지위에서 수사기관과 접촉하는 일이 적지 않게 일어나고 있다. 내사사건과 관련하여 시민들의 법적 예측가능성과 법적 안정성을 보장한다는 관점에서 아래에서는 지면을 아끼지 않고 내사사건의 처리절차를 상세히 검토하기로 한다.

2. 수사와 내사의 구별기준

수사는 '범죄혐의가 있다'고 판단될 때 개시되는 조사활동이다(법196①, 197①). 그런데 수사기관의 조사활동이 내사를 떠나 수사로 넘어가는 시점이 구체적으로 어느 때인지 문제된다. 이에 대해서는 형식설과 실질설이 대립하고 있다.

형식설은 입건시를 수사가 개시되는 시점으로 보는 견해이다. 입건이란 형사사건등재부에 사건번호가 부여되는 것을 가리킨다. 이에 대해 실질설은 아직 사건수리절차를 밟지 아니하였더라도 수사기관이 범죄혐의 있음을 객관적으로 외부에 표시할 때 수사가 개시된다고 보는

---

1) 2020년 개정 형사소송법 제195조(검사와 사법경찰관의 관계 등) ① 검사와 사법경찰관은 수사, 공소제기 및 공소유지에 관하여 서로 협력하여야 한다.
　제196조(검사의 수사) ① 검사는 범죄의 혐의가 있다고 사료하는 때에는 범인, 범죄사실과 증거를 수사한다.
　제197조(사법경찰관리) ① 경무관, 총경, 경정, 경감, 경위는 사법경찰관으로서 범죄의 혐의가 있다고 사료하는 때에는 범인, 범죄사실과 증거를 수사한다.
　② 경사, 경장, 순경은 사법경찰리로서 수사의 보조를 하여야 한다.
　2) 후술 47면 참조.

견해이다. 판례는 실질설을 취하고 있다.[1)]

실질설에 따르면 입건 이전이라도 임의동행 형식으로 상대방을 연행하거나, 긴급체포(법 200의3①) 또는 현행범체포(법212) 등을 행하여 수사기관이 범죄혐의 있음을 외부적으로 표시하는 활동을 하는 경우에는 그 때로부터 수사가 개시되는 것이며, 상대방은 피의자로 된다.

「검사와 사법경찰관의 상호협력과 일반적 수사준칙에 관한 규정」(수사준칙)은 검사 또는 사법경찰관이 다음의 어느 하나에 해당하는 행위에 착수한 때에는 수사를 개시한 것으로 보고 있다(수사준칙16① 1문). 수사준칙이 제시한 기준은 실질설의 관점에 입각한 것이라고 생각된다.

① 피혐의자의 수사기관 출석조사 (1호)
② 피의자신문조서의 작성 (2호)
③ 긴급체포 (3호)
④ 체포·구속영장의 청구 또는 신청 (4호)
⑤ 사람의 신체, 주거, 관리하는 건조물, 자동차, 선박, 항공기 또는 점유하는 방실에 대한 압수·수색 또는 검증영장(부검을 위한 검증영장은 제외한다)의 청구 또는 신청 (5호)

검사 또는 사법경찰관은 수사개시로 보게 되는 위의 행위에 착수한 때에는 해당 사건을 즉시 입건해야 한다(수사준칙16① 2문). 검사 또는 사법경찰관은 수사 중인 사건의 범죄 혐의를 밝히기 위한 목적으로 관련 없는 사건의 수사를 개시하거나 수사기간을 부당하게 연장해서는 안 된다(수사준칙16②).

3. 내사사건 처리절차

(1) 경찰의 내사사건 처리절차

「경찰수사규칙」과 「해양경찰수사규칙」은 내사사건의 처리절차에 관하여 규정하고 있다. 양자는 그 내용이 거의 동일하므로 아래에서는 「경찰수사규칙」을 중심으로 내사사건의 처리절차를 살펴본다.

검사 또는 사법경찰관이 입건 전에 범죄를 의심할 만한 정황이 있어 수사 개시 여부를 결정하기 위하여 하는 사실관계의 확인 등 필요한 조사(수사준칙16③)를 종래에는 내사라고 표현하였다. 2022년 개정된 「경찰수사규칙」은 종래의 '내사' 개념에 대신하여 새로이 입건 전 조사라는 용어를 사용하고 있다(경찰수사규칙19①).

---

1) 2001. 10. 26. 2000도2968, 공 2001, 2633, 『'정관계 좋은 자리' 사건』.

사법경찰관이 입건 전 조사에 착수하기 위해서는 그 사건을 수리하고, 해당 사법경찰관이 소속된 경찰관서의 수사 부서의 장의 지휘를 받아야 한다(경찰수사규칙19①). 사법경찰관은 입건 전 조사를 할 때에는 적법절차를 준수하고 사건관계인의 인권을 존중하며, 조사가 부당하게 장기화되지 않도록 신속하게 진행해야 한다(수사준칙16③).

사법경찰관리는 진정인 · 탄원인 등 민원인이 제출하는 서류가 고소 · 고발의 요건을 갖추었다고 판단하는 경우 이를 고소 · 고발로 수리한다(경찰수사규칙21①).

사법경찰관리는 고소장 또는 고발장의 명칭으로 제출된 서류가 다음 각 호의 어느 하나에 해당하는 경우에는 이를 진정(陳情)으로 처리할 수 있다(경찰수사규칙21②).

① 고소인 또는 고발인의 진술이나 고소장 또는 고발장에 따른 내용이 불분명하거나 구체적 사실이 적시되어 있지 않은 경우 (1호)

② 피고소인 또는 피고발인에 대한 처벌을 희망하는 의사표시가 없거나 처벌을 희망하는 의사표시가 취소된 경우 (2호)

③ 고소 또는 고발이 본인의 진의에 의한 것인지 여부가 확인되지 않는 경우 (3호)

④ 동일한 사실에 관하여 이중으로 고소 또는 고발이 있는 경우 (4호)

사법경찰관은 입건 전 조사한 사건을 다음 각 호의 구분에 따라 처리해야 한다(경찰수사규칙19②).

① 입건 : 범죄의 혐의가 있어 수사를 개시하는 경우 (1호)

② 입건전조사 종결(혐의없음, 죄가안됨, 공소권없음) : 「경찰수사규칙」 제108조[불송치 결정] 제1항 제1호부터 제3호까지의 규정[혐의없음, 죄가안됨, 공소권없음]에 따른 사유가 있는 경우 (2호)

③ 입건전조사 중지 : 피혐의자 또는 참고인 등의 소재불명으로 입건 전 조사를 계속할 수 없는 경우 (3호)

④ 이송 : 관할이 없거나 범죄특성 및 병합처리 등을 고려하여 다른 경찰관서 또는 기관(해당 기관과 협의된 경우로 한정한다)에서 입건 전 조사할 필요가 있는 경우 (4호)

⑤ 공람 후 종결 : 진정 · 탄원 · 투서 등 서면으로 접수된 신고가 다음 각 목의 어느 하나에 해당하는 경우 (5호)

　　가. 같은 내용으로 3회 이상 반복하여 접수되고 2회 이상 그 처리 결과를 통지한 신고와 같은 내용인 경우

　　나. 이름을 적지 않거나 또는 거짓 이름으로 접수된 경우

　　다. 단순한 풍문이나 인신공격적인 내용인 경우

　　라. 완결된 사건 또는 재판에 불복하는 내용인 경우

　마. 민사소송 또는 행정소송에 관한 사항인 경우

　바. 본인의 진정한 의사에 의한 것인지 여부가 확인되지 않은 경우

　사. 내용이 불분명하거나 구체적 사실이 적시되어 있지 않은 경우

　아. 특정사건과 관련 없는 청원 또는 정책건의를 내용으로 하는 경우

　자. 동일한 사실에 관하여 고소 또는 고발이 있는 경우

　차. 처벌을 희망하는 의사표시가 없거나 처벌을 희망하는 의사표시가 취소된 경우

(2) 검찰의 내사사건 처리

　2022년 1월 1일부터 전면 개정된 「검찰사건사무규칙」이 시행되었다. 개정된 「검찰사건사무규칙」은 검찰에 수리되는 사건을 (가) 내사사건, (나) 진정사건, (다) 조사사건, (라) 시정사건, (마) [형사]사건으로 분류하고 있다. 이 가운데 (마)의 [형사]사건은 입건된 사건을 가리킨다. 「검찰사건사무규칙」는 [형사]사건을 단순히 '사건'이라고 지칭하고 있다. 아래에서는 나머지 사건의 실무처리 기준을 살펴본다.

　(가) 내사사건　　검사는 범죄에 관한 신문 등 출판물의 기사, 익명의 신고 또는 풍설, 첩보의 입수 등으로 범죄의 존재 여부를 확인할 필요가 있는 경우에는 내사사건으로 수리한다(검찰사건사무규칙224①). 검사는 내사사건 조사를 할 때에는 적법절차를 준수하고 사건관계인의 인권을 존중하며, 조사가 부당하게 장기화되지 않도록 신속하게 진행해야 한다(수사준칙16③).

　검사는 다음 각 호의 구분에 따라 내사사건을 처리한다(검찰사건사무규칙226①).

　① 입건 : 이 경우 내사사건부의 비고란에 형제번호를 적는다. (1호)

　② 입건유예 : 범죄의 혐의는 있으나 입건할 필요가 없는 경우 (2호)

　③ 혐의없음, 죄가안됨 또는 공소권없음 : 제115조 제3항 제2호부터 제4호[혐의없음, 죄가안됨, 공소권없음]까지의 규정에 따른 사유가 있는 경우 (3호)

　④ 내사중지 : 피내사자 또는 참고인 등의 소재불명으로 내사불능인 경우 (4호)

　⑤ 이송 : 동일 내용의 내사사건을 다른 검찰청의 검사가 내사 중이거나 형소법 제256조[타관송치] 또는 제256조의2[군검사에의 사건송치]에 해당하는 사유가 있는 경우 (5호)

　⑥ 조사사건 등록 : 내사사건부의 비고란에 조사사건번호를 적는다. (6호)

　⑦ 시정사건 등록 : 내사사건부의 비고란에 시정사건번호를 적는다. (7호)

　(나) 진정사건　　검사는 진정 · 탄원 또는 투서 등 진정인 · 탄원인 등 민원인이 제출하는 다음 각 호의 어느 하나에 해당하는 사항에 관한 서류를 접수한 경우에는 이를 진정사건으로 수리한다(검찰사건사무규칙224②).

① 수사의 단서가 기재되어 있더라도 익명, 가명, 허무인 명의의 진정서 · 탄원서 등 수사를 개시하기 어려운 사항 (1호)

② 검찰청 소속 공무원 또는 사법경찰관리에 관한 사항 (2호)

③ 검사 또는 사법경찰관이 수사 중인 사건에 관한 사항 (3호)

④ 편파적인 조사 등에 대한 시정을 희망하는 사항 (4호)

⑤ 병합수사나 이송을 요구하는 사항 (5호)

⑥ 법원에 재판이 계속 중인 사건에 관한 사항 (6호)

⑦ 전과사실의 정정을 희망하는 사항 (7호)

⑧ 그 밖에 제1호부터 제7호까지의 사항과 유사한 사항 (8호)

검사는 고소 또는 고발사건으로 제출된 서류가 다음 각 호의 어느 하나에 해당하는 경우에는 이를 진정사건으로 수리할 수 있다(검찰사건사무규칙224③).

① 고소인 또는 고발인의 진술이나 고소장 또는 고발장의 내용이 불분명하거나 구체적 사실이 적시되어 있지 않은 경우 (1호)

② 피고소인 또는 피고발인에 대한 처벌을 희망하는 의사표시가 없거나 처벌을 희망하는 의사표시가 취소된 경우 (2호)

③ 고소 또는 고발이 본인의 진의에 의한 것인지 여부가 확인되지 않는 경우 (3호)

④ 동일한 사실에 관하여 이중으로 고소 또는 고발이 있는 경우 (4호)

검사는 다음 각 호의 구분에 따라 진정사건을 처리한다(검찰사건사무규칙226②).

① 공람종결 : 다음 각 목의 어느 하나에 해당하는 경우 (1호)

가. 3회 이상 반복 진정하여 이미 2회 이상 그 처리결과를 통지한 진정과 같은 내용인 경우

나. 진정인이 이름을 적지 않거나 또는 거짓 이름으로 진정한 경우

다. 본인의 진정한 의사에 의한 것인지 여부가 확인되지 않은 경우

라. 내용이 불분명하거나 구체적 사실이 적시되어 있지 않은 경우

마. 단순한 풍문이나 인신공격적인 내용인 경우

바. 완결된 사건 또는 재판에 불복하는 내용인 경우

사. 특정사건과 관련 없는 청원 또는 정책건의를 내용으로 하는 경우

아. 민사소송 또는 행정소송에 관한 사항인 경우

자. 동일한 사실에 관하여 고소 또는 고발이 있는 경우

차. 처벌을 희망하는 의사표시가 없거나 처벌을 희망하는 의사표시가 취소된 경우

② 전과 정정 : 전과사실을 정정하는 경우 (2호)

③ 법원이첩 : 법원에 재판이 계속 중인 사건에 대한 내용인 경우 (3호)

④ 기록편철 : 검사가 조사·검토 중인 사건(검사의 지휘에 따라 수사와 관계있는 검찰청 직원이 조사·검토 중인 사건을 포함한다)에 대한 내용인 경우. 이 경우 사건기록에 편철한다. (4호)

⑤ 다른 기관 이송·이첩 : 수사준칙 제18조[검사의 사건이송]에 해당하는 경우 또는 검사 이외의 다른 수사기관이 조사 중이거나 법원·검찰청 또는 군검찰부 외의 다른 기관의 소관사항에 관한 것인 경우 (5호)

⑥ 내사사건에 준하여 처리 : 제1항 각 호에 준하는 경우. 이 경우 제1항에 각 호에 따른 내사사건 처리의 방법에 따라 처리한다. (6호)

⑦ 그 밖의 진정종결 : 제1호부터 제6호까지에 해당하지 않는 진정사건 종결의 경우 (7호)

(다) 조사사건   2022년 개정된 「검찰사건사무규칙」은 새로이 '조사사건'이라는 사건유형을 설정하고 있다. 조사사건은 형식설의 관점에서 보면 아직 입건되지 않아서 [형사]사건으로 볼 수 없지만 실질설의 관점에서 보면 수사기관이 범죄혐의가 있다고 판단한 사건이므로 [형사]사건에 해당하는 사건유형이다.

검사는 다음의 어느 하나에 해당하는 경우에는 조사사건으로 수리한다(검찰사건사무규칙 228①).

① 수사의 단서로서 수사를 개시할 필요가 있는 사항에 관한 서류(진정인·탄원인 등 민원인이 있는 서류로 한정한다)를 접수한 경우 (1호)

② 내사사건 진행 중 제226조 제1항 제6호[조사사건 등록]에 따라 등록한 경우 (2호)

③ 진정사건 진행 중 제226조 제2항 제6호[내사사건에 준하여 처리](같은 조 제1항 제6호를 준용하는 경우로 한정한다)에 따라 등록한 경우 (3호)

④ 상급 검찰청에서 범죄 혐의에 대한 조사 또는 보고를 명한 사항이 기재되어 있는 서류를 접수한 경우 (4호)

⑤ 다른 기관으로부터 범죄에 대한 수사를 의뢰받은 경우 (5호)

⑥ 그 밖에 ①부터 ⑤까지에 준하는 경우 (6호)

검사는 다음 각 호의 어느 하나에 해당하는 행위를 하는 경우에는 조사사건으로 수리하거나 [형사사건으로] 입건하여야 한다(검찰사건사무규칙228②).

① 사람의 신체, 주거, 관리하는 건조물, 자동차, 선박, 항공기 또는 점유하는 방실(房室)에 대한 압수·수색·검증을 제외한 압수·수색·검증 영장을 청구하는 경우 (1호)

② 통신제한조치, 통신사실 확인자료제공 등 형사소송법 또는 다른 법령에 따른 영장(체

포·구속영장 및 제1호에 따른 압수·수색·검증 영장은 제외한다) 또는 허가를 청구하는 경우 (2호)

③ 현행범인을 체포·인수한 경우 (3호)

검사는 다음 각 호의 구분에 따라 조사사건을 처리한다(검찰사건사무규칙230①).

① 입건 : 조사사건부의 비고란에 형제번호를 적는다. (1호)

② 입건유예 : 범죄의 혐의는 있으나 입건할 필요가 없는 경우 (2호)

③ 혐의없음, 죄가안됨 또는 공소권없음 : 제115조[불기소결정] 제3항 제2호부터 제4호까지의 규정[혐의없음, 죄가안됨, 공소권없음]에 따른 사유가 있는 경우 (3호)

④ 조사중지 : 피의자 또는 참고인 등의 소재불명으로 수사의 진행이 불가능한 경우 (4호)

⑤ 이송 : 동일한 내용의 조사사건을 다른 검찰청의 검사가 수사 중이거나 형소법 제256조[타관송치] 또는 제256조의2[군검사에의 사건송치]에 해당하는 사유가 있는 경우 (5호)

⑥ 각하 : 제115조[불기소결정] 제3항 제5호에 준하는 사유가 있는 경우 (6호)

(라) 시정사건   2022년 개정된 「검찰사건사무규칙」은 새로이 '시정사건'이라는 사건유형을 설정하고 있다. 검사는 다음의 어느 하나에 해당하는 경우에는 시정사건으로 수리한다(검찰사건사무규칙232).

① 검사가 형소법 제197조의3 제8항[구제신청권 고지]에 따른 구제신청을 받은 경우 (1호)

② 검사가 진정인·탄원인 등 민원인이 제출하는 서류가 구제신청의 요건을 갖추었다고 판단하여 시정사건으로 수리하는 경우 (2호)

③ 검사가 형소법 제197조의3[시정조치요구 등]에 따른 사법경찰관리의 법령위반, 인권침해 또는 현저한 수사권 남용이 의심되는 사실을 인식하게 된 경우 (3호)

④ 내사·진정사건 진행 중 제226조 제1항 제7호[시정사건 등록]에 따라 등록한 경우 (4호)

⑤ 그 밖에 ①부터 ④까지에 준하는 경우 (5호)

검사는 다음의 구분에 따라 시정사건을 처리한다(검찰사건사무규칙235①).

① 시정이행 : 사법경찰관이 검사의 시정조치요구를 이행한 경우 (1호)

② 시정불요 : 검사가 형소법 제197조의3[시정조치요구 등]에 따른 절차를 진행할 필요가 없다고 판단한 경우 (2호)

③ 시정종결(송치) : 검사가 형소법 제197조의3 제5항[송치요구]에 따라 송치요구를 하여 사건을 송치받은 경우 (3호)

④ 각하 : 제115조[불기소결정] 제3항 제5호에 준하는 사유가 있는 경우 (4호)

⑤ 이송 : 형소법 제197조의3[시정조치요구 등]에 따른 절차의 대상이 되는 사건이 다른

검찰청의 관할구역에 있는 사법경찰관리의 사건인 경우 (5호)

⑥ 그 밖의 종결 : ①부터 ⑤까지에 해당하지 않는 시정사건 종결의 경우 (6호)

4. 내사사건 처리결과의 통지

수사준칙은 수사기관 이외에 수사절차에 등장하는 사람을 '피의자'와 '사건관계인'으로 표현하고 있다. 사건관계인은 피의자 외의 피해자·참고인 등을 말한다(수사준칙3①). 이에 대해 내사절차에는 '피혐의자'와 '사건관계인'이 등장한다. 내사절차에서 사건관계인은 피혐의자 외의 피해자·참고인 등을 가리킨다(수사준칙3①, 16④).

검사 또는 사법경찰관은 내사 결과 입건하지 않는 결정을 한 때에는 피해자에 대한 보복범죄나 이차 피해가 우려되는 경우 등을 제외하고는 피혐의자 및 사건관계인에게 통지해야 한다(수사준칙16④).

사법경찰관은 피혐의자에게 혐의없음, 죄가안됨, 공소권없음을 이유로 입건전조사 종결을 한 경우(경찰수사규칙19② ii)에 입건하지 않는 결정을 통지할 때에는 그 결정을 한 날부터 7일 이내에 피혐의자에게 통지해야 한다(경찰수사규칙20① 본문). 다만, 피혐의자의 연락처를 모르거나 소재가 확인되지 않으면 연락처나 소재를 알게 된 날부터 7일 이내에 통지해야 한다(경찰수사규칙20① 단서).

「경찰수사규칙」은 진정인·탄원인·피해자 또는 그 법정대리인(피해자가 사망한 경우에는 그 배우자·직계친족·형제자매를 포함한다)을 '진정인 등'으로 통칭하고 있다(경찰수사규칙20①). 사법경찰관은 진정인 등에게 입건하지 않는 결정을 통지하는 경우에는 그 결정을 한 날부터 7일 이내에 통지해야 한다(경찰수사규칙20① 본문). 다만, 진정인 등의 연락처를 모르거나 소재가 확인되지 않으면 연락처나 소재를 알게 된 날부터 7일 이내에 통지해야 한다(경찰수사규칙20① 단서).

불입건의 통지는 서면, 전화, 팩스, 전자우편, 문자메시지 등 피혐의자 또는 진정인 등이 요청한 방법으로 할 수 있으며, 별도로 요청한 방법이 없는 경우에는 서면 또는 문자메시지로 한다. 이 경우 서면으로 하는 통지는 불입건 결정 통지서에 따른다(경찰수사규칙20②). 사법경찰관은 서면으로 통지한 경우에는 그 사본을, 그 밖의 방법으로 통지한 경우에는 그 취지를 적은 서면을 사건기록에 편철해야 한다(경찰수사규칙20③).

사법경찰관은 통지로 인해 보복범죄 또는 이차 피해 등이 우려되는 경우 다음 각 호의 경우에는 불입건 결정을 통지하지 않을 수 있다(경찰수사규칙20④).

① 혐의 내용 및 동기, 진정인 또는 피해자와의 관계 등에 비추어 통지로 인해 진정인 또는 피해자의 생명·신체·명예 등에 위해 또는 불이익이 우려되는 경우 (1호)

② 사안의 경중 및 경위, 진정인 또는 피해자의 의사, 피진정인 · 피혐의자와의 관계, 분쟁의 종국적 해결에 미치는 영향 등을 고려하여 통지하지 않는 것이 타당하다고 인정되는 경우 (2호)

불입건 결정을 통지하지 않은 경우에는 그 사실을 내사보고서로 작성하여 사건기록에 편철해야 한다(경찰수사규칙20④).

「검찰사건사무규칙」은 내사 · 진정사건 결과 통지(동규칙227), 조사사건 결과 통지(동규칙231), 시정사건 결과 통지(동규칙236)를 각각 규정하고 있다.

5. 내사사건 서류의 열람 · 복사

(1) 피혐의자 측의 열람 · 복사

피혐의자 또는 그 변호인은 검사 또는 사법경찰관이 내사 중인 사건에 관한 본인의 진술이 기재된 부분 및 본인이 제출한 서류의 전부 또는 일부에 대해 열람 · 복사를 신청할 수 있다(수사준칙16⑥, 69①).

피혐의자 또는 그 변호인은 필요한 사유를 소명하고 고소장, 고발장의 열람 · 복사를 신청할 수 있다(수사준칙16⑥, 69③). 내사사건은 피의사건이 아니므로 이의신청이나 검찰항고 등이 허용되지 않는다. 따라서 수사준칙 가운데 이의신청서, 항고장, 재항고장 등에 관한 열람 · 복사 부분은 내사사건에 준용되지 않는다.

고소장 · 고발장을 열람 · 복사하는 경우 열람 · 복사의 범위는 피혐의자에 대한 혐의사실 부분으로 한정하고, 그 밖에 사건관계인(피해자 · 참고인)에 관한 사실이나 개인정보, 증거방법 또는 고소장 등에 첨부된 서류 등은 제외한다(수사준칙16⑥, 69③).

피혐의자의 법정대리인, 배우자, 직계친족, 형제자매로서 피혐의자의 위임장 및 신분관계를 증명하는 문서를 제출한 사람도 피혐의자 또는 그 변호인이 열람 · 복사를 할 수 있는 서류의 열람 · 복사를 신청할 수 있다(수사준칙16⑥, 69⑤).

(2) 사건관계인 측의 열람 · 복사

사건관계인(피해자 · 참고인) 또는 그 변호인은 검사 또는 사법경찰관이 내사 중인 사건에 관한 본인의 진술이 기재된 부분 및 본인이 제출한 서류의 전부 또는 일부에 대해 열람 · 복사를 신청할 수 있다(수사준칙16⑥, 69①).

사건관계인(피해자 · 참고인)의 법정대리인, 배우자, 직계친족, 형제자매로서 사건관계인의 위임장 및 신분관계를 증명하는 문서를 제출한 사람도 사건관계인 또는 그 변호인이 열람 · 복사를 할 수 있는 서류의 열람 · 복사를 신청할 수 있다(수사준칙16⑥, 69⑤).

(3) 열람·복사의 원칙적 허용

수사기관은 피혐의자 측 또는 사건관계인(피해자·참고인) 측의 열람·복사 신청을 받은 경우에는 해당 서류의 공개로 사건관계인의 개인정보나 영업비밀이 침해될 우려가 있거나 범인의 증거인멸·도주를 용이하게 할 우려가 있는 경우 등 정당한 사유가 있는 경우를 제외하고는 열람·복사를 허용해야 한다(수사준칙16⑥, 69⑥).

6. 수사와 내사의 구별실익

수사와 내사는 그 성질을 달리하므로 내사단계에서의 조사대상자는 피의자의 경우와 달리 증거보전(법184)을 청구할 수 없다.[1] 또 진정에 기하여 이루어진 내사사건에서 내사종결처분이 내려지더라도 진정인은 고소사건의 경우와 달리 재정신청(법260)이나[2] 헌법소원(헌법재판소법68①)을 제기할 수 없다.[3] 내사사건의 종결처리는 수사기관의 내부적 사건처리방식에 지나지 않는다는 것이 판례가 제시하는 이유이다.[4]

내사사건의 피혐의자를 수사기관으로 임의동행하여 조사하는 것은 피혐의자의 수사기관 출석조사에 해당하여 수사가 개시된 것으로 간주된다(수사준칙16① 1문). 따라서 이 경우 피내자사는 피의자가 된다. 변호인과의 접견교통권은 피의자의 인권보장과 방어준비를 위해 필수불가결한 권리이므로 임의동행의 형식으로 연행된 피내사자의 변호인 접견교통권은 제한할 수 없다.[5]

제2 수사기관

1. 수사기관의 의의와 종류

수사기관이라 함은 법률상 범죄수사의 권한이 인정되어 있는 국가기관을 말한다. 수사기관은 일반 수사기관과 특별 수사기관으로 나누어 볼 수 있다. 일반 수사기관은 원칙적으로 수사대상 범죄에 제한이 없는 수사기관이다. 형사소송법은 범죄 전반에 대한 수사기관으로 (가) 경찰공무원인 사법경찰관리, (나) 검찰청직원인 사법경찰관리, (다) 검사를 인정하고 있다.

특별 수사기관은 수사대상을 일정한 범위의 범죄로 한정한 수사기관이다. 특별 수사기관

---

1) 1979. 6. 12. 79도792, 공 1979, 12050, 『소유권사실 증명원 사건』.
2) 1991. 11. 5. 91모68, 공 1992, 151, 『청와대 청원서 사건』.
3) 1990. 12. 26. 89헌마277, 헌집 2, 474, 『반대당사자 수임 변호사 사건』.
4) 신동운, "내사종결처분의 법적 성질", 서울대 법학, 제45권 제3호(2004), 309-331면 참고 바람.
5) 1996. 6. 3. 96모18, 공 1996, 2255, 『피내사자 임의동행 사건』.

은 각종 특별법에 의하여 설치된다. 「사법경찰관리의 직무를 수행할 자와 그 직무범위에 관한 법률」, 「고위공직자범죄수사처 설치 및 운영에 관한 법률」 등은 특별 수사기관 설치의 근거 법률로 주목된다.

2. 수사기관의 준수사항

(1) 경찰청법 및 검찰법상의 준수사항

경찰은 그 직무를 수행할 때 헌법과 법률에 따라 국민의 자유와 권리 및 모든 개인이 가지는 불가침의 기본적 인권을 보호하고, 국민 전체에 대한 봉사자로서 공정·중립을 지켜야 하며, 부여된 권한을 남용하여서는 아니 된다(경찰법5). 검사는 그 직무를 수행할 때 국민 전체에 대한 봉사자로서 헌법과 법률에 따라 국민의 인권을 보호하고 적법절차를 준수하며, 정치적 중립을 지켜야 하고 주어진 권한을 남용하여서는 아니 된다(검찰청법4③).

(2) 형사소송법상의 준수사항

형사소송법은 수사기관의 준수사항을 정하고 있다. 피의자에 대한 수사는 불구속 상태에서 함을 원칙으로 한다(법198①). 검사·사법경찰관리와 그 밖에 직무상 수사에 관계있는 자는 피의자 또는 다른 사람의 인권을 존중하고 수사과정에서 취득한 비밀을 엄수하며 수사에 방해되는 일이 없도록 하여야 한다(동조②). 검사·사법경찰관리와 그 밖에 직무상 수사에 관계있는 자는 수사과정에서 수사와 관련하여 작성하거나 취득한 서류 또는 물건에 대한 목록을 빠짐없이 작성하여야 한다(동조③).

수사기관은 수사 중인 사건의 범죄 혐의를 밝히기 위한 목적으로 합리적인 근거 없이 별개의 사건을 부당하게 수사하여서는 아니 되고, 다른 사건의 수사를 통하여 확보된 증거 또는 자료를 내세워 관련 없는 사건에 대한 자백이나 진술을 강요하여서도 아니 된다(법198④).

(3) 수사준칙상의 준수사항

수사준칙은 수사기관의 준수사항을 보다 구체적으로 정하고 있다. 검사와 사법경찰관은 모든 수사과정에서 헌법과 법률에 따라 보장되는 피의자와 그 밖의 사건관계인(피해자·참고인)의 권리를 보호하고, 적법한 절차에 따라야 한다(수사준칙3①). 검사와 사법경찰관은 예단이나 편견 없이 신속하게 수사해야 하고, 주어진 권한을 자의적으로 행사하거나 남용해서는 안 된다(수사준칙3②).

검사와 사법경찰관은 수사를 할 때 다음의 사항에 유의하여 실체적 진실을 발견해야 한다(수사준칙3③). 수사기관이 유의해야 할 사항은 (가) 물적 증거를 기본으로 하여 객관적이고 신빙성 있는 증거를 발견하고 수집하기 위해 노력할 것, (나) 과학수사 기법과 관련 지식·기술 및 자료를 충분히 활용하여 합리적으로 수사할 것, (다) 수사과정에서 선입견을 갖지 말고, 근거 없는 추측을 배제하며, 사건관계인(피해자·참고인)의 진술을 과신하지 않도록 주의할 것 등이다(수사준칙3③ 각호).

검사와 사법경찰관은 다른 사건의 수사를 통해 확보된 증거 또는 자료를 내세워 관련이 없는 사건에 대한 자백이나 진술을 강요해서는 안 된다(수사준칙3④). 검사와 사법경찰관은 피의자나 사건관계인(피해자·참고인)이 인권침해 신고나 그 밖에 인권 구제를 위한 신고, 진정, 고소, 고발 등의 행위를 하였다는 이유로 부당한 대우를 하거나 불이익을 주어서는 안 된다(수사준칙4).

검사와 사법경찰관은 공소제기 전의 형사사건에 관한 내용을 공개해서는 안 된다(수사준칙5①). 검사와 사법경찰관은 수사의 전(全) 과정에서 피의자와 사건관계인(피해자·참고인)의 사생활의 비밀을 보호하고 그들의 명예나 신용이 훼손되지 않도록 노력해야 한다(수사준칙5②). 형사사건 공개금지의 원칙(수사준칙5①)에도 불구하고 법무부장관, 경찰청장 또는 해양경찰청장은 무죄추정의 원칙과 국민의 알 권리 등을 종합적으로 고려하여 형사사건 공개에 관한 준칙을 정할 수 있다(수사준칙5③).

검사 또는 사법경찰관리는 피의자나 그 밖의 사건관계인(피해자·참고인) 등과 친족관계 또는 이에 준하는 관계가 있거나 그 밖에 수사의 공정성을 의심 받을 염려가 있는 사건에 대해서는 소속 기관의 장의 허가를 받아 그 수사를 회피해야 한다(수사준칙11). 검사 또는 사법경찰관은 수사에 대한 진행상황을 사건관계인(피해자·참고인)에게 적절히 통지하도록 노력해야 한다(수사준칙12①). 수사 진행상황 통지의 구체적인 방법·절차 등은 법무부장관, 경찰청장 또는 해양경찰청장이 정한다(수사준칙12②).

(4) 준수사항 위반의 효과

수사기관의 준수사항 위반이 중대하여 적법절차에 따르지 않은 것으로 판단되는 경우가 있다. 이 경우 적법한 절차에 따르지 아니하고 수집한 증거는 유죄의 증거로 사용할 수 없다(법308의2).

수사기관이 준수사항을 위반한 경우 위법수사를 행한 수사기관에게 징계처분이 부과될 수 있다. 예컨대 경찰공무원인 사법경찰관리의 수사과정에서 법령위반, 인권침해 또는 현저한 수사권 남용이 있었던 때에는 검찰총장 또는 각급 검찰청 검사장은 권한 있는 사람에게 해당 사법경찰관리의 징계를 요구할 수 있다(법197의3⑦).

　수사기관이 수사절차에서 준수해야 할 사항을 위반하면 국가는 국가배상책임을 진다. 국가배상책임에 있어 공무원의 가해행위는 법령을 위반한 것이어야 한다. 법령을 위반하였다 함은 엄격한 의미의 법령 위반뿐 아니라 인권존중, 권력남용금지, 신의성실과 같이 공무원으로서 마땅히 지켜야 할 준칙이나 규범을 지키지 않고 위반한 경우를 포함하여 널리 그 행위가 객관적인 정당성을 결여하고 있음을 뜻한다. 수사기관이 범죄수사를 하면서 지켜야 할 법규상 또는 조리상의 한계를 위반하였다면 이것은 국가배상책임에 있어서 법령을 위반한 경우에 해당한다.[1]

　수사기관은 피의자의 진술을 조서화하는 과정에서 조서의 객관성을 유지해야 한다. 수사기관이 고의 또는 과실로 위 직무상 의무를 위반하여 피의자신문조서를 작성함으로써 피의자의 방어권이 실질적으로 침해되었다고 인정된다면, 국가는 그로 인하여 피의자가 입은 손해를 배상하여야 한다.[2]

제 2 절　사법경찰관리

제 1　경찰공무원인 사법경찰관리

1. 경찰의 조직과 임무

(1) 경찰법의 전부개정

　치안에 관한 사무를 관장하기 위하여 행정안전부장관 소속으로 경찰청을 둔다(정부조직법34⑤). 경찰청의 조직·직무범위 그 밖에 필요한 사항은 따로 법률로 정한다(정부조직법⑥). 이와 관련된 법률은 「국가경찰과 자치경찰의 조직 및 운영에 관한 법률」과 「경찰공무원법」이다. 「국가경찰과 자치경찰의 조직 및 운영에 관한 법률」(경찰법)은 종전의 「경찰법」을 전부개정한 법률로서 2021년 1월 1일부터 시행되고 있다. 경찰법은 경찰의 민주적인 관리·운영과 효율적인 임무수행을 위하여 경찰의 기본조직 및 직무범위와 그 밖에 필요한 사항을 규정함을 목적으로 하고 있다(동법1).

　국가경찰행정에 관하여 일정한 사항(경찰법10① 참조)을 심의·의결하기 위하여 행정안전

---

1) 2020. 4. 29. 2015다224797, 공 2020상, 962, 『소년 피의자 피신조서 사건』.
2) 2020. 4. 29. 2015다224797, 공 2020상, 962, 『소년 피의자 피신조서 사건』.

부에 국가경찰위원회를 둔다(경찰법7①). 범죄와 관련하여 경찰은 (가) 범죄의 예방·진압 및 수사, (나) 범죄피해자 보호의 임무를 수행한다(경찰법3 ii, iii).

(2) 경찰청

경찰청에 경찰청장을 두며, 경찰청장은 치안총감으로 보한다(경찰법14①). 경찰청장은 국가경찰위원회의 동의를 받아 행정안전부장관의 제청으로 국무총리를 거쳐 대통령이 임명한다. 이 경우 국회의 인사청문을 거쳐야 한다(동조②). 경찰청장은 국가경찰사무를 총괄하고 경찰청 업무를 관장하며 소속 공무원 및 각급 경찰기관의 장을 지휘·감독한다(동조③). 경찰청장의 임기는 2년으로 하고, 중임(重任)할 수 없다(동조④). 경찰청장이 직무를 집행하면서 헌법이나 법률을 위배하였을 때에는 국회는 탄핵 소추를 의결할 수 있다(동조⑤).

(3) 시·도경찰청

경찰의 사무를 지역적으로 분담하여 수행하게 하기 위하여 특별시·광역시·특별자치시·도·특별자치도에 시·도경찰청을 두고, 시·도경찰청장 소속으로 경찰서를 둔다. 이 경우 인구, 행정구역, 면적, 지리적 특성, 교통 및 그 밖의 조건을 고려하여 시·도에 2개의 시·도경찰청을 둘 수 있다(경찰법13).

시·도경찰청에 시·도경찰청장을 두며, 시·도경찰청장은 치안정감·치안감 또는 경무관으로 보한다(경찰법28①). 자치경찰사무를 관장하게 하기 위하여 특별시장·광역시장·특별자치시장·도지사·특별자치도지사 소속으로 시·도자치경찰위원회를 둔다(동법18① 본문). 시·도에 2개의 시·도경찰청을 두는 경우 시·도지사 소속으로 2개의 시·도자치경찰위원회를 둘 수 있다(동항 단서).

「경찰공무원법」 제7조[임용권자]에도 불구하고 시·도경찰청장은 경찰청장이 시·도자치경찰위원회와 협의하여 추천한 사람 중에서 행정안전부장관의 제청으로 국무총리를 거쳐 대통령이 임용한다(경찰법28②).

시·도경찰청장은 국가경찰사무에 대해서는 경찰청장의 지휘·감독을 받아 관할구역의 소관 사무를 관장하고 소속 공무원 및 소속 경찰기관의 장을 지휘·감독한다(경찰법28③ 본문).

시·도경찰청장은 자치경찰사무에 대해서는 시·도자치경찰위원회의 지휘·감독을 받아 관할구역의 소관 사무를 관장하고 소속 공무원 및 소속 경찰기관의 장을 지휘·감독한다(동조③ 본문).

시·도경찰청장은 수사에 관한 사무에 대해서는 국가수사본부장의 지휘·감독을 받아 관할구역의 소관 사무를 관장하고 소속 공무원 및 소속 경찰기관의 장을 지휘 · 감독한다(경찰법28③ 단서).

(4) 국가경찰사무

경찰의 사무는 국가경찰사무와 자치경찰사무로 구분된다(경찰법4①). 국가경찰사무는 경찰청장이 총괄한다(동법14③). 국가경찰사무는 자치경찰사무를 제외한 사무이다. 국가경찰사무는 국민의 생명 · 신체 및 재산의 보호, 범죄의 예방 · 진압 및 수사 등을 위시하여 그 밖에 공공의 안녕과 질서유지를 내용으로 한다(경찰법4① i, 3 참조).

범죄수사의 영역에서 국가경찰은 범죄의 예방 · 진압 및 수사, 범죄피해자 보호의 사무를 담당한다(경찰법3 ii, iii). 국가경찰의 수사 대상범죄에는 제한이 없다.

(5) 자치경찰사무

자치경찰사무는 경찰법 제3조에서 정한 경찰의 임무 범위에서 관할 지역의 생활안전 · 교통 · 경비 · 수사 등에 관한 일련의 사무를 내용으로 한다(경찰법4① ii 참조). 자치경찰사무를 관장하게 하기 위하여 특별시장 · 광역시장 · 특별자치시장 · 도지사 · 특별자치도지사 소속으로 시 · 도자치경찰위원회를 둔다(경찰법18①). 시 · 도자치경찰위원회는 합의제 행정기관으로서 그 권한에 속하는 업무를 독립적으로 수행한다(동조②).

범죄수사의 영역에서 자치경찰은 제한된 범위에서 사무를 담당한다. 자치경찰의 수사 대상범죄는 다음과 같다(경찰법4① ii 라).

① 학교폭력 등 소년범죄
② 가정폭력, 아동학대 범죄
③ 교통사고 및 교통 관련 범죄
④ 형법 제245조에 따른 공연음란 및 「성폭력범죄의 처벌 등에 관한 특례법」 제12조에 따른 성적 목적을 위한 다중이용장소 침입행위에 관한 범죄
⑤ 경범죄 및 기초질서 관련 범죄
⑥ 가출인 및 「실종아동 등의 보호 및 지원에 관한 법률」 제2조 제2호에 따른 실종아동 등 관련 수색 및 범죄

(6) 국가수사본부

경찰청에 국가수사본부를 두며, 국가수사본부장은 치안정감으로 보한다(경찰법16①). 국가수사본부장의 임기는 2년으로 하며, 중임할 수 없다(동조③). 국가수사본부장은 임기가 끝나면

당연히 퇴직한다(동조④). 국가수사본부장이 직무를 집행하면서 헌법이나 법률을 위배하였을 때에는 국회는 탄핵 소추를 의결할 수 있다(동조⑤).

국가수사본부장은 형사소송법에 따른 경찰의 수사에 관하여 각 시·도경찰청장과 경찰서장 및 수사부서 소속 공무원을 지휘·감독한다(경찰법16②). 시·도경찰청장은 수사에 관한 사무에 대해서는 국가수사본부장의 지휘·감독을 받아 관할구역의 소관 사무를 관장하고 소속 공무원 및 소속 경찰기관의 장을 지휘·감독한다(경찰법28③ 단서).

경찰공무원은 상관의 지휘·감독을 받아 직무를 수행하고, 그 직무수행에 관하여 서로 협력하여야 한다(경찰법6①). 경찰공무원은 구체적 사건수사와 관련된 상관의 지휘·감독의 적법성 또는 정당성에 대하여 이견이 있을 때에는 이의를 제기할 수 있다(경찰법6②). 경찰공무원의 직무수행에 필요한 사항은 따로 법률로 정한다(경찰법6③). 이를 위한 법률로「경찰관 직무집행법」이 제정되어 있다.

(7) 경찰청장과 국가수사본부장의 관계

경찰청장은 경찰의 수사에 관한 사무의 경우에는 개별 사건의 수사에 대하여 구체적으로 지휘·감독할 수 없다(경찰법14⑥ 본문). 다만, 국민의 생명·신체·재산 또는 공공의 안전 등에 중대한 위험을 초래하는 긴급하고 중요한 사건의 수사에 있어서 경찰의 자원을 대규모로 동원하는 등 통합적으로 현장 대응할 필요가 있다고 판단할 만한 상당한 이유가 있는 때에는 국가수사본부장을 통하여 개별 사건의 수사에 대하여 구체적으로 지휘·감독할 수 있다(동항 단서).

경찰청장이 개별 사건의 수사에 대해 국가수사본부장을 통하여 지휘·감독할 수 있는 긴급하고 중요한 사건의 범위 등 필요한 사항은 대통령령으로 정한다(경찰법14⑩). 이를 위하여 대통령령으로「국가경찰과 자치경찰의 조직 및 운영에 관한 법률 제14조 제10항에 따른 긴급하고 중요한 사건의 범위 등에 관한 규정」이 제정되어 2021년 1월 1일부터 시행되고 있다.

경찰청장은 경찰법 제14조 제6항 단서에 따라 국가수사본부장을 통하여 개별 사건의 수사에 대한 구체적 지휘·감독을 개시한 때에는 이를 국가경찰위원회에 보고하여야 한다(경찰법14⑦). 경찰청장은 경찰법 제14조 제6항 단서의 사유가 해소된 경우에는 개별 사건의 수사에 대한 구체적 지휘·감독을 중단하여야 한다(동조⑧). 경찰청장은 국가수사본부장이 경찰법 제14조 제6항 단서의 사유가 해소되었다고 판단하여 개별 사건의 수사에 대한 구체적 지휘·감독의 중단을 건의하는 경우 특별한 이유가 없으면 이를 승인하여야 한다(동조⑨).

2. 해양경찰

(1) 해양경찰법

해양에서의 경찰 및 오염방제에 관한 사무를 관장하기 위하여 해양수산부장관 소속으로 해양경찰청을 둔다(정부조직법43②). 해양경찰에 관한 법률로 「해양경찰법」이 있다. 「해양경찰법」은 해양주권을 수호하고 해양 안전과 치안 확립을 위하여 해양경찰의 직무와 민주적이고 효율적인 운영에 필요한 사항을 규정함을 목적으로 하고 있다(동법1).

해양경찰행정에 관하여 일정한 사항을 심의·의결하기 위하여 해양수산부에 해양경찰위원회를 둔다(해양경찰법5①). 해양경찰청에 해양경찰청장을 두며, 해양경찰청장은 치안총감으로 보한다(해양경찰법11①). 해양경찰청장은 해양경찰위원회의 동의를 받아 해양수산부장관의 제청으로 국무총리를 거쳐 대통령이 임명한다(동조②). 해양경찰청장은 해양경찰에 관한 사무를 총괄하고 소속 공무원 및 각급 해양경찰기관의 장을 지휘·감독한다(동조③). 해양경찰청장의 임기는 2년으로 하고, 중임할 수 없다(동조④).

(2) 해양경찰과 범죄수사

해양경찰은 (가) 해양에서의 수색·구조·연안안전관리 및 선박교통관제와 경호·경비·대간첩·대테러작전에 관한 직무(해양경찰법14①), (나) 해양에서 공공의 안녕과 질서유지를 위하여 해양관련 범죄의 예방·진압·수사와 피해자 보호에 관한 직무(동조②), (다) 해양에서 공공안녕에 대한 위험의 예방과 대응을 위한 정보의 수집·작성·배포에 관한 직무(동조③), (라) 해양오염 방제 및 예방활동에 관한 직무(동조④)를 수행한다.

범죄수사와 관련하여 해양경찰은 해양관련 범죄의 예방·진압·수사와 피해자 보호에 관한 직무를 수행한다(해양경찰법14②). 해양경찰청에는 수사국이 설치되어 있다. 수사국장의 분장사무 가운데 하나로 범죄의 수사가 있다(해양경찰청과 그 소속기관 직제13③ vii). 수사국에 국장 1명을 둔다(동조①). 수사국장은 치안감 또는 경무관으로 보한다(동조②).

수사부서의 장(수사국장)은 형사소송법에 따른 해양경찰의 수사에 관하여 대통령령으로 정하는 바에 따라 해양경찰청 소속 공무원을 지휘·감독한다(해양경찰법15의2①). 해양경찰청 소속 공무원은 상관의 지휘·감독을 받아 직무를 수행하고, 그 직무수행에 관하여 서로 협력하여야 한다(해양경찰법15①). 해양경찰청 소속 공무원은 구체적 수사와 관련된 상관의 지휘·감독의 적법성 또는 정당성 여부에 대하여 이견이 있는 경우에는 이의를 제기할 수 있다(해양경찰법15② · ①). 해양경찰청 소속 공무원의 직무수행에 필요한 사항은 따로 법률로 정한다(해양경찰법15③).

(3) 해양경찰청장과 수사국장의 관계

해양경찰청장은 해양경찰의 수사에 관한 사무의 경우에는 개별 사건의 수사에 대하여 구체적으로 지휘·감독할 수 없다(해양경찰법11⑤ 본문).

다만, 해양주권을 침해하거나 대형재난의 발생 등 국민의 생명·신체·재산 또는 공공의 안전에 중대한 위험을 초래하는 긴급하고 중요한 사건의 수사에 있어서 해양경찰의 자원을 대규모로 동원하는 등 통합적으로 현장 대응할 필요가 있다고 판단할 만한 상당한 이유가 있는 때에는 해양경찰청장은 해양경찰청 수사업무를 총괄 지휘·감독하는 부서의 장(수사국장)을 통하여 개별 사건의 수사에 대해 구체적으로 지휘·감독할 수 있다(해양경찰법11⑤ 단서). 해양경찰청장이 수사국장을 통하여 개별 사건의 수사에 대해 구체적으로 지휘·감독할 수 있는 긴급하고 중요한 사건의 범위 등 필요한 사항은 대통령령으로 정한다(해양경찰법11⑨).

해양경찰청장은 「해양경찰법」 제11조 제5항 단서에 따라 수사국장을 통하여 개별 사건의 수사에 대한 구체적 지휘·감독을 개시한 때에는 이를 지체 없이 해양경찰위원회에 보고하여야 한다(해양경찰법11⑥). 해양경찰청장은 「해양경찰법」 제11조 제5항 단서의 사유가 해소된 경우에는 개별 사건의 수사에 대한 구체적 지휘·감독을 중단하여야 한다(해양경찰법11⑦).

해양경찰청장은 수사부서의 장(수사국장)이 「해양경찰법」 제11조 제5항 단서의 사유가 해소되었다고 판단하여 개별 사건의 수사에 대한 구체적 지휘·감독의 중단을 건의하는 경우 특별한 이유가 없으면 이를 승인하여야 한다(해양경찰법11⑧).

3. 경찰공무원인 사법경찰관리

(1) 경찰공무원의 계급과 임용

경찰공무원의 계급은 치안총감·치안정감·치안감·경무관·총경·경정·경감·경위·경사·경장·순경으로 구분된다(경찰공무원법2, 해양경찰법13②).

총경 이상 경찰공무원은 경찰청장 또는 해양경찰청장의 추천을 받아 행정안전부장관 또는 해양수산부장관의 제청으로 국무총리를 거쳐 대통령이 임용한다. 다만, 총경의 전보, 휴직, 직위해제, 강등, 정직 및 복직은 경찰청장 또는 해양경찰청장이 한다(경찰공무원법7① 본문·단서).「경찰공무원법」 제7조[임용권자]에도 불구하고 시·도경찰청장은 경찰청장이 시·도자치경찰위원회와 협의하여 추천한 사람 중에서 행정안전부장관의 제청으로 국무총리를 거쳐 대통령이 임용한다(경찰법28②).

경정 이하의 경찰공무원은 경찰청장 또는 해양경찰청장이 임용한다. 다만, 경정으로의 신규채용, 승진임용 및 면직은 경찰청장 또는 해양경찰청장의 제청으로 국무총리를 거쳐 대통령이 한다(경찰공무원법7②).

경찰청장은 대통령령으로 정하는 바에 따라 경찰공무원의 임용에 관한 권한의 일부를 특별시장·광역시장·도지사·특별자치시장 또는 특별자치도지사, 국가수사본부장, 소속 기관의 장, 시·도경찰청장에게 위임할 수 있다. 이 경우 시·도지사는 위임받은 권한의 일부를 대통령령으로 정하는 바에 따라 시·도자치경찰위원회, 시·도경찰청장에게 다시 위임할 수 있다(경찰공무원법7③).

(2) 사법경찰관리

경찰공무원 가운데 경무관, 총경, 경정, 경감, 경위는 사법경찰관으로서 범죄의 혐의가 있다고 사료하는 때에는 범인, 범죄사실과 증거를 수사한다(법197①). 경사, 경장, 순경은 사법경찰리로서 수사의 보조를 하여야 한다(동조②). 사법경찰관과 사법경찰리를 통칭하여 사법경찰관리라고 부른다. 국가경찰 소속 사법경찰관리가 담당하는 범죄수사의 대상에는 제한이 없다. 이에 반하여 자치경찰 소속 사법경찰관리가 담당하는 범죄수사의 대상은 제한된다(경찰법4① ii 라 참조). 해양경찰 소속 사법경찰관리가 담당하는 범죄수사의 대상은 해양관련 범죄로 제한된다(해양경찰법14②).

경찰은 그 직무를 수행할 때 헌법과 법률에 따라 국민의 자유와 권리 및 모든 개인이 가지는 불가침의 기본적 인권을 보호하고, 국민 전체에 대한 봉사자로서 공정·중립을 지켜야 하며, 부여된 권한을 남용하여서는 안 된다(경찰법5, 해양경찰법3). 따라서 국가경찰, 자치경찰, 해양경찰은 그 사무에 속하는 범죄수사를 함에 있어서도 이 규정을 준수해야 한다.

경찰공무원은 상관의 지휘·감독을 받아 직무를 수행하고, 그 직무수행에 관하여 서로 협력하여야 한다(경찰법6①, 해양경찰법15①). 경찰공무원은 구체적 사건수사와 관련된 상관의 지휘·감독의 적법성 또는 정당성에 대하여 이견이 있을 때에는 이의를 제기할 수 있다(경찰법6②, 해양경찰법15②).

「검사와 사법경찰관의 상호협력과 일반적 수사준칙에 관한 규정」(수사준칙)은 수사기관의 회피의무를 규정하고 있다. 사법경찰관리는 피의자나 사건관계인(피해자·참고인)과 친족관계 또는 이에 준하는 관계가 있거나 그 밖에 수사의 공정성을 의심 받을 염려가 있는 사건에 대해서는 소속 기관의 장의 허가를 받아 그 수사를 회피해야 한다(수사준칙11).

4. 검경 수사권 조정과 수사준칙

(1) 수사준칙의 의의

형사소송법이 인정하고 있는 일반 수사기관은 사법경찰관리와 검사이다. 2020년 입법자가 단행한 수사권 조정에 의하여 형사소송법의 관련 규정들이 개정되었고, 2021년 1월 1일부터 시행되었다.

개정 형사소송법 제195조 제1항은 "검사와 사법경찰관은 수사, 공소제기 및 공소유지에 관하여 서로 협력하여야 한다."고 규정하여 검사와 사법경찰관의 관계를 대등한 협력관계로 설정하고 있다. 이 경우 사법경찰관은 경찰공무원인 사법경찰관을 말한다. 검사와 사법경찰관이 수사를 위하여 준수하여야 하는 일반적 수사준칙에 관한 사항은 대통령령으로 정한다(법195②).

이와 관련하여 대통령령으로 「검사와 사법경찰관의 상호협력과 일반적 수사준칙에 관한 규정」(수사준칙)이 제정되어 2021년 1월 1일부터 시행되었고, 2023년 수사준칙의 일부 개정이 있었다.

검사와 사법경찰관의 협력관계, 일반적인 수사의 절차와 방법에 관하여 다른 법령에 특별한 규정이 있는 경우를 제외하고는 수사준칙이 정하는 바에 따른다(수사준칙2). 수사준칙을 해석하거나 개정하는 경우 법무부장관은 행정안전부장관과 협의하여 결정해야 한다(수사준칙70①). 수사준칙의 해석 및 개정에 관한 법무부장관의 자문에 응하기 위해 법무부에 외부전문가로 구성된 자문위원회를 둔다(동조②).

(2) 검사와 사법경찰관의 협력과 협의

수사준칙은 검사와 사법경찰관의 상호협력관계를 구체적으로 실현하기 위하여 몇 가지 사항을 규정하고 있다.

(가) 상호협력의 원칙   검사와 사법경찰관은 상호 존중해야 하며, 수사, 공소제기 및 공소유지와 관련하여 협력해야 한다(수사준칙6①). 검사와 사법경찰관은 수사와 공소제기 및 공소유지를 위해 필요한 경우 수사 · 기소 · 재판 관련 자료를 서로 요청할 수 있다(동조②). 검사와 사법경찰관의 협의는 신속히 이루어져야 하며, 협의의 지연 등으로 수사 또는 관련 절차가 지연되어서는 안 된다(동조③).

(나) 중요사건 협력절차   검사와 사법경찰관은 '중요사건'의 경우에는 (가) 송치 전에 수사할 사항, (나) 증거수집의 대상, (다) 법령의 적용, (라) 범죄수익 환수를 위한 조치 등에 관하여 상호 의견을 제시 · 교환할 것을 요청할 수 있다. 이 경우 검사와 사법경찰관은 특별한 사정이 없으면 상대방의 요청에 응해야 한다(수사준칙7①). 수사준칙은 다음의 사건을 중요사건으로 규정하고 있다(수사준칙7①).

① 공소시효가 임박한 사건 (1호)

② 내란, 외환, 대공(對共), 선거(정당 및 정치자금 관련 범죄를 포함한다), 노동, 집단행동, 테러, 대형참사 또는 연쇄살인 관련 사건 (2호)

③ 범죄를 목적으로 하는 단체 또는 집단의 조직 · 구성 · 가입 · 활동 등과 관련된 사건

(3호)

④ 주한 미합중국 군대의 구성원 · 외국인군무원 및 그 가족이나 초청계약자의 범죄 관련 사건 (4호)

⑤ 그 밖에 많은 피해자가 발생하거나 국가적 · 사회적 피해가 큰 중요한 사건 (5호)

주요사건의 내용을 규정한 수사준칙 제7조 제1항의 규정에도 불구하고 검사와 사법경찰관은 다음 각 호의 어느 하나에 따른 공소시효가 적용되는 사건에 대해서는 공소시효 만료일 3개월 전까지 (가) 송치 전에 수사할 사항, (나) 증거 수집의 대상, (다) 법령의 적용, (라) 범죄수익 환수를 위한 조치 등(수사준칙7① 전단)에 관하여 상호 의견을 제시 · 교환해야 한다. 다만, 공소시효 만료일 전 3개월 이내에 수사를 개시한 때에는 지체 없이 상호 의견을 제시 · 교환해야 한다(수사준칙7②).

① 「공직선거법」 제268조[선거사범 공소시효; 6개월, 3년] (1호)

② 「공공단체 등 위탁선거에 관한 법률」 제71조[선거사범 공소시효; 6개월, 3년] (2호)

③ 「농업협동조합법」 제172조 제4항[선거사범 공소시효; 6개월, 3년] (3호)

④ 「수산업협동조합법」 제178조 제5항[선거사범 공소시효; 6개월, 3년] (4호)

⑤ 「산림조합법」 제132조 제4항[선거사범 공소시효; 6개월, 3년] (5호)

⑥ 「소비자생활협동조합법」 제86조 제4항[선거사범 공소시효; 6개월, 3년] (6호)

⑦ 「염업조합법」 제59조 제4항[선거사범 공소시효; 6개월, 3년] (7호)

⑧ 「엽연초생산협동조합법」 제42조 제5항[선거사범 공소시효; 6개월, 3년] (8호)

⑨ 「중소기업협동조합법」 제137조 제3항[선거사범 공소시효; 6개월, 3년] (9호)

⑩ 「새마을금고법」 제85조 제6항[선거사범 공소시효; 6개월, 3년] (10호)

⑪ 「교육공무원법」 제62조 제5항[선거사범 공소시효; 6개월, 3년] (11호)

(다) 협의 요청　　검사와 사법경찰관은 수사와 사건의 송치, 송부 등에 관한 이견의 조정이나 협력 등이 필요한 경우 서로 협의를 요청할 수 있다. 이 경우 특별한 사정이 없으면 상대방의 협의 요청에 응해야 한다(수사준칙8①).

수사준칙 제8조 제1항의 규정에 따른 협의에도 불구하고 이견이 해소되지 않는 경우로서 다음 각 호의 어느 하나에 해당하는 경우에는 해당 검사가 소속된 검찰청의 장과 해당 사법경찰관이 소속된 경찰관서(지방해양경찰관서 포함)의 장의 협의에 따른다(수사준칙8②).

① 중요사건에 관하여 상호 의견을 제시 · 교환하는 것에 대해 이견이 있거나 제시 · 교환한 의견의 내용에 대해 이견이 있는 경우 (1호)

② 형사소송법 제197조의2[보완수사요구] 제2항 및 제3항에 따른 정당한 이유의 유무에 대해 이견이 있는 경우 (2호)

③ 형사소송법 제197조의4[수사의 경합] 제2항 단서에 따라 사법경찰관이 계속 수사할 수 있는지 여부나 사법경찰관이 계속 수사할 수 있는 경우 수사를 계속할 주체 또는 사건의 이송 여부 등에 대해 이견이 있는 경우 (3호)

④ 형사소송법 제245조의8[재수사요청 등] 제2항에 따른 재수사의 결과에 대해 이견이 있는 경우 (4호)

(라) 수사기관협의회   대검찰청, 경찰청 및 해양경찰청 간에 수사에 관한 제도 개선 방안 등을 논의하고, 수사기관 간 협조가 필요한 사항에 대해 서로 의견을 협의·조정하기 위해 수사기관협의회를 둔다(수사준칙9①). 수사기관 간 협조가 필요한 사항은 다음 각호의 사항이다.

① 국민의 인권보호, 수사의 신속성·효율성 등을 위한 제도 개선 및 정책 제안 (1호)

② 국가적 재난 상황 등 관련 기관 간 긴밀한 협조가 필요한 업무를 공동으로 수행하기 위해 필요한 사항 (2호)

③ 그 밖에 대검찰청, 경찰청 및 해양경찰청의 어느 한 기관이 수사기관협의회의 협의 또는 조정이 필요하다고 요구한 사항 (3호)

(3) 검경 수사권 조정의 내용

2020년의 검경 수사권의 조정에 의하여 검사와 경찰공무원인 사법경찰관의 관계는 지휘·감독관계로부터 대등한 협력관계로 변모하였다. 경찰공무원인 사법경찰관은 일차적 수사개시권(법197①)과 일차적 수사종결권(법245의5)을 가지며, 사법경찰관이 신청한 영장을 검사가 정당한 이유 없이 판사에게 청구하지 아니한 경우에 이의신청권(법221의5)을 갖는다.

이에 대해 검사는 제한된 범위의 범죄에 대해서만 직접 수사를 개시할 수 있다(법196①, 검찰청법4① I 단서). 검사는 직접 수사를 개시할 수 있는 범죄(검찰청법4① i 단서)에 해당되지 않는 범죄에 대한 고소·고발·진정 등이 접수된 때에는 사건을 검찰청 외의 수사기관에 이송해야 한다(수사준칙18① i).

검사는 경찰공무원인 사법경찰관의 일차적 수사를 감독할 권한을 갖는다. 검사는 경찰공무원인 사법경찰관의 수사권이 적절히 행사될 수 있도록 송치사건 및 영장신청사건에 대한 보완수사요구(법197의2), 수사권남용사건에 대한 시정조치요구(법197의3), 수사경합시 사건송치요구(법197의4), 불송치사건 재수사요청(법245의8) 등의 권한을 가지고 있다. 검찰·경찰의 수사권 조정에 관한 구체적 사항은 뒤에서 자세히 살펴보기로 한다.[1]

---

1) 후술 43면 참조.

제 2 경찰공무원 아닌 사법경찰관리

1. 검찰청 직원인 사법경찰관리

(1) 사법경찰관리의 범위

검사에 관한 사무를 관장하기 위하여 법무부장관 소속으로 검찰청을 둔다(정부조직법32②). 검찰청 직원으로서 사법경찰관리의 직무를 행하는 자와 그 직무의 범위는 법률로 정한다(법245 의9①). 「검찰청법」 제47조와 제49조는 사법경찰관 및 사법경찰리의 직무를 수행하는 검찰청 직원을 규정하고 있다.

검찰청 직원으로 구성되는 사법경찰관리는 검사에 대해 수사보조자로서의 지위를 갖는다 (법245의9② · ③). 이 점은 경찰공무원으로 구성되는 사법경찰관리가 검사와 협력관계에서 수 사를 진행하는 것(법195①)과 구별된다. 검찰청 직원으로 구성되는 사법경찰관리는 검사의 수 사보조자이므로 검사가 직접 수사를 개시할 수 있는 범죄(법196①, 검찰청법4① i 단서)에 대해서 만 직접 수사의 보조를 할 수 있다.

(2) 검사와의 관계

사법경찰관의 직무를 행하는 검찰청 직원은 검사의 지휘를 받아 수사하여야 한다(법245의 9②). 검찰청 직원 가운데 검찰수사서기관, 수사사무관 및 마약수사사무관, 검찰주사, 마약수 사주사, 검찰주사보 및 마약주사보는 사법경찰관의 직무를 수행한다(검찰청법46②, 47① i). 또 한 별정직공무원으로서 검찰총장 또는 각급 검찰청 검사장의 지명을 받은 5급 상당부터 7급 상당까지의 공무원은 사법경찰관의 직무를 수행한다(검찰청법47② i).

사법경찰리의 직무를 행하는 검찰청 직원은 검사 또는 사법경찰관의 직무를 행하는 검찰 청 직원의 수사를 보조하여야 한다(법245의9③). 검찰청 직원 가운데 검찰서기, 마약수사서기, 검찰서기보 및 마약수사서기보는 사법경찰리로서 직무를 수행한다(검찰청법46③, 47① ii). 또한 별정직공무원으로서 검찰총장 또는 각급 검찰청 검사장의 지명을 받은 8급 상당 및 9급 상당 공무원은 사법경찰리의 직무를 수행한다(검찰청법47② ii).

검찰수사서기관, 검찰사무관, 검찰주사, 마약수사주사, 검찰주사보, 마약수사주사보, 검찰 서기 및 마약수사서기는 수사에 관한 조서 작성에 관하여 검사의 의견이 자기의 의견과 다른 경우에는 조서의 끝 부분에 그 취지를 적을 수 있다(검찰청법46④).

사법경찰관리의 직무를 행하는 검찰청 직원에 대하여는 경찰공무원인 사법경찰관에게 인정되는 수사종결권이 없다. 그리하여 보완수사(법197의2), 시정조치(법197의3), 수사경합시 사건송치(법197의4), 영장이의신청권(법221의5), 사건송치·불송치(법245의5), 고소인 불송치통지(법245의6), 고소인 이의신청(법245의7), 불송치사건 재수사(법245의8)의 규정은 검찰청 직원인 사법경찰관리에게 적용되지 않는다(법245의9④).

2. 특별사법경찰관리

(1) 특별사법경찰관리의 의의

삼림, 해사, 전매, 세무, 군수사기관 기타 특별한 사항에 관하여 사법경찰관리의 직무를 행하는 자를 특별사법경찰관리라고 한다(법245의10① 전단). 특별사법경찰관리의 직무를 행할 자와 그 직무의 범위는 법률로써 정한다(동항 후단). 이를 위하여 「사법경찰관리의 직무를 수행할 자와 그 직무범위에 관한 법률」(사법경찰직무법)이 제정되어 있다.

선거관리위원회 위원이나 직원은 관계자에 대한 질문·조사권을 가지고 있지만(공직선거법272의2 참조) 사법경찰관리가 아니다. 선거관리위원회는 행정부와 독립된 헌법기관이기 때문이다(헌법114 이하). 사법경찰직무법은 「관세법」에 따라 관세범의 조사 업무에 종사하는 세관공무원을 특별사법경찰관리로 규정하고 있다(동법5 xvii). 그러나 사법경찰직무법은 「조세범처벌절차법」에 따라 조세범칙조사(동법7 이하)를 담당하는 세무공무원을 특별사법경찰관리에 포함시키지 않고 있다.[1]

특별사법경찰관리는 그 권한의 범위가 사항별로 제한되어 있다는 점에서 일반사법경찰관리와 구별된다. 그렇지만 일단 그 권한에 속하는 사항에 관하여는 일반사법경찰관리와 동일한 지위와 권한을 갖는다. 한편 일반사법경찰관리의 수사권한은 특별사법경찰관리에 관한 관련 법률의 규정에도 불구하고 배제되지 않는다.[2]

(2) 검사와의 관계

특별사법경찰관은 범죄의 혐의가 있다고 인식하는 때에는 범인, 범죄사실과 증거에 관하여 수사를 개시·진행하여야 한다(법245의10③). 경찰공무원인 사법경찰관리와 달리 특별사법경찰관은 모든 수사에 관하여 검사의 지휘를 받는다(동조②). 특별사법경찰관리는 검사의 지휘가 있는 때에는 이에 따라야 한다(동조④ 1문). 특별사법경찰관은 범죄를 수사한 때에는 지체 없이 검사에게 사건을 송치하고, 관계 서류와 증거물을 송부하여야 한다(동조⑤).

1) 2022. 12. 15. 2022도8824, 공 2023상, 282, 『세무공무원 심문조서 사건』.
2) 2011. 3. 10. 2008도7724, 공 2011상, 782, 『출입국관리소장 고발 사건』.

특별사법경찰관리에 대한 검사의 지휘에 관한 구체적 사항은 법무부령으로 정한다(법245
의10④ 2문). 이와 관련된 법무부령으로 「특별사법경찰관리에 대한 검사의 수사지휘 및 특별사
법경찰관리의 수사준칙에 관한 규칙」(특별사법경찰관리 집무규칙)이 제정되어 있다. 특별사법경
찰관리 집무규칙은 특별사법경찰관리가 관할구역 밖에서 직무를 수행할 경우 관할 지방검찰
청 검사장 또는 지청장에게 보고하도록 규정하고 있다(동집무규칙4). 그런데 이 규정은 내부적
보고의무 규정에 불과하다. 그러므로 특별사법경찰관리가 위 규정에서 정한 보고를 하지 않은
채 관할구역 외에서 수사를 하였다고 하여 위법수집증거배제법칙(법308의2)과 관련하여 적법
절차의 실질적인 내용을 침해하는 경우에 해당하지 않는다.[1]

특별사법경찰관에게는 수사종결권이 없다. 그리하여 특별사법경찰관에게는 경찰공무원
인 사법경찰관에게 적용되는 보완수사(법197의2), 시정조치(법197의3), 수사경합시 사건송치
(법197의4), 영장이의신청권(법221의5), 사건송치·불송치(법245의5), 고소인 불송치통지(법245
의6), 고소인 이의신청(법245의7), 불송치사건 재수사(법245의8)의 규정은 적용되지 않는다(법
245의10⑥).

3. 고위공직자범죄수사처 수사관

「고위공직자범죄수사처 설치 및 운영에 관한 법률」(공수처법)은 일정한 범위의 고위공직
자범죄와 관련된 직무를 수행하기 위하여 고위공직자범죄수사처(이하 '수사처'라 한다)를 설치하
고 있다.[2] 공수처법은 고위공직자범죄에 대한 수사기관으로 수사처검사(동법8)와 수사처수사
관(동법10)을 규정하고 있다.

수사처검사는 고위공직자범죄의 혐의가 있다고 사료하는 때에는 범인, 범죄사실과 증거를
수사하여야 한다(공수처법23). 수사처수사관은 수사처검사의 지휘·감독을 받아 직무를 수행한
다(동법21①). 수사처수사관은 고위공직자범죄 등에 대한 수사에 관하여 형사소송법 제197조
제1항에 따른 사법경찰관의 직무를 수행한다(동법21②). 수사처수사관은 수사 대상범죄가 고
위공직자범죄(동법2ⅲ) 및 관련범죄(동법2ⅳ)로 한정된다.

---

1) 2023. 6. 1. 2020도12157, 공 2023하, 1177, 『위조 메모리카드 압수 사건』.
2) 후술 58면 참조.

제3절 검 사

제1 검찰제도의 의의

1. 검사의 직무

(1) 검사의 직무범위

검사에 관한 사무를 관장하기 위하여 법무부장관 소속으로 검찰청을 둔다(정부조직법 32②). 검사는 검찰권을 행사하는 국가기관을 말한다. 검사는 공익의 대표자로서 여러 가지 직무를 수행한다(검찰청법4① 참조).

형사절차와 관련하여 검사는 (가) 범죄수사, 공소의 제기 및 그 유지에 필요한 사항, (나) 범죄수사에 관한 특별사법경찰관리 지휘·감독, (다) 법원에 대한 법령의 정당한 적용 청구, (라) 재판 집행 지휘·감독을 그의 직무와 권한으로 하고 있다(검찰청법4① 참조). 이처럼 검사는 수사절차, 공판절차, 재판집행절차 등 형벌권의 실현절차 전반에 걸쳐서 중추적 기능을 수행한다.

(2) 검사의 수사권 제한

(가) 검사 직접수사 사건의 제한   위의 (가) 범죄수사, 공소의 제기 및 그 유지에 필요한 직무 가운데 범죄수사의 경우 검사가 직접 수사를 개시할 수 있는 범죄의 범위는 2022년 5월의 「검찰청법」 개정에 의하여 크게 제한되었다. 개정 전의 규정에 의하면 검사는 부패범죄, 경제범죄, 공직자범죄, 선거범죄, 방위사업범죄, 대형참사 등 6개 유형의 중요 범죄를 직접 수사개시할 수 있었다. 그러나 2022년 5월의 개정에 의하여 검사의 직접 수사개시가 가능한 중요 범죄는 부패범죄와 경제범죄 등 대통령령으로 정하는 중요 범죄 등으로 축소되었다. 개정된 「검찰청법」 제4조는 2022년 9월 10일부터 시행되었다. 이제 검사가 수사를 개시할 수 있는 범죄의 범위는 다음 각 목과 같다(검찰청법4① i 단서).

① 부패범죄, 경제범죄 등 대통령령으로 정하는 중요 범죄 (가목)
② 경찰공무원(다른 법률에 따라 사법경찰관리의 직무를 행하는 자를 포함한다) 및 고위공직자범죄수사처 소속 공무원(「고위공직자범죄수사처 설치 및 운영에 관한 법률」에 따른 파견공무원을 포함한다)이 범한 범죄 (나목)
③ 가목 및 나목의 범죄 및 사법경찰관이 송치한 범죄와 관련하여 인지한 각 해당 범죄

와 직접 관련성이 있는 범죄 (다목)

검사가 직접 수사를 개시할 수 있는 중요 범죄 등을 구체적으로 정하기 위하여 대통령령으로 「검사의 수사개시 범죄 범위에 관한 규정」이 제정되어 있다. 검찰총장은 위의 가목 유형의 중요 범죄에 대한 수사를 개시할 수 있는 부의 직제 및 해당 부에 근무하고 있는 소속 검사와 공무원, 파견 내역 등의 현황을 분기별로 국회에 보고하여야 한다(검찰청법24④).

(나) 경찰 송치사건의 수사제한   「검찰청법」 제4조 제1호가 규정한 범죄수사, 공소의 제기 및 그 유지에 필요한 직무 가운데 범죄수사의 경우 사법경찰관으로부터 송치받은 사건에 대한 검사의 수사권 또한 2022년 5월의 형소법 개정에 의하여 제한되었다. 형소법 제197조의3 제6항[시정조치 불이행에 따른 송치], 제198조의2 제2항[체포·구속장소감찰과 송치] 및 제245조의7 제2항[고소인 이의신청에 따른 송치]에 따라 사법경찰관으로부터 송치받은 사건에 관하여는 검사는 해당 사건과 동일성을 해치지 아니하는 범위 내에서 수사할 수 있다(법196②).

(다) 공소제기 권한의 제한   (가)의 범죄수사, 공소의 제기 및 그 유지에 필요한 직무 가운데 공소제기의 경우 2022년 5월의 「검찰청법」 개정에 의하여 검사 직접수사 사건에 대해 수사검사와 기소검사의 분리가 이루어졌다. 검사는 자신이 수사개시한 범죄에 대하여는 공소를 제기할 수 없다. 다만, 사법경찰관이 송치한 범죄에 대하여는 그러하지 아니하다(검찰청법4② 본문·단서).

2. 검찰제도의 연혁

검찰제도는 프랑스 대혁명 이후 종래의 규문절차를 타파하고 이에 대신하여 수립된 소위 개혁된 형사소송법의 산물이다. 규문절차란 조사를 행하는 규문자와 조사를 받는 피규문자만 등장하는 형사절차를 말한다. 규문절차에서는 규문판사가 범죄혐의 있음을 인정한 다음 이를 확인하기 위하여 주도적으로 절차를 진행해 간다. 인간의 심리상 규문판사는 자연히 자신이 인정한 범죄혐의를 확인하는 방향으로 조사를 진행해 가게 된다. 여기에 더하여 규문절차하에서는 자백을 얻기 위한 조사방법으로 고문이 허용되었다.

규문절차에서 규문판사가 주도적으로 실체심리를 행하는 소송구조를 규문주의라고 한다. 규문주의와 구별되는 것이 탄핵주의이다. 탄핵주의란 소추자와 심판자를 분리하는 원칙을 말한다. 탄핵주의 형사절차에서는 소추자, 피고인, 심판자라는 세 주체가 등장하게 된다.

프랑스 대혁명 이후 프랑스에서는 수사절차와 공판절차가 분리되었다. 탄핵주의에 따라 검찰제도가 도입되었기 때문이다. 검사가 등장함에 따라 수사와 공소제기를 담당하는 국가기관과 공소제기된 피고사건의 심리를 담당하는 국가기관이 분리되었다. 이제 심판자는 최초의 범죄혐의를 확인하기 위하여 무리한 조사를 할 필요가 없게 되었다. 프랑스의 '개혁된 형사소송법'에서 유래한 검찰제도는 독일과 일본을 거쳐 우리나라에 도입되기에 이르렀다.

3. 검찰청과 검사의 직급

검사는 법무부 산하의 검찰청(정부조직법32②)에 소속되어 있다. 검찰청은 대검찰청, 고등검찰청, 지방검찰청으로 구성되며 각각 대법원, 고등법원, 지방법원에 대응한다(검찰청법2②, 3①). 지방법원 지원 설치지역에는 이에 대응하여 지방검찰청 지청을 둘 수 있다(동법3②).

검사의 직급은 검찰총장과 검사로 구분된다(검찰청법6). 검사는 사법시험에 합격하여 사법연수원 과정을 마친 사람과 변호사 자격이 있는 사람 중에서 임명한다(검찰청법29 참조). 검찰총장은 검찰사무관 등에게 대통령령으로 정하는 범위 내에서 검사직무대리를 명할 수 있다(동법32① · ② 참조). 검사직무대리는 합의부 심판사건을 처리하지 못하나(동조③), 원래 단독사건이었던 재정합의사건의 처리는 가능하다.[1] 검사직무대리는 강제수사가 필요 없는 경미한 사건을 처리한다(검사직무대리운영규정5 참조).

검사의 직무상 독립성과 중립성을 보장하기 위하여 검찰총장을 제외한 모든 검사의 직급은 검사로 일원화되어 있다(검찰청법6). 한편 검찰조직의 노령화나 무사안일을 방지하기 위하여 7년 단위로 실시되는 검사적격심사제도가 마련되어 있다(동법39①).

제 2　검사의 법적 지위

1. 준사법기관으로서의 검사

검사는 검찰권을 행사하는 국가기관이다. 검사는 준사법기관이며 단독관청이다. 검사는 행정부에 소속되어 있다. 원래 행정부는 합목적성의 원리에 따라 지휘 · 감독의 피라미드 조직을 이루면서 권한을 행사한다. 그런데 검사는 개개의 형사사건을 놓고 수사와 공소제기 및 공소유지의 직무를 수행한다. 형사처벌에 직면한 피의자 · 피고인의 기본적 인권을 보장하기 위하여 형사절차는 합목적성이 아니라 합법성의 원리에 따라 진행되어야 한다.

검사는 그 직무를 수행할 때 국민 전체에 대한 봉사자로서 헌법과 법률에 따라 국민의 인권을 보호하고 적법절차를 준수하며, 정치적 중립을 지켜야 하고 주어진 권한을 남용하여서는 아니 된다(검찰청법4③). 검사는 모든 수사과정에서 헌법과 법률에 따라 보장되는 피의자와 그 밖의 피해자 · 참고인 등의 권리를 보호하고, 적법한 절차에 따라야 한다(수사준칙3①).

---

1) 2012. 6. 28. 2012도3927, 공 2012하, 1383, 『중소기업 금융자문업자 사건』.

검사의 적법절차 준수의무는 피고사건의 심판과 관련하여 법관이 이행해야 할 적법절차 준수의무와 거의 대등한 정도에 이른다. 행정부에 소속하는 검사가 법원에 준하는 적법절차 준수의무를 진다는 점에 착안하여 검사를 준사법기관이라고 부른다.

검사는 준사법기관이다. 따라서 검사의 직무수행은 법관의 직무수행에 준하여 직무상의 독립성이 보장되어야 한다. 검사는 법관에 준하는 신분보장을 받는다(검찰청법37). 또한 행정조직상 최고책임자인 법무부장관도 검찰사무에 관한 한 일반적으로만 검사를 지휘·감독할 수 있다. 구체적 사건에 대해서는 검찰총장만을 지휘·감독할 수 있을 뿐이다(검찰청법8).

검사를 준사법기관이라고 하더라도 행정부에 소속하기 때문에 법관과 같은 정도의 독립성을 기대할 수는 없다. 검사는 검찰사무에 관하여 소속 상급자의 지휘·감독에 따른다(검찰청법7①). 다만 상급자의 지휘·감독도 합법성의 범위 안에서만 그 효력이 있다. 검사는 구체적 사건과 관련된 상급자의 지휘·감독의 적법성 또는 정당성에 대하여 이견이 있을 때에는 이의를 제기할 수 있다(동조②).

「검사와 사법경찰관의 상호협력과 일반적 수사준칙에 관한 규정」(수사준칙)은 수사기관의 회피의무를 규정하고 있다. 검사는 피의자나 사건관계인(피해자·참고인)과 친족관계 또는 이에 준하는 관계가 있거나 그 밖에 수사의 공정성을 의심 받을 염려가 있는 사건에 대해서는 소속 기관의 장의 허가를 받아 그 수사를 회피해야 한다(수사준칙11).

검사가 내리는 처분에는 법관의 재판에 부여되는 일사부재리의 효력이 없다. 따라서 불기소처분 후에 다시 공소를 제기하는 것도 가능하다.[1] 그러나 기소유예 처분을 받은 종전 사건의 피의사실과 현재 사건의 공소사실 사이에 기소유예 처분을 번복하고 공소를 제기해야 할 만한 의미 있는 사정변경이 없음에도 검사가 공소를 제기하였다면 현재 사건에 대한 기소는 소추재량권을 현저히 일탈한 경우로서 공소권남용에 해당하여 공소기각판결(법327 ii)의 대상이 된다.[2]

2. 단독관청으로서의 검사

검사는 단독관청이다. 단독관청이라 함은 그 자신의 이름으로 공권적 의사표시를 할 수 있는 국가기관이라는 뜻이다. 검사는 그 직무를 수행할 때 국민 전체에 대한 봉사자로서 헌법과 법률에 따라 국민의 인권을 보호하고 적법절차를 준수하며, 정치적 중립을 지켜야 하고 주어진 권한을 남용하여서는 안 된다(검찰청법4②).

---

1) 1995. 3. 10. 94도2598, 공 1995, 1662, 『3년 후 재고소 사건』.
2) 2021. 10. 14. 2016도14772, [미간행], 『기소유예 4년 후 재기소 사건』.

검찰조직 내에는 다수의 검사가 상하관계로 연결되어 있다. 이 점은 일반 행정부서의 경우에도 마찬가지이다. 그러나 개개의 검사는 단독관청이므로 자신의 이름으로 각종 처분을 내린다. 상급자의 대리인이나 보조인으로 직무를 수행하는 것이 아니다.

개별 검사가 검찰조직 내부의 방침이나 결재 등을 거치지 않고 대외적으로 의사표시를 하였다면 그 의사표시는 단독관청의 처분으로서 대외적 효력을 갖는다. 다만 대내적으로 당해 검사에 대한 징계가 내려질 수 있으나 이것은 내부적 복무규율의 문제에 지나지 않는다.

제3 검사동일체의 원칙

1. 검사동일체원칙의 의의

검사는 단독관청이다. 따라서 검찰청의 조직 내에는 다수의 단독관청이 존재하는 결과가 된다. 다수의 단독관청이 존재할 때 검찰권 운용에 혼선과 모순이 생길 수 있다. 여기에서 검찰권의 통일적 행사를 기할 수 있는 장치가 필요하다. 이와 관련하여 모든 검사가 검찰총장을 정점으로 상하의 위계질서를 이루면서 단일의 유기적 조직체로 활동하는 계층구조의 원리를 가리켜서 검사동일체의 원칙이라고 한다.

검찰조직에서 검사동일체의 원칙이 요청되는 이유로 두 가지를 들 수 있다. 하나는 전국적으로 통일된 형사정책을 수립하고 형사사건의 처리에서 지역적 불균형을 시정할 필요가 있다. 다른 하나는 현대사회에서 날로 지능화, 광역화, 기동화해 가는 범죄양상에 대처하기 위하여 전국적으로 통일된 수사망을 확립하고 이를 효율적으로 가동할 필요가 있다.

2. 검사동일체원칙의 구성원리

(1) 지휘감독의 관계

검사동일체의 원칙은 우선 상명하복의 조직원리에서 나타난다. 일반적으로 행정부에 소속하는 공무원은 상명하복의 관계로 조직되어 있다(국가공무원법57 참조). 그런데 「검찰청법」 제7조 제1항은 "검사는 검찰사무에 관하여 소속 상급자의 지휘·감독에 따른다."고 규정하여 별도로 지휘·감독의 관계를 천명하고 있다. 이것은 검사가 개개의 형사사건을 중심으로 수사, 공소제기 및 공소유지, 형집행 등과 관련하여 상급자의 지휘·감독에 따라야 함을 의미한다. 즉 단독관청이자 준사법기관인 검사 상호간에 지휘·감독의 관계를 규정한 것이다.

단독관청이며 준사법기관인 검사에 대해 소속 상급자의 지휘·감독에 따라야 할 의무를 부과하는 것은 검사동일체의 원칙을 유지하기 위하여 부득이한 조치이다. 여기에서 지휘감독 관계의 한계가 문제된다.

먼저, 검사동일체의 테두리 안에서 활동하는 모든 검사는 그 지위의 고하를 막론하고 구체적인 검찰사무의 처리에 있어서 실체적 진실과 정의에 입각하여 합법성을 추구해야 할 책무가 있다. 검사는 모든 수사과정에서 헌법과 법률에 따라 보장되는 피의자와 그 밖의 피해자·참고인 등의 권리를 보호하고, 적법한 절차에 따라야 한다(수사준칙3①).

다음으로, 검사는 상급자의 불법한 지휘감독에 대해 복종할 필요가 없다. 「검찰청법」이 규정한 지휘감독의 관계는 합법적인 상급자의 지휘감독에만 복종하는 것을 의미한다. 하급자는 구체적 사건과 관련된 소속 상급자의 지휘감독의 적법성이나 정당성에 대해 이견이 있을 때 이의를 제기할 수 있다(검찰청법7②). 불법한 지시에 의하여 담당 검사로 하여금 내사나 수사를 중도에서 그만두고 종결처리하게 하는 상사의 행위는 직권남용권리행사방해죄(형법123)를 구성한다.[1]

(2) 직무승계 및 직무이전의 권한

검사동일체의 원칙을 유지하는 또 다른 장치로 직무승계 및 직무이전의 권한이 있다. 검찰총장과 각급 검찰청의 검사장 및 지청장은 소속 검사의 직무를 자신이 직접 처리하거나 그 소속의 다른 검사로 하여금 이를 처리하게 할 수 있다(검찰청법7의2②). 이때 각급 검찰청의 장이 하급자로부터 사건을 가져와서 직접 처리하는 권한을 직무승계의 권한이라 하고, 각급 검찰청의 장이 다른 검사로 하여금 사건을 처리하도록 하는 권한을 직무이전의 권한이라고 한다.

검사동일체의 원칙을 유지하는 장치의 하나로 직무대리권이 있다. 검찰총장, 각급 검찰청의 검사장 및 지청장은 소속 검사로 하여금 자신의 권한에 속하는 직무의 일부를 처리하게 할 수 있다(검찰청법7의2①). 이것은 직무승계 및 직무이전의 권한을 역으로 구성해 놓은 것이라고 할 수 있다. 직무대리권에 기하여 소속 상급자는 별도의 구체적인 수권 없이 하급자로 하여금 지휘감독, 직무승계, 직무이전의 권한을 행사하게 할 수 있다. 그러나 하급자가 이의를 제기한 사건의 경우에는 제한이 있다.

하급자인 검사가 구체적 사건과 관련된 상급자의 지휘감독의 적법성 또는 정당성에 대해 이의를 제기하는 경우가 있다(검찰청법7②). 이때 이의가 제기된 사건에 관한 검사의 직무를 다른 검사에게 이전할 수 있는 권한은 각급 검찰청의 장에게 있다(동법7의2②). 검찰청의 장이

---

[1] 2007. 6. 14. 2004도5561, 공 2007, 1108, 『검찰총장 내사중단 지시 사건』.

아닌 상급자는 하급자가 이의를 제기한 사건에 관한 검사의 직무를 다른 검사에게 바로 이전할 수 없다. 검찰청의 장이 아닌 상급자가 하급자가 이의를 제기한 사건을 다른 검사에게 적법하게 이전하기 위해서는 검사 직무의 이전에 관한 검찰청의 장의 구체적·개별적인 위임이 있거나 그러한 상황에서의 검사 직무의 이전을 구체적이고 명확하게 정한 위임규정 등이 있어야 한다.[1]

3. 검사동일체원칙의 효과

개개의 검사는 단독관청이다. 그러나 기능적인 면에서 볼 때 검사동일체의 원칙에 입각하여 검찰조직 전체가 마치 1인의 검사처럼 활동하게 된다. 따라서 형사사건의 수사, 공소제기, 공소유지, 형집행 등 일련의 절차가 진행되는 도중에 그 검찰사무를 취급하던 검사가 전보·퇴직 등의 사유로 물러나고 새로운 검사가 그 사무를 담당하게 되더라도 소송법상 아무런 영향을 받지 않는다.

검사동일체의 원칙과 관련하여 검사의 제척·기피의 문제가 논의되고 있다. 이와 관련하여 법관에 대해 제척(법17)과 기피(법18)가 인정되고 있는데 준사법기관인 검사에게도 이를 인정해야 한다는 긍정설이 있다. 이에 대해 검사동일체의 원칙에 비추어 볼 때 검사를 교체하더라도 아무런 소송법적 효과가 발생하지 않는다는 이유를 들어서 검사의 제척·기피를 부정하는 부정설이 있다.

생각건대 검사는 공익의 대표자로서 피의자·피고인의 정당한 이익을 보호해야 한다는 점에 비추어 볼 때 검사에 대한 제척·기피를 허용하는 것이 타당하다고 본다. 판례는 검사가 피해자인 사안에서 그 검사에게 당해 사건의 수사를 허용하여 부정설을 취하고 있는 것으로 보인다.[2]

수사준칙은 수사기관의 회피의무를 규정하고 있다. 검사는 피의자나 사건관계인(피해자·참고인)과 친족관계 또는 이에 준하는 관계가 있거나 그 밖에 수사의 공정성을 의심 받을 염려가 있는 사건에 대해서는 소속 기관의 장의 허가를 받아 그 수사를 회피해야 한다(수사준칙11).

4. 법무부장관과의 관계

검사동일체의 원칙에 의하여 검찰조직은 피라미드 형태를 취하게 된다. 이때 검찰조직의

---

1) 2017. 10. 31. 2014두45734, 공 2017하, 2191, 『공판부장 직무이전명령 사건』.
2) 2013. 9. 12. 2011도12918, 공 2013하, 1856, 『영장집행 검사 폭행 사건』.

정점에는 검찰총장이 위치한다. 따라서 개개 검사에 대한 지휘·감독의 권한은 물론 직무승계 및 직무이전의 권한도 최종적으로 검찰총장에게 귀속된다.

그런데 검찰조직은 법무부에 소속되어 있다(정부조직법32②). 정치적으로 법무행정의 최고 책임자는 법무부장관이다. 법무부장관은 법무행정의 일 분야인 검찰사무에 대해서도 최고감독자가 된다. 그러나 법무부장관은 검사가 아니다. 따라서 법무부장관은 검사동일체의 원칙에 의하여 개개 검사에게 지휘감독권을 행사할 수 없다. 법무부장관은 일반적으로 검사를 지휘·감독할 수 있을 뿐 구체적 사건에 대해서는 검찰총장만을 지휘·감독한다(검찰청법8). 이때 검찰총장은 그 자신이 검사로서 정치적 중립의무를 지며(동법4②) 법무부장관의 정치적 영향력 행사로부터 검찰사무의 독립성을 확보해야 할 책무를 진다.

제 4 검찰·경찰의 수사권 조정

1. 2020년 검경 수사권조정

(1) 관련 규정의 정비

형사소송법이 인정하고 있는 일반 수사기관은 검사와 사법경찰관리이다. 2020년 개정 전의 형사소송법에 따르면 수사절차에서 주재자는 검사였다(구법195).[1] 사법경찰관은 모든 수사에 관하여 검사의 지휘를 받으며(구법196① 후단), 사법경찰관리는 검사의 지휘가 있는 때에는 이에 따라야 하였다(동조③). 검사의 수사지휘는 경찰공무원인 사법경찰관리를 포함하여 모든 사법경찰관리에게 인정되었다.

2020년 입법자는 시대적 상황과 국민적 요구를 반영하여 특별히 경찰공무원인 사법경찰관과 검사 사이의 수사권을 새로이 조정하였다. 이제 검사와 경찰공무원인 사법경찰관은 수사, 공소제기 및 공소유지에 관하여 서로 협력하여야 한다(법195①). 경찰공무원인 사법경찰관리와 검사가 협력관계에서 수사를 위하여 준수해야 하는 일반적 수사준칙에 관한 사항은 대통령령으로 정한다(동조②).

이에 관한 대통령령으로 「검사와 사법경찰관의 상호협력과 일반적 수사준칙에 관한 규정」(수사준칙)이 제정되어 2021년 1월 1일부터 시행되었다. 수사준칙은 2023년 일부 개정되었다. 한편 수사준칙의 시행에 발맞추어 행정안전부령으로 「경찰수사규칙」이, 해양수산부령으

---

1) 신동운, "수사지휘권의 귀속에 관한 연혁적 고찰 : 초기 법규정의 정비를 중심으로 I ", 서울대 법학, 제42권 제1호(2001), 178-230면; 신동운: "수사지휘권의 귀속에 관한 연혁적 고찰 : 초기 법규정의 정비를 중심으로 II", 서울대 법학, 제42권 제2호(2001), 238-282면 참고 바람.

로 「해양경찰수사규칙」이 각각 제정되었고, 법무부령인 「검찰사건사무규칙」이 전면개정되었다. 이들 행정입법은 모두 2021년 1월 1일부터 발효되었다.

경찰공무원인 사법경찰관리와 달리 검찰청 직원인 사법경찰관리와 특별사법경찰관리는 종전과 마찬가지로 검사의 수사지휘를 받는다(법245의9②, 245의10②). 한편 고위공직자범죄수사처 수사관은 사법경찰관의 직무를 수행하지만(공수처법21②) 수사처검사의 지휘·감독을 받아 직무를 수행한다(동조①). 고위공직자범죄수사처는 그 권한에 속하는 직무를 독립하여 수행하므로(동법3②) 수사처수사관은 사법경찰관의 직무를 수행할지라도 검사의 수사지휘를 받지 않는다.

(2) 수사권조정의 내용 개관

2020년 검경 수사권 조정의 주요 내용은 수사, 공소제기 및 공소유지에 관하여 검찰과 경찰 양 기관을 상호 협력관계로 설정하면서, 경찰에게는 일차 수사에서 보다 많은 자율권을 부여하고, 그 대신 검찰로 하여금 경찰 수사에 대한 사법통제를 충실히 수행하도록 하는 데에 있다.

2020년의 수사권 조정에 따라 2021년 1월 1일부터 경찰은 일차적 수사권(법197) 및 일차적 수사종결권(법245의5)을 가지게 되었다. 이에 대해 검찰은 기소권(법246)과 함께 특정 사건에 관한 직접 수사개시권(검찰청법4① i 단서), 경찰 수사사건에 대한 시정조치 요구권(법197의3), 경찰 송치사건에 대한 보완수사 요구권(법197의2) 및 경찰 불송치사건에 대한 재수사 요청권(법245의8) 등 사법통제 권한을 보유하고 있다.

검사의 사법통제 권한은 사법경찰관의 일차적 수사과정에 대한 것과 사법경찰관의 수사종결처분에 대한 것으로 나누어 볼 수 있다. 사법경찰관의 일차적 수사과정에 대한 검사의 통제는 (가) 영장신청사건에 대한 보완수사 요구(법197의2① ii), (나) 수사권남용사건에 대한 시정조치 요구(법197의3)로 나누어 볼 수 있다. 사법경찰관의 일차적 수사종결처분에 대한 검사의 통제는 (가) 송치사건에 대한 보완수사 요구(법197의2① i), (나) 불송치사건에 대한 재수사 요청(법245의8)으로 나누어 볼 수 있다.

아래에서는 경찰공무원인 사법경찰관과 검사 사이의 수사권 분배에 대해 살펴보고, 이어서 검사의 사법경찰관에 대한 통제장치에 대해 검토한다. 서술의 편의를 위하여 이하의 설명에서는 경찰공무원인 사법경찰관을 단순히 사법경찰관으로 줄여서 표현하고, 영장신청사건에 대한 보완수사 요구와 송치사건에 대한 보완수사 요구를 함께 소개하기로 한다. 아래의 설명은 검찰청 직원인 사법경찰관과 검사의 관계 및 특별사법경찰관과 검사의 관계에는 해당되지 않는다는 점을 미리 언급해 둔다(법245의9④, 245의10⑥).

2. 경찰 · 검찰의 수사권 분배

(1) 경찰의 일차적 수사권

경찰공무원 가운데 경무관, 총경, 경정, 경감, 경위는 사법경찰관으로서 범죄의 혐의가 있다고 사료하는 때에는 범인, 범죄사실과 증거를 수사한다(법197①). 경사, 경장, 순경은 사법경찰리로서 수사의 보조를 하여야 한다(동조②). 수사는 일차적으로 사법경찰관이 담당한다. 사법경찰관이 수사를 개시할 수 있는 범죄의 범위에는 제한이 없다.

사법경찰관이 일차적으로 수사를 진행함에 있어 법관의 영장에 의한 강제처분이 필요한 경우가 있다. 사법경찰관이 신청한 영장을 검사가 정당한 이유 없이 판사에게 청구하지 아니한 경우 사법경찰관은 그 검사 소속의 지방검찰청 소재지를 관할하는 고등검찰청에 영장 청구 여부에 대한 심의를 신청할 수 있다(법221의5①). 사법경찰관은 고등검찰청에 설치된 영장심의위원회에 출석하여 의견을 개진할 수 있다(동조② · ④).

(2) 검사의 직접수사권 제한

검사는 범죄수사의 권한을 가지고 있다(검찰청법4① i 본문). 검사는 범죄의 혐의가 있다고 사료하는 때에는 범인, 범죄사실과 증거를 수사한다(법196①). 그러나 검사의 일차적 수사권은 「검찰청법」에 의하여 제한된다. 2022년 5월 「검찰청법」 개정에 따라 검사가 직접 수사를 개시할 수 있는 범죄는 다음과 같이 조정되었다(검찰청법4① i 단서).[1]

① 부패범죄, 경제범죄 등 대통령령으로 정하는 중요 범죄 (가목)

② 경찰공무원(다른 법률에 따라 사법경찰관리의 직무를 행하는 자를 포함한다) 및 고위공직자범죄수사처 소속 공무원(「고위공직자범죄수사처 설치 및 운영에 관한 법률」에 따른 파견공무원을 포함한다)이 범한 범죄 (나목)

③ 위의 가목, 나목의 범죄 및 사법경찰관이 송치한 범죄와 관련하여 인지한 각 해당 범죄와 직접 관련성이 있는 범죄 (다목)

대통령령으로 제정된 「검사의 수사개시 범죄 범위에 관한 규정」 제2조는 검사가 직접 수사를 개시할 수 있는 가목 유형 범죄(중요 범죄)의 구체적인 범위를 다음과 같이 규정하고 있다.

① 부패범죄 : 다음 각 목의 어느 하나에 해당하는 범죄로서 별표 1에 규정된 죄 (1호)

　　가. 사무의 공정을 해치는 불법 또는 부당한 방법으로 자기 또는 제3자의 이익이나 손해를 도모하는 범죄

---

1) 전술 36면 참조.

나. 직무와 관련하여 그 지위 또는 권한을 남용하는 범죄

다. 범죄의 은폐나 그 수익의 은닉에 관련된 범죄

② 경제범죄 : 생산·분배·소비·고용·금융·부동산·유통·수출입 등 경제의 각 분야에서 경제질서를 해치는 불법 또는 부당한 방법으로 자기 또는 제3자의 경제적 이익이나 손해를 도모하는 범죄로서 별표 2에 규정된 죄 (2호)

③ 다음 각 목의 어느 하나에 해당하는 죄 (3호)

가. 무고·도주·범인은닉·증거인멸·위증·허위감정통역·보복범죄 및 배심원의 직무에 관한 죄 등 국가의 사법질서를 저해하는 범죄로서 별표 3에 규정된 죄

나. 개별 법률에서 국가기관으로 하여금 검사에게 고발하도록 하거나 수사를 의뢰하도록 규정된 범죄

(3) 검경의 수사권 경합

검사의 직접수사 대상범죄는 제한되어 있다. 이에 반해 경찰공무원인 사법경찰관의 일차적 수사권 대상범죄에는 제한이 없다. 여기에서 검찰과 경찰 사이에 수사가 경합하는 경우가 생길 수 있다. 형사소송법은 이 경우에 대비하여 다음과 같은 기준을 마련하고 있다.

검사는 사법경찰관과 동일한 범죄사실을 수사하게 된 때에는 사법경찰관에게 사건을 송치할 것을 요구할 수 있다(법197의4①). 검사는 사법경찰관에게 사건송치를 요구할 때에는 그 내용과 이유를 구체적으로 적은 서면으로 해야 한다(수사준칙49①).

검사의 사건송치 요구를 받은 사법경찰관은 사건송치 요구를 받은 날부터 7일 이내에 사건을 검사에게 송치해야 한다. 이 경우 관계 서류와 증거물을 함께 송부해야 한다(법197의4② 본문, 수사준칙49②).

(4) 영장신청사건과 사법경찰관의 계속 수사권

검사와 사법경찰관이 동일한 범죄사실을 수사하게 된 때에는 원칙적으로 검사가 사건송치 요구권을 갖는다(법197의4① 본문). 다만, 검사가 영장을 청구하기 전에 동일한 범죄사실에 관하여 사법경찰관이 영장을 신청한 경우에는 해당 영장에 기재된 범죄사실을 사법경찰관이 계속 수사할 수 있다(법197의4② 단서).

검사와 사법경찰관은 형소법 제197조의4에 따른 수사의 경합과 관련하여 동일한 범죄사실 여부나 영장 청구·신청의 시간적 선후관계 등을 판단하기 위해 필요한 경우에는 그 필요한 범위에서 사건기록의 상호 열람을 요청할 수 있다(수사준칙48①). 이 경우 영장에는 통신제한조치허가서(통신비밀보호법6, 8) 및 통신사실 확인자료제공 요청 허가서(통신비밀보호

법13)가 포함된다(수사준칙48①).

영장청구와 영장신청의 시간적 선후관계는 검사의 영장청구서와 사법경찰관의 영장신청서가 각각 법원과 검찰청에 접수된 시점을 기준으로 판단한다(수사준칙48②). 검사는 사법경찰관의 영장신청서의 접수를 거부하거나 지연해서는 안 된다(동조③).

검사와 사법경찰관은 (가) 사법경찰관이 영장을 신청한 사건으로서 사법경찰관이 계속 수사할 수 있는지 여부나, (나) 사법경찰관이 계속 수사할 수 있는 경우 수사를 계속할 주체 또는 사건의 이송 여부 등에 대해 이견이 있는 경우에는 상대방의 협의 요청에 응해야 한다(수사준칙8① 참조). 이 경우 해당 검사와 사법경찰관의 협의에도 불구하고 이견이 해소되지 않는 경우에는 해당 검사가 소속된 검찰청의 장과 해당 사법경찰관이 소속된 경찰관서(지방해양경찰관서를 포함한다)의 장의 협의에 따른다(동조② ii).

검사는 사법경찰관이 범죄사실을 계속 수사할 수 있게 된 경우에는 정당한 사유가 있는 경우를 제외하고는 그와 동일한 범죄사실에 대한 사건을 이송하는 등 중복수사를 피하기 위해 노력해야 한다(수사준칙50).

(5) 사건의 이송

검사는 직접수사 대상사건에 해당되지 않는 범죄(검찰청법4① i 각목)에 대한 고소 · 고발 · 진정 등이 접수된 때에는 사건을 검찰청 외의 수사기관에 이송해야 한다(수사준칙18①). 검사는 (가) 형사소송법 제197조의4[수사의 경합] 제2항 단서에 따라 사법경찰관이 범죄사실을 계속 수사할 수 있게 된 때, (나) 그 밖에 다른 수사기관에서 수사하는 것이 적절하다고 판단되는 때에 해당하는 경우에는 사건을 검찰청 외의 수사기관에 이송할 수 있다(수사준칙18②).

검사는 검찰청 외의 수사기관에 사건을 이송하는 경우에는 관계 서류와 증거물을 해당 수사기관에 함께 송부해야 한다(수사준칙18③). 검사가 다른 수사기관에서 수사하는 것이 적절하다고 판단하여 사건이송을 하는 경우(수사준칙18② ii)에는 특별한 사정이 없으면 사건을 수리한 날부터 1개월 이내에 이송해야 한다(수사준칙18④).

3. 사법경찰관의 수사 과정에 대한 검사의 통제

(1) 수사권 남용과 시정조치

(가) 수사권남용의 신고   피의자나 사건관계인(피해자 · 참고인)은 사법경찰관의 수사과정에서 법령위반, 인권침해 또는 현저한 수사권 남용이 있는 경우 검사에게 구제를 신청할 수 있다(법197의3① 참조). 사법경찰관은 피의자를 신문하기 전에 수사과정에서 법령위반, 인권침해 또는 현저한 수사권 남용이 있는 경우 검사에게 구제를 신청할 수 있음을 피의자에게 알려

주어야 한다(법197의3⑧).

사법경찰관은 검사에게 구제를 신청할 수 있음을 피의자에게 알려준 경우에는 피의자로부터 고지 확인서를 받아 사건기록에 편철한다. 다만, 피의자가 고지 확인서에 기명날인 또는 서명하는 것을 거부하는 경우에는 사법경찰관이 고지 확인서 끝부분에 그 사유를 적고 기명날인 또는 서명해야 한다(수사준칙47).

검사와 사법경찰관은 피의자나 사건관계인(피해자·참고인)이 인권침해 신고나 그 밖에 인권 구제를 위한 신고, 진정, 고소, 고발 등의 행위를 하였다는 이유로 부당한 대우를 하거나 불이익을 주어서는 안 된다(수사준칙4).

(나) 기록송부 요구   검사는 사법경찰관리의 수사과정에서 법령위반, 인권침해 또는 현저한 수사권 남용이 의심되는 사실의 신고(법197의3⑧ 참조)가 있거나 그러한 사실을 인식하게 된 경우에는 사법경찰관에게 사건기록 등본의 송부를 요구할 수 있다(법197의3①). 검사는 사법경찰관에게 사건기록 등본의 송부를 요구할 때에는 그 내용과 이유를 구체적으로 적은 서면으로 해야 한다(수사준칙45①).

사건기록 등본의 송부 요구를 받은 사법경찰관은 요구를 받은 날부터 7일 이내에 지체 없이 검사에게 사건기록 등본을 송부하여야 한다(법197의3②, 수사준칙45②).

(다) 시정조치 요구   사건기록 등본을 송부받은 검사는 필요하다고 인정되는 경우에는 사법경찰관에게 시정조치를 요구할 수 있다(법197의3③). 검사는 사건기록 등본을 송부받은 날부터 30일(사안의 경중 등을 고려하여 10일의 범위에서 한 차례 연장할 수 있다) 이내에 시정조치 요구(법197의3) 여부를 결정하여 사법경찰관에게 통보해야 한다. 이 경우 시정조치 요구의 통보는 그 내용과 이유를 구체적으로 적은 서면으로 해야 한다(수사준칙45③).

(라) 시정조치 결과통보   사법경찰관은 검사의 시정조치 요구가 있는 때에는 정당한 이유가 있는 경우를 제외하고 지체 없이 시정조치를 이행하고, 그 이행결과를 서면에 구체적으로 적어 검사에게 통보해야 한다(법197의3④, 수사준칙45④). 검사와 사법경찰관은 시정조치의 지체와 관련하여 정당한 이유의 유무에 대해 이견이 있어서 이견의 조정이 필요한 경우 서로 협의를 요청할 수 있다. 이 경우 특별한 사정이 없으면 상대방의 협의 요청에 응해야 한다(수사준칙8① 참조).

(마) 사건송치 요구   사법경찰관으로부터 시정조치 이행결과를 통보받은 검사는 시정조치 요구가 정당한 이유 없이 이행되지 않았다고 인정되는 경우에는 사법경찰관에게 사건을 송치할 것을 요구할 수 있다(법197의3⑤). 검사는 사법경찰관에게 사건송치를 요구하는 경우에는 그 내용과 이유를 구체적으로 적은 서면으로 해야 한다(수사준칙45⑤).

(바) 사건송치 기한   사법경찰관은 서면으로 사건송치를 요구받은 날부터 7일 이내에

검사에게 사건을 송치해야 한다(법197의3⑥, 수사준칙45⑥ 1문). 이 경우 관계 서류와 증거물을 함께 송부해야 한다(수사준칙45⑥ 2문).

검사는 공소시효 만료일의 임박 등 특별한 사유가 있을 때에는 서면에 그 사유를 명시하고 별도의 송치기한을 정하여 사법경찰관에게 통지할 수 있다. 이 경우 사법경찰관은 정당한 이유가 있는 경우를 제외하고는 통지받은 송치기한까지 사건을 검사에게 송치해야 한다(수사준칙45⑦). 검사와 사법경찰관은 사건송치기한과 관련하여 정당한 이유의 유무에 대해 이견이 있는 경우에는 상대방의 협의 요청에 응해야 한다(수사준칙8① 참조).

(사) 송치사건 수사범위   검사는 형소법 제197조의3 제6항에 따라 사법경찰관으로부터 송치받은 사건에 관하여는 해당 사건과 동일성을 해치지 아니하는 범위 내에서 수사할 수 있다(법196②).

(아) 징계 요구   검찰총장 또는 각급 검찰청 검사장은 사법경찰관리의 수사과정에서 법령위반, 인권침해 또는 현저한 수사권 남용이 있었던 때에는 권한 있는 사람에게 해당 사법경찰관리의 징계를 요구할 수 있다. 그 징계절차는 「공무원 징계령」 또는 「경찰공무원 징계령」에 따른다(법197의3⑦).

검찰총장 또는 각급 검찰청 검사장은 사법경찰관리의 징계를 요구할 때에는 서면에 그 사유를 구체적으로 적고 이를 증명할 수 있는 관계 자료를 첨부하여 해당 사법경찰관리가 소속된 경찰관서의 장에게 통보해야 한다(수사준칙46①). 경찰관서의 장은 징계요구에 대한 처리 결과와 그 이유를 징계를 요구한 검찰총장 또는 각급 검찰청 검사장에게 통보해야 한다(동조②).

(2) 교체임용 요구

서장이 아닌 경정 이하의 사법경찰관리가 직무 집행과 관련하여 부당한 행위를 하는 경우 지방검찰청 검사장은 해당 사건의 수사 중지를 명하고, 임용권자에게 그 사법경찰관리의 교체임용을 요구할 수 있다(검찰청법54①). 지방검찰청 검사장의 교체임용 요구를 받은 임용권자는 정당한 사유가 없으면 교체임용을 하여야 한다(동조②).

「폭력행위 등 처벌에 관한 법률」(폭처법) 제10조 제1항은 "관할 지방검찰청 검사장은 [폭처법] 제2조부터 제6조까지의 범죄가 발생하였는데도 그 사실을 자신에게 보고하지 아니하거나 수사를 게을리하거나 수사능력 부족 또는 그 밖의 이유로 사법경찰관리로서 부적당하다고 인정하는 사람에 대해서는 그 임명권자에게 징계, 해임 또는 교체임용을 요구할 수 있다."고 규정하고, 제10조 제2항은 "제1항의 요구를 받은 임명권자는 2주일 이내에 해당 사법경찰관리에 대하여 행정처분을 한 후 그 사실을 관할 지방검찰청 검사장에게 통보하여야 한다."고 규정하고 있다.

그런데 폭처법 제10조는 검사가 수사주재자로서, 사법경찰관리가 수사보조자로 규정되어 있던 상황(구법196① · ③)에서 검사의 수사지휘권을 보장하기 위한 장치로 마련되었다. 그러나 2020년 형소법 개정에 의하여 검사와 사법경찰관의 관계가 상호협력관계(법195①)로 변모함에 따라 그 의미를 상실하였다고 생각된다.

(3) 영장신청사건에 대한 보완수사 요구

사법경찰관이 수사를 진행하는 과정에서 검사가 사법경찰관에게 보완수사를 요구할 수 있는 경우가 있다. 검사는 사법경찰관이 신청한 영장의 청구 여부 결정에 관하여 필요한 경우에 사법경찰관에게 보완수사를 요구할 수 있다(법197의2① ii). 이 경우 사법경찰관이 신청한 영장에는 형사소송법에 규정된 영장 외에 통신제한조치허가서(통신비밀보호법6, 8) 및 통신사실확인자료 제공 요청 허가서(통신비밀보호법13)가 포함된다(수사준칙59④).

검사가 사법경찰관이 신청한 영장의 청구 여부를 결정하기 위해 필요한 경우 사법경찰관에게 보완수사를 요구할 수 있는 범위는 다음과 같다(수사준칙59④).

① 범인에 관한 사항 (1호)

② 증거 또는 범죄사실 소명에 관한 사항 (2호)

③ 소송조건 또는 처벌조건에 관한 사항 (3호)

④ 해당 영장이 필요한 사유에 관한 사항 (4호)

⑤ 죄명 및 범죄사실의 구성에 관한 사항 (5호)

⑥ 형사소송법 제11조[관련사건의 정의](형소법 제11조 제1호[1인이 범한 수죄]의 경우는 수사기록에 명백히 현출되어 있는 사건으로 한정한다)와 관련된 사항 (6호)

⑦ 그 밖에 사법경찰관이 신청한 영장의 청구 여부를 결정하기 위해 필요한 사항 (7호)

사법경찰관은 보완수사요구가 접수된 날부터 3개월 이내에 보완수사를 마쳐야 한다(수사준칙60③). 사법경찰관은 보완수사를 이행한 경우에는 그 이행 결과를 검사에게 서면으로 통보해야 하며, 검사로부터 관계 서류와 증거물을 송부받은 경우에는 그 서류와 증거물을 함께 반환해야 한다. 다만, 관계 서류와 증거물을 반환할 필요가 없는 경우에는 보완수사의 이행 결과만을 검사에게 통보할 수 있다(수사준칙60④).

(4) 구속장소감찰제도 등

지방검찰청 검사장 또는 지청장은 불법체포 · 구속의 유무를 조사하기 위하여 검사로 하여금 매월 1회 이상 관하 수사관서의 피의자의 체포 · 구속장소를 감찰하게 하여야 한다. 감찰하는 검사는 체포 또는 구속된 자를 심문하고 관련서류를 조사하여야 한다(법198의2①). 검사는 적법한 절차에 의하지 아니하고 체포 또는 구속된 것이라고 의심할 만한 상당한 이유가 있는 경우에는 (가) 즉시 체포 또는 구속된 자를 석방하거나 (나) 사건을 검찰에 송치할 것을 명하여야 한다(동조②).

(나)의 경우, 즉 사건이 검찰에 송치된 경우 수사는 검사가 진행하게 된다. 검사는 사법경찰관으로부터 송치받은 사건에 관하여는 해당 사건과 동일성을 해치지 아니하는 범위 내에서 수사할 수 있다(법196②, 198의2②).

경찰의 직무를 행하는 자 또는 이를 보조하는 자가 인권옹호에 관한 검사의 직무집행을 방해하거나 그 명령을 준수하지 아니한 때에는 5년 이하의 징역 또는 10년 이하의 자격정지에 처한다(형법139).

4. 사법경찰관의 불송치처분에 대한 검사의 통제

(1) 송치처분과 불송치처분

사법경찰관은 고소 · 고발사건을 포함하여 범죄를 수사한 후 범죄의 혐의가 있다고 인정되는 경우에는 지체 없이 검사에게 사건을 송치하고, 관계 서류와 증거물을 송부하여야 한다(법245의5 i).

사법경찰관은 범죄를 수사한 후 범죄의 혐의가 있다고 인정되지 않는 경우에는 검사에게 사건을 송치하지 않는다. 경찰공무원인 사법경찰관에게 불송치처분이라는 형태로 일차적 수사종결권을 부여한 것은 2020년 검경 수사권조정의 중요한 결정사항 가운데 하나이다.

사건불송치의 경우에 사법경찰관은 그 이유를 명시한 서면과 함께 관계 서류와 증거물을 지체 없이 검사에게 송부하여야 한다(법245의5 ii). 아래에서는 경찰의 불송치결정에 대한 검사의 통제방법을 살펴본다.

(2) 불송치처분에 대한 고소인의 이의신청

사법경찰관은 고소 · 고발 사건을 포함하여 범죄를 수사한 결과 범죄의 혐의가 있다고 인정되지 않는 경우에는 그 이유를 명시한 서면과 함께 관계 서류와 증거물을 지체 없이 검사에게 송부하여야 한다(법245의5 ii).

사법경찰관은 사건을 불송치한 경우에 관계 서류와 증거물을 검사에게 송부한 날로부터 7일 이내에 서면으로 고소인 · 고발인 · 피해자 또는 그 법정대리인(피해자가 사망한 경우에는 그 배우자 · 직계친족 · 형제자매를 포함한다)에게 사건을 검사에게 송치하지 아니하는 취지와 그 이유를 통지하여야 한다(법245의6).

사법경찰관으로부터 사건불송치 통지를 받은 사람(고발인을 제외한다)은 해당 사법경찰관의 소속 관서의 장에게 이의를 신청할 수 있다(법245의7①). 2022년 5월의 형소법 개정에 의하여 이의신청인에서 고발인이 제외되었다. 사법경찰관은 이의신청이 있는 때에는 지체 없이 검사에게 사건을 송치하고 관계 서류와 증거물을 송부하여야 하며, 처리결과와 그 이유를 이의신청인에게 통지하여야 한다(동조②).

(3) 검사의 재수사 요청

(가) 재수사 요청사유   사법경찰관은 고소·고발 사건을 포함하여 범죄를 수사한 결과 범죄의 혐의가 있다고 인정되지 않는 경우에는 그 이유를 명시한 서면과 함께 관계 서류와 증거물을 지체 없이 검사에게 송부하여야 한다(법245의5ⅱ 1문). 검사는 사법경찰관이 사건을 송치하지 아니한 것이 위법 또는 부당하다고 판단한 때에는 사법경찰관에게 재수사를 요청할 수 있다(법245의8①).

(나) 재수사 요청기간   검사는 불송치사건의 관계 서류와 증거물을 송부받은 날부터 90일 이내에 사법경찰관에게 이를 반환하여야 한다(법245의5ⅱ 2문). 이 90일의 기간 내에 검사는 사법경찰관의 불송치결정에 대해 위법이나 부당 여부를 검토한다. 검사는 사법경찰관에게 재수사를 요청하려는 경우에는 불송치사건의 관계 서류와 증거물을 송부받은 날(법245의5ⅱ)부터 90일 이내에 해야 한다(수사준칙63① 본문).

그러나 검사는 (가) 불송치 결정에 영향을 줄 수 있는 명백히 새로운 증거 또는 사실이 발견된 경우 또는 (나) 증거 등의 허위, 위조 또는 변조를 인정할 만한 상당한 정황이 있는 경우에는 불송치사건의 관계 서류와 증거물을 송부받은 날(법245의5ⅱ)부터 90일이 지난 후에도 재수사를 요청할 수 있다(수사준칙63① 단서).

(다) 재수사 요청방식   검사는 불송치사건의 재수사를 요청할 때에는 그 내용과 이유를 구체적으로 적은 문서로 해야 한다(법245의8①, 수사준칙63②). 이 경우 검사는 송부받은 불송치사건의 관계 서류와 증거물을 사법경찰관에게 반환해야 한다(수사준칙63②).

(라) 재수사 주체   사법경찰관은 검사의 재수사 요청이 있는 때에는 사건을 재수사하여야 한다(법245의8②). 불송치사건의 재수사는 경찰공무원인 사법경찰관이 한다. 검사는 불송치사건의 재수사를 사법경찰관에게 요청할 수 있을 뿐이다. 사법경찰관은 검사의 재수사의 요청이 접수된 날부터 3개월 이내에 재수사를 마쳐야 한다(수사준칙63④).

(4) 재수사 요청사건의 처리

(가) 사건송치   사법경찰관은 재수사를 한 결과 범죄의 혐의가 있다고 인정되는 경우에

는 검사에게 사건을 송치하고(법245의5 i) 관계 서류와 증거물을 송부한다(수사준칙64① i).

(나) 불송치처분 유지   사법경찰관은 재수사를 한 결과 기존의 불송치 결정을 유지하는 경우에는 재수사 결과서에 그 내용과 이유를 구체적으로 적어 검사에게 통보한다(수사준칙64① ii). 검사와 사법경찰관 사이에 재수사의 결과에 대해 이견이 있는 경우에 상호 협의에도 불구하고 이견이 해소되지 않을 때에는 해당 검사가 소속된 검찰청의 장과 해당 사법경찰관이 소속된 경찰관서(지방해양경찰관서 포함)의 장의 협의에 따른다(수사준칙8② iv).

사법경찰관이 불송치결정을 유지한다는 재수사 결과(수사준칙64① ii)를 통보한 사건에 대해서 검사는 사법경찰관에게 다시 재수사를 요청을 하거나 송치 요구를 할 수 없다(수사준칙64② 본문).

(5) 불송치사건에 대한 검사의 재수사

(가) 검사의 재수사 가능성   재수사의 주체는 사법경찰관이며, 검사는 다시 재수사 요청이나 사건송치 요구를 할 수 없다. 그런데 예외적으로 검사가 재차 불송치결정된 사건을 송치받아 재수사할 수 있는 경우가 있다(수사준칙64② 단서). 이 경우 검사의 재수사는 형사소송법 제197조의3에 근거하여 이루어진다. 검사는 사법경찰관리의 수사과정에서 법령위반, 인권침해 또는 현저한 수사권 남용이 의심되는 사실을 인식하게 된 경우에 이에 대한 시정조치의 일환으로 사건을 송치받아 수사할 수 있기 때문이다(법197의3⑥).

(나) 기록송부 요구   검사는 재차 불송치결정된 사건의 송치 요구 여부를 판단하기 위해 필요한 경우에는 사법경찰관에게 관계 서류와 증거물의 송부를 요청할 수 있다. 이 경우 요청을 받은 사법경찰관은 이에 협력해야 한다(수사준칙64③).

(다) 사건송치 요구기한   검사는 재수사 결과를 통보받은 날(관계 서류와 증거물의 송부를 요청한 경우에는 관계 서류와 증거물을 송부받은 날을 말한다)부터 30일 이내에 사건송치 요구를 해야 하고, 그 기간 내에 사건송치 요구를 하지 않을 경우에는 송부받은 관계 서류와 증거물을 사법경찰관에게 반환해야 한다(수사준칙64④).

(라) 사건송치 요구   검사는 사법경찰관이 사건을 송치하지 않은 위법 또는 부당이 시정되지 않아 사건을 송치받아 수사할 필요가 있는 경우에는 형사소송법 제197조의3[시정조치요구 등]에 따라 사건송치를 요구할 수 있다. 이에 해당하는 경우는 다음과 같다(수사준칙64② 단서).

① 관련 법령 또는 법리에 위반된 경우 (1호)

② 범죄 혐의의 유무를 명확히 하기 위해 재수사를 요청한 사항에 관하여 그 이행이 이루어지지 않은 경우. 다만, 불송치 결정의 유지에 영향을 미치지 않음이 명백한 경우는

제외한다. (2호)

③ 송부받은 관계 서류 및 증거물과 재수사 결과만으로도 범죄의 혐의가 명백히 인정되는 경우 (3호)

④ 공소시효 또는 형사소추의 요건을 판단하는 데 오류가 있는 경우 (4호)

5. 사법경찰관의 송치처분에 대한 검사의 통제

(1) 보완수사의 형태

경찰공무원인 사법경찰관은 고소·고발 사건을 포함하여 범죄를 수사한 때에는 범죄의 혐의가 있다고 인정되면 지체 없이 검사에게 사건을 송치하고, 관계 서류와 증거물을 검사에게 송부하여야 한다(법245의5① i). 검사는 사법경찰관으로부터 송치받은 사건에 대해 보완수사가 필요하다고 인정하는 경우 보완수사의 형태는 검사가 직접 행하는 보완수사와 사법경찰관에게 요구하여 사법경찰관이 수행하는 보완수사의 두 가지가 있다(수사준칙 59① 본문).

(2) 검사에 의한 보완수사

검사는 사법경찰관으로부터 송치받은 사건에 대해 보완수사가 필요하다고 인정하는 경우에는 직접 보완수사를 할 수 있다(수사준칙59① 본문). 검사의 직접 보완수사는 재량사항이다.

그런데 (가) 사법경찰관이 송치한 사건의 공소제기 여부 결정에 필요한 경우로서 (나) 다음 각 호의 어느 하나에 해당하는 경우에는, (다) 특별히 사법경찰관에게 보완수사를 요구할 필요가 있다고 인정되는 경우를 제외하고는, (라) 검사가 직접 보완수사를 하는 것을 원칙으로 한다(수사준칙59① 단서).

① 사건을 수리한 날(이미 보완수사요구가 있었던 사건의 경우 보완수사 이행 결과를 통보받은 날을 말한다)부터 1개월이 경과한 경우 (1호)

② 사건이 송치된 이후 검사가 해당 피의자 및 피의사실에 대해 상당한 정도의 보완수사를 한 경우 (2호)

③ 형사소송법 제197조의3[시정조치요구 등] 제5항, 제197조의4[수사의 경합] 제1항 또는 제198조의2[검사의 체포·구속장소감찰] 제2항에 따라 사법경찰관으로부터 사건을 송치받은 경우 (3호)

④ 수사준칙 제7조[중요사건의 협력절차] 또는 제8조[검사와 사법경찰관의 협의]에 따라 검사와 사법경찰관이 사건 송치 전에 수사할 사항, 증거수집의 대상 및 법령의 적용 등에

대해 협의를 마치고 송치한 경우 (4호)

(3) 사법경찰관에 의한 보완수사

(가) 보완수사 요구   검사는 송치사건의 공소제기 여부 결정 또는 공소의 유지에 관하여 필요한 경우 사법경찰관에게 보완수사를 요구할 수 있다(법197의2① i). 검사의 보완수사 요구는 재량사항이다. 검사는 보완수사요구 여부를 판단할 때 필요한 보완수사의 정도, 수사 진행 기간, 구체적 사건의 성격에 따른 수사 주체의 적합성 및 검사와 사법경찰관의 상호 존중과 협력의 취지 등을 종합적으로 고려해야 한다(수사준칙59②).

(나) 관련사건   검사는 사법경찰관에게 송치사건 외에 관련사건에 대해서도 일정한 사항에 관하여 보완수사를 요구할 수 있다(수사준칙59③). 이 경우 관련사건은 형사소송법 제11조에 따른 관련사건 및 형사소송법 제208조[재구속의 제한] 제2항에 따라 간주되는 동일한 범죄사실에 관한 사건을 말한다. 다만, 형사소송법 제11조 제1호[1인이 범한 수죄] 관련사건의 경우에는 수사기록에 명백히 현출(現出)되어 있는 사건으로 한정된다(수사준칙59③).

(다) 보완수사 요구사항   검사가 사법경찰관에게 송치사건 및 관련사건에 대해 보완수사를 요구할 수 있는 사항은 다음과 같다(수사준칙59③).

① 범인에 관한 사항 (1호)

② 증거 또는 범죄사실 증명에 관한 사항 (2호)

③ 소송조건 또는 처벌조건에 관한 사항 (3호)

④ 양형 자료에 관한 사항 (4호)

⑤ 죄명 및 범죄사실의 구성에 관한 사항 (5호)

⑥ 그 밖에 송치받은 사건의 공소제기 여부를 결정하는 데 필요하거나 공소유지와 관련해 필요한 사항 (6호)

(라) 보완수사 요구방식   검사가 사법경찰관에게 보완수사를 요구할 때(법197의2①)에는 그 이유와 내용 등을 구체적으로 적은 서면과 관계 서류 및 증거물을 사법경찰관에게 함께 송부해야 한다(수사준칙60① 본문). 다만, 보완수사 대상의 성질, 사안의 긴급성 등을 고려하여 관계 서류와 증거물을 송부할 필요가 없거나 송부하는 것이 적절하지 않다고 판단하는 경우에는 해당 관계 서류와 증거물을 송부하지 않을 수 있다(수사준칙60① 단서).

보완수사를 요구받은 사법경찰관은 송부받지 못한 관계 서류와 증거물(수사준칙60① 단서)이 보완수사를 위해 필요하다고 판단하면 해당 서류와 증거물을 대출하거나 그 전부 또는 일부를 등사할 수 있다(수사준칙60②).

(마) 보완수사의 이행   사법경찰관은 보완수사요구가 접수된 날부터 3개월 이내에 보완

수사를 마쳐야 한다(수사준칙60③). 사법경찰관은 보완수사를 이행한 결과 범죄의 혐의가 있다고 인정되는 경우에는 지체 없이 검사에게 사건을 송치하고, 관계 서류와 증거물을 검사에게 송부하여야 한다(법245의5 i). 사법경찰관은 보완수사를 이행한 결과 송치처분(법245의5i)에 해당하지 않는다고 판단한 경우에는 사건을 불송치(수사준칙51① iii)하거나 수사중지(수사준칙51① iv)할 수 있다(수사준칙60⑤).

(바) 보완수사 결과통보　　　사법경찰관은 보완수사를 이행한 경우에는 그 이행 결과를 검사에게 서면으로 통보해야 하며, 검사로부터 관계 서류와 증거물을 송부받은 경우에는 그 서류와 증거물을 함께 반환해야 한다. 다만, 관계 서류와 증거물을 반환할 필요가 없는 경우에는 보완수사의 이행 결과만을 검사에게 통보할 수 있다(수사준칙60④).

(사) 징계 요구　　　검찰총장 또는 각급 검찰청 검사장은 사법경찰관이 정당한 이유 없이 검사의 보완수사 요구에 따르지 아니하는 때에는 권한 있는 사람에게 해당 사법경찰관의 직무배제 또는 징계를 요구할 수 있다. 그 징계절차는 「공무원 징계령」 또는 「경찰공무원 징계령」에 따른다(법197의2③).

검찰총장 또는 각급 검찰청 검사장은 사법경찰관의 직무배제 또는 징계를 요구할 때에는 그 이유를 구체적으로 적은 서면에 이를 증명할 수 있는 관계 자료를 첨부하여 해당 사법경찰관이 소속된 경찰관서장에게 통보해야 한다(수사준칙61①).

검찰총장 또는 각급 검찰청 검사장으로부터 직무배제 요구를 통보받은 경찰관서장은 정당한 이유가 있는 경우를 제외하고는 그 요구를 받은 날부터 20일 이내에 해당 사법경찰관을 직무에서 배제해야 한다(수사준칙61②). 검찰총장 또는 각급 검찰청 검사장으로부터 직무배제 또는 징계를 요구받은 경찰관서장은 요구의 처리 결과와 그 이유를 직무배제 또는 징계를 요구한 검찰총장 또는 각급 검찰청 검사장에게 통보해야 한다(수사준칙61③).

6. 검사작성 피의자신문조서의 증거능력 제한

(1) 2020년 개정 전의 증거능력 요건

2020년 개정 전 형사소송법 제312조 제1항에 따르면 검사가 피고인이 된 피의자의 진술을 기재한 조서는 공판준비 또는 공판기일에 그 피의자였던 피고인 또는 변호인이 그 내용을 인정하지 않더라도, (가) 적법한 절차와 방식에 따라 작성된 것으로서 (나) 피고인이 진술한 내용과 동일하게 기재되어 있음이 (다) 공판준비 또는 공판기일에서의 피고인의 진술에 의하여 인정되고, (라) 그 조서에 기재된 진술이 특히 신빙할 수 있는 상태하에서 행하여졌음이 증명된 때에는 증거로 할 수 있었다. 나아가 개정 전 형소법 제312조 제2항은 피고인이 검사작성 피의자신문조서의 진정성립을 부정하더라도 영상녹화물이나 그 밖의 객관적인 방법에 의

하여 진정성립을 인정할 수 있도록 허용하고 있었다.[1]

(2) 2020년 개정 후의 증거능력 요건

2020년 형사소송법 개정에 즈음하여 입법자는 사법경찰관 작성 피의자신문조서의 경우 피고인이 그 내용을 부인하면 증거능력이 부정되는 반면에 검사 작성 피의자신문조서의 경우에는 피고인이 그 내용을 부인하더라도 증거능력이 인정되는 것은 검사와 사법경찰관 사이의 상호 협력관계에 비추어 적절하지 않다고 판단하였다. 그리하여 입법자는 형사소송법 제312조를 개정하여 사법경찰관 작성 피의자신문조서의 증거능력과 검사 작성 피의자신문조서의 증거능력 요건을 일치시켰다.

즉 입법자는 형소법 제312조 제1항을 "검사가 작성한 피의자신문조서는 적법한 절차와 방식에 따라 작성된 것으로서 공판준비, 공판기일에 그 피의자였던 피고인 또는 변호인이 그 내용을 인정할 때에 한하여 증거로 할 수 있다."는 형태로 개정하고, 형소법 제312조 제2항을 삭제하였다.[2]

7. 개정 검찰청법 및 형사소송법의 시행시기

2020년 개정 형소법은 그 시행시기를 대통령령으로 정하도록 하였다(2020. 2. 4. 부칙1). 2020년 10월 7일 대통령령으로 「법률 제16908호 검찰청법 일부개정법률 및 법률 제16924호 형사소송법 일부개정법률의 시행일에 관한 규정」이 제정되어 개정 「검찰청법」과 개정 형사소송법의 시행일자를 2021년 1월 1일로 규정하였다(동규정1, 2 본문). 다만 개정 형소법 제312조 제1항의 시행일자는 2022년 1월 1일로 규정되었다(동규정2 단서).

개정된 형소법 제312조 제1항의 소급적용 여부를 두고 논의가 있었다. 입법자는 2021년 12월 21일 2020년 개정 형소법의 부칙에 부칙 제1조의2를 추가하는 형태로 경과규정을 마련하였다. 이에 따라 2020년 개정 형소법 제312조 제1항은 시행일, 즉 2022년 1월 1일 이후 공소제기된 사건부터 적용되었다(2021. 12. 21. 개정 부칙1의2①). 개정 형소법 제312조 제1항의 시행 전, 즉 2021년 12월 31일까지 공소제기된 사건에 관하여는 종전의 규정, 즉 개정 전의 형소법 제312조 제1항에 따른다(부칙1의2②).

---

1) 후술 730면 참조.
2) 후술 741면 참조.

제4절 고위공직자범죄수사처

제1 고위공직자범죄수사처의 설치

1. 고위공직자범죄수사처 설치 및 운영에 관한 법률

2020년 1월 14일 「고위공직자범죄수사처 설치 및 운영에 관한 법률」(공수처법)이 새로이 제정되어 공포되었다. 공수처법은 2020년 7월 15일부터 시행되었다. 공수처법의 제정이유로 (가) 고위공직자 등의 범죄는 정부에 대한 신뢰를 훼손하고, 공공부문의 투명성과 책임성을 약화시키는 중요한 원인이 되고 있다는 점, (나) 고위공직자 등의 범죄를 독립된 위치에서 수사할 수 있는 고위공직자범죄수사처를 설치하여 고위공직자 등의 범죄를 척결하고, 국가의 투명성과 공직사회의 신뢰성을 높이려는 점 등이 제시되고 있다.

2. 고위공직자범죄수사처

공수처법은 일정한 범위의 고위공직자(공수처법2ⅰ) 및 그 가족(동조ⅱ)이 범한 일정 범위의 범죄(동조ⅲ)를 고위공직자범죄로 규정하고 있다(동조ⅲ). 공수처법은 고위공직자범죄 및 관련 범죄(동조ⅳ)와 관련된 직무를 수행하기 위하여 고위공직자범죄수사처(수사처)를 설치하고 있다(동법3①). 수사처는 형사소송법과 「검찰청법」에 의하여 직무를 수행하는 검사와는 별도의 독립한 기구이다.

고위공직자범죄수사처는 그 권한에 속하는 직무를 독립하여 수행한다(공수처법3②). 대통령, 대통령비서실의 공무원은 수사처의 사무에 관하여 업무보고나 자료제출 요구, 지시, 의견제시, 협의, 그 밖에 직무수행에 관여하는 일체의 행위를 하여서는 안 된다(동조③). 수사처 소속 공무원은 정치적 중립을 지켜야 하며, 그 직무를 수행함에 있어 외부로부터 어떠한 지시나 간섭을 받지 아니한다(동법22).

3. 수사대상 범죄

(1) 고위공직자

고위공직자란 다음 각 목의 어느 하나의 직(職)에 재직 중인 사람 또는 그 직에서 퇴직한 사람을 말한다. 다만, 장성급 장교는 현역을 면한 이후도 포함된다(공수처법2ⅰ).

가. 대통령

나. 국회의장 및 국회의원

다. 대법원장 및 대법관

라. 헌법재판소장 및 헌법재판관

마. 국무총리와 국무총리비서실 소속의 정무직공무원

바. 중앙선거관리위원회의 정무직공무원

사. 「공공감사에 관한 법률」 제2조제2호에 따른 중앙행정기관의 정무직공무원

아. 대통령비서실 · 국가안보실 · 대통령경호처 · 국가정보원 소속의 3급 이상 공무원

자. 국회사무처, 국회도서관, 국회예산정책처, 국회입법조사처의 정무직공무원

차. 대법원장비서실, 사법정책연구원, 법원공무원교육원, 헌법재판소사무처의 정무직공무원

카. 검찰총장

타. 특별시장 · 광역시장 · 특별자치시장 · 도지사 · 특별자치도지사 및 교육감

파. 판사 및 검사

하. 경무관 이상 경찰공무원

거. 장성급 장교

너. 금융감독원 원장 · 부원장 · 감사

더. 감사원 · 국세청 · 공정거래위원회 · 금융위원회 소속의 3급 이상 공무원

(2) 고위공직자범죄

고위공직자범죄수사처는 (가) 고위공직자범죄와 (나) 관련범죄를 수사한다.

고위공직자범죄란 고위공직자로 재직 중에 본인 또는 본인의 가족이 범한 다음 각 목의 어느 하나에 해당하는 죄를 말한다. 다만, 가족의 경우에는 고위공직자의 직무와 관련하여 범한 죄에 한정한다(공수처법2ⅲ 본문 · 단서).

① 형법 제122조부터 제133조까지의 죄[각종 뇌물죄](다른 법률에 따라 가중처벌되는 경우를 포함한다) (가목)

② 직무와 관련되는 형법 제141조[공용서류무효], 제225조[공문서위조], 제227조[허위공문서작성], 제227조의2[공전자기록위작], 제229조[위조공문서행사](제225조, 제227조 및 제227조의2의 행사죄에 한정한다), 제355조부터 제357조까지[횡령, 배임, 배임수증재] 및 제359조[미수범]의 죄(다른 법률에 따라 가중처벌되는 경우를 포함한다) (나목)

③ 「특정범죄 가중처벌 등에 관한 법률」 제3조[알선수재]의 죄 (다목)

④ 「변호사법」 제111조[알선 · 청탁]의 죄 (라목)

⑤ 「정치자금법」 제45조[정치자금부정수수]의 죄 (마목)

⑥ 「국가정보원법」 제21조[정치관여] 및 제22조[직권남용]의 죄 (바목)

⑦ 「국회에서의 증언·감정 등에 관한 법률」 제14조 제1항[위증]의 죄 (사목)

⑧ 가목부터 마목까지의 죄에 해당하는 범죄행위로 인한 「범죄수익은닉의 규제 및 처벌 등에 관한 법률」 제2조 제4호의 범죄수익 등과 관련된 같은 법 제3조[은닉·가장] 및 제4조[수수]의 죄 (아목)

고위공직자범죄 관련범죄란 다음 각 목의 어느 하나에 해당하는 죄를 말한다.

① 고위공직자와 형법 제30조부터 제32조[공동정범, 교사범, 방조범]까지의 관계에 있는 자가 범한 제3호[고위공직자범죄] 각 목의 어느 하나에 해당하는 죄 (가목)

② 고위공직자를 상대로 한 자의 형법 제133조[뇌물공여], 제357조 제2항[배임증재]의 죄 (나목)

③ 고위공직자범죄와 관련된 형법 제151조 제1항[범인은닉], 제152조[위증], 제154조부터 제156조[허위감정통역, 증거인멸, 무고]까지의 죄 및 「국회에서의 증언·감정 등에 관한 법률」 제14조 제1항[위증]의 죄 (다목)

④ 고위공직자범죄 수사 과정에서 인지한 그 고위공직자범죄와 직접 관련성이 있는 죄로서 해당 고위공직자가 범한 죄 (라목)

제2 고위공직자범죄수사처의 운영

1. 고위공직자범죄수사처의 조직

고위공직자범죄수사처는 처장, 차장, 수사처검사, 수사처수사관, 그 밖의 직원 등으로 구성된다. 처장은 수사처의 사무를 통할하고 소속 직원을 지휘·감독한다(공수처법17①). 처장은 그 직무를 수행함에 있어서 필요한 경우 대검찰청, 경찰청 등 관계 기관의 장에게 고위공직자범죄 등과 관련된 사건의 수사기록 및 증거 등 자료의 제출과 수사활동의 지원 등 수사협조를 요청할 수 있다(동조④). 처장은 수사처검사의 직을 겸한다(동조⑤).

처장은 국회에 출석하여 수사처의 소관 사무에 관하여 의견을 진술할 수 있고, 국회의 요구가 있을 때에는 수사나 재판에 영향을 미치지 않는 한 국회에 출석하여 보고하거나 답변하여야 한다(공수처법17②). 처장은 소관 사무와 관련된 안건이 상정될 경우 국무회의에 출석하여 발언할 수 있으며, 그 소관 사무에 관하여 법무부장관에게 의안(공수처법의 시행에 관한 대통령령안을 포함한다)의 제출을 건의할 수 있다(동조③).

차장은 처장을 보좌하며, 처장이 부득이한 사유로 그 직무를 수행할 수 없는 때에는 그 직무를 대행한다(공수처법18①). 차장은 수사처검사의 직을 겸한다(동조②).

수사처검사는 7년 이상 변호사의 자격이 있는 사람 중에서 수사처에 설치된 인사위원회 (공수처법9)의 추천을 거쳐 대통령이 임명한다(동법8① 1문). 수사처검사는 특정직공무원으로 보하고, 처장과 차장을 포함하여 25명 이내로 한다(동조②). 검사의 직에 있었던 사람은 수사처검사 정원의 2분의 1을 넘을 수 없다(동조① 2문). 수사처검사의 임기는 3년으로 하고, 3회에 한정하여 연임할 수 있으며, 정년은 63세로 한다(동조③). 수사처검사는 직무를 수행함에 있어서 「검찰청법」 제4조에 따른 검사의 직무 및 「군사법원법」 제37조에 따른 군검사의 직무를 수행할 수 있다(공수처법8④).

수사처수사관은 (가) 변호사 자격을 보유한 사람, (나) 7급 이상 공무원으로서 조사, 수사 업무에 종사하였던 사람, (다) 수사처규칙으로 정하는 조사업무의 실무를 5년 이상 수행한 경력이 있는 사람의 어느 하나에 해당하는 사람 중에서 처장이 임명한다(공수처법10①). 수사처수사관은 일반직공무원으로 보하고, 40명 이내로 한다. 다만, 검찰청으로부터 검찰수사관을 파견받은 경우에는 이를 수사처수사관의 정원에 포함한다(동조②). 수사처수사관의 임기는 6년으로 하고, 연임할 수 있으며, 정년은 60세로 한다(동조③).

2. 수사처검사 동일체의 원칙

수사처의 처장과 차장은 수사처검사의 직을 겸한다(공수처법17⑤, 18②). 수사처검사는 처장을 정점으로 한 동일체의 원칙에 따라 직무를 수행한다. 처장은 수사처검사로 하여금 그 권한에 속하는 직무의 일부를 처리하게 할 수 있다(동법19①). 처장은 수사처검사의 직무를 자신이 처리하거나 다른 수사처검사로 하여금 처리하게 할 수 있다(동조②). 수사처검사는 처장의 지휘·감독에 따르며, 수사처수사관을 지휘·감독한다(공수처법20②). 수사처검사는 구체적 사건과 관련된 처장의 지휘·감독의 적법성 또는 정당성에 대하여 이견이 있을 때에는 이의를 제기할 수 있다(동조③).

수사처검사는 고위공직자범죄 등(공수처법3① i)에 관한 수사를 한다(동법20①). 수사처검사는 고위공직자범죄 가운데 일정한 범죄 및 관련범죄(동법3① ii)에 대해서는 수사와 공소제기 및 유지에 필요한 행위를 한다(동법20①).

수사처검사는 고위공직자범죄의 혐의가 있다고 사료하는 때에는 범인, 범죄사실과 증거를 수사하여야 한다(공수처법23). 수사처수사관은 수사처검사의 지휘·감독을 받아 직무를 수행한다(동법21①). 수사처수사관은 고위공직자범죄 등에 대한 수사에 관하여 형사소송법 제197조 제1항에 따른 사법경찰관의 직무를 수행한다(동조②).

3. 고위공직자범죄의 통보와 이첩

(1) 고위공직자범죄의 통보

(가) 다른 수사기관의 통보   고위공직자범죄수사처 이외의 다른 수사기관은 범죄를 수사하는 과정에서 고위공직자범죄 등을 인지한 경우 그 사실을 즉시 수사처에 통보하여야 한다(공수처법24②). 다른 수사기관으로부터 고위공직자범죄 등 사실의 통보를 받은 수사처처장은 통보를 한 다른 수사기관의 장에게 수사처규칙으로 정한 기간과 방법으로 수사개시 여부를 회신하여야 한다(동조④).

수사처 외의 다른 수사기관이 검사의 고위공직자범죄 혐의를 발견한 경우에는 그 수사기관의 장은 단순 통보를 넘어서서 사건을 수사처에 이첩하여야 한다(공수처법25②).

(나) 수사처의 통보   수사처처장이 수사처검사의 범죄 혐의를 발견한 경우에는 관련 자료와 함께 이를 대검찰청에 통보하여야 한다(동조①).

(2) 고위공직자범죄의 이첩

(가) 수사처에의 이첩   고위공직자범죄수사처의 범죄수사와 중복되는 범죄수사를 다른 수사기관이 행하는 경우가 있다. 이 경우 수사처처장이 수사의 진행 정도 및 공정성 논란 등에 비추어 수사처에서 수사하는 것이 적절하다고 판단하여 이첩을 요청하면 해당 수사기관은 이에 응하여야 한다(공수처법24①).

(나) 다른 수사기관에의 이첩   수사처처장은 피의자, 피해자, 사건의 내용과 규모 등에 비추어 다른 수사기관이 고위공직자범죄 등을 수사하는 것이 적절하다고 판단될 때에는 해당 수사기관에 사건을 이첩할 수 있다(공수처법24③).

제 5 절 피 의 자

제 1 피의자의 의의

1. 피의자 지위의 발생

(1) 피의자의 의의

수사는 수사기관이 범죄의 혐의가 있다고 사료하는 때(법196①, 197① 참조)에 개시된다.

이때 수사기관에 의하여 범죄혐의를 받고 수사의 대상으로 되어 있는 사람을 피의자라고 한다. 이에 대하여 수사종결 후 검사가 법원에 공소를 제기하거나 경찰서장이 즉결심판을 청구한 사람을 가리켜 피고인이라고 부른다.

한편 일반시민이 자신에 대하여 범죄혐의가 인정되기 전부터 수사기관과 접촉하는 일이 있다. 범죄를 의심할 만한 정황이 있어 수사 개시 여부를 결정하기 위한 사실관계의 확인 등 필요한 조사(수사준칙16③)를 내사라고 한다. 일반시민이 검사 또는 사법경찰관의 내사활동의 대상이 되거나, 「경찰관 직무집행법」에 따른 경찰관의 불심검문(동법3)의 상대방이 되는 경우가 수사기관과 접촉하는 예이다. 이러한 경우는 범죄혐의가 인정되기 전의 단계이므로 조사대상자는 피의자가 아니라 피내사자 또는 피혐의자가 된다.[1]

피의자의 지위는 수사기관이 범죄혐의를 인정하여 수사를 개시한 때로부터 발생한다. 범죄수사는 수사기관이 적극적으로 범죄를 인지하여 수사를 개시하는 경우와 수사기관 이외의 자가 고소, 고발, 자수 등의 형태로 범죄사실을 신고하여 형사처벌을 구함으로써 수사를 개시하는 경우로 나누어 볼 수 있다. 그러나 양자 모두 수사기관이 범죄혐의를 인정하게 되었다는 점에서는 차이가 없다.

(2) 피의자 지위의 발생시점

피의자 지위의 발생시점을 형식적으로 파악하여 입건시로 보는 견해가 있다(형식설). 그러나 반드시 이에 따를 것은 아니다. 아직 사건수리의 절차를 밟지 아니하였더라도 수사기관이 범죄혐의 있음을 객관적으로 외부에 표시하였으면 그 때에 피의자의 지위가 개시된다고 볼 것이다(실질설). 판례는 실질설을 취하고 있다.[2]

수사준칙은 검사 또는 사법경찰관이 다음 각호의 어느 하나에 해당하는 행위에 착수한 때를 수사를 개시한 것으로 본다. 이 경우 검사 또는 사법경찰관은 해당 사건을 즉시 입건해야 한다(수사준칙16①).

① 피혐의자의 수사기관 출석조사 (1호)
② 피의자신문조서의 작성 (2호)
③ 긴급체포 (3호)
④ 체포·구속영장의 청구 또는 신청 (4호)
⑤ 사람의 신체, 주거, 관리하는 건조물, 자동차, 선박, 항공기 또는 점유하는 방실에 대한 압수·수색 또는 검증영장(부검을 위한 검증영장은 제외한다)의 청구 또는 신청 (5호)

---

1) 전술 9면 참조.
2) 2001. 10. 26. 2000도2968, 공 2001, 2633, 『'정관계 좋은 자리' 사건』.

그 밖에도 실질설에 따를 때 입건 이전이라도 임의동행의 형식으로 상대방을 연행하거나, 현행범체포(법212)를 하거나, 영장 없는 압수·수색(법216, 217) 등을 통하여 수사기관이 범죄혐의 있음을 외부적으로 표시하는 활동을 하는 경우에는 그 때로부터 상대방은 피의자로 된다. 고소사건이나 고발사건의 경우에는 수사기관에 고소 또는 고발이 접수·수리될 때 피의자의 지위가 발생한다.

2. 피의자의 대리·대표

형법 제9조 내지 제11조의 규정의 적용을 받지 아니하는 범죄사건에 관하여 피의자가 의사능력이 없는 때에는 그 법정대리인이 소송행위를 대리한다(법26). 피의자가 법인인 때에는 그 대표자가 소송행위를 대표한다(법27①). 여러 사람이 공동하여 법인을 대표하는 경우에도 소송행위에 관하여는 각자가 대표한다(동조②).

피의자를 대리 또는 대표할 자가 없는 때에는 법원은 검사 또는 이해관계인의 청구에 의하여 특별대리인을 선임하여야 한다(법28① 후단). 특별대리인은 피의자를 대리 또는 대표하여 소송행위를 할 자가 있을 때까지 그 임무를 행한다(동조②).

3. 피의자 지위의 소멸

피의자는 검사의 공소제기(법254), 고위공직자범죄수사처검사의 공소제기(공수처법20, 31 참조) 또는 경찰서장의 즉결심판청구(즉결심판법3)에 의하여 피고인으로 그 지위가 전환된다. 경우에 따라 공소제기 후에 수사기관이 수사를 진행하는 경우가 있으나 이것은 피고인에 대한 수사이지 피의자에 대한 수사는 아니다.

피의자의 지위는 일차적으로 경찰공무원인 사법경찰관의 사건불송치처분(법245의5 ii)에 의하여 소멸한다. 그러나 (가) 사법경찰관의 사건송치처분(법245의5 i)이 있는 사건, (나) 사법경찰관이 수사 중인 사건에서 검사의 시정조치 요구를 이행하지 아니하여 사건이 검사에게 송치된 사건(법197의3⑥), (다) 고소인 등(고발인 제외)의 이의신청에 따라 사건송치처분이 이루어진 사건(법245의7②), (라) 검사와 사법경찰관이 동일한 범죄사실을 수사하여 검사가 사법경찰관에게 사건송치를 요구한 사건(법197의4①), (마) 검사가 관할 수사관서의 피의자 체포·구속장소를 감찰한 결과 적법한 절차에 의하지 아니하고 체포 또는 구속된 것이라고 의심할 만한 상당한 이유가 있어 사건을 검찰에 송치할 것을 명한 사건(법198의2②) 등의 경우에는 검사의 공소제기 또는 불기소처분에 의하여 피의자의 지위가 소멸한다.

한편 검사의 불기소처분에 대하여 고소인 또는 고발인이 검찰항고(검찰청법10), 재정신청

(법260)을 제기하거나, 피의자가 헌법소원(헌법재판소법68①)을 제기한 경우에는 그 절차가 종결되기 전까지는 피의자의 지위가 소멸하지 않는다.

제 2 피의자의 소송법상 지위

1. 수사대상으로서의 지위

수사기관에 의하여 범죄혐의가 인정된 피의자는 수사의 대상이 된다. 그러나 피의자는 단순히 수동적인 수사의 객체에 그치지 않는다. 법원에 의한 유·무죄의 판단은 수사절차 단계에서 이루어지는 수사기관의 활동에 의하여 결정적으로 좌우되는 일이 많기 때문에 우리 형사소송법은 여러 가지 형태로 피의자의 법적 지위를 강화하고 있다.

피의자는 수사기관의 수사대상이 된다. 검사 또는 사법경찰관은 수사에 필요한 때에는 피의자의 출석을 요구하여 진술을 들을 수 있다(법200). 그러나 수사기관의 피의자출석요구권이 강제수사권을 의미하는 것은 아니다. 피의자는 수사기관의 처분에 좌우되는 수사의 객체가 아니기 때문이다. 따라서 피의자는 피의자신문을 위한 수사기관의 출석요구를 거부할 수 있고 또 피의자신문을 받는 장소에서 언제든지 퇴거할 수 있다.

피의자에게 피의자신문을 수인(受忍)할 의무는 없다. 수사기관의 출석요구(법200)는 원칙적으로 임의수사에 속하지만 피의자의 출석불응은 체포영장에 의한 체포(법200의2①)의 요건이 되므로 강제수사로서의 색채가 다소 가미되어 있다.

2. 피의자의 방어권

헌법과 형사소송법은 피의자의 지위를 강화하기 위하여 여러 가지 장치를 마련하고 있으며, 특히 체포·구속된 피의자의 권리를 보호하기 위하여 상세한 배려를 하고 있다. 이러한 법적 장치들은 법률전문가인 변호인의 조력 없이는 실현되기 어렵다. 이러한 점을 감안하여 본서에서는 피의자 항목에 이어서 변호인제도에 대해 설명하기로 한다.

헌법과 형사소송법이 피의자의 권리로 인정하고 있는 것 가운데 중요한 사항들을 추려보면 다음과 같다.

(1) 일반 피의자의 권리
① 고문을 받지 아니할 권리(헌법12② 전단)
② 진술거부권(헌법12② 후단, 법244의3)

③ 변호인의 조력을 받을 권리(헌법12④, 법30①, 243의2)

④ 신속하고 공정한 재판을 받을 권리(헌법27③)

⑤ 무죄추정의 권리(헌법27④ 물론해석)

⑥ 피의자신문조서의 열람·증감·변경청구권(법244②)

⑦ 증거보전청구권(법184)

⑧ 압수·수색·검증에의 참여권(법219, 121, 145)

(2) 체포·구속된 피의자의 권리

① 체포·구속사유 및 변호인선임권을 고지받을 권리(헌법12⑤ 1문, 법200의5, 201의2⑩, 209, 213의2)

② 피체포·구속피의자의 가족에 대한 통지를 요구할 수 있는 권리(헌법12⑤ 2문, 법87, 200의6, 201의2⑩, 209, 213의2)

③ 변호인 및 가족 등과의 접견교통권(법89, 91, 200의6, 201의2⑩ 209, 213의2)

④ 체포·구속적부심사청구권(헌법12⑥, 법214의2)

⑤ 체포·구속취소청구권(법93, 200의6, 209)

⑥ 긴급체포 후 석방된 자의 관련 서류 열람등사권(법200의4⑤)

피의자의 방어권 가운데 실천적 의미가 큰 것으로 진술거부권, 무죄추정의 권리, 변호인의 조력을 받을 권리가 있다. 진술거부권, 무죄추정의 권리, 변호인의 조력을 받을 권리는 피의자와 피고인 모두에게 인정되는 것이지만, 아래에서는 피의자를 중심으로 이들 권리의 내용을 살펴보기로 한다. 피고인의 권리 부분은 공판절차에서 고찰하기로 한다.[1]

제3 피의자의 진술거부권

1. 진술거부권의 의의

우리 헌법 제12조 제2항은 "모든 국민은 고문을 받지 아니하며, 형사상 자기에게 불리한 진술을 강요당하지 아니한다."고 규정하고 있다. 형사책임에 관하여 자신에게 불이익한 진술을 강요당하지 아니할 권리를 국민의 기본권으로 보장하고 있는 것이다. 여기에서 형사책임에 관하여 자기에게 불리한 진술을 거부할 수 있는 권리를 진술거부권이라고 한다.

우리 헌법이 진술거부권을 국민의 기본적 권리로 보장하는 취지는 두 가지이다. 첫째로,

---

1) 후술 547면 이하 참조.

피의자 · 피고인의 인권을 실체적 진실발견이나 사회정의의 실현이라는 국가이익보다 우선적으로 보호함으로써 인간의 존엄과 가치를 보장하고 나아가 비인간적인 자백의 강요와 고문을 근절하려는 것이다. 둘째로, 피의자 · 피고인과 검사 사이에 무기평 등을 도모하여 공정한 재판의 이념을 실현하려는 것이다.[1]

피의자 · 피고인의 진술거부권은 검사에 대한 무기대 등의 원칙을 실현시키며 피의자 · 피고인의 소송주체성을 확인하는 점에서 그 의미가 매우 크다. 형사소송법은 공판절차에서 피고인의 진술거부권을 규정할 뿐만 아니라(법283의2, 266의8⑥),[2] 수사절차에서 피의자를 위한 진술거부권 고지를 명시하여(법244의3) 형사절차 전반에 걸친 피의자 · 피고인의 주체적 지위를 보장하고 있다.

2. 진술강요의 금지

진술거부권은 단순히 진술거부권을 고지한다는 차원을 넘어서서 법률상 또는 사실상의 어떠한 이유에서든지 진술자에게 진술을 강요하지 못하도록 한다. 즉 진술자의 자발적이고 주체적인 의사표현을 해치는 진술강요는 금지된다. 진술거부권은 진술강요의 금지에 더 중점이 놓여 있다고 말할 수 있다.

헌법과 형사소송법은 자백배제법칙과 관련하여 진술강요에 해당하는 경우를 예시하고 있다(헌법12② · ⑦, 법309). 이를 보면, 우선 고문은 어떠한 경우에도 절대적으로 금지된다(헌법12② · ⑦). 폭행, 협박, 신체구속의 부당한 장기화, 기망 등의 방법이 진술강요의 수단으로 사용될 수 없음은 물론이며(헌법12⑦, 법309), 형사소추의 면제를 약속하는 것도 진술강요에 해당한다. 수사기관은 다른 사건의 수사를 통하여 확보된 증거 또는 자료를 내세워 관련 없는 사건에 대한 자백이나 진술을 강요해서는 안 된다(법198④). 또한 진술은 법률로써도 강제할 수 없다. 거짓 진술을 처벌한다는 형벌법규는 당해 혐의사실의 대상자에게 적용되지 않는다.[3]

3. 진술거부권의 주체

(1) 피의자신문과 진술거부권

진술거부권은 현재 피의자나 피고인으로서 수사 또는 공판절차에 계속 중인 자뿐만 아니라 장차 피의자나 피고인이 될 자에게도 보장되며, 형사절차뿐 아니라 행정절차나 국회에서의

---

1) 1997. 3. 27. 96헌가11, 헌집 9-1, 245, 『취객 음주측정 불응 사건』.
2) 후술 551면 참조.
3) 2015. 5. 28. 2015도3136, 공 2015하, 936, 『새마을금고 임원 허위답변 사건』.

조사절차 등에서도 보장된다.[1]

피의자는 진술거부권을 갖는다. 수사기관은 피의자를 신문하기 전에 진술거부권을 고지해야 한다(법244의3). 피의자가 의사무능력자인 경우에는 그의 법정대리인(법26)이나 특별대리인(법28)이, 피의자가 법인인 경우에는 법인의 대표자(법27), 특별대리인(법28) 또는 대리인(법276단서 참조)이 진술거부권을 갖는다.

(2) 공범 수사와 진술거부권

수사기관에 의한 진술거부권 고지의 대상이 되는 피의자의 지위는 수사기관이 조사대상자에 대한 범죄혐의를 인정하여 실질적으로 수사를 개시하는 행위를 한 때에 인정된다.[2][3] 수사기관이 공범에 대해 수사를 개시할 수 있는 상태이었는데도 진술거부권 고지를 잠탈할 의도로 피의자신문이 아닌 참고인 조사의 형식을 취하여 조사하는 것은 허용되지 않는다.[4]

그러나 피의자의 지위에 있지 아니한 자에 대하여는 진술거부권이 고지되지 아니하였다 하더라도 그 진술의 증거능력이 부정되지 않는다. 예컨대 성매매업소 단속 사안에서 손님으로 가장한 수사관이 업주 갑의 안내를 받아 종업원 을과의 성매매에 이르기 직전에 업주 갑을 체포하면서 진술거부권 고지가 없는 상황에서 종업원 을로부터 "갑의 성매매알선 당시 성매매를 하려고 하였다"는 진술을 청취한 경우를 생각해 본다. 이 사안에서 종업원 을은 「성매매알선 등 행위의 처벌에 관한 법률」(성매매처벌법)의 처벌대상에 해당하지 않는다. 성매매처벌법은 성매매 미수행위를 처벌하는 규정을 두고 있지 않기 때문이다. 그러므로 종업원 을이 피의자로서의 지위가 아닌 참고인으로서 조사를 받으면서 수사기관으로부터 진술거부권을 고지받지 않았다 하더라도 그 진술을 가리켜서 위법수집증거로서 증거능력이 없다고 할수 없다.[5]

피의자(갑)에 대해 피의자신문조서가 아니라 '진술서' 또는 '진술조서'가 작성되는 경우는 특히 공범수사와 관련된 경우가 많다. 수사기관이 공범자(갑)를 다른 공범자(을)에 대한 참고인으로 조사하여 진술조서를 작성하는 경우가 여기에 해당하는 예이다. 이때 공범자(갑)는 자신에 대한 피의사실에 대해 범죄혐의에서 벗어나지 못한 피의자 신분이며, 다른 공범자(을)에 대한 참고인진술조서는 진술조서의 형식을 취하였다고 하더라도 피의자신문조서와 달리 볼

1) 1997. 3. 27. 96헌가11, 헌집 9-1, 245, 『취객 음주측정 불응 사건』.
2) 2011. 11. 10. 2011도8125, 공 2011하, 2606, 『청도발 인천행 필로폰 사건』.
3) 2024. 5. 30. 2020도9370, 공 2024하, 1045, 『성매매업소 비밀녹음 사건』.
4) 2011. 11. 10. 2011도8125, 공 2011하, 2606, 『청도발 인천행 필로폰 사건』.
5) 2024. 5. 30. 2020도9370, 판례속보, 『성매매업소 비밀녹음 사건』.

수 없다. 그리하여 진술거부권 고지 없이 이루어진 참고인진술조서는 진술의 임의성이 인정되는 경우라도 위법하게 수집된 증거로서 증거능력이 없다.[1]

조사대상자(갑)의 진술내용이 단순히 제삼자(을)의 범죄에 관한 경우라면 진술거부권이 인정되지 않는다. 그러나 조사대상자(갑)의 진술내용이 (가) 자신(갑)과 제삼자(을)에게 공동으로 관련된 범죄에 관한 것이거나 (나) 제삼자(을)의 피의사실뿐만 아니라 자신(갑)의 피의사실에 관한 것이기도 하여 그 실질이 조사대상자(갑)에 대한 피의자신문의 성격을 가지는 경우라면 진술거부권이 인정된다. 따라서 이러한 경우에 수사기관은 조사대상자(갑)에게 그 진술을 듣기 전에 미리 진술거부권을 고지해야 한다.[2]

수사기관이 어느 피의자(을)로부터 범행 부인의 진술을 듣고 '범의가 없음'을 확인하기 위하여 공범관계가 의심되는 다른 사람(갑)을 참고인으로 조사하는 경우가 있다. 이러한 경우에 조사대상자(갑)는 아직 수사기관에 의해 범죄혐의를 인정받아 수사가 개시된 피의자의 지위에 있었다고 할 수 없다. 따라서 이러한 경우에는 그 조사대상자(갑)에게 진술거부권이 인정되지 않으며, 수사기관은 그 조사대상자(갑)에게 진술거부권을 고지할 필요가 없다.[3]

4. 진술거부권의 대상

진술거부권의 대상은 진술이다. 진술인 이상 구술에 의한 진술뿐만 아니라 서면에 기재된 진술도 포함한다. 따라서 피의자는 수사기관이 요구하는 진술서의 제출을 거부할 수 있다. 그러나 지문이나 족형(足型)의 채취, 신체의 측정, 사진촬영, 음주측정을 위한 호흡측정[4] 등은 진술이 아니므로 이에 대해서는 진술거부권이 미치지 않는다.

형사소송법상 진술거부권의 적용대상은 형사상 자기에게 불리한 진술이다. 따라서 민사책임이나 행정상의 책임과 관련하여 자기에게 불리한 진술은 진술거부권의 대상에 포함되지 않는다. 한편 형사책임에 관련되는 진술인 한 범죄사실 자체뿐만 아니라 간접사실이나 범죄사실의 발견에 단서를 제공하는 사항에 관한 진술도 진술거부권의 대상이 된다.

진술거부권을 현실적으로 행사하려면 진술자가 자신에게 그러한 권리가 있음을 알아야 한다. 이 때문에 우리 형사소송법은 피의자에 대한 고지규정(법244의3)과 피고인에 대한 고지규정(법283의2)을 별도로 마련하여 진술거부권의 보장을 강화하고 있다.

---

1) 2014. 4. 10. 2014도1779, 공 2014상, 1084, 『교도소 동기 제보자 사건』.
2) 2015. 10. 29. 2014도5939, 공 2015하, 1842, 『탈북민 공범 진술 사건』.
3) 2011. 11. 10. 2011도8125, 공 2011하, 2606, 『청도발 인천행 필로폰 사건』.
4) 1997. 3. 27. 96헌가11, 헌집 9-1, 245, 『취객 음주측정 불응 사건』.

5. 진술거부권의 고지

(1) 진술거부권고지의 내용

진술거부권은 헌법상 기본권으로 보장되지만, 진술거부권을 고지받을 권리는 그렇지 않다. 진술거부권이 보장되는 절차일지라도 진술거부권을 고지받을 권리가 헌법 제12조 제2항에 의하여 바로 도출된다고 할 수는 없고, 이를 인정하기 위해서는 입법적 뒷받침이 필요하다.[1]

(가) 미란다 고지　　수사절차상 피의자에 대한 진술거부권의 고지는 두 가지 경우에 이루어진다. 첫째는, 신체구속에 따른 미란다 고지를 할 때 진술거부권의 고지가 이루어지는 경우이다. 신체구속의 현장에서 피의자에게 이루어지는 권리고지를 가리켜서 미란다 고지라고 한다.

검사 또는 사법경찰관은 피의자를 체포영장에 의하여 체포하거나(법200의2) 긴급체포하거나(법200의3), 현행범으로 체포하거나(법212), 구속영장에 의하여 구속하는 경우(법201)에는 (가) 피의사실의 요지, (나) 체포의 이유와 (다) 변호인을 선임할 수 있음을 말하고 (라) 변명할 기회를 주어야 한다(법200의5, 213의2, 209). 수사준칙은 여기에서 한걸음 더 나아가 (마) 진술거부권까지 알려주도록 규정하고 있다(수사준칙32①).

미란다 고지를 할 때 이루어지는 진술거부권의 고지사항은 (ㄱ) 일체의 진술을 하지 아니하거나 개개의 질문에 대하여 진술을 하지 아니할 수 있다는 것, (ㄴ) 진술을 하지 아니하더라도 불이익을 받지 아니한다는 것, (ㄷ) 진술을 거부할 권리를 포기하고 행한 진술은 법정에서 유죄의 증거로 사용될 수 있다는 것이다(수사준칙32②, 법244의3① i, ii, iii).

(나) 피의자신문　　수사절차상 진술거부권의 고지가 이루어지는 두 번째 경우는 피의자신문을 할 때이다. 형소법 제244조의3은 피의자신문을 할 때 검사 또는 사법경찰관이 알려주어야 할 진술거부권의 내용을 규정하고 있다.

검사 또는 사법경찰관은 피의자를 신문하기 전에 다음의 네 가지 사항을 알려주어야 한다(법244의3①).

① 일체의 진술을 하지 아니하거나 개개의 질문에 대하여 진술을 하지 아니할 수 있다는 것 (1호)

② 진술을 하지 아니하더라도 불이익을 받지 아니한다는 것 (2호)

③ 진술을 거부할 권리를 포기하고 행한 진술은 법정에서 유죄의 증거로 사용될 수 있다

---

1) 2014. 1. 16. 2013도5441, 공 2014상, 421, 『초등학교 후배 제보 사건』.

는 것 (3호)

④ 신문을 받을 때에는 변호인을 참여하게 하는 등 변호인의 조력을 받을 수 있다는 것 (4호)

(2) 피의자진술 청취와 피의자 신문

2007년 형사소송법 개정시에 입법자는 피의자에 대한 진술거부권을 규정하면서 조문의 위치를 수사기관의 출석요구에 관한 규정(구법200)으로부터 피의자신문조서에 관한 규정(법244 의3)으로 변경하였다.[1] 이와 관련하여 피의자에 대한 진술거부권은 피의자에 대하여 '신문'이 행해지는 경우에만 필요하며 그 밖에 피의자의 '진술'을 듣는 경우에는 진술거부권을 고지하지 않아도 되는 것이 아닌가 하는 의문을 가져볼 수 있다. 그러나 신·구형소법상의 위치변화에도 불구하고 피의자의 진술거부권은 피의자진술의 전 영역에 걸쳐서 보장된다.

형소법 제200조에 규정된 피의자진술의 청취와 형소법 제241조 이하에 규정된 피의자신문은 수사기관이 피의자로부터 일정한 사실의 보고를 듣는다는 점에서 실질적으로 차이가 없다. 이러한 사정은 형사소송법이 피고인의 진술거부권을 규정하면서 "피고인은 진술하지 아니하거나 개개의 질문에 대하여 진술을 거부할 수 있다."고 표현하여 '질문'에 대한 진술거부권을 명시하고 있는 점에서도 확인할 수 있다(법283의2①).

판례 또한 진술거부권과 관련하여 피의자진술의 청취와 피의자의 신문을 같이 취급하고 있다. 수사기관에 의한 진술거부권 고지의 대상이 되는 피의자의 지위는 수사기관이 범죄인지서를 작성하는 등의 형식적인 사건수리 절차를 거치기 전이라도 조사대상자에 대하여 범죄의 혐의가 있다고 보아 실질적으로 수사를 개시하는 행위를 한 때에 인정된다.[2] 피의자의 진술을 기재한 서류 또는 문서가 수사기관에서의 조사과정에서 작성된 것이라면, 그것이 '진술조서, 진술서, 자술서'라는 형식을 취하였다고 하더라도 피의자신문조서와 달리 볼 수 없다.[3]

수사준칙은 피의자나 사건관계인(피해자·참고인)을 조사할 때 심야조사(수사준칙21)와 장시간 조사(수사준칙22)를 제한하고 있다. 이와 관련하여 수사준칙은 '조사, 신문, 면담 등 그 명칭을 불문하고 피의자나 사건관계인(피해자·참고인)을 조사하는 경우'를 조사 제한의 대상으로 규정하고 있다. 이와 같은 수사준칙의 태도는 진술거부권 고지의 경우에도 그대로 유지되

---

1) 신동운, "2006년 형사소송법 개정안에 대한 검토의견", 형사정책, 제18권 제2호(2006), 325-348면 참고 바람.

2) 2015. 10. 29. 2014도5539, 공 2015하, 1842, 『탈북민 공범 진술 사건』.

3) 2015. 10. 29. 2014도5539, 공 2015하, 1842, 『탈북민 공범 진술 사건』.

어야 한다. 요컨대 피의자를 조사할 때에는 '조사, 신문, 면담 등 그 명칭을 불문하고' 진술거부권을 고지하여야 한다.

(3) 진술거부권 고지의 확인방법

진술거부권을 고지하지 않고 신문한 경우에 그 진술을 기재한 피의자신문조서(법244①)는 설사 그 진술에 임의성이 인정되더라도 증거능력이 없다.[1] 피의자에 대한 진술거부권 고지의 이행 여부에 다툼이 있는 경우 그에 대한 입증은 수사기관이 하여야 한다.

검사 또는 사법경찰관은 피의자에게 진술거부권을 알려 준 때에는 피의자가 진술을 거부할 권리와 변호인의 조력을 받을 권리를 행사할 것인지를 질문하고, 이에 대한 피의자의 답변을 조서에 기재하여야 한다. 이 경우 피의자의 답변은 (가) 피의자로 하여금 자필로 기재하게 하거나 (나) 검사 또는 사법경찰관이 피의자의 답변을 기재한 부분에 기명날인 또는 서명하게 하여야 한다(법244의3②).

사법경찰관이 피의자에게 진술거부권을 행사할 수 있음을 알려 주고 그 행사 여부를 질문하였다고 하더라도 진술거부권 행사 여부에 대한 피의자의 답변이 자필로 기재되어 있지 아니하거나 사법경찰관이 기재한 답변 부분에 피의자의 기명날인 또는 서명이 되어 있지 아니한 사법경찰관 작성의 피의자신문조서는 특별한 사정이 없는 한 형소법 제312조 제3항에서 정한 '적법한 절차와 방식에 따라 작성'된 조서라 할 수 없으므로 그 증거능력을 인정할 수 없다.[2] 이러한 점은 검사 작성 피의자신문조서의 경우도 마찬가지로 보아야 한다.

6. 진술거부권과 증거능력

(1) 진술거부권 불고지와 증거능력 배제

헌법상 인정된 진술거부권이 구체적으로 실현되기 위해서는 적절한 보장장치가 마련되어 있어야 한다. 형사소송법 제308조의2는 "적법한 절차에 따르지 아니하고 수집한 증거는 증거로 할 수 없다."고 규정하여 위법수집증거배제법칙을 선언하고 있다. 위법하게 수집된 일차 증거를 기초로 하여 수집된 이차 증거의 증거능력도 위법수집증거로서 원칙적으로 증거능력이 배제된다.[3]

진술거부권의 고지는 형소법 제308조의2가 규정한 '적법한 절차'의 핵심적 내용 가운데 하나이다. 진술거부권을 고지하지 않고 얻어진 피의자의 진술 및 그 진술을 기초로 하여 수집

1) 1992. 6. 23. 92도682, 공 1992, 2316, 『신이십세기파 사건』.
2) 2013. 3. 28. 2010도3359, 공 2013상, 801, 『공항 리무진 빵땅 사건』.
3) 2007. 11. 15. 2007도3061 전원합의체 판결, 공 2007하, 1974, 『제주지사실 압수수색 사건』.

된 이차 증거의 증거능력도 위법수집증거로서 원칙적으로 증거능력이 배제된다.

진술거부권을 고지하지 아니하고 작성된 수사기관의 피의자신문조서는 증거능력이 없다. 피의자의 진술을 녹취 내지 기재한 서류나 문서가 수사기관에서의 조사과정에서 작성된 것이라면 그것이 진술조서, 진술서, 자술서라는 형식을 취하였다고 하더라도 피의자신문조서와 마찬가지이다.[1]

(2) 진술거부권 불고지와 증거능력의 예외적 허용

수사기관이 진술거부권을 고지하지 않은 상태에서 임의로 이루어진 피의자의 자백(일차 증거)을 기초로 수집한 이차적 증거들이 있다. 예컨대 일차 자백 이후의 반복된 자백, 일차 자백을 계기로 취득한 물적 증거, 일차 자백을 계기로 취득한 증인의 증언 등이 그것이다. 이러한 경우에 이차 증거의 증거능력이 문제된다.

수사기관이 헌법과 형사소송법이 정한 절차에 따르지 아니하고 수집한 증거는 일차 증거 그 자체는 물론, 이를 기초로 하여 획득한 이차 증거 역시 유죄 인정의 증거로 삼을 수 없는 것이 원칙이다. 다만, (가) 수사기관의 절차위반 행위가 적법절차의 실질적인 내용을 침해하는 경우에 해당하지 아니하고, (나) 오히려 그 증거의 증거능력을 배제하는 것이 헌법과 형사소송법이 형사소송에 관한 절차조항을 마련하여 적법절차의 원칙과 실체적 진실 규명의 조화를 도모하고 이를 통하여 형사사법 정의를 실현하려 한 취지에 반하는 결과를 초래하는 것으로 평가되는 예외적인 경우라면, 법원은 그 증거를 유죄 인정의 증거로 사용할 수 있다.[2]

수사기관이 진술거부권을 고지하지 않은 상태에서 임의로 이루어진 피의자의 자백(일차 증거)을 기초로 수집한 이차 증거들이 유죄 인정의 증거로 사용될 수 있는가 하는 문제 역시 이러한 예외적 허용의 법리에 따라서 판단되어야 한다. 구체적인 사안에서 위와 같은 이차 증거들의 증거능력 인정 여부는 제반 사정을 전체적·종합적으로 고려하여 판단해야 한다. 이와 관련하여 판례는 이차 증거의 증거능력을 인정할 만한 통상적인 정황으로 다음의 경우를 상정하고 있다.[3]

첫째로, (가) 진술거부권을 고지하지 않은 것이 단지 수사기관의 실수일 뿐, (나) 피의자의 자백을 이끌어내기 위한 의도적이고 기술적인 증거확보의 방법으로 이용되지 않았고, (다) 그 이후 이루어진 신문에서 진술거부권을 고지하여 잘못이 시정되는 등 수사절차가 적법하게 진

---

1) 2011. 11. 10. 2011도8125, 공 2011하, 2606, 『청도발 인천행 필로폰 사건』.
2) 2007. 11. 15. 2007도3061 전원합의체 판결, 공 2007하, 1974, 『제주지사실 압수수색 사건』.
3) 2009. 3. 12. 2008도11437, 공 2009상, 900, 『가방 강도 자백 사건』.

행된 경우이다.

둘째로, 최초 자백 이후 구금되었던 피의자가 석방된 후 상당한 시간이 경과하였음에도 다시 자발적으로 계속하여 동일한 내용의 자백을 한 경우이다.

셋째로, 최초 자백 이후 피의자가 변호인으로부터 충분한 조력을 받은 가운데 상당한 시간이 경과하였음에도 다시 자발적으로 계속하여 동일한 내용의 자백을 한 경우이다.

넷째로, 최초의 자백 외에도 다른 독립된 제삼자의 행위나 자료 등이 물적 증거나 증인의 증언 등 이차적 증거 수집의 기초가 된 경우이다.

다섯째로, 최초 자백에 의하여 확인된 증인이 그의 독립적인 판단에 의해 형사소송법이 정한 절차에 따라 소환을 받고 임의로 출석하여 증언한 경우이다.

제4 피의자의 무죄추정권

1. 무죄추정을 받을 권리의 의의

헌법 제27조 제4항은 "형사피고인은 유죄의 판결이 확정될 때까지는 무죄로 추정된다."고 규정하여 무죄추정의 원칙을 천명하고 있다. 헌법은 무죄추정의 원칙을 검사의 공소제기에 의하여 유죄판결의 가능성이 보다 구체화된 피고인에게 인정하고 있다. 그러므로 아직 검사의 공소제기를 받지 아니한 피의자에 대하여 무죄추정의 원칙이 적용되는 것은 당연하다.[1]

무죄추정의 원칙은 피의자·피고인의 입장에서 보면 무죄추정을 받을 권리, 즉 무죄추정의 권리를 의미한다. 무죄추정권은 불리한 처지에 놓여 인권이 유린되기 쉬운 피의자·피고인의 지위를 옹호하여 형사절차에서 그들의 불이익을 필요 최소한에 그치게 하자는 것으로서 인간의 존엄성 존중을 궁극의 목표로 하고 있는 헌법이념에서 나온 것이다.

요컨대 무죄추정의 원칙은 아직 공소제기가 없는 피의자는 물론 공소가 제기된 피고인이라도 유죄의 확정판결이 있기까지는 원칙적으로 죄가 없는 자에 준하여 취급하여야 하고 불이익을 입혀서는 안 되며, 가사 불이익을 입힌다 하여도 필요한 최소한도에 그쳐야 한다는 원칙을 말한다.[2]

2. 피의자의 무죄추정권의 내용

무죄추정의 권리는 실정법체계인 헌법과 형사소송법에 규정되어 있다. 단순한 원리의 선

---

1) 1992. 1. 28. 91헌마111, 헌집 4, 51, 『안기부 수사관 접견참여 사건』.
2) 2010. 9. 2. 2010헌마418, 헌공 167, 1539, 『지방자치법 헌법불합치결정 사건』.

언에 그치는 것이 아니다. 무죄추정의 권리는 법원을 비롯한 형사절차의 관계자들을 적극적으로 기속하는 법적 효과를 발생시킨다. 무죄추정의 원칙은 증거법에 국한된 원칙이 아니라 수사절차에서 공판절차에 이르기까지 형사절차의 전 과정을 지배하는 지도원리로서 인신의 구속 자체를 제한하는 원리로 작용한다.[1]

무죄추정의 원칙상 금지되는 '불이익'이란 범죄사실의 인정 또는 유죄를 전제로 그에 대하여 법률적·사실적 측면에서 유형·무형의 차별취급을 가하는 유죄인정의 효과로서의 불이익을 뜻한다. 이는 비단 형사절차 내에서의 불이익뿐만 아니라 기타 일반 법생활 영역에서의 기본권 제한과 같은 경우에도 적용된다.[2]

그러나 범죄수사가 개시되어 아직 유죄판결이 확정되지 아니하였다는 사실이 다른 분야에서 피의자를 위한 전면적 면책사유가 될 수는 없다. 무죄추정의 원칙상 금지되는 '불이익'은 범죄사실의 인정 또는 유죄를 전제로 그에 대하여 법률적·사실적 측면에서 가하는 유형·무형의 차별취급을 말한다. 범죄수사의 기초를 이루는 공무원의 비위사실을 토대로 징계처분을 내리는 것은 무죄추정의 권리를 침해하는 것이 아니다.[3]

수사절차에서 피의자의 무죄추정권과 관련한 사항으로서 주목되는 것들을 살펴본다. 검사와 사법경찰관은 공소제기 전의 형사사건에 관한 내용을 공개해서는 안 된다(수사준칙 5①). 검사와 사법경찰관은 수사의 전(全) 과정에서 피의자와 사건관계인의 사생활의 비밀을 보호하고 그들의 명예나 신용이 훼손되지 않도록 노력해야 한다(동조②). 법무부장관, 경찰청장 또는 해양경찰청장은 무죄추정의 원칙과 국민의 알권리 등을 종합적으로 고려하여 형사사건 공개에 관한 준칙을 정할 수 있다(동조③).

검찰, 경찰 기타 범죄수사에 관한 직무를 행하는 자 또는 이를 감독하거나 보조하는 자가 그 직무를 행함에 있어서 지득한 피의사실을 공판청구 전에 공표한 때에는 피의사실공표죄(형법126)로 처벌된다.

무죄추정의 원칙에 의하여 수사와 재판은 불구속을 원칙으로 한다. 형사소송법은 이 점을 확인하여 "피의자에 대한 수사는 불구속 상태에 함을 원칙으로 한다."고 선언하고 있다(법198①). 구속은 예외적으로 구속 이외의 방법에 의하여서는 범죄에 대한 효과적인 투쟁이 불가능하여 형사소송의 목적을 달성할 수 없다고 인정되는 경우에 한하여 최후의 수단으로만 사용되어야 한다. 구속수사가 허용될 경우라도 그 구속기간은 가능한 한 최소한에 그쳐야 한다.[4]

---

1) 2003. 11. 27. 2002헌마193, 헌집 15-2하, 311, 『군사법원법 재구속규정 위헌결정 사건』.
2) 2010. 9. 2. 2010헌마418, 헌공 167, 1539, 『지방자치법 헌법불합치결정 사건』.
3) 1984. 9. 11. 84누110, 공 1984, 1663, 『해외근로자 휴대품 사건』.
4) 2003. 11. 27. 2002헌마193, 헌집 15-2하, 311, 『군사법원법 재구속규정 위헌결정 사건』.

피의자의 무죄추정권에 비추어 볼 때 구속피의자는 가능한 한 사회 일반인과 동일한 처우를 받아야 한다. 공판정에서는 원칙적으로 피고인의 신체를 구속하지 못한다(법280 본문). 마찬가지로 피의자를 신문하는 경우에 수사기관은 원칙적으로 피의자의 신체를 구속하지 못한다.[1]

무죄추정의 권리는 유죄판결이 확정될 때까지 존속한다. 따라서 검사가 범죄혐의를 인정하면서도 기소편의주의(법247)에 입각하여 피의자에게 기소유예처분을 한 경우에도 무죄추정은 유지된다.

3. 특정중대범죄와 피의자 신상정보 공개

피의자의 무죄추정권과 관련하여 피의자의 신상정보 공개가 문제되어 왔다. 이와 관련하여 입법자는 2023년 10월 「특정중대범죄 피의자 등 신상정보 공개에 관한 법률」(중대범죄신상공개법)을 제정하여 2024년 1월부터 시행하였다. 중대범죄신상공개법은 국가, 사회, 개인에게 중대한 해악을 끼치는 특정중대범죄 사건에 대하여 수사 및 재판 단계에서 피의자 또는 피고인의 신상정보 공개에 대한 대상과 절차 등을 규정함으로써 국민의 알권리를 보장하고 범죄를 예방하여 안전한 사회를 구현하는 것을 목적으로 하고 있다(동법1).

중대범죄신상공개법이 신상공개를 허용하는 특정중대범죄는 내란 · 외환죄, 범죄단체조직죄, 폭발물사용죄, 살인 등 강력범죄, 성폭력범죄, 일부 아동 · 청소년대상 성범죄, 일부 마약범죄 등이다(동법2 참조). 중대범죄신상공개법은 수사 및 재판 단계에서 신상정보의 공개에 대하여는 다른 법률의 규정[2]에도 불구하고 우선하여 적용된다(동법3).

검사와 사법경찰관은 다음 각 호의 요건을 모두 갖춘 특정중대범죄사건의 피의자의 얼굴, 성명 및 나이(이하 '신상정보'라 한다)를 공개할 수 있다(중대범죄신상공개법4① 본문).

① 범행수단이 잔인하고 중대한 피해가 발생하였을 것(제2조 제3호부터 제6호까지의 죄[폭발물사용죄, 현주건조물방화치사상죄, 일정 범위의 상해죄 및 폭행치사상죄, 특정강력범죄]에 한정한다) (1호)

② 피의자가 그 죄를 범하였다고 믿을 만한 충분한 증거가 있을 것 (2호)

③ 국민의 알권리 보장, 피의자의 재범 방지 및 범죄예방 등 오로지 공공의 이익을 위하여 필요할 것 (3호)

그러나 피의자가 미성년자인 경우에는 신상정보를 공개하지 않는다(중대범죄신상공개법4①

---

1) 2005. 5. 26. 2001헌마728, 헌집 17-1, 709, 『총학생회장 계구사용 사건』.
2) 중대범죄신상공개법의 시행과 함께 「특정강력범죄의 처벌에 관한 특별법」 제8조의2는 삭제되었다.

단서).

검사와 사법경찰관은 신상정보 공개를 결정할 때에는 범죄의 중대성, 범행 후 정황, 피해자 보호 필요성, 피해자(피해자가 사망한 경우 피해자의 유족을 포함한다)의 의사 등을 종합적으로 고려하여야 한다(중대범죄신상공개법4②). 검찰총장 및 경찰청장은 검사와 사법경찰관의 신상정보 공개 여부에 관한 사항을 심의하기 위하여 신상정보공개심의위원회를 둘 수 있다(동법8①). 검사와 사법경찰관은 피의자의 신상정보 공개를 결정하기 전에 피의자에게 의견을 진술할 기회를 주어야 한다(동법4⑥ 본문). 다만, 신상정보공개심의위원회에서 피의자의 의견을 청취한 경우(동법8③)에는 이를 생략할 수 있다(동법4⑥ 단서).

검사와 사법경찰관은 피의자의 얼굴을 공개하기 위하여 필요한 경우 피의자를 식별할 수 있도록 피의자의 얼굴을 촬영할 수 있다. 이 경우 피의자는 이에 따라야 한다(중대범죄신상공개법4⑤). 피의자의 얼굴은 특별한 사정이 없으면 공개 결정일 전후 30일 이내의 모습으로 한다. 이 경우 검사와 사법경찰관은 다른 법령에 따라 적법하게 수집·보관하고 있는 사진, 영상물 등이 있는 때에는 이를 활용하여 공개할 수 있다(동조④).

검사와 사법경찰관은 피의자에게 신상정보 공개를 통지한 날부터 5일 이상의 유예기간을 두고 신상정보를 공개하여야 한다. 다만, 피의자가 신상정보 공개 결정에 대하여 서면으로 이의 없음을 표시한 때에는 유예기간을 두지 아니할 수 있다(중대범죄신상공개법4⑦ 본문·단서). 검사와 사법경찰관은 정보통신망을 이용하여 그 신상정보를 30일간 공개한다(동조⑧).

피의자로서 중대범죄신상공개법에 따라 신상정보가 공개된 자 중 검사로부터 불기소처분을 받거나 사법경찰관으로부터 불송치결정을 받은 자는 「형사보상 및 명예회복에 관한 법률」에 따른 형사보상과 별도로 국가에 대하여 신상정보의 공개에 따른 보상을 청구할 수 있다. 다만, 신상정보가 공개된 이후 불기소처분 또는 불송치결정의 사유가 있는 경우와 해당 불기소처분 또는 불송치결정이 종국적인 것이 아니거나 형사소송법 제247조[기소편의주의]에 따른 것일 경우에는 그러하지 아니하다(중대범죄신상공개법6① 본문·단서).

한편 (가) 본인이 수사 또는 재판을 그르칠 목적으로 거짓 자백을 하거나 다른 유죄의 증거를 만듦으로써 신상정보가 공개된 것으로 인정되는 경우 또는 (나) 보상을 하는 것이 선량한 풍속이나 그 밖에 사회질서에 위배된다고 인정할 특별한 사정이 있는 경우에는 보상의 전부 또는 일부를 지급하지 아니할 수 있다(중대범죄신상공개법6②). 피의자에 대해 보상을 할 때에는 1천만원 이내에서 모든 사정을 고려하여 타당하다고 인정하는 금액을 보상한다. 이 경우 신상공개로 인하여 발생한 재산상의 손실액이 증명되었을 때에는 그 손실액도 보상한다(동조③). 피의자 보상에 관하여는 중대범죄신상공개법에 특별한 규정이 있는 경우를 제외하고는 그 성질에 반하지 아니하는 범위에서 「형사보상 및 명예회복에 관한 법률」이 준용된다(동조④).

제5 변호인의 조력을 받을 권리

1. 변호인의 조력을 받을 권리의 의의

우리 형사소송법은 피의자 · 피고인의 방어권을 보장하기 위하여 여러 가지 법적 장치를 마련하고 있다. 그런데 이러한 권리들이 실질적으로 행사되어 피의자 · 피고인과 국가기관 사이에 무기대등의 관계가 이루어지려면 법률전문가로부터 충분한 조력을 받지 않으면 안 된다. 이 점을 고려하여 우리 헌법은 "누구든지 체포 또는 구속을 당한 때에는 즉시 변호인의 조력을 받을 권리를 가진다."고 규정하고(헌법12④ 본문), 나아가 형사피고인이 스스로 변호인을 구할 수 없을 때를 대비하여 국선변호인제도를 보장하고 있다(동항 단서).

헌법상 보장되는 '변호인의 조력을 받을 권리'는 변호인의 '충분한 조력'을 받을 권리를 의미한다. 그러므로 피고인에게 국선변호인의 조력을 받을 권리를 보장하여야 할 국가의 의무에는 피고인이 국선변호인의 실질적 조력을 받을 수 있도록 할 의무가 포함된다.[1]

2. 변호인의 조력을 받을 권리의 전개

(1) 신체구속된 피의자 · 피고인의 변호인의 조력을 받을 권리

피의자 · 피고인의 신체구속은 외부세계로부터 상대방을 격리시킴으로써 이들에게 심리적인 고립무원의 상태를 초래한다. 피의자 · 피고인에게 고립무원의 상태를 해소하고 자백편중의 수사관행에 제동을 거는 장치로서, 그리고 신체구속된 피의자 · 피고인에게 실질적 소송주체성을 확립하기 위한 장치로서 변호인 및 외부인과의 접견교통은 형사절차에 있어서 대단히 중요한 의미를 지닌다.

헌법 제12조 제5항은 "누구든지 체포 또는 구속의 이유와 변호인의 조력을 받을 권리가 있음을 고지받지 아니하고는 체포 또는 구속을 당하지 아니한다. 체포 또는 구속을 당한 자의 가족 등 법률이 정하는 자에게는 그 이유와 일시 · 장소가 지체 없이 통지되어야 한다."고 규정하고, 나아가 헌법 제12조 제4항 본문은 "누구든지 체포 또는 구속을 당한 때에는 즉시 변호인의 조력을 받을 권리를 가진다."고 규정하여 신체구속을 당한 사람에게 변호인의 조력을 받을 권리를 명시적으로 보장하고 있다. 이때 '변호인의 조력'은 '변호인의 충분한 조력'을 의

---

1) 2015. 12. 23. 2015도9951, 공 2016상, 257, 『이해상반 국선변호인 사건』.

미한다.[1]

신체구속된 피의자 · 피고인의 변호인 면접 · 교섭권은 독자적으로 존재하는 것이 아니라 형벌권의 적정한 행사와 피의자 · 피고인의 인권보호라는 형사절차의 전체적인 체계 안에서 의미를 갖고 있다. 따라서 신체구속된 피의자 · 피고인의 변호인 면접 · 교섭권은 최대한 보장되어야 하지만, 형사절차의 목적을 구현하기 위하여 제한될 수 있다. 다만, 이 경우에도 그 제한은 엄격한 비례의 원칙에 따라야 하고, 시간 · 장소 · 방법 등 일반적 기준에 따라 중립적이어야 한다.[2]

(2) 불구속피의자 · 피고인의 변호인의 조력을 받을 권리

종래 변호인의 조력을 받을 권리는 신체구속된 피의자 · 피고인을 중심으로 논의되어 왔다. 이에 대해 헌법재판소는 2000년대에 들어와 불구속상태의 피의자 · 피고인에 대해서도 변호인의 조력을 받을 권리를 적극적으로 인정하기 시작하였다. 불구속피의자가 피의자신문을 받을 때 변호인참여가 허용될 것인가를 쟁점으로 다룬 사안에서, 헌법재판소는 신체구속 여부를 떠나 모든 피의자 · 피고인에게 변호인선임권 및 변호인과 상담하고 조언을 구할 권리가 인정되어야 함은 법치국가원리 및 적법절차원칙에 비추어 당연한 이치라고 선언하였다.[3]

이와 같은 판례의 발전을 토대로 입법자는 2007년 형소법 개정시에 형사소송법 제243조의2에 "검사 또는 사법경찰관은 피의자 또는 그 변호인 · 법정대리인 · 배우자 · 직계친족 · 형제자매의 신청에 따라 변호인을 피의자와 접견하게 하거나 정당한 사유가 없는 한 피의자에 대한 신문에 참여하게 하여야 한다."는 내용의 변호인참여권을 명문화하기에 이르렀다(법243의2①). 형소법 제243조의2가 규정하고 있는 권리는 (가) 피의자와 변호인 사이의 접견교통권 및 (나) 변호인의 피의자신문참여권이다. 이 두 가지 권리는 구속 · 불구속을 가리지 않고 모든 피의자에게 인정된다.

피의자가 피의자신문시 변호인을 대동하여 조언과 상담을 받을 수 있는 권리는 변호인의 조력을 받을 권리의 핵심적 내용으로 형사절차에 직접 적용된다. 그렇다고 하더라도 그 조언과 상담과정이 피의자신문을 방해하거나 수사기밀을 누설하는 경우 등에까지 허용되는 것은 아니다. 조언과 상담을 통한 변호인의 조력을 받을 권리는 변호인의 '적법한' 조력을 받을 권리를 의미하는 것이지 위법한 조력을 받을 권리까지도 보장하는 것은 아니기

---

1) 2009. 10. 29. 2007헌마992, 헌집 21-2하, 288, 『대기실 접견신청 사건』.
2) 2009. 10. 29. 2007헌마992, 헌집 21-2하, 288, 『대기실 접견신청 사건』.
3) 2004. 9. 23. 2000헌마138, 헌집 16-2상, 543, 『총선시민연대 사건』.

때문이다.[1]

(3) 변호인의 피의자·피고인을 조력할 권리

피의자·피고인이 가지는 변호인의 조력을 받을 권리는 피의자·피고인과 변호인 사이의 상호관계에서 구체적으로 실현될 수 있다. 피의자·피고인이 가지는 변호인의 조력을 받을 권리는 피의자·피고인을 조력할 변호인의 권리가 보장됨으로써 공고해질 수 있으며, 역으로 변호인의 권리가 보장되지 않으면 유명무실하게 될 우려가 있다.

피의자·피고인을 조력할 변호인의 권리 중 그것이 보장되지 않으면 '피의자·피고인이 변호인의 조력을 받는다'는 것이 유명무실하게 되는 핵심적인 부분이 있다. 이 핵심적 부분은 헌법상 기본권인 피의자·피고인이 가지는 변호인의 조력을 받을 권리와 표리(表裏)의 관계에 있다. 피의자·피고인이 가지는 변호인의 조력을 받을 권리가 실질적으로 확보되기 위해서는 변호인이 피의자·피고인을 조력할 권리(변호인의 변호권)의 핵심적인 부분이 헌법상 기본권으로 보호되어야 한다.[2] [3]

(4) 변호인이 되려는 자의 피의자·피고인을 조력할 권리

헌법 제12조 제4항 본문은 체포 또는 구속을 당한 때에 '즉시' 변호인의 조력을 받을 권리를 가진다고 규정함으로써 변호인이 선임되기 이전에도 피의자·피고인에게 변호인의 조력을 받을 권리가 있음을 분명히 하고 있다. 변호인 선임을 위하여 피의자·피고인이 가지는 '변호인이 되려는 자'와의 접견교통권 역시 헌법상 기본권으로 보호되어야 한다.[4]

한편, '변호인이 되려는 자'의 피의자·피고인에 대한 접견교통권은 피의자·피고인을 조력하기 위한 핵심적인 부분으로서, 피의자·피고인이 가지는 헌법상의 기본권인 '변호인이 되려는 자'와의 접견교통권과 표리의 관계에 있다. 따라서 '변호인이 되려는 자'의 접견교통권은 피의자·피고인을 조력하기 위한 핵심적인 권리로서, 피의자·피고인이 가지는 '변호인이 되려는 자'의 조력을 받을 권리가 실질적으로 확보되기 위하여 이 역시 헌법상 기본권으로서 보장된다.[5]

---

1) 2004. 9. 23. 2000헌마138, 헌집 16-2상, 543, 『총선시민연대 사건』.
2) 2003. 3. 27. 2000헌마474, 헌집 15-1, 282(288), 『고소장 열람신청 사건』.
3) 2017. 11. 30. 2016헌마503, 헌집 29-2하, 224, 『후방착석 요구 위헌확인 사건』.
4) 2019. 2. 28. 2015헌마1204, 헌집 31-1, 141, 『변호인 되려는 자 접견불허 사건』.
5) 2019. 2. 28. 2015헌마1204, 헌집 31-1, 141, 『변호인 되려는 자 접견불허 사건』.

제6절 변호인

제1 변호인제도의 의의

1. 수사절차와 변호인제도의 확충

앞에서 살펴본 것처럼 변호인의 조력을 받을 권리는 근래 수사절차에서 대폭적으로 확장되고 있다. 불구속피의자까지 포함하는 변호인의 피의자신문참여권(법243의2①)을 인정한 것과 구속영장실질심사 단계에도 국선변호제도를 확대실시한 것(법201의2⑧, 33① ⅰ)은 이러한 변화를 잘 보여주고 있다. 변호인제도가 수사절차에서 의미를 더해감에 따라 변호인제도를 피의자의 지위와 관련하여 검토해야 할 필요성도 더욱 높아지게 되었다.

이러한 변화를 반영하여 본서에서는 피의자 항목에 이어서 변호인제도를 검토하기로 한다. 다만 서술의 중복을 피하기 위하여 피고인과 관련된 부분도 함께 다루기로 한다.

2. 변호인제도의 의의

변호인이란 피의자·피고인의 방어권 행사를 돕는 조력자이다. 우리 헌법 및 형사소송법은 수사절차에서 발생하기 쉬운 인권침해를 방지하기 위하여 피의자에게 다양한 권리와 절차적 보장장치를 마련하고 있으며, 공판절차에서 소송주체인 피고인의 지위를 보장하기 위하여 여러 가지 권리를 인정하고 있다.

그런데 피의자·피고인이 이와 같은 제반 권리와 절차적 보장장치들을 적절히 활용하여 자신을 방어하는 것은 쉽지 않다. 피의자·피고인이 처한 구체적 사정이나 지적·경제적 능력, 신체구속의 유무 등은 이들이 자신에게 법적으로 주어진 방어권을 구체적으로 행사하는데 여러 가지 제약을 가져 올 수 있다. 여기에서 피의자·피고인의 방어를 돕는 조력자가 절실히 필요하게 된다.

형사절차에 소송주체로 관여하는 법원과 검사는 무고한 시민이 처벌받거나 절차의 대상이 되지 않도록 보호해야 할 책임을 진다. 이러한 관점에서 국가기관인 검사나 법원이 피의자·피고인에게 유리한 사항을 조사하여 이들의 방어에 조력하는 활동(법242 후단, 286② 참조)을 실질적 변호라고 한다. 이에 대해 전적으로 피의자·피고인의 입장에서 그들의 미비한 방어능력을 보충하면서 조력하는 법률전문가가 변호인이다. 변호인에 의한 변호활동을 검사나 법원이 행하는 실질적 변호에 대립시켜 형식적 변호라고 부른다.

변호인은 원칙적으로 법률전문가로서의 자격을 갖춘 변호사 중에서 선임하여야 한다(법31 본문), 변호인은 피의자·피고인 또는 그와 일정한 관계에 있는 사인이 선임한 사선변호인과 법원에 의하여 선정된 국선변호인으로 나누어 볼 수 있다.

제2 사선변호인

1. 변호인의 선임

(1) 변호인 선임권자

피의자·피고인 및 그와 일정한 관계에 있는 자에 의하여 선임되는 변호인을 사선변호인 이라고 한다. 사선변호인은 사건의뢰인과 변호인 사이에 체결되는 사법상의 계약 외에 법원에 대하여 행하는 변호인선임이라는 소송행위를 통해 변호인으로서의 지위를 취득한다.

피의자 또는 피고인은 변호인을 선임할 수 있다(법30①). 피의자 또는 피고인의 법정대리 인·배우자·직계친족·형제자매는 독립하여 변호인을 선임할 수 있다(동조②). 변호인선임의 시기에 제한은 없다.

체포·구속의 집행기관은 피의자를 체포·구속하거나 피고인을 구속한 경우에 변호인이 없는 때에는 피의자·피고인의 법정대리인, 배우자, 직계친족과 형제자매(법30②) 가운데 피의 자·피고인이 지정한 자에게 피의사건명·피고사건명, 체포·구속의 일시·장소, 범죄사실의 요지, 체포·구속의 이유와 변호인을 선임할 수 있다는 취지를 알려야 한다(법87①, 200의6, 201의2⑩, 209, 213의2).

신체구속된 피의자·피고인은 법원, 교도소장·구치소장 또는 그 대리자에게 변호사를 지정하여 변호인의 선임을 의뢰할 수 있다. 변호인선임의 의뢰를 받은 경우 법원, 교도소장· 구치소장 또는 그 대리자는 급속히 피의자·피고인이 지명한 변호사에게 그 취지를 통지하여 야 한다(법90①·②, 209).

변호인은 변호사 중에서 선임하여야 한다(법31 본문). 한편 예외적으로 대법원 이외의 법 원은 특별한 사정이 있으면 변호사 아닌 자를 변호인으로 선임하는 것을 허가할 수 있다(동 조 단서). 이러한 자를 특별변호인이라고 한다. 그러나 상고심에는 변호사가 아닌 자를 변호인 으로 선임하지 못한다(법386).

(2) 변호인선임서의 제출

변호인의 선임은 심급마다 변호인과 연명날인한 서면으로 제출하여야 한다(법32①). 변호인선임서는 수사 단계에서는 검사 또는 사법경찰관에게, 공소제기 후에는 수소법원에 제출하여야 한다.

변호인선임서는 심급마다 제출하여야 한다. 상소법원에 변호인선임서를 제출하지 아니한 채 상소이유서(법361의3①, 379①)만을 제출하고 상소이유서 제출기간이 경과한 후에 변호인선임서를 제출하였다면 그 상소이유서는 적법·유효한 상소이유서가 될 수 없다.[1] 이는 그 변호인이 원심변호인(법341①)으로서 원심법원에 상소장을 제출하였다 하더라도 마찬가지이다.[2]

2. 변호인선임의 효력과 범위

변호인선임이라는 소송행위는 수임변호사에게 변호인으로서의 권리와 의무를 발생시키는 소송법적 효력을 가진다. 변호인선임은 소송행위이다. 그러므로 원칙적으로 당해 피의사건 또는 피고사건과 단일성·동일성이 인정되는 전체사건에 대하여 변호인선임의 효력이 미친다.

그런데 하나의 사건에 관하여 한 변호인선임은 동일 법원의 동일 피고인에 대하여 병합된 다른 사건에 관하여도 그 효력이 있다(규칙13 본문). 다만, 피고인 또는 변호인이 이와 다른 의사표시를 한 때에는 그러하지 아니하다(규칙13 단서). 이처럼 변호인선임의 효력범위를 병합된 다른 사건에까지 확장한 것은 변호인의 조력이 누락되지 않도록 하기 위함이다.

변호인선임의 효력은 심급단위로 미치는 것이 원칙이며, 이 때문에 변호인선임은 심급마다 행해져야 한다(법32①). 공소제기 전의 변호인선임은 제1심에도 그 효력이 있다(동조②). 수사절차와 제1심 공판절차는 서로 절차의 주재자를 달리하지만 법원의 공권적 판단은 결국 1회에 그치게 되므로 양 절차를 하나의 단위로 묶어서 파악한 것이다.

제3 국선변호인

1. 국선변호인제도의 의의

국선변호인이란 법원에 의하여 선정된 변호인을 말한다. 국가가 변호인을 붙이는 행위를 가리켜서 국선변호인의 선정이라고 한다. 우리 헌법은 형사절차에서 평등원칙과 사회국가의 이

---

1) 2014. 2. 13. 2013도9605, 공 2014상, 657, 『고춧가루 분광분석 사건』.
2) 2014. 2. 13. 2013도9605, 공 2014상, 657, 『고춧가루 분광분석 사건』.

념을 실현하기 위하여 국선변호인의 조력을 받을 권리를 기본권으로 보장하고 있다(헌법12④ 단서).

헌법상 보장되는 '변호인의 조력을 받을 권리'는 변호인의 '충분한 조력'을 받을 권리를 의미한다. 그러므로 피고인에게 국선변호인의 조력을 받을 권리를 보장하여야 할 국가의 의무에는 피고인이 국선변호인의 실질적 조력을 받을 수 있도록 할 의무가 포함된다.[1]

공소사실 기재 자체로 보아 어느 피고인(갑)에 대한 유리한 변론이 다른 피고인(을)에 대하여는 불리한 결과를 초래하는 경우 공동피고인들(갑과 을) 사이에는 그 이해가 상반된다. 이와 같이 이해가 상반된 피고인들 중 어느 피고인(갑)의 변호인을 다른 피고인(을)을 위한 국선변호인으로 선정한다면 국선변호인으로 선정된 변호사는 이해가 상반된 피고인들 모두에게 유리한 변론을 하기 어렵다. 결국 다른 피고인(을)은 국선변호인의 실질적 조력을 받을 수 없게 되므로 위와 같은 국선변호인 선정은 국선변호인의 조력을 받을 피고인의 권리를 침해하는 것이 된다.[2]

국선변호인의 조력을 받을 권리를 보장하는 것은 국가의 공적 의무이다. 여기에는 형사절차에서 단순히 국선변호인을 선정해 주는 데에 그치지 않고, 피의자·피고인이 국선변호인의 실질적인 조력을 받을 수 있도록 필요한 업무감독과 절차적 조치를 취할 책무까지 포함된다.[3]

형사소송법은 국선변호인제도의 실질화를 도모하기 위하여 피의자에 대한 구속영장청구 단계에서부터 국선변호인 선정을 의무화하는 등 국선변호제도의 적용범위를 대폭 확장하고 있다.

2. 국선변호의 유형

형사소송법은 필요국선, 청구국선, 재량국선이라는 세 가지 유형의 국선변호인을 인정하고 있다.

(1) 필요국선

필요국선은 법원이 반드시 국선변호인을 선정해야 하는 경우를 말한다. 법원은 다음 각 호의 어느 하나에 해당하는 경우에 변호인이 없는 때에는 직권으로 변호인을 선정하여야 한다(법33①).

---

1) 2015. 12. 23. 2015도9951, 공 2016상, 257, 『이해상반 국선변호인 사건』.
2) 2015. 12. 23. 2015도9951, 공 2016상, 257, 『이해상반 국선변호인 사건』.
3) 2012. 2. 16. 2009모1044 전원합의체 결정, 공 2012상, 480, 『국선변호인 항소이유서 미제출 사건』.

① 피고인이 구속된 때 (1호)

② 피고인이 미성년자인 때 (2호)

③ 피고인이 70세 이상인 때 (3호)

④ 피고인이 듣거나 말하는 데 모두 장애가 있는 사람인 때 (4호)

⑤ 피고인이 심신장애가 있는 것으로 의심되는 때 (5호)

⑥ 피고인이 사형, 무기 또는 단기 3년 이상의 징역이나 금고에 해당하는 사건으로 기소
된 때 (6호)

위에서 제1호의 '피고인이 구속된 때'의 의미에 대해 종전 대법원판례는 피고인이 해당 형
사사건에서 구속되어 재판을 받고 있는 경우만을 가리킨다는 입장을 취하고 있었다. 2024년
대법원은 전원합의체 판결을 통하여 판례를 변경하였다. 변경된 판례에 따르면 형사소송법 제
33조 제1항 제1호의 '피고인이 구속된 때'는 (가) 피고인이 해당 형사사건에서 구속되어 재판
을 받고 있는 경우, (나) 피고인이 별건으로 구속영장이 발부되어 집행되고 있는 경우, (다)
피고인이 다른 형사사건에서 유죄판결이 확정되어 그 판결의 집행으로 구금 상태에 있는 경
우를 모두 포괄한다.[1]

위에서 제5호의 '피고인이 심신장애가 있는 것으로 의심되는 때'라 함은 (가) 진단서나 정신
감정 등 객관적인 자료에 의하여 피고인의 심신장애 상태를 확신할 수 있거나 (나) 그러한 상
태로 추단할 수 있는 근거가 있는 경우는 물론, (다) 제반 사정에 비추어 피고인의 의식상태나
사물에 대한 변별능력, 행위통제능력이 결여되거나 저하된 상태로 의심되어 피고인이 공판심
리단계에서 효과적으로 방어권을 행사하지 못할 우려가 있다고 인정되는 경우를 포함한다.[2]

(2) 청구국선

청구국선은 피고인의 청구에 기하여 법원이 국선변호인을 선정하는 경우를 말한다. 법원
은 피고인이 빈곤이나 그 밖의 사유로 변호인을 선임할 수 없는 경우에 피고인이 청구하면
변호인을 선정하여야 한다(법33②).

국선변호인선정청구를 기각한 결정은 판결 전의 소송절차에 속한다. 판결 전의 소송절차
에 관한 법원의 결정에 대하여는 특히 즉시항고를 할 수 있는 경우 외에는 항고하지 못한다
(법403①). 국선변호인선정청구를 기각한 결정에 대하여 즉시항고를 할 수 있는 근거가 없으므
로 국선변호인선정청구 기각결정에 대하여는 항고 및 재항고를 할 수 없다.[3]

---

1) 2024. 5. 23. 2021도6357 전원합의체 판결, 공 2024하, 945, 『'피고인 구속' 국선변호 사건』.
2) 2019. 9. 26. 2019도8531, 공 2019하, 2071, 『심신장애 의심 피고인 국선변호 사건』.
3) 1993. 12. 3. 92모49, 공 1994, 746, 『국선변호인 신청기각 재항고 사건』.

(3) 재량국선

재량국선은 필요국선의 사유가 없고 피고인의 청구가 없더라도 법원이 재량으로 국선변호인을 선정하는 경우를 말한다. 법원은 피고인의 나이·지능 및 교육 정도 등을 참작하여 권리보호를 위하여 필요하다고 인정하면 피고인의 명시적 의사에 반하지 아니하는 범위에서 변호인을 선정하여야 한다(법33③). 시각장애인 또는 청각장애인은 듣거나 말하는 데 모두 장애가 있는 사람은 아니므로 직권에 의한 국선변호인 선정(동조① iv)의 대상이 아니다. 그러나 법원은 재량으로 국선변호인을 선정해야 한다.[1]

3. 국선변호인 선정이 필요한 그 밖의 경우

(1) 통상재판과 국선변호

국선변호인의 선정이 요구되는 기본적인 사유는 앞에서 살펴보았다. 위에서 소개한 경우는 공소제기 후 수소법원에 소송계속이 발생한 경우를 전제로 하고 있다. 그런데 이와 같은 일반적인 경우 이외에 국선변호인의 선정이 필요한 경우가 있다. 형사소송법이 국선변호인 선정을 규정한 그 밖의 경우를 살펴보면 다음과 같다.

(가) 영장실질심사   먼저, 구속영장이 청구된 피의자에 대한 국선변호인제도가 있다. 구속영장이 청구된 피의자를 심문할 때 심문할 피의자에게 변호인이 없는 때에는 지방법원판사는 직권으로 변호인을 선정하여야 한다(법201의2⑧ 1문). 구속영장이 청구된 피의자에 대한 국선변호인의 선정은 피의자에 대한 구속영장청구가 기각되어 효력이 소멸한 경우를 제외하고는 제1심까지 효력이 있다(동항 2문).

(나) 체포·구속적부심사   국선변호인이 선정되는 또 다른 경우로 체포·구속적부심사 절차가 있다. 체포되거나 구속된 피의자에게 변호인이 없는 때에는 피고인에 대한 국선변호인 선정을 규정한 형소법 제33조가 준용된다(법214의2⑩). 그런데 구속된 피의자에게는 형소법 제201조의2 제8항에 의하여 이미 국선변호인이 선정되어 있다. 그렇기 때문에 실제로 적부심절차에서 국선변호인 선정이 의미를 가지는 것은 체포된 피의자가 적부심을 청구하는 경우이다.

(다) 공판준비절차   형사소송법은 집중심리주의를 공판절차의 기본원칙으로 천명하고 있다(법267의2). 그리고 공판기일에서 집중심리가 효율적으로 이루어질 수 있도록 공판준비절차를 강화하고 있다(법266의5 이하). 법원은 검사, 피고인 또는 변호인의 의견을 들어 공판준비기일을 지정할 수 있는데(법266의7①), 공판준비기일이 지정된 사건에 관하여 변호인이 없는 때에는 법원은 직권으로 변호인을 선정하여야 한다(법266의8④).

---

1) 2014. 8. 28. 2014도4496, 공 2014하, 1952, 『2급 시각장애인 국선변호 사건』.

(라) 재심심판절차   재심개시결정(법435①)이 확정되어 재심심판절차(법438①)에 들어간 사건의 심판과 관련하여 국선변호인이 선정되는 경우가 있다. 재심사건의 공판을 담당하는 재판장은 (가) 사망자 또는 회복할 수 없는 심신장애인을 위하여 재심의 청구가 있거나, (나) 유죄의 선고를 받은 자가 재심의 판결 전에 사망하거나 회복할 수 없는 심신장애인으로 된 경우에, 재심을 청구한 자가 변호인을 선임하지 아니한 때에는 직권으로 변호인을 선정하여야 한다(법438④).

그러나 재심사건의 심판절차(법438 이하)가 아니라 재심개시결정을 구하는 재심청구절차(법420 이하)에는 국선변호인 선정에 관한 규정(법438④)이 적용되지 않는다.[1] 명문의 규정이 없기 때문이다.

(2) 국민참여재판과 국선변호

「국민의 형사재판 참여에 관한 법률」(국민참여재판법)에 의한 국민참여재판은 배심원이 참여하는 형사재판이다(국민참여재판법2ⅱ). 국민참여재판은 중형이 예상되는 합의부 관할사건을 대상으로 하고 있다(동법5①). 국민참여재판에 관하여 변호인이 없는 때에는 법원은 직권으로 변호인을 선정하지 않으면 안 된다(동법7). 국민참여재판에서 필요적 국선변호를 택한 것은 피고인의 방어권을 보장하는 외에 법률문외한인 배심원으로 하여금 쟁점을 보다 분명하게 파악할 수 있도록 하기 위함이다.

(3) 범죄신고자 증인신문과 국선변호

「특정범죄신고자 등 보호법」에 따르면, 증인으로 소환된 범죄신고자 등이나 그 친족 등이 보복을 당할 우려가 있는 경우에는 검사, 범죄신고자 등 또는 그 법정대리인은 법원에 피고인이나 방청인을 퇴정(退廷)시키거나 공개법정 외의 장소에서 증인신문을 할 것을 신청할 수 있다(동법11⑤). 재판장 또는 판사는 직권으로 또는 위의 신청이 상당한 이유가 있다고 인정할 때에는 피고인이나 방청인을 퇴정시키거나 공개법정 외의 장소에서 증인신문 등을 할 수 있다. 이 경우 피고인에게 변호인이 없을 때에는 국선변호인을 선정하여야 한다(동조⑥, 법164 참조).

(4) 피해자를 위한 국선변호사제도

근래에 들어 입법자는 각종 특별법을 통해 형사절차에서 피해자의 지위를 강화해 가고 있다. 일정한 범죄의 피해자를 위한 변호사제도 및 국선변호사제도도 그 가운데 하나이다.

「성폭력범죄의 처벌 등에 관한 특례법」(동법27⑥)에 따르면, 성폭력범죄 사건에서 (가) 19

---

1) 1993. 12. 3. 92모49, 공 1994, 746, 『국선변호인 신청기각 재항고 사건』.

세 미만인 피해자나 (나) 신체적인 또는 정신적인 장애로 사물을 변별하거나 의사를 결정할
능력이 미약한 피해자에게 변호사가 없는 경우 검사는 국선변호사를 선정하여야 한다(성폭력
처벌법27⑥ 단서, 26④ 참조). 「아동·청소년의 성보호에 관한 법률」(동법30②)의 경우, 아동·청
소년대상 성범죄 사건에 대해 성폭력처벌법 제27조 제6항이 준용된다(청소년성보호법30②).

「아동학대범죄의 처벌 등에 관한 특례법」(동법16)의 경우, 검사는 피해아동에게 변호사가
없는 경우 형사 및 아동보호 절차에서 피해아동의 권익을 보호하기 위하여 국선변호사를 선
정하여야 한다(아동학대처벌법16⑥). 「스토킹범죄의 처벌 등에 관한 법률」(동법17의4)의 경우,
검사는 피해자에게 변호사가 없는 경우 국선변호사를 선정하여 형사절차에서 피해자의 권익
을 보호할 수 있다(스토킹처벌법17의4⑥).

4. 국선변호인 선정의 법적 성질

국선변호인 선정의 법적 성질에 관하여는 재판설, 공법상의 일방행위설, 공법상의 계약설
등이 제시되고 있다. 판례는 재판설을 취하고 있다. 사선변호인의 선임은 피고인 등 변호인
선임권자(법30)와 변호인 사이의 사법상 계약으로 이루어지는 반면 국선변호인의 선정은 법원
의 재판행위이다.[1]

사선변호인은 피고인 등 선임권자가 변호인과 위임계약을 체결하고 직접 변호인으로 선
임함으로써 그 지위를 취득하게 되고, 사선변호인의 행위와 활동범위는 위임계약의 내용에 따
라 이루어진다. 이러한 사선변호인의 선임과 활동, 선임권자와의 관계에 국가는 전혀 개입하
지 않는다. 이는 필요적 변호사건이라고 하더라도 다르지 않다.[2]

이에 반해 국선변호인이 선정된 사건에 관하여는 변호인 없이 개정하지 못하고 만일 변호
인이 출석하지 않은 때에는 직권으로 새로운 국선변호인을 선정하여야 한다(법282, 283, 370).
국선변호인을 선정한 후에도 법원은 국선변호인의 선정 취소, 사임 허가, 감독 등의 업무를
담당한다(규칙18~21). 피고인에게 국선변호인의 조력을 받을 권리를 보장해야 할 국가의 의무
에는 형사소송절차에서 단순히 국선변호인을 선정해 주는 데 그치지 않고 한 걸음 더 나아가
피고인이 국선변호인의 실질적인 조력을 받을 수 있도록 필요한 업무 감독과 절차적 조치를
취할 책무까지 포함된다.[3]

국선변호인 선정의 법적 성질에 관한 논의는 특히 항소심에서 소송기록접수통지와 관련
하여 문제된다. 이 부분에 대해서는 후술하는 항소심절차의 소송기록접수통지에 관한 항목에

---

1) 2018. 11. 22. 2015도10651 전원합의체 결정, 공 2019상, 95, 『국선 후 사선 기록접수통지 사건』.
2) 2018. 11. 22. 2015도10651 전원합의체 결정, 공 2019상, 95, 『국선 후 사선 기록접수통지 사건』.
3) 2018. 11. 22. 2015도10651 전원합의체 결정, 공 2019상, 95, 『국선 후 사선 기록접수통지 사건』.

서 설명하기로 한다.[1]

제 4 변호인의 지위

1. 의   의

변호인은 피의자·피고인의 방어를 위한 조력자이어야 한다. 그와 동시에 변호인은 실체적 진실에 입각한 형벌권 행사를 지향하는 형사절차 내에서 그 임무를 수행하지 않으면 안 된다. 여기에서 변호인의 지위를 어떠한 관점에서 파악해야 할 것인가 하는 문제가 나오게 된다.

「변호사법」제2조는 "변호사는 공공성을 지닌 법률 전문직으로서 독립하여 자유롭게 그 직무를 수행한다."고 규정함으로써 변호인을 순수한 소송대리인으로 파악하거나 사법기관의 하나로 파악하는 견해를 배제하는 절충적 입장을 취하고 있다. 여기에서 '독립하여'라 함은 피의자·피고인의 지시로부터 독립함을 의미하고, '자유롭다' 함은 법원, 검사 등 국가 형사사법기관에의 협조의무로부터 자유로움을 의미한다. 이와 같은 복합적 요청을 조화롭게 수행하도록 하기 위하여 변호인에게는 고도의 법률적 기량과 직업윤리적 자질이 요구되고 있다.

2. 보호자로서의 지위

(1) 변호활동의 내용

변호인의 기본적 임무는 피의자·피고인의 방어권 행사를 돕는 것이다. 변호인이 행하는 보호자로서의 역할은 크게 두 가지 형태로 나타난다.

첫째로, 변호인은 피의자·피고인에 대하여 포괄적이고 충실한 법적 조언을 행한다. 변호인은 피의자·피고인과의 접견교통을 통해 피의자·피고인이 가지고 있는 소송법적 권리들 뿐만 아니라 실체법상의 문제점들도 모두 설명해 주어야 한다.

둘째로, 변호인은 단순한 법률지식의 제공을 넘어서서 직접 증거를 수집하거나 그 밖의 활동을 수행함으로써 피의자·피고인에 대한 조력을 행한다. 변호인에게는 수사기관과 같은 강제적 증거수집권이 없으나 범행현장의 탐방이나 유리한 증인의 소재탐지 또는 사적인 감정의견서의 수집과 같은 활동은 할 수 있다. 변호인이 고소인이나 피해자를 만나서 합의나 고소취소를 종용하는 것도 친고죄나 반의사불벌죄의 입법취지에 비추어 볼 때 피의자·피고인을 위한 변호활동의 범위에 속한다.

---

1) 후술 1009면 참조.

(2) 독립적 지위

변호인은 피의자·피고인의 단순한 이익대변자가 아니라 독립한 조력자로 파악된다(변호사법2 참조). 변호인에게는 법률에 다른 규정이 없는 한 독립하여 소송행위를 할 권한이 부여되고 있다(법36 본문·단서). 따라서 변호인은 피의자·피고인에게 유리하다고 판단할 때에는 피의자·피고인의 반대의사에도 불구하고 그가 은폐하고 싶어 하는 사항에 관하여도 증거신청을 할 수 있다.

(3) 비밀유지의무

변호인이 피의자·피고인의 조력자로서 충실한 변호활동을 하려면 그 필수적인 전제로서 피의자·피고인과 변호인 사이에 신뢰관계가 형성되어야 한다. 모든 사실적 및 법률적 문제점에 관하여 논의할 수 있어야 하기 때문이다. 따라서 변호인은 원칙적으로 그 직무상 알게 된 비밀을 누설해서는 안 된다는 비밀유지의 의무를 진다(변호사법26 본문).

변호사 또는 변호사의 직에 있던 자가 그 직무처리중 지득한 타인의 비밀을 누설한 경우에는 업무상 비밀누설죄(형법317①)로 처벌된다. 변호사는 원칙적으로 그 업무상 위탁을 받은 관계로 알게 된 사실로서 타인의 비밀에 관한 것은 증언을 거부할 수 있다(법149 본문). 변호사가 작성한 법률의견서의 진정성립 여부에 대해 변호사가 증언거부권을 행사하면 그 법률의견서는 형소법 제314조에 의한 유죄의 증거로 사용할 수 없다.[1]

(4) 진실의무

변호인은 국가의 형벌권이 실체적 진실에 입각하여 정당하게 행사되도록 형사절차의 진행과정에 협력해야 한다. 이 때문에 변호인은 그 직무를 수행할 때 진실을 은폐하거나 거짓진술을 해서는 안 된다는 진실의무를 부담한다(변호사법24②).

형사변호인의 기본적인 임무는 피의자·피고인을 보호하고 그의 이익을 대변하는 것이다. 이 경우 피의자·피고인의 이익은 법적으로 보호받을 가치가 있는 정당한 이익으로 제한된다.[2] 변호인이 의뢰인의 요청에 따른 변론행위라는 명목으로 수사기관이나 법원에 대해 적극적으로 허위진술을 하거나 피의자·피고인이나 증인으로 하여금 허위진술을 하게 하는 것은 허용되지 않는다. 이에 위반할 경우에는 범인도피방조죄(형법151①, 32)[3] 또는 위증교사죄(형법152①·②, 31)가 성립할 수 있다.

---

1) 2012. 5. 17. 2009도6788 전원합의체 판결, 공 2012하, 1155, 『법무법인 의견서 사건』.
2) 2012. 8. 30. 2012도6027, 공 2012하, 1641, 『보이스피싱 허위자백 사건』.
3) 2012. 8. 30. 2012도6027, 공 2012하, 1641, 『보이스피싱 허위자백 사건』.

변호인이 피의자·피고인에게 법률적 조언을 하는 것은 그의 권리이자 의무이다. 변호인이 적극적으로 피의자·피고인으로 하여금 허위진술을 하도록 하는 것이 아니라 단순히 진술거부권이 있음을 알려 주고 그 행사를 권고하는 것은 변호사로서의 진실의무에 위배되지 않는다.[1]

제 5 변호인의 권리

변호인에게는 피의자·피고인의 방어권 행사를 돕기 위하여 여러 가지 권리가 인정되고 있다. 변호인의 권리는 사선변호인과 국선변호인 사이에 차이가 없다.

1. 고 유 권

고유권이란 변호인의 권리로 규정된 것 가운데 변호인이라는 지위에서 그에게 독자적으로 인정된 권리를 말한다. 피의자·피고인의 권리가 소멸하면 변호인의 권리도 소멸하는 대리권의 경우와 달리 고유권은 소송행위를 할 수 있는 피의자·피고인의 권리가 소멸하더라도 이에 영향을 받지 않고 변호인이 그 권리를 독자적 입장에서 행사할 수 있다는 점에서 의미가 크다. 변호인의 고유권 가운데 특히 중요한 것으로는 피의자·피고인과의 접견교통권(법34, 243의2①), 피의자신문시의 변호인참여권(법243의2①), 압수·수색영장 집행시의 참여권(법121, 219),[2] 서류 및 증거물의 열람·복사권(법35①), 피고인신문권(법296의2) 등이 있다.

2. 대 리 권

(1) 형사소송법 제36조의 성질

형사소송법 제36조 본문은 "변호인은 독립하여 소송행위를 할 수 있다."고 규정하고 있다. 이 조문의 해석을 둘러싸고 형사소송법 제36조의 의미를 변호인에게 고유권을 부여하기 위한 것이라고 새기는 견해가 있다. 이 입장에서는 형소법 제36조가 '독립하여'라는 문언을 사용하고 있다는 점과 변호인의 조력자로서의 지위를 강화할 필요가 있다는 점을 논거로 제시한다.

그러나 변호인의 소송법적 권한을 원칙적으로 고유권이라고 새기는 견해에 대해서는 여러 가지 난점들이 지적된다. 고유권설에 대해서는 (가) 피의자·피고인이 소송행위의 권리를

---

1) 2007. 1. 31. 2006모657, [미간행], 『단독 접견신청 거부 사건』.
2) 2020. 11. 26. 2020도10729, 공 2021상, 171, 『압수절차 변호인 참여권 사건』.

상실하더라도 변호인에게 권리가 잔존하게 됨으로써 소송주체간의 법률관계가 불명확하게 된다는 점, (나) 소송행위의 경중에 따라 변호인의 권리에 차이를 두는 것이 반드시 변호인의 조력자로서의 지위를 약화시키는 것은 아니라는 점, (다) 형사소송법 제36조 단서가 법률에 다른 규정이 있는 경우를 예정하고 있다는 점 등을 반대논거로 지적할 수 있다. 이렇게 볼 때 형사소송법 제36조는 변호인의 독립대리권을 규정한 조문이라고 새기는 것이 타당하다고 본다.

(2) 명문의 규정이 있는 대리권

형사소송법은 변호인에게 여러 가지 대리권을 명시적으로 인정하고 있다. 명문의 규정이 있는 대리권은 이를 다시 피의자·피고인의 의사로부터 완전히 독립하여 행사할 수 있는 것과 그렇지 아니한 것으로 나누어 볼 수 있다. 변호인의 대리권은 원칙적으로 전자에 해당한다(법36 본문 참조). 이에 반해 변호인의 대리권행사가 피의자·피고인의 의사에 종속한다고 명시된 예로는 기피신청권(법18②), 상소제기권(법341②), 상소취하권(법351), 정식재판청구권(법458, 341) 또는 정식재판청구취하권(법458, 351) 등을 들 수 있다.

제 6   변호인의 접견교통권

1. 접견교통권의 의의

(1) 접견교통의 중요성

피의자·피고인이 방어권을 충분히 행사하려면 피의자·피고인이 변호인과 만나서 사실관계 및 법률적 측면 전반에 걸쳐서 충분한 상담을 나눌 수 있어야 한다. 이를 위하여 법질서가 보장하고 있는 권리가 접견교통권이다.

변호인은 접견을 통하여 피의자·피고인의 상태를 파악하며 그에 따른 적절한 대응책을 강구한다. 변호인은 피의사실이나 공소사실의 의미를 설명해 주고, 그에 대한 피의자·피고인의 의견을 듣고 대책을 논의하며, 방어권 행사와 관련하여 변호인으로서 조언을 행한다. 변호인은 접견교통을 통해 피의자로부터 수사기관의 위법·부당한 조사 유무를 수시로 확인함으로써 인권침해를 미연에 방지할 수 있다.

(2) 피의자·피고인의 변호인 접견교통권

변호인과 피의자·피고인 간의 접견교통권에는 두 가지 측면이 내포되어 있다. 하나는 피의자 · 피고인이 변호인을 접견하고 교통하는 권리이다.

헌법은 신체구속된 피의자 · 피고인이 가지는 변호인과의 접견교통권을 헌법상 기본권으로 보장하고 있다(헌법12④ 본문). 또한 형사소송법 제34조는 "변호인이나 변호인이 되려는 자는 신체가 구속된 피고인 또는 피의자와 접견[할 수 있다.]"고 규정하고 있다. 여기서 '신체가 구속된 피고인 또는 피의자'란 구속영장에 의하여 구속된 피의자 · 피고인뿐만 아니라, 체포영장에 의하여 체포되거나 긴급체포 · 현행범인으로 체포된 피의자 등을 포함하는 의미로서, 형식을 불문하고 신체의 구금을 당한 경우를 전제하고 있다.[1]

나아가 헌법재판소는 신체의 구속 여부를 떠나 모든 피의자 · 피고인에게 변호인선임권 및 변호인과 상담하고 조언을 구할 권리가 인정되어야 함은 법치국가원리 및 적법절차원칙에 비추어 당연한 이치라고 선언하였다.[2]

피의자 · 피고인의 변호인 접견교통권을 침해하는 수사기관의 처분이나 법령상의 제한은 헌법위반으로서 헌법재판소에 의한 구제의 대상이 된다.[3]

(3) 변호인의 피의자 · 피고인 접견교통권

접견교통권의 또 다른 측면은 변호인이 피의자 · 피고인에 대하여 접견 · 교통을 행하는 권리이다. 형사소송법 제34조는 "변호인이나 변호인이 되려는 자는 신체가 구속된 피고인 또는 피의자와 접견[할 수 있다.]"고 규정하고 있다. 피의자 · 피고인이 가지는 접견교통권은 피의자 · 피고인이 변호인으로부터 법적인 상담과 조력을 받기 위하여 인정된 권리이다. 이에 대하여 변호인이 가지는 접견교통권은 변호인이 피의자 · 피고인에게 법적 상담과 조력을 제공하기 위하여 인정된 권리이다.

피의자 · 피고인이 가지는 변호인의 조력을 받을 권리는 헌법상 기본권으로 보장된다. 여기에서 변호인은 연명날인한 변호인선임서가 수사기관이나 법원에 제출된 사선변호인(법32①)과 지방법원판사(법201의2⑧ · ⑨, 214의2⑩) 또는 수소법원(법33① · ② · ③)이 선정한 국선변호인을 가리킨다. 변호인의 피의자 · 피고인 접견교통권은 피의자 · 피고인을 조력하기 위한 핵심적인 권리로서, 피의자 · 피고인이 가지는 변호인의 조력을 받을 권리가 실질적으로 확보되기 위하여 이 역시 헌법상 기본권으로서 보장된다.[4]

피의자 · 피고인을 조력할 헌법상의 기본권은 '변호인이 되려는 자'에게도 인정된다.[5] 여

---

1) 2019. 2. 28. 2015헌마1204, 헌집 31-1, 141, 『변호인 되려는 자 접견불허 사건』.
2) 2004. 9. 23. 2000헌마138, 헌집 16-2상, 543, 『총선시민연대 사건』.
3) 2017. 11. 30. 2016헌마503, 헌집 29-2, 224, 『변호인 후방착석 요구 위헌 사건』.
4) 2017. 11. 30. 2016헌마503, 헌집 29-2, 224, 『변호인 후방착석 요구 위헌 사건』.
5) 2019. 2. 28. 2015헌마1204, 헌집 31-1, 141, 『변호인 되려는 자 접견불허 사건』.

기에서 변호인이 되려는 자는 (가) 변호인 선임의뢰를 받았으나 아직 변호인선임신고를 하지
아니한 사람 외에 (나) 스스로 변호인으로 활동하려는 자도 포함된다.[1] 변호인이 되려는 자
는 변호인이 되려는 의사를 표시한 자로서 객관적으로 변호인이 될 가능성이 있다고 인정되
는 사람을 말한다.[2]

(4) 피의자신문과 변호인의 신문참여권

형사소송법은 수사절차에서 피의자와 변호인 사이의 접견교통권을 대폭 강화하고 있다.
먼저, 검사 또는 사법경찰관은 피의자를 신문하기 전에 진술거부권 등 일정한 사항을 고지하
도록 되어 있는데, 이때 "신문을 받을 때에는 변호인을 참여하게 하는 등 변호인의 조력을
받을 수 있다는 것"을 고지하여야 한다(법244의3① iv).

입법자는 수사절차에서 피의자와 변호인의 접견교통을 실질적으로 보장하기 위하여 노력
하고 있다. 형소법 제243조의2 제1항은 "검사 또는 사법경찰관은 피의자 또는 그 변호인ㆍ법
정대리인ㆍ배우자ㆍ직계친족ㆍ형제자매의 신청에 따라 변호인을 피의자와 접견하게 하거나
정당한 사유가 없는 한 피의자에 대한 신문에 참여하게 하여야 한다."고 규정하고 있다.

형소법 제243조의2 제1항은 구속ㆍ불구속을 가리지 않고 피의자와 변호인 사이의 접견교
통을 보장하면서, 접견교통권을 다시 (가) 법적 조언과 상담을 제공하기 위한 통상의 접견교
통권과 (나) 수사기관이 피의자를 신문할 때 변호인이 이에 참여할 수 있는 피의자신문참여권
으로 구체화하고 있다.

변호인이 피의자신문에 자유롭게 참여할 수 있는 권리는 피의자가 가지는 변호인의 조력
을 받을 권리를 실현하는 수단이다. 그러므로 변호인의 피의자신문참여권은 헌법상 기본권인
변호인의 변호권으로서 보호된다.[3] 변호인의 피의자신문참여권에 대해서는 후술하는 피의자
신문 항목에서 상세히 검토하기로 한다.[4]

(5) 피고인과 변호인 사이의 접견교통권 보장

형사소송법은 공판절차에서 피고인과 변호인의 접견교통을 실질적으로 보장하기 위하여
공판정의 좌석배치를 조정하였다. 검사의 좌석과 피고인 및 변호인의 좌석은 대등하며, 법대
의 좌우 측에 마주보고 위치하도록 되어 있다(법275③ 본문). 이에 따라 피고인과 변호인은 검

---

1) 2019. 2. 28. 2015헌마1204, 헌집 31-1, 141, 『변호인 되려는 자 접견불허 사건』.
2) 2017. 3. 9. 2013도16162, 공 2017상, 713, 『체포현장 이의제기 변호사 사건』.
3) 2017. 11. 30. 2016헌마503, 헌집 29-2, 224, 『변호인 후방착석 요구 위헌 사건』.
4) 후술 192면 참조.

사를 마주보고 나란히 앉는다. 피고인과 변호인이 나란히 좌석함으로써 공판기일에 변호인의 법적 조언과 상담이 물리적으로 가능하게 되고, 이를 통해 피고인과 변호인 사이의 접견교통이 실효적으로 보장된다.

2. 접견교통권의 주체와 상대방

(1) 접견교통의 주체

피의자 · 피고인과 변호인 사이의 접견교통은 양자 모두에게 헌법상 기본권으로 보장되어 있다. 즉 피의자 · 피고인은 변호인과 접견할 권리가 있으며, 변호인은 변호인대로 피의자 · 피고인을 접견할 권리가 있다. 접견교통권의 주체가 되는 변호인은 사선변호인 · 국선변호인을 가리지 않는다.

형사소송법은 신체구속을 당한 피의자 · 피고인의 경우에 변호인뿐만 아니라 '변호인이 되려는 자'도 접견교통권의 주체로 인정하고 있다(법34). 이 경우 변호인이 되려는 자는 변호인이 되려는 의사를 표시한 자로서 객관적으로 변호인이 될 가능성이 있다고 인정되는 사람을 말한다. 변호인이 되려는 의사를 표시한 자가 객관적으로 변호인이 될 가능성이 있다고 인정되는데도 '변호인이 되려는 자'가 아니라고 보아 신체구속을 당한 피의자 · 피고인과 접견하지 못하도록 제한해서는 안 된다.[1]

(2) 접견교통의 시간적 범위

변호인이 행하는 접견 · 교통의 상대방은 피의자 또는 피고인이다. 형소법 제34조는 신체구속된 피의자 · 피고인에 대한 변호인의 접견교통권만을 명시하고 있으나, 형소법 제243조의2 제1항은 신체구속 여부를 묻지 않고 모든 피의자와 변호인 사이에 접견교통권을 인정하고 있다. 이에 따라 변호인은 불구속피의자에 대해서도 접견교통권을 갖는다.

피의자 · 피고인의 변호인의 조력을 받을 권리는 구속 · 불구속을 불문하고 수사의 개시에서부터 판결의 확정시까지 존속한다.[2] 변호인의 피의자 · 피고인 접견교통권 또한 구속 · 불구속을 불문하고 수사의 개시에서부터 판결의 확정시까지 존속한다.

3. 형소법 제34조 접견교통권의 내용

변호인 또는 변호인이 되려는 자는 (가) 신체가 구속된 피의자 · 피고인과 접견하고, (나)

---

1) 2017. 3. 9. 2013도16162, 공 2017상, 713, 『체포현장 이의제기 변호사 사건』.
2) 2004. 9. 23. 2000헌마138, 헌집 16-2상, 543, 『총선시민연대 사건』.

서류나 물건을 수수(授受)할 수 있으며, (다) 의사로 하여금 피의자·피고인을 진료하게 할 수 있다(법34).

(1) 접견교통의 범위

변호인이나 변호인이 되려는 자는 신체가 구속된 피의자·피고인과 접견할 수 있다. 변호인이나 변호인이 되려는 자와 신체가 구속된 피의자·피고인은 서로 만나서 사실관계 및 법률적 측면 전반에 걸쳐서 충분한 상담을 나눌 수 있어야 한다.

「형의 집행 및 수용자의 처우에 관한 법률」(형집행법)은 구속피의자·피고인과 변호인 사이의 접견교통에 대해 일부 제한을 가하고 있다(동법41 이하 참조). 형집행법에 따르면 수용자의 접견은 접촉차단시설이 설치된 장소에서 하는 것이 원칙이다(동법41② 본문). 그러나 미결수용자(형사사건으로 수사 또는 재판을 받고 있는 수형자와 사형확정자를 포함한다)가 변호인 또는 변호인이 되려는 사람과 접견하는 경우에는 접촉차단시설이 설치되지 아니한 장소에서 접견하게 한다(동항 단서 i). 또한 미결수용자와 변호인 간의 접견은 시간과 횟수를 제한하지 아니한다(동법84②).

형집행법상 일정한 사유가 있으면 소장은 교도관으로 하여금 수용자의 접견내용을 청취·기록·녹음 또는 녹화하게 할 수 있다(동법41④ 참조). 그러나 미결수용자와 변호인 또는 변호인이 되려는 사람과의 접견에는 교도관이 참여하지 못하며 그 내용을 청취 또는 녹취하지 못한다. 다만, 보이는 거리에서 미결수용자를 관찰할 수 있다(동법84① 본문·단서).

(2) 서류·물건의 수수

변호인이나 변호인이 되려는 자는 신체가 구속된 피의자·피고인을 위하여 서류나 물건을 수수(授受)할 수 있다. 서류 및 물건의 수수권은 신체가 구속된 피의자·피고인의 방어준비와 기본적 생활수준의 유지, 심리적 고립감의 해소를 위하여 인정된 것이다. 변호인의 서류·물건 수수권(법34)은 일반인의 경우(법89 참조)와 달리 원칙적으로 제한 없이 인정된다.

형집행법 제43조 제4항 본문은 수용자가 주고받는 편지의 내용은 검열받지 아니한다고 규정하면서, 단서에서 일정한 사유가 있으면 검열을 허용하고 있다. 그러나 형집행법 제43조 제4항 단서에도 불구하고 미결수용자와 변호인 또는 변호인이 되려는 사람 간의 편지는 교정시설에서 상대방이 변호인 또는 변호인이 되려는 사람임을 확인할 수 없는 경우를 제외하고는 검열할 수 없다(동법84③).

신체구속된 피의자·피고인이 소위 집사변호사를 고용하여 외관상 접견교통, 물건수수 등의 형식을 취하면서 피의자·피고인의 개인적인 연락업무 등을 수행한 것이 위계에 의한 공무집행방해죄(형법137)에 해당할 것인지 문제된다. 판례는 이에 대해 신체구속된 피의자·피고인이 소위 집사변호사에게 지시한 접견은 변호인에 의한 변호 활동이라는 외관만을 갖추었을 뿐 실질적으로는 형사사건의 방어권 행사가 아닌 다른 주된 목적이나 의도를 위한 행위로서 접견교통권 행사의 한계를 일탈한 경우에 해당할 수 있다고 판단하였다.[1]

그렇지만 판례는 미결수용자의 변호인이 교도관에게 변호인 접견을 신청하는 경우 미결수용자의 형사사건에 관하여 변호인이 구체적으로 어떠한 변호 활동을 하는지, 실제 변호를 할 의사가 있는지 여부 등은 교도관의 심사대상이 되지 않는다는 점, 미결수용자와 변호인 간의 서신은 교정시설에서 상대방이 변호인(변호인이 되려는 사람 포함)임을 확인할 수 없는 경우를 제외하고는 검열할 수 없는데(형집행법84③) 그 취지에 비추어 보면 변호인이 접견에서 미결수용자와 어떤 '내용'의 서류를 주고받는지는 교도관의 심사대상에 속하지 않는다는 점 등을 들어서 소위 집사변호사에 의한 접견이나 물건수수가 교도관에 대한 위계에 해당한다고 볼 수 없고, 집사변호사의 행위로 인해 교도관의 직무집행이 구체적이고 현실적으로 방해되었다고 볼 수 없다고 판단하였다.[2]

(3) 의료인의 진료

변호인이나 변호인이 되려는 자는 의사로 하여금 신체가 구속된 피의자나 피고인을 진료하게 할 수 있다. 의사의 진료는 피의자·피고인에 대한 인도적 배려에서 요청될 뿐만 아니라, 신체가 구속된 피의자·피고인의 신체적·정신적 건강상태를 조사하여 인권침해를 방지함은 물론 의사능력(법306 참조) 등 소송주체로서의 기본적 요건을 확인하는 점에서도 의미가 크다.

4. 접견교통의 제한

(1) 접견교통 제한의 주체

변호인이나 변호인이 되려는 자와 피의자·피고인 사이의 접견교통은 최대한으로 보장되어야 한다. 그렇지만 신체가 구속된 피의자·피고인과 변호인이나 변호인이 되려는 자 사이에 인정되는 접견교통권은 신체구속제도의 본래의 목적을 침해하지 아니하는 범위 내에서 행사되어야 한다. 이러한 한계를 일탈하는 접견교통권의 행사는 정당한 접견교통권의 행사에 해당하지 아니하여 허용될 수 없다. 다만, 접견교통권의 행사가 그 한계를 일탈한 것이라고 인정

1) 2022. 6. 30. 2021도244, 공 2022하, 1551, 『집사 변호사 접견 사건』.
2) 2022. 6. 30. 2021도244, 공 2022하, 1551, 『집사 변호사 접견 사건』.

함에 있어서는 신체가 구속된 사람이 가지는 변호인의 조력을 받을 권리의 본질적인 내용이 침해되는 일이 없도록 신중을 기해야 한다.[1]

「형의 집행 및 수용자의 처우에 관한 법률」(형집행법)은 수용자의 처우에 관하여 규정하고 있는데(동법11 이하), 형집행법은 (가) 교정시설의 구내와 (나) 교도관이 수용자를 계호하고 있는 그 밖의 장소로서 교도관의 통제가 요구되는 공간에 대하여 적용된다(동법3). 신체가 구속된 피의자 · 피고인은 미결수용자로서 형집행법상 수용자에 해당한다(동법2 i). 신체가 구속된 피의자 · 피고인에 대해 변호인의 접견신청이 있는 경우 그 장소가 교정시설 구내이거나 교도관의 수용자 계호 및 통제가 요구되는 공간이라면 이는 수용자의 처우에 관한 사항이므로 교도소장 · 구치소장 또는 그 위임을 받은 교도관이 접견신청에 대한 허가 여부를 결정하는 것이 원칙이다.[2]

다만 피의자신문 중의 변호인 접견신청에 대해서는 형소법 제243조의2에 따른 예외가 인정된다. 피의자신문 중 변호인 또는 변호인이 되려는 자의 접견신청이 있는 경우에는 검사 또는 사법경찰관이 접견신청에 대한 허가 여부를 결정한다.[3] 신체구속된 피의자를 수사기관으로 호송한 교도관에게는 피의자신문 중 변호인 또는 변호인이 되려는 자의 접견신청을 허가하거나 제한할 권한이 인정되지 않는다.[4]

(2) 자유로운 접견의 보장

신체가 구속된 피의자 · 피고인과 변호인 또는 변호인이 되려는 자 사이에 접견이 실제로 이루어지는 경우에는 자유로운 접견이 이루어져야 한다. 자유로운 접견이란 대화내용에 대하여 비밀이 완전히 보장되고 어떠한 제한, 영향, 압력 또는 부당한 간섭 없이 자유롭게 대화할 수 있는 접견을 의미한다. 자유로운 접견은 어떠한 명분으로도 제한될 수 있는 성질의 것이 아니다.[5]

신체가 구속된 피의자 · 피고인과 변호인 또는 변호인이 되려는 자 사이의 자유로운 접견은 신체가 구속된 피의자 · 피고인과 변호인 또는 변호인이 되려는 자 사이에 접견이 실제로 이루어지는 경우에 보장된다는 것이지 신체가 구속된 피의자 · 피고인과 변호인 또는 변호인이 되려는 자와의 접견 자체에 대하여 아무런 제한도 가할 수 없다는 것을 의미하지는

1) 2007. 1. 31. 2006모657, [미간행], 『단독 접견신청 거부 사건』.
2) 2019. 2. 28. 2015헌마1204, 헌집 31-1, 141, 『변호인 되려는 자 접견불허 사건』.
3) 2019. 2. 28. 2015헌마1204, 헌집 31-1, 141, 『변호인 되려는 자 접견불허 사건』.
4) 2019. 2. 28. 2015헌마1204, 헌집 31-1, 141, 『변호인 되려는 자 접견불허 사건』.
5) 1992. 1. 28. 91헌마111, 헌집 4, 51, 『안기부 수사관 접견참여 사건』.

않는다.[1]

(3) 접견교통 제한의 내용

변호인의 조력을 받을 권리는 다른 기본권과 마찬가지로 국가안전보장 · 질서유지 또는 공공복리를 위해 법률로써 제한할 수 있다(헌법37② 참조). 변호인의 조력을 받을 권리에서 유래하는 변호인 접견교통권 역시 다른 모든 헌법상 기본권과 마찬가지로 헌법으로써는 물론 국가안전보장, 질서유지 또는 공공복리를 위하여 필요한 경우에는 법률로써도 제한할 수 있다.[2]

신체가 구속된 피의자 · 피고인과 변호인 또는 변호인이 되려는 자 사이에 보장되는 접견교통권은 신체구속제도 본래의 목적을 침해하지 아니하는 한도 내에서 행사되어야 한다. 변호인 또는 변호인이 되려는 자가 구체적인 시간적 · 장소적 상황에 비추어 현실적으로 보장할 수 있는 한계를 벗어나 신체가 구속된 피의자 · 피고인을 접견하려고 하는 것은 정당한 접견교통권의 행사에 해당하지 아니하여 허용되지 않는다.[3]

수용자의 접견이 이루어지는 일반적인 시간대를 대통령령으로 규정하는 것은 가능하다. 따라서 공휴일에 신체가 구속된 피의자 · 피고인과 변호인 또는 변호인이 되려는 자와의 접견을 제한하는 교정당국의 조치는 허용된다.[4]

법정에 출정한 구속피고인에게도 변호인과의 면접 · 교섭권은 최대한 보장해야 한다. 그러나 계호의 필요성과 접견의 비밀성을 위하여 비례의 원칙에 따라 일반적 기준 아래에서 그 절차, 시간, 장소, 방식 등이 제한될 수 있다.[5]

5. 접견교통권의 침해에 대한 구제방법

수사 단계에서 검사 또는 사법경찰관이 피의자신문과 관련하여 (가) 피의자와 변호인 사이의 접견교통을 침해하거나 (나) 피의자신문시에 변호인의 참여를 정당한 사유 없이 제한한 경우에 그 처분의 상대방은 수사기관 직무집행지의 관할법원이나 검사의 소속 검찰청에 대응하는 법원에 그 처분의 취소 또는 변경을 청구할 수 있다(법417). 다만, 형소법 제417조에 의한 수사절차상 준항고는 불복의 이익이 있어야 허용된다. 피의자신문이 이미 종료한 경우에는

---

1) 2019. 2. 28. 2015헌마1204, 헌집 31-1, 141, 『변호인 되려는 자 접견불허 사건』.
2) 2019. 2. 28. 2015헌마1204, 헌집 31-1, 141, 『변호인 되려는 자 접견불허 사건』.
3) 2019. 2. 28. 2015헌마1204, 헌집 31-1, 141, 『변호인 되려는 자 접견불허 사건』.
4) 2011. 5. 26. 2009헌마341, 헌집 23-1하, 201, 『시간 대 시간대 사건』.
5) 2009. 10. 29. 2007헌마992, 헌집 21-2하, 288, 『대기실 접견신청 사건』.

수사절차상 준항고가 허용되지 않는다.[1]

이러한 경우 헌법소원이 불복방법으로 주목된다. 접견교통이 침해된 피의자 또는 변호인이나 변호인이 되려는 자는 자신의 기본권이 침해되었음을 주장하여 헌법재판소에 해당 접견교통 제한조치의 위헌확인을 구하여 헌법소원을 제기할 수 있다.[2]

변호인과의 접견교통을 제한하는 행위는 헌법이 보장한 기본권을 중대하게 침해하는 것으로서 그러한 위법상태에서 수집된 증거는 증거능력을 부인하여 유죄의 증거에서 배제해야 한다(법308의2). 이때 이러한 위법수집증거의 배제는 실질적이고 완전하게 증거에서 배제함을 뜻한다.[3] 변호인의 적법한 접견교통권을 침해하는 퇴거처분이나 접견불허처분은 불법행위에 해당하여 민사상 손해배상청구의 대상이 된다.[4]

제7 변호인의 열람 · 복사권

1. 열람 · 복사권의 의의와 범위

(1) 열람 · 복사권의 의의

입법자는 2016년 형사소송법 제35조를 개정하여 종래의 '열람 · 등사'라는 용어를 '열람 · 복사'로 변경하였다. 과학기술 발전에 따른 전자복사기 등의 보급을 반영한 변경이라고 생각된다. 그런데 입법자는 용어의 변경을 형소법 제35조에 한정하고 다른 조문에서는 여전히 '열람 · 등사'라는 표현을 사용하고 있다. 용어의 통일이 필요하지만 조문을 임의로 변경할 수 없다는 점을 감안하여 본서에서는 '열람 · 복사'와 '열람 · 등사'라는 표현을 혼용하기로 한다.

변호인은 소송계속 중의 관계서류 또는 증거물을 열람하거나 복사할 수 있다(법35①). 형사소송법은 피고인의 방어권을 실질적으로 보장하기 위하여 열람 · 복사권을 피고인 및 법정대리인, 특별대리인(법28), 보조인(법29) 또는 피고인의 배우자 · 직계친족 · 형제자매에게도 인정하고 있다(법35① · ②). 변호인의 열람 · 복사권은 방어전략의 수립, 공판절차의 신속한 진행, 공정한 재판의 보장 등을 위하여 중요한 의미가 있다.

재판장은 피해자, 증인 등 사건관계인의 생명 또는 신체의 안전을 현저히 해칠 우려가 있

---

1) 2015. 10. 15. 2013모1970, [미간행], 『서버데크 반환거부 준항고 사건』.
2) 2017. 11. 30. 2016헌마503, 헌집 29-2, 224, 『변호인 후방착석 요구 위헌 사건』.
3) 1990. 9. 25. 90도1586, 공 1990, 2229, 『접견불허 조서 사건』.
4) 2013. 11. 28. 2009다51271, [미간행], 『진술거부권 행사 권유 사건』.

는 경우에는 피고인이나 변호인 등의 열람·복사에 앞서 사건관계인의 성명 등 개인정보가 공개되지 아니하도록 보호조치를 할 수 있다(법35③). 개인정보 보호조치의 방법과 절차, 그 밖에 필요한 사항은 대법원규칙으로 정한다(동조④). 이와 관련된 대법원규칙으로 「재판기록 열람·복사 규칙」이 제정·시행되고 있다.

변호인과 피고인은 소송계속 중의 관계 서류 또는 증거물을 열람하거나 복사할 수 있는데(법35①), '소송계속 중의 관계 서류 또는 증거물'의 범위가 어디까지인지 문제된다. 형사소송법 제35조 제1항에서 말하는 '소송계속(訴訟繫屬)'이란 원칙적으로 검사의 공소제기로 인하여 발생하는, 수소법원이 피고사건을 심리할 수 있는 상태를 의미한다. 그러므로 변호인과 피고인은 공소제기가 이루어진 후에 비로소 '소송계속 중의 관계 서류 또는 증거물'을 열람·복사할 수 있다. 공소제기 후의 열람·복사를 가능하게 하는 장치로 형소법 제266조의3 이하에 규정된 증거개시제도가 주목된다. 그러나 변호인과 피고인의 소송서류 열람·복사의 근거 규정은 여기에만 한정되는 것은 아니다.

(2) 증거개시제도

국민참여재판의 실시를 계기로 형사소송법은 공판준비절차를 대폭 강화하였다. 공판준비절차란 제1회 공판기일을 열기에 앞서서 집중심리를 가능하게 하기 위하여 쟁점이나 증거조사할 사항을 미리 정리하는 절차를 말한다(법266의5 이하 참조).

공판준비를 실효성 있게 진행하려면 피고인과 변호인은 관련되는 증거의 내용을 미리 알 수 있어야 한다(법266의3, 266의4). 때로는 검사도 피고인 측의 증거 내용을 미리 알아야 할 경우가 있다(법266의11). 이러한 관계로 형사소송법은 공판준비절차(법266의5)에 앞서서 증거개시(證據開示)에 관한 규정을 두고 있다.

피고인 또는 변호인은 공판준비 또는 공판기일에서 법원의 허가를 얻어 구두로 상대방에게 서류 등의 열람 또는 등사를 신청할 수 있다(규칙123의5①). 형사소송법상의 공판준비절차는 국민참여재판의 경우(국민참여재판법37①)와 달리 임의적인 절차이므로(법266의5①). 공판준비절차 및 공판절차에서 모두 열람·등사를 신청할 수 있도록 한 것이다.

증거개시제도의 실효성을 제고하기 위하여 입법자는 2011년 형소법 개정을 통하여 수사기록의 목록작성을 의무화하였다(법198③). 증거개시제도의 자세한 내용은 공판준비절차와 관련하여 후술하기로 한다.[1]

---

1) 후술 573면 참조.

(3) 문서송부촉탁 신청권

형사소송법 제272조 제1항은 "법원은 직권 또는 검사, 피고인이나 변호인의 신청에 의하여 공무소 또는 공사단체에 조회하여 필요한 사항의 보고 또는 그 보관서류의 송부를 요구할 수 있다."고 규정하고 있다. 이에 따라 피고인과 변호인은 법원에 대해 문서송부촉탁 신청권을 가진다. 한편 형사소송규칙 제132조의4는 문서송부촉탁의 실효성을 도모하기 위하여 다음과 같이 규정하고 있다.

피고인과 변호인은 법원, 검찰청, 기타의 공무소 또는 공사단체가 보관하고 있는 서류의 일부에 대하여도 송부요구 신청을 할 수 있다(규칙132의4①). 법원은 보관서류 송부요구신청을 채택하는 경우에는 그 서류를 보관하고 있는 법원, 검찰청, 기타의 공무소 또는 공사단체에 대하여 그 서류 중 신청인 또는 변호인이 지정하는 부분의 인증등본을 송부하여 줄 것을 요구할 수 있다(규칙132의4②).

문서송부촉탁 요구를 받은 공무소 등은 당해 서류를 보관하고 있지 아니하거나 기타 송부요구에 응할 수 없는 사정이 있는 경우를 제외하고는 신청인 또는 변호인에게 당해 서류를 열람하게 하여 필요한 부분을 지정할 수 있도록 하여야 하며, 정당한 이유 없이 이에 대한 협력을 거절하지 못한다(규칙132의4③). 서류의 송부요구를 받은 법원 등이 당해 서류를 보관하고 있지 아니하거나 기타 송부요구에 응할 수 없는 사정이 있는 때에는 그 사유를 요구법원에 통지하여야 한다(규칙132의4④).

이처럼 법원이 송부를 요구한 서류에 대하여 변호인 등이 열람하여 지정할 수 있도록 한 것은 피고인의 방어권과 변호인의 변론권 행사를 위한 것으로서 실질적인 당사자 대등을 확보하고 피고인의 신속·공정한 재판을 받을 권리를 실현하기 위한 것이다. 따라서 그 서류의 열람·지정을 거절할 수 있는 '정당한 이유'는 엄격하게 제한하여 해석해야 한다.[1]

특히 법원이 송부를 요구한 서류가 관련 형사재판확정기록이나 불기소처분기록 등으로서 피고인 또는 변호인이 행한 법률상·사실상 주장과 관련된 것인 때에는 '국가안보, 증인보호의 필요성, 증거인멸의 염려, 관련 사건의 수사에 장애를 가져올 것으로 예상되는 구체적인 사유'(증거개시 제한사유)(법266의3② 참조)에 준하는 사유가 있어야만 그에 대한 열람·지정을 거절할 수 있는 정당한 이유가 인정될 수 있다.[2]

법원이 형소법 제272조 제1항에 의하여 송부를 요구한 서류가 피고인의 무죄를 뒷받침할 수 있거나 적어도 법관의 유·무죄에 대한 심증을 달리할 만한 상당한 가능성이 있는 중요증거에 해당하는데도 송부요구를 받은 공무소 등이 정당한 이유 없이 피고인 또는 변호인의 열

---

1) 2012. 5. 24. 2012도1284, 공 2012하, 1189, 『폭력조직 불기소결정문 사건』.
2) 2012. 5. 24. 2012도1284, 공 2012하, 1189, 『폭력조직 불기소결정문 사건』.

람·지정 내지 법원의 송부요구를 거절하는 것은 피고인의 신속·공정한 재판을 받을 권리와 변호인의 조력을 받을 권리를 중대하게 침해하는 것이다.[1]

송부요구가 거절된 경우 서류의 송부를 요구한 법원으로서는 해당 서류의 내용을 가능한 범위에서 밝혀보아, 그 서류가 제출되면 유·무죄의 판단에 영향을 미칠 상당한 개연성이 있다고 인정될 경우에는 공소사실이 합리적 의심의 여지 없이 증명되었다고 보아서는 안 된다.[2]

(4) 수사절차상의 열람·복사

(가) 헌재 결정   열람·복사(법35①·②)의 대상이 되는 '소송계속 중의 관계 서류 또는 증거물'은 공소제기 후의 관계 서류 또는 증거물을 의미한다. 따라서 수사절차에 있어서의 관계 서류나 증거물은 열람·복사나 증거개시의 대상이 되지 않는 것이 원칙이다.

그러나 헌법재판소는 체포·구속적부심사절차와 관련하여 수사단계의 변호인 열람·복사권을 대폭 확장하였다. 헌법재판소는 헌법 제12조 제4항이 규정한 변호인의 조력을 받을 권리에서 유래하는 피의자조력권과 헌법 제21조가 보장하고 있는 알 권리에 기초하여 수사절차에서도 변호인은 고소장과 피의자신문조서를 열람할 수 있다고 판단하였다.[3]

헌법재판소의 태도를 이어받아 형사소송규칙과 수사준칙이 수사절차에서의 열람·복사에 관하여 규정하고 있다.

(나) 형사소송규칙   먼저, 형사소송규칙은 피의자구속과 관련한 영장실질심사절차 및 체포·구속적부심사절차에서 관련 수사기록의 열람권을 규정하고 있다. 다만, 형사소송규칙은 수사기록 열람권을 피의자의 변호인에게만 인정하고 있다.

영장실질심사절차에서 피의자심문에 참여할 변호인은 (가) 지방법원판사에게 제출된 구속영장청구서 및 그에 첨부된 고소·고발장, (나) 피의자의 진술을 기재한 서류와 (다) 피의자가 제출한 서류를 열람할 수 있다(규칙96의21①). 지방법원판사는 관련 수사기록의 열람에 관하여 그 일시, 장소를 지정할 수 있다(규칙96의21③).

검사는 증거인멸 또는 피의자나 공범 관계에 있는 자가 도망할 염려가 있는 등 수사에 방해가 될 염려가 있는 때에는 지방법원판사에게 관련 서류의 열람 제한에 관한 의견을 제출할 수 있다(규칙96의21② 전단). 지방법원판사는 검사의 의견이 상당하다고 인정하는 때에는 관련 서류의 전부 또는 일부의 열람을 제한할 수 있다(동항 후단). 그러나 구속영장청구서는 열람을

1) 2012. 5. 24. 2012도1284, 공 2012하, 1189, 『폭력조직 불기소결정문 사건』.
2) 2012. 5. 24. 2012도1284, 공 2012하, 1189, 『폭력조직 불기소결정문 사건』.
3) 2003. 3. 27. 2000헌마474, 헌집 15-1, 282, 『고소장 열람신청 사건』.

제한할 수 없다(동조②).

영장실질심사절차에서의 수사기록 열람에 관한 규정(규칙96의21)은 체포·구속적부심사를 청구한 변호인에게 준용된다(규칙104의2).

(다) 수사준칙   다음으로, 수사준칙은 수사절차에서의 열람·복사에 관하여 다음과 같이 규정하고 있다. 먼저 피의자와 변호인의 열람·복사에 대해 살펴본다.

피의자 또는 그 변호인은 검사 또는 사법경찰관이 수사 중인 사건에 관한 본인의 진술이 기재된 부분 및 본인이 제출한 서류의 전부 또는 일부에 대해 열람·복사를 신청할 수 있다(수사준칙69①). 피의자 또는 그 변호인은 검사가 불기소 결정을 하거나 사법경찰관이 불송치 결정을 한 사건에 관한 기록의 전부 또는 일부에 대해 열람·복사를 신청할 수 있다(동조②). 형사소송규칙은 수사기록을 '열람'하는 권리를 피의자의 '변호인'에게만 인정하고 있다(규칙96의21①, 104의2). 이에 반하여 수사준칙은 수사기록을 '열람·복사'하는 권리를 '피의자'와 그 '변호인'에게 인정하고 있다.

피의자 또는 그 변호인은 필요한 사유를 소명하고 고소장, 고발장, 이의신청서, 항고장, 재항고장(이하 '고소장 등'이라 한다)의 열람·복사를 신청할 수 있다. 이 경우 열람·복사의 범위는 피의자에 대한 혐의사실 부분으로 한정하고, 그 밖에 사건관계인(피해자·참고인)에 관한 사실이나 개인정보, 증거방법 또는 고소장 등에 첨부된 서류 등은 제외한다(수사준칙69③).

체포·구속된 피의자 또는 그 변호인은 현행범인체포서, 긴급체포서, 체포영장, 구속영장의 열람·복사를 신청할 수 있다(수사준칙69④). 피의자의 법정대리인, 배우자, 직계친족, 형제자매로서 피의자의 위임장 및 신분관계를 증명하는 문서를 제출한 사람도 피의자에게 허용된 범위에서 열람·복사를 신청할 수 있다(수사준칙69⑤).

검사 또는 사법경찰관은 피의자 또는 그 변호인으로부터 열람·복사 신청을 받은 경우에는 해당 서류의 공개로 사건관계인(피해자·참고인)의 개인정보나 영업비밀이 침해될 우려가 있거나 범인의 증거인멸·도주를 용이하게 할 우려가 있는 경우 등 정당한 사유가 있는 경우를 제외하고는 열람·복사를 허용해야 한다(수사준칙69⑥).[1]

2. 검사의 열람 · 등사권

형사소송법은 국민참여재판의 실시를 계기로 집중심리주의(법267의2)를 천명하면서 피고인 측 증거에 대한 증거개시를 인정하고 있다. 검사는 피고인 또는 변호인이 공판기일 또는 공판준비절차에서 현장부재·심신상실 또는 심신미약 등 법률상·사실상의 주장을 한 때에

---

1) 수사기록의 열람등사 불허처분에 대한 불복방법에 대해서는, 후술 578면 참조.

는 피고인 또는 변호인에게 일정한 서류 또는 물건의 열람·등사 또는 서면의 교부를 요구할 수 있다(법266의11①). 검사는 공판준비 또는 공판기일에서 법원의 허가를 얻어 구두로 상대방에게 서류 등의 열람 또는 등사를 신청할 수 있다(규칙123의5①).[1]

제8 보 조 인

보조인이란 피의자 또는 피고인과 일정한 신분관계에 있는 자로서 피의자·피고인의 이익을 보호하는 자를 말한다(법29 참조). 보조인은 피의자·피고인과 일정한 신분관계에 있는 자라는 점에서 원칙적으로 법률전문가인 변호사 가운데에서 선임·선정되는 변호인(법31 본문)과 구별된다. 또 보조인은 법원에 신고를 함으로써 그 지위가 발생하는 점(법29③)에서 법원의 허가에 의하여 변호인의 지위를 얻게 되는 특별변호인(법31 단서)과 차이가 있다.

피의자·피고인의 법정대리인, 배우자, 직계친족, 형제자매는 보조인이 될 수 있다(법29①). 보조인이 될 수 있는 자가 없거나 장애 등의 사유로 보조인으로서 역할을 할 수 없는 경우에는 피의자·피고인과 신뢰관계 있는 자가 보조인이 될 수 있다(동조②). 보조인이 되고자 하는 자는 심급별로 그 취지를 신고하여야 한다(동조③).

보조인은 독립하여 피의자·피고인의 명시한 의사에 반하지 아니하는 소송행위를 할 수 있다. 단, 법률에 다른 규정이 있는 때에는 예외로 한다(법29④ 본문·단서). 보조인은 변호인과 같이 독립대리권을 가지지만(법36 참조) 변호인과 달리 피의자·피고인의 명시한 의사에 반하는 소송행위를 할 수 없다. 또 보조인에게는 변호인이 가지는 고유권이 인정되지 않는다.

---

1) 후술 579면 참조.

제3장 수사조건과 수사단서

제1절 수사조건

제1 수사조건의 의의와 내용

수사란 범죄혐의의 유무를 명백히 하여 공소를 제기·유지할 것인가의 여부를 결정하기 위해 범인을 발견·확보하고 증거를 수집·보전하는 수사기관의 활동을 말한다.[1][2] 수사절차는 일반적으로 범죄혐의의 발견으로부터 시작하여 사법경찰관의 사건불송치처분(법245의5 ii), 검사의 공소제기(법254①) 또는 불기소처분(수사준칙52① ii) 등의 수사종결처분에 의하여 종료한다.

수사활동이 이루어지는 일련의 과정을 수사절차로 파악할 때 수사절차의 개시·유지·발전에 필요한 조건을 수사조건이라고 한다. 이를 수사기관의 관점에서 보면 수사조건이란 수사권의 발동·행사를 위한 조건이라고도 말할 수 있다.

수사조건은 수사의 개시와 실행의 조건이다. 수사조건은 수사 일반에 관한 경우와 강제수사에 관한 경우로 나누어 살펴볼 수 있다. 강제수사의 조건은 후술하는 강제수사의 항목에서 설명하기로 하고 여기에서는 수사의 일반적 조건들을 살펴본다. 수사의 일반적 조건으로 범죄혐의, 수사의 필요성, 수사의 상당성 등이 논의된다.

제2 수사의 일반적 조건

1. 범죄의 혐의

수사는 수사기관이 '범죄의 혐의가 있다고 사료하는 때'(법196①, 197①)에 개시할 수 있다. 범죄의 혐의 없음이 명백한 사건에 대한 수사는 허용되지 않는다. 수사개시를 위한 범죄혐의는 수사기관의 주관적 혐의를 의미하며 아직 객관적 혐의로 발전함을 요하지 않는다.

수사기관의 주관적 혐의는 수사기관의 자의적 혐의를 의미하지 않는다. 범죄혐의는 주위

---

1) 1999. 12. 7. 98도3329, 공 2000, 240, 『무인 카메라 사건』.
2) 2018. 8. 30. 2014헌마843, 헌집 30-2, 404, 『집회 행진 채증활동규칙 사건』.

의 사정을 합리적으로 판단하여(경찰관직무집행법3① i 참조) 그 유무를 결정해야 한다. 따라서 수사기관의 주관적 혐의는 구체적 사실에 근거를 둔 혐의일 것을 요한다.

2. 수사의 필요성

(1) 수사 필요성의 의의

수사기관은 수사에 관하여 그 목적을 달성하기 위하여 필요한 조사를 할 수 있다(법199① 본문). 이때 '수사의 목적을 달성하기 위하여 필요한 조사'란 수사의 목적을 달성함에 필요한 경우에 한하여 사회통념상 상당하다고 인정되는 방법으로 수행되는 조사를 의미한다.[1] 형사소송법은 특히 피의자신문을 위한 출석요구(법200), 참고인진술을 듣기 위한 출석요구(법221), 수사상 압수 · 수색 · 검증(법215① · ②)의 경우에 수사의 필요성을 명문으로 재확인하고 있다.

수사의 필요성이 없음에도 불구하고 행하는 수사처분은 위법한 수사처분으로서 경우에 따라 직권남용죄(형법123)를 구성할 수 있다. 또한 그로 인하여 수집된 증거는 유죄의 증거로 사용할 수 없다(법308의2).

피의자에 대한 수사는 불구속 상태에서 함을 원칙으로 한다(법198①). 수사기관이 아무리 수사의 필요성을 인정한다고 하더라도 강제처분은 형사소송법에 특별한 규정이 없으면 하지 못하며, 강제수사가 허용되는 경우에도 필요한 최소한도의 범위 안에서만 하여야 한다(법199① 단서).

수사의 필요성은 수사기관이 자의적으로 판단해서는 안 된다. 수사기관은 수사의 필요성을 합리적으로 판단하여야 한다(경찰관직무집행법3① i 참조). 이때 합리성의 판단은 합리적인 평균인을 기준으로 하여야 하는바, 담당 검사 및 사법경찰관의 경험과 전문지식은 중요한 판단자료의 하나가 된다.

(2) 친고죄 등과 수사의 필요성

수사의 일차적 임무는 공소제기 여부를 결정하는 것이다. 그런데 처음부터 당해 사건에 대해 법원이 적법하게 심리와 재판을 행하기 위한 조건(즉 소송조건)이 결여된 경우에 굳이 수사의 필요성을 인정할 수 있겠는가 하는 문제가 생긴다. 이와 관련하여 논의되는 것으로 친고죄 등의 고소 · 고발과 수사의 필요성 문제가 있다.

친고죄는 고소가 있어야 공소를 제기할 수 있는 범죄이다. 친고죄의 경우(예컨대 모욕죄; 형법311, 312①) 유효한 고소가 있어야 법원은 당해 사건에 대하여 심판할 수 있다(법327 v 참조).

---

1) 1999. 12. 7. 98도3329, 공 2000, 240, 『무인 카메라 사건』.

반의사불벌죄는 피해자의 명시한 의사에 반하여 공소를 제기할 수 없는 범죄이다. 반의사불벌죄의 경우(예컨대 폭행죄: 형법260① · ③)에는 피해자가 처벌을 원하지 않는다는 의사표시를 하거나 처벌을 원하는 의사표시를 철회하면 법원은 당해 사건에 대해 심리와 재판을 할 수 없다(법327 vi). 또한 각종 특별법에서 관계 당국의 고발이 있어야 법원이 당해 사건에 대해 심판할 수 있도록 규정하는 경우가 있다. 이러한 사건을 가리켜서 즉고발사건 또는 즉시고발사건이라고 한다.

여기에서 친고죄, 반의사불벌죄, 즉고발사건 등의 경우에 처벌을 원한다는 의사표시가 없거나 처벌을 원한다는 기존의 의사표시가 철회되었을 때에도 수사의 필요성을 인정하여 수사를 할 수 있는가 하는 문제가 생긴다. 판례는 이 문제에 대해 다음과 같은 입장을 취하고 있다.

법률에 의하여 고소나 고발이 있어야 논할 수 있는 죄에 있어서 고소 또는 고발은 소추조건에 불과하고 당해 범죄의 성립요건이나 수사의 조건은 아니다. 따라서 이러한 범죄에 관하여 고소나 고발이 있기 전에 수사를 하였다고 하더라도, 그 수사가 장차 고소나 고발이 있을 가능성이 없는 상태하에서 행해졌다는 등의 특단의 사정이 없는 한, 고소나 고발이 있기 전에 수사를 하였다는 이유만으로 그 수사가 위법하게 되는 것은 아니다.[1]

3. 수사의 상당성

(1) 함정수사

수사기관은 수사의 목적을 달성하기 위해 필요한 조사를 할 수 있다(법199① 본문 참조). 이때 필요한 조사는 상당한 것이어야 한다. 사실관계를 분명하게 파악하기 위하여 수사기관은 강제처분을 제외하고는(법199① 단서) 원칙적으로 수사상 필요한 한도 내에서 상당하다고 판단되는 어떠한 형태의 조사활동도 할 수 있다. 그런데 여기에서 수사기관이 함정수사의 방법으로 수사를 하는 것이 수사의 상당성에 부합하는지 문제된다.

함정수사란 수사기관이 시민에게 범죄를 범하도록 교사한 후 범죄의 실행을 기다렸다가 범인을 검거하는 수사방법을 말한다. 함정수사의 특징은 수사기관이 적극적으로 시민에게 구체적인 범행동기를 부여하고 범행기회를 제공하며 실제로 범죄실행에 나아가도록 유인한다는 점에 있다. 역으로 말한다면 함정수사란 수사기관의 유인이나 기망이 없었다면 그 상대방은 범죄를 범하지 않았을 것으로 판단되는 경우이다.

함정수사는 수사기관의 수사방법이다. 사인은 함정수사의 주체가 될 수 없다. 유인자가

---

1) 2011. 3. 10. 2008도7724, 공 2011상, 782, 『출입국관리소장 고발 사건』.

수사기관과 직접적인 관련을 맺지 아니한 상태에서 피유인자를 상대로 단순히 수차례 반복적으로 범행을 교사하였을 뿐, 수사기관이 사술이나 계략 등을 사용하였다고 볼 수 없는 경우는, 설령 그로 인하여 피유인자의 범의가 유발되었다 하더라도 위법한 함정수사에 해당하지 않는다.[1]

함정수사는 이미 범죄의사를 가지고 있는 사람에 대하여 범죄를 범할 기회를 부여하는 기회제공형 함정수사와 전혀 범죄의사가 없는 사람에게 새로운 범죄의사를 유발하는 범의유발형 함정수사로 나누어 볼 수 있다.[2] 이 가운데 기회제공형 함정수사는 수사의 상당성을 충족하여 적법하다는 점에 대체로 의견이 모아지고 있다.

범의유발형 함정수사에 대해서는 수사의 상당성을 긍정하는 견해와 부정하는 견해가 각각 제시되고 있다. 또한 부정설의 입장에서는 범의유발형 함정수사로 기소된 피고인에 대해 공소기각판결(법327 ii)을 선고해야 한다는 견해, 면소판결(법326)을 선고해야 한다는 견해, 무죄판결(법325)을 선고해야 한다는 견해가 서로 대립하고 있다. 판례는 공소기각판결설을 취하고 있다.[3]

함정수사의 법리는 위법수집증거배제법칙과 구별된다. 형소법 제308조의2는 적법절차를 위반하여 수집한 개별 증거에 대해 증거능력을 부정하고 있다. 그러나 적법하게 수집한 증거가 달리 존재한다면 유죄 판단이 가능하다. 이에 대해 위법한 함정수사의 경우에는 유죄·무죄의 판단을 하지 않고 공소기각판결에 의하여 당해 형사절차 자체가 종결된다.

(2) 디지털 성범죄와 신분위장수사 제도

(가) 입법취지   2021년 입법자는 「아동·청소년의 성보호에 관한 법률」(청소년성보호법)을 개정하였다. 입법자는 아동·청소년대상 '온라인 그루밍'의 경우 성착취물의 제작 및 유포에 따른 파급효과가 극심하고 피해의 회복이 어려우므로 이를 범죄행위로 규정하여 처벌하는 한편(동법15의2), 아동·청소년대상 디지털 성범죄를 사전에 예방하고 증거능력 있는 자료를 확보하기 위하여 사법경찰관리가 신분을 위장하여 수사할 수 있도록 수사 특례규정을 마련하였다(동법25의2 이하 참조).

(나) 디지털 성범죄   입법자는 다음 경우의 어느 하나에 해당하는 범죄를 디지털 성범죄로 규정하였다(청소년성보호법25의2①).

① 아동·청소년성착취물의 제작·배포 등(동법11) (1호)

---

1) 2008. 3. 13. 2007도10804, 공 2008상, 549, 『군수 함정교사 뇌물수수 사건』.
2) 2007. 5. 31. 2007도1903, 공 2007, 1016, 『취객 상대 부축빼기 사건』.
3) 2005. 10. 28. 2005도1247, 공 2005, 1899, 『공적사항 준비 사건 2』.

② 아동·청소년에 대한 성착취 목적 대화 등(동법15의2) (1호)

③ 아동·청소년에 대한 카메라 등을 이용한 촬영물의 반포·판매 등(성폭력처벌법14②) (2호)

④ 영리목적으로 정보통신망에서 하는 아동·청소년에 대한 카메라 등을 이용한 촬영물의 반포·판매 등(성폭력처벌법14③) (2호)

(다) 신분비공개수사   사법경찰관리는 디지털 성범죄에 대하여 신분을 비공개하고 정보통신망을 포함하는 범죄현장 또는 범인으로 추정되는 자들에게 접근하여 범죄행위의 증거 및 자료 등을 수집할 수 있다(청소년성보호법25의2①). 이와 같은 수사방법을 가리켜서 신분비공개수사라고 한다.

사법경찰관리가 신분비공개수사를 진행하고자 할 때에는 사전에 상급 경찰관서 수사부서의 장의 승인을 받아야 한다. 이 경우 그 수사기간은 3개월을 초과할 수 없다(동법25의3①).

(라) 신분위장수사   사법경찰관리는 (가) 디지털 성범죄를 계획 또는 실행하고 있거나 실행하였다고 의심할 만한 충분한 이유가 있고, (나) 다른 방법으로는 그 범죄의 실행을 저지하거나 범인의 체포 또는 증거의 수집이 어려운 경우에 한정하여 (다) 수사 목적을 달성하기 위하여 부득이한 때에는 다음 각 호의 신분위장수사 행위를 할 수 있다(청소년성보호법25의2②).

① 신분을 위장하기 위한 문서, 도화 및 전자기록 등의 작성, 변경 또는 행사 (1호)

② 위장 신분을 사용한 계약·거래 (2호)

③ 아동·청소년성착취물(동법11) 또는 아동·청소년에 대한 카메라 등을 이용한 촬영물(성폭력처벌법14②) 또는 복제물(복제물의 복제물을 포함한다)의 소지, 판매 또는 광고 (3호)

(마) 신분위장수사 허가절차   사법경찰관리는 신분위장수사를 하려는 경우에는 검사에게 신분위장수사에 대한 허가를 신청하고, 검사는 법원에 그 허가를 청구한다(동법25의3③). 신분위장수사에 대한 허가 신청은 필요한 신분위장수사의 종류·목적·대상·범위·기간·장소·방법 및 해당 신분위장수사가 신분위장수사의 요건(동법25②)을 충족하는 사유 등의 신청사유를 기재한 서면으로 하여야 하며, 신청사유에 대한 소명자료를 첨부하여야 한다(동법25의3④). 법원은 신분위장수사에 대한 허가 신청이 이유 있다고 인정하는 경우에는 신분위장수사를 허가하고, 이를 증명하는 허가서를 신청인에게 발부한다(동조⑤). 허가서에는 신분위장수사의 종류·목적·대상·범위·기간·장소·방법 등을 특정하여 기재하여야 한다(동조⑥).

(바) 신분위장수사 기간   신분위장수사의 기간은 3개월을 초과할 수 없으며, 그 수사기간 중 수사의 목적이 달성되었을 경우에는 즉시 종료하여야 한다(동법25의3⑦). 신분위장수사의 요건(동법25의2②)이 존속하여 그 수사기간을 연장할 필요가 있는 경우에는 사법경찰관리

는 소명자료를 첨부하여 3개월의 범위에서 수사기간의 연장을 검사에게 신청하고, 검사는 법원에 그 연장을 청구한다. 이 경우 신분위장수사의 총 기간은 1년을 초과할 수 없다(동법25의3⑧).

(사) 긴급 신분위장수사　　사법경찰관리는 신분위장수사의 요건(동법25의2②)을 구비하고, 신분위장수사에 대한 허가장 발부절차를 거칠 수 없는 긴급을 요하는 때에는 법원의 허가 없이 신분위장수사를 할 수 있다(동법25의4①). 사법경찰관리는 긴급 신분위장수사 개시 후 지체 없이 검사에게 허가를 신청하여야 하고, 사법경찰관리는 48시간 이내에 법원의 허가를 받지 못한 때에는 즉시 신분위장수사를 중지하여야 한다(동조②).

긴급 신분위장수사 기간은 3개월을 초과할 수 없으며, 그 수사기간 중 수사의 목적이 달성되었을 경우에는 즉시 종료하여야 한다(동법25의4③, 25의3⑦). 신분위장수사의 요건(동법25의2②)이 존속하여 그 수사기간을 연장할 필요가 있는 경우에는 사법경찰관리는 소명자료를 첨부하여 3개월의 범위에서 수사기간의 연장을 검사에게 신청하고, 검사는 법원에 그 연장을 청구한다. 이 경우 신분위장수사의 총 기간은 1년을 초과할 수 없다(동법25의4③, 25의3⑧).

(아) 증거사용의 제한　　사법경찰관리가 신분비공개수사 또는 신분위장수사로 수집한 증거 및 자료 등은 다음 각 호의 어느 하나에 해당하는 경우 외에는 사용할 수 없다(동법25의5①).

① 신분비공개수사 또는 신분위장수사의 목적이 된 디지털 성범죄나 이와 관련되는 범죄를 수사·소추하거나 그 범죄를 예방하기 위하여 사용하는 경우 (1호)

② 신분비공개수사 또는 신분위장수사의 목적이 된 디지털 성범죄나 이와 관련되는 범죄로 인한 징계절차에 사용하는 경우 (2호)

③ 증거 및 자료 수집의 대상자가 제기하는 손해배상청구소송에서 사용하는 경우 (3호)

④ 그 밖에 다른 법률의 규정에 의하여 사용하는 경우 (4호)

(자) 사법경찰관리의 면책　　사법경찰관리가 신분비공개수사 또는 신분위장수사 중 부득이한 사유로 위법행위를 한 경우 그 행위에 고의나 중대한 과실이 없는 경우에는 벌하지 아니한다(동법25의8①).

사법경찰관리가 신분비공개수사 또는 신분위장수사 중 부득이한 사유로 위법행위를 한 경우 그 위법행위가 「국가공무원법」 제78조 제1항에 따른 징계사유에 해당하더라도 그 행위에 고의나 중대한 과실이 없는 경우에는 징계 요구 또는 문책 요구 등 책임을 묻지 아니한다(동법25의8②).

신분비공개수사 또는 신분위장수사 행위로 타인에게 손해가 발생한 경우라도 사법경찰관리는 그 행위에 고의나 중대한 과실이 없는 경우에는 그 손해에 대한 책임을 지지 아니한다(동법25의8③).

제2절   수사의 단서

제1   수사단서의 의의

　수사기관은 범죄의 혐의가 있다고 사료하는 때에는 범인, 범죄사실과 증거를 수사하게 된다(법196①, 197① 참조). 이때 수사기관이 범죄혐의가 있다고 판단하게 되는 원인을 수사단서라고 한다. 수사단서는 수사개시의 시발점이 된다.

　수사단서는 수사기관 자신의 체험에 의한 경우와 타인의 체험을 근거로 한 경우로 나누어 볼 수 있다. 현행범체포(법212), 변사자검시(법222), 불심검문(경찰관직무집행법3), 기사 또는 풍설에 기한 범죄혐의확인, 타사건 수사 중의 범죄 발견 등은 전자에 해당한다. 이에 반하여 고소(법223), 고발(법234), 자수(법240), 진정·탄원·투서 등에 의한 범죄혐의 확인 등은 후자의 경우에 속한다.

제2   불심검문

1. 불심검문의 의의

(1) 불심검문의 유형

　불심검문이란 「경찰관 직무집행법」에 따라 경찰관이 행동이 수상한 자를 발견한 경우에 그 사람을 정지시켜 조사하는 행위를 말한다. 이 경우 '경찰관'은 경찰공무원만을 가리킨다(경찰관직무집행법1).

　「경찰관 직무집행법」에 따라 경찰관은 ① 수상한 행동이나 그 밖의 주위 사정을 합리적으로 판단하여 볼 때 어떠한 죄를 범하였거나 범하려 하고 있다고 의심할 만한 상당한 이유가 있는 사람이나, ② 이미 행하여진 범죄나 행하여지려고 하는 범죄행위에 관한 사실을 안다고 인정되는 사람에 대하여 불심검문을 할 수 있다(동법3①).

　불심검문의 방법에는 (가) 거동수상자를 정지시켜 질문하는 직무질문(경찰관직무집행법3①), (나) 정지시킨 장소에서 질문을 하는 것이 그 사람에게 불리하거나 교통에 방해가 된다고 인정될 때 질문을 하기 위하여 가까운 경찰관서로 동행할 것을 요구하는 동행요구(동조②), (다)

직무질문시 흉기를 가지고 있는지를 조사하는 **흉기소지검사**(동조③) 등이 있다.

「경찰관 직무집행법」은 불심검문 이외에도 경찰관의 직무행위와 관련된 사항들을 규정하고 있다. 이 가운데 보호실유치와 범죄예방조치에 대해 살펴본다. 이들 직무행위는 불심검문과 달리 직접적인 유형력의 행사를 수반한다. 보호실유치와 범죄예방조치가 범죄수사의 편법으로 사용되는 폐단을 방지하기 위하여 그 한계가 주목된다.

(2) 보호실유치

「경찰관 직무집행법」 제4조 제1항에 따라 경찰관은 일정한 구호대상자를 발견하였을 때 (가) 보건의료기관이나 공공구호기관에 긴급구호를 요청하거나, (나) 구호대상자를 경찰관서에 보호하는 등 적절한 조치를 할 수 있다. 이 가운데 (나)의 경우에는 보호실유치가 이루어지게 된다.

「경찰관 직무집행법」에 따른 구호대상자는 경찰관이 수상한 행동이나 그 밖의 주위 사정을 합리적으로 판단해 볼 때, (가) 정신착란을 일으키거나 술에 취하여 자신 또는 다른 사람의 생명·신체·재산에 위해를 끼칠 우려가 있는 사람, (나) 자살을 시도하는 사람, (다) 미아, 병자, 부상자 등으로서 적당한 보호자가 없으며 응급구호가 필요하다고 인정되는 사람(다만, 본인이 구호를 거절하는 경우는 제외)에 해당하는 것이 명백하고 응급구호가 필요하다고 믿을 만한 상당한 이유가 있는 사람이다(동법4①).

보호조치 요건이 갖추어지지 않았음에도 경찰관이 실제로는 범죄수사를 목적으로 피의자에 해당하는 사람을 「경찰관 직무집행법」 제4조 제1항의 구호대상자로 삼아 그의 의사에 반하여 경찰관서에 데려가는 행위는, 달리 현행범체포나 임의동행 등의 적법 요건을 갖추었다고 볼 사정이 없다면, 위법한 체포에 해당한다.[1]

(3) 범죄의 예방 및 진압조치

「경찰관 직무집행법」 제6조 제1항은 "경찰관은 범죄행위가 목전에 행하여지려고 하고 있다고 인정될 때에는 이를 예방하기 위하여 관계인에게 필요한 경고를 하고, 그 행위로 인하여 사람의 생명·신체에 위해를 끼치거나 재산에 중대한 손해를 끼칠 우려가 있는 긴급한 경우에는 그 행위를 제지할 수 있다."고 규정하고 있다.

「경찰관 직무집행법」 제6조 제1항 가운데 경찰관의 제지에 관한 부분은 범죄 예방을 위한 경찰 행정상 즉시강제에 관한 근거조항이다. 범죄예방을 위한 경찰관의 즉시강제는 (가)

---

1) 2012. 12. 13. 2012도11162, 공 2013상, 205, 『음주단속 도주범 보호조치 사건』.

눈앞의 급박한 경찰상 장해를 제거할 필요가 있고 (나) 의무를 명할 시간적 여유가 없거나 의무를 명하는 방법으로는 그 목적을 달성하기 어려운 상황에서 (다) 의무불이행을 전제로 하지 않고 경찰이 직접 실력을 행사하여 경찰상 필요한 상태를 실현하는 권력적 사실행위이다.[1]

「경찰관 직무집행법」제6조 제1항에 따른 경찰관의 제지조치가 적법한 직무집행으로 평가될 수 있기 위해서는, (가) 형사처벌의 대상이 되는 행위가 눈앞에서 막 이루어지려고 하는 것이 객관적으로 인정될 수 있는 상황이고, (나) 그 행위를 당장 제지하지 않으면 곧 사람의 생명·신체에 위해를 끼치거나 재산에 중대한 손해를 끼칠 우려가 있는 상황이어서, (다) 직접 제지하는 방법 외에는 위와 같은 결과를 막을 수 없는 절박한 사태이어야 한다. 다만, 경찰관의 제지조치가 적법한지 여부는 제지조치 당시의 구체적 상황을 기초로 판단해야 한다. 사후적으로 순수한 객관적 기준에서 판단할 것은 아니다.[2]

경찰관의 긴급제지조치는 전형적인 보안경찰작용에 속하며 불심검문과 구별된다. 경찰관은 「경찰관 직무집행법」에 따라 경범죄에 해당하는 행위도 예방·진압·수사하고, 필요한 경우 제지할 수 있다.[3]

2. 불심검문의 체계상 위치

불심검문의 대상자는 (가) 어떠한 죄를 범하였다고 의심되는 사람, (나) 이미 행하여진 범죄에 관한 사실을 안다고 인정되는 사람, (다) 어떠한 죄를 범하려 하고 있다고 의심되는 사람, (라) 행하여지려고 하는 범죄행위에 관한 사실을 안다고 인정되는 사람으로 나누어 볼 수 있다. 이 가운데 (가)와 (나)의 경우는 '죄를 범하였다'는 판단을 전제로 하고 있다.

이와 관련하여 불심검문을 보안경찰작용으로 볼 것인가 사법경찰작용으로 볼 것인가에 대하여 견해가 대립하고 있다. 보안경찰설의 입장에서는 아직 범죄가 발각되지 않은 경우에 불심검문이 범죄수사의 단서가 될 뿐만 아니라 특정범죄의 범인이 검거되지 않은 때에는 범인발견의 계기로 된다는 점에서 수사와 밀접한 관계를 가진다는 점을 인정하면서도, 그러나 이는 어디까지나 행정경찰작용, 그 가운데에서도 특히 보안경찰의 분야에 속하는 것이며 범죄수사와는 엄격히 구별하지 않으면 안 된다고 주장한다. 그리고 불심검문에 의하여 범죄의 혐의가 인정되게 되면 그때 비로소 수사가 개시되어 수사의 단서로 된다고 한다.

이에 대해 보안경찰작용과 사법경찰작용이 병존하고 있다고 보는 입장에서는 「경찰관 직

---

1) 2018. 12. 13. 2016도19417, 공 2019상, 338, 『주거지 소란행위 신고 사건』.
2) 2013. 6. 13. 2012도9937, 공 2013하, 1272, 『중국동포 말다툼 사건』.
3) 2018. 12. 13. 2016도19417, 공 2019상, 338, 『주거지 소란행위 신고 사건』.

무집행법」 제3조 제1항이 (가) 어떠한 죄를 범하였다고 의심할 만한 상당한 이유가 있는 사람 및 (나) 이미 행하여진 범죄에 관한 사실을 안다고 인정되는 사람에 대하여도 불심검문을 할 수 있도록 규정하고 있는데, 이 부분은 이미 '범죄의 혐의가 있다'(법197① 참조)는 판단을 전제로 하고 있기 때문에 사법경찰작용에 해당한다고 본다.

판례는 "행정경찰 목적의 경찰활동으로 행하여지는 「경찰관 직무집행법」 제3조 제2항 소정의 질문을 위한 동행요구"라는 표현을 사용하면서, 동행요구가 형사소송법의 규율을 받는 수사로 이어지는 경우에는 후술하는 임의동행의 법리가 적용된다고 판시하여 보안경찰작용설을 취하고 있는 것으로 보인다.[1]

3. 불심검문의 방법

(1) 직무질문

(가) 의 의   경찰관은 수상한 행동이나 그 밖의 주위 사정을 합리적으로 판단하여 볼 때 어떠한 죄를 범하였거나 범하려 하고 있다고 의심할 만한 상당한 이유가 있는 사람이나 이미 행하여진 범죄나 행하여지려고 하는 범죄행위에 관한 사실을 안다고 인정되는 사람을 정지시켜 질문할 수 있다(경찰관직무집행법3①).

직무질문은 거동수상자에게 행선지나 용건 또는 성명, 주소, 연령을 묻고 소지품 등의 내용을 물어보는 조사방법이다. 직무질문을 할 때 경찰관은 상대방에게 자신의 신분을 표시하는 증표를 제시하면서 소속과 성명을 밝히고 질문의 목적과 이유를 설명하여야 한다(경찰관직무집행법3④). 판례는 상황을 종합적으로 고려할 때 검문하는 사람이 경찰관이고 검문하는 이유가 범죄행위에 관한 것임을 상대방이 충분히 알고 있었다고 보이는 경우에는 신분증을 제시하지 않았다고 해도 그 불심검문이 위법한 공무집행으로 되지 않는다는 입장이다.[2]

불심검문 대상자인지 여부를 판단함에 있어서는 불심검문 당시의 구체적 상황은 물론 사전에 얻은 정보나 전문적 지식 등에 기초하여 해당 여부를 객관적 · 합리적인 기준에 따라 판단해야 한다. 그러나 반드시 불심검문 대상자에게 형사소송법상 체포나 구속에 이를 정도의 혐의가 있을 것을 요하지는 않는다.[3]

(나) 성 질   경찰관의 직무질문은 어디까지나 임의수사의 일종이므로 질문상대방은 그 의사에 반하여 답변을 강요당하지 않는다(경찰관직무집행법3⑦ 후단). 직무질문은 임의수사이므로 어떠한 형태의 강제도 허용되지 않는다. 예컨대 수갑을 채운 뒤 질문을 하는 것은 적

---

1) 2006. 7. 6. 2005도6810, 공 2006, 1572, 『피의자 도주죄 사건』.
2) 2014. 12. 11. 2014도7976, 공 2015상, 160, 『술값 시비 손님 불심검문 사건』.
3) 2014. 2. 27. 2011도13999, 공 2014상, 805, 『픽치기 오인 사건』.

법한 직무질문이 되지 않는다. 따라서 이 경우에는 위법수사에 의한 증거의 증거능력 제한이 따르게 된다(법308의2). 다만 상대방이 답변을 거부하고 질문 장소를 떠나려고 하는 경우에 강제에 이르지 않을 정도로 설득하여 번의(翻意)를 구하는 것은 허용된다.

(다) 정지와 유형력 행사   직무질문을 행하기 위하여 상대방을 정지시킬 필요가 생기는 경우가 있다(경찰관직무집행법3①). 질문 상대방이 자발적으로 협조하는 경우에는 별다른 문제가 없으나 상대방이 정지에 응하지 않거나 질문 도중 현장을 떠나는 경우에 어느 정도의 유형력을 행사하여 이를 저지할 수 있을 것인지 문제된다.

이에 대해 판례는 다음의 기준을 제시하고 있다. 즉, 경찰관은 직무질문의 대상자에게 질문을 하기 위하여 범행의 경중, 범행과의 관련성, 상황의 긴박성, 혐의의 정도, 질문의 필요성 등에 비추어 그 목적 달성에 필요한 최소한의 범위 내에서 사회통념상 용인될 수 있는 상당한 방법으로 그 대상자를 정지시킬 수 있고 질문에 수반하여 흉기의 소지 여부도 조사할 수 있다.[1]

경찰관의 검문에 불응하고 막무가내로 검문 현장 바깥으로 나가려고 하는 대상자를 막아선 정도로 유형력을 행사하는 것은 그 목적 달성에 필요한 최소한의 범위에서 사회통념상 용인될 수 있는 방법으로 이루어진 것으로 볼 수 있다.[2]

(라) 시간적 한계   직무질문에 필요한 정지의 시간은 신체구속이라고 볼 수 있을 정도로 장시간이어서는 안 된다(경찰관직무집행법3⑦ 전단 참조). 그 구체적인 시간은 개별적 상황에 따라서 달라질 수 있을 것이지만, 동행요구에 기한 동행의 상한선이 6시간(동법3⑥)이라는 점은 정지시간의 한계를 정하는 기준으로 고려되어야 할 것이다.

(2) 동행요구

경찰관은 직무질문 대상자를 정지시킨 장소에서 직무질문을 하는 것이 그 사람에게 불리하거나 교통에 방해가 된다고 인정될 때에는 질문을 하기 위하여 가까운 경찰서·지구대·파출소 또는 출장소(지방해양경찰관서를 포함한다)로 동행할 것을 요구할 수 있다(경찰관직무집행법3② 1문). 이를 가리켜 동행요구라고 한다. 이 경우 동행을 요구받은 사람은 경찰관의 동행요구를 거절할 수 있다(동항 2문).

상대방에 대하여 경찰관서로 동행을 요구할 때 경찰관은 상대방에게 자신의 신분을 표시하는 증표를 제시하면서 소속과 성명을 밝히고 동행의 목적과 이유를 설명해야 하며, 동행 장소를 밝혀야 한다(경찰관직무집행법3④). 그러나 동행요구를 하게 된 경위, 동행요구 당시의 현

---

1) 2012. 9. 13. 2010도6203, 공 2012하, 1700, 『부평동 자전거 검문 사건』.
2) 2014. 12. 11. 2014도7976, 공 2015상, 160, 『술값 시비 손님 불심검문 사건』.

장상황과 검문을 하는 경찰관의 복장, 상대방이 공무원증 제시나 신분 확인을 요구하였는지 여부 등을 종합적으로 고려하여, 검문하는 사람이 경찰관이고 검문하는 이유가 범죄행위에 관한 것임을 상대방이 충분히 알고 있었다고 보이는 경우에는 신분증을 제시하지 않았다고 하여 그 동행요구를 위법한 공무집행이라고 할 수 없다.[1]

동행요구에 의한 동행을 한 경우에 경찰관은 (가) 동행한 사람의 가족이나 친지 등에게 동행한 경찰관의 신분, 동행 장소, 동행 목적과 이유를 알리거나 (나) 본인으로 하여금 즉시 연락할 수 있는 기회를 주어야 하며, (다) 변호인의 도움을 받을 권리가 있음을 알려야 한다(경찰관직무집행법3⑤).

동행요구에 의한 동행을 한 경우에 경찰관은 동행한 사람을 6시간을 초과하여 경찰관서에 머물게 할 수 없다(경찰관직무집행법3⑥). 그 이상을 초과하는 동행은 신체구속에 해당하며 이는 형사소송에 관한 법률에 의하지 아니하고는 허용되지 않기 때문이다(동법3⑦, 법199① 단서).

(3) 흉기소지검사

경찰관은 직무질문 대상자에게 질문을 할 때 그 사람이 흉기를 가지고 있는지를 조사할 수 있다(경찰관직무집행법3③). 흉기소지검사는 직무질문 대상자의 의복이나 휴대품을 가볍게 손으로 만지면서 혐의물품의 존부를 확인하고 흉기소지의 혐의가 있는 경우 상대방으로 하여금 이를 제출하게 하거나 경찰관이 직접 이를 꺼내는 조사방법이다.

흉기소지를 검사하기 위한 조사는 상대방의 의복이나 손가방 등의 휴대품에 한정되며 잠금장치가 되어 있는 물품이나 조사받는 사람의 직접적인 접촉범위 내에 존재하지 않는 물건에 대해서는 소지품검사를 할 수 없다. 이는 흉기발견을 위한 소지품검사가 원칙적으로 공무를 수행하는 경찰관의 생명과 신체의 안전을 도모하기 위하여 인정된 것이기 때문이다. 한편, 어떠한 죄를 범하였다고 의심되는 사람이나 이미 행하여진 범죄에 관한 사실을 안다고 인정되는 사람을 대상으로 하는 흉기소지검사의 경우에는 증거물의 발견도 부차적인 목적에 포함되고 있다.

우리 「경찰관 직무집행법」은 흉기의 소지 여부만을 조사할 수 있도록 하고 있다. 이 때문에 흉기 이외의 다른 물건은 불심검문의 방법으로는 조사할 수 없는가 하는 의문이 생긴다. 이 문제에 대하여 긍정설과 부정설이 대립하고 있다. 경찰비례의 원칙(경찰관직무집행법1②)과 영장주의(헌법12③, 법215)의 관점에서 볼 때 불심검문시의 소지품검사는 흉기소지 여부를 조사하는 것에 국한되어야 할 것이다. 다만 흉기소지에 부수하여 다른 소지품이 검사되는 경우

---

1) 2014. 12. 11. 2014도7976, 공 2015상, 160, 『술값 시비 손님 불심검문 사건』.

는 있을 수 있으나 이는 흉기소지검사에 따르는 당연한 결과이다.

4. 자동차검문

자동차검문이란 경찰관이 통행중인 자동차를 정지시켜서 운전자 또는 동승자에게 질문을 하는 것을 말한다. 자동차검문은 이를 교통검문, 경계검문 및 긴급수배검문으로 나누어 볼 수 있다.

교통검문이란 「도로교통법」 위반사범의 단속을 위한 검문을 말하며 도로교통의 안전을 확보함을 목적으로 한다. 교통검문의 법적 근거는 무면허운전(동법43), 음주운전(동법44), 과로운전(동법45) 등의 금지규정을 위반하여 자동차를 운전하고 있다고 인정되는 경우에 경찰관이 차를 일시 정지시키고 그 운전자에게 운전면허증의 제시를 요구할 수 있도록 한 「도로교통법」 제47조에서 찾을 수 있다. 교통검문은 교통경찰행정 작용에 속한다.

경계검문이란 불특정한 일반범죄의 예방과 검거를 목적으로 하는 자동차검문이다. 경계검문으로서의 자동차검문의 법적 근거는 「경찰관 직무집행법」 제3조에서 찾아 볼 수 있다. 불특정한 범죄의 예방과 검거를 목적으로 하는 경계검문은 「경찰관 직무집행법」 제3조 제1항이 규정하고 있는 대상자 가운데 (다) 어떠한 죄를 범하려 하고 있다고 의심할 만한 상당한 이유가 있는 사람 및 (라) 행하여지려고 하는 범죄행위에 관한 사실을 안다고 인정되는 사람에 대한 직무질문의 일종으로 볼 수 있기 때문이다.

긴급수배검문이란 특정범죄가 발생한 경우에 범인의 검거와 수사정보의 수집을 목적으로 하는 검문을 말한다. 긴급수배검문으로서의 자동차검문은 전형적인 사법경찰작용에 속하며 원칙적으로 형사소송법의 규율대상이 될 것이다. 그러나 우리 형사소송법은 특별히 자동차검문을 위한 규정을 두고 있지 않다. 이 때문에 긴급수배검문의 법적 근거는 일단 「경찰관 직무집행법」 제3조 제1항이 되지 않을 수 없다.

그리하여 경찰관은 수상한 행동이나 그 밖의 주위 사정을 합리적으로 판단하여 볼 때 (가) 어떠한 죄를 범하였다고 의심할 만한 상당한 이유가 있는 사람 또는 (나) 이미 행하여진 범죄에 관한 사실을 안다고 인정되는 사람이 탑승한 자동차를 정지시켜 질문하는 불심검문의 방법으로 긴급수배검문을 할 수 있다.

그러나 긴급수배검문은 특정된 범죄혐의를 전제로 하는 전형적인 수사활동이므로 「경찰관 직무집행법」에 의한 불심검문은 최소한에 그쳐야 한다(경찰관직무집행법1②). 특히 자동차에 대한 수색이나 압수는 법관의 영장에 의하여야 하며(헌법12③, 법215) 불심검문의 방법에 의할 수는 없다. 긴급을 요하는 경우에는 먼저 압수·수색을 행하고 사후에 지체 없이 법관의 영장을 발부받아야 한다(법216③).

제3 변사자의 검시

1. 변사자 검시의 의의

형사소송법은 수사개시의 단서로서 변사자의 검시를 규정하고 있다(법222). 변사자란 통상의 병사 또는 자연사가 아닌 사체를 의미한다. 검시(檢視)란 죽음의 범죄 관련성 여부를 조사하는 것을 말한다. 검시(檢視)는 사체 및 그 주변 현장을 포함하여 관련 상황을 종합적으로 조사하는 형태로 이루어진다.

검시(檢視)는 검시(檢屍)와 구별된다. 검시(檢屍)는 검증(檢證)의 일종이다. 검증(檢證)이란 사물의 성질과 상태를 오관을 통하여 감득하는 행위를 말한다. 수사절차에서 검증은 원칙적으로 법관이 발부한 영장이 있을 때 가능하다(법215 참조).

검증(檢證)의 일종으로 행해지는 검시(檢屍)는 죽음에 대한 의학적 판단을 위해 시체에 대하여 시행하는 검사이다. 검시(檢屍)는 주로 의사에 의하여 행해지며 검안과 부검으로 이루어진다. 검안(檢案)은 시체를 손괴하지 않고 외표검사를 통하여 검사하는 행위이고, 부검(剖檢)은 사망의 종류 및 사인을 알아내기 위하여 시체를 해부하여 검사하는 행위를 말한다.

원래 변사자의 검시(檢視)는 변사자에 대한 국가의 확인·관리라는 행정검시의 관점에서 인정된 것이므로 엄밀한 의미에서는 수사의 단서라고 할 수 없다. 그러나 검시의 결과 범죄혐의가 있다고 판단되는 경우에는 바로 수사가 개시되므로 검시(檢視)는 수사의 단서가 된다. 이 점에서 우리 입법자는 형소법 제222조에서 변사자 검시를 수사의 단서로 규정하고 있으며, 검시(檢視)의 주체를 변사자 또는 변사의 의심 있는 사체의 소재지를 관할하는 지방검찰청 검사로 정하고 있다(법222①).

2. 변사자 검시의 절차

(1) 사법경찰관에 의한 변사자 검시

(가) 의 의　　　형소법 제222조는 검시(檢視)의 주체를 검사로 정하고 있다. 그런데 검사가 직접 수사를 개시할 수 있는 범죄의 범위가 대폭 제한됨에 따라(검찰청법4① i 단서) 검사가 직접 수사를 개시할 수 없는 범죄의 경우에는 사법경찰관이 사실상 검시(檢視)의 주체로 활동하게 되었다.

(나) 검 시　　　사법경찰관은 변사자 또는 변사한 것으로 의심되는 사체가 있으면 변사사

건 발생사실을 검사에게 통보해야 한다(수사준칙17①). 검사는 사법경찰관에게 변사자 또는 변사의 의심 있는 사체에 대한 검시(檢視)를 명할 수 있다(법222③). 사법경찰관은 형소법 제222조 제1항 및 제3항에 따라 검사의 명을 받아 검시(檢視)를 했을 경우에는 검시조서를 작성하여 검사에게 송부해야 한다(수사준칙17③). 검사와 사법경찰관은 형소법 제222조에 따라 변사자의 검시를 한 사건에 대해 사건 종결 전에 수사할 사항 등에 관하여 상호 의견을 제시·교환해야 한다(수사준칙17④).

(다) 영장 없는 검증　　사법경찰관은 검시(檢視)로 범죄의 혐의를 인정하고 긴급을 요할 때에는 검사의 명을 받아 영장 없이 검증(檢證)할 수 있다(법222②·③). 원래 수사상 검증에는 법관의 영장이 있어야 하지만(법215) 그 대상이 사체라는 특수성과 수사의 긴급성 때문에 영장주의에 대한 예외가 인정되고 있다. 사법경찰관은 형소법 제222조 제2항 및 제3항에 따라 영장 없이 검증(檢證)을 했을 경우에는 검증조서를 작성하여 검사에게 송부해야 한다(수사준칙17③).

(라) 영장에 의한 검증　　부검 등의 검증처분은 수사가 개시된 이후의 처분이므로 수사의 단서인 변사자 검시와 구별되며 검증영장에 의해야 한다. 사법경찰관은 범죄수사에 필요한 때에는 피의자가 죄를 범하였다고 의심할 만한 정황이 있고 해당 사건과 관계가 있다고 인정할 수 있는 것에 한정하여 검사에게 신청하여 검사의 청구로 지방법원판사가 발부한 영장에 의하여 검증을 할 수 있다(법215②).

사법경찰관은 범행 중 또는 범행 직후의 범죄 장소에서 긴급을 요하여 법원판사의 영장을 받을 수 없는 때에는 영장 없이 검증을 할 수 있다. 이 경우에는 사후에 지체 없이 영장을 받아야 한다(법216③). 사법경찰관은 검증영장에 의하여 검증을 했을 경우에는 검증조서를 작성하여 검사에게 송부해야 한다(수사준칙17③ 참조).

(마) 영장청구 심의신청　　검사가 사법경찰관이 신청한 검증영장을 정당한 이유 없이 판사에게 청구하지 아니한 경우 사법경찰관은 그 검사 소속의 지방검찰청 소재지를 관할하는 고등검찰청에 영장 청구 여부에 대한 심의를 신청할 수 있다(법221의5①). 사법경찰관은 영장심의위원회에 출석하여 의견을 개진할 수 있다(동조②·④). 이 경우 영장심의위원회의 위원은 해당 업무에 전문성을 가진 중립적 외부 인사 중에서 위촉해야 하며, 영장심의위원회의 운영은 독립성·객관성·공정성이 보장되어야 한다(수사준칙44).

(2) 검사에 의한 변사자 검시

(가) 검 시　　변사자 또는 변사의 의심 있는 사체가 있는 때에는 그 소재지를 관할하는 지방검찰청 검사가 검시(檢視)하여야 한다(법222①). 검사는 형소법 제222조 제1항에 따

라 검시를 했을 경우에는 검시조서를 작성하여 사법경찰관에게 송부해야 한다(수사준칙17②). 검사와 사법경찰관은 형소법 제222조에 따라 변사자의 검시를 한 사건에 대해 사건 종결 전에 수사할 사항 등에 관하여 상호 의견을 제시·교환해야 한다(수사준칙17④).

(나) 영장 없는 검증   변사자 또는 변사의 의심 있는 사체에 대한 검시로 범죄의 혐의를 인정하고 긴급을 요할 때에는 검사는 영장 없이 검증할 수 있다(법222②). 검사는 형소법 제222조 제2항에 따라 영장 없이 검증을 했을 경우에는 검증조서를 작성하여 사법경찰관에게 송부해야 한다(수사준칙17②). 원래 수사상 검증에는 법관의 영장이 있어야 하지만 (법215) 그 대상이 사체라는 특수성과 수사의 긴급성 때문에 영장주의에 대한 예외가 인정되고 있다.

(다) 영장에 의한 검증   부검 등의 검증처분은 수사가 개시된 이후의 처분이므로 수사의 단서인 변사자 검시와 구별되며 검증영장에 의하여야 한다. 검사는 범죄수사에 필요한 때에는 피의자가 죄를 범하였다고 의심할 만한 정황이 있고 해당 사건과 관계가 있다고 인정할 수 있는 것에 한정하여 지방법원판사에게 청구하여 발부받은 영장에 의하여 검증을 할 수 있다 (법215①). 검사는 범행 중 또는 범행 직후의 범죄 장소에서 긴급을 요하여 법원판사의 영장을 받을 수 없는 때에는 영장 없이 검증을 할 수 있다. 이 경우에는 사후에 지체 없이 영장을 받아야 한다(법216③).

검사는 검증영장에 의하여 검증을 했을 경우에는 검증조서를 작성하여 사법경찰관에게 송부해야 한다(수사준칙17② 참조).

(3) 디엔에이 신원확인정보 조회

「디엔에이신원확인정보의 이용 및 보호에 관한 법률」에 기하여 검사 또는 사법경찰관은 변사자 신원확인을 위하여 디엔에이신원확인정보를 디엔에이신원확인정보담당자에게 요청할 수 있다. 이 경우 디엔에이신원확인정보담당자는 디엔에이신원확인정보 데이터베이스에서 디엔에이신원확인정보를 검색하거나 그 결과를 회보할 수 있다(동법11① ii).[1]

제4 고   소

1. 고소의 의의

고소란 범죄의 피해자 또는 그와 일정한 관계에 있는 고소권자가 수사기관에 범죄사실을

---

1) 후술 179면 참조.

신고하여 범인의 처벌을 원하는 의사표시이다. 고소는 피해자 등 고소권자가 행하는 의사표시라는 점에서 일반인이 하는 고발이나 범인이 하는 자수와 구별된다. 또 고소는 범인의 처벌을 원한다는 의사표시를 핵심요소로 한다는 점에서 단순한 범죄사실의 신고나 진정·탄원·투서 등과 구별된다.

원래 범죄사실을 수사하여 범인을 처벌하는 것은 형벌권의 행사로서 국가의 책무이며 사인(私人)이 관여할 바는 아니다. 사인의 고소는 수사기관에 대하여 범죄사실을 신고하고 범인의 처벌을 원한다는 의사표시이다. 고소는 어디까지나 수사단서의 하나에 그치며 원칙적으로 특별한 소송법적 의미를 갖지 않는다.

범인의 처벌을 원한다는 사인(私人)의 의사표시에 대해 법이 독자적인 의미를 부여하여 국가가 독점한 형사소추권에 일정한 제한을 가하는 경우가 있다. 우리 입법자는 국가가 형사소추권을 행사할 때 사인의 의사표시를 존중하는 방안으로 친고죄와 반의사불벌죄를 인정하고 있다.

2. 친 고 죄

친고죄란 피해자의 명예보호나 침해이익의 경미성을 감안하여 피해자가 처벌을 원한다는 의사표시를 할 때 비로소 공소를 제기할 수 있도록 한 범죄이다. 사자(死者)의 명예훼손죄(형법308, 312①), 모욕죄(형법311, 312①), 비밀침해죄(형법316, 318), 업무상 비밀누설죄(형법317, 318) 등이 여기에 해당한다. 2012년 형법 일부개정 시에 각종 성범죄에 대한 친고죄 규정이 폐지되었다.

특별법 가운데에는 「저작권법」(동법140① 본문), 「실용신안법」(동법45②), 「디자인보호법」(동법220②) 등의 위반죄가 친고죄로 주목된다. 「저작권법」상 저작재산권 침해범죄는 원칙적으로 친고죄이다. 그러나 영리를 목적으로 하거나 상습적으로 저작재산권 침해행위를 한 경우는 친고죄에서 제외된다(동법140① 본문·단서 참조). 「저작권법」은 양벌규정을 두고 있다(동법141). 양벌규정을 적용할 때에는 행위자인 법인의 대표자나 법인 또는 개인의 대리인·사용인 그 밖의 종업원을 기준으로 친고죄인지 여부를 판단해야 한다.[1]

친고죄의 고소는 보통 그 고소에 의하여 비로소 수사가 진행된다는 점에서 전형적인 수사단서로 파악되지만, 동시에 형사절차의 진행을 좌우하는 조건으로서 소송조건의 성질을 갖는다. 친고죄는 사자명예훼손죄나 모욕죄와 같이 신분관계의 유무를 묻지 않는 절대적 친고죄와 친족상도례(형법328②, 344, 354, 361, 365①)의 경우와 같이 일정한 신분자 사이에만 친고죄로

---

1) 2013. 9. 26. 2011도1435, 공 2013하, 2014, 『영화 불법 다운로드 사건』.

인정되는 상대적 친고죄로 나누어진다.

3. 반의사불벌죄

반의사불벌죄는 일단 국가기관이 수사절차와 공판절차를 독자적으로 진행할 수 있도록 하되 피해자가 처벌을 원하지 않는다는 명시적 의사표시를 하는 경우에 그 의사에 반하여 형사절차를 진행할 수 없도록 하는 범죄이다. 피해자에 대하여 신속한 피해배상을 촉진하고 가해자와 피해자 사이의 개인적 차원에서 이루어지는 분쟁해결을 존중하려는 취지에서 우리 입법자가 인정한 범죄유형이다.

형법의 경우 폭행죄(형법260① · ② · ③), 과실치상죄(형법266① · ②), 협박죄(형법283① · ② · ③), 명예훼손죄(형법307① · ②, 309① · ②, 312②) 등이 반의사불벌죄에 해당한다. 특별법 가운데에는 「교통사고처리특례법」 위반죄(동법3② 본문, 4① 본문), 「부정수표 단속법」 위반죄(동법2④), 「근로기준법」 위반죄(동법109②), 「특허법」 위반죄(동법225②) 등이 주요한 예이다. 「스토킹범죄의 처벌 등에 관한 법률」은 2021년 제정 당시 스토킹범죄를 반의사불벌죄로 규정하고 있었으나(구법18③) 2023년 개정을 통해 일반범죄로 전환되었다.

친고죄와 반의사불벌죄는 피해자의 의사가 소추조건이 된다는 점에서는 비슷하지만 소추조건으로 하는 이유 · 방법 · 효과는 같지 않다. 반의사불벌죄는 비교적 경미하고 주로 피해자 개인의 법익을 침해하는 범죄에 관하여 피해자의 의사 · 감정을 무시하면서까지 처벌할 필요가 없는 것 중 법익침해의 정도가 상대적으로 덜 경미하여 처벌의 필요성이 적지 않은데도 이를 친고죄로 하는 경우 피해자가 심리적 압박감이나 후환이 두려워 고소를 주저하여 법이 그 기능을 다하기 어려운 상황에 대비한 범죄유형이다.[1]

반의사불벌죄는 피해자에 대한 형사사법적인 보호를 확대하기 위한 것이다. 피고인 또는 피의자의 처벌 여부에 관한 피해자의 의사표시가 없는 경우 친고죄는 불처벌을, 반의사불벌죄는 처벌을 원칙으로 하도록 형사소송법이 달리 취급하는 것도 그 때문이다.[2]

반의사불벌죄는 친고죄와 달리 피해자의 고소가 없더라도 수사기관이 직접 인지하여 수사를 개시할 수 있다. 반의사불벌죄의 경우에는 범인이 피해자에게 죄를 자복(自服)하였을 때 형을 감경하거나 면제할 수 있다(형법52②).

---

[1] 2023. 7. 17. 2021도11126 전원합의체 판결, 공 2023하, 1598, 『자전거사고 식물인간 사건』.
[2] 2023. 7. 17. 2021도11126 전원합의체 판결, 공 2023하, 1598, 『자전거사고 식물인간 사건』.

4. 고소권자

(1) 범죄피해자

범죄로 인한 피해자는 고소할 수 있다(법223). 범죄의 피해자에게는 고소권 이외에 헌법상 재판절차진술권(헌법27⑤)과 범죄피해구조청구권(헌법30)이 보장되며, 검사의 불기소처분에 대한 검찰항고(검찰청법10)과 재정신청권(법260) 등이 인정된다.

또한 특별법상으로 범죄 피해자를 위하여 각종 보호장치가 마련되어 있다. 「소송촉진 등에 관한 특례법」은 배상명령신청권을 규정하고 있다(동법25 이하). 「범죄피해자 보호법」은 수사 및 재판 과정에서 형사절차상 피해자의 권리 및 범죄피해 구조금 지급 등 일정한 정보를 국가가 범죄피해자에게 제공하도록 하고 있다(동법8의2 참조). 한편 「특정범죄신고자 등 보호법」은 특정범죄(동법2 i 참조)에 관한 범죄신고자 등이나 그 친족 등이 보복을 당할 우려가 있는 경우에 여러 가지 보호조치를 제공하고 있다.

고소권이 인정되는 범죄의 피해자는 원칙적으로 법익의 직접적 귀속주체이어야 한다. 따라서 원칙적으로 개인적 법익을 침해하는 범죄의 경우에만 고소권이 발생할 수 있다. 간접적으로 법익이 침해되는 경우에는 고소권이 발생하지 않는다. 그러나 사회적 법익이나 국가적 법익을 침해하는 범죄의 경우라 하더라도 범죄의 수단이나 행위의 상대방이 된 사람은 피해자로서 고소권을 갖는다.[1] 간통죄(구형법241조)와 관련한 고소 제한규정(법229②)은 간통죄가 폐지됨에 따라 의미를 상실하였다. 조문의 정비를 요하는 부분이다.

고소권자인 범죄의 피해자는 자연인에 한정되지 않고 법인, 법인격 없는 사단 또는 재단도 포함한다. 법인 또는 단체가 피해자가 된 경우에는 법인 또는 단체의 대표자가 고소권을 행사한다.

고소를 함에는 고소능력이 있어야 한다. 고소능력이란 피해를 받은 사실을 이해하고 고소에 따른 사회생활상의 이해관계를 알아차릴 수 있는 사실상의 의사능력이다. 사실상의 의사능력으로 충분하므로 민법상의 행위능력이 없는 자라도 위와 같은 의사능력을 갖춘 자에게는 고소능력이 인정된다. 범행 당시 고소능력이 없던 피해자가 그 후에 비로소 고소능력이 생겼다면 그 고소기간은 고소능력이 생긴 때로부터 기산된다.[2]

(2) 법정대리인

피해자의 법정대리인은 독립하여 고소할 수 있다(법225①). 고소권은 일신전속적인 권리

---

1) 1993. 7. 29. 92헌마262, 헌집 5-2, 211, 『정당 플래카드 철거 사건』.
2) 2007. 10. 11. 2007도4962, 공 2007, 1790, 『생활지도원 상담 사건』.

로서 피해자가 이를 행사하는 것이 원칙이다. 그러나 형사소송법이 예외적으로 법정대리인으로 하여금 독립하여 고소권을 행사할 수 있도록 한 경우가 있다. 그 이유는 피해자가 고소권을 행사할 것을 기대하기 어려운 경우 피해자와 독립하여 고소권을 행사할 사람을 정하여 피해자를 보호하려는 데 있다.[1]

법원이 선임한 부재자 재산관리인이 그 관리대상인 부재자의 재산에 대한 범죄행위에 관하여 법원으로부터 고소권 행사에 관한 허가를 얻은 경우가 있다. 이러한 경우 부재자 재산관리인은 형사소송법 제225조 제1항에서 정한 법정대리인으로서 적법한 고소권자에 해당한다.[2] 피해자의 생모는 친권자로서 독립하여 고소할 수 있다. 모자관계는 가족관계등록부에 등록되어 있는지 여부와는 관계없이 자의 출생으로 법률상 당연히 생기는 것이기 때문이다.[3]

법정대리인의 고소권과 관련하여, '독립하여 고소할 수 있다'는 의미에 대해 독립대리권설과 고유권설이 대립하고 있다. 독립대리권설의 입장에서는 피해자의 고소권이란 원래 일신전속적인 성질을 갖는다는 점과 친고죄 및 반의사불벌죄에서 법률관계의 불안정을 피해야 한다는 점을 강조한다. 그리하여 일단 피해자의 고소권이 소멸하면 피해자의 대리인인 법정대리인의 고소권도 소멸된다고 본다. 또한 같은 이유에서 피해자 본인은 법정대리인이 한 고소를 취소할 수 있다고 새긴다.

고유권설의 입장에서는 법정대리인의 고소권은 제한능력자 등의 보호를 위하여 법정대리인에게 특별히 부여된 고유권이라고 본다. 불기소처분이나 공소기각판결과 같이 중요한 소송법적 효과를 발생시키는 고소권의 행사를 제한능력자의 판단에만 맡길 수 없다는 것이다. 그리하여 피해자 본인의 고소권 소멸에 관계없이 법정대리인은 고소권을 행사할 수 있으며, 그의 고소기간은 법정대리인 자신이 범인을 알게 된 날로부터 진행한다고 본다. 같은 이유에서 피해자 본인은 법정대리인의 고소를 취소할 수 없다고 본다. 판례는 고유권설을 취하고 있다.[4]

(3) 피해자의 친족 등

피해자가 사망한 때에는 그 배우자, 직계친족 또는 형제자매가 고소할 수 있다(법225② 본문). 예컨대 모욕죄(형법311, 312①)에 있어서 고소권자인 피해자가 사망한 경우에 그의 배우자, 직계친족 또는 형제자매가 고소하는 경우가 여기에 해당한다. 그러나 이 경우 배우자 등은 피

---

1) 2022. 5. 26. 2021도2488, 공 2022하, 1318, 『부재자 재산관리인 고소허가 사건』.
2) 2022. 5. 26. 2021도2488, 공 2022하, 1318, 『부재자 재산관리인 고소허가 사건』.
3) 1987. 9. 22. 87도1707, 공 1987, 1681, 『철들어 고소 사건』.
4) 1999. 12. 24. 99도3784, 공 2000, 357, 『아버지의 고소 사건』.

해자의 명시한 의사에 반하여 고소하지 못한다(법225② 단서).

친족 등의 고소권을 고유권이라고 보는 견해가 있으나, 피해자의 명시한 의사에 반하지 못한다는 규정에 비추어 볼 때 독립대리권으로 볼 것이다. 다만 피해자가 명시한 의사를 표시하지 아니하고 사망한 경우에는 사실상 고유권에 준하는 성질을 가지게 될 것이다. 판례는 독립대리권설을 취하고 있다.[1]

피해자의 친족은 (가) 피해자의 법정대리인이 피의자이거나, (나) 법정대리인의 친족이 피의자인 때에는 독립하여 고소할 수 있다(법226).

사자(死者)의 명예를 훼손한 범죄에 대하여는 그 친족 또는 자손은 고소할 수 있다(법227). 이 경우는 친족이나 자손이 피해자의 고소권을 대리행사하는 것이 아니라 사자에 대한 명예훼손죄(형법308)의 특수성에 기하여 고유권으로서 고소권을 행사하는 것이다. 사망자의 고소권행사란 생각할 수 없기 때문이다.

친고죄에 대하여 고소할 자가 없는 경우에 이해관계인의 신청이 있으면 검사는 10일 이내에 고소할 수 있는 자를 지정하여야 한다(법228). 고소할 자가 없게 된 사유는 묻지 않으며, 이해관계는 법률상의 사유와 사실상의 사유를 모두 포함한다. 그러나 단순한 감정상의 사유는 여기에 해당하지 않는다.

5. 고소의 제한

고소권 있는 자라 할지라도 여러 가지 정책적 고려에 의하여 고소권 행사가 제한되는 경우가 있다. 자기 또는 배우자의 직계존속은 고소하지 못한다(법224). 이는 효(孝)라는 우리 고유의 전통규범을 수호하기 위한 제한이다.[2] 그러나 피해자가 제한능력자인 경우에 피해자의 친족이 독립하여 법정대리인을 고소할 수 있는 것은 별개의 문제이다(법226 참조).

형소법 제224조의 제한에도 불구하고 특별법에 의하여 자기 또는 배우자의 직계존속을 고소할 수 있는 경우가 있다. 「가정폭력범죄의 처벌 등에 관한 특례법」에 의하여 가정폭력범죄로 분류된 범죄(동법2ⅲ)의 경우에는 자기 또는 배우자의 직계존속을 고소할 수 있다. 법정대리인이 고소하는 경우에도 또한 같다(동법6②).

「성폭력범죄의 처벌 등에 관한 특례법」은 성폭력범죄(동법2)의 경우 자기 또는 배우자의 직계존속을 고소할 수 있다고 규정하고 있으나(동법18) 2012년 말 각종 성범죄가 비친고죄로 전환됨에 따라 친고죄 고소로서의 성질은 그 의미를 잃게 되었다.

---

1) 1955. 6. 28. 4288형상109, 집 2-4, 형26, 『월남 처녀 자살 사건』.
2) 2011. 2. 24. 2008헌바56, 헌집 23-1상, 12, 『형소법 224조 합헌 사건』.

6. 고소기간

(1) 고소기간의 의의

친고죄에 대하여는 범인을 알게 된 날부터 6개월을 경과하면 고소하지 못하는 것이 원칙이다(법230① 본문). 친고죄의 고소기간 제한은 형벌권의 행사가 처벌을 원한다는 사인의 의사표시 유무에 의하여 장기간 좌우되는 폐단을 방지하기 위하여 마련된 것이다. 그러나 비친고죄 고소의 경우에는 고소기간에 제한이 없다. 이 경우는 처벌을 원한다는 의사표시라기보다 단순히 범죄사실의 신고라는 측면에서 수사단서로서의 의미를 가질 뿐이기 때문이다.

친고죄에 있어서 고소기간의 시기(始期)는 원칙적으로 범인을 알게 된 날이다(법230① 본문). '범인을 알게 된 날'이란 범죄행위가 종료된 후에 범인을 알게 된 날을 가리킨다. 고소권자가 범죄행위가 계속되는 도중에 범인을 알았다 하여도, 그 날부터 곧바로 친고죄의 고소기간이 진행된다고는 볼 수 없다. 이러한 경우 고소기간은 범죄행위가 종료된 때부터 계산해야 한다. 동종행위의 반복이 당연히 예상되는 영업범 등 포괄일죄의 경우에는 최후의 범죄행위가 종료한 때에 전체 범죄행위가 종료된 것으로 보아야 한다.[1]

범인에는 정범뿐만 아니라 교사범과 방조범도 포함된다. 단순히 범죄사실을 알게 된 것만으로는 부족하고 범인까지도 알아야 한다. 범인이 누구인가를 특정할 수 있을 정도로 알면 족하고 범인의 주소, 성명 기타 인적 사항까지 알아야 할 필요는 없다.

법정대리인(법225①)의 고소기간은 법정대리인 자신이 범인을 알게 된 날부터 진행한다. 이에 대해 대리인(법236)에 의한 고소의 경우에는 대리고소인이 아니라 정당한 고소권자를 기준으로 고소권자가 범인을 알게 된 날로부터 고소기간을 기산한다.[2] 고소할 수 있는 자가 여러 사람인 경우에 한 사람의 기간의 해태(懈怠)는 타인의 고소에 영향을 미치지 않는다(법231).

(2) 고소기간의 정지

친고죄의 고소기간은 고소할 수 없는 불가항력의 사유가 있을 때에는 진행되지 않는다. 이 경우에는 그 사유가 없어진 날부터 고소기간을 기산한다(법230① 단서).

친고죄 고소기간의 정지사유인 불가항력의 사유는 객관적 사유를 말한다. 단순히 해고될 것이 두려워 고소를 하지 않는 경우와 같은 사유는 여기에 해당하지 않는다. 피해자가 범행을 당할 때에는 나이가 어려서 고소능력이 없었다가 그 후에 비로소 고소능력이 생겼다면 고소

---

1) 2004. 10. 28. 2004도5014, 공 2004, 1992, 『위사감지기 실용신안권 사건』.
2) 2001. 9. 4. 2001도3081, 공 2001, 2206, 『할머니의 고소 사건』.

기간은 고소능력이 생긴 때로부터 기산된다.[1]

7. 고소의 방식

(1) 고소능력

고소는 범인의 처벌을 원한다는 피해자의 의사표시를 내용에 담고 있다. 고소를 함에는 소송행위능력이 있어야 한다. 고소할 수 있는 소송행위능력을 고소능력이라고 한다. 고소능력은 피해를 받은 사실을 이해하고 고소에 따른 사회생활상의 이해관계를 알아차릴 수 있는 사실상의 의사능력으로 충분하다. 민법상의 행위능력이 없는 사람이라도 이러한 능력을 갖춘 사람이면 고소능력이 인정된다.[2]

소송능력에 관한 일반원칙에 따라 의사능력 있는 피해자는 단독으로 고소를 할 수 있다. 미성년자 피해자의 경우 고소에 법정대리인의 동의가 있어야 한다거나 법정대리인에 의해 고소가 대리되어야 하는 것은 아니다.[3]

(2) 고소의 방식과 상대방

고소는 검사 또는 사법경찰관에게 하여야 한다(법237①). 다만, 2020년 검경 수사권 조정에 의하여 검사가 직접 수사를 개시할 수 있는 범죄의 범위가 제한되었다(검찰청법4① i 단서). 검사는 직접 수사를 개시할 수 있는 범죄가 아닌 범죄에 대한 고소·고발·진정 등이 접수된 때에는 사건을 검찰청 외의 수사기관에 이송해야 한다(수사준칙18① i).

고소는 검사 또는 사법경찰관에게 하여야 한다(법237①). 피해자가 피고인을 심리하고 있는 법원에 대해 범죄사실을 적시하고 피고인을 처벌하여 줄 것을 요구하는 내용의 의사표시를 하였다 하더라도 이는 고소로서의 효력이 없다.[4]

고소는 서면 또는 구술로써 하여야 한다(법237①). 검사 또는 사법경찰관이 구술에 의한 고소를 받은 때에는 조서를 작성하여야 한다(법237②). 그 조서는 독립된 조서일 필요는 없다. 수사기관이 고소권자를 증인 또는 피해자로서 신문한 경우에 그 진술에 범인의 처벌을 요구하는 의사표시가 포함되어 있고 그 의사표시가 조서에 기재되었다면 고소는 적법하게 이루어진 것이다.[5]

---

1) 2007. 10. 11. 2007도4962, 공 2007, 1790, 『생활지도원 상담 사건』.
2) 2011. 6. 24. 2011도4451, 공 2011하, 1509, 『편의점 앞 여아 사건』.
3) 2009. 11. 19. 2009도6058 전원합의체 판결, 공 2009하, 2129, 『법정대리인 동의 논란 사건』.
4) 1984. 6. 26. 84도709, 공 1984, 1330, 『엄벌요구 진정서 사건』.
5) 2011. 6. 24. 2011도4451, 공 2011하, 1509, 『편의점 앞 여아 사건』.

친고죄의 고소 유무는 불기소처분이나 공소기각판결 등 소송법상 중요한 효과를 발생시키게 되므로 범인의 처벌을 원한다는 의사표시는 고소장이나 조서에 직접 표시되어야 한다. 따라서 전화나 전보 또는 팩시밀리에 의한 고소는 조서가 작성되지 않는 한 유효한 고소라고 볼 수 없다. 사법경찰관이 고소를 받은 때에는 신속히 조사하여 관계서류와 증거물을 검사에게 송부하여야 한다(법238).

(3) 고소의 특정과 효력범위

고소는 고소권자가 수사기관에 범죄사실을 신고하여 범인의 처벌을 원하는 의사표시이므로 범죄사실 등이 구체적으로 특정되어야 한다. 그러나 그 특정의 정도는 고소인의 의사가 수사기관에 대해 일정한 범죄사실을 지정·신고하여 범인의 소추·처벌을 원하는 의사표시가 있었다고 볼 수 있으면 족하다. 고소인은 범죄사실을 특정하여 신고하면 족하고 범인이 누구인지, 나아가 범인 중 처벌을 구하는 자가 누구인지를 적시할 필요가 없다.[1]

양벌규정은 직접 위법행위를 한 행위자 이외에 그 업무의 사업주를 처벌하도록 하는 규정으로서 당해 위법행위와 별개의 범죄를 규정한 것이 아니다. 친고죄의 경우에도 직접 행위자의 범죄에 대한 고소가 있으면 족하다. 양벌규정에 의하여 처벌받는 사업주에 대하여 별도의 고소를 요하지 않는다.[2]

(4) 고소의 대리

(가) 일반적 고소대리   고소는 대리인으로 하여금 하게 할 수 있다(법236). 대리인에 의한 고소의 경우, 대리권이 정당한 고소권자에 의하여 수여되었음이 실질적으로 증명되면 충분하고, 그 방식에 특별한 제한은 없다. 그러므로 고소를 할 때 반드시 위임장을 제출한다거나 '대리'라는 표시를 하여야 하는 것은 아니다.[3]

고소대리의 범위에 관하여는 의사대리설과 표시대리설이 대립하고 있다. 의사대리설의 입장에서는 형사소송법이 명문으로 고소의 대리를 허용하고 있다는 점을 중시하여 처벌을 원한다는 의사표시의 전달을 대리하는 표시대리뿐만 아니라 처벌을 원한다는 의사표시의 결정 자체를 대리하는 의사대리까지도 고소대리에 포함된다고 본다.

표시대리설의 입장에서는 친고죄가 처벌을 원한다는 사인의 의사표시가 예외적으로 국가의 형사소추권 행사에 영향을 미치는 경우라는 점에 주목하여 고소의 대리는 표시대리에 한

---

1) 1996. 3. 12. 94도2423, 공 1996, 1321, 『회계법인 총서 사건』.
2) 1996. 3. 12. 94도2423, 공 1996, 1321, 『회계법인 총서 사건』.
3) 2001. 9. 4. 2001도3081, 공 2001, 2206, 『할머니의 고소 사건』.

정되며 처벌을 원한다는 의사표시의 결정 자체를 대리하는 의사대리는 포함하지 않는다고 본다. 판례는 표시대리설의 입장이다.[1]

(나) 피해자 변호사   특별법에 의하여 피해자에게 변호사가 선임되거나 국선변호사가 선정되는 경우가 있다.[2]「성폭력범죄의 처벌 등에 관한 특례법」(성폭력처벌법)에 따르면 성폭력범죄의 피해자 및 그 법정대리인은 형사절차상 입을 수 있는 피해를 방어하고 법률적 조력을 보장하기 위하여 변호사를 선임할 수 있다(동법27①). 검사는 피해자에게 변호사가 없는 경우 국선변호사를 선정하여 형사절차에서 피해자의 권익을 보호할 수 있다(동조⑥).

「아동·청소년의 성보호에 관한 법률」(동법30), 「아동학대범죄의 처벌 등에 관한 특례법」(동법16) 등은 성폭력처벌법 제27조를 준용하여 범죄피해자에 대해 피해자 변호사제도를 도입하고 있다. 입법자는 「스토킹범죄의 처벌 등에 관한 법률」 제17조의4를 신설하여 2024년부터 스토킹범죄에 대해서도 피해자 변호사제도를 도입하였다.

피해자의 변호사는 형사절차에서 피해자 및 그 법정대리인의 대리가 허용될 수 있는 모든 소송행위에 대한 포괄적인 대리권을 가진다(성폭력처벌법27⑤, 스토킹처벌법17의4⑤). 따라서 피해자의 변호사는 처벌을 원한다는 의사표시의 결정 자체를 포함하여 피해자를 대리하여 고소할 수 있다.[3]

(5) 고소의 조건

고소에 조건을 붙일 수 있는가 하는 문제가 있다. 소송의 진행에 영향을 주지 않는 범위 내에서 그 효력을 부정할 이유가 없다고 보는 견해도 생각할 수 있다. 그러나 이해관계인이 다수 관여하고 있는 형사절차에서 절차의 명확성을 꾀할 필요가 있다는 점과 사인의 의사표시가 국가의 형사소추권 행사를 지나치게 좌우해서는 안 된다는 점을 감안할 때 조건부 고소는 허용되지 않는다고 본다.

판례 또한 조건부 고소를 불허하는 입장이다. 고소불가분의 원칙(법233)에 따를 때 공범 중 일부에 대해서만 처벌을 구하고 나머지에 대하여는 처벌을 원하지 않는다는 내용의 고소는 적법한 고소라고 할 수 없다.[4]

---

1) 2010. 11. 11. 2010도11550, 공 2010하, 2299, 『피고인 처 합의서 사건』.
2) 전술 87면 참조.
3) 2019. 12. 13. 2019도10678, 공 2020상, 297, 『피해자 국선변호사 고소취소 사건』.
4) 2009. 1. 30. 2008도7462, [미간행], 『나이키 포스터 현수막 사건』.

8. 고소불가분의 원칙

(1) 의 의

고소의 효력은 일정한 범위에서 불가분이라는 원칙을 고소불가분의 원칙이라고 한다. 형사소송법 제233조는 "친고죄의 공범 중 그 1인 또는 수인에 대한 고소 또는 그 취소는 다른 공범자에 대하여도 효력이 있다."고 규정하여 고소불가분의 원칙을 주관적인 측면에서 명문으로 인정하고 있다.

원래 고소는 수사기관에 범죄사실을 신고하여 범인의 처벌을 원한다는 의사표시이며 소송행위로서의 성질을 갖는다. 원칙적으로 소송행위는 당해 형사사건의 단일성을 단위로 하여 그 효력범위가 결정된다. 사건단위의 결정은 주관적으로는 피의자·피고인의 수를 기준으로 하고, 객관적으로는 죄수론상의 과형상 일죄를 기준으로 하여 이루어진다. 이때 1인의 피의자·피고인과 1개의 과형상 일죄를 기준으로 하여 결정되는 사건의 단위를 사건의 단일성이라고 한다.

그런데 형사소송법은 친고죄의 특수성을 고려하여 고소의 효력이 미치는 범위에 관하여 일정한 수정을 가하고 있다. 즉 친고죄의 공범 중 그 1인 또는 수인에 대한 고소 또는 그 취소는 다른 공범자에 대하여도 효력이 있다고 규정한 고소불가분의 원칙(법233)이 그것이다. 고소불가분의 효력이 미치는 범위는 주관적 측면과 객관적 측면에서 이를 검토해 볼 필요가 있다.

(2) 고소의 객관적 효력범위

친고죄의 고소가 영향을 미치는 객관적 범위는 기본적으로 죄수론상의 일죄를 기준으로 결정된다. 객관적 측면의 경우에는 원칙적으로 통상적인 소송행위와 친고죄의 고소 사이에 차이가 없기 때문에 우리 형사소송법은 이 부분에 대하여 특별한 규정을 두고 있지 않다. 다만 피해자의 의사를 존중한다는 친고죄의 특수성에 따라서 이론상 약간의 수정이 필요한 경우가 있다. 고소의 객관적 불가분의 원칙은 단순일죄, 과형상 일죄, 과형상 수죄의 경우로 나누어 고찰할 필요가 있다.

(가) 단순일죄   단순일죄의 경우에는 일부사실에 대한 고소가 있더라도 그 효력이 전부에 미친다. 예컨대 여러 개의 「저작권법」 위반행위가 포괄일죄의 관계에 있는 경우에 일부의 행위만을 고소하였더라도 그 고소는 포괄일죄의 관계에 있는 행위 전부에 미친다.[1]

(나) 과형상 일죄   과형상 일죄의 경우에는 친고죄의 특수성에 비추어 경우를 세 가지

---

1) 2009. 1. 30. 2008도7462, [미간행], 『나이키 포스터 현수막 사건』.

로 나누어서 검토하여야 한다.

첫째로, 과형상 일죄의 구성부분들이 모두 친고죄이고 피해자가 동일한 경우가 있다. 예컨대 동일 피해자에 대한 「저작권법」 위반죄와 모욕죄가 상상적으로 경합(형법40)하는 경우를 생각해 본다. 이 경우에는 과형상 일죄의 일부에 대한 고소는 전체 범죄에 효력이 미친다. 즉 모욕죄에 대한 고소는 「저작권법」 위반죄에 대한 고소로서도 효력이 있다.

둘째로, 동일한 피해자에 대한 관계에서 과형상 일죄의 일부분만이 친고죄이고 나머지 부분은 친고죄가 아닌 경우가 있다. 예컨대 동일한 피해자에 대한 모욕죄(형법311, 312①)와 감금죄(형법276①)가 상상적으로 경합하는 경우를 생각해 본다. 이 경우 비친고죄에 대한 고소는 친고죄에 대하여 효력이 미치지 않는다. 역으로 친고죄에 대한 고소의 취소는 비친고죄에 대하여 효력이 없다. 처벌을 원한다는 피해자의 의사표시는 친고죄 부분에 대해서만 효력이 있기 때문이다.

셋째로, 과형상 일죄의 각 부분이 모두 친고죄이지만 피해자가 서로 다른 경우가 있다. 예컨대 갑이 하나의 문서로서 A, B, C 세 사람에 대하여 모욕죄를 범하는 사례가 여기에 해당한다. 이때 A가 행한 고소는 갑의 B 또는 C에 대한 모욕죄 부분에 대하여 효력이 없다. 친고죄에서는 처벌을 원한다는 개별 피해자의 의사표시가 중요하기 때문이다.

(다) 과형상 수죄   형법상 실체적 경합관계(형법37)에 있는 여러 개의 범죄사실은 과형상 수죄에 해당한다. 과형상 수죄는 소송법상 여러 개의 사건이다. 따라서 과형상 수죄의 일부 범죄사실에 대한 고소가 있거나 또는 그에 대한 고소가 취소되더라도 그 효과는 실체적 경합관계에 있는 다른 범죄사실에 미치지 않는다.

(3) 고소의 주관적 효력범위

형사소송법은 고소불가분의 원칙에 관하여 그 주관적 효력범위를 명시하고 있다(법233). 주관적 고소불가분의 원칙은 절대적 친고죄와 상대적 친고죄로 경우를 나누어 검토해야 한다.

(가) 절대적 친고죄   절대적 친고죄의 경우에 친고죄의 공범 중 그 1인 또는 수인에 대한 고소는 다른 공범자에 대하여도 효력이 있다(법233). 이때 공범은 형법총칙상의 임의적 공범[1]뿐만 아니라 필요적 공범도 포함한다.

절대적 친고죄의 경우에 고소의 효력은 필요적 공범에게도 미친다. 이 점과 구별되는 것으로 공소시효의 정지가 있다. 공소시효는 검사의 공소제기로 진행이 정지된다(법253①). 공범의 1인에 대한 공소제기로 발생하는 공소시효의 정지는 다른 공범자에 대하여도 효력이 미친

---

1) 2015. 11. 17. 2013도7987, 공 2015하, 1968, 『개정전 강제추행 고소취소 사건』.

다(동조②). 판례는 공소시효 정지와 관련한 공범자에는 필요적 공범이 포함되지 않는다는 입장을 취하고 있다.[1]

고소의 주관적 불가분의 원칙은 (가) 친고죄의 고소가 원래 범죄사실에 대한 형사소추권의 발동을 촉구하는 취지를 가지고 있어서 범죄사실의 획일적 규명이 필요하다는 점과 (나) 고소권자의 의사 여하에 따라서 국가의 형벌권 행사가 지나치게 좌우되는 일이 없어야 한다는 점에서 인정된 기준이다. 고소의 주관적 불가분의 원칙상 친고죄의 공범 중 일부에 대하여만 처벌을 구하고 나머지에 대하여는 처벌을 원하지 않는 내용의 고소는 적법한 고소가 될 수 없다.[2]

(나) 상대적 친고죄   친족상도례(형법328②, 344, 354, 361, 365①)와 같이 범인과 피해자 사이에 일정한 신분관계가 있는 경우에 한하여 친고죄로 되는 것이 상대적 친고죄이다.[3] 상대적 친고죄의 경우에는 신분관계 있는 자만을 기준으로 고소의 효력을 결정한다. 친족상도례가 적용되는 친족의 범위는 민법의 규정에 의한다. 범인과 피해자가 사돈지간인 경우는 민법상 친족에 해당하지 않는다.[4]

상대적 친고죄의 경우에 비신분자에 대한 고소가 있더라도 신분자에 대하여는 효력이 발생하지 않는다. 역으로 신분관계 있는 자에 대한 고소취소는 비신분자에 대하여 효력이 없다. 그러나 친족상도례의 관계를 이루는 여러 사람의 친족이 공범인 경우에는 한 사람의 친족에 대한 고소 또는 고소취소는 공범자인 다른 친족에 대하여도 효력이 있다.

9. 고소의 취소

(1) 의 의

고소는 제1심 판결선고 전까지 취소할 수 있다(법232①). 고소취소의 형태는 (가) 친고죄의 경우에 이미 행한 고소를 철회하는 경우(법327 v), (나) 반의사불벌죄의 경우에 이미 한 고소를 철회하는 경우(법327 vi 후단) 및 (다) 고소 없이 수사가 진행된 반의사불벌죄에 있어서 적극적으로 처벌을 원하지 않는다는 의사표시를 하는 경우(법327 vi 전단)로 각각 나타난다. (다)의 경우는 처음부터 고소가 없었으므로 '고소취소'라는 표현을 사용할 수 없으

---

1) 2015. 2. 12. 2012도4842, 공 2015상, 500, 『체비지 담당공무원 뇌물 사건』.

2) 2009. 1. 30. 2008도7462, [미간행], 『나이키 포스터 현수막 사건』.

3) 친족상도례 가운데 형의 면제를 규정한 형법 제328조 제1항 부분은 2024. 6. 27. 헌법재판소에 의하여 헌법불합치로 판단되었다. 법원 기타 국가기관 및 지방자치단체는 2025. 12. 31.을 시한으로 입법자가 개정할 때까지 형법 제328조 제1항의 적용을 중지하여야 한다. 2024. 6. 27. 2020헌마468, 헌공 333, 1182, 『형법 328조 1항 헌법불합치 사건』.

4) 2011. 4. 28. 2011도2170, 공 2011상, 1115, 『사돈간 사기 사건』.

나 처벌불원의 의사표시가 적극적으로 표시된다는 점에서 '고소취소'에 포함시켜 검토하기로 한다.

고소취소(처벌불원 의사표시)는 친고죄는 물론 반의사불벌죄의 경우에도 불기소처분의 사유 또는 공소기각판결의 사유로 되어 중요한 의미를 갖는다. 이는 국가소추주의(법246)를 취하고 있는 우리 법질서가 사인의 형사사법절차에 대한 개입을 예외적으로 인정한 것이다.

고소취소는 피해자가 가해자와 합의할 때 이루어지는 경우가 많다. 2020년 입법자는 「공탁법」을 개정하여 형사공탁 제도를 도입하였다. 형사공탁이란 형사사건의 피고인이 법령 등에 따라 피해자의 인적사항을 알 수 없는 경우에 그 피해자를 위하여 하는 변제공탁을 말한다(공탁법5의2①). 형사사건의 경우 민사와 달리 피공탁자가 범죄피해자라는 특성 때문에 피공탁자의 인적사항을 확인하기 어려운 경우가 많아 공탁을 하지 못하는 상황이 발생하였고, 이에 따라 피고인은 불법적인 수단을 동원하여 피해자의 인적사항을 알아내고 해당 피해자를 찾아가 합의를 종용하고 협박하는 등의 문제가 발생하였다. 형사공탁은 이러한 상황에 대처하기 위하여 마련된 장치이다. 형사공탁은 해당 형사사건이 계속 중인 법원 소재지의 공탁소에 할 수 있다(동항).

고소권자가 비친고죄로 고소한 사건이더라도 검사가 사건을 친고죄로 구성하여 공소를 제기하였다면, 공소장 변경절차를 거쳐 공소사실이 비친고죄로 변경되지 아니하는 한, 친고죄로서 고소취소의 대상이 된다. 법원은 검사가 공소를 제기한 범죄사실을 심판하는 것이지 고소권자가 고소한 내용을 심판하는 것이 아니기 때문이다.[1]

고소취소는 범인의 처벌을 원한다는 의사표시를 철회하는 법률행위적 소송행위이다. 친고죄나 반의사불벌죄에서 피해자가 처벌을 원하지 아니하는 의사표시를 하거나 처벌을 원한다는 기존의 의사표시를 철회할 때에는 피해자의 진실한 의사가 명백하고 믿을 수 있는 방법으로 표명되어야 한다.[2]

우리 형사소송법은 범인과 피해자 사이의 사적 분쟁해결이 원만하게 이루어지도록 고소취소를 인정하면서도, 국가의 형사소추권이 지나치게 오랫동안 사인(私人)의 의사표시에 좌우되는 것을 막기 위하여 고소취소를 제1심 판결선고 전까지로 제한하고 있다(법232①).

(2) 고소취소권자

(가) 성인 피해자의 고소취소   고소를 취소할 수 있는 자는 원칙적으로 범인의 처벌을 원한다는 의사표시를 한 자, 즉 고소를 한 자이다. 고소권자의 고소권이 고유권인가 독립대리

---

1) 2015. 11. 17. 2013도7987, 공 2015하, 1968, 『개정전 강제추행 고소취소 사건』.
2) 2010. 11. 11. 2010도11550, 공 2010하, 2299, 『피고인 처 합의서 사건』.

권인가는 묻지 않는다.

고유의 고소권자가 행한 고소는 대리권에 근거하여 고소한 자가 취소할 수 없다. 고소인이 아닌 피해자의 부는 고소인이 아니므로 대리권의 수권 없이는 고소를 취소할 수 없다.[1] 역으로 대리권에 기초하여 고소한 자의 고소는 고유의 고소권자가 이를 취소할 수 있다(법225 ② 단서 참조).

(나) 미성년자 피해자의 고소취소   고소취소를 둘러싸고 미성년 피해자와 법정대리인의 관계가 문제된다. 소송능력 있는 미성년자는 피해자 단독으로 고소취소를 할 수 있다고 보는 견해(단독취소설), 소송능력이 있더라도 미성년자 피해자는 법정대리인의 동의를 얻어야 고소취소를 할 수 있다고 보는 견해(동의취소설)를 생각할 수 있다. 판례는 단독취소설을 취하고 있다.[2]

(다) 성년후견인의 고소취소   반의사불벌죄에서 성년후견인은 명문의 규정이 없는 한 의사무능력자인 피해자를 대리하여 피고인 또는 피의자에 대하여 처벌을 희망하지 않는다는 의사를 결정하거나 처벌을 희망하는 의사표시를 철회하는 행위를 할 수 없다. 이는 성년후견인의 법정대리권 범위에 통상적인 소송행위가 포함되어 있거나 성년후견개시심판에서 정하는 바에 따라 성년후견인이 소송행위를 할 때 가정법원의 허가를 얻었더라도 마찬가지이다.[3]

(3) 고소취소의 가능시점

고소는 제1심 판결선고 전까지 취소할 수 있다(법232①). 제1심판결이 선고된 이후에는 고소가 취소되더라도 고소취소로서의 효력이 발생하지 않는다. 법원은 처벌을 원한다는 피해자의 의사표시가 적법하게 철회되었는지를 직권으로 조사하여 판단해야 한다.[4]

고소취소가 가능한 제1심 판결선고의 시점은 형식적·획일적으로 판단되어야 한다. 사인의 의사표시가 국가의 형벌권 행사를 지나치게 좌우하는 일이 없도록 하기 위함이다. 따라서 항소심에서 비로소 친고죄임이 판명된 경우 또는 항소심에서 비로소 반의사불벌죄로 공소장이 변경된 경우라 하더라도 고소취소는 인정되지 않는다.

항소심 또는 상고심에서 제1심의 공소기각판결이 법률에 위배됨을 이유로 이를 파기하고 사건을 제1심법원에 환송함에 따라 다시 제1심절차가 진행된 경우에 종전의 제1심판결

---

1) 1969. 4. 29. 69도376, 집17(2), 형21, 『피해자 사망 후 고소취소 사건』.
2) 2009. 11. 19. 2009도6058 전원합의체 판결, 공 2009하, 2129, 『법정대리인 동의 논란 사건』.
3) 2023. 7. 17. 2021도11126 전원합의체 판결 다수의견, 공 2023하, 1598, 『식물인간 보호자 고소취소 사건』.
4) 2019. 12. 13. 2019도10678, 공 2020상, 297, 『피해자 국선변호사 고소취소 사건』.

은 이미 파기되었으므로 그 효력이 상실된다. 그러므로 환송 후 제1심판결 선고 전의 단계는 고소취소의 제한사유인 '제1심 판결의 선고'가 없는 경우에 해당한다. 환송 후 제1심 판결 선고 전에 친고죄의 고소가 취소되면 환송받은 제1심법원은 공소기각판결(법327 v)을 선고해야 한다.[1]

제1심법원이 반의사불벌죄로 기소된 피고인에 대하여 「소송촉진 등에 관한 특례법」(소송촉진법) 제23조에 따라 피고인의 진술 없이 유죄를 선고하여 판결이 확정되는 경우가 있다. 이때 피고인은 책임을 질 수 없는 사유로 공판절차에 출석할 수 없었음을 이유로 소송촉진법 제23조의2에 따라 제1심법원에 재심을 청구할 수 있다. 이 청구에 대해 재심개시결정이 내려졌다면 피해자는 그 재심의 제1심판결 선고 전까지 처벌을 원한다는 의사표시를 철회할 수 있다.[2] 재심개시결정에 의하여 종전 제1심판결의 효력이 유보된 상태에서 재심심판법원이 제1심의 심급에 따라 다시 심판을 하기 때문이다(법438①).

그러나 피고인이 제1심법원에 소송촉진법 제23조의2에 따른 재심을 청구하는 대신에 항소권회복청구(법346①)와 동시에 항소를 함으로써(동조③) 항소심 재판을 받게 되었다면 항소심을 제1심이라고 할 수 없는 이상 그 항소심절차에서는 처벌을 원한다는 의사표시를 철회할 수 없다.[3]

(4) 고소취소의 방식과 처리

고소취소의 방식은 원칙적으로 고소의 경우와 같다(법239). 수사단계에서 고소취소는 사법경찰관 또는 검사에게 해야 한다(법239, 237①). 사법경찰관이 고소취소를 받은 때에는 신속히 조사하여 관계서류와 증거물을 검사에게 송부하여야 한다(법239, 238). 공소제기 이후의 고소취소는 수소법원에 대해서만 할 수 있다. 공판절차의 종결 여부는 수소법원이 판단하기 때문이다.

고소의 취소는 서면 또는 구술로써 하여야 한다(법239, 237①). 고소취소는 피해자의 진실한 의사가 명백하고 믿을 수 있는 방법으로 표명되어야 한다.[4] 구술에 의한 고소취소의 경우에는 조서를 작성하여야 한다(법239, 237②). 검사가 참고인진술조서를 작성할 때 고소취소의 진술이 있었다면 그 고소취소는 유효하다.

고소취소는 처벌을 원하지 않는다는 의사표시로서 법률행위적 소송행위이며, 수사 단계에

---

1) 2011. 8. 25. 2009도9112, 공 2011하, 1975, 『환송 후 고소취소 사건』 참조.
2) 2016. 11. 25. 2016도9470, 공 2017상, 63, 『재심청구 대신 항소권회복청구 사건』.
3) 2016. 11. 25. 2016도9470, 공 2017상, 63, 『재심청구 대신 항소권회복청구 사건』.
4) 2010. 11. 11. 2010도11550, 공 2010하, 2299, 『피고인 처 합의서 사건』.

서는 수사기관에, 공소제기 이후에는 법원에 대하여 이루어져야 한다. 범인과 피해자 사이의 합의서 작성만으로는 아직 고소의 취소라고 할 수 없다. 형식상 합의서가 제출되었더라도 고소인이 제1심에서 고소취소의 의사가 없다고 증언하였다면 이 합의서의 제출만으로 고소취소의 효력은 발생하지 않는다.

(5) 고소취소의 대리

(가) 표시대리   고소취소는 대리인으로 하여금 하게 할 수 있다(법236). 이 경우 처벌을 원한다는 의사표시의 철회는 고소권자 본인의 의사에 의해야 하며, 대리인은 단지 표시대리만 할 수 있을 뿐이다.[1]

처벌불원에 관한 법정대리인의 의사표시를 피해자 본인의 의사와 같다고 볼 수는 없다. 법정대리인의 의사표시는 그 자체로 피해자의 의사가 아닐 뿐만 아니라 피해자의 진실한 의사에 부합한다는 점에 관한 담보가 전혀 없다. 피해자의 처벌불원의사는 입법적 근거 없이 타인의 의사표시에 의하여 대체될 수 있는 성질의 것이 아니므로, 일신전속적인 특성을 가진다.[2]

반의사불벌죄에서 성년후견인은 명문의 규정이 없는 한 의사무능력자인 피해자를 대리하여 피의자 또는 피고인에 대하여 처벌을 희망하지 않는다는 의사를 결정하거나 처벌을 희망하는 의사표시를 철회하는 행위를 할 수 없다. 이는 성년후견인의 법정대리권 범위에 통상적인 소송행위가 포함되어 있거나 성년후견개시심판에서 정하는 바에 따라 성년후견인이 소송행위를 할 때 가정법원의 허가를 얻었더라도 마찬가지이다.[3]

(나) 피해자 변호사   「성폭력범죄의 처벌 등에 관한 특례법」(동법27), 「아동·청소년의 성보호에 관한 법률」(동법30), 「아동학대범죄의 처벌 등에 관한 특례법」(동법16), 「스토킹범죄의 처벌 등에 관한 법률」(동법17의4) 등은 일정한 범죄피해자에 대해 피해자 변호사제도를 도입하고 있다.[4] 성폭력처벌법 등 특별법이 인정한 피해자의 변호사는 형사절차에서 피해자 및 그 법정대리인의 대리가 허용될 수 있는 모든 소송행위에 대한 포괄적인 대리권을 가진다(성폭력처벌법27⑤ 참조). 따라서 피해자의 변호사는 피해자를 대리하여 고소취소를 할 수 있다.[5]

---

1) 2010. 11. 11. 2010도11550, 공 2010하, 2299, 『피고인 처 합의서 사건』.
2) 2023. 7. 17. 2021도11126 전원합의체 판결 다수의견, 공 2023하, 1598, 『식물인간 보호자 고소취소 사건』.
3) 2023. 7. 17. 2021도11126 전원합의체 판결 다수의견, 공 2023하, 1598, 『식물인간 보호자 고소취소 사건』.
4) 전술 87면 참조.
5) 2019. 12. 13. 2019도10678, 공 2020상, 297, 『피해자 국선변호사 고소취소 사건』.

이 경우 피해자 변호사의 고소취소 대리는 의사대리를 포함한다.

(6) 고소취소의 효과

고소를 취소한 자는 다시 고소할 수 없다(법232②). 즉 고소의 취소에 의하여 고소권은 소멸한다. 친고죄 및 반의사불벌죄에서 일단 유효하게 고소가 취소되면 소송장애사유가 발생한다(법327 v, vi). 이 경우 처벌을 원하지 않는다는 의사표시(고소취소)의 부존재는 소극적 소송조건으로서 직권조사사유에 해당한다. 예컨대 항소심에서 당사자가 항소이유로 주장하지 않았더라도 항소법원은 고소취소 여부를 직권으로 조사·판단하여야 한다.[1]

간통죄(구형법241조)와 관련한 고소취소 간주규정(법229① · ②)은 간통죄가 폐지됨에 따라 의미를 상실하였다. 조문의 정비가 필요한 부분이다.

협박죄는 반의사불벌죄이지만(형법283③) 협박이 공갈죄(형법350①) 등 일반범죄의 수단으로 되어 있는 경우에는 고소취소의 효력이 미치지 않는다. 공갈죄 등 일반범죄의 수단으로서 한 협박은 공갈죄 등에 흡수될 뿐 별도로 협박죄를 구성하지 않기 때문이다.[2]

친고죄의 경우 고소취소에는 불가분의 원칙이 적용된다. 즉 친고죄의 공범 중 그 1인 또는 수인에 대한 고소취소는 다른 공범자에 대하여도 효력이 있다(법233). 따라서 앞에서 서술한 고소불가분의 원칙에 대한 설명은 원칙적으로 고소취소에도 그대로 적용된다. 그런데 반의사불벌죄의 경우에도 친고죄와 같이 주관적 불가분의 효력이 인정되는지 문제된다.

(7) 반의사불벌죄와 고소취소의 주관적 불가분

형사소송법은 반의사불벌죄에 대하여 친고죄의 고소취소 시한(법232①)과 재고소금지(동조②)의 규정을 준용하도록 하면서(동조③) 고소의 주관적 불가분을 규정한 제233조를 준용하는 규정을 두고 있지 않다.

이 점에 대하여 입법의 침묵은 주관적 불가분의 원칙을 반의사불벌죄에 적용하지 않겠다는 입법자의 의지가 표현된 것으로 보아야 한다는 준용불허설과 이것은 단순한 입법의 불비로서 반의사불벌죄의 경우에도 당연히 주관적 불가분의 원칙이 준용된다는 준용긍정설이 대립하고 있다. 판례는 반의사불벌죄의 경우 친고죄와 달리 (가) 처벌을 원하지 않는다는 의사표시를 범죄사실 자체에 대하여 할 수도 있고 (나) 범죄인을 특정하여 그에 대하여서만 하게 할 수도 있도록 할 필요가 있다는 점을 들어서 준용불허설을 취하고 있다.[3]

---

1) 2019. 12. 13. 2019도10678, 공 2020상, 297, 『피해자 국선변호사 고소취소 사건』.
2) 1996. 9. 24. 96도2151, 공 1996, 3265, 『협박죄 고소취소 사건』.
3) 1994. 4. 26. 93도1689, 공 1994, 1566, 『사망 정치인 여비서 사건』.

(8) 고소권의 포기

고소권의 포기란 (가) 친고죄의 경우에 고소기간 내에 장차 고소권을 행사하지 아니한다는 의사표시를 하거나, (나) 반의사불벌죄의 경우에 처음부터 처벌을 원하지 않는다는 의사표시를 하는 것을 말한다. 고소권의 포기를 인정한다면 친고죄 및 반의사불벌죄에서 처벌을 원하지 않는다는 의사표시는 소송장애사유가 될 것이다(법327 v · vi). 고소권의 포기를 인정할 것인가 하는 문제에 대하여 허용설과 불허설이 대립하고 있다. 판례는 불허설의 입장을 취하고 있다.[1]

10. 일반적 고소사건의 처리

지금까지 친고죄 및 반의사불벌죄에 있어서 처벌을 원한다는 의사표시의 유무를 중심으로 한 고소의 여러 문제점들을 살펴보았다. 아래에서는 일반적 고소와 관련된 규정들을 살펴보기로 한다. 이 경우 고소는 친고죄 및 반의사불벌죄뿐만 아니라 그 밖의 일반범죄 전반을 포함하여 범죄사실에 대한 수사단서로서의 의미를 갖는다.

(1) 사건관계인의 수사서류 열람 · 복사

(가) 사건관계인   고소사건의 처리절차를 살펴보기에 앞서서 수사기록의 열람 · 복사와 관련한 규율내용을 소개한다. 고소사건 기록의 열람 · 복사는 고소사건의 진행과정에서 중요한 의미가 있기 때문이다.

수사준칙은 피의자를 제외한 피해자나 참고인을 사건관계인이라고 지칭하고 있다(수사준칙3①). 사건관계인에는 고소인 · 고발인이 포함된다. 수사준칙은 사건관계인의 수사서류 열람 · 복사에 관하여 규정하고 있다.

(나) 열람 · 복사신청권   사건관계인(피해자 · 참고인)은 검사 또는 사법경찰관이 수사 중인 사건에 관한 본인의 진술이 기재된 부분 및 본인이 제출한 서류의 전부 또는 일부에 대해 열람 · 복사를 신청할 수 있다(수사준칙69①). 사건관계인은 검사가 불기소결정을 하거나 사법경찰관이 불송치결정을 한 사건에 관한 기록의 전부 또는 일부에 대해 열람 · 복사를 신청할 수 있다(수사준칙69②).

사건관계인의 법정대리인, 배우자, 직계친족, 형제자매로서 사건관계인의 위임장 및 신분관계를 증명하는 문서를 제출한 사람도 사건관계인에게 허용된 범위에서 열람 · 복사를 신청할 수 있다(수사준칙69⑤).

---

1) 1967. 5. 23. 67도471, 집 15-2, 형9, 『월남참전 군인 사건』.

검사 또는 사법경찰관은 사건관계인(피해자·참고인)으로부터 열람·복사 신청을 받은 경우에는 해당 서류의 공개로 사건관계인의 개인정보나 영업비밀이 침해될 우려가 있거나 범인의 증거인멸·도주를 용이하게 할 우려가 있는 경우 등 정당한 사유가 있는 경우를 제외하고는 열람·복사를 허용해야 한다(수사준칙69⑥).

(다) **불복방법**　　수사준칙은 사법경찰관이나 검사가 수사기록 열람·등사를 불허하는 경우에 대한 불복방법을 명시적으로 규정하고 있지 않다. 수사기록의 열람·등사가 불허되는 경우에 사건관계인이 취할 수 있는 방법으로 「공공기관의 정보공개에 관한 법률」(정보공개법)에 기하여 정보공개를 청구하는 방법이 있다.

정보공개법은 "모든 국민은 정보의 공개를 청구할 권리를 가진다."라고 규정하고 있다(동법5①). 정보공개법은 또한 "정보의 공개에 관하여는 다른 법률에 특별한 규정이 있는 경우를 제외하고는 이 법에서 정하는 바에 따른다."고 규정하고 있다(동법4①). 여기서 '정보의 공개에 관하여 다른 법률에 특별한 규정이 있는 경우'에 해당한다고 하여 정보공개법의 적용을 배제하기 위해서는, (가) 그 특별한 규정이 법률 규정으로, (나) 그 내용이 정보공개의 대상 및 범위, 정보공개의 절차, 비공개대상정보 등에 관하여 정보공개법과 달리 규정하고 있는 것이어야 한다.[1] 한편 정보공개법은 '다른 법률 또는 법률에서 위임한 명령(국회규칙·대법원규칙·헌법재판소규칙·중앙선거관리위원회규칙·대통령령 및 조례로 한정한다)에 따라 비밀이나 비공개 사항으로 규정된 정보'를 정보공개 대상에서 제외하고 있다(동법9① i).

이와 관련하여 형사소송법 제47조가 주목된다. 형소법 제47조는 "소송에 관한 서류는 공판의 개정 전에는 공익상 필요 기타 상당한 이유가 없으면 공개하지 못한다."고 규정하고 있는데, 수사기록은 '공판개정 전의 소송에 관한 서류'로 볼 여지가 있기 때문이다. 그러나 형소법 제47조의 취지는, 일반에게 공표되는 것을 금지하여 소송관계인의 명예를 훼손하거나 공서양속을 해하거나 재판에 대한 부당한 영향을 야기하는 것을 방지하려는 취지이지, 당해 사건의 고소인에게 그 고소에 따른 공소제기내용을 알려주는 것을 금지하려는 취지는 아니다. 그러므로 형소법 제47조의 공개금지를 정보공개법 제9조 제1항 제1호의 '다른 법률 또는 법률에 의한 명령에 의하여 비공개사항으로 규정된 경우'에 해당한다고 볼 수 없다.[2]

행정안전부령으로 규정된 「경찰수사규칙」 제87조와 법무부령으로 규정된 「검찰보존사무규칙」 제22조는 수사서류의 열람·등사 제한에 관하여 규정하고 있다. 특히 「검찰보존사무규칙」 제22조 제1항 제1호는 검사가 수사서류 또는 불기소사건기록 등의 열람·등사 신청을 제한할 수 있는 사유의 하나로 '다른 법률 또는 법률의 위임에 따른 명령에서 비밀

1) 2024. 5. 30. 2022두65559, 공 2024하, 1017, 『영상녹화물 정보공개청구 사건』.
2) 2006. 5. 25. 2006두3049, 공 2006, 1171, 『검찰보존사무규칙 열람제한 규정 사건』.

이나 비공개 사항으로 규정하고 있는 경우'를 들고 있다. 그런데 「검찰보존사무규칙」 제22조는 법률상의 위임근거가 없어 행정기관 내부의 사무처리준칙으로서 행정규칙에 불과하다. 그러므로 「검찰보존사무규칙」상의 열람·등사 제한을 정보공개법 제9조 제1항 제1호의 '다른 법률 또는 법률에 의한 명령에 의하여 비공개사항으로 규정된 경우'에 해당한다고 볼 수 없다.[1]

(2) 경찰공무원인 사법경찰관의 고소사건 처리

(가) 수사권 조정   2020년 입법자는 경찰과 검찰의 수사권을 조정하여 두 수사기관의 관계를 상호 협력관계로 규정하였다(법195①). 2020년의 수사권 조정에 의하여 경찰은 일차 수사권과 수사종결권을 가지고, 검사는 경찰의 일차 수사를 감독하는 권한과 일부 범죄에 대한 직접 수사권을 가지게 되었다. 고소사건에 대한 경찰의 수사종결절차는 일반 범죄사건의 경우와 다르지 않다.

(나) 용어의 정리   형소법 제245조의6은 사법경찰관이 사건을 검사에게 송치하지 않는 결정(법245의5ⅱ)을 한 경우에 그 취지와 이유를 고소인·고발인·피해자 또는 그 법정대리인(피해자가 사망한 경우에는 그 배우자·직계친족·형제자매를 포함한다)에게 통지하도록 규정하고 있다. 아래에서는 서술의 편의를 위하여 고소인·피해자 또는 그 법정대리인(피해자가 사망한 경우에는 그 배우자·직계친족·형제자매를 포함한다)을 '고소인'으로 통칭하여 경찰 단계에서의 고소사건 처리절차를 살펴보기로 한다.

(다) 고소사건의 수리   사법경찰관은 고소를 받은 경우에는 이를 수리해야 한다(수사준칙16의2①). 사법경찰관은 고소에 따라 범죄를 수사하는 경우에는 고소를 수리한 날부터 3개월 이내에 수사를 마쳐야 한다(동조②).

(라) 수사진행상황 통지   경찰공무원인 사법경찰관은 수사에 대한 진행상황을 고소인에게 적절히 통지하도록 노력해야 한다(수사준칙12①). 통지의 구체적인 방법·절차 등은 경찰청장 또는 해양경찰청장이 정한다(수사준칙12②). 사법경찰관은 수사 진행상황을 통지할 때 해당 사건의 피의자 또는 사건관계인(피해자·참고인)의 명예나 권리 등이 부당하게 침해되지 않도록 주의해야 한다(수사준칙68).

(마) 수사권남용 신고   고소인은 사법경찰관의 고소사건 수사과정에서 법령위반, 인권침해 또는 현저한 수사권 남용이 의심되는 사실이 있으면 이를 검사에게 신고할 수 있다(법197의3① 참조). 검사는 사법경찰관리의 수사과정에서 법령위반, 인권침해 또는 현저한 수사권

---

1) 2006. 5. 25. 2006두3049, 공 2006, 1171, 『검찰보존사무규칙 열람제한 규정 사건』.

남용이 의심되는 사실의 신고가 있거나 그러한 사실을 인식하게 된 경우에는 사법경찰관에게 사건기록 등본의 송부를 요구할 수 있다(법197의3①).

사건기록 등본의 송부 요구를 받은 사법경찰관은 지체 없이 검사에게 사건기록 등본을 송부하여야 한다(법197의3②). 사건기록 등본의 송부를 받은 검사는 필요하다고 인정되는 경우에는 사법경찰관에게 시정조치를 요구할 수 있다(법197의3③). 사법경찰관은 검사의 시정조치 요구가 있는 때에는 정당한 이유가 없으면 지체 없이 이를 이행하고, 그 결과를 검사에게 통보하여야 한다(법197의3④).

사법경찰관으로부터 시정조치 이행결과의 통보를 받은 검사는 시정조치 요구가 정당한 이유 없이 이행되지 않았다고 인정되는 경우에는 사법경찰관에게 사건을 송치할 것을 요구할 수 있다(법197의3⑤). 사건송치 요구를 받은 사법경찰관은 검사에게 사건을 송치하여야 한다(법197의3⑥). 사건송치 이후에는 검사가 고소사건을 조사하게 된다. 이 경우 검사는 사법경찰관으로부터 송치받은 사건에 관하여 해당 사건과 동일성을 해치지 아니하는 범위 내에서 수사할 수 있다(법196②, 197의3⑥).

(바) 수사종결결정   사법경찰관이 고소를 받은 때에는 신속히 조사하여 관계서류와 증거물을 검사에게 송부하여야 한다(법238). 고소사건에 대한 경찰 단계에서의 수사종결결정은 일반사건과 마찬가지로 사건송치결정(법245의5 i)과 사건불송치결정(법245의5 ii)의 두 가지이다. 한편, 수사준칙은 사법경찰관의 수사종결결정의 세부적인 유형을 규정하고 있다(수사준칙51).

사법경찰관은 고소사건을 수사하여 범죄의 혐의가 있다고 인정되는 경우에는 지체 없이 검사에게 사건을 송치하고, 관계 서류와 증거물을 송부하여야 한다(법245의5 i).

사법경찰관은 고소사건을 수사하여 검사에게 사건을 송치하지 않는 경우에는 그 이유를 명시한 서면과 함께 관계 서류와 증거물을 지체 없이 검사에게 송부하여야 한다(법245의5 ii). 고소사건 가운데 '죄가안됨'이나 '공소권없음'을 이유로 불송치결정이 내려진 사건이 (가) 형법 제10조 제1항[심신상실]에 따라 벌할 수 없는 경우, 또는 (나) 기소되어 사실심 계속 중인 사건과 포괄일죄를 구성하는 관계에 있거나 형법 제40조에 따른 상상적 경합 관계에 있는 경우에는 해당 사건을 검사에게 이송한다(수사준칙51③).

(사) 수사중지결정과 기록송부   사법경찰관의 사건불송치결정(법245의5 ii)의 하위유형 가운데 하나로 수사중지결정이 있다. 사법경찰관은 피의자나 참고인의 연락처를 모르거나 소재가 확인되지 않는 경우에는 피의자중지 또는 참고인중지를 내용으로 하는 수사중지결정을 한다(수사준칙51① iv).

사법경찰관은 수사중지결정(수사준칙51① iv)을 한 경우 7일 이내에 사건기록을 검사에게 송부해야 한다(수사준칙51④ 1문). 수사중지결정과 관련하여 사건기록을 송부받은 검사

는 사건기록을 송부받은 날부터 30일 이내에 반환해야 한다(수사준칙51④). 검사는 이 30일
의 기간 내에 형소법 제197조의3에 따라 사법경찰관에게 시정조치요구를 할 수 있다(수사준
칙51④).

  (아) 수사종결결정의 통지   사법경찰관은 수사종결결정(수사준칙51)을 한 경우에는 그 내
용을 고소인과 피의자에게 통지해야 한다(수사준칙53① 본문). 다만, (가) 피의자중지결정(수사준
칙51① iv 가목)을 한 경우, 또는 (나) 이송결정(수사준칙51① v)을 한 경우로서 사법경찰관이 해
당 피의자에 대해 출석요구 또는 수사준칙 제16조[수사의 개시] 제1항 각 호의 어느 하나에 해
당하는 행위를 하지 않은 경우에는 고소인에게만 통지한다(수사준칙53① 단서).

  사법경찰관은 고소인에게 수사중지결정(수사준칙51① iv)의 통지를 할 때에는 통지를 받는
사람에게 해당 수사중지결정이 법령위반, 인권침해 또는 현저한 수사권 남용이라고 의심되는
경우 형소법 제197조의3 제1항에 따라 검사에게 그러한 사정을 신고할 수 있다는 사실을 함
께 고지해야 한다(수사준칙54④).

  사법경찰관은 수사결과를 통지할 때 해당 사건의 피의자 또는 사건관계인(피해자 · 참고인)
의 명예나 권리 등이 부당하게 침해되지 않도록 주의해야 한다(수사준칙68). 사법경찰관이 수
사종결결정을 통지하는 구체적인 방법 · 절차 등은 경찰청장 또는 해양경찰청장이 정한다(수
사준칙53②).

  (자) 사건불송치결정의 통지   사법경찰관은 고소사건에 대해 사건불송치결정(법245의5
ii)을 한 경우에는 관계 서류와 증거물을 검사에게 송부한 날로부터 7일 이내에 서면으로 고
소인에게 사건을 검사에게 송치하지 아니하는 취지와 그 이유를 통지해야 한다(법245의6). 고
소인은 사건불송치의 취지와 이유를 통지받지 못한 경우 사법경찰관에게 불송치 통지서로 통
지해 줄 것을 요구할 수 있다(수사준칙53②).

  통지를 받는 고소인의 입장에서 보면 사법경찰관의 수사종결결정에 대한 불복장치가 필요
하다. 그런데 사법경찰관의 사건송치결정(법245의5 i)에 대해서는 고소인이 불복할 이유가 없다.
피의자에 대한 처벌 가능성이 유지되기 때문이다. 그러나 사법경찰관의 사건불송치결정(법245
의5 ii)에 대해서는 고소인에게 불복장치가 필요하다. 여기에는 (가) 경찰기관 내부에서 이의신
청을 제기하는 방법과 (나) 검사에게 수사권남용 사실을 신고하는 방법의 두 가지가 있다.

  (차) 불송치결정에 대한 이의신청   사법경찰관으로부터 사건불송치결정(법245의5 ii)의 통
지(법245의6)를 받은 고소인은 해당 사법경찰관의 소속 관서의 장에게 이의를 신청할 수 있다
(법245의7①).

  사법경찰관은 사건불송치 결정의 통지에 대해 고소인의 이의신청이 있는 때에는 지체 없
이 검사에게 사건을 송치하고 관계 서류와 증거물을 송부하여야 하며, 처리결과와 그 이유를

이의신청을 한 고소인에게 통지하여야 한다(법245의7②).

고소인의 이의신청에 따른 사건송치 이후에는 검사가 고소사건을 조사하게 된다. 이 경우 검사는 사법경찰관으로부터 송치받은 사건에 관하여 해당 사건과 동일성을 해치지 아니하는 범위 내에서 수사할 수 있다(법196②, 245의7②).

(카) 수사중지결정에 대한 이의신청   형소법 제245조의7 제1항은 사건불송치결정(법245의5ⅱ)의 통지(법245의6)를 받은 사람은 해당 사법경찰관의 '소속 관서의 장'에게 이의를 신청할 수 있다고 규정하고 있다. 그런데 수사준칙 제54조 제1항은 사건불송치결정(법245의5ⅱ) 가운데 하나인 수사중지결정(수사준칙51①ⅳ)의 통지를 받은 사람은 해당 사법경찰관이 소속된 '바로 위 상급경찰관서의 장'에게 이의를 제기할 수 있다고 규정하고 있다. 여기에서 양자의 관계가 문제된다.

대통령령으로 규정된 수사준칙은 형사소송법의 위임범위를 벗어날 수 없다(법195② 참조). 양자를 합리적으로 해석하는 방법은 형소법 제245조의7 제1항에 의한 이의신청에 더하여 수사준칙 제54조 제1항에 의한 이의신청이 추가되었다고 보는 것이다. 수사중지결정과 관련된 상급경찰관서에의 이의제기의 절차·방법 및 처리 등에 관하여 필요한 사항은 경찰청장 또는 해양경찰청장이 정한다(수사준칙54②).

(타) 수사중지결정에 대한 검찰 신고   수사중지결정(수사준칙51①ⅳ)의 통지를 받은 고소인은 해당 수사중지결정이 법령위반, 인권침해 또는 현저한 수사권 남용이라고 의심되는 경우 검사에게 형소법 제197조의3 제1항에 따른 신고를 할 수 있다(수사준칙54③).

고소인이 수사중지결정에 대해 형소법 제197조의3 제1항에 따른 신고를 한 경우에 이후 진행되는 절차는 앞에서 살펴본 고소사건 수사과정에 대한 수사권남용 신고의 경우와 같다. 즉 검사에의 사건기록 송부(법197의3①·②), 시정조치 요구와 이행(법197의3③·④), 불이행시의 사건송치(법197의3⑤·⑥) 등의 절차가 진행된다.

(파) 검사의 재수사 요청   형사소송법 제245조의8은 사법경찰관이 검찰에 송치하지 않은 사건(법245의5ⅱ)에 대한 재수사 요청권한을 규정하고 있다. 사법경찰관은 사건을 검찰에 송치하지 않는 경우에는 그 이유를 명시한 서면과 함께 관계 서류와 증거물을 지체 없이 검사에게 송부하여야 한다. 이 경우 검사는 송부받은 날부터 90일 이내에 사법경찰관에게 반환하여야 한다(법245의5ⅱ). 검사는 이 90일의 반환기간 내에 송부된 관계 서류와 증거물을 검토하여 사법경찰관의 사건불송치결정(법245의5ⅱ)의 위법·부당 여부를 판단한다.

검사는 사법경찰관이 사건을 송치하지 아니한 것(법245의5ⅱ)이 위법 또는 부당한 때에는 그 이유를 문서로 명시하여 사법경찰관에게 재수사를 요청할 수 있다(법245의8①). 사법경찰관은 검사의 요청이 있는 때에는 사건을 재수사하여야 한다(동조②).

검사의 재수사 요청권한(법245의8①)은 경찰의 수사종결권에 대한 검사의 감독권한 가운데 하나이다. 고소인이 검사에게 재수사 요청권한을 발동하도록 촉구할 수는 있겠지만 이는 직권발동을 촉구하는 것에 지나지 않는다. 고소인에게는 형소법 제245조의7에 규정된 이의신청을 통하여 고소사건을 검사에게 송치하도록 하는 불복방법이 허용된다.

사법경찰관의 불송치사건에 대한 검사의 재수사 요청권한 및 그 절차에 대해서는 검경 수사권 조정의 구체적인 내용을 설명하는 자리에서 이미 서술하였다.[1]

(3) 검사의 고소사건 처리

(가) 고소사건의 수리　　　검사는 고소를 받은 경우에는 이를 수리해야 한다(수사준칙16의2①). 검사는 고소에 따라 범죄를 수사하는 경우에는 고소를 수리한 날부터 3개월 이내에 수사를 마쳐야 한다(법257, 수사준칙16의2②). 입법자가 검사의 고소사건 처리기간을 형사소송법 제257조에 규정한 것은 고소사건에 대한 형사소추권의 신속한 발동을 통하여 고소권자의 형사사법에 대한 신뢰를 높이고자 함이다. 그러나 사건처리기간에 관한 규정은 훈시규정이라 할 것이다.

(나) 사건 이송　　　2020년 수사권 조정에 따라 검사는 「검찰청법」 제4조 제1항 제1호 단서 각 목에 규정된 범죄에 대해서만 직접 수사를 개시할 수 있게 되었다. 이에 해당하지 않는 범죄에 대한 고소·고발·진정 등이 접수된 때에는 검사는 사건을 검찰청 외의 수사기관에 이송해야 한다(수사준칙18①).

검사의 직접수사 대상사건일지라도 사건이 (가) 형사소송법 제197조의4[수사의 경합] 제2항 단서[영장신청사건]에 따라 사법경찰관이 범죄사실을 계속 수사할 수 있게 된 때 또는 (나) 그 밖에 다른 수사기관에서 수사하는 것이 적절하다고 판단되는 때에는 검사는 사건을 검찰청 외의 수사기관에 이송할 수 있다(수사준칙18②). 검사는 다른 수사기관에서 수사하는 것이 적절하다고 판단하여 사건이송을 하는 경우에는 특별한 사정이 없으면 사건을 수리한 날부터 1개월 이내에 이송해야 한다(동조④).

사건을 검찰청 외의 수사기관에 이송하는 경우 검사는 관계 서류와 증거물을 해당 수사기관에 함께 송부해야 한다(수사준칙18③).

(다) 수사 진행상황 통지　　　「검찰청법」 제4조 제1항 제1호 단서 각 목에 규정된 직접수사 가능 범죄에 대해 고소가 있는 경우 검사는 수사에 대한 진행상황을 사건관계인(피해자·참고인)에게 적절히 통지하도록 노력해야 한다(수사준칙12①). 검사는 수사 진행상황을 통지(수

---

1) 전술 51면 참조.

사준칙12)할 때 해당 사건의 피의자 또는 사건관계인(피해자 · 참고인)의 명예나 권리 등이 부당하게 침해되지 않도록 주의해야 한다(수사준칙68). 검사의 수사 진행상황 통지의 구체적인 방법 · 절차 등은 법무부장관이 정한다(수사준칙12②).

(라) 수사결과의 통지   검사는 고소사건에 대해 수사종결결정(수사준칙52)을 한 경우에는 그 내용을 고소인과 피의자에게 통지해야 한다(수사준칙53① 본문). 다만, (가) 기소중지결정(수사준칙52① iii)을 한 경우 또는 (나) 이송결정(수사준칙52① vii)을 한 경우(형사소송법 제256조에 따른 타관송치는 제외)로서 검사가 해당 피의자에 대해 출석요구 또는 수사준칙 제16조[수사개시] 제1항 각 호의 어느 하나에 해당하는 행위를 하지 않은 경우에는 고소인에게만 통지한다(수사준칙53① 단서).

검사는 수사결과를 통지(수사준칙53)할 때 해당 사건의 피의자 또는 사건관계인(피해자 · 참고인)의 명예나 권리 등이 부당하게 침해되지 않도록 주의해야 한다(수사준칙68). 검사의 수사종결결정 통지의 구체적인 방법 · 절차 등은 법무부장관이 정한다(수사준칙53③).

검사는 고소 있는 사건에 관하여 공소를 제기하거나 제기하지 아니하는 처분, 공소의 취소 또는 타관송치 등의 처분을 한 때에는 그 처분한 날부터 7일 이내에 서면으로 고소인에게 그 취지를 통지하여야 한다(법258①). 검사는 불기소 또는 타관송치(법256)의 처분을 한 때에는 피의자에게 즉시 그 취지를 통지하여야 한다(동조②).

검사는 고소 있는 사건에 관하여 공소를 제기하지 아니하는 처분을 한 경우에 고소인의 청구가 있는 때에는 7일 이내에 고소인에게 그 이유를 서면으로 설명하여야 한다(법259).

(마) 불복방법   검사의 불기소처분에 불복하는 고소인은 그 검사가 속한 지방검찰청 또는 지청을 거쳐 서면으로 관할 고등검찰청 검사장에게 항고할 수 있다(검찰청법10①). 또 고소권자로서 고소를 한 자는 검사로부터 공소를 제기하지 아니한다는 통지를 받은 때에는 원칙적으로 「검찰청법」 제10조에 따른 항고를 거친 다음(법260② 본문) 그 검사 소속의 지방검찰청 소재지를 관할하는 고등법원에 그 당부에 관한 재정을 신청할 수 있다(법260①).[1]

제5 고 발

1. 고발의 의의

(1) 일반적 고발사건

고발이란 고소권자 및 범인 이외의 제삼자가 수사기관에 범죄사실을 신고하여 범인의 처

---

1) 후술 382면 참조.

벌을 원한다는 의사표시를 말한다. 고발은 고소권자가 아닌 자에 의한 의사표시라는 점에서 고소와 구별되며, 범인 본인의 의사표시가 아니라는 점에서 후술하는 자수와 구별된다. 고발도 고소와 마찬가지로 처벌을 원한다는 의사표시를 그 핵심요소로 한다. 따라서 단순한 범죄사실의 신고는 고발이 아니다. 단순한 진정·탄원·투서는 실무상 내사사건으로 처리된다.

(2) 즉고발사건

(가) 의 의   고발은 원칙적으로 단순한 수사의 단서에 그친다. 그러나 예외적으로 관할 관청의 고발을 기다려 공소를 제기하게 되는 경우가 있다. 「조세범 처벌법」(동법21)이나 「관세법」(동법284①) 등의 경우가 여기에 해당하는 예이다. 이와 같이 관할 관청의 고발을 기다려 공소를 제기하는 사건을 가리켜서 즉고발사건이라고 한다. 즉고발사건의 경우에는 고발이 친고죄의 고소와 같이 소송조건으로서의 성질을 갖는다. 즉고발사건에서 '즉'은 고발을 기다린다는 의미를 가지고 있다.

한편 「조세범 처벌절차법」(동법17①)이나 「관세법」(동법312) 등은 일정한 사유가 있는 경우에 관련 행정기관이 대상자를 '즉시 고발하여야 한다'고 규정하고 있다. 이처럼 즉고발사건에서 관할 관청은 일정한 사유가 있는 경우에 즉시 고발해야 할 의무가 있다. 이 점을 강조하여 즉고발사건을 즉시고발사건이라고 부르기도 한다.

즉고발사건의 경우 관할 관청의 고발이 없으면 검사는 공소를 제기할 수 없다. 즉고발사건에서 관할 관청의 적법한 고발이 있었는지 여부가 문제되는 경우 법원은 증거조사의 방법이나 증거능력의 제한을 받지 아니하고 제반 사정을 종합하여 적당하다고 인정되는 방법에 의하여 자유로운 증명으로 그 고발 유무를 판단하면 된다.[1]

즉고발사건에 있어서 고발은 소추조건에 불과하고 당해 범죄의 성립요건이나 수사조건은 아니다. 즉고발사건에 관하여 고발이 있기 전에 수사를 하였다고 하더라도, 그 수사가 장차 고소나 고발이 있을 가능성이 없는 상태에서 행해졌다는 등의 특단의 사정이 없는 한, 고발이 있기 전에 수사를 하였다는 이유만으로 그 수사가 위법하게 되는 것은 아니다.[2]

(나) 대상사건   즉고발사건은 「관세법」(동법284①), 「조세범 처벌법」(동법21), 「독점규제 및 공정거래에 관한 법률」(동법129), 「출입국관리법」(동법101①) 등에서 그 예를 찾아볼 수 있다. 다만, 「특정범죄 가중처벌 등에 관한 법률」(특가법)은 이 법률에 의해 가중처벌되는 「관세법」 위반행위(특가법6)와 「조세범 처벌법」 위반행위(특가법8)의 죄에 대한 공소는 고소 또는 고발이 없는 경우에도 제기할 수 있도록 하고 있다(특가법16).

---

1) 2021. 10. 28. 2021도404, 공 2021하, 2286, 『불법체류자 고용 사건』.
2) 2011. 3. 10. 2008도7724, 공 2011상, 782, 『출입국관리소장 고발 사건』.

「독점규제 및 공정거래에 관한 법률」(공정거래법) 위반죄(동법124, 125)는 공정거래위원회의 고발이 있어야 공소를 제기할 수 있다(동법129). 공정거래위원회는 위의 죄 중 그 위반의 정도가 객관적으로 명백하고 중대하여 경쟁질서를 현저히 저해한다고 인정하는 경우에는 검찰총장에게 고발하여야 한다(동조②).

검찰총장은 위의 고발요건에 해당하는 사실이 있음을 공정거래위원회에 통보하여 고발을 요청할 수 있다(공정거래법129③). 공정거래위원회가 위의 고발요건에 해당하지 아니한다고 결정하더라도 감사원장, 중소벤처기업부장관, 조달청장은 사회적 파급효과, 국가재정에 끼친 영향, 중소기업에 미친 피해 정도 등 다른 사정을 이유로 공정거래위원회에 고발을 요청할 수 있다(동조④). 이상의 고발요청이 있는 때에는 공정거래위원회 위원장은 검찰총장에게 고발하여야 한다(동조⑤). 공정거래위원회는 공소가 제기된 후에는 고발을 취소할 수 없다(동조⑥).

(다) 방 식   즉고발사건의 고발은 고발장에 범칙사실의 기재가 없거나 범칙사실이 특정이 되지 아니하면 부적법하다. 그러나 반드시 공소장 기재요건과 동일하게 범죄의 일시·장소를 표시하여 사건의 동일성을 특정할 수 있을 정도로 표시해야 하는 것은 아니다. 어떠한 태양의 범죄인지를 판명할 수 있을 정도의 사실을 일응 확정할 수 있을 정도로 표시하면 족하다.[1]

(라) 효력범위   즉고발사건의 고발은 범칙사실에 대한 소추를 요구하는 의사표시로서 그 효력은 고발장에 기재된 범칙사실과 동일성이 인정되는 사실 전부에 미친다.[2] 한 개의 범칙사실의 일부에 대한 고발은 그 전부에 대하여 효력이 생긴다.[3] 수개의 범칙사실 중 일부만을 범칙사건으로 하는 고발이 있는 경우 고발장에 기재된 범칙사실과 동일성이 인정되지 않는 다른 범칙사실에 대해서는 고발의 효력이 미치지 않는다.[4]

즉고발사건에 대해 친고죄의 고소에 준하여 고발의 주관적 불가분원칙이 인정될 것인지 문제된다. 판례는 (가) 형소법 제233조가 친고죄에 관한 고소의 주관적 불가분원칙을 규정하고 있을 뿐 고발에 대하여 명문의 규정을 두고 있지 않다는 점, (나) 형소법 제233조가 즉고발사건에 대해 준용되고 있지 않다는 점, (다) 즉고발사건에 주관적 불가분원칙을 유추적용하는 것은 피고인에게 불리한 유추해석에 해당한다는 점 등을 들어서 주관적 불가분의 원칙을 인정하지 않고 있다.[5]

---

1) 2011. 11. 24. 2009도7166, [미간행], 『금지금 폭탄영업 사건』.
2) 2011. 11. 24. 2009도7166, [미간행], 『금지금 폭탄영업 사건』.
3) 2014. 10. 15. 2013도5650, 공 2014하, 2211, 『세금계산서 교부 대 제출 사건』.
4) 2014. 10. 15. 2013도5650, 공 2014하, 2211, 『세금계산서 교부 대 제출 사건』.
5) 2010. 9. 30. 2008도4762, 공 2010하, 2025, 『리니언시 고발 사건』.

즉고발사건의 경우 관계 공무원의 고발이 있으면 그로써 소추요건은 충족된다. 법원은 본 안에 대하여 심판하면 되는 것이지 고발 사유에 대하여 심사할 수 없다.[1] 고발된 범칙사실은 공소사실과 동일성이 인정되어야 한다. 동일성이 인정되지 않는 고발에 기하여 제기된 공소는 공소기각판결(법327ⅱ)의 대상이 된다.[2]

즉고발사건의 고발은 그 법적 성질이 친고죄의 고소와 비슷하므로 즉고발사건에 대한 나머지 설명은 친고죄의 항목에서 설명한 것에 준한다.

2. 고발권자와 고발의 방식

누구든지 범죄가 있다고 사료하는 때에는 고발할 수 있다(법234①). 공무원은 그 직무를 행함에 있어 범죄가 있다고 사료하는 때에는 고발하여야 한다(동조②). 그러나 공무원이 직무 집행과 관계없이 또는 우연히 알게 된 범죄에 대하여는 고발의무가 없다. 특별법에 의하여 일정한 사람에게 신고의무가 부과되는 경우가 있다. 「가정폭력범죄의 처벌 등에 관한 특례법」(동법4②), 「아동·청소년의 성보호에 관한 법률」(동법34②), 「아동학대범죄의 처벌 등에 관한 특례법」(동법10②) 등은 그 예이다.

자기 또는 배우자의 직계존속은 고발하지 못한다(법235, 224). 고발의 방식이나 처리절차는 고소의 경우에 준한다(법239, 237, 238, 257). 다만 고발의 경우에는 고소와 달리 대리고발이 허용되지 않으며(법236 참조), 고발기간에 제한이 없다.

고발은 취소할 수 있다. 즉고발사건의 경우 고발취소는 그 시기(법232①)와 방법(법237, 238)에 있어서 친고죄의 고소취소에 준한다(법239 참조).

3. 고발사건의 처리절차

(1) 경찰공무원인 사법경찰관의 고발사건 처리절차

고발사건의 처리절차는 전술한 고소사건의 처리절차에 준한다. 고발사건의 처리절차는 사법경찰관의 처리절차와 검사의 처리절차로 나누어 볼 수 있다.

(가) 고발사건의 수리   사법경찰관은 고발을 받은 경우에는 이를 수리해야 한다(수사준칙16의2①). 사법경찰관은 고발에 따라 범죄를 수사하는 경우에는 고발을 수리한 날부터 3개월 이내에 수사를 마쳐야 한다(동조②).

(나) 수사결과 통지   사법경찰관은 고발사건의 수사에 대한 진행상황을 사건관계인(피해자·참고인)에게 적절히 통지하도록 노력해야 한다(수사준칙12①).

---

1) 2014. 10. 15. 2013도5650, 공 2014하, 2211, 『세금계산서 교부 대 제출 사건』.
2) 2014. 10. 15. 2013도5650, 공 2014하, 2211, 『세금계산서 교부 대 제출 사건』.

사법경찰관은 수사종결결정(수사준칙51)을 한 경우에는 그 내용을 고발인과 피의자에게 통지해야 한다. 다만, (가) 피의자중지결정(수사준칙51① iv 가목)을 한 경우, 또는 (나) 이송결정(수사준칙51① v)을 한 경우로서 사법경찰관이 해당 피의자에 대해 출석요구 또는 수사준칙 제16조[수사의 개시] 제1항 각 호의 어느 하나에 해당하는 행위를 하지 않은 경우에는 고발인에게만 통지한다(수사준칙53① 단서).

사법경찰관은 불송치결정(법245의5 ii)을 한 경우에는 관계서류와 증거물을 검사에게 송부한 날부터 7일 이내에 서면으로 고발인에게 사건을 검사에게 송치하지 아니하는 취지와 그 이유를 통지하여야 한다(법245의6). 고발인은 형소법 제245조의6에 따른 통지를 받지 못한 경우 사법경찰관에게 불송치 통지서로 통지해 줄 것을 요구할 수 있다(수사준칙53②).

사법경찰관은 고발인에게 피의자중지 또는 참고인중지를 사유로 하는 수사중지결정(수사준칙51① iv)의 통지를 할 때에는 통지를 받은 사람이 해당 수사중지결정이 법령위반, 인권침해 또는 현저한 수사권 남용이라고 의심되는 경우 검사에게 형소법 제197조의3 제1항에 따른 신고를 할 수 있다는 사실을 함께 고지해야 한다(수사준칙54④).

(다) 불송치결정에 대한 이의신청 불허   사법경찰관으로부터 사건불송치결정(법245의5 ii)의 통지(법245의6)를 받은 고발인은 해당 사법경찰관의 소속 관서의 장에게 이의를 신청할 수 없다(법245의7①). 2022년 5월의 형소법 개정에 의하여 이의신청인에서 고발인이 제외되었다.

(라) 수사중지결정에 대한 이의신청 여부   사법경찰관으로부터 수사중지결정(수사준칙51① iv)의 통지를 받은 사람은 해당 사법경찰관이 소속된 바로 위 상급경찰관서의 장에게 이의를 제기할 수 있다(수사준칙54①). 수사중지결정의 통지를 받은 사람 가운데에는 고발인도 포함된다(수사준칙53①). 그런데 2022년 형소법 일부개정에 의하여 불송치결정에 대한 이의신청권자에서 고발인이 제외되었다(법245의7①). 상위법에 의하여 고발인의 이의신청권이 삭제되었으므로 수사중지결정에 대한 이의신청권자에 고발인은 포함되지 않는다고 보아야 할 것이다.

(마) 수사중지결정에 대한 수사권 남용 신고   수사중지결정 통지를 받은 고발인은 해당 수사중지 결정이 법령위반, 인권침해 또는 현저한 수사권 남용이라고 의심되는 경우 검사에게 형소법 제197조의3 제1항에 따른 신고를 할 수 있다(수사준칙54③).

고발인이 형소법 제197조의3 제1항에 따른 수사권 남용 신고를 한 경우에 이후 진행되는 절차는 고소사건의 경우와 같다. 즉 검사에의 사건기록 송부(법197의3① · ②), 시정조치 요구와 이행(법197의3③ · ④), 불이행시의 사건송치(법197의3⑤ · ⑥) 등의 절차가 진행되는데, 그 내용은 고소사건 처리절차에서 설명한 것과 같다.[1)]

(2) 검사의 고발사건 처리절차

(가) 수사결과 통지   검사의 고발사건 처리절차는 검사의 고소사건 처리절차와 대체로 같다. 검사의 직접수사 대상사건(검찰청법4① i 단서)이 아닌 고발사건에 대한 이송결정(수사준칙 18① i), 수사 진행상황의 통지(수사준칙12①), 수사결과의 통지(수사준칙53①) 등은 앞에서 살펴본 검사의 고소사건 처리절차와 같다.

검사는 고발 있는 사건에 관하여 공소를 제기하거나 제기하지 아니하는 처분, 공소의 취소 또는 타관송치(법256)를 한 때에는 그 처분한 날로부터 7일 이내에 서면으로 고발인에게 그 취지를 통지하여야 한다(법258①). 검사는 고발 있는 사건에 관하여 공소를 제기하지 아니하는 처분을 한 경우에 고발인의 청구가 있는 때에는 7일 이내에 고발인에게 그 이유를 서면으로 설명하여야 한다(법259).

(나) 불복방법   고발사건에 대한 불기소처분에 대해서는 고발인에게 검찰항고(검찰청법 10①)가 인정된다. 고등법원에의 재정신청은 형법 제123조부터 제126조까지의 죄에 대해 고발한 자에게만 허용된다. 다만, 형법 제126조(피의사실공표)의 죄에 대하여는 피공표자의 명시한 의사에 반하여 재정신청을 할 수 없다(법260① 본문·단서). 고발인은 범죄의 피해자가 아니므로 피해자의 재판절차진술권(헌법27⑤)을 근거로 한 헌법소원은 허용되지 않는다는 것이 헌법재판소의 입장이다.[1]

제6 자   수

자수란 범인이 자발적으로 자신의 범죄사실을 수사기관에 신고하여 그 소추를 구하는 의사표시이다.[2] 자수는 수사단서의 일종이면서 동시에 양형상의 참작사유가 된다(형법52①). 자수는 수사책임 있는 관서에 대한 의사표시라는 점에서 반의사불벌죄의 경우에 범인이 피해자에게 자신의 범죄사실을 알려서 용서를 구하는 자복과 구별된다(형법52②).

자수는 서면 또는 구술로써 검사 또는 사법경찰관에게 하여야 한다(법240, 237①). 검사 또는 사법경찰관이 구술에 의한 자수를 받은 때에는 조서를 작성하여야 한다(법240, 237②). 사법경찰관이 자수를 받은 때에는 신속히 조사하여 관계서류와 증거물을 검사에게 송부하여야 한다(법240, 238).

---

1) 전술 141면 참조.
1) 1990. 12. 26. 90헌마20, 헌집 2, 487, 『도시계획 공무원 사건』.
2) 2011. 12. 22. 2011도12041, 공 2012상, 211, 『차용금 주장 번복 사건』.

제4장 임의수사와 강제수사

제1절 임의수사와 강제수사의 구별

제1 임의수사와 강제수사의 구별기준

1. 학설의 개관

수사기관은 수사에 관하여 그 목적을 달성하기 위하여 필요한 조사를 할 수 있다. 다만 강제처분은 형사소송법에 특별한 규정이 있는 경우에 한하며, 필요한 최소한도의 범위 안에서만 하여야 한다(법199① 본문·단서). 즉, 강제처분은 형사소송법에 특별한 규정이 없으면 하지 못한다. 여기에서 강제처분에 의한 수사를 강제수사라 하고, 강제수사 이외의 수사를 임의수사라고 한다. 형사소송법은 임의수사의 원칙을 더욱 강조하기 위하여 제198조 제1항에서 "피의자에 대한 수사는 불구속상태에서 함을 원칙으로 한다."는 규정을 두고 있다.

우리 헌법은 강제수사에 의한 인권침해의 폐해를 우려하여 강제수사에 영장주의를 도입하고 있다(헌법12③, 16). 그런데 사회의 변화와 과학기술의 발달에 따라 형사소송법이 예상하지 못하였던 새로운 수사방법이 등장하게 되면서 강제수사와 임의수사의 한계에 관한 논란이 제기되고 있다. 임의수사와 강제수사의 구별에 관한 학설은 크게 형식설, 실질설, 적법절차기준설로 나누어 볼 수 있다.

(1) 형식설

형식설은 형사소송법이 명시적으로 규정하고 있는 수사처분만을 강제수사로 보는 견해이다. 이에 따르면 강제수사는 체포·구속(법200의2 이하), 압수·수색·검증(법215 이하), 증거보전(법184), 판사에 의한 증인신문(법221의2), 공무소에의 조회(법199②) 등 형사소송법에 특별한 규정들이 마련되어 있는 수사방법을 말한다.

그러나 형식설은 예컨대 감청, 사진촬영, 거짓말탐지기의 사용, 디엔에이 검사 등과 같은 새로운 수사방법의 대두에 따른 인권침해 가능성에 대처하지 못한다는 흠을 안고 있다. 만일 형사소송법에 규정된 수사방법 및 그에 준하는 방법만을 강제수사로 파악한다면 새로운 수사기법은 모두 임의수사에 해당하여 법적 통제를 받지 않게 될 것이기 때문이다.

(2) 실질설

실질설은 강제수사와 임의수사의 한계에 관하여 실질적 기준을 제시하려는 견해이다. 그러나 그 구체적 기준에 대하여는 다시 견해가 나뉘고 있다. 먼저 강제수사와 임의수사의 구별기준을 수사기관의 물리적 강제력의 행사 유무에서 구하려는 견해가 있다. 이에 따르면 물리적 강제력의 행사에 의하여 상대방의 의사를 제압하는 경우를 강제수사라고 보고, 그 이외의 경우를 임의수사라고 보게 된다. 이에 반하여 강제수사의 유무를 상대방의 의사 여하에서 구하려는 견해가 있다. 이에 따르면 강제수사란 상대방의 의사에 반하여 실질적으로 그의 법익을 침해하는 처분을 말하며, 반대로 상대방의 법익침해를 수반하지 않는 수사는 임의수사라고 본다.

(3) 적법절차기준설

우리 헌법은 형사절차의 기본원칙으로 적법절차의 원칙을 선언하면서(헌법12① 2문 후단) 강제수사에 관하여 적법절차의 원칙을 재차 확인하고 있다(헌법12③). 또한 형사소송법 제308조의2는 "적법한 절차에 따르지 아니하고 수집한 증거는 증거로 할 수 없다."고 규정하여 적법절차원칙의 구체적 실천방안을 마련하고 있다.

헌법과 형사소송법이 적법절차를 강조하고 있는 것은 국민의 기본적 인권이 수사기관의 강제처분에 의하여 가장 심각하게 침해될 수 있다는 현실적 인식에 바탕을 둔 것으로서 강제수사의 한계를 헌법적으로 천명한 것이라고 할 수 있다. 따라서 강제수사와 임의수사의 한계는 적법절차의 원칙과 관련하여 구하지 않으면 안 된다고 본다.

이러한 관점에서 볼 때 수사기관의 처분이 헌법상 개별적으로 명시된 기본권을 침해하거나, 또는 명시되지 아니하였더라도 법공동체가 공유하고 있는 최저한도의 기본적 인권마저도 침해할 우려가 있는 것인 때에는 강제처분으로 보아 영장주의를 비롯한 법적 규제를 받게 하고, 그와 같은 요구범위에 들지 않는다면 임의수사라고 보는 것이 타당하다고 생각된다. 이와 같이 적법절차의 원칙에서 요구되는 기본권 존중의 관점에서 강제수사와 임의수사를 구별하게 되면 강제수사를 형사소송법전에 규정되어 있는 수사처분에만 한정시키는 폐단을 방지할 수 있으며, 나아가 새로운 수사방법의 등장에 탄력적으로 대응할 수 있다.

2. 임의수사의 원칙

(1) 형사소송법의 규정

수사는 원칙적으로 임의수사에 의하고 강제수사는 법률에 규정된 경우에 한하여 예외적으로 허용된다는 원칙을 임의수사의 원칙이라고 한다(법199① 본문·단서). 임의수사의 원칙은 강제수사법정주의와 표리관계에 있다. 합목적성의 원리에 지배되기 쉬운 수사활동은 자칫하면 기본적 인권의 침해를 야기할 우려가 있으므로, 수사는 원칙적으로 임의수사에 의하고 강제수사는 예외적으로 형사소송법에 명문의 규정이 있는 경우에만 허용되어야 한다.

임의수사의 원칙은 임의수사라 할지라도 수사상 필요한 한도에서만 허용된다는 점에서 수사비례의 원칙도 그 내용으로 담고 있다. 헌법 제27조 제4항은 "형사피고인은 유죄의 판결이 확정될 때까지는 무죄로 추정된다."고 규정하고 있지만, 형사피의자 또한 유죄의 판결이 확정될 때까지는 무죄로 추정된다.[1] 형사소송법은 무죄추정의 원칙에서 유래하는 불구속수사의 원칙을 확립하기 위하여 제198조 제1항에서 "피의자에 대한 수사는 불구속상태에서 함을 원칙으로 한다."는 규정을 두고 있다.

형사소송법의 기본원칙인 적법절차의 원칙(헌법12① 2문 후단)에 비추어 볼 때 아무리 임의수사라 할지라도 수사기관은 최소한도의 법적 절차를 준수하지 않으면 안 된다. 따라서 검사, 사법경찰관리 그 밖에 직무상 수사에 관계있는 자는 피의자 또는 다른 사람의 인권을 존중하고 수사과정에서 취득한 비밀을 엄수하며 수사에 방해되는 일이 없도록 하여야 한다(법198②). 검사·사법경찰관리와 그 밖에 직무상 수사에 관계있는 자는 수사과정에서 수사와 관련하여 작성하거나 취득한 서류 또는 물건에 대한 목록을 빠짐없이 작성하여야 한다(동조③).

수사기관은 수사 중인 사건의 범죄 혐의를 밝히기 위한 목적으로 합리적인 근거 없이 별개의 사건을 부당하게 수사하여서는 아니 되고, 다른 사건의 수사를 통하여 확보된 증거 또는 자료를 내세워 관련 없는 사건에 대한 자백이나 진술을 강요하여서도 아니 된다(법198④).

(2) 수사준칙의 내용

검사와 사법경찰관은 수사를 할 때 수사 대상자의 자유로운 의사에 따른 임의수사를 원칙으로 해야 한다(수사준칙10① 전단). 수사준칙은 그 밖에도 수사기관이 수사를 할 때 지켜야 할 기본원칙들을 다음과 같이 규정하고 있다.

검사와 사법경찰관은 모든 수사과정에서 헌법과 법률에 따라 보장되는 피의자와 그 밖의 피해자·참고인 등의 권리를 보호하고, 적법한 절차에 따라야 한다(수사준칙3①). 검사와 사법경찰관은 예단이나 편견 없이 신속하게 수사해야 하고, 주어진 권한을 자의적으로 행사하거나 남용해서는 안 된다(수사준칙3②).

검사와 사법경찰관은 수사를 할 때 (가) 물적 증거를 기본으로 하여 객관적이고 신빙성 있는 증거를 발견하고 수집하기 위해 노력할 것, (나) 과학수사 기법과 관련 지식·기술 및

---

1) 1992. 1. 28. 91헌마111, 헌집 4, 51, 『안기부 수사관 접견참여 사건』.

자료를 충분히 활용하여 합리적으로 수사할 것, (다) 수사과정에서 선입견을 갖지 말고, 근거 없는 추측을 배제하며, 사건관계인의 진술을 과신하지 않도록 주의할 것에 유의하여 실체적 진실을 발견해야 한다(수사준칙3③). 검사와 사법경찰관은 다른 사건의 수사를 통해 확보된 증거 또는 자료를 내세워 관련이 없는 사건에 대한 자백이나 진술을 강요해서는 안 된다(수사준칙3④).

3. 강제수사법정주의

(1) 형사소송법의 내용

수사상 강제처분은 형사소송법에 특별한 규정이 없으면 하지 못한다는 원칙(법199① 단서 전단)을 강제수사법정주의라고 한다. 기본적 인권의 제약을 의미하는 강제수사는 형사소추권의 행사과정에서 불가피하게 발생하는 필요악이므로 이를 최소한으로 한정시키는 법적 규제장치가 필요하게 된다.

강제수사법정주의는 강제처분의 종류와 요건 및 절차를 형사소송법에 의하여 규정할 것을 요구하는 원칙이다. 따라서 강제수사는 형사소송법이 예정하고 있는 유형의 강제처분에 해당하고 형사소송법이 규정한 요건과 절차를 준수한 경우에 한하여 적법하게 된다. 그러나 강제수사법정주의를 이유로 하여 형사소송법이 규정하지 아니한 수사방법을 임의수사로서 적법하게 된다고 새겨서는 안 된다.

형사소송법이 예정하지 못하였던 새로운 수사방법이 사용되는 경우에 그것이 적법절차의 요청(헌법12① 2문·③)이 담보하는 최저한도의 기본권에 대한 침해를 야기한다면 그 수사방법은 강제수사라고 보아야 한다. 이 때에는 강제수사에 대한 법적 통제의 근거를 헌법상의 적법절차의 원칙(헌법12③)에서 직접 구해오지 않으면 안 된다.

형사소송법에 근거를 둔 강제수사라 할지라도 임의수사의 경우와 마찬가지로 그 구체적 실행과 기간 및 방법은 수사비례의 원칙에 따르지 않으면 안 된다. 따라서 체포·구속은 기대되는 형벌의 범위를 넘을 수 없고, 강제처분은 임의수사에 의하여서는 형사절차의 목적을 달성할 수 없는 경우에 필요최소의 한도 내에서만 허용되어야 한다. 이러한 요청을 분명히 하여 형사소송법은 "강제처분은 … 필요한 최소한도의 범위 안에서만 하여야 한다."고 규정하여(법199① 단서 후단) 강제수사비례의 원칙을 명시하고 있다.

(2) 수사준칙의 내용

수사준칙은 강제수사를 할 때 수사기관이 지켜야 할 유의사항을 다음과 같이 규정하고 있다. 강제수사는 법률에서 정한 바에 따라 필요한 경우에만 최소한의 범위에서 하되, 수사 대상자의 권익 침해의 정도가 더 적은 절차와 방법을 선택해야 한다(수사준칙10① 후단). 검사와 사법경찰관은 피의자를 체포·구속하는 과정에서 피의자 및 현장에 있는 가족 등 지인들의 인격과 명예를 침해하지 않도록 유의해야 한다(수사준칙10②). 검사와 사법경찰관은 압수·수색 과정에서 사생활의 비밀, 주거의 평온을 최대한 보장하고, 피의자 및 현장에 있는 가족 등 지인들의 인격과 명예를 침해하지 않도록 유의해야 한다(수사준칙10③).

제2　강제수사와 영장주의

1. 영장주의의 의의

(1) 영장주의와 법관의 영장

영장주의는 형사절차와 관련하여 체포·구속·압수·수색의 강제처분을 함에 있어서는 사법권 독립(헌법103)에 의하여 그 신분이 보장되는(헌법106) 법관이 발부한 영장에 의하지 않으면 안 된다는 원칙이다.[1]

우리 헌법은 제12조 제3항 본문에서 "체포·구속·압수 또는 수색을 할 때에는 적법한 절차에 따라 검사의 신청에 의하여 법관이 발부한 영장을 제시하여야 한다."고 규정하고, 제16조 제2문에서 "주거에 대한 압수나 수색을 할 때에는 검사의 신청에 의하여 법관이 발부한 영장을 제시하여야 한다."고 규정하여 영장주의를 헌법적 차원에서 보장하고 있다. 한편 형사소송법 제199조 제1항 단서는 "강제처분은 이 법률에 특별한 규정이 있는 경우에 한하며, 필요한 최소한도의 범위 안에서만 하여야 한다."고 규정하여 강제수사법정주의를 선언하고 있다.

영장주의의 본질은 강제수사의 필요에 대한 판단권한을 수사의 당사자가 아닌 인적·물적 독립을 보장받는 제삼자인 법관에게 유보하는 것이다. 영장주의는 법치국가의 사법질서 확립을 위하여 수사절차에서의 사법통제가 반드시 필요한 것임을 선언한 것이다.[2] 한편 우리 헌법은 법관의 영장발부에 앞서서 법률전문가인 검사의 영장신청을 거치도록 함으로써 강제처분에 대한 합법성 통제를 더욱 강화하고 있다.

헌법 제12조의 영장주의와 형사소송법 제199조 제1항 단서의 강제처분 법정주의는 수사기관의 증거수집뿐만 아니라 강제처분을 통하여 획득한 증거의 사용까지 아우르는 형사절차의 기본원칙이다. 따라서 수사기관은 (가) 영장 발부의 사유로 된 범죄 혐의사실과 관계가 없는 증거를 압수할 수 없고, (나) 별도의 영장을 발부받지 아니하고서는 압수물 또는 압수한

---

1) 2008. 1. 10. 2007헌마1468, 헌집 20-1, 1,『특별검사 동행명령 위헌결정 사건』.
2) 2012. 6. 27. 2011헌가36, 헌집 24-1하, 703,『모친상 구속집행정지 사건』.

정보를 그 압수의 근거가 된 압수수색영장 혐의사실과 관계가 없는 범죄의 유죄 증거로 사용할 수 없다.[1]

(2) 영장주의와 적법절차의 원칙

우리 헌법 제12조는 신체의 자유를 보장하기 위하여 인신구속에 관한 여러 규정을 두면서 제1항과 제3항에서 거듭하여 '적법절차'의 원칙을 강조하고 있다. 우리 헌법상 적법절차의 원칙은 국가작용으로서 기본권 제한과 관련되든 아니든 모든 입법작용 및 행정작용에 광범위하게 적용되는 원칙이다.[2]

적법절차원칙은 법률이 정한 형식적 절차와 실체적 내용이 모두 합리성과 정당성을 갖춘 적정한 것이어야 한다는 실질적 의미를 지니고 있다. 형사절차와 관련하여 적법절차는 형사절차의 전반을 기본권 보장의 측면에서 규율하여야 한다는 기본원리를 천명하고 있는 것으로 이해된다. 헌법 제12조 제1항은 적법절차원칙의 일반조항이다. 헌법 제12조 제3항의 적법절차원칙은 기본권 제한 정도가 가장 심한 형사상 강제처분의 영역에서 기본권을 더욱 강하게 보장하려는 의지를 담아 중복 규정된 것이다.[3]

우리 헌법이 제12조에서 적법절차의 원칙을 거듭하여 규정한 것은 법관이 인신구속에 관한 헌법과 법률의 규정을 해석·적용함에 있어 국가의 형벌권보다 개인의 인권옹호에 우위를 두고 헌법과 법률을 해석·적용함으로써 개인의 인신구속에 보다 신중을 기해야 한다는 취지를 갖는다.[4]

2. 영장주의의 구체적 내용

(1) 법관에 의한 영장발부의 원칙

수사기관이 강제처분을 하려면 법관이 발부한 영장에 의하여야 한다. 검사, 사법경찰관, 법원사무관, 사법보좌관 등은 영장을 발부할 수 없다. 법관이 아닌 특별검사가 동행명령장을 발부하도록 하고 정당한 사유 없이 이를 거부한 경우 벌금형에 처하도록 한 동행명령조항은 실질적으로는 참고인의 신체의 자유를 침해하여 지정된 장소에 인치하는 것과 마찬가지의 결과가 나타나도록 한 규정으로서 영장주의원칙(헌법12③)에 위반된다.[5]

---

1) 2023. 6. 1. 2018도18866, 공 2023하, 1159, 『군사기밀보호법위반죄 영장 관련성 사건』.
2) 2012. 6. 27. 2011헌가36, 헌집 24-1하, 703, 『모친상 구속집행정지 사건』.
3) 2012. 6. 27. 2011헌가36, 헌집 24-1하, 703, 『모친상 구속집행정지 사건』.
4) 2003. 11. 11. 2003모402, 공 2004, 271, 『재독 철학교수 사건』.
5) 2008. 1. 10. 2007헌마1468, 헌집 20-1, 1, 『특별검사 동행명령 위헌결정 사건』.

영장의 발부는 수사절차로부터 독립된 법관에 의한 재판의 일종으로 수사기관에 피의자에 대한 강제처분의 권한을 부여하고 피의자에게는 수사기관의 강제처분을 수인(受忍)할 의무를 부담하게 하는 효력을 지닌다.[1]

영장주의는 구속개시 시점에 있어서 신체의 자유에 대한 박탈의 허용만이 아니라 그 구속영장의 효력을 계속 유지할 것인지 아니면 정지 또는 실효시킬 것인지 여부의 결정도 오직 법관의 판단에 의하여만 결정되어야 한다는 것을 의미한다. 법원의 구속집행정지결정에 대하여 검사가 즉시항고할 수 있도록 한 구형소법 제101조 제3항은 영장주의에 반하여 위헌으로 선언되었고,[2] 2015년 형소법 일부개정에 의하여 삭제되었다.

(2) 사전영장의 원칙

법관에 의한 영장은 사전영장을 원칙으로 한다(헌법12③ 본문, 16). 그러나 현행범인인 경우와 장기 3년 이상의 형에 해당하는 죄를 범하고 도피 또는 증거인멸의 염려가 있는 때에는 사후에 영장을 청구할 수 있다(헌법12③ 단서). 사후영장에 의한 영장주의의 완화는 초동수사의 긴급성과 중범죄에 대한 효율적 범죄투쟁의 필요성 때문에 인정되고 있다. 그러나 긴급을 요하고 범죄의 혐의가 분명하다고 하더라도 사후적으로 법관의 영장을 필요로 한다는 점에서 사후영장에도 영장주의 정신이 관철되고 있다고 하겠다.

헌법은 현행범체포와 긴급체포의 경우에 사후에 영장을 청구할 수 있도록 규정하고 있다. 그런데 형사소송법은 현행범체포나 긴급체포의 경우에 독자적인 사후영장을 규정하고 있지 않다. 단지 48시간 이내의 구속영장 청구를 통하여 법관의 통제를 받도록 하고 있을 뿐이다(법200의4①, 213의2, 200의2⑤). 수사기관이 피의자를 현행범으로 체포하거나 긴급체포한 다음 48시간 이내에 석방하는 경우에는 영장을 통한 법관의 통제가 전혀 이루어지지 않는다. 이러한 입법상황이 영장주의에 위반되는 것이 아닌가 하는 의문이 제기된다.

헌법재판소는 현행 형사소송법이 현행범인 체포에 대해 사후 체포영장제도를 규정하지 않은 것과 체포 후 구속영장의 청구기간을 48시간까지 허용한 것이 헌법상 영장주의에 반하지 않는다는 입장을 취하고 있다.[3] 헌법재판소는 사후영장의 발부가 실무상 피의자, 수사기관 및 법원 모두에게 시간과 노력의 비경제적인 소모를 초래할 가능성이 있다는 점을 지적하면서, 현행 형사소송법에 나타난 입법자의 정책적 판단이 입법재량을 현저히 일탈한 것으로 보기는 어렵다고 판단하고 있다.

---

1) 2013. 3. 14. 2012도13611, 공 2013상, 703, 『바지 내리는 투숙객 사건』.
2) 2012. 6. 27. 2011헌가36, 헌집 24-1하, 703, 『모친상 구속집행정지 사건』.
3) 2012. 5. 31. 2010헌마672, 헌집 24-1하, 652, 『퇴거불응 현행범체포 사건』.

그러나 현행범체포 또는 긴급체포로부터 48시간 이내의 시점에서 법관의 영장을 통한 규제 없이 수사기관의 인신구속이 가능하도록 하는 현재의 입법상황을 두고 신체의 자유를 두텁게 보호하려는 헌법정신에 부합하는 것이라고 평가하기는 어렵다. 입법론적으로 빠른 시일 내에 사후영장의 정비가 이루어져야 할 것이다.

(3) 일반영장의 금지

법관이 발부하는 영장은 그 내용이 특정되어야 한다. 내용이 특정되지 아니한 영장을 일반영장 또는 포괄영장이라고 한다. 일반영장 내지 포괄영장의 발부는 금지된다. 범죄사실과 피의자는 물론 인치구금할 장소 등도 특정되어야 한다(법209, 75). 압수ㆍ수색의 대상도 구체적으로 특정되어야 한다. 입법자는 2011년 형사소송법 개정시에 압수ㆍ수색ㆍ검증영장의 발부에 '해당 사건과 관계가 있다고 인정될 수 있는 것에 한정하여'라는 요건을 추가하여 일반영장의 위험에 대처하려 하고 있다(법215① · ②).

「통신비밀보호법」은 통신의 특수성에 비추어 일정기간에 걸쳐 포괄적으로 통신제한조치를 허가하는 영장의 발부를 인정하고 있다(동법5, 6 참조). 통신제한조치의 하나로 전기통신의 감청이 있다(동법2 vii). 인터넷 통신망을 통한 송ㆍ수신은 전기통신에 해당한다. 인터넷상 신속하고 효율적인 다량의 정보 전송을 위하여 일정한 단위로 쪼개어져 포장된 최적ㆍ최소화한 데이터 단위를 패킷(packet)이라고 한다. 인터넷 통신망을 통하여 흐르는 전기신호 형태의 패킷을 중간에 확보하여 재조합 기술을 거쳐 그 내용을 지득하는 감청방식을 패킷 감청이라고 한다.

패킷 감청은 해당 인터넷회선을 통하여 흐르는 불특정 다수인의 모든 정보가 패킷 형태로 수집되어 일단 수사기관에 그대로 전송된다. 그러므로 다른 통신제한조치에 비하여 감청 집행을 통해 수사기관이 취득하는 자료가 비교할 수 없을 정도로 방대하다. 이러한 패킷 감청의 특성상 수사목적과 무관한 통신내용이나 제삼자의 통신내용이 감청될 우려가 매우 크다.

대법원은 패킷 감청의 특성상 수사목적과 무관한 통신내용이나 제삼자의 통신내용이 감청될 우려가 있어도 그 통신제한조치는 적법하다는 입장을 취한 바 있었다.[1] 그러나 2018년 헌법재판소는 「통신비밀보호법」 제5조 제2항 중 '인터넷회선을 통하여 송ㆍ수신하는 전기통신'에 관한 부분은 과잉금지원칙에 반하여 통신 및 사생활의 비밀과 자유를 침해한다는 이유로 헌법불합치결정을 내렸다.[2]

2020년 입법자는 「통신비밀보호법」 제12조의2를 신설하여 패킷감청 부분에 대한 영장

---

1) 2012. 10. 11. 2012도7455, 공 2012하, 1864, 『패킷 감청 사건』.
2) 2018. 8. 30. 2016헌마263, 헌집 30-2, 481, 『인터넷회선 감청 위헌확인 사건』.

주의의 통제를 강화하였다. 즉 검사 또는 사법경찰관이 인터넷 회선을 통하여 송신·수신하는 전기통신을 대상으로 통신제한조치(동법6) 또는 긴급통신제한조치(동법8, 5①)를 집행한 경우에 그 전기통신을 「통신비밀보호법」 제12조 제1호에 따라 범죄의 수사·소추·예방에 사용하거나 사용을 위하여 보관하고자 하는 때에는 집행종료일부터 14일 이내에 사용 또는 보관이 필요한 전기통신을 선별하여 통신제한조치를 허가한 법원에 사용 또는 보관의 승인을 청구하여야 한다(동법12의2① · ② 참조).[1]

(4) 영장제시 및 사본교부의 원칙

수사기관은 강제처분을 함에 있어서 법관이 발부한 영장을 반드시 제시하고 그 사본을 교부하여야 한다(헌법12③, 법85①, 200의6, 209, 118, 219, 수사준칙32의2, 38). 영장제시라는 특정한 형식을 거치도록 하는 것은 수사기관이 행하는 강제처분의 적법성을 시민에게 가시적으로 납득시킴과 동시에 수사기관의 강제처분 남용을 심리적으로 견제하는 이중의 효과가 있다. 이러한 점을 강조하여 형사소송법은 영장을 '반드시' 제시하여야 한다고 규정하고 있다(법85①, 200의6, 209, 118, 219). 이 경우 제시되는 영장은 원본이어야 하며 사본의 제시는 허용되지 않는다.[2]

2022년 입법자는 피고인의 방어권을 실질적으로 보장하기 위하여 기존의 영장제시 요건에 더하여 영장사본을 피고인에게 교부하도록 하는 요건을 추가하였다(법85①, 118①). 영장사본 교부의 요건은 형소법 제200조의6, 제209조, 제219조의 준용규정에 의하여 수사절차에도 적용된다.

체포·구속 현장에서의 권리고지를 가리켜서 미란다원칙의 고지 또는 미란다 고지라고 한다.[3] 수사기관이 체포영장을 소지하고 피의자를 체포하기 위해서는 (가) 체포영장을 피의자에게 제시하고(법200의6, 85①), (나) 피의사실의 요지, (다) 체포의 이유와 (라) 변호인을 선임할 수 있음을 말하고 (마) 변명할 기회를 주어야 한다(법200의5). 수사준칙은 여기에 더하여 (바) 진술거부권도 고지하도록 규정하고 있다(수사준칙32①).

이 경우 피의자에게 알려주어야 하는 진술거부권의 내용은 (ㄱ) 일체의 진술을 하지 아니하거나 개개의 질문에 대하여 진술을 하지 아니할 수 있다는 것, (ㄴ) 진술을 하지 아니하더라도 불이익을 받지 아니한다는 것, (ㄷ) 진술을 거부할 권리를 포기하고 행한 진술은 법정에서 유죄의 증거로 사용될 수 있다는 것이다(수사준칙32②, 법244의3① i, ii, iii).

---

1) 후술 335면 참조.
2) 2017. 9. 7. 2015도10648, [미간행], 『영장 사본 팩스 송신 사건』.
3) 2017. 9. 21. 2017도10866, 공 2017하, 2055, 『영장제시 요구 피의자 체포 사건』.

체포영장의 제시나 미란다 고지 등은 체포를 위한 실력행사에 들어가기 이전에 미리 하여야 하는 것이 원칙이다.[1] 그러나 달아나는 피의자를 쫓아가 붙들거나 폭력으로 대항하는 피의자를 실력으로 제압하는 경우에는 (가) 붙들거나 제압하는 과정에서 체포영장의 제시나 변호인선임권의 고지를 하거나, (나) 그것이 여의치 않은 경우에는 일단 붙들거나 제압한 후에 지체 없이 하여야 한다.[2]

피의자가 경찰관들과 마주하자마자 도망가려는 태도를 보이거나 먼저 폭력을 행사하며 대항한 바 없는 등 경찰관들이 체포를 위한 실력행사에 나아가기 전에 체포영장을 제시하고 미란다 원칙을 고지할 여유가 있었음에도 애초부터 미란다 원칙을 체포 후에 고지할 생각으로 먼저 체포행위에 나선 경찰관들의 행위는 적법한 공무집행에 해당하지 않는다.[3]

압수·수색영장은 처분을 받는 자에게 반드시 제시하고, 처분을 받는 자가 피의자·피고인인 경우에는 그 사본을 교부하여야 한다. 다만, (가) 처분을 받는 자가 현장에 없는 등 영장의 제시나 그 사본의 교부가 현실적으로 불가능한 경우 또는 (나) 처분을 받는 자가 영장의 제시나 사본의 교부를 거부한 때에는 예외로 한다(법219, 118, 수사준칙38①). (가)의 예외인정은 영장제시의 원칙 영장제시가 현실적으로 가능한 상황을 전제로 하기 때문이다. 압수수색영장의 피처분자가 현장에 없거나 현장에서 그를 발견할 수 없는 경우 등 영장제시가 현실적으로 불가능한 경우에는 영장을 제시하지 아니한 채 압수·수색을 하더라도 위법하다고 볼 수 없다.[4]

현장에서 압수·수색을 당하는 사람이 여러 명일 경우에는 그 사람들 모두에게 개별적으로 영장을 제시·교부해야 하는 것이 원칙이다(수사준칙38②). 수사기관이 압수·수색에 착수하면서 그 장소의 관리책임자에게 영장을 제시하였다고 하더라도, 물건을 소지하고 있는 다른 사람으로부터 이를 압수하고자 하는 때에는 그 사람에게 따로 영장을 제시하여야 한다.[5]

체포영장 또는 구속영장을 집행함에 있어서 수사기관이 영장을 소지하지 아니한 경우에 급속을 요하는 때에는 피의자에 대하여 범죄사실의 요지와 영장이 발부되었음을 고하고 집행할 수 있다(법85③, 200의6, 209). 그러나 이 경우에도 체포영장 또는 구속영장의 집행을 완료한 후에는 신속히 체포영장 또는 구속영장을 제시하고 그 사본을 교부하여야 한다(법85④, 200의6, 209).

---

1) 2017. 9. 21. 2017도10866, 공 2017하, 2055, 『영장제시 요구 피의자 체포 사건』.
2) 2017. 9. 21. 2017도10866, 공 2017하, 2055, 『영장제시 요구 피의자 체포 사건』.
3) 2017. 9. 21. 2017도10866, 공 2017하, 2055, 『영장제시 요구 피의자 체포 사건』.
4) 2015. 1. 22. 2014도10978 전원합의체 판결, 공 2015상, 357, 『RO 강연회 비밀녹음 사건』.
5) 2009. 3. 12. 2008도763, 공 2009상, 503, 『제주지사실 압수수색 사건 2』.

영장이 발부되어 있는 경우에 수사기관이 영장을 집행할 때에는 사전에 영장의 원본을 처분을 받는 자에게 제시하는 것이 원칙이다.[1] 다만 판례는 금융계좌추적용 압수수색영장을 집행할 때 예외적으로 사후에 영장을 제시할 수 있는 여지를 인정하고 있다.

일선 수사실무를 보면, 금융계좌추적용 압수수색영장의 집행에 있어서 (가) 검찰이 형사사법정보통신망을 통해 여러 금융기관에 금융거래정보 제공요구서, 영장 사본 및 수사관 신분증 사본을 전자팩스 방식으로 송신하고 (나) 금융기관으로부터 이메일이나 팩스로 금융거래자료를 수신하여, (다) 수신한 금융거래자료를 분석한 후 최종적으로 사건과 관련된 선별자료목록을 작성한 다음 (라) 금융기관에 직접 방문하여 영장 원본을 제시하고 선별자료를 저장매체에 저장하는 한편 압수목록을 교부하고 압수조서를 작성하는 집행 방법이 활용되고 있다.

이러한 영장의 집행방법에 대해 판례는 엄격한 요건을 설정하여 예외적으로 압수·수색영장의 사후제시를 허용하고 있다. 즉, 판례는 (가) 금융기관으로부터 회신받은 금융거래자료가 해당 영장의 집행 대상과 범위에 포함되어 있고, (나) 이러한 모사전송 내지 전자적 송수신방식의 금융거래정보 제공요구 및 자료 회신의 전 과정이 해당 금융기관의 자발적 협조의사에 따른 것이며, (다) 그 자료 중 범죄혐의사실과 관련된 금융거래를 선별하는 절차를 거친 후 (라) 최종적으로 영장 원본을 제시하고 위와 같이 선별된 금융거래자료에 대한 압수절차가 집행된 경우로서, (마) 그 과정이 금융실명법에서 정한 방식에 따라 이루어지고 (바) 달리 적법절차와 영장주의 원칙을 잠탈하기 위한 의도에서 이루어진 것이라고 볼 만한 사정이 없어, 이러한 일련의 과정을 전체적으로 '하나의 영장에 기하여 적시에 원본을 제시하고 이를 토대로 압수·수색하는 것'으로 평가할 수 있는 경우에 한하여, 예외적으로 영장의 적법한 집행 방법에 해당한다고 볼 수 있다는 입장을 취하고 있다.[2]

(5) 영장주의 위반과 위법수집증거배제법칙

적법한 절차에 따르지 아니하고 수집한 증거는 증거로 할 수 없다(법308의2). 헌법과 형사소송법이 정한 영장주의에 따르지 아니하고 수집한 증거는 물론 이를 기초로 하여 획득한 이차적 증거 역시 기본적 인권 보장을 위해 마련된 적법한 절차에 따르지 않은 것으로서 원칙적으로 유죄 인정의 증거로 삼을 수 없다.[3]

다만, 그 증거의 증거능력을 배제하는 것이 헌법과 형사소송법이 형사소송에 관한 절차 조항을 마련하여 적법절차의 원칙과 실체적 진실규명의 조화를 도모하고 이를 통하여 형사사

[1] 2022. 1. 27. 2021도11170, 공 2022상, 486, 『강사용 PC 임의제출 사건』.
[2] 2022. 1. 27. 2021도11170, 공 2022상, 486, 『강사용 PC 임의제출 사건』.
[3] 2007. 11. 15. 2007도3061 전원합의체 판결, 공 2007하, 1974, 『제주지사실 압수수색 사건』.

법 정의를 실현하려고 한 취지에 반하는 결과를 초래하는 것으로 평가되는 예외적인 경우라면, 법원은 예외적으로 그 증거를 유죄 인정의 증거로 사용할 수 있다.[1]

3. 영장주의의 한계영역

(1) 임의동행과 영장주의

(가) 의 의   임의동행이란 수사기관이 범죄용의자나 피의자의 동의를 근거로 이들과 함께 수사관서로 가는 수사방법을 말한다.

임의동행은 「경찰관 직무집행법」 제3조 제2항에 따른 동행요구의 형태로 이루어지기도 한다. 「경찰관 직무집행법」에 따른 동행요구는 행정경찰 목적의 경찰활동으로 행하여지는 것이다.[2] 이 경우 경찰관은 동행한 사람을 6시간을 초과하여 경찰관서에 머물게 할 수 없다(동법3⑥).

한편 임의동행은 형사소송법 제199조 제1항 본문에 따라 범죄수사를 위하여 이루어지기도 한다.[3] 검찰·경찰의 수사권조정에 따라 경찰에 일차 수사권이 부여되면서(법197①, 검찰청법4①ⅰ단서) 형소법 제199조 제1항 본문에 따른 임의동행의 문제점이 한층 강하게 부각되고 있다. 경찰에 일차 수사권이 부여되어 있음에도 불구하고 사법경찰관이 신체구속을 수반하는 강제수사를 하려면 검사에게 영장을 신청해야 한다(헌법12③, 법200의2①, 201①). 이 때문에 사법경찰관은 영장신청의 번거로움을 피하기 위하여 임의동행의 형식을 취할 가능성이 높아진다.

수사권과 관련한 검찰·경찰의 관계가 상호협력 관계로 조정되면서 대통령령으로 「검사와 사법경찰관의 상호협력과 일반적 수사준칙에 관한 규정」(수사준칙)이 제정되었다. 수사준칙 제16조는 검사 또는 사법경찰관이 일정한 행위에 착수한 때를 수사개시가 있는 것으로 보고 있는데, 그 가운데 하나로 피혐의자의 수사기관 출석조사가 있다(동조①ⅰ). 임의동행은 피혐의자의 수사기관 출석조사에 해당한다. 검사 또는 사법경찰관은 피혐의자의 수사기관 출석조사가 있는 경우 해당 사건을 즉시 입건해야 한다(동조① 2문).

임의동행은 피의자신문의 목적으로 행하여지는 경우가 많지만, 불구속피의자에 대한 조사 이외에 보호실유치와 결합하여 구속영장발부의 대기 및 영장집행을 위한 신병확보의 목적으로 행해지는 경우도 배제할 수 없다. 임의동행은 동의라는 형식에도 불구하고 수사기관의 임의동행 요청이 있으면 상대방이 심리적으로 위축되어 사실상 동행요구를 거절하기 곤란하다는 점에서 강제수사로서의 측면을 강하게 가지고 있다.

---

1) 2007. 11. 15. 2007도3061 전원합의체 판결, 공 2007하, 1974, 『제주지사실 압수수색 사건』.
2) 2020. 5. 14. 2020도398, 공 2020하, 1141, 『마약투약 혐의자 임의동행 사건』.
3) 2020. 5. 14. 2020도398, 공 2020하, 1141, 『마약투약 혐의자 임의동행 사건』.

(나) 한 계   임의동행이 과연 적법한 것인가 하는 문제를 놓고 견해가 나뉘고 있다. 임의동행의 적법성 논쟁은 구체적으로 임의동행을 형사소송법 제199조 제1항 본문이 예정하고 있는 임의수사의 일종으로 볼 것인가 하는 형태로 나타난다.

판례는 임의동행을 원칙적으로 강제수사라고 보고 있다. 판례는 임의동행에 대해, 상대방의 신체의 자유가 현실적으로 제한되어 실질적으로 체포와 유사한 상태에 놓이게 됨에도 영장에 의하지 아니하고 그 밖에 강제성을 띤 동행을 억제할 방법도 없어서 제도적으로는 물론 현실적으로도 임의성이 보장되지 않는다고 판단하고 있다. 또한 판례는 임의동행이 아직 정식의 체포·구속단계 이전이라는 이유로 상대방에게 헌법 및 형사소송법이 체포·구속된 피의자에게 부여하는 각종의 권리보장 장치가 제공되지 않는 등 형사소송법의 원리에 반하는 결과를 초래할 가능성이 크다는 점을 지적하고 있다.[1]

한편 판례는 일부 제한적으로 임의동행의 가능성을 열어놓고 있다. 판례는 (가) 수사관이 동행에 앞서 피의자에게 동행을 거부할 수 있음을 알려 주었거나 (나) 동행한 피의자가 언제든지 자유로이 동행과정에서 이탈하거나 (다) 동행장소로부터 퇴거할 수 있었음이 인정되는 등 오로지 피의자의 자발적인 의사에 의하여 수사관서 등에의 동행이 이루어졌음이 '객관적인 사정'에 의하여 '명백하게 입증'된 경우에 한하여 예외적으로 임의동행의 적법성을 인정하고 있다.[2][3]

수사준칙은 임의동행 시의 고지에 대해 규정하고 있다. 검사 또는 사법경찰관은 임의동행을 요구하는 경우 (가) 상대방에게 동행을 거부할 수 있다는 것과, (나) 동행하는 경우에도 언제든지 자유롭게 동행 과정에서 이탈하거나, (다) 동행 장소에서 퇴거할 수 있다는 것을 알려야 한다(수사준칙20).

(다) 법적 효과   피의자가 동행을 거부하는 의사를 표시하였음에도 불구하고 경찰관이 영장에 의하지 아니하고 피의자를 강제로 연행하는 행위는 수사상의 강제처분에 관한 형사소송법상의 절차를 무시한 채 이루어진 것으로 위법한 체포에 해당한다.[4] 위의 예외적 허용 요건을 갖추지 못한 임의동행은 강제연행이다.

강제연행의 위법한 체포상태에서 마약투약 혐의를 확인하기 위한 채뇨요구가 이루어진 경우, 채뇨요구를 위한 위법한 체포와 그에 이은 채뇨요구는 마약투약이라는 범죄행위에 대한 증거수집을 위하여 연속하여 이루어진 것으로서 개별적으로 그 적법 여부를 평가하는 것은

---

1) 2006. 7. 6. 2005도6810, 공 2006, 1572, 『피의자 도주죄 사건』.
2) 2006. 7. 6. 2005도6810, 공 2006, 1572, 『피의자 도주죄 사건』.
3) 2020. 5. 14. 2020도398, 공 2020하, 1141, 『마약투약 혐의자 임의동행 사건』.
4) 2013. 3. 14. 2012도13611, 공 2013상, 703, 『바지 내리는 투숙객 사건』.

적절하지 아니하므로 그 일련의 과정을 전체적으로 보아 위법한 채뇨요구가 있었던 것으로 보아야 한다.[1]

(2) 지문채취와 영장주의

영장 없이 피의자의 지문을 채취하는 것이 영장주의에 위반하는 것이 아닌지 문제된다. 이 문제에 대해 헌법재판소는 다음의 판단기준을 제시하고 있다.[2]

첫째로, 피의자가 사법경찰관 및 검사의 지문채취에 동의하는 경우에 지문채취는 임의수사로서 법률상 특별한 규정 없이도 허용된다(법199① 본문).

둘째로, 수사기관은 법관의 검증영장(법215① · ②)을 발부받은 후 그 검증영장에 기하여 피의자의 손을 잡아 강제로 펴서 지문을 찍도록 할 수 있다.

셋째로, 체포 · 구속시에 부수되어 이루어지는 직접강제의 일환으로 피의자의 손을 잡아 강제로 펴서 지문을 찍게 할 수 있다.

넷째로, 지문채취 불응자에게 「경범죄 처벌법」상의 벌칙(동법3① 34호)을 과하여 간접적으로 지문채취에 응하도록 할 수 있다. 「경범죄 처벌법」상의 벌칙규정을 통한 지문채취의 강요는 영장주의에 의해야 할 강제처분에 해당하지 않는다.

다섯째로, 체포 또는 구속되지 않는 피의자에 대하여 법관이 발부한 영장 없이 직접 물리력을 사용하여 강제로 지문을 채취하는 것은 허용되지 않는다.

(3) 사진촬영 및 녹음과 영장주의

(가) 수사기관의 사진촬영　　범죄수사를 위한 수사기관의 사진촬영 행위가 영장 없이 허용될 것인지 문제된다. 이 문제는 촬영자인 수사기관과 피촬영자인 시민의 입장에서 각각 검토할 필요가 있다.

먼저, 수사기관의 입장에서 본다. 범죄수사를 위한 촬영행위와 관련하여 형사소송법 등에 구체적이고 명확한 근거규정은 없다. 그러나 사법경찰관은 범죄의 혐의가 있다고 사료하는 때에는 범인, 범죄사실과 증거에 관하여 수사를 해야 하고(법197①), 수사목적을 달성하기 위해 필요한 조사를 할 수 있다(199① 본문). 이렇게 보면 수사기관은 영장주의의 제한을 받지 않고 범죄수사를 위한 촬영행위를 할 수 있는 것처럼 생각된다.

다음으로, 피촬영자인 시민의 입장에서 본다. 사람은 자신의 의사에 반하여 얼굴을 비롯하여 일반적으로 특정인임을 식별할 수 있는 신체적 특징에 관하여 함부로 촬영당하지 아니

---

1) 2013. 3. 14. 2012도13611, 공 2013상, 703, 『바지 내리는 투숙객 사건』.
2) 2004. 9. 23. 2002헌가17, 헌집 16-2상, 379, 『지문 거부 즉결심판 사건』.

할 권리를 가진다. 이 권리는 헌법 제10조로부터 도출되는 초상권을 포함한 일반적 인격권에 기초한다.[1] 또한 사람은 개인정보자기결정권을 가진다. 개인정보자기결정권은 자신에 관한 정보가 언제 누구에게 어느 범위까지 알려지고 또 이용되도록 할 것인지를 그 정보주체가 스스로 결정할 수 있는 권리이다. 개인정보자기결정권의 보호대상이 되는 개인정보는 개인의 신체, 신념, 사회적 지위, 신분 등과 같이 개인의 인격주체성을 특징짓는 사항으로서 개인의 동일성을 식별할 수 있게 하는 일체의 정보이다. 개인정보를 대상으로 한 조사·수집·보관·처리·이용 등의 행위는 원칙적으로 개인정보자기결정권에 대한 제한에 해당한다.[2]

여기에서 양자의 입장을 절충할 필요가 있다. 이와 관련하여 판례는 다음의 기준을 제시하고 있다. 수사기관의 촬영행위는 일반적 인격권, 개인정보자기결정권 등 기본권 제한을 수반하는 것이므로 필요최소한에 그쳐야 한다(법199① 단서 참조). 따라서 범죄수사를 위한 수사기관의 촬영행위는 (가) 현재 범행이 이루어지고 있거나 행하여진 직후이고, (나) 증거보전의 필요성 및 긴급성이 있으며, (다) 일반적으로 허용되는 상당한 방법에 의한 경우로 제한되어야 한다. 그러한 경우라면 그 촬영행위가 영장 없이 이루어졌다 하더라도 위법하다고 할 수 없다.[3]

수사기관의 촬영행위는 일반적으로 허용되는 상당한 방법에 의하여야 한다. 수사기관이 비디오 촬영[4]이나 동영상 촬영[5] 등 일반적인 카메라 촬영방법으로 타인의 모습을 촬영하는 것은 일반적으로 허용되는 상당한 방법에 해당한다. 그러나 수사기관이 영장 없이 특별한 네트워크 카메라 장비를 미리 설치하여 피의자를 몰래 촬영하는 행위는 수사의 비례성·상당성 원칙과 영장주의 등을 위반한 것이다. 그러므로 그로 인해 취득한 영상물 등의 증거는 증거능력이 없다.[6]

수사기관이 범죄를 수사하면서 불특정, 다수의 출입이 가능한 장소에 통상적인 방법으로 출입하여 아무런 물리력이나 강제력을 행사하지 않고 통상적인 방법으로 위법행위를 확인하는 것은 특별한 사정이 없는 한 임의수사의 한 방법으로서 허용되므로 영장 없이 사진촬영이 이루어졌다고 하여 위법하다고 할 수 없다.[7][8] 「식품위생법」 등에 의하여 행정조사의 권한

---

1) 2018. 8. 30. 2014헌마843, 헌집 30-2, 404, 『집회 행진 채증활동규칙 사건』.
2) 2018. 8. 30. 2014헌마843, 헌집 30-2, 404, 『집회 행진 채증활동규칙 사건』.
3) 2018. 8. 30. 2014헌마843, 헌집 30-2, 404, 『집회 행진 채증활동규칙 사건』.
4) 1999. 9. 3. 99도2317, 공 1999, 2140, 『영남위원회 사건』.
5) 2013. 7. 26. 2013도2511, 공 2013하, 1659, 『북한공작원 동영상 촬영 사건』.
6) 2017. 11. 29. 2017도9747, 공 2018상, 105, 『네트워크 카메라 태블릿 촬영 사건』.
7) 2023. 7. 13. 2019도7891, 판례속보, 『춤추는 손님 촬영 사건』.
8) 2023. 4. 27. 2018도8161, 공 2023상, 963, 『나이트클럽 공연 촬영 사건』.

을 가진 공무원이 특별사법경찰관리로 지명된 경우에 범죄수사를 위하여 음식점 등 영업소에 출입하여 사진촬영을 하는 경우에 증표 제시 등 관련법률이 규정한 행정조사절차를 절차를 준수하지 않았다고 하여 그 사진촬영행위를 위법하다고 할 수 없다.[1]

(나) 무인 카메라에 의한 사진촬영   무인 카메라에 의한 사진촬영은 (가) 범죄가 현재 행하여지고 있고, (나) 그 범죄의 성질·태양으로 보아 긴급하게 증거보전을 할 필요가 있는 상태에서 (다) 일반적으로 허용되는 한도를 넘지 않는 상당한 방법에 의한 것이라고 판단되면 영장 없이도 허용된다.

무인장비에 의한 제한속도 위반차량 단속은 (가) 제한속도를 위반하여 차량을 주행하는 범죄가 현재 행하여지고 있고, (나) 그 범죄의 성질·태양으로 보아 긴급하게 증거보전을 할 필요가 있는 상태에서, (다) 일반적으로 허용되는 한도를 넘지 않는 상당한 방법에 의한 것이라고 판단된다. 그러므로 무인장치를 통하여 피의자 운전 차량의 차량번호 등을 촬영한 사진을 두고 위법하게 수집된 증거로서 증거능력이 없다고 말할 수 없다.[2]

(다) 수사기관의 비밀녹음   수사기관이 적법한 절차와 방법에 따라 범죄를 수사하면서 (가) 현재 그 범행이 행하여지고 있거나 행하여진 직후이고, (나) 증거보전의 필요성 및 긴급성이 있으며, (다) 일반적으로 허용되는 상당한 방법으로 범행현장에서 현행범인 등 관련자들과 수사기관의 대화를 녹음한 경우라면, 위 녹음이 영장 없이 이루어졌다 하여 이를 위법하다고 단정할 수 없다.[3]

이는 설령 그 녹음이 행하여지고 있는 사실을 현장에 있던 대화상대방, 즉 현행범인 등 관련자들이 인식하지 못하고 있었더라도, 「통신비밀보호법」 제3조 제1항이 금지하는 공개되지 아니한 타인간의 대화를 녹음한 경우에 해당하지 않는 이상 마찬가지이다.[4]

다만 수사기관이 일반적으로 허용되는 상당한 방법으로 녹음하였는지 여부는 수사기관이 녹음장소에 통상적인 방법으로 출입하였는지, 녹음의 내용이 대화의 비밀 내지 사생활의 비밀과 자유 등에 대한 보호가 합리적으로 기대되는 영역에 속하는지 등을 종합적으로 고려하여 신중하게 판단하여야 한다.[5]

(라) 경찰착용기록장치   2024년 입법자는 「경찰관 직무집행법」을 개정하여 경찰착용기록장치의 사용에 관한 법적 근거를 마련하였다. 경찰착용기록장치란 경찰관이 신체에 착용 또

---

1) 2023. 7. 13. 2021도10763, 공 2023하, 1494, 『음향장치 음식점 단속 사건』.
2) 1999. 12. 7. 98도3329, 공 2000, 240, 『무인 카메라 사건』.
3) 2024. 5. 30. 2020도9370, 공 2024하, 1045, 『성매매업소 비밀녹음 사건』.
4) 2024. 5. 30. 2020도9370, 공 2024하, 1045, 『성매매업소 비밀녹음 사건』.
5) 2024. 5. 30. 2020도9370, 공 2024하, 1045, 『성매매업소 비밀녹음 사건』.

는 휴대하여 직무수행 과정을 근거리에서 영상·음성으로 기록할 수 있는 기록장치 또는 그 밖에 이와 유사한 기능을 갖춘 기계장치를 말한다(경직법10의5②). 경찰착용기록장치의 사용은 경찰작용의 여러 영역에 걸쳐서 허용되는데(경직법10의5① 참조), 특히 사법경찰작용, 즉 범죄수사와 관련하여 사용이 허용되는 경우는 다음과 같다.

① 경찰관이 형사소송법 제200조의2[체포영장에 의한 체포], 제200조의3[긴급체포], 제201조[구속] 또는 제212조[현행범인의 체포]에 따라 피의자를 체포 또는 구속하는 경우 (1호)

② (가) 범죄 수사를 위하여 필요한 경우로서 (나) 범행 중이거나 범행 직전 또는 직후일 것 및 (다) 증거보전의 필요성 및 긴급성이 있을 것의 요건을 모두 갖춘 경우 (2호)

경찰관이 경찰착용기록장치를 사용하여 기록하는 경우로서 이동형 영상정보처리기기로 사람 또는 그 사람과 관련된 사물의 영상을 촬영하는 때에는 불빛, 소리, 안내판 등 대통령령으로 정하는 바에 따라 촬영 사실을 표시하고 알려야 한다(경직법10의6①). 경찰착용기록장치의 사용이 허용되는 경우(경직법10의5① 참조)로서 불가피하게 경찰착용기록장치 사용 고지가 곤란한 경우에는 영상음성기록을 전송·저장하는 때(동조③)에 그 고지를 못한 사유를 기록하는 것으로 대체할 수 있다.

경찰청장 및 해양경찰청장은 경찰착용기록장치로 기록한 영상·음성을 저장하고 데이터베이스로 관리하는 영상음성기록정보 관리체계를 구축·운영하여야 한다(경직법10의7). 경찰착용기록장치로 기록을 마친 영상음성기록은 지체 없이 영상음성기록정보 관리체계를 이용하여 영상음성기록정보 데이터베이스에 전송·저장하도록 하여야 하며, 영상음성기록을 임의로 편집·복사하거나 삭제하여서는 아니 된다(경직법10의5③). 그 밖에 경찰착용기록장치의 사용 기준 및 관리 등에 필요한 사항은 대통령령으로 정한다(동조④).

(4) 강제채뇨와 영장주의

(가) 의 의   강제채뇨는 피의자가 임의로 소변을 제출하지 않는 경우 피의자에 대하여 강제력을 사용해서 도뇨관(catheter)을 요도를 통하여 방광에 삽입한 뒤 체내에 있는 소변을 배출시켜 소변을 취득·보관하는 행위이다. 수사기관이 범죄 증거를 수집할 목적으로 행하는 강제채뇨는 피의자의 신체에 직접적인 작용을 수반할 뿐만 아니라 피의자에게 신체적 고통이나 장애를 초래하거나 수치심이나 굴욕감을 줄 수 있다.[1]

강제채뇨는 (가) 피의자에게 범죄 혐의가 있고 그 범죄가 중대한지, (나) 소변성분 분석을

---

1) 2018. 7. 12. 2018도6219, 공 2018하, 1686, 『마약사범 강제채뇨 사건』.

통해서 범죄 혐의를 밝힐 수 있는지, (다) 범죄 증거를 수집하기 위하여 피의자의 신체에서 소변을 확보하는 것이 필요한 것인지, (라) 채뇨가 아닌 다른 수단으로는 증명이 곤란한지 등을 고려하여 (마) 범죄 수사를 위해서 강제채뇨가 부득이하다고 인정되는 경우에 최후의 수단으로 적법한 절차에 따라 허용된다.[1]

강제채뇨를 하는 경우 수사기관은 의사, 간호사, 그 밖의 숙련된 의료인 등으로 하여금 소변 채취에 적합한 의료장비와 시설을 갖춘 곳에서 피의자의 신체와 건강을 해칠 위험이 적고 피의자의 굴욕감 등을 최소화하는 방법으로 소변을 채취하게 하여야 한다.[2]

(나) 감정허가장   수사기관이 범죄 증거를 수집할 목적으로 피의자의 동의 없이 피의자의 소변을 채취하는 것은 강제수사에 해당한다. 따라서 강제채뇨에는 법원의 영장이 필요하다. 이를 위한 영장의 하나로 감정허가장(법221의4③)이 있다.

수사기관은 판사로부터 감정허가장을 받아 형소법 제221조의4 제1항, 제173조 제1항에서 정한 '감정에 필요한 처분'의 일환으로 강제채뇨를 할 수 있다. 피의자를 병원 등에 유치할 필요가 있는 경우에는 형소법 제221조의3에 따라 판사로부터 감정유치장을 받아야 한다.[3]

(다) 압수수색영장   강제채뇨는 형사소송법 제219조, 제106조 제1항, 제109조에 따른 압수·수색의 방법으로도 할 수 있다. 강제채뇨를 위한 압수·수색의 경우에도 수사기관은 원칙적으로 형사소송법 제215조에 따라 판사로부터 압수수색영장을 적법하게 발부받아 집행해야 한다.[4]

(라) 유형력의 행사   압수·수색의 방법으로 소변을 채취하는 경우에 압수대상물인 피의자의 소변을 확보하기 위한 수사기관의 노력에도 불구하고, 피의자가 인근 병원 응급실 등 소변 채취에 적합한 장소로 이동하는 것에 동의하지 않거나 저항하는 등 임의동행을 기대할 수 없는 사정이 있는 때가 있다. 이러한 때에는 수사기관으로서는 소변 채취에 적합한 장소로 피의자를 데려가기 위해서 필요 최소한의 유형력을 행사하는 것이 허용된다.[5]

이 경우 유형력의 행사는 형소법 제219조, 제120조 제1항에서 정한 '압수·수색영장의 집행에 필요한 처분'에 해당한다. 이를 허용하지 않으면 피의자의 신체와 건강을 해칠 위험이 적고 피의자의 굴욕감을 최소화하기 위하여 마련된 절차에 따른 강제채뇨가 불가능하여 압수영장의 목적을 달성할 방법이 없기 때문이다.[6]

---

1) 2018. 7. 12. 2018도6219, 공 2018하, 1686, 『마약사범 강제채뇨 사건』.
2) 2018. 7. 12. 2018도6219, 공 2018하, 1686, 『마약사범 강제채뇨 사건』.
3) 2018. 7. 12. 2018도6219, 공 2018하, 1686, 『마약사범 강제채뇨 사건』.
4) 2018. 7. 12. 2018도6219, 공 2018하, 1686, 『마약사범 강제채뇨 사건』.
5) 2018. 7. 12. 2018도6219, 공 2018하, 1686, 『마약사범 강제채뇨 사건』.
6) 2018. 7. 12. 2018도6219, 공 2018하, 1686, 『마약사범 강제채뇨 사건』.

「경찰관 직무집행법」(동법10①, 10의2① · ② 참조)에 따르면, 경찰관은 직무수행 중 자신이나 다른 사람의 생명 · 신체의 방어와 보호, 공무집행에 대한 항거 제지를 위하여 필요하다고 인정되는 상당한 이유가 있을 때에는 그 사태를 합리적으로 판단하여 필요한 한도에서 수갑, 포승, 경찰봉, 방패 등 경찰장구를 사용할 수 있다. 경찰관이 강제채뇨를 위한 압수영장을 집행하기 위하여 피의자를 인근 병원 응급실로 데리고 가는 과정에서 공무집행에 항거하는 피의자를 제지하고 자해 위험을 방지하기 위해 수갑과 포승을 사용하는 것은 「경찰관 직무집행법」에 따라 허용되는 경찰장구의 사용으로서 적법하다.[1]

(5) 호흡측정기에 의한 음주측정

경찰공무원은 (가) 교통의 안전과 위험방지를 위하여 필요하다고 인정하거나, (나) 음주운전 금지규정(도로교통법44①)에 위반하여 술에 취한 상태에서 자동차 등을 운전하였다고 인정할 만한 상당한 이유가 있는 경우에는 운전자가 술에 취하였는지를 호흡조사로 측정할 수 있다. 이 경우 운전자는 경찰공무원의 측정에 응하여야 한다(도로교통법44②).

경찰공무원이 운전자가 술에 취하였는지를 알아보기 위하여 실시하는 측정은 호흡을 채취하여 그로부터 주취의 정도를 객관적으로 환산하는 측정방법, 즉 음주측정기에 의한 측정으로 이해해야 한다.[2]

경찰공무원은 음주 여부나 주취 정도를 측정하는 경우에 합리적으로 필요한 한도 내에서 그 측정방법이나 측정횟수에 관하여 어느 정도 재량을 갖는다.[3] 따라서 경찰공무원은 운전자의 음주 여부나 주취 정도를 확인하기 위하여 운전자에게 음주측정기를 면전에 제시하면서 호흡을 불어넣을 것을 요구하는 것 이외에 그 사전절차로서 음주감지기에 의한 시험도 요구할 수 있다.[4]

혈중알코올농도 측정을 위한 음주측정은 (가) 음주하고 운전한 직후에 이루어지는 경우와 (나) 일정 시간이 경과한 후에 이루어지는 경우로 나누어 볼 수 있다. (나)의 경우에는 이른바 위드마크(Widmark) 공식을 사용하여 수학적 방법에 따른 계산결과로 운전 당시의 혈중알코올농도를 추정하게 된다. (나)의 경우, 즉 운전시부터 일정한 시간이 경과한 후에 음주측정기(혈액채취 포함) 등에 의하여 측정한 혈중알코올농도는 운전시가 아닌 측정시의 수치에 지나지 아니하므로 운전시의 혈중알코올농도를 구하기 위하여는 여기에 운전시부터 측정시까지의 알코

---

1) 2018. 7. 12. 2018도6219, 공 2018하, 1686, 『마약사범 강제채뇨 사건』.
2) 2017. 6. 8. 2016도16121, 공 2017하, 1496, 『음주감지기 시험 요구 사건』.
3) 2017. 6. 8. 2016도16121, 공 2017하, 1496, 『음주감지기 시험 요구 사건』.
4) 2017. 6. 8. 2016도16121, 공 2017하, 1496, 『음주감지기 시험 요구 사건』.

올분해량을 더하는 방식이 사용된다.[1]

일반적으로 범죄구성요건 사실의 존부를 알아내기 위하여 위드마크 공식과 같은 과학공식 등의 경험칙을 이용하는 경우에는 그 법칙 적용의 전제가 되는 개별적이고 구체적인 사실에 관하여 엄격한 증명을 요한다. 시간의 경과에 의한 알코올의 분해소멸에 관해서는 평소의 음주정도, 체질, 음주속도, 음주 후 신체활동의 정도 등이 시간당 알코올분해량에 영향을 미칠 수 있으므로, 특별한 사정이 없는 한 해당 운전자의 시간당 알코올분해량이 평균인과 같다고 쉽게 단정할 것이 아니라 증거에 의하여 명확히 밝혀야 하고, 증명을 위하여 필요하다면 전문적인 학식이나 경험이 있는 사람들의 도움 등을 받아야 한다. 만일 공식을 적용할 때 불확실한 점이 남아 있고 그것이 피고인에게 불이익하게 작용한다면 그 계산결과는 합리적인 의심을 품게 하지 않을 정도의 증명력이 있다고 할 수 없다.[2]

그러나 시간당 알코올분해량에 관하여 알려져 있는 신빙성 있는 통계자료 중 피고인에게 가장 유리한 것을 대입하여 위드마크 공식을 적용하여 운전시의 혈중알코올농도를 계산하는 것은 피고인에게 실질적인 불이익을 줄 우려가 없으므로 그 계산결과는 유죄의 인정자료로 사용할 수 있다.[3]

음주운전으로 인한 형사처벌을 모면하기 위하여 음주사고 후에 운전자가 의도적으로 추가음주를 하는 행위가 드물지 않게 발생하고 있다. 죄증을 인멸하기 위한 의도적인 추가음주 행위를 통해 음주운전자가 정당한 형사처벌을 회피하게 되는 결과를 그대로 용인하는 것은 정의의 관념이나 음주운전에 대한 강력한 처벌을 통해 안전사회를 염원하는 국민적 공감대 및 시대적 흐름에 비추어 바람직하지 않다. 국민의 건강과 사회의 안전을 보호하고 의도적인 법질서교란행위에 대한 정당한 처벌이 이루어질 수 있는 방향으로 추가음주 사안의 현황과 문제점을 체계적으로 파악하여 이를 해결하기 위한 입법적 조치 등이 이루어질 필요가 있다. 그렇지만 이러한 조치가 없는 현재의 상황에서는 죄형법정주의와 검사의 엄격한 증명책임이라는 형사법의 대원칙을 존중하여 피고인에게 유리하게 판단할 수밖에 없다.[4]

(6) 동의 채혈에 의한 음주측정

(가) 입법취지   「도로교통법」 제44조 제3항은 호흡측정 방식의 음주측정 결과에 불복하는 운전자에 대하여는 그 운전자의 동의를 받아 혈액채취 등의 방법으로 다시 측정할 수

---

1) 2023. 12. 28. 2020도6417, 공 2024상, 31, 『음주사고 후 추가음주 사건』.
2) 2023. 12. 28. 2020도6417, 공 2024상, 31, 『음주사고 후 추가음주 사건』.
3) 2023. 12. 28. 2020도6417, 공 2024상, 31, 『음주사고 후 추가음주 사건』.
4) 2023. 12. 28. 2020도6417, 공 2024상, 31, 『음주사고 후 추가음주 사건』.

있도록 하고 있다. 이 규정은 호흡측정의 오류로 인한 불이익을 혈액채취 방법에 의한 재측정을 통하여 구제받을 수 있는 기회를 운전자에게 보장하는 데 그 취지가 있다. 그렇지만 이 규정을 음주운전에 대한 수사방법으로서의 혈액채취에 의한 측정방법을 오로지 운전자가 호흡측정 결과에 불복하는 경우에만 한정하여 허용하려는 취지로 해석해서는 안 된다.[1]

(나) 허용한계   음주운전에 대한 수사과정에서 음주운전 혐의가 있는 운전자에 대해 호흡측정이 이루어진 경우에 그에 따라 과학적이고 중립적인 호흡측정 수치가 도출되었다면 다시 음주측정을 할 필요성은 소멸한다. 따라서 운전자의 불복이 없는 한 다시 음주측정을 하는 것은 원칙적으로 허용되지 않는다.[2]

그러나 호흡측정 당시의 구체적 상황에 비추어 호흡측정기의 오작동 등으로 인하여 호흡측정 결과에 오류가 있다고 인정할 만한 객관적이고 합리적인 사정이 있는 경우라면 그러한 호흡측정 수치를 얻은 것만으로는 수사의 목적을 달성하였다고 할 수 없어 추가로 음주측정을 할 필요성이 인정된다. 그러므로 경찰관이 음주운전 혐의를 제대로 밝히기 위하여 운전자의 자발적인 동의를 얻어 혈액채취에 의한 측정방법으로 다시 음주측정을 하는 것은 위법하지 않는다.[3]

이 경우 운전자가 일단 호흡측정에 응한 이상 재차 음주측정에 응할 의무까지 당연히 있다고 할 수는 없다. 운전자의 혈액채취에 대한 동의의 임의성을 담보하기 위하여는 (가) 경찰관이 미리 운전자에게 혈액채취를 거부할 수 있음을 알려주었거나 (나) 운전자가 언제든지 자유로이 혈액채취에 응하지 아니할 수 있었음이 인정되는 등 운전자의 자발적인 의사에 의하여 혈액채취가 이루어졌다는 것이 객관적인 사정에 의하여 명백한 경우에 한하여 혈액채취에 의한 음주측정의 적법성이 인정된다.[4]

(7) 음주측정을 위한 강제연행

교통안전과 위험방지를 위한 필요가 없음에도 '주취운전을 하였다'고 인정할 만한 상당한 이유가 있다는 이유만으로 이루어지는 음주측정은 이미 행하여진 주취운전죄라는 범죄행위에 대한 증거수집을 위한 수사절차로서의 의미를 가진다. 따라서 「도로교통법」상의 음주측정에 관한 규정들은 음주측정을 위한 강제처분의 근거가 될 수 없다.[5]

1) 2015. 7. 9. 2014도16051, 공 2015하, 1178, 『중앙선 또 넘기 교통사고 사건』.
2) 2015. 7. 9. 2014도16051, 공 2015하, 1178, 『중앙선 또 넘기 교통사고 사건』.
3) 2015. 7. 9. 2014도16051, 공 2015하, 1178, 『중앙선 또 넘기 교통사고 사건』.
4) 2015. 7. 9. 2014도16051, 공 2015하, 1178, 『중앙선 또 넘기 교통사고 사건』.
5) 2012. 12. 13. 2012도11162, 공 2013상, 205, 『봉담지구대 음주운전자 사건』.

음주측정을 위하여 당해 운전자를 강제로 연행하기 위해서는 수사상의 강제처분에 관한 형사소송법상의 절차에 따라야 한다. 「경찰관 직무집행법」상의 주취자 보호조치(동법4① i)[1]나 범죄제지조치(동법6①)[2] 또는 임의동행의 형식을 빌린 강제연행[3]은 위법한 체포에 해당한다.

(8) 강제채혈과 영장주의

영장 없이 수사기관이 피의자의 신체로부터 혈액을 채취할 수 있을 것인지 문제된다. 이에 대해 대법원은 다음의 판단기준을 제시하고 있다.

(가) 감정처분허가장　　수사기관은 법원으로부터 감정처분허가장(법221의4③)을 받아 '감정에 필요한 처분'(법221의4①, 173①)으로 강제채혈을 할 수 있다.[4]

(나) 사전 압수영장　　수사기관은 사전 압수영장에 기하여 압수의 방법으로 강제채혈을 할 수 있다(법215① · ②). 이 경우 혈액의 취득을 위하여 피의자의 신체로부터 혈액을 채취하는 행위는 그 혈액의 압수를 위한 것으로서 '압수영장의 집행에 있어 필요한 처분'(법120①, 219)에 해당한다.[5]

(다) 사후 압수영장　　긴급한 상황하에서 먼저 강제채혈을 하고 사후에 압수영장을 발부받을 수 있다. 음주운전 중 교통사고를 야기한 후 피의자가 의식불명 상태에 빠져 있는 등으로 호흡조사에 의한 음주측정이 불가능하고, 혈액채취에 대한 동의를 받을 수도 없을 뿐만 아니라, 법원으로부터 혈액채취에 대한 감정처분허가장(법221의4③)이나 사전 압수영장(법215① · ②)을 발부받을 시간적 여유도 없는 긴급한 상황이 생길 수 있다. 이때 법정대리인이 의식불명인 피의자를 대리하여 동의하는 방법으로 채혈하는 것은 허용되지 않는다.[6]

이러한 경우 피의자의 신체 내지 의복류에 주취로 인한 냄새가 강하게 나는 등 범죄의 증적이 현저한 준현행범인(법211② iii)으로서의 요건이 갖추어져 있고, 교통사고 발생 시각으로부터 사회통념상 범행 직후라고 볼 수 있는 시간 내라면, 사고현장으로부터 곧바로 후송된 병원 응급실 등의 장소는 범죄 직후의 범죄장소(법216③)에 준한다.[7]

그러므로 수사기관은 피의자의 혈중알코올농도 등 증거의 수집을 위하여, 의료법상 의료

---

1) 2012. 12. 13. 2012도11162, 공 2013상, 205, 『봉담지구대 음주운전자 사건』.
2) 2013. 6. 13. 2012도9937, 공 2013하, 1272, 『중국동포 말다툼 사건』.
3) 2015. 12. 24. 2013도8481, 공 2016상, 262, 『백양사휴게소 머리채 사건』.
4) 2012.11. 15. 2011도15258, 공 2012하, 2077, 『음주 오토바이 사건』.
5) 2012.11. 15. 2011도15258, 공 2012하, 2077, 『음주 오토바이 사건』.
6) 2014. 11. 13. 2013도1228, 공 2014하, 2390, 『음주 미성년자 교통사고 사건』.
7) 2012. 11. 15. 2011도15258, 공 2012하, 2077, 『음주 오토바이 사건』.

인의 자격이 있는 자로 하여금 의료용 기구로 의학적인 방법에 따라, 필요최소한의 한도 내에서 피의자의 혈액을 채취하게 한 후, 그 혈액을 영장 없이 압수할 수 있다. 다만 이 경우에도 사후에 지체 없이 강제채혈에 의한 압수의 사유(규칙58, 107① iii) 등을 기재한 영장청구서에 의하여 법원으로부터 압수영장을 받아야 한다(법216③ 2문).[1]

혈액채취 후 지체 없이 사후 압수영장을 발부받지 않고 강제채혈한 피의자의 혈중알코올 농도에 관한 감정이 이루어졌다면, 그 혈액이나 감정결과보고서는 영장주의 원칙을 위반하여 수집되거나 그에 기초한 증거로서 그 절차위반행위가 적법절차의 실질적인 내용을 침해하는 정도에 해당하여 증거능력이 없다(법308의2). 이러한 증거는 피고인이나 변호인의 증거동의가 있다고 하더라도 유죄의 증거로 사용할 수 없다.[2]

(라) 유형력의 행사   압수·수색의 방법으로 혈액을 채취하는 경우에 압수대상물인 피의자의 혈액을 확보하기 위한 수사기관의 노력에도 불구하고, 피의자가 인근 병원 응급실 등 혈액 채취에 적합한 장소로 이동하는 것에 동의하지 않거나 저항하는 등 임의동행을 기대할 수 없는 사정이 있는 때가 있다. 이러한 때에는 수사기관으로서는 혈액 채취에 적합한 장소로 피의자를 데려가기 위해서 필요 최소한의 유형력을 행사하는 것이 허용된다.[3]

이 경우 유형력의 행사는 형사소송법 제219조, 제120조 제1항에서 정한 '압수·수색영장의 집행에 필요한 처분'에 해당한다.[4] 경찰관이 강제채혈을 위한 압수영장을 집행하기 위하여 피의자를 인근 병원 응급실로 데리고 가는 과정에서 공무집행에 항거하는 피의자를 제지하고 자해 위험을 방지하기 위해 수갑과 포승을 사용하는 것은「경찰관 직무집행법」(동법10①, 10의2① · ② 참조)에 따라 허용되는 경찰장구의 사용으로서 적법하다.[5]

(9) 주취운전죄의 성립요건

음주운전을 예방·단속하고 경찰공무원의 음주측정을 실효성 있게 강제하기 위하여「도로교통법」은 형사처벌규정을 두고 있다.

(가) 주취운전죄 처벌   누구든지 혈중알코올농도가 0.03퍼센트 이상으로 술에 취한 상태에서 자동차(건설기계, 노면전차, 자전거 포함)를 운전해서는 안 된다(도로교통법44① · ④). 이에 위반한 음주운전 범행을 가리켜서 주취운전죄라고 한다.

---

1) 2012.11. 15. 2011도15258, 공 2012하, 2077, 『음주 오토바이 사건』.
2) 2011. 4. 28. 2009도2109, 공 2011상, 1080, 『응급실 강제채혈 사건』.
3) 2018. 7. 12. 2018도6219, 공 2018하, 1686, 『마약사범 강제채뇨 사건』참조.
4) 2018. 7. 12. 2018도6219, 공 2018하, 1686, 『마약사범 강제채뇨 사건』참조.
5) 2018. 7. 12. 2018도6219, 공 2018하, 1686, 『마약사범 강제채뇨 사건』참조.

2023년 개정 전 「도로교통법」 제148조의2 제3항은 음주운전금지조항(동법44①)을 위반하여 술에 취한 상태에서 자동차(건설기계, 노면전차 포함)를 운전한 사람을 다음 각 호의 구분에 따라 처벌하고 있었다.

① 혈중알코올농도가 0.2퍼센트 이상인 사람은 2년 이상 5년 이하의 징역이나 1천만원 이상 2천만원 이하의 벌금 (1호)

② 혈중알코올농도가 0.08퍼센트 이상 0.2퍼센트 미만인 사람은 1년 이상 2년 이하의 징역이나 500만원 이상 1천만원 이하의 벌금 (2호)

③ 혈중알코올농도가 0.03퍼센트 이상 0.08퍼센트 미만인 사람은 1년 이하의 징역이나 500만원 이하의 벌금 (3호)

(나) 가중처벌규정 위헌 「도로교통법」 제148조의2 제1항은 음주운전죄에 대한 가중처벌을 규정하고 있다. 2019년 입법자는 음주운전행위를 강력히 처벌하기 위하여 가중처벌 요건을 강화하였다. 즉, 음주운전금지규정(동법44①)이나 음주측정불응규정(동법44②)을 2회 이상 위반한 사람을 2년 이상 5년 이하의 징역이나 1천만원 이상 2천만원 이하의 벌금으로 가중처벌하기로 한 것이다. 종전의 3회 이상 음주운전금지규정이나 음주측정불응규정 위반을 2회 이상으로 변경한 것이다.

그러나 2021년 헌법재판소는 2019년 개정된 「도로교통법」 제148조의2 제1항이 음주운전 금지규정 위반 전력을 가중요건으로 삼으면서 해당 전력과 관련하여 형의 선고나 유죄의 확정판결을 받을 것을 요구하지 않는 데다 아무런 시간적 제한도 두지 않고 있어 책임에 비해 과도한 형벌을 규정하고 있다는 이유로 위헌으로 선언하였고,[1] 이에 따라 위 가중처벌 규정은 무효로 되었다.

(다) 가중처벌규정 개정 2023년 입법자는 헌법재판소의 위헌결정 취지에 따라 「도로교통법」 제148조의2 제1항을 다시 개정하였다. 개정 조항에 따르면, 가중처벌의 대상이 되는 사람은 (가) 음주운전금지규정(동법44①)이나 음주측정불응규정(동법44②)을 위반하여 벌금 이상의 형을 선고받고 (나) 그 형이 확정된 날부터 10년 내에 다시 음주운전금지규정(동법44①)이나 음주측정불응규정(동법44②)을 위반한 사람이다. 여기에는 형이 실효된 사람도 포함된다. 가중처벌대상은 자동차, 건설기계, 노면전차를 운전한 사람으로 한정된다. 그러나 개인형 이동장치를 운전한 사람은 가중처벌대상에서 제외된다(동법148의2①).

「도로교통법」 제148조의2 제1항의 가중처벌 요건에 해당하는 사람은 다음 각 호의 구분에 따라 처벌된다.

---

1) 2021. 11. 25. 2019헌바446, 헌집 33-2, 587, 『2회 이상 음주운전 가중처벌 사건』.

① 제44조 제2항[음주측정불응죄]을 위반한 사람은 1년 이상 6년 이하의 징역이나 500만원 이상 3천만원 이하의 벌금에 처한다. (1호)

② 제44조 제1항[음주운전죄]을 위반한 사람 중 혈중알코올농도가 0.2퍼센트 이상인 사람은 2년 이상 6년 이하의 징역이나 1천만원 이상 3천만원 이하의 벌금에 처한다. (2호)

③ 제44조 제1항[음주운전죄]을 위반한 사람 중 혈중알코올농도가 0.03퍼센트 이상 0.2퍼센트 미만인 사람은 1년 이상 5년 이하의 징역이나 500만원 이상 2천만원 이하의 벌금에 처한다. (3호)

(라) 특가법 규정　　「특정범죄 가중처벌 등에 관한 법률」(특가법)은 음주 교통사고와 관련한 가중처벌규정을 두고 있다. 즉, 음주 또는 약물의 영향으로 정상적인 운전이 곤란한 상태에서 자동차 등을 운전하여 사람을 상해에 이르게 한 사람은 1년 이상 15년 이하의 징역 또는 1천만원 이상 3천만원 이하의 벌금에 처한다(특가법5의11① 전단). 사망에 이르게 한 사람은 무기 또는 3년 이상의 징역에 처한다(동항 후단).

(10) 음주측정불응죄의 성립요건

「도로교통법」은 음주측정불응죄를 처벌하고 있다(동법44②, 148의2① ii). 그런데 이 벌칙규정을 근거로 영장 없이 호흡측정기 또는 음주감지기에 의해 음주측정을 하는 것이 영장주의에 위반하는 것이 아닌지 문제되었다.

이에 대해 헌법재판소는 다음의 이유를 들어서 영장주의에 위반되지 않는다고 보았다.[1] (가) 호흡측정기에 의한 음주측정은 호흡측정기에 의한 측정의 성질상 강제될 수 있는 것이 아니다. (나) 호흡측정은 실무상 숨을 호흡측정기에 한두 번 불어 넣는 방식으로 행해지는 것이므로 당사자의 자발적 협조가 필수적이며, 당사자의 협력이 궁극적으로 불가피한 측정방법을 두고 강제처분이라고 할 수 없다. (다) 호흡측정을 강제로 채취할 수 있는 물리적·기계적 방법이 기술적으로 불가능하다고 단정할 수는 없겠으나, 적어도 인간의 존엄성을 훼손하지 아니하는 적법한 보편적 방법으로는 불가능하다.

「도로교통법」에 따르면 술에 취한 상태에 있다고 인정할 만한 상당한 이유가 있는 사람으로서 경찰공무원의 호흡조사에 의한 측정(도로교통법44②)에 응하지 아니한 사람(자동차, 건설기계, 노면전차를 운전한 경우로 한정한다)은 1년 이상 5년 이하의 징역이나 500만원 이상 2천만원 이하의 벌금으로 처벌된다(도로교통법148의2②).

「도로교통법」은 음주측정불응죄에 대한 가중처벌규정을 두고 있다. 즉, (가) 음주측정불

---

1) 1997. 3. 27. 96헌가11, 헌집 9-1, 245, 『취객 음주측정 불응 사건』.

응규정(동법44②)을 위반하여 벌금 이상의 형을 선고받고 (나) 그 형이 확정된 날부터 10년 내에 다시 음주측정불응규정(동법44②)을 위반한 사람은 1년 이상 6년 이하의 징역이나 500만원 이상 3천만원 이하의 벌금으로 가중처벌된다(도로교통법148의2①). 처벌대상에는 형이 실효된 사람도 포함된다.

경찰공무원은 음주측정불응죄 조항을 통하여 운전자에게 간접적으로 음주측정을 강제할 수 있다. 여기에서 음주측정불응죄의 성립범위가 문제된다. 판례는 이에 대해 다음의 기준을 제시하고 있다.[1]

(가) 음주측정불응죄 처벌조항에서 말하는 '경찰공무원의 측정에 응하지 아니한 [경우]'라 함은 전체적인 사건의 경과에 비추어 술에 취한 상태에 있다고 인정할 만한 상당한 이유가 있는 운전자가 음주측정에 응할 의사가 없음이 객관적으로 명백하다고 인정되는 때를 의미한다.

(나) 술에 취한 상태에 있다고 인정할 만한 상당한 이유가 있는 운전자가 경찰공무원의 1차 측정에만 불응하였을 뿐 곧이어 이어진 2차 측정에 응한 경우와 같이 측정거부가 일시적인 것에 불과한 경우까지 측정불응행위가 있었다고 보아 음주측정불응죄가 성립한다고 볼 것은 아니다.

(다) 술에 취한 상태에 있다고 인정할 만한 상당한 이유가 있는 운전자가 호흡측정기에 숨을 내쉬는 시늉만 하는 등으로 음주측정을 소극적으로 거부한 경우라면, 그와 같은 소극적 거부행위가 일정 시간 계속적으로 반복되어 운전자의 측정불응의사가 객관적으로 명백하다고 인정되는 때에 비로소 음주측정불응죄가 성립한다.

(라) 술에 취한 상태에 있다고 인정할 만한 상당한 이유가 있는 운전자가 명시적이고도 적극적으로 음주측정을 거부하겠다는 의사를 표명한 것이라면 그 즉시 음주측정불응죄가 성립할 수 있다. 이 경우 운전자의 측정불응의사가 객관적으로 명백한 것이었는지는 관련되는 상황 등 전체적 경과를 종합적으로 고려하여 신중하게 판단해야 한다.

(마) 경찰관이 동행하기를 거절하는 운전자를 경찰관서에 데리고 가는 것은 위법한 강제연행에 해당하므로, 그러한 위법한 체포 상태에서 이루어진 경찰관서에서의 음주측정요구 역시 위법하다. 그 결과 경찰관서에서 운전자가 경찰공무원의 음주측정요구에 불응하였다고 해도 음주측정불응죄로 처벌할 수 없다.

4. 특별법과 영장주의

형사소송법은 강제수사를 위하여 여러 가지 영장을 규정하고 있다. 한편, 각종 특별법이

---

1) 2015. 12. 24. 2013도8481, 공 2016상, 262, 『백양사휴게소 머리채 사건』.

특수 분야에서의 강제수사를 위하여 여러 가지 형태의 영장을 규정하고 있다. 아래에서는 그 가운데 주요한 것들을 살펴본다.

(1) 통신비밀보호법과 영장주의

「통신비밀보호법」(동법1)은 "통신 및 대화의 비밀과 자유에 대한 제한은 그 대상을 한정하고 엄격한 법적 절차를 거치도록 함으로써 통신비밀을 보호하고 통신의 자유를 신장함"을 목적으로 한다. 「통신비밀보호법」은 (가) 통신제한조치(동법5~8 참조), (나) 통신제한조치로 취득한 자료의 관리(동법12의2), (다) 통신사실확인자료제공(동법13)과 관련하여 법원의 허가 또는 승인을 얻도록 규정하고 있다. 이 경우 법원의 허가 또는 승인은 법관의 영장을 의미한다. 「통신비밀보호법」상의 각종 영장에 대해서는 후술하는 통신수사의 항목에서 상론하기로 한다.[1]

(2) 금융실명법과 영장주의

「금융실명거래 및 비밀보장에 관한 법률」(금융실명법)은 실지명의(實地名義)에 의한 금융거래를 실시하고 그 비밀을 보장하여 금융거래의 정상화를 꾀함으로써 경제정의를 실현하고 국민경제의 건전한 발전을 도모함을 목적으로 하는 법률이다(동법1). 금융실명법은 금융거래의 비밀보장을 규정하고 있다. 금융회사 등에 종사하는 자는 명의인의 서면상의 요구나 동의를 받지 아니하고는 그 금융거래의 내용에 대한 정보 또는 자료를 타인에게 제공하거나 누설하여서는 안 되며, 누구든지 금융회사 등에 종사하는 자에게 거래정보 등의 제공을 요구하여서는 안 된다(동법4① 본문 참조). 신용카드 사용내역이나 승인내역은 제공이나 요구가 금지되는 금융거래의 내용에 대한 정보 또는 자료에 해당한다.[2]

다만, 일정한 경우에는 그 사용 목적에 필요한 최소한의 범위에서 거래정보 또는 자료를 제공하거나 그 제공을 요구하는 것이 예외적으로 허용된다. 예외에 해당하는 경우의 하나로 법원의 제출명령 또는 법관이 발부한 영장에 따른 거래정보 또는 자료의 제공이 있다(동법4① 단서 i). 이때 법관이 발부하는 영장은 압수수색검증영장의 형태를 취한다.

수사기관은 법관이 발부한 영장에 의하여 거래정보 또는 자료의 제공을 요구하여야 한다. 수사기관을 포함하여 거래정보 또는 자료를 요구하는 자는 일정한 사항이 포함된 금융위원회가 정하는 표준양식에 의하여 금융회사 등의 특정 점포에 이를 요구하여야 한다(금융실명법4② 본문 참조).

---

1) 후술 330면 참조.
2) 2020. 7. 23. 2015도9917, 공 2020하, 1742, 『법인카드 사용내역서 요구 사건』.

2024년 10월 20일부터 「형사사법절차에서의 전자문서 이용 등에 관한 법률」(형사절차전자문서법)이 시행되었다. 검사 또는 사법경찰관리는 거래정보 또는 자료를 요구하는 영장이 전자문서로 발부된 경우에는 대법원규칙으로 정하는 바에 따라 전자문서를 제시하거나 전송하는 방법으로 영장을 집행할 수 있다(동법17① v, 금융실명법4). 영장을 전자문서의 형태로 집행하는 것이 현저히 곤란하거나 적합하지 아니한 경우에는 전자문서로 발부된 영장을 전산정보처리시스템을 통하여 출력한 서면으로 집행할 수 있다(형사절차전자문서법17②).

검사 또는 사법경찰관은 법관의 영장이 없는 한 수사를 위하여 금융기관에 거래정보 등의 제공을 요구할 수 없다. 이에 위반하여 수집한 금융거래정보는 증거능력이 없다.[1] 판례는 금융계좌추적용 압수·수색영장을 집행할 때 엄격한 요건 아래 예외적으로 사후에 영장 원본을 제시할 수 있는 여지를 인정하고 있다.[2] 이에 대해서는 앞에서 설명하였다.[3]

금융회사 등은 법관이 발부한 영장에 의하여 거래정보 또는 자료를 제공한 경우에는 제공한 날부터 10일 이내에 제공한 거래정보 등의 주요 내용, 사용 목적, 제공받은 자 및 제공일 등을 명의인에게 서면으로 통보하여야 한다(금융실명법4의2① 참조). 금융회사 등은 통보 대상 거래정보 등의 요구자로부터 일정한 사유로 통보의 유예를 서면으로 요청받은 경우에는 유예요청기간 동안 통보를 유예하여야 한다(동조② · ③ 참조).

(3) 디엔에이법과 영장주의

(가) 디엔에이 신원확인정보   「디엔에이신원확인정보의 이용 및 보호에 관한 법률」(디엔에이법)은 디엔에이 신원확인정보의 수집·이용 및 보호에 필요한 사항을 정함으로써 범죄수사 및 범죄예방에 이바지하고 국민의 권익을 보호함을 목적으로 하고 있다(동법1). 디엔에이 신원확인정보란 개인 식별을 목적으로 디엔에이 감식을 통하여 취득한 정보로서 일련의 숫자 또는 부호의 조합으로 표기된 것을 말한다(동법2 iv).

디엔에이 신원확인정보는 만인부동(萬人不同), 종생불변(終生不變)의 특징을 지니고 있다. 디엔에이 신원확인정보는 개인의 고유성, 동일성을 나타내는 중요한 정보이므로 가장 정확하고 효율적인 사람의 신원확인수단의 하나로 사용되고 있다.[4]

2020년 개정 전 디엔에이법 제8조는 채취대상자에게 의견진술이나 불복절차를 마련하지 않았다. 2018년 헌법재판소는 디엔에이법 제8조가 채취대상자의 재판청구권을 침해한다는 취

---

1) 2013. 3. 28. 2012도13607, 공 2013상, 825, 『백화점 구두 절도 사건』.
2) 2022. 1. 27. 2021도11170, 공 2022상, 486, 『강사용 PC 임의제출 사건』.
3) 전술 162면 참조.
4) 2018. 8. 30. 2016헌마344, 헌집 30-2, 516, 『디엔에이감식 영장발부 헌법불합치 사건』.

지로 헌법불합치결정을 내렸다.[1] 2020년 입법자는 헌법불합치결정의 취지를 반영하여 디엔
에이법을 개정하였다.

(나) 감식시료 채취대상   디엔에이법은 디엔에이 감식시료를 채취하는 경우로 (가) 일
정한 범위의 대상범죄(동법5① 참조)로 형의 선고를 받아 확정된 사람 등에 대한 경우(동법5),
(나) 일정한 범위의 대상범죄(동법5① 참조)로 구속된 피의자 등에 대한 경우(동법6), (다) 범죄
현장으로부터 디엔에이 감식시료를 채취하는 경우(동법7)를 규정하고 있다.

디엔에이감식시료의 채취는 영장에 의한 경우와 채취대상자의 동의에 의한 경우가 있다.
수사기관은 채취대상자가 동의하는 경우에는 영장 없이 디엔에이감식시료를 채취할 수 있다.
이 경우 미리 채취대상자에게 채취를 거부할 수 있음을 고지하고 서면으로 동의를 받아야
한다(디엔에이법8③). 아래에서는 영장에 의하여 감식시료를 채취하는 경우를 살펴본다.

(다) 영장의 청구   검사는 관할 지방법원판사(군판사를 포함한다. 이하 같다)에게 청구하
여 발부받은 영장에 의하여 수형자 등(디엔에이법5) 또는 구속피의자 등(동법6)으로서 디엔에
이감식시료의 채취대상자로부터 디엔에이감식시료를 채취할 수 있다(동법8①).

사법경찰관은 검사에게 신청하여 검사의 청구로 관할 지방법원판사가 발부한 영장에 의
하여 구속피의자 등(디엔에이법6)으로서 디엔에이감식시료의 채취대상자로부터 디엔에이감식
시료를 채취할 수 있다(동법8②).

디엔에이감식시료를 채취하기 위한 영장을 청구할 때에는 채취대상자의 성명, 주소, 청구
이유, 채취할 시료의 종류 및 방법, 채취할 장소 등을 기재한 청구서 및 채취에 관한 채취대상
자의 의견이 담긴 서면을 제출하여야 하며, 청구이유에 대한 소명자료를 첨부하여야 한다. 이
경우 채취대상자의 의견이 담긴 서면을 제출하기 곤란한 사정이 있는 때에는 그에 대한 소명
자료를 함께 제출하여야 한다(디엔에이법8④).

관할 지방법원판사는 디엔에이감식시료채취영장 발부여부를 심사하는 때에 채취대상자에
게 서면에 의한 의견진술의 기회를 주어야 한다. 다만, 채취대상자의 의견이 담긴 서면이 제
출된 때에는 의견진술의 기회를 부여한 것으로 본다(디엔에이법8⑤ 본문·단서). 디엔에이감식
시료채취영장에는 대상자의 성명, 주소, 채취할 시료의 종류 및 방법, 채취할 장소, 유효기간
과 그 기간을 경과하면 집행에 착수하지 못하며 영장을 반환하여야 한다는 취지를 적고 지방
법원판사가 서명날인하여야 한다(동조⑥).

(라) 영장의 집행   디엔에이감식시료채취영장은 검사의 지휘에 의하여 사법경찰관리가
집행한다. 다만, 수용기관에 수용되어 있는 사람에 대한 디엔에이감식시료채취영장은 검사의

---

1) 2018. 8. 30. 2016헌마344, 헌집 30-2, 516, 『디엔에이감식 영장발부 헌법불합치 사건』.

지휘에 의하여 수용기관 소속 공무원이 행할 수 있다(디엔에이법8⑦ 본문·단서).

디엔에이감식시료를 채취할 때에는 채취대상자에게 미리 디엔에이감식시료의 채취 이유, 채취할 시료의 종류 및 방법을 고지하여야 한다(디엔에이법8⑨). 디엔에이감식시료를 채취할 때에는 구강점막에서의 채취 등 채취대상자의 신체나 명예에 대한 침해를 최소화하는 방법을 사용하여야 한다(동법9①). 디엔에이감식시료채취영장에 의한 디엔에이감식시료의 채취에 관하여는 형소법 제116조(주의사항), 제118조(영장의 제시), 제124조부터 제126조까지(여자의 수색과 참여, 야간집행의 제한, 야간집행제한의 예외) 및 제131조(주의사항)가 준용된다(디엔에이법8⑩).

(마) 채취처분의 불복   디엔에이감식시료채취영장에 의하여 디엔에이감식시료가 채취된 대상자는 채취에 관한 처분에 대하여 불복이 있으면 채취가 이루어진 날부터 7일 이내에 그 직무집행지의 관할법원 또는 검사의 소속검찰청에 대응한 법원에 그 처분의 취소를 청구할 수 있다(디엔에이법8의2①). 처분취소의 청구는 서면으로 관할 법원에 제출하여야 한다(동조 ②). 처분취소의 청구가 있는 경우에는 형소법 제409조(보통항고와 집행정지), 제413조(항고기각의 결정), 제414조(항고기각과 항고이유 인정) 및 제415조(재항고)의 규정이 준용된다(디엔에이법8의2③).

(바) 신원확인정보담당자   검찰총장 및 경찰청장은 (가) 채취된 디엔에이감식시료의 감식 및 데이터베이스에의 디엔에이신원확인정보의 수록 및 (나) 데이터베이스의 관리의 두 가지 업무를 대통령령으로 정하는 디엔에이신원확인정보담당자에게 위임 또는 위탁할 수 있다(디엔에이법10①). 디엔에이신원확인정보담당자는 디엔에이 신원확인정보 데이터베이스에서 디엔에이 신원확인정보의 수록, 검색, 회보, 삭제의 업무를 담당한다.

디엔에이신원확인정보담당자는 (가) 데이터베이스에 새로운 디엔에이신원확인정보를 수록하는 경우, (나) 검사 또는 사법경찰관이 범죄수사 또는 변사자 신원확인을 위하여 요청하는 경우, (다) 법원(군사법원을 포함한다)이 형사재판에서 사실조회를 하는 경우, (라) 데이터베이스 상호간의 대조를 위하여 필요한 경우의 어느 하나에 해당하는 경우에 디엔에이신원확인정보를 검색하거나 그 결과를 회보할 수 있다(디엔에이법11①).

(사) 신원확인정보의 삭제   디엔에이신원확인정보담당자는 (가) 형이 확정된 수형자 등에 대해 재심에서 무죄, 면소, 공소기각 판결 또는 공소기각 결정이 확정된 경우(디엔에이법13① 참조), (나) 구속피의자 등에 대해 검사의 불기소처분이 있거나 법원의 무죄, 면소, 공소기각 판결 또는 공소기각 결정이 확정된 경우(동조② 참조), (다) 채취처분에 대한 불복절차에서 처분취소결정이 확정된 경우(동조③ 참조), (라) 수형인 등 또는 구속피의자 등이 사망한 경우(동조④ 참조)에는 데이터베이스에 수록된 디엔에이신원확인정보를 직권 또는 신청에 의하여 삭제하여야 한다.

또한 디엔에이신원확인정보담당자는 범죄현장으로부터 디엔에이 감식시료가 채취되어(디엔에이법7) 데이터베이스에 수록된 디엔에이신원확인정보에 관하여 그 신원이 밝혀지는 등의 사유로 더 이상 보존·관리가 필요하지 아니한 경우에도 직권 또는 본인의 신청에 의하여 그 디엔에이신원확인정보를 삭제하여야 한다(동법13⑤).

디엔에이신원확인정보담당자는 디엔에이신원확인정보를 삭제한 경우에는 30일 이내에 본인 또는 신청인에게 그 사실을 통지하여야 한다(동법13⑥).

제2절 임의수사의 방법

제1 공무소 등에의 조회

1. 공무소 등에의 조회의 성격과 내용

(1) 형사소송법에 의한 조회

수사기관은 수사에 관하여 공무소 기타 공사단체에 조회하여 필요한 사항의 보고를 요구할 수 있다(법199②). 이를 공무소 등에의 조회라고 한다. 전과조회, 신원조회 등은 여기에 해당하는 예이다. 수사기관의 조회요청이 있으면 그 상대방인 공무소 등은 이에 협조할 의무가 있으므로 이를 강제처분이라고 보는 견해도 있다. 그러나 공무소 등에 대하여 의무의 이행을 강제할 방법이 없고 또 영장에 의하지 아니하고 조회요청을 할 수 있다는 점에서 공무소 등에의 조회는 임의수사로 보아야 할 것이다.

검사 또는 사법경찰관리는 범죄 수사 업무를 수행하기 위해 불가피한 경우 「개인정보보호법」 제23조에 따른 민감정보, 같은 법 시행령 제19조에 따른 주민등록번호, 여권번호, 운전면허의 면허번호 또는 외국인등록번호나 그 밖의 개인정보가 포함된 자료를 처리할 수 있다(수사준칙71).

(2) 특별법에 의한 조회

「디엔에이신원확인정보의 이용 및 보호에 관한 법률」은 범죄수사 및 범죄예방을 위하여 살인, 강도, 강간, 유괴, 방화 등 이 법률이 규정한 주요 범죄(동법5① 참조)에 대해 디엔에이신원확인정보 데이터베이스를 구축하도록 하고 있다(동법2ⅴ). 검사 또는 사법경찰관이 범죄수사 또는 변사자 신원확인을 위하여 디엔에이 신원확인정보를 요청하는 경우 디엔에이 신원확인정보 담당자는 데이터베이스에서 디엔에이 신원확인정보를 검색하여 그 결과를 회보할 수 있다(동법11① ii).

「성폭력범죄의 처벌 등에 관한 특례법」은 법무부장관으로 하여금 일정한 성범죄자(동법42 참조)의 신상정보를 등록하게 하고 있다(동법44①). 법무부장관은 등록정보를 등록대상 성범죄와 관련한 범죄 예방 및 수사에 활용하게 하기 위하여 검사 또는 각급 경찰관서의 장에게 배포할 수 있다(동법46①).

2. 공무소 등에의 조회의 제한

(1) 금융거래정보의 조회

수사기관의 공무소 등에의 조회가 제한되는 경우가 있다. 앞에서 살펴본 「금융실명거래 및 비밀보장에 관한 법률」이나 「통신비밀보호법」은 법원의 영장 없이 금융거래정보의 제공을 요구하거나 통신사실 확인자료의 제공을 요청하는 것을 원칙적으로 금지하고 있다.

다만, 검찰총장, 고위공직자범죄수사처장, 경찰청장, 해양경찰청장, 행정안전부장관, 국세청장, 관세청장, 중앙선거관리위원회, 금융위원회, 국가정보원장은 「특정 금융거래정보의 보고 및 이용 등에 관한 법률」에 기하여 금융정보분석원장에게 일정한 금융정보의 제공을 요구할 수 있다(동법10④ 참조).

(2) 개인정보의 조회

수사기관이 정보통신회사에게 조회하여 이용자의 개인정보의 제공을 요청하는 경우가 있다. 「개인정보 보호법」은 개인정보처리자(동법2 v)가 이용자의 개인정보를 허용범위를 초과하여 이용하거나 제삼자에게 제공하는 행위를 금지하고 있다(동법18①). 다만, 개인정보처리자는 일정한 경우 정보주체 또는 제3자의 이익을 부당하게 침해할 우려가 있을 때를 제외하고는 개인정보를 목적 외의 용도로 이용하거나 이를 제3자에게 제공할 수 있다(동법18② 본문 참조).

「개인정보 보호법」은 '다른 법률에 특별한 규정이 있는 경우'를 개인정보처리자가 개인정보를 제삼자에게 제공할 수 있는 경우의 하나로 규정하고 있다(동법18② ii). 그런데 「개인정보 보호법」에서 정한 '다른 법률에 특별한 규정이 있는 경우'란 그 문언 그대로 개별 법률에서 개인정보의 제공이 허용됨을 구체적으로 명시한 경우로 한정하여 해석하여야 한다. 형소법 제199조 제2항과 같이 수사기관이 공무소 기타 공사단체에 조회하여 필요한 사항의 보고를 요구할 수 있는 포괄적인 규정은 이에 해당하지 않는다.[1]

---

1) 2022. 10. 27. 2022도9510, 공 2022하, 2361, 『입당원서 임의제출 사건』.

개인정보처리자가 개인정보를 제삼자에게 제공할 수 있는 경우의 다른 하나로 '범죄의 수사와 공소의 제기 및 유지를 위하여 필요한 경우'(개인정보보호법18② vii)가 있다. 그런데 범 죄수사 등을 위한 개인정보 제공은 공공기관(동법2 vi)인 개인정보처리자에게만 허용된다(동법 18② 단서). 정보통신서비스를 제공하는 회사[1]나 정당[2]은 개인정보처리자에 해당하지만 공 공기관이 아니다. 그러므로 공공기관에 해당하지 아니하는 정보통신회사나 정당의 관계자가 수사기관에 이용자의 정보통신 내용에 관한 정보나 입당원서를 임의로 제출하는 것은 위법하 며, 제출된 개인정보는 증거능력이 없다.[3][4]

제2 피의자신문

1. 피의자신문의 의의

(1) 피의자신문의 법적 성질

검사 또는 사법경찰관은 수사에 필요한 때에는 피의자의 출석을 요구하여 진술을 들을 수 있다(법200). 피의자는 수사기관의 출석요구에 응할 의무가 없으며 일단 출석한 경우에도 언제든지 퇴거할 수 있으므로 피의자신문은 원칙적으로 임의수사에 속한다. 그러나 출석불 응을 사유로 하는 체포영장제도(법200의2)에 의하여 사실상 수사기관의 출석요구에 강제적 측 면이 강하게 부각되고 있다. 체포영장에 의한 출석은 본격적인 강제수사에 해당한다.

(2) 피의자신문의 중요성

피의자신문은 수사기관이 범죄혐의를 받고 있는 피의자의 진술을 통해 범죄사실과 정상 에 관한 필요사항을 물어 직접 증거를 수집하는 절차이다(법242 참조). 또한 피의자신문은 피 의자가 자신에게 유리한 사실을 주장하거나 증거를 제시할 수 있는 기회이기도 하다(법242 참 조). 피의자신문의 결과는 수사의 방향을 결정하고 피의자에 대한 기소 및 유죄 입증에 중요 한 증거자료로 사용될 수 있으므로 형사절차에서 매우 중요한 의미를 가진다.[5]

형사절차에서 수사기관인 검사와 사법경찰관은 국가기관으로서 거대한 조직력을 바탕으 로 피의자에 대하여 월등하게 우월한 증거수집능력과 수사기술을 갖추고 있다. 수사기관은 수

---

1) 2015. 7. 16. 2015도2625 전원합의체 판결, 공 2015하, 1308, 『심리전단 트위터 사건』.
2) 2022. 10. 27. 2022도9510, 공 2022하, 2361, 『입당원서 임의제출 사건』.
3) 2015. 7. 16. 2015도2625 전원합의체 판결, 공 2015하, 1308, 『심리전단 트위터 사건』.
4) 2022. 10. 27. 2022도9510, 공 2022하, 2361, 『입당원서 임의제출 사건』.
5) 2017. 11. 30. 2016헌마503, 헌집 29-2, 224, 『변호인 후방착석 요구 위헌 사건』.

사주체로서의 권한뿐만 아니라 법률 등 전문지식의 측면에서도 피의자보다 우월한 지위에 있다. 이 때문에 피의자는 수사기관에 대응하는 당사자의 지위에 있기보다는 수사기관이 진행하는 신문의 객체로만 존재할 위험이 상존한다.[1]

(3) 피의자신문과 피의자 보호장치

형사소송법은 피의자가 신문의 객체로 전락하는 것을 방지하기 위하여 여러 가지 법적 장치를 마련하고 있다.

(가) 진술거부권 고지　　　형소법 제244조의3은 검사 또는 사법경찰관에게 피의자를 신문하기 전에 피의자에게 진술거부권과 관련된 사항을 알려주도록 의무화하고(동조①), 이를 입증하기 위하여 피의자의 답변을 조서에 기재하도록 하고 있다(동조②). 피의자의 진술거부권에 대해서는 앞에서 피의자의 법적 지위와 관련하여 상세히 검토하였다.

(나) 검사에의 구제신청권 고지　　　2020년 입법자는 수사권을 조정하여 검찰 · 경찰의 관계를 상호 협력관계로 재구성하였다(법195①). 입법자는 경찰에게 일차 수사권을 부여하면서, 검사에게는 경찰의 일차 수사에 대한 감독권을 부여하였다.

사법경찰관은 피의자를 신문하기 전에 수사과정에서 법령위반, 인권침해 또는 현저한 수사권 남용이 있는 경우 검사에게 구제를 신청할 수 있음을 피의자에게 알려주어야 한다(법197의3⑧). 검사는 사법경찰관리의 수사과정에서 법령위반, 인권침해 또는 현저한 수사권 남용이 의심되는 사실의 신고가 있거나 그러한 사실을 인식하게 된 경우에는 사법경찰관에게 사건기록등본 송부요구(법197의3①), 시정조치요구(동조③), 사건송치요구(동조⑤) 등의 조치를 할 수 있다.

(다) 수사과정기록　　　형사소송법은 수사과정에서의 고문이나 기타 가혹행위를 방지함과 동시에 이러한 행위의 사후입증을 용이하게 하기 위하여 수사과정기록을 의무화하고 있다.

검사 또는 사법경찰관은 피의자가 조사장소에 도착한 시각, 조사를 시작하고 마친 시각, 그 밖에 조사과정의 진행경과를 확인하기 위하여 필요한 사항을 피의자신문조서에 기록하거나 별도의 서면에 기록한 후 수사기록에 편철하여야 한다(법244의4①).

(라) 수사기록 목록작성　　　검사 · 사법경찰관리와 그 밖에 직무상 수사에 관계있는 자는 수사과정에서 수사와 관련하여 작성하거나 취득한 서류 또는 물건에 대한 목록을 빠짐없이 작성하여야 한다(법198③). 수사기록 목록작성은 공소제기 후 피고인이 갖는 증거개시신청권(법266의3 참조)의 실효성을 제고하기 위한 장치이기도 하다.

---

1) 2017. 11. 30. 2016헌마503, 헌집 29-2, 224, 『변호인 후방착석 요구 위헌 사건』.

2. 피의자신문의 절차

(1) 피의자의 출석요구

검사 또는 사법경찰관은 수사에 필요한 때에는 피의자의 출석을 요구하여 진술을 들을 수 있다(법200). 검사 또는 사법경찰관은 피의자에게 출석요구를 할 때에는 수사준칙 제19조가 규정한 다음의 사항을 유의해야 한다(수사준칙19①).

① 출석요구를 하기 전에 우편·전자우편·전화를 통한 진술 등 출석을 대체할 수 있는 방법의 선택 가능성을 고려할 것 (1호)

② 출석요구의 방법, 출석의 일시·장소 등을 정할 때에는 피의자의 명예 또는 사생활의 비밀이 침해되지 않도록 주의할 것 (2호)

③ 출석요구를 할 때에는 피의자의 생업에 지장을 주지 않도록 충분한 시간적 여유를 두도록 하고, 피의자가 출석 일시의 연기를 요청하는 경우 특별한 사정이 없으면 출석 일시를 조정할 것 (3호)

④ 불필요하게 여러 차례 출석요구를 하지 않을 것 (4호)

검사 또는 사법경찰관은 피의자에게 출석요구를 하려는 경우 피의자와 조사의 일시·장소에 관하여 협의해야 한다. 이 경우 변호인이 있는 경우에는 변호인과도 협의해야 한다(수사준칙19②). 검사 또는 사법경찰관은 피의자에게 출석요구를 하려는 경우 피의사실의 요지 등 출석요구의 취지를 구체적으로 적은 출석요구서를 발송해야 한다(수사준칙19③ 본문). 검사 또는 사법경찰관은 출석요구서 발송의 방법으로 출석요구를 했을 때에는 출석요구서의 사본을 사건기록에 편철한다(수사준칙19④).

검사 또는 사법경찰관은 신속한 출석요구가 필요한 경우 등 부득이한 사정이 있는 경우에는 전화, 문자메시지, 그 밖의 상당한 방법으로 출석요구를 할 수 있다(수사준칙18③ 단서). 검사 또는 사법경찰관은 전화 등의 방법으로 출석요구를 했을 때에는 그 취지를 적은 수사보고서를 사건기록에 편철한다(수사준칙19④).

검사 또는 사법경찰관은 피의자가 치료 등 수사관서에 출석하여 조사를 받는 것이 현저히 곤란한 사정이 있는 경우에는 수사관서 외의 장소에서 조사할 수 있다(수사준칙19⑤).

(2) 피의자신문의 주체

피의자신문의 주체는 검사 또는 사법경찰관이다. 검사가 피의자를 신문함에는 검찰청 수사관 또는 서기관이나 서기를 참여하게 하여야 하고, 사법경찰관이 피의자를 신문함에는 사법경찰관리를 참여하게 하여야 한다(법243).

사법경찰리라 할지라도 검사 또는 사법경찰관의 지휘를 받고 수사사무를 보조하면 사법경찰관의 사무를 취급할 권한이 인정되는바, 이러한 사법경찰리를 사법경찰관사무취급이라고 한다. 사법경찰관사무취급이 작성한 피의자신문조서도 사법경찰관 작성의 경우와 같이 형사소송법 제312조 제3항에 의하여 증거능력이 인정된다.[1]

(3) 진술거부권의 고지

검사 또는 사법경찰관은 피의자를 신문하기 전에 다음 각 호의 사항을 알려주어야 한다 (법244의3①).

① 일체의 진술을 하지 아니하거나 개개의 질문에 대하여 진술을 하지 아니할 수 있다는 것 (1호)

② 진술을 하지 아니하더라도 불이익을 받지 아니한다는 것 (2호)

③ 진술을 거부할 권리를 포기하고 행한 진술은 법정에서 유죄의 증거로 사용될 수 있다는 것 (3호)

④ 신문을 받을 때에는 변호인을 참여하게 하는 등 변호인의 조력을 받을 수 있다는 것 (4호)

검사 또는 사법경찰관은 진술거부권 고지사항을 알려 준 때에는 피의자가 진술을 거부할 권리와 변호인의 조력을 받을 권리를 행사할 것인지의 여부를 질문하고, 이에 대한 피의자의 답변을 조서에 기재하여야 한다. 이 경우 피의자의 답변은 피의자로 하여금 자필로 기재하게 하거나 검사 또는 사법경찰관이 피의자의 답변을 기재한 부분에 기명날인 또는 서명하게 하여야 한다(법244의3).

수사기관이 피의자에게 진술거부권을 행사할 수 있음을 알려 주고 그 행사 여부를 질문하였다 하더라도 형소법 제244조의3 제2항에 규정한 방식에 위반하여 진술거부권 행사 여부에 대한 피의자의 답변이 자필로 기재되어 있지 아니하거나 그 답변 부분에 피의자의 기명날인 또는 서명이 되어 있지 아니한 수사기관 작성의 피의자신문조서는 형소법 제312조 제1항 또는 제3항의 '적법한 절차와 방식에 따라 작성'된 조서라 할 수 없다.[2]

(4) 검사에의 구제신청권 고지

경찰공무원인 사법경찰관은 피의자를 신문하기 전에 수사과정에서 법령위반, 인권침해 또

---

1) 1982. 12. 28. 82도1080, 공 1983, 388, 『사법경찰리 조서 사건』.
2) 2014. 4. 10. 2014도1779, 공 2014상, 1084, 『교도소 동기 제보자 사건』.

는 현저한 수사권 남용이 있는 경우 검사에게 구제를 신청할 수 있음을 피의자에게 알려주어
야 한다(법197의3⑧). 사법경찰관은 검사에게 구제를 신청할 수 있음을 피의자에게 알려준 경
우에는 피의자로부터 고지 확인서를 받아 사건기록에 편철한다. 다만, 피의자가 고지 확인서
에 기명날인 또는 서명하는 것을 거부하는 경우에는 사법경찰관이 고지 확인서 끝부분에 그
사유를 적고 기명날인 또는 서명해야 한다(수사준칙47 본문·단서).

경찰공무원인 사법경찰관의 구제신청권 고지의무는 검찰청 직원인 사법경찰관리나 특별
사법경찰관리에게는 적용되지 않는다(법245의9④, 245의10⑥).

(5) 피의자신문의 실시

(가) 보호장비의 해제　　　체포·구속된 피의자를 신문할 때 포승이나 수갑과 같은 보호장
비를 사용할 수 있는지 문제된다. 「형의 집행 및 수용자의 처우에 관한 법률」(형집행법)이 규
정한 보호장비(동법98 참조)는 원칙적으로 공동생활의 질서와 안전을 유지하기 위하여 불가피
한 경우 일시적으로 사용되어야 하고 명백한 필요성이 계속하여 존재하지 않는 경우에는 이
를 즉시 해제하여야 한다.[1]

수사기관이 조사실에서 피의자를 신문할 때에는 피의자가 신체적으로나 심리적으로 위축
되지 않은 상태에서 자기의 방어권을 충분히 행사할 수 있도록 피의자에게 보호장비를 사용
하지 말아야 하는 것이 원칙이다. 다만 도주, 자해, 다른 사람에 대한 위해 등 형집행법 제97
조 제1항 각호에 규정된 위험이 분명하고 구체적으로 드러나는 경우에만 예외적으로 보호장
비를 사용하여야 한다.[2]

구금된 피의자는 형집행법 제97조 제1항 각호에 규정된 사유에 해당하지 않는 이상 보호
장비 착용을 강제당하지 않을 권리를 가진다. 수사기관은 조사실에서 피의자를 신문할 때 해
당 피의자에게 그러한 특별한 사정이 없는 이상 교도관에게 보호장비의 해제를 요청할 의무
가 있고, 교도관은 이에 응하여야 한다.[3] 보호장비는 피의자에 대한 인정신문 전에 해제되는
것이 원칙이다.[4]

수사기관이 구금된 피의자를 신문할 때 피의자 또는 변호인으로부터 보호장비를 해제해
달라는 요구를 받고도 이를 거부한 조치는 형소법 제417조에서 정한 '구금에 관한 처분'에 해
당한다.[5] 수사기관이 피의자나 변호인이 제기한 보호장비 해제요구를 거부할 정당한 사유가

---

1) 2005. 5. 26. 2001헌마728, 헌집 17-1, 709, 『총학생회장 계구사용 사건』.
2) 2020. 3. 17. 2015모2357, 공 2020상, 851, 『보호장비 해제요구 거부 사건』.
3) 2020. 3. 17. 2015모2357, 공 2020상, 851, 『보호장비 해제요구 거부 사건』.
4) 2020. 3. 17. 2015모2357, 공 2020상, 851, 『보호장비 해제요구 거부 사건』.
5) 2020. 3. 17. 2015모2357, 공 2020상, 851, 『보호장비 해제요구 거부 사건』.

있는지 여부는 수사절차상 준항고(법417)의 심리·판단의 대상이 된다.[1]

피의자가 경찰조사 단계에서나 검찰조사 단계에서 자해나 소란 등 특이한 행동을 보인 정황이 없음에도 불구하고 계호교도관이 포승으로 체포·구속된 피의자의 팔과 상반신을 묶고 양손에 수갑을 채운 상태에서 피의자조사를 받도록 한 조치는, 피의자의 신체의 자유를 과도하게 제한하고, 피의자가 유죄로 확정될 때까지는 무죄로 추정받고 자신에게 이익되는 사실을 자유롭게 진술하고 변명할 수 있는 기회를 충분히 보장하려는 무죄추정의 원칙 및 방어권행사를 보장하는 근본취지에도 반하여 헌법소원심판의 대상이 된다.[2]

(나) 인정신문   검사 또는 사법경찰관이 피의자를 신문함에는 먼저 그 성명, 연령, 등록기준지, 주거와 직업을 물어 피의자임에 틀림없음을 확인하여야 한다(법241). 이를 인정신문(人定訊問)이라고 한다.

(다) 범죄사실 등 신문   검사 또는 사법경찰관은 피의자에 대하여 범죄사실과 정상에 관한 필요사항을 신문하여야 한다(법242 전단). 수사기관은 수사 중인 사건의 범죄 혐의를 밝히기 위한 목적으로 합리적인 근거 없이 별개의 사건을 부당하게 수사하여서는 아니 되고, 다른 사건의 수사를 통하여 확보된 증거 또는 자료를 내세워 관련 없는 사건에 대한 자백이나 진술을 강요하여서도 아니 된다(법198④, 수사준칙3④).

검사 또는 사법경찰관은 사실을 발견하는 데에 필요한 때에는 피의자와 다른 피의자 또는 피의자 아닌 자와 대질하게 할 수 있다(법245).

(라) 이익사실 진술기회 부여   검사 또는 사법경찰관은 피의자에 대하여 범죄사실과 정상에 관하여 그 이익되는 사실을 진술할 기회를 주어야 한다(법242 후단). 검사 또는 사법경찰관은 조사과정에서 피의자 또는 그 변호인이 사실관계 등의 확인을 위해 자료를 제출하는 경우 그 자료를 수사기록에 편철한다(수사준칙25①). 검사 또는 사법경찰관은 조사를 종결하기 전에 피의자 또는 그 변호인에게 자료 또는 의견을 제출할 의사가 있는지를 확인하고, 자료 또는 의견을 제출받은 경우에는 해당 자료 및 의견을 수사기록에 편철한다(수사준칙25②).

(마) 신뢰관계인의 동석   검사 또는 사법경찰관은 피의자를 신문하는 경우 (가) 피의자가 신체적 또는 정신적 장애로 사물을 변별하거나 의사를 결정·전달할 능력이 미약한 때, (나) 피의자의 연령·성별·국적 등의 사정을 고려하여 그 심리적 안정의 도모와 원활한 의사소통을 위하여 필요한 경우의 어느 하나에 해당하는 때에는 직권 또는 피의자·법정대리인의 신청에 따라 피의자와 신뢰관계에 있는 자를 동석하게 할 수 있다(법244의5). 형소법 제244조의5에 따라 피의자와 동석할 수 있는 신뢰관계에 있는 사람은 피의자의 직계친족, 형제자매, 배우

---

1) 2020. 3. 17. 2015모2357, 공 2020상, 851, 『보호장비 해제요구 거부 사건』.
2) 2005. 5. 26. 2001헌마728, 헌집 17-1, 709, 『총학생회장 계구사용 사건』.

자, 가족, 동거인, 보호·교육시설의 보호·교육담당자 등 피의자의 심리적 안정과 원활한 의사소통에 도움을 줄 수 있는 사람으로 한다(수사준칙24①).

피의자 또는 그 법정대리인이 신뢰관계에 있는 사람의 동석을 신청한 경우 검사 또는 사법경찰관은 그 관계를 적은 동석신청서를 제출받거나 조서 또는 수사보고서에 그 관계를 적어야 한다(수사준칙24②).

동석한 신뢰관계인은 피의자를 대신하여 진술해서는 안 된다. 동석한 사람이 피의자를 대신하여 진술한 부분이 피의자신문조서에 기재되어 있다면 그 부분은 피의자의 진술을 기재한 것(법312① · ③)이 아니라 동석한 사람의 진술을 기재한 조서(법312④)에 해당한다.[1]

(6) 조사수인 의무

(가) 문제의 소재   피의자신문은 원칙적으로 임의수사이다. 피의자는 수사기관의 출석요구에 응할 의무가 없으며 일단 출석한 경우에도 언제든지 퇴거할 수 있기 때문이다. 그러나 피의자가 죄를 범하였다고 의심할 만한 상당한 이유가 있고 정당한 이유 없이 출석요구에 응하지 아니하거나 응하지 아니할 우려가 있는 때에는 체포영장을 발부받아 피의자를 체포할 수 있다(법200의2①).

여기에서 체포·구속된 피의자에게 조사를 수인(受忍)해야 할 의무가 있는지 문제된다. 학설은 긍정설과 부정설로 나뉘고 있으나, 판례는 다음의 기준을 제시하여 체포·구속된 피의자에게 조사수인 의무를 인정하였다.[2]

(나) 수인의무의 내용   수사기관이 관할 지방법원판사가 발부한 체포·구속영장에 의하여 피의자를 체포·구속하는 경우, 그 체포·구속영장은 기본적으로 장차 공판정에의 출석이나 형의 집행을 담보하기 위한 것이지만, 이와 함께 체포·구속기간의 범위 내에서 수사기관이 피의자신문의 방식으로 체포·구속된 피의자를 조사하는 등 적정한 방법으로 범죄를 수사하는 것도 예정하고 있다.

따라서 체포·구속영장 발부에 의하여 적법하게 구금된 피의자가 피의자신문을 위한 출석요구에 응하지 아니하면서 수사기관 조사실에의 출석을 거부한다면 수사기관은 그 체포·구속영장의 효력에 의하여 피의자를 조사실로 구인할 수 있다.[3]

(다) 수인의무의 한계   다만 이러한 경우에도 그 피의자신문절차는 어디까지나 임의수사의 한 방법으로 진행되어야 할 것이므로, 피의자는 헌법 제12조 제2항과 형소법 제244조의

---

1) 2009. 6. 23. 2009도1322, 공 2009하, 1242, 『배우자가 대신 진술 사건』.
2) 2013. 7. 1. 2013모160, 공 2013하, 1532, 『구금피의자 출석 거부 사건』.
3) 2013. 7. 1. 2013모160, 공 2013하, 1532, 『구금피의자 출석 거부 사건』.

3에 따라 일체의 진술을 하지 아니하거나 개개의 질문에 대하여 진술을 거부할 수 있고, 수사기관은 피의자를 신문하기 전에 그와 같은 권리를 알려주어야 한다.[1]

(7) 조사방법의 제한

(가) 심야조사의 제한   수사준칙은 피의자나 피해자·참고인 등에 대해 오후 9시부터 오전 6시까지 사이에 이루어지는 조사를 심야조사라고 지칭하고 있다(수사준칙21①). 검사 또는 사법경찰관은 조사, 신문, 면담 등 그 명칭을 불문하고 피의자에 대해 심야조사를 해서는 안 된다. 다만, 이미 작성된 조서의 열람을 위한 절차는 자정 이전까지 진행할 수 있다(수사준칙21① 본문·단서).

수사준칙 제21조 제2항은 예외적으로 심야조사를 할 수 있는 경우를 규정하고 있다. 심야조사 허용사유는 (가) 피의자를 체포한 후 48시간 이내에 구속영장의 청구 또는 신청 여부를 판단하기 위해 불가피한 경우, (나) 공소시효가 임박한 경우, (다) 피의자나 사건관계인(피해자·참고인)이 출국, 입원, 원거리 거주, 직업상 사유 등 재출석이 곤란한 구체적인 사유를 들어 심야조사를 요청한 경우(변호인이 심야조사에 동의하지 않는다는 의사를 명시한 경우는 제외한다)로서 해당 요청에 상당한 이유가 있다고 인정되는 경우, (라) 그 밖에 사건의 성질 등을 고려할 때 심야조사가 불가피하다고 판단되는 경우 등 법무부장관, 경찰청장 또는 해양경찰청장이 정하는 경우로서 검사 또는 사법경찰관의 소속 기관의 장이 지정하는 인권보호 책임자의 허가 등을 받은 경우 등이다(수사준칙21②).

(나) 장시간 조사의 제한   수사준칙은 피의자나 피해자·참고인 등에 대해 조사할 때 대기시간, 휴식시간, 식사시간 등 모든 시간을 합산한 조사시간을 총조사시간이라고 지칭하고 있다(수사준칙22①). 검사 또는 사법경찰관은 조사, 신문, 면담 등 그 명칭을 불문하고 피의자를 조사하는 경우 총조사시간이 12시간을 초과하지 않도록 해야 한다(동항 본문).

다만, (가) 피의자의 서면 요청에 따라 조서를 열람하는 경우, (나) 심야조사 허용사유(수사준칙21② 각호)가 있는 경우에는 예외적으로 총조사시간이 12시간을 초과할 수 있다(수사준칙22① 단서).

검사 또는 사법경찰관은 특별한 사정이 없으면 총 조사시간 중 식사시간, 휴식시간 및 조서의 열람시간 등을 제외한 실제 조사시간이 8시간을 초과하지 않도록 해야 한다(수사준칙22②). 검사 또는 사법경찰관은 피의자에 대한 조사를 마친 때부터 8시간이 지나기 전에는 다시 조사할 수 없다. 다만, 심야조사 허용사유(동항 각호)가 있는 경우에는 예외로 한다(수사준칙22

[1] 2013. 7. 1. 2013모160, 공 2013하, 1532, 『구금피의자 출석 거부 사건』.

③ 본문·단서).

(다) 휴식시간의 부여   검사 또는 사법경찰관은 조사에 상당한 시간이 소요되는 경우에는 특별한 사정이 없으면 피의자에게 조사 도중에 최소한 2시간마다 10분 이상의 휴식시간을 주어야 한다(수사준칙23①). 검사 또는 사법경찰관은 조사 도중 피의자 또는 그 변호인으로부터 휴식시간의 부여를 요청받았을 때에는 그때까지 조사에 소요된 시간, 피의자의 건강상태 등을 고려해 적정하다고 판단될 경우 휴식시간을 주어야 한다(동조②). 검사 또는 사법경찰관은 조사 중인 피의자의 건강상태에 이상 징후가 발견되면 의사의 진료를 받게 하거나 휴식하게 하는 등 필요한 조치를 해야 한다(동조③).

3. 피의자신문과 변호인의 참여

(1) 변호인 참여의 중요성

수사기관은 수사주체로서의 권한뿐만 아니라 법률 등 전문지식의 측면에서 피의자보다 우월한 지위에 있다. 그러므로 피의자가 수사기관에 대응되는 당사자의 지위에 있기보다는 수사기관이 진행하는 신문의 객체로만 존재할 위험이 상존한다. 변호인의 피의자신문 참여는 이와 같은 위험을 방지하기 위한 장치이다.[1]

변호인은 법률전문가이다. 피의자신문에 참여하는 변호인은 피의자가 수사기관과 대립되는 당사자의 지위에서 스스로 방어하는 것을 지원하는 조력자로서의 역할을 수행한다. 나아가 이를 통해 실체적 진실발견에 기여하고 피의자의 권리가 준수되는지를 감시·통제하는 역할을 담당한다.[2]

피의자·피고인이 가지는 변호인의 조력을 받을 권리가 실질적으로 확보되려면 변호인이 피의자·피고인을 조력하는 권리의 핵심적인 부분이 헌법상 기본권으로 보호되어야 한다.

변호인의 조력을 받을 권리(헌법12④)에 기초하여 피의자와 변호인 사이에는 접견교통권이 헌법상 보장된다. 접견교통에서 더 나아가 변호인이 피의자신문에 자유롭게 참여할 수 있는 권리 또한 피의자가 가지는 변호인의 조력을 받을 권리를 실현하는 수단이다. 그러므로 변호인의 피의자신문참여권은 헌법상 기본권인 '변호인의 변호권'으로서 보호된다.[3]

수사기관의 피의자신문에 변호인의 참여가 가능한가 하는 문제가 종래 논의되어 왔다. 이 문제에 대해 판례가 먼저 변호인참여권을 인정하기 시작하였고, 마침내 2007년 개정 형사소송법 제243조의2로 변호인참여권이 명문화되기에 이르렀다.

---

1) 2017. 11. 30. 2016헌마503, 헌집 29-2, 224, 『변호인 후방착석 요구 위헌 사건』.
2) 2017. 11. 30. 2016헌마503, 헌집 29-2, 224, 『변호인 후방착석 요구 위헌 사건』.
3) 2017. 11. 30. 2016헌마503, 헌집 29-2, 224, 『변호인 후방착석 요구 위헌 사건』.

2020년 「검사와 사법경찰관의 상호협력과 일반적 수사준칙에 관한 규정」(수사준칙)이 제정되어 2021년 1월 1일부터 시행되고 있다. 이 수사준칙에 의하여 수사기관의 피의자신문 단계에서의 변호인 참여권이 보다 구체화되었다(수사준칙13 이하 참조).

(2) 변호인 참여의 신청

(가) 신청권자   피의자신문에 변호인을 참여하게 하려면 피의자 또는 그 변호인 · 법정대리인 · 배우자 · 직계친족 또는 형제자매가 변호인참여를 신청하여야 한다(법243의2①). 변호인참여를 신청할 수 있는 사람은 (가) 피의자와 그 법정대리인 · 직계친족 · 형제자매와 (나) 피의자의 변호인이다. 변호인은 헌법상 보장되는 '변호인의 변호권'에 기하여 피의자신문 참여권을 가진다.[1] 여기에서 '변호인'은 피의자와 연명날인한 변호인선임서를 수사기관에 제출한 사람을 말한다(법32① · ②).

(나) 변호인이 되려는 자   형사소송법은 신체구속을 당한 피의자 · 피고인의 경우에 변호인뿐만 아니라 '변호인이 되려는 자'도 접견교통권의 주체로 인정하고 있다(법34). 따라서 피의자의 변호인이 되려는 자도 피의자신문 참여를 신청할 수 있다.[2]

형소법 제34조는 신체구속된 피의자 · 피고인에 대한 변호인의 접견교통권만을 명시하고 있으나, 형소법 제243조의2 제1항은 신체구속 여부를 묻지 않고 모든 피의자와 변호인 사이에 접견교통권을 인정하고 있다. 신체구속 여부를 떠나 모든 피의자 · 피고인에게 변호인선임권 및 변호인과 상담하고 조언을 구할 권리가 인정되어야 함은 법치국가원리 및 적법절차원칙에 비추어 당연한 이치이기 때문이다.[3] 그러므로 불구속피의자의 변호인이 되려는 자도 피의자신문에 참여할 수 있다.

여기에서 '변호인이 되려는 자'는 변호인이 되려는 의사를 표시한 자로서 객관적으로 변호인이 될 가능성이 있다고 인정되는 사람을 말한다.[4] '변호인이 되려는 자'에는 (가) 변호인선임의뢰를 받았으나 아직 변호인선임신고를 하지 아니한 사람 외에 (나) 스스로 변호인으로 활동하려는 자도 포함된다.[5] 변호인이 되려는 의사를 표시한 자가 객관적으로 변호인이 될 가능성이 있다고 인정되는데도 '변호인이 되려는 자'가 아니라고 보아 피의자신문 참여를 제한해서는 안 된다.[6]

---

1) 2017. 11. 30. 2016헌마503, 헌집 29-2, 224, 『변호인 후방착석 요구 위헌 사건』.
2) 2019. 2. 28. 2015헌마1204, 헌집 31-1, 141, 『변호인 되려는 자 접견불허 사건』.
3) 2004. 9. 23. 2000헌마138, 헌집 16-2상, 543, 『총선시민연대 사건』.
4) 2017. 3. 9. 2013도16162, 공 2017상, 713, 『체포현장 이의제기 변호사 사건』.
5) 2019. 2. 28. 2015헌마1204, 헌집 31-1, 141, 『변호인 되려는 자 접견불허 사건』.
6) 2017. 3. 9. 2013도16162, 공 2017상, 713, 『체포현장 이의제기 변호사 사건』 참조.

(다) 신청방법   「경찰수사규칙」(동규칙12②) 및 「해양경찰수사규칙」(동규칙12②)은 변호인의 피의자신문 참여신청을 받은 사법경찰관리로 하여금 신청인으로부터 변호인의 피의자신문 참여 전에 변호인 선임서와 변호인 참여 신청서를 제출받도록 규정하고 있다. 「검찰사건사무규칙」은 변호인 참여신청을 서면 또는 구술로 할 수 있다고 하면서도(검찰사건사무규칙22②), 피의자나 피의자신문에 참여하려는 변호인은 변호인의 피의자신문 참여 전에 검사에게 변호인선임에 관한 서면을 제출해야 한다고 규정하고 있다(동조③).

그러나 변호인 선임서 제출을 요구하는 「경찰수사규칙」, 「해양경찰수사규칙」이나 「검찰사건사무규칙」은 '변호인이 되려는 자'도 변호인 참여신청권을 갖는다는 헌법재판소의 판례[1]에 반한다. 피의자·피고인이 변호인 선임서와 변호인 참여 신청서를 통해 변호인의 조력을 받을 의사를 명시적으로 표시한 경우에만 '변호인이 되려는 자'의 접견교통권이 허용된다면, 접견교통권의 성립 여부가 실질적으로는 수사기관의 의사에 의하여 좌우되는 결과를 초래할 수 있기 때문이다.[2]

변호인의 조력을 받을 권리의 최대한 보장이라는 관점에서 볼 때 변호인 참여신청은 서면 외에 구술로도 할 수 있다고 보아야 한다. 「경찰수사규칙」, 「해양경찰수사규칙」과 「검찰사건사무규칙」의 관련 규정은 통일적으로 정비되어야 할 것이다.

(3) 변호인의 피의자신문 참여

(가) 변호인의 위치   검사 또는 사법경찰관은 피의자 또는 그 변호인·법정대리인·배우자·직계친족·형제자매의 신청에 따라 정당한 사유가 없는 한 피의자에 대한 신문에 변호인을 참여하게 하여야 한다(법243의2① 후단). 검사 또는 사법경찰관은 피의자에 대한 신문이 아닌 단순 면담 등이라는 이유로 변호인의 참여·조력을 제한해서는 안 된다(수사준칙13②).

검사 또는 사법경찰관은 피의자신문에 참여한 변호인이 피의자의 옆자리 등 실질적인 조력을 할 수 있는 위치에 앉도록 해야 한다(수사준칙13①). 검사 또는 사법경찰관은 정당한 사유가 없으면 피의자신문에 참여한 변호인에게 피의자에 대한 법적인 조언·상담을 보장해야 한다(동항). 검사 또는 사법경찰관은 법적인 조언·상담을 위한 변호인의 메모를 허용해야 한다(동항).

(나) 변호인 참여의 범위   피의자신문절차에서 변호인 참여는 단순히 피의자신문에 입회하는 것에 그치지 않는다. 변호인은 (가) 피의자가 조언과 상담을 요청할 경우 이를 제공하고, (나) 피의자가 요청하지 않더라도 스스로의 판단에 따라 신문 후 의견을 진술하고(법243의2③ 본문), (다) 신문 중이라도 부당한 신문방법에 대하여 이의를 제기하거나(동항 단서 전문),

---

1) 2019. 2. 28. 2015헌마1204, 헌집 31-1, 141, 『변호인 되려는 자 접견불허 사건』.
2) 2019. 2. 28. 2015헌마1204, 헌집 31-1, 141, 『변호인 되려는 자 접견불허 사건』.

(라) 신문 중이라도 검사 또는 사법경찰관의 승인을 얻어 의견을 진술하는 형태(동항 단서 후문)로 이루어진다.[1]

형소법 제243조의2 제3항 단서 전문은 피의자신문에 참여한 변호인은 신문 중이라도 부당한 신문방법에 대하여 이의를 제기할 수 있다고 규정하고 있다. 검사 또는 사법경찰관의 부당한 신문방법에 대한 이의제기는, 고성, 폭언 등 그 방식이 부적절하거나 또는 합리적 근거 없이 반복적으로 이루어지는 등의 특별한 사정이 없는 한, 원칙적으로 변호인에게 인정된 권리의 행사에 해당하며, 신문을 방해하는 행위로는 볼 수 없다.[2]

따라서 검사 또는 사법경찰관이, 고성, 폭언 등 그 방식이 부적절하거나 또는 합리적 근거 없이 반복적으로 이루어지는 등의 특별한 사정 없이, 단지 변호인이 피의자신문 중에 부당한 신문방법에 대한 이의제기를 하였다는 이유만으로 변호인을 조사실에서 퇴거시키는 조치는 정당한 사유 없이 변호인의 피의자신문 참여권을 제한하는 것으로서 허용될 수 없다.[3]

수사준칙은 변호인의 의견진술에 관하여 보다 상세하게 규정하고 있다. 피의자신문에 참여한 변호인은 신문 중이라도 검사 또는 사법경찰관의 승인을 받아 의견을 진술할 수 있다. 이 경우 검사 또는 사법경찰관은 정당한 사유가 있는 경우를 제외하고는 변호인의 의견진술 요청을 승인해야 한다(수사준칙14②). 피의자신문에 참여한 변호인은 부당한 신문방법에 대해 검사 또는 사법경찰관의 승인 없이 이의를 제기할 수 있다(동조③).

(다) 변호인 참여와 조서작성   검사 또는 사법경찰관은 변호인의 신문참여 및 그 제한에 관한 사항을 피의자신문조서에 기재하여야 한다(법243의2⑤). 검사 또는 사법경찰관은 변호인으로부터 피의자신문 후의 의견진술(수사준칙14①)이나 신문 중의 의견진술(동조②)이 있거나 수사기관의 승인 없는 이의제기(동조③)가 있는 경우 해당 내용을 조서에 적어야 한다(동조④).

피의자신문에 참여한 변호인의 의견이 기재된 피의자신문조서는 변호인에게 열람하게 한 후 변호인으로 하여금 그 조서에 기명날인 또는 서명하게 하여야 한다(법243의2④). 피의자신문에 참여한 변호인은 검사 또는 사법경찰관의 신문 후 피의자신문조서를 열람하고 의견을 진술할 수 있다. 이 경우 변호인은 별도의 서면으로 의견을 제출할 수 있으며, 검사 또는 사법경찰관은 해당 서면을 사건기록에 편철한다(수사준칙14①).

(4) 변호인 신문참여의 한계

(가) 문제의 소재   변호인의 피의자신문 참여는 피의자의 방어권보장을 위하여 필수불

---

1) 2017. 11. 30. 2016헌마503, 헌집 29-2, 224, 『변호인 후방착석 요구 위헌 사건』.
2) 2020. 3. 17. 2015모2357, 공 2020상, 851, 『보호장비 해제요구 거부 사건』.
3) 2020. 3. 17. 2015모2357, 공 2020상, 851, 『보호장비 해제요구 거부 사건』.

가결하지만 수사의 합목적적 수행이라는 관점에서 보면 상당한 장애로 작용할 여지가 있다. 여기에서 변호인참여의 한계선을 놓고 피의자·변호인과 수사기관 사이에 적지 않은 견해 차이가 발생할 수 있다.

이러한 문제점에 대해 형사소송법은 '정당한 사유가 없는 한' 피의자에 대한 신문에 변호인을 참여하게 하여야 한다고 규정하여(법243의2①) 그 한계선을 '정당한 사유'의 해석에 맡기고 있다. 앞으로 구체적인 사안을 중심으로 판례의 발전이 기대된다.

(나) 명문화 이전의 판례   변호인의 신문참여를 제한할 수 있는 '정당한 사유'(법243의2①)의 유무를 판단할 때에는 판례가 제시한 기준들이 중요한 의미를 가진다. 그동안 판례가 제시하였던 변호인참여권의 판단기준을 살펴본다. 먼저 변호인신문참여권이 2007년 입법화되기 전의 판례를 보면 다음과 같다.

변호인이 여러 명 있는 경우에 어느 변호인의 접견교통권 행사가 그 한계를 일탈한 것인지 여부는 해당 변호인을 기준으로 하여 개별적으로 판단해야 한다.[1]

구속피의자의 신문에 대해 변호인참여권을 인정하였던 대법원판례는 "신문을 방해하거나 수사기밀을 누설하는 등의 염려가 있다고 의심할 만한 상당한 이유가 있는 특별한 사정이 있음이 객관적으로 명백하여 변호인의 참여를 제한하여야 할 필요가 있다고 인정되는 경우"에 변호인의 참여를 제한할 수 있다고 판시하였다.[2]

불구속피의자의 신문에 대해 변호인참여권을 인정하였던 헌법재판소판례는 "[변호인의] 조언과 상담과정이 피의자신문을 방해하거나 수사기밀을 누설하는 경우 등에까지 허용되는 것은 아니다."라고 판시하였다.[3]

요컨대 (가) 피의자신문을 방해하거나 (나) 수사기밀을 누설하는 경우에는 변호인참여를 제한할 수 있지만, 변호인참여의 제한은 (다) 신문을 방해하거나 수사기밀을 누설하는 등의 염려가 있다고 의심할 만한 상당한 이유가 있는 특별한 사정이 있음이 (라) 객관적으로 명백하여 변호인의 참여를 제한하여야 할 필요가 있다고 인정되어야 한다. 형소법 제243조의2로 변호인참여권이 명문화되기 전부터 판례는 '특별한 사정'이 '객관적으로 명백하다'는 엄격한 요건을 설정하고 있었다.

(다) 명문화 이후의 판례   변호인신문참여권이 2007년 명문화된 이후에 판례가 제시한 구체적인 기준들을 보면 다음과 같다.

피의자신문에 참여한 변호인은 피의자가 조력을 먼저 요청하지 않는 경우에도 그 의사에

---

1) 2007. 1. 31. 2006모657, [미간행], 『단독 접견신청 거부 사건』.
2) 2003. 11. 11. 2003모402, 공 2004, 271, 『재독 철학교수 사건』.
3) 2004. 9. 23. 2000헌마138, 헌집 16-2상, 543, 『총선시민연대 사건』.

\반하지 않는 한 스스로의 판단에 따라 (가) 능동적으로 수사기관의 신문방법이나 내용에 대해 적절한 방법으로 상당한 범위 내에서 이의를 제기하거나 (나) 피의자에게 진술거부권 행사를 조언할 수 있는 것이 원칙이다. 변호인의 이의제기나 진술거부권 행사의 권유를 두고 신문을 방해하는 행위라고 평가할 수는 없다. 이 점은 수사기관의 신문이 위법 또는 부당하지 않은 경우에도 마찬가지이다.[1]

수사기관이 피의자신문을 하면서 정당한 사유가 없음에도 불구하고 변호인에 대하여 피의자로부터 떨어진 곳으로 옮겨 앉으라고 지시를 한 다음 이러한 지시에 따르지 않았음을 이유로 변호인의 피의자신문참여권을 제한하는 것은 허용될 수 없다.[2]

피의자가 수사기관에서 조사받을 때에 변호인이 피의자 옆에서 조력하는 것은 피의자에 대한 변호인의 충분한 조력을 위해서 보장되어야 하므로 변호인의 피의자신문참여에 관한 권리의 주요부분을 이룬다. 수사기관이 피의자신문을 할 때 변호인에게 후방착석을 요구하는 행위는 변호인의 피의자신문 참여를 제한함으로써 헌법상 기본권인 변호인의 변호권을 제한하는 조치이다.[3]

변호인에게 후방착석을 요구하는 행위는 기본권 제한의 일반적 법률유보조항인 헌법 제37조 제2항에 따라 국가안전보장·질서유지 또는 공공복리를 위하여 필요한 경우, 즉 수사방해나 수사기밀의 유출 등 관련사건의 수사에 현저한 지장 등과 같은 폐해가 초래될 우려가 있는 때에 한하여 허용될 수 있을 뿐이다.[4]

(라) 경찰수사규칙 등   2021년 1월 1일부터 행정안전부령으로 「경찰수사규칙」이, 해양수산부령으로 「해양경찰수사규칙」이 각각 시행되고 있다. 「경찰수사규칙」(동규칙13① 1문) 및 「해양경찰수사규칙」(동규칙13① 1문)은 변호인의 참여로 증거를 인멸·은닉·조작할 위험이 구체적으로 드러나거나, 신문 방해, 수사기밀 누설 등 수사에 현저한 지장을 초래하는 경우에는 사법경찰관리는 피의자신문 중이라도 변호인의 참여를 제한할 수 있다고 규정하고 있다(동규칙13① 1문).

사법경찰관리가 변호인 참여를 제한할 때에는 피의자와 변호인에게 변호인의 참여를 제한하는 처분에 대해 형소법 제417조에 따른 준항고를 제기할 수 있다는 사실을 고지해야 한다(경찰수사규칙13① 2문, 해양경찰수사규칙13① 2문).

(마) 검찰사건사무규칙   법무부령인 「검찰사건사무규칙」이 전부개정되어 2022년 1월

---

1) 2007. 11. 30. 2007모26, [미공간], 『변호인 끌어내기 사건』.
2) 2008. 9. 12. 2008모793, 공 2008하, 1491, 『떨어져 앉기 사건』.
3) 2017. 11. 30. 2016헌마503, 헌집 29-2, 224, 『변호인 후방착석 요구 위헌 사건』.
4) 2017. 11. 30. 2016헌마503, 헌집 29-2, 224, 『변호인 후방착석 요구 위헌 사건』.

1일부터 시행되고 있다. 「검찰사건사무규칙」은 "검사는 변호인의 참여로 증거를 인멸·은 닉·조작할 위험이 구체적으로 드러나거나, 신문 방해, 수사기밀 누설 등 수사에 현저한 지장 을 초래하는 경우에는 피의자신문 중이라도 변호인의 참여를 제한할 수 있다."고 규정하고 있 다(동규칙22④).

검사가 신청권자(검찰사건사무규칙22①) 아닌 자의 신청을 이유로 하거나 참여제한사유 있 음을 이유로 변호인 참여를 제한하는 경우(동규칙22④)에 검사는 피의자와 변호인에게 변호인 참여를 제한하는 처분에 대해 형소법 제417조에 따른 준항고를 제기할 수 있다는 사실을 고 지해야 한다(동규칙22⑤ 전단). 검사가 위의 기준에 따라 피의자신문 중에 변호인의 참여를 제 한하는 경우 검사는 피의자에게 다른 변호인을 참여시킬 기회를 주어야 한다(동항 후단).

(5) 변호인참여권 침해의 법적 효과

(가) 증거능력   피의자가 변호인의 참여를 원한다는 의사를 명백하게 표시하였음에도 수사기관이 정당한 사유 없이 변호인을 참여하게 하지 아니한 채 피의자를 신문하여 작성한 피의자신문조서는 형소법 제312조 제1항 및 제3항에서 정한 '적법한 절차와 방식'에 위반된 증거일 뿐만 아니라, 형소법 제308조의2에서 정한 '적법한 절차에 따르지 아니하고 수집한 증거'에 해당하므로 이를 유죄의 증거로 할 수 없다.[1]

(나) 준항고   검사 또는 사법경찰관의 변호인참여 등에 관한 처분에 불복이 있으면 그 직무집행지의 관할법원 또는 검사의 소속 검찰청에 대응한 법원에 그 처분의 취소 또는 변경을 청구할 수 있다(법417).[2]

검사 또는 사법경찰관의 부당한 신문방법에 대한 이의제기(법243의2③ 단서)는 고성, 폭언 등 그 방식이 부적절하거나 또는 합리적 근거 없이 반복적으로 이루어지는 등의 특별한 사정 이 있는 경우에만 예외적으로 허용되지 않는다. 그러한 특별한 사정이 없는 한 검사 또는 사 법경찰관의 부당한 신문방법에 대한 이의제기는 원칙적으로 변호인에게 인정된 권리의 행사 에 해당하며, 신문을 방해하는 행위로 볼 수 없다.[3]

따라서 검사 또는 사법경찰관이, 고성, 폭언 등 그 방식이 부적절하거나 또는 합리적 근거 없이 반복적으로 이루어지는 등의 특별한 사정 없이, 단지 변호인이 피의자신문 중에 부당한 신문방법에 대한 이의제기를 하였다는 이유만으로 변호인을 조사실에서 퇴거시키는 조치는 정당한 사유 없이 변호인의 피의자신문 참여권을 제한하는 것으로서 허용될 수 없으며, 준항

---

1) 2013. 3. 28. 2010도3359, 공 2013상, 801, 『공항 리무진 삥땅 사건』.
2) 2007. 11. 30. 2007모26, [미공간], 『변호인 끌어내기 사건』.
3) 2020. 3. 17. 2015모2357, 공 2020상, 851, 『보호장비 해제요구 거부 사건』.

고의 대상이 된다.[1]

불복의 대상에는 변호인참여에 관한 처분 이외에 변호인접견에 관한 처분도 포함된다. 준항고에 대한 결정에 대해서는 재항고가 허용된다(법419, 415).

(다) 헌법소원   수사기관이 정당한 사유 없이 변호인의 피의자신문 참여를 제한하는 행위는 피의자의 변호인의 조력을 받을 권리 또는 변호인의 피의자에 대한 변호권을 침해하는 공권력의 행사로서 헌법소원의 대상이 된다. 특히 변호인은 자신의 기본권인 변호권이 침해되었음을 이유로 헌법소원을 제기할 수 있다.[2]

(라) 손해배상   수사기관의 피의자신문에 참여한 변호인이 피의자에게 진술거부권 행사를 권유하는 것은 정당한 변호활동에 해당한다. 변호인의 진술거부권 행사 권유가 수사방해에 해당한다는 이유로 수사기관이 변호인을 강제로 끌어내는 행위는 위법하며, 국가는 변호인에 대하여 손해배상 책임을 진다.[3]

4. 피의자신문조서

(1) 피의자신문조서

(가) 작성방식   피의자의 진술은 조서에 기재하여야 한다(법244①). 피의자신문의 주체는 검사 또는 사법경찰관이지만 피의자신문조서의 작성은 참여한 검찰청수사관, 서기관, 서기 또는 사법경찰관리가 행한다(법243, 48① 참조). 검찰수사서기관·검찰사무관 등은 수사에 관한 조서작성에 관하여 검사의 의견이 자기의 의견과 다른 경우에는 조서의 끝 부분에 그 취지를 적을 수 있다(검찰청법46④).

피의자신문조서는 피의자에게 열람하게 하거나 읽어 들려주어야 하며, 진술한 대로 기재되지 아니하였거나 사실과 다른 부분의 유무를 물어 피의자가 증감 또는 변경의 청구 등 이의를 제기하거나 의견을 진술한 때에는 이를 조서에 추가로 기재하여야 한다. 이 경우 피의자가 이의를 제기하였던 부분은 읽을 수 있도록 이를 남겨두어야 한다(법244②). 피의자가 조서에 대하여 이의나 의견이 없음을 진술한 때에는 피의자로 하여금 그 취지를 자필로 기재하게 하고 조서에 간인한 후 기명날인 또는 서명하게 한다(동조③).

수사기관이 범죄수사를 하면서 지켜야 할 법규상 또는 조리상의 한계를 위반하였다면 국가배상책임에 있어서 법령을 위반한 경우에 해당한다.[4] 수사기관은 피의자의 진술을 조서화

---

1) 2020. 3. 17. 2015모2357, 공 2020상, 851, 『보호장비 해제요구 거부 사건』.
2) 2017. 11. 30. 2016헌마503, 헌집 29-2, 224, 『변호인 후방착석 요구 위헌 사건』.
3) 2007. 11. 30. 2007모26, [미공간], 『변호인 끌어내기 사건』 참조.
4) 2020. 4. 29. 2015다224797, 공 2020상, 962, 『소년 피의자 피신조서 사건』.

하는 과정에서 조서의 객관성을 유지해야 한다. 수사기관이 고의 또는 과실로 위 직무상 의무를 위반하여 피의자신문조서를 작성함으로써 피의자의 방어권이 실질적으로 침해되었다고 인정된다면, 국가는 그로 인하여 피의자가 입은 손해를 배상하여야 한다.[1]

수사기관이 피의자신문조서를 작성하면서, 실제 신문 및 진술 내용은 범행 일시, 장소, 범행 전 행적, 범행을 공모하고 준비하게 된 과정 및 내용, 범행의 세부 내용 등에 관한 구체적인 수사기관의 질문에 대하여 단답형으로 한 대답이 대다수임에도, 문답의 내용을 바꾸어 기재함으로써 마치 피의자로부터 자발적으로 구체적인 진술이 나오게 된 것처럼 조서를 작성한 것은 조서의 객관성을 유지하지 못한 경우에 해당한다.[2]

수사기관에게 조서의 객관성을 유지하지 못한 직무상 과실이 있고, 이것이 영장실질심사 단계 및 이후 검찰수사 과정에서 피의자의 방어권 행사에 불이익하게 작용하였다고 보이는 경우에는 국가는 피의자에 대하여 위자료책임을 진다.[3]

(나) 조사과정 기록　　　검사 또는 사법경찰관은 피의자가 조사장소에 도착한 시각, 조사를 시작하고 마친 시각, 그 밖에 조사과정의 진행경과를 확인하기 위하여 필요한 사항을 피의자신문조서에 기록하거나 별도의 서면에 기록한 후 수사기록에 편철하여야 한다(법244의4①). 수사과정기록 부분에 대한 열람, 이의제기와 정정, 이의 없다는 취지의 자필기재, 간인과 기명날인 또는 서명 등은 피의자신문조서의 경우와 같다(법244의4, 244② · ③).

검사 또는 사법경찰관은 형소법 제244조의4에 따라 조사(신문, 면담 등 명칭을 불문한다) 과정의 진행경과를 다음의 방법으로 기록해야 한다(수사준칙26①).

먼저, 검사 또는 사법경찰관이 조서를 작성하는 경우에는 조서에 조사과정의 진행경과를 기록한다. 이 경우 기록에는 별도의 서면에 기록한 후 조서의 끝부분에 편철하는 것을 포함한다(수사준칙26① i). 이 경우 조사과정의 진행경과를 기록할 때에는 (가) 조사 대상자가 조사장소에 도착한 시각, (나) 조사의 시작 및 종료 시각, (다) 조사 대상자가 조사장소에 도착한 시각과 조사를 시작한 시각에 상당한 시간적 차이가 있는 경우에는 그 이유를 구체적으로 적어야 한다(수사준칙26② i).

다음으로, 검사 또는 사법경찰관이 조서를 작성하지 않는 경우에는 조사과정의 진행경과를 별도의 서면에 기록한 후 수사기록에 편철한다(수사준칙26① ii). 이 경우 조사과정의 진행경과를 기록할 때에는 (가) 조사 대상자가 조사장소에 도착한 시각, (나) 조사 대상자가 조사장소를 떠난 시각, (다) 조서를 작성하지 않는 이유, (라) 조사 외에 실시한 활동, (마)

---

1) 2020. 4. 29. 2015다224797, 공 2020상, 962, 『소년 피의자 피신조서 사건』.
2) 2020. 4. 29. 2015다224797, 공 2020상, 962, 『소년 피의자 피신조서 사건』.
3) 2020. 4. 29. 2015다224797, 공 2020상, 962, 『소년 피의자 피신조서 사건』.

변호인 참여 여부를 구체적으로 적어야 한다(수사준칙26② ii).

　(다) 수사기록 목록작성　　검사·사법경찰관리와 그 밖에 직무상 수사에 관계있는 자는 수사과정에서 수사와 관련하여 작성하거나 취득한 서류 또는 물건에 대한 목록을 빠짐없이 작성하여야 한다(법198③).

　(라) 사경조서와 내용인정 요건　　우리 형사소송법은 사법경찰관의 조서작성 과정에서 빚어지기 쉬운 강압수사나 부정확한 조서작성을 방지하기 위하여 소위 내용인정의 요건을 설정하고 있다. 즉 검사 이외의 수사기관이 작성한 피의자신문조서는 적법한 절차와 방식에 따라 작성된 것으로 공판준비 또는 공판기일에 그 피의자였던 피고인 또는 변호인이 그 내용을 인정한 때에 한하여 증거로 할 수 있다(법312③).

　이에 따라 피고인이 법관의 면전에서 자신에 대한 사법경찰관 작성 피의자신문조서의 내용을 부인한다면 그 조서는 증거능력을 잃게 된다. 다만 피의자를 조사하였거나 그 조사에 참여하였던 사법경찰관리가 공판정에 증인으로 출석하여 피의자의 진술을 법정에 현출할 가능성은 남아 있다(법316① 참조).

　사법경찰관리가 작성한 피의자신문조서와 달리 검사가 작성한 피의자신문조서는 2021년 12월 31일까지 공소제기된 사건의 경우 피고인이 법관 면전에서 내용을 부인하더라도 일정한 요건하에 증거능력을 인정받을 수 있다(법312①, 2020. 2. 4. 개정형소법 부칙 1의2②).

　(마) 검사조서와 내용인정 요건　　2020년 입법자는 검찰·경찰의 수사권을 조정하여 양자를 상호 협력관계로 규정하였다(법195①). 상호 협력관계의 관점에서 볼 때 사법경찰관 작성의 피의자신문조서에 대해서만 내용인정의 요건을 설정하는 것은 검사작성 피의자신문조서의 증거능력을 우대하는 것이라는 비판이 가능하다. 이러한 점을 고려하여 2020년 개정시에 입법자는 검사작성 피의자신문조서에 대해서도 내용인정의 요건을 추가하였다.

　입법자는 검사작성 피의자신문조서의 근거조문인 형소법 제312조 제1항을 "검사가 작성한 피의자신문조서는 적법한 절차와 방식에 따라 작성된 것으로서 공판준비, 공판기일에 그 피의자였던 피고인 또는 변호인이 그 내용을 인정할 때에 한하여 증거로 할 수 있다."라고 개정하였고 형소법 제312조 제2항을 삭제하였다. 개정된 형소법 제312조 제1항은 2022년 1월 1일 이후 공소제기된 사건부터 시행되었다(법312①, 2020. 2. 4. 개정형소법 부칙 1의2①).

　(바) 조사자증언　　검사 및 사법경찰관의 피의자신문조서에 내용인정이 증거능력 요건으로 규정됨에 따라 조서보다는 피의자신문에 참여하였던 조사자의 증언이 보다 중요한 의미를 가지게 되었다. 공판절차에서 피의자였던 피고인이 수사기관 작성의 피의자신문조서에 대해 내용을 부인하면 해당 피의자신문조서는 증거능력을 상실한다(법312① · ③). 피고인은 진술거부권(헌법12②, 법283의2)을 가지고 있으므로 공판절차에서 동일한 내용의 진술을 피고인으

로부터 획득하는 것은 기대하기 어렵다. 이러한 상황에 대비하여 입법자는 2007년 형소법 개정시에 조사자증언제도를 도입하였다.[1]

공소제기 전에 피고인을 피의자로 조사하였거나 그 조사에 참여하였던 자를 통칭하여 조사자라고 한다. 조사자는 피고인이 아닌 자로서 공판준비 또는 공판기일에 출석하여 피의자로부터 청취한 진술을 증언할 수 있다. 피의자였던 피고인의 진술을 내용으로 하는 조사자의 진술은 그(피고인) 진술이 특히 신빙할 수 있는 상태하에서 행하여졌음이 증명된 때에 한하여 이를 증거로 할 수 있다(법316①).[2]

(2) 피의자의 진술서

피의자를 조사하는 과정에서 피의자의 진술이 피의자신문조서 이외의 형태로 서면에 기재되는 경우가 있다. 이 경우의 서면을 피의자의 진술서라고 한다. 피의자(이후 피고인이 됨)가 수사과정에서 작성한 진술서에 대해서는 피의자신문조서의 증거능력에 관한 규정(법312① · ③)이 준용된다(동조⑤). 피의자신문조서의 증거능력 요건을 진술서라는 형태로 우회하는 것을 방지하기 위함이다.

형소법 제312조 제5항은 '피고인이 … 수사과정에서 작성한 진술서'라는 표현을 사용하고 있다. 피의자의 진술을 기재한 서류 또는 문서가 수사기관에서의 조사과정에서 작성된 것이라면, 그것이 '진술조서, 진술서, 자술서'라는 형식을 취하였다고 하더라도 피의자신문조서와 달리 볼 수 없다.[3]

피의자의 진술서 또는 진술조서와 진술거부권 고지의 관계에 대해서는 피의자의 진술거부권 항목에서 검토하였다.[4]

5. 피의자진술의 영상녹화

(1) 영상녹화물과 조사과정의 범위

수사기관은 피의자의 진술을 영상녹화할 수 있다(법244의2① 1문). 영상녹화는 녹음이 포함된 것을 말하며(법56의2① 참조), 수사기관이 영상녹화한 기록물을 영상녹화물이라고 한다. 피의자의 진술을 영상녹화할 때에는 피의자에게 미리 영상녹화사실을 알려주어야 한다(법

---

1) 신동운, "사법개혁추진과 형사증거법의 개정", 서울대 법학, 제47권 제1호 통권 제138호(2006), 107-132면 참고 바람.
2) 후술 795면 참조.
3) 2015. 10. 29. 2014도5939, 공 2015하, 1842, 『탈북민 공범 진술 사건』.
4) 전술 67면 참조.

244의2① 2문 전단).

피의자의 진술을 영상녹화할 때에는 조사의 개시부터 종료까지의 전과정 및 객관적 정황을 영상녹화하여야 한다(법244의2① 2문 후단, 규칙134의2 참조). 형사소송규칙은 영상녹화물이 조사가 개시된 시점부터 조사가 종료되어 피의자가 조서에 기명날인 또는 서명을 마치는 시점까지 전과정이 영상녹화된 것임을 요구한다(규칙134의2③).

형사소송법 및 형사소송규칙이 조사가 개시된 시점부터 조사가 종료되어 조서에 기명날인 또는 서명을 마치는 시점까지 조사 전 과정이 영상녹화되는 것을 요구하는 취지는 진술 과정에서 연출이나 조작을 방지하고자 하는 데 있다.[1] 여기에서 조사가 개시된 시점부터 조사가 종료되어 조서에 기명날인 또는 서명을 마치는 시점까지라 함은 기명날인 또는 서명의 대상인 조서가 작성된 개별 조사에서의 시점을 의미한다.[2]

그러므로 수회의 조사가 이루어진 경우에도 최초의 조사부터 모든 조사 과정을 빠짐없이 영상녹화하여야 한다고 볼 수 없다.[3] 또한 같은 날 이루어진 수회의 조사라 하더라도 특별한 사정이 없는 한 조사 과정 전부를 영상녹화하여야 하는 것도 아니다.[4]

(2) 영상녹화물의 봉인 여부

피의자진술에 대한 영상녹화가 완료된 때에는 피의자 또는 변호인 앞에서 지체 없이 그 원본을 봉인하고 피의자로 하여금 기명날인 또는 서명하게 하여야 한다(법244의2②, 규칙134의4 참조). 이때 피의자 또는 변호인의 요구가 있는 때에는 영상녹화물을 재생하여 시청하게 하여야 한다. 이 경우 그 내용에 대하여 이의를 진술하는 때에는 그 취지를 기재한 서면을 첨부하여야 한다(법244의2③).

형사소송법 및 형사소송규칙에서 영상녹화물에 대한 봉인절차를 둔 취지는 영상녹화물의 조작가능성을 원천적으로 봉쇄하여 영상녹화물 원본과의 동일성과 무결성을 담보하기 위한 것이다.[5]

2021년 12월 31일까지 기소된 사건에 대해서는 피고인이 검사작성 피의자신문조서의 진정성립을 부인하는 경우에 피의자진술에 대한 영상녹화물을 진정성립의 대체적 증명방법으로 활용할 수 있다(구법312②. 2020. 2. 4. 부칙1의2). 구법 적용사건에서 원본이 봉함되지 않는 영상녹화물을 검사작성 피의자신문조서의 진정성립을 인정하는 대체적 증명방법으로 사용할

---

1) 2022. 7. 14. 2020도13957, 공 2022하, 1708, 『봉인 안된 영상녹화물 사건』.
2) 2022. 7. 14. 2020도13957, 공 2022하, 1708, 『봉인 안된 영상녹화물 사건』.
3) 2022. 7. 14. 2020도13957, 공 2022하, 1708, 『봉인 안된 영상녹화물 사건』.
4) 2022. 7. 14. 2020도13957, 공 2022하, 1708, 『봉인 안된 영상녹화물 사건』.
5) 2022. 7. 14. 2020도13957, 공 2022하, 1708, 『봉인 안된 영상녹화물 사건』.

수 있는지 문제되었다.

판례는 검사가 작성한 피고인이 된 피의자의 진술을 기재한 조서의 실질적 진정성립을 증명하려면 원칙적으로 봉인되어 피의자가 기명날인 또는 서명한 영상녹화물을 조사하는 방법으로 하여야 하고 특별한 사정이 없는 한 봉인절차를 위반한 영상녹화물로는 이를 증명할 수 없다는 입장이다.[1]

그러나 판례는 예외를 인정하여, 형사소송법 등이 정한 봉인절차를 제대로 지키지 못했더라도 (가) 영상녹화물 자체에 원본으로서 동일성과 무결성을 담보할 수 있는 수단이나 장치가 있어 조작가능성에 대한 합리적 의심을 배제할 수 있는 경우에는 (나) 그 영상녹화물을 법정 등에서 재생·시청하는 방법으로 조사하여 (다) 영상녹화물의 조작 여부를 확인함과 동시에 (라) 검사작성 피의자신문조서에 대한 실질적 진정성립의 인정 여부를 판단할 수 있다는 입장을 취하고 있다.[2]

2020년 검찰·경찰 수사권 조정시에 형소법 제312조 제1항이 개정되어 검사 작성 피의자신문조서의 증거능력 요건으로 내용인정의 요건이 규정되었고, 이와 함께 형소법 제312조 제2항이 삭제되었다. 개정된 형소법 제312조 제1항은 2022년 1월 1일부터 시행되었지만 형소법 제312조 제2항은 2021년 1월 1일을 기준으로 삭제되었다.

(3) 피의자진술 영상녹화물의 증거능력

피의자진술에 대한 영상녹화물은 그 자체로 범죄사실을 인정하기 위한 증거로 사용할 수 없다.[3][4] 형소법 제312조 제2항이 삭제됨에 따라 피의자진술에 대한 영상녹화물은 피고인이 검사작성 피의자신문조서의 진정성립을 부인하는 경우에 대체적 증명방법으로도 사용할 수 없다.

또한 피의자진술에 대한 영상녹화물은 피고인진술의 증명력을 탄핵하기 위한 증거로도 사용할 수 없다(법318의2② 반대해석). 피고인의 진술을 내용으로 하는 영상녹화물은 공판준비 또는 공판기일에 피고인이 진술함에 있어 기억이 명백하지 아니한 사항에 관하여 기억을 환기시켜야 할 필요가 있다고 인정되는 때에 한하여 피고인에게 재생하여 시청하게 할 수 있다(법318의2②).

---

1) 2022. 7. 14. 2020도13957, 공 2022하, 1708, 『봉인 안된 영상녹화물 사건』.
2) 2022. 7. 14. 2020도13957, 공 2022하, 1708, 『봉인 안된 영상녹화물 사건』.
3) 2014. 7. 10. 2012도5041, 공 2014하, 1624, 『존속살해방조 참고인 사건』.
4) 신동운, "영상녹화물의 피의자신문조서 대체 가능성에 대하여", 형사재판의 제문제, 제6권(고현철 대법관 퇴임기념 논문집)(2009), 501-533면 참고 바람.

영상녹화물은 피고사건의 범죄사실을 증명하는 데에는 대단히 제한된 의미를 가지고 있다. 그렇지만 수사기관의 위법수사를 입증하는 데에는 영상녹화물이 제한 없이 증거능력을 가질 수 있다는 점에 주목할 필요가 있다.[1]

(4) 영상녹화물에 대한 정보공개청구 여부

피고인 또는 변호인이 영상녹화물에 대해 「공공기관의 정보공개에 관한 법률」(정보공개법)에 따라 정보공개를 청구할 수 있는지 문제된다. 정보공개법은 "정보의 공개에 관하여는 다른 법률에 특별한 규정이 있는 경우를 제외하고는 이 법이 정하는 바에 의한다."라고 규정하고 있다(동법4①). 여기서 '정보의 공개에 관하여 다른 법률에 특별한 규정이 있는 경우'에 해당한다고 하여 정보공개법의 적용을 배제하기 위해서는, 그 특별한 규정이 법률 규정으로 그 내용이 정보공개의 대상 및 범위, 정보공개의 절차, 비공개대상정보 등에 관하여 정보공개법과 달리 규정하고 있는 것이어야 한다.[2]

그런데 형사소송법은 증거개시제도를 규정하고 있다. 피고인 또는 변호인은 검사에게 공소제기된 사건에 관한 서류 또는 물건의 목록과 공소사실의 인정 또는 양형에 영향을 미칠 수 있는 일정한 서류 또는 물건의 열람·등사 또는 서면의 교부를 신청할 수 있다(법266의3① 본문). 형사소송법 제266조의3은 검사가 공소제기 된 사건과 관련하여 보관하고 있는 서류 또는 물건의 공개 여부나 공개 범위, 불복절차 등에 관하여 정보공개법과 달리 규정하고 있는 조문이다. 이 규정은 결국 정보공개법 제4조 제1항에서 정한 '정보의 공개에 관하여 다른 법률에 특별한 규정이 있는 경우'에 해당한다. 따라서 검사가 공소제기 된 사건과 관련하여 보관하고 있는 영상녹화물에 관하여 피고인이나 변호인의 정보공개법에 의한 정보공개청구는 허용되지 않는다.[3]

제 3   참고인조사

1. 참고인조사의 의의

(1) 용어의 정리
검사 또는 사법경찰관은 수사에 필요한 때에는 피의자 아닌 자의 출석을 요구하여 진술

---

[1] 후술 801면 참조.
[2] 2024. 5. 30. 2022두65559, 공 2024하, 1017, 『영상녹화물 정보공개청구 사건』.
[3] 2024. 5. 30. 2022두65559, 공 2024하, 1017, 『영상녹화물 정보공개청구 사건』.

을 들을 수 있다(법221① 1문). 이 경우 그의 동의를 얻어 영상녹화할 수 있다(동항 2문). 형사소송법은 수사기관이 출석을 요구하여 진술을 듣고자 하는 대상을 '피의자'(법200)와 '피의자 아닌 자'(법221①)로 구별하여 지칭하고 있다.

이에 대하여 수사준칙은 수사기관의 조사대상이 되는 사람을 '피의자'와 '사건관계인'으로 구별하여 지칭하고 있다. 여기에서 사건관계인은 피의자 외의 피해자·참고인 등을 말한다(수사준칙3①). 수사준칙에 따르면 참고인은 피의자와 피해자를 제외한 제삼자를 말한다. 그런데 그동안의 용어 관용례에 의하면 수사절차상 '피의자 아닌 자'(법221①)를 참고인이라고 통칭해 왔다. 수사준칙에서 말하는 '참고인'은 '피의자 아닌 자' 가운데에서 피해자를 제외한 사람을 가리키며, 좁은 의미의 참고인이라고 할 수 있다.

아래에서는 '피의자 아닌 자'(법221①)를 넓은 의미에서 '참고인'으로 통칭하여 서술을 진행하기로 한다. 이러한 의미에서 참고인은 수사준칙에서 말하는 '사건관계인'과 같은 의미라고 할 수 있다.

(2) 참고인조사의 의의와 성질

참고인은 피의자 이외의 제삼자로서 수사기관에게 일정한 체험사실을 진술하는 자라는 점에서 제삼자로서 법원에 대하여 체험사실을 진술하는 증인(법146)과 비슷하다. 그러나 참고인에 대하여는 과태료(법151①), 구인(법152)의 또는 감치(법151②)의 제재가 가해지지 않는다는 점에서 차이가 있으며 이 때문에 참고인조사는 임의수사에 속한다.

참고인은 다시 피해자와 그 밖의 참고인으로 나누어 볼 수 있다. 수사준칙은 피의자 외의 사람으로서 피해자·참고인 등을 통칭하여 '사건관계인'이라고 부르고 있다(수사준칙3①). 참고인이 범죄피해자인 경우에는 「범죄피해자 보호법」에 의하여 보호를 받는다. 국가는 수사 및 재판 과정에서 재판절차 참여 진술권, 범죄피해 구조금 지급 등 일정한 정보를 범죄피해자에게 제공해야 한다(동법8의2① 참조).

검사 또는 사법경찰관은 수사에 대한 진행상황을 사건관계인(피해자·참고인)에게 적절히 통지하도록 노력해야 한다(수사준칙12①). 사건관계인에 대한 수사 진행상황 통지의 구체적인 방법·절차 등은 법무부장관, 경찰청장 또는 해양경찰청장이 정한다(수사준칙12②).

검사 또는 사법경찰관은 피해자의 명예와 사생활의 평온을 보호하기 위해 「범죄피해자 보호법」 등 피해자 보호 관련 법령의 규정을 준수해야 한다(수사준칙15①). 검사 또는 사법경찰관은 피의자의 범죄수법, 범행 동기, 피해자와의 관계, 언동 및 그 밖의 상황으로 보아 피해자가 피의자 또는 그 밖의 사람으로부터 생명·신체에 위해를 입거나 입을 염려가 있다고 인정되는 경우에는 직권 또는 피해자의 신청에 따라 신변보호에 필요한 조치를 강구해야 한다

(수사준칙15②).

(3) 참고인 출석확보 방안

참고인조사는 임의수사이므로 수사기관에의 출석을 강제할 수 없다. 그러나 증거보전의 방법으로 법관의 면전에 출석하게 하여 진술하게 하는 방법은 있다. 검사는 미리 증거를 보전하지 아니하면 그 증거를 사용하기 곤란한 사정이 있는 때에는 제1회 공판기일 전이라도 판사에게 증인신문을 청구할 수 있다(법184①). 또한 검사는 범죄의 수사에 없어서는 아니 될 사실을 안다고 명백히 인정되는 자가 출석 또는 진술을 거부한 경우에는 제1회 공판기일 전에 한하여 판사에게 그에 대한 증인신문을 청구할 수 있다(법221의2①).

증거보전을 통한 참고인의 증인으로서의 출석은 피의자 또는 변호인의 청구(법184①)나 검사의 청구(법184①, 221의2①)에 의하여서만 가능하다는 점, 판사의 면전에 출석한다는 점, 그리고 증인으로서 선서하고 판사 면전에서 진술하게 된다는 점에서 검사 및 사법경찰관리 면전에서의 참고인 출석 및 진술과 구별된다.

2. 참고인조사의 방법

(1) 참고인에 대한 출석요구

검사 또는 사법경찰관은 참고인에게 출석요구를 할 때에는 다음의 사항을 유의해야 한다(수사준칙19⑥·①).

① 출석요구를 하기 전에 우편·전자우편·전화를 통한 진술 등 출석을 대체할 수 있는 방법의 선택 가능성을 고려할 것 (1호)

② 출석요구의 방법, 출석의 일시·장소 등을 정할 때에는 참고인의 명예 또는 사생활의 비밀이 침해되지 않도록 주의할 것 (2호)

③ 출석요구를 할 때에는 참고인의 생업에 지장을 주지 않도록 충분한 시간적 여유를 두도록 하고, 참고인이 출석 일시의 연기를 요청하는 경우 특별한 사정이 없으면 출석 일시를 조정할 것 (3호)

④ 불필요하게 여러 차례 출석요구를 하지 않을 것 (4호)

검사 또는 사법경찰관은 참고인에게 출석요구를 하려는 경우 참고인과 조사의 일시·장소에 관하여 협의해야 한다. 검사 또는 사법경찰관은 참고인에게 출석요구를 하려는 경우 피의사실의 요지 등 출석요구의 취지를 구체적으로 적은 출석요구서를 발송해야 한다(수사준칙19⑥·③ 본문). 검사 또는 사법경찰관은 출석요구서의 방법으로 출석요구를 했을 때에는 출석요구서의 사본을 사건기록에 편철한다(수사준칙19⑥·④).

검사 또는 사법경찰관은 신속한 출석요구가 필요한 경우 등 부득이한 사정이 있는 경우에
는 전화, 문자메시지, 그 밖의 상당한 방법으로 출석요구를 할 수 있다(수사준칙19⑥·③ 단서).
검사 또는 사법경찰관은 전화 등의 방법으로 출석요구를 했을 때에는 그 취지를 적은 수사보
고서를 사건기록에 편철한다(수사준칙19⑥·④). 검사 또는 사법경찰관은 참고인이 치료 등 수
사관서에 출석하여 조사를 받는 것이 현저히 곤란한 사정이 있는 경우에는 수사관서 외의 장
소에서 조사할 수 있다(수사준칙19⑥·⑤).

(2) 진술의 임의성

참고인조사의 방법과 조서작성은 피의자신문절차에 준한다. 다만 참고인에 대해서는 진술
거부권을 고지하지 않는다. 그러나 참고인조사에 있어서도 헌법상의 기본권인 절대적 고문금
지(헌법12② 전단)와 불이익한 진술의 강요금지(헌법12② 후단)는 그대로 보장된다.

참고인의 진술을 들을 때에는 진술의 임의성(법317 참조)이 보장되어야 하며 조금이라도
진술을 강요하는 일이 있어서는 안 된다.[1] 수사기관은 다른 사건의 수사를 통하여 확보된
증거 또는 자료를 내세워 관련 없는 사건에 대한 진술을 강요해서는 안 된다(법198④ 후단, 수
사준칙3④). 별건 수사에 의한 진술강요 금지는 2022년 5월 형소법 개정에 의하여 명문화되
었다.

참고인의 진술에 대해 법정에서 진술의 임의성이 다투어지는 경우가 있다. 이 경우 참고
인 진술의 임의성을 의심할 만한 합리적이고 구체적인 사실은 피고인이 증명할 것이 아니고
검사가 그 임의성의 의문점을 없애는 증명을 해야 한다. 검사가 그 임의성의 의문점을 없애는
증명을 하지 못한 경우에는 그 진술증거는 증거능력이 부정된다.[2]

검사 또는 사법경찰관은 조사과정에서 사건관계인(피해자·참고인)이 사실관계 등의 확
인을 위해 자료를 제출하는 경우 그 자료를 수사기록에 편철한다(수사준칙25①). 검사 또는
사법경찰관은 조사를 종결하기 전에 사건관계인에게 자료 또는 의견을 제출할 의사가 있는
지를 확인하고, 자료 또는 의견을 제출받은 경우에는 해당 자료 및 의견을 수사기록에 편철
한다(수사준칙25②).

(3) 조사방법의 제한

(가) 심야조사의 제한   수사준칙은 오후 9시부터 오전 6시까지 사이에 이루어지는 조사

---

1) 2006. 1. 26. 2004도517, 공 2006, 359, 『민방사업자 선정 사건』.
2) 2006. 11. 23. 2004도7900, 공 2007, 78, 『연예기획사 운전기사 사건』.

를 심야조사라고 지칭하고 있다(수사준칙21① 본문). 검사 또는 사법경찰관은 조사, 신문, 면담 등 그 명칭을 불문하고 사건관계인(피해자·참고인)에 대해 심야조사를 해서는 안 된다(수사준칙21① 본문). 다만, 이미 작성된 조서의 열람을 위한 절차는 자정 이전까지 진행할 수 있다(수사준칙21① 단서).

　수사준칙은 예외적으로 심야조사를 할 수 있는 경우를 규정하고 있다. 심야조사 허용사유는 (가) 피의자를 체포한 후 48시간 이내에 구속영장의 청구 또는 신청 여부를 판단하기 위해 불가피한 경우, (나) 공소시효가 임박한 경우, (다) 사건관계인(피해자·참고인)이 출국, 입원, 원거리 거주, 직업상 사유 등 재출석이 곤란한 구체적인 사유를 들어 심야조사를 요청한 경우로서 해당 요청에 상당한 이유가 있다고 인정되는 경우, (라) 그 밖에 사건의 성질 등을 고려할 때 심야조사가 불가피하다고 판단되는 경우 등 법무부장관, 경찰청장 또는 해양경찰청장이 정하는 경우로서 검사 또는 사법경찰관의 소속 기관의 장이 지정하는 인권보호 책임자의 허가 등을 받은 경우 등이다(수사준칙21②).

　(나) 장시간 조사의 제한　　수사준칙은 대기시간, 휴식시간, 식사시간 등 모든 시간을 합산한 조사시간을 총조사시간이라고 지칭하고 있다(수사준칙22① 본문). 검사 또는 사법경찰관은 조사, 신문, 면담 등 그 명칭을 불문하고 사건관계인(피해자·참고인)을 조사하는 경우에는 총조사시간이 12시간을 초과하지 않도록 해야 한다(수사준칙22① 본문).

　다만, (가) 사건관계인(피해자·참고인)의 서면 요청에 따라 조서를 열람하는 경우, (나) 심야조사 허용사유(수사준칙21② 각호)가 있는 경우에는 예외적으로 총조사시간이 12시간을 초과할 수 있다(수사준칙22① 단서).

　검사 또는 사법경찰관은 특별한 사정이 없으면 총조사시간 중 식사시간, 휴식시간 및 조서의 열람시간 등을 제외한 실제 조사시간이 8시간을 초과하지 않도록 해야 한다(수사준칙22②). 검사 또는 사법경찰관은 사건관계인(피해자·참고인)에 대한 조사를 마친 때부터 8시간이 지나기 전에는 다시 조사할 수 없다. 다만, 심야조사 허용사유(수사준칙21② 각호)가 있는 경우에는 예외로 한다(수사준칙22③ 본문·단서).

　(다) 휴식시간의 부여　　검사 또는 사법경찰관은 조사에 상당한 시간이 소요되는 경우에는 특별한 사정이 없으면 사건관계인(피해자·참고인)에게 조사 도중에 최소한 2시간마다 10분 이상의 휴식시간을 주어야 한다(수사준칙23①). 검사 또는 사법경찰관은 조사 도중 사건관계인으로부터 휴식시간의 부여를 요청받았을 때에는 그때까지 조사에 소요된 시간, 사건관계인의 건강상태 등을 고려해 적정하다고 판단될 경우 휴식시간을 주어야 한다(수사준칙23②). 검사 또는 사법경찰관은 조사 중인 사건관계인의 건강상태에 이상 징후가 발견되면 의사의 진료를 받게 하거나 휴식하게 하는 등 필요한 조치를 해야 한다(수사준칙23③).

(4) 참고인 보호장치

형사소송법은 검사 또는 사법경찰관이 범죄로 인한 피해자를 참고인으로 하여 진술을 듣는 경우에 피해자와 신뢰관계 있는 자를 동석하게 하는 장치를 마련하고 있다(법221③, 163의2 ①~③). 피해자와 동석할 수 있는 신뢰관계에 있는 사람은 피해자의 직계친족, 형제자매, 배우자, 가족, 동거인, 보호·교육시설의 보호·교육담당자 등 피해자의 심리적 안정과 원활한 의사소통에 도움을 줄 수 있는 사람이다(수사준칙24①).

피해자 또는 그 법정대리인이 신뢰관계에 있는 사람의 동석을 신청한 경우 검사 또는 사법경찰관은 그 관계를 적은 동석신청서를 제출받거나 조서 또는 수사보고서에 그 관계를 적어야 한다(수사준칙24②).

(5) 피해자 변호사의 참여

「성폭력범죄의 처벌 등에 관한 특례법」(동법27, 32, 34, 35), 「아동·청소년의 성보호에 관한 법률」(동법30), 「아동학대범죄의 처벌 등에 관한 특례법」(동법16, 17), 「스토킹범죄의 처벌 등에 관한 법률」 등은 일정한 범죄피해자에 대해 피해자 변호사 제도를 도입하고 있다.

위의 특별법상 피해자의 변호사는 형사절차에서 피해자 및 그 법정대리인의 대리가 허용될 수 있는 모든 소송행위에 대한 포괄적인 대리권을 가진다(성폭력처벌법27⑤). 따라서 피해자의 변호사는 피의자의 변호인에 준하여 피해자 조사에 참여할 권리를 가진다.

검사 또는 사법경찰관은 위의 특별법상 피해자의 조사에 참여한 변호사가 피해자의 옆자리 등 실질적인 조력을 할 수 있는 위치에 앉도록 해야 하고, 정당한 사유가 없으면 피해자에 대한 법적인 조언·상담을 보장해야 하며, 법적인 조언·상담을 위한 변호사의 메모를 허용해야 한다(수사준칙13③·① 참조). 검사 또는 사법경찰관은 피해자에 대한 조사가 단순 면담 등이라는 이유로 피해자 변호사의 참여·조력을 제한해서는 안 된다(수사준칙13③·② 참조).

3. 참고인진술조서 및 진술서

(1) 참고인진술조서의 작성 요부

수사기관이 참고인을 조사할 때 조서를 작성해야 하는지 문제된다. 조서는 공무원이 법령에 기하여 법령이 정한 방식에 맞추어 작성한 서류이다. 형사소송법은 피의자신문조서의 경우(법244① 참조)와 달리 참고인진술조서의 작성에 관하여는 명문의 규정을 두고 있지 않다. 그런데 형소법 제312조 제4항은 영상녹화물로 참고인진술조서의 실질적 진정성립을 증명할 수 있도록 하고 있다. 이로부터 검사 또는 사법경찰관이 참고인진술조서를 작성하는 것을 형사소송법이 전제하고 있음을 알 수 있다.[1]

수사기관이 수사에 필요하여 참고인을 조사하는 과정에서 그 진술을 청취하여 증거로 남기는 방법으로 진술조서를 작성하는 것이 아니라 진술서를 작성·제출받는 경우가 있다. 이 경우 그 서면을 참고인진술서 또는 단순히 진술서라고 한다. 참고인진술서는 증거능력 평가에서 참고인진술조서에 준하여 취급된다. 참고인이 수사과정에서 작성한 진술서에 대해서는 참고인진술조서에 관한 규정(법312④)이 준용되기 때문이다(동조⑤).

(2) 참고인진술조서의 작성방식

참고인진술조서의 작성방식은 피의자신문조서의 작성방식에 준한다(법244의4③ 참조). 참고인진술조서는 참고인에게 열람하게 하거나 읽어 들려주어야 하며, 진술한 대로 기재되지 아니하였거나 사실과 다른 부분의 유무를 물어 참고인이 증감 또는 변경의 청구 등 이의를 제기하거나 의견을 진술한 때에는 이를 조서에 추가로 기재하여야 한다. 이 경우 참고인이 이의를 제기하였던 부분은 읽을 수 있도록 남겨두어야 한다(법244의4③ · ②, 244②).

참고인이 조서에 대하여 이의나 의견이 없음을 진술한 때에는 참고인으로 하여금 그 취지를 자필로 기재하게 하고 조서에 간인한 후 기명날인 또는 서명하게 한다(법244의4③ · ②, 244③).

(3) 조사과정 기록제도

검사 또는 사법경찰관은 참고인이 조사장소에 도착한 시각, 조사를 시작하고 마친 시각, 그 밖에 조사과정의 진행경과를 확인하기 위하여 필요한 사항을 참고인진술조서에 기재하거나 별도의 서면에 기록한 후 수사기록에 편철하여야 한다(법244의4③ · ①).

수사기관이 참고인을 조사하는 과정에서 진술조서가 아닌 진술서를 작성·제출받는 경우에도 조사과정 기록절차는 준수되어야 한다. 수사기관으로 하여금 참고인을 조사할 수 있도록 하면서도 그 조사과정을 기록하도록 한 취지는 수사기관이 조사과정에서 참고인으로부터 진술증거를 취득하는 과정을 투명하게 함으로써 그 과정에서의 절차적 적법성을 제도적으로 보장하려는 데 있다. 이 점은 참고인진술조서와 참고인진술서 사이에 차이가 없다.[2]

---

1) 2014. 7. 10. 2012도5041, 공 2014하, 1624, 『존속살해방조 참고인 사건』.
2) 2015. 4. 23. 2013도3790, 공 2015상, 773, 『정치자금법 위반죄 진술서 사건』.

(4) 참고인진술조서 및 진술서의 증거능력

검사 또는 사법경찰관이 참고인의 진술을 기재한 조서는, (가) 적법한 절차와 방식에 따라 작성된 것으로서, (나) 그 조서가 검사 또는 사법경찰관 앞에서 진술한 내용과 동일하게 기재되어 있음이 원진술자의 공판준비 또는 공판기일에서의 진술이나 영상녹화물 기타 객관적인 방법에 의하여 증명되고, (다) 피고인 또는 변호인이 공판준비 또는 공판기일에 그 기재 내용에 관하여 원진술자를 신문할 수 있었고, (라) 그(참고인) 진술이 특히 신빙할 수 있는 상태 하에서 행하여졌음이 증명된 때에 한하여 증거로 할 수 있다(법312④ 본문·단서).[1]

참고인이 수사과정에서 작성한 진술서도 진술조서에 준하여 증거능력이 인정된다(법312⑤). 수사기관이 피의자를 불법촬영의 현행범으로 체포하면서 휴대전화기를 압수한 경우에 휴대전화기에 대한 압수조서 중 '압수경위'란에 기재된 내용은 피의자가 범행을 저지르는 현장을 직접 목격한 사람의 진술이 담긴 것으로서 형소법 제312조 제5항에서 정한 '피고인이 아닌 자가 수사과정에서 작성한 진술서'에 준하는 것으로 볼 수 있다.[2]

참고인진술조서의 경우에는 영상녹화물이나 그 밖의 객관적인 방법에 의하여 진정성립을 증명할 수 있다(법312④). 이 점은 형소법 제312조 제2항의 삭제로 인하여 검사작성 피의자신문조서에 대해 영상녹화물 등에 의한 진정성립의 대체적 증명방법이 허용되지 않는 것과 구별되는 부분이다.

2020년 검찰·경찰 수사권 조정시에 형소법 제312조 제1항이 개정되어 검사 작성 피의자신문조서의 증거능력 요건으로 내용인정 요건이 규정되었고, 그와 함께 진정성립과 관련하여 영상녹화물 등의 대체적 증명방법을 허용한 형소법 제312조 제2항이 삭제되었다. 개정된 형소법 제312조 제1항은 2022년 1월 1일부터 시행되었지만, 형소법 제312조 제2항은 2021년 1월 1일부터 실효되었다. 이에 반해 참고인진술조서의 경우에는 형소법 제312조 제4항 자체에 의하여 영상녹화물 등에 의한 진정성립의 대체적 증명방법이 허용된다.

참고인에 대한 조사과정 기록은 참고인진술조서 또는 참고인진술서의 증거능력 요건인 '적법한 절차와 방식'의 하나를 이룬다(법312④ 참조). 참고인이 수사과정에서 진술서를 작성하였지만 수사기관이 참고인에 대한 조사과정을 기록하지 아니하여 조사과정 기록절차(법244의4③·①)를 위반한 경우에는 특별한 사정이 없는 한 '적법한 절차와 방식'에 따라 수사과정에서 진술서가 작성되었다 할 수 없으므로 그 증거능력을 인정할 수 없다.[3]

---

1) 후술 757면 참조.

2) 2019. 11. 14. 2019도13290, 공 2020상, 123, 『에스컬레이터 불법촬영 현행범 사건』.

3) 2015. 4. 23. 2013도3790, 공 2015상, 773, 『정치자금법 위반죄 진술서 사건』.

4. 참고인진술의 영상녹화

(1) 영상녹화와 참고인의 동의

검사 또는 사법경찰관은 피의자 아닌 자의 진술을 들을 때 그의 동의를 얻어 영상녹화를 할 수 있다(법221① 2문). 참고인의 진술을 영상녹화할 때에는 반드시 그의 동의를 얻어야 한다. 동의를 얻지 못하면 영상녹화를 할 수 없다. 이 점은 수사기관의 재량적 판단에 의하여 영상녹화가 허용되는 피의자진술(법244의2①)의 경우와 크게 구별되는 부분이다.

참고인진술에 대한 영상녹화물의 조사를 할 때에는 참고인이 영상녹화에 동의하였다는 취지로 기재하고 기명날인 또는 서명한 서면을 제출받아야 한다(규칙134의3② 참조). 형사소송규칙에서 참고인이 기명날인 또는 서명한 영상녹화 동의서를 제출받도록 한 취지는 참고인으로부터 영상녹화에 대한 진정한 동의를 받아 영상녹화를 시작했는지를 확인하기 위함이다.

(2) 영상녹화물과 조사과정의 범위

참고인의 진술을 영상녹화할 때에는 조사의 개시부터 종료까지의 전과정 및 객관적 정황을 영상녹화하여야 한다. 형사소송규칙은 영상녹화물이 조사가 개시된 시점부터 조사가 종료되어 참고인이 조서에 기명날인 또는 서명을 마치는 시점까지 전과정이 영상녹화된 것임을 요구한다(규칙134의3③, 134의2③).

형사소송규칙이 조사가 개시된 시점부터 조사가 종료되어 조서에 기명날인 또는 서명을 마치는 시점까지 조사 전 과정이 영상녹화되는 것을 요구하는 취지는 진술 과정에서 연출이나 조작을 방지하여야 할 필요성이 인정되기 때문이다.[1] 여기에서 조사가 개시된 시점부터 조사가 종료되어 조서에 기명날인 또는 서명을 마치는 시점까지라 함은 기명날인 또는 서명의 대상인 조서가 작성된 개별 조사에서의 시점을 의미한다.[2]

그러므로 수회의 조사가 이루어진 경우에도 최초의 조사부터 모든 조사 과정을 빠짐없이 영상녹화하여야 한다고 볼 수 없다.[3] 또한 같은 날 이루어진 수회의 조사라 하더라도 특별한 사정이 없는 한 조사 과정 전부를 영상녹화하여야 하는 것도 아니다.[4]

---

1) 2022. 6. 16. 2022도364, 공 2022하, 1403, 『피해자진술 영상녹화물 사건』.
2) 2022. 7. 14. 2020도13957, 공 2022하, 1708, 『봉인 안된 영상녹화물 사건』 참조.
3) 2022. 7. 14. 2020도13957, 공 2022하, 1708, 『봉인 안된 영상녹화물 사건』 참조.
4) 2022. 7. 14. 2020도13957, 공 2022하, 1708, 『봉인 안된 영상녹화물 사건』 참조.

(3) 영상녹화물의 봉인 여부

참고인진술에 대한 영상녹화가 완료된 때에는 참고인 앞에서 지체 없이 그 원본을 봉인하고 참고인으로 하여금 기명날인 또는 서명하게 하여야 한다(법244의2②, 규칙134의4 참조). 이때 참고인의 요구가 있는 때에는 영상녹화물을 재생하여 시청하게 하여야 한다. 이 경우 그 내용에 대하여 이의를 진술하는 때에는 그 취지를 기재한 서면을 첨부하여야 한다(법244의2③ 참조).

형사소송법 및 형사소송규칙에서 영상녹화물에 대한 봉인절차를 둔 취지는 영상녹화물의 조작가능성을 원천적으로 봉쇄하여 영상녹화물 원본과의 동일성과 무결성을 담보하기 위한 것이다.[1]

원본이 봉함되지 않는 영상녹화물을 참고인진술조서의 진정성립을 인정하는 대체적 증명방법으로 사용할 수 있는지 문제된다. 참고인의 진술을 기재한 조서의 실질적 진정성립을 증명하려면 봉인되어 참고인이 기명날인 또는 서명한 영상녹화물을 조사하는 방법으로 하여야 하고 특별한 사정이 없는 한 봉인절차를 위반한 영상녹화물로는 이를 증명할 수 없는 것이 원칙이다.[2]

그러나 예외적으로 영상녹화물의 봉인절차를 제대로 지키지 못했더라도 (가) 영상녹화물 자체에 원본으로서 동일성과 무결성을 담보할 수 있는 수단이나 장치가 있어 조작가능성에 대한 합리적 의심을 배제할 수 있는 경우에는 (나) 그 영상녹화물을 법정 등에서 재생·시청하는 방법으로 조사하여 (다) 영상녹화물의 조작 여부를 확인함과 동시에 (라) 참고인진술조서에 대한 실질적 진정성립의 인정 여부를 판단할 수 있다.[3]

(4) 참고인진술 영상녹화물의 증거능력

참고인진술에 대한 영상녹화물은 먼저 참고인진술조서 또는 참고인진술서의 진정성립 입증방법으로 사용된다(법312④). 이 경우 영상녹화물은 형사소송법 및 형사소송규칙에 규정된 방식과 절차에 따라 제작되어 조사 신청된 영상녹화물을 의미한다.[4]

수사기관이 작성한 참고인의 진술을 기재한 조서에 대하여 실질적 진정성립을 증명하기 위해 영상녹화물의 조사를 신청하려면 영상녹화를 시작하기 전에 피고인 아닌 자의 동의를 받고 그에 관해서 피고인 아닌 자가 기명날인 또는 서명한 영상녹화 동의서를 첨부하여야 한

---

1) 2022. 7. 14. 2020도13957, 공 2022하, 1708, 『봉인 안된 영상녹화물 사건』 참조.
2) 2022. 7. 14. 2020도13957, 공 2022하, 1708, 『봉인 안된 영상녹화물 사건』 참조.
3) 2022. 7. 14. 2020도13957, 공 2022하, 1708, 『봉인 안된 영상녹화물 사건』 참조.
4) 2022. 6. 16. 2022도364, 공 2022하, 1403, 『피해자진술 영상녹화물 사건』.

다(규칙134의3②). 형사소송규칙에서 참고인이 기명날인 또는 서명한 영상녹화 동의서를 첨부하도록 한 취지는 참고인으로부터 영상녹화에 대한 진정한 동의를 받아 영상녹화를 시작했는지를 확인하기 위함이다.[1]

참고인진술은 조사가 개시된 시점부터 조사가 종료되어 참고인이 조서에 기명날인 또는 서명을 마치는 시점까지 조사 전 과정이 영상녹화되어야 한다(법244의2 참조). 이 경우 조사의 전 과정은 개별 조사에서의 전 과정을 의미한다.[2] 조사의 전 과정이 녹화되지 아니한 영상녹화물에 의하여는 특별한 사정이 없는 한 참고인진술을 기재한 조서의 실질적 진정성립을 증명할 수 없다.[3]

참고인진술에 대한 영상녹화물은 그 밖에도 증인의 기억환기용(법318의2②)으로 사용될 수 있다. 그러나 범죄사실 증명을 위한 독립증거로는 사용할 수 없다.[4]

(5) 특별법에 의한 참고인진술 영상녹화물의 증거능력

2023년 개정 전 「성폭력범죄의 처벌 등에 관한 특례법」(성폭력처벌법)(동법30)은 (가) 대상범죄 피해자의 진술내용과 조사과정을 영상녹화하도록 하고, (나) 원진술자인 피해자 외에도 신뢰관계인 또는 진술조력인의 진술에 의하여 성립의 진정함이 인정될 때 그 영상녹화물을 범죄사실 증명을 위한 독립증거로 사용할 수 있도록 허용하고 있었다. 법정 진술에 따르는 피해자의 이차 피해를 방지하기 위한 특례로 마련된 규정이었다. 2023년 개정 전 「아동·청소년의 성보호에 관한 법률」(청소년성보호법)(동법26) 또한 같은 취지의 규정을 두고 있었다.

그런데 2021년 헌법재판소는 성폭력처벌법 제30조 규정 가운데 (가) 성폭력범죄의 피해자가 19세 미만인 경우에 촬영·녹화된 영상녹화물에 대해 (나) 피해자가 아닌 신뢰관계인 또는 진술조력인의 진술에 의하여 그 성립의 진정함이 인정된 경우에 증거로 할 수 있다는 부분(동조⑥)에 대해 위헌결정을 내렸다. 헌법재판소는 헌법 제27조가 보장하는 공정한 재판을 받을 권리에는 피고인의 피해자에 대한 반대신문권 보장이 포함되는데, 해당 조항은 과잉금지원칙을 위반하여 피고인의 공정한 재판을 받을 권리를 침해한다고 판단하였다.[5]

2023년 입법자는 헌법재판소의 위헌결정 취지를 반영하여 성폭력처벌법 제30조를 개정하였다. 성폭력범죄의 경우 검사 또는 사법경찰관은 (가) 19세 미만 피해자나 (나) 신체적인 또

---

1) 2022. 6. 16. 2022도364, 공 2022하, 1403, 『피해자진술 영상녹화물 사건』.
2) 2022. 7. 14. 2020도13957, 공 2022하, 1708, 『봉인 안된 영상녹화물 사건』 참조.
3) 2022. 6. 16. 2022도364, 공 2022하, 1403, 『피해자진술 영상녹화물 사건』.
4) 2014. 7. 10. 2012도5041, 공 2014하, 1624, 『존속살해방조 참고인 사건』.
5) 2021. 12. 23. 2018헌바524, 헌집 33-2, 760, 『19세 미만 피해자 영상물 사건』.

는 정신적인 장애로 사물을 변별하거나 의사를 결정할 능력이 미약한 피해자의 진술 내용과 조사 과정을 영상녹화장치로 녹화(녹음이 포함된 것을 말한다)하고, 그 영상녹화물을 보존하여야 한다(성폭력처벌법30①). 그러나 (가) 19세 미만 피해자나 (나) 신체적인 또는 정신적인 장애로 사물을 변별하거나 의사를 결정할 능력이 미약한 피해자 또는 그 법정대리인(법정대리인이 가해자이거나 가해자의 배우자인 경우는 제외한다)이 이를 원하지 아니하는 의사를 표시하는 경우에는 영상녹화를 하여서는 안 된다(동조③).

(가) 19세 미만 피해자나 (나) 신체적인 또는 정신적인 장애로 사물을 변별하거나 의사를 결정할 능력이 미약한 피해자의 진술 내용과 조사 과정을 녹화한 영상녹화물은 성폭력처벌법 제30조 제4항부터 제6항까지에서 정한 절차와 방식에 따라 영상녹화된 것으로서 다음 각 호의 어느 하나의 경우에 증거로 할 수 있다(성폭력처벌법30의2①).

① 증거보전기일, 공판준비기일 또는 공판기일에 그 내용에 대하여 피의자, 피고인 또는 변호인이 피해자를 신문할 수 있었던 경우. 다만, 증거보전기일에서의 신문의 경우 법원이 피의자나 피고인의 방어권이 보장된 상태에서 피해자에 대한 반대신문이 충분히 이루어졌다고 인정하는 경우로 한정한다. (1호)

② (가) 19세 미만 피해자나 (나) 신체적인 또는 정신적인 장애로 사물을 변별하거나 의사를 결정할 능력이 미약한 피해자가 (ㄱ) 사망, (ㄴ) 외국 거주, (ㄷ) 신체적, 정신적 질병·장애, (ㄹ) 소재불명, (ㅁ) 그 밖에 이에 준하는 경우의 어느 하나에 해당하는 사유로 공판준비기일 또는 공판기일에 출석하여 진술할 수 없는 경우. 다만, 영상녹화된 진술 및 영상녹화가 특별히 신빙(信憑)할 수 있는 상태에서 이루어졌음이 증명된 경우로 한정한다. (2호)

청소년성보호법 제26조는 2023년 개정 전 성폭력처벌법 제30조와 유사한 규정이다. 그러나 성폭력처벌법의 경우와 달리 아직 개정되지 아니한 상태로 남아 있다. 헌법재판소의 위헌 결정 취지에 따르면 청소년성보호법 제26조의 영상녹화물에 대한 특례규정도 위헌으로서 무효로 되며, 해당 영상녹화물이나 영상녹화물의 속기록은 유죄의 증거로 사용할 수 없다.[1] [2]

제4 수사상의 감정·통역·번역

검사 또는 사법경찰관은 수사에 필요한 때에는 감정, 통역 또는 번역을 위촉할 수 있다(법 221②). 수사기관의 위촉을 받은 자는 이를 수락할 의무가 없으며, 감정, 통역, 번역을 위하여

---

1) 2022. 4. 14. 2021도14530, 공 2022상, 970, 『12세 피해자 영상물 사건』.
2) 2022. 4. 14. 2021도14616, 판례속보, 『미성년 친딸 영상물 사건』.

출석하였다가 퇴거하는 것도 자유이다. 그리고 감정인, 통역인, 번역인은 다른 사람으로 갈음할 수 있는 대체성이 있으므로 특정인에 대하여 감정, 통역, 번역을 강제할 필요도 없다. 따라서 수사상의 감정, 통역, 번역은 임의수사에 속한다.

그러나 검사가 감정을 위촉하는 경우에 피의자의 정신 또는 신체에 관한 감정을 위하여 감정유치처분이 필요한 때에는 판사에게 이를 청구하여야 한다(법221의3①). 이 경우는 전형적인 강제수사로서 영장주의원칙이 지배한다. 감정위촉을 받은 자는 검사의 청구를 거쳐 판사의 허가를 얻어 감정에 필요한 처분을 할 수 있다(법221의4 참조).

감정인, 통역인, 번역인을 신문하는 때에는 조서를 작성하여야 한다(법48, 50 참조). 감정의 경과와 결과를 기재한 서류는 형사소송법 제313조 제3항에 의하여 증거능력이 인정된다.

제 5 장   수사상 강제처분

제 1 절   위법수사의 규제방안

수사는 범죄의 혐의가 있다고 사료할 때 수사기관이 범인, 범죄사실과 증거를 조사하는 합목적적 활동이다(법196①, 197① 참조). 그런데 수사활동은 피의자를 포함한 관련자들의 인권을 침해하는 결과를 가져오기 쉽다. 이러한 문제점 때문에 우리 헌법은 적법절차의 원칙(헌법 12① · ③)을 선언하고 있으며, 형사소송법은 인권침해를 방지하기 위하여 여러 가지 규정들을 두고 있다.

수사기관의 수사활동이 법률에 규정된 요건을 충족하지 못하였다면 위법수사가 된다. 수사기관의 위법수사는 법적으로 여러 가지 효과를 발생시키며 그와 관련하여 각종 규제방법들이 강구되고 있다. 위법수사의 규제장치는 당해 절차를 기준으로 외부적 규제장치와 내부적 규제장치로 나누어 볼 수 있다.

위법수사를 자행한 수사관에 대한 형사처벌(형법124, 125, 경찰관직무집행법12 참조)과 파면 등 행정상 징계처분을 위시하여 국가배상청구(헌법29), 형사보상청구(헌법28), 손해배상청구(민법750), 헌법소원(헌법재판소법68) 등은 위법수사가 행해진 당해 형사절차 외부의 영역에 위치하는 규제장치이다. 이들 방법에 비하여 체포 · 구속적부심사제도(법214의2), 구속취소제도(법209, 93), 검사의 구속장소감찰제도(법198의2), 수사절차상의 준항고제도(법417) 등은 당해 형사절차 내에서 위법수사를 규제하는 장치에 해당한다.

그런데 당해 형사절차의 외부에서 기능하는 각종의 규제장치들은 위법수사가 자행된 이후에나 동원 가능한 것으로서 사후구제장치로서의 성질을 가지며 따라서 그 효과에 한계가 있다. 한편 당해 형사절차 내부에 마련된 각종의 규제장치들은 그 목적이 특수한 문제영역에 한정되고 또 그 효과가 사후적이라는 점에서 위법수사 전반에 대한 통일적 견제장치로서는 미흡하다. 여기에서 수사기관이 위법수사를 자행하게 되는 근본요인에 착안하여 이를 사전에 억제하는 장치로서 특히 미국 형사소송법에서 유래한 위법수집증거배제법칙이 주목되어 왔다.

위법수집증거배제법칙(exclusionary rules)이란 위법수사로 인하여 획득한 증거와 그 증거를 원인으로 하여 얻어진 이차적 증거들에 대하여 증거능력을 부인함으로써 이를 유죄인정의 증거로 삼을 수 없도록 하는 원칙을 말한다. 위법수집증거배제법칙이 나오게 된 계기는 수사기관이 범인의 유죄입증을 위한 증거를 수집하려는 목적에서 위법수사를 행하는 일이 많다는 경험적 사실에서 찾을 수 있다. 위법수집증거배제법칙은 이러한 경험적 사실에 주목하여 위법수사로 인한 증거의 증거능력을 전면적으로 부인함으로써 수사기관의 위법수사에 대한 유혹이나 동기형성을 처음부터 차단하려는 법리이다.

형사소송법 제308조의2는 "적법한 절차에 따르지 아니하고 수집한 증거는 증거로 할 수 없다."고 규정하여 위법수집증거배제법칙을 도입하고 있다. 여기에서 '증거로 할 수 없다' 함은 유죄의 증거로 사용할 수 있는 자격, 즉 증거능력을 배제한다는 의미이다. 대법원은 위법수사를 억제하고 재발을 방지하는 가장 효과적이고 확실한 대응책은 이를 통하여 수집한 증거는 물론 이를 기초로 하여 획득한 이차적 증거를 유죄 인정의 증거로 삼을 수 없도록 하는 것이라고 판시하여 위법수집증거배제법칙의 중요성을 강조하고 있다.[1]

위법수집증거배제법칙의 대상이 되는 증거는 증거물과 진술증거를 모두 포함한다. 위법수사의 판단은 '적법한 절차' 여부에 달려 있다. 형소법 제308조의2의 적법절차 요건은 헌법 제12조 제1항과 제3항에서 사용되고 있는 '적법한 절차'의 요건을 그대로 옮겨온 것이다.

종래 수사활동의 적법성 여부는 공무집행방해죄(형법136)의 성립요건인 공무집행의 적법성과 관련하여 주로 논의되고 있었다. 그러나 형소법 제308조의2에 의하여 위법수집증거배제법칙이 도입됨에 따라 수사활동의 적법성이 당해 형사사건의 유죄·무죄와 관련하여 직접적인 의미를 가지게 되었다. 아래에서 검토하는 각종 강제수사의 법리는 위법수집증거배제법칙의 실질적 판단기준이 된다는 점에서 종전에 비하여 훨씬 더 실천적인 기능을 발휘하게 되었다.

제2절 수사상 신체구속

제1 신체구속의 의의

수사상 신체구속이란 피의자의 신체의 자유를 제한하는 대인적 강제처분을 말한다. 수사상 신체구속은 체포와 구속으로 대별된다. 체포는 초동수사 단계에서 피의자에게 가해지는 단기간의 신체구속을 말한다. 이에 대해 구속은 체포 후에 계속되거나 또는 선행의 체포 없

1) 2007. 11. 15. 2007도3061 전원합의체 판결, 공 2007하, 1974, 『제주지사실 압수수색 사건』.

이 단독으로 피의자에게 가해지는 비교적 장기간의 신체구금을 가리킨다.

체포(법200의2, 200의3, 212)는 초동수사 단계에서 구속보다 완화된 요건하에서 피의자의 신병을 단기간 확보할 수 있도록 하는 인신구속장치이다. 이에 반해 구속은 보다 엄격한 요건(법201, 70)하에 인정되며 영장실질심사제도(법201의2)에 따라 구속영장의 발부시에 법관이 피의자를 직접 심문한다는 점에서 체포와 구별된다.

체포는 다시 (가) 영장에 의한 체포(법200의2), (나) 긴급체포(법200의3), (다) 현행범체포(법212)의 세 가지 형태로 나누어진다. 이에 대하여 구속은 (가) 체포 이후에 피의자의 신병을 계속 확보할 필요가 있을 때 행해지는 구속(법201의2① 참조)과 (나) 체포를 거치지 아니하고 피의자를 곧바로 장기간 구금하는 구속(동조② 참조)으로 나누어진다.

체포를 거치지 않고 구속하는 경우에 판사는 구인을 위한 구속영장을 발부하여 피의자를 구인한 후 심문하여야 한다. 다만, 피의자가 도망하는 등의 사유로 심문할 수 없는 경우에는 구인과 심문을 요하지 않는다(법201의2② 본문·단서). 형사소송법 제69조는 "본법에서 구속이라 함은 구인과 구금을 포함한다."고 규정하여 구속의 개념정의를 제시하고 있다.

제 2 피의자의 체포

1. 체포영장에 의한 체포

(1) 체포영장에 의한 체포의 요건

(가) 요 건   체포영장에 의한 체포는 사전에 발부된 체포영장에 의하여 행하는 체포를 말한다. 체포영장에 의한 체포의 요건은 (가) 피의자가 죄를 범하였다고 의심할 만한 상당한 이유가 있고, (나) 수사기관의 출석요구에 응하지 아니하거나 응하지 아니할 우려가 있는 때라는 두 가지이다(법200의2①).

(나) 영장의 신청   사법경찰관은 체포의 두 가지 요건이 인정되면 검사에게 신청하여 검사의 청구에 의하여 지방법원판사가 발부한 영장에 의하여 피의자를 체포할 수 있다(법200의2① 본문 후단). 검사는 사법경찰관이 신청한 영장의 청구 여부 결정에 관하여 필요한 경우에 사법경찰관에게 보완수사를 요구할 수 있다(법197의2① ii).

체포영장은 검사의 청구에 의하여 관할 지방법원 판사가 체포의 사유와 필요성 등을 엄밀하게 심사하거나 심리하여 그 발부 여부를 결정하는 것이므로, 검사에게 영장의 청구를 신청할 수 있을 뿐인 사법경찰관의 수사활동이나 판단·처분 등이 곧바로 판사의 영장의 발부 여부에 관한 결정을 기속하거나 좌우하는 것은 아니다. 체포영장으로 피의자를 체포하는 것은

체포영장을 집행한 결과일 뿐이다.[1]

이 점을 고려하면, '판사의 영장 발부에 관한 결정'이나 '영장의 집행 결과에 따른 피의자의 체포 그 자체'에 관련해서는 원칙적으로 사법경찰관의 수사활동이나 판단·처분 등을 위법하다고 평가하기 어렵다.[2] 그러나 사법경찰관이 수사를 통해 검사의 영장 청구에 관한 판단이나 판사의 영장 발부에 관한 결정에 영향을 줄 수 있는 증거나 자료를 확보하였음에도 불구하고 그 증거나 자료를 일부라도 누락하거나 조작하는 경우와 같이 사법경찰관의 독자적인 위법행위가 인정되는 등의 특별한 사정이 있으면 예외적으로 사법경찰관의 수사활동이나 판단·처분 등이 위법하다고 평가된다.[3]

검사가 사법경찰관이 신청한 체포영장을 정당한 이유 없이 판사에게 청구하지 아니한 경우 사법경찰관은 그 검사 소속의 지방검찰청 소재지를 관할하는 고등검찰청에 영장 청구 여부에 대한 심의를 신청할 수 있다(법221의5①). 사법경찰관은 영장심의위원회에 출석하여 의견을 개진할 수 있다(동조②·④). 이 경우 영장심의위원회의 위원은 해당 업무에 전문성을 가진 중립적 외부 인사 중에서 위촉해야 하며, 영장심의위원회의 운영은 독립성·객관성·공정성이 보장되어야 한다(수사준칙44).

체포영장은 재신청이 가능하다. 체포영장의 재신청은 체포영장의 신청이 기각된 후 다시 체포영장을 신청하는 경우와 이미 발부받은 체포영장과 동일한 범죄사실로 다시 체포영장을 신청하는 경우를 말한다(수사준칙31). 사법경찰관은 동일한 범죄사실로 다시 체포영장을 신청한다는 취지를 체포영장 신청서에 적어야 한다(수사준칙31).

(다) 영장의 청구　　　검사는 체포의 두 가지 요건이 인정되면 자신의 청구에 의하여 지방법원판사가 발부한 영장에 의하여 피의자를 체포할 수 있다(법200의2① 본문 전단).

체포영장은 재청구가 가능하다. 검사가 체포영장을 청구함에 있어서 동일한 범죄사실에 관하여 그 피의자에 대하여 전에 체포영장을 청구하였거나 발부받은 사실이 있는 때에는 다시 체포영장을 청구하는 취지 및 이유를 기재하여야 한다(법200의2④).

(라) 영장의 발부　　　체포영장의 청구를 받은 지방법원판사는 상당하다고 인정할 때에는 체포영장을 발부한다(법200의2② 본문).

다만, 체포영장의 청구를 받은 지방법원판사는 체포의 사유가 있다고 인정되는 경우에도 피의자의 연령과 경력, 가족관계나 교우관계, 범죄의 경중 및 태양 기타 제반 사정에 비추어 피의자가 도망할 염려가 없고 증거를 인멸할 염려가 없는 등 명백히 체포의 필요가 없다고

---

1) 2024. 3. 12. 2020다290569, 공 2024상, 618, 『송유관 절도범 체포 사건』.
2) 2024. 3. 12. 2020다290569, 공 2024상, 618, 『송유관 절도범 체포 사건』.
3) 2024. 3. 12. 2020다290569, 공 2024상, 618, 『송유관 절도범 체포 사건』.

인정되는 때에는 체포영장의 청구를 기각하여야 한다(법200의2②단서, 규칙96의2).

(2) 체포영장의 집행

(가) 영장제시 및 사본교부　　체포영장은 검사의 지휘에 의하여 사법경찰관리가 집행한다(법200의6, 81① 본문). 체포영장을 집행할 때에는 피의자에게 반드시 영장을 제시하고 그 사본을 교부하여야 한다(법200의6, 85①, 수사준칙32의2①). 제시되는 영장은 원본이어야 하며 사본의 제시는 허용되는 않는다[1]. 2022년 입법자는 피의자의 방어권을 실질적으로 보장하기 위하여 영장제시 외에 영장사본 교부의 요건을 추가하였다.

검사 또는 사법경찰관은 피의자에게 체포영장을 제시하거나 체포영장의 사본을 교부할 때에는 사건관계인의 개인정보가 피의자의 방어권 보장을 위해 필요한 정도를 넘어 불필요하게 노출되지 않도록 유의해야 한다(수사준칙32의2②). 검사 또는 사법경찰관은 피의자에게 체포영장의 사본을 교부한 경우에는 피의자로부터 체포영장 사본 교부 확인서를 받아 사건기록에 편철한다(동조③). 피의자가 체포영장의 사본을 수령하기를 거부하거나 체포영장 사본 교부 확인서에 기명날인 또는 서명하는 것을 거부하는 경우에는 검사 또는 사법경찰관이 체포영장 사본 교부 확인서 끝 부분에 그 사유를 적고 기명날인 또는 서명해야 한다(동조④).

체포영장을 소지하지 아니한 경우에 급속을 요하는 때에는 피의자에 대하여 공소사실의 요지와 영장이 발부되었음을 고하고 집행할 수 있다(법200의6, 85③). 이 경우 집행을 완료한 후에는 신속히 체포영장을 제시하고 그 사본을 교부하여야 한다(법200의6, 85④).

2024년 10월 20일부터 「형사사법절차에서의 전자문서 이용 등에 관한 법률」(형사절차전자문서법)이 시행되었다. 검사 또는 사법경찰관리는 체포영장이 전자문서로 발부된 경우에는 대법원규칙으로 정하는 바에 따라 전자문서를 제시하거나 전송하는 방법으로 체포영장을 집행할 수 있다(동법17① i, 법200의2). 체포영장을 전자문서의 형태로 집행하는 것이 현저히 곤란하거나 적합하지 아니한 경우에는 전자문서로 발부된 체포영장을 전산정보처리시스템을 통하여 출력한 서면으로 집행할 수 있다(형사절차전자문서법17②).

(나) 미란다 고지　　검사 또는 사법경찰관이 피의자를 체포하는 경우에는 (가) 피의사실의 요지, (나) 체포의 이유와 (다) 변호인을 선임할 수 있음을 말하고 (라) 변명할 기회를 주어야 한다(법200의5). 수사준칙은 여기에 더하여 (마) 진술거부권도 고지하도록 규정하고 있다(수사준칙32①).

이 경우 피의자에게 알려주어야 하는 진술거부권의 내용은 (ㄱ) 일체의 진술을 하지 아

---

1) 2017. 9. 7. 2015도10648, [미간행], 『영장 사본 팩스 송신 사건』.

니하거나 개개의 질문에 대하여 진술을 하지 아니할 수 있다는 것, (ㄴ) 진술을 하지 아니
하더라도 불이익을 받지 아니한다는 것, (ㄷ) 진술을 거부할 권리를 포기하고 행한 진술은
법정에서 유죄의 증거로 사용될 수 있다는 것이다(수사준칙32②, 법244의3① i, ii, iii).

체포현장에서 이루어지는 권리고지를 가리켜서 미란다 고지라고 부른다.[1] 체포영장에 의
한 체포의 경우에는 영장제시와 미란다 고지가 동시에 이루어진다. 검사와 사법경찰관이 피의
자에게 그의 권리를 알려준 경우에는 피의자로부터 권리 고지 확인서를 받아 사건기록에 편
철한다(수사준칙32③).

체포영장의 제시나 미란다 고지는 체포를 위한 실력행사에 들어가기 이전에 미리 해야 하
는 것이 원칙이다. 그러나 달아나는 피의자를 쫓아가 붙들거나 폭력으로 대항하는 피의자를
실력으로 제압하는 경우에는 붙들거나 제압하는 과정에서 하거나, 그것이 여의치 않은 경우에
는 일단 붙들거나 제압한 후에 지체 없이 하여야 한다.[2]

피의자가 경찰관과 마주하자마자 도망가려는 태도를 보이거나 먼저 폭력을 행사하며 대
항한 바 없는 등 경찰관이 체포를 위한 실력행사에 나아가기 전에 체포영장을 제시하고 미란
다 고지를 할 여유가 있었음에도 애초부터 미란다 고지를 체포 후에 할 생각으로 먼저 체포행
위에 나선 경찰관의 행위는 적법한 공무집행이라고 볼 수 없다.[3] 체포현장에서도 변호인 또
는 변호인이 되려는 자의 피의자 접견교통권은 보장된다.[4]

(다) 영사통보청구권 고지　　　「영사관계에 관한 비엔나협약」(Vienna Convention on
Consular Relations)은 외국인 피의자를 체포·구속할 때 피의자에게 해당 외국의 영사기관
에 통보할 권리를 보장하고 있다(동협약36① b호 참조). 이에 따르면 (가) 수사기관은 외국인 피
의자에게 영사기관 통보 요청권을 고지해야 하고, (나) 외국인 피의자의 요청을 받은 우리나
라 수사기관은 해당 외국의 영사기관에 체포·구속 사실을 지체 없이 통보하여야 한다. (다)
이 경우 체포, 구금, 유치되거나 구속되어 있는 외국인 피의자가 자국의 영사기관에 보내는
어떠한 통신도 수사기관에 의하여 지체 없이 전달되어야 한다.

이와 관련하여 「경찰수사규칙」은 다음 내용의 규정을 마련하고 있다(동규칙91② · ③ 참조).
(가) 사법경찰관리는 외국인을 체포·구속하는 경우 국내 법령을 위반하지 않는 범위에서 영
사관원과 자유롭게 접견·교통할 수 있고, 체포·구속된 사실을 영사기관에 통보해 줄 것을
요청할 수 있다는 사실을 알려야 한다. (나) 사법경찰관리는 체포·구속된 외국인이 영사기관

---

1) 2017. 9. 21. 2017도10866, 공 2017하, 2055, 『영장제시 요구 피의자 체포 사건』.
2) 2008. 2. 14. 2007도10006, [미간행], 『깨진 유리로 저항 피의자 사건』.
3) 2017. 9. 21. 2017도10866, 공 2017하, 2055, 『영장제시 요구 피의자 체포 사건』.
4) 2017. 3. 9. 2013도16162, 공 2017상, 713, 『체포현장 이의제기 변호사 사건』.

에 통보를 요청하는 경우에는 영사기관 체포·구속 통보서를 작성하여 지체 없이 해당 영사기관에 체포·구속 사실을 통보해야 한다.

「영사관계에 관한 비엔나협약」과 「경찰수사규칙」이 외국인을 체포·구속하는 경우 지체 없이 외국인에게 영사통보권 등이 있음을 고지하고, 외국인의 요청이 있는 경우 영사기관에 체포·구금 사실을 통보하도록 정한 것은 외국인의 본국이 자국민의 보호를 위한 조치를 취할 수 있도록 협조하기 위한 것이다. 따라서 수사기관이 외국인을 체포하거나 구속하면서 지체 없이 영사통보권 등이 있음을 고지하지 않았다면 체포나 구속 절차는 국내법과 같은 효력을 가지는 「영사관계에 관한 비엔나협약」 제36조 제1항 (b)호를 위반한 것으로 위법하다.[1]

(라) 영장 없는 압수·수색   수사기관은 체포영장에 의하여 피의자를 체포하는 경우에 필요한 때에는 미리 수색영장을 발부받기 어려운 긴급한 사정이 있는 때에 한정하여 영장 없이 타인의 주거나 타인이 간수하는 가옥, 건조물, 항공기, 선박·차량 안에서 피의자를 수색할 수 있다(법216① i 본문·단서). 이 경우 수사기관은 주거주(住居主), 간수자 또는 이에 준하는 사람의 참여(법123②)를 요하지 않으며, 야간집행의 제한(법125)을 받지 않는다(법220).

수사기관은 체포영장에 의하여 피의자를 체포하는 경우에 필요한 때에는 영장 없이 체포현장에서 압수, 수색, 검증을 할 수 있다(법216① ii). 이 경우에도 수사기관은 주거주, 간수자 또는 이에 준하는 사람의 참여(법123②)를 요하지 않으며, 야간집행의 제한(법125)을 받지 않는다(법220).

수사기관은 체포현장에서 영장 없이 압수한 물건을 계속 압수할 필요가 있는 경우에는 지체 없이 압수수색영장을 청구하여야 한다. 이 경우 압수수색영장의 청구는 체포한 때부터 48시간 이내에 하여야 한다(법217②). 수사기관은 청구한 압수수색영장을 발부받지 못한 때에는 압수한 물건을 즉시 반환하여야 한다(동조③).

(3) 체포영장 집행 후의 절차

(가) 피의자의 인치   체포영장의 집행이 완료된 때에는 체포된 피의자를 신속히 지정된 구치소 기타 장소에 인치하여야 한다(법200의6, 85①). 체포된 피의자를 호송할 경우에 필요하면 가장 가까운 교도소 또는 구치소에 임시로 유치할 수 있다(법200의6, 86). 수사기관에 의한 구금장소의 임의적 변경은 피의자의 방어권이나 변호인의 접견교통권 행사에 중대한 장애를 초래하는 위법한 조치이며, 형소법 제417조에 기한 수사절차상 준항고의 대상이 된다.[2]

(나) 체포 통지   피의자를 체포한 때에는 변호인이 있는 경우에는 변호인에게, 변호인

---

1) 2022. 4. 28. 2021도17103, 공 2022상, 1080, 『인도네시아인 현행범체포 사건』.
2) 1996. 5. 15. 95모94, 공 1996, 1970, 『서초서 유치장 인치 사건』.

이 없는 경우에는 변호인선임권자(법30②) 중 피의자가 지정한 자에게 (가) 피의사건명, (나) 체포의 일시·장소, (다) 범죄사실의 요지, (라) 체포의 이유와 (마) 변호인을 선임할 수 있음을 알려야 한다(법200의6, 87①). 미란다 고지(법200의5)가 체포현장에서 이루어지는 것임에 반하여 체포의 통지는 체포된 피의자를 구금장소에 인치한 후에 이루어진다.

검사 또는 사법경찰관은 피의자를 체포하였을 때에는 24시간 이내에 서면으로 체포의 통지를 해야 한다(수사준칙33①, 법200의6, 87, 규칙100①, 51② 1문). 급속을 요하는 경우에는 체포되었다는 취지 및 체포의 일시·장소를 전화 또는 모사전송기 기타 상당한 방법에 의하여 통지할 수 있다. 다만, 이 경우에도 체포통지는 다시 서면으로 하여야 한다(규칙100①, 51③).

검사 또는 사법경찰관은 체포사실을 통지하였을 하였을 때에는 그 통지서 사본을 사건기록에 편철한다. 다만, 변호인 및 변호인선임권자(법30②)가 없어서 체포의 통지를 할 수 없을 때에는 그 취지를 수사보고서에 적어 사건기록에 편철한다(수사준칙33② 본문·단서, 규칙100①, 51② 2문).

(다) 체포적부심사청구권 통지   피의자를 체포한 검사 또는 사법경찰관은 (가) 체포된 피의자와 (나) 피의자의 변호인, 법정대리인, 배우자, 직계친족, 형제자매나 가족, 동거인 또는 고용주 중에서 피의자가 지정하는 사람에게 체포적부심사를 청구할 수 있음을 알려야 한다(법214의2②).

피의자를 체포한 검사 또는 사법경찰관이 적부심청구권자(법214의2①) 중에서 피의자가 지정하는 자에게 적부심사를 청구할 수 있음을 통지할 때(법214의2②)에는 24시간 이내에 서면으로 하여야 한다(수사준칙33③·①).

검사 또는 사법경찰관은 적부심사를 청구할 수 있음을 통지하였을 하였을 때에는 그 통지서 사본을 사건기록에 편철한다. 다만, 변호인 및 적부심청구권자(법214의2①)가 없어서 적부심사를 청구할 수 있다는 통지를 할 수 없을 때에는 그 취지를 수사보고서에 적어 사건기록에 편철한다(수사준칙33③·②).

(라) 변호인과의 접견교통   체포된 피의자는 검사, 사법경찰관, 교도소장·구치소장 또는 그 대리자에게 변호사를 지정하여 변호인의 선임을 의뢰할 수 있다(법200의6, 90①). 피의자의 의뢰를 받은 검사, 사법경찰관, 교도소장·구치소장 또는 그 대리자는 급속히 피고인이 지명한 변호사에게 그 취지를 통지하여야 한다(법200의6, 90②). 변호인 또는 변호인이 되려는 자는 체포된 피의자와 접견하고 서류 또는 물건을 수수할 수 있으며 의사로 하여금 진료하게 할 수 있다(법34).[1]

---

1) 전술 95면 참조.

(마) 비변호인과의 접견교통   체포된 피의자는 법률이 정한 범위에서 타인과 접견하고 서류 또는 물건을 수수하며 의사의 진료를 받을 수 있다(법200의6, 89). 지방법원판사는 도망하거나 범죄의 증거를 인멸할 염려가 있다고 인정할 만한 상당한 이유가 있는 때에는 직권 또는 검사의 청구에 의하여 체포된 피의자와 변호인 또는 변호인이 되려는 자(법34) 이외의 타인과의 접견을 금지할 수 있고, 서류나 그 밖의 물건을 수수하지 못하게 하거나 검열 또는 압수할 수 있다. 다만, 의류 · 양식 · 의료품은 수수를 금지하거나 압수할 수 없다(법200의6, 91).

(바) 영장등본청구권   체포영장에 의하여 체포된 피의자, 그 변호인, 법정대리인, 배우자, 직계친족, 형제자매나 동거인 또는 고용주는 체포영장을 보관하고 있는 검사 또는 사법경찰관에게 그 등본의 교부를 청구할 수 있다(규칙101). 검사 또는 사법경찰관은 적부심청구권자(법214의2①)가 체포영장 등본의 교부를 청구하면 그 등본을 교부해야 한다(수사준칙34).

변호인은 직접 수사기관에 체포영장에 대한 등사를 신청하는 대신에 그 직원 등 사자(使者)를 통해서 이를 신청할 수 있다.[1] 변호인의 위임을 받은 직원이 체포영장에 대한 열람 · 등사를 신청하기 위하여 사전에 검사의 허가를 받아야 하는 것은 아니다.[2]

(4) 체포영장의 반환

검사 또는 사법경찰관은 체포영장의 유효기간 내에 영장의 집행에 착수하지 못했거나, 그 밖의 사유로 영장의 집행이 불가능하거나 불필요하게 되었을 때에는 즉시 해당 영장을 법원에 반환해야 한다. 이 경우 체포영장이 여러 통 발부된 경우에는 모두 반환해야 한다(수사준칙35①).

검사 또는 사법경찰관은 체포영장을 반환하는 경우에는 반환사유 등을 적은 영장반환서에 해당 영장을 첨부하여 반환하고, 그 사본을 사건기록에 편철한다(수사준칙35②). 사법경찰관이 체포영장을 반환하는 경우에는 그 영장을 청구한 검사에게 반환하고, 검사는 사법경찰관이 반환한 영장을 법원에 반환한다(수사준칙35③).

(5) 구속영장의 청구

체포영장에 의하여 체포한 피의자를 구속하고자 할 때에는 체포한 때부터 48시간 이내에 구속영장(법201)을 청구하여야 한다(법200의2⑤ 전단). 체포된 피의자에 대해 체포적부심이 청

---

1) 2012. 9. 13. 2010다24879, [미간행], 『변호사 사무원 등사신청 거부 사건』.
2) 2012. 9. 13. 2010다24879, [미간행], 『변호사 사무원 등사신청 거부 사건』.

구된 경우 법원이 수사 관계 서류와 증거물을 접수한 때부터 결정 후 검찰청에 반환된 때까지의 기간은 48시간의 구속영장 청구제한기간에 산입되지 않는다(법214의2③).

검사가 사법경찰관이 신청한 구속영장을 정당한 이유 없이 판사에게 청구하지 아니한 경우 사법경찰관은 그 검사 소속의 지방검찰청 소재지를 관할하는 고등검찰청에 영장 청구 여부에 대한 심의를 신청할 수 있다(법221의5①). 이 경우 사법경찰관은 영장심의위원회에 출석하여 의견을 개진할 수 있다(동조④).

(6) 피의자의 석방

체포한 때부터 48시간 이내에 구속영장을 청구하지 아니하는 때에는 피의자를 즉시 석방하여야 한다(법200의2⑤ 후단). 체포영장을 발부받은 후 피의자를 체포하지 아니하거나 체포한 피의자를 석방한 때에는 검사는 지체 없이 영장을 발부한 법원에 그 사유를 서면으로 통지하여야 한다(법204).

사법경찰관은 구속영장을 신청하지 않고(사법경찰관이 구속영장의 청구를 신청하였으나 검사가 그 신청을 기각한 경우를 포함한다) 체포영장에 의하여 체포한 피의자를 석방하려는 때에는 체포 일시·장소, 체포 사유, 석방 일시·장소, 석방 사유 등을 적은 피의자 석방서를 작성해야 한다(수사준칙36① i). 사법경찰관은 체포영장에 의하여 체포한 피의자를 석방한 때에는 지체 없이 검사에게 석방사실을 통보하고, 그 통보서 사본을 사건기록에 편철한다(수사준칙36② i).

검사는 구속영장을 청구하지 않고 체포영장에 의하여 체포한 피의자를 석방하려는 때에는 체포 일시·장소, 체포 사유, 석방 일시·장소, 석방 사유 등을 적은 피의자 석방서를 작성해야 한다(수사준칙36① i).

(7) 체포취소, 체포집행정지, 체포적부심사

체포의 사유가 없거나 소멸된 때에는 지방법원판사는 직권 또는 검사, 피의자, 변호인과 피의자의 법정대리인, 배우자, 직계친족과 형제자매(법30②)의 청구에 의하여 결정으로 체포를 취소하여야 한다(법200의6, 93).

체포된 피의자를 친족·보호단체 기타 적당한 자에게 부탁하거나 피의자의 주거를 제한하여 체포의 집행을 정지하는 것이 체포집행정지이다(법101① 참조). 그런데 체포취소와 달리 체포집행정지는 피의자에게 청구가 허용되지 않는다. 명문의 준용규정이 없기 때문이다(법200의6, 101①·② 참조).

체포영장에 의하여 체포된 피의자는 체포적부심사절차를 통하여 석방될 수 있다(법214의2

①·④). 판례는 체포된 피의자에 대해 구속된 피의자와 달리 피의자보석(법214의2⑤)이 허용되지 않는다는 입장을 취하고 있다.[1] [2]

(8) 국회의원의 불체포특권

국회의원은 현행범인인 경우를 제외하고는 회기중 국회의 동의 없이 체포 또는 구금되지 아니한다(헌법44①). 국회의원이 회기전에 체포 또는 구금된 때에는 현행범인이 아닌 한 국회의 요구가 있으면 회기중 석방된다(동조②).

헌법 제44조에 의하여 체포된 국회의원에 대한 석방요구가 있으면 당연히 체포영장의 집행이 정지된다(법200의6, 101④). 이 경우 '당연히' 정지된다 함은 법관의 판단을 기다리지 않고 국회의 석방요구에 따라 바로 체포영장의 집행이 정지된다는 뜻이다.[3] 국회의 석방요구 통고를 받은 검찰총장은 즉시 석방을 지휘하고 그 사유를 지방법원판사에게 통지하여야 한다(법101⑤ 참조). 국회의 석방요구에 의한 체포영장의 집행정지는 그 회기 중 취소하지 못한다(법200의6, 102② 단서).

2. 긴급체포

(1) 긴급체포의 요건

(가) 긴급체포 사유   검사 또는 사법경찰관은 피의자가 사형·무기 또는 장기 3년 이상의 징역이나 금고에 해당하는 죄를 범하였다고 의심할 만한 상당한 이유가 있고 (가) 피의자가 증거를 인멸할 염려가 있는 때, (나) 피의자가 도망하거나 도망할 우려가 있는 때의 어느 하나에 해당하는 경우에 긴급을 요하여 지방법원판사의 체포영장을 받을 수 없는 때에는 그 사유를 알리고 영장 없이 피의자를 체포할 수 있다(법200의3① 1문). 이러한 경우의 체포를 긴급체포라고 한다.

(나) 긴급성 요건   긴급체포의 필수적 요건인 '긴급을 요한다' 함은 피의자를 우연히 발견한 경우 등과 같이 체포영장을 받을 시간적 여유가 없는 때를 말한다(법200의3① 2문). 경찰관이 피의자가 자기 집에서 마약을 투약한다는 제보를 받은 후 피의자를 집 밖으로 유인하여 불러내려 하였으나 실패하자 피의자의 주거지 문의 잠금장치를 해제하여 강제로 문을 열고 들어가 수색한 끝에 피의자를 긴급체포한 사안에서 체포의 긴급성이 인정될 것인지 문제

---

1) 1997. 8. 27. 97모21, 공 1997, 3191, 『노조간부 긴급체포 사건』.

2) 후술 261면 참조.

3) 신동운, "국회의원의 불체포특권과 구속영장의 집행정지 – 형사소송법 제101조 제4항 및 제5항의 성립경위와 관련하여 –", 형사정책연구 제18권 제3호(2007·가을호), 673-704면 참고 바람.

된다.

이에 대해 판례는 (가) 피의자가 마약에 관한 죄를 범하였다고 의심할 만한 상당한 이유가 있었다고 하더라도, (나) 경찰관이 이미 피의자의 신원과 주거지 및 전화번호 등을 모두 파악하고 있었고, (다) 당시 마약투약의 범죄증거가 급속하게 소멸될 상황도 아니었다고 보이는 점 등의 사정을 감안할 때 피의자에 대한 긴급체포가 미리 체포영장을 받을 시간적 여유가 없었던 경우에 해당하지 않는다고 판단하였다.[1]

긴급체포는 피의자에게 수사기관에의 출석을 기대할 수 없는 긴급한 상황에 대처하는 신체구속 장치이다. 형사소송법은 긴급체포의 경우에 사후의 체포영장을 규정하고 있지 않다. 이 점은 헌법 제12조 제3항이 사후의 영장제시를 요구하고 있는 것과 배치된다.

(2) 긴급체포의 절차

(가) 미란다 고지 등 수사기관이 피의자를 긴급체포할 때에는 체포영장에 의한 체포의 경우와 마찬가지로 (가) 피의사실의 요지, (나) 체포의 이유와 (다) 변호인을 선임할 수 있음을 말하고 (라) 변명할 기회를 주어야 한다(법200의5). 수사준칙은 여기에 더하여 (마) 진술거부권도 고지하도록 규정하고 있다(수사준칙32①).

긴급체포된 피의자가 외국인인 경우에는 「영사관계에 관한 비엔나협약」(Vienna Convention on Consular Relations)에 따라 피의자에게 영사기관 통보 요청권을 고지해야 한다. 미란다고지와 영사기관 통보 요청권의 내용은 체포영장에 의한 체포의 항목에서 설명한 것과 같다.

(나) 영장 없는 압수·수색 수사기관은 피의자를 긴급체포하는 경우에 필요한 때에는 영장 없이 타인의 주거나 타인이 간수하는 가옥, 건조물, 항공기, 선박·차량 안에서 피의자를 수색할 수 있다(법216① i 본문). 이 경우 수사기관은 주거주, 간수자 또는 이에 준하는 사람의 참여(법123②)를 요하지 않으며, 야간집행의 제한(법125)을 받지 않는다(법220).

수사기관은 피의자를 긴급체포하는 경우에 필요한 때에는 영장 없이 체포현장에서 압수, 수색, 검증을 할 수 있다(법216① ii). 이 경우에도 수사기관은 주거주, 간수자 또는 이에 준하는 자의 참여(법123②)를 요하지 않으며, 야간집행의 제한(법125)을 받지 않는다(법220).

수사기관은 긴급체포된 자가 소유·소지 또는 보관하는 물건에 대하여 긴급히 압수할 필요가 있는 경우에는 체포한 때부터 24시간 이내에 한하여 영장 없이 압수·수색 또는 검증을 할 수 있다(법217①).

---

[1] 2016. 10. 13. 2016도5814, 공 2016하, 1724, 『침대 밑 피의자 긴급체포 사건』.

수사기관이 긴급체포현장에서 또는 긴급체포 후 24시간 이내에 영장 없이 압수한 물건을 계속 압수할 필요가 있는 경우에는 지체 없이 압수수색영장을 청구해야 한다. 이 경우 압수수색영장의 청구는 피의자를 체포한 때부터 48시간 이내에 하여야 한다(법217②). 수사기관은 청구한 압수수색영장을 발부받지 못한 때에는 압수한 물건을 즉시 반환하여야 한다(동조③).

(다) 긴급체포서 작성　　검사 또는 사법경찰관이 피의자를 긴급체포한 경우에는 즉시 긴급체포서를 작성하여야 한다(법200의3③). 긴급체포서에는 범죄사실의 요지, 긴급체포의 사유 등을 기재하여야 한다(동조④).

(라) 긴급체포 승인요청　　사법경찰관이 피의자를 긴급체포한 경우에는 즉시 검사의 승인을 얻어야 한다(법200의3②). 사법경찰관은 원칙적으로 긴급체포 후 12시간 내에 검사에게 긴급체포의 승인을 요청해야 한다(수사준칙27① 본문). 다만, (가) 피의자중지 형태의 수사중지(수사준칙51① iv 가) 또는 기소중지(수사준칙52① iii) 결정이 된 피의자를 소속 경찰관서가 위치하는 특별시·광역시·특별자치시·도 또는 특별자치도 외의 지역이나 (나) 「해양경비법」 제2조 제2호에 따른 경비수역에서 긴급체포한 경우에는 긴급체포 후 24시간 이내에 긴급체포의 승인을 요청해야 한다(수사준칙27① 단서).

사법경찰관이 긴급체포의 승인을 요청할 때에는 (가) 범죄사실의 요지, (나) 긴급체포의 일시·장소, (다) 긴급체포의 사유, (라) 체포를 계속해야 하는 사유 등을 적은 긴급체포 승인요청서로 요청해야 한다(수사준칙27② 본문). 다만, 긴급한 경우에는 「형사사법절차 전자화 촉진법」 제2조 제4호에 따른 형사사법정보시스템 또는 팩스를 이용하여 긴급체포의 승인을 요청할 수 있다(수사준칙27② 단서).

(마) 긴급체포의 승인·불승인　　검사는 사법경찰관의 긴급체포 승인 요청이 이유 있다고 인정하는 경우에는 지체 없이 긴급체포 승인서를 사법경찰관에게 송부해야 한다(수사준칙27③).

검사는 사법경찰관의 긴급체포 승인 요청이 이유 없다고 인정하는 경우에는 지체 없이 사법경찰관에게 불승인 통보를 해야 한다. 이 경우 사법경찰관은 긴급체포된 피의자를 즉시 석방하고 그 석방 일시와 사유 등을 검사에게 통보해야 한다(수사준칙27④).

형소법 제221조의5 제1항은 검사가 사법경찰관이 신청한 영장을 정당한 이유 없이 판사에게 청구하지 아니한 경우 사법경찰관은 그 검사 소속의 지방검찰청 소재지를 관할하는 고등검찰청에 영장 청구 여부에 대한 심의를 신청할 수 있도록 하고 있다. 형소법 제221조의5 제1항은 사법경찰관이 영장을 신청한 경우를 영장청구 심의신청의 대상으로 규정하고 있다. 긴급체포 승인요청은 사법경찰관이 검사에게 영장을 신청한 경우에 해당하지 않지만 이후의 구속영장 신청을 예정하고 있다. 따라서 긴급체포 승인신청에 대해 검사가 불승인 통보를 할 경우 사법경찰관은 형소법 제221조의5 제1항에 따라 고등검찰청에 영장청구 심의 신청을 할 수 있다고 본다.

(3) 긴급체포 후의 절차

형소법 제200조의6은 검사 또는 사법경찰관이 피의자를 체포하는 경우에 준용되는 규정들을 열거하고 있다. 이 경우 '피의자의 체포'는 체포영장에 의한 체포와 긴급체포를 모두 포함한다. 따라서 긴급체포 후에 이루어지는 피의자 인치, 권리고지, 영사통보요청권 고지,[1] 체포의 통지, 체포적부심사청구권 고지(법214의2②), 변호인과의 접견교통, 비변호인과의 접견교통 및 그 제한 등의 절차는 체포영장에 의한 체포의 경우와 같다(법200의6 참조).

긴급체포된 피의자, 그 변호인, 법정대리인, 배우자, 직계친족, 형제자매나 동거인 또는 고용주는 긴급체포서를 보관하고 있는 검사 또는 사법경찰관에게 그 등본의 교부를 청구할 수 있다(규칙101).

(4) 구속영장의 청구

사법경찰관이 긴급체포된 피의자를 구속하고자 할 때에는 지체 없이 검사에게 신청하여 검사가 관할지방법원판사에게 구속영장을 청구하여야 한다(법200의4①). 검사가 긴급체포된 피의자를 구속하고자 할 때에는 지체 없이 관할지방법원판사에게 구속영장을 청구하여야 한다(법200의4①).

구속영장은 피의자를 체포한 때부터 48시간 이내에 청구하여야 하며, 긴급체포서를 첨부하여야 한다(법200의4①). 체포적부심이 청구된 경우 법원이 수사 관계 서류와 증거물을 접수한 때부터 결정 후 검찰청에 반환된 때까지의 기간은 48시간의 구속영장 청구제한기간에 산입되지 않는다(법214의2⑬).

검사가 사법경찰관이 신청한 구속영장을 정당한 이유 없이 판사에게 청구하지 아니한 경우 사법경찰관은 그 검사 소속의 지방검찰청 소재지를 관할하는 고등검찰청에 영장 청구 여부에 대한 심의를 신청할 수 있다(법221의5①). 이 경우 사법경찰관은 영장심의위원회에 출석하여 의견을 개진할 수 있다(동조④). 영장심의위원회의 위원은 해당 업무에 전문성을 가진 중립적 외부 인사 중에서 위촉해야 하며, 영장심의위원회의 운영은 독립성·객관성·공정성이 보장되어야 한다(수사준칙44).

---

1) 2022. 4. 28. 2021도17103, 공 2022상, 1080, 『인도네시아인 현행범체포 사건』.

(5) 피의자의 석방

(가) 사법경찰관에 의한 석방 피의자를 긴급체포한 후 구속영장을 청구하지 아니하거나 발부받지 못한 때에는 피의자를 즉시 석방하여야 한다(법200의4②). 검사 또는 사법경찰관은 긴급체포된 후 석방된 자를 영장 없이 동일한 범죄사실에 관하여 체포하지 못한다(법200의4③).

사법경찰관은 구속영장을 신청하지 않고(사법경찰관이 구속영장의 청구를 신청하였으나 검사가 그 신청을 기각한 경우를 포함한다) 긴급체포한 피의자를 석방하려는 때(법200의4②)에는 (가) 긴급체포 후 석방된 자의 인적사항, (나) 긴급체포의 일시·장소와 긴급체포하게 된 구체적 이유, (다) 석방의 일시·장소 및 사유, (라) 긴급체포 및 석방한 사법경찰관의 성명을 적은 피의자 석방서를 작성해야 한다(수사준칙36① ii, 법200의4④).

사법경찰관은 긴급체포한 피의자에 대하여 구속영장을 신청하지 아니하고 석방한 경우에는 즉시 검사에게 보고하여야 한다(법200의4⑥, 수사준칙36② ii). 사법경찰관은 그 보고서 사본을 사건기록에 편철한다(수사준칙36② ii).

(나) 검사에 의한 석방 검사는 구속영장을 청구하지 않고 긴급체포한 피의자를 석방하려는 때(법200의4②)에는 (가) 긴급체포 후 석방된 자의 인적사항, (나) 긴급체포의 일시·장소와 긴급체포하게 된 구체적 이유, (다) 석방의 일시·장소 및 사유, (라) 긴급체포 및 석방한 검사의 성명을 적은 피의자 석방서를 작성해야 한다(수사준칙36① ii, 법200의4④).

(다) 법원에의 통지 검사는 구속영장을 청구하지 아니하고 긴급체포된 피의자를 석방한 경우에는 석방한 날부터 30일 이내에 서면으로 (가) 긴급체포 후 석방된 자의 인적사항, (나) 긴급체포의 일시·장소와 긴급체포하게 된 구체적 이유, (다) 석방의 일시·장소 및 사유, (라) 긴급체포 및 석방한 검사 또는 사법경찰관의 성명을 법원에 통지하여야 한다. 이 경우 긴급체포서의 사본을 첨부하여야 한다(법200의4④).

법원에의 통지는 검사가 구속영장을 청구하지 아니하고 긴급체포된 피의자를 석방한 경우뿐만 아니라 사법경찰관이 구속영장을 신청하지 아니하고 긴급체포된 피의자를 석방한 경우에도 이루어져야 함은 물론이다(법200의4④ iv 참조).

피의자에 대한 긴급체포 당시의 상황과 경위, 긴급체포 후 조사 과정 등에 특별한 위법이 있다고 볼 수 없다면, 단지 사후에 법원에의 석방통지가 법에 따라 이루어지지 않았다는 사정만으로 긴급체포에 의한 유치 중에 작성된 피의자신문조서의 작성이 소급하여 위법하게 된다고 볼 수는 없다.[1]

---

1) 2014. 8. 26. 2011도6035, 공 2014하, 1936, 『방광암 말기 환자 사건』.

(라) 관련서류 열람·등사　　긴급체포 후 석방된 자 또는 그 변호인·법정대리인·배우자·직계친족·형제자매는 법원에의 통지서 및 관련 서류를 열람하거나 등사할 수 있다(법 200의4⑤). 이것은 법원에의 통지제도(동조④)와 함께 긴급체포의 적법성 여부를 외부에서 검토할 수 있도록 하기 위한 장치이다.

(6) 체포취소 및 체포적부심사

긴급체포된 피의자도 체포영장에 의하여 체포된 피의자와 마찬가지로 체포취소 및 체포적부심사가 인정된다. 그 내용은 체포영장에 의하여 체포된 피의자의 항목에서 설명할 것과 같다.

(7) 국회의원의 불체포특권

형소법 제200조의6은 국회의원의 불체포특권과 관련된 형소법 제101조 제4항을 준용하고 있다. 이 준용규정을 글자 그대로 새기면 국회의 석방요구가 있더라도 '체포영장'의 집행만이 정지되는 것처럼 보인다. 그러나 형소법 제200조의6은 체포영장에 의한 체포와 긴급체포 모두에 적용되는 규정이므로 긴급체포된 국회의원에 대하여 국회의 석방요구가 있으면 긴급체포의 집행이 당연히 정지된다.

3. 현행범체포

(1) 현행범체포의 요건

(가) 현행범　　현행범인은 누구든지 영장 없이 체포할 수 있다(법212). 이 경우의 체포를 현행범체포라고 한다.

범죄를 실행하고 있거나 실행하고 난 직후의 사람을 현행범이라고 한다(법211①). '범죄를 실행하고 있다' 함은 범죄의 실행에 착수하여 종료하지 못한 상태를 말한다. '범죄를 실행하고 난 직후'란 실행행위를 종료한 순간 또는 이에 접착한 시간적 단계를 말한다. 결과발생의 유무와 관계없고 실행행위를 전부 종료하였을 것도 요하지 않는다. 이와 같이 현행범인은 시간적 단계의 개념이지만, 범인이 범행장소를 이탈한 때에는 시간적 접착성이 인정되지 않으므로 동시에 장소적 접착성도 필요하다.[1]

(나) 준현행범　　범죄용의자가 (가) 범인으로 불리며 추적되고 있을 때, (나) 장물이나 범죄에 사용되었다고 인정하기에 충분한 흉기나 그 밖의 물건을 소지하고 있는 때, (다)

---

1) 2012. 5. 31. 2010헌마672, 헌집 24-1하, 652, 『퇴거불응 현행범체포 사건』.

신체나 의복류에 증거가 될 만한 뚜렷한 흔적이 있을 때, (라) 누구냐고 묻자 도망하려 할 때에는 현행범인으로 본다(법211②). 이와 같이 현행범으로 간주되는 자를 준현행범이라고 한다. 용의자의 신체 내지 의복류에 주취로 인한 냄새가 강하게 나는 경우에는 주취운전죄(도로교통법44①, 148의2① · ③)의 증거가 될 만한 뚜렷한 흔적이 있는 준현행범으로 볼 수 있다.[1]

(다) 체포의 필요성   현행범으로 체포하려면 체포의 필요성이 인정되어야 한다. 체포의 필요성은 도망 또는 증거인멸의 염려를 말한다. 체포영장에 의한 체포의 경우에는 형사소송규칙 제96조의2가, 긴급체포의 경우에는 형소법 제200조의3 제1항이 각각 체포의 필요성 요건을 명시하고 있다. 현행범체포의 경우에는 체포의 필요성에 관한 명시적 규정이 없으나 판례는 이를 요구하고 있다.

현행범인으로 체포하기 위하여는 행위의 가벌성, 범죄의 현행성 · 시간적 접착성, 범인 · 범죄의 명백성 이외에 체포의 필요성, 즉 도망 또는 증거인멸의 염려가 있어야 한다.[2] 이러한 요건을 갖추지 못한 현행범인 체포는 법적 근거에 의하지 아니한 영장 없는 체포로서 위법한 체포에 해당한다.[3]

경미범죄의 경우에는 체포의 필요성 요건이 더욱 강화된다. 다액 50만원 이하의 벌금, 구류 또는 과료에 해당하는 죄의 현행범인에 대하여는 범인의 주거가 분명하지 아니한 때에 한하여 현행범체포(법212) 및 체포된 현행범인 인도(법213)의 규정이 적용된다(법214).

대부분의 「경범죄 처벌법」 위반사범은 10만원 또는 20만원 이하의 벌금, 구류 또는 과료의 형으로 처벌되므로(동법3① · ②) 피의자가 주거부정인 때에만 현행범체포의 필요성이 인정된다. 그러나 (가) 관공서에서의 주취소란행위나 (나) 거짓신고행위는 60만원 이하의 벌금, 구류 또는 과료의 형으로 처벌되기 때문에(동조③) 주거부정이 아니더라도 현행범체포의 필요성이 인정될 수 있다.

현행범체포의 요건을 갖추었는지 여부는 체포 당시의 상황을 기초로 판단해야 한다. 이에 관한 검사나 사법경찰관 등 수사주체의 판단에는 상당한 재량의 여지가 있다.[4] 그러나 체포 당시의 상황으로 보아서도 그 요건의 충족 여부에 관한 검사나 사법경찰관 등의 판단이 경험칙에 비추어 현저히 합리성을 잃은 경우에는 그 체포는 위법하다.[5]

---

1) 2012. 11. 15. 2011도15258, 공 2012하, 2077, 『음주 오토바이 사건』.
2) 2022. 2. 11. 2021도12213, [미간행], 『묻지마 시비범 현행범체포 사건』.
3) 2011. 5. 26. 2011도3682, 공 2011하, 1367, 『경찰관 모욕 체포 사건』.
4) 2022. 2. 11. 2021도12213, [미간행], 『묻지마 시비범 현행범체포 사건』.
5) 2011. 5. 26. 2011도3682, 공 2011하, 1367, 『경찰관 모욕 체포 사건』.

(2) 현행범체포의 절차

(가) 미란다 고지 등 　　수사기관이 피의자를 현행범으로 체포할 때에는 체포영장에 의한 체포의 경우와 마찬가지로 (가) 피의사실의 요지, (나) 체포의 이유와 (다) 변호인을 선임할 수 있음을 말하고 (라) 변명할 기회를 주어야 한다(법213의2, 200의5). 수사준칙은 여기에 더하여 (마) 진술거부권도 고지하도록 규정하고 있다(수사준칙32①).

현행범으로 체포된 피의자가 외국인인 경우에는 「영사관계에 관한 비엔나협약」 (Vienna Convention on Consular Relations)에 따라 피의자에게 영사기관 통보 요청권을 고지해야 한다.[1] 미란다고지와 영사기관 통보 요청권의 내용은 체포영장에 의한 체포의 항목에서 설명한 것과 같다.

(나) 영장 없는 압수·수색 　　수사기관은 피의자를 현행범으로 체포하는 경우에 필요한 때에는 영장 없이 타인의 주거나 타인이 간수하는 가옥, 건조물, 항공기, 선박·차량 안에서 피의자를 수색할 수 있다(법216① i 본문). 이 경우 수사기관은 주거주, 간수자 또는 이에 준하는 사람의 참여(법123②)를 요하지 않으며, 야간집행의 제한(법125)을 받지 않는다(법220).

수사기관은 피의자를 현행범으로 체포하는 경우에 필요한 때에는 영장 없이 체포현장에서 압수, 수색, 검증을 할 수 있다(법216① ii). 이 경우에도 수사기관은 주거주, 간수자 또는 이에 준하는 사람의 참여(법123②)를 요하지 않으며, 야간집행의 제한(법125)을 받지 않는다(법220).

수사기관은 현행범인 체포현장에서 압수한 물건을 계속 압수할 필요가 있는 경우에는 지체 없이 압수수색영장을 청구하여야 한다. 이 경우 압수수색영장의 청구는 체포한 때부터 48시간 이내에 하여야 한다(법217②). 수사기관은 청구한 압수수색영장을 발부받지 못한 때에는 압수한 물건을 즉시 반환하여야 한다(동조③).

범행 현장에서 현행범인을 체포하지 못하는 상황이 발생할 수 있다. 수사기관은 범행 중 또는 범행직후의 범죄 장소에서 긴급을 요하여 법원판사의 영장을 받을 수 없는 때에는 영장 없이 압수, 수색 또는 검증을 할 수 있다(법216③ 1문). 이 경우에는 사후에 지체 없이 영장을 받아야 한다(동항 2문). 수사기관은 청구한 압수수색영장을 발부받지 못한 때에는 압수한 물건을 즉시 반환하여야 한다(법217③ 참조).

(다) 임의제출물 압수 　　검사 또는 사법경찰관은 소유자·소지자 또는 보관자가 임의로 제출한 물건은 영장 없이 압수할 수 있다(법218).[2] 그러므로 현행범 체포현장이나 범죄현장에서도 소지자 등이 임의로 제출하는 물건은 형소법 제218조에 의하여 영장 없이 압수하는 것이 허용되고, 이 경우 사법경찰관이나 검사는 별도로 사후에 영장을 발부받을 필요

---

1) 2022. 4. 28. 2021도17103, 공 2022상, 1080, 『인도네시아인 현행범체포 사건』.
2) 후술 311면 참조.

가 없다.[1]

그런데 체포 현장에서는 수사기관의 우월적 지위에 의하여 임의제출 명목으로 실질적으로 강제적인 압수가 행하여질 위험이 있다. 이 때문에 이후의 공판절차에서 검사는 임의제출물의 압수에서 제출에 임의성이 있다는 점을 합리적 의심을 배제할 수 있을 정도로 증명해야한다. 검사가 이를 증명하지 못하여 임의로 제출된 것이라고 볼 수 없는 경우에는 임의제출물로 압수된 물건에 대해 증거능력을 인정할 수 없다.[2]

임의제출물 압수에 관하여는 형소법 제219조에 의하여 준용되는 형소법 제106조 제1항, 제3항, 제4항에 따라 관련성 요건이 적용된다.[3] 임의제출물 압수의 경우, 제출자는 제출·압수의 대상을 개별적으로 지정하거나 그 범위를 한정할 수 있다.[4]

정보저장매체에 대한 압수·수색에 있어, (가) 압수·수색 당시 또는 이와 시간적으로 근접한 시기까지 정보저장매체를 현실적으로 지배·관리하면서 (나) 그 정보저장매체 내 전자정보 전반에 관한 전속적인 관리처분권을 보유·행사하고, (다) 달리 이를 자신의 의사에 따라 제3자에게 양도하거나 포기하지 아니한 경우에는, 그 지배·관리자인 피의자를 정보저장매체에 저장된 전자정보 전반에 대한 실질적인 압수·수색 당사자로 평가할 수 있다. 따라서 실질적 압수·수색 당사자인 피의자에게 전자정보에 대한 압수·수색 과정에 참여권을 보장해야 한다.[5]

(라) 유류물 압수   검사 또는 사법경찰관은 피의자 등이 유류한 물건은 영장 없이 압수할 수 있다(법218). 유류물 압수는 수사기관이 (가) 소유권이나 관리처분권이 처음부터 존재하지 않는 물건, (나) 소유권이나 관리처분권이 존재하였지만 적법하게 포기된 물건, 또는 (다) 그와 같은 외관을 가진 물건 등의 점유를 수사상 필요에 따라 취득하는 수사방법을 말한다.[6] 유류물을 압수하는 경우에는 사전, 사후에 영장을 받을 것을 요구하지 않는다.[7]

유류물 압수의 경우에는 임의제출물 압수와 달리 제출자의 존재를 생각하기 어렵다. 따라서 유류물 압수·수색에 대해서는 원칙적으로 영장에 의한 압수·수색·검증에 관하여 적용되는 형사소송법 제215조 제1항이나 임의제출물 압수에 관하여 적용되는, 형사소송법 제219조에 의하여 준용되는 제106조 제1항, 제3항, 제4항에 따른 관련성의 제한이 적용되지

---

1) 2019. 11. 14. 2019도13290, 공 2020상, 123, 『에스컬레이터 불법촬영 현행범 사건』.
2) 2016. 3. 10. 2013도11233, 공 2016상, 587, 『축협 유통사업단 사건』.
3) 2024. 7. 25. 2021도1181, 판례속보, 『SSD카드 신발주머니 투척 사건』.
4) 2024. 7. 25. 2021도1181, 판례속보, 『SSD카드 신발주머니 투척 사건』.
5) 2024. 7. 25. 2021도1181, 판례속보, 『SSD카드 신발주머니 투척 사건』.
6) 2024. 7. 25. 2021도1181, 판례속보, 『SSD카드 신발주머니 투척 사건』.
7) 2024. 7. 25. 2021도1181, 판례속보, 『SSD카드 신발주머니 투척 사건』.

않는다.[1]

정보저장매체를 유류물로 압수하는 경우 정보주체의 참여권 보장이 문제된다. 유류물인 정보저장매체를 압수하는 경우에는 (가) 정보저장매체의 현실적 지배·관리 혹은 (나) 이에 담겨있는 전자정보 전반에 관한 전속적인 관리처분권을 인정하기 어렵다. 정보저장매체를 소지하고 있던 사람이 이를 분실한 경우와 같이 그 권리를 포기하였다고 단정하기 어려운 경우에도, 수사기관이 그러한 사정을 알거나 충분히 알 수 있었음에도 이를 유류물로서 영장 없이 압수하였다는 등의 특별한 사정이 없는 한, 영장에 의한 압수나 임의제출물 압수와 같이 수사기관의 압수 당시 참여권 행사의 주체가 되는 피압수자가 존재한다고 평가할 수는 없다.[2]

결국 범죄수사를 위해 정보저장매체의 압수가 필요하고, 정보저장매체를 소지하던 사람이 그에 관한 권리를 포기하였거나 포기한 것으로 인식할 수 있는 경우라면, 수사기관이 형사소송법 제218조에 따라 피의자 기타 사람이 유류한 정보저장매체를 영장 없이 압수할 수 있고, 이때 (가) 해당 사건과 관계가 있다고 인정할 수 있는 것에 압수의 대상이나 범위가 한정되지 않으며, (나) 전자정보 압수절차에 참여권자의 참여가 필수적이라고 볼 수 없다.[3]

(마) 피의자 인치　　현행범인과 준현행범은 누구든지 영장없이 체포할 수 있다(법212). 검사 또는 사법경찰관리 아닌 자가 현행범인을 체포한 때에는 즉시 검사 또는 사법경찰관리에게 인도하여야 한다(법213①). 여기서 '즉시'라고 함은 반드시 체포시점과 시간적으로 밀착된 시점이어야 하는 것은 아니고, '정당한 이유 없이 인도를 지연하거나 체포를 계속하는 등으로 불필요한 지체를 함이 없이'라는 뜻이다.[4] 사법경찰관리가 현행범인의 인도를 받은 때에는 체포자의 성명, 주거, 체포의 사유를 물어야 하고 필요한 때에는 체포자에 대하여 경찰관서에 동행함을 요구할 수 있다(법213②).

(바) 현행범인체포서　　수사기관은 현행범인을 체포한 경우에는 현행범인체포서를, 현행범인을 인도받은 경우에는 현행범인인수서를 작성하여야 한다(경찰수사규칙52②, 검찰사건사무규칙70①·②). 검사 또는 사법경찰관은 현행범인을 체포하거나(법212) 체포된 현행범인을 인수했을 때(법213)에는 조사가 현저히 곤란하다고 인정되는 경우가 아니면 지체 없이 조사해야 한다(수사준칙28① 전단).

검사 또는 사법경찰관은 조사 결과 계속 구금할 필요가 없다고 인정할 때에는 현행범인을 즉시 석방해야 한다(수사준칙28① 후단). 검사 또는 사법경찰관은 현행범인을 석방했을

---

1) 2024. 7. 25. 2021도1181, 판례속보, 『SSD카드 신발주머니 투척 사건』.
2) 2024. 7. 25. 2021도1181, 판례속보, 『SSD카드 신발주머니 투척 사건』.
3) 2024. 7. 25. 2021도1181, 판례속보, 『SSD카드 신발주머니 투척 사건』.
4) 2011. 12. 22. 2011도12927, 공 2012상, 221, 『소말리아 해적 사건』.

때에는 석방 일시와 사유 등을 적은 피의자 석방서를 작성해 사건기록에 편철한다. 사법경
찰관이 현행범인을 석방한 경우 사법경찰관은 석방 후 지체 없이 검사에게 석방 사실을 통
보해야 한다(수사준칙28②).

(3) 현행범체포 후의 절차

형소법 제213조의2는 현행범체포와 관련된 준용규정을 열거하고 있다. 체포의 통지(법
87), 비변호인과의 접견교통(법89), 변호인의 의뢰(법90) 등은 현행범체포의 경우에도 준용된
다. 또한 변호인과의 접견교통에 관한 규정(법34)이 현행범인에게도 적용됨은 물론이다. 피의
자를 현행범으로 체포한 검사 또는 사법경찰관은 체포된 피의자와 체포적부심사청구권자(법
214의2①) 중에서 피의자가 지정하는 사람에게 체포적부심사를 청구할 수 있음을 알려야 한
다(동조②).

현행범체포와 관련하여 준용대상 규정을 정한 형소법 제213조의2는 비변호인과의 접견교
통에 관한 규정(법89)을 준용하면서도 비변호인과의 접견교통 제한규정(법91)은 언급하고 있지
않다. 따라서 현행범으로 체포된 피의자에 대해 수사기관은 비변호인과의 접견교통을 제한할
수 없다.

현행범인으로 체포된 피의자, 그 변호인, 법정대리인, 배우자, 직계친족, 형제자매나 동
거인 또는 고용주는 현행범인체포서를 보관하고 있는 검사 또는 사법경찰관에게 그 등본의
교부를 청구할 수 있다(규칙101).

(4) 구속영장의 신청과 청구

사법경찰관은 검사에게 신청하여 검사의 청구로 관할지방법원판사의 구속영장을 받아
현행범으로 체포된 피의자를 구속할 수 있다(법213의2, 200의2⑤, 201). 검사는 관할지방법원
판사에게 청구하여 구속영장을 받아 현행범으로 체포된 피의자를 구속할 수 있다(법213의2,
200의2⑤, 201).

현행범으로 체포한 피의자를 구속하고자 할 때에는 체포한 때부터 48시간 이내에 구속
영장을 청구하여야 한다(법213의2, 200의2⑤). 체포적부심이 청구된 경우 법원이 수사 관계 서
류와 증거물을 접수한 때부터 결정 후 검찰청에 반환된 때까지의 기간은 48시간의 구속영장
청구제한기간에 산입되지 않는다(법214의2⑬).

현행범체포의 경우에 구속영장청구를 위한 기준시점이 문제된다. 수사기관이 현행범을
체포한 경우에는 현행범을 체포한 때로부터 48시간 이내에 구속영장을 청구하여야 한다(법
213의2, 200의2⑤). 수사기관이 현행범을 인도받은 경우(법213②) 구속영장청구를 위한 48시간

의 기산점은 제삼자가 현행범인을 체포한 때가 아니라 수사기관이 현행범인을 인도받은 때이다.[1]

사법경찰관이 신청한 구속영장을 검사가 정당한 이유 없이 판사에게 청구하지 아니한 경우 사법경찰관은 그 검사 소속의 지방검찰청 소재지를 관할하는 고등검찰청에 영장 청구 여부에 대한 심의를 신청할 수 있다(법221의5①). 이 경우 사법경찰관은 영장심의위원회에 출석하여 의견을 개진할 수 있다(동조④). 영장심의위원회의 위원은 해당 업무에 전문성을 가진 중립적 외부 인사 중에서 위촉해야 하며, 영장심의위원회의 운영은 독립성·객관성·공정성이 보장되어야 한다(수사준칙44).

(5) 피의자의 석방

현행범으로 체포한 때부터 48시간 이내에 구속영장을 청구하지 아니하는 때에는 피의자를 즉시 석방하여야 한다(법213의2, 200의2⑤ 후단). 사법경찰관은 구속영장을 신청하지 않고 현행범으로 체포한 피의자를 석방하려는 때에는 체포 일시·장소, 체포 사유, 석방 일시·장소, 석방 사유 등을 적은 피의자 석방서를 작성해야 한다(수사준칙36① i). 사법경찰관은 현행범으로 체포한 피의자를 석방한 때에는 지체 없이 검사에게 석방사실을 통보하고, 그 통보서 사본을 사건기록에 편철한다(수사준칙36② i).

검사는 구속영장을 청구하지 않고 현행범으로 체포한 피의자를 석방하려는 때에는 체포 일시·장소, 체포 사유, 석방 일시·장소, 석방 사유 등을 적은 피의자 석방서를 작성해야 한다(수사준칙36① i).

(6) 체포취소 및 체포적부심사

현행범으로 체포된 피의자도 체포영장에 의하여 체포된 피의자와 마찬가지로 체포취소 및 체포적부심사가 인정된다. 그 내용은 체포영장에 의하여 체포된 피의자의 항목에서 설명할 것과 같다.

(7) 국회의원의 불체포특권

국회의원은 현행범인인 경우를 제외하고는 회기중 국회의 동의 없이 체포 또는 구금되지 아니한다(헌법44①). 국회의원이 회기전에 체포 또는 구금된 때에는 현행범인이 아닌 한 국회의 요구가 있으면 회기중 석방된다(동조②). 따라서 현행범인으로 체포된 국회의원에 대해서는

---

1) 2011. 12. 22. 2011도12927, 공 2012상, 221, 『소말리아 해적 사건』.

국회의 석방요구가 있더라도 체포의 집행이 정지되지 않는다.

제3 피의자의 구속

1. 구속영장의 종류와 영장청구권자

피의자구속은 체포에 비하여 보다 장기간 계속되는 신체구속을 의미한다. 피의자구속은 체포에 이어서 행해지는 경우와 체포 없이 곧바로 행해지는 경우로 나누어진다. 양자의 구별 실익은 영장실질심사에서 나타난다. 체포 후의 구속에는 피의자를 법관의 면전에 인치하기 위한 별도의 장치가 필요 없으나, 체포를 거치지 아니하고 바로 구속하는 경우에는 법관이 구인을 위한 구속영장을 발부하여 피의자를 구인해야 비로소 심문할 수 있다(법201의2②). 따라서 구속영장에는 통상의 구속영장과 그 전 단계에서 발부되는 구인을 위한 구속영장의 두 가지가 있다.

수사절차상 구속영장의 청구권자는 검사이다(헌법12③, 법200의4①, 201① 본문 전단). 사법경찰관에게는 독자적인 구속영장청구권이 없다. 우리 헌법이 구속영장의 청구권자를 검사로 명시한 취지(헌법12③)는 신체구속의 억제와 경찰 수사권의 감독에 있다.

사법경찰관은 검사에게 신청하여 검사의 청구로 법관의 구속영장을 발부받을 수 있다(법200의4① 1문, 201① 본문 후단). 검사가 사법경찰관이 신청한 구속영장을 정당한 이유 없이 판사에게 청구하지 아니한 경우 사법경찰관은 그 검사 소속의 지방검찰청 소재지를 관할하는 고등검찰청에 영장 청구 여부에 대한 심의를 신청할 수 있다(법221의5①). 사법경찰관은 영장심의위원회에 출석하여 의견을 개진할 수 있다(동조② · ④).

2. 구속의 요건

입법자는 특별히 구속에 비례성의 원칙을 강화하고 있다. 이를 위하여 형사소송법은 불구속수사의 원칙을 천명하고 있다(법198①). 구속영장을 발부하려면 먼저 피의자가 죄를 범하였다고 의심할 만한 상당한 이유가 있고, 다음으로 구속사유(법70①)가 존재해야 한다(법201①).

(1) 범죄혐의

구속영장을 발부하려면 피의자가 죄를 범하였다고 의심할 만한 상당한 이유가 존재해야 한다(법201① 본문). 형사소송법은 체포영장 발부요건으로서의 범죄혐의(법200의2①)와 구속영장 발부요건으로서의 범죄혐의(법201①) 사이에 아무런 차이를 두고 있지 않다. 범죄혐의는 충분한 범죄혐의이어야 하며, 죄를 범하였음을 인정할 수 있는 고도의 개연성이 있어야 한다.

(2) 구속사유

구속영장을 발부하려면 구속사유가 인정되어야 한다. 즉 (가) 피의자가 일정한 주거가 없는 때, (나) 피의자가 증거를 인멸할 염려가 있는 때, (다) 피의자가 도망하거나 도망할 염려가 있는 때의 어느 하나에 해당하는 사유가 존재하여야 한다(법201①, 70①).

(가) 주거부정   구속사유 가운데 주거부정은 (다)의 피의자가 도망할 염려가 있는 때에 포함되는 하위사유로서 독자적 의미는 없다. 그러나 다액 50만원 이하의 벌금, 구류 또는 과료에 해당하는 범죄에 관하여는 피의자가 일정한 주거가 없는 경우에 한하여 구속영장을 청구할 수 있다(법201① 단서). 이 경우에는 피의자의 주거부정이 독자적인 구속사유로 작용한다.

대부분의「경범죄 처벌법」위반사범은 10만원 또는 20만원 이하의 벌금, 구류 또는 과료의 형으로 처벌되므로(동법3① · ②) 피의자가 주거부정인 때에만 구속사유가 인정된다. 그러나 (가) 관공서에서의 주취소란행위나 (나) 거짓신고행위는 60만원 이하의 벌금, 구류 또는 과료의 형으로 처벌되기 때문에(동조③) 주거부정이 아니더라도 구속사유에 해당할 수 있다.

(나) 증거인멸   증거인멸은 피의자가 증거물이나 증거서류 등 물적 증거방법을 위조, 변조, 은닉, 손괴, 멸실하는 경우와 공범자, 참고인, 감정인 등 인적 증거방법에 대하여 허위의 진술을 부탁하거나 강요하는 등 부정한 영향력을 행사하는 경우를 말한다. 아직 수사가 종결되지 아니한 상황 또는 피의자가 범죄사실을 다투거나 자백을 거부하는 상황 등은 그 자체만으로는 증거인멸의 염려가 있는 때에 해당하지 않는다.

(다) 도 망   피의자가 도망한 때란 예컨대 피의자가 외국에 체재하면서 수사기관의 소환에 응하지 않는 경우 또는 피의자가 잠적한 경우 등을 가리킨다. 도망할 염려가 있는 때란 피의자가 수사, 공판, 형집행 등 일련의 형사절차를 피하여 영구히 또는 장기간 숨으려는 것을 말한다.

(3) 의무적 고려사항

형소법은 구속사유를 심사함에 있어서 (가) 범죄의 중대성, (나) 재범의 위험성, (다) 피해자 및 중요 참고인 등에 대한 위해 우려 등을 고려하도록 요구하고 있다(법209, 70②). 이것은 새로운 구속사유를 신설하거나 추가한 것이 아니라, 구속사유를 심사할 때 고려해야 할 사항을 명시한 것이다.[1]

---

1) 2010. 11. 25. 2009헌바8, 헌집 22-2하, 358,「형소법 70조 2항 위헌소원 사건」.

형소법 제70조 제2항이 규정한 (가) 범죄의 중대성, (나) 재범의 위험성이나 (다) 피해자·중요참고인 등에 대한 위해 우려는 구속사유를 판단함에 있어 고려해야 할 구체적이고 전형적인 사례를 거시한 것이다. 따라서 구속사유가 없거나 구속의 필요성이 적은데도 의무적 고려사항만을 고려하여 구속하는 것은 허용되지 않는다. 반면에 구속사유가 존재한다고 하여 바로 구속이 결정되는 것은 아니다. 구속사유에 더하여 의무적 고려사항인 범죄의 중대성, 재범의 위험성, 중요참고인 등에 대한 위해 우려를 종합적으로 판단하여 구속 여부를 결정해야 한다.[1]

3. 영장실질심사제도

(1) 구속영장의 신청

피의자가 죄를 범하였다고 의심할 만한 상당한 이유가 있고 구속사유(법70①)가 있을 때에는 사법경찰관은 검사에게 신청하여 검사의 청구로 관할지방법원판사의 구속영장을 받아 피의자를 구속할 수 있다. 다만, 다액 50만원 이하의 벌금, 구류 또는 과료에 해당하는 범죄에 관하여는 피의자가 일정한 주거가 없는 경우에 한한다(법201① 본문·단서).

사법경찰관은 구속영장을 신청하는 경우 의무적 고려사항(법209, 70②)이 있을 때에는 구속영장 신청서에 그 내용을 적어야 한다(수사준칙29①). 사법경찰관은 체포한 피의자에 대해 구속영장을 신청할 때에는 구속영장 신청서에 체포영장, 긴급체포서, 현행범인 체포서 또는 현행범인 인수서를 첨부해야 한다(수사준칙29②).

사법경찰관이 동일한 범죄사실로 다시 구속영장을 신청하는 경우가 있다. 구속영장의 재신청은 구속영장의 신청이 기각된 후 다시 구속영장을 신청하는 경우와 이미 발부받은 구속영장과 동일한 범죄사실로 다시 구속영장을 신청하는 경우를 말한다(수사준칙31). 사법경찰관은 동일한 범죄사실로 다시 구속영장을 신청한다는 취지를 구속영장 신청서에 적어야 한다(수사준칙31).

(2) 구속영장의 청구

구속영장은 검사가 곧바로 관할 지방법원판사에게 청구하거나 사법경찰관이 검사에게 신청하여 검사가 청구하여야 한다(법201① 본문, 200의4① 1문). 사법경찰관이 구속영장을 신청한 경우 검사는 사법경찰관이 신청한 영장의 청구 여부 결정에 관하여 필요한 경우에 사법경찰관에게 보완수사를 요구할 수 있다(법197의2① ii).

---

1) 2010. 11. 25. 2009헌바8, 헌집 22-2하, 358, 『형소법 70조 2항 위헌소원 사건』.

검사는 구속영장을 청구하는 경우 의무적 고려사항(법209, 70②)이 있을 때에는 구속영장 청구서에 그 내용을 적어야 한다(수사준칙29①). 검사는 체포한 피의자에 대해 구속영장을 청구할 때에는 구속영장 청구서에 체포영장, 긴급체포서, 현행범인 체포서 또는 현행범인 인수서를 첨부해야 한다(수사준칙29②).

검사는 구속영장을 청구할 때 구속의 필요를 인정할 수 있는 자료를 제출하여야 한다(법201②). 검사가 구속영장의 청구를 함에 있어서 동일한 범죄사실에 관하여 그 피의자에 대하여 전에 구속영장을 청구하거나 발부받은 사실이 있을 때에는 다시 구속영장을 청구하는 취지 및 이유를 기재하여야 한다(동조⑤).

구속영장이 청구된 피의자, 그 변호인, 법정대리인, 배우자, 직계친족, 형제자매나 동거인 또는 고용주는 구속영장청구서를 보관하고 있는 법원사무관 등에게 그 등본의 교부를 청구할 수 있다(규칙101).

(3) 영장실질심사제도의 의의

형사소송법은 수사절차상 구속영장의 발부와 관련하여 영장실질심사제도를 두고 있다. 영장실질심사제도란 판사가 피의자를 직접 심문하여 구속영장 발부를 결정하는 장치를 말한다. 영장실질심사는 검사가 송부한 서류나 자료만을 가지고 피의자의 구속 여부를 결정하던 영장형식심사에 대립하는 개념이다.

영장실질심사라는 용어는 피의자의 구속 여부를 결정하는 법원의 관점을 반영하고 있다. 이에 대해 수사준칙 제30조는 구속 전 피의자심문이라는 용어를 사용하고 있다. 구속 전 피의자심문이라는 표현은 피의자심문의 시간적 선후관계만을 나타낸 것으로서 수사기관의 관점을 반영한 것이라고 할 수 있다.

영장실질심사제도는 1995년 말 형소법 일부개정에 의하여 부분적으로 도입되었다. 입법자는 2007년 형사소송법 개정시에 영장실질심사제도를 모든 구속사건으로 확대하였고, 개정법은 2008년부터 전면 실시되었다.[1]

영장실질심사제도는 우리 형사사법의 실무에 몇 가지 커다란 변화를 가져올 것으로 예상된다. 우선, 구속영장의 발부과정에서 법관이 피의자를 직접 대면하여 심문하기 때문에 앞으로 초동수사 단계에서 수사기관의 가혹행위가 크게 줄어들 것으로 전망된다. 다음으로, 영장실질심사에 의하여 신체구속에 직면한 피의자가 자신에게 유리한 사정을 법관에게 직접 진술

---

1) 신동운, "영장실질심사제도의 실시와 영장주의의 새로운 전개", 법원행정처, 새로운 인신구속제도 연구 (1996), 15-50면 참고 바람.

할 수 있게 됨에 따라 형사사법의 공정성에 대한 국민적 신뢰를 제고할 수 있다. 나아가, 법관도 형식심사 때문에 생성되었던, 서류만 가지고 시민들의 생활을 파악하던 그동안의 폐단에서 벗어날 수 있게 된다.

(4) 영장실질심사의 유형

형사소송법은 구속영장의 실질심사 방식을 (가) 피의자가 이미 수사기관에 체포되어 있는 경우와 (나) 피의자가 체포되지 아니한 경우로 나누어 이원적으로 규정하고 있다.

첫째로, 체포된 피의자에 대하여 구속영장이 청구된 경우가 있다. 이때 구속영장을 청구받은 판사는 지체 없이 피의자를 심문하여야 한다. 이 경우 판사는 특별한 사정이 없는 한 구속영장이 청구된 날의 다음날까지 피의자를 심문하여야 한다(법201의2①).

둘째로, 체포되지 아니한 피의자에 대하여 구속영장이 청구된 경우가 있다. 이 때에는 그 피의자를 법관의 면전에 인치하는 장치가 필요하게 된다. 구속영장을 청구받은 판사는 피의자가 죄를 범하였다고 의심할 만한 이유가 있는 경우에 구인을 위한 구속영장을 발부하여 피의자를 구인한 후 심문하여야 한다. 다만, 피의자가 도망하는 등의 사유로 심문할 수 없는 경우에는 그러하지 않다(법201의2② 본문·단서). 사법경찰관은 판사가 통지한 피의자 심문 기일과 장소(법201의2③, 81①)에 체포된 피의자를 출석시켜야 한다(수사준칙30).

법원은 인치받은 피의자를 유치할 필요가 있는 때에는 교도소·구치소 또는 경찰서 유치장에 유치할 수 있다. 이 경우 유치기간은 인치한 때부터 24시간을 초과할 수 없다(법201의2⑩, 71의2). '구인을 위한 구속영장'에 의하여 구인한 피의자를 법원에 인치한 경우에 구금할 필요가 없다고 인정한 때에는 즉시 석방하여야 한다(법201의2⑩, 71).

(5) 영장실질심사의 절차

(가) 기록제출　　검사는 구속영장을 청구할 때 구속의 필요를 인정할 수 있는 자료를 제출하여야 한다(법201②). 이를 위하여 검사는 법원에 수사 관계 서류 및 증거물을 제출한다. 피의자심문을 하는 경우 법원이 구속영장청구서·수사 관계 서류 및 증거물을 접수한 날부터 구속영장을 발부하여 검찰청에 반환한 날까지의 기간은 사법경찰관의 구속기간(법202) 및 검사의 구속기간(법203)의 적용에서 이를 산입하지 않는다(법201의⑦).

(나) 변호인　　영장실질심사절차에서 심문할 피의자에게 변호인이 없는 때에는 지방법원판사는 직권으로 변호인을 선정하여야 한다. 이 경우 변호인의 선정은 피의자에 대한 구속영장청구가 기각되어 효력이 소멸한 경우를 제외하고는 제1심까지 효력이 있다(법201의2⑧). 법원은 변호인의 사정이나 그 밖의 사유로 변호인 선정결정이 취소되어 변호인이 없게 된 때

에는 직권으로 변호인을 다시 선정할 수 있다(동조⑨).

변호인은 구속영장이 청구된 피의자에 대한 심문 시작 전에 피의자와 접견할 수 있다(규칙96의20①). 피의자 심문에 참여할 변호인은 지방법원판사에게 제출된 구속영장청구서 및 그에 첨부된 고소·고발장, 피의자의 진술을 기재한 서류와 피의자가 제출한 서류를 열람할 수 있다(규칙96의21①).

검사는 증거인멸 또는 피의자나 공범 관계에 있는 자가 도망할 염려가 있는 등 수사에 방해가 될 염려가 있는 때에는 지방법원판사에게 제출된 서류의 열람 제한에 관한 의견을 제출할 수 있고, 지방법원판사는 검사의 의견이 상당하다고 인정하는 때에는 그 전부 또는 일부의 열람을 제한할 수 있다(규칙96의21②). 그러나 구속영장청구서는 열람을 제한하지 못한다(동항).

(다) 심문기일 통지   체포된 피의자의 경우 판사는 특별한 사정이 없는 한 구속영장이 청구된 날의 다음날까지 체포된 피의자를 심문하여야 한다(법201의2①). 이를 위하여 판사는 즉시 검사, 피의자 및 변호인에게 심문기일과 장소를 통지하여야 한다(동조③).

검사는 심문기일에 체포된 피의자를 출석시켜야 한다(법201의2③ 후단). 사법경찰관은 판사가 통지한 구속 전 피의자 심문기일과 장소(법201의2③)에 체포된 피의자를 출석시켜야 한다(수사준칙30).

미체포 피의자의 경우 판사는 피의자를 구인한 후 24시간 이내(법71, 71의2 참조)에 심문하여야 한다(법201의2② 참조). 미체포 피의자의 경우 판사는 피의자를 인치한 후 즉시 검사, 피의자 및 변호인에게 심문기일과 장소를 통지하여야 한다(법201의2③).

(라) 피의자심문   영장실질심사란 지방법원판사가 피의자를 직접 심문하는 것을 말한다. 따라서 심문기일에는 원칙적으로 피의자가 출석하여야 한다(법201의2②, ③). 판사는 (가) 피의자가 신체적 또는 정신적 장애로 사물을 변별하거나 의사를 결정·전달할 능력이 미약한 경우, (나) 피의자의 연령·성별·국적 등의 사정을 고려하여 그 심리적 안정의 도모와 원활한 의사소통을 위하여 필요한 경우의 어느 하나에 해당하는 때에는 피의자와 신뢰관계에 있는 자를 동석하게 할 수 있다(동조⑩, 276의2). 판사는 피의자를 심문할 때 공범의 분리심문이나 그 밖에 수사상의 비밀보호를 위하여 필요한 조치를 하여야 한다(동조⑤). 검사와 변호인은 심문기일에 출석하여 의견을 진술할 수 있다(법201의2④).

판사는 피의자가 심문기일에의 출석을 거부하거나 질병 그 밖의 사유로 출석이 현저하게 곤란하고, 피의자를 심문 법정에 인치할 수 없다고 인정되는 때에는 피의자의 출석 없이 심문절차를 진행할 수 있다(규칙96의13①). 피의자의 출석 없이 심문절차를 진행할 경우에는 출석한 검사 및 변호인의 의견을 듣고, 수사기록 그 밖에 적당하다고 인정하는 방법으로 구속사유의 유무를 조사할 수 있다(동조③).

(마) 조서 작성   판사가 피의자를 심문하는 경우에 법원사무관 등은 심문의 요지 등을 조서로 작성하여야 한다(법201의2⑥). 판례는 체포·구속적부심사절차에서 작성된 조서를 형소법 제315조 제3호의 '특히 신용할 만한 정황에 의하여 작성된 문서'로 보아 증거능력을 긍정하되, 체포·구속적부심사절차가 피고인의 권리보장을 위한 절차라는 점에 주목하여 조서에 기재된 진술의 신빙성 판단에 신중을 기할 것을 요구하고 있다.[1] 동일한 판단기준은 영장실질심사에서 작성된 조서의 경우에도 그대로 해당될 것이다.

(6) 구속영장의 발부와 기각

(가) 영장의 발부   구속영장의 청구를 받은 지방법원판사는 신속히 구속영장의 발부 여부를 결정하여야 한다(법201③). 구속영장의 청구를 받은 지방법원판사는 상당하다고 인정할 때에는 구속영장을 발부한다(법201④ 1문).

(나) 영장의 기각   관할 지방법원판사가 구속영장을 발부하지 아니할 때에는 구속영장청구서에 영장을 발부하지 아니한다는 취지 및 이유를 기재하고 서명날인하여 청구한 검사에게 교부한다(법201④ 2문).

영장의 발부를 기각한 재판에 대하여는 준항고(법416)나 재항고(법415)가 허용되지 않는다. 검사의 각종 영장청구에 대한 지방법원판사의 재판은 항고(법402)의 대상이 되는 '법원의 결정'에 해당하지 않고, 준항고(법416①)의 대상이 되는 '재판장 또는 수명법관의 구금 등에 관한 재판'에도 해당하지 않기 때문이다.[2] 항고 또는 준항고가 허용되지 않으므로 대법원에의 재항고(법415)도 허용되지 않는다.

긴급체포된 자에 대하여 구속영장청구가 기각된 경우에는 피의자를 즉시 석방하여야 한다(법200의4②). 체포영장(법200의2)에 의하여 체포되었거나 현행범(법212)으로 체포된 피의자에 대하여 구속영장청구가 기각된 경우에는 긴급체포시 석방에 관한 형소법 제200조의4 제2항의 규정을 준용하여 즉시 석방하여야 한다(규칙100②).

구속영장청구의 기각으로 석방된 자는 법관의 영장실질심사(법201의2)를 거친 자이므로 단순히 체포 후 석방된 자보다 강하게 보호되어야 한다. 검사 또는 사법경찰관에 의하여 구속되었다가 석방된 자는 다른 중요한 증거를 발견한 경우를 제외하고는 동일한 범죄사실에 관하여 재차 구속하지 못한다(법208①). 이 경우 1개의 목적을 위하여 동시 또는 수단결과의 관계에서 행하여진 행위는 동일한 범죄사실로 간주한다(동조②).

1) 2004. 1. 16. 2003도5693, 공 2004, 372, 『구속적부심 자백조서 사건』.
2) 2006. 12. 18. 2006모646, 공 2007, 172, 『4차 구속영장기각 준항고 사건』.

4. 구속영장의 집행절차

(1) 영장의 집행절차

(가) 영장제시 및 사본교부　　구속영장은 검사의 지휘에 의하여 사법경찰관리가 집행한다(법209, 81① 본문). 구속영장을 집행할 때에는 피의자에게 반드시 영장을 제시하고 그 사본을 교부하여야 한다(법200의6, 85①, 수사준칙32의2①). 제시되는 영장은 원본이어야 하며 사본의 제시는 허용되는 않는다.[1] 2022년 입법자는 피의자의 방어권을 실질적으로 보장하기 위하여 영장제시 요건 외에 영장사본 교부 요건을 추가하였다.

검사 또는 사법경찰관은 피의자에게 구속영장을 제시하거나 구속영장의 사본을 교부할 때에는 사건관계인의 개인정보가 피의자의 방어권 보장을 위해 필요한 정도를 넘어 불필요하게 노출되지 않도록 유의해야 한다(수사준칙32의2②). 검사 또는 사법경찰관은 피의자에게 구속영장의 사본을 교부한 경우에는 피의자로부터 구속영장 사본 교부 확인서를 받아 사건기록에 편철한다(동조③). 피의자가 구속영장의 사본을 수령하기를 거부하거나 구속영장 사본 교부 확인서에 기명날인 또는 서명하는 것을 거부하는 경우에는 검사 또는 사법경찰관이 구속영장 사본 교부 확인서 끝 부분에 그 사유를 적고 기명날인 또는 서명해야 한다(동조④).

구속영장을 소지하지 아니한 경우에 급속을 요하는 때에는 피의자에 대하여 공소사실의 요지와 영장이 발부되었음을 고하고 집행할 수 있다(법209, 85③). 이 경우 집행을 완료한 후에는 신속히 구속영장을 제시하고 그 사본을 교부하여야 한다(법209, 85④).

2024년 10월 20일부터 「형사사법절차에서의 전자문서 이용 등에 관한 법률」(형사절차전자문서법)이 시행되었다. 검사 또는 사법경찰관리는 구속영장이 전자문서로 발부된 경우에는 대법원규칙으로 정하는 바에 따라 전자문서를 제시하거나 전송하는 방법으로 구속영장을 집행할 수 있다(동법17① i, 법201). 구속영장을 전자문서의 형태로 집행하는 것이 현저히 곤란하거나 적합하지 아니한 경우에는 전자문서로 발부된 구속영장을 전산정보처리시스템을 통하여 출력한 서면으로 집행할 수 있다(형사절차전자문서법17②).

(나) 미란다 고지　　검사 또는 사법경찰관이 피의자를 구속하는 경우에는 (가) 피의사실의 요지, (나) 구속의 이유와 (다) 변호인을 선임할 수 있음을 말하고 (라) 변명할 기회를 주어야 한다(법209, 200의5). 수사준칙은 여기에 더하여 (마) 진술거부권도 고지하도록 규정하고 있다(수사준칙32①).

이 경우 피의자에게 알려주어야 하는 진술거부권의 내용은 (ㄱ) 일체의 진술을 하지 아

---

1) 2017. 9. 7. 2015도10648, [미간행], 『영장 사본 팩스 송신 사건』.

니하거나 개개의 질문에 대하여 진술을 하지 아니할 수 있다는 것, (ㄴ) 진술을 하지 아니하더라도 불이익을 받지 아니한다는 것, (ㄷ) 진술을 거부할 권리를 포기하고 행한 진술은 법정에서 유죄의 증거로 사용될 수 있다는 것이다(수사준칙32②, 법244의3① ⅰ, ⅱ, ⅲ).

체포·구속현장에서 이루어지는 권리고지를 가리켜서 미란다 고지라고 부른다.[1]. 구속영장에 의한 구속의 경우에는 영장제시와 권리고지가 동시에 이루어진다. 검사와 사법경찰관이 피의자에게 그의 권리를 알려준 경우에는 피의자로부터 권리 고지 확인서를 받아 사건기록에 편철한다(수사준칙32③).

구속영장의 제시나 미란다 고지는 구속을 위한 실력행사에 들어가기 이전에 미리 해야 하는 것이 원칙이다. 그러나 달아나는 피의자를 쫓아가 붙들거나 폭력으로 대항하는 피의자를 실력으로 제압하는 경우에는 붙들거나 제압하는 과정에서 하거나, 그것이 여의치 않은 경우에는 일단 붙들거나 제압한 후에 지체 없이 하여야 한다.[2]

(다) 영사통보청구권 고지   「영사관계에 관한 비엔나협약」(Vienna Convention on Consular Relations)은 외국인 피의자를 체포·구속할 때 피의자에게 해당 외국의 영사기관에 통보할 권리를 보장하고 있다(동협약36① b호 참조). 이에 따르면 (가) 수사기관은 외국인 피의자에게 영사기관 통보 요청권을 고지해야 하고, (나) 외국인 피의자의 요청을 받은 우리나라 수사기관은 해당 외국의 영사기관에 체포·구속 사실을 지체 없이 통보하여야 한다. (다) 이 경우 체포, 구금, 유치되거나 구속되어 있는 외국인 피의자가 자국의 영사기관에 보내는 어떠한 통신도 수사기관에 의하여 지체 없이 전달되어야 한다.

「영사관계에 관한 비엔나협약」이 외국인을 구속하는 경우 지체 없이 외국인에게 영사통보권 등이 있음을 고지하고, 외국인의 요청이 있는 경우 영사기관에 구금 사실을 통보하도록 정한 것은 외국인의 본국이 자국민의 보호를 위한 조치를 취할 수 있도록 협조하기 위함이다. 따라서 수사기관이 외국인을 구속하면서 지체 없이 영사통보권 등이 있음을 고지하지 않았다면 구속 절차는 국내법과 같은 효력을 가지는 「영사관계에 관한 비엔나협약」 제36조 제1항 (b)호를 위반한 것으로 위법하다.[3]

(라) 영장 없는 압수·수색   수사기관은 구속영장에 의하여 피의자를 구속하는 경우에 필요한 때에는 미리 수색영장을 발부받기 어려운 긴급한 사정이 있는 때에 한정하여 영장 없이 타인의 주거나 타인이 간수하는 가옥, 건조물, 항공기, 선박·차량 안에서 피의자를 수색할 수 있다(법216① ⅰ 본문·단서). 이 경우 수사기관은 주거주, 간수자 또는 이에 준하는 사람의 참

1) 2017. 9. 21. 2017도10866, 공 2017하, 2055, 『영장제시 요구 피의자 체포 사건』.
2) 2008. 2. 14. 2007도10006, [미간행], 『깨진 유리로 저항 피의자 사건』.
3) 2022. 4. 28. 2021도17103, 공 2022상, 1080, 『인도네시아인 현행범체포 사건』.

여(법123②)를 요하지 않으며, 야간집행의 제한(법125)을 받지 않는다(법220).

구속은 장기간의 신체구속이다. 체포는 단기간의 신체구속이다. 수사기관이 구속영장에 의하여 피의자를 구속할 때에는 피의자에 대한 체포가 수반된다. 수사기관은 구속영장에 의하여 피의자를 구속하는 경우에 필요한 때에는 영장 없이 체포현장에서 압수, 수색, 검증을 할 수 있다(법216① ii). 이 경우에도 수사기관은 주거주, 간수자 또는 이에 준하는 자의 참여(법123②)를 요하지 않으며, 야간집행의 제한(법125)을 받지 않는다(법220).

수사기관은 구속현장에서 영장 없이 압수한 물건을 계속 압수할 필요가 있는 경우에는 지체 없이 압수수색영장을 청구하여야 한다. 이 경우 압수수색영장의 청구는 체포한 때부터 48시간 이내에 하여야 한다(법217②). 수사기관은 청구한 압수수색영장을 발부받지 못한 때에는 압수한 물건을 즉시 반환하여야 한다(동조③).

(2) 영장 집행 후의 절차

(가) 피의자의 인치   구속영장의 집행이 완료된 때에는 구속된 피의자를 신속히 지정된 구치소 기타 장소에 인치하여야 한다(법209, 85①). 구속된 피의자를 호송할 경우에 필요하면 가장 가까운 교도소 또는 구치소에 임시로 유치할 수 있다(법200의6, 86).

(나) 인치 후의 권리고지   피의자를 구속한 때에는 피의자의 변호인에게 (가) 피의사건명, (나) 구속의 일시 · 장소, (다) 범죄사실의 요지, (라) 구속의 이유와 (마) 변호인을 선임할 수 있는 취지를 알려야 한다(법209, 87①).

형소법 제209조에 의하여 준용되는 형소법 제87조 제1항에 따르면, 피의자에게 변호인이 없는 경우 변호인선임권자(법30②) 중 피의자가 지정한 자에게 피의사건명, 구속일시 · 장소, 범죄사실의 요지, 구속의 이유와 변호인을 선임할 수 있는 취지를 알리도록 되어 있다. 그러나 구속의 경우 피의자에게 변호인이 없는 때에는 영장실질심사 단계에서부터 국선변호인이 선정되며, 이 경우 변호인의 선정은 피의자에 대한 구속영장 청구가 기각되어 효력이 소멸한 경우를 제외하고는 제1심까지 효력이 있다(법201의2⑧). 그러므로 형소법 제87조 제1항 가운데 변호인이 없는 경우에 대한 부분은 구속의 경우에 준용되지 않는다.

구속의 통지는 지체 없이 서면으로 하여야 한다(법209, 87②). 구속의 통지는 구속을 한 때로부터 늦어도 24시간 이내에 서면으로 하여야 한다(규칙100①, 51② 1문). 미란다 고지(법209, 200의5)가 구속현장에서 이루어지는 것임에 반하여 이 경우 권리고지는 구속된 피의자를 구금장소에 인치한 후에 이루어진다.

피의자를 구속한 검사 또는 사법경찰관은 구속된 피의자와 피의자의 변호인, 법정대리인, 배우자, 직계친족, 형제자매나 가족, 동거인 또는 고용주 중에서 피의자가 지정하는 사람에게 구속적부심사를 청구할 수 있음을 알려야 한다(법214의2②).

(다) 변호인과의 접견교통   구속된 피의자는 검사, 사법경찰관, 교도소장·구치소장 또는 그 대리자에게 변호사를 지정하여 변호인의 선임을 의뢰할 수 있다(법209, 90①). 피의자의 의뢰를 받은 검사, 사법경찰관, 교도소장·구치소장 또는 그 대리자는 급속히 피고인이 지명한 변호사에게 그 취지를 통지하여야 한다(법209, 90②).

변호인 또는 변호인이 되려는 자는 구속된 피의자와 접견하고 서류 또는 물건을 수수할 수 있으며 의사로 하여금 진료하게 할 수 있다(법34). 구속된 피의자의 변호인 접견교통권은 변호인의 조력을 받을 권리(헌법12④ 본문)를 실질적으로 보장하기 위한 것으로서 변호인의 조력을 받을 권리의 가장 중요한 내용이 된다.[1]

(라) 비변호인과의 접견교통   구속된 피의자는 법률이 정한 범위에서 타인과 접견하고 서류 또는 물건을 수수하며 의사의 진료를 받을 수 있다(법209, 89). 구속된 피의자가 갖는 변호인 아닌 자와의 접견교통권은 헌법상의 기본권에 속한다. 그 근거는 인간으로서의 존엄과 가치 및 행복추구권(헌법10) 및 무죄추정의 원칙(헌법27④)이다.[2] 역으로 미결수용자의 가족이 미결수용자와 접견하는 것 역시 인간으로서의 존엄과 가치 및 행복추구권(헌법10) 가운데 포함되는 헌법상의 기본권에 속한다.[3]

비변호인과의 접견교통권이 헌법상 기본권에 속하는 이유는 두 가지이다. 하나는, 피구속자가 가족 등 외부와 연결될 수 있는 통로를 적절히 개방하고 유지함으로써 가족 등 타인과 교류하는 인간으로서의 기본적인 생활관계가 인신의 구속으로 인하여 완전히 단절되어 파멸에 이르는 것을 방지한다. 다른 하나는, 피구속자가 가족 등 외부와 연결될 수 있는 통로를 적절히 개방하고 유지함으로써 피의자의 방어를 준비할 수 있다.[4]

지방법원판사는 도망하거나 범죄의 증거를 인멸할 염려가 있다고 인정할 만한 상당한 이유가 있는 때에는 직권 또는 검사의 청구에 의하여 구속된 피의자와 변호인 또는 변호인이 되려는 자(법34) 이외의 타인과의 접견을 금지할 수 있고, 서류나 그 밖의 물건을 수수하지 못하게 하거나 검열 또는 압수를 할 수 있다. 다만, 의류·양식·의료품은 수수를 금지하거나 압수할 수 없다(법209, 91).

(마) 영장등본청구권   구속된 피의자, 그 변호인, 법정대리인, 배우자, 직계친족, 형제자매나 동거인 또는 고용주는 구속영장청구서 또는 구속영장을 보관하고 있는 검사, 사법경찰관

---

1) 2003. 11. 27. 2002헌마193, 헌집 15-2하, 311, 『군사법원법 재구속규정 위헌결정 사건』.
2) 2003. 11. 27. 2002헌마193, 헌집 15-2하, 311, 『군사법원법 재구속규정 위헌결정 사건』.
3) 2003. 11. 27. 2002헌마193, 헌집 15-2하, 311, 『군사법원법 재구속규정 위헌결정 사건』.
4) 2003. 11. 27. 2002헌마193, 헌집 15-2하, 311, 『군사법원법 재구속규정 위헌결정 사건』.

또는 법원사무관 등에게 그 등본의 교부를 청구할 수 있다(규칙101).

5. 구속취소, 구속집행정지, 피의자보석

(1) 구속취소
구속의 사유가 없거나 소멸된 때에는 지방법원판사는 직권 또는 검사, 피의자, 변호인과 피의자의 법정대리인, 배우자, 직계친족과 형제자매(법30②)의 청구에 의하여 결정으로 구속을 취소하여야 한다(법209, 93).

(2) 구속집행정지
지방법원판사는 상당한 이유가 있는 때에는 구속된 피의자를 친족, 보호단체, 기타 적당한 자에게 부탁하거나 피의자의 주거를 제한하여 구속의 집행을 정지할 수 있다(법209, 101①). 체포의 경우에는 명문의 준용규정이 없어서 체포집행정지가 허용되지 않는다. 그러나 구속의 경우에는 구속집행정지가 허용된다(법209, 101①).

구속집행정지는 구속영장의 효력은 유지하면서 그 집행만을 유예하는 것이다. 구속집행정지는 지방법원판사의 직권에 의하여 이루어진다. 구속취소(법209, 93)와 달리 피의자 측에게 청구권이 인정되지 않는다.

구속수사의 최소화와 신속한 신체자유의 회복이라는 관점에서 볼 때 검사에 의한 구속집행정지도 가능하다고 볼 것이다. 검사에게 구속영장불집행권과 구속피의자의 석방권이 인정된다는 사실(법204 참조), 그리고 검사의 구속장소감찰권이 피의자의 즉시석방권을 그 내용에 포함하고 있다는 사실(법198의2②) 등에 비추어 볼 때 가능하다고 생각된다.

(3) 구속적부심사와 피의자보석
피의자에 대한 구속의 집행정지는 지방법원판사나 검사의 직권에 의하여 행해지는 것이 원칙이다(법209, 101①). 그러나 형사소송법은 이에 머무르지 아니하고 피의자 보석제도를 두고 있다(법214의2⑤). 피의자보석은 피고인보석(법94 이하)과 달리 별도의 제도로 규정되지 않고 체포·구속적부심사제도와 결합되어 있다. 피의자보석에 대하여는 체포·구속적부심사제도의 항목에서 자세히 검토하기로 한다.[1]

---

1) 후술 261면 참조.

6. 국회의원의 불체포특권

형소법 제101조 제4항은 "헌법 제44조에 의하여 구속된 국회의원에 대한 석방요구가 있으면 당연히 구속영장의 집행이 정지된다."고 규정하고 있다. 이 경우 '당연히' 정지된다 함은 법관의 판단을 기다리지 않고 국회의 석방요구에 따라 바로 체포영장의 집행이 정지된다는 뜻이다.[1] 또한 형소법 제102조 제2항 단서는 국회의 석방요구에 따른 구속영장의 집행정지는 그 회기 중 취소하지 못한다고 규정하고 있다.[2] 여기에서 구속영장은 공소제기 후 수소법원이 피고인에 대하여 발부한 구속영장을 말한다. 형소법 제101조 제4항은 피고인 구속에 관한 것으로서 공판절차에 관한 규정에 속하기 때문이다.

형소법 제101조 제4항과 제102조 제2항 단서는 형소법 제200조의6에 의하여 체포영장에 의한 체포와 긴급체포의 경우에 준용된다. 그런데 피의자 구속과 관련하여 준용규정을 규정한 형소법 제209조에는 위의 두 조항이 포함되어 있지 않다.

헌법 제44조 제2항은 "국회의원이 회기전에 체포 또는 구금된 때에는 현행범인이 아닌 한 국회의 요구가 있으면 회기중 석방된다."고 규정하고 있다. 형소법 제69조는 "본법에서 구속이라 함은 구인과 구금을 포함한다."고 규정하고 있다. 그렇다면 헌법 제44조 제2항에 근거한 국회의 석방요구 대상에는 체포 이외에 구속도 포함된다.

만일 형소법 제209조가 회기 전에 피의자로 구속된 국회의원에 대한 국회의 석방요구를 배제하기 위하여 의도적으로 형소법 제101조 제4항과 제102조 제2항 단서를 준용하지 않았다면 이는 헌법 제44조 제2항에 반하는 위헌적인 규정이다. 형소법 제209조를 헌법합치적으로 해석한다면 피의자 체포와 마찬가지로 피의자 구속의 경우에도 형소법 제101조 제4항과 제102조 제2항 단서가 준용된다고 보아야 할 것이다.

7. 피의자에 대한 구속기간

(1) 피의자 구속기간의 계산

사법경찰관이 피의자를 구속한 때에는 10일 이내에 피의자를 검사에게 인치하지 아니하면 석방하여야 한다(법202). 검사가 피의자를 구속한 때 또는 사법경찰관으로부터 피의자의 인치를 받은 때에는 10일 이내에 공소를 제기하지 아니하면 석방하여야 한다(법203).

구속기간의 초일은 시간을 계산함이 없이 1일로 산정한다(법66① 단서). 기간의 말일이

---

1) 신동운, "국회의원의 불체포특권과 구속영장의 집행정지 – 형사소송법 제101조 제4항 및 제5항의 성립경위와 관련하여 –", 형사정책연구 제18권 제3호(2007 · 가을호), 673-704면 참고 바람.
2) 전술 228면 참조.

공휴일 또는 토요일에 해당하는 날은 기간에 산입하지 않는 것이 원칙이지만, 구속의 기간에 관하여서는 예외적으로 산입된다(동조③ 본문·단서).

피의자가 체포영장에 의한 체포(법200의2), 긴급체포(법200의3), 현행범체포(법212), 영장실질심사를 위한 구인(법201의2②)에 의하여 체포 또는 구인된 경우에는 사경단계에서의 구속기간(법202) 또는 검찰단계에서의 구속기간(법203)은 피의자를 체포 또는 구인한 날부터 기산한다(법203의2).

영장실질심사를 위하여 피의자심문을 하는 경우에 법원이 구속영장청구서·수사 관계 서류 및 증거물을 접수한 날부터 구속영장을 발부하여 검찰청에 반환한 날까지의 기간은 사경단계에서의 구속기간(법202) 또는 검찰단계에서의 구속기간(법203) 적용에 있어서 이를 산입하지 않는다(법201의2⑦).

체포·구속적부심사절차에서 관할법원이 수사 관계 서류와 증거물을 접수한 때부터 결정 후 검찰청에 반환된 때까지의 기간은 사경단계의 구속기간(법202), 검찰단계에서의 구속기간(법203) 및 구속기간연장(법205)의 적용에 있어서는 이를 산입하지 않는다(법214의2⑬).

(2) 피의자 구속기간의 연장

검사는 구속된 피의자에 대한 구속기간의 연장을 신청할 수 있다. 사법경찰관에게는 구속기간의 연장이 인정되지 않는다.

지방법원판사는 수사를 계속함에 상당한 이유가 있다고 인정한 때에는 10일을 초과하지 아니하는 한도에서 검사의 구속기간연장을 1차에 한하여 허가할 수 있다(법205①). 구속기간 연장허가결정이 있는 경우에 그 연장기간은 검사의 구속기간(법203) 만료 다음날로부터 기산한다(규칙98).

구속기간의 연장기간은 반드시 10일로 고정된 것은 아니다. 강제수사비례의 원칙(법199① 단서 참조)에 따라서 지방법원판사는 연장기간을 적절히 축소할 수 있다. 구속기간연장불허의 재판[1]에 대하여는 영장기각재판의 경우[2]와 마찬가지로 준항고나 재항고가 허용되지 않는다.

「국가보안법」 제19조는 지방법원판사는 「국가보안법」 제3조 내지 제10조의 죄에 관하여 사법경찰관의 구속기간은 1차에 한하여, 검사의 구속기간은 2차에 한하여, 각 10일 이내의 기간으로, 형사소송법 제202조 및 제203조에서 정한 구속기간의 연장을 허가할 수 있다고 규정하고 있다. 결국 국가보안법 제3조 내지 제10조 위반으로 구속된 피의자의 구속기간은 사법경찰관에 의하여 최장 20일, 검사에 의하여 최장 30일까지로 연장이 가능하다. 그런데 헌법재

---

1) 1997. 6. 16. 97모1, 공 1997, 2218, 『연장불허 불복 검사 사건』.
2) 2006. 12. 18. 2006모646, 공 2007, 172, 『4차 구속영장기각 준항고 사건』.

판소는 「국가보안법」 제19조 중 「국가보안법」 제7조(찬양·고무 등), 제10조(불고지)의 죄에 관한 구속기간연장 부분은 위헌이라고 판시한 바 있다.[1]

8. 구속영장의 효력범위

(1) 피의자에 대한 구속영장의 효력

피의자에 대한 구속영장의 효력은 적극적인 면과 소극적인 면으로 나누어 볼 수 있다. 먼저 적극적 측면을 보면, 지방법원판사에 의하여 구속영장이 발부되면 수사기관은 적법하게 피의자에 대하여 신체의 자유를 제한할 수 있게 된다. 그 구금일수는 후일 형이 선고되었을 때 전부 본형에 산입된다(형법57①).

다음으로 소극적 측면을 보면, 검사 또는 사법경찰관에 의하여 구속되었다가 석방된 자는 다른 중요한 증거를 발견한 경우를 제외하고는 동일한 범죄사실에 관하여 재차 구속하지 못한다(법208①). 이 경우에는 1개의 목적을 위하여 동시 또는 수단결과의 관계에서 행하여진 행위는 동일한 범죄사실로 간주된다(동조②).

(2) 피의자구속과 피고인구속의 비교

수사절차에서 이루어지는 피의자구속은 공판절차에서 이루어지는 피고인구속과 비교하여 몇 가지 차이점이 있다. 먼저, 피의자구속은 검사의 영장청구를 기다려야 한다(헌법12③, 법201①). 그러나 피고인구속의 경우에는 검사의 영장청구 없이 수소법원이 독자적으로 영장을 발부한다(법70①).[2]

다음으로, 피의자구속의 경우에는 재구속금지의 제한이 있다. 검사 또는 사법경찰관에 의하여 구속되었다가 석방된 자는 다른 중요한 증거를 발견한 경우를 제외하고는 동일한 범죄사실에 관하여 재차 구속하지 못한다(법208①). 이때 재구속금지의 효력과 관련하여 1개의 목적을 위하여 동시 또는 수단·결과의 관계에서 행하여진 행위는 동일한 범죄사실로 간주된다(동조②).

'1개의 목적을 위하여 동시에 행하여진 행위'란 동일한 전체고의에 기하여 동종의 법익을 동종의 행위에 의하여 반복적으로 침해하는 소위 연속범을 가리킨다. '1개의 목적을 위하여 수단·결과의 관계에서 행하여진 행위'는 소위 견련범을 가리킨다. 우리 형법은 연속범과 견련범을 인정하지 않는다(형법 부칙4② 참조). 그 결과 수 개의 행위들은 특별히 포괄일죄로 포착

---

1) 1992. 4. 14. 90헌마82, 헌집 4, 194, 『국가보안법 구속기간연장규정 위헌 사건』.
2) 1996. 8. 12. 96모46, 공 1996, 2922, 『전직 대통령 재판 사건』.

되지 않는 한 각각 별개의 범죄사실로 파악된다.

그러나 우리 형사소송법은 석방된 피의자에 대한 재구속금지의 특례에 있어서는 연속범 및 견련범 관계에 있는 수 개의 죄를 하나의 범죄사실로 파악하고 있다. 이것은 피의자의 신체자유를 보다 강하게 보호하기 위한 입법자의 배려이다.

이에 반해 피고인구속의 경우에는 연속범과 견련범의 특례가 인정되지 않는다. 재구속제한에 관한 형소법 제208조는 피의자구속에 대해서만 적용되기 때문이다.[1] 피고인구속과 관련한 재구속의 문제는 소위 이중구속의 형태로 나타난다.[2]

(3) 사건단위설과 인단위설

원래 피의자에 대한 지방법원판사의 구속영장 발부는 재판의 일종인 명령으로서 소송행위로서의 성질을 갖는다. 그러므로 그 효력범위는 일단 소송행위의 효력범위에 관한 일반적 기준에 따라 범죄사실의 단일성을 단위로 결정되어야 한다. 이와 같이 과형상 일죄를 기준으로 구속영장의 효력범위를 정하는 견해를 사건단위설이라고 한다. 판례는 사건단위설을 취하고 있다.[3]

그러나 구속영장의 효력범위에 관하여 신체구속의 최소화를 도모하려는 의도에서 소위 인단위설을 주장하는 견해도 있다. 인단위설은 신체구속되는 사람을 기준으로 하여 그에게 혐의가 가해지는 모든 범죄사실에 대하여 구속영장의 효력이 미치는 것으로 보아야 한다는 주장이다. 구속영장의 효력범위에 관한 사건단위설과 인단위설의 대립은 이중구속의 문제에서 그 실익이 나타난다.

이중구속의 문제는 피의자구속보다는 공판절차에서 피고인구속과 관련하여 문제되는 일이 많다. 공소사실이 복잡한 사안의 경우에 형소법 제92조가 허용한 구속피고인의 구속기간만으로 심리를 종결할 수 없는 경우에 먼저 발부되었던 구속영장의 범죄사실과 다른 범죄사실을 이유로 수소법원이 피고인을 재차 구속하여 공판절차를 진행하는 것이 이중구속의 전형적인 모습이다.

인단위설의 입장에서는 이중구속을 허용하지 않지만, 판례가 취하고 있는 사건단위설의 입장에서는 이를 허용한다. 피의자구속에 대해 적용되는 형소법 제208조가 피고인구속의 경우에는 적용되지 않기 때문이다.[4]

1) 1985. 7. 23. 85모12, 공 1985, 1308, 『판결선고 후 재구속 사건』.
2) 후술 660면 참조.
3) 1996. 8. 12. 96모46, 공 1996, 2922, 『전직 대통령 재판 사건』.
4) 1985. 7. 23. 85모12, 공 1985, 1308, 『판결선고 후 재구속 사건』.

9. 피의자에 대한 구속영장의 실효

피의자에 대한 구속영장은 여러 가지 사유에 의하여 실효될 수 있다. 구속영장의 실효는 구속의 법적 근거인 구속영장 자체가 효력을 잃는다는 점에서 구속의 집행만을 차단하는 구속집행정지와 구별된다. 공소제기에 의하여 수사단계에서의 피의자구속은 피고인구속으로 전환된다. 이 때문에 공소제기는 피의자에 대한 구속영장의 실효사유에 포함되지 않는다. 피의자에 대한 구속영장의 실효사유로는 다음의 경우들을 생각할 수 있다.

먼저, 구속의 사유가 없거나 소멸된 때이다. 인신구속은 구속 당시의 소명자료에 의하여 법률상 구속의 사유가 있는 경우에 한하여 법원 또는 법관이 발부한 구속영장에 의해서만 이루어지고, 그 후에 구속의 사유가 없거나 소멸된 때에는 형사절차의 어느 단계에서나 구속을 취소하여야 한다.[1]

수사절차에서는 지방법원판사가 직권 또는 검사, 피의자, 변호인 또는 변호인선임권자의 청구에 의하여 구속을 취소하여야 한다(법209, 93). 수사절차에서 구속사유의 존부에 관한 판단은 오직 법관에 의하여 그때그때 수집된 증거의 조사에 의하여 결정되어야 한다. 마찬가지로 구속취소사유의 존부에 대한 판단 자체도 법관에 의하여 이루어져야 한다.[2]

한편 검사는 직권에 의하여도 구속을 취소할 수 있다고 본다. 구속수사의 최소화와 신체자유의 신속한 회복이라는 관점에서 볼 때 구속집행정지의 경우와 마찬가지로 검사에게 구속취소의 권한을 부여해도 무방하다고 보기 때문이다. 또한 검사의 영장불집행권 및 석방권(법204)과 구속장소감찰권에 기한 즉시석방권(법198의2②)도 이러한 해석을 뒷받침해 준다.

피의자에 대한 구속영장이 실효되는 두 번째 사유로 구속기간의 만료를 들 수 있다. 피의자에 대한 구속기간(법202, 203, 205)이 만료되면 피의자에 대한 인신구속은 해제되고 원래의 신체자유가 회복되기 때문이다. 이 경우 구속영장의 실효를 위하여 법관에 의한 별도의 판단을 요하지 않는다.

피의자에 대한 구속영장이 실효되는 세 번째의 사유로 구속적부심사청구에 의하여 법원이 피의자의 석방을 명한 경우(법214의2④)를 들 수 있다. 이에 대해서는 체포·구속적부심사제도 항목에서 후술한다.

---

1) 1992. 12. 24. 92헌가8, 헌집 4, 853, 『형소법 331조 단서 위헌 사건』.
2) 1992. 12. 24. 92헌가8, 헌집 4, 853, 『형소법 331조 단서 위헌 사건』 참조.

제4 수사상 신체구속에 대한 통제장치

1. 의   의

피의자에 대한 신체구속은 수사상 강제처분 가운데에서도 가장 강력한 것이다. 이 때문에 우리 헌법은 피의자의 신체구속과 관련하여 특별히 적법절차원칙과 영장주의를 천명하고 있다(헌법12③). 수사상 신체구속이 적법절차에 반하여 위법하게 행해지는 경우에 대비하여 효율적인 통제방안이 마련되어야 한다. 이러한 문제의식과 관련하여 형사소송법은 사전적 억제방안으로 위법수집증거배제법칙을 도입하고 있다(법308의2).

위법한 수사상 신체구속을 사후적으로 통제할 수 있는 구제방안으로 형사소송법은 검사의 구속장소감찰제도(법198의2), 체포·구속적부심사제도(법214의2), 수사절차상의 준항고제도(법417)를 규정하고 있다.

2. 검사의 구속장소감찰제도

지방검찰청검사장 또는 지청장은 불법체포·구속의 유무를 조사하기 위하여 검사로 하여금 매월 1회 이상 관하 수사관서의 피의자의 체포·구속장소를 감찰하게 하여야 한다(법198의2① 1문). 감찰하는 검사는 체포·구속된 자를 심문하고 관계서류를 조사하여야 한다(동항 2문). 이와 같이 수사관서 내에 소재하는 체포·구속피의자에 대한 검사의 조사권을 가리켜서 구속장소감찰권이라고 부른다.

검사는 적법한 절차에 의하지 아니하고 체포 또는 구속된 것이라고 의심할 만한 상당한 이유가 있는 경우에는 (가) 즉시 체포·구속된 자를 석방하거나 (나) 사건을 검찰에 송치할 것을 명하여야 한다(법198의2②). 검사는 (나)의 경우, 즉 구속장소 감찰과 관련하여 사법경찰관으로부터 송치받은 사건에 관하여는 해당 사건과 동일성을 해치지 아니하는 범위 내에서 수사할 수 있다(법196②).

검사의 구속장소감찰권은 불법적인 임의동행 및 그에 따른 보호실유치나 긴급체포의 형식을 빌린 불법구속에 대한 견제장치로서 유력하다. 그러나 구속장소감찰권은 체포·구속을 당한 피의자를 위한 권리구제장치라기보다는 사법경찰관의 일차 수사권에 대한 검사의 감독권의 일부로서 내부적 통제장치라는 성질을 갖는다. 이것은 체포·구속된 피의자 및 그와 일정한 관계에 있는 자에게 감찰권행사를 구하는 청구권이 부여되어 있지 않고 검사의 직권에 의한 구속장소감찰만 인정되고 있는 점에서 그러하다.

3. 체포 · 구속적부심사제도

(1) 체포 · 구속적부심사제도의 의의

체포 · 구속적부심사제도란 체포 · 구속된 피의자, 그 변호인 및 일정한 범위의 자가 체포 · 구속에 대한 적부(適否)의 심사를 법원에 청구하고 그에 기초하여 법원이 부적법 또는 부당하게 체포 · 구속된 피의자를 석방시키는 제도이다. 우리 헌법은 제12조 제6항에서 체포 · 구속적부심사청구권을 기본권으로 보장하고 있다.

체포 · 구속적부심사제도는 사법부가 신체구속된 피의자를 석방시키는 장치라는 점에서 단순히 수사기관 내부의 자체통제나 직권발동 장치에 그치는 검사의 구속장소감찰제도(법198의2)와 구별된다. 또 수사단계에서 체포 · 구속된 피의자를 석방시키기 위한 제도라는 점에서 공소제기 후 수소법원이 구속된 피고인의 구속집행을 정지시키는 피고인보석(법94 이하)과 차이가 있다. 체포 · 구속적부심사제도는 또한 법원의 결정으로 체포 · 구속된 피의자의 석방을 명하는 장치라는 점에서 지방법원판사 또는 검사가 행하는 체포 · 구속의 취소(법93, 200의6, 209)와 구별된다.

(2) 적부심사청구권자

체포되거나 구속된 피의자 또는 그 변호인, 법정대리인, 배우자, 직계친족, 형제자매, 동거인, 가족 또는 고용주는 체포 또는 구속의 적부심사를 청구할 수 있다(법214의2①). 단순한 동거인이나 가족 또는 고용주까지도 체포 또는 구속의 적부심사를 청구할 수 있다는 점에서 변호인선임권자(법30②)보다 체포 · 구속적부심사청구권자의 범위가 확장되어 있다.

체포 또는 구속된 자라면 누구든지 적부심사청구권을 가진다(헌법12⑥). 따라서 체포영장 또는 구속영장이 발부되지 아니하고 사실상 신체구속 상태에 있는 피의자도 적부심사를 청구할 수 있다. 임의동행에 의하여 보호실유치의 상태에 있는 피의자나 현행범체포 또는 긴급체포하에 있으면서 검사에의 사후승인신청이나 구속영장청구가 행해지고 있지 않은 피의자 등이 여기에 해당하는 경우이다.

체포 · 구속적부심사를 청구할 수 있는 피의자는 수사기관에 의하여 신체의 자유가 제한되어 있는 피의자이다. 사인(私人)에 의하여 불법하게 신체구속을 당하고 있는 자의 구제는 체포 · 구속적부심사제도가 예정하고 있는 문제가 아니다. 국가, 지방자치단체, 공법인 또는 개인, 민간단체 등이 운영하는 의료시설 · 복지시설 · 수용시설 · 보호시설에 수용 · 보호 또는 감금되어 있는 자의 신체자유를 회복하기 위하여 「인신보호법」이 제정되어 있다(동법2① 참조).

체포 · 구속적부심사청구권자는 피의자를 중심으로 결정된다(법214의2①). 형소법의 명문 규정에 의할 때 피고인은 체포 · 구속적부심사의 청구권자가 될 수 없다. 공소제기 이후의 피고인은 체포 · 구속적부심사청구권이 없다. 공소제기 이후에는 보석청구가 가능하다(법94). 그런데 피고인이 적부심사절차의 청구인 지위에 들어서는 경우가 있다. 소위 전격기소된 피고인의 경우가 그것이다.

전격기소란 체포되거나 구속된 피의자 측이 적부심사를 청구하여 적부심 관할법원이 적부심사에 임한 상황에서 검사가 공소를 제기하는 것을 말한다. 형사소송법은 체포 · 구속적부심사청구 후에 검사가 공소를 제기하더라도 피고인의 지위에 들어선 적부심사청구인에 대하여 적부심 관할법원이 판단을 계속할 수 있도록 하고 있다(법214의2④ 2문).

(3) 적부심사 청구와 국선변호인 선정

체포 · 구속적부심사청구권자는 피의사건의 관할법원에 체포 또는 구속의 적부심사를 청구하여야 한다(법214의2①). 체포 · 구속적부심사의 청구가 있는 경우에 체포된 피의자에게 변호인이 없는 때에는 적부심 관할법원은 국선변호사건의 근거규정인 형소법 제33조를 준용하여 국선변호인을 선정하여야 한다(법214의2⑩, 33). 구속된 피의자에 대해서는 이미 영장실질심사 단계에서 국선변호인이 선정되므로(법201의2⑧) 구속된 피의자에게 변호인이 없는 경우는 없다.

피의자 심문에 참여할 변호인은 지방법원판사에게 제출된 체포 · 구속영장청구서 및 그에 첨부된 고소 · 고발장, 피의자의 진술을 기재한 서류와 피의자가 제출한 서류를 열람할 수 있다(규칙104의2, 96의21①).

(4) 심문기일 통지와 기록송부

사건을 수사중인 검사 또는 사법경찰관은 체포 · 구속적부심사 심문기일까지 수사관계서류와 증거물을 법원에 제출하여야 한다. 법원사무관 등은 체포적부심사청구사건의 기록표지에 수사관계서류와 증거물의 접수 및 반환의 시각을 기재하여야 한다(규칙104의2, 96의21②).

적부심 관할법원이 수사 관계 서류와 증거물을 접수한 때부터 결정 후 검찰청에 반환된 때까지의 기간은 체포영장에 의한 체포(법200의2⑤), 긴급체포(법200의4①), 현행범체포(법213의2, 200의2⑤)의 구속영장 청구기간(48시간) 적용에 있어서는 그 제한기간에 산입하지 아니하고, 사경단계의 구속기간(법202), 검찰단계에서의 구속기간(법203) 및 구속기간연장(법205)의 적용에 있어서는 그 구속기간에 산입하지 아니한다(법214의2⑬).

(5) 적부심사 심리절차

(가) 심리기간   적부심 관할법원은 청구서가 접수된 때부터 48시간 이내에 체포되거나 구속된 피의자를 심문하고 수사관계서류와 증거물을 조사하여야 한다(법214의2④). 체포·구속적부심사청구 후 피의자에 대하여 공소제기가 있는 경우에도 적부심 관할법원은 계속 심사하여 석방 여부를 결정하여야 한다(동항 2문).

(나) 형식심사   관할법원은 먼저 체포·구속적부심사청구서의 형식요건 구비 여부와 공소제기의 유무 등을 심사한다. 특히 (가) 청구권자 아닌 사람이 체포·구속적부심사를 청구한 때, (나) 동일한 체포영장 또는 구속영장의 발부에 대하여 재청구한 때, (다) 공범이나 공동피의자의 순차청구가 수사방해를 목적으로 하고 있음이 명백한 때 등은 형식적 요건의 심사대상으로 명시되어 있다(법214의2③).

형식적 요건이 불비된 경우에 관할법원은 피의자심문 없이 결정으로 청구를 기각할 수 있다(법214의2③). 이를 간이기각결정이라고 한다. 형식적 요건의 심사에는 당해 체포영장 또는 구속영장을 발부한 법관도 관여할 수 있다(동조⑫ 반대해석). 형식적 요건의 심사는 객관적·외형적인 요건의 존부만을 판단하는 것이기 때문이다. 법원의 간이기각결정에 대하여는 항고하지 못한다(동조⑧).

(다) 실질심사   체포·구속적부심사청구가 형식적 요건을 구비하였으면 관할법원은 청구의 실질적 요건이 구비되었는가를 심사하여야 한다. 관할법원은 청구서가 접수된 때부터 48시간 이내에 체포되거나 구속된 피의자를 심문하고 수사 관계 서류와 증거물을 조사하여야 한다(법214의2④).

체포·구속적부심의 실질심사의 대상은 체포 또는 구속의 적부이다. 이때 체포 또는 구속의 적부에는 체포·구속의 불법 여부뿐만 아니라 신체구속의 계속 필요성에 대한 판단도 포함된다. 체포·구속적부심은 체포영장·구속영장 발부 후의 사정변경까지도 고려한다는 점에서 단순히 체포영장·구속영장 발부의 적법성에 대한 사후심사 이상의 의미를 갖는다.

체포영장이나 구속영장을 발부한 법관은 적부심사의 실질심사와 관련된 심문·조사·결정에 관여할 수 없다(법214의2⑫ 본문). 체포영장이나 구속영장을 발부한 법관으로 하여금 자기 자신의 사건에 대한 실질적 심사를 허용하는 것은 제삼자의 판단이어야 한다는 사법판단의 본질에 반하기 때문이다. 다만 체포영장이나 구속영장을 발부한 법관 외에 심문·조사·결정을 할 판사가 없는 경우에는 그러하지 아니하다(동항 단서).

적부심 관할법원은 적부심사를 위한 피의자 심문을 함에 있어 공범의 분리심문이나 그 밖에 수사상의 비밀보호를 위한 적절한 조치를 하여야 한다(법214의2⑪). 검사·변호인·체포·구속적부심사청구인은 관할법원의 심문기일에 출석하여 의견을 진술할 수 있다(동조⑨).

(라) 조서 작성 　　적부심 관할법원이 피의자를 심문하는 경우 법원사무관 등은 심문의 요지 등을 조서로 작성하여야 한다(법214의2⑭, 201의2⑥). 판례는 체포·구속적부심사절차에서 작성된 조서를 형소법 제315조 제3호의 '특히 신용할 만한 정황에 의하여 작성된 문서'로 보아 일단 증거능력을 긍정하고 있다. 그러나 동시에 판례는 체포·구속적부심사절차가 피고인의 권리보장을 위한 절차라는 점에 주목하여 그 체포·구속적부심사조서에 기재된 진술의 신빙성 판단에 신중을 기할 것을 요구하고 있다.[1]

(6) 법원의 결정

(가) 기각결정 　　관할법원은 체포·구속적부심사청구의 실질적 요건이 결여되어 그 청구가 이유 없다고 인정한 경우에는 결정으로 청구를 기각한다(법214의2④ 1문 전단). 심사 청구 후 피의자에 대하여 공소제기가 있는 경우에도 또한 같다(동항 2문). 이 기각결정에 대하여는 항고하지 못한다(동조⑧).

(나) 석방결정 　　관할법원은 체포·구속적부심사청구의 실질적 요건이 구비되어 그 청구가 이유 있다고 인정한 경우에는 결정으로 체포되거나 구속된 피의자의 석방을 명하여야 한다(법214의2④ 1문 후단). 심사 청구 후 피의자에 대하여 공소제기가 있는 경우에도 또한 같다(동항 2문).

법원의 석방결정에 대하여 검사는 항고할 수 없다(법214의2⑧). 석방결정에 의하여 조건 없이 석방된 피의자는 피의자가 도망하거나 범죄의 증거를 인멸하는 경우를 제외하고는 동일한 범죄사실에 관하여 재차 체포하거나 구속하지 못한다(법214의3①).

(다) 피의자보석 　　법원은 구속된 피의자(심사청구 후 공소제기된 사람을 포함한다)에 대하여 피의자의 출석을 보증할 만한 보증금의 납입을 조건으로 하여 결정으로 구속된 피의자의 석방을 명할 수 있다(법214의2⑤ 본문). 판례는 '구속된 피의자'에 대해서만 보증금납입조건부 석방결정을 할 수 있으며, '체포된 피의자'에 대해서는 보증금납입조건부 석방결정을 할 수 없다는 입장을 취하고 있다.[2]

구속피의자에 대한 보석은 법원의 재량에 속한다(법214의2⑤ 본문). 그러나 (가) 범죄의 증거를 인멸할 염려가 있다고 믿을 만한 충분한 이유가 있는 때와 (나) 피해자, 당해 사건의 재판에 필요한 사실을 알고 있다고 인정되는 사람 또는 그 친족의 생명·신체나 재산에 해를 가하거나 가할 염려가 있다고 믿을 만한 충분한 이유가 있는 때에는 피의자보석이 허용되지 않는다(동항 단서).

---

1) 2004. 1. 16. 2003도5693, 공 2004, 372, 『구속적부심 자백조서 사건』.
2) 1997. 8. 27. 97모21, 공 1997, 3191, 『노조간부 긴급체포 사건』.

구속피의자에 대한 보증금납입조건부 석방결정에 대해 항고가 허용되는지가 문제된다. 판례는 검사의 항고가 허용된다는 입장을 취하고 있다.[1] 그러나 즉시항고가 아니므로 집행정지의 효력은 발생하지 않는다(법409 본문 참조).

법원은 구속된 피의자에 대하여 보석을 허가하는 경우에 (가) 범죄의 성질 및 죄상(罪狀), (나) 증거의 증명력, (다) 피의자의 전과 · 성격 · 환경 및 자산, (라) 피해자에 대한 배상 등 범행 후의 정황에 관련된 사항(법99①)을 고려하여 피의자의 출석을 보증할 만한 보증금액을 정하여야 한다(법214의2⑦, 99①). 이 경우 법원은 피의자의 자금능력 또는 자산 정도로는 이행할 수 없는 보증금액을 정할 수 없다(법214의2⑦, 99②). 피의자에 대하여 보석을 허가하는 경우에 법원은 주거의 제한, 법원 또는 검사가 지정하는 일시 · 장소에 출석할 의무, 그 밖의 적당한 조건을 부가할 수 있다(법214의2⑥).

법원이 보증금의 납입을 조건으로 피의자의 석방을 명한 경우 보증금을 납입한 후가 아니면 보석허가결정을 집행하지 못한다(법214의2⑦, 100①). 법원은 구속적부심청구자 이외의 자에게 보증금의 납입을 허가할 수 있다(법214의2⑦, 100②). 법원은 유가증권 또는 피의자 외의 자가 제출한 보증서로써 보증금에 갈음함을 허가할 수 있다(법214의2⑦, 100③). 이 경우 보증서에는 보증금액을 언제든지 납입할 것을 기재하여야 한다(법214의2⑦, 100④). 법원은 보석허가결정에 따라 석방된 피의자가 보석조건을 준수하는데 필요한 범위 안에서 관공서나 그 밖의 공사단체에 대하여 적절한 조치를 취할 것을 요구할 수 있다(법214의2⑦, 100⑤).

구속적부심사결정에 의하여 보증금납입을 조건으로 석방된 피의자에 대하여는 (가) 도망한 때, (나) 도망하거나 범죄의 증거를 인멸할 염려가 있다고 믿을 만한 충분한 이유가 있는 때, (다) 출석요구를 받고 정당한 이유 없이 출석하지 아니한 때, (라) 주거의 제한이나 그 밖에 법원이 정한 조건을 위반한 때의 사유가 있는 경우를 제외하고는 동일한 범죄사실로 재차 체포하거나 구속할 수 없다(법214의3②).

4. 수사절차상의 준항고제도

(1) 수사절차상 준항고의 의의

수사절차상 준항고란 검사 또는 사법경찰관의 구금, 압수 또는 압수물의 환부에 관한 처분, 변호인의 피의자접견 및 신문참여에 관한 처분에 대하여 불복이 있을 때 처분의 상대방이 그 직무집행지의 관할법원 또는 검사의 소속 검찰청에 대응한 법원에 그 처분의 취소 또는 변경을 구할 수 있도록 하는 제도를 말한다(법417).

---

1) 1997. 8. 27. 97모21, 공 1997, 3191, 『노조간부 긴급체포 사건』.

수사절차상의 준항고제도는 행정부에 소속된 검사 또는 사법경찰관의 처분에 대하여 법원이 그 취소 또는 변경을 행한다는 점에서 행정소송의 일종인 항고소송(행정소송법4 참조)과 유사하다. 그러나 준항고제도는 형사절차와 밀접불가분의 관련을 가지며 선행절차를 거치지 않는다는 점에서 행정소송과 구별된다.

(2) 수사절차상 준항고의 요건

위법한 신체구속에 대해 수사절차상의 준항고를 제기하려면 첫째로 검사 또는 사법경찰관의 구금처분이 있어야 한다. 수사기관 이외의 국가기관이나 사인이 행하는 구금처분은 수사절차상 준항고의 대상이 되지 않는다. 이러한 경우에 대비하여 「인신보호법」이 제정되어 있다.

영장주의(헌법12③)를 천명하고 있는 헌법정신에 비추어 볼 때 구속영장의 발부는 법관의 고유권한에 속한다. 따라서 검사 또는 사법경찰관의 구금처분이란 수사절차상 법관이 발부한 체포영장 또는 구속영장의 집행과정, 적법하게 이루어진 긴급체포나 현행범체포의 집행과정, 공판절차상 수소법원이 발한 구속영장의 집행과정과 관련하여 집행기관으로서 행하는 구금처분을 의미하게 된다.

검사 또는 사법경찰관의 구금처분에 해당하는 전형적 사례로는 신체구속된 피의자·피고인에 대한 접견교통권의 제한, 구속장소의 임의적 변경, 보호장구 해제거부[1] 등을 들 수 있다. 형소법 제417조는 형소법 제243조의2에 따른 피의자·변호인간의 접견교통과 변호인의 피의자신문 참여에 대한 제한을 준항고사유로 명시하고 있다. 이 경우의 제한처분이 피의자의 신체구속과 관계없이 일어난다는 점을 고려한 것이다.

수사절차상 준항고의 둘째 요건은 처분상대방의 불복이다. 불복이 있다 함은 검사 또는 사법경찰관의 구금처분으로 인하여 자신에게 직접적인 손해가 발생하고 이의 구제를 구할 수 있는 법적 이익이 있음을 뜻한다. 만일 준항고를 제기하더라도 취소·변경청구의 대상이 되는 구금처분 등이 더 이상 계속되지 않고 종료되어 취소·변경할 여지가 없다면 준항고를 각하해야 한다.[2]

검사 또는 사법경찰관의 구금처분 등에 대한 준항고의 청구는 서면으로 관할법원에 제출하여야 한다(법418). 수사절차상의 준항고는 즉시항고가 아니므로 재판의 집행을 정지하는 효력이 없다(법410 참조). 그러나 준항고 관할법원은 결정으로 준항고에 대한 결정이 있을 때까

---

1) 2020. 3. 17. 2015모2357, 공 2020상, 851, 『보호장비 해제요구 거부 사건』.
2) 2015. 10. 15. 2013모1970, [미간행], 『서버데크 반환거부 준항고 사건』.

지 수사기관의 구금처분 등의 집행을 정지할 수 있다(법419, 409 본문·단서).

준항고의 제기가 법률상의 방식에 위반하거나 준항고권소멸 후인 것이 명백한 때에는 관할법원은 결정으로 준항고를 기각하여야 한다(법419, 413). 준항고가 이유 없다고 인정한 때에는 결정으로 준항고를 기각하여야 한다(법419, 414①). 준항고를 이유 있다고 인정한 때에는 결정으로 검사 또는 사법경찰관의 구금처분 등을 취소하여야 한다(법419, 414②). 준항고법원의 결정에 대하여는 재판에 영향을 미친 헌법·법률·명령 또는 규칙의 위반이 있음을 이유로 하는 때에 한하여 대법원에 즉시항고를 할 수 있다(법419, 415).

(3) 준항고결정의 불이행과 헌법소원

수사기관의 구금처분 등에 대하여 수사절차상 준항고절차를 밟은 결과 그 처분을 취소하는 법원의 결정이 내려졌음에도 불구하고 수사기관이 그 결정대로 이행하지 않고 이를 무시한 채 재차 불법한 구금처분 등을 계속할 경우가 있다. 이 때에는 형소법 제417조의 준항고에 의거하여 권리를 구제할 기대가능성이 없는 경우가 되므로 법원의 결정 이후에도 계속되는 수사기관의 위법한 구금처분 등에 대해서는「헌법재판소법」제68조 제1항이 규정한 보충성의 원칙에 대한 예외가 인정된다. 그리하여 구금처분의 상대방은 헌법재판소에 곧바로 헌법소원을 제기할 수 있다.[1]

제 3 절   수사상 압수·수색·검증·감정

제 1   수사상 압수·수색

1. 수사상 압수·수색의 의의

(1) 형소법 제215조의 적용범위

체포·구속이 대인적 강제처분이라면 압수·수색은 대물적 강제처분이다. 수사기관의 압수·수색에 관한 기본규정은 형사소송법 제215조이다. 검사는 범죄수사에 필요한 때에는 피의자가 죄를 범하였다고 의심할 만한 정황이 있고 해당 사건과 관계가 있다고 인정할 수 있는 것에 한정하여 지방법원판사에게 청구하여 발부받은 영장에 의하여 압수, 수색 또는 검증을

---

1) 1991. 7. 8. 89헌마181, 헌집 3, 356,『안기부 접견신청 사건』.

할 수 있다(법215①). 사법경찰관이 범죄수사에 필요한 때에는 피의자가 죄를 범하였다고 의심할 만한 정황이 있고 해당 사건과 관계가 있다고 인정할 수 있는 것에 한정하여 검사에게 신청하여 검사의 청구로 지방법원판사가 발부한 영장에 의하여 압수, 수색 또는 검증을 할 수 있다(동조②).

형소법 제215조는 수사절차상의 압수·수색에 관한 규정이다. 일단 공소가 제기된 후에는 그 피고사건에 관하여 검사는 형소법 제215조에 의하여 압수·수색을 할 수 없다. 검사가 공소제기 후 형소법 제215조에 따라 수소법원 이외의 지방법원판사에게 청구하여 발부받은 영장에 의하여 압수·수색을 하였다면, 그와 같이 수집된 증거는 기본적 인권 보장을 위해 마련된 적법한 절차에 따르지 않은 것으로서 원칙적으로 유죄의 증거로 삼을 수 없다.[1]

(2) 수사상 압수와 수색

수사상 압수란 물건의 점유를 취득하기 위한 수사기관의 강제처분을 말한다. 이에 대해 수사상 수색이란 압수할 물건이나 피의자를 발견할 목적으로 수사기관이 사람의 신체나 물건 또는 일정한 장소에 대하여 행하는 강제처분을 말한다. 수사상 수색은 압수를 위하여 행해지는 일이 많으며, 이 때문에 실무상으로는 '압수수색영장'이라는 단일영장이 사용되고 있다.

(3) 수사상 압수의 형태

수사상 압수의 형태에는 압류와 영치의 두 가지가 있다. 법원이 행하는 압수의 한 형태인 제출명령(법106②)은 수사상 압수에는 인정되지 않는다. 형사소송법 제219조는 법원의 제출명령을 규정한 형사소송법 제106조 제2항도 준용하는 것처럼 보이지만 수사상 압수처분은 원칙적으로 법관의 압수영장 없이는 허용되지 않기 때문에 수사기관에게 독자적인 제출명령권은 인정되지 않는다. 조문의 정비를 요하는 부분이다.

압류는 물리적 강제력을 사용하여 목적물의 점유를 점유자 또는 소유자의 의사에 반하여 수사기관에 이전하는 강제처분이다. 영치는 유류물이나 임의제출물의 경우와 같이 수사기관에 대한 점유의 이전이 점유자나 소유자의 의사에 반하지 않는 경우를 말한다. 그러나 영치도 압류와 마찬가지로 일단 수사기관에 이전된 목적물의 점유를 임의로 회복할 수 없다는 점에서 압수의 일종으로 파악된다. 형사소송법은 유류물과 임의제출물의 경우를 명시하여 이를 압수로 파악하고 있다(법218).

---

1) 2011. 4. 28. 2009도10412, 공 2011상, 1084, 『100만 원 자기앞수표 뇌물 사건』.

2. 수사상 압수의 대상

(1) 증거물과 몰수대상물

(가) 일반 물건   수사기관은 필요한 때에는 법관의 영장을 받아 피의사건과 관계가 있다고 인정할 수 있는 것에 한정하여 증거물 또는 몰수할 것으로 사료하는 물건을 압수할 수 있다. 단, 법률에 다른 규정이 있는 때에는 예외로 한다(법215① · ②, 219, 106① 본문 · 단서). 증거물의 압수는 증거물의 멸실을 방지하면서 앞으로의 형사절차 진행에 대비하려는 것이다. 이에 반하여 몰수대상물의 압수는 장래의 형집행을 확보하려는 목적을 갖는다.

입법자는 2011년 형사소송법 개정을 통하여 압수의 요건을 강화하였다. 압수는 '해당 사건과 관계가 있다고 인정할 수 있는 것에 한정하여' 허용된다(법215① · ②). 피의사건과의 '관련성'이 있어야 함은 물론 관련성을 인정할 수 있는 것에 '한정'된다는 점에서 강제수사비례의 원칙이 보다 구체화된 것이라고 할 수 있다.

(나) 정보저장매체   과학기술의 발전에 따라 컴퓨터용디스크나 그 밖의 새로운 정보저장매체가 활용되고 있다. 2011년 입법자는 형소법 제106조 제3항과 제4항을 신설하여 정보저장매체의 압수 · 수색에 대한 명문의 규정을 마련하였다. 형소법 제106조는 형소법 제219조를 통해 수사절차에 준용된다.

정보저장매체에는 전자정보가 수록되어 있다. 2017년 판례는 '전자정보의 소유자 · 소지자'라는 개념을 사용하여 피의자가 소지 · 소유하고 있는 컴퓨터 등에 대한 압수수색영장으로 원격지 서버에 대한 압수 · 수색을 할 수 있다는 입장을 천명하였다.[1] 판례가 무형물인 '전자정보'에 대해 물건(민법98)을 대상으로 사용하는 '소유자 · 소지자'의 개념을 인정한 것은 특별히 주목된다. 전자정보의 수집에는 형사소송법에 의한 정보저장매체의 압수 · 수색과 「통신비밀보호법」에 의한 통신제한조치, 통신사실 확인자료 제공 등의 방법이 사용된다.

(2) 우체물 압수와 전기통신에 관한 물건의 압수

(가) 의 의   수사기관은 필요한 때에는 피의사건과 관계가 있다고 인정할 수 있는 것에 한정하여 우체물 또는 「통신비밀보호법」 제2조 제3호에 따른 전기통신에 관한 것으로서 체신관서, 그 밖의 관련 기관 등이 소지 또는 보관하는 물건을 압수할 수 있다(법219, 107①). 이 경우 수사기관은 지방법원판사에게 청구하여 발부받은 영장에 의하여 압수하여야 한다(법215).

---

1) 2017. 11. 29. 2017도9747, 공 2018상, 105, 「원격지 서버 압수수색 사건」.

형사소송법에 의한 우체물의 압수나 전기통신에 관한 물건의 압수(법219, 107①)는 「통신비밀보호법」에 의한 우편물 검열이나 전기통신의 감청과 구별된다. 「통신비밀보호법」은 '통신제한조치'를 규정하고 있는데, 그 내용은 '우편물의 검열 또는 전기통신의 감청'이다(동법3②).

(나) 우편물 검열　　우편물 검열은 우편물에 대하여 당사자의 동의 없이 이를 개봉하거나 기타의 방법으로 그 내용을 지득 또는 채록하거나 유치하는 것을 말한다(통신비밀보호법2 vi). 검열의 대상인 우편물은 「우편법」에 의한 통상우편물과 소포우편물을 말한다(동법2 ii). 우편물 검열은 우편물의 발송 시점부터 도착 시점까지의 우편물을 대상으로 한다. 발송 전이나 도착 후의 편지 등과 같은 우편물의 압수는 우편물 검열의 대상에 포함되지 않는다.

(다) 전기통신 감청　　전기통신의 감청은 전기통신에 대하여 당사자의 동의 없이 전자장치 · 기계장치 등을 사용하여 통신의 음향 · 문언 · 부호 · 영상을 청취 · 공독하여 그 내용을 지득 또는 채록하거나 전기통신의 송 · 수신을 방해하는 것을 말한다(통신비밀보호법2 vii). 감청의 대상인 전기통신은 전화 · 전자우편 · 회원제정보서비스 · 모사전송 · 무선호출 등과 같이 유선 · 무선 · 광선 및 기타의 전자적 방식에 의하여 모든 종류의 음향 · 문언 · 부호 또는 영상을 송신하거나 수신하는 것을 말한다(동법2 iii).

「통신비밀보호법」에 의한 전기통신의 감청은 전기통신이 이루어지고 있는 상황에서 실시간으로 그 전기통신의 내용을 지득 · 채록하는 경우와 통신의 송 · 수신을 직접적으로 방해하는 경우를 의미한다. 이미 수신이 완료된 전기통신에 관하여 남아 있는 기록이나 내용을 열어보는 등의 행위는 '전기통신의 감청'에 포함되지 않는다.[1]

(라) 우체물 압수　　수사기관은 필요한 때에는 지방법원판사에게 청구하여 발부받은 영장에 의하여 피의사건과 관계가 있다고 인정할 수 있는 것에 한정하여 우체물로서 체신관서, 그 밖의 관련 기관 등이 소지 또는 보관하는 물건을 압수할 수 있다(법219, 107①, 215). 이 경우 압수의 대상이 되는 우체물은 발송 전이나 도착 후의 편지 등과 같은 우편물을 가리킨다.

(마) 정보저장매체의 압수　　수사기관은 필요한 때에는 지방법원판사에게 청구하여 발부받은 영장에 의하여 피의사건과 관계가 있다고 인정할 수 있는 것에 한정하여 전기통신(통신비밀보호법2 iii)에 관한 것으로서 체신관서, 그 밖의 관련 기관 등이 소지 또는 보관하는 물건을 압수할 수 있다(법219, 107①, 215). 전기통신은 컴퓨터용디스크, 그 밖에 이와 비슷한 정보저장매체에 저장되는 것이 보통이다. 전기통신에 관한 물건의 압수는 정보저장매체의 압수 형

---

1) 2016. 10. 13. 2016도8137, 공 2016하, 1727, 『카카오톡 서버 저장정보 사건』.

태를 취하는 것이 보통이다.

전기통신에 관한 물건의 압수에 해당하는 사례로는 전신 또는 팩스로 수신한 결과를 인쇄한 서면을 가져가는 행위, 전자우편을 수신한 결과가 담겨진 컴퓨터의 본체나 복제본을 가져가는 행위 또는 컴퓨터 본체에 접근하여 이미 완성된 통신내용을 복제하여 취득하는 행위 등을 들 수 있다.

(바) 압수의 통지　수사기관이 체신관서, 그 밖의 관련 기관 등이 소지 또는 보관하는 우체물을 압수하거나 전기통신에 관한 물건의 압수를 할 때에는 발신인이나 수신인에게 그 취지를 통지하여야 한다. 단, 수사에 방해될 염려가 있는 경우에는 예외로 한다(법219, 107③).

(사) 통관검사　「관세법」에 의하여 국제우편물 통관검사절차에서 이루어지는 우편물의 개봉, 시료채취, 성분분석 등의 검사(동법265)는 수출입물품에 대한 적정한 통관 등을 목적으로 한 행정조사의 성격을 가지는 것으로서 수사기관의 강제처분이라고 할 수 없다. 그러므로 압수수색영장 없이 우편물의 개봉, 시료채취, 성분분석 등의 검사가 진행되었다 하더라도 특별한 사정이 없는 한 위법하다고 볼 수 없다.[1]

세관공무원이 통관검사를 위하여 직무상 소지 또는 보관하는 우편물을 수사기관에 임의로 제출한 경우에는 비록 소유자의 동의를 받지 않았다 하더라도 수사기관이 강제로 점유를 취득하지 않은 이상 해당 우편물을 영장 없이 압수하였다고 할 수 없다.[2]

(아) 마약류 검사　세관공무원이 수출입물품을 검사하는 과정에서 마약류가 감추어져 있다고 밝혀지거나 그러한 의심이 드는 경우가 있다. 이때 검사는 「마약류 불법거래 방지에 관한 특례법」에 근거하여 "그 마약류의 분산을 방지하기 위하여 충분한 감시체제를 확보하고 있어 수사를 위하여 이를 외국으로 반출하거나 대한민국으로 반입할 필요가 있다."는 요청을 세관장에게 할 수 있다. 이 경우 세관장은 검사의 요청에 응하기 위하여 필요한 조치를 할 수 있다(동법4①). 이러한 경우에 사용되는 수사기법을 통제배달(controlled delivery)이라고 한다.

이때 「마약류 불법거래 방지에 관한 특례법」에 따른 조치의 일환으로 특정한 수출입물품을 개봉하여 검사하고 그 내용물의 점유를 취득한 행위는 수출입물품에 대한 적정한 통관 등을 목적으로 조사를 하는 경우와 달리 범죄수사인 압수 또는 수색에 해당하여 사전 또는 사후에 영장을 받아야 한다.[3]

1) 2013. 9. 26. 2013도7718, 공 2013하, 2048, 『인천공항 우편검사과 사건』.
2) 2013. 9. 26. 2013도7718, 공 2013하, 2048, 『인천공항 우편검사과 사건』.
3) 2017. 7. 18. 2014도8719, 공 2017하, 1747, 『경유 필로폰 통제배달 사건』.

(3) 압수의 제한

군사상 비밀을 요하는 장소에 소재하고 있는 물건은 그 책임자의 승낙 없이는 압수·수색할 수 없다(법219, 110①). 이 경우 그 책임자는 국가의 중대한 이익을 해하는 경우를 제외하고는 승낙을 거부하지 못한다(법219, 110②).

공무원 또는 공무원이었던 자가 소지 또는 보관하는 물건에 관하여는 본인 또는 그 당해 공무소가 직무상의 비밀에 관한 것임을 신고한 때에는 그 소속 공무소 또는 당해 감독관서의 승낙 없이는 압수하지 못한다(법219, 111①). 이 경우 소속 공무소 또는 당해 감독 관공서는 국가의 중대한 이익을 해하는 경우를 제외하고는 승낙을 거부하지 못한다(법219, 111②).

변호사, 변리사, 공증인, 공인회계사, 세무사, 대서업자, 의사, 한의사, 치과의사, 약사, 약종상, 조산사, 간호사, 종교의 직에 있는 자 또는 이러한 직에 있던 자가 그 업무상 위탁을 받아 소지 또는 보관하는 물건으로 타인의 비밀에 관한 것은 압수를 거부할 수 있다. 단, 그 타인의 승낙이 있거나 중대한 공익상 필요가 있는 때에는 예외로 한다(법219, 112 본문·단서).

지방법원판사는 도망하거나 범죄의 증거를 인멸할 염려가 있다고 인정할 만한 상당한 이유가 있는 때에는 직권 또는 검사의 청구에 의하여 체포·구속된 피의자와 변호인 또는 변호인이 되려는 자(법34) 이외의 타인과의 사이에 서류나 그 밖의 물건을 수수하지 못하게 하거나 검열 또는 압수할 수 있다(법200의6, 209, 91 본문). 다만, 의류·양식·의료품은 수수를 금지하거나 압수할 수 없다(법200의6, 209, 91 단서).

제 2 수사상 검증

1. 수사상 검증의 의의와 유형

검증이란 사람이나 물건 또는 장소의 성질과 상태를 시각·청각 등 오관의 작용에 의하여 감득(感得)하는 강제처분을 말한다. 원래 검증이란 수소법원이 증거조사(법139)의 방법으로 행하거나 법관이 증거보전(법184)의 방법으로 행하는 것으로서 영장을 요하지 않지만, 수사절차상 증거확보를 목적으로 검사 또는 사법경찰관이 행하는 검증은 반드시 법관의 영장에 근거하도록 규정되어 있다(법215①·②).

수사상 검증은 그 대상을 기준으로 분류해 볼 때 사람의 신체에 대하여 행해지는 경우와 물건이나 장소에 대하여 행해지는 경우로 나누어 볼 수 있다. 양자는 원칙적으로 검증이라는 점에서 차이가 없으나 형사소송법은 피검증자의 인격을 고려하여 사람에 대한 경우를 특별히 신체검사라고 명명하고 그 절차에 관하여 별도의 규정을 두고 있다(법219, 141).

2. 실황조사와 수사상 검증

수사상 검증은 수사기관이 법관의 영장 없이 자체적으로 행하는 실황조사와 구별된다. 실황조사란 수사기관이 범죄현장 또는 기타 장소에 임하여 실제 상황을 조사하는 활동을 말한다. 실황조사는 교통사고, 화재사고, 산업재해 등 각종 사건·사고의 조사과정에서 행해지는 일이 많다. 이러한 실황조사를 수사상의 검증에 포함시켜 파악하려는 견해가 있다. 그러나 실황조사와 수사상 검증은 엄격히 구별되어야 한다.

원래 검증이란 수소법원이 행하는 증거조사방법의 하나이다(법139 이하). 그런데 증거물의 성질이나 장소의 상태에 따라서는 증거로서의 가치가 멸실·훼손될 염려가 있는 경우가 있다. 이 때문에 형사소송법은 수사 초기 단계에서부터 법관의 검증영장을 받아 문제의 증거방법에 대해 수사기관이 오관으로 인식하고 그 결과를 검증조서에 기재하도록 한 후 이를 공판절차에서 활용하도록 하고 있다(법312⑥).

따라서 법관의 심증형성에 직접적으로 영향을 미치는 수사절차상의 검증은 법률에 특별히 근거가 있어야 하며 원칙적으로 법관의 영장에 의하지 않으면 안 된다(법215①·②). 성문법률이 아니라 행정안전부령인 「경찰수사규칙」(동규칙41), 해양수산부령인 「해양경찰수사규칙」(동규칙41)이나 법무부령인 「검찰사건사무규칙」(동규칙51) 등에 근거를 두고 법관의 영장 없이 행해지는 실황조사는 수사상 검증과 명백히 구별된다고 하지 않을 수 없다. 수사준칙 제43조는 "검사 또는 사법경찰관은 검증을 한 경우에는 검증의 일시·장소, 검증 경위 등을 적은 검증조서를 작성해야 한다."고 규정하고 있다. 이 경우 검증조서는 사전 또는 사후의 검증영장에 근거한 검증조서를 말한다.

실황조사와 수사상 검증의 구별은 실황조사서의 증거능력 인정과 관련하여 논의의 실익이 있다. 실황조사를 검증으로 보는 입장에서는 실황조사서의 증거능력을 수사기관 작성 검증조서의 증거능력을 규율한 형소법 제312조 제6항을 적용하여 판단해야 한다고 주장한다. 그러나 판례는 실황조사서의 증거능력을 부정하고 있다.[1]

3. 체내검사와 음주측정

수사상 검증과 관련하여 특히 문제되는 것으로는 체내검사가 있다. 체내검사란 혈액이나 오줌, 정액 등의 직접 채취를 위시하여 항문 내부, 위장 내부의 검사 등과 같이 신체의 내부에 대한 검사를 의미한다. 체내검사는 신체에 대한 수색(법219, 109①·②)과 구별해야 한다. 신체

---

1) 1989. 3. 14. 88도1399, 공 1989, 641, 『다음날 실황조사 사건』.

의 표면이나 구강(口腔) 내부의 검사 등과 같이 특별한 조치를 요하지 않고 자연적으로 관찰할 수 있는 신체의 공동(空洞) 부분을 조사하는 것은 체내검사가 아니라 신체수색에 해당한다. 체내검사는 신체검사(법219, 141① · ② · ③)의 일종으로 수사상 검증에 포함된다. 따라서 체내검사를 하려면 법관이 발부한 검증영장이 있어야 한다(법215① · ②).[1]

주취운전 범죄의 증거수집을 위한 유력한 수사방법이 호흡측정과 혈액채취이다. 「도로교통법」 제44조 제3항은 호흡측정 방식의 음주측정 결과에 불복하는 운전자에 대하여는 그 운전자의 동의를 받아 혈액 채취 등의 방법으로 다시 측정할 수 있다고 규정하고 있다. 채뇨(採尿), 호흡측정, 혈액채취 등을 둘러싼 문제점에 대해서는 영장주의의 한계영역에 관한 항목에서 설명하였다.

제3 수사상 압수 · 수색 · 검증의 공통요건

1. 규정의 방식

(1) 압수 · 수색 · 검증의 병렬적 규정

압수의 대상물이 형사소송법이 규정한 목적물에 해당하는 경우에 압수물을 발견하기 위한 활동(수색)과 발견된 압수물의 점유취득(압수)이 필요하게 된다. 이와 같이 압수는 수색을 전제로 하게 되므로 우리 입법자는 압수와 수색을 병렬적으로 규정하는 방식을 취하고 있다. 한편 사람이나 물건의 성질과 상태를 오관으로 확인하는 검증도 수색에 준하는 것으로 볼 수 있으므로 입법자는 검증도 압수 · 수색과 함께 병렬하여 규정하고 있다.

수사절차에서 수사기관이 압수 · 수색 · 검증을 하려면 법관이 발부한 압수수색검증영장이 있어야 한다(법215① · ②). 압수수색검증영장이 발부되려면 일정한 압수 · 수색 · 검증의 요건이 갖추어져야 한다. 압수 · 수색 · 검증의 공통된 요건으로는 범죄혐의, 필요성, 관련성의 요건을 들 수 있다. 여기에 강제수사비례의 원칙(법199① 단서)이 추가된다. 이 요건들은 특히 위법수집증거배제법칙(법308의2)의 적용 여부를 결정하는 기준으로서 중요한 의미를 가진다.

(2) 2011년 형소법 개정과 관련성 요건

입법자는 2011년 형사소송법 개정시에 압수 · 수색 · 검증의 요건을 강화하기 위하여 다음과 같이 관련성 요건을 명시하였다.

---

1) 검증영장의 집행절차에 대해서는, 후술 300면 참조.

(가) 피고사건과의 관련성　　　법원은 필요한 때에는 피고사건과 관계가 있다고 인정할 수 있는 것에 한정하여 증거물 또는 몰수할 것으로 사료하는 물건을 압수할 수 있다. 단, 법률에 다른 규정이 있는 때에는 예외로 한다(법106① 본문·단서).

법원은 필요한 때에는 피고사건과 관계가 있다고 인정할 수 있는 것에 한정하여 우체물 또는 「통신비밀보호법」 제2조 제3호에 따른 전기통신에 관한 것으로서 체신관서, 그 밖의 관련 기관 등이 소지 또는 보관하는 물건의 제출을 명하거나 압수를 할 수 있다(법107①).

법원은 필요한 때에는 피고사건과 관계가 있다고 인정할 수 있는 것에 한정하여 피고인의 신체, 물건 또는 주거, 그 밖의 장소를 수색할 수 있다(법109①).

(나) 피의사건과의 관련성　　　검사는 범죄수사에 필요한 때에는 피의자가 죄를 범하였다고 의심할 만한 정황이 있고 해당 사건과 관계가 있다고 인정할 수 있는 것에 한정하여 지방법원판사에게 청구하여 발부받은 영장에 의하여 압수, 수색 또는 검증을 할 수 있다(법215①).

사법경찰관은 범죄수사에 필요한 때에는 피의자가 죄를 범하였다고 의심할 만한 정황이 있고 해당 사건과 관계가 있다고 인정할 수 있는 것에 한정하여 검사에게 신청하여 검사의 청구로 지방법원판사가 발부한 영장에 의하여 압수, 수색 또는 검증을 할 수 있다(법215②).

검사 또는 사법경찰관은 필요한 때에는 피의사건과 관계가 있다고 인정할 수 있는 것에 한정하여 우체물 또는 「통신비밀보호법」 제2조 제3호에 따른 전기통신에 관한 것으로서 체신관서, 그 밖의 관련 기관 등이 소지 또는 보관하는 물건의 압수를 할 수 있다(법219, 107①).

검사 또는 사법경찰관은 필요한 때에는 피의사건과 관계가 있다고 인정할 수 있는 것에 한정하여 피의자의 신체, 물건 또는 주거, 그 밖의 장소를 수색할 수 있다(법219, 109①).

2. 범죄혐의

수사상 압수·수색·검증을 함에 있어서는 수사상의 신체구속과 마찬가지로 범죄혐의의 존재가 요구된다. 형사소송법은 '범죄수사에 필요한 때'라는 표현을 통하여 이를 밝히고 있다(법215① · ②). 범죄혐의가 없다면 처음부터 수사를 개시할 수 없기 때문이다(법196①, 197① 참조). 수사상 압수·수색·검증을 위한 범죄혐의의 정도에 관하여 종래 구별설과 비구별설이 대립하고 있었다. 그러나 2011년 개정 형사소송법은 구별설의 입장에서 논란을 입법적으로 해결하였다.

형사소송법은 수사절차상 체포·구속에 관하여는 '피의자가 죄를 범하였다고 의심할 만한 상당한 이유'를 요구하고 있다(법200의2①, 200의3①, 201①). 이에 대해 개정 형소법 제215조 제1항·제2항은 수사절차상 압수·수색·검증에 대해 '피의자가 죄를 범하였다고 의심할 만한 정황'을 요구하고 있다.

단순히 죄를 범하였다고 '의심할 만한 정황'을 요구하여 범죄혐의의 정도에 차이를 두는
이유로는 압수·수색·검증이 실무상 체포·구속에 앞서서 행해지는 일이 많다는 점과 대물
적 강제처분이 대인적 강제처분에 비하여 기본권 침해의 정도가 상대적으로 약하다는 점을
들 수 있을 것이다. 범죄혐의 정도가 입법적으로 완화됨에 따라 압수·수색·검증요건으로서
의 범죄혐의는 최초의 혐의 또는 단순한 혐의로 족하다고 판단된다.

3. 필 요 성

수사상 압수·수색·검증은 '범죄수사에 필요한 때'에 할 수 있다(법215① · ②). 이 경우
필요성이란 압수·수색·검증에 의하여 취득되는 목적물에 증거로서의 가치 및 중요성이 있
음을 의미한다. 수사상 압수·수색·검증의 필요성은 대상물이 어떠한 증거로 사용될 것인가
에 좌우된다고 할 수 있다. 증거로 예상되는 대상물을 직접증거, 간접증거, 정상관계 증거의
순으로 분류해 본다면, 수사상 압수·수색·검증의 필요성은 대체로 그에 따라 줄어든다고
말할 수 있다.

수사상 압수·수색·검증의 필요성은 일차적으로 수사기관의 관점에서 접근하게 될 것이
다. 따라서 검사 또는 사법경찰관의 직무상 경험이나 전문지식은 압수·수색·검증의 필요성
을 판단함에 있어서 중요한 참고자료가 될 수 있다. 그러나 그렇다고 해서 필요성 요건 심사
를 검사 또는 사법경찰관의 자의적(恣意的) 판단에 맡기는 것은 아니며, 최종적으로는 법관이
합리적 평균인의 관점에서 판단해야 한다. 수사상 압수·수색·검증의 필요성은 범죄의 형태
와 경중, 대상물의 증거가치, 대상물의 중요성 및 멸실의 우려, 처분을 받는 자의 불이익의 정
도 등 제반사정을 고려하여 결정해야 한다.

4. 관 련 성

(1) 관련성의 의미

수사상 압수·수색·검증은 '해당 사건과 관계가 있다고 인정할 수 있는 것에 한정하여'
이를 행할 수 있다(법215① · ②). 이러한 제한을 가리켜서 압수·수색·검증의 관련성 요건이
라고 한다. 압수·수색은 영장 발부의 사유로 된 범죄 혐의사실과 관련된 증거에 한하여 할
수 있는 것이므로 영장 발부의 사유로 된 범죄 혐의사실과 무관한 별개의 증거를 압수하였을
경우 이는 원칙적으로 유죄 인정의 증거로 사용할 수 없다.[1]

---

1) 2016. 3. 10. 2013도11233, 공 2016상, 587, 『축협 유통사업단 사건』.

원래 증거법적 의미에서 말할 때 '관련성'이란 어느 증거가 문제되고 있는 사실(요증사실)의 증명과 연결되어 있으며, 또 이를 증명할 수 있는 최소한의 힘이 있음을 의미한다. 증거법상 관련성 요건은 증거의 증거능력을 검토하기 위한 전제조건으로 요구되는 것이다. 수사상 압수·수색·검증에 의하여 획득한 증거도 공판절차에서 사실의 증명을 위하여 사용될 것이므로 문제되는 사실(요증사실)의 증명과 관련을 맺고 있어야 함은 물론이다.

그런데 형소법 제215조에서 새로이 명시한 관련성 요건은 증거법의 통상적인 의미를 넘어서서 피의자의 방어권 보장과 관련하여 중요한 의미를 가진다는 점에 주목할 필요가 있다. 애당초 2011년 개정 형사소송법이 관련성 요건을 명시하여 압수·수색·검증의 범위를 제한한 것은 특정한 혐의사실을 전제로 제공된 압수·수색·검증영장이 별건의 범죄사실을 수사하거나 소추하는 데 이용되는 것을 방지함으로써 시민의 기본권에 대한 제한을 최소화하려는 데에 그 입법취지가 있다. 이 때문에 압수·수색·검증의 관련성 요건을 심사할 때에는 그 전제가 되는 '해당 사건'의 범위설정에 보다 많은 비중을 두게 된다.

(2) 관련성과 필요성의 구별

관련성 요건은 필요성 요건과 구별된다. 관련성은 필요성과는 독립하여 별도로 요구되는 요건이다. 필요성 요건은 수사를 진행하는 수사기관의 관점에서 검토하게 되는 경향이 있다. 이에 대해 관련성 요건은 '해당 사건'을 전제로 하여 영장 담당 판사나 수사상 압수·수색·검증에 참여하는 피의자·변호인의 관점에서 객관적으로 판단하게 된다는 특징이 있다.

그러므로 어떠한 목적물이 범죄수사에 필요하다는 판단만으로는 바로 수사상 압수·수색·검증이 허용되지는 않는다. 목적물에 대한 압수·수색·검증의 필요성은 압수·수색·검증에 대한 최소한의 관련성을 담보할 수 있는 정도에 이르지 않으면 안 된다. 명백하게 수사상 압수·수색·검증의 관련성이 인정되지 않는 경우라면 수사기관의 입장에서 필요성이 있다고 판단되는 대상물이라 할지라도 압수·수색·검증은 허용되지 않는다.

영장청구를 받은 판사는 관련성이 없는 경우에 압수수색검증영장을 발부해서는 안 된다. 수사기관은 '해당 사건과 관계가 있다고 인정할 수 있는 것에 한정하여' 수사상 압수·수색·검증을 할 수 있기 때문이다(법215①·②). 피의자나 변호인은 압수수색검증영장의 집행에 참여하여(법219, 121, 145) 관련성 없는 물건에 대한 압수·수색·검증에 대해 이의를 제기할 수 있다. 관련성 없이 수집된 증거물은 위법하게 수집된 증거로서 원칙적으로 증거능력이 부정된다(법308의2).[1]

---

1) 2011. 5. 26. 2009모1190, 공 2011하, 1342, 『전교조 이메일 사건』.

(3) 판례의 판단기준

판례는 "압수수색영장의 범죄 혐의사실과 관계있는 범죄라는 것은 압수수색영장에 기재한 혐의사실과 객관적 관련성이 있고 압수수색영장 대상자와 피의자 사이에 인적 관련성이 있는 범죄를 의미한다."고 판시하여 관련성 요건을 객관적 관련성과 인적 관련성이라는 두 가지 측면에서 검토하고 있다.[1]

(가) 객관적 관련성   혐의사실과의 객관적 관련성은 (가) 압수수색영장에 기재된 혐의사실 자체, 또는 (나) 그와 기본적 사실관계가 동일한 범행과 직접 관련되어 있는 경우[2]는 물론, (다) 범행 동기와 경위, 범행 수단과 방법, 범행 시간과 장소 등을 증명하기 위한 간접증거나 정황증거 등으로 사용될 수 있는 경우[3]에도 인정될 수 있다.

객관적 관련성은 압수수색영장에 기재된 혐의사실의 내용과 수사의 대상, 수사 경위 등을 종합하여 구체적·개별적 연관관계가 있는 경우에만 인정된다. 혐의사실과 단순히 동종 또는 유사 범행이라는 사유만으로 관련성이 있다고 할 것은 아니다.[4]

예컨대 "을이 A에게 선거운동 관련 금품을 공여하였다."는 혐의사실을 대상으로 갑의 주거에 대한 압수수색영장이 발부된 후 그 영장의 집행에 의하여 "갑이 선거운동 관련 금품을 요구하고 병이 금품공여를 약속하였다."는 혐의사실에 관한 증거물이 발견된 경우를 생각해본다. 이 경우 객관적인 측면에서 보면, 을의 피의사실과 갑과 병의 피의사실은 선거와 관련한 금품수수 범행으로서 동종·유사한 범죄에 해당한다. 그러나 갑과 병의 혐의사실은 압수수색영장에 기재된 을의 혐의사실 내용과 구체적·개별적 연관관계가 있는 경우에 해당하지 않는다.[5]

다른 예로 음란사진 합성을 의뢰하는 문자메시지와 음란합성사진(피해자 A)이 들어 있는 갑의 휴대전화를 제삼자가 발견하여 수사기관에 임의제출하자 수사기관이 갑을 음화제조 피의사건으로 조사하면서 그 휴대전화를 압수한 사안에서 수사기관이 휴대전화의 전자정보를 탐색하던 과정에서 우연히 다른 여성(피해자 B)에 대한 불법촬영사진을 발견하였다고 해보자. 이 경우 갑이 다른 여성(피해자 B)을 몰래 촬영한 사진은 임의제출물 압수의 동기가 된 범죄 혐의사실인 음화제조교사(피해자 A) 부분과 구체적·개별적 연관관계 있는 전자정보로 보기 어렵다. 따라서 수사기관은 더 이상의 추가 탐색을 중단하고 법원으로부터 별도의 범죄혐의에

1) 2017. 12. 5. 2017도13458, 공 2018상, 141, 『페이스북 선거홍보물 부탁 사건』.
2) 2020. 2. 13. 2019도14341, 공 2020상, 658, 『긴급체포 피의자 휴대전화 압수 사건』.
3) 2017. 12. 5. 2017도13458, 공 2018상, 141, 『페이스북 선거홍보물 부탁 사건』.
4) 2017. 12. 5. 2017도13458, 공 2018상, 141, 『페이스북 선거홍보물 부탁 사건』.
5) 2014. 1. 16. 2013도7101, 공 2014상, 427, 『공천 브로커 사건』.

대한 압수수색영장을 발부받은 경우에 한하여 불법촬영사진(피해자 B) 정보에 대해 적법하게 압수·수색을 할 수 있다.[1]

그러나 정보저장매체가 임의제출된 것이 아니라 유류물로 발견되어 압수된 것이라면 사정은 달라진다. 유류물 압수의 경우에는 임의제출물 압수와 달리 제출자의 존재를 생각하기 어렵다. 따라서 유류물 압수·수색에 대해서는 원칙적으로 영장에 의한 압수·수색·검증에 관하여 적용되는 형사소송법 제215조 제1항이나 임의제출물 압수에 관하여 적용되는, 형사소송법 제219조에 의하여 준용되는 제106조 제1항, 제3항, 제4항에 따른 관련성의 제한이 적용되지 않는다.[2]

(나) 인적 관련성   인적 관련성은 압수수색영장 대상자와 피의자 사이의 관련성을 말한다. 인적 관련성은 압수수색영장에 기재된 대상자의 공동정범, 교사범·방조범 등 공범, 간접정범은 물론 필요적 공범에 대한 피의사건에 대해서도 인정될 수 있다.[3]

예컨대 "을이 A에게 선거운동 관련 금품을 공여하였다."는 혐의사실을 대상으로 갑의 주거에 대한 압수수색영장이 발부된 후 그 영장의 집행에 의하여 "갑이 선거운동 관련 금품을 요구하고 병이 금품공여를 약속하였다."는 혐의사실에 관한 증거물이 발견된 경우를 인적 관련성의 측면에서 살펴본다. 이 경우 발부된 압수수색영장의 피의자는 을이며, 압수된 증거물은 다른 피의자 갑과 병에 대한 것이다. 을이 갑과 병 사이의 범행에 가담 내지 관련되었다는 등의 인적 관련성은 찾아 볼 수 없다.

결국 위의 사례에서 영장에 기재된 피의자 을은 갑과 병의 혐의사실과 객관적 관련성도 없고 인적 관련성도 없다. 그러므로 을의 피의사실에 대한 영장을 가지고 갑과 병의 혐의사실과 관련하여 갑으로부터 압수한 해당 증거물은 관련성 없이 압수한 것이 된다. 관련성 없는 증거물의 압수는 영장주의에 반하는 절차적 위법이 있으며, 수집된 증거물은 위법수집증거로서 형소법 제308조의2에 의하여 증거능력이 부정된다. 따라서 갑으로부터 압수한 해당 증거물은 갑과 병의 피고사건에서 유죄의 증거로 사용할 수 없다.[4]

(다) 별건 증거   압수·수색은 영장 발부의 사유로 된 범죄 혐의사실과 관련된 증거에 한하여 할 수 있다. 영장 발부의 사유로 된 범죄 혐의사실과 무관한 별개의 증거를 압수하였을 경우 이는 원칙적으로 유죄 인정의 증거로 사용할 수 없다.[5]

---

1) 2023. 12. 14. 2020도1669, 공 2024상, 239, 『피해자 제출 음란합성사진 휴대전화 사건』.
2) 2024. 7. 25. 2021도1181, 판례속보, 『SSD카드 신발주머니 투척 사건』.
3) 2017. 12. 5. 2017도13458, 공 2018상, 141, 『페이스북 선거홍보물 부탁 사건』.
4) 2014. 1. 16. 2013도7101, 공 2014상, 427, 『공천 브로커 사건』.
5) 2014. 1. 16. 2013도7101, 공 2014상, 427, 『공천 브로커 사건』.

수사기관이 압수수색영장으로 관련성 없는 다른 사건의 증거물을 발견한 경우에 즉시 압수 · 수색을 중단하고 그 다른 사건의 혐의사실에 대해 별도의 압수수색영장(법215① · ②)을 발부받아 해당 증거물을 압수해야 한다.[1] 별도의 압수수색영장을 발부받지 않으면 발견된 증거물은 원칙적으로 유죄 인정의 증거로 사용할 수 없다.

수사기관이 관련성 없는 별개의 증거를 피압수자 등에게 환부한 후 이를 임의제출(법218) 형식으로 제출받아 다시 압수하는 것은 허용된다. 임의제출은 관련성 없는 별개 증거를 압수한 최초의 절차위반행위와 최종적인 증거수집 사이의 인과관계가 단절되었다고 평가할 수 있는 사정이 될 수 있기 때문이다.[2]

피압수자가 별개 증거를 환부받은 후 다시 임의제출하는 과정에서 수사기관이 우월적 지위에 기하여 임의제출 명목으로 실질적으로 강제적인 압수를 행하는 경우가 있다. 이러한 경우에는 관련성 없는 별개 증거를 압수한 최초의 절차위반행위와 최종적인 증거수집 사이의 인과관계가 단절되었다고 평가할 수 없다.[3]

피압수자가 관련성 없는 별개 증거를 임의제출할 때 그 임의제출에 임의성이 있다는 점은 검사가 합리적 의심을 배제할 수 있을 정도로 증명하여야 한다. 별개 증거가 임의로 제출된 것이라고 볼 수 없는 경우에는 그 증거능력을 인정할 수 없다.[4]

5. 비 례 성

형소법 제215조는 수사상 압수 · 수색 · 검증의 공통적 요건으로 범죄혐의, 필요성, 관련성의 세 가지 요건을 명시하고 있다. 여기에 추가하여 형소법 제199조가 규정한 강제수사비례의 요건이 있다. 수사의 목적을 달성하기 위하여 압수 · 수색 · 검증이 필요하다고 하더라도 압수 · 수색 · 검증은 필요한 최소한도의 범위 안에서만 하여야 한다(법199① 단서). 즉 압수 · 수색 · 검증의 필요성과 관련성 요건이 인정되더라도 압수 · 수색 · 검증의 비례성 요건이 추가로 요구되는 것이다.

압수 · 수색 · 검증이 비례성의 범위 내에 있다는 판단을 내리기 위해서는 (가) 압수 · 수색 · 검증을 통해서만 증거물이나 범인을 확보할 수 있는 불가피성이 인정되어야 하고, (나) 임의수사에 의해서는 수사의 목적을 달성할 수 없는 경우이어야 하며, (다) 압수 · 수색 · 검증에 의한 기본권 침해가 범죄사실의 중대성과 균형관계를 이루고 있어야 한다. 이러한 요건이

1) 2016. 3. 10. 2013도11233, 공 2016상, 587, 『축협 유통사업단 사건』.
2) 2016. 3. 10. 2013도11233, 공 2016상, 587, 『축협 유통사업단 사건』.
3) 2016. 3. 10. 2013도11233, 공 2016상, 587, 『축협 유통사업단 사건』.
4) 2016. 3. 10. 2013도11233, 공 2016상, 587, 『축협 유통사업단 사건』.

갖추어지지 않은 경우에는 압수·수색·검증이 허용되지 않는다고 볼 것이다.

제 4 수사상 압수·수색·검증의 절차

1. 사전영장에 의한 압수·수색·검증

(1) 영장의 청구와 발부

(가) 사법경찰관의 영장신청   헌법은 영장주의를 천명하여 수사상 압수·수색을 할 때에는 적법한 절차에 따라 검사의 청구에 의하여 법관이 발부한 영장에 의하도록 규정하고 있다(헌법12③ 본문).

사법경찰관은 검사에게 신청하여 검사의 청구로 지방법원판사가 발부한 영장에 의하여 압수·수색·검증을 할 수 있다(법215②). 사법경찰관은 압수·수색 또는 검증영장을 검사에게 신청할 때에는 (가) 압수·수색 또는 검증의 범위를 범죄 혐의의 소명에 필요한 최소한으로 정해야 하고, (나) 수색 또는 검증할 장소·신체·물건 및 압수할 물건 등을 구체적으로 특정해야 한다. 이 경우 수사기밀이나 사건관계인의 개인정보가 압수·수색 또는 검증을 필요로 하는 사유의 소명에 필요한 정도를 넘어 불필요하게 노출되지 않도록 유의해야 한다(수사준칙37). 검사는 사법경찰관이 신청한 영장의 청구 여부 결정에 관하여 필요한 경우에 사법경찰관에게 보완수사를 요구할 수 있다(법197의2① ii).

사법경찰관이 동일한 범죄사실로 다시 압수수색검증영장을 신청하는 경우가 있다. 다시 압수수색검증영장을 신청하는 경우에는 (가) 압수수색검증영장의 신청이 기각된 후 다시 압수수색검증영장을 신청하는 경우와 (나) 이미 발부받은 압수수색검증영장과 동일한 범죄사실로 다시 압수수색검증영장을 신청하는 경우가 포함된다(수사준칙39). 사법경찰관은 압수수색검증영장을 다시 신청하는 경우에는 그 취지를 압수수색검증영장 신청서에 적어야 한다(수사준칙 39, 31①).

검사가 사법경찰관이 신청한 압수수색검증영장을 정당한 이유 없이 판사에게 청구하지 아니한 경우 사법경찰관은 그 검사 소속의 지방검찰청 소재지를 관할하는 고등검찰청에 영장 청구 여부에 대한 심의를 신청할 수 있다(법221의5①). 사법경찰관의 영장 청구 심의 신청 사건을 심의하기 위하여 각 고등검찰청에 영장심의위원회가 설치된다(법221의5②). 영장심의위원회의 위원은 해당 업무에 전문성을 가진 중립적 외부 인사 중에서 위촉해야 하며, 영장심의위원회의 운영은 독립성·객관성·공정성이 보장되어야 한다(수사준칙44). 사법경찰관은 영장심의위원회에 출석하여 의견을 개진할 수 있다(법221의5④).

(나) 검사의 영장청구   검사는 지방법원판사에게 청구하여 발부받은 영장에 의하여 압수ㆍ수색ㆍ검증을 할 수 있다(법215①). 검사가 법원에 압수ㆍ수색 또는 검증영장을 청구할 때에는 (가) 압수ㆍ수색 또는 검증의 범위를 범죄 혐의의 소명에 필요한 최소한으로 정해야 하고, (나) 수색 또는 검증할 장소ㆍ신체ㆍ물건 및 압수할 물건 등을 구체적으로 특정해야 한다. 이 경우 수사기밀이나 사건관계인의 개인정보가 압수ㆍ수색 또는 검증을 필요로 하는 사유의 소명에 필요한 정도를 넘어 불필요하게 노출되지 않도록 유의해야 한다(수사준칙37).

검사가 동일한 범죄사실로 다시 압수수색검증영장을 청구하는 경우가 있다. 다시 압수수색검증영장을 청구하는 경우에는 (가) 압수수색검증영장의 청구가 기각된 후 다시 압수수색검증영장을 청구하는 경우와 (나) 이미 발부받은 압수수색검증영장과 동일한 범죄사실로 다시 압수수색검증영장을 청구하는 경우가 포함된다(수사준칙39). 검사는 다시 압수수색검증영장을 청구하는 경우에는 그 취지를 압수수색검증영장 청구서에 적어야 한다(수사준칙 39, 31①).

(다) 영장청구서   검사는 압수ㆍ수색ㆍ검증을 위한 영장을 발부받기 위하여 지방법원판사에게 영장청구서를 제출하여야 한다(법215①). 영장청구서에는 (가) 피의자의 성명(분명하지 아니한 때에는 인상, 체격, 그 밖에 피의자를 특정할 수 있는 사항), 주민등록번호 등, 직업, 주거, (나) 피의자에게 변호인이 있는 때에는 그 성명, (다) 죄명 및 범죄사실의 요지, (라) 7일을 넘는 유효기간을 필요로 하는 때에는 그 취지 및 사유, (마) 여러 통의 영장을 청구하는 때에는 그 취지 및 사유, (바) 압수할 물건, 수색 또는 검증할 장소, 신체나 물건, (사) 압수, 수색 또는 검증의 사유, (아) 일출전 또는 일몰후에 압수, 수색 또는 검증을 할 필요가 있는 때에는 그 취지 및 사유를 기재하여야 한다(규칙107①, 95 i~v).

「통신비밀보호법」은 전화ㆍ전자우편ㆍ회원제정보서비스ㆍ모사전송ㆍ무선호출 등과 같이 유선ㆍ무선ㆍ광선 및 기타의 전자적 방식에 의하여 모든 종류의 음향ㆍ문언ㆍ부호 또는 영상을 송신하거나 수신하는 것을 전기통신으로 규정하고 있다(동법2ⅲ). 전기통신의 송ㆍ수신이 종료한 경우 전기통신이 저장된 정보저장매체에 대한 압수ㆍ수색은 「통신비밀보호법」이 아니라 형사소송법에 의해야 한다.[1] 송ㆍ수신이 종료한 전기통신을 압수ㆍ수색하고자 할 경우에는 압수수색영장청구서에 전기통신의 작성기간을 기재하여야 한다(규칙107① ⅶ).

신체검사를 내용으로 하는 검증을 위한 영장의 청구서에는 위의 사항 외에 신체검사를 필요로 하는 이유와 신체검사를 받을 자의 성별, 건강상태를 기재하여야 한다(규칙107②).

(라) 관련자료 제출   형사소송법 제215조에 따라 압수ㆍ수색ㆍ검증영장을 청구할 때에

---

1) 2013. 11. 28. 2010도12244, 공 2014상, 127, 『동장 직무대리 이메일 사건』.

는 피의자에게 범죄의 혐의가 있다고 인정되는 자료와 압수, 수색 또는 검증의 필요 및 해당 사건과의 관련성을 인정할 수 있는 자료를 제출하여야 한다(규칙108①). 피의자 아닌 자의 신체, 물건, 주거 기타 장소의 수색을 위한 영장의 청구를 할 때에는 압수하여야 할 물건이 있다고 인정될 만한 자료를 제출하여야 한다(동조②).

(마) 영장의 발부   범죄혐의와 압수·수색·검증의 필요성, 관련성 및 비례성이 인정되면 지방법원판사는 압수·수색·검증영장을 검사에게 발부한다. 압수·수색영장에는 일정한 사항을 기재하고 지방법원판사가 서명날인해야 한다(법219, 114① 본문).

(바) 영장의 기재사항   압수·수색영장에 기재할 사항은 (가) 피의자의 성명, (나) 죄명, (다) 압수할 물건, (라) 수색할 장소·신체·물건, (마) 영장 발부 연월일, (바) 영장의 유효기간과 그 기간이 지나면 집행에 착수할 수 없으며 영장을 반환하여야 한다는 취지, (사) 그 밖에 대법원규칙으로 정하는 사항이다(법219, 114① 본문). 형사소송규칙은 압수·수색영장에 압수수색의 사유를 기재하도록 규정하고 있다(규칙109, 58).

피의자의 성명이 분명하지 아니한 때에는 인상, 체격, 기타 피의자를 특정할 수 있는 사항으로 피의자를 표시할 수 있다(법219, 114②, 75②). 압수·수색할 물건이 전기통신에 관한 것인 경우에는 작성기간을 기재하여야 한다(법219, 114① 단서). 지방법원판사는 압수수색영장에 "압수물의 수량·종류·특성 기타의 사정상 압수 직후 현장에서 압수목록을 작성·교부하지 않을 수 있다"는 취지를 기재할 수 있다.[1]

(사) 추가기재사항   지방법원판사는 정보저장매체에 대한 압수수색영장을 발부할 때 일정한 사항을 추가할 수 있다.

지방법원판사는 정보저장매체에 대한 압수수색영장을 발부할 때 "영장집행 현장에서 정보저장매체의 복제가 불가능하거나 현저히 곤란한 경우에는 정보저장매체의 원본을 봉인, 반출한 뒤 복제작업을 마치고 지체 없이 반환할 것"을 제한사항으로 정할 수 있다.[2]

지방법원판사는 정보저장매체에 대한 압수수색영장을 발부할 때 정보저장매체에 대한 압수수색영장의 집행에 관하여 "범죄 혐의사실과 관련 있는 정보의 탐색·복제·출력이 완료된 때에는 지체 없이 압수된 정보의 상세목록을 피의자 등에게 교부할 것"을 정할 수 있다.[3]

지방법원판사는 정보저장매체에 대한 압수수색영장을 발부할 때 압수수색영장의 집행에 관하여 범죄 혐의사실과 관련 있는 전자정보의 탐색·복제·출력이 완료된 때에는 지체 없이 영장 기재 범죄 혐의사실과 관련이 없는 나머지 전자정보에 대해 이를 삭제·폐기하거나 피

---

1) 2024. 1. 5. 2021모385, 공 2024상, 441, 『화장품 219박스 압수 사건』.
2) 2023. 6. 1. 2018도19782, 공 2023하, 1162, 『선행사건 복제본 별건 압수 사건』 참조.
3) 2018. 2. 8. 2017도13263, 공 2018상, 595, 『선별된 USB 이미지파일 참여권 사건』.

압수자 등에게 반환할 것을 정할 수 있다.[1]

(아) **압수물의 특정** 압수 · 수색 · 검증의 대상은 압수 · 수색 · 검증영장에 반드시 특정되어야 한다.[2]. 특정성이 결여된 영장을 일반영장 또는 포괄영장이라고 한다. 일반영장에 의한 압수 · 수색 · 검증은 금지된다. 일반영장에 의한 압수 · 수색 · 검증은 사생활의 보호와 재산권 보장을 지향하는 헌법상의 영장주의(헌법12③, 16)에 반하기 때문이다.

법관이 압수수색영장을 발부하면서 '압수할 물건'을 특정하기 위하여 기재한 문언은 엄격하게 해석해야 하고, 함부로 피압수자 등에게 불리한 내용으로 확장해석 또는 유추해석을 하는 것은 허용될 수 없다.[3] [4] 따라서 압수수색영장에 압수할 물건을 '압수장소에 보관중인 물건'이라고 기재하고 있는 것을 '압수장소에 현존하는 물건'으로 해석할 수는 없다.[5]

범죄혐의와 관련된 전자정보가 원격지 서버에 저장되어 있는 경우가 있다. 수사기관이 압수수색영장에 적힌 '수색할 장소'에 소재하고 있는 컴퓨터 등 정보처리장치에 저장된 전자정보(수색장소 전자정보) 외에 원격지 서버에 저장된 전자정보(원격지 전자정보)를 압수 · 수색하기 위해서는 압수수색영장에 적힌 '압수할 물건'에 별도로 원격지 서버 저장 전자정보(원격지 전자정보)가 특정되어 있어야 한다. 압수수색영장에 적힌 '압수할 물건'에 수색할 장소에 소재하는 컴퓨터 등 정보처리장치 저장 전자정보(수색장소 전자정보)만 기재되어 있다면 수색장소의 컴퓨터 등 정보처리장치를 이용하여 원격지 서버 저장 전자정보(원격지 전자정보)를 압수할 수 없다.[6]

(2) 영장의 제시와 사본교부

(가) **영장집행기관** 압수수색검증영장은 검사의 지휘에 의하여 사법경찰관리가 집행한다(법219, 115① 본문). 검사와 사법경찰관은 압수 · 수색 과정에서 사생활의 비밀, 주거의 평온을 최대한 보장하고, 피의자 및 현장에 있는 가족 등 지인들의 인격과 명예를 침해하지 않도록 유의해야 한다(수사준칙10③).

압수수색검증영장은 처분을 받는 자에게 반드시 제시하고, 처분을 받는 자가 피의자인 경우에는 그 사본을 교부하여야 한다. 다만, 처분을 받는 자가 현장에 없는 등 영장의 제시나 그 사본의 교부가 현실적으로 불가능한 경우 또는 처분을 받는 자가 영장의 제시나 사본

1) 2022. 1. 14. 2021모1586, 공 2022상, 405, 『확정사건 복제본 별건영장 압수 사건』.
2) 2007. 11. 15. 2007도3061 전원합의체 판결, 공 2007하, 1974, 『제주지사실 압수수색 사건』.
3) 2009. 3. 12. 2008도763, 공 2009상, 503, 『제주지사실 압수수색 사건 2』.
4) 2022. 6. 30. 2020모735, 공 2022하, 1546, 『클라우드 저장정보 환부거부 사건』.
5) 2009. 3. 12. 2008도763, 공 2009상, 503, 『제주지사실 압수수색 사건 2』.
6) 2022. 6. 30. 2020모735, 공 2022하, 1546, 『클라우드 저장정보 환부거부 사건』.

의 교부를 거부한 때에는 예외로 한다(법219, 118 본문·단서). 2022년 입법자는 피의자의 방어권을 실질적으로 보장하기 위하여 영장제시의 요건 외에 영장사본 교부의 요건을 추가하였다.

(나) 영장제시의 방법   검사 또는 사법경찰관은 압수수색검증영장을 제시할 때에는 처분을 받는 자에게 (가) 법관이 발부한 영장에 따른 압수·수색 또는 검증이라는 사실과 (나) 영장에 기재된 범죄사실 및 (다) 수색 또는 검증할 장소·신체·물건, 압수할 물건 등을 명확히 알리고, (라) 처분을 받는 자가 해당 영장을 열람할 수 있도록 해야 한다. 이 경우 처분을 받는 자가 피의자인 경우에는 해당 영장의 사본을 교부해야 한다(수사준칙38①). 압수·수색 또는 검증의 처분을 받는 자가 여럿인 경우에는 모두에게 개별적으로 영장을 제시해야 한다. 이 경우 피의자에게는 개별적으로 해당 영장의 사본을 교부해야 한다(수사준칙38②). 검사 또는 사법경찰관은 피의자에게 영장을 제시하거나 영장의 사본을 교부할 때에는 사건관계인의 개인정보가 피의자의 방어권 보장을 위해 필요한 정도를 넘어 불필요하게 노출되지 않도록 유의해야 한다(수사준칙38③).

형사소송법이 압수수색영장을 집행하는 경우에 피압수자에게 반드시 압수수색영장을 제시하도록 한 것은 (가) 법관이 발부한 영장 없이 압수·수색을 하는 것을 방지하여 영장주의 원칙을 절차적으로 보장하고, (나) 압수수색영장에 기재된 물건, 장소, 신체에 대해서만 압수·수색을 하도록 하여 개인의 사생활과 재산권의 침해를 최소화하는 한편, (다) 준항고 등 피압수자의 불복신청 기회를 실질적으로 보장하기 위함이다.[1]

압수수색영장을 집행하는 수사기관은 (가) 피압수자로 하여금 법관이 발부한 영장에 의한 압수·수색이라는 사실을 확인함과 동시에 (나) 형사소송법이 압수수색영장에 필요적으로 기재하도록 정한 사항이나 그와 일체를 이루는 사항을 충분히 알 수 있도록 압수수색영장을 제시하여야 한다.[2] 수사기관이 피압수자로부터 영장 내용의 구체적인 확인을 요구받았음에도 압수·수색영장의 내용을 보여주지 않았다면 이후 피압수자의 변호인이 피압수자에 대한 조사에 참여하면서 영장을 확인하였더라도 형소법 제219조, 제118조에 따른 적법한 압수수색영장의 제시로 인정되지 않는다.[3]

현장에서 피압수자가 여러 명일 경우에 압수수색영장은 그들 모두에게 개별적으로 제시해야 한다(수사준칙38②). 수사기관이 압수·수색에 착수하면서 그 장소의 관리책임자에게 영장을 제시하였다고 하더라도, 물건을 소지하고 있는 다른 사람으로부터 이를 압수하고자 할

1) 2017. 9. 21. 2015도12400, 공 2017하, 2033, 『영장 표지만 제시 사건』.
2) 2017. 9. 21. 2015도12400, 공 2017하, 2033, 『영장 표지만 제시 사건』.
3) 2020. 4. 16. 2019모3526, 공 2020상, 947, 『영장 확인요구 거부 사건』.

때에는 그 사람에게 따로 영장을 제시해야 한다.[1] [2]

영장은 원본을 제시해야 한다. 사본의 제시는 허용되지 않는다.[3] 수사기관이 전기통신사업자를 상대로 '압수할 물건'이 피의자의 대화내용 등 전자정보로 기재된 압수수색영장을 집행하면서 압수·수색처분의 상대방인 전기통신사업자에게 영장을 팩스로 송부하였을 뿐 영장 원본을 제시하지 아니한 것은 위법하다.[4]

영장은 피처분자에게 제시해야 하는 것이 원칙이지만, 피처분자가 현장에 없거나 현장에서 그를 발견할 수 없는 경우 등 영장제시가 현실적으로 불가능한 경우에는 영장을 제시하지 아니한 채 압수·수색을 하더라도 위법하다고 볼 수 없다.[5]

(다) 사본교부의 방법　　검사 또는 사법경찰관은 압수수색검증영장을 제시할 때 처분을 받는 자가 피의자인 경우에는 해당 영장의 사본을 교부해야 한다(수사준칙38①). 압수·수색 또는 검증의 처분을 받는 자가 여럿인 경우 피의자에게는 개별적으로 해당 영장의 사본을 교부해야 한다(수사준칙38②). 검사 또는 사법경찰관은 피의자에게 영장의 사본을 교부할 때에는 사건관계인의 개인정보가 피의자의 방어권 보장을 위해 필요한 정도를 넘어 불필요하게 노출되지 않도록 유의해야 한다(수사준칙38③).

검사 또는 사법경찰관은 피의자에게 영장의 사본을 교부한 경우에는 피의자로부터 영장 사본 교부 확인서를 받아 사건기록에 편철한다(동조④). 피의자가 영장의 사본을 수령하기를 거부하거나 영장 사본 교부 확인서에 기명날인 또는 서명하는 것을 거부하는 경우에는 검사 또는 사법경찰관이 영장 사본 교부 확인서 끝 부분에 그 사유를 적고 기명날인 또는 서명해야 한다(동조⑤).

(라) 전자문서 영장　　2024년 10월 20일부터 「형사사법절차에서의 전자문서 이용 등에 관한 법률」(형사절차전자문서법)이 시행되었다. 검사 또는 사법경찰관리는 압수수색검증영장이 전자문서로 발부된 경우에는 대법원규칙으로 정하는 바에 따라 전자문서를 제시하거나 전송하는 방법으로 압수수색검증영장을 집행할 수 있다(동법17① i, 법215). 압수수색검증영장을 전자문서의 형태로 집행하는 것이 현저히 곤란하거나 적합하지 아니한 경우에는 전자문서로 발부된 압수수색검증영장을 전산정보처리시스템을 통하여 출력한 서면으로 집행할 수 있다(형사절차전자문서법17②).

---

1) 2009. 3. 12. 2008도763, 공 2009상, 503, 『제주지사실 압수수색 사건 2』.
2) 2017. 9. 21. 2015도12400, 공 2017하, 2033, 『영장 표지만 제시 사건』.
3) 2017. 9. 7. 2015도10648, [미간행], 『영장 사본 팩스 송신 사건』.
4) 2022. 5. 31. 2016모587, 공 2022하, 1392, 『카카오 팩스로 영장 송부 사건』.
5) 2015. 1. 22. 2014도10978 전원합의체 판결, 공 2015상, 357, 『RO 강연회 비밀녹음 사건』.

(3) 영장집행시의 참여권자

피의자의 방어권을 보장하고 압수·수색·검증절차의 적법성과 객관성을 확보하기 위하여 압수수색검증영장의 집행에는 여러 사람이 참여한다.

(가) 문제의 소재   형사소송법 제121조는 "검사, 피고인 또는 변호인은 압수·수색영장의 집행에 참여할 수 있다."고 규정하고 있다. 형소법 제121조는 형소법 제219조에 의하여 검사 또는 사법경찰관이 수사절차에서 행하는 압수, 수색 또는 검증에 준용된다. 여기에서 준용규정을 풀어서 적어보면 "검사, 피의자 또는 변호인은 수사절차에서의 압수·수색영장의 집행에 참여할 수 있다."라는 규정으로 정리할 수 있다.

압수수색영장이 피의자가 소유·소지·보관하는 물건을 대상으로 하는 경우에는 위와 같은 준용규정의 해석에 아무런 문제가 없다. 논란이 되는 것은 피해자 등 제삼자가 소유·소지·보관하는 물건을 대상으로 수사기관이 압수수색영장을 집행하는 경우이다. 이 경우 참여권자가 '피의자 또는 변호인'인가 아니면 '피압수자인 제삼자 또는 그의 변호인'인가 하는 물음이 제기되기 때문이다.

(나) 피압수자   이 문제에 대해 대법원은 '피압수자나 그 변호인'에게 참여의 기회를 보장해야 한다는 입장을 취하고 있다.[1] 생각건대, 판례의 입장이 타당하다고 본다. 먼저, 압수는 대상물에 대한 사실상의 지배(점유)를 수사기관으로 이전하는 강제처분이며, 압수에 따른 재산권행사의 제한이나 사생활비밀·영업비밀의 침해 등은 피압수·수색당사자의 부담으로 돌아간다. 이 때문에 피압수·수색당사자를 중심으로 참여권을 보장해야 한다. 다음으로, 형사소송법 제219조에 의하여 준용되는 형사소송법 제118조는 "압수·수색영장은 처분을 받는 자에게 반드시 제시하여야 하고, 처분을 받는 자가 피고인인 경우에는 그 사본을 교부하여야 한다."라고 규정하고 있다. 이것은 입법자가 '처분을 받는 자' 즉 '피압수·수색 당사자'를 중심으로 각종 권리보장 장치를 마련하고 있음을 의미한다.

(다) 변호인   형사소송법 제219조, 제121조에 의하여 피압수·수색당사자의 변호인에게도 압수수색영장 집행과정에의 참여권이 인정된다. 이 경우 변호인에게 부여된 참여권은 피압수자의 보호를 위하여 변호인에게 주어진 고유권이다. 따라서 설령 피압수자가 수사기관에 압수수색영장의 집행에 참여하지 않는다는 의사를 명시하였다고 하더라도, 특별한 사정이 없는 한 그 변호인에게 압수수색영장의 집행에 참여할 기회를 별도로 보장하여야 한다.[2]

(라) 실질적 피압수자   판례는 피해자 등 제삼자가 소유·소지·보관하는 물건을 대상으로 수사기관이 압수수색영장을 집행하는 상황일지라도 처분을 받는 제삼자에 더하여 피의

---

1) 2022. 1. 27. 2021도11170, 공 2022상, 486, 『강사용 PC 임의제출 사건』.
2) 2020. 11. 26. 2020도10729, 공 2021상, 171, 『압수절차 변호인 참여권 사건』.

자에게 참여권을 부여해야 하는 경우를 인정하고 있는데, 피의자를 실질적 피압수자로 평가할 수 있는 경우가 그것이다.

2022년 대법원은 제삼자가 임의제출하여 압수한 정보저장매체에 대해 피의자가 (가) 압수 · 수색 당시 또는 이와 시간적으로 근접한 시기까지 (나) 해당 정보저장매체를 현실적으로 지배 · 관리하면서 (다) 그 정보저장매체 내 전자정보 전반에 관한 전속적인 관리처분권을 보유 · 행사하고, (라) 달리 이를 자신의 의사에 따라 제삼자에게 양도하거나 포기하지 아니한 경우라면, 해당 정보저장매체를 실질적으로 '피의자의 소유 · 관리에 속하는 정보저장매체'로 보아 피의자에게도 참여권을 인정해야 한다는 기준을 제시하였다.[1]

2022년 판례가 제시한 기준은 압수수색영장의 집행 상황이 아니라 임의제출물의 압수 상황을 토대로 하고 있다. 그렇지만 압수수색영장의 집행 상황에 대해서도 동일하게 실질적 피압수자의 법리가 적용된다.

피해자 자신에 대한 음란합성사진이 저장되어 있는 피의자 소유의 휴대전화를 피해자가 습득하여 수사기관에 임의제출한 경우가 있다. 이 경우 피의자는 피해자가 휴대전화를 임의제출한 시점과 시간적으로 근접한 시기까지 그 휴대전화를 현실적으로 지배 · 관리하면서 휴대전화 내 전자정보 전반에 관한 전속적인 관리처분권을 보유 · 행사하였고, 달리 이를 자신의 의사에 따라 제3자에게 양도하거나 포기하지 않았다. 따라서 임의제출된 휴대전화에 저장된 전자정보 전반에 관하여 피의자를 실질적인 압수 · 수색 당사자로 평가할 수 있다. 그러므로 임의제출자가 아닌 피의자에 대하여도 전자정보 탐지 · 수집과정에의 참여권 등 절차적인 권리가 보장되어야 한다.[2]

본범(갑)이 범죄혐의사실의 증거를 은폐할 목적으로 '자신에 대한 수사가 끝날 때까지' 은닉할 것을 부탁하면서 정보저장매체를 증거은닉범(을)에게 교부한 경우가 있다. 이러한 경우에는 (가) 본범(갑)이 자신과 정보저장매체 및 그에 저장된 전자정보 사이의 외형적 연관성을 은폐 · 단절하겠다는 목적하에 (나) 그 목적 달성에 필요하다면 '수사 종료'라는 불확정 기한까지 정보저장매체에 관한 전속적인 지배 · 관리권을 포기하거나 증거은닉범(을)에게 이를 전적으로 양도한다는 의사를 표명한 것으로 볼 수 있다. 그 결과 증거은닉을 교사한 본범(갑)은 실질적 피압수자에 해당하지 않으며, 전자정보 탐지 · 수집과정에의 참여권이 인정되지 않는다.[3]

피의자가 실질적 피압수자에 해당하는지 여부는 민사법상 권리의 귀속에 따른 법률적 ·

---

1) 2022. 1. 27. 2021도11170, 공 2022상, 486, 『강사용 PC 임의제출 사건』.
2) 2023. 12. 14. 2020도1669, 공 2024상, 239, 『피해자 제출 음란합성사진 휴대전화 사건』.
3) 2023. 9. 18. 2022도7453 전원합의체 판결, 공 2023하, 1835, 『하드디스크 은닉범 임의제출 사건』.

사후적 판단이 아니라 압수·수색 당시 외형적·객관적으로 인식 가능한 사실상의 상태를 기준으로 판단해야 한다.[1] 이러한 정보저장매체의 외형적·객관적 지배·관리 등 상태와 별도로 (가) 단지 피의자나 그 밖의 제삼자가 과거 그 정보저장매체의 이용 내지 개별 전자정보의 생성·이용 등에 관여한 사실이 있다거나 (나) 그 과정에서 생성된 전자정보에 의해 식별되는 정보주체에 해당한다는 사정만으로 그들을 실질적으로 압수·수색을 받는 당사자로 취급해야 하는 것은 아니다.[2]

(마) 참여권 통지   피압수자 또는 그 변호인, 그리고 실질적 피압수자 및 그 변호인은 압수수색영장의 집행에 참여할 수 있다(법219, 121). 검사 또는 사법경찰관은 압수·수색 또는 검증의 전 과정에 걸쳐 피압수자 등이나 변호인의 참여권을 보장해야 한다(수사준칙42④). 이를 위해 압수수색영장을 집행함에는 미리 집행의 일시와 장소를 피압수·수색당사자 또는 그 변호인 등에게 통지하여야 한다(법219, 122 본문).

다만, (가) 참여권자가 참여하지 아니한다는 의사를 명시한 때 또는, (나) 급속을 요하는 때에는 예외가 인정된다(법219, 122 단서). 피압수자 등의 참여권이 형해화되지 않도록 통지의무의 예외로 규정된 (가) 피의자 등이 참여하지 아니한다는 의사를 명시한 때 또는 (나) 급속을 요하는 때라는 사유는 엄격하게 해석하여야 한다.[3]

(가)의 경우, 즉 피압수자등과 변호인이 참여를 거부하는 경우에는 검사 또는 사법경찰관은 신뢰성과 전문성을 담보할 수 있는 상당한 방법으로 압수·수색 또는 검증을 해야 한다(수사준칙42④).

(나)의 '급속을 요하는 때'라고 함은 압수수색영장 집행 사실을 미리 알려주면 증거물을 은닉할 염려 등이 있어 압수·수색의 실효를 거두기 어려울 경우를 말한다.[4] 수사기관이 전기통신사업자를 상대로 '압수할 물건'이 피의자의 대화내용 등 전자정보로 기재된 압수수색영장을 집행할 때 '급속을 요하는 때'에 해당한다는 이유로 압수·수색 과정에서 피의자에게 미리 집행의 일시와 장소를 통지하지 않더라도 위법한 것은 아니다.[5]

압수·수색이 피의자에 대하여 체포영장을 집행하여 신병을 확보한 후에 이루어지는 경우는 증거인멸 우려 등으로 피의자 등에 대한 압수수색영장 집행의 일시·장소에 관한 통지의무가 면제되는 '급속을 요하는 때'에 해당한다고 볼 수 없다.[6]

---

1) 2022. 1. 27. 2021도11170, 공 2022상, 486, 『강사용 PC 임의제출 사건』.
2) 2022. 1. 27. 2021도11170, 공 2022상, 486, 『강사용 PC 임의제출 사건』.
3) 2022. 7. 14. 2019모2584, 공 2022하, 1694, 『유출 수사기록 회수용 압수 사건』.
4) 2012. 10. 11. 2012도7455, 공 2012하, 1864, 『패킷 감청 사건』.
5) 2022. 5. 31. 2016모587, 공 2022하, 1392, 『카카오 팩스로 영장 송부 사건』.
6) 2022. 7. 14. 2019모2584, 공 2022하, 1694, 『유출 수사기록 회수용 압수 사건』.

(바) 간수자 등의 참여　　공무소, 군사용 항공기 또는 선박·차량 안에서 압수수색영장을 집행하려면 그 책임자에게 참여할 것을 통지하여야 한다(법219, 123①).

위의 장소 외에 타인의 주거, 간수자 있는 가옥, 건조물, 항공기 또는 선박·차량 안에서 압수수색영장을 집행할 때에는 주거주(住居主), 간수자 또는 이에 준하는 사람을 참여하게 하여야 한다(법219, 123②). 주거주나 간수자 등을 참여하게 하지 못할 때에는 이웃 사람 또는 지방공공단체의 직원을 참여하게 하여야 한다(법219, 123③).

압수수색영장의 집행과정에서 건물의 입구에서 건물의 경비원들에게 영장이 제시된 후 그 영장에 기재된 실제 압수·수색장소에 도달하기도 전에 경비원들의 방해로 압수수색영장의 집행이 중단되었다면 실제로 압수·수색장소의 직원이 영장제시 당시에 참여하지 아니하였다고 하여 이를 간수자의 참여권이 침해된 것으로 볼 수 없다.[1]

(사) 수사기관의 참여　　검사가 압수, 수색, 검증을 함에는 검찰청수사관 또는 서기관이나 서기를 참여하게 하여야 한다(규칙110, 법243). 사법경찰관이 압수, 수색, 검증을 함에는 사법경찰관리를 참여하게 하여야 한다(규칙110, 법243).

(4) 영장집행에 필요한 처분

(가) 필요한 처분　　압수수색검증영장의 집행 중에는 타인의 출입을 금지할 수 있다. 이 금지를 위배한 자에게는 퇴거하게 하거나 집행종료시까지 간수자를 붙일 수 있다(법219, 119). 압수수색검증영장의 집행에 있어서는 자물쇠[鍵錠]를 열거나 개봉 기타 필요한 처분을 할 수 있다(법219, 120①). 이러한 처분은 압수물에 대하여도 할 수 있다(법219, 120②).

강제채혈[2]이나 강제채뇨[3]는 감정처분(법221의4①, 173①)의 일환으로 할 수 있지만, 압수·수색의 방법으로도 가능하다. 압수·수색의 방법으로 소변을 채취하는 경우 압수대상물인 피의자의 소변을 확보하기 위한 수사기관의 노력에도 불구하고, 피의자가 인근 병원 응급실 등 소변 채취에 적합한 장소로 이동하는 것에 동의하지 않거나 저항하는 등 임의동행을 기대할 수 없는 사정이 있는 때에는 수사기관으로서는 소변 채취에 적합한 장소로 피의자를 데려가기 위해서 필요 최소한의 유형력을 행사하는 것이 허용된다. 이는 형소법 제219조, 제120조 제1항에서 정한 '압수수색영장의 집행에 필요한 처분'에 해당한다.[4] 동일한 법리는 강제채혈의 경우에도 적용된다.[5]

---

1) 2013. 9. 26. 2013도5214, 공 2013하, 2021, 『경영기획실 압수 방해 사건』.
2) 2012. 11. 15. 2011도15258, 공 2012하, 2077, 『음주 오토바이 사건』.
3) 2018. 7. 12. 2018도6219, 공 2018하, 1686, 『마약사범 강제채뇨 사건』.
4) 2018. 7. 12. 2018도6219, 공 2018하, 1686, 『마약사범 강제채뇨 사건』.
5) 2012.11. 15. 2011도15258, 공 2012하, 2077, 『음주 오토바이 사건』.

수사기관이 원격지 서버에 있는 피의자의 이메일 등 관련 전자정보를 수색장소의 정보처리장치로 내려받거나 그 화면에 현출시키는 행위는 압수수색영장의 집행에 필요한 처분(법 219, 120①)에 해당한다.[1] 원격지 서버의 압수·수색에 대해서는 항을 바꾸어서 상론한다.

(나) 야간집행의 제한   일출 전, 일몰 후에는 압수수색검증영장에 야간집행을 할 수 있는 기재가 없으면 그 영장을 집행하기 위하여 타인의 주거, 간수자 있는 가옥, 건조물, 항공기 또는 선박·차량 안에 들어가지 못한다(법219, 125). 그러나 (가) 도박 기타 풍속을 해하는 행위에 상용(常用)된다고 인정되는 장소, 또는 (나) 여관, 음식점 기타 야간에 공중이 출입할 수 있는 장소로서 공개한 시간 내인 경우에는 일출 전, 일몰 후의 제한을 받지 아니하고 압수수색검증영장을 집행할 수 있다(법219, 126).

압수수색검증영장의 집행을 중지한 경우에 필요한 때에는 집행이 종료될 때까지 그 장소를 폐쇄하거나 간수자를 둘 수 있다(법219, 127).

(5) 원격지 정보저장매체에 대한 압수·수색

(가) 문제의 소재   피압수자가 인터넷서비스이용자일 때 이메일 등 전자정보가 피압수자의 컴퓨터 등에 저장되지 않고 원격지의 서버에 저장되는 경우가 있다. 이러한 경우에 피압수자가 소지·소유하고 있는 컴퓨터 등에 대한 압수수색영장을 가지고 원격지 서버에 대한 압수·수색을 행할 수 있을 것인지 문제된다. 압수수색영장의 특정성 요건에 따르면 특정장소에서 피압수자가 소지·소유하고 있는 컴퓨터 등에 대한 압수수색영장은 원격지의 서버에 대해 그 효력이 미치지 않는다고 볼 여지가 있기 때문이다.

이 문제에 대해 2018년 판례는 '전자정보의 소유자·소지자'라는 개념을 사용하여 피압수자가 소유·소지하고 있는 컴퓨터 등에 대한 압수수색영장으로 원격지 서버에 대한 압수·수색을 할 수 있다는 입장을 천명하였다.[2] 판례가 무형물인 '전자정보'에 대해 물건(민법98)을 대상으로 사용하는 '소유자·소지자'의 관념을 인정한 것은 특별히 주목된다. 판례가 제시하는 논거와 기준을 살펴본다.

(나) 인터넷서비스제공자   인터넷서비스제공자는 서비스이용약관에 따라 전자정보가 저장된 서버의 유지·관리책임을 부담한다. 일반적으로 인터넷서비스제공자는 해당 서버 접속을 위해 입력된 아이디와 비밀번호 등이 인터넷서비스이용자가 등록한 것과 일치하면 접속하려는 자가 인터넷서비스이용자인지 여부를 확인하지 않고 접속을 허용하여 해당 전자정보를 정보통신망으로 연결되어 있는 컴퓨터 등 다른 정보처리장치로 이전, 복제 등을 할 수 있도

---

1) 2017..11. 29. 2017도9747, 공 2018상, 105, 『원격지 서버 압수수색 사건』.
2) 2017. 11. 29. 2017도9747, 공 2018상, 105, 『원격지 서버 압수수색 사건』.

록 한다.[1]

(다) 인터넷서비스이용자   인터넷서비스이용자는 인터넷서비스제공자와 체결한 서비스
이용계약에 따라 그 인터넷서비스를 이용하여 개설한 이메일 계정과 관련 서버에 대한 접속
권한을 가진다. 인터넷서비스이용자는 해당 이메일 계정에서 생성한 이메일 등 전자정보에 관
한 작성 · 수정 · 열람 · 관리 등의 처분권한을 가진다.[2]

판례는 인터넷서비스이용자가 전자정보의 내용에 관하여 사생활의 비밀과 자유 등의 권
리보호이익을 가지는 주체라는 점에 주목하여, 인터넷서비스이용자를 "해당 전자정보의 소유
자 내지 소지자라고 할 수 있다."는 입장을 취하고 있다.[3] 이제 전자정보의 주체는 마치 물건
(민법98)의 소유자 내지 소지자처럼 관념된다.

수사기관이 인터넷서비스이용자인 피압수자를 상대로 피압수자의 컴퓨터 등 정보처리장
치 내에 저장되어 있는 이메일 등 전자정보를 압수 · 수색하는 경우가 있다. 이 경우 수사기관
의 행위는 전자정보의 소유자 내지 소지자를 상대로 해당 전자정보를 압수 · 수색하는 대물적
강제처분에 해당하며, 이는 현행 형사소송법의 해석상으로 허용된다.[4]

(라) 원격지 서버의 특수성   압수 · 수색할 전자정보는 압수수색영장에 기재된 '수색장소'
에 있는 컴퓨터 등 정보처리장치 내에 저장되어 있는 경우(수색장소 전자정보)와 '수색장소' 이
외의 원격지에 소재하는 정보처리장치 내에 저장되어 있는 경우로 나누어 볼 수 있다(원격지
전자정보). 후자의 경우에는 압수 · 수색할 전자정보가 (가) 압수수색영장에 기재된 '수색장소'
에 있는 컴퓨터 등 정보처리장치 내에 있지 아니하고 (나) 그 정보처리장치와 정보통신망으로
연결되어 제삼자가 관리하는 원격지의 서버 등 정보저장매체에 저장되어 있다.

(마) 전자정보의 소유 · 소지   '수색장소 전자정보'와 '원격지 전자정보'를 비교해 보면 다
음과 같은 특성을 알 수 있다. 먼저, 전자정보의 소유자 · 소지자와 관련된 특성이다. 원격지
서버에 대한 압수 · 수색은 어디까지나 피압수자가 소유하거나 소지하는 전자정보를 대상으로
한다. 그러므로 원격지 서버 등에 저장된 '원격지 전자정보'에 대한 압수 · 수색을 피압수자의
컴퓨터 등 정보처리장치 내에 저장되어 있는 '수색장소 전자정보'를 압수 · 수색하는 것과 달
리 볼 필요가 없다.[5]

(바) 정보저장매체의 특성   다음으로, 전자정보가 저장된 정보저장매체와 관련한 특성이

---

1) 2017. 11. 29. 2017도9747, 공 2018상, 105, 『원격지 서버 압수수색 사건』.
2) 2017. 11. 29. 2017도9747, 공 2018상, 105, 『원격지 서버 압수수색 사건』.
3) 2017. 11. 29. 2017도9747, 공 2018상, 105, 『원격지 서버 압수수색 사건』.
4) 2017. 11. 29. 2017도9747, 공 2018상, 105, 『원격지 서버 압수수색 사건』.
5) 2017. 11. 29. 2017도9747, 공 2018상, 105, 『원격지 서버 압수수색 사건』.

다. 압수할 전자정보가 저장된 저장매체로서 (가) 압수수색영장에 기재된 '수색장소'에 있는 컴퓨터, 하드디스크, 휴대전화와 같은 정보처리장치와 (나) '수색장소'에 있지는 않으나 컴퓨터 등 정보처리장치와 정보통신망으로 연결된 원격지의 서버 등 저장매체는 소재지, 관리자, 저장 공간의 용량 측면에서 서로 구별된다.

(나)의 원격지 서버에 저장된 전자정보를 압수 · 수색하기 위해서는 (가)의 컴퓨터 등 정보처리장치를 이용하여 정보통신망을 통해 (나)의 원격지 서버에 접속하고, 그곳에 저장되어 있는 전자정보를 (가)의 컴퓨터 등 정보처리장치로 내려 받거나 화면에 현출시키는 절차가 필요하다. 그러므로 (나)의 원격지 서버에 저장된 전자정보는 (가)의 컴퓨터 등 정보처리장치 자체에 저장된 전자정보와 비교하여 압수 · 수색의 방식에 차이가 있다. 또한 (나)의 원격지 서버에 저장되어 있는 전자정보와 (가)의 컴퓨터 등 정보처리장치에 저장되어 있는 전자정보는 그 내용이나 질이 다르므로 압수 · 수색으로 얻을 수 있는 전자정보의 범위와 그로 인한 기본권 침해 정도도 다르다.[1]

(사) 원격지 서버에 대한 압수 · 수색   이상에서 검토한 특성들을 토대로 원격지 서버의 압수 · 수색에 관한 법리를 정리해 본다.

먼저, 원격지 전자정보의 소유 · 소지의 측면에서 압수 · 수색의 허용 여부를 살펴본다. 압수 · 수색할 전자정보가 원격지의 서버에 저장되어 있는 경우 (가) 수사기관이 피압수자의 이메일 계정에 대한 접근권한에 갈음하여 발부받은 영장에 따라, (나) 영장 기재 수색장소에 있는 컴퓨터 등 정보처리장치를 이용하여, (다) 적법하게 취득한 피압수자의 이메일 계정 아이디와 비밀번호를 입력하는 등 피압수자가 접근하는 통상적인 방법에 따라 그 원격지의 정보저장매체에 접속하고, (라) 그곳에 저장되어 있는 피압수자의 이메일 등 관련 전자정보를 수색장소의 정보처리장치로 내려받거나 그 화면에 현출시키는 방식으로 압수 · 수색하는 것이 허용된다.[2]

수사기관이 원격지 서버에 있는 피압수자의 이메일 등 관련 전자정보를 수색장소의 정보처리장치로 내려받거나 그 화면에 현출시키는 행위는 압수수색영장의 집행에 필요한 처분(법 219, 120①)에 해당한다.[3]

원격지 서버에 대한 압수 · 수색은 피압수자가 소유하거나 소지하는 전자정보를 대상으로 이루어지는 것이다. 그러므로 (가)의 원격지 서버 등에 저장된 전자정보에 대한 압수 · 수색을 (나)의 피압수자의 컴퓨터 등 정보처리장치 내에 저장되어 있는 이메일 등 전자정보를 압수 ·

---

1) 2022. 6. 30. 2020모735, 공 2022하, 1546, 『클라우드 저장정보 환부거부 사건』.
2) 2017. 11. 29. 2017도9747, 공 2018상, 105, 『원격지 서버 압수수색 사건』.
3) 2017. 11. 29. 2017도9747, 공 2018상, 105, 『원격지 서버 압수수색 사건』.

수색하는 것과 달리 볼 필요가 없다.[1] 이러한 법리는 원격지의 정보저장매체가 국외에 있는 경우라 하더라도 달라지지 않는다. 정보저장매체가 국외에 있다는 사정만으로 달리 볼 것은 아니다.[2]

(아) 원격지 서버 전자정보의 특정　다음으로, 정보저장매체의 차이점 측면에서 압수·수색의 허용 여부를 살펴본다.

수사기관이 압수수색영장에 적힌 '수색할 장소'에 있는 컴퓨터 등 정보처리장치에 저장된 전자정보(수색장소 전자정보) 외에 원격지 서버에 저장된 전자정보(원격지 전자정보)를 압수·수색하려면 압수수색영장에 적힌 '압수할 물건'에 별도로 원격지 서버에 저장된 전자정보(원격지 전자정보)가 특정되어 있어야 한다. 압수수색영장에 적힌 '압수할 물건'에 컴퓨터 등 정보처리장치 저장 전자정보(수색장소 전자정보)만 기재되어 있다면 컴퓨터 등 정보처리장치를 이용하여 원격지 서버 저장 전자정보(원격지 전자정보)를 압수할 수는 없다.[3]

(6) 정보저장매체 및 전자정보의 압수·수색

(가) 전자정보의 특수성　정보저장매체와 그 안에 저장된 전자정보는 개념적으로나 기능적으로나 별도의 독자적 가치와 효용을 지닌 것으로 상호 구별된다.[4] 정보저장매체에는 다량의 전자정보가 수록되어 있다. 정보저장매체에 대한 압수·수색은 그것이 영장에 의하여 이루어지더라도 자칫하면 일반영장에 의한 압수·수색으로 변질되기 쉽다. 이 때문에 정보저장매체에 대한 압수·수색에는 신중하고도 정밀한 법적 규제가 필요하다.

정보저장매체에 저장된 전자정보에 대한 압수는 수사기관이 (가) 정보저장매체를 확보하여, (나) 혐의사실과 관련성이 있는 전자정보를 탐색한 후, (다) 탐색한 전자정보를 (ㄱ) 문서 출력물로 출력하거나, (ㄴ) 수사기관이 소유·관리하는 정보저장매체에 복제하는 형태로 이루어진다. (가)의 정보저장매체 자체의 확보 과정뿐만 아니라 (나)의 관련성 있는 전자정보의 탐색과 (다)의 탐색한 전자정보의 출력·복제 과정 전체가 전자정보의 압수수색절차를 이룬다.

수사기관은 이러한 전자정보의 압수과정에서 혐의사실과 무관한 전자정보의 임의적인 복제 등을 막기 위한 적절한 조치를 취하는 등 영장주의 원칙과 적법절차를 준수하여야 한다. 혐의사실 관련성에 대한 구분 없이 임의로 정보저장매체에 저장된 전자정보를 문서로 출력하

1) 2017. 11. 29. 2017도9747, 공 2018상, 105, 『원격지 서버 압수수색 사건』.
2) 2017. 11. 29. 2017도9747, 공 2018상, 105, 『원격지 서버 압수수색 사건』.
3) 2022. 6. 30. 2020모735, 공 2022하, 1546, 『클라우드 저장정보 환부거부 사건』.
4) 2021. 11. 18. 2016도348 전원합의체 판결, 공 2022상, 57, 『피의자 휴대전화 피해자 임의제출 사건』.

거나 파일로 복제하는 행위는 원칙적으로 영장주의 원칙에 반하는 위법한 압수가 된다.[1]

(나) 현장압수의 원칙   전자정보의 압수는 정보저장매체가 소재하는 현장에서 이루어지는 경우와 수사기관의 사무실 등 외부에서 이루어지는 경우로 나누어 볼 수 있다.

정보저장매체를 둘러싼 전자정보의 압수·수색과 관련하여 입법자는 2011년 형소법 개정을 통해 일정한 우선순위를 마련하였다. 수사기관의 전자정보에 대한 압수·수색은 원칙적으로 정보저장매체가 소재하는 현장에서 영장 발부의 사유로 된 범죄 혐의사실과 관련된 부분만을 탐색하여 (가) 문서 출력물로 수집하거나, (나) 수사기관이 휴대한 정보저장매체에 관련된 부분의 해당 파일을 복제하는 방식으로 이루어져야 한다(법219, 106③ 본문, 수사준칙41①).[2]

검사 또는 사법경찰관은 전자정보를 복제할 때에는 해시값(파일의 고유값으로서 일종의 전자지문을 말한다)을 확인하거나 압수·수색 또는 검증의 과정을 촬영하는 등 전자적 증거의 동일성과 무결성(無缺性)을 보장할 수 있는 적절한 방법과 조치를 취해야 한다(수사준칙42③).

(다) 복제본 반출 후 압수   전자정보의 압수가 정보저장매체가 소재하는 장소 이외의 곳에서 이루어지는 경우가 있다. 여기에는 두 가지 형태가 있으며, 보충성의 원칙이 적용된다.

하나는 정보저장매체에 들어 있는 전자파일 전부를 하드카피나 이미징 형태 등의 복제본으로 만들어서 수사기관이 이를 수사기관 사무실 등 외부로 반출한 다음 복제본에서 전자정보를 탐색하여 관련성 있는 전자정보를 문서로 출력하거나 파일로 복제하는 방법이다. 복제본 반출에 의한 전자정보의 압수는 정보저장매체 소재지에서의 전자정보 압수방법(수사준칙41①)의 실행이 불가능하거나 그 방법으로는 압수의 목적을 달성하는 것이 현저히 곤란한 경우에 허용된다(동조②).

복제본 반출형태로서 하드카피는 컴퓨터에서 처리된 결과나 화면 내용을 출력한 정보가 있을 때 그 정보를 원래의 출력장치와 분리해서도 볼 수 있도록 만든 출력 형태를 말한다. 이에 대해 이미징(imaging) 사본은 컴퓨터 하드디스크의 각종 정보를 압축된 파일 또는 이미지로 변경해 다른 하드디스크 등에 복사하고 저장한 형태를 말한다.

검사 또는 사법경찰관은 전자정보의 복제본을 취득할 때에는 해시값(파일의 고유값으로서 일종의 전자지문을 말한다)을 확인하거나 압수·수색 또는 검증의 과정을 촬영하는 등 전자적 증거의 동일성과 무결성(無缺性)을 보장할 수 있는 적절한 방법과 조치를 취해야 한다(수사준칙42③).

(라) 정보저장매체 반출 후 압수   다른 하나는, 수사기관이 정보저장매체 자체를 직접 수사기관 사무실 등 외부로 반출한 다음 그 정보저장매체에서 전자정보를 탐색하여 관련성

---

1) 2022. 1. 14. 2021모1586, 공 2022상, 405, 『확정사건 복제본 별건영장 압수 사건』.
2) 2015. 7. 16. 2011모1839 전원합의체 결정, 공 2015하, 1274, 『제약회사 저장매체 압수수색 사건』.

있는 전자정보를 문서로 출력하거나 파일로 복제하는 방법이다. 정보저장매체 자체의 반출에 의한 전자정보의 압수는 정보저장매체 소재지에서의 전자정보 압수(수사준칙41①)는 물론 정보 저장매체 복제본 반출에 의한 전자정보 압수(동조②)로는 그 압수 방법의 실행이 불가능하거나 그 방법으로는 압수의 목적을 달성하는 것이 현저히 곤란한 경우에 비로소 허용된다(수사 준칙41③).

정보저장매체 자체의 반출은 피압수자 또는 압수수색영장을 집행할 때 참여하게 해야 하는 사람[공무소 책임자, 주거주·간수자, 이웃 사람 또는 지방공공단체 직원](법123)이 참여한 상태에서 컴퓨터용디스크 등 정보저장매체의 원본을 봉인(封印)하는 방법으로 이루어져야 한다(수사준칙41③). 수사기관은 봉인·반출된 정보저장매체에 대해 복제작업을 마치고 지체 없이 반출한 정보저장매체를 피압수자에게 반환하여야 한다.[1]

(마) 현장 외 압수의 허용요건   정보저장매체에 들어 있는 전자파일 전부를 하드카피나 이미징 등 형태의 복제본으로 수사기관 사무실 등 외부로 반출하여 전자정보를 탐색·출력하는 방식이나 정보저장매체 자체를 직접 반출하는 방식으로 전자정보를 탐색·출력하는 것은 예외적으로 허용될 수 있을 뿐이다(법219, 106③ 단서).[2]

정보저장매체 전체의 복제본을 반출하는 방식이나 정보저장매체를 직접 반출하는 방식에 의한 전자정보의 압수·수색이 예외적으로 허용되는 경우는 (가) 범위를 정하여 출력 또는 복제하는 방법이 불가능한 때, 또는 (나) 범위를 정하여 출력 또는 복제하면 압수의 목적을 달성하기에 현저히 곤란하다고 인정되는 때이다(수사준칙41③ 참조). (나)에 해당하는 상황으로는 (ㄱ) 현장의 사정이나 전자정보의 대량성으로 인하여 관련정보 획득에 긴 시간이 소요되는 경우, (ㄴ) 전문인력에 의한 기술적 조치가 필요한 경우 등이 있다.[3] 전자정보의 압수·수색 과정에서 (가) 또는 (나)의 예외적인 사정이 존재하였다는 점에 대하여는 영장의 집행기관인 수사기관이 이를 구체적으로 증명하여야 한다.[4]

(7) 전자정보에 대한 탐색·출력절차

(가) 문제의 소재   전자정보는 복제가 용이하다. 전자정보가 수록된 정보저장매체의 복제본이나 정보저장매체 자체가 압수·수색 과정에서 외부로 반출되면 압수·수색이 종료한 후에도 전자정보의 복제본이 남아 있을 가능성을 배제할 수 없다. 그 경우 혐의사실과 무관한

---

1) 2023. 6. 1. 2018도19782, 공 2023하, 1162, 『선행사건 복제본 별건 압수 사건』 참조.
2) 2015. 7. 16. 2011모1839 전원합의체 결정, 공 2015하, 1274, 『제약회사 저장매체 압수수색 사건』.
3) 2015. 7. 16. 2011모1839 전원합의체 결정, 공 2015하, 1274, 『제약회사 저장매체 압수수색 사건』.
4) 2022. 7. 14. 2019모2584, 공 2022하, 1694, 『유출 수사기록 회수용 압수 사건』.

전자정보가 수사기관에 의해 다른 범죄의 수사단서 내지 증거로 위법하게 사용되는 등 새로운 법익침해를 초래할 가능성이 있다. 그러므로 혐의사실과의 관련성에 대한 구분 없이 이루어지는 복제ㆍ탐색ㆍ출력을 방지하는 절차적 조치가 중요성을 가지게 된다.[1]

(나) 절차적 준수사항   전술하는 바와 같이 전자정보에 대한 압수ㆍ수색은 보충성원칙에 따라 (가) 정보저장매체 소재지에서 하는 경우, (나) 정보저장매체 복제본을 외부로 반출하여 하는 경우, (다) 정보저장매체 자체를 외부로 반출하여 하는 경우의 세 가지로 나누어 볼 수 있다. 그러나 삼자 모두 압수ㆍ수색은 혐의사실과 관련된 부분으로 한정되어야 한다.[2] 위의 (가), (나), (다) 어느 경우이든지 혐의사실 관련성에 대한 구분 없이 임의로 저장된 전자정보를 문서로 출력하거나 파일로 복제하는 행위는 원칙적으로 영장주의 원칙에 반하는 위법한 압수가 된다.[3]

정보저장매체의 복제본이나 정보저장매체 자체를 압수ㆍ수색하여 수사기관 사무실 등으로 옮겨 이를 복제ㆍ탐색ㆍ출력하는 (나)와 (다)의 경우에도 수사기관은 영장주의와 적법절차를 준수해야 한다. 이에 필요한 조치로는 (가) 영장집행의 전체 과정을 통하여 피압수자나 그 변호인에게 계속적인 참여권을 보장할 것(법219, 121), (나) 피압수자가 배제된 상태에서의 정보저장매체에 대한 열람ㆍ복사를 금지할 것,[4] (다) 압수된 전자정보의 파일 명세가 특정된 압수목록을 작성ㆍ교부할 것, (라) 범죄혐의사실과 무관한 전자정보의 임의적인 복제 등을 막기 위한 적절한 조치를 취할 것 등이 있다.[5]

(다) 피압수자의 참여권   정보저장매체를 확보하는 절차와 확보한 정보저장매체에서 전자정보를 탐색하여 혐의사실과 관련된 전자정보를 문서로 출력하거나 파일로 복제하는 일련의 과정은 전체적으로 하나의 영장에 따른 압수ㆍ수색이다.[6] 검사 또는 사법경찰관은 압수ㆍ수색의 전 과정에 걸쳐 피압수자 등이나 변호인의 참여권을 보장해야 한다(수사준칙42④). 그리하여 전자정보 자체에 대한 압수수색영장을 집행할 때에도 미리 집행의 일시와 장소를 피압수자 또는 변호인에게 통지하여야 한다(법219, 122 본문).

전자정보 탐지과정에서 피압수자와 그 변호인에게 참여권을 부여하는 조치가 취해지지 않았다면 원칙적으로 전자정보에 대한 압수ㆍ수색이 적법하다고 평가할 수 없다.[7] 이 점은

---

1) 2015. 7. 16. 2011모1839 전원합의체 결정, 공 2015하, 1274, 『제약회사 저장매체 압수수색 사건』.
2) 2017. 11. 14. 2017도3449, 공 2017하, 2403, 『1차영장 복제본 2차영장 압수 사건』.
3) 2022. 1. 14. 2021모1586, 공 2022상, 405, 『확정사건 복제본 별건영장 압수 사건』.
4) 2011. 5. 26. 2009모1190, 공 2011하, 1342, 『전교조 이메일 사건』.
5) 2022. 7. 28. 2022도2960, 공 2022하, 1817, 『성매매 엑셀파일 사후영장 사건』.
6) 2017. 11. 14. 2017도3449, 공 2017하, 2403, 『1차영장 복제본 2차영장 압수 사건』.
7) 2022. 7. 28. 2022도2960, 공 2022하, 1817, 『성매매 엑셀파일 사후영장 사건』.

수사기관이 정보저장매체 또는 복제본에서 범죄혐의사실과 관련된 전자정보만을 복제·출력하였다 하더라도 달리 볼 것이 아니다.[1] 피압수자와 그 변호인에게 참여권을 부여하지 않고 탐지·수집한 전자정보는 위법수집증거로서 증거능력이 없다(법308의2).

다만, (가) 피압수자 측이 참여하지 아니한다는 의사를 명시적으로 표시하였거나 (나) 절차 위반행위가 이루어진 과정의 성질과 내용 등에 비추어 피압수자 측에 절차 참여를 보장한 취지가 실질적으로 침해되었다고 볼 수 없을 정도에 해당한다는 등의 특별한 사정이 인정된다면 예외적으로 전자정보의 압수·수색이 적법하다고 평가할 수 있다.[2]

검사 또는 사법경찰관은 피압수자 등과 변호인이 참여를 거부하는 경우에는 신뢰성과 전문성을 담보할 수 있는 상당한 방법으로 압수·수색을 해야 한다(수사준칙42④). 피의자가 정보저장매체를 소지하지 않은 상태에서 범행사실을 부인하고 있다면, 피압수자인 피의자 또는 그 변호인이 참여하지 아니한 상태에서 수사기관이 전자정보를 탐지·수집하더라도 피압수자 측에 절차 참여를 보장한 취지가 실질적으로 침해되었다고 볼 수 없다.[3]

(라) 참여권 보장기간   수사기관은 전자정보에 대한 압수·수색절차가 종료될 때까지 피압수자나 그의 변호인에게 참여의 기회를 보장하여야 한다. 압수·수색에 참여한 피압수자 또는 변호인은 압수 대상 전자정보와 사건의 관련성에 관하여 의견을 제시할 수 있다. 이 경우 수사기관은 제시된 의견을 조서에 적어야 한다(수사준칙42⑤).

수사기관은 전자정보에 대한 압수·수색절차가 종료될 때까지 피압수자 또는 변호인에게 참여의 기회를 보장하여야 한다. 그러나 전자정보에 대한 압수·수색절차가 종료된 후에는 그렇지 않다. 후술하는 것처럼, 전자정보에 대한 압수는 선별된 전자정보를 (가) 문서를 출력하여 제출받거나 (나) 이미지 파일로 복제하여 제출받는 형태로 이루어진다(법219, 106③ 본문). 전자정보에 대한 압수·수색절차는 이로써 종결된다.

수사기관이 피압수자로부터 이미지 파일을 제출받아 압수하였다면 이로써 압수의 목적물 (전자정보)에 대한 압수·수색절차는 종료된 것이다.[4] 수사기관이 수사기관 사무실에서 압수된 이미지 파일을 탐색·복제·출력하는 과정에서까지 피압수자나 변호인에게 참여의 기회를 보장해야 하는 것은 아니다.[5]

(마) 전자정보의 탐지와 출력   수사기관은 정보저장매체의 원본 또는 복제본에 기억된

---

1) 2022. 7. 28. 2022도2960, 공 2022하, 1817, 『성매매 엑셀파일 사후영장 사건』.
2) 2022. 7. 28. 2022도2960, 공 2022하, 1817, 『성매매 엑셀파일 사후영장 사건』.
3) 2023. 6. 1. 2020도12157, 공 2023하, 1177, 『위조 메모리카드 압수 사건』.
4) 2018. 2. 8. 2017도13263, 공 2018상, 595, 『선별된 USB 이미지파일 참여권 사건』.
5) 2018. 2. 8. 2017도13263, 공 2018상, 595, 『선별된 USB 이미지파일 참여권 사건』.

전자정보 중에서 키워드 또는 확장자 검색 등을 통해 범죄 혐의사실과 관련 있는 전자정보를 탐지한다. 수사기관은 탐지된 전자정보를 (가) 문서로 출력하여 제출받거나 (나) 파일로 복제하여 제출받아야 한다(법219, 106③ 본문). 전자정보에 대한 압수·수색절차는 이로써 종결된다.

(나)의 경우, 즉 관련성 있는 전자정보를 탐지하여 파일로 복제하는 경우에는 수사기관은 정보저장매체에 저장된 전자정보와 동일하게 비트열 방식으로 복제하여 별도의 파일을 생성한다. 이 경우 생성된 별도의 파일을 이미지 파일이라고 한다. 수사기관이 피압수자로부터 이미지 파일을 제출받아 압수하면 이로써 압수의 목적물(전자정보)에 대한 압수·수색절차는 종료된다.[1]

검사 또는 사법경찰관은 전자정보의 복제본을 취득하거나 전자정보를 복제할 때에는 해시값(파일의 고유값으로서 일종의 전자지문을 말한다)을 확인하거나 압수·수색 또는 검증의 과정을 촬영하는 등 전자적 증거의 동일성과 무결성(無缺性)을 보장할 수 있는 적절한 방법과 조치를 취해야 한다(수사준칙42③).

(8) 압수조서의 작성과 압수목록의 교부

(가) 압수조서의 작성　　　검사 또는 사법경찰관은 증거물 또는 몰수할 물건을 압수했을 때에는 압수조서를 작성해야 한다(수사준칙40 본문). 다만, 피의자신문조서, 진술조서, 검증조서에 압수의 취지를 적은 경우에는 그렇지 않다(수사준칙40 단서). 피의자신문조서 등에 압수의 취지를 기재하여 압수조서를 갈음할 수 있도록 하더라도 압수절차의 적법성 심사·통제 기능에 차이가 없다.[2] 압수의 취지가 상세히 기재된 '조사보고서(압수수색검증영장 집행결과 보고)'를 작성한 것은 압수조서의 작성에 해당한다.[3]

(나) 압수조서의 기재사항　　　압수조서에는 (가) 압수의 일시·장소, 압수 경위(수사준칙40 본문), (나) 작성연월일(법57①), (다) 압수물의 품종, 외형상의 특징과 수량을 기재하여야 한다(법49③). 검사 또는 사법경찰관은 압수·수색·검증에 참여한 피압수자 등(피압수자·참여자)이나 변호인이 압수 대상 전자정보와 사건의 관련성에 관하여 의견을 제시한 때에는 이를 조서에 적어야 한다(수사준칙42⑤). 압수조서의 내용은 객관적 사실에 부합하여야 한다.[4]

수사기관이 피의자를 불법촬영의 현행범으로 체포하면서 휴대전화기를 압수한 경우에 휴대전화기에 대한 압수조서 중 '압수경위'란에 기재된 내용은 피의자가 범행을 저지르는 현장

---

1) 2018. 2. 8. 2017도13263, 공 2018상, 595, 『선별된 USB 이미지파일 참여권 사건』.
2) 2023. 6. 1. 2020도2550, 공 2023하, 1166, 『휴대전화 대신 동영상 제출 사건』.
3) 2023. 6. 1. 2020도12157, 공 2023하, 1177, 『위조 메모리카드 압수 사건』.
4) 2024. 1. 5. 2021모385, 공 2024상, 441, 『화장품 219박스 압수 사건』.

을 직접 목격한 사람의 진술이 담긴 것으로서 형소법 제312조 제5항에서 정한 '피고인이 아닌 자가 수사과정에서 작성한 진술서'에 준하는 것으로 볼 수 있다.[1]

(다) 압수목록의 작성　　수사기관은 대상물을 압수한 경우 목록을 작성하여 소유자, 소지자, 보관자 기타 이에 준할 자에게 교부하여야 한다(법219, 129, 수사준칙40 본문). 다만, 피의자신문조서, 진술조서, 검증조서에 압수의 취지를 적은 경우에는 그렇지 않다(수사준칙40 단서).

수사기관이 압수목록을 작성할 때에는 준항고 등을 통한 권리구제가 신속하면서도 실질적으로 이루어질 수 있도록 압수방법·장소·대상자별로 명확히 구분한 후 압수물의 품종·종류·명칭·수량·외형상 특징 등을 최대한 구체적이고 정확하게 특정하여 기재하여야 한다.[2] [3] 압수목록에는 (가) 압수물건의 품종·수량(수사준칙40 본문), (나) 작성연월일(법57①)이 기재되어야 한다. 압수목록의 내용은 사실에 부합하여야 한다.[4] [5]

(라) 압수목록의 교부　　수사기관은 작성한 압수목록을 소유자, 소지자, 보관자 기타 이에 준하는 자에게 교부하여야 한다(법219, 129). 압수목록은 피압수자 등이 압수물에 대한 환부·가환부신청(법218의2)을 하거나 압수처분에 대한 준항고(법417)를 하는 등 권리행사절차를 밟는 가장 기초적인 자료가 된다. 그러므로 수사기관은 이러한 권리행사에 지장이 없도록 압수 직후 현장에서 압수물 목록을 바로 작성하여 교부하는 것이 원칙이다.[6] [7] [8]

다만, (가) 압수물의 수량·종류·특성 기타의 사정상 압수 직후 현장에서 압수목록을 작성·교부하지 않을 수 있다는 취지가 압수수색영장에 명시되어 있고, (나) 이와 같은 특수한 사정이 실제로 존재하는 경우에는 예외적으로 압수영장을 집행한 후 일정한 기간이 경과하고서 압수목록을 작성·교부할 수도 있다.[9] 그러나 이때에도 (가) 압수목록 작성·교부 시기의 예외에 관한 압수수색영장의 기재는 피의자·피압수자 등의 압수 처분에 대한 권리구제절차 또는 불복절차가 형해화되지 않도록 그 취지에 맞게 엄격히 해석되어야 하고, (나) 나아가 예외적 적용의 전제가 되는 특수한 사정의 존재 여부는 수사기관이 이를 증명하여야 하며, (다) 그 기간 역시 필요 최소한에 그쳐야 한다.[10]

---

1) 2019. 11. 14. 2019도13290, 공 2020상, 123, 『에스컬레이터 불법촬영 현행범 사건』.
2) 2022. 7. 14. 2019모2584, 공 2022하, 1694, 『유출 수사기록 회수용 압수 사건』.
3) 2024. 1. 5. 2021모385, 공 2024상, 441, 『화장품 219박스 압수 사건』.
4) 2009. 3. 12. 2008도763, 공 2009상, 503, 『제주지사실 압수수색 사건 2』.
5) 2024. 1. 5. 2021모385, 공 2024상, 441, 『화장품 219박스 압수 사건』.
6) 2009. 3. 12. 2008도763, 공 2009상, 503, 『제주지사실 압수수색 사건 2』.
7) 2018. 2. 8. 2017도13263, 공 2018상, 595, 『선별된 USB 이미지파일 참여권 사건』.
8) 2024. 1. 5. 2021모385, 공 2024상, 441, 『화장품 219박스 압수 사건』.
9) 2024. 1. 5. 2021모385, 공 2024상, 441, 『화장품 219박스 압수 사건』.
10) 2024. 1. 5. 2021모385, 공 2024상, 441, 『화장품 219박스 압수 사건』.

(마) 전자정보 상세목록   수사기관이 피압수자로부터 관련성 있는 전자정보를 (가) 문서로 출력하여 제출받아 압수하거나 (나) 관련성 있는 전자정보의 이미지 파일을 제출받아 압수하였다면 이로써 압수의 목적물에 대한 압수·수색절차는 종료된다.[1] 검사 또는 사법경찰관은 전자정보의 탐색·복제·출력을 완료한 경우 지체 없이 피압수자 등에게 압수한 전자정보의 목록을 교부해야 한다(수사준칙42①). 수사기관은 압수목록을 교부한 경우에는 압수수색의 조서에 그 취지를 기재하여야 한다(규칙109, 62).

압수물 목록 교부의 취지에 비추어 볼 때, 압수된 정보의 상세목록에는 정보의 파일 명세가 특정되어 있어야 한다. 구체적인 개별 파일 명세를 특정하여 상세목록을 작성하지 않고 '….zip'과 같이 그 내용을 파악할 수 없도록 되어 있는 포괄적인 압축파일만을 기재한 후 이를 전자정보 상세목록이라고 하면서 피압수자 등에게 교부하는 것은 허용되지 않는다.[2]

수사기관이 혐의사실과 관련 있는 정보만을 선별하였으나 기술적인 문제로 정보 전체를 1개의 파일 등으로 복제하여 저장할 수밖에 없는 경우가 있다. 그러한 경우라 할지라도 수사기관은 적어도 압수목록이나 전자정보 상세목록에 압수의 대상이 되는 전자정보 부분을 구체적으로 특정하고, 위와 같이 파일 전체를 보관할 수밖에 없는 사정을 부기하는 등의 방법을 취해야 한다.[3]

수사기관은 압수된 전자정보의 상세목록을 (가) 출력한 서면으로 교부하거나, (나) 전자파일 형태로 복사해 주거나, (다) 이메일을 전송하는 등의 방식으로 교부를 할 수 있다.[4]

수사기관이 피의자신문 시 압수한 동영상을 재생하여 피의자에게 제시하였고, 피의자가 제시된 동영상의 촬영 일시, 피해 여성들의 인적사항, 몰래 촬영하였는지 여부, 촬영 동기 등을 구체적으로 진술하고 별다른 이의를 제기하지 않았다면 그 동영상의 압수 당시 실질적으로 피고인에게 해당 전자정보 압수목록이 교부된 것과 다름이 없다고 볼 수 있다. 비록 피의자에게 압수된 전자정보가 특정된 목록이 교부되지 않았더라도, 절차 위반행위가 이루어진 과정의 성질과 내용 등에 비추어 피의자의 절차상 권리가 실질적으로 침해되었다고 보기 어려우므로 그 동영상에 관한 압수는 적법하다고 평가할 수 있다.[5]

(바) 증명서 교부   압수수색영장을 집행하였으나 증거물 또는 몰수할 물건이 없는 때에는 수사기관은 그 취지의 증명서를 압수·수색 대상자에게 교부하여야 한다(법219, 128).

---

1) 2018. 2. 8. 2017도13263, 공 2018상, 595, 『선별된 USB 이미지파일 참여권 사건』.
2) 2022. 1. 14. 2021모1586, 공 2022상, 405, 『확정사건 복제본 별건영장 압수 사건』.
3) 2022. 1. 14. 2021모1586, 공 2022상, 405, 『확정사건 복제본 별건영장 압수 사건』.
4) 2018. 2. 8. 2017도13263, 공 2018상, 595, 『선별된 USB 이미지파일 참여권 사건』.
5) 2023. 6. 1. 2020도2550, 공 2023하, 1166, 『휴대전화 대신 동영상 제출 사건』.

수사기관은 압수목록을 교부한 경우에는 압수수색의 조서에 그 취지를 기재하여야 한다(규칙 109, 62).

(사) 무관정보의 삭제 　　범죄 혐의사실과 관련된 전자정보를 유관정보, 혐의사실과 관련 없는 전자정보를 무관정보라고 한다. 지방법원판사는 압수·수색영장을 발부할 때 압수·수색영장의 집행에 관하여 범죄 혐의사실과 관련 있는 전자정보(유관정보)의 탐색·복제·출력이 완료된 때에는 지체 없이 영장 기재 범죄 혐의사실과 관련이 없는 나머지 전자정보(무관정보)에 대해 이를 삭제·폐기하거나 피압수자 등에게 반환할 것을 정할 수 있다.[1]

검사 또는 사법경찰관은 범죄 혐의사실과 관련이 없어서 전자정보 목록에 포함되지 않은 전자정보가 있는 경우에는 해당 전자정보를 지체 없이 삭제 또는 폐기하거나 반환해야 한다(수사준칙42②). 수사기관은 하드카피나 이미징 등 복제본에 담긴 전자정보를 탐색하여 혐의사실과 관련된 정보(유관정보)를 선별하여 출력하거나 다른 저장매체에 저장하는 등으로 압수를 완료하면 혐의사실과 관련 없는 전자정보(무관정보)를 삭제·폐기하여야 한다.[2]

수사기관이 범죄 혐의사실과 관련 있는 전자정보를 선별하여 압수한 후에도 그와 관련이 없는 나머지 전자정보를 삭제·폐기·반환하지 아니한 채 그대로 보관하고 있다면 이는 범죄 혐의사실과 관련이 없는 부분에 대하여는 압수의 대상이 되는 전자정보의 범위를 넘어서는 전자정보를 영장 없이 압수·수색하여 취득한 것이어서 위법하다.[3] 범죄 혐의사실과 관련이 없는 부분에 대해 사후에 법원으로부터 압수·수색영장이 발부되었다거나 피고인이나 변호인이 이를 증거로 함에 동의하였다고 하여 그 위법성이 치유되지 않는다.[4]

수사기관이 새로운 범죄 혐의의 수사를 위하여 무관정보가 남아 있는 정보저장매체(복제본 포함)를 열람하는 것은 압수수색영장으로 압수되지 않은 전자정보를 영장 없이 수색하는 것과 다르지 않다. 따라서 그 정보저장매체(복제본 포함)은 더 이상 수사기관의 탐색, 복제 또는 출력 대상이 될 수 없다. 수사기관은 새로운 범죄 혐의의 수사를 위하여 필요한 경우에도 유관정보만을 출력하거나 복제한 기존 압수·수색의 결과물을 열람할 수 있을 뿐이다.[5]

동일한 정보저장매체에 대하여 다시 압수·수색할 필요가 있는 경우라면 수사기관은 그 필요성을 소명하여 법원으로부터 새로운 압수수색영장을 발부받아야 한다. 앞서 발부받은 압수·수색영장의 유효기간이 남아있다고 하여 이를 제시하고 다시 압수·수색을 할 수는 없다.[6]

---

1) 2022. 1. 14. 2021모1586, 공 2022상, 405, 『확정사건 복제본 별건영장 압수 사건』.
2) 2023. 10. 18. 2023도8752, 공 2023하, 2050, 『1차영장 집행 후 2차 압수수색 사건』.
3) 2022. 1. 14. 2021모1586, 공 2022상, 405, 『확정사건 복제본 별건영장 압수 사건』.
4) 2022. 1. 14. 2021모1586, 공 2022상, 405, 『확정사건 복제본 별건영장 압수 사건』.
5) 2023. 6. 1. 2018도19782, 공 2023하, 1162, 『선행사건 복제본 별건 압수 사건』.
6) 2023. 10. 18. 2023도8752, 공 2023하, 2050, 『1차영장 집행 후 2차 압수수색 사건』.

(9) 검증영장의 집행과 검증조서

(가) 검증에 필요한 처분   수사기관은 검증영장을 집행함에 있어서 신체의 검사, 사체의 해부, 분묘의 발굴, 물건의 파괴 기타 필요한 처분을 할 수 있다(법219, 140). 수사기관은 신체의 검사에 관하여는 검사를 받는 사람의 성별, 나이, 건강상태 그 밖의 사정을 고려하여 그 사람의 건강과 명예를 해하지 아니하도록 주의하여야 한다(법219, 141①).

피의자 아닌 사람의 신체검사는 증거가 될 만한 흔적을 확인할 수 있는 현저한 사유가 있는 경우에만 할 수 있다(법219, 141②). 여자의 신체를 검사하는 경우에는 의사나 성년 여자를 참여하게 하여야 한다(법219, 141③). 사체의 해부 또는 분묘의 발굴을 하는 때에는 예(禮)에 어긋나지 아니하도록 주의하고 미리 유족에게 통지하여야 한다(법219, 141④).

압수수색검증영장에 의한 검증의 일환으로 피의자 또는 피의자 아닌 자에 대한 신체검사를 하려면 법관의 소환(법142) 및 이를 위한 소환장이 필요하다. 피의자에 대한 신체검사를 하기 위한 소환장에는 신체검사를 하기 위하여 소환한다는 취지를 기재하여야 한다(규칙109, 64). 피의자 아닌 자에 대한 신체검사를 하기 위한 소환장에는 그 성명 및 주거, 피의자의 성명, 죄명, 출석일시 및 장소와 신체검사를 하기 위하여 소환한다는 취지를 기재하고 지방법원판사가 기명날인하여야 한다(규칙109, 65).

(나) 검증조서   검사 또는 사법경찰관은 검증을 한 경우에는 검증의 일시·장소, 검증 경위 등을 적은 검증조서를 작성해야 한다(수사준칙43). 검증조서에는 검증목적물의 현상을 명확하게 하기 위하여 도화나 사진을 첨부할 수 있다(법49②).

(10) 정보주체에의 통지

(가) 근거법률   정보저장매체를 압수하여 전자정보를 취득한 경우 수사기관은 「개인정보 보호법」 제2조 제3호에 따라 정보주체에게 해당 사실을 지체 없이 알려야 한다(법219, 106④).

한편, 「통신비밀보호법」은 전화·전자우편·회원제정보서비스·모사전송·무선호출 등과 같이 유선·무선·광선 및 기타의 전자적 방식에 의하여 모든 종류의 음향·문언·부호 또는 영상을 송신하거나 수신하는 것을 전기통신으로 규정하고 있다(동법2ⅲ). 정보저장매체를 압수하여 취득한 전자정보가 전기통신에 해당하는 경우에는 「통신비밀보호법」에 따라 통지가 이루어진다.

(나) 사법경찰관   사법경찰관은 송·수신이 완료된 전기통신에 대하여 압수·수색·검증을 집행한 경우 그 사건에 관하여 검사로부터 (가) 공소를 제기하거나 (나) 공소를 제기하지 아니하는 처분(기소중지 또는 참고인중지 결정은 제외한다)의 통보를 받거나 (다) 검찰송치를 하

지 아니하는 처분(수사중지 결정은 제외한다)을 하거나 또는 (라) 내사사건에 관하여 입건하지
아니하는 처분을 한 때에는 그 날부터 30일 이내에 수사대상이 된 가입자에게 압수 · 수색 ·
검증을 집행한 사실을 서면으로 통지하여야 한다(통신비밀보호법9의3②).

(다) 검 사   검사는 송 · 수신이 완료된 전기통신에 대하여 압수 · 수색 · 검증을 집행
한 경우 그 사건에 관하여 (가) 공소를 제기하거나 (나) 공소의 제기를 하지 아니하는 처분을
하거나 또는 (다) 입건을 하지 아니하는 처분(기소중지결정, 참고인중지결정을 제외한다)을 한 때
에는 그 처분을 한 날부터 30일 이내에 수사대상이 된 가입자에게 압수 · 수색 · 검증을 집행
한 사실을 서면으로 통지하여야 한다(통신비밀보호법9의3① 본문).

(라) 수사처검사   고위공직자범죄수사처 검사는 「고위공직자범죄수사처 설치 및 운영
에 관한 법률」 제26조 제1항에 따라 서울중앙지방검찰청 소속 검사에게 관계 서류와 증거물
을 송부한 사건에 관하여 이를 처리하는 검사로부터 (가) 공소를 제기하거나 (나) 공소를 제기
하지 아니하는 처분(기소중지결정, 참고인중지결정은 제외한다)의 통보를 받은 경우에 그 통보를
받은 날부터 30일 이내에 송 · 수신이 완료된 전기통신에 대하여 압수 · 수색 · 검증을 집행한
사실을 서면으로 통지하여야 한다(통신비밀보호법9의3① 단서).

(11) 별건증거의 발견과 압수 · 수색

(가) 별건증거의 발견   수사기관은 범죄수사의 필요성이 있고 피의자가 죄를 범하였다
고 의심할 만한 정황이 있는 경우에도 해당 사건과 관계가 있다고 인정할 수 있는 것에 한하
여 영장을 발부받아 압수 · 수색을 할 수 있다(법215① · ②). 영장 발부의 사유로 된 범죄 혐의
사실과 관련된 증거가 아니라면 적법한 압수 · 수색이 아니다. 따라서 영장 발부의 사유로 된
범죄 혐의사실과 무관한 별개의 증거를 압수하였을 경우 이는 원칙적으로 유죄 인정의 증거
로 사용할 수 없다.[1]

압수수색영장을 집행하는 과정에서 당해 영장의 피의사실과 관련성이 없는 증거물이 발
견되는 경우가 있다. 이 경우 수사기관은 별도의 압수수색영장을 발부받아 압수 · 수색을 해
야 한다. 별도의 영장을 발부받지 아니하고 압수된 증거물은 증거능력이 없다.[2]

별건 증거를 피압수자에게 환부한 후 이를 임의제출(법218) 형식으로 제출받는 것은 허용
된다. 다만, 별건 증거의 임의제출에 임의성이 있다는 점은 검사가 합리적 의심을 배제할 수
있을 정도로 증명하여야 한다.[3]

---

1) 2018. 4. 26. 2018도2624, 공 2018상, 1043, 『탐색 중 특사단 파일 발견 사건』.
2) 2014. 1. 16. 2013도7101, 공 2014상, 427, 『공천 브로커 사건』.
3) 2016. 3. 10. 2013도11233, 공 2016상, 587, 『축협 유통사업단 사건』.

(나) 별건 전자정보의 발견   정보저장매체(복제물 포함)에 대해 혐의사실과 관련된 전자
정보를 적법하게 탐색하는 과정에서 수사기관이 별도의 범죄혐의와 관련된 전자정보를 우연
히 발견하는 경우가 있다. 이러한 경우 수사기관은 더 이상의 추가 탐색을 중단하고 법원으로
부터 별도의 범죄혐의에 대한 압수수색영장을 발부받아야 한다. 수사기관은 별도의 압수수색
영장을 발부받은 경우에 한하여 우연히 발견한 전자정보에 대하여도 적법하게 압수·수색을
할 수 있다.[1]

우연히 별도의 범죄혐의에 대한 전자정보를 발견하여 별도의 압수수색영장을 발부받으면
별도의 압수수색절차가 진행된다. 별도의 압수수색절차는 최초의 압수수색절차와 구별되는
별개의 절차이다. 별도의 범죄혐의와 관련된 전자정보는 최초의 압수수색영장에 의한 압수·
수색의 대상이 아니다.[2]

외부로 반출한 정보저장매체(복제물 포함)를 탐색하는 과정에서 우연히 발견된 전자정보에
대한 압수·수색의 진행은 정보저장매체의 원래 소재지에서 별도의 압수수색영장에 기하여
압수·수색을 진행하는 경우와 마찬가지의 의미를 갖는다. 우연히 발견된 전자정보에 대한
피압수·수색 당사자는 최초의 압수·수색 이전부터 해당 전자정보를 관리하고 있던 자가 된
다.[3] 그러므로 수사기관은 특별한 사정이 없는 한 그 피압수자에게 참여권을 보장하고(법219,
121), 압수한 전자정보 목록을 교부하는 등(법219, 129) 피압수·수색 당사자의 이익을 보호하
기 위한 적절한 조치를 취해야 한다.[4]

(12) 영장집행 종료의 효과

(가) 집행종료후 영장의 효력   압수수색영장에 기재되는 유효기간은 집행에 착수할 수
있는 종기(終期)를 의미하는 것일 뿐이다. 그러므로 수사기관이 압수수색영장을 제시하고 집
행에 착수하여 압수·수색을 실시하고 그 집행을 종료하였다면 이미 그 영장은 목적을 달성
하여 효력이 상실된다.[5][6][7]

동일한 장소 또는 목적물에 대하여 다시 압수·수색할 필요가 있는 경우라면 수사기관은
그 필요성을 소명하여 법원으로부터 새로운 압수수색영장을 발부받아야 한다. 앞서 발부받은

---

1) 2015. 7. 16. 2011모1839 전원합의체 결정, 공 2015하, 1274, 『제약회사 저장매체 압수수색 사건』.
2) 2015. 7. 16. 2011모1839 전원합의체 결정, 공 2015하, 1274, 『제약회사 저장매체 압수수색 사건』.
3) 2015. 7. 16. 2011모1839 전원합의체 결정, 공 2015하, 1274, 『제약회사 저장매체 압수수색 사건』.
4) 2015. 7. 16. 2011모1839 전원합의체 결정, 공 2015하, 1274, 『제약회사 저장매체 압수수색 사건』.
5) 1999. 12. 1. 99모161, 공 2000, 524, 『동일 영장 재집행 사건』.
6) 2023. 10. 18. 2023도8752, 공 2023하, 2050, 『1차영장 집행 후 2차 압수수색 사건』.
7) 2023. 3. 16. 2020도5336, [미간행], 『대마 광고 메신저 구입희망 사건』.

압수수색영장의 유효기간이 남아 있다고 하여 이를 제시하고 다시 압수·수색을 하는 것은 허용되지 않는다.[1][2][3]

(나) 영장의 반환   사법경찰관은 압수수색검증영장의 유효기간 내에 영장의 집행에 착수하지 못했거나, 그 밖의 사유로 영장의 집행이 불가능하거나 불필요하게 되었을 때에는 즉시 그 영장을 청구한 검사에게 반환하고, 검사는 사법경찰관리가 반환한 영장을 법원에 반환한다(수사준칙39, 35① · ③). 이 경우 압수수색검증영장이 여러 통 발부된 경우에는 모두 반환해야 한다(수사준칙39, 35①). 사법경찰관은 압수수색검증영장을 반환하는 경우에는 반환사유 등을 적은 영장반환서에 해당 영장을 첨부하여 반환하고, 그 사본을 사건기록에 편철한다(수사준칙39, 35②).

검사는 압수수색검증영장의 유효기간 내에 영장의 집행에 착수하지 못했거나, 그 밖의 사유로 영장의 집행이 불가능하거나 불필요하게 되었을 때에는 즉시 해당 영장을 법원에 반환해야 한다(수사준칙39, 35①). 이 경우 압수수색검증영장이 여러 통 발부된 경우에는 모두 반환해야 한다(수사준칙39, 35①). 검사는 압수수색검증영장을 반환하는 경우에는 반환사유 등을 적은 영장반환서에 해당 영장을 첨부하여 반환하고, 그 사본을 사건기록에 편철한다(수사준칙39, 35②).

2. 영장에 의하지 아니한 압수·수색·검증

(1) 타인의 주거 등에 대한 피의자수색

(가) 의 의   검사 또는 사법경찰관은 피의자를 체포 또는 구속하는 경우에 필요한 때에는 영장 없이 타인의 주거나 타인이 간수하는 가옥, 건조물, 항공기, 선박·차량 안에서 피의자 수색을 할 수 있다(법216① i 본문). 형소법 제216조는 피의자의 신병을 조속히 확보함으로써 국가 형벌권을 적정히 실현하는 것을 목적으로 하고 있다.

(나) 요 건   헌법 제16조는 "모든 국민은 주거의 자유를 침해받지 아니한다."고 규정하면서, "주거에 대한 압수나 수색을 할 때에는 … 영장을 제시하여야 한다."고 규정하여 영장주의를 특별히 강조하고 있다. 형소법 제216조 제1항 제1호의 주거공간에 대한 압수·수색은 헌법 제16조에 대한 예외이다.

그러므로 형소법 제216조 제1항 제1호에 의한 압수·수색은 (가) 그 장소에 범죄혐의 등을 입증할 자료나 피의자가 존재할 개연성이 소명되고, (나) 사전에 영장을 발부받기 어려운

---

1) 1999. 12. 1. 99모161, 공 2000, 524, 『동일 영장 재집행 사건』.
2) 2023. 10. 18. 2023도8752, 공 2023하, 2050, 『1차영장 집행 후 2차 압수수색 사건』.
3) 2023. 3. 16. 2020도5336, [미간행], 『대마 광고 메신저 구입희망 사건』.

긴급한 사정이 있는 경우에만 제한적으로 허용될 수 있다.[1]

　(다) 헌법불합치결정　　　2019년 개정 전 형소법 제216조 제1항 제1호는 체포영장(법200의
2), 긴급체포(법200의3), 현행범체포(법212), 구속영장(법201)에 의하여 피의자를 체포·구속하
는 경우에 타인의 주거 등에 대해 영장 없는 수색을 허용하고 있었다. 그런데 개정 전 형소법
제216조 제1항 제1호는 피의자가 그 장소에 소재할 개연성만 소명되면 수색영장을 발부받기
어려운 긴급한 사정이 있는지 여부와 무관하게 영장주의의 예외를 인정하고 있었다. 2018년
헌법재판소는 개정 전 형소법 제216조 제1항 제1호가 주거의 자유를 규정한 헌법 제16조에
합치되지 않는다고 판단하여 헌법불합치결정을 내렸다.[2]

　(라) 2019년 형소법 개정　　　2019년 입법자는 헌법불합치결정의 취지를 반영하여 형소법
제216조 제1항 제1호 단서에 긴급성 요건을 추가하였다. 그런데 긴급체포(법200의3) 및 현행
범체포(법212)의 경우에는 그 자체로 이미 긴급성 요건이 충족된다. 그리하여 입법자는 체포영
장에 의한 체포(법200의2) 및 구속영장에 의한 구속(법201) 시의 피의자 수색에 대해서만 긴급
성 요건을 명시하였다. 즉, 체포영장에 의하여 피의자를 체포하거나 구속영장에 의하여 피의
자를 구속하는 경우에 타인의 주거나 타인이 간수하는 가옥, 건조물, 항공기, 선박·차량 안에
서의 영장 없는 피의자 수색은 미리 수색영장을 발부받기 어려운 긴급한 사정이 있는 때에
한정하여 허용된다(법216① i 단서). 사전영장에 의한 체포나 구속의 경우에는 사전에 타인 주
거 등에 대한 수색영장을 발부받을 가능성이 있기 때문이다.

　(마) 요급처분　　　수사기관이 형소법 제216조 제1항 제1호에 의하여 타인의 주거 등에
대하여 수색을 하는 경우에는 주거주, 간수자 또는 이에 준하는 사람의 참여(법123②)를 요하
지 않으며, 야간집행의 제한(법125)을 받지 않는다(법220).

(2) 체포현장에서의 압수·수색·검증

　(가) 체포현장　　　검사 또는 사법경찰관은 피의자를 체포 또는 구속하는 경우에 필요한
때에는 영장 없이 체포현장에서 압수·수색·검증을 할 수 있다(법216① ii). 경찰관이 피의자
의 집에서 20미터 떨어진 곳에서 피의자를 체포하여 수갑을 채운 후 피의자의 집으로 가서
집안을 수색하여 칼과 합의서 등 증거물을 압수한 경우는 체포현장에서의 압수에 해당하지
않는다.[3]

　형소법 제216조 제1항 제2호는 '체포현장'이라는 표현을 사용하고 있는데, 구속영장을 집

---

1) 2018. 4. 26. 2015헌바370, 헌집 30-1, 563, 『형소법 216조 1항 1호 헌법불합치 사건』.
2) 2018. 4. 26. 2015헌바370, 헌집 30-1, 563, 『형소법 216조 1항 1호 헌법불합치 사건』.
3) 2010. 7. 22. 2009도14376, [미간행], 『집 앞 20미터 체포 사건』.

행하는 경우에 피의자의 신체동작을 제압하는 '체포'가 일어나게 되므로 '체포현장'에는 '구속현장'도 포함된다. 영장 없는 압수 · 수색 · 검증의 근거가 되는 '체포 또는 구속'에는 체포영장에 의한 체포(법200의2), 긴급체포(법200의3), 현행범체포(법212)와 구속영장에 의한 구속(법201)이 모두 포함된다(법216①).

영장 없는 압수 · 수색 · 검증의 근거가 되는 '체포 또는 구속'은 적법하게 이루어지는 것이어야 한다. 수사기관이 위법하게 취득한 전자정보를 기초로 피의자를 현행범으로 체포하였다면 피의자에 대한 현행범 체포와 그에 따른 피의자의 소지품 등의 압수는 위법하다. 그러므로 법원으로부터 사후에 압수수색검증영장을 발부받았더라도 피의자를 현행범으로 체포하면서 수집한 증거는 위법하게 수집한 증거로서 증거능력이 없다.[1]

(나) 요급처분   수사기관이 형소법 제216조 제1항 제2호에 의하여 체포현장에서 압수 · 수색 · 검증을 하는 경우에는 주거주, 간수자 또는 이에 준하는 사람의 참여(법123②)를 요하지 않으며, 야간집행의 제한(법125)을 받지 않는다(법220).

(다) 법적 성질   체포현장에서의 압수 · 수색 · 검증을 둘러싸고 부수처분설과 긴급행위설이 대립하고 있다. 부수처분설은 피의자에 대한 체포 · 구속의 현장에서 행하는 압수 · 수색 · 검증에는 영장을 요하지 않는다고 보는 견해이다. 부수처분설은 체포영장(법200의2) 또는 구속영장(법201)이 이미 발부되어 있는 경우 또는 앞으로 구속영장의 발부가 예상되는 긴급체포(법200의4)나 현행범체포(법213의2)의 경우에 "대는 소를 겸한다"는 원리가 작용한다고 본다.

긴급행위설은 신체구속시 압수수색검증영장 없이 행하는 압수 · 수색 · 검증은 피의자를 체포 · 구속하는 수사공무원 등의 안전을 도모하기 위하여 흉기를 빼앗거나 피의자가 증거를 파괴 · 은닉하는 것을 예방하기 위하여 행하는 긴급행위이므로 이러한 압수 · 수색 · 검증은 그 목적범위 내에서 제한적으로만 허용되어야 한다는 주장이다.

생각건대 체포영장 또는 구속영장은 가장 강력한 형태의 강제처분인 신체구속에 대한 법적 통제장치이므로 체포영장 또는 구속영장이 발부되었거나 발부될 여지가 충분한 경우에는 별도의 법적 안전장치 없이도 압수 · 수색 · 검증이 가능하다고 볼 것이다.

(라) 시간적 근접성   수사상 신체구속을 할 때 체포현장에서의 압수 · 수색 · 검증과 사실행위로서의 체포 · 구속 사이에 어느 정도의 시간적 근접성이 요구되는가 하는 문제가 있다. 이 문제는 형사소송법 제308조의2가 위법수집증거배제법칙을 규정하면서 더욱 더 실천적인 의미를 가지게 되었다. 위법하게 수집된 증거물은 유죄의 증거로 사용할 수 없기 때문이다.

---

1) 2023. 3. 16. 2020도5336, [미간행], 『대마 광고 메신저 구입희망 사건』.

이 문제에 대해서는, (가) 압수·수색·검증은 체포·구속의 전후를 묻지 않고 허용되며 압수·수색·검증이 사실행위로서의 체포행위에 시간적·장소적으로 접착되어 있으면 족하다고 보는 견해(소위 체포접착설), (나) 압수·수색·검증 당시에 체포·구속될 피의자가 현장에 있으면 족하다고 보는 견해(소위 체포현장설), (다) 피의자가 압수·수색·검증현장에 있고 체포·구속이 현실적으로 착수되어야 영장 없는 압수·수색·검증이 가능하다고 보는 견해(소위 체포착수설), (라) 피의자가 현실적으로 체포되는 경우에 한하여 영장 없는 압수·수색·검증이 가능하다고 보는 견해(소위 체포실현설) 등이 각각 제시되고 있다.

(마) 사 견　　생각건대 다음과 같은 이유에서 체포착수설이 타당하다고 본다. 우선, 형소법 제216조 제1항은 '피의자를 체포 또는 구속하는 경우'라는 표현을 사용하고 있다. 또한 체포·구속에 성공하였음을 요하는 것은 영장 없는 압수·수색·검증의 적법성을 우연한 사정에 맡기는 결과가 된다. 이 점에서 피의자를 현실적으로 체포·구속한 경우에 영장 없는 압수·수색·검증이 가능하다는 체포실현설은 지지할 수 없다.

형소법 제216조 제3항은 현행범 상황에서 사후영장에 의한 압수·수색·검증을 허용하면서 '범죄장소'를 그 요건으로 설정하고 있다. '범죄장소'란 범죄의 현장을 가리킨다. 현행범 체포의 경우에는 영장 없는 압수·수색·검증이 허용된다(법216①ⅱ). 그럼에도 불구하고 형소법 제216조 제3항이 별도로 압수·수색·검증에 관한 규정을 둔 것은 현행범이 범죄장소 내지 범죄현장에서 이탈하는 상황에 대처하기 위함이다. 형소법 제216조 제1항을 해석할 때 피의자의 체포현장 소재만을 기준으로 삼는 체포현장설은 충분하지 못하며 체포의 착수에 이르러야 비로소 영장 없는 압수·수색·검증을 인정할 수 있을 것이다.

한편 형사소송법은 긴급체포된 자가 소유·소지 또는 보관하는 물건에 대하여 현장성 여부를 묻지 않고 24시간 이내에 영장 없는 압수·수색·검증을 허용하고 있다(법217①). 이 경우에는 체포현장을 떠나서도 영장 없는 압수·수색·검증이 가능하게 되므로 체포접착설처럼 체포현장과 관련된 영장 없는 압수·수색·검증을 체포 이전과 이후로 무리하게 확장시킬 필요가 없다.

이상을 종합해 볼 때 체포착수설이 긴급한 압수·수색·검증의 필요성을 인정하면서도 그 남용을 방지할 수 있는 장점을 가지고 있다고 본다. 체포착수설에 의하면 체포에 착수하였으나 피의자가 도주한 경우에도 체포를 시도한 현장에서 영장 없이 압수·수색·검증을 할 수 있다.

(바) 사후영장　　체포현장에서의 압수·수색·검증은 영장 없이 할 수 있지만 압수물을 계속 압수하려면 영장이 필요하다. 검사 또는 사법경찰관이 압수한 물건을 계속 압수할 필요가 있는 경우에는 지체 없이 압수수색영장을 청구하여야 한다(법217② 1문). 압수수색영장 청

구는 피의자를 체포한 때로부터 48시간 이내에 하여야 한다(동항 2문). 검사 또는 사법경찰관
이 사후에 영장을 청구하였으나 압수수색영장을 발부받지 못한 때에는 압수한 물건을 즉시
반환하여야 한다(동조③).

압수물의 경우 사후에 압수수색영장을 받지 아니한 압수물은 영장주의 원칙에 위배하여
수집하거나 그에 기초한 증거로서 그 절차위반행위가 적법절차의 실질적인 내용을 침해하는
정도에 해당하여 증거능력이 없다(법308의2).[1] 위법하게 압수된 압수물을 기초로 한 임의제출
동의서, 압수조서 및 압수목록, 압수품 사진 등 이차적 증거 역시 증거능력이 없다.[2]

(사) 임의제출물의 압수   판례는 현행범 체포현장이나 범죄 현장에서 소지자 등이 임의
로 제출하는 물건은 형사소송법 제218조에 의하여 영장 없이 압수하는 것이 허용되고, 이 경
우 검사나 사법경찰관은 별도로 사후에 영장을 받을 필요가 없다는 입장을 취하고 있다.[3] 체
포·구속현장에서 영장 없는 압수가 허용되지만 이 경우에는 사후영장이 요구된다(법217② 1
문). 여기에서 영장청구절차를 우회하기 위하여 체포현장에서 임의제출물 형태의 압수가 이루
어지기 쉽다.

체포 현장에서는 수사기관의 우월적 지위에 의하여 임의제출 명목으로 실질적으로 강제
적인 압수가 행하여질 위험이 있다. 검사는 임의제출물의 압수에서 제출에 임의성이 있다는
점을 합리적 의심을 배제할 수 있을 정도로 증명해야 한다. 검사가 이를 증명하지 못하여 임
의로 제출된 것이라고 볼 수 없는 경우에는 임의제출물로 압수된 물건에 대해 증거능력을 인
정할 수 없다.[4]

(아) 비밀녹음   수사기관이 적법한 절차와 방법에 따라 범죄를 수사하면서 (가) 현재
그 범행이 행하여지고 있거나 행하여진 직후이고, (나) 증거보전의 필요성 및 긴급성이 있으
며, (다) 일반적으로 허용되는 상당한 방법으로 범행현장에서 현행범인 등 관련자들과 수사기
관의 대화를 녹음한 경우라면, 그 녹음이 영장 없이 이루어졌다 하여 이를 위법하다고 단정할
수 없다.[5]

이는 설령 그 녹음이 행하여지고 있는 사실을 현장에 있던 대화상대방, 즉 현행범인 등
관련자들이 인식하지 못하고 있었더라도, 「통신비밀보호법」 제3조 제1항이 금지하는 공개되
지 아니한 타인간의 대화를 녹음한 경우에 해당하지 않는 이상 마찬가지이다.[6]

1) 2009. 5. 14. 2008도10914, 공 2009상, 925,『인터넷 스와핑 카페 사건』.
2) 2010. 7. 22. 2009도14376, [미간행],『집 앞 20미터 체포 사건』.
3) 2019. 11. 14. 2019도13290, 공 2020상, 123,『에스컬레이터 불법촬영 현행범 사건』.
4) 2016. 3. 10. 2013도11233, 공 2016상, 587,『축협 유통사업단 사건』.
5) 2024. 5. 30. 2020도9370, 공 2024하, 1045,『성매매업소 비밀녹음 사건』.
6) 2024. 5. 30. 2020도9370, 공 2024하, 1045,『성매매업소 비밀녹음 사건』.

다만 수사기관이 일반적으로 허용되는 상당한 방법으로 녹음하였는지 여부는 수사기관이 녹음장소에 통상적인 방법으로 출입하였는지, 녹음의 내용이 대화의 비밀 내지 사생활의 비밀과 자유 등에 대한 보호가 합리적으로 기대되는 영역에 속하는지 등을 종합적으로 고려하여 신중하게 판단하여야 한다.[1]

(자) 사진촬영   체포현장에서의 압수·수색·검증은 영장 없이 할 수 있다. 여기에는 수사기관이 피의자를 현행범으로 체포하면서 체포의 원인이 되는 혐의사실과 관련하여 사진촬영을 하는 것이 포함된다.[2] 압수는 증거물 또는 몰수할 것으로 사료되는 물건의 점유를 취득하는 강제처분이다. 범행현장에서 발견된 증거물을 촬영하였다는 사정만으로는 수사기관이 강제로 그 증거물의 점유를 취득하여 이를 압수하였다고 할 수 없으므로 사후에 압수영장을 받을 필요가 없다.[3]

「경찰관 직무집행법」(경직법)은 경찰착용기록장치의 사용을 규정하고 있다. 경찰관은 피의자를 체포·구속하는 경우에 필요한 최소한의 범위에서 경찰착용기록장치를 사용할 수 있다(동법10의5① i). 또한 경찰관은 (가) 범죄수사를 위하여 필요한 경우로서 (나) 범행 중이거나 범행 직전 또는 직후일 것, (다) 증거보전의 필요성 및 긴급성이 있을 것의 세 가지 요건을 모두 갖춘 경우에 필요한 최소한의 범위에서 경찰착용기록장치를 사용할 수 있다(동항 ii).

(3) 현행범 상황하의 압수·수색·검증

(가) 현행범 상황   검사 또는 사법경찰관은 범행중 또는 범행 직후의 범죄장소에서 긴급을 요하여 법원판사의 영장을 받을 수 없는 때에는 영장 없이 압수·수색·검증을 할 수 있다(법216③ 1문). 이 경우에는 사후에 지체 없이 영장을 받아야 한다(동항 2문). 여기에서 '범행중 또는 범행 직후'란 현행범 상황을 가리킨다(법211① 참조).

(나) 요급처분   수사기관이 형소법 제216조 제3항에 의하여 영장 없이 압수·수색·검증을 하는 경우에는 주거주, 간수자 또는 이에 준하는 사람의 참여(법123②)를 요하지 않으며, 야간집행의 제한(법125)을 받지 않는다(법220).

(다) 적용범위   원래 현행범인(법211①)을 체포하는 경우에는 체포현장에서 영장 없이 압수·수색·검증을 할 수 있다(법216① ii). 그런데 형소법 제216조 제3항은 범인의 체포와 무관하게 범죄장소에서 영장 없는 압수·수색·검증을 허용하고 있다. 이것은 현행범체포를 위한 전 단계로서, 또는 현행범인의 체포를 시도하였으나 체포가 이루어지지 아니한 상황에

1) 2024. 5. 30. 2020도9370, 공 2024하, 1045, 『성매매업소 비밀녹음 사건』.
2) 2024. 5. 30. 2020도9370, 공 2024하, 1045, 『성매매업소 비밀녹음 사건』.
3) 2024. 5. 30. 2020도9370, 공 2024하, 1045, 『성매매업소 비밀녹음 사건』.

서, 수사공무원의 신변을 보호하거나 증거물 또는 몰수대상물의 신속한 확보를 위하여 수사기관으로 하여금 범죄장소에서 압수·수색·검증을 할 수 있도록 한 것이다.

현행범 상황에서의 압수·수색·검증은 범인이 체포되지 아니한 상태에서 일어난다. 이 경우 수사기관은 사후에 지체 없이 압수·수색·검증영장을 발부받아야 한다(법216③ 2문). 체포현장에서 압수를 행한 경우(법216① ii)에 압수한 물건을 계속 압수할 필요가 있는 경우에는 체포 후 48시간 이내에 압수수색영장을 '청구'하면 족하다(법217②). 이에 반하여 현행범 상황에서의 압수·수색·검증의 경우(법216③)에는 사후에 지체 없이 압수·수색·검증영장을 '발부받아야' 한다. 그러나 검사 또는 사법경찰관이 사후에 청구한 압수수색영장을 발부받지 못한 때에는 압수한 물건을 즉시 반환하여야 한다는 점(법217③)은 양자가 같다.

(라) 적용사례　　　피의자의 신체 내지 의복류에 주취로 인한 냄새가 강하게 나는 등 범죄의 증적이 현저한 준현행범인(법211② iii)으로서의 요건이 갖추어져 있고 교통사고 발생 시각으로부터 사회통념상 범행 직후라고 볼 수 있는 시간 내라면 피의자의 생명·신체를 구조하기 위하여 사고현장으로부터 곧바로 후송된 병원 응급실 등의 장소는 현행범 상황하의 범죄장소(법216③)에 준한다.[1]

따라서 수사기관은 피의자의 혈중알코올농도 등 증거의 수집을 위하여, 의료법상 의료인의 자격이 있는 자로 하여금 의료용 기구로 의학적인 방법에 따라, 필요최소한의 한도 내에서 피의자의 혈액을 채취하게 한 후, 그 혈액을 영장 없이 압수할 수 있다.[2] 다만 이 경우에도 사후에 지체 없이 강제채혈에 의한 압수의 사유 등을 기재한 영장청구서에 의하여 법원으로부터 압수영장을 받아야 한다(법216③ 2문).

(4) 긴급체포 후의 압수·수색·검증

(가) 의 의　　　검사 또는 사법경찰관은 긴급체포(법200의3)된 자가 소유, 소지 또는 보관하는 물건에 대하여 긴급히 압수할 필요가 있는 경우에는 체포한 때로부터 24시간 이내에 한하여 영장 없이 압수·수색·검증을 할 수 있다(법217①). 형소법 제217조 제1항에 따른 압수·수색·검증은 체포현장에서의 압수·수색·검증을 규정하고 있는 형소법 제216조 제1항 제2호와 달리, 체포현장이 아닌 장소에서도 긴급체포된 자가 소유·소지 또는 보관하는 물건을 대상으로 할 수 있다.[3]

형사소송법 제217조 제1항이 24시간 이내에 한하여 긴급체포된 자에 대해 영장 없이 압

---

1) 2012. 11. 15. 2011도15258, 공 2012하, 2077, 『음주 오토바이 사건』.
2) 2012. 11. 15. 2011도15258, 공 2012하, 2077, 『음주 오토바이 사건』.
3) 2017. 9. 12. 2017도10309, 공 2017하, 2019, 『긴급체포 현장 2km 압수 사건』.

수 · 수색 · 검증을 할 수 있도록 한 것은 수사기관이 피의자를 긴급체포한 상황에서 피의자가 체포되었다는 사실이 공범이나 관련자들에게 알려짐으로써 관련자들이 증거를 파괴하거나 은닉하는 것을 방지하고, 범죄사실과 관련된 증거물을 신속히 확보할 수 있도록 하기 위함이다.[1]

(나) 요급처분   수사기관이 형소법 제216조에 의하여 영장 없이 압수 · 수색 · 검증을 하는 경우에는 주거주, 간수자 또는 이에 준하는 사람의 참여(법123②)를 요하지 않으며, 야간집행의 제한(법125)을 받지 않는다(법220). 그런데 형소법 제220조는 요급처분의 적용대상을 형소법 제216조로 한정할 뿐 형소법 제217조 제1항은 언급하고 있지 않다.

형소법 제217조 제1항에 따른 긴급압수 · 수색 · 검증은 24시간 이내에 한하여 영장 없이 허용된다. 긴급성 요건과 함께 시간적 허용한계가 설정되어 있으므로 형소법 제217조 제1항에 따른 긴급압수 · 수색 · 검증에도 형소법 제216조의 경우와 마찬가지로 주거주 등의 참여(법123②)나 야간집행의 제한(법125)이 적용되지 않는다고 보아야 할 것이다.

(다) 요 건   형소법 제217조 제1항은 긴급함을 이유로 한 압수의 남용을 방지하기 위하여 '긴급히 압수할 필요가 있는 경우'라는 긴급성 요건을 명시하고 있다. 그런데 형소법 제217조 제1항은 압수의 긴급성 판단을 위한 구체적 기준을 제시하고 있지 않다. 생각건대 압수의 긴급성은 긴급체포의 긴급성에 준하여 해석해야 할 것이다. 따라서 압수가 긴급을 요한다 함은 압수대상물을 우연히 발견한 경우 등과 같이 법관으로부터 압수영장을 발부받을 시간적 여유가 없는 때를 의미한다고 본다(법200의3① 2문).

(라) 허용범위   입법자는 긴급체포 현장에서의 영장 없는 압수 · 수색 · 검증을 제한 없이 허용하고 있다(법216① ii). 그러나 긴급체포 이후에 이루어지는 압수 · 수색 · 검증은 긴급체포된 자가 소유 · 소지 또는 보관하는 물건으로 대상이 한정된다(법217①).

2007년 형소법 개정 이전의 규정에 따르면 긴급압수 · 수색 · 검증은 '긴급체포를 할 수 있는 자'가 소유 · 소지 또는 보관하는 물건에 대하여 허용되고 있었다(구법207①). 그러나 신형사소송법은 상대방을 '긴급체포된 자'로 한정하여 그가 소유 · 소지 또는 보관하는 물건에 대해 영장 없는 압수 · 수색 · 검증을 인정하고 있다(법217①). 이와 같은 변화는 '긴급체포할 수 있는 자'라는 요건하에 수사기관에게 영장 없는 압수 · 수색 · 검증을 허용하는 것이 기본권 보장의 취지에 비추어 볼 때 지나치다는 입법자의 판단에 따른 것이다.

(마) 사후영장의 청구   검사 또는 사법경찰관은 긴급체포된 자가 소유 · 소지 또는 보관하는 물건에 대하여 긴급하게 압수한 물건을 계속 압수할 필요가 있는 경우에는 지체 없이

---

[1] 2017. 9. 12. 2017도10309, 공 2017하, 2019, 『긴급체포 현장 2km 압수 사건』.

압수수색영장을 청구하여야 한다(법217② 1문). 사후 압수수색영장의 청구는 피의자를 긴급체포한 때부터 최장 48시간 이내에 하여야 한다(동항 2문).

(바) 압수물의 반환   검사 또는 사법경찰관은 사후에 청구한 압수수색영장을 발부받지 못한 때에는 압수한 물건을 즉시 반환하여야 한다(법217③). 여기에서 긴급체포 후에 압수된 물건의 반환시점이 문제된다. 형소법 제217조 제1항은 긴급체포된 자가 소유·소지 또는 보관하는 물건에 대해 체포한 때로부터 24시간 이내에 한하여 영장 없는 압수·수색·검증을 허용하고 있다. 한편 형소법 제217조 제2항은 압수한 물건을 계속 압수할 필요가 있는 경우에 지체 없이 압수·수색·검증영장을 청구하도록 요구하면서 체포한 때로부터 48시간 이내에 청구하도록 규정하고 있다. 여기에서 형소법 제217조 제1항과 제2항의 관계가 문제된다.

생각건대 양자는 다음과 같은 맥락으로 이해되어야 할 것이다. 먼저, 긴급체포된 때로부터 24시간 이내에는 긴급체포된 자가 소유·소지·보관하고 있는 물건을 수사기관이 영장 없이 압수·수색·검증할 수 있다(법217①). 이 24시간 이내에 압수물이 발견되었다면 수사기관은 그 물건을 영장 없이 압수할 수 있다(동항). 긴급체포 후 24시간이 경과한 후에는 설사 압수물을 발견하였다고 하여도 별도의 사전영장 없이는 압수할 수 없다(법215①·②).

긴급체포 후 24시간 이내에 압수물을 발견한 상황에서 그 압수물을 계속하여 압수할 필요가 있는 경우에는 긴급체포의 시점으로부터 최장 48시간 이내에 사후영장을 청구하여야 한다(법217② 2문). 사후영장을 청구한 후 영장청구가 기각된 경우에는 압수한 물건을 즉시 반환하여야 한다(동조③). 그 반환시점은 영장기각의 완급에 따라 긴급체포 후 48시간을 경과한 시점이 될 수도 있을 것이다.

(사) 영장불비의 효과   사후 압수수색영장을 발부받지 아니하고도 즉시 반환하지 아니한 압수물은 이를 유죄 인정의 증거로 사용할 수 없다.[1] 헌법과 형사소송법이 선언한 영장주의의 중요성에 비추어 볼 때 피고인이나 변호인이 이를 증거로 함에 동의하였다고 하더라도 달라지지 않는다.[2]

3. 임의제출물 및 유류물의 압수

(1) 임의제출물 및 유류물 압수의 의의

검사 또는 사법경찰관은 피의자나 그 밖의 사람이 유류(遺留)한 물건이나 소유자, 소지자

---

1) 2009. 12. 24. 2009도11401, 공 2010상, 298, 『외사과 경찰관 압수 사건』.
2) 2009. 12. 24. 2009도11401, 공 2010상, 298, 『외사과 경찰관 압수 사건』.

또는 보관자가 임의로 제출한 물건을 영장 없이 압수할 수 있다(법218). 유류물이나 임의제출물에 대한 점유취득을 영치(領置)라고 한다. 유류물을 압수하거나 임의제출물을 압수하는 경우에는 사전 또는 사후에 영장을 받을 것을 요구하지 않는다.[1] 유류물 압수와 임의제출물 압수는 영장 없는 압수에 해당한다. 그러나 범죄혐의를 전제로 한 수사 목적이나 압수의 효력은 압수영장에 의한 압수의 경우와 동일하다.[2]

유류물 압수와 임의제출물 압수는 구별된다. 유류물 압수는 수사기관이 (가) 소유권이나 관리처분권이 처음부터 존재하지 않는 물건, (나) 소유권이나 관리처분권이 존재하였지만 적법하게 포기된 물건, 또는 (다) 소유권이나 관리처분권이 존재하였지만 적법하게 포기된 것과 같은 외관을 가진 물건 등의 점유를 수사상 필요에 따라 취득하는 수사방법을 말한다.[3]

이에 대해 임의제출물 압수는 압수물에 대한 수사기관의 점유 취득이 제출자의 의사에 따라 이루어지는 수사방법이다. 임의제출물 압수의 경우, 제출자가 제출·압수의 대상을 개별적으로 지정하거나 그 범위를 한정할 수 있다. 그러나 유류물 압수의 경우에는 그와 같은 제출자의 존재를 생각하기 어렵다.[4]

(2) 유류물 압수의 특성

유류물 압수는 임의제출물 압수와 달리 압수대상물에 대한 제출자의 존재를 생각하기 어렵다. 따라서 유류물 압수·수색에 대해서는 원칙적으로 영장에 의한 압수·수색·검증에 관하여 적용되는 형사소송법 제215조 제1항의 관련성 요건이 적용되지 않는다. 나아가 임의제출물 압수에 관하여 적용되는 관련성 요건, 즉 형사소송법 제219조에 의하여 준용되는 제106조 제1항, 제3항, 제4항에 따른 관련성 요건의 제한도 적용된다고 보기 어렵다.[5]

정보저장매체가 유류물로 압수되는 경우가 있다. 이 경우에는 (가) 정보저장매체의 현실적 지배·관리 혹은 (나) 이에 담겨있는 전자정보 전반에 관한 전속적인 관리처분권을 인정하기 어려워서 정보저장매체에 대한 실질적 압수·수색 당사자를 상정할 수 없다. 피압수자를 상정할 수 없으므로 정보저장매체를 유류물로 압수하는 경우에는 피압수자에 대한 참여권 보장의 문제가 발생하지 않는다.

이 점은 정보저장매체를 소지하고 있던 사람이 이를 분실한 경우와 같이 그 권리를 포기

---

1) 2024. 7. 25. 2021도1181, 판례속보, 『SSD카드 신발주머니 투척 사건』.
2) 2021. 11. 18. 2016도348, 전원합의체 판결, 공 2022상, 57, 『피의자 휴대전화 피해자 임의제출 사건』.
3) 2024. 7. 25. 2021도1181, 판례속보, 『SSD카드 신발주머니 투척 사건』.
4) 2024. 7. 25. 2021도1181, 판례속보, 『SSD카드 신발주머니 투척 사건』.
5) 2024. 7. 25. 2021도1181, 판례속보, 『SSD카드 신발주머니 투척 사건』.

하였다고 단정하기 어려운 경우에도 마찬가지이다. 정보저장매체를 소지하고 있던 사람이 이를 분실한 사정을 수사기관이 충분히 알 수 있었음에도 이를 유류물로서 영장 없이 압수하였다는 등의 특별한 사정이 없는 한, 압수영장에 의한 압수나 임의제출물 압수와 같이 수사기관의 압수 당시 참여권 행사의 주체가 되는 피압수자가 존재한다고 평가할 수는 없다.[1]

결론적으로, 범죄수사를 위해 정보저장매체의 압수가 필요하고, 정보저장매체를 소지하던 사람이 그에 관한 권리를 포기하였거나 포기한 것으로 인식할 수 있는 경우에는, 수사기관이 형사소송법 제218조에 따라 피의자 기타 사람이 유류한 정보저장매체를 영장 없이 압수할 때 (가) 해당 사건과 관계가 있다고 인정할 수 있는 것에 압수의 대상이나 범위가 한정된다거나, (나) 참여권자의 참여가 필수적이라고 볼 수는 없다.[2]

(3) 임의제출물 압수의 특성

임의제출물의 압수는 영장 없는 압수에 해당하지만 긴급압수 · 수색의 범주에는 들어가지 않는다. 상대방의 의사에 반하는 것이 아니므로 굳이 긴급성 요건을 상정할 필요가 없기 때문이다. 임의제출물의 압수는 수사기관이 상대방의 의사에 반하여 목적물의 점유를 취득하는 것이 아니라는 점에서 통상의 압수와 구별된다. 임의제출물을 압수하는 경우에 검사나 사법경찰관은 별도로 사후에 영장을 받을 필요가 없다.[3]

그러나 일단 영치된 물건에 대하여는 이해관계인이 임의로 점유를 회복할 수 없다는 점에서 임의제출물의 압수는 압수의 일종으로 파악된다. 따라서 임의제출물 압수의 목적물은 특정 범죄혐의와 관련성이 있는 것이어야 한다(법219, 106① · ③ · ④). 나아가 임의제출물의 압수도 압수물의 환부 · 가환부(법133 이하, 218의2) 및 그 처분에 대한 준항고(법417)의 대상이 된다.

(4) 임의제출물의 제출권자

임의제출물은 소유자, 소지자 또는 보관자로부터 제출받아야 한다. 검사가 교도관으로부터 그가 보관하고 있던 피의자의 비망록을 뇌물수수죄 등의 증거자료로 임의로 제출받아 압수하였다면, 그 압수절차가 피의자의 승낙 및 영장 없이 행하여졌다고 하더라도 이에 적법절차를 위반한 위법이 있다고 할 수 없다.[4]

---

1) 2024. 7. 25. 2021도1181, 판례속보, 『SSD카드 신발주머니 투척 사건』.
2) 2024. 7. 25. 2021도1181, 판례속보, 『SSD카드 신발주머니 투척 사건』.
3) 2019. 11. 14. 2019도13290, 공 2020상, 123, 『에스컬레이터 불법촬영 현행범 사건』.
4) 2008. 5. 15. 2008도1097, 공 2008상, 880, 『재소자 비망록 임의제출 사건』.

소유자, 소지자 또는 보관자가 아닌 자(예컨대 피해자)로부터 제출받은 물건을 영장 없이 압수한 경우에 그 압수물 및 압수물을 찍은 사진은 유죄 인정의 증거로 사용할 수 없다.[1] 헌법과 형사소송법이 선언한 영장주의의 중요성에 비추어 볼 때 피고인이나 변호인이 이를 증거로 함에 동의하였다고 하더라도 증거능력은 인정되지 않는다.[2]

수사기관이 형사법 제216조 제1항 제2호가 허용한 체포현장을 벗어나 영장 없이 물건을 압수한 경우 그 압수물은 물론 이를 기초로 하여 획득한 이차적 증거 역시 유죄 인정의 증거로 사용할 수 없다. 헌법과 형사소송법이 선언한 영장주의의 중요성에 비추어 볼 때 위법한 압수가 있은 직후에 피의자로부터 작성받은 그 압수물에 대한 임의제출동의서도 특별한 사정이 없는 한 마찬가지로 유죄의 증거로 사용할 수 없다.[3]

(5) 개인정보의 제공

「개인정보 보호법」은 일정한 요건 아래 개인정보처리자가 수사기관에 개인정보를 제출하는 것을 허용하고 있다. 범죄의 수사와 공소의 제기 및 유지를 위하여 필요한 경우에 이루어지는 개인정보의 제공(개인정보보호법18② vii)도 그 가운데 하나이다. 그런데 범죄수사 등을 위한 개인정보 제공은 공공기관(동법2 vi)인 개인정보처리자에게만 허용된다(동법18② 단서). 정보통신서비스를 제공하는 회사는 개인정보처리자에 해당하지만 공공기관이 아니다. 그러므로 공공기관에 해당하지 아니하는 정보통신회사가 수사기관에 이용자의 정보통신 내용에 관한 정보를 임의로 제출하는 것은 위법하며, 제출된 개인정보는 증거능력이 없다.[4]

「개인정보 보호법」은 '다른 법률에 특별한 규정'이 있는 경우에 개인정보처리자가 수사기관에 개인정보를 제공하는 것을 허용하고 있다(동법18② ii). 한편 형소법 제199조 제2항은 수사기관에게 수사에 관하여 공무소 기타 공사단체에 조회하여 필요한 사항의 보고를 요구할 수 있다고 규정하고 있다. 그러나 개인정보처리자는 형소법 제199조 제2항을 근거로 수사기관에 개인정보를 제공할 수 없다. 「개인정보 보호법」에서 정한 '다른 법률에 특별한 규정이 있는 경우'란 그 문언 그대로 개별 법률에서 개인정보의 제공이 허용됨을 구체적으로 명시한 경우로 한정하여 해석해야 하기 때문이다.[5]

---

1) 2010. 1. 28. 2009도10092, 공 2010상, 474, 『피해자 쇠파이프 제출 사건』.
2) 2010. 1. 28. 2009도10092, 공 2010상, 474, 『피해자 쇠파이프 제출 사건』.
3) 2010. 7. 22. 2009도14376, [미간행], 『집 앞 20미터 체포 사건』.
4) 2015. 7. 16. 2015도2625 전원합의체 판결, 공 2015하, 1308, 『심리전단 트위터 사건』.
5) 2022. 10. 27. 2022도9510, 공 2022하, 2361, 『입당원서 임의제출 사건』.

(6) 임의제출의 임의성 증명

체포 현장이나 범행 현장에서는 수사기관의 우월적 지위에 의하여 임의제출 명목으로 실질적으로 강제적인 압수가 행하여질 위험이 있다. 이 때문에 임의제출물의 압수에서 제출의 임의성을 확보하는 것이 대단히 중요하다. 임의제출물의 압수 형태로 수집한 증거물에 대해서는 이후의 공판절차에서 검사가 제출에 임의성이 있었다는 점을 합리적 의심을 배제할 수 있을 정도로 증명해야 한다. 검사가 이를 증명하지 못하여 임의로 제출된 것이라고 볼 수 없는 경우에는 임의제출물로 압수된 물건에 대해 증거능력을 인정할 수 없다.[1]

수사기관이 압수수색영장을 집행하면서 압수수색영장 발부의 사유로 된 범죄 혐의사실과 무관한 별개의 증거를 압수하였다면, 이는 원칙적으로 유죄 인정의 증거로 사용할 수 없다. 다만 수사기관이 그 별개의 증거를 피압수자 등에게 환부하고 후에 이를 임의제출받아 다시 압수하였다면, 이는 그 증거를 압수한 최초의 절차 위반행위와 최종적인 증거수집 사이의 인과관계가 단절되었다고 평가할 수 있는 사정이 될 수 있다.[2]

그러나 별개 증거를 환부한 후 다시 제출하는 과정에서 수사기관의 우월적 지위로 인해 임의제출 명목으로 실질적으로 강제적인 압수가 행해질 수 있다. 그러므로 별개 증거의 제출에 임의성이 있다는 점에 관하여는 검사가 합리적 의심을 배제할 수 있을 정도로 증명해야 한다. 별개 증거가 임의로 제출된 것이라고 볼 수 없는 경우에는 그 증거능력을 인정할 수 없다.[3]

(7) 정보저장매체의 임의제출물 압수

(가) 문제의 소재　　　　　수사기관은 정보저장매체를 임의제출물 형태로 압수할 수 있다(법 218). 판례에 따르면 체포·구속 현장에서도 임의제출물 압수가 허용되고 있으며, 체포·구속 현장에서의 영장 없는 압수(법216① ii, 217②)와 달리 사후영장을 요하지 않는다.[4] 특히 사법경찰관의 입장에서는 검사와 법관에 의한 영장주의 통제를 우회하는 방편으로 정보저장매체를 임의제출물 형태로 압수하기 쉽다.

그러나 영장에 의한 정보저장매체의 압수와 관련된 법리는 정보저장매체를 임의제출물 형태로 압수하는 경우에도 마찬가지로 적용된다. 임의제출물의 압수는 압수물에 대한 수사기관의 점유 취득이 제출자의 의사에 따라 이루어진다는 점에서 차이가 있을 뿐 범죄혐의를 전

---

1) 2016. 3. 10. 2013도11233, 공 2016상, 587, 『축협 유통사업단 사건』.
2) 2016. 3. 10. 2013도11233, 공 2016상, 587, 『축협 유통사업단 사건』.
3) 2016. 3. 10. 2013도11233, 공 2016상, 587, 『축협 유통사업단 사건』.
4) 2019. 11. 14. 2019도13290, 공 2020상, 123, 『에스컬레이터 불법촬영 현행범 사건』.

제로 한 수사 목적이나 압수의 효력은 영장에 의한 경우와 동일하기 때문이다.[1]

(나) 현장압수의 원칙　　　수사기관이 특정 범죄혐의와 관련하여 전자정보가 수록된 정보저장매체를 임의제출받아 그 안에 저장된 전자정보를 압수하는 경우가 있다. 이때 수사기관의 전자정보에 대한 압수는 원칙적으로 범죄혐의사실과 관련된 부분만을 문서 출력물로 수집하거나 수사기관이 휴대한 정보저장매체에 해당 파일을 복제하는 방식으로 이루어져야 한다.[2]

임의제출된 정보저장매체 자체를 직접 반출하거나 저장매체에 들어 있는 전자파일 전부를 하드카피나 이미징 등 형태로 수사기관 사무실 등 외부로 반출하는 방식으로 압수하는 것은 현장의 사정이나 전자정보의 대량성으로 인하여 관련 정보 획득에 긴 시간이 소요되거나 전문 인력에 의한 기술적 조치가 필요한 경우 등 범위를 정하여 출력 또는 복제하는 방법이 불가능하거나 압수의 목적을 달성하기에 현저히 곤란하다고 인정되는 때에 한하여 예외적으로 허용될 수 있을 뿐이다.[3]

(다) 임의제출자의 의사　　　정보저장매체와 그 안에 저장된 전자정보는 개념적으로나 기능적으로나 별도의 독자적 가치와 효용을 지닌 것으로 상호 구별된다. 뿐만 아니라 임의제출된 전자정보의 압수가 적법한 것은 어디까지나 제출자의 자유로운 제출 의사에 근거한 것이기 때문이다. 그렇기 때문에 범죄혐의사실과 관련된 전자정보(유관정보)와 그렇지 않은 전자정보(무관정보)가 혼재되어 있는 정보저장매체(복제본 포함)를 수사기관에 임의제출하는 경우 제출자는 제출 및 압수의 대상이 되는 전자정보를 개별적으로 지정하거나 그 범위를 한정할 수 있다.[4]

(라) 의사의 확인　　　정보저장매체 내 전자정보의 임의제출 범위는 제출자의 의사에 따라 달라질 수 있다. 그러한 만큼 정보저장매체를 임의제출받는 수사기관은 제출자로부터 임의제출의 대상이 되는 전자정보의 범위를 확인함으로써 압수의 범위를 명확히 특정하여야 한다.[5]

헌법과 형사소송법이 구현하고자 하는 적법절차, 영장주의, 비례의 원칙은 물론, 사생활의 비밀과 자유, 정보에 대한 자기결정권 및 재산권의 보호라는 관점에서 정보저장매체 내 전자정보가 가지는 중요성에 비추어 볼 때, 정보저장매체를 임의제출하는 사람이 거기에 담긴 전자정보를 지정하거나 제출 범위를 한정하는 취지로 한 의사표시는 엄격하게 해석하여야 하고,

---

1) 2021. 11. 18. 2016도348 전원합의체 판결, 공 2022상, 57, 『피의자 휴대전화 피해자 임의제출 사건』.
2) 2021. 11. 18. 2016도348 전원합의체 판결, 공 2022상, 57, 『피의자 휴대전화 피해자 임의제출 사건』.
3) 2021. 11. 18. 2016도348 전원합의체 판결, 공 2022상, 57, 『피의자 휴대전화 피해자 임의제출 사건』.
4) 2021. 11. 18. 2016도348 전원합의체 판결, 공 2022상, 57, 『피의자 휴대전화 피해자 임의제출 사건』.
5) 2021. 11. 18. 2016도348 전원합의체 판결, 공 2022상, 57, 『피의자 휴대전화 피해자 임의제출 사건』.

확인되지 않은 제출자의 의사를 수사기관이 함부로 추단하는 것은 허용되지 않는다.[1] 따라서 수사기관이 제출자의 의사를 쉽게 확인할 수 있음에도 이를 확인하지 않은 채 특정 범죄혐의 사실과 관련된 전자정보(유관정보)와 그렇지 않은 전자정보(무관정보)가 혼재된 정보저장매체를 임의제출받은 경우, 그 정보저장매체에 저장된 전자정보 전부가 임의제출되어 압수된 것으로 취급할 수는 없다.[2]

(마) 의사의 미확인　　수사기관은 피의사실과 관계가 있다고 인정할 수 있는 것에 한정하여 증거물 또는 몰수할 것으로 사료하는 물건을 압수할 수 있다(법219, 106). 따라서 전자정보를 압수하고자 하는 수사기관이 정보저장매체와 거기에 저장된 전자정보를 임의제출의 방식으로 압수할 때에는 제출자로부터 구체적인 제출 범위에 관하여 그 의사를 확인하여야 한다.

수사기관이 전자정보를 임의제출하는 제출자로부터 구체적인 제출 범위에 관한 의사를 제대로 확인하지 않는 등의 사유로 인해 임의제출자의 의사에 따른 전자정보 압수의 대상과 범위가 명확하지 않거나 이를 알 수 없는 경우가 있다. 이러한 경우에는 임의제출에 따른 압수의 동기가 된 범죄혐의사실과 관련되고 이를 증명할 수 있는 최소한의 가치가 있는 전자정보에 한하여 압수의 대상이 된다.[3]

(바) 관련성 요건　　이때 범죄혐의사실과 관련된 전자정보에는 (가) 범죄혐의사실 그 자체 또는 (나) 그와 기본적 사실관계가 동일한 범행과 직접 관련되어 있는 것은 물론 (다) 범행 동기와 경위, 범행 수단과 방법, 범행 시간과 장소 등을 증명하기 위한 간접증거나 정황증거 등으로 사용될 수 있는 것도 포함된다.[4]

다만 임의제출된 전자정보의 관련성은 임의제출에 따른 압수의 동기가 된 범죄혐의사실의 내용과 수사의 대상, 수사의 경위, 임의제출의 과정 등을 종합하여 구체적·개별적 연관관계가 있는 경우에만 인정된다. 범죄혐의사실과 단순히 동종 또는 유사 범행이라는 사유만으로 관련성이 있다고 할 것은 아니다.[5]

(사) 불법촬영 범죄의 특수성　　범죄혐의사실과 관련된 전자정보인지를 판단할 때는 범죄혐의사실의 내용과 성격, 임의제출의 과정 등을 토대로 구체적·개별적 연관관계를 살펴보아야 한다. 특히 카메라의 기능과 정보저장매체의 기능을 함께 갖춘 휴대전화인 스마트폰을 이

---

1) 2021. 11. 18. 2016도348 전원합의체 판결, 공 2022상, 57, 『피의자 휴대전화 피해자 임의제출 사건』.
2) 2021. 11. 18. 2016도348 전원합의체 판결, 공 2022상, 57, 『피의자 휴대전화 피해자 임의제출 사건』.
3) 2021. 11. 18. 2016도348 전원합의체 판결, 공 2022상, 57, 『피의자 휴대전화 피해자 임의제출 사건』.
4) 2021. 11. 18. 2016도348 전원합의체 판결, 공 2022상, 57, 『피의자 휴대전화 피해자 임의제출 사건』.
5) 2021. 11. 18. 2016도348 전원합의체 판결, 공 2022상, 57, 『피의자 휴대전화 피해자 임의제출 사건』.

용한 불법촬영 범죄와 관련하여 구체적·개별적 연관관계의 판단기준이 문제된다.

불법촬영 범죄는 범죄의 속성상 해당 범행의 상습성이 의심되거나 성적 기호(嗜好) 내지 경향성의 발현에 따른 일련의 범행의 일환으로 이루어진 것으로 의심되고, 범행의 직접증거가 스마트폰 안에 이미지 파일이나 동영상 파일의 형태로 남아 있을 개연성이 있다. 이러한 경우에는 그 안에 저장되어 있는 같은 유형의 전자정보에서 위의 관련성 요건의 세 가지 유형 가운데 (다)의 유형, 즉 불법촬영 범죄와 관련한 유력한 간접증거나 정황증거가 발견될 가능성이 높다.[1]

스마트폰을 이용한 불법촬영물은 범죄의 대상이 된 피해자의 인격권을 현저히 침해하는 성격의 전자정보를 담고 있다. 이와 관련하여 임의제출된 전자정보가 범죄혐의사실과 구체적·개별적 연관관계가 있는 경우인가는 전자정보를 임의제출한 사람이 피의자 자신인가 아니면 피해자 등 제삼자인가에 따라서 달라진다.

(아) 피의자가 임의제출한 경우　　먼저, 피의자가 불법촬영물이 저장된 정보저장매체를 임의제출한 경우를 살펴본다.

불법촬영물은 범죄행위로 인해 생성된 것으로서 몰수의 대상이다(형법48① ii). 피의자가 임의제출한 경우, 제출된 휴대전화에서 해당 전자정보를 신속히 압수·수색하여 불법촬영물의 유통 가능성을 적시에 차단함으로써 피해자를 보호할 필요성이 크다. 나아가 피의자가 임의제출한 불법촬영물의 경우에는 간접증거나 정황증거이면서 몰수의 대상이자 압수·수색의 대상인 전자정보의 유형이 이미지 파일 내지 동영상 파일 등으로 비교적 명확하게 특정되어 있다. 그리하여 불법촬영 범죄와 무관한 사적 전자정보 전반의 압수·수색으로 이어질 가능성이 적어 상대적으로 폭넓게 관련성을 인정할 여지가 있다.[2]

따라서 피의자가 임의제출한 정보저장매체 안에 저장되어 있는 같은 유형의 전자정보들은 관련성 유형 가운데 (다)의 간접증거나 정황증거로서 당해 범죄혐의사실과의 구체적·개별적 연관관계를 폭넓게 인정할 수 있다.[3]

(자) 제삼자가 임의제출한 경우　　다음으로, 피의자 아닌 사람이 피의자가 소유·관리하는 정보저장매체를 임의제출한 경우에 전자정보의 관련성 판단기준을 살펴본다.

임의제출의 주체가 소유자 아닌 소지자·보관자이고 그 제출행위로 소유자의 사생활의 비밀 기타 인격적 법익이 현저히 침해될 우려가 있는 경우에는 임의제출에 따른 압수·수색의 필요성과 함께 임의제출에 동의하지 않은 소유자의 법익에 대한 특별한 배려도 필요하다.

---

1) 2021. 11. 18. 2016도348 전원합의체 판결, 공 2022상, 57, 『피의자 휴대전화 피해자 임의제출 사건』.
2) 2021. 11. 18. 2016도348 전원합의체 판결, 공 2022상, 57, 『피의자 휴대전화 피해자 임의제출 사건』.
3) 2021. 11. 18. 2016도348 전원합의체 판결, 공 2022상, 57, 『피의자 휴대전화 피해자 임의제출 사건』.

피의자 개인이 소유·관리하는 정보저장매체에는 그의 사생활의 비밀과 자유, 정보에 대한 자기결정권 등 인격적 법익에 관한 모든 것이 저장되어 있어 제한 없이 압수·수색이 허용될 경우 피의자의 인격적 법익이 현저히 침해될 우려가 있기 때문이다.[1]

그러므로 피의자가 소유·관리하는 정보저장매체를 피의자 아닌 피해자 등 제삼자가 임의제출하는 경우에는 관련성 요건을 보다 제한적으로 해석해야 한다. 이 점은 특히 관련성 유형 가운데 (다)의 유형, 즉 간접증거나 정황증거로서 범죄혐의사실과 구체적·개별적 연관관계를 인정할 수 있는가를 판단할 때 의미가 있다.

피해자가 피의자가 소유·관리하는 정보저장매체를 임의제출한 경우에는 그 임의제출 및 그에 따른 수사기관의 압수가 적법하다 하더라도 임의제출의 동기가 된 범죄혐의사실과 구체적·개별적 연관관계가 있는 전자정보에 한하여 압수의 대상이 되는 것으로 보다 제한적으로 해석하여야 한다.[2]

임의제출인 제삼자가 제출의 동기가 된 범죄혐의사실과 구체적·개별적 연관관계가 인정되는 범위를 넘는 전자정보까지 일괄하여 임의제출한다는 의사를 밝혔더라도, 그 정보저장매체 내 전자정보 전반에 관한 처분권이 그 제삼자에게 있거나 그에 관한 피의자의 동의 의사를 추단할 수 있는 등의 특별한 사정이 없는 한, 그 임의제출을 통해 수사기관이 영장 없이 적법하게 압수할 수 있는 전자정보의 범위는 제출의 동기가 된 범죄혐의사실과 관련된 전자정보에 한정된다.[3]

(8) 정보저장매체의 임의제출물 압수와 참여권 보장

(가) 압수절차의 준수　　수사기관이 범죄혐의사실과 관련된 전자정보(유관정보)와 그렇지 않은 전자정보(무관정보)가 섞인 정보저장매체(복제본 포함)를 임의제출 받아 사무실 등지에서 정보를 탐색·복제·출력하는 경우가 있다. 이 경우 수사기관은 압수수색영장 집행의 경우와 마찬가지로 피압수자(임의제출자)나 변호인에게 참여의 기회를 보장하고 압수된 전자정보가 특정된 목록을 교부해야 한다.

(나) 피의자가 임의제출한 경우　　수사기관이 피의자로부터 범죄혐의사실과 관련된 전자정보(유관정보)와 그렇지 않은 전자정보(무관정보)가 섞인 정보저장매체를 임의제출 받아 사무실 등지에서 정보를 탐색·복제·출력하는 경우에는 피의자나 변호인에게 참여의 기회를 보장하고 압수된 전자정보가 특정된 목록을 교부하는 조치를 하지 않았더라도 절차 위반행위가

---

1) 2021. 11. 18. 2016도348 전원합의체 판결, 공 2022상, 57, 『피의자 휴대전화 피해자 임의제출 사건』.
2) 2021. 11. 18. 2016도348 전원합의체 판결, 공 2022상, 57, 『피의자 휴대전화 피해자 임의제출 사건』.
3) 2021. 11. 18. 2016도348 전원합의체 판결, 공 2022상, 57, 『피의자 휴대전화 피해자 임의제출 사건』.

이루어진 과정의 성질과 내용 등에 비추어 피의자의 절차상 권리가 실질적으로 침해되지 않았다면 압수·수색이 위법하다고 볼 것은 아니다.[1]

수사기관이 피의자로부터 임의제출 받은 휴대전화를 피의자가 있는 자리에서 살펴보고 불법촬영 영상을 발견하였다면 피의자가 탐색에 참여하였다고 볼 수 있다. 또한 수사기관이 피의자신문을 하면서 범행 영상을 제시하자, 피의자가 그 영상이 언제 어디에서 찍은 것인지 쉽게 알아보고 그에 관해 구체적으로 진술하였다면, 피의자에게 압수된 전자정보가 특정된 목록이 교부되지 않았더라도, 절차 위반행위가 이루어진 과정의 성질과 내용 등에 비추어 절차상 권리가 실질적으로 침해되었다고 보기 어렵다.[2]

(다) 제삼자가 임의제출한 경우   피해자 등 제삼자가 소유·소지·보관하는 정보저장매체를 수사기관에 임의제출한 경우 임의제출자(피압수자)인 제삼자에 더하여 피의자에게도 참여권을 부여해야 할 것인지 문제된다. 판례는 피의자가 '실질적 피압수자'로 평가될 수 있는 경우라면 피의자에게도 참여권을 인정해야 한다는 입장이다.

판례는 제삼자가 임의제출한 정보저장매체에 대해 피의자가 (가) 압수·수색 당시 또는 이와 시간적으로 근접한 시기까지 해당 정보저장매체를 현실적으로 지배·관리하면서 (나) 그 정보저장매체 내 전자정보 전반에 관한 전속적인 관리처분권을 보유·행사하고, (다) 달리 이를 자신의 의사에 따라 제삼자에게 양도하거나 포기하지 아니한 경우라면, 해당 정보저장매체를 실질적으로 '피의자의 소유·관리에 속하는 정보저장매체'로 보아 피의자(실질적 피압수자)에게 참여권을 인정해야 한다는 기준을 제시하였다.[3][4]

피의자가 실질적 피압수자에 해당하는지 여부는 민사법상 권리의 귀속에 따른 법률적·사후적 판단이 아니라 압수·수색 당시 외형적·객관적으로 인식 가능한 사실상의 상태를 기준으로 판단해야 한다.[5] 이러한 정보저장매체의 외형적·객관적 지배·관리 등 상태와 별도로 (가) 단지 피의자나 그 밖의 제삼자가 과거 그 정보저장매체의 이용 내지 개별 전자정보의 생성·이용 등에 관여한 사실이 있다거나 (나) 그 과정에서 생성된 전자정보에 의해 식별되는 정보주체에 해당한다는 사정만으로 그들을 실질적으로 압수·수색을 받는 당사자로 취급해야 하는 것은 아니다.[6]

---

1) 2022. 2. 17. 2019도4938 전원합의체 판결, 공 2022상, 57, 『피의자 휴대전화 피해자 임의제출 사건』.
2) 2022. 2. 17. 2019도4938 전원합의체 판결, 공 2022상, 57, 『피의자 휴대전화 피해자 임의제출 사건』.
3) 2022. 1. 27. 2021도11170, 공 2022상, 486, 『강사용 PC 임의제출 사건』.
4) 전술 284면 참조.
5) 2022. 1. 27. 2021도11170, 공 2022상, 486, 『강사용 PC 임의제출 사건』.
6) 2022. 1. 27. 2021도11170, 공 2022상, 486, 『강사용 PC 임의제출 사건』.

(9) 압수조서의 작성

검사 또는 사법경찰관은 임의제출 형태로 증거물 또는 몰수할 물건을 압수했을 때에도 압수의 일시·장소, 압수 경위 등을 적은 압수조서를 작성해야 한다. 다만, 피의자신문조서, 진술조서, 검증조서에 압수의 취지를 적은 경우에는 그렇지 않다(수사준칙40 본문·단서).

압수조서의 작성은 수사기관으로 하여금 압수절차의 경위를 기록하도록 함으로써 사후적으로 압수절차의 적법성을 심사·통제하기 위한 것이다. 피의자신문조서 등에 압수의 취지를 기재하여 압수조서를 갈음할 수 있도록 하더라도, 압수절차의 적법성 심사·통제 기능에 차이가 없다.[1]

(10) 압수목록의 교부

(가) 압수목록의 현장 교부   수사기관은 임의제출 형태로 압수대상물을 압수한 경우에도 압수목록을 작성하여 소유자, 소지자, 보관자 기타 이에 준하는 자에게 교부하여야 한다(법219, 129). 압수목록은 준항고 등을 통한 권리구제가 신속하면서도 실질적으로 이루어질 수 있도록 압수방법·장소·대상자별로 명확히 구분한 후 압수물의 품종·종류·명칭·수량·외형상 특징 등을 최대한 구체적이고 정확하게 특정하여 기재하여야 한다.[2] [3] 압수목록에는 작성연월일이 기재되어야 한다(법57①). 압수목록의 내용은 사실에 부합하여야 한다.[4] [5]

압수목록은 피압수자 등이 압수물에 대한 환부·가환부신청(법218의2)을 하거나 압수처분에 대한 준항고(법417)를 하는 등 권리행사절차를 밟는 가장 기초적인 자료가 된다. 그러므로 수사기관은 이러한 권리행사에 지장이 없도록 유류한 물건이나 임의제출물의 압수 직후 현장에서 압수물 목록을 바로 작성하여 교부하는 것이 원칙이다.[6] 작성연월일을 누락한 채 일부 사실에 부합하지 않는 내용으로 작성하여 압수·수색이 종료된 지 5개월 지난 뒤에 임의제출에 따른 압수 형식으로 압수물 목록을 교부한 행위는 형사소송법이 정한 바에 따른 압수물 목록의 작성·교부에 해당하지 않는다.[7]

(나) 압수목록의 사후 교부   압수목록은 신속하게 작성·교부되어야 하는 것이 원칙이다. 그러나 예외적으로 압수영장 자체에 의하여 목록의 사후 작성·교부가 허용될 수 있다.

---

1) 2023. 6. 1. 2020도2550, 공 2023하, 1166, 『휴대전화 대신 동영상 제출 사건』.
2) 2022. 7. 14. 2019모2584, 공 2022하, 1694, 『유출 수사기록 회수용 압수 사건』.
3) 2024. 1. 5. 2021모385, 공 2024상, 441, 『화장품 219박스 압수 사건』.
4) 2009. 3. 12. 2008도763, 공 2009상, 503, 『제주지사실 압수수색 사건 2』.
5) 2024. 1. 5. 2021모385, 공 2024상, 441, 『화장품 219박스 압수 사건』.
6) 2009. 3. 12. 2008도763, 공 2009상, 503, 『제주지사실 압수수색 사건 2』.
7) 2009. 3. 12. 2008도763, 공 2009상, 503, 『제주지사실 압수수색 사건 2』.

적법하게 발부된 영장의 기재는 그 집행의 적법성 판단의 우선적인 기준이 되어야 하므로, 예외적으로 (가) 압수물의 수량·종류·특성 기타의 사정상 압수 직후 현장에서 압수목록을 작성·교부하지 않을 수 있다는 취지가 영장에 명시되어 있고, (나) 이와 같은 특수한 사정이 실제로 존재하는 경우에는 압수영장을 집행한 후 일정한 기간이 경과하고서 압수목록을 작성·교부할 수도 있다.[1]

그러나 압수목록 작성·교부 시기의 예외에 관한 영장의 기재는 피의자·피압수자 등의 압수 처분에 대한 권리구제절차 또는 불복절차가 형해화되지 않도록 그 취지에 맞게 엄격히 해석되어야 한다. 나아가 예외적 적용의 전제가 되는 특수한 사정의 존재 여부는 수사기관이 이를 증명하여야 하며, 그 기간 역시 필요 최소한에 그쳐야 한다.[2]

또한 영장에 의한 압수 및 그 대상물에 대한 확인조치가 끝나면 그것으로 압수절차는 종료된다. 압수물과 혐의사실과의 관련성 여부에 관한 평가 및 그에 필요한 추가 수사는 압수절차 종료 이후의 사정에 불과하므로 이를 이유로 압수 직후 이루어져야 하는 압수목록 작성·교부의무를 해태·거부할 수는 없다.[3]

(다) 동영상 제시와 압수목록의 대체　　수사기관이 피의자에게서 압수한 동영상을 재생하여 피의자에게 제시한 경우 압수목록이 교부된 것과 같이 볼 수 있는 경우가 있다. 예컨대 불법촬영의 범죄사실이 문제된 사안에서, 사법경찰관이 피의자신문 시에 피의자가 제출한 동영상을 재생하여 피의자에게 제시하고, 피의자가 해당 동영상의 촬영 일시, 피해자의 인적사항, 몰래 촬영하였는지 여부, 촬영 동기 등을 구체적으로 진술하였으며 별다른 이의를 제기하지 않았다면, 그 동영상의 압수 당시 실질적으로 피의자에게 해당 전자정보 압수목록이 교부된 것과 다름이 없다고 볼 수 있다. 비록 피의자에게 압수된 전자정보가 특정된 목록이 교부되지 않았더라도, 절차 위반행위가 이루어진 과정의 성질과 내용 등에 비추어 피의자의 절차상 권리가 실질적으로 침해되었다고 보기 어려우므로 해당 동영상에 관한 압수는 적법한 것으로 평가된다.[4]

4. 압수물의 관리와 처분

압수물은 사건종결시까지 이를 보관함이 원칙이다.[5] 압수물의 보관은 압수수색영장의 집

---

1) 2024. 1. 5. 2021모385, 공 2024상, 441, 『화장품 219박스 압수 사건』.
2) 2024. 1. 5. 2021모385, 공 2024상, 441, 『화장품 219박스 압수 사건』.
3) 2024. 1. 5. 2021모385, 공 2024상, 441, 『화장품 219박스 압수 사건』.
4) 2023. 6. 1. 2020도2550, 공 2023하, 1166, 『휴대전화 대신 동영상 제출 사건』.
5) 2012. 12. 27. 2011헌마351, 헌집 24-2, 601, 『압수 과도 폐기 사건』.

행작용 가운데 하나이므로 검사 또는 사법경찰관의 직무에 속한다(법219, 115①). 압수물의 보관방법에는 자청보관(법219, 131), 위탁보관(법219, 130①), 대가보관(법219, 132①)의 방법이 있다. 사법경찰관이 압수물의 보관과 폐기(법130) 및 압수물의 대가보관(법132)의 처분을 함에는 검사의 지휘를 받아야 한다(법219 단서).

피고인의 입장에서 볼 때 압수물의 증거조사를 통하여 자신에게 유리한 사정을 입증하고자 하여도 압수물이 폐기되어 존재하지 않게 된다면, 이는 증거신청권을 포함하는 피고인의 공정한 재판을 받을 권리를 침해하는 것이 된다. 따라서 사건종결 전의 압수물 폐기는 이를 엄격히 제한할 필요가 있다.[1] [2]

위험발생의 염려가 있는 압수물은 수사기관이 폐기할 수 있다(법219, 130②). 위험발생의 염려가 있는 압수물이란 폭발물, 유독물질 등 사람의 생명, 신체, 건강, 재산에 위해를 줄 수 있는 물건으로서 보관 자체가 대단히 위험하여 종국판결이 선고될 때까지 보관하기 매우 곤란한 압수물을 의미한다.[3]

법령상 생산·제조·소지·소유 또는 유통이 금지된 압수물로서 부패의 염려가 있거나 보관하기 어려운 압수물은 소유자 등 권한 있는 자의 동의를 받아 폐기할 수 있다(법219, 130③). 부패의 염려가 있거나 보관하기 어려운 압수물이라 하더라도 (가) 법령상 생산·제조·소지·소유 또는 유통이 금지되어 있고, (나) 권한 있는 자의 동의를 받지 못하는 한 이를 폐기할 수 없다. 만약 그러한 요건이 갖추어지지 않았음에도 폐기하였다면 이는 위법하다.[4]

위험물 등 위에 정한 사유에 해당하지 아니하는 압수물에 대하여는 설사 피압수자의 소유권포기가 있거나 동의가 있다 하더라도 폐기가 허용되지 않는다. 형사절차는 국가의 형벌권을 실현하는 절차이므로 법률에 정한 절차에만 의하여야 하며, 소유권포기나 동의에 의한 압수물의 일반적 폐기를 허용한다면 형사절차법률주의가 무의미하게 될 수 있기 때문이다.[5]

수사기관의 위법한 폐기처분은 손해배상청구권을 발생시킨다. 이 경우 손해배상청구권에 관한 장기소멸시효의 기산점은 위법한 폐기처분이 이루어진 시점이 아니라 무죄의 형사판결이 확정되었을 때이다.[6]

---

1) 2012. 12. 27. 2011헌마351, 헌집 24-2, 601, 『압수 과도 폐기 사건』.
2) 2022. 1. 14. 2019다282197, 공 2022상, 341, 『오징어채 150박스 폐기처분 사건』.
3) 2012. 12. 27. 2011헌마351, 헌집 24-2, 601, 『압수 과도 폐기 사건』.
4) 2022. 1. 14. 2019다282197, 공 2022상, 341, 『오징어채 150박스 폐기처분 사건』.
5) 2012. 12. 27. 2011헌마351, 헌집 24-2, 601, 『압수 과도 폐기 사건』.
6) 2022. 1. 14. 2019다282197, 공 2022상, 341, 『오징어채 150박스 폐기처분 사건』.

5. 수사상 압수물의 환부·가환부

(1) 환부·가환부의 의의

압수물의 환부는 압수물의 점유를 종국적으로 원래의 점유자에게 회복시키는 것을 말한다. 압수물의 가환부는 수사기관이 압수물에 대한 점유를 계속 유지하되 목적물의 경제적 이용을 위하여 소유자, 소지자 등에게 잠정적으로 압수물을 돌려주는 처분을 말한다.

압수장물의 피해자환부는 압수장물을 종국적으로 피해자에게 반환하는 것을 말한다. 피해자환부의 요건인 '환부할 이유가 명백한 때'(법219, 134)란 사법상 피해자에게 압수된 물건의 인도를 청구할 수 있는 권리가 있음이 명백한 경우를 의미한다. 인도청구권에 관하여 사실상·법률상 다소라도 의문이 있는 경우는 환부할 명백한 이유가 있는 경우라고는 할 수 없다.[1] 사법경찰관이 압수장물의 피해자환부(법134) 처분을 함에는 검사의 지휘를 받아야 한다(법219 단서).

압수물의 환부는 수사기관의 의무이다. 압수 상대방의 환부청구권은 주관적 공권이기 때문에 포기가 인정되지 않는다.[2] 피압수자 등 환부를 받을 자가 압수 후 그 소유권을 포기하는 등에 의하여 실체법상의 권리를 상실하더라도 그 때문에 압수물을 환부하여야 하는 수사기관의 의무에 어떠한 영향을 미칠 수 없다. 또한 피압수자 등 환부를 받을 자가 수사기관에 대하여 형사소송법상의 환부청구권을 포기한다는 의사표시를 하더라도 그 효력이 없어 그에 의하여 수사기관의 필요적 환부의무가 면제된다고 볼 수는 없다.[3]

(2) 적법한 압수물의 환부·가환부

(가) 의 의   재산권의 신속한 회복이라는 관점에서 볼 때 압수물의 환부·가환부는 중요한 의미를 갖는다. 압수물의 환부·가환부는 두 가지 경우에 인정된다. 하나는 압수가 적법하게 이루어진 후 압수물의 환부·가환부를 신청하는 경우이다. 다른 하나는 압수가 적법하게 이루어지지 않았음을 주장하면서 압수물의 환부·가환부를 구하는 경우이다.

먼저, 압수가 적법하게 이루어진 후 압수물의 환부·가환부를 신청하는 경우를 본다. 2011년 형사소송법 개정시에 입법자는 적법한 압수물에 대한 이해관계인의 신속한 권리회복을 위하여 형소법 제218조의2를 신설하였다. 개정내용 가운데 입법자가 이해관계인에게 환부·가환부의 신청권을 명문화하고, 환부·가환부 거부시 법원에의 불복방법을 인정한 것은

---

1) 1984. 7. 16. 84모38, 공 1984, 1461, 『가나리 압수 보관 사건』.
2) 1996. 8. 16. 94모51 전원합의체결정, 공 1996, 2764, 『다이아몬드 포기각서 사건』.
3) 2022. 1. 14. 2019다282197, 공 2022상, 341, 『오징어채 150박스 폐기처분 사건』.

주목할 만하다.

수사기관은 증거에 사용할 압수물에 대하여 가환부의 청구가 있는 경우 가환부를 거부할 수 있는 특별한 사정이 없는 한 가환부에 응하여야 한다.[1] 가환부를 거부할 수 있는 특별한 사정이 있는지 여부는 범죄의 태양, 경중, 몰수 대상인지 여부, 압수물의 증거로서의 가치, 압수물의 은닉·인멸·훼손될 위험, 수사나 공판수행상의 지장 유무, 압수에 의하여 받는 피압수자 등의 불이익의 정도 등 여러 사정을 검토하여 종합적으로 판단해야 한다.[2]

(나) 사법경찰관의 환부   사법경찰관은 사본을 확보한 경우 등 압수를 계속할 필요가 없다고 인정되는 압수물 및 증거에 사용할 압수물에 대하여 공소제기 전이라도 소유자, 소지자, 보관자 또는 제출인의 청구가 있는 때에는 검사의 지휘를 받아 환부 또는 가환부하여야 한다(법218의2④ · ①).

환부·가환부 청구에 대하여 사법경찰관이 이를 거부하는 경우에는 신청인은 사법경찰관을 지휘하는 해당 검사의 소속 검찰청에 대응한 법원에 압수물의 환부 또는 가환부 결정을 청구할 수 있다(법218의2④ · ②). 환부·가환부의 청구에 대하여 법원이 환부 또는 가환부를 결정하면 사법경찰관은 검사의 지휘를 받아 신청인에게 압수물을 환부 또는 가환부하여야 한다(법218의2④ · ③).

(다) 검사의 환부   검사는 사본을 확보한 경우 등 압수를 계속할 필요가 없다고 인정되는 압수물 및 증거에 사용할 압수물에 대하여 공소제기 전이라도 소유자, 소지자, 보관자 또는 제출인의 청구가 있는 때에는 환부 또는 가환부하여야 한다(법218의2①).

환부·가환부의 청구에 대하여 검사가 이를 거부하는 경우에는 신청인은 해당 검사의 소속 검찰청에 대응한 법원에 압수물의 환부 또는 가환부 결정을 청구할 수 있다(법218의2②). 환부·가환부의 청구에 대하여 법원이 환부 또는 가환부를 결정하면 검사는 신청인에게 압수물을 환부 또는 가환부하여야 한다(동조③).

(3) 위법한 압수물의 환부·가환부

(가) 의 의   압수절차가 위법함을 이유로 수사기관의 압수처분에 불복하여 압수물의 환부를 청구하는 경우가 있다. 압수영장을 제시하지 않고 이루어진 압수,[3] 피압수자 측의 참여를 허용하지 않고 이루어진 압수,[4] 관련성 없는 별건증거에 대한 압수[5] 등의 경우에 피압

---

1) 2017. 9. 29. 2017모236, 공 2017하, 2152, 『밀수출 혐의 렌터카 압수 사건』.
2) 2017. 9. 29. 2017모236, 공 2017하, 2152, 『밀수출 혐의 렌터카 압수 사건』.
3) 2023. 1. 12. 2022모1566, 공 2023상, 480, 『검찰 내부망 영장 없는 압수 준항고 사건』.
4) 2023. 1. 12. 2022모1566, 공 2023상, 480, 『검찰 내부망 영장 없는 압수 준항고 사건』.
5) 2015. 7. 16. 2011모1839 전원합의체 결정, 공 2015하, 1274, 『제약회사 저장매체 압수수색 사건』.

수자 측은 형소법 제417조에 기하여 위법한 압수처분의 취소를 구하면서 압수물의 환부·가환부를 청구할 수 있다.

형소법 제417조는 "검사 또는 사법경찰관의 … 압수 또는 압수물의 환부에 관한 처분…에 대하여 불복이 있으면 그 직무집행지의 관할법원 또는 검사의 소속검찰청에 대응한 법원에 그 처분의 취소 또는 변경을 청구할 수 있다."고 규정하고 있다. 형소법 제417조는 '압수처분' 및 '압수물의 환부에 관한 처분'을 수사절차상 준항고의 대상으로 규정하고 있다. 그런데 적법한 압수물의 환부·가환부에 관한 처분은 신설된 형소법 제218조의2의 규율대상이 되므로 형소법 제417조의 '압수물의 환부에 관한 처분'은 위법한 압수처분의 취소에 따르는 압수물의 환부와 관련된 것으로 이해해야 한다.

(나) 허용범위　　수사기관의 압수물의 환부에 관한 형사소송법 제417조의 준항고는 검사 또는 사법경찰관이 수사 단계에서 압수물의 환부에 관하여 처분을 할 권한을 가지고 있을 경우에 그 처분에 관하여 제기할 수 있는 불복절차이다. 공소제기 이전의 수사 단계에서는 압수물 환부·가환부에 관한 처분권한이 수사기관에 있다. 따라서 형사소송법 제417조에 기한 준항고를 할 수 있다.[1]

공소제기 이후의 단계에서는 압수물의 환부에 관하여 처분을 할 권한이 수소법원에 있으므로 검사의 압수물에 대한 처분이 있더라도 형사소송법 제417조의 준항고로 다툴 수 없다.[2] 또한 형사소송법 제332조에 따라 압수물에 대한 몰수의 선고가 포함되지 않은 판결이 확정된 때에는 압수가 해제된 것으로 간주되므로 이 경우 검사에게는 압수물 환부에 대한 처분을 할 권한이 없고, 따라서 형사소송법 제417조에 따른 준항고를 할 수 없다.[3]

(다) 청구권자　　검경 수사권의 조정에 따라 경찰공무원인 사법경찰관에게 일차 수사권이 인정되고 검사에게는 제한된 범위에서만 직접 수사를 개시할 수 있는 권한이 부여되었다(검찰청법4① 단서). 이에 따라 형소법 제417조도 검경 수사권 조정에 맞추어 새롭게 해석할 필요가 있다.

먼저, 사법경찰관의 압수처분 또는 압수물의 환부에 관한 처분에 대하여 불복하는 사람은 사법경찰관의 직무집행지의 관할법원에 그 처분의 취소 또는 변경을 청구할 수 있다(법417). 다음으로, 검사의 압수처분 또는 압수물의 환부에 관한 처분에 대하여 불복하는 사람은 검사의 직무집행지의 관할법원 또는 검사의 소속검찰청에 대응한 법원에 그 처분의 취소 또는 변경을 청구할 수 있다(법417).

---

1) 2024. 3. 12. 2022모2352, 공 2024상, 689, 『몰수 없는 선고 후 준항고 사건』.
2) 2024. 3. 12. 2022모2352, 공 2024상, 689, 『몰수 없는 선고 후 준항고 사건』.
3) 2024. 3. 12. 2022모2352, 공 2024상, 689, 『몰수 없는 선고 후 준항고 사건』.

(라) 준항고이익 수사기관의 압수물의 환부에 관한 처분의 취소를 구하는 준항고는 행정소송의 일종인 항고소송의 성질을 갖는다. 그러므로 통상의 항고소송에서와 마찬가지로 준항고의 이익이 있어야 한다. 소송 계속 중 준항고로써 달성하고자 하는 목적이 이미 이루어졌거나 시일의 경과 또는 그 밖의 사정으로 인하여 그 이익이 상실된 경우에는 준항고는 그 이익이 없어 부적법하게 된다.[1]

형사소송법 제419조는 형사소송법 제417조의 수사절차상 준항고에 관하여 형사소송법 제409조를 준용하고 있다. 형사소송법 제409조는 보통항고의 효력에 관한 규정이다. 따라서 형사소송법 제417조의 준항고는 준항고의 실익이 있는 한 제기기간에 아무런 제한이 없다.[2]

정보저장매체(복제물 포함)에 대한 압수처분의 경우에는 전자정보를 저장하고 있는 정보저장매체(복제물 포함)가 수사기관의 수중에 남아 있는 한 준항고를 통하여 이를 구제할 법적 이익이 존재한다. 따라서 정보저장매체(복제물 포함)의 압수와 관련한 권리구제의 수단으로서 수사절차상 준항고(법417)는 실천적으로 중요한 의미를 가지게 된다. 정보저장매체(복제물 포함) 압수의 경우 수사기관의 압수처분에 불복하여 준항고를 제기할 수 있는 사람은 피압수자 및 그의 변호인이다.

(마) 준항고 절차 피압수자는 준항고 청구서면을 관할법원에 제출하여야 한다(법418). 준항고 청구서면에는 준항고인의 지위에서 불복의 대상이 되는 압수 등에 관한 처분을 특정하고 준항고취지를 명확히 하여야 한다.[3] 준항고인이 불복의 대상이 되는 압수 등에 관한 처분을 구체적으로 특정하기 어려운 사정이 있는 경우에는 법원은 석명권 행사 등을 통해 준항고인에게 불복하는 압수 등에 관한 처분을 특정할 수 있는 기회를 부여하여야 한다.[4]

형사소송법 제417조에 따른 준항고 절차는 행정소송의 일종인 항고소송의 성질을 갖는다. 형사소송법 제417조에 따른 준항고 절차는 당사자주의에 의한 소송절차와는 달리 대립되는 양 당사자의 관여를 필요로 하지 않는다. 따라서 준항고인이 불복의 대상이 되는 압수 등에 관한 처분을 한 수사기관을 제대로 특정하지 못하거나 준항고인이 특정한 수사기관이 해당 처분을 한 사실을 인정하기 어렵다는 이유만으로 준항고를 쉽사리 배척할 것은 아니다.[5]

준항고인이 참여의 기회를 보장받지 못하였다는 이유로 압수·수색 처분에 불복하는 경

---

1) 2015. 10. 15. 2013모1970, [미간행], 『서버데크 반환거부 준항고 사건』.
2) 2024. 3. 12. 2022모2352, 공 2024상, 689, 『몰수 없는 선고 후 준항고 사건』.
3) 2023. 1. 12. 2022모1566, 공 2023상, 480, 『검찰 내부망 영장 없는 압수 준항고 사건』.
4) 2023. 1. 12. 2022모1566, 공 2023상, 480, 『검찰 내부망 영장 없는 압수 준항고 사건』.
5) 2023. 1. 12. 2022모1566, 공 2023상, 480, 『검찰 내부망 영장 없는 압수 준항고 사건』.

우, 준항고인으로서는 불복하는 압수·수색 처분을 특정하는 데 한계가 있을 수밖에 없다. 특히나 제3자가 보관하고 있는 전자정보에 대하여 압수·수색을 실시하면서 그 전자정보의 내용에 관하여 사생활의 비밀과 자유 등의 법익 귀속주체로서 해당 전자정보에 관한 전속적인 생성·이용 등의 권한을 보유·행사하는 실질적 피압수자이자 피의자인 준항고인에게 통지조차 이루어지지 않은 경우에는 더욱 그러하다.[1]

이러한 경우라면 준항고법원은 (가) 준항고취지에 압수·수색 처분의 주체로 기재된 수사기관뿐만 아니라 (나) 준항고취지에 기재된 기간에 실제로 압수·수색 처분을 집행한 것으로 확인되거나 추정되는 수사기관, (다) 사건을 이첩받는 등으로 압수·수색의 결과물을 보유하고 있는 수사기관 등의 압수·수색 처분에 대하여도 준항고인에게 석명권을 행사하는 등의 방식으로 불복하는 압수·수색 처분을 개별적, 구체적으로 특정할 수 있는 기회를 부여하여야 한다.[2]

(바) 전자정보 압수에 대한 준항고   정보저장매체(복제물 포함)에 대한 압수·수색이 위법하게 이루어질 때 그에 대한 구제방법이 문제된다. 위법하게 압수된 정보저장매체(복제물 포함)로부터 출력한 전자정보는 위법수집증거에 해당하여 원칙적으로 유죄의 증거로 쓸 수 없다(법308의2). 그러나 이는 당해 혐의사실에 대해 공소가 제기된 경우에 의미를 갖는다.

정보저장매체(복제물 포함)에 대한 압수·수색은 별건의 혐의사실에 대한 전자정보의 압수·수색으로 변질될 우려가 크다. 정보저장매체에 대한 압수·수색이 일반영장에 의한 압수·수색으로 변질되는 것을 막으려면 당해 정보저장매체(복제물 포함)에 대한 압수·수색 단계에서 압수·수색의 위법 여부를 다툴 수 있는 법적 장치가 필요하다. 이와 관련하여 주목되는 불법방법이 압수에 대한 수사절차상 준항고(법417)이다.

수사기관이 (가) 압수·수색영장에 기재된 범죄 혐의사실과의 관련성에 대한 구분 없이 임의로 전체의 전자정보를 복제·출력하여 이를 보관해 두고, (나) 그와 같이 선별되지 않은 전자정보에 대해 구체적인 개별 파일 명세를 특정하여 상세목록을 작성하지 않고 '….zip'과 같이 그 내용을 파악할 수 없도록 되어 있는 포괄적인 압축파일만을 기재한 후 이를 전자정보 상세목록이라고 하면서 피압수자 등에게 교부함으로써 (다) 범죄 혐의사실과 관련성 없는 정보(무관정보)에 대한 삭제·폐기·반환 등의 조치를 취하지 아니하는 경우가 있다.

이러한 경우는 결국 수사기관이 압수수색영장에 기재된 범죄혐의 사실과 관련된 정보(유관정보) 외에 (가) 범죄혐의 사실과 관련이 없어 압수의 대상이 아닌 정보(무관정보)까지 영장 없이 취득하는 것일 뿐만 아니라, (나) 범죄혐의와 관련 있는 압수 정보(유관정보)에 대한 상

---

1) 2023. 1. 12. 2022모1566, 공 2023상, 480, 『검찰 내부망 영장 없는 압수 준항고 사건』.
2) 2023. 1. 12. 2022모1566, 공 2023상, 480, 『검찰 내부망 영장 없는 압수 준항고 사건』.

세목록 작성 · 교부 의무와 (다) 범죄혐의와 관련 없는 정보(무관정보)에 대한 삭제 · 폐기 · 반환 의무를 사실상 형해화하는 결과가 되는 것이어서 영장주의와 적법절차의 원칙을 중대하게 위반한 것이다.[1]

이러한 경우라면 영장 기재 범죄혐의 사실과의 관련성 유무와 상관없이 수사기관이 임의로 전자정보를 복제 · 출력하여 취득한 정보 전체(유관정보 및 무관정보)에 대해 그 압수는 위법한 것으로 취소되어야 한다.[2] 사후에 법원으로부터 그와 같이 수사기관이 취득하여 보관하고 있는 전자정보 자체에 대해 다시 압수수색영장이 발부되었다고 하여 달리 볼 수 없다.[3]

(사) 압수처분의 취소   수사기관의 압수처분이 위법하다고 판단되면 준항고법원은 그에 대한 압수처분을 취소하여야 한다.[4] 압수처분이 취소된 압수물은 위법하게 수집된 증거로서 유죄의 증거로 사용할 수 없다(법308의2).

정보저장매체에 대한 압수 · 수색 과정에서 이루어지는 정보저장매체(복제본 포함) 압수와 이후의 전자정보 탐색 및 출력 · 복제행위는 하나의 영장에 의한 압수 · 수색 과정에서 이루어지는 수사기관의 압수처분이다. 정보저장매체(복제본 포함) 압수와 이후의 전자정보 탐색 및 출력 · 복제행위가 모두 진행되어 압수 · 수색이 종료된 이후에는 특정단계의 처분만을 취소하더라도 그 이후의 압수 · 수색을 저지한다는 것을 상정할 수 없다. 이 단계에 이르면 수사기관으로 하여금 압수 · 수색의 결과물을 보유하도록 할 것인지 여부만 문제된다. 그러므로 정보저장매체(복제물 포함)에 대한 압수 · 수색과정은 전체를 하나로 파악해야 한다.[5]

준항고인이 정보저장매체(복제물 포함)에 대한 전체 압수 · 수색 과정을 단계적 · 개별적으로 구분하여 각 단계의 개별 처분에 대해 취소를 구하는 경우가 있다. 그렇다고 하더라도 준항고법원으로서는 특별한 사정이 없는 한 구분된 개별 처분의 위법이나 취소 여부를 판단할 것이 아니라 당해 압수 · 수색 과정 전체를 하나의 절차로 파악하여 그 과정에서 나타난 위법이 압수수색절차 전체를 위법하게 할 정도로 중대한지 여부에 따라 전체적으로 압수 · 수색처분을 취소할 것인지를 가려야 한다.[6]

여기서 위법의 중대성은 (가) 위반한 절차조항의 취지, (나) 전체과정 중에서 위반행위가 발생한 과정의 중요도, (다) 그 위반사항에 의한 법익침해 가능성의 경중 등을 종합하여 판단

---

1) 2022. 1. 14. 2021모1586, 공 2022상, 405, 『확정사건 복제본 별건영장 압수 사건』.
2) 2022. 1. 14. 2021모1586, 공 2022상, 405, 『확정사건 복제본 별건영장 압수 사건』.
3) 2022. 1. 14. 2021모1586, 공 2022상, 405, 『확정사건 복제본 별건영장 압수 사건』.
4) 2015. 7. 16. 2011모1839 전원합의체 결정, 공 2015하, 1274, 『제약회사 저장매체 압수수색 사건』.
5) 2015. 7. 16. 2011모1839 전원합의체 결정, 공 2015하, 1274, 『제약회사 저장매체 압수수색 사건』.
6) 2015. 7. 16. 2011모1839 전원합의체 결정, 공 2015하, 1274, 『제약회사 저장매체 압수수색 사건』.

해야 한다.[1]

정보저장매체(복제물 포함)가 압수된 경우에 압수가 취소되면 수사기관은 정보저장매체(복제물 포함)를 피압수자에게 환부해야 한다(법218의2① 참조). 정보저장매체(복제물 포함)가 압수된 경우에 압수가 취소되면 수사기관은 수사기관 내부의 정보처리장치에 하드카피나 이미징 등 형태로 저장되어 있는 복제물 및 그로부터 다시 복제된 재복제물을 전부 삭제·폐기해야 한다. 이 경우 수사기관은 삭제·폐기 또는 반환확인서를 작성하여 피압수자 등에게 교부해야 할 것이다(수사준칙42② 참조). 압수물에 대해 환부가 이루어진 것과 마찬가지로 정보저장매체가 압수되기 전의 상태로 환원되어야 하기 때문이다.

제5 통신수사

1. 통신비밀보호법의 시행

(1) 통신비밀보호법의 적용범위

사생활의 비밀 및 자유와 관련하여 종래 도청의 법적 성질이 문제되고 있었다. 이에 대해 논란이 있었으나 1994년 이래 「통신비밀보호법」이 시행되면서 전기통신의 감청에 대해 독자적인 법적 근거가 마련되었다(동법2 iii, vii 참조). 「통신비밀보호법」에 따르면, 누구든지 「통신비밀보호법」과 형사소송법 또는 「군사법원법」의 규정에 의하지 않고는 우편물의 검열, 전기통신의 감청 또는 통신사실확인자료의 제공을 하거나 공개되지 아니한 타인간의 대화를 녹음 또는 청취하지 못한다(동법3① 본문). 다만 일정한 예외사항의 경우에는 다른 법률이 정한 바에 의한다(동항 단서 참조).

「통신비밀보호법」은 범죄수사를 위한 경우뿐만 아니라 범죄의 예방과 진압을 위한 경우까지를 염두에 두고 제정된 법률이다. 예컨대 통신제한조치를 보면, 범죄수사를 위한 통신제한조치(동법6)와 국가안보를 위한 통신제한조치(동법7)로 나누어져 청구의 주체와 허가절차를 달리하고 있다. 또한 범죄수사를 위한 통신제한조치(동법6)를 보더라도 그 대상자에는 피의자 외에 피내사자도 포함된다(동법6①). 아래에서는 범죄수사를 중심으로 「통신비밀보호법」의 규율내용을 살펴보기로 한다.

(2) 통신수사

「통신비밀보호법」은 통신제한조치(동법6), 선별된 전기통신의 사용·보관(동법12의2), 통신

---

1) 2015. 7. 16. 2011모1839 전원합의체 결정, 공 2015하, 1274, 『제약회사 저장매체 압수수색 사건』.

사실확인자료 제공(동법13)이라는 세 가지 형태의 강제처분을 규정하고 있으며, 원칙적으로 법관의 영장에 의하도록 하고 있다. 한편 통신과 관련된 임의수사의 법적 근거로「전기통신사업법」이 주목된다. 정보통신망이 확장 · 보급되면서 전기통신에 대한 수사방법도 다양해지고 있다. 전기통신과 관련된 수사를 가리켜서 통신수사라고 한다.

2. 통신제한조치

(1) 통신제한조치의 의의

통신제한조치는 (가) 우편물의 검열 또는 (나) 전기통신의 감청을 말한다. 통신제한조치는 범죄수사 또는 국가안전보장을 위하여 보충적인 수단으로 이용되어야 하며, 국민의 통신비밀에 대한 침해가 최소한에 그치도록 노력하여야 한다(통신비밀보호법3②).

우편물의 검열은 해당자가 발송 · 수취하는 특정한 우편물이나 일정한 기간에 걸쳐 발송 · 수취하는 우편물을 대상으로 하는 통신제한조치이다(통신비밀보호법5②). 여기에서 '검열'은 우편물에 대하여 당사자의 동의 없이 이를 개봉하거나 기타의 방법으로 그 내용을 지득 또는 채록하거나 유치하는 것을 말한다(동법2 vi).

전기통신의 감청은 해당자가 송 · 수신하는 특정한 전기통신이나 일정한 기간에 걸쳐 송 · 수신하는 전기통신을 대상으로 하는 통신제한조치이다(통신비밀보호법5②). 여기에서 '감청'은 전기통신에 대하여 당사자의 동의 없이 전자장치 · 기계장치 등을 사용하여 통신의 음향 · 문언 · 부호 · 영상을 청취 · 공독하여 그 내용을 지득 또는 채록하거나 전기통신의 송 · 수신을 방해하는 것을 말한다(동법2 vii).

(2) 전기통신의 감청

통신제한조치 가운데 전기통신의 감청(동법2 iii, vii)은 전기통신의 송 · 수신과 동시에 이루어지는 청취, 지득 등의 행위를 의미한다.[1] 전기통신의 감청은 현재 진행되고 있거나 장래에 이루어질 전기통신의 내용을 대상으로 한다. 이미 수신이 완료된 전기통신에 관하여 남아 있는 기록이나 내용을 열어보는 등의 행위는 포함하지 않는다.[2] 감청의 내용 가운데 하나인 청취는 타인 간의 대화가 이루어지고 있는 상황에서 실시간으로 그 대화의 내용을 엿듣는 행위를 의미한다. 대화가 이미 종료된 상태에서 그 대화의 녹음물을 재생하여 듣는 행위는 청취에 포함되지 않는다.[3]

---

1) 2012. 10. 25. 2012도4644, 공 2012하, 2004,『송 · 수신 완료 전기통신 사건』.
2) 2016. 10. 13. 2016도8137, 공 2016하, 1727,『카카오톡 서버 저장정보 사건』.
3) 2024. 2. 29. 2023도8603, 공 2024상, 585,『녹음파일 제3자 전송 사건』.

통신제한조치는 범죄수사와 관련된 정보를 수사기관이 확보한다는 점에서 증거물을 수사기관이 확보하는 압수와 유사하다. 그러나 통신제한조치에 의하여 확보되는 것은 송·수신과 동시에 이루어지는 통신내용 자체이다.

이에 반하여 이미 수신이 완료된 전기통신은 일정한 정보저장매체(법106③ 참조)에 기록되어 있으며, 범죄와 관련된 정보저장매체는 증거물에 해당한다. 따라서 이미 수신이 완료된 전기통신의 내용을 지득하는 것은 형사소송법에 따른 압수·수색의 방법에 의하여야 한다(법 219, 106③).[1]

(3) 통신제한조치와 보충성 요건

통신제한조치는 엄격한 보충성의 요건하에 허용된다. 먼저, 통신제한조치는 「통신비밀보호법」 제5조 제1항 각호에 열거된 특정 범죄들에 한하여 허용된다.

다음으로, 통신제한조치는 (가) 대상 범죄를 계획 또는 실행하고 있거나 실행하였다고 의심할 만한 충분한 이유가 있고 (나) 다른 방법으로는 그 범죄의 실행을 저지하거나 범인의 체포 또는 증거의 수집이 어려운 경우에 한하여 허가할 수 있다(동법5①).

(4) 통신제한조치와 영장주의

범죄수사를 위한 통신제한조치는 법원의 사전허가를 받아 이루어지는 것이 원칙이다(통신비밀보호법6 참조). 그러나 수사기관은 긴급한 경우에 법원의 허가 없이 통신제한조치를 할 수 있다. 긴급통신제한조치를 한 경우에는 36시간 이내에 법원의 허가를 받아야 한다(동법8 참조).

(가) 사법경찰관의 영장신청　　사법경찰관(군사법경찰관을 포함한다)은 통신제한조치의 요건(통신비밀보호법5①)이 구비된 경우 검사에 대하여 각 피의자별 또는 각 피내사자별로 통신제한조치에 대한 허가를 신청하고, 검사는 법원에 대하여 그 허가를 청구할 수 있다(통신비밀보호법6②). 검사는 사법경찰관이 신청한 영장의 청구 여부 결정에 관하여 필요한 경우에 사법경찰관에게 보완수사를 요구할 수 있다(법197의2① ii, 수사준칙59③).

사법경찰관의 통신제한조치 신청사건의 관할법원은 그 통신제한조치를 받을 통신당사자의 쌍방 또는 일방의 주소지·소재지, 범죄지 또는 통신당사자와 공범관계에 있는 자의 주소지·소재지를 관할하는 지방법원 또는 지원(군사법원을 포함한다)으로 한다(통신비밀보호법6③).

---

1) 2013. 11. 28. 2010도12244, 공 2014상, 127, 『동장 직무대리 이메일 사건』.

사법경찰관의 통신제한조치신청은 필요한 통신제한조치의 종류·그 목적·대상·범위·기간·집행장소·방법 및 당해 통신제한조치가 통신제한조치의 허가요건(통신비밀보호법5①)을 충족하는 사유 등의 신청이유를 기재한 서면으로 하여야 하며, 신청이유에 대한 소명자료를 첨부하여야 한다. 이 경우 동일한 범죄사실에 대하여 그 피의자 또는 피내사자에 대하여 통신제한조치의 허가를 신청하였거나 허가받은 사실이 있는 때에는 다시 통신제한조치를 신청하는 취지 및 이유를 기재하여야 한다(통신비밀보호법6④).

검사가 사법경찰관이 신청한 통신제한조치를 정당한 이유 없이 판사에게 청구하지 아니한 경우 사법경찰관은 그 검사 소속의 지방검찰청 소재지를 관할하는 고등검찰청에 영장 청구 여부에 대한 심의를 신청할 수 있다(법221의5① 참조).

여기에서 형소법 제221조의5가 규정한 '영장'이 형사소송법상의 영장만을 의미하는 것이 아닌가 하는 의문이 제기될 수 있다. 그런데 수사준칙 제59조 제3항은 사법경찰관의 영장신청사건에 대한 검사의 보완수사 요구권한을 규정하면서 사법경찰관이 신청한 '영장'에 통신제한조치허가서(통신비밀보호법6, 8) 및 통신사실 확인자료 제공 요청 허가서(통신비밀보호법13)를 포함한다고 규정하여 위의 의문점을 해소하고 있다.

사법경찰관의 영장청구심의 신청사건을 심의하기 위하여 각 고등검찰청에 영장심의위원회가 설치된다(법221의5②). 영장심의위원회의 위원은 해당 업무에 전문성을 가진 중립적 외부 인사 중에서 위촉해야 하며, 영장심의위원회의 운영은 독립성·객관성·공정성이 보장되어야 한다(수사준칙44). 사법경찰관은 영장심의위원회에 출석하여 의견을 개진할 수 있다(법221의5④).

(나) 검사의 영장청구 검사(군검사를 포함한다)는 통신제한조치 허가요건(통신비밀보호법5①)이 구비된 경우에는 법원(군사법원을 포함한다)에 대하여 각 피의자별 또는 각 피내사자별로 통신제한조치를 허가하여 줄 것을 청구할 수 있다(통신비밀보호법6①).

검사의 통신제한조치 청구사건의 관할법원은 그 통신제한조치를 받을 통신당사자의 쌍방 또는 일방의 주소지·소재지, 범죄지 또는 통신당사자와 공범관계에 있는 자의 주소지·소재지를 관할하는 지방법원 또는 지원(군사법원을 포함한다)으로 한다(통신비밀보호법6③).

검사의 통신제한조치청구는 필요한 통신제한조치의 종류·그 목적·대상·범위·기간·집행장소·방법 및 당해 통신제한조치가 허가요건(통신비밀보호법5①)을 충족하는 사유 등의 청구이유를 기재한 서면으로 하여야 하며, 청구이유에 대한 소명자료를 첨부하여야 한다. 이 경우 동일한 범죄사실에 대하여 그 피의자 또는 피내사자에 대하여 통신제한조치의 허가를 청구하였거나 허가받은 사실이 있는 때에는 다시 통신제한조치를 청구하는 취지 및 이유를 기재하여야 한다(통신비밀보호법6④).

(다) 법원의 영장발부   법원은 청구가 이유 있다고 인정하는 경우에는 각 피의자별 또는 각 피내사자별로 통신제한조치를 허가하고, 이를 증명하는 허가서를 청구인에게 발부한다(통신비밀보호법6⑤). 통신제한조치 허가서에는 통신제한조치의 종류 · 그 목적 · 대상 · 범위 · 기간 및 집행장소와 방법을 특정하여 기재하여야 한다(통신비밀보호법6⑥).

법원은 사법경찰관의 통신제한조치 허가신청이나 검사의 통신제한조치 허가청구가 이유 없다고 인정하는 경우에는 청구를 기각하고 이를 청구인에게 통지한다(통신비밀보호법6⑨).

(5) 통신제한조치와 영장의 집행

(가) 집행주체   수사기관이 통신제한조치허가서를 발부받아 감청을 하는 경우에 영장의 집행주체는 수사기관이다(통신비밀보호법14②, 9① 전단). 그러나 집행주체인 수사기관이 반드시 대화의 녹음 · 청취를 직접 수행해야 하는 것은 아니다. 집행주체가 제삼자의 도움을 받지 않고서는 대화의 녹음 · 청취가 사실상 불가능하거나 곤란한 사정이 있는 경우에는 비례의 원칙에 위배되지 않는 한 제삼자에게 집행을 위탁하거나 그로부터 협조를 받아 대화의 녹음 · 청취를 할 수 있다.[1]

수사기관은 통신제한조치허가서에 기재된 허가의 내용과 범위 및 집행방법 등을 준수하여 통신제한조치를 집행하여야 한다. 이때 수사기관은 통신기관 등에 통신제한조치허가서의 사본을 교부하고 그 집행을 위탁할 수 있다(통신비밀보호법9① · ②). 이 경우 집행의 위탁을 받은 통신기관 등은 수사기관이 직접 집행할 경우와 마찬가지로 허가서에 기재된 집행방법 등을 준수하여야 한다.[2]

수사기관이 통신기관 등에 통신제한조치의 집행을 위탁하는 경우에는 그 집행에 필요한 설비를 제공하여야 한다. 수사기관으로부터 통신제한조치의 집행을 위탁받은 통신기관 등은 그 집행에 필요한 설비가 없을 때 수사기관에 그 설비의 제공을 요청하여야 한다. 그러한 요청 없이 통신제한조치허가서에 기재된 사항을 준수하지 아니한 채 통신제한조치를 집행하였다면, 그러한 집행으로 인하여 취득한 전기통신의 내용 등은 적법한 절차를 따르지 아니하고 수집한 증거에 해당하여 유죄인정의 증거로 할 수 없다(법308의2).[3]

(나) 전자문서 허가서   2024년 10월 20일부터 「형사사법절차에서의 전자문서 이용 등에 관한 법률」(형사절차전자문서법)이 시행되었다. 검사 또는 사법경찰관리는 통신제한조치허가서가 전자문서로 발부된 경우에는 대법원규칙으로 정하는 바에 따라 전자문서를 제시하거

---

1) 2015. 1. 22. 2014도10978 전원합의체 판결, 공 2015상, 357, 『RO 강연회 비밀녹음 사건』.
2) 2016. 10. 13. 2016도8137, 공 2016하, 1727, 『카카오톡 서버 저장정보 사건』.
3) 2016. 10. 13. 2016도8137, 공 2016하, 1727, 『카카오톡 서버 저장정보 사건』.

나 전송하는 방법으로 통신제한조치허가서를 집행할 수 있다(형사절차전자문서법17① vi, 통신비밀보호법6, 8). 통신제한조치허가서를 전자문서의 형태로 집행하는 것이 현저히 곤란하거나 적합하지 아니한 경우에는 전자문서로 발부된 통신제한조치허가서를 전산정보처리시스템을 통하여 출력한 서면으로 집행할 수 있다(형사절차전자문서법17②).

(6) 긴급통신제한조치

검사 또는 사법경찰관은 국가안보를 위협하는 음모행위, 직접적인 사망이나 심각한 상해의 위험을 야기할 수 있는 범죄 또는 조직범죄 등 중대한 범죄의 계획이나 실행 등 긴박한 상황에 있고 범죄수사를 위한 통신제한조치의 허가요건(통신비밀보호법5①)을 구비한 자에 대하여 범죄수사를 위한 통신제한조치의 허가절차(동법6)를 거칠 수 없는 긴급한 사유가 있는 때에는 법원의 허가 없이 통신제한조치를 할 수 있다(동법8①). 검사 또는 사법경찰관이 긴급통신제한조치를 하고자 하는 경우에는 반드시 긴급검열서 또는 긴급감청서에 의하여야 하며 소속기관에 긴급통신제한조치대장을 비치하여야 한다(동조④).

사법경찰관이 긴급통신제한조치를 할 경우에는 미리 검사의 지휘를 받아야 한다. 다만, 특히 급속을 요하여 미리 지휘를 받을 수 없는 사유가 있는 경우에는 긴급통신제한조치의 집행착수 후 지체 없이 검사의 승인을 얻어야 한다(통신비밀보호법8③).

2022년 입법자는 긴급통신제한조치와 관련하여 영장주의에 의한 통제를 강화하였다. 검사 또는 사법경찰관은 긴급통신제한조치의 집행에 착수한 후 지체 없이 범죄수사를 위한 통신제한조치의 허가절차에 따라 법원에 허가청구를 하여야 한다(통신비밀보호법8②). 검사 또는 사법경찰관은 긴급통신제한조치의 집행에 착수한 때부터 36시간 이내에 법원의 허가를 받지 못한 경우에는 해당 조치를 즉시 중지하고 해당 조치로 취득한 자료를 폐기하여야 한다(동조⑤).

검사 또는 사법경찰관은 법원의 허가를 받지 못하여 긴급통신제한조치로 취득한 자료를 폐기한 경우에 폐기이유·폐기범위·폐기일시 등을 기재한 자료폐기결과보고서를 작성하여 폐기일부터 7일 이내에 긴급통신제한조치에 대하여 허가청구를 한 법원에 송부하고, 그 부본을 피의자의 수사기록 또는 피내사자의 내사사건기록에 첨부하여야 한다(통신비밀보호법8⑥).

(7) 인터넷 감청자료 사용·보관 승인서

(가) 헌법불합치결정　　통신제한조치 가운데 전기통신의 감청은 해당자가 송·수신하는 특정한 전기통신이나 일정한 기간에 걸쳐 송·수신하는 전기통신을 대상으로 한다(통신비밀보

호법5②). 2018년 헌법재판소는 「통신비밀보호법」 제5조 제2항 중 '인터넷회선을 통하여 송·수신하는 전기통신'에 관한 부분은 과잉금지원칙에 반하여 통신 및 사생활의 비밀과 자유를 침해한다는 이유로 헌법불합치결정을 내렸다.[1] 2020년 입법자는 이 헌법불합치결정을 반영하여 「통신비밀보호법」 제12조의2를 신설하였다.

(나) 사용·보관 승인신청 　사법경찰관리는 인터넷 회선을 통하여 송신·수신하는 전기통신을 대상으로 통신제한조치(통신비밀보호법6, 8)를 집행한 경우 그 전기통신을 (가) 통신제한조치의 목적이 된 범죄나 이와 관련되는 범죄를 수사·소추하는 데에 사용하거나 (나) 그 범죄를 예방하기 위하여 사용(동법12 i)하거나 (다) 사용을 위하여 보관하고자 하는 때에는 통신제한조치 집행종료일부터 14일 이내에 사용이나 보관이 필요한 전기통신을 선별하여 검사에게 사용이나 보관의 승인을 신청하고, 검사는 신청일부터 7일 이내에 통신제한조치를 허가한 법원에 그 승인을 청구할 수 있다(통신비밀보호법12의2②).

검사는 인터넷 회선을 통하여 송신·수신하는 전기통신을 대상으로 통신제한조치(통신비밀보호법6, 8)를 집행한 경우 그 전기통신을 (가) 통신제한조치의 목적이 된 범죄나 이와 관련되는 범죄를 수사·소추하는 데에 사용하거나 (나) 그 범죄를 예방하기 위하여 사용(동법12 i)하거나 (다) 사용을 위하여 보관하고자 하는 때에는 통신제한조치 집행종료일부터 14일 이내에 사용이나 보관이 필요한 전기통신을 선별하여 통신제한조치를 허가한 법원에 사용이나 보관의 승인을 청구하여야 한다(동법12의2①).

(다) 법원의 승인·불승인 　법원은 검사의 사용·보관의 청구가 이유 있다고 인정하는 경우에는 선별된 전기통신의 사용·보관을 승인하고 이를 증명하는 서류를 발부하며, 청구가 이유 없다고 인정하는 경우에는 청구를 기각하고 이를 청구인에게 통지한다(통신비밀보호법12④).

(라) 전기통신의 폐기 　검사가 사용·보관의 청구를 하지 않거나 사법경찰관이 사용·보관의 신청을 하지 아니하는 경우에는 집행종료일부터 14일 이내에 통신제한조치로 취득한 전기통신을 폐기하여야 한다. 검사가 사법경찰관의 사용·보관 신청을 기각한 경우에는 그 날부터 7일 이내에 통신제한조치로 취득한 전기통신을 폐기하여야 한다(통신비밀보호법12의2⑤).

검사가 법원에 승인청구를 한 경우(취득한 전기통신의 일부에 대해서만 청구한 경우를 포함한다)에 법원은 승인 또는 기각 결정을 한다. 승인의 경우에 검사는 법원으로부터 사용·보관 승인서를 발부받은 날부터 7일 이내에 승인을 받지 못한 전기통신 부분을 폐기해야 한다(통신비밀보호법12의2⑤). 기각의 경우 검사는 법원으로부터 청구기각의 통지를 받은 날부터 7일 이

---

[1] 2018. 8. 30. 2016헌마263, 헌집 30-2, 481, 『인터넷회선 감청 위헌확인 사건』.

내에 승인을 받지 못한 전기통신 전부를 폐기해야 한다(동항).

(8) 통신제한조치와 증거사용의 제한

(가) 관련범죄   범죄수사를 중심으로 해서 볼 때, 통신제한조치의 집행으로 취득한 전기통신의 내용은 통신제한조치의 목적이 된 범죄나 이와 관련되는 범죄를 수사·소추하거나 그 범죄를 예방하기 위한 경우 등에 한정하여 사용할 수 있다(통신비밀보호법12 i). 이 제한은 통신제한조치가 별건 범죄의 수사에 이용되는 것을 막기 위한 장치이다.

여기서 통신제한조치의 목적이 된 범죄와 관련된 범죄라 함은 통신제한조치허가서에 기재한 혐의사실과 객관적 관련성이 있고 통신제한조치의 대상자와 피의자 사이에 인적 관련성이 있는 범죄를 의미한다.[1]

(나) 객관적 관련성   관련범죄를 판단하는 기준은 객관적 관련성과 인적 관련성이다. 그 중 혐의사실과의 객관적 관련성은 (가) 통신제한조치허가서에 기재된 혐의사실 자체, (나) 또는 그와 기본적 사실관계가 동일한 범행과 직접 관련되어 있는 경우는 물론, (다) 범행 동기와 경위, 범행 수단 및 방법, 범행 시간과 장소 등을 증명하기 위한 간접증거나 정황증거 등으로 사용될 수 있는 경우에도 인정될 수 있다.[2]

「통신비밀보호법」이 통신제한조치의 집행으로 인하여 취득된 전기통신의 내용에 대해 사용범위를 제한하는 입법취지는 특정한 혐의사실을 전제로 취득된 전기통신의 내용이 별건의 범죄사실을 수사하거나 소추하는 데 이용되는 것을 방지함으로써 통신의 비밀과 자유에 대한 제한을 최소화하는 데에 있다.

따라서 객관적 관련성은 통신제한조치허가서에 기재된 혐의사실의 내용과 당해 수사의 대상 및 수사 경위 등을 종합하여 구체적·개별적 연관관계가 있는 경우에만 인정된다. 혐의사실과 단순히 동종 또는 유사 범행이라는 사유만으로 객관적 관련성이 있다고 할 것은 아니다.[3]

(다) 인적 관련성   피의자와 사이의 인적 관련성은 통신제한조치허가서에 기재된 대상자의 공동정범이나 교사범 등 공범이나 간접정범은 물론 필요적 공범 등에 대해서도 인정될 수 있다.[4]

---

1) 2017. 1. 25. 2016도13489, 공 2017상, 496, 『식당운영권 브로커 통신사실확인자료 사건』.
2) 2017. 1. 25. 2016도13489, 공 2017상, 496, 『식당운영권 브로커 통신사실확인자료 사건』.
3) 2017. 1. 25. 2016도13489, 공 2017상, 496, 『식당운영권 브로커 통신사실확인자료 사건』.
4) 2017. 1. 25. 2016도13489, 공 2017상, 496, 『식당운영권 브로커 통신사실확인자료 사건』.

(9) 통신제한조치의 기간

통신제한조치의 기간은 2월을 초과하지 못하고, 그 기간중 통신제한조치의 목적이 달성되었을 경우에는 즉시 종료하여야 한다(통신비밀보호법6⑦ 본문). 수사기관은 통신제한조치 허가요건(동법5①)이 존속하는 경우에는 소명자료를 첨부하여 2개월의 범위에서 통신제한조치기간의 연장을 청구할 수 있다(동항 단서). 이 경우 통신제한조치의 총 연장기간은 원칙적으로 1년을 초과할 수 없다(동조⑧ 본문). 다만, 일정한 범죄의 경우에는 통신제한조치의 총 연장기간이 3년을 초과할 수 없다(동항 단서 참조).

(10) 통신제한조치 사실의 통지

검사는 통신제한조치를 집행한 사건에 관하여 (가) 공소를 제기하거나, (나) 공소제기를 하지 아니하는 처분을 하거나 또는 (다) 입건을 하지 아니하는 처분(기소중지결정, 참고인중지결정을 제외한다)을 한 때에는 그 처분을 한 날부터 30일 이내에 우편물 검열의 경우에는 그 대상자에게, 감청의 경우에는 그 대상이 된 전기통신의 가입자에게 통신제한조치를 집행한 사실과 집행기관 및 그 기간 등을 서면으로 통지하여야 한다(통신비밀보호법9의2① 본문).

고위공직자범죄수사처 검사는 「고위공직자범죄수사처 설치 및 운영에 관한 법률」에 따라 서울중앙지방검찰청 소속 검사에게 관계 서류와 증거물을 송부한 사건(동법26①)에 관하여 이를 처리하는 검사로부터 공소를 제기하거나 제기하지 아니하는 처분(기소중지결정, 참고인중지결정은 제외한다)의 통보를 받은 경우 그 통보를 받은 날부터 30일 이내에 서면으로 통신제한조치를 통지하여야 한다(통신비밀보호법9의2① 단서).

사법경찰관은 통신제한조치를 집행한 사건에 관하여 검사로부터 (가) 공소를 제기하거나 (나) 공소를 제기하지 아니하는 처분(기소중지 또는 참고인중지 결정은 제외한다)의 통보를 받거나 (다) 검찰송치를 하지 아니하는 처분(수사중지 결정은 제외한다) 또는 (라) 내사사건에 관하여 입건하지 아니하는 처분을 한 때에는 그 날부터 30일 이내에 우편물 검열의 경우에는 그 대상자에게, 감청의 경우에는 그 대상이 된 전기통신의 가입자에게 통신제한조치를 집행한 사실과 집행기관 및 그 기간 등을 서면으로 통지하여야 한다(통신비밀보호법9의2②).

그러나 검사 또는 사법경찰관은 (가) 통신제한조치를 통지할 경우 국가의 안전보장·공공의 안녕질서를 위태롭게 할 현저한 우려가 있는 때 또는 (나) 통신제한조치를 통지할 경우 사람의 생명·신체에 중대한 위험을 초래할 염려가 현저한 때에는 그 사유가 해소될 때까지 통지를 유예할 수 있다(통신비밀보호법9의2④). 검사, 사법경찰관은 위의 통지유예 사유가 해소된 때에는 그 사유가 해소된 날부터 30일 이내에 위의 통지를 하여야 한다(동조⑥).

3. 통신사실확인자료의 제공

(1) 통신사실확인자료 제공의 의의

(가) 의 의   통신사실확인자료 제공이란 전기통신사업자가 통신사실확인자료를 수사기관에 제공하는 것을 말한다(통신비밀보호법2 xi, 13 참조). 통신사실확인자료 제공은 통신사실의 외형적 존재와 그 내역을 대상으로 한다. 통신사실확인자료 제공은 통신의 내용을 대상으로 하지 않기 때문에 통신제한조치와 달리 대상범죄의 제한이나 보충성원칙에 따른 제한을 받지 않는 것이 일반적이다.

(나) 범 위   통신사실확인자료는 다음의 어느 하나에 해당하는 전기통신사실에 관한 자료를 말한다(통신비밀법2 xi 참조).

① 가입자의 전기통신일시 (가목)

② 전기통신개시·종료시간 (나목)

③ 발·착신 통신번호 등 상대방의 가입자번호 (다목)

④ 사용도수 (라목)

⑤ 컴퓨터통신 또는 인터넷의 사용자가 전기통신역무를 이용한 사실에 관한 컴퓨터통신 또는 인터넷의 로그기록자료 (마목)

⑥ 정보통신망에 접속된 정보통신기기의 위치를 확인할 수 있는 발신기지국의 위치추적 자료 (바목)

⑦ 컴퓨터통신 또는 인터넷의 사용자가 정보통신망에 접속하기 위하여 사용하는 정보통신기기의 위치를 확인할 수 있는 접속지 추적자료 (사목)

(2) 위치정보 추적수사와 기지국수사

(가) 의 의   통신사실확인자료 제공과 관련한 수사기법으로 기지국 수사와 위치정보 추적자료 수사가 있다. 기지국 수사란 특정 시간대 특정 기지국에서 발신된 모든 전화번호 등(위의 가목 내지 라목 해당 자료)을 통신사실 확인자료로 제공받는 수사방식이다.[1]

위치정보 추적자료 수사는 위치정보추적 자료를 통신사실 확인자료로 제공받는 수사방식이다. 위치정보 추적자료(위의 바목과 사목 해당 자료)는 시간의 경과와 함께 계속적으로 변화하는 동적 정보이자 전자적(디지털 형태)으로 저장된 자료이다.[2]

기지국 수사와 위치정보 추적자료 수사는 범죄수사를 위한 통신사실 확인자료 제공요청

---

1) 2018. 6. 28. 2012헌마538, 헌집 30-1, 596, 『기지국수사 헌법불합치 사건』.
2) 2018. 6. 28. 2012헌마191, 헌집 30-1, 596, 『기지국수사 헌법불합치 사건』.

을 규정하고 있는 「통신비밀보호법」 제13조에 법적 근거를 두고 있다.

(나) 헌법불합치결정　　2018년 헌법재판소는 기지국 수사와 위치정보 추적자료 수사와 관련한 「통신비밀보호법」 제13조 가운데 기지국 수사(위의 가목 내지 라목)와 위치정보 추적자료 수사(위의 바목, 사목)와 관련한 부분에 대해 과잉금지원칙에 반한다는 이유로 헌법불합치결정을 내렸다.[1] [2]

(다) 보충성 요건　　2019년 입법자는 헌법불합치결정의 취지에 따라 「통신비밀보호법」의 관련 규정을 개정하였다. 먼저, 통신사실확인자료 가운데 (가) 위치정보 추적수사 자료(제2조 제11호 바목·사목 중 실시간 추적자료)와 (나) 기지국수사 자료(특정한 기지국에 대한 통신사실확인자료)에 대해 보충성 요건을 원칙으로 선언하였다. 즉, 수사기관은 다른 방법으로는 범죄의 실행을 저지하기 어렵거나 범인의 발견·확보 또는 증거의 수집·보전이 어려운 경우에만 전기통신사업자에게 (가) 위치정보 추적수사를 위한 통신사실확인자료 또는 (나) 기지국수사를 위한 통신사실확인자료의 열람이나 제출을 요청할 수 있다(통신비밀보호법13② 본문).

다만, (가) 통신제한조치의 대상이 되는 범죄(통신비밀보호법5① 각호) 또는 (나) 전기통신을 수단으로 하는 범죄에 대한 통신사실확인자료가 필요한 경우에는 보충성 요건의 제한을 받지 않고 위치정보 추적을 위한 통신사실확인자료나 기지국수사를 위한 통신사실확인자료의 열람이나 제출을 요청할 수 있다(동법13② 단서).

(3) 통신사실확인자료 제공과 영장주의

(가) 영장주의　　통신사실확인자료 제공은 법원의 허가를 받으면, 해당 가입자의 동의나 승낙을 얻지 아니하고도, 제삼자인 전기통신사업자에게 해당 가입자에 관한 통신사실확인자료의 제공을 요청할 수 있도록 하는 수사방법이다. 그러므로 통신사실확인자료 제공요청은 「통신비밀보호법」이 정하는 강제처분에 해당하며, 헌법상 영장주의가 적용된다.[3]

검사 또는 사법경찰관이 통신사실 확인자료제공을 요청하는 경우(통신비밀보호법13① · ②)에는 요청사유, 해당 가입자와의 연관성 및 필요한 자료의 범위를 기록한 서면으로 관할 지방법원(군사법원을 포함한다) 또는 지원의 허가를 받아야 한다(동조③).

(나) 사법경찰관의 영장신청　　사법경찰관(군사법경찰관을 포함한다)은 수사를 위하여 필요한 경우 검사에 대하여 각 피의자별 또는 각 피내사자별로 통신사실확인자료 제공에 대한 허

---

1) 2018. 6. 28. 2012헌마191, 헌집 30-1, 596, 『기지국수사 헌법불합치 사건』.
2) 2018. 6. 28. 2012헌마538, 헌집 30-1, 596, 『기지국수사 헌법불합치 사건』.
3) 2018. 6. 28. 2012헌마538, 헌집 30-1, 596, 『기지국수사 헌법불합치 사건』.

가를 신청할 수 있다(통신비밀보호법13⑨, 6②). 검사는 사법경찰관이 신청한 영장의 청구 여부 결정에 관하여 필요한 경우에 사법경찰관에게 보완수사를 요구할 수 있다(법197의2① ii, 수사준칙59③).

검사가 사법경찰관이 신청한 통신사실확인자료 제공에 대한 허가를 정당한 이유 없이 판사에게 청구하지 아니한 경우 사법경찰관은 그 검사 소속의 지방검찰청 소재지를 관할하는 고등검찰청에 영장 청구 여부에 대한 심의를 신청할 수 있다(법221의5①, 수사준칙59③ 참조). 사법경찰관은 관할 고등검찰청에 설치된 영장심의위원회에 출석하여 의견을 개진할 수 있다(법221의5④).

(다) 검사의 영장청구　검사는 수사를 위하여 필요한 경우 전기통신사업법에 의한 전기통신사업자에게 통신사실 확인자료의 열람이나 제출을 요청할 수 있다(통신비밀보호법13①). 검사가 통신사실 확인자료제공을 요청하는 경우에는 요청사유, 해당 가입자와의 연관성 및 필요한 자료의 범위를 기록한 서면으로 관할 지방법원(군사법원을 포함한다) 또는 지원의 허가를 받아야 한다(통신비밀보호법13③ 본문).

(라) 법원의 영장발부　법원은 청구가 이유 있다고 인정하는 경우에는 각 피의자별 또는 각 피내사자별로 통신사실확인자료 제공을 허가하고, 이를 증명하는 허가서를 청구인에게 발부한다(통신비밀보호법13⑨, 6⑤). 통신사실확인자료 제공 허가서에는 통신사실확인자료 제공의 종류ㆍ그 목적ㆍ대상ㆍ범위ㆍ기간 및 집행장소와 방법을 특정하여 기재하여야 한다(통신비밀보호법13⑨, 6⑥).

법원은 사법경찰관의 영장신청이나 검사의 영장청구가 이유 없다고 인정하는 경우에는 청구를 기각하고 이를 청구인에게 통지한다(통신비밀보호법13⑨, 6⑨).

(마) 긴급통신사실확인자료제공 요청　검사 또는 사법경찰관은 관할 지방법원 또는 지원의 허가를 받을 수 없는 긴급한 사유가 있는 때에는 전기통신사업자에게 통신사실 확인자료 제공을 요청한 후 지체 없이 법원의 허가를 받아 전기통신사업자에게 송부하여야 한다(통신비밀보호법13③ 단서).

검사 또는 사법경찰관은 긴급한 사유로 전기통신사업자로부터 통신사실확인자료를 제공받았으나 지방법원 또는 지원의 사후 허가를 받지 못한 경우 지체 없이 제공받은 통신사실확인자료를 폐기하여야 한다(통신비밀보호법13④).

(바) 허가서의 집행　검사 또는 사법경찰관은 통신사실확인자료제공요청 허가서를 제시하여 영장을 집행한다.

2024년 10월 20일부터 「형사사법절차에서의 전자문서 이용 등에 관한 법률」(형사절차전자문서법)이 시행되었다. 검사 또는 사법경찰관리는 통신사실확인자료제공요청 허가서가 전자문서로 발부된 경우에는 대법원규칙으로 정하는 바에 따라 전자문서를 제시하거나 전송하는 방법으로 통신사실확인자료제공요청 허가서를 집행할 수 있다(형사절차전자문서법17① vii, 통신비밀보호법13). 통신사실확인자료제공요청 허가서를 전자문서의 형태로 집행하는 것이 현저히 곤란하거나 적합하지 아니한 경우에는 전자문서로 발부된 통신사실확인자료제공요청 허가서를 전산정보처리시스템을 통하여 출력한 서면으로 집행할 수 있다(형사절차전자문서법17②).

(4) 통신사실확인자료의 증거사용 제한

통신사실확인자료 제공요청에 의하여 취득한 통화내역 등 통신사실확인자료는 통신제한조치의 경우와 마찬가지로 일정한 경우에만 증거로 사용할 수 있다(통신비밀보호법13의5, 12 참조). 통신사실확인자료를 증거로 사용할 수 있는 대상범죄는 통신사실확인자료 제공요청의 목적이 된 범죄 및 이와 관련된 범죄로 한정된다(동법13의5, 12 i). 별건수사의 폐단을 방지하기 위하여 증거사용이 허용되는 대상범죄를 제한한 것이다.

관련범죄는 (가) 통신사실 확인자료제공요청 허가서에 기재한 혐의사실과 객관적 관련성이 있고 (나) 자료제공 요청대상자와 피의자 사이에 인적 관련성이 있는 범죄를 의미한다.[1] 관련성 요건의 내용은 통신제한조치의 관련성 요건과 같다.

객관적 관련성은 (가) 통신사실 확인자료제공요청허가서에 기재된 혐의사실 자체, (나) 또는 그와 기본적 사실관계가 동일한 범행과 직접 관련되어 있는 경우는 물론, (다) 범행 동기와 경위, 범행 수단 및 방법, 범행 시간과 장소 등을 증명하기 위한 간접증거나 정황증거 등으로 사용될 수 있는 경우에도 인정될 수 있다.[2]

피의자와 사이의 인적 관련성은 통신사실 확인자료제공요청허가서에 기재된 대상자의 공동정범이나 교사범 등 공범이나 간접정범은 물론 필요적 공범 등에 대해서도 인정될 수 있다.[3]

(5) 통신사실확인자료 제공사실의 통지

(가) 헌법불합치결정　　「통신비밀보호법」 제13조의3은 수사기관이 범죄수사를 위하여 통신사실확인자료 제공을 받은 경우에 수사기관으로 하여금 통신사실확인자료 제공의 대상이 된 당사자에게 그 사실을 서면으로 통지하도록 하고 있다.

2019년 개정 전 「통신비밀보호법」 제13조의3 제1항은 수사기관이 공소제기, 불기소처분,

---

1) 2017. 1. 25. 2016도13489, 공 2017상, 496, 『식당운영권 브로커 통신사실확인자료 사건』.
2) 2017. 1. 25. 2016도13489, 공 2017상, 496, 『식당운영권 브로커 통신사실확인자료 사건』.
3) 2017. 1. 25. 2016도13489, 공 2017상, 496, 『식당운영권 브로커 통신사실확인자료 사건』.

불입건처분을 한 때(기소중지결정은 제외)에는 그 처분을 한 날부터 30일 이내에 통신사실 확인자료 제공을 받은 사실과 제공요청기관 및 그 기간 등을 서면으로 대상자에게 통지하도록 규정하고 있었다(동조①). 이 경우 통지에 대해서는 통신제한조치와 관련된 통지규정이 준용되었다(통신비밀보호법13의3②, 9의2 참조).

그런데 개정 전 「통신비밀보호법」 제13조의3 제1항에 의하면 통신사실 확인자료를 제공받은 사건에 관하여 기소중지결정이 있거나 수사·내사가 장기간 계속되는 경우, 정보주체는 그 기간이 아무리 길다 하여도 자신의 위치정보가 범죄수사에 활용되었거나 활용되고 있다는 사실을 알 수 있는 방법이 없었다. 또한 「통신비밀보호법」 제13조의3 제1항은 수사기관이 정보주체에게 위치정보 추적자료의 제공을 통지하는 경우에도 그 사유에 대해서는 통지하지 아니할 수 있도록 하고 있었다.

2018년 헌법재판소는 정보주체로 하여금 수사기관의 권한남용에 대해 적절한 대응을 할 수 없게 한다는 점에 주목하여 「통신비밀보호법」 제13조의3 제1항에 대해 적법절차위반을 이유로 헌법불합치결정을 내렸다.[1] [2] 이후 입법자는 헌법불합치결정의 취지를 반영하여 「통신비밀보호법」 제13조의3을 다음과 같이 개정하였다.

(나) 통지사항   검사 또는 사법경찰관은 통신사실 확인자료제공을 받은 사건에 관하여 일정한 기간 내에 (가) 통신사실 확인자료제공을 받은 사실과 (나) 제공요청기관 및 (다) 그 기간 등을 통신사실 확인자료제공의 대상이 된 당사자에게 서면으로 통지하여야 한다(통신비밀보호법13의3①). 다만 (라) 통신사실확인자료제공을 요청한 사유는 의무적 통지사항에 포함되지 않는다(동조⑤·⑥ 참조).

(다) 통지기간   검사 또는 사법경찰관이 통신사실 확인자료제공을 받은 사실을 통지해야 할 기간은 다음과 같다(통신비밀보호법13의3①).

① (가) 공소를 제기하거나, (나) 공소제기를 하지 아니하는 처분(기소중지·참고인중지 결정은 제외한다), (다) 검찰송치를 하지 아니하는 처분(참고인중지 또는 수사중지 결정은 제외한다) 또는 (라) 입건을 하지 아니하는 처분을 한 경우에는 그 처분을 한 날부터 30일 이내 (1호 본문)

② 고위공직자범죄수사처 검사가 「고위공직자범죄수사처 설치 및 운영에 관한 법률」 제26조 제1항에 따라 서울중앙지방검찰청 소속 검사에게 관계 서류와 증거물을 송부한 사건에 관하여 이를 처리하는 검사로부터 공소를 제기하거나 제기하지 아니하는 처분(기소중지 또는 참고인중지 결정은 제외한다)의 통보를 받은 경우에는 그 통보를 받은 날

---

1) 2018. 6. 28. 2012헌마191, 헌집 30-1, 596, 『기지국수사 헌법불합치 사건』.
2) 2018. 6. 28. 2012헌마538, 헌집 30-1, 596, 『기지국수사 헌법불합치 사건』.

344 제1편 수 사

부터 30일 이내 (1호 단서 가목)

③ 사법경찰관이 형사소송법 제245조의5 제1호[송치결정]에 따라 검사에게 송치한 사건
으로서 검사로부터 (가) 공소를 제기하거나 (나) 공소를 제기하지 아니하는 처분(기소
중지 또는 참고인중지 결정은 제외한다)의 통보를 받은 경우에는 그 통보를 받은 날부터
30일 이내 (1호 단서 나목)

④ 기소중지 · 참고인중지 또는 수사중지 결정을 한 경우에는 그 결정을 한 날부터 1년
(제6조 제8항[통신제한조치 기간연장 가능 범죄] 각 호의 어느 하나에 해당하는 범죄인 경우
에는 3년)이 경과한 때부터 30일 이내 (2호 본문)

⑤ 고위공직자범죄수사처 검사가 「고위공직자범죄수사처 설치 및 운영에 관한 법률」 제
26조 제1항에 따라 서울중앙지방검찰청 소속 검사에게 관계 서류와 증거물을 송부한
사건에 관하여 이를 처리하는 검사로부터 기소중지 또는 참고인중지 결정의 통보를
받은 경우에는 그 통보를 받은 날로부터 1년(제6조 제8항[통신제한조치 기간연장 가능 범
죄] 각 호의 어느 하나에 해당하는 범죄인 경우에는 3년)이 경과한 때부터 30일 이내 (2호
단서 가목)

⑥ 사법경찰관이 형사소송법 제245조의5 제1호[송치결정]에 따라 검사에게 송치한 사건
으로서 검사로부터 기소중지 또는 참고인중지 결정의 통보를 받은 경우에는 그 통보
를 받은 날로부터 1년이 경과한 때부터 30일 이내 (2호 단서 나목)

⑦ 수사가 진행 중인 경우에는 통신사실 확인자료제공을 받은 날부터 1년(제6조 제8항[통
신제한조치 기간연장 가능 범죄] 각 호의 어느 하나에 해당하는 범죄인 경우에는 3년)이 경과
한 때부터 30일 이내 (3호)

(라) 통지유예　　　검사 또는 사법경찰관은 (가) 국가의 안전보장, 공공의 안녕질서를 위태
롭게 할 우려가 있는 경우, (나) 피해자 또는 그 밖의 사건관계인의 생명이나 신체의 안전을
위협할 우려가 있는 경우, (다) 증거인멸, 도주, 증인 위협 등 공정한 사법절차의 진행을 방해
할 우려가 있는 경우, (라) 피의자, 피해자 또는 그 밖의 사건관계인의 명예나 사생활을 침해
할 우려가 있는 경우의 어느 하나에 해당하는 사유가 있는 경우에는 그 사유가 해소될 때까지
통지를 유예할 수 있다(통신비밀보호법13의3②).

검사 또는 사법경찰관은 통지를 유예하려는 경우에는 소명자료를 첨부하여 미리 관할
지방검찰청 검사장의 승인을 받아야 한다(통신비밀보호법13의3③ 본문). 다만, 고위공직자범죄
수사처 검사가 통지를 유예하려는 경우에는 소명자료를 첨부하여 미리 고위공직자범죄수
사처장의 승인을 받아야 한다(동항 단서).

검사 또는 사법경찰관은 수사기관은 통지유예의 사유가 해소된 때에는 그 날부터 30일

이내에 통지를 하여야 한다(통신비밀보호법13의3④).

(마) 사유통지 신청　　검사 또는 사법경찰관으로부터 통신사실 확인자료제공을 받은 사실 등을 통지받은 당사자는 해당 통신사실 확인자료제공을 요청한 사유를 알려주도록 서면으로 신청할 수 있다(통신비밀보호법13의3⑤). 신청을 받은 검사 또는 사법경찰관은 통지유예 사유(동조②)에 해당하는 경우를 제외하고는 그 신청을 받은 날부터 30일 이내에 해당 통신사실 확인자료제공 요청의 사유를 서면으로 통지하여야 한다(동조⑥).

4. 통신이용자정보의 제공

(1) 통신이용자정보 제공의 의의

통신이용자정보 제공이란 전기통신사업자가 일정한 통신이용자정보를 수사기관에 제공하는 것을 말한다. 통신자료 제공에 관한 근거법률은 「전기통신사업법」이다. 제공되는 통신이용자정보는 (가) 이용자의 성명, (나) 이용자의 주민등록번호, (다) 이용자의 주소, (라) 이용자의 전화번호, (마) 이용자의 아이디(컴퓨터시스템이나 통신망의 정당한 이용자임을 알아보기 위한 이용자 식별부호를 말한다), (바) 이용자의 가입일 또는 해지일 등이다(동법83③ 참조).

입법자는 2023년 말 「전기통신사업법」을 개정하여 종전의 '통신자료'라는 표현을 '통신이용자정보'로 변경하였다. '통신자료'라는 표현이 '통신사실확인자료'와 혼동되는 것을 방지하기 위한 개정이라고 생각된다.

(2) 통신이용자정보 제공의 법적 성질

통신이용자정보 제공은 영장이 필요한 통신제한조치(통신비밀보호법6)나 통신사실확인자료제공(동법13)과 달리 임의수사의 일종이다.[1] 전기통신사업자는 수사기관이 통신이용자료 제공을 요청하면 그 요청에 따를 수 있지만(동법83③), 수사기관의 요청에 따라야 할 의무는 없기 때문이다.

검사 또는 수사관서의 장이 수사를 위하여 전기통신사업자에게 통신이용자정보의 제공을 요청하고, 이에 전기통신사업자가 형식적·절차적 요건을 심사하여 검사 또는 수사관서의 장에게 통신이용자정보를 제공한 경우 전기통신사업자는 원칙적으로 전기통신 이용자에 대해 손해배상책임을 지지 않는다.[2]

---

1) 2012. 8. 23. 2010헌마439, 헌집 24-2, 641, 『통신자료 취득행위 헌법소원 사건』.
2) 2016. 3. 10. 2012다105482, 공 2016상, 556, 『네이버 카페 가입정보 제공 사건』.

(3) 개인정보 제공의 제한

검사 또는 사법경찰관이 정보통신회사에게 조회하여 이용자의 개인정보의 제공을 요청하는 경우가 있다. 「개인정보 보호법」은 개인정보처리자(동법2 v)가 이용자의 개인정보를 허용범위를 초과하여 이용하거나 제삼자에게 제공하는 행위를 금지하고 있다(동법18①). 다만, 개인정보처리자는 일정한 경우 정보주체 또는 제삼자의 이익을 부당하게 침해할 우려가 있을 때를 제외하고는 개인정보를 목적 외의 용도로 이용하거나 이를 제삼자에게 제공할 수 있다(동법18② 본문 참조).

개인정보처리자가 개인정보를 제삼자에게 제공할 수 있는 경우의 하나로 범죄의 수사와 공소의 제기 및 유지를 위하여 필요한 경우(개인정보보호법18② vii)가 있다. 그런데 범죄수사 등을 위한 개인정보 제공은 공공기관(동법2 vi)인 개인정보처리자에게만 허용된다(동법18② 단서). 정보통신서비스를 제공하는 회사는 개인정보처리자에 해당하지만 공공기관이 아니다. 그러므로 공공기관에 해당하지 아니하는 정보통신회사가 검사 또는 사법경찰관에게 이용자의 개인정보를 임의로 제출하는 것은 위법하며, 제출된 개인정보는 증거능력이 없다.[1]

5. 통신비밀보호법과 증거능력의 제한

(1) 통신비밀보호법 제3조

(가) 금지의 범위   「통신비밀보호법」 제3조 제1항 본문은 "누구든지 이 법과 형사소송법 또는 군사법원법의 규정에 의하지 아니하고는 우편물의 검열·전기통신의 감청 또는 통신사실확인자료의 제공을 하거나 공개되지 아니한 타인간의 대화를 녹음 또는 청취하지 못한다."고 규정하고 있다. 한편 「통신비밀보호법」 제3조 제1항 단서는 금지에서 제외되는 경우를 자세히 열거하고 있다.

「통신비밀보호법」 제3조 제1항의 금지대상은 (가) 우편물의 검열, (나) 전기통신의 감청, (다) 통신사실확인자료의 제공, (라) 공개되지 아니한 타인간 대화의 녹음·청취이다. 한편 「통신비밀보호법」 제14조 제1항은 "누구든지 공개되지 아니한 타인간의 대화를 녹음하거나 전자장치 또는 기계적 수단을 이용하여 청취할 수 없다."고 규정하고 있다. 이 경우의 금지대상은 「통신비밀보호법」 제3조 제1항의 금지대상 가운데 (라)의 경우와 중첩된다.

(나) 증거능력 배제   「통신비밀보호법」 제4조는 "제3조의 규정에 위반하여, 불법검열에 의하여 취득한 우편물이나 그 내용 및 불법감청에 의하여 지득 또는 채록된 전기통신의 내용은 재판 또는 징계절차에서 증거로 사용할 수 없다."고 규정하고 있다. 형사재판의 경

---

1) 2015. 7. 16. 2015도2625 전원합의체 판결, 공 2015하, 1308, 『심리전단 트위터 사건』.

우 증거능력이 배제되는 것은 (가) 불법검열에 의하여 취득한 우편물이나 그 내용 및 (나) 불법감청에 의하여 지득 또는 채록된 전기통신의 내용이다. (나)의 '전기통신의 내용' 가운데에는 공개되지 아니한 타인간의 대화가 포함된다.

인터넷개인방송은 전기통신에 해당한다.[1] 인터넷개인방송의 방송자가 비밀번호를 설정하는 등으로 비공개 조치를 취한 후 방송을 송출하는 경우 방송자로부터 허가를 받지 못한 사람은 당해 인터넷개인방송의 당사자가 아닌 '제삼자'에 해당한다. 이러한 제삼자가 비공개 조치가 된 인터넷개인방송을 비정상적인 방법으로 시청·녹화하는 것은 「통신비밀보호법」상의 감청에 해당할 수 있다.[2]

다만 방송자가 이와 같은 제삼자의 시청·녹화 사실을 알거나 알 수 있었음에도 방송을 중단하거나 그 제삼자를 배제하지 않은 채 방송을 계속 진행하는 등 허가받지 아니한 제삼자의 시청·녹화를 사실상 승낙·용인한 것으로 볼 수 있는 경우에는 불특정인 혹은 다수인을 직간접적인 대상으로 하는 인터넷개인방송의 일반적 특성상 그 제삼자 역시 인터넷개인방송의 당사자에 포함될 수 있다. 그러므로 이러한 제삼자가 방송 내용을 지득·채록하는 것은 「통신비밀보호법」에서 정한 감청에 해당하지 않는다.[3]

통신사실확인자료의 제공은 「통신비밀보호법」제3조 제1항이 규정하고 있는 네 가지 금지대상에 포함되어 있다. 그런데 통신사실확인자료의 제공은 「통신비밀보호법」제4조의 증거능력 배제대상에는 포함되어 있지 않다. 그렇지만 「통신비밀보호법」과 형사소송법 또는 「군사법원법」의 규정에 의하지 아니하고 제공받은 통신사실확인자료는 적법한 절차에 따르지 아니하고 수집된 증거로서 형소법 제308조의2에 의하여 증거능력이 배제된다.

(다) 형사처벌 「통신비밀보호법」제16조 제1항은 (가)「통신비밀보호법」제3조의 규정에 위반하여 우편물의 검열 또는 전기통신의 감청을 하거나 공개되지 아니한 타인간의 대화를 녹음 또는 청취한 자와 (나) 이를 통해 알게 된 통신 또는 대화의 내용을 공개하거나 누설한 자를 1년 이상 10년 이하의 징역과 5년 이하의 자격정지의 형으로 처벌한다.

(2) 통신비밀보호법과 대화의 범위

「통신비밀보호법」에서 보호하는 타인간의 '대화'는 원칙적으로 현장에 있는 당사자들이 육성으로 말을 주고받는 의사소통행위를 가리킨다. 사람의 육성이 아닌 사물에서 발생하는 음향은 타인 간의 '대화'에 해당하지 않는다. 사람의 목소리라고 하더라도 상대방에게 의사를 전

---

1) 2022. 10. 27. 2022도9877, 공 2022하, 2367, 『인터넷개인방송 비공개 조치 사건』.
2) 2022. 10. 27. 2022도9877, 공 2022하, 2367, 『인터넷개인방송 비공개 조치 사건』.
3) 2022. 10. 27. 2022도9877, 공 2022하, 2367, 『인터넷개인방송 비공개 조치 사건』.

달하는 말이 아닌 단순한 비명소리나 탄식 등은 타인과 의사소통을 하기 위한 것이 아니라면 특별한 사정이 없는 한 타인간의 '대화'에 해당한다고 볼 수 없다.[1] 따라서 대화에 해당하지 않는 음향증거는 「통신비밀보호법」 제4조에 따른 증거능력 배제의 대상이 되지 않는다.

그렇지만 형사절차에서 대화에 해당하지 않는 음향증거에 전면적으로 증거능력이 인정되는 것은 아니다. 대화에 해당하지 않는 음향증거를 증거로 사용할 수 있는지 여부는 개별적인 사안에서 효과적인 형사소추와 형사절차상 진실발견이라는 공익과 개인의 인격적 이익 등의 보호이익을 비교형량하여 결정해야 한다.[2]

대화에 속하지 않는 사람의 목소리를 녹음하거나 청취하는 행위가 개인의 사생활의 비밀과 자유 또는 인격권을 중대하게 침해하여 사회통념상 허용되는 한도를 벗어난 것이라면, 단지 형사소추에 필요한 증거라는 사정만을 들어 곧바로 형사소송에서 진실발견이라는 공익이 개인의 인격적 이익 등 보호이익보다 우월한 것이라고 섣불리 단정해서는 안 된다. 그러나 그러한 한도를 벗어난 것이 아니라면 위와 같은 목소리를 들었다는 진술은 형사절차에서 증거로 사용할 수 있다.[3]

제6　수사상 감정위촉

1. 감정위촉

(1) 감정위촉과 감정

감정위촉이란 수사기관이 수사에 필요한 실험칙 등의 전문지식이나 경험부족 등을 보충할 목적으로 일정한 사항에 관하여 제삼자에게 조사를 시키거나, 제삼자로 하여금 전문지식을 적용하여 얻은 구체적 사실판단을 보고하게 하는 것을 말한다.

수사상의 감정위촉(법221의3)은 법원이 증거조사의 하나로서 행하는 감정(법169, 184)과 구별된다. 수사기관으로부터 감정을 위촉받은 자는 선서의무도 없고 허위감정을 하여도 허위감정죄(형법154)에 해당하지 않으며 그 절차에 있어서 소송관계인에게 반대신문의 기회도 부여되지 않는다. 수사상 감정위촉을 받은 자를 법원의 감정인과 구별하여 수탁감정인이라고 부른다. 수사상 감정위촉은 그 자체로는 강제처분이 아니며 임의수사에 속한다.[4]

---

1) 2017. 3. 15. 2016도19843, 공 2017상, 834, 『우당탕 몸싸움 소리 청취 사건』.
2) 2017. 3. 15. 2016도19843, 공 2017상, 834, 『우당탕 몸싸움 소리 청취 사건』.
3) 2017. 3. 15. 2016도19843, 공 2017상, 834, 『우당탕 몸싸움 소리 청취 사건』.
4) 2011. 5. 26. 2011도1902, 공 2011하, 1352, 『방호벽 2차 충돌 사건』.

(2) 감정처분허가장

수사기관이 수사에 필요하여 감정을 위촉하는 경우 감정위촉 그 자체는 강제처분이 아니므로 법관의 영장을 요하지 않는다. 그러나 수탁감정인이 감정을 할 때 강제력의 행사가 불가피한 경우가 생기게 되는데, 이 때에는 수사상 감정이 강제수사로 되어 법관의 영장이 필요하게 된다.

검사 또는 사법경찰관의 감정위촉을 받은 수탁감정인은 감정에 관하여 필요한 때에는 판사의 허가를 얻어 타인의 주거, 간수자 있는 가옥, 건조물, 항공기, 선박·차량 안에 들어갈 수 있고 신체의 검사, 사체의 해부, 분묘의 발굴, 물건의 파괴를 할 수 있다(법221의4①, 173②). 이 경우 감정처분허가장의 청구는 검사가 하여야 한다(법221의4②). 사법경찰관은 검사에게 신청하여 검사의 청구로 하여야 한다(법215② 유추적용).

판사는 검사의 청구가 상당하다고 인정할 때에는 허가장을 발부하여야 한다(법221의4③). 허가장에는 피의자의 성명, 죄명, 들어갈 장소, 검사할 신체, 해부할 사체, 발굴할 분묘, 파괴할 물건, 수탁감정인의 성명과 유효기간을 기재하여야 한다(법221의4④, 173②). 수탁감정인은 감정처분을 받는 자에게 허가장을 제시하여야 한다(법221의4④, 173③).

2024년 10월 20일부터 「형사사법절차에서의 전자문서 이용 등에 관한 법률」(형사절차전자문서법)이 시행되었다. 검사 또는 사법경찰관리는 감정처분허가장이 전자문서로 발부된 경우에는 대법원규칙으로 정하는 바에 따라 전자문서를 제시하거나 전송하는 방법으로 감정처분허가장을 집행할 수 있다(동법17① iii, 법221의4). 감정처분허가장을 전자문서의 형태로 집행하는 것이 현저히 곤란하거나 적합하지 아니한 경우에는 전자문서로 발부된 감정처분허가장을 전산정보처리시스템을 통하여 출력한 서면으로 집행할 수 있다(형사절차전자문서법17②).

신체검사에 관한 주의규정(법141)과 감정 시각의 제한에 관한 규정(법143)은 수탁감정인의 감정처분에 준용된다(법221의4④, 173⑤).

수사기관은 범죄 증거를 수집할 목적으로 피의자의 동의 없이 피의자의 소변[1]이나 혈액[2]을 채취할 때 그 방법의 하나로 법원으로부터 감정허가장(법221의4③)을 받아 '감정에 필요한 처분'(법221의4①, 173①)으로 할 수 있다.

(3) 감정 결과의 증명력

감정위촉과 그로 인해 취득한 감정 결과는 소변 검사, 혈액 검사, 디엔에이 검사 등 소위

---

1) 2018. 7. 12. 2018도6219, 공 2018하, 1686, 『마약사범 강제채뇨 사건』.
2) 2012. 11. 15. 2011도15258, 공 2012하, 2077, 『음주 오토바이 사건』.

과학적 증거방법과 관련된 경우가 많다. 과학적 증거방법이 사실인정에 있어서 상당한 정도로 구속력을 갖기 위해서는 (가) 감정인이 전문적인 지식·기술·경험을 가지고 (나) 공인된 표준 검사기법으로 증거를 분석한 후 법원에 제출하였다는 것만으로는 부족하다.

과학적 증거방법이 사실인정에 있어서 상당한 정도로 구속력을 갖기 위해서는 감정인의 감정에 앞서서 (다) 시료의 채취·보관·분석 등 모든 과정에서 시료의 동일성이 인정되고, (라) 인위적인 조작·훼손·첨가가 없었음이 담보되어야 하며, (마) 각 단계에서 시료에 대한 정확한 인수·인계 절차를 확인할 수 있는 기록이 유지되어야 한다.[1]

2. 수사상 감정유치

검사가 감정을 위촉하는 경우에 피의자의 정신 또는 신체에 관한 감정을 위하여 감정유치처분(법172③)이 필요한 때에는 판사에게 이를 청구하여야 한다(법221의3①). 사법경찰관이 감정을 위촉하는 경우에 피의자의 정신 또는 신체에 관한 감정을 위하여 감정유치처분(법172③)이 필요한 때에는 검사에게 신청하여 검사의 청구로 하여야 한다(법215② 유추적용).

판사는 검사의 청구가 상당하다고 인정할 때에는 유치처분을 하여야 한다(동조② 1문). 이 경우에는 감정유치장이 발부된다(동조② 2문, 172④). 2024년 10월 20일부터 「형사사법절차에서의 전자문서 이용 등에 관한 법률」(형사절차전자문서법)이 시행되었다. 검사 또는 사법경찰관리는 감정유치장이 전자문서로 발부된 경우에는 대법원규칙으로 정하는 바에 따라 전자문서를 제시하거나 전송하는 방법으로 감정유치장을 집행할 수 있다(동법17① ii, 법221의3). 감정유치장을 전자문서의 형태로 집행하는 것이 현저히 곤란하거나 적합하지 아니한 경우에는 전자문서로 발부된 감정유치장을 전산정보처리시스템을 통하여 출력한 서면으로 집행할 수 있다(형사절차전자문서법17②).

수사기관이 범죄 증거를 수집할 목적으로 피의자의 동의 없이 피의자의 소변을 채취하는 것은 법원으로부터 감정허가장을 받아 '감정에 필요한 처분'(법221의4①, 173①)으로 할 수 있다. 그렇지만 피의자를 병원 등에 유치할 필요가 있는 경우에는 형소법 제221조의3에 따라 법원으로부터 감정유치장을 받아야 한다.[2]

형사소송법은 수사상 감정유치처분에 관하여 수소법원이 피고인에 대하여 행하는 감정유치에 관한 규정을 준용하고 있다. 판사는 기간을 정하여 병원 기타 적당한 장소에 피의자를 유치할 수 있고 감정이 완료되면 즉시 유치를 해제하여야 한다(법221의3② 2문, 172③).

---

1) 2018. 2. 8. 2017도14222, 공 2018상, 601, 『봉인 없는 소변 반출 사건』.
2) 2018. 7. 12. 2018도6219, 공 2018하, 1686, 『마약사범 강제채뇨 사건』.

감정유치를 함에 있어서 필요한 때에는 판사는 직권 또는 피의자를 수용할 병원 기타 장소의 관리자의 신청에 의하여 사법경찰관리에게 피의자의 간수를 명할 수 있다(법221의3② 2문, 172⑤).

구속에 관한 규정은 형사소송법에 특별한 규정이 없는 경우에는 감정유치에 관하여 이를 준용한다(법221의3② 2문, 172⑦ 본문). 감정유치기간은 미결구금일수의 산입에 있어서는 이를 구속으로 간주한다(법221의3② 2문, 172⑧). 그러나 구속 중인 피의자에 대하여 감정유치장이 집행되었을 때에는 피의자가 유치되어 있는 기간 동안 구속은 그 집행이 정지된 것으로 간주된다(법221의3② 2문, 172의2①). 구속기간의 이중산입을 방지하기 위함이다.

3. 전문수사자문위원의 참여

검사는 공소제기 여부와 관련된 사실관계를 분명하게 하기 위하여 필요한 경우에는 직권이나 피의자 또는 변호인의 신청에 의하여 전문수사자문위원을 지정하여 수사절차에 참여하게 하고 자문을 들을 수 있다(법245의2①). 전문수사자문위원제도는 첨단산업분야, 지적재산권, 국제금융 기타 전문적인 지식이 필요한 사건에서 검사가 전문가의 조력을 받아 수사절차를 보다 충실하게 진행할 수 있도록 하기 위한 장치이다.

전문수사자문위원은 전문적인 지식에 의한 설명 또는 의견을 기재한 서면을 제출하거나 전문적인 지식에 의하여 설명이나 의견을 진술할 수 있다(법245의2②). 검사는 전문수사자문위원이 제출한 서면이나 전문수사자문위원의 설명 또는 의견의 진술에 관하여 피의자 또는 변호인에게 구술 또는 서면에 의한 의견진술의 기회를 주어야 한다(동조③).

전문수사자문위원을 수사절차에 참여시키는 경우 검사는 각 사건마다 1인 이상의 전문수사자문위원을 지정하여야 한다(법245의3①). 검사는 상당하다고 인정하는 때에는 전문수사자문위원의 지정을 취소할 수 있다(동조②). 피의자 또는 변호인은 검사의 전문수사자문위원 지정에 대하여 관할 고등검찰청검사장에게 이의를 제기할 수 있다(동조③). 전문수사자문위원에게는 수당을 지급하고, 필요한 경우에는 그 밖의 여비, 일당 및 숙박료를 지급할 수 있다(동조④). 전문수사자문위원의 지정 및 지정취소, 이의제기 절차 및 방법, 수당지급 그 밖에 필요한 사항은 법무부령으로 정한다(동조⑤).

전문수사자문위원 또는 전문수사자문위원이었던 자가 그 직무수행 중에 알게 된 다른 사람의 비밀을 누설한 때에는 2년 이하의 징역이나 금고 또는 1년 이하의 벌금에 처한다(법245의4, 279의7). 전문수사자문위원은 뇌물죄(형법 제129조 내지 제132조까지의 규정)의 적용에 있어서는 공무원으로 본다(법245의4, 279의8).

<h1>제 4 절   수사상 증거보전</h1>

제 1   증거보전절차

1. 증거보전의 의의와 청구권자

(1) 증거보전의 의의

검사, 피의자·피고인 또는 변호인은 미리 증거를 보전하지 아니하면 그 증거를 사용하기 곤란한 사정이 있는 때에는 제1회 공판기일 전이라도 판사에게 압수, 수색, 검증, 증인신문 또는 감정을 청구할 수 있다(법184①).

증거보전은 이해관계인의 청구에 따라 판사가 미리 증거조사를 하여 그 결과를 보전함으로써 공판에 대비하는 것이다. 수소법원이 정식으로 증거조사를 할 때까지 소송관계인이 기다릴 경우 그 증거의 사용이 불가능하게 되거나 곤란하게 될 사정이 있을 때 이에 대비하는 제도이다.

(2) 증거보전청구권자

증거보전을 청구할 수 있는 사람은 검사, 피의자, 피고인 또는 변호인이다(법184①). 증거보전청구권자 가운데 '피고인'은 공소장에 피고인으로 기재된 자로서 아직 제1회 공판기일이 열리지 아니한 피고인을 말한다.

증거보전청구권자 가운데 '피의자'는 수사기관이 특정한 범죄사실의 범인으로 지목하여 수사의 대상으로 삼고 있는 사람을 말한다. 형사입건된 사람은 물론 입건 이전의 사람이라도 피혐의자의 수사기관 출석조사나 긴급체포와 같은 객관적 활동에 의하여 범죄혐의 있음이 객관적으로 표시되면 피의자에 해당한다(수사준칙16① 참조). 그러나 단순한 피내사자나 거동수상자와 같이 아직 수사기관이 객관적으로 범죄혐의를 표시하지 아니하여 실질적 피의자 단계에 이르지 아니한 자(수사준칙16③ 참조)는 증거보전을 신청할 수 없다.

종래 판례는 피의자가 형사입건도 되기 전에는 증거보전을 청구할 수 없다는 입장을 취하고 있었다.[1] 이후 판례가 아직 사건수리의 절차를 밟지 아니하였더라도 수사기관이 범죄혐의 있음을 객관적으로 외부에 표시하였으면(수사준칙16① 참조) 그 때에 피의자의 지위가 개

---

[1] 1979. 6. 12. 79도792, 공 1979, 12050, 『소유권사실 증명원 사건』.

시된다는 입장을 천명함에 따라[1] 형사입건이 되기 전이라도 피의자는 증거보전을 청구할 수 있다.

2. 증거보전의 요건

(1) 증거보전의 필요성

증거보전을 하려면 미리 그 증거를 보전하지 아니하면 그 증거를 사용하기 곤란한 사정이 있어야 한다(법184①). 증거를 사용하기 곤란한 경우에는 그 증거에 대한 조사가 불가능하게 되거나 곤란하게 되는 경우뿐만 아니라 증거의 실질적 가치에 변화가 일어나서 본래의 증명력을 발휘하기 곤란한 경우도 포함된다. 증거물의 멸실·훼손·변경의 위험성, 참고인 또는 증인의 중대한 질병이나 장기해외체류 등은 증거보전의 필요성이 인정되는 예이다.

(2) 제1회 공판기일전

증거보전은 수사단계는 물론 공소제기 이후의 시점에서도 청구할 수 있다. 그러나 제1회 공판기일 이후에는 허용되지 않는다. 공판절차는 진술거부권고지(법283의2②), 인정신문(법284), 검사의 모두진술(법285), 피고인의 모두진술(법286), 재판장의 쟁점정리(법287), 증거조사(법290), 피고인신문(법296의2), 검사의 의견진술(법302), 피고인 측의 최종진술(법303)의 순서로 진행된다.

공판절차의 진행순서에 의할 때 검사의 모두진술 다음에 행해지는 피고인의 모두진술(법286) 단계에서 피고인은 증거조사의 필요성을 진술할 수 있다. 또한 피고인은 공판기일 전에 증거조사를 신청할 수도 있다(법266의9① ⅴ). 이렇게 볼 때 피고인은 제1회 공판기일에서 검사의 모두진술이 종료되는 시점까지 증거보전을 신청할 수 있다고 보아야 할 것이다.

3. 증거보전의 절차

증거보전의 청구는 관할 지방법원판사에게 하여야 한다(법184①). 증거보전청구를 할 때에는 서면으로 그 사유를 소명하여야 한다(동조③). 증거보전을 청구할 수 있는 사항은 압수, 수색, 검증, 증인신문 또는 감정에 한한다(동조①). 따라서 검사는 증거보전절차에서 피의자 또는 피고인의 신문을 청구할 수 없다.[2] 그러나 증거보전절차를 이용하여 공동피고인 또는 공범자를 증인으로 신문하는 것은 허용된다.

---

1) 2001. 10. 26. 2000도2968, 공 2001, 2633, 『'정관계 좋은 자리' 사건』.
2) 1979. 6. 12. 79도792, 공 1979, 12050, 『소유권사실 증명원 사건』.

증거보전의 청구를 받은 관할 지방법원판사는 증거보전의 요건이 갖추어지지 아니한 경우에는 그 청구를 기각한다. 형소법 제184조 제4항은 증거보전의 청구를 기각하는 재판에 대해 '3일 이내'에 항고할 수 있다고 규정하고 있다. 2019년 입법자는 즉시항고 제기기간을 3일에서 7일로 연장하였다(법405). '3일 이내'라는 시간적 제약하에 제기하는 항고는 즉시항고라고 볼 수 있다. 그러므로 증거보전청구를 기각하는 재판에 대해서도 7일 이내에 항고할 수 있다고 보아야 할 것이다.

증거보전의 요건이 구비된 경우에 판사는 별도의 명시적 결정을 하지 않고 바로 청구된 증거보전절차를 행한다. 이 경우 증거보전의 청구를 받은 판사는 그 처분에 관하여 법원 또는 재판장과 동일한 권한이 있다(법184②). 증거보전절차에서 행해지는 증인신문의 경우에도 지방법원판사는 신문의 일시와 장소를 피의자·피고인 및 변호인에게 미리 통지하여야 한다(법163①·②).

증거보전에 의하여 취득하는 증거에는 서류와 증거물이 있다. 서류로는 압수수색조서, 검증조서, 증인신문조서, 감정인신문조서, 감정서 등이 작성되며, 물건으로는 압수물 등이 취득된다. 검사, 피의자·피고인 또는 변호인은 판사의 허가를 얻어 증거보전에 관한 서류와 증거물을 열람 또는 등사할 수 있다(법185). 증거보전에 의하여 작성된 조서는 법관의 조서로서 절대적 증거능력이 있다(법311 2문).

제 2 판사에 의한 증인신문

1. 판사에 의한 증인신문의 의의와 특색

증거보전을 행할 수 있는 또 하나의 방법으로 판사에 의한 증인신문이 있다. 형소법 제221조의2에 기하여 검사의 청구로 판사가 행하는 증인신문이 그것이다. 이 장치는 특히 내부자의 증언이 유죄 인정의 결정적 증거자료가 되는 조직범죄나 뇌물범죄 등의 효율적 형사소추를 위하여 마련된 것이다.

수소법원이 공판기일을 열기에 앞서서 수소법원이 아닌 법관이 증인신문을 할 수 있는 장치로는 통상의 증거보전(법184)과 검사의 청구에 의한 증인신문(법221의2)의 두 가지가 있다. 양자는 (가) 수소법원 이외의 판사에 의하여 증인신문이 이루어진다는 점, (나) 제1회 공판기일 전에 한하여 증인신문청구가 가능하다는 점, (다) 작성된 증인신문조서는 법관의 조서로서 절대적 증거능력이 인정된다는 점(법311 2문) 등에서 공통점이 많다.

검사가 통상의 증거보전(법184)에 의하지 않고 별도의 증인신문(법221의2)을 청구하게 되는 이유로는 수사기밀의 유지를 들 수 있다. 형소법 제221조의2의 경우 판사의 증인신문에 의해 작성된 서류는 지체 없이 검사에게 송부된다(법221의2⑥). 이 때문에 피의자·피고인 측에게 서류 및 증거물의 열람·등사가 인정되는 증거보전(법185)에 비하여 수사기밀의 유지가 용이하다.

증거보전의 일환으로서 행해지는 증인신문도 재판심리의 일종이다. 따라서 판사는 국가의 안전보장·안녕질서 또는 선량한 풍속을 해칠 우려가 있는 경우에는 결정으로 증인신문 절차를 공개하지 않을 수 있다(헌법109 단서, 법원조직법57① 단서). 이 경우 판사는 증인신문 비공개결정의 이유를 밝혀 선고해야 한다(법원조직법57②). 공개금지 선고가 없거나 공개금지사유가 없음에도 불구하고 증인신문절차의 공개금지를 결정하였다면 그 절차에 의하여 이루어진 증인의 증언은 증거능력이 없다. 설사 변호인의 반대신문이 보장되었다 하더라도 마찬가지이다.[1]

2. 판사에 의한 증인신문의 요건

검사가 판사에 대하여 증인신문의 청구를 하려면 (가) 신문의 상대방이 증인적격을 갖추어야 하고, (나) 일정한 증거보전의 필요성이 인정되며, (다) 그 청구가 수소법원의 제1회 공판기일 전에 행해져야 한다.

판사의 증인신문을 받게 될 참고인은 범죄수사 또는 범죄증명에 필요한 사실을 진술할 수 있는 자이어야 한다. 증인신문의 대상이 되는 증인은 비대체적 체험사실을 법관에게 보고할 수 있는 자이어야 하므로 단순히 대체적 전문지식을 가지고 있는 감정인에 대해서는 증인신문을 청구하지 못한다. 공범자 및 공동피고인은 다른 피의자에 대하여 제삼자의 관계에 있으므로 증인신문의 상대방이 될 수 있다.

판사의 증인신문에 의한 증거보전이 필요한 상황은 범죄의 수사에 없어서는 아니 될 사실을 안다고 명백히 인정되는 자가 검사 또는 사법경찰관에의 출석이나 진술을 거부하는 경우이다(법221의2①). 원래 검사 또는 사법경찰관은 참고인에 대하여 출석이나 진술을 강제할 권한이 없다. 또한 참고인이 단순히 출석이나 진술을 거부하는 것만으로는 판사에 의한 증인신문이 허용되지 않는다. 그러나 실체적 진실발견을 촉진하기 위하여 범죄사건과 관련된 핵심적 사실을 알고 있음이 명백한 참고인에 대하여 형사소송법은 예외적으로 판사에 의한 증인신문을 허용하고 있다.

검사의 청구에 의한 판사의 증인신문은 제1회 공판기일 전에 한하여 허용된다(법221의2

---

1) 2015. 10. 29. 2014도5939, 공 2015하, 1842, 『탈북민 공범 진술 사건』.

①). 이 경우 제1회 공판기일 전의 의미는 통상적인 증거보전(법184)의 경우와 같이 검사의 모두진술(법285)이 종료되는 시점까지로 보아야 할 것이다.

3. 판사에 의한 증인신문의 절차

판사에 의한 증인신문은 검사만 청구할 수 있다(법221의2① 참조). 증인신문의 청구를 할 때에는 서면으로 그 사유를 소명하여야 한다(동조③). 증인신문을 청구받은 법관은 청구가 요건에 해당하지 않는다고 인정되면 명시적으로 기각결정을 하여 검사에게 고지하여야 한다. 그러나 요건이 갖추어졌다고 판단하는 경우에는 별도의 명시적 결정을 할 필요 없이 곧바로 증인신문절차에 들어간다.

증인신문을 행함에 있어서 청구를 받은 판사는 증인신문에 관하여 법원 또는 재판장과 동일한 권한이 있다(법221의2④). 따라서 판사는 신문기일을 정하여 증인을 소환하고 검사와 피의자 · 피고인에게는 신문기일과 장소를 통지하며 신문절차를 주재한다. 판사는 검사의 청구에 따라 증인신문기일을 정한 때에는 피의자 · 피고인 또는 변호인에게 이를 통지하여 증인신문에 참여할 수 있도록 하여야 한다(동조⑤).

판사가 검사의 청구에 의한 증인신문을 한 때에는 참여한 법원사무관 등은 증인신문조서를 작성하여야 한다(법48). 판사는 증인신문을 한 때에는 지체 없이 증인신문에 관한 서류를 검사에게 송부하여야 한다(법221의2⑥). 서류가 송부되면 통상의 증거보전(법184)의 경우와 달리 피의자와 변호인은 증인신문에 관한 서류에 대해 열람 · 등사권을 행사할 수 없다(법185 참조). 다만 공소제기 이후의 시점에서 피고인과 변호인은 이 서류를 소송계속 중의 관계서류로 열람하거나 복사할 수 있다(법35①).

제3 특별법에 의한 증거보전

1. 특별법에 의한 영상녹화물

특별법에 의하여 증거보전이 행해지는 경우가 있다. 「성폭력범죄의 처벌 등에 관한 특례법」(성폭력처벌법)(동법30 참조), 「아동 · 청소년의 성보호에 관한 법률」(청소년성보호법)(동법26 참조), 「아동학대범죄의 처벌 등에 관한 특례법」(아동학대처벌법)(동법17) 등은 일정한 성범죄 피해자의 경우에 이차 피해를 방지하기 위하여 수사기관으로 하여금 피해자의 진술내용과 조사과정을 비디오녹화기 등 영상물 녹화장치로 촬영 · 보존하도록 하고 있다.

이렇게 촬영된 영상물에 수록된 피해자의 진술은 공판준비 또는 공판기일에 피해자나 조사 과정에 동석하였던 신뢰관계에 있는 사람 또는 진술조력인의 진술에 의하여 그 성립의 진정함이 인정되면 유죄의 증거로 할 수 있었다(성폭력처벌법30⑥, 청소년성보호법26⑥ 참조). 그러나 2021년 헌법재판소는 피고인에게 반대신문의 기회가 부여되지 아니한 채 신뢰관계에 있는 사람 또는 진술조력인의 진술만으로 영상녹화물의 증거능력을 인정하도록 한 성폭력처벌법의 특례규정에 대해 피고인의 공정한 재판을 받을 권리를 침해한다는 이유로 위헌을 선언하였다.[1] 헌법재판소는 위헌결정의 이유 가운데 하나로 영상녹화물에 대한 증거보전의 가능성이 있음을 지적하였다. 2023년 입법자는 성폭력처벌법 제30조를 개정하여 해당 조항을 삭제하고, 성폭력처벌법 제30조의2를 신설하여 영상녹화물에 대한 증거능력 요건을 새로이 규정하였다.

2. 영상녹화물에 대한 증거보전

(1) 증거보전의 청구

피해자나 그 법정대리인 또는 사법경찰관은 피해자가 공판기일에 출석하여 증언하는 것에 현저히 곤란한 사정이 있을 때에는 그 사유를 소명하여 영상녹화된 영상물(성폭력처벌법30) 또는 그 밖의 다른 증거에 대하여 해당 성폭력범죄를 수사하는 검사에게 형소법 제184조 제1항에 따른 증거보전의 청구를 할 것을 요청할 수 있다(성폭력처벌법41① 1문, 청소년성보호법27①). 이때 성폭력범죄의 경우 피해자가 (가) 19세 미만이거나 (나) 신체적인 또는 정신적인 장애로 사물을 변별하거나 의사를 결정할 능력이 미약한 경우에는 공판기일에 출석하여 증언하는 것에 현저히 곤란한 사정이 있는 것으로 본다(성폭력처벌법41① 2문).

성폭력범죄의 경우 증거보전청구의 요청을 받은 검사는 그 요청이 타당하다고 인정할 때에는 증거보전의 청구를 할 수 있다(성폭력처벌법41② 본문). 다만, (가) 19세 미만 피해자, (나) 신체적인 또는 정신적인 장애로 사물을 변별하거나 의사를 결정할 능력이 미약한 피해자, 또는 (다) 그 법정대리인이 증거보전의 요청을 하는 경우에는 특별한 사정이 없는 한 형사소송법 제184조 제1항에 따라 관할 지방법원판사에게 증거보전을 청구하여야 한다(동항 단서). 아동·청소년 대상 성범죄의 경우 증거보전청구의 요청을 받은 검사는 그 요청이 상당한 이유가 있다고 인정하는 때에는 증거보전의 청구를 하여야 한다(청소년성보호법27②). 「아동학대범죄의 처벌 등에 관한 특례법」(아동학대처벌법)은 아동학대범죄의 조사·심리에 관하여 성폭력처벌법의 증거보전청구에 관한 규정을 준용하고 있다(아동학대처벌법17).

---

1) 2021. 12. 23. 2018헌바524, 헌집 33-2, 760, 『19세 미만 피해자 영상물 사건』.

(2) 영상녹화물의 증거능력 요건

성폭력범죄의 피해자가 (가) 19세 미만인 경우, (나) 신체적인 또는 정신적인 장애로 사물을 변별하거나 의사를 결정할 능력이 미약한 경우에 피해자의 진술이 영상녹화된 영상녹화물은 성폭력처벌법이 규정한 절차와 방식(성폭력처벌법30④ · ⑤ · ⑥)에 따라 영상녹화된 것으로서 다음 각 호의 어느 하나의 경우에 증거로 할 수 있다(성폭력처벌법30의2①).[1]

① 증거보전기일, 공판준비기일 또는 공판기일에 그 내용에 대하여 피의자, 피고인 또는 변호인이 피해자를 신문할 수 있었던 경우. 다만, 증거보전기일에서의 신문의 경우 법원이 피의자나 피고인의 방어권이 보장된 상태에서 피해자에 대한 반대신문이 충분히 이루어졌다고 인정하는 경우로 한정한다. (1호)

② (가) 19세 미만인 피해자, (나) 신체적인 또는 정신적인 장애로 사물을 변별하거나 의사를 결정할 능력이 미약한 피해자가 (ㄱ) 사망, (ㄴ) 외국 거주, (ㄷ) 신체적, 정신적 질병 · 장애, (ㄹ) 소재불명, (ㅁ) 그 밖에 이에 준하는 경우의 어느 하나에 해당하는 사유로 공판준비기일 또는 공판기일에 출석하여 진술할 수 없는 경우. 다만, 영상녹화된 진술 및 영상녹화가 특별히 신빙할 수 있는 상태에서 이루어졌음이 증명된 경우로 한정한다. (2호)

성폭력범죄와 관련한 영상녹화물의 증거능력에 관한 성폭력처벌법의 규정은 아동학대처벌법에 의하여 아동학대범죄의 경우에 준용된다(아동학대처벌법17).

「특정범죄신고자 등 보호법」(범죄신고자법)은 특정범죄(동법2ⅰ 참조)에 관한 형사절차에서 국민이 안심하고 자발적으로 협조할 수 있도록 그 범죄신고자 등을 실질적으로 보호함으로써 범죄로부터 사회를 방위하는 데에 이바지함을 목적으로 하여 제정된 법률이다(동법1). 범죄신고자법이 정한 범죄신고자 등(동법2ⅱ, ⅲ)에 대해 증거보전(법184)이나 판사에 대한 증인신문청구(법221의2)에 따른 증인신문을 하는 경우 판사는 직권으로 또는 검사의 신청에 의하여 그 과정을 비디오테이프 등 영상물로 촬영할 것을 명할 수 있다(범죄신고자법10①). 이에 따라 촬영한 영상물에 수록된 범죄신고자 등의 진술은 이를 증거로 할 수 있다(동조③).

---

1) 후술 548면 참조.

제 2 편   수사종결과 공소제기

제 1 장   수사종결

제 2 장   공소제기

제1장 수사종결

제1절 수사종결처분의 의의와 종류

제1 경찰 단계에서의 수사종결처분

1. 2020년 검찰·경찰의 수사권 조정

수사단서를 시발점으로 개시된 수사절차는 공소제기의 결정이라는 목표를 향하여 나아간다. 공소제기 여부를 결정할 수 있을 정도로 피의사건이 규명되면 수사절차는 종결된다. 수사절차를 종결하는 처분을 수사종결처분이라고 한다.

2020년 개정 전의 형사소송법에 의하면 검사는 수사의 주재자이고(구법195) 사법경찰관리는 수사의 보조자로서 검사의 지휘에 따라야 하였다(구법196③). 그리고 사법경찰관은 범죄를 수사한 때에는 관계 서류와 증거물을 지체 없이 검사에게 송부해야만 하였다(구법196④). 이는 검사로 하여금 수사종결처분을 내리도록 하기 위함이었다.

2020년 입법자는 검찰과 경찰 사이의 수사권을 조정하면서 양자의 관계를 상호 협력관계로 규정하였다(법195①). 그와 함께 입법자는 경찰공무원인 사법경찰관에게 일차적인 수사종결권을 부여하였다.

2. 수사준칙 제51조

경찰공무원인 사법경찰관이 사건을 수사한 경우 사법경찰관이 경찰 단계에서의 수사절차를 종결하게 된다. 형사소송법은 사건송치처분(법245의5 i)과 사건불송치처분(법245의5 ii)을 규정하고 있다. 이에 대해 수사준칙 제51조는 보다 상세하게 경찰공무원인 사법경찰관의 수사종결처분에 대해 규정하고 있다. 경찰공무원인 사법경찰관의 수사종결처분에 대해서는 그 밖에도 「경찰수사규칙」(동규칙95 이하)과 「해양경찰수사규칙」(동규칙97 이하)에 상세히 규정되어 있다.

사법경찰관은 사건을 수사한 경우에는 다음 각 호의 구분에 따라 결정해야 한다(수사준칙 51①).

① 법원송치 (1호)

② 검찰송치 (2호)

③ 불송치 (3호)

　　가. 혐의없음

　　　　1) 범죄인정안됨

　　　　2) 증거불충분

　　나. 죄가안됨

　　다. 공소권없음

　　라. 각하

④ 수사중지 (4호)

　　가. 피의자중지

　　나. 참고인중지

⑤ 이송 (5호)

사법경찰관은 하나의 사건 중 피의자가 여러 사람이거나 피의사실이 여러 개인 경우로서 분리하여 결정할 필요가 있는 경우 그중 일부에 대해 수사준칙 제51조 제1항 각 호의 결정을 할 수 있다(수사준칙51②).

3. 법원송치

사법경찰관이 사건을 직접 법원에 송치하여 수사절차를 종결하는 경우가 있다. 법원송치의 예로「소년법」및「아동·청소년의 성보호에 관한 법률」에 따른 소년부 송치를 들 수 있다.

「소년법」에 따르면 일정한 사유에 해당하는 소년이 있을 때 경찰서장은 직접 관할 가정법원 소년부 또는 지방법원 소년부에 사건을 송치하여야 한다(소년법4②). 소년부 송치의 대상이 되는 소년은 소위 촉법소년과 우범소년이다.

촉법소년은 형벌 법령에 저촉되는 행위를 한 10세 이상 14세 미만인 소년이다(소년법4① ii). 우범소년은 (가) 집단적으로 몰려다니며 주위 사람들에게 불안감을 조성하는 성벽(性癖)이 있는 것, (나) 정당한 이유 없이 가출하는 것, (다) 술을 마시고 소란을 피우거나 유해환경에 접하는 성벽이 있는 것에 해당하는 사유가 있고 그의 성격이나 환경에 비추어 앞으로 형벌 법령에 저촉되는 행위를 할 우려가 있는 10세 이상인 소년이다(소년법4① iii).

「아동·청소년의 성보호에 관한 법률」(청소년성보호법)에 따르면 10세 이상 14세 미만의 아동·청소년이 일정한 성폭력범죄(청소년성보호법2ii 나, 다, 7)를 범한 경우에 수사기관은 신속히 수사하고, 그 사건을 관할 법원 소년부에 송치하여야 한다(청소년성보호법44①).

4. 검찰송치

(1) 수사종결 전의 검찰송치

경찰공무원인 사법경찰관이 사건을 검사에게 송치하는 경우는 (가) 사법경찰관의 수사 도중에 송치하는 경우와 (나) 사법경찰관이 범죄를 수사한 후 범죄의 혐의가 있다고 인정하여 송치하는 경우가 있다. 먼저, 수사종결 전 검찰송치의 경우를 본다.

(가) 수사의 경합   검사는 사법경찰관과 동일한 범죄사실을 수사하게 된 때에는 사법경찰관에게 사건을 송치할 것을 요구할 수 있다(법197의4①). 사건송치 요구를 받은 사법경찰관은 지체 없이 검사에게 사건을 송치하여야 한다(동조② 본문).

다만, 검사가 영장을 청구하기 전에 동일한 범죄사실에 관하여 사법경찰관이 영장을 신청한 경우에는 해당 영장에 기재된 범죄사실을 계속 수사할 수 있다(법197의4② 본문·단서). 사법경찰관이 계속 수사할 수 있는지 여부나 사법경찰관이 계속 수사할 수 있는 경우 수사를 계속할 주체 또는 사건의 이송 여부 등에 대해 이견이 있는 경우 검사와 사법경찰관은 서로 협의를 요청할 수 있으며, 상대방의 협의 요청에 응해야 한다(수사준칙8① 단서 iv).

(나) 시정조치 불이행   검사는 사법경찰관리의 수사과정에서 법령위반, 인권침해 또는 현저한 수사권 남용이 의심되는 사실의 신고가 있거나 그러한 사실을 인식하게 된 경우에는 사법경찰관에게 사건기록 등본의 송부를 요구할 수 있다(법197의3①). 사건기록 등본의 송부를 받은 검사는 필요하다고 인정되는 경우에는 사법경찰관에게 시정조치를 요구할 수 있다(법197의3③).

사법경찰관으로부터 시정조치 이행결과의 통보를 받은 검사는 시정조치 요구가 정당한 이유 없이 이행되지 않았다고 인정되는 경우에는 사법경찰관에게 사건을 송치할 것을 요구할 수 있다(법197의3⑤). 검사의 송치 요구를 받은 사법경찰관은 검사에게 사건을 송치하여야 한다(동조⑥). 이 경우 검사는 사법경찰관으로부터 송치받은 사건에 관하여 해당 사건과 동일성을 해치지 아니하는 범위 내에서만 수사할 수 있다(법196②).

(다) 재정신청사건   사법경찰관이 수사 중인 사건에 대해 검사가 공소시효 만료일 30일 전까지 공소를 제기하지 아니하는 경우(법260② iii)에 해당하여 지방검찰청 검사장 또는 지청장에게 재정신청서가 제출된 경우(법260③) 해당 지방검찰청 또는 지청 소속 검사는 즉시 사법경찰관에게 그 사실을 통보해야 한다(수사준칙66①).

사법경찰관은 재정신청서가 제출되었다는 사실을 통보받으면 즉시 검사에게 해당 사건을 송치하고 관계 서류와 증거물을 송부해야 한다(수사준칙66②). 사법경찰관이 수사 중인 사건에 대한 재정신청(수사준칙66①)에 대해 법원이 재정신청 기각결정(법262② ii)을 한 경우 검사는 해당 결정서를 사법경찰관에게 송부해야 한다. 이 경우 검사는 송치받은 사건을 사법경찰관에게 이송해야 한다(수사준칙66③).

(라) 구속장소감찰사건   지방검찰청 검사장 또는 지청장은 불법체포·구속의 유무를 조사하기 위하여 검사로 하여금 매월 1회 이상 관하 수사관서의 피의자의 체포·구속장소를 감찰하게 하여야 한다. 감찰하는 검사는 체포 또는 구속된 자를 심문하고 관련서류를 조사하여야 한다(법198의2①).

검사는 적법한 절차에 의하지 아니하고 체포 또는 구속된 것이라고 의심할 만한 상당한 이유가 있는 경우에는 즉시 체포 또는 구속된 자를 석방하거나 사건을 검찰에 송치할 것을 명하여야 한다(법198의2②). 사건을 검찰에 송치할 것을 명한 경우에 검사는 사법경찰관으로부터 송치받은 사건에 관하여 해당 사건과 동일성을 해치지 아니하는 범위 내에서만 수사할 수 있다(법196②).

(2) 수사종결 후의 검찰송치

(가) 검찰송치 절차   경찰공무원인 사법경찰관은 범죄를 수사한 후 범죄의 혐의가 있다고 인정되는 경우에는 지체 없이 검사에게 사건을 송치하고, 관계 서류와 증거물을 송부하여야 한다(법245의5 i). 검사에게 송치된 사건은 아직 수사절차가 종결된 것이 아니다. 이후 보완수사가 이루어질 수 있기 때문이다. 검찰에 송치된 사건은 검사의 기소·불기소 결정에 의하여 최종적으로 종결된다.

사법경찰관은 관계 법령에 따라 검사에게 사건을 송치할 때에는 송치의 이유와 범위를 적은 송치 결정서와 압수물 총목록, 기록목록, 범죄경력 조회 회보서, 수사경력 조회 회보서 등 관계 서류와 증거물을 함께 송부해야 한다(수사준칙58①).

사법경찰관은 피의자 또는 참고인에 대한 조사과정을 영상녹화한 경우에는 해당 영상녹화물을 봉인한 후 검사에게 사건을 송치할 때 봉인된 영상녹화물의 종류와 개수를 표시하여 사건기록과 함께 송부해야 한다(수사준칙58②).

사법경찰관은 사건을 송치한 후에 새로운 증거물, 서류 및 그 밖의 자료를 추가로 송부할 때에는 이전에 송치한 사건명, 송치 연월일, 피의자의 성명과 추가로 송부하는 서류 및 증거물 등을 적은 추가송부서를 첨부해야 한다(수사준칙58③).

사법경찰관은 사건 관계 서류와 증거물을 분리하여 송부할 필요가 있으나 해당 서류와 증거물의 분리가 불가능하거나 현저히 곤란한 경우에는 그 서류와 증거물을 등사하여 송부할 수 있다(수사준칙56①).

사법경찰관이 검사에게 송치한 사건에 대해 검사의 공소장, 불기소결정서, 송치결정서 및 법원의 판결문을 제공할 것을 요청하는 경우 검사는 이를 사법경찰관에게 지체 없이 제공해야 한다(수사준칙57).

(나) 보완수사 요구   검사는 송치사건의 공소제기 여부 결정 또는 공소의 유지에 관하여 필요한 경우에 사법경찰관에게 보완수사를 요구할 수 있다(법197의2① i). 사법경찰관은 보완수사 요구가 있는 때에는 정당한 이유가 없는 한 지체 없이 이를 이행하고, 그 결과를 검사에게 통보하여야 한다(동조②). 검찰총장 또는 각급 검찰청 검사장은 사법경찰관이 정당한 이유 없이 보완수사 요구에 따르지 아니하는 때에는 권한 있는 사람에게 해당 사법경찰관의 직무배제 또는 징계를 요구할 수 있고, 그 징계 절차는 「공무원 징계령」 또는 「경찰공무원 징계령」에 따른다(동조③).

5. 불 송 치

(1) 관계 서류 등의 송부

경찰공무원인 사법경찰관은 범죄를 수사한 후 범죄의 혐의가 있다고 인정되지 않는 경우에는 검사에게 사건을 송치하지 않는다. 사법경찰관은 범죄의 혐의가 인정된다고 판단하여 사건을 검사에게 송치한 경우(법245의5 i) 이외의 경우에는 사건을 검찰에 송치하지 아니한 이유를 명시한 서면과 함께 관계 서류와 증거물을 지체 없이 검사에게 송부하여야 한다(법245의5 ii 1문).

사법경찰관은 불송치(법245의5 ii, 수사준칙51① iii) 결정을 하는 경우 불송치의 이유를 적은 불송치 결정서와 함께 압수물 총목록, 기록목록 등 관계 서류와 증거물을 검사에게 송부해야 한다(수사준칙62①). 사법경찰관은 피의자 또는 참고인에 대한 조사과정을 영상녹화한 경우에는 해당 영상녹화물을 봉인한 후 검사에게 관계 서류와 증거물을 송부할 때 봉인된 영상녹화물의 종류와 개수를 표시하여 사건기록과 함께 송부해야 한다(수사준칙62②, 58②).

사법경찰관은 관계 서류와 증거물을 송부한 후에 새로운 증거물, 서류 및 그 밖의 자료를 추가로 송부할 때에는 이전에 불송치한 사건명, 불송치 연월일, 피의자의 성명과 추가로 송부하는 서류 및 증거물 등을 적은 추가송부서를 첨부해야 한다(수사준칙62②, 58③).

검사는 불송치 사건의 관계 서류와 증거물을 송부받은 날로부터 90일 이내에 관계 서류와 증거물을 사법경찰관에게 반환하여야 한다(법245의5 ii 2문). 이 90일의 기간 내에 검사는 불송치결정의 위법·부당 여부를 심사한다. 검사는 불송치사건의 관계 서류와 증거물을 심사한 후 사법경찰관에게 반환한다. 이때 검사는 관계 서류와 증거물을 분리하여 반환할 필요가 있으나 해당 서류와 증거물의 분리가 불가능하거나 현저히 곤란한 경우에는 그 서류와 증거물을 등사하여 반환할 수 있다(수사준칙56①).

검사는 사건기록 등본을 송부받은 경우 이를 다른 목적으로 사용할 수 없으며, 다른 법령에 특별한 규정이 있는 경우를 제외하고는 그 사용 목적을 위한 기간이 경과한 때에 즉시 이를 반환하거나 폐기해야 한다(수사준칙56②).

(2) 검사의 재수사 요청

검사는 경찰공무원인 사법경찰관이 사건을 송치하지 아니한 것이 위법 또는 부당한 때에는 그 이유를 문서로 명시하여 사법경찰관에게 재수사를 요청할 수 있다(법245의8①). 검사는 사법경찰관에게 재수사를 요청하려는 경우에는 관계 서류와 증거물을 송부(법245의5 ii)받은 날부터 90일 이내에 해야 한다(수사준칙63① 본문).

다만, (가) 불송치 결정에 영향을 줄 수 있는 명백히 새로운 증거 또는 사실이 발견된 경우 또는 (나) 증거 등의 허위, 위조 또는 변조를 인정할 만한 상당한 정황이 있는 경우의 어느 하나에 해당하는 때에는 관계 서류와 증거물을 송부받은 날부터 90일이 지난 후에도 재수사를 요청할 수 있다(수사준칙63① 단서).

검사는 재수사를 요청할 때에는 그 내용과 이유를 구체적으로 적은 서면으로 해야 한다. 이 경우 형소법 제245조의5 제2호에 따라 송부받은 관계 서류와 증거물을 사법경찰관에게 반환해야 한다(수사준칙63②). 검사는 형소법 제245조의8에 따라 재수사를 요청한 경우 그 사실을 고소인 등에게 통지해야 한다(수사준칙63③).

(3) 사법경찰관의 재수사

사법경찰관은 검사의 재수사 요청이 있는 때에는 사건을 재수사하여야 한다(법245의8②). 사법경찰관은 재수사를 한 경우 다음의 구분에 따라 처리한다. 범죄의 혐의가 있다고 인정되는 경우에는 검사에게 사건을 송치(법245의 i)하고 관계 서류와 증거물을 송부한다(수사준칙64① i). 기존의 불송치 결정을 유지하는 경우에는 재수사 결과서에 그 내용과 이유를 구체적으로 적어 검사에게 통보한다(수사준칙64① ii).

검사는 사법경찰관이 기존의 불송치 결정을 유지한다는 재수사 결과(수사준칙64① ii)를 통보한 사건에 대해서 다시 재수사를 요청을 하거나 송치 요구를 할 수 없다(수사준칙64② 본문).

다만, 사법경찰관의 재수사에도 불구하고 (가) 관련 법리에 위반되거나, (나) 송부받은 관계 서류 및 증거물과 재수사결과만으로도 공소제기를 할 수 있을 정도로 명백히 채증법칙에 위반되거나, (다) 공소시효 또는 형사소추의 요건을 판단하는 데 오류가 있어, 사건을 송치하

지 않은 위법 또는 부당이 시정되지 않은 경우에는 재수사 결과를 통보받은 날부터 30일 이
내에 형소법 제197조의3에 따라 사건송치를 요구할 수 있다(수사준칙64② 단서).

사건송치 요구를 받은 사법경찰관은 검사에게 사건을 송치하여야 한다(법197의3⑥). 이 경
우 검사는 사법경찰관으로부터 송치받은 사건에 관하여 해당 사건과 동일성을 해치지 아니하
는 범위 내에서만 수사할 수 있다(법196②).

(4) 고소인의 이의신청과 검찰 송치

사법경찰관은 재수사 중인 사건에 대해 고소인, 피해자 또는 그 법정대리인(피해자가 사망
한 경우에는 그 배우자 · 직계친족 · 형제자매를 포함한다) 등이 소속 관서의 장에게 불송치결정에
대한 이의신청(법245의7①)을 한 경우에는 재수사를 중단해야 한다(수사준칙65). 2022년 5월의
형사소법 개정에 의하여 이의신청인에서 고발인은 제외되었다(법245의7①).

고소인, 피해자 또는 그 법정대리인(피해자가 사망한 경우에는 그 배우자 · 직계친족 · 형제자매
를 포함한다) 등의 이의신청이 있는 때에는 사법경찰관은 해당 사건을 지체 없이 검사에게 송
치하고 관계 서류와 증거물을 송부해야 한다(법245의7② 전단, 수사준칙65). 사법경찰관은 처리
결과와 그 이유를 이의신청인에게 통지하여야 한다(법245의7② 후단).

6. 수사중지

피의자가 소재불명인 경우에 사법경찰관이 일시 수사를 중지하는 것을 피의자중지라 하고,
참고인이 소재불명인 경우에 사법경찰관이 일시 수사를 중지하는 것을 참고인중지라고 한다.
피의자중지와 참고인중지를 통칭하여 수사중지라고 부른다(수사준칙51① iv).

사법경찰관은 수사중지결정(수사준칙51① iv)을 한 경우 7일 이내에 사건기록을 검사에게
송부해야 한다(수사준칙51④ 전단). 사법경찰관은 검사에게 사건기록을 송부(수사준칙51④ 전단)
한 후 피의자 등의 소재를 발견한 경우에는 소재 발견 및 수사 재개 사실을 검사에게 통보해
야 한다. 이 경우 통보를 받은 검사는 지체 없이 사법경찰관에게 사건기록을 반환해야 한다(수
사준칙51⑤).

수사중지결정과 관련하여 사건기록을 송부받은 검사는 사건기록을 송부받은 날부터 30일
이내에 반환해야 한다(수사준칙51④). 검사는 이 30일의 기간 내에 사법경찰관에게 시정조치요
구(법197의3)를 할 수 있다(수사준칙51④).

검사와 사법경찰관은 소재불명인 피의자나 참고인을 발견한 때에는 해당 사실을 통보
하는 등 서로 협력해야 한다(수사준칙55①). 사법경찰관은 수사중지(피의자중지, 참고인중지)(수
사준칙51① iv)된 사건의 피의자 또는 참고인을 발견하는 등 수사중지 결정의 사유가 해소된

경우에는 즉시 수사를 진행해야 한다(수사준칙55③).

7. 이 송

사법경찰관은 불송치(수사준칙51① ⅲ) 사건 가운데 죄가안됨(동호 나목) 또는 공소권없음(동호 ⅲ 다목)에 해당하는 사건이 (가) 심신상실(형법10①)로 벌할 수 없는 경우, (나) 기소되어 사실심 계속 중인 사건과 포괄일죄를 구성하는 관계에 있는 경우의 어느 하나에 해당할 때에는 해당 사건을 검사에게 이송한다(수사준칙51③).

8. 즉결심판청구

「즉결심판에 관한 절차법」(즉결심판법)에 따라 20만원 이하의 벌금 또는 구류나 과료에 처할 범죄사건으로서 즉결심판절차에 의하여 처리될 경미사건의 경우(즉결심판법2)에는 관할 경찰서장 또는 관할해양경찰서장이 지방법원, 지원 또는 시·군법원의 판사에게 즉결심판을 청구함으로써 수사절차를 종결한다(동법3①).

'20만원 이하의 벌금 또는 구류나 과료에 처할 범죄사건'은 법정형이 아니라 선고형을 기준으로 한다. 반드시 「경범죄 처벌법」 위반사범이나 「도로교통법」 위반사범에 한정되지 않는다. '구류 또는 과료'가 법정형으로 규정되어 있는 일반 형사범죄들은 물론 그 밖의 형사사건들도 즉결심판대상사건에 포함된다.

경찰서장의 즉결심판청구권은 검사의 기소독점주의(법246)에 대한 중대한 예외이다. 경찰서장의 즉결심판청구권 행사는 검사의 통제를 받지 않는다.

9. 수사결과 통지와 이의신청

(1) 수사결과의 통지

사법경찰관은 수사에 대한 진행상황을 사건관계인에게 적절히 통지하도록 노력해야 한다(수사준칙12①). 통지의 구체적인 방법·절차 등은 법무부장관, 경찰청장 또는 해양경찰청장이 정한다(수사준칙12②). 사법경찰관은 수사 진행상황을 통지(수사준칙12)하거나 수사 결과를 통지(수사준칙53)할 때 해당 사건의 피의자 또는 사건관계인(피해자·참고인)의 명예나 권리 등이 부당하게 침해되지 않도록 주의해야 한다(수사준칙68).

사법경찰관은 사건을 불송치(법245의5 ⅱ)한 경우에 관계 서류와 증거물을 검사에게 송부한 날로부터 7일 이내에 서면으로 고소인·고발인·피해자 또는 그 법정대리인(피해자가 사망한 경우에는 그 배우자·직계친족·형제자매를 포함한다)에게 사건을 검사에게 송치하지 아니하는 취지와 그 이유를 통지하여야 한다(법245의6).

사법경찰관은 송치 또는 불송치의 결정(수사준칙51)을 한 경우에는 그 내용을 고소인·고발인·피해자 또는 그 법정대리인과 피의자에게 통지해야 한다(수사준칙53① 본문). 피해자가 사망한 경우에는 그 배우자·직계친족·형제자매가 통지 상대방에 포함된다(수사준칙53① 본문). 수사준칙은 고소인·고발인·피해자 또는 그 법정대리인과 피해자가 사망한 경우 그 배우자·직계친족·형제자매를 통칭하여 '고소인 등'이라고 지칭하고 있다(수사준칙53①).

사법경찰관은 고소인 등에게 수사중지(피의자중지, 참고인중지) 결정(수사준칙51① iv)의 통지를 할 때에는 수사준칙 제54조 제3항에 따라 검사에게 신고할 수 있다는 사실을 함께 고지해야 한다(수사준칙54④).

사법경찰관은 피의자중지결정(수사준칙51① iv 가)을 한 경우에는 고소인 등에게만 통지한다(수사준칙53① 단서). 고소인 등은 불송치결정의 통지(법245의6)를 받지 못한 경우 사법경찰관에게 불송치 통지서로 통지해 줄 것을 요구할 수 있다(수사준칙53②).

(2) 고소인의 이의신청과 검찰 송치

피의자, 사건관계인(피해자·참고인) 또는 그 변호인은 사법경찰관이 불송치 결정을 한 사건에 관한 기록의 전부 또는 일부에 대해 열람·복사를 신청할 수 있다(수사준칙69②).

경찰공무원인 사법경찰관으로부터 사건불송치(법245의5 ii) 통지를 받은 사람(고발인은 제외한다)은 해당 사법경찰관의 소속 관서의 장에게 이의를 신청할 수 있다(법245의7①). 2022년 5월의 형소법 개정에 의하여 이의신청권자로부터 고발인이 제외되었다.

사법경찰관은 이의신청이 있는 때에는 지체 없이 검사에게 사건을 송치하고 관계 서류와 증거물을 송부하여야 하며, 처리결과와 그 이유를 이의신청인에게 통지하여야 한다(법245의7②).

사법경찰관으로부터 수사중지(피의자중지, 참고인중지) 결정(수사준칙51① iv)의 통지를 받은 사람은 해당 사법경찰관이 소속된 바로 위 상급경찰관서의 장에게 이의를 제기할 수 있다(수사준칙54①). 이와 관련된 이의제기의 절차·방법 및 처리 등에 관하여 필요한 사항은 경찰청장 또는 해양경찰청장이 정한다(수사준칙54②).

사법경찰관으로부터 수사중지(피의자중지, 참고인중지) 결정(수사준칙51① iv)의 통지를 받은 사람은 해당 수사중지 결정이 법령위반, 인권침해 또는 현저한 수사권 남용이라고 의심되는 경우 검사에게 신고(법197의3)를 할 수 있다(수사준칙54③).

제 2 검찰 단계에서의 수사종결처분

1. 수사준칙 제52조

검사는 사법경찰관으로부터 사건을 송치받은 사건(법245의5ⅰ)이나 직접 수사를 개시한 사건(검찰청법4①ⅰ 단서)에 대해 검찰 단계에서의 수사절차를 종결하게 된다. 검사는 시정조치 불이행에 따른 사건송치(법197의3⑥), 구속장소 감찰에 따른 사건송치(법198의2②), 고소인 등의 이의신청에 따른 사건송치(법245의7②)에 따라 사법경찰관으로부터 송치받은 사건에 관하여는 해당 사건과 동일성을 해치지 아니하는 범위 내에서 수사할 수 있다(법196②). 검사가 고소 또는 고발에 의하여 범죄를 수사할 때에는 고소 또는 고발을 수리한 날로부터 3개월 이내에 수사를 완료하여 공소제기 여부를 결정해야 한다(법257).

형사소송법은 검사의 수사종결처분에 대해 공소제기(법246)와 기소유예처분(법247)에 대해서만 규정하고 있다. 이에 대해 수사준칙 제52조는 보다 상세하게 검사의 수사종결처분에 대해 규정하고 있다. 검사는 사법경찰관으로부터 사건을 송치받거나 직접 수사한 경우에는 다음 각 호의 구분에 따라 결정해야 한다(수사준칙52①).

① 공소제기 (1호)
② 불기소 (2호)
　가. 기소유예
　나. 혐의없음
　　1) 범죄인정안됨
　　2) 증거불충분
　다. 죄가안됨
　라. 공소권없음
　마. 각하
③ 기소중지 (3호)
④ 참고인중지 (4호)
⑤ 보완수사요구 (5호)
⑥ 공소보류 (6호)
⑦ 이송 (7호)
⑧ 소년보호사건 송치 (8호)

⑨ 가정보호사건 송치 (9호)

⑩ 성매매보호사건 송치 (10호)

⑪ 아동보호사건 송치 (11호)

검사는 하나의 사건 중 피의자가 여러 사람이거나 피의사실이 여러 개인 경우로서 분리하여 결정할 필요가 있는 경우 그중 일부에 대해 수사준칙 제52조 제1항 각 호의 결정을 할 수 있다(수사준칙52②).

검사와 사법경찰관은 소재불명인 피의자나 참고인을 발견한 때에는 해당 사실을 통보하는 등 서로 협력해야 한다(수사준칙55①). 검사는 사법경찰관의 사건송치(법245의5 i) 또는 고소인 등의 이의신청에 따른 사건송치(법245의7②)에 따라 송치된 사건의 피의자나 참고인의 소재 확인이 필요하다고 판단하는 경우 피의자나 참고인의 주소지 또는 거소지 등을 관할하는 경찰관서의 사법경찰관에게 소재수사를 요청할 수 있다. 이 경우 요청을 받은 사법경찰관은 이에 협력해야 한다(수사준칙55②).

검사는 기소중지 · 참고인중지(수사준칙52① iii, iv)된 사건의 피의자 또는 참고인을 발견하는 등 기소중지 · 참고인중지 결정의 사유가 해소된 경우에는 즉시 수사를 진행해야 한다(수사준칙55③).

검사는 시정조치 요구에 따른 기록송부(수사준칙45①)나 기타 기록송부(수사준칙56①)에 의하여 사건기록 등본을 송부받은 경우 이를 다른 목적으로 사용할 수 없으며, 다른 법령에 특별한 규정이 있는 경우를 제외하고는 그 사용 목적을 위한 기간이 경과한 때에 즉시 이를 반환하거나 폐기해야 한다(수사준칙56②).

검사는 사법경찰관이 송치한 사건에 대해 검사의 공소장, 불기소결정서, 송치결정서 및 법원의 판결문을 제공할 것을 요청하는 경우 이를 사법경찰관에게 지체 없이 제공해야 한다(수사준칙57).

2. 범죄피해자 보호법과 형사조정

「범죄피해자 보호법」은 검사가 수사종결처분을 내리기 전에 수사 중인 형사사건을 형사조정에 회부할 수 있도록 하고 있다. 검사는 피의자와 범죄피해자 사이에 형사분쟁을 공정하고 원만하게 해결하여 범죄피해자가 입은 피해를 실질적으로 회복하는 데 필요하다고 인정하면 피의자나 범죄피해자의 신청 또는 직권으로 수사 중인 형사사건을 형사조정에 회부할 수 있다(동법41①). 검사가 형사조정에 회부할 수 있는 형사사건의 구체적인 범위는 대통령령으로 정한다(동조② 본문). 다만, (가) 피의자가 도주하거나 증거를 인멸할 염려가 있는 경우, (나) 공소시효의 완성이 임박한 경우, (다) 불기소처분의 사유에 해당함이 명백한 경우(다만, 기소유예처분의 사유에 해당하는 경우는 제외한다)의 어느 하나에 해당하는 경우에는 형사조정에 회부하여서는 아니 된다(동항 단서).

형사조정을 담당하기 위하여 각급 지방검찰청 및 지청에 형사조정위원회를 둔다(범죄피해자보호법42①). 형사조정위원회는 피의자와 범죄피해자 사이의 공정하고 원만한 화해와 범죄피해자가 입은 피해의 실질적인 회복을 위하여 노력하여야 한다(동법43③). 형사조정위원회는 조정기일마다 형사조정의 과정을 서면으로 작성하고, 형사조정이 성립되면 그 결과를 서면으로 작성하여야 한다(동법45①). 형사조정위원회는 조정 과정에서 증거위조나 거짓 진술 등의 사유로 명백히 혐의가 없는 것으로 인정하는 경우에는 조정을 중단하고 담당 검사에게 회송하여야 한다(동조②). 형사조정위원회는 형사조정 절차가 끝나면 형사조정의 과정과 결과를 기재한 서면(동조①)을 붙여 해당 형사사건을 형사조정에 회부한 검사에게 보내야 한다(동조③).

검사는 형사사건을 수사하고 처리할 때 형사조정 결과를 고려할 수 있다. 다만, 형사조정이 성립되지 아니하였다는 사정을 피의자에게 불리하게 고려하여서는 아니 된다(범죄피해자보호법45④ 본문·단서).

3. 공소제기

검사는 피의사건에 대해 객관적으로 범죄혐의가 충분하고 소송조건이 구비되어 법원이 유죄판결을 내릴 것으로 판단하는 경우에는 공소를 제기한다(법246 참조). 공소의 제기는 공소장을 관할법원에 제출함으로써 한다(법254①). 다만 벌금, 과료 또는 몰수에 처할 사건의 경우에 검사는 약식명령을 청구할 수 있다(법448①). 약식명령의 청구는 공소의 제기와 동시에 서면으로 하여야 한다(법449).

4. 불 기 소

(1) 불기소처분의 의의

검사가 피의사건에 대하여 공소를 제기하지 아니하기로 하여 내리는 최종적 판단을 불기소처분이라고 한다. 불기소처분은 검사가 수사절차를 종국적으로 결정하는 처분이라는 점에서 잠정적으로 수사를 중지하는 기소중지와 구별된다. 검사의 불기소처분에는 법원의 종국재판과 달리 일사부재리의 효력이 인정되지 않는다.[1] 검사의 불기소처분은 사법부에 소속하는 법관

---

1) 1995. 3. 10. 94도2598, 공 1995, 1662, 『3년 후 재고소 사건』.

의 재판이 아니기 때문이다.

(2) 불기소처분의 유형

수사준칙은 불기소처분의 유형을 (가) 기소유예, (나) 혐의없음, (다) 죄가안됨, (라) 공소
권없음, (마) 각하로 세분하고 있다(수사준칙52① ii).

(가) 기소유예   피의사실이 인정되나 형법 제51조 각호의 사항을 참작하여 소추를 필요
로 하지 아니하는 경우이다(법247).

(나) 혐의없음   혐의없음을 이유로 하는 불기소처분은 다시 범죄인정안됨을 이유로 하
는 불기소처분과 증거불충분을 이유로 하는 불기소처분으로 나누어진다. '범죄인정안됨'은 피
의사실이 범죄를 구성하지 아니하거나 인정되지 아니하는 경우이다. 이것은 혐의사실이 인정
되더라도 특별구성요건에 해당하지 않는 경우를 말한다. '증거불충분'은 피의사실을 인정할
만한 충분한 증거가 없는 경우이다.

(다) 죄가안됨   피의사실이 범죄구성요건에 해당하나 법률상 범죄의 성립을 조각하는
사유가 있어 범죄를 구성하지 아니하는 경우이다.

(라) 공소권없음   면소판결(법326), 공소기각판결(법327), 공소기각결정(법328)의 사유가
있어서 설령 검사가 공소를 제기하더라도 수소법원이 이들 재판으로 절차를 종결할 것으로
판단되는 경우이다.

(마) 각 하   고소 또는 고발이 있는 사건에 대하여 사건의 실체를 조사하지 않고 곧바
로 절차를 종결하는 경우이다. 고소인 또는 고발인의 진술이나 고소장·고발장에 의하여 혐
의없음, 죄가안됨, 공소권없음 등의 사유가 명백한 경우, 고소·고발사건에 관하여 피고소
인·피고발인의 책임이 경미하고 수사와 소추를 할 공공의 이익이 극히 적어 수사의 필요성
이 인정되지 않는 경우 등이 여기에 해당한다.

5. 기소중지와 참고인중지

검사의 수사종결처분 가운데 기소중지와 참고인중지가 있다. 기소중지(수사준칙52① iii)는
피의자의 소재불명 등의 사유로 수사를 종결할 수 없는 경우에 그 사유가 해소될 때까지 검사
가 관련 사건기록에 의하여 일시적으로 수사를 종결하는 결정이다.

참고인중지(수사준칙52① iv)는 참고인·고소인·고발인의 소재불명으로 수사를 종결할 수
없는 경우에 그 사유가 해소될 때까지 검사가 관련 사건기록에 의하여 일시적으로 수사를 종
결하는 결정이다.

6. 보완수사 요구

검사는 송치사건의 공소제기 여부 결정 또는 공소의 유지에 관하여 필요한 경우에 사법경찰관에게 보완수사를 요구할 수 있다(법197의2① i). 검사는 사법경찰관으로부터 송치받은 사건(법245의5 i)에 대해 보완수사가 필요하다고 인정하는 경우에는 특별히 직접 보완수사를 할 필요가 있다고 인정되는 경우를 제외하고는 사법경찰관에게 보완수사를 요구하는 것을 원칙으로 한다(수사준칙59①). 보완수사에 관하여는 사법경찰관의 일차 수사에 대한 검사의 감독권한과 관련하여 검경 수사권 조정 항목에서 설명하였다.

7. 공소보류

검사가 「국가보안법」 제20조 제1항의 규정에 의하여 공소제기를 보류하는 경우에는 불기소 · 기소중지 · 참고인중지 사건기록에 의하여 공소보류의 결정을 하여야 한다(수사준칙52① vi, 국가보안법20①).

8. 이   송

(1) 필요적 이송

2020년의 검찰 · 경찰 수사권 조정에 의하여 검사의 직접수사 개시권이 제한되었다. 검사는 검사의 직접 수사개시 대상 범죄(검찰청법4① 각호 참조)에 해당되지 않는 범죄에 대한 고소 · 고발 · 진정 등이 접수된 때에는 사건을 검찰청 외의 수사기관에 이송해야 한다(수사준칙18①). 검사는 사건을 이송하는 경우에 관계 서류와 증거물을 해당 수사기관에 함께 송부해야 한다(수사준칙18③).

(2) 재량적 이송

검사는 (가) 검사가 영장을 청구하기 전에 동일한 범죄사실에 관하여 사법경찰관이 영장을 신청하여 사법경찰관이 범죄사실을 계속 수사할 수 있게 된 때(법197의4② 단서) 또는 (나) 그 밖에 다른 수사기관에서 수사하는 것이 적절하다고 판단되는 때에는 사건을 검찰청 외의 수사기관에 이송할 수 있다(수사준칙18②). 검사가 다른 수사기관에서 수사하는 것이 적절하다고 판단하여 이송을 하는 경우에는 특별한 사정이 없으면 사건을 수리한 날부터 1개월 이내에 이송해야 한다(수사준칙18③). 검사가 사건을 이송하는 경우에는 관계 서류와 증거물을 해당 수사기관에 함께 송부해야 한다(수사준칙18③).

(3) 재정신청사건과 이송

사법경찰관이 수사 중인 사건에 대해 검사가 공소시효 만료일 30일 전까지 공소를 제기하지 아니하는 경우(법260② iii)에 해당하여 재정신청권자가 지방검찰청 검사장 또는 지청장에게 재정신청서를 제출하는 경우(법260③)가 있다. 이후의 절차에서 법원이 재정신청 기각결정(법262② i)을 하면 검사는 해당 결정서를 사법경찰관에게 송부해야 한다. 이 경우 검사는 송치받은 사건을 사법경찰관에게 이송해야 한다(수사준칙66③).

9. 각종 보호사건의 송치

수사준칙은 검사의 수사종결 처분의 하나로 각종 보호사건의 송치를 규정하고 있다. 이에 해당하는 것은 (가) 소년보호사건 송치(수사준칙52① viii, 소년법49①), (나) 가정보호사건 송치(수사준칙52① ix, 가정폭력처벌법9, 11), (다) 성매매보호사건 송치(수사준칙52① x, 성매매처벌법12①), (라) 아동보호사건 송치(수사준칙52① xi, 아동학대처벌법27①)이다.

10. 기타 사건의 송치

수사준칙이 규정한 사건의 송치 이외에 형사소송법이 사건의 송치를 규정한 경우가 있다. 검사는 사건이 그 소속검찰청에 대응한 법원의 관할에 속하지 아니한 때에는 사건을 서류와 증거물과 함께 관할법원에 대응한 검찰청검사에게 송치하여야 한다(법256).

검사는 사건이 군사법원의 재판권에 속하는 때에는 사건을 서류와 증거물과 함께 재판권을 가진 관할 군검찰부 군검사에게 송치하여야 한다. 이 경우에 송치전에 행한 소송행위는 송치 후에도 그 효력에 영향이 없다(법256의2).

11. 수사결과의 통지

검사는 수사준칙 제52조에 따른 결정을 한 경우에는 그 내용을 고소인 등(수사준칙53① 참조)과 피의자에게 통지해야 한다(수사준칙53① 본문). 여기에서 '고소인 등'은 고소인·고발인·피해자 또는 그 법정대리인(피해자가 사망한 경우에는 그 배우자·직계친족·형제자매를 포함한다)을 말한다(수사준칙53①).

검사가 기소중지 결정(수사준칙52① iii)을 한 경우에는 고소인 등에게만 통지한다(수사준칙53① 단서). 검사는 수사준칙 제53조에 따라 수사 결과를 통지할 때에는 해당 사건의 피의자 또는 사건관계인의 명예나 권리 등이 부당하게 침해되지 않도록 주의해야 한다(수사준칙68).

검사는 고소 또는 고발이 있는 사건에 관하여 기소, 불기소, 공소취소, 타관송치(법256)의 처분을 한 때에는 처분한 날로부터 7일 이내에 서면으로 고소인 또는 고발인에게 그 취지를 통지하여야 한다(법258①).

피의자, 사건관계인(피해자·참고인) 또는 그 변호인은 검사가 불기소결정을 한 사건에 관한 기록의 전부 또는 일부에 대해 열람·복사를 신청할 수 있다(수사준칙69②). 검사는 고소 또는 고발이 있는 사건에 관하여 불기소처분을 한 경우에 고소인 또는 고발인의 청구가 있는 때에는 7일 이내에 고소인 또는 고발인에게 그 이유를 서면으로 설명하여야 한다(법259). 검사는 범죄로 인한 피해자나 법정대리인 등의 신청이 있는 때에는 당해 사건의 공소제기 여부, 공판의 일시·장소, 재판결과, 피의자·피고인의 구속·석방 등 구금에 관한 사실 등을 신속하게 통지하여야 한다(법259의2).

검사는 불기소 또는 타관송치(법256)의 처분을 한 때에는 피의자에게 즉시 그 취지를 통지하여야 한다(법258②). 검사가 피의자에 대하여 공소제기(법254①)를 하게 되면 그 피고인 또는 변호인에게 공소장 부본이 송달된다(법266 본문 참조).

제3 고위공직자범죄수사처의 수사종결처분

1. 고위공직자범죄수사처의 직무 범위

「고위공직자범죄수사처 설치 및 운영에 관한 법률」(공수처법)에 의하여 설치된 고위공직자범죄수사처(이하 '수사처'라 한다)는 고위공직자 및 그 가족이 범한 고위공직자범죄 및 관련범죄의 수사를 기본적인 직무로 한다(공수처법3① i).

수사처는 (가) 대법원장, 대법관, 판사, (나) 검찰총장, 검사, (다) 경무관 이상 경찰공무원에 해당하는 고위공직자로 재직 중에 본인 또는 본인의 가족이 범한 고위공직자범죄 및 관련범죄의 경우에는 (ㄱ) 본래의 직무인 수사 이외에 (ㄴ) 공소제기와 공소유지의 직무까지도 수행한다(공수처법3① ii).

2. 수사종결처분의 유형

(1) 수사대상 사건과 사건송부

수사처검사는 (가) 대법원장, 대법관, 판사, (나) 검찰총장, 검사, (다) 경무관 이상 경찰공무원(공수처법3① ii)의 사건을 제외한 고위공직자범죄 등(동법2 iii, iv, v 참조)에 관한 수사를 한 때에는 관계 서류와 증거물을 지체 없이 서울중앙지방검찰청 소속 검사에게 송부하여야 한다(공수처법26①).

송부된 사건의 기소·불기소 결정은 서울중앙지방검찰청 소속 검사가 행한다. 관계 서류와 증거물을 송부받아 사건을 처리하는 검사는 수사처 처장에게 해당 사건의 공소제기 여부를 신속하게 통보하여야 한다(공수처법26②).

(2) 기소대상 사건과 수사종결처분

수사처검사는 (가) 대법원장, 대법관, 판사, (나) 검찰총장, 검사, (다) 경무관 이상 경찰공무원(공수처법3① ii)이 범한 고위공직자범죄 등(공수처법2 iii, iv, v 참조)에 관하여 수사를 한 때에는 공소제기 또는 불기소의 결정을 한다(공수처법20①).

수사처검사가 공소를 제기하는 경우에 해당 고위공직자범죄 등 사건의 제1심 재판은 서울중앙지방법원의 관할로 한다. 다만, 범죄지, 증거의 소재지, 피고인의 특별한 사정 등을 고려하여 수사처검사는 형사소송법에 따른 관할 법원에 공소를 제기할 수 있다(공수처법31 본문·단서).

(3) 재정신청

수사처검사가 (가) 대법원장, 대법관, 판사, (나) 검찰총장, 검사, (다) 경무관 이상 경찰공무원(공수처법3① ii)의 고위공직자범죄에 대하여 불기소 결정을 하는 경우에 수사처처장은 해당 범죄의 수사과정에서 알게 된 관련범죄 사건을 대검찰청에 이첩하여야 한다(공수처법27).

수사처검사는 (가) 대법원장, 대법관, 판사, (나) 검찰총장, 검사, (다) 경무관 이상 경찰공무원(공수처법3① ii)의 고위공직자범죄에 대하여 불기소 결정을 하는 경우에 고소·고발인에게 통지를 해야 한다(공수처법29① 참조). 고소·고발인은 수사처검사로부터 공소를 제기하지 아니한다는 통지를 받은 때에는 서울고등법원에 그 당부에 관한 재정을 신청할 수 있다(공수처법29①).

재정신청을 하려는 사람은 공소를 제기하지 아니한다는 통지를 받은 날부터 30일 이내에 수사처 처장에게 재정신청서를 제출하여야 한다(공수처법29②). 재정신청서에는 재정신청의 대상이 되는 사건의 범죄사실 및 증거 등 재정신청을 이유 있게 하는 사유를 기재하여야 한다(동조③).

재정신청서를 제출받은 수사처처장은 재정신청서를 제출받은 날부터 7일 이내에 재정신청서, 의견서, 수사 관계 서류 및 증거물을 서울고등법원에 송부하여야 한다. 다만, 신청이 이유 있는 것으로 인정하는 때에는 즉시 공소를 제기하고 그 취지를 서울고등법원과 재정신청인에게 통지한다(공수처법29④ 본문·단서). 재정신청에 관한 그 밖의 사항에 관하여는 형사소송법의 관련규정을 준용한다. 이 경우 관할법원은 서울고등법원으로 하고, "지방검

찰청검사장 또는 지청장"은 "처장", "검사"는 "수사처검사"로 본다(공수처법30⑤, 법262, 262의
2부터 262의4).

제 2 절 수사종결의 기본원칙

제 1 국가소추주의

1. 공소제기의 입법유형

공소제기의 주체를 누구로 할 것인가 하는 문제에 대하여 각국은 국가소추주의, 사인소추
주의, 공중소추주의 등 다양한 입법형식을 취하고 있다. 국가소추주의란 범죄사건에 대하여 법
원의 심판을 구하는 권한의 주체를 국가기관으로 한정하는 원칙을 말한다. 이에 대하여 사인
소추주의란 범죄로 인하여 피해를 입은 피해자가 직접 법원에 소를 제기하여 범인에 대한 처
벌을 구할 수 있도록 하는 주의이다. 공중소추주의는 범죄의 피해자가 아닌 제삼자가 범인에
대한 처벌을 구하여 법원에 소를 제기할 수 있도록 하는 주의이다.

우리 입법자는 범죄행위를 하여 처벌을 받아야 할 자에 대해서는, 합리적 의심의 여지가
없는 증명이 있음을 전제로, 그에 상응한 처벌이 이루어져야 한다는 형사사법의 보호적 기능
을 담보하기 위하여 국가소추주의 내지 국가형벌독점주의를 원칙으로 정하고 있다.[1]

2. 국가소추주의와 관련 법률

우리나라의 경우를 보면, 형사소송법은 공소를 검사가 제기하여 수행하도록 하고(법246),
「즉결심판에 관한 절차법」은 즉결심판의 청구를 경찰서장이 행하도록 하고 있으며(동법3①),
「고위공직자범죄수사처 설치 및 운영에 관한 법률」은 (가) 대법원장, 대법관, 판사, (나) 검찰
총장, 검사, (다) 경무관 이상 경찰공무원(공수처법3① ii)의 고위공직자범죄(동법3① iii)에 대한
공소제기와 그 유지를 수사처검사로 하여금 수행하도록 하여(동법20①) 엄격한 국가소추주의
를 채택하고 있다.

이것은 국가의 형벌권 행사가 사인의 복수감정에 좌우됨이 없이 객관적으로 공정하게 이
루어지도록 하기 위함이다. 그러나 국가소추주의를 철저하게 유지할 경우 범죄피해자의 피해

---

[1] 2023. 7. 17. 2021도11126 전원합의체 판결, 공 2023하, 1598, 『식물인간 보호자 고소취소 사건』.

배상이나 정당한 응보감정이 외면되기 쉽다. 우리 입법자는 친고죄와 반의사불벌죄를 인정하여 간접적으로 국가소추주의의 경직성에 대처하고 있다.

제2 기소독점주의

1. 기소독점주의의 의의

국가소추주의를 채택할 경우 공소제기의 권한을 어느 국가기관에 맡길 것인지가 문제된다. 이때 공소제기의 권한을 검사에게 독점시키는 원칙을 기소독점주의라고 한다. 형사소송법은 "공소는 검사가 제기하여 수행한다."고 규정함으로써(법246) 기소독점주의를 원칙으로 선언하고 있다.

기소독점주의는 공익의 대표자(검찰청법4①)이며 법률전문가(동법29)인 검사로 하여금 공소제기 여부를 결정하도록 함으로써 부적법한 공소제기로부터 피의자를 보호하고, 나아가 개인적 감정이나 지역적 특수사정에 좌우되지 않는 공정한 형사소추권의 행사를 가능하게 한다는 장점을 갖는다. 또한 기소독점주의는 검사동일체의 원칙에 따라서 기능하는 검사에게 공소제기의 권한을 독점시킴으로써 전국적으로 통일된 기준하에 균질적인 공소권행사를 가능하게 한다.

2. 기소독점주의의 예외

(1) 고등법원의 공소제기결정

검사에게 공소제기의 권한을 독점시키게 되면 경우에 따라서 검사가 피해자나 일반시민이 가지는 정당한 형사소추권 행사의 요청을 외면하고 정실이나 검찰 외부의 정치적 영향력 등에 의하여 공소제기의 권한을 남용할 여지가 있다. 이 점을 고려하여 우리 형사소송법은 모든 고소사건 및 일부 고발사건(형법 제123조부터 제126조까지의 죄)에 대해 재정신청제도(법260 이하)를 마련하고 있다.

형사소송법은 검사의 불기소처분에 대한 재정신청을 허용하면서 기소강제의 방식을 취하고 있다. 고등법원의 공소제기결정(법262②ⅱ)에 대해 검사에게 공소제기의무를 부과한 것이 그것이다(동조⑥). 검사가 공소제기를 하기는 하지만 법원의 판단에 따라 검사가 기소한다는 점에서 재정신청제도에는 기소독점주의에 대한 예외로서의 성질이 일부 남아 있다.

(2) 경찰서장의 즉결심판청구권

형사소송법이 천명한 기소독점주의는 「즉결심판에 관한 절차법」이 인정한 경찰서장(해양 경찰서장 포함)의 즉결심판청구권(동법3①)에 의하여 상당한 범위에서 제한되고 있다. 경찰서장의 즉결심판청구권은 20만원 이하의 벌금, 구류 또는 과료에 처할 사건(동법2)에 대하여 법원에 그 처벌을 구하는 권한으로서 일종의 공소제기권에 해당한다. 이때 '20만원 이하의 벌금, 구류 또는 과료에 처할 사건'은 법정형이 아니라 선고형을 기준으로 한다.

경찰서장에 대하여 즉결심판청구권이 인정되는 이유는 사안이 가볍고 현실적으로 빈발하는 경미사건을 신속하게 처리함으로써 소송경제를 도모하고, 또 정규의 형사절차에 의할 경우에 거쳐야 하는 번거로움으로부터 피고인을 보호한다는 점에 있다.

경찰서장의 즉결심판청구권과 관련하여 기소독점주의의 예외로 주목되는 것에 범칙금제도가 있다. 「경범죄 처벌법」(동법6 이하) 또는 「도로교통법」(동법162 이하)이 규정하고 있는 범칙금제도는 범칙행위에 대하여 형사절차에 앞서 경찰서장의 통고처분에 따라 범칙금을 납부할 경우 이를 납부하는 사람에 대하여는 기소를 하지 않는 처벌의 특례를 마련해 둔 것으로 법원의 재판절차와는 제도적 취지와 법적 성질에서 차이가 있다. 또한 범칙자가 통고처분을 불이행하였더라도 기소독점주의의 예외를 인정하여 경찰서장의 즉결심판청구를 통하여 공판절차를 거치지 않고 사건을 간이하고 신속·적정하게 처리함으로써 소송경제를 도모하되, 즉결심판 선고 전까지 범칙금을 납부하면 형사처벌을 면할 수 있도록 함으로써 범칙자에 대하여 형사소추와 형사처벌을 면제받을 기회를 부여하고 있다.[1]

(3) 고위공직자범죄수사처

2020년 입법자는 「고위공직자범죄수사처 설치 및 운영에 관한 법률」(공수처법)을 제정하여 검사의 기소독점주의에 중요한 제한을 가하였다.

고위공직자로 재직 중에 본인 또는 본인의 가족이 범한 일정 범위의 범죄 및 관련범죄를 고위공직자범죄 등이라고 한다(공수처법2 iii, iv, v). 고위공직자범죄 등에 관한 직무를 수행하기 위하여 고위공직자범죄수사처(이하 '수사처'라 한다)를 둔다(동법3①). 수사처의 직무는 기본적으로 고위공직자범죄 등에 관한 수사이다(공수처법3① i). 그렇지만 (가) 대법원장, 대법관, 판사, (나) 검찰총장, 검사, (다) 경무관 이상 경찰공무원(공수처법3① ii)으로 재직 중에 본인 또는 본인의 가족이 범한 고위공직자범죄 및 관련범죄의 경우에는 공소제기와 그 유지까지도 수사처의 직무에 포함된다(공수처법20①).

---

1) 2023. 3. 16. 2023도751, [미간행], 『경찰서장 통고처분 성명모용 사건』.

제3   기소편의주의

1. 기소편의주의의 의의

기소편의주의란 국가기관이 형사소추를 함에 있어서 범죄의 혐의가 인정되고 법원에 의한 유죄판결의 가능성이 높음에도 불구하고 형사정책적 고려에 의하여 피의자에 대한 공소를 제기하지 않을 수 있도록 허용하는 주의이다. 기소편의주의는 기소법정주의와 대립된다. 기소법정주의란 범죄혐의와 소송조건이 구비되어 유죄판결의 가능성이 있을 때 소추기관에 재량권을 부여하지 않고 반드시 공소제기를 하도록 하는 원칙을 말한다.

우리 형사소송법 제247조는 기소편의주의를 채택하고 있다. 검사는 형법 제51조가 규정한 양형조건의 여러 사항을 참작하여 공소를 제기하지 아니할 수 있다(법247). 형법 제51조에 규정된 사항들은 예시적인 것이다. 형법 제51조에 예시되지 아니한 사항도 참작요소가 될 수 있다.[1]

검사의 소추재량은 공익의 대표자인 검사로 하여금 객관적 입장에서 공소의 제기 및 유지 활동을 하게 하는 것이 형사소추의 적정성 및 합리성을 기할 수 있다고 보기 때문이므로 그 스스로 내재적인 한계를 가진다. 따라서 검사가 자의적으로 공소권을 행사하여 피고인에게 실질적인 불이익을 가함으로써 소추재량을 현저히 일탈하였다고 판단되는 경우에는 이를 공소권의 남용으로 보아 그 공소제기의 효력을 부인할 수 있다.[2]

2. 기소편의주의의 장·단점

기소편의주의는 범죄사실에 집착하여 기계적으로 공소를 제기하기보다는 검사가 범죄인의 구체적 사정을 검토하여 개선의 여지가 높은 범죄인을 기소유예함으로써 그를 조기에 사회복귀시킬 수 있게 한다는 점에서 특별예방의 효과를 달성할 수 있다. 또한 기소편의주의는 기소법정주의를 고집할 경우에 초래되는 법원의 업무량 폭주를 방지함과 동시에 검사로 하여금 중요한 형사사건에 공소유지의 역량을 집중하도록 함으로써 효율적인 형사사법의 운용을 가능하게 한다.

그러나 기소편의주의는 검사의 소추재량권이 적정하게 행사되지 않을 경우 법 앞의 평등 원칙을 침해하게 된다. 또 정치적 고려에 의하여 소추재량이 남용될 경우 형사사법에 대한 국

---

[1] 1995. 1. 20. 94헌마246, 헌집 7-1, 15, 『12 · 12사건 불기소처분 헌법소원 사건』.
[2] 2017. 8. 23. 2016도5423, 공 2017하, 1836, 『가정폭력 2차 고소 사건』.

민의 신뢰가 크게 실추될 우려가 있다. 기소유예의 재량은 스스로 합리적인 한계가 있다. 이 한계를 초월하여 기소를 해야 할 극히 상당한 이유가 있는 사안을 기소유예하는 것은 허용되지 않는다.[1]

3. 기소유예와 재기소 여부

기소편의주의에 입각한 검사의 불기소처분을 기소유예라고 한다. 기소유예처분은 불기소처분의 일종으로서 법원의 확정판결과 달리 일사부재리의 효력이 발생하지 않는다. 기소유예된 사건에 대해서는 원칙적으로 재기수사나 공소제기가 허용된다.[2]

그러나 기소유예되었던 종전 사건의 피의사실과 현재 기소된 사건의 공소사실 사이에 기소유예 처분을 번복하고 공소를 제기해야 할 만한 의미 있는 사정변경이 없음에도 불구하고 검사가 현재 사건을 기소하였다면, 이는 통상적이거나 적정한 소추재량권 행사라고 보기 어렵고 어떠한 의도가 있다고 보여지므로 공소권을 자의적으로 행사한 것으로 위법하다. 이러한 경우 현재 사건에 대한 기소는 소추재량권을 현저히 일탈한 경우에 해당하며, 이 부분 공소는 공소제기의 절차가 법률의 규정에 위반하여 무효이다(법327 ii).[3]

제 3 절   수사종결처분에 대한 불복방법

제 1   의의와 필요성

수사종결처분은 수사절차를 종결시키고 새로운 공판절차로의 이행 여부를 판단하는 결정이라는 점에서 전체 형사절차의 핵심적 분기점을 이룬다. 수사종결처분의 주체인 검사는 국가소추주의(법246), 기소독점주의(법246), 기소편의주의(법247) 등에 기하여 공소제기 여부를 결정할 수 있는 강력한 소추재량권을 보유하고 있다. 한편 사인소추나 공중소추의 가능성이 전적으로 배제되어 있는 우리 형사소송법의 체제에 비추어 볼 때 객관적이고 공정한 수사종결처분은 그 중요성이 더욱 강조된다.

검사의 수사종결처분에 대한 불복방법은 크게 보아 불기소처분이 내려진 경우와 불법 ·

---

1) 1988. 1. 29. 86모58, 공 1988, 428, 『부천서 성고문 사건』.
2) 1983. 12. 27. 83도2686, 공 1984, 289, 『기소유예 재기소 사건』.
3) 2021. 10. 14. 2016도14772, [미간행], 『기소유예 4년 후 재기소 사건』.

부당하게 공소가 제기된 경우로 나누어 볼 수 있다. 불기소처분에 대한 불복방법으로는 검찰항고(검찰청법10), 재정신청(법260 이하), 헌법소원(헌법111① v, 헌법재판소법68①) 등이 있으며, 부당기소에 대한 불복방법으로는 공소권남용론이 전개되고 있다.

재정신청제도가 모든 고소사건에 확대적용되면서 헌법소원에 의한 불복방법의 영역이 크게 축소되었다. 고등법원의 재정결정에 대하여는 재판소원불허의 원칙에 따라 헌법재판소에 헌법소원심판을 청구할 수 없기 때문이다(헌법재판소법68① 본문). 그러나 피의자에 대한 기소유예처분의 경우에는 헌법소원이 여전히 불복방법으로서 의미를 가지고 있다.[1]

형사소송법은 특히 이해관계인에게 검사의 불기소처분에 대한 불복을 용이하게 하기 위하여 고소인, 고발인, 피해자, 피의자 등에 대하여 각종 통지제도(법257, 258, 259, 259의2)를 마련하고 있다.

제2 검찰항고

1. 검찰항고의 의의

「검찰청법」제10조는 검사의 불기소처분이 적정하게 이루어지도록 하기 위하여 검찰조직 내부에 항고절차를 마련하고 있다. 불기소처분에 대한 검찰조직 내부의 불복장치를 가리켜 검찰항고라고 한다. 검찰항고제도는 검사동일체의 원칙에 의해 계층구조를 이루고 있는 검찰조직을 토대로 통일적인 수사종결권 행사를 도모하기 위하여 마련된 장치이다.

검찰항고제도는 검사동일체의 원칙에 기초한 것으로서 검사의 불법·부당한 불기소처분의 직접적 견제장치로 유력하다. 그렇지만 검찰조직 내부의 자체통제라는 점에서 그 기능에 한계가 있다. 이 점에서 검찰항고는 법관에 의한 통제장치인 재정신청(법260 이하)이나 헌법소원(헌법재판소법68①)과 크게 구별된다.

검찰항고는 검사의 불기소처분에 대한 불복방법이다. 불기소처분에는 협의의 불기소처분뿐만 아니라 기소편의주의에 기초한 기소유예도 포함된다. 사실상 불기소처분에 준하는 기소중지 및 참고인중지의 처분도 불복대상에 포함된다고 보아야 할 것이다.

검찰항고를 할 수 있는 사람은 검사의 불기소처분에 불복이 있는 고소인 또는 고발인이다(검찰청법10①). 고소인, 고발인 이외의 제삼자는 검찰항고권자에 포함되지 않는다. 피해자라 할지라도 고소를 하지 않았다면 검사의 불기소처분에 대하여 검찰항고를 할 수 없다. 협의의 불기소처분으로 처리될 사안이 기소유예로 종결된 경우에 당해 피의자는 검찰항고를 할 수

---

1) 2010. 7. 29. 2009헌마205, 헌공 166, 1481, 『비뇨기과 병원장 사건』 참조.

없다. 피의자는 고소인 또는 고발인이 아니기 때문이다. 검찰항고는 다시 고소사건에 대한 경우와 고발사건에 대한 경우로 나누어 볼 수 있다.

2. 고소사건에 대한 검찰항고

검사의 불기소처분에 불복이 있는 고소인은 그 검사가 속하는 지방검찰청 또는 지청을 거쳐 서면으로 관할 고등검찰청검사장에게 항고할 수 있다(검찰청법10①). 형법 제123조 내지 제126조에 규정된 범죄의 경우에 그 수단 또는 대상이 된 사람은 당해 범죄의 피해자이며, 고소인으로서 검찰항고를 할 수 있다.[1] 고소인에 의한 검찰항고는 원칙적으로 불기소처분 등 수사종결처분에 따른 통지를 받은 날부터 30일 이내에 하여야 한다(검찰청법10④).

불기소처분에 대한 고소인의 항고를 접수한 당해 지방검찰청 또는 지청의 검사는 항고가 이유 있다고 인정하는 때에는 그 처분을 경정하여야 한다(검찰청법10①). 당해 지방검찰청 또는 지청의 검사가 항고에 이유가 없다고 판단하는 경우에는 고등검찰청 차원에서 고소인의 항고에 대한 판단이 내려진다.

고등검찰청검사장은 불기소처분에 대한 고소인의 항고가 이유 있다고 인정하는 때에는 소속 검사로 하여금 지방검찰청 또는 지청 검사의 불기소처분을 직접 경정하게 할 수 있다. 이 경우 고등검찰청 검사는 지방검찰청 또는 지청의 검사로서 직무를 수행하는 것으로 본다(검찰청법10②).

고등검찰청검사장이 검찰항고를 기각하는 처분을 내리면 검찰조직 내에서의 불복방법은 더 이상 존재하지 않는다.[2] 이 경우에는 형소법 제260조 이하에 규정된 재정신청제도에 따라 고등법원에 불기소처분의 당부에 대한 심사를 구하게 된다. 형사소송법은 재정신청에 앞서서 반드시 검찰항고를 거치도록 하여(법260② 본문) 검찰항고 전치주의를 채택하고 있다.

3. 고발사건에 대한 검찰항고

(1) 검찰항고

검사의 불기소처분에 불복이 있는 고발인은 그 검사가 속하는 지방검찰청 또는 지청을 거쳐 서면으로 관할 고등검찰청검사장에게 항고할 수 있다(검찰청법10①). 형법 제123조부터 제126조에 규정된 범죄의 경우에 피해자 아닌 사람은 고발인으로서 검찰항고를 할 수 있다. 고발인에 의한 검찰항고도 원칙적으로 불기소처분 등 수사종결처분에 따른 통지(법258①)

---

1) 2014. 2. 27. 2012헌마983, 헌집 26-1상, 304, 『검찰재항고 제한 합헌 사건』.
2) 2014. 2. 27. 2012헌마983, 헌집 26-1상, 304, 『검찰재항고 제한 합헌 사건』.

를 받은 날부터 30일 이내에 하여야 한다(검찰청법10④).

불기소처분에 대한 고발인의 항고를 접수한 당해 지방검찰청 또는 지청의 검사는 항고가 이유 있다고 인정하는 때에는 그 처분을 경정하여야 한다(검찰청법10①). 당해 지방검찰청 또는 지청의 검사가 고발인의 항고에 이유가 없다고 판단하는 경우에는 고등검찰청 차원에서 다시 판단한다.

고등검찰청검사장은 불기소처분에 대한 고발인의 항고가 이유 있다고 인정하는 때에는 소속 검사로 하여금 지방검찰청 또는 지청 검사의 불기소처분을 직접 경정하게 할 수 있다. 이 경우 고등검찰청 검사는 지방검찰청 또는 지청의 검사로서 직무를 수행하는 것으로 본다(동조②). 관할 고등검찰청검사장은 고발인의 검찰항고에 이유가 없다고 판단하는 경우에는 항고기각처분을 내리게 된다.

(2) 검찰재항고

검찰항고(검찰청법10①)를 한 자는 (가) 그 항고를 기각하는 처분에 불복하거나 (나) 항고를 한 날부터 항고에 대한 처분이 이루어지지 아니하고 3개월이 지났을 때에는 그 검사가 속한 고등검찰청을 거쳐 서면으로 검찰총장에게 재항고할 수 있다(동법③ 1문).

형법 제123조부터 제126조에 규정된 범죄의 경우에 피해자 아닌 사람은 고발인으로서 검찰항고를 할 수 있다. 그런데 이 경우의 고발인은 검찰총장에게 재항고할 수 없다(검찰청법10③).[1] 형사소송법 제260조에 따라 재정신청을 할 수 있기 때문이다.

검찰총장에 대한 재항고는 (가) 항고기각결정의 통지를 받은 날 또는 (나) 항고 후 항고에 대한 처분이 행하여지지 아니하고 3개월이 경과한 날부터 30일 이내에 하여야 한다(검찰청법10⑤). 검찰총장에 대한 재항고가 있는 경우에 당해 고등검찰청의 검사는 재항고가 이유 있다고 인정하는 때에는 그 처분을 경정하여야 한다(동조10③ 2문).

고발인의 재항고에 대해 검찰총장은 (가) 불복대상 처분을 경정하거나 (나) 재항고를 기각하는 처분을 내리게 된다. 고발인의 재항고에 대한 검찰총장의 기각처분은 형사소송법 제260조 이하의 재정신청 대상이 되지 않는다. 검찰총장의 재항고기각처분에 대해서는 이론상 헌법소원심판을 제기하는 길이 남아 있다(헌법재판소법68①). 그러나 현재 헌법재판소는 고발사건에 대한 불기소처분에 대해 헌법소원을 인정하지 않는다는 입장을 취하고 있다.[2]

---

1) 2014. 2. 27. 2012헌마983, 헌집 26-1상, 304, 『검찰재항고 제한 합헌 사건』.
2) 1989. 12. 22. 89헌마145, 헌집 1, 413, 『암소 1마리 갈취 사건』.

제3 재정신청

1. 재정신청제도의 의의

(1) 재정신청의 의의

검찰항고는 불법·부당한 불기소처분에 대하여 검찰 자체의 직접적 통제를 가능하게 한다는 장점을 가지지만 동시에 검찰조직 내부의 통제라는 점에서 본질적 한계를 갖는다. 이 때문에 불법·부당한 검찰권 행사에 대해 시민의 불만을 수렴하는 별도의 장치가 요구된다.

이 점과 관련하여 우리 입법자는 헌법상 신분이 보장되고(헌법106) 직무활동의 독립성이 담보되는(헌법103) 법관으로 구성되는 법원으로 하여금 검사의 불기소처분에 대한 불법·부당 여부를 판단하도록 하고 있다(법260). 여기에서 제3의 독립기관인 법원으로 하여금 검사의 불기소처분에 대한 불법·부당 여부를 판단해 줄 것을 이해관계인이 법원에 청구하는 제도를 가리켜서 재정신청제도라고 한다.

(2) 재정신청권자

검사의 불기소처분에 대하여 재정신청을 할 수 있는 사람은 원칙적으로 고소권자로서 고소를 한 자이다(법260①). 고소권자는 범죄로 인한 피해자나 피해자의 법정대리인, 친족 등(법223, 225)을 의미한다. 피해자는 형사실체법상 직접적인 보호법익의 향유주체만이 아니라 문제된 범죄행위로 말미암아 법률상 불이익을 받게 된 자도 포함한다.[1] 피의자나 고발인에 의한 재정신청은 허용되지 않는다. 단순히 범죄사실을 신고하였을 뿐 처벌을 원한다는 의사표시를 하지 아니한 단순한 진정인도 재정신청을 할 수 없다.

예외적으로 고발인이라 할지라도 형법 제123조(직권남용), 제124조(불법체포·불법감금), 제125조(폭행, 가혹행위), 제126조(피의사실공표)의 죄에 대하여 고발을 한 자는 재정신청을 할 수 있다(법260① 본문). 다만, 형법 제126조(피의사실공표)의 죄에 대하여는 피공표자의 명시한 의사에 반하여 재정을 신청할 수 없다(동항 단서). 입법자는 2011년 형사소송법 개정을 통하여 형법 제126조의 피의사실공표죄를 재정신청 대상에 포함시켰다.

(3) 재정신청의 대상

재정신청의 대상은 검사의 불기소처분이다. 불기소처분에는 협의의 불기소처분과 기소유

---

1) 2009. 11. 26. 2009헌마47, 헌공 158, 2141, 『호반 주택 고발 사건』.

예가 포함된다. 기소중지와 참고인중지도 불기소처분에 준하여 취급해야 할 것이다. 진정사건에 대한 검사의 내사종결처분은 불기소처분이 아니므로 재정신청의 대상이 되지 않는다는 것이 판례의 태도이다.[1]

형사소송법은 재정신청에 검찰항고전치주의를 취하고 있다(법260② 본문). 따라서 재정신청절차는 검찰 단계에서의 재정신청절차와 고등법원 단계의 기소강제절차로 나누어 볼 수 있다.

(4) 특별법에 의한 재정신청

검사의 불기소처분에 대한 재정신청은 형사소송법 이외에 각종 특별법에 의하여 인정되는 경우가 있다. 「공직선거법」(동법273), 「헌정질서 파괴범죄의 공소시효 등에 관한 특례법」(동법4) 등은 그 예이다. 「고위공직자범죄수사처 설치 및 운영에 관한 법률」(동법29)은 수사처 검사의 불기소처분에 대한 재정신청을 규정하고 있다.

2. 검찰 단계에서의 재정신청절차

형사소송법은 재정신청제도에 대해 검찰항고 전치주의를 도입하고 있다. 따라서 검사의 불기소처분에 대해 재정신청을 하려는 사람은 먼저 검찰항고를 제기하여야 한다(법260② 본문). 검찰항고에 대해 고등검찰청검사장의 항고기각처분이 있을 때 비로소 고등법원에 재정신청을 할 수 있다.

그러나 (가) 검찰항고 이후 재기수사가 이루어진 다음에 다시 공소를 제기하지 아니한다는 통지를 받은 경우, (나) 검찰항고 신청 후 항고에 대한 처분이 행해지지 않고 3개월이 경과한 경우, (다) 검사가 공소시효 만료일 30일 전까지 공소를 제기하지 않는 경우의 어느 하나에 해당할 때에는 재정신청권자는 검찰항고 없이 곧바로 재정신청을 할 수 있다(법260② 단서).

재정신청을 하려는 자는 항고기각결정을 통지받은 날 또는 항고절차 불요의 사유가 발생한 날부터 10일 이내에 지방검찰청검사장 또는 지청장에게 재정신청서를 제출해야 한다(법260③ 본문). 다만, 검사가 공소시효 만료일 30일 전까지 공소를 제기하지 아니하는 경우에는 공소시효만료일 전날까지 재정신청서를 제출할 수 있다(동항 단서).

재정신청이 있으면 관할 고등법원의 재정결정(법262)이 확정될 때까지 공소시효의 진행이 정지된다(법262의4①). 2016년 형소법 개정에 의하여 공소시효 정지지간이 재정결정 시로부터 재정결정이 확정될 때까지로 연장되었다.

---

1) 1991. 11. 5. 91모68, 공 1992, 151, 『청와대 청원서 사건』.

재정신청서에는 재정신청의 대상이 되는 사건의 범죄사실 및 증거 등 재정신청을 이유 있게 하는 사유를 기재하여야 한다(법260④). 재정신청은 대리인에 의하여 할 수 있으며 공동신청권자 중 1인의 신청은 그 전원을 위하여 효력을 발생한다(법264①).

재정신청서를 제출받은 지방검찰청검사장 또는 지청장은 신청서를 제출받은 날부터 7일 이내에 재정신청서·의견서·수사관계서류 및 증거물을 관할 고등검찰청을 경유하여 관할 고등법원에 송부하여야 한다(법261 본문).

다만, 검찰항고를 거치지 않고 재정신청을 할 수 있는 경우(법260② 단서 참조)에는 지방검찰청검사장 또는 지청장은 다음의 구분에 따라 재정신청사건을 처리한다. 먼저, 신청이 이유 있는 것으로 인정하는 때에는 즉시 공소를 제기하고 그 취지를 관할 고등법원과 재정신청인에게 통지한다. 다음으로, 신청이 이유 없는 것으로 인정하는 때에는 30일 이내에 관할 고등법원에 송부한다(법261 단서).

사법경찰관이 수사 중인 사건에 대해 검사가 공소시효 만료일 30일 전까지 공소를 제기하지 않으면(법260② iii) 재정신청을 하려는 자는 공소시효 만료일 전날까지 재정신청서를 제출할 수 있다(법260③ 단서). 이 경우 지방검찰청 검사장 또는 지청장에게 재정신청서가 제출되면 해당 지방검찰청 또는 지청 소속 검사는 즉시 사법경찰관에게 그 사실을 통보해야 한다(수사준칙66①). 사법경찰관은 재정신청서 제출 사실을 통보받으면 즉시 검사에게 해당 사건을 송치하고 관계 서류와 증거물을 송부해야 한다(수사준칙66②).

사법경찰관이 수사 중인 사건에 대한 재정신청에 대해 법원이 재정신청 기각결정(법262② i)을 한 경우 검사는 해당 결정서를 사법경찰관에게 송부해야 한다. 이 경우 검사는 송치받은 사건을 사법경찰관에게 이송해야 한다(수사준칙66③).

3. 고등법원의 기소강제절차

(1) 기소강제절차의 구조

관할 고등법원은 재정신청서를 송부받은 때에는 송부받은 날부터 10일 이내에 피의자에게 그 사실을 통지하여야 한다(법262①). 관할 고등법원은 재정신청서를 송부받은 날부터 3개월 이내에 결정을 내려야 한다(동조②).

재정법원의 심리는 기소여부 결정을 위하여 행하여지는 수사에 준하는 성격을 일부 가지고 있으며, 검찰이 불기소 판단을 내린 사건에 대한 재심리 절차인 점을 고려할 때 비밀을 보장하고 피의자를 더욱 보호할 필요가 있다.[1]

---

1) 2011. 11. 24. 2008헌마578, 헌공 182, 1868, 『형소법 262조 4항 한정위헌 사건』.

형사소송법은 기소강제절차의 구조를 입법적으로 보다 분명히 규정하였다. 먼저, 재정신청사건은 항고의 절차에 준하여 결정하여야 한다(법262②). 따라서 재정신청을 수리한 고등법원은 수리한 재정신청서와 수사기록 등을 기초로 구두변론 없이 기소강제절차를 진행할 수 있다(법37②). 또한 필요한 경우에는 사실을 조사하고(법37③) 증거조사를 실시할 수 있다(법262② 2문). 고등법원이 사실과 증거를 조사할 수 있도록 한 것은 기소강제절차가 단순한 수사절차의 연장이 아니라 법원이 공권적으로 사실확정을 해 나가는 재판절차임을 분명히 한 것이다.

재정신청사건의 심리는 특별한 사정이 없는 한 공개하지 않는다(법262③). 재정신청사건의 심리를 비공개원칙으로 하는 것은 심리의 보안을 유지하여 적정한 재정결정이 이루어지게 하고 무죄추정을 받는 관련자의 사생활 침해를 방지할 수 있도록 하기 위함이다.[1]

재정신청사건의 심리 중에는 관련 서류 및 증거물을 열람 또는 등사할 수 없다(법262의2 본문). 재정신청사건 기록의 열람·등사를 금지하는 것은 민사소송 제출용 증거서류를 확보하려는 목적으로 재정신청을 남용하는 사태를 방지하기 위함이다.[2] 그러나 관할 법원이 증거조사를 행한 경우(법262② 후단)에는 그 증거조사과정에서 작성된 서류의 전부 또는 일부의 열람 또는 등사를 허가할 수 있다(법262의2 단서).

기소강제절차는 재정신청에 대한 기각결정 또는 공소제기결정에 의하여 종료한다(법262②). 재정신청의 이유 유무는 재정결정시를 기준으로 판단해야 한다. 재정신청사건은 항고의 절차에 준하여 심리되므로(동항 1문) 고등법원은 결정시점까지의 새로운 사실을 포함하여 판단할 수 있다.

(2) 기각결정

(가) 기각결정의 사유　　관할 고등법원은 재정신청이 법률상의 방식에 위배되거나 이유 없는 때에는 신청을 기각한다(법262② i). 관할 고등법원은 기각결정을 한 때에는 즉시 그 정본을 재정신청인, 피의자와 관할 지방검찰청검사장 또는 지청장에게 송부하여야 한다(법262⑤).

재정신청이 '법률상의 방식에 위배된 경우'란 재정신청권자 아닌 자의 재정신청, 신청기간 도과 후의 재정신청, 이유불비의 재정신청서(법260④ 참조) 등을 말한다. 그러나 재정신청서가 지방검찰청검사장 또는 지청장에게 제출되지 않고 직접 고등법원에 제출된 경우에는 기각결정을 내릴 것이 아니라 재정신청서를 관할 지방검찰청검사장 또는 지청장에게 송부해야

---

1) 2011. 11. 24. 2008헌마578, 헌공 182, 1868, 『형소법 262조 4항 한정위헌 사건』.
2) 2011. 11. 24. 2008헌마578, 헌공 182, 1868, 『형소법 262조 4항 한정위헌 사건』.

할 것이다.

재정신청이 '이유 없는 때'라 함은 원칙적으로 검사의 불기소처분이 적법하고 타당한 경우를 말한다. 한편 검사의 불기소처분이 위법·부당하더라도 불기소처분 당시에 공소시효가 완성되어 공소권이 없는 경우에는 재정신청이 허용되지 않는다. 판례는 검사가 행한 협의의 불기소처분이 위법한 것이라 하더라도 그 처분이 기소유예에 해당할 만한 사건인 경우에는 재정신청이 이유 없는 경우에 해당한다고 보고 있다.[1] 그러나 검사의 기소유예처분이 검사의 소추재량권 일탈이나 남용에 해당하는 경우에는 기각결정을 할 수 없다.[2]

(나) 불복 문제   고등법원의 재정신청기각결정에 대해서는 형소법 제415조에 따라 대법원에 즉시항고를 할 수 있다(법262④ 1문 전단). 즉시항고의 제기기간은 7일이다(법405). 재정신청기각결정에 대한 재항고에는 재소자 특칙(법344①)이 인정되지 않는다.[3]

2016년 개정전 형소법 제262조 제4항은 고등법원의 재정결정에 대해 인용결정, 기각결정을 불문하고 '불복할 수 없다'고 규정하고 있었다. 그러나 헌법재판소는 재정신청기각결정에 대해 대법원에의 즉시항고(법415)까지 불허하는 것은 위헌이라는 판단을 내렸다. 명령·규칙 또는 처분의 위헌·위법 여부에 관한 하급법원의 재판에 대하여는 반드시 대법원까지 상소할 수 있는 제도적 장치가 마련되어야 한다는 것이 그 이유였다.[4]

2016년 입법자는 헌법재판소의 판단취지를 반영하여 형소법 제262조 제4항 제1문을 "제2항 제1호의 결정에 대하여는 제415조에 따른 즉시항고를 할 수 있고, 제2항 제2호의 결정에 대하여는 불복할 수 없다."는 형태로 개정하였다. 개정조문에 따르면, 재정신청기각결정에 대해서는 대법원에 즉시항고가 허용된다. 대법원에의 즉시항고는 재판에 영향을 미친 헌법·법률·명령 또는 규칙의 위반이 있음을 이유로 하는 때에 한하여 할 수 있다(법415). 즉시항고 이외의 보통항고(법402 본문, 404)는 여전히 불허된다.[5]

(다) 비용부담   관할 고등법원은 재정신청기각결정을 하는 경우에 결정으로 재정신청인에게 신청절차에 의하여 생긴 비용의 전부 또는 일부를 부담하게 할 수 있다(법262의3①). 또한 관할 고등법원은 직권 또는 피의자의 신청에 따라 재정신청인에게 피의자가 재정신청절차에서 부담하였거나 부담할 변호인선임료 등 비용의 전부 또는 일부의 지급을 명할 수 있다(동조②). 이상의 비용부담결정에 대해서는 즉시항고를 할 수 있다(동조③).

---

1) 1994. 3. 16. 94모2, 공 1994, 1236, 『'며칠 걸려도 좋다' 사건』.
2) 1988. 1. 29. 86모58, 공 1988, 428, 『부천서 성고문 사건』.
3) 2015. 7. 16. 2013모2347 전원합의체 결정, 공 2015하, 1300, 『전주교도소 재소자 재항고 사건』.
4) 2011. 11. 24. 2008헌마578, 헌공 182, 1868, 『형소법 262조 4항 한정위헌 사건』.
5) 2011. 11. 24. 2008헌마578, 헌공 182, 1868, 『형소법 262조 4항 한정위헌 사건』.

(라) 소추제한   재정신청을 기각하는 결정이 확정된 사건에 대해서는 다른 중요한 증거를 발견한 경우를 제외하고는 소추할 수 없다(법262④ 2문). 여기에서 '다른 중요한 증거를 발견한 경우'란 재정신청 기각결정 당시에 제출된 증거에 새로 발견된 증거를 추가하면 충분히 유죄의 확신을 가지게 될 정도의 증거가 있는 경우를 말한다. 단순히 재정신청 기각결정의 정당성에 의문이 제기되거나 범죄피해자의 권리를 보호하기 위하여 형사재판절차를 진행할 필요가 있는 정도의 증거가 있는 경우는 여기에 해당하지 않는다.[1]. 그리고 관련 민사판결에서의 사실인정 및 판단은, 그러한 사실인정 및 판단의 근거가 된 증거자료가 새로 발견된 증거에 해당할 수 있음은 별론으로 하고, 그 자체가 새로 발견된 증거라고 할 수는 없다.[2]

재정신청 기각결정의 확정으로 소추가 제한되는 사건은 재정신청사건을 담당하는 법원에서 공소제기의 가능성과 필요성 등에 관한 심리와 판단이 현실적으로 이루어져서 재정신청 기각결정의 대상이 된 사건만을 의미한다. 재정신청 기각결정의 대상이 되지 않은 사건은 설령 고소인의 고소내용에 포함되어 있었다고 하더라도 소추제한의 대상이 되지 않는다.[3]

(3) 공소제기결정

(가) 결정의 내용   관할 고등법원은 재정신청이 이유 있는 때에는 사건에 대한 공소제기를 결정한다(법262② ⅱ). 관할 고등법원은 공소제기결정을 한 때에는 즉시 그 정본을 재정신청인, 피의자와 관할 지방검찰청검사장 또는 지청장에게 송부하여야 한다. 이 경우 관할 지방검찰청검사장 또는 지청장에게는 사건기록을 함께 송부하여야 한다(법262⑤).

관할 고등법원으로부터 재정결정서를 송부받은 관할 지방검찰청검사장 또는 지청장은 지체 없이 담당 검사를 지정하고, 지정받은 검사는 공소를 제기하여야 한다(법262⑥). 다만 공소시효에 관하여는 관할 고등법원의 공소제기결정이 있은 날에 공소가 제기된 것으로 본다(법262의4②). 공소제기결정의 실효성을 담보하기 위한 장치이다.

(나) 불복 문제   관할 고등법원의 공소제기결정에 대하여는 불복할 수 없다(법262④ 1문 후단). 검사는 물론이지만 공소제기결정의 대상이 된 피의자도 불복할 수 없다. 공소제기결정에 잘못이 있는 경우에는 이후 공소제기를 통하여 열리는 본안사건 자체의 재판을 통하여 대법원의 최종판단을 받을 수 있다.[4]

---

1) 2018. 12. 28. 2014도17182, 공 2019상, 428, 『재정신청 기각 후 공소제기 사건』.
2) 2018. 12. 28. 2014도17182, 공 2019상, 428, 『재정신청 기각 후 공소제기 사건』.
3) 2015. 9. 10. 2012도14755, 공 2015하, 1552, 『같은 고소장 기각결정 사건』.
4) 1997. 11. 20. 96모119 전원합의체결정, 공 1997, 3716, 『부심판 재항고 사건』.

관할 고등법원은 재정신청서를 송부받은 때에는 송부받은 날부터 10일 이내에 피의자에 게 그 사실을 통지하여야 한다(법262①). 고등법원이 재정신청서를 송부받았음에도 송부받은 날부터 10일의 통지 기간 안에 피의자에게 그 사실을 통지하지 아니한 채 공소제기결정(법262 ② ii)을 하였다고 하더라도, 그에 따른 공소가 제기되어 본안사건의 절차가 개시된 후에는 다 른 특별한 사정이 없는 한 본안사건에서 위와 같은 잘못을 다툴 수 없다.[1]

고등법원이 재정신청 대상사건이 아님에도 이를 간과한 채 공소제기결정을 하는 경우가 있다. 그러한 경우라 하더라도 공소제기결정에 따른 공소가 제기되어 본안사건의 절차가 개시 된 후에는 다른 특별한 사정이 없는 한 본안사건에서 위와 같은 잘못을 다툴 수 없다.[2]

고등법원이 재정신청서에 재정신청을 이유 있게 하는 사유가 기재되어 있지 않음에도 이 를 간과한 채 공소제기결정을 한 관계로 공소가 제기되는 경우가 있다. 이러한 경우에도 본안 사건의 절차가 개시된 후에는 다른 특별한 사정이 없는 한 본안사건에서 고등법원의 잘못을 다툴 수 없다.[3]

(다) 공소유지자   관할 고등법원의 공소제기결정이 있으면 관할 검찰청에 재정결정서 가 송부된다. 재정결정서를 송부받은 관할 지방검찰청 검사장 또는 지청장은 지체 없이 담당 검사를 지정하고, 지정받은 검사는 공소를 제기하여야 한다(법262⑥). 검사가 공소를 제기하였 으므로 공소유지 또한 검사가 담당한다.

고등법원의 공소제기결정에 따라 공소가 제기되었다고 하여도 공판절차의 진행에는 별다 른 차이가 없다. 공소권자인 검사가 공소를 제기하고 유지하기 때문이다. 다만 기소강제된 사 건의 공판절차에서 검사는 공소취소를 할 수 없다(법264의2).

제 4   검사의 불기소처분에 대한 헌법소원

1. 의의와 헌법적 근거

(1) 헌법소원제도의 의의

검사의 수사종결처분에 대한 불복방법의 하나로 헌법소원이 있다. 헌법소원이란 공권력의 행사 또는 불행사로 인하여 헌법상 보장된 기본권을 침해받은 자가 헌법재판소에 그의 권리 구제를 청구하는 것을 말한다(헌법111① v , 헌법재판소법68①). 따라서 검사가 가지고 있는 형사

---

1) 2017. 3. 9. 2013도16162, 공 2017상, 713, 『체포현장 이의제기 변호사 사건』.
2) 2017. 11. 14. 2017도13465, 공 2017하, 2422, 『후보자비방죄 공소제기 결정 사건』.
3) 2010. 11. 11. 2009도224, 공 2010하, 2288, 『버스 경매 배당이의 사건』.

소추권의 행사 또는 불행사로 인하여 헌법상 보장된 기본권을 침해받은 사람은 헌법소원제도
에 의하여 헌법소원을 제기할 수 있다.

(2) 헌법상의 문제점들

검사의 소추재량권에 대한 견제방법으로서 헌법소원을 이용하려면 먼저 몇 가지 헌법적
문제점들을 규명할 필요가 있다. 첫째로, 헌법소원은 법원의 재판에 대해서는 제기할 수 없다
(헌법재판소법68① 본문). 검사는 형사절차와 관련하여 준사법기관으로서의 지위를 가지고 있지
만, 행정부에 소속되고 검사동일체의 원칙에 의하여 지배된다는 점에서 검사의 수사종결처분
을 독립한 법원의 재판과 동일하게 취급할 수는 없다. 따라서 검사의 불기소처분에 대하여는
원칙적으로 헌법소원이 가능하다.[1]

다음으로, 헌법소원을 제기하려면 검사의 수사종결처분으로 인하여 헌법상 보장된 기본
권이 침해되었음을 주장하여야 한다. 여기에서 어떠한 기본권이 구체적으로 침해되는지가
문제된다. 헌법재판소는 이에 대하여 행복추구권(헌법10), 형사피해자의 재판절차진술권(헌법
27⑤), 그리고 평등권(헌법11①)을 검사의 수사종결처분에 의하여 침해되는 기본권으로 인정
하고 있다.[2]

2. 헌법소원의 청구권자

(1) 고소인과 고발인

검사의 수사종결처분에 대하여 헌법소원을 청구할 수 있는 사람은 검사의 공소권행사 또
는 불행사로 인하여 헌법상 보장된 기본권이 침해된 자이다(헌법재판소법68① 본문). 여기에서
헌법소원의 청구권자로 고소인, 고발인, 피의자 등을 생각해 볼 수 있다.

(가) 고소인   2007년 신형사소송법은 검사의 불기소처분에 대한 통제장치를 강화하기
위하여 고등법원에서 이루어지는 재정신청제도를 종전의 형법 제123조부터 제125조까지의
고발사건을 넘어서서 모든 고소사건으로 확대하였다(법260①). 이와 함께 고소사건은 헌법소
원심판의 청구대상에서 제외되었다. 헌법소원심판은 다른 법률에 구제절차가 있는 경우 그 절
차를 모두 거친 후가 아니면 청구할 수 없고(헌법재판소법68① 단서), 법원의 재판에 대해서는
헌법소원이 허용되지 않기 때문이다(동항 본문). 검사의 불기소처분에 불복하는 고소인은 재정
신청의 방법을 이용하지 않으면 안 된다.[3]

---

1) 1989. 4. 17. 88헌마3, 헌집 1, 31, 『융모상피암 환자 사망 사건』.
2) 1989. 4. 17. 88헌마3, 헌집 1, 31, 『융모상피암 환자 사망 사건』.
3) 2010. 3. 2. 2010헌마49, 헌공 162, 658, 『특허권침해 고소 불기소처분 헌법소원 사건』.

(나) 고발인   고발인이 검사의 불기소처분 자체에 대해 헌법소원을 청구할 수 있는지가
문제된다. 이에 대하여 부정설은 우리 법이 민중소추의 형식을 인정하고 있지 않다는 점, 헌
법소원의 근거가 되는 재판절차진술권(헌법27⑤)은 범죄피해자에게만 인정된다는 점 등을 들
어 고소권자 이외의 제삼자인 고발인에게 헌법소원심판청구권을 인정하지 않는다. 부정설은
헌법재판소가 취하고 있는 입장이다.[1]

(2) 피의자와 기타 피해자

(가) 피의자   피의자 자신이 검사의 불기소처분에 대하여 헌법소원을 제기할 수 있는지
문제된다. 생각건대 검사가 피의자에게 범죄혐의가 인정되지 않음에도 불구하고 협의의 불기
소처분이 아닌 기소유예처분을 하는 것은 형사보상의 거부(형사보상및명예회복에관한법률27① 단
서)를 위시하여 그 밖의 법적 · 사회적 불이익을 야기할 수 있다.

검사의 기소유예처분에 대하여 불복이 있는 피의자는 평등권(헌법11①), 재판받을 권리(헌
법27), 행복추구권(헌법10 1문 후단)의 침해를 이유로 헌법소원을 제기할 수 있다.[2] 헌법재판
소가 피의자에 대하여 헌법소원심판청구권을 인정한 것은 「검찰청법」상의 검찰항고권 및 형
사소송법상의 재정신청권이 고소인 · 고발인에게 한정되는 것과 크게 구별되는 점으로서 주
목된다.

(나) 고소하지 아니한 피해자   피해자의 고소가 아닌 수사기관의 인지 등에 의해 수사가
개시된 피의사건에서 검사의 불기소처분이 이루어진 경우 고소하지 아니한 피해자는 예외적
으로 불기소처분의 취소를 구하는 헌법소원심판을 곧바로 청구할 수 있다.[3]

3. 헌법소원의 절차

(1) 헌법소원의 보충성

헌법소원은 다른 법률에 구제절차가 있는 경우에는 그 절차를 모두 거친 후가 아니면 청
구할 수 없다(헌법재판소법68① 단서). 그러나 피의자가 하는 헌법소원은 다른 구제절차가 없는
경우이므로 헌법재판소에의 직접 청구가 가능하다.[4] 또한 고소 · 고발을 하지 않은 피해자도
검사의 불기소처분에 대하여 바로 헌법소원의 심판을 청구할 수 있다.[5]

---

1) 1989. 12. 22. 89헌마145, 헌집 1, 413, 『암소 1마리 갈취 사건』.
2) 2010. 6. 24. 2008헌마716, 헌집 22-1, 588, 『술집 폭행 기소유예 헌법소원 사건』.
3) 2010. 6. 24. 2008헌마716, 헌집 22-1, 588, 『술집 폭행 기소유예 헌법소원 사건』.
4) 2010. 6. 24. 2008헌마716, 헌집 22-1, 588, 『술집 폭행 기소유예 헌법소원 사건』.
5) 2010. 6. 24. 2008헌마716, 헌집 22-1, 588, 『술집 폭행 기소유예 헌법소원 사건』.

(2) 헌법소원의 청구

검찰항고의 절차를 거친 사건의 경우 헌법소원의 심판은 그 최종결정을 통지받은 날로부터 30일 이내에 청구하여야 한다(헌법재판소법69① 단서 참조). 그러나 피의자가 직접 헌법소원심판을 청구하는 경우 또는 고소인·고발인 아닌 피해자가 헌법소원심판을 청구하는 경우에는 검사의 불기소처분이 있음을 안 날로부터 90일 이내에, 또는 늦어도 불기소처분이 있은 날로부터 1년 이내에 헌법소원을 청구하여야 한다(동조① 본문 참조). 헌법소원의 심판청구에는 재정신청의 경우(법262의4①)와 달리 공소시효정지의 효력이 없다.[1]

(3) 헌법재판소의 심리

(가) 지정재판부에 의한 사전심사   헌법소원의 심판청구는 지정재판부에 의하여 사전심사된다. 재판관 3인으로 구성되는 지정재판부는 헌법소원심판의 청구가 부적법하고 그 흠결을 보정할 수 없는 경우에 지정재판부 재판관 전원의 일치된 의견에 기한 결정으로 헌법소원의 심판청구를 각하한다(헌법재판소법72① ·③).

헌법소원심판청구가 부적법한 경우의 하나로서 심판청구권자에게 권리보호의 이익이 없는 경우가 있다. 공소시효가 이미 완성된 사건에 대한 불기소처분에 대해서는 권리보호의 이익이 없으므로 이러한 경우의 헌법소원심판청구도 부적법 각하의 대상이 된다.[2]

지정재판부가 전원의 일치된 의견으로 각하결정을 하지 아니하는 경우에는 결정으로 헌법소원을 재판관 전원으로 구성되는 재판부(헌법재판소법22①)의 심판에 회부하여야 한다. 헌법소원심판의 청구 후 30일이 경과할 때까지 지정재판부의 각하결정이 없는 때에는 심판회부결정이 있는 것으로 본다(동법72④).

(나) 전원재판부의 심판   지정재판부에 의하여 심판에 회부된 헌법소원의 심판은 헌법재판소의 재판관 전원으로 구성되는 재판부에서 관장한다(헌법재판소22①). 헌법소원의 심판절차에는 「헌법재판소법」의 규정 이외에 헌법재판의 성질에 반하지 아니하는 한도에서 민사소송법이 준용된다(동법40① 참조).

(4) 전원재판부의 결정

헌법재판소의 전원재판부는 헌법소원의 심판청구가 이유 없다고 판단하는 경우에는 기각결정을, 이유 있다고 판단하는 경우에는 인용결정을 내린다. 재판부가 헌법소원을 인용할 때

---

1) 1993. 9. 27. 92헌마284, 헌집 5-2, 340, 『6차 수술 사망 사건』.
2) 1995. 9. 28. 94헌마263, 헌집 7-2, 372, 『불기소처분 후 공소시효완성 헌법소원 사건』.

에는 인용결정서의 주문(主文)에서 침해된 기본권과 침해의 원인이 된 공권력의 행사 또는 불행사를 특정하여야 한다(동법75②). 인용결정의 경우에 헌법재판소는 기본권침해의 원인이 된 공권력의 행사를 취소하거나 그 불행사가 위헌임을 확인할 수 있다(동조③). 헌법재판소가 공권력의 불행사에 대한 헌법소원을 인용하는 결정을 한 때에는 피청구인은 결정취지에 따라 새로운 처분을 하여야 한다(동조④).

제 2 장 공소제기

제 1 절 소송법률관계설과 소송법률상태설

제 1 공소제기의 의의

수사기관의 수사활동에 의하여 진행된 수사절차는 검사의 공소제기에 의하여 공판절차로 넘어가게 된다. 공소제기는 수소법원에 대하여 공소제기된 사건의 심리와 판단을 행할 권한을 발생시키며, 공소제기의 상대방에 대하여는 피의자로부터 피고인으로 신분을 변화시키는 등 중요한 법적 효과를 발생시킨다. 또한 공소가 제기되었다는 사실 자체만으로도 피고인은 사회적으로 적지 않은 부담과 불이익을 안게 된다. 형사절차의 전체 과정에서 차지하는 공소제기의 이와 같은 중요성을 감안하여 우리 형사소송법은 공소제기의 조건과 방식 그리고 법적 효과 등에 대하여 상세한 규정들을 마련하고 있다(법246 이하).

제 2 공소제기에 대한 분석방법

형사절차는 수사절차와 공소제기 그리고 공판절차의 여러 단계를 거치면서 범죄인에 대한 유·무죄 판단과 유죄판결에 근거한 형집행의 순서로 진행·발전해 간다. 이러한 형사절차는 크게 수사기관과 피의자의 상호작용으로 이루어지는 규문적 수사절차와 검사와 피고인이 수소법원의 면전에서 벌이는 소송적 공판절차로 나누어 볼 수 있다. 이와 같이 이질적 요소로 구성되는 형사절차에 있어서 다양하게 발생하는 여러 부분적 현상들을 소송법적으로 일관되게 설명하기 위하여 학설사적으로 여러 가지 상이한 접근방법들이 제시되어 왔다. 그 가운데에서 주목되는 것으로서 소송법률관계설과 소송법률상태설을 들 수 있다.

1. 소송법률관계설

소송법률관계설은 형사절차를 법원과 검사 그리고 피고인의 삼 주체 사이에 존재하는 법률관계의 총체라고 본다. 이때 법률관계란 각 소송주체간에 존재하는 권리와 의무의 결합체를 말하므로 결국 형사절차는 법원과 검사 그리고 피고인 사이에 존재하는 소송법적 권리와 의무의 집결체로 이해된다.

소송법률관계설의 입장에서는 형사소송을 삼면관계로 파악하여 법원, 검사, 피고인 사이에 존재하는 권리와 의무를 분석하고 이러한 소송법적 권리·의무의 기본적 발생조건을 중시한다. 그리하여 소송법률관계설은 소송의 삼 주체 사이에 존재하는 법률관계가 생성·유지·발전하기 위한 기본조건이라는 소송조건의 개념을 중시한다.

2. 소송법률상태설

형사절차의 동적·발전적 성격을 중시하는 견해로 소송법률상태설이 있다. 소송법률상태설은 소송을 종국판결의 획득을 향하여 유동적으로 변화·발전해 가는 법률상태라고 파악하는 입장이다. 이 견해에 따르면 소송은 소송법적 권리·의무의 총체인 법률관계가 아니라 유·무죄의 종국판결을 지향하여 전개·발전되는 여러 가지 소송행위들의 집합체로 파악된다.

소송법률상태설은 소송절차의 구성요소인 소송행위의 독자적 중요성을 부각시킨 점에 의미가 있다. 소송법률상태설은 소송을 종국판결의 획득을 목적으로 하여 연속적으로 행해지는 소송행위의 집합체라고 파악함으로써 종래 소송법률관계설이 설명하지 못하던 수사절차에 대한 이론적 분석도구를 제공한다. 나아가 소송법률상태설은 소송절차의 유동적 성질에서 발생하는 여러 가지 사정변경에 대처할 수 있는 여지를 이론적으로 인정한다. 그리하여 어느 소송행위가 행해지는 시점에서 그 행위의 유효조건이 갖추어졌다면 사후에 소송행위에 흠결이 발견되더라도 원칙적으로 무효나 착오의 주장을 하지 못한다는 절차유지의 원칙을 제시한다.

3. 형사절차이분설

형사절차에 대한 이론적 접근방법을 모색함에 있어서 소송법률관계설과 소송법률상태설의 대립을 지양하고 양자를 절충하려는 시도로서 형사절차이분설이 있다. 이 입장에서는 소송을 실체면과 절차면으로 이분한다. 형사절차의 실체면은 실체법이 소송을 통하여 구체적으로 실현되는 과정이기 때문에 법률상태로서의 성질을 가짐에 반하여 실체면을 제외한 형사절차의 나머지 부분, 즉 절차면은 법률관계로 파악된다고 본다.

형사절차이분설의 입장에서는 실체면은 형사절차의 진행에 따라 유동적으로 변화하기 때문에 실체면에 속하는 소송활동은 실체의 변동에 따라서 추후에 영향을 받을 여지가 있다고 본다. 이에 대하여 절차면에 속하는 소송활동은 이전의 행위를 기초로 계속 연결되는 성질을 가지기 때문에 나중에 실체에 변동이 생기더라도 종전의 행위에 영향을 미치지 않는다고 본다. 그리고 그 이유로 이미 앞에서 행해진 행위를 나중에 번복하는 것은 소송관계인을 위한 절차의 명확성과 소송경제의 요청에 반하기 때문이라는 점을 든다.

여기에서 절차면에 속하는 소송행위가 행위 당시의 실체형성에 근거하여 행하여졌다면 그 후 실체형성에 변화가 오더라도 그 절차를 번복해서는 안 된다는 요청이 나오게 되는데 이를 절차유지의 원칙이라고 한다. 다만 절차면의 소송행위가 착오로 이루어진 경우 절차의 형식적 확실성을 강조하더라도 피고인의 이익과 정의의 희생이 커서는 안 된다.[1]

형사절차의 실체면과 절차면은 서로 분리되어 있는 것이 아니라 상호 영향을 미친다. 먼저 실체면이 절차면에 영향을 미치는 예를 보면, 사물관할의 결정(법원조직법32), 긴급체포의 허용 여부(헌법12③ 단서, 법200의3), 공소시효의 완성 여부(법249) 등은 범죄사건의 경중이, 친고죄의 고소(법223 이하)나 친고죄 및 반의사불벌죄의 고소취소(법232 이하)는 범죄사건의 성질이 각각 형사절차에 영향을 미치는 경우이다.

다음으로 절차면이 실체면에 영향을 미치는 예를 보면, 수사기관의 증거수집절차가 적법절차(헌법12③ 본문)에 반하여 증거능력이 배제되는 경우(법308의2), 자백의 임의성이 의심되어 자백의 증거능력이 제한되는 경우(헌법12⑦ 전단, 법309), 검사나 피고인의 증거동의(법318①)에 의하여 증거능력이 부여되는 경우 등은 절차상의 행위가 실체형성에 영향을 미치는 경우이다.

제2절 공소제기의 법적 성질

제1 불고불리의 원칙

1. 불고불리원칙의 의의

검사는 수사절차를 종결함에 있어서 범죄의 객관적 혐의가 충분하여 법원이 유죄판결을 내릴 것이라고 판단하는 경우에 공소를 제기한다. 검사의 공소제기는 형사절차의 진행에서 요구되는 불고불리의 원칙과 관련하여 중요한 의미가 있다. 불고불리의 원칙이란 (가) 검사의 공소제기가 없으면 법원은 심판할 수 없고, (나) 법원은 검사가 공소제기한 사건에 한하여 심판해야 한다는 법리를 말한다.[2] 검사로부터 공소제기를 받은 법원을 가리켜서 수소법원(受訴法

---

1) 1992. 3. 13. 92모1, 공 1992, 1634, 『보호감호 청구기각』 사건.
2) 2017. 6. 15. 2017도3448, 공 2017하, 1513, 『아동 음란행위 대 아동 성적 학대행위 사건』.

院)이라고 한다.

불고불리원칙은 소극적 측면과 적극적 측면을 가지고 있다. 먼저, 검사의 공소제기가 없는 한 법원은 범죄사실에 대해 심판할 수 없다. 이것은 불고불리원칙의 소극적 측면이다. 이러한 의미의 불고불리원칙은 규문절차를 타파하고 공소제기자와 심판자를 분리한 탄핵주의 형사절차가 수립된 이래 계속 유지되고 있는 형사소송법의 기본원칙이다.

다음으로, 공소제기를 받은 법원은 검사가 공소를 제기한 범죄사실의 한도 내에서 사건을 심리하고 판단해야 한다. 이것은 불고불리원칙의 적극적 측면이다. 우리 형사소송법이 공소의 효력은 검사가 피고인으로 지정한 자에게만 미친다고 규정하고(법248①), 범죄사실의 일부에 대한 공소의 효력은 범죄사실 전부에 미친다고 규정한 것(동조②)은 검사의 공소제기가 법원의 심판범위를 적극적으로 획정함을 나타내고 있다.

불고불리의 원칙이 적용된 예를 소개한다. 먼저, 「조세범 처벌법」 위반죄 사안이다. 갑이 거래처에 물품을 공급하고 세금계산서를 발급하였다가 이를 취소하는 취지의 음(-)의 수정세금계산서를 다시 발급한 행위에 대해 검사가 "세금계산서 미발급의 죄"(㉠구성요건)가 성립한다고 주장하여 기소하였으나 무죄가 선고되자 상소심에서 "세금계산서를 거짓으로 기재하여 발급한 죄"(㉡구성요건)에 해당한다고 주장하였다면, 이러한 주장은 불고불리의 원칙에 위배된다.[1]

다음으로, 보이스피싱 범죄로 인한 사기죄 피고사건이다. 형법 제49조 단서는 "행위자에게 유죄의 재판을 아니할 때에도 몰수의 요건이 있는 때에는 몰수만을 선고할 수 있다."라고 규정하고 있다. 그러나 우리 법제상 공소의 제기 없이 별도로 몰수만을 선고할 수 있는 제도가 마련되어 있지 않다. 그러므로 형법 제47조 단서에 근거하여 몰수를 선고하기 위해서는 몰수의 요건이 공소가 제기된 공소사실(피해자 A)과 관련되어 있어야 한다. 공소가 제기되지 않은 별개의 범죄사실(피해자 B)을 법원이 인정하여 그에 관하여 몰수나 추징을 선고하는 것은 불고불리의 원칙에 위반되어 허용되지 않는다.[2] [3]

2. 불고불리원칙과 석명권 행사

불고불리의 원칙상 검사의 공소제기가 없으면 법원이 심판할 수 없고, 법원은 검사가 공소제기한 사건에 한하여 심판을 해야 한다. 그러므로 검사는 공소장에 공소사실과 적용법조

---

1) 2022. 9. 29. 2019도18942, 공 2022하, 2209, 『세금계산서 미발급 대 허위기재 사건』.
2) 2022. 11. 17. 2022도8662, 공 2023상, 100, 『보이스피싱 피해금품 독립몰수 사건』.
3) 신동운, "형법 제49조 단서의 독립몰수에 대하여", 학술원논문집 (인문·사회과학편) 제62집 2호 (2023) 209-249 참고 바람.

등을 명백히 함으로써 공소제기의 취지를 명확히 하여야 한다. 검사가 어떠한 행위를 기소한 것인지는 기본적으로 공소장의 기재 자체를 기준으로 하되, 심리의 경과 및 검사의 주장내용 등도 고려하여 판단해야 한다.[1]

공소제기의 취지가 명료할 경우 법원이 이에 대하여 석명권을 행사할 필요는 없다. 그러나 공소제기의 취지가 오해를 불러일으키거나 명료하지 못한 경우라면 법원은 형사소송규칙 제141조에 의하여 검사에 대해 석명권을 행사하여 그 취지를 명확하게 하여야 한다.[2]

제2 공소권이론

1. 공소권이론의 개관

검사의 공소제기는 법원에 대하여 범죄사실의 심판을 구하는 소송행위이다. 여기에서 공소제기의 법적 근거와 내용이 무엇인지가 문제된다. 이와 관련하여 먼저 검사가 가지고 있는 공소권의 본질과 내용을 규명할 필요가 생기게 되는데 이에 대한 이론적 검토작업을 공소권이론이라고 한다.

(1) 공소권이론무용론

공소제기의 유효조건으로 검사의 공소권을 논할 필요가 있는가 하는 문제에 대하여 견해가 나뉘고 있다. 검사의 공소제기를 소송행위 자체로 보지 아니하고 단순히 유효한 공소제기가 있다는 사실만을 문제 삼는 입장에서는 공소권이라는 개념 자체를 논할 필요가 없다고 본다. 즉 유효한 공소제기의 존재는 소송조건의 일종이므로 공소제기를 소송행위로 파악할 때 그 법적 근거로서 요구되는 공소권 개념은 따져 볼 필요가 없다는 것이다. 이를 공소권이론무용론이라고 한다.

(2) 추상적 공소권설

검사가 형사사건에 대하여 법원에 공소를 제기할 수 있는 일반적 권한을 가리켜 공소권이라고 보는 견해를 추상적 공소권설이라고 한다. 추상적 공소권설은 민사소송의 추상적 소권설에 대응하는 개념이라고 설명된다. 검사가 보유하는 추상적 공소권은 국가소추주의와 기소독점주의를 규정한 형사소송법 제246조를 비롯하여 검사의 직무를 규정한 「검찰청법」 제4조

---

1) 2017. 6. 15. 2017도3448, 공 2017하, 1513, 『아동 음란행위 대 아동 성적 학대행위 사건』.
2) 2017. 6. 15. 2017도3448, 공 2017하, 1513, 『아동 음란행위 대 아동 성적 학대행위 사건』.

제1항 제1호를 근거로 인정되는 국법상의 권한을 의미하게 된다.

(3) 실체판결청구권설

공소권을 검사가 법원에 대하여 구체적 범죄사건에 대한 유죄 또는 무죄의 실체판결을 청구하는 권리라고 보는 견해를 실체판결청구권설이라고 한다. 이 견해는 민사소송에 있어서 본안판결청구권설에 대응하는 이론이라고 설명된다. 실체판결청구권설의 입장에서는 통상의 소송조건이 구비되면 검사에게 유죄 또는 무죄의 판단을 법원에 대하여 구할 수 있는 공소권이 발생한다고 본다.

(4) 구체적 공소권설

구체적 공소권설은 공소권을 검사가 구체적 사건에 대하여 유죄판결을 청구할 수 있는 권한이라고 본다. 구체적 공소권설은 민사소송에 있어서 구체적 소권설에 상응하는 이론이라고 설명되고 있다. 이 입장에서는 단순히 본안에 대한 유죄 또는 무죄의 심판을 청구하는 권한을 넘어서서 구체적으로 법원에 대하여 유죄판결을 청구할 수 있는 조건이 갖추어진 경우에 발생하는 검사의 공소제기권한을 공소권이라고 본다. 유죄판결 자체를 청구하는 권리에 주목한다는 점에서 구체적 공소권설은 유죄판결청구권설이라고도 불린다.

2. 공소권이론에 대한 검토

생각건대 공소권의 개념은 구체적 공소권설에 입각하여 파악하는 것이 타당하다고 본다. 공소권이론무용론이 공소권이론을 소송조건론으로 환원하는 것은 수소법원의 관점만을 중시하여 공소제기가 가지는 소송행위로서의 동적인 측면을 도외시하는 흠이 있다. 추상적 공소권설은 검사의 국법상 권한을 공소권으로 보기 때문에 공소권의 구체적 내용을 제시하는 바 없고 따라서 형사소송법의 이론적 문제를 해결하는 데 별다른 기여를 하지 못한다. 실체판결청구권설은 형사소송과 민사소송의 본질적 차이를 간과하는 흠이 있다. 우리 형사소송법은 유죄판결·무죄판결이라는 실체재판 이외에 민사소송법이 알지 못하는 면소판결(법326), 관할위반판결(법319), 공소기각판결(법327), 공소기각결정(법328①) 등 여러 가지 재판형식을 마련하고 있기 때문이다.

이에 반해 구체적 공소권설은 피고인보호라는 정책적 기능을 수행할 수 있다는 장점을 갖는다. 민사소송에 있어서 구체적 소권설이 민사소송에 있어서 남소를 억제하는 기능을 수행하는 것과 마찬가지로 구체적 공소권설은 형사절차에 있어서 공소권의 남용을 억제하는 기능을 수행하며 이를 통하여 피고인을 형사소추권의 남용으로부터 보호할 수 있다.

제3 공소시효

1. 공소시효의 의의와 필요성

검사의 공소제기는 법률이 규정한 유효조건을 구비하여야 한다. 형사소송법이 규정한 유효조건의 하나로 공소시효가 있다. 공소시효란 검사가 일정기간 공소를 제기하지 않고 형사사건을 방치한 경우에 국가의 형사소추권이 소멸되는 제도를 말한다. 이에 대하여 공소시효를 일정한 기간의 경과에 의하여 형벌권이 소멸되는 제도로 보거나 또는 형벌권 및 공소권이 소멸되는 제도라고 이해하는 견해도 있다.

형벌권의 행사와 관련된 시효제도로서 우리 입법자는 공소시효(법249 이하)와 형의 시효(형법77 이하)를 각각 인정하고 있다. 양자는 모두 형사시효의 일종으로 일정한 시간이 경과함으로써 생성·축적된 사실상태를 법률적으로 유지·존중하기 위하여 마련된 제도라는 점에서 공통된다. 그러나 공소시효는 형사소추권의 행사와 관련한 형사절차상의 문제임에 대하여 형의 시효제도는 유죄판결 확정 후에 형벌권의 집행효를 차단하는 실체법상의 문제라는 점에서 양자는 구별된다. 공소시효가 완성되면 면소판결(법326 iii)의 사유가 됨에 반하여 형의 시효가 완성되면 그 형의 집행이 면제된다(형법77).

2. 공소시효의 본질

(1) 문제의 소재

공소시효의 본질을 어떻게 파악할 것인가 하는 문제를 놓고 여러 가지 견해가 제시되고 있다. 공소시효의 본질 여하에 따라서 후술하는 바와 같이 공소시효정지에 관한 규정의 유추적용 인정 여부, 사실상의 공소시효정지사유 인정 여부, 공소시효완성의 효력범위 등에서 차이가 나게 되므로 공소시효 본질론을 논하는 실익은 적지 않다. 공소시효의 본질에 관하여는 실체법설, 소송법설, 병합설 등이 대립하고 있다.

(2) 실체법설

실체법설은 일정한 시간이 경과하면 범죄인에 대한 사회의 처벌욕구가 감소하거나 또는 범죄인이 심리적으로 처벌받은 것과 같은 정도의 고통을 받기 때문에 국가의 형벌권이 소멸한다고 보는 견해이다. 결국 일정한 기간의 경과로 국가가 형벌권을 포기함으로써 형사피의자의 법적 안정성을 보장하려고 하는 장치가 공소시효제도라는 것이다. 헌법재판소는 실체법설을 지지하고 있다.[1] 실체법설의 입장에서는 형벌권의 소멸은 형사절차의 실체면과 관련하기 때문에 공소시효의 완성은 실체적 소송조건으로서 실체판결을 저지하는 효력(법326 iii 참조)을 가진다고 새긴다.

실체법설의 입장에서는 공소시효정지규정의 유추적용을 금지하고, 법률상 인정된 사유가 아닌 사실상의 소추장애사유에 의한 공소시효정지를 불허하며, 공소시효완성의 효력범위를 실체법상의 죄수를 단위로 결정하게 된다.

실체법설에 대해서는 우선, 공소시효의 완성으로 인하여 형벌권이 소멸되었다고 한다면 면소판결(법326 iii)이 아니라 무죄판결(법325)을 선고해야 할 것인데 형사소송법의 태도는 그렇지 않다는 비판이 가해지고 있다. 다음으로, 아무리 시간이 경과한다 하더라도 일단 실체법적으로 발생한 국가의 형벌권을 소멸시키는 것은 죄를 지은 자는 반드시 처벌되어야 한다는 형사사법적 정의의 요청에 비추어 바람직하지 못하다는 비판이 있다.

(3) 소송법설

소송법설은 공소시효를 소송법적으로 인정된 제도라고 보는 견해이다. 시간의 경과로 증거가 흩어지거나 사라지기 때문에 국가기관이 현실적으로 형사소추를 행하기 곤란하다는 점과 국가기관의 임무태만에 대해 책임을 묻는다는 점이 소송법설의 논거이다.

소송법설의 입장에서는 공소시효정지에 관한 규정은 소송법상의 규범이므로 유추적용이 가능하며, 법률상의 사유는 물론 국가기관이 형사소추권을 행사할 수 없었던 사실상의 장애사유가 존재하는 경우에도 공소시효의 정지를 인정한다. 또한 소송법설의 입장에서는 공소시효완성을 소송조건의 일종으로 파악하므로 공소시효의 효력범위를 과형상 일죄를 기준으로 결정하게 될 것이다.

소송법설에 대해서는 공소시효기간이 특별구성요건에 규정된 법정형을 기준으로 결정되어 있다는 점(법249①, 251)과 공소시효의 완성이 다른 소송조건 결여의 경우(법327, 328①)와 달리 일사부재리의 효력이 부여되는 면소판결(법326 iii)의 사유로 된다는 점을 간과하고 있다는 비판이 가능하다.

(4) 병합설

병합설은 공소시효를 범죄에 대한 사회의 처벌욕구 감소나 범죄인의 처벌필요성 완화 등 실체형벌권에 관한 사유뿐만 아니라 증거가 흩어지거나 사라지기 때문에 발생하는 형사소추

1) 1993. 9. 27. 92헌마284, 헌집 5-2, 340, 『6차 수술 사망 사건』.

상의 애로점 등을 함께 고려하여 마련된 제도라고 보는 견해이다. 생각건대 공소시효의 본질은 병합설에 의하여 파악하는 것이 타당하다고 본다. 왜냐하면 공소시효제도는 기본적으로 죄를 범한 사람은 반드시 처벌되어야 한다는 범인필벌의 요청과 비록 죄를 범한 사람이라 하더라도 언제까지나 소추에 관하여 불안정한 상태에 두어서는 안 된다는 법적 안정성의 요청을 정책적으로 조화시킨 제도이기 때문이다.

3. 공소시효의 기간

(1) 공소시효의 완성기간

공소시효는 개별 구성요건이 규정하고 있는 법정형을 기준으로 하여 일정 기간이 경과하면 완성된다(법249①). 2007년 입법자는 형사소송법상의 공소시효 기간을 연장하였다. 개정 규정은 2007년 12월 21일부터 시행되었다. 개정법 시행 전에 범한 죄에 대하여는 종전의 공소시효 규정이 적용된다(부칙3).

형사소송법 제249조 제1항이 규정하고 있는 공소시효의 기간을 보면 다음과 같다.

① 사형에 해당하는 범죄 : 25년(개정 전 15년) (1호)

② 무기징역 또는 무기금고에 해당하는 범죄 : 15년(개정 전 10년) (2호)

③ 장기 10년 이상의 징역 또는 금고에 해당하는 범죄 : 10년(개정 전 7년) (3호)

④ 장기 10년 미만의 징역 또는 금고에 해당하는 범죄 : 7년(개정 전 5년) (4호)

⑤ 장기 5년 미만의 징역 또는 금고에 해당하는 범죄 : 5년(개정 전 3년) (5호)

⑥ 벌금에 해당하는 범죄 : 5년(개정 전 3년) (5호)

⑦ 장기 10년 이상의 자격정지에 해당하는 범죄 : 5년(개정 전 3년) (5호)

⑧ 장기 5년 이상의 자격정지에 해당하는 범죄에 : 3년(개정 전 2년) (6호)

⑨ 장기 5년 미만의 자격정지에 해당하는 범죄 : 1년 (7호)

⑩ 구류, 과료 또는 몰수에 해당하는 범죄 : 1년 (7호)

공소가 제기된 범죄는 판결의 확정이 없이 공소를 제기한 때로부터 25년(개정 전 15년)을 경과하면 공소시효가 완성된 것으로 간주된다(법249②). 이를 의제공소시효라고 한다. 의제공소시효는 우리 형사소송법에 특유한 것으로서 피고인의 소재불명 등 여러 가지 사유로 발생하는 소위 영구미제사건을 종결하려는 실무적 구상에서 마련된 장치이다.[1]

특별법에 의하여 공소시효 기간이 단축되는 경우가 있다. 「공직선거법」(동법268; 원칙 6개월), 「조세범 처벌법」(동법22; 원칙 7년) 등이 그 예이다.

---

1) 1981. 1. 13. 79도1520, 총람 249조, 12번, 『정치인 명예훼손 사건』.

(2) 공소시효의 변경과 공소시효 기준법령

(가) 경과규정이 있는 경우   공소시효 자체가 피고인에게 불리하게 변경되는 경우가 있다. 공소시효를 연장하는 내용으로 공소시효 조항을 개정하거나 공소시효 배제조항을 신설하는 경우가 그러하다. 이러한 경우에 신법을 적용하도록 하는 경과규정이 있으면 그에 따른다.

2007년 입법자는 공소시효기간을 연장하는 쪽으로 형사소송법 제249조를 개정하였다. 개정규정은 2007년 12월 21일부터 시행되었다. 입법자는 부칙에 경과규정을 두어 개정법 시행전에 범한 죄에 대하여는 종전의 규정을 적용하도록 하였다(부칙3). 이 경우 부칙조항에서 말하는 '종전의 규정'에는 개정전 형사소송법 제249조 제1항뿐만 아니라 의제공소시효를 규정한 개정전 형소법 제249조 제2항(개정전 15년, 개정후 25년)도 포함된다.[1]

2015년 입법자는 형사소송법 제253조의2를 신설하여 사람을 살해한 범죄(종범은 제외한다)로 사형에 해당하는 범죄에 대하여는 형소법 제249조부터 제253조까지에 규정된 공소시효를 적용하지 않도록 하였다. 신설된 규정은 2015년 7월 31일부터 시행되었다. 입법자는 부칙에 경과규정을 두어 형소법 제253조의2의 개정규정은 개정법 시행 전에 범한 범죄로 아직 공소시효가 완성되지 아니한 범죄에 대하여도 적용하도록 하였다(부칙2).

(나) 경과규정이 없는 경우   입법자가 공소시효를 정지·연장·배제하는 내용의 특례조항을 개정·신설하면서 소급적용에 관하여 명시적인 경과규정을 두지 아니한 경우가 있다. 이경우에 개정·신설된 조항을 소급하여 적용할 수 있을 것인지 문제된다.

판례는 이 문제에 관하여 보편타당한 일반원칙이 존재하지 않다는 입장이다. 적법절차원칙(헌법12①)과 소급금지원칙(헌법13① 전단)을 천명한 헌법 규정의 정신을 바탕으로 하여 법적 안정성과 신뢰보호원칙을 포함한 법치주의 이념을 훼손하지 아니하는 범위 내에서 신중히 판단해야 한다는 것이다.[2]

2011년 입법자는 「성폭력범죄의 처벌 등에 관한 특례법」을 개정하여 13세 미만자 및 정신적 장애자에 대한 특정 성범죄의 경우에 공소시효를 배제하였다(동법21③). 개정규정은 2011년 11월 17일부터 시행되었다. 그러나 입법자는 신법의 적용과 관련하여 경과규정을 두지 않았다. 판례는 이에 대해 공소시효가 피고인에게 불리하게 변경되는 경우이므로 피고인에게 유리한 종전 규정을 적용해야 한다고 판단하였다.[3]

2014년 입법자는 「아동학대범죄의 처벌 등에 관한 특례법」에 "아동학대범죄의 공소시효

---

1) 2022. 8. 19. 2020도1153, 공 2022하, 1875, 『의제공소시효 연장 부칙 사건』.
2) 2015. 5. 28. 2015도1362, 공 2015하, 933, 『장애인 준강간죄 공소시효 사건』.
3) 2015. 5. 28. 2015도1362, 공 2015하, 933, 『장애인 준강간죄 공소시효 사건』.

는 형사소송법 제252조에도 불구하고 해당 아동학대범죄의 피해아동이 성년에 달한 날부터 진행한다."라고 규정하여 공소시효 정지규정(동법34①)을 마련하였다. 이 규정은 2014년 9월 29일부터 시행되었다. 그러나 입법자는 소급효에 관한 경과규정을 두지 않았다. 이에 대해 판례는 위의 공소시효 정지규정은 완성되지 아니한 공소시효의 진행을 피해아동이 성년에 달할 때까지 장래를 향하여 정지시키는 것으로서, 그 시행일 당시 범죄행위가 종료되었으나 아직 공소시효가 완성되지 아니한 아동학대범죄에 대하여도 적용된다고 판단하였다.[1]

이처럼 엇갈리는 판례의 태도에 대해 대법원은 다음의 설명을 제시하였다. 성폭력범죄에 관한 판례[2]는 공소시효의 배제를 규정한 조문에 대한 것이다. 이에 대해 아동학대범죄에 관한 판례[3]는 공소시효의 적용을 영구적으로 배제하는 것이 아니고 공소시효의 진행을 장래에 향하여 정지시키는 데 불과한 조문에 대한 것이다. 따라서 전자의 판례는 후자의 판례와 같은 해석에 방해가 되지 않는다.[4] 다만, 아동학대범죄에 대한 공소시효 정지규정의 시행일인 2014. 9. 29. 당시 피해아동이 이미 성년에 달하였다면 공소시효의 진행은 정지되지 않는다.[5]

(3) 공소시효의 결정기준

공소시효의 기간은 선고형이 아니라 법정형을 기준으로 결정한다. 공소시효의 결정기준과 관련하여 문제되는 사항으로는 다음의 경우들이 있다.

두 개 이상의 형을 병과하거나 두 개 이상의 형에서 한 개를 과할 범죄에 대해서는 무거운 형에 의하여 공소시효기간을 결정한다(법250, 249). 이때 '두 개 이상의 형을 병과할 범죄'라 함은 구성요건상 2개 이상의 주형이 병과되는 범죄를 말한다. 또 '두 개 이상의 형에서 한 개를 과할 범죄'란 구성요건상 여러 개의 형이 선택적으로 규정되어 있는 범죄를 말한다.

형법에 의하여 형을 가중 또는 감경할 경우에는 가중 또는 감경하지 아니한 형에 의하여 공소시효의 기간을 산정한다(법251). 그러나 형법에 의하는 것이 아니라 특별법에 의하여 형이 가중·감경되는 경우에는 특별법상의 법정형을 기준으로 공소시효의 기간을 결정해야 한다.[6] 교사범·방조범의 경우에는 정범의 법정형을 기준으로 삼는다.

---

1) 2016. 9. 28. 2016도7273, 공 2016하, 1650, 『아동학대처벌법 소급효 사건』.
2) 2015. 5. 28. 2015도1362, 공 2015하, 933, 『장애인 준강간죄 공소시효 사건』.
3) 2016. 9. 28. 2016도7273, 공 2016하, 1650, 『아동학대처벌법 소급효 사건』.
4) 2021. 2. 25. 2020도3694, 공 2021상, 728, 『아동학대처벌법 공소시효정지 규정 사건』.
5) 2023. 9. 21. 2020도8444, [미간행], 『성년 후 아동학대처벌법 공소시효 사건』.
6) 1973. 3. 13. 72도2976, 공 1973., 7310, 『밀항단속법 가중처벌규정 사건』.

(4) 법정형의 변경과 공소시효 기준법령

법률의 변경에 의하여 법정형이 변경되는 경우가 있다. 공소시효의 본질에 관한 소송법설의 입장에서는 신법의 법정형을 공소시효의 기준으로 본다. 이에 대하여 실체법설의 입장에서는 행위시와 재판시 사이에 존재하였던 것 가운데 가장 경한 법정형을 기준으로 한다.

판례는 범죄 후 법률의 개정에 의하여 법정형이 가벼워진 경우에는 형법 제1조 제2항에 의하여 당해 범죄사실에 적용될 가장 가벼운 법정형이 공소시효기간의 기준으로 된다는 입장을 취하고 있다.[1]

(5) 공소장변경과 기준법령

공소제기 후 공소장변경(법298)이 행해진 경우에 공소시효기간을 공소제기 시점의 범죄사실을 기준으로 결정할 것인지 아니면 공소장변경 시점의 범죄사실을 기준으로 결정할 것인지 문제된다. 공소제기는 특별한 성질을 가진 소송행위임과 동시에 유효한 공소제기의 존재는 소송조건으로서의 성질도 가진다. 그러므로 공소제기의 시점을 기준으로 판단하되 공소장변경으로 변경된 범죄사실을 대상으로 공소시효완성 여부를 결정해야 한다.[2]

(6) 공소시효의 계산방법과 기산점

(가) 계산방법   공소시효는 범죄행위가 종료한 때로부터 진행한다(법252①). 공소시효의 초일은 시간을 계산함이 없이 1일로 산정한다(법66① 단서). 공소시효기간의 말일이 공휴일 또는 토요일에 해당하더라도 그 날은 공소시효기간에 산입된다(동조③ 단서).

(나) 범죄종료시점   공소시효의 기산점은 범죄행위의 종료시점이다. 범죄행위의 종료시점을 놓고 실행행위 자체의 종료시점으로 새기는 실행행위시설이 있다. 그러나 시효제도는 객관적인 사실상태를 존중하려는 것이므로 범죄행위가 최종적으로 완료된 시점을 기준으로 하는 범죄완료시설이 타당하다고 본다.

따라서 즉시범의 경우에는 범죄성립 즉시,[3][4] 계속범의 경우에는 계속되던 법익침해행위가 종료하는 시점,[5] 결과범의 경우에는 결과발생의 시점[6]이 각각 기산점이 된다.

미수범은 범죄의 실행에 착수하여 행위를 종료하지 못하였거나 결과가 발생하지 아니한

---

1) 2008. 12. 11. 2008도4376, 공 2009상, 59, 『특가법 포탈세액 개정 사건』.
2) 2001. 8. 24. 2001도2902, 공 2001, 2146, 『병록지 절취 사건』.
3) 2014. 5. 16. 2012도12867, 공 2014상, 1254, 『당비 납부 교원 사건』.
4) 2022. 12. 1. 2019도5925, 공 2023상, 228, 『기간연장허가 없는 국외체류 사건』.
5) 2006. 9. 22. 2004도4751, 공 2006, 1853, 『육영재단 임대사업 사건』.
6) 1996. 8. 23. 96도1231, 공 1996, 2937, 『삼풍 부실 골조공사 사건』.

때에 처벌받게 된다(형법25①). 그러므로 미수범의 범죄행위는 행위를 종료하지 못하였거나 결과가 발생하지 아니하여 더 이상 범죄가 진행될 수 없는 때에 종료하고, 그때부터 미수범의 공소시효가 진행한다.[1]

포괄일죄의 공소시효는 최종 범죄행위가 종료한 때로부터 진행한다.[2] 과형상 일죄는 실체법상 수 개의 죄에 해당하므로 각 범죄사실 별로 공소시효를 결정해야 한다. 따라서 상상적 경합관계에 있는 수 개의 죄에 대해서는 각 죄마다 따로 공소시효를 따져보아야 한다.[3] 실체적 경합관계에 있어서 과형상 수 개의 죄를 이루는 범죄들의 경우 각 죄마다 따로 공소시효를 결정해야 함은 물론이다.

(다) 공 범　　　공범의 경우에는 최종행위가 종료한 때로부터 전 공범에 대한 시효기간을 기산한다(법252②). 공범에 대한 특칙은 공범의 일률적 취급을 통해 처벌의 공평을 도모하고자 마련된 것이다. 이때 공범은 2인 이상이 가공하여 공동의 구성요건을 실현하는 공범관계에 있는 자를 가리킨다.[4] 이 경우의 공범에는 공동정범, 교사범, 방조범이 모두 포함된다.

판례는 필요적 공범은 공소시효와 관련하여 '공범'에 포함되지 않는다는 입장이다. 뇌물공여죄와 뇌물수수죄 사이와 같이 대향범 관계에 있는 자는 서로 대향된 행위의 존재를 필요로 할 뿐 각자 자신의 구성요건을 실현하고, 별도의 형벌규정에 따라 처벌되며, 상호간에 형법총칙의 공범규정이 적용되지 않기 때문이라는 것이 그 이유이다.[5]

판례의 입장은 공소시효의 본질론과 관련하여 실체법설의 관점에 서 있는 것이라고 생각된다. 이에 대해 소송법설의 입장에서는 필요적 공범도 공소시효와 관련된 '공범'에 포함시키는 것이 타당하다고 본다. 공소시효의 취지가 객관적 사실상태의 존중에 있다는 관점에서 본다면 필요적 공범 사이에는 증거가 공통되므로 공범의 일률적 취급을 통해 처벌의 공평을 도모할 필요가 있다는 것이다.

생각건대 판례의 입장이 타당하다고 본다. 친고죄와 관련한 고소불가분의 원칙(법233)에서 고소 또는 고소취소의 효력이 미치는 공범은 공동정범, 교사범, 방조범 외에 필요적 공범도 포함한다. 이들 공범 사이에는 증거가 공통되기 때문이다. 그러나 공소시효의 진행시점(법252②) 및 공소시효의 정지(법253②)와 관련한 공범의 범위는 공동정범, 교사범, 방조범까지만 미치며 필요적 공범은 포함하지 않는다고 보아야 한다. 고소의 결여와 공소시효의 완성이 서

---

1) 2017. 7. 11. 2016도14820, 공 2017하, 1687, 『분양계약서 반환 배임미수 사건』.
2) 2012. 9. 13. 2010도16001, 공 2012하, 1705, 『유화업체 담합 사건』.
3) 2006. 12. 8. 2006도6356, [미간행], 『청탁알선 사기 사건』.
4) 2015. 2. 12. 2012도4842, 공 2015상, 500, 『체비지 담당공무원 뇌물 사건』.
5) 2015. 2. 12. 2012도4842, 공 2015상, 500, 『체비지 담당공무원 뇌물 사건』.

로 법적 효과를 달리하기 때문이다.

친고죄의 고소가 없거나 고소가 취소된 경우 법원은 공소기각판결을 통해 당해 절차를 종결한다(법327 ii, v). 이에 대해 공소시효가 완성된 경우 법원은 면소판결로써 당해 절차를 종결한다(법326 iii). 공소기각판결은 확정판결(법326 i)의 효력이 없음에 대하여 면소판결은 확정판결로서의 효력을 가지고 있다. 이와 같이 법적 효과가 달라지므로 친고죄의 고소에 관한 '공범'과 공소시효와 관련한 '공범'을 동일하게 해석할 수는 없다.

(라) 양벌규정   양벌규정은 직접 위법행위를 한 자 이외에 그 사업주를 처벌하도록 하는 규정이다. 양벌규정 사안에서 직접 위법행위를 한 자연인에 대해서는 징역·금고의 형이, 사업주에 대해서는 벌금형이 법정형으로 규정되어 있는 경우가 많다. 벌금에 해당하는 범죄의 공소시효는 5년이다(법249① v). 이에 대해 장기 5년 이상의 징역·금고에 해당하는 범죄의 공소시효는 7년 또는 그 이상이다(동조① iii, iv 참조). 여기에서 사업주에 대한 공소시효 계산을 벌금형을 기준으로 할 것인지 직접 위반행위자에 대한 징역·금고형을 기준으로 할 것인지 문제된다.

헌법재판소는 사업주에 대한 공소시효를 벌금형을 기준으로 정해야 한다는 입장이다.[1] 대법원은 아직 이 문제에 대한 입장을 표명한 바가 없다. 그러나 대법원은 양벌규정에 따라 처벌되는 직접 행위자와 사업주(법인 또는 개인) 간의 관계는, 행위자가 저지른 법규위반행위가 사업주의 법규위반행위와 사실관계가 동일하거나 적어도 중요 부분을 공유한다는 점에서 내용상 불가분적 관련성을 지닌다고 보고 있다.[2] 그리하여 친고죄 사안에서 고소의 유무를 사업주가 아닌 직접 행위자를 기준으로 판단하고[3], 직접 행위자에 대한 피의자신문조서에 대해 사업주가 내용부인을 할 수 있도록 하고 있다.[4]

이와 같은 대법원의 입장에 비추어 보면 양벌규정에서 사업주에 대한 공소시효는 직접 행위자에 대한 법정형을 기준으로 하는 것이 논리적이라고 생각된다. 이는 특히 법인 또는 개인 사업주에게 단기의 공소시효가 적용될 경우 양벌규정의 실효성이 떨어진다는 점에서 더욱 그러하다.

이러한 해석의 필요성은 예컨대 「국제상거래에 있어서 외국공무원에 대한 뇌물방지법」(국제뇌물방지법)의 공소시효 규정에서도 확인할 수 있다. 2018년 OECD는 우리나라에 대한 뇌물방지협약 4단계 평가에서 법인에 적용되는 공소시효를 자연인에 적용되는 공소시효와 동

---

1) 2021. 5. 27. 2019헌마1135, [결정문], 『비의료인 요양병원 양벌규정 사건』.
2) 2020. 6. 11. 2016도9367, 공 2020하, 1425, 『사망한 병원 사무국장 피신조서 사건』.
3) 1996. 3. 12. 94도2423, 공 1996, 1321, 『회계법인 총서 사건』.
4) 2020. 6. 11. 2016도9367, 공 2020하, 1425, 『사망한 병원 사무국장 피신조서 사건』.

등한 수준으로 연장할 것을 권고하였다. 이에 입법자는 국제상거래와 관련하여 외국공무원 등에게 뇌물을 약속 또는 공여하거나 공여의 의사를 표시한 자가 속한 법인을 처벌하는 경우(동법4), 위반행위를 한 행위자와 동일한 공소시효의 기간(7년)을 적용하도록 하는 특례규정을 국제뇌물방지법에 신설하였다(동법6).

(마) 특별법   특별법에 의하여 공소시효의 기산점이 연기되는 경우가 있다. 「성폭력범죄의 처벌 등에 관한 특례법」은 미성년자에 대한 성폭력범죄의 공소시효를 해당 성폭력범죄로 피해를 당한 미성년자가 성년에 달한 날부터 진행하도록 규정하고 있다(동법21①). 일정한 성폭력범죄의 경우에 디엔에이 증거 등 그 죄를 증명할 수 있는 과학적 증거가 있는 때에는 공소시효가 10년 연장된다(동조② 참조). 「아동학대범죄의 처벌 등에 관한 특례법」은 아동학대범죄의 공소시효를 해당 아동학대범죄의 피해아동이 성년에 달한 날부터 진행하도록 규정하고 있다(동법34①).

4. 공소시효의 정지

(1) 공소시효 정지사유

(가) 의 의   공소시효는 일정한 사유가 있을 때 그 진행이 일시 멈추게 된다. 이를 공소시효정지라고 한다. 우리 형사소송법은 지금까지 진행되었던 공소시효의 기간을 무효로 하고 새로이 시효기간의 진행을 요구하는 공소시효중단의 개념을 인정하고 있지 않다. 공소시효에 중단이 인정되지 않는 것은 형의 시효에 중단이 인정되는 것과 대비된다(형법80).

(나) 공소제기   공소시효는 공소의 제기로 진행이 정지된다(법253① 전단). 이때 공소제기는 반드시 유효하고 적법함을 요하지 않는다. 피고인의 신병이 확보되기 전에 공소가 먼저 제기되었다 하더라도 그러한 사정만으로 공소제기가 부적법한 것은 아니다. 일단 공소가 제기되면 형소법 제253조 제1항에 따라 공소시효의 진행이 정지된다.[1]

(다) 재정신청   검사의 불기소처분에 대하여 재정신청(법260①)이 있으면 고등법원의 재정결정이 확정될 때까지 공소시효의 진행이 정지된다(법262의4①). 먼저, 고등법원이 재정신청기각결정(법262② i)을 내리는 경우가 있다. 고등법원의 재정신청기각결정에 대해서는 불복이 가능하다(동조④ 전단). 따라서 재정신청기각결정이 내려지는 경우에는 그 기각결정이 확정될 때까지 공소시효가 정지된다(법262의4①).

다음으로, 고등법원이 공소제기결정(법262② ii)을 내리는 경우가 있다. 고등법원의 공소제기결정에 대해서는 불복할 수 없으므로(동조④ 후단) 공소제기결정이 내려지는 순간 확정된다.

---

1) 2017. 1. 25. 2016도15526, 공 2017상, 500, 『이태원 살인 사건』.

따라서 재정신청에 따른 공소시효의 정지는 공소제기결정 시점까지만 인정된다(법262의4①).

그렇지만 공소시효 정지의 효과는 다른 규정에 의하여 유지된다. 관할 고등법원의 공소제기결정(법262② ii)이 있는 때에는 공소시효에 관하여 그 결정이 있는 날에 공소가 제기된 것으로 본다(법262의4②). 따라서 공소시효는 공소제기에 따른 공소시효정지 규정(법253① 전단 참조)에 따라 공소제기결정이 있는 날부터 새롭게 진행이 정지된다.

(라) 국외도피　　　형사소송법 제253조 제3항은 범인이 형사처분을 면할 목적으로 국외에 있는 경우 그 기간 동안 공소시효는 정지된다고 규정하고 있다(법253③). 범인이 우리나라의 사법권이 실질적으로 미치지 못하는 국외에 체류한 것이 도피의 수단으로 이용된 경우 그 체류기간 동안 공소시효의 진행을 저지하여 범인을 처벌할 수 있도록 함으로써 형벌권을 적정하게 실현하려는 것이다.[1] 형사소송법 제253조 제3항에 의하여 국외도피를 이유로 정지되는 '공소시효'는 범죄행위가 종료한 때로부터 진행한다. 이때 공소의 제기로 정지되는 '공소시효'는 형소법 제249조 제1항의 공소시효를 뜻한다.[2]

형소법 제249조 제2항은 공소를 제기한 때로부터 일정 기간이 경과하면 공소시효가 완성된 것으로 간주되는 의제공소시효를 규정하고 있다. 판례는 의제공소시효 규정에서 말하는 '공소시효'는 국외도피를 이유로 정지되는 형소법 제253조 제3항의 '공소시효'에 포함되지 않는다는 입장을 취하였다.[3] 피의자에 대한 공소시효정지규정(법253③)을 피고인에게 유추적용하는 것을 금지한 것이라고 할 수 있다. 입법적 불비를 해소하기 위하여 2024년 입법자는 형소법 제253조 제4항을 신설하였다. 이제 공소제기 후의 범인(피고인)이 형사처분을 면할 목적으로 국외에 있는 경우에도 그 기간 동안 의제공소시효기간(법249②)의 진행은 정지된다(법253④).

'범인이 형사처분을 면할 목적으로 국외에 있는 경우'는 범인이 국내에서 범죄를 저지르고 형사처분을 면할 목적으로 국외로 도피한 경우에 한정되지 않는다. 범인이 국외에서 범죄를 저지르고 형사처분을 면할 목적으로 국외에서 체류를 계속하는 경우도 포함한다.[4] 형사처분을 면할 목적은 국외체류의 유일한 목적으로 되는 것에 한정되지 않으며, 범인이 가지는 여러 국외체류 목적 중에 포함되어 있으면 족하다.[5]

범인이 국외에 있는 것이 형사처분을 면하기 위한 방편이었다면 형사처분을 면할 목적이

---

1) 2015. 6. 24. 2015도5916, 공 2015하, 1110, 『국외 횡령범 국외체류 사건』.
2) 2022. 9. 29. 2020도13547, 공 2022하, 2221, 『피고인 15년 국외체류 사건』.
3) 2022. 9. 29. 2020도13547, 공 2022하, 2221, 『피고인 15년 국외체류 사건』.
4) 2015. 6. 24. 2015도5916, 공 2015하, 1110, 『국외 횡령범 국외체류 사건』.
5) 2014. 4. 24. 2013도9162, 공 2014상, 1162, 『고미술상 중국 출국 사건』.

제 2 장 공소제기 *413*

있었다고 볼 수 있다. 형사처분을 면할 목적과 양립할 수 없는 범인의 주관적 의사가 명백히 드러나는 객관적 사정이 존재하지 않는 한 국외 체류기간 동안 형사처분을 면할 목적은 계속 유지된다.[1]

피고인이 당해 사건으로 처벌받을 가능성이 있음을 인지하였다고 보기 어려운 경우라면 피고인이 다른 고소사건과 관련하여 형사처분을 면할 목적으로 국외에 있은 경우라고 하더라도 당해 사건의 형사처분을 면할 목적으로 국외에 있었다고 볼 수 없다.[2]

국외 체류시 피고인에게 형사처분을 면할 목적이 유지되지 않았다고 볼 사정이 있는 경우에 그럼에도 불구하고 그러한 목적이 유지되고 있었다는 점은 검사가 입증해야 한다.[3]

(마) 특별법   특별법에 의하여 공소시효가 정지되는 경우가 있다. 「소년법」(동법54), 「가정폭력범죄의 처벌 등에 관한 특례법」(동법17), 「성매매알선 등 행위의 처벌에 관한 법률」(동법17①), 「아동학대범죄의 처벌 등에 관한 특례법」(동법34②), 「조세범 처벌절차법」(동법16), 「관세법」(동법311③) 등은 그 예이다.

(2) 공소시효정지 규정의 유추적용

공소시효정지 규정을 유추적용할 수 있는가 하는 문제가 있다. 이것은 특히 재정신청에 대하여 공소시효정지를 규정한 형소법 제262조의4 제1항을 검사의 불기소처분에 대한 헌법소원심판의 청구에도 준용할 수 있는가 하는 문제로 구체화된다.

피의자의 법적 안정성을 중시하는 실체법설의 입장에서는 공소시효제도가 형벌권의 소멸에 관련되는 장치라고 파악하여 형소법 제262조의4를 헌법소원심판절차에 유추적용하는 것이 적법절차원칙과 죄형법정주의에 반한다고 본다. 이에 대해 소송법설의 입장에서는 공소시효정지를 규정한 형소법 제262조의4는 실체형법이 아니라 소송법에 속하는 규범이므로 유추적용이 가능하다고 본다. 헌법재판소는 유추적용금지설을 취하고 있다.[4]

(3) 공소시효정지의 효력범위

공소시효정지의 효력범위는 객관적 측면과 주관적 측면으로 나누어서 고찰해야 한다. 공소시효정지의 객관적 범위는 공소시효완성의 경우처럼 실체법상의 죄수를 기준으로 결정해야 한다.

---

1) 2014. 4. 24. 2013도9162, 공 2014상, 1162, 『고미술상 중국 출국 사건』.
2) 2014. 4. 24. 2013도9162, 공 2014상, 1162, 『고미술상 중국 출국 사건』.
3) 2012. 7. 26. 2011도8462, 공 2012하, 1524, 『일본 밀항 사건』.
4) 1993. 9. 27. 92헌마284, 헌집 5-2, 340, 『6차 수술 사망 사건』.

공소시효정지의 주관적 범위에 대해 형사소송법은 공범에 관한 특칙을 두고 있다. 즉 공범의 1인에 대한 공소시효의 정지는 다른 공범자에 대하여 효력이 미치고, 당해 사건의 재판이 확정될 때까지 정지된다(법253② 참조).[1] 이때 재판은 종국재판을 의미하며 그 종류를 묻지 않는다. 공범관계의 존부는 현재 시효가 문제되어 있는 사건을 심판하는 법원이 판단한다.[2]

공범에 대하여 공소시효정지의 효력범위를 확장하는 것은 공범처벌의 일률성과 처벌의 공평성을 기하기 위함이다. 공범은 2인 이상이 가공하여 공동의 구성요건을 실현하는 공범관계에 있는 자를 가리킨다. 공범에는 공동정범, 교사범, 방조범이 모두 포함된다. 판례는 필요적 공범인 대향범은 공소시효정지와 관련하여 '공범'에 포함되지 않는다는 입장이다.[3]

갑과 을이 공범관계에 있는데 갑은 검거되어 기소되었으나 을이 도주한 경우를 생각해 본다. 이 경우 갑의 기소에 따른 공소시효정지의 효력은 공범자 을에게 미치며, 갑에 대한 재판이 확정된 때로부터 을에 대한 공소시효는 다시 진행한다.[4] 그러나 범죄의 증명이 없다는 이유로 공범으로 의심되는 1인(갑)이 무죄의 확정판결을 선고받은 경우에는 그(갑)를 공범이라고 할 수 없다. 그(갑)에 대하여 제기된 공소는 진범(을)에 대하여 공소시효정지의 효력을 발생시키지 않는다.[5]

(4) 공소시효의 재개

단독범의 경우 진행이 정지되었던 공소시효는 공소기각 또는 관할위반의 재판이 확정된 때로부터 다시 진행된다(법253① 후단). 공범의 경우 공범 1인에 대한 공소시효의 정지는 다른 공범자에게 대하여 효력이 미치고 당해사건의 재판이 확정된 때로부터 진행한다(동조②). 이때 공범자에 대한 재판은 종국재판을 의미하며 그 종류를 묻지 않는다.[6]

5. 공소시효의 배제

공소시효의 적용이 배제되는 경우가 있다. 사람을 살해한 범죄(종범은 제외)로 사형에 해당하는 범죄에 대하여는 형소법 제249조부터 제253조까지에 규정된 공소시효를 적용하지 않는다(법253의2). 살인, 강도살인, 강간살인 등 각종 살인범죄에 대한 공소시효 배제규정은 2015년 7월 31일부터 시행되었다. 이 공소시효 배제규정은 개정법 시행 전에 행해진 범죄로서 개

---

1) 1995. 1. 20. 94도2752, 공 1995, 945, 『구배차장파 사건』.
2) 1999. 3. 9. 98도4621, 공 1999, 706, 『토지사기 공범 사건』.
3) 2015. 2. 12. 2012도4842, 공 2015상, 500, 『체비지 담당공무원 뇌물 사건』.
4) 1995. 1. 20. 94도2752, 공 1995, 945, 『구배차장파 사건』.
5) 1999. 3. 9. 98도4621, 공 1999, 706, 『토지사기 공범 사건』.
6) 1999. 3. 9. 98도4621, 공 1999, 706, 『토지사기 공범 사건』.

정법 시행 당시 공소시효가 완성되지 않은 범죄에 대해서도 적용된다(부칙2).

「성폭력범죄의 처벌 등에 관한 특례법」은 일정한 형태의 중한 성폭력범죄에 대해 공소시효를 배제하고 있다(동법21③ · ④). 「아동 · 청소년의 성보호에 관한 법률」은 일정한 형태의 아동 · 청소년대상 성범죄의 공소시효를 배제하고 있다(동법20③ · ④). 또한 「국제형사재판소 관할 범죄의 처벌 등에 관한 법률」은 이 법률이 정하는 집단살해죄 등에 대해 공소시효를 배제하고 있다(동법6).

6. 공소시효의 완성

공소시효는 (가) 공소의 제기 없이 공소시효기간이 경과한 경우(법249①), (나) 공소가 제기되었더라도 판결의 확정 없이 25년이 경과한 경우(동조②), 또는 (다) 공소제기된 후 공소기각 또는 관할위반의 재판이 확정된 때로부터 다시 공소시효가 진행하여 나머지 공소시효기간이 경과된 경우(법253① 후단)에 완성된다. 공소시효의 완성은 그 부존재가 공소제기의 유효조건을 이루며 실체적 소송조건의 하나가 된다.

수사중인 피의사건에 대하여 공소시효가 완성되었으면 경찰공무원인 사법경찰관은 공소권 없음을 이유로 하는 불송치결정으로 수사절차를 종결한다(수사준칙51① iii 다). 수사중인 피의사건에 대하여 공소시효가 완성되었으면 검사는 공소권 없음을 이유로 하는 불기소처분(수사준칙52① ii 라)으로 수사절차를 종결한다. 공소시효가 완성된 범죄사건에 대하여 공소가 제기되었으면 법원은 판결로써 면소의 선고를 하여야 한다(법326 iii).

제 4   공소권남용론

1. 공소권남용론의 의의

(1) 공소권남용론의 개념

검사의 공소제기는 법률이 규정한 유효조건을 구비하여야 한다. 공소제기의 유효조건을 구비하지 못한 경우에 법원은 유죄(법321, 322) 또는 무죄(법325)의 실체판결에 들어가지 아니하고 면소판결(법326), 관할위반판결(법319), 공소기각판결(법327), 공소기각결정(법328①) 등 형식재판을 통하여 형사절차를 종결하게 된다. 이때 형식재판의 사유는 법률로써 유형적 · 정형적으로 규정되어 있다.

그런데 법률이 정형적으로 규정한 것 이외의 사유를 공소제기의 유효조건으로 설정하고 그 조건이 구비되지 않을 경우에 이를 공소권의 남용으로 파악하여 형사절차를 형식재판으로 종결하려는 이론적 시도가 있는바 이를 공소권남용론이라고 한다. 이 이론에 따르면 공소권의 남용은 공소권의 행사가 형식적으로는 적법하나 실질적으로 부당한 경우를 의미하게 된다.

(2) 공소권남용론의 필요성 여부

공소제기의 유효조건을 일반적인 소송조건으로 흡수하여 이해하는 입장에서는 법원이 소송의 전과정을 통하여 법률상 규정된 소송조건의 존부를 판단하면 족하고 별도로 공소권남용론을 인정할 필요는 없다고 본다. 그러나 공소권남용론은 이를 통하여 피고인을 조기에 형사절차로부터 해방시킬 수 있고, 검사의 공소권행사의 편파성과 부당기소를 통제할 수 있다는 점에서 해석론상으로 긍정되어야 할 것이다. 판례도 공소권남용론을 긍정하고 있다.[1]

2. 공소권남용의 유형

검사가 공소제기의 권한을 남용하는 사례군으로 (가) 함정수사 등 수사절차에 중대한 위법이 있음에도 기소하는 경우, (나) 범죄의 객관적 혐의가 충분하지 않음에도 불구하고 기소하는 경우, (다) 피의사건의 성질, 내용 등에 비추어 볼 때 기소유예처분을 함이 상당함에도 불구하고 기소하는 경우, (라) 죄질과 범죄의 정상이 극히 유사한 여러 사람들이 있는 경우에 유독 일부 사람만을 선별하여 기소하는 경우, (마) 누락된 잔여사건을 뒤늦게 기소하는 경우 등이 거론되고 있다.

그런데 이상의 다섯 가지 문제유형 가운데 중대한 위법수사 후의 공소제기는 공소권남용의 이론에 의하기보다는 위법수집증거배제법칙(법308의2)을 매개로 위법수집증거를 배제한 가운데 유죄·무죄의 실체판결로 해결하는 것이 타당하다고 본다. 다만 위법수사의 유형 가운데 함정수사 문제는 별도로 함정수사의 법리에 의하여 해결해야 할 것이다. 판례는 함정수사의 위법이 개입된 공소제기에 대해 공소기각판결로 대처하고 있다.[2] 아래에서는 공소권남용이 문제되는 나머지 경우에 대하여 좀더 상세히 검토해 보기로 한다.

3. 무혐의사건과 공소권남용

범죄의 객관적 혐의가 충분하지 않음에도 불구하고 검사가 공소를 제기한 경우에 공소권남용을 긍정할 것인가 하는 문제가 있다. 이에 대해서는 공소권남용에 대한 제재방법의 강도

---

1) 2001. 10. 9. 2001도3106, 공 2001, 2496, 『무속인 통화 사건』.
2) 2005. 10. 28. 2005도1247, 공 2005, 1899, 『공적사항 준비 사건 2』.

에 따라 (가) 무죄판결설, (나) 면소판결설, (다) 공소기각판결설, (라) 공소기각결정설 등을 생각해 볼 수 있다.

생각건대 (가) 공소제기의 유효조건을 재구성하여 현행법상 한정되어 있는 공소기각의 사유를 확장하려는 점에 공소권남용론의 본래 취지가 있다는 점, (나) 형사소송법이 모두절차(법285, 286)를 증거조사절차(법290) 앞에 두면서 특히 피고인의 모두진술 단계에서 피고인에게 이익사실진술의 기회를 부여하고 있는 점(법286②), (다) 객관적으로 범죄혐의가 충분하지 못한 공소제기를 실체판단에 들어가기 전에 미리 배제함으로써 피고인을 무용한 형사절차의 진행으로부터 조기에 해방시키는 것은 피고인보호를 위하여 요구되는 예단배제의 요청이나 공소장일본주의에 저촉되지 않는다는 점 등에 비추어 볼 때 무혐의사건에 대한 공소제기의 통제는 공소기각판결(법327ⅱ)에 의하는 것이 타당하다고 본다.

4. 소추재량권의 남용

피의사건의 성질이나 내용 등에 비추어 볼 때 기소유예를 함이 타당함에도 불구하고 검사가 공소를 제기한 경우에 이를 공소권남용으로 볼 수 있는가 하는 문제가 있다. 또한 이미 무혐의로 불기소처분을 하였거나 기소유예처분을 한 사건에 대해 공소를 제기하는 것에 대해서도 소추재량권의 남용이 아닌가 하는 의문이 제기될 수 있다. 이러한 경우의 공소제기에 대해서는 (가) 유죄판결설, (나) 면소판결설, (다) 공소기각판결설 등이 제시되고 있다.

판례는 다음의 이유를 들어서 공소기각판결설을 지지하고 있다. 즉, 검사의 소추재량은 공익의 대표자인 검사로 하여금 객관적 입장에서 공소의 제기 및 유지 활동을 하게 하는 것이 형사소추의 적정성 및 합리성을 기할 수 있다고 보기 때문이다. 그러므로 검사의 소추재량은 그 스스로 내재적인 한계를 가진다. 검사가 자의적으로 공소권을 행사하여 피고인에게 실질적인 불이익을 가함으로써 소추재량을 현저히 일탈하였다고 판단되는 경우에는 이를 공소권의 남용으로 보아 그 공소제기의 효력을 부인할 수 있다.[1]

판례는 소추재량의 남용에 대해 공소권남용을 인정하고 있다. 기소유예되었던 종전 사건의 피의사실과 현재 기소된 사건의 공소사실 사이에 기소유예 처분을 번복하고 공소를 제기해야 할 만한 의미 있는 사정변경이 없음에도 불구하고 검사가 현재 사건을 기소하였다면, 현재 사건에 대한 기소는 소추재량권을 현저히 일탈한 경우에 해당하며, 이 부분 공소는 공소제기의 절차가 법률의 규정를 위반하여 무효이다(법327ⅱ).[2]

---

1) 2017. 8. 23. 2016도5423, 공 2017하, 1836, 『가정폭력 2차 고소 사건』.
2) 2021. 10. 14. 2016도14772, 『기소유예 4년 후 재기소 사건』.

5. 선별기소와 공소권남용

범죄의 성질과 내용이 비슷한 다수의 피의자들 가운데 일부의 사람만을 선별하여 본보기로 기소하고 다른 사람들에 대하여는 수사에 착수하지 않거나 또는 기소유예로 수사를 종결하는 것을 선별기소라고 한다. 선별기소의 문제에 대해서는 실체판결설과 공소기각판결설이 제시되고 있다. 판례는 실체판결설을 취하고 있는 것으로 생각된다.[1]

생각건대 검사의 자의적인 선별기소는 헌법이 규정한 평등원칙(헌법11①)에 위반한 공소권의 행사로서 형사소송법 제327조 제2호에 입각한 공소기각판결의 대상이 된다고 볼 것이다. 다만 공소기각판결설을 취하더라도 단순히 자기와 동일한 범죄구성요건에 해당하는 행위를 하였음에도 불구하고 공소가 제기되지 않은 다른 사람이 있다는 사유만으로는 공소권남용을 주장할 수 없다. 검사의 선별기소가 합리적 기준을 결여하는 자의적인 공소권행사로서 평등권을 침해하는 구체적 사유가 인정될 때 공소기각판결에 의한 형사절차의 종결을 긍정할 수 있다.

6. 누락사건의 기소와 공소권남용

항소심판결이 선고되면 관련사건에 대한 사실심리가 더 이상 허용되지 않는다. 이와 관련하여 항소심판결이 선고된 시점 이후에 누락사건을 검사가 기소하는 것이 허용되는가 하는 문제가 있다. 2005년 개정 전의 형법에 의하면 집행유예를 받은 자가 유예기간 중 누락사건의 기소로 금고 이상의 형을 받아 그 판결이 확정되면 그 확정판결 때문에 앞의 집행유예가 취소될 수밖에 없었다(구형법64①, 62① 단서). 역으로 관련사건 전부가 함께 심리되었더라면 집행유예가 선고되었을 사건이라 할지라도 잔여사건이 추후에 기소되면 선행의 관련사건에 대한 형의 선고 때문에 잔여사건에 대한 집행유예가 허용되지 않았다(구형법62① 단서).

여기에서 항소심판결 선고후의 누락사건에 대한 공소제기가 야기하는 소위 쌍불 집행유예의 폐단을 방지하기 위해 이러한 경우의 공소제기를 공소권남용으로 파악하려는 시도가 나오게 되었다.[2]

이 문제에 대해 판례는 검사가 자의적으로 공소권을 행사하여 피고인에게 실질적인 불이익을 줌으로써 소추재량권을 현저히 일탈하였다고 보여지는 경우에 이를 공소권의 남용으로 보아 공소제기의 효력을 부인할 수 있다고 판단하면서, 이 경우 자의적인 공소권의 행사라 함

---

1) 2005. 5. 26. 2003도5519, 공 2005, 1081, 『부외자금 기부행위 사건』.

2) 신동운, "항소심판결 선고후의 누락사건에 대한 공소제기와 공소권남용 : 대법원 1996. 2. 13 선고 94도 2658 판결(판례공보 1996, 1017)", 서울대 법학, 제37권 2호(1996), 425-448면 참고 바람.

은 단순히 직무상의 과실에 의한 것만으로는 부족하고 적어도 미필적이나마 어떤 의도가 있어야 한다는 기준을 제시하였다.[1] [2]

그런데 사후적 경합범에 대한 2005년의 형법개정에 따라 누락사건에 대한 공소제기가 있더라도 수소법원은 종전 사건의 형을 감안하여 누락사건에 대한 형을 결정할 수 있게 되었고(형법39① 1문), 경우에 따라서는 누락사건에 대한 형을 감경하거나 면제도 할 수 있게 되었다(동항 2문). 개정형법은 또한 집행유예 결격사유(형법62① 단서) 및 취소사유(형법64①, 62① 단서)도 대폭 제한하였다.

이와 같은 형법개정에 따라 항소심판결 선고 후의 누락사건에 대한 공소권남용 논란은 상당 부분 의미가 축소되었다. 그러나 판례가 공소권남용론을 긍정하면서 제시한 공소권남용의 판단기준은 앞으로 검사의 소추재량권 통제에 중요한 의미를 가질 것으로 전망된다.

제 3 절 공소제기의 방식

제 1 공소장제출의 의의

1. 공소제기의 의의와 방식

(1) 공소장의 제출

공소제기는 검사가 법원에 대하여 범죄사건의 심판을 구하는 소송행위이다. 검사가 공소를 제기할 때에는 공소장을 관할법원에 제출하여야 한다(법254①). 2022년 5월의 「검찰청법」개정에 의하여 검사가 직접 수사를 개시한 범죄에 대해 수사검사와 기소검사의 분리가 이루어졌다. 검사는 자신이 수사개시한 범죄에 대하여는 공소를 제기할 수 없다. 다만, 사법경찰관이 송치한 범죄에 대하여는 그러하지 아니하다(검찰청법4② 본문·단서).

검사로부터 공소제기를 받은 법원을 수소법원이라고 한다. 공무원이 작성하는 서류에는 법률에 다른 규정이 없는 때에는 작성 연월일과 소속 공무소를 기재하고 기명날인 또는 서명하여야 한다(법57①). 검사가 작성하는 공소장은 '공무원이 작성하는 서류'에 속하므로 공소장에는 검사의 기명날인 또는 서명이 있어야 한다.[3]

---

1) 1996. 2. 13. 94도2658, 공 1996, 1017, 『인감증명서 위조 사건』.
2) 1999. 12. 10. 99도577, 공 2000, 249, 『가스분사기 사건』.
3) 2016. 12. 15. 2015도3682, 공 2017상, 191, 『공소장 CD별지 사건』.

검사가 관할법원에 공소장을 제출하는 경우에 공소장에는 피고인 수에 상응한 부본을 첨부하여야 한다(법254②). 공소장 부본은 피고인의 방어준비를 위한 출발점을 이루는 것으로서 나중에 수소법원을 통하여 피고인 또는 변호인에게 송달된다(법266). 공소장에는 사건에 관하여 법원에 예단이 생기게 할 수 있는 서류 기타 물건을 첨부하거나 그 내용을 인용하여서는 안 된다(규칙118②). 이를 가리켜서 공소장일본주의라고 한다.

(2) 공소제기와 서면주의

공소제기는 공소장에 의하여야 한다(법254①). 공소장에는 검사의 법원에 대한 심판청구의 의사표시가 직접 표시되어 있다. 이 점에서 공소제기는 서면에 의한 소송행위이다. 구두, 전보, 팩시밀리, CD 등 정보저장매체[1]에 의한 공소제기는 허용되지 않는다.

형사소송법이 공소제기에 관하여 서면주의와 엄격한 요식행위를 채용한 것은 앞으로 진행될 심판의 대상을 서면에 명확하게 기재하여 둠으로써 법원의 심판대상을 명백히 하고 피고인의 방어권을 충분히 보장하기 위함이다. 서면인 공소장의 제출은 공소제기라는 소송행위가 성립하기 위한 본질적 요소이다. 서면인 공소장의 제출 없이 공소를 제기한 경우에는 이를 허용하는 특별한 규정이 없는 한 공소제기에 요구되는 소송법상의 정형을 갖추었다고 할 수 없어 소송행위로서의 공소제기가 성립되었다고 볼 수 없다.[2] [3]

2. 방식위반 공소제기의 법적 효과

엄격한 형식과 절차에 따른 공소장의 제출은 공소제기라는 소송행위가 성립하기 위한 본질적 요소이다. 이와 관련된 사안을 몇 가지 살펴본다.

(1) 서명·날인 등이 누락된 공소제기

(가) 서명·날인   검사의 공소장은 공무원이 작성하는 서류이다. 따라서 공소장에는 검사의 기명날인 또는 서명이 필요하다(법57①). 검사의 기명날인 또는 서명이 없는 상태로 관할법원에 제출된 공소장은 형소법 제57조[공무원의 서류] 제1항에 위반된 서류이며, 이 경우의 공소제기는 특별한 사정이 없는 한 그 절차가 법률의 규정을 위반하여 무효일 때(법327ⅱ)에 해당한다.[4]

---

1) 2016. 12. 15. 2015도3682, 공 2017상, 191, 『공소장 CD별지 사건』.
2) 2003. 11. 14. 2003도2735, 공 2003, 2410, 『즉심기록 송부 사건』.
3) 2016. 12. 15. 2015도3682, 공 2017상, 191, 『공소장 CD별지 사건』.
4) 2012. 9. 27. 2010도17052, 공 2012하, 1768, 『부동문자 검사 기재 사건』.

다만, 이 경우에는 공소를 제기한 검사가 공소장에 기명날인 또는 서명을 추완하는 등의 방법을 통하여 공소제기가 유효하게 될 수 있다.[1] 검사의 서명 또는 날인의 보완 요구는 법원의 의무가 아니다. 재판부가 검사에게 보완 요구를 하지 않고 공소기각판결을 하는 것은 적법하다.[2]

(나) 간 인　　검사의 공소장은 공무원이 작성하는 서류이다. 따라서 공소장에는 검사가 간인하거나 이에 준하는 조치를 하여야 한다(법57②). 간인은 서류작성자의 간인으로서 1개의 서류가 여러 장으로 되어 있는 경우 그 서류의 각 장 사이에 겹쳐서 날인하는 것이다. 이는 서류 작성 후 그 서류의 일부가 누락되거나 교체되지 않았다는 사실을 담보하기 위한 것이다. 따라서 공소장에 검사의 간인이 없더라도 그 공소장의 형식과 내용이 연속된 것으로 일체성이 인정되고 동일한 검사가 작성하였다고 인정되는 한 그 공소장을 형사소송법 제57조 제2항에 위반되어 효력이 없는 서류라고 할 수 없다. 이러한 공소장 제출에 의한 공소제기는 그 절차가 법률의 규정에 위반하여 무효일 때(법327ⅱ)에 해당한다고 할 수 없다.[3]

(2) 정보저장매체의 첨부에 의한 공소제기

검사가 공소사실의 일부가 되는 범죄일람표를 컴퓨터 프로그램을 통하여 열어보거나 출력할 수 있는 전자적 형태의 문서로 작성한 후, 종이문서로 출력하여 제출하지 아니하고 전자적 형태의 문서가 저장된 정보저장매체 자체를 서면인 공소장에 첨부하여 제출하는 경우가 있다.

이러한 경우에는 서면인 공소장에 기재된 부분에 한하여 공소가 제기된 것으로 볼 수 있을 뿐이고, 정보저장매체에 저장된 전자적 형태의 문서 부분까지 공소가 제기된 것이라고 할 수는 없다. 이러한 형태의 공소제기를 허용하는 별도의 규정이 없을 뿐만 아니라, 정보저장매체나 전자적 형태의 문서를 공소장의 일부로서의 '서면'으로 볼 수도 없기 때문이다.[4]

이는 전자적 형태의 문서의 양이 방대하여 그와 같은 방식의 공소제기를 허용해야 할 현실적인 필요가 있다거나 피고인과 변호인이 이의를 제기하지 않고 변론에 응하였다고 하여 달리 볼 것이 아니다.[5]

검사가 전자적 형태의 문서가 저장된 정보저장매체 자체를 서면인 공소장에 첨부하여 공

1) 2012. 9. 27. 2010도17052, 공 2012하, 1768, 『부동문자 검사 기재 사건』.
2) 2021. 12. 16. 2019도17150, 공 2022상, 221, 『기명날인 없는 공소장 사건』.
3) 2021. 12. 30. 2019도16259, 공 2022상, 296, 『간인 없는 공소장 사건』.
4) 2016. 12. 15. 2015도3682, 공 2017상, 191, 『공소장 CD별지 사건』.
5) 2016. 12. 15. 2015도3682, 공 2017상, 191, 『공소장 CD별지 사건』.

소를 제기한 경우, 법원은 정보저장매체에 저장된 전자적 형태의 문서 부분을 고려함이 없이 서면인 공소장에 기재된 부분만을 가지고 공소사실 특정 여부를 판단해야 한다. 만일 공소사실이 특정되지 아니한 부분이 있다면 법원은 검사에게 석명을 구하여 특정을 요구해야 한다. 그럼에도 검사가 이를 특정하지 않는다면 그 부분에 대해서는 공소기각판결을 선고해야 한다(법327ⅱ).[1]

(3) 공소장변경신청서에 의한 공소제기

공소장변경신청서를 가지고 공소장에 갈음할 수 있을 것인지 문제된다. 문제의 사안은 다음과 같다.

검사가 A사건에 대해 공소장을 제출하여 공소를 제기하였다가 B사건으로 공소장변경을 신청하여 법원의 허가를 받았다(법298). 이후 법원은 A사건과 B사건 사이에 동일성이 없다는 이유로 공소장변경신청에 대한 허가결정을 취소하였다. 그러자 검사가 그 자리에서 "공소장변경신청서로 B사건에 대한 공소장에 갈음한다."고 하면서 공소장변경신청서에 의하여 기소요지진술(법285)을 하였고, 이에 대해 피고인과 변호인이 이의 없다고 진술하였다. 이러한 사안에서 공소장변경신청서에 의한 공소제기가 인정될 것인지 문제된다.

이 경우 공소장변경신청서 제출이라는 서면행위가 있으므로 일단 공소제기라는 소송행위는 성립한 것으로 볼 수 있다. 그러나 B사건에 대한 공소제기가 (가) 형소법 제254조에 규정된 형식적 요건을 갖추지 못한 공소장변경신청서에 기하여 이루어졌다는 점, (나) 공소장 부본 송달(법266) 등의 절차 없이 공판기일에서 "공소장변경신청서로 공소장을 갈음한다."는 검사의 구두진술에 의한 것이라는 점에 비추어 볼 때, 그 공소제기에는 공소제기의 절차가 법률의 규정을 위반하여 무효일 때라고 볼 정도(법327ⅱ)의 현저한 방식위반이 있다고 판단된다.[2]

이러한 경우에 피고인과 변호인이 절차위반에 대해 이의를 제기하지 않았다고 하여 그 하자가 치유된다고 볼 수는 없다. 법원은 B사건에 대한 공소사실에 대해 공소기각판결(법327ⅱ)을 선고해야 한다.[3]

(4) 즉결심판 기각결정과 사건기록의 제출

「즉결심판에 관한 절차법」(즉결심판법)에 따라 진행되는 절차가 즉결심판절차이다. 즉결심판절차에서 판사가 경찰서장의 즉결심판청구에 대해 기각결정을 내리면(동법5①) 경찰서장

1) 2016. 12. 15. 2015도3682, 공 2017상, 191, 『공소장 CD별지 사건』.
2) 2009. 2. 26. 2008도11813, 공 2009상, 428, 『'공소장으로 갈음' 사건』.
3) 2009. 2. 26. 2008도11813, 공 2009상, 428, 『'공소장으로 갈음' 사건』.

은 지체 없이 사건을 관할 지방검찰청 또는 지청의 장에게 송치하여야 한다(동조②). 즉결심판 청구가 기각된 경우에 공소제기는 검사만 할 수 있다. 공소를 제기할 경우 검사는 형소법 제 254조에 따른 공소장을 작성하여 법원에 제출해야 한다.

즉결심판절차에서 판사가 경찰서장의 즉결심판청구를 받아들이면 즉결심판을 선고하게 된다(즉결심판법11). 이 즉결심판에 불복하는 경우 피고인(동법14①) 또는 경찰서장(동조②)은 정식재판을 청구할 수 있다. 정식재판이 청구되면 (가) 판사는 정식재판청구서를 받은 날부터 7일 이내에 경찰서장에게 정식재판청구서를 첨부한 사건기록과 증거물을 송부하고, (나) 경찰 서장은 지체 없이 관할지방검찰청 또는 지청의 장에게 이를 송부하여야 하며, (다) 그 검찰청 또는 지청의 장은 지체 없이 관할법원에 이를 송부하여야 한다(동법14③).

즉결심판절차에서 판사가 경찰서장의 즉결심판청구에 대해 '기각결정'을 내리면(즉결심판 법5①) 경찰서장은 지체 없이 사건을 관할 지방검찰청 또는 지청의 장에게 송치하여야 한다(동 조②). 그런데 검사가 경찰서장의 사건송치를 즉결심판에 대한 피고인의 '정식재판청구'가 있 은 사건으로 오인하여 그 사건기록을 법원에 송부하는 경우가 있다(동법14①).

이러한 경우 검사의 사건기록 송부행위는 외관상 즉결심판에 대한 피고인의 정식재판청 구가 있는 사건의 사건기록 송부행위와 차이가 없다. 그렇다고 할지라도 공소제기의 본질적 요소라고 할 수 있는 검사에 의한 공소장의 제출이 없는 이상 기록을 법원에 송부한 사실만으 로 공소제기가 성립되었다고 볼 수 없다.[1]

이러한 경우에는 소송행위 자체가 성립하지 않는다. 이러한 경우를 소송행위로서 공소 제기가 있었으나 공소제기의 절차가 법률의 규정을 위반하여 무효일 때(법327ii)라고 볼 수 없다.[2] 소송행위로서 요구되는 본질적인 개념요소가 결여되어 소송행위로 성립되지 아니한 경우에는 소송행위가 성립되었으나 무효인 경우와는 달리 하자의 치유문제가 발생하지 않 는다.[3]

제 2 공소장의 기재사항

공소장에는 기본적으로 (가) 피고인의 성명, 기타 피고인을 특정할 수 있는 사항, (나) 죄 명, (다) 공소사실, (라) 적용법조를 기재하여야 한다(법254③). 그 밖에도 공소장에는 일정한 사항이 추가로 기재된다. 공소장에 기재할 내용은 필요적 기재사항과 임의적 기재사항으로 나

---

1) 2003. 11. 14. 2003도2735, 공 2003, 2410, 『즉심기록 송부 사건』.
2) 2003. 11. 14. 2003도2735, 공 2003, 2410, 『즉심기록 송부 사건』.
3) 2003. 11. 14. 2003도2735, 공 2003, 2410, 『즉심기록 송부 사건』.

누어 볼 수 있다.

1. 필요적 기재사항

(1) 피고인을 특정할 수 있는 사항

공소장에는 피고인의 성명 기타 피고인을 특정할 수 있는 사항을 기재하여야 한다(법254③ⅰ). 피고인을 특정할 수 있는 기타 방법으로는 피고인의 인상이나 체격을 묘사하거나 사진을 첨부하는 방안을 생각할 수 있다.

피고인의 특정과 관련하여 성명모용(姓名冒用)이 문제된다. 성명모용이란 수사기관에 의하여 조사를 받는 피의자(갑)가 자신의 진실한 인적 사항을 은폐하기 위하여 다른 사람(을)의 인적 사항을 함부로 사용하는 경우를 말한다. 성명모용의 경우 원래 검사가 법원에 대하여 심판을 청구한 상대방은 피의자(갑)이지만 공소장에는 다른 사람(을)으로 표시되어 있기 때문에 아직 피고인이 특정되었다고 할 수 없다. 성명모용에 대해서는 공소제기의 주관적 효력범위와 관련하여 후술하기로 한다.[1]

(2) 죄   명

공소장에는 죄명을 기재하여야 한다. 죄명이란 범죄의 유형적 성질을 나타내는 명칭을 말한다. 죄명의 기재는 적용법조의 기재와 함께 심판대상을 법률적으로 구성하는 데 중요한 역할을 한다.

죄명의 기재가 틀린 경우에 그 법적 효과가 문제된다. 생각건대 죄명은 심판이 청구된 범죄사실의 법률적 특징을 나타내는 명칭으로 피고인의 방어준비와 관련하여 어느 정도 의미를 가질 수 있다. 그러나 심판대상의 법률적 구성은 수소법원의 권한에 속하는 사항이라는 점에 비추어 볼 때 죄명을 잘못 기재하더라도 공소제기의 효력에는 영향이 없다고 새겨야 할 것이다. 이 경우 법원은 후술하는 적용법조의 경우와 마찬가지로 검사에 대하여 죄명변경을 요구할 수 있다고 본다(법298②). 다만 이로 인하여 피고인의 방어에 실질적인 불이익이 오는 경우에는 가능한 한 공판절차를 정지해야 할 것이다(동조④ 참조).

(3) 공소사실

(가) 공소사실의 특정   공소사실이란 법원에 대하여 검사가 심판을 청구한 사실로서 공소장에 기재된 범죄사실을 말한다. 공소사실은 범죄의 특별구성요건을 충족하는 구체적 사실

---

1) 후술 446면 참조.

이다. 실무상 공소사실은 과거의 특정 시점에 발생하였던 범죄사실 부분과 그 범죄사실을 구성요건적으로 압축정리한 부분으로 이루어진다. 공소사실은 법원의 심판대상을 결정하기 위한 출발점으로서 중요한 의미를 갖는다.

공소사실의 기재는 범죄의 시일, 장소와 방법을 명시하여 사실을 특정할 수 있도록 하여야 한다(법254④). 이러한 요청을 가리켜서 공소사실의 특정성 요건이라고 한다. 공소사실의 특정은 심판의 대상을 한정함으로써 심판의 능률과 신속을 꾀함과 동시에 방어의 범위를 특정하여 피고인의 방어권 행사를 쉽게 해 주기 위한 것이다. 그러므로 검사로서는 일시·장소·방법의 세 가지 특정요소를 종합하여 다른 사실과의 식별이 가능하도록 범죄 구성요건에 해당하는 구체적 사실을 기재하여야 한다.[1]

공소사실의 특정은 특히 피고인의 방어 범위를 특정시켜 방어권 행사를 쉽게 하려는 데에 중점이 있다.[2] 공소사실은 법원의 심판대상을 결정하기 위한 출발점임과 동시에 피고인의 방어준비를 위한 기본자료로서 소송법상 그 의미가 크다. 이 때문에 공소사실의 특정성의 준수는 대단히 중요하다.

검사는 가능한 한 공소제기 당시의 증거에 의하여 범죄의 일시, 장소와 방법을 명시하여 사실을 특정함으로써 피고인의 정당한 방어권 행사에 지장을 초래하지 않도록 해야 한다. 범죄의 일시·장소 등을 특정 일시나 상당한 범위 내로 특정할 수 없는 부득이한 사정이 존재하지 아니함에도 공소의 제기 혹은 유지의 편의를 위하여 범죄의 일시·장소 등을 지나치게 개괄적으로 표시함으로써 사실상 피고인의 방어권 행사에 지장을 가져오는 경우에는 형사소송법 제254조 제4항에서 정하고 있는 구체적인 범죄사실의 기재가 있는 공소장이라고 할 수 없다.[3]

(나) 판단기준   공소사실의 특정과 관련하여 (가) 범죄의 시일은 이중기소나 시효에 저촉되지 않는 정도의 기재를 요하고, (나) 장소는 토지관할을 가늠할 수 있는 정도의 기재를 요하며, (다) 방법은 범죄의 구성요건을 밝히는 정도의 기재를 요한다. 일시·장소·방법의 세 가지 특정요소를 종합하여 범죄구성요건에 해당하는 구체적 사실을 다른 사실과 구별할 수 있는 정도로 기재하면 공소사실의 특정성을 인정할 수 있다.[4]

공소사실 기재 범죄의 성격 및 관련 증거의 내용에 비추어 범죄의 일시·장소 등에 관한 개괄적 표시가 부득이한 경우가 있을 수 있다. 그러나 검사는 가능한 한 기소 당시의 증거에

1) 2016. 5. 26. 2015도17674, 공 2016하, 905, 『조립형 포장박스 특허권 사건』.
2) 2014. 10. 30. 2014도6107, 공 2014하, 2296, 『서산 어떤 모텔 사건』.
3) 2023. 4. 27. 2023도2102, 공 2023상, 994, 『3월경부터 6월경까지 투약 사건』.
4) 1997. 8. 22. 97도1211, 공 1997, 2970, 『곡강천 강가 사건』.

의하여 범죄의 일시 · 장소를 특정함으로써 피고인의 정당한 방어권 행사에 지장을 초래하지 않도록 하여야 한다. 범죄의 일시 · 장소 등을 특정 일시나 상당한 범위 내로 특정할 수 없는 부득이한 사정이 존재하지 아니함에도 공소의 제기 혹은 유지의 편의를 위하여 범죄의 일시 · 장소 등을 지나치게 개괄적으로 표시함으로써 사실상 피고인의 방어권 행사에 지장을 가져오는 경우에는 형사법 제254조 제4항에서 정하고 있는 구체적인 범죄사실의 기재가 있는 공소장이라고 할 수 없다.[1]

범죄의 '일시'는 이중기소나 시효에 저촉되는지 식별할 수 있을 정도로 기재하여야 한다. 범죄의 '일시'가 공소시효 완성 여부를 판별할 수 없을 정도로 개괄적으로 기재되었다면 공소사실이 특정되었다고 볼 수 없다.[2] 선행 확정판결의 범죄사실과 후행 공소사실의 범행 장소와 방법이 동일하고 범행 일시가 겹칠 가능성을 배제할 수 없는 경우라면 선행 확정판결의 범죄사실과 후행 공소사실의 사실관계가 동일하다고 평가되어 선행 확정판결의 효력이 후행 공소사실에도 미친다고 볼 여지가 있다. 후행 공소사실의 '일시' 기재만으로는 후행 공소사실이 선행 확정판결의 범죄사실과 동일한지 여부를 판단할 수 없다면 심판의 대상이나 방어의 범위가 특정되었다고 볼 수 없다.[3]

(다) 불특정의 효과　　공소사실의 특정은 서면행위인 공소제기의 핵심적 요소로서 공소제기의 유효조건 가운데 하나로 파악된다. 검사가 공소사실을 특정하지 않았다면 법원은 불특정 부분에 대해 공소제기의 절차가 법률의 규정을 위반하여 무효일 때(법327ⅱ)에 해당함을 이유로 공소기각판결을 선고해야 한다.[4] 공소장에 범죄의 일시 · 장소 · 방법 등의 일부가 다소 불명확하더라도 그와 함께 적시된 다른 사항들에 의하여 공소사실을 특정할 수 있고, 그리하여 피고인의 방어권 행사에 지장이 없다면, 공소제기의 효력에는 영향이 없다.[5]

공소사실이 특정되지 아니한 부분이 있다면 법원은 먼저 검사에게 석명을 구하여 특정을 요구해야 한다.[6] 석명 요구에도 불구하고 검사가 공소사실을 특정하지 않는다면 그 부분에 대해 법원은 공소제기의 절차가 법률의 규정을 위반하여 무효일 때(법327ⅱ)에 해당한다는 이유로 공소기각판결로써 형사절차를 종결해야 한다.[7]

(라) 개별 사례　　공모는 공소사실에 특정되어야 한다. 공모의 시간 · 장소 · 내용 등을

---

1) 2022. 12. 29. 2020도14662, 판례속보, 『'체크카드 건네주었다' 공소장 사건』.
2) 2022. 11. 17. 2022도8257, 공 2023상, 97, 『'2013. 12.경부터 2014. 1.경 폭행' 사건』.
3) 2023. 4. 27. 2023도2102, 공 2023상, 994, 『'3월경부터 6월경까지 투약 사건』.
4) 2019. 12. 24. 2019도10086, 공 2020상, 392, 『'무단 복제하여 취득' 공소장 사건』.
5) 2023. 6. 29. 2020도3626, 공 2023하, 1399, 『'10. 10.부터 10. 12.까지' 성매매 알선 사건』.
6) 2019. 12. 24. 2019도10086, 공 2020상, 392, 『'무단 복제하여 취득' 공소장 사건』.
7) 2019. 12. 24. 2019도10086, 공 2020상, 392, 『'무단 복제하여 취득' 공소장 사건』.

구체적으로 명시하지 아니하였다거나 그 일부가 다소 불명확하더라도, 그와 함께 적시된 다른 사항들에 의하여 공소사실을 특정할 수 있고 피고인의 방어권 행사에 지장이 없다면 공소사실이 특정되지 않았다고 할 수 없다.[1]

그러나 공모공동정범의 경우에는 보다 엄격한 기준이 요구된다. 공모는 공모공동정범에 있어서의 '범죄될 사실'(법323①)에 해당한다. 범죄에 공동가공하여 범죄를 실현하려는 의사결합이 있었다는 것(공모)은 실행행위에 직접 관여하지 아니한 자에게 다른 공범자의 행위에 대하여 공동정범으로서의 형사책임을 지울 수 있을 정도로 특정되어야 한다.[2]

포괄일죄의 경우에는 포괄일죄를 구성하는 개개의 행위를 구체적으로 특정하지 않더라도 전체 범행의 시기와 종기, 범행 방법과 장소, 상대방, 범행 횟수나 피해액의 합계 등을 명시하면 공소사실은 특정된다.[3] [4]

책임주의 요청에 따라 양벌규정에는 법인의 면책에 관한 사항이 들어 있다. 그렇지만 양벌규정으로 법인을 기소할 때 면책사항 부분은 공소사실의 특정에 필요한 부분이 아니다. 법인의 업무에 관하여 종업원의 법률위반행위를 방지하지 못한 귀책사유가 있는지를 판단할 수 있는 내용이 공소사실에 기재되어야 하는 것은 아니다.[5]

제삼자뇌물수수죄의 공소사실은 범죄의 일시, 장소를 비롯하여 그 구성요건사실이 다른 사실과 구별되어 공소사실의 동일성의 범위를 구분할 수 있고, 피고인의 방어권 행사에 지장이 없는 정도로 기재되면 특정이 되었다고 보아야 한다. '부정한 청탁'의 내용은 구체적으로 기재되어 있지 않더라도 공무원 또는 중재인의 직무와 제삼자에게 제공되는 이익 사이의 대가관계를 인정할 수 있을 정도로 특정되면 충분하다.[6]

마약류 사범 피고인이 투약사실을 부인할 때 모발감정 결과만에 기초하여 투약 가능 기간을 추정한 다음 개괄적으로 범행 시기와 장소를 적시하여 공소사실을 기재하는 것은 공소사실 특정성의 요건에 반한다.[7] 그러나 공범자가 특정된 기회에 피고인과 함께 투약하였음을 인정하고 있는 경우라면 공소사실에서 투약행위의 일시나 장소가 다소 개괄적으로 기재되었다고 하더라도 공소사실의 특정성이 곧바로 부정되지는 않는다.[8]

---

1) 2016. 4. 29. 2016도2696, 공 2016상, 722, 『부인 겸 경리직원 사건』.
2) 2016. 4. 29. 2016도2696, 공 2016상, 722, 『부인 겸 경리직원 사건』.
3) 2012. 9. 13. 2010도16001, 공 2012하, 1705, 『유화업체 담합 사건』.
4) 2023. 6. 29. 2020도3626, 공 2023하, 1399, 『'10. 10.부터 10. 12.까지' 성매매 알선 사건』.
5) 2012. 9. 13. 2010도16001, 공 2012하, 1705, 『유화업체 담합 사건』.
6) 2017. 3. 15. 2016도19659, 공 2017상, 826, 『제3자뇌물수수죄 '부정한 청탁' 사건』.
7) 2009. 5. 14. 2008도10914, 공 2009상, 925, 『인터넷 스와핑 카페 사건』.
8) 2014. 10. 30. 2014도6107, 공 2014하, 2296, 『서산 어떤 모텔 사건』.

「특허법」 위반사건에서는 피고인이 생산 등을 하는 물건이나 사용하는 방법이 특허발명의 특허권을 침해하였는지가 문제된다. 「특허법」 위반사건에서 다른 사실과 식별이 가능하도록 범죄구성요건에 해당하는 구체적 사실을 기재하였다고 하려면, (가) 침해의 대상과 관련하여서는 특허등록번호를 기재하는 방법 등에 의하여 침해의 대상이 된 특허발명을 특정할 수 있어야 하고, (나) 침해의 태양과 관련하여서는 침해제품의 제품명, 제품번호 등을 기재하거나 침해제품의 구성을 기재하는 방법 등에 의하여 침해제품을 다른 것과 구별할 수 있을 정도로 특정할 수 있어야 한다.[1]

「저작권법」은 저작재산권 침해행위를 처벌하고 있다(동법136① i 참조). 그런데 저작재산권은 특허권 등과 달리 권리의 발생에 반드시 등록을 필요로 하지 않는다. 이 때문에 저작재산권은 등록번호 등으로 특정할 수 없는 경우가 많다. 저작재산권 침해행위에 관한 공소사실의 특정은 침해대상인 저작물 및 침해방법의 종류 · 형태 등 침해행위의 내용이 명확하게 기재되어 있어 피고인의 방어권 행사에 지장이 없는 정도이면 된다. 각 저작물의 저작재산권자가 누구인지 특정되어 있지 않다고 하여 공소사실이 특정되지 않았다고 볼 것은 아니다.[2]

(4) 적용법조

(가) 의 의　　　공소장에는 적용법조를 기재하여야 한다(법254③ iv). 적용법조는 범죄사실에 적용하게 될 구체적 형벌법규를 말한다. 공소장에 적용법조를 기재하는 것은 공소사실의 법률적 평가를 명확히 하여 공소의 범위를 확정하는 데 보조기능을 하게 하기 위함이다.[3]

적용법조는 피고인의 방어권행사에 있어서 법률적 분석의 출발점이 되므로 특별구성요건을 규정한 형법각칙 및 특별형법의 각 본조뿐만 아니라 형법총칙상의 관계조문도 빠짐없이 기재하는 것이 바람직하다.

(나) 공소사실과의 관계　　　검사가 공소장에 기재한 적용법조에 대해 법원이 어느 정도 기속될 것인지 문제된다. 적용법조는 공소사실과 불가분의 관계에 있는 경우와 공소사실에 대해 단순히 보조적인 관계에 있는 경우로 나누어 볼 수 있다.

먼저, 검사가 기재한 적용법조가 공소사실과 불가분의 관계에 있는 경우가 있다. 이러한 경우에 공소장변경절차를 밟지 않고 수소법원이 직권으로 적용법조를 바꾸어서 판단하는 것은 불고불리의 원칙에 따라 허용되지 않는다. 예컨대 위탁사업비의 용도외 사용행위에 대해 검사가 보조금 목적외 사용금지 처벌법규를 적용법조로 하여 기소하였음에 불구하고 법원이

---

1) 2016. 5. 26. 2015도17674, 공 2016하, 905, 『조립형 포장박스 특허권 사건』.
2) 2016. 12. 15. 2014도1196, 공 2017상, 185, 『'피해자 성명불상자의 저작권' 사건』.
3) 2015. 11. 12. 2015도12372, 공 2015하, 1965, 『폭처법 대 형법 상습공갈 사건』.

공소장변경절차 없이 간접보조금 목적외 사용금지 처벌법규를 적용법조로 하여 유죄를 인정하는 것은 불고불리의 원칙에 위반된다.[1]

다음으로, 검사가 기재한 적용법조가 공소사실에 대해 부수적·보조적 관계에 있는 경우가 있다. 원래 공소장에 적용법조를 기재하는 이유는 공소사실의 법률적 평가를 명확히 하여 공소의 범위를 확정하는 데 보조기능을 하도록 하고, 피고인의 방어권을 보장하고자 함에 있을 뿐이다. 법률의 해석 및 적용 문제는 법원의 전권이다. 공소사실이 아니라, 어느 처벌조항을 준용할지에 관한 해석 및 판단에 있어서는 법원은 검사가 공소장에 기재한 적용법조에 구속되지 않는다.[2]

(다) 적용법조의 미비   원칙적으로 심판이 청구된 범죄사실에 대한 적용법조의 판단은 수소법원의 전권사항이다. 따라서 공소장에 기재된 적용법조가 설사 잘못 선택되었거나 불충분한 경우라 할지라도 법원은 공소기각판결을 하지 않고 실체판단에 들어가야 한다. 적용법조의 기재에 명백한 오기가 발생한 경우에도 법원은 실체판단에 임해야 한다.[3]

그런데 검사가 공소장에 기재한 적용법조의 전부 또는 중요부분이 누락되고 죄명도 기재되지 않아서 피고인이 처음부터 아무런 방어전략을 수립할 수 없는 경우가 있다. 피고인 보호의 관점에서 볼 때 이러한 공소제기는 공소제기의 절차가 법률의 규정을 위반하여 무효일 때에 해당하며, 공소기각판결의 대상이 된다(법327 ii).[4]

2. 임의적 기재사항

(1) 범죄사실 및 적용법조의 예비적·택일적 기재

공소장에는 수 개의 범죄사실과 적용법조를 예비적 또는 택일적으로 기재할 수 있다(법254⑤). 형사소송법은 범죄사실과 적용법조를 예비적 또는 택일적으로 기재할 수 있다고 규정하고 있으나 적용법조의 판단은 법원의 전권사항이므로 적용법조에만 한정된 예비적·택일적 기재는 엄밀한 의미에서 수소법원을 기속하는 효과가 없다. 따라서 공소장의 예비적·택일적 기재 문제는 주로 범죄사실의 예비적·택일적 기재라는 형태로 나타나게 된다.

범죄사실의 예비적 기재는 수 개의 범죄사실에 심판의 우선순위를 부여하여 선순위의 범죄사실이 인정되지 않으면 후순위 범죄사실의 심판을 구한다는 공소장의 기재방식이다. 이때 선순위의 범죄사실을 주위적 공소사실이라 하고 후순위의 범죄사실을 예비적 공소사실이라고 한

---

1) 2012. 8. 23. 2010도12950, 공 2012하, 1633, 『신문발전 보조금 사건』.
2) 2018. 7. 24. 2018도3443, 공 2018하, 1817, 『특수상해죄 벌금형 사건』.
3) 1995. 12. 12. 95도1893, 공 1996, 452, 『동규자차 사건』.
4) 2009. 8. 20. 2009도9, 공 2009하, 1584, 『집시법 해산명령 사건』.

다. 이에 반하여 범죄사실의 택일적 기재는 수 개의 범죄사실을 기재하면서 심판을 구하는 우선 순위를 정하지 않고 단지 그 가운데 어느 범죄사실이라도 하나만 인정되면 충분하다는 취지를 기재하는 공소장의 기재방식이다.

(2) 예비적·택일적 기재의 허용범위

공소장에 기재할 범죄사실과 적용법조의 예비적·택일적 기재를 어디까지 허용할 것인지가 문제된다. 피고사건의 동일성 범위를 넘어설 수 있는 것인지를 놓고 예비적·택일적 기재의 존재의의와 관련하여 소극설과 적극설이 대립하고 있다.

(가) 소극설　　　범죄사실 및 적용법조의 예비적·택일적 기재는 범죄사실의 동일성이 인정되는 한도 내에서만 허용된다고 보는 견해이다. 따라서 실체적 경합관계에 있는 수 개의 범죄사실에 대하여는 예비적·택일적 기재를 인정하지 않는다. 소극설은 그 논거로서 (가) 범죄사실의 동일성이 인정되지 않는 수 개의 사실을 공소장에 예비적·택일적으로 기재하는 것은 조건부 공소제기를 초래하여 불확정적인 공소제기를 인정하는 것이 되고, (나) 동일성이 인정되지 않는 수 개의 범죄사실에 대하여는 처음부터 경합범으로 기소하거나 추가기소를 하는 것이 마땅하다는 점을 들고 있다.

(나) 적극설　　　범죄사실의 동일성이 인정되는 범위 내에서 부분사실의 예비적·택일적 기재를 인정할 뿐만 아니라 실체적 경합관계에 있는 다수의 범죄사실들 사이에도 예비적·택일적 기재가 허용된다고 보는 견해이다. 판례는 적극설을 취하고 있다.[1]

(다) 사 견　　　생각건대 적극설이 타당하다고 본다. 그 논거로는 (가) 형소법 제254조 제5항이 수 개의 '범죄사실'과 적용법조의 예비적·택일적 기재를 명시적으로 허용하면서 공소사실의 동일성을 요건으로 규정하고 있지 않은 점, (나) 공소장의 예비적·택일적 기재는 엄격한 실체적 진실의 규명보다는 적정한 형벌이 확보되는 한도 내에서 소송경제를 도모할 목적으로 기소편의주의(법247)의 연장선상에서 인정되는 제도라는 점, (다) 이 때문에 동일한 범죄사실의 실체형성과정에서 발생하는 변동상황에 대처하려는 공소장변경제도(법298)와 구별된다는 점, (라) 수 개의 범죄사실에 대해 검사에게 일일이 독립적으로 범죄사실을 기재하도록 하거나 추가기소를 요구하는 것은 무용한 절차의 반복만을 초래한다는 점 등을 들 수 있다.

(3) 예비적·택일적 기재의 효과

공소장에 범죄사실이 예비적·택일적으로 기재되면 법원은 공소장에 기재된 모든 범죄사

---

1) 1966. 3. 24. 65도114 대법원전원합의체 판결집, 형사·특별편, 103면, 『조합공금 증발 사건』.

실에 대하여 심판할 권한과 의무를 가지게 된다. 예비적 기재의 경우에 주위적 범죄사실은 물론이고 예비적 범죄사실도 심판대상이 되며, 택일적 기재의 경우에는 모든 택일적 범죄사실들이 심판대상으로 된다.[1]

범죄사실이 공소장에 예비적으로 기재된 경우 법원은 검사가 지정한 우선순위에 따라 심리와 판단을 행할 의무를 진다. 따라서 법원이 주위적 범죄사실을 판단하지 아니하고 예비적 범죄사실에 대하여 유죄판결을 하는 것은 위법하다. 이에 반하여 택일적 기재의 경우에는 법원의 심판순서에 제한이 없기 때문에 택일적으로 기재된 범죄사실 가운데 어느 것을 먼저 심판하더라도 상관이 없다.

제3 공소장일본주의

1. 공소장일본주의의 의의

검사는 공소를 제기함에 있어서 반드시 공소장을 관할법원에 제출해야 한다(법254①). 이때 공소장에는 형사소송규칙이 정한 일정한 서류 이외에 사건에 관하여 법원에 예단이 생기게 할 수 있는 서류 기타 물건을 첨부하거나 그 내용을 인용하여서는 안 된다(규칙118②). 이 경우 '법원'에는 법관뿐만 아니라 국민참여재판의 배심원도 포함된다. 이와 같이 공소제기에 있어서 공소장 하나만을 제출하도록 하고 법원에 예단이 생기게 할 수 있는 기타 서류·물건의 제출이나 그 내용의 인용을 금지하는 원칙을 가리켜서 공소장일본주의라고 한다.[2]

공소장일본(一本)주의의 위배 여부는 공소사실로 기재된 범죄의 유형과 내용 등에 비추어 볼 때에 공소장에 첨부 또는 인용(引用)된 서류 기타 물건의 내용, 그리고 법령이 요구하는 사항 이외에 공소장에 기재된 사실이 법관 또는 배심원에게 예단을 생기게 하여 법관 또는 배심원이 범죄사실의 실체를 파악하는 데 장애가 될 수 있는지 여부를 기준으로 해당 사건에서 구체적으로 판단해야 한다.[3]

2. 공소장일본주의의 필요성

(1) 무죄추정원칙과 예단배제

형사피고인은 유죄의 판결이 확정될 때까지는 무죄로 추정된다(헌법27④, 법275의2). 무죄

---

1) 2006. 5. 25. 2006도1146, 공 2006, 1217, 『조합장 3억 수수 사건』.
2) 신동운, "공소장일본주의에 관한 고찰 : 연혁적 고찰을 중심으로", 사회과학의 제문제(두남 임원택 교수 고희기념 논문집)(1988), 673-687면 참고 바람.
3) 2017. 11. 9. 2014도15129, 공 2017하, 2364, 『평가 부분 삭제 후 공소장낭독 사건』.

추정의 원칙상 피고인에 대하여 법관이나 배심원이 가질 수 있는 유죄의 예단을 차단할 필요가 있다. 공소장일본주의는 무엇보다도 예단배제를 기본취지로 삼고 있다.

(2) 당사자주의와 공판중심주의

공소장일본주의는 당사자주의와 관련하여서도 의미가 크다. 당사자주의란 범죄사건에 대한 실체적 진실발견을 검사와 피고인 양 당사자가 벌이는 공격·방어활동에 의하도록 하는 원칙이다. 형사소송법은 국민참여재판의 실시를 계기로 공판절차의 구조를 당사자주의로 전환하면서 증거조사(법290)를 피고인신문(법296의2)에 앞서서 진행하도록 하고 있다. 공소장일본주의는 또한 공판중심주의의 기본조건을 이룬다. 공판중심주의는 피고사건에 대한 실체심리가 공개된 법정에서 행해질 것을 요구하는 원칙이다.

(3) 직접심리주의와 증거재판주의

형사소송법은 공소사실의 인정은 법관의 면전에서 직접 조사한 증거만을 기초로 이루어져야 한다는 직접심리주의와 증거재판주의 원칙을 채택하고 있다. 법관은 자격 있는 증거를 법정된 절차에 따라 공판정에서 조사한 후(법292, 292의2, 292의3 참조) 합리적 의심이 없는 정도의 증명에 이를 때 유죄의 심증을 형성할 수 있다(법307②). 그런데 공소장에 수사서류나 증거물이 첨부되거나 그 내용이 인용(引用)되어 있으면 법관이 공개된 법정에서의 증거조사를 거치지 않고도 증거자료에 접촉하여 유죄의 심증을 가지기 쉽다. 따라서 공소장일본주의는 직접심리주의와 증거재판주의를 확립하기 위한 출발점이 된다.

요컨대 공소장일본주의는 무죄추정과 예단배제의 원칙, 당사자주의와 공판중심주의, 직접심리주의와 증거재판주의 등 형사절차의 기본원칙을 공소제기 단계에서부터 실현할 것을 목적으로 하는 제도적 장치로서 우리나라 형사소송구조의 한 축을 이루고 있다.[1]

3. 공소장일본주의의 내용

(1) 서류 또는 물건의 첨부금지

공소장에는 형사소송규칙이 허용하는 서류 이외에는 사건에 예단이 생기게 할 수 있는 서류 기타 물건을 첨부하여서는 안 된다(규칙118②). '사건에 관하여 예단이 생기게 할 수 있는 서류 또는 물건'이란 수소법원이 범죄사실에 대한 실체판단에 들어가기에 앞서서 법관이나 배심원의 심증형성에 영향을 미칠 수 있는 서류 또는 물건을 말한다. 따라서 검사가 수사기록과

---

1) 2009. 10. 22. 2009도7436 전원합의체 판결, 공 2009하, 1921, 『14쪽짜리 공소장 사건』.

증거물의 전부 또는 발췌된 일부를 공소장과 함께 법원에 제출하는 행위는 허용되지 않는다.

사건에 예단을 줄 염려가 없는 서류나 물건은 첨부가 가능하다. 형사소송규칙은 변호인선임서, 보조인신고서, 특별대리인선임결정등본, 체포영장, 긴급체포서, 구속영장과 기타 구속에 관한 서류를 첨부금지의 예외로 인정하고 있다(규칙118①). 또한 공소장 부본의 첨부가 허용되는 것은 물론이다(법254②).

(2) 인용의 금지

공소장에는 형사소송규칙이 허용하는 서류 이외에는 사건에 예단이 생기게 할 수 있는 서류 기타 물건의 내용을 인용(引用)하여서는 안 된다(규칙118②). 공소장의 작성방식으로 다른 서류나 물건의 내용을 인용하는 것은 특별히 인용금지의 규정을 두고 있는 형사소송규칙의 태도에 비추어 볼 때 그것이 공소사실의 특정을 위한 경우라 할지라도 원칙적으로 허용되지 않는다고 본다. 다만 문서를 수단으로 하는 협박죄, 명예훼손죄 등의 경우에 협박문서나 명예훼손문서의 내용을 인용하는 것은 이러한 범죄의 특성상 공소사실의 특정을 위하여 예외적으로 허용된다고 볼 것이다.

(3) 기타 사실의 기재

형사소송규칙은 공소장일본주의를 규정하면서 예단이 생기게 할 수 있는 서류나 물건의 첨부금지 및 인용금지만을 명시하고 있다. 여기에서 공소장일본주의의 내용을 확대하여 심판청구의 대상이 된 범죄사실 이외에 피고인에게 불리한 다른 사실을 기재하는 것이 허용되는가 하는 문제가 생긴다.

수소법원의 예단배제를 담보하려는 공소장일본주의의 취지에 비추어 볼 때 범죄사실 이외에 피고인에게 불리한 사실의 기재는 엄격히 금지되어야 한다. 기재가 금지되는 기타 사실로는 (가) 전과사실, (나) 피고인의 악성격·악성향, (다) 범죄의 동기, (라) 여죄의 기재 등이 거론되고 있다.

공소장에는 법령이 요구하는 사항만 기재하여야 한다. 공소사실의 첫머리에 공소사실과 관계없이 법원의 예단만 생기게 할 사유를 불필요하게 나열하는 것은 옳다고 할 수 없다.[1] 공소사실과 관련이 있는 것도 원칙적으로 범죄의 구성요건에 적어야 한다. 공소사실과 관련이 있다는 이유로 범죄 전력을 공소사실의 첫머리 사실로서 불필요하게 길고 장황하게 나열하는 것은 공소장일본주의에 위배되어 위법하다.[2]

---

1) 2017. 11. 9. 2014도15129, 공 2017하, 2364, 『평가 부분 삭제 후 공소장낭독 사건』.
2) 2021. 8. 26. 2020도12017, 공 2021하, 1869, 『'불법집회 경과 부분 기재' 사건』.

다만, 공소장에 기재된 첫머리 사실이 공소사실의 범의나 공모관계, 공소범행에 이르게 된 동기나 경위 등을 명확히 나타내기 위하여 적시한 것으로 보이는 때에는 공소제기의 방식이 공소장일본주의에 위배되어 위법하다고 할 수 없다.[1] 설령 범죄의 직접적인 동기가 아닌 경우에도 동기의 기재는 공소장의 효력에 영향을 미치지 않는다.[2]

4. 공소장일본주의 위반에 대한 법적 효과

(1) 판단기준과 법적 효과

공소장일본주의 위반 여부는 당해 사건에서 구체적으로 판단하여야 한다. 이때 판단기준은 (가) 공소사실로 기재된 범죄의 유형과 내용 등에 비추어 볼 때, (나) 공소장에 첨부 또는 인용된 서류 기타 물건의 내용 또는 법령이 요구하는 사항 이외에 공소장에 기재된 사실이 (다) 법관 또는 배심원에게 예단을 생기게 하여 법관 또는 배심원이 범죄사실의 실체를 파악하는 데 장애가 될 수 있는지 여부이다.[3]

공소장일본주의에 위반된 공소제기라고 인정되는 때에는 공소제기의 절차가 법률의 규정을 위반하여 무효일 때에 해당하는 것으로 보아 공소기각판결을 선고하는 것이 원칙이다(법 327 ii).[4] 그런데 공소장일본주의 위반의 위법이 치유될 수 있을 것인지 문제된다.

(2) 공소장일본주의 위반의 치유 문제

공소제기가 공소장일본주의에 위반하여 공소기각판결의 대상이 되는 경우에 그 위법이 치유될 수 있는가 하는 문제에 대해 견해가 대립하고 있다.

(가) 치유허용설 　　공판절차가 일정한 단계에 이르면 공소장일본주의 위반의 하자가 치유된다고 보는 견해이다. 이 입장에서는 (가) 공소장 기재의 방식에 관하여 피고인 측으로부터 아무런 이의가 제기되지 아니하였고, (나) 법원 역시 범죄사실의 실체를 파악하는 데 지장이 없다고 판단하여 그대로 공판절차를 진행한 결과, (다) 증거조사절차가 마무리되어 법관의 심증형성이 이루어진 단계에 이르면, (라) 소송절차의 동적 안정성 및 소송경제의 이념 등에 비추어 더 이상 공소장일본주의 위반을 주장하여 이미 진행된 소송절차의 효력을 다툴 수는 없다고 본다. 판례는 치유허용설을 취하고 있다.[5][6]

---

1) 2017. 11. 9. 2014도15129, 공 2017하, 2364, 『평가 부분 삭제 후 공소장낭독 사건』.
2) 2017. 11. 9. 2014도15129, 공 2017하, 2364, 『평가 부분 삭제 후 공소장낭독 사건』.
3) 2009. 10. 22. 2009도7436 전원합의체 판결, 공 2009하, 1921, 『14쪽짜리 공소장 사건』.
4) 2009. 10. 22. 2009도7436 전원합의체 판결, 공 2009하, 1921, 『14쪽짜리 공소장 사건』.
5) 2009. 10. 22. 2009도7436 전원합의체 판결 다수의견, 공 2009하, 1921, 『14쪽짜리 공소장 사건』.
6) 2017. 11. 9. 2014도15129, 공 2017하, 2364, 『평가 부분 삭제 후 공소장낭독 사건』.

(나) 치유불허설　　공판절차의 진행상황과 관계없이 공소장일본주의 위반의 하자는 치유되지 않는다고 보는 견해이다. 이 입장에서는 (가) 공소장일본주의에 위반하는 것은 형사절차의 생명이라 할 수 있는 공정한 재판의 원칙에 치명적인 손상을 가하는 것이고, (나) 이를 위반한 공소제기는 법률의 규정에 위배된 것으로서 치유될 수 없는 것이므로, (다) 시기 및 위반의 정도와 무관하게 항상 공소기각의 판결을 해야 한다고 본다.[1]

5. 공소장일본주의의 적용배제

공소장일본주의는 법원이 백지상태로 공판절차에 임하여 범죄사실의 실체를 파악하도록 함을 목적으로 한다. 공소장일본주의는 공소제기의 방식에 관한 원칙이다. 따라서 공소제기 이후의 단계에서 행해지는 각종 절차의 개시에는 공소장일본주의가 적용되지 않는다. 예컨대 공판절차갱신 후의 절차, 상소심의 절차, 파기환송 후의 절차 등을 개시함에는 공소장일본주의에 구애되지 않고 각종 서류나 물건의 첨부 또는 내용의 인용이 가능하다.

공판절차가 아닌 약식절차에 의하여 피고사건을 재판하는 경우에는 공소장일본주의가 적용되지 않는다. 검사는 약식명령의 청구와 동시에 약식명령을 하는데 필요한 증거서류 및 증거물을 법원에 제출하여야 한다(규칙170). 약식절차에 공소장일본주의의 예외가 인정되는 것은 약식절차가 수사기록과 증거물에 의한 서면심리의 방식으로 형사사건을 신속하게 처리하기 위하여 마련된 특별절차이기 때문이다.[2]

「즉결심판에 관한 절차법」은 즉결심판의 청구와 동시에 판사에게 증거서류 및 증거물을 제출하도록 하고 있다(동법4). 범증이 명백하고 죄질이 경미한 범죄사건을 신속·적정하게 심판하려는 입법적 고려에서 공소장일본주의가 배제되도록 한 것이다.[3]

6. 공소장일본주의와 공판준비절차

공소장일본주의는 당사자주의 소송구조 하에서 실체판단자에게 예단을 배제하기 위하여 설정된 원칙이다. 그런데 형사소송법은 집중심리주의를 선언하면서(법267의2①) 효율적이고 집중적인 심리를 위하여 공판준비절차를 전면적으로 정비하고 있다(법266의5 이하). 그런데 여기에서 검사, 피고인, 변호인 등이 공판기일에 증거제출이나 증거조사를 하지 않고 공판준비절차에서 증거조사와 관련된 준비행위를 하는 것이 법관의 예단배제를 지향하는 공소장일본

1) 2009. 10. 22. 2009도7436 전원합의체 판결 소수의견, 공 2009하, 1921, 『14쪽짜리 공소장 사건』.
2) 2007. 7. 26. 2007도3906, [미간행], 『멱살잡이 상해 사진 사건』.
3) 2011. 1. 27. 2008도7375, 공 2011상, 519, 『정재청구 후 조서작성 사건』.

주의에 반하는 것이 아닌가 하는 의문이 제기된다.

생각건대 미국법의 예비심문절차(preliminary hearing)가 보여주는 바와 같이 직업법관이 주도하는 공판준비절차에서의 증거제출이나 증거조사는 공소장일본주의에 반하지 않는다고 본다. 공판준비절차는 공판중심주의와 집중심리의 원칙(법267의2)을 실현하려는 데 그 주된 목적이 있다. 공소장일본주의 위배를 포함한 공소제기 절차상의 하자를 공판준비절차 단계에서 점검함으로써 위법한 공소제기에 기초한 소송절차가 계속 진행되지 않도록 하는 것이 오히려 바람직하다.[1]

「국민의 형사재판 참여에 관한 법률」에 의하여 실시되는 국민참여재판의 경우 배심원 또는 예비배심원은 법원의 증거능력에 관한 심리에 관여할 수 없도록 되어 있다(동법44). 증거능력에 관한 심리는 증거법과 관련된 법률판단의 문제를 다루는 것이므로 배심원이 이에 관여할 수 없도록 한 것이다. 증거능력에 대한 판단에서 배심원을 제외함으로써 공소장일본주의가 지향하는 예단배제의 원칙이 더욱 강화되었다고 할 수 있다.

제 4 절 공소제기의 효과

제 1 공소제기의 소송법적 효과

공소제기에 의하여 형사절차는 이제 법원, 검사, 피고인의 삼 주체가 등장하는 본격적인 소송의 형태를 취하게 된다. 공소제기는 법원, 검사, 피고인의 삼 주체에 대하여 소송계속의 효과를 비롯하여 여러 가지 소송법적 효과를 발생시킨다.

1. 소송계속의 발생

(1) 소송계속의 의의

검사의 공소제기에 의하여 법원은 피고사건에 대한 심리와 재판을 행할 권한과 의무를 가지게 된다. 피고사건이 수소법원의 심리와 재판의 대상이 되는 상태를 가리켜 소송계속(訴訟繫屬)이라고 한다. 공소제기에 의하여 소송계속이 발생하면 기소된 피고사건에 대해 수소법원은 검사의 의견에 구속되지 않고 독자적인 판단에 의하여 심리와 재판을 진행하게 된다.

---

1) 2009. 10. 22. 2009도7436 전원합의체 판결, 공 2009하, 1921, 『14쪽짜리 공소장 사건』.

(2) 이중기소의 금지

검사는 일단 공소가 제기된 사건에 대하여 다시 공소를 제기할 수 없다. 공소가 제기된 사건에 대하여 다시 공소가 제기되었을 때에는 공소기각판결(법327 iii)이나 공소기각결정(법328① iii)으로써 후소(後訴)의 절차를 종결해야 한다. 소송계속의 이러한 효과를 가리켜 이중기소금지라고 한다.

(가) 공소사실 이중기재의 문제 형소법 제327조 제3호에서 규정하고 있는 '공소가 제기된 사건에 대하여 다시 공소가 제기 되었을 때'라 함은 이미 공소가 제기된 사건에 대하여 다시 별개의 공소장에 의하여 이중으로 공소가 제기된 경우를 뜻한다. 하나의 공소장에 범죄사실이 이중으로 기재되어 있는 경우까지 포함하는 것은 아니다.[1]

하나의 공소장에 수 개의 범죄사실이 기재되어 있는 경우에는 공소제기의 전후를 구별할 수 없다. 또한 이중기소에 대하여 공소기각 판결을 하도록 되어 있는 법의 취지는 하나의 사건에 대하여 이중판결의 위험을 막자는데 있는 것이고, 이중판결의 위험은 별개의 공소장에 의하여 공소가 제기된 경우에 생길 수 있다.

하나의 공소장에 동일한 사건이 중복되어 기재되어 있는 경우는 이중기소의 문제가 아니라 단순한 공소장 기재의 착오이다. 그러므로 법원으로서는 석명권을 행사하여 검사로 하여금 이를 정정하게 하든가 그렇지 않은 경우에도 스스로 판결이유에 그 착오사실을 정정하여 표시해 줌으로써 족하다. 주문에 별도로 공소기각의 판결을 할 필요는 없다.[2]

(나) 상습범의 추가기소 A, B, C사기 범행이 피고인의 사기의 습벽에서 이루어진 것으로서 실체법상 일죄인 상습사기의 포괄일죄의 관계에 있다고 해 보자. 이 사안에서 검사가 먼저 A범행을 단순사기죄로 기소하고, 나중에 B, C범행을 상습사기죄로 기소했다고 해보자. 이 경우 먼저 제기된 A 사건의 공소제기의 효력은 그와 포괄일죄의 관계에 있는 B, C사건의 공소사실에도 미친다(법248②). 그리하여 B, C사건에 대한 공소제기는 형사소송법 제327조 제3호 소정의 '공소가 제기된 사건에 대하여 다시 공소가 제기되었을 때'에 해당되어 허용될 수 없는 것이 원칙이다.[3]

검사가 단순일죄라고 하여 사기 범행(A범행)을 먼저 기소하고 포괄일죄인 상습사기 범행(B, C범행)을 추가로 기소하였으나 그 심리과정에서 전후에 기소된 범죄사실(A, B, C범행)이 모두 포괄하여 상습사기의 일죄를 구성하는 것으로 밝혀진 경우에는, 검사로서는 원칙적으로 먼저 기소한 사건의 범죄사실(A범행)에 추가기소의 공소장에 기재한 범죄사실(B, C범행)을 추

1) 1983. 5. 24. 82도1199, 공 1983, 1033, 『부정수표 중복기재 공소장 사건』.
2) 1983. 5. 24. 82도1199, 공 1983, 1033, 『부정수표 중복기재 공소장 사건』.
3) 1999. 11. 26. 99도3929, 공 2000, 114, 『사기 기소 후 상습사기 추가기소 사건』.

가하여 전체(A, B, C범행)를 상습범행으로 변경하고 그 죄명과 적용법조도 이에 맞추어 변경하는 공소장변경 신청을 하고, 추가기소한 사건(B, C범행)에 대하여는 공소취소를 하는 것이 형사소송법의 규정에 충실한 온당한 처리이다.[1]

그러나 이와 같은 처리에 의하지 않더라도 검사의 추가기소(B, C범행)에는 전후에 기소된 각 범죄사실 전부(A, B, C범행)를 포괄일죄로 처벌할 것을 신청하는 취지가 포함되었다고 볼 수 있어 공소사실을 추가하는 등의 공소장변경과는 절차상 차이가 있을 뿐 그 실질에 있어서 별 차이가 없다. 그러므로 석명에 의하여 추가기소(B, C범행)의 공소장의 제출이 포괄일죄를 구성하는 행위로서 먼저 기소된 공소장(A범행)에 누락된 것을 추가 보충하고 죄명과 적용법조를 포괄일죄의 죄명과 적용법조로 변경하는 취지의 것으로서 1개의 죄에 대하여 중복하여 공소를 제기한 것이 아님이 분명해진 경우라면 추가기소(B, C범행)에 의하여 공소장변경이 이루어진 것으로 보아 전후에 기소된 범죄사실 전부(A, B, C범행)에 대하여 실체판단을 하여야 한다. 추가기소(B, C범행)에 대하여 공소기각판결을 할 필요는 없다.[2]

(다) 동일법원에의 이중기소   이중기소는 동일한 수소법원에 대하여 행해지는 경우와 서로 다른 법원에 대하여 행해지는 경우가 있다.

동일한 사건에 대해 동일한 법원에 이중기소가 행해지면 공소가 제기된 사건에 대하여 다시 공소가 제기된 때로 보아 수소법원은 후소에 대해 공소기각판결을 내려야 한다(법327 iii). 이중기소에 대해 공소기각판결을 하도록 한 것은 동일사건에 대하여 피고인으로 하여금 이중처벌의 위험을 받지 않게 하고 법원이 두 개의 실체판결을 하지 않도록 하기 위함이다.[3]

검사가 포괄일죄의 관계에 있는 수 개의 범행을 먼저 기소하고 다시 별개의 범행을 추가로 기소하였는데 이를 병합하여 심리하는 과정에서 전후에 기소된 각각의 범행이 모두 포괄하여 하나의 범죄를 구성하는 것으로 밝혀지는 경우가 있다. 이러한 경우에 법원은 전후에 기소된 범죄사실 전부에 대하여 실체판단을 할 수 있으므로 추가기소된 부분에 대하여 공소기각판결을 할 필요가 없다.[4]

(라) 다른 법원에의 이중기소   서로 다른 법원 사이에 동일한 사건에 대해 이중기소가 이루어지는 경우가 있다. 이러한 경우에는 사물관할의 경중에 따라서 처리해야 한다. 동일사건이 사물관할을 달리하는 수 개의 법원에 소송계속이 된 때에는 법원합의부가 심판하며(법12), 심판할 수 없게 된 다른 법원은 공소기각결정으로 절차를 종결해야 한다(법328① iii).

---

1) 1999. 11. 26. 99도3929, 공 2000, 114, 『사기 기소 후 상습사기 추가기소 사건』.
2) 1999. 11. 26. 99도3929, 공 2000, 114, 『사기 기소 후 상습사기 추가기소 사건』.
3) 2007. 8. 23. 2007도2595, 공 2007, 1504, 『협박범행 추가기소 사건』.
4) 2007. 8. 23. 2007도2595, 공 2007, 1504, 『협박범행 추가기소 사건』.

같은 사건이 사물관할이 같은 여러 개의 법원에 계속이 된 때에는 먼저 공소를 받은 법원이 심판한다(법13 본문). 다만, 각 법원에 공통되는 바로 위의 상급법원은 검사나 피고인의 신청에 의하여 결정으로 뒤에 공소를 받은 법원으로 하여금 심판하게 할 수 있다(동조 단서). 이상의 경우에 심판할 수 없게 된 다른 법원은 공소기각결정으로 절차를 종결하여야 한다(법328① iii).

2. 심판대상의 확정

공소제기는 법원의 심판대상을 확정하는 효력을 갖는다. 검사의 공소제기에 의하여 심판의 대상이 되는 피고인과 범죄사실이 확정된다. 공소의 효력은 검사가 피고인으로 지정한 자에게만 미치며(법248①), 범죄사실의 일부에 대한 공소의 효력은 범죄사실 전부에 미친다(동조②).

실체적 경합관계에 있는 수 개의 공소사실 중 일부에 대해 제1심법원이 재판을 누락한 경우가 있다. 이 경우 누락된 부분에 공소제기의 효력이 미치고 있다. 그러므로 항소심으로서는 당사자의 주장이 없더라도 직권으로 제1심의 누락 부분을 파기하고 그 부분에 대해 재판하여야 한다. 다만 피고인만이 항소한 경우라면 불이익변경금지의 원칙에 따라 제1심의 형보다 무거운 형을 선고하지 못한다.[1]

3. 공소시효의 정지

공소제기는 공소시효의 진행을 정지시키는 효력이 있다(법253① 전단). 이때 시효진행을 정지시키기 위하여 공소제기가 반드시 유효조건의 전부를 구비할 필요는 없다. 진행이 정지된 공소시효는 공소기각 또는 관할위반의 재판이 확정된 때로부터 다시 진행된다(동항 후단).

4. 절차주재권의 이전

공소제기는 형사절차의 주재권을 검사로부터 법원으로 이전시키는 효력이 있다. 공소가 제기된 후에는 그 사건에 관한 형사절차의 모든 권한이 사건을 주재하는 수소법원에 속하게 된다.[2]

먼저, 법원은 피고인의 신체구속을 비롯하여 압수·수색·검증 등 강제처분권의 행사와 압수물환부의 주체가 된다. 다만 체포·구속적부심사가 청구된 후에 피의자에 대해 공소제기

---

1) 2009. 2. 12. 2008도7848, 공 2009상, 356, 『세신업자 고소 사건』.
2) 2020. 1. 30. 2018도2236 전원합의체 판결, 공 2020상, 545, 『문화계 블랙리스트 사건』.

있은 경우에는 체포·구속적부심사청구를 받은 법원이 피고인에 대한 체포·구속의 적부(適否) 여부를 결정한다(법214의2④ 2문).

다음으로, 법원은 피고사건의 절차적 진행에 대해 전적인 권한을 가지며 아울러 책임을 진다. 나아가 법원은 법령적용에 있어서 원칙적으로 검사 및 피고인의 주장에 구애되지 않고 독자적인 판단하에 재판을 하게 된다. 다만 피고인보호를 위하여 적용법조의 변경에 공소장변경절차(법298)가 요구될 수 있다.

5. 피고인지위의 발생

검사의 공소제기에 의하여 피의자의 법적 지위는 피고인으로 변화된다. 공소가 제기된 후에는 수사의 대상이던 피의자는 검사와 대등한 당사자인 피고인의 지위에서 방어권을 행사하게 된다.[1]

피고인은 피의자에 비하여 유죄판결의 가능성이 한층 높아진 사람이므로 그만큼 더 강력한 법적 보호가 제공된다. 이 때문에 헌법은 형사피고인의 기본권으로 국선변호인의 조력을 받을 권리(헌법12④ 단서), 무죄추정의 권리(헌법27④), 지체 없이 공개재판을 받을 권리(헌법27③ 2문) 등을 특별히 명시하고 있다. 그 밖에도 피고인은 법원과 검사에 대하여 소송주체로서 각종 소송행위를 할 수 있는 권리를 가진다. 한편 피고인은 법원의 절차진행에 협력해야 할 의무를 지게 된다.

제 2   공소제기 후의 수사제한

1. 문제의 소재

검사를 주재자로 하여 진행되어 오던 수사절차는 검사의 공소제기로 인하여 일단 종료된다. 공소제기 이후의 시점부터 피고사건에 대한 실체의 규명은 수소법원의 권한임과 동시에 의무가 된다. 그런데 공소제기 이후의 시점에서도 검사나 사법경찰관이 범죄사실의 진상규명 및 증거확보를 위하여 수사를 하는 경우가 있다. 여기에서 공소제기 후 수사기관이 행하는 수사가 수소법원의 절차주재권을 침해하여 위법한 것이 아닌가 하는 의문이 생긴다. 만일 공소제기 후의 수사가 불허되는 것이라면 그 수사로 인하여 획득한 증거는 위법하게 수집된 증거로서 증거능력이 부정될 것이다(법308의2).

---

1) 2020. 1. 30. 2018도2236 전원합의체 판결, 공 2020상, 545, 『문화계 블랙리스트 사건』.

생각건대 공소제기 후라 할지라도 수사의 필요성을 전적으로 부인할 수는 없다고 본다. 먼저 수사기관이 피고인에게 유리한 새로운 증거의 발견을 위하여 수사하는 경우를 배척할 이유가 없다. 또 공소제기 이후에 공소장에 기재된 범죄사실에 속하는 다른 부분사실이 발견된 경우 또는 기소 후 공범자가 검거된 경우 등에서 수사의 필요성을 부인할 수 없다.

그러나 공소제기 후의 수사를 무제한으로 허용하게 되면 소송계속으로 인하여 발생한 수소법원의 심판권이 형해화할 우려가 있으며, 검사와 대등한 위치에서 소송주체로서 방어권을 행사해야 할 피고인이 수사의 객체로 전락할 염려가 있다. 따라서 공소제기 후의 수사는 제한된 범위에서 극히 예외적으로 허용되지 않으면 안 된다.

2. 공소제기 후 수사의 허용범위

공소제기 후에 허용되는 수사의 범위는 임의수사와 강제수사로 경우를 나누어 검토하여야 한다. 피고인 또는 제삼자의 기본권에 영향을 미치는 강제처분은 원칙적으로 수소법원의 직접적 판단에 기하여 이루어지지 않으면 안 된다. 이에 반하여 기본권에 영향을 미치지 않고 상대방의 의사에 반하지 않는 임의수사는 수사기관이 공소제기 후의 시점에서도 행할 수 있다고 본다.

(1) 강제수사의 경우

공소제기 후에 수사기관이 피고인을 체포 · 구속하거나 압수 · 수색 · 검증 등의 강제처분을 행하는 것은 원칙적으로 허용되지 않는다. 공소제기에 의하여 피고사건의 심판을 담당하게 된 수소법원은 자신의 책임하에 당해 사건의 실체규명에 필요한 강제처분을 행해야 하며, 이를 통하여 검사에 대한 피고인의 지위를 강화해야 하기 때문이다. 이러한 점을 고려하여 형사소송법은 수사기관의 강제처분(법200의2 이하)과 수소법원의 강제처분(법68 이하)을 명확하게 구분하여 규정하고 있다.

(가) 피고인의 구속　　공소제기 후 행하는 피고인의 구속은 수소법원의 독자적 판단에 의하며(법70①) 검사의 신청을 기다리지 않는다.[1] 공판절차에서 피고인은 검사와 대등한 소송주체로서의 지위를 가지기 때문에 검사에게 구속청구권을 인정하지 아니한 것이다. 불구속으로 기소된 피고인이 증거를 인멸하거나 도망할 염려가 있어서 구속을 요하는 경우에도 검사는 법관에게 구속영장을 청구할 수 없다. 이 때에는 수소법원에 직권발동을 촉구할 수 있을

---

1) 1996. 8. 12. 96모46, 공 1996, 2922, 『전직 대통령 재판 사건』.

뿐이다.

(나) 압수 · 수색 · 검증의 원칙적 금지   형소법 제215조는 수사기관의 압수 · 수색 · 검증에 관하여 규정하고 있다. 이 규정에 근거하여 공소제기 후에도 수사기관이 압수 · 수색 · 검증을 할 수 있을 것인지 문제된다.

이에 대해 판례는 부정적 입장을 취하고 있다. 즉, 헌법상 보장된 적법절차의 원칙과 재판받을 권리, 공판중심주의 · 당사자주의 · 직접주의를 지향하는 현행 형사소송법의 소송구조, 관련 법규의 체계, 문언 형식, 내용 등을 종합해 볼 때, 일단 공소가 제기된 후에는 그 피고사건에 관하여 검사로서는 형소법 제215조에 의하여 압수 · 수색을 할 수 없다는 것이다.[1]

따라서 검사가 공소제기 후 형소법 제215조에 따라 수소법원 이외의 지방법원판사에게 청구하여 발부받은 영장에 의하여 압수 · 수색을 하였다면, 그와 같이 수집된 증거는 기본적 인권 보장을 위해 마련된 적법한 절차에 따르지 않은 것으로서 원칙적으로 유죄의 증거로 삼을 수 없다.[2]

공소제기 후 수사기관이 임의제출물의 압수(법218)를 할 수 있는지 문제된다. 이에 대해서는 임의제출물의 압수를 상대방의 의사에 반하지 아니하고 수사기관이 점유를 획득한 경우라고 보아 임의수사의 일종으로 보는 견해도 일견 가능할 것으로 보인다. 그러나 공소제기 후 수사기관에 의한 임의제출물 압수는 다음의 이유로 허용되지 않는다고 본다.

먼저, 일단 목적물이 제출된 이후에는 임의제출자가 자유롭게 당해 목적물의 점유를 회복할 수 없다는 점에서 임의제출물의 취득도 압수의 일종으로 보아야 한다. 다음으로, 수소법원은 형소법 제108조에 의하여 독자적으로 임의제출된 물건을 압수할 수 있다. 형사소송법은 공소제기 전의 임의제출물 압수(법218)와 공소제기 후의 임의제출물 압수(법108)를 명확히 구별하고 있다. 끝으로, 공소가 제기된 후에는 그 사건에 관한 형사절차의 모든 권한이 사건을 주재하는 수소법원에 속하게 된다.[3] 이를 종합해 보면 공소제기 후에는 수사기관이 임의제출 형태의 압수를 할 수 없다고 생각된다.

(다) 압수 · 수색 · 검증의 예외적 허용   그런데 공소제기 후에도 수사기관에 의한 압수 · 수색 · 검증이 예외적으로 허용되는 경우가 있다.

공소제기 후 검사 또는 사법경찰관이 피고인에 대한 구속영장을 집행함에 있어서 체포(구속)현장에서 행하는 압수 · 수색 · 검증은 허용된다(법216②). 원래 피고인에 대한 구속영장을 집행하면서 행하는 압수 · 수색 · 검증은 법원의 영장집행 작용 가운데 한 부분을 이루

---

1) 2011. 4. 28. 2009도10412, 공 2011상, 1084, 『100만 원 자기앞수표 뇌물 사건』.
2) 2011. 4. 28. 2009도10412, 공 2011상, 1084, 『100만 원 자기앞수표 뇌물 사건』.
3) 2020. 1. 30. 2018도2236 전원합의체 판결, 공 2020상, 545, 『문화계 블랙리스트 사건』.

지만 형소법 제216조 제2항은 이에 대하여 예외적으로 수사상 강제처분의 성질을 부여한 것이라고 생각된다. 따라서 압수물은 검사 또는 사법경찰관이 보관할 수 있다.

공소제기 이후에 검사 또는 사법경찰관이 예외적으로 행한 압수에 대하여는 이해관계인이 수소법원에 압수물의 환부 또는 가환부의 청구를 할 수 있다고 본다(법133 이하).

(2) 임의수사의 경우

검사 또는 사법경찰관은 공소제기 후일지라도 임의수사는 기본적으로 할 수 있다고 본다. 임의수사는 상대방의 의사에 반하거나 기본적 인권을 침해하는 조사활동이 아니기 때문이다. 그러나 일단 공소가 제기된 이상 임의수사라고 해서 무제한으로 허용될 수는 없다. 법원, 검사, 피고인의 삼 주체가 벌이는 소송활동에 의하여 구성되는 공판절차를 수사기관이 임의수사의 형식을 빌려 형해화하는 것은 용납되지 않는다. 공소제기 후 임의수사로 논해지는 수사기관의 조사활동으로 다음의 것들이 있다.

(가) 피고인의 별도신문   공소제기 후 수사기관이 피고인을 공판정 이외의 장소에서 신문할 수 있겠는가 하는 문제가 있다. 이 문제는 특히 검사가 법정 외에서 피고인에 대한 신문을 행하여 피고인진술서를 작성한 후 이 조서를 법원에 증거로 제출할 경우에 그 진술서의 증거능력을 인정할 수 있겠는가 하는 형태로 구체화된다. 판례는 피고인의 신문을 허용하는 입장이다.[1]

그런데 피의자의 진술을 녹취 내지 기재한 서류 또는 문서가 수사기관에서의 조사과정에서 작성된 것이라면, 그것이 진술조서, 진술서, 자술서라는 형식을 취하였다고 하더라도 피의자신문조서와 달리 볼 수 없다.[2] 수사기관이 피고인을 피의자로 신문할 때에는 진술거부권을 고지하여야 한다(법244의3①). 수사기관이 피고인을 피의자로 신문하면서 미리 진술거부권을 고지하지 않은 때에는 그 진술은 위법하게 수집된 증거로서 진술의 임의성이 인정되는 경우라도 증거능력이 부인된다.[3]

(나) 참고인진술조서   참고인조사(법221① 1문)는 임의수사이므로 일단 공소제기 후에도 허용된다고 본다. 그러나 피고인에게 유리한 증언을 한 증인을 수사기관이 법정 외에서 다시 참고인으로 조사하여 공판정에서의 진술을 번복하게 하는 것은 수사의 공정성과 공판절차의 소송적 구조를 파괴하는 것으로 허용되지 않는다.

따라서 이 경우 작성된 참고인진술조서는 피고인이 증거로 할 수 있음에 동의하지 않는

---

1) 1984. 9. 25. 84도1646, 공 1984, 1767, 『공동피고인 검찰소환 사건』.
2) 2009. 8. 20. 2008도8213, 공 2009하, 1579, 『공범사건 피고인 진술조서 사건』.
3) 2009. 8. 20. 2008도8213, 공 2009하, 1579, 『공범사건 피고인 진술조서 사건』.

한 증거능력이 없다.[1] 참고인이 스스로 작성한 진술서의 경우도 마찬가지이다.[2] 검사가 공판준비 또는 공판기일에서 이미 증언을 마친 증인에게 수사기관에 출석할 것을 요구하여 그 증인을 상대로 위증의 혐의를 조사한 내용을 담은 피의자신문조서의 경우도 마찬가지로 그 증거능력이 부정된다.[3]

1심에서 피고인에 대해 무죄판결이 선고되어 검사가 항소한 후, 수사기관이 항소심 공판기일에 증인으로 신청해 신문할 수 있는 사람을 특별한 사정 없이 미리 수사기관에 소환해 작성한 진술조서는 피고인이 증거로 할 수 있음에 동의하지 않는 한 증거능력이 없다.[4][5] 참고인이 나중에 법정에 증인으로 출석하여 수사기관이 미리 작성한 진술조서의 진정성립을 인정하고 피고인 측에 반대신문의 기회가 부여된다 하더라도 위 진술조서의 증거능력을 인정할 수 없음은 마찬가지이다.[6]

이러한 진술조서를 공판절차에 증거로 제출할 수 있게 한다면, 피고인과 대등한 당사자의 지위에 있는 검사가 수사기관으로서의 권한을 이용해 일방적으로 법정 밖에서 유리한 증거를 만들 수 있게 하는 것이며, 이는 당사자주의·공판중심주의·직접심리주의에 반하고 피고인의 공정한 재판을 받을 권리를 침해하는 것이다.[7]

(다) 검사 면담 후의 증인신문　　참고인이 법정에서 위와 같이 증거능력이 없는 진술조서와 같은 취지로 피고인에게 불리한 내용의 진술을 한 경우, 그 증언은 법관 면전에서 이루어진 독립한 증거로서 증거능력이 인정된다. 그러나 증언의 증명력 판단에는 신중을 기해야 한다. 수사기관의 진술조서와 같은 내용의 법정진술에 신빙성을 인정하여 유죄의 증거로 삼을 것인지는 증인신문 전 수사기관에서 진술조서가 작성된 경위와 그것이 법정진술에 영향을 미쳤을 가능성 등을 종합적으로 고려하여 신중하게 판단해야 한다.[8]

검사가 공판기일에 증인으로 신청하여 신문할 사람을 특별한 사정 없이 미리 수사기관에 소환하여 면담하는 절차를 거친 후 증인이 법정에서 피고인에게 불리한 내용의 진술을 하는 경우가 있다. 이러한 경우 검사가 증인신문 전 면담 과정에서 증인에 대한 회유나 압박, 답변 유도나 암시 등으로 증인의 법정진술에 영향을 미치지 않았다는 점이 담보되어야

1) 2000. 6. 15. 99도1108 전원합의체 판결, 공 2000, 1713, 『위증 추궁 진술조서 사건』.
2) 2012. 6. 14. 2012도534, 공 2012하, 1258, 『호텔 이동 경로 사건』.
3) 2013. 8. 14. 2012도13665, 공 2013하, 1713, 『지게차 절취 사건』.
4) 2019. 11. 28. 2013도6825, 공 2020상, 210, 『화물터미널 인허가 알선 사건』.
5) 2020. 1. 30. 2018도2236 전원합의체 판결, 공 2020상, 545, 『문화계 블랙리스트 사건』.
6) 2020. 1. 30. 2018도2236 전원합의체 판결, 공 2020상, 545, 『문화계 블랙리스트 사건』.
7) 2019. 11. 28. 2013도6825, 공 2020상, 210, 『화물터미널 인허가 알선 사건』.
8) 2020. 1. 30. 2018도2236 전원합의체 판결, 공 2020상, 545, 『문화계 블랙리스트 사건』.

증인의 법정진술을 신빙할 수 있다. 검사가 증인신문 준비 등 필요에 따라 증인을 사전 면 담할 수 있다고 하더라도 법원이나 피고인의 관여 없이 일방적으로 사전 면담하는 과정에 서 증인이 훈련되거나 유도되어 법정에서 왜곡된 진술을 할 가능성도 배제할 수 없기 때문 이다. 증인에 대한 회유나 압박 등이 없었다는 사정은 검사가 증인의 법정진술이나 면담 과 정을 기록한 자료 등으로 사전면담 시점, 이유와 방법, 구체적 내용 등을 밝힘으로써 증명해 야 한다.[1]

(라) 기타의 조사활동   검사 또는 사법경찰관은 공판절차의 소송적 구조를 파괴하지 않 는 한도 내에서 그 밖의 임의수사를 행할 수 있다고 본다. 그러므로 감정·통역·번역의 위촉 (법221②), 공무소 등에의 조회(법199②), 승낙에 의한 수색이나 검증은 허용된다고 본다. 그러 나 강제처분에 해당하는 감정유치(법221의3)나 감정처분(법221의4)은 허용되지 않는다.

제3 공소제기의 주관적 효력범위

1. 공소제기와 심판대상

검사의 공소제기는 법원의 심판대상을 확정한다는 점에서 극히 중요한 의미를 가지고 있 다. 법원은 검사가 공소를 제기한 피고인과 범죄사실에 대해서만 심판을 할 수 있고, 검사의 공소제기가 없는 사건에 대해서는 심판할 수 없다. 이를 불고불리의 원칙이라고 한다. 불고불 리의 원칙은 탄핵주의 형사절차의 기본적 특징을 이룬다.

검사의 공소제기는 기소되지 아니한 사람에 대하여 수소법원이 심판을 행할 수 없다는 소 극적 의미를 넘어서서(법248①), 앞으로 진행될 형사절차와 관련하여 심판의 객체를 결정짓는 다는 적극적 의미를 갖는다(동조②). 검사의 공소제기에 의하여 확정되는 심판의 대상은 피고 인을 중심으로 하는 주관적 효력범위와 범죄사실을 중심으로 하는 객관적 효력범위로 나누어 볼 수 있다.

2. 공소제기의 주관적 효력범위

(1) 피고인의 특정 및 불특정의 효과

공소의 효력은 검사가 피고인으로 지정한 자에게만 미친다(법248①). 따라서 법원은 검사 가 공소장에 성명과 기타 사항을 기재하여 특정한 피고인(법254③ⅰ)만을 심판할 수 있고 그 밖의 사람에 대해서는 심판할 수 없다. 피고인은 공소장에 특정되어야 한다. 피고인이 특정되

---

1) 2021. 6. 10. 2020도15891, 공 2021하, 1308, 『증인신문 전 진술조서 확인 사건』.

지 않으면 법원은 실체심리에 들어갈 수 없다. 법원은 피고인이 특정되지 아니한 경우에 무죄판결(법325 전단)을 선고해서는 안 된다. 피고인표시정정 등의 절차에 의하여 피고인의 특정이 이루어지지 않으면 법원은 공소기각판결(법327ⅱ)을 선고해야 한다.

(2) 피고인 여부의 판단기준

공소의 효력은 검사가 피고인으로 지정한 자에게만 미친다(법248①), '검사가 피고인으로 지정한 자'란 검사가 성명과 기타 사항으로 특정하여 공소장에 기재한 사람을 말한다(법254③ⅰ). 그런데 경우에 따라 공소장에 기재된 피고인과 현실적으로 법원의 심판을 받는 사람이 일치하지 않는 경우가 있다. 소위 성명모용이나 위장출석이 그 예이다.

성명모용이란 예컨대 피의자 갑이 수사기관의 수사를 받으면서 을의 성명을 사용하였기 때문에 검사가 공소장에 을을 피고인으로 기재한 경우이다. 이에 대하여 위장출석은 검사가 공소장에 갑을 피고인으로 기재하였으나 실제 공판기일에는 을이 출석한 다음 마치 자신이 갑인 것처럼 행세하여 법원의 판결을 받는 경우를 말한다.

(가) 의사설과 표시설

성명모용이나 위장출석과 같이 공소장에 기재한 피고인과 현실적으로 법원의 심판을 받는 사람이 일치하지 않는 경우에 공소제기의 효력이 누구에게 미치는가 하는 문제가 발생한다. 이 문제에 대해서는 (가) 검사가 실제로 공소를 제기하려고 의도한 사람에게 공소제기의 효력이 미친다고 보는 의사설, (나) 공소장에 피고인으로 표시된 자를 기준으로 삼아야 한다는 표시설, (다) 실제로 피고인으로 행위하거나 피고인으로 취급된 자를 기준으로 하여야 한다는 행위설, (라) 표시설과 행위설을 결합하여 공소제기의 주관적 효력범위를 결정해야 한다고 보는 절충설 등이 제시되고 있다.

(나) 실질적 표시설

생각건대 공소제기의 효력이 미치는 주관적 범위는 일차적으로는 의사설에 의하여 결정하는 것이 타당하다고 본다. 공소제기는 검사가 법원에 대하여 일정한 피고인과 범죄사실에 대하여 심판을 구하는 소송행위이므로 무엇보다도 그 의사표시의 진의가 중시되어야 한다.[1]

그러나 예외적으로 검사가 공소제기를 의도하지 않은 사람이 피고인으로 취급되는 경우가 있다. 다른 사람을 검사가 착오로 공소장에 피고인으로 기재하였거나, 혹은 법원이 다른 사람을 피고인으로 취급하거나, 또는 제삼자가 스스로 피고인으로 행동할 경우에 법원에 사실상의 소송계속 상태가 발생하는 일이 있기 때문이다. 이러한 한도 내에서는 검사의 공소제기 효력이 이들에게도 가상적으로 미치는 것으로 보아야 할 것이다. 결론적으로는 의사설, 행위

---

1) 1997. 11. 28. 97도2215, 공 1998, 198, 『저인망 어선 사건』.

설, 표시설을 결합한 견해가 공소제기의 주관적 효력범위를 결정하는 기준이 된다고 본다. 이러한 결합설을 가리켜 실질적 표시설이라고 한다.

(3) 성명모용과 피고인의 특정

(가) 성명모용자의 처리방법   수사절차에서 갑이 을의 성명을 모용한 결과 검사가 을명의로 공소를 제기한 경우가 성명모용의 사례이다. 이때 먼저 갑에 대하여 보면, 애당초 검사가 심판을 청구한 대상은 갑이므로 공소제기의 효력은 갑에 대하여 미친다고 볼 것이다.

그러나 동시에 피고인은 공소장에 특정되어 표시되어야 하므로(법254③ⅰ) 검사는 공소장에 잘못 기재되어 있는 피고인의 표시를 정정하여 피고인을 다시 특정하지 않으면 안 된다. 나아가 법원은 검사가 피고인 표시를 정정한 공소장 부본을 모용자인 피고인 또는 그의 변호인에게 송달하여야 한다(법266 본문).[1]

검사가 인적 사항의 정정을 하지 아니하여 피고인표시의 정정이 이루어지지 않았다면 법원은 공소제기의 절차가 법률의 규정을 위반하여 무효일 때로 보아 공소기각판결로써 형사절차를 종결해야 한다(법327ⅱ).[2] 법원이 피고인표시가 정정된 공소장의 부본을 모용자인 피고인 또는 변호인에게 송달하지 아니한 채 공판절차를 진행하였다면 이는 소송절차에 관한 법령을 위반한 경우에 해당한다. 다만, 이러한 경우에도 모용자인 피고인이 제1심 법정에서 이의함이 없이 공소사실에 관하여 충분히 진술할 기회를 부여받았다면 판결에 영향을 미친 위법이 있다고 할 수 없다.[3]

(나) 피모용자의 처리방법   성명모용자 갑과는 달리 성명을 모용당한 을은 공소장에 피고인으로 기재되었더라도 원래 검사가 공소제기를 의도한 자가 아니므로 을에 대하여 공소제기의 효력은 발생하지 않는다. 따라서 피고사건에 대한 판결은 피모용자 을에 대하여 효력이 없다.

법원은 피고사건의 재판과정에서 성명모용사실을 발견하면 갑에 대하여는 공소장정정을 검사에게 요구하고, 을에 대하여는 단순히 절차에서 배제하는 조치를 취하면 족하다. 이 경우 법원은 피모용자 을에 대하여 무죄판결을 해서는 안 된다. 을에 대해서는 판결의 토대가 되는 구두변론이 없기 때문이다(법37① 참조).

다만, 약식명령의 경우에는 피모용자에 대해 법원의 판단이 필요하다. 예컨대 자신 앞으로 약식명령이 송달된 피모용자 을이 정식재판을 청구하였다면 을에 대한 검사의 공소제기가

---

1) 1997. 11. 28. 97도2215, 공 1998, 198, 『저인망 어선 사건』.
2) 1993. 1. 19. 92도2554, 공 1993, 783, 『수현·재현 도박 사건』.
3) 2014. 4. 24. 2013도9498, 공 2014상, 1164, 『소환장만 공시송달 사건』.

없어도 사실상 소송계속이 발생하는 것으로 보아야 한다. 이 경우에는 피모용자 을에게 적법한 공소제기가 없었음을 밝혀주는 의미에서 법원은 공소기각판결을 선고해야 한다(법327ⅱ).[1]

(4) 위장출석과 피고인의 특정

(가) 실질적 피고인의 처리방법 검사가 갑을 피고인으로 지정하여 공소를 제기하였으나 을이 갑인 것처럼 행세하는 가운데 법원이 심리를 진행하는 것이 위장출석이다. 이 경우 갑을 실질적 피고인, 을을 형식적 피고인이라고 한다. 갑은 검사가 공소제기를 의도한 자임과 동시에 공소장에 피고인으로 표시된 자이므로 갑에 대하여 공소제기의 효력이 미치는 것은 분명하다.

(나) 위장출석자의 처리방법 위장출석한 을의 처리는 공판절차의 진행단계에 따라 다소 달라진다. 공소제기 후 인정신문의 단계까지 위장출석의 사실이 발각된 경우에는 법원은 을을 퇴정시키고 갑에 대한 절차를 진행하면 족하다. 이에 반하여 모두절차, 증거조사와 피고인신문 등 사실심리의 단계에 들어가게 되면 을에 대하여 사실상의 소송계속상태가 발생하므로 형식적 소송조건의 흠결을 이유로 공소기각판결에 의하여 을에 대한 형사절차를 종결해야 할 것이다(법327ⅱ).

제4 공소제기의 객관적 효력범위

1. 소송물론의 의의

형사소송법 제248조 제2항은 "범죄사실의 일부에 대한 공소의 효력은 범죄사실 전부에 미친다."라고 규정하여 공소제기의 객관적 효력범위를 정하고 있다. 공소제기의 객관적 효력범위에 관한 이론적 검토작업을 소송물론이라고 한다. 소송물론은 공소제기 이후 진행될 절차와 관련하여 공소장의 기재방식(법254⑤), 공소장변경절차(법298), 확정판결의 효력범위(법326ⅰ) 등 형사절차의 전과정에 걸쳐서 의미를 가지게 된다.

검사의 공소제기에 의하여 설정된 형사절차의 객체를 소송물이라고 한다. 소송물은 공소제기의 시점뿐만 아니라 공판절차 및 판결의 확정시점까지 일관되게 유지되어야 하는 것이 원칙이다. 그런데 이 원칙의 유지가 피고인보호에 갈등을 불러일으킬 수 있다. 피고인의 방어권보장이라는 관점에서만 보면 범죄사실의 일부에 대해서만 공소가 제기되었을 경우 법원의 심판대상을 기소된 부분으로 제한하는 것이 바람직하다. 반면에 법원이 범죄사실의 일부에 대

---

1) 1993. 1. 19. 92도2554, 공 1993, 783, 『수현·재현 도박 사건』.

해서만 심리와 재판을 행하였을 경우 피고인의 이중처벌을 방지하기 위하여 범죄사실 전체에 대해 확정판결에 따른 일사부재리의 효력을 인정해야 할 필요가 있다.

여기에서 일반론에 따라 공소제기의 효력범위와 수소법원의 심판범위, 그리고 확정판결의 효력범위 사이에 일치성을 관철할 것인가 아니면 피고인보호를 위하여 일정한 범위에서 이들 사이에 불일치를 허용할 것인가 하는 문제가 발생하게 되는데 이 점을 놓고 여러 가지 견해가 제시되고 있다.

2. 용어의 정리

(1) 범죄사실 · 공소사실 · 소인

공소제기의 효력범위, 법원의 심판범위, 공소장변경의 허용범위, 확정판결의 효력범위 등을 둘러싼 여러 학설들을 살피기에 앞서서 먼저 이러한 논의의 도구로 사용되고 있는 기본개념들을 정리해 둘 필요가 있다. 현재 형사절차의 소송물론과 관련하여 사용되고 있는 용어로는 범죄사실, 공소사실, 공소장에 기재된 공소사실, 소인의 네 가지가 있다.

(가) 범죄사실　　공소불가분의 원칙을 선언한 형사소송법 제248조 제2항이 사용하고 있는 개념이다. 이 경우 범죄사실이란 검사가 법원에 심판을 구하여 공소를 제기한 전체 범죄사실을 말한다. 범죄사실은 지나간 일정 시점에서 일어났던 삶의 한 부분현상으로 발생하였던 사실이다. 과거의 일 시점에서 일어난 사실이라는 의미에서 이를 '역사적 사실'이라고도 한다.

(나) 공소사실　　검사가 공소를 제기한 범죄사실을 말한다. 이러한 의미의 공소사실은 전술한 '범죄사실'과 동일한 의미를 가지고 있다. 따라서 공소사실은 지나간 삶의 한 부분에서 발생한 사건으로서 검사가 공소를 제기한 범죄사실이다. 이러한 의미의 공소사실 개념은 공소장변경절차를 규정한 형소법 제298조 제1항의 '공소사실의 동일성'이라는 표현 속에 나타나고 있다. 현재 많은 학자들이 공소제기의 대상이 된 전체 범죄사실을 가리켜 '공소사실'로 표현하고 있다.

(다) 공소장에 기재된 공소사실　　검사가 공소장에 '공소사실'이라는 표제를 붙여서 실제로 기재해 놓은 구체적 범죄사실을 말한다. '공소사실'의 개념이 이러한 의미로 사용된 경우로는 공소제기의 방식을 규정한 형소법 제254조 제3항 제3호와 제4항, 그리고 공소장변경절차와 관련하여 '공소장에 기재한 공소사실'이라는 표현을 사용한 형소법 제298조 제1항을 들 수 있다.

(라) 소　인　　법적 구성요건에 대입하여 재구성된 사실로서 공소의 원인이 된 범죄사실을 말한다. 범죄사실, 공소사실, 공소장에 기재된 공소사실 등의 개념과 소인(訴因) 개념의 차

이점은 전자가 법률적으로 구성되지 아니한, 순수한 사실로서의 범죄사실을 의미함에 반하여 후자는 구성요건에의 대입을 통하여 법률적으로 재구성된 범죄사실이라는 점에 있다.

그동안 학계에서는 공소제기의 효력범위와 법원의 심판범위에 대한 논의를 전개함에 있어서 주로 '공소사실'과 '소인'의 개념을 논의의 두 축으로 사용해 왔다. 본서에서는 우리 형사소송법의 용어법을 중시하여 검사가 공소를 제기한 전체 범죄사실은 '범죄사실'로, 공소장에 현실적으로 기재한 범죄사실은 '공소장에 기재한 공소사실'로, 그리고 법률적 재구성을 거쳐서 공소장에 기재된 공소사실은 '소인'으로 각각 표현하기로 한다.

(2) 소인 개념의 연혁

일본 형사소송법이 명시적으로 사용한 소인 개념은 우리나라 형사소송법의 소송물론에 관한 연구에 있어서 활발한 논의의 계기를 제공하였다. 원래 소인은 제2차 세계대전 후 미국법의 영향을 받아 당사자주의적 개혁을 단행하였던 일본의 신형사소송법이 형사절차에 있어서 공격 · 방어의 객체를 보다 구체화하려는 의도하에 채용한 개념이다. 미국 형사소송법에서는 형사사건의 심리를 용이하게 하기 위하여 문제되는 사건의 핵심적 논점을 요약, 정리한 count가 구속영장 및 공소장 등에 기재된다. 검사와 피고인 측은 이 count를 중심으로 비법률가로 구성된 배심원단 또는 직업법관을 설득하기 위한 공격 · 방어를 진행해 간다.

(3) 소인 개념의 비판적 검토

현재 우리나라에서도 일본 형사소송법의 경우처럼 형사절차상 소송물의 단위로 소인개념을 긍정하려는 견해들이 제시되고 있다. 그러나 일본 형사소송법상의 소인 개념은 우리나라 형사절차에 있어서 소송물 결정의 단위로 사용할 필요가 없다고 본다. 먼저, 연혁적으로 볼 때 우리 입법자는 공소장의 기재방식을 규정하는 형사소송법 제254조를 입법할 때 일본 형사소송법과는 달리 의도적으로 소인개념을 채택하지 아니하는 한편, 일본 형사소송법이 규정하지 아니한 공소불가분의 원칙을 형사소송법 제248조 제2항에 명시하였다.

다음으로, 우리 입법자는 형사절차의 소송물에 관하여 '범죄사실'이라는 일관된 표현을 사용하고 있다. 즉 재구속의 제한규정(법208① · ②), 공소불가분원칙에 관한 규정(법248②), 공소장의 예비적 · 택일적 기재에 관한 규정(법254⑤), 유죄판결(법323①) 및 무죄판결(법325), 공소취소와 재기소제한(법329) 규정들은 모두 '범죄사실'(또는 '범죄될 사실')이라는 표현을 사용하고 있는데, 이것은 우리 입법자가 수사절차, 공소제기, 판결절차의 여러 단계에 걸쳐서 동일한 소송물의 단위를 예정한 것으로 보아야 할 것이다.

3. 공소제기의 효력범위와 법원의 심판범위

(1) 문제의 소재

형사절차에 있어서 소송물이론은 공소제기의 효력범위, 수소법원의 심판범위, 공소장변경의 허용범위, 확정판결의 효력범위 등과 관련하여 중요한 의미를 갖는다. 형사절차의 소송물과 관련하여 먼저 논의되는 것으로 검사의 공소제기를 중심으로 논해지는 공소제기의 효력범위와 수소법원의 심판범위가 일치하는가 하는 문제가 있다. 다음으로, 일부사실에 대해서만 법원이 심리를 행한 경우에 확정판결의 효력을 어느 범위까지 인정할 것인가 하는 문제가 있다. 이 논의는 심리가 누락된 부분에 대한 추가기소의 위험으로부터 피고인을 어느 정도로 보호할 것인가 하는 문제의식에서 제기된다.

검사가 행한 공소제기의 효력범위, 법원의 심판범위, 공소장변경의 허용범위, 확정판결의 효력범위가 서로 일치하는가 하는 문제에 대하여 학설은 나누어져 있다.

(2) 범죄사실대상설

범죄사실대상설은 공소제기로 인하여 수소법원이 심판하게 될 사건의 범위를 전체 범죄사실이라고 보는 견해이다. 이 견해에 따르면 검사의 공소제기의 효력범위, 법원의 심판범위, 공소장변경의 허용범위, 확정판결의 효력범위가 모두 일치하게 된다.

범죄사실대상설은 그 근거를 공소불가분의 원칙을 규정한 우리 형사소송법 제248조 제2항에서 구한다. 즉, 이 조문에 의하여 범죄사실의 일부에 대한 공소는 그 효력이 전부에 미치게 되므로 설사 검사가 공소장에 기재한 공소사실이 범죄사실의 일부분에 국한되거나 또는 일정한 법적 평가만을 예정하고 있다 하더라도 수소법원은 이에 구애받지 않고 전체 범죄사실에 관하여 심판을 할 수 있다고 본다. 따라서 공소장변경도 법원의 심판대상 전체에 대하여 허용되고 확정판결의 효력도 심판대상 전체에 대하여 미친다고 본다.

(3) 소인대상설

소인대상설은 법원의 심판범위를 소인에 국한하려는 견해이다. 소인대상설에 따르면 공소제기의 효력범위는 전체 범죄사실에 미치지만(법248② 참조) 법원의 심판대상은 소인에 국한되므로 결국 공소제기의 효력범위와 법원의 심판범위가 일치하지 않게 된다. 소인대상설은 검사가 공소장에 기재한 사실의 측면뿐만 아니라 법률적 평가의 점까지도 법원의 심판대상을 결정하는 요소라고 보는 점에서 검사에게 심판대상에 대한 일종의 처분권을 인정하는 견해라고 할 수 있다.

(4) 소인기준 이원설

소인기준 이원설은 법원의 심판대상을 현실적 심판대상과 잠재적 심판대상으로 나누는 견해이다. 현실적 심판대상은 검사가 구체적으로 공소장에 기재하여 심판을 청구한 것으로서 소인이 이에 해당한다고 본다. 이에 반하여 잠재적 심판대상은 검사가 구체적으로 공소장에 기재하지는 않았으나 검사의 공소장변경을 통하여 현실적 심판대상으로 전환될 여지가 있는 전체 범죄사실이라고 본다. 잠재적 심판대상인 범죄사실은 소인과 동일성이 인정되는 범죄사실이다.

(5) 공소장에 기재된 공소사실기준 이원설

공소장에 기재된 공소사실기준 이원설은 법원의 심판대상을 현실적 심판대상과 잠재적 심판대상으로 구분하되 법적 평가를 제외한 사실부분만 법원을 기속한다고 보는 견해이다. 소인기준 이원설이 검사가 공소장에 기재한 법적 평가도 심판범위설정의 한 기준으로 인정함에 반하여 공소장에 기재된 공소사실기준 이원설은 법적 평가를 제외한 사실부분만 법원을 기속한다고 보는 점에서 차이가 있다. 따라서 '공소장에 기재된 공소사실'은 현실적 심판대상이 되고 그와 동일성이 인정되는 전체적 범죄사실은 잠재적 심판대상이 된다고 본다. 공소장기재 공소사실기준 이원설은 현재 대법원의 주류적 입장이다.[1]

(6) 학설의 검토

이상에서 소개한 학설 가운데 소인대상설 및 소인기준 이원설은 우리 형사소송법이 소인개념을 사용하고 있지 않기 때문에 지지할 수가 없다. 한편 '공소장에 기재된 공소사실기준 이원설'은 공소불가분의 원칙을 규정한 형소법 제248조 제2항을 설명하지 못하는 흠이 있다.

형사절차의 소송물에 관한 이론은 우리 형사소송법의 여러 규정들을 토대로 전개되어야 한다. 따라서 여러 학설의 타당성을 검토하는 일차적 기준은 어느 학설이 공소불가분의 원칙 (법248②), 공소장의 기재방식(법254), 공소장변경제도(법298), 확정판결의 효력(법326 ⅰ), 공소취소와 재기소제한(법329) 등에 관한 형사소송법의 여러 규정을 통일적으로 설명할 수 있는가 하는 점에서 구해야 할 것이다. 여기에 더하여 소송물이론은 피고인의 방어권을 최대한 보장하면서 동시에 범죄사건의 실체적 진실이 규명될 수 있는 합리적인 것이어야 한다. 이러한 점들을 모아 볼 때 형사절차의 소송물에 관한 이론은 우리 형사소송법이 일관하여 사용하고 있는 '범죄사실'에 주목하는 범죄사실대상설이 가장 타당하다고 생각된다.

---

1) 1991. 5. 28. 90도1977, 공 1991, 1820, 『호적주임 호적정정 사건』.

4. 공소제기의 객관적 효력범위에 관한 검토

(1) 범죄사실의 의의

범죄사실의 일부에 대한 공소의 효력은 범죄사실 전부에 미친다(법248②). 예컨대 협박을 수단으로 하는 공갈죄 사안을 본다. 검사가 공소를 제기할 당시에는 범죄사실을 반의사불벌죄인 협박죄(형법283③)로 구성하여 기소하였다 하더라도 공소제기의 효력은 공갈죄(형법350①)에까지 미친다. 공갈죄의 수단으로서 한 협박은 공갈죄에 흡수될 뿐 별도로 협박죄를 구성하지 않는다. 그러므로 그 후 협박죄의 고소가 취소되었다 하여도 공갈죄로 처벌하는 데에 아무런 장애가 없다. 기본적 사실관계가 동일하여 공판절차 중에 공소사실을 협박죄에서 공갈미수죄로 공소장변경을 할 수 있으면 그 공소제기의 하자는 치유된다.[1]

우리 형사소송법은 공소불가분의 원칙(법248②)을 명시하여 형사절차의 전과정에 걸친 소송물의 범위를 통일함과 동시에 범죄사실 전체를 현실적 심판대상으로 삼고, 그에 대하여 확정판결의 효력을 인정하고 있다. 이에 대하여 잠재적 심판대상과 현실적 심판대상을 구별하는 이원설의 입장에서는 형사소송법 제248조 제2항이 잠재적 심판대상만을 규정하고 있으며 공소장에 기재된 공소사실(법254③ iii) 또는 소인이 현실적 심판대상이라고 본다.

공소제기의 객관적 효력범위는 범죄사실 전부이다. 이때 일정한 시점을 기준으로 하여 공소제기의 효과가 미치는 범죄사실의 단위를 사건의 단일성이라 하고, 시간의 경과에 따라 발생하는 사실관계의 증감변경에도 불구하고 전후의 범죄사실이 그 동질성을 유지하는 성질을 사건의 동일성이라고 한다. 사건의 단일성은 전체 형사절차의 진행과정에 있어서 특정시점을 기준으로 삼아 소송물을 횡단적으로 고찰하는 개념임에 반하여, 사건의 동일성은 시간적 선후관계를 비교하여 소송물을 종적으로 파악하는 개념이다.

형소법 제248조 제2항이 규정한 공소불가분의 원칙은 범죄사실의 일부에 대한 공소제기가 있더라도 그 효력은 사건의 단일성과 동일성이 인정되는 전범위에 대하여 효력을 미친다는 의미로 이해된다.

(2) 범죄사실의 단위

공소불가분의 원칙에 의하여 형사절차의 현실적 심판대상으로 등장하는 범죄사실은 과거의 특정한 시점에서 행해졌던 삶의 한 부분으로서 법률적 평가와는 무관한 순수한 사실 자체이다. 형사절차에서 사건의 단일성이 인정되는 범죄사실의 단위를 가리켜 소송법상 일죄라고

---

1) 1996. 9. 24. 96도2151, 공 1996, 3265, 『협박죄 고소취소 사건』.

한다. 소송법상 일죄의 개념은 범죄사실의 유형화라고 할 수 있다. 범죄사실의 단위와 실체형법상의 죄수론은 밀접한 관련을 가지지만 형사절차의 심판대상이라는 의미에서 보면 양자가 반드시 일치하지는 않는다. 아래에서는 소송법상 일죄와 실체법상 죄수론의 관계를 살펴보기로 한다.

(3) 단순일죄

실체형법상 단순일죄는 소송법적으로도 일죄를 이룬다. 단순일죄는 하나의 행위로 이루어지는 경우도 있지만 수 개의 행위로 구성되는 경우도 있다. 후자는 다시 결합범, 계속범, 접속범 등과 같이 수 개의 행위가 범죄의 성질상 하나의 범죄로 파악되는 경우와 수 개의 부분행위가 일정한 정책적 이유로 실체법상 하나의 범죄로 파악되는 경우가 있다. 후자의 경우를 포괄일죄라고 한다.

실체법상 단순일죄로 취급되는 결합범, 계속범, 접속범, 포괄일죄 등은 소송법적으로도 일죄로 취급된다. 그리하여 이들 범죄의 일부분에 대해서만 공소제기가 있더라도 공소의 효력은 범죄사실 전체에 미친다(법248②). 예컨대 결합범인 공갈죄(형법350①)의 경우에 공갈죄의 수단으로서 한 협박은 공갈죄에 흡수될 뿐 별도로 협박죄(형법283①)를 구성하지 않는다. 그러므로 반의사불벌죄인 협박죄(동조③)의 고소가 취소되었다 하여도 이는 공갈죄로 처벌하는 데에 아무런 장애가 되지 않는다.[1]

포괄일죄의 경우도 소송법상 일죄로 취급된다. 예컨대 사기죄(형법347①)에 있어서 동일한 피해자에 대하여 여러 번에 걸쳐 기망행위를 하여 금원을 편취한 경우가 있다. 이때 피고인의 범의가 단일하고 범행방법이 동일하다면 사기죄의 포괄일죄가 성립하며, 일부범행만 기소되었어도 법원은 포괄일죄 전체에 대하여 실체판단을 할 수 있다.[2]

검사가 수 개의 협박 범행을 먼저 기소하고 다시 별개의 협박 범행을 추가로 기소하였는데 이를 병합하여 심리하는 과정에서 전후에 기소된 각각의 범행이 모두 포괄하여 하나의 협박죄를 구성하는 것으로 밝혀지는 경우가 있다. 이 경우 법원은 전후에 기소된 범죄사실 전부에 대하여 실체판단을 할 수 있고, 추가기소된 부분에 대하여 공소기각판결을 할 필요가 없다.[3]

단순일죄의 경우에는 부분행위에 대해서만 심판이 행해졌더라도 그 확정판결은 전체 범죄사실에 대하여 효력이 미친다(법248② 참조). 그런데 포괄일죄의 기판력이 지나치게 확장되

---

1) 1996. 9. 24. 96도2151, 공 1996, 3265, 『협박죄 고소취소 사건』.
2) 2006. 2. 23. 2005도8645, 공 2006, 537, 『상가분양 이면계약 사건』.
3) 2007. 8. 23. 2007도2595, 공 2007, 1504, 『협박범행 추가기소 사건』.

는 것은 실체적 진실발견의 관점에서 문제가 있다. 판례는 이를 고려하여 상습범인 포괄일죄의 경우에 기판력을 제한하고 있다. 상습사기죄는 포괄일죄로 파악된다. 상습사기죄의 기판력이 포괄일죄 전부에 미치는 것은 처음부터 상습사기죄로 기소된 경우로 한정된다. 단순사기죄로 기소된 경우에는 상습범행 전체에 대해 확정판결의 효력이 인정되지 않는다.[1] 포괄일죄의 확정판결 문제에 대해서는 기판력 항목에서 더 자세히 설명하기로 한다.

(4) 과형상 일죄

실체법상으로는 수죄이지만 형사절차의 진행과정에서는 일죄로 취급되어 하나의 형이 선고되는 경우를 과형상 일죄라고 한다. 우리 형법상 과형상 일죄에 해당하는 것은 상상적 경합범(형법40)이다. 상상적 경합의 경우 범죄사실의 일부에 대한 공소만 있더라도 그 효력이 전부에 미친다.

상상적 경합관계에 있는 공소사실 중 일부가 먼저 기소된 후 나머지 공소사실이 추가기소되고 이들 공소사실이 상상적 경합관계에 있음이 밝혀지는 경우가 있다. 이 경우에는 먼저 제기된 공소의 효력이 나머지 공소사실에도 미친다(법248②). 이때 나중에 기소된 공소사실 부분을 어떻게 처리할 것인지 문제된다.

상상적 경합관계에 있는 공소사실이 추가로 기소되었다면 그 추가기소에는 전후에 기소된 각 공소사실 전부를 처벌할 것을 신청하는 취지가 포함되어 있다고 볼 수 있다. 이 경우 수소법원은 석명권을 행사하여 검사로 하여금 추가기소의 진정한 취지를 밝히도록 하여 1개의 죄에 대해 중복기소한 것이 아님이 분명해진 경우에는 그 추가기소에 의하여 공소장변경이 이루어진 것으로 보아 전후에 기소된 공소사실 전부에 대하여 실체판단을 해야 한다. 추가기소에 대해 이중기소임을 이유로 공소기각판결(법327ⅲ)을 할 필요가 없다.[2]

(5) 과형상 수죄

실체법상 실체적 경합관계에 있는 수 개의 범죄행위는 형사절차의 진행에 있어서도 과형상 수죄로 파악된다. 실체적 경합관계의 한 가지 사례로 절도죄와 주거침입죄의 관계를 살펴본다.

(가) 단순절도와 주거침입　　　야간주거침입절도죄(형법330)와 특수절도죄(야간손괴침입절도)(형법331①)를 제외하고 일반적으로 주거침입은 절도죄의 구성요건요소가 아니다. 절도범

---

1) 2004. 9. 16. 2001도3206 전원합의체 판결, 공 2004, 1684, 『신공항 사기범 사건』.
2) 2012. 6. 28. 2012도2087, 공 2012하, 1376, 『동일인 대출한도 초과대출 사건』.

인이 그 범행수단으로 주거침입을 한 경우에 그 주거침입행위는 절도죄에 흡수되지 아니하고 별개로 주거침입죄(형법319①)를 구성하며, 절도죄와는 실체적 경합관계에 서는 것이 원칙이다.[1]

(나) 형법상 상습절도와 주간주거침입   형법 제332조는 각종 절도죄(형법329, 330, 331)의 상습범을 가중처벌하고 있다. 상습으로 단순절도죄(형법329)를 범한 범인이 상습적인 절도범행의 수단으로 주간에 주거침입을 한 경우 그 주간 주거침입행위의 위법성에 대한 평가는 형법 제332조(상습범), 제329조(절도)의 구성요건적 평가에 포함되지 않는다. 형법 제332조의 상습절도죄를 범한 범인이 그 범행의 수단으로 주간에 주거침입을 한 경우 그 주간 주거침입행위는 상습절도죄와 별개로 주거침입죄를 구성한다.[2]

형법 제332조의 상습절도죄를 범한 범인이 그 범행 외에 상습적인 절도의 목적으로 주간에 주거침입을 하였다가 절도에 이르지 아니하고 주거침입에 그친 경우에도 그 주간 주거침입행위는 상습절도죄와 별개로 주거침입죄를 구성한다.[3]

(다) 특가법상 상습절도와 주간주거침입   「특정범죄 가중처벌 등에 관한 법률」(특가법)은 실형전과 있는 상습절도범을 특별히 무겁게 처벌하고 있다(동법5의4⑥ 참조). 특가법에 규정된 상습절도죄를 범한 범인이 그 범행의 수단으로 주거침입을 한 경우에 주거침입행위는 주간·야간을 묻지 않고 특가법상의 상습절도죄에 흡수된다. 그 결과 특가법상의 상습절도죄 1죄만 성립하고 별개로 주거침입죄를 구성하지 않는다.[4]

특가법상 상습절도죄를 범한 범인이 그 범행 외에 상습적인 절도의 목적으로 주거침입을 하였다가 절도에 이르지 아니하고 주거침입에 그친 경우에도 그것이 절도상습성의 발현이라고 보이는 이상 주거침입행위는 주간·야간을 묻지 않고 다른 상습절도죄에 흡수되어 특가법상의 상습절도죄 1죄만을 구성하고 상습절도죄와 별개로 주거침입죄를 구성하지 않는다.[5]

형법상의 상습절도죄와 주거침입죄의 관계와 특가법상의 상습절도죄와 주거침입죄의 관계가 이처럼 결론을 달리하는 이유는 형법상의 상습절도죄와 특가법상의 상습절도죄가 각각 법정형을 달리 규정하고 있기 때문이다. 형법상의 상습절도죄(형법332)는 절도죄의 유형별로 그 죄에 정한 형의 2분의 1까지 가중하여 처벌하므로 주간주거침입절도와 야간주거침입절도의 처벌정도가 달라진다. 이에 대해 특가법상의 상습절도죄(특가법5의4⑥)는 절도죄의 유형을

---

1) 2015. 10. 15. 2015도8169, 공 2015하, 1721, 『형법 상습절도범 주간 주거침입 사건』.
2) 2015. 10. 15. 2015도8169, 공 2015하, 1721, 『형법 상습절도범 주간 주거침입 사건』.
3) 2015. 10. 15. 2015도8169, 공 2015하, 1721, 『형법 상습절도범 주간 주거침입 사건』.
4) 2017. 7. 11. 2017도4044, 공 2017하, 1698, 『특가법 상습절도범 주간 주거침입 사건』.
5) 2017. 7. 11. 2017도4044, 공 2017하, 1698, 『특가법 상습절도범 주간 주거침입 사건』.

가리지 않고 3년 이상 25년 이하의 징역으로 동일하게 처벌하기 때문에 주간주거침입절도와 야간주거침입절도를 구별할 필요가 없다.

5. 일죄의 일부에 대한 공소제기

(1) 일부기소의 의의

소송법상 일죄로 파악되는 단순일죄나 상상적 경합범의 경우에 검사가 그 범죄를 구성하는 다수의 행위 가운데 일부를 분리하여 그 부분에 대해서만 공소를 제기하는 것을 일부기소라고 한다. 예컨대 강도강간(형법339)의 범죄사실 가운데에서 강도 부분만을 분리하여 기소하는 경우, 포괄일죄를 구성하는 다수의 범죄행위 가운데 일부 특정한 행위만을 지목하여 기소하는 경우, 상상적 경합관계에 있는 수 개의 죄 가운데 일부 범죄만을 기소하는 경우 등이 여기에 해당하는 사례들이다.

(2) 일부기소의 적법성

일부기소의 허용 여부에 관하여는 전면불허설, 전면허용설, 절충설 등이 제시되고 있다.

(가) 전면불허설　　　검사의 일부기소를 일절 인정하지 않는 견해이다. 전면불허설은 형사소송법 제248조 제2항이 범죄사실의 일부에 대한 공소의 효력은 범죄사실 전부에 미친다고 규정하고 있기 때문에 일부기소는 허용되지 않으며 따라서 일부기소의 문제는 처음부터 논의할 필요가 없다고 본다.

(나) 전면허용설–판례　　　검사의 일부기소를 전면적으로 긍정하는 견해이다. 판례는 "하나의 행위가 여러 범죄의 구성요건을 동시에 충족하는 경우 공소제기권자는 자의적으로 공소권을 행사하여 소추재량을 현저히 벗어났다는 등의 특별한 사정이 없는 한 증명의 난이 등 여러 사정을 고려하여 그중 일부 범죄에 관해서만 공소를 제기할 수도 있다."고 판시하여 일부기소를 허용하고 있다.[1]

전면허용설은 당사자주의 소송구조를 지향하는 이론구성이다. 법원은 사안의 진상을 적극적으로 탐구하는 지위로부터 공평한 제3의 심판자 지위로 후퇴해야 하며, 법원의 임무 또한 당사자인 검사가 주장하는 사실을 중심으로 제출된 증거에 터잡아 그 존부를 판단하는 데 그쳐야 한다는 입장이다.

(다) 절충설　　　절충설은 검사의 일부기소는 원칙적으로 허용되지 않으나 검사가 범죄사실의 일부를 예비적·택일적으로 기재한 경우(법254⑤)에는 예외적으로 일부기소가 허용된다

---

1) 2017. 12. 5. 2017도13458, 공 2018상, 141, 『페이스북 선거홍보물 부탁 사건』.

고 본다.

(라) 사 견   생각건대 절충설이 타당하다고 본다. 먼저, 우리 형사소송법은 소인 개념을 채택하지 않고 그 대신 공소불가분의 원칙(법248②)을 명시하고 있다. 이러한 우리 형사소송법에 대해 당사자주의적 소송구조를 철저화하여 검사에게 심판대상의 결정권 및 선택권까지 부여하였다고 말할 수는 없다. 이 점에서 전면허용설은 지지할 수 없다. 다음으로, 전면불허설은 형사소송법이 명시하고 있는 예비적·택일적 공소제기(법254⑤)를 제대로 설명하지 못하는 흠이 있다.

이렇게 볼 때 검사의 일부기소는 원칙적으로 허용되지 않지만 검사가 수 개의 범죄사실 중 일부의 범죄사실이나 적용법조, 또는 하나의 범죄사실 중 부분사실이나 적용법조를 예비적·택일적으로 공소장에 기재하여 일부기소의 의사를 명시한 경우에는 소송경제의 이익을 도모하기 위하여 예외적으로 일부기소가 허용된다고 새겨야 할 것이다.

(3) 강간죄와 일부기소의 문제

일부기소의 한 형태로 논해지는 것에 강간죄의 일부기소 문제가 있다. 강간죄가 친고죄이던 시절에 범행수단인 폭행만을 분리하여 폭행죄 또는 「폭력행위 등 처벌에 관한 법률」 위반죄로 기소할 수 있겠는가 하는 문제가 그것이었다. 친고죄의 고소가 없어도 성범죄자를 처벌하려는 시도의 일환이었다. 2012년 형법 일부개정에 의하여 강간죄 등 각종 성범죄가 친고죄에서 일반범죄로 모두 전환되었다. 그에 따라 이제 강간죄의 일부기소 문제는 실천적 의미를 상실하게 되었다.

제 5 절   공소장변경

제 1   공소장변경의 의의

1. 공소장변경의 개념

공소장변경이란 검사가 공소장에 기재한 공소사실 또는 적용법조를 추가, 철회 또는 변경하는 것을 말한다(법298①). 공소장변경은 범죄사실의 동일성이 인정되는 범위 내에서 공소사실과 적용법조의 변경을 꾀하는 장치이다. 이 점에서 공소장변경은 추가로 범죄사실의 심판을 구하는 추가기소나 피고사건에 대한 소송계속을 종결시키려는 공소취소(법255)와 구

별된다.[1]

공소장변경은 공소사실 및 적용법조의 변경을 통하여 법원의 심판과정에 실질적인 변동을 일으킨다. 이 점에서 공소장에 대하여 행해지는 단순한 오기의 정정이나 하자의 보정과 구별된다. 공소장의 정정이 필요한 경우에는 법원이 공소장변경절차를 거치지 않고 이를 바로잡을 수 있다.[2] 그러나 적용법조의 변경은 공소장변경절차를 밟아야 한다. 법원이 공소장변경절차 없이 적용법조를 바꾸어서 판단하는 것은 불고불리의 원칙에 위반하는 것으로서 허용되지 않는다.[3]

공소장변경은 객관적 심판대상과 관계된다. 이 점에서 주관적 심판대상과 관계되는 피고인표시정정과 구별된다. 성명모용사건에 있어서 피고인표시를 바로잡으려면 검사는 공소장변경신청이 아니라 피고인표시정정신청을 해야 한다.

2. 공소장변경의 형태

(1) 공소사실 또는 적용법조의 추가

공소사실 또는 적용법조가 추가되는 경우는 다시 단순추가, 예비적 추가, 택일적 추가의 세 가지로 나누어 볼 수 있다.

(가) 단순추가　　　기존의 공소사실 또는 적용법조에 대해 동일성이 인정되는 다른 공소사실 또는 적용법조를 추가하는 것을 말한다. 예컨대 상습절도의 공소사실에 대하여 그 범죄사실과 포괄일죄의 관계에 있는 다른 절도의 범죄사실을 추가하는 경우가 여기에 해당한다.

각종 영업범은 포괄일죄에 해당한다. 포괄일죄인 영업범에서 공소제기의 효력은 공소가 제기된 범죄사실과 동일성이 인정되는 범죄사실 전부에 미친다(법248②). 그러므로 공판심리 중에 그 범죄사실(A사실)과 동일성이 인정되는 범죄사실(C사실)이 추가로 발견된 경우에 검사는 공소장변경절차에 의하여 그 범죄사실(C사실)을 공소사실로 추가할 수 있다.[4]

그런데 공소제기된 범죄사실(A사실)과 추가로 발견된 범죄사실(C사실)이 포괄일죄에 해당하지만 두 범죄사실들 사이에 포괄일죄로서 '동일성이 인정되는' 또 다른 범죄사실(B사실)에 대한 유죄의 확정판결이 있는 경우가 있다. 이 때에는 추가로 발견된 확정판결 후의 범죄사실(C사실)은 공소제기된 범죄사실(A사실)과 분단되어 동일성이 없는 별개의 범죄가 된다. 따라서 이때 검사는 공소장변경절차에 의하여 확정판결 후의 범죄사실(C사실)을 공소사실로 추가

---

1) 2003. 10. 9. 2002도4372, 공 2003, 2204, 『교육청 특별감사 사건』.
2) 2017. 7. 11. 2013도7896, 공 2017하, 1681, 『연차휴가미사용수당 미지급 사건』.
3) 2012. 8. 23. 2010도12950, 공 2012하, 1633, 『신문발전 보조금 사건』.
4) 2017. 4. 28. 2016도21342, 공 2017상, 1242, 『무면허 분식집 약식명령 사건』.

할 수 없고 별개의 독립된 범죄로 공소를 제기해야 한다.[1]

이에 반해, 공소제기된 범죄사실(A사실)과 추가로 발견된 범죄사실(C사실)이 포괄일죄에 해당하지만, 두 범죄사실들 사이에 포괄일죄와 무관하여 '동일성이 인정되지 않는' 또 다른 범죄사실(B사실)에 대한 유죄의 확정판결이 있는 경우가 있다. 이 때에는 포괄일죄로 되는 개개의 범죄행위(A사실, C사실)가 다른 종류인 죄(B죄)의 확정판결 전후에 걸쳐 행하여진 때에도 그 죄는 두 죄로 분리되지 않고 확정판결(B죄) 후인 최종 범죄행위(C사실) 시점에 완성된다.[2] 이러한 사안에서 검사는 공소장변경절차에 의하여 기존의 공소사실(A사실)에 확정판결 후의 범죄사실(C사실)을 공소사실로 추가할 수 있다.

(나) 예비적 추가　　기존의 공소사실 또는 적용법조에 대하여 동일성이 인정되는 다른 공소사실 또는 적용법조를 예비적으로 추가하는 것을 말한다. 예컨대 분묘발굴죄(형법160)의 공소사실에 예비적으로「장사 등에 관한 법률」위반죄의 공소사실을 추가하는 경우가 여기에 해당한다.[3]

(다) 택일적 추가　　기존의 공소사실 또는 적용법조에 대하여 동일성이 인정되는 다른 공소사실 또는 적용법조를 택일적으로 추가하는 것을 말한다. 예컨대 강도살인죄(형법388 1문)의 공소사실에 대하여 택일적으로 살인죄(형법250①) 및 절도죄(형법329)의 공소사실을 추가하는 경우가 여기에 해당한다.[4]

공소사실 또는 적용법조의 추가는 범죄사실(공소사실)의 동일성을 해하지 않는 범위 내에서만 가능하다(법298① 2문 참조). 따라서 예비적 또는 택일적 추가의 경우와 같이 당초의 공소사실을 별도의 법률적 관점에서 재구성하여 추가하거나 또는 과형상 일죄 또는 포괄일죄를 이루는 범죄사실의 누락부분을 공소사실에 단순 추가하는 경우에 이용된다. 그러나 검사가 전혀 별개의 범죄사실에 대하여 법원의 심판을 구하려고 하는 경우에는 공소장변경이 아니라 추가기소의 방법에 의하여야 한다.

(2) 공소사실 또는 적용법조의 철회

공소사실 또는 적용법조의 철회는 공소사실 또는 적용법조를 법원의 심판대상에서 제외시키는 것을 말한다. 공소사실 또는 적용법조의 철회는 포괄일죄나 과형상 일죄의 관계에 있는 여러 개의 공소사실 가운데 일부를 철회하거나 예비적·택일적으로 기재된 공소사실에 대

1) 2017. 4. 28. 2016도21342, 공 2017상, 1242,「무면허 분식집 약식명령 사건」.
2) 2015. 9. 10. 2015도7081, 공 2015하, 1581,「동네 후배 통장 갈취 사건」.
3) 1992. 4. 24. 91도3150, 공 1992, 1770,「화교묘지 이장 사건」.
4) 1981. 6. 9. 81도1269, 공 1981, 14067,「강도살인 택일적 변경 사건」.

하여 이를 철회하는 경우에 행해진다.

그러나 검사가 공소사실의 전부에 대하여 심판청구를 철회하거나 또는 과형상 수죄의 관계에 있는 범죄사실 가운데 일부의 범죄사실을 법원의 심판대상에서 제외시키고자 하는 경우에는 공소사실 또는 적용법조의 철회형식에 의할 수는 없고 전부사실 또는 일부사실에 대한 공소취소(법255)의 방법에 의하여야 한다. 다만 검사가 공소장변경신청의 형식을 취하였으나 공소취소의 취지임이 명백한 경우에는 수소법원은 공소기각결정(법328① i)을 해야 한다.[1]

(3) 공소사실 또는 적용법조의 변경

공소사실 또는 적용법조의 변경이란 공소사실 또는 적용법조의 추가와 철회를 동시에 행하는 것을 말한다. 예컨대 포괄일죄의 사안에서는 공소장변경을 통한 종전 공소사실의 철회 및 새로운 공소사실의 추가가 가능하다.[2]

공소사실 또는 적용법조의 변경은 공소사실에 실질적인 변경을 일으키는 것으로서 공소장의 보정과 구별된다. 예컨대 공소장에 기재된 단순한 오기의 정정이나 범죄의 일시·장소·수단과 같이 공소사실을 특정하기 위한 사항을 둘러싼 단순한 하자의 보정에는 공소장변경을 요하지 않는다.

제2 공소장변경제도의 존재의의

1. 당사자주의적 관점

형사절차를 검사와 피고인이 대립당사자의 지위에서 벌이는 공격·방어의 과정이라고 보는 것이 당사자주의적 관점이다. 이 입장에서는 공소장변경제도를 형사절차의 동적·발전적 성질에 따르는 변화를 수용하기 위하여 필요한 장치라고 본다. 당사자주의적 소송관에 따르면 검사는 공소사실과 적용법조를 공소장에 기재하여 사실점 및 법률점에 있어서 법원에게 심판을 구하는 대상을 명확하게 제시하고, 피고인 측은 검사가 공소장을 통하여 법원에 심판을 청구한 부분에 대해 방어활동을 전개하면 족하다.

그런데 형사절차는 동적·발전적 성질을 가지므로 때로는 공판심리의 진행과정에서 검사가 심판을 청구하지 아니한 범죄사실이나 적용법조에 대해 심리를 행할 필요가 생기게 된다. 이 경우 검사가 애초에 제시한 공소사실과 적용법조를 공격·방어의 대상으로 고집하여 그의

---

1) 1992. 4. 24. 91도1438, 공 1992, 1768, 『뇌물공여 전부 철회』 사건』.
2) 2018. 10. 25. 2018도9810, 공 2018하, 2302, 『허위 전자세금계산서 수취 사건』.

변경을 불허한다면 법원은 이에 구속되어 피고인을 무죄방면하지 않을 수 없게 된다.

당사자주의적 관점에서 보면 공소장변경제도는 형사절차의 발전적·동적 성질 때문에 공소장에 기재한 공소사실과 적용법조의 변경이 필요하게 될 경우에 검사로 하여금 공소장변경을 신청할 수 있도록 함으로써 형사절차가 추구하는 실체적 진실발견과 적정한 형벌권의 실현을 도모하기 위한 장치라는 의미를 가지게 된다.

이와 같이 당사자주의적 관점에서 공소장변경제도를 이해하게 되면 공소장변경은 형사절차에 있어서 심판대상의 조정을 위한 장치라는 의미를 가지게 된다. 공소장변경은 검사의 공소제기에 의하여 일단 잠재적 심판대상으로 되어 있던 범죄사실을 현실화시키거나 또는 그 반대로 현실적 심판대상을 잠재적 심판대상으로 후퇴시키는 심판대상물의 조정장치로 기능한다. 이렇게 보면 공소장변경제도는 공소장변경 없이는 잠재적 심판대상에 포함되어 있는 범죄사실이라 하더라도 이를 이유로 피고인을 처벌할 수 없도록 하는 결과를 가져오게 된다.

2. 직권주의적 관점

형사절차를 법원의 주도하에 실체적 진실발견을 추구하는 과정으로 이해하는 것이 직권주의이다. 이 입장에서는 공소장변경제도를 순전히 피고인의 방어권보장을 위한 절차적 담보장치라고 새긴다. 이 입장에서는 우리 형사소송법의 연혁을 주된 논거로 제시한다.

공소장변경제도는 1954년 우리 형사소송법을 제정할 때 새로이 도입된 것으로 그 전까지 시행되었던 의용형사소송법은 이 제도를 알지 못하였다. 의용형사소송법하의 법원은 검사가 공소를 제기한 범위 내에서 아무런 절차적 과정을 요하지 않고 마음대로 피고사건에 대한 심판범위를 확장할 수 있었고, 이 확장된 부분을 심리한다는 구실로 구속피고인에 대한 미결구금을 무제한으로 연장할 수 있었다.

직권주의적 입장에서 보면 공소장변경제도는 이와 같은 의용형사소송법의 폐단을 제거하고 피고인의 방어권을 보호하기 위한 중요한 제도적 장치로 도입된 것이라고 보게 된다. 즉 공소장변경제도는 공소제기에 의하여 심판대상으로 되어 있는 사건이라 할지라도 검사의 신청에 기한 공소장변경의 절차를 거치지 않는 한 법원으로 하여금 범죄사실의 심리를 변경할 수 없도록 한 것이다.

그리하여 공소장변경제도는 피고사건에 대한 심리연장을 구실로 자행되는 미결구금의 연장을 방지하고, 나아가 공소장변경의 절차에 수반되는 고지(법298③) 및 공판절차의 정지(동조④)를 통하여 피고인에게 예측하지 못한 사실인정 및 법적 공격을 받는 일이 없게 하며, 이를 통하여 그의 방어권행사에 불이익을 주지 않음으로써 피고인의 방어권을 강화하기 위한 장치로서의 의미를 갖는다.

3. 두 관점의 평가

2007년 대폭 개정된 신형사소송법은 국민참여재판의 실시를 계기로 당사자주의를 크게 강화하고 있다. 그런데 신형사소송법이 강화한 당사자주의는 집중심리주의(법267의2)와 구두변론주의(법275의3)의 천명에서 나타나는 바와 같이 주로 공판중심주의의 확립과 관련하여 의미를 가지고 있다. 이에 반하여 입법자는 공소제기의 효력범위와 관련하여 실질적인 변화를 가하고 있지 않다. 공소제기의 효력범위를 통일적으로 규정하기 위하여 공소불가분원칙의 조문위치를 구형소법 제247조 제2항으로부터 신형사소송법 제248조 제2항으로 바꾸었을 뿐이다.

이렇게 볼 때 현행 형사소송법하에서 공소장변경제도의 존재의의는 여전히 피고인의 방어권보장을 위하여 마련된 장치라고 새기는 것이 타당하다고 본다. 공판절차의 당사자주의화에 부합하도록 공소제기의 효력범위를 조정하고 공소장변경제도의 기능을 변경하는 것은 새로운 입법을 기다려야 한다고 생각된다. 공소장변경제도의 존재의의를 아직도 직권주의적 관점에서 파악하게 되는 계기로는 다음의 점들을 들 수 있다.

첫째로, 비교법적으로 볼 때 형사절차에서 공격과 방어의 초점으로서 소인 개념을 채택한 일본의 경우에는 공소장변경제도를 심판대상의 조절장치라고 새기는 것이 가능하다. 즉 형사절차의 동적·발전적 성질로 인하여 발생하게 되는 심판대상의 변동에 대처하기 위하여 소인을 변경할 수 있도록 함으로써 실체적 진실에 입각한 형벌권의 적정실현에 도움을 줄 수 있다는 것이다.

그러나 우리 형사소송법은 범죄사실의 일부에 대한 공소의 효력은 범죄사실 전부에 미친다고 규정함으로써(법248②) 소인 개념의 도입을 부정함과 동시에 법원의 현실적 심판대상을 범죄사실 전부로 파악하고 있다. 이 때문에 일본 형사소송법의 당사자주의적 관점을 가지고 우리 형사소송법의 공소장변경제도를 설명할 수는 없다고 본다.

둘째로, 앞에서 살펴본 바와 같이 우리 형사소송법의 연혁에 비추어 볼 때 우리 형사소송법에 도입된 공소장변경제도는 미결구금의 연장이라는 구형사소송법의 폐단을 극복하면서 피고인의 방어권보장을 절차적으로 담보하기 위한 장치라고 이해하는 것이 타당하다.

셋째로, 공소장변경제도를 직권주의적으로 이해하면 심판대상의 결여를 이유로 하여 진범인을 형식적·기계적으로 방면하는 폐단을 방지할 수 있을 뿐만 아니라, 실체적 진실발견을 위하여 법원에 공소장변경요구의 의무를 부과하고 있는 형사소송법의 태도(법298②)를 쉽게 설명할 수 있다.

제3   공소장변경의 허용한계

1. 의   의

공소장변경은 검사가 공소를 제기한 피고사건과 단일성 및 동일성이 인정되는 범위에 한하여 허용된다. 검사가 피고사건과 단일성·동일성이 인정되지 않는 범위로 공소장변경을 신청하는 경우에 수소법원은 공소장변경을 허가해서는 안 된다(법298① 2문 참조). 만일 피고사건의 단일성·동일성 범위를 초과하여 법원이 공소장변경을 허가하거나 또는 역으로 그 범위내의 공소장변경을 불허하였다면 이후 그 법원이 내린 판결은 법령위반의 오류를 범한 것으로서 항소심 또는 상고심에서 판결파기의 대상이 된다(법361의5 i, 383 i). 이와 같이 공소장변경에 있어서 지켜야 할 한계를 가리켜 공소장변경의 허용한계라고 한다.

공소장변경의 허용한계는 후술하는 공소장변경의 필요성과 구별된다. 공소장변경의 필요성 문제는 피고사건의 단일성·동일성이 인정된다는 전제하에서 검사가 공소장에 기재한 범죄사실과 다른 범죄사실을 법원이 공소장변경절차를 거치지 않고 판결에서 인정할 수 있는가 하는 문제이다.

결국 공소장변경의 허용한계는 피고사건의 단일성·동일성이라는 소송물 자체에 관한 문제임에 대하여 공소장변경의 필요성은 동일한 소송물의 범위 내에서 피고인에게 공소장변경절차에 수반하는 권리보장장치를 굳이 제공해야 하는가라는 문제라고 할 수 있다.

2. 공소장변경과 피고사건의 단일성

공소장변경의 허용한계를 이루는 피고사건의 단일성은 피고인의 단일성과 범죄사실의 단일성에 의하여 결정된다. 그런데 피고인표시의 변경은 피고인표시정정의 방법을 통해야 한다. 그러므로 공소장변경에 있어서 피고인의 변경이란 생각할 수 없다. 요컨대 공소장변경의 한계를 이루는 피고사건의 단일성 문제는 범죄사실의 단일성 여부에 초점이 모아지게 된다.

이미 앞에서 공소제기의 객관적 효력범위와 관련하여 설명한 바와 같이, 범죄사실의 개념은 과거의 특정시점에서 행하여졌던 삶의 한 부분으로서 법률적 평가와는 무관한 순수한 사실상태로 파악된다. 범죄사실은 과거의 특정시점에서 행하여진 사실이라는 의미에서 역사적 사실이라고 표현되기도 한다. 이와 같이 파악되는 범죄사실이 단일성을 이루고 있는가 하는 문제는 사회 일반인의 생활경험에 의하여 판단된다. 결국 공소장변경의 전제조건으로서 요구되는 범죄사실의 단일성이란 전(前)법률적·자연적 관점에서 과거에 일어났던 구체적 사건이 사회 일반인의 생활경험에 의하여 하나의 사건으로 파악된다는 의미를 가지게 된다.

공소장변경의 전제조건으로서 범죄사실의 단일성은 실체법상의 죄수론과 밀접한 관련을 맺고 있다. 대체적으로 볼 때 단순일죄[1], 포괄일죄[2] [3] 및 상상적 경합[4]의 관계에 있는 수 개의 부분범죄사실들은 범죄사실의 단일성이 인정되어 이들 부분사실들 간에는 공소장변경이 가능하다. 이에 대해 과형상 수죄를 이루는 실체적 경합범[5] [6]의 경우는 수 개의 범죄사실이 존재하기 때문에 이들 사이에 공소장변경이 허용되지 않는 것이 원칙이다.

그런데 범죄사실의 단일성은 어디까지나 사회일반인의 생활경험을 바탕으로 하여 전법률적·자연적으로 판단되는 것이다. 그렇기 때문에 과형상 수죄의 범죄사실로 기소되었으나 공소장변경이 허용되는 경우가 나타날 수 있다. 예컨대 검사가 수 개의 범행을 먼저 기소하고 다시 별개의 범행을 경합범으로 추가기소하였는데 법원이 이를 병합하여 심리하는 과정에서 전후에 기소된 각각의 범행이 모두 포괄하여 하나의 범죄를 구성하는 것으로 밝혀지는 경우가 있다. 이러한 경우에는 과형상 수죄로 기소되었음에도 불구하고 공소장변경이 허용된다. 나아가 포괄일죄로 공소장을 변경하는 절차가 없었다 하더라도 법원은 전후에 기소된 범죄사실 전부에 대해 실체판단을 할 수 있고, 추가기소된 부분에 대하여 공소기각판결을 할 필요가 없다.[7]

3. 공소장변경과 피고사건의 동일성

(1) 피고사건의 동일성의 의미

공소장변경은 피고사건과 동일성이 인정되는 한도 내에서 허용된다. 그런데 성명모용의 사실이 밝혀지는 경우와 같이 피고인표시에 변경이 생기는 경우에는 피고인표시정정신청에 의하여 이를 바로잡아야 하며 공소장변경에 의할 수는 없다. 우리 형사소송법은 검사의 공소장변경신청이 있는 경우에 "법원은 공소사실의 동일성을 해하지 아니하는 한도 내에서 허가하여야 한다."고 규정하고 있다(법298① 2문). 이 경우 '공소사실'이 '범죄사실'을 의미한다 함은 소송물론과 관련한 용어사용례에서 설명한 바와 같다. 요컨대 공소장변경은 범죄사실의 동일성이 인정되는 한도에서 허용된다.

---

1) 1996. 9. 24. 96도2151, 공 1996, 3265, 『협박죄 고소취소 사건』.
2) 2006. 2. 23. 2005도8645, 공 2006, 537, 『상가분양 이면계약 사건』.
3) 2022. 10. 27. 2022도8806, 공 2022하, 2359, 『같은 날 다른 장소 무면허운전 사건』.
4) 2012. 6. 28. 2012도2087, 공 2012하, 1376, 『동일인 대출한도 초과대출 사건』.
5) 2022. 9. 7. 2022도6993, 공 2022하, 2140, 『n번방 공소사실 추가 공소장변경 사건』.
6) 2022. 12. 29. 2022도10660, 공 2023상, 416, 『상습성착취물제작 처벌규정 신설 사건』.
7) 2007. 8. 23. 2007도2595, 공 2007, 1504, 『협박범행 추가기소 사건』.

공소장변경의 핵심적 요건을 이루는 피고사건의 동일성은 앞에서 본 피고사건의 단일성과 구별되는 개념이다. 이와 관련하여 '동일성' 개념 속에 '단일성'까지 함께 넣어 이해하는 견해가 있다. 그러나 양자는 구별해야 한다고 본다. 피고사건의 단일성은 일정한 시점을 기준으로 하여 범죄사실의 단수·복수를 결정하는 문제임에 반하여, 피고사건의 동일성은 시간의 경과에 따라 발생하는 사실관계의 증감변동에도 불구하고 전후의 범죄사실이 그 동질성을 유지하는가 아닌가를 판단하는 문제이기 때문이다. 피고사건의 동일성 판단을 위한 기준에 대해서는 여러 가지 견해가 제시되고 있다.

(2) 기본적 사실관계동일설

기본적 사실관계동일설은 공소장변경 전의 범죄사실과 변경이 요구되는 범죄사실을 각각 그 기초가 되는 사회적 사실로 환원하여 양자 사이에 지엽말단의 점에서 다소 차이가 있더라도 기본적 사실관계에서 동일성이 인정되면 공소장변경을 위한 범죄사실의 동일성이 인정된다고 보는 견해이다.

이 견해는 범죄사실의 동일성을 판단함에 있어서 일체의 법률적 관점을 배제하고 순수하게 전(前)법률적·자연적 관점에서 범죄사실의 동일성을 판단하려는 점에 특색이 있다. 기본적 사실관계동일설은 법원의 심판대상을 전법률적·자연적 관점에서 역사적으로 생성된 삶의 한 단면으로 파악하는 범죄사실대상설과 동일한 관점에서 주장되고 있는 이론이다. 기본적 사실관계동일설은 종래 대법원판례의 주류적 입장이었다.[1]

(3) 죄질동일설

죄질동일설은 공소장에 기재된 범죄사실과 변경을 구하는 범죄사실이 가지고 있는 각각의 구성요건의 유형적 본질을 포착하여 양자 사이에 동일성이 인정되면 공소장변경을 허용하고 그렇지 아니하면 공소장변경을 불허해야 한다는 주장이다. 공소장변경 전후의 범죄사실을 비교하는 척도로 사용되는 구성요건의 유형적 본질을 죄질이라고 부른다는 이유에서 이 견해를 죄질동일설이라고 부른다.

죄질동일설은 구성요건의 유형적 본질을 주로 범죄사실에 대한 죄명, 적용법조의 장절(章節)상의 위치 또는 그 범죄의 보호법익 등을 통하여 파악하는 점에 특색이 있다. 죄질동일설의 입장에서는 공소장변경 전후의 죄명이나 보호법익과 관련한 범죄의 체계상 위치를 비교하여 공소장변경 여부를 결정하게 된다.

---

1) 1994. 9. 23. 93도680, 공 1994, 2901, 『염산에페드린 은닉 사건』.

죄질동일설의 입장에서는 절도죄(형법329)와 강도죄(형법333) 사이에는 범죄사실의 동일성을 인정하지만 수뢰죄(형법129①)와 공갈죄(형법350①) 또는 장물죄(형법362①)와 강도상해죄(형법337) 사이에 대해서는 동일성을 인정하지 아니하여 공소장변경을 불허하게 된다.

(4) 구성요건공통설

구성요건공통설은 범죄란 구성요건을 떠나서는 관념할 수 없다고 보고 공소장변경 전후의 범죄사실에 대하여 적용되는 구성요건을 비교하여 양자가 상당한 정도로 부합하는 때에는 공소장변경을 허용하고 그렇지 않은 경우에는 이를 불허하자는 입장이다.

예컨대 처음의 범죄사실인 A사실이 갑 구성요건에 해당하고 뒤에 판명된 B범죄사실이 을 구성요건에 해당하는 경우에 을 구성요건이 갑 구성요건에 상당한 정도로 부합하면, A, B 두 범죄사실 사이에 동일성을 인정하여 공소장변경을 허가할 수 있다는 것이다.

구성요건공통설은 범죄에 적용될 구성요건이라는 규범적 척도를 중시한다는 점에서 구성요건의 유형적 본질을 중시하는 죄질동일성과 공통된다. 그렇지만 비교의 대상이 되는 두 개의 범죄사실이 반드시 죄질을 같이하거나 공통된 특징을 가질 필요가 없다고 보는 점에서 차이가 있다.

구성요건공통설의 입장에서는 강요죄(형법324①)와 공무원의 직권남용죄(형법123), 체포 · 감금죄(형법276①)와 공무원에 의한 불법체포 · 감금죄(형법124①), 단순폭행죄(형법260①)와 특수공무원의 폭행 · 가혹행위죄(형법125), 공무집행방해죄(형법136①)와 소요죄(형법115) 사이에도 공소장변경이 가능하다고 보게 된다.

(5) 소인의 주요부분공통설

소인의 주요부분공통설은 법원의 심판대상을 소인으로 보는 소인대상설의 입장에서 주장되고 있다. 소인의 주요부분공통설은 공소장에 기재된 소인과 변경을 구하는 소인을 비교하여 두 소인 사이에 주요부분이 공통되면 범죄사실(공소사실)의 동일성을 인정하는 견해이다. 소인의 주요부분이 공통되면 공소장변경을 허용하자는 것이다.

이 입장에서는 소인이란 구체적 사실을 의미하기 때문에 소인변경의 한계를 이루는 범죄사실(공소사실)의 동일성도 사실과 사실의 비교문제가 되며 따라서 자신의 견해는 규범적 관점에서 구성요건을 비교하는 구성요건공통설과 구별된다고 주장한다.

한편 소인의 주요부분공통설은 사실이란 무한히 다양하기 때문에 사실 그 자체 가운데 범죄사실의 동일성을 결정하는 절대적인 표준이 있는 것은 아니고 그것은 결국 동일한 형사절차에서 해결하고자 하는 이익과 기판력에 의하여 재소가 금지되는 이익을 비교하여 합목적적으로 결정해야 할 것이라고 주장한다.

(6) 범죄행위동일설

범죄행위동일설은 범죄행위의 동일 여부를 기준으로 범죄사실의 동일성 여부를 판단하자는 견해이다. 헌법 제13조 제1항은 "모든 국민은 ··· 동일한 범죄에 대하여 거듭 처벌받지 아니한다."고 규정하여 일사부재리의 원칙과 관련하여 '범죄'라는 개념을 사용하고 있다. 범죄행위동일설의 입장에서는 범죄행위를 헌법 제13조 제1항이 규정하고 있는 '범죄'라고 이해하면서 그것은 구성요건에 해당하는 위법·유책한 행위가 아니라 구성요건적 평가 이전의 사회적·역사적 행위를 의미한다고 주장한다.

범죄행위동일설의 입장에서 보면 예컨대 A의 행위에 의하여 B가 사망한 경우에 A의 행위에 대한 구성요건적 평가는 수사 또는 공판심리의 결과에 따라 살인·강도살인·강도치사·상해치사·중과실치사·과실치사 등과 같이 달라질 수 있지만 A의 행위에 의하여 B가 사망하였다는 역사적·사회적 사실이 동일하기 때문에 각 범죄들 사이에는 동일성이 인정된다고 본다.

(7) 판례의 태도

대법원은 1994년 확정판결의 객관적 효력범위와 관련한 전원합의체 판결을 통해 기본적 사실관계동일설을 바탕으로 하면서도 규범적 요소를 강조하는 입장을 천명하였다.[1] 이후 대법원은 "공소사실이나 범죄사실의 동일성 여부는 사실의 동일성이 갖는 법률적 기능을 염두에 두고 피고인의 행위와 그 사회적인 사실관계를 기본으로 하되 그 규범적 요소도 고려하여 판단하여야 한다."는 입장을 견지하고 있다.[2]

대법원은 규범적 요소의 판단기준 가운데 하나로 특히 전후 범죄사실의 양립가능성 여부를 들고 있다. 판례가 제시하는 몇 가지 기준을 보면 다음과 같다.

범죄사실(공소사실)의 동일성 여부는 기본적 사실관계가 동일한지에 따라 판단해야 한다. 이는 순수한 사실관계의 동일성이라는 관점에서만 파악할 수 없고, 피고인의 행위와 자연적·사회적 사실관계 이외에 규범적 요소를 고려하여 기본적 사실관계가 실질적으로 동일한지에 따라 결정해야 한다.[3] [4]

---

1) 1994. 3. 22. 93도2080 전원합의체 판결, 공 1994, 1368, 『장물취득 대 강도상해 사건』.
2) 2019. 4. 25. 2018도20928, 공 2019상, 1201, 『병원 시술상품 배너광고 사건』.
3) 1994. 3. 22. 93도2080 전원합의체 판결, 공 1994, 1368, 『장물취득 대 강도상해 사건』.
4) 2017. 1. 25. 2016도15526, 공 2017상, 500, 『이태원 살인 사건』.

공소제기된 공소사실(사문서위조 · 위조사문서행사)과 공소장변경허가를 신청한 예비적 공소사실(사서명위조 · 위조사서명행사)이 주위적 공소사실이 유죄로 되면 예비적 공소사실은 주위적 공소사실에 흡수되고 주위적 공소사실이 무죄로 될 경우에만 예비적 공소사실의 범죄가 성립할 수 있는 관계에 있는 경우에는 규범적으로 보아 공소사실의 동일성이 인정된다.[1]

일방의 범죄가 성립되는 때에는 타방 범죄의 성립은 인정할 수 없다고 볼 정도로 양자가 밀접한 관계에 있는 경우에는 양자의 기본적 사실관계는 동일하다.[2] 그러나 공소제기된 공소사실과 공소장변경이 신청된 공소사실 간에 그 일시만 달리하는 경우에도 사안의 성질상 두 개의 공소사실이 양립할 수 있다고 볼 사정이 있는 때에는 그 기본인 사회적 사실을 달리할 위험이 있다 할 것이므로 기본적 사실은 동일하다고 볼 수 없다.[3]

포괄일죄 사안에서 공소장변경 허가 여부를 결정할 때는 포괄일죄를 구성하는 개개 공소사실별로 종전 것과의 동일성 여부를 따지기보다는 변경된 공소사실이 전체적으로 포괄일죄의 범주 내에 있는지 여부에 따라 판단해야 한다. 즉 단일하고 계속된 범의하에 동종의 범행을 반복하여 행하고 그 피해법익도 동일한 경우에 해당한다고 볼 수 있는지 여부에 초점을 맞추어 공소장변경 허가 여부를 결정해야 한다.[4]

제4 공소장변경의 필요성

1. 의 의

범죄사실(공소사실)의 동일성이 인정되면 공소장변경이 허용된다. 공소장변경이 가능해지는 것이다. 그러나 공소장변경이 가능하다고 해서 반드시 공소장변경절차를 밟아야 할 필요가 있는 것은 아니다. 법원이 공소장과 다른 내용의 범죄사실을 인정하는 경우에 굳이 공소장변경의 절차를 거쳐야 하는가 하는 문제를 공소장변경의 필요성 문제라고 한다.

공소장변경이 필요한 경우인가 아니면 그렇지 아니한 경우인가에 따라서 공소사실과 적용법조를 변경함에 있어서 법원이 준수해야 할 사항이 달라진다. 먼저, 공소장변경이 필요한 경우라면 법원은 공소사실이나 적용법조를 변경함에 있어서 반드시 검사의 신청을 기다려야

---

1) 2013. 2. 28. 2011도14986, 공 2013상, 609, 『타인 행세 이동통신 가입 사건』.
2) 2012. 5. 24. 2010도3950, 공 2012하, 1167, 『양평군 임야 중개 사건』.
3) 2012. 5. 24. 2010도3950, 공 2012하, 1167, 『양평군 임야 중개 사건』 참조.
4) 2018. 10. 25. 2018도9810, 공 2018하, 2302, 『허위 전자세금계산서 수취 사건』.

한다(법298① 1문). 법원은 공소장변경이 필요하다고 판단하더라도 스스로 공소장변경을 할 수는 없다. 법원은 검사에게 공소장변경을 요구하여(법298②) 검사가 공소장변경을 신청하는 절차를 밟아야 한다.

이에 반하여 공소장변경이 필요 없는 경미한 변경에 해당하면 법원은 검사의 공소장변경신청을 기다리지 아니하고 직권으로 자유롭게 공소사실과 적용법조의 기재를 변경할 수 있다.

공소장변경절차를 거치지 않고서도 직권으로 당초 공소사실과 다른 공소사실에 대하여 유죄를 인정할 수 있는 예외적인 경우임에도 법원이 공소장변경절차를 거친 다음 변경된 공소사실을 유죄로 인정하는 것은 심판대상을 명확히 특정함으로써 피고인의 방어권 보장을 강화하는 것이므로 특별한 사정이 없는 한 위법하다고 볼 수 없다.[1]

2. 공소장변경의 필요성에 관한 학설

(1) 학설의 개관

공소사실과 적용법조를 변경함에 있어서 어느 범위까지 공소장변경절차가 필요한가 하는 문제에 대하여 견해가 나뉘고 있다. 학설대립의 중점은 판단기준을 사실적 척도에서 구할 것인가 아니면 규범적 척도에서 구할 것인가 하는 점에 모아진다.

(가) 적용법조설   전후의 적용법조를 비교하여 변경이 없으면 공소장변경절차를 거칠 필요 없이 법원이 공소장에 기재된 공소사실과 다른 범죄사실을 인정할 수 있다고 보는 견해이다. 이때 적용법조는 당해 범죄사실에 적용되는 특별구성요건을 말한다.

(나) 법률구성설   전후의 법률적 구성을 비교하여 공소사실의 법률적 구성 전반에 변화가 생기지 않으면 구체적 사실관계에서 차이가 발생하더라도 법원은 공소장변경절차를 밟을 필요가 없다고 보는 견해이다. 이 견해는 법원의 심판활동이 범죄사실에 대한 법률적 평가에 모아진다고 보는 점에서 앞에서 본 적용법조설과 취지를 같이한다. 그러나 단순히 적용법조(특별구성요건)를 넘어서 총칙상의 적용법조까지 포함한 법률적 구성 전반에 걸친 동일성을 판단의 기준으로 삼는다는 점에서 적용법조설과 구별된다.

(다) 실질적 불이익설   공소장에 기재되어 있는 범죄사실과 변경해서 인정하려는 범죄사실을 비교하여 피고인의 방어에 실질적 불이익이 없는 경우에는 공소장변경절차를 요하지 않는다고 보는 견해이다. 법원의 심판대상을 법률적 평가와 관계없이 순수하게 사실적 측면에서 파악하는 입장이다.

---

1) 2022. 12. 15. 2022도10564, 공 2023상, 289, 『음란사진 손자 전송 협박 사건』.

(2) 판례의 태도

(가) 판단기준   판례는 실질적 불이익설의 입장이다.[1] 피고인의 방어권 행사에 있어서 실질적인 불이익을 초래할 염려가 존재하는지 여부는 범죄사실의 기본적 동일성이라는 요소 이외에도 법정형의 경중 및 그러한 경중의 차이에 따라 피고인이 자신의 방어에 들일 노력·시간·비용에 관한 판단을 달리할 가능성이 뚜렷한지 여부 등의 여러 요소를 종합하여 판단해야 한다.[2] 관련되는 사안을 몇 가지 살펴본다.

(나) 단독정범과 공동정범   단독범으로 기소된 것을 다른 사람과 공모하여 동일한 내용의 범행을 한 것으로 인정하는 경우 이로 말미암아 피고인에게 예기치 않은 타격을 주어 방어권 행사에 실질적 불이익을 줄 우려가 없다면 공소장 변경이 필요하지 않다.[3][4]

(다) 공동정범과 방조범   방조범은 형이 필요적으로 감경되므로(형법32②) 공동정범(형법30)보다 가벼운 경우라고 말할 수 있다. 그러나 그렇다고 하여 법원이 공동정범으로 기소된 피고인에 대해 공소장변경 없이 곧바로 직권으로 방조범을 인정할 수 있는 것은 아니다.

방조범으로 처벌하기 위해서는 정범의 범행에 대한 공동가공의 의사나 기능적 행위지배의 점에 대한 증명이 부족하지만 그 의심이 있다는 정도로는 부족하다. 방조의 고의와 방조행위가 있었다는 점에 대한 적극적인 증명이 있어야 하고, 나아가 그 점에 대하여 피고인에게 방어의 기회가 제공되는 등 심리의 경과에 비추어 피고인의 방어에 실질적인 불이익을 주지 아니한 경우라야 공소장변경 없는 방조범 인정이 가능하다.[5]

(라) 적용법조   적용법조의 변경과 공소장변경의 관계가 문제된다. (가) 공소장에 기재된 적용법조의 기재에 오기·누락이 있거나, (나) 공소장에 기재된 적용법조에 해당하는 구성요건이 충족되지 않을 때에는 공소사실의 동일성이 인정되는 범위 내로서 피고인의 방어에 실질적인 불이익을 주지 않는 한도에서 법원은 공소장변경절차를 거침이 없이 직권으로 공소장 기재와 다른 법조를 적용할 수 있다.

그러나 (가) 공소장에 기재된 적용법조를 단순한 오기나 누락으로 볼 수 없고, (나) 공소장에 기재된 적용법조의 구성요건이 충족되는 경우에 그럼에도 불구하고 법원이 공소장변경절차를 거치지 않고 임의적으로 다른 법조를 적용하여 처단하는 것은 허용되지 않는다.[6]

1) 2011. 11. 24. 2009도7166, [미간행], 『금지금 폭탄영업 사건』.
2) 2011. 2. 10. 2010도14391, 공 2011상, 606, 『유사성교 직권인정 사건』.
3) 1991. 5. 28. 90도1977, 공 1991, 1820, 『호적주임 호적정정 사건』.
4) 2018. 7. 12. 2018도5909, 공 2018하, 1682, 『요양원 부부 경영 사건』.
5) 2011. 11. 24. 2009도7166, [미간행], 『금지금 폭탄영업 사건』.
6) 2015. 11. 12. 2015도12372, 공 2015하, 1965, 『폭처법 대 형법 상습공갈 사건』.

3. 예외적 직권판단 의무

공소장변경의 필요성 여부에 대해서는 피고인의 입장과 검사의 입장에서 각각 다른 주장을 제기할 수 있다. 피고인의 경우에는 공소장변경 없이 공소사실과 다른 범죄사실을 인정하는 데에 대해 불만을 가질 수 있다. 이에 대해 판례는 실질적 불이익설에 따라, 법원은 공소사실의 동일성이 인정되는 범위 내에서 공소가 제기된 범죄사실에 포함된 보다 가벼운 범죄사실을 공소장변경 없이 직권으로 인정할 수 있다는 입장을 취하고 있다. 이때 법원의 직권판단은 어디까지나 법원의 재량에 속한다.[1]

이에 반해 검사의 입장에서는 법원이 공소장변경 없이 직권으로 공소사실과 다른 범죄사실을 인정할 수 있는 경우임에도 불구하고 공소사실에 대해 무죄를 선고하는 것에 대해 불만을 가질 수 있다. 이에 대해 판례는 엄격한 요건하에 예외적으로 공소장변경 없이 공소사실과 다른 범죄사실을 인정해야 할 의무를 법원에 인정하고 있다.

판례에 따르면, (가) 공소가 제기된 범죄사실과 대비하여 볼 때 실제로 인정되는 범죄사실의 사안이 중대하고, (나) 공소장이 변경되지 않았다는 이유로 이를 처벌하지 않는다면 적법절차에 의한 신속한 실체적 진실발견이라는 형사소송의 목적에 비추어 현저히 정의와 형평에 반하는 것으로 인정되는 경우라면 법원은 직권으로 그 범죄사실을 인정해야 한다.[2]

예컨대 장물취득죄(형법362①)의 공소사실로 기소되었으나 장물보관죄(형법362①)의 범죄사실이 인정된 경우,[3] 형법 제347조 제1항 사기죄의 공소사실로 기소되었으나 이익취득자가 다른 사람임이 판명되어 형법 제347조 제2항 사기죄의 범죄사실이 인정된 경우,[4][5] 청소년위계간음죄(청소년성보호법7⑤) 피고사건에서 위계가 피해자에게 간음행위 자체에 대한 착각을 일으키게 하였다는 공소사실("성관계는 모델이 되기 위한 사진촬영 연습의 일환이다.")로 기소되었으나 위계가 피해자에게 간음행위에 이르게 된 동기에 대한 착각을 일으키게 한 범죄사실("성관계에 응하면 모델을 시켜주겠다.")이 인정된 경우[6] 등에 대해 판례는 법원이 공소사실 부분만 심리한 끝에 그 부분에 관하여 무죄를 선고하는 것을 허용하지 않는다. 이러한 경우에 피고인을 처벌하지 아니하는 것은 적법절차에 의한 신속한 실체적 진실발견이라는 형사소송의 목적에 비추어 현저히 정의와 형평에 반한다는 것이다.

---

1) 2017. 5. 30. 2017도4578, 공 2017하, 1433, 『사실혼 배우자 명의 자동차 매수 사건』.
2) 2008. 10. 9. 2007도1220, 공 2008하, 1561, 『피가름 설교 사건』.
3) 2003. 5. 13. 2003도1366, 공 2003, 1411, 『장물취득 대 장물보관 사건』.
4) 2002. 11. 22. 2000도4419, 공 2003, 262, 『경매이의 취하 사건』.
5) 2017. 6. 19. 2013도564, 공 2017하, 1587, 『허위 차용증 빌라 경매 사건』.
6) 2022. 4. 28. 2021도9041, [미간행], 『매니저 사진작가 1인 2역 사건』.

제 5 공소장변경의 절차

1. 공소장변경의 신청

(1) 서면에 의한 공소장변경신청

공소장변경신청은 서면에 의하는 것이 원칙이다. 검사의 공소장변경신청을 원칙적으로 서면에 의하도록 한 것은 심판의 대상을 명확히 한정하고 절차를 분명히 하여 피고인의 방어권 행사를 가능하게 하기 위함이다.[1]

검사가 공소장변경을 하고자 하는 경우에는 그 취지를 기재한 공소장변경허가신청서를 법원에 제출하여야 한다(규칙142①). 검사가 공소장변경허가신청서를 제출하지 않고 공소사실에 대한 검사의 의견을 기재한 서면을 제출한 것은 공소장변경허가신청서를 제출한 것이라고 볼 수 없다.[2]

검사는 공소사실 또는 적용법조를 추가 또는 변경하는 경우뿐만 아니라 이를 철회하는 경우에도 공소장변경신청을 하여야 한다. 공소장변경허가신청서에는 피고인의 수에 상응한 부본을 첨부하여야 한다(동조②). 법원은 그 부본을 피고인 또는 변호인에게 즉시 송달하여야 한다.[3]

검사의 서면에 의한 공소장변경허가신청이 있는데도 법원이 피고인 또는 변호인에게 공소장변경허가신청서 부본을 송달·교부하지 않은 채 공소장변경을 허가하고 공소장변경허가신청서에 기재된 공소사실에 관하여 유죄판결을 하였다면, 공소장변경허가신청서 부본을 송달·교부하지 않은 법원의 잘못은 판결에 영향을 미친 법령 위반에 해당한다.[4]

다만, 공소장변경 내용이 피고인의 방어권과 변호인의 변호권 행사에 지장이 없는 것이거나 피고인과 변호인이 공판기일에서 변경된 공소사실에 대하여 충분히 변론할 기회를 부여받는 등 피고인의 방어권이나 변호인의 변호권이 본질적으로 침해되지 않았다고 볼 만한 특별한 사정이 있다면 판결에 영향을 미친 법령 위반이라고 할 수 없다.[5]

---

1) 2021. 6. 30. 2019도7217, 공 2021하, 1417, 『고속버스 안 음란행위 사건』.
2) 2022. 1. 13. 2021도13108, 공 2022상, 396, 『유치원 학부모 피해자 특정 사건』.
3) 2021. 6. 30. 2019도7217, 공 2021하, 1417, 『고속버스 안 음란행위 사건』.
4) 2021. 6. 30. 2019도7217, 공 2021하, 1417, 『고속버스 안 음란행위 사건』.
5) 2021. 6. 30. 2019도7217, 공 2021하, 1417, 『고속버스 안 음란행위 사건』.

(2) 구술에 의한 공소장변경신청

서면신청의 원칙에도 불구하고 검사가 구술로 공소장변경신청을 할 수 있는 경우가 있다. 법원은 피고인이 재정하는 공판정에서는 피고인에게 이익이 되거나 피고인이 동의하는 경우 구술에 의한 검사의 공소장변경신청을 허가할 수 있다(규칙142⑤).

검사가 구술로 공소장변경허가신청을 하면서 변경하려는 공소사실의 일부만 진술하고 나머지는 CD 등 전자적 형태의 문서로 저장한 정보저장매체를 제출하였다면, 공소사실의 내용을 구체적으로 진술한 부분에 한하여 공소장변경허가신청이 된 것으로 볼 수 있을 뿐이다. 이 경우 정보저장매체에 저장된 전자적 형태의 문서는 공소장변경허가신청이 된 것이라고 할 수 없고, 법원이 그 부분에 대해서까지 공소장변경허가를 하였다 하더라도 적법하게 공소장변경이 된 것으로 볼 수 없다.[1]

검사가 구술로 공소장변경허가신청을 하면서 변경하려는 공소사실의 일부만 진술하고 나머지는 전자적 형태의 문서로 저장한 정보저장매체를 제출한 경우에 법원의 조치가 문제된다. 이 경우 법원은 정보저장매체에 저장된 전자적 형태의 문서 부분을 고려함이 없이 공소사실의 내용을 구체적으로 진술한 부분만 가지고 공소사실의 특정 여부를 판단해야 한다. 만일 공소사실이 특정되지 아니한 부분이 있다면 법원은 검사에게 석명을 구하여 특정을 요구해야 하고, 그럼에도 검사가 이를 특정하지 않는다면 그 부분에 대해서는 공소를 기각해야 한다.[2]

(3) 공소장변경신청의 허용 시점

검사의 공소장변경신청은 법원이 공판의 심리를 종결하기 전에 해야 한다. 법원이 적법하게 공판의 심리를 종결한 뒤에는 검사가 공소장변경신청을 하더라도 법원이 반드시 공판심리를 재개하여 공소장변경을 허가할 의무는 없다.[3]

법원은 피고사건에 대한 심리의 경과에 비추어 상당하다고 인정할 때에는 공소사실 또는 적용법조의 추가 또는 변경을 요구하여야 한다(법298②). 그러나 이 경우에도 법원은 스스로 공소장변경절차를 개시할 수 없고 검사의 공소장변경신청을 기다려야 한다.

2. 공소장변경의 허가

검사의 공소장변경신청이 범죄사실(공소사실)의 동일성을 해하지 않고 그 밖에 신청에 필

---

1) 2016. 12. 29. 2016도11138, 공 2017상, 300, 『CD범죄일람표 공소장변경신청 사건』.
2) 2016. 12. 15. 2015도3682, 공 2017상, 191, 『공소장 CD별지 사건』 참조.
3) 1986. 10. 14. 86도1691, 공 1986, 3075, 『선고기일 고지 후 변경신청 사건』.

요한 요건을 구비한 경우에는 법원은 공소장변경을 허가하여야 한다(법298① 2문). 법원은 검사의 공소장변경허가신청이 공소사실의 동일성을 해하지 아니하는 한 이를 허가하여야 한다.[1][2] 법원은 공소장변경 허가 여부를 결정할 때 변경 전 공소사실의 유·무죄 여부를 고려할 것은 아니다.[3] 법원은 공소사실 또는 적용법조의 추가·철회 또는 변경이 있는 때에는 그 사유를 신속히 피고인 또는 변호인에게 고지하여야 한다(법298③).

법원은 검사의 공소장변경허가신청에 대해 결정의 형식으로 이를 허가 또는 불허가한다. 법원의 허가 여부 결정은 (가) 공판정 외에서 별도의 결정서를 작성하여 고지하거나 (나) 공판정에서 구술로 하고 공판조서에 기재할 수도 있다. 만일 공소장변경허가 여부 결정을 공판정에서 고지하였다면 그 사실은 공판조서의 필요적 기재사항이다(법51② xiv). 공소장변경허가 신청이 있음에도 공소장변경허가 여부 결정을 명시적으로 하지 않은 채 공판절차를 진행하면 현실적 심판대상이 된 공소사실이 무엇인지 불명확하여 피고인의 방어권 행사에 영향을 줄 수 있으므로 공소장변경허가 여부 결정은 위와 같은 형식으로 명시적인 결정을 하는 것이 바람직하다.[4]

다만, 판결 전의 소송절차에 관한 결정에 대하여는 특히 즉시항고를 할 수 있는 경우 외에는 항고를 하지 못한다(법403①). 공소사실 또는 적용법조의 추가·철회 또는 변경의 허가에 관한 결정은 판결 전의 소송절차에 관한 결정으로서, 그 결정에 관한 위법이 판결에 영향을 미친 경우에는 그 판결에 대하여 상소를 하는 방법으로만 불복할 수 있다.[5][6]

3. 공소장변경 후의 공판절차

공소장변경이 허가된 때에는 검사는 모두진술(법285)에 준하여 절차를 진행해야 한다. 검사는 공판기일에 공소장변경허가신청서에 의하여 변경된 공소사실·죄명 및 적용법조를 낭독하여야 한다. 다만 재판장은 필요하다고 인정하는 때에는 공소장변경의 요지를 진술하게 할 수 있다(규칙142④ 본문·단서).

공소장변경신청은 서면으로 하는 것이 원칙이지만 예외적으로 구술에 의한 공소장변경신청이 허용되는 경우가 있다. 피고인이 재정하는 공판정에서는 피고인에게 이익이 되거나 피고인이 동의하는 경우 검사는 구술에 의한 공소장변경신청을 할 수 있다(규칙142⑤ 참조). 구술에

1) 2013. 2. 28. 2011도14986, 공 2013상, 609, 『타인 행세 이동통신 가입 사건』.
2) 2018. 10. 25. 2018도9810, 공 2018하, 2302, 『허위 전자세금계산서 수취 사건』.
3) 2018. 10. 25. 2018도9810, 공 2018하, 2302, 『허위 전자세금계산서 수취 사건』.
4) 2023. 6. 15. 2023도3038, 공 2023하, 1264, 『피해자 5명 추가 공소장변경신청 사건』.
5) 1987. 3. 28. 87모17, 공 1987, 1103, 『공소장변경 불허 불복방법 사건』.
6) 2023. 6. 15. 2023도3038, 공 2023하, 1264, 『피해자 5명 추가 공소장변경신청 사건』.

의한 공소장변경허가신청을 하는 경우 검사는 변경하고자 하는 공소사실의 내용을 서면에 의하여 신청을 할 때와 마찬가지로 구체적으로 특정하여 진술해야 한다.[1]

검사의 공소장변경낭독은 공판기일에 변경된 공격·방어의 초점을 재확인하여 피고인의 방어권행사를 용이하게 한다. 공소장변경낭독은 구두변론주의(법275의3)의 실현에 기여할 뿐만 아니라 소송관계인이나 방청인 등에게 심리의 경과를 관찰하고 감시할 수 있도록 함으로써 공개재판의 원칙을 담보하는 기능도 담당한다.

법원은 공소사실 또는 적용법조의 추가, 철회 또는 변경이 피고인의 불이익을 증가할 염려가 있다고 인정하는 때에는 직권 또는 피고인이나 변호인의 청구에 의하여 피고인으로 하여금 필요한 방어의 준비를 하게 하기 위하여 결정으로 필요한 기간 공판절차를 정지할 수 있다(법298④).

공소장변경에 따른 공판절차의 정지는 임의적이다. 공소사실의 일부 변경이 있고 법원이 그 변경을 이유로 공판절차를 정지하지 아니하였다고 하더라도 공판절차의 진행상황에 비추어 그 변경이 피고인의 방어권행사에 실질적 불이익을 주지 아니하는 것으로 인정될 때에는 이를 위법하다고 할 수 없다.[2]

제6 법원의 공소장변경요구

1. 공소장변경요구의 의의

법원은 심리의 경과에 비추어 상당하다고 인정할 때에는 공소사실 또는 적용법조의 추가 또는 변경을 요구하여야 한다(법298②). 이를 법원의 검사에 대한 공소장변경요구라고 한다. 형사소송법 제298조 제2항이 법원에 대하여 공소장변경요구의 권한 및 책무를 부여한 이유에 대해서는 두 가지 상이한 설명이 가능하다.

먼저 당사자주의적 관점에서 보면, 법원은 검사의 공소제기나 자발적인 공소장변경신청을 통하여 현실적으로 심판대상이 된 부분에 대해서만 재판할 수 있다. 그런데 만일 검사가 공소장변경신청을 하지 않아 명백히 죄를 범한 자를 법원이 유죄로 판단하지 못하는 경우가 생긴다면 적정한 형사사법을 실현할 수 없다. 당사자주의의 입장에서는 이러한 문제상황에 대비하여 마련된 장치가 바로 공소장변경요구제도라고 본다.

그러나 공소장변경요구제도는 직권주의적 관점에서 보다 더 적절히 설명할 수 있다. 우리

1) 2016. 12. 29. 2016도11138, 공 2017상, 300, 『CD범죄일람표 공소장변경신청 사건』.
2) 2015. 11. 12. 2015도6809, 공 2015하, 1915, 『세월호 - 제1 예비적 공소사실 추가 사건』.

형사소송법은 범죄사실의 일부에 대한 공소의 효력은 범죄사실 전부에 미친다고 규정함으로써(법248②) 범죄사실 전체를 법원의 현실적 심판대상으로 설정하고 있다. 따라서 법원은 공소장에 기재되지 아니한 부분에 대해서도 적극적으로 실체적 진실을 규명해야 할 권한을 가지며 동시에 의무도 부담하고 있다.

그런데 법원이 실체적 진실발견을 이유로 내세워 공소장에 기재되지 아니한 부분에 대해서까지 임의로 심판범위를 확장하거나 변경한다면 피고인은 예상하지 못했던 부분에 대하여 심리를 받게 되고 그 결과 그의 방어권행사에 중대한 지장이 발생하게 된다. 여기에서 우리 형사소송법은 공소장변경요구제도를 마련하였다. 즉 법원이 검사에게 공소장변경을 요구하는 장치를 둠으로써 법원의 자의적인 심판범위 확장을 견제하고 나아가 공소유지자인 검사와 상대방인 피고인에게 각각 심리의 초점이 변경될 수 있다는 점을 알려서 피고인에게 방어준비를 할 기회를 주도록 하고 있는 것이다.

2. 공소장변경요구의 성질

법원의 공소장변경요구가 법원의 권한인가 아니면 의무인가에 대하여 견해가 나뉘고 있다. 이와 같은 논의의 계기는 검사의 공소장변경신청이 없음을 이유로 들어 법원이 피고인을 무죄방면하거나 또는 공소사실보다 가벼운 범죄사실로 유죄판결을 선고하는 경우가 생길 수 있기 때문이다. 이러한 경우에 법원이 공소장변경요구를 하지 않았음을 들어서 검사가 법령위반으로 불복 상소할 수 있는가 하는 점이 문제의 초점이다.

재량설은 검사에 대한 공소장변경요구가 법원의 재량에 속한다고 보는 견해이다. 즉 공소장변경요구는 법원의 권한일 뿐 의무는 아니라는 것이다. 재량설은 판례의 주류적 입장이다.[1] 재량설은 당사자주의적 관점에서 제시되고 있다. 이 입장에서는 원래 공소사실의 변경은 심판대상에 관한 것이므로 소추권자인 검사의 권한에 속하는 것이라고 본다. 그 결과 법원은 검사가 제시한 공소사실의 범위 내에서 판단하면 족하고 적극적으로 공소장변경을 요구할 의무는 지지 않으며, 역으로 검사는 법원의 공소장변경요구가 없었음을 이유로 상소할 수 없다고 본다.

의무설은 검사에 대한 공소장변경요구가 법원의 의무에 속한다고 보는 견해이다. 법원은 공소불가분의 원칙(법248②)에 의하여 현실적으로 심판대상이 된 범죄사실 전부에 대하여 실체적 진실을 규명해야 할 권한과 의무를 지고 있으므로, 실체적 진실에 입각한 형벌권의 적정 실현이 필요할 경우 법원은 검사에 대하여 반드시 공소장변경을 요구해야 한다는 것이다. 의

---

1) 1990. 10. 26. 90도1229, 공 1990, 2475, 『얼굴 2회 가격 사건』.

무설의 입장에서는 우리 형사소송법 제298조 제2항이 "법원은 심리의 경과에 비추어 상당하다고 인정할 때에는 공소사실 또는 적용법조의 추가 또는 변경을 요구하여야 한다."고 규정하고 있음에 주목한다.

예외적 의무설은 공소장변경요구가 원칙적으로는 법원의 재량에 속하지만, 공소장변경이 없어서 피고인을 무죄방면하거나 경한 범죄사실로 처벌함에 그치는 것이 현저히 정의와 형평에 반하는 경우에는 예외적으로 공소장변경을 요구해야 할 의무가 법원에 발생한다고 보는 견해이다. 이 입장에서는 공소장변경요구를 하지 않는 것이 현저히 정의와 형평에 반하는가 아닌가를 판단하는 표지로 증거의 명백성과 범죄의 중대성에 주목한다. 이때 범죄의 중대성은 단순히 법정형만을 기준으로 할 것이 아니라 범죄의 죄질·태양·결과 등을 고려한 사회적 관심의 중대성을 고려하여 판단한다.

판례는 기본적으로 재량설에 서 있지만, 공소장변경의 필요성 항목에서 본 바와 같이 인정되는 범죄사실이 중대하여 공소장이 변경되지 않았다는 이유로 이를 처벌하지 않는다면 적법절차에 의한 신속한 실체적 진실의 발견이라는 형사소송의 목적에 비추어 현저히 정의와 형평에 반하는 것으로 판단되는 경우를 인정하고 있다.[1] 이러한 경우에는 예외적으로 법원에 공소장변경 요구의무가 발생한다고 볼 수 있다.

3. 공소장변경요구의 구속력

법원의 공소장변경요구에도 불구하고 검사가 이 요구대로 공소장변경신청을 하지 아니한 경우 법원의 공소장변경요구에 어떠한 효력을 인정할 것인지 문제된다. 이와 관련하여 형성적 효력설과 권고적 효력설이 제시되고 있다.

형성적 효력설은 검사가 법원의 공소장변경요구에 불응하면 법원의 요구에 곧바로 공소장을 변경시키는 형성적 효력이 발생한다고 보는 견해이다. 형성적 효력설은 만일 이러한 효력을 인정하지 않는다면 법원의 공소장변경요구는 아무런 실제적 기능을 할 수 없을 것이라는 점을 논거로 제시한다.

권고적 효력설은 법원의 공소장변경요구가 검사에 대하여 권고적 효력을 발생시킬 뿐 검사에게 그 요구에 따라야 할 의무를 부과하는 것은 아니라고 보는 견해이다. 비슷한 견해로 명령적 효력설이 있다. 명령적 효력설은 법원의 공소장변경요구가 검사에게 복종의무를 발생시키기는 하나 그 이행을 강제할 방법이 없다고 보는 견해이다. 명령적 효력설도 결국 권고적 효력설의 일종이라고 할 수 있다. 권고적 효력설에 따르면 검사가 법원의 요구에 따르지 않을

---

1) 2008. 10. 9. 2007도1220, 공 2008하, 1561, 『피가름 설교 사건』.

경우에 법원은 공소장에 기재된 범죄사실의 범위 내에서만 판단해야 하므로 경우에 따라 무죄판결을 선고해야 할 경우도 생기게 된다.

생각건대 이 문제는 법원의 공소장변경요구가 재량에 기한 것인가 아니면 의무에 기한 것인가에 따라 달리 해결되어야 한다고 본다. 공소장변경요구제도를 예외적 의무설의 관점에서 파악하게 되면 우선 재량에 기한 변경요구에 검사가 불응할 경우 법원은 공소장에 기재된 범죄사실의 범위 내에서 심판하면 족하다. 이렇게 되면 법원은 경우에 따라 무죄를 선고해야 할 경우도 있다.

그러나 무죄판결을 내리는 것이 현저히 정의와 형평에 반하는 예외적 상황인 경우에는 법원에게 형벌권을 실현시켜야 할 의무가 부과되어 있으므로 법원은 검사의 공소장변경요구 불이행을 이유로 공소장변경 없이 피고인에게 유죄판결을 선고해야만 할 것이다. 근래 판례가 현저히 정의와 형평에 반하는 경우 공소장변경절차 없이도 직권으로 공소사실과 다른 범죄사실을 인정할 수 있다고 판단한 것[1]도 같은 맥락이라고 생각된다. 다만 피고인에게 유죄판결을 선고할 경우에 법원은 피고인에게 공판절차의 정지(법298④)와 같은 절차적 보장장치를 반드시 제공해야 할 것이다.

제7 항소심과 공소장변경

1. 항소심의 구조와 공소장변경

공소장변경은 피고사건의 심판대상인 범죄사실과 직접적인 관련을 가지는 제도이므로 사실심절차에서 행할 수 있다. 그러므로 법률심을 원칙으로 하는 상고심에서는 공소장변경이 허용되지 않는다. 그런데 항소심에서 공소장변경이 허용되는가 하는 문제가 항소심의 구조와 관련하여 논란되고 있다. 판례는 현행 형사소송법상 항소심이 사후심적 성격이 가미된 속심이라는 이유로 항소심에서의 공소장변경을 허용하고 있다.[2]

우리 형사소송법은 항소심에 속심의 성격을 부여하고 있다. 제1심법원의 업무량 과중으로 인한 심리미진의 위험에 대처하고 실체적 진실발견을 위하여 새로이 발견되는 증거를 항소심에서 고려할 수 있도록 하기 위함이다. 항소심의 속심적 성격에 비추어 볼 때 항소심에서의 공소장변경을 허용하는 것은 일단 타당하다고 생각된다.

---

1) 2006. 4. 13. 2005도9268, 공 2006, 821, 『송반장 사건』.
2) 2014. 1. 16. 2013도7101, 공 2014상, 427, 『공천 브로커 사건』.

2. 국민참여재판 사건의 항소심과 공소장변경

그러나 국민참여재판 사건의 경우에는 공소장변경을 허용하는 데에 신중을 기해야 한다고 본다. 국민참여재판이 실시되는 것을 계기로 제1심 공판중심주의가 강조되고 있으며, 이를 반영하여 형사소송규칙은 항소심에서의 증인신문에 제한을 가하고 있다(규칙156의5②). 이 부분은 항소심의 구조가 사후심 쪽으로 변화하는 모습을 보여주고 있다.

국민참여재판은 사법의 민주적 정당성과 신뢰를 높이기 위하여 마련된 재판절차이다(국민참여재판법1 참조). 국민참여재판에서는 배심원이 공판심리에 참여하여 제1심 공판중심주의가 철저하게 실현된다는 점과 국민참여재판 사건의 항소심에서 공소사실을 추가하는 공소장변경이 행해지면 그 부분에 대한 배심원 판단의 기회가 생략된다는 점 등을 고려할 때 국민참여재판 사건의 항소심에는 검사의 공소장변경신청이 허용되지 않는다고 보아야 할 것이다.

제 6 절   공소취소

제 1   공소취소의 의의와 장·단점

1. 공소취소의 의의

공소취소란 검사가 법원에 대하여 제기한 공소를 철회하는 것을 말한다. 공소취소는 공소장변경의 한 형태인 공소사실의 철회와 구별된다. 공소취소는 소송법상 하나의 범죄사실 전부 또는 소송법상 수 개의 범죄사실 가운데 일부에 대해 법원의 소송계속을 종결시키려는 검사의 소송행위이다.[1] 이에 반해 공소사실의 철회는 소송법상 하나의 범죄사실에 대해 부분사실의 판단요구를 철회하는 소송행위로서 피고사건의 소송계속은 여전히 유지된다.

2. 공소취소의 장점과 단점

먼저 공소취소에 대해 회의적인 입장에서 문제점을 검토해 본다. 우선, 검사에게 공소취소를 인정하는 것은 소추권자인 검사에게 민사소송에서의 소취하와 같은 처분적 권한을 부여하는 것이 되어 실체적 진실발견을 추구하는 형사절차의 본질에 맞지 않는다.

---

1) 1988. 3. 22. 88도67, 공 1988, 733, 『24명 소추대상자 사건』.

다음으로, 현행 형사소송법과 같이 공소취소에 의한 법원의 공소기각결정에 대하여 재기소의 가능성을 열어 놓게 되면(법329) 검사의 자의적 권한행사가 나타날 것이 우려된다. 이를 구체적으로 보면, 우선 검사는 공소취소를 통하여 자신이 내렸던 기소판단에 대해 법원이 당부를 심사할 수 있는 기회를 스스로 박탈할 수 있다. 나아가 검사는 공소취소를 통해 피고인이 무죄판결을 통하여 자신의 결백을 입증할 수 있는 길을 봉쇄하고 실체판결의 기판력을 통해 재기소의 위험으로부터 해방될 수 있는 가능성을 차단할 수 있다.

이에 대하여 공소취소를 긍정적으로 이해하는 입장에서 문제를 점검해 본다. 먼저, 검사의 공소취소는 피고인을 가능한 한 형사절차의 초기단계에서 유죄판결의 위험으로부터 해방시킴으로써 피고인에게 이익이 된다. 그뿐만 아니라 실체판단을 도출하기 위하여 필요한 절차를 생략함으로써 소송경제의 효과를 도모할 수 있다. 나아가 공소취소제도는 공소제기 이후에도 유죄판결의 가능성이 있는 피고인을 형사정책적 고려에 의하여 조기에 사회복귀시킬 수 있다는 장점을 가지고 있다. 이러한 점에서 공소취소제도는 형사소송법이 인정하고 있는 기소편의주의(법247)와 맥락을 같이하고 있다.

우리 형사소송법은 공소취소가 가지고 있는 이와 같은 양면적 성격을 고려하여 절충적인 형태로 검사에게 공소취소의 권한을 부여하고 있다. 우선, 검사의 공소취소는 민사소송에 있어서의 소취하와 같이 당연히 소송계속의 종료를 가져오는 것이 아니라(민사소송법267 참조) 법원으로부터 공소기각의 결정을 기다려야 한다(법328① i). 다음으로, 검사는 무제한하게 공소취소를 할 수 있는 것이 아니라 제1심판결의 선고 전까지만 공소를 취소할 수 있다(법255①).

제2 공소취소의 절차

1. 공소취소의 주체

공소의 취소는 검사만 할 수 있다. 법원은 여러 가지 소송조건의 흠결을 이유로 공소기각결정을 할 수 있으나(법328① i~iv) 검사와 같이 형사정책적 고려에 입각하여 공소기각결정을 내릴 수는 없다.

검사의 불기소처분에 대한 재정신청의 결과 고등법원이 공소제기결정을 내리고 이에 따라 검사가 공소를 제기한 경우 검사는 공소를 취소할 수 없다(법264의2). 고등법원의 공소제기결정에 따라 기소가 강제된 사건의 공판절차는 검사의 소추의무를 실현하기 위한 절차이기 때문이다.

2. 공소취소의 시기와 방법

공소는 제1심판결의 선고 전까지 취소할 수 있다(법255①). 이처럼 시기에 제한을 둔 것은 검사의 공소취소에 의해 법원이 내리는 종국판결의 효력이 상실되는 것을 방지하기 위함이다. '제1심판결의 선고'는 제1심절차에서의 종국재판 선고를 의미한다. 따라서 항소심 또는 상고심의 파기환송이나 파기이송의 판결에 의하여 제1심 공판절차가 다시 진행되더라도 검사는 더 이상 공소취소를 할 수 없다.

제1심판결이 선고되고 확정된 상태에서 재심심판절차가 원판결 제1심법원에서 진행중인 경우에 검사는 그 재심심판절차에서 공소취소를 할 수 없다.[1] 재심심판절차에서는 재심판결이 확정될 때까지 종전 확정판결의 효력이 유지되기 때문이다.

공소취소는 이유를 기재한 서면으로 하여야 한다. 다만 공판정에서는 구술로써 할 수 있다(법255② 본문·단서). 공소취소의 사유는 반드시 기소편의주의적 관점에 기한 것에 국한되지 않으며 증거불충분, 소송조건의 흠결 등을 모두 포함한다.

3. 공소취소의 효과

검사가 공소를 취소하면 법원은 결정으로 공소를 기각하여야 한다(법328① ⅰ). 공소취소에 의한 공소기각결정이 확정된 때에는 검사는 공소취소 후 그 범죄사실에 대한 다른 중요한 증거를 발견한 경우에 한하여 다시 공소를 제기할 수 있다(법329). 이를 위반하여 공소가 제기되면 법원은 공소기각판결을 선고해야 한다(법327 ⅳ).

공소취소 후 재기소는 헌법 제13조 제1항 후문 '거듭처벌금지의 원칙'의 정신에 따라 불안정한 지위에 놓이게 될 수 있는 피고인의 인권과 법적 안정성을 보장한다는 관점에서 엄격하게 해석해야 한다.[2]

재기소의 허용사유로 요구되는 '그 범죄사실에 대한 다른 중요한 증거를 발견한 때'라 함은 공소취소 전의 증거만으로는 증거불충분으로 무죄가 선고될 가능성이 있었으나 새로 발견된 증거를 추가하면 충분히 유죄의 확신을 가질 수 있을 정도의 증거가 발견된 때를 말한다.[3] 공소취소 전에 충분히 수집 또는 조사하여 제출할 수 있었던 증거들은 새로 발견된 증거에 해당한다고 보기 어렵다.[4]

---

1) 1976. 12. 28. 76도3203, 공 1977, 9841, 『재심 공소취소 사건』.
2) 2024. 8. 29. 2020도16827, 판례속보, 『공소장일본주의 공소취소 후 재기소 사건』.
3) 2024. 8. 29. 2020도16827, 판례속보, 『공소장일본주의 공소취소 후 재기소 사건』.
4) 2024. 8. 29. 2020도16827, 판례속보, 『공소장일본주의 공소취소 후 재기소 사건』.

재기소의 제한은 종전 범죄사실 그대로 재기소하는 경우뿐만 아니라 범죄사실의 내용을 추가·변경하여 재기소하는 경우에도 마찬가지로 적용된다. 따라서 공소취소로 인한 공소기각결정이 확정된 후에 종전의 범죄사실을 변경하여 재기소하려면 변경된 범죄사실에 대해 다른 중요한 증거가 발견되어야 한다.[1]

---

1) 2009. 8. 20. 2008도9634, 공 2009하, 1582, 『세금계산서 합계표 사건』.

제 3 편 공판절차

제3편 용역제공지

제1장 공판절차의 기초지식

제1절 소송조건론

제1 소송조건의 의의

소송조건이란 전체로서의 소송이 생성·유지·발전하기 위한 기본조건을 말한다. 다수의 소송조건에 공통되는 일반적 성질과 법적 효과를 규명하려는 이론적 시도를 소송조건론이라고 한다. 소송조건론은 형사절차를 일종의 법률관계로 파악하려는 소송법률관계설의 입장에서 중요시되는 이론적 분석작업이다.

검사의 공소제기에 의하여 발생된 피고사건의 소송계속(訴訟繫屬)은 당해 심급뿐만 아니라 항소심, 상고심 등을 거쳐 판결이 확정될 때까지 계속 유지될 수 있는바, 이와 같이 연결되는 소송계속의 전체를 가리켜서 전체로서의 소송이라고 한다. 그리고 이와 같은 소송계속이 유지될 수 있는 기본조건을 소송조건이라고 한다. 소송조건은 단순히 사실심절차만을 전제로 하는 개념이 아니다. 소송조건은 형사소송이 발생하여 소멸할 때까지 계속하여 그 구비가 요구되는 기본조건을 의미한다는 점에서 전체로서의 소송이 생성·유지·발전하기 위한 조건이라고 정의된다.

제2 소송조건의 종류

1. 일반적 소송조건과 특별소송조건

일반적 소송조건은 일반적인 형사사건에 대하여 구비가 요구되는 소송조건을 말한다. 이에 대하여 특별소송조건이란 특정한 사건에 대해서만 구비가 요구되는 소송조건을 말한다. 법원의 재판권(법327 i), 관할(법319) 등은 전자의 예이고, 친고죄나 반의사불벌죄에서 처벌을 원하는 의사표시의 존재(법327 v · vi)는 후자의 예에 해당한다.

2. 절대적 소송조건과 상대적 소송조건

절대적 소송조건이란 전체로서의 소송이 생성·유지·발전하기 위한 기본조건으로서 반드시 갖추어야 할 것을 말한다. 절대적 소송조건의 구비 여부는 검사나 피고인의 신청 유무에 관계없이 법원이 직권으로 심사하여야 한다(법1 참조). 대부분의 소송조건은 절대적 소송조건이다. 이에 대하여 상대적 소송조건은 예외적으로 소송조건의 구비 여부가 법원 이외의 소송주체가 제기하는 신청에 의하여 판단되는 경우를 가리킨다. 토지관할위반의 경우에 피고인의 신청을 기다려서 관할위반의 판결을 선고하도록 한 것(법320①)은 상대적 소송조건의 예이다.

3. 적극적 소송조건과 소극적 소송조건

적극적 소송조건이란 그 구비가 적극적으로 요구되는 소송조건을 말한다. 이에 대하여 그 부존재가 요구되는 소송조건을 소극적 소송조건이라고 한다. 예컨대 법원의 재판권(법327 i)이나 관할(법319)은 적극적 소송조건임에 반하여 동일사건에 대하여 확정판결이 없을 것(법326 i), 공소가 제기된 사건에 대하여 다시 공소가 제기되지 아니하였을 것(법327 iii) 등은 소극적 소송조건이 된다. 소극적 소송조건이 구비된 경우를 가리켜서 소송장애사유라고 부른다.

제3 소송조건의 심사

1. 직권심사의 원칙

소송조건은 전체로서의 소송이 생성·유지·발전하기 위한 기본조건이다. 그러므로 법원은 원칙적으로 소송계속이 발생하여 소멸할 때까지의 전과정에 걸쳐서 소송조건의 존부를 직권으로 심사하지 않으면 안 된다. 형사소송법은 "법원은 직권으로 관할을 조사하여야 한다."고 규정함으로써(법1) 관할이 직권조사사유임을 명시하고 있다.

형사소송법 제1조는 소송조건의 직권조사의무에 관한 예시조항이므로 법원은 관할 이외의 소송조건도 원칙적으로 직권으로 조사할 의무가 있다. 예컨대 친고죄의 고소는 직권조사사유이다. 고소권자가 비친고죄로 고소한 사건이라 하더라도 검사가 사건을 친고죄로 구성하여 공소를 제기하였다면 공소장변경절차를 거쳐 공소사실이 비친고죄로 변경되지 아니하는 한, 법원으로서는 친고죄에서 소송조건이 되는 고소가 유효하게 존재하는지를 직권으로 조사·심리하여야 한다.[1]

그러나 상대적 소송조건의 경우에는 법원은 예외적으로 다른 소송주체의 신청을 기다려 그 존부를 판단하게 된다. 토지관할위반의 경우에 피고인의 신청이 없으면 법원이 관할위반의 선고를 하지 못하도록 되어 있는 것(법320①)은 그 예이다.

---

1) 2015. 11. 17. 2013도7987, 공 2015하, 1968, 『개정전 강제추행 고소취소 사건』.

2. 소송조건의 판단시점

소송조건은 소송계속이 유지되고 있는 한 계속적으로 심사를 요하는 사항이다. 따라서 소송조건의 존부는 공소제기의 시점뿐만 아니라 피고사건의 심리와 재판 그리고 상소심의 심판 단계에 있어서도 계속적으로 검토되어야 한다. 다만 토지관할은 상대적 소송조건으로서 피고 사건에 대한 진술 전에 한하여 관할위반의 신청을 할 수 있으므로(법320②) 법원은 피고사건에 대한 피고인의 진술 후에는 토지관할의 존부를 심사할 수 없다.

소송조건의 판단은 원칙적으로 소송의 전과정에서 행해지게 된다. 따라서 소송조건의 존부는 심사 당시 밝혀진 피고사건을 기준으로 그 때까지 소송조건이 계속적으로 구비되었는가를 살펴야 한다.

공소시효완성에 대한 판단도 소송계속이 유지되고 있는 시점 전반에 걸쳐서 요구된다. 다만 공소시효완성을 판단함에 있어서는 판단시점이 아니라 공소제기시점의 범죄사실을 기준으로 삼아야 한다. 공소시효는 공소제기에 의하여 그 진행이 정지되기 때문이다(법253① 전단). 공판절차 도중에 공소장변경(법298)이 있는 경우에는 변경된 공소사실에 대하여 공소시효완성 여부를 판단해야 한다. 다만 이 경우 변경된 공소사실의 공소시효완성 여부에 대한 기준시점은 공소장변경시점이 아니라 공소제기시점이 된다.[1]

제 4 소송조건흠결의 법적 효과

소송조건은 전체로서의 소송이 생성·유지·발전하기 위한 기본조건이다. 그러므로 소송조건이 흠결되는 경우 법원은 피고사건에 대하여 심리와 재판을 할 수 없게 된다. 그렇기 때문에 법원은 소송계속이 진행되는 전과정을 통하여 소송조건의 존부를 지속적으로 점검해야 한다. 소송조건이 흠결되면 법원은 형식재판을 통하여 형사절차를 종결시켜야 한다. 형식재판에 의한 절차의 종결은 검사가 공소를 제기한 법원뿐만 아니라 항소, 상고에 의하여 소송계속이 유지되고 있는 상소심법원에 대하여도 요구된다.

형사소송법은 소송조건의 흠결을 이유로 한 형식재판의 형태로 관할위반판결(법319), 면소판결(법326), 공소기각판결(법327), 공소기각결정(법328①)의 네 가지를 규정하고 있다. 여기에서 형식재판 상호간의 관계가 문제된다. 생각건대 (가) 판결은 결정에 비하여 신중한 재판형식이라는 점(법37), (나) 면소판결에는 유죄판결(법321, 322) 및 무죄판결(법325)과 같이 일사부재리의 효력이 인정된다는 점, (다) 관할위반판결은 공소기각판결에 비하여 특수화되어 있

---

1) 1992. 4. 24. 91도3150, 공 1992, 1770, 『화교묘지 이장 사건』.

다는 점 등에 비추어 볼 때, 공소기각결정, 공소기각판결, 관할위반판결, 면소판결의 순으로 형식재판의 단계적 분류가 가능하다고 해석된다. 여러 가지 소송조건의 흠결이 경합하고 있는 경우에는 하자의 정도가 중한 소송조건을 기준으로 삼아 형식재판의 종류를 결정해야 할 것이다.

제5 소송조건의 추완

소송조건의 추완이란 소송조건이 구비되지 아니한 상태에서 사실상 소송계속이 발생하였으나 도중에 불비되었던 소송조건이 갖추어지는 경우를 말한다. 소송조건의 추완이 문제되는 경우로 공소제기 당시에는 소송조건이 구비되지 아니하였으나 공판절차의 진행과정에서 소송조건이 구비되는 경우를 생각할 수 있다. 예컨대 친고죄인 모욕죄(형법311, 312①)에서 고소가 없음에도 불구하고 이를 간과하여 비친고죄인 사실적시 명예훼손죄(형법307①)로 공소가 제기되었다가 친고죄인 모욕죄로 판명된 경우에 피해자가 고소를 추완하는 경우가 그것이다. 여기에서 소송조건이 추완되면 실체판결을 할 수 있는가 하는 문제가 제기된다.

소송조건의 추완을 인정하여 법원이 실체판결을 할 수 있도록 할 것인가 하는 문제에 대하여 학설은 적극설, 소극설, 절충설로 나뉘고 있다. 판례는 소극설의 입장이다.[1] 소송조건은 전체로서의 소송이 생성·유지·발전하기 위한 기본조건이므로 형사절차의 전과정에 걸쳐서 한순간도 빠짐없이 구비되지 않으면 안 된다. 형사절차의 진행과정에서 일시라도 소송조건의 불비가 있었다면 피고사건에 대한 소송계속은 소멸하게 된다. 따라서 문제의 소송조건이 다시 추완되었다고 하더라도 일단 소멸된 소송계속은 부활하지 않는다고 보아야 할 것이다.

제2절 소송행위론

제1 소송행위론의 의의

1. 소송행위론의 의의

형사절차는 피고사건에 대한 유죄·무죄의 실체판단을 얻을 목적으로 행해지는 다수의 소송행위들로 구성된다. 따라서 형사절차는 소송행위의 연속이라고 할 수 있다. 이때

---

1) 1982. 9. 14. 82도1504, 공 1982, 919, 『강간현장 살해 사건』.

다수의 소송행위들에 공통되는 일반적 성질과 법적 효과를 규명하려는 이론적 시도를 소송행위론이라고 한다. 소송행위론은 형사절차를 일종의 법률상태로 파악하려는 소송법률상태설의 입장에서 특히 중요시되는 이론적 분석작업이다.

2. 소송행위의 의의

소송행위는 구체적 형사절차를 조성하는 행위로서 소송법상 일정한 효과가 부여되는 것이다. 예컨대 법원경위(법원조직법64)가 행하는 법정의 정리나 개정준비행위 등과 같은 것은 구체적 형사절차의 진행을 현실적으로 촉진하는 행위이기는 하지만 소송법적 효과가 발생하지 않으므로 소송행위가 아니다.

역으로 소송법상 법적 효과가 인정되는 행위이기만 하면 그 행위에 실체법상의 효과가 아울러 부여된다고 하더라도 소송행위로서의 성질에는 변함이 없다. 이때 소송법적 효과와 실체법적 효과가 함께 인정되는 행위를 이중기능적 소송행위라고 한다. 이중기능적 소송행위의 예로는 자수를 들 수 있다(형법52①, 법240 참조).

제2 소송행위의 종류

1. 법원에 의한 소송행위와 그 밖의 소송행위

(1) 법원의 소송행위

법원이 하는 소송행위로서 가장 중요한 것은 피고사건에 대한 재판이다. 그리고 법원이 재판을 행하기 위한 전제로서 행하는 강제처분과 증거조사도 법원의 소송행위에 속한다. 수소법원을 구성하는 재판장이나 수명법관의 행위 이외에 수탁판사, 지방법원판사의 행위도 법원의 소송행위에 준하는 것으로 파악된다. 또한 예컨대 조서작성행위와 같이 법원사무관 등이 행하는 행위도 법원의 소송행위에 준하여 취급된다.

(2) 법원 이외의 소송주체의 소송행위

검사와 피고인은 소송주체로서, 그리고 피고인의 대리인, 대표자, 변호인, 보조인은 피고인의 보조자로서 여러 가지 소송행위를 하게 된다. 법원 이외의 소송주체가 행하는 소송행위는 그 내용에 따라 이를 신청, 진술, 입증 등으로 나누어 볼 수 있다.

신청이란 법원에 대하여 일정한 행위를 요구하는 소송행위를 말한다. 신청은 청구라고 표현되기도 한다. 기피신청(법18①), 보석청구(법94) 등은 신청의 예이다. 신청 또는 청구가 검사,

피고인 또는 변호인 등의 권리로 인정되어 있는 경우에는 법원은 그 신청에 대하여 반드시 재판을 하여야 한다.

진술이란 법원에 대하여 사실을 보고하는 소송행위이다. 사실을 보고하는 행위를 공술이라고 표현하기도 한다. 이에 반해 법원에 대하여 하는 사실상 및 법률상의 의견진술을 주장이라고 부른다. 검사의 모두진술(법285), 피고인의 모두진술(법286) 등은 진술에 해당하는 예이다. 입증이란 증명에 관한 소송행위를 말한다. 증거신청(법294①), 증거조사(법290, 291, 292, 292의2, 292의3) 등은 여기에 속한다.

(3) 제삼자의 소송행위

법원, 검사, 피고인 등 소송주체가 아닌 자가 행하는 소송행위가 있다. 고소(법223), 고소취소(법232), 고발(법234① · ②), 증인의 증언(법146 이하), 감정인의 감정(법169 이하), 피고인 아닌 자가 행하는 압수물에 대한 환부 · 가환부의 청구(법133 이하) 등은 제삼자에 의한 소송행위의 예이다.

2. 법률행위적 소송행위와 사실행위적 소송행위

소송행위는 법률행위적 소송행위와 사실행위적 소송행위로 나누어 볼 수 있다. 법률행위적 소송행위란 일정한 소송법적 효과발생을 지향하는 의사표시를 본질적 요소로 하는 소송행위를 말한다. 예컨대 고소(법223), 보석청구(법94) 등은 여기에 해당한다.

사실행위적 소송행위는 소송행위를 행하는 자의 의사에 관계없이 행위 자체에 대하여 일정한 소송법적 효과가 부여되는 소송행위를 말한다. 사실행위적 소송행위는 다시 일정한 생각의 외부적 표현을 수반하는 표현행위와 순수한 사실행위 자체로 나누어 볼 수 있다. 표현행위의 예로는 증인의 증언(법161의2), 감정인의 감정(법171) 등을 들 수 있다. 이에 대하여 순수한 사실행위의 예로는 각종 영장의 집행과정에서 행해지는 신체의 체포 · 구속, 장소나 물건에 대한 수색, 물건의 압수 등과 같은 물리력의 행사를 들 수 있다.

3. 실체형성행위와 절차형성행위

소송행위는 그 역할에 따라 실체형성행위와 절차형성행위로 나누어 볼 수 있다. 형사절차를 실체면과 절차면으로 이분할 때 실체면의 형성을 도모하여 행해지는 소송행위를 실체형성행위라 하고, 절차의 진행을 꾀하여 행해지는 소송행위를 절차형성행위라고 한다.

실체형성행위는 증인의 증언(법161의2), 법원의 검증(법139) 등과 같이 실체판단을 행하는 법관의 심증에 영향을 미치는 행위이다. 이에 대하여 절차형성행위는 공판기일의 지정

(법267①), 소송관계인의 소환(동조②) 등과 같이 형사절차의 진행 자체와 관련된 소송행위를 말한다.

제3 소송행위의 방식

형사절차를 구성하는 소송행위의 방식은 크게 구두주의와 서면주의의 두 가지 형태로 나누어 볼 수 있다. 구두주의란 소송행위를 직접 구두로 행하게 하는 원칙이다. 구두주의에 따르면 표시된 내용이 신속하게 상대방에게 전달되고 중간에 의사표시가 왜곡될 염려가 없다. 이에 반하여 서면주의는 소송행위를 반드시 서면에 의하여 행하도록 하는 원칙이다. 서면주의는 소송행위의 유무를 분명히 하여 장래의 분쟁을 방지하고 소송행위시에 행위자에게 신중을 기하도록 하는 장점이 있다.

형사절차를 실체면과 절차면으로 이분할 때 절차의 명확성과 안정성을 요구하는 절차형성행위는 서면주의에 의하는 것이 바람직하다. 형사소송법과 형사소송규칙은 절차형성행위에 대하여 여러 가지 서면을 요구하고 있다. 이에 반하여 범죄사실에 대한 실체형성행위는 중간단계에서 진실왜곡의 우려 없이 직접적으로 법관의 심증형성에 영향을 미칠 수 있어야 한다. 이 때문에 판결은 원칙적으로 구두변론에 의거하여야 한다(법37①).

한편 형사소송법 제275조의3은 "공판정에서의 변론은 구두로 하여야 한다."고 규정하여 공판기일에서의 구두변론주의를 다시 한번 강조하고 있다. 국민참여재판의 실시를 계기로 배심원이 형사재판에 참여하게 되면서 구두변론주의의 강화는 필연적인 요청이 되었다.

제4 소송행위의 기간

1. 의　의

소송행위의 기간이라 함은 일정한 소송행위를 할 때 법원이나 소송관계인이 준수해야 할 것으로 정해진 시간의 길이를 말한다. 기간이란 일정한 기준시점에서 다른 기준시점까지 계속되는 시간적 간격을 의미한다. 그러므로 소송행위의 기간에는 시기와 종기가 있다.

소송행위의 기간은 기일과 구별된다. 기일이란 소송관계인이 일정한 장소에 모여서 소송행위를 하도록 정해진 때를 말한다. 예컨대 공판준비기일, 공판기일, 증인신문기일, 검증기일 등이 여기에 해당한다. 한편 공소시효의 기간은 소송행위의 기간과 구별되는 별개의 개념이다. 공소시효의 완성은 객관적인 소송장애사유로서 의사표시를 내용으로 하는 소송행위와는 관계가 없다.

2. 기간의 종류

(1) 행위기간과 불행위기간

행위기간이란 그 기간 내에만 적법하게 소송행위를 할 수 있는 시간적 범위를 말한다. 고소기간(법230), 항소제기기간(법358), 상고제기기간(법374), 즉시항고제기기간(법405) 등은 행위기간의 예이다. 이에 대하여 불행위기간이란 일정한 기간 내에는 소송행위를 할 수 없도록 정해진 시간적 범위를 말한다. 제1회 공판기일의 유예기간(법269①), 소환장송달의 유예기간(규칙123) 등은 불행위기간의 예이다.

(2) 법정기간과 재정기간

기간의 길이가 법령에 의하여 규정되어 있는 것을 법정기간이라 하고, 법원의 재판에 의하여 정해지는 것을 재정기간이라고 한다. 소송행위의 기간은 대부분 법정기간이다. 그러나 예컨대 연장되는 구속기간(법205), 감정유치기간(법172③, 221의3) 등은 재정기간에 해당한다.

(3) 불변기간과 훈시기간

불변기간이라 함은 연장이 허용되지 않는 기간을 말한다. 그 기간이 경과한 후에 행한 소송행위는 무효가 된다. 불변기간을 효력기간이라고 부르기도 한다. 불변기간은 절차진행의 명확성과 안정성을 도모하기 위하여 형사소송법이나 형사소송규칙에 의해 명시되는 것으로서 법정기간의 일종으로 되어 있다. 불변기간은 법원 이외의 소송관계인이 행하는 소송행위에 요구되는 경우가 많다. 예컨대 고소기간(법230), 항소제기기간(법358), 상고제기기간(법374), 즉시항고제기기간(법405) 등은 불변기간에 해당한다.

훈시기간은 기간이 경과한 후에 소송행위를 하더라도 그 효력에 영향이 없는 기간을 말한다. 국가기관의 소송행위에 관하여 입법자가 설정한 기간은 수사기관이나 법원의 업무량 등 현실적인 여건 때문에 법원에 의하여 훈시기간으로 해석되는 경우가 많다. 예컨대 고소·고발사건의 처리기간(법257), 재정신청 결정기간(법262②) 등은 훈시기간의 예에 해당한다.

불변기간인 법정기간은 그 기간의 도과에 따라 소송행위를 할 수 있는 권리가 소멸되기 때문에 소송관계인의 지위에 중대한 영향을 미친다. 불변기간을 일률적으로 적용할 경우 소송관계인에게 지나치게 가혹한 상황이 발생할 수 있으므로 입법자는 법정기간의 연장에 관한 특칙을 마련하여 소송관계인을 보호하고 있다. 법정기간은 소송행위를 할 자의 주거 또는 사무소의 소재지와 법원 또는 검찰청 소재지와의 거리 및 교통통신의 불편정도에 따라 대법원규칙으로 이를 연장할 수 있다(법67).

3. 기간의 계산

기간의 계산에 관하여는 시(時)로 계산하는 것은 즉시(卽時)부터 기산하고 일(日), 월(月) 또는 연(年)으로 계산하는 것은 초일을 산입하지 않는다(법66① 본문). 이를 초일불산입의 원칙이라고 한다. 그러나 시효와 구속기간의 초일은 시간을 계산하지 아니하고 1일로 산정한다(동항 단서). 연 또는 월로 정한 기간은 연 또는 월 단위로 계산한다(동조②).

기간의 말일이 공휴일이거나 토요일이면 그 날은 기간에 산입하지 않는다(법66③ 본문). 공휴일에는 임시공휴일도 포함된다.[1] 다만, 시효와 구속의 기간에 관하여는 기간의 말일이 공휴일이거나 토요일이어도 그 날은 기간에 산입된다(동항 단서).

제5 소송행위의 가치판단

1. 소송행위의 해석

소송행위의 의미내용을 합리적으로 판단하여 그 객관적 의의를 명백히 하는 작업을 소송행위의 해석이라고 한다. 소송행위의 해석은 행위자의 주관적 의도, 객관적 표시내용, 소송행위가 행해진 절차의 전후관계 등 제반사정을 기초로 삼아 행해야 하며 소송행위 자체의 표시내용이나 형식에 구애되어서는 안 된다. 또한 형사절차의 기술적 성격이나 절차유지의 관점을 강조하는 나머지 소송행위의 해석이 피고인에게 지나친 불이익을 초래해서도 안 된다.[2]

소송행위의 의미내용이 해석을 통하여 명확하게 되면 다음으로 소송행위에 대한 가치판단에 들어가게 된다. 소송행위의 가치판단에 의하여 소송행위에 대한 소송법적 효과가 결정된다. 소송행위에 대한 가치판단의 기준으로는 (가) 성립·불성립, (나) 유효·무효, (다) 적법·부적법, (라) 이유 있음·이유 없음의 네 가지를 생각할 수 있다.

2. 소송행위의 성립과 불성립

이 기준은 소송행위가 갖추어야 할 본질적 요소를 구비하였는가 하는 점에 대한 가치판단이다. 소송행위가 구비해야 할 본질적 요소가 결여되어 소송행위로서의 정형성조차 인정할 수 없을 때 이를 소송행위의 불성립이라고 한다.

소송행위의 성립·불성립은 후술하는 소송행위의 유효·무효와 구별된다. 소송행위가

---

1) 2021. 1. 14. 2020모3694, 공 2021상, 556, 『광복절 대체공휴일 사건』.
2) 1992. 3. 13. 92모1, 공 1992, 1634, 『'보호감호 청구기각' 사건』.

불성립한 경우에는 처음부터 소송행위의 유효·무효를 논할 여지가 없다. 소송행위가 불성립하면 객관적으로 소송행위가 존재하지 아니하므로 법원 및 소송관계인은 이를 무시하거나 방치할 수 있으며 별도의 법적 판단을 필요로 하지 않는다. 그러므로 하자의 치유도 생각할 여지가 없다.[1] 추후 당해 소송행위가 적법하게 이루어지면 그 때부터 당해 소송행위가 성립한다.[2]

검사에 의한 공소장의 제출은 공소제기라는 소송행위가 성립하기 위한 본질적 요소이다. 공소장의 제출이 없는 경우에는 소송행위로서의 공소제기가 성립되었다고 할 수 없으므로 별도의 법적 판단을 할 필요가 없다. 이러한 경우를 가리켜서 소송행위로서의 공소제기가 있었으나 공소제기의 절차가 법률의 규정을 위반하여 무효일 때(법327ii)에 해당한다고 할 수 없다.[3]

검사가 공소사실의 일부가 되는 범죄일람표를 컴퓨터 프로그램을 통하여 열어보거나 출력할 수 있는 전자적 형태의 문서로 작성한 후, 종이문서로 출력하여 제출하지 아니하고 전자적 형태의 문서가 저장된 정보저장매체 자체를 서면인 공소장에 첨부하여 제출한 경우에는, 서면인 공소장에 기재된 부분에 한하여 공소가 제기된 것으로 볼 수 있을 뿐이다. 첨부된 정보저장매체에 저장된 전자적 형태의 문서 부분까지 공소가 제기된 것이라고 할 수는 없다.[4]

"공소장변경신청서로 공소장을 갈음한다."는 형태로 검사가 공소제기를 한 경우에는 공소장변경신청서 제출이라는 서면행위가 있으므로 일단 소송행위가 성립한 것으로 볼 수 있다. 그런데 이러한 형태의 공소제기는 공소제기의 절차가 법률의 규정을 위반하여 무효일 때라고 볼 정도의 현저한 방식위반에 해당하므로 법원은 공소기각판결(법327ii)을 내려야 한다.[5]

3. 소송행위의 유효와 무효

소송행위의 유효·무효는 일단 성립된 소송행위를 전제로 하여 그 소송행위의 본래적 효력을 인정할 것인가에 대한 가치판단이다. 무효는 소송행위가 지향한 원래의 소송법적 효과가 인정되지 않는 것이다. 무효는 소송법적으로 전혀 무의 상태라고 할 수 있는 소송행위의 불성립과 구별된다.

소송행위의 무효는 그 정도에 따라서 전혀 무효선언을 필요로 하지 않는 당연무효와 공권

---

1) 2003. 11. 14. 2003도2735, 공 2003, 2410, 『즉심기록 송부 사건』.
2) 2003. 11. 14. 2003도2735, 공 2003, 2410, 『즉심기록 송부 사건』.
3) 2003. 11. 14. 2003도2735, 공 2003, 2410, 『즉심기록 송부 사건』.
4) 2016. 12. 15. 2015도3682, 공 2017상, 191, 『공소장 CD별지 사건』.
5) 2009. 2. 26. 2008도11813, 공 2009상, 428, 『'공소장으로 갈음' 사건』.

적인 무효선언을 요하는 무효로 나누어 볼 수 있다.[1] 후자의 경우에 무효선언을 요한다 함은 소송행위에 대해 그것에 본래적 효력이 발생하지 않았다는 취지의 판단을 법원이 표시할 때 그 소송행위가 최종적으로 무효로 확정되는 것을 의미한다.

소송행위의 무효가 치유되는 경우가 있다. 몇 가지 예를 살펴본다. 협박죄는 반의사불벌죄이다(형법283③). 협박을 수단으로 한 공갈죄 사안에서 공갈죄의 수단으로서 한 협박은 공갈죄에 흡수될 뿐 별도로 협박죄를 구성하지 않는다. 그리하여 협박행위에 대한 피해자의 고소는 결국 공갈죄에 대한 것이다. 이후 반의사불벌죄인 협박죄의 고소가 취소되었다 하여 피고인을 공갈죄로 처벌하는 데에 아무런 장애가 되지 않는다. 검사가 공소를 제기할 당시에는 피고인의 공소사실을 협박죄로 구성하여 기소하였다 하더라도 이후 공판 중에 기본적 사실관계가 동일하여 공소사실을 공갈미수로 공소장 변경이 허용되었다면 그 공소제기의 하자는 치유된다.[2]

제1심법원이 피고인이 국민참여재판을 원하는지에 관한 의사의 확인절차를 거치지 아니한 채 통상의 공판절차로 재판을 진행하였다면 이는 피고인의 국민참여재판을 받을 권리에 대한 중대한 침해로서 그 절차는 위법하고, 이러한 위법한 공판절차에서 이루어진 소송행위는 무효로 된다.[3] 그러나 피고인이 항소심에서 국민참여재판을 원하지 아니한다고 하면서 제1심의 절차적 위법을 문제 삼지 아니할 의사를 명백히 표시하는 경우에는 그 하자가 치유되어 제1심 공판절차는 전체로서 적법하게 된다. 다만 공판절차의 하자가 치유된다고 보기 위해서는 피고인에게 국민참여재판절차 등에 관한 충분한 안내가 이루어지고 그 희망 여부에 관하여 숙고할 수 있는 상당한 시간이 사전에 부여되어야 한다.[4]

제1심법원이 공소장 부본을 피고인 또는 변호인에게 송달하지 아니한 채 공판절차를 진행하였다면 이는 소송절차에 관한 법령을 위반한 경우에 해당한다. 이러한 경우에도 피고인이 제1심 법정에서 이의함이 없이 공소사실에 관하여 충분히 진술할 기회를 부여받았다면 판결에 영향을 미친 위법이 있다고 할 수 없다.[5]

그러나 제1심법원이 공소장 부본을 송달함이 없이 공시송달의 방법으로 피고인을 소환하여 피고인이 공판기일에 출석하지 아니한 가운데 제1심 절차가 진행되었다면 그와 같은 위법한 공판절차에서 이루어진 소송행위는 효력이 없다. 이러한 경우 항소심은 피고인 또는 변호

1) 1965. 5. 18. 65다532, 집 13-1, 민148, 『몰수물 보상 사건』.
2) 1996. 9. 24. 96도2151, 공 1996, 3265, 『협박죄 고소취소 사건』.
3) 2011. 9. 8. 2011도7106, 공 2011하, 2184, 『7일 전 공판 진행 사건』.
4) 2012. 6. 14. 2011도15484, 공 2012하, 1253, 『항소심 참여재판 안내 사건』.
5) 2014. 4. 24. 2013도9498, 공 2014상, 1164, 『소환장만 공시송달 사건』.

인에게 공소장 부본을 송달하고 적법한 절차에 의하여 소송행위를 새로이 한 후 항소심에서의 진술과 증거조사 등 심리결과에 기초하여 다시 판결하여야 한다.[1]

4. 소송행위의 적법·부적법

소송행위의 적법·부적법은 법률이 구체적·객관적으로 설정해 놓은 형식요건을 어느 소송행위가 구비하고 있는가 아닌가에 대한 가치판단이다. 법률이 규정한 요건을 갖추었으면 그 소송행위는 적법하게 되고 그렇지 아니한 경우에는 부적법하게 된다. 법원의 재판을 구하는 소송관계인의 소송행위를 가리켜 취효적 소송행위라고 한다. 취효적(取效的) 소송행위의 경우에 형식적 요건을 갖추지 못하면 그 소송행위는 법원에 의하여 부적법 각하된다.

소송행위의 적법·부적법 판단은 일단 소송행위의 성립을 전제로 하는 점에서 소송행위의 유효·무효 판단과 비슷하다. 그러나 소송행위의 유효·무효는 소송행위가 추구하는 본래의 효과를 인정할 것인가 아닌가 하는 문제임에 대하여, 소송행위의 적법·부적법은 소송행위에 구비되어야 할 것으로 법령이 규정한 형식적 요건이 갖추어졌는가를 심사하는 문제이다. 소송행위의 적법·부적법 판단은 소송행위의 이유 있음·이유 없음의 판단을 위한 전제가 된다.

5. 소송행위의 이유 있음·이유 없음

이 기준은 소송행위의 적법성이 인정됨을 전제로 하여 그 소송행위의 실질적 내용이 사실적·법률적·논리적으로 이유를 갖추었는가 하는 점에 대한 가치판단이다. 이유 있음·이유 없음의 판단은 각종 신청이나 청구와 같이 법원의 재판을 구하는 취효적(取效的) 소송행위에 대하여 행해진다. 예컨대 검사의 공소제기, 피고인의 법관에 대한 기피신청 등 취효적 소송행위가 있는 경우에 법원은 먼저 그 소송행위의 적법·부적법을 심사하고 적법성이 인정되는 경우에 그 이유의 유무를 판단하게 된다.

일단 신청 또는 청구의 적법성이 인정되면 법원은 그 소송행위의 이유 유무를 심사하게 된다. 이때 소송행위의 실질적 내용이 타당성을 결여하였다고 판단하면 법원은 그 신청 또는 청구에 대하여 "이유 없으므로 기각한다"는 재판을 하게 된다. 이에 대하여 소송관계인의 소송행위가 실질적 타당성을 갖추었다고 판단하면 법원은 소송관계인의 신청이나 청구를 인용(認容)하는 재판을 행한다.

법원의 재판을 기다리지 아니하고 곧바로 소송법적 효과를 발생시키는 소송행위를 가리

---

1) 2014. 4. 24. 2013도9498, 공 2014상, 1164, 『소환장만 공시송달 사건』.

켜 여효적(與效的) 소송행위라고 한다. 예컨대 친고죄에서 고소취소(법232①)는 고소권소멸(동조
②)의 효과를, 상소포기(법349)와 상소취하(법349)는 상소권소멸(법354)의 효과를 발생시키므로
여효적 소송행위에 해당한다. 소송행위에 대한 이유 있음·이유 없음의 가치판단은 여효적
소송행위에는 적용될 여지가 없다.

나아가 법원의 재판 자체에 대해서도 이유 있음·이유 없음의 판단을 행할 수 없다. 상
소심절차에서 원심판결과 관련하여 이유 유무를 논하는 일이 있으나 이것은 원심 자체에 대
한 가치판단이 아니라 법원 이외의 소송주체가 제기한 상소에 대해 이유 유무를 판단하는
것이다.

제6 소송서류

1. 소송서류의 의의

(1) 소송서류와 소송기록

소송서류란 특정한 형사사건에 관하여 작성되는 모든 서류를 말한다. 공소제기 후 피고사
건에 대하여 작성되는 서류는 물론이고 수사단계에서 피의사건에 관하여 작성된 서류도 소송
서류에 포함된다. 특정한 형사사건에 관하여 법원이 작성한 서류 및 소송관계인이 법원에 제
출한 서류들로서 법원 및 소송관계인이 공통의 자료로 이용할 수 있도록 특정한 방식에 따라
편철되어 법원에 보관된 서면의 총체를 소송기록이라고 한다.

수사준칙은 피의자를 제외한 피해자나 참고인을 '사건관계인'이라고 지칭하고 있다(수사
준칙3①). 사건관계인은 검사 또는 사법경찰관이 수사 중인 사건에 관한 본인의 진술이 기재
된 부분 및 본인이 제출한 서류의 전부 또는 일부에 대해 열람·복사를 신청할 수 있다(수
사준칙69①).

사건관계인(피해자·참고인)은 검사가 불기소 결정을 하거나 사법경찰관이 불송치 결정을
한 사건에 관한 기록의 전부 또는 일부에 대해 열람·복사를 신청할 수 있다(수사준칙69②).

사건관계인(피해자·참고인)의 법정대리인, 배우자, 직계친족, 형제자매로서 사건관계인
의 위임장 및 신분관계를 증명하는 문서를 제출한 사람도 사건관계인에게 허용된 열람·
복사를 신청할 수 있다(수사준칙69⑤).

검사 또는 사법경찰관은 피의자, 사건관계인(피해자·참고인) 또는 그 변호인으로부터
열람·복사 신청을 받은 경우에는 해당 서류의 공개로 사건관계인의 개인정보나 영업비밀
이 침해될 우려가 있거나 범인의 증거인멸·도주를 용이하게 할 우려가 있는 경우 등 정

당한 사유가 있는 경우를 제외하고는 열람 · 복사를 허용해야 한다(수사준칙69⑥).

(2) 형사사법정보시스템과 전자문서

2010년 입법자는 「형사사법절차 전자화 촉진법」(형사절차전자화법)을 제정 · 시행하였다. 형사절차전자화법은 형사사법절차의 전자화를 촉진하여 신속하고 공정하며 투명한 형사사법 절차를 실현하고, 형사사법 분야의 대국민 서비스를 개선하여 국민의 권익 신장에 이바지함을 목적으로 하고 있다(동법1).

수사, 공소, 공판, 재판의 집행 등 형사사건의 처리와 관련된 업무를 가리켜서 '형사사법 업무'라고 한다(형사절차전자화법2 i). 검사 또는 사법경찰관은 형사절차전자화법 제2조 제1호에 따른 형사사법업무와 관련된 문서를 작성할 때에는 형사사법정보시스템(KICS)을 이용해야 하며, 그에 따라 작성한 문서는 형사사법정보시스템에 저장 · 보관해야 한다(수사준칙67 본문).

다만, (가) 피의자나 사건관계인(피해자 · 참고인)이 직접 작성한 문서, (나) 형사사법정보시스템에 작성 기능이 구현되어 있지 않은 문서, (다) 형사사법정보시스템을 이용할 수 없는 시간 또는 장소에서 불가피하게 작성해야 하거나 형사사법정보시스템의 장애 또는 전산망 오류 등으로 형사사법정보시스템을 이용할 수 없는 상황에서 불가피하게 작성해야 하는 문서의 어느 하나에 해당하는 문서로서 형사사법정보시스템을 이용하는 것이 곤란한 경우는 그렇지 않다(수사준칙67 단서).

(3) 형사절차전자문서법과 전자문서

2021년 입법자는 형사절차의 전자화와 관련하여 「형사사법절차에서의 전자문서 이용 등에 관한 법률」(형사절차전자문서법)을 제정하였다. 새로 제정된 형사절차전자문서법은 2024년 10월 20일부터 시행되었다. 형사절차전자문서법은 형사사법절차에서 전자문서의 이용 및 관리 등에 관한 기본 원칙과 절차를 규정함으로써 형사사법절차의 전자화를 실현하여 형사사법절차의 신속성과 투명성을 높이고 국민의 권익 보호에 이바지함을 목적으로 하고 있다(동법1). 형사절차전자문서법의 주요 내용을 보면 다음과 같다.

피의자, 피고인, 피해자, 고소인, 고발인, 변호인 등은 형사사법업무 처리기관에 제출할 서류 또는 도면 · 사진 · 음성 · 영상자료 등을 전산정보처리시스템을 통하여 전자문서로 제출할 수 있다(형사절차전자문서법5①). 전자적인 형태로 작성되지 않은 서류 등을 형사절차전자문서법에 따라 전자적인 형태로 변환 · 등재한 전자화문서는 원래의 서류 등과 동일한 것으로 본다(동조③). 형사절차전자문서법에 따라 전산정보처리시스템을 통하여 전자문서를 출력한 서면은 전자문서와 동일한 것으로 본다(동조④).

형사사법업무 처리기관 소속 공무원은 전자문서로 작성하는 것이 현저히 곤란하거나 적합하지 아니한 경우 등을 제외하고는 원칙적으로 형사사법업무와 관련된 문서를 전자문서로 작성하여야 한다(형사절차전자문서법10① 본문). 형사사법업무 처리기관 소속 공무원은 종이문서나 그 밖에 전자적인 형태로 작성되지 아니한 문서를 전자적 형태로 변환하는 것이 현저히 곤란한 경우 등을 제외하고는 종이문서 등을 전자적 형태로 변환하여 전산정보처리시스템에 등재하여야 한다(형사절차전자문서법11① 본문).

검사 또는 사법경찰관리는 체포영장·구속영장·압수수색검증영장 등 각종 영장을 집행할 때 전자문서를 제시하거나 전송하는 방법으로 할 수 있다(형사절차전자문서법17①). 각종 영장을 전자문서의 형태로 집행하는 것이 현저히 곤란하거나 적합하지 아니한 경우에는 전자문서로 발부된 구속영장 등을 전산정보처리시스템을 통하여 출력한 서면으로 집행할 수 있다(동조②).

형사재판에서 문자, 그 밖의 기호, 도면·사진 등에 대한 증거조사는 전자문서를 모니터, 스크린 등을 통하여 열람하는 방법으로 할 수 있다(형사절차전자문서법18ⅰ). 음성이나 영상정보에 대한 증거조사는 전자문서의 음성을 청취하거나 영상을 재생하는 방법으로 할 수 있다(동조ⅱ).

검사는 재판서 또는 재판을 기재한 조서가 전자문서로 작성된 경우에는 전자문서로 재판의 집행을 지휘한다(형사절차전자문서법19①). 전자문서로 재판의 집행을 지휘하기 곤란한 경우에는 전자문서로 작성된 재판서 등을 전산정보처리시스템을 통하여 출력한 서면으로 재판의 집행을 지휘한다(동조②).

2. 소송서류 비공개의 원칙과 그 한계

(1) 소송서류 비공개원칙

소송에 관한 서류는 공판의 개정 전에는 공익상 필요 기타 상당한 이유가 없으면 공개하지 못한다(법47). 이를 소송서류 비공개의 원칙이라고 한다. 소송서류 비공개의 원칙은 소송에 관한 서류가 일반에게 공표되는 것을 금지하여 소송관계인의 명예를 훼손하거나 공서양속을 해하거나 재판에 대한 부당한 영향을 야기하는 것을 방지하려는 취지를 갖는다.[1]

소송서류 비공개의 원칙은 당해 사건의 고소인에게 그 고소에 따른 공소제기 내용을 알려주는 것을 금지하려는 취지는 아니다. 형사소송법 제47조의 소송서류 공개금지를 「공공기관

---

1) 2006. 5. 25. 2006두3049, 공 2006, 1171, 『검찰보존사무규칙 열람제한 규정 사건』.

의 정보공개에 관한 법률」 제9조 제1항 제1호의 '다른 법률 또는 법률에 의한 명령에 의하여 비공개사항으로 규정된 경우'에 해당한다고 볼 수 없다.[1]

(2) 소송서류 열람·복사권

소송서류 비공개의 원칙을 피의자·피고인의 방어권을 제한하는 방편으로 사용하는 것은 허용되지 않는다. 형사소송법은 피고인의 방어권을 보장하기 위하여 소송서류의 열람·복사권을 대폭 확장하고 있다.

피고인과 변호인은 소송계속 중의 관계서류 또는 증거물을 열람하거나 복사할 수 있다(법 35①). 피고인의 법정대리인, 특별대리인(법28), 보조인(법29) 또는 피고인의 배우자·직계친족·형제자매로서 피고인의 위임장 및 신분관계를 증명하는 문서를 제출한 자도 소송계속 중의 관계서류 또는 증거물을 열람하거나 복사할 수 있다(동조②).

형사소송법은 피해자의 보호를 위하여 피해자 측에게도 소송기록의 열람·등사를 허용하고 있다. 소송계속 중인 사건의 피해자(피해자가 사망하거나 그 심신에 중대한 장애가 있는 경우에는 그 배우자·직계친족 및 형제자매를 포함한다), 피해자 본인의 법정대리인 또는 이들로부터 위임을 받은 피해자 본인의 배우자·직계친족·형제자매·변호사는 소송기록의 열람 또는 등사를 재판장에게 신청할 수 있다(법294의4①). 재판장은 피해자 등의 권리구제를 위하여 필요하다고 인정하거나 그 밖의 정당한 사유가 있는 경우 범죄의 성질, 심리의 상황, 그 밖의 사정을 고려하여 상당하다고 인정하는 때에는 열람 또는 등사를 허가할 수 있다(동조③).

3. 확정기록에 대한 열람·등사

(1) 확정사건의 소송기록

형사소송법 제47조가 규정하고 있는 소송서류 비공개의 원칙은 수사가 진행되고 있거나 공소가 제기되어 심판을 기다리고 있는 사건을 대상으로 하고 있다. 따라서 이미 법원의 판단을 받아 더 이상 다툴 여지가 없게 된 확정사건의 경우에는 소송서류 비공개의 원칙이 적용되지 않으며, 소송계속을 전제로 열람·복사를 인정한 형소법 제35조 또한 적용될 여지가 없다.

이에 반해 형사소송법 제59조의2와 제59조의3은 확정사건의 소송기록에 대한 열람·등사를 허용하고 있다. 확정사건의 기록에 대한 열람·등사는 검찰청에 대하여 신청하는 경우와 법원에 대하여 신청하는 경우로 나누어진다. 종전에는 확정사건의 소송기록을 보관하고 있는 검찰청에 대해서만 열람·등사를 신청할 수 있었으나, 2011년 형사소송법 개정을 통하여

---

1) 2006. 5. 25. 2006두3049, 공 2006, 1171, 『검찰보존사무규칙 열람제한 규정 사건』.

법원이 보관하고 있는 일정한 소송기록에 대해서도 열람·복사가 허용되고 있다.

「공공기관의 정보공개에 관한 법률」(정보공개법)은 "정보의 공개에 관하여는 다른 법률에 특별한 규정이 있는 경우를 제외하고는 이 법에서 정하는 바에 따른다."고 규정하고 있다(동법 4①). 형소법 제59조의2 및 제59조의3은 형사재판확정기록의 공개 여부나 공개범위, 불복절차 등에 대하여 정보공개법과 달리 규정하고 있다. 따라서 형사재판확정기록의 공개에 관하여는 정보공개법에 의한 공개청구가 허용되지 않는다.[1]

형소법 제59조의2 및 제59조의3이 예정하고 있는 '재판이 확정된 사건의 소송기록'이란 특정 형사사건에 관하여 법원이 작성하거나 검사, 피고인 등 소송관계인이 작성하여 법원에 제출한 서류들로서 재판확정 후 담당 기관이 소정의 방식에 따라 보관하고 있는 서면의 총체이다. 위와 같은 방식과 절차에 따라 보관되고 있는 이상 해당 형사사건에서 증거로 채택되지 아니하였거나 그 범죄사실과 직접 관련되지 아니한 서류라고 하여 재판확정기록에 포함되지 않는다고 볼 것은 아니다.[2]

(2) 검찰청 보관 확정기록

누구든지 권리구제·학술연구 또는 공익적 목적으로 재판이 확정된 사건의 소송기록을 보관하고 있는 검찰청에 그 소송기록의 열람 또는 등사를 신청할 수 있다(법59의2①).

검사는 심리가 비공개로 진행된 경우 등 일정한 사유에 해당하는 경우에는 소송기록의 전부 또는 일부의 열람 또는 등사를 제한할 수 있다(법59의2② 본문). 다만, 소송관계인이나 이해관계 있는 제삼자가 열람 또는 등사에 관하여 정당한 사유가 있다고 인정되는 경우에는 그러하지 아니하다(동항 단서). 검사가 형사재판확정기록에 관하여 형소법 제59조의2에 따른 열람·등사신청을 거부하거나 제한한 경우에 그에 대한 불복은 준항고(법417)에 의한다.[3]

한편 형사재판확정기록이 아닌 불기소처분으로 종결된 기록(불기소기록)에 관하여는 「공공기관의 정보공개에 관한 법률」(정보공개법)에 따른 정보공개청구가 허용된다. 불기소기록에 대한 열람·등사신청의 거부나 제한 등에 대한 불복은 항고소송절차(행정소송법4)에 의한다.[4]

(3) 법원 보관 확정기록

누구든지 판결이 확정된 사건의 판결서 또는 그 등본, 증거목록 또는 그 등본, 그 밖에 검

1) 2016. 12. 15. 2013두20882, 공 2017상, 141, 「중감금죄 확정기록 정보공개청구 사건」.
2) 2022. 2. 11. 2021모3175, 공 2022상, 592, 「약식명령 확정기록에 포함된 수사기록 사건」.
3) 2022. 2. 11. 2021모3175, 공 2022상, 592, 「약식명령 확정기록에 포함된 수사기록 사건」.
4) 2022. 2. 11. 2021모3175, 공 2022상, 592, 「약식명령 확정기록에 포함된 수사기록 사건」.

사나 피고인 또는 변호인이 법원에 제출한 서류·물건의 명칭·목록 또는 이에 해당하는 정보를 보관하는 법원에서 해당 판결서 등을 열람 및 복사(인터넷, 그 밖의 전산정보처리시스템을 통한 전자적 방법을 포함한다)할 수 있다(법59의3① 본문). 다만, 심리가 비공개로 진행된 경우 등 일정한 사유에 해당하는 경우에는 판결서 등의 열람 및 복사를 제한할 수 있다(동항 단서).

열람 및 복사에 관하여 정당한 사유가 있는 소송관계인이나 이해관계 있는 제삼자는 열람·복사 제한사유(법59의3① 단서)에도 불구하고 정보를 보관하는 법원(법59의3① 본문)의 법원사무관 등이나 그 밖의 법원공무원에게 판결서 등의 열람 및 복사를 신청할 수 있다. 이 경우 법원사무관 등이나 그 밖의 법원공무원의 열람 및 복사에 관한 처분에 불복하는 경우에는 정보를 보관하는 법원(법59의3① 본문)에 처분의 취소 또는 변경을 신청할 수 있다(법59의3④·⑤, 417). 불복신청은 서면으로 정보를 보관하는 법원에 제출하여야 한다(법59의3⑤, 418).

법원사무관 등이나 그 밖의 법원공무원은 열람 및 복사에 앞서 판결서 등에 기재된 성명 등 개인정보가 공개되지 아니하도록 대법원규칙으로 정하는 보호조치를 하여야 한다(법59의3②).

4. 소송서류의 분류

(1) 공무원이 작성하는 서류

소송서류는 그 작성자에 따라 공무원이 작성하는 서류(법57, 58)와 비공무원이 작성하는 서류로 나눌 수 있다(법59). 검사가 작성하는 공소장은 공무원이 작성하는 서류에 포함된다.[1] 공무원이 작성하는 서류는 법률에 다른 규정이 없는 때에는 작성년월일과 소속 공무소를 기재하고 기명날인 또는 서명을 하여야 한다(법57①).

기명이란 자필 이외의 방법으로 작성자의 성명을 표시하는 것을 말한다. 날인은 작성자의 동일성을 나타내는 인영을 표시하는 것을 말한다. 서명이란 자기의 성명을 자필하는 것을 말한다.

공무원이 작성하는 서류에는 다시 법원에서 작성하는 서류와 법원 이외의 기관이 작성하는 서류가 있다. 법원에서 작성한 서류 가운데 재판서가 있다. 재판서는 법원 또는 법관이 구체적 쟁점에 대해 공권적 판단을 내린 문서를 말한다. 재판서에는 원칙적으로 재판한 법관이 서명날인하여야 한다(법41①).

서명날인은 서명 이외에 날인도 함께 하는 것을 말한다. 판결서 기타 대법원규칙이 정하는 재판서를 제외한 재판서에 대하여는 서명날인에 갈음하여 기명날인할 수 있다(법41③). 형사소송규칙은 서명날인에 갈음하여 기명날인할 수 없는 재판서로 판결과 각종 영장(감정유치

---

1) 2012. 9. 27. 2010도17052, 공 2012하, 1768, 『부동문자 검사 기재 사건』.

장 및 감정처분허가장 포함)을 들고 있다(규칙25의2).

공무원이 작성하는 서류에는 간인하거나 이에 준하는 조치를 하여야 한다(법57②). 간인이란 1개의 서류가 여러 장으로 되어 있는 경우 서류작성자가 그 서류의 각 장 사이에 겹쳐서 날인하는 것이다. 간인은 서류 작성 후 그 서류의 일부가 누락되거나 교체되지 않았다는 사실을 담보하기 위한 것이다.[1] 간인에 준하는 조치란 천공기의 사용 등을 말한다.

공무원이 서류를 작성함에는 문자를 변개하지 못한다(법58①). 삽입, 삭제 또는 난외 기재를 할 때에는 이 기재한 곳에 날인하고 그 자수(字數)를 기재하여야 한다. 단, 삭제한 부분은 해득할 수 있도록 자체(字體)를 존치하여야 한다(법58② 본문·단서).

(2) 공무원 아닌 자가 작성하는 서류

공무원이 아닌 자가 작성하는 서류에는 연월일을 기재하고 기명날인 또는 서명하여야 한다. 인장이 없으면 지장(指章)으로 한다(법59). 2017년 형소법 일부개정에 의하여 공무원 아닌 자가 작성하는 서류의 본인확인 방법으로 기명날인 외에 서명이 추가되었다.[2]

여기에서 '기명날인' 또는 '서명'은 공무원 아닌 사람이 작성하는 서류에 관하여 그 서류가 작성자 본인의 진정한 의사에 따라 작성되었다는 것을 확인하는 표식으로서 형사소송절차의 명확성과 안정성을 도모하기 위한 것이다.[3] 서명이 있는 경우에는 인장이나 지장이 찍혀 있지 않아도 무방하다.[4]

5. 조　　서

(1) 조서의 의의와 기능

조서란 소송절차의 진행경과와 내용을 공증하기 위하여 소송법상의 기관이 작성하는 공문서를 말한다. 조서는 절차형성행위의 진행경과를 명확히 기재하여 후일의 분쟁에 대비할 뿐만 아니라, 구두변론에 의하여 행해지는 실체형성행위의 내용을 서면에 기재하여 고정시킴으로써 후일의 심리자료로서 심리의 효율성과 소송경제를 제고할 수 있다는 장점을 가지고 있다.

(2) 조서의 작성방법

피고인, 피의자, 증인, 감정인, 통역인 또는 번역인을 신문(訊問)하는 때에는 신문에 참여

1) 2021. 12. 30. 2019도16259, 공 2022상, 296, 『간인 없는 공소장 사건』.
2) 2023. 2. 13. 2022모1872, 공 2023상, 630, 『성명만 있는 정식재판청구서 사건』.
3) 2019. 11. 29. 2017모3458, 공 2020상, 229, 『날인 없는 정식재판청구서 사건』.
4) 2019. 11. 29. 2017모3458, 공 2020상, 229, 『날인 없는 정식재판청구서 사건』.

한 법원사무관 등이 조서를 작성하여야 한다(법48①). 조서에는 (가) 피고인, 피의자, 증인, 감정인, 통역인 또는 번역인의 진술, (나) 증인, 감정인, 통역인 또는 번역인이 선서를 하지 아니한 때에는 그 사유를 기재하여야 한다(동조②).

조서는 진술자에게 읽어 주거나 열람하게 하여 기재 내용이 정확한지를 물어야 한다(법48③). 진술자가 조서에 대하여 추가, 삭제 또는 변경의 청구를 한 때에는 그 진술내용을 조서에 기재하여야 한다(동조④). 신문에 참여한 검사, 피고인, 피의자 또는 변호인이 조서 기재 내용의 정확성에 대하여 이의(異議)를 진술한 때에는 그 진술의 요지를 조서에 기재하여야 한다(동조⑤). 이 경우 재판장이나 신문한 법관은 그 진술에 대한 의견을 기재하게 할 수 있다(동조⑥). 조서에는 진술자로 하여금 간인(間印)한 후 서명날인하게 하여야 한다. 다만, 진술자가 서명날인을 거부한 때에는 그 사유를 기재하여야 한다(동조⑦ 본문·단서).

검증, 압수 또는 수색에 관하여는 조서를 작성하여야 한다(법49①). 검증조서에는 검증목적물의 현장을 명확하게 하기 위하여 도화나 사진을 첨부할 수 있다(동조②). 압수조서에는 품종, 외형상의 특징과 수량을 기재하여야 한다(동조③).

각종 신문조서와 검증조서 및 압수조서에는 조사 또는 처분의 연월일시와 장소를 기재하고 그 조사 또는 처분을 행한 자와 참여한 법원사무관 등이 기명날인 또는 서명하여야 한다. 단, 공판기일 외에 법원이 조사 또는 처분을 행한 때에는 재판장 또는 법관과 참여한 법원사무관 등이 기명날인 또는 서명하여야 한다(법50 본문·단서).

(3) 공판조서

(가) 의 의   공판조서란 법원사무관 등이 공판기일에서 진행된 소송절차의 경과를 기재한 조서를 말한다. 공판조서는 공판기일의 소송절차가 법령이 정한 방식에 따라 적법하게 이루어졌음을 인증하기 위하여 작성된다. 공판조서는 이후의 절차진행에서 매우 중요한 증명 기능을 담당한다.

첫째로, 공판기일의 소송절차로서 공판조서에 기재된 것은 그 조서만으로써 증명한다(법56). 공판조서에는 모든 소송절차를 기재하여야 한다(법51② 참조). 공판조서의 기재가 명백한 오기인 경우를 제외하고는, 공판기일의 소송절차로서 공판조서에 기재된 것은 조서만으로써 증명하여야 한다. 그 증명력은 공판조서 이외의 자료에 의한 반증이 허용되지 않는 절대적인 것이다.[1]

반면에 어떤 소송절차가 진행된 내용이 공판조서에 기재되지 않았다고 하여 당연히 그 소

---

1) 2023. 6. 15. 2023도3038, 공 2023하, 1264, 『피해자 5명 추가 공소장변경신청 사건』.

송절차가 당해 공판기일에 행하여지지 않은 것으로 추정되는 것은 아니다. 공판조서에 기재되지 않은 소송절차의 존재는 공판조서에 기재된 다른 내용이나 공판조서 이외의 자료로 증명될 수 있다. 이는 소송법적 사실이므로 자유로운 증명의 대상이 된다.[1]

둘째로, 공판기일에 피고인이나 피고인 아닌 자의 진술을 기재한 공판조서와 법원 또는 법관의 검증의 결과를 기재한 공판조서는 유죄의 증거로 할 수 있다(법311 본문). 공판조서에 인정되는 절대적 증거능력은 특히 항소심(법364③ 참조)과 상고심(법399)의 재판에 있어서 중요한 의미가 있다.

(나) 정확성 담보장치　　이와 같이 공판조서는 형사절차의 진행경과뿐만 아니라 실체면의 형성에 있어서까지도 증명기능을 담당하기 때문에 공판조서의 정확한 기재는 무엇보다도 중요하다. 우리 형사소송법은 공판조서의 정확성을 담보하기 위하여 공판조서의 작성주체, 기재사항, 공판조서의 정리 등에 관하여 매우 상세한 규정을 마련하고 있다(법51 이하 참조).

우리 입법자는 피고인에게 공판조서의 열람 또는 등사청구권을 부여하고 있다(법55①). 그 이유는 공판조서의 열람 또는 등사를 통하여 피고인으로 하여금 진술자의 진술내용과 그것이 기재된 조서의 기재 내용의 일치 여부를 확인할 수 있도록 기회를 줌으로써 그 조서의 정확성을 담보함과 아울러 피고인의 방어권을 충실하게 보장하려는 데 있다.[2]

(다) 위반의 효과　　공판조서의 열람·등사청구에 응하지 아니한 때에는 법원은 그 공판조서를 유죄의 증거로 할 수 없다(법55③). 피고인이 공판조서의 열람·등사를 청구하였음에도 법원이 불응하여 피고인의 열람·등사청구권이 침해된 경우에는 그 공판조서를 유죄의 증거로 할 수 없을 뿐만 아니라, 공판조서에 기재된 당해 피고인이나 증인의 진술도 증거로 할 수 없다.[3]

다만 그러한 증거들 이외에 적법하게 채택하여 조사한 다른 증거들만에 의하더라도 범죄사실을 인정하기에 충분하고, 또한 당해 공판조서의 내용 등에 비추어 보아 그 공판조서의 열람 또는 등사에 응하지 아니한 것이 피고인의 방어권이나 변호인의 변호권을 본질적으로 침해한 정도에 이르지는 않은 경우에는 판결에서 그 공판조서 등을 증거로 사용하였다고 하더라도 그러한 잘못이 판결에 영향을 미친 위법이라고 할 수는 없다.[4]

피고인이 원하는 시기에 공판조서를 열람·등사하지 못하였다 하더라도 변론종결 이전에

1) 2023. 6. 15. 2023도3038, 공 2023하, 1264, 『피해자 5명 추가 공소장변경신청 사건』.
2) 2007. 7. 26. 2007도3906, [미간행], 『멱살잡이 상해 사진 사건』.
3) 2012. 12. 27. 2011도15869, 공 2013상, 280, 『항소심 공판조서 열람불허 사건』.
4) 2012. 12. 27. 2011도15869, 공 2013상, 280, 『항소심 공판조서 열람불허 사건』.

이를 열람·등사한 경우에는 열람·등사가 늦어짐으로 인하여 피고인의 방어권 행사에 지장이 있었다는 등의 특별한 사정이 없는 한 피고인의 공판조서 열람·등사청구권이 침해되었다고 볼 수 없고, 그 공판조서를 유죄의 증거로 할 수 있다.[1)]

(라) 형사소송절차상 화해   「소송촉진 등에 관한 특례법」(소송촉진법)은 형사소송절차에서의 화해를 규정하고 있다. 형사피고사건의 피고인과 피해자 사이에 민사상 다툼(해당 피고사건과 관련된 피해에 관한 다툼을 포함하는 경우로 한정한다)에 관하여 합의한 경우, 피고인과 피해자는 그 피고사건이 계속 중인 제1심 또는 제2심 법원에 합의 사실을 공판조서에 기재하여줄 것을 공동으로 신청할 수 있다(소송촉진법36①). 합의가 기재된 공판조서의 효력은 확정판결과 같은 효력을 가진다(동조⑤, 민사소송법220).

6. 소송서류의 송달

(1) 송달의 의의

송달이란 법정된 방식으로 소송서류의 내용을 알리거나 알 수 있는 기회를 부여하고 이를 공증하는 소송행위이다. 송달은 검사, 피고인, 변호인 기타 소송관계인에 대하여 법원 또는 법관이 소송서류의 내용을 알리는 소송행위로서 공증을 요한다. 공증을 요한다는 점에서 송달은 서류나 의사가 사실상 상대방에게 도달하기만 하면 족한 송부, 교부, 통지 등과 구별된다.

통지는 법령에 다른 정함이 있다는 등의 특별한 사정이 없는 한 서면 이외에 구술·전화·모사전송·전자우편·휴대전화 문자전송 그 밖에 적당한 방법으로도 할 수 있고, 통지의 대상자에게 도달됨으로써 효력이 발생한다.[2)]

피고인은 공판기일에 출석할 의무가 있다(법74, 275③ 참조). 피고인을 소환할 때에는 소환장을 송달해야 한다(법76①). 피고인과 달리 공판기일 출석의무가 없는 검사·변호인 등의 소송관계인에 대해서는 소환을 하는 대신 공판기일을 통지한다(법267③). 피고인에 대한 공판기일 소환은 형사소송법이 정한 소환장의 송달 또는 이와 동일한 효력이 있는 방법(법76②·④·⑤, 268)에 의하여야 한다. 그 밖의 방법에 의한 사실상의 기일의 고지 또는 통지 등은 적법한 피고인 소환이라고 할 수 없다.[3)]

---

1) 2007. 7. 26. 2007도3906, [미간행], 『멱살잡이 상해 사진 사건』.
2) 2017. 9. 22. 2017모1680, 공 2017하, 2060, 『구치소 재감자 상대 소송기록접수통지서 사건』.
3) 2018. 11. 29. 2018도13377, 공 2019상, 253, 『사임 변호인 주소 소환장 송달 사건』.

(2) 송달의 법적 성질과 효과

송달은 준법률행위적 소송행위이다. 송달에 의한 법적 효과는 법원이 발한 의사표시에 기하여 발생하는 것이 아니라 개개의 송달에 관하여 소송법이 정형적으로 부여한 것이기 때문이다. 예컨대 공소장 부본의 송달(법266 본문)은 제1회 공판기일의 개정에 유예기간을 발생시킨다(동조 단서). 공판정에서 재판을 선고하거나 고지하지 않고 재판서등본을 송달하는 방법으로 재판을 고지하는 경우가 있다(법42 본문 후단). 이 때에는 적법한 송달이 있은 날로부터 상소제기기간이나 정식재판청구기간이 진행된다(법343②, 법453① 본문 참조).

(3) 송달의 방법

(가) 민사소송법의 준용　　서류의 송달에 관하여 법률에 다른 규정이 없는 때에는 「민사소송법」을 준용한다(법65, 민사소송법174 이하). 따라서 소송서류의 송달에는 교부송달(민사소송법178①, 183① · ②), 조우송달(동법183③ · ④), 보충송달(동법186① · ②),[1] 유치송달(동조③), 우편송달(동법187), 송달함 송달(동법188), 공시송달(동법194 이하) 등의 방법이 사용된다. 형사소송법은 제60조 이하에서 송달에 관하여 몇 가지 특칙을 규정하고 있다.

(나) 송달영수인　　피고인, 대리인, 대표자, 변호인 또는 보조인이 법원 소재지에 서류의 송달을 받을 수 있는 주거 또는 사무소를 두지 아니한 때에는 법원 소재지에 주거 또는 사무소 있는 자를 송달영수인으로 선임하여 연명한 서면으로 신고하여야 한다(법60①). 송달영수인은 송달에 관하여 본인으로 간주하고, 그 주거 또는 사무소는 본인의 주거 또는 사무소로 간주한다(동조②). 송달영수인의 선임은 같은 지역에 있는 각 심급법원에 대하여 효력이 있다(동조③).

주거, 사무소 또는 송달영수인의 선임을 신고해야 할 자가 그 신고를 하지 아니하는 때에는 법원사무관 등은 서류를 우체에 부치거나 기타 적당한 방법에 의하여 송달할 수 있다(법61①). 서류를 우체에 부친 경우에는 도달된 때에 송달된 것으로 간주한다(동조②).

(다) 재감자 송달　　송달영수인에 관한 규정은 신체구속을 당한 자에게 적용되지 않는다(법60④). 교도소 · 구치소 또는 국가경찰관서의 유치장에 체포 · 구속 또는 유치된 사람에게 할 송달은 교도소 · 구치소 또는 국가경찰관서의 장에게 하여야 한다(법65, 민사소송법182). 재감자에 대한 송달을 교도소 등의 장에게 하지 아니하였다면 그 송달은 부적법하여 무효이다.[2] 법원이 피고인의 수감 사실을 모른 채 종전 주 · 거소에 송달하였다고 하여도 마찬가지로 송

---

1) 1996. 6. 3. 96모32, 공 1996, 2256, 『10살 아들 송달 사건』.
2) 2017. 9. 22. 2017모1680, 공 2017하, 2060, 『구치소 재감자 상대 소송기록접수통지서 사건』.

달의 효력은 발생하지 않는다.[1]

검사에 대한 송달은 서류를 검사가 소속한 검찰청에 송부하여 행한다(법62). 송달의 유형 가운데 공시송달이 있다. 공시송달에 관하여는 항목을 바꾸어서 상세히 살펴본다.

7. 공시송달

(1) 공시송달의 의의

공시송달이란 법원사무관 등이 송달할 서류를 보관하고 그 사유를 법원게시장에 공시하여 행하는 송달을 말한다(법64②, 민사소송법195). 공시송달은 (가) 피고인의 주거, 사무소, 현재지를 알지 못하는 때(법63①) 또는 (나) 피고인이 우리 법원의 재판권이 미치지 아니하는 장소에 있는 경우[2]에 다른 방법으로 송달할 수 없는 때(동조②)에 할 수 있다. 법원은 공시송달의 사유가 있다고 인정한 때에는 직권으로 결정에 의하여 공시송달을 명한다(규칙43).

위 (가)의 경우, 즉 피고인의 주거, 사무소, 현재지를 알지 못하는 때(법63①)에는 최초의 공시송달은 법원게시장에 공시(법64②)를 한 날로부터 2주일을 경과하면 그 효력이 생긴다. 단, 제2회 이후의 공시송달은 5일을 경과하면 그 효력이 생긴다(법64④).

위 (나)의 경우, 즉 피고인이 재판권이 미치지 아니하는 외국에 거주하고 있는 경우에는 형사소송법 제65조에 의하여 준용되는 「민사소송법」 제196조 제2항에 따라 첫 공시송달은 실시한 날부터 2월이 지나야 효력이 생긴다.[3]

(2) 소송촉진법과 공시송달

「소송촉진 등에 관한 특례법」(소송촉진법) 제23조는 제1심 공판절차에서 피고인에 대한 송달불능보고서가 접수된 때부터 6개월이 지나도록 피고인의 소재를 확인할 수 없는 경우 공시송달에 의하도록 하고 있다(동조 본문). 이 경우 제1심법원은 공시송달에 터잡아 피고인의 진술 없이 공판을 진행하고, 피고인이 2회 이상 불출석하면 피고인이 출석하지 않은 기일에 판결을 선고할 수 있다.[4] 다만, 사형, 무기 또는 장기 10년이 넘는 징역이나 금고에 해당하는 사건의 경우에는 공시송달에 의한 불출석 재판을 하지 못한다(동조 단서).

제1심 공판절차에서 이루어지는 피고인 불출석 상태하의 재판은 소송촉진법에 의하여 예외적으로 허용된다. 피고인의 불출석재판은 피고인에게 공판기일 소환장이 적법하게 송달되

---

1) 2017. 11. 7. 2017모2162, 공 2017하, 2362, 『긴급체포 소송기록접수통지서 같은 날 사건』.
2) 2011. 5. 13. 2011도1094, 공 2011상, 1247, 『1회 공시송달 재판 사건』.
3) 2023. 10. 26. 2023도3720, 판례속보, 『베트남 출국 피고인 공시송달 사건』.
4) 2011. 5. 13. 2011도1094, 공 2011상, 1247, 『1회 공시송달 재판 사건』.

었음을 전제로 한다. 이 때문에 공시송달에 의한 소환을 함에 있어서도 공시송달 요건의 엄격한 준수가 요구된다.[1]

소송촉진법에 의한 공시송달에 의하여 불출석 재판을 진행하려면 송달불능보고서가 접수되어야 한다. 피의자에 대한 구속영장이 여러 차례에 걸쳐 집행불능되어 반환된 바 있었다고 하더라도 송달불능보고서의 접수로 볼 수 없다.[2] 그러나 경찰관이 직접 송달 주소를 방문하여 작성한 소재탐지불능보고서의 접수는 송달불능보고서의 접수로 볼 수 있다.[3]

피고인이 구치소나 교도소 등에 수감 중에 있는 경우는 '피고인의 주거, 사무소, 현재지를 알 수 없는 때'(법63①)나 '피고인의 소재를 확인할 수 없는 경우'(소송촉진법23)에 해당한다고 할 수 없다. 법원이 수감 중인 피고인에 대하여 공소장 부본과 피고인소환장 등을 종전 주소지 등으로 송달하는 것은 물론 공시송달의 방법으로 송달하는 것도 위법하다.[4]

피고인의 집 전화번호 또는 휴대전화번호 등이 기록상 나타나 있는 경우에는 그 전화번호로 연락하여 송달받을 장소를 확인하여 보는 등의 시도를 해 보아야 하고, 그러한 조치를 취하지 아니한 채 곧바로 공시송달의 방법에 의한 송달을 하는 것은 허용되지 않는다.[5]

법원이 피고인의 소재를 확인할 수 없어 공시송달결정을 하고 피고인이 출석하지 아니한 채 공판기일을 진행하면서 증거로 서류를 제출받는 경우가 있다. 이때 제출된 서류에 피고인이 송달받을 가능성이 있는 주소가 기재되어 있다면, 법원은 공시송달결정을 취소하고 새로이 나타난 주소로 소환장 송달을 실시하는 절차 등을 거쳐 피고인이 송달받을 수 있는 조치를 취해야 한다.[6]

피고인이 소송이 계속 중인 사실을 알면서도 법원에 거주지 변경 신고를 하지 않았다 하더라도, 잘못된 공시송달에 터잡아 피고인의 진술 없이 공판이 진행되고 피고인이 출석하지 않은 기일에 판결이 선고된 이상, 피고인은 자기 또는 대리인이 책임질 수 없는 사유로 상소제기기간 내에 상소를 하지 못한 것이 되어 상소권회복청구(법345)를 할 수 있다.[7]

(3) 소송촉진법과 재심사유

소송촉진법 제23조의2는 공시송달과 관련하여 재심의 가능성을 열어 놓고 있다. 공시송

1) 2022. 5. 26. 2022모439, 공 2022하, 1325, 『직장 주소지 불구 공시송달 사건』.
2) 2014. 10. 16. 2014모1557, 공 2014하, 2219, 『인도네시아 무단 출국 사건』.
3) 2014. 10. 16. 2014모1557, 공 2014하, 2219, 『인도네시아 무단 출국 사건』.
4) 2013. 6. 27. 2013도2714, 공 2013하, 1426, 『재소자 공시송달 사건』.
5) 2014. 10. 16. 2014모1557, 공 2014하, 2219, 『인도네시아 무단 출국 사건』.
6) 2022. 5. 26. 2022모439, 공 2022하, 1325, 『직장 주소지 불구 공시송달 사건』.
7) 2014. 10. 16. 2014모1557, 공 2014하, 2219, 『인도네시아 무단 출국 사건』.

달로 진행된 제1심 공판절차에서 유죄판결을 받고 그 판결이 확정된 자가 책임을 질 수 없는 사유로 공판절차에 출석할 수 없었던 경우 재심청구권자(법424)는 그 판결이 있었던 사실을 안 날부터 14일 이내에 제1심법원에 재심을 청구할 수 있다(소송촉진법23의2①). 재심청구인이 책임을 질 수 없는 사유로 위 기간에 재심청구를 하지 못한 경우에는 그 사유가 없어진 날부터 14일 이내에 재심을 청구할 수 있다(소송촉진법23의2①).

소송촉진법 제23조의2는 제1심 공판절차가 불출석재판으로 진행된 경우에 대해서만 재심을 허용하는 것처럼 규정되어 있다. 그러나 소송촉진법 제23조에 따라 진행된 제1심의 불출석 재판에 대하여 검사만 항소하고 항소심도 불출석 재판으로 진행한 후에 항소법원이 제1심판결을 파기하고 새로 또는 다시 유죄판결을 선고하여 그 유죄판결이 확정된 경우에는 소송촉진법 제23조의2를 유추적용할 수 있다. 따라서 귀책사유 없이 제1심과 항소심의 공판절차에 출석할 수 없었던 피고인은 소송촉진법 제23조의2가 정한 기간 내에 항소법원에 그 유죄판결에 대한 재심을 청구할 수 있다.[1]

---

1) 2015. 6. 25. 2014도17252 전원합의체 판결, 공 2015하, 1112, 『항소심 불출석재판 재심 사건』.

제 2 장   소송주체

제1절 법   원

제1   법원의 구성과 종류

1. 법원의 조직

(1) 각급 법원의 조직

법원이란 사법권을 행사하는 국가기관이다. 법원은 국법상 의미의 법원과 소송법적 의미의 법원으로 나누어 볼 수 있다. 국법상 의미의 법원이라 함은 대법원을 정점으로 하여 피라미드 조직으로 배치·구성되어 있는 사법행정상의 단위로서의 법원을 의미한다. 국법상 의미의 법원은 최고법원인 대법원을 위시하여 고등법원, 특허법원, 지방법원, 가정법원, 행정법원, 회생법원 등 각급법원으로 조직된다(헌법101②, 법원조직법3①).

소송법적 의미의 법원이란 구체적 사건에 대하여 재판권을 행사하는 주체로서의 재판기관을 의미한다. 국법상 의미의 법원 내에는 하나 또는 수 개의 소송법적 의미의 법원이 설치되어 있다. 형사소송법에서 '법원'을 지칭하는 경우 그 표현은 소송법적 의미의 법원을 의미하는 것이 보통이다. 소송법적 의미의 법원은 국법상 의미의 법원에 소속된 일정한 수의 법관에 의하여 구성된다. 소송법적 의미의 법원이 구체적 사건에 대하여 심리와 재판을 행할 수 있는 권한을 가리켜 심판권이라고 한다.

(2) 각급 법원과 판사

대법원은 대법원장과 대법관으로 구성되며, 나머지 각급 법원은 판사로 구성된다. 대법원장은 국회의 동의를 얻어 대통령이 임명한다(헌법104①). 대법관은 대법원장의 제청으로 국회의 동의를 얻어 대통령이 임명한다(동조②). 대법원장과 대법관이 아닌 법관은 대법관회의의 동의를 얻어 대법원장이 임명한다(동조③).

판사는 10년 이상 (가) 판사·검사·변호사, (나) 변호사의 자격이 있는 사람으로서 국가기관, 지방자치단체, 「공공기관의 운영에 관한 법률」 제4조에 따른 공공기관, 그 밖의 법인에서 법률에 관한 사무에 종사한 사람, (다) 변호사의 자격이 있는 사람으로서 공인된 대학의 법률학 조교수 이상으로 재직한 사람 중에서 임용한다(법원조직법42② · ①). 재직기간을 합산하여 5년 미만인 판사는 변론을 열어 판결하는 사건에 관하여는 단독으로 재판할 수 없으며(동법42의3①), 합의부의 재판장이 될 수 없다(동조②).

2. 단독제와 합의제

소송법적 의미의 법원을 구성하는 방법으로는 단독제와 합의제가 있다. 한 명의 법관으로 법원을 구성하는 방식이 단독제이다. 단독제는 재판절차를 신속하게 진행하고 재판에 대한 법관의 책임소재를 분명히 한다는 점에서 장점이 있으나 자칫하면 심리가 경솔하게 되거나 자의(恣意)에 흐르기 쉽다. 이에 대하여 다수의 법관으로 법원을 구성하는 방식이 합의제이다. 합의제(合議制)는 사건의 심리와 재판에 공정과 신중을 기할 수 있지만 재판절차의 진행이 지연되고 개별 법관의 책임의식이 약화될 우려가 있다.

형사재판과 관련하여 볼 때, 지방법원과 그 지원, 그리고 시 · 군법원의 심판권은 단독판사가 행사한다(법원조직법7④). 대법원의 심판사건(동조①), 고등법원의 심판사건(동조③), 지방법원 및 그 지원에서 합의심판을 해야 하는 사건(동조⑤)은 합의부에서 심판권을 행사한다.

3. 재판장 · 수명법관 · 수탁판사 · 수임판사

소송법적 의미의 법원이 피고사건의 심리와 재판을 행하는 과정에는 여러 가지 형태로 법관이 개입하게 된다. 소송법적 의미의 법원이 합의체로 구성되어 있는 경우에는 그 구성법관 중 1인이 재판장이 된다(법원조직법27③, 30②, 31⑥ 참조). 재판장 이외에 합의체를 구성하는 법관을 합의부원이라고 한다. 합의체의 법원이 그 구성원인 법관에게 특정한 소송행위를 명하는 경우가 있다. 이때 법원에 의하여 특정한 소송행위를 하도록 명함을 받은 법관을 수명법관이라고 한다.

하나의 법원이 다른 법원의 법관에게 일정한 소송행위를 하도록 촉탁하는 경우가 있다. 이 경우 소송행위의 촉탁을 받은 판사를 수탁판사라고 한다. 수탁판사는 소송법적 의미의 법원을 구성하는 법관이 아니라는 점에서 수명법관과 구별된다. 촉탁을 받은 판사는 일정한 경우에 다른 지방법원의 판사에게 전촉(轉囑)할 수 있다(법77②, 136②). 이때 전촉을 받은 법관도 수탁판사이다.

피고사건의 심리를 담당하는 수소법원으로부터 독립하여 당해 형사절차에서 소송법적 권한을 행사할 수 있는 법관을 수임판사라고 한다. 예컨대 수사기관에 대하여 강제처분을 위한 각종 영장을 발부하는 판사(법200의2, 201, 215), 증거보전절차를 행하는 판사(법184), 수사상 증인신문을 행하는 판사(법221의2)는 수임판사의 예이다.

4. 국민참여재판과 배심원

(1) 국민참여재판의 의의와 대상사건

(가) 대상사건　　　2008년부터 「국민의 형사재판 참여에 관한 법률」(국민참여재판법)에 따라 국민참여재판이 실시되고 있다. 국민참여재판이란 배심원이 참여하는 형사재판을 말한다(동법2ⅱ). 이에 대해 직업법관으로만 진행하는 재판을 통상재판이라고 한다. 국민참여재판은 형사사법에 있어서 민주적 정당성과 사법의 신뢰를 높이려는 목적을 가지고 있다(동법1).

2012년의 국민참여재판법의 개정에 의하여 국민참여재판은 합의부 관할사건 및 그와 관련되는 사건으로 확대되었다(국민참여재판법5① 참조). 이제 1년 이상의 법정형이 규정되어 있는 범죄, 단독판사 관할사건이지만 법원이 합의부에서 재판하기로 결정한 재정(裁定)합의사건, 그리고 다른 법률에 의하여 지방법원 합의부 관할에 속하는 사건 등이 국민참여재판의 대상사건으로 된다(동법5① i, 법원조직법32① 참조). 다른 법률에 의한 합의부 관할사건의 예로 「공직선거법」에 의한 선거사범이 있다(동법269).

(나) 신청주의　　　누구든지 「국민의 형사재판 참여에 관한 법률」이 정하는 바에 따라 국민참여재판을 받을 권리를 가진다(국민참여재판법3①). 법원은 대상사건의 피고인에 대하여 국민참여재판을 원하는지 여부에 관한 의사를 서면 등의 방법으로 반드시 확인하여야 한다. 이 경우 피고인 의사의 구체적인 확인 방법은 대법원규칙으로 정하되, 피고인의 국민참여재판을 받을 권리가 최대한 보장되도록 하여야 한다(동법8①).

(다) 배제결정 등　　　일정한 사유가 있는 경우 법원은 국민참여재판 배제결정(동법9①)이나 통상절차 회부결정(국민참여재판법11①)을 할 수 있다. 특히 법원은 성폭력범죄의 피해자 등이 겪게 되는 이차적 피해를 방지하기 위하여 성폭력범죄 피해자가 국민참여재판을 원하지 않는 경우에 배제결정(동법9① ⅲ)을, 성폭력범죄 피해자를 보호할 필요가 있는 경우에 통상절차 회부결정(동법11①)을 할 수 있다.

성폭력범죄 피고사건의 경우 법원은 피고인의 국민참여재판을 받을 권리(국민참여재판법3)와 성폭력범죄 피해자의 보호(동법9① ⅲ)라는 양 측면을 고려하여 신중하게 배제결정을 해야 한다. 성폭력범죄 피해자나 법정대리인이 국민참여재판을 원하지 아니한다는 이유만으로 국민참여재판 배제결정을 하는 것은 바람직하다고 할 수 없다.[1]

---

1) 2016. 3. 16. 2015모2898, 공 2016상, 598, 『성범죄 배제결정 사건』.

(2) 배심원의 선정과 심리

(가) 배심원 선정　　　국민참여재판에 참여하는 시민을 배심원이라고 한다. 배심원은 만 20세 이상의 대한민국 국민 중에서 선정된다(국민참여재판법16). 지방법원장은 만 20세 이상 국민의 주민등록정보를 토대로 배심원후보예정자명부를 작성하며(동법22① · ③), 법원은 이 명부 중에서 필요한 수의 배심원후보자를 무작위 추출 방식으로 정한다(동법23①).

배심원 및 예비배심원은 배심원선정절차를 통하여 선정된다(국민참여재판법24 이하). 배심원에게는 일정한 결격사유(동법17)와 함께 직업 등에 따른 제외사유(동법18) 및 면제사유(동법20)가 인정되고 있다. 또한 배심원으로 선정될 수 없는 제척사유로 법관의 경우에 준하여 7가지 사유가 규정되어 있다(동법19).

배심원단을 공정하게 구성하는 것은 국민참여재판의 핵심적 사항이다. 검사와 변호인은 각자 일정한 범위 내에서 배심원후보자에 대하여 이유를 제시하지 아니하는 기피신청을 할 수 있다(국민참여재판법30①). 이 경우의 기피신청을 무이유부기피신청이라고 한다. 무이유부기피신청이 있는 때에는 법원은 당해 배심원후보자를 배심원으로 선정할 수 없다(동조②).

한편 법원은 배심원후보자가 결격사유(국민참여재판법17), 제외사유(동법18), 제척사유(동법19), 면제사유(동법20) 등의 사유에 해당하거나 불공평한 판단을 할 우려가 있다고 인정되는 때에는 직권 또는 검사, 피고인 또는 변호인의 기피신청에 의하여 당해 배심원후보자에 대하여 불선정결정을 하여야 한다(동법28③ 1문). 검사, 피고인 또는 변호인의 기피신청을 기각하는 경우에 법원은 이유를 고지하여야 한다(동항 2문).

배심원의 수는 원칙적으로 법정형이 사형 · 무기징역 또는 무기금고에 해당하는 사건의 경우는 9인, 그 외의 대상사건의 경우는 7인이다(국민참여재판법13① 본문). 법원은 사건의 내용에 비추어 특별한 사정이 있다고 인정되고 검사 · 피고인 또는 변호인의 동의가 있는 경우에 한하여 결정으로 배심원의 수를 7인과 9인 중에서 달리 정할 수 있다(동조②). 다만 법원은 피고인 또는 변호인이 공판준비절차에서 공소사실의 주요내용을 인정한 때에는 5인의 배심원이 참여하게 할 수 있다(동조① 단서). 법원은 배심원의 결원 등에 대비하여 5인 이내의 예비배심원을 둘 수 있다(동법14①).

(나) 배심원 심리　　　국민참여재판은 배심원이 참여하는 형사재판이다. 배심원은 재판에 참여할 뿐이며 피고사건에 대한 재판은 직업법관으로 구성된 법원이 행한다. 배심원은 국민참여재판사건에 관하여 재판부에 대해 사실의 인정, 법령의 적용 및 형의 양정에 관한 의견을 제시할 권한이 있다(국민참여재판법12①). 그러나 배심원은 법원의 증거능력에 관한 심리에 관여할 수 없다(동법44).

배심원은 피고사건의 심리에 적극적으로 관여할 수 없다. 다만 배심원은 (가) 피고인 · 증인에 대하여 필요한 사항을 신문하여 줄 것을 재판장에게 요청하는 행위와 (나) 필요하다고 인정되는 경우 재판장의 허가를 얻어 각자 필기를 하여 이를 평의에 사용하는 행위를 할 수 있다(국민참여재판법41①).

(3) 배심원의 평의와 평결

(가) 평의와 평결   심리에 관여한 배심원은 재판장의 설명을 들은 후 유·무죄에 관하여 평의하고, 전원이 일치하면 그에 따라 평결한다(국민참여재판법46② 본문). 유·무죄에 관하여 배심원 전원의 의견이 일치하지 않으면 평결을 하기 전에 심리에 관여한 판사의 의견을 듣고 다수결로 평결한다(동조③). 평결이 유죄인 경우 배심원은 심리에 관여한 판사와 함께 양형에 관하여 토의하고 그에 관한 의견을 개진한다(동조④).

(나) 권고적 효력   배심원이 제시한 평결과 의견은 법원을 기속하지 않는다(국민참여재판법46⑤). 그러나 재판장은 판결선고시 피고인에게 배심원의 평결결과를 고지하여야 하며, 배심원의 평결결과와 다른 판결을 선고하는 때에는 피고인에게 그 이유를 설명하여야 한다(동법48④). 법원이 배심원의 평결결과와 다른 판결을 선고하는 때에는 판결서에 그 이유를 기재하여야 한다(동법49②).

제 2 법원과 재판권

1. 재판권의 의의

국가의 사법권은 다시 법원의 재판권으로 구체화된다. 재판권이란 구체적 사건에 대하여 법원이 심리와 재판을 행할 수 있는 일반적·추상적 권한이다. 법원의 재판권은 소송조건을 이룬다. 재판권은 소송계속 중인 사건에 대하여 심판을 행할 수 있는 일반적 권한이다. 이 점에서 동종 법원 상호간 또는 상급심과 하급심 사이에 업무분배의 기준이 되는 관할과 구별된다.

형사사건에 있어서 법원이 피고인에 대하여 재판권을 가지고 있지 않을 때에는 원칙적으로 공소기각판결(법327 ⅰ)을 통하여 절차를 종결한다.[1] 이에 반해 관할이 없는 경우에는 관할위반의 판결(법319)로써 절차를 종결해야 한다. 관할위반인 경우에는 소송행위의 효력에 영향이 없다(법2).

---

1) 1998. 11. 27. 98도2734, 공 1999, 87, 『통과여객 위장 사건』.

고도의 정치성을 띤 국가행위에 대하여는 이른바 통치행위라고 하여 법원 스스로 사법심사권의 행사를 억제하여 심사대상에서 제외하는 영역이 있을 수 있다. 그러나 이와 같은 통치행위 개념을 인정한다고 하더라도 과도한 사법심사의 자제가 기본권을 보장하고 법치주의 이념을 구현해야 할 법원의 책무를 태만히 하거나 포기하는 것이 되지 않도록 통치행위의 인정은 지극히 신중하게 이루어져야 한다.[1]

2. 형사재판권의 범위

(1) 군사법원의 재판권

(가) 군사법원법의 개정　　형사재판권은 원칙적으로 일반법원에 의하여 행사된다. 우리 헌법은 특별법원으로 군사법원의 설치를 인정하고 있다(헌법110①). 이 때문에 형사재판권은 다시 일반법원의 형사재판권과 군사법원의 형사재판권으로 나누어진다.

2021년 입법자는 군 사법제도에 대한 국민적 신뢰를 회복하기 위하여 「군사법원법」을 대폭 개정하였다. 이에 따라 군사법원의 재판권이 축소되고 일반법원의 재판권이 확대되었다. 또한 평시 고등군사법원이 폐지되었다. 개정 「군사법원법」은 2022년 7월 1일부터 시행된다.

(나) 군사법원의 재판권 범위　　개정 「군사법원법」은 평시의 군사재판에 관하여 규정하면서 제5편에서 전시·사변의 특례를 규정하고 있다. 아래에서는 평시 군사재판과 관련한 군사법원의 재판권을 살펴본다.

군사법원은 헌법이 인정한 특별법원이지만 군사법원의 항소심을 고등법원(군사법원법414)이, 상고심을 대법원(헌법110②, 군사법원법442)이 각각 심판함으로써 형사재판권의 통일적 행사가 보장되고 있다.

군사법원은 군인 및 군무원 등의 준군인에 대해 재판권을 갖는다(군사법원법2① i 본문, 군형법1①~④ 참조). 군사법원은 국군부대가 관리하고 있는 포로가 범한 죄에 대하여 재판권을 가진다(동법2① ii). 군사법원은 「계엄법」에 따른 재판권을 가지며(군사법원법3①), 군사기밀누설죄(군사기밀보호법13)와 그 미수범에 대하여 재판권을 가진다(군사법원법3②).

나아가 군사법원이 예외적으로 일반인에 대해 재판권을 갖는 경우가 있다. 소위 특정군사범죄의 경우가 그것이다.

(다) 특정군사범죄　　군사법원은 일반인에 대해 제한적인 범위 내에서만 재판권을 갖는다. 헌법 제27조 제2항은 "군인 또는 군무원이 아닌 국민은 대한민국의 영역 안에서는 중대한 군사상 기밀·초병·초소·유독음식물공급·포로·군용물에 관한 죄 중 법률이 정한 경우와

---

1) 2010. 12. 16. 2010도5986 전원합의체 판결, 공 2011상, 259, 『긴급조치 위헌무효 사건』.

비상계엄이 선포된 경우를 제외하고는 군사법원의 재판을 받지 아니한다."고 규정하여 원칙적으로 일반인에게 군사법원의 재판을 받지 않을 권리를 보장하고 있다. 군인은 전역하면 일반인이 된다. 그리하여 군인일 때 범한 범죄라 할지라도 일반인으로서 재판을 받기 때문에 군사법원의 재판을 받지 않는 것이 원칙이다.

군사법원이 예외적으로 일반인에 대해 재판권을 가지는 경우는 (가) 대한민국의 영역 안에서 중대한 군사상 기밀 · 초병 · 초소 · 유독음식물공급 · 포로 · 군용물에 관한 죄 중 법률이 정한 범죄를 범한 경우와 (나) 비상계엄이 선포된 경우이다. 「군사법원법」과 「군형법」은 (가)에 해당하는 '법률이 정한 범죄'를 규정하고 있는데(군사법원법2① i, 군형법1④), 이에 해당하는 범죄를 가리켜서 특정군사범죄라고 한다.

요컨대 군사법원은 군인 및 군무원 등의 준군인에 대해서뿐만 아니라 특정군사범죄를 범한 일반인에 대해서도 재판권을 갖는다. 이와 같이 군사법원이 군인 및 군무원 등의 준군인이나 일부 일반인에 대해 가지는 형사재판권을 가리켜서 신분적 재판권이라고 한다.

(라) 특정군사범죄와 일반범죄의 경합　　비상계엄이 아닌 상황에서, 일반인이 범한 수 개의 죄 가운데 특정군사범죄와 일반범죄가 동시적 경합범(형법37 전단)의 관계에 있다고 보아 하나의 사건으로 기소되는 경우가 있다. 이 경우 재판권을 군사법원과 일반법원 가운데 어느 법원이 행사할 것인지 문제된다. 종래 판례는 이 경우 일반범죄에 대해서까지 군사법원에 재판권을 인정하였다. 그러나 2016년에 대법원은 판례를 변경하여 군사법원과 일반법원의 재판권에 대해 다음과 같은 조정을 가하였다.

군사법원의 일반인에 대한 재판권은 어디까지나 해당 특정군사범죄(군형법1④)에 한정된다. 군사법원은 특정군사범죄 이외에 일반인이 범한 범죄에 대해 재판권을 가지지 않는다.[1]

역으로 일반법원은 일반인이 범한 특정군사범죄에 대해 재판권을 행사할 수 없다. 특정군사범죄에 대하여는 군사법원이 전속적인 재판권을 가진다. 특정군사범죄 이외의 일반범죄에 대해서는 일반법원이 재판권을 행사한다.[2]

(2) 군인 등에 대한 일반법원의 재판권

2021년의 군 사법제도 개혁에 의하여 군인 및 군무원 등의 준군인이 범한 범죄에 대해 군사법원의 재판권이 제한되고 일반법원이 재판권을 행사하게 되었다.

일반법원은 다음 각 호에 해당하는 범죄 및 그 경합범 관계에 있는 죄에 대하여 재판권을 가진다. 다만, 전시 · 사변 또는 이에 준하는 국가비상사태 시에는 그러하지 아니하다(군사법원

---

1) 2016. 6. 16. 2016초기318 전원합의체 결정, 공 2016하, 1069, 『군용물절도 예비역 대령 사건』.
2) 2016. 6. 16. 2016초기318 전원합의체 결정, 공 2016하, 1069, 『군용물절도 예비역 대령 사건』.

법2② 본문·단서).

① 군인 및 군무원 등의 준군인(군형법1①~③)이 범한 「성폭력범죄의 처벌 등에 관한 특례법」 제2조의 성폭력범죄 및 같은 법 제15조의2의 죄, 「아동·청소년의 성보호에 관한 법률」 제2조 제2호의 죄 (1호)

② 군인 및 군무원 등의 준군인(군형법1①~③)이 사망하거나 사망에 이른 경우 그 원인이 되는 범죄 (2호)

③ 군인 및 군무원 등의 준군인(군형법1①~③)이 그 신분취득 전에 범한 죄 (3호)

국방부장관은 일반법원이 군인 및 군무원 등의 준군인(군형법1①~③)을 재판할 수 있는 죄의 경우에도 국가안전보장, 군사기밀보호, 그 밖에 이에 준하는 사정이 있는 때에는 해당 사건을 군사법원에 기소하도록 결정할 수 있다. 다만, 해당 사건이 일반법원에 기소된 이후에는 그러하지 아니하다(군사법원법2④ 본문·단서). 검찰총장 및 고소권자는 국방부장관의 결정에 대하여 7일 이내에 대법원에 그 취소를 구하는 신청을 할 수 있다(동조⑤).

(3) 군사법원과 일반법원 사이의 사건이송

(가) 군사법원에의 사건이송　　　일반법원과 군사법원은 재판권을 달리하므로 일반법원의 재판권에 속하는 형사사건을 군사법원에 기소하면 이론상 재판권 없음을 이유로 공소기각판결을 해야 할 것이다(법327ⅰ 참조). 그렇지만 우리 입법자는 공소기각판결과 새로운 공소제기라는 이중의 절차를 생략함으로써 소송경제를 도모하기 위하여 이송제도를 마련하고 있다.

먼저, 일반법원에 공소를 제기하기 전에 사건이 군사법원의 재판권에 속하는 형사사건임이 밝혀지는 경우가 있다. 이 경우 검사는 사건을 서류와 증거물과 함께 재판권을 가진 관할 군검찰부 군검사에게 송치하여야 한다(법256의2 1문). 이 경우 송치 전에 행한 소송행위는 송치 후에도 그 효력에 영향이 없다(동조 2문).

다음으로, 일반법원에 공소가 제기된 후에 공소제기된 사건에 대해 군사법원이 재판권을 가지게 되었거나 재판권을 가졌음이 판명되는 경우가 있다. 이 경우 일반법원은 공소제기된 사건에 대하여 결정으로 사건을 재판권이 있는 같은 심급의 군사법원으로 이송해야 한다(법16의2 1문). 이 경우 이송 전에 행한 소송행위는 이송 후에도 그 효력에 영향이 없다(동조 2문).

(나) 일반법원에의 사건이송　　　형사소송법과 동일한 취지의 사건이송 규정은 「군사법원법」에도 마련되어 있다. 먼저, 군사법원에 공소를 제기하기 전에 사건이 일반법원의 재판권에 속하는 형사사건임이 밝혀지는 경우가 있다. 이 경우 군검사는 사건을 서류·증거물과 함께 재판권을 가진 관할 일반법원에 대응하는 검찰청의 검사, 고위공직자범죄수사처의 수사처검사 또는 경찰청의 사법경찰관에게 송치하여야 한다(군사법원법286 1문). 이 경우 송치 전에 한

소송행위의 효력은 송치 후에도 영향이 없다(동조 2문).

다음으로, 군사법원에 공소가 제기된 후에 공소제기된 사건에 대해 일반법원이 재판권을 가지게 되었거나 재판권을 가졌음이 밝혀지는 경우가 있다. 이 경우 군사법원은 결정으로 사건을 재판권이 있는 같은 심급의 일반법원으로 이송한다(군사법원법2③ 1문). 이 경우 이송 전에 한 소송행위는 이송 후에도 그 효력에 영향이 없다(동항 2문).

예컨대 군사법원이 일반인으로부터 재심청구를 받았다면, 재심청구를 받은 군사법원으로서는 먼저 재판권 유무를 심사하여 군사법원에 재판권이 없다고 판단되면 재심청구절차로 나아가지 말고 곧바로 사건을 같은 심급의 일반법원으로 이송해야 한다. 군사법원이 재판권이 없음에도 재심개시결정을 한 후에 비로소 사건을 일반법원으로 이송하였다면 이는 위법한 재판권의 행사에 해당한다.[1]

다만, 이 경우 이송 전에 한 소송행위는 이송 후에도 그 효력에 영향이 없으므로(군사법원법2③ 2문) 사건을 이송받은 일반법원으로서는 다시 처음부터 재심청구절차를 진행할 필요는 없고, 군사법원의 재심개시결정을 유효한 것으로 보아 그 후속절차를 진행할 수 있다.[2]

(4) 외국인의 국외범

외국인이 외국에서 죄를 범한 경우에는 (가) 형법 제5조 제1호 내지 제7호에 열거된 죄를 범한 때(형법5)와 (나) 형법 제5조 제1호 내지 제7호에 열거된 죄 이외에 대한민국 또는 대한민국 국민에 대하여 죄를 범한 때(형법6)에만 대한민국 형법이 적용되어 우리나라에 재판권이 있게 된다.

여기서 (나)의 '대한민국 또는 대한민국 국민에 대하여 죄를 범한 때'라 함은 대한민국 또는 대한민국 국민의 법익이 직접적으로 침해되는 결과를 야기하는 죄를 범한 경우를 의미한다. 그러므로 예컨대 외국인이 외국에서 위조사문서행사죄(형법234)의 행위를 하더라도 이는 (가)의 경우는 물론 (나)의 대한민국 또는 대한민국 국민의 법익을 직접적으로 침해하는 행위라고 볼 수도 없기 때문에 우리나라에 재판권이 없다.[3]

(5) 세계주의

우리 형법은 총칙에서 세계주의를 선언하고 있지 않다. 세계주의란 특정한 범죄에 대해서 범죄지나 범인의 국적 여하를 묻지 않고 우리 형법을 적용하는 원칙을 말한다. 그러나 형법

---

1) 2015. 5. 21. 2011도1932 전원합의체 판결, 공 2015하, 920, 『고등군사법원 재심개시결정 사건』.
2) 2015. 5. 21. 2011도1932 전원합의체 판결, 공 2015하, 920, 『고등군사법원 재심개시결정 사건』.
3) 2011. 8. 25. 2011도6507, 공 2011하, 1987, 『캐나다 교포 선물투자 사건』.

각칙 및 특별법에서는 세계주의가 일부 명문화되어 있다. 세계주의가 명문화된 경우에는 외국인의 국외범이라 할지라도 우리나라 형벌법규가 적용되므로 우리나라 법원에 재판권이 있다.

형법 제296조의2는 형법 제287조(미성년자약취·유인), 제288조(추행 등 목적 약취·유인), 제289조(인신매매), 제290조(약취·유인 등 상해·치상), 제291조(약취·유인 등 살해·치사), 제292조(약취·유인·매매·이송된 사람의 수수·은닉 등), 제294조(미수범)의 조문은 "대한민국 영역 밖에서 죄를 범한 외국인에게도 적용한다."고 선언하고 있다.

「국제형사재판소의 관할 범죄의 처벌 등에 관한 법률」은 집단살해죄, 인도에 반한 죄, 각종 전쟁범죄 등을 규정하면서(동법8~16 참조) 그 적용범위에 관하여 속인주의, 속지주의, 보호주의, 세계주의를 모두 채택하고 있다(동법3 참조). 특히 이 법률 제3조 제5항은 "이 법은 대한민국 영역 밖에서 집단살해죄 등을 범하고 대한민국영역 안에 있는 외국인에게 적용한다."고 규정하여 세계주의를 명시하고 있다.

2016년부터 「국민보호와 공공안전을 위한 테러방지법」(테러방지법)이 시행되고 있다. 테러방지법 제17조는 테러단체의 구성·가입(동조①)이나 자금지원(동조②) 등 일련의 행위를 처벌하고 있는데, 여기에는 형법 등 국내법에 죄로 규정된 행위가 테러방지법 제2조의 테러에 해당하는 경우(동조⑥)도 포함된다. 테러방지법 제19조는 "제17조의 죄는 대한민국 영역 밖에서 저지른 외국인에게도 국내법을 적용한다."고 규정하여 세계주의를 천명하고 있다.

제3 법원과 관할

1. 관할의 의의와 종류

(1) 관할의 의의

국법상의 법원 내에는 다수의 개별법원이 설치되어 있다. 이때 다수의 법원 사이에 재판업무를 분담하게 할 필요가 생긴다. 다수 법원 사이의 재판업무 분담기준을 관할이라고 한다. 구체적 피고사건이 특정한 법원의 관할에 속하게 되면 그 법원은 그 사건에 대한 심리와 재판의 권한을 가지게 된다.

형사사건의 관할은 심리의 편의와 사건의 능률적 처리라는 절차적 요구뿐만 아니라 피고인의 출석과 방어권 행사의 편의라는 방어상의 이익도 충분히 고려하여 결정해야 한다. 관할은 특히 자의적 사건처리를 방지하기 위하여 법률에 규정된 추상적 기준에 따라 획일적으로 결정해야 한다.[1]

---

1) 2015. 10. 15. 2015도1803, 공 2015하, 1712, 『지원 사건 본원 기소 사건』.

관할은 소송조건이다. 따라서 법원은 직권으로 관할을 조사하여야 한다(법1). 피고사건이 법원의 관할에 속하지 아니한 때에는 법원은 판결로써 관할위반의 선고를 하여야 한다(법319). 소송행위는 관할위반인 경우에도 그 효력에 영향이 없다(법2).

(2) 관할의 종류

관할은 여러 가지 기준을 가지고 분류해 볼 수 있다. 관할은 법률에 의하여 직접 규정되는 법정관할과 법원의 재판을 기다려서 결정되는 재정관할로 구별할 수 있다. 법정관할은 다시 고유관할과 관련사건의 관할로 구분된다. 고유관할은 구체적 피고사건에 대하여 직접적으로 규정되는 관할이다. 이에 대해 고유관할 사건과 일정한 관계에 있어서 인정되는 관할이 관련사건의 관할이다.

관할은 또한 피고사건 자체의 심판에 관한 관할과 피고사건과 관련된 특수절차의 심판에 관한 관할로 나누어 볼 수 있다. 이때 전자를 사건관할, 후자를 직무관할이라고 한다. 피고사건에 대한 토지관할(법4 이하), 사물관할(법원조직법7④, 32), 심급관할(동법14, 28, 32②)은 사건관할에 해당하며, 재심청구사건(법423), 비상상고사건(법441), 재정신청사건(법260), 체포·구속적부심사청구사건(법214의2) 등에 대한 관할은 직무관할에 해당한다.

2. 고유의 법정관할

피고사건에 대하여 법률이 직접적으로 규정을 두고 있는 고유의 법정관할에는 심급관할, 사물관할, 토지관할이 있다.

(1) 심급관할

심급관할이란 상소관계에 있어서의 관할을 말한다. 심급관할은 상소법원의 심판권을 의미한다.

대법원은 형사사건에 관하여 (가) 고등법원 또는 항소법원의 판결에 대한 상고사건(법원조직법14, 법371), (나) 항고법원, 고등법원 또는 항소법원의 결정·명령에 대한 재항고사건, (다) 다른 법률에 따라 대법원의 권한에 속하는 사건을 종심으로 심판한다(법원조직법14ⅱ, 법415). (다)의 '다른 법률'의 예로 「군사법원법」을 들 수 있다. 군사법원이 제1심으로 판결한 사건의 항소심은 일반법원인 고등법원이며(군사법원법414), 이 고등법원의 판결에 대한 상고심은 대법원이다(헌법110②, 군사법원법442).

고등법원은 형사사건에 관하여 (가) 지방법원 합의부의 제1심 판결·결정·명령에 대한 항소 또는 항고사건, (나) 다른 법률에 따라 고등법원의 권한에 속하는 사건을 심판한다(법원조직법28 ⅰ, ⅲ). (나)의 '다른 법률'의 예로 「군사법원법」을 들 수 있다. 군사법원이 제1심으로 판결한 사건의 항소심은 일반법원인 고등법원이다(군사법원법414). 제1심 군사법원의 결정·명령에 대한 항고법원 또한 고등법원이 된다.

지방법원 본원 합의부 및 춘천지방법원 강릉지원 합의부는 형사사건에 관하여 지방법원 단독판사의 판결·결정·명령에 대한 항소 또는 항고사건을 제2심으로 심판한다(법원조직법32② 본문). 지방법원 단독판사의 사물관할에 속하는 사건에 대한 항소사건을 고등법원이 심판한 것은 소송절차의 법령을 위반한 것에 해당한다.[1]

(2) 사물관할

(가) 의 의　　사물관할이란 사건의 경중이나 성질에 따른 제1심법원의 관할분배를 말한다. 사물관할은 제1심법원의 관할분배라는 점에서 심급관할과 구별된다. 제1심의 사물관할은 제1심법원의 단독판사 또는 합의부에 속한다. 사물관할의 분배는 「법원조직법」에 규정되어 있다. 지방법원 및 그 지원과 시·군법원의 형사사건에 대한 심판권은 원칙적으로 단독판사가 행사한다(법원조직법7④).

시·군법원은 20만원 이하의 벌금 또는 구류나 과료에 처할 범죄사건을 즉결심판한다(법원조직법34①ⅲ, ③). 시·군법원의 즉결심판사건 기준인 '20만원 이하의 벌금 또는 구류나 과료에 처할 범죄사건'은 법정형이 아니라 선고형을 기준으로 한다.

(나) 합의부 관할사건　　형사사건의 제1심은 단독판사가 관할하는 것이 원칙이지만(법원조직법7④), 법관 3명으로 구성된 합의부가 관할하는 경우가 있다. 지방법원과 그 지원의 합의부는 다음의 형사사건에 대하여 각각 제1심으로 심판한다(동법32① 참조).

① 합의부에서 심판할 것으로 합의부가 결정한 사건 (1호)

② 사형, 무기 또는 단기 1년 이상의 징역 또는 금고에 해당하는 사건(다만 예외가 있음) (3호)

③ 위 ②의 사건과 동시에 심판할 공범사건 (4호)

④ 지방법원판사에 대한 제척·기피사건 (5호)

⑤ 다른 법률에 의하여 지방법원 합의부의 권한에 속하는 사건 (6호)

(다) 법정형의 경중　　단독판사와 합의부 사이의 사물관할에 관한 구별기준은 기본적으로 피고사건의 성질과 피고사건에 대한 법정형의 경중이다. 원칙적인 기준은 법정형 단기 1년 이상의 징역 또는 금고 여부이다(법원조직법32① ⅲ 본문).[2]

---

1) 1997. 4. 8. 96도2789, 공 1997, 1502, 『콘도미니엄 사업자 사건』.
2) 1999. 11. 26. 99도4398, 공 2000, 119, 『감금치상 단독판사 판단 사건』.

다만, 다음 각 목의 사건은 단기 1년 이상의 징역 또는 금고가 규정되었음에도 불구하고 합의부 사물관할에서 제외된다(법원조직법32① iii 단서).

① 형법 제258조의2 제1항[특수상해], 제331조[특수절도], 제332조[절도죄상습범](제331조의 상습범으로 한정한다)와 그 각 미수죄, 제350조의2[특수공갈]와 그 미수죄, 제363조 [장물죄상습범]에 해당하는 사건 (가목)

② 「폭력행위 등 처벌에 관한 법률」 제2조 제3항 제2호 · 제3호[상습존속폭행 등], 제6조 [미수범](제2조 제3항 제2호 · 제3호의 미수죄로 한정한다) 및 제9조[사법경찰관리의 직무유기]에 해당하는 사건 (나목)

③ 「병역법」 위반사건 (다목)

④ 「특정범죄 가중처벌 등에 관한 법률」 제5조의3 제1항[도주차량], 제5조의4 제5항 제1호 · 제3호[절도 · 장물 3회 이상 누범가중] 및 제5조의11[위험운전치사상]에 해당하는 사건 (라목)

⑤ 「보건범죄 단속에 관한 특별조치법」 제5조[부정의료업자의 처벌]에 해당하는 사건 (마목)

⑥ 「부정수표 단속법」 제5조[위조 · 변조자의 형사책임]에 해당하는 사건 (바목)

⑦ 「도로교통법」 제148조의2 제1항 · 제2항[음주측정불응], 같은 조 제3항 제1호 및 제2호[주취운전]에 해당하는 사건 (사목)

⑧ 「중대재해 처벌 등에 관한 법률」 제6조 제1항 · 제3항[중대산업재해 사업주와 경영책임자 등의 처벌] 및 제10조 제1항[중대시민재해 사업주와 경영책임자 등의 처벌]에 해당하는 사건 (아목)

특수상해죄(형법258의2①; 1년 이상 10년 이하 징역)는 합의부 사물관할에서 제외되어 단독판사 관할사건에 속한다. 그러나 특수중상해죄(형법258의2②; 2년 이상 20년 이하 징역)는 합의부 사물관할에서 제외되어 있지 않다(법원조직법32① iii 가목).

특수상해죄(형법258의2①; 1년 이상 10년 이하 징역)는 법정형의 단기가 1년 이상의 징역에 해당하는 경우이지만 「법원조직법」의 예외규정에 의하여 단독판사의 관할에 속한다(법원조직법32① iii 가목). 그러나 상습특수상해죄(형법264, 258의2①; 단기 및 장기 각 2분의1 가중)는 「법원조직법」의 예외규정에 포함되어 있지 않고, 법정형의 단기가 1년 이상의 징역에 해당하는 경우이므로 합의부 관할사건에 속한다.[1]

감금죄(형법276①; 5년 이하 징역 또는 700만원 이하 벌금) 및 존속감금죄(형법276②; 10년 이하

---

1) 2017. 6. 29. 2016도18194, 공 2017하, 1596, 『상습특수상해범 주부 사건』.

징역 또는 1,500만원 이하 벌금)는 법정형의 단기가 1년 이상의 징역 또는 금고에 해당하지 않으므로 단독판사 관할사건에 속한다. 그러나 감금치상죄(형법281① 1문; 1년 이상 징역), 감금치사죄(형법281① 2문; 3년 이상 징역), 존속감금치상죄(형법281② 1문; 2년 이상 징역), 존속감금치사죄(형법281② 2문; 무기 또는 5년 이상 징역)는 법정형의 단기가 1년 이상의 징역에 해당하는 경우이므로 합의부 관할사건에 속한다.[1]

「공직선거법」은 법정형의 경중을 묻지 않고 선거범과 그 공범에 관한 제1심재판을 합의부 관할사건으로 규정하고 있다(동법269 본문).

(라) 공소장변경   단독판사의 사물관할에 속하던 피고사건이 공소장변경(법298)에 의하여 합의부 관할사건으로 변경되는 경우가 있다. 형사소송법은 소송경제를 도모하기 위하여 단독판사가 관할위반의 판결을 선고함이 없이 결정으로 피고사건을 관할권이 있는 합의부에 이송하도록 하고 있다(법8②).

형사소송법은 합의부 관할사건이 공소장변경에 의하여 단독판사 관할사건으로 변경된 경우에 관하여 규정하고 있지 않다. 이 경우의 사물관할은 합의부에 속한다.[2]) 피고사건은 공소제기 당시부터 합의부 관할사건이었다. 설령 합의부가 공소장변경을 허가하는 결정을 하였다고 하더라도 그러한 사정은 합의부의 관할에 아무런 영향을 미치지 않는다. 합의부로서는 피고사건에 관하여 그 실체에 들어가 심판해야 한다.[3] 합의부가 사건을 단독판사에게 재배당할 수는 없다.[4]

사물관할은 제1심법원 사이의 관할분배 문제이다. 그런데 공소장변경에 의한 사건이송은 항소심절차에서도 일어날 수 있다. 항소심에서 공소장변경에 의하여 제1심 단독판사 관할사건이 합의부 관할사건으로 바뀌는 경우가 그것이다. 형법상 상습사기죄(형법351, 347; 10년 이하 징역 또는 2,000만원 이하 벌금의 2분의 1 가중; 단독사건)로 기소된 피고사건이 이후 항소되어 지방법원 합의부에서 심리가 진행되던 중 「특정경제범죄 가중처벌 등에 관한 법률」상의 사기죄(동법3① i; 무기 또는 5년 이상 징역, 동항 ii; 3년 이상 징역; 각각 합의부사건)로 공소장이 변경되는 경우가 여기에 해당하는 사례의 하나이다. 이러한 경우 지방법원 합의부는 사건을 관할권 있는 고등법원에 이송하여야 한다.[5]

(마) 국민참여재판   「국민의 형사재판 참여에 관한 법률」에 의한 국민참여재판사건의

1) 1999. 11. 26. 99도4398, 공 2000, 119, 『감금치상 단독판사 판단 사건』.
2) 2013. 4. 25. 2013도1658, 공 2013상, 991, 『대출사기 공소장변경 사건』.
3) 2013. 4. 25. 2013도1658, 공 2013상, 991, 『대출사기 공소장변경 사건』.
4) 2013. 4. 25. 2013도1658, 공 2013상, 991, 『대출사기 공소장변경 사건』.
5) 1997. 12. 12. 97도2463, 공 1998, 362, 『상습사기 공소사실 추가 사건』.

경우에는 지방법원 본원 합의부에 관할권이 집중된다. 국민참여재판 대상사건으로서 피고인이 국민참여재판을 원하는 의사를 표시한 경우 지방법원 지원 합의부는 배제결정(동법9①)을 하지 아니하는 때에는 국민참여재판절차 회부결정을 하여 사건을 지방법원 본원 합의부로 이송해야 한다(동법10①). 지방법원 지원 합의부가 회부결정을 한 사건에 대하여는 지방법원 본원 합의부가 관할권을 가진다(동조②).

(3) 토지관할

(가) 의 의   토지관할이란 동등한 법원 상호간에 사건의 지역적 관계에 의하여 이루어지는 관할의 배분을 말한다. 토지관할은 재판적(裁判籍)이라고도 한다. 토지관할의 결정에는 사건의 효율적 처리와 피고인의 방어권보장을 함께 고려하여야 한다. 토지관할은 형사소송법에 규정되어 있다.

(나) 관할구역   「각급법원의 설치와 관할구역에 관한 법률」은 각급 법원의 관할구역을 정해놓고 있다. 관할구역은 법원 또는 법관이 행하는 직무활동의 지역적 범위를 결정하는 점에서 의미가 있다. 법원 또는 법관은 원칙적으로 그 관할구역 안에서만 직무활동을 수행할 수 있기 때문이다. 그러나 법원 또는 수명법관은 사실발견을 위하여 필요하거나 긴급을 요하는 때에는 관할구역 외에서 직무를 행하거나 사실조사에 필요한 처분을 할 수 있다(법3①ㆍ②).

토지관할의 일차적 기능은 동급의 제1심법원 사이에 관할을 배분하는 데에 있다. 제1심법원은 「각급법원의 설치와 관할구역에 관한 법률」이 규정해 놓은 관할구역을 전제로 형사소송법의 토지관할기준을 충족하고 있는 사건에 대해 토지관할을 가지게 된다.

(다) 본원과 지원   제1심 형사사건에 관하여 지방법원 본원과 지방법원 지원은 소송법상 별개의 법원이자 각각 일정한 토지관할 구역을 나누어 가지는 대등한 관계에 있다. 지방법원 본원과 지방법원 지원 사이의 관할 분배는 소송법상 토지관할의 분배에 해당한다. 지방법원 본원에 제1심 토지관할(법4 참조)이 인정된다고 볼 특별한 사정이 없는 한, 지방법원 지원에 제1심 토지관할이 인정된다는 사정만으로 당연히 지방법원 본원에도 제1심 토지관할이 인정된다고 볼 수는 없다.[1]

(라) 결정기준   토지관할의 기준은 범죄지, 피고인의 주소, 거소 또는 현재지이다(법4①). 국외에 있는 대한민국 선박 내에서 범한 죄에 관하여는 앞에 열거한 곳 이외에 선적지(船籍地) 또는 범죄 후의 선착지(船着地)가 토지관할의 기준이 된다(동조②). 국외에 있는 대

---

1) 2015. 10. 15. 2015도1803, 공 2015하, 1712, 『지원 사건 본원 기소 사건』.

한민국 항공기 내에서 범한 죄의 토지관할도 선박의 경우와 동일한 기준에 의하여 토지관할이 결정된다(동조③). 토지관할의 결정에 관한 기준으로 범죄지, 주소 및 거소, 현재지 등이 주목된다.

범죄지란 범죄사실의 전부 또는 일부가 발생한 장소이다. 범죄지에는 일반적으로 범죄에 대한 증거가 존재하므로 피고사건의 심리와 재판에 능률과 신속을 도모하기 위하여 범죄지를 토지관할의 기준으로 설정한 것이다. 범죄지는 범죄사실의 전부 또는 일부가 발생한 장소이므로 범죄실행의 장소는 물론 결과발생의 장소와 그 사이의 중간지도 모두 범죄지에 포함된다.[1]

주소와 거소는 민법상의 개념(민법18, 19)에 의한다. 주소와 거소는 공소제기 당시에 법원의 관할구역 내에 존재하면 족하고 공소제기 후에 발생한 주소·거소의 변동은 토지관할에 영향을 미치지 않는다.

현재지란 공소제기 당시에 피고인이 실제로 위치하고 있는 장소를 말한다. 피고인의 주소 또는 거소가 아니더라도 현재지라는 사실만으로 토지관할은 인정된다. 현재지는 피고인이 임의로 위치하는 곳뿐만 아니라 적법한 강제에 의하여 피고인이 현재하는 장소도 포함한다.[2] 불법하게 연행된 장소는 현재지에 포함되지 않는다. 법원은 피고인이 그 관할구역 내에 현재하지 아니하는 경우에 특별한 사정이 있으면 결정으로 사건을 피고인의 현재지를 관할하는 동급법원에 이송할 수 있다(법8①).

(4) 토지관할과 관할구역의 관계

상급법원의 토지관할을 결정함에 있어서 관할구역과의 관계가 문제된다. 상급법원의 관할구역은 「각급법원의 설치와 관할구역에 관한 법률」에 의하여 획정되어 있다. 그런데 상급법원의 관할구역과 토지관할을 동일하게 볼 것인가 하는 문제를 놓고 견해가 나뉘고 있다. 논의의 실익은 특히 관할과 관련한 '바로 위의 상급법원'을 결정함에 있어서 이를 심급제도상의 바로 위의 상급법원으로 볼 것인가 아니면 관할구역상의 바로 위의 상급법원으로 볼 것인가 하는 문제에서 나타난다.

형사소송법 제6조는 "토지관할이 다른 여러 개의 관련사건이 각각 다른 법원에 계속된 때에는 공통되는 바로 위의 상급법원은 검사나 피고인의 신청에 의하여 결정으로 한 개 법원으로 하여금 병합심리하게 할 수 있다."고 규정하고 있다. 이와 관련하여 예컨대 (가) 서울중앙지방법원에 계속 중인 무고죄 피고사건(단독사건)과 (나) 의정부지방법원 고양지원에 계속 중

---

1) 1998. 11. 27. 98도2734, 공 1999, 87, 『통과여객 위장 사건』.
2) 2011. 12. 22. 2011도12927, 공 2012상, 221, 『소말리아 해적 사건』.

인 무고죄 피고사건(단독사건)에 대해 피고인이 병합심리를 신청한 경우를 생각해 본다.

심급관할을 기준으로 판단하면 위의 (가)사건은 서울중앙지방법원 단독판사, 서울중앙지방법원 합의부, 대법원의 심급절차를 밟게 되고, (나)사건은 의정부지방법원 고양지원, 의정부지방법원 합의부, 대법원의 심급절차를 밟게 되어 공통되는 '바로 위의 상급법원'은 대법원이 된다. 이에 대해 관할구역을 기준으로 판단하면 (가)사건은 서울중앙지방법원, 서울고등법원, 대법원의 단계를 밟게 되고, (나)사건은 의정부지방법원 고양지원, 서울고등법원, 대법원의 단계를 밟게 되어 공통되는 '바로 위의 상급법원'은 서울고등법원이 된다.

대법원은 종래 상급법원의 관할구역과 토지관할을 엄격히 구별하고 있었으나 판례를 변경하여 비구별설을 취하고 있다. 판례는 「각급법원의 설치와 관할구역에 관한 법률」이 규정한 관할구역표를 기준으로 삼아야 한다고 하면서, 형사사건의 제1심법원은 각각 일정한 토지관할구역을 나누어 가지는 대등한 관계에 있으므로 그 상급법원은 이 관할구역표에서 정한 제1심법원들의 토지관할구역을 포괄하여 관할하는 고등법원이 된다는 견해를 제시하고 있다.[1]

3. 관련사건의 관할

(1) 관련사건의 의의

관련사건이란 관할이 인정된 하나의 피고사건을 전제로 하여 그 사건과 주관적 또는 객관적으로 관련성이 인정되는 사건을 말한다. 형사소송법은 고유의 법정관할을 수정하여 원래 관할권이 없는 법원도 관련사건임을 이유로 관할을 가질 수 있도록 하고 있다. 관련사건의 관할은 법률의 규정에 의한 관할이라는 점에서 법원의 재판에 의한 재정관할과 구별된다.

형사소송법은 (가) 1인이 범한 수죄, (나) 수인이 공동으로 범한 죄, (다) 수인이 동시에 동일한 장소에서 범한 죄, (라) 범인은닉죄, 증거인멸죄, 위증죄, 허위감정통역죄 또는 장물에 관한 죄와 그 본범의 죄를 관련사건으로 인정하고 있다(법11).

(2) 관련사건의 병합관할과 병합심리

관련사건임이 인정되면 그 사건에 대하여 고유의 법정관할이 없는 법원도 병합관할을 가지게 된다(법5, 9 참조). 병합관할은 하나의 법원이 여러 개의 사건에 대해 관할을 가지는 경우이다. 병합관할은 법정관할이 수정되는 경우이다. 관련사건에 대하여 병합관할을 인정하는 것은 동일한 피고인에 대하여 행해지는 절차의 중복을 피하거나 증거가 공통된 사건들 사이에

---

1) 2006. 12. 5. 2006초기335 전원합의체 결정, 공 2007, 455, 「심급관할 대 관할구역 사건」.

모순된 판결이 나오는 것을 방지하기 위함이다.

관련사건임이 인정되면 소송계속 중의 사건에 대한 병합심리가 허용된다(법6, 10 참조). 병합심리란 여러 개의 사건에 대하여 이미 여러 개의 소송계속이 병존하는 경우에 하나의 법원이 병존하는 여러 사건들을 병합하여 심리하는 것을 말한다. 병합심리는 검사가 여러 개의 법원에 각각 공소제기를 하여 여러 개의 소송계속이 발생할 때 일어난다.

(3) 관련사건과 사물관할

사물관할을 달리하는 여러 개의 사건이 관련된 때에는 법원 합의부가 병합관할한다(법9 본문). 사물관할을 달리하는 여러 개의 관련사건이 기소되어 각각 법원 합의부와 단독판사에 계속된 때에는 합의부는 결정으로 단독판사에 속한 사건을 병합하여 심리할 수 있다(법10). 합의부가 병합심리 결정을 한 때에는 즉시 그 결정등본을 단독판사에게 송부하여야 하고, 단독판사는 그 결정등본을 송부받은 날로부터 5일 이내에 소송기록과 증거물을 합의부에 송부하여야 한다(규칙4③).

관련사건을 병합심리중인 합의부는 결정으로 관할권 있는 법원 단독판사에게 단독판사 관할사건을 이송할 수 있다(법9 단서).

(4) 관련사건과 토지관할

토지관할을 달리하는 여러 개의 사건이 관련된 때에는 한 개의 사건에 관하여 관할권 있는 법원은 다른 사건까지 관할할 수 있다(법5). 토지관할에 대한 병합관할의 인정은 동일한 사물관할(합의부 또는 단독판사)을 가진 법원들 사이에 한정된다.

토지관할이 다른 여러 개의 관련사건이 기소되어 각각 다른 법원에 계속된 때에는 공통되는 바로 위의 상급법원은 검사나 피고인의 신청에 의하여 결정으로 한 개 법원으로 하여금 병합심리하게 할 수 있다(법6).[1] 이 경우 바로 위의 상급법원은 「각급법원의 설치와 관할구역에 관한 법률」이 규정한 관할구역표를 기준으로 결정된다.[2]

토지관할의 병합심리에는 검사나 피고인의 신청을 요한다(법6). 토지관할을 달리하는 수 개의 관련사건이 기소되어 동일법원에 계속된 경우에 병합심리의 필요가 없는 때에는 법원은 결정으로 이를 분리하여 관할권 있는 다른 법원에 이송할 수 있다(법7).

---

1) 1990. 5. 23. 90초56, 공 1990, 1493, 『'각각 다른 법원' 사건』.
2) 2006. 12. 5. 2006초기335 전원합의체 결정, 공 2007, 455, 『심급관할 대 관할구역 사건』.

4. 재정관할

재정관할이란 법원의 재판에 의하여 정해지는 관할을 말한다. 재정관할에는 관할의 지정, 관할의 이전, 관할의 창설이 있다.

(1) 관할의 지정

관할의 지정이란 (가) 어느 사건에 관하여 법원의 관할이 명확하지 아니한 때 또는 (나) 관할위반을 선고한 재판이 확정된 사건에 관하여 다른 관할법원이 없는 때에 관할법원을 정하는 것을 말한다(법14). 검사는 제1심법원에 공통되는 바로 위의 상급법원에 관할지정을 신청하여야 한다(동조). 관할지정을 신청하려면 그 사유를 기재한 신청서를 바로 위의 상급법원에 제출하여야 한다(법16①). 공소를 제기한 후 관할지정을 신청할 때에는 즉시 공소를 접수한 법원에 통지하여야 한다(동조②).

(2) 관할의 이전

관할의 이전이란 (가) 어느 사건의 관할법원이 법률상의 이유 또는 특별한 사정으로 재판권을 행할 수 없는 때 또는 (나) 범죄의 성질, 지방의 민심, 소송의 상황 기타 사정으로 재판의 공평을 유지하기 어려운 염려가 있는 때에 그 사건의 관할을 다른 법원으로 옮기는 것을 말한다(법15). 법원이 검사의 공소장변경을 허용하였다는 사유는 재판의 공평을 유지하기 어려운 염려가 있는 때에 해당하지 않는다.[1]

관할이전의 사유가 있으면 검사는 바로 위의 상급법원에 관할이전을 신청하여야 한다. 검사의 관할이전 신청은 의무적이다(동조 1문). 이에 대해 피고인은 관할이전의 신청을 할 수 있다(동조 2문). 관할이전을 신청하려면 그 사유를 기재한 신청서를 바로 위의 상급법원에 제출하여야 한다(법16①). 공소를 제기한 후 관할이전을 신청할 때에는 즉시 공소를 접수한 법원에 통지하여야 한다(동조②).

(3) 관할의 창설

관할의 창설이란 원래 관할이 없는 법원에 관할을 인정하는 것을 말한다. 국민참여재판사건의 경우에는 지방법원 본원 합의부에 관할이 집중된다. 지방법원 지원 합의부 관할사건 가운데 국민참여재판 대상사건의 피고인이 국민참여재판을 원하는 경우 지방법원 지원 합의부

---

1) 1984. 7. 24. 84초45, 공 1984, 1509, 『장물취득죄 이송 사건』.

는 회부결정을 한 사건에 대해 사건을 지방법원 본원 합의부로 이송하여야 한다(국민참여재판법10①). 이 경우 지방법원 지원 합의부가 회부결정을 한 사건에 대하여 지방법원 본원 합의부가 관할을 가지게 된다(동조②). 지방법원 본원 합의부에 관할이 창설되는 것이다.

(4) 재정관할에 대한 불복 여부

법원의 관할에 관한 결정에 대해서는 특히 즉시항고를 할 수 있는 경우 외에는 항고를 하지 못한다(법403①). 그런데 현행 형소법상 관할과 관련된 즉시항고의 규정이 없으므로 결국 재정관할에 관한 법원의 결정에 대해서는 불복이 허용되지 않는다.

5. 관할의 경합

(1) 관할경합의 의의

관할은 여러 가지 기준에 의하여 결정되기 때문에 경우에 따라서는 하나의 사건에 대하여 여러 개의 관할법원이 인정될 수 있다. 이때 하나의 사건에 대하여 두 개 이상의 법원이 관할권을 가지는 것을 관할의 경합이라고 한다. 관할의 경합은 하나의 사건에 대한 여러 개 법원의 관할문제이다. 관할의 경합은 관할의 병합과 구별된다. 관할의 병합은 여러 개의 사건을 하나의 법원이 관할하는 문제이다.

하나의 동일사건에 대하여 여러 개의 법원에 관할이 인정되면 검사는 그중 어느 법원에 대하여도 공소를 제기할 수 있다. 그러므로 경우에 따라 여러 법원이 동일한 피고사건을 심판하는 일이 생길 수 있다. 그러나 동일사건에 대하여 서로 다른 법원이 이중의 심리를 행하거나 모순된 판결을 내리는 것은 소송경제의 원칙에 반할 뿐만 아니라 국가의 공권적 판단작용인 재판의 권위를 위해서도 용납할 수 없다. 형사소송법은 관할이 경합하는 경우에 심판의 우선순위를 정하여 중복심리나 모순된 판결의 발생을 방지하고 있다.

(2) 관할경합의 처리기준

관할의 경합에는 사물관할의 경합과 토지관할의 경합이 있다. 사물관할의 경합이란 동일사건이 각각 합의부와 단독판사에게 기소되어 소송계속이 된 경우를 말한다. 동일사건이 사물관할을 달리하는 여러 개의 법원에 계속된 때에는 법원합의부가 심판한다(법12). 이때 단독판사는 합의부에 소송계속된 사실이 명확하게 되는 즉시 공소기각결정을 해야 한다(법328① iii).

토지관할의 경합이라 함은 같은 사건이 사물관할이 같은 여러 개의 법원에 기소되어 소송계속이 된 경우를 말한다. 이 때에는 먼저 공소를 받은 법원이 심판하는 것이 원칙이다(법13 본문). 다만, 각 법원에 공통되는 바로 위의 상급법원은 검사나 피고인의 신청에 의하여 결정으로 뒤에 공소를 받은 법원으로 하여금 심판하게 할 수 있다(동조 단서). 토지관할이 경합한 경우에 다른 법원에 같은 사건이 먼저 기소되었음이 명백하게 되면 나머지 법원은 즉시 공소기각결정을 해야 한다(법328① iii).

6. 관할위반의 효과

(1) 관할의 조사

법원의 관할은 소송조건이다. 따라서 법원은 직권으로 관할의 유무를 조사해야 한다(법1). 피고사건이 법원의 관할에 속하지 아니함이 판명된 때에는 법원은 판결로써 관할위반의 선고를 하여야 한다(법319). 관할위반임이 판명되어 관할위반의 판결을 선고하는 경우에도 그동안 행해진 소송행위는 그 효력에 영향이 없다(법2).

관할은 소송조건이므로 원칙적으로 형사절차의 전과정에 걸쳐서 존재해야 할 것이다. 그런데 토지관할은 동급법원 사이의 업무분담 기준으로서 이들 법원 사이에는 심리의 정도가 동일하다. 이 때문에 피고인에게 실질적 불이익이 발생하지 않는 한 피고사건의 진행에서 특정한 토지관할을 고집할 필요가 없다. 따라서 토지관할은 공소제기시점을 기준으로 그 유무를 판단하면 족하다.

법원은 피고인의 신청이 없으면 토지관할에 관하여 관할위반의 선고를 하지 못한다(법320①). 피고인의 관할위반신청은 피고사건에 대한 진술 전으로 한정된다(동조②). '피고사건에 대한 진술'은 피고인의 모두진술(법286)이 아니라 재판장의 쟁점정리(법287①)에 대한 피고인 측의 의견진술(동조②)로 보아야 할 것이다. 피고인은 모두진술에서 자신에게 이익되는 사실 등을 진술할 수 있는데(법286②) 이때 토지관할위반의 신청을 할 수 있기 때문이다.

사물관할은 토지관할의 경우와 달리 공소제기부터 재판에 이르기까지 전체 형사절차에 걸쳐서 존재해야 한다. 다만 단독판사의 관할사건이 공소장변경(법298)에 의하여 합의부 관할사건으로 변경된 경우에는 단독판사는 관할위반의 판결을 선고하지 않고 결정으로 사건을 관할이 있는 합의부에 이송하여야 한다(법8②).

(2) 국민참여재판과 관할

「국민의 형사재판 참여에 관한 법률」에 의한 국민참여재판의 경우 관할법원은 지방법원 본원 합의부이다. 그런데 공소사실의 일부 철회 또는 변경으로 피고사건이 국민참여재판의 대상사건에 해당하지 않게 되는 경우가 발생할 수 있다. 이러한 경우에도 지방법원 본원 합의부는 국민참여재판으로 재판을 계속 진행한다(동법6① 본문).

다만, 법원은 심리의 상황 그 밖의 사정을 고려하여 국민참여재판으로 진행하는 것이 적당하지 않다고 인정하는 때에는 결정으로 당해 사건을 지방법원 본원 합의부가 국민참여재판에 의하지 아니하고 심판하게 할 수 있다(국민참여재판법6① 단서).

제4 법원직원의 제척·기피·회피

1. 제도의 필요성

피고사건에 대한 법원의 심리와 재판은 공정해야 한다. 법원의 재판권과 관할은 추상적 기준의 제시를 통하여 법원의 자의적인 구성을 방지함으로써 공정한 재판의 전제를 마련하려는 장치이다. 그런데 법원이 추상적 기준에 따라 재판권과 관할을 가진다고 해도 그 법원이 불공평한 재판을 할 우려가 있는 법관으로 구성된다면 구체적 형사절차의 진행에서 공정한 재판을 기대할 수 없다. 여기에서 구체적·개별적인 소송법적 의미의 법원이 공정한 재판부로 기능하기 위한 제도적 담보장치가 요망된다. 이 문제에 대비하여 형사소송법은 법원직원에 대한 제척·기피·회피의 제도를 마련하고 있다.

2. 법관의 제척

(1) 제척의 의의와 제척사유

(가)의 의   제척이란 피고사건의 심판을 담당하는 법관이 불공평한 재판을 하게 될 우려가 현저한 경우를 유형적으로 설정해 놓고 그 사유에 해당하는 법관을 자동적으로 직무집행에서 배제시키는 것을 말한다. 제척은 일정한 제척사유가 인정되면 자동으로 당해 법관이 직무집행에서 배제되고 별도로 피고인 등의 신청이나 법관의 의사표시를 기다리지 않는다. 자동배제라는 점에서 제척은 법관의 기피나 회피와 구별된다.

(나)사 유   형사소송법 제17조는 제척사유로 다음의 아홉 가지 경우를 예정하고 있다.

① 법관이 피해자인 때(1호)
② 법관이 피고인 또는 피해자의 친족, 가족 또는 이러한 관계가 있었던 자인 때(2호)
③ 법관이 피고인 또는 피해자의 법정대리인, 후견감독인인 때(3호)
④ 법관이 사건에 관하여 증인, 감정인, 피해자의 대리인으로 된 때(4호)
⑤ 법관이 사건에 관하여 피고인의 대리인, 변호인, 보조인으로 된 때(5호)
⑥ 법관이 사건에 관하여 검사 또는 사법경찰관의 직무를 행한 때(6호)
⑦ 법관이 사건에 관하여 전심재판 또는 그 기초되는 조사, 심리에 관여한 때(7호)

⑧ 법관이 사건에 관하여 피고인의 변호인이거나 피고인·피해자의 대리인인 법무법인, 법무법인(유한), 법무조합, 법률사무소,「외국법자문사법」제2조 제9호에 따른 합작법무법인에서 퇴직한 날부터 2년이 지나지 아니한 때 (8호)

⑨ 법관이 피고인인 법인·기관·단체에서 임원 또는 직원으로 퇴직한 날부터 2년이 지나지 아니한 때 (9호)

2호 사유와 관련하여 사실혼관계에 있는 사람은 민법 소정의 친족이라고 할 수 없어 제척사유(법17ⅱ)에서 말하는 친족에 해당하지 않는다.[1]

8호와 9호 사유는 2020년 형소법 일부개정에 의하여 제척사유로 추가되었다. 법조일원화에 따라 로펌 등의 변호사 경력자가 법관으로 임용되면서 법관으로 임용되기 전에 소속되어 있던 로펌이나 기업과의 관계에서 공정한 재판을 할 수 있는지에 대해 소위 '후관 예우' 논란이 제기되었다. 8호와 9호의 제척사유는 이러한 논란을 차단하기 위한 장치이다.

형소법 제17조가 규정한 제척사유들은 열거적이며 임의로 확장할 수 없다. 제척은 법률이 정형적으로 규정해 놓은 상황에 해당하는 법관을 직무집행에서 자동적으로 배제시키는 제도이기 때문이다.

(2) 전심재판에의 관여와 제척사유

(가) 전심재판   위의 제척사유 가운데 7호의 경우에는 '전심재판'이라는 용어가 사용되고 있다. 전심재판이란 불복신청을 한 당해 사건의 전심을 말한다. 제2심에 대한 제1심, 제3심에 대한 제2심 또는 제1심이 전심재판에 해당한다. 이 경우 당해 사건과 전심재판 사이에는 상소제기에 의하여 소송계속의 이전이 발생하고 있다.

소송계속의 이전을 통한 절차의 연결성이 인정되지 않는 경우는 전심재판에 해당하지 않는다. 법관이 수사절차에서 피고인에 대한 구속영장발부에 있어서 심문을 담당하였다고 하여도 그것이 법관이 사건에 관하여 전심재판 또는 그 기초가 되는 조사·심리에 관여한 제척사유에 해당한다고 볼 수도 없다.[2] 공소제기 전에 증거보전절차(법184)에서 증인신문을 한 법관은 전심재판에 관여한 법관에 해당하지 않는다.[3] 재심청구사건에 있어서 재심대상이 되는 사건은 전심재판에 해당하지 않는다.[4]

약식명령이나 즉결심판을 행한 법관이 정식재판을 담당한 경우에 이를 전심재판에 관여

---

1) 2011. 4. 14. 2010도13583, 공 2011상, 969,『사실혼관계 통역인 사건』.
2) 2002. 12. 10. 2001도7095, 공 2003, 407,『주간지 시정 비판기사 사건』.
3) 1971. 7. 6. 71도974, 집 19-2, 형54,『증거보전 판사 항소심 사건』.
4) 1982. 11. 15. 82모11, 공 1983, 134,『전심판사 재심청구 관여 사건』.

한 것으로 보아 제척사유에 포함시켜야 할 것인가 하는 문제가 있다. 판례는 소극설을 취하고 있다.[1] 정식재판은 약식절차나 즉결심판절차와 동일한 심급 내에서 별개의 새로운 소송계속을 발생시킨다는 점에 비추어 볼 때 소극설이 타당하다고 본다.

(나) 전심 관여   '[전심재판의] 기초되는 조사, 심리에 관여한 때'라 함은 전심재판의 실체형성과 재판의 내부적 성립에 실질적으로 관여한 경우를 말한다. 전심 공판절차에서 사실조사나 증거조사를 행한 법관이 여기에 해당한다. 공소제기 전에 증거보전절차(법184)에서 증인신문을 한 법관은 전심재판의 기초되는 조사, 심리에 관여한 법관에 해당하지 않는다.[2]

지방법원판사에 대한 제척·기피사건은 합의부 관할사건이다(법원조직법32① v). 그런데 사물관할이 합의부(A부, 갑, 을, 병 판사)에 속하는 피고사건에서 합의부원인 법관(갑)이 합의부(A부) 재판장(을)에 대한 기피신청사건을 심리하는 별도의 합의부(B부, 갑, 정, 무 판사)에 관여하는 경우가 있다. 이 경우 합의부(A부)의 부원인 법관(갑)이 별도 합의부(B부)의 기피신청사건 심리와 기각결정에 관여한 사실이 있다고 하더라도 이는 합의부(A부)에서 진행되는 피고사건에 관하여 그 기초되는 조사, 심리에 관여한 때에 해당하지 않는다.[3]

3. 법관의 기피

(1) 기피의 의의

기피란 (가) 법관이 제척사유가 있음에도 불구하고 재판에 관여하거나 또는 (나) 법관이 불공평한 재판을 할 염려가 있는 경우에, 검사 또는 피고인의 신청에 의하여 당해 법관을 직무집행으로부터 배제시키는 제도를 말한다(법18①). 기피는 그 사유가 비유형적이고 검사 또는 피고인의 신청을 기다려야 한다는 점에서 정형적 사유를 기초로 직무집행의 자동적 배제를 초래하는 제척과 구별된다. 기피는 또한 검사 또는 피고인의 신청을 기초로 하는 제도라는 점에서 법관 본인의 의사를 기초로 하는 회피와 구별된다.

형사소송법은 기피의 사유로 (가) 법관이 제척사유에 해당하는 때와 (나) 법관이 불공평한 재판을 할 염려가 있는 때의 두 가지를 규정하고 있다(법18①). 이 가운데 제척사유는 앞에서 설명한 바와 같다.

'법관이 불공평한 재판을 할 염려가 있는 때'라 함은 검사나 피고인이 불공평한 재판이 될지도 모른다고 추측할 만한 주관적인 사정이 있는 때를 말하는 것이 아니라, 통상인의 판단으로서 법관과 사건과의 관계상 불공평한 재판을 할 것이라는 의혹을 갖는 것이 합리적이라고

---

1) 2002. 4. 12. 2002도944, 공 2002, 1197, 『인터넷 다단계판매 사건』.
2) 1971. 7. 6. 71도974, 집 19-2, 형54, 『증거보전 판사 항소심 사건』.
3) 2010. 12. 9. 2007도10121, 공 2011상, 148, 『방북 교수 기피신청 사건』.

인정할 만한 객관적인 사정이 있는 때를 말한다.[1] 재판부가 당사자의 증거신청을 채택하지 아니하였다 하더라도 그러한 사유만으로 재판의 공평을 기대하기 어려운 객관적인 사정이 있다 할 수 없다.[2]

(2) 기피신청의 절차

법관의 기피를 신청할 수 있는 사람은 검사 또는 피고인이다(법18①). 변호인은 피고인의 명시한 의사에 반하지 아니하는 때에 한하여 법관에 대한 기피를 신청할 수 있다(동조②). 기피신청의 대상은 불공평한 재판을 할 염려가 있다고 주장되는 법관이다. 기피신청의 대상이 된 법관은 수소법원을 구성하는 법관이어야 한다.

재판부 자체에 대한 기피신청은 인정되지 않지만 합의부 법관 전원에 대한 기피신청은 가능하다. 그러나 대법원의 경우 전원합의체를 구성하는 대법관 전원에 대한 기피신청은 허용되지 않는다. 이 경우에는 기피신청을 판단할 법원을 구성할 수 없기 때문이다.

형사사건의 공판절차에서 기피신청을 언제까지 할 수 있는가 하는 문제에 대하여 형사소송법은 민사소송법(동법43② 참조)과 달리 아무런 규정을 두고 있지 않다. 이와 관련하여 판결선고시설과 변론종결시설이 대립하고 있다. 판례는 판결선고시설의 입장이다.[3] 판례는 그 이유로 법관에 대한 기피신청이 있는 경우에 형소법 제22조에 의하여 정지될 소송진행에는 판결선고는 포함되지 않는다는 점과 이미 종국판결이 선고되어 버리면 그 담당 재판부를 사건 심리에서 배제하고자 하는 기피신청은 그 목적의 소멸로 재판을 할 이익이 상실되어 부적법하게 된다는 점을 들고 있다.

합의부 법원의 법관에 대한 기피는 그 법관의 소속 법원에 신청하여야 한다(법19①). 이 경우 '법관의 소속 법원'은 소송법적 의미의 법원, 즉 기피당한 법관이 소속한 당해 합의부를 말한다. 수명법관, 수탁판사 또는 단독판사에 대한 기피는 당해 법관에게 신청하여야 한다(법19①).

기피사유는 신청한 날로부터 3일 이내에 서면으로 소명하여야 한다(동조②). 이때 소명이라 함은 기피신청의 주장이 일단 진실이라고 추정할 수 있는 정도의 증명을 말한다.

(3) 간이기각결정

기피신청이 형식적 요건을 구비하지 못하여 부적법한 경우에는 기피신청을 받은 법원 또

---

1) 1996. 2. 9. 95모93, 공 1996, 1007, 『국선변호인 미촉구 사건』.
2) 1990. 11. 2. 90모44, 공 1991, 669, 『고소인 처 증인신청 사건』.
3) 1995. 1. 9. 94모77, 공 1995, 1185, 『선고기일 기피신청 사건』.

는 법관이 결정으로 그 신청을 기각한다(법20① 참조). 이를 간이기각결정이라고 한다. 간이기 각결정의 사유로는 (가) 기피신청권자 아닌 자가 기피신청을 한 경우(법18 참조), (나) 관할 없 는 법원 또는 법관에게 기피신청을 한 경우(법20①, 19①), (다) 3일 이내에 기피사유를 서면으 로 소명하지 않은 경우(법20①, 19②), (라) 소송의 지연을 목적으로 함이 명백한 경우(법20①) 등을 들 수 있다. 또한 기피 대상으로 하고 있는 법관이 이미 당해 구체적 사건의 직무집행으 로부터 배제되어 있다면 그 법관에 대한 피고인의 기피신청은 부적법하다.[1]

간이기각결정은 기피신청을 당한 법관도 이를 할 수 있다(법20①, 21② 참조). 기피신청이 라는 소송행위의 객관적·형식적 요건의 불비가 간이기각결정의 사유이기 때문에 기피신청 을 당한 법관이 그 사유의 존부를 판단하더라도 자기사건의 자기심판이라는 모순은 생기지 않는다.

형사소송법은 소송지연을 목적으로 함이 명백한 기피신청에 대해서도 기피신청을 받은 법원이나 법관이 간이기각결정을 할 수 있도록 허용하고 있다(법20① 전단). 소송지연의 목적 이라는 내면적·주관적 사유를 간이기각결정의 사유로 삼는 것은 입법론적으로 의문의 여지 가 있다.

간이기각결정에 대해서는 즉시항고를 할 수 있다(법23①). 간이기각결정에 대한 즉시항 고는 통상적인 즉시항고(법410)와 달리 재판의 집행을 정지하는 효력이 없다(법23②).

합의부 법관에 대한 기피신청에 대해 기피당한 법관이 소속한 당해 합의부가 간이기각결 정을 내리면 그에 대한 즉시항고는 관할 고등법원에 제기해야 한다(법원조직법28 i). 그러나 재 판장, 수명법관, 수탁판사 등 개별판사에 대한 기피신청이 기피당한 당해 판사에 의해 간이기 각결정된 경우에는 형소법 제416조 제1항 제1호에 따라 당해 법관이 소속한 국법상 의미의 법원에 준항고를 제기해야 한다. 이 경우에는 심급의 변화가 일어나지 않는다. 지방법원에 준 항고가 제기된 경우에는 당해 지방법원에 설치된 준항고 담당 합의부(법원조직법32① v)가 결 정을 한다(법416③).

(4) 기피신청에 대한 이유심사

기피당한 법관은 간이기각결정을 하는 경우를 제외하고는 지체 없이 기피신청에 대한 의 견서를 제출해야 한다(법20②). 이 경우에 기피당한 법관이 기피의 신청을 이유 있다고 인정 하는 때에는 기피신청에 대한 인용결정이 있는 것으로 간주되며(동조③) 기피신청사건은 그것 으로 종결된다.

---

1) 1986. 9. 24. 86모48, 공 1986, 1426, 『기피신청후 퇴직 사건』.

기피신청의 적법요건이 인정되고 기피당한 법관으로부터 기피신청이 이유 없다는 의견서가 제출되면 기피신청의 이유 유무를 판단하는 실질심사에 들어가게 된다. 이유 유무의 재판은 기피당한 법관의 소속 법원 합의부에서 결정으로 행한다(법21①). 이 경우 '법관의 소속 법원'은 국법상 의미의 법원을 말한다. 즉 기피당한 법관이 소속하는 국법상 의미의 법원에 설치된 기피신청사건 담당 합의부(법원조직법32① v)가 기피신청의 이유 유무를 판단한다.

기피당한 법관은 이유 유무의 결정에 관여하지 못한다(법21②). 자기사건에 대한 자기심판의 모순을 방지하기 위함이다. 기피당한 판사의 소속 법원이 합의부를 구성하지 못하는 때에는 바로 위의 상급법원이 결정해야 한다(법21③). 지방법원 지원 소속 판사에 대한 기피신청의 이유 유무는 해당 지방법원 지원이 판단한다(법원조직법32① 참조). 기피당한 판사의 소속 지방법원 지원이 합의부를 구성하지 못하는 때에는 바로 위의 고등법원이 결정해야 한다.

기피신청의 이유 유무를 판단할 때에는 당해 사건에 대한 소송진행을 원칙적으로 정지해야 한다(법22 본문). 다만 기피신청이 있더라도 급속을 요하는 경우에는 법원은 예외적으로 소송진행을 계속할 수 있다(동조 단서). 판결의 선고는 정지될 소송진행에 포함되지 않는다.[1] 진행이 정지된 기간은 구속기간에 산입되지 않으나(법92③) 미결구금일수에는 통산된다.[2]

기피당한 법관의 소속 법원 합의부(법원조직법32① v)는 기피신청이 이유 없다고 인정하는 때에는 기피신청에 대하여 이유 없으므로 기각한다는 결정을 하여야 한다(법21① 참조). 이 기각결정에 대하여는 즉시항고를 할 수 있다(법23①). 이 경우의 즉시항고는 간이기각결정에 대한 즉시항고(법23②)와 달리 집행정지의 효력이 있다(법410).

합의부가 기피신청을 이유 있다고 인정하는 때에는 기피당한 법관을 당해 사건의 절차에서 배제하는 결정을 하여야 한다. 기피신청 인용결정에 대하여는 불복할 수 없다.

4. 법관의 회피

회피라 함은 법관이 스스로 제척사유나 그 밖의 불공평한 재판을 할 염려가 있다고 생각하는 경우에 자발적으로 직무집행에서 물러나는 것을 말한다(법24①, 18). 그러나 법관의 회피는 개별법관의 독자적 권한에 속하지 아니하며, 소속 법원의 결정이 있어야 회피가 가능하다(법24③, 21①).

회피는 당해 법관이 소속 법원에 서면으로 신청해야 한다(법24②). 신청의 시기에는 제한이 없다. 회피신청에 대한 재판은 회피하는 법관의 소속 법원 합의부에서 결정으로 하여야 하

---

1) 1995. 1. 9. 94모77, 공 1995, 1185, 『선고기일 기피신청 사건』.
2) 2005. 10. 14. 2005도4758, 공 2005, 1826, 『기피신청 137일 사건』.

며, 이때 회피한 법관은 그 결정에 관여하지 못한다. 회피한 판사의 소속 법원이 합의부를 구성하지 못하는 때에는 바로 위의 상급법원이 결정해야 한다(법24③, 21). 회피신청에 대한 결정에 대하여는 불복할 수 없다.

5. 법원사무관 등에 대한 제척·기피·회피

법관의 제척·기피·회피의 규정은 원칙적으로 법원사무관 등과 통역인에게 준용된다(법25①).[1] 통역인이 사건에 관하여 증인으로 증언한 때에는 직무집행에서 제척된다(법25①, 17 iv).[2]

법원사무관 등과 통역인은 당해 사건을 직접 심판하는 기관은 아니지만 재판과 밀접한 관련을 가진 직무활동을 수행하기 때문에 불공평한 재판의 원인을 제공할 위험을 안고 있다. 그러나 당해 사건의 실체심리는 법관만이 할 수 있으므로 전심재판 또는 그 기초되는 조사·심리에 관여한 때(법17 vii)라는 제척사유는 이들에게 적용되지 않는다(법25①).

법원사무관 등과 통역인에 대한 기피재판은 그 소속법원이 결정으로 하여야 한다. 단, 간이기각결정(법20①)은 결정은 기피당한 자의 소속법관이 한다(법25 본문·단서).

제2절 검 사

1. 수사검사와 기소검사의 분리

검사는 검찰권을 행사하는 국가기관이다. 공소제기 이후에 진행되는 공판절차에서 검사는 공소유지의 담당자로서 각종 소송행위를 수행하게 된다. 2022년 5월의 「검찰청법」 개정에 의하여 검사가 직접 수사를 개시한 사건에 대해 수사검사와 기소검사의 분리가 이루어졌다. 검사는 자신이 수사개시한 범죄에 대하여는 공소를 제기할 수 없다(검찰청법4② 본문). 따라서 자신이 수사개시한 범죄에 대하여 수사검사는 공소유지 활동도 할 수 없다. 다만, 사법경찰관이 송치한 범죄에 대하여는 수사검사도 공소제기를 할 수 있으므로(동항 단서) 공소유지 활동도 할 수 있다.

검사는 피고인의 유죄를 입증하기 위해 모두진술(법285)을 위시하여 증거조사(법290 이하)

---

1) 1984. 6. 20. 84모24, 공 1984, 1241, 『접수계장 기피 사건』.
2) 2011. 4. 14. 2010도13583, 공 2011상, 969, 『사실혼관계 통역인 사건』.

와 피고인신문(법296의2)에 관여하며, 피고인신문 종료 후에 사실과 법률적용에 관하여 의견을 진술한다(법302). 또한 검사는 제1심판결의 선고 전까지 공소를 취소함으로써 법원으로 하여금 형사절차를 종결하도록 할 수 있다(법255①, 328① i).

2. 검사의 객관의무

공판절차에서 검사는 단순히 피고인에 대립·갈등하는 반대당사자가 아니다. 검사는 공익의 대표자로서 실체적 진실에 입각한 형벌권의 실현을 위해 노력해야 하며 이 과정에서 피고인의 정당한 이익까지도 보호하여야 한다. 검사가 수사 및 공판과정에서 피고인에게 유리한 증거를 발견하게 되었다면 피고인의 이익을 위하여 이를 법원에 제출하여야 한다.[1] 피고인의 정당한 이익까지도 보호해야 하는 검사의 책무를 가리켜 검사의 객관의무라고 한다.

검사를 단순한 반대당사자라고 본다면 검사가 행하는 피고인신문(법296의2)을 설명할 수 없다. 이해관계가 대립하는 당사자 사이에서 일방이 반대당사자를 신문하는 것은 모순이기 때문이다. 한편 검사는 경우에 따라 피고인의 무죄를 구하는 변론을 할 수 있으며(법302 참조) 피고인의 이익을 위한 상소제기[2] 또는 재심의 청구(법424 i)를 할 수 있다. 이와 같은 검사의 권한은 검사의 객관의무를 전제로 하여 인정된 것이다. 판례는 검사에 대한 제척·기피를 인정하지 않는 태도라고 생각된다.[3]

제3절 피 고 인

제1 피고인의 의의

피고인이란 검사에 의하여 형사책임을 져야 할 자로 공소가 제기된 사람(법254① i)을 말한다. 또한 「즉결심판에 관한 절차법」에 의한 즉결심판절차에서 경찰서장에 의하여 즉결심판이 청구된 사람도 피고인에 해당한다(동법3①). 피고인은 법원에 형사책임을 져야 할 자로 기소된 사람이므로 수사절차에서 수사기관의 수사대상이 되는 피의자와 구별된다. 피고인은 법원에 심판이 청구된 사람이라는 점에서 유죄판결이 확정된 수형자와 구별된다.

---

1) 2002. 2. 22. 2001다23447, 공 2002, 753, 『유전자분석 미제출 사건』.
2) 1975. 7. 8. 74도3195, 총람 338조, 5번, 『경찰서장 구류확인서 사건』.
3) 2013. 9. 12. 2011도12918, 공 2013하, 1856, 『영장집행 검사 폭행 사건』.

제2 피고인의 당사자능력

1. 당사자능력의 의의

당사자능력이란 형사절차에서 법원 이외의 소송주체가 될 수 있는 일반적 능력 또는 자격을 말한다. 국가기관인 검사의 자격과 법적 지위에 대하여는 이미 법률로 규정되어 있다. 이 때문에 당사자능력은 결국 피고인이 될 수 있는 일반적 능력이라는 의미를 가지게 된다. 형사절차는 형벌권의 실현을 목적으로 하므로 형사처벌의 가능성이 있는 사람은 누구나 당사자능력을 갖는다.

자연인은 연령이나 의사능력의 유무를 묻지 않고 언제나 피고인이 될 수 있다. 14세 미만자인 형사미성년자(형법9)는 원칙적으로 책임능력이 없으나 특별법에 따라서는 처벌되는 경우도 있기 때문에(예컨대 담배사업법31) 형사미성년자도 당사자능력을 갖는다. 그러나 사망한 사람은 피고인이 될 수 없다.

법인에 대한 형사처벌이 양벌규정을 통하여 인정되는 경우에 법인이 형사절차의 당사자능력을 갖는 것은 물론이다. 그런데 법인에 대한 형사처벌의 명문규정이 없는 경우에도 법인에 대하여 당사자능력을 인정할 것인지가 문제된다. 생각건대 명문의 규정이 없는 경우에도 법인의 형사처벌에 관한 논란의 여지가 남아 있고 또 당사자능력이란 형사절차에 있어서 피고인으로 될 수 있는 일반적·추상적 능력을 의미한다는 점에 비추어 볼 때 법인의 당사자능력은 이를 긍정하는 것이 타당하다고 본다.

2. 당사자능력의 소멸

당사자능력은 피고인이 사망하거나 피고인인 법인이 더 이상 존속하지 않게 되었을 때 소멸한다. 당사자능력은 소송주체인 피고인으로 될 수 있는 일반적 능력이므로 소송주체가 될 피고인이 존재하지 않는다면 당사자능력도 성립할 수 없다.

당사자능력의 소멸과 관련하여 법인소멸의 문제가 있다. 법인이 더 이상 존속하지 않게 되는 경우로는 법인의 합병과 해산이 있다. 법인이 합병되는 경우에는 합병시에 법인이 소멸하므로 당사자능력의 소멸시점도 이를 기준으로 명확하게 결정된다. 그러나 법인해산의 경우에는 청산절차와 관련하여 청산법인(민법81)이 존재하기 때문에 당사자능력의 소멸시점이 문제된다.

이에 대해서는 청산의 실질적 종료에 의하여 법인의 당사자능력이 소멸된다고 보는 적극설과 피고사건의 소송계속 중에는 청산이 종결되지 아니한 것이므로 당사자능력도 소멸되지 않는다고 보는 소극설이 대립하고 있다. 판례는 소극설의 입장이다.[1] 청산등기의 종료를 내세워 형벌권의 실현을 인위적으로 저지하는 사태는 방관할 수 없으므로 피고사건의 소송계속 중에는 법인의 당사자능력이 소멸되지 않는다고 보아야 할 것이다.

3. 당사자능력의 흠결

당사자능력은 소송조건이다. 따라서 당사자능력이 처음부터 없거나 소송계속 중에 소멸한 경우에는 형식재판에 의하여 형사절차를 종결해야 한다. 당사자능력이 흠결된 경우의 처리에 관하여는 소송계속 중에 당사자능력이 소멸한 때와 처음부터 당사자능력이 결여된 때로 나누어 살펴볼 필요가 있다.

먼저, 소송계속 중에 피고인이 사망하거나 피고인인 법인이 존속하지 아니하게 되었을 때가 있다. 이 경우에는 공소기각결정을 하여야 한다(법328① ii). 다음으로, 예컨대 사망자에 대한 공소제기와 같이 처음부터 당사자능력이 존재하지 않는 경우가 있다. 이에 대해서는 형소법 제328조 제1항 제2호를 준용하여 공소기각결정을 해야 한다는 견해와 형소법 제327조 제2호에 기한 공소기각판결을 해야 한다는 견해가 각각 제시되고 있다. 형소법 제438조 제2항이 사망자를 위한 재심청구가 있을 때 공소기각결정의 규정(법328① ii)을 적용하지 못하도록 하고 있는 것을 반대해석해 볼 때 공소기각결정설이 타당하다고 생각된다.

재심사건의 경우에는 사망한 사람도 소송주체로 등장할 수 있다. 유죄의 선고를 받아 확정된 자가 사망하였더라도 그 배우자, 직계친족 또는 형제자매는 재심을 청구할 수 있다(법 424 iv). 이 경우 재심개시결정에 따라 열리게 되는 재심사건의 심판절차에서는 사망자에 대한 공소기각결정이 인정되지 않는다(법438②).

제3 피고인의 소송능력

1. 소송능력의 의의

소송능력이란 소송주체가 유효하게 소송행위를 할 수 있는 능력을 말한다. 피의자 · 피고인의 경우 소송능력은 자기의 소송상의 지위와 이해관계를 이해하고 이에 따라 방어행위를 할 수 있는 의사능력을 의미한다.[2]

---

1) 1986. 10. 28. 84도693, 공 1986, 3148, 『의료법인 체납 사건』.
2) 2009. 11. 19. 2009도6058 전원합의체 판결, 공 2009하, 2129, 『법정대리인 동의 논란 사건』.

검사는 법률에 의하여 그 자격과 법적 지위가 인정되므로 공판절차에서 소송능력의 문제는 피고인을 중심으로 논의된다. 피고인의 소송행위가 유효하게 되려면 공판절차에서 피고인이 자신을 방어할 수 있는 의사능력을 가지고 있어야 한다. 피고인에게 자신의 소송법적 지위를 이해하고 이해득실을 따져서 행위할 수 있는 의사능력이 없다면 그의 소송행위는 효력을 발생할 수 없다.

소송능력은 당사자능력과 구별된다. 당사자능력은 형사절차에서 피고인으로 될 수 있는 일반적 능력임에 반하여, 소송능력은 소송행위를 유효하게 할 수 있는 능력을 말한다. 당사자능력이 결여되면 공소기각결정(법328① ii)을 내려야 하지만, 소송능력이 없는 경우에는 공판절차를 정지하여야 한다(법306①).

소송능력은 또한 변론능력과 구별된다. 변론능력이란 형사사건에 대하여 사실적 및 법률적으로 적절한 공격·방어를 할 수 있는 능력을 말한다. 상고심에서는 변호사 아닌 자를 변호인으로 선임하지 못하며(법386) 변호인이 아니면 피고인을 위하여 변론하지 못하므로(법387) 피고인의 변론능력이 제한된다. 그러나 소송능력은 형사절차의 심급 여하를 묻지 않고 모든 소송행위의 유효조건을 이룬다는 점에서 변론능력과 구별된다.

2. 소송능력흠결의 효과

소송능력은 소송행위가 효력을 발생하기 위한 기본조건이다. 따라서 의사능력이 없는 피고인의 소송행위는 원칙적으로 무효가 된다. 그런데 피고인이 의사능력을 가지고 있지 않은 경우에도 형사절차를 진행해야 할 경우가 있다. 이에 대비하여 형사소송법은 소송행위의 대리와 법인의 대표에 관한 규정을 마련하고 있다.

형법 제9조 내지 제11조의 적용을 받지 아니하는 범죄사건에 관하여 피의자·피고인이 의사능력이 없는 때에는 그 법정대리인이 소송행위를 대리한다(법26). 피의자·피고인이 법인인 때에는 그 대표자가 소송행위를 대표한다(법27①). 수인이 공동하여 법인을 대표하는 경우에도 소송행위에 관하여는 각자가 대표한다(동조②).

의사무능력자나 법인의 경우에 피고인을 대리 또는 대표할 자가 없는 때에는 법원은 직권 또는 검사의 청구에 의하여 특별대리인을 선임하여야 한다(법28① 전단). 피의자를 대리 또는 대표할 자가 없는 때에도 법원은 검사 또는 이해관계인의 청구에 의하여 특별대리인을 선임해야 한다(동항 후단). 특별대리인은 피의자·피고인을 대리 또는 대표하여 소송행위를 할 자가 있을 때까지 그 임무를 행한다(동조②).

피고인이 사물을 변별하거나 의사결정을 할 능력이 없는 상태에 있는 때에는 법원은 검사와 변호인의 의견을 들어서 결정으로 그 상태가 계속하는 기간 동안 공판절차를 정지해야한다(법306①). 공판절차가 정지된 기간은 피고인의 구속기간에 산입되지 않는다(법92③). 공판절차의 정지는 피고인 보호를 위한 것이므로 피고사건에 대하여 무죄, 면소, 형의 면제 또는 공소기각의 재판을 할 것이 명백한 때에는 의사무능력의 등의 사유가 있더라도 피고인의 출정 없이 재판할 수 있다(법306④).

제4 피고인의 소송법적 지위

1. 의　의

(1) 피고인 지위의 변화

과거의 규문절차하에서는 형사절차에 규문자와 그 상대방인 피규문자만 등장하였다. 프랑스 대혁명에 의하여 구체제가 붕괴되고 난 후에 성립된 소송법이 소위 개혁된 형사소송법이다. 개혁된 형사소송법하에서는 법원의 심리와 재판이 검사의 공소제기에 의하여 개시되었고, 법원의 면전에는 검사와 피고인이 소송의 주체로 등장하게 되었다.

종래 피고인은 소송주체로 표현되고 있었다. 그런데 우리 형사소송법이 당사자주의를 강화함에 따라 피고인의 지위를 당사자로 파악하는 견해가 강한 설득력을 얻고 있다. 그러나 형사절차의 피고인을 당사자로 지칭할 때에는 그 본래의 의미를 정확하게 이해하지 않으면 안된다. 당사자 개념은 자칫하면 형사소송의 스포츠화를 가져올 우려가 있다. 당사자 개념의 사용은 무기대등의 관점에 따라 피고인을 검사와 대등한 지위로 격상시키기 위한 노력의 일환으로 이해되어야 한다.

(2) 소송주체로서의 피고인

피고인을 당사자라고 표현하는 것은 검사와 대등한 지위에서 피고인이 자신의 방어권을 행사하는 주체라는 점을 부각시키기 위한 노력의 표현으로 이해할 수 있다. 그렇지만 소송법적 권리를 적극적·주도적으로 행사하는 주체라는 의미와 헌법이 보장하고 있는 각종 기본권의 향유주체라는 의미에서 보면 피고인을 소송주체라고 표현하는 것이 형사절차의 본질과 관련하여 더욱 적절하다고 생각된다.

소송주체로서의 피고인의 지위는 적극적 지위와 소극적 지위로 나누어 볼 수 있다. 전자는 피고인이 자신의 방어를 위하여 적극적으로 형사절차에 참여할 수 있는 지위를 가리킨다. 이에 대하여 후자는 피고인이 자신의 의사와 관계없이 형사절차의 진행에 관여해야 하는 지위를 가리킨다. 그러나 소극적 지위라 할지라도 그 법적 허용한계에 엄격한 제한이 가해지므로 피고인은 그 한도 내에서 소송주체로서 보호를 받게 된다.

적극적 소송주체로서 피고인은 각종의 방어권과 절차참여권을 보유하고 있다. 또한 이러한 권리의 실효적 행사를 위하여 변호인의 조력을 받을 권리가 보장되고 있다. 적극적 소송주체로서 향유하는 권리에 대해서는 각각의 해당 항목에서 살피기로 하고 아래에서는 소극적 소송주체로서 피고인의 지위를 검토하기로 한다. 변호인에 대해서는 피의자 항목에서 이미 검토하였다.

2. 소극적 소송주체로서의 지위

(1) 증거방법으로서의 지위

피고인은 공판기일에 출정하고 진술을 행함으로써 피고사건의 실체심리를 위한 증거자료를 제공한다. 이 경우 피고인은 증거방법으로서의 지위를 갖는다. 증거방법으로 등장하는 형태에는 피고인의 진술과 피고인의 신체 자체가 있다. 전자는 피고인이 인적 증거방법으로서 신문의 대상이 되는 경우임에 대하여 후자는 물적 증거방법으로서 검증의 대상이 된다.

형사소송법은 피고인신문절차(법296의2)를 유지하고 있다. 피고인의 진술이 증거로 사용될 경우 자칫하면 피고인이 신문의 객체로 전락하기 쉽다. 피고인의 소송주체성을 보장하기 위하여 공판정에서는 원칙적으로 피고인의 신체를 구속하지 못한다(법280 본문). 또한 피고인은 진술하지 아니하거나 개개의 질문에 대하여 진술을 거부할 수 있다(법283의2①). 재판장은 피고인에게 진술거부권을 고지하여야 한다(동조②).

피고인의 정신상태 및 신체부위는 법원이 증거조사의 일환으로 행하는 검증(법139, 141①)의 대상이 될 수 있다. 또 피고인은 증인신문에 있어서 대질의 상대방(법162③)이나 신체감정(법172③) 또는 정신감정(동항)의 대상이 될 수 있다. 사진촬영이나 지문, 족적, 혈액의 채취 등과 같이 검증이나 감정을 위하여 피고인의 신체에 직접적으로 가해지는 각종 처분은 피고인의 인권침해를 수반하게 된다. 형사소송법은 이 경우에 대비하여 검증(법139 이하) 및 감정(법169)에 관하여 상세한 규정을 마련하고 있다.

(2) 절차대상으로서의 지위

피고인은 범죄사실에 대하여 법원에 심판이 청구된 사람이므로 공판절차진행에서 피고인의 출석은 공판기일의 불가결의 요소가 된다(법275③). 피고인은 재판장의 허가 없이 퇴정하지 못한다(법281①). 재판장은 피고인의 퇴정을 제지하거나 법정의 질서를 유지하기 위하여 필요한 처분을 할 수 있다(동조②). 피고인은 또한 소환(법68), 구속(법69 이하), 압수·수색(법106 이

하) 등 수소법원이 행하는 강제처분의 대상이 된다.

제 5 피고인의 공정한 재판을 받을 권리

1. 공정한 재판을 받을 권리의 의의

헌법 제27조 제1항은 "모든 국민은 헌법과 법률이 정한 법관에 의하여 법률에 의한 재판을 받을 권리를 가진다."고 규정하고, 헌법 제27조 제3항은 "모든 국민은 신속한 재판을 받을 권리를 가진다. 형사피고인은 상당한 이유가 없는 한 지체 없이 공개재판을 받을 권리를 가진다."라고 규정하여, 형사피고인에게 공정하고 신속한 공개재판을 받을 권리를 보장하고 있다.

공정한 재판을 받을 권리 속에는 (가) 신속하고 공개된 법정의 법관 면전에서 모든 증거자료가 조사·진술되고 (나) 이에 대하여 피고인이 공격·방어할 수 있는 기회가 보장되는 재판을 받을 권리가 포함되어 있다. 즉 공정한 재판을 받을 권리 속에는 원칙적으로 당사자주의와 구두변론주의가 보장되어 당사자에게 공소사실에 대한 답변과 입증 및 반증의 기회가 부여되는 등 공격·방어권이 충분히 보장되는 재판을 받을 권리가 포함되어 있다.[1]

이에 더하여 무죄추정의 원칙을 규정하고 있는 헌법 제27조 제4항을 종합하면, 형사피고인은 형사소송절차에서 단순한 처벌대상이 아니라 절차를 형성·유지하는 절차의 당사자로서, 검사에 대하여 '무기대등의 원칙'이 보장되는 절차를 향유할 헌법적 권리를 가진다.[2]

2. 공정한 재판을 받을 권리와 반대신문권의 보장

반대신문권의 보장이란 자기에게 불리하게 진술한 증인에 대하여 반대신문의 기회를 부여하여야 한다는 절차적 권리의 보장을 의미한다. 반대신문권의 보장은 공정한 재판을 받을 권리의 핵심적 내용을 이룬다.[3]

먼저, 절차적 정의의 측면에서 피고인이 자신에게 불리한 진술을 한 원진술자를 반대신문할 기회를 가질 경우, 이는 피고인이 단순한 형사절차의 객체로 취급되지 아니하고 재판에 대한 형성과 참여를 보장받게 된다는 점에서, 그 불리한 진술을 기초로 한 형사처벌을 피고인이 수용할 수 있는 절차적 정당성이 확보될 수 있다.[4]

---

1) 2021. 12. 23. 2018헌바524, 헌집 33-2, 760, 『19세 미만 피해자 영상물 사건』.
2) 2021. 12. 23. 2018헌바524, 헌집 33-2, 760, 『19세 미만 피해자 영상물 사건』.
3) 2021. 12. 23. 2018헌바524, 헌집 33-2, 760, 『19세 미만 피해자 영상물 사건』.
4) 2021. 12. 23. 2018헌바524, 헌집 33-2, 760, 『19세 미만 피해자 영상물 사건』.

다음으로, 반대신문권의 보장이 특히 강조되는 것은 전문증거의 경우이다. 전문증거의 내용이 되는 '진술증거'는 불완전한 인간의 지각과 기억에 기초한 것일 뿐 아니라 그 표현과 전달에 잘못이 있을 수 있는 증거방법이다. 또한 신문자의 신문방식에 의해서도 진술자의 원래 의사나 기억과 다른 내용이 전달될 가능성이 커서 본질적으로 오류가 개입할 가능성이 큰 증거방법이다. 그러므로 반대신문에 의한 검증의 기회가 배제된 전문증거는 실체적 진실발견에 중대한 지장을 초래할 우려가 있고, 같은 이유에서 사건의 실체적 진실은 증거를 배제할 때보다 질문을 배제하는 경우에 더욱 손상되기 쉬워진다.[1]

3. 형사소송법과 반대신문권의 보장

반대신문권의 보장은 공정한 재판을 받을 권리의 핵심적 내용을 이룬다.[2] 형사소송법은 다음과 같은 형태로 반대신문권을 보장하고 있다.

첫 번째로, 형사소송법 제161조의2는 교호신문제도를 규정하고 있다. 교호신문제도는 상대 당사자에 반대신문의 기회를 부여하는 증인신문방법이다(법161의2①, 규칙76).

두 번째로, 형사소송법 제310조의2는 전문법칙을 규정하고 있다. 전문법칙에 따라 법관의 면전에서 진술되지 아니하고 피고인에게 반대신문의 기회가 부여되지 아니한 진술에 대하여는 원칙적으로 증거능력이 부여되지 않는다.

세 번째로, 형사소송법 제312조 제4항 및 제5항은 피고인 또는 변호인이 공판준비 내지 공판기일에서 원진술자를 신문할 수 있는 때에 한하여 피고인 아닌 자의 진술을 기재한 조서나 진술서의 증거능력을 인정하도록 규정함으로써 피고인에게 불리한 증거에 대하여 반대신문할 수 있는 권리를 인정하고 있다.

네 번째로, 형사소송법 제313조 제2항 단서는 수사기관의 조서 이외의 일반서면 가운데 피고인 아닌 자가 작성한 진술서에 대해 피고인 또는 변호인이 공판준비 또는 공판기일에 그 기재 내용에 관하여 작성자를 신문할 수 있었을 것을 증거능력 요건의 하나로 규정함으로써 피고인에게 불리한 증거에 대하여 반대신문할 수 있는 권리를 인정하고 있다.

4. 영상녹화물과 반대신문권의 보장

(1) 헌법재판소의 위헌결정

형사소송법 제310조의2는 "제311조 내지 제316조에 규정한 것 이외에는 공판준비 또는

---

1) 2021. 12. 23. 2018헌바524, 헌집 33-2, 760, 『19세 미만 피해자 영상물 사건』.
2) 2021. 12. 23. 2018헌바524, 헌집 33-2, 760, 『19세 미만 피해자 영상물 사건』.

공판기일에서의 진술에 대신하여 진술을 기재한 서류나 공판준비 또는 공판기일 외에서의 타인의 진술을 내용으로 하는 진술은 이를 증거로 할 수 없다."라고 규정하여 전문증거의 증거능력을 원칙적으로 부인하고 있다. 이는 공개된 법정에서 법관의 면전에서 진술되지 아니하고 피고인에게 반대신문의 기회를 부여하지 않은 전문증거의 증거능력을 배척함으로써 피고인의 반대신문권을 보장하고, 직접심리주의와 공판중심주의를 철저히 하여 피고인의 공정한 재판을 받을 권리를 보장하기 위한 것이다.[1]

그런데 2023년 개정 전 「성폭력범죄의 처벌 등에 관한 특례법」(성폭력처벌법), 「아동·청소년의 성보호에 관한 법률」(청소년성보호법), 「아동학대범죄의 처벌 등에 관한 특례법」(아동학대처벌법)은 일정한 피해자의 진술내용과 조사 과정을 비디오녹화기 등 영상물 녹화장치로 촬영·보존하도록 규정하면서, 촬영한 영상물에 수록된 일정한 피해자의 진술에 대해 (가) 피해자의 진술, (나) 조사과정에 동석하였던 신뢰관계인의 진술, (다) 조사과정에 동석하였던 진술조력인의 진술 등에 의하여 그 성립의 진정함이 인정된 경우에 증거능력을 부여하고 있었다(성폭력처벌법30⑥, 청소년성보호법26⑥, 아동학대처벌법17). 이 가운데 (나)와 (다)의 경우 원진술자인 피해자의 법정진술 없이도 전문증거인 영상물에 수록된 피해자 진술을 성폭력범죄, 아동·청소년 상대 성범죄 및 아동학대범죄의 '본증'으로 사용할 수 있었다.

그런데 이러한 특례규정은 성폭력범죄 등의 피해자가 법정에 출석하여 증언함으로써 입을 수 있는 이차 피해를 방지하기 위해 전문법칙의 예외를 규정한 것으로, 원진술자의 법정출석을 전제로 하여서만 보장될 수 있는 피고인의 반대신문권 행사를 실질적으로 제한하는 의미를 가지고 있었다.[2]

2021년 헌법재판소는 성폭력처벌법 제30조 제6항이 과잉금지원칙을 위반하여 반대신문권 보장을 핵심적 내용으로 하는 공정한 재판을 받을 권리를 침해한다는 이유로 위헌을 선언하였다.[3] 헌법재판소는 피고인의 반대신문권을 보장하면서도 증거보전절차 등 미성년 피해자를 보호할 수 있는 조화적인 방법을 상정할 수 있다는 점에서 심판대상인 성폭력처벌법 제30조 제6항이 피해의 최소성 요건을 갖추지 못하였고 판단하였다. 나아가 헌법재판소는 형사절차에서 피고인의 반대신문권 행사는 피해자의 진술을 효율적으로 탄핵할 수 있는 핵심적인 방어수단이고, 성폭력범죄 사건의 특성상 피해자의 진술이 가장 결정적인 증거인 경우가 적지 않기 때문에, 이에 대하여 반대신문할 기회를 갖지 못한다면 피고인의 방어권이 사실상 무력화될 수 있다는 점에서 성폭력처벌법 제30조 제6항이 법익의 균형성 요건도 갖추지 못하였다

---

1) 2021. 12. 23. 2018헌바524, 헌집 33-2, 760, 『19세 미만 피해자 영상물 사건』.
2) 2021. 12. 23. 2018헌바524, 헌집 33-2, 760, 『19세 미만 피해자 영상물 사건』.
3) 2021. 12. 23. 2018헌바524, 헌집 33-2, 760, 『19세 미만 피해자 영상물 사건』.

고 판단하였다.

(2) 대법원 판례의 전개

대법원은 헌법재판소의 위헌결정을 계기로 피고인의 반대신문권을 보장하기 위한 법리를 다음과 같이 제시하였다. 먼저, 헌법재판소 위헌결정의 효력은 당해 헌법소원심판사건뿐만 아니라 헌법재판소의 결정 당시 법원에 계속 중이던 다른 형사사건에도 미친다.[1] 다음으로, 성폭력처벌법상의 특례규정(동법30⑥), 청소년성보호법의 특례규정(동법26⑥), 아동학대처벌법의 특례규정(동법17)도 헌법상 과잉금지원칙에 위반될 여지가 있다.[2][3]

나아가, 조사과정에 동석하였던 신뢰관계인이나 진술조력인을 증인으로 신문하여 영상물이 진정하게 성립하였다는 진술이 이루어졌을 뿐, 원진술자인 피해자에 대한 증인신문이 이루어지지 아니한 영상녹화물은 유죄의 증거로 사용할 수 없다.[4] 성폭력처벌법의 특례규정, 청소년성보호법의 특례규정, 아동학대처벌법의 특례규정 적용에 따른 위헌적 결과를 피하려면 법원은 피해자를 증인으로 소환하여 진술을 듣고 피고인에게 반대신문권을 행사할 기회를 부여하여야 한다.[5][6]

(3) 성폭력처벌법의 개정

2023년 입법자는 헌법재판소 위헌결정의 취지를 반영하여 개정 전 성폭력처벌법 제30조 제6항을 삭제하고 제30조의2를 신설하였다.

성폭력처벌법은 수사기관으로 하여금 (가) 19세 미만인 피해자나 (나) 신체적인 또는 정신적인 장애로 사물을 변별하거나 의사를 결정할 능력이 미약한 피해자의 진술 내용과 조사과정을 영상녹화장치로 녹화(녹음이 포함된 것을 말하며, 이하 '영상녹화'라 한다)하고, 그 영상녹화물을 보존하도록 규정하고 있다(동법30①). 이 경우 녹화·보존된 영상녹화물은 다음 각 호의 어느 하나에 해당할 때 증거로 할 수 있다(동법30의2①).

① 증거보전기일, 공판준비기일 또는 공판기일에 그 내용에 대하여 피의자, 피고인 또는 변호인이 피해자를 신문할 수 있었던 경우. 다만, 증거보전기일에서의 신문의 경우 법원이 피의자나 피고인의 방어권이 보장된 상태에서 피해자에 대한 반대신문이 충분히

---

1) 2022. 4. 14. 2021도14530, 공 2022상, 970, 『12세 피해자 영상물 사건』.
2) 2022. 4. 14. 2021도14530, 공 2022상, 970, 『12세 피해자 영상물 사건』.
3) 2022. 4. 14. 2021도14616, 판례속보, 『미성년 친딸 영상물 사건』.
4) 2022. 4. 14. 2021도14530, 공 2022상, 970, 『12세 피해자 영상물 사건』.
5) 2022. 4. 14. 2021도14530, 공 2022상, 970, 『12세 피해자 영상물 사건』.
6) 2022. 4. 14. 2021도14616, 판례속보, 『미성년 친딸 영상물 사건』.

이루어졌다고 인정하는 경우로 한정한다. (1호)

② (가) 19세 미만인 피해자나 (나) 신체적인 또는 정신적인 장애로 사물을 변별하거나 의사를 결정할 능력이 미약한 피해자가 (ㄱ) 사망, (ㄴ) 외국 거주, (ㄷ) 신체적, 정신적 질병·장애, (ㄹ) 소재불명, (ㅁ) 그 밖에 이에 준하는 경우의 어느 하나에 해당하는 사유로 공판준비기일 또는 공판기일에 출석하여 진술할 수 없는 경우. 다만, 영상녹화된 진술 및 영상녹화가 특별히 신빙(信憑)할 수 있는 상태에서 이루어졌음이 증명된 경우로 한정한다. (2호)

판례는 수사기관이 참고인을 조사하는 과정에서 형사소송법 제221조 제1항에 따라 작성한 영상녹화물은, 다른 법률에서 달리 규정하고 있는 등의 특별한 사정이 없는 한, 공소사실을 직접 증명할 수 있는 독립적인 증거로 사용될 수는 없다는 입장을 취하고 있다.[1] 이 경우 참고인에는 피해자도 포함된다. 성폭력처벌법이 피해자 영상녹화물의 증거능력을 규정한 두 가지 사유 가운데 2호 사유는 판례가 규정한 '다른 법률에서 달리 규정하고 있는 등의 특별한 사정'에 해당하는 것으로 주목된다.

성폭력처벌법 제30조의2는 「아동학대범죄의 처벌 등에 관한 특례법」의 준용규정에 의하여 아동학대범죄의 조사·심리에 관하여 준용된다(동법17①). 따라서 아동학대범죄의 심리와 관련한 피고인의 방어권보장 문제는 입법적으로 해결되었다고 할 수 있다. 그러나 「아동·청소년의 성보호에 관한 법률」은 여전히 영상녹화물에 수록된 피해자의 진술에 대해 공판준비기일 또는 공판기일에 조사과정에 동석하였던 신뢰관계에 있는 자의 진술에 의하여 그 성립의 진정함이 인정된 때에는 증거로 할 수 있다는 규정을 두고 있다(동법26⑥). 이 규정에 대해 판례는 이미 위헌의 소지를 지적하고 있다.[2] 입법적으로 조속한 정비가 필요한 부분이다.

제6 피고인의 진술거부권

1. 진술거부권의 의의

우리 헌법 제12조 제2항은 "모든 국민은 고문을 받지 아니하며, 형사상 자기에게 불리한 진술을 강요당하지 아니한다."고 규정하고 있다. 형사책임에 관하여 자기에게 불리한 진술을 거부할 수 있는 권리를 진술거부권이라고 한다. 우리 헌법이 진술거부권을 국민의 기본적 권리로 보장하는 취지는 인간의 존엄과 가치를 보장하고 비인간적인 자백의 강요와 고문을 근

---

1) 2014. 7. 10. 2012도5041, 공 2014하, 1624, 『존속살해방조 참고인 사건』.
2) 2022. 4. 14. 2021도14616, 판례속보, 『미성년 친딸 영상물 사건』.

절하며, 피의자 · 피고인과 검사 사이에 무기평등을 도모하여 공정한 재판의 이념을 실현하려는 데에 있다.[1] 피의자의 진술거부권은 수사절차 항목에서 설명하였다.[2] 아래에서는 공판절차에서 피고인의 진술거부권에 대해 살펴본다.

형사소송법이 공판절차에서 피고인신문(법296의2)을 인정하여 피고인의 진술을 증거로 삼는 것을 놓고 피고인을 심리의 객체로 전락시켜서 그의 소송주체성을 부인하는 것이 아닌가 하는 의문을 제기해 해 볼 수 있다. 그러나 피고인은 헌법상 보장된 진술거부권(헌법12② 2문)을 가지고 있기 때문에 소송주체로서의 지위를 확보하고 있다. 진술거부권이 보장된 상황에서 이루어진 피고인의 진술은 임의로 행해진 경우에 유죄인정의 증거자료로 사용할 수 있다.

2. 공판절차와 진술거부권의 주체

피고인은 진술거부권을 갖는다(법283의2, 266의8⑥). 피고인이 의사무능력자인 경우에는 그의 법정대리인(법26)이나 특별대리인(법28)이, 피고인이 법인인 경우에는 법인의 대표자(법27), 특별대리인(법28) 또는 대리인(법276 단서)이 진술거부권을 갖는다.

헌법은 진술거부권에 대해 기본권의 지위를 부여하고 있다(헌법12②). 진술거부권은 주관적 공권으로서 포기가 허용되지 않는다. 진술거부권의 포기를 인정하게 되면 피고인은 소송주체로서의 지위를 잃게 될 뿐만 아니라 진술거부권의 실효성도 없어지기 때문이다. 이러한 관점에서 진술거부권의 포기를 통한 피고인의 증인적격 취득은 인정되지 않는다.[3]

증인은 법률상 진술의무를 부담한다. 그러나 증인도 자기가 형사소추 또는 공소제기를 당하거나 유죄판결을 받을 사실이 드러날 염려 있는 사항에 대하여는 거부사유를 소명하고 증언을 거부할 수 있다(법148, 150).

3. 진술거부권의 대상

진술거부권의 대상은 진술이다. 진술인 이상 구술에 의한 진술뿐만 아니라 서면에 기재된 진술도 포함한다. 형사소송법상 진술거부권의 적용대상은 형사상 자기에게 불리한 진술이다. 따라서 민사책임이나 행정상의 책임과 관련하여 자기에게 불리한 진술은 진술거부권의 대상에 포함되지 않는다.

형사책임에 관련되는 진술인 한 범죄사실 자체뿐만 아니라 간접사실이나 범죄사실의 발

---

1) 1997. 3. 27. 96헌가11, 헌집 9-1, 245, 『취객 음주측정 불응 사건』.
2) 전술 66면 참조.
3) 2001. 11. 29. 2001헌바41, 헌집 13-2, 699, 『수사경찰관 법정증언 사건』.

견에 단서를 제공하는 사항에 관한 진술도 진술거부권의 대상이 된다. 진술거부권을 현실적으로 행사하려면 진술자가 자신에게 그러한 권리가 있음을 알아야 한다.

4. 피고인에 대한 진술거부권의 고지

(1) 진술거부권의 고지내용

피고인은 진술하지 아니하거나 개개의 질문에 대하여 진술을 거부할 수 있다(법283의2①). 재판장은 제1회 공판기일을 시작함에 있어서 피고인에게 진술하지 아니하거나 개개의 질문에 대하여 진술을 거부할 수 있음을 고지하여야 한다(동조②).

한편 공판준비절차에서 진술거부권의 고지가 행해지는 경우가 있다. 공판준비절차에서 법원은 필요하다고 인정하는 때에는 피고인을 소환할 수 있으며, 피고인은 법원의 소환이 없는 때에도 공판준비절차에 출석할 수 있다(법266의8⑤). 이 경우 재판장은 출석한 피고인에게 진술을 거부할 수 있음을 알려주어야 한다(동조⑥).

위법수집증거배제법칙을 규정한 형소법 제308조의2는 공판절차에도 적용된다. 공판절차에서 재판장이 진술거부권을 고지하지 아니한 상태에서 행한 피고인의 진술은 증거능력이 부정된다. 진술거부권을 고지하지 않고 얻어진 피고인의 진술을 기초로 하여 수집된 이차적 증거도 위법수집증거로서 원칙적으로 그 증거능력이 배제된다. 공판절차에서의 피고인에 대한 진술거부권 고지 여부는 공판조서에 의해서만 증명해야 한다(법56 참조).

(2) 인정신문과 진술거부권

심판받는 사람이 당해 피고인인가를 확인하기 위하여 법원이 행하는 신문을 인정신문(人定訊問)이라고 한다. 인정신문에 대해 피고인이 진술거부권을 행사할 수 있는지 문제된다. 이에 대해서는 긍정설, 부정설, 절충설이 각각 제시되고 있다. 생각건대 인정신문에 대한 진술거부권 여부는 경우를 나누어 살펴볼 필요가 있다고 본다.

먼저, 제1회 공판기일에 재판장이 행하는 인정신문(법284)에 있어서는 진술거부권을 인정하지 않을 수 없다. 진술거부권은 피고인에게 소송주체로서의 지위를 보장하는 권리이므로 가능하면 확장해석해야 할 뿐만 아니라, 법원의 인정신문에 대하여 진술거부권을 행사하는 피고인에게 현실적으로 그 진술을 강제할 방법이 없기 때문이다.

2007년 형사소송법 개정시에 입법자는 피고인에 대한 인정신문(법284)보다 앞선 위치에 피고인의 진술거부권(법283의2)을 규정하였다. 이러한 조문배치는 제1회 공판기일의 인정신문에 대해 진술거부권을 보장하기 위함이다.

다음으로, 예컨대 변호인선임서의 제출(법32①)이나 국선변호인선정신청(법33②) 등과 같이 피고인이 각종 소송행위를 하는 경우에 진술거부권이 문제된다. 피고인이 진술거부권을 내세워 자신의 성명이나 직업을 기재하지 않는 것은 형사절차의 명확성과 절차진행의 원활성을 해치는 행위이다. 따라서 이러한 경우에 그 소송행위는 부적법 각하의 사유에 해당하며 진술거부권에 의하여 보호되지 않는다고 본다.

그렇지만 이 경우에도 성명이나 직업 등이 밝혀짐으로써 피고인이 범인임이 확인되거나 증거수집의 기회를 제공하게 되는 경우에는 예외적으로 진술거부권의 행사가 가능하다고 볼 것이다.

(3) 불이익추정의 금지

공판절차에서 피고인은 진술하지 아니하거나 개개의 질문에 대하여 진술을 거부할 수 있다(법283의2①). 피고인이 개개의 질문에 대하여 진술을 거부하거나 시종 침묵으로 일관하는 경우에 법원은 이를 피고인에게 불이익한 간접증거로 삼거나 이를 이유로 피고인을 유죄로 추정해서는 안 된다. 만일 불이익추정을 허용한다면 진술거부권의 보장은 유명무실해질 것이기 때문이다.

피고인이 진술거부권을 행사하거나 적극적으로 허위진술을 하는 경우에 이를 양형에서 불이익한 사유로 고려할 수 있는지 문제된다. 이에 대해서는 긍정설과 부정설이 대립하고 있다. 판례는 절충적인 입장을 취하여, (가) 범죄의 단순한 부인은 양형조건으로 고려해서는 안 되지만, (나) 예외적으로 피고인의 진술거부나 거짓진술이 피고인에게 보장된 방어권 행사의 범위를 넘어 객관적이고 명백한 증거가 있음에도 진실의 발견을 적극적으로 숨기거나 법원을 오도하려는 시도에 기인한 경우에는 가중적 양형조건으로 참작될 수 있다는 입장을 취하고 있다.[1]

양형판단에서 불이익 양형을 부정하는 것과 같은 이유로 진술거부권을 행사하는 피고인에 대해 진술거부 사실을 들어 신체구속을 하는 것은 허용되지 않는다.

제 7 피고인의 무죄추정의 권리

1. 의 의

헌법 제27조 제4항은 "형사피고인은 유죄의 판결이 확정될 때까지는 무죄로 추정된다."고 규정하여 무죄추정의 원칙을 천명하고 있다. 무죄추정의 원칙은 피고인의 입장에서 보면 무죄추정을 받을 권리, 즉 무죄추정의 권리를 의미한다. 무죄추정의 원칙은 피고인의 무죄추정을

---

1) 2001. 3. 9. 2001도192, 공 2001, 917, 『'반성의 빛' 사건』.

받을 권리와 이를 제도적으로 보장하는 국가의 의무를 함께 표현하고 있다.

무죄추정의 원칙이란 아직 공소제기가 없는 피의자는 물론 공소가 제기된 피고인이라도 유죄의 확정판결이 있기까지는 원칙적으로 죄가 없는 자에 준하여 취급하여야 하고 불이익을 입혀서는 안 되며, 가사 불이익을 입힌다 하여도 필요한 최소한도에 그쳐야 한다는 원칙을 말한다.[1]

형사소송법은 제275조의2에서 공판기일의 진행과 관련하여 무죄추정권을 다시 명시하고 있다. 무죄추정권은 불리한 처지에 놓여 인권이 유린되기 쉬운 피의자·피고인의 지위를 옹호하여 형사절차에서 그들의 불이익을 필요 최소한에 그치게 하자는 것으로서 인간의 존엄성 존중을 궁극의 목표로 하고 있는 헌법이념에서 나온 것이다.

무죄추정의 권리는 검사의 공소제기에 의하여 유죄판결의 가능성이 보다 구체화된 피고인에게 인정되는 것이다. 그러므로 아직 검사의 공소제기를 받지 아니한 피의자에 대하여 무죄추정의 권리가 인정되는 것은 당연하다.[2] 피의자에 대한 무죄추정의 원칙에 대해서는 앞에서 설명하였다.[3]

2. 무죄추정권의 내용

무죄추정의 원칙은 실정법체계인 헌법과 형사소송법에 규정되어 있다. 무죄추정의 원칙은 단순한 원리의 선언에 그치는 것이 아니라 법원을 비롯한 형사절차의 관계자들을 적극적으로 기속하는 법적 효과를 발생시킨다.

무죄추정의 원칙상 금지되는 '불이익'이란 범죄사실의 인정 또는 유죄를 전제로 그에 대하여 법률적·사실적 측면에서 유형·무형의 차별취급을 가하는 유죄인정의 효과로서의 불이익을 뜻한다. 이는 비단 형사절차 내에서의 불이익뿐만 아니라 기타 일반 법생활 영역에서의 기본권 제한과 같은 경우에도 적용된다.[4]

무죄추정권의 내용은 크게 보아 증거법에 관한 사항, 당해 형사절차의 진행에 관한 사항, 당해 형사절차 이외의 영역에 관한 사항으로 나누어 고찰할 수 있다.

(1) 의심스러울 때에는 피고인에게 유리하게

가장 좁은 의미에서 볼 때, 무죄추정의 권리는 "의심스러울 때에는 피고인에게 유리하

---

1) 2010. 9. 2. 2010헌마418, 헌공 167, 1539, 『지방자치법 헌법불합치결정 사건』.
2) 1992. 1. 28. 91헌마111, 헌집 4, 51, 『안기부 수사관 접견참여 사건』.
3) 전술 74면 참조.
4) 2010. 9. 2. 2010헌마418, 헌공 167, 1539, 『지방자치법 헌법불합치결정 사건』.

게"(in dubio pro reo)라는 법언(法諺)과 같은 의미로 이해된다. 형사재판에서 유죄의 인정은 법관으로 하여금 합리적인 의심을 할 여지가 없을 정도(beyond a reasonable doubt)로 공소사실이 진실한 것이라는 확신을 가지게 하는 증명력을 가진 증거에 의해야 한다.

검사가 제출한 증거만으로 이러한 확신을 가지게 하는 정도에 이르지 못한 경우에는 법원은 설령 유죄의 의심이 든다고 하더라도 피고인의 이익으로 판단해야 한다.[1] 형사소송법은 이 점을 분명히 밝혀서 "범죄사실의 인정은 합리적인 의심이 없는 정도의 증명에 이르러야 한다."고 규정하고 있다(법307②). 이 규정의 의미는 법관은 검사가 제출하여 공판절차에서 적법하게 채택·조사한 증거만으로 유죄를 인정하여야 하고, 법관이 합리적인 의심을 할 여지가 없을 만큼 확신을 가지는 정도의 증명력을 가진 엄격한 증거에 의하여 공소사실을 증명할 책임은 검사에게 있다는 것이다.[2]

(2) 당해 형사절차에서의 불이익처우의 금지

무죄추정의 권리는 다시 당해 형사절차의 진행과 관련하여 그 의미를 살펴볼 수 있다. 무죄추정의 권리가 피고인의 다른 권리들과 구별하여 독자적인 의미를 가지는 경우로 다음의 사항들을 들 수 있다.

무죄추정권과 관련하여 우선 주목되는 것으로서 예단배제의 원칙을 지향하는 공소장일본주의를 들 수 있다(규칙118②). 다음으로, 재판장은 증거조사를 하기에 앞서 검사 및 변호인으로 하여금 공소사실 등의 증명과 관련된 주장 및 입증계획 등을 진술하게 할 수 있다(법287② 본문). 이때 검사는 증거로 할 수 없거나 증거로 신청할 의사가 없는 자료에 기초하여 법원에 사건에 대한 예단 또는 편견을 발생하게 할 염려가 있는 사항은 진술할 수 없다(동항 단서). 또한 피고인의 형사절차에 관한 서류는 공판의 개정 전에는 공익상 필요 기타 상당한 이유가 없으면 공개하지 못한다(법47).

피고인은 유죄판결이 확정될 때까지 무죄로 추정되므로 피고인에 대한 재판은 불구속으로 행하는 것이 원칙이다. 구속은 예외적으로 구속 이외의 방법에 의하여서는 범죄에 대한 효과적인 투쟁이 불가능하여 형사소송의 목적을 달성할 수 없다고 인정되는 경우에 한하여 최후의 수단으로만 사용되어야 하며, 구속재판이 허용될 경우라도 그 구속기간은 가능한 한 최소한에 그쳐야 한다.[3]

무죄추정권에 비추어 볼 때 구속피고인은 가능한 한 사회 일반인과 동일한 처우를 받아야

---

1) 2017. 10. 31. 2016도21231, 공 2017하, 2258, 『음식점 앞길 여아 만지기 사건』.
2) 2024. 1. 4. 2023도13081, 공 2024상, 430, 『전동차 안 상동행위 사건』.
3) 2010. 11. 25. 2009헌바8, 헌집 22-2하, 358, 『형소법 70조 2항 위헌소원 사건』.

한다. 따라서 공판정에서는 원칙적으로 피고인의 신체를 구속하지 못한다(법280 본문).

(3) 당해 형사절차 이외의 분야에서의 불이익처분금지

무죄추정의 권리는 증거법의 원리나 당해 형사절차에 있어서 피고인의 처우에 관한 준칙을 넘어서서 그 피고사건과 관련이 있는 다른 분야에서도 실정법적 의미를 가지고 있다. 무죄추정권에 의하여 불이익처분이 금지되는 한계는 그 불이익처분이 유죄판결에 특별히 내재하고 있는 사회적 · 윤리적 비난을 수반하는가 아닌가 하는 점에서 구해야 한다.

형사사건으로 공소가 제기되었다는 사실 그 자체만으로 공무원에 대한 징계처분을 행하는 것은 무죄추정의 권리에 반한다.[1] 선거에 의하여 선출된 자치단체장의 직무를 '금고 이상의 형을 선고받은 사실'만으로 정지시키는 것은 '유죄인정의 효과로서의 불이익'에 해당되어 무죄추정의 원칙에 반한다.[2]

그러나 공소가 제기되어 아직 유죄판결이 확정되지 아니하였다는 사실이 다른 분야에서 피고인을 위한 전면적 면책사유가 될 수는 없다. 무죄추정의 원칙상 금지되는 '불이익'은 '범죄사실의 인정 또는 유죄를 전제로 그에 대하여 법률적 · 사실적 측면에서 가하는 유형 · 무형의 차별취급을 말한다. 그러나 공소제기의 기초를 이루는 공무원의 비위사실을 토대로 징계처분을 내리는 것은 무죄추정의 권리를 침해하는 것이 아니다.[3]

3. 무죄추정권의 적용범위

무죄추정의 권리는 유죄판결이 확정될 때까지 존속한다. 피고인에 대하여 제1심 또는 항소법원이 유죄판결을 선고하였으나 그 유죄판결이 아직 확정되지 않은 경우에도 그 피고인에 대한 무죄의 추정이 깨지지 않는다.

무죄추정의 종료사유가 되는 유죄판결은 형선고(법321①) 및 형의 집행유예(동조②)의 판결뿐만 아니라 유죄판결의 일종인 형의 면제(법322)와 형의 선고유예(법322)의 판결을 모두 포함한다. 확정판결의 효력이 부여된 약식명령(법457)이나 즉결심판(즉결심판법16)도 무죄추정을 종료시키는 유죄판결에 포함된다.

이에 반하여 무죄판결(법325)이 확정되면 무죄의 추정은 무죄의 확정으로 전환한다. 면소판결(법326), 관할위반판결(법319), 공소기각판결(법327), 공소기각결정(법328①) 등과 같은 형식재판은 유죄 · 무죄의 실체판결이 아니므로 무죄의 추정은 깨지지 않고 그대로 유지된다.

---

1) 1994. 7. 29. 93헌가3, 헌집 6-2, 1, 『고교교사 국보법위반 사건』.
2) 2010. 9. 2. 2010헌마418, 헌공 167, 1539, 『지방자치법 헌법불합치결정 사건』.
3) 1984. 9. 11. 84누110, 공 1984, 1663, 『해외근로자 휴대품 사건』.

재심청구사건의 경우에 재심청구인은 무죄추정의 권리를 향유하지 못한다는 견해가 있다. 그러나 우리 형사소송법이 유죄판결받은 자의 이익을 위해서만 재심청구를 인정하고 있는 점 (법420, 421)과 유죄판결받은 자의 이익을 위하여 검사에게도 재심청구권을 인정하고 있는 점 (법424 i) 등에 비추어 볼 때 재심청구사건에 대한 심판에 있어서도 "의심스러울 때에는 피고 인에 유리하게"(in dubio pro reo)의 법원칙이 그대로 적용되어야 한다고 본다.

제 3 장 공판절차의 진행

제1절 공판절차의 기본원칙

제1 공판절차의 의의

검사의 공소제기에 의하여 소송계속이 발생하면 수소법원은 피고사건의 심리와 재판을 행하게 된다. 이때 수소법원이 피고사건을 심리하고 재판하는 절차를 공판절차라고 한다. 넓은 의미의 공판절차는 공소제기 후 소송계속이 종료할 때까지 법원이 행하는 심리와 재판의 전과정을 가리킨다. 여기에는 공판준비절차와 법정 외의 증인신문절차 및 검증절차 등이 모두 포함된다. 이에 대하여 좁은 의미의 공판절차는 공판기일에 공판정에서 행하는 심리와 재판만을 의미한다.

공판절차를 진행할 때 헌법과 형사소송법이 수소법원에 준수를 요구하고 있는 몇 가지 원칙들이 있다. 공판절차의 기본원칙으로 거론되는 것으로 공개재판의 원칙, 신속한 재판의 원칙, 공판중심주의 등이 있다.

제2 공개재판의 원칙

1. 의   의

공개재판의 원칙이란 재판의 심리와 판결을 공개하는 원칙을 말한다. 헌법은 "재판의 심리와 판결은 공개한다."라고 규정하여(헌법109 본문) 공개재판의 원칙을 객관적으로 보장하는 동시에, "형사피고인은 상당한 이유가 없는 한 지체 없이 공개재판을 받을 권리를 가진다."라고 규정하여(헌법27③ 2문) 이를 기본권으로 인정하고 있다. 헌법을 이어받아 「법원조직법」은 재판의 심리와 판결을 원칙적으로 공개하도록 규정하고 있다(동법57① 본문). 공개재판을 받을 권리는 피고인의 헌법상 기본권이다. 따라서 공개금지사유는 엄격히 제한된다.[1]

공개재판의 원칙은 공판절차의 심리과정과 재판결과를 일반인에게 공개함으로써 법관의

---

1) 2005. 10. 28. 2005도5854, 공 2005, 1918, 『진술번복 눈물 사건』.

책임감을 제고하고, 재판의 공정성에 대한 국민의 감시를 가능하게 함으로써 형사사법에 대한 국민의 신뢰를 보장하려는 데에 그 취지가 있다.

2. 공개재판의 원칙과 한계

(1) 공개재판의 원칙

공개재판의 원칙은 공판기일에 법원이 행하는 심리와 재판과정을 누구나 방청할 수 있다는 것을 의미한다. 공개재판의 원칙은 일차적으로 일반인의 공판정에의 출입 가능성과 재판절차의 내용파악 가능성을 그 내용으로 담고 있으며, 이를 가리켜 직접적 공개라고 한다. 한편 심리와 재판의 결과를 구두 또는 서면으로 다른 사람에게 전파할 수 있는 가능성을 확보하는 것도 공개재판의 원칙이 가지는 내용에 속한다고 말할 수 있으며, 이를 간접적 공개라고 부른다.

공개재판의 원칙은 공판기일의 진행에서 기본을 이루는 원칙이지만 절대적인 것은 아니다. 공개재판이 제한되는 사유로는 법원 건물의 수용능력과 같은 자연적 제약 이외에 피고사건의 성질, 소송관계인 및 방청인의 태도, 보도매체의 특수성 등을 들 수 있다.

(2) 공개재판의 한계

피고사건의 심리가 국가의 안전보장 또는 안녕질서를 방해하거나 선량한 풍속을 해할 염려가 있을 때에는 법원은 결정으로 재판을 공개하지 아니할 수 있다(헌법109 단서, 법원조직법57① 단서). 법원은 재판비공개의 결정을 할 때 이유를 개시하여 법정에서 선고해야 한다(법원조직법57②, 법43). 이 경우에도 재판장은 적당하다고 인정되는 자의 재정을 허가할 수 있다(법원조직법57③). 재판장은 법정의 존엄과 질서를 해칠 우려가 있는 사람의 입정을 금지하거나 퇴정을 명할 수 있다(동법58② 전단). 누구든지 법정 안에서는 재판장의 허가 없이 녹화, 촬영, 중계방송 등의 행위를 하지 못한다(동법59).

법원이 헌법과 「법원조직법」이 정한 공개금지사유가 없음에도 불구하고 재판의 심리에 관한 공개를 금지하기로 결정하였다면 그러한 공개금지결정은 피고인의 공개재판을 받을 권리를 침해한 것이다. 따라서 그 절차에 의하여 이루어진 증인의 증언은 증거능력이 없고, 이는 변호인의 반대신문권이 보장되었다 하더라도 달리 볼 수 없다. 이러한 법리는 공개금지결정의 선고가 없어서 공개금지결정의 사유를 알 수 없는 경우에도 마찬가지이다.[1]

---

1) 2013. 7. 26. 2013도2511, 공 2013하, 1659, 『북한공작원 동영상 촬영 사건』.

제3 신속한 재판의 원칙

1. 의 의

수소법원이 공판절차를 신속하게 진행해야 한다는 원칙을 신속한 재판의 원칙이라고 한다. 우리 헌법은 "형사피고인은 상당한 이유가 없는 한 지체 없이 공개재판을 받을 권리를 가진다."라고 규정하여(헌법27③ 2문) 신속한 재판의 원칙을 기본권으로 보장하고 있다. 한편 소송경제적 관점에서 볼 때 형사사법기관은 만성적인 사건적체에 시달리기 때문에 주어진 인력과 시설을 이용하여 최대한 신속하게 피고사건을 처리하지 않으면 안 된다.

신속한 재판의 원칙은 피고인의 이익보호와 소송촉진이라는 양 측면을 가지고 있지만 피고인의 이익보호라는 관점에서 주된 의미를 파악해야 한다. 신속한 재판의 원칙은 실체적 진실발견을 외면하지 아니하면서 피고인의 이익보호를 꾀하려는 상대적 원리로 파악되어야 한다.

2. 소송촉진을 위한 장치

소송촉진을 위한 장치로 각종 기간제한이 있다. 피고인에 대한 구속기간은 2개월을 원칙으로 한다(법92①). 그러나 특히 구속을 계속할 필요가 있는 경우에는 심급마다 2개월 단위로 2차에 한하여 결정으로 구속기간을 갱신할 수 있다(동조② 본문). 다만, 상소심은 피고인 또는 변호인이 신청한 증거의 조사, 상소이유를 보충하는 서면의 제출 등으로 추가 심리가 필요한 부득이한 경우에 3차에 한하여 구속기간을 갱신할 수 있다(동항 단서).

형사소송법은 신속한 재판과 소송촉진을 위하여 즉일선고의 원칙을 규정하고 있다. 판결의 선고는 원칙적으로 변론을 종결한 기일에 하여야 한다(법318의4① 본문). 변론을 종결한 기일에 판결을 선고하는 경우에는 판결의 선고 후에 판결서를 작성할 수 있다(동조②). 다만, 특별한 사정이 있는 때에는 따로 선고기일을 지정할 수 있다(동조① 단서). 이 경우 선고기일은 변론종결 후 14일 이내로 지정되어야 한다(동조③).

형사소송법은 소위 의제공소시효의 제도를 두고 있다. 공소제기된 범죄는 판결의 확정 없이 공소를 제기한 때로부터 25년을 경과하면 공소시효가 완성된 것으로 간주된다(법249②). 법원은 이에 해당하는 사건에 대하여 면소판결을 선고해야 한다(법326 iii). 의제공소시효제도는 법원에 적체되는 소위 영구미제사건을 해결하기 위하여 마련된 것이다. 이 제도는 장기간 형사사건의 피고인 지위를 벗어나지 못하고 있는 사람에게 법적 지위를 회복시키는 장점이

있으나 법원이 사법판단의무를 회피하는 빌미가 될 수도 있다.[1]

3. 집중심리주의

(1) 집중심리주의의 필요성

신속한 재판의 원칙과 관련하여 무엇보다도 강조되어야 할 것은 집중심리주의의 확립이다. 집중심리주의란 공판기일의 심리를 집중적으로 실시해야 한다는 원칙이다. 형사소송법은 국민참여재판의 실시를 계기로 집중심리주의를 공판절차의 기본원칙으로 천명하고 있다(법 267의2).

심증의 정확한 형성이라는 관점에서 볼 때 집중심리주의는 특히 국민참여재판의 심리에 필수적으로 요구되는 원칙이다. 국민참여재판의 경우에 법률문외한인 배심원은 공판조서와 같은 소송서류를 이용할 수 없다. 배심원은 오로지 자신의 오관에 의하여 공판정에 현출된 증거를 관찰하고 그에 기하여 얻어진 심증을 통하여 피고사건에 대한 판단을 내리게 된다. 이러한 기본적 제약 때문에 배심원이 참여하는 국민참여재판에서는 배심원의 심증이 생생하게 살아 있는 동안에 평결을 내려야 하며, 이를 위해 공판기일의 진행에 집중심리주의가 필수적으로 요구된다.

국민참여재판의 실시를 계기로 도입된 집중심리주의는 직업법관에 의한 통상재판의 경우에도 원칙으로 요청된다. 사법의 신뢰를 높이기 위하여 도입된 국민참여재판은 통상재판에 대해 이념적 모델을 제시하고 있기 때문이다.

(2) 집중심리주의의 내용

공판기일의 심리는 집중되어야 한다(법267의2①). 심리에 2일 이상이 필요한 경우에는 부득이한 사정이 없는 한 매일 계속 개정하여야 한다(동조②). 재판장은 여러 공판기일을 일괄하여 지정할 수 있다(동조③). 재판장은 부득이한 사정으로 매일 계속 개정하지 못하는 경우에도 특별한 사정이 없는 한 전회의 공판기일로부터 14일 이내로 다음 공판기일을 지정해야 한다(동조④). 소송관계인은 기일을 준수하고 심리에 지장을 초래하지 않도록 해야 하며, 재판장은 이에 필요한 조치를 할 수 있다(동조⑤).

집중심리주의를 실효성 있게 유지하려면 소송관계인의 협조가 절대적으로 요구된다. 그러므로 소송관계인의 협조를 이끌어내기 위한 적절한 방안이 강구되어야 한다. 형사소송법은 이와 관련하여 몇 가지 장치를 마련하고 있다.

---

1) 1981. 1. 13. 79도1520, 총람 249조, 12번, 『정치인 명예훼손 사건』.

첫째로, 증거개시제도가 있다. 검사는 피고인 또는 변호인에게 공소제기된 사건에 관한 서류 또는 물건의 목록과 공소사실의 인정 또는 양형에 영향을 미칠 수 있는 일정한 서류 또는 물건의 열람·등사 또는 서면의 교부를 허용하여야 한다(법266의3①). 피고인과 변호인도 현장부재·심신상실 또는 심신미약 등 법률상·사실상의 주장을 한 때에는 일정한 서류나 물건의 열람·등사 또는 서면의 교부를 허용하여야 한다(법266의11①). 검사나 피고인·변호인이 증거개시 의무를 지체 없이 이행하지 않을 때에는 해당 증인 및 서류나 물건에 대해 증거신청을 할 수 없다(법266의4⑤, 266의11④).

둘째로, 공판준비절차가 있다. 재판장은 효율적이고 집중적인 심리를 위해 사건을 공판준비절차에 부칠 수 있다(법266의5①). 한편 국민참여재판의 경우에는 대상사건의 피고인이 국민참여재판을 원하는 의사를 표시하면 재판장은 사건을 공판준비절차에 부쳐야 한다(국민참여재판법36① 본문). 검사, 피고인 또는 변호인은 증거를 미리 수집·정리하는 등 공판준비절차가 원활하게 진행될 수 있도록 협력하여야 한다(법266의5③, 국민참여재판법36④). 증인을 신청한 자는 증인이 출석하도록 합리적인 노력을 할 의무가 있다(법150의2②).

검사, 피고인 또는 변호인이 공판준비기일에서 신청하지 못한 증거는 (가) 그 신청으로 인하여 소송을 현저히 지연시키지 아니하는 때, (나) 중대한 과실 없이 공판준비기일에 제출하지 못하는 등 부득이한 사유를 소명한 경우에 한하여 공판기일에 신청할 수 있다(법266의13①).

셋째로 증거신청의 제한이 있다. 공판기일에서는 증거조사(법290 이하)가 실시된다. 증거조사절차는 증거신청으로부터 시작된다. 법원은 검사, 피고인 또는 변호인이 고의로 증거를 뒤늦게 신청함으로써 공판의 완결을 지연하는 것으로 인정할 때에는 직권 또는 상대방의 신청에 따라 결정으로 이를 각하할 수 있다(법294②).

제4 공판중심주의

1. 공판중심주의의 의의

(1) 공판중심주의적 법정심리절차 확립의 필요성

형사소송법은 헌법 제12조 제1항이 규정한 적법절차의 원칙, 그리고 헌법 제27조가 보장하는 공정한 재판을 받을 권리를 구현하기 위하여 공판중심주의·구두변론주의·직접심리주의를 기본원칙으로 삼고 있다.[1]

공판중심주의란 형사사건의 실체에 대한 유죄·무죄의 심증 형성은 법정에서의 심리에 의

---

1) 2014. 2. 21. 2013도12652, 공 2014상, 785, 『모텔방 112 신고 사건』.

하여야 한다는 원칙을 말한다.[1] 이때 법정에서의 심리는 공개된 법정에서의 심리를 의미한다. 따라서 법관의 면전에서 조사·진술되지 아니하고 그에 대하여 피고인이 공격·방어할 수 있는 반대신문의 기회가 실질적으로 부여되지 아니한 진술은 원칙적으로 증거로 할 수 없다(법310의2).[2]

공판중심주의는 공개재판의 원칙, 구두변론주의, 직접심리주의 등과 같은 공판절차의 기본원칙들로 구체화된다. 형사소송법은 공판절차에 관한 규정들을 정비함에 있어서 공판중심주의적 법정심리절차의 확립을 주된 목표로 설정하고 있다. 공판중심주의를 통하여 형사절차에 대한 국민의 감시와 통제를 가능하게 하고 공정한 절차를 확보하기 위함이다.

(2) 영상재판의 일부 허용

팬데믹 사태에 따른 재판지연 사태를 방지하고 전자통신·인터넷 분야 기술의 획기적인 발전을 활용하기 위하여 입법자는 2021년 형사소송법을 개정하여 영상재판 방식을 일부 도입하였다.

첫 번째로, 영상재판에 의한 구속심문절차의 진행이다. 법원이 피고인을 구속할 때에는 먼저 피고인에 대하여 범죄사실의 요지, 구속의 이유와 변호인을 선임할 수 있음을 말하고 변명할 기회를 주어야 하는 것이 원칙이다(법72 본문). 법원은 피고인이 출석하기 어려운 특별한 사정이 있고 상당하다고 인정하는 때에는 검사와 변호인의 의견을 들어 비디오 등 중계장치에 의한 중계시설을 통하여 구속심문 절차를 진행할 수 있다(법72의2②).

두 번째로, 영상재판에 의한 공판준비기일의 진행이다. 공판준비기일은 법정에서 진행하는 것이 원칙이다(법266의17② 참조). 그러나 법원은 피고인이 출석하지 아니하는 경우 상당하다고 인정하는 때에는 검사와 변호인의 의견을 들어 비디오 등 중계장치에 의한 중계시설을 통하거나 인터넷 화상장치를 이용하여 공판준비기일을 열 수 있다(법266의17①).

세 번째로, 영상재판에 의한 증인신문의 실시이다. 법원이 증인을 신문할 때에는 법정에 출석시켜서 신문하는 것이 원칙이다(법165의2③ 참조). 예외적으로 법원은 증인의 연령, 직업, 건강상태 기타의 사정을 고려하여 검사, 피고인 또는 변호인의 의견을 묻고 법정 외에 소환하거나 현재지에서 신문할 수 있다(법165). 그러나 법원은 증인이 멀리 떨어진 곳 또는 교통이 불편한 곳에 살고 있거나 건강상태 등 그 밖의 사정으로 말미암아 법정에 직접 출석하기 어렵다고 인정하는 때에는 검사와 피고인 또는 변호인의 의견을 들어 비디오 등 중계장치에 의한 중계시설을 통하여 신문할 수 있다(법165의2②).

---

1) 2006. 12. 8. 2005도9730, 공 2007, 162, 『보도방 접객원 사건』.
2) 2014. 2. 21. 2013도12652, 공 2014상, 785, 『모텔방 112 신고 사건』.

(3) 국민참여재판과 공판중심주의

형사소송법이 공판중심주의를 법정심리절차의 대원칙으로 설정한 것은 무엇보다도 국민참여재판의 실시와 밀접한 관련이 있다. 국민참여재판은 배심원이 참여하는 형사재판을 말한다(국민참여재판법2ⅱ). 배심원은 객관적 관찰자로서 검사와 피고인 사이에 벌어지는 공격·방어활동을 통하여 심증을 형성하게 된다. 법률문외한인 배심원은 직업법관과 달리 조서나 그밖의 소송기록을 읽거나 참고할 수 없다. 공판기일의 심리가 구두변론의 형태로 진행되지 않으면 배심원은 정확한 심증형성을 할 수가 없다. 법정심리절차가 공판중심주의를 지향하지 않을 수 없게 되는 객관적 제약조건이 설정된 것이다.

배심재판을 전제로 한 공판중심주의의 요청은 직업법관에 의한 통상재판의 경우에도 동일하게 적용된다. 법 앞의 평등이라는 관점에서 볼 때 배심재판을 염두에 두고 정비된 공판기일의 절차는 직업법관에 의한 통상재판의 경우에도 가능하면 존중되어야 하기 때문이다. 결국 공판중심주의는 국민참여재판인가 통상재판인가를 가리지 않고 준수되어야 할 공판심리의 대원칙으로 자리잡게 된 것이다.

공판중심주의는 공개된 법정, 구두변론, 조서의존의 탈피 등을 핵심요소로 한다. 따라서 공개재판의 원칙, 구두변론주의, 직접심리주의가 구체적인 실천원칙으로 주목된다. 이 가운데 공개재판의 원칙은 앞에서 검토하였으므로 아래에서는 구두변론주의와 직접심리주의에 대하여 살펴보기로 한다.

2. 구두변론주의

구두변론주의란 공격·방어를 구두로 해야 한다는 원칙을 말한다. 판결은 법률에 다른 규정이 없으면 구두변론에 의거하여야 한다(법37①). 구두변론주의는 피고인의 공정한 재판을 받을 권리(헌법27①)를 실현하기 위하여 요구되는 원칙이다. 형사소송법은 "공판정에서의 변론은 구두로 하여야 한다."고 규정하여(법275의3) 구두변론주의를 공판절차의 기본원칙으로 다시 한번 확인하고 있다. 구두변론주의는 다시 구두주의와 변론주의로 나누어 볼 수 있다.

(1) 구두주의

구두주의란 구술로 제공된 자료에 의하여 피고사건에 대한 실체판단을 해야 한다는 원칙을 말한다. 법정에서는 국어를 사용한다(법원조직법62). 소송관계인이 국어에 통하지 못하는 경우에는 통역에 의한다(동조②). 구두주의는 피고사건의 심판자에게 사안에 대한 신선한 인상을 부여하고 방청인으로 하여금 재판진행의 추이를 관찰할 수 있게 함으로써 재판의 공정성을 담보하는 장점을 갖는다.

그런데 일체의 자료제출행위를 구두주의에 의하도록 한다면 법원의 업무량 폭증으로 인한 재판지연 때문에 오히려 피고인에게 불리한 결과가 초래될 수 있다. 따라서 우리 형사소송법은 소송경제의 관점에서 실체형성과 관련된 소송행위들을 서면으로 전환하는 각종 조서를 인정하고 있다.

구두주의는 피고사건에 대한 유죄·무죄의 실체판단을 하기 위한 자료제출과정에서 요구되는 원칙이다. 형사절차의 진행과정에는 절차유지의 원칙이 지배한다. 형사절차의 진행과정에 관한 소송행위는 서면으로 명확히 해 두는 것이 바람직하다.

(2) 변론주의

변론주의란 법원 이외의 소송주체에게 공격·방어의 주도적 지위를 부여하여 형사절차의 진행을 추진하는 원칙을 말한다. 변론주의의 전형적인 모습은 사적 권리의 실현을 목표로 하는 민사소송에서 찾아볼 수 있다. 민사소송과 달리 형벌권의 실현을 위하여 실체적 진실발견을 목표로 하고 있는 형사절차에서는 민사소송과 같은 철저한 변론주의를 채택할 수 없다. 따라서 형사절차에서는 피고인의 자백이 있더라도 보강증거가 요구되며(헌법12⑦ 후단, 법310), 법원의 직권에 의한 증거조사가 인정된다(법295 후단).

형사사건의 공판기일에서 변론주의는 법원 이외의 소송주체에게 실체적 진실발견을 위하여 최대한의 공격·방어를 할 수 있는 기회를 보장함을 그 의미내용으로 삼고 있다. 이를 위하여 형사소송법은 검사 및 피고인의 출석(법275③), 검사의 모두진술(법285), 피고인의 모두진술(법286), 검사 및 피고인의 증거신청권(법294①), 검사의 논고(법302), 변호인 및 피고인의 최종진술(법303) 등의 절차를 마련하고 있다.

3. 직접심리주의

(1) 직접심리주의의 의의

직접심리주의란 법원이 공판기일에 직접적으로 심리·조사한 증거만을 실체판단의 기초로 삼을 수 있다는 원칙을 말한다. 직접심리주의는 법관 및 배심원으로 하여금 정확한 심증을 형성하게 하고 피고인에게 증거에 관하여 직접적인 의견진술의 기회를 부여함으로써 실체적 진실발견과 공정한 재판을 달성하는 데에 기여한다.

원래 직접심리주의는 소위 개혁된 형사소송법이 기본원칙으로 채택한 법리이다. 중세의 규문절차에서는 규문판사가 조사결과를 서면에 기록하고 재판부는 그 기록을 토대로 피규문자에 대한 범죄사실 유무를 판단하였다. 프랑스 대혁명 이후 규문절차를 극복하고 나타난 것이 개혁된 형사소송법이다. 개혁된 형사소송법은 재판의 기초를 이루는 증거를 재판부가 직접 조사하도록 함으로써 신선하고도 직접적인 심증을 바탕으로 객관적 사실과 법원의 판단을 일치시키도록 하였다.

직접심리주의는 형식적 직접심리주의와 실질적 직접심리주의로 나누어진다.

(2) 형식적 직접심리주의

형식적 직접심리주의란 수소법원이 재판의 기초가 되는 증거를 직접 조사해야 한다는 원칙이다. 수소법원은 법원 자신이 증거조사에 임해야 하며 수명법관이나 수탁판사에 대한 증거조사의 위임은 원칙적으로 허용되지 않는다. 수명법관이나 수탁판사에 의한 증인신문·감정 등은 예외적으로 인정될 뿐이다(법167, 177 참조). 또한 형사소송법이 공판개정 후 판사의 경질이 있을 때 공판절차를 갱신하도록 규정한 것(법301)도 형식적 직접심리주의의 한 표현이다.

(3) 실질적 직접심리주의

실질적 직접심리주의는 법원이 사실의 증명 여부를 판단함에 있어서 증명대상이 되는 사실과 가장 가까운 원본증거를 재판의 기초로 삼아야 한다는 원칙이다. 실질적 직접심리주의에 따르면 (가) 법관의 면전에서 직접 조사한 증거만을 재판의 기초로 삼을 수 있고, (나) 증명대상이 되는 사실과 가장 가까운 원본증거를 재판의 기초로 삼아야 하며, (다) 원본증거의 대체물 사용은 원칙적으로 허용되어서는 안 된다.[1]

과학기술이 발전함에 따라 컴퓨터용디스크 그 밖에 이와 비슷한 정보저장매체(법106③, 313① 참조)가 형사재판에서도 증거로 활용되고 있다. 정보저장매체에 기억된 전자정보나 그 출력물을 증거로 사용하기 위해서는 정보저장매체 원본에 저장된 내용과 출력물의 동일성이 인정되어야 한다. 이를 위해서는 정보저장매체 원본이 압수시부터 출력물로 전환될 때까지 변경되지 않았다는 사정, 즉 무결성이 담보되어야 한다.[2]

실질적 직접심리주의는 공판중심주의의 한 요소를 이룬다. 실질적 직접심리주의는 법관으로 하여금 법정에서 직접 원본증거를 조사하는 방법을 통하여 사건에 관하여 신선하고 정확한 심증을 형성할 수 있게 하는 한편, 피고인에게 원본증거에 관하여 직접적인 의견진술의 기회를 부여함으로써, 실체적 진실을 발견하고 공정한 재판을 실현할 수 있게 하려는 것이다.[3]

실질적 직접심리주의는 공판중심주의의 주요한 내용을 이룬다. 실질적 직접심리주의에 따르면 예컨대 증인신문(법161의2)이나 피고인신문(법296의2)은 공판정에서 증인 또는 피고인에

---

1) 2009. 1. 30. 2008도7917, [미간행], 『잠든 청소년 항거불능 사건』.
2) 2013. 7. 26. 2013도2511, 공 2013하, 1659, 『북한공작원 동영상 촬영 사건』.
3) 2009. 1. 30. 2008도7917, [미간행], 『잠든 청소년 항거불능 사건』.

대해 직접 행해야 하며 증인신문조서나 피의자신문조서로 대신할 수 없는 것이 원칙이다. 우리 형사소송법은 제310조의2에서 "제311조 내지 제316조에 규정한 것 이외에는 공판준비 또는 공판기일에서의 진술에 대신하여 진술을 기재한 서류나 공판준비 또는 공판기일 외에서의 타인의 진술을 내용으로 하는 진술은 이를 증거로 할 수 없다."고 규정하여 실질적 직접심리주의를 명시하고 있다.

(4) 실질적 직접심리주의와 항소심의 관계

실질적 직접심리주의는 특히 제1심 공판절차와 관련하여 중요한 의미를 갖는다. 제1심 법정은 당사자의 주장과 증거조사가 이루어지는 원칙적인 절차이다. 따라서 제1심 법정의 심리는 실질적 직접심리주의의 정신이 충분하고도 완벽하게 구현될 수 있도록 진행되어야 한다.[1] [2]

제1심법원은 증인신문절차를 진행한 뒤 그 진술의 신빙성 유무를 판단함에 있어서 진술 내용 자체의 합리성·논리성·모순 또는 경험칙 부합 여부나 물증 또는 제삼자의 진술과의 부합 여부 등은 물론, 법관의 면전에서 선서한 후 공개된 법정에서 진술에 임하고 있는 증인의 모습이나 태도, 진술의 뉘앙스 등 증인신문조서에는 기록하기 어려운 여러 사정을 직접 관찰함으로써 얻게 된 심증까지 모두 고려하여 신빙성 유무를 평가하게 된다.

이에 비하여 제1심 증인이 한 진술에 대한 항소심의 신빙성 유무 판단은 원칙적으로 증인신문조서를 포함한 기록만을 그 자료로 삼게 되므로(규칙156의5② 참조), 진술의 신빙성 유무 판단에 있어 가장 중요한 요소의 하나라고 할 수 있는 진술 당시의 증인의 모습이나 태도, 진술의 뉘앙스 등을 신빙성 유무 평가에 반영할 수 없다는 본질적인 한계를 지니게 된다.

실질적 직접심리주의에 따른 제1심법원과 항소법원의 신빙성 평가방법의 차이에 비추어 볼 때 항소심으로서는 원칙적으로 제1심 증인이 한 진술의 신빙성 유무에 대한 제1심의 판단이 항소심의 판단과 다르다는 이유만으로 이에 대한 제1심의 판단을 뒤집어서는 안 된다.[3]

항소법원은 증인의 진술에 대한 신빙성 판단을 함에 있어 다음과 같은 엄격한 조건 하에 제1심법원과 다른 판단을 할 수 있다. 첫째는, 제1심판결 내용과 제1심에서 적법하게 증거조사를 거친 증거들에 비추어 제1심 증인이 한 진술의 신빙성 유무에 대한 제1심의 판단이 명백하게 잘못되었다고 볼 특별한 사정이 있는 경우이다. 둘째는, 제1심의 증거조사 결과와 항소심 변론종결시까지 추가로 이루어진 증거조사 결과를 종합하면 제1심 증인이 한 진술의 신빙성 유무에 대한 제1심의 판단을 그대로 유지하는 것이 현저히 부당하다고 인정되는 경

---

1) 2009. 1. 30. 2008도7917, [미간행], 『잠든 청소년 항거불능 사건』.
2) 2019. 7. 24. 2018도17748, 공 2019하, 1692, 『2대 주주 유상증자 반대 사건』.
3) 2009. 1. 30. 2008도7917, [미간행], 『잠든 청소년 항거불능 사건』.

우이다.[1]

(5) 국민참여재판과 항소심의 관계

공판중심주의와 실질적 직접심리주의 아래에서 사실심 법관은 증거의 취사와 사실의 인정에 관하여 전권을 가진다. 국민참여재판에서 배심원이 사실의 인정에 관하여 재판부에 제시하는 집단적 의견은 사실심 법관의 판단을 돕기 위한 권고적 효력을 가진다(국민참여재판법46⑤). 국민참여재판에도 제1심의 실질적 직접심리주의 원칙이 적용됨은 물론이다. 따라서 국민참여재판의 항소심에서도 항소법원은 증인의 진술에 대한 제1심의 신빙성 판단을 원칙적으로 존중하지 않으면 안 된다.

(가) 전원일치 무죄평결의 존중효   (가) 배심원이 증인신문 등 사실심리의 전 과정에 함께 참여한 후 증인이 한 진술의 신빙성 등 증거의 취사와 사실의 인정에 관하여 만장일치로 무죄평결을 내리고, (나) 그 무죄평결이 재판부의 심증에 부합하여 그대로 채택되는 경우가 있다. 이러한 절차를 거쳐 이루어진 증거의 취사 및 사실의 인정에 관한 제1심의 판단은 실질적 직접심리주의 및 공판중심주의의 취지와 정신에 비추어 항소심에서 한층 더 존중되어야한다. 즉 항소법원은 (ㄱ) 항소심에서의 새로운 증거조사를 통해, (ㄴ) 그에 명백히 반대되는, (ㄷ) 충분하고도 납득할 만한, (ㄹ) 현저한 사정이 나타나지 않는 한 제1심의 판단을 한층 더 존중하지 않으면 안 된다.[2]

(나) 전원일치 무죄평결과 증거조사제한   국민참여재판에서는 공판준비기일을 필수적으로 거친다(국민참여재판법36①). 공판준비절차에서는 증거조사와 관련하여 입증취지와 내용을 명확히 한 증거신청을 하게 하고, 증거신청에 관한 상대방의 의견을 듣고 증거 채택 여부를 결정한 다음 증거조사의 순서 및 방법을 미리 정할 수 있다(법266의5 내지 제266의9). 공판준비기일 종결의 효과로서 공판준비기일에서 신청하지 못한 증거는 '중대한 과실 없이 공판준비기일에 제출하지 못하는 등 부득이한 사유를 소명한 때' 등에 한하여 공판기일에 신청할 수 있다(법266의13①).

제1심 법정에서 집중적으로 이루어진 '당사자의 주장과 증거조사'를 직접 보고 들으면서 심증을 갖게 된 배심원들이 서로의 관점과 의견을 나누며 숙의한 결과 '피고인은 무죄'라는 일치된 평결에 이르렀다면, 이는 피고인에 대한 유죄 선고를 주저하게 하는 합리적 의심이 일반적으로 존재한다는 점이 분명하게 확인된 경우로 볼 수 있다.[3]

---

1) 2009. 1. 30. 2008도7917, [미간행], 『잠든 청소년 항거불능 사건』.
2) 2010. 3. 25. 2009도14065, 공 2010상, 844, 『금목걸이 강취 참여재판 사건』.
3) 2024. 7. 25. 2020도7802, 판례속보, 『화물트럭 20대 구입비용 사건』.

그 결과 (가) 국민참여재판으로 진행한 제1심 법원에서 배심원이 만장일치의 의견으로 내린 무죄의 평결이 (나) 재판부의 심증에 부합하여 그대로 채택된 경우라면, 그 무죄판결에 대한 항소심에서의 추가적이거나 새로운 증거조사는 형사소송법(법364③, 법266의13①)과 형사소송규칙(규칙156의5②) 등에서 정한 바에 따라 증거조사의 필요성이 분명하게 인정되는 예외적인 경우에 한정하여 실시하는 것이 바람직하다.[1]

(6) 실질적 직접심리주의와 전문법칙의 관계

실질적 직접심리주의는 전문법칙과 구별되는 개념이다. 전문법칙(傳聞法則, hearsay rule)이란 타인의 진술을 내용으로 하는 서류나 진술에 대해 유죄의 증거로 사용할 수 있는 자격(증거능력)을 부인하는 원칙이다. 전문법칙은 원진술자에 대한 피고인 또는 검사의 반대신문권 보장을 주된 목적으로 한다. 이에 대하여 실질적 직접심리주의는 법원으로 하여금 증명의 대상이 되는 사실에 가장 가까운 증거를 사용하도록 요구하는 원칙이다.

전문법칙은 검사 또는 피고인 이외의 제삼자의 진술에 대하여 피고인 측이나 검사가 반대신문을 행함으로써 그 진실 여부를 음미하도록 하는 제도라는 점에서 실질적 직접심리주의와 다소 성질을 달리한다. 형소법 제310조의2 및 그 예외조항인 형소법 제311조 내지 제316조는 (가) 제삼자의 진술을 내용으로 하는 일반적인 전문진술, (나) 피고인 본인의 진술을 기재한 서류, (다) 피고인의 진술을 내용으로 하는 타인의 진술에 대하여 증거능력을 제한하고 있다. (가)의 일반적인 전문진술 이외에 (나)와 (다)의 피고인진술까지도 규제대상으로 한다는 점에서 형사소송법 제310조의2의 적용범위는 통상의 전문법칙에 비하여 더 넓다고 생각된다. 따라서 형사소송법 제310조의2는 전문법칙과 실질적 직접심리주의를 함께 규정한 것으로 보아야 할 것이다.

제 2 절   공판준비절차

제 1   공판준비절차의 의의

1. 공판준비절차의 의의와 유형

공판준비절차란 공판기일에서의 심리를 준비하기 위하여 수소법원이 행하는 일련의 절

---

1) 2024. 7. 25. 2020도7802, 판례속보, 『화물트럭 20대 구입비용 사건』.

차를 말한다. 공판준비는 공판기일의 심리준비를 위한 것인 한 제1회 공판기일 전은 물론 제1회 공판기일 후에도 할 수 있다. 공판준비절차는 수소법원이 공판기일의 준비를 위하여 행하는 절차이다. 지방법원판사에 의하여 증거보전의 목적으로 행해지는 증거보전절차(법184)나 제1회 공판기일 전 증인신문절차(법221의2)는 공판준비절차에 포함되지 않는다.

공판준비절차는 넓은 의미의 공판준비절차와 좁은 의미의 공판준비절차로 나누어 볼 수 있다. 넓은 의미의 공판준비절차는 공판기일을 열기 위하여 사전에 거쳐야 하는 준비절차 전반을 말한다. 공소장 부본의 송달(법266), 피고인의 의견서 제출(법266의2), 공판기일의 지정(법267①), 피고인의 소환(동조②), 증거개시절차(법266의3 이하, 266의11), 좁은 의미의 공판준비절차(법266의5 이하) 등이 여기에 해당한다. 이에 대하여 좁은 의미의 공판준비절차는 공판기일의 집중심리를 위하여 재판장이 특별히 시행하는 절차를 말한다.

좁은 의미의 공판준비절차는 다시 제1회 공판기일을 열기 전에 행하는 것과 제1회 공판기일이 열린 후 공판기일과 공판기일 사이에 행하는 것의 두 가지 유형으로 나누어진다. 전자를 기일전 공판준비절차라 하고 후자를 기일간 공판준비절차라고 한다. 기일전 공판준비절차는 주장 및 입증계획 등을 서면으로 준비하게 하거나 공판준비기일을 열어 진행한다(법266의5②). 법원은 쟁점 및 증거의 정리를 위하여 필요한 경우에는 제1회 공판기일 후에도 사건을 공판준비절차에 부칠 수 있다. 이 경우에는 기일전 공판준비절차에 관한 규정이 준용된다(법266의15).

2. 국민참여재판과 공판준비절차

모든 합의부 관할사건 및 그와 관련된 일정한 사건은 국민참여재판 대상사건이다(국민참여재판법5① 참조). 국민참여재판 대상사건의 경우 피고인은 국민참여재판을 받을 권리를 가진다(동법3①). 국민참여재판은 실시하는 것이 원칙이며, 피고인이 국민참여재판을 원하지 아니하거나 법원의 배제결정(동법9①)이 있어 국민참여재판을 진행하지 않는 경우가 예외이다.[1] 국민참여재판을 실시하는 경우에는 반드시 공판준비절차를 거쳐야 한다(동법36① 본문). 배심원이 참여하는 국민참여재판에는 집중심리가 필수적으로 요구되기 때문이다.

이에 반해 직업법관에 의한 통상재판의 경우에는 공판준비절차가 임의적으로 시행된다. 통상재판의 경우 재판장은 효율적이고 집중적인 심리를 위하여 사건을 공판준비절차에 부칠 수 있다(법266의5①).

---

1) 2011. 9. 8. 2011도7106, 공 2011하, 2184, 『7일 전 공판 진행 사건』.

제 2 공소장 부본 송달과 의견서 제출

1. 통상재판사건

법원은 공소의 제기가 있는 때에는 공소장의 부본을 피고인 또는 변호인에게 송달하여야한다(법266 본문). 피고인은 공소장 부본을 송달받음으로써 법원의 심판대상을 구체적으로 알수 있게 되고 그에 대비하여 방어전략을 수립하며 피고인으로서의 권리행사 여부를 결정하게된다. 따라서 공소장 부본의 신속하고 정확한 송달은 매우 중요한 의미를 갖는다.

공소장 부본은 지체 없이 송달되어야 하며(법266 본문), 제1회 공판기일 전 5일까지 송달되어야 한다(동조 단서). '제1회 공판기일 전 5일까지'라 함은 공소장 부본의 송달 후 제1회 공판기일까지의 기간이 최소한 5일을 넘어야 한다는 의미이다.

제1심법원이 공소장 부본을 피고인 또는 변호인에게 송달하지 아니한 채 공판절차를 진행하였다면 이는 소송절차에 관한 법령을 위반한 경우에 해당한다. 이러한 경우에도 피고인이제1심 법정에서 이의함이 없이 공소사실에 관하여 충분히 진술할 기회를 부여받았다면 판결에 영향을 미친 위법이 있다고 할 수 없다.[1] 그러나 공시송달의 방법으로 공소장 부본의 송달 없이 제1심 공판절차가 진행되었다면 그 절차에서 이루어진 소송행위는 효력이 없다.[2]

피고인 또는 변호인은 공소장 부본을 송달받은 날부터 7일 이내에 공소사실에 대한 인정여부, 공판준비절차에 관한 의견 등을 기재한 의견서를 법원에 제출하여야 한다(법266의2① 본문). 다만, 피고인이 진술을 거부하는 경우에는 그 취지를 기재한 의견서를 제출할 수 있다(동항 단서). 법원은 제출된 의견서를 검사에게 송부하여야 한다(동조②). 의견서제출은 형사소송법이 규정한 집중심리주의(법267의2) 실현의 첫 단계를 이룬다.

2. 국민참여재판 대상사건

국민참여재판 대상사건의 경우 피고인은 공소장 부본을 송달받은 날부터 7일 이내에 국민참여재판을 원하는지 여부에 관한 의사가 기재된 서면을 제출하여야 한다(국민참여재판법8②1문). 그러나 판례는 공소장 부본을 송달받은 날부터 7일 이내에 의사확인서를 제출하지 아니한 피고인도 제1회 공판기일이 열리기 전까지는 국민참여재판 신청을 할 수 있다는 입장을취하고 있다.[3]

---

1) 2014. 4. 24. 2013도9498, 공 2014상, 1164, 『소환장만 공시송달 사건』.
2) 2014. 4. 24. 2013도9498, 공 2014상, 1164, 『소환장만 공시송달 사건』.
3) 2009. 10. 23. 2009모1032, 공 2009하, 1957, 『기한 도과 후의 의사확인서 사건』.

만일 제1심법원이 국민참여재판을 원하는지에 관한 피고인 의사의 확인절차를 거치지 아니한 채 통상의 공판절차로 재판을 진행하였다면 이는 피고인의 국민참여재판을 받을 권리에 대한 중대한 침해로서 그 절차는 위법하고, 이러한 위법한 공판절차에서 이루어진 소송행위는 무효로 된다.[1]

다만, 제1심법원이 국민참여재판 대상사건임을 간과하여 피고인의 의사를 확인하지 아니한 채 통상의 공판절차로 재판을 진행하였더라도, 피고인이 항소심에서 국민참여재판을 원하지 아니한다고 하면서 제1심의 절차적 위법을 문제삼지 아니할 의사를 명백히 표시한 경우에는 그 하자가 치유되어 제1심 공판절차는 전체로서 적법하게 된다.[2] 이 경우 제1심 공판절차의 하자가 치유된다고 보기 위해서는 피고인에게 국민참여재판절차 등에 관한 충분한 안내가 이루어지고, 그 희망 여부에 관하여 숙고할 수 있는 상당한 시간이 사전에 부여되어야 한다.[3]

제 3   증거개시제도

1. 증거개시제도의 의의

(1) 증거개시의 의미

국민참여재판의 실시를 계기로 공판기일의 진행순서와 진행방식이 전면적으로 개편되었다. 형사소송법은 집중심리주의(법267의2)와 구두변론주의(법275의3)를 대원칙으로 천명하여 재판의 신속한 진행과 정확한 심증형성을 도모하고 있다. 입법자는 집중심리를 가능하게 하기 위하여 공판준비절차를 정비하였고, 공판준비절차가 실효성 있게 진행될 수 있도록 증거개시제도를 도입하였다.[4]

증거개시(discovery)란 검사 또는 피고인·변호인이 자신이 보유하고 있는 증거를 상대방에게 드러내어 보여주는 것을 말한다. 형사소송법은 검사가 보유하고 있는 증거의 개시(開示)(법266의3)뿐만 아니라 일정한 경우 피고인 측이 보유하고 있는 증거의 개시(법266의11)도 인정하고 있다.

검사 측 증거의 개시는 피고인의 신속·공정한 재판을 받을 권리 및 변호인의 조력을 받

---

1) 2011. 9. 8. 2011도7106, 공 2011하, 2184, 『7일 전 공판 진행 사건』.

2) 2012. 6. 14. 2011도15484, 공 2012하, 1253, 『항소심 참여재판 안내 사건』.

3) 2012. 6. 14. 2011도15484, 공 2012하, 1253, 『항소심 참여재판 안내 사건』.

4) 신동운, "한국과 일본의 증거개시제도 비교연구", 서울대학교 법학, 제53권 제3호(2012.) 271-305면 참고 바람.

을 권리를 실질적으로 보장하기 위하여 인정되고 있다.[1] 이에 대해 피고인 측 증거의 개시는 신속한 재판을 위한 집중심리의 확보라는 측면에 초점이 맞추어져 있다.

(2) 정보공개청구와의 관계

「공공기관의 정보공개에 관한 법률」(정보공개법) 제4조 제1항은 "정보의 공개에 관하여는 다른 법률에 특별한 규정이 있는 경우를 제외하고는 이 법이 정하는 바에 의한다."라고 규정하고 있다. 여기서 '정보의 공개에 관하여 다른 법률에 특별한 규정이 있는 경우'에 해당한다고 하여 정보공개법의 적용을 배제하기 위해서는, 그 특별한 규정이 법률 규정으로 그 내용이 정보공개의 대상 및 범위, 정보공개의 절차, 비공개대상정보 등에 관하여 정보공개법과 달리 규정하고 있는 것이어야 한다.[2]

형사소송법 제266조의3 및 제266조의4는 검사가 공소제기된 사건에 관한 서류 또는 물건의 공개 여부나 공개 범위, 불복절차 등에 관하여 정보공개법과 달리 규정하고 있다. 이것은 결국 정보공개법 제4조 제1항에서 정한 '정보의 공개에 관하여 다른 법률에 특별한 규정이 있는 경우'에 해당한다. 따라서 검사가 공소제기한 사건에 관한 서류 또는 물건에 관하여는 피고인이나 변호인의 정보공개법에 의한 정보공개청구가 허용되지 않는다.[3]

2. 증거개시신청의 시기

비교법적으로 볼 때 증거개시제도는 공판기일의 집중심리를 가능하게 하는 장치로서 공판준비절차의 일환으로 구성되어 있다. 그런데 우리 입법자는 증거개시의 시점에 제한을 두고 있지 않다. 그 결과 공판준비절차에서는 물론 공판기일에서도 증거개시신청을 할 수 있다. 이 점은 형사소송법이 피고인 측이 공판기일에 현장부재증명 등의 주장을 한 경우에도 검사가 증거개시신청을 할 수 있도록 규정한 점에서 확인할 수 있다(법266의11①).

입법론적으로 볼 때 공판기일에 증거개시신청을 하도록 허용하는 것은 증거개시제도의 본질에 반한다고 본다. 증거개시제도는 공판기일에서의 불의의 공격을 방지하면서 집중심리를 가능하게 하기 위하여 마련된 장치이다. 그런데 공판기일에서 증거개시신청을 허용하게 되면 개시신청에 대한 결정과 개시결정 후 증거의 열람·등사를 위하여 공판기일이 공전되지 않을 수 없다. 공판기일전 공판준비절차뿐만 아니라 공판기일간 공판준비절차(법266의15)도 마련되어 있는 상황에서 공판기일에서의 증거개시신청은 불필요할 뿐만 아니라 집중심리를

---

[1] 2022. 6. 30. 2019헌마356, 헌집 34-1, 626, 『열람등사 허용결정 불구 거부 사건』.
[2] 2024. 5. 30. 2022두65559, 공 2024하, 1017, 『영상녹화물 정보공개청구 사건』.
[3] 2024. 5. 30. 2022두65559, 공 2024하, 1017, 『영상녹화물 정보공개청구 사건』.

저해할 위험도 크다. 이러한 폐해는 배심원이 참여하는 국민참여재판의 경우에 더욱 심각해진다. 입법론적으로 공판기일에서의 증거개시신청은 배제하는 것이 바람직하다고 본다.

3. 검찰 측 증거의 개시

(1) 증거개시 대상의 분류

증거개시의 대상이 되는 것은 증거 일반이다. 검사 측 증거로서 공소사실의 인정이나 양형에 영향을 미칠 수 있는 서류 또는 물건이면 모두 증거개시의 대상이 된다. 서류 또는 물건은 (가) 서류·물건의 목록, (나) 증인에 관한 서면, (다) 그 밖의 서류·물건으로 나누어진다.

형사소송법은 증거개시의 대상이 되는 서류 또는 물건을 '서류 등'이라고 통칭하고 있다(법266의3①). 본서에서는 이해를 돕기 위하여 서류·물건으로 풀어서 적기로 한다.

(가) 목 록   위의 분류 가운데 (가)의 목록은 수사기관이 수사과정에서 작성하거나 취득한 서류·물건의 목록을 말한다. 검사·사법경찰관리와 그 밖에 직무상 수사에 관계있는 자는 수사과정에서 수사와 관련하여 작성하거나 취득한 서류 또는 물건에 대한 목록을 빠짐없이 작성하여야 한다(법198③). 입법자는 2011년 형사소송법 개정을 통하여 수사과정에서 취득한 서류·물건에 대한 목록작성을 의무화하였다.

서류·물건의 목록에 대하여 검사는 열람 또는 등사를 거부할 수 없다(법266의3⑤). 서류·물건의 목록을 빠짐없이 작성하도록 하고 그 목록을 반드시 개시하도록 한 것은 증거개시제도의 실효성을 도모하기 위함이다.

(나) 서 면   (나)의 서면은 서류 가운데 검사가 증인으로 신청할 사람의 성명, 사건과의 관계 등을 기재한 서류를 말한다(법266의3① ii 전단). (가)의 서류·물건의 목록과 달리 (나)의 증인에 관한 서면에 대해서는 증거개시의 제한이 가능하다. 검사는 국가안보, 증인보호의 필요성, 증거인멸의 염려, 관련사건의 수사에 장애를 가져올 것으로 예상되는 구체적인 사유 등 서면의 교부를 허용하지 아니할 상당한 이유가 있다고 인정하는 때에는 서면의 교부를 거부하거나 그 범위를 제한할 수 있다(법266의3②).

(다) 기타 서류·물건   (다)의 서류·물건은 (가)의 목록, (나)의 서면을 제외한 그 밖의 서류 또는 물건을 말한다. (가)의 서류·물건의 목록과 달리 (다)의 그 밖의 서류·물건에 대해서는 증거개시의 제한이 가능하다. 검사는 국가안보, 증인보호의 필요성, 증거인멸의 염려, 관련사건의 수사에 장애를 가져올 것으로 예상되는 구체적인 사유 등 열람·등사를 허용하지 아니할 상당한 이유가 있다고 인정하는 때에는 열람·등사를 거부하거나 그 범위를 제한할 수 있다(법266의3②).

그 밖의 서류 또는 물건에는 도면·사진·녹음테이프·비디오테이프·컴퓨터용 디스크,

그 밖에 정보를 담기 위하여 만들어진 물건으로서 문서가 아닌 특수매체가 포함된다. 특수매체에 대한 등사는 필요 최소한의 범위에 한한다(법266의3⑥).

(2) 증거개시의 신청

(가) 개시대상의 내용   피고인 또는 변호인은 검사에게 (가) 공소제기된 사건에 관한 서류·물건의 목록의 열람·등사, (나) 공소사실의 인정 또는 양형에 영향을 미칠 수 있는 서류·물건의 열람·등사 또는 (다) 증인에 관한 서면의 교부를 신청할 수 있다(법266의3① 본문).

증거개시의 대상이 되는 서류·물건·서면의 구체적인 내용은 다음과 같다(법266의3①).

① 검사가 증거로 신청할 서류·물건 (1호)

② 검사가 증인으로 신청할 사람의 성명·사건과의 관계 등을 기재한 서면 또는 그 사람이 공판기일 전에 행한 진술을 기재한 서류·물건 (2호)

③ 제1호 또는 제2호의 서면 또는 서류·물건의 증명력과 관련된 서류·물건 (3호)

④ 피고인 또는 변호인이 행한 법률상·사실상 주장과 관련된 서류·물건(관련 형사재판 확정기록, 불기소처분기록 등을 포함한다) (4호)

(나) 신청권자   피고인 또는 변호인은 검사에게 증거개시 대상이 되는 서류·물건에 대한 열람·등사 및 서면의 교부를 신청할 수 있다(법266의3① 본문). 다만, 피고인에게 변호인이 있는 경우에는 피고인은 서류·물건·서면의 열람만을 신청할 수 있다(동항 단서). 열람만을 허용한 것은 변호인을 통하여 열람·등사와 서면을 교부받는 것이 모두 가능하기 때문이다.

변호인이 없는 피고인이나 피고인의 변호인은 열람과 등사 및 서면의 교부를 모두 신청할 수 있다. 검사가 피고인의 변호인에게 열람만을 허용하고 등사를 불허하는 조치는 피고인의 신속하고 공정한 재판을 받을 권리와 변호인의 조력을 받을 권리를 침해한 것으로서 헌법에 위반된다.[1]

(다) 증거개시의 범위   증거개시의 대상은 검사가 신청할 예정인 증거에 한정하지 아니하고 피고인에게 유리한 증거까지를 포함한 전면적 증거개시를 원칙으로 한다.[2] 당해 형사사건뿐만 아니라 관련 형사사건의 서류도 증거개시의 대상에 포함된다.[3] 증거개시의 대상에는 형사사건의 수사기록 중 증거로 제출되지 아니한 수사서류도 포함된다.[4]

---

1) 2017. 12. 28. 2015헌마632, 헌집 29-2, 417, 『수사기록 등사거부 위헌확인 사건』.
2) 2010. 6. 24. 2009헌마257, 헌집 22-1하, 621, 『용산참사 헌법소원 사건』.
3) 2022. 6. 30. 2019헌마356, 헌집 34-1, 626, 『열람등사 허용결정 불구 거부 사건』.
4) 2017. 12. 28. 2015헌마632, 헌집 29-2, 417, 『수사기록 등사거부 위헌확인 사건』.

검사는 증거로 제출하지 않는다는 이유로 수사서류에 대한 열람·등사를 거부할 수 없다.[1] 검사는 열람·등사의 신청이 있는 경우에는 원칙적으로 열람·등사를 허용해야 하고, 예외적으로 제한사유가 있는 경우에만 열람·등사를 제한할 수 있다.[2]

증거개시가 예외적으로 제한되는 경우가 있다. 즉, (가) 작성 목적이나 성격 등에 비추어 수사기관 내부의 의사결정과정 또는 검토과정에 있는 사항에 관한 문서 또는 (나) 그 공개로써 수사에 관한 직무의 수행을 현저하게 곤란하게 하는 것 등은 증거개시의 대상에서 제외된다.[3]

그러나 검사가 별건으로 공소제기되어 확정된 사건이라는 이유로 관련 형사사건 기록에 관한 열람·등사를 거부하는 것은 허용되지 않는다.[4] 검찰청이 보관하고 있는 불기소처분기록에 포함된 불기소결정서는 형사피의자에 대한 수사의 종결을 위한 검사의 처분결과와 이유를 기재한 서류로서 달리 특별한 사정이 없는 한 증거개시의 대상이 된다.[5]

(라) 목적외 사용금지   피고인 또는 변호인(피고인 또는 변호인이었던 자를 포함한다)은 검사가 증거를 개시한 서면 및 서류·물건의 사본을 당해 사건 또는 관련 소송의 준비에 사용할 목적이 아닌 다른 목적으로 다른 사람에게 교부 또는 제시(전기통신설비를 이용하여 제공하는 것을 포함한다)하여서는 안 된다(법266의16①). 피고인 또는 변호인이 이에 위반하는 때에는 1년 이하의 징역 또는 500만원 이하의 벌금으로 처벌한다(동조②).

(3) 법원에 대한 증거개시신청

피고인 또는 변호인은 검사가 서류·물건의 열람·등사 또는 서면의 교부를 거부하거나 그 범위를 제한한 때에는 법원에 그 서류·물건의 열람·등사 또는 서면의 교부를 허용하도록 할 것을 신청할 수 있다(법266의4①).

검사의 열람·등사거부처분은 항고소송의 대상이 되는 행정처분이다. 따라서 형소법 제266조의4 소정의 불복절차는 행정처분에 대한 항고소송과 유사하며, 형소법 제417조의 준항고와 같은 성질을 갖는다.[6]

형사소송법이 행정처분에 대한 항고소송과 유사한 형태로 별도의 권리구제 절차를 마련한 것은, 피고인 측의 수사서류 열람·등사권이 헌법상의 신속·공정한 재판을 받을 권리 및 변호인의 조력을 받을 권리의 중요한 내용인 점을 감안하여 종전 헌법소원심판이나 「공공기

---

1) 2017. 12. 28. 2015헌마632, 헌집 29-2, 417, 『수사기록 등사거부 위헌확인 사건』.
2) 2010. 6. 24. 2009헌마257, 헌집 22-1하, 621, 『용산참사 헌법소원 사건』.
3) 2012. 5. 24. 2012도1284, 공 2012하, 1189, 『폭력조직 불기소결정문 사건』.
4) 2022. 6. 30. 2019헌마356, 헌집 34-1, 626, 『열람등사 허용결정 불구 거부 사건』.
5) 2012. 5. 24. 2012도1284, 공 2012하, 1189, 『폭력조직 불기소결정문 사건』참조.
6) 2017. 12. 28. 2015헌마632, 헌집 29-2, 417, 『수사기록 등사거부 위헌확인 사건』.

관의 정보공개에 관한 법률」(정보공개법)상의 행정쟁송 절차 등(동법18 이하 참조)과 같은 우회
적인 권리구제수단 대신에 보다 신속하고 실효적인 권리구제 절차가 필요하다는 입법자의 정
책적 판단에 따른 것이다.[1]

(4) 법원의 증거개시결정

법원은 증거개시의 신청이 있는 때에는 열람·등사 또는 서면의 교부를 허용하는 경우에
생길 폐해의 유형·정도, 피고인의 방어 또는 재판의 신속한 진행을 위한 필요성 및 해당 서
류·물건의 중요성 등을 고려하여 검사에게 열람·등사 또는 서면의 교부를 허용할 것을 명
할 수 있다(법266의4②).

검사가 열람·등사 또는 서면의 교부에 관한 법원의 결정을 지체 없이 이행하지 아니하는
때에는 검사는 해당 증인 및 서류·물건에 대한 증거신청을 할 수 없다(법266의4⑤). 여기에서
'증거신청을 할 수 없다' 함은 검사가 그와 같은 불이익을 감수하기만 하면 법원의 열람·등
사 결정을 따르지 않을 수도 있다는 의미가 아니다. '증거신청을 할 수 없다'는 의미는 피고인
의 열람·등사권을 보장하기 위하여 검사로 하여금 법원의 열람·등사에 관한 결정을 신속히
이행하도록 강제하는 한편, 이를 이행하지 아니하는 경우에는 증거신청상의 불이익도 감수하
여야 한다는 의미이다.[2]

법원이 검사의 열람·등사 거부처분에 정당한 사유가 없다고 판단하고 그러한 거부처분
이 피고인의 헌법상 기본권을 침해한다는 취지에서 수사서류의 열람·등사를 허용하도록 명
한 이상, 법치국가와 권력분립의 원칙상 검사로서는 당연히 법원의 그러한 결정에 지체 없이
따라야 한다.[3] 이는 별건으로 공소제기되어 확정된 관련 형사사건 기록에 관한 경우에도 마
찬가지이다.[4]

검사가 법원의 개시결정을 이행하지 않는 것은 검사가 제출한 피의자신문조서나 참고인
진술조서 등의 증거능력을 판단함에 있어 소위 특신상태의 증명(법312① · ④ 단서, 313①, 314
참조)에 부정적인 요소로 작용하게 될 것이다.

(5) 증거개시명령 불이행에 대한 구제방법

(가) 위헌확인   검사가 법원의 증거개시명령에 불응하는 경우에 그 구제방법이 문제된

---

1) 2022. 6. 30. 2019헌마356, 헌집 34-1, 626, 『열람등사 허용결정 불구 거부 사건』.
2) 2022. 6. 30. 2019헌마356, 헌집 34-1, 626, 『열람등사 허용결정 불구 거부 사건』.
3) 2022. 6. 30. 2019헌마356, 헌집 34-1, 626, 『열람등사 허용결정 불구 거부 사건』.
4) 2022. 6. 30. 2019헌마356, 헌집 34-1, 626, 『열람등사 허용결정 불구 거부 사건』.

다. 먼저, 헌법재판소에 의한 위헌확인이 있다. 법원으로부터 열람·등사 허용결정을 받았음에도 불구하고 검사가 이를 이행하지 아니한 채 다시 거부를 하고 있는 상황이라면 피고인 또는 변호인은 보충성원칙에 대한 예외로서 곧바로 헌법재판소에 헌법소원심판을 청구할 수 있다.[1] 검사가 법원의 열람·등사 허용결정이 있음에도 불구하고 열람만을 허용하는 경우도 헌법소원심판청구의 대상이 된다.[2]

법원의 증거개시결정에 검사가 불응하면 수사서류 각각에 대하여 검사가 열람·등사를 거부할 정당한 사유가 있는지를 심사할 필요 없이 검사의 거부행위 자체로써 피고인 또는 변호인의 기본권이 침해된다.[3] [4]

(나) 무죄판결   다음으로, 법원에 의한 무죄판결의 가능성이 있다. 법원이 열람·등사를 명한 서류·물건이 피고인의 무죄를 뒷받침할 수 있거나 적어도 법관의 유·무죄에 대한 심증을 달리할 만한 상당한 가능성이 있는 중요증거인 경우가 있다. 이와 같이 중요증거에 해당하는데도 검사가 정당한 이유 없이 법원의 열람·등사명령을 거절하는 조치는 피고인의 신속·공정한 재판을 받을 권리와 변호인의 조력을 받을 권리를 중대하게 침해하는 것이다.

검사가 법원의 열람·등사명령을 거절하는 경우에 서류·물건의 열람·등사를 명령한 법원은 해당 서류·물건의 내용을 가능한 범위에서 밝혀보아야 한다. 이때 그 서류·물건이 제출된다면 유·무죄의 판단에 영향을 미칠 만한 상당한 개연성이 있다고 인정되면 법원은 공소사실이 합리적 의심의 여지 없이 증명(법307②)되었다고 보아서는 안 된다.[5] 결국 법원은 피고사건에 대해 증거불충분으로 무죄판결을 선고해야 할 것이다.

4. 피고인 측 증거의 개시

증거개시는 검사가 보유한 증거뿐만 아니라 피고인 측이 보유하고 있는 증거에 대해서도 인정된다. 피고인 측의 증거개시는 검사의 소추권을 강화하기 위한 것이 아니라 공판절차의 지연을 방지하기 위한 것이다.

검사는 피고인 또는 변호인이 공판기일 또는 공판준비절차에서 현장부재·심신상실 또는 심신미약의 주장을 하였을 때 피고인 측에 증거개시를 요구할 수 있다. 피고인 측의 증거개시

---

1) 2010. 6. 24. 2009헌마257, 헌집 22-1하, 621, 『용산참사 헌법소원 사건』.
2) 2017. 12. 28. 2015헌마632, 헌집 29-2, 417, 『수사기록 등사거부 위헌확인 사건』.
3) 2017. 12. 28. 2015헌마632, 헌집 29-2, 417, 『수사기록 등사거부 위헌확인 사건』.
4) 2010. 6. 24. 2009헌마257, 헌집 22-1하, 621, 『용산참사 헌법소원 사건』.
5) 2012. 5. 24. 2012도1284, 공 2012하, 1189, 『폭력조직 불기소결정문 사건』 참조.

대상은 (가) 피고인 또는 변호인이 증거로 신청할 서류·물건, (나) 피고인 또는 변호인이 증인으로 신청할 사람의 성명, 사건과의 관계 등을 기재한 서면, (다) (가)의 서류·물건 또는 (나)의 서면의 증명력과 관련된 서류·물건, (라) 피고인 또는 변호인이 행한 법률상·사실상의 주장과 관련된 서류·물건 등이다(법266의11①).

피고인 또는 변호인은 검사가 검사 측 증거의 개시를 거부한 때에는 피고인 측 증거의 개시를 거부할 수 있다(법266의11② 본문). 다만, 법원이 피고인 측의 증거개시신청(법266의4①)을 기각하는 결정을 한 때에는 증거개시를 거부할 수 없다(법266의11② 단서).

검사는 피고인 또는 변호인이 증거개시의 요구를 거부한 때에는 법원에 그 서류·물건의 열람·등사 또는 서면의 교부를 허용할 것을 신청할 수 있다(법266의11③). 법원에 대한 검사의 증거개시신청에는 피고인 측의 법원에 대한 증거개시신청 규정(법266의4②~⑤)이 준용된다(법266의11④). 피고인 측이 열람·등사 또는 서면의 교부에 관한 법원의 결정을 지체 없이 이행하지 아니하는 때에는 피고인 측은 해당 증인 및 서류·물건에 대한 증거신청을 할 수 없다(법266의4⑤ 참조).

제4 공판준비절차의 유형

1. 기일전 공판준비절차

(1) 공판준비서면의 제출

재판장은 효율적이고 집중적인 심리를 위하여 사건을 공판준비절차에 부칠 수 있다(법266의5①). 이 경우 공판준비절차는 좁은 의미의 공판준비절차를 가리킨다. 국민참여재판의 경우에는 공판준비절차가 필수적이다(국민참여재판법36①). 공판준비절차는 주장 및 입증계획 등을 서면으로 준비하게 하거나 공판준비기일을 열어 진행한다(법266의5②). 검사, 피고인 또는 변호인은 증거를 미리 수집·정리하는 등 공판준비절차가 원활하게 진행될 수 있도록 협력하여야 한다(동조③).

(2) 공판준비기일의 지정

법원은 검사, 피고인 또는 변호인의 의견을 들어 공판준비기일을 지정할 수 있다(법266의7①). 검사, 피고인 또는 변호인은 법원에 대하여 공판준비기일의 지정을 신청할 수 있다(동조②). 국민참여재판의 경우에는 공판준비기일의 지정이 필수적이다(국민참여재판법37①).

성폭력범죄(성폭력처벌법2 참조)의 피해자가 (가) 19세 미만인 피해자나 (나) 신체적인 또는 정신적인 장애로 사물을 변별하거나 의사를 결정할 능력이 미약한 피해자인 경우가 있다. 이때 법원은 이들 피해자를 증인으로 신문하려는 경우에는 피해자 보호와 원활한 심리를 위하여 필요한 경우 검사, 피고인 또는 변호인의 의견을 들어 사건을 공판준비절차에 부칠 수 있다(성폭력처벌법40의2①). 법원은 공판준비절차에 부치는 경우 증인신문을 위한 심리계획을 수립하기 위하여 공판준비기일을 지정하여야 한다(동조②).

(3) 공판준비기일의 실시

공판준비기일은 공개한다(법266의7④ 본문). 다만, 공개하면 절차의 진행이 방해될 우려가 있는 때에는 공개하지 아니할 수 있다(동항 단서). 공판준비기일은 법정에서 진행하는 것이 원칙이다(법266의17② 참조). 그러나 법원은 피고인이 출석하지 아니하는 경우 상당하다고 인정하는 때에는 검사와 변호인의 의견을 들어 비디오 등 중계장치에 의한 중계시설을 통하거나 인터넷 화상장치를 이용하여 공판준비기일을 열 수 있다(법266의17①).

법원은 공판준비기일이 지정된 사건에 관하여 변호인이 없는 때에는 직권으로 변호인을 선정해야 한다(법266의8④). 공판준비기일에는 검사 및 변호인이 출석하여야 한다(법266의8①). 피고인은 출석의무가 없다. 법원은 필요하다고 인정하는 때에는 피고인을 소환할 수 있으며, 피고인은 법원의 소환이 없는 때에도 공판준비기일에 출석할 수 있다(동조⑤). 피고인이 출석한 경우 재판장은 출석한 피고인에게 진술을 거부할 수 있음을 알려주어야 한다(동조⑥).

법원은 공판준비절차에서 다음의 행위를 할 수 있다(법266의9①).

① 공소사실 또는 적용법조를 명확하게 하는 행위 (1호)
② 공소사실 또는 적용법조의 추가·철회 또는 변경을 허가하는 행위 (2호)
③ 공소사실과 관련하여 주장할 내용을 명확히 하여 사건의 쟁점을 정리하는 행위 (3호)
④ 계산이 어렵거나 그 밖에 복잡한 내용에 관하여 설명하도록 하는 행위 (4호)
⑤ 증거신청을 하도록 하는 행위 (5호)
⑥ 신청된 증거와 관련하여 입증 취지 및 내용 등을 명확하게 하는 행위 (6호)
⑦ 증거신청에 관한 의견을 확인하는 행위 (7호)
⑧ 증거 채부(採否)의 결정을 하는 행위 (8호)
⑨ 증거조사의 순서 및 방법을 정하는 행위 (9호)
⑩ 서류·물건의 열람 또는 등사와 관련된 신청의 당부를 결정하는 행위 (10호)
⑪ 공판기일을 지정 또는 변경하는 행위 (11호)
⑫ 그 밖에 공판절차의 진행에 필요한 사항을 정하는 행위 (12호)

검사, 피고인 또는 변호인은 공판준비절차에서 법원이 하는 행위에 관하여 이의신청을 할
수 있다(법266의②, 296①). 법원은 이의신청에 대하여 결정을 하여야 한다(법266의②, 296②).
검사, 피고인 또는 변호인은 공판준비절차에서 하는 재판장의 처분에 대하여 이의신청을 할
수 있다(법266의②, 304①). 재판장의 처분에 대한 이의신청이 있는 때에는 법원은 결정을 하여
야 한다(법266의②, 304②).

(4) 공판준비기일의 종료

법원은 공판준비기일을 종료하는 때에는 검사·피고인 또는 변호인에게 쟁점 및 증거에
관한 정리결과를 고지하고, 이에 대한 이의의 유무를 확인하여야 한다(법266의10①).
법원은 (가) 쟁점 및 증거의 정리가 완료된 때, (나) 사건을 공판준비절차에 부친 뒤 3개월
이 지난 때, (다) 검사, 변호인 또는 소환받은 피고인이 출석하지 아니한 때의 어느 하나에 해
당하는 사유가 있는 때에는 공판준비절차를 종결하여야 한다(법266의12 본문). 다만, (나)와
(다)에 해당하는 경우로서 공판의 준비를 계속하여야 할 상당한 이유가 있는 때에는 그러하지
아니하다(동조 단서).

(5) 공판준비기일 종료의 효과

공판준비절차의 목적에 비추어 볼 때 공판준비기일에서 신청하지 못한 증거는 이후 신청
할 수 없도록 하는 것이 원칙이다. 다만 실체적 진실발견을 목표로 하고 피고인의 방어권을
보장해야 하는 형사절차의 본질적 요청에 비추어 법원이 추가적 증거신청을 허용해야 할 경
우가 있다.
공판준비기일에서 신청하지 못한 증거는 (가) 그 신청으로 인하여 소송을 현저히 지연시
키지 아니하는 때, (나) 중대한 과실 없이 공판준비기일에 제출하지 못하는 등 부득이한 사유
를 소명한 때에 한하여 공판기일에 신청할 수 있다(법266의13①). 이러한 제한에도 불구하고
법원은 직권으로 증거를 조사할 수 있다(동조②).

2. 기일간 공판준비절차

공판기일의 심리가 2일 이상 계속되는 경우가 있다. 이 경우에 집중심리를 도모하려면 공
판기일 사이에도 공판준비절차를 진행할 필요가 있다. 법원은 쟁점 및 증거의 정리를 위하여
필요한 경우 제1회 공판기일 후에도 사건을 공판준비절차에 부칠 수 있다. 이 경우에는 기일
전 공판준비절차에 관한 규정이 준용된다(법266의15).

제 5 공판기일의 지정과 피고인의 소환

1. 공판기일의 지정

공소장 부본의 송달(법266)과 의견서 제출(법266의2), 공판준비절차(법266의5 이하) 등이 완료되면 다음으로 공판기일이 지정된다. 공판기일은 재판장이 정한다(법267①). 재판장은 (가) 직권 또는 (나) 검사, 피고인이나 변호인의 신청에 의하여 공판기일을 변경할 수 있다(법270①). 검사, 피고인이나 변호인의 공판기일 변경신청을 기각한 명령은 송달하지 아니한다(동조②).

공판기일에는 피고인, 대표자 또는 대리인을 소환하여야 한다(법267②). 피고인에 대한 공판기일의 고지는 피고인의 소환을 통해 이루어진다. 공판기일은 검사, 변호인과 보조인에게 통지하여야 한다(동조③). 피고인에 대한 공판기일 고지나 검사, 변호인과 보조인에 대한 공판기일 통지의 규정이 준수되지 않은 채로 공판기일의 진행이 이루어진 경우는 원칙적으로 판결에 영향을 미친 법령위반(법361의5 i, 383 i)에 해당한다. 다만, 공판기일 고지나 통지에 관한 규정 위반으로 인하여 피고인의 방어권, 변호인의 변호권이 본질적으로 침해되지 않았다고 볼 만한 특별한 사정이 있다면 판결에 영향을 미친 법령 위반이라고 할 수 없다.[1]

제1회 공판기일은 피고인에 대한 소환장(법73)의 송달 후 5일 이상의 유예기간을 두어야 한다(법269①). 그러나 피고인이 이의 없는 때에는 이 유예기간을 두지 않을 수 있다(동조②). 집중심리주의에 따라 공판기일의 심리는 집중되어야 한다(법267의2①). 심리에 2일 이상의 기일이 필요한 경우에는 부득이한 사정이 없는 한 매일 계속 개정해야 하는데(동조②), 이를 위해 재판장은 여러 공판기일을 일괄하여 지정할 수 있다(동조③). 국민참여재판의 경우에는 배심원과 예비배심원에게 공판기일을 통지하여야 한다(국민참여재판법38).

2. 피고인의 소환

(1) 피고인 소환과 소환장 송달

공판기일에는 피고인, 대표자 또는 대리인을 소환하여야 한다(법267②). 소환의 주체는 법원이 되는 것이 원칙이다(법68). 그러나 급속을 요하는 경우에는 재판장이 소환을 하거나 합의부원으로 하여금 소환을 하게 할 수 있다(법80). 소환은 특정인에 대하여 일정한 일시와 장소

---

1) 2023. 7. 13. 2023도4371, [미간행], 『선고기일 앞당겨 판결선고 사건』.

에 출석할 것을 명하는 법원의 재판이다.

피고인을 소환함에는 소환장을 발부하여야 하며(법73), 소환장은 송달하여야 한다(법76①). 피고인에 대한 제1회 공판기일소환장은 공소장부본의 송달(법266) 전에는 이를 송달하여서는 아니 된다(규칙123).

소환장에는 피고인의 성명, 주거, 죄명, 출석일시, 장소와 정당한 이유 없이 출석하지 아니하는 때에는 도망할 염려가 있다고 인정하여 구속영장을 발부할 수 있음을 기재하고 재판장 또는 수명법관이 기명날인 또는 서명하여야 한다(법74). 2017년 형소법 일부개정에 의하여 소환장의 확인방법으로 기명날인 외에 서명이 추가되었다.

피고인이 소환에 불응한 때에는 구인을 위한 구속영장이 발부될 수 있다(법74, 75① 참조). 구금을 위한 구속영장과 달리 구인을 위한 구속영장 발부시에는 사전의 구속신문절차(법72)가 요구되지 않는다.

(2) 불구속피고인의 소환

불구속피고인에 대한 소환장 송달은 피고인의 주소·거소·영업소 또는 사무소 등의 송달장소에서 하는 것이 원칙이다(법65, 민소법183③ 본문 참조). 불구속피고인에 대한 소환장 송달은 송달영수인에게도 할 수 있다.

신체구속을 당하지 아니한 피고인은 법원 소재지에 서류의 송달을 받을 수 있는 주거 또는 사무소를 두지 아니한 때에는 법원 소재지에 주거 또는 사무소 있는 자를 송달영수인으로 선임하여 연명한 서면으로 신고하여야 한다(법60①). 송달영수인은 송달에 관하여 본인으로 간주하고, 그 주거 또는 사무소는 본인의 주거 또는 사무소로 간주하며(동조②), 송달영수인의 선임은 같은 지역에 있는 각 심급법원에 대하여 효력이 있다(동조③).

다만 불구속피고인이 기일에 출석한다는 서면을 제출한 때(법76② 전단), 출석한 불구속피고인에 대하여 차회기일을 정하여 출석을 명한 때(법76② 후단), 법원의 구내에 있는 불구속피고인에 대하여 공판기일을 통지한 때(법268) 등에는 소환장의 송달과 동일한 효력이 인정된다.

불구속피고인에 대한 공판기일 소환은 형사소송법이 정한 소환장의 송달 또는 이와 동일한 효력이 있는 방법에 의하여야 한다. 그 밖의 방법에 의한 사실상의 기일의 고지 또는 통지 등은 적법한 피고인 소환이라고 할 수 없다.[1] 법원이 피고인에게 휴대폰 문자메시지로 공판기일 변경 사실을 통보한 것은 적법한 피고인 소환방법이 아니므로 피고인이 기일에 불출석하더라도 정당한 이유 없이 출정하지 않은 경우로 볼 수 없다.

---

1) 2018. 11. 29. 2018도13377, 공 2019상, 253, 『사임 변호인 주소 소환장 송달 사건』.

(3) 구속피고인의 소환

구금된 피고인에 대하여는 교도관에게 통지하여 피고인을 소환한다(법76④). 구속피고인이 교도관으로부터 소환통지를 받은 때에는 소환장의 송달과 동일한 효력이 있다(동조⑤). 이 경우에는 굳이 소환장을 발부하여 송달할 필요가 없다.

송달영수인에 관한 규정(법60① · ② · ③)은 신체구속을 당한 자에게 적용되지 않는다(동조④). 법원이 피고인의 수감 사실을 모른 채 종전 주 · 거소에 송달하였다고 하여도 마찬가지로 송달의 효력은 발생하지 않는다.[1] 법원의 구내에 있는 구속피고인에 대하여 공판기일을 통지한 때에는 소환장송달의 효력이 있다(법268).

제 3 절 공판정의 구성

제 1 공판정의 구성요소

1. 통상재판의 좌석배치

공판준비절차가 끝나면 공판기일이 열리게 된다. 공판기일이란 피고사건에 대한 심리가 열리는 때를 말한다. 공판기일에 수소법원은 공판정에서 심리를 행한다(법275①). 공판정은 수소법원의 심리가 행해지는 장소로서 일정한 시설을 갖춘 법원청사 내의 장소를 가리킨다. 공판정에서의 심리는 공개하는 것이 원칙이다(헌법27③ 2문, 법원조직법57① 본문 참조).

공판정의 좌석배치는 검사와 피고인 간의 무기대등원칙을 반영하고 있다. 검사의 좌석과 피고인 및 변호인의 좌석은 대등하며, 법대의 좌우 측에 마주 보고 위치하고, 증인의 좌석은 법대의 정면에 위치한다. 다만, 피고인신문을 하는 때에는 피고인은 증인석에 좌석한다(법275③ 본문 · 단서).

재판을 앞둔 피고인은 방어권 행사를 준비하기 위하여 변호인과의 면접 · 교섭이 더욱 필요하다. 이 경우 피고인의 변호인과의 면접 · 교섭권은 최대한 보장되어야 할 권리이다. 그러나 법정 옆 구속피고인 대기실에서 대기중인 피고인이 호송 교도관에게 변호인과의 면담을 요구하는 것은 구속피고인이 가지는 변호인과의 면접 · 교섭권으로서 현실적으로 보장할 수 있는 한계 범위 밖에 속한다.[2]

---

1) 2017. 11. 7. 2017모2162, 공 2017하, 2362, 『긴급체포 소송기록접수통지서 같은 날 사건』.
2) 2009. 10. 29. 2007헌마992, 헌집 21-2하, 288, 『대기실 접견신청 사건』.

2. 국민참여재판의 좌석배치

국민참여재판의 경우 공판정은 판사 · 배심원 · 예비배심원 · 검사 · 변호인이 출석하여 개정한다(국민참여재판법39①). 검사와 피고인 및 변호인은 대등하게 마주보고 위치한다. 다만, 피고인신문을 하는 때에는 피고인은 증인석에 위치한다(동조② 본문 · 단서). 배심원과 예비배심원은 재판장과 검사 · 피고인 및 변호인의 사이 왼쪽에 위치한다(동조③). 증인석은 재판장과 검사 · 피고인 및 변호인의 사이 오른쪽에 배심원과 예비배심원을 마주보고 위치한다(동조④).

제 2 소송관계인의 출석

1. 피고인의 출석과 불출석

(1) 피고인이 자연인인 경우

피고인이 공판기일에 출석하지 아니한 때에는 특별한 규정이 없으면 개정하지 못한다(법276 본문). 공판정에서는 피고인의 신체를 구속하지 못한다(법280 본문). 다만, 재판장은 피고인이 폭력을 행사하거나 도망할 염려가 있다고 인정하는 때에는 피고인의 신체의 구속을 명하거나 기타 필요한 조치를 할 수 있다(동조 단서).

형법 제9조 내지 제11조의 규정의 적용을 받지 아니하는 범죄사건에 관하여 피고인이 의사능력이 없는 때에는 그 법정대리인이 소송행위를 대리하므로(법26) 법정대리인이 공판기일에 출석한다. 피고인을 대리할 자가 없는 때에는 법원은 직권 또는 검사의 청구에 의하여 특별대리인을 선임하여야 하므로(법28①) 특별대리인이 공판기일에 출석한다.

피고인의 출석은 공판기일 개정의 요건으로 피고인의 권리임과 동시에 의무이다. 피고인은 재판장의 허가 없이 퇴정하지 못한다(법281①). 이를 재정의무라고 한다. 재판장은 피고인의 퇴정을 제지하기 위하여 필요한 처분을 할 수 있다(동조②).

(2) 피고인이 법인인 경우

법인은 추상적 존재이므로 피고인으로 출석한다는 것은 생각할 수 없다. 피고인이 법인인 때에는 그 대표자가 소송행위를 대표한다(법27①). 여러 사람이 공동하여 법인을 대표하는 경우에도 소송행위에 관하여는 각자가 대표한다(동조②). 법인을 대표할 자가 없는 때에는 법원은 직권 또는 검사의 청구에 의하여 특별대리인을 선임하여야 한다(법28①). 특별대리인은 피고인을 대표하여 소송행위를 할 자가 있을 때까지 그 임무를 행한다(동조②).

이상을 종합해 보면, 피고인이 법인인 때에는 법인의 대표자 또는 특별대리인이 공판기일에 출석하는 것이 원칙이다. 그러나 피고인이 법인인 경우에는 대표자 또는 특별대리인 이외에 대리인을 공판기일에 출석하게 할 수 있다(법276 단서). 대표자 또는 특별대리인의 출석에 갈음하여 대리인을 출석할 수 있도록 한 것은 법인에 대한 형이 벌금 또는 과료에만 해당하고, 사건 내용을 잘 아는 실무자를 출석시키는 것이 효과적일 수 있기 때문이다.

2. 제1심 공판절차와 피고인의 불출석사유

피고인의 출석은 공판개정의 요건이지만 예외적으로 제1심법원이 피고인의 출석 없이 피고사건에 대한 심판을 진행할 수 있는 경우가 있는데, 이를 보면 다음과 같다.

(1) 의사무능력자

(가) 책임능력 의제사건　　　형법 제9조 내지 제11조의 적용을 받지 아니하는 범죄가 있다. 이 경우에는 형사책임능력이 있는 것으로 의제되는 셈이다. 책임능력에 관한 형법 제9조 내지 제11조의 적용을 받지 않는 범죄의 예로「담배사업법」위반죄를 들 수 있다(동법31 참조).

형법 제9조 내지 제11조의 적용을 받지 아니하는 범죄사건에 관하여 피고인이 의사능력이 없는 때에는 그 법정대리인이 소송행위를 대리한다(법26). 피고인을 대리할 자가 없는 때에는 법원은 직권 또는 검사의 청구에 의하여 특별대리인을 선임해야 한다(법28①). 특별대리인은 피고인을 대리하여 소송행위를 할 자가 있을 때까지 그 임무를 행한다(동조②).

요컨대 형법 제9조 내지 제11조의 적용을 받지 아니하는 범죄사건의 경우에는 피고인 본인의 출석 없이 법정대리인 또는 특별대리인이 출석하여 공판절차에 참여하게 된다.

(나) 일반사건　　　일반범죄의 경우에는 형법 제9조 내지 제11조의 적용이 있다. 일반범죄에서 피고인이 사물의 변별 또는 의사의 결정을 할 능력이 없는 상태에 있는 경우에는 공판절차를 정지하는 것이 원칙이다(법306①). 또한 피고인이 질병으로 인하여 출정할 수 없는 경우에도 원칙적으로 공판절차를 정지해야 한다(동조②). 공판절차를 정지하는 경우에는 피고인의 출석·불출석이 문제되지 않는다.

그러나 의사무능력자나 병자의 피고사건에 대하여 무죄, 면소, 형의 면제 또는 공소기각의 재판을 할 것이 명백한 때에는 피고인의 출정 없이 재판할 수 있다(법306④). 공소기각의 재판에는 공소기각판결(법327)과 공소기각결정(법326①)이 모두 포함된다.

(2) 피고인에게 유리한 재판

(가) 공소기각·면소 재판　　　피고인에게 공소기각판결(법327), 공소기각결정(법328①) 또

는 면소판결(법326)을 할 것이 명백한 사건에 관하여는 피고인의 출석을 요하지 않는다(법277 ii). 이 경우 피고인은 대리인을 출석하게 할 수 있다(법277 2문).

공소기각 또는 면소의 재판을 할 것이 명백한 사건은 일반범죄를 대상으로 한다. 의사무능력자나 병자가 피고인인 경우(법306① · ②)와 달리 일반사건에서는 공소기각판결, 공소기각결정 또는 면소판결을 하는 경우에 한하여 피고인의 불출석재판이 허용된다. 무죄판결(법325)이나 형면제판결(법322)을 할 것이 명백한 경우는 불출석재판의 대상이 아니다.

(나) 경미사건　　다액 500만원 이하의 벌금 또는 과료에 해당하는 사건에 관하여는 피고인의 출석을 요하지 아니한다(법277 i). 여기에 해당하는 사건인지 여부는 법정형을 기준으로 판단한다. 해당하는 경미사건의 경우 피고인은 대리인을 출석하게 할 수 있다(법277 2문).

(다) 정식재판청구사건　　약식명령에 대해 검사 또는 피고인이 정식재판을 청구하면(법453① 본문) 정식의 제1심 공판절차가 열리게 된다. 제1심의 공판기일에 피고인은 소환되며, 출석할 의무가 있다(법74). 정식재판에는 형종 상향금지의 원칙이 적용된다(법457의2).

피고인이 정식재판의 공판기일에 출석하지 아니한 때에는 법원은 다시 기일을 정하여야 한다. 피고인이 정당한 사유 없이 다시 정한 기일에 출정하지 아니한 때에는 피고인의 진술 없이 판결할 수 있다(법458②, 365).

약식명령에 대해 피고인만 정식재판청구를 한 경우에는 불출석재판의 요건이 더욱 완화된다. 약식명령에 대해 피고인만 정식재판청구를 한 사건에서 판결을 선고하는 경우에는 처음부터 피고인의 출석을 요하지 않는다(법277 iv). 이 경우 피고인은 대리인을 출석하게 할 수 있다(법277 2문).

(3) 불출석재판의 허가

법원이 불출석재판을 허가한 경우에는 피고인의 출석을 요하지 않는다. (가) 장기 3년 이하의 징역 또는 금고, 다액 500만원을 초과하는 벌금 또는 구류에 해당하는 사건에서 (나) 피고인의 불출석허가신청이 있고 (다) 법원이 피고인의 불출석이 그의 권리를 보호함에 지장이 없다고 인정하여 이를 허가한 사건에 관하여는 피고인의 출석을 요하지 않는다(법277 iii 본문). 이 경우 피고인은 대리인을 출석하게 할 수 있다(법277 2문). 다만, 인정신문절차(법284)를 진행하거나 판결을 선고하는 공판기일(법318의4)에는 피고인이 출석하여야 한다(법277 iii 단서).

(4) 출석거부와 퇴정명령

(가) 출석거부　　피고인이 출석하지 아니하면 개정하지 못하는 경우에 구속된 피고인이

정당한 사유 없이 출석을 거부하고, 교도관에 의한 인치가 불가능하거나 현저히 곤란하다고 인정되는 때에는 법원은 피고인의 출석 없이 공판절차를 진행할 수 있다(법277의2①). 구속피고인의 출석 없이 공판절차를 진행할 경우에 법원은 출석한 검사 및 변호인의 의견을 들어야 한다(동조②).

(나) 퇴정명령 등   피고인이 재판장의 허가 없이 퇴정하거나, 재판장으로부터 질서유지를 위한 퇴정명령(법원조직법58②, 법281②)을 받은 때에는 수소법원은 피고인의 진술 없이 판결할 수 있다(법330). 따라서 그 판결의 전제가 되는 공판기일의 개정은 피고인의 불출석하에서도 가능하다.

재판장은 증인 또는 감정인이 피고인의 면전에서 충분한 진술을 할 수 없다고 인정한 때에는 그를 퇴정하게 하고 진술하게 할 수 있다(법297① 1문). 피고인을 퇴정하게 한 경우에 증인, 감정인 또는 공동피고인의 진술이 종료한 때에는 퇴정한 피고인을 입정하게 한 후 법원사무관 등으로 하여금 진술의 요지를 고지하게 하여야 한다(동조②).

(5) 소송촉진 등에 관한 특례법

「소송촉진 등에 관한 특례법」 제23조는 불출석재판에 관한 특례를 인정하고 있다. 제1심 공판절차에서 피고인에 대한 송달불능보고서가 접수된 때부터 6개월이 지나도록 피고인의 소재를 확인할 수 없는 경우에는 대법원규칙으로 정하는 바에 따라 피고인의 진술 없이 재판할 수 있다(동조 본문). 다만, 사형, 무기 또는 장기 10년이 넘는 징역이나 금고에 해당하는 사건의 경우에는 그러하지 아니하다(동조 단서).

3. 기타 절차와 피고인의 불출석사유

피고인이 항소심의 공판기일에 출정하지 아니한 때에는 다시 공판기일을 정해야 한다(법365①). 피고인이 정당한 사유 없이 다시 정한 기일에 출정하지 아니한 때에는 피고인의 진술 없이 판결할 수 있다(동조②). 피고인이 불출석한 상태에서 그의 진술 없이 판결할 수 있기 위해서는 피고인이 적법한 공판기일 통지를 받고서도 2회 연속으로 정당한 이유 없이 출정하지 않아야 한다.[1]

상고심의 공판기일에는 피고인의 소환을 요하지 않는다(법389의2). 상고심은 원칙적으로 법률심이며 변호인이 아니면 피고인을 위하여 변론하지 못하기 때문에(법387) 피고인의 출석을 요하지 않도록 한 것이다.

---

1) 2012. 6. 28. 2011도16166, 공 2012하, 1365, 『정식재판 항소심 불출석 사건』.

재심개시의 결정이 확정되면 법원은 대상사건의 심급에 따라 다시 심판을 하여야 한다(법438①). 이때 (가) 사망자 또는 회복할 수 없는 심신장애인을 위하여 재심의 청구가 있는 때 또는 (나) 유죄의 선고를 받은 자가 재심의 판결 전에 사망하거나 회복할 수 없는 심신장애인으로 된 때에는 피고인이 출정하지 않아도 심판을 할 수 있다(동조③ 본문). 단, 변호인이 출정하지 아니하면 개정하지 못한다(동항 단서).

4. 변호인 등의 출석

변호인(법32, 33) 또는 보조인(법29)은 소송주체가 아니므로 이들의 출석은 공판기일 개정의 요건이 아니다. 따라서 일반적인 사건의 경우에는 변호인이나 보조인이 공판기일의 통지(법267③)를 받고 공판기일에 출석하지 않더라도 수소법원은 공판기일을 개정할 수 있다.

일반사건의 경우에는 변호인 출석이 임의적이지만 변호인의 공판기일 출석이 필수적으로 요구되는 사건이 있다. 소위 필요적 변호사건이 그것이다. 형사소송법은 필요적 변호사건의 범위를 기본적으로 국선변호사건과 일치되도록 조정하고 있다.

필요적 국선변호사건(법33①)에 관하여는 변호인 없이 개정하지 못한다(법282 본문). 또한 청구국선변호사건(법33②)과 재량국선변호사건(동조③)으로서 변호인이 선정된 사건에 관하여도 변호인 없이 개정하지 못한다(법282 본문). 다만 필요적 변호사건이라 할지라도 판결만을 선고할 때에는 변호인 없이 개정할 수 있다(동조 단서). 필요적 변호사건의 경우에 변호인이 출석하지 아니한 때에는 법원은 직권으로 변호인을 선정하여야 한다(법283).

필요적 변호사건에서 변호인이 출석하지 않는 이상 법원은 원칙적으로 피고사건에 대한 실체심리를 할 수 없다. 필요적 변호사건에서 변호인이 없음에도 불구하고 법원이 공판기일을 개정하여 심리를 진행하였다면 그 공판절차는 위법한 것이 되며 그 절차에서 이루어진 소송행위는 무효로 된다.[1]

필요적 변호사건이라 할지라도 변호권의 남용이라고 인정되는 경우에는 변호인의 출석 없이 개정할 수 있다. 변호인이 피고인의 명시적 또는 묵시적 동의 아래 그 방어권행사의 한 가지 방법으로 재판장의 허가 없이 임의로 퇴정해 버리거나 피고인과 합세하여 법정의 질서를 문란하게 하여 퇴정당하는 경우가 있다. 판례는 이러한 경우에 필요적 변호사건임에도 불구하고 법원은 예외적으로 변호인 없이 공판기일을 개정하여 심리를 진행할 수 있다는 입장을 취하고 있다.[2]

---

1) 1995. 9. 29. 95도1721, 공 1995, 3666, 『폭처법 국선 미비 사건』.
2) 1991. 6. 28. 91도865, 공 1991, 2077, 『재판거부 의사표명 사건』.

5. 검사의 출석

검사의 출석은 공판개정의 요건이다(법275②). 따라서 검사의 출석이 없는 때에는 공판기일을 개정하지 못한다. 다만, 검사가 공판기일의 통지를 2회 이상 받고도 출석하지 않거나 판결만을 선고하는 때에는 검사의 출석 없이 개정할 수 있다(법278). 이는 검사의 불출석으로 인하여 공판절차의 진행이나 판결의 선고가 불필요하게 지연되는 것을 방지하기 위한 장치이다.

6. 국민참여재판과 배심원의 출석

국민참여재판의 경우 배심원 및 예비배심원의 출석은 공판개정의 요건이다(국민참여재판법39①). 재판장은 피고인에게 진술거부권을 고지하기 전에 배심원과 예비배심원으로 하여금 배심원선서를 하도록 해야 한다(국민참여재판규칙35①). 출석한 배심원과 예비배심원은 법률에 따라 공정하게 그 직무를 수행할 것을 다짐하는 취지의 선서를 하여야 한다(국민참여재판법42①).

재판장은 배심원과 예비배심원에 대하여 배심원과 예비배심원의 권한·의무·재판절차, 그 밖에 직무수행을 원활히 하는 데 필요한 사항을 설명하여야 한다(국민참여재판법42②, 동규칙35①). 이 경우 재판장의 배심원과 예비배심원에 대한 설명을 최초 설명이라고 한다. 재판장의 최초 설명은 재판절차에 익숙하지 아니한 배심원과 예비배심원을 배려하는 차원에서 피고인에게 진술거부권을 고지하기 전에 이루어지는 것이다. 재판장의 최초 설명 대상에는 원칙적으로 검사가 아직 공소장에 의하여 낭독하지 아니한 공소사실 등은 포함되지 않는다.[1]

배심원과 예비배심원은 공판기일에 (가) 피고인·증인에 대하여 필요한 사항을 신문하여 줄 것을 재판장에게 요청하는 행위와 (나) 필요하다고 인정되는 경우 재판장의 허가를 얻어 각자 필기를 하여 이를 평의에 사용하는 행위를 할 수 있다(국민참여재판법41①). 배심원 또는 예비배심원은 법원의 증거능력에 관한 심리에 관여할 수 없다(동법44).

---

1) 2014. 11. 13. 2014도8377, 공 2014하, 2399, 『술집 과도 빼앗기 사건』.

제4절 소송지휘권과 법정경찰권

제1 소송지휘권

1. 소송지휘권의 의의

소송지휘권이란 소송지휘를 할 수 있는 권한을 말한다. 소송지휘란 소송절차를 질서 있게 하고 그 원활한 진행을 도모하기 위하여 행하는 법원의 합목적적 활동을 말한다. 소송지휘는 원래 법원의 권한에 속하는 것이다. 그렇지만 공판기일에서는 시기를 놓치지 않는 신속한 조치가 요구되므로 형사소송법은 공판기일의 소송지휘를 재판장이 하도록 하고 있다(법279). 재판장의 소송지휘권 가운데 특히 중요한 의미를 갖는 것으로 불필요한 변론의 제한, 석명권의 행사를 들 수 있다.[1]

재판장은 소송관계인의 진술 또는 신문이 중복된 사항이거나 그 소송에 관계없는 사항인 때에는 소송관계인의 본질적 권리를 해하지 아니하는 한도에서 이를 제한할 수 있다(법299). 여기에서 '소송에 관계없는 사항'이란 피고사건과 관련성이 없는 사항을 의미한다.

재판장은 소송관계를 명료하게 하기 위하여 검사, 피고인 또는 변호인에게 사실상과 법률상의 사항에 관하여 석명을 구하거나 입증을 촉구할 수 있다(규칙141①). 석명을 구한다고 함은 피고사건의 소송관계를 명확하게 하기 위하여 소송관계인에게 사실상 및 법률상의 사항에 관하여 질문을 하고 소송관계인의 진술 내지 주장을 보충하거나 정정할 기회를 부여하는 것을 말한다.[2]

공판기일의 소송지휘라 할지라도 피고인의 방어권보호나 실체적 진실발견을 위하여 중요한 의미가 있는 것은 법원의 권한에 속한다. 이에 해당하는 예로서는 국선변호인의 선정(법283), 증거신청에 대한 결정(법295 전단), 증거조사의 이의신청에 대한 결정(법296②), 재판장의 처분에 대한 이의신청에 대한 결정(법304②) 등을 들 수 있다.

2. 소송지휘권 행사에 대한 불복방법

검사, 피고인 또는 변호인은 재판장의 소송지휘에 관한 처분에 대하여 이의신청을 할 수

---

1) 1994. 11. 3. 94모73, 공 1995, 133, 『신문사항 미제출 사건』.
2) 2011. 2. 10. 2010도14391, 공 2011상, 606, 『유사성교 직권인정 사건』.

있다(법304①). 재판장의 처분에 대하여 이의신청이 있는 때에는 법원은 결정을 하여야 한다 (동조②). 판결 전의 소송절차에 관한 결정에 대하여는 특히 즉시항고를 할 수 있는 경우 외 에는 항고를 하지 못하는 것이 원칙이다(법403①). 법원이 행하는 소송지휘권의 행사 및 재판 장의 처분에 대한 이의신청에 대해 내려진 법원의 결정에 대하여는 피고사건 전체에 대한 불 복으로서 항소 또는 상고의 방법으로 다툴 수 있을 뿐이다.

피고인 또는 변호인은 공판정에서의 속기·녹음 또는 영상녹화를 신청할 수 있다(법56의2 ①). 그런데 법원이 피고인 또는 변호인의 녹음신청에도 불구하고 특별한 사유가 있다는 이 유로 녹음신청을 기각하는 결정을 하는 경우가 있다. 이 경우의 기각결정은 소송절차 중의 재판이다. 기각결정에 대해 피고인 또는 변호인은 형소법 제304조에 따라 이의신청을 할 수 있다.[1]

제2 법정경찰권

1. 법정경찰권의 의의

공판절차가 원활하게 진행되려면 법정의 질서와 권위가 유지되지 않으면 안 된다. 공판 정의 질서를 유지하고 공판기일의 심리방해를 예방 또는 제지하기 위하여 법원이 행하는 권 력작용을 법정경찰이라고 한다. 법정경찰은 피고사건의 실체심리와 관계없는 사법행정상의 작용이다. 법정경찰에 관한 법원의 권한을 법정경찰권이라고 한다. 「법원조직법」은 법정경찰 권을 재판장의 권한으로 규정하고 있다(법원조직법58①). 법정의 질서유지에 신속성과 기동성 을 도모하기 위함이다.

법정경찰권은 법정의 절차진행과 관련이 있는 모든 사람에게 미친다. 따라서 배심원, 방 청인, 피고인, 변호인 등 일반인은 물론 검사, 배석판사, 법원사무관 등 국가기관을 구성하는 사람들도 모두 법정경찰권의 대상이 된다.

2. 법정경찰권의 내용

(1) 질서유지를 위한 재판장의 처분

재판장은 법정의 존엄과 질서를 해칠 우려가 있는 사람의 입정 금지 또는 퇴정을 명할 수 있고, 그 밖에 법정의 질서유지에 필요한 명령을 할 수 있다(법원조직법58②). 누구든지 법정 안에서는 재판장의 허가 없이 녹화, 촬영, 중계방송 등의 행위를 하지 못한다(동법59).

[1] 2011. 6. 30. 2008헌바81, 헌공 177, 897, 『녹음불허 불복 사건』 참조.

피고인은 재판장의 허가 없이 퇴정하지 못하며(법281①), 재판장은 피고인의 퇴정을 제지하거나 법정의 질서를 유지하기 위하여 필요한 처분을 할 수 있다(동조②). 공판정에서는 피고인의 신체를 구속하지 못하는 것이 원칙이지만(법280 본문), 재판장은 피고인이 폭력을 행사하거나 도망할 염려가 있다고 인정하는 때에는 피고인의 신체의 구속을 명하거나 기타 필요한 조치를 할 수 있다(동조 단서).

(2) 법정경찰권의 법적 성질

법정경찰권에 근거한 재판장의 명령이나 허가는 재판장이 법정의 권위를 지키고 법정 내 질서를 유지하며 심리의 방해를 저지하기 위하여 법정 내 모든 사람들에 대하여 행하는 사법행정행위이다. 이 점에서 법원이 소송의 심리를 신속·공평하고 충실하게 진행하기 위하여 소송당사자에 대하여 행하는 소송지휘권의 행사와 구별된다. 법정경찰권의 법적 성질은 법정경찰권 행사의 상대방이 소송당사자의 지위를 겸하고 있다고 하여 달라지지 않는다.[1]

「법원조직법」 제59조에 근거한 재판장의 녹음불허가는 사법행정행위이다. 이에 대하여 이의를 신청하더라도 재판절차가 개시되는 것은 아니다. 그러므로 재판장의 녹음불허가에 대한 불복은 행정소송이나 헌법소원(헌법재판소법68①)의 방법에 의하여야 한다.[2]

(3) 감치 및 과태료의 제재

법원은 직권으로 법정의 질서유지를 위한 명령(법원조직법58②) 또는 녹화·촬영·중계방송 금지(동법59)를 위반하는 행위를 하거나 폭언, 소란 등의 행위로 법원의 심리를 방해하거나 재판의 위신을 현저하게 훼손한 사람에 대하여 결정으로 20일 이내의 감치에 처하거나 100만원 이하의 과태료를 부과할 수 있다. 이 경우 감치와 과태료는 병과할 수 있다(법원조직법61①).

「법원조직법」이 인정한 감치와 과태료의 제재는 법정모욕죄(형법138)와 달리 검사의 공소제기를 기다리지 않는다. 감치와 과태료는 재판의 심리를 방해하거나 재판의 권위를 훼손하는 자에 대하여 법원이 직접적으로 가하는 제재로서 사법행정상의 질서벌에 해당한다. 제재의 주체는 재판장이 아니라 법원이다.

법원은 감치를 위하여 법원직원, 교도관 또는 경찰공무원으로 하여금 즉시 행위자를 구속하게 할 수 있으며, 법원은 행위자를 구속한 때부터 24시간 이내에 감치에 처하는 재판을 해야 하고, 이를 하지 아니하면 즉시 석방을 명하여야 한다(법원조직법61②). 감치나 과태료 부과의 재판에 대해서는 항고 또는 특별항고를 할 수 있다(동조⑤).

---

1) 2011. 6. 30. 2008헌바81, 헌공 177, 897, 『녹음불허 불복 사건』 참조.
2) 2011. 6. 30. 2008헌바81, 헌공 177, 897, 『녹음불허 불복 사건』.

제 5 절 공판기일의 절차

제 1 모두절차

1. 진술거부권의 고지와 인정신문

(1) 진술거부권 고지

형사소송법은 피고인의 진술거부권 규정(법283의2)을 인정신문 규정(법284) 앞에 위치시키고 있다. 따라서 재판장은 인정신문에 앞서서 피고인은 진술하지 아니하거나 개개의 진술에 대하여 진술을 거부할 수 있다는 내용의 진술거부권을 고지해야 한다(법283의2② · ①). 피고인의 진술거부권에 대해서는 피고인의 권리와 관련하여 앞에서 설명하였다.[1]

(2) 인정신문과 주소변동 보고의무 고지

재판장은 피고인의 성명, 연령, 등록기준지, 주거와 직업을 물어서 피고인임에 틀림없음을 확인하여야 한다(법284). 재판장이 피고인을 확인하는 신문을 인정신문(人定訊問)이라고 한다.

「소송촉진 등에 관한 특례규칙」은 피고인의 주소변동 보고에 관한 규정을 두고 있다. 재판장은 피고인에 대한 인정신문을 마친 뒤 피고인에 대하여 그 주소의 변동이 있을 때에는 이를 법원에 보고할 것을 명하고, 피고인의 소재가 확인되지 않는 때에는 피고인의 진술 없이 재판할 경우가 있음을 경고하여야 한다(동규칙18①).

피고인이 변동된 주소를 법원에 보고하는 등 소송진행 상태를 알 수 있는 방법을 강구하지 않았다면 이후 소송서류가 송달되지 아니하여 공판기일에 출석하지 못하거나 판결선고 사실을 알지 못하여 상소기간을 도과하는 등의 불이익을 받더라도 피고인은 그 책임을 면할 수 없다.[2]

피고인이 소송이 계속 중인 사실을 알면서도 법원에 거주지 변경 신고를 하지 않았다 하더라도, 잘못된 공시송달에 터잡아 피고인의 진술 없이 공판이 진행되고 피고인이 출석하지 않은 기일에 판결이 선고되었다면 이는 피고인이 자기 또는 대리인이 책임질 수 없는 사유로

---

1) 전술 551면 참조.
2) 1996. 8. 23. 96모56, 공 1996, 2951, 『신주소 신고 소홀 사건』.

인하여 상소제기기간 내에 상소를 하지 못한 것이 된다.[1]

2. 검사의 모두진술

인정신문이 끝나면 검사의 모두진술(冒頭陳述)이 이루어진다. 공판기일의 첫머리에서 검사와 피고인이 행하는 진술을 모두진술이라고 한다. 검사는 공소장에 의하여 공소사실ㆍ죄명 및 적용법조를 낭독하여야 한다(법285 본문). 다만, 재판장은 필요하다고 인정하는 때에는 검사에게 공소의 요지를 진술하게 할 수 있다(동조 단서).

검사의 공소장낭독은 공소사실, 죄명 및 적용법조의 세 가지로 이루어진다(법285 본문). 검사의 공소장낭독은 피고사건에 대한 실체심리의 출발점을 이룬다. 따라서 공소장낭독은 생략할 수 없는 절차이다. 공소장낭독은 공개재판의 원칙(헌법27③ 2문, 법원조직법57)과 구두변론주의(법275의3)에 입각하여 알아듣기 쉬운 말로 구술되어야 한다.

무죄추정의 원칙(법275의2), 공소장일본주의(규칙118②) 및 예단배제의 원칙(법287② 단서 참조)에 비추어 볼 때 검사는 공소장 낭독의 단계에서 피고인에 대한 예단 또는 편견을 발생하게 할 염려가 있는 사항을 진술할 수 없다. 따라서 검사는 공소장 낭독의 단계에서 공소사실과 무관한 피고인의 전과사실이나 불이익 사실을 진술해서는 안 된다. 예단배제의 원칙은 시민들이 배심원으로 참여하는 국민참여재판에서 특히 엄격하게 준수되어야 한다.

3. 피고인의 모두진술

피고인은 검사의 모두진술이 끝난 뒤에 공소사실의 인정 여부를 진술해야 한다(법286① 본문). 다만, 피고인이 진술거부권을 행사하는 경우에는 그러하지 아니하다(동항 단서). 이 모두진술의 기회에 피고인 및 변호인은 이익이 되는 사실 등을 진술할 수 있다(법286②).

피고인은 모두진술절차를 이용하여 토지관할위반의 신청(법320①), 관할이전의 신청(법15 2문), 기피신청(법18), 국선변호인선정신청(법33②), 공판기일변경신청(법270①), 변론의 병합ㆍ분리신청(법300) 등을 할 수 있다. 또 피고인은 공소사실에 대한 자백을 행하여 간이공판절차의 결정을 유도할 수 있다(법286의2).

피고인의 모두진술은 특히 피고인의 소송행위시점과 관련하여 중요한 의미를 가진다. 토지관할위반에 대한 불복신청(법320②), 공소장 부본 송달(법266)의 하자에 대한 이의신청, 제1회 공판기일의 유예기간(법269①)에 대한 이의신청 등은 늦어도 피고인의 모두진술 단계까지는 행하여야 한다. 이 단계까지 이의신청을 하지 아니하면 절차상의 하자가 치유되어 피고인

---

1) 2014. 10. 16. 2014도1557, 공 2014하, 2219, 『인도네시아 무단 출국 사건』.

은 이후 그 하자를 다툴 수 없게 된다.

4. 쟁점정리와 입증계획의 진술

재판장은 피고인의 모두진술이 끝난 다음에 피고인 또는 변호인에게 쟁점의 정리를 위하여 필요한 질문을 할 수 있다(법287①). 재판장의 쟁점정리가 끝나면 증거조사에 들어가게 된다.

재판장은 증거조사를 하기에 앞서 검사 및 변호인으로 하여금 공소사실 등의 증명과 관련된 주장 및 입증계획 등을 진술하게 할 수 있다(법286② 본문). 다만, 증거로 할 수 없거나 증거로 신청할 의사가 없는 자료에 기초하여 법원에 사건에 대한 예단 또는 편견을 발생하게 할 염려가 있는 사항은 진술할 수 없다(동항 단서).

국민참여재판의 경우 재판장은 배심원들과 예비배심원들에게 피고사건의 주된 쟁점을 간단히 설명하게 된다. 배심원은 법원의 증거능력에 관한 심리에 관여할 수 없다(동법44). 배심원은 피고사건의 심리에 적극적으로 관여할 수 없다. 다만 배심원은 (가) 피고인·증인에 대하여 필요한 사항을 신문하여 줄 것을 재판장에게 요청하는 행위와 (나) 필요하다고 인정되는 경우 재판장의 허가를 받아 각자 필기를 하여 이를 평의에 사용하는 행위를 할 수 있다(동법41①).

제2 증거조사

1. 증거조사와 피고인신문의 관계

모두절차가 끝나면 증거조사에 들어가게 된다. 형사소송법은 국민참여재판의 실시를 계기로 공판절차의 진행순서를 획기적으로 개편하였다. 2007년 개정 전의 형사소송법에 의하면 증거조사는 피고인에 대한 신문이 종료한 뒤에 행하는 것이 원칙이었고 필요한 때에는 피고인신문 중에도 할 수 있는 것으로 규정되어 있었다(구법290).

피고인신문을 증거조사에 선행시키게 되면 유·무죄의 실체심리가 피고인신문을 중심으로 행해지고 증거조사는 피고인의 진술내용을 확인하는 부차적 절차로 변질되게 된다. 피고인은 헌법적으로 무죄추정의 권리를 향유하고 있지만(헌법27④) 피고인신문을 앞세우면 피고인은 사실상 자신의 무죄를 적극적으로 변명해야 하는 상황에 처하게 된다.

이러한 문제점에 대해 형사소송법은 증거조사(법290)를 피고인신문(법296의2)에 선행시킴으로써 피고인의 무죄추정권을 실질화하고 예단배제의 원칙을 강화하였다. 특히 국민참여재판이 실시되면서 증거조사의 선행은 불가결한 전제조건으로 요구된다. 배심원이 공정하게 유·무죄의 심증을 형성하려면 심증형성의 초기부터 예단이 생겨서는 안 된다. 그런데 종전과 같이 피고인신문을 증거조사에 선행시키는 방식은 배심원들에게 예단을 불러일으키기 쉽다. 피고인이 사실상 자신의 무고함을 해명해야 하기 때문이다. 배심원이 객관적 관찰자로 참여하는 국민참여재판은 불가피하게 당사자주의적 절차진행을 요구하게 된다. 당사자주의적 공판절차를 구성하려면 증거조사가 반드시 피고인신문에 선행하여 이루어져야 한다.

국민참여재판의 실시에서 비롯된 증거조사와 피고인신문의 위치전환은 직업법관에 의한 통상재판에도 그대로 적용된다. 사법의 신뢰성을 높이기 위하여 도입된 국민참여재판은 통상재판에 대해서도 이념적 모델로 작용한다. 형사소송법이 규정한 공판기일의 순서는 국민참여재판과 통상재판에 모두 적용된다.

2. 엄격한 증명과 증거조사

형사소송법 제307조 제1항은 "사실의 인정은 증거에 의하여야 한다."고 규정하여 엄격한 증명의 법리를 천명하고 있다. 엄격한 증명의 법리란 피고인을 유죄로 판단하려면 법률상 자격을 갖춘 증거를 법률이 규정한 방식대로 조사하여 범죄사실을 증명해야 한다는 원칙을 말한다. 엄격한 증명의 법리에 따르면 범죄사실을 증명하기 위하여 (가) 제출되는 증거가 법률상 자격을 갖춘 것인가를 검토하고, (나) 이어서 그 증거를 법률이 규정한 방식대로 조사해야 한다. 증거가 엄격한 증명의 자료로 사용될 수 있는 자격을 가리켜서 증거능력이라고 한다. 이에 대해 증거를 법률이 정한 방식에 따라 음미하는 과정을 증거조사라고 한다.

우리 입법자는 증거능력에 관한 규정을 형소법 제307조 이하에서 일괄하여 규정하고 있다. 이에 반하여 증거조사에 관한 규정은 각종 증거의 유형에 따라 여러 곳에 분산되어 있다. 증거능력에 관한 규정의 내용에 대해서는 후술하는 증거법의 항목에서 검토하기로 하고, 아래에서는 공판절차의 진행과 관련하여 증거조사 부분을 먼저 살펴보기로 한다.

증거조사는 광협의 두 가지 의미를 가지고 있다. 좁은 의미의 증거조사는 법원이 피고사건에 관한 사실을 인정하는 데 필요한 심증을 얻기 위하여 각종 증거방법을 조사하여 그 내용을 감득하는 소송행위를 말한다. 예컨대 증인의 증언을 청취하거나 증거물의 형상을 확인하는 행위가 여기에 해당된다. 이에 대하여 넓은 의미의 증거조사는 협의의 증거조사뿐만 아니라 증거조사의 시행과 관련되는 증거신청, 증거결정, 이의신청 등 유관절차 전체를 가리킨다. 형사소송법 제290조의 증거조사는 넓은 의미의 증거조사로 이해된다.

증거조사는 검사의 모두진술(법285)과 피고인의 모두진술(법286)이 끝나고 재판장의 쟁점정리(법287①) 및 검사·변호인의 증거관계에 대한 의견진술(동조②)이 있은 후에 실시된다(법290). 증거조사절차는 검사, 피고인, 변호인, 범죄피해자 등의 신청에 의하는 경우(법294①, 294의2)와 법원의 직권에 의하는 경우(법295 후단)로 나누어 볼 수 있다.

3. 당사자 등의 증거신청

(1) 당사자의 증거신청

증거신청은 법원에 대하여 특정한 증거조사의 시행을 구하는 소송행위이다. 증거신청이란 '증거조사의 신청'을 줄여서 표현한 말이다. 증거조사는 검사, 피고인 또는 변호인의 증거신청에 의하여 시작되는 것이 보통이지만(법294①), 범죄로 인한 피해자도 자신에 대한 증인신문을 신청할 권리를 갖는다(헌법27⑤, 법294의2).

증거신청은 재판장의 쟁점정리 및 검사·변호인의 증거관계 진술이 끝난 후에 실시한다(법290). 한편 증거신청은 공판기일 전에 공판준비의 일환으로도 이루어질 수 있다(법266의9① v).

검사, 피고인 또는 변호인은 서류나 물건을 증거로 제출할 수 있고, 증인·감정인·통역인 또는 번역인의 신문을 신청할 수 있다(법294①).

검사, 피고인이나 변호인은 법원에 대해 공무소 또는 공사단체에 조회하여 필요한 사항의 보고나 그 보관서류의 송부를 요구해 줄 것을 신청할 수 있다(법272①). 이를 문서송부촉탁신청이라고 한다. 문서송부촉탁신청도 넓은 의미에서 증거신청 속에 포함된다고 할 수 있다.[1]

(2) 증거신청의 방식

검사, 피고인 또는 변호인은 특별한 사정이 없는 한 필요한 증거를 일괄하여 신청하여야 한다(규칙132). 증거신청은 검사가 먼저 이를 한 후 다음에 피고인 또는 변호인이 이를 한다(규칙133).

검사, 피고인 또는 변호인이 증거신청을 함에 있어서는 그 증거와 증명하고자 하는 사실과의 관계를 구체적으로 명시하여야 한다(규칙132의2①). 이때 증명하고자 하는 사실을 요증사실이라 하고 증거와 요증사실과의 관계를 입증취지라고 한다.

피고인의 자백을 보강하는 증거나 정상에 관한 증거는 보강증거 또는 정상에 관한 증거라는 취지를 특히 명시하여 그 조사를 신청하여야 한다(규칙132의2②). 탄핵증거(법318의2)를 제출하는 경우에도 상대방에게 이에 대한 공격방어의 수단을 강구할 기회를 사전에 부여하여야 한다.

---

1) 2012. 5. 24. 2012도1284, 공 2012하, 1189, 『폭력조직 불기소결정문 사건』 참조.

서류나 물건의 일부에 대한 증거신청을 함에는 증거로 할 부분을 특정하여 명시해야 한다 (규칙132의2③). 법원은 필요하다고 인정할 때에는 증거신청자에게, (가) 신문할 증인, 감정인, 통역인 또는 번역인의 성명·주소, (나) 서류나 물건의 표목, (다) 입증취지와 (라) 증거의 특정(동조① · ② · ③)에 관한 사항을 기재한 서면의 제출을 명할 수 있다(동조④).

전문법칙의 예외규정(법311~315, 318)에 따라 증거로 할 수 있는 서류나 물건이 수사기록의 일부인 때에는 검사는 이를 특정하여 개별적으로 제출함으로써 그 조사를 신청하여야 한다(규칙132의3① 1문). 수사기록의 일부인 서류나 물건을 자백에 대한 보강증거나 피고인의 정상에 관한 증거로 낼 경우 또는 형소법 제274조에 따라 공판기일전에 서류나 물건을 낼 경우에도 이와 같다(동항 2문). 이와 같이 검사가 수사기록을 분리하여 증거로 제출하도록 하는 증거신청방식을 가리켜서 증거분리제출주의라고 한다. 증거분리제출주의에 위반한 증거신청은 이를 기각할 수 있다(동조②).

예컨대 수사기관이 고발장을 수사보고서에 첨부한 경우에 검사가 고발 내용이 공소사실과 부합한다는 점을 통해 공소사실을 증명하고자 하였다면 그 고발장은 수사보고서와 독립한 별개의 증거로서 독자적인 증명력을 갖는 것이므로 검사는 증거목록에 별도의 표목을 붙여 독립한 증거로 신청해야 한다.[1]

증거신청방식에 위반한 증거신청은 이를 기각할 수 있다(규칙132의2⑤). 한편 검사, 피고인 또는 변호인은 증거신청을 함에 있어 시기와 방식을 준수해야 한다. 법원은 검사, 피고인 또는 변호인이 고의로 증거를 뒤늦게 신청함으로써 공판의 완결을 지연하는 것으로 인정할 때에는 직권 또는 상대방의 신청에 따라 결정으로 이를 각하할 수 있다(법294②).

(3) 피해자의 증인신청과 의견진술

형사소송법은 (가) 범죄로 인한 피해자, (나) 법정대리인, (다) 피해자가 사망한 경우 그의 배우자·직계친족·형제자매 등을 '피해자 등'으로 통칭하고 있다. 법원은 피해자 등의 신청이 있는 때에는 원칙적으로 이들을 증인으로 신문하여야 한다(법294의2① 본문). 다만, (ㄱ) 피해자 등이 이미 당해 사건에 관하여 공판절차에서 충분히 진술하여 다시 진술할 필요가 없다고 인정되는 경우, (ㄴ) 피해자 등의 진술로 인하여 공판절차가 현저하게 지연될 우려가 있는 경우에는 법원에 증인신문 의무가 없다(법294의2① 단서).

피해자 등을 증인으로 신문하는 경우 그 증인은 증인신문절차(법156 이하 참조)에 따라 자신이 체험한 사실을 법원에 보고해야 한다(법157② 참조). 법원은 (가)의 범죄로 인한 피해

---

1) 2011. 7. 14. 2011도3809, 공 2011하, 1695, 『과테말라 출장 수사 사건』.

자를 증인으로 신문하는 경우에 당해 피해자 · 법정대리인 또는 검사의 신청으로 피해자의 사생활비밀이나 신변보호를 위하여 필요하다고 인정하는 때에는 결정으로 심리를 공개하지 아니할 수 있다(법294의3①). 비공개 결정은 이유를 붙여 고지해야 한다(동조②).

형사소송법은 사실 보고에서 한 걸음 더 나아가 의견진술권을 피해자 등에게 부여하고 있다. 법원은 피해자 등의 신청에 따라 피해자 등을 신문하는 경우에 (가) 피해의 정도 및 결과, (나) 피고인의 처벌에 관한 의견, (다) 그 밖에 당해 사건에 관한 의견을 진술할 기회를 주어야 한다(법294의2②).

법원은 필요하다고 인정하는 경우에는 피해자 등을 공판기일에 출석하게 하여 위의 (가), (나), (다)의 사항으로서 범죄사실의 인정에 해당하지 않는 사항에 관하여 증인신문에 의하지 아니하고 의견을 진술하게 할 수 있다(규칙134의10①). 재판장은 재판의 진행상황, 그 밖의 사정을 고려하여 피해자 등에게 공판기일에서의 의견진술에 갈음하여 의견을 기재한 서면을 제출하게 할 수 있다(규칙134의11①).

피해자 등의 공판기일에서의 의견진술이나 의견진술 기재서면은 범죄사실의 인정을 위한 증거로 할 수 없다(규칙134의12). 피해자가 법원에 제출한 탄원서는 피해자의 공판정에서의 의견진술에 갈음하여 제출한 서면(규칙134의11①)에 해당한다. 따라서 피해자가 한 진술의 신빙성이 인정되는 사정의 하나로 피해자가 제출한 탄원서의 일부 기재 내용을 적는 것은 허용되지 않는다.[1]

소송계속 중인 사건에서 (가) 피해자, (나) 피해자가 사망하거나 그 심신에 중대한 장애가 있는 경우에는 그 배우자 · 직계친족 및 형제자매, (다) 피해자 본인의 법정대리인, (라) 이들로부터 위임을 받은 피해자 본인의 배우자 · 직계친족 · 형제자매 · 변호사는 소송기록의 열람 또는 등사를 재판장에게 신청할 수 있다(법294의4①).

재판장은 피해자 등의 권리구제를 위하여 필요하다고 인정하거나 그 밖에 정당한 사유가 있는 경우 범죄의 성질, 심리의 상황 그 밖의 사정을 고려하여 상당하다고 인정하는 때에는 열람 또는 등사를 허가할 수 있다(법294의4③).

4. 법원의 직권증거조사

(1) 직권증거조사의 의의

형사절차에서는 민사소송과 달리 실체적 진실발견이 기본목적이 된다. 이 때문에 형사소송법은 실체적 진실발견의 최종책임을 지고 있는 법원에 대하여 직권에 의한 증거조사를 인

---

1) 2024. 3. 12. 2023도11371, 공 2024상, 694, 『피해자 탄원서 신빙성 자료 사건』.

정하고 있다.

검사 및 피고인 등의 증거신청(법294①)과 법원의 직권증거조사(법295 후단)와의 관계에 대해 종래 견해가 대립되어 왔다. 국민참여재판의 실시와 함께 공판기일에서 구두변론주의(법 275의3)를 더욱 강조하고 있는 형사소송법의 태도에 비추어 볼 때 직권증거조사는 당사자의 증거신청에 대해 보충적·예외적 지위를 갖는다고 보아야 할 것이다.

법원의 직권증거조사는 법원의 권한이자 의무가 된다. 법원은 공정한 재판의 보장과 함께 형사절차의 기본목적인 실체적 진실발견을 도모해야 하기 때문이다. 법원이 직권에 의한 증거 조사의 책무를 다하지 아니한 때에는 심리미진의 위법이 발생한다.[1]

법원은 직권으로 증거조사를 할 수 있다(법295 후단). 소송관계인이 증거로 제출한 서류나 물건에 대해 재판장은 직권으로 공판정에서 이를 조사할 수 있다(법291②).

(2) 공무소 등에의 조회

법원은 또한 직권으로 공무소 또는 공사단체에 조회하여 필요한 사항의 보고 또는 그 보관서류의 송부를 요구할 수 있다(법272①).

법원은 증인 소환장이 송달되지 아니한 경우에는 공무소 등에 대한 조회(법272①)의 방법으로 직권 또는 검사, 피고인, 변호인의 신청에 따라 소재탐지를 할 수 있다.[2] 이는 「특정범죄신고자 등 보호법」이 직접 적용되거나 준용되는 사건에 대해서도 마찬가지이다.[3]

법원은 재판상 필요한 경우에는 형소법 제272조의 규정에 의하여 전기통신사업자에게 통신사실확인자료제공을 요청할 수 있다(통신비밀보호법13의2). 법원은 제출명령에 의하여 금융거래의 내용에 대한 정보 또는 자료의 제공을 요구할 수 있다(금융실명법4① i).

법원이 정보통신회사에게 조회하여 이용자의 개인정보의 제공을 요청하는 경우가 있다. 「개인정보 보호법」은 개인정보처리자(동법2 v)가 이용자의 개인정보를 허용범위를 초과하여 이용하거나 제삼자에게 제공하는 행위를 금지하고 있다(동법18①). 다만, 개인정보처리자는 일정한 경우 정보주체 또는 제삼자의 이익을 부당하게 침해할 우려가 있을 때를 제외하고는 개인정보를 목적 외의 용도로 이용하거나 이를 제삼자에게 제공할 수 있다(동법18② 본문 참조).

개인정보처리자가 개인정보를 제삼자에게 제공할 수 있는 경우의 하나로 법원의 재판업무 수행을 위하여 필요한 경우(개인정보보호법18② viii)가 있다. 그런데 법원의 재판업무 수행을 위하여 필요한 개인정보의 제공은 공공기관(동법2 vi)인 개인정보처리자에게만 허용된다(동법

---

1) 1990. 11. 27. 90도2205, 공 1991, 293, 『500만원 가계수표 사건』.
2) 2020. 12. 10. 2020도2623, 공 2021상, 245, 『가명 범죄신고자 구인장 미발부 사건』.
3) 2020. 12. 10. 2020도2623, 공 2021상, 245, 『가명 범죄신고자 구인장 미발부 사건』.

18② 단서). 정보통신서비스를 제공하는 회사는 개인정보처리자에 해당하지만 공공기관이 아니다. 그러므로 정보통신회사가 개인정보를 제삼자에게 임의제출하는 것은 위법하다.[1] 그렇지만 법원이 정보통신회사에 사실조회(통신비밀보호법13의2, 법272)를 한 결과 정보통신회사가 법원의 사실조회 회신서에 첨부하여 법원에 제출한 개인정보는 증거능력이 있다.[2]

(3) 직권증거조사절차

법원은 검사가 신청한 증거 및 피고인 · 변호인이 신청한 증거에 대한 조사가 끝난 후 직권으로 결정한 증거를 조사한다(법291의2②). 법원은 직권 또는 검사, 피고인 · 변호인의 신청에 따라 위의 순서를 변경할 수 있다(동조②).

직권에 의한 증거조사 가운데 양형조사가 있다. 심판에 필요한 양형자료의 수집 · 조사 등의 업무를 담당하는 법원 소속 조사관(법원조직법54의3)을 가리켜 양형조사관이라고 한다. 형의 양정에 관한 절차는 범죄사실을 인정하는 단계와 달리 취급하여야 한다. 당사자가 직접 수집하여 제출하기 곤란하거나 필요하다고 인정되는 경우 등에 있어서 법원은 직권으로 양형조건(형법51)에 관한 사항을 수집 · 조사할 수 있다. 법원은 양형조사관에게 양형조건이 되는 사항을 수집 · 조사하여 제출하게 할 수 있다.[3]

법원은 필요하다고 인정하는 경우에는 직권으로 피해자 등을 공판기일에 출석하게 하여 (가) 피해의 정도 및 결과, (나) 피고인의 처벌에 관한 의견, (다) 그 밖에 당해 사건에 관한 의견에 관한 사항으로서 범죄사실의 인정에 해당하지 않는 사항에 관하여 증인신문에 의하지 아니하고 의견을 진술하게 할 수 있다(규칙134의10①). 재판장은 재판의 진행상황, 그 밖의 사정을 고려하여 피해자 등에게 공판기일에서의 의견진술에 갈음하여 의견을 기재한 서면을 제출하게 할 수 있다(규칙134의11①). 피해자 등의 공판기일에서의 의견진술이나 의견진술 기재 서면은 범죄사실의 인정을 위한 증거로 할 수 없다(규칙134의12).

5. 증거결정 여부에 관한 의견진술

(1) 의견진술의 의의

증거조사절차는 검사 및 피고인 등의 증거신청이나 법원의 직권에 의하여 개시된다. 증거조사절차가 개시되면 법원은 증거조사의 시행 여부를 결정하는 증거결정을 하게 되는데, 그에 앞서서 증거결정에 대한 검사 및 피고인 등의 의견진술이 행해지게 된다. 증거결정에 대한 의

---

1) 2015. 7. 16. 2015도2625 전원합의체 판결, 공 2015하, 1308, 『심리전단 트위터 사건』.
2) 2015. 7. 16. 2015도2625 전원합의체 판결, 공 2015하, 1308, 『심리전단 트위터 사건』.
3) 2010. 4. 29. 2010도750, [미간행], 『법원 조사관 보고서 사건』.

견진술은 공판준비절차에서도 행해질 수 있다(법266의9① vii).

검사 및 피고인 등의 의견진술(규칙134① · ②)은 형사소송법이 새로이 규정한 구두변론주의(법275의3)의 구체화라고 할 수 있다. 증거결정에 대한 의견진술은 증거조사가 시행되기 전의 단계에서 행해진다는 점에서 증거조사 실시 후 그 결과에 대하여 피고인이 행하는 증거조사결과에 대한 의견진술(법293)과 구별된다.

(2) 의견진술의 방식

증거결정에 대한 의견진술은 임의적 의견진술과 필요적 의견진술로 나누어진다. 먼저, 법원은 증거결정을 함에 있어서 필요하다고 인정할 때에는 그 증거에 대한 검사, 피고인 또는 변호인의 의견을 들을 수 있다(규칙134①). 이 임의적 의견진술은 증거신청이 행해진 경우뿐만 아니라 직권에 의하여 증거조사절차를 개시하는 경우에도 행해질 수 있다. 임의적 의견진술은 법원의 재량에 의한다는 점에서 다음의 필요적 의견진술과 구별된다.

법원은 서류 또는 물건이 증거로 제출된 경우에 이에 관한 증거결정을 함에 있어서 제출한 자로 하여금 그 서류 또는 물건을 상대방에게 제시하게 하여 상대방으로 하여금 그 서류 또는 물건의 증거능력 유무에 관한 의견을 진술하게 하여야 한다(규칙134② 본문). 다만, 형소법 제318조의3(간이공판절차에서의 증거능력에 관한 특칙)에 의하여 동의가 있는 것으로 간주되는 경우에는 그러하지 아니하다(규칙134① 단서).

우리 형사소송법은 직접심리주의를 원칙으로 하면서도(법310의2) 소송경제의 관점에서 각종 서류나 물건의 증거능력제한을 완화하고 있다. 그런데 증거능력요건의 완화는 특히 피고인의 유 · 무죄 판단에 중요한 의미를 가진다. 이 때문에 법원으로 하여금 반드시 검사 또는 피고인 측의 의견을 묻도록 한 것이다(규칙134② 본문).

(3) 의견진술의 종류

필요적 의견진술의 경우에 진술되는 의견의 종류에는 (가) 적법한 절차와 방식에 따른 작성의 인정 또는 부인(법312① · ③ · ④ · ⑥), (나) 실질적 진정성립의 인정 또는 부인(법312④, 313①), (다) 내용의 인정 또는 부인(법312③), (라) 진술의 임의성의 인정 또는 부인(법317①), (마) 증거에 대한 동의 또는 부동의(법318①) 등을 들 수 있다.

증거능력의 유무에 관한 의견으로는 그 밖에도 자백의 증거능력(헌법12⑦ 전단, 법309), 피고인의 열람 · 등사청구에 응하지 아니한 공판조서의 증거능력(법55③), 위법수집증거의 증거능력(법308의2) 등에 관한 의견진술을 들 수 있다. 이러한 경우의 증거능력에 관한 제한은 소송경제를 목적으로 하여 허용된 직접심리주의의 예외로서가 아니라 피고인의 인권보장이나 수사기관의 위법수사에 대한 통제장치의 일환으로 인정된 것이라는 점에서 차이가 있다. 따라서 이러한 사유를 이유로 하는 증거능력제한의 의견진술은 필요적 의견진술에 준하는 것으로 새겨야 한다.

6. 증거채부의 결정

(1) 증거결정의 의의

법원이 증거신청이나 직권에 기하여 증거조사를 할 것인가 아닌가를 판단하는 결정을 증거채부결정이라고 한다(법266의9① viii 참조). 증거채부(採否)결정을 약칭하여 증거결정이라고도 한다. 법원의 증거채부결정에는 (가) 검사 및 피고인 등의 증거신청을 받아들여 신청된 증거를 조사하기로 하는 채택결정, (나) 증거신청을 기각하는 기각결정, (다) 직권으로 증거조사를 하기로 하는 직권결정 등이 있다.

(2) 각하사유와 기각사유

(가) 각하사유　　　법원이 증거신청에 대하여 형식적 사유를 들어 각하하는 경우가 있다. 첫째, 증거신청이 법정된 방식에 위반하면 부적법 각하된다(규칙132의2⑤, 132의3②). 그러나 증거신청의 방식이 부적법하더라도 실체적 진실발견에 필요하다고 생각되면 법원은 방식위반의 부분에 대한 보정을 명하거나 직권으로 증거채택결정을 해야 할 것이다.

둘째, 법원은 검사, 피고인 또는 변호인이 고의로 증거를 뒤늦게 신청함으로써 공판의 완결을 지연하는 것으로 인정할 때에는 직권 또는 상대방의 신청에 따라 결정으로 증거신청을 각하할 수 있다(법294②).

셋째, 유죄의 증거로 사용할 수 있는 자격(즉 증거능력)이 없는 증거는 처음부터 증거조사에서 배제되어야 한다. 임의성이 의심되는 자백(헌법12⑦ 전단, 법309), 위법하게 수집된 증거(법308의2), 임의성이 없는 진술(법317①), 내용이 부인된 사법경찰관작성 피의자신문조서(법312③), 진정성립이 부인된 각종 조서(법312) 및 서류(법313) 등이 여기에 해당한다.

(나) 기각사유　　　실질적 사유에 기하여 증거신청이 기각되는 경우가 있다. 첫째, 피고사건에 대하여 관련성이 없는 증거에 대한 증거신청을 들 수 있다.

둘째, 증거신청의 중복을 들 수 있다. 피해자 등이 이미 당해 사건에 관하여 공판절차에서 충분히 진술하여 다시 진술할 필요가 없다고 인정되는 경우에는 피해자 등의 증거신청에 대하여 기각결정을 할 수 있다(법294의2① ii).[1]

---

1) 1990. 6. 8. 90도646, 공 1990, 1500, 『문익환 목사 방북 사건』.

셋째, 증거신청을 채택하여 증거조사를 실시할 경우 공판절차가 현저하게 지연될 우려가 있는 때에도 법원은 증거신청을 기각할 수 있다. 피해자 등의 진술로 인하여 공판절차가 현저하게 지연될 우려가 있는 경우에는 증거신청을 기각할 수 있다(법294의2① iii). 증거조사가 사실상 불능이거나 법률상 불능인 경우에도 공판절차가 현저하게 지연되는 경우에 준하여 취급해야 할 것이다.

(3) 증거결정에 대한 불복방법

검사 및 피고인·변호인의 증거신청에 대하여 내리는 법원의 채부결정은 판결 전 소송절차에 관한 결정(법403① 참조)이므로 당해 재판부에 이의신청(법296①)을 하는 외에는 달리 상급심에 불복할 수 있는 방법이 없다. 법원의 증거채택 여부에 관한 결정으로 말미암아 사실을 오인하여 판결에 영향을 미치게 된 경우임을 들어서 이를 상소이유로 삼아 원심판결 자체를 다툴 수 있을 뿐이다.[1]

재판부가 당사자의 증거신청을 채택하지 아니하였다 하더라도 그러한 사유만으로 '법관이 불공평한 재판을 할 염려'에 해당하는 기피사유(법18① ii), 즉 재판의 공평을 기대하기 어려운 객관적인 사정이 있다고 할 수 없다.[2]

7. 증거조사의 실시

(1) 증거조사의 실시순서

증거신청에 대한 채택결정 또는 직권증거결정이 있게 되면 다음으로 증거조사의 실시에 들어가게 된다. 법원은 검사가 신청한 증거를 조사한 후 피고인 또는 변호인이 신청한 증거를 조사한다(법291의2①). 법원은 신청에 의한 증거조사가 끝난 후 직권으로 결정한 증거를 조사한다(동조②). 법원은 직권 또는 검사, 피고인·변호인의 신청에 따라 양자의 순서를 변경할 수 있다(동조③).

형사소송법은 국민참여재판의 실시를 계기로 공판중심주의를 강화하기 위하여 증거서류 및 증거물에 대한 증거조사방식을 대폭 정비하고 있다. 형소법 제312조 제4항은 검사 또는 사법경찰관이 피고인 아닌 자의 진술을 기재한 조서에 증거능력을 인정하기 위한 요건으로 '피고인 또는 변호인이 공판준비 또는 공판기일에 그 기재내용에 관하여 원진술자를 신문할 수 있었을 때'라는 기준을 설정하고 있다. 한편 형소법 제313조 제2항 단서는 피고인

---

1) 1990. 6. 8. 90도646, 공 1990, 1500, 『문익환 목사 방북 사건』.
2) 1990. 11. 2. 90모44, 공 1991, 669, 『고소인 처 증인신청 사건』.

아닌 자가 작성한 진술서가 증거능력을 인정받기 위한 조건의 하나로 '피고인 또는 변호인이 공판준비 또는 공판기일에 그 기재 내용에 관하여 작성자를 신문할 수 있었을 것'을 요구하고 있다.

이와 같이 반대신문권 보장의 요건이 설정됨에 따라 피고인 아닌 자의 진술을 기재한 조서(법312④) 또는 정보저장매체를 포함한 진술서(법313①)에 대해 증거조사를 실시하려면 그에 앞서서 그 '피고인 아닌 자'에 대한 신문이 먼저 이루어져야 한다. 그리하여 신형사소송법에 따른 증거조사의 순서는 증인신문에 이어서 증거서류에 대한 증거조사가 실시되는 형태를 취하게 되었다.

한편 형사소송규칙은 예단배제 강화라는 맥락에서 피고인의 자백이 기재된 조서 및 서류의 증거조사 순서를 후순위로 조정하였다. 형소법 제312조 및 제313조에 따라 증거로 할 수 있는 피고인 또는 피고인 아닌 자의 진술을 기재한 조서 또는 서류가 피고인의 자백 진술을 내용으로 하는 경우에는 범죄사실에 관한 다른 증거를 조사한 후에 이를 조사하여야 한다(규칙135).

(2) 증거조사절차의 적법성 확인

엄격한 증명의 법리(법307①)에 의할 때 증거조사는 증거능력 있는 증거를 법률이 정하는 절차에 따라 조사하는 방식으로 이루어져야 한다. 우리 형사소송법은 증거조사의 구체적인 실시방법에 관하여 관계규정을 한 곳에 집중하지 않고 증거방법의 종류에 따라서 증거서류(법292), 증거물(법292의2, 292의3), 증인신문(법146 이하), 감정(법169 이하), 검증(법139 이하), 통역과 번역(법180 이하) 등으로 나누어서 규정하고 있다.

엄격한 증명의 법리(법307①)에 의할 때 증거조사의 실시절차는 엄격히 준수되어야 한다. 관련 절차에 맞추어 증거조사를 실시하지 않은 서류나 물건, 증언이나 감정 등은 이를 사실인정의 자료로 삼을 수 없다.

증거조사절차의 적법성을 확인하기 위하여 공판조서에 증거될 서류, 증거물과 증거조사의 방법을 반드시 기재하여야 한다(법51② ix). 증거조사절차의 적법한 이행 여부를 확인하기 위하여 공판조서의 일부로 증거목록이 작성된다.

공판조서의 기재가 명백한 오기인 경우를 제외하고는, 공판기일의 소송절차로서 공판조서에 기재된 것은 조서의 기재만으로 증명하여야 한다(법56). 이 경우 공판조서의 증명력은 절대적인 것으로 공판조서 이외의 자료로 반증하는 것이 허용되지 않는다.[1] 공판조서의 일부인

---

1) 2018. 5. 11. 2018도4075, 공 2018상, 1130, 『공직선거법위반죄 증거조사 사건』.

증거목록의 기재가 명백한 오기라고 볼 만한 자료가 없으면 증거목록에 기재된 증거조사절차가 실제로는 이루어지지 않았다고 주장하는 것은 허용되지 않는다.[1]

아래에서는 (가) 증인신문, (나) 증거서류 및 증거물에 대한 증거조사, (다) 정보저장매체에 대한 증거조사, (라) 감정·검증·통역·번역의 순서로 증거조사절차를 검토하기로 한다.

8. 증인신문

(1) 증인신문의 의의

증인이란 법원 또는 법관에 대하여 자기가 과거에 체험한 사실을 진술하는 제삼자를 말한다. 그리고 증인으로부터 그 체험사실의 진술을 듣는 증거조사절차를 증인신문이라고 한다. 증인은 법원 또는 법관에 대하여 진술하는 제삼자라는 점에서 수사기관에 대하여 진술하는 참고인(법221①)과 구별된다.

증인은 자신이 체험한 사실을 진술하는 자이다. 이 점에서 증인은 법원이 재판상 필요로 하는 전문지식이나 경험을 보충하기 위하여 법원이 지시하는 사실판단의 지식이나 그 지식을 적용하여 얻은 구체적 결과를 보고하는 감정인(법169)과 구별된다. 증인은 자신의 체험을 진술하는 자라는 점에서 비대체적이지만 감정인은 전문지식을 가지고 있는 한 누구나 감정인이 될 수 있다는 점에서 대체가 가능하다. 따라서 증인의 경우에는 감치(법151②)나 구인이 인정되지만(법152, 166②) 감정인의 경우에는 그렇지 않다(법177).

제삼자가 진술하려는 사실이 그의 특별한 지식에 의하여 알게 된 경우에 이러한 자를 감정증인이라고 한다. 형사소송법은 감정증인을 감정이 아니라 증인에 관한 규정에 따라 신문하도록 하고 있다(법179).

(2) 증인적격

(가) 증인적격의 개념　　증인적격이란 증인으로 선서하고 진술할 수 있는 자격을 말한다. 법원은 증인적격이 인정되는 사람에 대해서만 증인신문을 할 수 있다. 설사 법원이 증인적격 없는 자에 대하여 증인신문을 한 결과 진술을 얻었다고 할지라도 그 진술은 증거능력이 없다.

법원은 법률에 다른 규정이 없으면 누구든지 증인으로 신문할 수 있다(법146). 증인적격은 원칙적으로 누구에게나 인정된다. 따라서 당해 사건의 수사경찰관, 책임무능력자나 어린아이, 피고인의 배우자나 친족, 피고인에 대하여 우호관계 또는 적대관계에 있는 자, 과거에 위증죄를 범한 자 또는 신용에 대한 평판이 나쁜 자 등에게도 원칙적으로 모두 증인적격이 인정된

---

1) 2018. 5. 11. 2018도4075, 공 2018상, 1130, 『공직선거법위반죄 증거조사 사건』.

다. 그러나 증인의 개념요소나 입법정책적 필요에 의하여 증인적격이 제한되는 경우가 있다.

(나) 공무원의 증인적격   공무원 또는 공무원이었던 자가 그 직무에 관하여 알게 된 사실에 관하여 본인 또는 당해 공무소가 직무상 비밀에 속한 사항임을 신고한 때에는 그 소속 공무소 또는 감독 관공서의 승낙 없이는 증인으로 신문하지 못한다(법147①). 공무원 또는 공무원이었던 자의 소속 공무소 또는 당해 감독 관공서는 국가의 중대한 이익을 해하는 경우를 제외하고는 승낙을 거부하지 못한다(동조②).

증인은 법원이나 법관에게 자기가 과거에 체험한 사실을 진술하는 제삼자를 말한다. 여기에서 '제삼자'란 소송주체를 제외한 다른 사람을 말한다. 소송주체는 법원, 검사, 피고인의 삼주체를 가리킨다. 여기에서 소송주체와 증인적격의 관계를 살펴볼 필요가 있다.

(다) 법관의 증인적격   당해 사건을 심판하는 법관은 증인이 될 수 없다. 법관이 그 직무로부터 벗어나서 증인이 되는 것은 무방하지만 일단 피고사건에 관하여 증인이 된 때에는 제척사유가 성립되어 자동적으로 피고사건의 직무집행에서 배제된다(법17 iv).

(라) 검사의 증인적격   당해사건에 관여하는 검사에게 증인적격이 인정되는가 하는 문제를 놓고 종래 부정설과 긍정설이 대립하고 있었다. 그런데 이제 이 문제는 입법적으로 어느 정도 해결되었다고 생각된다. 형사소송법이 소위 조사자증언제도를 도입하고 있기 때문이다.

형소법 제316조 제1항은 피고인이 아닌 자의 공판준비 또는 공판기일에서의 진술이 피고인의 진술을 그 내용으로 하는 것인 때에는 그 진술이 특히 신빙할 수 있는 상태하에서 행하여졌음이 증명된 때에 한하여 증거로 할 수 있다고 규정하고 있다. 이때 '피고인 아닌 자'에는 공소제기 전에 피고인을 피의자로 조사하였거나 그 조사에 참여하였던 자가 포함된다(법316①). 그러므로 피의자를 조사하였던 검사도 조사자로서 피고인의 진술을 내용을 하는 증언을 할 수 있게 되었다. 이것은 형소법 제316조 제1항을 통하여 검사에게 증인적격이 인정되었음을 의미한다.

(마) 변호인의 증인적격   피고인의 변호인에게 증인적격이 있는지가 문제된다. 이에 대해서는 긍정설, 부정설, 절충설 등이 제시되고 있다. 생각건대 변호인의 증인적격은 긍정하는 것이 타당하다고 본다. 변호인의 신문은 때로는 실체적 진실발견과 피고인의 이익보호를 위하여 필수적인 경우가 있을 수 있으며, 피고인과 변호인간의 신뢰관계를 유지하는 장치로 변호인에게 증언거부권(법149 본문)이 보장되고 있기 때문이다. 그러나 변호인이 피고인에게 불리한 증언을 해야 하는 경우에는 변호인의 지위를 사임하는 것이 바람직할 것이다.

(바) 피고인의 증인적격   피고인은 피고사건의 직접적 소송주체이므로 증인에게 요구되는 제삼자성을 결여하여 증인적격이 없다. 실체적 진실발견을 위하여 필요하다고 하더라도 법원은 피고인을 증인으로 신문할 수 없다. 피고인에게는 진술거부권(헌법12② 후단, 법283의2①)

이 인정되고 있기 때문이다.[1] 역으로 피고인이나 변호인도 피고인 자신을 증인으로 신문하도록 신청할 수 없다. 헌법 제12조 제2항에 근거를 둔 진술거부권은 주관적 공권으로서 그 포기가 인정되지 않기 때문이다.

(사) 제삼자 공동피고인의 증인적격   공동피고인이란 두 사람 이상의 피고인이 동일한 형사절차에서 심판을 받게 된 경우에 각각의 피고인을 가리킨다. 공동피고인의 진술은 자기 사건에 관련되는 한에 있어서는 피고인의 진술인 동시에 다른 공동피고인의 사건에 대해서는 제삼자의 진술이라는 성질을 갖는다. 여기에서 공동피고인은 피고인으로서 진술거부권(헌법12② 후단, 법283의2①)을 가지는 한편 제삼자로서 법원에 대하여 증언의무(법161①)와 진실의무(법158, 형법152① · ②)를 부담하는 양면적 지위에 서게 된다.

공동피고인은 다시 공범인 공동피고인과 제삼자인 공동피고인으로 나누어 볼 수 있다. 공범인 공동피고인은 임의적 공범과 필요적 공범을 모두 포함하는 넓은 의미의 공범들이 동일한 재판부에 의하여 재판을 받게 되는 경우에 발생한다. 공범인 공동피고인들은 범죄실행과 관련하여서는 이해관계가 일치되고 있지만 형사처벌과 관련하여서는 서로 책임을 전가하려는 이해상반성을 보인다.

이에 반해 제삼자인 공동피고인은 공범에서 유래하는 이해관계와 무관하게 우연히 동일한 재판부에 의하여 재판을 받게 된 피고인들을 가리킨다. 이 경우는 공동피고인들 상호간에 이해관계가 없기 때문에 제삼자성이 뚜렷하게 유지된다.

공범 아닌 공동피고인들 사이에 증인적격을 인정하는 데에는 별다른 문제가 없다. 공동피고인들 사이에 아무런 실질적 이해관계가 없이 우연히 심리만 병합된 경우 또는 맞고소 사건의 예에서 볼 수 있는 바와 같이 공동피고인 상호간에 이해관계가 상반된 경우 등이 공범 아닌 공동피고인의 사례들이다. 이러한 경우에는 공동피고인들 사이에 제삼자성이 유지되고 있어서 변론을 분리하지 않더라도 증인적격을 인정할 수 있다. 공동피고인인 절도범(갑)과 그 장물범(을)은 다른 공동피고인의 범죄사실에 관하여 서로 증인의 지위에 있다.[2]

제삼자성이 인정되는 공동피고인들(갑과 을) 사이에 어느 공동피고인(갑)이 병합심리된 당해 형사절차에서 다른 공동피고인(을)에 관하여 진술할 때에는 증인신문의 절차에 따라 반드시 증인으로 선서하고 증언해야 한다(법156). 선서 없는 진술은 증거능력이 없다.[3]

(아) 공범인 공동피고인의 증인적격   공범인 공동피고인의 증인적격에 대해서는 견해가 대립하고 있다.

---

1) 2001. 11. 29. 2001헌바41, 헌집 13-2, 699, 『수사경찰관 법정증언 사건』.
2) 2006. 1. 12. 2005도7601, 공 2006, 277, 『수표교환 공동피고인 사건』 참조.
3) 1982. 9. 14. 82도1000, 공 1982, 919, 『조합운영 맞고소 사건』.

첫째로, 공범인 공동피고인의 증인적격을 전면적으로 부인하는 견해가 있다(전면불허설). 이 입장에서는 하나의 형사절차에서 병합심리되고 있는 공범인 공동피고인(갑과 을)은 모두 진술거부권을 가지고 있으며 따라서 변론의 분리 여부를 따질 것 없이 다른 공동피고인의 사건에 대하여 증인적격을 가질 수 없다고 본다. 공동피고인(갑)을 공범인 공동피고인(을)의 증인으로 신문할 수 있게 한다면 법원이 진술거부권을 가지고 있는 공동피고인(갑)에게 그의 진술거부권을 포기하고 선서하여 진실을 말하도록 강제하는 것이 되어 부당하다는 것이다.

둘째로, 공범인 공동피고인의 증인적격을 전면적으로 긍정하는 견해가 있다(전면허용설). 이 입장에서는 병합심리되고 있는 당해 형사절차에서 공동피고인(갑)을 공범인 다른 공동피고인(을)의 증인으로 선서하게 한 후 신문할 수 있다고 본다. 전면허용설은 다음의 논거를 제시한다. (가) 1개의 형사절차에 다수의 공동피고인에 대한 심리가 병합되어 있더라도 일방의 공동피고인(갑)은 다른 공동피고인(을)에 대하여 제삼자로서의 지위를 가지는 점에 변함이 없다. (나) 법원이 행하는 변론의 병합이나 분리 여부에 따라서 공동피고인(갑)의 지위가 피고인 또는 증인으로 바뀌는 것은 불합리하므로 일률적으로 공동피고인에 대해 증인적격을 인정해야 한다. (다) 공동피고인(갑)이 공범인 공동피고인(을)의 증인으로 진술하게 되더라도 형사소추 또는 공소제기를 당하거나 유죄판결을 받을 사실이 드러날 염려가 있는 사항에 대해서는 증언을 거부할 수 있으므로(법148) 공동피고인(갑)이 진술을 강요당할 염려가 없다.

셋째로, 공범인 공동피고인(갑과 을) 사이에 변론을 분리하면 증인적격을 인정할 수 있다고 보는 견해가 있다(변론분리후 허용설). 이 입장에서는 공범인 공동피고인(갑)은 당해 소송절차에서 피고인의 지위에 있으므로 다른 공동피고인(을)에 대한 공소사실에 관하여 증인이 될 수 없다는 전제에서 출발한다. 이 점에서 기본적으로 전면불허설과 입장을 같이한다. 그러나 소송절차가 분리되어 피고인의 지위에서 벗어나게 되면 다른 공동피고인(을)에 대한 공소사실에 관하여 증인이 될 수 있다고 본다. 변론을 분리하면 변론분리 전에 공동피고인이었던 공범들(갑과 을) 사이에 제삼자성이 부활하게 된다는 것이다.

판례는 변론분리후 허용설을 취하고 있다.[1][2] 판례는 (가) 형사소송법 제148조가 피고인의 자기부죄거부특권을 보장하기 위하여 자기가 유죄판결을 받을 사실이 드러날 염려가 있는 증언을 거부할 수 있는 권리를 인정하고 있고, (나) 그와 같은 증언거부권 보장을 위하여 형사소송법 제160조가 재판장이 신문 전에 증언거부권을 고지하여야 한다고 규정하고 있다는 점에 주목한다. 그리하여 판례는 소송절차가 분리된 공범인 공동피고인에 대하여 증인적격을 인

---

1) 2008. 6. 26. 2008도3300, 공 2008하, 1487, 『게임방 종업원 공동피고인 사건』.
2) 2012. 3. 29. 2009도11249, [미간행]. 『뇌물수뢰·뇌물증뢰 공동피고인 사건』.

정하고 그 자신의 범죄사실에 대하여 신문한다 하더라도 피고인으로서의 진술거부권 내지 자기부죄거부특권을 침해한다고 할 수 없다는 입장이다.[1]

예컨대 피고인들이 뇌물증·수뢰사건으로 공소제기되어 공동피고인으로 함께 재판을 받으면서 서로 뇌물을 주고받은 사실이 없다고 주장하며 다투던 중, 뇌물증·수뢰의 상대방인 공동피고인에 대한 사건이 변론분리되면서 뇌물공여 또는 뇌물수수의 증인으로 채택되어 검사로부터 신문을 받은 사안을 생각해 본다. 이러한 사안에 대해 판례는 다음과 같은 판단기준을 제시하고 있다. (가) 피고인의 지위에 있는 공동피고인은 다른 공동피고인에 대한 공소사실에 관하여 증인이 될 수 없다. (나) 그러나 소송절차가 분리되어 피고인의 지위에서 벗어나게 되면 다른 공동피고인에 대한 공소사실에 관하여 증인이 될 수 있다. (다) 이는 대향범인 공동피고인의 경우에도 다르지 않다.[2]

판례가 취하는 변론분리후 허용설에 따르면, 공범인 공동피고인이 변론분리 후 실시된 증인신문절차에서 법원이 형사소송법 제160조에 따라 증언거부권을 고지하였음에도 불구하고 자기의 범죄사실에 대하여 증언거부권을 행사하지 아니한 채 허위로 진술하였다면 위증죄가 성립한다.[3]

생각건대 공범인 공동피고인에게 증인적격을 인정할 것인지의 문제는 변론분리후 허용설에 따라서 해결하는 것이 타당하다고 본다. 변론분리후 허용설에 따를 때 변론분리 전에 공동피고인(을)이 법정에서 행한 임의의 진술은 증거동의가 없는 한 다른 공동피고인(갑)에 대해 유죄의 증거로 사용할 수 없다. 다른 공동피고인(갑)에게 반대신문의 기회가 부여되지 아니한 상태에서 이루어진 진술이므로 임의성 있는 진술이라 할지라도 다른 공동피고인(갑)의 범죄사실에 대한 증거로 사용할 수 없다.

(3) 증인의 의무

(가) 소 환   증인적격이 있는 사람은 원칙적으로 누구나 법원에 증인으로 출석할 의무를 진다. 「특정범죄신고자 등 보호법」(범죄신고자법)은 조서 등에 특정범죄 신고자 등의 인적사항을 기재하지 않고 신원관리카드에 등재하는 방법을 허용하고 있다(동법11 참조). 이러한 경우에도 특정범죄자신고자 등은 증인으로서 법정에 출석할 의무가 있다. 범죄신고자법에 법정 출석의무를 면제하는 규정이 없기 때문이다.[4]

---

1) 2024. 2. 29. 2023도7528, 판례속보, 『횡령죄 공범인 공동피고인 변론분리 사건』.
2) 2012. 3. 29. 2009도11249, [미간행]. 『뇌물수뢰·뇌물증뢰 공동피고인 사건』.
3) 2024. 2. 29. 2023도7528, 판례속보, 『횡령죄 공범인 공동피고인 변론분리 사건』.
4) 2020. 12. 10. 2020도2623, 공 2021상, 245, 『가명 범죄신고자 구인장 미발부 사건』.

증인의 출석의무는 내국인·외국인을 가리지 않는다. 증언거부권이 있는 자도 출석의무를 진다. 증인의 출석을 위하여 법원은 증인을 소환하여야 한다(법150의2①). 법원의 소환은 구체적인 증인에게 출석의무를 발생시킨다(법151, 152). 유효한 증인소환이 없으면 증인에게 출석의무가 발생하지 않는다.

법원은 소환장의 송달, 전화, 전자우편, 그 밖의 상당한 방법으로 증인을 소환한다(법150의2①). 증인에 대한 소환장은 송달하여야 한다(법153, 76①). 증인이 기일에 출석한다는 서면을 제출하거나 출석한 증인에 대하여 차회기일을 정하여 출석을 명한 때에는 소환장의 송달과 동일한 효력이 있다(법153, 76②). 구금된 증인에 대하여는 교도관에게 통지하여 소환한다(법153, 76④). 구금된 증인이 교도관으로부터 소환통지를 받은 때에는 소환장의 송달과 동일한 효력이 있다(법153, 76⑤). 증인이 법원의 구내에 있는 때에는 소환함이 없이 신문할 수 있다(법154).

증인을 신청한 자는 증인이 출석하도록 합리적인 노력을 할 의무가 있다(법150의2②). 증인에 대한 소환장이 송달불능된 경우 증인을 신청한 자는 재판장의 명에 의하여 증인의 주소를 서면으로 보정하여야 하고, 이때 증인의 소재, 연락처와 출석가능성 등을 충분히 조사하여 성실하게 기재해야 한다(규칙70의2).

다른 증거나 증인의 진술에 비추어 굳이 추가 증거조사를 할 필요가 없다는 등 특별한 사정이 없고, 소재탐지나 구인장 발부가 불가능한 것이 아님에도 불구하고, 불출석한 핵심 증인에 대하여 소재탐지나 구인장 발부 없이 증인채택 결정을 취소하는 것은 법원의 재량을 벗어나는 것으로서 위법하다.[1]

법원은 필요한 때에는 결정으로 지정한 장소에 증인의 동행을 명할 수 있다(법166①). 동행명령은 당초에 법원 내에서 신문할 예정으로 증인을 소환하였다가 재판부가 방침을 바꾸어 법원 외에서 신문하기로 하는 경우에 사용되는 조치이다.

(나) 불출석 제재방법   증인의 출석의무위반에 대하여 가해지는 제재방법으로는 (가) 비용부담 및 과태료, (나) 구인, (다) 감치의 세 가지가 있다. 입법자는 2007년 형소법 개정시 증인의 출석을 촉진하기 위하여 새로이 (다)의 감치제도를 도입하였다. 감치는 가장 강력한 제재방법이다.

첫째로, 법원은 소환장을 송달받은 증인이 정당한 사유 없이 출석하지 아니한 때에는 결정으로 당해 불출석으로 인한 소송비용을 증인이 부담하도록 명하고, 500만원 이하의 과태료를 부과할 수 있다(법151① 1문).

---

1) 2020. 12. 10. 2020도2623, 공 2021상, 245, 『가명 범죄신고자 구인장 미발부 사건』.

제3편 공판절차를 참고로 작성.

둘째로, 법원은 정당한 사유 없이 소환에 응하지 아니하는 증인을 구인할 수 있다(법152). 증인이 정당한 사유 없이 동행을 거부하는 때에도 구인할 수 있다(법166②). 증인소환장을 송달받은 적이 없으면 법원에 출석하지도 않더라도 증인을 구인할 수 없다.[1] 구인은 증인을 24시간 법원에 강제유치하는 것을 말한다(법71 참조). 구인은 24시간으로 한정되어 있다는 점에서 감치와 구별된다.

셋째로, 증인이 출석불응에 따른 과태료의 재판을 받고도 정당한 사유 없이 다시 출석하지 아니한 때에는 법원은 증인을 7일 이내의 감치에 처할 수 있다(법151②). 감치는 증인의 출석확보를 위한 장시간의 제재방법이다. 감치에 대해서는 항을 바꾸어 설명한다.

(다) 감 치   감치는 감치재판절차에 따라서 결정된다. 감치재판절차는 법원의 감치재판개시결정에 따라 개시된다(규칙68의4① 1문). 감치재판개시결정에 대하여는 불복할 수 없다(동조③). 감치 사유가 발생한 날부터 20일이 지난 때에는 법원은 감치재판개시결정을 할 수 없다(동조① 2문). 법원은 감치재판기일에 증인을 소환하여 과태료의 재판을 받고도 불출석한 데에 정당한 사유가 있는지를 심리하여야 한다(법151③).

감치재판절차를 개시한 후 감치결정 전에 그 증인이 증언을 하거나 그 밖에 감치에 처하는 것이 상당하지 아니하다고 인정되는 때에는 법원은 불처벌결정을 하여야 한다(규칙68의4②). 이 불처벌결정에 대하여는 불복할 수 없다(동조③).

증인이 과태료 재판을 받고도 정당한 사유 없이 다시 출석하지 아니하였다고 판단되면 법원은 결정으로 증인을 7일 이내의 감치에 처한다(법151②). 감치결정에 대하여는 즉시항고를 할 수 있다(동조⑧ 1문). 그러나 즉시항고의 집행정지 효력(법410)은 발생하지 않는다(법151⑧ 2문).

감치는 그 재판을 한 법원의 재판장의 명령에 따라 사법경찰관리 등이 증인을 교도소·구치소 또는 경찰서유치장에 유치하여 집행한다(법151④). 감치에 처하는 재판을 받은 증인이 감치시설에 유치된 경우 당해 감치시설의 장은 즉시 그 사실을 법원에 통보하여야 한다(동조⑤). 법원은 증인 감치의 통보를 받은 때에는 지체 없이 증인신문기일을 열어야 한다(동조⑥). 법원은 감치의 재판을 받은 증인이 감치의 집행 중에 증언을 한 때에는 즉시 감치결정을 취소하고 그 증인을 석방하도록 명하여야 한다(동조⑦).

(라) 선서의무   출석한 증인은 선서할 의무가 있다(법156① 본문). 선서란 진실을 말할 것을 서약하는 것이다. 선서 후 거짓진술을 하면 위증죄(형법152)로 처벌된다. 선서는 증인이 위증죄의 경고하에 공개된 장소에서 진실을 진술하겠다고 서약하는 것으로서 증언의 진실성

---

1) 2008. 9. 25. 2008도6985, 공 2008하, 1513, 『회칼 협박 특수강간 사건』.

과 확실성을 담보하기 위하여 요구된다. 선서능력이 있는 자에게 선서를 시키지 아니하고 증인을 신문하는 경우 그 증언은 증거능력이 없다.

증인은 신문 전에 선서하게 하여야 하는 것이 원칙이지만(법156 본문) 법률에 다른 규정이 있는 경우에는 예외로 한다(동조 단서). 여기에 해당하는 경우로 선서무능력자가 있다. 즉 증인이 16세 미만의 자 또는 선서의 취지를 이해하지 못하는 자인 때에는 선서하게 하지 아니하고 신문하여야 한다(법159). 선서무능력자를 선서시키고 증언하도록 하더라도 그의 선서는 효력이 없으며 위증죄는 성립하지 않는다. 그러나 선서무능력자에게 증언능력이 있는 한 그의 증언 자체는 효력이 부인되지 않는다.

선서는 증인신문에 앞서서 행하여야 한다(법156 본문). 재판장은 선서할 증인에 대하여 선서 전에 위증의 벌을 경고하여야 한다(법158). 증인이 정당한 이유 없이 선서를 거부한 때에는 법원은 결정으로 50만원 이하의 과태료에 처할 수 있다(법161①). 이 결정에 대하여는 즉시항고를 할 수 있다(동조②).

증인은 신문사항에 대하여 양심에 따라 숨김과 보탬이 없이 사실 그대로 진술하여야 한다(법157② 참조). 증인은 법원 또는 법관의 신문에 대해서뿐만 아니라 변호인, 피고인의 신문에 대하여도 진술하여야 한다. 증인이 정당한 이유 없이 증언을 거부한 때에는 결정으로 50만원 이하의 과태료에 처할 수 있다(법161①). 이 결정에 대하여는 즉시항고를 할 수 있다(동조②). 증인이 허위의 증언을 한 때에는 위증죄로 처벌된다(형법152).

(마) 증언능력   증인이 증언의무를 수행하려면 그 전제로 구체적인 증인에게 증언능력이 있어야 한다. 증언능력은 증인적격과 구별된다. 증인적격은 증인으로 선서하고 진술할 수 있는 자격을 말한다. 이에 대하여 증언능력은 증인이 과거에 경험한 사실을 그 기억에 따라 진술할 수 있는 정신적 능력을 말한다. 따라서 증인적격이 있는 자라 할지라도 증언능력이 없을 수 있다. 반대로 형사미성년자(형법9)라고 하여 반드시 증언능력이 부인되는 것은 아니다.[1]

(4) 증인의 권리

(가) 증언거부권   증언거부권이란 일단 증언의무가 인정된 증인이 일정한 사유를 근거로 증언을 거부할 수 있는 권리를 말한다. 증언거부권이 인정된 증인은 증언을 거부할 수 있을 뿐이며 처음부터 출석을 거부할 수는 없다. 증언거부권을 가진 사람이 선서부터 거부하였다면 이는 증언거부로 보아야 할 것이다. 증인이 형사소송법 제148조, 제149조에 의하여 증언거부권을 가지는 경우에는 재판장은 신문 전에 증인에게 증언을 거부할 수 있음을 설명하여

---

1) 1991. 5. 10. 91도579, 공 1991, 1680, 『'고개를 끄덕여 답변' 사건』.

야 한다(법160).

증언거부권을 고지받지 못한 증인은 위증죄(형법152① · ②)의 주체인 '법률에 의하여 선서한 증인'에 해당하지 않는다. 증언거부권을 고지받지 않은 증인이 허위진술을 하더라도 (가) 그것이 자기부죄금지특권(헌법12②)에 관한 것이거나 (나) 기타 증언거부사유가 있음에도 증언거부권을 고지받지 못함으로 인하여 증언거부권을 행사하는 데 사실상 장애가 초래되었다고 볼 수 있는 경우에는 위증죄가 성립하지 않는다.[1]

(나) 증언거부사유   누구든지 (가) 자기, (나) 친족이거나 친족이었던 사람, (다) 법정대리인, 후견감독인의 관계에 있는 자가 형사소추 또는 공소제기를 당하거나 유죄판결을 받을 사실이 드러날 염려가 있는 증언을 거부할 수 있다(법148). 이 가운데 (가)의 경우, 즉 증인 자신에 대해 인정되는 증언거부권은 헌법상의 진술거부권(헌법12② 후단)에서 유래하는 권리이다. 이에 대해 (나)와 (다)의 경우, 즉 증인과 일정한 관계에 있는 사람들의 경우에는 증인과 이 사람들 사이에 존재하는 친분관계나 밀접한 사회적 관계를 고려할 때 진실한 증언을 기대할 수 없다는 입법정책적 고려에 기하여 증언거부권이 인정되고 있다.

증인이 이미 유죄의 확정판결을 받은 경우에는 헌법 제13조 제1항에 정한 일사부재리의 원칙에 의해 다시 처벌받지 않는다. 그러므로 자신에 대한 유죄판결이 확정된 증인은 공범에 대한 피고사건에서 증언을 거부할 수 없다.[2]

변호사, 변리사, 공증인, 공인회계사, 세무사, 대서업자, 의사, 한의사, 치과의사, 약사, 약종상, 조산사, 간호사, 종교의 직에 있는 자 또는 이러한 직에 있던 자가 그 업무상 위탁을 받은 관계로 알게 된 사실로서 타인의 비밀에 관한 것은 증언을 거부할 수 있다(법149 본문). 다만, 본인의 승낙이 있거나 중대한 공익상 필요가 있는 때에는 예외이다(동조 단서).

(다) 증언거부와 참고인진술조서의 증거능력   법정에 출석한 증인이 증언을 거부한 경우에 수사절차에서 수사기관이 그 증인을 상대로 작성한 참고인진술조서에 대해 형소법 제314조에 근거하여 증거능력을 인정할 수 있는지 문제된다.[3]

먼저, 법정에 출석한 증인이 정당하게 증언거부권(법148, 149)을 행사하여 증언을 거부한 경우가 있다. 이 경우는 형소법 제314조의 '그 밖에 이에 준하는 사유로 인하여 진술할 수 없는 때'에 해당하지 않는다. 그리하여 증언거부권을 행사한 증인의 진술을 원진술로 하는 수사기관의 조서 기타 서류는 형소법 제314조에 의하여 증거로 하지 못한다.[4]

---

1) 2010. 1. 21. 2008도942 전원합의체 판결, 공 2010상, 465, 『쌍방상해 위증 사건』.
2) 2011. 11. 24. 2011도11994, 공 2012상, 97, 『'재심청구 예정' 사건』.
3) 후술 787면 참조.
4) 2012. 5. 17. 2009도6788 전원합의체 판결, 공 2012하, 1155, 『법무법인 의견서 사건』.

다음으로, 수사기관에서 진술한 참고인이 법정에서 정당한 이유 없이 증언을 거부하여 피고인이 반대신문을 하지 못한 경우가 있다. 이러한 경우에도, 피고인이 증인의 증언거부 상황을 초래하였다는 등의 특별한 사정이 없는 한, 형소법 제314조의 '그 밖에 이에 준하는 사유로 인하여 진술할 수 없는 때'에 해당하지 않는다.[1]

증인이 정당하게 증언거부권을 행사한 경우와 증언거부권의 정당한 행사가 아닌 경우를 비교하면, 피고인의 반대신문권이 보장되지 않는다는 점에서 아무런 차이가 없다. 증인의 증언거부가 정당하게 증언거부권을 행사한 것인지 여부는 피고인과는 상관없는 증인의 영역에서 일어나는 문제이고, 피고인으로서는 증언거부권이 인정되는 증인이건 증언거부권이 인정되지 않는 증인이건 상관없이 형사소송법이 정한 반대신문권(법312④)이 보장되어야 한다.[2] 따라서 증인이 정당한 이유 없이 증언을 거부한 경우에도 정당하게 증언거부권을 행사하여 증언을 거부한 경우와 마찬가지로 수사기관이 그 증인의 진술을 기재한 서류는 증거능력이 없다.[3]

(라) 비용청구권 등   소환받은 증인은 법률이 규정한 바에 따라 여비, 일당과 숙박료를 청구할 수 있다. 단, 정당한 사유 없이 선서 또는 증언을 거부한 사람은 예외로 한다(법168 본문·단서).

증인은 자신에 대한 증인신문조서 및 그 일부로 인용된 속기록, 녹음물, 영상녹화물 또는 녹취서의 열람·등사 또는 사본을 청구할 수 있다(규칙84의2). 증인의 증인신문조서 등에 대한 열람·등사권은 자신의 증언이 법원에 정확하게 전달되었는지를 확인하고 예측하지 못한 위증죄의 소추 등에 대비할 수 있도록 하기 위한 장치이다.

증인이 피해자나 그와 일정한 관계에 있는 사람인 경우가 있다. 이 경우에는 피해자 등에게 별도로 소송기록 열람·등사권이 인정된다(법294의4).

(5) 증인신문의 실시

(가) 공개재판   증인신문은 공개재판의 원칙에 따라 공개된 법정에서 이루어져야 한다(헌법27③ 2문, 109 본문, 법원조직법57① 본문 참조). 다만 증인신문이 국가의 안전보장·안녕질서 또는 선량한 풍속을 해할 우려가 있는 때에는 이유를 개시(開示)한 결정으로 이를 공개하지 아니할 수 있다(헌법109 단서, 법원조직법57① 단서 참조).

공개금지사유가 없음에도 불구하고 증인신문의 공개를 금지하기로 결정하거나 공개금지

---

1) 2019. 11. 21. 2018도13945, 전원합의체 판결, 공 2020상, 127, 『거부사유 없는 증언거부 사건』.
2) 2019. 11. 21. 2018도13945, 전원합의체 판결, 공 2020상, 127, 『거부사유 없는 증언거부 사건』.
3) 2019. 11. 21. 2018도13945, 전원합의체 판결, 공 2020상, 127, 『거부사유 없는 증언거부 사건』.

결정의 선고가 없어서 공개금지결정의 사유를 알 수 없는 경우는 피고인의 공개재판을 받을 권리를 침해한 것으로서 그 절차에 의하여 이루어진 증인의 증언은 증거능력이 없다. 증인신문시에 변호인의 반대신문권이 보장되었다 하더라도 마찬가지이다.[1]

법원은 증인이 멀리 떨어진 곳 또는 교통이 불편한 곳에 살고 있거나 건강상태 등 그 밖의 사정으로 말미암아 법정에 직접 출석하기 어렵다고 인정하는 때에는 검사와 피고인 또는 변호인의 의견을 들어 비디오 등 중계장치에 의한 중계시설을 통하여 신문할 수 있다(법 165의2②). 이 경우 이루어진 증인신문은 증인이 법정에 출석하여 이루어진 증인신문으로 본다(동조③).

(나) 선서 등의 절차   증인이 출석하면 재판장은 먼저 증인의 동일성 여부를 확인하여야 한다. 이어서 재판장은 선서할 증인에 대해 선서 전에 위증의 벌을 경고하여야 한다(법158). 증인은 법률에 다른 규정이 있는 경우 외에는 신문 전에 선서하여야 한다(법156). 증인이 증언 거부권을 가지고 있는 경우에는 재판장은 신문 전에 증언을 거부할 수 있음을 설명하여야 한다(법160). 증언거부권을 고지하지 아니한 경우에는 증인이 허위증언을 하더라도 위증죄가 성립하지 않을 가능성이 있음은 전술하였다.

증인의 선서는 선서서(宣誓書)에 따라 하여야 한다(법157①). 선서서에는 "양심에 따라 숨김과 보탬이 없이 사실 그대로 말하고 만일 거짓말이 있으면 위증의 벌을 받기로 맹세합니다."라고 기재하여야 한다(동조②). 재판장은 증인에게 선서서를 낭독하고 기명날인하거나 서명하게 하여야 한다. 다만, 증인이 선서서를 낭독하지 못하거나 서명을 하지 못하는 경우에는 참여한 법원사무관 등이 대행한다(동조③ 본문 · 단서). 선서는 일어서서 엄숙하게 하여야 한다(동조④).

(다) 형소법상 피해자 보호조치   법원은 범죄로 인한 피해자를 증인으로 신문하는 경우에 증인의 연령, 심신의 상태, 그 밖의 사정을 고려하여 증인이 현저하게 불안 또는 긴장을 느낄 우려가 있다고 인정하는 때에는 직권 또는 피해자 · 법정대리인 · 검사의 신청에 따라 피해자와 신뢰관계에 있는 사람을 동석하게 할 수 있으며(법163의2①), 범죄로 인한 피해자가 13세 미만이거나 신체적 또는 정신적 장애로 사물을 변별하거나 의사를 결정할 능력이 미약한 경우에 재판에 지장을 초래할 우려가 있는 등 부득이한 경우가 아닌 한 피해자와 신뢰관계에 있는 자를 동석하게 하여야 한다(동조②).

이 경우 신뢰관계 있는 사람이란 증인의 배우자, 직계친족, 형제자매, 가족, 동거인, 고용주, 변호사 그 밖에 피해자의 심리적 안정과 원활한 의사소통에 도움을 줄 수 있는 사람을 말

---

1) 2013. 7. 26. 2013도2511, 공 2013하, 1659, 『북한공작원 동영상 촬영 사건』.

한다(규칙84의3①). 피해자와 동석한 신뢰관계인은 법원·소송관계인의 신문 또는 증인의 진술을 방해하거나 그 진술의 내용에 부당한 영향을 미칠 수 있는 행위를 하여서는 아니 된다(법163의2③).

법원은 다음 각 호의 어느 하나에 해당하는 사람을 증인으로 신문하는 경우 상당하다고 인정할 때에는 검사와 피고인 또는 변호인의 의견을 들어 비디오 등 중계장치에 의한 중계시설을 통하여 신문하거나 가림 시설 등을 설치하고 신문할 수 있다(법165의2①).

① 「아동복지법」 제71조 제1항 제1호[아동매매]·제1호의2[성적 학대행위]·제2호[신체적 학대행위, 정서적 학대행위, 방임행위, 장애관람행위, 아동구걸행위]·제3호[불법알선, 금품용도외사용]에 해당하는 죄의 피해자 (1호)

② 「아동·청소년의 성보호에 관한 법률」 제7조[아동·청소년에 대한 강간·강제추행 등], 제8조[장애인인 아동·청소년에 대한 간음 등], 제11조부터 제15조[아동·청소년성착취물의 제작·배포 등, 아동·청소년매매행위, 아동·청소년의 성을 사는 행위 등, 아동·청소년에 대한 강요행위 등, 알선영업행위 등]까지 및 제17조[삭제됨] 제1항의 규정에 해당하는 죄의 대상이 되는 아동·청소년 또는 피해자 (2호)

③ 범죄의 성질, 증인의 나이, 심신의 상태, 피고인과의 관계, 그 밖의 사정으로 인하여 피고인 등과 대면하여 진술할 경우 심리적인 부담으로 정신의 평온을 현저하게 잃을 우려가 있다고 인정되는 사람 (3호)

법원은 가림 시설 등의 설치요건이 충족될 경우 피고인뿐만 아니라 검사, 변호인, 방청인 등에 대하여도 가림 시설 등을 설치하는 방식으로 증인신문을 할 수 있다.[1] 다만 변호인에 대한 가림 시설의 설치는 「특정범죄신고자 등 보호법」(동법7)에 따라 이미 인적사항에 관하여 비밀조치가 취해진 증인이 변호인을 대면하여 진술함으로써 자신의 신분이 노출되는 것에 대하여 심한 심리적인 부담을 느끼는 등의 특별한 사정이 있는 경우에 예외적으로 허용된다.[2]

(라) **특별법상 피해자 보호조치** 「성폭력범죄의 처벌 등에 관한 특례법」(동법27, 34, 37), 「아동·청소년의 성보호에 관한 법률」(동법28, 30), 「아동학대범죄의 처벌 등에 관한 특례법」(동법16, 17) 등 각종 특별법은 대상 범죄 피해자의 보호를 위하여 신뢰관계인 이외에 피해자변호사, 진술조력인, 증인지원관 등의 제도를 도입하고 있다.

(마) **성폭력범죄 피해자 보호조치** 성폭력범죄 피고사건의 피해자가 (가) 19세 미만인 피해자나 (나) 신체적인 또는 정신적인 장애로 사물을 변별하거나 의사를 결정할 능력이 미약

---

1) 2015. 5. 28. 2014도18006, 공 2015하, 929, 『가명 증인 차폐시설 사건』.
2) 2015. 5. 28. 2014도18006, 공 2015하, 929, 『가명 증인 차폐시설 사건』.

한 피해자인 경우, 법원은 재판과정에서 피해자의 최상의 이익을 고려하여 다음의 보호조치를 하도록 노력하여야 한다(성폭력처벌법29③).

① 피해자의 진술을 듣는 절차가 타당한 이유 없이 지연되지 아니하도록 할 것

② 피해자의 진술을 위하여 아동 등에게 친화적으로 설계된 장소에서 피해자에 대한 증인신문을 할 것

③ 피해자가 피고인과 접촉하거나 마주치지 아니하도록 할 것

④ 피해자에게 재판 과정에 대하여 명확하고 충분히 설명할 것

⑤ 그 밖에 재판 과정에서 피해자 보호 및 지원 등을 위하여 필요한 조치를 할 것

성폭력처벌법 제29조에 따른 피해자 보호조치는 「아동학대범죄의 처벌 등에 관한 특례법」의 준용규정에 의하여 아동학대범죄 피고사건에도 적용된다(아동학대처벌법17①).

(바) 범죄신고자 보호조치　　「특정범죄신고자 등 보호법」(범죄신고자법)은 특정범죄(동법 2① i)의 신고자 등에 대한 보호조치를 규정하고 있다. 재판장 또는 판사는 소환된 증인 또는 그 친족 등이 보복을 당할 우려가 있는 경우에는 참여한 법원서기관 또는 서기로 하여금 공판조서에 그 취지를 기재하고 해당 증인의 인적 사항의 전부 또는 일부를 기재하지 아니하게 할 수 있다. 이 경우 재판장 또는 판사는 검사에게 신원관리카드가 작성되지 아니한 증인에 대한 신원관리카드의 작성 및 관리를 요청할 수 있다(동법11②).

증인으로 소환된 범죄신고자 등이나 그 친족 등이 보복을 당할 우려가 있는 경우에는 검사, 범죄신고자 등 또는 그 법정대리인은 법원에 피고인이나 방청인을 퇴정(退廷)시키거나 공개법정 외의 장소에서 증인신문을 할 것을 신청할 수 있다(범죄신고자법11⑤). 재판장 또는 판사는 직권으로 또는 위의 신청이 상당한 이유가 있다고 인정할 때에는 피고인이나 방청인을 퇴정시키거나 공개법정 외의 장소에서 증인신문 등을 할 수 있다. 이 경우 피고인에게 변호인이 없을 때에는 국선변호인을 선임하여야 한다(동조⑥).

(사) 교호신문 등　　증인은 신청한 검사, 변호인 또는 피고인이 먼저 이를 신문하고 다음에 다른 검사, 변호인 또는 피고인이 신문한다(법161의2①). 이와 같이 증인을 신청한 측과 그 상대방이 교차하여 신문하는 방식을 가리켜서 교호신문이라고 한다. 형사소송법은 교호신문을 규정한 제161조의2와 전문법칙을 규정한 제310조의2를 통하여 피고인의 반대신문권을 원칙적으로 보장하고 있다.

반대신문권의 보장은 피고인에게 불리한 주된 증거의 증명력을 탄핵할 수 있는 기회가 보장된다는 것이다. 반대신문권의 보장은 형식적·절차적인 것이 아니라 실질적·효과적인 것이어야 한다. 피고인에게 불리한 증거인 증인이 주신문에서는 답변하였으나 반대신문에 대하여는 답변을 하지 아니하는 등 진술 내용의 모순이나 불합리를 그 증인신문 과정에서 드러내

어 이를 탄핵하는 것이 사실상 곤란하였고, 그것이 피고인 또는 변호인에게 책임 있는 사유에 기인한 것이 아닌 경우라면, 관계 법령의 규정 혹은 증인의 특성 기타 공판절차의 특수성에 비추어 이를 정당화할 수 있는 특별한 사정이 존재하지 아니하는 이상, 이와 같이 실질적 반대신문권의 기회가 부여되지 아니한 채 이루어진 증인의 법정진술은 위법한 증거로서 증거능력을 인정하기 어렵다.[1]

교호신문은 주신문과 반대신문의 방식으로 진행된다. 반대신문은 유도신문이 허용된다는 점(규칙76②)에서 주신문과 구별된다. 유도신문이란 증인에 대하여 바라는 답을 암시하는 질문을 말한다.

재판장은 교호신문이 끝난 뒤에 신문할 수 있다(법161의2②). 재판장은 필요하다고 인정하면 어느 때나 증인을 신문할 수 있으며, 증인신문순서를 변경할 수 있다(동조③). 합의부원은 재판장에게 고하고 증인을 신문할 수 있다(동조⑤).

법원이 직권으로 신문할 증인이나 범죄로 인한 피해자의 신청에 의하여 신문할 증인의 신문방식은 재판장이 정하는 바에 의한다(법161의2④). 합의부원은 재판장에게 고하고 증인을 신문할 수 있다(동조⑤).

(아) 검사의 증인 사전면담　　검사가 공판기일에 증인으로 신청하여 신문할 사람을 특별한 사정 없이 미리 수사기관에 소환하여 면담하는 절차를 거친 후 증인이 법정에서 피고인에게 불리한 내용의 진술을 하는 경우가 있다. 이러한 경우 증인의 증언은 법정진술이므로 증거능력이 인정된다. 그러나 법정진술의 신빙성 판단은 별개의 문제이다.[2]

검사는 증인신문 준비 등 필요에 따라 증인을 사전 면담할 수 있다. 그렇다고 하더라도 법원이나 피고인의 관여 없이 검사가 일방적으로 사전 면담하는 과정에서 증인이 훈련되거나 유도되어 법정에서 왜곡된 진술을 할 가능성을 배제할 수 없다. 이 때문에 검사가 증인신문 전 면담 과정에서 증인에 대한 회유나 압박, 답변 유도나 암시 등으로 증인의 법정진술에 영향을 미치지 않았다는 점이 담보되어야 증인의 법정진술을 신빙할 수 있다.[3]

사전면담 과정에서 증인에 대한 회유나 압박 등이 없었다는 사정은 검사가 증인의 법정진술이나 면담 과정을 기록한 자료 등으로 사전면담 시점, 이유와 방법, 구체적 내용 등을 밝힘으로써 증명하여야 한다.[4]

(자) 대질과 퇴정　　증인신문은 각 증인에 대하여 신문하여야 하며(법162①), 신문하지

---

1) 2022. 3. 17. 2016도17054, 공 2022상, 732, 『특수상해 피해자 반대신문 불출석 사건』.
2) 전술 444면 참조.
3) 2021. 6. 10. 2020도15891, 공 2021하, 1308, 『증인신문 전 진술조서 확인 사건』.
4) 2021. 6. 10. 2020도15891, 공 2021하, 1308, 『증인신문 전 진술조서 확인 사건』.

아니한 증인이 재정한 때에는 퇴정을 명하여야 한다(동조②). 그러나 필요한 때에는 증인과 다른 증인 또는 피고인과 대질하게 할 수 있다(동조③). 대질이란 수명의 증인 또는 증인과 피고인을 함께 재정시켜 동시에 신문하는 방식을 말한다. 대질은 증인 상호간의 증언 또는 증인의 증언과 피고인의 진술이 일치하지 아니한 경우에 그중 어느 것을 믿을 것인지를 판단하기 위하여 실시하는 것으로 진술자 상호간의 모순 저촉되는 부분에 대하여 변명을 구하는 신문방식이다.

재판장은 증인이 피고인 또는 어떤 재정인의 면전에서 충분한 진술을 할 수 없다고 인정한 때에는 그를 퇴정하게 하고 진술하게 할 수 있다(법297①). 피고인을 퇴정하게 한 경우에 증인의 진술이 종료한 때에는 퇴정한 피고인을 입정하게 한 후 법원사무관 등으로 하여금 진술의 요지를 고지하게 하여야 한다(동조②).

피고인을 퇴정하게 한 경우에도 피고인의 반대신문권을 배제하는 것은 허용되지 않는다. 피고인에게 변호인이 선임되어 있지 아니하여 변호인 또는 피고인이 증인신문과정에 전혀 참여할 수 없었던 경우에는 법원사무관 등이 진술의 요지를 고지하여 준 다음에 피고인에게 실질적인 반대신문의 기회를 부여하여야 한다.[1]

(차) 법정외 증인신문   법원은 증인의 연령, 직업, 건강상태 기타의 사정을 고려하여 검사, 피고인 또는 변호인의 의견을 묻고 법정 외에 증인을 소환하거나 현재지에서 신문할 수 있다(법165). 이와 같이 공판기일이 아닌 일시와 장소에서 행해지는 증인신문을 가리켜 법정외 증인신문이라고 한다. 공판기일 외에서 증인신문을 행하는 것은 공판중심주의와 공개재판의 원칙에 대한 중대한 예외이다. 형사소송법은 소송관계인의 이익을 보호하기 위하여 증인신문 참여권과 필요사항 신문청구권 등을 규정하고 있다.

검사, 피고인 또는 변호인은 공판기일 외의 증인신문에 참여할 수 있다(법163①). 법원은 공판기일 외에서 증인신문을 행할 경우에 그 증인신문의 시일과 장소를 참여할 수 있는 자에게 미리 통지하여야 한다. 다만 참여하지 아니한다는 의사를 명시한 때에는 예외로 한다(동조② 본문·단서).

검사, 피고인 또는 변호인이 증인신문에 참여하지 아니할 경우에는 법원에 대하여 필요한 사항의 신문을 청구할 수 있다(법164①). 피고인 또는 변호인의 참여 없이 증인을 신문한 경우에 피고인에게 예기하지 아니한 불이익 증언이 진술된 때에는 반드시 그 진술내용을 피고인 또는 변호인에게 알려주어야 한다(동조②).

(카) 책문권의 포기   유도신문에 의한 주신문,[2] 주신문에 대해서만 답변하고 반대신문

---

1) 2010. 1. 14. 2009도9344, 공 2010상, 363, 『퇴정 피고인 반대신문권 사건』.
2) 2012. 7. 26. 2012도2937, 공 2012하, 1530, 『친일재산 소송 변호사 사건』.

에 대해서는 답변하지 아니한 증인신문[1], 피고인에게 증인신문의 시일과 장소를 통지하지 아니하고 행해진 증인신문[2], 퇴정당한 후 입정한 피고인에게 실질적 반대신문의 기회를 부여하지 아니한 증인신문[3] 등을 통하여 이루어진 법정진술은 위법한 증거로서 증거능력을 인정하기 어렵다.

그러나 이러한 경우에도 피고인의 책문권 포기로 그 하자가 치유될 수 있다. 이때 책문권 포기의 의사는 명시적인 것이어야 한다.[4] 재판장이 다음 공판기일에 공판조서(증인신문조서)에 의하여 증인신문 결과 등을 고지하고 소송관계인이 이에 대해 "이의할 점이 없다"고 진술하였다면 이는 책문권 포기의사를 명시한 것으로서 이로써 증인신문절차의 하자는 치유된다.[5]

9. 증거서류 등에 대한 증거조사

(1) 증거서류, 증거물, 증거물인 서면의 구별

범죄사실을 인정하려면 그 토대가 되는 증거자료가 있어야 한다. 증거자료를 제공하는 증거방법이 사람일 경우 이를 인적 증거라 하고, 증거자료를 제공하는 증거방법이 물건일 경우 이를 물적 증거라고 한다. 인적 증거의 대표적인 예가 증인이다. 이에 대해 물적 증거는 각종 유체물이나 서류 등의 형태로 나타난다.

물적 증거의 증거조사와 관련하여 증거서류, 증거물, 증거물인 서면의 구별이 필요하다. 증거서류는 서면의 언어적 내용이 증거로 되는 것을 말한다. 증거물은 그 물건의 존재 또는 상태가 증거로 되는 것을 말한다. 증거물인 서면은 본래 증거물이지만 증거서류의 성질도 가지고 있는 것을 가리킨다.

(2) 증거서류 등에 대한 조사방법

(가) 증거서류의 조사   검사, 피고인 또는 변호인의 신청에 따라 증거서류를 조사하는 때에는 신청인이 이를 낭독하여야 한다(법292①). 법원이 직권으로 증거서류를 조사하는 때에는 소지인 또는 재판장이 이를 낭독하여야 한다(동조②).

재판장은 필요하다고 인정하는 때에는 낭독 대신에 내용을 고지하는 방법으로 조사할 수

---

1) 2022. 3. 17. 2016도17054, 공 2022상, 732, 『특수상해 피해자 반대신문 불출석 사건』.
2) 1974. 1. 15. 73도2967, 공 1974, 7714, 『피고인 통지누락 사건』.
3) 2010. 1. 14. 2009도9344, 공 2010상, 363, 『퇴정 피고인 반대신문권 사건』.
4) 2022. 3. 17. 2016도17054, 공 2022상, 732, 『특수상해 피해자 반대신문 불출석 사건』.
5) 2010. 1. 14. 2009도9344, 공 2010상, 363, 『퇴정 피고인 반대신문권 사건』.

있다(법292③). 재판장은 법원사무관 등으로 하여금 위의 낭독이나 고지를 하게 할 수 있다(동조④). 재판장은 열람이 다른 방법보다 적절하다고 인정하는 때에는 증거서류를 제시하여 열람하게 하는 방법으로 조사할 수 있다(동조⑤).

(나) 증거물의 조사   검사, 피고인 또는 변호인의 신청에 따라 증거물을 조사하는 때에는 신청인이 이를 제시하여야 한다(법292의2①). 법원이 직권으로 증거물을 조사하는 때에는 소지인 또는 재판장이 이를 제시하여야 한다(동조②). 재판장은 법원사무관 등으로 하여금 위의 증거물을 제시를 하게 할 수 있다(동조③).

(다) 증거물인 서면의 조사   증거물인 서면은 본래는 증거물이지만 증거서류의 성질도 가지고 있는 것을 말한다. 증거물인 서면을 조사하기 위해서는 증거서류의 조사방식인 낭독·내용고지·열람 등의 절차와 증거물의 조사방식인 제시의 절차가 함께 이루어져야 한다. 그러므로 증거물인 서면의 조사는 원칙적으로 증거신청인으로 하여금 그 서면을 제시하면서 낭독하게 하거나 이에 갈음하여 그 내용을 고지 또는 열람하도록 하여야 한다.[1]

(3) 증거서류와 증거물인 서면의 구별

(가) 구별기준   증거조사의 방법은 공판조서의 기재사항으로서(법51② ix) 엄밀한 방식의 준수가 요구된다. 그런데 증거방법에 따라서는 어떠한 방식에 의해야 할 것인지 분명하지 아니한 경우가 있다. 이러한 문제상황은 특히 증거서류와 증거물인 서면의 관계에서 나타난다.

양자의 구별에 관한 학설로는 (가) 당해 형사절차에서 작성된 서류인지 아닌지를 기준으로 하는 절차기준설, (나) 법원 또는 법관의 면전에서 작성된 서류인지 아닌지를 기준으로 하는 작성자기준설, (다) 서류의 내용만이 증거로 되는지 아니면 그 밖에 서류의 존재 또는 상태도 증거로 되는지를 기준으로 삼는 내용기준설 등이 제시되고 있다.

형사소송법은 증거조사실시의 선행단계인 증거결정절차에서 소송관계인에게 증거능력에 관한 판단을 위하여 공판정에서 개별적인 지시설명을 하여 조사하도록 하고 있다(법291①). 이 점에 비추어 볼 때 내용기준설이 현행법의 체계에 맞는 해석이라고 생각된다. 판례는 내용기준설을 취하고 있다.[2]

(나) 증거서류   내용기준설의 입장에서는 서류의 내용을 중시한다. 어느 서류가 어떠한 사실을 직접 경험한 사람의 진술에 갈음하는 대체물인 경우는 증거서류이다.[3] 증거서류는 원

---

1) 2013. 7. 26. 2013도2511, 공 2013하, 1659, 『북한공작원 동영상 촬영 사건』.
2) 2015. 4. 23. 2015도2275, 공 2015상, 779, 『부도 당좌수표 사본 사건』.
3) 2015. 4. 23. 2015도2275, 공 2015상, 779, 『부도 당좌수표 사본 사건』.

진술자의 진술을 대체하는 것이므로 증거능력을 판단할 때 전문법칙(법310의2)이 적용된다.

증거서류에 대한 증거조사의 방법은 낭독·요지의 고지, 열람으로 족하다. 여기에 해당하는 예로는 법원의 공판조서, 수사기관작성의 피의자신문조서 등을 들 수 있다.

(다) 증거물인 서면   서류에 기재된 내용이 진술의 대체물인지 여부를 문제 삼지 않고, 특정한 사항이 그 서류에 기재되었다는 사실 자체, 그 서류의 존재나 상태 자체, 또는 그 서류에 기재된 자체(字體)·필적 등을 증명하고자 하는 경우이면 그 서면은 증거물인 서면이다. 증거물인 서면의 증거능력은 증거물의 예에 의하여 판단해야 하며, 전문법칙이 적용될 여지가 없다.[1]

증거물인 서면은 증거조사에 있어서 제시 및 낭독이 필요하다. 여기에 해당하는 예로는 각종 문서위조죄의 위조문서, 무고죄의 허위고소장, 「부정수표단속법」 위반죄의 수표,[2] 「국가보안법」상 이적표현물소지죄의 책자[3] 등을 들 수 있다.

10. 영상녹화물에 대한 증거조사

(1) 정보저장매체와 영상녹화물

형사소송법은 도면·사진·녹음테이프·비디오테이프·컴퓨터용디스크 그 밖에 정보를 담기 위하여 만들어진 물건을 정보저장매체라고 지칭하고 있다(법106③, 292의3, 313①, 314 참조). 한편 수사기관은 수사절차에서 피의자의 진술이나 피의자 아닌 자의 진술을 영상녹화할 수 있는데(법244의2, 221①), 이를 일반적인 정보저장매체와 구별하여 영상녹화물이라고 부른다.

도면·사진·녹음테이프·비디오테이프·컴퓨터용디스크 그 밖에 정보를 담기 위하여 만들어진 물건으로서 문서가 아닌 증거의 조사에 관하여 필요한 사항은 대법원규칙으로 정한다(법292의3). 형사소송규칙은 수사기관에서 생성된 영상녹화물과 그 밖의 정보저장매체로 나누어서 증거조사방법을 규정하고 있다.

(2) 영상녹화물의 조사유형

수사기관 작성의 영상녹화물에 대한 조사는 세 가지 경우에 이루어진다. 첫째로, 검사가 피고인이 된 피의자의 진술을 영상녹화(법244의2)한 사건의 경우가 있다. 2020년 형소법 개정 전에는 피고인이 검사작성 피의자신문조서에 기재된 내용이 피고인이 진술한 내용과 동일하

---

1) 2015. 4. 23. 2015도2275, 공 2015상, 779, 『부도 당좌수표 사본 사건』.
2) 2015. 4. 23. 2015도2275, 공 2015상, 779, 『부도 당좌수표 사본 사건』.
3) 2013. 7. 26. 2013도2511, 공 2013하, 1659, 『북한공작원 동영상 촬영 사건』.

게 기재되어 있음을 인정하지 아니하는 경우 그 부분의 성립의 진정을 증명하기 위하여 영상녹화물의 조사가 이루어졌다(구법312②).

그런데 2020년 형소법 일부개정시에 입법자는 형소법 제312조 제1항을 "검사가 작성한 피의자신문조서는 적법한 절차와 방식에 따라 작성된 것으로서 공판준비, 공판기일에 그 피의자였던 피고인 또는 변호인이 그 내용을 인정할 때에 한하여 증거로 할 수 있다."로 변경하였다. 그리고 그와 함께 영상녹화물에 의한 진정성립 증명을 허용하였던 형소법 제312조 제2항을 삭제하였다. 개정된 형소법 제312조 제1항은 2022년 1월 1일 이후 기소된 사건부터 적용되지만, 구형소법 제312조 제2항은 2021년 1월 1일을 기준으로 실효되었다.

둘째로, 검사 또는 사법경찰관이 피의자가 아닌 자의 진술을 영상녹화(법221①)한 사건의 경우가 있다. 검사 또는 사법경찰관이 피고인이 아닌 자의 진술을 기재한 조서는 영상녹화물에 의하여도 성립의 진정을 증명할 수 있다(법312④ 참조). 검사는 피의자가 아닌 자가 공판준비 또는 공판기일에서 조서가 자신이 검사 또는 사법경찰관 앞에서 진술한 내용과 동일하게 기재되어 있음을 인정하지 아니하는 경우 그 부분의 성립의 진정을 증명하기 위하여 영상녹화물의 조사를 신청할 수 있다(규칙134의3①).

셋째로, 진술자의 기억환기를 위한 영상물 재생의 경우가 있다. 피고인 또는 피고인이 아닌 자의 진술을 내용으로 하는 영상녹화물은 공판준비 또는 공판기일에 피고인 또는 피고인이 아닌 자가 진술함에 있어서 기억이 명백하지 아니한 사항에 관하여 기억을 환기시켜야 할 필요가 있다고 인정되는 때에 한하여 피고인 또는 피고인이 아닌 자에게 재생하여 시청하게 할 수 있다(법318의2②). 기억환기를 위한 영상녹화물의 재생은 검사의 신청이 있는 경우에 한한다(규칙134의5①).

(3) 영상녹화물의 조사방법

법원은 검사가 영상녹화물의 조사를 신청한 경우 이에 관한 결정을 함에 있어 원진술자와 함께 피고인 또는 변호인으로 하여금 그 영상녹화물이 적법한 절차와 방식에 따라 작성되어 봉인된 것인지 여부에 관한 의견을 진술하게 하여야 한다(규칙134의4①).

법원은 공판준비 또는 공판기일에서 봉인을 해체하고 영상녹화물의 전부 또는 일부를 재생하는 방법으로 조사하여야 한다. 이때 영상녹화물은 그 재생과 조사에 필요한 전자적 설비를 갖춘 법정 외의 장소에서 이를 재생할 수 있다(규칙134의4③). 기억환기를 위한 영상녹화물의 조사(법318의2②)는 기억의 환기가 필요한 피고인 또는 피고인 아닌 자에게만 이를 재생하여 시청하게 하여야 한다(규칙134의5①).

11. 정보저장매체에 대한 증거조사

(1) 문자정보매체의 조사

형사소송규칙은 수사기관의 영상녹화물 이외의 정보저장매체를 (가) 문자정보매체, (나) 녹음·녹화매체, (다) 도면·사진 등 매체의 세 가지 유형으로 나누고 있다. 정보저장매체의 증거능력 문제는 전문증거의 관련문제 항목에서 후술하기로 하고 아래에서는 증거조사에 관하여 살펴본다.

문자정보매체는 컴퓨터용디스크 그 밖에 이와 비슷한 정보저장매체로서 그에 기억된 문자 정보를 증거자료로 하는 것을 말한다. 문자정보매체의 경우에는 문자정보매체 그 자체 이외에 읽을 수 있도록 출력하여 인증한 등본을 낼 수 있다(규칙134의7①). 문자정보매체에 기억된 문자정보를 증거로 하는 경우에 증거조사를 신청한 당사자는 법원이 명하거나 상대방이 요구한 때에는 컴퓨터용디스크 그 밖에 이와 비슷한 정보저장매체에 문자정보를 입력한 사람과 입력한 일시, 출력한 사람과 출력한 일시를 밝혀야 한다(동조②).

문자정보매체에 대한 증거조사는 증거서류 또는 증거물인 서면에 준하여 조사해야 할 것이다. 따라서 문자정보매체가 증거서류에 준하는 경우에는 낭독, 요지의 고지 또는 열람의 방법으로, 증거물인 서면에 준하는 경우에는 원칙적으로 증거신청인으로 하여금 출력된 서면을 제시하면서 낭독하게 하거나 이에 갈음하여 그 내용을 고지 또는 열람하도록 하여야 할 것이다.[1]

(2) 녹음·녹화매체의 조사

녹음·녹화매체는 녹음·녹화테이프, 컴퓨터용디스크, 그 밖에 이와 비슷한 방법으로 음성이나 영상을 녹음 또는 녹화하여 재생할 수 있는 매체를 말한다.

녹음·녹화매체에 대한 증거조사를 신청하는 때에는 음성이나 영상이 녹음·녹화된 사람, 녹음·녹화를 한 사람 및 녹음·녹화를 한 일시·장소를 밝혀야 한다(규칙134의8①). 녹음·녹화매체에 대한 증거조사를 신청한 당사자는 법원이 명하거나 상대방이 요구한 때에는 녹음·녹화매체의 녹취서, 그 밖에 그 내용을 설명하는 서면을 제출하여야 한다(동조②).

녹음·녹화매체에 대한 증거조사는 녹음·녹화매체를 재생하여 청취 또는 시청하는 방법으로 한다(규칙134의8③).

---

1) 2013. 7. 26. 2013도2511, 공 2013하, 1659,『북한공작원 동영상 촬영 사건』참조.

(3) 도면 · 사진매체의 조사

도면 · 사진매체는 도면 · 사진 그 밖에 정보를 담기 위하여 만들어진 물건으로서 문서가 아닌 증거를 말한다. 도면 · 사진매체는 (가) 해당 도면 · 사진매체에 기억된 문자정보를 증거자료로 하는 경우와 (나) 그 밖의 경우로 나누어볼 수 있다.

(가)의 경우에는 문자정보매체의 증거조사에 관한 규정이 준용된다(규칙134의7③). 따라서 출력하여 인증한 등본을 낼 수 있고(동조①), 증거조사를 신청한 당사자는 법원이 명하거나 상대방이 요구한 때에는 컴퓨터디스크 등에 입력한 사람과 입력한 일시, 출력한 사람과 출력한 일시를 밝혀야 한다(동조②).

(나)의 경우 도면 · 사진매체의 조사에 관하여는 특별한 규정이 없으면 형소법 제292조와 제292조의2의 규정을 준용한다(규칙134의9). 따라서 도면 · 사진매체가 증거서류에 준하는 경우에는 낭독, 요지의 고지 또는 열람의 방법으로(법292 참조), 증거물에 준하는 경우에는 증거신청인으로 하여금 도면 · 사진 등을 제시하는 방법으로(법292의2 참조) 각각 증거조사를 해야 한다.

(4) 형사절차전자문서법

2021년 입법자는 형사절차의 전자화와 관련하여 「형사사법절차에서의 전자문서 이용 등에 관한 법률」(형사절차전자문서법)을 제정하였다. 형사절차전자문서법은 준비기간을 거쳐 2024년 10월 20일부터 시행되었다.

형사재판에서 문자, 그 밖의 기호, 도면 · 사진 등에 대한 증거조사는 전자문서를 모니터, 스크린 등을 통하여 열람하는 방법으로 할 수 있다(형사절차전자문서법18 i). 음성이나 영상정보에 대한 증거조사는 전자문서의 음성을 청취하거나 영상을 재생하는 방법으로 할 수 있다(동조 ii).

12. 감정 · 검증 · 통역과 번역

(1) 감정인신문

감정인이란 법원이 필요로 하는 전문지식이나 경험부족 등을 보충할 목적으로 법원이 지시하는 사항에 대하여 조사를 행하는 제삼자이다. 법원은 학식경험 있는 자에게 감정을 명할 수 있다(법169). 감정인은 그가 가지고 있는 전문지식이나 경험을 이용하여 법원이 의뢰한 조사를 행하고 그에 기초한 구체적 사실판단 등을 법원에 보고하게 된다.

공판기일에는 감정인신문이 행해진다. 감정인신문은 법원이 감정인을 최초로 소환하여 선서를 시킨 후 감정사항을 고하고 감정결과를 서면으로 제출하도록 명하는 절차이다(법

170①·②·③). 법률에 의하여 선서한 감정인이 허위의 감정을 한 때에는 허위감정죄(형법 154)로 처벌된다.

한편 법원은 필요하다고 인정하는 때에는 공무소·학교·병원 기타 상당한 설비가 있는 단체 또는 기관에 대하여 감정을 촉탁할 수 있다. 이 경우에는 선서에 관한 규정이 적용되지 않는다(법179의2①).

(2) 감정처분

법원은 필요한 때에는 감정인으로 하여금 법원 외에서 감정을 하게 할 수 있다(법172①). '법원 외에서 감정을 하게 할 수 있다' 함은 감정에 필요한 사실행위를 법원 외에서 하게 할 수 있다는 의미이다. 실무상으로는 감정에 필요한 사실행위의 대부분이 법정 외에서 행해진다.

감정인은 감정에 관하여 필요한 때에는 법원의 허가를 얻어 타인의 주거, 간수자 있는 가옥, 건조물, 항공기, 선박·차량 안에 들어갈 수 있고 신체의 검사, 사체의 해부, 분묘의 발굴, 물건의 파괴를 할 수 있다(법173①). 법원은 감정인에게 처분을 허가함에 있어서 허가장을 발부하여야 한다(동조②).

2024년 10월 20일부터 「형사사법절차에서의 전자문서 이용 등에 관한 법률」(형사절차전자문서법)이 시행되었다. 검사 또는 사법경찰관리는 감정처분허가장이 전자문서로 발부된 경우에는 대법원규칙으로 정하는 바에 따라 전자문서를 제시하거나 전송하는 방법으로 감정처분허가장을 집행할 수 있다(동법17① iii, 법173). 감정처분허가장을 전자문서의 형태로 집행하는 것이 현저히 곤란하거나 적합하지 아니한 경우에는 전자문서로 발부된 감정처분허가장을 전산정보처리시스템을 통하여 출력한 서면으로 집행할 수 있다(형사절차전자문서법17②).

감정인은 감정에 관하여 필요한 경우에는 재판장의 허가를 얻어 서류와 증거물을 열람 또는 등사하고 피고인 또는 증인의 신문에 참여할 수 있다(법174①). 감정인은 피고인 또는 증인의 신문을 구하거나 재판장의 허가를 얻어 직접 발문(發問)할 수 있다(동조②).

피고인의 정신 또는 신체에 관하여 감정이 필요한 때에는 법원은 기간을 정하여 병원 기타 적당한 장소에 피고인을 유치하게 할 수 있다(법172③ 전단). 이를 감정유치라고 한다. 감정유치는 피고인을 일정 기간 계속적으로 병원 등에 수용하여 관찰할 필요가 있을 때 행해진다. 감정유치에는 보석에 관한 규정을 제외하고는 구속에 관한 규정이 원칙적으로 준용된다(동조⑦). 감정유치는 미결구금일수의 산입에 있어서 이를 구속으로 간주한다(동조⑧).

감정유치를 할 때 법원은 감정유치장을 발부하여야 한다(법172④). 2024년 10월 20일부터 「형사사법절차에서의 전자문서 이용 등에 관한 법률」(형사절차전자문서법)이 시행되었다. 검사 또는 사법경찰관리는 감정유치장이 전자문서로 발부된 경우에는 대법원규칙으로 정하는 바에 따라 전자문서를 제시하거나 전송하는 방법으로 감정유치장을 집행할 수 있다(동법17① ii, 법 172). 감정유치장을 전자문서의 형태로 집행하는 것이 현저히 곤란하거나 적합하지 아니한 경우에는 전자문서로 발부된 감정유치장을 전산정보처리시스템을 통하여 출력한 서면으로 집행할 수 있다(형사절차전자문서법17②).

구속 중인 피고인에 대하여 감정유치장이 집행되었을 때에는 피고인이 유치되어 있는 기간 동안 구속은 그 집행이 정지된 것으로 간주된다(법172의2①). 구속기간의 이중산입을 방지하기 위한 장치이다.

(3) 감정서

감정인(법169) 또는 감정촉탁을 받은 기관이나 단체(법179의2①)는 감정의 경과와 결과를 서면으로 법원에 제출하여야 한다(법171①). 감정의 결과란 감정사항에 관한 감정인의 최종적 판단을 가리킨다. 감정의 경과는 감정의 결과에 이르기 위해 감정인이 행한 처분 또는 조사의 내용 기타 감정의 경위를 가리킨다. 감정의 결과에는 그 판단의 이유를 명시하여야 한다(동조③).

감정인이 제출한 감정서는 공판준비나 공판기일에서 그 작성자인 감정인의 진술에 의하여 그 성립의 진정함이 증명된 때 증거로 할 수 있다(법313③ · ①).[1] 감정서는 증거서류의 일종이므로 감정서에 대한 증거조사는 증거서류(법292)에 대한 증거조사의 방법에 따른다. 법원은 필요한 때에는 감정인에게 감정결과를 설명하게 할 수 있다(법171④).

법원은 필요하다고 인정하면 공무소 · 학교 · 병원 기타 상당한 설비가 있는 단체 또는 기관에 감정을 촉탁할 수 있다(법179의2① · ②). 이 경우 감정서는 공무소 · 학교 · 병원 등 단체나 기관의 명의로 작성된다. 이러한 경우에 법원은 당해 공무소 · 학교 · 병원 · 단체 또는 기관이 지정한 자로 하여금 감정서의 설명을 하게 할 수 있다(동조②).

증인신문에 관한 규정(법146 이하)은 구인에 관한 규정을 제외하고는 원칙적으로 감정에 관하여 준용된다(법177). 구인에 관한 규정은 소환불응에 대한 구인(법152)뿐만 아니라 출석불응에 대한 감치(법151②)도 포함한다. 감정을 명하기 위한 감정인신문이나 감정서의 설명을 듣기 위한 감정인신문도 증인신문의 절차에 준하여 진행된다.

감정과 그로 인해 취득한 감정서는 소변 검사, 혈액 검사, 디엔에이 검사 등 소위 과학적 증거방법과 관련된 경우가 많다. 과학적 증거방법이 사실인정에 있어서 상당한 정도로 구속력

---

1) 후술 782면 참조.

을 갖기 위해서는 (가) 감정인이 전문적인 지식·기술·경험을 가지고 (나) 공인된 표준 검사 기법으로 분석한 후 법원에 제출하였다는 것만으로는 부족하다.

과학적 증거방법이 사실인정에 있어서 상당한 정도로 구속력을 갖기 위해서는 나아가 (다) 시료의 채취·보관·분석 등 모든 과정에서 시료의 동일성이 인정되고, (라) 인위적인 조작·훼손·첨가가 없었음이 담보되어야 하며, (마) 각 단계에서 시료에 대한 정확한 인수·인계 절차를 확인할 수 있는 기록이 유지되어야 한다.[1]

(4) 검 증

검증이란 법관이 시각·청각 등 오관을 통해 물건이나 인체 또는 장소의 존재·형태·성질·상태 등을 실험하고 관찰하여 이를 인식하는 증거조사방법이다. 법원은 사실을 발견함에 필요한 때에는 검증을 할 수 있다(법139). 검증을 함에 필요한 때에는 법원은 사법경찰관리에게 보조를 명할 수 있다(법144).

법원이 검증을 행할 때 물리적 강제력이 필요한 경우가 있다. 검증을 함에는 신체의 검사, 사체의 해부, 분묘의 발굴, 물건의 파괴 기타 필요한 처분을 할 수 있다(법140). 이 때에는 검증이 강제처분으로서의 성질도 갖는다. 이 경우에는 압수·수색에 관한 규정들이 준용된다(법145 참조).

검증의 일환으로 신체검사가 있다(법140). 신체의 검사에 관하여는 검사를 받는 사람의 성별, 나이, 건강상태 그 밖의 사정을 고려하여 그 사람의 건강과 명예를 해하지 아니하도록 주의하여야 한다(법141①). 여자의 신체를 검사하는 경우에는 의사나 성년 여자를 참여하게 하여야 한다(동조③).

피고인 아닌 사람의 신체검사는 증거가 될 만한 흔적을 확인할 수 있는 현저한 사유가 있는 경우에만 할 수 있다(법141②). 법원은 신체를 검사하기 위하여 피고인 아닌 자를 법원 기타 지정한 장소에 소환할 수 있다(법142).

검증을 할 때에는 사체의 해부나 분묘의 발굴을 할 수 있다(법140). 사체의 해부 또는 분묘의 발굴을 하는 때에는 예(禮)에 어긋나지 아니하도록 주의하고 미리 유족에게 통지하여야 한다(법141④).

일출 전, 일몰 후에는 가주(家主), 간수자 또는 이에 준하는 자의 승낙이 없으면 검증을 하기 위하여 타인의 주거, 간수자 있는 가옥, 건조물, 항공기, 선박·차량 안에 들어가지 못한다. 단, 일출 후에는 검증의 목적을 달성할 수 없을 염려가 있는 경우에는 예외로 한다(법143①

---

1) 2018. 2. 8. 2017도14222, 공 2018상, 601, 『봉인 없는 소변 반출 사건』.

본문·단서). 일몰 전에 검증에 착수한 때에는 일몰 후라도 검증을 계속할 수 있다(동조②).

야간 검증의 제한은 (가) 도박 기타 풍속을 해하는 행위에 상용(常用)된다고 인정하는 장소나 (나) 여관, 음식점 기타 야간에 공중이 출입할 수 있는 장소(단, 공개한 시간 내에 한한다)에는 적용되지 않는다(법143③, 126).

수소법원이 행하는 검증은 공판정에서 하는 경우와 공판정 외에서 하는 경우가 있다. 공판정에서 검증을 하는 경우에는 공판조서에 검증의 결과를 기재한다(법51② x). 공판정 외에서 검증을 하는 경우에는 검증조서를 작성한다(법49①). 검증의 결과가 기재된 공판조서나 검증조서는 법원 또는 법관의 검증의 결과를 기재한 조서로서 당연히 증거능력을 가진다(법311 1문).

(5) 통역과 번역

국어에 통하지 아니하는 자의 진술은 통역인으로 하여금 통역하게 하여야 한다(법180). 듣거나 말하는 데 장애가 있는 사람의 진술에 대해서는 통역인으로 하여금 통역하게 할 수 있다(법181). 국어 아닌 문자 또는 부호는 번역하게 하여야 한다(법182). 통역인이 사건에 관하여 증인으로 증언한 때에는 직무집행에서 제척된다(법25①, 17 iv).[1]

통역과 번역은 특별한 언어지식에 의한 진술내용의 보고이므로 이를 행하는 통역인과 번역인은 감정인에 준하는 지위에 있다. 따라서 감정에 관한 규정은 통역과 번역에 준용된다(법183). 통역인과 번역인은 선서하여야 한다(법183, 170). 법률에 의하여 선서한 통역인 또는 번역인이 허위의 통역 또는 번역을 한 때에는 허위통역·번역죄(형법154)로 처벌된다.

13. 전문심리위원제도

(1) 전문심리위원제도의 도입

법원은 소송관계를 분명하게 하거나 소송절차를 원활하게 진행하기 위하여 필요한 경우에는 직권으로 또는 검사, 피고인 또는 변호인의 신청에 의해 결정으로 전문심리위원을 지정하여 공판준비 및 공판기일 등의 소송절차에 참여하게 할 수 있다(법279의2①).

전문심리위원제도는 첨단산업분야, 지적재산권, 국제금융, 아동진술 기타 전문적인 지식이 필요한 사건에서 법관이 전문가의 조력을 받아 재판절차를 보다 충실하게 진행할 수 있도록 하기 위한 장치이다. 전문심리위원제도는 2007년 형소법 일부개정에 의하여 도입되었다.

「성폭력범죄의 처벌 등에 관한 특례법」은 성폭력범죄 피고사건의 경우 전문가 의견조

---

1) 2011. 4. 14. 2010도13583, 공 2011상, 969, 『사실혼관계 통역인 사건』.

회에 대해 규정하고 있다. 법원은 정신건강의학과의사, 심리학자, 사회복지학자, 그 밖의 관련 전문가로부터 행위자 또는 피해자의 정신·심리 상태에 대한 진단 소견 및 피해자의 진술 내용에 관한 의견을 조회할 수 있다(성폭력처벌법33①). 법원은 성폭력범죄를 조사·심리할 때에는 전문가 의견 조회의 결과를 고려하여야 한다(동조②). 법원은 법원행정처장이 정하는 관련 전문가 후보자 중에서 전문가를 지정하여야 한다(동조③).

(2) 전문심리위원의 참여절차

전문심리위원을 소송절차에 참여시키는 경우 법원은 검사, 피고인 또는 변호인으로부터 전문심리위원의 지정에 관한 의견을 들어 각 사건마다 1인 이상의 전문심리위원을 지정하여야 한다(법279의4①). 전문심리위원을 소송절차에 참여시키는 경우 법원은 「전문심리위원규칙」에 따라 정해진 전문심리위원 후보자 중에서 전문심리위원을 지정하여야 한다(규칙126의7).

법관에 대한 제척(법17)과 기피(법18~20, 23)의 규정은 전문심리위원에게 준용한다(법279의5①). 제척 또는 기피신청이 있는 전문심리위원은 그 신청에 관한 결정이 확정될 때까지 그 신청이 있는 사건의 소송절차에 참여할 수 없다. 이 경우 전문심리위원은 당해 제척 또는 기피신청에 대하여 의견을 진술할 수 있다(동조②).

재판장은 전문심리위원을 소송절차에 참여시키기 위하여 필요하다고 인정한 때에는 쟁점의 확인 등 적절한 준비를 지시할 수 있다(규칙126의10①). 재판장이 적절한 준비를 지시한 때에는 법원사무관 등은 검사, 피고인 또는 변호인에게 그 취지를 통지하여야 한다(동조②). 재판장이 기일 외에서 설명 또는 의견을 요구한 사항이 소송관계를 분명하게 하는 데 중요한 사항일 때에는 검사, 피고인 또는 변호인에게 그 사항을 통지해야 한다(규칙126의8).

전문심리위원은 전문적인 지식에 의한 설명 또는 의견을 기재한 서면을 제출하거나 기일에서 전문적인 지식에 의하여 설명이나 의견을 진술할 수 있다. 다만, 재판의 합의에는 참여할 수 없다(법279의2②). 전문심리위원이 설명이나 의견을 기재한 서면을 제출한 경우에는 법원사무관 등은 검사, 피고인 또는 변호인에게 그 사본을 보내야 한다(규칙126의9).

전문심리위원은 기일에서 재판장의 허가를 받아 피고인 또는 변호인, 증인 또는 감정인 등 소송관계인에게 소송관계를 분명하게 하기 위하여 필요한 사항에 관하여 직접 질문할 수 있다(법279의2③). 재판장은 전문심리위원의 말이 증인의 증언에 영향을 미치지 않게 하기 위하여 필요하다고 인정할 때에는 직권 또는 검사, 피고인 또는 변호인의 신청에 따라 증인의 퇴정 등 적절한 조치를 취할 수 있다(규칙126의11).

법원은 전문심리위원이 제출한 서면이나 전문심리위원의 설명 또는 의견의 진술에 관하여 검사, 피고인 또는 변호인에게 구술 또는 서면에 의한 의견진술의 기회를 주어야 한다

(법279의2④).

전문심리위원이 공판준비기일 또는 공판기일에 참여한 때에는 조서에 그 성명을 기재하여야 한다(규칙126의12①). 전문심리위원이 재판장, 수명법관 또는 수탁판사의 허가를 받아 소송관계인에게 질문을 한 때에는 조서에 그 취지를 기재하여야 한다(동조②).

(3) 절차위반의 효과

형사소송법과 형사소송규칙 등에서 전문심리위원의 형사소송절차 참여와 관련하여 상세한 규정을 마련한 것은 전문심리위원의 전문적 지식이나 경험에 기초한 설명이나 의견이 법원의 심증형성에 상당한 영향을 미칠 가능성이 있음을 고려하였기 때문이다. 형사소송법과 형사소송규칙 등은 그에 대응하여 전문심리위원이 지정되는 단계, 전문심리위원의 설명이나 의견의 대상 내지 범위를 정하는 과정, 그의 설명이나 의견을 듣는 절차에 검사, 피고인 또는 변호인 등이 참여할 수 있도록 하고 있다. 그렇게 함으로써 '형사재판의 절차적 공정성과 객관성'이 확보될 수 있기 때문이다.[1]

법원은 전문심리위원에 관한 형사소송법과 형사소송규칙의 규정들을 지켜야 한다. 그렇지 않을 경우, 헌법 제12조 제1항의 적법절차원칙을 구현하기 위하여 형사소송법 등에서 입법한 각각의 적법절차조항을 위반한 것임과 동시에 헌법 제27조가 보장하고 있는 공정한 재판을 받을 권리로서 '법관의 면전에서 모든 증거자료가 조사·진술되고 이에 대하여 피고인이 방어할 수 있는 기회가 실질적으로 부여되는 재판을 받을 권리'의 침해로 귀결될 수 있다.[2]

14. 증거조사에 대한 이의신청과 의견진술

(1) 증거조사에 대한 이의신청

증거조사절차가 진행되는 동안 검사, 피고인 또는 변호인은 증거조사에 관하여 여러 가지 이의신청을 하게 된다. 원래 이의신청이란 소송관계인이 법원이나 다른 소송관계인의 소송행위가 위법하거나 부당하다고 주장하여 당해 심급의 법원에 시정을 구하는 소송행위이다. 형사소송법은 구두변론주의를 원칙으로 하면서(법37①, 275의3) 검사, 피고인 또는 변호인에게 증거조사에 대한 이의신청권을 부여하고 있다. 이의신청을 통하여 적극적으로 증거조사절차의 적법한 진행을 감시할 수 있도록 하기 위함이다.

검사, 피고인 또는 변호인은 증거조사에 관하여 이의신청을 할 수 있다(법296①). 이 경우

---

1) 2019. 5. 30. 2018도19051, 공 2019하, 1339, 『아동학대 전문심리위원 참여결정 사건』.
2) 2019. 5. 30. 2018도19051, 공 2019하, 1339, 『아동학대 전문심리위원 참여결정 사건』.

그 이유신청은 (가) 법령의 위반이 있거나 (나) 상당하지 아니함을 이유로 하여 이를 할 수 있다(규칙135의2 본문).

한편 법원이 증거조사와 관련하여 결정을 내리는 경우가 있다. 여기에 해당하는 것은 (ㄱ) 당사자의 증거신청(법294)에 대한 법원의 결정, (ㄴ) 피해자 등의 증거신청(법294의2)에 대한 법원의 결정, (ㄷ) 직권으로 증거조사를 하기로 하는 법원의 결정 등이다(법295). 이상의 법원 결정에 대해서는 (가)의 법령의 위반이 있음을 이유로 하여서만 이의신청을 할 수 있다(규칙135의2 단서).

증거조사절차는 판결 전의 소송절차이다. 증거조사의 위법·부당은 그로 말미암아 사실을 오인하여 판결에 영향을 미쳤다는 이유로 판결 자체에 대해 상소하는 방법(법361의5 i, 383 i)으로만 다툴 수 있다. 증거조사절차의 위법·부당만을 들어서 상급법원에 독자적으로 불복할 수 있는 장치가 없기 때문이다(법403① 참조).[1] 이러한 관계로 증거조사에 대한 적시의 이의신청은 피고인의 방어를 위하여 그만큼 더 실제적인 중요성을 가진다. 법원은 검사, 피고인 또는 변호인으로부터 증거조사에 대한 이의신청이 있으면 반드시 결정을 내려야 한다(법296②).

시기에 늦은 이의신청, 소송지연만을 목적으로 하는 것임이 명백한 이의신청은 법원이 결정으로 이를 기각하여야 한다(규칙139① 본문). 다만 시기에 늦은 이의신청이 중요한 사항을 대상으로 하고 있는 경우에는 시기에 늦은 것만을 이유로 하여 기각하여서는 안 된다(동항 단서). 이의신청이 이유 없다고 인정되는 경우에 법원은 결정으로 이를 기각하여야 한다(동조②).

이의신청이 이유 있다고 인정되는 경우에 법원은 결정으로 이의신청의 대상이 된 행위, 처분 또는 결정을 중지, 철회, 취소, 변경하는 등 그 이의신청에 상응하는 조치를 취해야 한다(규칙139③). 증거조사를 마친 증거에 대해 그 증거가 증거능력이 없다는 이유로 이의신청이 제기되는 경우가 있다. 이때 증거능력 없음을 이유로 한 이의신청에 대해 법원이 이유 있다고 인정할 경우 법원은 그 증거의 전부 또는 일부를 배제한다는 취지의 결정을 하여야 한다(동조④).

(2) 증거조사에 대한 의견진술

법원은 매 공판기일마다 그 기일에서의 모든 증거조사가 끝난 후에 증거조사에 대하여 피고인의 의견을 묻고 권리보호에 필요한 증거조사의 신청권이 있음을 알려주어야 한다. 이러한 안내는 재판장이 한다. 재판장은 피고인에게 각 증거조사의 결과에 대한 의견을 묻고 권리를 보호함에 필요한 증거조사를 신청할 수 있음을 고지하여야 한다(법293).

---

1) 1990. 6. 8. 90도646, 공 1990, 1500(1504), 『문익환 목사 방북 사건』.

증거조사의 결과에 대해 피고인의 의견을 묻는 것은 법원이 그 증거조사에 의한 심증을 형성할 때 피고인의 의견을 참고하기 위함이다. 피고인에게 권리보호에 필요한 증거조사를 신청할 수 있음을 고지하는 것은 피고인에 대한 안내의 의미를 갖는다.

제3 피고인신문

1. 피고인신문의 시기와 방법

(1) 피고인신문의 시기

증거조사가 끝나면 피고인신문 단계로 들어가게 된다(법296의2① 본문). 다만, 재판장은 필요하다고 인정하는 때에는 증거조사가 완료되기 전이라도 피고인신문을 허가할 수 있다(동항 단서). 피고인신문은 임의적 절차이므로 생략할 수 있다.

변호인의 피고인 신문권은 변호인의 소송법상 권리이다. 재판장은 변호인이 피고인을 신문하겠다는 의사를 표시한 때에는 피고인을 신문할 수 있도록 조치해야 한다. 변호인이 피고인을 신문하겠다는 의사를 표시하였음에도 변호인에게 일체의 피고인 신문을 허용하지 않는 것은 변호인의 피고인 신문권에 관한 본질적 권리를 해하는 것으로서 소송절차의 법령 위반에 해당한다.[1]

검사 또는 변호인은 증거조사 종료 후에 순차로 피고인에게 공소사실 및 정상에 관하여 필요한 사항을 신문할 수 있다(법296의2① 본문). 재판장은 필요하다고 인정하는 때에는 피고인을 신문할 수 있다(동조②).

재판장 또는 법관은 피고인을 신문하는 경우에 일정한 사정을 고려하여 피고인과 신뢰관계에 있는 자를 동석하게 할 수 있다(법276의2①). 이 경우 신뢰관계 있는 자는 피고인의 배우자, 직계친족, 형제자매, 가족, 동거인, 고용주 그 밖에 피고인의 심리적 안정과 원활한 의사소통에 도움을 줄 수 있는 자를 말한다(규칙126의2①).

(2) 피고인신문의 순서

피고인신문은 (가) 검사, (나) 변호인, (다) 재판장의 순으로 진행된다(법296의2① · ③, 161의2②). 재판장은 필요하다고 인정하면 위의 순서에 불구하고 어느 때나 신문할 수 있으며 검사 또는 변호인의 신문순서를 변경할 수 있다(법296의2③, 161의2③). 합의부원은 재판장에게 고하고 피고인을 신문할 수 있다(법296의2③, 161의2⑤). 피고인을 신문할 때에는 그 진술을 강요하

---

1) 2020. 12. 24. 2020도10778, 공 2021상, 326, 『변호인의 피고인신문 불허 사건』.

거나 답변을 유도하거나 그 밖에 위압적·모욕적 신문을 해서는 안 된다(규칙140의2).

재판장은 피고인이 다른 피고인의 면전에서 충분한 진술을 할 수 없다고 인정한 때에는 그를 퇴정하게 하고 진술하게 할 수 있다(법297① 2문). 재판장은 피고인이 어떤 재정인 앞에서 충분한 진술을 할 수 없다고 인정한 때에는 그 재정인을 퇴정하게 하고 진술하게 할 수 있다(규칙140의3).

2. 피고인의 진술거부권

피고인은 진술거부권을 갖는다(법283의2①, 266의8⑥). 피고인이 의사무능력자인 경우에는 그의 법정대리인(법26)이나 특별대리인(법28)이, 피고인이 법인인 경우에는 그의 대표자(법27), 특별대리인(법28) 또는 대리인(법277 2문)이 진술거부권을 갖는다.

재판장은 제1회 공판기일을 시작함에 있어서 피고인에게 진술하지 아니하거나 개개의 질문에 대하여 진술을 거부할 수 있음을 고지하여야 한다(법283의2②). 공판정에서의 피고인에 대한 진술거부권 고지는 공판조서에 의하여 증명해야 한다(법56).

심판받는 사람이 당해 피고인인가를 확인하기 위하여 법원이 행하는 인정신문에 대해 피고인이 진술거부권을 행사할 수 있는가 하는 문제가 있다. 이에 대해서는 피고인의 진술거부권을 설명하는 자리에서 검토하였다.

형사소송법 제308조의2는 "적법한 절차에 따르지 아니하고 수집한 증거는 증거로 할 수 없다."고 규정하고 있다. 이에 따라 공판절차에서 재판장이 진술거부권을 고지하지 아니한 상태에서 행한 피고인의 진술은 증거능력이 부정된다. 진술거부권을 고지하지 않고 얻어진 진술을 기초로 하여 수집된 이차적 증거의 증거능력 또한 위법수집증거로서 원칙적으로 증거능력이 배제된다.

공판절차에서 피고인은 진술하지 아니하거나 개개의 질문에 대하여 진술을 거부할 수 있다(법283의2①). 따라서 피고인이 개개의 질문에 대하여 진술을 거부하거나 시종 침묵으로 일관하는 경우에 법원은 이를 피고인에게 불이익한 간접증거로 삼거나 이를 이유로 피고인을 유죄로 추정해서는 안 된다(국민참여재판규칙37① ii 참조).

피고인이 범죄를 단순히 부인하는 것은 양형조건으로 고려해서는 안 된다. 판례는 피고인의 진술거부나 거짓진술이 피고인에게 보장된 방어권 행사의 범위를 넘어 객관적이고 명백한 증거가 있음에도 진실의 발견을 적극적으로 숨기거나 법원을 오도하려는 시도에 기인한 경우에는 가중적 양형 조건으로 참작될 수 있다는 입장이다.[1]

---

1) 2001. 3. 9. 2001도192, 공 2001, 917, 『반성의 빛』 사건.

양형판단에서 불이익 양형을 부정하는 것과 같은 이유로 진술거부권을 행사하는 피고인에게 진술거부 사실을 들어 신체구속을 하는 것은 허용되지 않는다.

제4 결심절차

1. 검사의 논고와 구형

피고인신문과 증거조사가 종료한 때에는 검사는 사실과 법률적용에 관하여 의견을 진술하여야 한다(법302 본문). 이때 검사의 의견진술을 논고라고 하며 특히 양형에 관한 검사의 의견을 구형이라고 한다. 검사가 공판기일의 통지를 2회 이상 받고 출석하지 아니한 때에는 검사의 출석 없이 개정할 수 있다(법278). 이 경우에는 공소장의 기재사항에 의하여 검사의 의견진술이 있는 것으로 간주한다(법302 단서).

법원은 검사에게 의견진술의 기회를 부여하면 족하다. 사실과 법률적용에 관한 검사의 의견은 어디까지나 권고적 의미를 가질 뿐이며 법원을 기속하는 효력은 없다. 검사의 논고는 권고적 의미만을 가질 뿐이므로 경우에 따라 법원은 검사의 구형량보다 더 높은 형을 선고할 수도 있다. 검사는 그의 객관의무에 기초하여 피고인의 무죄를 구하는 의견진술을 할 수도 있다.

2. 피고인 측의 최종변론

(1) 최종변론의 의의와 법적 성질

재판장은 검사의 의견을 들은 후 피고인과 변호인에게 최종의 의견을 진술할 기회를 주어야 한다(법303). 최종의견진술의 기회는 변호인과 피고인에게 순차적으로 제공되어야 한다.

최종의견 진술의 기회는 피고인과 변호인 모두에게 주어져야 한다. 최종의견 진술의 기회는 피고인과 변호인의 소송법상 권리로서 피고인과 변호인이 사실관계의 다툼이나 유리한 양형사유를 주장할 수 있는 마지막 기회이다. 피고인이나 변호인에게 최종의견 진술의 기회를 주지 아니한 채 변론을 종결하고 판결을 선고하는 것은 소송절차의 법령위반에 해당한다.[1]

(2) 변호인의 최종변론

필요국선(법33①)에 해당하는 사건, 청구국선(법33②) 및 재량국선(법33③)으로 변호인이

---

1) 2018. 3. 29. 2018도327, 공 2018상, 854, 『'선처바람' 공판조서 이의신청 사건』.

선정된 사건에 관하여는 변호인 없이 개정하지 못한다(법282 본문). 이를 필요적 변호사건이라고 한다. 필요적 변호사건에서 변호인의 최종변론은 피고인보호를 위한 필수절차이다.

필요적 변호사건에서 변호인에게 최종변론의 기회가 제공되지 아니한 채 판결이 선고되었다면 그 판결은 소송절차가 법령에 위반하여 판결에 영향을 미친 위법을 범한 것으로서 파기를 면할 수 없다.[1] 필요적 변호사건이 아닌 일반사건의 경우에 변호인의 최종변론은 필수적인 절차가 아니다.

(3) 피고인의 최후진술

변호인의 최종변론이 끝나면 피고인에게 마지막으로 의견을 진술할 기회가 부여된다(법303). 이 경우 행해지는 진술을 최후진술이라고 한다. 피고인은 최후진술을 통하여 사실관계의 다툼이나 유리한 양형사유 등을 주장할 수 있다. 피고인의 최후진술은 피고인이 자신의 방어를 위하여 활용할 수 있는 마지막 기회이므로 생략할 수 없는 절차이다. 이를 생략하면 판결에 영향을 미친 소송법령위반이 된다. 다만 피고인이 진술하지 아니하거나 재판장의 허가 없이 퇴정하거나 재판장으로부터 질서유지를 위한 퇴정명령을 받은 경우에는 법원은 피고인의 최후진술 없이 판결할 수 있다(법330 참조).

(4) 결심과 변론재개

변호인의 최종변론에 이어서 피고인의 최후진술이 끝나면 피고사건에 대한 구두변론은 종결된다. 실무상 이 단계를 가리켜서 결심(結審)이라고 부른다. 피고사건의 심리가 결심에 이르면 판결의 선고만을 기다리는 상태가 된다. 이 때에도 법원은 필요하다고 인정하면 직권 또는 검사, 피고인이나 변호인의 신청에 의하여 결정으로 종결한 변론을 재개할 수 있다(법305). 종결한 변론을 재개하느냐의 여부는 법원의 재량에 속한다.[2]

제5 합의와 판결의 선고

1. 심판의 합의

(1) 통상재판과 합의

피고사건에 대한 심리가 종료되면 법원은 판결을 위한 평의에 들어가게 된다. 이때 단독

---

1) 1995. 9. 29. 95도1721, 공 1995, 3666, 『폭처법 국선 미비 사건』.
2) 1995. 12. 5. 94도1520, 공 1996, 308, 『학교법인 반대파 사건』.

판사의 경우는 별다른 절차 없이 판결의 내용을 정할 수 있지만 수소법원이 합의부를 구성하고 있는 경우에는 판결의 내용결정을 위한 협의가 필요하게 된다. 판결내용에 관한 합의부 법관 3인의 협의를 합의(合議)라고 한다.

피고사건에 대한 심판의 합의는 공개하지 않는다(법원조직법65). 합의심판은 헌법 및 법률에 다른 규정이 없으면 과반수로 결정한다(동법66①). 피고사건의 합의에 관한 의견이 3개 이상의 설로 나뉘어 각각 과반수에 이르지 못할 때에는 과반수에 이르기까지 피고인에게 가장 불리한 의견의 수에 차례로 유리한 의견의 수를 더하여 그중 가장 유리한 의견에 따른다(동조② ii).

(2) 국민참여재판과 배심원의 평의 · 평결

(가) 재판장의 최종설명　　　국민참여재판은 배심원이 참여하는 형사재판이다(국민참여재판법2ii). 재판장은 변론이 종결된 후 법정에서 배심원에게 공소사실의 요지와 적용법조, 피고인과 변호인 주장의 요지, 증거능력 그 밖에 유의할 사항에 관하여 설명하여야 한다. 이 경우 필요한 때에는 증거의 요지에 관하여 설명할 수 있다(동법46①). 재판장이 변론 종결 후 법정에서 배심원에게 하는 설명을 가리켜서 최종 설명이라고 한다.

최종 설명의 대상 가운데 '그 밖에 유의할 사항'에는 (가) 피고인의 무죄추정(법275의2), 증거재판주의(법307① · ②), 자유심증주의(법308)의 각 원칙, (나) 피고인의 증거제출 거부나 법정에서의 진술거부가 피고인의 유죄를 뒷받침하는 것으로 해석될 수 없다는 점, (다) 형사소송법의 증거법 규정들에 의하여 증거능력이 배제된 증거를 무시해야 한다는 점, (라) 심리 도중에 법정을 떠나거나 평의 · 평결 또는 토의가 완결되기 전에 재판장의 허락 없이 평의 · 평결 또는 토의 장소를 떠나지 아니할 의무(국민참여재판법41② i)와 국민참여재판법에서 정한 평의 · 평결 또는 토의에 관한 비밀을 누설하지 아니할 의무(동항iv), (마) 평의 및 평결의 방법, (바) 배심원 대표를 선출하여야 하는 취지 및 그 방법 등이 포함된다(국민참여재판규칙37①).

검사, 피고인 또는 변호인은 재판장에게 당해 사건과 관련하여 설명이 필요한 법률적 사항을 특정하여 위의 최종 설명에 포함하여 줄 것을 서면으로 요청할 수 있다(국민참여재판규칙37②).

재판장의 배심원에 대한 최종 설명은 배심원이 올바른 평결에 이를 수 있도록 지도하고 조력하는 기능을 담당하는 것으로서 배심원의 평결에 미치는 영향이 크다. 재판장이 최종 설명 과정에서 설명의무가 있는 사항을 설명하지 않는 것은 원칙적으로 위법한 조치이다.[1]

---

1) 2014. 11. 13. 2014도8377, 공 2014하, 2399, 『술집 과도 빼앗기 사건』.

그러나 재판장이 최종 설명을 할 때 공소사실에 관한 설명을 일부 빠뜨렸거나 미흡하게 하는 등 잘못이 있다고 하더라도 이를 두고 그 전까지 절차상 아무런 하자가 없던 소송행위 전부를 무효로 할 정도로 판결에 영향을 미친 위법이라고 단정할 것은 아니다. 소송행위의 전부 무효 여부는 재판장이 최종 설명에서 누락하거나 미흡하게 한 부분을 종합적으로 고려하여, 최종 설명에서의 잘못이 배심원의 평결에 직접적인 영향을 미쳐 피고인의 국민참여재판을 받을 권리 등을 본질적으로 침해하고 판결의 정당성마저 인정받기 어려운 정도에 이른 것인지를 신중하게 판단하여 결정해야 한다.[1]

(나) 배심원의 평의·평결   재판장의 최종 설명 후 배심원의 평의와 평결이 있게 된다. 배심원의 평의·평결 및 양형에 관한 토의는 변론이 종결된 후 연속하여 진행하여야 한다. 다만, 재판장은 평의 등에 소요되는 시간 등을 고려하여 필요하다고 인정하는 때에는 변론 종결일로부터 3일 이내의 범위 내에서 평의·평결 및 양형에 관한 토의를 위한 기일을 따로 지정할 수 있다(국민참여재판규칙39①본문·단서).

배심원들의 평의·평결 및 양형에 관한 토의는 법정이 아닌 평의실에서 행한다. 재판장의 허가를 받지 아니하고는 배심원 이외의 누구도 평의실에 출입할 수 없다(국민참여재판규칙39②).

심리에 관여한 배심원은 재판장의 최종 설명을 들은 후 유·무죄에 관하여 평의하고, 전원의 의견이 일치하면 그에 따라 평결한다. 다만, 배심원 과반수의 요청이 있으면 심리에 관여한 판사의 의견을 들을 수 있다(국민참여재판법46② 본문·단서). 이 경우 '판사의 의견'은 유·무죄나 양형에 관한 의견이 아니라 평의 과정에서 배심원에게 불분명한 부분을 설명하는 것을 의미한다. 배심원은 재판부와 독립된 지위에서 평결을 하기 때문이다.

배심원은 유·무죄에 관하여 전원의 의견이 일치하지 아니한 때에는 평결을 하기 전에 심리에 관여한 판사의 의견을 들어야 한다(국민참여재판법46③ 1문). 이 경우에는 배심원 의견 일치의 경우(동조② 본문·단서)와 달리 판사의 의견을 듣는 것이 필수적이다. 이 경우의 '의견' 도 유·무죄나 양형에 관한 의견이 아니라 평의 과정에서 배심원에게 불분명한 부분을 설명하는 것을 의미한다. 심리에 관여한 판사는 평의에 참석하여 의견을 진술한 경우에도 평결에는 참여할 수 없다(동조③ 2문).

배심원의 평결이 유죄인 경우 배심원은 심리에 관여한 판사와 함께 양형에 관하여 토의하고 그에 관한 의견을 개진한다(국민참여재판법46④ 1문). 재판장은 양형에 관한 토의 전에 처벌의 범위와 양형의 조건 등을 설명하여야 한다(동항 2문). 배심원은 평의·평결 및 토의 과정에

---

1) 2014. 11. 13. 2014도8377, 공 2014하, 2399, 『술집 과도 빼앗기 사건』.

서 알게 된 판사 및 배심원 각자의 의견과 그 분포 등을 누설해서는 안 된다(국민참여재판법47).
배심원의 평결과 의견은 직업법관으로 구성된 재판부를 기속하지 않는다(국민참여재판법46⑤).

2. 판결선고의 절차

(1) 통상재판과 판결의 선고

판결의 선고는 원칙적으로 변론을 종결한 기일에 하여야 한다(법318의4① 본문). 이를 즉일
선고의 원칙이라고 한다. 판결의 선고를 변론종결 기일에 하도록 한 것은 재판의 투명성과 가
시성을 제고하기 위함이며, 이러한 목적을 위하여 우리 헌법은 형사피고인에게 공개재판을 받
을 권리를 보장하고 있다(헌법27③ 2문).

변론종결 기일에 곧바로 판결을 선고할 수 없는 특별한 사정이 있는 경우에는 법원은 따
로 선고기일을 지정할 수 있다(법318의4① 단서). 그러나 이 경우에도 선고기일은 변론종결 후
14일 이내로 지정되어야 한다(동조③). 재판장은 선고기일을 포함하여 공판기일을 정하거나
변경할 수 있다(법267, 270). 공판기일에는 피고인을 소환하여야 하고, 검사, 변호인에게 공판
기일을 통지하여야 한다(법267② · ③).

일반적인 공판기일의 경우 피고인 소환이나 공판기일 통지의 규정이 준수되지 않은 채로
공판기일의 진행이 이루어진 경우는 원칙적으로 판결에 영향을 미친 법령위반에 해당한다(법
361의5 i, 383 i). 다만 그로 인하여 피고인의 방어권, 변호인의 변호권이 본질적으로 침해되지
않았다고 볼 만한 특별한 사정이 있다면 판결에 영향을 미친 법령 위반이라고 할 수 없다.[1]

판결선고기일의 경우 피고인 소환이나 공판기일 통지는 중요한 의미를 갖는다. 특히 항소
심판결의 경우 피고인에게는 판결의 선고기일이 양형에 관한 방어권을 행사할 수 있는 마지
막 시점으로서 의미가 있다. 그런데 법원이 변론종결시 고지되었던 선고기일을 피고인과 변호
인에게 사전에 통지하는 절차를 거치지 않은 채 급박하게 변경하여 판결을 선고하였다면 이
는 피고인의 방어권과 이에 관한 변호인의 변호권을 침해하여 판결에 영향을 미친 잘못에 해
당한다.[2]

판결의 선고는 법관이 작성한 재판서에 의하여 공판정에서 하여야 한다(법38 본문, 42 본문
전단). 재판은 법관이 작성한 재판서에 의하여 하는 것이 원칙이지만(법38 본문) 변론을 종결한
기일에 판결을 선고하는 경우에는 판결선고 후에 판결서를 작성할 수 있다(법318의4②). 변론
을 종결한 기일에 판결을 선고하는 경우에는 선고 후 5일 내에 판결서를 작성하여야 한다(규

---

1) 2023. 7. 13. 2023도4371, [미간행], 『선고기일 앞당겨 판결선고 사건』.
2) 2023. 7. 13. 2023도4371, [미간행], 『선고기일 앞당겨 판결선고 사건』.

칙146). 2011년 형소법 개정을 통하여 소위 기소실명제가 도입되었다. 판결서에는 기소한 검사와 공판에 관여한 검사의 관직, 성명과 변호인의 성명을 기재하여야 한다(법40③).

판결의 선고는 재판장이 하며, 주문을 낭독하고 이유의 요지를 설명하여야 한다(법43). 재판장은 판결을 선고할 때 피고인에게 이유의 요지를 말이나 판결서 등본 또는 판결서 초본의 교부 등 적절한 방법으로 설명한다(규칙147①). 재판장은 판결을 선고하면서 피고인에게 적절한 훈계를 할 수 있다(동조②).

형을 선고하는 경우에는 재판장은 피고인에게 상소할 기간과 상소할 법원(법357, 371)을 고지하여야 한다(법324). 실무상 재판장은 상소할 법원 외에 상소장을 제출해야 할 원심법원(법359, 375 참조)도 함께 고지한다. 상소장을 원심법원에 제출하도록 한 것은 원심법원이 판결의 확정 여부를 알 수 있도록 하기 위함이다.

(2) 국민참여재판과 판결의 선고

국민참여재판은 국민이 배심원으로 참여하는 형사재판이다(국민참여재판법2ⅱ). 국민참여재판을 하는 경우에 판결의 선고는 변론을 종결한 기일에 하여야 한다. 다만, 특별한 사정이 있는 때에는 따로 선고기일을 지정할 수 있다(동법48① 본문·단서). 이 경우 선고기일은 변론 종결 후 14일 이내로 정하여야 한다(동조③). 변론을 종결한 기일에 판결을 선고하는 경우에는 판결서를 선고 후에 작성할 수 있다(동조②).

국민참여재판의 경우 직업법관으로 구성된 재판부는 배심원의 평결과 의견에 기속되지 않는다(국민참여재판법46⑤). 그러나 재판장은 판결 선고시 피고인에게 배심원의 평결결과를 고지해야 하며, 배심원의 평결결과와 다른 판결을 선고하는 때에는 피고인에게 그 이유를 설명하여야 한다(동법48④). 배심원의 평결결과와 다른 판결을 선고하는 때에는 재판부는 판결서에 그 이유를 기재하여야 한다(동법49②).

3. 판결선고 후의 조치

법원은 피고인에 대하여 판결을 선고한 때에는 선고일부터 7일 이내에 피고인에게 그 판결서등본을 송부하여야 한다(규칙148① 본문). 다만, 피고인이 동의하는 경우에는 그 판결서 초본을 송달할 수 있다(동항 단서).

불구속 피고인과 무죄, 면소, 형의 면제, 형의 선고유예, 형의 집행유예, 공소기각 또는 벌금이나 과료를 과하는 판결이 선고되어 구속영장의 효력이 상실(법331)된 구속피고인에 대하여는 피고인이 송달을 신청하는 경우에 한하여 판결서 등본 또는 판결서 초본을 송달한다(규칙148②).

판결의 선고가 있으면 그때부터 7일의 상소기간(법358, 374)이 진행된다(법343②). 판결선고법원에서의 소송계속은 판결선고로 끝나지 않는다. 판결선고법원에서의 소송계속은 상소의 제기(법359, 375)가 있거나 상소포기(법349) 또는 상소기간의 도과(법358, 374)에 의하여 종결된다.

형소법 제208조는 검사 또는 사법경찰관의 피의자구속과 관련하여 재구속 제한을 규정하고 있다. 그러나 수소법원의 구속에 관하여는 형소법 제208조가 적용되지 않는다. 구속기간의 만료로 피고인에 대한 구속의 효력이 상실된 후 원심법원이 피고인에 대한 판결을 선고하면서 피고인을 구속하였다 하여 형소법 제208조에 위배되는 재구속 또는 이중구속이라 할 수 없다.[1]

제6 공판절차이분론

1. 공판절차이분론의 의의

공판절차의 진행에 관한 입법론적 논의로서 공판절차이분론이 있다. 공판절차이분론이란 현행 형사소송법이 채택하고 있는 일원적 공판절차의 진행방식에 대신하여 공판절차를 피고사건에 대한 유·무죄의 판단절차와 유죄로 인정된 피고인에 대한 양형절차로 이원화하자는 논의를 말한다.

공판절차이분론의 입법론적 모델은 영미법계통의 배심재판제도에서 찾아볼 수 있다. 영미식 배심재판에 있어서는 유·무죄 판단절차와 양형절차가 분명하게 구분된다. 피고사건에 대한 유·무죄의 판단은 일반인으로 구성된 배심원단에 의하여 공개재판으로 행해지며 엄격한 증거법칙과 적법절차의 준수가 요구된다.

이에 반하여 양형절차는 통상 직업법관의 주재하에 행해지며 피고인에 대한 처우의 개별화를 꾀할 목적에서 증거법칙과 적법절차의 준수가 대폭 완화된다. 양형절차에 있어서는 양형조사관이 작성한 양형조사서가 전문법칙의 제한을 받지 않고 사용되며 피고인의 재사회화를 촉진하기 위하여 양형심리과정이 비공개로 진행될 수 있다.

이처럼 공판절차를 범죄사실 인정단계와 양형단계로 엄격히 분리하여 피고인의 범죄사실 여부가 확인되는 시점에서는 유죄·무죄의 선고만을 행하고 유죄선고가 있는 경우에 비로소 양형판단에 들어가도록 하자는 입법론적 주장을 공판절차이분론이라고 한다.

---

1) 1985. 7. 23. 85모12, 공 1985, 1308, 『판결선고 후 재구속 사건』.

2. 공판절차이분론의 이론적 검토

(1) 공판절차이분론의 장점

공판절차이분론을 지지하는 입장에서는 다음과 같은 장점을 제시한다.

첫째로, 공판절차이분론의 구상에 따르면 피고인의 양형에 관련되는 사정은 모두 양형절차에 집중시키고 그 대신 피고인에 대한 유·무죄의 판단절차는 범죄사실과 직접적으로 관련된 증거를 중심으로 진행할 수 있다. 유·무죄 판단절차를 엄격한 증거법칙과 적법절차원칙에 따라 진행함으로써 피고인의 방어권을 강화할 수 있다.

둘째로, 공판절차를 이분화하여 유·무죄의 판단절차와 양형절차를 분리하면 양형법관은 피고인의 양형자료만을 전문적으로 조사하는 양형조사관의 양형보고서를 활용할 수 있으며, 엄격한 증거법칙의 적용을 완화할 수 있다.

셋째로, 양형절차는 유죄로 판단된 피고인만을 대상으로 진행되는 절차이므로 공판절차를 이분화할 경우 무죄인 피고인을 조기에 절차에서 해방시키고, 양형심리 때문에 불필요하게 발생하는 사생활의 침해를 방지할 수 있다.

넷째로, 공판절차를 이분화하는 경우 효율적인 변호활동이 가능하다. 변호인은 유·무죄의 판단절차에서는 피고인의 무죄변론만을 행하고 양형절차에서는 정상론의 전개에만 전념할 수 있기 때문이다.

(2) 공판절차이분론의 문제점

공판절차이분론의 도입을 반대하는 견해도 적지 않다. 이 입장에서는 다음과 같은 단점을 지적한다.

첫째로, 공판절차이분론은 유·무죄의 판단과 양형판단이 확연히 구분되어 있는 영미식 배심재판제도를 모델로 한 이론으로서 우리나라 실정에 맞지 않는다. 우리나라의 경우에는 제한된 형태의 배심재판인 국민참여재판이 실시되고 있다. 입법자는 배심원의 평결에 대해 직업법관에 대한 구속력을 부여하지 않고 권고적 효력만을 인정하고 있다(국민참여재판법46⑤). 나아가 평결이 유죄인 경우 배심원은 심리에 관여한 판사와 함께 양형에 관하여 토의하고 그에 관한 의견까지도 개진한다(동조④ 1문). 국민참여재판이 실시되면서 공판절차이분론을 실천하기 위한 제도적 기반의 일부가 마련되었으나 아직은 공판절차를 이분화하기 위한 현실적·제도적 여건이 충분하다고 할 수 없다.

둘째로, 우리 입법자는 형법 및 각종 특별형법에서 다른 나라와 달리 광범위한 상습범 처벌규정을 두고 있다. 상습범은 범죄의 습벽이라는 피고인의 인격이 범죄성립의 핵심적 요소를 구성하는 경우로서 피고인의 인격조사는 이미 유·무죄의 판단 단계에서 논해지지 않을 수 없다.

셋째로, 양형조사와 관련된 전문지식을 갖춘 양형조사관이 충분히 확보되지 아니한 현재의 상태에서 공판절차를 유·무죄의 판단절차와 양형절차로 분리하는 것은 오히려 기존의 절차에 양형절차의 추가만을 초래하여 공판절차의 지연을 가져올 우려가 있다.

이상에서 공판절차이분론에 대한 장단점을 살펴보았다. 공판절차이분론은 유·무죄의 판단법원과 양형법원의 조직적 분리가 가능하고 양형조사관이 확보되며 실체형법이 행위형법으로 순화될 때 그 도입이 기대되는 제도라고 할 것이다.

제6절 공판절차상의 특수문제

제1 간이공판절차

1. 간이공판절차와 기소인부절차

간이공판절차란 유·무죄에 다툼이 없는 사건에 대하여 공판절차의 진행을 간이화함으로써 신속한 재판과 소송경제를 도모하려는 제도이다. 입법자는 실체적 진실발견과 피고인의 방어권보장을 위하여 유죄판결의 자료로 사용할 수 있는 증거방법의 자격(증거능력)에 엄격한 제한을 가하고, 또한 증거능력 있는 증거방법이라 할지라도 엄격한 증거조사방식에 의하여 이를 조사하도록 요구하고 있다.

그런데 이와 같은 공판절차진행의 엄격성은 유·무죄가 첨예하게 다투어지고 있는 사건에 있어서는 그 의미가 크지만, 피고인이 공판정에서 공소사실에 대하여 자백한 경우에까지 공판절차의 진행에 엄격성을 요구한다면 오히려 심리의 지연을 초래하고 법원의 노력을 소모하는 결과가 되기 쉽다. 여기에서 우리 입법자는 실체적 진실발견을 해치지 않는 범위 내에서 자백사건에 대하여 간이한 공판절차의 진행을 허용하고 이를 통하여 얻어지는 여유분의 업무역량을 다툼이 있는 다른 피고사건에 투입하도록 함으로써 형사사법의 원활한 운용을 도모하고 있다.

비교법적으로 볼 때 간이공판절차가 가장 발달한 형태로 미국 형사소송법상의 기소인부절차(arraignment)를 들 수 있다. 미국법의 경우에는 배심재판에 들어가기에 앞서서 법원이 피고인에 대하여 유·무죄의 답변을 구하게 되는데 이때 피고인이 유죄의 답변(plea of guilty)을 하면 법원은 이 진술에 대해 배심원단이 행하는 유죄평결과 같은 효력을 부여하고 이어서 바로 양형절차로 들어가게 된다.

미국법상의 기소인부(認否)절차는 대부분의 사건에서 배심재판을 생략하게 하는 중요한 기능을 담당하고 있다. 소수의 사건을 중심으로 엄격한 증거법칙을 적용하여 진행되는 미국법상의 배심재판제도는 기소인부절차가 있기 때문에 비로소 가능하게 된다.

2. 간이공판절차의 특색

(1) 통상재판과 간이공판절차

1973년 형소법 일부개정에 의하여 간이공판절차가 처음 도입될 당시에는 간이공판절차의 대상이 단독판사 관할사건으로 한정되어 있었다. 이후 1995년 형소법 일부개정에 의하여 단독판사 관할사건과 합의부 관할사건이 모두 간이공판절차의 대상이 되었다(법286의2).

그러나 우리 형사소송법상의 간이공판절차는 미국법상의 기소인부절차에 비하여 공판절차를 간이화하는 정도가 훨씬 약하다. 우리나라의 경우에는 간이공판절차에 의하여 심판할 것으로 결정되더라도 증거능력에 관한 제한이 완화되거나 증거조사절차가 간소화될 뿐 공판절차 자체가 생략되지는 않는다. 이 점에서 우리 법의 간이공판절차는 미국법상의 기소인부절차와 본질적으로 구별된다.

우리 입법자가 간이공판절차를 도입하면서도 이와 같이 미온적 태도를 취하고 있는 것은 피고인의 자백만 가지고 유죄판단을 행하도록 하는 것이 실체적 진실발견을 지향하는 형사절차의 기본이념과 상충될 우려가 있음을 고려하였기 때문이다.

(2) 국민참여재판과 간이공판절차의 불허

국민참여재판은 합의부 관할사건 및 관련되는 사건을 대상사건으로 하고 있다(국민참여재판법5① 참조). 국민참여재판에는 간이공판절차의 규정이 적용되지 않는다(동법43). 1년 이상의 법정형이 규정되어 있는 합의부 관할사건의 중대성 때문이다.

입법자는 배심원단의 규모를 축소하는 형태로 국민참여재판 절차의 간소화를 도모하고 있다. 국민참여재판에서 배심원의 수는 법정형이 사형·무기징역 또는 무기금고에 해당하는 경우에는 9인, 그 외의 대상사건의 경우에는 7인이다(국민참여재판법13① 본문). 법원은 사건의 내용에 비추어 특별한 사정이 있다고 인정되고 검사·피고인 또는 변호인의 동의가 있는 경우에 한하여 결정으로 배심원의 수를 7인과 9인 중에서 달리 정할 수 있다(동조②). 그러나 피고인 또는 변호인이 공판준비절차에서 공소사실의 주요내용을 인정한 때에는 5인의 배심원이 참여하게 할 수 있다(동법13① 단서).

3. 간이공판절차의 개시

(1) 피고인의 자백

간이공판절차를 개시하려면 피고인이 공판정에서 공소사실에 대하여 자백하여야 한다(법 286의2). '공소사실에 대한 자백'이란 공소장에 기재된 범죄사실을 전부 인정하고 위법성조각 사유나 책임조각사유의 원인되는 사실이 존재하지 않음을 인정하는 것을 말한다. 반드시 명시 적으로 유죄임을 자인하는 진술이 있어야 하는 것은 아니다.[1] 그러나 피고인이 범의를 부인 하거나 위법성조각사유나 책임조각사유를 주장하는 경우는 간이공판절차 개시요건으로서의 자백에 해당하지 않는다.

(2) 공판정에서의 자백

자백은 피고인 본인이 공판정에서 행하여야 한다(법286의2). 따라서 변호인에 의한 자백이 나 피고인의 출석 없이 개정할 수 있는 사건에서 대리인에 의한 자백은 허용되지 않는다. 다 만 피고인이 법인인 경우에는 법인의 대표자(법27)가 자백할 수 있으며, 피고인이 의사무능력 자인 경우에는 피고인의 법정대리인(법26)이나 특별대리인(법28)이 자백의 주체가 될 수 있다.

간이공판절차의 개시를 위한 자백은 공판정에서 행하여야 한다. 따라서 수사절차나 공판 준비절차에서의 자백을 근거로 간이공판절차를 개시할 수는 없다. 공판기일의 진행순서와 관 련하여 자백이 가능한 시점이 문제된다. 공판기일의 진행순서를 보면, 재판장의 진술거부권고 지(법283의2②)와 인정신문(법284)에 이어서 검사의 모두진술(법285)과 피고인의 모두진술(법 286)이 행해지고, 재판장의 쟁점정리(법287①)와 검사 및 변호인의 증거관계 등에 관한 의견진 술(동조②)이 있은 후 증거조사(법290)와 피고인신문(법296의2)이 이루어진다.

재판장은 검사의 모두진술(법285) 절차를 마친 뒤에 피고인에게 공소사실을 인정하는지 여부에 관하여 물어야 한다(법286①, 규칙127의2①). 이때 피고인이 모두진술(법286) 단계에서 공소사실을 인정하는 진술이 간이공판절차 개시를 위한 공판정의 자백이다. 간이공판절차의 개시에 관한 형사소송법 제286조의2가 피고인의 모두진술을 규정한 형소법 제286조 바로 다 음에 규정된 것은 바로 이 때문이다.

공판정에서의 자백이라 할지라도 그 자백은 신빙성이 있지 않으면 안 된다. 신빙성 없는 자백을 기초로 한 간이공판절차 개시결정은 취소의 대상이 된다(법286의3). 우리 입법자는 미

---

1) 1981. 11. 24. 81도2422, 공 1982, 89, 『밀항 인솔자 사건』.

국법의 경우에서 볼 수 있는 바와 같이 피고인이 유죄의 답변(plea of guilty)을 행하여 피고 사건에 대한 일종의 처분권을 행사하는 것을 허용하지 않고 있다.

(3) 간이공판절차 개시결정

간이공판절차의 요건이 구비되었다고 판단하면 법원은 그 공소사실에 한하여 간이공판절차에 의하여 심판할 것을 결정할 수 있다(법286의2). 간이공판절차 개시결정은 판결전의 소송절차에 관한 결정이므로 이 결정에 불복하여 항고할 수 없다(법403①). 간이공판절차의 요건을 갖추지 못하였음에도 불구하고 간이공판절차에 의하여 심판한 경우라면 상소를 통하여 판결 자체에 대한 불복을 할 수 있을 뿐이다.

4. 간이공판절차의 내용

(1) 증거능력의 완화

우리 형사소송법상 간이공판절차의 실질적 내용은 증거조사절차의 간이화에 모아지고 있다. 증거조사의 간소화는 다시 증거능력의 완화와 증거조사방식의 완화로 구체화된다.

간이공판절차 개시결정이 있는 사건의 증거에 관하여는 직접심리주의와 전문법칙이 적용되지 않는다. 다시 말하자면 원래 직접심리주의와 전문법칙에 의하여 증거능력이 부정되는 증거(법310의2, 312 내지 314 및 316)라 할지라도 간이공판절차에서는 증거로 함에 대한 소송관계인의 동의(법318①)가 있는 것으로 간주되어 증거능력이 부여된다(법318의3 본문). 그러나 검사, 피고인 또는 변호인이 증거로 함에 이의가 있는 때에는 증거동의의 효력이 인정되지 않는다(동조 단서).

간이공판절차에서는 직접심리주의 및 전문법칙에 의하여 설정되었던 증거능력의 제한만 완화된다. 위법수집증거배제법칙(법308의2)이나 자백배제법칙(헌법12⑦ 전단, 법309)에 의한 증거능력의 제한은 간이공판절차에서도 그대로 유효하다. 한편 증거능력이 아니라 증명력의 문제인 자백의 보강법칙(헌법12⑦ 후단, 법310)은 간이공판절차에도 그대로 적용된다.

(2) 증거조사방식의 간이화

간이공판절차에서 법원은 엄격한 증거조사의 방식에 의하지 아니하고 상당하다고 인정하는 방법으로 증거조사를 할 수 있다(법297의2). 간이공판절차에 있어서 간소화되는 증거조사의 방식에는 다음과 같은 것들이 있다. (가) 증인신문을 함에 있어서 교호신문의 방식에 의할 필요가 없다(법161의2 비적용). (나) 피고인신문의 시기도 반드시 증거조사 종료 후일 필요가 없다(법290 비적용). (다) 서류나 물건의 증거조사시에도 개별적으로 지시설명할 필요가 없다(법

291 비적용). (라) 서류나 물건의 증거조사방법도 반드시 제시나 낭독 등의 형식을 취할 필요가 없다(법292 비적용). (마) 증거조사의 종료시에 피고인에게 증거조사결과에 대한 의견을 묻거나 증거신청권을 알려줄 필요가 없다(법293 비적용). (바) 증인, 감정인, 공동피고인을 신문할 때에 피고인을 퇴정시킬 필요가 없다(법297 비적용).

증거조사방식 이외의 공판절차진행에 관한 규정들은 간이공판절차에도 그대로 적용된다. 이 때문에 간이공판절차에서도 공소장변경이 가능하다. 간이공판절차에 의하더라도 법원은 유죄판결 이외에 공소기각이나 관할위반의 재판은 물론 경우에 따라 무죄판결도 선고할 수 있다.

5. 간이공판절차의 취소

법원은 간이공판절차 개시결정을 한 사건에 대하여 (가) 피고인의 자백이 신빙할 수 없다고 인정되거나, (나) 간이공판절차로 심판하는 것이 현저히 부당하다고 인정할 때에는 검사의 의견을 들어 그 결정을 취소하여야 한다(법286의3). 간이공판절차의 취소는 법원의 직권에 의하여 결정으로 하되 사전에 검사의 의견을 들어야 한다(동조).

간이공판절차 개시결정이 취소된 때에는 법원은 원칙적으로 공판절차를 갱신하여야 한다(법301의2 본문). 그러나 검사, 피고인 또는 변호인의 이의가 없는 때에는 간이공판절차가 취소되더라도 공판절차의 갱신을 하지 않을 수 있다(동조 단서). 공판절차를 갱신하지 않는 경우에는 간이공판절차에서 행해진 증거조사가 그대로 효력을 유지하며 이미 조사된 전문증거의 증거능력도 그대로 인정된다.

제2 공판절차의 정지와 갱신

1. 공판절차의 정지

(1) 공판절차정지의 의의

공판절차의 정지란 일정한 사유가 발생한 경우에 법원의 결정으로 공판절차를 진행하지 않는 것을 말한다. 공판절차의 정지는 법률상 공판절차의 진행이 정지된다는 점에서 법원이 사실상 피고사건의 심리를 행하지 않는 경우와 구별된다. 공판절차의 정지는 법원의 결정으로 공판절차정지의 의사를 명시한다는 점에서 예컨대 기피신청의 경우(법22)와 같이 특정한 사유가 발생하면 당연히 소송절차의 진행이 정지되는 경우와 구별된다.

(2) 공판절차정지의 사유

(가) 정지사유　　피고인이 사물의 변별 또는 의사의 결정을 할 능력이 없는 상태에 있는 때에는 법원은 검사와 변호인 그리고 의사의 의견을 들어서 결정으로 그 상태가 계속하는 기간 공판절차를 정지하여야 한다(법306① · ③).

피고인이 질병으로 인하여 출정할 수 없는 때에도 법원은 검사와 변호인 그리고 의사의 의견을 들어서 결정으로 출정할 수 있을 때까지 공판절차를 정지하여야 한다(법306② · ③).

공소장변경이 있는 경우에 법원은 공소사실 또는 적용법조의 추가, 철회 또는 변경이 피고인의 불이익을 증가할 염려가 있다고 인정한 때에는 직권 또는 피고인이나 변호인의 청구에 의하여 피고인으로 하여금 필요한 방어의 준비를 하게 하기 위하여 결정으로 필요한 기간 공판절차를 정지할 수 있다(법298④).

(나) 예외사유　　피고사건에 대하여 무죄, 면소, 형의 면제 또는 공소기각의 재판을 할 것이 명백한 때에는 법원은 피고인에게 심신상실이나 질병의 사유가 있는 경우에도 피고인의 출정 없이 재판할 수 있다(법306④).

형소법 제277조는 경미사건 등 피고인의 불출석 허용사유를 규정하고 있다. 이에 해당하는 경우에 피고인은 대리인을 출석하게 할 수 있다(법277 2문). 피고인의 대리인이 출정할 수 있는 경우에는 공판절차의 정지 없이 재판할 수 있다(법306⑤).

(3) 공판절차정지의 결정과 효력범위

피고인의 심신상실(법306①)이나 질병(동조②)을 이유로 한 공판절차정지의 결정은 법원의 직권에 의하여 행해지며, 소송관계인에게는 의견진술의 기회가 부여될 뿐 공판절차정지 청구권이 인정되지 않는다(법306① · ②). 이 점은 공소장변경절차에서 법원이 직권 또는 피고인이나 변호인의 청구에 의하여 공판절차를 정지할 수 있는 것(법298④)과 구별된다.

공판절차정지결정에 따라 진행이 정지되는 것은 협의의 공판절차에 한정된다. 구속취소나 보석에 관한 재판 또는 공판준비를 위한 행위는 공판절차 정지기간 중에도 할 수 있다. 공판절차정지기간이 경과하거나 법원이 공판절차정지의 결정을 취소한 경우에는 법원은 정지되었던 공판절차를 다시 진행하여야 한다. 공판절차가 정지된 기간은 피고인에 대한 구속기간(법92①) 및 구속갱신의 기간(동조②)에 산입되지 않는다(법92③).

2. 공판절차의 갱신

(1) 공판절차갱신의 의의

공판절차의 갱신이란 이미 진행된 공판심리절차를 무시하고 다시 절차를 진행하는 것을 말한다. 공판절차의 갱신은 판결의 선고 전에만 가능하다. 일단 판결이 선고되면 법원은 자신의 판단에 구속되어 이를 번복할 수 없기 때문이다.

공판절차의 갱신은 공판절차를 진행한 법원이 당해 피고사건에 대한 판결선고 전에 공판심리절차를 다시 진행하는 것이다. 따라서 (가) 상급법원의 파기환송(법366, 393, 395) 또는 파기이송(법367, 395)의 판결에 의하여 하급법원이 공판절차를 진행하게 되는 경우, (나) 동급법원 간에 사건을 이송하는 경우(법8①), (다) 공소장변경으로 단독판사가 합의부에 사건을 이송하는 경우(동조②), (라) 재판권을 달리하는 법원 간에 사건이 이송된 경우(법16의2, 군사법원법2③) 등에 행해지는 공판절차는 공판절차의 갱신에 해당하지 않는다.

(2) 통상재판과 공판절차의 갱신

공판개정 후 판사의 경질이 있는 때에는 공판절차를 갱신하여야 한다(법301 본문). 피고사건에 대한 판단은 구두변론주의(법275의3)와 직접심리주의(법310의2)에 입각하여 심증을 직접적으로 형성한 법관이 행하여야 하기 때문이다. 그러나 판결의 선고만을 하는 경우에는 공판절차의 갱신을 요하지 않는다(법301 단서).

간이공판절차의 결정이 취소된 때에는 공판절차를 갱신하여야 한다(법301의2 본문). 간이공판절차에 의하여 심리를 진행하는 것이 부적법하거나 또는 현저히 부당한 경우에 다시 정식의 공판절차를 진행하기 위하여 공판절차를 갱신하는 것이다. 다만, 검사, 피고인 또는 변호인이 이의가 없는 때에는 공판절차를 갱신할 필요가 없다(동조 단서).

(3) 국민참여재판과 공판절차의 갱신

국민참여재판의 경우에 공판절차가 개시된 후 새로 재판에 참여하는 배심원 또는 예비배심원이 있는 때에는 공판절차를 갱신하여야 한다(국민참여재판법45①). 이 경우 갱신절차는 새로 참여한 배심원 또는 예비배심원이 쟁점 및 조사한 증거를 이해할 수 있도록 하되 그 부담이 과중하지 않도록 하여야 한다(동조②).

(4) 공판절차갱신의 절차

판사의 경질(법301), 간이공판절차의 취소(법301의2), 심신상실로 인한 공판절차정지 후의 공판절차재개(규칙143) 등에 따른 공판절차의 갱신은 다음의 절차에 의한다.

재판장은 피고인에게 진술거부권 등을 고지(법283의2②, 규칙127)한 후 인정신문(법284)을 하여 피고인임에 틀림없음을 확인하여야 한다(규칙144① i). 재판장은 검사로 하여금 공소장 또는 공소장변경허가신청서에 의하여 공소사실, 죄명 및 적용법조를 낭독하게 하거나 그 요지를 진술하게 하여야 한다(동항 ii). 재판장은 피고인에게 공소사실의 인정 여부 및 정상에 관하여 진술할 기회를 주어야 한다(동항iii).

재판장은 갱신전의 공판기일에서의 피고인이나 피고인이 아닌 자의 진술 또는 법원의 검증결과를 기재한 조서에 관하여 증거조사를 하여야 한다(규칙144① iv). 재판장은 갱신전의 공판기일에서 증거조사된 서류 또는 물건에 관하여 다시 증거조사를 하여야 한다(동항 v 본문). 다만, 증거능력 없다고 인정되는 서류 또는 물건과 증거로 함이 상당하지 아니하다고 인정되고 검사, 피고인 및 변호인이 이의를 하지 아니하는 서류 또는 물건에 대하여는 그러하지 아니하다(동항 v 단서).

재판장은 위의 서류 또는 물건(규칙144① iv · v)에 관하여 증거조사를 함에 있어서 검사, 피고인 및 변호인의 동의가 있는 때에는 그 전부 또는 일부에 관하여 정식의 증거조사방법(법 292, 292의2, 292의3)에 갈음하여 상당하다고 인정하는 방법으로 이를 할 수 있다(규칙144②).

제3 변론의 병합 · 분리 · 재개

1. 변론의 병합과 분리

법원은 필요하다고 인정한 때에는 직권 또는 검사, 피고인이나 변호인의 신청에 의하여 결정으로 변론을 분리하거나 병합할 수 있다(법300). 변론의 병합이란 수 개의 사건이 사물관할을 같이 하는 동일한 법원(국법상 의미의 법원을 말함)에 계속되어 있는 경우에 그 법원 소속의 한 재판부가 진행하는 하나의 공판절차에 수 개의 사건을 병합하여 심리하는 것을 말한다. 이에 대하여 변론의 분리는 하나의 재판부에 병합된 수 개의 사건을 분리하여 동일 또는 수 개의 재판부에서 수 개의 절차로 심리하는 것을 말한다.

변론의 병합 · 분리는 심리의 병합 · 분리와 구별된다. 심리의 병합이나 분리는 조직법상 서로 다른 법원(국법상 의미의 법원을 말함)에 속하는 수 개의 재판부를 전제로 하여 이들 재판부에 계속되어 있는 수 개의 피고사건들에 대하여 심리를 병합하거나 분리하는 것이다. 이것은 형소법 제6조 이하에 규정된 관할과 관련된 병합심리나 분리심리의 문제로서 형소법 제300조의 규율대상에는 포함되지 않는다.

변론의 병합이나 분리는 법원의 직권 또는 검사, 피고인이나 변호인의 신청에 의하여 법원의 결정으로 행한다(법300). 변론의 병합이나 분리는 소송경제와 실체적 진실발견의 요청을 비교교량해서 판단할 문제로서 법원의 재량에 속하는 사항이다. 동일한 피고인에 대하여 여러 개의 사건이 별도로 공소제기되었다고 하더라도 법원은 반드시 병합심리하여 동시에 판결을 선고해야 하는 것은 아니다. 변론의 병합과 분리에 관한 법원의 재량권은 어디까지나 건전하고 합리적인 범위 내에서 정당하게 행사되어야 한다. 법원의 재량권이 자의적인 재량을 의미하는 것은 아니다.[1]

2. 변론의 재개

법원은 필요하다고 인정한 때에는 직권 또는 검사, 피고인이나 변호인의 신청에 의하여 결정으로 종결한 변론을 재개할 수 있다(법305). 변론의 재개란 일단 종결한 변론을 다시 여는 것을 말한다. 변론의 재개가 있으면 변론은 종결 이전의 상태로 돌아가서 앞서의 변론과 일체를 이루게 된다.

변론이 재개되면 검사의 의견진술(논고와 구형) 이전의 상태로 돌아가게 되므로 필요한 심리를 마치고 다시 변론을 종결할 때에는 검사의 의견진술(법302)과 변호인의 최종변론 및 피고인의 최후진술(법303)이 다시 행해지게 된다. 변론의 재개는 법원의 직권이나 검사, 피고인·변호인의 신청에 의하여 법원이 결정으로 행한다(법305). 변론의 재개 여부는 법원의 전권에 속하는 사항이다.[2]

제 7 절   법원의 강제처분

제 1   강제처분의 의의

일반적으로 강제처분이라 함은 강제력의 행사를 요소로 하는 국가기관의 공권적 처분을 말한다. 강제처분은 체포·구속, 압수·수색 등과 같이 직접 물리적 강제력의 행사를 내용으로 하는 처분과 소환, 동행명령, 제출명령 등과 같이 상대방에게 일정한 법적 의무를 과하는 것을 내용으로 하는 처분으로 나누어 볼 수 있다. 후자에 대해서는 이를 강제처분이 아니라고 보는 견해도 있으나 상대방의 의사에 반하여 행해진다는 점에서 양자는 모두 넓은 의미의 강제처분에 속한다.

강제처분은 증거의 수집과 형집행의 확보를 위하여 행해진다. 강제처분은 수사절차와 공판절차에서 각각 행해진다. 형사소송법은 공판절차에서의 강제처분을 상세히 규정해 두고(법

---

1) 2011. 3. 31. 2009헌바351, 헌공 174, 586, 『화물운송회사 지입차량 사건』.
2) 1983. 12. 13. 83도2279, 공 1984, 226, 『전세사기 변론재개 요구 사건』.

68 이하) 이를 수사절차에 준용하는 방식을 취하고 있다(법200의6, 209, 213의2, 219). 그러나 형사절차의 실제는 그 반대로 되어 있어 법전체계상 문제점으로 지적되고 있다.

공판절차상 강제처분은 증거수집을 위하여 행해지는 일이 많으며, 이 때문에 증거조사와 밀접한 관련을 갖는다. 아래에서는 공소제기 후 수소법원이 행하는 강제처분을 중심으로 관련 규정들을 살펴보기로 한다.

제2 피고인의 구속

1. 피고인구속의 의의

재판절차의 진행과 형집행의 확보를 위하여 피고인에게 신체의 자유를 불가피하게 제한하는 경우가 있다. 소환(법68), 출석 및 동행명령(법79), 구속(법70)과 구인(법71) 등은 피고인의 신체의 자유를 제한하는 강제처분이다. 그 가운데에서 소환과 출석은 공판준비절차와 관련하여 설명하였고 동행명령은 소환에 준하는 것이므로, 아래에서는 피고인의 구인과 구속을 중심으로 그 내용을 살펴보기로 한다.

(1) 피고인의 구인과 구금

피고인의 구속이란 피고인의 신체자유를 제한하는 대인적 강제처분이다. 형사소송법 제69조는 "본법에서 구속이라 함은 구인과 구금을 포함한다."고 규정하여 구속에 관한 개념정의를 제시하고 있다.

구인이란 강제력에 의하여 피고인을 일정한 장소로 데려오는 조치를 말한다. 법원은 구인한 피고인을 법원에 인치한 경우에 구금할 필요가 없다고 인정한 때에는 그 인치한 때로부터 24시간 내에 석방하여야 한다(법71).

구금이란 강제력에 의하여 피고인을 일정한 장소에 머물러 있게 하는 조치를 말한다. 피고인을 일정한 장소에 머물러 있게 하려면 그를 일정한 장소에 데려와야 하므로 구금은 구인을 포함하는 개념이라고 할 수 있다. 구인과 구금을 포함한 강제처분이 구속이다(법69). 구속기간은 원칙적으로 2개월이다(법92①).

구인은 구인을 위한 구속영장에 의한다(법73 참조). 피고인이 소환에 불응할 때에는 구인을 위한 구속영장이 발부될 수 있다(법74). 구인을 위한 구속영장을 가리켜서 구인영장이라고 한다. 구인영장을 발부할 때에는 구인의 성질상 사전의 구속신문(법72)을 요하지 않는다. 그러나 구인이 구금보다 요건이 완화되는 것은 아니다. 피고인이 정당한 이유 없이 소환에 불응한다고 하여도 그 사유만으로 당연히 구인할 수 있는 것은 아니며, 소환 불응으로 인하여 '도망할 염려가 있다고 인정되는 때'에 한하여 구인할 수 있다.

구인영장이 집행되면 피고인은 영장에 기재된 인치할 장소에 인치된다. 구인한 피고인을 법원에 인치한 경우에 구금할 필요가 없다고 인정한 때에는 그 인치한 때로부터 24시간 내에 석방하여야 한다(법71). 법원은 인치받은 피고인을 유치할 필요가 있는 때에는 교도소·구치소 또는 경찰서 유치장에 유치할 수 있다. 이 경우 유치기간은 인치한 때부터 24시간을 초과할 수 없다(법71의2).

구금은 구금을 위한 구속영장에 의한다(법73 참조). 일반적으로 구속영장이라고 하면 구금을 위한 구속영장을 가리킨다. 구금을 위한 구속영장을 발부하는 경우에는 원칙적으로 사전에 구속신문절차를 거쳐야 한다(법72). 아래에서는 구속영장을 중심으로 피고인 구속에 관한 사항을 살펴본다.

(2) 피고인구속의 주체

검사의 공소제기에 의하여 공판절차의 주재권은 수소법원으로 넘어간다. 따라서 피고인구속의 주체는 법원이다(법70①). 다만, 체포·구속적부심사청구 후 피의자에 대하여 공소제기가 있는 경우에는 공소제기 후임에도 불구하고 체포·구속적부심 관할법원이 체포·구속적부심사를 청구한 피고인의 석방 여부를 결정한다(법214의2④ 2문).

수소법원이 행하는 피고인구속에는 피의자구속과 달리 검사의 신청을 요하지 않는다.[1] 재판장은 급속을 요하는 경우에는 소환(법68), 출석 및 동행명령, 구속을 위한 신문, 구속영장 발부, 구속촉탁 등(법68~71, 71의2, 73, 76, 77)의 처분을 할 수 있으며, 합의부원으로 하여금 이러한 처분을 하게 할 수 있다(법80).

피고인에 대한 수소법원의 강제처분권은 당해 심급에 피고사건에 대한 소송계속이 발생하여 소멸할 때까지 계속 유지된다. 수소법원에 발생한 소송계속은 두 가지 형태로 종결된다. 첫째는, 상소포기(법349 본문) 또는 상소기간의 도과(법358, 374)로 소송계속이 종료하는 경우이다. 다른 하나는, 원심판결에 대해 상소가 제기(법359, 375)되어 소송계속이 상소법원으로 이심(移審)되는 경우이다.[2]

판결이 선고되었다고 하더라도 상소포기가 없고 상소기간이 아직 남아있는 경우에는 원심법원에 소송계속이 여전히 존재한다. 따라서 예컨대 항소기간 중의 사건에 관한 피고인구속, 구속기간갱신, 구속취소, 보석, 보석취소, 구속집행정지, 구속집행정지취소 등에 관한 결정

---

1) 1996. 8. 12. 96모46, 공 1996, 2922, 『전직 대통령 재판 사건』.
2) 1985. 7. 23. 85모12, 공 1985, 1308, 『판결선고 후 재구속 사건』.

은 제1심법원이 하여야 한다(법105, 규칙57①).

상소제기가 있으면 원심법원의 소송계속은 종료되고 상소법원에 소송계속이 발생한다. 이를 이심의 효력이라고 한다. 상소제기 이후에는 원심법원이 피고인의 구속과 관련된 판단을 할 수 없는 것이 원칙이다.

그러나 상소제기된 사건이라고 할지라도 소송기록이 아직 원심법원에 있거나 상소법원에 도달하기까지는 피고인구속, 구속기간갱신, 구속취소, 보석, 보석취소, 구속집행정지, 구속집행정지취소 등의 결정은 원심법원이 하여야 한다(법105, 규칙57①). 이 경우 상소 중의 사건에 관하여 원심법원이 행한 피고인구속 등의 결정은 원심법원이 상소법원의 권한을 대행한 것이다. 원심법원에 의한 피고인구속은 아니다.[1]

2. 피고인구속의 요건

(1) 구속요건의 개관

법원은 피고인이 죄를 범하였다고 의심할 만한 상당한 이유가 있고 (가) 피고인이 일정한 주거가 없는 때, (나) 피고인이 증거를 인멸할 염려가 있는 때, (다) 피고인이 도망하거나 도망할 염려가 있는 때의 어느 하나에 해당하는 경우에는 피고인을 구속할 수 있다(법70①). 그러나 다액 50만원 이하의 벌금, 구류 또는 과료에 해당하는 사건에 관하여는 (가)의 사유, 즉 피고인이 일정한 주거가 없는 때를 제외하고는 구속할 수 없다(동조③).

피고인구속의 원칙적 사유는 증거인멸 또는 도망의 염려이다. 우리 입법자는 피고인구속의 최소화를 꾀하기 위하여 재범의 위험성이나 피고사건에 대한 사회적 물의 등을 독자적인 구속사유로 인정하고 있지 않다. 다만 법원은 증거인멸 또는 도망의 염려로 이루어진 구속사유를 심사함에 있어서 범죄의 중대성, 재범의 위험성, 피해자·중요참고인 등에 대한 위해 우려 등을 고려하여야 한다(법70②). 구속사유는 구체적 사실을 기초로 인정해야 하며 법원의 주관적 추측이나 염려로는 충분하지 않다.

(2) 범죄혐의

피고인을 구속하려면 피고인이 죄를 범하였다고 의심할 만한 상당한 이유가 인정되어야 한다(법70①). '피고인에게 범죄혐의가 인정된다' 함은 주관적으로 피고인이 공소제기된 범죄사실을 범한 사람이라는 점에 대한 고도의 개연성이 있고, 객관적으로 범죄성립요건과 소송조건이 모두 구비되어 있음을 의미한다.

---

1) 1985. 7. 23. 85모12, 공 1985, 1308, 『판결선고 후 재구속 사건』.

따라서 친고죄의 경우에 적법한 고소가 존재하지 않거나 고소가 취소된 경우, 반의사불벌죄의 경우에 처벌을 원하지 않는다는 의사표시가 명시된 경우, 피고사건에 대해 위법성조각사유나 책임조각사유 등이 인정되는 경우에는 피고인을 구속할 수 없다.

피고인에게 범죄혐의를 인정하려면 상당한 이유가 있어야 한다. 상당한 이유에 해당하는지는 일반인의 관점을 기준으로 법관이 판단하게 된다. 범죄혐의의 유무는 구속시를 기준으로 판단한다. 그러므로 공판절차의 진행상황에 따라서 범죄혐의가 증가 또는 소멸할 수 있다.

(3) 구속사유

(가) 증거인멸의 염려　'증거인멸의 염려'란 피고인을 구속하지 않으면 피고인이 증거방법을 훼손·변경하거나 공범자·증인·감정인 등에게 허위의 진술이나 감정을 행하도록 함으로써 피고사건의 실체적 진실발견을 해칠 구체적 위험이 있는 경우를 말한다. 증거인멸의 염려는 피고인이 부정한 방법으로 진실발견을 저해하는 경우를 가리킨다. 피고인이 공소사실을 다투거나 적법하게 자신에게 유리한 증거를 수집하거나 또는 진술거부권을 행사하는 것은 증거인멸의 염려가 있는 경우에 해당하지 않는다.

(나) 도망할 염려　'도망'이란 피고인이 공판절차의 진행 또는 형의 집행을 면할 의사로 소재불명이 되는 것을 말한다.[1] 법원의 소환을 피하기 위하여 종래의 주거를 떠나 잠적하거나 외국으로 나가는 행위 등이 여기에 해당한다. 도망은 피고인이 공판절차의 진행이나 형집행의 회피를 꾀할 목적으로 행하는 것이어야 한다.

(다) 주거부정　피고인에게 일정한 주거가 없는 것도 구속사유에 해당한다. 원래 피고인의 주거가 일정하지 않다고 하여 공판절차의 진행이나 형집행의 확보에 부정적인 영향을 미친다고 단정할 수는 없다. 따라서 주거부정은 '도망의 염려'를 판단하는 기준에 불과하다. 그러나 주거부정이 인정되면 증거인멸이나 도망의 염려가 큰 것이 일반적인 경험이므로 형사소송법은 이를 구속사유로 인정한 것이다.

형사소송법은 다액 50만원 이하의 벌금, 구류 또는 과료에 해당하는 사건에 대해서는 주거부정을 이유로 하는 경우를 제외하고는 피고인을 구속할 수 없도록 하고 있다(법70③).

3. 피고인구속의 절차

(1) 피고인에 대한 구속심문

(가) 구속심문　법원은 피고인에 대하여 (가) 범죄사실의 요지, (나) 구속의 이유와 (다)

---

1) 2014. 11. 18. 2014모2488, [미공간], 『캐나다 출국자 구속영장 사건』.

변호인을 선임할 수 있음을 말하고 (라) 변명할 기회를 준 후가 아니면 구속할 수 없다(법72 본문). 구금을 위한 구속영장의 발부에 필요한 사전의 청문절차를 가리켜 구속심문이라고 한다.

법원은 피고인이 출석하기 어려운 특별한 사정이 있고 상당하다고 인정하는 때에는 검사와 변호인의 의견을 들어 비디오 등 중계장치에 의한 중계시설을 통하여 구속심문 절차를 진행할 수 있다(법72의2②). 법원은 합의부원으로 하여금 구속심문절차를 이행하게 할 수 있다 (동조①).

(나) 원 칙 구속심문절차는 피고인을 구속함에 있어 법관에 의한 사전 청문절차를 규정한 것이다. 구속심문은 구속영장을 집행함에 있어 집행기관이 취해야 하는 절차가 아니라 구속영장을 발부함에 있어 수소법원 등 법관이 취해야 하는 절차이다.[1] 법원이 사전에 구속 심문절차를 거치지 아니한 채 피고인에 대하여 구금용 구속영장을 발부하였다면 그 발부결정은 원칙적으로 위법하다.[2]

(다) 예 외 다음의 경우에는 사전 구속심문에 대해 예외가 인정된다. 하나는 피고인이 도망한 경우이다(법72 단서). 이 경우에는 피고인이 청문권을 포기하였다고 볼 수 있다.

다른 하나는 소위 법정구속으로서, 피고인이 이미 변호인을 선정하여 공판절차에서 변명과 증거의 제출을 다하고 그의 변호 아래 판결을 선고받는 경우 등과 같이 형소법 제72조에서 정한 절차적 권리가 실질적으로 보장되었다고 볼 수 있는 경우이다.[3]

법정구속의 경우 사전 청문절차의 흠결에도 불구하고 구속영장 발부를 적법하다고 보는 이유는 공판절차에서 증거의 제출과 조사 및 변론 등을 거치면서 판결이 선고될 수 있을 정도로 범죄사실에 대한 충분한 소명과 공방이 이루어지고 그 과정에서 피고인에게 자신의 범죄사실 및 구속사유에 관하여 변명을 할 기회가 충분히 부여되기 때문이다. 그러므로 이와 동일시할 수 있을 정도의 사유가 없는 이상 함부로 청문절차 흠결의 위법이 치유된다고 해석해서는 안 된다.[4]

(라) 상소이유와의 관계 피고인의 구속은 피고인에 대한 판결 자체는 아니다. 피고인의 신병확보를 위한 구속 등 소송절차가 법령에 위반된 경우에는, 그로 인하여 피고인의 방어권이나 변호인의 조력을 받을 권리가 본질적으로 침해되고 판결의 정당성마저 인정하기 어렵다고 보이는 정도에 이르지 않는 한, 그것 자체만으로는 판결에 영향을 미친 위법이라고

---

1) 2014. 11. 18. 2014모2488, [미공간], 『캐나다 출국자 구속영장 사건』.
2) 2014. 11. 18. 2014모2488, [미공간], 『캐나다 출국자 구속영장 사건』.
3) 2014. 11. 18. 2014모2488, [미공간], 『캐나다 출국자 구속영장 사건』.
4) 2016. 6. 14. 2015모1032, 공 2016하, 973, 『일반교통방해죄 2차 구속영장 사건』.

할 수 없다.[1]

(2) 구속심문과 변호인의 조력을 받을 권리

피고인이 이미 구속되어 있는 경우에 변호인이 없는 때에는 법원은 직권으로 변호인을 선정하여야 한다(법33① i). 법원이 유죄판결을 선고하면서 피고인을 법정구속한 경우에도 피고인에게 변호인이 없으면 법원은 직권으로 변호인을 선정하여야 한다.

법원이 변호인 없는 피고인에게 유죄판결을 선고하면서 법정구속하는 경우에 구속 이전의 단계에서 피고인의 변호인의 조력을 받을 권리가 문제된다. 구속영장이 청구된 피의자에게 변호인이 없는 때에는 지방법원판사는 직권으로 변호인을 선정하여야 한다(법201의2⑧). 그런데 피고인의 경우에는 이에 상응하는 규정이 없다. 이 문제에 대해 판례는 다음의 기준을 제시하고 있다.

법원으로서는 형소법 제33조 제1항 각 호에 해당하는 필요국선의 경우가 아닌 한 피고인의 권리보호를 위하여 필요하다고 인정하지 않으면 국선변호인을 선정하지 않을 수 있다. 뿐만 아니라 국선변호인의 선정 없이 공판심리를 하더라도 피고인의 방어권이 침해되어 판결에 영향을 미쳤다고 인정되지 않는 경우에는 재량국선을 규정한 형소법 제33조 제3항을 위반한 잘못이 없다.[2]

그러나 판결 선고 후 피고인을 법정구속한 뒤에 비로소 국선변호인을 선정하는 것보다는 피고인의 권리보호를 위해 판결 선고 전 공판심리 단계에서부터 재량국선을 규정한 형소법 제33조 제3항에 따라 피고인의 명시적 의사에 반하지 아니하는 범위 안에서 국선변호인을 선정해 주는 것이 바람직하다.[3]

(3) 피고인에 대한 구속영장의 성질과 효력범위

법원이 피고인을 구인 또는 구금함에는 구속영장을 발부하여야 한다(법73). 피고인에 대한 구속영장은 피고인의 구속을 결정하는 수소법원의 재판서로서 재판의 집행기관에 대하여 피고인구속을 집행해야 할 의무를 발생시킨다. 이 점에서 구속영장은 검사가 형 확정 후 형을 집행하기 위하여 발부하는 형집행장(법473②)과 구별된다.

수소법원이 발하는 피고인에 대한 구속영장은 검사의 신청과 무관하다.[4] 피고인에 대한

---

1) 2019. 2. 28. 2018도19034, [미간행], 『사전청문절차 없는 구속영장 사건』.
2) 2016. 11. 10. 2016도7622, 공 2016하, 1954, 『법정구속 후 국선변호인 선정 사건』.
3) 2016. 11. 10. 2016도7622, 공 2016하, 1954, 『법정구속 후 국선변호인 선정 사건』.
4) 1996. 8. 12. 96모46, 공 1996, 2922, 『전직 대통령 재판 사건』.

구속영장은 검사의 신청에 의하여 지방법원판사가 발부하는 피의자에 대한 구속영장과 달리 재구속 제한규정(법208①)이나 구속영장의 효력범위에 관한 제한규정(동조②)이 적용되지 않는다.[1]

따라서 수소법원은 수사기관에 의하여 구속기소되었다가 구속기간이 만료된 피고인을 동일한 범죄사실을 이유로 재구속할 수 있으며(소위 재차구속), 구속기간이 만료된 피고인을 별개의 범죄사실을 이유로 재구속할 수도 있다(소위 별건구속).[2] 행정부 소속의 검사가 영장신청의 주체로서 주도적 역할을 담당하는 피의자구속의 경우와 달리 피고인구속은 헌법상 신분이 보장되고(헌법106) 직무활동의 독립성이 담보되는(헌법103) 법관들로 구성된 수소법원이 행하는 것이기 때문에 특별한 제한을 가하지 않은 것이라고 생각된다.

(4) 피고인에 대한 구속영장의 집행절차

피고인에 대한 구속영장은 원칙적으로 검사의 지휘에 의하여 사법경찰관리가 집행한다(법81① 본문). 다만, 급속을 요하는 경우에는 재판장, 수명법관 또는 수탁판사가 구속영장의 집행을 지휘할 수 있다(동항 단서). 수소법원이 불구속 상태로 재판받는 피고인에게 유죄판결을 선고하면서 소위 법정구속을 행하는 상황이 여기에 해당하는 예이다.

구속영장을 집행함에는 피고인에게 반드시 구속영장을 제시하고 그 사본을 교부하여야 한다(법85① 전단). 구속영장을 소지하지 아니한 경우에 급속을 요하는 때에는 피고인에 대하여 공소사실의 요지와 영장이 발부되었음을 고하고 집행할 수 있다(동조③). 이 경우 집행을 완료한 후에는 신속히 구속영장을 제시하고 그 사본을 교부하여야 한다(동조④). 2022년 입법자는 피고인의 방어권을 실질적으로 보장하기 위하여 영장의 제시 외에 영장사본을 교부하도록 하였다.

2024년 10월 20일부터 「형사사법절차에서의 전자문서 이용 등에 관한 법률」(형사절차전자문서법)이 시행되었다. 검사 또는 사법경찰관리는 피고인에 대한 구속영장이 전자문서로 발부된 경우에는 대법원규칙으로 정하는 바에 따라 전자문서를 제시하거나 전송하는 방법으로 구속영장을 집행할 수 있다(동법17① i, 법73). 구속영장을 전자문서의 형태로 집행하는 것이 현저히 곤란하거나 적합하지 아니한 경우에는 전자문서로 발부된 구속영장을 전산정보처리시스템을 통하여 출력한 서면으로 집행할 수 있다(형사절차전자문서법17②).

검사 또는 사법경찰관이 피고인에 대한 구속영장을 집행하는 경우에 필요한 때에는 구속현장에서 영장 없이 압수, 수색, 검증을 할 수 있다(법216②, ① ii). 이 경우 급속을 요하는 때에

---

[1] 1985. 7. 23. 85모12, 공 1985, 1308, 『판결선고 후 재구속 사건』.
[2] 1996. 8. 12. 96모46, 공 1996, 2922, 『전직 대통령 재판 사건』.

는 타인의 주거, 간수자 있는 가옥, 건조물, 항공기 또는 선박 · 차량 안에서의 압수 · 수색에 주거주, 간수자 또는 이에 준하는 사람의 참여를 요하지 않으며, 야간집행의 제한을 받지 않는다(법220, 216, 123②, 125).

피고인의 신체를 확보한 후에는 신속히 피고인을 지정된 법원 기타 장소에 인치하여야 한다(법85① 후단). 피고인을 구속한 때에는 피고인에게 즉시 공소사실의 요지와 변호인을 선임할 수 있음을 알려야 한다(법88). 이 고지는 구속 이후의 사후 청문절차에 해당한다. 고지는 법원 또는 법관이 행한다(규칙52 참조).

피고인을 구속한 때에는 (가) 변호인이 있는 경우에는 변호인에게, (나) 변호인이 없는 경우에는 변호인선임권자(법30②) 중 피고인이 지정한 자에게, (다) 그러한 자도 없는 경우에는 친지나 고용주 등과 같이 피고인이 지정하는 자 1인에게 (ㄱ) 피고사건명, (ㄴ) 구속일시 · 장소, (ㄷ) 범죄사실의 요지, (ㄹ) 구속의 이유와 (ㅁ) 변호인을 선임할 수 있다는 취지를 알려야 한다(법87①, 규칙51①).

구속의 통지는 구속된 피고인과 외부세계와의 중단 없는 연락을 가능하게 하는 장치로서 피고인의 방어권 보장을 위하여 극히 중요한 절차이다. 구속의 통지는 구속을 한 때로부터 24시간 이내에 지체 없이 서면으로 하여야 한다(헌법12⑤ 2문, 법87②; 규칙51②). 급속을 요하는 경우에는 구속되었다는 취지 및 구속의 일시 · 장소를 전화 또는 모사전송기 기타 상당한 방법에 의하여 통지할 수 있다(규칙51③ 본문). 다만, 이 경우에도 구속통지는 다시 서면으로 하여야 한다(동항 단서).

4. 피고인에 대한 구속기간

(1) 피고인 구속기간의 계산방법

법원에 의한 피고인의 구속기간은 2개월이다(법92①). 공소제기 전의 체포 · 구인 · 구금된 기간은 법원의 구속기간에 산입되지 않는다(동조③). 구속기간의 초일은 시간을 계산함이 없이 1일로 산정하며, 구속기간의 말일이 공휴일 또는 토요일에 해당하는 경우에도 구속기간에 산입한다(법66① 단서, ③ 단서). 2개월의 구속기간은 역서에 따라서 계산한다(법66②).

현실적으로 구속되지 아니한 일수는 피고인의 구속기간에 산입되지 않는다. 예컨대 도망 중의 기간, 구속집행정지(법101①), 감정유치(법172의2①) 중의 일수가 여기에 해당한다. 또한 (가) 기피신청에 의하여 소송진행이 정지된 경우(법22), (나) 공소장변경에 따라 공판절차가 정지된 경우(법298④), (다) 피고인이 사물의 변별 또는 의사의 결정을 할 능력이 없는 상태에 있어서 공판절차가 정지된 경우(법306①), (라) 피고인이 질병으로 인하여 출정할 수 없어서 공판절차가 정지된 경우(동조②) 등에 있어서는 공판절차가 정지된 기간을 구속기간에 산입하지 않는다(법92③).

(2) 피고인 구속기간의 갱신

피고인의 구속기간은 2개월이 원칙이다(법92①). 그렇지만 특히 구속을 계속할 필요가 있는 경우에는 심급마다 2개월 단위로 2차에 한하여 결정으로 갱신할 수 있다(법92② 본문). 다만, 상소심은 피고인 또는 변호인이 신청한 증거의 조사, 상소이유를 보충하는 서면의 제출 등으로 추가 심리가 필요한 부득이한 경우에는 3차에 한하여 갱신할 수 있다(동항 단서).

구속기간 갱신의 경우에도 (가) 기피신청에 의하여 소송진행이 정지된 경우(법22), (나) 공소장변경에 따라 공판절차가 정지된 경우(법298④), (다) 피고인이 사물의 변별 또는 의사의 결정을 할 능력이 없는 상태에 있어서 공판절차가 정지된 경우(법306①), (라) 피고인이 질병으로 인하여 출정할 수 없어서 공판절차가 정지된 경우(동조②) 등에 있어서는 공판절차가 정지된 기간을 구속기간 갱신기간에 산입하지 않는다(법92③).

상소제기에 의하여 상소 중인 사건에 대한 피고인구속의 문제가 있다. 상소 중인 사건에 관하여 행하는 구속기간갱신결정은 소송기록이 원심법원에 있거나 원심법원을 떠나 아직 상소심법원에 도달하기 전까지는 원심법원이 이를 하여야 한다(법105, 규칙57①). 이 경우 원심법원의 결정은 상소심법원의 권한을 대행한 것이다.

5. 구속된 피고인의 권리

구속은 피고인을 기존의 생활관계로부터 분리시키는 강력한 강제처분이므로 그에 상응하여 구속된 피고인의 방어권을 일층 강화해야 할 필요가 있다. 이 점과 관련하여 헌법과 형사소송법은 구속된 피고인의 권리로서 특히 변호인의 조력을 받을 권리와 접견교통권을 인정하고 있다.

누구든지 체포 또는 구속을 당한 때에는 즉시 변호인의 조력을 받을 권리를 가지므로(헌법12④ 본문), 구속된 피고인에게 변호인의 조력을 받을 권리가 인정됨은 물론이다. 이를 구체화하기 위하여 피고인에게 변호인선임권이 인정되고 있을 뿐만 아니라(법30①) 형사피고인이 스스로 변호인을 구할 수 없을 때에는 국선변호인의 선정을 청구할 수 있는 권리가 헌법적으로 보장되고 있다(헌법12④ 단서, 법33②).

구속된 피고인은 법원, 교도소장·구치소장 또는 그 대리인에게 변호사를 지정하여 변호인의 선임을 의뢰할 수 있다(법90①). 변호인 선임 의뢰를 받은 법원, 교도소장 또는 구치소장 또는 그 대리자는 급속히 피고인이 지명한 변호사에게 그 취지를 통지하여야 한다(동조②).

변호인 또는 변호인이 되려는 자는 신체구속을 당한 피고인과 접견하고 서류 또는 물건을 수수할 수 있으며 의사로 하여금 진료하게 할 수 있다(법34). 피고인의 변호인조력을 받을 권리에 대해서는 앞의 피의자 및 변호인 항목에서 함께 설명하였다.[1]

구속된 피고인은 법률이 정한 범위에서 타인과 접견하고 서류 또는 물건을 수수하며 의사의 진료를 받을 수 있다(법89). 이 경우 타인은 변호인 또는 변호인이 되려는 자(법34) 이외의 사람이다. 법원은 도망하거나 범죄의 증거를 인멸할 염려가 있다고 인정할 만한 상당한 이유가 있는 때에는 직권 또는 검사의 청구에 의하여 결정으로 구속된 피고인과 변호인 또는 변호인이 되려는 자(법34) 이외의 타인과의 접견을 금지할 수 있고, 서류나 그 밖의 물건을 수수(授受)하지 못하게 하거나 검열 또는 압수할 수 있다(법91 본문). 다만, 의류·양식·의료품은 수수를 금지하거나 압수할 수 없다(동조 단서).

6. 피고인에 대한 구속영장의 실효와 집행정지

(1) 구속취소

피고인에 대한 구속영장은 다음의 몇 가지 사유로 인하여 실효된다.

우선, 구속취소가 있다. 구속의 사유가 없거나 소멸된 때에는 법원은 직권 또는 검사, 피고인, 변호인 또는 변호인선임권자(법30②)의 청구에 의하여 결정으로 구속을 취소해야 한다(법93). 법원은 구속취소에 관한 결정을 하기 전에 검사의 의견을 물어야 한다(법97①). 그러나 구속취소가 검사의 청구에 의하거나 급속을 요하는 경우에는 검사의 의견을 물을 필요가 없다(법97②).

구속취소는 구속영장의 효력을 소멸시키는 법원의 재판이다. 구속영장의 효력을 소멸시킨다는 점에서 구속취소는 유효한 구속영장의 존재를 전제로 하면서 그 집행만을 정지시키는 보석허가결정(법95, 96)이나 구속집행정지결정(법101)과 구별된다.

형사소송법 제97조 제4항은 법원의 구속취소결정에 대해 검사가 즉시항고를 할 수 있다고 규정하고 있다. 그러나 법원의 구속집행정지결정에 대해 검사에게 즉시항고권을 인정한 구 형사소송법 제101조 제3항이 위헌으로 판단된 것[2]에 비추어 볼 때 형소법 제97조 제4항 또한 위헌무효라고 보아야 할 것이다. 입법적으로 정비가 요구되는 부분이다.

(2) 구속영장의 자동실효

다음으로 구속영장이 자동적으로 실효되는 경우가 있다. 구속영장은 피고인의 구속기간이

---

1) 전술 78면 참조.
2) 2012. 6. 27. 2011헌가36, 헌집 24-1하, 703, 『모친상 구속집행정지 사건』.

만료되면 실효된다. 무죄, 면소, 형의 면제, 형의 선고유예, 형의 집행유예, 공소기각 또는 벌금이나 과료를 과하는 재판이 선고된 때에는 구속영장은 효력을 잃는다(법331).

그러나 관할위반의 판결은 구속영장 실효사유에 포함되지 않는다. 소송행위는 관할위반인 경우에도 그 효력에 영향이 없다(법2). 관할위반의 경우에는 절차상 하자를 보정하여 재기소할 수 있으며, 이를 위해 피고인의 신병을 확보해 둘 필요가 있기 때문이다.

구속 중인 피고인에 대하여 자유형의 판결이 확정되면 그 때로부터 형의 집행이 시작된다(법459, 형법84①). 따라서 피고인에 대한 구속영장은 당연히 효력을 상실한다. 사형판결이 확정된 경우에도 피고인에 대한 구속영장은 실효된다. 사형선고를 받은 자가 도망하거나 도망할 염려가 있는 때 또는 현재지를 알 수 없는 때에는 소환함이 없이 형집행장을 발부하여 구인할 수 있다(법473③). 형집행장은 구속영장과 동일한 효력이 있다(법474②).

(3) 보 석

법원은 구속된 피고인이나 그 변호인 또는 변호인선임권자의 청구(법94)가 있으면 형사소송법 제95조가 규정한 특별한 사유가 없는 한 보석을 허가하여야 한다(법95). 또 법원은 일정한 제한사유의 존재에도 불구하고 상당한 이유가 있으면 직권 또는 신청에 의하여 보석을 허가할 수 있다(법96). 이 경우 전자를 필요적 보석, 후자를 임의적 보석이라고 한다. 보석은 보증금의 납부 등을 조건으로 구속의 집행을 정지하여 구속된 피고인을 석방하는 제도이다. 피고인의 보석에 관하여는 별도의 항목에서 상론하기로 한다.

(4) 구속집행정지

구속집행정지란 구속의 집행력을 정지시켜서 피고인을 석방하는 재판 및 그 집행을 말한다.[1] 구속집행정지 제도는 불구속재판의 원칙과 무죄추정의 원칙을 구현하기 위한 보석제도를 보충하는 기능을 담당한다.[2]

구속집행정지는 유효한 구속영장의 존재를 전제로 하면서 구속의 집행을 정지시키는 법원의 재판이다. 구속집행정지는 구속영장의 존재를 전제로 그 집행을 정지시키는 점에서 보석과 유사하다. 그렇지만 보증금의 납부 등을 필요로 하지 않는 점, 구속피고인이나 그 변호인 등에게 신청권이 인정되지 아니한 가운데 법원이 직권으로 행한다는 점 등에서 보석과 구별된다.

---

1) 2012. 6. 27. 2011헌가36, 헌집 24-1하, 703, 『모친상 구속집행정지 사건』.
2) 2012. 6. 27. 2011헌가36, 헌집 24-1하, 703, 『모친상 구속집행정지 사건』.

법원은 상당한 이유가 있는 때에는 결정으로 (가) 구속된 피고인을 친족, 보호단체, 기타 적당한 자에게 부탁하거나 (나) 피고인의 주거를 제한하여 구속의 집행을 정지할 수 있다(법101①). 형소법 제101조 제1항이 규정한 구속집행정지 조건의 내용은 예시로 볼 수 있으며, 반드시 이에 한정되지 않는다.

법원이 구속집행정지결정으로 가장 중한 기본권 제한인 구속을 예외적으로 해제하면서 다시 구속될 것을 담보하기 위해 일정한 조건을 부가하는 것은 구속집행정지의 성질상 당연히 허용된다. 구속의 목적을 달성하는 데 지장이 없다면 일정한 조건을 부가하더라도 구속집행을 정지하는 것이 피고인에게 더 유리하기 때문이다.[1] 전자장치 부착은 구속집행정지 조건으로 허용된다.[2]

2015년 개정 전 형사소송법 제101조 제3항은 법원의 구속집행정지결정에 대하여 "검사는 즉시항고를 할 수 있다."고 규정하고 있었다. 헌법재판소는 이 규정에 대해 헌법상 영장주의 및 적법절차원칙에 위배되며 과잉금지원칙에도 위배된다는 이유로 위헌으로 판단하였고,[3] 2015년 형소법 일부개정에 의하여 이 규정은 삭제되었다. 따라서 검사가 즉시항고를 하여 법원의 구속집행정지결정의 집행력을 정지시키는 것은 더 이상 허용되지 않는다.

헌법 제44조(의원의 불체포특권)에 의하여 구속된 국회의원에 대한 국회의 석방요구가 있으면 당연히 구속영장의 집행이 정지된다(법101④). '당연히 구속영장의 집행이 정지된다' 함은 법원의 판단을 기다리지 않고 국회의 석방결의 자체로부터 구속영장의 집행정지 효력이 발생한다는 의미이다. 국회의 석방요구 통고를 받은 검찰총장은 즉시 석방을 지휘하고 그 사유를 수소법원에 통지하여야 한다(동조⑤). 국회의 석방요구에 따른 구속영장의 집행정지는 그 회기 중 취소하지 못한다(법102② 단서).

7. 피고인 보석

(1) 보석의 의의

보석이란 보증금의 납부 등을 조건으로 법원이 구속영장의 집행을 정지함으로써 구속피고인을 석방하는 제도를 말한다. 피고인의 구속은 공판절차의 원활한 진행과 형집행의 확보를 위하여 행해지는 필요악이다. 보석제도는 피고인에게 공판절차 및 형집행에의 출석을 심리적으로 강제할 수 있을 정도의 보증금을 예치하거나 이에 상응하는 조건을 이행하도록 함으로써 피고인의 구속과 동일한 효과를 얻도록 하려는 데에 그 취지가 있다. 보석제도는 신체의

---

1) 2022. 11. 22. 2022모1799, 공 2023상, 219, 『군인 전자장치 부착 구속집행정지 사건』.
2) 2022. 11. 22. 2022모1799, 공 2023상, 219, 『군인 전자장치 부착 구속집행정지 사건』.
3) 2012. 6. 27. 2011헌가36, 헌집 24-1하, 703, 『모친상 구속집행정지 사건』.

자유를 보장하려는 헌법정신을 구현하고 무죄추정의 권리에서 유래하는 불구속재판의 원칙을 실현하기 위하여 마련된 장치이다.

보석은 유효한 구속영장의 존재를 전제로 하면서 그 집행만을 정지시키는 제도라는 점에서 구속집행정지(법101)와 기본적으로 그 성질을 같이한다. 그러나 보증금의 납부 등을 필요로 하고 구속된 피고인 측에 보석청구권이 인정되어 있다는 점에서 차이가 있다. 또한 보석은 유효한 구속영장을 전제로 하면서 구속의 집행을 정지시키는 것에 불과하다는 점에서 구속영장을 전면적으로 실효시키는 구속취소(법93)와 구별된다. 보석이 취소되면 일시적으로 정지되어 있던 구속영장의 효력이 당연히 부활하게 된다.

형소법 제94조 이하에 규정된 보석은 구속된 피고인에게 인정되는 자유회복의 장치이다. 피고인 보석은 체포·구속된 피의자의 자유회복장치인 체포·구속적부심사제도(헌법12⑥, 법214의2)와 구별된다. 구속된 피의자에 대해서는 구속적부심사절차에서 보증금납입조건부 석방이 인정된다(법214의2⑤). 이 경우의 석방은 피의자보석이라고 지칭되지만 피의자에게 보석청구권이 인정되지 않는다는 점[1]과 보증금납입조건부 석방만 인정된다는 점에서 피고인에 대한 보석과 구별된다.

(2) 보석제도의 중요성

보석제도의 중요성은 우선 피고인의 소송주체로서의 지위를 강화하는 점에서 찾아볼 수 있다. 보석을 통하여 피고인은 신체의 자유를 잠정적으로 회복하고 이를 통하여 소송주체로서 자신의 방어준비를 원활하게 할 수 있다. 다음으로, 보석제도는 미결구금을 통하여 받게 되는 범죄의 악영향으로부터 피고인을 보호하는 기능을 한다. 또한 보석은 미결구금에 수반되는 인적·물적 설비의 유지 때문에 발생하는 국가의 재정부담을 경감한다.

특히 헌법적 관점에서 볼 때 보석제도는 헌법정신에 기한 불구속재판의 원칙과 영장주의, 행복추구권, 공정한 재판을 받을 권리와 무죄추정의 권리 등을 구현하기 위하여 마련된 제도로서 그 의미가 크다.

(3) 보석의 종류

보석은 피고인 측의 청구에 기하여 허가되는가(법94, 96 후단) 아니면 법원의 직권에 의하여 허여되는가(법96 전단)에 따라서 청구보석과 직권보석으로 나누어 볼 수 있다. 청구보석은 구속된 피고인이 신체자유의 회복을 적극적으로 법원에 청구할 수 있는 장치라는 점에서 특

---

1) 1997. 8. 27. 97모21, 공 1997, 3191, 『노조간부 긴급체포 사건』.

히 주목된다.

또한 보석은 일정한 조건이 갖추어진 경우에 법원이 보석을 허가해야 할 의무를 지는가 아닌가에 따라서 필요적 보석과 임의적 보석으로 나누어진다. 형사소송법 제95조는 피고인 측의 청구가 있는 때에는 법정된 사유가 있는 경우를 제외하고는 법원이 '보석을 허가하여야 한다'고 규정함으로써 필요적 보석이 원칙임을 분명히 하고 있다.

한편 불구속재판의 원칙을 최대한 실현하기 위하여 형사소송법은 보석제한사유(법95)가 존재함에도 불구하고 상당한 이유가 있는 때에는 법원이 직권 또는 보석청구권자의 청구에 의하여 보석을 허가할 수 있도록 하고 있다(법96). 이 경우는 법원의 재량에 의한 것이므로 임의적 보석이다.[1]

(4) 보석의 청구와 심리

피고인, 피고인의 변호인 · 법정대리인 · 배우자 · 직계친족 · 형제자매 · 가족 · 동거인 또는 고용주는 법원에 구속된 피고인의 보석을 청구할 수 있다(법94). 피고인은 실제로 구속이 집행 중인 자와 구속집행정지 중인 자를 모두 포함한다. 보석은 보석청구권자의 청구에 의하는 외에 법원의 직권에 기하여도 할 수 있다(법96 전단).

보석청구권자로부터 보석청구가 있으면 법원은 보석허가에 관한 결정을 하여야 한다. 직권보석을 하는 경우에도 법원은 보석결정을 해야 한다. 재판장은 보석에 관한 결정을 하기 전에 검사의 의견을 물어야 한다(법97①). 검사는 재판장의 의견요청에 대하여 지체 없이 의견을 표명하여야 한다(동조③).

(5) 필요적 보석의 불허사유

보석청구가 있으면 법원은 다음이 경우 외에는 보석을 허가하여야 한다(법95).

① 피고인이 사형, 무기 또는 장기 10년이 넘는 징역이나 금고에 해당하는 죄를 범한 때 (1호)

② 피고인이 누범에 해당하거나 상습범인 죄를 범한 때 (2호)

③ 피고인이 죄증을 인멸하거나 인멸할 염려가 있다고 믿을 만한 충분한 이유가 있는 때 (3호)

④ 피고인이 도망하거나 도망할 염려가 있다고 믿을 만한 충분한 이유가 있는 때 (4호)

⑤ 피고인의 주거가 분명하지 아니한 때 (5호)

---

1) 1990. 4. 18. 90모22, 공 1990, 1108, 『'누범 보석 불가' 사건』.

⑥ 피고인이 피해자, 당해 사건의 재판에 필요한 사실을 알고 있다고 인정되는 자 또는
그 친족의 생명 · 신체나 재산에 해를 가하거나 가할 염려가 있다고 믿을 만한 충분한
이유가 있는 때 (6호)

(6) 보석허가결정과 불허결정

법원이 보석을 허가하는 결정을 하는 경우에는 필요하고 상당한 범위 안에서 일정한 보석
조건 중 하나 이상의 조건을 정하여야 한다(법98). 보석을 허가하는 법원의 결정에 대해 검사
는 즉시항고를 할 수 없다(법97③ 참조). 그러나 보통의 항고로 불복할 수는 있다(법403②, 409
단서 참조).[1]

법원이 보석을 허가하지 아니하는 결정을 하는 때에는 결정이유에 보석불허사유를 명시
해야 할 것이다. 이때 법원은 보석불허사유가 존재하는 이유를 구체적으로 보석불허결정에서
밝혀야 한다고 본다. 보석불허결정은 불복의 대상이 되는 재판이기 때문이다(법39 본문 참조).
그러나 판례는 엄격한 태도를 취하고 있지 않다.[2] 법원의 보석불허결정에 대해 보석청구권자
는 보통의 항고를 할 수 있다(법402, 403②).

(7) 보석조건

형사소송법 제98조는 보석조건으로 다음의 조건을 들고 있다.

① 법원이 지정하는 일시 · 장소에 출석하고 증거를 인멸하지 아니하겠다는 서약서를 제
출할 것 (1호)

② 법원이 정하는 보증금에 해당하는 금액을 납입할 것을 약속하는 약정서를 제출할 것
(2호)

③ 법원이 지정하는 장소로 주거를 제한하고 주거를 변경할 필요가 있는 경우에는 법원
의 허가를 받는 등 도주를 방지하기 위하여 행하는 조치를 받아들일 것 (3호)

④ 피해자, 당해 사건의 재판에 필요한 사실을 알고 있다고 인정되는 사람 또는 그 친족
의 생명 · 신체 · 재산에 해를 가하는 행위를 하지 아니하고 주거 · 직장 등 그 주변에
접근하지 아니할 것 (4호)

⑤ 피고인 아닌 자가 작성한 출석보증서를 제출할 것 (5호)

⑥ 법원의 허가 없이 외국으로 출국하지 아니할 것을 서약할 것 (6호)

---

1) 1997. 4. 18. 97모26, 공 1997, 1674, 『빵소니 보석허가 취소 사건』.
2) 1991. 8. 13. 91모53, 공 1991, 2380, 『'죄증인멸 충분하다' 사건』.

⑦ 법원이 지정하는 방법으로 피해자의 권리 회복에 필요한 금전을 공탁하거나 그에 상당하는 담보를 제공할 것 (7호)

⑧ 피고인이나 법원이 지정하는 자가 보증금을 납입하거나 담보를 제공할 것 (8호)

⑨ 그 밖에 피고인의 출석을 보증하기 위하여 법원이 정하는 적당한 조건을 이행할 것 (9호)

법원은 보석조건을 정함에 있어서 (가) 범죄의 성질 및 죄상, (나) 증거의 증명력, (다)피고인의 전과·성격·환경 및 자산, (라) 피해자에 대한 배상 등 범행 후의 정황에 관련된 사항을 고려하여야 한다(법99①). 법원은 피고인의 자금능력 또는 자산 정도로는 이행할 수 없는 조건을 정할 수 없다(동조②). 법원은 직권 또는 보석청구권자(법94)의 신청에 따라 결정으로 피고인의 보석조건을 변경하거나 일정기간 동안 당해 조건의 이행을 유예할 수 있다(법102①).

(8) 보석조건으로서의 전자장치 부착

2020년 개정된 「전자장치 부착 등에 관한 법률」(전자장치부착법)은 전자장치 부착을 보석조건으로 도입하였다. 법원은 형소법 제98조 제9호에 따른 보석조건으로 피고인에게 전자장치 부착을 명할 수 있다(전자장치부착법31의2①). 법원은 전자장치 부착을 명하기 위하여 필요하다고 인정하면 그 법원의 소재지 또는 피고인의 주거지를 관할하는 보호관찰소의 장에게 피고인의 직업, 경제력, 가족상황, 주거상태, 생활환경 및 피해회복 여부 등 피고인에 관한 사항의 조사를 의뢰할 수 있다(동조②).

법원의 의뢰를 받은 보호관찰소의 장은 지체 없이 조사하여 서면으로 법원에 통보하여야 하며, 조사를 위하여 필요한 경우에는 피고인이나 그 밖의 관계인을 소환하여 심문하거나 소속 보호관찰관에게 필요한 사항을 조사하게 할 수 있다(전자장치부착법31의2③). 보호관찰소의 장은 조사를 위하여 필요하다고 인정하면 국공립 기관이나 그 밖의 단체에 사실을 알아보거나 관련 자료의 열람 등 협조를 요청할 수 있다(동조④).

법원은 보석조건으로 피고인에게 전자장치 부착을 명한 경우 지체 없이 그 결정문의 등본을 피고인의 주거지를 관할하는 보호관찰소의 장에게 송부하여야 한다(전자장치부착법31의3①). 전자장치 부착명령을 받고 석방된 피고인은 법원이 지정한 일시까지 주거지를 관할하는 보호관찰소에 출석하여 신고한 후 보호관찰관의 지시에 따라 전자장치를 부착하여야 한다(동조②). 보호관찰소의 장은 피고인의 보석조건 이행 여부 확인을 위하여 적절한 조치를 하여야 한다(동조③).

보호관찰소의 장은 피고인의 전자장치부착 보석조건 이행 상황을 법원에 정기적으로 통지하여야 한다(전자장치부착법31의4①). 보호관찰소의 장은 피고인이 전자장치 부착명령을 위반한 경우 및 전자장치 부착을 통하여 피고인에게 부과된 주거의 제한 등 형사소송법에 따른 다른 보석조건을 위반하였음을 확인한 경우 지체 없이 법원과 검사에게 이를 통지하여야 한다(동조②). 보호관찰소장의 통지를 받은 법원은 형사소송법 제102조에 따라 피고인의 보석조건을 변경하거나 보석을 취소하는 경우 이를 지체 없이 보호관찰소의 장에게 통지하여야 한다(동조③).

보석조건으로서의 전자장치의 부착은 (가) 구속영장의 효력이 소멸한 경우, (나) 보석이 취소된 경우, (다) 형사소송법 제102조에 따라 보석조건이 변경되어 전자장치를 부착할 필요가 없게 되는 경우의 어느 하나에 해당하는 때에 그 집행이 종료된다(전자장치부착법31의5).

(9) 보석허가결정의 집행

위의 보석조건들 가운데 ①, ②, ⑤, ⑦, ⑧의 조건은 이를 이행한 후가 아니면 보석허가결정을 집행하지 못한다(법100① 전단). 법원은 필요하다고 인정하는 때에는 다른 조건에 관하여도 그 이행 이후 보석허가결정을 집행하도록 정할 수 있다(동항 후단).

보석조건 가운데 실질적으로 가장 중요한 것은 보석보증금의 납입이다. 보석보증금은 보석을 청구한 자가 납입하는 것이 원칙이다. 그러나 법원은 보석청구권자 이외의 자에게 보증금의 납입을 허가할 수 있다(법100②). 보증금은 현금으로 납입하는 것이 원칙이지만 법원은 유가증권이나 피고인 외의 자가 제출한 보증서로써 보증금에 갈음하는 것을 허가할 수 있다(동조③).

(10) 보석조건 위반에 대한 제재

법원은 피고인이 정당한 사유 없이 보석조건을 위반한 경우에는 결정으로 피고인에 대하여 1천만원 이하의 과태료를 부과하거나 20일 이내의 감치에 처할 수 있다(법102③). 이 결정에 대하여는 즉시항고를 할 수 있다(동조④).

보석조건 가운데 ⑤의 출석보증서를 조건으로 한 보석허가결정에 따라 석방된 피고인이 정당한 사유 없이 기일에 불출석하는 경우에는 그 출석보증인에게 500만원 이하의 과태료를 부과할 수 있다(법100의2①). 이 결정에 대하여는 즉시항고를 할 수 있다(동조②).

(11) 보석조건의 실효

보석조건은 구속영장의 효력이 소멸한 때에는 즉시 그 효력을 상실한다(법104의2①). 보석이 취소된 경우에도 보석조건은 즉시 그 효력을 상실한다(동조② 본문).

다만, 보석조건 가운데 ⑧의 조건, 즉 피고인이나 법원이 지정하는 자가 보증금을 납입하거나 담보를 제공할 것인 경우(법98 viii)에는 예외이다(법104의2② 단서). 피고인이나 법원이 지정한 자가 보증금납입 또는 담보제공을 한다는 ⑧의 보석조건은 이를 이행한 후가 아니면 보석허가결정을 집행하지 못한다(법100① 전단). 보증금납입 또는 담보제공이 이미 이행되었으므로 보석조건의 효력상실이라는 것을 상정할 수 없다. 보석이 취소되면 납입된 보증금이나 제공된 담보에 대한 몰취가 문제된다.

(12) 보석의 취소

(가) **보석취소사유**   법원은 피고인이 다음 사유의 어느 하나에 해당하는 경우에는 직권 또는 검사의 청구에 따라 결정으로 보석을 취소할 수 있다(법102② 본문).

① 도망한 때 (1호)
② 도망하거나 죄증을 인멸할 염려가 있다고 믿을 만한 충분한 이유가 있는 때 (2호)
③ 소환을 받고 정당한 사유 없이 출석하지 아니한 때 (3호)
④ 피해자, 당해 사건의 재판에 필요한 사실을 알고 있다고 인정되는 자 또는 그 친족의 생명 · 신체 · 재산에 해를 가하거나 가할 염려가 있다고 믿을 만한 충분한 이유가 있는 때 (4호)
⑤ 법원이 정한 조건을 위반한 때 (5호)

(나) **불복방법**   법원의 보석취소결정에 대해 보석청구권자는 보통의 항고를 할 수 있을 뿐이다(법102②, 402, 403②). 보석취소결정에 대한 보통항고에는 재판의 집행을 정지하는 효력이 없다(법409 본문). 이는 결정과 동시에 집행력을 인정함으로써 석방되었던 피고인의 신병을 신속히 확보하기 위함이다.[1]

형소법 제415조는 "고등법원의 결정에 대하여는 재판에 영향을 미친 헌법 · 법률 · 명령 또는 규칙의 위반이 있음을 이유로 하는 때에 한하여 대법원에 즉시항고를 할 수 있다."고 규정하고 있다. 한편 형소법 제410조는 "즉시항고의 제기기간 내와 그 제기가 있는 때에는 재판의 집행은 정지된다."고 규정하고 있다. 여기에서 항소심인 고등법원이 보석취소결정을 내렸을 때 형소법 제415조에 기하여 대법원에 재항고를 하면 고등법원이 내린 보석취소결정의 집행이 정지된다고 해석할 여지가 있다.

그러나 판례는 고등법원이 내린 보석취소결정에 대한 재항고에 대해 집행정지의 효력을 부정하고 있다.[2] 판례는 그 이유로, 보통항고의 경우에도 법원의 결정으로 집행정지가 가능한 점(법409 단서)을 고려하면 집행정지의 효력이 즉시항고의 본질적인 속성에서 비롯된 것이

---

1) 2020. 10. 29. 2020모633, [미간행], 『고등법원 보석취소결정 효력 사건』.
2) 2020. 10. 29. 2020모633, [미간행], 『고등법원 보석취소결정 효력 사건』.

라고 볼 수는 없다는 점, 만약 고등법원의 결정에 대하여 일률적으로 집행정지의 효력을 인정하면, 보석허가, 구속집행정지 등 제1심 법원이 결정하였다면 신속한 집행이 이루어질 사안에서 고등법원이 결정하였다는 이유만으로 피고인을 신속히 석방하지 못하게 되는 등 부당한 결과가 발생하게 된다는 점, 나아가 항소심 재판절차의 조속한 안정을 보장하고자 한 형소법 제415조의 입법목적을 달성할 수 없게 된다는 점 등을 들고 있다.[1]

(13) 보증금 등의 몰취 및 환부

보석조건으로 제공된 보증금이나 담보에 대한 몰취는 (가) 보석이 취소되는 경우와 (나) 확정판결 후 형집행을 위한 소환에 피고인이 불응하는 경우에 각각 일어난다.

법원은 보석을 취소하는 때에는 직권 또는 검사의 청구에 따라 결정으로 보증금 또는 담보의 전부 또는 일부를 몰취할 수 있다(법103①). 보석취소시에 행하는 보증금이나 담보의 몰취는 임의적이며 법원의 재량에 속한다. 보증금이나 담보의 몰취를 보석취소와 동시에 할 필요는 없다.[2]

법원은 보증금의 납입 또는 담보제공을 조건으로 석방된 피고인이 동일한 범죄사실에 관하여 형의 선고를 받고 그 판결이 확정된 후 집행하기 위한 소환을 받고 정당한 이유 없이 출석하지 아니하거나 도망한 때에는 직권 또는 검사의 청구에 따라 결정으로 보증금 또는 담보의 전부 또는 일부를 몰취하여야 한다(법103②). 이 경우 몰취는 필요적이다.

법원은 (가) 구속을 취소하는 때, (나) 보석을 취소하는 때, (다) 구속영장의 효력이 소멸된 때에는 몰취하지 아니한 보증금이나 담보를 납입자가 청구한 날로부터 7일 이내에 환부하여야 한다(법104).

제3 공판절차상의 압수·수색

1. 공판절차상 압수·수색의 의의

(1) 공판절차상 압수·수색의 의의와 종류

압수와 수색은 검증과 함께 증거수집을 목적으로 행해지는 대물적 강제처분이다. 압수란 목적물에 대한 점유의 취득 및 그 점유의 계속을 내용으로 하는 강제처분을 말하고, 수색은 물건 또는 사람을 발견하기 위하여 일정한 장소나 사람의 신체에 대하여 행하는 강제처분을

---

1) 2020. 10. 29. 2020모633, [미간행], 『고등법원 보석취소결정 효력 사건』.
2) 2001. 5. 29. 2000모22 전원합의체 결정, 공 2001, 1543, 『재구금 도주 사건』.

말한다.

공소제기 후 공판절차에서 행하는 압수·수색의 주체는 법원이다(법106①, 107①, 109①). 따라서 압수·수색의 필요성, 피고사건과의 관련성, 압수대상물 존재의 개연성 등에 대한 판단은 수소법원의 권한에 속한다.

(가) 압 수　　수소법원이 행하는 압수에는 좁은 의미의 압수(법106①), 제출명령(동조②), 임의제출물의 압수(법108) 등 세 가지 형태가 있다. 좁은 의미의 압수는 물건의 점유를 처음부터 강제적으로 취득하는 것을 말한다.

(나) 제출명령　　이에 대하여 제출명령은 법원이 압수할 물건을 지정하여 소유자, 소지자 또는 보관자에게 그 제출을 명하는 것을 말한다. 제출명령은 압수할 물건의 소유자 등에 대하여 그 물건을 제출해야 할 의무를 지우는 재판이다. 상대방이 제출명령에 응하여 물건을 제출하면 당연히 압수의 효력이 생긴다.

(다) 임의제출물 압수　　한편, 소유자, 소지자 또는 보관자가 임의로 제출한 물건 또는 유류한 물건은 영장 없이 압수할 수 있다(법108). 이를 임의제출물 압수라고 한다. 유류물은 점유이탈물(형법360)보다는 넓은 개념으로 자의에 의한 유기물도 포함한다. 일단 임의제출물이나 유류물에 대한 점유가 국가기관으로 이전되면 그 후의 점유계속은 강제성이 있으며 이 점에서 좁은 의미의 압수와 공통된다.

(2) 압수의 대상

압수의 대상은 증거물 또는 몰수대상물이다(법106①). 증거물이란 증거가치가 있다고 판단되는 물건으로서 대체성이 없는 것을 가리킨다. 증거물은 인증과 대비되는 물증이다. 몰수대상물이란 법원이 당해 사건에 관하여 그 시점에서 몰수사유에 해당한다고 판단한 물건을 말한다.

법원은 필요한 때에는 피고사건과 관계가 있다고 인정할 수 있는 것에 한정하여 증거물 또는 몰수할 것으로 사료하는 물건을 압수할 수 있다. 단, 법률에 다른 규정이 있는 때에는 예외로 한다(법106① 본문·단서). 입법자는 2011년 형사소송법 개정시에 피고사건과의 관련성 원칙을 명시함으로써 압수의 요건을 한층 강화하였다.

(3) 정보저장매체의 압수

컴퓨터와 인터넷이 보급됨에 따라 일상생활에서 새로운 정보저장매체가 널리 사용되고 있다. 입법자는 2011년 형사소송법의 개정시에 정보저장매체에 대한 압수의 요건을 분명하게 규정하였다.

법원은 압수의 목적물이 컴퓨터용디스크, 그 밖에 이와 비슷한 정보저장매체인 경우에는 기억된 정보의 범위를 정하여 출력하거나 복제하여 제출받아야 한다(법106③ 본문). 다만, 범위를 정하여 출력 또는 복제하는 방법이 불가능하거나 압수의 목적을 달성하기에 현저히 곤란하다고 인정되는 때에는 정보저장매체를 압수할 수 있다(동항 단서). 법원은 위의 방법으로 정보를 제공받은 경우 「개인정보 보호법」 제2조 제3호에 따른 정보주체에게 해당 사실을 지체 없이 알려야 한다(동조④).

무형적인 정보 자체는 '물건'이 아니어서 압수의 대상이 될 수 없는 것이 원칙이다. 그런데 2017년에 판례는 '전자정보의 소유자·소지자'라는 개념을 사용하여 피의자가 소지·소유하고 있는 컴퓨터 등에 대한 압수수색영장으로 원격지 서버에 대한 압수·수색을 할 수 있다는 입장을 천명하였다.[1] 이에 대한 자세한 내용은 수사절차상의 압수·수색과 관련하여 검토하였다.[2] 동일한 법리는 피고인이 소지·소유하고 있는 컴퓨터 등 정보저장매체에 대한 압수·수색에도 적용된다.

(4) 우체물의 압수

증거물이나 몰수대상물이 아니면서도 예외적으로 압수가 허용되는 경우가 있다. 법원은 필요한 때에는 피고사건과 관계가 있다고 인정할 수 있는 것에 한정하여 우체물 또는 「통신비밀보호법」 제2조 제3호에 따른 전기통신에 관한 것으로서 체신관서, 그 밖의 관련 기관 등이 소지 또는 보관하는 물건의 제출을 명하거나 압수를 할 수 있다(법107①).

우체물 등의 압수에 관한 처분을 할 때에는 발신인이나 수신인에게 그 취지를 통지하여야 한다(법107③ 본문). 단, 심리에 방해될 염려가 있는 경우에는 예외로 한다(동항 단서). 압수·수색할 물건이 전기통신에 관한 것인 경우에는 압수수색영장에 작성기간을 기재하여야 한다(법114① 단서).

(5) 수색의 대상

법원은 필요한 때에는 피고사건과 관계가 있다고 인정할 수 있는 것에 한정하여 피고인의 신체, 물건 또는 주거, 그 밖의 장소를 수색할 수 있다(법109①). 피고인 아닌 자의 신체, 물건, 주거 기타 장소에 관하여는 압수할 물건이 있음을 인정할 수 있는 경우에 한하여 수색할 수 있다(동조②). 입법자는 2011년 형사소송법 개정을 통하여 수색의 요건으로 피고사건과의 관련성 원칙을 명시하였다.[3]

---

1) 2017. 11. 29. 2017도9747, 공 2018상, 105, 『원격지 서버 압수수색 사건』.
2) 전술 288면 참조.
3) 전술 271면 참조.

2019년 입법자는 타인의 주거 등에 대한 피고인수색에 대해 긴급성 요건을 추가하였다. (가) 검사 또는 사법경찰관리가 구속영장을 집행하는 경우(법137), 또는 (나) 급속을 요하여 재판장, 수명법관 또는 수탁판사가 구속영장의 집행을 지휘하고 법원사무관 등이 구속영장을 집행하는 경우(법81②)에 필요한 때에는 미리 수색영장을 발부받기 어려운 긴급한 사정이 있는 경우에 한정하여 타인의 주거, 간수자 있는 가옥, 건조물, 항공기, 선박 · 차량 안에 들어가 피고인을 수색할 수 있다(법137).

(6) 압수 · 수색의 제한

법원은 피고사건에 대한 실체적 진실을 밝히기 위하여 제한 없이 증거를 수집할 수 있다. 다만 예외적으로 공익상의 이유에서 압수와 수색이 제한되는 경우가 있다.

첫째로, 군사상 비밀을 요하는 장소는 그 책임자의 승낙 없이는 압수 또는 수색할 수 없다(법110①). 이때 그 책임자는 국가의 중대한 이익을 해하는 경우를 제외하고는 승낙을 거부하지 못한다(동조②).

둘째로, 공무원 또는 공무원이었던 자가 소지 또는 보관하는 물건에 관하여는 본인 또는 그 당해 공무소가 직무상의 비밀에 관한 것임을 신고한 때에는 그 소속 공무소 또는 당해 감독 관공서의 승낙 없이는 이를 압수하지 못한다(법111①). 이때 소속 공무소 또는 당해 감독 관공서는 국가의 중대한 이익을 해하는 경우를 제외하고는 승낙을 거부하지 못한다(동조②).

셋째로, 변호사, 변리사, 공증인, 공인회계사, 세무사, 대서업자, 의사, 한의사, 치과의사, 약사, 약종상, 조산사, 간호사, 종교의 직에 있는 자 또는 이러한 직에 있던 자가 그 업무상 위탁을 받아 소지 또는 보관하는 물건으로 타인의 비밀에 관한 것은 압수를 거부할 수 있다(법112 본문). 단, 그 타인의 승낙이 있거나 중대한 공익상 필요가 있는 때에는 예외로 한다(동조 단서).

2. 공판절차상 압수 · 수색의 절차

(1) 공판정에서의 압수 · 수색

법원이 공판정 외에서 압수 또는 수색을 함에는 영장을 발부하여 시행해야 하지만(법113), 공판정에서 압수 · 수색을 하는 경우에는 영장을 발부할 필요가 없다(동조 반대해석). 공판정에서는 대체로 임의제출 형식에 의한 압수가 행해질 것이지만 좁은 의미의 압수와 이를 위한 수색이 행해지는 경우도 배제할 수 없다.

(2) 공판정 외에서의 압수·수색

공판정 외에서 압수 또는 수색을 함에는 영장을 발부하여 시행하여야 한다(법113). 압수수색영장에는 압수 또는 수색할 대상이 명시적이고 개별적으로 표시되어야 한다. '피고사건과 관계있는 모든 물건'과 같은 식으로 기재하는 일반영장은 위법하다.

2024년 10월 20일부터 「형사사법절차에서의 전자문서 이용 등에 관한 법률」(형사절차전자문서법)이 시행되었다. 검사 또는 사법경찰관리는 피고인에 대한 압수수색영장이 전자문서로 발부된 경우에는 대법원규칙으로 정하는 바에 따라 전자문서를 제시하거나 전송하는 방법으로 압수수색영장을 집행할 수 있다(동법17① i, 법113). 압수수색영장을 전자문서의 형태로 집행하는 것이 현저히 곤란하거나 적합하지 아니한 경우에는 전자문서로 발부된 압수수색영장을 전산정보처리시스템을 통하여 출력한 서면으로 집행할 수 있다(형사절차전자문서법17②).

공판정 외에서 행하는 경우라 할지라도 임의제출물이나 유류물을 압수하는 경우에는 영장을 요하지 않는다(법108). 또한 검사 또는 사법경찰관은 피고인에 대한 구속영장을 집행하는 경우에 필요한 때에는 구속현장에서 영장 없이 압수·수색·검증을 할 수 있다(법216②, ① ii). 이 경우 급속을 요하는 때에는 타인의 주거, 간수자 있는 가옥, 건조물, 항공기 또는 선박·차량 안에서의 압수·수색에 주거주, 간수자 또는 이에 준하는 사람의 참여를 요하지 않으며, 야간집행의 제한을 받지 않는다(법220, 216, 123②, 125).

압수수색영장에는 (가) 피고인의 성명, (나) 죄명, (다) 압수할 물건, (라) 수색할 장소·신체·물건, (마) 영장 발부 연월일, (바) 영장의 유효기간과 그 기간이 지나면 집행에 착수할 수 없으며 영장을 반환하여야 한다는 취지, (사) 그 밖에 대법원규칙으로 정하는 사항을 기재하고 재판장 또는 수명법관이 서명날인하여야 한다(법114① 본문). 형사소송규칙은 압수수색영장에 압수수색의 사유를 기재하여야 한다고 규정하고 있다(규칙58). 압수·수색할 물건이 전기통신에 관한 것인 경우에는 작성기간을 기재하여야 한다(법114① 단서). 피고인의 성명이 분명하지 아니한 때에는 인상, 체격, 기타 피고인을 특정할 수 있는 사항으로 피고인을 표시할 수 있다(동조②, 72②).

압수수색영장은 검사의 지휘에 의하여 사법경찰관리가 집행한다(법115① 본문). 검사의 지휘에 의하여 압수수색영장을 집행하는 경우에는 압수수색영장을 발부한 법원이 그 원본을 검사에게 송부하여야 한다(규칙59, 48).

재판장은 필요한 경우에 법원사무관 등에게 영장의 집행을 명할 수 있다(법115① 단서). 법원사무관 등은 압수수색영장의 집행에 관하여 필요한 때에는 사법경찰관리에게 보조를 구할 수 있다(법117).

압수수색영장은 처분을 받는 자에게 반드시 제시하여야 한다(헌법12③ 본문, 법118 본문).

처분을 받는 자가 피고인인 경우에는 영장을 제시하고, 나아가 그 사본을 교부하여야 한다(법 118 본문). 다만, 처분을 받는 자가 현장에 없는 등 영장의 제시나 그 사본의 교부가 현실적으로 불가능한 경우 또는 처분을 받는 자가 영장의 제시나 사본의 교부를 거부한 때에는 예외로 한다(동조 단서).

2022년 입법자는 형소법 제118조의 개정을 통하여 압수수색영장을 집행할 때 압수·수색 처분을 받는 자가 피고인인 경우 피고인의 방어권이 실질적으로 보장받을 수 있도록 영장을 제시할 뿐만 아니라 영장의 사본을 교부하도록 하였다. 실무상 영장집행기관이 제대로 영장을 제대로 제시하지도 않거나 영장을 제시하지 않은 채 포괄적이고 광범위하게 압수·수색을 하는 경우가 많다는 지적이 있었다. 법원의 허용범위를 넘어선 위법수집증거의 문제를 해소하고 당사자의 기본권이 과도하게 침해되고 있다는 비판을 불식하기 위하여 입법자는 영장 사본 교부 의무를 영장집행기관에 부과하였다.

검사, 피고인 또는 변호인은 압수수색영장의 집행에 참여할 수 있다(법121). 압수·수색영장을 집행함에는 미리 집행의 일시와 장소를 검사, 피고인 또는 변호인에게 통지하여야 한다(법122 본문). 단, 참여권자가 참여하지 아니한다는 의사를 명시한 때 또는 급속을 요하는 때에는 예외로 한다(동조 단서).

공무소, 군사용의 항공기 또는 선박·차량 안에서 압수수색영장을 집행하려면 그 책임자에게 참여할 것을 통지하여야 한다(법123①). 위의 장소 외에 타인의 주거, 간수자 있는 가옥, 건조물, 항공기 또는 선박·차량 안에서 압수수색영장을 집행할 때에는 주거주(住居主), 간수자 또는 이에 준하는 사람을 참여하게 하여야 한다(동조②). 주거주, 간수자 또는 이에 준하는 사람을 참여하게 하지 못할 때에는 이웃 사람 또는 지방공공단체의 직원을 참여하게 하여야 한다(동조③). 여자의 신체에 대하여 수색할 때에는 성년의 여자를 참여하게 하여야 한다(법124).

압수수색영장을 집행할 때에는 타인의 비밀을 보호하여야 하며 처분받은 자의 명예를 해하지 아니하도록 주의하여야 한다(법116). 압수수색영장의 집행 중에는 타인의 출입을 금지할 수 있으며(법119①) 이에 위배한 자에게는 퇴거하게 하거나 집행종료시까지 간수자를 붙일 수 있다(동조②). 압수수색영장의 집행에 있어서는 자물쇠를 열거나 개봉 기타 필요한 처분을 할 수 있으며(법120①), 이 처분은 압수물에 대하여도 할 수 있다(동조②). 압수수색영장의 집행을 중지한 경우에 필요한 때에는 집행이 종료될 때까지 그 장소를 폐쇄하거나 간수자를 둘 수 있다(법127).

일출 전, 일몰 후에는 압수수색영장에 야간집행을 할 수 있는 기재가 없으면 그 영장을 집행하기 위하여 타인의 주거, 간수자 있는 가옥, 건조물, 항공기 또는 선박·차량 안에 들어

가지 못한다(법125). 그러나 (가) 도박 기타 풍속을 해하는 행위에 상용(常用)된다고 인정하는 장소, (나) 여관, 음식점 기타 야간에 공중이 출입할 수 있는 장소로서 공개한 시간 내인 경우에는 야간집행의 제한을 받지 않는다(법126).

대상물을 압수한 경우에는 압수목록을 작성하여 소유자, 소지자, 보관자 기타 이에 준할 자에게 교부하여야 한다(법129). 압수·수색에 관하여는 조서를 작성하여야 한다(법49①). 압수조서에는 품종, 외형상의 특징과 수량을 기재하여야 한다(동조③). 수색을 하였으나 증거물 또는 몰수할 물건이 없는 때에는 그 취지의 증명서를 수색의 상대방에게 교부하여야 한다(법128).

3. 공판절차상 압수물의 관리와 환부·가환부

(1) 압수물관리의 필요성

압수는 증거물의 수집이나 몰수물의 확보에 그 목적이 있으므로 일단 목적물을 압수한 다음에는 압수 당시의 성질과 상태 및 형태를 보전하여 앞으로의 심판자료로 사용하거나 몰수가 가능하도록 유지하여야 한다. 압수물의 보관방법에는 (가) 자청보관, (나) 위탁보관, (다) 대가보관의 방법이 있고 그 밖에 폐기처분이 허용된다.

압수물은 법원청사 내 시설에서 이를 보관하는 것이 원칙이다. 그러나 운반 또는 보관에 불편한 압수물에 관하여는 간수자를 두거나 소유자 또는 적당한 자의 승낙을 얻어 보관하게 할 수 있다(법130①). 압수물에 대하여는 그 상실 또는 파손 등의 방지를 위하여 상당한 조치를 하여야 한다(법131).

몰수하여야 할 압수물로서 멸실·파손·부패 또는 현저한 가치 감소의 염려가 있거나 보관하기 어려운 압수물은 매각하여 대가를 보관할 수 있다(법132①). 환부하여야 할 압수물 중 환부를 받을 자가 누구인지 알 수 없거나 그 소재가 불명한 경우로서 그 압수물의 멸실·파손·부패 또는 현저한 가치 감소의 염려가 있거나 보관하기 어려운 압수물은 매각하여 대가를 보관할 수 있다(동조②).

위험발생의 염려가 있는 압수물은 폐기할 수 있다(법130②). 법령상 생산·제조·소지·소유 또는 유통이 금지된 압수물로서 부패의 염려가 있거나 보관하기 어려운 압수물은 소유자 등 권한 있는 자의 동의를 받아 폐기할 수 있다(동조③).

(2) 압수물의 환부

환부란 압수의 필요가 없게 된 경우에 압수의 효력을 소멸시키고 종국적으로 압수물을 피압수자에게 반환하는 조치를 말한다. 환부는 압수를 종국적으로 실효시키는 점에서 압수의 효

력이 존속되는 가운데 일시적으로 압수물을 반환하는 데 불과한 가환부와 구별된다. 또 압수
물의 환부는 피압수자에 대한 반환을 원칙으로 하는 점에서 피해자에 대하여 장물을 반환하
는 피해자환부와 구별된다.

압수물의 환부·가환부는 수사절차상의 환부·가환부와 공판절차상의 환부·가환부로 나
누어진다. 2011년 형소법 일부개정시에 입법자는 수사절차상의 환부·가환부에 대해 형소법
제218조의2를 신설하였다. 형소법 제133조 이하의 환부·가환부에 관한 규정은 원칙적으로
공판절차상의 환부·가환부에 대한 것이다.

법원은 공판절차를 진행함에 있어서 압수를 계속할 필요가 없다고 인정되는 압수물은 피
고사건 종결 전이라도 결정으로 환부하여야 한다(법133① 전단). 또한 법원은 공판절차의 진행
중에 있어서 압수한 장물이 피해자에게 환부할 이유가 명백한 때에는 피고사건의 종결 전이
라도 결정으로 압수장물을 피해자에게 환부할 수 있다(법134).

압수물의 환부는 법원의 직권에 속하는 사항이며 피압수자 등 이해관계인에게 환부신청
권은 인정되고 있지 않다. 그러나 법원이 환부결정을 함에는 검사, 피해자, 피고인 또는 변호
인에게 미리 통지하여야 한다(법135).

압수물에 대한 최종적 처분은 수소법원이 유죄·무죄의 판결 등으로 당해 피고사건을 종
결하는 경우에 몰수 또는 환부의 형태로 이루어진다. 이 가운데 몰수는 형의 일종이므로
(형법41ix, 49 본문) 유죄판결을 선고할 때 판결로써 선고된다(법321①). 압수된 서류 또는 물
품에 대해 몰수의 선고가 없는 때에는 압수가 해제된 것으로 간주된다(법332). 이 때에는 압
수한 물건을 피압수자에게 환부하게 된다.

그러나 압수한 장물로 피해자에게 환부할 이유가 명백한 것은 수소법원이 판결로써 피
해자에게 환부하는 선고를 하여야 한다(법333①). 이 경우 장물을 처분하였을 때에는 판결
로써 그 대가로 취득한 것을 피해자에게 교부하는 선고를 하여야 한다(동조②). 이상의 피
해자 환부는 이해관계인이 민사소송절차에 의하여 그 권리를 주장함에 영향을 미치지 않
는다(동조④).

(3) 압수물의 가환부

가환부란 압수의 효력은 그대로 존속시키면서 압수물을 피압수자나 보관자 등에게 일시
적·잠정적으로 돌려주는 것을 말한다. 가환부는 일정한 자의 청구를 기다려 행한다. 가환부
는 임의적으로 행하는 경우와 필요적으로 행하는 경우가 있다.

압수물이 증거에 공할 물건인 경우에 법원은 소유자, 소지자, 보관자 또는 제출인의 청구

에 의하여 가환부할 수 있다(법133① 후단). 이 때의 압수물의 가환부는 법원의 재량에 속한다. 그러나 목적물이 증거에만 공할 목적으로 압수된 물건으로서 그 소유자 또는 소지자가 계속 사용하여야 할 물건은 사진촬영 기타 원형보존의 조치를 취하고 신속히 가환부하여야 한다(법133②). 이 경우에는 가환부가 필요적으로 행해진다. 가환부결정을 함에는 검사, 피해자, 피고인 또는 변호인에게 미리 통지하여야 한다(법135).

가환부는 피해자에 대한 장물의 가환부 형태로도 일어날 수 있다. 수소법원이 공판절차를 종결하여 판결을 선고할 때 가환부한 장물에 대하여 별단의 선고가 없는 때에는 환부의 선고가 있는 것으로 간주한다(법333③). 이 경우 이해관계인이 민사소송절차에 의하여 그 권리를 주장함에 영향을 미치지 않는다(동조④).

4. 공판절차상 압수물과 관련된 불복방법

(1) 공판절차진행 중의 불복방법

공판절차의 진행 도중에 내려지는 압수물의 관리처분과 환부 · 가환부의 결정은 압수물의 소유자나 이해관계인이 자신의 재산권을 행사하는 데에 중대한 영향을 미친다. 따라서 이러한 경우에 대비한 권리구제방법이 필요하다.

먼저, 압수나 압수물의 환부에 관한 법원의 결정에 대해서는 보통항고를 제기할 수 있다(법403②). 다음으로 재판장 또는 수명법관이 압수 또는 압수물환부에 관한 재판을 고지한 경우에 불복이 있으면 그 법관 소속의 법원에 재판의 취소 또는 변경을 구하는 준항고를 제기할 수 있다(법416① ii).

압수물의 관리와 환부 · 가환부에 대한 항고법원 및 준항고법원의 결정에 대하여는 재판에 영향을 미친 헌법, 법률, 명령 또는 규칙의 위반이 있음을 이유로 하여서만 대법원에 즉시항고할 수 있다(법415, 419).

(2) 종국판결시 환부에 대한 불복방법

유죄판결을 선고할 때 압수된 서류 또는 물품에 대해 몰수의 선고가 없는 때에는 압수가 해제된 것으로 간주된다(법332). 압수장물에 대한 피해자환부는 판결로써 이를 선고해야 한다(법333①). 종국판결의 선고와 관련하여 이루어지는 환부에 대해서는 판결 자체에 대한 불복방법을 통해 다투어야 한다. 판결에 대한 불복방법은 항소(법357) 또는 상고(법371)이다.

제 4 공판절차상의 검증

1. 공판절차상 검증의 의의

공판절차상 강제처분의 하나로 검증이 있다. 원래 검증은 사물의 성질과 상태를 오관으로 확인하는 작용이다. 공판절차에서 검증은 증거조사의 일환으로 이루어지지만, 검증 과정에서 강제처분이 행해지는 일이 있다. 그리하여 수소법원의 검증은 넓은 의미에서 강제처분의 하나로 파악된다. 공판절차상 강제처분으로서의 검증에 대해서는 앞에서 검토하였다.[1)]

2. 공판절차상 검증의 절차

법원은 사실을 발견함에 필요한 때에는 검증을 할 수 있다(법139). 검증을 함에 필요한 때에는 사법경찰관리에게 보조를 명할 수 있다(법144). 검증을 함에는 신체의 검사, 사체의 해부, 분묘의 발굴, 물건의 파괴 기타 필요한 처분을 할 수 있다(법140).

법원은 검증의 일환으로 신체검사를 할 수 있다(법141①·② 참조). 법원은 신체를 검사하기 위하여 피고인 아닌 자를 법원 기타 지정한 장소에 소환할 수 있다(법142). 여자의 신체를 검사하는 경우에는 의사나 성년 여자를 참여하게 하여야 한다(법141③). 사체의 해부 또는 분묘의 발굴을 하는 때에는 예(禮)에 어긋나지 아니하도록 주의하고 미리 유족에게 통지하여야 한다(동조④).

검증을 할 때에는 시간적 제한이 있다(법143 참조). 검증에는 공판절차상의 압수·수색에 관한 규정이 준용된다(법145). 군사상 비밀을 요하는 장소에의 검증의 제한(법145, 110), 검증의 통지 및 참여, 출입금지(법145, 119~123, 127), 수명법관·수탁판사(법145, 136) 등은 공판절차상 압수·수색의 경우에 준한다.

---

1) 전술 631면 참조.

제 4 장 증 거

제1절 증거법 서설

제1 증거의 의의와 종류

1. 증거의 의의

(1) 증거, 증명, 입증취지

형사절차는 피고사건의 실체적 진실을 밝히고 이에 형벌규정을 적용함으로써 형벌권을 실현시키는 과정이다. 형사절차에서는 심판의 대상이 되는 피고인과 범죄사실을 구체적으로 확인하는 작업이 필수적으로 요구된다. 이때 문제되는 사실관계의 확인자료를 증거라 하고 증거에 의하여 사실관계가 확인되는 과정을 증명이라고 한다. 증거는 일정한 사실을 증명하는 자료이다. 이 경우 증명의 대상이 되는 사실을 요증사실이라 하고 증거와 증명하고자 하는 사실과의 관계를 입증취지라고 한다(규칙132의2① 참조).

(2) 증거방법과 증거자료

형사소송법상 증거의 개념은 증거방법과 증거자료의 두 가지 의미로 사용되고 있다. 첫째로, 증거가 증거방법의 의미로 사용되는 경우가 있다. 증거방법이란 증인, 감정인, 증거물, 증거서류 등과 같이 사실의 인정에 사용될 수 있는 수단 자체를 말한다. 증거방법은 증거조사의 대상이 된다. 피고인은 형사절차에 있어서 소송주체가 되므로 통상의 증거방법과 다른 지위를 가진다. 그러나 우리 형사소송법상 임의로 행해지는 피고인의 진술이나 피고인의 신체 등은 증거로 사용될 수 있다. 따라서 피고인도 제한적인 범위에서 증거방법이 된다.

둘째로, 증거는 증거자료의 의미로 사용된다. 증거자료라 함은 증거방법을 조사하여 얻어진 내용 그 자체를 말한다. 예컨대 증인의 증언, 감정인의 감정의견, 증거물의 성질과 상태, 증거서류의 의미내용, 피고인의 진술 등은 증거자료이다. 증거자료는 증거방법을 조사하여 얻어진 자료인바, 이때 증거자료를 획득·감지하는 절차를 증거조사라고 한다. 증인을 예로 들어보면, 증인은 증거방법이고 증언 그 자체는 증거자료이며 증인신문은 증거조사에 해당한다.

2. 증거의 종류

(1) 직접증거와 간접증거

직접증거란 요증사실을 직접적으로 증명하는 증거이다. 예컨대 목격자의 진술이나 범행현장을 촬영한 CCTV 영상 등은 직접증거이다. 요증사실 가운데 피고사건의 유죄입증에 있어서 핵심적 내용을 이루는 사실을 주요사실이라고 한다.

요증사실을 직접 증명하는 것이 아니라 추론할 수 있게 하는 사실을 간접사실이라고 한다. 간접증거는 간접사실을 증명하는 증거이다. 간접증거는 정황증거라고도 한다. 예컨대 범행현장을 직접 목격한 증인의 증언은 직접증거임에 반하여 범행현장에서 채취된 피고인의 지문이나 유전자 감정결과는 간접증거이다.

살인죄와 같이 법정형이 무거운 범죄의 경우에도 직접증거 없이 간접증거만으로 유죄를 인정할 수 있다. 그 경우 주요사실의 전제가 되는 간접사실의 인정은 합리적 의심을 허용하지 않을 정도의 증명이 있어야 하고, 그 하나하나의 간접사실이 상호 모순, 저촉이 없어야 함은 물론 논리와 경험칙, 과학법칙에 의하여 뒷받침되어야 한다.[1]

(2) 인증, 물증, 서증

인증이라 함은 피고인, 증인, 감정인 등과 같이 살아 있는 사람이 증거방법으로 되는 경우를 말한다. 인증은 증거조사를 위한 강제처분으로 소환의 방법이 사용되며 경우에 따라서 과태료, 구인, 감치의 제재가 가해지기도 한다. 이에 대하여 물증은 사람 이외의 유체물이 증거방법으로 되는 경우이다. 물증의 조사를 위한 강제처분은 압수이다. 서류는 물증의 일종이다. 서류 가운데 특히 그의 성질·상태 및 의미내용이 증거로 되거나 또는 그 의미내용 자체만 증거로 되는 경우를 서증이라고 한다.

(3) 인적 증거, 물적 증거, 증거서류

인적 증거란 사람이 언어로 진술하는 내용이 증거로 되는 경우를 말한다. 이때 진술은 서면 또는 구술의 형태로 이루어진다. 증인의 증언, 감정인의 진술, 피고인의 진술 등은 인적 증거에 해당한다. 인적 증거에 대한 조사는 신문의 형식에 의한다.

이에 대하여 물적 증거는 증거방법의 존재 또는 상태가 증거로 되는 경우를 말한다. 예컨대 범행에 사용된 흉기, 절도죄에 있어서 장물 등은 물적 증거에 해당한다. 한편 사람의 신체

---

1) 2017. 5. 30. 2017도1549, 공 2017하, 1417, 『교통사고 아내 살해 사건』.

도 상처의 정도나 특징과 같이 신체의 물질적 성질이나 상태가 증거로 될 때에는 물적 증거가 된다. 물적 증거에 대한 조사는 검증의 방법에 의한다. 물적 증거는 법관이 오관에 의하여 조사객체의 성질과 상태를 감득하여야 하기 때문이다.

서류는 그의 존재 또는 상태가 증거로 되는 경우 이외에 그 의미내용이 증거로 사용되는 경우가 있다. 이때 그 의미내용이 증거로 사용되는 서류를 가리켜 증거서류라고 부른다. 이에 반하여 단순히 서류의 존재나 상태만 증거로 사용되는 서류는 통상의 증거물에 지나지 않는다. 그리고 양자의 성질을 함께 가지고 있어서 서류의 성질·상태 및 의미내용이 모두 증거로 사용되는 경우를 증거물인 서면이라고 부른다.

서류를 단순한 증거물, 증거물인 서면, 증거서류로 나누는 것은 그 증거조사의 방식에 차이가 있기 때문이다. 즉 서류가 단순히 증거물인 경우에는 제시가, 증거서류인 경우에는 낭독(요지의 고지 또는 열람 포함)이, 증거물인 서면은 제시 및 낭독이 각각 요구된다.[1] [2]

(4) 진술증거와 비진술증거

진술증거란 사람의 진술이 증거로 되는 경우를 말한다. 진술증거는 범죄의 흔적이 사람의 지각에 남아 있어서 그 내용을 외부적으로 표현하여 법관에게 전달하는 경우에 사용된다. 이에 대하여 단순한 증거물이나 신체의 성질·상태 등이 증거로 되는 경우는 비진술증거이다.

진술증거와 비진술증거의 구별은 증거능력의 인정과 관련하여 의미가 있다. 우선, 진술증거는 그 진술에 임의성이 인정되어야 증거능력이 있다(법309, 317). 다음으로, 진술증거와 비진술증거의 구별은 특히 전문법칙의 적용과 관련하여 중요한 의미를 가진다. 진술증거는 전문법칙(법310의2)에 의하여 그 증거능력이 제한되기 때문이다.

진술증거는 다시 구술에 의한 진술증거와 서면에 의한 진술증거로 나누어 볼 수 있다. 증인의 증언이나 피고인의 구두진술은 전자에 속하지만 피의자신문조서, 피의자의 자술서, 참고인진술조서, 참고인의 진술서 등은 후자에 해당한다.

진술증거는 또 본래증거와 전문증거로 나누어 볼 수 있다. 범죄사실에 관련된 사실을 체험한 사람이 중간의 매개체를 거치지 않고 직접 법원에 진술하는 것은 본래증거이다. 이에 대하여 직접체험자의 진술이 서면이나 타인의 진술이라는 매개를 통하여 법원에 전달되는 경우가 전문증거(傳聞證據)이다. 이 경우 직접체험자의 진술을 원진술이라고 한다. 전문증거에는 원

---

1) 2013. 7. 26. 2013도2511, 공 2013하, 1659, 『북한공작원 동영상 촬영 사건』.

2) 전술 623면 참조.

칙적으로 증거능력이 인정되지 않는다(법310의2). 전문증거에 대한 증거능력의 제한이 예외적으로 완화되는 경우는 서면의 형식에 의한 전문증거(법311 내지 315)와 구두진술의 형식에 의한 전문증거(법316)로 나누어 볼 수 있다.

(5) 실질증거와 보조증거

실질증거란 주요사실의 존부를 직접·간접으로 증명하기 위하여 사용되는 증거를 말한다. 주요사실은 피고사건의 유죄입증에 있어서 핵심적 내용을 이루는 사실이다. 이에 대하여 주요사실이 아닌 사실로서 실질증거의 증거능력에 관련된 사실이나 증명력과 관련된 사실을 증명하기 위한 증거를 보조증거라고 한다. 보조증거는 그 자체만으로 주요사실을 증명할 수 없다는 점에서 실질증거와 구별된다.

보조증거는 다시 증강증거와 탄핵증거로 나누어진다. 증강증거는 실질증거의 증거능력을 뒷받침하고 증명력을 강화시키는 것임에 반하여 탄핵증거는 이를 감소·멸실시키는 것이다.

(6) 본증과 반증

본증이란 거증책임을 지는 당사자가 제출하는 증거이다. 이에 대하여 반대당사자가 본증에 의하여 증명될 사실을 부정하기 위하여 제출하는 증거를 반증이라고 한다. 본증과 반증의 개념은 이해관계가 첨예하게 대립하여 원고와 피고 사이에 입증책임 분배의 문제가 제기되는 민사소송에 있어서 그 의미가 분명하게 드러난다.

그러나 실체적 진실발견을 목적으로 하는 형사절차에 있어서는 검사에게 객관의무가 요구되므로 검사에게 민사소송의 원고와 동일한 역할을 기대할 수 없다.[1] 뿐만 아니라 법원은 직권증거조사의 권한을 가짐과 동시에 그 의무를 부담하므로(법295 후단 참조) 형사절차에 있어서는 엄격한 의미에서 본증과 반증의 개념을 논할 수 없다.

증거조사절차의 진행을 보면 검사가 신청한 증거를 먼저 조사하므로(법291의2①) 통상적으로 공소유지자인 검사가 제출하는 증거를 본증, 피고인이 제출하는 증거를 반증이라고 부른다. 한편 무죄추정의 권리(헌법27④, 법275의2)에 의하여 보호받는 피고인이 예외적으로 자신이 사실을 적극적으로 증명하지 않으면 오히려 불리한 판단을 받게 되는 경우가 있는데 이를 거증책임의 전환이라고 한다. 거증책임이 전환되는 경우에 피고인이 제출하는 증거는 본증에 해당한다고 할 것이다.

---

1) 2002. 2. 22. 2001다23447, 공 2002, 753, 『유전자분석 미제출 사건』.

(7) 증명과 소명

증거 자체에 대한 분류는 아니지만 입증하려는 사실에 대하여 법관이 가져야 할 심증의 정도에 관한 구별로서 증명과 소명이 있다. 증명이란 법관이 요증사실에 대하여 합리적 의심의 여지가 없을 정도로 강력한 심증을 가지게 되는 것을 말한다(법307②). 이에 대하여 소명이란 주장되는 사실의 존재를 일단 추측할 수 있게 하는 정도의 심증을 불러일으키는 것을 말한다.

범죄사실의 인정을 위시하여 형사절차와 관련된 사실의 존부판단은 증명의 방법에 의하는 것이 원칙이지만, 형사소송법과 형사소송규칙이 증명 대신 소명만으로 사실의 존부를 판단하도록 허용하는 경우가 있다. 기피신청시 기피사유의 소명(법19②), 증언거부시 증언거부사유의 소명(법150) 등은 증명의 정도에 이르지 않더라도 입증이 허용되는 예이다.

제2 증거법의 체계

1. 광의의 증거법과 협의의 증거법

증거법은 형벌법규 적용의 전제인 사실관계를 확정하는 데 필요한 법규범의 총체이다. 증거법은 증거를 수집하고 조사하는 증거조사절차에 관한 규범과 개별적 증거의 증거능력과 증명력에 관한 규범으로 크게 나누어 볼 수 있다. 우리 형사소송법은 증거조사방식과 관련하여 검증(법139 이하), 증인신문(법146 이하), 감정(법169 이하), 통역과 번역(법180 이하)에 대해서는 총칙편에서 증거방법별로, 그리고 서류나 물건의 조사에 대해서는 제1심의 공판절차와 관련하여(법291 이하) 개별적으로 규정하고 있다.

한편 형사소송법은 개별 증거의 증거능력과 증명력에 대해 '증거'라는 표제하에 제307조 이하에 관계규정을 집중시켜 놓고, 이를 항소심과 상고심에 준용하는 입법형식을 취하고 있다(법370, 399). 여기에서 증거능력과 증명력에 관한 규범의 총체를 가리켜 협의의 증거법이라고 한다. 본장에서 논하고자 하는 증거법은 바로 이 협의의 증거법이다.

2. 증거능력과 증명력

형사소송법 제307조 이하에 규율되어 있는 협의의 증거법은 크게 증거능력에 관한 규범과 증명력에 관한 규범으로 나누어진다.

먼저, 증거능력이란 증거가 엄격한 증명의 자료로 사용될 수 있는 법률상의 자격을 말한다. 피고인을 유죄로 판단하려면 법률상 자격을 갖춘 증거를 법률이 정한 방식대로 조사하여 범죄사실을 증명하지 않으면 안 되는바, 이를 엄격한 증명이라고 한다. 형사소송법 제307조 제1항이 천명한 증거재판주의는 바로 엄격한 증명의 법리를 입법화한 것이다.

그런데 증거조사의 방식에 대해서는 각각의 증거수집절차(법139 이하 참조) 및 공판절차(법290 이하 참조)에서 별도로 규율하고 있으므로 결국 형사소송법 제307조 제1항은 증거능력에 관한 문제에 규범력이 집중된다.

다음으로, 증명력이란 문제되고 있는 사실을 증명할 수 있는 증거의 실질적 가치, 즉 신용성을 말한다. 형사소송법 제308조는 "증거의 증명력은 법관의 자유판단에 의한다."고 규정함으로써 자유심증주의를 증거법의 원칙으로 천명하고 있다.

증거능력과 증명력은 엄격하게 구별을 요하는 개념이다. 증거능력은 엄격한 증명의 자료로 사용될 수 있는 자격을 가리킨다. 증거능력은 입법자에 의하여 형식적·객관적으로 결정되며 법관의 주관적·개별적 판단에 좌우되지 않는 것이 원칙이다. 이에 대하여 증명력은 증거에 증거능력이 인정됨을 전제로 하여 그 증거가 문제되는 사실을 증명할 수 있는 실질가치를 갖추고 있는가 하는 문제를 다룬다. 증명력은 법관의 주관적 판단대상이 된다.

일반적으로 볼 때 법률은 증명력이 강한 증거에 대하여 증거능력을 부여하는 것이 보통이기 때문에 통상적으로 증거능력 있는 증거는 증명력도 있다고 말할 수 있다. 그러나 구체적으로 보면 증명력이 있는 증거임에도 불구하고 입법정책적 이유에서 증거능력을 부인하는 경우가 있는가 하면 반대로 증거능력은 있으나 증명력이 없는 경우도 배제할 수 없어서 양자가 반드시 일치하는 것은 아니다.

3. 현행 증거법의 구조

(1) 엄격한 증명과 자유심증주의의 관계

증거조사의 방법을 제외하고 볼 때, 현행 증거법은 엄격한 증명의 법리(법307①)와 자유심증주의(법308)를 양대 지주로 하여 구성된다고 말할 수 있다. 그런데 엄격한 증명의 법리를 지나치게 강조하면 형사절차가 지연될 뿐만 아니라, 사실관계의 판단자료가 처음부터 제한되어 법관이 자신의 합리적 심증에 기초하여 피고사건의 실체적 진실을 규명할 수 있는 여지가 줄어든다. 이에 반하여 증거의 증거능력에 제한을 두지 않고 사실인정을 법관의 합리적 판단에만 의지하게 되면 법관의 자의와 전단 때문에 오판이 행해질 여지가 있을 뿐만 아니라, 증거의 수집과정에 개입하는 각종 위법활동을 방지할 수 없게 된다. 여기에서 형사소송법은 우리 사회의 실정과 역사적 체험을 바탕으로 하여 엄격한 증명의 법리와 자유심증주의를 적절한 선에서 조화시키려고 노력하고 있다.

(2) 양자의 관계에 관한 증거법의 체계

먼저, 형사소송법은 엄격한 증명의 원칙을 천명한 증거재판주의(법307①)에 기초하여 위법수집증거의 증거능력(법308의2), 임의성이 의심되는 자백의 증거능력(법309), 전문증거의 증거능력(법310의2)을 각각 제한한다. 그와 동시에 소송경제의 필요성을 감안하여 전문법칙의 예외(법311 내지 316)를 광범위하게 인정함과 동시에 증거동의(법318)의 방법에 의하여 전문증거에 증거능력을 부여할 수 있는 길을 넓게 열어 놓고 있다.

다음으로, 형사소송법은 자유심증주의(법308)에 따라서 법관의 증명력 판단에 제한을 두지 않음을 원칙으로 하면서도, 오판의 위험성을 방지할 목적으로 자백의 증명력을 제한하여 보강증거를 요구하고(법310), 나아가 증거능력 없는 전문증거도 진술증거의 증명력을 다투기 위한 탄핵증거로 사용할 수 있도록 허용하고 있다(법318의2).

한편 형사소송법은 공판절차진행의 적법성을 둘러싼 논란의 소지를 차단하기 위하여 공판기일의 소송절차로서 공판조서에 기재된 것은 그 조서만으로써 증명하도록 함으로써(법56) 자유심증주의에 제한을 가하고 있다. 그런데 공판조서의 증명력에 관한 특칙은 피고사건의 실체적 진실발견과 무관하게 소송경제적 관점에서 마련된 것이므로 형사소송법은 이를 증거법이 아니라 소송서류에 관한 부분에서 규정하고 있다.

제 2 절 증거재판주의

제 1 증거재판주의의 의의

1. 형사절차와 증거재판주의

형사소송법 제307조 제1항은 "사실의 인정은 증거에 의하여야 한다."고 규정하여 증거재판주의를 증거법의 기본원칙으로 천명하고 있다. 형사소송법은 증거재판주의의 엄격성을 재확인하기 위하여 제307조 제2항에서 "범죄사실의 인정은 합리적인 의심이 없는 정도의 증명에 이르러야 한다."는 명문을 두고 있다.

형사절차는 국가가 보유하고 있는 제재방법 가운데 가장 강력한 제재인 형벌을 실현하는 절차이므로 그만큼 피고인보호의 필요성이 크다. 이 때문에 형사절차에 있어서의 증거재판주의는 피고사건을 구성하는 사실이 법률상 자격(즉 증거능력)이 인정된 증거에 의하여 법률이 규정한 증거조사절차에 따라 합리적 의심이 없는 정도의 증명에 이르는 경우에 한하여 피고인을 처벌할 수 있다는 제한적 의미를 가지게 된다(법307① · ②).

2. 엄격한 증명과 자유로운 증명

범죄사실의 인정은 법률이 자격을 인정한 증거에 의하여 법률이 규정한 증거조사방식에 따라 증명하여야 한다는 원칙을 엄격한 증명의 법리라고 부른다. 엄격한 증명은 자유로운 증명에 대립하는 개념이다. 자유로운 증명은 엄격한 증명 이외의 방법에 의한 증명을 말한다. 증거능력이 없는 증거를 사용하거나 법률이 규정한 증거조사방식을 거치지 아니하고 사실을 증명하는 것이다.

형사소송법 제307조 제1항이 규정한 증거재판주의는 형사절차상 피고인보호를 위하여 요구되는 엄격한 증명의 법리를 천명한 것이다. 증거재판주의에 위반하여 사실을 인정하는 것은 '판결에 영향을 미친 법률위반'으로서 항소이유(법361의5 i) 및 상고이유(법383 i)가 된다.

제2 엄격한 증명의 대상

1. 문제의 소재

형사소송법 제307조 제1항을 엄격한 증명의 법리를 규정한 것이라고 새기게 되면 먼저 엄격한 증명을 요하는 사실의 범위를 규명해야 한다. 그리고 나아가 엄격한 증명에 사용되는 증거의 증거능력 요건과 증거조사의 방식을 밝히지 않으면 안 된다. 그런데 증거조사의 방법은 개별 증거의 수집절차(법139 이하) 및 공판절차(법290 이하)와 관련하여 별도로 규정되어 있고, 증거능력의 문제도 위법수집증거배제법칙(법308의2), 자백배제법칙(법309), 전문법칙(법310의2) 등에 의하여 규율된다. 그러므로 결국 형사소송법 제307조 제1항의 핵심적 규율대상은 엄격한 증명을 요하는 사실의 범위를 획정하는 일에 모아진다.

형사절차에서 피고인을 보호한다는 관점에서 보면 피고사건과 관련되는 모든 사실의 인정은 엄격한 증명에 의하도록 하는 것이 바람직할 것이다. 그러나 이렇게 되면 형사절차가 지나치게 번잡하게 되어 소송경제의 관점에서 바람직하지 않을 뿐만 아니라 절차의 지연으로 인하여 오히려 피고인에게 불이익이 초래되는 경우도 없지 않다. 여기에서 피고인보호와 소송경제의 요청을 조화하기 위하여 엄격한 증명을 어느 범위까지 요구해야 하는가 하는 문제가 나오게 된다.

2. 사   실

(1) 공소범죄사실

공소장에 기재된 범죄사실(즉 공소사실)은 형사처벌의 기초를 이루는 주요사실이므로 엄격한 증명의 대상이 된다. 범죄사실은 범죄의 특별구성요건을 충족하는 구체적 사실로서 위법성과 책임의 요건이 갖추어진 것을 말한다. 특별구성요건의 성립요소에 해당하는 사실은 구성요건의 객관적 요소인가 주관적 요소인가를 가리지 않고 모두 엄격한 증명의 대상이 된다.

(가) **객관적 요소**   구성요건에 해당하는 사실은 엄격한 증명에 의하여 이를 인정하여야 한다. 행위의 주체, 객체, 결과발생, 인과관계 등 객관적 구성요건요소를 이루는 사실은 엄격한 증명의 방식으로 그 유무를 판단해야 한다.

검사는 공소사실에 기재한 업무상과실과 상해·사망 등 결과 발생 사이에 인과관계가 있음을 합리적인 의심의 여지가 없을 정도로 증명하여야 한다. 의사의 업무상과실이 증명되었다는 사정만으로 인과관계가 추정되거나 증명 정도가 경감되는 것은 아니다.[1] 형사재판에서는 인과관계 증명에 있어서 '합리적인 의심이 없을 정도'의 증명을 요하므로 인과관계에 관한 판단이 동일 사안의 민사재판과 달라질 수 있다.[2]

객관적 구성요건을 이루는 요소 가운데 '정당한 이유(사유) 없이'와 같이 그 사유가 소극적으로 규정되어 있는 경우가 있다(형법122, 병역법88① 등). 이를 소극적 구성요건요소라고 한다. '정당한 이유(사유)가 없다'는 사실은 범죄구성요건이므로 검사가 증명하여야 한다.[3] [4]

'허위사실'이 특별구성요건의 요소로 되어 있는 경우에 사실이 허위라는 점은 검사가 이를 적극적으로 증명해야 하고, 단지 사실이 진실이라는 증명이 없다는 것만으로는 범죄가 성립할 수 없다.[5]

「특정범죄 가중처벌 등에 관한 법률」(동법2①), 「특정경제범죄 가중처벌 등에 관한 법률」(동법3①, 4①, 5④) 등 각종 특별법에서 수뢰액이나 이득액 등 금액을 기준으로 가중처벌하는 특별구성요건들이 있다. 이러한 경우에 수뢰액이나 이득액 등은 그 많고 적음에 따라 범죄구성요건이 결정되므로 엄격한 증명의 대상이 된다.[6] 특가법 소정의 범죄구성요건이 되지 않는 단순 뇌물죄의 경우에도 뇌물은 필요적 몰수·추징의 대상이 되는 까닭에 역시 증거에 의하

---

1) 2023. 8. 31. 2021도1833, 공 2023하, 1764, 『마취과의사 수술실 이탈 사건』.
2) 2023. 8. 31. 2021도1833, 공 2023하, 1764 『마취과의사 수술실 이탈 사건』.
3) 2018. 11. 1. 2016도10912, 공 2018하, 2401, 『여호와의 증인 가족 입영거부 사건』.
4) 2020. 7. 9. 2019도17322, 공 2020상, 1622, 『침례 안 받은 여호와의 증인 사건』.
5) 2008. 11. 13. 2006도7915, [미간행], 『'감사중단 지시' 사건』.
6) 2011. 5. 26. 2009도2453, 공 2011하, 1335, 『중국 선박운항허가 로비 사건』.

여 수뢰액을 인정해야 한다. 수뢰액을 특정할 수 없는 경우에는 그 가액을 추징할 수 없다.[1]

(나) 주관적 요소   고의,[2] 과실, 목적범의 목적,[3] 공동정범의 공모,[4] 불법영득의사 등 주관적 구성요건요소를 충족하는 사실도 모두 엄격한 증명의 방식으로 그 유무를 판단해야 한다. 객관적 구성요건요소를 충족하는 사실만으로 초과주관적 구성요건요소인 목적이 있었다고 추정해서는 안 된다.[5]

'허위사실'이 객관적 구성요건요소인 경우에 '허위사실' 자체뿐만 아니라 '허위사실의 인식'도 엄격한 증명의 대상이 된다.[6] 형법과 「성폭력범죄의 처벌 등에 관한 특례법」은 13세 미만자에 대한 의제강간·강제추행죄를 규정하고 있다(형법305, 성폭력처벌법7 참조). 이러한 범죄의 성립이 인정되려면 피고인이 피해자가 13세 미만자임을 알면서 범행하였다는 사실이 검사에 의하여 입증되어야 한다.[7]

피고인이 고의나 공모 등 범죄의 주관적 요소를 부인하는 경우에는 사물의 성질상 이와 상당한 관련성이 있는 간접사실 또는 정황사실을 증명하는 방법에 의하여 이를 입증할 수밖에 없다. 이때 무엇이 상당한 관련성이 있는 간접사실에 해당할 것인가는 정상적인 경험칙에 바탕을 두고 치밀한 관찰력이나 분석력에 의하여 사실의 연결상태를 합리적으로 판단하는 방법에 의하여 판단해야 한다.[8]

(다) 위법성조각사유 등   구체적 범행사실이 특별구성요건을 충족하면 그로부터 그 사실의 위법성과 책임은 사실상 추정된다. 그러나 사실상 추정의 효력은 피고인으로부터 다툼이 있을 때 즉시 깨지므로 이 경우에는 위법성조각사유와 책임조각사유의 부존재가 엄격한 증명의 방식을 통해 입증되지 않으면 안 된다. 따라서 정당행위, 정당방위, 긴급피난, 자구행위, 피해자의 승낙, 책임무능력, 강요된 행위 등의 사유에 해당하는 사실의 부존재는 엄격한 증명을 거쳐야 한다.

객관적 처벌조건과 인적 처벌조각사유는 구성요건해당성, 위법성, 책임의 삼 요소 이외에 예외적으로 요구되는 범죄성립의 요소이다. 객관적 처벌조건과 인적 처벌조각사유는 실체법상의 범죄성립요소이므로 그와 관련된 사실은 엄격한 증명을 거치지 않으면 안 된다. 따라서

---

1) 2011. 5. 26. 2009도2453, 공 2011하, 1335, 『중국 선박운항허가 로비 사건』.
2) 2005. 4. 29. 2003도6056, 공 2005, 887, 『웰탑상사 사건』.
3) 2010. 7. 23. 2010도1189 전원합의체 판결, 공 2010하, 1696, 『실천연대 자료집 사건』.
4) 2011. 12. 22. 2011도9721, 공 2012상, 207, 『딱지어음 사기 사건』.
5) 2018. 7. 12. 2015도464, 공 2018하, 16700, 『산업기술 외국사용 목적 사건』.
6) 2010. 10. 28. 2009도4949, 공 2010하, 2219, 『자동차 과급기 특허분쟁 사건』.
7) 2012. 8. 30. 2012도7377, 공 2012하, 1650, 『12세 여중생 강간 사건』.
8) 2011. 12. 22. 2011도9721, 공 2012상, 207, 『딱지어음 사기 사건』.

파산범죄에 있어서 파산선고의 확정(「채무자 회생 및 파산에 관한 법률」 650 이하 참조), 범죄은닉죄 또는 증거인멸죄에 있어서 일정한 친족관계의 존재(형법151②, 155④) 등은 모두 엄격한 증명의 대상이 된다.

(2) 양형에 관한 사실

형의 종류와 형량에 관한 사실은 범죄사실과 마찬가지로 엄격한 증명의 대상이 되는 것이 바람직하다. 형의 종류와 형량은 범죄사실의 존부 못지않게 피고인의 이익에 중대한 영향을 미치는 사유이기 때문이다. 양형에 관한 사실은 다음의 몇 가지 유형으로 나누어 볼 수 있다.

법률상 형의 가중·감면의 이유되는 사실은 엄격한 증명의 대상이 된다.[1] 즉 누범전과, 상습범가중시의 상습성 등과 같이 법률상 형을 가중하는 사유와 심신미약, 장애미수, 중지미수, 불능미수, 자수 및 자복, 친족상도례 등과 같이 법률상 형을 감면하는 사유에 해당하는 사실은 엄격한 증명의 대상이 된다고 본다.

양형조건(형법51)은 널리 형의 양정에 관한 법원의 재량사항에 속한다. 법원은 범죄의 구성요건이나 법률상 규정된 형의 가중·감면의 사유가 되는 경우를 제외하고는, 법률이 규정한 증거로서의 자격이나 증거조사방식에 구애됨이 없이 상당한 방법으로 조사하여 양형의 조건이 되는 사항을 인정할 수 있다.[2] 따라서 전과사실이라고 하더라도 누범가중이나 상습범가중의 사유가 아니라 일반적 양형사실에 그치는 경우에는 엄격한 증명의 대상이 되지 않는다.

(3) 간접사실

간접사실이란 범죄구성에 관한 주요사실의 존부를 간접적으로 추인하게 하는 사실을 말한다. 요증사실이 주요사실인 경우에는 간접사실도 엄격한 증명의 대상이 된다. 증거능력이 없는 증거는 구성요건 사실을 추인하게 하는 간접사실의 인정자료로서도 허용되지 않는다.[3]

범죄구성요건사실의 존부를 알아내기 위해 과학공식 등의 경험칙을 이용하는 경우에는 그 법칙 적용의 전제가 되는 개별적이고 구체적인 사실에 대해 엄격한 증명을 요한다.[4] 피고인의 운전 당시 혈중알코올농도 측정(직접사실)이 없어서 수사기관이 위드마크 공식을 사용하여 피고인이 마신 술의 양을 기초로 피고인의 운전 당시 혈중알코올농도를 추산(간접사실)하

---

1) 2010. 4. 29. 2010도750, [미간행], 『법원 조사관 보고서 사건』.
2) 2010. 4. 29. 2010도750, [미간행], 『법원 조사관 보고서 사건』.
3) 2006. 12. 8. 2006도6356, [미간행], 『청탁알선 사기 사건』.
4) 2022. 5. 12. 2021도14074, 공 2022하, 1186, 『소주 6병 구입 후 음주 사건』.

는 경우가 있다. 이 경우 위드마크 공식은 알코올을 섭취하면 최고 혈중알코올농도가 높아지고, 흡수된 알코올은 시간의 경과에 따라 일정하게 분해된다는 과학적 사실에 근거한 수학적인 방법에 따른 계산결과를 통해 운전 당시 혈중알코올농도를 추정하는 경험칙의 하나이다. 위드마크 공식을 적용하려면 섭취한 알코올의 양·음주시각·체중 등의 자료가 필요하고, 이러한 전제사실에 대해서는 엄격한 증명이 요구된다.[1] [2]

피고인의 현장부재(알리바이) 주장은 구성요건해당사실의 존재에 대한 다툼으로 새기고 이 다툼에 기초하여 검사가 구성요건해당사실 자체를 엄격한 증명의 방법으로 입증해야 할 것이다.

(4) 보조사실

보조사실의 입증에도 엄격한 증명을 요하는지가 문제된다. 보조사실이란 범죄사실과 직접 관련된 주요사실이 아니라 수집된 증거의 증명력에 영향을 미치는 사실을 말한다. 예컨대 증인의 전력이나 시각·청각의 상태와 같이 증언의 신빙성에 영향을 미치는 사실이 여기에 해당한다. 증거능력이 없는 증거는 구성요건 사실을 입증하는 직접증거의 증명력을 보강하는 보조사실의 인정자료로서도 허용되지 않는다.[3]

엄격한 증명의 대상과 관련하여 볼 때 보조사실은 두 가지 경우로 나누어 검토할 필요가 있다. 먼저, 보조사실이 유죄증거의 증명력을 감쇄시키는 경우가 있다. 이 때에는 엄격한 증명을 요하지 않으며, 전문증거이어서 증거능력이 부인되는 탄핵증거(법318의2)를 가지고도 보조사실을 입증할 수 있다. 그러나 보조사실이 적극적으로 유죄증거의 증명력을 증강시키는 경우에는 엄격한 증명을 요한다.[4] 단순히 증거의 증명력에 관한 문제라는 이유로 엄격한 증명을 포기한다면 피고인보호를 위하여 마련된 증거재판주의가 무력해질 것이기 때문이다.

(5) 소송법적 사실

소송법적 사실이란 범죄사실이나 양형사실 이외의 것으로서 형사절차와 관련된 사실을 말한다. 소송법적 사실에는 (가) 소송조건의 존부에 관한 사실, (나) 절차진행의 적법성에 관한 사실, (다) 증거의 증거능력 인정을 위한 기초사실 등이 있다.

소송법적 사실 가운데 소송조건의 존부에 관한 사실은 피고인의 보호와 직접 관련이 없는

---

[1] 2008. 8. 21. 2008도5531, 공 2008하, 1324, 『사고 직후 소주 마시기 사건』.
[2] 2022. 5. 12. 2021도14074, 공 2022하, 1186, 『소주 6병 구입 후 음주 사건』.
[3] 2006. 12. 8. 2006도6356, [미간행], 『청탁알선 사기 사건』.
[4] 2006. 12. 8. 2006도6356, [미간행], 『청탁알선 사기 사건』.

사항이므로 엄격한 증명에 의할 필요가 없고 자유로운 증명으로 족하다. 친고죄에서 적법한 고소가 있었는지 여부는 자유로운 증명의 대상이 된다.[1] 「교통사고처리특례법」이 규정한 신호위반 등의 예외사유(동법3② 단서 참조)는 「교통사고처리특례법」 위반죄(동법3①)의 구성요건요소가 아니라 공소제기의 조건에 관한 사유일 뿐이다. 따라서 예외사유의 유무는 자유로운 증명의 대상이 된다.[2]

소위 즉고발사건(즉시고발사건)에서 고발의 유무도 자유로운 증명의 대상이 된다. 예컨대 출입국사범 사건에서 지방출입국·외국인관서의 장의 적법한 고발이 있었는지 여부가 문제 되는 경우에 법원은 증거조사의 방법이나 증거능력의 제한을 받지 아니하고 제반 사정을 종합하여 적당하다고 인정되는 방법에 의하여 자유로운 증명으로 그 고발 유무를 판단하면 된다.[3]

공판기일의 소송절차로서 판결 기타의 재판을 선고 또는 고지한 사실은 공판조서에 기재되어야 한다(법51① · ② xiv). 공판조서의 기재가 명백한 오기인 경우를 제외하고는, 공판기일의 소송절차로서 공판조서에 기재된 것은 조서만으로써 증명하여야 하고 그 증명력은 공판조서 이외의 자료에 의한 반증이 허용되지 않는 절대적인 것이다.[4] 그러나 어떤 소송절차가 진행된 내용이 공판조서에 기재되지 않았다고 하여 당연히 그 소송절차가 당해 공판기일에 행하여지지 않은 것으로 추정되는 것은 아니다. 공판조서에 기재되지 않은 소송절차의 존재는 공판조서에 기재된 다른 내용이나 공판조서 이외의 자료로 증명될 수 있고, 이는 소송법적 사실이므로 자유로운 증명의 대상이 된다.[5]

형사소송법 제312조 제4항, 제313조 제1항, 제314조, 제316조 제1항, 제2항은 각종 증거서류나 진술의 증거능력 요건을 규정하면서 "진술이 특히 신빙할 수 있는 상태하에서 행하여졌음이 증명된 때에 한한다."라고 규정하고 있다. 이때 진술이 특히 신빙할 수 있는 상태하에서 행하여졌다는 것을 가리켜서 특신상태의 요건이라고 한다. 여기에서 '특히 신빙할 수 있는 상태'라 함은 (가) 진술 내용이나 조서·서류의 작성에 허위개입의 여지가 거의 없고, (나) 진술 내용의 신빙성이나 임의성을 담보할 구체적이고 외부적인 정황이 있는 것을 말한다.[6]

특신상태는 증거능력의 요건에 해당하므로 검사가 그 존재에 대하여 구체적으로 주장·

---

1) 2011. 6. 24. 2011도4451, 공 2011하, 1509, 『편의점 앞 여아 사건』.
2) 2007. 4. 12. 2006도4322, 공 2007, 738, 『자동차용품점 앞 교통사고 사건』.
3) 2021. 10. 28. 2021도404, 공 2021하, 2286, 『불법체류자 고용 사건』.
4) 2023. 6. 15. 2023도3038, 공 2023하, 1264, 『피해자 5명 추가 공소장변경신청 사건』.
5) 2023. 6. 15. 2023도3038, 공 2023하, 1264, 『피해자 5명 추가 공소장변경신청 사건』.
6) 2012. 7. 26. 2012도2937, 공 2012하, 1530, 『친일재산 소송 변호사 사건』.

입증해야 하는 것이지만, 소송법적 사실에 관한 것이므로 엄격한 증명을 요하지 아니하고 자유로운 증명으로 족하다.[1] 그러나 그 증명의 정도는 단지 그러할 개연성이 있다는 정도로는 부족하고 합리적인 의심의 여지를 배제할 정도에 이르러야 한다.[2]

자백의 임의성(법309)에 관한 사실도 소송법적 사실에 포함된다는 이유를 들어 자유로운 증명으로 족하다고 보는 견해가 있다. 그러나 판례는 임의성 요건의 중요성에 비추어 엄격한 증명을 요하는 태도를 취하고 있다.[3]

3. 법   규

피고사건에 적용할 법규의 존재와 내용은 법원의 직권조사사항이므로 엄격한 증명의 대상이 되지 않는다. 법은 법원이 알고 있기 때문이다. 그런데 외국법이나 관습법과 같이 그 법규의 내용이 분명하지 아니한 경우가 문제된다.

죄형법정주의에 비추어 볼 때 외국법이나 관습법은 그 자체가 처벌법규로 될 수는 없다. 다만 친족간 특례(형법151②, 155④), 친족상도례(형법328, 344, 354, 361, 365① · ②), 국제형법(형법6 단서) 등의 문제가 엄격한 증명을 요하는 사실의 판단을 위한 전제로 될 수 있다. 이러한 경우에는 외국법규[4]나 관습법이 그 전제되는 사실과 밀접불가분의 관계를 이루게 되므로 법원은 엄격한 증명에 의하여 그 내용을 판단하여야 한다.

4. 경험법칙

경험법칙이란 사실 그 자체가 아니라 사실판단의 전제가 되는 지식을 말한다. 경험법칙에는 사회 일반인이면 누구나 알고 있는 일반적 경험법칙과 전문지식을 요하는 특별한 경험법칙이 있다. 일반적 경험법칙은 공지의 사실에 해당하여 증명을 요하지 않는다. 그렇지만 범죄구성요건에 해당하는 사실을 증명하기 위하여 근거가 되는 과학적인 연구결과는 적법한 증거조사를 거친 증거능력 있는 증거에 의하여 엄격한 증명으로 증명되어야 한다.[5] 법관이 특별한 지식을 가지고 있어서 개인적으로 알고 있는 경험법칙이라 할지라도 이를 판단의 자료로 사용하려면 엄격한 증명을 거쳐야 한다.

---

1) 2012. 7. 26. 2012도2937, 공 2012하, 1530, 『친일재산 소송 변호사 사건』.
2) 2014. 2. 21. 2013도12652, 공 2014상, 785, 『모텔방 112 신고 사건』.
3) 1998. 4. 10. 97도3234, 공 1998, 1400, 『사회진흥계장 사건』.
4) 2011. 8. 25. 2011도6507, 공 2011하, 1987, 『캐나다 교포 선물투자 사건』.
5) 2010. 2. 11. 2009도2338, 공 2010상, 594, 『사료용 표시 색소 사건』.

5. 엄격한 증명의 담보장치

엄격한 증명은 증거능력 있는 증거를 법률이 정하는 증거조사방식에 따라 조사하여 사실을 인정할 것을 요구한다(법307①). 또한 범죄사실의 인정은 합리적인 의심이 없는 정도의 증명에 이르러야 한다(동조②).

엄격한 증명의 요청이 준수되었는가를 확인하기 위하여 형사소송법은 몇 가지 담보장치를 마련하고 있다. 우선, 증거능력의 유무 및 증거조사절차의 이행 여부를 확인하기 위하여 공판조서의 일부로 증거목록이 작성된다. 증거조사절차의 적법성을 확인하기 위하여 공판조서에 증거될 서류, 증거물과 증거조사의 방법을 반드시 기재하여야 한다(법51② ix). 다음으로, 유죄판결에는 범죄될 사실과 함께 증거의 요지를 기재하여야 한다(법323① 참조). 공판조서에 증거목록의 작성을 누락하거나 유죄판결에 증거의 요지를 기재하지 아니한 경우는 법령위반으로서 항소이유(법361의5 xi) 또는 상고이유(법383 i)에 해당한다.

제3 불요증사실

불요증사실이란 엄격한 증명은 물론 자유로운 증명조차 필요로 하지 않는 사실을 말한다. 법규에 대한 판단은 법원의 전권사항이므로 증명의 대상이 되지 않음은 물론이다. 불요증사실에는 공지의 사실과 법률상 추정된 사실이 있다.

1. 공지의 사실

공지의 사실이란 보통의 지식이나 경험을 가지고 있는 사람이라면 누구나 인정하는 사실을 말한다. 역사상 명백한 사실이나 자연계의 현저한 사실은 공지의 사실에 해당한다. 공지의 사실은 반드시 모든 사람에게 알려져 있어야 하는 것은 아니고 일정한 시점에서 일정한 범위의 사람에게 일반적으로 알려져 있는 것이면 족하다.

공지의 사실과 비슷한 것으로 법원에 현저한 사실이 있다. 법원에 현저한 사실이란 당해 재판부에서 이전에 판단하였던 사건의 결과와 같이 법원이 그 직무상 명백하게 알고 있는 사실을 말한다. 법원에 현저한 사실은 당해 재판부로 보아서는 명백한 사실이지만, 형사절차에 있어서 법원에 대한 국민의 신뢰를 확보하고 공정한 재판을 담보하기 위해서는 증명을 요한다고 보아야 할 것이다. 다만 그 증명의 정도는 자유로운 증명으로도 족하다고 할 것이다. 법관이 개인적으로 알고 있는 사실이 증명의 대상이 됨은 물론이다.

2. 법률상 추정된 사실

(1) 의제, 법률상 추정, 사실상 추정

(가) 의 제   의제란 갑 사실의 성립으로부터 을 사실의 존재를 인정하며 그에 대한 반증을 허용하지 않는 것을 말한다. 의제는 간주라고도 한다. 의제는 반증을 불허한다는 점에서 추정된 사실의 반증을 허용하는 법률상 추정과 구별된다.

「불법정치자금 등의 몰수에 관한 특례법」은 범인이 취득한 불법재산은 물론 범인 외의 자가 범죄 후 그 정을 알면서 취득한 불법재산도 몰수할 수 있도록 하고 있다(동법5①). 이와 관련하여 범인 외의 자가 정당인 경우에 정당대표자·회계책임자 또는 회계사무보조자가 취득재산이 불법재산이라는 정을 알았을 때 '정당이 안 것으로 본다'(동조③). 의제의 한 예이다.

(나) 법률상 추정   법률상 추정된 사실이란 법률의 규정에 의하여 추정된 사실을 말한다. 추정이란 인정된 하나의 전제사실로부터 다른 사실의 존재를 추론하는 것을 말한다. 법률상 추정된 사실은 반증의 형식에 의하여 부인되지 않는 한 그의 존재가 인정된다. 따라서 법률상 추정된 사실은 추정이 계속되는 한 증명을 요하지 않는다. 법률상 추정을 깨뜨리는 반증은 증거능력 있는 증거에 의하여 증거조사의 방식을 거쳐서 행해져야 한다.

(다) 사실상 추정   법률상 추정은 법률의 규정에 의하여 추정이 인정된다는 점에서 경험칙에 의하여 전제사실로부터 다른 사실을 논리적으로 추론하는 사실상 추정과 구별된다. 사실상 추정의 예로는 구성요건해당사실에 대하여 위법성과 책임의 존재가 추정되는 경우를 들 수 있다. 그런데 사실상 추정의 경우 추정되는 사실의 존부를 소송관계인이 다투기만 하면 즉시 그 추정이 깨진다. 이 점에서 사실상 추정은 반증의 형식에 의하지 않는 한 추론된 사실의 추정이 깨지지 않는 법률상 추정과 구별된다.

(2) 법률상 추정의 사용례

법률상 추정은 갑 사실이 인정될 때 을 사실의 인정을 법관에게 강제하는 결과를 가져오므로 실체적 진실발견을 목표로 하는 형사절차에서는 그 사용이 극히 제한된다. 그러나 특수한 입법목적을 달성하기 위하여 법률상 추정의 기법이 예외적으로 사용되는 경우가 있다. 「환경범죄 등의 단속 및 가중처벌에 관한 법률」상의 인과관계 추정(동법11), 「공무원범죄에 관한 몰수 특례법」상의 불법재산의 추정(동법7), 「마약류 불법거래 방지에 관한 특례법」상의 불법수익의 추정(동법17), 「범죄수익은닉의 규제 및 처벌 등에 관한 법률」상의 범죄수익의 추정(동법10의4) 등은 여기에 해당하는 예이다.

제3절 거증책임

제1 거증책임의 의의

1. 거증책임의 일반적 의의

(1) 거증책임의 개념과 기능

거증책임이란 증명을 요하는 사실의 존부에 관하여 증명이 불충분한 경우에 그로 인하여 불이익을 받게 되는 소송관계인의 지위를 말한다. 거증책임은 소송절차에서 사건의 진상을 밝히기 위하여 증명을 시도하였으나 법원이 확실한 심증을 형성할 수 없는 경우에 증명곤란으로 인한 불이익을 소송관계인의 어느 일방에게 부담시킴으로써 재판불능의 상태에 빠지는 것을 방지하는 법적 장치이다.

거증책임은 재판불능의 상태를 방지하기 위한 장치이다. 거증책임은 소송관계인이나 법원의 증명활동이 일단 사건의 실체판단을 행할 수 있을 정도로 진행되어 있음을 전제로 한다. 아직 실체판단에 대한 심리가 충분히 행해지지 아니한 상태에서 판결을 내리는 것은 심리미진의 위법에 해당되므로 거증책임의 문제는 발생하지 않는다.

(2) 거증책임과 입증의 부담

거증책임은 재판절차의 종결단계에서 증명불능으로 발생하는 위험부담을 지게 되는 법적 지위를 의미한다. 이러한 의미에서 거증책임은 처음부터 고정되어 있으며 재판절차의 개시에서부터 종결시까지 그 지위에 변동을 일으키지 않는다. 이때 증명불능 때문에 불이익한 재판을 받게 될 고정적 지위를 가리켜 실질적 거증책임이라고 한다.

구체적 재판절차가 진행되어 감에 따라서 어느 사실이 증명되지 않으면 소송관계인에게 불이익한 판단이 행해질 가능성이 높아지는 일이 있다. 이때 소송관계인은 그 불이익의 가능성을 제거하기 위해 사실을 증명하기 위한 증거를 제출해야 할 부담을 안게 되는데 이를 입증의 부담이라고 한다. 입증의 부담은 절차가 진행되는 도중에 증거제출의 상황에 따라서 일방의 소송관계인으로부터 다른 소송관계인에게 이전되는 성질이 있다.

입증의 부담은 절차의 진행과정에 따라 소송관계인 사이에 이전 또는 반전되므로 절차의 전과정에 걸쳐서 그 지위가 고정되어 있는 거증책임과 구별된다. 그러나 입증의 부담과 거증책임은 모두 증명불능으로 인한 불이익의 부담을 의미한다는 점에서 공통된다. 그리고 이 때문에 입증의 부담을 형식적 거증책임, 원래의 거증책임을 실질적 거증책임이라고 부른다.

2. 형사절차와 거증책임

(1) 당사자주의와 거증책임

원래 거증책임은 이해관계가 대립하는 양 당사자와 제3의 심판자인 법원을 전제로 하여 구성된 개념이다. 양 당사자의 입증활동을 토대로 심리에 임하였으나 법원이 확실한 심증을 형성할 수 없을 때 어느 일방 당사자에게 불이익을 부담시키는 것이 거증책임이기 때문이다.

검사와 피고인이 대립당사자의 지위에서 공격·방어를 행하고 법원은 제3의 심판자로서 당사자가 제출한 증거를 바탕으로 피고사건에 대한 판단을 행해야 한다고 보는 견해가 당사자주의이다. 당사자주의적 관점에서 보면 거증책임의 개념은 당연히 인정된다. 양 당사자의 증명활동에 의하여 확실한 심증을 얻을 수 없는 경우에 발생하는 재판불능의 상태를 법원은 해결할 수 있어야 하기 때문이다. 당사자주의적 관점에서 보면 증명불능의 사태가 발생하면 피고인의 처벌을 구한 검사가 거증책임을 지게 된다.[1]

(2) 국민참여재판과 거증책임

합의부 관할사건에 해당하는 범죄에 대해 피고인의 신청을 조건으로 국민참여재판이 실시되고 있다(국민참여재판법5①·②). 국민참여재판은 국민이 배심원으로 참여하는 형사재판을 말한다(국민참여재판법2ⅱ). 국민참여재판의 실시는 우리나라 형사절차의 구조에 근본적인 변화를 가져왔다. 실체판단에 임하는 배심원은 직업법관과 달리 적극적으로 실체규명에 나설 수 없다. 따라서 국민참여재판은 당사자주의에 입각하여 진행되지 않으면 안 된다.

형사소송법은 국민참여재판에도 적용된다. 입법자는 국민참여재판까지 염두에 두고 공판절차를 전면적으로 재편성하였다. 그 과정에서 공판기일에서의 구두변론주의(법275의3)가 판결절차의 구두변론주의(법37①)와 별도로 명시되었다. 이제 실체심리의 절차는 국민참여재판인가 통상재판인가를 가리지 않고 구두변론주의에 의하여 진행된다.

배심원은 제삼자의 지위에서 검사와 피고인 측이 벌이는 공격·방어를 토대로 심증을 형성하지 않으면 안 된다. 국민참여재판에서 직업법관으로 구성된 재판부는 검사와 피고인 측이 벌이는 입증활동이 실체적 진실발견에 충실하지 못한 경우에 한하여 보충적으로 개입하게 된

---

1) 1996. 3. 8. 95도3081, 공 1996, 1315, 『8천만원 차액 사건』.

다. 배심원의 관점에서 볼 때, 검사와 피고인 측이 벌이는 입증활동을 토대로 심리에 임하였으나 확실한 심증을 형성할 수 없을 경우 어느 일방 당사자에게 불이익을 부담시키는 쪽으로 사실관계를 확정하지 않으면 안 된다. 국민참여재판의 실시를 계기로 거증책임의 문제는 한층 더 중요한 의미를 가지게 되었다.

제2 거증책임의 분배

1. 문제의 소재

거증책임의 분배란 증명불능으로 인한 불이익을 누구에게 부담시킬 것인가를 결정하는 문제이다. 거증책임의 분배는 거증책임을 전제로 하는 개념이다. 당사자주의적 입장에서 보면 검사와 피고인에게 거증책임을 분배하는 작업은 중요한 의미를 가지게 된다. 거증책임의 개념을 긍정하게 되면 원칙적으로 공소를 제기한 검사에게 거증책임이 있다고 새기지만, 예외적으로 피고인이 자신에게 유리한 사실을 주장하였으나 그 사실의 진위에 대한 증명이 불분명한 경우에는 피고인에게 거증책임이 돌아갈 여지가 있다.

2. 거증책임의 분배

(1) 공소범죄사실

형사재판에서 공소가 제기된 범죄의 구성요건을 이루는 사실은 그것이 주관적 요건이든 객관적 요건이든 그 입증책임은 검사에게 있다.[1] 피고인이 유리한 증거를 제출하면서 범행을 부인하는 경우가 있다. 이러한 경우에도 공소사실에 대한 증명책임은 여전히 검사에게 있다. 피고인이 공소사실과 배치되는 자신의 주장 사실에 관하여 증명할 책임까지 부담하는 것은 아니다. 그러므로 검사가 제출한 증거와 피고인이 제출한 증거를 종합하여 볼 때 공소사실에 관하여 조금이라도 합리적인 의심이 있는 경우에는 무죄를 선고해야 한다. 피고인이 제출한 증거만으로 피고인의 주장 사실을 인정하기에 부족하다는 이유를 들어 공소사실에 관하여 유죄판결을 선고하는 것은 검사의 증명책임에 반하는 것이어서 허용될 수 없다.[2]

검사는 구성요건해당사실뿐만 아니라 위법성과 책임의 존재에 대하여도 거증책임을 진다. 또한 예외적으로 범죄성립에 객관적 처벌조건이나 인적 처벌조각사유가 문제되는 경우에는 그 존부에 대해서도 검사가 거증책임을 부담한다.

---

1) 2010. 11. 25. 2009도12132, 공 2011상, 70, 『유학원 설명회 사건』.
2) 2024. 1. 4. 2023도13081, 공 2024상, 430, 『전동차 안 상동행위 사건』.

검사가 구성요건해당사실을 증명하면 위법성 및 책임의 존재가 사실상 추정되므로 피고인은 이 추정을 깨뜨릴 필요가 있다. 이 경우에 피고인은 위법성조각사유나 책임조각사유가 존재함을 주장할 필요는 있으나 적극적으로 이를 증명할 필요는 없다. 피고인은 사실상 추정을 깨뜨리기만 하면 족하다. 공소범죄사실과 관련하여 거증책임이 문제되는 경우를 몇 가지 살펴본다.

(가) 고 의   피고인이 어느 구성요건 사실을 인식하면서 범행하였다는 사실은 검사에 의하여 입증되어야 한다. 일정한 사정의 인식 여부와 같은 내심의 사실에 관하여 피고인이 이를 부인하는 경우에는 이러한 주관적 요소로 되는 사실은 사물의 성질상 그 내심과 상당한 관련이 있는 간접사실 또는 정황사실을 증명하는 방법에 의하여 이를 입증할 수밖에 없고, 이때 무엇이 상당한 관련성이 있는 간접사실에 해당할 것인가는 정상적인 경험칙에 바탕을 두고 사실의 연결상태를 합리적으로 분석 · 판단하는 방법에 의하여 판단해야 한다.[1]

(나) 허위사실   형벌법규 가운데에는 허위사실을 구성요건요소로 하는 경우가 있다. 명예훼손죄(형법307②, 308, 309②), 신용훼손죄(형법313), 업무방해죄(형법314), 무고죄(형법156), 허위공문서작성죄(형법227), 허위진단서작성죄(형법233) 등은 그 예이다. 허위사실의 존부가 문제되는 경우 (가) 객관적으로 어느 사실이 허위라는 점과 (나) 피고인이 허위사실임을 인식하였다는 점은 검사가 모두 입증하여야 한다.[2]

허위사실과 관련하여 검사가 입증을 해야 하는 경우로는 (가) 어느 사실이 적극적으로 있었음을 증명해야 하는 경우, (나) 특정 기간과 특정 장소에서 특정행위가 없었다는 사실을 증명해야 하는 경우, (다) 특정되지 아니한 기간과 공간에서 구체화되지 아니한 사실이 없었음을 증명해야 하는 경우로 나누어 볼 수 있다. 이 가운데 (가)와 (나)의 경우에 적극적 당사자인 검사가 이를 합리적 의심의 여지가 없이 증명해야 함은 물론이다.[3]

그러나 (다)의 경우 특정되지 아니한 기간과 공간에서의 구체화되지 아니한 사실의 부존재를 증명한다는 것은 사회통념상 불가능한 반면 그 사실이 존재한다고 주장 · 증명하는 것이 보다 용이하므로, 이러한 사정은 검사가 그 입증책임을 다하였는지를 판단함에 있어 고려되어야 한다.

따라서 의혹을 받을 일을 한 사실이 없다고 주장하는 사람에 대하여 의혹을 받을 사실이 존재한다고 적극적으로 주장하는 사람은 그러한 사실의 존재를 수긍할 만한 소명자료를 제시할 부담을 지며, 검사는 제시된 자료의 신빙성을 탄핵하는 방법으로 주장된 사실이 허위임을

---

1) 2012. 8. 30. 2012도7377, 공 2012하, 1650, 『12세 여중생 강간 사건』.
2) 2010. 11. 25. 2009도12132, 공 2011상, 70, 『유학원 설명회 사건』.
3) 2008. 11. 13. 2006도7915, [미간행], 『'감사중단 지시' 사건』.

입증할 수 있다.[1]

　이때 피고인이 제시해야 할 소명자료는 단순히 소문을 제시하는 것만으로는 부족하고 적어도 허위임을 검사가 입증하는 것이 가능할 정도의 구체성을 갖추어야 한다. 이러한 소명자료의 제시가 없거나 제시된 소명자료의 신빙성이 탄핵된 때에는 검사는 허위사실을 증명한 것이 된다.[2]

　(다) 의료과실　　의사에게 의료행위로 인한 업무상과실치사상죄를 인정하기 위해서는 (가) 의료행위 과정에서 공소사실에 기재된 업무상과실의 존재는 물론 (나) 그러한 업무상과실로 인하여 환자에게 상해·사망 등 결과가 발생한 점에 대하여도 엄격한 증거에 따라 합리적 의심의 여지가 없을 정도로 증명이 이루어져야 한다. 따라서 검사는 공소사실에 기재한 업무상과실과 상해·사망 등 결과 발생 사이에 인과관계가 있음을 합리적인 의심의 여지가 없을 정도로 증명하여야 한다. 의사의 업무상과실이 증명되었다는 사정만으로 인과관계가 추정되거나 증명 정도가 경감되는 것은 아니다.[3]

　(라) 정당한 사유　　객관적 구성요건을 이루는 요소 가운데 '정당한 이유(사유) 없이'와 같이 그 사유가 소극적으로 규정되어 있는 경우가 있다(형법122, 병역법88① 등). 이를 소극적 구성요건요소라고 한다. '정당한 이유(사유)가 없다'는 사실은 범죄구성요건이므로 검사가 증명하여야 한다.[4] [5]

　'정당한 이유(사유)가 없다'는 사실을 증명한다는 것은 특정되지 않은 기간과 공간에서 구체화되지 않은 사실의 부존재를 증명하는 것과 유사하다. 이와 같은 불명확한 사실의 부존재를 증명하는 것은 사회통념상 불가능한 반면 그 존재를 주장·증명하는 것이 좀 더 쉬우므로, 이러한 사정은 검사가 증명책임을 다하였는지를 판단할 때 고려하여야 한다. 따라서 '정당한 이유(사유)가 있다'고 주장하는 피고인은 '정당한 이유(사유)가 있다'는 사실의 존재를 수긍할 만한 소명자료를 제시하고, 검사는 제시된 자료의 신빙성을 탄핵하는 방법으로 '정당한 이유(사유)가 없다'는 사실을 증명할 수 있다. 이때 피고인이 제시해야 할 소명자료는 적어도 검사가 그에 기초하여 정당한 사유가 없다는 것을 증명하는 것이 가능할 정도로 구체성을 갖추어야 한다.[6] [7]

---

1) 2008. 11. 13. 2006도7915, [미간행], 『'감사중단 지시' 사건』.
2) 2008. 11. 13. 2006도7915, [미간행], 『'감사중단 지시' 사건』.
3) 2023. 8. 31. 2021도1833, 공 2023하, 1764 『마취과의사 수술실 이탈 사건』.
4) 2018. 11. 1. 2016도10912, 공 2018하, 2401, 『여호와의 증인 가족 입영거부 사건』.
5) 2020. 7. 9. 2019도17322, 공 2020상, 1622, 『침례 안 받은 여호와의 증인 사건』.
6) 2018. 11. 1. 2016도10912, 공 2018하, 2401, 『여호와의 증인 가족 입영거부 사건』.
7) 2020. 7. 9. 2019도17322, 공 2020상, 1622, 『침례 안 받은 여호와의 증인 사건』.

(마) 현장부재증명　　　피고인의 현장부재(알리바이) 주장은 공소범죄사실에 대한 부인이
며 피고인에게 유리한 사실의 주장이다. 피고인이 현장부재의 주장을 할 때에는 검사에게 증
거개시(證據開示)를 해야 한다(법266의11①). 이와 같이 현장부재를 주장하는 경우에 피고인에
게 주장책임과 증거제출 책임이 있지만 그것은 어디까지나 입증의 부담에 불과하다. 범죄사실
의 인정은 합리적인 의심이 없는 정도의 증명에 이르러야 한다(법307②). 현장부재의 주장은
범죄사실을 인정하는 데에 합리적인 의심을 제기하는 것이다. 따라서 현장부재 주장에 대한
증명이 불분명한 경우에는 검사에게 거증책임이 돌아간다고 보아야 한다.

(2) 법률상 형의 가중·감면의 사유가 되는 사실

누범전과사실과 같이 형의 가중사유가 되는 사실의 거증책임은 소추 측인 검사에게 있다.
친족상도례나 자수·자복과 같이 피고인에게 이익되는 사유라 할지라도 증거수집의 능력이
부족한 피고인에게 거증책임을 부담시키는 것은 공평의 관념에 반한다. 따라서 이와 같은 형
의 감면사유를 피고인이 주장할 경우 그 사유를 형벌권의 범위에 영향을 미치는 사유로 보아
검사에게 그 존부에 대한 거증책임을 부담시켜야 할 것이다.

(3) 소송법적 사실

소송법적 사실에 대한 거증책임을 누구에게 분배할 것인가 하는 문제는 소송조건에 관한
사실과 증거능력의 전제되는 사실로 경우를 나누어 검토할 필요가 있다.

관할, 친고죄·반의사불벌죄의 고소 및 그 취소, 공소시효의 완성, 일반사면 등 소송조건
은 법원의 직권조사사유(법1, 361의4① 단서, 384 참조)이다. 따라서 법원은 형사절차의 전과정에
걸쳐서 그 존부를 자기 책임하에 검토하지 않으면 안 된다. 그런데 소송조건이란 법원의 관점
에서 보면 전체로서의 소송이 생성·유지·발전하기 위한 조건이지만 검사의 입장에서 보면
공소제기의 적법·유효조건을 이룬다. 이러한 관점에서 소송조건의 존부에 대한 거증책임 또
한 검사에게 있다고 볼 것이다. 따라서 친고죄나 반의사불벌죄에 있어서 고소 및 고소의 취소,
공소시효의 완성, 일반사면 등에 관한 사실의 증명이 불분명한 경우에는 검사에게 불이익이
돌아간다.

증거능력의 전제되는 사실에 대한 거증책임은 그 증거를 제출한 소송관계인에게 있다. 증
거를 자기의 이익으로 이용하려는 소송관계인은 역으로 그에 대한 거증책임도 부담하는 것이
공평의 이념에 합치된다. 판례는 의사의 진단서[1] 또는 서증[2]을 검사가 증거로 제출하는 경

---

1) 1969. 3. 31. 69도179, 총람 315조, 6번, 『진단서 부동의 사건』.
2) 1970. 11. 24. 70도2109, 집 18-3, 형101, 『검사 무변론 항소기각 사건』.

우에 그 증거능력을 부여할 거증책임은 검사에게 있다고 본다.

피고인의 자백[1] 또는 참고인 진술[2]의 임의성에 다툼이 있을 때에는 임의성을 의심할 만한 합리적이고 구체적인 사실을 피고인이 입증할 것이 아니라 검사가 임의성의 의문점을 해소하는 입증을 하여야 한다.

제3 거증책임의 전환

1. 거증책임전환의 의의

(1) 거증책임전환의 개념

거증책임의 개념을 취하게 되면 검사와 피고인 사이에 거증책임을 분배하게 된다. 거증책임은 원칙적으로 공소제기자인 검사가 부담한다. 그런데 원래 검사에게 부과되어야 할 거증책임이 예외적으로 피고인에게 전가되는 경우가 있다. 이러한 경우를 거증책임의 전환이라고 부른다.

거증책임의 전환은 거증책임의 분배와 구별된다. 거증책임은 형사절차의 전과정에 걸쳐서 그 배분이 미리 결정되어 있다. 이에 반하여 거증책임의 전환은 특별한 법률의 규정에 의하여 원래 있던 거증책임이 상대방에게 이전되는 것이다. 형사절차에서 거증책임은 원칙적으로 검사에게 있다. 거증책임이 전환되면 피고인에게 거증책임이 이전된다.

(2) 거증책임의 전환과 법률상 추정

거증책임의 전환은 법률상 추정과 구별하지 않으면 안 된다. 법률상 추정은 A사실이 증명될 때 그로부터 B사실을 인정하고 반증이 없는 한 이를 유지하는 사실인정의 기법이다. 법률상 추정은 개별적 사실을 대상으로 법률에 명문의 근거가 있을 때 인정된다.

이에 대해 거증책임의 전환은 법원이 소송관계인의 신청과 직권에 의하여 증명활동의 노력을 다하였으나 아직 사실이 불분명한 경우에 일어난다. 이 경우 법원이 판단불능의 상태에 빠지는 것을 막기 위하여 피고인에게 불이익을 돌리도록 하는 소송법상의 판단법칙이 거증책임의 전환이다. 법률상 추정은 개별사실을 대상으로 하는 것임에 반하여 거증책임의 전환은 법원의 증명활동이 끝난 후에 고려되는 한계적 관념이라는 점에서 양자는 구별된다.

---

1) 1998. 4. 10. 97도3234, 공 1998, 1400, 『사회진흥계장 사건』.
2) 2006. 11. 23. 2004도7900, 공 2007, 78, 『연예기획사 운전기사 사건』.

(3) 거증책임의 예외적 전환

"의심스러울 때에는 피고인에게 유리하게"의 법원칙은 헌법상 기본권인 무죄추정의 권리 (헌법27④)에서 도출되는 것이다. 그러므로 이 원칙의 수정을 의미하는 거증책임의 전환은 강력한 정책적 요구와 법률적 근거를 갖추지 않는 한 허용되어서는 안 된다. 거증책임의 전환으로 논해지는 상황으로는 상해죄에 있어서 동시범의 특례(형법263)와 명예훼손죄에 있어서 사실의 증명(형법310) 등을 들 수 있다.

2. 상해죄에 있어서 동시범의 특례

형법 제263조는 "독립행위가 경합하여 상해의 결과를 발생하게 한 경우에 있어서 원인된 행위가 판명되지 아니한 때에는 공동정범의 예에 의한다."고 규정하고 있다. 이 조문은 상해죄의 동시범의 특례를 규정한 것으로 집단범죄의 위험성에 대처하고 인과관계 입증의 곤란을 덜기 위하여 각각의 독립행위를 공동정범의 기수범으로 처벌하려는 것이다. 이 규정의 법적 성질에 대해서 법률상 추정설, 거증책임전환설, 이원설 등 여러 가지 학설이 제시되고 있다.

원래 공동정범이 성립하려면 공동실행의 사실과 의사의 연락이 필요하다. 그런데 독립행위의 경합이란 둘 이상의 행위가 동시 또는 이시에 서로 의사연락 없이 행해지는 것이다. 그러므로 의사연락을 필수적 요소로 하는 공동정범과 양립할 수 없다. 상해죄의 독립행위를 공동정범으로 처벌하려면 의사의 연락을 매개하는 법적 장치가 반드시 필요하게 된다.

여기에 더하여 형법 제19조는 "동시 또는 이시의 독립행위가 경합한 경우에 그 결과발생의 원인된 행위가 판명되지 아니한 때에는 각 행위를 미수범으로 처벌한다."고 규정하고 있으므로 상해죄의 독립행위를 미수범이 아닌 기수범으로 처벌하려면 인과관계의 입증을 가능하게 하는 법적 장치도 마련되어야 한다.

이렇게 볼 때 형법 제263조는 (가) 상해죄의 공동정범 성립을 위한 의사연락에 관해서는 의사연락을 의제하고, (나) 기수범처벌을 위한 인과관계의 입증에 관해서는 피고인에게 거증책임을 전환하는 규정이라고 보아야 할 것이다.

3. 명예훼손죄에 있어서 사실의 증명

(1) 명예훼손죄의 구조

형법 제307조는 제1항에서 '공연히 사실을 적시하여 사람의 명예를 훼손한 자'를, 제2항에서 '공연히 허위의 사실을 적시하여 사람의 명예를 훼손한 자'를 각각 처벌하도록 규정하고 있다. 명예훼손죄가 성립하려면 제1항의 명예훼손이든 제2항의 명예훼손이든 '사실의 적시'가 있어야 한다.

형법 제307조 제1항의 '사실'은 제2항의 '허위의 사실'과 반대되는 '진실한 사실'을 말하는 것이 아니라 가치판단이나 평가를 내용으로 하는 '의견'에 대치되는 개념이다.[1] 형법 제307조 제1항의 명예훼손죄는 적시된 사실이 진실한 사실인 경우이든 허위의 사실인 경우이든 모두 성립될 수 있다.[2] 적시된 사실이 허위의 사실이라고 하더라도 행위자에게 허위성에 대한 인식이 없는 경우에는 형법 제307조 제2항의 명예훼손죄가 아니라 형법 제307조 제1항의 명예훼손죄가 성립될 수 있다.[3]

(2) 형법 제310조와 사실증명

형법 제310조는 "제307조 제1항의 행위가 진실한 사실로서 오로지 공공의 이익에 관한 때에는 처벌하지 아니한다."고 규정하고 있다. 형법 제307조 제1항의 행위는 진실한 사실을 적시하는 경우와 허위사실을 적시하는 경우를 모두 포함한다.[4] 형법 제310조는 형법 제307조 제1항의 행위 가운데 진실한 사실을 적시하는 행위의 경우에만 적용된다.

형법 제310조가 적용되려면 (가) 적시된 사실이 진실한 사실이고, (나) 적시된 사실이 오로지 공공의 이익에 관한 것이어야 한다. (가)의 진실성 요건이 충족되려면, (ㄱ) 그 적시된 사실이 진실한 것이거나, 또는 (ㄴ) 적어도 행위자가 그 사실을 진실한 것으로 믿었고, 또 그렇게 믿을 만한 상당한 이유가 있어야 한다. (나)의 공공의 이익 요건이 충족되려면, (ㄷ) 적시된 사실이 객관적으로 볼 때 공공의 이익에 관한 것이고, 또한 (ㄹ) 행위자도 공공의 이익을 위하여 행위하였어야 한다.[5]

(3) 학설의 대립

형법 제310조가 적용되려면 (가)의 진실성 요건과 관련하여 (ㄱ) 그 적시된 사실이 진실한 것이거나, 또는 (ㄴ) 적어도 행위자가 그 사실을 진실한 것으로 믿었고, 또 그렇게 믿을 만한 상당한 이유가 있어야 한다. 명예훼손죄의 사실증명과 관련하여 형법 제310조가 거증책임의 전환을 규정한 것인가에 대하여 긍정설과 부정설이 제시되고 있다.

---

1) 2017. 4. 26. 2016도18024, 공 2017상, 1212, 『한센병 환자 호소문 사건』.
2) 2017. 4. 26. 2016도18024, 공 2017상, 1212, 『한센병 환자 호소문 사건』.
3) 2017. 4. 26. 2016도18024, 공 2017상, 1212, 『한센병 환자 호소문 사건』.
4) 2017. 4. 26. 2016도18024, 공 2017상, 1212, 『한센병 환자 호소문 사건』.
5) 2017. 4. 26. 2016도18024, 공 2017상, 1212, 『한센병 환자 호소문 사건』.

거증책임의 전환을 부정하는 입장에서는 형법 제310조가 실체법적으로만 기능하며 소송법적으로는 아무런 의미가 없다고 본다. 이에 대해 거증책임전환을 긍정하는 입장에서는 형법 제310조가 실체법적으로 명예훼손죄의 범죄성립을 조각하는 기능을 수행할 뿐만 아니라 소송법적으로도 사실의 증명에 일정한 역할을 담당한다고 본다.

두 학설이 논쟁의 실익을 보여 주는 부분은 피고인이 적시된 사실을 진실이라고 믿었으나 그 사실의 진위가 밝혀지지 않는 경우이다. 거증책임전환 부정설에 의하면 이 경우는 위법성조각사유의 전제사실에 관한 착오의 법리(형법16 참조)에 따라 해결될 것이지만, 거증책임전환 긍정설에 따르면 이러한 경우에 피고인의 처벌을 긍정하게 된다.

(4) 판례의 판단기준

판례는 (가)의 진실한 사실의 증명과 관련하여 다음의 판단기준을 제시하고 있다. 먼저, 진실한 사실임이 증명되는 (ㄱ)의 경우이다. 이 경우와 관련하여 판례는 형법 제310조를 거증책임전환 규정으로 보고 있다. 즉 피고인에게 진실한 사실의 증명을 요구하고, 진실한 사실에 대한 증명이 없으면 형법 제310조의 적용을 부정한다.[1]

그러나 판례는 동시에 피고인의 입증부담을 완화하기 위하여 자유로운 증명으로 진실한 사실임을 증명해도 좋다는 입장을 취하고 있다.[2] 그리하여 피고인이 적시된 사실이 진실임을 증명할 때 증거능력 없는 전문증거(법310의2)를 사용하는 것도 허용한다.

다음으로, 진실한 사실 여부가 증명되지 않아 불분명한 경우이다. 이 때에는 원칙적으로 형법 제310조가 적용되지 않아야 할 것이다. 이 경우는 형법 제307조 제1항의 행위 가운데 적시된 사실이 허위의 사실인 때에 속하기 때문이다. 그런데 행위자가 적시한 사실을 진실한 것으로 믿었고, 또 그렇게 믿을 만한 상당한 이유가 있는 경우가 있다. 위 (ㄴ)의 경우이다. 이 경우의 착오에 대해 판례는 위법성을 조각하는 효과를 부여하고 있다.[3]

형법 제310조는 위법성조각사유를 규정하고 있다. 형법 총칙의 규정에 의하면 위법성조각사유의 착오에 정당한 이유가 있으면 형법 제16조에 따라 책임이 조각될 것이다. 그렇지만 판례는 형법 제310조와 관련한 착오주장에 대해 상당한 이유가 있다고 판단되는 경우에 위법성조각의 효과를 부여하고 있다. 위법성조각의 효과가 부여되면 피고인은 형사처벌은 물론 민사상 불법행위(민법750)에 의한 손해배상책임도 지지 않는다.

---

1) 1996. 10. 25. 95도1473, 공 1996, 3491, 『재건축조합 유인물 사건』.
2) 1996. 10. 25. 95도1473, 공 1996, 3491, 『재건축조합 유인물 사건』.
3) 1993. 6. 22. 92도3160, 공 1993, 2188, 『배차실 대자보 사건』.

제 4 절 전문증거의 증거능력

제 1 전문증거의 의의

1. 전문증거의 의의와 성립요소

(1) 원진술과 전문증거

전문증거란 사실인정의 기초가 되는 경험적 사실을 경험자 자신이 직접 구두로 법원에 진술하지 않고 다른 형태로 간접보고하는 것을 말한다. 이때 경험자가 자신이 체험한 사실을 외부에 알리는 행위를 원진술이라 하고 원진술을 법원에 간접적으로 전달하는 증거를 전문증거라고 한다.

형사소송법 제310조의2는 "제311조 내지 제316조에 규정한 것 이외에는 공판준비 또는 공판기일에서의 진술에 대신하여 진술을 기재한 서류나 공판준비 또는 공판기일 외에서의 타인의 진술을 내용으로 하는 진술은 이를 증거로 할 수 없다."고 규정하여 전문법칙을 선언하고 있다.

전문법칙이란 사실을 직접 경험한 사람의 진술이 법정에 직접 제출되어야 하고 이에 갈음하는 대체물인 진술 또는 서류가 제출되어서는 안 된다는 원칙을 말한다.[1] 전문법칙을 규정한 형사소송법 제310조의2는 위법수집증거배제법칙을 규정한 형소법 제308조의2 및 자백배제법칙을 규정한 형소법 제309조와 함께 증거의 증거능력을 규율하는 세 가지 축을 형성하고 있다.

(2) 전문증거의 형태

전문증거는 그 전달의 형태에 따라 몇 가지로 나누어 볼 수 있다. 첫째로, 원진술자의 진술을 청취한 제삼자가 법원에 대하여 원진술의 내용을 구두로 보고하는 경우가 있다. 이를 협의의 전문진술이라고 부를 수 있다.

둘째로, 원진술자가 자신이 체험한 사실을 수사기관에게 진술하고, 수사기관이 그 진술을 조서로 기재해 둔 결과 그 조서가 법원에 제출되는 경우가 있다. 이때 수사기관이 피의자의 진술을 기재한 조서를 피의자신문조서, 제삼자의 진술을 기재한 조서를 진술조서라고 한다.

---

1) 2008. 11. 13. 2006도2556, 공 2008하, 1704, 『문자메세지 사진 사건』.

셋째로, 원진술자가 자신이 체험한 사실을 서면에 기재하여 둔 결과 그 서면이 법원에 제출되는 경우가 있다. 이때 그 서면을 진술서라고 한다.

넷째로, 원진술자가 체험한 사실을 진술하고 이를 제삼자가 녹취한 결과 그 서면이 법원에 제출되는 경우가 있다. 이때 그 서면을 진술녹취서라고 한다. 피의자신문조서, 진술조서, 진술서, 진술녹취서를 통칭하여 전문서류라고 부른다.

(3) 재전문증거

전문증거는 재전문증거의 형태로도 나타날 수 있다. 예컨대 성폭행 피해아동(A)으로부터 피해사실을 들은 모(B)가 피해아동(A)의 진술내용을 성폭력상담소 직원(C)에게 진술하는 상황을 생각할 수 있다. 이 경우 원진술자(A)의 진술을 들은 제삼자(B)가 또 다른 제삼자(C)에게 그 진술을 전달한 결과 나중의 제삼자(C)가 원진술자(A)의 진술내용을 법원에 보고하는 상황이 생길 수 있다. 또 위의 사례에서 모(B)가 사법경찰관(D)에게 원진술자(A)의 진술내용을 진술하였다면 사법경찰관(D)이 원진술자(A)의 진술내용을 기재해 놓은 진술조서(T)가 법원에 제출되는 상황도 예상할 수 있다.

이러한 경우에 나중의 제삼자(C)가 행한 구두진술이나 사법경찰관(D)이 작성한 진술조서(T)는 재전문증거에 해당한다. 원진술자(A)와 법원에 보고하는 자(C) 사이 또는 원진술자(A)와 법원에 제출되는 진술조서(T) 사이에 또 다른 전달자(B)가 존재하기 때문이다. 통상의 전문증거와 재전문증거가 구별되어야 하는 실익은 전문증거가 전문법칙의 예외규정(법316, 312 참조)에 의하여 증거능력을 인정받을 수 있음에 반하여 재전문증거의 경우에는 명문의 예외규정이 없어서 증거능력 인정의 가능성이 없다는 데에 있다.[1] 재전문진술이나 재전문진술을 기재한 조서는 피고인이 증거로 하는 데 동의하지 않는 한 형소법 제310조의2에 의하여 이를 증거로 할 수 없다.[2]

2. 전문증거의 개념요소

(1) 진술증거일 것

전문증거는 요증사실을 직접 체험한 자의 진술을 핵심내용으로 하는 증거이다. 따라서 진술증거만 전문증거가 될 수 있다. 형사소송법 제310조의2는 '진술을 기재한 서류' 또는 '타인의 진술을 내용으로 하는 진술'이라는 표현을 사용함으로써 이 점을 분명히 하고 있다. 이러

1) 2000. 3. 10. 2000도159, 공 2000, 1001, 『성폭력상담원 사건』.
2) 2004. 3. 11. 2003도171, 공 2004, 664, 『사기죄 전문증거 사건』.

한 관점에서 볼 때 흉기나 지문과 같은 순전한 증거물, 검증의 대상이 되는 물건이나 장소, 피해자의 상해부위를 촬영한 사진[1] 등은 비진술증거로서 전문법칙이 적용되지 않는다.

정보통신망을 통하여 공포심이나 불안감을 유발하는 글을 반복적으로 상대방에게 도달하게 하는 행위를 하였다는 공소사실을 증명함에 있어서 휴대전화기에 저장된 문자정보가 그 증거로 되는 경우가 있다. 이 경우 그 문자정보는 범행의 직접적인 수단이 될 뿐 경험자의 진술에 갈음하는 대체물에 해당하지 않는다. 따라서 이 경우에는 전문법칙이 적용될 여지가 없다.[2]

전문증거는 진술증거이므로 원진술은 언어적 표현에 의하여 진술자의 체험사실을 외부에 전달하는 것이어야 한다. 이때 언어적 표현은 그 형태를 묻지 않는다. 도망이나 침묵과 같은 행동은 진술에 해당하지 않는다. 도망이나 침묵 같은 행동까지 진술에 해당하는 것으로 보아 형사소송법 제310조의2를 적용한다면 피고사건의 증명을 위한 자료가 지나치게 제한되어 실체적 진실발견을 저해할 우려가 있기 때문이다.

(2) 요증사실과 관련될 것

(가) 요증사실   타인의 진술(원진술)을 내용으로 하는 진술이 전문증거인지 여부는 요증사실과의 관계에서 결정된다. 원진술의 내용인 사실이 요증사실인 경우 그 진술은 전문증거이다. 그러나 원진술의 존재 자체가 요증사실인 경우 그 진술은 본래증거이지 전문증거가 아니다.[3]

전문증거는 요증사실을 체험한 자의 진술을 핵심내용으로 하고 있다. 따라서 원진술의 내용이 된 사실 자체의 존부가 요증사실을 이루고 있어야 한다. 다시 말하면 전문증거는 당해 사건에서 주장되고 있는 사실의 진위를 밝히기 위하여 제출된 증거이어야 한다. 예컨대 "X가 Y를 살해하는 것을 내(A)가 보았다."라고 말하는 것을 A로부터 들은 B가 A의 진술내용을 X의 살인죄 범죄사실을 심리하는 법원에 대해 증언하는 것은 전문증거에 해당한다.

이에 반하여 요증사실과 관련이 없는 사항을 내용으로 하는 진술은 전문증거가 아니다. 예컨대 "X가 Y를 살해하는 것을 내(A)가 보았다."라고 A가 말하는 것을 들은 B가 법원에 대해 A의 진술을 보고한 경우에, 그 법원이 A의 X에 대한 무고죄 피고사건을 심리하는 법원이라면 B의 진술은 A의 X에 대한 무고죄 사건에 있어서 전문증거가 아니라 원본증거가 된다. X가 Y를 살해하였다는 살인죄 범죄사실이 증명의 대상으로 되지 않기 때문이다.

---

1) 2007. 7. 26. 2007도3906, [미간행], 『멱살잡이 상해 사진 사건』.
2) 2008. 11. 13. 2006도2556, 공 2008하, 1704, 『문자메세지 사진 사건』.
3) 2012. 7. 26. 2012도2937, 공 2012하, 1530, 『친일재산 소송 변호사 사건』.

(나) 인정진술   어떠한 진술을 한 일이 있다는 것을 인정하는 진술을 가리켜서 인정진술이라고 한다. 예컨대 A가 "X가 Y를 살해하였다."고 수사기관에서 진술하여(㉠진술) 참고인 진술조서를 작성한 후, X의 살인죄 피고사건의 법정에서 A가 X의 범행사실을 부인하자 검사가 A에 대해 증인신문을 한 바, "내(A)가 'X가 Y를 살해하였다.'고 수사기관에서 진술한 일이 있다."고 진술하는 경우(㉡진술)를 생각해 본다. 이때 ㉡진술은 인정진술에 해당한다.

여기에서 ㉠진술이 ㉡진술 속에 들어 있으므로 인정진술인 ㉡진술이 전문증거에 해당하는 것이 아닌가 하는 생각을 할 수 있다. ㉡진술이 전문증거로 인정된다면 전문법칙의 예외규정을 통하여 원진술인 ㉠진술을 유죄인정의 증거로 사용할 수 있다.

그러나 인정진술(㉡진술)에 담긴 "X가 Y를 살해하였다."는 진술 내용(㉠진술)은 피고인 X의 살인죄 요증사실을 증명하기 위한 증거가 아니다. 인정진술(㉡진술)은 단지 A가 "X가 Y를 살해하였다."는 진술(㉠진술)을 수사기관 면전에서 하였다는 사실(요증사실) 자체를 증명하기 위한 증거에 불과하다. 따라서 A의 ㉡진술은 전문진술이 아니어서 전문법칙이 적용되지 않으며, 전문법칙의 예외규정에 의하여 ㉠진술 부분이 살인죄 피고사건의 요증사실을 증명하는 증거로도 사용될 수 없다.

(다) 판 례   판례 또한 인정진술을 전문증거로 보지 않고 있다. 어떤 진술이 기재된 서류가 그 내용의 진실성이 범죄사실에 대한 직접증거로 사용될 때는 전문증거가 된다고 하더라도 그와 같은 진술을 하였다는 것 자체에 대한 정황증거로 사용될 때는 반드시 전문증거가 되는 것은 아니다.[1]

나아가 어떤 진술이 기재된 서류가 그 내용의 진실성이 범죄사실에 대한 직접증거로 사용될 때는 전문증거가 된다고 하더라도 그 진술의 진실성과 관계없는 간접사실에 대한 정황증거로 사용될 때는 반드시 전문증거가 되는 것은 아니다.[2]

인정진술임에도 불구하고 전문법칙이 적용되는 경우가 있다. 어떠한 내용의 진술을 하였다는 사실 자체에 대한 정황증거로 사용될 것이라는 이유로 서류의 증거능력을 인정한 다음, 그 사실을 다시 (가) '진술 내용'이나 (나) 그 진술 내용의 '진실성'을 증명하는 간접사실로 사용한다면 그 서류는 전문증거에 해당한다. 서류가 그곳에 기재된 원진술의 내용인 사실을 증명하는 데 사용되어 원진술의 내용인 사실이 요증사실이 되기 때문이다. 이러한 경우 형소법 제311조부터 제316조까지 정한 요건을 충족하지 못한다면 그 서류는 증거능력이 없다.[3]

예컨대 강제추행 피고사건에서 A가 피해자 증인으로 출석하여 "피고인으로부터 강제추

---

1) 2013. 6. 13. 2012도16001, 공 2013하, 1276, 『선거운동원 출력문건 사건』.
2) 2013. 6. 13. 2012도16001, 공 2013하, 1276, 『선거운동원 출력문건 사건』.
3) 2019. 8. 29. 2018도13792 전원합의체 판결, 공 2019하, 1891, 『대통령 지시사항 업무수첩 사건』.

행을 당하였다."(㉠진술)라고 증언하고, B가 제삼자 증인으로 출석하여 "A로부터 '피고인이 추행하였다.'는 말을 들었다."(㉡진술)라고 증언한 경우를 상정해 본다. 이 경우 B의 ㉡진술이 A가 B에게 '피고인이 추행하였다.'는 진술을 하였다는 사실 자체에 대한 증거로 사용된다면 ㉡진술은 전문법칙의 적용을 받지 않고 증거능력이 인정된다.

그러나 인정진술로서 증거능력이 인정된 B의 ㉡진술이 A의 ㉠진술에 부합한다고 보아 B의 ㉡진술을 A의 ㉠진술 내용의 진실성을 증명하는 간접사실로 사용하는 것은 허용되지 않는다. B의 ㉡진술이 ㉡진술에 포함된 원진술(㉠진술)의 내용인 사실을 증명하는 데 사용되어 원진술(㉠진술)의 내용인 사실("피고인이 A를 강제추행하였다.")이 요증사실이 되기 때문이다.[1]

(3) 공판준비 또는 공판기일 외에서의 진술일 것

전문증거로 되기 위하여는 원진술이 공판준비 또는 공판기일에서 행해진 것이 아니어야 한다(법310의2). 예컨대 폭행죄 피고사건에서 피해자의 진술을 기재한 수사보고서는 전문증거이다. 따라서 피고인이 증거로 함에 동의하지 않으면 그 수사보고서는 형소법 제311조 내지 제316조의 각 규정에 해당하지 아니하는 한 이를 증거로 할 수 없다.[2]

형소법 제310조의2의 '공판준비 또는 공판기일'은 '공판준비기일 또는 공판기일'을 줄인 말이다. '기일'이란 법원이 사건의 심리를 행하는 일정한 시간과 장소를 말한다. 공판준비기일 (법266의7)과 공판기일의 공통적 특성은 법관의 면전에서 절차가 진행된다는 점이다. 전문증거는 원진술이 간접적으로 법관에게 전달되는 경우이다. 공판준비기일 또는 공판기일에 법관이 원진술을 직접 청취하는 경우에는 전문법칙이 적용될 여지가 없다.

제 2 형사소송법 제310조의2의 이론적 근거

1. 문제의 소재

형사소송법 제310조의2는 "제311조 내지 제316조에 규정한 것 이외에는 공판준비 또는 공판기일에서의 진술에 대신하여 진술을 기재한 서류나 공판준비 또는 공판기일 외에서의 타인의 진술을 내용으로 하는 진술은 이를 증거로 할 수 없다."고 규정하여 전문증거의 증거능력을 원칙적으로 부인하고 있다. 그런데 이 조문을 해석함에 있어서 그 이론적 근거를 어디에서 구할 것인가를 놓고 일원설과 이원설이 대립하고 있다.

---

1) 2021. 2. 25. 2020도17109, [미간행], 『강제추행 전문진술 사건』.
2) 2001. 5. 29. 2000도2933, 공 2001, 1547, 『백운나이트 사건』.

일원설은 형사소송법 제310조의2가 전문법칙과는 별도로 대륙의 직접심리주의를 규정하는 바 없다는 이유를 들어 이 조문이 영미법상의 전문법칙을 우리나라에 도입한 것이라고 주장한다. 이에 반하여 이원설은 이 조문이 대륙법에서 나온 직접심리주의와 영미법에서 유래하는 전문법칙을 함께 규정하고 있다고 본다.

헌법재판소는 "[형사소송법 제310조의2]는 공개된 법정에서 법관의 면전에서 진술되지 아니하고 피고인에게 반대신문의 기회를 부여하지 않은 전문증거의 증거능력을 배척함으로써 피고인의 반대신문권을 보장하고, 직접심리주의와 공판중심주의를 철저히 하여 피고인의 공정한 재판을 받을 권리를 보장하기 위한 것이다."라고 설시하여 형사소송법 제310조의2의 의미를 직접심리주의와 반대신문권의 보장이라는 이원설의 관점에서 파악하고 있다.[1]

일원설과 이원설을 비교 검토하기에 앞서 먼저 전문법칙이 발달한 영미법에 있어서 전문법칙의 이론적 근거를 점검해 보기로 한다.

2. 전문법칙

(1) 영미법상 전문법칙의 이론적 근거

전문법칙이란 "전문증거는 증거로 되지 않는다."(hearsay is no evidence.)는 법원칙을 말한다. 전문법칙은 배심재판을 기본으로 하고 있는 영미법에서 자백배제법칙과 함께 배심원의 합리적 심증형성을 위하여 발달한 증거법칙이다. 영미법에서 인정되는 전문법칙의 이론적 근거로는 (가) 선서의 결여, (나) 원진술자의 공판정 불출석, (다) 반대신문의 결여 등이 거론되고 있다. 그런데 전문법칙의 이론적 근거로 가장 주목되는 것은 (다)의 반대신문 결여이다.

배심재판을 전제로 하는 영미법에 있어서는 검사와 피고인을 대리한 변호인이 배심원의 면전에서 구두변론을 행하여 변증법적으로 피고사건의 실체를 규명해 나간다. 이때 체험사실의 보고를 내용으로 하는 진술증거는 진술자의 기억이나 표현에 오류가 개입할 가능성이 크다. 이 때문에 검사와 변호인은 주신문과 반대신문으로 구성되는 교호신문(cross-examination) 방식을 통하여 진술자의 진술내용을 비판적으로 배심원에게 전달한다.

그런데 전문증거를 증거로 사용하게 한다면 문제된 사실의 증명으로 인하여 불이익을 받게 될 당사자가 원진술자에 대해 반대신문을 행하여 그 진술의 오류를 지적하고 이를 통하여 자신을 방어할 수 있는 기회가 박탈된다. 그리하여 반대신문권의 보장을 위하여 전문증거의 증거능력을 부인해야 한다는 결론에 이른다.

---

1) 2021. 12. 23. 2018헌바524, 헌집 33-2, 760, 『19세 미만 피해자 영상물 사건』.

(2) 형사소송법 제310조의2와 전문법칙의 중점

현재 우리 형사소송법 제310조의2가 영미법상의 전문법칙을 도입하고 있다는 데에는 일 원설과 이원설 사이에 이론이 없다. 그런데 형사소송법 제310조의2가 규정한 전문법칙의 이 론적 근거를 구함에 있어서 그 중점을 어디에 둘 것인가 하는 문제에 대해서는 견해가 일치하 고 있지 않다.

전문법칙의 이론적 근거를 신용성의 결여에서 구하고자 하는 견해가 있다. 전문증거는 그 안에 내재하고 있는 신용성의 결여라는 본질적 약점 때문에 증거능력을 상실하게 된다는 것 이다. 이 견해는 반대신문의 결여가 전문법칙의 중요한 근거가 되는 것은 사실이지만 그 밖 의 사유들도 전문법칙의 적용근거를 제공하는 경우가 있으므로 이들을 모두 포함하여 설명 하려면 결국 '신용성의 결여'라는 포괄적인 근거를 전문법칙의 기초로 삼지 않을 수 없다는 것이다.

그러나 전문법칙의 근거는 반대신문권 보장에서 구해야 할 것이다. 전문법칙의 근거로 반 대신문의 결여에 주목하는 첫째 이유로 국민참여재판의 실시를 들 수 있다. 영미법상의 전문 법칙은 배심재판과 밀접한 관련을 가진다. 형사소송법은 국민참여재판의 실시를 계기로 구두 변론주의를 강화하고 있다. 국민참여재판은 국민이 배심원으로 참여하는 형사재판이다(국민참 여재판법2 ii). 배심원은 검사와 피고인 측이 벌이는 공격·방어활동을 보고 객관적 관찰자의 입장에서 심증을 형성하게 된다.

법률문외한인 배심원이 정확하게 심증을 형성하려면 공판정에서의 변론은 구두로 하여야 한다(법275의3). 변증법적인 구두변론에 있어서 가장 중요한 수단은 반대신문권의 행사이다. 구두변론주의의 강화에 의하여 진술자의 선서결여나 공판정 불출석이라는 관점보다는 반대신 문권의 결여라는 관점이 전문법칙의 기초로 더욱 중요하게 되었다.

둘째로, 자백배제법칙(법309)과의 구별이라는 점에서 보더라도 신용성의 결여라는 일반론 보다는 반대신문권의 보장이라는 보다 특화된 설명이 설득력이 있다. 후술하는 바와 같이 허 위배제설의 관점에서 접근하면 자백배제법칙도 신용성의 결여와 관련을 맺을 수 있다. 이에 대해 반대신문권의 보장이라는 관점은 피고인의 방어권 강화와 관련하여 전문법칙이 가지고 있는 독자적 성격을 뚜렷이 부각시키는 장점이 있다.

(3) 형사소송법 제310조의2와 전문법칙의 한계

형사소송법 제310조의2는 영미법적인 전문법칙의 이론에 의하여 상당부분 설명될 수 있 지만 반드시 충분한 것은 아니다. 형사소송법 제310조의2는 전문증거의 증거능력을 부인하면 서 예외적으로 형소법 제311조 내지 제316조의 요건이 갖추어지는 경우에 증거능력의 회복을 인정하고 있다.

그런데 증거능력이 회복되는 증거 가운데에는 (가) 피고인의 진술을 기재한 조서나 진술서(법311, 312), (나) 피고인이 작성한 진술서나 그 진술을 기재한 서류 및 그에 상응하는 정보저장매체(법313), (다) 피고인의 진술을 내용으로 하는 제삼자의 진술(법316①)이 포함되고 있다. 여기에서 과연 피고인이 행한 진술에 관하여 피고인을 반대신문할 수 있을 것인가 하는 근본적 의문이 제기된다.

원래 영미법에서 반대신문의 결여가 전문법칙의 근거를 이루는 것은 영미식 형사절차의 특수성과 밀접한 관계가 있다. 영미식 형사절차에서 피고인은 당사자이므로 피고인신문은 생각할 수 없다. 미국법의 경우 피고인은 자기부죄금지의 특권을 가지고 있다(미국수정헌법5). 이 특권(privilege)은 권리(right)보다는 다소 약한 법적 지위로서 포기가 가능하다. 미국법상 피고인은 자기부죄금지의 특권을 포기하고 증인으로 선서하여 체험사실을 진술할 수 있으며, 이 경우 피고인을 제삼자인 증인으로 대하여 반대신문을 행할 수 있다. 따라서 미국법에 있어서 진술증거는 제삼자의 진술로서 원칙적으로 모두 반대신문의 대상이 될 수 있다.

이에 반하여 우리 법은 피고인신문절차(법296의2)를 인정하고 피고인에게 진술거부권(헌법12②, 법283의2)을 부여하고 있다. 그러므로 피고인을 제삼자의 지위에 세워서 검사가 반대신문을 행한다는 것은 생각할 수 없다. 여기에서 형사소송법 제310조의2가 적용대상으로 규정하고 있는 피고인의 진술을 원진술로 하는 전문증거에 대해서도 증거능력을 부인하기 위하여 새로운 이론적 근거가 필요하게 되는데 이것이 바로 실질적 직접심리주의이다.

3. 직접심리주의

(1) 직접심리주의의 의의

직접심리주의는 형식적 직접심리주의와 실질적 직접심리주의로 나누어진다. 형식적 직접심리주의란 수소법원이 재판의 기초가 되는 증거를 직접 조사해야 한다는 원칙을 말한다. 이에 대해 실질적 직접심리주의란 (가) 법관의 면전에서 직접 조사한 증거만을 재판의 기초로 삼을 수 있고, (나) 증명대상이 되는 사실과 가장 가까운 원본증거를 재판의 기초로 삼아야 하며, (다) 원본증거의 대체물 사용은 원칙적으로 허용되어서는 안 된다는 원칙을 말한다.[1]

형사소송법 제310조의2는 "제311조 내지 제316조에 규정한 것 이외에는 공판준비 또는 공판기일에서의 진술에 대신하여 진술을 기재한 서류나 공판준비 또는 공판기일 외에서의 타

---

1) 2009. 1. 30. 2008도7917, [미간행], 『잠든 청소년 항거불능 사건』.

인의 진술을 내용으로 하는 진술은 이를 증거로 할 수 없다."고 규정함으로써 전문법칙과 함께 실질적 직접심리주의의 취지를 밝히고 있다.

실질적 직접심리주의는 형사사건의 실체에 대한 유죄·무죄의 심증 형성은 법정에서의 심리에 의하여야 한다는 공판중심주의의 한 요소를 이룬다. 우리 형사소송법이 실질적 직접심리주의를 채택한 것은 법관이 법정에서 직접 원본증거를 조사하는 방법을 통하여 사건에 대해 신선하고 정확한 심증을 형성할 수 있고, 피고인에게 원본증거에 관하여 직접적인 의견진술의 기회를 부여함으로써 실체적 진실을 발견하고 공정한 재판을 실현할 수 있기 때문이다.[1]

(2) 이원설에 대한 비판과 반론

형사소송법 제310조의2가 전문법칙 이외에 직접심리주의도 이론적 기초로 삼고 있다고 보는 견해가 이원설이다. 이 이원설에 대하여 직접심리주의는 대륙법에서, 전문법칙은 영미법에서 각각 발달한 것으로서 그 연혁과 원리를 달리하므로 양립할 수 없다는 비판이 제기되고 있다.

형사소송법 제310조의2를 해석함에 있어서 일원설과 이원설이 대립하는 이유는 전문증거의 제한 및 그 예외인정의 범위에 차이가 나타나기 때문이다. 일원설의 입장에서는 형사소송법 제311조 이하의 예외규정들에 대해 신용성의 정황적 보장과 증거사용의 필요성이라는 두 가지 요소만을 기준으로 전문증거의 허용범위를 결정한다.

이에 대해 이원설에 의하면 먼저 직접심리주의의 관점에서 각종 진술서면의 허용요건을 검토하고 이어서 전문법칙의 예외사유인 신용성의 정황적 보장과 증거사용의 필요성이라는 요소를 검토하게 된다. 특히 이원설의 입장에서는 원진술자의 진술이 서면으로 전환된 각종 조서 및 서류의 증거능력을 검토함에 있어서 형사소송법 제312조 이하에 규정된 '진정성립'의 요건에 대해 독자적인 의미를 부여하게 된다.

이원설의 입장에서는 직접심리주의의 관점에서 진정성립의 요건을 먼저 검토하고, 이어서 전문법칙의 관점에서 신용성의 정황적 보장과 증거사용의 필요성 요건을 검토하게 된다. 이중의 통제장치를 강구하고 있는 것이다. 이 점에서 이원설은 특히 증거서류와 관련한 진정성립의 요건을 독립시켜 전문증거의 증거능력을 보다 엄격하게 제한해 들어갈 수 있는 장점을 가지고 있다.

판례는 "형사소송법은 헌법이 요구하는 적법절차를 구현하기 위하여 사건의 실체에 대한

---

1) 2009. 1. 30. 2008도7917, [미간행], 『잠든 청소년 항거불능 사건』.

심증형성은 법관의 면전에서 본래증거에 대한 반대신문이 보장된 증거조사를 통하여 이루어
져야 한다는 실질적 직접심리주의와 전문법칙을 채택하고 있다.”고 판시하여 이원설의 입장
을 분명히 하고 있다.[1] [2]

(3) 예외규정 엄격해석의 요청

형사소송법은 헌법 제12조 제1항이 규정한 적법절차의 원칙과 헌법 제27조가 보장하는
공정한 재판을 받을 권리를 구현하기 위하여 공판중심주의 · 구두변론주의 · 직접심리주의를
기본원칙으로 삼고 있다. 따라서 법관의 면전에서 조사 · 진술되지 아니하고 그에 대하여 피고
인이 공격 · 방어할 수 있는 반대신문의 기회가 실질적으로 부여되지 아니한 진술은 원칙적으
로 증거로 할 수 없다.[3]

이에 비추어 형사소송법이 수사기관에서 작성된 조서 등 서면증거에 대하여 일정한 요건
아래 증거능력을 인정하는 것은 실체적 진실발견의 이념과 소송경제의 요청을 고려하여 예외
적으로 허용하는 것일 뿐이므로, 그 증거능력 인정 요건에 관한 규정은 엄격하게 해석 · 적용
하여야 한다.[4]

4. 정보저장매체의 원본성 요건

(1) 정보저정매체의 유형

형사소송법 제310조의2를 이원설의 관점에서 접근하면 근래 판례가 전개하고 있는 정보
저장매체의 원본성 요건을 용이하게 이해할 수 있다. 정보저장매체란 도면 · 사진 · 녹음테이
프 · 비디오테이프 · 컴퓨터용디스크, 그 밖에 정보를 담기 위하여 만들어진 물건을 말한다(법
106③, 292의3, 313①, 314 참조).

형사소송법 제292조의3은 정보저장매체의 증거조사에 관하여 필요한 사항은 대법원규칙
으로 정하도록 하고 있다. 형소법 제292조의3의 위임을 받아 형사소송규칙은 수사기관의 영
상녹화물을 제외한 기타의 정보저장매체를 (가) 문자정보매체, (나) 녹음 · 녹화매체, (다) 도
면 · 사진매체의 세 가지로 나누어 규정하고 있다.

문자정보매체는 컴퓨터용디스크 그 밖에 이와 비슷한 정보저장매체에 기억된 문자정보
를 증거자료로 하는 경우에 그 매체를 말한다(규칙134의7①). 녹음 · 녹화매체는 녹음 · 녹화

---

1) 2011. 11. 10. 2010도12, [미간행], 『필로폰 구매자 소재불명 사건』.
2) 2019. 11. 21. 2018도13945, 전원합의체 판결, 공 2020상, 127, 『거부사유 없는 증언거부 사건』.
3) 2014. 2. 21. 2013도12652, 공 2014상, 785, 『모텔방 112 신고 사건』.
4) 2014. 2. 21. 2013도12652, 공 2014상, 785, 『모텔방 112 신고 사건』.

테이프, 컴퓨터용디스크 그 밖에 이와 비슷한 방법으로 음성이나 영상을 녹음 또는 녹화하여 재생할 수 있는 매체를 말한다(규칙134의8①). 도면·사진매체는 도면·사진 그 밖에 정보를 담기 위하여 만들어진 물건으로서 문서가 아닌 매체를 말한다(규칙134의9). 도면·사진 등의 정보는 컴퓨터용디스크 그 밖에 이와 비슷한 정보저장매체에 기억되는 경우도 있다(규칙134의7③).

(2) 원본성 요건과 전문법칙의 관계

우리 입법자는 문서 이외의 새로운 정보저장매체의 증거조사에 필요한 사항을 대법원규칙으로 정하도록 하고 있다(법292의3). 정보저장매체의 증거조사방법에 대해서는 공판기일의 증거조사 항목에서 검토하였다.

어느 정보저장매체에 대한 증거조사를 하려면 그 전제로서 당해 정보저장매체의 증거능력이 인정되어야 한다. 그런데 우리 입법자는 형소법 제313조를 제외하고 정보저장매체의 증거능력에 관한 일반적 요건을 특별히 규정하고 있지 않다. 이러한 상황 아래 판례는 정보저장매체의 증거능력 요건을 (가) 정보저장매체의 원본성 확인과 (나) 정보저장매체에 기억된 정보에 대한 전문법칙 적용 여부라는 두 가지 단계로 나누어 검토하고 있다.

아래에서는 정보저장매체의 원본성 요건을 살펴본다. 원본성이 확인된 후 당해 정보저장매체에 기억된 정보가 진술증거임이 확인되면 그 진술증거를 중심으로 형소법 제310조2 이하에 규정된 전문법칙 및 그 예외규정의 적용 여부를 검토해 가게 된다.

(3) 문자정보매체의 원본성 요건

(가) 문자정보매체의 유형   전자문서를 수록한 파일 등 문자정보매체는 그 성질상 작성자의 서명 혹은 날인이 없을 뿐만 아니라 작성자·관리자의 의도나 특정한 기술에 의하여 그 내용이 편집·조작될 위험성이 있다.[1] 문자정보매체는 (가) 원본인 경우와 (나) 원본으로부터 복사한 사본인 경우가 있다.

문자정보매체는 (가) 원본임이 증명되거나, (나) 원본으로부터 복사한 사본일 경우에는 복사 과정에서 편집되는 등 인위적 개작 없이 원본의 내용 그대로 복사된 사본임이 증명되어야만 한다. 그러한 증명이 없는 경우에는 쉽게 그 증거능력을 인정할 수 없다.[2]

(나) 동일성과 무결성   문자정보매체에 기억된 문자정보 또는 그 출력물을 증거로 사용

---

1) 2018. 2. 8. 2017도13263, 공 2018상, 595, 『선별된 USB 이미지파일 참여권 사건』.
2) 2018. 2. 8. 2017도13263, 공 2018상, 595, 『선별된 USB 이미지파일 참여권 사건』.

하기 위해서는 정보저장매체 원본에 저장된 내용과 출력 문건의 동일성이 인정되어야 한다. 이를 위해서는 정보저장매체 원본이 압수시부터 문건 출력시까지 변경되지 않았다는 사정, 즉 무결성이 담보되어야 한다.[1]

정보저장매체 원본을 대신하여 저장매체에 저장된 자료를 하드카피 또는 이미징한 매체로부터 출력한 문건의 경우에는 정보저장매체 원본과 하드카피 또는 이미징한 매체 사이에 자료의 동일성도 인정되어야 할 뿐만 아니라, 이를 확인하는 과정에서 이용한 컴퓨터의 기계적 정확성, 프로그램의 신뢰성, 입력·처리·출력의 각 단계에서 조작자의 전문적인 기술능력과 정확성이 담보되어야 한다.[2]

(다) 증명방법　　정보저장매체의 원본 동일성은 증거능력의 요건에 해당한다. 그러므로 검사는 원본 동일성의 존재에 대하여 구체적으로 주장·증명해야 한다.[3] 출력 문건과 정보저장매체에 저장된 자료가 동일하고 정보저장매체 원본이 문건 출력 시까지 변경되지 않았다는 점을 증명하는 데에는 몇 가지 방법이 있다.

첫 번째로는, 피압수·수색 당사자가 정보저장매체 원본과 하드카피 또는 이미징한 매체의 해쉬(Hash) 값이 동일하다는 취지로 서명한 확인서면을 교부받아 법원에 제출하는 방법이 있다. 동일성을 증명하는 원칙적인 방법이다.[4] 그러나 확인서면의 방법에 의한 증명이 불가능하거나 현저히 곤란한 경우들이 있다. 이러한 경우에는 다음의 방법들에 의한다.

두 번째로는, 정보저장매체 원본에 대한 압수, 봉인, 봉인해제, 하드카피 또는 이미징 등 일련의 절차에 참여한 수사관이나 전문가 등의 증언에 의해 (가) 정보저장매체 원본이 최초 압수 시부터 밀봉되어 증거 제출 시까지 전혀 변경되지 않았다거나, (나) 정보저장매체 원본과 하드카피 또는 이미징한 매체 사이의 해쉬 값이 동일하다는 등의 사정을 증명하는 방법이 있다.[5]

세 번째로는, 법원이 정보저장매체 원본에 저장된 자료와 증거로 제출된 출력 문건을 대조하여 양자의 동일성·무결성을 인정하는 방법이 있다.[6]

(4) 녹음·녹화매체의 원본성 요건

녹음·녹화매체는 (가) 녹음·녹화테이프의 형태를 취하는 경우와 (나) 컴퓨터용디스크

1) 2013. 7. 26. 2013도2511, 공 2013하, 1659, 『북한공작원 동영상 촬영 사건』.
2) 2013. 7. 26. 2013도2511, 공 2013하, 1659, 『북한공작원 동영상 촬영 사건』.
3) 2018. 2. 8. 2017도13263, 공 2018상, 595, 『선별된 USB 이미지파일 참여권 사건』.
4) 2013. 7. 26. 2013도2511, 공 2013하, 1659, 『북한공작원 동영상 촬영 사건』.
5) 2013. 7. 26. 2013도2511, 공 2013하, 1659, 『북한공작원 동영상 촬영 사건』.
6) 2013. 7. 26. 2013도2511, 공 2013하, 1659, 『북한공작원 동영상 촬영 사건』.

그 밖에 이와 비슷한 방법으로 음성이나 영상을 녹음·녹화하여 재생할 수 있는 매체의 경우로 나누어 볼 수 있다. (나)의 컴퓨터용디스크나 그 밖에 이와 비슷한 녹음·녹화매체에 대해서는 위에서 살펴본 문자정보매체의 원본성 요건이 그대로 적용된다. 아래에서는 (가)의 녹음·녹화테이프와 관련된 원본성 요건을 살펴본다.

녹음·녹화매체는 원칙적으로 원본이어야 한다. 녹음·녹화매체가 원본으로부터 복사된 사본일 경우 그 사본은 복사과정에서 편집되는 등의 인위적 개작 없이 원본의 내용 그대로 복사된 것이어야 한다.[1]

증거로 제출된 녹음파일이 대화 내용을 녹음한 원본이거나 혹은 복사 과정에서 편집되는 등 인위적 개작 없이 원본 내용을 그대로 복사한 사본이라는 점은 (가) 녹음파일의 생성과 전달 및 보관 등의 절차에 관여한 사람의 증언이나 진술, (나) 원본이나 사본 파일 생성 직후의 해쉬 값과의 비교, (다) 녹음파일에 대한 검증·감정 결과 등 제반 사정을 종합하여 판단할 수 있다.[2]

대화내용을 수록한 녹음·녹화매체는 그 성질상 작성자나 진술자의 서명 혹은 날인이 없을 뿐만 아니라, 녹음·녹화자의 의도나 특정한 기술에 의하여 그 내용이 편집, 조작될 위험성이 있다. 이 점을 고려할 때 원본성 또는 그에 준하는 사본임에 대한 입증이 없는 녹음·녹화매체에는 증거능력이 인정되지 않는다.[3]

녹음·녹화매체에 수록된 대화내용이 이를 풀어쓴 녹취록의 기재와 일치한다거나 녹음·녹화매체의 대화내용이 중단되었다고 볼 만한 사정이 없다는 점만으로는 위와 같은 증명이 있다고 할 수 없다.[4]

(5) 도면·사진매체의 원본성 요건

도면·사진매체 또한 원칙적으로 원본이어야 하며, 원본으로부터 복사한 사본일 경우 복사과정에서 편집되는 등의 인위적 개작 없이 원본의 내용 그대로 복사된 사본이어야 한다. 도면·사진 등의 정보가 컴퓨터용디스크 그 밖에 이와 비슷한 정보저장매체에 기억된 경우에는 문자정보매체와 마찬가지로 동일성 및 무결성 요건이 구비되어야 한다.

---

1) 2014. 8. 26. 2011도6035, 공 2014하, 1936, 『방광암 말기 환자 사건』.
2) 2015. 1. 22. 2014도10978 전원합의체 판결, 공 2015상, 357, 『RO 강연회 비밀녹음 사건』.
3) 2014. 8. 26. 2011도6035, 공 2014하, 1936, 『방광암 말기 환자 사건』.
4) 2014. 8. 26. 2011도6035, 공 2014하, 1936, 『방광암 말기 환자 사건』.

제3 전문증거 예외인정의 이론적 근거

1. 문제의 소재

영미법상 전문법칙의 예외사유로 신용성의 정황적 보장과 증거사용의 필요성 두 가지가 인정되고 있다. 우리 형사소송법의 경우에도 전문증거에 증거능력을 부여하기 위한 사유로 이 두 가지 기준을 사용할 수 있다고 하는 점에는 견해가 일치되어 있다. 그런데 이원설의 관점에서 형사소송법 제310조의2가 전문법칙과 직접심리주의를 그 이론적 근기로 삼고 있다고 새기게 되면 그 예외규정의 해석에 있어서 영미법에서 발달한 전문법칙의 예외사유를 그대로 채용하는 것이 과연 적절한가 하는 의문이 제기될 수 있다.

그러나 전문법칙과 직접심리주의는 오판방지와 피고인의 방어권보장이라는 점에서 그 취지와 기능이 일치되는 부분이 많으므로 신용성의 정황적 보장과 증거사용의 필요성 두 기준을 형소법 제310조의2에 대한 예외규정의 일반적 해석지침으로 사용하여도 무방하다고 생각된다.

2. 예외인정의 기준

(1) 신용성의 정황적 보장

형사소송법 제311조 내지 제316조에 규정된 전문증거의 예외적 허용사유들은 크게 보아 신용성의 정황적 보장과 증거사용의 필요성이라는 두 가지 관점을 이론적 기초로 삼고 있다. 먼저, 신용성의 정황적 보장(circumstantial guarantees of trustworthiness)이란 원진술이 법원의 면전에서 행해지지 아니하였더라도 그 원진술의 진실성이 제반정황에 의하여 담보되는 것을 말한다. 형사소송법은 원진술이 '특히 신빙할 수 있는 상태하에서 행하여진 때'라는 표현을 사용하여(법312④, 313, 314, 316 참조) 신용성의 정황적 보장이 전문법칙예외인정의 근거가 됨을 밝히고 있다.

신용성의 정황적 보장을 전문법칙의 예외사유로 인정하는 것은 소송경제의 도모에 그 취지가 있다. 원진술자를 공판정에서 반대신문하지 않더라도 그 진술이 진실하다고 신빙할 만한 경우에까지 원진술자를 법정에 소환하여 진술하게 하는 것은 절차의 지연과 불편만을 초래하므로 전문증거에 증거능력을 인정하여 소송경제를 도모하고자 하는 것이다.

이때 '신용성의 정황적 보장'은 전문증거의 진술내용이 진실하다는 보장을 말하는 것이 아니라, 그 진술의 진실성을 담보할 만한 구체적이고 외부적인 정황이 있음을 의미한다. 전문증거의 예외인정은 증거능력의 문제임에 반하여 진술내용의 진실성은 증명력의 문제이기 때문이다.

신용성의 정황적 보장에 의하여 전문증거에 증거능력이 인정되는 예로는 사건 직후의 충동적 발언과 같은 자연적·반사적 진술, 죽음에 직면한 사람의 임종시 진술, 자신의 이익에 반하는 진술 등을 들 수 있다. 또 원진술이 법관의 면전에서 행해진 경우(법311)나 원진술이 공문서 또는 기업의 장부와 같은 업무의 통상과정에서 작성된 문서에 기재된 경우(법315 참조)도 신용성의 정황적 보장이 인정되는 예이다.

(2) 증거사용의 필요성

증거사용의 필요성(necessity, unavailability)이란 원진술과 동일한 내용의 진술을 구하는 것이 불가능하거나 현저히 곤란하기 때문에 전문증거라도 사용하여 실체적 진실을 규명할 필요가 있음을 말한다. 예컨대 원진술자의 사망이나 질병 또는 외국거주, 소재불명(법314 본문, 316② 참조) 등과 같이 원진술자를 공판정에서 신문하는 것이 불가능하거나 현저히 곤란한 경우가 여기에 해당한다.

전문증거의 필요성에 관한 특수한 예로서 피고인의 진술을 원진술로 하는 전문증거를 들 수 있다. 우리 형사소송법은 피고인을 원진술자로 하는 전문증거의 증거능력을 광범위하게 인정하고 있다(법312, 313, 316① 참조). 이것은 피고인이 애당초 자신에게 불리한 진술을 하였다가 시간의 경과와 함께 유죄판결의 가능성이 높아지면 그 진술을 번복할 염려가 크다는 점과 피고인에게는 진술거부권(헌법12②, 법283의2)이 인정되기 때문에 법원이 피고인으로부터 종전과 동일한 내용의 진술을 얻을 수 없다는 점을 입법자가 고려하였기 때문이라고 생각된다.

그러나 실체적 진실발견의 필요성을 들어 피고인의 진술을 원진술로 하는 전문증거에 증거능력을 인정하면 자칫 자백편중의 수사관행을 묵인하는 폐단을 낳기 쉽다. 따라서 피고인의 진술을 내용으로 하는 전문증거는 그 증거능력을 부여함에 있어서 특별히 엄격한 해석을 가하지 않으면 안 된다. 우리 입법자가 직접심리주의의 예외인정이라는 관점에서 피고인의 진술을 기재한 증거서류에 대해 '진정성립'의 요건을 별도로 설정하여 증거능력을 제한하는 것은 바로 이와 같은 문제점 때문이다.

(3) 양자의 관계

전문증거에 증거능력을 부여하기 위해서는 신용성의 정황적 보장과 증거사용의 필요성이라는 두 가지 요건이 동시에 존재하는 것이 이상적이다(법314, 316② 참조). 그러나 양자는 병존하지 않고 상호보완관계 또는 반비례의 관계에 있는 경우가 많다. 따라서 신용성의 정황적 보장이 강력하면 증거사용의 필요성 요건은 어느 정도 완화될 수 있으며 그 역의 경우도 성립이 가능하다. 그러나 증거사용의 필요성을 지나치게 강조하여 전문증거에 증거능력을 인정하게 되면 피고인의 방어권을 중대하게 침해하는 역작용이 일어날 수 있다. 그러므로 증거사용의 필요성을 이유로 한 증거능력의 부여에는 특별히 신중을 기하지 않으면 안 된다.

제4 전문증거의 예외규정

1. 제311조에 의한 예외

형사소송법 제311조는 법원 또는 법관이 주재하는 절차에서 작성된 조서에 대하여 증거능력을 부여하고 있다. 원래 직접심리주의의 관점에 의하면 원진술자는 공개된 법정에서 법원에 대하여 체험사실을 보고해야 하는 것이 원칙이다. 이것은 수소법원이 진술자의 태도증거를 음미하고 진술내용을 직접 청취함으로써 심증형성에 정확성을 기하기 위함이다.

그러나 수소법원이 아니라 할지라도 수소법원을 구성하는 법관과 동일한 자격을 가지고 있는 법관이 진술을 청취하고 그 결과로서 조서가 작성되었다면 그 성립의 진정과 신용성의 정황적 보장에 의문이 없다. 이 때문에 우리 입법자는 직접심리주의 원칙에 예외를 인정하여 별도의 제한 없이 전면적으로 법관면전의 조서에 증거능력을 인정하고 있다. 형사소송법 제311조에 의하여 증거능력이 인정되는 법원·법관의 조서에는 다음과 같은 것들이 있다.

(1) 공판준비절차에서 피고인의 진술을 기재한 조서

'공판준비에 피고인의 진술을 기재한 조서'란 공판준비절차에서 피고인신문(법273①)이 행해진 결과 작성된 조서를 말한다. 공판준비절차는 제1회 공판기일을 열기 전에 행하는 기일전 공판준비절차(법266의5 이하)가 일반적이지만 공판기일 사이에 진행하는 기일간 공판준비절차도 가능하다(법266의15).

(2) 공판기일에 피고인의 진술을 기재한 조서

'공판기일에 피고인의 진술을 기재한 조서'란 공판조서를 가리킨다. 공판정에서 행하는 피고인의 진술은 그 자체가 증거로 된다. 이 때문에 피고사건과 관련하여 피고인의 진술을 기재한 공판조서가 전문증거로서 예외적으로 증거능력이 인정되는 경우란 결국 공판절차갱신 전에 작성된 공판조서, 관할위반의 재판이 확정된 후 재기소된 경우 먼저 재판에서 작성된 공판조서, 피고사건에 대한 상소심에서 원심이 파기환송 또는 파기이송될 때 원심이 작성하였던 공판조서 등을 가리킨다고 보아야 할 것이다.

공판기일의 조서는 당해 피고사건에 대한 조서를 의미한다. 다른 피고사건의 공판조서는 형사소송법 제315조 제3호가 규정한 '기타 특히 신용할 만한 정황에 의하여 작성된 문서'로서 증거능력이 인정된다.[1]

(3) 공판준비절차에서 피고인 아닌 자의 진술을 기재한 조서

'공판준비에 피고인 아닌 자의 진술을 기재한 조서'란 당해 사건의 공판준비절차에서 증인, 감정인, 통역인, 번역인 등을 신문한 결과 작성된 조서를 말한다. 공판기일 외의 증인신문조서(법52 본문 참조)가 여기에 해당하는 예이다.

(4) 공판기일에 피고인 아닌 자의 진술을 기재한 조서

'공판기일에 피고인 아닌 자의 진술을 기재한 조서'란 당해 사건에 대한 공판조서를 의미한다. 다른 사건의 공판조서는 형사소송법 제315조 제3호의 '기타 특히 신용할 만한 정황에 의하여 작성된 문서'로 보아 증거능력이 인정된다.[2]

'피고인 아닌 자'란 피고인을 제외한 제삼자를 가리키므로 증인, 감정인뿐만 아니라 공범자나 공동피고인을 모두 포함한다. 따라서 당해 사건의 공판정에서 공동피고인이 행한 진술을 기재한 조서는 형사소송법 제311조에 의하여 당연히 증거능력이 인정된다.

제삼자의 법정진술을 기재한 공판조서임에도 증거능력이 부정되는 경우가 있다. 피고인에게 불리한 증거인 증인이 주신문의 경우와 달리 반대신문에 대하여는 답변을 하지 아니하는 등 진술 내용의 모순이나 불합리를 그 증인신문 과정에서 드러내어 이를 탄핵하는 것이 사실상 곤란하였고, 그것이 피고인 또는 변호인에게 책임 있는 사유에 기인한 것이 아닌 경우가 그것이다. 이러한 경우라면, 관계 법령의 규정 혹은 증인의 특성 기타 공판절차의 특수성에 비추어 이를 정당화할 수 있는 특별한 사정이 존재하지 아니하는 이상, 이와 같이 실질적 반대신문권의 기회가 부여되지 아니한 채 이루어진 증인의 법정진술은 위법한 증거로서 증거능력을 인정하기 어렵다.[3]

따라서 이러한 위법한 증인의 법정진술을 기재한 공판조서 또한 증거능력이 인정되지 않는다. 반대신문권을 보장하지 아니한 증인의 법정진술의 경우 피고인의 책문권 포기로 그 하

---

1) 2003. 10. 10. 2003도3282, 공 2003, 2214, 『공판조서 등사청구 사건』.
2) 1966. 7. 12. 66도617, 총람 315조, 4번, 『군법회의 공판조서 사건』.
3) 2022. 3. 17. 2016도17054, 공 2022상, 732, 『특수상해 피해자 반대신문 불출석 사건』.

자가 치유될 수 있으나, 책문권 포기의 의사는 명시적인 것이어야 한다.[1]

공판기일에 증인이 행한 증언은 그 자체가 수소법원에 대한 원본증거이므로 전문증거의 예외사유에 해당하지 않는다. 그러나 피고사건이 상소심에 의하여 파기환송되거나 파기이송된 경우 또는 관할위반의 재판이 확정된 후 재기소된 경우 등에는 증인의 증언을 기재한 공판조서가 형사소송법 제311조의 규정에 의하여 증거능력을 인정받게 된다.

(5) 법원 또는 법관의 검증의 결과를 기재한 조서

(가) 검증조서의 범위   법원 또는 법관의 검증의 결과를 기재한 조서는 증거로 할 수 있다(법311 1문 후단). '법원 또는 법관의 검증조서'(법49① · ①)는 법관이 오관의 작용에 의하여 사람의 신체상태나 물건의 존재 및 상태에 대하여 인식한 것을 기재한 서면이다. 법원 또는 법관의 검증조서는 당연히 증거능력이 인정된다. 이 점에서 검사 또는 사법경찰관이 검증의 결과를 기재한 조서가 원진술자(즉 검증을 행한 자)에 의하여 성립의 진정이 인정되어야 증거능력이 부여되는 것과 구별된다(법312⑥ 참조).

형사소송법 제311조 제1문 후단에 의하여 절대적으로 증거능력이 인정되는 법원 또는 법관의 검증조서는 당해 사건에 관한 검증조서에 한정된다고 본다. 법원 또는 법관의 검증조서에 증거능력을 인정하는 기본취지가 당해 사건의 수소법원과 동일시할 수 있는 지위에 있는 법관의 검증조서를 신뢰함과 동시에 피고사건 자체의 심리에 소송경제를 도모하기 위한 것이라고 생각되기 때문이다.

(나) 검증참여자의 진술   법관의 검증조서에는 검증의 결과 그 자체뿐만 아니라 법관이 행하는 검증에 참여한 자의 직접 진술이 기재되는 경우가 없지 않다. 검증참여자의 진술은 현장지시와 현장진술의 두 가지 형태로 나누어 볼 수 있다. 현장지시란 법관이 행하는 검증의 대상을 지시하는 진술이다. 이에 대하여 현장진술은 현장지시를 제외한 나머지 진술로서 법관 면전에서 진행되는 검증현장의 기회를 이용하여 행해진 것이다.

그런데 검증조서에 기재된 참여인의 진술은 검증 결과 자체가 아니라 법관 면전의 진술에 불과하므로 그 진술부분의 증거능력을 어떻게 판단해야 할 것인가 하는 문제가 생긴다. 이 문제에 대해서는 증거능력의 인정과 관련하여 긍정설, 부정설, 절충설 등 여러 가지 해결방안이 제시되고 있다. 생각건대 검증조서에 기재된 진술은 검증조서의 구성부분에 불과하며 독립된 진술조서는 아니라고 생각된다. 검증조서에 기재된 진술은 법원 또는 법관의 검증조서와 일체화된 것이기 때문에 제311조 제1문 후단에 의하여 증거능력이 부여되는 것이라고 봄이 타당

---

1) 2022. 3. 17. 2016도17054, 공 2022상, 732, 『특수상해 피해자 반대신문 불출석 사건』.

하다고 할 것이다.

한편 법관의 검증결과를 기재한 검증조서에 법관 면전 이외의 다른 곳에서 행해진 진술이 기재되는 경우가 있다. 이때 그 진술의 증거능력이 문제된다. 생각건대 이 경우 검증조서에 기재된 진술은 법관 면전에서 행해진 진술이 아니므로 직접심리주의의 예외적 허용사유에 해당하지 않는다. 따라서 이 진술은 형사소송법 제310조의2의 적용을 받아 원칙적으로 증거능력이 부정될 것이다. 다만 검증조서에 기재된 진술이 법관 면전의 진술이 아닐지라도 전문법칙의 예외로서 형사소송법 제312조 내지 제315조의 요건을 구비한 경우에는 증거능력이 인정될 여지가 있음에 유의할 필요가 있다.

(다) 녹음테이프 검증   이와 관련하여 녹취록에 대한 법원의 검증조서의 증거능력이 문제된다. 사인(A)이 피고인(갑) 아닌 자(B)와의 통화를 녹음한 녹음테이프 및 그 녹음테이프의 녹취록이 증거로 제출되는 경우가 있다. 이때 녹음테이프에 대한 법원의 검증결과는 두 가지 형태로 나타날 수 있다.

하나는, 법원이 녹음테이프에 대한 검증을 실시하여 "녹음테이프에 녹음된 대화의 내용이 검증조서에 첨부된 녹취서에 기재된 내용과 같다."는 검증결과를 검증조서에 기재하는 경우이다. 이 경우 증거자료가 되는 것은 여전히 녹음테이프에 녹음된 대화 내용이므로, 그중 피고인 아닌 자(B)와의 대화의 내용은 실질적으로 형소법 제313조 제1항 본문이 규정한 '형소법 제311조, 제312조 규정 이외의 피고인 아닌 자의 진술을 기재한 서류'와 다를 바 없다.[1]

그리하여 피고인(갑)이 그 녹음테이프를 증거로 할 수 있음에 동의하지 않은 이상, 그 녹음테이프 검증조서의 기재 중 피고인 아닌 자(B)의 진술내용을 증거로 사용하기 위해서는 (가) 형소법 제313조 제1항 본문에 따라 공판준비나 공판기일에서 원진술자(B)의 진술에 의하여 그 녹음테이프에 녹음된 진술내용이 자신이 진술한 대로 녹음된 것이라는 점이 증명되거나, (나) 형소법 제313조 제2항에 따라 과학적 분석결과에 기초한 디지털포렌식 자료, 감정 등 객관적 방법으로 성립의 진정함이 증명되어야 한다.

다른 하나는, 녹음테이프에 대한 법원의 검증 내용이 그 진술 당시 진술자(B)의 상태(예컨대 주취상태) 등을 확인하기 위한 것인 경우이다. 이 경우에는 녹음테이프에 대한 검증조서의 기재 중 진술내용을 증거로 사용하는 경우에 관한 형소법 제313조의 법리는 적용되지 않는다. 따라서 이 경우 검증조서는 법원의 검증의 결과를 기재한 조서로서 형소법 제311조에 의하여 당연히 증거로 할 수 있다.[2]

---

1) 2008. 7. 10. 2007도10755, [미간행], 『검증한 녹음테이프 녹취록 사건』.
2) 2008. 7. 10. 2007도10755, 『검증한 녹음테이프 녹취록 사건』.

(6) 제184조 및 제221조의2의 규정에 의하여 작성한 조서

증거보전절차(법184)에 의하여 작성된 조서 및 제1회 공판기일 전 검사의 신청으로 행해진 증인신문절차(법221의2)에 의하여 작성된 조서는 당연히 증거능력이 있다(법311 2문).

구속영장실질심사(법201의2⑥)와 체포·구속적부심사(법214의2⑭, 201의2⑥) 단계에서는 조서가 작성된다. 판례는 구속적부심사 청구사건에서 피의자에 대하여 작성된 법원의 심문조서(법214의2⑭)에 대해 형소법 제311조에 기한 증거능력을 인정하지 않고, 형소법 제315조 제3호가 규정한 '특히 신빙할 만한 정황에 의하여 작성된 문서'로 보아 증거능력을 인정하면서 다만 그 증명력의 판단에 신중을 기해야 한다는 입장을 취하고 있다.[1] 같은 법리는 구속영장실질심사절차에서 피의자에 대하여 작성된 법원의 심문조서(법201의2⑥)에 대해서도 적용될 것이다.

(7) 성폭력처벌법상의 영상녹화물

성폭력처벌법은 수사기관으로 하여금 (가) 19세 미만인 피해자나 (나) 신체적인 또는 정신적인 장애로 사물을 변별하거나 의사를 결정할 능력이 미약한 피해자의 진술 내용과 조사 과정을 영상녹화장치로 녹화(녹음이 포함된 것을 말하며, 이하 '영상녹화'라 한다)하고, 그 영상녹화물을 보존하도록 규정하고 있다(동법30①). 이 경우 수사기관은 미리 영상녹화사실을 알려주어야 하며, 조사의 개시부터 종료까지의 전 과정 및 객관적 정황을 영상녹화하여야 한다(동조⑨).

절차와 방식(동법30④~⑥)을 준수하여 녹화·보존된 영상녹화물은 증거보전기일, 공판준비기일 또는 공판기일에 그 내용에 대하여 피의자, 피고인 또는 변호인이 피해자를 신문할 수 있었던 경우에 증거로 할 수 있다. 다만, 증거보전기일에서의 신문의 경우 법원이 피의자나 피고인의 방어권이 보장된 상태에서 피해자에 대한 반대신문이 충분히 이루어졌다고 인정하는 경우로 한정한다(성폭력처벌법30의2① i 본문·단서).

판례는 수사기관이 참고인을 조사하는 과정에서 형사소송법 제221조 제1항에 따라 작성한 영상녹화물은, 다른 법률에서 달리 규정하고 있는 등의 특별한 사정이 없는 한, 공소사실을 직접 증명할 수 있는 독립적인 증거로 사용될 수는 없다는 입장을 취하고 있다.[2] 이 경우 참고인에는 피해자도 포함된다. 성폭력처벌법이 피해자 영상녹화물의 증거능력을 규정한 사유는 판례가 규정한 '다른 법률에서 달리 규정하고 있는 등의 특별한 사정'에 해당하는 것으로 주목된다. 성폭력처벌법 제30조의2는 「아동학대범죄의 처벌 등에 관한 특례법」의 준용규

---

1) 2004. 1. 16. 2003도5693, 공 2004, 372, 『구속적부심 자백조서 사건』.
2) 2014. 7. 10. 2012도5041, 공 2014하, 1624, 『존속살해방조 참고인 사건』.

정에 의하여 아동학대범죄의 조사·심리에 관하여 준용된다(동법17①).[1]

2. 제312조에 의한 예외

(1) 엄격해석의 필요성

형사소송법 제312조는 검사 및 사법경찰관이 작성한 각종 조서의 증거능력에 관하여 규정하고 있다. 입법자는 2007년 형사소송법 개정으로 구두변론주의(법275의3)를 강화하면서 수사기관 작성의 각종 조서에 대해 증거능력 요건을 전면적으로 재조정하였다. 이후 입법자는 2020년 검경 수사권 조정을 위한 형소법 개정을 통하여 형소법 제312조에 새로운 변화를 가하였다.

헌법 제12조 제1항이 규정한 적법절차의 원칙과 헌법 제27조에 의하여 보장된 공정한 재판을 받을 권리를 구현하기 위하여 형사소송법은 공판중심주의와 구두변론주의 및 직접심리주의를 그 기본원칙으로 하고 있다. 형사소송법은 수사기관에서 작성된 조서 등 서면증거에 대하여 일정한 요건을 충족하는 경우에 그 증거능력을 인정하고 있다. 그런데 조서 등 서면증거에 대하여 증거능력을 인정한 것은 실체적 진실발견의 이념과 소송경제의 요청을 고려하여 예외적으로 허용하는 것일 뿐이므로, 그 증거능력 인정 요건에 관한 규정은 엄격하게 해석·적용하여야 한다.[2]

형소법 제312조는 수사기관의 각종 '조서'를 규율대상으로 하고 있다. 조서란 공무원이 법령에 기하여 법령이 정한 방식에 따라 작성한 문서를 말한다. 한편, 피고인 또는 피고인이 아닌 자가 수사과정에서 작성한 진술서는 '조서'에 준하여 증거능력 여부가 결정된다(법312⑤).

수사보고서는 단지 수사의 경위 및 결과를 내부적으로 보고하기 위하여 작성된 서류로서 조서에 해당하지 않는다. 수사보고서 안에 검증의 결과에 해당하는 기재가 있다고 하여도 이를 검증조서라고 할 수 없고, 피의자나 참고인의 진술이 기재되어 있다고 하여도 피의자신문조서나 참고인진술조서와 같이 취급할 수 없다.[3] [4]

수사기관이 수사과정에서 수집한 자료를 수사기록에 현출시키는 방법으로 수집한 자료의 의미, 성격, 혐의사실과의 관련성 등을 수사보고의 형태로 요약·설명하고 해당 자료를 수사보고서에 첨부하는 경우가 있다. 이 경우 그 수사보고서에 기재된 내용은 수사기관이 첨부한 자료를 통하여 얻은 인식·판단·추론이거나 아니면 자료의 단순한 요약에 불과하여 원 자료

---

1) 전술 548면 참조.
2) 2013. 3. 14. 2011도8325, 공 2013상, 699, 『고용유지지원금 사기 사건』.
3) 2001. 5. 29. 2000도2933, 공 2001, 1547, 『백운나이트 사건』.
4) 후술 767면 참조.

로부터 독립하여 공소사실에 대한 증명력을 가질 수 없다.[1]

(2) 검사 작성 피의자신문조서 - 2021년 12월 31일까지 기소된 사건에 적용

(가) 제312조 제1항의 개정   형소법 제312조 제1항은 검사가 작성한 피의자신문조서의 증거능력 요건에 대해 규정하고 있다. 형소법 제312조 제1항은 2020년 검경 수사권 조정에 의하여 형소법 제312조 제3항이 규정한 사법경찰관이 작성한 피의자신문조서의 증거능력 요건과 동일하게 조정되었다. 양자 모두 피고인 또는 변호인이 조서의 내용을 인정할 때에 한하여 증거로 할 수 있다는 점에서 같다.

그런데 개정된 형소법 제312조 제1항은 2022년 1월 1일 이후 공소가 제기된 사건부터 적용된다. 검사작성 피의자신문조서의 증거능력과 사경조서의 피의자신문조서의 증거능력 사이에 차등을 두었던 개정 전 형사소송법 아래에서의 실무관행이 급격하게 변화할 때 초래되는 폐해를 최소화하기 위함이다.

2021년 12월 31일까지 기소된 사건에 대해서는 개정 전 형사소송법 제312조 제1항이 계속 적용된다. 그러므로 아래에서는 개정 전 형소법 제312조 제1항이 규정한 검사 작성 피의자신문조서의 증거능력 요건을 살펴본다.

(나) 개정전 제312조 제1항   2020년 개정 전 형소법 제312조 제1항은 "검사가 피고인이 된 피의자의 진술을 기재한 조서는 적법한 절차와 방식에 따라 작성된 것으로서 피고인이 진술한 내용과 동일하게 기재되어 있음이 공판준비 또는 공판기일에서의 피고인의 진술에 의하여 인정되고, 그 조서에 기재된 진술이 특히 신빙할 수 있는 상태하에서 행하여졌음이 증명된 때에 한하여 증거로 할 수 있다."고 규정하고 있다.

여기에서 '검사가 피고인이 된 피의자의 진술을 기재한 조서'를 검사작성 피의자신문조서라고 한다. 피의자의 진술을 기재한 서류 또는 문서가 검찰 단계에서의 조사과정에서 작성된 것이라면, 그것이 '진술조서, 진술서, 자술서'라는 형식을 취하였다고 하더라도 검사작성 피의자신문조서와 같은 요건 아래 증거능력이 인정된다(법312⑤).[2] 검사직무대리(검찰청법32① · ③)가 재정합의사건을 포함한 단독판사 심판사건의 피의자에 대해 작성한 신문조서는 검사작성 피의자신문조서에 포함된다.[3]

(다) 예외인정의 취지   실질적 직접심리주의에 의하면 피고인의 진술은 법원에 대하여 구두진술의 형태로 행해지는 것이 원칙이며, 수사기관이 작성한 피의자신문조서로 피의자의

---

1) 2011. 7. 14. 2011도3809, 공 2011하, 1695, 『과테말라 출장 수사 사건』.
2) 2015. 10. 29. 2014도5939, 공 2015하, 1842, 『탈북민 공범 진술 사건』.
3) 2012. 6. 28. 2012도3927, 공 2012하, 1383, 『중소기업 금융자문업자 사건』.

직접 진술을 대신하는 것은 허용되지 않는다. 이것은 수사기관의 피의자신문이 변호인 참여가 없는 상태에서 행해지는 경우가 많아서 진술내용이 정확하게 조서에 기재되었는지를 확인할 수 없으며, 설사 변호인이 피의자신문에 참여한다고 해도 수사기관의 신문조서에 기재된 피의자진술이 법관 면전에서의 직접진술을 대체할 수는 없기 때문이다.

그런데 수사기관에서 행한 피의자의 진술을 일절 증거로 사용하지 못하게 한다면 범죄사건의 실체적 진실을 규명할 수 없는 경우가 적지 않게 발생한다. 피고인은 형사절차의 진행과 함께 유죄판결의 가능성이 높아진다고 느끼면 종전의 진술을 번복하거나 부인하기 쉽다. 진술번복이나 진술부인의 경우 피고인은 진술거부권(헌법12②, 법244의3, 283의2)을 가지고 있기 때문에 법원은 피고인에게 새로운 진술을 요구할 수 없고 그 결과 증거불충분으로 진범인을 무죄방면해야 할 경우도 배제할 수 없다.

여기에서 우리 입법자는 검사가 법관과 동일한 법률전문가의 자격을 갖추고 있고 객관의무에 기하여 공정하게 직무를 수행할 것으로 기대된다는 점에 주목하면서, 형소법 제312조 제1항을 통해 검사가 피고인을 신문하여 작성한 피의자신문조서에 대해 증거능력을 인정하였다.

2020년 개정 전 형소법 제312조 제1항은 검사작성 피의자신문조서의 증거능력 요건으로 (가) 적법한 절차와 방식에 따라 작성된 것으로서, (나) 피고인이 진술한 내용과 동일하게 기재되어 있음이 공판준비 또는 공판기일에서의 피고인의 진술에 의하여 인정되고, (다) 그 조서에 기재된 진술이 특히 신빙할 수 있는 상태 하에서 행하여졌음이 증명된 때라는 세 가지 요건을 설정하였다. 한편 2020년 개정 전 형소법 제312조 제2항은 (나)의 요건과 관련하여 영상녹화물이나 그 밖의 객관적인 방법에 의하여 증명하는 대체적 증명방법도 허용하였다.

(라) 피고인이 된 피의자의 의미   개정 전 형사소송법 제312조 제1항이 규정하고 있는 '피고인이 된 피의자'란 수사단계에서 피의자로서 검사의 신문을 받고 이후 당해 사건에 대해 공소가 제기된 사람을 말한다. 공동피고인은 그가 공범자이든 아니든 '피고인이 된 피의자'에 포함되지 않는다. 즉 형소법 제312조 제1항이 규율하고 있는 검사작성 피의자신문조서는 공소제기된 당해 피고인에 대한 피의자신문조서만을 가리킨다.

수사와 내사의 구별에 관하여 형식설과 실질설의 대립이 있다. 피의자 여부는 실질설의 관점에서 판단해야 한다. 종래 판례는 입건 절차를 밟지 않아 피내사자로 취급되는 사람에 대해 검사가 범죄혐의 있다고 사료하여 신문조서를 작성하였다면 그 신문조서는 검사작성 피의자신문조서에 해당한다고 판시한 바가 있다.[1] 수사준칙은 검사 또는 사법경찰관이 피의자신문조서를 작성하는 행위에 착수한 때에는 수사를 개시한 것으로 보고 있다(수사준칙16① ii).

---

1) 2001. 10. 26. 2000도2968, 공 2001, 2633, 『'정관계 좋은 자리' 사건』.

검사가 이미 기소된 피고인을 상대로 공범사건이나 여죄사건을 조사하여 작성한 진술서는 엄밀한 의미에서 '피고인이 된 피의자'에 대한 것이 아니다. 그러나 이 경우의 서류도 검사작성 피의자신문조서에 포함된다. 피고인의 진술을 녹취 내지 기재한 서류 또는 문서가 수사기관에서의 조사과정에서 작성된 것이라면, 그것이 진술조서, 진술서, 자술서라는 형식을 취하였다고 하더라도 피의자신문조서와 달리 볼 수 없기 때문이다.[1]

(마) 개정 전 제312조 제1항의 법적 성질   검사작성 피의자신문조서에 증거능력을 인정한 형소법 제312조 제1항의 법적 성질에 관하여 전문법칙예외설과 직접심리주의예외설이 대립하고 있다. 전문법칙예외설은 검사작성 피의자신문조서가 공판준비 또는 공판기일의 진술에 대신할 만큼 신용성이 보장되지 아니한 증거라는 점에서 일단 전문증거라고 본다. 그런데 형소법 제312조는 신용성과 필요성을 조건으로 증거능력을 인정하고 있으므로 결국 이 규정은 전문법칙의 예외로 새겨야 한다는 것이다.

그러나 이 조문은 직접심리주의의 예외를 규정한 것으로 보는 것이 타당하다고 생각된다. 전문법칙의 주된 근거는 반대신문권의 보장에 있다고 말할 수 있는데 검사 면전에서 행한 피고인의 진술에 관하여 피고인에게 반대신문권을 부여한다는 것은 무의미하기 때문이다.

(바) 적법한 절차방식   검사작성 피의자신문조서가 증거능력을 인정받으려면 우선 그 피의자신문조서가 형식적 측면에서 볼 때 '적법한 절차와 방식'에 따라 작성된 것이어야 한다. 여기에서 '적법한 절차와 방식'이라 함은 피의자에 대한 조서 작성 과정에서 지켜야 할 진술거부권의 고지 등 형사소송법이 정한 제반 절차를 준수하고 조서의 작성 방식에도 어긋남이 없어야 한다는 것을 의미한다.[2]

형소법 제312조 제1항이 규정하고 있는 '적법한 절차와 방식'은 위법수집증거배제법칙(법 308의2)이 요건으로 설정하고 있는 '적법한 절차'와 구별된다. 형소법 제312조 제1항이 규정한 '적법한 절차와 방식'은 '절차와 방식'이 하나의 불가분리적인 표현을 이룬다. 이러한 차이를 고려하여 아래에서는 '적법한 절차방식'이라는 표현을 사용하기로 한다. 적법한 절차방식은 조서작성의 절차와 방식이 적법함을 의미한다.

(사) 형식적 진정성립   적법한 절차방식의 첫 번째 요소는 형식적 진정성립이다. 종래 조서의 진정성립과 관련하여 형식적 진정성립과 실질적 진정성립의 개념이 사용되고 있었다. 2007년 개정 전의 형사소송법에 의하면 검사작성 피의자신문조서의 진정성립은 (가) 법원이 원진술자인 피고인을 공판준비나 공판기일에 직접 신문하여 간인·서명·날인 등이 원진술자인 피고인의 것이라는 점을 확인하고, (나) 조서의 기재내용이 원진술자인 피고인이 진술한

---

1) 2009. 8. 20. 2008도8213, 공 2009하, 1579, 『공범사건 피고인 진술조서 사건』.
2) 2013. 3. 28. 2010도3359, 공 2013상, 801, 『공항 리무진 삥땅 사건』.

내용과 동일하게 기재되어 있음을 인정하는 방식에 의하여 이루어졌다. 이때 전자를 형식적 진정성립이라 하고 후자를 실질적 진정성립이라고 하였다.[1]

2007년 개정 후의 형사소송법은 '적법한 절차와 방식'이라는 요건을 설정하고 있다. 적법한 절차방식에는 일차적으로 서명·날인의 진정성을 의미하는 형식적 진정성립이 포함된다. 그런데 적법한 절차방식은 형식적 진정성립을 넘어서는 개념이다. 피의자신문조서의 증거능력을 좀더 엄격하게 통제하기 위하여 사용된 개념이기 때문이다.

(아) 추가적 요소　　적법한 절차방식은 형식적 진정성립에 머무르지 않고 한 걸음 더 나아가 조서작성 과정의 절차 및 방식의 적법성까지 포함하는 의미를 갖는다. 종전의 형식적 진정성립 이외에 추가로 요구되는 점을 살펴보면 다음과 같다.

먼저, 검사작성 피의자신문조서가 작성되는 과정에서 신문주체가 적법하여야 한다. 피의자신문의 주체는 검사이다(법241). 검사직무대리(검찰청법32① · ③)는 검사에 준한다. 검찰주사가 검사의 지시에 따라 검사가 참석하지 아니한 상태에서 피의자를 신문하여 피의자신문조서를 작성하고, 검사는 검찰주사의 조사 직후 피의자에게 개괄적으로 질문한 사실이 있을 뿐인데 검사가 작성한 것으로 되어 있는 피의자신문조서는 검사의 서명날인이 있다고 하더라도 형소법 제312조 제1항의 검사작성 피의자신문조서에 해당하지 않는다.[2]

검사가 피의자를 신문함에는 검찰청 수사관 또는 서기관이나 서기를 참여하게 하여야 한다(법243 전단). 검사작성 피의자신문조서는 공무원이 작성하는 서류이므로 검사의 기명날인 또는 서명이 있어야 한다(법57①). 진술자인 피고인과 참여자인 검찰주사보의 기명날인이나 서명이 되어 있을 뿐 신문주체인 검사의 기명날인이나 서명이 누락되어 있는 검사작성 피의자신문조서는 증거능력이 없다. 피의자신문조서에 진술자인 피고인의 서명날인이 되어 있거나 피고인이 법정에서 그 피의자신문조서에 대하여 진정성립과 임의성을 인정하였다고 하여 달리 볼 것은 아니다.[3]

검사작성 피의자신문조서가 '적법한 절차와 방식'에 따라 작성된 것으로 인정되려면 나아가 그 신문조서가 형소법 제241조 이하에 규정된 피의자신문절차를 준수하여 작성된 것이어야 한다. 이와 관련하여 진술거부권의 고지(법244의3)[4], 이익사실진술기회의 부여(법242), 변호인참여권의 보장(법243의2), 수사과정의 기록(법244의4)[5], 피의자신문조서의 내용확인(법244)

---

1) 2005. 6. 10. 2005도1849, 공 2005, 1208, 『마트 앞 폭행 사건』.
2) 1990. 9. 28. 90도1483, 공 1990, 2250, 『조사실 검사 출입 사건』.
3) 2001. 9. 28. 2001도4091, 공 2001, 2408, 『민원사무처리부 사건』.
4) 2015. 10. 29. 2014도5939, 공 2015하, 1842, 『탈북민 공범 진술 사건』.
5) 2015. 4. 23. 2013도3790, 공 2015상, 773, 『정치자금법 위반죄 진술서 사건』 참조.

등은 형소법 제312조 제1항이 규정한 '적법한 절차와 방식'의 핵심적인 사항이 된다.

검사가 피의자에게 진술거부권을 행사할 수 있음을 알려 주고 그 행사 여부를 질문하였다 하더라도 형소법 제244조의3 제2항에 규정한 방식에 위반하여 (가) 진술거부권 행사 여부에 대한 피의자의 답변이 자필로 기재되어 있지 아니하거나 (나) 피의자의 답변 부분에 피의자의 기명날인 또는 서명이 되어 있지 아니한 검사 작성의 피의자신문조서는 '적법한 절차와 방식에 따라 작성'된 조서라고 할 수 없다.[1]

(자) 적법한 절차방식 위반의 효과   '적법한 절차와 방식'에 따라 작성되지 아니한 검사 작성 피의자신문조서는 형소법 제312조 제1항의 요건을 갖추지 못한 것이므로 증거능력이 인정되지 않는다.

'적법한 절차와 방식' 가운데 진술거부권(헌법12② 후단)의 보장이나 변호인의 조력을 받을 권리(헌법12④)의 보장은 헌법상의 요청에 근거한 것으로서 헌법상 적법절차의 핵심적 내용을 이룬다. 따라서 진술거부권이 고지되지 않거나 변호인의 참여권이 배제된 상태하에서 작성된 피의자신문조서는 형소법 제312조 제1항뿐만 아니라 위법수집증거배제법칙을 규정한 형소법 제308조의2에 따라서도 증거능력이 부정된다. 위법하게 수집된 증거는 피고인 또는 변호인의 동의가 있더라도 증거능력이 인정되지 않는다.[2] [3]

형소법 제312조 제1항이 규정한 적법한 절차방식을 결여한 피의자신문조서는 증거능력이 없다. 그런데 '적법한 절차와 방식'의 흠결이 헌법상 적법절차 위반에 이르지 아니하는 사소한 경우라면 그 피의자신문조서는 피고인 또는 변호인의 증거동의(법318)에 의하여 증거능력이 인정될 수 있다. 형소법 제312조 제1항은 실질적 직접심리주의의 예외를 이루고 있으며, 실질적 직접심리주의와 전문법칙의 영역에서는 형소법 제318조 제1항에 의하여 증거동의가 허용되기 때문이다.

(차) 적법한 절차방식의 증명방법   검사작성 피의자신문조서가 적법한 절차와 방식에 따라 작성되었음은 공판준비 또는 공판기일에서 원진술자인 피고인의 진술에 의하여 인정되어야 한다(법312①). 공판준비 또는 공판기일에서 인정한다 함은 법관의 면전에서 원진술자인 피고인이 조서가 적법한 절차와 방식에 따라 작성되었음을 인정한다는 의미이다.

그런데 피고인이 검사작성 피의자신문조서가 적법한 절차와 방식에 따라 작성되지 않았다고 주장하는 경우가 있다. 이와 같이 피고인이 그 조서작성의 절차방식을 다투는 경우 대체적 증명방법을 허용할 것인지 문제된다.

---

1) 2014. 4. 10. 2014도1779, 공 2014상, 1084, 『교도소 동기 제보자 사건』.
2) 2011. 4. 28. 2009도2109, 공 2011상, 1080, 『응급실 강제채혈 사건』.
3) 2010. 1. 28. 2009도10092, 공 2010상, 474, 『피해자 쇠파이프 제출 사건』.

2020년 개정 전의 형소법 제312조 제2항은 "제1항에도 불구하고 피고인이 그 조서의 성립의 진정을 부인하는 경우에는 그 조서에 기재된 진술이 피고인이 진술한 내용과 동일하게 기재되어 있음이 영상녹화물이나 그 밖의 객관적인 방법에 의하여 증명되고, 그 조서에 기재된 진술이 특히 신빙할 수 있는 상태 하에서 행하여졌음이 증명된 때에 한하여 증거로 할 수 있다."고 규정하고 있었다.

개정 전 형소법 제312조 제2항에서 예시적으로 규정하고 있는 '영상녹화물'은 형사소송법(법244의2)과 형사소송규칙(규칙134의2③ · ④ · ⑤, 134의4)이 규정한 방식과 절차에 따라 제작되어 조사 신청된 영상녹화물을 의미한다.[1] 형사소송법과 형사소송규칙은 영상녹화물의 제작과 관련하여 봉인절차를 규정하고 있다. 봉인절차를 둔 취지는 영상녹화물의 조작가능성을 원천적으로 봉쇄하여 영상녹화물 원본과의 동일성과 무결성을 담보하기 위함이다.[2]

검사가 작성한 피고인이 된 피의자의 진술을 기재한 조서의 실질적 진정성립을 증명하려면 원칙적으로 봉인되어 피의자가 기명날인 또는 서명한 영상녹화물을 조사하는 방법으로 하여야 하고 특별한 사정이 없는 한 봉인절차를 위반한 영상녹화물로는 이를 증명할 수 없다.[3]

다만, 형사소송법 등이 정한 봉인절차를 제대로 지키지 못했더라도 (가) 영상녹화물 자체에 원본으로서 동일성과 무결성을 담보할 수 있는 수단이나 장치가 있어 조작가능성에 대한 합리적 의심을 배제할 수 있는 경우에는 (나) 그 영상녹화물을 법정 등에서 재생 · 시청하는 방법으로 조사하여 (다) 영상녹화물의 조작 여부를 확인함과 동시에 (라) 검사작성 피의자신문조서에 대한 실질적 진정성립의 인정 여부를 판단할 수 있다.[4]

(카) 대체적 증명방법의 불허 시점   2020년 형소법 개정에 의하여 형소법 제312조 제1항의 검사 작성 피의자신문조서에 대해서도 사법경찰관 작성 피의자신문조서와 마찬가지로 내용인정의 요건이 규정되었다. 내용인정의 요건이 도입되면서 진정성립의 대체적 증명방법을 규정하였던 형소법 제312조 제2항이 삭제되었다. 그런데 개정조문의 시행시기와 관련하여 내용인정 요건을 규정한 형소법 제312조 제1항은 2022년 1월 1일부터 시행하기로 하면서, 진정성립의 대체적 증명방법에 관한 형소법 제312조 제2항은 시행시점의 유보 없이 바로 삭제되었고, 2021년 1월 1일을 기하여 실효되었다.

따라서 2021년 1월 1일을 기준으로 이 시점 이후에 이루어진 검사작성 피의자신문조서

---

1) 2022. 7. 14. 2020도13957, 공 2022하, 1708, 『봉인 안된 영상녹화물 사건』.
2) 2022. 7. 14. 2020도13957, 공 2022하, 1708, 『봉인 안된 영상녹화물 사건』.
3) 2022. 7. 14. 2020도13957, 공 2022하, 1708, 『봉인 안된 영상녹화물 사건』.
4) 2022. 7. 14. 2020도13957, 공 2022하, 1708, 『봉인 안된 영상녹화물 사건』.

에 대해서는 영상녹화물 등에 의한 진정성립의 대체적 증명방법이 허용되지 않는다. 형사소송규칙 제134조의2는 영상녹화물의 조사 신청에 관하여 규정하고 있다. 2020년 형사소송규칙의 개정에 의하여 형사소송규칙 제134조의2의 조사 대상에서 피의자의 진술을 영상녹화한 영상녹화물이 제외되었다. 개정된 형사소송규칙 제134조의2는 2021년 1월 1일부터 시행되었다.

(타) 실질적 진정성립   검사작성 피의자신문조서가 증거능력을 가지려면 그 조서가 피고인이 진술한 내용과 동일하게 기재되어 있어야 한다(법312①). 조서의 기재내용과 진술자의 진술내용이 일치한다는 것을 가리켜서 실질적 진정성립이라고 한다. 여기에서 조서의 내용이 원진술자가 진술한 대로 기재된 것이라 함은 조서 작성 당시 원진술자의 진술대로 기재되었는지의 여부만을 의미하는 것으로, 그와 같이 진술하게 된 연유나 그 진술의 신빙성 여부는 고려할 것이 아니다.[1] 2007년 형소법 개정시에 입법자는 '실질적 진정성립'의 요건을 '적법한 절차와 방식'의 요건에 대응하는 것으로 보아 별도로 명시하였다.

검사작성 피의자신문조서의 실질적 진정성립이 인정되려면 원칙적으로 피고인이 진술한 내용과 동일하게 기재되어 있음이 공판준비 또는 공판기일에 피고인의 진술에 의하여 인정되어야 한다(법312①). 여기서 '기재 내용이 동일하다'는 것은 (가) 적극적으로 진술한 내용이 그 진술대로 기재되어 있어야 한다는 것뿐 아니라, (나) 진술하지 아니한 내용이 진술한 것처럼 기재되어 있지 아니할 것을 포함하는 의미이다.[2]

실질적 진정성립의 인정은 공판준비 또는 공판기일에서 피고인이 행한 명시적인 진술에 의하여 이루어져야 한다.[3] 단지 피고인이 실질적 진정성립에 대하여 이의하지 않았다거나 조서 작성절차와 방식의 적법성을 인정하였다는 것만으로 실질적 진정성립까지 인정한 것으로 보아서는 안 된다.[4] 또한 특별한 사정이 없는 한 이른바 '입증취지 부인'이라고 진술한 것만으로 이를 조서의 진정성립을 인정하는 전제에서 그 증명력만을 다투는 것이라고 가볍게 단정해서도 안 된다.[5]

피고인 또는 변호인이 검사작성의 피고인에 대한 피의자신문조서에 기재된 내용이 피고인이 진술한 내용과 다르다고 진술할 경우, 피고인 또는 변호인은 당해 조서 중 피고인이 진술한 부분과 같게 기재되어 있는 부분과 다르게 기재되어 있는 부분을 구체적으로 특정하여

---

1) 2005. 6. 10. 2005도1849, 공 2005, 1208, 『마트 앞 폭행 사건』.
2) 2013. 3. 14. 2011도8325, 공 2013상, 699, 『고용유지지원금 사기 사건』.
3) 2013. 3. 14. 2011도8325, 공 2013상, 699, 『고용유지지원금 사기 사건』.
4) 2013. 3. 14. 2011도8325, 공 2013상, 699, 『고용유지지원금 사기 사건』.
5) 2013. 3. 14. 2011도8325, 공 2013상, 699, 『고용유지지원금 사기 사건』.

야 한다(규칙134③). 형사소송규칙 제134조 제3항은 형소법 제312조 제1항이 개정됨에 따라 2021년 말 삭제되었다. 그러나 개정 형소규칙은 개정 규칙 시행 후 공소제기된 사건부터 적용된다. 개정 규칙 시행 전에 종전의 규정에 따라 행한 행위의 효력에는 영향을 미치지 않는다(부칙2① · ②).

피고인이 그의 진술을 기재한 검사 작성의 피의자신문조서 중 일부에 관해서만 실질적 진정성립을 인정하는 경우에는 법원은 당해 조서 중 어느 부분이 그 진술대로 기재되어 있고 어느 부분이 달리 기재되어 있는지를 구체적으로 심리한 다음 진술한 대로 기재되어 있다고 하는 부분에 한하여 증거능력을 인정하여야 하고, 그 밖에 실질적 진정성립이 인정되지 않는 부분에 대해서는 증거능력을 부정하여야 한다.[1] [2]

(파) 실질적 진정성립의 증명방법   실질적 진정성립은 '원진술자의 진술'에 의하여 인정되어야 한다. 즉 실질적 진정성립은 공판준비 또는 공판기일에서의 피고인의 진술에 의해서 인정되어야 한다. 그런데 입법자는 '원진술자의 진술' 이외에 대체적 증명방법을 허용하고 있었다.

2020년 개정 전 형사소송법 제312조 제2항은 "제1항에도 불구하고 피고인이 그 조서의 성립의 진정을 부인하는 경우에는 그 조서에 기재된 진술이 피고인이 진술한 내용과 동일하게 기재되어 있음이 영상녹화물 기타 객관적인 방법에 의하여 증명되고, 그 조서에 기재된 진술이 특히 신빙할 수 있는 상태하에서 행하여졌음이 증명된 때에 한하여 증거로 할 수 있다."고 규정하고 있었다. 여기에서 '영상녹화물'에 의한 진정성립 요건의 대체적 증명방법에 대해서는 앞에서 서술하였다.

(하) 대체적 증명방법의 불허 시점   그런데 전술한 바와 같이 2020년 형소법 개정에 의하여 형소법 제312조 제1항의 검사 작성 피의자신문조서에 대해서도 사법경찰관 작성 피의자신문조서와 마찬가지로 내용인정의 요건이 규정되었다. 내용인정의 요건이 도입되면서 진정성립의 대체적 증명방법을 규정하였던 형소법 제312조 제2항이 삭제되었다. 2020년 개정 형소법의 시행시점인 2021년 1월 1일을 기준으로 이 시점 이후에 이루어진 검사작성 피의자신문조서에 대해서는 영상녹화물 등에 의한 진정성립의 대체적 증명방법이 허용되지 않는다.

(거) 특신상태   형소법 제312조 제1항은 검사작성 피의자신문조서의 증거능력을 규정하면서 그 요건의 하나로 "그 조서에 기재된 진술이 특히 신빙할 수 있는 상태하에서 행하여졌음이 증명된 때에 한하여 증거로 할 수 있다."고 규정하고 있다.

---

1) 2005. 6. 10. 2005도1849, 공 2005, 1208, 『마트 앞 폭행 사건』.
2) 2013. 3. 14. 2011도8325, 공 2013상, 699, 『고용유지지원금 사기 사건』.

특신상태란 '조서에 기재된 진술이 특히 신빙할 수 있는 상태하에서 행하여졌음'을 의미한다. 형사소송법은 전문증거의 증거능력 요건으로 여러 곳에서 특신상태를 요구하고 있다(법 312④, 313① 단서, 314, 316① · ②). 특신상태의 요건은 전문법칙의 예외가 과도하게 인정되는 것을 통제하는 장치이다.

특신상태는 (가) 진술의 내용이나 조서 또는 서류의 작성에 허위개입의 여지가 거의 없고, (나) 그 진술 내용의 신빙성이나 임의성을 담보할 구체적이고 외부적인 정황이 있는 경우를 가리킨다.[1] 특신상태의 판단은 전문증거의 유형에 따라 구체적 · 개별적으로 이루어져야 할 것이다.

특신상태는 반드시 '증명'되어야 하며 그러한 증명이 이루어진 때에 '한하여' 전문증거의 증거능력이 인정된다. 특신상태의 '증명'은 합리적 의심의 여지가 없을 정도로 증명하는 것이다. 특신상태는 증거능력의 요건에 해당하므로 검사가 그 존재에 대해 구체적으로 주장 · 입증하여야 한다. 특신상태는 소송법적 사실에 관한 것이므로 엄격한 증명을 요하지 아니하고 자유로운 증명으로 족하다.[2]

입법자는 2011년 형사소송법 개정을 통하여 수사기관에게 수사과정에서 수사와 관련하여 작성하거나 취득한 서류 또는 물건에 대한 목록을 빠짐없이 작성하도록 의무화하였다(법198 ③). 수사기관이 수사기록의 목록을 작성하지 않거나 피고인 · 변호인의 증거개시청구에 응하지 아니하는 경우는 특신상태를 의심하게 하는 상황에 해당할 수 있다.

(3) 사법경찰관 작성 피의자신문조서 – 2022년 1월 1일 전후 동일

(가) 피의자신문조서와 진술조서   형소법 제312조 제3항은 "검사 이외의 수사기관이 작성한 피의자신문조서는 적법한 절차와 방식에 따라 작성된 것으로서 공판준비 또는 공판기일에 그 피의자였던 피고인 또는 변호인이 그 내용을 인정할 때에 한하여 증거로 할 수 있다."고 규정하고 있다. 사경작성 피의자신문조서는 (가) 적법한 절차와 방식, (나) 실질적 진정성립, (다) 특신상태의 요건이 모두 갖추어졌다고 할지라도 (라) 내용인정의 요건이 충족되지 않으면 증거능력이 없다.

피고인이 수사과정에서 작성한 진술서에 관하여는 피의자신문조서에 관한 규정이 준용된다(법312⑤). 피의자의 진술을 녹취 내지 기재한 서류 또는 문서가 사법경찰관리의 조사과정에서 작성된 것이라면 그것이 진술조서라는 형식을 취하였다고 하더라도 사경작성 피의자신문조서와 같이 취급된다. 따라서 내용인정의 요건이 갖추어지지 않으면 그 진술조서는 증거능

---

1) 2011. 7. 14. 2011도3809, 공 2011하, 1695, 『과테말라 출장 수사 사건』.
2) 2012. 7. 26. 2012도2937, 공 2012하, 1530, 『친일재산 소송 변호사 사건』.

력이 없다.[1]

　(나) 내용인정의 의미　　　내용인정은 조서의 기재내용이 객관적 진실에 부합함을 인정하는 진술이다. 내용인정은 피의자신문조서에 기재된 내용이 진술한 대로 기재되어 있음을 인정하는 실질적 진정성립과 구별된다. 내용인정은 적법한 절차와 방식이나 실질적 진정성립과 같은 요건이 구비된 이후에 논의되는 요건이다. 그러므로 내용인정은 적법한 절차와 방식이나 실질적 진정성립의 점까지도 문제 삼지 않기로 하는 증거동의(법318)와 구별된다.

　(다) 내용인정의 입법취지　　　형소법 제312조 제3항은 내용인정을 핵심적인 요건으로 설정하고 있다. 연혁적으로 볼 때 형소법 제312조 제3항은 자백편중의 경찰 수사관행을 타파하고 피의자신문 과정에서 발생하기 쉬운 고문이나 폭행·협박 등 강압수사를 방지하기 위하여 입법정책적으로 마련되었다.

　우리 입법자는 사법경찰관리가 고문 등 강압수사를 행하는 이유를 궁극적으로 자백을 얻어내기 위한 데에 있다고 보았다. 사법경찰관이 작성한 피의자신문조서에 대해 피의자가 법관의 면전에서 그 내용을 부인할 경우 그 조서의 증거능력을 인정하지 않도록 한다면 사법경찰관리는 처음부터 고문을 자행할 필요를 느끼지 않게 될 것이라는 것이 형사소송법 제정 당시 우리 입법자의 구상이었다. 우리 입법자가 원진술자인 피고인 이외에 원진술과 무관한 변호인도 내용인정의 진술을 할 수 있도록 한 것은 형소법 제312조 제3항이 단순한 전문법칙의 예외규정을 넘어서서 위법수사 방지장치라는 점을 보여주고 있다.

　여기에 더하여 판례는 형소법 제312조 제3항의 입법취지를 인권보장의 관점에서도 파악하고 있다. 하나의 범죄사실에 대하여 여러 명이 관여한 경우 서로 자신의 책임을 다른 사람에게 미루려는 것이 일반적인 인간심리이므로, 만일 위와 같은 경우에 형소법 제312조 제3항을 해당 피고인 외의 자들에 대해서까지 적용하지 않는다면 인권보장을 위해 마련된 형소법 제312조 제3항의 취지를 제대로 살리지 못하여 부당하고 불합리한 결과에 이를 수 있다는 것이다.[2]

　그리하여 판례는 공범자 등이 법정에 출석하여 공범자 등에 대한 사경작성 피의자신문조서 및 진술조서의 성립의 진정을 인정하였다고 하더라도 피고인이 그 조서의 내용을 부인하면 그 공범자에 대한 사경작성 피의자신문조서 및 진술조서는 증거능력이 없다는 결론에 도달하였다.[3]

　형소법 제정 당시 우리 입법자는 검사에 대해서는 법관과 동일한 자격을 가진 법률전문가

---

1) 2019. 11. 14. 2019도11552, 공 2020상, 117, 『새마을금고 이사장 선거 50만원 사건』.
2) 2020. 6. 11. 2016도9367, 공 2020하, 1425, 『사망한 병원 사무국장 피신조서 사건』.
3) 2019. 11. 14. 2019도11552, 공 2020상, 117, 『새마을금고 이사장 선거 50만원 사건』.

로서 사법경찰관리에 비하여 그 자질이 비교적 우수하다고 보고, 검사작성 피의자신문조서에 대하여는 형사소송법 제312조 제1항을 통하여 내용인정의 요건을 배제한 가운데 증거능력을 부여하기로 하였다. 이후 개정 전 형소법 제312조 제1항은 사법경찰관 작성 피의자신문조서가 내용부인을 통해 증거능력이 부정되는 상황에 대비하는 장치로 주목되었고, 그 결과 경찰 단계에서 피의자신문을 한 후 검찰 단계에서 다시 한번 피의자신문을 하는 이중수사의 관행이 형성되었다.

(라) 피고인이 된 피의자   형소법 제312조 제3항에 따르면 사경작성 피의자신문조서는 그 피의자였던 피고인 또는 변호인이 그 내용을 인정할 때에 한하여 증거능력이 인정된다. 여기에서 '그 피의자였던 피고인'의 범위가 문제된다.

원래 '피고인이 된 피의자'란 수사단계에서 피의자로서 사법경찰관이나 검사의 신문을 받고 이후 당해 사건에 대해 공소가 제기된 사람을 말한다. 그런데 판례는 내용인정 요건이 적용되는 범위를 당해 사건의 피고인에 대한 사경작성 피의자신문조서에 한정하지 않고 공범자 등에 대한 사경작성 피의자신문조서에까지 확장하고 있다. 판례의 태도는 내용인정 요건의 입법취지를 충실하게 실현하기 위한 노력의 일환이라고 할 수 있다. 판례는 형소법 제312조 제3항의 적용범위를 다음과 같이 확장하고 있다.

첫째로, 형소법 제312조 제3항은 검사 이외의 수사기관이 작성한 해당 피고인에 대한 피의자신문조서를 유죄의 증거로 하는 경우에 당연히 적용된다.[1]

둘째로, 형소법 제312조 제3항은 검사 이외의 수사기관이 작성한 해당 피고인과 공동정범, 교사범, 방조범 등 공범관계에 있는 다른 피고인이나 피의자에 대한 피의자신문조서를 해당 피고인에 대한 유죄의 증거로 채택할 경우에도 적용된다.[2]

셋째로, 형소법 제312조 제3항은 서로 대향된 행위의 존재를 필요로 할 뿐 각자의 구성요건을 실현하고 별도의 형벌 규정에 따라 처벌되는 강학상 필요적 공범 내지 대향범 관계에 있는 자들 사이에서도 적용된다.[3] [4]

넷째로, 형소법 제312조 제3항은 법인의 대표자나 법인 또는 개인의 대리인, 사용인, 그 밖의 종업원 등 행위자의 위반행위에 대하여 행위자가 아닌 법인 또는 개인이 양벌규정에 따라 기소된 경우에 이러한 법인 또는 개인과 행위자 사이의 관계에서도 적용된다.[5] 그러므로

---

1) 2020. 6. 11. 2016도9367, 공 2020하, 1425,『사망한 병원 사무국장 피신조서 사건』.
2) 2020. 6. 11. 2016도9367, 공 2020하, 1425,『사망한 병원 사무국장 피신조서 사건』.
3) 2007. 10. 25. 2007도6129, [미간행],『녹음녹화 요약서 사건』.
4) 2020. 6. 11. 2016도9367, 공 2020하, 1425,『사망한 병원 사무국장 피신조서 사건』.
5) 2020. 6. 11. 2016도9367, 공 2020하, 1425,『사망한 병원 사무국장 피신조서 사건』.

검사 이외의 수사기관이 양벌규정의 행위자인 종업원에 대하여 작성한 피의자신문조서에 관하여 법인 사업주의 대표자(법27①)나 개인 사업주가 내용을 부인하면 형소법 제312조 제3항이 적용되어 그 피의자신문조서는 증거능력이 없다.[1]

　(마) 형소법 제314조와의 관계　　형소법 제312조 제3항에 의하여 증거능력이 부정된 사경작성 피의자신문조서에 대하여는 원진술자가 사망이나 소재불명 등의 사유로 법정에서 진술할 수 없는 때에 예외적으로 증거능력을 인정하는 형소법 제314조가 적용되지 않는다.[2] 내용인정 요건의 입법취지를 충실히 실현하려면 형소법 제312조 제3항을 형소법 제314조에 우선시켜야 하기 때문이다.

　검사 이외의 수사기관이 양벌규정의 행위자인 종업원에 대하여 작성한 피의자신문조서에 관하여 법인 사업주의 대표자(법27①)나 개인 사업주가 내용을 부인하면 형소법 제312조 제3항이 적용되어 그 피의자신문조서 증거능력이 없다.[3] 법인 사업주의 대표자(법27①)나 개인 사업주가 내용을 부인하면 형소법 제314조를 적용하여 종업원에 대한 피의자신문조서의 증거능력을 인정할 수도 없다.[4]

　(바) 형소법 제312조 제4항과의 관계　　형소법 제312조 제3항에 의하여 증거능력이 부정된 공범자 등에 대한 피의자신문조서를 형소법 제312조 제4항의 참고인진술조서로 보아 증거능력을 인정할 수는 없는지 문제된다. 엄밀한 의미에서 공범자 등은 '그 피의자였던 피고인'에 해당하지 않으므로 공범자 등에 대한 피의자신문조서를 형소법 제312조 제4항의 '피고인이 아닌 자의 진술을 기재한 조서'로 볼 여지가 있기 때문이다.

　그러나 판례는 형소법 제312조 제3항이 규정한 내용인정 요건의 입법취지를 고려하여 형소법 제312조 제3항을 형소법 제312조 제4항에 우선하여 적용하고 있다. 그리하여 공범자 등에 대한 사경작성 피의자신문조서가 적법한 절차와 방식, 실질적 진정성립, 반대신문권의 보장, 특신상태 등 형소법 제312조 제4항의 요건을 갖춘 경우라고 하더라도 해당 피고인이 공판기일에서 그 조서의 내용을 부인하면 이를 유죄 인정의 증거로 사용할 수 없다.[5]

　(4) 검사 및 사법경찰관 작성 피의자신문조서 - 2022년 1월 1일 이후 기소된 사건부터 적용

　(가) 검경 수사권 조정　　2020년 입법자는 검찰·경찰 사이의 수사권 조정과 관련하여 형사소송법 제312조를 개정하였다. 입법자는 사법경찰관 작성의 피의자신문조서의 경우 피고

---

1) 2020. 6. 11. 2016도9367, 공 2020하, 1425, 『사망한 병원 사무국장 피신조서 사건』.
2) 2020. 6. 11. 2016도9367, 공 2020하, 1425, 『사망한 병원 사무국장 피신조서 사건』.
3) 2020. 6. 11. 2016도9367, 공 2020하, 1425, 『사망한 병원 사무국장 피신조서 사건』.
4) 2020. 6. 11. 2016도9367, 공 2020하, 1425, 『사망한 병원 사무국장 피신조서 사건』.
5) 2020. 6. 11. 2016도9367, 공 2020하, 1425, 『사망한 병원 사무국장 피신조서 사건』.

인이 그 내용을 부인하면 증거능력이 부정되는 반면에(법312③) 검사 작성 피의자신문조서의 경우에는 피고인이 그 내용을 부인하더라도 증거능력이 인정되는 것(개정전 법312① · ②)은 검사와 사법경찰관 사이의 상호 협력관계(법195①)에 비추어 적절하지 않다고 판단하였다. 그리하여 입법자는 형소법 제312조를 개정하여 사법경찰관 작성 피의자신문조서의 증거능력과 검사 작성 피의자신문조서의 증거능력 요건을 일치시켰다.

즉 입법자는 형소법 제312조 제1항을 "검사가 작성한 피의자신문조서는 적법한 절차와 방식에 따라 작성된 것으로서 공판준비, 공판기일에 그 피의자였던 피고인 또는 변호인이 그 내용을 인정할 때에 한하여 증거로 할 수 있다."는 형태로 개정하고, 형소법 제312조 제2항을 삭제하였다. 개정법에 따르면 검사작성 피의자신문조서는 적법한 절차와 방식을 준수하고 실질적 진정성립이 증명된다고 하더라도 피의자였던 피고인 또는 변호인이 그 내용을 부인하면 증거로 사용할 수 없게 된다. 입법자는 급격한 실무상의 변화를 피하기 위하여 개정된 형사소송법 제312조 제1항을 2022년 1월 1일 이후 공소제기된 사건부터 시행하기로 하였다.

(나) 제312조 제1항의 개정내용   여기에서 2020년 개정 후 형소법 제312조 제1항에서 주목되는 부분을 정리해 보면 다음과 같다.

먼저, 규율대상이 '검사가 피고인이 된 피의자의 진술을 기재한 조서'로부터 '검사가 작성한 피의자신문조서'로 변경되었다. 그러나 양자는 동일한 내용을 갖는다. 후자는 전자의 표현을 간소화한 것일 뿐이다.

다음으로, '적법한 절차와 방식'의 요건은 2020년 개정 후에도 변경되지 않고 그대로 유지되고 있다.

세 번째로, 2020년 개정 후의 형소법 제312조 제1항에서는 '실질적 진정성립'의 요건이 삭제되었고, 아울러 실질적 진정성립에 대한 대체적 증명방법을 허용하였던 형소법 제312조 제2항이 삭제되었다. 그런데 '실질적 진정성립'의 요건이 개정 후 형소법 제312조 제1항의 문언에서 사라졌다고 하여 '실질적 진정성립' 요건이 전부 없어진 것은 아니다.

개정 후 형소법 제312조 제1항은 검사작성 피의자신문조서에 대해 사경작성 피의자신문조서와 마찬가지로 내용인정의 요건을 규정하였다. 내용인정은 조서의 기재내용이 객관적 진실에 부합함을 인정하는 진술이다. 내용의 인정은 피의자신문조서의 기재내용이 진술한 대로 기재되어 있다고 진술하는 실질적 진정성립과 구별된다.[1]

논리적으로 볼 때 내용인정은 '적법한 절차와 방식', '실질적 진정성립'의 요건이 인정된 후에 검토되는 요건이다. 그런데 피고인이 조서의 내용을 부인하여 "조서의 기재내용이 객관

---

1) 2024. 5. 30. 2020도16796, 공 2024하, 1050, 『압수조서 압수경위란 자백 사건』.

적 진실에 부합하지 않는다."라고 진술하게 되면 선행하는 '실질적 진정성립'의 인정 여부를 검토할 필요도 없이 검사작성 피의자신문조서의 증거능력이 부정된다. 입법자는 내용부인의 상황을 상정하여 '실질적 진정성립'의 요건을 별도로 명시하지 아니한 것이다.

그러나 내용인정의 상황을 상정한다면 '실질적 진정성립'의 요건은 독자적 의미를 갖는다. 설사 피고인이 조서의 내용을 인정한다고 하더라도, 법원은 피고인이 진술한 내용과 동일하게 기재되어 있음이 공판준비 또는 공판기일에서의 피고인의 진술에 의하여 인정되지 않았음을 이유로 검사작성 피의자신문조서의 증거능력을 부정할 수 있기 때문이다.

네 번째로, 2020년 개정 후의 형소법 제312조 제1항은 검사작성 피의자신문조서의 증거능력 요건에서 특신상태의 요건을 삭제하였다. 개정 전 형소법 제312조 제1항에 따르면 검사작성 피의자신문조서는 피고인이 내용을 부인하더라도 (가) 적법한 절차와 방법, (나) 실질적 진정성립, (다) 특신상태의 요건을 갖추면 증거능력이 인정되었다. 그런데 2020년 형소법 개정으로 내용인정의 요건이 규정되면서 '조서에 기재된 진술이 특히 신빙할 수 있는 상태하에서 행하여졌음이 증명된 때'라는 요건이 의미를 잃게 되었다.

2020년 개정 전 형소법 제312조 제1항이 피고인의 내용부인에도 불구하고 검사작성 피의자신문조서에 증거능력을 인정할 수 있었던 근거의 하나는 특신상태가 인정되기 때문이었다. 이제 내용인정의 요건이 도입됨에 따라 내용부인의 진술이 특별한 의미를 가지게 되었다. 2020년 형소법 개정을 통하여 입법자는 설사 '검사작성 피의자신문조서에 기재된 진술이 특히 신빙할 수 있는 상태하에서 행하여졌음이 증명된 때'라 할지라도 피고인이 그 내용을 부인하면 증거능력을 부정하는 것으로 결단하였다. 그리하여 입법자는 내용인정의 요건을 도입하면서 특신상태의 요건을 삭제한 것이다.

(다) 수사기관 작성 피의자신문조서　　형소법 제312조 제1항은 "검사가 작성한 피의자신문조서는 적법한 절차와 방식에 따라 작성된 것으로서 공판준비, 공판기일에 그 피의자였던 피고인 또는 변호인이 그 내용을 인정할 때에 한정하여 증거로 할 수 있다."고 규정하고 있다. 한편 형소법 제312조 제3항은 "검사 이외의 수사기관이 작성한 피의자신문조서는 적법한 절차와 방식에 따라 작성된 것으로서 공판준비 또는 공판기일에 그 피의자였던 피고인 또는 변호인이 그 내용을 인정할 때에 한하여 증거로 할 수 있다."고 규정하고 있다.

이와 같은 이원적 규율방식을 놓고 형소법 제312조 제1항의 '내용 인정'과 형소법 제312조 제3항의 '내용 인정' 사이에 차이가 있는 것이 아닌가 하는 의문이 제기될 여지가 있었다. 그러나 판례는 검사작성 피의자신문조서와 관련한 '내용 인정'에 대해 "피의자신문조서의 기재 내용이 진술 내용대로 기재되어 있다는 의미가 아니고 그와 같이 진술한 내용이 실제 사실과 부합한다는 것을 의미한다."고 판시하여 사경작성 피의자신문조서의 '내용 인정'과 동일한

의미임을 확인하였다.[1] [2]

형소법 제312조 제1항과 제3항은 피의자신문조서의 작성주체를 제외하고 나머지 부분은 요건이 동일하다. 따라서 두 조항은 "검사 또는 검사 이외의 수사기관이 작성한 피의자신문조서는 적법한 절차와 방식에 따라 작성된 것으로서 공판준비 또는 공판기일에 그 피의자였던 피고인 또는 변호인이 그 내용을 인정할 때에 한정하여 증거로 할 수 있다."는 형태로 통합이 가능하다.

아래에서는 (가) 검사가 작성한 피의자신문조서와 (나) 검사 이외의 수사기관이 작성한 피의자신문조서를 합하여 '수사기관이 작성한 피의자신문조서'로 통칭하여 증거능력 인정을 위한 요건을 살펴보기로 한다.

(라) 수사과정에서 작성한 진술서   형소법 제312조 제5항은 "제1항부터 제4항까지의 규정은 피고인 또는 피고인이 아닌 자가 수사과정에서 작성한 진술서에 관하여 준용한다."고 규정하고 있다. 그러므로 아래에서 검토하는 수사기관의 피의자신문조서에 관한 법리는 피고인이 수사과정에서 작성한 진술서의 증거능력에 관하여도 적용된다.

형소법 제312조 제5항의 적용대상인 '수사과정에서 작성한 진술서'는 (가) 수사가 시작된 이후에 수사기관의 관여 아래 작성된 것이거나, (나) 개시된 수사와 관련하여 수사과정에 제출할 목적으로 작성한 것이다. 작성 시기와 경위 등 여러 사정에 비추어 그 실질이 이에 해당하는 이상 명칭이나 작성된 장소 여부를 불문한다.[3]

피의자의 진술을 기재한 서류 내지 문서가 수사기관의 수사과정에서 작성된 것이라면 그 서류나 문서의 형식과 관계없이 피의자신문조서와 달리 볼 이유가 없다. 그러므로 수사기관이 작성한 압수조서에 기재된 피의자였던 피고인의 자백 진술 부분은 피고인 또는 변호인이 내용을 부인하는 이상 증거능력이 없다.[4]

변호인이 수사기관에 제출하는 변호인의견서는 변호인이 피의사건의 실체나 절차에 관하여 자신의 의견 등을 기재한 서면이다. 변호인의견서에 피의자가 당해사건 수사기관에 한 진술이 인용되어 있는 경우가 있다. 변호인의견서에 기재된 이러한 내용의 진술은 수사기관의 수사과정에서 작성된 '피의자의 진술이 기재된 신문조서나 진술서 등'으로부터 독립하여 증거능력을 가질 수 없는 성격의 것이다. '피의자의 진술이 기재된 신문조서나 진술서 등'의 증거능력을 인정하지 않는 경우에 변호인의견서에 기재된 동일한 내용의 피의자 진술 부분을 유

---

1) 2023. 4. 27. 2023도2102, 공 2023상, 994, 『'3월경부터 6월경까지 투약' 사건』.
2) 2024. 8. 29. 2024도8200, 판례속보, 『필로폰 매매 대향범 피신조서 사건』.
3) 2022. 10. 27. 2022도9510, 공 2022하, 2361, 『입당원서 임의제출 사건』.
4) 2024. 5. 30. 2020도16796, 공 2024하, 1050, 『압수조서 압수경위란 자백 사건』.

죄의 증거로 사용할 수 있다면 피의자였던 피고인에게 불의의 타격이 될 뿐만 아니라 피의자 등의 보호를 목적으로 하는 변호인의 지위나 변호인 제도의 취지에도 반하게 된다. 따라서 피고인이 피의자였을 때 수사기관에 한 진술이 기재된 조서나 수사과정에서 작성된 진술서 등의 증거능력을 인정할 수 없다면 수사기관에 제출된 변호인의견서에 기재된 같은 취지의 피의자 진술 부분도 유죄의 증거로 사용할 수 없다.[1]

(마) 검사작성 피의자신문조서   앞에서 (가) 검사가 작성한 피의자신문조서와 (나) 검사 이외의 수사기관이 작성한 피의자신문조서를 합하여 '수사기관이 작성한 피의자신문조서'로 통칭하기로 하였다. 수사기관 작성 피의자신문조서의 증거능력 요건을 살피기에 앞서서 (가) 검사가 작성한 피의자신문조서와 (나) 검사 이외의 수사기관이 작성한 피의자신문조서의 범위를 먼저 검토한다.

'검사가 작성한 피의자신문조서'를 검사작성 피의자신문조서라고 한다. '검사가 작성한 피의자신문조서'란 당해 피고인에 대한 피의자신문조서만이 아니라 당해 피고인과 공범관계에 있는 다른 피고인이나 피의자에 대하여 검사가 작성한 피의자신문조서도 포함되고, 여기서 말하는 '공범'에는 형법 총칙의 공범 이외에도 서로 대향된 행위의 존재를 필요로 할 뿐 각자의 구성요건을 실현하고 별도의 형벌 규정에 따라 처벌되는 강학상 필요적 공범 또는 대향범까지 포함한다.[2] 따라서 피고인이 자신과 공범관계에 있는 다른 피고인이나 피의자에 대하여 검사가 작성한 피의자신문조서의 내용을 부인하는 경우에는 형사소송법 제312조 제1항에 따라 유죄의 증거로 쓸 수 없다.[3]

피의자의 진술을 기재한 서류 또는 문서가 검찰 단계에서 검사의 조사과정에서 작성된 것이라면, 그것이 '진술조서, 진술서, 자술서'라는 형식을 취하였다고 하더라도 검사작성 피의자신문조서와 같은 요건 아래 증거능력이 인정된다(법312⑤.)[4] 검사직무대리(검찰청법32①·③)가 재정합의사건을 포함한 단독판사 심판사건의 피의자에 대해 작성한 신문조서는 검사작성 피의자신문조서에 포함된다.[5]

(바) 사경작성 피의자신문조서   검사 이외의 수사기관이 작성한 피의자신문조서를 사경 작성 피의자신문조서라고 한다. 판례는 형소법 제312조 제3항의 적용범위를 다음과 같이 확장해 왔다.

---

1) 2024. 5. 30. 2020도16796, 공 2024하, 1050, 『압수조서 압수경위란 자백 사건』.
2) 2024. 8. 29. 2024도8200, 판례속보, 『필로폰 매매 대향범 피신조서 사건』.
3) 2024. 8. 29. 2024도8200, 판례속보, 『필로폰 매매 대향범 피신조서 사건』.
4) 2015. 10. 29. 2014도5939, 공 2015하, 1842, 『탈북민 공범 진술 사건』 참조.
5) 2012. 6. 28. 2012도3927, 공 2012하, 1383, 『중소기업 금융자문업자 사건』.

첫째로, 형소법 제312조 제3항은 검사 이외의 수사기관이 작성한 해당 피고인에 대한 피의자신문조서를 유죄의 증거로 하는 경우에 당연히 적용된다.[1]

둘째로, 형소법 제312조 제3항은 검사 이외의 수사기관이 작성한 해당 피고인과 공동정범, 교사범, 방조범 등 공범관계에 있는 다른 피고인이나 피의자에 대한 피의자신문조서를 해당 피고인에 대한 유죄의 증거로 채택할 경우에도 적용된다.[2][3]

셋째로, 형소법 제312조 제3항은 서로 대향된 행위의 존재를 필요로 할 뿐 각자의 구성요건을 실현하고 별도의 형벌 규정에 따라 처벌되는 강학상 필요적 공범 내지 대향범 관계에 있는 자들 사이에서도 적용된다.[4][5][6]

넷째로, 형소법 제312조 제3항은 법인의 대표자나 법인 또는 개인의 대리인, 사용인, 그 밖의 종업원 등 행위자의 위반행위에 대하여 행위자가 아닌 법인 또는 개인이 양벌규정에 따라 기소된 경우에 이러한 법인 또는 개인과 행위자 사이의 관계에서도 적용된다.[7] 그러므로 검사 이외의 수사기관이 양벌규정의 행위자인 종업원에 대하여 작성한 피의자신문조서에 관하여 법인 사업주의 대표자(법27①)나 개인 사업주가 내용을 부인하면 형소법 제312조 제3항이 적용되어 그 피의자신문조서는 증거능력이 없다.[8]

피의자의 진술을 기재한 서류 또는 문서가 사법경찰 단계에서의 조사과정에서 작성된 것이라면, 그것이 '진술조서, 진술서, 자술서'라는 형식을 취하였다고 하더라도 사경작성 피의자신문조서와 같은 요건 아래 증거능력이 인정된다(법312⑤).[9]

검사 이외의 수사기관은 사법경찰관리를 의미한다. 사법경찰관리는 국가경찰 소속의 일반사법경찰관리와 「사법경찰관리의 직무를 수행할 자와 그 직무범위에 관한 법률」(사법경찰직무법)에 의한 특별사법경찰관리가 있다. 일반사법경찰관리에는 검찰청 소속 검찰수사관 등도 포함된다(법245의9①). 사법경찰직무법은 「관세법」에 따라 관세범(關稅犯)의 조사 업무에 종사하는 세관공무원을 특별사법경찰관리로 규정하고 있다(동법5 xvii). 그러나 사법경찰직무법은 「조세범 처벌절차법」에 따라 '조세범칙조사(동법7 이하)를 담당하는 세무공무원'을 특별사법경찰관리에 포함시키지 않고 있다.

1) 2020. 6. 11. 2016도9367, 공 2020하, 1425, 『사망한 병원 사무국장 피신조서 사건』.
2) 2020. 6. 11. 2016도9367, 공 2020하, 1425, 『사망한 병원 사무국장 피신조서 사건』.
3) 2024. 8. 29. 2024도8200, 판례속보, 『필로폰 매매 대향범 피신조서 사건』.
4) 2007. 10. 25. 2007도6129, [미간행], 『녹음녹화 요약서 사건』.
5) 2020. 6. 11. 2016도9367, 공 2020하, 1425, 『사망한 병원 사무국장 피신조서 사건』.
6) 2024. 8. 29. 2024도8200, 판례속보, 『필로폰 매매 대향범 피신조서 사건』.
7) 2020. 6. 11. 2016도9367, 공 2020하, 1425, 『사망한 병원 사무국장 피신조서 사건』.
8) 2020. 6. 11. 2016도9367, 공 2020하, 1425, 『사망한 병원 사무국장 피신조서 사건』.
9) 2015. 10. 29. 2014도5939, 공 2015하, 1842, 『탈북민 공범 진술 사건』.

조세범칙조사를 담당하는 세무공무원이 피고인이 된 혐의자 또는 참고인에 대하여 심문한 내용을 기재한 조서는 검사·사법경찰관 등 수사기관이 작성한 조서와 동일하게 볼 수 없다. 그러므로 세무공무원이 작성한 심문조서는 형사소송법 제312조에 따라 증거능력의 존부를 판단할 수 없다. 세무공무원이 작성한 심문조서는 피고인 또는 피고인이 아닌 자가 작성한 진술서나 그 진술을 기재한 서류에 해당하므로 형사소송법 제313조에 따라 공판준비 또는 공판기일에서 작성자·진술자의 진술에 따라 성립의 진정함이 증명되고 나아가 그 진술이 특히 신빙할 수 있는 상태 아래에서 행하여진 때에 한하여 증거능력이 인정된다.[1]

검사 이외의 수사기관이 피의자를 신문하는 경우 그 주체는 사법경찰관이 된다(법241). 따라서 '검사 이외의 수사기관 작성의 피의자신문조서'는 원칙적으로 사법경찰관 작성의 피의자신문조서를 의미하게 된다. 그러나 사법경찰리가 사법경찰관사무취급의 자격으로 작성한 피의자신문조서도 형소법 제312조 제3항의 적용대상이 된다.[2] 검사 이외의 수사기관에는 달리 특별한 사정이 없는 한 외국의 권한 있는 수사기관도 포함된다.[3]

(사) 내용인정 요건의 입법취지   검사작성 피의자신문조서와 사경작성 피의자신문조서의 증거능력 요건 가운데 핵심적인 것은 내용인정의 요건이다. 1954년 형사소송법 제정 당시[4] 우리 입법자는 검사에 대해서는 법관과 동일한 자격을 가진 법률전문가로서 사법경찰관리에 비하여 그 자질이 비교적 우수하다고 보고, 검사작성 피의자신문조서에 대하여는 형사소송법 제312조 제1항을 통하여 내용인정의 요건을 배제한 가운데 증거능력을 부여하기로 하였다.[5]

---

1) 2022. 12. 15. 2022도8824, 공 2023상, 282, 『세무공무원 심문조서 사건』.
2) 1982. 12. 28. 82도1080, 공 1983, 388, 『사법경찰리 조서 사건』.
3) 2006. 1. 13. 2003도6548, 공 2006, 277, 『FBI 수사관 진술 사건』.
4) 신동운, "제정형사소송법의 성립경위", 형사법연구, 제22호(2004 겨울), 159-221면 참고 바람.
5) '내용인정'의 요건은 형사소송법을 제정한 제2대국회의 법제사법위원회가 독자적으로 창안한 것이다. 법제사법위원회의 수정안 입법취지를 엄상섭(嚴詳燮) 의원은 국회 본회의에서 다음과 같이 설명하였다(제2대국회 제18회 국회정기회의속기록 제19호, 단기 4287년 2월 16일 10면. 현대 맞춤법에 맞추어 표현을 일부 수정하고 내용을 일부 보완함.)
"그다음에 끝으로 한 가지 강조할 문제는 이 범죄수사에 있어서 고문을 한다든지 또는 자백을 강요한다든지 이러한 면에 있어서 자백강요를 어떻게 막아야 될까 이러한 문제가 있었던 것입니다.
이것은 입으로는 우리가 경찰관에게 물어보나 검찰관에게 물어보나 고문이라는 것은 절대로 없다고 말합니다. 그렇지만 사실에 있어서는 고문이라는 것이 대한민국에서 공공연한 비밀로 되어 있읍니다. 이렇게 되면 이것은 아주 근원을 꺾어버리는 그런 일은 어떤 일이냐? 결국 검찰관이나 경찰관이 만든 조서에 대해서 증거력을 주지 말 것, 검찰관이나 혹은 경찰관이 범죄수사를 할 때에 단서를 찾아가는 그 정도는 봐 주지만 재판장에서 유죄의 증빙재료로 할 수 [없]게 만들면 고문을 하지 않지 않겠느냐 이러한 생각으로 해서 검찰관이나 경찰기관에서 진술한 내용은 피고인이나 피고인의 변호인 측에서 이의가 없는 한에서만 유죄의 증빙재료로 할 수 [있]다 하는 이러한 방향으로 나가야 될 것입니다.

그런데 개정 전 형소법 제312조 제1항은 사법경찰관 작성 피의자신문조서가 피고인 측의 내용부인을 통해 증거능력이 부정되는 상황에 대비하는 장치로 주목되었고, 그 결과로 경찰 단계에서의 피의자신문 이후 검찰 단계에서 다시 한번 피의자신문이 이루어지는 이중수사의 폐해가 대두되었다.

2020년 입법자는 검경 수사권 조정을 통해 검사와 사법경찰관의 관계를 상호 협력관계로 재정립하였다(법195①). 이제 검사 작성 피의자신문조서라 할지라도 피고인 또는 변호인이 내용을 부인하면 증거능력이 부정된다. 그와 함께 이중으로 피의자신문을 하는 실무관행도 상당 부분 개선될 것으로 전망된다.

형소법 제312조의 입법취지를 살펴볼 때 형소법 제312조 제1항 및 제3항은 단순히 직접심리주의에 대한 예외규정이라는 의미를 넘어서서 위법수사 방지장치 및 인권보장장치로서 독자적 의미를 가지는 조항이라고 할 수 있다. 이 점에서 볼 때 우리나라에 고유한 형사소송법 제312조 제1항 및 제3항은 전문증거에 증거능력을 부여하는 다른 예외규정들과 뚜렷이 구별되는 특별한 지위를 가진다.

(아) 피고인이 된 피의자의 의미   개정 후 형소법 제312조 제1항 및 제3항에 따르면 수사기관 작성 피의자신문조서는 그 피의자였던 피고인 또는 변호인이 그 내용을 인정할 때에 한정하여 증거능력이 인정된다. 여기에서 '그 피의자였던 피고인'의 범위가 문제된다.

앞에서 살펴본 바와 같이 판례는 사경작성 피의자신문조서의 내용인정 요건을 확대 적용하고 있다. 이제 검사작성 피의자신문조서와 사경작성 피의자신문조서의 증거능력 요건이 동일하게 됨에 따라 형소법 제312조 제3항에 대하여 제시되었던 판례의 기준은 형소법 제312조 제1항의 검사작성 피의자신문조서에도 그대로 적용되게 되었다.

아래에서는 검사작성 피의자신문조서와 사경작성 피의자신문조서를 '수사기관 작성 피의자신문조서'로 통칭하여 판례의 기준을 정리해 보기로 한다.

첫째로, 형소법 제312조 제1항 및 제3항은 검사 또는 검사 이외의 수사기관이 작성한 해당 피고인에 대한 피의자신문조서를 유죄의 증거로 하는 경우에 당연히 적용된다.[1]

이렇게 나가면 개인의 인권을 존중하는 의미에서는 대단히 좋지만 비교적 경찰보다는 인적 요소가 조금 우월하다고 볼 수 있는 검찰기관이 작성한 조서에까지 이러한 [증]거력을 주지 않는다면 소송이 지연되고 여러 가지 문제가 있을 것이다 해서 경찰기관에서 작성한 조서에서만 이의가 있을 때에는 증거력을 주지 않도록 하고 검찰기관은 그대로 두는 이런 것으로 절충이 되어서 규정된 것입니다.

그러면 적어도 경찰에서 무엇을 말했다든지 수사기관에서 한 자백은 검찰기관 혹은 공판정에서 부인할 때에 언제든지 칠판에다가 써 두었던 글을 닦아 버린다든지 [하는 것처럼] 아무런 효과가 없다는 이러한 방향으로 나가야 비로소 경찰기관에서 행해지고 있는 이 고문을 적어도 근절은 못 시키더라도 어느 정도 [견]제할 수 있지 않는가 이러한 생각을 가지고 있습니다."

1) 2020. 6. 11. 2016도9367, 공 2020하, 1425, 『사망한 병원 사무국장 피신조서 사건』.

둘째로, 형소법 제312조 제1항 및 제3항은 검사 또는 검사 이외의 수사기관이 작성한 해당 피고인과 공동정범, 교사범, 방조범 등 공범관계에 있는 다른 피고인이나 피의자에 대한 피의자신문조서를 해당 피고인에 대한 유죄의 증거로 채택할 경우에도 적용된다.[1] [2]

셋째로, 형소법 제312조 제1항 및 제3항은 서로 대향된 행위의 존재를 필요로 할 뿐 각자의 구성요건을 실현하고 별도의 형벌 규정에 따라 처벌되는 강학상 필요적 공범 내지 대향범 관계에 있는 자들 사이에서도 적용된다.[3] [4] [5]

넷째로, 형소법 제312조 제1항 및 제3항은 법인의 대표자나 법인 또는 개인의 대리인, 사용인, 그 밖의 종업원 등 행위자의 위반행위에 대하여 행위자가 아닌 법인 또는 개인이 양벌규정에 따라 기소된 경우에 이러한 법인 또는 개인과 행위자 사이의 관계에서도 적용된다.[6]

양벌규정에 따라 처벌되는 행위자와 행위자가 아닌 법인 또는 개인 간의 관계는, 행위자가 저지른 법규위반행위가 사업주의 법규위반행위와 사실관계가 동일하거나 적어도 중요 부분을 공유한다는 점에서 내용상 불가분적 관련성을 지니고 있다.[7] 그러므로 검사 또는 사법경찰관이 양벌규정의 행위자인 종업원에 대하여 작성한 피의자신문조서에 관하여 법인 사업주의 대표자(법27①)나 개인 사업주가 내용을 부인하면 형소법 제312조 제1항 또는 제3항이 적용되어 그 피의자신문조서는 증거능력이 없다.[8]

(자) 형소법 제314조와의 관계   형소법 제312조 제1항 및 제3항에 의하여 증거능력이 부정된 수사기관 작성 피의자신문조서에 대하여는 원진술자가 사망이나 소재불명 등의 사유로 법정에서 진술할 수 없는 때 예외적으로 증거능력을 인정하는 형소법 제314조가 적용되지 않는다.[9] 내용인정 요건의 입법취지를 충실히 실현하려면 형소법 제312조 제1항과 제3항을 형소법 제314조에 우선시켜야 하기 때문이다.

검사 또는 사법경찰관이 양벌규정의 행위자인 종업원에 대하여 작성한 피의자신문조서에 관하여 법인 사업주의 대표자(법27①)나 개인 사업주가 내용을 부인하면 형소법 제312조 제1항 및 제3항이 적용되어 그 피의자신문조서는 증거능력이 없다.[10] 법인 사업주의 대

---

1) 2020. 6. 11. 2016도9367, 공 2020하, 1425, 『사망한 병원 사무국장 피신조서 사건』.
2) 2023. 6. 1. 2023도3741, 공 2023하, 1182, 『필로폰 매도 검찰 피의자신문조서 사본 사건』.
3) 2007. 10. 25. 2007도6129, [미간행], 『녹음녹화 요약서 사건』.
4) 2020. 6. 11. 2016도9367, 공 2020하, 1425, 『사망한 병원 사무국장 피신조서 사건』.
5) 2023. 6. 1. 2023도3741, 공 2023하, 1182, 『필로폰 매도 검찰 피의자신문조서 사본 사건』.
6) 2020. 6. 11. 2016도9367, 공 2020하, 1425, 『사망한 병원 사무국장 피신조서 사건』.
7) 2020. 6. 11. 2016도9367, 공 2020하, 1425, 『사망한 병원 사무국장 피신조서 사건』.
8) 2020. 6. 11. 2016도9367, 공 2020하, 1425, 『사망한 병원 사무국장 피신조서 사건』.
9) 2020. 6. 11. 2016도9367, 공 2020하, 1425, 『사망한 병원 사무국장 피신조서 사건』.
10) 2020. 6. 11. 2016도9367, 공 2020하, 1425, 『사망한 병원 사무국장 피신조서 사건』.

표자(법27①)나 개인 사업주가 내용을 부인하면 형소법 제314조를 적용하여 종업원에 대한 피의자신문조서의 증거능력을 인정할 수도 없다.[1]

(차) 형소법 제312조 제4항과의 관계　　형소법 제312조 제1항 및 제3항에 의하여 증거능력이 부정된 공범자 등에 대한 피의자신문조서를 형소법 제312조 제4항의 참고인진술조서로 보아 증거능력을 인정할 수는 없다. 형소법 제312조 제1항 및 제3항이 규정한 내용인정 요건의 입법취지를 고려할 때 형소법 제312조 제1항 및 제3항을 형소법 제312조 제4항에 우선하여 적용해야 하기 때문이다. 그리하여 공범자 등에 대한 수사기관 작성 피의자신문조서가 적법한 절차와 방식, 실질적 진정성립, 반대신문권의 보장, 특신상태 등 형소법 제312조 제4항의 요건을 갖춘 경우라고 하더라도 해당 피고인이 공판기일에서 그 조서의 내용을 부인하면 그 조서를 유죄 인정의 증거로 사용할 수 없다.[2]

(카) 적법한 절차방식　　수사기관 작성 피의자신문조서가 증거능력을 인정받으려면 우선 그 피의자신문조서가 형식적 측면에서 볼 때 '적법한 절차와 방식'에 따라 작성된 것이어야 한다. 여기에서 '적법한 절차와 방식'이라 함은 피의자에 대한 조서 작성 과정에서 지켜야 할 진술거부권의 고지 등 형사소송법이 정한 제반 절차를 준수하고 조서의 작성 방식에도 어긋남이 없어야 한다는 것을 의미한다.[3]

형소법 제312조 제1항 및 제3항이 규정하고 있는 '적법한 절차와 방식'은 위법수집증거배제법칙(법308의2)이 요건으로 설정하고 있는 '적법한 절차'와 구별된다. 형소법 제312조 제1항 및 제3항이 규정한 '적법한 절차와 방식'은 '절차와 방식'이 하나의 불가분리적인 표현을 이룬다. 이러한 차이를 고려하여 '적법한 절차방식'이라는 표현을 사용하기로 한다. 적법한 절차방식은 조서작성의 절차와 방식이 적법함을 의미한다.

(타) 형식적 진정성립　　적법한 절차방식의 첫 번째 요소는 형식적 진정성립이다. 종래 조서의 진정성립과 관련하여 형식적 진정성립과 실질적 진정성립의 개념이 사용되고 있었다. 2007년 개정 전의 형사소송법에 의하면 수사기관 작성 피의자신문조서의 진정성립은 (가) 법원이 원진술자인 피고인을 공판준비나 공판기일에 직접 신문하여 간인 · 서명 · 날인 등이 원진술자인 피고인의 것이라는 점을 확인하고, (나) 조서의 기재내용이 원진술자인 피고인이 진술한 내용과 동일하게 기재되어 있음을 인정하는 방식에 의하여 이루어졌다. 이때 전자를 형식적 진정성립이라 하고 후자를 실질적 진정성립이라고 하였다.[4]

---

1) 2020. 6. 11. 2016도9367, 공 2020하, 1425, 『사망한 병원 사무국장 피신조서 사건』.
2) 2020. 6. 11. 2016도9367, 공 2020하, 1425, 『사망한 병원 사무국장 피신조서 사건』.
3) 2013. 3. 28. 2010도3359, 공 2013상, 801, 『공항 리무진 빵땅 사건』.
4) 2005. 6. 10. 2005도1849, 공 2005, 1208, 『마트 앞 폭행 사건』.

2007년 개정 후의 형사소송법은 '적법한 절차와 방식'이라는 요건을 설정하고 있다. 적법한 절차방식에는 일차적으로 간인·서명·날인의 진정성을 의미하는 형식적 진정성립이 포함된다. 그런데 적법한 절차방식은 형식적 진정성립을 넘어서는 개념이다. 피의자신문조서의 증거능력을 좀더 엄격하게 통제하기 위하여 사용된 개념이기 때문이다.

(파) 추가적 요소   적법한 절차방식은 형식적 진정성립에 머무르지 않고 한 걸음 더 나아가 조서작성 과정의 절차 및 방식의 적법성까지 포함하는 의미를 갖는다. 종전의 형식적 진정성립 이외에 추가로 요구되는 점을 살펴보면 다음과 같다.

먼저, 수사기관 작성 피의자신문조서가 작성되는 과정에서 신문주체가 적법하여야 한다. 검사작성 피의자신문조서의 경우 피의자신문의 주체는 검사이다(법241). 검사직무대리(검찰청법32① · ③)는 검사에 준한다. 검찰주사가 검사의 지시에 따라 검사가 참석하지 아니한 상태에서 피의자를 신문하여 피의자신문조서를 작성하고, 검사는 검찰주사의 조사 직후 피의자에게 개괄적으로 질문한 사실이 있을 뿐인데 검사가 작성한 것으로 되어 있는 피의자신문조서는 검사의 서명날인이 있다고 하더라도 형소법 제312조 제1항의 검사작성 피의자신문조서에 해당하지 않는다.[1]

검사가 피의자를 신문함에는 검찰청수사관 또는 서기관이나 서기를 참여하게 하여야 하고, 사법경찰관이 피의자를 신문함에는 사법경찰관리를 참여하게 하여야 한다(법243). 수사기관 작성 피의자신문조서는 공무원이 작성하는 서류이므로 사법경찰관이나 검사의 기명날인 또는 서명이 있어야 한다(법57①). 진술자인 피고인과 참여자인 검찰주사보의 기명날인이나 서명이 되어 있을 뿐 신문주체인 검사의 기명날인이나 서명이 누락되어 있는 검사작성 피의자신문조서는 증거능력이 없다. 설사 피의자신문조서에 진술자인 피고인의 서명날인이 되어 있거나 피고인이 법정에서 그 피의자신문조서에 대하여 진정성립과 임의성을 인정하였다고 하여 달리 볼 것은 아니다.[2]

수사기관 작성 피의자신문조서가 '적법한 절차와 방식'에 따라 작성된 것으로 인정되려면 나아가 그 신문조서가 형사소송법과 수사준칙이 규정한 피의자신문절차를 준수하여 작성된 것이어야 한다. 피의자신문의 일시·장소에 관한 협의(수사준칙19②), 심야조사의 제한(수사준칙21①), 장시간 조사의 제한(수사준칙22①), 휴식시간의 부여(수사준칙23①), 신뢰관계인 동석(법244의5), 자료·의견의 제출기회 보장(수사준칙25①), 수사과정의 기록(법244의4①),[3] 피의자신문조서의 기재내용 확인(법244② · ③) 등은 형소법 제312조 제4항이 규정한 '적법한 절차와 방

---

1) 1990. 9. 28. 90도1483, 공 1990, 2250, 『조사실 검사 출입 사건』.
2) 2001. 9. 28. 2001도4091, 공 2001, 2408, 『민원사무처리부 사건』.
3) 2015. 4. 23. 2013도3790, 공 2015상, 773, 『정치자금법 위반죄 진술서 사건』.

식'의 주요 사항이 된다.

수사기관이 피의자에게 진술거부권을 행사할 수 있음을 알려 주고 그 행사 여부를 질문하였다 하더라도 형소법 제244조의3 제2항에 규정한 방식에 위반하여 진술거부권 행사 여부에 대한 피의자의 답변이 자필로 기재되어 있지 아니하거나 그 답변 부분에 피의자의 기명날인 또는 서명이 되어 있지 아니한 수사기관 작성의 피의자신문조서는 '적법한 절차와 방식에 따라 작성'된 조서라 할 수 없다.[1]

(하) 적법한 절차방식 위반의 효과   '적법한 절차와 방식'에 따라 작성되지 아니한 수사기관 작성 피의자신문조서는 형소법 제312조 제1항 및 제3항의 요건을 갖추지 못한 것이므로 증거능력이 인정되지 않는다.

'적법한 절차와 방식' 가운데 진술거부권의 보장이나 변호인의 조력을 받을 권리의 보장은 헌법상의 요청에 근거한 것으로서 헌법상 적법절차의 핵심적 내용을 이룬다. 따라서 진술거부권이 고지되지 않거나 변호인의 참여권이 배제된 상태하에서 작성된 피의자신문조서는 형소법 제312조 제1항 및 제3항뿐만 아니라 위법수집증거배제법칙을 규정한 형소법 제308조의2에 따라서도 증거능력이 부정된다. 위법하게 수집된 증거는 피고인 또는 변호인의 동의가 있더라도 증거능력이 인정되지 않는다.[2][3]

형소법 제312조 제1항 및 제3항이 규정한 적법한 절차방식을 결여한 피의자신문조서는 증거능력이 없다. 그런데 '적법한 절차와 방식'의 흠결이 헌법상 적법절차 위반에 이르지 아니하는 사소한 경우라면 그 피의자신문조서는 피고인 또는 변호인의 증거동의에 의하여 증거능력이 인정될 수 있다. 형소법 제312조 제1항 및 제3항은 실질적 직접심리주의의 예외를 이루고 있으며, 실질적 직접심리주의와 전문법칙의 영역에서는 형소법 제318조 제1항에 의하여 증거동의가 허용되기 때문이다.

(거) 적법한 절차방식의 증명방법   수사기관 작성 피의자신문조서가 적법한 절차와 방식에 따라 작성되었음은 공판준비 또는 공판기일에서 원진술자인 피고인의 진술에 의하여 인정되어야 한다(법312① · ③). 공판준비 또는 공판기일에서 인정한다 함은 법관의 면전에서 원진술자인 피고인이 조서가 적법한 절차와 방식에 따라 작성되었음을 인정한다는 의미이다.

그런데 피고인이 수사기관 작성 피의자신문조서가 적법한 절차와 방식에 따라 작성되지 않았다고 주장하는 경우가 있다. 이와 같이 피고인이 그 조서작성의 절차방식을 다투는 경우 대체적 증명방법을 허용할 것인지 문제된다.

---

1) 2014. 4. 10. 2014도1779, 공 2014상, 1084, 『교도소 동기 제보자 사건』.
2) 2011. 4. 28. 2009도2109, 공 2011상, 1080, 『응급실 강제채혈 사건』.
3) 2010. 1. 28. 2009도10092, 공 2010상, 474, 『피해자 쇠파이프 제출 사건』.

2020년 형소법 개정에 의하여 형소법 제312조 제1항에 의하여 검사 작성 피의자신문조서에 대해서도 사법경찰관 작성 피의자신문조서와 마찬가지로 내용인정의 요건이 규정되었다. 내용인정의 요건이 도입되면서 진정성립의 대체적 증명방법을 규정하였던 형소법 제312조 제2항이 삭제되었다. 그런데 개정조문의 시행시기와 관련하여 내용인정 요건을 규정한 형소법 제312조 제1항은 2022년 1월 1일부터 시행하기로 하면서, 진정성립의 대체적 증명방법에 관한 형소법 제312조 제2항은 시행시점의 유보 없이 바로 삭제되었다.

따라서 2020년 개정 형소법의 시행시점인 2021년 1월 1일부터 검사 작성 피의자신문조서에 대해 영상녹화물 등에 의한 진정성립의 대체적 증명방법은 허용되지 않는다. 형사소송규칙 제134조의2는 영상녹화물의 조사 신청에 관하여 규정하고 있다. 2020년 형사소송규칙의 개정에 의하여 형사소송규칙 제134조의2의 조사 대상에서 피의자의 진술을 영상녹화한 영상녹화물이 제외되었다. 개정된 형사소송규칙 제134조의2는 2021년 1월 1일부터 시행되었다.

(너) 실질적 진정성립   수사기관 작성 피의자신문조서가 증거능력을 가지려면 그 조서가 피고인이 진술한 내용과 동일하게 기재되어 있어야 한다. 개정 후 형소법 제312조 제1항 및 기존의 형소법 제312조 제3항은 실질적 진정성립의 요건을 명시하고 있지 않다. 그러나 전술한 바와 같이 내용인정의 요건을 검토하려면 그 전제로 실질적 진정성립이 인정되는 조서가 존재해야 한다. 따라서 실질적 진정성립 요건은 개정 후 형소법 제312조 제1항 및 제3항에서도 여전히 요구된다.

실질적 진정성립은 조서의 기재내용과 진술자의 진술내용이 일치한다는 것을 가리킨다. 수사기관 작성 피의자신문조서의 실질적 진정성립이 인정되려면 원칙적으로 피고인이 진술한 내용과 동일하게 기재되어 있음이 공판준비 또는 공판기일에 피고인의 진술에 의하여 인정되어야 한다(법312①). 여기서 '기재 내용이 동일하다'는 것은 (가) 적극적으로 진술한 내용이 그 진술대로 기재되어 있어야 한다는 것뿐 아니라, (나) 진술하지 아니한 내용이 진술한 것처럼 기재되어 있지 아니할 것을 포함하는 의미이다.[1]

실질적 진정성립의 인정은 공판준비 또는 공판기일에서 피고인이 행한 명시적인 진술에 의하여 이루어져야 한다.[2] 단지 피고인이 실질적 진정성립에 대하여 이의하지 않았다거나 조서 작성절차와 방식의 적법성을 인정하였다는 것만으로 실질적 진정성립까지 인정한 것으로 보아서는 안 된다.[3] 또한 특별한 사정이 없는 한 이른바 '입증취지 부인'이라고 진술한 것만으로 이를 조서의 진정성립을 인정하는 전제에서 그 증명력만을 다투는 것이라고 가볍게 단

---

1) 2013. 3. 14. 2011도8325, 공 2013상, 699, 『고용유지지원금 사기 사건』.
2) 2013. 3. 14. 2011도8325, 공 2013상, 699, 『고용유지지원금 사기 사건』.
3) 2013. 3. 14. 2011도8325, 공 2013상, 699, 『고용유지지원금 사기 사건』.

정해서도 안 된다.[1]

　피고인이 그의 진술을 기재한 수사기관 작성 피의자신문조서 중 일부에 관하여만 실질적 진정성립을 인정하는 경우 법원은 당해 조서 중 어느 부분이 그 진술대로 기재되어 있고 어느 부분이 달리 기재되어 있는지를 구체적으로 심리한 다음 진술한 대로 기재되어 있다고 하는 부분에 한하여 증거능력을 인정하여야 하고, 그 밖에 실질적 진정성립이 인정되지 않는 부분에 대해서는 증거능력을 부정하여야 한다.[2]

　(다) 실질적 진정성립 증명방법　　실질적 진정성립은 공판준비 또는 공판기일에서의 피고인의 진술에 의해서 인정되어야 한다.[3] 앞에서도 설명한 바와 같이 2020년 형소법 개정에 의하여 실질적 진정성립의 대체적 증명방법을 규정하였던 형소법 제312조 제2항이 삭제되었다. 따라서 2020년 개정 형소법의 시행시점인 2021년 1월 1일부터 검사 작성 피의자신문조서에 대해 영상녹화물 등에 의한 진정성립의 대체적 증명방법은 허용되지 않는다.

　(라) 내용인정　　　적법한 절차방식과 실질적 진정성립의 요건이 증명된다고 하더라도 수사기관이 작성한 피의자신문조서는 '공판준비 또는 공판기일에 그 피의자였던 피고인 또는 변호인이 그 내용을 인정할 때에 한정하여' 증거능력이 인정된다. 내용인정은 적법한 절차방식의 요건과 실질적 진정성립의 요건이 구비되었음을 전제로 한다는 점에서 이러한 요건이 갖추어지지 아니한 때에도 증거능력을 부여하는 증거동의(법318①)와 구별된다.

　형소법 제312조 제1항 및 제3항에서 증거능력의 요건으로 규정한 '그 내용을 인정할 때'라 함은 피의자신문조서의 기재 내용이 진술 내용대로 기재되어 있다는 의미가 아니고 그와 같이 진술한 내용이 실제 사실과 부합한다는 것을 의미한다.[4] 따라서 피고인이 공소사실을 부인하는 경우 수사기관이 작성한 피의자신문조서 중 공소사실을 인정하는 취지의 진술 부분은 그 내용을 인정하지 않았다고 보아야 한다.[5] 피고인이 자신과 공범관계에 있는 다른 피고인이나 피의자에 대하여 검사가 작성한 피의자신문조서의 내용을 부인하는 경우에는 형사소송법 제312조 제1항에 따라 유죄의 증거로 쓸 수 없다.[6]

　내용인정은 조서의 기재내용이 객관적 진실에 부합함을 인정하는 진술이다. 이 점에서 내용인정은 피의자신문조서의 기재내용이 진술한 대로 기재되어 있다고 진술하는 실질적 진정성립과 구별된다. 내용인정의 진술은 피고인 또는 변호인이 법관의 면전에서 행하여야 한

---

　1) 2013. 3. 14. 2011도8325, 공 2013상, 699, 『고용유지지원금 사기 사건』.
　2) 2013. 3. 14. 2011도8325, 공 2013상, 699, 『고용유지지원금 사기 사건』.
　3) 2013. 3. 14. 2011도8325, 공 2013상, 699, 『고용유지지원금 사기 사건』.
　4) 2023. 4. 27. 2023도2102, 공 2023상, 994, 『'3월경부터 6월경까지 투약 사건』.
　5) 2023. 4. 27. 2023도2102, 공 2023상, 994, 『'3월경부터 6월경까지 투약 사건』.
　6) 2023. 6. 1. 2023도3741, 공 2023하, 1182, 『필로폰 매도 검찰 피의자신문조서 사본 사건』.

다. 원진술자인 피고인 이외에 원진술자와 무관한 변호인도 내용인정의 진술을 할 수 있다.

내용인정의 진술은 소극적인 형태로 행해지는 경우가 많은데, 이를 가리켜 내용부인이라고 한다. 피고인 또는 변호인이 수사기관 작성 피의자신문조서의 내용을 부인하면 그 조서는 물론 그 조서에 기재된 진술 자체도 증거능력이 없다.[1]

내용부인의 진술은 특정한 피의자신문조서나 피의자진술서 등에 대하여 이루어지는 경우가 많지만 피고인이 공소사실을 부인하는 진술을 하는 형태로도 이루어진다. 내용인정의 요건은 피의자신문조서의 기재 내용이 진술 내용대로 기재되어 있다는 의미가 아니라 그와 같이 진술한 내용이 실제 사실과 부합한다는 것을 의미한다. 그러므로 피고인이 공소사실을 부인하는 경우 수사기관이 작성한 피의자신문조서 중 공소사실을 인정하는 취지의 진술 부분은 그 내용을 인정하지 않았다고 보아야 한다.[2]

(머) 조사자증언제도   형소법 제312조 제1항 및 제3항은 피고인 또는 변호인의 내용부인 진술이 있기만 하면 수사기관 작성 피의자신문조서의 증거능력을 소멸시키는 강력한 효력을 발생시킨다.

2020년 개정 형소법 제312조 제1항이 도입한 내용인정의 요건은 형소법 제312조 제3항이 규정하고 있는 사경작성 피의자신문조서의 내용인정 요건과 같은 것이다. 사경작성 피의자신문조서의 내용인정 요건과 관련하여 종래 많은 논의가 있었다.

사법경찰관 면전의 진술은 시간적으로 범죄발생 시점에 보다 근접된 진술로서 범죄사실의 증명에 있어서 결정적 자료로 사용해야 할 경우가 적지 않다. 이 때문에 종래 전문증거의 증거능력을 인정하는 다른 예외규정을 매개로 사법경찰관 면전에서 행해진 피의자의 진술에 증거능력을 부여하려는 시도가 행해져 왔다.

사법경찰관 면전의 피의자진술에 증거능력을 부여하려는 시도로 종래 (가) 피의자의 진술을 청취한 사법경찰관을 증인으로 채택하여 피의자의 진술내용을 증언하게 한 후 이 사법경찰관의 증언을 형소법 제316조 제1항을 근거로 증거능력을 인정하는 방법,[3] (나) 사경의 조사 당시 옆에서 사법경찰관 작성 피의자신문조서에 기재된 진술과 동일한 내용의 진술을 들었다는 다른 증인의 증언에 대하여 형소법 제316조 제1항을 근거로 증거능력을 인정하는 방법,[4] (다) 피의자의 진술을 청취한 사법경찰관리를 검사가 참고인으로 조사하여 진술조서를 작성하고 이 진술조서에 대하여 형소법 제312조 제4항(구법312① 본문)을 근거로 증거능력을

1) 2001. 3. 27. 2000도4383, 공 2001, 1062, 『여관 앞 주차 사건』.
2) 2023. 4. 27. 2023도2102, 공 2023상, 994, 『'3월경부터 6월경까지 투약' 사건』.
3) 2005. 11. 25. 2005도5831, 공 2006, 78, 『백석산 엽총살인 사건』.
4) 1983. 7. 26. 82도385, 공 1983, 1367, 『조사현장 증인 사건』.

인정하는 방법,[1] (라) 사법경찰관이 피의자신문조서를 작성하지 않고 피의자로 하여금 자필로 진술서를 쓰게 하고 이 자필진술서에 대하여 형소법 제313조 제1항을 근거로 증거능력을 인정하는 방법,[2] 등이 모색된 바 있다.

그러나 판례는 일관하여 형소법 제312조 제3항을 다른 규정에 우선하여 적용함으로써 내용이 부인된 사법경찰관 면전의 피의자 진술에 증거능력을 인정하지 않고 있었다. 이러한 판례의 태도는 형소법 제312조 제3항이 단순한 전문법칙의 예외규정이라는 차원을 넘어서서 위법수사 방지장치 및 인권보장장치로 입법되었음을 주목하는 것이라고 할 수 있다.

피의자의 진술을 청취한 검사나 사법경찰관을 공판기일에 증인으로 채택하여 피의자의 진술내용을 증언하게 한 후 이 증언에 증거능력을 인정하는 방법을 조사자증언제도라고 한다. 종래 판례는 조사자증언을 불허하였으나[3] 2007년 개정 형사소송법은 제316조 제1항을 통하여 마침내 입법적으로 조사자 증언을 허용하기에 이르렀다.[4]

형소법 제312조 제1항 및 제3항은 내용인정 요건을 설정함으로써 수사기관 작성 피의자신문조서의 증거능력이 피고인 또는 변호인의 진술 여하에 좌우될 수 있도록 하였다. 여기에 더하여 피고인에게는 공판절차에서 진술거부권이 보장된다(법283의2). 그러나 피고인 측이 내용부인 방법을 통하여 수사기관 작성 피의자신문조서의 증거능력을 차단하더라도 검사는 법정에서 행해지는 조사자증언을 통해 수사 단계에서 행해진 피고인의 진술을 법관의 면전에 현출할 수 있다.

조사자 증언은 증인신문의 방식에 의하여 진행되므로 조사자는 위증의 벌을 받겠다는 선서(법157②)를 한 후에 피의자였던 피고인의 진술을 법원에 보고하게 된다. 이 과정에서 피고인 또는 변호인은 조사자에게 반대신문을 할 수 있으며(법161의2①), 이를 통해 2007년 개정 형소법이 도입한 공판정에서의 구두변론주의(법275의3)를 실질적으로 실현할 수 있다.[5]

(ㅂ) 즉결심판   「즉결심판에 관한 절차법」에 의한 즉결심판절차에서는 경찰서장(해양경찰서장 포함)이 즉결심판을 청구한다(동법3①). 즉결심판절차에서는 형소법 제312조 제3항이 적용되지 않는다(동법10). 따라서 피고인이 즉결심판절차에서 사경작성 피의자신문조서의 내용을 부인하더라도 증거능력이 인정된다.

즉결심판절차는 피고인에게 20만원 이하의 벌금, 구류 또는 과료에 처할 경미한 범죄

---

1) 1994. 9. 27. 94도1905, 공 1994, 2912, 『'한번만 살려달라' 사건』.
2) 1982. 9. 14. 82도1479, 공 1982, 980, 『김시훈 사건』.
3) 2005. 11. 25. 2005도5831, 공 2006, 78, 『백석산 엽총살인 사건』.
4) 신동운, "《판례평석》 피의자신문조서와 조사자증언의 관계에 대하여 – 대법원 2023. 10. 26. 선고 2023도7301 판결, 판례공보 2023하, 2153 –", 대한민국학술원통신, 제375호(2024. 10. 1.), 7-17면 참고 바람.
5) 후술 795면 참조.

사건을 신속하게 심판하기 위한 절차이다. '20만원 이하의 벌금, 구류 또는 과료에 처할 사건'은 선고형을 기준으로 한다. 즉결심판절차는 경미사건의 신속처리절차이기 때문에 내용인정 요건을 규정한 형소법 제312조 제3항의 적용이 배제되고 있다. 그러나 즉결심판절차에 의하여 선고되는 즉결심판에 대해서는 피고인에게 정식재판청구권이 보장되어 있다(동법14). 피고인이 정식재판을 청구할 경우 이후 열리는 정식의 공판절차에서는 형소법 제312조 제3항이 적용되며, 내용부인 진술을 통해 사법경찰관 작성 피의자신문조서의 증거능력을 배제할 수 있다.

(5) 검사 또는 사법경찰관이 피고인 아닌 자의 진술을 기재한 조서

(가) 참고인진술조서   2007년 형사소송법 개정시에 입법자는 수사기관이 피고인 아닌 자의 진술을 기재한 조서에 대해 증거능력의 요건을 정비하였다. 수사기관이 피고인 아닌 자의 진술을 기재한 조서를 일반적으로 참고인진술조서라고 부른다. 형사소송법은 검사작성 참고인진술조서와 사경작성 참고인진술조서의 증거능력 요건을 동일한 조문에서 동일하게 규정하고 있다(법312④).

(나) 수사과정에서 작성한 진술서   형소법 제312조 제5항은 "제1항부터 제4항까지의 규정은 피고인 또는 피고인이 아닌 자가 수사과정에서 작성한 진술서에 관하여 준용한다."고 규정하고 있다. 그러므로 아래에서 검토하는 수사기관이 작성한 피의자 아닌 자의 진술조서에 관한 법리는 피고인 아닌 자가 수사과정에서 작성한 진술서의 증거능력에 관하여도 적용된다.

형소법 제312조 제5항의 적용대상인 '수사과정에서 작성한 진술서'는 (가) 수사가 시작된 이후에 수사기관의 관여 아래 작성된 것이거나, (나) 개시된 수사와 관련하여 수사과정에 제출할 목적으로 작성한 것이다. 작성 시기와 경위 등 여러 사정에 비추어 그 실질이 이에 해당하는 이상 명칭이나 작성된 장소 여부를 불문한다.[1]

수사기관이 피의자를 불법촬영 범죄의 현행범으로 체포하면서 휴대전화기를 압수한 경우에 휴대전화기에 대한 압수조서(수사준칙40) 중 '압수경위'란에 기재된 내용은 피의자가 범행을 저지르는 현장을 직접 목격한 사람의 진술이 담긴 것으로서 형소법 제312조 제5항에서 정한 '피고인이 아닌 자가 수사과정에서 작성한 진술서'에 준하는 것으로 볼 수 있다.[2]

(다) 증거능력의 요건   형소법 제312조 제4항은 수사기관 작성의 참고인진술조서에 대해 다음과 같이 증거능력의 요건을 규정하고 있다.

검사 또는 사법경찰관이 피고인 아닌 자의 진술을 기재한 조서는 (가) 적법한 절차와 방

---

1) 2022. 10. 27. 2022도9510, 공 2022하, 2361, 『입당원서 임의제출 사건』.
2) 2019. 11. 14. 2019도13290, 공 2020상, 123, 『에스컬레이터 불법촬영 현행범 사건』.

식에 따라 작성된 것으로서, (나) 그 조서가 검사 또는 사법경찰관 앞에서 진술한 내용과 동일하게 기재되어 있음이 (ㄱ) 원진술자의 공판준비 또는 공판기일에서의 진술이나 (ㄴ) 영상녹화물 기타 객관적인 방법에 의하여 증명되고, (다) 피고인 또는 변호인이 공판준비 또는 공판기일에 그 기재 내용에 관하여 원진술자를 신문할 수 있었던 때에 증거로 할 수 있다. 다만, (라) 그 조서에 기재된 진술이 특히 신빙할 수 있는 상태하에서 행하여졌음이 증명된 때에 한한다(법312④).

형소법 제312조 제4항이 규정한 증거능력의 요건 가운데 (다)의 반대신문 기회부여와 (라)의 특신상태 요건은 2007년 형소법 개정에 의하여 새로이 명시된 것이다. 개정 전에는 형소법 제316조 제2항을 매개로 하여 특신상태가 요구되고 있었다.

형소법 제312조 제4항이 규정한 증거능력의 요건은 (가) 조서의 적법한 절차방식, (나) 실질적 진정성립, (다) 반대신문의 기회부여, (라) 특신상태의 네 가지이다.

(라) 적법한 절차방식　'적법한 절차와 방식에 따라 작성한다'는 것은 형사소송법이 피고인 아닌 사람의 진술에 대한 조서작성 과정에서 지켜야 한다고 정한 여러 절차를 준수하고 조서의 작성방식에도 어긋나지 않아야 한다는 것을 의미한다.[1]

'적법한 절차와 방식'에는 일차적으로 간인·서명·날인의 진정성을 의미하는 형식적 진정성립이 포함된다. 그런데 적법한 절차방식은 형식적 진정성립을 넘어서는 개념이다. 피의자신문조서의 증거능력을 좀더 엄격하게 통제하기 위하여 사용된 개념이기 때문이다.

'적법한 절차와 방식'은 형식적 진정성립에 머무르지 않고 한 걸음 더 나아가 조서작성 과정의 절차 및 방식의 적법성까지 포함하는 의미를 갖는다. 종전의 형식적 진정성립 이외에 추가로 요구되는 점을 몇 가지 살펴보면 다음과 같다.

수사기관이 작성한 참고인진술조서가 '적법한 절차와 방식'에 따라 작성된 것으로 인정되려면 형사소송법과 수사준칙이 규정한 참고인 조사절차를 준수해야 한다. 참고인 조사의 일시·장소에 관한 협의(수사준칙19⑥·②), 심야조사의 제한(수사준칙21①), 장시간 조사의 제한(수사준칙22①), 휴식시간의 부여(수사준칙23①), 신뢰관계인 동석(법221③, 163의2①), 자료·의견의 제출기회 보장(수사준칙25①), 수사과정의 기록(법244의4③·①),[2][3] 참고인진술조서의 기재내용 확인(법244의4③, 244②·③) 등은 형소법 제312조 제4항이 규정한 '적법한 절차와 방식'의 주요 사항이 된다.

가명의 참고인진술조서도 경우에 따라 적법한 절차방식의 요건을 갖출 수 있다. 진술자와

---

1) 2017. 7. 18. 2015도12981, 공 2017하, 1750, 『대구 여대생 성폭행 사망 사건』.
2) 2015. 4. 23. 2013도3790, 공 2015상, 773, 『정치자금법 위반죄 진술서 사건』.
3) 2022. 10. 27. 2022도9510, 공 2022하, 2361, 『입당원서 임의제출 사건』.

피고인의 관계, 범죄의 종류, 진술자 보호의 필요성 등 여러 사정으로 볼 때 상당한 이유가 있는 경우에는 수사기관이 진술자의 성명을 가명으로 기재하여 참고인진술조서를 작성하였다고 해서 그 이유만으로 그 조서가 '적법한 절차와 방식'에 따라 작성되지 않았다고 할 것은 아니다.[1]

증언 번복용 참고인진술조서는 증거능력이 부정된다. 공판준비 또는 공판기일에서 이미 증언을 마친 증인을 검사가 소환한 후 피고인에게 유리한 증언 내용을 추궁하여 이를 일방적으로 번복시키는 방식으로 작성한 참고인진술조서는 피고인이 증거로 할 수 있음에 동의하지 아니하는 한 증거능력이 없다.[2] 그 후 원진술자인 종전 증인이 다시 법정에 출석하여 증언을 하면서 그 진술조서의 성립의 진정함을 인정하고 피고인 측에 반대신문의 기회가 부여되었다고 하더라도 그 증언 자체를 유죄의 증거로 할 수 있음은 별론으로 하고 참고인진술조서는 증거능력이 없다.[3]

검사가 공판준비 또는 공판기일에서 이미 증언을 마친 증인에게 수사기관에 출석할 것을 요구하여 그 증인을 상대로 위증의 혐의를 조사한 내용을 담은 피의자신문조서도 증거능력이 없다.[4]

1심에서 피고인에 대해 무죄판결이 선고되어 검사가 항소한 후, 수사기관이 항소심 공판기일에 증인으로 신청해 신문할 수 있는 사람을 특별한 사정 없이 미리 수사기관에 소환해 작성한 진술조서는 피고인이 증거로 할 수 있음에 동의하지 않는 한 증거능력이 없다.[5] 참고인 등이 나중에 법정에 증인으로 출석하여 수사기관이 미리 작성한 진술조서 등의 진정성립을 인정하고 피고인 측에 반대신문의 기회가 부여된다 하더라도 위 진술조서 등의 증거능력을 인정할 수 없음은 마찬가지이다.[6]

(마) 실질적 진정성립　　실질적 진정성립은 조서의 기재내용과 진술자의 진술내용이 일치한다는 것을 가리킨다. 실질적 진정성립은 '원진술자의 진술'에 의하여 인정되어야 하는 것이 원칙이다. 즉 실질적 진정성립은 원칙적으로 공판준비 또는 공판기일에서의 피고인 아닌 자의 진술에 의해서 인정되어야 한다.[7] 다만 입법자는 참고인진술조서에 대해 '원진술자의 진술' 이외에 대체적 증명방법을 허용하고 있다. 이 점은 대체적 증명방법이 허용되지 않는 수사기

---

1) 2012. 5. 24. 2011도7757, [미간행], 『덤프트럭 배차료 사건』.
2) 2013. 8. 14. 2012도13665, 공 2013하, 1713, 『지게차 절취 사건』.
3) 2013. 8. 14. 2012도13665, 공 2013하, 1713, 『지게차 절취 사건』.
4) 2013. 8. 14. 2012도13665, 공 2013하, 1713, 『지게차 절취 사건』.
5) 2019. 11. 28. 2013도6825, 공 2020상, 210, 『화물터미널 인허가 알선 사건』.
6) 2020. 1. 30. 2018도2236 전원합의체 판결, 공 2020상, 545, 『문화계 블랙리스트 사건』.
7) 2013. 3. 14. 2011도8325, 공 2013상, 699, 『고용유지지원금 사기 사건』.

관 작성 피의자신문조서와 다른 부분이다.

(바) 대체적 증명방법   형소법 제312조 제4항은 피고인 아닌 자가 실질적 진정성립을 부인하는 경우에 대비하여 영상녹화물 등의 대체적 증명방법을 허용하고 있다. 형소법 제312조 제4항이 허용한 대체적 증명방법은 '영상녹화물 또는 그 밖의 객관적인 방법'이다.

영상녹화물은 참고인조사절차에서 참고인의 동의를 받아 제작된다(법221① 2문). 이 영상녹화물은 조사의 개시부터 종료까지의 전 과정 및 객관적 정황이 영상녹화된 것이어야 한다(법244의2① 참조). 이 경우 조사의 전 과정은 개별 조사에서의 전 과정을 의미한다.[1] 조사의 전 과정이 녹화되지 아니한 영상녹화물에 의하여는 특별한 사정이 없는 한 참고인진술을 기재한 조서의 실질적 진정성립을 증명할 수 없다.[2]

형소법 제312조 제4항에서 예시적으로 규정하고 있는 '영상녹화물'은 형사소송법(법244의2)과 형사소송규칙(규칙134의2③ · ④ · ⑤, 134의4)이 규정한 방식과 절차에 따라 제작되어 조사신청된 영상녹화물을 의미한다.[3]. 형사소송법과 형사소송규칙은 영상녹화물의 제작과 관련하여 봉인절차를 규정하고 있다. 봉인절차를 둔 취지는 영상녹화물의 조작가능성을 원천적으로 봉쇄하여 영상녹화물 원본과의 동일성과 무결성을 담보하기 위함이다.[4]

검사 또는 사법경찰관리가 작성한 피고인 아닌 자의 진술을 기재한 조서의 실질적 진정성립을 증명하려면 원칙적으로 봉인되어 피의자 아닌 자가 기명날인 또는 서명한 영상녹화물을 조사하는 방법으로 하여야 하고, 특별한 사정이 없는 한 봉인절차를 위반한 영상녹화물로는 이를 증명할 수 없다.[5]

다만, 형사소송법 등이 정한 봉인절차를 제대로 지키지 못했더라도 (가) 영상녹화물 자체에 원본으로서 동일성과 무결성을 담보할 수 있는 수단이나 장치가 있어 조작가능성에 대한 합리적 의심을 배제할 수 있는 경우에는 (나) 그 영상녹화물을 법정 등에서 재생 · 시청하는 방법으로 조사하여 (다) 영상녹화물의 조작 여부를 확인함과 동시에 (라) 검사 또는 사법경찰관리가 작성한 피의자 아닌 자의 진술조서에 대한 실질적 진정성립의 인정 여부를 판단할 수 있다.[6]

형소법 제312조 제4항이 허용한 '그 밖의 객관적인 방법'은 영상녹화물에 준할 정도의 객관적인 증명방법이어야 한다. 이와 관련하여 조사자나 참여자의 증언과 같은 인적 방법도

---

1) 2022. 7. 14. 2020도13957, 공 2022하, 1708, 『봉인 안된 영상녹화물 사건』 참조.
2) 2022. 6. 16. 2022도364, 공 2022하, 1403, 『피해자진술 영상녹화물 사건』.
3) 2022. 7. 14. 2020도13957, 공 2022하, 1708, 『봉인 안된 영상녹화물 사건』.
4) 2022. 7. 14. 2020도13957, 공 2022하, 1708, 『봉인 안된 영상녹화물 사건』 참조.
5) 2022. 7. 14. 2020도13957, 공 2022하, 1708, 『봉인 안된 영상녹화물 사건』 참조.
6) 2022. 7. 14. 2020도13957, 공 2022하, 1708, 『봉인 안된 영상녹화물 사건』 참조.

포함된다고 새기는 견해가 있다. 그러나 판례는 '그 밖의 객관적인 방법'은 영상녹화물과 같은 정도로 진술내용을 과학적·기계적으로 재현해 낼 수 있는 방법을 의미한다고 본다.[1] 참고인을 조사한 조사관이나 조사과정에 참여한 통역인 등의 증언은 증인의 주관적 기억능력에 좌우되기 때문에 '객관적인 방법'에 해당한다고 볼 수 없다.[2]

형소법 제312조 제4항은 실질적 진정성립의 입증과 관련하여 피고인이 아닌 자의 진술을 기재한 조서가 검사 또는 사법경찰관 앞에서 진술한 내용과 동일하게 기재되어 있음이 영상녹화물이나 그 밖의 객관적인 방법에 의하여 '증명'될 것을 요구하고 있다. 이 경우 '증명'은 단순한 '소명'을 넘어서는 것으로서, 합리적 의심의 여지가 없을 정도로 입증하는 것을 말한다.

실질적 진정성립의 증명은 범죄사실 자체에 대한 증명이 아니므로 자유로운 증명으로도 족하다. 그러나 영상녹화물이나 그 밖의 객관적인 증명방법은 반드시 공판준비나 공판기일에 법관의 면전에서 조사되어야 한다. 실질적 진정성립의 원칙적 입증방법인 피고인 아닌 자의 진술이 공판준비 또는 공판기일에 이루어지는 점과 조화를 이루어야 하기 때문이다. 대체적 증명방법에 의한 실질적 진정성립은 '증명'되어야 한다. 증명불능에 대한 거증책임은 검사에게 돌아간다.

(사) 반대신문의 기회부여   검사 또는 사법경찰관이 작성한 피의자신문조서와 검사 또는 사법경찰관이 작성한 참고인진술조서의 증거능력 요건을 비교할 때 크게 차이가 있는 부분은 반대신문 기회부여의 요건이다. 참고인진술조서에 증거능력이 부여되려면 피고인 또는 변호인이 공판준비 또는 공판기일에 그 기재내용에 관하여 원진술자(참고인)를 신문할 수 있었어야 한다(법312④).

공판준비기일 또는 공판기일에는 법관의 면전에서 절차가 진행된다. 따라서 원진술자(참고인)는 법관의 면전에 출석하여 선서한 다음 피고인 또는 변호인의 반대신문에 응하지 않으면 안 된다. 다만 반대신문권의 보장은 반대신문의 기회가 제공되는 것으로 족하다. 반드시 반대신문이 실시되어야 하는 것은 아니다.

원진술자에 대한 반대신문권의 보장은 피고인에게 불리한 주된 증거의 증명력을 탄핵할 수 있는 기회가 보장되어야 한다는 점에서 형식적·절차적인 것이 아니라 실질적·효과적인 것이어야 한다.[3] 피고인에게 불리한 증거인 증인이 주신문의 경우와 달리 반대신문에 대하여는 답변을 하지 아니하는 등 피고인 또는 변호인에게 피의자 아닌 자의 진술조서의 기재 내용

---

1) 2016. 2. 18. 2015도16586, 공 2016상, 493, 『통역인 증언 실질적 진정성립 사건』.
2) 2016. 2. 18. 2015도16586, 공 2016상, 493, 『통역인 증언 실질적 진정성립 사건』.
3) 2022. 3. 17. 2016도17054, 공 2022상, 732, 『특수상해 피해자 반대신문 불출석 사건』.

에 대하여 원진술자를 신문할 기회가 실질적으로 주어졌다고 볼 수 없다면 그 진술조서는 형
소법 제312조 제4항에서 규정한 '피고인 또는 변호인이 공판기일에 그 기재 내용에 관하여 원
진술자를 신문할 수 있었던 때'의 요건을 갖추지 못하여 전문법칙의 예외로서 증거능력을 인
정할 수 없다.[1]

　　참고인진술조서가 증거능력을 획득하려면 형소법 제312조 제4항이 규정한 바에 따라 그
조서에 대한 증거조사에 앞서서 원진술자에 대한 증인신문의 기회가 부여되지 않으면 안 된
다. 그리하여 증거조사는 자연히 증인에 대한 증인신문 이후에 증거서류에 대한 증거조사가
이루어지는 방식으로 진행하게 된다.

　　(아) 피의자신문조서와의 관계　　　형사소송법 제312조 제4항이 규정하고 있는 '피고인 아
닌 자'란 '당해 사건에서 피고인이 된 사람 이외의 사람'을 가리킨다. 보통의 경우 제삼자인
참고인이 여기에 해당하겠지만 반드시 여기에 한정되는 것은 아니다.

　　문제의 상황은 수사기관이 피의자(갑)와 공범자(을)를 대질신문하거나 맞고소 사건 등에
서 피의자(갑)와 이해상반자(병)를 신문하여 피의자신문조서를 작성하는 경우에 발생한다. 이
경우에는 하나의 피의자신문조서가 당해 피고인(갑)에 대한 피의자신문조서가 되는 동시에 공
범자(을)나 제삼자(병)에 대한 피의자신문조서가 된다. 이러한 상황에서 공범자(을)나 제삼자
(병)의 진술기재 부분을 피의자신문조서로 볼 것인지 참고인진술조서로 볼 것인지 문제된다.

　　이 문제는 특히 공범자 등의 진술기재 부분에 대해 피고인 측이 내용을 부인하는 경우
에 발생한다. 형소법 제312조 제1항 및 제3항과 형소법 제312조 제4항 가운데 어느 조항
을 우선 적용해야 할 것인지 논란되기 때문이다. 이에 대해 판례는 형소법 제312조 제1항
및 제3항을 우선 적용하고 있다. 판례의 자세한 입장에 대해서는 형소법 제312조 제1항 및
제3항의 항목에서 설명하였다.[2]

　　(자) 특신상태　　　형소법 제312조 제4항 단서는 참고인진술조서의 증거능력과 관련하여
"그 조서에 기재된 진술이 특히 신빙할 수 있는 상태하에서 행하여졌음이 증명된 때에 한한
다."는 요건을 규정하고 있다.

　　'조서에 기재된 진술이 특히 신빙할 수 있는 상태하에서 행하여졌음'을 가리켜서 특신상태
라고 한다. 형사소송법은 전문증거의 증거능력 요건으로 여러 곳에서 특신상태를 요구하고 있
다(법312④, 313① 단서, 314, 316① · ②). 특신상태의 요건은 전문법칙의 예외가 과도하게 인정
되는 것을 통제하는 장치이다.

　　특신상태는 (가) 진술의 내용이나 조서 또는 서류의 작성에 허위개입의 여지가 거의 없고,

---

1) 2022. 3. 17. 2016도17054, 공 2022상, 732, 『특수상해 피해자 반대신문 불출석 사건』.
2) 전술 740면 참조.

(나) 그 진술 내용의 신빙성이나 임의성을 담보할 구체적이고 외부적인 정황이 있는 경우를 가리킨다.[1] 특신상태의 판단은 전문증거의 유형에 따라 구체적·개별적으로 이루어져야 할 것이다.

특신상태는 반드시 '증명'되어야 하며 그러한 증명이 이루어진 때에 '한하여' 전문증거의 증거능력이 인정된다. 특신상태의 '증명'은 합리적 의심의 여지가 없을 정도로 증명하는 것이다. 특신상태는 증거능력의 요건에 해당하므로 검사가 그 존재에 대해 구체적으로 주장·입증하여야 한다. 특신상태는 소송법적 사실에 관한 것이므로 엄격한 증명을 요하지 아니하고 자유로운 증명으로 족하다.[2]

입법자는 2011년 형사소송법 개정을 통하여 수사기관에게 수사과정에서 수사와 관련하여 작성하거나 취득한 서류 또는 물건에 대한 목록을 빠짐없이 작성하도록 의무화하였다(법198③). 수사기관이 수사기록의 목록을 작성하지 않거나 피고인·변호인의 증거개시청구에 응하지 아니하는 경우는 특신상태를 의심하게 하는 상황에 해당할 수 있다.

(6) 검사 또는 사법경찰관이 검증의 결과를 기재한 조서

(가) 증거능력의 요건   검사 또는 사법경찰관이 검증의 결과를 기재한 조서는 (가) 적법한 절차와 방식에 따라 작성된 것으로서, (나) 공판준비 또는 공판기일에서의 작성자의 진술에 따라 그 성립의 진정함이 증명된 때에는 이를 증거로 할 수 있다(법312⑥). 형사소송법은 피의자신문조서의 경우와 달리 검증조서에 대해 작성주체가 검사인가 사법경찰관인가를 가리지 않고 동일한 요건하에 증거능력을 인정하고 있다.

피의자신문조서나 참고인진술조서의 증거능력과 비교해 볼 때, 위의 (가)의 요건은 앞에서 살펴본 적법한 절차방식의 요건과 같다. (나)의 요건은 앞에서 살펴본 실질적 진정성립의 요건과 같다. '성립의 진정함이 증명된 때'라는 요건은 형식적 진정성립과 실질적 진정성립을 모두 포함하는 의미이지만 (가)의 적법한 절차방식의 요건 속에 형식적 진정성립이 포함되어 있으므로 결국 (나)의 요건은 실질적 진정성립을 의미하게 된다.

검사 또는 사법경찰관의 검증조서에는 적법한 절차방식과 실질적 진정성립이 증거능력의 요건으로 요구된다. 이 점은 법원 또는 법관의 검증조서에 당연히 증거능력이 인정되는 것(법311)과 대비된다. 검증조서는 (가) 적법한 절차와 방식에 따라 작성된 것으로서, (나) 공판준비 또는 공판기일에서의 작성자의 진술에 따라 그 성립의 진정함이 증명된 때에 증거로 할 수 있다(법312⑥). (나)의 경우 '작성자'는 검증의 주체가 된 검사 또는 사법경찰관을 말한

---

1) 2011. 7. 14. 2011도3809, 공 2011하, 1695, 『과테말라 출장 수사 사건』.
2) 2012. 7. 26. 2012도2937, 공 2012하, 1530, 『친일재산 소송 변호사 사건』.

다. 단순히 검증에 참여한 데 불과한 사법경찰리는 검증조서에 대해 성립의 진정을 인정할 수 없다.[1]

(나) 검증조서의 범위   형사소송법 제312조 제6항에 의하여 증거능력이 인정되는 수사기관의 검증조서에는 영장에 의한 검증(법215)에 기하여 작성된 조서와 영장에 의하지 아니한 강제처분으로서의 검증(법216, 217)에 기하여 작성된 조서가 있다(법49). 긴급처분으로서 검증이 행해진 경우에는 그 검증이 사후에 법원으로부터 영장을 발부받은 것일 때 비로소 당해 검증조서에 증거능력이 부여될 수 있다.[2]

수사보고서는 단지 수사의 경위 및 결과를 내부적으로 보고하기 위하여 작성된 서류에 불과하다. 그러므로 수사보고서 안에 검증의 결과에 해당하는 기재가 있다고 하여 이를 '검사 또는 사법경찰관이 검증의 결과를 기재한 조서'라고 할 수 없다.[3]

(다) 실황조사서의 증거능력   검증조서는 조서이다. 조서는 공무원이 법령에 근거하여 법령이 정한 형식을 갖추어서 작성한 문서를 말한다. 이와 관련하여 (가) 피검증자의 승낙에 의하여 검증한 결과를 기재한 서면이나, (나) 수사기관이 임의수사의 하나로 실황조사를 행하고 그 결과를 기재한 실황조사서를 형소법 제312조 제6항이 규정한 '검사 또는 사법경찰관이 검증의 결과를 기재한 조서'에 해당한다고 볼 것인가 하는 문제가 있다. 이에 대해서는 검증조서라고 보는 견해와 이를 부정하는 견해가 각각 제시되고 있다. 판례는 실황조사서를 검증조서에 해당하지 않는다고 본다.[4]

(라) 수사기관의 검증조서에 기재된 진술의 증거능력   증거능력이 인정되는 수사기관작성의 검증조서에 검증참여자의 진술이 기재되는 경우가 있는데, 이때 검증조서에 기재된 진술의 증거능력이 문제된다. 수사기관의 검증조서에 기재된 진술의 증거능력은 법관의 검증조서(법311)에 기재된 진술과 달리 증거능력을 엄격히 제한해야 한다.

수사기관 작성의 검증조서에 기재된 진술의 증거능력은 특히 그 진술내용이 요증사실을 증명하는 경우에 많이 문제된다. 이 경우 검증조서에 기재된 진술의 증거능력은 그 진술이 피의자의 것인가 참고인의 것인가를 살피고, 나아가 그 진술이 기재된 조서가 검사작성의 검증조서인가 사법경찰관작성의 검증조서인가를 따져서 결정해야 한다고 본다.

그리하여 (가) 피의자의 진술이 검사작성 검증조서에 기재되었다면 검사작성 피의자신문조서(법312①)에 준하여, (나) 피의자의 진술이 사경작성 검증조서에 기재되었다면 사경작성

---

1) 1976. 4. 13. 76도500, 공 1976, 9113, 『현장검증 참여경관 사건』.
2) 1984. 3. 13. 83도3006, 공 1984, 750, 『버스 추월경쟁 사건』.
3) 2001. 5. 29. 2000도2933, 공 2001, 1547, 『백운나이트 사건』.
4) 1984. 5. 29. 84도378, 공 1984, 1225, 『위장자수 사건』.

피의자신문조서(법312③)에 준하여, (다) 참고인의 진술이 검사작성 검증조서나 사경작성 검증조서에 기재되었다면 수사기관의 참고인진술조서(법312④)에 준하여 증거능력 여부를 판단해야 할 것이다. 검사작성 피의자신문조서(법312①)와 사경작성 피의자신문조서(법312③)의 증거능력 요건이 동일하게 규정됨에 따라 수사기관의 검증조서에 기재된 피의자의 진술은 모두 '내용 인정'의 요건 하에 증거능력이 인정된다.

3. 제313조에 의한 예외

(1) 제313조의 특수성

(가) 제정형소법   1954년 형사소송법을 제정할 당시 우리 입법자는 공판중심주의를 원칙으로 지향하면서도 신생국가의 사법현실을 감안하여 부득이 각종 서류를 증거로 활용하기로 하였다. 실질적 직접심리주의에 따르면 진술증거의 경우 진술자가 법정에 출석하여 법관 면전에서 요증사실에 관한 진술을 하여야 한다. 진술자의 진술내용을 서면으로 전환한 대체물이 서류이다. 실질적 직접심리주의에 따르면 서류는 원칙적으로 증거능력이 없다. 그런데 이렇게 되면 진술자를 일일이 법정에 출석시켜서 구두진술을 하게 해야 하는데, 이에 따른 소송의 지연이나 실체적 진실발견의 어려움이 적지 않다.

이러한 사정을 감안하여 1954년 제정형소법의 입법자는 '성립의 진정'이라는 개념을 안전장치로 설정하여 각종 서류를 형사법정에서 증거로 활용하기로 하였다. 이와 관련하여 당시의 입법자는 수사기관이 작성하는 각종 조서에는 단순히 '성립의 진정'을 요구하면서, 그 밖의 서류들에 대해서는 '성립의 진정'에 '자필'이나 '서명 또는 날인'이라는 요건을 추가하여 안전장치를 보다 강화하였다.

(나) 엄격해석의 필요성   그런데 공판정에서 직접 이루어져야 할 진술을 서류로 대체하는 것은 여러 가지 위험을 수반한다. 서류의 작성과정에 조작 가능성이 있으며, 무엇보다도 법정에서 진술자에 대한 반대신문의 기회가 보장되지 않기 때문이다. 이 때문에 단순히 '성립의 진정'이라는 요건만 가지고 구두진술을 서면으로 대체하는 입법례는 다른 나라에서 찾아보기 어렵다. 비교법적으로 전문법칙 도입의 모델이 되었던 일본 형사소송법에도 우리 형소법 제313조에 상응하는 조문이 없다. 이러한 관계로 형소법 제313조의 해석에 신중한 접근이 요구되었다.

(다) 즉결심판   「즉결심판에 관한 절차법」에 의한 즉결심판절차에서는 형소법 제313조가 적용되지 않는다(동법10). 즉결심판절차는 피고인에게 20만원 이하의 벌금, 구류 또는 과료에 처할 경미한 범죄사건을 신속하게 심판하기 위한 절차이기 때문이다. 즉결심판절차에 의하여 선고되는 즉결심판에 대해서는 피고인에게 정식재판청구권이 보장되어 있다(동법14).

(2) 2016년 제313조의 개정

(가) 개정취지   1954년 제정형사소송법 당시 사람의 진술을 기록하는 매체는 서면이 대부분이었다. 그리하여 형사소송법 제313조는 '진술서' 또는 '진술을 기재한 서류'를 규율대 상으로 설정하고 있다. 그런데 근래 전기통신기술의 비약적인 발전에 따라 컴퓨터 등 각종 정 보저장매체를 이용한 정보저장이 일상화되고 있다. 범죄행위와 관련된 증거들도 종이문서가 아닌 전자정보의 형태로 디지털화되어 있는 경우가 많다. 입법자는 이러한 변화를 고려하여 2016년 형사소송법 일부개정시에 형소법 제313조에 중요한 수정을 가하였다. 개정의 골자는 세 가지로 요약할 수 있다.

(나) 정보저장매체의 명문화   입법자는 피고인 또는 피고인 아닌 자가 작성하였거나 진 술한 내용이 포함된 문자·사진·영상 등의 정보로서 컴퓨터용디스크, 그 밖에 이와 비슷한 정보저장매체에 저장된 것을 피고인 또는 피고인이 아닌 자가 작성한 '진술서'나 '그 진술을 기재한 서류'와 동일하게 취급하기로 하였다(법313①). 이 부분은 이미 판례[1]에 의하여 인정 되던 것을 입법으로 명문화한 것이다.

(다) 대체적 증명방법 허용   입법자는 '성립의 진정'에 대한 대체적 증명방법을 허용하 였다. 피고인 또는 피고인이 아닌 자가 작성한 진술서가 증거능력을 가지려면 먼저 작성자 가 '성립의 진정'을 인정해야 한다. 그런데 진술서의 작성자가 공판준비나 공판기일에서 그 성립의 진정을 부인하는 경우가 있다. 이러한 경우에 과학적 분석결과에 기초한 디지털포렌 식 자료, 감정 등 객관적 방법으로 성립의 진정함이 증명되는 때에는 그 진술서를 증거로 할 수 있다(법313② 본문).

'성립의 진정'에 대한 대체적 증명방법을 허용한 것은 수사기관작성 참고인진술조서(법 312④)에 대해 대체적 증명방법을 인정한 것과 보조를 같이하는 것이다.

(라) 반대신문권 보장   입법자는 피고인 아닌 자가 작성한 진술서의 경우에 반대신문권 보장을 증거능력의 요건으로 추가하였다. 즉 피고인 아닌 자가 작성한 진술서가 증거능력을 가지려면 (가) '성립의 진정'(법313① 본문)이나 그에 대한 대체적 증명(법313② 본문) 외에 (나) 피고인 또는 변호인이 공판준비 또는 공판기일에 그 기재 내용에 관하여 작성자를 신문할 수 있었을 것을 요한다(법313② 단서).

피고인 아닌 자가 작성한 진술서에 대해 반대신문권의 요건을 규정한 것은 검사 또는 사 법경찰관 작성의 참고인진술조서에 대한 증거능력의 요건으로 반대신문권(법312④) 요건을 규 정한 것과 맥을 같이한다.

---

1) 2007. 10. 25. 2007도6129, [미간행], 『녹음·녹화 요약서 사건』.

(3) 제313조의 객체

(가) 서 류　　형소법 제313조의 규율대상은 원칙적으로 형소법 제311조 및 제312조에 규정된 것 이외의 '서류'이다(법313①). 여기에는 감정의 경과와 결과를 기재한 서류도 포함된다(동조③).

(나) 정보저장매체　　2016년 개정 이후 형소법 제313조의 객체에 각종 정보저장매체가 포함되었다. 피고인 또는 피고인 아닌 자가 작성하였거나 진술한 내용이 포함된 문자·사진·영상 등의 정보로서 컴퓨터용디스크, 그 밖에 이와 비슷한 정보저장매체에 저장된 것은 위의 서류와 동일하게 취급된다(법313①).

그런데 각종 정보저장매체를 서류에 준하여 취급하는 것은 이미 판례[1]가 인정하고 있었다. 진술정보를 수록하고 있고 원본성 요건이 확인된 문자정보매체[2]나 녹음·녹화매체[3] 등 각종 정보저장매체도 여기에 해당한다. 따라서 정보저장매체를 서류에 준하여 취급하는 개정 형소법 제313조 제1항은 기존의 판례를 입법화한 것이라고 할 수 있다.

(다) 규율범위　　형소법 제313조는 '형소법 제311조 및 제312조에 규정된 것 이외'의 모든 서류 또는 정보저장매체를 규율대상으로 한다.

피고인 또는 피고인이 아닌 자가 수사과정에서 작성한 진술서는 조서에 준하여 취급되므로(법312⑤) 형소법 제313조의 적용대상에서 제외된다. 이에 반해 수사기관이 작성한 수사보고서는 전문증거로서 형사소송법 제313조의 서류에 해당한다. 수사보고서는 형사소송법 제311조, 제312조, 제315조, 제316조의 적용 대상이 아니기 때문이다.[4] 수사보고서에 공범이나 피해자의 진술이 기재되어 있는 경우가 있다. 이 경우 수사보고서가 형사소송법 제313조의 적용을 통해 증거능력을 받기 위해서는 그 서류에 진술자의 서명 또는 날인이 있어야 한다.[5]

선거관리위원회의 위원이나 직원은 사법경찰관리가 아니다. 선거관리위원회는 행정부로부터 독립된 헌법기관(헌법114 이하)이기 때문이다. 선관위의 위원이나 직원이 선거사범 제보자를 상대로 작성한 문답서는 형소법 제313조 제1항 본문에 따라 증거능력이 부여된다.[6]

조세범칙조사를 담당하는 세무공무원은 사법경찰관리가 아니다. 세무공무원이 작성한 심문조서는 피고인 또는 피고인이 아닌 자가 작성한 진술서나 그 진술을 기재한 서류에 해당하

---

1) 2007. 10. 25. 2007도6129, [미간행], 『녹음·녹화 요약서 사건』.
2) 2007. 12. 13. 2007도7257, 공 2008상, 80, 『일심회 국가보안법 위반 사건』.
3) 2012. 9. 13. 2012도7461, 공 2012하, 1715, 『구청장 조정 압력 사건』.
4) 2023. 1. 12. 2022도14645, 공 2023상, 474, 『피투약자 자백 수사보고서 사건』.
5) 2023. 1. 12. 2022도14645, 공 2023상, 474, 『피투약자 자백 수사보고서 사건』.
6) 2014. 1. 16. 2013도5441, 공 2014상, 421, 『초등학교 후배 제보 사건』.

므로 형사소송법 제313조에 따라 공판준비 또는 공판기일에서 작성자·진술자의 진술에 따라 성립의 진정함이 증명되고 나아가 그 진술이 특히 신빙할 수 있는 상태 아래에서 행하여진 때에 한하여 증거능력이 인정된다.[1]

(라) 서술방법의 이원화   형소법 제313조는 문장구조가 대단히 복잡하여 규율대상이 되는 서류나 정보저장매체의 형태를 정리하기가 쉽지 않다. 형소법 제313조 제1항이 복수의 주어, 복수의 술어, 복수의 목적어를 규정하고 있어서 서류 또는 정보저장매체의 형태를 놓고 논리적으로 대단히 많은 경우의 수가 도출될 수 있기 때문이다.

아래에서는 서술의 편의를 위하여 먼저 '서류'를 중심으로 형소법 제313조의 규율내용을 분석한다. 그리고 이어서 정보저장매체를 규율대상으로 독립시켜서 형소법 제313조의 내용을 정리하기로 한다. 중복되는 점을 부인할 수 없음에도 불구하고 정보저장매체를 별도로 고찰하는 것은 요즈음 시민생활에서 정보저장매체의 활용도가 급격히 높아지고 있기 때문이다.

(4) 제313조의 서류

형사소송법 제313조는 법관 면전의 조서(법311) 및 수사기관 면전의 조서(법312) 이외의 것으로서 피고인 또는 피고인 아닌 자가 작성한 진술서나 그 진술을 기재한 서류를 규율대상으로 하고 있다.

진술이 서면으로 전환된다는 관점에서 보면 진술서면은 크게 두 가지 방법으로 분류할 수 있다. 하나는 진술의 주체를 중심으로 분류하는 것이고, 다른 하나는 진술을 서면으로 전환하는 방법을 중심으로 분류하는 것이다.

먼저, 형소법 제313조 제1항의 서류는 피고인의 진술을 서면화한 것과 피고인 아닌 자의 진술을 서면화한 것으로 나누어 볼 수 있다. 다음으로, 형소법 제313조 제1항의 서류는 진술을 진술자 스스로 서면화한 것과 다른 사람을 통하여 서면화한 것으로 나누어 볼 수 있다.

위의 두 가지 방법을 종합해 보면, 형소법 제313조 제1항의 서류는 (가) 피고인이 자신의 진술을 스스로 서면에 기재한 서류, (나) 피고인 아닌 자가 자신의 진술을 스스로 서면에 기재한 서류, (다) 피고인의 진술을 제삼자가 서면에 기재한 서류, (라) 피고인 아닌 자의 진술을 제삼자가 서면에 기재한 서류의 네 가지 형태로 분류할 수 있다.

(5) 제313조 제1항 본문의 작성자와 진술자

(가) 진술주체와 진술기재자   형사소송법 제313조 제1항 본문에는 '피고인 또는 피고인 아닌

---

1) 2022. 12. 15. 2022도8824, 공 2023상, 282, 『세무공무원 심문조서 사건』.

자가 작성한 진술서나 그 진술을 기재한 서류'라는 표현이 등장한다. 여기에서 '피고인 또는 피고인 아닌 자'를 서술의 편의상 진술주체로 약칭하기로 한다. 한편 진술이 서면에 기재될 때 진술을 현실적으로 서면에 기재하는 사람을 가리켜서 진술기재자로 부르기로 한다.

'진술주체'라는 표현을 사용하면 형소법 제313조 제1항 본문에 나타난 '피고인 또는 피고인 아닌 자가 작성한 진술서나 그 진술을 기재한 서류'는 '진술주체가 작성한 진술서나 진술주체의 진술을 기재한 서류'라는 표현으로 재구성할 수 있다. 여기에서 (가) 진술주체가 작성한 진술서와 (나) 진술주체의 진술을 기재한 서류의 의미를 정리할 필요가 있다.

(나) 제1항 본문의 작성자   먼저, '진술주체가 작성한 진술서'는 진술주체 스스로 자신의 진술을 서면화한 서류를 가리킨다. 서류의 형태에는 (가) 진술주체가 자필로 자신의 진술을 서면에 기재하는 경우와 (나) 진술주체가 자필 이외의 방법으로 자신의 진술을 서면에 기재하고 그 서면에 서명·날인하는 경우의 두 가지가 있다. 후자의 서명·날인은 자필에 준하는 것으로서 사실상 차이가 없다.

이상과 같이 진술주체가 스스로 자신의 진술을 서면에 기재하는 경우에 그 진술주체를 형소법 제313조 제1항 본문은 작성자라고 지칭하고 있다. '작성자'의 경우에는 진술주체와 서면에 진술을 기재한 자(진술기재자)가 일치한다.

(다) 제1항 본문의 진술자   다음으로, '진술주체의 진술을 기재한 서류'는 진술주체의 진술을 제삼자가 서면에 기재한 서류를 가리킨다. 이 경우 진술주체의 진술을 서면에 기재하는 제삼자가 진술기재자로 등장하게 된다.

'진술주체의 진술을 기재한 서류'의 경우 진술주체는 자신의 진술이 서면에 직접적으로 기재되었다는 점(직접성)을 확인하기 위하여 진술기재자가 기재한 서면에 서명 또는 날인을 하게 된다. 자필의 방법은 처음부터 상정할 수 없다.

진술기재자가 기재한 서면에 자신의 진술이 수록된 진술주체를 가리켜서 형소법 제313조 제1항 본문은 진술자라고 지칭하고 있다. '진술자'가 등장하는 서류의 경우에는 진술주체와 진술기재자가 일치하지 않는다.

(라) 제1항 본문 후단의 의미   형소법 제313조 제1항이 전문법칙의 예외로 작용하는 경우는 문제의 서류에 기재된 진술내용이 요증사실을 증명하게 되는 때이다. 이 경우에는 진술을 서면에 실제로 기재한 사람(진술기재자)이 아니라 요증사실을 증명하게 되는 진술을 한 사람(진술주체)이 당해 서류에 대해 성립의 진정을 인정해야 증거능력이 인정된다.

이 점을 분명히 하기 위하여 형소법 제313조 제1항 본문 후단은 "공판준비나 공판기일에서의 그 작성자 또는 진술자의 진술에 의하여 그 성립의 진정함이 증명된 때에는 증거로 할 수 있다."는 표현을 사용하고 있다.

여기에서 본문 후단의 '작성자'는 본문 전단의 '진술서'에, 본문 후단의 '진술자'는 본문 전단의 '진술을 기재한 서류'에 각각 대응한다. 즉 '진술서'는 그 '작성자'에 의하여 성립의 진정이 증명되어야 하고, '진술을 기재한 서류'는 그 '진술자'에 의하여 성립의 진정이 증명되어야 한다는 것이다.

(6) 제313조 제1항 본문

(가) 예외인정의 요건　　어느 서류에 기재된 진술의 내용이 요증사실을 증명하는 경우에 그 서류는 전문증거가 된다. 진술이 직접 법원에 전달되는 것이 아니라 서면이라는 중간매개체를 통해 법원에 전달되기 때문이다. 그러므로 이러한 서류는 형소법 제310조의2가 규정한 전문법칙에 따라 원칙적으로 증거능력이 부정된다.

전문법칙의 적용을 받는 서류가 예외적으로 증거능력을 인정받으려면 형소법 제313조 제1항 본문이 규정한 두 가지 요건을 갖추어야 한다. 요건은 (가) 자필 또는 서명·날인과 (나) 성립의 진정이다.

(나) 자필, 서명, 날인　　자필은 진술주체 자신의 필적을 말한다. 자필은 진술주체가 자신의 진술을 서면에 직접 기록하고 있음을 보여주는 명확한 표시로서 진술이 기재된 서류의 직접성을 확인하는 가장 확실한 방법이다. 서명은 진술주체가 서면에 직접 자신의 이름을 기재하는 방식이다. 날인은 진술주체가 서면에 직접 자신의 인장을 압날하는 방식이다. 서명이나 날인은 모두 자신의 진술이 서면에 직접적으로 기재되고 있음을 확인하는 표시방법으로서 자필에 필적하는 방법이다.

(다) 원진술자의 의미　　형소법 제313조 제1항 본문이 규정하고 있는 각종 서류가 증거능력을 인정받으려면 자필이나 서명·날인의 요건 이외에 '성립의 진정' 요건을 갖추어야 한다. 서류는 일정한 진술이 서면에 기재된 것이다. 이때 서류에 기재된 진술의 주체를 원진술자로 부르기로 한다. 진술주체를 원진술자라고 지칭하는 이유는 진술이 법정에서 직접 구두로 전달되는 것이 아니라 서류라는 우회적 형태로 법정에 제출되기 때문이다.

형소법 제313조 제1항 본문이 요구하는 '성립의 진정'은 원진술자에 의하여 인정되어야 한다. '성립의 진정'을 줄여서 진정성립이라고 한다. 진정성립은 형식적 진정성립과 실질적 진정성립으로 이루어진다.

(라) 형식적 진정성립　　형식적 진정성립이란 서류의 진술주체가 원진술자임을 확인하는 것이다. 서류의 형식적 진정성립은 원진술자가 진술서면에 기재된 필적이나 서명·날인이 자신의 것임을 확인하는 진술을 통하여 인정된다.

(마) 실질적 진정성립　　서류의 실질적 진정성립은 진술서면의 기재내용이 진술자가 진술

한 대로 기재되었다는 원진술자의 확인진술을 말한다.[1] 실질적 진정성립과 구별되는 개념으로 내용의 인정(법312③)이 있다. 내용인정은 서면의 기재내용이 실제의 사실, 즉 진실과 부합됨을 확인하는 원진술자의 진술이다.

진술서면이 '성립의 진정'을 인정받으려면 형식적 진정성립과 실질적 진정성립이 각각 증명되어야 한다. 형식적 진정성립으로부터 실질적 진정성립을 추정하는 것은 허용되지 않는다.[2]

(바) 법정 진술의 원칙　　진술을 기재한 서류가 진정성립을 인정받으려면 원칙적으로 원진술자가 공판준비기일 또는 공판기일에 출석하여 해당 서류에 대해 직접 성립의 진정에 관한 진술을 해야 한다. 공판준비기일 또는 공판기일에는 법관으로 구성된 재판부가 절차를 진행한다. 따라서 원진술자는 법정에서 법관이 보고 듣는 가운데 성립의 진정을 인정하지 않으면 안 된다(법313① 본문).

(7) 제313조 제2항의 대체적 증명방법

(가) 2016년 개정 전의 상황　　2016년 개정 전의 형소법 제313조에 따르면 원진술자의 진술 이외의 방법으로 진정성립을 인정하는 것은 허용되지 않았다.[3] 개정 전 형소법에 의하면 원진술자가 법정에서 성립의 진정을 인정하지 않는 경우 당해 서류는 형소법 제313조에 의하여 증거능력을 인정받을 수 없었다.[4] 진술서면의 원진술자가 법정에 출석하여 진정성립을 인정할 수 없을 때 형사소송법 제314조가 보충적으로 적용되었을 뿐이다. 이러한 판례의 태도에 대해 21세기 정보화시대를 맞이하여 대체적 증명방법을 허용해야 한다는 주장이 제기되었다.

(나) 제2항 본문의 내용　　입법자는 2016년 형소법 제313조 제2항의 신설을 통해 대체적 증명방법을 허용함으로써 논란을 입법적으로 해소하였다. 형소법 제313조 제2항 본문은 "제1항 본문에도 불구하고 진술서의 작성자가 공판준비나 공판기일에서 그 성립의 진정을 부인하는 경우에는 과학적 분석결과에 기초한 디지털포렌식 자료, 감정 등 객관적 방법으로 성립의 진정함이 증명되는 때에는 증거로 할 수 있다. 다만, 피고인 아닌 자가 작성한 진술서는 피고인 또는 변호인이 공판준비 또는 공판기일에 그 기재 내용에 관하여 작성자를 신문할 수 있었을 것을 요한다."고 규정하고 있다. 여기에서 형소법 제313조 제2항 본문이 규정하고 있는

---

1) 2013. 3. 14. 2011도8325, 공 2013상, 699, 『고용유지지원금 사기 사건』.
2) 2004. 12. 16. 2002도537 전원합의체 판결, 공 2005, 173, 『후유장해진단서 사건』.
3) 2015. 7. 16. 2015도2625 전원합의체 판결, 공 2015하, 1308, 『심리전단 트위터 사건』.
4) 2011. 9. 8. 2010도7497, 공 2011하, 2167, 『학부모 정신병 발언 사건』.

진정성립의 대체적 증명방법에 대해 살펴본다.

첫째로, 진정성립의 인정은 형소법 제313조 제1항 본문이 규정하고 있는 방법, 즉 서류의 작성자 또는 진술자가 법관의 면전에서 구두로 진정성립을 인정하는 방법으로 하는 것이 원칙이다.

둘째로, 작성자 또는 진술자(이상 진술주체 또는 원진술자)가 공판준비 또는 공판기일에 그 성립의 진정을 부인하는 경우에 보충적으로 대체적 증명이 허용된다. 형소법 제313조 제2항 본문에는 '진술서의 작성자'가 진정성립을 부정하는 경우만을 언급하고 있으나, 제1항과의 관계에 비추어 볼 때 '진술을 기재한 서류의 진술자'가 진정성립을 부정하는 경우까지 포함된다는 점은 분명하다.

셋째로, 원진술자의 구두진술에 의한 진정성립을 대체하는 방법은 과학적 분석결과에 기초한 디지털포렌식 자료, 감정 등 객관적인 방법이어야 한다. 자필이나 서명·날인이 요구되는 서류의 경우에 작성자 또는 진술자가 진정성립을 부인할 경우 필적감정과 같은 객관적인 방법에 의하여 형식적 진정성립을 인정할 수 있다. 실질적 진정성립은 녹음·녹화와 같이 진술내용을 그대로 전달할 수 있는 객관적인 방법에 의하여 이를 인정할 수 있다. 목격자나 참여자의 진술과 같은 것은 객관적인 방법이 아니므로 진정성립의 대체적 증명방법으로 허용되지 않는다.[1]

(다) 제2항 단서의 내용   입법자는 형소법 제313조 제2항의 본문에서 진정성립의 대체적 증명방법을 허용하면서, 동시에 단서를 통해 피고인 측에게 반대신문권을 보장함으로써 균형을 도모하였다. 즉, "다만, 피고인 아닌 자가 작성한 진술서는 피고인 또는 변호인이 공판준비 또는 공판기일에 그 기재 내용에 관하여 작성자를 신문할 수 있었을 것을 요한다."고 규정한 것이 그것이다.

형소법 제313조 제2항 단서는 '피고인 아닌 자가 작성한 진술서'라는 표현을 사용하고 있다. 그러나 형소법 제313조 제1항과의 관계에 비추어 볼 때 '피고인 아닌 자의 진술을 기재한 서류'의 경우에도 피고인 측에게 반대신문권이 보장되어야 함은 물론이다.

피고인 측의 반대신문권 보장은 피고인 측이 원진술자를 반드시 신문해야 한다는 의미는 아니다. 피고인 측에게 반대신문의 기회를 제공하는 것으로 족하다. 형소법 제313조 제2항 단서는 반대신문권을 규정하면서 '피고인이 작성한 진술서' 또는 '피고인의 진술을 기재한 서류'를 규율대상에 포함하고 있지 않다. 피고인이 자신이 행한 진술에 대해 반대신문권을 행사한다는 것은 논리모순이기 때문이다.

---

1) 2016. 2. 18. 2015도16586, 공 2016상, 493, 『통역인 증언 실질적 진정성립 사건』 참조.

(8) 제313조 제1항 단서

(가) 규율범위   형사소송법 제313조는 진술을 기재한 서류를 규율대상으로 삼고 있다. 대상이 되는 서류는 (가) 피고인이 작성한 진술서, (나) 제삼자가 피고인의 진술을 기재한 서류, (다) 피고인 아닌 자가 작성한 진술서, (라) 제삼자가 피고인 아닌 자의 진술을 기재한 서류로 나누어 볼 수 있다. 형사소송법 제313조 제1항 단서는 위의 여러 가지 형태 가운데 (나)의 제삼자가 '피고인의 진술을 기재한 서류'에 대해 특칙을 인정하고 있다.

(가)의 피고인이 작성한 진술서에 대해 판례는 "피고인의 자필로 작성된 진술서의 경우에는 서류의 작성자가 동시에 진술자이므로 진정하게 성립된 것으로 인정되어 형사소송법 제313조 [제1항] 단서에 의하여 그 진술이 특히 신빙할 수 있는 상태하에서 행하여진 때에는 증거능력이 있[다]"고 판시하여[1] 형소법 제313조 제1항 단서의 적용범위에서 제외하고 있다. 그러나 진정성립이 곧바로 인정된다는 점을 제외하면 특신상태의 요건은 (나)의 제삼자가 피고인의 진술을 기재한 서류의 경우와 같다.

(나) 문제의 소재   형사소송법 제313조 제1항 단서는 "단, 피고인의 진술을 기재한 서류는 공판준비 또는 공판기일에서의 그 작성자의 진술에 의하여 그 성립의 진정함이 증명되고 그 진술이 특히 신빙할 수 있는 상태하에서 행하여진 때에 한하여 피고인의 공판준비 또는 공판기일에서의 진술에 불구하고 증거로 할 수 있다."고 규정하고 있다.

형소법 제313조 제1항 단서가 전문법칙의 예외로 규정되었다는 점에 대해서는 의문이 없다. 그렇지만 입법자료가 남아 있지 않고 비교법적인 입법례도 찾아볼 수 없다는 점에서 조문의 해석에 적지 않은 어려움이 따르고 있다.

(다) 객체의 성질   형소법 제313조 제1항 단서는 '피고인의 진술을 기재한 서류'를 규율대상으로 삼고 있다. 형소법 제313조 제1항 본문과 대비해 볼 때 '피고인의 진술을 기재한 서류'는 '피고인이 작성한 진술서'와 구별된다. '피고인이 작성한 진술서'는 진술주체인 피고인이 스스로 진술을 서면에 기재한 것이다. 이에 대해 '피고인의 진술을 기재한 서류'는 진술주체인 피고인의 진술을 제삼자인 진술기재자가 서면에 기재한 것이다.

이 경우 '피고인의 진술을 기재한 서류'는 피고인의 진술을 제삼자가 듣고(일차 전문), 제삼자가 그 진술내용을 서면에 기재한다(이차 전문)는 점에서 이중전문(二重傳聞)의 구조를 가진다.

(라) 제1항 단서의 취지   형소법 제313조 제1항 본문에 의할 때 '피고인의 진술을 기재한 서류'가 증거능력을 인정받으려면 원칙적으로 진술주체인 피고인이 법관 면전에서 해당 서

---

1) 2001. 9. 4. 2000도1743, 공 2001, 2203, 『유치원 경리 횡령 각서 사건』.

류에 대해 형식적 진정성립과 실질적 진정성립을 인정하여야 한다.

그런데 '피고인의 진술을 기재한 서류'에 대해 진정성립을 인정하기 어려운 경우가 있다. 예컨대 (가) 피고인이 형식적 진정성립이나 실질적 진정성립을 부정하거나, (나) 피고인이 아예 진술을 거부하는 상황에서는 당해 '피고인의 진술을 기재한 서류'는 증거능력을 상실하게 된다.

1954년 제정형사소송법은 형소법 제313조 제1항 단서와 같은 규정을 두지 않았다. 1961년 형사소송법 개정시에 입법자는 형소법 제313조를 제1항과 제2항(현행법 제3항)으로 나누면서 제1항에 단서를 추가하였다. 제1항 단서를 추가한 이유는 관련 입법자료가 남아 있지 않아서 잘 알 수 없으나, 피고인의 진술 여하에 따라 서류의 증거능력이 좌우되는 상황을 방지하기 위하여 마련되었다는 추론이 가능하다.

피고인은 진술거부권(헌법12②, 법283의2)을 가지고 있다. 이 때문에 피고인이 진술을 거부하거나 진정성립을 부인하게 되면 '피고인의 진술을 기재한 서류'에 기재된 진술과 동일한 내용의 진술을 피고인으로부터 재차 획득할 수 없다는 한계에 봉착하게 된다. 이러한 문제상황에 대처하기 위하여 마련된 것이 1961년 형소법 일부개정시에 도입된 형소법 제313조 제1항 단서라고 생각된다.

이상과 같은 입법경위에 비추어 볼 때 형소법 제313조 제1항 단서의 말미에서 규정하고 있는 '피고인의 공판준비 또는 공판기일에서의 진술에 불구하고'라는 표현은 '피고인이 법관 면전에서 형식적 진정성립 또는 실질적 진정성립을 부인하는 진술에 불구하고'라는 의미로 이해된다.

(마) 제1항 단서의 '작성자'　　　'피고인의 진술을 기재한 서류'에 대해 전문법칙의 예외를 허용하기 위하여 우리 입법자는 형소법 제313조 제1항 단서에서 두 가지 요건을 설정하고 있다. 하나는 공판준비 또는 공판기일에 그 작성자의 진술에 의하여 그 성립의 진정함이 증명되어야 하는 것이고, 다른 하나는 그 진술이 특히 신빙할 수 있는 상태하에서 행하여졌다는 것이다.

위의 두 가지 요건 가운데 첫 번째의 '공판준비 또는 공판기일에 그 작성자의 진술에 의하여 그 성립의 진정함이 증명된다'라고 함은 '피고인의 진술을 기재한 서류'의 실제 작성자에 의하여 성립의 진정이 증명되어야 한다는 의미이다. 즉 형소법 제313조 제1항 단서의 작성자는 제313조 제1항 본문의 '작성자'와 달리 '피고인의 진술을 기재한 서류'의 진술기재자를 가리킨다. 이렇게 해석하는 이유는 다음과 같다.

형소법 제313조 제1항 본문의 '작성자'는 진술주체가 스스로 작성한 '진술서'를 전제로 하는 개념이다. 제1항 본문의 '작성자'는 자신의 진술을 스스로 진술서에 기재한 진술주체를 가리킨다. 그런데 형소법 제313조 제1항 단서가 규율대상으로 삼고 있는 '피고인의 진술을 기재한 서류'의 경우에는 자신의 진술을 스스로 기재하는 '작성자'를 처음부터 상정할 수가 없다. 형소법 제313조 제1항 단서의 규율대상은 '피고인의 진술을 기재한 서류'이지 '피고인이 작성한 진술서'가 아니기 때문이다. 결국 형소법 제313조 제1항 단서의 '작성자'는 '피고인의 진술을 기재한 서류'를 실제로 작성한 사람(진술기재자)을 의미하게 된다.

판례 또한 형소법 제313조 제1항 단서의 '작성자'를 피고인의 진술을 실제로 서류에 기재한 사람(진술기재자)으로 보고 있다. 해당 판례는 뇌물수수 피고사건에서 국무조정실 산하 정부합동공직복무점검단 소속 점검단원 A가 피고인으로부터 금품수수 사실을 시인하는 진술을 듣고 금품수수 일람표가 포함된 확인서를 작성한 사안을 토대로 하고 있다. 판례는 정부합동공직복무점검단 소속 점검단원 A가 작성한 확인서가 피고인의 진술을 기재한 서류에 해당한다는 전제에서 공판기일에 작성자인 A의 진술에 의하여 성립의 진정함이 증명되고 나아가 원진술자(피고인)의 진술이 특히 신빙할 수 있는 상태하에서 행하여졌다고 보아 형소법 제313조 제1항 단서에 따라 A가 작성한 확인서의 증거능력을 인정하였다.[1]

(바) 제1항 단서의 '그 진술'   '피고인의 진술을 기재한 서류'가 형소법 제313조 제1항 단서에 의하여 증거능력을 인정받으려면 서류의 실제 작성자(진술기재자)에 의한 진정성립 인정 이외에 '그 진술'이 특히 신빙할 수 있는 상태하에서 행하여진 것이어야 한다.

형소법 제313조 제1항 단서의 '그 진술'은 '피고인의 진술을 기재한 서류'의 실제 작성자(진술기재자)의 진술이 아니라 원진술자(진술주체)인 피고인의 진술을 가리킨다. 형소법 제313조 제1항 단서는 전문법칙의 예외를 규정한 것이다. 전문법칙의 예외를 검토할 때에는 요증사실의 증명자료가 되는 원진술을 중심으로 허용요건을 판단해야 한다. 형소법 제313조 제1항 단서는 '피고인의 진술을 기재한 서류'를 객체로 하고 있다. 이 경우 원진술은 진술주체인 피고인의 진술이다. 결국 형소법 제313조 제1항 단서의 '그 진술'은 피고인의 진술을 의미하게 된다.

(사) 특신상태   형소법 제313조 제1항 단서가 설정하고 있는 두 번째 요건은 특신상태이다. 특신상태는 형소법 제313조 제1항 단서 이외에 형소법 제312조, 제314조, 제316조에서도 증거능력의 요건으로 등장하고 있다.

판례는 형소법 제313조 제1항 단서가 규정한 '그(피고인) 진술이 특히 신빙할 수 있는 상태하에서 행하여진 때에 한하여'라는 의미를 (가) 진술내용이나 서류의 작성에 허위개입의 여지가 거의 없고, (나) 진술내용의 신빙성이나 임의성을 담보할 구체적이고 외부적인 정황이

---

1) 2022. 4. 28. 2018도3914, [미간행], 『공직복무점검단 작성 금품수수 확인서 사건』.

있는 것으로 정의하고 있다.[1]

특신상태는 증거능력의 요건에 해당하므로 검사가 그 존재에 대하여 구체적으로 주장·입증하여야 한다. 그렇지만 이는 소송법적 사실에 관한 것이므로 엄격한 증명을 요하지 아니하고 자유로운 증명으로 족하다.[2][3] 특신상태의 증명은 단순한 소명의 정도를 넘어서서 합리적 의심의 여지가 없는 정도에 이르러야 한다.

(9) 정보저장매체와 제313조 제1항 본문

(가) 진술주체와 진술기재자   형소법 제313조 제1항 본문에는 '피고인 또는 피고인 아닌 자가 작성하였거나 진술한 내용이 포함된 문자·사진·영상 등의 정보로서 컴퓨터용디스크, 그 밖에 이와 비슷한 정보저장매체에 저장된 것'이라는 표현이 등장한다.

여기에서 '피고인 또는 피고인 아닌 자'는 진술주체이다. 한편 진술이 정보저장매체에 기록·저장될 때 진술을 현실적으로 정보저장매체에 기록·저장하는 사람은 진술기재자이다.

'진술주체'라는 표현을 사용하면 형소법 제313조 제1항 본문에 나타난 '피고인 또는 피고인 아닌 자가 작성하였거나 진술한 내용이 포함된 정보저장매체'는 '진술주체가 작성한 정보저장매체나 진술주체가 진술한 내용을 기록·저장한 정보저장매체'라는 표현으로 재구성할 수 있다.

여기에서 (가) 진술주체가 작성한 정보저장매체와 (나) 진술주체의 진술내용을 기록·저장한 정보저장매체의 의미를 정리할 필요가 있다.

(나) 제1항 본문의 작성자   '진술주체가 작성한 정보저장매체'는 진술주체 스스로 자신의 진술을 기록·저장한 정보저장매체를 가리킨다. 진술주체가 자신의 진술을 스스로 기록·저장한 정보저장매체의 경우에는 서류의 경우와 같은 '자필'이나 '서명 또는 날인'이라는 직접성 확인방법을 생각할 수 없다. 그러므로 이 경우에는 진술주체가 자신의 진술을 스스로 기록·저장하였다는 사실을 확인하는 진술이 당해 정보저장매체에 기록·저장되어야 한다.

이상과 같이 진술주체가 스스로 정보저장매체에 기록·저장하는 경우에 그 진술주체를 형소법 제313조 제1항 본문은 작성자라고 지칭하고 있다. '작성자'의 경우에는 진술주체와 정보저장매체에 진술을 기록·저장한 자(진술기재자)가 일치한다.

(다) 제1항 본문의 진술자   '진술주체의 진술내용을 기록·저장한 정보저장매체'는 진술주체의 진술내용을 제삼자가 기록·저장한 정보저장매체를 가리킨다. 이 경우 진술주체의 진

---

1) 2022. 4. 28. 2018도3914, [미간행], 『공직복무점검단 작성 금품수수 확인서 사건』.
2) 2001. 9. 4. 2000도1743, 공 2001, 2203, 『유치원 경리 횡령 각서 사건』.
3) 2012. 7. 26. 2012도2937, 공 2012하, 1530, 『친일재산 소송 변호사 사건』.

술을 정보저장매체에 기록 · 저장하는 제삼자가 진술기재자로 등장하게 된다.

'진술주체의 진술내용을 기록 · 저장한 정보저장매체'의 경우에는 진술주체의 '자필'이나 '서명 또는 날인'이라는 직접성 확인방법을 생각할 수 없다. 그러므로 이 경우에는 진술주체가 자신의 진술이 제삼자에 의하여 직접적으로 정보저장매체에 기록 · 저장되었다는 사실을 확인하는 진술이나 그에 준하는 확인방법이 정보저장매체에 기록 · 저장되어야 한다.

정보저장매체의 경우에 대해 형소법 제313조 제1항은 '진술한 내용이 포함된 정보저장매체'라는 표현을 통해 암묵적으로 '진술자'를 전제하고 있다. '진술자'가 등장하는 정보저장매체의 경우에는 진술주체와 진술기재자가 일치하지 않는다.

(라) 제1항 본문 후단의 의미　　형소법 제313조 제1항이 전문법칙의 예외로 작용하는 경우는 문제의 정보저장매체에 기록 · 저장된 진술내용이 요증사실을 증명하게 되는 때이다. 이 경우에는 진술을 정보저장매체에 실제로 기록 · 저장한 사람(진술기재자)이 아니라 요증사실을 증명하게 되는 진술을 한 사람(진술주체)이 당해 정보저장매체에 대해 성립의 진정을 인정해야 증거능력이 인정된다.

이 점을 분명히 하기 위하여 형소법 제313조 제1항 본문 후단은 "공판준비나 공판기일에서의 그 작성자 또는 진술자의 진술에 의하여 그 성립의 진정함이 증명된 때에는 증거로 할 수 있다."는 표현을 사용하고 있다. 여기에서 본문 후단의 '작성자'는 본문 전단의 '작성한 정보저장매체'에, 본문 후단의 '진술자'는 본문 전단의 '진술내용이 포함된 정보저장매체'에 각각 대응한다. 즉 진술주체가 작성한 정보저장매체는 그 '작성자'에 의하여 성립의 진정이 증명되어야 하고, 제삼자가 진술자의 진술내용을 기록 · 저장한 정보저장매체는 그 '진술자'에 의하여 성립의 진정이 증명되어야 한다는 것이다.

(마) 예외인정의 요건　　어느 정보저장매체에 기록 · 저장된 진술의 내용이 요증사실을 증명하는 경우에 그 정보저장매체는 전문증거가 된다. 진술이 직접 법원에 전달되는 것이 아니라 정보저장매체라는 중간매개체를 통해 법원에 전달되기 때문이다. 그러므로 이러한 정보저장매체는 형소법 제310조의2가 규정한 전문법칙에 따라 원칙적으로 증거능력이 부정된다.

전문법칙의 적용을 받는 정보저장매체가 예외적으로 증거능력을 인정받으려면 형소법 제313조 제1항 본문이 규정한 두 가지 요건을 갖추어야 한다. 서류를 중심으로 설정된 두 가지 요건은 (가) 자필 또는 서명 · 날인과 (나) 성립의 진정이다.

(바) 정보저장매체의 직접성 확인　　진술내용을 기록 · 저장한 정보저장매체의 경우에는 자필이나 서명 · 날인과 같은 직접성 확인방법을 상정할 수 없다. 그러므로 정보저장매체의 경우에는 서류의 자필이나 서명 · 날인에 상응하는 직접성 확인장치가 필요하게 된다.

이에 해당하는 것으로는 우선 정보저장매체에 진술을 직접 기록·저장하는 '작성자'나 자신의 진술이 제삼자에 의하여 정보저장매체에 기록·저장되는 '진술자'가 자신의 진술이 직접적으로 정보저장매체에 기록·저장되었음을 확인하는 진술을 해당 정보저장매체에 기록·저장하는 방법을 들 수 있다.

그런데 정보저장매체의 경우에 자필이나 서명·날인에 상응하는 확인방법이 확인진술에 한정된다고 말할 수는 없다. 예컨대 녹음형태의 정보저장매체라면 진술주체의 음성을, 녹화형태의 정보저장매체라면 진술주체의 용모와 음성을 통해 해당 정보저장매체에 기록·저장된 진술의 직접성을 확인할 수 있을 것이다.

(사) 원진술자의 의미   형소법 제313조 제1항 본문이 규정하고 있는 각종 정보저장매체가 증거능력을 인정받으려면 자필이나 서명·날인에 준하는 직접성 확인 요건 외에 '성립의 진정' 요건을 갖추어야 한다. 정보저장매체는 일정한 진술이 기록·저장된 것이다. 이때 정보저장매체에 기재된 진술의 주체를 원진술자라고 한다. 진술주체를 원진술자라고 지칭하는 이유는 진술이 법정에서 직접 구두로 전달되는 것이 아니라 정보저장매체라는 우회적 형태로 법정에 제출되기 때문이다.

형소법 제313조 제1항 본문이 요구하는 '성립의 진정'은 원진술자에 의하여 인정되어야 한다. '성립의 진정'은 형식적 진정성립과 실질적 진정성립으로 이루어진다.

(아) 형식적 진정성립   형식적 진정성립이란 정보저장매체의 진술주체가 원진술자임을 확인하는 것이다. 정보저장매체의 경우에는 원진술자가 작성자 또는 진술자로서 해당 정보저장장치에 기록·저장된 진술내용이 자신의 것임을 확인하는 진술을 통해 인정된다. 또한 녹음매체나 녹음녹화매체의 경우에는 원진술자가 법관의 면전에서 해당 정보저장매체에 기록·저장된 음성이나 용모가 자신의 것임을 확인하는 진술을 통하여 인정된다.

(자) 실질적 진정성립   정보저장매체의 경우 실질적 진정성립은 정보저장매체에 기록·저장된 진술내용이 진술자가 진술한 대로 기재되었다는 확인진술을 말한다.[1]. 정보저장매체가 '성립의 진정'을 인정받으려면 형식적 진정성립과 실질적 진정성립이 각각 증명되어야 한다. 형식적 진정성립으로부터 실질적 진정성립을 추정하는 것은 허용되지 않는다.[2]

(차) 법정 진술의 원칙   진술을 기재한 정보저장매체가 진정성립을 인정받으려면 원칙적으로 원진술자가 공판준비 또는 공판기일에 출석하여 해당 정보저장매체에 대해 직접 성립의 진정에 관한 진술을 해야 한다. 공판준비기일 또는 공판기일에는 법관으로 구성된 재판부가 절차를 진행한다. 따라서 원진술자는 법정에서 법관이 보고 듣는 가운데 성립의 진정을 인

---

1) 2013. 3. 14. 2011도8325, 공 2013상, 699, 『고용유지지원금 사기 사건』 참조.
2) 2004. 12. 16. 2002도537 전원합의체 판결, 공 2005, 173, 『후유장해진단서 사건』.

정하지 않으면 안 된다(법313① 본문).

(10) 정보저장매체와 제313조 제2항의 대체적 증명방법

(가) 제2항 본문의 내용   입법자는 2016년 형소법 제313조 제2항의 신설을 통해 진정성립에 대한 대체적 증명방법을 허용하였다. 형사소송법 제313조 제2항 본문은 "제1항 본문에도 불구하고 [정보저장매체]의 작성자가 공판준비나 공판기일에서 그 성립의 진정을 부인하는 경우에는 과학적 분석결과에 기초한 디지털포렌식 자료, 감정 등 객관적 방법으로 성립의 진정함이 증명되는 때에는 증거로 할 수 있다."고 규정하고 있다. 형소법 제313조 제2항 본문의 내용은 다음과 같이 정리할 수 있다.

첫째로, 진정성립의 인정은 형소법 제313조 제1항 본문이 규정하고 있는 방법, 즉 정보저장매체의 작성자 또는 진술자가 법관의 면전에서 구두로 진정성립을 인정하는 방법으로 하는 것이 원칙이다.

둘째로, 작성자 또는 진술자(이상 진술주체 또는 원진술자)가 공판준비 또는 공판기일에 그 성립의 진정을 부인하는 경우에 보충적으로 대체적 증명이 허용된다. 형소법 제313조 제2항 본문은 '[정보저장매체]의 작성자'가 진정성립을 부정하는 경우만을 언급하고 있으나, 제1항과의 관계에 비추어 볼 때 '진술내용을 기록·저장한 정보저장매체의 진술자'가 진정성립을 부정하는 경우까지 포함한다는 점은 분명하다.

셋째로, 원진술자의 구두진술에 의한 진정성립을 대체하는 방법은 과학적 분석결과에 기초한 디지털포렌식 자료, 감정 등 객관적인 방법이어야 한다. 진술내용이 기록·저장된 정보저장매체의 경우에는 과학적 분석결과에 기초한 디지털포렌식 자료와 같은 객관적인 방법에 의하여 진정성립을 인정할 수 있다. 여기에 해당하는 예로는 정보저장매체의 사용자 및 소유자, 로그기록 등 정보저장매체에 남은 흔적, 초안 문서의 존재, 작성자만의 암호 사용 여부, 전자서명의 유무 등을 들 수 있다.

(나) 제2항 단서의 내용   형소법 제313조 제2항 단서는 "다만, 피고인 아닌 자가 작성한 [정보저장매체]는 피고인 또는 변호인이 공판준비 또는 공판기일에 그 기재 내용에 관하여 작성자를 신문할 수 있었을 것을 요한다."고 규정하고 있다.

입법자는 형소법 제313조 제2항의 본문에서 진정성립의 대체적 증명방법을 허용하면서 동시에 단서를 통해 피고인 측에게 반대신문권을 보장함으로써 균형을 도모하였다. 즉, 피고인 아닌 자가 작성한 정보저장매체는 피고인 또는 변호인이 공판준비 또는 공판기일에 그 기록·저장된 내용에 관하여 작성자를 신문할 수 있었을 것을 요한다.

형소법 제313조 제2항 단서는 '피고인 아닌 자가 작성한 [정보저장매체]'라는 표현을 사용하고 있다. 그러나 형소법 제313조 제1항과의 관계에 비추어 볼 때 '피고인 아닌 자의 진술내용을 저장한 [정보저장매체]'의 경우에도 피고인 측에게 반대신문권이 보장되어야 함은 물론이다.

피고인 측의 반대신문권 보장은 피고인 측이 원진술자를 반드시 신문해야 한다는 의미는 아니다. 피고인 측에게 반대신문의 기회를 제공하는 것으로 족하다. 형소법 제313조 제2항 단서는 반대신문권을 규정하면서 '피고인이 작성한 정보저장매체' 또는 '피고인의 진술을 기재한 정보저장매체'를 규율대상에 포함하고 있지 않다. 피고인이 자신이 행한 진술에 대해 반대신문권을 행사한다는 것은 논리모순이기 때문이다.

(11) 정보저장매체와 제313조 제1항 단서

(가) 규율범위   형사소송법 제313조는 진술을 기록·저장한 정보저장매체를 규율대상에 포함하고 있다. 정보저장매체의 경우를 보면, (가) 피고인이 작성한 정보저장매체, (나) 제삼자가 피고인의 진술내용을 기록·저장한 정보저장매체, (다) 피고인 아닌 자가 작성한 정보저장매체, (라) 제삼자가 피고인 아닌 자의 진술내용을 기록·저장한 정보저장매체로 나누어진다. 형사소송법 제313조 제1항 단서는 위의 여러 가지 형태 가운데 (나)의 제삼자가 '피고인의 진술내용을 기재한 정보저장매체'에 대해 특칙을 인정하고 있다.

(나) 객체의 성질   형사소송법 제313조 제1항 단서는 "단, 피고인의 진술을 기재한 [정보저장매체]는 공판준비 또는 공판기일에서의 그 작성자의 진술에 의하여 그 성립의 진정함이 증명되고 그 진술이 특히 신빙할 수 있는 상태하에서 행하여진 때에 한하여 피고인의 공판준비 또는 공판기일에서의 진술에 불구하고 증거로 할 수 있다."고 규정하고 있다.

형소법 제313조 제1항 본문과 대비해 볼 때 '피고인의 진술내용을 기록·저장한 정보저장매체'는 '피고인이 작성한 정보저장매체'와 구별된다. '피고인이 작성한 정보저장매체'는 진술주체인 피고인이 스스로 진술을 기록·저장한 것이다. 이에 대해 '피고인의 진술내용을 기록·저장한 정보저장매체'는 진술주체인 피고인의 진술을 제삼자인 진술기재자가 기록·저장한 것이다.

'피고인의 진술내용을 기록·저장한 정보저장매체'는 피고인의 진술을 제삼자가 듣고(일차 전문), 제삼자가 그 진술내용을 정보저장매체에 기록·저장한다(이차 전문)는 점에서 이중전문(二重傳聞)의 구조를 가진다.

(다) 제1항 단서의 취지   형소법 제313조 제1항 본문에 의할 때 '피고인의 진술내용을 기록·저장한 정보저장매체'가 증거능력을 인정받으려면 원칙적으로 진술주체인 피고인이 법관 면전에서 해당 정보저장매체에 대해 형식적 진정성립과 실질적 진정성립을 인정하여야 한

다. 여기에는 형소법 제313조 제2항에 의하여 도입된 대체적 증명방법도 포함된다.

그런데 '피고인의 진술내용을 기록·저장한 정보저장매체'에 대해 진정성립을 인정하기 어려운 경우가 있다. 예컨대 (가) (ㄱ) 피고인이 형식적 진정성립이나 실질적 진정성립을 부정하거나, (ㄴ) 피고인이 아예 진술을 거부하는 상황에서 (나) 대체적 증명방법마저 존재하지 않으면 당해 '피고인의 진술내용을 기록·저장한 정보저장매체'는 증거능력을 상실하게 된다.

앞에서 설명한 입법경위에서 알 수 있는 것처럼, 형소법 제313조 제1항 단서의 말미에서 규정하고 있는바, '피고인의 공판준비 또는 공판기일에서의 진술에 불구하고'라는 표현은 '피고인이 법관 면전에서 형식적 진정성립 또는 실질적 진정성립을 부인하는 진술에 불구하고'라는 의미로 이해된다.

(라) 제1항 단서의 작성자   '피고인의 진술내용을 기록·저장한 정보저장매체'에 대해 전문법칙의 예외를 허용하기 위하여 우리 입법자는 형소법 제313조 제1항 단서에서 두 가지 요건을 설정하고 있다. 하나는 공판준비기일 또는 공판기일에 그 작성자의 진술에 의하여 그 성립의 진정함이 증명되어야 하는 것이고, 다른 하나는 그 진술이 특히 신빙할 수 있는 상태 하에서 행하여졌다는 것이다.

위의 두 가지 요건 가운데 첫 번째의 '공판준비 또는 공판기일에 그 작성자의 진술에 의하여 그 성립의 진정함이 증명된다' 함은 '피고인의 진술내용을 기록·저장한 정보저장매체'의 실제 작성자에 의하여 성립의 진정이 증명되어야 한다는 의미이다. 즉 형소법 제313조 제1항 단서의 작성자는 제313조 제1항 본문의 '작성자'와 달리 '피고인의 진술내용을 기록·저장한 정보저장매체'의 진술기재자를 가리킨다.

(마) 판례의 사례   판례 또한 형소법 제313조 제1항 단서의 '작성자'를 '피고인의 진술내용을 기록·저장한 정보저장매체'의 실제 작성자(진술기재자)로 새기고 있다. 단서의 '작성자'가 문제되는 사안으로 사인간의 대화를 녹음한 녹음테이프에 관한 판례가 있다.

이 판례는 공무원의 공갈행위가 문제된 사안을 토대로 하고 있다. 인허가 권한을 가지고 있는 공무원이 인허가권을 빌미로 사업자에게 일정한 경제적 양보를 강요하였다. 그러자 사업자는 이 공무원의 발언을 몰래 녹음하였다. 이후 해당 공무원은 「특정경제범죄 가중처벌 등에 관한 법률」 위반죄(공갈)로 기소되었고, 사업자가 녹음한 녹음테이프의 사본이 증거로 제출되어 그 증거능력이 문제되었다.

이에 대해 대법원은 다음과 같이 판단하였다. 녹음테이프에 녹음된 피고인의 진술 내용을 증거로 사용하기 위해서는 형소법 제313조 제1항 단서에 따라 (가) 공판준비 또는 공판기일에서 그 작성자인 상대방(사업자)의 진술에 의하여 녹음테이프에 녹음된 피고인(공무원)의 진술 내용이 피고인이 진술한 대로 녹음된 것임이 증명되고, (나) 나아가 그(공무원) 진술이 특히 신

빙할 수 있는 상태하에서 행하여진 것임이 인정되어야 한다.[1]

(바) 제1항 단서의 '그 진술'　　'피고인의 진술내용을 기록·저장한 정보저장매체'가 형소법 제313조 제1항 단서에 의하여 증거능력을 인정받으려면 정보저장매체의 실제 작성자(진술기재자)에 의한 진정성립의 인정 이외에 '그 진술'이 특히 신빙할 수 있는 상태하에서 행하여진 것이어야 한다.

전문법칙과의 관계에서 볼 때 형소법 제313조 제1항 단서의 '그 진술'은 '피고인의 진술내용을 기록·저장한 정보저장매체'의 실제 작성자(진술기재자)의 진술이 아니라 원진술자(진술주체)인 피고인의 진술을 가리킨다.

(사) 특신상태　　형소법 제313조 제1항 단서의 특신상태는 제삼자가 피고인의 진술내용을 정보저장매체에 기록·저장할 때 (가) 원진술자인 피고인의 진술내용에 허위개입의 여지가 거의 없고, (나) 그 진술내용의 신빙성이나 임의성을 담보할 구체적이고 외부적인 정황이 있는 경우를 가리킨다.

(12) 제313조 제3항

(가) 입법취지　　형소법 제313조 제3항은 "감정의 경과와 결과를 기재한 서류도 제1항 및 제2항과 같다."고 규정하고 있다. 이 경우 '서류'에는 정보저장매체도 포함된다(법313①본문). 1954년 제정형사소송법에는 감정서에 관한 규정이 없었으나 1961년 형소법 개정시에 형소법 제313조 제2항으로 신설되었고, 2016년 형소법 개정시에 형소법 제313조 제3항으로 위치가 변경되었다.

'감정의 경과와 결과를 기재한다'는 것은 감정인이 전문지식에 기하여 경험한 바를 서면에 기재하거나 정보저장매체에 기록·저장하는 것이다. 경험한 바를 외부에 전달하는 표현이 진술이다. 따라서 감정의 경과와 결과를 기재한 서류나 정보저장매체도 진술증거로서 전문증거에 해당한다.

그런데 '감정의 경과와 결과를 기재한 서류나 정보저장매체'는 원진술자가 자신이 경험한 바를 서면으로 기재하거나 저장매체에 이를 기록·저장하여 직접 법원에 보고하는 서류 또는 정보저장매체이다. 그러므로 원진술자의 진술을 제삼자가 법원에 간접적으로 보고하는 전형적인 전문진술과 구별된다. 이 점에서 형소법 제312조 제3항은 전문법칙의 예외가 아니라 실질적 직접심리주의의 예외를 이룬다.

(나) 증거능력의 요건　　형사소송법 제313조 제3항에서 규정하고 있는 '제1항 및 제2항

---

1) 2012. 9. 13. 2012도7461, 공 2012하, 1715, 『구청장 조정 압력 사건』.

과 같다'는 표현의 의미는 형사소송법 제313조 제1항 본문 및 제2항을 적용하여 감정의 경과
와 결과를 기재한 서류 또는 정보저장매체의 증거능력을 결정한다는 뜻이다.

감정의 경과와 결과를 기재한 서류 또는 정보저장매체는 피고인 이외의 자가 작성한 것으
로 피고인의 진술을 기재한 것이 아니다. 이 때문에 형사소송법 제313조 제1항 단서가 적용
될 여지는 없다.

감정의 경과와 결과를 기재한 서류는 (가) 감정인의 자필이거나 서명 또는 날인이 있어야
하고, (나) 공판준비 또는 공판기일에 감정인의 진술에 의하여 그 성립의 진정함이 증명되어
야 증거능력이 인정된다.[1] 여기에서 성립의 진정은 형식적 진정성립과 실질적 진정성립을 모
두 포함한다.

감정의 경과와 결과를 기록·저장한 정보저장매체는 (가) 감정인의 자필이거나 서명 또는
날인에 준하는 직접성 확인의 장치(확인진술, 음성, 용모 등)가 있어야 하고, (나) 공판준비 또는
공판기일에 감정인의 진술에 의하여 그 성립의 진정함이 증명되어야 증거능력이 인정된다.

(다) 적용범위　　감정의 경과와 결과를 기재한 서류 또는 정보저장매체는 일차적으로
법원의 명령에 의하여 감정인이 제출하는 감정서(법171)를 가리킨다. 법원 또는 법관의 감정
명령에 의하는 경우에는 선서와 허위감정죄(형법154)의 경고에 의하여(법170) 그 기재내용에
대한 신용성의 정황적 보장이 인정된다.

다음으로, 수사기관에 의하여 감정을 촉탁받은 자(수탁감정인)가 작성한 감정서도 형사소
송법 제313조 제3항에 의하여 증거능력 유무가 결정된다고 본다. 형사소송법은 수사기관의
촉탁에 의한 감정도 법원의 명에 의한 감정에 준하는 것으로 취급하고 있기 때문이다(법221의
3, 221의4 참조).

사인이 의뢰하여 의사가 작성한 진단서는 법원의 명이나 수사기관의 촉탁에 의한 경우와
같은 정도로 신용성의 정황적 보장을 갖추고 있지 못하므로 일단 형소법 제313조 제3항의 적
용대상이 되지 않는다. 사인인 의사의 진단서는 일반적인 진술서면으로서 형소법 제313조 제
1항에 따라 증거능력 유무를 결정해야 한다.[2]

그러나 형소법 제313조 제3항이 적용되는 감정관계 서류나 정보저장매체도 결국 형소법
제313조 제1항 본문의 기준에 따라야 하기 때문에 제1항 적용과 제3항 적용 사이에는 별다른
차이가 발생하지 않는다. 사인인 의사가 작성한 진단서는 증거동의(법318①)가 없는 한 원진
술자인 의사가 공판준비기일 또는 공판기일에 출석하여 성립의 진정을 인정해야만 그 증거능
력이 인정된다.

1) 2011. 5. 26. 2011도1902, 공 2011하, 1352, 『방호벽 2차 충돌 사건』.
2) 1960. 9. 14. 4293형상247, 판례총람 형소 313조 1번, 『진단서 형소 315조 주장 사건』.

4. 제314조에 의한 예외

(1) 입법취지와 적용범위

(가) 조문의 개정   형소법 제314조는 "제312조 또는 제313조의 경우에 공판준비 또는 공판기일에 진술을 요하는 자가 사망·질병·외국거주·소재불명 그 밖에 이에 준하는 사유로 인하여 진술을 할 수 없는 때에는 그 조서 및 그 밖의 서류(피고인 또는 피고인 아닌 자가 작성하였거나 진술한 내용이 포함된 문자·사진·영상 등의 정보로서 컴퓨터용디스크, 그 밖에 이와 비슷한 정보저장매체에 저장된 것을 포함한다)를 증거로 할 수 있다. 다만, 그 진술 또는 작성이 특히 신빙할 수 있는 상태하에서 행하여졌음이 증명된 때에 한한다."고 규정하고 있다.

2016년 형소법 일부개정에 의하여 형소법 제314조의 적용대상에 문자·사진·영상 등의 정보로서 컴퓨터용디스크, 그 밖에 이와 비슷한 정보저장매체에 저장된 것이 포함되었다. 형소법 제313조의 개정에 발맞춘 적용대상의 확대이다.

형소법 제314조는 형소법 제312조에 규정된 각종 조서나 형소법 제313조에 규정된 각종 서류 및 정보저장매체가 원진술자의 진술불능으로 인하여 진정성립의 요건을 구비할 수 없는 경우에 대비하여 마련된 보충적 규정이다.

(나) 이중의 예외   형사소송법은 헌법이 요구하는 적법절차의 원칙을 형사절차에서 구현하기 위하여 사건의 실체에 대한 심증 형성은 법관의 면전에서 본래 증거에 대한 반대신문이 보장된 증거조사를 통하여 이루어져야 한다는 실질적 직접심리주의와 전문법칙을 기본원리로 채택하고 있다.[1]

형사소송법은 제312조에서 수사기관이 작성한 피의자신문조서나 참고인진술조서 등의 서면증거를, 제313조에서 그 밖의 진술서나 진술을 기재한 서류 또는 이에 준하는 정보저장매체를 규율대상으로 규정하면서, 피고인 또는 변호인의 반대신문권이 보장되는 등 엄격한 요건이 충족될 경우에 한하여 증거능력을 인정하고 있다. 형소법 제312조 및 제313조는 실질적 직접심리주의와 전문법칙의 기본원칙에 대한 예외를 인정한 것이다.[2]

형사소송법 제314조가 참고인의 소재불명 등의 경우에 그 참고인이 진술하거나 작성한 진술조서나 진술서 또는 이에 준하는 정보저장매체에 대하여 증거능력을 인정하는 것은 형소법 제312조 및 제313조가 예외를 인정한 데 대하여 다시 중대한 예외를 인정하는 것이다.[3]

---

1) 2014. 8. 26. 2011도6035, 공 2014하, 1936, 『방광암 말기 환자 사건』.
2) 2024. 4. 12. 2023도13406, 공 2024상, 810, 『14년 전 특수강간 공범 유서 사건』.
3) 2014. 2. 21. 2013도12652, 공 2014상, 785, 『모텔방 112 신고 사건』.

거듭된 예외라는 점에 비추어 볼 때 형소법 제314조에 의한 증거능력의 판단에는 특별히 신중을 기하여야 한다.

(다) 피고인 아닌 자의 원진술　　형소법 제314조는 피고인 아닌 자가 원진술자인 경우로서 원진술자가 진술불능인 때에 적용되는 조문이다. 피고인이 원진술자인 진술서면이나 정보저장매체의 경우에는 피고인이 원칙적으로 법정에 출석하게 되므로(법275③, 276) 형소법 제314조는 처음부터 적용될 여지가 없다.

한편 피고인의 출정 없이 증거조사를 할 수 있는 경우에 피고인이 출정하지 아니한 때에는 피고인의 증거동의가 있는 것으로 간주된다(법318②). 이 경우에는 형소법 제318조 제1항에 따라 해당 서류나 정보저장매체의 증거능력이 인정되므로 형소법 제314조가 적용될 여지가 없다. 결국 형소법 제314조는 '피고인 아닌 자의 진술'을 원진술로 하는 진술서면이나 정보저장매체를 적용대상으로 하게 된다.

공동피의자에 대한 사경작성 피의자신문조서에 대해서는 위법수사를 방지하려는 형소법 제312조 제3항이 우선 적용되며, 형소법 제314조의 적용은 배제된다.[1] 검사작성 피의자신문조서에 대해서도 내용인정의 요건이 도입된 2022년 1월 1일부터 형소법 제312조 제1항이 형소법 제314조에 우선하여 적용된다.[2]

(라) 외국수사기관 작성의 서류　　형소법 제314조는 형소법 제312조에 의하여 증거능력을 인정받지 못하는 수사서류를 예외적으로 활용하기 위한 규정으로 작용할 수 있다. 예외적으로 증거능력을 부여해야 할 필요성은 국내 수사기관 작성의 서류와 외국 수사기관 작성의 서류 사이에 차이가 없다. 형소법 제314조가 규정하고 있는 '제312조 또는 제313조의 경우'에는 외국의 권한 있는 수사기관 등이 작성한 조서나 서류 또는 정보저장매체도 포함된다.[3]

(마) 재전문진술서면　　형소법 제314조는 단순한 전문의 형태를 취하는 경우에 한하여 예외적으로 그 증거능력을 인정하고 있다. 재전문진술을 기재한 조서나 서류 또는 정보저장매체에 대하여는 달리 그 증거능력을 인정하는 규정이 마련되어 있지 않다. 그러므로 피고인이 증거로 하는 데 동의하지 아니하는 한 재전문진술을 기재한 조서나 서류 또는 정보저장매체는 형소법 제310조의2에 의하여 이를 증거로 할 수 없다.[4]

---

1) 2004. 7. 15. 2003도7185, 공 2004, 1393, 『허위 매출전표 자금융통 사건』.
2) 전술 749면 참조.
3) 1997. 7. 25. 97도1351, 공 1997, 2772, 『미국검사 녹취서 사건』 참조.
4) 2004. 3. 11. 2003도171, 공 2004, 664, 『사기죄 전문증거 사건』.

(2) 진술불능의 요건

형사소송법 제314조가 증거능력 부여의 요건으로 설정하고 있는 것은 원진술자의 진술불능과 특신상태의 두 가지이다.

(가) 진술불능의 의의   형사소송법 제314조에 의하여 증거능력이 인정되려면 먼저 공판준비 또는 공판기일에 진술을 요하는 자가 사망·질병·외국거주·소재불명 그 밖에 이에 준하는 사유로 인하여 진술을 할 수 없어야 한다. 즉, 가능하고 상당한 수단을 다하더라도 진술을 요하는 자를 법정에 출석하게 할 수 없는 사정이 있는 때가 여기에 해당한다.[1] 진술불능은 전문법칙의 예외사유 가운데 증거사용의 필요성 요건을 구체화한 것이다.

(나) 질 병   질병은 공판이 계속되는 기간 동안 임상신문이나 출장신문도 불가능할 정도의 중병임을 요한다.[2]

(다) 소재불명   소재불명은 소환장이 주소불명 등으로 송달불능이 되어 소재탐지촉탁까지 하여 소재수사를 하였어도 진술을 요하는 자의 소재를 확인할 수 없는 경우를 가리킨다.[3]

(라) 외국거주   '외국거주'는 진술을 해야 할 사람이 단순히 외국에 있다는 것만으로는 부족하고, 가능하고 상당한 수단을 다하더라도 그 사람을 법정에 출석하게 할 수 없는 사정이 있어야 예외적으로 그 요건이 충족될 수 있다.[4]

진술을 요하는 자가 외국에 거주하고 있어 공판정 출석을 거부하면서 공판정에 출석할 수 없는 사정을 밝히고 있는 경우가 있다. 그러한 경우라고 하더라도 증언 자체를 거부하는 의사가 분명한 경우가 아닌 한, 거주하는 외국의 주소나 연락처 등이 파악되고, 해당 국가와 대한민국 간에 국제형사사법공조조약이 체결된 상태라면 우선 사법공조의 절차에 의하여 증인을 소환할 수 있는지 여부를 검토해 보아야 한다. 증인을 소환을 할 수 없는 경우에는 외국의 법원에 사법공조로 증인신문을 실시하도록 요청하는 등의 절차를 거쳐야 한다. 이러한 절차를 전혀 시도해 보지도 않는 것은 가능하고 상당한 수단을 다하더라도 그 진술을 요하는 자를 법정에 출석하게 할 수 없는 사정이 있는 때에 해당한다고 보기 어렵다.[5]

외국거주의 요건이 충족되었는지는 통상적으로 소재의 확인, 소환장의 발송과 같은 절차를 거쳐서 확정된다. 그렇지만 항상 그러한 절차를 거쳐야만 되는 것은 아니다. 경우에 따라

---

1) 2016. 2. 18. 2015도17115, 공 2016상, 495, 『호주 임시체류 비자 사건』.
2) 2006. 5. 25. 2004도3619, 공 2006, 1202, 『확신하는 정신과의사 사건』.
3) 2004. 3. 11. 2003도171, 공 2004, 664, 『사기죄 전문증거 사건』.
4) 2013. 7. 26. 2013도2511, 공 2013하, 1659, 『북한공작원 동영상 촬영 사건』.
5) 2016. 2. 18. 2015도17115, 공 2016상, 495, 『호주 임시체류 비자 사건』.

서는 그러한 절차를 거치지 않더라도 법원이 그 사람을 법정에서 신문하는 것을 기대하기 어려운 사정이 있다고 인정할 수 있다면 외국거주의 요건은 충족된다.[1]

진술을 요하는 자가 피고사건의 공동정범에 해당한다면 법원으로부터 소환장을 송달받는다고 하더라도 법정에 증인으로 출석할 것을 기대하기 어렵다. 이러한 경우에 법원이 그의 소재 확인, 소환장 발송 등의 조치를 다하지 않았다고 하더라도 '외국거주' 요건은 충족되었다고 할 수 있다.[2]

(마) 진술거부   원진술자의 진술불능에는 원진술자가 공판준비기일 또는 공판기일에 법관의 면전에 출두할 수 없는 경우뿐만 아니라 출석한 후에 진술을 하지 않는 경우도 포함된다. 원진술자가 공판정에서 진술을 한 경우라 할지라도 증인신문 당시 일정한 사항에 관하여 기억이 나지 않는다는 취지로 진술하여 그 진술의 일부가 재현 불가능하게 된 경우는 진술불능에 포함된다.[3]

(바) 증언거부권   종래 판례는 법정에 출석한 증인이 증언거부권을 행사하여 증언을 거부한 때도 진술불능에 해당한다고 보고 있었다.[4] 그러나 이후 판례는 법정에 출석한 증인이 형소법 제148조 및 제149조에 따라 정당하게 증언거부권을 행사하여 증언을 거부한 경우는 형소법 제314조의 '그 밖에 이에 준하는 사유로 인하여 진술할 수 없는 때'에 해당하지 않는다는 입장으로 전환하였다.[5] [6] 변호사 등 업무자와 의뢰인 사이의 특권을 사실상 인정한 것으로서 주목할 만한 입장변화라고 생각된다.

증인이 증언거부권을 행사하려면 거부사유를 소명해야 한다(법150). 증인이 거부사유를 소명하지 않고 선서를 거부하거나 증언을 거부하는 행위는 정당한 증언거부권의 행사라고 할 수 없다. 또한 증인에 대해 유죄판결이 확정된 경우에는 새로이 처벌받을 위험이 없으므로 공범에 대한 피고사건에서 증언을 거부할 수 없다.[7]

이와 같이 정당하게 증언거부권을 행사하는 것으로 볼 수 없는 상황에서 증인이 증언을 거부한 경우에 대해 형소법 제314조를 적용하여 종전의 조서나 서류·정보저장매체에 증거능력을 인정할 수 있을 것인지 문제된다.

이 문제에 대해 2019년 판례는 증인이 정당하게 증언거부권을 행사한 것으로 볼 수 없는

---

1) 2013. 7. 26. 2013도2511, 공 2013하, 1659, 『북한공작원 동영상 촬영 사건』.
2) 2016. 10. 13. 2016도8137, 공 2016하, 1727, 『카카오톡 서버 저장정보 사건』.
3) 2006. 4. 14. 2005도9561, 공 2006, 836, 『임상심리전문가 증언 사건』.
4) 1992. 8. 14. 92도1211, 공 1992, 2711, 『'새세대 16호' 사건』.
5) 2012. 5. 17. 2009도6788 전원합의체 판결, 공 2012하, 1155, 『법무법인 의견서 사건』.
6) 2013. 6. 13. 2012도16001, 공 2013하, 1276, 『선거운동원 출력문건 사건』.
7) 2011. 11. 24. 2011도11994, 공 2012상, 97, 『'재심청구 예정' 사건』.

경우에도, 피고인이 증인의 증언거부 상황을 초래하였다는 등의 특별한 사정이 없는 한, 정당하게 증언거부권을 행사하여 증언을 거부한 경우와 마찬가지로 형소법 제314조의 '그 밖에 이에 준하는 사유로 인하여 진술할 수 없는 때'에 해당하지 않는다는 입장을 천명하였다.[1]

판례는 그에 대한 주된 이유로, 증인이 정당하게 증언거부권을 행사한 경우와 증언거부권의 정당한 행사가 아닌 경우를 비교하면 양자 모두 피고인의 반대신문권이 보장되지 않는다는 점에서 차이가 없다는 점, 증인의 증언거부가 정당하게 증언거부권을 행사한 것인지 여부는 피고인과는 상관없는 증인의 영역에서 일어나는 문제라는 점, 피고인으로서는 증언거부권이 인정되는 증인이건 증언거부권이 인정되지 않는 증인이건 상관없이 형사소송법이 정한 반대신문권이 보장되어야 한다는 점 등을 지적하였다.

(3) 특신상태의 요건

형소법 제314조를 적용하기 위한 두 번째 요건은 특신상태이다. 형사소송법 제314조 단서에 규정된 '그 진술 또는 작성이 특히 신빙할 수 있는 상태하에서 행하여진 때'라 함은 (가) 그 진술내용이나 조서, 서류 또는 정보저장매체의 작성에 허위개입의 여지가 거의 없고, (나) 그 진술내용의 신용성이나 임의성을 담보할 구체적이고 외부적인 정황이 있는 경우를 가리킨다.[2]

형소법 제314조 단서는 '그 진술 또는 작성이 특히 신빙할 수 있는 상태하에서 행하여졌음이 증명된 때'라는 표현을 사용하고 있다. 여기에서 '그 진술'이란 요증사실을 증명할 수 있는 진술내용을 가리킨다. 그리고 '그 작성'이란 원진술자의 진술내용을 서면에 기재하거나 정보저장매체에 기록 · 저장하는 행위를 가리킨다. 결국 특신상태는 (ㄱ) 진술내용 자체에 대해서뿐만 아니라 (ㄴ) 진술내용이 서면에 기재되거나 정보저장매체에 기록 · 저장되는 과정에 대해서도 인정되어야 한다.

(4) 증거능력 요건의 증명

(가) 엄격해석의 필요성　　　직접주의와 전문법칙의 예외를 정한 형사소송법 제314조의 요건 충족 여부는 엄격히 심사하여야 한다. 형사소송법 제312조, 제313조는 진술조서 등에 대하여 피고인 또는 변호인의 반대신문권이 보장되는 등 엄격한 요건이 충족될 경우에 한하여 증거능력을 인정할 수 있도록 함으로써 직접심리주의 등 기본원칙에 대한 예외를 정하고 있다. 형사소송법 제314조는 원진술자 또는 작성자가 사망 · 질병 · 외국거주 · 소재불명 등의 사유

---

1) 2019. 11. 21. 2018도13945, 전원합의체 판결, 공 2020상, 127, 『거부사유 없는 증언거부 사건』.
2) 2006. 5. 25. 2004도3619, 공 2006, 1202, 『확신하는 정신과의사 사건』.

로 공판준비 또는 공판기일에 출석하여 진술할 수 없는 경우에 그 진술이 특히 신빙할 수 있는 상태하에서 행하여졌다는 점이 증명되면 원진술자 등에 대한 반대신문의 기회조차도 없이 증거능력을 부여할 수 있도록 함으로써 보다 중대한 예외를 인정한 것이므로, 그 요건을 더욱 엄격하게 해석·적용하여야 한다.[1]

(나) 진술불능사유의 증명　　전문증거의 증거능력을 갖추기 위한 요건에 관한 입증책임은 검사에게 있다. 그러므로 법원이 증인이 소재불명이거나 그 밖에 이에 준하는 사유로 인하여 진술할 수 없는 때에 해당한다고 인정할 수 있으려면, 증인의 법정 출석을 위한 가능하고도 충분한 노력을 다하였음에도 불구하고 부득이 증인의 법정 출석이 불가능하게 되었다는 사정을 검사가 입증하여야 한다.[2]

(다) 특신상태의 증명　　검사가 형소법 제314조를 통하여 공판준비기일 또는 공판기일 외에서의 진술을 유죄의 증거로 제출하는 경우 법원은 먼저 검사로 하여금 그 진술이 '특히 신빙할 수 있는 상태하에서 행하여진' 사정을 증명하도록 해야 하고, 이를 엄격히 심사하여 그 요건을 충족한 것으로 인정될 때에 비로소 증거조사의 대상으로 삼을 수 있다.[3]

형사소송법의 기본원칙인 실질적 직접심리주의와 전문법칙에 비추어 볼 때 형소법 제314조는 제312조 및 제313조에 의하여 인정된 예외에 대하여 또 다시 중대한 예외를 인정하여 원진술자 등에 대한 반대신문의 기회조차 없이 증거능력을 부여할 수 있도록 한 규정이다. 그러므로 형사소법 제314조에서 참고인 등의 진술 또는 작성이 '특히 신빙할 수 있는 상태하에서 행하여졌음에 대한 증명'은 단지 그러할 개연성이 있다는 정도로는 부족하고 합리적인 의심의 여지를 배제할 정도에 이르러야 한다.[4][5] 즉 법정에서의 반대신문 등을 통한 검증을 굳이 거치지 않더라도 진술의 신빙성을 충분히 담보할 수 있어 실질적 직접심리주의와 전문법칙에 대한 예외로 평가할 수 있는 정도에 이르러야 한다.[6]

(5) 성폭력처벌법상의 영상녹화물

「성폭력범죄의 처벌 등에 관한 특례법」(성폭력처벌법)은 수사기관으로 하여금 (가) 19세 미만인 피해자나 (나) 신체적인 또는 정신적인 장애로 사물을 변별하거나 의사를 결정할 능력이 미약한 피해자의 진술 내용과 조사 과정을 영상녹화장치로 녹화(녹음이 포함된 것을 말하며,

1) 2024. 4. 12. 2023도13406, 공 2024상, 810, 『14년 전 특수강간 공범 유서 사건』.
2) 2013. 4. 11. 2013도1435, 공 2013상, 908, 『여종업원 귀걸이 사건』.
3) 2011. 11. 10. 2010도12, [미간행], 『필로폰 구매자 소재불명 사건』.
4) 2014. 2. 21. 2013도12652, 공 2014상, 785, 『모텔방 112 신고 사건』.
5) 2017. 7. 18. 2015도12981, 공 2017하, 1750, 『대구 여대생 성폭행 사망 사건』.
6) 2024. 4. 12. 2023도13406, 공 2024상, 810, 『14년 전 특수강간 공범 유서 사건』.

이하 '영상녹화'라 한다)하고, 그 영상녹화물을 보존하도록 규정하고 있다(동법30①).

이 경우 녹화·보존된 영상녹화물은 (가) 19세 미만인 피해자나 (나) 신체적인 또는 정신적인 장애로 사물을 변별하거나 의사를 결정할 능력이 미약한 피해자가 사망, 외국 거주, 신체적, 정신적 질병·장애, 소재불명, 그 밖에 이에 준하는 경우의 어느 하나에 해당하는 사유로 공판준비기일 또는 공판기일에 출석하여 진술할 수 없는 경우에 증거로 할 수 있다. 다만, 영상녹화된 진술 및 영상녹화가 특별히 신빙(信憑)할 수 있는 상태에서 이루어졌음이 증명된 경우로 한정한다(성폭력처벌법30의2① ii).

판례는 수사기관이 참고인을 조사하는 과정에서 형사소송법 제221조 제1항에 따라 작성한 영상녹화물은, 다른 법률에서 달리 규정하고 있는 등의 특별한 사정이 없는 한, 공소사실을 직접 증명할 수 있는 독립적인 증거로 사용될 수는 없다는 입장을 취하고 있다.[1] 이 경우 참고인에는 피해자도 포함된다. 성폭력처벌법 제30조의2 제1항은 판례가 규정한 '다른 법률에서 달리 규정하고 있는 등의 특별한 사정'에 해당하는 것으로 주목된다. 성폭력처벌법 제30조의2는 「아동학대범죄의 처벌 등에 관한 특례법」의 준용규정에 의하여 아동학대범죄의 조사·심리에 관하여 준용된다(동법17①).[2]

5. 제315조에 의한 예외

형사소송법 제315조는 일정한 서류에 대하여 별도의 요건 없이 증거능력을 인정하고 있다. 형소법 제315조에 열거된 서류들은 신용성의 정황적 보장이 고도로 인정되므로 진정성립을 증명하기 위한 원진술자의 법정진술이나 별도의 특신상태 요건이 갖추어지지 않더라도 당연히 증거능력이 인정되고 있다.

(1) 공무원 등이 작성한 직무상 증명문서

가족관계기록사항에 관한 증명서, 공정증서등본 기타 공무원 또는 외국공무원이 직무상 증명할 수 있는 사항에 관하여 작성한 문서는 당연히 증거능력이 있다(법315 i). 이러한 서류들은 공권적 증명문서로서 고도의 신용성이 보장될 뿐만 아니라, 문서의 원본을 제출하거나 공무원을 공판정에서 원진술자로 신문하여 진정성립을 증명하는 것이 공무수행상 상당한 부담을 가져오기 때문에 이를 경감해야 할 공익적 필요성이 있다.

공무원 등이 직무상 증명할 수 있는 사항에 관하여 작성한 문서는 등기부등·초본, 주민

---

1) 2014. 7. 10. 2012도5041, 공 2014하, 1624, 『존속살해방조 참고인 사건』.
2) 전술 548면 참조.

등록등·초본, 인감증명, 전과조회회보, 신원증명서, 시가감정서 등 그 예가 많다.[1] 군의관이 작성한 진단서도 공무원이 직무상 증명할 수 있는 사항에 관하여 작성한 문서에 해당한다.[2] 법원의 판결서사본은 직무상 증명에 관한 문서이다.

영사가 공무를 수행하는 과정에서 작성한 증명서는 그 목적이 공적인 증명에 있다기보다 상급자 등에 대한 보고에 있는 것으로서 엄격한 증빙서류를 바탕으로 하여 작성된 것이라고 할 수 없으므로 직무상 증명할 수 있는 사항에 관하여 작성한 문서라고 볼 수 없다.[3]

(2) 업무상 필요로 작성한 통상문서

(가)의 의   상업장부, 항해일지 기타 업무상 필요로 작성한 통상문서는 당연히 증거능력이 있다(법315ii). 일상의 업무과정에서 통상적으로 작성되는 문서를 가리켜서 업무상 통상문서라고 한다.

업무상 통상문서는 상업장부나 항해일지, 진료일지 또는 이와 유사한 금전출납부 등과 같이 범죄사실의 인정 여부와는 관계없이 자기에게 맡겨진 사무를 처리한 내역을 그때그때 계속적·기계적으로 기재한 문서이다.[4] 업무상 통상문서는 사무처리 내역을 증명하기 위하여 존재하는 문서로서 그 존재 자체 및 기재가 그러한 내용의 사무가 처리되었는지 여부를 판단할 수 있는 별개의 독립된 증거자료가 된다.[5]

업무상 통상문서는 업무의 기계적 반복성으로 인하여 허위가 개입될 여지가 적고, 또 문서의 성질에 비추어 고도의 신용성이 인정되어 반대신문의 필요가 없거나, 작성자를 소환해도 서면제출 이상의 의미가 없는 것들에 해당하기 때문에 당연히 증거능력이 인정된다.[6]

(나)형 태   사인의 진술서면에 대해 증거능력 요건을 규정한 형소법 제313조 제1항과의 관계에서 볼 때, 어느 문서에 업무상 통상문서로서 증거능력이 인정되려면 그 문서가 업무상 통상적으로 작성·비치되는 것이어야 한다.

업무의 계속성·반복성이라는 관점에서 볼 때 전표, 전산자료 등은 물론 수기수첩[7]도 업무상 통상문서에 해당한다. 의사가 작성한 진료일지는 업무상 통상문서에 속한다.[8]

---

1) 1985. 4. 9. 85도225, 공 1985, 768, 『외제차 감정서 사건』.
2) 1972. 6. 13. 72도922, 집 33-1, 형586, 『상관폭행 진단서 사건』.
3) 2007. 12. 13. 2007도7257, 공 2008상, 80, 『'일심회' 국가보안법 위반 사건』.
4) 2015. 7. 16. 2015도2625 전원합의체 판결, 공 2015하, 1308, 『심리전단 트위터 사건』.
5) 1996. 10. 17. 94도2865 전원합의체 판결, 공 1996, 3267, 『수기수첩 사건』.
6) 2015. 7. 16. 2015도2625 전원합의체 판결, 공 2015하, 1308, 『심리전단 트위터 사건』.
7) 1996. 10. 17. 94도2865 전원합의체 판결, 공 1996, 3267, 『수기수첩 사건』.
8) 2015. 7. 16. 2015도2625 전원합의체 판결, 공 2015하, 1308, 『심리전단 트위터 사건』.

그러나 사인인 의사가 작성한 진단서는 업무상 통상문서라고 볼 수 없다.[1]

경찰관이 작성하는 체포·구속인접견부는 유치된 피의자가 죄증을 인멸하거나 도주를 기도하는 등 유치장의 안전과 질서를 위태롭게 하는 것을 방지하기 위한 목적으로 작성되는 서류로 보일 뿐이어서 형사소송법 제315조 제2호 또는 제3호에 규정된 당연히 증거능력이 있는 서류로 볼 수 없다.[2]

업무의 계속성·반복성은 실질적 관점에서 판단한다. 성매매 여성들이 성매매를 업으로 하면서 영업에 참고하기 위하여 성매매를 전후하여 상대 남성의 아이디와 전화번호 및 성매매방법 등을 메모지에 적어두었다가 입력한 메모리카드에 기재된 내용은 영업상 필요로 작성된 통상문서로서 그 자체가 당연히 증거능력 있는 문서에 해당한다.[3]

(다) 판단기준   어느 문서가 업무상 통상문서에 해당하는지를 구체적으로 판단함에 있어서는 당해 문서가 정규적·규칙적으로 이루어지는 업무활동으로부터 나온 것인지 여부, 당해 문서를 작성하는 것이 일상적인 업무 관행 또는 직무상 강제되는 것인지 여부, 당해 문서에 기재된 정보가 그 취득된 즉시 또는 그 직후에 이루어져 정확성이 보장될 수 있는 것인지 여부, 당해 문서의 기록이 비교적 기계적으로 행하여지는 것이어서 그 기록 과정에 기록자의 주관적 개입의 여지가 거의 없다고 볼 수 있는지 여부, 당해 문서가 공시성이 있는 등으로 사후적으로 내용의 정확성을 확인·검증할 기회가 있어 신용성이 담보되어 있는지 여부 등을 종합적으로 고려해야 한다.[4]

(3) 기타 특히 신용할 만한 정황에 의하여 작성된 문서

(가) 의 의   형소법 제315조 제3호는 '기타 특히 신용할 만한 정황에 의하여 작성된 문서'에 대하여 증거능력을 인정하고 있다. 여기에서 '기타 특히 신용할 만한 정황에 의하여 작성된 문서'란 형소법 제315조 제1호와 제2호에서 열거된 공권적 증명문서 및 업무상 통상문서에 준하여 '굳이 반대신문의 기회 부여 여부가 문제되지 않을 정도로 고도의 신용성의 정황적 보장이 있는 문서'를 의미한다.[5][6] 여기에 해당하는 문서의 예로는 공공기록, 역서(曆書), 정기간행물상의 시장가격표, 스포츠기록, 공무소 작성의 각종 통계와 연감 등을 들 수 있다.

---

1) 1969. 3. 31. 69도179, 총람 315조, 6번, 『진단서 부동의 사건』.
2) 2012. 10. 25. 2011도5459, [미간행], 『성폭행 부인진술 탄핵 사건』.
3) 2007. 7. 26. 2007도3219, 공 2007, 1418, 『성매매 메모리카드 사건』.
4) 2015. 7. 16. 2015도2625 전원합의체 판결, 공 2015하, 1308, 『심리전단 트위터 사건』.
5) 2013. 10. 24. 2011헌바79, 헌집 25-2하, 141, 『형소법 315조 3호 헌법소원 사건』.
6) 2017. 12. 5. 2017도12671, 공 2018상, 139, 『건강보험심사평가원 입원진료 의견서 사건』.

사무처리 내역을 계속적, 기계적으로 기재한 문서가 아니라 범죄사실의 인정 여부와 관련 있는 어떠한 의견을 제시하는 내용을 담고 있는 문서는 형소법 제315조 제3호에서 규정하는 당연히 증거능력이 있는 서류에 해당한다고 볼 수 없다.[1]

예컨대 보험사기 사건에서 건강보험심사평가원이 수사기관의 의뢰에 따라 수사기관이 보내온 자료를 토대로 입원진료의 적정성에 대한 의견을 제시하는 경우가 있다. 이 경우 '건강보험심사평가원의 입원진료 적정성 여부 등 검토의뢰에 대한 회신'은 형소법 제315조 제3호의 '기타 특히 신용할 만한 정황에 의하여 작성된 문서'에 해당하지 않는다.[2]

(나) 특신정황   전문법칙의 예외를 규정한 형소법 제312조 내지 제314조는 '특히 신빙할 수 있는 상태하에서' 원진술이 이루어질 것을 요구하고 있다(특신상태). 이에 반해 형소법 제315조 제3호는 '특히 신용할 만한 정황에 의하여' 문서가 작성될 것을 요구하고 있다. 이를 특신상태에 대비하여 특신정황이라고 부른다.

특신상태는 (가) 그 진술내용이나 조서 또는 서류의 작성에 허위개입의 여지가 거의 없고, (나) 그 진술내용의 신용성이나 임의성을 담보할 구체적이고 외부적인 정황이 있는 경우를 가리킨다.[3] 이에 대해 특신정황은 문서가 작성되는 일반적, 외부적 상황 자체를 중시하는 표현으로서 특신상태의 구성요소 가운데 (나)의 부분, 즉 문서내용의 신용성이나 임의성을 담보할 구체적이고 외부적인 정황이 있는 경우를 가리킨다고 본다.

판례 가운데에는 문서의 사본이라도 특히 신용할 만한 정황에 의하여 작성된 문서인 경우에 그 증거능력을 인정한 예가 있다.[4] 사망 직전의 진술이나 자연적 발언 등이 기재된 문서들은 형소법 제315조가 아니라 제313조 제1항의 일반적 진술서면으로 보아 진술불능과 특신상태 유무에 따라서 증거능력을 판단하는 것(법314)이 타당하다고 생각된다.

(다) 공판조서 등   판례는 당해 사건의 체포 · 구속적부심사절차에서 작성된 조서(법214의2④, 201의2⑥)에 대해 이를 형소법 제315조 제3호의 '특히 신용할 만한 정황에 의하여 작성된 문서'로 보아 일단 증거능력을 긍정하고 있다. 그러나 동시에 판례는 체포 · 구속적부심사절차가 피고인의 권리보장을 위한 절차라는 점에 주목하여 그 체포 · 구속적부심사조서에 기재된 진술의 신빙성 판단에 신중을 기할 것을 요구하고 있다.[5] 동일한 기준은 판사의 영장실질심사절차에서 작성된 조서(법201의2⑥)에 대해서도 적용해야 할 것이다.

---

1) 2017. 12. 5. 2017도12671, 공 2018상, 139, 『건강보험심사평가원 입원진료 의견서 사건』.
2) 2017. 12. 5. 2017도12671, 공 2018상, 139, 『건강보험심사평가원 입원진료 의견서 사건』.
3) 2006. 5. 25. 2004도3619, 공 2006, 1202, 『확신하는 정신과의사 사건』.
4) 2011. 1. 27. 2010도11030, 공 2011상, 532, 『노동조합 업무수첩 사건』.
5) 2004. 1. 16. 2003도5693, 공 2004, 372, 『구속적부심 자백조서 사건』.

판례는 피고사건과 별도의 공범 사건에서 작성된 공판조서에 대해 그 공판조서는 형소법 제311조가 아니라 제315조 제3호에 의하여 당연히 증거능력이 인정된다는 입장을 취하고 있다.[1] 이에 대해 원진술자에 대한 반대신문권 보장이 없는 공범 사건의 공판조서에 대해 증거능력을 부여하는 형소법 제315조 제3호가 공정한 재판을 받을 권리를 규정하고 있는 헌법 제27조에 위반하는 것이 아닌가 하는 의문이 제기되었다.

원진술자에 대한 반대신문권을 피고인에게 보장할 때에만 공정한 재판을 받을 권리가 보장된다는 것이 위헌론의 주장이다. 이러한 주장에 대해 헌법재판소는 형소법 제315조 제3호에 대해 합헌 판단을 내리고 있다. 헌법재판소는 합헌 판단의 근거로 다음의 점을 제시하였다.[2]

첫째로, 공범 사건의 공판조서에 기재된 진술은 공개된 법정에서 법관의 면전에서 이루어지는 것이다.

둘째로, 공범 사건의 공판조서는 공판조서로서 그 서면 자체의 성질과 작성과정에서 법정된 엄격한 절차적 보장(법51 이하 참조)에 의하여 고도의 임의성과 기재의 정확성 및 절차적 적법성이 담보되어 있다.

셋째로, 공소사실을 부인하거나 양형상 유리한 진술을 하는 공범 피고인의 진술은 공개된 법정에서 반대당사자의 지위에 있는 검사에 의하여 검증되고 탄핵되는 지위에 있으므로 이를 제삼자가 일방적으로 한 진술과 같다고 평가할 수는 없다.

넷째로, 형소법 제315조 제3호에 의하여 공범 사건의 공판조서에 증거능력이 인정되더라도 피고인은 자신의 피고사건에서 원진술자를 증인으로 신청하여 반대신문권을 행사할 수 있다.

6. 제316조에 의한 예외

(1) 의의와 적용범위

(가) 의 의   형사소송법은 전문증거를 서류의 형태를 취하는 것과 구두진술의 형태를 취하는 것으로 나누면서(법310의2) 서면 형식에 의한 전문증거에 대해서는 형소법 제311조 내지 제315조에서, 구두진술에 의한 전문증거에 대해서는 형소법 제316조에서 각각 전문법칙 예외규정을 두고 있다.

원래 영미법상의 전문법칙은 구두의 전문진술에 대한 증거능력을 제한하기 위하여 발달한 것이라고 할 수 있다. 사실의 판단자인 배심원들을 설득하려면 구두에 의한 진술이 필수적

---

1) 1966. 7. 12. 66도617, 총람 315조, 4번, 『군법회의 공판조서 사건』.
2) 2013. 10. 24. 2011헌바79, 헌집 25-2하, 141, 『형소법 315조 3호 헌법소원 사건』.

이라고 할 수 있는데, 이때 증인에 대한 교호신문과정에서 어느 정도 전문진술을 허용할 것인가 하는 문제를 둘러싸고 전문법칙이 발전하였기 때문이다. 이와 같이 볼 때 구두로 행해지는 전문진술의 증거능력을 규정한 형소법 제316조는 전문법칙 예외규정의 출발점이 된다고 해도 과언이 아니다.

(나) 적용범위　　타인의 진술을 내용으로 하는 진술이 전문증거인지 여부는 요증사실과의 관계에서 정해진다. 원진술의 내용인 사실이 요증사실인 경우에는 전문증거이다. 그러나 원진술의 존재 자체가 요증사실인 경우는 본래증거이지 전문증거가 아니다.

예컨대 사기죄 피고사건에서 고소인(B)이 공판기일에 나와 "피고인(A)이 고소인(B)에게 '관계당국을 상대로 로비활동을 하고 있다'고 거짓으로 말하였다."라고 진술한 경우에 피고인(A)의 진술은 사기죄 피고사건의 요증사실에 관한 것이다. 그러므로 이를 직접 경험한 고소인(B)이 피고인(A)으로부터 위와 같은 말을 들었다고 하는 진술은 전문증거가 아니라 본래증거에 해당하여 형소법 제316조의 적용대상이 되지 않는다.[1]

형소법 제316조는 단순한 전문의 형태를 취하는 경우에 한하여 예외적으로 그 증거능력을 인정하고 있다. 구두의 재전문진술에 대하여는 달리 그 증거능력을 인정하는 규정이 마련되어 있지 않다. 그러므로 피고인이 증거로 하는 데 동의하지 아니하는 한 구두의 재전문진술은 형소법 제310조의2에 의하여 이를 증거로 할 수 없다.[2] 형소법 제316조에 의한 예외 인정은 허용되지 않는다.

(2) 피고인의 진술을 내용으로 하는 제삼자의 진술

(가) 입법취지　　형사소송법 제316조 제1항에 따르면 피고인 아닌 자의 공판준비 또는 공판기일에서의 진술이 피고인의 진술을 내용으로 하는 것인 때에는 그 진술이 특히 신빙할 수 있는 상태하에서 행하여졌음이 증명된 때에 한하여 이를 증거로 할 수 있다. 이 경우 '피고인 아닌 자'에는 공소제기 전에 피고인을 피의자로 조사하였거나 그 조사에 참여하였던 자가 포함된다.

형소법 제316조 제1항은 직접심리주의에 대한 예외규정이라고 생각된다. 범죄사실의 증명에 피고인의 진술이 필요한 경우 그 진술은 공판정에서 피고인신문(법296의2)의 형태를 통하여 현출(顯出)되는 것이 원칙이다. 그러나 피고인의 진술은 피고인에게 인정되는 진술거부권(법283의2①)으로 인하여 동일한 내용의 진술이 재현될 가능성이 희박하다는 특성을 가지고 있다. 이 때문에 형사소송법 제316조 제1항은 실체적 진실발견의 관점에서 피고인의 진술을

---

1) 2008. 11. 13. 2008도8007, [미간행], 『건축허가 알선수재 사건』.
2) 2004. 3. 11. 2003도171, 공 2004, 664, 『사기죄 전문증거 사건』.

내용으로 하는 제삼자의 진술을 증거로 사용할 수 있도록 허용한 것이다.

그런데 실체적 진실발견만을 추구하여 전문진술의 사용을 허용하게 되면 오히려 오판을 불러일으킬 위험이 있다. 그리하여 형소법 제316조 제1항은 피고인의 원진술이 '특히 신빙할 수 있는 상태하에서 행하여졌음이 증명된 때에 한하여'라는 요건을 붙여서 증거능력을 인정하고 있다.

(나) 조사자증언 도입 이전   형소법 제316조 제1항의 적용대상에 포함되는 것은 피고인 아닌 자의 공판준비기일 또는 공판기일에서의 진술로서 피고인의 진술을 내용으로 하는 것이다. 이때 '피고인의 진술'이란 피고인의 지위에서 행해진 것임을 요하지 않으며 수사절차나 그 밖의 단계에서 행해진 것을 모두 포함한다.

종래 판례는 피고인을 피의자로 신문한 사법경찰관이 그 진술내용을 법정에서 진술하거나[1] 또는 제삼자로 하여금 피의자의 진술내용을 듣게 하여 그 제삼자로 하여금 공판정에서 진술하게 하는 것[2]은 형소법 제316조 제1항의 적용대상이 될 수 없다고 판단하였다.

그런데 이와 같이 해석하게 되면 수사절차에서 사법경찰관이 획득한 피의자의 진술은 피고인이 내용을 부인하는 한(법312③) 일절 공판정에 현출할 수가 없게 된다. 피고인의 내용부인 진술 하나에 의하여 사경단계의 수사결과인 피의자진술이 증발하게 되는 것이다. 이러한 상황 때문에 수사절차에서의 피의자진술을 증거로 확보하기 위하여 검사의 피의자신문이 필수적으로 요구되었다. 검사작성 피의자신문조서에 기재된 피의자의 진술은 피고인의 내용부인에도 불구하고 증거능력이 인정되었기 때문이다(개정전 법312①). 피의자진술의 확보 방안으로 유일한 것이 검사작성 피의자신문조서였기 때문에 검사 면전의 자백을 획득하기 위하여 이중수사의 부담과 함께 강압수사를 행할 위험성이 대두되었다.[3]

(다) 조사자증언 도입 이후   2007년 형소법 개정시에 우리 입법자는 이중수사와 강압수사의 위험성에 주목하여 수사절차에서 획득한 피의자진술의 증거사용 방안을 재편하였다. 입법자는 먼저 수사절차의 투명성을 제고하여 강압수사의 소지를 철저히 배제하려고 하였다. 위법수집증거배제법칙(법308조의2)을 필두로 하여 진술거부권고지의 충실화(법244의3), 수사과정 기록제도(법244의4), 피의자진술과정의 영상녹화(법244의2), 피의자신문시 변호인참여(법243의2) 등이 이를 위하여 도입된 장치들이다.

이와 같이 강압수사의 가능성을 봉쇄하는 한편 입법자는 실체적 진실발견과의 균형을 도모하기 위하여 그동안 판례에 의하여 불허되어 왔던 조사자증언제도를 입법적으로 도입하였

---

1) 2005. 11. 25. 2005도5831, 공 2006, 78, 『백석산 엽총살인 사건』.

2) 1983. 7. 26. 82도385, 공 1983, 1367, 『조사현장 증인 사건』.

3) 전술 755면 참조.

다. 형사소송법 제316조 제1항은 '피고인이 아닌 자'의 진술이 피고인의 진술을 원진술로 하
는 경우를 규율하고 있는데, "공소제기 전에 피고인을 피의자로 조사하였거나 그 조사에 참여
하였던 자를 포함한다. 이하 이 조에서 같다."라고 규정한 대목은 바로 종전의 판례를 입법적
으로 극복하기 위한 것이다. 형소법 제316조 제1항이 규정한 '공소제기 전에 피고인을 피의자
로 조사하였거나 그 조사에 참여하였던 자'에는 사법경찰관리뿐만 아니라 검사와 검찰사무관
등이 모두 포함된다.[1]

  조사자증언제도의 도입은 앞으로 수사실무에 커다란 변화를 가져올 것으로 전망된다. 우
선, 피의자의 진술을 법정에 현출할 수 있는 길이 다원화되었다. 종전에는 검사작성 피의자신
문조서에 의할 때에만 피의자의 진술을 법정에 현출할 수 있었다. 그리고 이를 통하여 수사절
차에서 검사의 독점적 지위가 간접적으로 보장되었다. 그러나 이제 사법경찰관리가 수사절차
에서 획득한 피의자의 진술도 조사자증언의 형태를 통하여 법정에 현출될 수 있게 되었다.

  한편 2020년 검찰·경찰 수사권 조정에 따라 개정된 형소법 제312조 제1항은 내용인정
의 요건을 검사작성 피의자신문조서에도 규정하였다. 2020년 개정 형사소송법이 검찰·경찰
의 관계를 상호 협력관계로 규정하면서(법195①) 검사 작성 피의자신문조서와 사경 작성 피의
자신문조서의 차등적 취급을 제거한 것이다. 개정된 형소법 제312조 제1항은 2022년 1월 1일
이후 공소제기된 사건부터 적용되었다. 이처럼 수사절차상 검사의 지위가 상대화됨에 따라 이
중수사의 관행도 상당부분 개선될 것으로 전망된다.

  (라) 증거능력의 요건   피고인의 진술을 내용으로 하는 제삼자의 진술이 형사소송법 제
316조 제1항에 의하여 증거능력을 가지려면 피고인의 원진술이 특히 신빙할 수 있는 상태하
에서 행하여졌음이 증명되어야 한다. 특신상태는 (가) 그 진술내용에 허위개입의 여지가 거의
없고, (나) 그 진술내용의 신용성이나 임의성을 담보할 구체적이고 외부적인 정황이 있는 경
우를 가리킨다.[2] 특신상태는 증거능력의 요건에 해당하므로 검사가 그 존재에 대하여 구체적
으로 주장·증명하여야 한다.[3] '특히 신빙할 수 있는 상태하에서 행하여졌음에 대한 증명'은
단지 그러할 개연성이 있다는 정도로는 부족하고 합리적인 의심의 여지를 배제할 정도에 이
르러야 한다.[4]

  특신상태의 요건은 조사자증언의 경우와 일반적인 제삼자 진술의 경우를 나누어 살펴볼

1) 신동운, "〈판례평석〉 피의자신문조서와 조사자증언의 관계에 대하여 – 대법원 2023. 10. 26. 선고 2023
도7301 판결, 판례공보 2023하, 2153 –", 대한민국학술원통신, 제375호(2024. 10. 1.), 7-17면 참고 바람.
  2) 2006. 5. 25. 2004도3619, 공 2006, 1202, 『확신하는 정신과의사 사건』.
  3) 2023. 10. 26. 2023도7301, 공 2023하, 2153, 『필로폰 투약범 조사자증언 사건』.
  4) 2023. 10. 26. 2023도7301, 공 2023하, 2153, 『필로폰 투약범 조사자증언 사건』.

필요가 있다.

(마) 조사자 증언과 특신상태　　　피고인의 자백을 내용으로 하는 조사자의 법정진술이 증거능력을 인정받으려면 피고인의 진술이 특신상태하에서 행하여졌음이 증명되어야 한다. 판례는 피고인이 진술의 경위나 과정에 관하여 치열하게 다투고 있고, 피고인의 진술이 체포된 상태에서 변호인의 동석 없이 이루어졌다면 그 피고인의 진술은 특신상태하에서 행하여졌음이 증명되었다고 보기 어렵다는 태도를 취하고 있다.[1]

판례는 조사자 증언에 대해 특신상태의 요건을 엄격하게 해석는 이유로 다음의 점을 제시하고 있다. 조사자 증언은 검사, 사법경찰관 등 조사자의 법정증언을 통하여 피고인의 수사기관 진술내용이 법정에 현출되는 것을 허용하는 것이다. 형사소송법 제312조 제1항, 제3항은 피고인의 수사기관 진술은 신용성의 정황적 보장이 부족하다고 보아 피고인이나 변호인이 그 내용을 인정하지 않는 이상 피의자신문조서의 증거능력을 인정하지 않음으로써 그 진술내용이 법정에 현출되지 않도록 규정하고 있다. 조사자 증언은 이에 대하여 중대한 예외를 인정하는 것이다. 조사자 증언을 폭넓게 허용하는 경우 형사소송법 제312조 제1항, 제3항의 입법취지와 기능이 크게 손상될 수 있다.[2]

그러나 변호인의 동석 여부를 중시하는 판례의 태도는 조사자 증언제도의 입법취지를 지나치게 제한하는 흠이 있다고 본다. 첫째로, 형사소송법 제312조 제1항 및 제3항이 '내용인정'의 요건을 규정한 원래의 취지는 고문 등 수사기관의 강압수사를 방지하기 위함이다.[3] 단순히 피고인의 수사기관 진술이 신용성의 정황적 보장이 부족하다는 전문법칙 차원에서 마련된 것이 아니다. 둘째로, 조사자 증언제도는 위법수집증거배제법칙(법308의2) 및 수사과정기록제도(법244의4) 등 적법절차의 요건을 강화하면서 동시에 실체적 진실의 발견을 소홀히 하지 않도록 하기 위하여 마련된 것이다. 공판절차에서 피고인에게 진술거부권(법283의2)이 보장된다. 이러한 상황에서 피고인이 수사기관 작성 피의자신문조서의 내용을 부인할 경우 수사절차에서 확보한 피고인의 진술을 법정에 현출할 수 있는 유일한 길이 조사자 증언이다. 셋째로, 조사자 증언제도는 종래에 논란되었던 조서재판의 폐해를 극복하고 공판중심주의와 구두변론주의를 강화하기 위하여 마련된 제도이다. 수사기관의 일방적인 신문조서와 달리 조사자 증언의 경우에는 조사자에 대한 반대신문이 가능하여 진술 전달과정에 왜곡의 위험성이 적다. 넷째로, 현재 수사절차에서 체포·구속된 피의자를 제외하고 국선변호제도가 확충되어 있지 않다. 이러한 상황에서 변호인의 신문참여 여부를 조사자 증언의 특신상태 판단에서 중요한 요소로

---

1) 2012. 10. 25. 2011도5459, [미간행], 『성폭행 부인진술 탄핵 사건』.

2) 2023. 10. 26. 2023도7301, 공 2023하, 2153, 『필로폰 투약범 조사자증언 사건』.

3) 전술 747면 참조.

삼는 것은 변호인 없는 피의자의 진술을 증거의 세계에서 배제하는 것과 다름없다. 판례의 엄격한 태도를 재고할 필요가 있다.[1]

(바) 제삼자 증언과 특신상태   조사자증언이 아닌 제삼자 진술의 경우 형소법 제316조 제1항의 특신상태는 전문법칙의 일반적 요건으로서의 특신상태를 의미한다. 제삼자(B)의 진술이 피고인(A)의 진술을 내용으로 하는 경우에 원진술자인 피고인(A)은 공판정에 출석하고 있다. 그러므로 전문법칙의 예외를 인정하기 위한 여러 가지 특신상태들 가운데에서도 원진술자의 법정진술이 가능한 상황을 전제로 한 특신상태의 사유들이 존재해야 한다.

따라서 피고인 진술을 원진술로 하는 제삼자 진술의 경우에는 (가) 사건발생의 시점과 관련하여 동시 또는 직후에 감득한 내용의 진술, (나) 흥분상태하에서 행한 진술, (다) 사건 당시 심리상태나 감정을 표현한 진술, (라) 진찰 및 치료를 위한 진술, (마) 기억을 보존하기 위하여 기록한 진술 등이 피고인진술의 특신상태 여부를 판단하는 기준이 될 수 있다. 특신상태의 유무는 법원이 실체적 진실발견과 정의의 실현이라는 관점에서 개별적·구체적으로 판단해야 할 사항이다.

(3) 피고인 아닌 타인의 진술을 내용으로 하는 제삼자의 진술

(가) 입법취지   형사소송법 제316조 제2항은 "피고인 아닌 자의 공판준비 또는 공판기일에서의 진술이 피고인 아닌 타인의 진술을 그 내용으로 하는 것인 때에는 원진술자가 사망, 질병, 외국거주, 소재불명 그 밖에 이에 준하는 사유로 인하여 진술할 수 없고, 그 진술이 특히 신빙할 수 있는 상태하에서 행하여졌음이 증명된 때에 한하여 이를 증거로 할 수 있다."고 규정하고 있다.

배심원이 사실인정을 하는 영미 형사재판에서는 피고인 아닌 타인의 진술을 내용으로 하는 전문진술이 전문법칙의 전형적인 적용대상이 된다. 영미법에 있어서는 피고인이 자기부죄금지의 특권(privilege)을 포기하여 증인으로 선서하고 진술할 수 있다. 그리고 이를 통해 피고인도 제삼자로서의 지위를 가질 수 있다. 결국 제삼자의 진술 전반이 전문법칙의 적용대상이 되는 것이다.

이렇게 볼 때 형사소송법 제316조 제2항은 전문법칙의 전형적인 예외조항이라고 생각된다. 피고인 아닌 타인의 진술을 내용으로 하는 전문진술은 반대신문권의 보장이라는 관점에서 원칙적으로 증거능력을 인정할 수 없다(법310의2). 그렇지만 특별히 (가) 원진술자의 공판정 출석불능 또는 진술불능의 사유가 존재하고 아울러 (나) 특신상태가 인정되는 경우에 형사소

---

1) 신동운, "〈판례평석〉피의자신문조서와 조사자증언의 관계에 대하여 –대법원 2023. 10. 26. 선고 2023도 7301 판결, 판례공보 2023하, 2153 –", 대한민국학술원통신, 제375호(2024. 10. 1.), 7-17면 참고 바람.

송법 제316조 제2항이 예외적으로 증거능력을 인정한 것이다. 형사소송법이 공판절차에서의 구두변론주의(법275의3)를 강조함에 따라 구술형태의 전문진술에 대해 예외적 허용을 규정한 형소법 제316조 제2항은 그 중요성이 점점 더 높아지고 있다.

(나) 피고인 아닌 타인   형사소송법 제316조 제2항이 예정하고 있는 원진술은 피고인 아닌 타인의 진술이다. 이때 피고인 아닌 타인은 제삼자는 물론이고 공범자와 공동피고인을 모두 포함하는 개념이다.[1]

형사소송법 제316조 제2항에 의하여 전문진술에 증거능력이 인정되려면 원진술자의 진술불능과 특신상태의 존재라는 두 요건이 모두 구비되어야 한다. 진술불능과 특신상태의 내용은 서면형태 전문증거의 증거능력을 규정한 형사소송법 제314조의 그것과 같다.

(다) 진술불능   첫째로, 원진술자가 사망, 질병, 외국거주, 소재불명 그 밖에 이에 준하는 사유로 진술할 수 없어야 한다. 원진술자가 법정에 출석하여 수사기관에서의 진술을 부인하는 취지로 증언을 한 이상 이후 원진술자가 공판정에 재차 출석하지 아니하여 진술불능이 되더라도 원진술자의 진술을 내용으로 하는 조사자의 증언은 증거능력이 없다.[2] 입법자는 형소법 제316조 제1항에서 피고인의 진술을 내용으로 하는 조사자 증언에 대해서만 증거능력을 인정하고 있다.

(라) 특신상태   둘째로, 원진술이 특히 신빙할 수 있는 상태하에서 행하여졌음이 증명되어야 한다. 이는 (가) 그 진술내용에 허위개입의 여지가 거의 없고, (나) 그 진술내용의 신빙성이나 임의성을 담보할 구체적이고 외부적인 정황이 있는 경우를 가리킨다.[3] 원진술이 특히 신빙할 수 있는 상태하에서 이루어진 것이라는 점은 검사가 합리적 의심을 배제할 정도로 증명하여야 한다.[4]

(4) 피고인 아닌 타인의 진술을 내용으로 하는 피고인의 진술

형사소송법은 피고인이 공판준비기일 또는 공판기일에 피고인 아닌 자의 진술을 내용으로 하는 진술을 하는 경우에 대해 명문의 규정을 두고 있지 않다. 피고인 아닌 자(A)의 법정외 진술이 피고인(갑)에게 불리함에도 불구하고 피고인(갑)이 그 피고인 아닌 자(A)의 진술을 법관 면전에서 진술할 때 그 증거능력의 요건이 문제된다.

이에 대해 피고인(갑) 자신에게 불리한 진술임에도 불구하고 피고인 아닌 자(A)의 진술

---

1) 2019. 11. 14. 2019도11552, 공 2020상, 117, 『새마을금고 이사장 선거 50만원 사건』.
2) 2008. 9. 25. 2008도6985, 공 2008하, 1513, 『회칼 협박 특수강간 사건』.
3) 2014. 4. 30. 2012도725, 공 2014상, 1166, 『부동산업 저축은행 사건』.
4) 2014. 4. 30. 2012도725, 공 2014상, 1166, 『부동산업 저축은행 사건』.

을 피고인(갑)이 법정에서 진술하였다면, 이는 피고인(갑)이 피고인 아닌 자(A)에 대한 반대신문권을 포기한 것으로 볼 수 있으므로 형소법 제316조 제1항의 특신상태만 인정되면 증거능력을 인정된다고 보는 견해를 생각할 수 있다.

생각건대 전문법칙은 엄격한 증명의 법리(법307①)를 전제로 피고인에게 범죄사실을 인정할 때 필요한 증거의 증거능력을 제한하는 원리이다. 따라서 전문법칙에 대한 예외규정은 제한적으로 해석하는 것이 타당하다. 그렇다면 피고인 아닌 자(A)의 진술을 원진술로 하는 피고인(갑)의 진술에 대해 반대신문권의 포기를 들어 증거능력을 인정하는 것은 엄격한 증명의 기본정신에 반하는 것이라고 하지 않을 수 없다.

이렇게 볼 때 원진술자(A)의 진술내용이 피고인(갑)에게 불리한 것인지 아닌지를 묻지 않고 원진술자(A)의 진술불능과 특신상태라는 이중의 요건이 갖추어질 때 비로소 피고인(갑)의 전문진술에 증거능력을 인정하는 것이 타당하다고 할 것이다. 결국 이 문제는 형사소송법 제316조 제2항을 유추적용하여 해결하는 것이 타당하다고 본다.

제5 전문증거의 관련문제

1. 수사기관 영상녹화물의 증거능력

(1) 영상녹화물의 의의

형사소송법은 과학기술의 발전을 반영하여 영상녹화물에 관한 일련의 규정을 마련하고 있다. 증거법과 관련하여 볼 때 영상녹화물이란 법원 또는 수사기관이 일정한 진술을 청취하는 과정에서 그 진술을 영상녹화하여 기록해 놓은 것을 말한다. 이때 영상녹화에는 반드시 녹음이 포함되어야 한다(법56의2① 참조).

영상녹화물은 주로 수사기관이 피의자를 신문하는 과정 또는 참고인의 진술을 청취하는 과정에서 그 진술을 영상녹화하여 기록해 놓은 것을 가리킨다. 피의자신문의 경우에 영상녹화는 수사기관의 재량에 의하지만(법244의2①) 참고인진술청취의 경우에는 참고인의 동의를 얻지 않으면 영상녹화를 할 수 없다(법221① 2문).

한편 영상녹화물은 공판기일의 진행과 관련하여 작성되기도 한다. 법원은 검사, 피고인 또는 변호인의 신청이 있는 때에는 특별한 사정이 없는 한 공판정에서의 심리의 전부 또는 일부를 영상녹화장치를 이용하여 영상녹화(녹음이 포함된 것을 말한다)하여야 한다(법56의2① 전단). 또한 법원은 필요하다고 인정하는 때에는 직권으로 영상녹화를 명할 수 있다(동항 후단).

형사소송법은 법원이나 수사기관이 영상녹화한 기록물을 '영상녹화물'이라고 표현하고 있다(법56의2②, 312④, 318의2②). 법원이나 수사기관 이외의 사람이 본인이나 다른 사람의 진술을 녹화해 놓은 기록물은 '영상녹화물'에 해당하지 않는다. 형사소송법은 이러한 경우를 가리켜서 별도로 '정보저장매체'라는 표현을 사용하고 있다(법106③, 313①, 314 참조).

(2) 영상녹화물에 의한 실질적 진정성립 인정 여부

형사소송법은 영상녹화물에 의한 조서의 실질적 진정성립 인정 여부에 대해 다음과 같이 규정하고 있다.

(가) 피의자신문조서의 경우   2020년 입법자는 검경 수사권 조정시에 형소법 제312조를 개정하여 사법경찰관 작성 피의자신문조서의 증거능력과 검사 작성 피의자신문조서의 증거능력 요건을 일치시켰다. 즉 입법자는 형소법 제312조 제1항을 "검사가 작성한 피의자신문조서는 적법한 절차와 방식에 따라 작성된 것으로서 공판준비, 공판기일에 그 피의자였던 피고인 또는 변호인이 그 내용을 인정할 때에 한하여 증거로 할 수 있다."는 형태로 개정하고, 실질적 진정성립의 대체적 증명을 허용하였던 형소법 제312조 제2항을 삭제하였다. 형소법 제312조 제2항을 삭제한 것은 내용을 부인하기만 하면 조서의 증거능력이 상실되므로 굳이 대체적 증명방법에 의하여 실질적 진정성립을 인정할 필요가 없다고 보았기 때문이다. 형소법 제312조 제2항은 2021년 1월 1일을 기하여 실효되었다.

(나) 참고인진술조서의 경우   참고인진술조서의 경우에는 영상녹화물에 의하여 실질적 진정성립을 증명할 수 있다. 형사소송법 제312조 제4항은 "검사 또는 사법경찰관이 피고인이 아닌 자의 진술을 기재한 조서는 적법한 절차와 방식에 따라 작성된 것으로서 그 조서가 검사 또는 사법경찰관 앞에서 진술한 내용과 동일하게 기재되어 있음이 원진술자의 공판준비 또는 공판기일에서의 진술이나 영상녹화물 또는 그 밖의 객관적인 방법에 의하여 증명되고…"라고 규정하여 이 점을 분명하게 밝히고 있다.

(3) 수사기관 영상녹화물에 대한 본증 사용의 부인

형사소송법은 수사기관이 촬영한 영상녹화물을 피의자신문조서나 참고인진술조서를 대체하는 증거방법으로 사용하는 것을 허용하지 않고 있다. 영상녹화물은 범죄사실을 인정함에 있어 엄격한 증명의 자료로 쓸 수 없다는 것이다. 형사소송법은 국민참여재판의 실시를 계기로 공판중심주의 이념을 강화하고 있다. 공판중심주의란 직접심리주의(법310의2) 및 구두변론주의(법275의3)를 내용으로 하는 공판절차의 기본원칙이다.[1]

공판중심주의 이념에 비추어 볼 때 명문의 허용근거가 없는 한 구두가 아닌 영상녹화물

---

1) 2004. 12. 16. 2002도537 전원합의체 판결, 공 2005, 173, 『후유장해진단서 사건』.

형태의 증거는 범죄사실을 증명함에 있어서 증거능력을 가질 수 없다. 전문법칙의 예외조항을 놓고 볼 때 서면 형태의 각종 조서에는 증거능력 인정을 위한 근거규정이 마련되어 있지만 조서를 대체하는 영상녹화물에 대해서는 명문의 허용근거가 없다.

2007년에 개정된 형사소송법의 개정과정에서 영상녹화물의 본증 허용을 위한 예외규정이 마련되었으나,[1] 국회 심의과정에서 이 개정안이 삭제되었던 것은 공판중심주의의 훼손을 염려하였기 때문이다.[2]

판례 또한 "수사기관이 참고인을 조사하는 과정에서 형사소송법 제221조 제1항에 따라 작성한 영상녹화물은, 다른 법률에서 달리 규정하고 있는 등의 특별한 사정이 없는 한, 공소사실을 직접 증명할 수 있는 독립적인 증거로 사용될 수는 없다고 해석함이 타당하다."고 판시하여 본증 사용 불허의 입장을 밝히고 있다.[3]

「성폭력범죄의 처벌 등에 관한 특례법」(성폭력처벌법), 「아동·청소년의 성보호에 관한 법률」(청소년성보호법), 「아동학대범죄의 처벌 등에 관한 특례법」(아동학대처벌법)은 일정한 피해자의 진술내용과 조사 과정을 비디오녹화기 등 영상물 녹화장치로 촬영·보존하도록 규정하고 있다. 성폭력처벌법은 이 경우 녹화·보존된 영상녹화물이 다음 각 호의 어느 하나에 해당할 때 증거로 할 수 있다고 규정하고 있다(성폭력처벌법30의2① 참조).[4]

① 증거보전기일, 공판준비기일 또는 공판기일에 그 내용에 대하여 피의자, 피고인 또는 변호인이 피해자를 신문할 수 있었던 경우. 다만, 증거보전기일에서의 신문의 경우 법

---

1) **사개추위 형소법개정안 제312조의2** (피의자의 진술에 관한 영상녹화물) ①검사 또는 사법경찰관 앞에서의 피고인의 진술을 내용으로 하는 영상녹화물은 공판준비 또는 공판기일에 피고인이 검사 또는 사법경찰관 앞에서 일정한 진술을 한 사실을 인정하지 아니하고, 검사, 사법경찰관 또는 그 조사에 참여한 자의 공판준비 또는 공판기일에서의 진술 기타 다른 방법으로 이를 증명하기 어려운 때에 한하여 증거로 할 수 있다.
②제1항의 영상녹화물은 적법한 절차와 방식에 따라 영상녹화된 것으로서 공판준비 또는 공판기일에 피고인이나 검사, 사법경찰관 또는 그 조사에 참여한 자의 진술에 의하여 조사의 전 과정이 객관적으로 영상녹화된 것임이 증명되고, 영상녹화된 진술이 변호인의 참여하에 이루어지는 등 특히 신빙할 수 있는 상태하에서 행하여졌음이 증명된 것이어야 한다.
③제1항의 영상녹화물을 증거로 제출하는 경우에는 녹취서를 제출하여야 한다.
2) "영상녹화절차 및 영상녹화물의 증거능력에 대하여 말씀드리면……영상녹화제도의 확대 인정[참고인에 대한 영상녹화 허용을 가리킴; 저자 주]과 피의자의 동의 없는 영상녹화를 허용하는 것은 수사편의적이라는 의견이 있었습니다. 이러한 우려를 감안하여 영상녹화물을 독립증거 또는 본증으로 사용할 수 없도록 하였습니다. 당초 사개추위안에는 영상녹화물이 독립증거로 사용할 수 있도록 마련되어 있었으나 영상녹화물이 갖고 있는 위험성 또는 이중성의 위험성 때문에 우량증거에서 입증할 수 없는 한정된 경우에 불량증거로 입증할 수 없다는 그런 취지에서 영상녹화물의 독립증거 사용은 배제하였습니다." 제267회 국회(임시회) 법제사법위원회회의록(임시회의록) 제4호, (2007. 4. 26.), 12-13면.
3) 2014. 7. 10. 2012도5041, 공 2014하, 1624, 『존속살해방조 참고인 사건』.
4) 전술 548면 참조.

원이 피의자나 피고인의 방어권이 보장된 상태에서 피해자에 대한 반대신문이 충분히 이루어졌다고 인정하는 경우로 한정한다. (1호)

② (가) 19세 미만인 피해자나 (나) 신체적인 또는 정신적인 장애로 사물을 변별하거나 의사를 결정할 능력이 미약한 피해자가 (ㄱ) 사망, (ㄴ) 외국 거주, (ㄷ) 신체적, 정신적 질병·장애, (ㄹ) 소재불명, (ㅁ) 그 밖에 이에 준하는 경우의 어느 하나에 해당하는 사유로 공판준비기일 또는 공판기일에 출석하여 진술할 수 없는 경우. 다만, 영상녹화된 진술 및 영상녹화가 특별히 신빙(信憑)할 수 있는 상태에서 이루어졌음이 증명된 경우로 한정한다. (2호)

(4) 수사기관 영상녹화물에 대한 탄핵증거 사용의 불허

형사소송법은 영상녹화물을 탄핵증거로도 사용할 수 없게 하고 있다. 형소법 제318조의2는 탄핵증거에 관하여 규정하고 있다. 그런데 형소법 제318조의2 제2항은 "제1항에도 불구하고 피고인 또는 피고인이 아닌 자의 진술을 내용으로 하는 영상녹화물은 공판준비 또는 공판기일에 피고인 또는 피고인 아닌 자가 진술함에 있어서 기억이 명백하지 아니한 사항에 관하여 기억을 환기시켜야 할 필요가 있다고 인정되는 때에 한하여 피고인 또는 피고인 아닌 자에게 재생하여 시청하게 할 수 있다."고 규정하고 있다.

여기에서 형소법 제318조의2 제1항과 제2항의 관계를 살펴본다. 먼저, 전문법칙에 의하여 증거능력이 부인된 전문증거라 할지라도 진술의 증명력을 다투기 위하여 이를 탄핵증거로 사용할 수 있는 것이 원칙이다(제1항). 그런데 영상녹화물은 이 원칙에도 불구하고('제1항에도 불구하고') 탄핵증거로도 허용되지 않는다. 영상녹화물은 공판준비 또는 공판기일에 피고인 또는 피고인이 아닌 자가 진술함에 있어 기억이 명백하지 아니한 사항에 관하여 기억을 환기시켜야 할 필요가 인정되는 때에 '한하여' 피고인 또는 피고인 아닌 자에게 재생하여 시청하게 할 수 있을 뿐이기 때문이다(제2항). 판례 또한 탄핵증거 불허설의 입장을 취하고 있다고 생각된다.[1]

수사기관의 영상녹화물을 탄핵증거로도 사용하지 못하게 한 것은 국민참여재판의 실시와 관련이 있다. 국민이 배심원으로 형사재판에 참여함에 따라 공개법정에서 구두로 진행되는 공격·방어는 한층 더 중요한 의미를 가지게 되었다. 그런데 수사절차상 피의자나 참고인을 조사하면서 촬영한 영상녹화물을 탄핵증거라는 명목으로 법정에 현출시킨다면 배심원들의 심증형성에 지나친 왜곡을 초래할 수 있다. 법률문외한인 배심원들은 전문법칙이나 탄핵증거

---

1) 2014. 7. 10. 2012도5041, 공 2014하, 1624, 『존속살해방조 참고인 사건』.

의 의미를 잘 알지 못한다. 이러한 과정에서 탄핵증거라는 이유로 영상녹화물이 법정에 공개되면 배심원들은 시청한 내용을 근거로 유 · 무죄의 심증을 형성하기 쉽다.

이러한 문제점을 의식하여 형사소송법 제318조의2 제2항은 수사기관의 영상녹화물을 탄핵증거로도 사용할 수 없게 하고, 다만 공판준비 또는 공판기일에 진술할 자가 진술함에 있어 기억이 명백하지 아니한 경우에 기억을 환기시켜야 할 필요가 있다고 인정되는 경우에 한하여 극히 제한적으로 '그 진술자'에게만 영상녹화물을 재생하여 시청할 수 있도록 하고 있다.

(5) 수사기관 영상녹화물의 실질적 기능

이상을 종합해 볼 때 입법자는 수사기관의 영상녹화물 활용에 대해 다음과 같은 절충방안을 제시하였다고 할 수 있다.

첫째로, 영상녹화물로 수사기관의 각종 조서를 대체하는 것은 허용되지 않는다.

둘째로, 수사기관의 영상녹화물은 참고인진술조서의 실질적 진정성립을 증명하는 자료로 사용될 수 있다(법312④).

셋째로, 수사기관의 영상녹화물은 공판준비 또는 공판기일에서 진술자의 기억을 환기하기 위한 보조장치로만 활용될 수 있다(법318의2②).

넷째로, 영상녹화물은 수사기관이 피의자나 피의자 아닌 자를 조사함에 있어 자행한 강압수사를 입증할 수 있는 객관적 자료로 사용될 수 있다. 이러한 효용성을 확보함과 동시에 연출 · 조작의 위험성을 방지하기 위하여 형사소송법은 영상녹화물의 촬영과 관련하여 "조사의 개시부터 종료까지의 전과정 및 객관적 정황을 영상녹화하여야 한다."고 규정하고 있다(법244의2① 2문).

다섯째로, 영상녹화물은 각종 조서의 특신상태를 증명하는 방법의 하나로 사용될 수 있다. 공범(을)에 대한 피의자신문조서에 피고인(갑)에 대한 공소사실을 유죄로 인정하기 위한 구성요건적 사실이나 핵심적 정황에 관한 사실들이 기재되어 있으나, 공범(을)의 신문과정을 녹화한 영상녹화물에는 위와 같은 진술이 없거나 그 내용이 다르다면 다른 특별한 사정이 없는 한 공범자(을)의 진술 내용이나 조서의 작성이 형소법 제314조에서 말하는 '특히 신빙할 수 있는 상태하에서 행하여졌음이 증명된 때'에 해당한다고 볼 수 없다.[1]

(6) 영상녹화물과 정보저장매체의 관계

(가) 형소법 제292조의3의 신설   2007년 입법자는 제292조의3를 신설하여 "도면 · 사

---

1) 2014. 8. 26. 2011도6035, 공 2014하, 1936, 『방광암 말기 환자 사건』.

진 · 녹음테이프 · 비디오테이프 · 컴퓨터용디스크, 그 밖에 정보를 담기 위하여 만들어진 물건으로서 문서가 아닌 증거의 조사에 관하여 필요한 사항은 대법원규칙으로 정한다."고 규정하였다. 과학기술의 발전에 따른 새로운 증거방법에 대하여 실정법적 근거를 마련한 것이다.

형소법 제292조의3을 바탕으로 형사소송규칙은 각 매체의 특성에 따라 (가) 컴퓨터용디스크 등에 기억된 문자정보 등에 대한 증거조사(규칙134의7), (나) 음성 · 영상자료 등에 대한 증거조사(규칙134의8), (다) 도면 · 사진 그 밖에 정보를 담기 위하여 만들어진 물건에 대한 증거조사(규칙134의9)의 규정을 마련하였다. 이제 새로운 정보저장매체의 증거능력 문제는 형사소송법과 형사소송규칙이 제시하고 있는 분류방법에 따라 새롭게 정리되어야 할 것이다.

(나) 형소법 제106조의 개정   2011년 형소법 개정을 통해 입법자는 정보저장매체에 대한 압수요건을 새로이 규정하였다. 공판절차에서 법원이 압수를 할 때 법원은 압수의 목적물이 컴퓨터용디스크, 그 밖에 이와 비슷한 정보저장매체인 경우에는 기억된 정보의 범위를 정하여 출력하거나 복제하여 제출받아야 한다(법106③ 본문). 다만, 범위를 정하여 출력 또는 복제하는 방법이 불가능하거나 압수의 목적을 달성하기에 현저히 곤란하다고 인정되는 때에는 정보저장매체 자체를 압수할 수 있다(동항 단서). 공판절차에서의 정보저장매체의 압수를 규정한 형소법 제106조 제3항은 형소법 제219조에 의하여 수사절차에 준용된다.

(다) 형소법 제313조의 개정   2016년 개정 전의 형사소송법은 제310조의2 이하에서 전문법칙을 규정하면서 (가) 구두진술, (나) 조서, (다) 기타 서류를 규율대상으로 예정하고 있었다. 그리하여 이 세 가지 경우 이외의 다른 증거방법에 대해 전문법칙을 적용할 것인가 하는 문제의 해결은 학설 · 판례에 맡겨져 있었다. 입법자는 2016년 형사소송법 제313조의 개정을 통하여 진술이 기록 · 저장된 정보저장매체도 서류와 같이 취급하기로 한다는 점을 분명히 하였다.

(라) 영상녹화물과의 관계   정보저장매체의 증거능력에 대한 검토에 앞서서 한 가지 확인해 두어야 할 것이 있다. 그것은 녹음테이프 · 비디오테이프 · 컴퓨터용디스크 등 각종 정보저장매체가 수사기관의 영상녹화물에 해당할 때에는 영상녹화물에 관한 규정이 우선 적용된다는 사실이다.

앞에서 살펴본 것처럼 입법자는 영상녹화물의 본증 사용을 엄격히 금지하고 있다. 따라서 증거능력이 부인된 수사기관작성의 영상녹화물에 대해 형소법 제292조의3이 규정한 녹음테이프 · 비디오테이프 · 컴퓨터용디스크 등 정보를 담기 위하여 만들어진 물건이라는 명목으로 증거능력을 부여하려는 시도는 허용되지 않는다. 요컨대 정보저장매체의 증거능력에 관한 분석은 앞에서 살펴본 영상녹화물에 관한 규정이 적용되지 않는 그 밖의 경우에 적용되는 것임을 유념할 필요가 있다.

2. 정보저장매체의 증거능력

(1) 정보저장매체의 원본성 요건

(가) 정보저장매체　　정보저장매체란 도면·사진·녹음테이프·비디오테이프·컴퓨터용 디스크, 그 밖에 정보를 담기 위하여 만들어진 물건을 말한다(법106③, 292의3, 313①, 314 참조). 형사소송규칙은 형소법 제292조의3의 위임을 받아 정보저장매체를 (가) 문자정보매체(규칙 134의7), (나) 녹음·녹화매체(규칙134의8), (다) 도면·사진매체(규칙134의9)의 세 가지 형태로 나누고 있다. 정보저장매체에 대한 증거조사 방법에 대해서는 공판기일의 증거조사 항목에서 이미 설명하였다.[1]

(나) 원본성　　정보저장매체의 증거능력과 관련하여 먼저 주목해야 할 것은 원본성 요건이다. 공판중심주의의 핵심요소를 이루는 것은 실질적 직접심리주의이다. 실질적 직접심리주의는 (가) 법관의 면전에서 직접 조사한 증거만을 재판의 기초로 삼을 수 있고, (나) 증명 대상이 되는 사실과 가장 가까운 원본증거를 재판의 기초로 삼아야 하며, (다) 원본증거의 대체물 사용은 원칙적으로 허용되어서는 안 된다는 원칙을 말한다.[2]

실질적 직접심리주의에 따를 때 원본증거의 대체물 사용은 원칙적으로 허용되지 않는다. 정보저장매체가 원본증거의 대체물로 사용된다면 원본증거의 사용과 다름없을 정도의 담보장치가 마련되지 않으면 안 된다. 정보저장매체의 원본성 요건에 대해서는 전문법칙의 이론적 근거와 관련하여 앞에서 설명하였다.

(2) 정보저장매체와 전문법칙

(가) 전문증거인 경우　　정보저장매체의 원본성 요건이 확인되면 이어서 정보저장매체와 전문법칙의 관계를 살펴보아야 한다. 정보저장매체에 수록된 정보가 진술인 경우가 있다. 진술이란 사람이 그의 의사, 관념, 사상을 외부에 표현한 것을 말한다. 정보저장매체에 수록된 진술이 요증사실의 증명과 관련된 때에는 전문법칙(법310의2) 및 전문법칙의 예외규정(법311 이하)이 적용된다.

입법자는 2016년 형사소송법 제313조의 개정을 통하여 진술이 기록·저장된 정보저장매체에 대해 진술이 기재된 서류와 같은 요건 아래 증거능력이 부여된다는 점을 분명히 하였다(법313①). 아울러 개정 전 형소법 제313조가 원진술자의 진술에 의하여서만 '성립의 진정'을 인정하였던 것에 대해 대체적 증명방법을 허용하였다(동조②). 정보저장매체와 형소법 제313

---

1) 전술 627면 참조.
2) 2009. 1. 30. 2008도7917, [미간행], 『잠든 청소년 항거불능 사건』.

조의 관계에 대해서는 앞에서 설명하였다.

(나) 전문증거가 아닌 경우　　정보저장매체에 수록된 정보가 진술이 아닌 경우에는 전문법칙이 적용되지 않는다. 따라서 상해부위를 촬영한 사진은 비진술증거로서 전문법칙이 적용되지 않는다.[1] 정보저장매체에 수록된 정보가 진술이라고 하더라도 공포심 유발 문자와 같이 진술 자체가 범행의 직접적 수단이 되는 경우에는 전문법칙이 적용되지 않으며, 이를 유죄의 증거로 사용할 수 있다.[2]

제 6　진술증거의 임의성

1. 형사소송법 제317조의 입법취지

형사소송법 제317조는 진술증거의 임의성 요건에 대하여 규정하고 있다. 즉 제1항에서 "피고인 또는 피고인 아닌 자의 진술이 임의로 된 것이 아닌 것은 증거로 할 수 없다."고 규정하여 구두진술에 임의성을 요구하고, 제2항에서 "전항의 서류는 그 작성 또는 내용인 진술이 임의로 되었다는 것이 증명된 것이 아니면 증거로 할 수 없다."고 규정하여 서면화된 진술의 임의성을 요구하며, 제3항에서 "검증조서의 일부가 피고인 또는 피고인 아닌 자의 진술을 기재한 것인 때에는 그 부분에 한하여 전2항의 예에 의한다."고 규정하여 검증조서에 기재된 진술의 임의성을 요구하고 있다.

임의성 없는 진술의 증거능력을 부정하는 취지는 다음의 두 가지이다. 첫째는, 허위진술을 유발 또는 강요할 위험성이 있는 상태하에서 행하여진 진술은 그 자체가 실체적 진실에 부합하지 아니하여 오판을 일으킬 소지가 있기 때문이다. 둘째는, 진술의 진위를 떠나서 진술자의 기본적 인권을 침해하는 위법 부당한 압박이 가해지는 것을 사전에 막기 위함이다.[3]

2. 임의성에 대한 조사와 증명

(1) 임의성의 조사절차

진술의 임의성은 진술증거의 증거능력 인정을 위한 기본요건이다. 진술의 임의성은 진술증거의 증거능력 인정을 위한 요건이므로 증거조사에 들어가기 전에 이를 심사하는 것이 원

---

1) 2007. 7. 26. 2007도3906, [미간행], 『멱살잡이 상해 사진 사건』.
2) 2008. 11. 13. 2006도2556, 공 2008하, 1704, 『문자메세지 사진 사건』.
3) 2006. 11. 23. 2004도7900, 공 2007, 78, 『연예기획사 운전기사 사건』.

칙이다(규칙134① · ②). 그런데 일단 임의성이 있다고 판단하여 증거조사에 들어간 후에 진술의 임의성에 의문이 생기는 경우가 있다. 이 때에는 실체적 진실발견과 피고인 보호의 관점에서 원진술의 임의성을 다시 조사할 수 있다. 이러한 경우에는 진술증거에 대한 증거조사와 진술의 임의성 조사가 함께 진행될 수도 있다.

피고인이나 변호인은 검사작성 피의자신문조서에 대해 일단 진술의 임의성을 인정하였다 하더라도 증거조사가 완료되기 전에 최초의 진술을 번복함으로써 피의자신문조서를 유죄 인정의 자료로 사용할 수 없게 할 수 있다. 그러나 증거조사가 완료된 뒤에는 임의성 번복의 의사표시에 의하여 이미 인정된 조서의 증거능력이 당연히 상실되지는 않는다.[1]

그러나 적법절차 보장의 정신에 비추어 임의성을 인정한 최초의 진술에 (가) 그 효력을 그대로 유지하기 어려운 중대한 하자가 있고 (나) 그에 관하여 진술인에게 귀책사유가 없는 경우에는 그 때에 한하여 예외적으로 증거조사절차가 완료된 뒤에도 임의성을 인정한 진술을 취소할 수 있다. 이때 그 취소 주장이 이유 있는 것으로 받아들여지게 되면 법원은 증거배제결정(규칙139④)을 통하여 그 조서를 유죄 인정의 자료에서 제외하여야 한다.[2]

(2) 임의성의 증명

진술의 임의성은 '증명'을 요한다(법317② 참조). 진술의 임의성을 다툴 때에는 피고인이 먼저 진술의 임의성을 의심할 만한 합리적이고 구체적인 사실을 주장해야 한다. 다만 자백 진술의 경우에는 피고인의 자백이 고문, 폭행, 협박, 신체구속의 부당한 장기화 또는 기망 기타의 방법으로 임의로 진술한 것이 아니라고 의심할 만한 사실을 주장하는 것으로 족하다(법309).

피고인이 진술의 임의성을 다툴 때에는 피고인이 임의성을 의심할 만한 합리적이고 구체적인 사실을 증명할 것이 아니라 검사가 진술의 임의성에 대한 의문점을 없애는 증명을 하여야 한다. 검사가 임의성의 의문점을 없애는 증명을 하지 못한 경우에는 그 진술증거는 증거능력이 부정된다.[3]

진술의 임의성은 진술증거의 증거능력을 인정하기 위한 기본요건이다. 피고인이 진술의 임의성을 다투지 않더라도 진술증거의 임의성에 관하여 의심할 만한 사정이 나타나 있는 경우에는 법원은 직권으로 그 임의성 여부에 관하여 조사를 하여야 한다.[4] 임의성이 인정되

---

1) 2008. 7. 10. 2007도7760, 공 2008하, 1200, 『의견진술 단계 동의 번복 사건』.
2) 2008. 7. 10. 2007도7760, 공 2008하, 1200, 『의견진술 단계 동의 번복 사건』.
3) 2006. 11. 23. 2004도7900, 공 2007, 78, 『연예기획사 운전기사 사건』.
4) 2006. 11. 23. 2004도7900, 공 2007, 78, 『연예기획사 운전기사 사건』.

지 아니하여 증거능력이 없는 진술증거는 피고인이 증거로 함에 동의하더라도 증거로 삼을 수 없다.[1]

제7 증거동의

1. 증거동의의 의의와 성질

(1) 증거동의의 의의

형사소송법 제318조 제1항은 "검사와 피고인이 증거로 할 수 있음을 동의한 서류 또는 물건은 진정한 것으로 인정한 때에는 증거로 할 수 있다."고 규정하고 있다. 서류 또는 물건에 대해 증거로 할 수 있음을 동의하는 의사표시를 가리켜서 증거동의라고 한다. 전문증거의 증거능력 확인절차를 일일이 준수하게 하는 것은 법원의 업무량을 증가시킬 뿐만 아니라 재판지연으로 인하여 오히려 피고인에게 불이익을 초래하는 경우도 없지 않다. 입법자는 신속한 재판과 소송경제를 도모하기 위하여 검사와 피고인에게 증거동의권을 부여하고 있다.

(2) 증거동의의 본질

증거동의의 본질에 대해 반대신문권포기설, 처분권설, 이원설 등이 제시되고 있다.

(가) 반대신문권포기설　　증거동의의 본질을 반대신문권의 포기라고 보는 견해이다. 판례 가운데에는 이 입장을 취하고 있는 것이 있다.[2] 전문증거에 대해 당사자가 굳이 반대신문권을 행사하여 진실 여부를 음미할 필요를 느끼지 않는 경우가 있으며, 당사자가 반대신문권을 포기하는 경우에는 그 증거에 증거능력을 인정해도 무방하다는 것이다.

(나) 처분권설　　증거동의를 증거능력에 관한 당사자의 처분권행사라고 보는 견해이다. 형소법 제318조 제1항이 당사자에게 증거능력에 관한 처분권을 부여하였다고 보는 것이다. 이 입장에서는 증거동의의 객체에 전문증거뿐만 아니라 위법한 절차에 의하여 수집된 증거 등 모든 증거물이 포함된다고 본다.

(다) 이원설　　이원설은 증거동의를 한편으로는 반대신문권의 포기로, 다른 한편으로는 실질적 직접심리주의의 예외로 파악하는 견해이다. 생각건대 이원설이 타당하다고 본다. 형소법 제318조 제1항은 소송관계인이 굳이 반대신문권을 행사하여 원진술의 진실 여부를 음미할

---

1) 2006. 11. 23. 2004도7900, 공 2007, 78, 『연예기획사 운전기사 사건』.
2) 1983. 3. 8. 82도2873, 공 1983, 680, 『'모든 증거에 동의' 사건』.

필요를 느끼지 않는 경우뿐만 아니라, 법원이 원본증거를 직접 조사하지 않더라도 실체적 진실발견에 지장을 초래하지 않는 증거에 대해 소송경제와 신속한 재판의 관점에서 소송관계인에게 증거동의권을 부여한 것이라고 생각되기 때문이다.

형사소송법 제318조 제1항을 이와 같이 이원적으로 파악하게 되면 다음과 같은 결론들을 도출해 낼 수 있다. 첫째로, 증거동의의 객체는 원칙적으로 전문증거에 한정되고 위법수집증거(법308의2)는 처음부터 증거동의의 적용대상에서 배제된다. 형소법 제318조 제1항은 소송관계인에게 증거에 관한 절대적 처분권을 부여한 조문이 아니기 때문이다. 위법수집증거에 대한 증거동의 문제는 위법수집증거배제법칙과 관련하여 다시 검토하기로 한다.

둘째로, 원진술자에 대한 반대신문을 관념할 수 없는 물건, 사진, 피고인진술 기재서면, 검증조서 등도 증거동의의 대상에 포함된다.

2. 증거동의의 객체

(1) 전문증거의 경우

형소법 제318조 제1항은 형소법 제310조의2에 대응하는 조문이므로 기본적으로 전문증거를 그 대상으로 한다. 위법수집증거는 증거동의의 객체가 될 수 없다. 위법수집증거에 대한 증거동의 문제는 위법수집증거배제법칙의 항목에서 검토하기로 한다.[1]

증거동의의 대상이 되는 증거는 전문증거의 예외적 허용요건이 구비되지 아니하였거나 아직 그 존부가 판명되지 아니한 것이어야 한다. 형소법 제318조 제1항은 증거동의 객체를 '서류 또는 물건'으로 규정하고 있다. 여기에서 '서류 또는 물건' 이외에 구두의 전문진술도 증거동의의 객체가 될 수 있는지 문제된다.

증거동의가 반대신문권의 포기에 근거하는 것이라고 한다면 구두의 전문진술을 증거동의의 객체에서 제외할 이유는 없다. 그러나 피고인이 공소사실을 부인하고 있는 상황에서 증인의 전문진술에 대하여 피고인 또는 변호인에게 의견을 묻는 등의 적절한 방법으로 고지가 이루어지지 않은 채 증인신문이 진행되었다면 피고인 측이 증인의 전문진술에 대해 증거로 삼는 데에 동의하였다고 볼 수 없다.[2]

(2) 물건에 대한 증거동의

진술이 기재된 물건이 아니라 물건 자체에 대해 증거동의가 가능한가 하는 문제가 있다.

---

1) 후술 853면 참조.
2) 2019. 11. 14. 2019도11552, 공 2020상, 117, 『새마을금고 이사장 선거 50만원 사건』.

이에 대해서는 물건포함설과 물건불포함설이 대립하고 있다.

(가) 물건불포함설　　　물건에 대한 증거동의란 생각할 수 없으며 형사소송법 제318조 제1항이 이를 규정한 것은 입법의 과오라고 보는 견해이다. 이 입장에서는 물적 증거는 반대신문과 관계없는 증거일 뿐 아니라 현행법은 물적 증거에 대해서 증거능력을 제한하고 있지 아니하므로 증거동의의 대상이 되지 않는다고 주장한다.

(나) 물건포함설　　　물건도 증거동의의 객체에 포함된다고 보는 견해이다. 생각건대 물건포함설이 타당하다고 본다. 공판정 심리에 현출시키는 과정에서 오류가 개입할 위험성이 높은 물건은 실질적 직접심리주의(법310의2)의 관점에서 증거능력을 배제하는 것이 원칙이다. 그렇지만 그 물건이 진정한 것으로 인정되는 경우라면 신속한 재판과 소송경제의 관점에서 증거동의를 허용해도 무방하다. 입법자가 형사소송법 제318조 제1항에서 물건을 증거동의 대상으로 명시한 것은 이러한 사정을 고려한 의도적 결단이라고 생각된다.

3. 증거동의의 방법

(1) 증거동의의 주체와 상대방

(가) 검사와 피고인　　　증거동의는 피고인과 검사가 할 수 있다(법318①). 증거동의는 신청된 증거에 의하여 불이익을 받게 될 우려가 있는 상대방이 하게 된다. 따라서 검사가 신청한 증거에 대해서는 피고인이, 피고인이 신청한 증거에 대해서는 검사가, 법원이 직권으로 채택하는 증거에 대해서는 검사와 피고인의 동의가 각각 필요하다.[1]

당사자가 제출한 서류에 대해 법원이 직권으로 증거조사를 하는 경우에 당해 서류를 제출한 당사자는 그것을 증거로 함에 동의하고 있음이 명백하므로 상대방의 동의만 얻으면 충분하다.[2]

(나) 변호인　　　형소법 제318조 제1항은 수사기관 작성 피의자신문조서에 대한 내용인정·내용부인의 경우(법312①·③)와 달리 증거동의의 주체로 변호인을 명시하고 있지 않다. 그러나 변호인에게는 포괄대리권이 인정되므로 피고인의 명시적 의사에 반하지 않는 한 피고인을 대리하여 증거동의의 의사표시를 할 수 있다.

형소법 제318조 제1항에 규정된 증거동의의 주체는 소송주체인 검사와 피고인이다. 변호인은 피고인을 대리하여 증거동의에 관한 의견을 낼 수 있을 뿐이므로 피고인의 명시한 의사에 반하여 증거로 함에 동의할 수는 없다. 따라서 피고인이 출석한 공판기일에서 증거로 함에

---

1) 1989. 10. 10. 87도966, 공 1989, 1702, 『청과시장 탈세 사건』.
2) 1989. 10. 10. 87도966, 공 1989, 1702, 『청과시장 탈세 사건』.

부동의한다는 의견을 진술한 경우에는 그 후 피고인이 출석하지 아니한 공판기일에 변호인만
이 출석하여 종전 의견을 번복하여 증거로 함에 동의하였다 하더라도 이는 특별한 사정이 없
는 한 효력이 없다.[1]

(다) 동의의 상대방   증거동의는 증거능력 인정을 위한 요건이 구비되지 아니한 증거에
대하여 증거능력을 부여하려는 소송관계인의 소송행위이다. 이와 같이 증거동의는 증거능력
의 인정을 구하는 소송행위이므로 법원을 상대로 행해져야 한다. 검사에 대한 동의는 증거동
의로서 효력이 없다.

피고인이나 변호인이 피고인의 무죄에 관한 자료로 제출한 서증 가운데 도리어 유죄임을
뒷받침하는 내용이 들어 있는 경우가 생길 수 있다. 이러한 경우에 법원은 피고인 측의 증거
동의가 있는 것으로 보아서는 안 된다. 증거동의는 상대방으로부터 이루어져야 하기 때문이
다. 엄격한 증명의 법리에 비추어 볼 때 법원은 상대방의 동의가 없는 한 당해 서류의 진정성
립 여부 등을 조사하고 아울러 당해 서류에 대해 피고인이나 변호인에게 의견진술과 변명의
기회를 준 다음이 아니면 당해 서증을 유죄인정의 증거로 쓸 수 없다.[2]

(2) 증거동의의 시기

법원은 증거결정을 함에 있어서 필요하다고 인정할 때에는 그 증거에 대한 검사, 피고인
또는 변호인의 의견을 들을 수 있다(규칙134①). 따라서 증거동의는 원칙적으로 이 증거결정
의 단계에서 행해져야 한다. 증거결정 후에 실시하는 증거조사 단계에서는 증거능력 있는 증
거만 조사대상이 될 수 있으므로 증거동의는 원칙적으로 증거조사의 실행에 들어가기 전의
단계에서 이루어져야 한다.

공판기일에서 증인의 증언이 전문증거로서 증거능력이 없는 것인데도, 그러한 사정에 대
하여 법원이 피고인 또는 변호인에게 의견을 묻는 등의 적절한 방법으로 고지가 이루어지지
않은 채 증인신문이 진행된 다음, 그 증거조사 결과에 대한 의견진술 단계에서 피고인 측이
증인의 증언에 따른 증거조사 결과에 대하여 "별 의견이 없다"고 진술하였다고 하여 이를 증
거동의로 볼 수는 없다.[3]

(3) 증거동의의 방법

증거동의가 묵시적 동의나 포괄적 동의의 방법으로도 가능하다고 보는 견해가 있다. 종

1) 2013. 3. 28. 2013도3, 공 2013상, 834, 『변호인 번복 동의 사건』.
2) 1989. 10. 10. 87도966, 공 1989, 1702, 『청과시장 탈세 사건』.
3) 2019. 11. 14. 2019도11552, 공 2020상, 117, 『새마을금고 이사장 선거 50만원 사건』.

래 판례는 피고인이 아닌 자의 진술조서에 대해 "의견 없다"고 한 진술[1]이나 피고인이 신청한 증인의 전문진술에 대해 "별 의견이 없다"고 한 피고인의 진술[2]에 대하여 이를 증거동의로 볼 수 있다는 태도를 취하고 있었다.

그러나 증거동의는 증거에 유죄인정의 자료로 사용될 수 있는 자격을 인정하는 행위로서 피고인의 유·무죄를 좌우할 수 있는 중요한 소송행위라고 하지 않을 수 없다. 이러한 점을 고려하여 형사소송규칙은 증거분리제출주의를 천명하고 있다. 즉 서류나 물건이 수사기록의 일부인 때에는 검사는 이를 특정하여 개별적으로 제출함으로써 그 조사를 신청하여야 하며(규칙132의3①), 법원은 이에 위반한 증거신청을 기각할 수 있다(동조②). 따라서 적어도 검사가 특정하여 개별적으로 제출하는 증거에 대해서는 개별적으로 증거동의가 이루어져야 할 것이다. 이렇게 볼 때 묵시적 증거동의나 포괄적 증거동의는 허용되지 않는다고 생각된다.

수사기관이 수사과정에서 수집한 자료를 수사기록에 현출시키는 방법으로 수집한 자료의 의미, 성격, 혐의사실과의 관련성 등을 수사보고서 형태로 요약·설명하고 해당 자료를 수사보고서에 첨부하는 경우가 있다. 이 경우 첨부된 자료는 수사보고서의 일부로 편입되거나 수사보고서와 첨부된 자료가 내용상 결합하여 단일한 문서로서의 증명력이나 증거가치를 갖는 것이 아니라 독립한 별개의 증거로서 독자적인 증명력을 갖는다.[3]

그러므로 수사보고서에 관하여 피고인 측에서 증거로 동의한다는 의사를 표시하더라도 수사보고서에 첨부된 자료까지 증거동의를 한 것으로 보아서는 안 된다.[4] 이 경우 법원은 수사보고서에 첨부된 자료를 따로 피고인과 변호인에게 제시하여 첨부된 해당 자료에 대한 증거동의 여부에 관한 진의를 확인하는 등 적절한 소송지휘권을 행사해야 한다.[5]

(4) 증거동의의 증명

증거동의는 소송행위로서 소송절차의 일부를 이룬다. 공판기일의 소송절차로서 공판조서에 기재된 것은 그 조서만으로써 증명한다(법56). 피고인이 시종 공소사실을 부인하고 있는데, 공판조서의 일부인 증거목록에 피고인이 공판기일에서 수사기관 작성 피의자신문조서에 동의한 것으로 기재되는 경우가 있다. 이러한 경우에는 피고인이 수사기관 작성 피의자신문조서

1) 1972. 6. 13. 72도922, 집 33-1, 형586, 『상관폭행 진단서 사건』.
2) 1983. 9. 27. 83도516, 공 1983, 1629, 『'별 의견 없다' 사건』.
3) 2011. 7. 14. 2011도3809, 공 2011하, 1695, 『과테말라 출장 수사 사건』.
4) 2011. 7. 14. 2011도3809, 공 2011하, 1695, 『과테말라 출장 수사 사건』.
5) 2011. 7. 14. 2011도3809, 공 2011하, 1695, 『과테말라 출장 수사 사건』.

중 공소사실을 인정하는 취지의 진술 내용을 인정하지 않았다고 보아야 한다.[1]

피고인이 시종 공소사실을 부인하고 있는데, 공판조서의 일부인 증거목록에 피고인이 공판기일에서 수사기관 작성 피의자신문조서에 동의한 것으로 기재되어 있다면 이는 (가) 착오 기재이거나, (나) 피고인이 그 조서 내용과 같이 진술한 사실이 있었다는 것을 인정한다는 것(소위 인정진술)을 '동의'로 조서를 잘못 정리한 것으로 이해될 뿐, 이로써 수사기관 작성 피의자신문조서가 증거능력을 가지게 되는 것은 아니다.[2]

내용부인에 의하여 수사기관에서 작성된 피고인에 대한 피의자신문조서의 증거능력을 인정할 수 없는 이상 변호인이 제출한 의견서 가운데 피고인이 피의자였을 때 수사기관에서 같은 취지로 진술한 부분 역시 유죄의 증거로 사용할 수 없다. 그리하여 피고인이 변호인의견서에 대하여 증거로 함에 동의하였다고 하더라도 그 진술 부분을 제외한 나머지 부분에 대하여서만 증거로 할 수 있을 뿐이다.[3]

(5) 진정성의 조사

검사와 피고인이 증거로 할 수 있음에 동의한 서류나 물건이라 할지라도 그것으로 즉시 증거동의의 효력이 발생하는 것은 아니며, 법원이 그 증거를 진정한 것으로 인정한 때에 비로소 증거로 할 수 있다(법318① 후단). 이때 '진정한 것으로 인정한다'는 의미는 그 서류 또는 물건의 신용성을 의심스럽게 하는 유형적 상황이 없음을 의미한다.

형소법 제318조 제1항은 진정한 것으로 인정하는 방법에 대해 제한을 가하고 있지 않다. 그러므로 증거동의가 있는 서류 또는 물건은 법원이 제반 사정을 참작해 진정한 것으로 인정하면 증거로 할 수 있다.[4] 진정성은 증거능력의 요건이므로 법원은 자유로운 증명에 의하여 그 유무를 판단하면 족하다. 이때 법원은 진정성의 유무를 조사함에 있어서 증거의 내용을 판단의 기초로 삼을 수 있다고 본다.

문서의 사본은 실질적 직접심리주의에 따라 증거능력이 인정되지 않는다. 그러나 문서의 사본이라도 피고인이 증거로 함에 동의하였고 진정으로 작성되었음이 인정되는 경우에는 증거능력이 인정된다.[5] 작성자의 서명과 무인이 있는 문서는 진정한 것으로 인정할 수 있다.[6]

---

1) 2023. 4. 27. 2023도2102, 공 2023상, 994, 『'3월경부터 6월경까지 투약 사건』.
2) 2023. 4. 27. 2023도2102, 공 2023상, 994, 『'3월경부터 6월경까지 투약 사건』.
3) 2024. 5. 30. 2020도16796, 공 2024하, 1050, 『압수조서 압수경위란 자백 사건』.
4) 2019. 3. 28. 2018도13685, 법률신문 2019. 4. 11. 『정산서 증거동의 착오 서명 사건』.
5) 2011. 1. 27. 2010도11030, 공 2011상, 532, 『노동조합 업무수첩 사건』.
6) 1990. 10. 26. 90도1229, 공 1990, 2475, 『얼굴 2회 가격 사건』.

영상녹화물과 그 속기록에 대해 각각 증거동의가 있었으나 반대신문권 보장이 없었음을 이유로 내려진 위헌결정[1]으로 인하여 영상녹화물의 증거능력이 부정된 경우 속기록에 대한 증거동의의 효력을 인정할 것인지 문제된다. 영상녹화물의 속기록은 영상녹화물의 진술 내용을 그대로 녹취한 것으로서 영상녹화물 속의 발언자를 특정하고 내용을 명확하게 함으로써 증거조사절차가 효율적으로 이루어질 수 있도록 하기 위하여 작성된 것에 불과하다. 피고인이 속기록에 대해서 증거로 함에 동의하였다고 하더라도 그 동의의 경위와 사유 등에 비추어 영상녹화물과 속기록 사이에 증거능력의 차이를 둘 수 있는 합리적 이유가 존재한다는 등의 특별한 사정이 없는 한, 속기록을 진정한 것으로 인정하기는 어렵다.[2]

4. 증거동의의 효과

(1) 증거능력의 인정

검사와 피고인이 증거로 할 수 있음을 동의한 서류 또는 물건은 진정한 것으로 인정한 때에는 증거로 할 수 있다(법318①). 이때 '증거로 할 수 있다' 함은 형소법 제310조의2에 해당하는 전문증거로서 제311조 내지 제315조의 예외사유에 포함되지 않거나 포함 여부가 불분명한 서류·정보저장매체 그 밖의 물건이라도 증거능력을 인정한다는 의미이다.

증거동의는 증거동의를 한 피고인에 대해서만 효력이 있다. 전문증거에 대하여 공동피고인(갑)이 증거로 함에 동의하였다고 하여 동의하지 아니한 다른 공동피고인(을)과의 관계에 있어서 그 전문증거가 증거능력을 인정받는 것은 아니다.

증거동의를 한 검사 또는 피고인이 일단 동의한 증거의 증명력을 다툴 수 있는가 하는 문제가 있다. 증명력은 증거능력이 인정된 증거를 전제로 하여 그 증거가 가지고 있는 사실인정의 힘을 말하는 것이므로 증거동의를 한 소송관계인이 증명력을 다투는 것은 원칙적으로 허용된다고 볼 것이다.

(2) 증거동의의 효력범위

증거동의의 효력은 원칙적으로 동의의 대상으로 특정된 서류 또는 물건의 전부에 미친다. 일부에 대한 증거동의는 허용되지 않는다고 본다. 검사작성의 피고인 아닌 자에 대한 진술조서에 관하여 피고인이 "공판정 진술과 배치되는 부분은 부동의한다."라고 진술한 경우에는 그 조서 전부를 증거로 함에 동의하지 않는다는 취지로 보아야 한다.[3]

---

1) 2021. 12. 23. 2018헌바524, 헌집 33-2, 760, 『19세 미만 피해자 영상물 사건』 참조.
2) 2022. 4. 14. 2021도14616, 판례속보, 『미성년 친딸 영상물 사건』.
3) 1984. 10. 10. 84도1552, 공 1984, 1823, 『'배치부분 부동의' 사건』.

증거동의는 진정성의 인정을 조건으로 전문증거나 그 밖의 물건에 증거능력을 부여하는 소송행위이다. 따라서 증거동의의 효력은 소송행위의 일반원칙에 따라서 피고사건과 단일성 및 동일성이 인정되는 전범위에 미치는 것이 원칙이다.

5. 증거동의의 철회와 취소

증거동의의 의사표시는 증거조사가 완료되기 전까지 취소 또는 철회할 수 있다. 그러나 일단 증거조사가 완료된 뒤에는 취소 또는 철회가 인정되지 아니하므로 취소 또는 철회 이전에 이미 취득한 증거능력은 상실되지 않는 것이 원칙이다.[1] 따라서 제1심에서 한 증거동의를 항소심에서 취소할 수 없다.[2]

그러나 적법절차 보장의 정신에 비추어 증거동의를 한 최초의 진술에 (가) 그 효력을 그대로 유지하기 어려운 중대한 하자가 있고 (나) 그에 관하여 진술인에게 귀책사유가 없는 경우라면 그 때에 한하여 예외적으로 증거조사절차가 완료된 뒤에도 증거동의의 진술을 취소할 수 있다.[3] 이 경우 증거동의를 취소하는 주장이 이유 있는 것으로 판단되면 법원은 증거배제 결정(규칙139④)을 통하여 그 증거를 유죄 인정의 자료에서 제외하여야 한다.[4]

6. 증거동의의 의제

(1) 피고인의 불출석

피고인의 출정 없이 증거조사를 할 수 있는 경우에 피고인이 출정하지 아니한 때에는 형소법 제318조 제1항에 의한 증거동의가 있는 것으로 간주된다(법318② 본문). 그러나 피고인이 출정하지 아니하더라도 대리인 또는 변호인이 출정한 때에는 증거동의가 있는 것으로 간주되지 않는다(동조 단서).

증거동의 간주는 피고인의 진의와는 관계없이 이루어진다. 형소법 제318조 제2항의 입법 취지는 재판의 필요성과 신속성이다. 즉 피고인의 불출정으로 인한 소송행위의 지연을 방지하고 피고인 불출정의 경우 전문증거의 증거능력을 결정하지 못함에 따른 소송지연을 방지하는 데에 있다.[5]

피고인의 출정 없이 공판기일을 진행할 수 있는 경우 가운데에 일정 범위의 유리한 재판

---

1) 2007. 7. 26. 2007도3906, [미간행], 『멱살잡이 상해 사진 사건』.
2) 1996. 12. 10. 96도2507, 공 1997, 454, 『치료확인서 사건』.
3) 2008. 7. 10. 2007도7760, 공 2008하, 1200, 『의견진술 단계 동의 번복 사건』 참조.
4) 2008. 7. 10. 2007도7760, 공 2008하, 1200, 『의견진술 단계 동의 번복 사건』 참조.
5) 2011. 3. 10. 2010도15977, [미간행], 『공시송달 2회 소환 불출석 사건』.

이나 경미사건(법277, 306④ 참조) 등의 경우가 있다. 이에 대해서는 소송관계인의 출석에 관한 항목에서 설명하였다.[1]

「소송촉진 등에 관한 특례법」(소송촉진법) 제23조는 "제1심 공판절차에서 피고인에 대한 송달불능보고서가 접수된 때부터 6개월이 지나도록 피고인의 소재를 확인할 수 없는 경우에는 대법원규칙으로 정하는 바에 따라 피고인의 진술 없이 재판할 수 있다. 다만, 사형, 무기 또는 장기 10년이 넘는 징역이나 금고에 해당하는 사건의 경우에는 그러하지 아니하다."라고 규정하고 있다.

피고인이 소송촉진법에 따라 공시송달의 방법에 의한 공판기일의 소환을 2회 이상 받고도 출석하지 아니하여 법원이 피고인의 출정 없이 증거조사를 하는 경우에는 형소법 제318조 제2항에 따른 피고인의 증거동의가 있는 것으로 간주된다.[2] 이 경우 피고인이 항소심에 출석하여 공소사실을 부인하면서 간주된 증거동의를 철회 또는 취소한다는 의사표시를 하더라도 그로 인하여 적법하게 부여된 증거능력이 상실되지는 않는다.[3]

피고인이 출석하지 아니하면 개정하지 못하는 경우에 구속된 피고인이 정당한 사유 없이 출석을 거부하고, 교도관에 의한 인치가 불가능하거나 현저히 곤란하다고 인정되는 때에는 피고인의 출석 없이 공판절차를 진행할 수 있다(법277의2①). 구속된 피고인이 출석을 거부하더라도 피고인의 출석 없이 공판절차를 진행하려면 법원은 출석한 검사 및 변호인의 의견을 들어야 한다(동조②). 따라서 이 의견진술의 기회에 변호인은 증거로 함에 대한 이의를 표시하여 증거동의의 효력을 배제할 수 있다.

피고인이 재판장의 허가 없이 퇴정하는 경우에 형소법 제318조 제2항을 적용하여 증거동의를 의제할 수 있는지 문제된다. 판례는 피고인의 무단퇴정을 방어권의 남용으로 보고 형소법 제330조(진술없이 하는 판결)를 매개로 증거동의를 의제하고 있다.[4]

(2) 간이공판절차의 특칙

형소법 제318조의3은 간이공판절차에 있어서 증거동의의 특칙을 규정하고 있다. 간이공판절차의 결정(법286의2)이 있는 사건의 증거에 관하여는 전문증거에 대하여 증거동의가 있는 것으로 간주된다(법318의3 본문). 그러나 검사, 피고인 또는 변호인이 증거로 함에 이의를 표시한 때에는 증거동의의 효력이 의제되지 않는다(동조 단서).

---

1) 전술 587면 참조.
2) 2011. 3. 10. 2010도15977, [미간행], 『공시송달 2회 소환 불출석 사건』.
3) 2011. 3. 10. 2010도15977, [미간행], 『공시송달 2회 소환 불출석 사건』.
4) 1991. 6. 28. 91도865, 공 1991, 2077, 『재판거부 의사표명 사건』.

제 8 탄핵증거

1. 탄핵증거의 의의

(1) 탄핵증거의 개념

진술의 증명력을 다투기 위한 증거를 가리켜서 탄핵증거라고 한다. 원래 전문증거는 형사
소송법 제310조의2에 의하여 원칙적으로 증거능력이 부인되며 예외적으로 형소법 제311조
내지 제316조의 요건을 갖춘 경우에만 유죄 인정의 자료로 사용될 수 있다. 그러나 증거능
력이 부인되는 전문증거라 할지라도 공판준비 또는 공판기일에서 행해지는 진술의 증명력을
다투기 위하여 사용하는 것은 유죄 인정의 자료로 이용되는 것이 아니기 때문에 허용될 여지
가 있다.

형소법 제318조의2 제1항은 증거능력 없는 전문증거가 법관 면전에서 행해지는 진술의
증명력을 다투기 위하여 탄핵증거로 사용되는 것을 허용하고 있다. 탄핵증거는 범죄사실을 인
정하는 증거가 아니어서 엄격한 증거능력을 요하지 않는다.[1]

탄핵증거는 법관의 증명력 판단에 합리성을 제고하기 위하여 마련된 장치이다. 탄핵증거
는 범죄사실의 존재를 증명하는데 사용되지 아니하므로 증거능력 있는 증거만을 사용하도록
하는 엄격한 증명(법307①)의 법리에 저촉되지 않는다. 또 탄핵증거는 반증이라는 우회적이고
번잡한 절차를 거치지 아니하고 법관으로 하여금 증거가치를 재음미할 수 있도록 함으로써
증명력 판단에 합리성을 도모할 수 있다.

(2) 제318조의2 제1항의 체계상 위치

탄핵증거의 사용을 규정한 형소법 제318조의2 제1항이 전문법칙의 예외를 규정한 것인가
아니면 전문법칙의 적용이 없는 경우인가에 대하여 다툼이 있다. 전문증거의 사용을 금지한
형소법 제310조의2와 그 예외를 규정한 형소법 제311조 내지 제316조는 반대신문권의 보장
과 실질적 직접심리주의의 실현을 원칙으로 설정하면서 신용성의 정황적 보장과 증거사용의
필요성을 고려하여 예외적으로 전문증거에 증거능력을 부여하는 규정들이다.

이에 대하여 탄핵증거를 규정한 형소법 제318조의2 제1항은 원진술의 내용이 되는 사실
자체를 증명하려고 하는 것이 아니라 피고인 또는 피고인 아닌 자의 진술의 증명력을 다투려
고 하는 것으로서 신용성의 정황적 보장과 증거사용의 필요성 요건을 요구하지 않는다. 따라

---

1) 2012. 9. 27. 2012도7467, 공 2012하, 1794, 『매매형식 뇌물제공 사건』.

서 탄핵증거에 관한 형소법 제318조의2 제1항은 전문법칙의 예외가 아니라 전문법칙의 적용이 없는 경우라고 보아야 할 것이다.

2. 탄핵증거의 문제점

검사가 '피고인 또는 피고인 아닌 자의 진술의 증명력을 다투기 위하여'라는 명목하에 증거능력 없는 전문증거를 법원에 제출하게 되면 자칫 그 증거가 진술증거의 증명력 판단의 자료로 사용되는 것을 넘어서서 범죄사실의 존부 자체에 관한 법관이나 배심원의 심증에 영향을 미치기 쉽다. 이렇게 되면 피고인의 방어를 위하여 마련된 엄격한 증명의 법리(법307①)가 탄핵증거의 규정(법318의2①) 때문에 그 의미를 잃게 된다.

여기에서 전문증거의 사용을 통하여 진술증거의 증명력을 음미하도록 함으로써 법관이나 배심원의 증명력 판단에 적정을 기하려는 탄핵증거의 기본목적과 증거능력 있는 증거만을 사용하여 범죄사실을 증명하도록 함으로써 피고인을 보호하려는 엄격한 증명의 법리가 충돌하게 되며, 양자의 요청을 적정한 선에서 조화시키는 노력이 필요하게 된다.

3. 탄핵증거의 허용범위

(1) 학설의 개관

증거능력 없는 전문증거를 어느 범위까지 진술증거의 증명력을 다투기 위한 증거로 사용할 수 있게 할 것인가를 놓고 여러 가지 학설들이 제시되고 있다.

(가) 한정설   한정설은 피고인 또는 피고인 아닌 자가 종전에 행한 진술 가운데 법관의 면전에서 행한 진술과 일치하지 않는 것만을 탄핵증거로 사용할 수 있다고 보는 견해이다. 법관 면전의 진술과 일치하지 않는 종전의 진술을 자기모순의 진술이라고 한다. 한정설의 입장에서는 전문증거가 원진술자의 진술내용을 가지고 요증사실을 증명하려는 증거임에 반하여 탄핵증거는 진술자의 전후 진술이 일치하지 않는다는 사실 자체를 증명의 대상으로 삼는다는 점을 강조한다. 탄핵증거를 자기모순의 진술에 국한하려는 한정설의 입장에서는 탄핵증거를 전문법칙과는 관계없는, 독자적으로 진술증거의 증명력을 다투는 증거라고 본다.

(나) 절충설   절충설은 자기모순의 진술 이외에 진술자의 신빙성에 관한 사실을 입증하는 증거도 탄핵증거로 사용될 수 있다고 보는 견해이다. 진술자의 신빙성에 관한 사실로 진술자의 성격, 이해관계, 전과사실, 평판 등을 들 수 있다. 진술자의 신용성에 관한 부차적 사실을 가리켜 보조사실이라고 한다. 절충설은 자기모순의 진술 이외에 진술자에 관한 보조사실까지도 탄핵증거의 허용범위에 포함시킨다. 그러나 범죄사실 자체에 관련된 주요사실이나 간접사

실의 증거는 탄핵증거에 포함시키지 않는다.

(다) 이원설   이원설은 탄핵증거의 사용범위를 검사의 경우와 피고인의 경우로 나누어 검토해야 한다고 보는 견해이다. 이 입장에서는 다음과 같은 분석을 제시한다. 먼저, 피고인의 입장에서 보면 증거능력의 유무를 가리지 않고 모든 증거를 자신의 무죄입증의 자료로 사용할 수 있으므로 피고인이 검찰 측 진술증거의 증명력을 다투기 위하여 사용하는 탄핵증거에는 제한이 없다.

이에 반하여 검사는 범죄수사를 위하여 강력한 조직과 권한을 보유하고 있으므로 엄격한 증명의 법리에 따라 범죄사실을 증명해야 하며 피고인 측 진술증거의 증명력을 다툰다는 명목하에 증거능력 없는 증거를 제출하는 일은 삼가하지 않으면 안 된다. 그리하여 검사는 탄핵증거로서 자기모순의 증거만을 사용할 수 있다.

(라) 비한정설   비한정설은 자기모순의 진술, 진술자의 신빙성에 관한 증거 그리고 범죄사실에 관한 주요사실 및 간접사실의 증거까지도 모두 탄핵증거로 사용될 수 있다고 본다. 비한정설은 형소법 제318조의2 제1항이 진술의 증명력을 다투기 위한 전문증거의 사용범위에 아무런 제한을 두고 있지 않다는 점을 강조한다.

(2) 학설의 검토

생각건대 탄핵증거로 사용할 수 있는 전문증거의 범위는 다음과 같은 이유에서 절충설에 의하여 결정하는 것이 타당하다고 본다. 우선, 비교법적으로 볼 때 탄핵증거의 개념이 발전한 영미법의 경우에 탄핵의 의미가 진술자의 신빙성을 다툰다는 의미로 사용되고 있음에 주목할 필요가 있다. 다음으로, 검사와 피고인 모두에 대해 적용되는 탄핵증거의 통일적 기준이 필요하다. 이 점은 특히 국민참여재판의 실시와 함께 공판절차의 구조가 당사자주의로 전환되면서 그 의미가 더욱 강조된다.

결국 형소법 제318조의2 제1항에 의하여 탄핵증거로 사용될 수 있는 전문증거 안에는 자기모순의 진술 이외에 진술자의 편견, 성격, 이해관계, 평판, 전과사실 등 진술자의 신빙성에 관한 보조사실을 입증하는 증거가 포함된다고 보아야 할 것이다. 그러나 범죄사실에 관한 주요사실 및 간접사실을 입증하기 위한 증거가 탄핵증거라는 명목으로 법관이나 배심원의 면전에 제출되는 것은 허용되지 않는다.

(3) 피고인이 제출한 탄핵증거의 증거능력

피고인이 유죄증거의 증명력을 다투기 위하여 탄핵증거로 제출한 증거를 수소법원이 곧바로 범죄사실 인정의 자료로 삼을 수 있을 것인지 문제된다. 엄격한 증명의 법리(법307①)

에 비추어 볼 때 탄핵증거로 제출된 증거를 바로 유죄인정의 자료로 사용하는 것은 허용되지 않는다.

증거제출의 상대방으로부터 동의가 없는 한 수소법원은 당해 증거의 진정성립 여부 등을 조사해야 하며, 그 증거에 대해 피고인이나 변호인에게 의견과 변명의 기회를 준 후가 아니면 그 증거를 유죄인정의 증거로 사용할 수 없다.[1]

4. 탄핵증거사용의 요건

(1) 탄핵증거의 자격

탄핵증거로 사용할 수 있는 것은 형소법 제312조 내지 제316조의 규정에 의하더라도 증거능력이 인정되지 않는 전문증거이다. 형소법 제311조는 법원 또는 법관의 면전에서 작성된 조서에 대해 제한 없이 증거능력을 인정하고 있으므로 이에 대해서는 처음부터 탄핵증거로서의 사용 여부가 문제되지 않는다.

탄핵증거로 사용될 수 있는 전문증거에는 서류 및 진술이 모두 포함된다(법318의2① 전단). 그러나 자백배제법칙(법309)에 위반하여 증거능력이 없는 자백, 위법수집증거배제법칙(법308의2)에 의하여 증거능력이 배제된 진술, 또는 진술의 임의성(법317①)이나 서류작성의 임의성(동조②)이 인정되지 아니하여 증거능력이 부인된 진술이나 서류[2]는 탄핵증거로 사용할 수 없다.

수사기관이 조사과정에서 촬영한 영상녹화물(법244의2, 221① 2문)은 탄핵증거로 사용할 수 없다(법318의2②). 진술자에게 기억환기용으로만 재생이 허용될 뿐이다(동항).[3] 수사기관 작성 영상녹화물과 탄핵증거의 관계에 대해서는 영상녹화물의 증거능력 항목에서 검토하였다. 위법수집증거도 탄핵증거의 사용대상에서 제외되어야 한다. 위법수집증거배제법칙과 탄핵증거의 관계에 대해서는 위법수집증거배제법칙의 항목에서 설명하기로 한다.[4]

탄핵증거로 진술기재서면이 제출된 경우에 그 서류의 작성명의인이 입증되어야 하는지 문제된다. 진술서면의 작성명의는 진술자의 서명·날인으로 표시된다. 이에 대해 탄핵증거는 전문법칙의 적용이 없는 경우라는 이유를 들어 원진술자의 서명·날인을 요하지 않는다고 보는 견해가 있다. 판례는 이 입장을 취하고 있다.[5]

---

1) 1989. 10. 10. 87도966, 공 1989, 1702, 『청과시장 탈세 사건』.
2) 1998. 2. 27. 97도1770, 공 1998, 954, 『무장간첩 불고지 사건』.
3) 2014. 7. 10. 2012도5041, 공 2014하, 1624, 『존속살해방조 참고인 사건』 참조.
4) 후술 852면 참조.
5) 1972. 1. 31. 71도2060, 총람 313조, 8번, 『'유죄의 반대증거' 사건』.

생각건대 전문증거는 반대신문에 의하여 원진술에 대한 진실성을 음미할 수 없는 증거이다. 이러한 상태에서 진술서면의 서명·날인조차 확인되지 않는다면 이중으로 오류가 개입할 우려가 있다. 따라서 진술기재서면은 원진술자의 서명·날인이 인정되는 경우에 한하여 탄핵증거로 사용될 수 있다고 본다.

(2) 탄핵의 대상

증명력을 탄핵할 대상이 되는 증거는 (가) 공판준비기일 또는 공판기일에서의 피고인의 진술과 (나) 공판준비기일 또는 공판기일에서의 피고인 아닌 자의 진술이다(법318의2①). (나)의 경우에는 공소제기 전에 피고인을 피의자로 조사하였거나 그 조사에 참여하였던 자의 진술(소위 조사자의 증언)도 포함된다.

(가) 피고인의 진술   형소법 제318조의2 제1항은 증명력을 탄핵할 대상에 피고인의 진술을 포함시키고 있다. 형사소송법이 피고인의 진술을 탄핵의 대상으로 명시하고 있다는 점, 법관 면전에서 행한 피고인의 임의의 진술은 증거능력이 인정된다는 점 등에 비추어 볼 때 피고인진술의 증명력을 다투어야 할 필요성은 인정된다고 할 것이다.

피고인이 내용을 부인하는 수사기관 작성 피의자신문조서는 증거능력이 없다(법312①·③). 피의자의 진술을 기재한 서류가 수사기관의 조사과정에서 작성된 것이라면, 그것이 '진술조서'라는 형식을 취하였다고 하더라도 피의자신문조서와 달리 볼 수 없고(법313⑤), 내용부인에 의하여 증거능력이 없어진다.

내용이 부인된 수사기관 작성 피의자신문조서나 진술조서일지라도 그것이 임의로 작성된 것이 아니라고 의심할 만한 사정이 없는 한 '피고인의 법정에서의 진술'을 탄핵하기 위한 반대증거로 사용할 수 있다.[1] 예컨대 목격자의 진술을 부인하는 피고인의 법정 진술을 탄핵하기 위하여 내용부인된 사경작성 피의자신문조서를 반대증거로 사용하는 것은 허용된다.[2] 또한 내용부인으로 증거능력이 상실된 사경작성 진술조서에 문자전송내역이 첨부되어 있는 경우 검사는 그 사경작성 진술조서를 피고인의 법정 진술의 증명력을 다투기 위한 탄핵증거로 사용할 수 있다.[3]

검사가 '피고인의 법정에서의 진술'을 탄핵할 수 있다고 하더라도, 피고인의 단순한 법정 진술 탄핵을 넘어서서 '공소사실을 부인하는 피고인의 법정 진술'을 탄핵한다는 명목으로 증거능력 없는 증거를 제출하는 것은 허용되지 않는다. 공소사실을 부인하는 피고인의 법정 진

---

1) 1998. 2. 27. 97도1770, 공 1998, 954, 『무장간첩 불고지 사건』.
2) 1998. 2. 27. 97도1770, 공 1998, 954, 『무장간첩 불고지 사건』.
3) 2014. 3. 13. 2013도12507, [미간행], 『문자내역 첨부 경찰 진술서 사건』.

술을 탄핵한다는 것은 결국 검사에게 입증책임이 있는 공소사실 자체를 입증하기 위한 것에 지나지 않아서 형소법 제318조의2 제1항 소정의 피고인의 진술의 증명력을 다투기 위한 탄핵증거로 볼 수 없다.[1]

피고인이 내용을 부인하여 증거능력이 부정된 피의자신문조서에 대해 검사가 피고인의 진술을 탄핵하는 증거로 신청하는 경우가 있다. 이때 피고인 측이 그 피의자신문조서를 증거로 사용함에 동의하였더라도 피고인이 공판기일에서 그 피의자신문조서 기재 내용과 실질적으로 다른 사실을 주장한 것이라면, 그 피의자신문조서는 탄핵증거로서도 증거능력을 인정할 수 없다.[2]

(나) 피고인 아닌 자의 진술   자기 측 증인이 행한 진술의 증명력을 다투기 위하여 탄핵증거를 사용할 수 있는가 하는 문제가 있다. 이에 대해서는 부정설, 긍정설, 절충설을 각각 생각해 볼 수 있다. 탄핵증거가 법관의 증명력 판단에 합리성을 제고하려는 장치라는 점에서 볼 때 증인을 신청하였다는 사실만 가지고 증인신청인에게 그 증인에 대한 탄핵을 금지하는 것은 현명하지 못하다. 자기 측의 증인에 대해서도 전면적으로 탄핵증거의 사용을 허용하는 것이 타당하다.

(3) 탄핵증거의 입증취지

탄핵증거는 피고인 또는 피고인 아닌 자의 진술의 증명력을 다투는 경우에 한하여 증거로 할 수 있다(법318의2① 후단). 즉 탄핵증거의 입증취지는 피고인 또는 피고인 아닌 자의 진술의 증명력이 취약하다는 점에 한정된다. 탄핵증거는 범죄사실 자체를 증명의 대상으로 할 수 없고, 진술자의 자기모순의 진술과 진술자의 신용성에 관한 보조사실의 증명을 목적으로 해야 한다.

피고인이 탄핵증거로 제출한 증거를 유죄인정의 자료로 사용하려면 검사로부터 동의가 있거나 그렇지 않으면 진정성립의 인정 등 증거능력 확인절차를 거친 후 증거조사절차를 밟아야 한다.[3]

탄핵증거는 진술증거의 '증명력을 다투기 위하여' 사용되어야 한다. 탄핵증거는 진술의 증명력을 감쇄하기 위하여 인정되는 것이고 범죄사실 또는 그 간접사실의 인정의 증거로서는 허용되지 않는다.[4]

---

1) 2012. 10. 25. 2011도5459, [미간행], 『성폭행 부인진술 탄핵 사건』.
2) 2022. 10. 14. 2022도9284, [미간행], 『강간죄 피신조서 탄핵증거 사건』.
3) 1989. 10. 10. 87도966, 공 1989, 1702, 『청과시장 탈세 사건』.
4) 2012. 10. 25. 2011도5459, [미간행], 『성폭행 부인진술 탄핵 사건』.

'증명력을 다투기 위하여'라는 의미가 증명력을 감쇄시키는 경우만을 가리키는가 아니면 일단 감쇄된 증명력을 다시 증강·지지하는 경우까지도 포함하는가를 놓고 긍정설과 부정설이 대립하고 있다. 생각건대 공평성의 관점에서 볼 때 긍정설이 타당하다고 본다. 다만 증명력 회복을 위한 회복증거의 사용을 허용하더라도 그것이 범죄사실에 관한 심증형성에 영향을 미치는 일이 없도록 주의하지 않으면 안 된다.

5. 탄핵증거의 조사방법

탄핵증거는 범죄사실을 인정하는 증거가 아니므로 엄격한 증거조사를 거쳐야 할 필요가 없다. 그러나 공개재판의 원칙에 비추어 볼 때 공판정에서 탄핵증거로서의 증거조사는 필요하다.[1] 법정에서 증거로 제출된 바가 없어 전혀 증거조사가 이루어지지 아니한 채 수사기록에만 편철되어 있는 서류를 법원이 탄핵증거로 사용하는 것은 허용되지 않는다.[2]

검사, 피고인 또는 변호인이 증거신청을 함에 있어서는 그 증거와 증명하고자 하는 사실과의 관계를 구체적으로 명시하여야 한다(규칙132의2①). 이는 상대방에게 신청하는 증거에 대해 공격·방어의 수단을 강구할 기회를 사전에 부여하기 위함이다. 탄핵증거의 경우 검사는 해당 증거를 탄핵증거로 신청하여야 한다.[3]

탄핵증거를 제출할 때에도 상대방에게 그에 대한 공격·방어의 수단을 강구할 기회를 부여해야 한다. 따라서 탄핵증거를 제출할 때에는 탄핵증거의 어느 부분에 의하여 진술의 어느 부분을 다투려고 하는지를 사전에 상대방에게 알려야 한다.[4]

탄핵증거에 대한 증거조사는 법정에서 피고인과 변호인에게 탄핵증거에 관한 의견진술권 등 방어권이 충분히 보장된 상태로 이루어져야 한다.[5] 탄핵증거에 대한 증거조사절차는 검사가 입증취지 등을 진술하고 피고인 측에 열람의 기회를 준 후 그 의견을 듣는 방법에 의한다.[6]

---

1) 2005. 8. 19. 2005도2617, 공 2005, 1530, 『도주차량 탄핵증거 사건』.
2) 1998. 2. 27. 97도1770, 공 1998, 954, 『무장간첩 불고지 사건』.
3) 2022. 10. 14. 2022도9284, [미간행], 『강간죄 피신조서 탄핵증거 사건』.
4) 2005. 8. 19. 2005도2617, 공 2005, 1530, 『도주차량 탄핵증거 사건』.
5) 2022. 10. 14. 2022도9284, [미간행], 『강간죄 피신조서 탄핵증거 사건』.
6) 2005. 8. 19. 2005도2617, 공 2005, 1530, 『도주차량 탄핵증거 사건』.

제5절 위법수집증거배제법칙

제1 위법수사의 규제방안

1. 위법수사에 대한 규제방안의 필요성

형사소송법은 강제처분의 종류와 요건, 그리고 그 집행절차에 관하여 상세한 규정을 두고 있다. 강제수사가 법률이 규정한 요건을 충족하지 못하였다면 위법수사가 된다. 강제처분에 대한 각종 법률규정들은 이를 위반할 경우 발생하는 효과와 규제방법을 염두에 두면서 살펴보지 않으면 안 된다. 법적 규제방안이 마련되지 아니한 강제수사규정은 단순히 수사기관에 대한 수권규정이나 훈시규정으로 전락하여 시민의 인권을 보장하려는 본래의 기능을 상실하게 될 것이다.

2. 위법수사에 대한 규제방안의 종류

(1) 위법수사에 대한 적극적 규제방안

위법수사에 대한 적극적 규제방법으로 각종의 법률적 규제장치를 검토할 필요가 있다. 위법수사에 대한 적극적 규제장치는 당해 형사절차를 기준으로 외부적 규제장치와 내부적 규제장치로 나누어 볼 수 있다. 위법수사를 자행한 수사관에 대한 형사처벌(형법123, 124, 125, 경찰관직무집행법12)과 파면 등 행정상 징계처분을 위시하여 국가배상청구(헌법29), 형사보상청구(헌법28), 손해배상청구(민법750) 등은 위법수사가 행해진 당해 형사절차 바깥에 위치하는 규제장치의 예이다.

이에 대하여 체포·구속적부심사제도(법214의2), 구속취소제도(법209, 93), 검사의 구속장소감찰제도(법198의2), 수사상의 준항고제도(법417) 등은 당해 형사절차 내에서 위법수사를 규제하는 장치에 해당한다.

(2) 위법수집증거배제법칙의 의의와 필요성

그런데 당해 형사절차의 외부에서 기능하는 각종의 규제장치들은 위법수사가 자행된 이후에나 동원 가능한 것으로서 사후규제장치로서의 성질을 가지며 그 효과에 한계가 있다. 한편 당해 형사절차 내부에 마련된 각종의 규제장치들은 그 목적이 특수한 문제영역에 한정되고 또 그 효과가 사후적이라는 점에서 위법수사 전반에 대한 통일적 규제장치로 미흡하다. 여기에서 수사기관이 위법수사를 자행하게 되는 근본요인에 착안하여 이를 사전에 억제하는 장치로서 위법수집증거배제법칙이 주목을 받게 된다.

위법수집증거배제법칙(exclusionary rules)이란 위법수사로 인하여 획득된 증거와 그 증거를 원인으로 하여 얻어진 이차적 증거들에 대해 증거능력을 부인하는 법리를 말한다. 위법수집증거배제법칙에 의하여 증거능력이 부인된 증거는 유죄 인정의 증거로 삼을 수 없게 된다.

제 2 위법수집증거배제법칙의 찬반론

1. 문제의 소재

그동안 학계에서는 위법수집증거배제법칙을 일반적으로 인정할 것인가 하는 문제와 이를 인정할 경우 그 법적 근거를 어디에서 구해 올 것인가 하는 문제가 논란되었다. 2007년 개정 형사소송법은 이와 같은 논란을 입법적으로 정리하면서 제308조의2에서 마침내 위법수집증거배제법칙을 명문화하기에 이르렀다. 형사소송법이 규정한 위법수집증거배제법칙을 정확하게 이해하려면 형소법 제308조의2가 명문화되기 전에 위법수집증거배제법칙을 둘러싸고 전개되었던 찬반론을 먼저 살펴볼 필요가 있다.

2. 위법수집증거배제법칙 부정론

우선 실체적 진실발견의 관점에서 본다. 첫째로, 위법수사의 흠이 있더라도 발견된 증거의 객관적 가치는 부인할 수 없다. 둘째로, 사소한 위법수사를 이유로 수집된 증거의 증거능력을 부정할 경우 객관적으로 유죄가 명백한 범죄인에 대해 국가의 형벌권이 무력하게 되고 이 때문에 형사사법에 대한 국민의 신뢰가 실추된다.

다음으로, 위법수사의 견제가능성에 대하여 본다. 첫째로, 위법수사에 대한 최선의 방지책은 과학적 수사장비의 도입과 수사인력의 충분한 확보를 통하여 위법수사의 근본원인을 제거하는 일이다. 둘째로, 위법수사에 대한 현실적 견제장치로는 위법수사를 행한 검사 또는 사법경찰관리를 형사처벌하거나 그 밖에 민사상·행정상 제재를 가하는 것으로 족하다. 셋째로, 형사소송법상 법률전문가인 검사가 사법경찰관리의 수사활동에 법적인 감독과 통제를 가하고 있으므로 위법수집증거배제법칙을 도입하여 법관으로 하여금 수사기관의 위법수사에 대한 견제를 행하도록 할 필요는 없다. 법원은 수사기관에 대한 징계기관이 아니다.

3. 위법수집증거배제법칙 긍정론

우선, 실체적 진실발견의 관점에서 본다. 첫째로, 국민의 형사사법기관에 대한 신뢰를 확보하려면 실체적 진실발견 자체뿐만 아니라 진실발견을 위한 절차적 정당성이 중시되어야 한다. 국가기관의 행위는 다른 법공동체 구성원들에 대하여 행위준칙을 제시하기 때문에 만일 법원이 수사기관의 위법수사를 묵인한다면 사법의 무결성과 온전함에 중대한 훼손이 오게 된다. 둘째로, 아무리 실체적 진실발견을 중시한다 하더라도 국민의 기본적 인권을 침해할 정도로 형사소추권을 행사하는 것은 허용되지 않는다. 헌법이 천명한 적법절차의 원칙(헌법12① 2문 후단, ③ 본문)은 바로 이 점을 강조한 것이다.

다음으로, 위법수사의 견제가능성을 본다. 첫째로, 수사장비의 확보나 근무여건의 개선 등은 국가예산의 범위 내에서 일정한 제한이 따르기 마련이다. 둘째로, 위법수사를 자행한 수사관에 대한 형사소추 가능성을 살펴볼 때 검사와 사법경찰관이 상호 협력관계로 규정되어 있는 현행 형사소송법의 구조(법195①)상 검사에게 객관적이고 공정한 검찰권행사를 기대하기가 곤란하다. 셋째로, 공정한 제삼자로서 법원이 판례를 통하여 위법수사에 대한 증거배제법칙을 축적해 나갈 때 수사기관의 행위준칙이 명확하게 되고 이를 통하여 수사기관뿐만 아니라 그 상대방인 시민에게도 법적 안정성을 제공할 수 있다.

4. 위법수집증거배제법칙의 도입과정

(1) 종래 판례 및 학계의 동향

종래 학계는 일치하여 위법수집증거배제법칙의 도입을 찬성하고 있었다. 판례 또한 변호인의 접견교통권을 침해하거나,[1] 진술거부권을 고지하지 아니하거나[2] 또는 긴급체포의 요건을 구비하지 아니한 상태에서[3] 획득한 피의자진술조서의 증거능력을 부인함으로써 위법수집증거배제법칙을 부분적으로 긍정한 바가 있다.

그러나 판례는 비진술증거인 증거물에 대하여는 압수절차가 위법하다 하더라도 물건 자체의 성질·상태에 변경을 가져오는 것은 아니므로 그 형상 등에 관한 증거가치에는 변함이 없다고 하여 증거능력을 계속 인정하는 입장을 취하였다.[4] 이때 물건 자체의 성질·상태에 변함이 없어서 증거로 사용할 수 있다는 입장을 가리켜서 성상불변론이라고 한다.

---

1) 1990. 9. 25. 90도1586, 공 1990, 2229, 『접견불허 조서 사건』.
2) 1992. 6. 23. 92도682, 공 1992, 2316, 『신이십세기파 사건』.
3) 2002. 6. 11. 2000도5701, 공 2002, 1720, 『광주군수 사건』.
4) 1996. 5. 14. 96초88, 공 1996, 1957, 『형소법 217조 위헌제청 사건』.

도청이 사회적인 문제로 부각되면서 1993년에 「통신비밀보호법」이 제정되었다. 「통신비밀보호법」은 불법검열에 의하여 취득한 우편물이나 그 내용 또는 불법감청에 의하여 획득한 전기통신의 내용을 증거로 사용할 수 없도록 규정하였다(동법4). 「통신비밀보호법」을 통하여 일부 증거물에 한정되기는 하지만 위법수집증거배제법칙이 실정법 차원에서 도입되었다.

(2) 적법절차원칙과 위법수집증거배제법칙

2007년 형소법 개정시에 입법자는 형사소송법 제308조의2에 "적법한 절차에 따르지 아니하고 수집한 증거는 증거로 할 수 없다."는 규정을 신설하여 마침내 위법수집증거배제법칙을 명문화하였다. 위법수집증거배제법칙을 입법화하는 과정에서 배제되는 증거의 범위를 어디까지로 할 것인가를 놓고 논란이 제기되었다.

위법수집증거배제의 범위를 좁게 설정할 경우 모처럼 도입한 위법수집증거배제법칙이 공문화할 가능성이 있다. 이에 반해 사소한 절차위반에 대해서까지 위법수사라고 보아 수집된 증거의 증거능력을 배제한다면 국가의 소추역량에 지나친 제약이 가해져서 실체적 진실발견에 지장을 초래하게 될 것이다. 피의자·피고인의 방어권보장과 실체적 진실발견이라는 두 가지 원리가 충돌하는 과정에서 절충점으로 적법절차의 원칙이 제안되어 채택되었다. 즉 '적법한 절차에 따르지 아니하고 수집한 증거'에 대해서만 증거능력을 배제하기로 한 것이다.

형사소송법 제308조의2가 균형점으로 설정한 '적법한 절차'는 헌법이 천명한 '적법한 절차'와 동일한 의미를 갖는다. 우리 헌법은 적법절차의 원칙을 형사절차의 기본원칙으로 천명하고(헌법12① 2문 후단), 강제수사에 관하여 이를 재천명하고 있다(헌법12③). 헌법재판소는 적법절차의 원칙을 "공권력에 의한 국민의 생명·자유·재산의 침해는 반드시 합리적이고 정당한 법률에 의거해서 정당한 절차를 밟은 경우에만 유효하다는 원칙"이라고 정의한 바가 있다.[1] 또한 헌법재판소는 적법절차를 "기본권 보장을 위한 정당한 절차 즉 근본적인 공정성을 담보하는 절차"라고 파악하고 있다.[2]

(3) 대법원의 판례변경

(가) 판례변경　　실체적 진실발견과 적법절차의 원칙은 때때로 상충하는 원리로 작용하면서 상호조화를 요구한다. 양자의 조화에 기초한 형사절차의 확립은 쉽지 않은 과제이다. 실체적 진실발견과 적법절차의 원칙을 비교교량하는 작업은 구체적 법공동체의 역사적 경험과

---

1) 2001. 11. 29. 2001헌바41, 헌집 13-2, 699, 『수사경찰관 법정증언 사건』.
2) 1996. 12. 26. 94헌바1, 헌집 8-2, 808, 『형소법 221조의2 위헌 사건』.

현실적 여건을 고려하여 수행되어야 할 것이다. 그리고 그 구체적인 조화점은 판례와 학설을 통하여 구체화·개별화되어야 한다.

개정 형사소송법의 2008년 시행을 앞두고 2007년 11월에 대법원은 종전의 성상불변론 판례를 폐기하고 위법수집증거배제법칙을 정면에서 긍정하기에 이르렀다.[1]

(나)원 칙　　대법원은 헌법과 형사소송법이 정한 절차에 따르지 아니하고 수집된 증거는 기본적 인권보장을 위해 마련된 적법한 절차에 따르지 않은 것으로서 원칙적으로 유죄 인정의 증거로 삼을 수 없다는 입장을 천명하였다.[2] 그와 함께 대법원은 위법수집증거 자체는 물론 이를 기초로 획득한 이차적 증거도 유죄 인정의 증거로 삼을 수 없다고 판시하여 독수과실의 이론도 수용하였다.[3]

(다)예 외　　그러나 대법원은 위법수집증거라 할지라도 예외적으로 허용될 수 있음을 인정하였다. 대법원은 수사기관의 절차위반행위가 적법절차의 실질적인 내용을 침해하는 경우에 해당하지 아니하고, 오히려 그 증거의 증거능력을 배제하는 것이 헌법과 형사소송법이 형사소송에 관한 절차조항을 마련하여 적법절차의 원칙과 실체적 진실규명의 조화를 도모하고 이를 통하여 형사사법정의를 실현하려 한 취지에 반하는 결과를 초래하는 것으로 평가되는 예외적인 경우라면 법원은 그 증거를 유죄 인정의 증거로 사용할 수 있다고 판시하였다.[4]

대법원은 예외적 허용의 범위를 파생증거에도 확장하여 적법절차에 따르지 아니한 증거수집과 이차적 증거수집 사이의 인과관계 희석 또는 단절 여부를 중심으로 이차적 증거수집과 관련된 모든 사정을 전체적·종합적으로 고려하여 예외적인 경우에는 이차적 증거를 유죄 인정의 증거로 사용할 수 있다고 판시하였다.[5]

예외적 허용의 사례 가운데 하나로 법관의 날인 없는 압수수색영장의 집행을 들 수 있다. 판사의 서명날인란에 서명만 있고 그 옆에 날인이 없는 압수수색영장은 영장에 법관의 서명날인을 요구하는 형사소송법의 요건(법219, 114① 본문)을 갖추지 못하여 적법하게 발부되었다고 볼 수 없다.[6] 여기에서 날인 없는 압수수색영장에 의하여 획득한 일차적 증거와 이후의 이차적 증거의 증거능력이 문제된다.

판례는 일차적 증거가 적법하지 않은 영장에 기초하여 수집되었다는 절차상의 결함이 있다는 점에 주목하였다. 그렇지만 판례는 일차적 증거가 법관이 공소사실과 관련성이 있다고

1) 2007. 11. 15. 2007도3061 전원합의체 판결, 공 2007하, 1974, 『제주지사실 압수수색 사건』.
2) 2007. 11. 15. 2007도3061 전원합의체 판결, 공 2007하, 1974, 『제주지사실 압수수색 사건』.
3) 2007. 11. 15. 2007도3061 전원합의체 판결, 공 2007하, 1974, 『제주지사실 압수수색 사건』.
4) 2007. 11. 15. 2007도3061 전원합의체 판결, 공 2007하, 1974, 『제주지사실 압수수색 사건』.
5) 2007. 11. 15. 2007도3061 전원합의체 판결, 공 2007하, 1974, 『제주지사실 압수수색 사건』.
6) 2019. 7. 11. 2018도20504, 공 2019하, 1609, 『서명 있고 날인 없는 영장 사건』.

판단하여 발부한 영장에 기초하여 취득된 것이고, 위와 같은 절차상의 결함은 피고인의 기본
적 인권보장 등 법익 침해 방지와 관련성이 적다고 판단하였다. 판례는 이러한 경우에까지 공
소사실과 관련성이 높은 일차적 증거의 증거능력을 배제하는 것은 적법절차의 원칙과 실체적
진실 규명의 조화를 도모하고 이를 통하여 형사 사법 정의를 실현하려는 취지에 반하는 결과
를 초래할 수 있다는 이유로 일차적 증거와 이에 기초하여 획득한 이차적 증거에 대해 증거능
력을 인정하였다.[1]

(4) 위법수집증거배제법칙과 주장적격 등

(가) 주장적격   위법수집증거배제법칙의 적용과 관련하여 소위 주장적격의 문제가 제
기된다. 미국 증거법에서 말하는 주장적격의 이론이란 위법수사를 당한 사람만이 자기의 피고
사건에서 증거능력의 배제를 주장할 수 있다는 법리를 말한다. 미국법상 증거능력에 대해 이
의가 있을 때 당사자는 기립(standing)하여 이의신청을 하게 되는데, 이의신청의 자격을 주장
적격(standing)이라고 하는 것이다.

우리 형소법 제308조의2를 해석함에 있어서도 주장적격의 법리가 적용되어야 한다고 주
장하는 견해가 있다. 위법수집증거배제법칙이 미국법에서 유래하였다는 점과 위법수집증거배
제법칙이 지나치게 확대적용될 경우 실체적 진실발견에 지장을 초래하게 된다는 점이 주장적
격을 주장하는 논거이다.

미국법의 위법수집증거배제법칙은 연방수정헌법의 기본권조항에서 유래하는 법리가 아니
라 연방대법원이 각 주의 법원에 대하여 가지고 있는 사법적 통제권에 근거한 것이라고 설명
되고 있다. 이에 대해 우리 형소법 제308조의2가 규정하고 있는 위법수집증거배제법칙은 헌
법 제12조 제1항과 제3항이 규정하고 있는 적법절차원칙을 근거로 하고 있다.

우리 헌법이 천명하고 있는 적법절차의 원칙은 개개 국민의 기본권임과 동시에 제도보장
을 의미한다. 국가는 적법절차의 원칙을 최대한 보장해야 할 의무가 있다. 이러한 우리 헌법
의 결단에 비추어 볼 때 다른 사람에 대한 위법수사로 수집된 증거라고 할지라도 이를 피고인
의 유죄 입증을 위한 증거로 사용해서는 안 된다는 결론이 도출된다. 요컨대 미국법의 주장적
격 이론은 우리나라 헌법과 형사소송법의 해석론으로서는 타당하지 않다고 생각된다.

판례 또한 주장적격 이론을 부정하는 입장이다. 수사기관이 피고인이 아닌 자를 상대로
적법한 절차에 따르지 아니하고 수집한 증거는 형소법 제308조의2에 의하여 그 증거능력이
부정되므로 피고인에 대한 유죄 인정의 증거로 삼을 수 없다는 것이다. 그리하여 위법한 임의

---

1) 2019. 7. 11. 2018도20504, 공 2019하, 1609, 『서명 있고 날인 없는 영장 사건』.

동행에 의해 취득한 제삼자의 진술[1]이나, 진술거부권을 고지하지 않고 공범 피의자로부터 획득한 진술[2]은 피고인에 대해 유죄의 증거로 사용할 수 없다.

(나) 증거동의　　헌법과 형사소송법이 선언한 영장주의의 중요성에 비추어 볼 때 피고인이나 변호인이 위법하게 수집된 압수물을 증거로 함에 동의하였다고 하더라도 증거능력이 인정되지 않는다.[3][4] 위법수집증거와 증거동의의 관계에 대해서는 후술한다.[5]

제 3 위법수집증거배제법칙의 구체적 내용

1. 국가기관 수집증거와 위법수집증거배제법칙

(1) 국가기관 수집증거와 사인 수집증거의 구별

위법수집증거배제법칙의 적용범위는 국가기관이 수집한 증거와 사인이 수집한 증거로 나누어서 검토할 필요가 있다. 원래 위법수집증거배제법칙은 수사기관의 위법행위를 법원의 사법판단을 통해 규제하기 위하여 발전한 법리이다. 그런데 근래에는 기본권의 대 사인적 효력에 착안하여 위법수집증거배제법칙이 사인에 의하여 수집된 증거의 경우에도 적용되어야 한다는 논의가 대두되고 있다. 아래에서는 지금까지 판례에서 문제되었던 사안을 중심으로 위법수집증거배제법칙의 적용영역을 살펴보기로 한다.

(2) 영장주의 위반과 위법수집증거배제법칙

(가) 영장제시 및 사본교부의 원칙　　체포영장 또는 구속영장을 집행할 때에는 피의자에게 영장을 반드시 제시하고 그 사본을 교부해야 한다(법85①, 200의6, 209). 체포영장·구속영장을 소지하지 아니한 경우에 급속을 요하는 때에는 피의자에 대하여 공소사실의 요지와 영장이 발부되었음을 고하고 집행할 수 있다(법85③, 200의6, 209). 이 경우 집행을 완료한 후에는 신속히 체포영장·구속영장을 제시하고 그 사본을 교부하여야 한다(법85④, 200의6, 209). 2022년 입법자는 피고인의 방어권을 실질적으로 보장하기 위해 형소법 제85조를 개정하여 체포영장·구속영장을 집행할 경우 피고인에게 영장을 제시할 뿐만 아니라 그 사본을 교부하도록 하였다.

---

1) 2011. 6. 30. 2009도6717, 공 2011하, 1552, 『성매매 용의자 강제연행 사건』.
2) 2009. 8. 20. 2008도8213, 공 2009하, 1579, 『공범사건 피고인 진술조서 사건』.
3) 2010. 1. 28. 2009도10092, 공 2010상, 474, 『피해자 쇠파이프 제출 사건』.
4) 2009. 12. 24. 2009도11401, 공 2010상, 298, 『외사과 경찰관 압수 사건』.
5) 후술 853면 참조.

피의자에 대한 구속영장의 집행 당시 구속영장이 사전에 제시된 바 없다면 이는 헌법 및 형사소송법이 정한 절차를 위반한 구속집행이고, 그와 같은 구속 중에 수집한 피의자의 진술증거인 검사작성 피의자신문조서와 피고인의 법정진술은 예외적인 경우가 아닌 한 유죄 인정의 증거로 삼을 수 없는 것이 원칙이다.[1]

압수수색영장은 처분을 받는 자에게 반드시 제시하여야 한다(헌법12③ 본문, 법118 본문). 처분을 받는 자가 피고인인 경우에는 영장을 제시하고, 나아가 그 사본을 교부하여야 한다(법 118 본문). 다만, 처분을 받는 자가 현장에 없는 등 영장의 제시나 그 사본의 교부가 현실적으로 불가능한 경우 또는 처분을 받는 자가 영장의 제시나 사본의 교부를 거부한 때에는 예외로 한다(동조 단서).

2022년 입법자는 형소법 제118조의 개정을 통하여 압수·수색 영장 집행 시 압수·수색 처분을 받는 자가 피의자인 경우 피고인의 방어권이 실질적으로 보장받을 수 있도록 영장을 제시할 뿐만 아니라 영장의 사본을 교부하도록 하였다. 실무상 영장집행기관이 제대로 영장을 제시하지 않거나 영장을 제시하지 않은 채 포괄적이고 광범위하게 압수수색을 하는 경우가 많다는 지적이 있었기 때문이다.

현장에서 피압수자가 여러 명일 경우에 압수수색영장은 그들 모두에게 개별적으로 제시 해야 한다(수사준칙38①). 수사기관이 압수·수색에 착수하면서 그 장소의 관리책임자에게 영 장을 제시하였다고 하더라도, 물건을 소지하고 있는 다른 사람으로부터 이를 압수하고자 할 때에는 그 사람에게 따로 영장을 제시하여야 한다.[2] [3]

(나) 영장 없는 압수·수색   형사소송법은 제215조에서 사전영장에 의한 압수·수색· 검증을 원칙으로 규정하면서 형소법 제216조와 제217조에서 그에 대한 예외를 규정하고 있 다. 한편 형사소송법은 긴급압수·수색을 규정한 제217조에서 압수·수색의 대상을 '긴급체 포된 자'가 소유·소지·보관하는 물건으로 제한하고 있다.

검사 또는 사법경찰관은 피의자를 체포하는 경우에 필요한 때에는 영장 없이 체포현장에 서 압수·수색을 할 수 있다(법216① ii). 그러나 체포 후 체포현장에서 떨어진 장소에서 압수 한 물건은 증거능력이 없다.[4]

사법경찰관 또는 검사가 영장 없이 압수한 물건을 계속 압수할 필요가 있는 경우에는 지 체 없이 압수수색영장을 신청·청구해야 하며(법216③ 2문, 217② 본문), 신청·청구한 압수수

1) 2009. 4. 23. 2009도526, 공 2009상, 804, 『구속영장 미제시 사건』.
2) 2009. 3. 12. 2008도763, 공 2009상, 503, 『제주지사실 압수수색 사건 2』.
3) 2017. 9. 21. 2015도12400, 공 2017하, 2033, 『영장 표지만 제시 사건』.
4) 2010. 7. 22. 2009도14376, [미간행], 『집 앞 20미터 체포 사건』.

색영장을 발부받지 못한 때에는 압수한 물건을 즉시 반환해야 한다(법217③). 긴급체포[1] 또는 현행범체포[2]의 경우에 사후에 압수수색영장을 발부받지 아니하고도 즉시 반환하지 아니한 압수물은 이를 유죄 인정의 증거로 사용할 수 없다.

(다) 정보저장매체의 압수·수색   수사기관 사무실 등으로 옮긴 정보저장매체에서 범죄혐의와의 관련성에 대한 구분 없이 저장된 전자정보 가운데에서 임의로 문서출력 혹은 파일복사를 하는 행위는 특별한 사정이 없는 한 영장주의 등에 반하는 위법한 집행이 되며, 이로써 수집된 증거는 증거능력이 없다.[3]

전자정보가 담긴 저장매체 또는 하드카피나 이미징(imaging) 등 형태의 복제본을 수사기관 사무실 등으로 옮겨 복제·탐색·출력하는 경우에도, 피압수자나 변호인에게 참여 기회를 보장하고 혐의사실과 무관한 전자정보의 임의적인 복제 등을 막기 위한 적절한 조치를 취하는 등 영장주의 원칙과 적법절차를 준수하여야 한다. 만일 그러한 조치를 취하지 않았다면 압수·수색이 적법하다고 평가할 수 없다. 이는 수사기관이 정보저장매체 또는 복제본에서 혐의사실과 관련된 전자정보만을 복제·출력한 경우에도 마찬가지이다.[4]

(라) 별건 증거의 압수·수색   압수수색영장의 집행과정에서 영장에 기재된 피의자의 해당 사건과 관련성이 없는 증거물이 발견된 경우에 수사기관이 별도의 압수수색영장을 발부받지 아니하고 그 증거물을 압수하는 것은 관련성 요건을 갖추지 못한 압수가 된다. 이때 압수된 해당 증거물은 형소법 제308조의2에서 정한 적법한 절차에 따르지 아니하고 수집한 증거로서 증거능력이 없다. 관련성 요건을 갖추지 못한 압수라는 절차적 위법은 헌법상 규정된 영장주의 내지 적법절차의 실질적 내용을 침해하는 중대한 위법에 해당하므로 압수된 해당 증거물은 예외적으로도 그 증거능력을 인정받지 못한다.[5]

(마) 음주측정과 영장주의   주취운전죄의 증거수집을 위한 음주측정은 범죄수사 영역에 속한다. 주취운전죄 조사를 위한 음주측정을 위하여 당해 운전자를 강제로 연행하려면 수사상 강제처분에 관한 형사소송법의 절차에 따라야 하고, 이러한 절차를 무시한 채 이루어진 강제연행은 위법한 체포에 해당한다.[6]

수사기관이 법원으로부터 압수·수색·검증영장 또는 감정처분허가장을 발부받지 아니한 채 피의자의 동의 없이 피의자의 신체로부터 혈액을 채취하고 사후적으로도 지체 없이 이

---

1) 2009. 12. 24. 2009도11401, 공 2010상, 298, 『외사과 경찰관 압수 사건』.
2) 2009. 5. 14. 2008도10914, 공 2009상, 925, 『인터넷 스와핑 카페 사건』.
3) 2011. 5. 26. 2009모1190, 공 2011하, 1342, 『전교조 이메일 사건』.
4) 2019. 7. 11. 2018도20504, 공 2019하, 1609, 『서명 있고 날인 없는 영장 사건』.
5) 2014. 1. 16. 2013도7101, 공 2014상, 427, 『공천 브로커 사건』.
6) 2006. 11. 9. 2004도8404, 공 2006, 2123, 『오토바이 음주측정 사건』.

에 대한 영장을 발부받지 아니하고서 강제채혈한 피의자의 혈중알코올농도에 관한 감정이 이루어졌다면, 이러한 혈액과 감정결과보고서는 형사소송법상 영장주의 원칙을 위반하여 수집되거나 그에 기초한 증거로서 그 절차위반행위가 적법절차의 실질적인 내용을 침해하는 정도에 해당하여 유죄의 증거로 사용할 수 없다.[1]

법원으로부터 압수수색검증영장 또는 감정처분허가장을 발부받지 아니한 채 법정대리인의 동의를 받아 의식불명인 미성년자 피의자로부터 혈액을 채취하고, 사후에도 영장을 발부받지 아니하였다면 감정의뢰회보와 이에 기초한 다른 증거는 증거능력이 부정된다.[2]

그러나 피의자의 신체 내지 의복류에 주취로 인한 냄새가 강하게 나는 등 범죄의 증거가 될 만한 뚜렷한 흔적이 있는 준현행범인(법211② iii)으로서의 요건이 갖추어져 있고, 교통사고 발생 시각으로부터 사회통념상 범행 직후라고 볼 수 있는 시간 내라면, 사고현장으로부터 곧바로 후송된 병원 응급실 등의 장소는 범죄장소(법216③)에 준한다.[3]

이러한 경우 수사기관은 의료법상 의료인의 자격이 있는 자로 하여금 의료용 기구로 의학적인 방법에 따라 필요최소한의 한도 내에서 피의자의 혈액을 채취하게 한 후 그 혈액을 영장없이 압수할 수 있다. 다만 이 경우에도 사후에 지체 없이 법원으로부터 압수영장을 발부받아야 한다(법216③ 2문).[4] 이러한 절차를 밟아 취득한 혈액과 그에 대한 감정결과보고서는 증거능력이 있다.

(바) 임의제출물과 영장주의   임의제출에 의한 압수의 대상은 소유자, 소지자 또는 보관자가 임의로 제출한 물건이다(법218 후단). 소유자, 소지자 또는 보관자가 아닌 자로부터 제출받은 물건을 영장 없이 압수한 경우에 그 압수물과 압수물을 찍은 사진은 이를 유죄 인정의 증거로 사용할 수 없다.[5]

수사기관이 압수수색영장의 집행과정에서 관련성이 없는 별개의 증거를 압수하였다가 피압수자 등에게 환부하고 후에 이를 임의제출받아 다시 압수하는 경우가 있다. 이 경우 임의제출에 의한 압수는 그 증거를 압수한 최초의 절차 위반행위와 최종적인 증거수집 사이의 인과관계가 단절되었다고 평가할 수 있는 사정이 될 수 있다.[6]

그러나 환부 후 다시 제출하는 과정에서 수사기관의 우월적 지위에 의하여 임의제출의 명목으로 실질적으로 강제적인 압수가 행해질 수가 있다. 그러므로 증거의 제출에 임의성이 있

---

1) 2011. 4. 28. 2009도2109, 공 2011상, 1080, 『응급실 강제채혈 사건』.
2) 2014. 11. 13. 2013도1228, 공 2014하, 2390, 『음주 미성년자 교통사고 사건』.
3) 2012.11. 15. 2011도15258, 공 2012하, 2077, 『음주 오토바이 사건』.
4) 2012.11. 15. 2011도15258, 공 2012하, 2077, 『음주 오토바이 사건』.
5) 2010. 1. 28. 2009도10092, 공 2010상, 474, 『피해자 쇠파이프 제출 사건』.
6) 2016. 3. 10. 2013도11233, 공 2016상, 587, 『축협 유통사업단 사건』.

다는 점에 관하여는 검사가 합리적 의심을 배제할 수 있을 정도로 증명하여야 하고, 임의로 제출된 것이라고 볼 수 없는 경우에는 그 증거능력을 인정할 수 없다.[1]

(사) 임의동행과 영장주의　　수사관이 수사과정에서 당사자의 동의를 받는 형식으로 피의자를 수사관서 등에 동행하는 수사기법이 임의동행이다. 임의동행의 적법성은 원칙적으로 부정된다.[2] 불법 임의동행에 의한 유치 중에 작성된 진술조서는 체포·구속에 관한 영장주의 원칙에 위배하여 수집된 증거로서 증거능력이 없고, 이는 다른 피고인에 대한 관계에서도 또한 같다.[3]

(아) 공소제기 후의 강제수사　　일단 공소가 제기되면 검사는 그 피고사건에 관하여 형소법 제215조에 기한 압수·수색을 할 수 없다. 그럼에도 불구하고 검사가 공소제기 후 형소법 제215조에 따라 수소법원 이외의 지방법원판사에게 청구하여 발부받은 영장에 의하여 압수·수색을 하였다면, 그와 같이 수집된 증거는 기본적 인권 보장을 위해 마련된 적법한 절차에 따르지 않은 것으로서 원칙적으로 유죄의 증거로 삼을 수 없다.[4]

(3) 국가기관의 비밀녹음과 위법수집증거배제법칙

(가) 통신비밀보호법의 금지규정　　근래 과학기술의 발달에 따라 녹음파일, 녹음테이프, 비디오테이프, 사진촬영 등 새로운 증거수집방법이 활발히 이용되고 있다. 학계에서는 국가기관에 의한 비밀녹음을 위법수집증거배제법칙의 문제로 해결하려고 하였다. 그렇지만 종전의 판례는 위법수집증거배제법칙을 수용하고 있지 않았다.[5] 이와 같은 상황 하에서 1994년에 「통신비밀보호법」이 제정되었고, 이후 수차에 걸쳐서 개정·보완되었다.

「통신비밀보호법」은 제3조 제1항 본문에서 "누구든지 이 법과 형사소송법 또는 군사법원법의 규정에 의하지 아니하고는 우편물의 검열·전기통신의 감청 또는 통신사실확인자료의 제공을 하거나 공개되지 아니한 타인 간의 대화를 녹음 또는 청취하지 못한다."고 규정하고, 제14조 제1항에서 "누구든지 공개되지 아니한 타인 간의 대화를 녹음하거나 전자장치 또는 기계적 수단을 이용하여 청취할 수 없다."고 규정하고 있다.

나아가 「통신비밀보호법」은 제16조 제1항에서 (가) 제3조의 규정을 위반하여 우편물의 검열 또는 전기통신의 감청을 하거나 공개되지 않은 타인 간의 대화를 녹음 또는 청취한 자(제1호)와 (나) 제1호에 따라 알게 된 통신 또는 대화의 내용을 공개하거나 누설한 자(제2호)를 처

1) 2016. 3. 10. 2013도11233, 공 2016상, 587, 『축협 유통사업단 사건』.
2) 2006. 7. 6. 2005도6810, 공 2006, 1572, 『피의자 도주죄 사건』.
3) 2011. 6. 30. 2009도6717, 공 2011하, 1552, 『성매매 용의자 강제연행 사건』.
4) 2011. 4. 28. 2009도10412, 공 2011상, 1084, 『100만 원 자기앞수표 뇌물 사건』.
5) 1996. 5. 14. 96초88, 공 1996, 1957, 『형소법 217조 위헌제청 사건』.

벌하고 있다. 「통신비밀보호법」 제14조 제1항의 금지를 위반하는 행위는 「통신비밀보호법」과 형사소송법 또는 「군사법원법」의 규정에 따른 것이라는 등의 특별한 사정이 없는 한, 「통신비밀보호법」 제3조 제1항 위반행위에 해당하여 제16조 제1항 제1호의 처벌대상이 된다.[1]

위의 금지규정을 수사기관의 녹음행위와 관련하여 정리해 보면, (가) 공개되지 아니한 타인 간의 대화를 수사기관이 녹음하는 행위와 (나) 공개되지 아니한 타인 간의 대화를 수사기관이 전자장치 또는 기계적 수단을 이용하여 청취하는 행위가 금지대상에 포함된다. 그런데 (나)의 경우는 전자장치 또는 기계적 수단을 이용하여 대화를 청취하는 데에 그치지 아니하고 그 대화내용을 녹음하는 경우가 일반적일 것이므로 결국 수사기관의 비밀녹음 문제로 귀착된다.

(나) 통신비밀보호법의 증거배제규정　　　「통신비밀보호법」 제4조는 "제3조의 규정에 위반하여, 불법검열에 의하여 취득한 우편물이나 그 내용 및 불법감청에 의하여 지득 또는 채록된 전기통신의 내용은 재판 또는 징계절차에서 증거로 사용할 수 없다."고 규정하고 있다. 그러므로 불법한 비밀녹음은 형사재판에서 유죄의 증거로 사용할 수 없다. 증거능력이 부정되는 것이다. 「통신비밀보호법」 제4조에 의한 증거능력 배제의 효력은 국가기관에 의한 비밀녹음뿐만 아니라 사인에 의한 비밀녹음에까지도 미친다.

(다) 타인 간 대화의 범위　　　「통신비밀보호법」이 녹음이나 청취를 금지하는 대화는 '타인 간의 대화'이다. 「통신비밀보호법」에서 보호하는 타인 간의 '대화'는 원칙적으로 현장에 있는 당사자들이 육성으로 말을 주고받는 의사소통행위를 가리킨다.[2]

따라서 사람의 육성이 아닌 사물에서 발생하는 음향은 타인 간의 '대화'에 해당하지 않는다. 또한 사람의 목소리라고 하더라도 상대방에게 의사를 전달하는 말이 아닌 단순한 비명소리나 탄식 등은, 타인과 의사소통을 하기 위한 것이 아니라면, 특별한 사정이 없는 한 타인 간의 '대화'에 해당한다고 볼 수 없다.[3]

「통신비밀보호법」에서 말하는 '타인 간의 대화'에는 당사자가 마주 대하여 이야기를 주고받는 경우뿐만 아니라 당사자 중 한 명이 일방적으로 말하고 상대방은 듣기만 하는 경우도 포함된다. 따라서 강연과 토론 · 발표 등도 대상자와 상대방 사이의 대화에 해당한다.[4]

「통신비밀보호법」 제3조 제1항 본문이 녹음이나 청취를 금지하는 대화는 '공개되지 아니한' 타인 간의 대화이다. 여기에서 '공개되지 않았다'는 것은 반드시 비밀과 동일한 의미는 아

1) 2022. 8. 31. 2020도1007, 공 2022하, 2069, 『교역자실 동전 게임 녹음 사건』.
2) 2017. 3. 15. 2016도19843, 공 2017상, 834, 『우당탕 몸싸움 소리 청취 사건』.
3) 2017. 3. 15. 2016도19843, 공 2017상, 834, 『우당탕 몸싸움 소리 청취 사건』.
4) 2015. 1. 22. 2014도10978 전원합의체 판결, 공 2015상, 357, 『RO 강연회 비밀녹음 사건』.

니다. 대화가 구체적으로 공개된 것인지는 발언자의 의사와 기대, 대화의 내용과 목적, 상대방
의 수, 장소의 성격과 규모, 출입의 통제 정도, 청중의 자격 제한 등 객관적인 상황을 종합적
으로 고려하여 판단해야 한다.[1]

「통신비밀보호법」 제3조 제1항 본문이 공개되지 아니한 타인 간의 대화를 녹음 또는 청
취하지 못하도록 한 것은 대화에 원래부터 참여하지 않는 제삼자가 그 대화를 하는 타인 간의
발언을 녹음 또는 청취해서는 안 된다는 취지이다.[2] 대화에 원래부터 참여하지 않는 제삼자
가 일반 공중이 알 수 있도록 공개되지 않은 타인 간의 발언을 (가) 녹음하거나 (나) 전자장치
또는 기계적 수단을 이용하여 청취하는 것은 특별한 사정이 없는 한 「통신비밀보호법」 제3조
제1항에 위반된다.[3]

수사기관이 구속수감된 자로 하여금 피고인과 통화하게 하여 피고인의 범행에 관한 통화
내용을 녹음하게 한 행위는 수사기관 스스로가 주체가 되어 구속수감된 자의 동의만을 받고
상대방인 피고인의 동의가 없는 상태에서 그들의 통화 내용을 녹음한 것으로서 범죄수사를
위한 통신제한조치의 허가 등을 받지 아니한 불법감청에 해당한다. 그리하여 그 녹음 자체는
물론이고 이를 근거로 작성된 수사보고서의 기재 내용과 첨부 녹취록 및 첨부 녹음파일 등은
모두 피고인과 변호인의 증거동의에 상관없이 증거능력이 없다.[4]

(라) 형사소송법   형사소송법은 종래 학계에서 주장되던 위법수집증거배제법칙을 마침
내 실정법의 차원에서 수용하였다(법308의2). 이제 「통신비밀보호법」과 함께 형사소송법이 국
가기관의 비밀녹음행위를 직접 규제하는 단계로 접어들게 되었다. 그에 따라 「통신비밀보호
법」으로 해결할 수 없었던 문제영역에 대해 새로운 해결책을 도모할 수 있는 계기가 마련되
었다.

선거관리위원회의 위원이나 직원이 관계인에게 진술이 녹음된다는 사실을 미리 알려 주
지 아니한 채 진술을 녹음하였다면, 그와 같은 조사절차에 의하여 수집한 녹음파일 내지 그에
터잡아 작성된 녹취록은 형소법 제308조의2에서 정하는 '적법한 절차에 따르지 아니하고 수
집한 증거'에 해당하여 원칙적으로 유죄의 증거로 쓸 수 없다.[5]

대화에 해당하지 않는 음향증거는 「통신비밀보호법」 제4조에 따른 증거능력 배제의 대상
이 되지 않는다. 그렇지만 형사절차에서 대화에 해당하지 않는 음향증거에 전면적으로 증거능

---

1) 2022. 8. 31. 2020도1007, 공 2022하, 2069, 『교역자실 동전 게임 녹음 사건』.
2) 2016. 5. 12. 2013도15616, 공 2016상, 809, 『통화연결상태 이사장 대화 녹음 사건』.
3) 2022. 8. 31. 2020도1007, 공 2022하, 2069, 『교역자실 동전 게임 녹음 사건』.
4) 2010. 10. 14. 2010도9016, [미간행], 『필로폰 투약자 통화녹음 사건』.
5) 2014. 10. 15. 2011도3509, 공 2014하, 2209, 『선관위 직원 비밀녹음 사건』.

력이 인정되는 것은 아니다. 대화에 해당하지 않는 음향증거를 증거로 사용할 수 있는지 여부는 개별적인 사안에서 효과적인 형사소추와 형사절차상 진실발견이라는 공익과 개인의 인격적 이익 등의 보호이익을 비교형량하여 결정해야 한다.[1]

수사기관이 적법한 절차와 방법에 따라 범죄를 수사하면서 (가) 현재 그 범행이 행하여지고 있거나 행하여진 직후이고, (나) 증거보전의 필요성 및 긴급성이 있으며, (다) 일반적으로 허용되는 상당한 방법으로 범행현장에서 현행범인 등 관련자들과 수사기관의 대화를 녹음한 경우라면, 그 녹음이 영장 없이 이루어졌다 하여 이를 위법하다고 단정할 수 없다.[2]

이는 설령 그 녹음이 행하여지고 있는 사실을 현장에 있던 대화상대방, 즉 현행범인 등 관련자들이 인식하지 못하고 있었더라도, 「통신비밀보호법」 제3조 제1항이 금지하는 공개되지 아니한 타인간의 대화를 녹음한 경우에 해당하지 않는 이상 마찬가지이다.[3]

다만 수사기관이 일반적으로 허용되는 상당한 방법으로 녹음하였는지 여부는 수사기관이 녹음장소에 통상적인 방법으로 출입하였는지, 녹음의 내용이 대화의 비밀 내지 사생활의 비밀과 자유 등에 대한 보호가 합리적으로 기대되는 영역에 속하는지 등을 종합적으로 고려하여 신중하게 판단하여야 한다.[4]

(4) 수사기관의 사진촬영과 위법수집증거배제법칙

수사기관이 채증을 위하여 영장 없이 사진을 촬영하는 경우에 그 사진의 증거능력이 문제된다. 누구든지 자기의 얼굴 기타 모습을 함부로 촬영당하지 않을 자유를 가진다.[5] 그와 동시에 국가의 안전보장·질서유지·공공복리를 위하여 필요한 경우에는 이 자유에 상당한 제한이 따른다.[6] [7]

그리하여 수사기관이 범죄를 수사함에 있어 (가) 현재 범행이 행하여지고 있거나 행하여진 직후이고, (나) 증거보전의 필요성 및 긴급성이 있으며, (다) 일반적으로 허용되는 상당한 방법에 의하여 촬영을 한 경우라면 위 촬영이 영장 없이 이루어졌다 하여 이를 위법하다고 단정할 수 없다.[8] [9]

---

1) 2017. 3. 15. 2016도19843, 공 2017상, 834, 『우당탕 몸싸움 소리 청취 사건』.
2) 2024. 5. 30. 2020도9370, 공 2024하, 1045, 『성매매업소 비밀녹음 사건』.
3) 2024. 5. 30. 2020도9370, 공 2024하, 1045, 『성매매업소 비밀녹음 사건』.
4) 2024. 5. 30. 2020도9370, 공 2024하, 1045, 『성매매업소 비밀녹음 사건』.
5) 2018. 8. 30. 2014헌마843, 헌집 30-2, 404, 『집회 행진 채증활동규칙 사건』.
6) 1999. 9. 3. 99도2317, 공 1999, 2140, 『영남위원회 사건』.
7) 전술 165면 참조.
8) 1999. 9. 3. 99도2317, 공 1999, 2140, 『영남위원회 사건』.
9) 2018. 8. 30. 2014헌마843, 헌집 30-2, 404, 『집회 행진 채증활동규칙 사건』.

수사기관의 촬영행위는 일반적으로 허용되는 상당한 방법에 의하여야 한다. 수사기관이 비디오 촬영1)이나 동영상 촬영2) 등 일반적인 카메라 촬영방법으로 타인의 모습을 촬영하는 것은 일반적으로 허용되는 상당한 방법에 해당한다. 그러나 수사기관이 영장 없이 특별한 네트워크 카메라 장비를 미리 설치하여 피의자를 몰래 촬영하는 행위는 수사의 비례성·상당성 원칙과 영장주의 등을 위반한 것이다. 그러므로 그로 인해 취득한 영상물 등의 증거는 증거능력이 없다.3)

이러한 판례의 기준은 소위 육안관찰의 법리를 바탕에 두고 있다고 생각된다. 육안관찰의 법리란 공공장소에서 특별한 기술적 장치의 도움 없이 육안으로 관찰할 수 있는 대상은 영장 없이 촬영할 수 있다는 견해를 말한다.

국가기관의 사진촬영과 관련하여 무인 카메라에 의한 사진촬영이 문제된다. 판례는 무인 장비에 의한 과속차량 사진촬영을 상당성이 인정되는 수사활동의 일환으로 보고 있다. 판례는 무인 카메라 촬영을 통한 과속차량 단속에 대해, (가) 제한속도를 위반하여 차량을 주행하는 범죄가 현재 행해지고 있고, (나) 그 범죄의 성질·태양으로 보아 긴급하게 증거보전을 할 필요가 있는 상태에서, (다) 일반적으로 허용되는 한도를 넘지 않는 상당한 방법에 의한 것이라고 판단하여 위법수집증거배제법칙의 적용을 부정하였다.4) 공공장소에서의 무인 카메라에 의한 촬영 또한 육안관찰법리의 연장선상에서 그 적법성을 인정할 수 있을 것이다.

「경찰관 직무집행법」(경직법)은 경찰착용기록장치의 사용을 규정하고 있다. 경찰관은 피의자를 체포·구속하는 경우에 필요한 최소한의 범위에서 경찰착용기록장치를 사용할 수 있다(동법10의5① i). 또한 경찰관은 (가) 범죄수사를 위하여 필요한 경우로서 (나) 범행 중이거나 범행 직전 또는 직후일 것, (다) 증거보전의 필요성 및 긴급성이 있을 것의 세 가지 요건을 모두 갖춘 경우에 필요한 최소한의 범위에서 경찰착용기록장치를 사용할 수 있다(동항 ii).

(5) 진술거부권의 불고지와 위법수집증거배제법칙

수사기관은 출석한 피의자를 신문하기 전에 미리 피의자에 대하여 진술을 거부할 수 있음을 알려주어야 한다(법244의3①). 피의자의 진술거부권은 헌법이 보장하는바, 형사상 자기에 불리한 진술을 강요당하지 않는다는 자기부죄금지의 권리에 터잡은 것이다(헌법12②). 그러므로 수사기관이 피의자를 신문함에 있어서 피의자에게 미리 진술거부권을 고지하지 않은 때에

1) 1999. 9. 3. 99도2317, 공 1999, 2140, 『영남위원회 사건』.
2) 2013. 7. 26. 2013도2511, 공 2013하, 1659, 『북한공작원 동영상 촬영 사건』.
3) 2017. 11. 29. 2017도9747, 공 2018상, 105, 『네트워크 카메라 태블릿 촬영 사건』.
4) 1999. 12. 7. 98도3329, 공 2000, 240, 『무인 카메라 사건』.

는 그 피의자의 진술은 위법하게 수집된 증거로서 진술의 임의성이 인정되는 경우라도 증거능력이 부인된다.[1]

수사기관에 의한 진술거부권 고지의 대상이 되는 피의자의 지위는 수사기관이 조사대상자에 대한 범죄혐의를 인정하여 수사를 개시하는 행위를 한 때에 인정된다(수사준칙16 참조). 따라서 이러한 피의자의 지위에 있지 아니한 자에 대하여는 진술거부권이 고지되지 아니하였다 하더라도 그 진술의 증거능력을 부정할 것은 아니다.[2]

진술거부권을 고지하지 아니하고 피의자의 진술을 녹취 내지 기재한 서류 또는 문서가 수사기관에서의 조사과정에서 작성된 것이라면, 그것이 피의자신문조서 이외에 진술조서, 진술서, 자술서라는 형식을 취하였다고 하더라도 모두 증거능력이 없다.[3]

피의자에 대해 피의자신문조서가 아니라 '진술서' 또는 '진술조서'가 작성되는 경우는 특히 공범수사와 관련된 경우가 많다. 특정 혐의사실에 대해 공범의 여지가 있는 갑과 을의 사례를 놓고 분석해 본다.

먼저, 수사기관이 공범자(갑)를 다른 공범자(을)에 대한 참고인으로 조사하여 진술조서를 작성하는 경우가 있다. 이때 공범자(갑)는 자신에 대한 피의사실에 대해 범죄혐의에서 벗어나지 못한 피의자 신분이다. 공범자(갑)의 다른 공범자(을)에 대한 참고인진술조서는 진술조서의 형식을 취하였다고 하더라도 피의자신문조서와 달리 볼 수 없다. 그리하여 진술거부권 고지 없이 이루어진 참고인진술조서는 진술의 임의성이 인정되는 경우라도 위법하게 수집된 증거로서 증거능력이 없다.[4]

다음으로, 피고인(을)이 다른 사람(갑)을 내세워 범의를 부인한 경우에 이를 확인하기 위하여 수사기관이 공범 가능성이 있는 그 사람(갑)을 참고인으로 조사한 것이라면 그 사람(갑)은 수사기관에 의해 범죄혐의를 인정받아 수사가 개시된 자(피의자)의 지위에 있었다고 할 수 없다. 그러므로 그 사람(갑)이 피의자로서의 지위가 아닌 참고인으로서 조사를 받으면서 수사기관으로부터 진술거부권을 고지받지 않았다 하더라도 그 이유만으로 그 사람(갑)의 진술조서가 피고인(을)에 대해 위법수집증거로서 증거능력이 없다고 할 수 없다.[5]

수사기관이 진술거부권을 고지하지 않은 상태에서 피의자의 자백이 임의로 이루어지고, 이 피의자의 자백을 기초로 이차적 증거를 수집하는 경우가 있다. 이 경우 수집된 이차적 증

---

1) 2011. 11. 10. 2011도8125, 공 2011하, 2606, 『청도발 인천행 필로폰 사건』.
2) 2011. 11. 10. 2011도8125, 공 2011하, 2606, 『청도발 인천행 필로폰 사건』.
3) 2011. 11. 10. 2011도8125, 공 2011하, 2606, 『청도발 인천행 필로폰 사건』.
4) 2014. 4. 10. 2014도1779, 공 2014상, 1084, 『교도소 동기 제보자 사건』.
5) 2011. 11. 10. 2011도8125, 공 2011하, 2606, 『청도발 인천행 필로폰 사건』.

거의 증거능력에 대해서는 위법수집증거의 예외적 허용과 관련하여 후술한다.

(6) 진술증거와 위법수집증거배제법칙

(가) 자백배제법칙과의 관계   형소법 제308조의2는 단순히 압수물의 증거능력을 부정하는 조문에 그치는 것은 아니다. 형소법 제308조의2는 위법수집증거배제법칙이 적용되는 대상을 '적법한 절차에 따르지 아니하고 수집한 증거'로 일반화하고 있다. 이 증거에는 압수물 등 물건뿐만 아니라 진술증거도 포함된다.

진술증거 가운데 피고인의 자백진술은 헌법적으로 특별한 지위를 갖는다. 헌법 제12조 제7항은 "피고인의 자백이 고문·폭행·협박·구속의 부당한 장기화 또는 기망 기타의 방법에 의하여 자의로 진술된 것이 아니라고 인정될 때 … 에는 이를 유죄의 증거로 삼을 수 없다." 고 규정하고 있다. 피고인의 자백진술을 위법하게 수집한 경우에 대해 헌법 제12조 제7항은 독자적인 증거배제장치를 마련하고 있으며, 이를 구체화하기 위하여 형사소송법 제309조가 자백배제법칙을 다시 한번 규정하고 있다. 이 경우 자백배제법칙에 의하여 증거능력이 배제되는 것은 피고인의 '자백' 그 자체이다.

헌법 제12조 제7항과 형소법 제309조에 근거하여 자백배제법칙이 적용되는 경우에 헌법 제12조 제1항·제3항과 형소법 제308조의2를 근거로 한 위법수집증거배제법칙은 보충적 지위로 후퇴한다. 자백배제법칙은 헌법적 차원에서 인정된 증거배제법칙으로서 형사소송법적 차원에서 증거배제를 규정한 위법수집증거배제법칙에 우선하기 때문이다.

(나) 자백조서의 증거능력   그러나 '자백'의 내용 자체가 아니라 자백을 기재한 매체로서의 증거서류에 대해서는 위법수집증거배제법칙이 적용될 수 있다고 본다. 판례는 피의자신문시에 촬영한 비디오테이프의 검증조서에 대해, 피의자에게 미리 진술거부권이 있음을 고지한 사실을 인정할 자료가 없어 그 녹화내용은 위법하게 수집된 증거로서 증거능력이 없다고 판시한 바가 있다.[1]

또한 판례는 긴급체포의 요건을 갖추지 못한 상태에서 작성된 피의자신문조서에 대해 그 위법이 영장주의에 위배되는 중대한 것이어서 긴급체포 중에 작성된 피의자신문조서는 위법하게 수집된 증거로서 특별한 사정이 없는 한 이를 유죄의 증거로 할 수 없다고 판시한 바가 있다.[2]

(다) 참고인진술의 증거능력   자백배제법칙이 우선하는 상황에서 위법수집증거배제법칙은 특히 피고인 아닌 자의 진술에 대해 중요한 의미를 가지게 된다. 예컨대 피고인 측의 증인

---

1) 1992. 6. 23. 92도682, 공 1992, 2316, 『신이십세기파 사건』.
2) 2002. 6. 11. 2000도5701, 공 2002, 1720, 『광주군수 사건』.

접근권을 부당하게 제한하여 취득한 증인의 증언은 위법수집증거배제법칙에 의하여 증거능력이 배제된다.

소위 증인 빼돌리기 수사기법과 관련하여 헌법재판소는 적법절차위반을 인정하였다. 증인 빼돌리기 수사기법이란 증인의 증언 전에 일방당사자가 그 증인과의 접촉을 독점하고 이를 통해 상대방의 접촉을 제한하는 것을 말한다. 헌법재판소는 증인 빼돌리기 수법을 사용함으로써 그 증인이 어떠한 내용의 증언을 할 것인지를 알지 못하여 상대방이 그에 대한 방어를 준비할 수 없도록 한다면, 결국 그 당사자로 하여금 상대방이 가하는 예기치 못한 타격에 그대로 노출될 수밖에 없는 위험을 감수하라는 것이 되어 헌법 제12조 제1항의 적법절차원칙에 반한다고 판시하였다.[1] 이와 같이 적법절차에 반하는 증인 빼돌리기 수법에 의한 증인의 법정 진술이나 참고인진술조서는 형소법 제308조의2에 의하여 증거능력이 배제되어야 할 것이다.

(7) 위법수집증거의 예외적 허용

(가) 예외적 허용의 조건   수사기관이 헌법과 형사소송법이 정한 절차에 따르지 아니하고 수집한 증거는 그 자체는 물론, 이를 기초로 하여 획득한 이차적 증거 역시 유죄 인정의 증거로 삼을 수 없는 것이 원칙이다.

다만, (가) 수사기관의 절차위반 행위가 적법절차의 실질적인 내용을 침해하는 경우에 해당하지 아니하고, (나) 오히려 그 증거의 증거능력을 배제하는 것이 헌법과 형사소송법이 형사소송에 관한 절차조항을 마련하여 적법절차의 원칙과 실체적 진실규명의 조화를 도모하고 이를 통하여 형사사법 정의를 실현하려 한 취지에 반하는 결과를 초래하는 것으로 평가되는 예외적인 경우라면, 법원은 그 증거를 유죄 인정의 증거로 사용할 수 있다.[2]

(나) 일차적 증거의 허용조건   적법한 절차에 따르지 아니하고 수집한 증거 그 자체(일차적 증거)에 대해 예외적으로 증거능력을 인정하기 위해서는 수사기관의 증거 수집 과정에서 이루어진 절차 위반행위와 관련된 모든 사정을 전체적·종합적으로 살펴야 한다.[3] 여기에 포함되는 사정으로는 (가) 절차 조항의 취지와 그 위반의 내용 및 정도, (나) 구체적인 위반 경위와 회피가능성, (다) 절차 조항이 보호하고자 하는 권리 또는 법익의 성질과 침해 정도 및 피고인과의 관련성, (라) 절차 위반행위와 증거수집 사이의 인과관계 등 관련성의 정도, (마) 수사기관의 인식과 의도 등을 들 수 있다.[4]

---

1) 2001. 8. 30. 99헌마496, 헌집 13-2, 238, 『증인 빼돌리기 사건』.
2) 2007. 11. 15. 2007도3061 전원합의체 판결, 공 2007하, 1974, 『제주지사실 압수수색 사건』.
3) 2007. 11. 15. 2007도3061 전원합의체 판결, 공 2007하, 1974, 『제주지사실 압수수색 사건』.
4) 2007. 11. 15. 2007도3061 전원합의체 판결, 공 2007하, 1974, 『제주지사실 압수수색 사건』.

(다) 이차적 증거의 허용조건　　　동일한 법리는 적법한 절차에 따르지 아니하고 수집된 증거를 기초로 하여 획득된 이차적 증거의 경우에도 마찬가지로 적용된다. 이차적 증거는 절차에 따르지 아니한 증거 수집과 이차적 증거 수집 사이의 인과관계 희석 또는 단절 여부를 중심으로 이차적 증거 수집과 관련된 모든 사정을 전체적·종합적으로 고려하여 예외적인 경우에 유죄 인정의 증거로 사용할 수 있다.[1]

(라) 예외 사유의 증명　　　그런데 이러한 예외적인 경우를 함부로 인정하게 되면 위법수집증거배제의 원칙을 훼손하는 결과를 초래할 위험이 있다. 그러므로 법원은 구체적 사안이 이러한 예외적인 경우에 해당하는지를 판단하는 과정에서 원칙을 훼손하는 결과가 초래되지 않도록 유념하여야 한다.[2]

법원이 수사기관의 절차위반행위에도 불구하고 그 수집된 증거를 유죄 인정의 증거로 사용할 수 있는 예외적인 경우에 해당한다고 볼 수 있으려면, 그러한 예외적인 경우에 해당한다고 볼 만한 구체적이고 특별한 사정이 존재한다는 것을 검사가 증명하여야 한다.[3]

(마) 날인 없는 영장　　　판사의 서명날인란에 서명만 있고 그 옆에 날인이 없는 압수수색영장은 영장에 법관의 서명날인을 요구하는 형사소송법의 요건(법219, 114① 본문)을 갖추지 못하여 적법하게 발부되었다고 볼 수 없다.[4] 그러나 이러한 경우에까지 영장에 의하여 수집된 일차적 증거의 증거능력을 배제하는 것은 적법절차의 원칙과 실체적 진실 규명의 조화를 도모하고 이를 통하여 형사 사법 정의를 실현하려는 취지에 반하는 결과를 초래할 수 있다. 따라서 판사의 날인 없는 압수수색영장에 의하여 수집한 일차적 증거와 이에 기초하여 획득한 이차적 증거는 증거능력이 인정된다.[5]

(바) 정보저장매체의 압수·수색　　　전자정보가 담긴 정보저장매체 또는 하드카피나 이미징(imaging) 등 형태의 복제본을 수사기관 사무실 등으로 옮겨 복제·탐색·출력하는 경우에는 (가) 피압수자나 변호인에게 참여 기회를 보장하고(법219, 121), (나) 혐의사실과 무관한 전자정보의 임의적인 복제 등을 막기 위한 적절한 조치를 취하여야 한다. 다만 (가) 피압수자 측이 위와 같은 절차나 과정에 참여하지 않는다는 의사를 명시적으로 표시하였거나, (나) 절차 위반행위가 이루어진 과정의 성질과 내용 등에 비추어 피압수자에게 절차 참여를 보장한 취지가 실질적으로 침해되었다고 볼 수 없는 경우에는 압수·수색의 적법성을 부정

---

1) 2007. 11. 15. 2007도3061 전원합의체 판결, 공 2007하, 1974, 『제주지사실 압수수색 사건』.
2) 2011. 4. 28. 2009도10412, 공 2011상, 1084, 『100만 원 자기앞수표 뇌물 사건』.
3) 2011. 4. 28. 2009도10412, 공 2011상, 1084, 『100만 원 자기앞수표 뇌물 사건』.
4) 2019. 7. 11. 2018도20504, 공 2019하, 1609, 『서명 있고 날인 없는 영장 사건』.
5) 2019. 7. 11. 2018도20504, 공 2019하, 1609, 『서명 있고 날인 없는 영장 사건』.

할 수 없다.[1]

  (사) 진술거부권 불고지와 예외사유   수사기관이 진술거부권을 고지하지 않은 상태에서 임의로 이루어진 피의자의 자백을 기초로 수집한 이차적 증거들이 있다. 예컨대 1차 자백 이후의 반복된 자백, 1차 자백을 계기로 취득한 물적 증거나 증인의 증언 등이 그것이다. 이러한 이차적 증거들이 유죄 인정의 증거로 사용될 수 있는가 하는 문제 역시 위의 예외적 허용의 법리에 따라서 판단되어야 한다.

  구체적인 사안에서 위와 같은 이차적 증거들의 증거능력 인정 여부는 제반 사정을 전체적·종합적으로 고려하여 판단해야 한다. 이와 관련하여 판례는 이차적 증거의 증거능력을 인정할 만한 통상적인 정황으로 다음의 경우를 상정하고 있다.[2]

  첫째로, (가) 진술거부권을 고지하지 않은 것이 단지 수사기관의 실수일 뿐 (나) 피의자의 자백을 이끌어내기 위한 의도적이고 기술적인 증거확보의 방법으로 이용되지 않았고, (다) 그 이후 이루어진 신문에서 진술거부권을 고지하여 잘못이 시정되는 등 수사절차가 적법하게 진행된 경우이다.

  둘째로, 최초 자백 이후 구금되었던 피고인이 석방된 후 상당한 시간이 경과하였음에도 다시 자발적으로 계속하여 동일한 내용의 자백을 한 경우이다.

  셋째로, 최초 자백 이후 피고인이 변호인으로부터 충분한 조력을 받은 가운데 상당한 시간이 경과하였음에도 다시 자발적으로 계속하여 동일한 내용의 자백을 한 경우이다.

  넷째로, 최초의 자백 외에도 다른 독립된 제삼자의 행위나 자료 등이 물적 증거나 증인의 증언 등 이차적 증거 수집의 기초가 된 경우이다.

  다섯째로, 증인이 그의 독립적인 판단에 의해 형사소송법이 정한 절차에 따라 소환을 받고 임의로 출석하여 증언한 경우이다.

  (아) 별건 증거와 예외사유   수사기관은 범죄수사의 필요성이 있고 피의자가 죄를 범하였다고 의심할 만한 정황이 있는 경우에도 해당 사건과 관계가 있다고 인정할 수 있는 것에 한하여 영장을 발부받아 압수·수색을 할 수 있다(법215①·②). 영장 발부의 사유로 된 범죄 혐의사실과 무관한 별개의 증거를 압수하였을 경우 이는 원칙적으로 유죄 인정의 증거로 사용할 수 없다.[3]

  증거능력 없는 별건증거를 토대로 이루어진 피고인의 검찰 진술이나 법정 진술을 유죄의 증거로 사용할 수 있을 것인지 문제된다. 이 문제 또한 위의 예외적 허용의 법리에 따라 일차

----

1) 2019. 7. 11. 2018도20504, 공 2019하, 1609, 『서명 있고 날인 없는 영장 사건』.
2) 2009. 3. 12. 2008도11437, 공 2009상, 900, 『가방 강도 자백 사건』.
3) 2018. 4. 26. 2018도2624, 공 2018상, 1043, 『탐색 중 특사단 파일 발견 사건』.

적 증거 수집과 관련된 사정 및 이차적 증거를 수집하는 과정에서 발생한 추가적 사정을 모두 살펴서 구체적인 사안에 따라 주로 인과관계 희석 또는 단절 여부를 중심으로 전체적·종합적으로 고려하여야 한다.

이와 관련하여 주목되는 사정으로 다음의 점들을 들 수 있다. 즉, (가) 피고인의 검찰 진술 또는 법정 진술이 위법하게 수집된 일차적 증거를 직접 제시받고 한 것과 같은가, (나) 적어도 피고인의 진술이 위법하게 수집된 일차적 증거의 내용을 전제로 한 신문에 답변한 것인가, (다) 피고인이 진술할 때 일차적 증거가 위법수집증거에 해당할 수 있다는 점을 고지받지 못하였는가, (라) 피고인이 진술할 때 일차적 증거가 위법수집증거에 해당할 수 있다는 내용의 법적 조언을 받지 못하였는가 등의 사정이다.[1] 이러한 사정들이 인정된다면 별건증거를 토대로 수집된 피고인의 검찰 진술이나 법정 진술은 유죄의 증거로 사용할 수 없다.

2. 사인 수집증거와 위법수집증거배제법칙

(1) 적법절차원칙의 대사인효

위법수집증거배제법칙은 원래 국가기관의 위법한 공권력행사를 근거로 수집된 증거의 증거능력을 배제하려는 취지에서 출발하였다. 형소법 제308조의2가 '적법한 절차에 따르지 아니하고'라는 요건을 설정한 것은 이러한 인식을 반영하고 있다. 그러나 기본권의 대 사인적 효력이 중시되면서 사인이 다른 사람의 기본권을 침해하는 수법으로 수집한 증거물이나 진술증거를 형사절차에서 유죄의 증거로 사용할 수 있겠는가 하는 문제도 위법수집증거배제법칙의 적용대상으로 함께 논의되고 있다.

형소법 제308조의2는 "적법한 절차에 따르지 아니하고 수집한 증거는 증거로 할 수 없다."고 규정하고 있다. 이 조문은 헌법 제12조 제1항의 적법절차원칙을 기준으로 설정하고 있다. 헌법 제12조 제1항의 적법절차원칙은 국가기관에 대한 요청이지만 동시에 다른 기본권들과 마찬가지로 대 사인적 효력을 가진다. '정당한 절차'를 핵심적 요소로 하는 적법절차의 원칙은 사인간의 관계에서도 존중되어야 한다. 이러한 관점에서 사인이 비밀리에 촬영하거나 녹음한 사진, 비디오테이프, 녹음테이프 등이 위법수집증거배제법칙의 중요한 논의대상으로 등장하고 있다.

(2) 사인의 위법수집증거와 위법수집증거배제법칙

사인이 위법하게 수집한 증거와 위법수집증거배제법칙의 관계가 문제된다. 이에 대해서

---

1) 2018. 4. 26. 2018도2624, 공 2018상, 1043, 『탐색 중 특사단 파일 발견 사건』 참조.

는 두 가지 대립되는 시각이 제시되고 있다. 하나는 권리범위설이며 다른 하나는 이익형량설이다. 권리범위설과 이익형량설은 사인이 수집한 증거와 적법절차의 관계를 전반적으로 가늠하게 해 주는 척도로서도 의미가 있다.[1]

(가) 권리범위설   침해된 권리의 중요성을 기준으로 위법수집증거배제법칙을 적용하자는 주장이다. 권리범위설의 입장에서는 사인의 위법행위가 침해를 가져오는 기본권의 영역을 기준으로 (가) 기본권의 핵심적 영역을 침해하는 경우, (나) 기본권의 주변적 영역을 침해하는 경우, (다) 기본권의 침해와 무관한 경우로 나눈다. 그리하여 사인의 위법행위가 기본권의 핵심적 영역을 침해하는 경우에는 그 사인이 수집한 증거에 대해 증거능력을 부인해야 한다고 주장한다.

이 입장에서는 예컨대 사인에 의한 사진촬영이라 하더라도 헌법상 보장된 인격권이나 초상권 등의 기본권을 중대하게 침해하는 경우에는 증거능력이 부인된다고 본다. 그리하여 부녀의 나체사진과 같은 것은 설사 형사소추를 위하여 필요한 증거라고 할지라도 기본권의 핵심영역을 침해하는 것이므로 증거능력을 배제해야 한다고 주장한다.

(나) 이익형량설 – 판례   실체적 진실발견이라는 공익과 사생활보호라는 개인의 이익을 비교형량하여 위법수집증거배제법칙의 적용 여부를 결정하자는 주장이다. 판례는 다음과 같은 이유를 들어서 이익형량설을 취하고 있다.[2]

국민의 인간으로서의 존엄과 가치를 보장하는 것은 국가기관의 기본적인 의무에 속하는 것이고 이는 형사절차에서도 당연히 구현되어야 한다. 그렇지만 국민의 사생활 영역에 관계된 모든 증거의 제출이 곧바로 금지되는 것으로 볼 수는 없다. 그러므로 법원으로서는 효과적인 형사소추 및 형사소송에서의 진실발견이라는 공익과 개인의 인격적 이익 등의 보호이익을 비교형량하여 그 허용 여부를 결정해야 한다.[3]

법원이 양자의 비교형량을 함에 있어서는 증거수집절차와 관련된 모든 사정을 전체적·종합적으로 고려해야 하고, 단지 형사소추에 필요한 증거라는 사정만을 들어 곧바로 형사소송에서의 진실발견이라는 공익이 개인의 인격적 이익 등의 보호이익보다 우월한 것으로 섣불리 단정하여서는 안 된다.[4]

판례는 사기죄 피고사건에서 제삼자가 절취한 물건으로서 대가를 주고 입수한 증거물에

1) 신동운, "위법수집증거배제법칙과 나체사진의 증거능력 : 1997. 9. 30. 97도1230, 공 1997, 3356 〈판례연구〉", 서울대 법학, 제40권 2호(1999), 358-376면 참고 바람.
2) 1997. 9. 30. 97도1230, 공 1997, 3356, 『나체 사진 사건』.
3) 2010. 9. 9. 2008도3990, 공 2010하, 1942, 『배우자 원룸 침입 사건』.
4) 2013. 11. 28. 2010도12244, 공 2014상, 127, 『동장 직무대리 이메일 사건』.

대하여,[1] 「공직선거법」위반죄 피고사건에서 제삼자가 권한 없이 피고인의 전자우편에 대한 비밀 보호조치를 해제하는 방법을 통하여 수집한 전자우편에 대하여,[2] 「저작권법」위반죄 피고사건에서 저작권자 측이 저작권 침해 회사의 검색제한 조치를 무력화하는 프로그램을 이용하여 수집한 저작권 침해자료 목록에 대하여[3] 각각 증거능력을 긍정한 바가 있다.

(다) 사 견　　생각건대 사인이 수집한 증거와 위법수집증거배제법칙의 관계는 대법원이 취하고 있는 이익형량설의 입장에서 판단하는 것이 타당하다고 본다. 원래 위법수집증거배제법칙은 국가기관의 위법한 수사활동을 규제하기 위하여 발달한 이론이다. 우리 형사소송법 제308조의2가 '적법한 절차에 따르지 아니하고'라는 표현을 사용하고 있는 것도 이 점을 나타내고 있다. 따라서 위법수집증거배제법칙을 사인의 영역에 확장할 때에는 신중을 기하지 않으면 안 된다.

권리범위설의 난점은 무엇보다도 권리범위의 판단기준이 모호하다는 점에 있다. 어느 경우에 사인의 증거수집행위가 기본권의 핵심영역을 침해하는 것인지 판단하기가 쉽지 않다. 뿐만 아니라 형벌권의 실현을 염두에 둔 형사절차에 개인 간의 사생활영역을 지나치게 반영하는 것 또한 적절하지 않다고 생각된다. 위법수집증거배제법칙의 외연을 사인 간의 영역에도 확대하는 것이 바람직하기는 하지만 이익형량의 관점에서 신중하게 접근해 가야 할 것이다.

(3) 사인의 비밀녹음과 위법수집증거배제법칙

(가) 규제방식의 변화　　과학기술의 발달에 따라 녹음파일, 녹음테이프, 비디오테이프, 사진촬영 등 새로운 증거수집방법이 사인 간에도 활발하게 이용되고 있다. 1994년 이전에는 이 분야에서 증거능력 규제를 담당할 실정법적 근거가 없었다. 이 때문에 전문법칙(법310의2)을 근거로 증거능력을 제한하려는 시도들이 전개되어 왔다.[4] 그러나 반대신문권보장을 골자로 하는 전문법칙을 사인 간의 영역에서 위법수집증거 배제의 근거로 사용하는 데에는 한계가 있었다.

1994년부터 시행된 「통신비밀보호법」은 통신의 비밀을 보호하기 위하여 여러 가지 행위들을 금지하고 있다. 비밀녹음과 관련하여 보면 (가) 전기통신의 감청(동법3①)과 (나) 공개되지 아니한 타인 간의 대화를 녹음하거나 전자장치 또는 기계적 수단을 이용하여 청취하는 행위(동법3①, 14① 참조)가 각각 금지대상으로 규정되어 있다. 전기통신의 감청이나 전자장치 또

1) 2008. 6. 26. 2008도1584, [미간행], 『업무수첩 절취 사건』.
2) 2013. 11. 28. 2010도12244, 공 2014상, 127, 『동장 직무대리 이메일 사건』.
3) 2013. 9. 26. 2011도1435, 공 2013하, 2014, 『영화 불법 다운로드 사건』.
4) 1997. 3. 28. 96도2417, 공 1997, 1291, 『동료교사 비밀녹음 사건』.

는 기계적 수단을 이용한 청취는 녹음으로 연결되는 것이 일반적이다.

(나) 통신비밀보호법의 금지규정　　공개되지 아니한 타인 간의 대화를 불법적으로 녹음하는 행위는 그것이 사인에 의한 경우에도 「통신비밀보호법」 제3조 및 제14조에 의하여 금지되며, 이 금지규범에 위반하여 생성된 비밀녹음은 「통신비밀보호법」 제4조에 의하여 각종 재판 및 징계절차에서 증거로 사용할 수 없다. 「통신비밀보호법」 제3조 제1항에서 금지하는 타인 간 대화의 녹음은 특정 시점에 실제 이루어지고 있는 대화를 실시간으로 녹음하는 것을 의미한다. 이미 종료된 대화의 녹음물을 재생한 뒤 이를 다시 녹음하는 행위까지 포함하지는 않는다.[1]

「통신비밀보호법」 제3조 제1항은 누구든지 '공개되지 아니한 타인 간의 대화'를 녹음 또는 청취하지 못한다고 규정하고 있다. 한편 「통신비밀보호법」 제14조 제1항은 누구든지 공개되지 아니한 타인간의 대화를 녹음하거나 전자장치 또는 기계적 수단을 이용하여 청취할 수 없다고 규정하고, 제16조 제1항은 공개되지 아니한 타인간의 대화를 녹음 또는 청취한 자를 형사처벌하고 있다. 여기에서 청취는 타인 간의 대화가 이루어지고 있는 상황에서 실시간으로 그 대화의 내용을 엿듣는 행위를 의미한다. 대화가 이미 종료된 상태에서 그 대화의 녹음물을 재생하여 듣는 행위는 청취에 포함되지 않는다.[2]

(다) 타인 간의 대화　　「통신비밀보호법」이 제공하는 증거배제법칙은 '공개되지 아니한 타인 간의 대화'에 대한 비밀녹음을 규제대상으로 삼고 있다. 여기에서 '공개되지 않았다'는 것은 반드시 비밀과 동일한 의미는 아니다.[3][4] 타인 간의 대화가 구체적으로 공개된 것인지는 발언자의 의사와 기대, 대화의 내용과 목적, 상대방의 수, 장소의 성격과 규모, 출입의 통제 정도, 청중의 자격 제한 등 객관적인 상황을 종합적으로 고려하여 판단해야 한다.[5][6]

「통신비밀보호법」 제3조 제1항이 공개되지 않은 타인 간의 대화를 녹음 또는 청취하지 못하도록 한 것은, 대화에 원래부터 참여하지 않는 제삼자가 대화를 하는 타인 간의 발언을 녹음하거나 청취해서는 안 된다는 취지이다.[7][8] 전화통화 당사자의 일방이 상대방 모르게 통화내용을 녹음하는 것은 '타인 간의 대화'를 녹음한 것에 해당하지 않는다.[9] 그렇지만 제삼

---

1) 2024. 2. 29. 2023도8603, 공 2024상, 585, 『녹음파일 제3자 전송 사건』.
2) 2024. 2. 29. 2023도8603, 공 2024상, 585, 『녹음파일 제3자 전송 사건』.
3) 2022. 8. 31. 2020도1007, 공 2022하, 2069, 『교역자실 동전 게임 녹음 사건』.
4) 2024. 1. 11. 2020도1538, 공 2024상, 446, 『아동 가방 속 녹음기 사건』.
5) 2022. 8. 31. 2020도1007, 공 2022하, 2069, 『교역자실 동전 게임 녹음 사건』.
6) 2024. 1. 11. 2020도1538, 공 2024상, 446, 『아동 가방 속 녹음기 사건』.
7) 2022. 8. 31. 2020도1007, 공 2022하, 2069, 『교역자실 동전 게임 녹음 사건』.
8) 2024. 1. 11. 2020도1538, 공 2024상, 446, 『아동 가방 속 녹음기 사건』.
9) 2002. 10. 8. 2002도123, 공 2002, 2769, 『귓볼 뚫기 사건』.

자가 전화통화 당사자 일방의 동의를 받고 그 통화내용을 녹음한 경우는 '타인 간의 대화'를 녹음한 경우에 해당한다.[1)]

아동학대범죄 피고사건에서 피해아동의 부모가 피해아동의 가방에 녹음기를 넣어 수업시간 중 교실에서 피고인(교사)이 한 발언을 녹음한 녹음파일, 녹취록 등은 「통신비밀보호법」 제14조 제2항 및 제4조에 따라 증거능력이 부정된다.[2)] 먼저, 피해아동의 부모가 몰래 녹음한 피고인의 수업시간 중 발언은 '공개되지 않은 대화'에 해당한다. 대화 내용이 공적인 성격을 갖는지 여부나 발언자가 공적 인물인지 여부 등은 '공개되지 않은 대화'에 해당하는지 여부를 판단하는 데에 영향을 미치지 않는다.[3)] 다음으로, 피해아동의 부모가 몰래 녹음한 피고인의 수업시간 중 발언은 '타인 간의 대화'에 해당한다. 피해아동의 부모는 피고인의 수업시간 중 발언의 상대방, 즉 대화에 원래부터 참여한 당사자에 해당하지 않기 때문이다.[4)]

대화 상대방이 실수로 휴대폰의 통화종료 버튼을 누르지 아니한 채 이를 그대로 놓아두어 상대방이 제삼자와 통화하는 내용이 들리는 경우가 있다. 이때 상대방의 휴대폰과 통화연결상태에 있는 사람이 자신의 휴대폰 수신 및 녹음기능을 이용하여 상대방과 제삼자 간의 대화를 몰래 청취하면서 녹음하였다면, 그 녹음자는 상대방의 대화에 원래부터 참여하지 아니한 제삼자에 해당한다. 그러므로 통화연결상태에 있는 휴대폰을 이용하여 상대방의 대화를 청취·녹음하는 행위는 「통신비밀보호법」 제3조의 금지행위에 해당한다.[5)]

선거인매수 혐의의 선거범죄 사안에서 피고인의 동의 없이 대화상대방이 피고인의 휴대전화를 조작하여 피고인의 전화통화 내용을 모두 녹음한 경우에 그 전화통화 녹음파일의 증거능력이 문제된다. 판례는 이익교량의 관점에서 다음의 점들을 고려하였다. 먼저, 대화상대방이 피고인의 동의 없이 피고인의 휴대전화를 조작하여 통화내용을 녹음하였다는 점에서 대화상대방이 피고인의 사생활 내지 인격적 이익을 침해하였다고 볼 여지는 있다. 그러나 대화상대방은 전화통화의 일방 당사자로서 피고인과 직접 대화를 나누면서 피고인의 발언 내용을 직접 청취하였다. 그러므로 대화상대방이 피고인과 사이의 통화내용을 몰래 녹음하였더라도 그로 인하여 피고인의 사생활의 비밀, 통신의 비밀, 대화의 비밀 등이 침해되었다고 평가하기는 어렵고, 음성권 등 인격적 이익의 침해 정도도 비교적 경미하다. 대화상대방은 통화내용이 피고인의 휴대전화에 녹음되도록 하였을 뿐, 그 녹음파일 등을 제3자에게 유출한 바도 없고,

---

1) 2002. 10. 8. 2002도123, 공 2002, 2769, 『귓볼 뚫기 사건』.
2) 2024. 1. 11. 2020도1538, 공 2024상, 446, 『아동 가방 속 녹음기 사건』.
3) 2024. 1. 11. 2020도1538, 공 2024상, 446, 『아동 가방 속 녹음기 사건』.
4) 2024. 1. 11. 2020도1538, 공 2024상, 446, 『아동 가방 속 녹음기 사건』.
5) 2016. 5. 12. 2013도15616, 공 2016상, 809, 『통화연결상태 이사장 대화 녹음 사건』.

대화상대방이 피고인의 범행에 관한 증거로 사용하겠다는 의도나 계획 아래 전화통화를 녹음한 것이 아니다. 나아가 사안에서 형사소추의 대상이 된 행위는 중대범죄인 선거범죄로서 객관적 증거인 전화통화 녹음파일을 증거로 사용해야 할 필요성이 높다. 이상의 검토를 토대로 판례는 대화상대방이 피고인의 사생활 내지 인격적 이익을 침해하여 통화내용을 녹음하였더라도, 대화상대방과 피고인 사이의 전화통화 녹음파일은 증거로 사용할 수 있다는 결론에 이르렀다.[1]

(라) 형소법 제308조의2   「통신비밀보호법」이 제공하는 증거배제법칙은 '타인 간의 대화'에 대한 비밀녹음을 규제대상으로 삼고 있기 때문에 그 적용범위가 충분하지 못하다. 이러한 상황에서 형사소송법 제308조의2가 위법수집증거배제법칙을 도입하였다. 이제 형사소송법이 도입한 위법수집증거배제법칙이 사인간의 비밀녹음에 대해 어느 정도 규범력을 가지게 될 것인지 귀추가 주목된다.

형사소송법 제308조의2는 헌법 제12조 제1항이 규정한 적법절차의 원칙에 기반을 두고 있다. '정당한 절차'를 핵심적 요소로 하는 적법절차의 원칙은 사인간의 관계에서도 존중되어야 한다. 이익형량설의 관점에서 볼 때 사인에 의한 비밀녹음은 「통신비밀보호법」이 개입할 정도로 공익에 미치는 영향이 강하다. 그러므로 대화상대방이 보유하는 정보의 자기결정권을 정당한 절차에 따르지 않고 침해한 결과로서 얻어진 사인의 비밀녹음은 적법절차원칙에 위배한 것으로서 증거능력이 부정되어야 할 것이다.

다만 사인의 비밀녹음에 증거능력을 부정하더라도 정당방위나 긴급피난 등에 준하는 특별한 사정이 있는 경우에는 예외적으로 비밀녹음에 증거능력을 인정할 수 있다.[2]

판례는 3자간의 대화에 있어 그중 한 사람이 대화를 비밀녹음한 행위에 대해, 다른 두 사람의 발언이 녹음자에 대한 관계에서 '타인 간의 대화'라고 할 수 없다는 이유를 들어 「통신비밀보호법」 제3조 제1항 본문에 위배되지 않는다고 판시하였다.[3]

그런데 판례의 사안에서 비밀녹음행위가 타인 간의 대화를 녹음한 것이 아니라고 하더라도 녹취된 비밀녹음 자체에 대한 증거능력의 문제는 별도로 판단해야 한다고 본다. 대화정보의 자기결정권과 기본권의 대사인적 효력에 비추어 볼 때 이 경우의 비밀녹음도 적법절차에 위배하여 수집된 증거로 보아 형소법 제308조의2에 기하여 증거능력을 배제해야 할 것이다.

사물에서 발생하는 음향이나 사람의 목소리라 하더라도 단순한 비명소리나 탄식 등은

---

1) 2023. 12. 14. 2021도2299, 판례속보, 『조합장 선거 상대방 휴대폰 녹음 사건』.

2) 1997. 3. 28. 97도240, 공 1997, 1300, 『강간범 전화 녹음 사건』 참조.

3) 2006. 10. 12. 2006도4981, 공 2006, 1939, 『3자대화 비밀녹음 사건』.

「통신비밀보호법」에서 말하는 타인 간의 '대화'에는 해당하지 않는다. 따라서 「통신비밀보호법」에 의한 증거배제의 대상에 포함되지 않는다. 그렇다고 하더라도 사물음향이나 사람의 비명소리 등에 곧바로 증거능력이 인정되는 것은 아니다. 형사절차에서 그러한 증거를 사용할 수 있는지 여부는 개별적인 사안에서 효과적인 형사소추와 형사절차상 진실발견이라는 공익과 개인의 인격적 이익 등의 보호이익을 비교형량하여 결정해야 한다.[1]

3. 위법수집증거배제법칙의 관련문제

(1) 위법수집증거와 탄핵증거의 문제

위법수집증거배제법칙(법308의2)에 의하여 증거능력이 배제된 증거를 탄핵증거로 사용할 수 있는가 하는 문제가 있다. 이에 대해서는 긍정설과 부정설이 대립하고 있다. 긍정설의 입장에서는 위법수집증거라고 해도 일반적으로는 탄핵증거로 사용할 수 있다고 본다. 다만, 임의성이 없는 진술이나 고문, 폭행 등과 같은 중대한 인권침해에 의한 진술에 대해서는 예외적으로 탄핵증거로도 허용될 수 없다는 제한을 가한다.

그러나 이 문제는 부정설의 관점에서 접근해야 한다고 본다. 엄격한 증명의 법리(법307①)에 비추어 볼 때 범죄사실은 증거능력이 있는 증거를 법률이 정한 절차에 따라 조사하여 인정해 들어가야 한다. 유죄의 증거로 쓰일 수 있는 자격을 증거능력이라고 할 때 위법수집증거배제법칙(법308의2)은 증거능력을 통제하는 중요한 관문이 된다.

그런데 이와 같이 증거능력이 배제된 위법수집증거를 피고인 또는 피고인 아닌 자의 진술의 증명력을 다툰다는 구실로 법정에 현출시킨다면 모처럼 마련된 적법절차원칙의 구현이라는 위법수집증거배제법칙의 입법취지는 몰각될 수밖에 없다. 「국민의 형사재판 참여에 관한 법률」 제44조는 "배심원 또는 예비배심원은 법원의 증거능력에 관한 심리에 관여할 수 없다."고 규정하여 특히 배심재판에서의 증거능력 규제를 강화하고 있다.

탄핵증거는 전문법칙에 의하여 증거능력이 배제된 증거를 피고인 또는 피고인 아닌 자의 진술의 증명력을 다투기 위하여 사용하는 것이다(법318의2①). 전문법칙(법310의2)은 형사소송법이 규정한 입법정책의 문제로서 헌법적 지위를 갖지 않는다.[2] 이에 대하여 위법수집증거배제법칙(법308의2)은 형사소송법에 명시되어 있지만 헌법 제12조 제1항 및 제3항이 규정한 적법절차원칙과 직접 관련을 맺고 있다.

우리나라 형사사법에 헌법상의 적법절차원칙을 실현하기 위하여 입법자가 의도적으로 도

---

1) 2017. 3. 15. 2016도19843, 공 2017상, 834, 『우당탕 몸싸움 소리 청취 사건』.
2) 2005. 5. 26. 2003헌가7, 헌집 17-1, 558, 『해남지원 위헌제청 사건』.

입한 장치가 위법수집증거배제법칙이다. 이러한 우리 법체계의 특성으로부터 전문증거의 사용과 관련한 탄핵증거의 법리는 위법수집증거에 대하여 적용되지 않으며, 위법수집증거는 탄핵증거로도 사용할 수 없다는 결론이 도출된다.

(2) 위법수집증거에 대한 증거동의 문제

위법수집증거에 대하여 증거동의(법318①)를 인정할 것인가 하는 문제에 대해 긍정설과 부정설이 대립하고 있다.

(가) 긍정설　긍정설의 입장에서는 증거동의를 당해 증거의 증거능력과 증명력을 다툴 권리를 포기하는 것으로 이해한다. 위법수집증거배제법칙은 증거능력을 다투는 법적 근거의 하나이므로 증거동의의 내용에는 위법수집증거배제법칙을 원용하여 증거능력을 다투지 않겠다는 의사표시도 포함된다고 본다. 형소법 제318조 제1항은 증거동의의 객체로 '물건'을 규정하고 있는데, 그 이유는 압수물에 대하여 압수절차의 위법을 이유로 증거능력을 다툴 수 있고, 압수물이 사건과 관련성이 없다는 이유로 증명력을 다툴 수 있음에도 불구하고 그 권리를 포기할 수 있기 때문이라는 것이다.

(나) 부정설　그러나 위법수집증거배제법칙에 대한 증거동의는 허용되지 않는다고 보아야 할 것이다. 판례는 부정설의 입장을 취하고 있다.[1] [2] [3] 긍정설은 증거동의의 의미를 일체의 증거능력과 증명력에 대한 다툼의 포기라고 보는 점에서 문제가 있다. 원래 증거동의는 전문법칙과 실질적 직접심리주의에 대한 예외를 규정한 것이다. 형소법 제310조의2는 전문증거의 사용을 불허하고 있는데, 그 이론적 근거는 반대신문권의 보장과 함께 실질적 직접심리주의의 담보에 있다.

물건을 증거동의의 대상으로 규정한 것은 실질적 직접심리주의를 관철할 경우에 발생하는 소송지연 등의 문제를 소송경제의 관점에서 해소하기 위한 것이다. 예컨대 압수물을 증거로 제출하려면 그 물건이 원래 있던 곳으로부터 법정에 현출될 때까지 점유가 적법하게 이전되고 유지되었음을 입증하여야 한다(소위 점유의 연쇄). 그러나 검사와 피고인 측이 동의하면 그와 같은 번거로움을 피할 수 있다.

이처럼 증거동의는 반대신문권의 포기 및 소송경제의 관점에서 인정되는 제도로서 형소법 제310조의2와 표리관계에 있다. 이에 대해 형소법 제308조의2가 규정하고 있는 위법수집증거배제법칙은 헌법 제12조 제1항과 제3항이 규정하고 있는 적법절차의 원칙과 관련을 맺고

---

1) 2011. 4. 28. 2009도2109, 공 2011상, 1080, 『응급실 강제채혈 사건』.
2) 2010. 1. 28. 2009도10092, 공 2010상, 474, 『피해자 쇠파이프 제출 사건』.
3) 2009. 12. 24. 2009도11401, 공 2010상, 298, 『외사과 경찰관 압수 사건』.

있다. 헌법적 요청에서 유래하는 증거능력의 제한을 전문법칙과 실질적 직접심리주의의 관점에서 도출되는 증거동의의 법리로 우회할 수는 없다. 요컨대 위법수집증거에 대한 증거동의는 인정되지 않는다고 할 것이다.

4. 거짓말탐지기 검사결과의 증거능력

(1) 거짓말탐지기의 의의

사람은 진실을 은폐하거나 거짓을 진술하는 경우에 심리적 동요와 함께 호흡, 맥박, 혈압, 발한(發汗) 등의 생리적 변화를 수반하는 일이 많다. 거짓말탐지기는 이러한 점에 착안하여 피고인이나 제삼자가 진술할 때 생기는 신체적 변화를 기술적 방법으로 측정하여 그 진술의 진위를 판별하려는 목적에서 사용되는 기계장치이다. 그리고 거짓말탐지기에 의하여 피검사자의 생리적 변화를 측정하여 기록한 내용을 거짓말탐지기 검사결과라고 한다.

현재 거짓말탐지기는 자백의 강요를 방지하고 과학적 수사를 촉진한다는 이유에서 우리나라 수사기관에 의하여도 본격적으로 활용되는 단계에 와 있다고 말할 수 있다. 그러나 거짓말탐지기의 사용은 그 성능의 신뢰도와 함께 인간의 기본권과 관련하여 적지 않은 문제점을 안고 있기 때문에 신중한 검토가 요구된다.[1]

종래 거짓말탐지기의 문제는 피의자의 진술과 관련이 있다는 이유로 전문법칙의 관점에서 논의되어 왔다. 그러나 형사소송법이 제308조의2에서 위법수집증거배제법칙을 명문화함에 따라 거짓말탐지기의 문제는 실정법의 변화와 관련하여 새로이 조명되지 않으면 안 되게 되었다.

(2) 거짓말탐지기 검사결과의 증거능력

(가) 문제의 고찰순서　　　거짓말탐지기의 검사자는 피의자나 그 밖의 사람에 대하여 피의사실과 관련되는 신문을 하고 그 신문에 대하여 피검사자에게 진술을 하게 하면서 진술시에 나타난 호흡, 맥박, 혈압, 피부전기반사 등의 생리적 변화를 기록한다. 그리고 검사자는 이 자료를 기초로 피검사자의 진술에 대한 허위 여부나 피의사실의 인식 유무를 판단한다. 거짓말탐지기 검사결과란 거짓말탐지기의 조사를 근거로 하여 피검사자의 진술이 허위 또는 사실은폐에 해당하는가를 판단한 자료를 말한다.[2]

거짓말탐지기 검사결과가 피고인의 범죄사실을 증명할 수 있는 증거로 사용될 수 있으려

---

1) 신동운, "자백의 신빙성과 거짓말탐지기 검사 결과의 증거능력", 법과 정의(경사 이회창 선생 화갑기념 논문집)(1995), 227-251면 참고 바람.
2) 2005. 5. 26. 2005도130, 공 2005, 1088, 『성남 코란도 도주 사건』.

면 다음과 같은 전제조건들이 단계적으로 구비되어야 한다.

첫째로, 거짓말탐지기 검사결과는 피고사건과 자연적 관련성을 가지고 있어야 한다. 자연적 관련성이란 증거가 문제되고 있는 사실의 증명과 관련되고 있으며 또 이를 증명할 수 있는 최소한의 힘이 있음을 의미한다. 자연적 관련성은 사실적 관련성이라고도 불린다.

거짓말탐지기와 관련하여 자연적 관련성이 문제되는 항목으로는 (가) 일반적으로 볼 때 거짓말탐지기의 이론적 근거가 공인된 과학적 법칙에 기초하고 있는가, (나) 구체적으로 볼 때 실제로 사용되고 있는 거짓말탐지기의 성능과 검사요원의 자질, 그리고 검사절차가 과학적 정밀성을 구비하고 있는가 하는 두 가지 점을 들 수 있다.

둘째로, 거짓말탐지기 검사결과는 피고사건과 법적 관련성을 가지고 있어야 한다. 법적 관련성은 자연적 관련성에 대립하는 개념이다. 법적 관련성은 자연적 관련성이 인정되는 증거라 할지라도 그 증거를 사용함으로써 얻는 이익과 그 대가로 치러야 할 해악을 비교하여 전자가 후자를 능가하는 것을 말한다.

법적 관련성을 거짓말탐지기 검사결과와 관련지어 보면, 설사 거짓말탐지기 검사결과에 자연적 관련성이 인정된다고 하더라도 (가) 이를 사용하는 것이 법관의 심증형성에 부당한 영향을 미칠 수 있는 경우, (나) 소송경제적인 관점에서 필요 이상의 비용을 부담시키는 경우, 또는 (다) 인간의 기본권을 침해하는 경우 등에 해당한다면 법적 관련성이 없음을 이유로 거짓말탐지기 검사결과의 사용을 허용할 수 없다는 결론에 이르게 된다.

셋째로, 거짓말탐지기 검사결과에 자연적 관련성과 법적 관련성을 긍정한다고 하더라도 형사소송법이 명시하고 있는 증거능력의 제한규정에 저촉되는 일이 없어야 한다.

거짓말탐지기 검사결과 자체에 증거능력을 인정할 것인가 하는 문제를 놓고 부정설과 긍정설이 대립하고 있다. 아래에서는 앞에서 본 단계적 분석방법을 기초로 각 학설을 검토해 보기로 한다.

(나) 증거능력부정설   부정설은 거짓말탐지기 검사결과에 증거능력을 부여해서는 안 된다고 보는 입장이다. 부정설은 다시 그 논거의 이론적 위치에 따라서 여러 가지 견해로 나누어 볼 수 있다.

첫째로, 거짓말탐지기 검사결과에 대해 자연적 관련성이 없다고 보아 증거능력을 부인하는 견해가 있다. 이 입장에서는 거짓말탐지기 검사결과가 여타의 전형적, 법의학적 감정결과와는 달리 최량의 조건하에서도 증거로서 허용될 수 있는 신빙성을 결여하고 있다고 본다.

둘째로, 같은 자연적 관련성의 결여를 근거로 하면서도 거짓말탐지기의 이론적 근거 자체를 부인하는 것이 아니라 검사장비, 검사요원, 검사절차 등 검사와 관련된 최량의 조건이 구비될 수 없음을 들어 증거능력을 부인하는 견해가 있다.

셋째로, 법적 관련성의 결여를 이유로 거짓말탐지기 검사결과의 증거능력을 부인하는 견해가 있다. 거짓말탐지기 검사결과의 자연적 관련성은 정면에서 다투지 않지만 그 검사결과의 이용으로 인한 부담이나 폐해를 들어서 증거능력을 부인하려는 태도이다.

(다) 증거능력긍정설   이 견해는 거짓말탐지기 검사결과의 자연적 관련성 및 법적 관련성을 모두 인정하면서 그 증거능력을 긍정한다. 그런데 거짓말탐지기란 피검사자의 자발적인 협조가 없으면 검사가 불가능하기 때문에 증거능력긍정설은 자연히 피검사자의 명시적 동의 또는 적극적인 요구가 있는 경우에 한하여 증거능력을 인정한다는 제한을 붙이게 된다. 긍정설은 거짓말탐지기에 의하여 검사한 결과 피의사의 진술이 진실이라고 판단되는 경우 수사가 신속히 종결되고 피검사자는 피의자의 지위에서 벗어날 수 있게 된다는 점에 주목한다.

증거능력긍정설의 입장에서는 거짓말탐지기 검사결과를 감정서에 준하여 취급한다. 거짓말탐지기 검사결과는 전문지식을 가진 검사요원이 검사기록을 분석한 보고서이므로 실질적으로는 감정서로서의 성질을 가진다고 보고 형사소송법 제313조 제3항의 요건을 충족하면 증거능력이 인정된다고 새긴다.

(라) 판례의 입장   판례는 거짓말탐지기 검사결과에 대해 사실적 관련성의 관점에서 접근한다. 판례는 거짓말탐지기 검사결과가 요증사실에 대하여 필요한 최소한도의 증명력을 가지고 있어야 한다고 하면서, 이에 필요한 제반 요건이 충족되지 않는 한 증거능력을 부여하기는 어렵다는 입장을 취하고 있다.[1]

나아가 판례는 설사 자연적 관련성이 예외적으로 인정되어 거짓말탐지기 검사결과에 증거능력이 부여되는 경우라 하더라도 그 검사결과는 검사를 받는 사람의 진술의 신빙성 유무를 판단하는 정황증거로서의 기능을 하는 데 그친다는 입장을 취하고 있다.[2]

(마) 사 견   생각건대 거짓말탐지기 검사결과에는 증거능력을 인정하지 않는 것이 타당하다고 본다. 거짓말탐지기를 사용하는 것은 범죄사실의 증명을 목적으로 인간의 내면세계에서 결정되는 진술에 대해 그 진위를 기계적 방법으로 가리려는 시도라고 할 수 있다. 이러한 거짓말탐지기의 사용은 인격권에 대한 중대한 침해를 의미한다.

위법수집증거배제법칙(법308의2)은 적법한 절차에 의하지 않고 수집된 증거의 증거능력을 부인하고 있다. 인간의 내면세계에서 결정되는 진술의 진위를 기계적 방법으로 가려내려고 하

---

1) 2005. 5. 26. 2005도130, 공 2005, 1088, 『성남 코란도 도주 사건』.
2) 1984. 2. 14. 83도3146, 공 1984, 478, 『강간치사 검사결과 사건』.

는 시도는 인격권의 중대한 침해로서 적법절차의 원칙에 반하는 것이라고 하지 않을 수 없다. 따라서 거짓말탐지기 검사결과는 처음부터 위법수집증거배제법칙(법308의2)에 의하여 증거능력이 부정되는 것으로 보아야 할 것이다.

(3) 거짓말탐지기의 관련문제

거짓말탐지기의 사용은 법적 관련성의 결여를 이유로 금지하는 것이 마땅하다고 본다. 그런데 다수의 견해가 거짓말탐지기의 사용을 제한적으로 허용하고 있다. 다수견해에 따라 거짓말탐지기 사용을 허용하게 되면 다음으로 진술거부권의 문제를 검토해야 한다.

진술거부권의 고지는 피의자의 진술거부권 행사와 달리 수사기관에게 부과되는 의무이다 (법244의3①). 거짓말탐지기 검사절차를 보면 검사자의 질문과 피검사자의 답변이 불가분의 관계를 이루면서 진행되며 이 과정에서 신체상황의 변화가 기계에 의하여 측정된다. 이러한 점에 비추어 볼 때 거짓말탐지기에 의한 검사를 할 때에는 피의자신문의 경우에 준하여 검사자가 피검사자에게 반드시 진술거부권을 고지해야 할 것이다.

거짓말탐지기 검사를 계기로 하여 얻은 자백에 대해 증거능력을 인정할 것인지가 문제된다. 이에 대해서는 자백배제법칙 항목에서 설명하기로 한다.[1]

제4 독수과실의 이론

1. 독수과실이론의 의의

(1) 독수과실이론의 필요성

위법수집증거배제법칙을 검토할 경우에 그와 표리관계에 있어서 반드시 설명을 요하는 것으로 독수과실의 이론이 있다. 독수과실의 이론이란 위법수사에 의하여 획득된 일차적 증거를 근거로 하여 취득된 그 밖의 증거들까지도 증거능력을 배제하는 이론을 말한다. 위법수사에 의하여 오염된 일차적 증거를 독나무에 비유하고 그로부터 얻어진 이차적·파생적 증거를 독나무의 과실에 비유하여 오염된 이차적 증거의 증거능력을 부정하자는 것이 독수과실의 이론이다.

독수과실의 이론은 위법수사로 인한 일차적 증거에 대해서만 증거능력을 부인하고 파생적 증거에 대해 증거능력을 인정할 경우 위법수집증거배제법칙이 무의미해지는 것을 막기 위

---

1) 후술 870면 참조.

하여 고안된 장치이다. 예컨대 살인죄 피고사건에서 고문 등으로 임의성이 의심되어 증거능력이 부정된 자백에 의하여 획득한 망치나 의류 등 증거물의 증거능력을 부인함으로써 범죄성립을 부정하는 것이 독수과실의 적용사례이다.

(2) 독수과실이론의 문제점

위법수집증거배제법칙이 독수과실의 이론을 매개로 하여 일차적 증거뿐만 아니라 이차적 증거에까지도 적용된다고 할 경우 사소한 위법수사만 있으면 그 이후에 획득된 모든 증거의 증거능력을 부정하지 않으면 안 된다. 그러나 이렇게 되면 형벌권의 무력화를 초래하여 형사사법에 대한 국민의 신뢰가 실추되는 것이 아닌가 하는 우려가 제기될 수 있다.

대법원은 "적법절차의 원칙과 실체적 진실규명의 조화를 도모하고 이를 통하여 형사사법 정의를 실현하려 한 취지에 반하는 결과를 초래하는 것으로 평가되는 예외적인 경우라면, 법원은 그 증거를 유죄 인정의 증거로 사용할 수 있다고 보아야 할 것이다. 이는 적법한 절차에 따르지 아니하고 수집된 증거를 기초로 하여 획득된 이차적 증거의 경우에도 마찬가지여서, [적법한] 절차에 따르지 아니한 증거수집과 이차적 증거수집 사이의 인과관계 희석 또는 단절 여부를 중심으로 이차적 증거수집과 관련된 모든 사정을 전체적·종합적으로 고려하여 예외적인 경우에는 유죄 인정의 증거로 사용할 수 있는 것이다."라고 판시하여 독수과실의 예외이론을 긍정하고 있다.[1]

독수과실의 이론을 제한하는 장치로 다음의 몇 가지 방안이 논의되고 있다.

2. 제한이론

이차적·파생적 증거가 일차적 위법수집증거와 인과관계를 가지고 있는 경우에도 독수과실의 이론이 적용되지 않는 경우가 있다. 독수과실의 이론을 제한하는 법리로는 희석이론, 독립된 증거원의 이론, 불가피한 발견의 이론, 선의신뢰의 이론 등이 있다.

(1) 희석이론

희석이론은 위법수사로 인하여 획득한 일차적 증거의 오염성이 점차로 희석되어 더 이상 이차적 증거에 영향을 미치지 않게 되는 경우를 인정하는 견해이다. 희석이론이 적용되는 경우로 위법수사에 의하여 취득된 일차적 증거와 문제의 이차적 증거 사이에 여러 단계의 연결고리가 존재하는 상황을 들 수 있다. 희석의 정도를 결정하는 기준은 당해 증거에 대한 증거

---

1) 2007. 11. 15. 2007도3061 전원합의체 판결, 공 2007하, 1974, 『제주지사실 압수수색 사건』.

능력의 배제가 수사기관의 위법수사에 대해 견제력을 발휘할 수 있겠는가 아닌가 하는 점에서 구하여야 한다.

(2) 독립된 증거원의 이론

일차적 증거와 이차적 증거 사이에 조건설적 인과관계가 인정된다고 하더라도, 이차적 증거를 획득한 것이 일차적 증거의 수집원인이었던 위법수사를 이용한 것이 아닌 경우에는 그 이차적 증거의 증거능력을 인정하자는 견해가 독립된 증거원의 이론이다. 예컨대 위법수사가 있었다고 하더라도 그것이 이차적 증거의 발견을 위한 특별한 계기나 촉진제가 되지 않았다면 그 후의 실제 수사에 의하여 발견된 이차적 증거는 독립된 증거원에 의하여 수집된 증거로서 증거능력이 인정된다는 것이다.

예컨대 정신분열증 비슷한 행동을 하는 것으로 보아 마약을 투약한 것이거나 자살할지도 모른다고 판단되는 용의자를 적법하지 아니한 임의동행의 방법으로 경찰서에 연행하여 소변과 모발을 채취한 경우 수집된 소변과 모발은 위법수집증거에 해당한다. 그러나 용의자를 연행할 당시 상황에 비추어 긴급한 구호의 필요성이 있었다고 판단된다면 「경찰관 직무집행법」에 따른 보호조치(동법4 참조)의 대상이 되어 수집된 증거는 독립된 증거원에 의하여 수집된 증거로서 증거능력이 인정될 여지가 있다.[1]

위의 마약범 사안에서 수사기관이 용의자를 마약 투약 혐의로 적법하게 긴급체포(법200의3)하는 것도 고려할 수 있었던 상황이라면 수집된 이차적 증거는 독립된 증거원에 의하여 수집된 증거로서 증거능력이 인정될 여지가 있다.

경찰관들이 용의자를 임의동행한 시점으로부터 얼마 지나지 아니하여 체포의 이유와 변호인 선임권 등을 고지(법200의5)하면서 용의자에 대한 긴급체포(법200의3)의 절차를 밟는 등 절차의 잘못을 시정하려고 한 바 있다면, 경찰관들의 위법한 임의동행조치는 그 수사의 순서를 잘못 선택한 것이라고 할 수 있지만, 관련 법규정으로부터의 실질적 일탈 정도가 헌법에 규정된 영장주의 원칙을 현저히 침해할 정도에 이르렀다고는 보기 어렵다.[2]

(3) 불가피한 발견의 이론

이 이론은 독립된 증거원의 이론과 유사하다. 그러나 독립된 증거원의 이론은 파생된 증거를 수집하기 위하여 현실적으로 독립된 수사가 진행되고 있었던 상황에 대비하는 것임에

---

1) 2013. 3. 14. 2012도13611, 공 2013상, 703, 『바지 내리는 투숙객 사건』.
2) 2013. 3. 14. 2012도13611, 공 2013상, 703, 『바지 내리는 투숙객 사건』.

반하여 불가피한 발견의 이론은 가설적인 관계에서 검토되고 있다는 점에서 차이가 있다. 즉 불가피한 발견의 이론은 위법수사에 의하여 오염된 일차적 증거가 없었다고 하더라도 이차적 증거가 다른 경로를 통하여 어차피 불가피하게 발견될 상황에 있었다면 그 이차적 증거의 증거능력을 인정하자는 견해이다.

불가피한 발견의 이론은 이차적 증거의 발견에 대한 불가피성의 정도가 고도의 개연성에 이르러야 하며 불가피성에 대한 입증은 국가기관이 부담한다는 제약조건하에서 인정된다.

(4) 선의신뢰의 이론

위법수집증거배제법칙을 제한 내지 완화하려는 시도로서 선의신뢰의 이론이 있다. 선의신뢰의 이론은 수사기관이 영장의 유효함을 신뢰하여 강제수사를 행한 경우에 사후에 영장의 유효요건이 갖추어지지 않았음이 밝혀진다고 하여도 영장에 기한 수사 당시에 수사관이 선의이었음에 주목하여 수집된 증거의 증거능력을 배제하지 않도록 하자는 주장이다.

3. 판례의 태도

(1) 전체적·종합적 고려방법

위법수집증거배제법칙은 위법수집된 증거로부터 파생된 이차적 증거에도 적용된다. 또한 위법수집증거배제법칙의 예외적 허용에 관한 기준은 이차적 증거에 대해서도 적용된다.[1] 판례는 이차적 증거의 증거능력 허용 여부에 대해 구체적인 사안에서 제반 사정을 전체적·종합적으로 고려하여 판단해야 한다는 입장을 취하고 있다.

판례는 수사기관이 진술거부권을 고지하지 않은 상태에서 임의로 이루어진 피의자의 자백을 획득한 후 이 자백을 기초로 수집된 추가 자백, 물적 증거, 증인의 증언 등에 대해 증거능력의 예외적 허용을 위한 고려사항으로 일련의 점들을 예시한 바가 있다.[2] 판례가 제시한 예외적 허용의 사례를 다시 한번 정리해 본다.

(2) 예외적 허용의 사례

(가) 진술거부권 고지의 추완　　진술거부권을 고지하지 않은 것이 (가) 단지 수사기관의 실수일 뿐, (나) 피의자의 자백을 이끌어내기 위한 의도적이고 기술적인 증거확보의 방법으로 이용되지 않았고, (다) 그 이후 이루어진 신문에서는 진술거부권을 고지하여 잘못이 시정되는

---

1) 2007. 11. 15. 2007도3061 전원합의체 판결, 공 2007하, 1974, 『제주지사실 압수수색 사건』.
2) 2009. 3. 12. 2008도11437, 공 2009상, 900, 『가방 강도 자백 사건』.

등 수사 절차가 적법하게 진행되었다는 사정은 예외적 허용을 위한 사항으로 고려될 수 있다.[1] 독수과실의 제한이론 가운데 희석이론이 적용되는 경우라고 볼 수 있다.

(나) 변호인의 조력 등   최초 자백 이후 (가) 구금되었던 피고인이 석방되었거나 변호인으로부터 충분한 조력을 받은 가운데 (나) 상당한 시간이 경과하였음에도 다시 자발적으로 계속하여 동일한 내용의 자백을 하였다는 사정[2]은 예외적 허용을 위한 사항으로 고려될 수 있다. 앞의 경우와 마찬가지로 독수과실의 제한이론 가운데 희석이론이 적용되는 경우라고 볼 수 있다.

(다) 독립된 증거   최초 자백 이외에 (가) 다른 독립된 제삼자의 행위나 자료가 물적 증거나 증인의 증언 등 이차적 증거 수집의 기초가 되었다는 사정, (나) 증인이 그의 독립적인 판단에 의해 형사소송법이 정한 절차에 따라 소환을 받고 임의로 출석하여 증언하였다는 사정 등은 파생증거의 증거능력을 인정할 만한 정황에 속한다.[3] 앞의 독수과실 제한이론 가운데 독립한 증거원의 이론이 적용되는 경우라고 평가할 수 있다.

그러나 증인의 법정진술이라 할지라도 증거능력이 부정되는 경우가 있다. 관련성 요건을 갖추지 못하여 증거능력이 부정되어야 할 증거물(예컨대 녹음파일)을 제시받거나 그 대화 내용을 전제로 한 신문에 답변한 증인의 법정진술은 증거물 수집 과정에서의 절차적 위법과의 사이에 여전히 직접적 인과관계가 있다고 볼 여지가 있어 증거능력이 부정된다.[4]

(라) 별건 증거   압수수색영장 발부의 사유로 된 범죄 혐의사실과 무관한 별개의 증거를 압수하였을 경우 이는 원칙적으로 유죄 인정의 증거로 사용할 수 없다. 다만 수사기관이 그 별개의 증거를 피압수자 등에게 환부하고 후에 이를 임의제출받아 다시 압수하였다면 그 증거를 압수한 최초의 절차 위반행위와 최종적인 증거수집 사이의 인과관계가 단절되었다고 평가할 수 있는 사정이 될 수 있다.[5]

환부 후 증거를 다시 제출하는 과정에서 수사기관의 우월적 지위에 의하여 임의제출이라는 명목으로 실질적으로 강제적인 압수가 행해질 수가 있다. 그러므로 환부한 증거를 다시 제출할 때 그 제출에 임의성이 있었다는 점에 관하여는 검사가 합리적 의심을 배제할 수 있을 정도로 증명해야 한다. 임의로 제출된 것이라고 볼 수 없는 경우에는 그 증거능력을 인정할 수 없다.[6]

---

1) 2009. 3. 12. 2008도11437, 공 2009상, 900, 『가방 강도 자백 사건』.
2) 2009. 3. 12. 2008도11437, 공 2009상, 900, 『가방 강도 자백 사건』.
3) 2009. 3. 12. 2008도11437, 공 2009상, 900, 『가방 강도 자백 사건』.
4) 2014. 1. 16. 2013도7101, 공 2014상, 427, 『공천 브로커 사건』.
5) 2016. 3. 10. 2013도11233, 공 2016상, 587, 『축협 유통사업단 사건』.
6) 2016. 3. 10. 2013도11233, 공 2016상, 587, 『축협 유통사업단 사건』.

카메라등이용불법촬영 피의사건(피해자 A)에서 수사기관이 별도의 범죄혐의(피해자 B)와 관련된 전자정보를 우연히 발견하였음에도 더 이상의 추가 탐색을 중단하거나 법원으로부터 압수·수색영장을 발부받지 않았다면, 그러한 정보(피해자 B)에 대한 압수·수색은 위법하다. 이후 수사기관이 약 9개월 이후 법관으로부터 영장을 발부받아 디지털포렌식 절차를 진행하여 무관증거(피해자 B)인 불법촬영사진을 탐색·복원·출력하였더라도, 이 증거수집과 선행 절차위법 사이에 인과관계가 희석되거나 단절되었다고 보기는 어렵다. 그리하여 불법촬영사진(피해자 B) 출력물이나 시디(CD)는 위법하게 수집된 증거로서 증거능력이 없다.[1]

(마) 날인 없는 영장   판사의 서명날인란에 서명만 있고 그 옆에 날인이 없는 압수수색영장은 영장에 법관의 서명날인을 요구하는 형사소송법의 요건(법219, 114① 본문)을 갖추지 못하여 적법하게 발부되었다고 볼 수 없다.[2] 그러나 이러한 경우에까지 영장에 의하여 수집된 일차적 증거의 증거능력을 배제하는 것은 적법절차의 원칙과 실체적 진실 규명의 조화를 도모하고 이를 통하여 형사 사법 정의를 실현하려는 취지에 반하는 결과를 초래할 수 있다. 따라서 판사의 날인 없는 압수수색영장에 의하여 수집한 일차적 증거와 이에 기초하여 획득한 이차적 증거는 증거능력이 인정된다.[3]

(바) 동영상 제시와 압수목록의 대체   수사기관이 피의자로부터 압수한 동영상을 재생하여 피의자에게 제시한 경우 압수목록이 교부된 것과 같이 볼 수 있는 경우가 있다. 예컨대 불법촬영의 범죄사실이 문제된 사안에서, 사법경찰관이 피의자신문 시에 피의자가 제출한 동영상을 재생하여 피의자에게 제시하고, 피의자가 해당 동영상의 촬영 일시, 피해자의 인적사항, 몰래 촬영하였는지 여부, 촬영 동기 등을 구체적으로 진술하였으며 별다른 이의를 제기하지 않았다면, 그 동영상의 압수 당시 실질적으로 피의자에게 해당 전자정보 압수목록이 교부된 것과 다름이 없다고 볼 수 있다. 비록 피의자에게 압수된 전자정보가 특정된 목록이 교부되지 않았더라도, 절차 위반행위가 이루어진 과정의 성질과 내용 등에 비추어 피의자의 절차상 권리가 실질적으로 침해되었다고 보기 어려우므로 해당 동영상에 관한 압수는 적법한 것으로 평가된다.[4]

---

1) 2023. 12. 14. 2020도1669, 공 2024상, 239, 『피해자 제출 음란합성사진 휴대전화 사건』.
2) 2019. 7. 11. 2018도20504, 공 2019하, 1609, 『서명 있고 날인 없는 영장 사건』.
3) 2019. 7. 11. 2018도20504, 공 2019하, 1609, 『서명 있고 날인 없는 영장 사건』.
4) 2023. 6. 1. 2020도2550, 공 2023하, 1166, 『휴대전화 대신 동영상 제출 사건』.

제 6 절   자백배제법칙

제 1   자백배제법칙의 의의

1. 자백의 개념

(1) 피고인의 자백

자백이란 자신이 범죄사실의 전부 또는 일부를 범하였음을 인정하는 피고인의 진술을 말한다. 자백은 시간적 관점에서 볼 때 피의자의 지위에서 행하는 것과 피고인의 지위에서 행하는 것, 그리고 피의자·피고인의 지위가 발생하기 전의 시점에서 행하는 것으로 나누어 볼 수 있으나 그 성질에 차이는 없다.

증거법상 자백배제법칙이 발달한 영미법에서는 범죄성립에 필요한 전범위의 사실을 인정하는 자백(confession)과 범죄사실의 증명에 필요한 사실의 일부분이나 자신에게 불리한 부분사실을 긍정하는 자인(admission)을 구별한다. 그러나 우리 형사소송법상의 자백은 범죄사실의 전부에 대한 긍정뿐만 아니라 범죄사실의 일부에 대한 시인도 모두 포함하는 개념이다. 따라서 구성요건에 해당하는 사실을 긍정하면서 위법성조각사유나 책임조각사유의 존재를 주장하는 경우도 자백에 해당한다. 고의와 같은 주관적 구성요건도 자백의 대상이 된다.[1]

(2) 자백의 형식

자백은 피고인이 범죄사실을 범하였음을 인정하는 진술인 한 그 형식이나 상대방을 묻지 않는다. 따라서 자백은 구두로 행해지는 경우뿐만 아니라 서면에 의한 경우도 모두 포함한다. 자백은 그 상대방에 따라서 법원 또는 법관에 대한 자백, 수사기관에 대한 자백, 그 밖의 자백으로 나누어 볼 수 있다. 자백은 범인이 범죄사실을 수첩이나 일기장에 기재하는 경우와 같이 상대방 없이 행해질 수도 있다.

영미법은 자백을 재판상의 자백(judicial confession)과 그 밖의 자백으로 구분하고 있다. 그러나 우리 형사소송법은 간이공판절차의 개시요건으로 공판정에서의 자백(법286의2)을 요구하는 외에는 재판상의 자백과 그 밖의 자백을 분리하여 취급하지 않는다. 따라서 형소법 제309조의 자백은 재판상의 자백과 그 밖의 자백을 모두 포함하는 개념이다.

---

1) 2010. 12. 23. 2010도11272, 공 2011상, 281, 『'운전하지 못할 우려' 사건』.

2. 자백배제법칙의 의의

우리 헌법 제12조 제7항은 "피고인의 자백이 고문 · 폭행 · 협박 · 구속의 부당한 장기화 또는 기망 기타의 방법에 의하여 자의(自意)로 진술된 것이 아니라고 인정될 때… 이를 유죄의 증거로 삼[을 수] 없다."고 규정하고 있다. 이를 받아 형소법 제309조는 "피고인의 자백이 고문, 폭행, 협박, 신체구속의 부당한 장기화 또는 기망 기타의 방법으로 임의로 진술한 것이 아니라고 의심할 만한 이유가 있는 때에는 이를 유죄의 증거로 하지 못한다."고 규정하고 있다. 이와 같이 임의성이 의심되는 자백의 증거능력을 배제하는 원칙을 가리켜서 자백배제법칙이라고 한다.

자백배제법칙은 자백의 증거능력을 제한하는 법리이다. 이에 대해 증거능력이 있는 자백의 증명력을 제한하는 법리가 자백보강법칙이다. 헌법 제17조는 "… 또는 정식재판에 있어서 피고인의 자백이 그에게 불리한 유일한 증거일 때에는… 이를 이유로 처벌할 수 없다."고 규정하고 있다. 이를 받아 형소법 제310조는 "피고인의 자백이 그 피고인에게 불이익한 유일의 증거인 때에는 이를 유죄의 증거로 하지 못한다."고 규정하고 있다. 이처럼 자백을 유일한 증거로 처벌하지 못하고 독립한 보강증거를 요한다는 법리를 가리켜서 자백보강법칙이라고 한다. 자백배제법칙과 자백보강법칙을 통칭하여 자백법칙이라고 부르기도 한다.

자백배제법칙과 자백보강법칙은 헌법상 기본권의 지위를 가진다(헌법12⑦). 자백배제법칙에 의하여 증거능력이 부인되는 자백은 피고인의 동의가 있더라도 증거능력이 회복되지 않는다. 이 점은 전문법칙(법310의2)에 의하여 증거능력이 부인되는 진술증거가 증거동의(법318①)의 방법으로 증거능력을 회복할 수 있는 것과 크게 구별되는 부분이다. 자백배제법칙에 의하여 증거능력이 부인된 자백은 탄핵증거(법318의2①)로도 사용할 수 없다. 자백보강법칙에 위반한 하급심판단은 상급심에서 반드시 파기되어야 한다.[1]

제2 자백배제법칙의 이론적 근거

우리 입법자는 영미법의 모델을 따라서 자백배제법칙을 수용하면서도, 이 원칙을 증거법상의 한 원리로 인정한 영미법과는 달리 임의성(voluntariness)이 의심되는 자백의 증거능력을 헌법상의 기본권조항(헌법12⑦ 전단)과 형사소송법의 증거법에 관한 조항(법309)을 통하여 정면에서 제한하고 있다. 그런데 헌법과 형사소송법의 규정이 가지는 이론적 근거에 대하여

---

1) 2007. 11. 29. 2007도7835, 공 2008상, 2086, 『불법 비자 모집 사건』.

여러 가지 견해가 대립하고 있다. 이와 같은 논란이 빚어지게 되는 이유는 이론적 근거 여하에 따라서 자백배제법칙의 적용범위가 달라지기 때문이다.

1. 허위배제설

허위배제설은 임의성이 의심되는 자백은 허위가 개입될 염려가 크기 때문에 증거능력이 배제된다고 보는 견해이다. 임의성이 의심되는 자백을 증명의 자료로 사용하면 오히려 피고사건의 진실발견을 해치기 때문에 증거능력이 부인된다고 보는 것이다. 허위배제설은 영국 보통법에서 자백배제법칙이 발달하는 과정에서 제시된 이론으로서 미국법에서도 임의성이 의심되는 자백의 증거능력을 배제하기 위한 토대로 채택되었던 견해이다. 허위배제설은 피고사건의 실체적 진실을 규명해야 할 법원 또는 배심원의 입장에서 자백배제법칙을 고찰하는 견해라고 볼 수 있다.

허위배제설에 의하면 임의성이 의심되는 자백(법309 참조)이란 허위의 진술을 할 염려가 있는 상황하에서 행해진 자백을 의미하게 된다. 따라서 설사 고문, 폭행, 유도, 사술 등에 의한 자백이라 할지라도 예외적으로 내용의 진실성이 확인된다면 그 자백은 증거능력이 있다고 보게 된다. 따라서 허위배제설의 입장에서는 자백의 임의성에 영향을 미칠 수 있는 사유가 확인되더라도 그것만으로 족하지 않고 그 사유와 임의성이 의심되는 자백 사이에 인과관계가 인정될 것을 요구한다.

2. 위법배제설

위법배제설은 자백배제법칙을 자백의 취득과정에 적법절차를 보장하기 위한 장치라고 보는 견해이다. 즉 자백배제법칙은 적법절차원칙에 반하여 위법하게 취득한 자백의 증거사용을 금지하는 실천적 원칙이라는 것이다. 위법배제설은 수사기관을 고찰의 중점에 놓는다. 위법배제설은 위법수사의 소산인 자백의 증거능력을 부인함으로써 자백배제법칙을 수사기관의 위법활동에 대한 견제장치로 활용하려고 한다.

위법배제설의 입장에서는 자백배제법칙을 수사기관의 위법활동에 대한 제재수단으로 파악한다. 이 때문에 고문, 폭행, 협박 등 자백의 임의성에 영향을 미칠 사유가 확인되면 곧바로 자백의 증거능력을 부인하고 그 사유와 임의성 사이에 별도로 인과관계를 묻지 않는다.

위법배제설은 허위배제설에 비하여 자백배제법칙으로 증거능력을 배제할 수 있는 자백의 범위를 확장할 뿐만 아니라 자백의 증거능력에 관한 표준을 객관화함으로써 자백배제법칙의 실제적 적용을 촉진시킬 수 있다는 점을 장점으로 내세우고 있다.

3. 인권옹호설

인권옹호설은 자백배제법칙을 헌법이 인정한 진술거부권(헌법12②)의 담보장치로 보는 견해이다. 인권옹호설의 입장에서는 피고인이 내심의 의사를 결정하고 이를 외부적으로 표현하는 주체적 자기결정권을 가지고 있음에 주목하고, 이러한 피고인의 기본적 인권이 침해된 상태에서 행해진 자백은 증거능력이 부인되어야 한다고 주장한다. 인권옹호설은 자백배제법칙의 의미내용을 검토함에 있어서 피고인을 그 고찰의 중심에 놓는 태도라고 할 수 있다.

인권옹호설의 입장에서 보면 수사기관의 강압수사가 없더라도 피고인의 진술의 자유를 침해하는 사정이 있으면 자백의 증거능력은 부인된다. 이 견해는 원칙적으로 자백에 영향을 미칠 수 있는 사유와 자백의 임의성 사이에 인과관계가 있을 것을 요구하게 된다.

4. 종 합 설

임의성 없는 자백의 증거능력을 제한하는 자백배제법칙은 그 근거를 어느 하나의 학설에 한정하지 않고 이들을 포괄하는 종합설에 따라서 이해하는 것이 타당하다고 본다. 먼저, 우리 법상 자백배제법칙은 단순히 형사소송법상의 증거법칙이라는 차원을 넘어서서 헌법상 기본권으로 규정되어 있으므로(헌법12⑦) 그 독자적 의미를 검토하지 않으면 안 된다. 또한 자백배제법칙은 자백편중의 실무관행을 극복하고 객관적·과학적 증거에 의한 범죄사실의 증명을 촉진하는 유력한 장치라는 점에서 그 적용범위를 최대한 확장하는 것이 바람직하다. 그러므로 허위배제설, 위법배제설, 인권옹호설은 서로 배척·상충하는 이론이 아니라 보완관계에 서서 자백배제법칙의 적용범위를 순차적으로 확장하는 데 기여한다고 새겨야 할 것이다.

종합설의 관점에서 보게 되면 임의성이 의심되어 자백이 증거능력을 상실하게 되는 상황은 자백에 허위가 개입할 위험성이 정형적으로 인정되는 경우뿐만 아니라 수사기관이 강압수사로 자백을 획득한 경우와 피고인의 의사결정권이 침해된 상태에서 자백이 행해진 경우를 모두 포괄하게 된다. 헌법 및 형사소송법이 고문, 폭행, 협박, 구속의 부당한 장기화 또는 기망 등과 같은 정형적 사유를 제시하면서 동시에 '기타의 방법'이라는 비유형적 사유를 인정한 것(헌법12⑦, 법309)은 바로 이와 같은 확장해석의 요청을 입법적으로 수용하였기 때문이라고 생각된다.

자백배제법칙의 근거에 관한 종합설과 위법배제설의 대립은 그 실익이 인과관계와 임의성을 의심하게 하는 사유의 입증 문제에서 나타난다. 양설의 상이한 결론에 관해서는 뒤에 자세히 검토하기로 한다.

제3 자백배제법칙의 요건과 효과

1. 자백의 임의성에 영향을 미치는 사유

자백의 임의성이 의심됨을 이유로 증거능력을 부정하려면 원칙적으로 자백을 둘러싸고 있는 여러 가지 구체적 사정들을 종합적으로 고려해야 한다. 즉 자백의 임의성(voluntariness)은 주위사정의 총체(totality of circumstances)를 감안하여 판단해야 한다. 이러한 판단방법을 가리켜 상황의 총체적 평가라고 한다.

형사소송법 제309조는 "피고인의 자백이 고문, 폭행, 협박, 신체구속의 부당한 장기화 또는 기망 기타의 방법으로 임의로 진술한 것이 아니라고 의심할 만한 이유가 있는 때에는 이를 유죄의 증거로 하지 못한다."고 규정하여 정형적·유형적 사정을 예시하는 외에 비유형적 사정도 임의성 판단의 자료가 될 수 있음을 명시하고 있다. 자백의 임의성을 의심하게 할 만한 사유로는 다음의 경우들이 있다.

(1) 고문·폭행·협박

고문이란 사람의 정신 또는 신체에 대하여 비인도적·비정상적인 위해를 가하는 것을 말한다. 폭행은 신체에 대한 유형력의 행사이며, 협박은 해악을 고지하여 상대방에게 공포심을 일으키는 행위를 말한다. 폭행과 협박은 넓은 의미에서 고문의 일종으로 파악할 수 있다. 고문·폭행·협박의 형태에는 제한이 없다. 수사기관이 피의자를 손으로 때리거나 발로 차는 행위[1]는 물론 장시간의 신문이나 철야신문을 통하여 잠을 자지 못하게 하는 행위,[2] 검찰단계의 철야신문 등은 자백의 임의성에 영향을 미치는 사유가 된다.

고문·폭행·협박은 자백진술이 행해지는 시점을 전후하여 행해지는 것이 보통이지만 양자는 시간적으로 반드시 일치할 필요가 없다. 따라서 피의자가 경찰조사 과정에서 고문에 의한 자백을 한 후 다시 검사 앞에서 자백한 경우에 검사 면전의 자백이 경찰의 강압수사에 의하여 생긴 임의성 없는 심리상태가 검사의 조사단계까지 계속된 결과 행해진 것이라면 검사 앞에서 조사받을 당시에는 고문 등 자백강요를 당한 바 없었다고 하여도 검사 앞에서의 자백은 증거능력이 없다.[3]

---

1) 1993. 9. 28. 93도1843, 공 1993, 3014, 『'손으로 쓰다듬기' 사건』.
2) 1985. 2. 26. 82도2413, 공 1985, 502(504), 『윤 노파 피살 사건』.
3) 1992. 11. 24. 92도2409, 공 1993, 306, 『소매치기 4인 자백 사건』.

(2) 신체구속의 부당한 장기화

신체구속의 부당한 장기화는 고문·폭행·협박과 달리 피고인의 정신 또는 신체에 직접적으로 위해를 주는 행위는 아니지만 국가기관의 위법활동이 객관적으로 표현되었다는 점에서 자백의 증거능력 제한사유로 인정되고 있다. 특히 신체구속의 부당한 장기화는 고문·폭행·협박 등에 비하여 외부적으로 입증이 훨씬 용이한 사유라는 점에서 자백배제법칙의 운용에 있어서 실제적 중요성을 갖는다.[1]

엄밀한 의미에서 '자백이 신체구속의 부당한 장기화로 임의로 진술한 것이 아니라고 의심할 만한 이유가 있는 때'라 함은 구속기간이 만료하였음에도 불구하고 부당하게 장기간 구속이 행해진 끝에 자백이 행해진 경우를 가리킨다. 그러나 처음부터 불법구금을 행한 결과 자백이 행해진 경우도 신체구속의 부당한 장기화에 당연히 포함시켜야 할 것이다.

어느 정도 부당한 구금이 자백의 증거능력을 부인하는 사유로 되는가 하는 점은 구체적인 사정을 토대로 구속의 필요성과 비례성을 기준으로 판단해야 한다. 일반적으로 볼 때 구속기간만료 후에 구금을 계속한 결과 자백이 행해졌다면 국가기관의 위법행위가 중대하고도 명백하므로 위법배제의 관점에서 자백의 증거능력을 부정해야 할 것이다.

(3) 기 망

기망에 의한 자백이란 위계, 거짓말, 술책 등을 사용하여 상대방을 착오에 빠지게 한 결과 행해진 자백을 말한다. 기망은 진술 여부에 대한 피고인의 자기결정권을 침해하는 행위이기 때문에 자백의 임의성에 영향을 미치는 사유로 인정되고 있다. 그러나 기망에 의한 자백임을 이유로 증거능력을 부인하기 위해서는 국가기관에 대하여 신문방법이 정당하지 않음을 비난할 수 있는 적극적인 사정이 있어야 한다. 따라서 기망에는 적극적인 사술이 사용되어야 하며 단순히 상대방의 착오를 이용하는 것만으로는 족하지 않다. 단순한 착오나 논리모순을 이용하는 것은 통상의 신문방법으로 허용된다고 보아야 하기 때문이다.

기망에 의한 자백의 전형적인 예로는 피의자에게 불리한 사정이 이미 발견되었다고 거짓말하여 자백하게 하는 경우를 들 수 있다. 공범자가 이미 자백하였다고 거짓말을 하여 자백하게 한 경우나 물적 증거가 발견되었다고 기망하여 자백하게 한 경우 등은 여기에 해당하는 예이다. 기망은 사실에 관한 것뿐만 아니라 법률문제에 관한 것도 포함된다. 자백을 하더라도 그 진술이 공판절차에서 증거로 사용될 수 없다고 거짓말하는 것은 법률사항에 대한 기망의 예이다.

---

1) 1984. 4. 24. 84도135, 집 32-4, 형632, 『송씨 일가 사건』.

(4) 기타 방법

우리 형사소송법 제309조는 자백의 임의성을 부인하는 사유로 고문, 폭행, 협박, 신체구속의 부당한 장기화, 기망 등의 정형적인 사유를 예시하는 외에 '기타 방법'이라는 비정형적 사유를 인정하고 있다. 형사소송법이 '기타 방법'이라는 비정형적 사유를 규정한 것은 자백배제법칙의 활용범위를 더욱 확장하려는 의도의 표현이라고 생각된다. 자백의 임의성을 의심하게 하는 기타 방법에는 제한이 없다. 그러나 자백배제법칙의 운용을 가능하게 하기 위하여 유형화를 시도해 보면 다음과 같은 경우들을 생각할 수 있다.

(가) 별건수사에 의한 자백   수사기관은 다른 사건의 수사를 통하여 확보된 증거 또는 자료를 내세워 관련 없는 사건에 대한 자백을 강요해서는 안 된다(법198④ 후단). 별건수사에 의한 자백강요 금지는 2022년 5월의 형소법 개정에 의하여 명시되었다.

(나) 약속에 의한 자백   약속에 의한 자백이란 국가기관이 자백의 대가로 법률이 허용하지 않는 이익을 제공하겠다고 약속하고 피의자 · 피고인이 그 약속에 기하여 자백하는 경우를 말한다. 이때 이익의 약속은 자백에 영향을 미치는 데 적합한 것이어야 한다. 이익은 반드시 형사처벌 자체에 관련되는 것뿐만 아니라 가족의 보호 등과 같은 일반적 · 세속적 이익도 포함한다.

약속에 의한 자백의 예로는 기소유예해 주겠다는 검사의 약속을 믿고 자백한 경우, 「특정범죄 가중처벌 등에 관한 법률」(동법2①)을 적용하지 않고 형법상의 단순수뢰죄(형법129①)의 규정을 적용하겠다고 약속한 결과 자백한 경우[1] 등을 들 수 있다.

(다) 기본권침해에 의한 자백   기본권침해의 위법이 있는 자백도 다음과 같은 이유에서 형소법 제309조의 규율대상에 포함시키는 것이 타당하다고 생각한다. 우선, 자백배제법칙과 위법수집증거배제법칙(법308의2)을 운영함에 있어서 요건사실의 증명문제를 고려할 필요가 있다. 형소법 제309조에 의하면 자백배제법칙을 원용함에 있어서 임의로 진술한 것이 아니라고 의심할 만한 이유를 제시하면 족하다. 이에 대하여 위법수집증거배제법칙을 적용하려면 증거수집과정에서의 위법사실이 증명되어야 한다.

위법사실의 존부가 불분명할 때에는 증거를 제출한 검사에게 거증책임이 부과되지만, 거증책임을 논하려면 위법사실의 존부에 대한 증거조사가 실현 가능한 범위에서 최선을 다해 이루어져야 한다. 이에 대해 자백배제법칙의 경우에는 임의성을 의심하게 할 만한 사유의 주장과 입증으로 족하다.

다음으로, 헌법상 기본권 상호간의 관계를 고려할 필요가 있다. 우리 헌법은 피고인의 기

---

1) 1984. 5. 9. 83도2782, 공 1984, 1053, 『검찰주사 약속 사건』.

본권을 보장하기 위하여 상세한 규정을 두고 있는바, 자백배제법칙은 헌법 제12조 제7항에서 그 자체로 독자적인 증거능력 배제규정을 가지고 있다. 형소법 제309조의 자백배제법칙은 이러한 기본권보장의 구체적 실현장치로서 형사소송법상의 근거를 다시 한번 확인한 것이다.

헌법은 피고인의 방어권을 보장하기 위하여 진술거부권(헌법12②)과 변호인의 조력을 받을 권리(헌법12④)를 기본권으로 인정하고 있으며, 입법자는 이의 구체적 실현을 위하여 진술거부권의 고지(법244의3, 283의2②)와 변호인선임권의 고지(헌법12⑤, 법88, 200의5, 213의2, 209)를 행하도록 국가기관에 요구하고 있다. 따라서 이와 같은 고지를 행하지 않고 자백을 획득하는 것은 피고인의 기본권행사를 저해하는 위법이 있으므로 그 자백의 증거능력은 부인되어야 할 것이다.

(라) 마취분석 등에 의한 자백　　마취분석이란 일정한 약물을 투여하여 무의식 상태하에 진술을 획득하는 수사방법이다. 마취분석은 약물에 의하여 인간의 의사결정능력을 배제하는 것이며 피의자의 진술거부권을 침해하는 비인도적 신문방법이다. 따라서 그로 인한 자백은 증거능력이 부정되어야 한다. 동일한 이유에서 최면술에 의한 자백도 증거능력이 인정되지 않는다고 볼 것이다.

(마) 거짓말탐지기에 의한 자백　　거짓말탐지기 검사결과 취득한 자백에 대해 증거능력을 인정할 것인가를 놓고 견해가 나뉘고 있다. 판례는 "거짓말탐지기 검사에서 본인(피검사자)이 일정한 반응을 보였다면 범행을 자백하기로 한다."고 약속한 끝에 나온 자백을 임의성 없는 자백이라고 단정할 수 없다는 입장을 취하고 있다.[1]

생각건대 거짓말탐지기의 사용은 기본적으로 인간의 내면세계를 기계를 이용하여 분석하려는 시도로서 인간의 존엄과 가치에 반한다. 뿐만 아니라 아직 거짓말탐지기의 성능과 조사과정의 정확성을 담보할 수 있는 수준에 이르고 있지 않다. 그리고 우리나라의 경우 거짓말탐지기의 사용이 국가기관에 독점되어 피검사자가 적극적으로 이를 활용할 수 없다. 이러한 점들에 비추어 볼 때 거짓말탐지기 사용으로 획득한 자백에는 증거능력을 인정하지 않는 것이 타당하다고 본다.

2. 인과관계의 요부와 입증문제

(1) 인과관계의 요부

자백배제법칙을 적용하기 위해서는 먼저 자백이 존재하고 다음으로 이 자백에 시간적으로 선행하는 자백의 임의성을 의심하게 할 만한 사유가 인정되어야 한다. 그런데 자백의 증거

---

1) 1983. 9. 13. 83도712, 공 1983, 1528, 『해외연수 여대생 피살 사건』.

능력을 부인하기 위하여 이러한 사유와 자백 사이에 인과관계가 존재해야 하는가 하는 문제
가 제기된다.

만일 인과관계를 요구한다면 그 사유가 없었더라면 자백은 행해지지 않았을 것이라는 관
계가 인정되어야 문제된 자백의 증거능력을 부인하게 된다. 역으로 임의성을 의심하게 할 만
한 사유가 존재한다 하더라도 자백은 행해졌을 것이라는 관계가 인정되면 문제된 자백에는
증거능력이 인정된다. 형소법 제309조의 사유와 자백 사이에 인과관계를 요구할 것인가에 대
하여 인과관계요구설과 인과관계불요설이 대립하고 있다.

인과관계요구설은 자백과 임의성에 영향을 미치는 사유 사이에 인과관계가 인정되어야 한
다고 보는 견해이다. 판례가 취하고 있는 입장이다.[1] 자백배제법칙의 이론적 근거를 허위배
제설이나 인권옹호설에서 찾는 입장에서는 인과관계의 요부에 대하여 적극설을 지지하게 된
다. 임의성에 영향을 미치는 사유가 자백에 허위를 개입하게 하거나 또는 피고인의 의사결정
에 영향을 미쳐야 자백의 증거능력이 부인된다고 보기 때문이다.

인과관계불요설은 자백이 존재하고 형소법 제309조가 인정하는 사유가 인정되면 양자 사
이의 인과관계를 묻지 않고 곧바로 자백의 증거능력을 부인해야 한다고 보는 견해이다. 인과
관계불요설은 주로 위법배제설의 입장에서 주장되고 있다. 위법배제설은 형소법 제309조의
위법행위를 하여 국가기관이 자백을 획득한 경우에 이러한 위법행위가 장차 또다시 행해지지
않도록 방지해야 할 필요가 있음을 지적한다. 그리고 이와 같은 정책적 목적을 달성하기 위해
서는 발생한 위법사유가 자백의 임의성에 영향을 미쳤는가 아닌가를 묻지 말고 곧바로 자백
의 증거능력을 부인해야 한다고 주장한다.

(2) 인과관계의 검토순서

자백배제법칙의 이론적 근거를 종합설의 관점에서 구하게 되면 형소법 제309조의 사유와
자백 사이의 관계에 대해 다음과 같은 이원적 고찰이 가능하다고 생각된다.

먼저, 자백의 임의성을 의심하게 하는 사유가 중대한 위법에 해당하는 경우가 있다. 자백
의 임의성을 침해하는 사유가 고문, 폭행, 협박, 신체구속의 장기화, 기망 등과 같은 중대한
위법에 해당하고 국가기관에 의하여 그러한 위법행위가 행하여졌음이 객관적으로 판명된 경
우에는 인과관계의 존부를 묻지 않고 곧바로 자백의 증거능력을 부인해야 한다고 본다. 이 경
우에는 위법수집증거배제법칙을 규정한 형소법 제308조의2가 중첩적으로 적용된 것과 같은
결과가 된다. 다음으로, 국가기관의 중대한 위법활동 이외의 사유를 이유로 자백의 증거능력

---

1) 1984. 4. 24. 84도135, 집 32-4, 형632, 『송씨 일가 사건』.

을 부인하려고 하는 경우에는 인과관계의 존부를 검토해야 한다고 본다.

3. 임의성의 기초사실에 대한 입증문제

(1) 임의성의 기초사실에 대한 증명 정도

자백은 범죄사실을 긍정하는 진술이므로 진술증거에 속한다. 한편 진술증거는 그 진술이 임의로 된 것이 아니면 증거능력을 갖지 못하는 것이 원칙이므로(법317① 참조) 법관은 진술증거의 임의성 여부에 대하여 확신을 얻을 때 비로소 진술증거의 증거능력에 대한 판단을 내릴 수 있다. 그러나 이러한 원칙에 대해 자백은 보다 특수한 지위에 있다. 형사소송법 제309조는 진술증거가 자백인 경우에 임의성 유무의 확신에 이르지 않고 단지 그 자백진술이 '임의로 진술한 것이 아니라고 의심할 만한' 정도에 이르면 자백의 증거능력을 부인하도록 하고 있다.

형사소송법 제309조가 자백의 임의성 증명에 특칙을 인정한 것은 임의성에 영향을 미치는 사유의 입증곤란을 고려하였기 때문이다.[1] 즉 공판절차에서 검사가 자백에 임의성 있음을 일단 입증하면 이제 입증의 부담이 피고인에게 넘어가므로 피고인이 자백에 임의성이 없다는 사실을 입증해야 한다. 이때 피고인이 자백의 임의성에 영향을 미치는 사실을 법관이 확신을 가질 정도로 증명하는 것은 피고인의 미약한 증거수집 역량과 수사기관의 밀행적 수사 관행에 비추어 볼 때 대단히 어렵다. 피고인에게 증명을 요하게 되면 자백배제법칙이 무용화될 우려가 있다. 여기에서 우리 입법자는 자백의 임의성에 관한 기초사실을 확신이 아니라 단순히 '의심할 만한 이유'가 있는 정도로 입증하면 족하도록 한 것이다.

(2) 자백의 임의성에 대한 거증책임

자백의 임의성은 자백에 증거능력을 부여하기 위한 핵심요건이다. 이때 자백의 임의성을 피고인이 다투는 경우에 그에 대한 거증책임이 누구에게 있는가 하는 문제가 발생한다. 거증책임의 문제는 자백의 임의성을 의심하게 하는 사유의 존부에 관하여 조사를 하였으나 그 존부에 관하여 재판부가 확실한 심증을 얻지 못하는 경우에 대두된다.

피고인의 방어능력이 취약하다는 점을 감안하고 나아가 형사소송법 제309조가 자백이 '임의로 진술한 것이 아니라고 의심할 만한 이유가 있는 때'라고 규정하고 있음에 비추어 볼 때 자백의 임의성에 대한 거증책임은 검사에게 있다고 보아야 할 것이다. 판례도 자백의 임의성에 관하여 검사에게 거증책임을 인정하고 있다.[2]

---

1) 1984. 4. 24. 84도135, 집 32-4, 형632, 『송씨 일가 사건』.
2) 1998. 4. 10. 97도3234, 공 1998, 1400, 『사회진흥계장 사건』.

4. 자백배제법칙의 효과

임의성이 의심되는 자백은 증거능력이 없다. 따라서 그 자백을 유죄인정의 자료로 삼아서는 안 된다. 자백배제법칙은 헌법상 기본권의 지위를 가지므로(헌법12⑦) 임의성이 의심되는 자백의 사용을 피고인이 동의하더라도 자백에 증거능력이 생기지 않는다. 임의성이 의심되는 자백은 또한 탄핵증거(법318의2①)로도 사용할 수 없다.

형사소송법 제309조에 의하여 자백에 증거능력이 없어지는 경우에 증거능력이 부인된 그 자백에 근거하여 획득한 다른 증거의 증거능력도 부인할 것인가 하는 문제가 제기된다. 이에 대해서는 전면적 부정설과 제한적 부정설이 각각 제시되고 있다.

전면적 부정설은 임의성이 의심된 자백에 의하여 취득된 파생적 증거는 결국 위법하게 수집된 증거이므로 그 증거능력을 부인해야 한다고 주장한다. 제한적 부정설은 고문, 폭행, 협박, 신체구속의 부당한 장기화, 기망 등과 같이 중대한 위법수사의 경우에는 자백에서 비롯된 파생증거의 증거능력을 부인해야 하지만 그 밖의 경우에는 실체적 진실발견의 관점에서 증거능력을 인정해도 무방하다고 본다.

생각건대 임의성 없는 자백에서 비롯된 파생증거의 증거능력 문제는 위법수집증거의 경우와 마찬가지로 독수과실의 이론에 의하여 해결하는 것이 타당하다고 본다. 즉 원칙적으로 파생증거의 증거능력을 부인해야 하지만, 희석이론, 독립된 증거원의 이론, 불가피한 발견의 이론, 선의신뢰의 이론 등에 의하여 증거능력이 예외적으로 회복되는 경우를 인정해야 할 것이다.

제 7 절   자유심증주의

제1 자유심증주의의 의의와 연혁

1. 자유심증주의의 의의

(1) 증거능력과 증명력

법원은 적법하게 수집한 증거자료를 기초로 사실의 존부에 관한 심증을 형성하게 된다. 유죄의 증거로 사용될 수 있는 자격을 증거능력이라고 한다. 법원은 증거능력 있는 증거를 토대로 그 증거의 실질가치를 평가하여 문제되는 사실의 존부를 판단하게 된다. 이때 요증사실을 증명할 수 있는 증거의 실질적 가치를 증명력이라고 부른다.

형사소송법은 형사절차가 피고인의 범죄사실 유무를 가리는 절차라는 점에 주목하여 증거능력의 분야에 있어서는 엄격한 증명의 법리(법307①)를, 증명력의 분야에 있어서는 자유심증주의(법308)를 양대 원칙으로 설정하고 있다.

(2) 자유심증주의와 법정증거주의

자유심증주의란 증거의 증명력을 법률로 규정하지 않고 법관의 자유판단에 맡기는 원칙을 말한다. 형사소송법 제308조는 "증거의 증명력은 법관의 자유판단에 의한다."고 규정함으로써 자유심증주의가 우리나라 증거법의 기본원칙임을 밝히고 있다. 자유심증주의는 법정증거주의에 대립하는 개념이다.

법정증거주의란 증거의 증명력을 법률로 정해 놓는 원칙을 말한다. 일정한 증거가 존재하면 반드시 일정한 사실의 존재를 인정하거나 또는 역으로 일정한 증거가 존재하지 아니하면 일정한 사실의 존재를 인정할 수 없도록 하는 것이다. 원래 법정증거주의는 법관이 사실판단을 함에 있어서 주관적 · 자의적으로 심증을 형성하는 것을 방지하기 위하여 규문절차 시대에 고안되었던 원칙이다. 그렇지만 다종다양한 증거의 증명력을 획일적으로 규정해 놓는 것은 구체적 사건의 실체진실을 발견함에 있어 오히려 부당한 결과를 초래할 위험이 있었다.

(3) 자유심증주의의 연혁

규문주의를 타파하고 새로이 등장한 것이 프랑스의 소위 개혁된 형사소송법이다. 자유심증주의는 개혁된 형사소송법이 채택한 증거법의 대원칙이다. 자유심증주의는 인간이성을 신봉하는 합리주의와 치자(治者)와 피치자(被治者)의 동일성을 내용으로 하는 국민주권주의에 바탕을 두고 있다. 자유심증주의는 프랑스 치죄법에 최초로 명시된 이후 독일 형사소송법에 계수되었고, 일반시민이 형사법원의 구성에 참여하지 않았던 일본과 우리나라에도 형사소송법의 기본원칙으로 수용되기에 이르렀다.

우리나라는 직업법관이 증거의 증명력 판단을 전담해 오는 과정에서 자백 위주의 형사재판이 초래하였던 폐해를 절감한 바 있다. 그리하여 제정형사소송법의 입법자는 영미법에 모델을 둔 자백보강법칙(법310)을 도입함으로써 자유심증주의에 제한을 가하였다. 우리 입법자는 특히 자백편중의 형사재판을 방지하기 위하여 자백보강법칙을 단순한 소송준칙(법308)의 차원을 넘어서서 헌법상의 기본권(헌법12⑦)으로까지 고양시키고 있다.

2008년부터 국민참여재판이 실시되고 있다. 국민참여재판은 국민이 배심원으로 참여하는 형사재판을 말한다(국민참여재판법2 ii). 시민이 배심원으로 형사재판에 참여하게 됨에 따라 일반시민의 건전하고 합리적인 이성이 형사절차에도 반영되게 되었다. 이러한 변화를 통하여 자유심증주의의 중요성은 한층 더 높아지고 있다.

2. 자유심증주의의 보장장치

(1) 통상재판과 자유심증주의

자유심증주의(법308)는 증거재판주의(법307①)와 함께 우리나라 형사증거법의 양대 지주를 이룬다. 자유심증주의는 단순히 이념적 지향점을 선언하는 것이 아니라 형사소송법이 설정한 소송규범으로서 여러 가지 법적 담보장치를 수반하고 있다. 우선, 법관은 유죄를 선고할 때 범죄사실을 인정하면서 채택한 증거의 요지를 판결이유에 기재하여야 한다(법323①). 만일 법관이 증거요지를 명시하지 않는다면 이것은 '판결에 이유를 붙이지 아니한 때'(법361의5 xi 전단)에 해당하여 절대적 항소이유에 해당하며, '판결에 영향을 미친 법률위반'(법383 i)으로서 상대적 상고이유에 해당한다.

다음으로, 법관은 논리칙·경험칙에 따라서 사실인정을 하여야 한다. 만일 이 준칙에 위반하여 판결을 선고한다면 이 판결은 '판결의 이유에 모순이 있는 때'(법361의5 xi 후단)에 해당하여 절대적 항소이유에 해당하며, '판결에 영향을 미친 법률위반'(법383 i)으로서 상대적 상고이유에 해당한다.

(2) 국민참여재판과 자유심증주의

국민참여재판에서 재판장은 변론이 종결된 후 법정에서 배심원에게 공소사실의 요지와 적용법조, 피고인과 변호인 주장의 요지, 증거능력, 그 밖에 유의할 사항에 관하여 설명하여야 한다. 이 경우 필요한 때에는 증거의 요지에 관하여 설명할 수 있다(국민참여재판법46). 이때 재판장은 '유의할 사항'의 일부로 배심원에게 피고인의 무죄추정(법275의2), 증거재판주의(법307①·②), 자유심증주의(법308)를 설명해야 한다(국민참여재판규칙37① i).

국민참여재판의 경우 배심원의 평결과 의견은 직업법관으로 구성된 재판부를 기속하지 않는다(국민참여재판법46⑤). 그러나 재판장은 판결 선고시에 피고인에게 배심원의 평결결과를 고지하여야 한다(동법48④ 전단). 재판장은 배심원의 평결결과와 다른 판결을 선고하는 때에는 피고인에게 그 이유를 설명하여야 하며(동항 후단), 판결서에 그 이유를 기재하여야 한다(동법49②). 국민참여재판에 대해 인정되는 이와 같은 특례규정들은 배심원의 평결을 통하여 나타나는 시민들의 건전하고도 합리적인 자유심증이 직업법관의 재판에 반영될 수 있도록 하기 위함이다.

제2 자유심증주의의 내용

1. 증명력판단의 주체

증거의 증명력은 법관의 자유판단에 의한다(법308). 즉 증명력 판단의 주체는 개개의 법관이 된다. 국민참여재판의 경우에는 개별적인 배심원이 증명력 판단의 주체가 된다. 그러나 배심원의 평결과 양형의견은 법원을 기속하지 않는다(국민참여재판법46⑤).

자유심증주의는 증거가치의 판단에 있어서 법관이나 배심원의 이성에 대한 신뢰를 법률의 규제에 우선시키는 증거법칙이다. 자유심증주의는 개별 법관이나 배심원을 전제로 한 원칙이다. 따라서 합의체(合議體) 법원의 경우에도 그 구성원인 법관은 각자의 합리적 이성에 기하여 증거의 증명력을 판단하게 된다. 합의체가 합의한 결과 개별 법관이 자유판단에 의하여 얻게 된 심증과 합의부의 결론이 달라질 수가 있다. 그러나 이것은 합의체의 법원구성에 따른 필연적 결과이며 자유심증주의와 관계없는 사항이다.

국민참여재판의 경우에 배심원은 각자의 합리적 이성에 따라 증거의 증명력을 평가한다. 국민참여재판에서 배심원이 유·무죄의 의견을 모아가는 과정을 평의라 하고, 평의의 결과를 모아 결론을 내리는 것을 평결이라고 한다. 유·무죄에 관한 평의에서 배심원 전원의 의견이 일치하면 그에 따라 평결한다(국민참여재판법46② 본문). 유·무죄의 판단에 관하여 배심원 전원의 의견이 일치하지 아니하는 때에는 평결을 하기 전에 심리에 관여한 판사의 의견을 들어야 한다. 이 경우에 유·무죄의 평결은 다수결의 방법으로 한다(동조③).

2. 자유판단의 대상과 의미

자유심증주의에 의하여 법관이 자유롭게 판단할 수 있는 것은 증거의 증명력이다. 증거의 증명력이란 요증사실의 인정을 위한 증거의 실질적 가치를 의미한다. 증거의 증명력은 증거의 신용력과 협의의 증명력으로 나누어진다. 증거의 신용력은 요증사실과의 관계를 떠나 증거 그 자체가 진실일 가능성을 말한다. 이에 대하여 협의의 증명력은 증거의 신용력을 전제로 하여 요증사실의 존재를 인정하게 하는 힘을 말한다. 법관의 자유판단은 양자 모두를 대상으로 한다.

형사소송법 제308조가 증거의 증명력을 법관의 자유판단에 의하도록 한 것은 그것이 실체적 진실발견에 적합하기 때문이다. 증거판단에 관하여 전권을 가지고 있는 사실심 법관은 사실인정에 있어 공판절차에서 획득된 인식과 조사된 증거를 남김없이 고려하여야

한다.[1]

증거의 증명력은 법관의 자유판단에 의한다. 자유판단이란 법관이 증거의 증명력을 판단함에 있어서 법률이 정해 놓은 일정한 법칙에 따르지 않고 자신의 합리적 이성에 의하여 사실의 존부에 관한 판단을 행하는 것을 말한다. 따라서 법관은 자유롭게 증거의 취사선택을 할 수 있고 모순되는 증거가 있는 경우에 어느 증거를 믿을 것인가를 자유롭게 결정할 수 있다.[2] 또 법관은 동일 증거의 일부만을 취신하거나 다수증거를 종합한 종합증거에 의하여도 사실인정을 할 수 있다.[3]

제3 자유심증주의의 제한원리

증거의 증명력은 법관이나 배심원의 자유판단에 의하지만 그 자유판단은 형사소송법이 설정한 증거법의 테두리 안에서 행해지지 않으면 안 된다. 법관이나 배심원의 자유심증은 법관 또는 배심원의 합리적 이성에 바탕을 둔 것으로 자의(恣意)에 의한 심증을 의미할 수는 없기 때문이다.

1. 논리칙과 경험칙에 의한 제한

(1) 논리칙과 경험칙의 의미

법관은 증거의 증명력을 판단함에 있어서 일반적인 논리칙과 경험칙을 존중하지 않으면 안 된다. 논리칙이란 인간의 추론능력에 비추어 보아 명백한 사고법칙을 말한다. 이에 대하여 경험칙이란 각개의 경험으로부터 귀납적으로 얻어지는 사물의 성상이나 인과의 관계에 관한 사실판단의 법칙이다.[4] 경험칙을 도출하기 위하여서는 그 기초되는 구체적인 경험적 사실의 존재가 전제되어야 한다. 경험칙은 개별적인 체험적 관찰과 그 집적을 통하여 경험적으로 얻어진 판단법칙으로서 일반인들이 공유하고 있는 것을 말한다. 논리칙과 경험칙은 개념적으로 구별되지만 불가분의 관계에 있다.

(2) 유죄 증명의 정도

증거의 증명력은 법관의 자유판단에 맡겨져 있다. 그러나 그 판단은 논리칙과 경험칙에

---

1) 2011. 1. 27. 2010도12728, 공 2011상, 540, 『유리컵 상해 사건』.
2) 1987. 7. 7. 86도586, 공 1987, 1350, 『장미동 여관 사건』.
3) 2005. 4. 29. 2003도6056, 공 2005, 887, 『웰탑상사 사건』.
4) 2022. 8. 19. 2021도3451, 공 2022하, 1881, 『채팅어플 만남 강제추행 사건』.

합치하여야 한다. 형사재판에서 공소제기된 범죄사실에 대한 증명책임은 검사에게 있다. 유죄의 인정은 법관으로 하여금 합리적 의심의 여지가 없을 정도로 공소사실이 진실한 것이라는 확신을 가지게 하는 증명력을 가진 증거에 의하여야 한다.[1][2]

그러나 이는 모든 가능한 의심을 배제할 정도에 이를 것까지 요구하는 것은 아니다. 증명력이 있는 것으로 인정되는 증거를 합리적인 근거가 없는 의심을 일으켜 이를 배척하는 것은 자유심증주의의 한계를 벗어나는 것으로 허용되지 않는다.[3][4]

(3) 간접증거에 의한 유죄 증명

살인죄 등과 같이 법정형이 무거운 범죄라 할지라도 직접증거 없이 간접증거만으로 유죄를 인정할 수 있다.[5] 그러나 그러한 유죄 인정에 있어서는 공소사실에 대한 관련성이 깊은 간접증거들에 의하여 신중한 판단을 할 것이 요구된다. 간접증거에 의하여 주요사실의 전제가 되는 간접사실을 인정함에 있어서는 그 증명이 합리적인 의심을 허용하지 않을 정도에 이르러야 하고, 그 하나하나의 간접사실은 그 사이에 모순, 저촉이 없어야 함은 물론 논리칙과 경험칙, 과학법칙에 의하여 뒷받침되어야 한다.[6]

간접사실로 유죄를 인정할 때에는 범행 동기, 범행수단의 선택, 범행에 이르는 과정, 범행 전후 피고인의 태도 등 여러 간접사실로 보아 피고인이 범행한 것으로 보기에 충분할 만큼 압도적으로 우월한 증명이 있어야 한다. 피고인은 무죄로 추정된다는 것이 헌법상의 원칙이고, 그 추정의 번복은 직접증거가 존재할 경우에 버금가는 정도가 되어야 한다.[7] 범행에 관한 간접증거만이 존재하고 그 간접증거의 증명력에 한계가 있는 경우, 범인으로 지목되고 있는 자에게 범행을 저지를 만한 동기가 발견되지 않는다면, 무엇인가 동기가 분명히 있는데도 이를 범인이 숨기고 있다고 단정할 것이 아니라 반대로 간접증거의 증명력이 그만큼 떨어진다고 평가하는 것이 형사증거법의 이념에 부합한다.[8]

(4) 채증법칙위반과 사실오인

형사소송법은 증거재판주의(법307①)와 자유심증주의(법308)를 기본원칙으로 하면서, 범죄

1) 2011. 1. 27. 2010도12728, 공 2011상, 540, 『유리컵 상해 사건』.
2) 2022. 8. 19. 2021도3451, 공 2022하, 1881, 『채팅어플 만남 강제추행 사건』.
3) 2011. 1. 27. 2010도12728, 공 2011상, 540, 『유리컵 상해 사건』.
4) 2022. 8. 19. 2021도3451, 공 2022하, 1881, 『채팅어플 만남 강제추행 사건』.
5) 2022. 6. 16. 2022도2236, 공 2022하, 1412, 『모녀 출산아 바꿔치기 사건』.
6) 2011. 5. 26. 2011도1902, 공 2011하, 1352, 『방호벽 2차 충돌 사건』.
7) 2022. 6. 16. 2022도2236, 공 2022하, 1412, 『모녀 출산아 바꿔치기 사건』.
8) 2022. 6. 16. 2022도2236, 공 2022하, 1412, 『모녀 출산아 바꿔치기 사건』.

사실의 인정은 증거에 의하되 증거의 증명력은 법관의 자유판단에 의하도록 하고 있다. 그러나 이는 그것이 실체적 진실발견에 적합하기 때문이지 법관의 자의적인 판단을 인용한다는 것은 아니다. 그러므로 비록 사실의 인정이 사실심의 전권이라 하더라도 범죄사실이 인정되는지 여부는 논리와 경험법칙에 따라야 하고, 충분한 증명력이 있는 증거를 합리적 이유 없이 배척하거나 반대로 객관적인 사실에 명백히 반하는 증거를 근거 없이 채택·사용하는 것은 자유심증주의의 한계를 벗어나는 것으로서 법률 위반에 해당한다.[1]

자유심증주의의 한계를 이루는 논리칙과 경험칙을 가리켜서 채증법칙이라 하고, 논리칙과 경험칙에 위반하는 판단을 내릴 때 이를 채증법칙위반이라고 한다. 이에 대해 논리칙과 경험칙의 범위 내에서 이루어진 증거취사와 사실인정을 다투는 것을 가리켜서 사실오인의 주장이라고 한다. 채증법칙위반은 법령위반(법383 i)의 상고이유에 포함된다.

채증법칙에 위반되지 않는 한 증거의 취사와 사실인정은 사실심 법관의 전권에 속한다. 따라서 사실심 법관이 내린 증거의 증명력에 대한 판단과 증거취사에 대한 판단에 그와 달리 볼 여지가 상당한 정도 있는 경우라 하더라도 사실심 법관의 판단이 논리칙이나 경험칙에 따른 자유심증주의의 한계를 벗어나지 아니하는 한 그것만으로 바로 상고이유로서 법령위반(법383 i)에 해당한다고 단정할 수 없다.[2]

사실심 법관의 구체적인 논리칙 위반이나 경험칙 위반의 점을 지적하지 아니한 채 단지 사실심 법관의 증거취사와 사실인정만을 다투는 것은 특별한 사정이 없는 한 사실오인의 주장에 불과하다.[3] 단순한 사실오인의 주장은 법령위반(법383 i)에 해당하지 아니하여 법률심인 상고심에서 적법한 상고이유가 되지 못한다.

(5) 사실오인과 심리미진

단순한 사실오인과 심리미진은 구별된다. 범죄의 유무 등을 판단하기 위한 논리적 논증을 하는 데 반드시 필요한 사항에 대한 심리를 다하지도 아니한 채 합리적 의심이 없는 증명의 정도에 이르렀는지에 대한 판단에 섣불리 나아가는 것 역시 실체적 진실발견과 적정한 재판이 이루어지도록 하려는 형사소송법의 근본이념에 배치되는 것으로서 위법하다.[4]

그러므로 사실심 법원으로서는, 형사소송법이 사실의 오인을 항소이유로는 하면서도 상고이유로 삼을 수 있는 사유로는 규정하지 아니한 데에 담긴 의미가 올바르게 실현될 수 있도록

---

1) 2023. 12. 21. 2022도13402, 판례속보, 『아스팔트 회사 가공거래 사건』.
2) 2008. 5. 29. 2007도1755, 공 2008하, 946, 『검찰청 소변검사 사건』.
3) 2008. 5. 29. 2007도1755, 공 2008하, 946, 『검찰청 소변검사 사건』.
4) 2023. 12. 21. 2022도13402, 판례속보, 『아스팔트 회사 가공거래 사건』.

주장과 증거에 대하여 신중하고 충실한 심리를 하여야 한다. 그에 이르지 못하여 자유심증주의의 한계를 벗어나거나 필요한 심리를 다하지 아니하는 등으로 판결 결과에 영향을 미친 때에는, 사실인정을 사실심 법원의 전권으로 인정한 전제가 충족되지 아니하는 것이므로 당연히 상고심의 심판대상에 해당한다.[1]

(6) 과학적 증거의 증명력 판단

공소사실을 뒷받침하는 과학적 증거방법은 전제로 하는 사실이 모두 진실임이 입증되고, 추론의 방법이 과학적으로 정당하여 오류의 가능성이 전혀 없거나 무시할 정도로 극소한 것으로 인정되는 경우라야 법관이 사실인정을 하는 데 상당한 정도로 구속력을 가진다. 이를 위하여는 그 증거방법이 (가) 전문적인 지식·기술·경험을 가진 감정인에 의하여, (나) 공인된 표준 검사기법으로 분석을 거쳐 법원에 제출된 것이어야 할 뿐만 아니라, (다) 채취·보관·분석 등 모든 과정에서 자료의 동일성이 인정되고 인위적인 조작·훼손·첨가가 없었음이 담보되어야 한다.[2][3]

혈중알코올농도 측정이 없어서 위드마크 공식을 사용해 피고인이 마신 술의 양을 기초로 피고인의 운전 당시 혈중알코올농도를 추산하는 경우가 있다. 이때 알코올의 분해소멸에 따른 혈중알코올농도의 감소기(위드마크 제2공식, 하강기)에 운전이 이루어진 것으로 인정되는 경우에는 피고인에게 가장 유리한 음주 시작 시점부터 곧바로 생리작용에 의하여 분해소멸이 시작되는 것으로 보아야 한다. 이와 다르게 음주 개시 후 특정 시점부터 알코올의 분해소멸이 시작된다고 인정하려면 (가) 알코올의 분해소멸이 시작되는 시점이 다르다는 점에 관한 과학적 증명 또는 객관적인 반대 증거가 있거나, (나) 음주 시작 시점부터 알코올의 분해소멸이 시작된다고 보는 것이 그렇지 않은 경우보다 피고인에게 불이익하게 작용되는 특별한 사정이 있어야 한다.[4]

마약류 투약사실을 밝히기 위한 모발감정은 검사 조건 등 외부적 요인에 의한 변수가 작용할 수 있다. 모발감정의 결과에 터 잡아 투약가능기간을 추정하는 방법은 모발의 성장속도가 일정하다는 것을 전제로 하고 있다. 그러나 실제로는 개인에 따라 적지 않은 차이가 있고, 동일인이라도 모발의 채취 부위, 건강상태 등에 따라 편차가 있으며, 채취된 모발에도 성장기, 휴지기, 퇴행기 단계의 모발이 혼재함으로 인해 정확성을 신뢰하기 어려운 문

---

1) 2023. 12. 21. 2022도13402, 판례속보, 『아스팔트 회사 가공거래 사건』.
2) 2014. 2. 13. 2013도9605, 공 2014상, 657, 『고춧가루 분광분석 사건』.
3) 2018. 2. 8. 2017도14222, 공 2018상, 601, 『봉인 없는 소변 반출 사건』.
4) 2022. 5. 12. 2021도14074, 공 2022하, 1186, 『소주 6병 구입 후 음주 사건』.

제가 있다.[1]

모발감정결과에 기초한 투약가능기간의 추정은 수십 일에서 수개월에 걸쳐 있는 경우가 많은데, 마약류 투약범죄의 특성상 그 기간 동안 여러 번의 투약가능성을 부정하기 어렵다. 모발감정결과의 방법으로 추정한 투약가능기간을 공소 제기된 범죄의 범행시기로 인정하는 것은, (가) 피고인의 방어권 행사에 현저한 지장을 초래할 수 있고, (나) 매 투약 시마다 별개의 범죄를 구성하는 마약류 투약범죄의 성격상 이중기소 여부나 일사부재리의 효력이 미치는 범위를 판단하는 데에도 곤란한 문제가 생길 수 있다. 그러므로 모발감정결과만을 토대로 마약류 투약기간을 추정하고 유죄로 판단하는 것은 신중해야 한다.[2]

2. 진술증거의 증명력에 관한 제한

(1) 진술거부권의 행사

피고인이 진술거부권을 행사하는 경우에 법관이 이를 피고인에게 불리한 정황증거로 삼아 심증을 형성할 수 있는가 하는 문제가 있다. 헌법은 진술거부권을 기본권으로 보장하고 있다(헌법12②). 진술거부를 피고인에게 불리한 정황증거로 사용할 수 있게 한다면 피고인은 불이익한 판단을 피하기 위하여 진술을 강요당하게 된다. 이러한 점에 비추어 볼 때 피고인이 진술을 거부했다는 사실을 피고인에게 불리한 정황증거로 평가하는 것은 허용되지 않는다.

이러한 법리는 특히 국민참여재판에서 명시적으로 확인된다. 국민참여재판에서 재판장은 변론이 종결된 후 법정에서 배심원에게 공소사실의 요지 등 일련의 사항들을 설명한다(국민참여재판법46). 이때 재판장은 피고인의 증거제출 거부나 법정에서의 진술거부가 피고인의 유죄를 뒷받침하는 것으로 해석될 수 없다는 점을 설명해야 한다(국민참여재판규칙37① ii).

피고인이 일부 사실을 진술하고 일부 사실에 대해서는 진술을 거부하는 경우에 이를 태도증거의 일종으로 보아 피고인에게 불리한 정황증거로 사용할 수 있지 않은가 생각해 볼 수 있다. 그러나 형사소송법은 피고인이 개개의 질문에 대하여 진술을 거부할 수 있음을 명시하고 있으므로(법283의2①) 부분적 진술거부를 불리한 정황증거로 사용하는 것도 허용되지 않는다.

(2) 증언거부권의 행사

증인이 증언거부권을 행사한 경우에 법관이 이를 피고인에게 불리한 정황증거로 사용

---

1) 2023. 8. 31. 2023도8024, 공 2023하, 1784, 『관악경찰서 후 도봉경찰서 모발 감정 사건』.
2) 2023. 8. 31. 2023도8024, 공 2023하, 1784, 『관악경찰서 후 도봉경찰서 모발 감정 사건』.

할 수 있는지가 문제된다. 진술거부권(헌법12②)은 헌법적으로 보장되고 있으며 가족관계나 일정한 신뢰관계를 보호하기 위하여 증언거부권이 인정되고 있다. 이러한 점에 비추어 볼 때 법관이 증언거부권 있는 증인의 증언거부를 피고인에게 불리한 정황증거로 인정하여 심증을 형성하는 것은 허용되지 않는다. 그러나 증언을 거부하는 자가 진술거부사유를 소명한 자료(법150) 또는 증언 도중 일부 증언을 거부한 사실 등은 정황증거로 사용될 여지가 있다고 본다.

(3) 상반된 진술의 증명력 판단

공소사실의 증명과 관련하여 상반되는 진술이 있는 경우에 그 증명력 판단이 문제된다. 예컨대 뇌물죄에 있어서 수뢰자로 지목된 피고인이 수뢰사실을 시종일관 부인하고 있고 금품을 제공하였다는 공여자의 진술 외에 수뢰사실을 뒷받침할 만한 객관적인 자료 등 물증이 없는 경우에 상반된 두 진술의 신빙성 판단이 문제된다. 동일한 문제상황은 마약류 피고사건 등에서도 찾아볼 수 있다. 마약류 매매 여부가 쟁점이 된 사건에서 매도인으로 지목된 피고인이 매도사실을 부인하고 있고 마약류를 매수하였다는 사람의 진술 이외에는 마약류 매매 사실을 뒷받침할 금융자료 등 객관적 물증이 없는 경우가 그 예이다.

이러한 경우에 금품공여자나 마약류 매수자의 진술을 유죄의 증거로 채택하려면 그 진술이 증거능력이 있어야 함은 물론 합리적 의심을 배제할 만한 신빙성이 있어야 한다. 이때 신빙성이 있는지 여부를 판단함에 있어서는 그 진술내용 자체의 합리성, 객관적 상당성, 전후의 일관성 등뿐만 아니라 그 진술자의 인간됨, 그 진술로 얻게 되는 이해관계 유무 등도 아울러 살펴보아야 한다.[1]

진술자에게 어떤 범죄의 혐의가 있고 그 혐의에 대하여 수사가 개시될 가능성이 있거나 수사가 진행 중인 경우가 있다. 이러한 경우에 진술자가 처한 상황을 이용한 협박이나 회유 등의 의심이 있다면 그 진술은 증거능력이 부정될 것이다(법309, 317①). 진술의 증거능력이 부정되는 정도에까지 이르지 않는 경우에도 진술자가 그로 인한 궁박한 처지에서 벗어나려는 노력이 진술에 영향을 미칠 수 있는지 여부 등을 그 진술의 신빙성 판단시에 특별히 살펴보아야 한다.[2]

(4) 증인신문 전 검사의 증인소환

검사가 공판기일에 증인으로 신청하여 신문할 사람을 특별한 사정 없이 미리 수사기관에

---

1) 2008. 12. 11. 2008도7112, [미간행], 『국세청 공무원 현금 수수 사건』.
2) 2014. 4. 10. 2014도1779, 공 2014상, 1084, 『교도소 동기 제보자 사건』.

소환하여 면담하는 절차를 거친 후 증인이 법정에서 피고인에게 불리한 내용의 진술을 하는 경우가 있다. 이러한 경우에는 검사가 증인신문 전 면담 과정에서 증인에 대한 회유나 압박, 답변 유도나 암시 등으로 증인의 법정진술에 영향을 미치지 않았다는 점이 담보되어야 증인의 법정진술을 신빙할 수 있다.[1]

검사는 증인신문 준비 등 필요에 따라 증인을 사전 면담할 수 있다. 그렇다고 하더라도 법원이나 피고인의 관여 없이 검사가 일방적으로 사전 면담하는 과정에서 증인이 훈련되거나 유도되어 법정에서 왜곡된 진술을 할 가능성도 배제할 수 없다.[2] 증인에 대한 회유나 압박 등이 없었다는 사정은 검사가 증인의 법정진술이나 면담 과정을 기록한 자료 등으로 사전면담 시점, 이유와 방법, 구체적 내용 등을 밝힘으로써 증명하여야 한다.[3]

3. 법률의 규정 및 그 밖의 제한

자유심증주의가 법률의 규정에 의하여 제한되는 경우가 있다. 자백보강법칙(헌법12⑦ 후단, 법310)은 여기에 해당하는 가장 중요한 예이지만 그 밖에도 법률에 의하여 법관의 증명력 판단이 제한되는 경우가 있다.

(1) 자백의 증명력 제한

형소법 제310조는 "피고인의 자백이 그 피고인에게 불이익한 유일의 증거인 때에는 이를 유죄의 증거로 하지 못한다."고 규정하여 자백의 증명력에 중대한 제한을 가하고 있다. 법관은 자백에 의하여 유죄의 심증을 얻더라도 보강증거가 없으면 피고인에게 유죄를 선고할 수 없기 때문이다. 이와 같이 자백의 증명력에 제한을 가하여 보강증거를 요하도록 하는 원칙을 자백보강법칙이라고 하며 자유심증주의의 중요한 제한원리가 된다. 우리 입법자는 자백보강법칙의 법적 지위를 헌법상의 기본권(헌법12⑦ 후단)으로 강화하고 있다.[4]

(2) 공판조서의 증명력

형사소송법 제56조는 "공판기일의 소송절차로서 공판조서에 기재된 것은 그 조서만으로써 증명한다."고 규정하고 있다. 공판조서의 기재가 명백한 오기인 경우를 제외하고는 공판기일의 소송절차로서 공판조서에 기재된 것은 조서의 기재만으로 증명하여야 하고, 그

---

1) 2021. 6. 10. 2020도15891, 공 2021하, 1308, 『증인신문 전 진술조서 확인 사건』.
2) 2021. 6. 10. 2020도15891, 공 2021하, 1308, 『증인신문 전 진술조서 확인 사건』.
3) 2021. 6. 10. 2020도15891, 공 2021하, 1308, 『증인신문 전 진술조서 확인 사건』.
4) 후술 891면 참조.

증명력은 절대적인 것으로 공판조서 이외의 자료로 반증하는 것이 허용되지 않는다.[1]

공판조서란 공판기일의 소송절차가 법정된 방식에 따라서 적법하게 행하여졌는지 여부를 인증하기 위하여 법원사무관 등이 공판기일의 소송절차 경과를 기재한 조서를 말한다. 공판조서는 그 기재의 정확성을 담보하기 위하여 재판장과 참여한 법원사무관 등이 기명날인 또는 서명을 하도록 되어 있다(법53①).[2]

공판조서의 배타적 증명력을 인정한 형소법 제56조는 소송경제적 관점에서 마련된 특칙이다. 따라서 형소법 제56조는 피고사건에 대한 유죄판결의 심증형성에 신중을 기하기 위하여 고안된 통상적인 자유심증주의의 제한원리들과 성질을 달리한다.

공판조서에 배타적 증명력을 인정하는 이유는 공판절차의 진행을 둘러싸고 후일 상소심에서 그 적법성에 관한 논란이 발생할 경우 이로 인하여 상소심 사건의 실체심리가 지연되거나 심리의 초점이 흐려지는 위험을 방지하기 위함이다.[3] 따라서 형소법 제56조가 부여한 배타적 증명력은 당해 사건에 관한 절차에서만 인정된다. 다른 사건에서 피고사건의 공판기일에 관한 절차가 문제되는 경우는 형소법 제56조의 적용대상에서 제외된다. 그러나 공판조서의 기재가 명백한 오기나 착오에 의한 경우에는 공판조서의 배타적 증명력이 인정되지 않는다.[4]

어떤 소송절차가 진행된 내용이 공판조서에 기재되지 않았다고 하여 당연히 그 소송절차가 당해 공판기일에 행하여지지 않은 것으로 추정되는 것은 아니다. 공판조서에 기재되지 않은 소송절차의 존재는 공판조서에 기재된 다른 내용이나 공판조서 이외의 자료로 증명될 수 있다. 이는 소송법적 사실이므로 자유로운 증명의 대상이 된다.[5]

공판조서의 배타적 증명력은 공판기일의 소송절차에 한정된다. 범죄사실의 유무 등 실체판단과 관련된 공판조서의 기재 부분은 여전히 자유심증주의의 적용대상이 된다. 예컨대 전후관계에 있는 두 개의 공판조서 사이에 동일한 사항에 관하여 서로 다른 내용이 기재되는 경우가 있다. 이러한 경우에는 결국 동일한 사항에 관하여 두 개의 서로 다른 내용이 기재된 공판조서가 병존하는 결과가 된다. 그렇지만 이와 같은 경우 두 개의 공판조서는 각각 동일한 증명력을 가지는 것으로서 그 증명력에 우열이 있을 수 없다. 두 개의 공판조서의 기재내용이 모순될 때 그중 어느 쪽 공판조서의 기재를 진실한 것으로 볼 것인지는 공판조서의 증명력을 판단하는 문제로서 법관의 자유로운 심증에 따를 수밖에 없다.[6]

---

1) 2018. 5. 11. 2018도4075, 공 2018상, 1130, 『공직선거법위반죄 증거조사 사건』.
2) 전술 506면 참조.
3) 2003. 10. 10. 2003도3282, 공 2003, 2214, 『공판조서 등사청구 사건』.
4) 2008. 4. 24. 2007도10058, 공 2008상, 815, 『증거동의 오기 주장 사건』.
5) 2023. 6. 15. 2023도3038, 공 2023하, 1264, 『피해자 5명 추가 공소장변경신청 사건』.
6) 1988. 11. 8. 86도1646, 공 1988, 1549, 『치안본부 구내식당 사건』.

(3) 자백의 신빙성

법률에 근거를 둔 것은 아니지만 판례는 법관으로 하여금 자백의 신빙성을 신중하고 면밀하게 검토할 것을 요구하고 있다. 피고인이 수사기관이나 법정에서 공소사실을 인정하는 진술을 한 경우에 그 자백에 증거능력이 인정되더라도 법관은 자백의 신빙성을 판단할 때 신중을 기해야 한다.

자백의 신빙성 유무를 판단함에 있어서는 (가) 그 진술 내용이 객관적으로 합리성을 띠고 있는가, (나) 자백의 동기나 이유가 무엇인가, (다) 자백에 이르게 된 경위는 어떠한가, (라) 자백 이외의 다른 증거 중 자백과 저촉되거나 모순되는 것은 없는가 등을 고려하여야 한다.[1] 판례를 통하여 확립되고 있는 이러한 판단기준을 자백의 신빙성 요건이라고 한다.

(4) 피해자 진술의 신빙성

피해자 등의 진술은 그 진술 내용의 주요한 부분이 일관되며, 경험칙에 비추어 비합리적이거나 진술 자체로 모순되는 부분이 없고, 또한 허위로 피고인에게 불리한 진술을 할 만한 동기나 이유가 분명하게 드러나지 않는 이상, 그 진술의 신빙성을 특별한 이유 없이 함부로 배척해서는 안 된다.[2]

「양성평등기본법」은 국가기관 등에 대해 양성평등 실현을 위하여 노력하도록 규정하면서(동법5①), 국가와 지방자치단체에 성인지 교육을 실시하도록 하고 있다. 여기에서 성인지 교육은 사회 모든 영역에서 법령, 정책, 관습 및 각종 제도 등이 여성과 남성에게 미치는 영향을 인식하는 능력을 증진시키는 교육을 말한다(동법18①). 법원은 성폭행이나 성희롱 사건의 심리를 할 때에는 그 사건이 발생한 맥락에서 성차별 문제를 이해하고 양성평등을 실현할 수 있도록 성인지 감수성을 잃지 않도록 유의하여야 한다.[3]

성폭행 피해자의 대처 양상은 피해자의 성정이나 가해자와의 관계 및 구체적인 상황에 따라 다르게 나타날 수밖에 없다. 따라서 개별적, 구체적인 사건에서 성폭행 등의 피해자가 처하여 있는 특별한 사정을 충분히 고려하지 않은 채 피해자 진술의 증명력을 가볍게 배척하는 것은 정의와 형평의 이념에 입각하여 논리와 경험의 법칙에 따른 증거판단이라고 볼 수 없다.[4]

그러나 이는 성범죄 피해자 진술의 증명력을 제한 없이 인정하여야 한다거나 그에 따라

---

1) 2012. 6. 14. 2011도15653, 공 2012하, 1256, 『고등학교 상해치사 사건』.
2) 2018. 10. 25. 2018도7709, 공 2018하, 2294, 『무인 모텔 강간 주장 사건』.
3) 2018. 10. 25. 2018도7709, 공 2018하, 2294, 『무인 모텔 강간 주장 사건』.
4) 2018. 10. 25. 2018도7709, 공 2018하, 2294, 『무인 모텔 강간 주장 사건』.

해당 공소사실을 무조건 유죄로 판단해야 한다는 의미는 아니다. 성범죄 피해자 진술에 대하여 성인지적 관점을 유지하여 보더라도, 진술 내용 자체의 합리성·타당성뿐만 아니라 객관적 정황, 다른 경험칙 등에 비추어 증명력을 인정할 수 없는 경우가 있을 수 있다.[1]

강간죄가 성립하기 위한 가해자의 폭행·협박이 있었는지 여부는 그 폭행·협박의 내용과 정도는 물론 유형력을 행사하게 된 경위, 피해자와의 관계, 성교 당시와 그 후의 정황 등 모든 사정을 종합하여 피해자가 성교 당시 처하였던 구체적인 상황을 기준으로 판단해야 한다. 사후적으로 보아 피해자가 성교 이전에 범행 현장을 벗어날 수 있었다거나 피해자가 사력을 다하여 반항하지 않았다는 사정만으로 가해자의 폭행·협박이 피해자의 항거를 현저히 곤란하게 할 정도에 이르지 않았다고 섣불리 단정하여서는 안 된다.[2]

「성폭력범죄의 처벌 등에 관한 특례법」(성폭력처벌법)은 수사기관으로 하여금 원칙적으로 (가) 19세 미만인 피해자나 (나) 신체적인 또는 정신적인 장애로 사물을 변별하거나 의사를 결정할 능력이 미약한 피해자의 진술 내용과 조사 과정을 영상녹화장치로 녹화하고, 그 영상녹화물을 보존하도록 규정하고 있다(성폭력처벌법30①). (가) 19세 미만인 피해자나 (나) 신체적인 또는 정신적인 장애로 사물을 변별하거나 의사를 결정할 능력이 미약한 피해자의 진술이 영상녹화된 영상녹화물은 성폭력처벌법 제30조 제4항부터 제6항까지에서 정한 절차와 방식에 따라 영상녹화된 것으로서 (ㄱ) 피해자에 대한 반대신문권이 보장된 경우 또는 (ㄴ) 피해자가 진술불능인 경우에 예외적으로 증거로 할 수 있다(성폭력처벌법30의2① 참조).[3]

법원은 두 번째의 경우, 즉 (ㄴ) 피해자가 진술불능인 경우에 영상녹화물을 유죄의 증거로 할지를 결정할 때에는 피고인과의 관계, 범행의 내용, 피해자의 나이, 심신의 상태, 피해자가 증언으로 인하여 겪을 수 있는 심리적 외상, 영상녹화물에 수록된 (가) 19세 미만인 피해자나 (나) 신체적인 또는 정신적인 장애로 사물을 변별하거나 의사를 결정할 능력이 미약한 피해자의 진술 내용 및 진술 태도 등을 고려하여야 한다. 이 경우 법원은 전문심리위원 또는 정신건강의학과의사, 심리학자, 사회복지학자, 그 밖의 관련 전문가(성폭력처벌법33①)의 의견을 들어야 한다(성폭력처벌법30의2②).

(5) 상급심 재판의 기속력

「법원조직법」 제8조는 "상급법원 재판에서의 판단은 해당 사건에 관하여 하급심을 기속(羈束)한다."고 규정하고 있다. 이 조문은 심급제도 아래에서 상급심법원이 하급심법원의 재판

---

1) 2024. 1. 4. 2023도13081, 공 2024상, 430, 『전동차 안 상동행위 사건』.
2) 2018. 10. 25. 2018도7709, 공 2018하, 2294, 『무인 모텔 강간 주장 사건』.
3) 전술 215면 참조.

을 파기하여 환송·이송한 경우를 전제하고 있다. 이때 다시 재판하게 되는 하급심법원은 상급심법원이 사실관계 및 법령적용의 점에서 판단한 내용에 기속된다.[1]

사실관계의 확정에 있어서 상급심법원이 내린 판단이 다시 재판하게 되는 하급심법원의 법관들이 가지고 있는 심증과 다른 경우가 발생할 수 있다. 이러한 상황에서 상급심법원의 심증을 우선하는 것이 자유심증주의에 반하는 것은 아닌가 하는 의문이 생길 수 있다. 그러나 「법원조직법」 제8조가 규정하고 있는 상급심 판단의 기속력은 심급제도를 유지하기 위하여 불가피한 장치로서 이 한도에서 자유심증주의의 적용영역이 축소된다고 할 수 있다.

(6) 확정판결에서 인정된 사실의 증명력

수 개의 형사재판이 관련되어 있는 경우에 관련된 다른 형사사건(B사건)의 확정판결에서 인정된 사실은 특별한 사정이 없는 한 당해 형사재판(A사건)에서 유력한 증거자료가 된다. 그러나 당해 형사재판(A사건)에서 제출된 다른 증거의 내용에 비추어 관련 형사사건(B사건)의 확정판결에서 내려진 사실판단을 그대로 채택하기 어렵다고 인정될 경우에는 이를 배척할 수 있다.[2]

(7) 제1심 판단과 항소심 판단의 관계

제1심법원이 증인신문 절차를 진행한 뒤 그 진술의 신빙성 유무를 판단함에 있어서는 진술 내용 자체의 합리성·논리성·모순 또는 경험칙 부합 여부나 물증 또는 제삼자의 진술과의 부합 여부 등은 물론, 법관의 면전에서 선서한 후 공개된 법정에서 진술에 임하고 있는 증인의 모습이나 태도, 진술의 뉘앙스 등 증인신문조서에는 기록하기 어려운 여러 사정을 직접 관찰함으로써 얻게 된 심증까지 모두 고려하여 신빙성 유무를 평가하게 된다.

이에 비하여 제1심 증인이 한 진술에 대한 항소심의 신빙성 유무 판단은 원칙적으로 증인신문조서를 포함한 기록만을 그 자료로 삼게 된다(규칙156의5② 참조). 그리하여 항소심의 판단은 진술의 신빙성 유무 판단에 있어 가장 중요한 요소 중의 하나라고 할 수 있는 진술 당시 증인의 모습이나 태도, 진술의 뉘앙스 등을 신빙성 유무 평가에 반영할 수 없다는 본질적인 한계를 지니게 된다.

공판중심주의에서 유래하는 실질적 직접심리주의의 정신에 따라 위와 같은 제1심과 항소심의 신빙성 평가방법의 차이를 고려해 볼 때, (가) 제1심판결 내용과 제1심에서 적법하게

---

1) 1996. 12. 10. 95도830, 공 1997, 444, 『배차중지 사건』.
2) 2012. 6. 14. 2011도15653, 공 2012하, 1256, 『고등학교 상해치사 사건』.

증거조사를 거친 증거들에 비추어 제1심 증인이 한 진술의 신빙성 유무에 대한 제1심의 판단이 명백하게 잘못되었다고 볼 특별한 사정이 있거나, (나) 제1심의 증거조사 결과와 항소심 변론종결시까지 추가로 이루어진 증거조사 결과를 종합하면 제1심 증인이 한 진술의 신빙성 유무에 대한 제1심의 판단을 그대로 유지하는 것이 현저히 부당하다고 인정되는 예외적인 경우가 아니라면, 항소심으로서는 제1심 증인이 한 진술의 신빙성 유무에 대한 제1심의 판단이 항소심의 판단과 다르다는 이유만으로 이에 대한 제1심의 판단을 함부로 뒤집어서는 안 된다.[1] [2]

(8) 국민참여재판과 항소심 판단의 관계

국민참여재판에서 직업법관으로 구성된 재판부는 배심원의 평결과 의견에 기속되지 않는다(국민참여재판법46⑤). 따라서 배심원의 유·무죄 평결이나 양형의견은 법관의 자유심증에 영향을 미치지 않는다. 그런데 배심원이 증인신문 등 사실심리의 전 과정에 함께 참여한 후 증인이 한 진술의 신빙성 등 증거의 취사와 사실의 인정에 관하여 만장일치의 의견으로 내린 무죄평결이 제1심 재판부의 심증에 부합하여 그대로 채택되는 경우가 있다.

이러한 경우에도 앞에서 살펴본 사실판단과 관련한 제1심법원과 항소법원의 관계가 그대로 적용됨은 물론이다. 그런데 배심원의 만장일치 무죄평결에 기초한 제1심법원의 무죄판결에 대해서는 항소법원이 이를 한층 더 존중하지 않으면 안 된다.

배심원이 만장일치 의견으로 내린 무죄평결이 제1심 재판부의 심증에 부합하여 그대로 채택되는 경우, 이러한 절차를 거쳐 이루어진 증거의 취사 및 사실의 인정에 관한 제1심의 판단은 실질적 직접심리주의 및 공판중심주의의 취지와 정신에 비추어 (가) 항소심에서의 새로운 증거조사를 통해, (나) 그에 명백히 반대되는, (다) 충분하고도 납득할 만한, (라) 현저한 사정이 나타나지 않는 한 항소심에서 한층 더 존중되어야 한다.[3]

국민참여재판으로 진행한 제1심 법원에서 배심원이 만장일치의 의견으로 내린 무죄의 평결이 재판부의 심증에 부합하여 그대로 채택된 경우라면, 그 무죄판결에 대한 항소심에서의 추가적이거나 새로운 증거조사는 형사소송법(법364③, 법266의13①)과 형사소송규칙(규칙156의5②) 등에서 정한 바에 따라 증거조사의 필요성이 분명하게 인정되는 예외적인 경우에 한정하여 실시하는 것이 바람직하다.[4]

---

1) 2009. 1. 30. 2008도7917, [미간행], 『잠든 청소년 항거불능 사건』.
2) 2019. 7. 24. 2018도17748, 공 2019하, 1692, 『2대 주주 유상증자 반대 사건』.
3) 2010. 3. 25. 2009도14065, 공 2010상, 844, 『금목걸이 강취 참여재판 사건』.
4) 2024. 7. 25. 2020도7802, 판례속보, 『화물트럭 20대 구입비용 사건』.

제4 증명의 정도

1. 합리적 의심의 여지가 없는 증명

형사소송법 제308조는 증거의 증명력은 법관의 자유판단에 의한다고 규정할 뿐 사실판단을 위한 심증형성의 정도에 관하여는 아무런 언급을 하고 있지 않다. 이에 반해 형소법 제307조 제2항은 "범죄사실의 인정은 합리적인 의심이 없는 정도의 증명에 이르러야 한다."고 규정하여 유죄 인정에 필요한 심증의 정도를 명시하고 있다. 증거능력을 규율하는 엄격한 증명의 법리(법307①)와 증명력을 규율하는 자유심증주의(법308)가 범죄사실의 증명에 있어서 불가불리적 관계에 있다고 보아 범죄사실의 증명 정도에 관한 규정을 형사소송법 제307조 제2항으로 규정한 것이라고 할 수 있다.

인간이 가지고 있는 인식능력의 한계에 비추어 볼 때 절대적 진실의 발견은 불가능하다. 합리적 의심의 여지가 없다고 할 때 그 심증의 정도는 합리성이 없는 모든 가능한 의심을 배제할 정도에 이를 것까지 요구하는 것은 아니다. 결국 합리적 의심의 여지가 없는 증명이란 인간능력의 한계 내에서 최선을 다하여 증명력 판단을 행하고 그 결과 얻은 심증형성의 정도를 말한다.

형사재판에서 유죄의 증거는 단지 우월한 증명력을 가진 정도로는 부족하고 법관으로 하여금 합리적인 의심을 할 여지가 없을 정도의 확신을 생기게 할 수 있는 증명력을 가진 것이어야 한다. 형사재판에서 유죄판결시의 심증형성이 합리적 의심의 여지가 없는 증명의 정도에 이르러야 한다는 요청은 민사재판에서 사실판단의 기준으로 증거우위의 원칙이 지배하는 것과 크게 구별된다.

형사재판에서 유죄로 인정하기 위한 심증형성의 정도는 합리적인 의심을 할 여지가 없을 정도여야 한다. 합리적 의심이라 함은 모든 의문, 불신을 포함하는 것이 아니라 논리칙과 경험칙에 기하여 요증사실과 양립할 수 없는 사실의 개연성에 대한 합리성 있는 의문을 의미하는 것이다. 단순히 관념적인 의심이나 추상적인 가능성에 기초한 의심은 합리적 의심에 포함되지 않는다.[1]

형사재판에 있어서 유죄로 인정하기 위한 심증형성의 정도는 합리적 의심을 할 여지가 없을 정도이어야 하나(법307②) 이는 모든 가능한 의심을 배제할 정도에 이를 것까지 요구하는 것은 아니다. 합리적 의심은 사실인정과 관련하여 파악한 이성적 추론에 그 근거를 두어야 한

---

1) 2011. 1. 27. 2010도12728, 공 2011상, 540, 『유리컵 상해 사건』.

다. 그러므로 단순히 관념적인 의심이나 추상적인 가능성에 기초한 의심은 합리적 의심에 포함된다고 할 수 없다.[1] 증명력이 있는 것으로 인정되는 증거를 합리적 근거가 없는 의심을 일으켜 이를 배척하는 것은 자유심증주의의 한계를 벗어나는 것으로 허용될 수 없다.[2]

2. 의심스러울 때에는 피고인에게 유리하게

유죄확정을 위하여 법관이 합리적 의심의 여지가 없는 정도의 심증형성을 하려면 그 전제로 피고사건에 대하여 충분한 증거조사가 이루어져야 한다. 피고사건에 대한 실체적 진실규명의 최종적 책임은 법원에 있으므로 심리가 미진된 상태에서 유죄판결을 위한 심증형성을 행하는 것은 허용될 수 없다.[3]

그런데 법원이 범죄사실의 존부와 그 밖의 관련사실들을 판단함에 있어서 최선을 다하여 심리를 행하였으나 심증형성이 불가능한 경우가 있다. 이때 법원은 심증형성이 불가능함을 이유로 재판을 기피할 수 없으므로 재판불능의 사태에 대비하는 특별한 판단기준이 필요하게 된다. 여기에서 재판불능의 사태를 방지하기 위하여 마련된 해결책이 거증책임이다.[4]

형사재판에서 거증책임은 원칙적으로 검사가 진다.[5] 이와 같은 거증책임의 기본원리는 "의심스러울 때에는 피고인에게 유리하게"(in dubio pro reo)의 원칙에서 유래한다. 그런데 예외적으로 피고인이 자신에게 유리한 사실을 주장하였으나 그 사실의 진위에 대한 증명이 불가능한 경우에 "의심스러울 때에는 피고인에 불리하게" 피고인에게 거증책임이 돌아가는 경우가 있다. 이를 가리켜서 거증책임의 전환이라고 한다. 거증책임이 전환되는 구체적인 경우에 대해서는 엄격한 증명의 항목에서 설명하였다.[6]

"의심스러울 때에는 피고인에게 유리하게"의 원칙은 사실판단을 위한 최종적 기준으로 작용하며 법률판단의 문제는 그 적용대상으로 되지 않는다. 법률판단은 법원의 전권사항으로서 그 판단의 불분명이란 생각할 수 없기 때문이다. 따라서 법률문제의 판단에 있어서 피고인에게 유리한 견해와 불리한 견해가 대립하고 있을 때 법관이 피고인에게 불리한 견해를 채택하여 판단하는 것은 "의심스러울 때에는 피고인에게 유리하게"의 원칙에 반하는 것이 아니다.

---

1) 2023. 6. 15. 2022도15414, 공 2023하, 1261, 『한국야동 반의사 반포 사건』.
2) 2008. 12. 11. 2008도7112, [미간행], 『국세청 공무원 현금 수수 사건』.
3) 1990. 11. 27. 90도2205, 공 1991, 293, 『500만원 가계수표 사건』.
4) 전술 699면 참조.
5) 2006. 2. 24. 2005도4737, 공 2006, 554, 『인천시장 굴비상자 사건』.
6) 전술 705면 참조.

제 8 절 자백보강법칙

제 1 자백보강법칙의 의의와 필요성

1. 자백보강법칙의 의의

형사소송법 제310조는 "피고인의 자백이 그 피고인에게 불이익한 유일의 증거인 때에는 이를 유죄의 증거로 하지 못한다."고 규정하고 있다. 이 조문은 법관이 피고인의 자백을 기초로 유죄의 심증을 얻게 되었다 할지라도 그 자백이 다른 증거에 의하여 보강되지 않는 유일한 증거인 경우에는 유죄인정을 할 수 없음을 밝힌 것이다. 이와 같이 자백을 이유로 유죄판단을 하기 위해서는 보강증거가 요구된다는 원칙을 자백보강법칙이라고 한다.

헌법 제12조 제7항은 "… 정식재판에 있어서 피고인의 자백이 그에게 불리한 유일한 증거일 때에는 … 이를 이유로 처벌할 수 없다."고 규정하여 자백보강법칙이 단순한 증거법상의 법리 차원을 넘어서서 헌법상 기본권의 지위를 누리고 있음을 밝히고 있다. 자백보강법칙의 위반은 중대한 위법이다. 보강증거 없이 피고인의 자백만을 근거로 공소사실을 유죄로 판단한 경우는 그 자체로 판결 결과에 영향을 미친 위법이 있는 경우에 해당한다. 하급심이 자백보강법칙에 위반하여 유죄를 인정한 경우에 상급심은 하급심판결을 반드시 파기해야 하며 결론의 타당함을 들어서 하급심을 유지하는 것은 허용되지 않는다.[1]

2. 자백보강법칙의 필요성

자백보강법칙은 실질적 직접심리주의(법310의2), 위법수집증거배제법칙(법308의2), 자백배제법칙(법309) 등의 관문을 거쳐서 증거능력이 인정된 자백이 있음을 전제로 한다. 자백배제법칙이 자백의 증거능력에 관한 것임에 대하여 자백보강법칙은 자백의 증명력에 관한 것이다. 자백배제법칙을 규정한 형소법 제309조와 자백보강법칙을 규정한 형소법 제310조는 그 법적 효과에 관하여 모두 '이를 유죄의 증거로 하지 못한다'라는 표현을 사용하고 있다. 그러나 문언상의 동일한 표현에도 불구하고 전자는 자백의 증거능력을, 후자는 자백의 증명력을 부인하는 것이다.

---

1) 2007. 11. 29. 2007도7835, 공 2008상, 2086, 『불법 비자 모집 사건』.

증거능력이 인정되는 자백에 기하여 법관이 유죄의 심증을 얻었음에도 불구하고 보강증거가 없으면 유죄의 판단을 하지 못하도록 하는 것이 자백보강법칙의 특수한 성질이다. 이러한 의미에서 자백보강법칙은 자유심증주의의 예외를 이룬다. 자백보강법칙은 허위자백의 배제와 자백편중 수사관행의 견제라는 두 가지 측면에서 그 필요성이 인정된다.

제2 자백보강법칙의 적용범위

1. 정식재판

자백보강법칙은 정식재판에 있어서 적용되는 원칙이다(헌법12⑦ 후단). 여기에서 정식재판이란 기본적으로 검사의 공소제기에 의하여 공판절차가 진행되는 통상의 형사절차를 말한다. 약식절차는 검사의 공소제기로 진행되는 절차이므로 자백보강법칙이 적용된다고 본다. 그러나 정식재판이 아닌 경우에는 자백보강법칙이 제한될 수 있다.

「즉결심판에 관한 절차법」에 의한 즉결심판절차에서는 자백보강법칙을 규정한 형소법 제310조가 적용되지 않는다(즉결심판법10). 즉결심판절차는 피고인에게 20만원 이하의 벌금, 구류 또는 과료에 처할 경미한 범죄사건을 신속하게 심판하기 위한 절차이기 때문이다. 즉결심판절차에 의하여 선고되는 즉결심판에 대해서는 피고인에게 정식재판청구권이 보장되어 있다(동법14). 소년보호사건[1]에도 자백보강법칙이 적용되지 않는다. 소년보호사건은 형사처벌을 목적으로 하지 않기 때문이다.

2. 피고인의 자백

(1) 자백의 범위

증명력이 제한되어 보강증거를 필요로 하는 것은 피고인의 자백이다. 자백이란 자신에게 불리한 사실을 인정하는 피고인의 진술이다. 범죄사실의 전부를 시인하는 경우뿐만 아니라 부분사실의 인정도 포함한다. 구술에 의한 자백뿐만 아니라 서면형태로 이루어진 자백도 모두 자백에 해당한다.

보강증거를 요하는 피고인의 자백은 피의자의 지위에서 수사기관에 대하여 행한 자백에만 국한되는 것은 아니다. 형사절차와 전혀 무관하게 사인의 지위에서 행한 자백도 자백보강법칙의 적용대상이 된다. 따라서 일기장, 비망록, 편지, 개인수첩 등에 기재된 자백에도 보강증거가 필요하다.

---

1) 1982. 10. 15. 82모36, 공 1983, 120, 『소년원송치 재항고 사건』.

(2) 공판정에서의 자백

법관이 주재하는 공판기일 또는 공판준비기일에서 행한 자백에도 보강증거가 필요한가 하는 문제가 있다. 우리나라의 경우에는 미국과 달리 유죄 자체를 인정하여 더 이상의 증거조사를 필요로 하지 않는 유죄의 답변(plea of guilty)이나 피고인에 대한 증인신문이라는 것을 생각할 수 없다. 또 공판정에서의 자백에도 허위가 개입할 여지는 남아 있으므로 공판정에서의 자백에도 자백보강법칙은 여전히 적용된다고 보아야 할 것이다. 자백보강법칙을 규정한 형사소송법 제310조는 심급 여하를 불문하며 공판정의 자백과 공판정 외의 자백에 모두 적용된다.

3. 공범자의 자백

(1) 문제의 소재

공범자의 자백에도 보강증거를 요하는가 하는 문제가 있다. 공범자의 자백이란 피고인(갑)과 공범관계에 있다고 생각되는 사람(을)이 자신의 범죄사실을 자백하면서 피고인(갑)도 함께 범행에 가담하였음을 진술하는 것을 말한다. 예컨대 갑이 뇌물수수죄로, 을이 뇌물공여죄로 각각 기소된 사안에서 갑은 뇌물을 수수하지 않았다고 주장함에 대하여 을은 자신이 공여한 뇌물을 갑이 수수하였다고 진술한 경우에 을의 자백진술에 의하여 갑의 뇌물수수죄를 인정할 수 있을 것인지 문제된다.

공범자(을)의 자백에 보강증거를 요하도록 한다면 공범자(을)의 자백이 있더라도 보강증거가 없어서 그 자백이 피고인(갑)에게 불이익한 유일의 증거일 때에는 그 자백을 이유로 피고인(갑)을 처벌할 수 없다는 결론에 이르게 될 것이다. 보강증거의 필요성 여부에 대해서는 다음과 같은 견해들이 제시되고 있다.

(2) 전면적 필요설

전면적 필요설은 피고인(갑)에게 유죄판결을 하려면 공범자(을)의 자백과 독립한 별도의 보강증거가 필요하다고 보는 견해이다. 공범자(을)의 자백을 유일한 증거로 하여 피고인(갑)에게 유죄를 선고할 수는 없다는 것이다.

전면적 필요설은 그 논거로서 다음의 점들을 들고 있다. 첫째로, 공범자는 다른 공범자에게 책임을 전가하려는 경향이 농후하여 허위진술을 할 가능성이 높다. 둘째로, 공범자의 자백을 형소법 제310조에서 규정하는 '피고인의 자백'에 포함시키지 않는다면 공범자의 처벌에 불합리가 생긴다. 즉 공범관계로 혐의를 받고 있는 갑과 을 가운데 을이 공동범행의 사실을 자

백하고 갑은 이를 부인한 경우에 자백한 을은 보강증거가 없어 무죄로 됨에 반하여 무죄를
주장한 갑은 을의 자백을 근거로 보강증거 없이 유죄판결을 받게 되는데, 이는 불합리한 결과
가 아닐 수 없다.

(3) 제한적 필요설

제한적 필요설은 공범자의 자백이 가지는 특성에 따라서 보강증거를 제한적으로 요구해
야 한다고 보는 견해이다. 제한적 필요설은 다시 공판정자백 기준설과 공동피고인자백 기준설
로 나누어진다. 공판정자백 기준설은 공범자의 자백이 공판정에서 행해진 것인가 아닌가를 기
준으로 하여 공판정 외에서의 공범자의 자백에는 보강증거를 요한다고 보는 입장이다. 이에
대해 공동피고인자백 기준설은 공범자(을)가 피고인(갑)과 공동피고인으로 병합심리되어 공판
정에서 자백을 한 경우에만 보강증거를 요하지 않는다고 본다. 그러나 공범자(을)의 자백이
다른 공판절차에서의 자백인 경우에는 보강증거가 필요하다고 본다.

(4) 전면적 불요설 – 판례

전면적 불요설은 피고인(갑)이 범죄사실을 부인하고 보강증거가 존재하지 않는다 할지라
도 공범관계에 있는 자(을)의 자백진술만 있으면 피고인(갑)에게 유죄판단을 내릴 수 있다고
보는 견해이다. 판례는 전면적 불요설의 입장이다.[1]

전면적 불요설은 그 논거로 다음의 점들을 제시하고 있다. 첫째로, 형사소송법 제310조
의 문언에 비추어 볼 때 '피고인의 자백'을 '피고인 또는 공범자의 자백'으로 확장해석하는 것
은 무리가 있다. 공범자(을)의 자백은 피고인(갑)을 중심으로 볼 때 제삼자의 진술에 지나지
않는다.

둘째로, 공범자(을)의 자백에는 특히 허위가 개입할 여지가 높다고 하지만, 허위개입의 우
려는 피고인(갑)의 자백과 공범자(을)의 자백 사이에 차이가 없으며 허위개입의 문제는 결국
법관이 행하는 증명력의 합리적 판단에 맡겨야 할 것이다.

셋째로, 전면적 필요설의 입장에서는 자백한 공범자(을)와 부인한 공범자(갑) 사이에 처벌
상 불합리가 생긴다는 점을 비판하고 있지만, 자백한 공범자(을)를 무죄로 하는 것은 자백보
강법칙이 적용되는 결과로서 부득이한 것이며, 반대로 부인한 공범자(갑)를 처벌하는 것은 법
관의 자유심증에 기한 것으로서 하등 문제될 바 없다.

---

1) 1990. 10. 30. 90도1939, 공 1990, 2480, 『강도공범 자백 사건』.

(5) 사 견

생각건대 공범자의 자백과 보강증거의 문제는 제한적 필요설 가운데 공판정자백 기준설에 따라서 해결하는 것이 타당하다고 본다. 먼저, 공판정에서 이루어지는 공범자의 자백은 법관 면전에서 이루어지는 것이므로 태도증거 등을 확인할 수 있어서 굳이 보강증거를 필요로 하지 않는다. 그러나 공판정 외에서 이루어진 공범자 자백의 경우는 사정이 조금 다르다.

형사소송법은 재판장의 진술거부권고지(법283의2②)와 인정신문(법284), 검사의 모두진술(법285)과 피고인의 모두진술(법286)에 이어 재판장이 쟁점정리(법287①)를 하고 검사와 변호인의 의견진술(동조②)을 들은 다음 바로 증거조사절차(법290 이하)에 들어가도록 하고 있다. 피고인이나 공동피고인에 대한 신문은 그 다음에 이루어진다(법296의2).

이러한 공판기일의 순서에 따라서 증거물이나 증거서류에 대한 증거조사는 피고인신문에 앞서서 실시된다. 공범자(을)의 자백이 기재된 증거서류는 증거조사 단계에서 피고인(갑)의 범죄사실을 입증하기 위하여 제출된다. 공범자(을)의 자백이 기재된 증거서류가 피고인(갑)의 범죄사실 입증에 유일한 증거라 할지라도 공범자(을)의 자백이 피고인(갑)에 대한 신문에 앞서서 증거조사의 대상이 되는 것이다. 이 과정에서 피고인(갑)은 공범자(을)의 자백이 공판정 외의 자백임을 들어 보강증거를 요구할 필요가 생긴다.

이렇게 볼 때 공판정자백 기준설이 형사소송법의 공판절차 진행순서에도 부합하고 자백편중의 수사실무나 재판관행을 적절히 견제할 수 있다고 본다.

제3 보강증거의 자격

1. 일반적 자격

보강증거는 자백의 증명력을 보강하여 피고사건에 대한 유죄판결을 가능하게 하는 증거이다. 보강증거는 먼저 엄격한 증명의 자료로 사용될 수 있는 자격, 즉 증거능력을 갖추고 있어야 한다. 따라서 보강증거로 사용되는 증거가 전문증거라면 그 증거는 형소법 제311조 내지 제316조의 예외규정이나 형소법 제318조 제1항의 증거동의에 의하여 증거능력이 인정되지 않는 한 보강증거로 사용될 수 없다.[1]

보강증거는 자백의 증명력을 보강하는 증거이므로 자백과 독립한 별개의 증거이지 않으면 안 된다. 보강증거는 독립증거인 한 인증, 물증, 증거서류 등 그 형태를 묻지 않는다. 자백의 보강증거는 직접 범죄사실을 증명할 수 있는 직접증거뿐만 아니라 간접증거 내지 정황증

---

[1] 1982. 6. 8. 82도669, 총람 310조, 78번, 『복사본 보강증거 사건』.

거로도 족하다.

보강증거는 자백과 독립한 증거이어야 하므로 자백을 자백으로 보강하는 것은 금지된다.[1] 피고인이 범행사실을 기재한 서면이라 할지라도 그것이 업무상 통상의 문서로 작성되는 경우에는 독립성을 갖는다. 업무의 계속성·반복성에 비추어 누구든지 그 상황에서 동일한 내용을 기재할 것으로 예상되기 때문에 그 문서에 기재된 내용을 자백이라고 할 수 없다. 따라서 피고인의 자백을 피고인이 업무상 작성한 수첩으로 보강하는 것은 허용된다.[2] [3]

카메라등이용불법촬영죄(성폭력처벌법14①) 사안에서 수사기관이 피의자를 범행현장에서 발견하여 휴대전화를 임의제출받는 경우가 있다. 그런데 수사기관이 임의제출된 휴대전화에서 전자정보(사진, 동영상 등)를 탐색하는 과정에서 피압수자인 피의자에게 참여의 기회를 부여하지 않는 등 영장주의 원칙과 적법절차를 준수하지 않았다면 탐색된 전자정보는 위법하게 수집된 증거로서 증거능력이 없다. 이 경우 피의자가 범행사실을 자백하고 탐색된 전자정보에 대해 증거로 함에 동의하였다고 하더라도 탐색된 전자정보는 증거능력이 없어서 자백의 보강증거가 될 수 없다.[4]

그런데 수사기관이 임의제출받은 휴대전화에 대한 임의제출서나 압수조서 등에 "피의자로부터 휴대전화를 임의제출받아 이를 압수하였다."라는 내용이 기재되어 있다면 그 임의제출서나 압수조서 등은 범행 적발현장에서의 불법촬영범죄 부분에 대한 자백의 보강증거가 될 수 있다. "피고인으로부터 휴대전화를 임의제출받아 압수하였다."는 내용은 휴대전화에 저장된 전자정보(사진, 동영상 등)의 증거능력 여부에 영향을 받지 않는 별개의 독립적인 증거에 해당하기 때문이다.[5]

2. 보강증거로서의 공범자의 자백

공범자의 자백을 보강증거로 사용할 수 있는가 하는 문제가 있다. 피고인(갑)이 자백하고 있는 경우에 그와 공범관계에 있는 자(을)의 자백을 보강증거로 삼아 유죄판결을 할 수 있는가 하는 점에 대하여 학설은 긍정설과 부정설로 나뉘고 있다. 판례는 긍정설의 입장이다.[6]

공범자의 자백을 형사소송법 제310조의 '피고인의 자백'으로 보는 입장에 서게 되면 피고

---

1) 1970. 3. 10. 70도143, 총람 310조, 43번, 『군무이탈 자백 사건』.
2) 1996. 10. 17. 94도2865 전원합의체 판결, 공 1996, 3267, 『수기수첩 사건』.
3) 신동운, "업무 처리 중 피고인이 작성한 문서와 자백의 보강증거", 공범론과 형사법의 제문제(심경 정성근 교수 화갑기념 논문집)(1997), 937-946면 참고 바람.
4) 2022. 11. 17. 2019도11967, [미간행], 『몰카범 휴대전화 압수경위 사건』.
5) 2022. 11. 17. 2019도11967, [미간행], 『몰카범 휴대전화 압수경위 사건』.
6) 1990. 10. 30. 90도1939, 공 1990, 2480, 『강도공범 자백 사건』.

인(갑)의 자백을 공범자(을)의 자백으로 보강하는 것이 결국 피고인의 자백으로 피고인의 자백을 보강하는 것은 아닌가 하는 논리적 의문이 나오게 된다. 생각건대 공범자(을)의 자백을 유일한 증거로 하여 피고인(갑)에게 유죄를 인정할 수 없다고 하는 것과 공범자(을)의 자백을 이미 존재하는 피고인(갑)의 자백에 대한 보강증거로 사용한다는 것은 별개의 문제이다. 따라서 공범자(을)의 자백을 피고인(갑)의 자백에 대한 보강증거로 사용할 수 있다고 본다.

제4 보강증거의 증명대상

1. 죄체의 개념

자백을 유일한 증거로 하여 피고인을 처벌할 수 없다고 할 때(헌법12⑦ 후단, 법310) 역으로 어느 범위까지 보강증거가 있어야 피고인에게 유죄를 인정할 수 있을 것인지가 문제된다. 형사소송법 제310조가 규정한 보강증거의 범위에 대해 죄체설과 진실성담보설이 대립하고 있다.

원래 죄체(corpus delicti; body of the crime)란 영미법에서 유래하는 개념이다. 영미법상 피고인에게 유죄판결을 선고하려면 (가) 범죄를 구성할 만한 침해행위나 손해발생이 확인되고, (나) 이 침해행위나 손해발생이 범죄행위에 의하여 발생하였음이 판명되며, (다) 피고인이 그 침해행위나 손해발생을 야기한 자라는 사실이 밝혀져야 한다. 이때 영미법상 죄체의 개념은 대체로 피고인의 범인성을 제외한 처음의 두 요건을 종합한 의미로 이해되고 있다.

2. 죄체설과 진실성담보설

자백에 대한 보강증거의 정도에 대해 죄체설과 진실성담보설이 주장되고 있다. 죄체설은 유죄판결을 선고하기 위해서는 최소한 죄체의 전부 또는 일부를 긍정할 만한 보강증거가 있어야 한다고 보는 견해이다. 즉 범죄의 구성요소를 세분화해 놓고 개별 구성부분별로 보강증거가 인정되어야 한다는 것이다.

이에 대하여 진실성담보설은 유죄판결을 선고하기 위한 자백의 보강증거는 범죄사실의 전부 또는 중요 부분을 인정할 수 있는 정도가 되지 아니하더라도 피고인의 자백이 가공적인 것이 아닌 진실한 것임을 인정할 수 있는 정도만 되면 족하다고 보는 견해이다. 판례의 입장이다.[1]

진실성담보설의 입장에서는 직접증거가 아닌 간접증거나 정황증거도 보강증거가 될 수 있고, 자백과 보강증거가 서로 어울려서 전체로서 범죄사실을 인정할 수 있으면 유죄의 증거

---

1) 2010. 12. 23. 2010도11272, 공 2011상, 281, 『운전하지 못할 우려』 사건.

로 충분하다고 본다.[1] [2]

생각건대 죄체설은 자백의 증명력 판단에 보다 신중을 기할 수 있다는 장점이 있지만 다음의 이유에서 진실성담보설을 택하는 것이 타당하다고 본다. 첫째로, 범죄양상이 복잡해짐에 따라 새로 입법되는 범죄구성요건에는 여러 가지 범죄성립요건들이 추가되어 가는데, 죄체설에 따르게 되면 자백의 증명력 판단에 앞서서 죄체의 범위를 어디까지 인정해야 할 것인가를 놓고 또 다른 논란이 생길 염려가 있다.

둘째로, 죄체설은 미수범이나 예비·음모의 경우와 같이 범죄결과나 손해발생이 없는 범죄의 경우에 객관적 죄체가 결여되어 있음을 이유로 보강증거를 요하지 않는다고 새기게 될 여지가 있다. 그러나 이는 자백의 증명력 판단에 신중을 기하려는 자백보강법칙의 취지와 상반된다.

이렇게 볼 때 자백의 보강증거는 결국 죄체의 개념과 관계없이 자백사실이 가공적인 것이 아니라 진실한 것이라고 인정할 수 있는 정도의 증거로 족하다고 본다.

3. 증명대상의 범위

범죄의 주관적 구성요건요소의 입증에 보강증거를 요할 것인가 하는 문제가 있다. 판례는 고의와 같은 주관적 구성요건은 물론 범인의 내적인 상태도 이에 준하여 자백의 대상이 된다고 보고, 이러한 자백에 보강증거가 필요하다는 입장이다.[3]

그리하여 「도로교통법」 위반죄 사안에서 예컨대 피고인이 필로폰 투약 등 '약물로 인하여 정상적으로 운전하지 못할 우려가 있는 상태에 있었다'는 구성요건도 자백의 대상이 되고, 이에 대하여 보강증거가 필요하다고 본다. 다만 진실성담보설의 입장에서 자백에 대한 보강증거가 피고인의 자백이 가공적인 것이 아닌 진실한 것임을 인정할 수 있는 정도만 되면 족하다고 본다.[4]

협의의 범죄구성요건요소를 이루는 사실에 대하여 보강증거가 요구되는가 하는 점에 관하여는 죄체설과 실질설 사이에 다소 다툼이 있다. 그러나 협의의 구성요건 사실 이외에 누범가중의 원인사실, 전과 및 정상 등에 관한 사실은 범죄사실과 구별되기 때문에 보강증거 없이 피고인의 자백만으로 이를 인정할 수 있다.[5]

---

1) 2010. 12. 23. 2010도11272, 공 2011상, 281, 『'운전하지 못할 우려' 사건』.
2) 2017. 12. 28. 2017도17628, 공 2018상, 465, 『부동산 매수자금 마련 횡령 사건』.
3) 2010. 12. 23. 2010도11272, 공 2011상, 281, 『'운전하지 못할 우려' 사건』.
4) 2010. 12. 23. 2010도11272, 공 2011상, 281, 『'운전하지 못할 우려' 사건』.
5) 1979. 8. 21. 79도1528, 공 1979, 12202, 『'자백만으로 누범가중' 사건』.

4. 죄수론과 보강증거

자백에 보강증거를 요할 것인가 하는 문제는 언제나 당해 피고사건과 관련하여 검토해야 한다. 실체적 경합관계에 있는 수 개의 사건들은 과형상 수죄의 관계에 있으므로 개별 범죄 사건을 단위로 보강증거의 유무를 검토해야 한다.[1]

상상적 경합은 실체법상 수죄이므로 각 범죄별로 보강증거가 필요하다고 보는 견해가 있다. 그러나 보강증거의 요부는 피고사건의 실체판단에 있어서 자백의 증명력을 제한하는 소송법적 문제이므로 과형상 일죄를 기준으로 판단하는 것이 타당하다고 본다.

포괄일죄의 경우에 보강증거가 요구되는 단위를 놓고 포괄적으로 평가되는 각 행위의 상당부분에 대해서 보강증거가 있으면 된다는 견해와 포괄일죄를 유형별로 나누어 문제를 검토해야 한다는 견해가 각각 제시되고 있다. 포괄일죄는 침해법익과 범죄태양의 유사성을 근거로 하는 협의의 포괄일죄와 범죄의 상습성 등을 이유로 하는 광의의 포괄일죄로 나누어 볼 수 있다. 행위의 연계성이 강한 전자의 경우에는 개별 행위별로 보강증거를 요하지 않지만 연계성이 약한 후자의 경우에는 각 행위별로 보강증거를 요하는 것이 타당하다고 본다. 판례는 상습범의 경우 각 행위별로 보강증거를 요구하고 있다.[2]

---

1) 1996. 2. 13. 95도1794, 공 1996, 1022, 『히로뽕 투약습성 사건』.
2) 1996. 2. 13. 95도1794, 공 1996, 1022, 『히로뽕 투약습성 사건』.

제5장 재 판

제1절 재판의 의의와 종류

제1 재판의 의의

좁은 의미의 재판은 일정한 절차에 따라서 피고사건의 실체에 관한 심리를 행하고 그 결과 내리는 공권적 판단, 즉 유죄·무죄의 실체적 종국재판을 가리킨다. 이에 대하여 넓은 의미의 재판은 법원 또는 법관이 행하는 법률행위적 소송행위를 가리킨다.

재판을 그 내용에 따라 분류하면 실체재판과 형식재판으로 나누어 볼 수 있다. 실체재판이란 법원이 피고사건의 실체를 심리하고 그 실체관계에 구체적 형벌법규를 적용하여 얻은 공권적 판단을 말한다. 유죄판결(법321, 322)과 무죄판결(법325)은 실체재판에 해당한다. 이에 대하여 형식재판이란 피고사건의 실체면을 제외한 나머지 부분과 관련하여 행해진 일체의 재판을 의미한다.

제2 재판의 종류

1. 종국재판과 종국전의 재판

종국재판이란 피고사건의 소송계속을 그 심급에서 종결시키는 재판을 말한다. 이에 대하여 종국전 재판이란 종국재판에 이르기까지의 절차에 관한 재판을 가리킨다. 종국전 재판을 중간재판이라고 부르기도 한다. 종국재판에 해당하는 것으로는 유죄판결(법321, 322) 및 무죄판결(법325)을 비롯하여 관할위반의 판결(법319), 면소판결(법326), 공소기각판결(법327), 공소기각결정(법328①)이 있다. 종국재판을 제외한 그 밖의 결정이나 명령은 종국전 재판에 해당한다.

2. 판결·결정·명령

(1) 판 결

판결은 수소법원이 행하는 종국재판의 원칙적인 형식이다. 판결은 법원의 재판 가운데 가장 중요한 의미를 갖는다. 판결에는 유죄판결 및 무죄판결의 실체판결과 면소판결, 관할위반의 판결, 공소기각의 판결 등 형식판결이 있다.

판결은 법률에 다른 규정이 없으면 구두변론(口頭辯論)을 거쳐서 해야 하고(법37①), 이유를 명시해야 한다(법39 본문). 판결의 선고는 재판장이 한다(법43 1문). 판결을 선고함에는 주문을 낭독하고 이유의 요지를 설명하여야 한다(동조 2문).

판결의 외부적 표시는 법관이 작성한 판결서에 의하여 공판정에서 선고하는 것이 원칙이다(법38, 42). 다만 변론을 종결한 기일에 판결을 선고하는 경우에는 판결의 선고 후에 판결서를 작성할 수 있다(법318의4②). 판결에 대한 상소방법은 항소(법357) 및 상고(법371)이다.

(2) 결 정

결정은 수소법원이 행하는 종국전 재판의 기본형식이다. 그러나 공소기각결정(법328①)은 결정이면서 종국재판이다. 결정은 구두변론을 거치지 아니할 수 있으며(법37②), 필요하면 사실을 조사할 수 있다(동조③). 이 경우 조사는 부원(部員)에게 명할 수 있고 다른 지방법원의 판사에게 촉탁할 수 있다(동조④).

판결은 반드시 선고해야 하지만(법43), 결정은 고지의 방법으로 할 수 있다(법42 참조). 결정의 고지는 재판장이 한다(법43 1문). 재판은 법관이 작성한 재판서에 의하는 것이 원칙이지만, 결정을 고지하는 경우에는 재판서를 작성하지 아니하고 조서에만 기재하여 할 수 있다(법38 본문·단서). 상소를 불허하는 결정에는 이유를 명시할 필요가 없다(법39 단서). 결정의 고지는 공판정에서는 재판서에 의하여야 하고 기타의 경우에는 재판서등본의 송달 또는 다른 적당한 방법으로 하여야 한다(법42 본문). 단, 법률에 다른 규정이 있는 때에는 예외로 한다(동조 단서). 결정에 대한 상소방법은 항고(법402) 및 재항고(법415)이다.

(3) 명 령

명령이란 수소법원의 구성원인 재판장 또는 수명법관이 행하거나 수소법원의 촉탁을 받은 수탁판사가 행하는 재판을 말한다. 또한 수사절차에서 지방법원판사가 행하는 영장발부 등 각종 재판도 성질상 명령에 해당한다. 명령은 전부 종국전 재판에 해당한다. 명령은 결정의 경우와 마찬가지로 구두변론을 거치지 아니하고 할 수 있으며(법37②), 필요하면 사실을 조사할 수 있다(법37③). 이 경우 조사는 부원(部員)에게 명할 수 있고 다른 지방법원의 판사에게 촉탁할 수 있다(동조④). 명령에 관한 재판서의 방식과 이유설시, 그리고 재판의 고지에 엄밀성이 완화되는 것은 결정의 경우와 같다(법38, 39, 42).

결정에 대해서는 상소방법으로 항고(법402), 재항고(법415)가 마련되어 있지만 명령의 경우에는 원칙적으로 상소방법이 없다.[1] [2] 다만 일정한 사유가 있는 경우에 예외적으로 이의 신청(법304① 등)이나 준항고(법416)가 허용된다.

제 2 절 재판의 성립과 재판서

제 1 재판의 성립

1. 재판의 내부적 성립

재판은 법원 또는 법관이 행하는 공권적 의사표시이다. 그러므로 재판의 성립은 의사의 결정과 결정된 의사의 외부적 표시라는 두 가지 단계를 거쳐서 이루어진다. 재판의 의사표시적 내용이 재판기관의 내부에서 형성되는 것을 재판의 내부적 성립이라고 한다. 재판의 의사표시적 내용형성은 심리에 관여한 법관만이 할 수 있다. 심리에 관여하지 아니한 법관이 재판의 내부적 성립에 관여하는 것은 위법하며 절대적 항소이유(법361의5 viii) 및 상대적 상고이유(법 383 i)가 된다.

일단 재판이 내부적으로 성립하면 그 후 법관이 경질되더라도 공판절차를 갱신할 필요가 없다. 따라서 재판의 내부적 성립시기를 확정하는 것은 공판절차의 갱신 여부와 관련하여 중요한 의미를 갖는다. 재판의 내부적 성립시기는 합의체법원과 단독판사의 경우에 다소 차이가 있다.

합의부의 판결은 그 구성원인 법관들의 합의가 있을 때 내부적으로 성립한다. 합의단계가 필요 없는 단독판사의 경우에는 절차갱신의 요부라는 합목적적 관점을 고려하여 판결서의 작성시점을 판결의 내부적 성립시기로 보아야 한다.

판결과 달리 선고가 필요하지 않은 결정이나 명령과 같은 재판은 그 원본이 법원사무관 등에게 교부되었을 때 성립한 것으로 보아야 한다. 일단 성립한 결정 또는 명령은 그 취소 또는 변경을 허용하는 별도의 규정이 있는 등의 특별한 사정이 없는 한 결정을 한 법원 또는 명령을 한 법관이라도 이를 취소·변경할 수 없다.[3]

일단 결정·명령이 성립하면 당사자가 법원으로부터 결정서·명령서를 송달받는 등의 방

---

1) 1997. 6. 16. 97모1, 공 1997, 2218, 『연장불허 불복 검사 사건』.
2) 2006. 12. 18. 2006모646, 공 2007, 172, 『4차 구속영장기각 준항고 사건』.
3) 2014. 10. 8. 2014마667 전원합의체 결정, 공 2014하, 2159, 『고지 전 즉시항고 사건』.

법으로 결정·명령을 직접 고지받지 못한 경우라 하더도 결정·명령을 고지받은 다른 당사자로부터 전해 듣거나 기타 방법에 의하여 결론을 아는 것이 가능하며, 당사자 본인에 대해 결정·명령이 고지되기 전이라도 불복 여부를 결정할 수 있다.[1]

2. 재판의 외부적 성립

(1) 선고와 고지

재판의 의사표시적 내용이 대외적으로 재판받는 사람에게 인식될 수 있는 상태에 이른 것을 재판의 외부적 성립이라고 한다. 재판은 선고 또는 고지에 의하여 외부에 전달되므로 재판의 외부적 성립시기는 재판의 선고 또는 고지의 시점이 된다.[2] 선고란 공판정에서 재판의 내용을 구술로 선언하는 행위이고(법42 본문 전단), 고지는 선고 이외의 방법으로 재판내용을 관계인에게 알려주는 행위이다. 재판서등본의 송달(동조 본문 후단)은 그 예의 하나이다. 고지는 선고에 비하여 훨씬 간이한 재판공표의 방법이다. 다만, 법률에 다른 규정이 있는 때에는 예외로 한다(동조 단서).

재판의 선고나 고지는 이미 내부적으로 성립되어 있는 재판을 대외적으로 공표하는 행위이므로 반드시 내부적 성립에 관여한 법관이 이를 행할 필요가 없다. 따라서 재판이 내부적으로 성립한 후에는 그 내부적 성립에 관여하지 아니한 법관이 재판을 선고·고지하더라도 상소사유에 해당하지 않으며 그 재판의 외부적 효력에 영향이 없다.

(2) 외부적 성립의 효력발생 시점

재판은 외부적 성립에 의하여 대외적 효력이 발생한다. 재판이 외부적으로 성립하면 재판을 한 법원은 대외적으로 자신의 판단을 변경할 수 없다. 재판의 한 가지 형태로 판결이 있다(법43①). 판결은 선고에 의하여 외부적으로 성립한다(법43 2문).

판결 선고는 전체적으로 하나의 절차이다. 유죄판결을 선고하는 경우 재판장이 판결의 주문을 낭독하고 이유의 요지를 설명한 다음(법43 2문) 피고인에게 상소기간 등을 고지하고(법324), 필요한 경우 훈계(규칙147②), 보호관찰, 사회봉사, 수강명령 등 관련 서면의 교부(규칙147의2①)까지 마치는 등 선고절차를 마쳤을 때에 판결 선고는 비로소 종료된다. 그러므로 재판장은 주문을 낭독한 이후라도 선고가 종료되기 전까지는 일단 낭독한 주문의 내용을 정정하여 다시 선고할 수 있다.[3]

---

1) 2014. 10. 8. 2014마667 전원합의체 결정, 공 2014하, 2159, 『고지 전 즉시항고 사건』.
2) 1995. 3. 23. 92헌바1, 헌집 7-1, 358, 『지방의원 난청 사건』.
3) 2022. 5. 13. 2017도3884, 공 2022하, 1191, 『선고 도중 '1년'에서 '3년'으로 사건』.

그러나 판결 선고절차가 종료되기 전이라도 변경 선고가 무제한 허용된다고 할 수는 없다. 재판장이 일단 주문을 낭독하여 선고 내용이 외부적으로 표시된 이상 (가) 재판서에 기재된 주문과 이유를 잘못 낭독하거나 설명하는 등 실수가 있거나 (나) 판결 내용에 잘못이 있음이 발견된 경우와 같이 특별한 사정이 있는 경우에 변경 선고가 허용된다.[1] 선고절차 도중에 일어난 피고인의 행동을 양형에 반영해야 한다는 이유로 이미 주문으로 낭독한 형을 가중하여 선고형을 변경하는 것은 허용되지 않는다.[2]

재판에 대해 불복할 수 있는 종기(終期)는 재판의 대외적 효력발생 시점을 기준으로 계산된다. 즉 재판의 외부적 성립시점을 기준으로 재판에 대한 불복의 최종시점이 계산된다. 재판에 대한 불복의 시기(始期)가 재판의 내부적 성립시점을 기준으로 하는 것[3]과 구별되는 부분이다.

결정·명령에 대해 즉시항고(법405)를 할 수 있는 최초 시점은 그 재판의 원본이 법원사무관 등에게 교부되었을 때이다. 이에 대해 결정·명령에 대해 즉시항고를 할 수 있는 최종시점은 그 재판이 당사자에게 고지된 때(법42, 343②)로부터 기산하여 초일 불산입(법66① 본문 후단)한 후의 즉시항고기간 만료일이 된다.

(3) 외부적 성립의 효과

재판이 외부적으로 성립하면 재판을 한 법원은 대외적으로 자신의 판단을 변경할 수 없다. 예컨대 제1심판결에 대해 검사가 항소하여 항소심판결이 선고된 후라면 피고인이 동일한 제1심판결에 대해 항소권 회복청구를 하는 것은 적법하다고 볼 수 없다. 제1심판결에 불복 항소하여 항소법원이 판결을 선고한 후에는 상고법원으로부터 사건이 환송 또는 이송되는 경우 등을 제외하고는 항소법원이 다시 항소심 소송절차를 진행하여 판결을 선고할 수 없기 때문이다. 따라서 이 경우 항소법원은 결정(법347①)으로 항소권회복청구를 기각해야 한다.[4]

이러한 사정은 제1심재판 또는 항소심재판이 「소송촉진 등에 관한 특례법」이나 형사소송법 등에 따라 피고인이 출석하지 않은 가운데 불출석 재판으로 진행된 경우에도 마찬가지이다.[5]

---

1) 2022. 5. 13. 2017도3884, 공 2022하, 1191, 『선고 도중 '1년'에서 '3년'으로 사건』.
2) 2022. 5. 13. 2017도3884, 공 2022하, 1191, 『선고 도중 '1년'에서 '3년'으로 사건』.
3) 2014. 10. 8. 2014마667 전원합의체 결정, 공 2014하, 2159, 『고지 전 즉시항고 사건』.
4) 2017. 3. 30. 2016모2874, 공 2017상, 933, 『항소심 확정 후 항소권회복청구 사건』.
5) 2017. 3. 30. 2016모2874, 공 2017상, 933, 『항소심 확정 후 항소권회복청구 사건』.

제2 재 판 서

1. 재판서의 의의

재판은 법관이 작성한 재판서에 의해야 하는 것이 원칙이다(법38 본문). 재판서란 재판의 내용을 기재한 문서이다. 재판서는 재판의 형식에 따라 판결서, 결정서, 명령서로 구분된다. 재판서는 그 작성의 주체가 법관이라는 점에서 법원사무관 등이 작성하는 각종의 조서와 구별된다. 결정 또는 명령의 경우에 재판의 내용이 조서에 기재되는 경우가 있으나(법38 단서) 조서 자체는 재판서가 아니다.

재판서에는 재판한 법관이 서명날인하여야 한다(법41①). 재판장이 서명날인할 수 없는 때에는 다른 법관이 그 사유를 부기하고 서명날인하여야 한다. 다른 법관이 서명날인할 수 없는 때에는 재판장이 그 사유를 부기하고 서명날인하여야 한다(동조②). 법관의 서명날인이 없는 재판서에 의한 판결은 형사소송법 제383조 제1호가 정한 '판결에 영향을 미친 법률의 위반이 있는 때'에 해당하여 파기대상이 된다.[1] 판결서 기타 대법원규칙이 정하는 재판서를 제외한 재판서에 대하여는 서명날인에 갈음하여 기명날인할 수 있다(동조③).

재판의 선고 또는 고지는 공판정에서 재판서에 의해야 하므로(법42 전단) 재판서는 원칙적으로 재판의 선고 또는 고지 이전에 작성되어야 한다. 그러나 변론을 종결한 기일에 판결을 선고하는 경우에는 판결의 선고 후에 판결서를 작성할 수 있다(법318의4②).

재판서에는 법률에 다른 규정이 없으면 재판을 받는 자의 성명, 연령, 직업과 주거를 기재하여야 한다(법40①). 재판을 받는 자가 법인인 때에는 그 명칭과 사무소를 기재하여야 한다(동조②). 판결서에는 기소한 검사와 공판에 관여한 검사의 관직, 성명과 변호인의 성명을 기재하여야 한다(동조③). 입법자는 2011년 형사소송법 개정을 통하여 기소 검사 및 공판관여 검사의 성명을 재판서에 기재하도록 하였다. 무책임한 공소제기 및 공소유지를 방지하기 위하여 소위 기소실명제를 도입한 것이다.

법원 또는 법관의 재판은 주문(主文)과 이유로 구성된다. 따라서 재판서에는 주문과 이유가 기재되어야 한다. 주문이란 재판의 대상이 된 사건에 대한 최종결론이다. 주문은 재판서의 핵심적 기재사항을 이룬다. 주문이 없는 재판서는 재판서로서의 효력이 없다. 이유는 주문에 이르게 된 논리적 과정을 설명한 것이다. 재판에는 이유를 명시해야 하지만(법39 본문), 상소를 불허하는 결정 또는 명령에는 이유를 기재하지 않을 수 있다(동조 단서).

---

1) 2024. 2. 8. 2023도17388, 법률신문 2024. 2. 28., 『서명날인 누락 1심 판결서 사건』.

2. 재판과 재판서의 관계

(1) 재판서의 불일치

실제로 공판정에서 선고 또는 고지한 재판의 내용과 재판서에 기재된 내용이 일치하지 않는 경우에 어느 것을 기준으로 재판의 효력을 결정할 것인지가 문제된다. 재판은 선고 또는 고지에 의하여 효력이 발생하는 것이지 재판서에 의하여 효력이 발생하는 것은 아니다. 그러므로 선고 또는 고지된 내용과 재판서에 기재된 내용이 불일치하는 경우 선고 또는 고지된 내용에 따라 효력이 발생한다고 보아야 한다. 예컨대 공판정에서 선고한 형과 판결서에 기재된 형이 다른 경우에는 공판정에서 선고된 형을 집행해야 한다.[1]

(2) 재판서의 경정

재판은 법원 또는 법관의 공권적 판단이다. 종국재판의 경우에는 법적 안정성의 관점에서 재판을 행한 법원 자신이 재판의 내용을 변경할 수 없는 제한이 발생한다. 이 제한을 가리켜 재판의 구속력이라고 한다. 그러나 재판서의 기재내용에 법적 안정성에 영향을 미치지 않을 정도의 사소한 오기나 오류가 발생한 경우에는 재판서의 경정을 인정할 필요가 있다.

재판서에 잘못된 계산이나 기재, 그 밖에 이와 비슷한 잘못이 있음이 분명한 때에는 법원은 직권으로 또는 당사자의 신청에 따라 경정결정(更正決定)을 할 수 있다(규칙25①). 이를 재판서의 경정이라고 한다. 그러나 이미 선고된 판결의 내용을 실질적으로 변경하는 것은 재판서 경정의 범위를 벗어나는 것으로서 허용되지 않는다.[2]

재판서의 경정결정은 이를 주문에 기재하여야 한다. 재판서의 이유에만 기재한 경우에는 경정결정이 이루어졌다고 할 수 없다.[3] 경정결정은 재판서의 원본과 등본에 덧붙여 적어야 한다. 다만, 등본에 덧붙여 적을 수 없을 때에는 경정결정의 등본을 작성하여 재판서의 등본을 송달받은 자에게 송달하여야 한다(규칙25② 본문·단서). 경정결정에 대하여는 즉시항고를 할 수 있다. 다만, 재판에 대하여 적법한 상소가 있는 때에는 그러하지 아니하다(동조③ 본문·단서).

한편 상고법원은 그 판결의 내용에 오류가 있음을 발견한 때에는 직권 또는 검사, 상고인이나 변호인의 신청에 의하여 판결로써 이를 정정할 수 있다(법400①). 이 경우를 가리켜 판결정정이라고 한다.[4] 판결정정은 정정의 주체가 상고법원이라는 점, 그 대상이 판결에 한정된다

---

1) 1981. 5. 14. 81모8, 공 1981, 14172, 『'주문에는 장기 2년' 사건』.
2) 2021. 1. 28. 2017도18536, 공 2021상, 558, 『제1 위증사실 삭제 판결경정 사건』.
3) 2021. 1. 28. 2017도18536, 공 2021상, 558, 『제1 위증사실 삭제 판결경정 사건』.
4) 1979. 11. 30. 79도952(79초53관련), 공 1980, 12378, 『단기 4월 장기 10월 사건』.

는 점, 그리고 정정의 형식이 판결이라는 점에서 재판서의 경정과 구별된다.

제 3 절　종국재판의 종류와 내용

제 1　유죄판결

1. 유죄판결의 의의와 종류

(1) 유죄판결의 의의

유죄판결이란 수소법원이 피고사건에 대하여 범죄의 증명이 있다고 판단하는 경우에 내리는 종국재판이다(법321, 322). 여기에서 '범죄의 증명이 있다'고 함은 수소법원이 공판정에서 구두변론을 거친 결과 피고사건에 대하여 합리적 의심의 여지가 없을 정도로(법307②) 유죄의 확신을 얻게 된 것을 말한다.

유죄판결은 그 주문의 형식에 따라 (가) 형을 선고하는 유죄판결(법321①), (나) 형을 면제하는 유죄판결(법322 전단), (다) 형의 선고를 유예하는 유죄판결(법322 후단)로 각각 구별된다.

(2) 형의 선고와 몰수 · 추징

(가) 부가형으로서의 몰수　　형을 선고할 때 압수한 서류 또는 물품이 몰수의 요건(형법48)을 갖춘 경우에는 부가형(형법49 본문)으로 몰수를 선고한다. 몰수의 상대방인 '범인'(형법48①)에는 '공범자'도 포함되므로 범인 자신의 소유물은 물론 공범자의 소유물도 그 공범자의 소추 여부를 불문하고 몰수할 수 있다.[1]

피고인 이외의 제삼자의 소유에 속하는 물건의 경우, 몰수를 선고한 판결의 효력은 원칙적으로 몰수의 원인이 된 사실에 관하여 유죄의 판결을 받은 피고인에 대한 관계에서 그 물건을 소지하지 못하게 하는 데 그치고, 그 사건에서 재판을 받지 아니한 제삼자의 소유권에 어떤 영향을 미치는 것은 아니다.[2]

판결 선고 당시 (가) 압수물이 현존하지 않거나 (나) 형소법 제130조 제2항, 제3항 및 제219조에 따라 압수물이 이미 폐기된 경우 법원으로서는 그 물건에 대하여 몰수를 선고할 수 없다.[3]

---

1) 2013. 5. 23. 2012도11586, 공 2013하, 1172, 『성매매 5층 건물 사건』.
2) 2017. 9. 29. 2017모236, 공 2017하, 2152, 『밀수출 혐의 렌터카 압수 사건』.
3) 2022. 1. 14. 2019다282197, 공 2022상, 341, 『오징어채 150박스 폐기처분 사건』.

(나) 독립몰수　　　형법 제49조 단서는 "행위자에게 유죄의 재판을 아니할 때에도 몰수의 요건이 있는 때에는 몰수만을 선고할 수 있다."라고 규정하고 있다. 그러나 우리 법제상 공소의 제기 없이 별도로 몰수만을 선고할 수 있는 제도가 마련되어 있지 않으므로, 형법 제49조 단서에 근거하여 몰수를 선고하기 위해서는 몰수의 요건이 공소가 제기된 공소사실과 관련되어 있어야 한다. 공소가 제기되지 않은 별개의 범죄사실을 법원이 인정하여 그에 관하여 몰수나 추징을 선고하는 것은 불고불리의 원칙에 위반되어 허용되지 않는다.[1] [2]

(다) 압수물 환부　　　압수한 서류 또는 물품에 대하여 몰수의 선고가 없는 때에는 압수를 해제한 것으로 간주한다(법332). 압수물에 대한 몰수의 선고가 포함되지 않은 판결이 선고되어 확정되었다면 검사에게 그 압수물을 제출자나 소유자 기타 권리자에게 환부하여야 할 의무가 당연히 발생한다. 권리자의 환부신청에 대한 검사의 환부결정 등 처분에 의하여 비로소 환부 의무가 발생하는 것은 아니다.[3]

공소제기 이전의 수사 단계에서는 압수물 환부에 관한 처분권한이 수사기관에 있다. 이 경우 수사기관의 압수물 환부처분에 관한 불복방법은 형사소송법 제417조에 의한 준항고이다. 그러나 공소제기 이후의 단계에서는 압수물 환부에 관한 처분권한이 수소법원에 있다. 그러므로 검사의 압수물에 대한 처분에 관하여 형사소송법 제417조의 준항고로 다툴 수 없다.[4]

형사소송법 제332조에 따라 압수물에 대한 몰수의 선고가 포함되지 않은 판결이 확정된 때에는 압수가 해제된 것으로 간주되므로 이 경우 검사에게는 압수물 환부에 대한 처분을 할 권한이 없다.[5] 압수물에 대한 몰수의 선고가 포함되지 않은 판결이 선고된 이후에 형사소송법 제417조에 따른 준항고가 제기되었고 이후 압수물에 대한 몰수의 선고가 포함되지 않은 판결이 확정되었다면 준항고의 실익이 없어서 그 준항고는 기각의 대상이 된다.[6]

(3) 유죄판결의 주문 형태

형을 선고하는 유죄판결의 경우에는 기본적으로 형을 선고하는 주문이 기재된다. 형 선고의 유죄판결에는 형 선고의 주문 이외에 여러 가지 다른 형태의 주문이 병기되는 경우가 많다. 기타의 주문으로는 (가) 집행유예 및 그에 따른 보호관찰, 수강명령, 사회봉사명령(법

---

1) 2022. 11. 17. 2022도8662, 공 2023상, 100, 『보이스피싱 피해금품 독립몰수 사건』.
2) 신동운, "형법 제49조 단서의 독립몰수에 대하여", 학술원논문집(인문·사회과학편) 제62집 2호(2023), 209-249면 참고 바람.
3) 2022. 1. 14. 2019다282197, 공 2022상, 341, 『오징어채 150박스 폐기처분 사건』.
4) 2024. 3. 12. 2022모2352, 공 2024상, 689, 『몰수 없는 선고 후 준항고 사건』.
5) 2024. 3. 12. 2022모2352, 공 2024상, 689, 『몰수 없는 선고 후 준항고 사건』.
6) 2024. 3. 12. 2022모2352, 공 2024상, 689, 『몰수 없는 선고 후 준항고 사건』.

321②, 형법62, 62의2), （나）노역장유치(법321②, 형법70①·②), （다）가납판결(법334①·②), （라）압수장물 환부(법333①), （마）소송비용부담(법186① 본문), （바）배상명령(소송촉진법31①), （사）피해자를 위한 판결공시(형법58①) 등을 들 수 있다.

그 밖에도 「성폭력범죄의 처벌 등에 관한 특례법」(동법16)과 「아동·청소년의 성보호에 관한 법률」(동법21)은 수강명령, 이수명령, 보호관찰 등의 주문을 예정하고 있다.

한편 공소제기와 함께 보안처분이 청구된 사건의 경우 피고사건에 대한 판결의 선고와 동시에 보안처분이 선고된다. 「아동·청소년의 성보호에 관한 법률」(동법49, 50)은 등록정보 공개명령, 등록정보 고지명령 등의 주문을 예정하고 있으며, 「전자장치 부착 등에 관한 법률」(동법9)은 전자장치 부착명령과 보호관찰 등의 주문을 예정하고 있다.

(4) 배상명령

「소송촉진 등에 관한 특례법」(소송촉진법)은 배상명령 제도를 규정하고 있다. 법원은 제1심 또는 제2심의 형사공판 절차에서 일정한 범죄에 관하여 유죄판결을 선고할 경우에 그와 동시에 피고사건의 범죄행위로 인하여 발생한 직접적인 물적 피해, 치료비 손해 및 위자료의 배상을 명할 수 있다(소송촉진법25①, 31①).

배상명령은 법원의 직권 또는 피해자나 그 상속인의 신청에 의하여 이루어진다(소송촉진법25①). 피해자나 그 상속인은 피고사건의 범죄행위로 인하여 발생한 피해에 관하여 다른 절차에 따른 손해배상청구가 법원에 계속 중일 때에는 배상신청을 할 수 없다(동법26⑦). 여기에서 '다른 절차에 따른 손해배상청구'는 피고사건의 범죄행위로 인하여 발생한 피해에 관하여 불법행위를 원인으로 손해배상청구를 하는 경우를 가리킨다.[1] 그러나 예컨대 약정금청구는 불법행위를 원인으로 손해배상청구가 아니므로 배상명령의 제외대상에 포함되지 않는다.[2]

2. 유죄판결에 명시할 이유

일반적으로 재판에 이유를 붙이는 것(법39 본문)은 소송관계인에게 재판의 공정성을 확인시킴과 동시에 상소권자에게 상소제기 여부를 결정할 수 있는 근거를 제공하고, 상소법원으로 하여금 원심재판을 검토할 수 있도록 하기 위함이다. 이와 같은 일반론을 넘어서서 유죄판결에는 특별히 상세한 이유기재가 요구된다. 그 까닭은 유죄판결에 기재된 이유가 피고사건의 심판범위를 특정함으로써 기판력의 효력범위를 확정하고 재판의 집행기관에게 수형자

---

[1] 2022. 7. 28. 2020도12279, 공 2022하, 1807, 『약정금 소송 패소 후 배상명령신청 사건』.
[2] 2022. 7. 28. 2020도12279, 공 2022하, 1807, 『약정금 소송 패소 후 배상명령신청 사건』.

의 처우에 관한 기준을 제시하기 때문이다.

법원이 유죄판결의 이유로 명시해야 할 기본사항은 (가) 범죄될 사실, (나) 증거의 요지, (다) 법령의 적용이다(법323①). 한편 법원은 (라) 피고인으로부터 법률상 범죄의 성립을 조각하는 이유 또는 형의 가중·감면의 이유되는 사실의 진술이 있는 경우에는 이에 대한 판단을 명시해야 한다(동조②). 이 경우의 판단설시는 피고인의 방어권보장을 위한 배려에서 나온 것으로 유죄판결의 이유설시 자체와는 다소 성질을 달리한다.

3. 범죄될 사실

유죄판결의 이유에 기재되는 범죄될 사실이란 특정한 구성요건에 해당하는 위법하고 유책한 구체적 사실로서 피고인에 대한 형사처벌의 근거를 이루는 사실을 말한다. 유죄판결에 범죄될 사실을 기재하는 것은 이를 통하여 형벌법규의 적용대상을 명확하게 밝힐 뿐만 아니라 그 유죄판결로부터 발생하는 기판력의 범위를 확정한다는 점에서 중요한 의미를 갖는다. 기판력의 객관적 범위는 유죄판결에 기재된 범죄될 사실과 동일성이 인정되는 전체 범죄사실에 미친다(법248② 참조). 따라서 범죄될 사실의 기재는 기판력의 범위를 판단할 수 있을 정도로 충분히 특정되어야 한다.[1]

범죄될 사실은 엄격한 증명의 대상이 되는 사실과 밀접한 관련이 있다. 엄격한 증명의 대상은 피고인의 방어권보장을 위하여 범죄사실과 중요한 양형사실 전반에 미치지만 유죄판결에 기재되는 범죄될 사실은 검사의 공소사실과 동일성이 인정되고 실체형벌법규의 적용을 긍정할 수 있는 정도의 구성요건에 해당하는 사실을 기재하는 것으로 족하다. 따라서 범죄될 사실은 엄격한 증명의 대상이 되는 사실 속에 포함되지만 역으로 엄격한 증명의 대상사실이 전부 유죄판결에 기재해야 할 '범죄될 사실'이 되는 것은 아니다.

4. 증거의 요지

증거의 요지란 범죄될 사실을 인정하는 자료가 된 증거의 개요를 말한다. 유죄판결의 이유에 증거의 요지를 기재하도록 한 것은 법관의 사실인정에 합리성을 담보하고 소송관계인에게 판결의 타당성을 설득하며 상소심법원의 심판자료로 제공하기 위함이다. 형사소송법은 피고인 설득과 소송경제 요청을 조화하기 위하여 상세한 증거설명이나 간이한 증거표목의 방법 대신에 증거의 요지를 기재하도록 하는 중도적 입장을 취하고 있다(법323①).

'증거의 요지를 기재한다' 함은 법원이 인정한 범죄사실의 내용과 적시된 증거의 요지를

---

1) 1990. 3. 13. 89도1688, 공 1990, 916, 『'제1항 기재와 같이' 사건』.

대조하여 어떠한 증거자료에 의하여 범죄사실을 인정하였는가를 짐작할 수 있을 정도로 기재함을 의미한다. 증거의 표목만을 기재해서는 안 된다. '증거의 요지'는 어느 증거의 어느 부분에 의하여 범죄사실을 인정하였는가 하는 이유설명까지 할 필요는 없지만, 적어도 어떤 증거에 의하여 어떤 범죄사실을 인정하였는가를 알아볼 정도로 증거의 중요 부분을 표시해야 한다.[1]

유죄판결에 기재되는 증거는 증거능력 있는 증거로서 적법한 증거조사를 거친 것에 한정된다. 증거의 요지에는 이러한 증거를 적시하면 족하고 그 증거가 적법하다는 이유를 설시할 필요는 없다.

5. 법령의 적용

유죄판결의 이유에는 법령의 적용을 명시하여야 한다. 적용될 법령을 명시하는 것은 인정된 범죄사실에 실체법이 올바르게 적용되고 정당한 형벌이 과하여졌는지를 알 수 있도록 하기 위함이다. 법령의 적용은 어떠한 범죄사실에 대하여 어떠한 법률을 적용하였는지 객관적으로 알 수 있도록 분명하게 명시해야 한다.[2]

법관은 형의 종류를 선택하고 형량을 정함에 있어서 양형기준을 존중해야 한다. 다만, 양형기준은 법적 구속력을 갖지 않는다(법원조직법81의7① 본문·단서). 법원이 양형기준을 벗어난 판결을 하는 경우에는 판결서에 양형의 이유를 기재하여야 한다. 다만, 약식절차 또는 즉결심판절차에 의하여 심판하는 경우에는 그렇지 않다(동조② 본문·단서). 양형기준을 벗어난 판결을 함에 따라 판결서에 양형이유를 기재해야 하는 경우에는 당해 양형을 하게 된 사유를 합리적이고 설득력 있게 표현하는 방식으로 그 이유를 기재해야 한다.[3]

국민참여재판의 경우 배심원의 유·무죄 평결과 양형의견은 법원을 기속하지 않는다(국민참여재판법46⑤). 그러나 법원이 배심원의 평결결과와 다른 판결을 선고하는 때에는 판결서에 그 이유를 기재하여야 한다(동법49②).

6. 소송관계인의 주장에 대한 판단

유죄판결의 이유는 기본적으로 (가) 범죄될 사실, (나) 증거의 요지, (다) 법령의 적용 세 가지를 명시하는 것으로 족하다. 그러나 형사소송법은 이에 만족하지 않고 (라) 법률상 범죄의 성립을 조각하는 이유 또는 형의 가중·감면의 이유되는 사실의 진술이 있은 때에는 이에

---

1) 2010. 2. 11. 2009도2338, 공 2010상, 594, 『사료용 표시 색소 사건』.
2) 1974. 7. 26. 74도1477, 공 1974, 7992, 『'판시 소위는 포괄하여' 사건』.
3) 2010. 12. 9. 2010도7410, 공 2011상, 172, 『항소심 양형기준 이탈 사건』.

대한 판단을 명시하도록 요구하고 있다(법323②). 다만 공소사실에 대한 적극부인만으로는 이를 법률상 범죄의 성립을 조각하는 사유에 관한 주장이라고 볼 수 없다.[1]

소송관계인이 법률상 범죄의 성립을 조각하는 이유 또는 형의 가중·감면의 이유되는 사실을 진술하는 경우에 법원이 어느 정도 구체적으로 그에 대한 판단을 기재해야 할 것인지가 문제된다. 판례는 임의적 감면사유를 주장하는 경우 그에 대한 판단을 하지 않아도 위법이 아니라는 입장을 취하고 있다.[2] 판례는 피해회복에 관한 주장이 있었다고 하더라도 이는 작량감경 사유에 해당하여 형의 양정에 영향을 미칠 수 있을지언정 유죄판결에 반드시 명시하여야 하는 것은 아니라는 입장이다.[3]

생각건대 소송관계인의 주장에 대한 판단은 재판의 공정성 담보와 함께 특히 피고인의 소송주체성을 강화한다는 의미를 갖는다. 이 점에서 볼 때 법원은 소송관계인의 주장에 대한 판단과 함께 그 판단을 내리게 된 이유설명을 제시할 필요가 있다고 본다. 다만 그 판단과정에 대해 상세하고도 구체적인 증거설명까지 할 필요는 없다.

제2 무죄판결

1. 무죄판결의 의의

피고사건이 범죄로 되지 아니하거나 범죄사실의 증명이 없는 때에는 판결로써 무죄를 선고하여야 한다(법325). 다른 판결서와 마찬가지로 무죄판결의 판결서에도 기소한 검사와 공판에 관여한 검사의 관직, 성명과 변호인의 성명을 기재하여야 한다(법40③). 무책임한 공소제기·공소유지를 방지하기 위하여 소위 기소실명제가 도입된 것이다.

무죄판결이란 피고사건에 대하여 국가의 구체적 형벌권이 존재하지 않음을 확인하는 판결이다. 무죄판결은 실체재판이며 종국판결이다. 실체재판을 하려면 그 전제로서 소송조건이 구비되어 있어야 한다. 따라서 범죄사실 없음이 증명되고 동시에 소송조건의 흠결이 확인된 경우에는 원칙적으로 무죄판결이 아니라 공소기각판결 등 형식재판을 해야 한다.[4]

무죄판결의 주문은 원칙적으로 "피고인은 무죄"라는 형식을 취한다. 무죄판결 가운데에는 판결 주문에서 무죄가 선고되지 아니하고 판결 이유에서만 무죄로 판단되는 경우도 있다. 과형상 일죄인 상상적 경합범으로 기소된 사안에서 일부 공소사실이 유죄로, 다른 공소사실이

---

1) 1990. 9. 28. 90도427, 공 1990, 2242, 『망자 임야 매수 사건』.
2) 2011. 12. 22. 2011도12041, 공 2012상, 211, 『차용금 주장 번복 사건』.
3) 2017. 11. 9. 2017도14769, 공 2017하, 2401, 『피해회복자료 불고려 주장 사건』.
4) 1994. 10. 14. 94도1818, 공 1994, 3035, 『중앙선 침범 무혐의 사건』.

무죄로 인정되는 경우에 무죄 부분의 공소사실이 판결 이유에서만 무죄로 판단되는 경우가 여기에 해당하는 대표적인 예이다.

무죄판결은 (가) 피고사건이 범죄로 되지 아니하여 무죄로 되는 경우와 (나) 범죄사실의 증명이 없어서 무죄로 되는 경우로 나누어 볼 수 있다.

2. 피고사건이 범죄로 되지 아니하는 때

(1) 범죄불성립

'피고사건이 범죄로 되지 아니하는 때'라 함은 (가) 공소제기된 사실 자체는 인정되지만 법령의 해석상 범죄를 구성하지 않는 경우와 (나) 그 사실이 범죄구성요건을 충족하는 사실임은 인정되지만 위법성조각사유 또는 책임조각사유 등이 존재하여 범죄가 성립하지 않는 경우를 의미한다.

무죄판결의 사유로서 '피고사건이 범죄로 되지 아니하는 때'의 의미는 공소기각결정의 사유로서 '공소장에 기재된 사실이 진실하다 하더라도 범죄가 될 만한 사실이 포함되지 아니하는 때'(법328① iv)와 구별해야 한다. 전자는 실체심리를 거친 후에 판명된 경우임에 반하여 후자는 공소사실을 심리할 필요 없음이 실체심리를 행하기 전부터 명백한 경우를 가리킨다.

교통사고를 일으켜서 「교통사고처리 특례법」 위반죄(동법3①, 형법268)로 기소된 사안에서 특례배제 위법사유(동법3② 단서, 4① 단서)가 없고, 피해자의 처벌불원 의사표시가 있거나(동법3② 본문) 가해차량이 보험 또는 공제에 가입하여(동법4① 본문) 공소를 제기할 수 없는 경우에 해당하면 공소기각판결(법327 ii, vi)을 선고하는 것이 원칙이다.

그런데 사건의 실체에 관한 심리가 이미 완료되어 특례배제사유(동법3② 단서, 4① 단서)가 없는 것으로 판명되고 달리 피고인이 과실로 교통사고를 일으켰다고 인정되지 않는 경우라면, 설령 피해자의 처벌불원 의사표시가 있거나 가해차량이 보험·공제에 가입한 사실이 있다고 할지라도, 사실심법원이 피고인의 이익을 위하여 「교통사고처리 특례법」 위반의 공소사실에 대하여 무죄의 실체판결을 선고하였더라도 이를 위법이라고 볼 수는 없다.[1]

(2) 위헌인 형벌법규

'피고사건이 범죄로 되지 아니하는 때'에는 범죄사실의 부존재가 확인되는 경우뿐만 아니라 위헌법령에 의하여 공소가 제기된 경우도 포함된다. 형벌에 관한 법률 또는 법률의 조항이 위헌으로 결정된 경우 그 법률 또는 법률 조항은 소급하여 그 효력을 상실한다(헌법재판소법47

---

1) 2015. 5. 14. 2012도11431, 공 2015상, 826, 『신호위반 공제가입 차량 사건』.

③ 본문). 다만, 해당 법률 또는 법률의 조항에 대하여 종전에 합헌으로 결정한 사건이 있는 경우에는 그 결정이 있는 날의 다음 날로 소급하여 효력을 상실한다(동조 단서).

「헌법재판소법」 제47조 제3항 본문에 따라 '형벌에 관한 법률조항'에 대하여 위헌결정이 선고된 경우 그 조항은 소급하여 효력을 상실하므로, 법원은 해당 조항이 적용되어 공소가 제기된 피고사건에 대하여 형소법 제325조 전단에 따라 무죄를 선고하여야 한다.[1] [2]

헌법재판소의 헌법불합치결정은 헌법과 「헌법재판소법」이 규정하고 있지 않은 변형된 형태이지만 법률조항에 대한 위헌결정에 해당한다.[3] 형벌에 관한 법률조항에 대하여 헌법불합치결정이 선고된 경우에도 그 조항은 소급하여 효력을 상실하므로 법원은 해당 조항이 적용되어 공소가 제기된 피고사건에 대하여 형소법 제325조 전단에 따라 무죄를 선고해야 한다.[4]

그러나 예컨대 형사소송법의 규정과 같이, '형벌법규 이외의 법률조항'에 대하여 헌법재판소가 헌법불합치결정을 하여 입법자에게 그 법률조항을 합헌적으로 개정 또는 폐지하는 임무를 입법자의 형성 재량에 맡겼다면, 개선입법의 소급적용 여부와 소급적용 범위는 원칙적으로 입법자의 재량에 달린 것이다.[5]

그런데 구법 조항에 대한 헌법불합치결정의 취지나 위헌심판의 구체적 규범통제 실효성 보장이라는 측면을 고려할 때, 적어도 (가) 헌법불합치결정을 하게 된 당해 사건 및 (나) 헌법불합치결정 당시에 구법 조항의 위헌 여부가 쟁점이 되어 법원에 계속 중인 사건에 대하여는 헌법불합치결정의 소급효가 미친다고 해야 한다.[6] 헌법불합치결정의 취지에 맞추어 형사소송법의 특정 조문이 개정된 경우에 개정된 형사소송법 부칙에 소급적용에 관한 경과조치를 두고 있지 않더라도 이들 사건에 대하여는 구법 조항을 그대로 적용할 수는 없고, 위헌성이 제거된 개정 형사소송법의 규정을 적용하여야 한다.[7]

위헌법령임을 이유로 형소법 제325조 전단의 '피고사건이 범죄로 되지 아니하는 때'에 해당하는 것으로는, (가) 헌법재판소의 위헌결정[8]으로 형벌법령이 소급하여 효력을 상실한 경우(헌법재판소법47③ 본문), (나) 헌법재판소의 헌법불합치결정[9]으로 형벌법령이 소급하여 효력을 상실한 경우(헌법재판소법47③ 본문 참조), (다) 형벌법령이 법원에서 위헌·무효로 선언된

1) 2020. 5. 28. 2017도8610, 공 2020하, 1288, 『총리공관 집회금지 헌벌불합치 사건』.
2) 2022. 6. 9. 2021도14878, 공 2022하, 1399, 『음주운전 2회 가중처벌 위헌 사건』.
3) 2018. 10. 25. 2015도17936, 공 2018하, 2285, 『정당 정치자금 기부금지 헌벌불합치 사건』.
4) 2020. 5. 28. 2017도8610, 공 2020하, 1288, 『총리공관 집회금지 헌벌불합치 사건』.
5) 2021. 5. 27. 2018도13458, 공 2021하, 1261, 『노조간부 체포 신문사 수색 사건』.
6) 2021. 5. 27. 2018도13458, 공 2021하, 1261, 『노조간부 체포 신문사 수색 사건』.
7) 2021. 5. 27. 2018도13458, 공 2021하, 1261, 『노조간부 체포 신문사 수색 사건』.
8) 1992. 5. 8. 91도2825, 공 1992, 1918, 『투전기 40대 사건』.
9) 2018. 10. 25. 2015도17936, 공 2018하, 2285, 『정당 정치자금 기부금지 헌벌불합치 사건』.

경우,[1] (라) 형벌법령이 재심판결 당시 폐지되었다 하더라도 그 폐지가 당초부터 헌법에 위배되어 효력이 없는 법령에 대한 것인 경우[2] 등이 있다.

3. 범죄사실의 증명이 없는 때

'범죄사실의 증명이 없는 때'라 함은 (가) 범죄사실의 부존재가 적극적으로 증명되는 경우와 (나) 범죄사실의 존재에 관하여 법관이 합리적 의심의 여지가 없을 정도(법307②)의 확신을 얻지 못하는 경우를 가리킨다. 이때 후자의 경우를 가리켜 증거불충분이라고 한다. 증거불충분으로 인한 무죄판결은 무죄추정의 권리(헌법27④, 법275의2)에서 유래하는 "의심스러울 때에는 피고인에게 유리하게"(in dubio pro reo)의 원칙의 당연한 귀결이다.

한편 법관은 피고인의 자백에 의하여 유죄의 심증을 충분히 가지게 되었다 할지라도 보강증거가 없으면 유죄판결을 할 수 없으므로(헌법12⑦, 법310) 이 경우에도 무죄판결을 선고해야 한다. 보강증거가 결여되었다는 점에서 이 경우도 증거불충분에 의한 무죄판결에 포함된다.

공소장에 기재된 범죄사실을 기준으로 하면 무죄에 해당하지만 공소장변경절차를 통하여 공소사실을 변경하면 유죄로 인정될 수 있는 경우에 법원이 공소장변경요구(법298②)를 하지 않고 바로 무죄판결을 할 수 있는지가 문제된다. 생각건대 공소장변경제도의 항목에서 살펴본 바와 같이, 탄핵주의 형사절차를 채택하고 있는 우리 형사소송법의 구조에 비추어 볼 때 공소장변경신청을 게을리한 검사의 태만을 법원이 보완하여 유죄판결을 행하는 것은 용납할 수 없으므로 법원은 원칙적으로 무죄판결을 내려야 한다고 본다.

그러나 증거의 명백성과 중대성에 비추어 볼 때 피고인을 무죄방면하는 것이 형사사법의 존립 자체를 의심하게 할 정도로 현저히 정의에 반하는 때에는 법원은 무죄판결을 해서는 안 된다.[3]

4. 무죄판결의 공시와 명예회복

피고사건에 대해 무죄판결을 선고하는 경우에는 무죄판결공시의 취지를 선고하여야 한다(형법58② 본문). 다만, 무죄판결을 받은 피고인이 무죄판결공시 취지의 선고에 동의하지 아니하거나 피고인의 동의를 받을 수 없는 경우에는 그러하지 아니하다(동조 단서).

한편 「형사보상 및 명예회복에 관한 법률」(형사보상법)은 명예회복제도를 도입하고 있다.

---

1) 2010. 12. 16. 2010도5986 전원합의체 판결, 공 2011상, 259, 『긴급조치 위헌무효 사건』.
2) 2010. 12. 16. 2010도5986 전원합의체 판결, 공 2011상, 259, 『긴급조치 위헌무효 사건』.
3) 2006. 4. 13. 2005도9268, 공 2006, 821, 『송반장 사건』.

무죄재판을 받아 확정된 사건의 피고인은 무죄재판이 확정된 때부터 3년 이내에 확정된 무죄
재판사건의 재판서를 법무부 인터넷 홈페이지에 게재하도록 해당 사건을 기소한 검사가 소속
된 지방검찰청(지방검찰청 지청 포함)에 청구할 수 있다(동법30).

　　무죄재판을 받아 확정된 사건의 피고인이 미결구금을 당하였을 때에는 형사보상법에 따
라 국가에 형사보상을 청구할 수 있다(동법2 참조). 형사보상에 대해서는 무죄판결에 대한 비
용보상 항목에서 후술한다.[1]

제3　면소판결

1. 면소판결의 의의

　　형사소송법 제326조는 (가) 확정판결이 있은 때, (나) 사면이 있은 때, (다) 공소의 시효가
완성되었을 때, (라) 범죄 후의 법령개폐로 형이 폐지되었을 때의 네 가지 경우에는 판결로써
면소의 선고를 하도록 규정하고 있다.

　　종국재판을 실체재판과 형식재판으로 분류할 때 면소판결은 형식재판의 일종으로 파악된
다. 그러나 면소판결은 공소기각판결, 공소기각결정, 관할위반판결과 달리 정지된 공소시효를
다시 진행시키지 않으며(법253① 참조), 고소인 등의 소송비용부담(법188) 및 재심사유(법420 v)
의 판단에 있어서 무죄판결과 대등하게 취급된다. 이러한 점에서 면소판결은 실체재판에 가까
운 성질을 갖는다. 이러한 특성에 착안하여 면소판결에 대해 유·무죄의 실체판결과 마찬가
지로 확정판결의 효력(기판력)을 인정하는 데에 견해가 일치하고 있다.

2. 면소판결의 본질

　　우리 형사소송법은 실체재판으로는 유죄판결(법321, 322)과 무죄판결(법325)을, 형식재판
으로는 관할위반의 판결(법319), 공소기각판결(법327), 공소기각결정(법328①)을 인정하고, 양
자의 중간형태로서 면소판결(법326)을 규정하고 있다. 여기에서 면소판결을 실체재판과 형식
재판 가운데 어디에 위치지울 것인가를 놓고 실체재판설, 형식재판설, 이분설 등이 제시되
고 있다.

　　실체재판설은 면소판결을 실체재판으로 보는 견해이다. 실체재판을 피고사건에 대한 구체
적 형벌권의 존재 또는 부존재를 가리는 판단이라고 볼 때 면소판결은 형벌권의 부존재를 확
인하는 실체재판의 일종이라는 것이다.

---

1) 후술 933면 참조.

형식재판설은 면소판결을 법원이 피고사건의 실체심리에 들어가지 않고 형사절차를 종결시키는 재판이라는 점에서 형식재판의 일종으로 본다.

이분설은 면소판결 가운데 (가) '확정판결'(법326 i)이 있음을 이유로 하는 재판은 형식재판임에 반하여, (나) '사면이 있은 때'(동조 ii), '공소의 시효가 완성되었을 때'(동조 iii), '범죄 후의 법령개폐로 형이 폐지되었을 때'(동조 iv)의 사유를 이유로 하는 재판은 실체재판이라고 보아 면소판결을 형식적 면소판결과 실체적 면소판결로 나누는 견해이다.

면소판결의 법적 성질은 형식재판설에 기하여 파악하는 것이 타당하다고 본다. 우선 실체재판설은 무죄판결과 면소판결을 명확하게 구별하지 못하는 결함을 안고 있다. 형벌권의 부존재 판단은 무죄판결의 경우에도 나타나기 때문이다. 또 이분론은 면소판결의 통일적 설명을 단념하는 흠이 있어서 채택하기 곤란하다. 형식재판설에 대해서는 면소판결에 인정되는 기판력을 설명하지 못한다는 비판이 제기된다. 그러나 면소판결의 기판력은 면소판결의 사유에 공통되는 특징, 즉 소송추행의 이익이나 실체심리를 행할 필요성이 결여되었다는 점에서 충분히 근거를 찾을 수 있다고 생각된다.

우리 입법자는 여러 가지 소송조건의 단계적 중요성을 평가하여 그에 상응하는 소송법적 효과를 부여하고 있다. 입법자는 이러한 방법을 통하여 형사절차로부터 피고인의 조기해방을 추구하고 있다. 공소기각결정이나 공소기각판결의 사유는 면소판결의 사유와 함께 모두 소송조건을 이룬다. 그렇지만 후자의 소송조건은 관념적·논리적으로 전자의 소송조건이 구비됨을 전제로 판단된다. 면소판결의 사유는 피고사건의 실체판단에 보다 근접한 단계에서 판단된다. 그 결과 면소판결에 실체판결에서와 같은 기판력이 인정된다.

3. 면소판결의 구체적 논점

면소판결의 본질론은 형식재판에 불과한 면소판결에 기판력이 인정되는 근거를 설명하기 위한 이론구성이다. 그러나 면소판결은 기판력 문제 이외에도 여러 가지 쟁점을 안고 있다. 논점은 (가) 면소판결을 함에 있어서 범죄사실의 존부에 관하여 실체심리를 필요로 하는가, (나) 면소판결이 있는 경우에 피고인이 무죄를 구하여 상소할 수 있는가, (다) 형소법 제326조에 규정된 면소사유는 열거적인가 예시적인가 하는 문제로 나누어 볼 수 있다. 아래에서는 형식재판설의 관점에 서서 이러한 문제점들을 살펴보기로 한다.

(1) 면소판결과 실체심리

면소판결을 함에 있어서 실체심리를 할 수 있는가 하는 문제가 있다. 면소판결을 형사절차로부터 피고인을 조기에 해방시키기 위하여 마련된 법적 장치라고 이해하게 되면 실체심리

의 문제는 곧 해결된다. 먼저, 공소장에 기재된 범죄사실 자체로부터 이미 명백하게 면소사유
가 인정되는 때에는 실체심리에 들어갈 필요가 없고 또 피고인 보호라는 관점에서 실체심리
에 들어가서도 안 된다. 이에 반하여 어느 정도 실체심리를 하지 않으면 면소사유의 존부를
판단할 수 없는 경우에는 피고사건에 대한 실체심리가 자연히 요구되지 않을 수 없다.

(2) 면소판결과 피고인의 상소

면소판결이 행해진 경우에 피고인이 자신의 무죄를 주장하여 상소할 수 있는가 하는 문제
가 있다. 피고사건의 실체심리를 하려면 여러 단계에 걸쳐 소송조건을 검토해야 한다. 면소사
유라는 소송장애사유가 존재하면 법원은 범죄사실의 부존재에 관하여 실체판단을 할 수 없다.
또한 피고인을 형사절차로부터 가능한 한 조기에 해방시켜야 한다. 양자를 종합해 볼 때 면소
판결에 대한 피고인의 상소는 부인해야 한다. 판례는 피고인에게 실체판결청구권이 없다는 이
유를 들어서 면소판결에 대한 상소를 불허하고 있다.[1]

면소판결에 대해 예외적으로 상소가 허용되는 경우가 있다. 재심사건에서 형벌에 관한 법
령이 재심판결 당시 폐지되었다 하더라도 그 폐지가 당초부터 헌법에 위배되어 효력이 없는
법령에 대한 것이었다면 피고인에게 무죄의 선고를 해야 하므로 면소를 선고한 판결에 대하
여 상소가 가능하다.[2]

(3) 면소사유의 확장문제

형사소송법은 면소판결의 사유로서 (가) 확정판결이 있은 때, (나) 사면이 있은 때, (다) 공
소의 시효가 완성되었을 때, (라) 범죄 후의 법령개폐로 형이 폐지되었을 때의 네 가지를 규정
하고 있다(법326). 형소법 제326조가 규정한 면소사유가 열거적인가 예시적인지 문제된다. 예
시적이라고 한다면 해석에 의하여 면소사유의 확장이 가능하다.

생각건대 형소법 제326조의 면소사유는 열거적이라고 보아야 할 것이다. 기판력은 법적
안정성의 관점에서 볼 때 극히 중요한 법적 효과이다. 따라서 어떠한 소송조건이 흠결된 경
우에 기판력을 인정할 것인지는 입법자의 판단에 맡겨야 한다. 또한 형사소송법은 제327조
제2호에서 '공소제기의 절차가 법률의 규정을 위반하여 무효일 때'라는 일반조항을 공소기각
판결의 사유로 설정하고 있다. 이러한 점에 비추어 볼 때 면소판결의 사유는 다른 법률에 특
별한 규정이 없는 한 형소법 제326조에 국한된 네 가지 경우로 한정하는 것이 타당하다고
본다.

---

1) 1984. 11. 27. 84도2106, 공 1985, 113, 『야간폭행 뒤 야간상해 사건』.
2) 2010. 12. 16. 2010도5986 전원합의체 판결, 공 2011상, 259, 『긴급조치 위헌무효 사건』.

4. 면소판결의 사유

(1) 확정판결이 있은 때

피고사건의 실체와 관련된 확정판결이 이미 존재하고 있음에도 불구하고 재소(再訴)를 허용하게 되면 종전 법원의 판단과 후소(後訴) 법원의 판단이 불일치하는 사태가 발생하여 재판의 권위를 해치게 된다. 이 때문에 형사소송법은 확정판결이 있은 때에는 면소판결을 통하여 후소의 형사절차를 종결시키도록 하고 있다. 여기에서 확정판결은 유죄·무죄의 확정판결뿐만 아니라 면소의 확정판결도 포함한다. 또한 확정판결의 효력이 부여된 약식명령(법457)과 즉결심판(즉결심판법16)을 포함한다.[1]

「도로교통법」(동법164③)이나 「경범죄 처벌법」(동법8③)에 의하여 범칙금 납부 통고를 받고 범칙금을 납부한 사람에 대해서는 그 범칙행위에 대하여 '다시 벌(처벌) 받지 아니한다'는 효과가 부여된다. 이 경우 범칙금 납부는 확정판결에 준하는 효력을 갖지만, 그 효력범위가 어디까지 미칠 것인가에 대해서는 논란이 있다. 이 문제에 대해서는 기판력이 인정되는 재판과 관련하여 상세히 검토하기로 한다.[2]

「조세범 처벌절차법」(동법15③)이나 「관세법」(동법317)은 과세 관청의 통고처분을 받은 자가 통고대로 이행하였을 때에는 동일한 사건에 대하여 '다시 처벌받지 아니한다'고 규정하고 있다. 이 경우 통고처분의 이행은 확정판결에 준하는 효력을 갖는다. 그렇지만 그 효력은 통고처분의 이유에 기재된 당해 범칙행위 자체 및 그 범칙행위와 동일성이 인정되는 범칙행위로 한정되어야 할 것이다.

확정판결의 종류와 효력범위에 대해서는 기판력과 관련하여 뒤에서 설명한다.[3]

(2) 사면이 있은 때

「사면법」에 따르면 사면은 일반사면과 특별사면으로 구분된다(동법2). 일반사면은 죄를 범한 자를 대상으로 하여(동법3 i), 죄의 종류를 정하여 행하는 사면이다(동법8 2문). 일반사면은 대통령령으로 한다(동조 1문). 일반사면이 있으면 형을 선고받아 확정된 자에 대하여는 형선고의 효력이 상실되며, 형을 선고받지 아니한 자에 대하여는 공소권이 상실된다. 다만, 특별한 규정이 있을 때에는 예외로 한다(동법5① i 본문·단서). 형의 선고에 따른 기성(旣成)의 효과는 일반사면으로 인하여 변경되지 않는다(동조②).

---

1) 1996. 6. 28. 95도1270, 공 1996, 2424, 『담배집 마당 사건』.
2) 후술 947면 참조.
3) 후술 952면 참조.

특별사면은 형을 선고받아 확정된 특정한 사람을 대상으로 하는 사면이다(동법3ⅱ). 특별사면이 있으면 형의 집행이 면제된다. 다만, 특별한 사정이 있을 때에는 이후 형 선고의 효력을 상실하게 할 수 있다(동법5①ⅱ 본문·단서). 특별사면은 대통령이 한다(동법9). 형의 선고에 따른 기성(旣成)의 효과는 특별사면으로 인하여 변경되지 않는다(동법5②).

형사절차를 면소판결로 종결할 필요가 생기는 것은 아직 형의 선고가 없는 경우이다. 그러므로 면소판결의 사유로 되는 사면은 형의 선고를 받지 아니한 자에 대한 일반사면을 의미한다.[1] 형의 선고(법321①)가 있더라도 아직 판결이 확정되지 않은 상태는 형의 선고가 없는 경우에 해당한다.

(3) 공소시효가 완성되었을 때

공소시효가 완성되면 증거가 흩어지고 사라지기 때문에 형사소추 가능성이 희박해지고 일반인의 처벌감정이 감소한다. 공소가 제기되면 공소시효의 진행이 정지되므로(법253①, 전단) 면소판결을 하기 위해서는 원칙적으로 공소제기시에 공소시효가 완성되어 있어야 한다. 공소장변경에 의하여 공소사실이 변경된 경우에도 공소제기 당시를 기준으로 변경된 공소사실에 대한 공소시효완성 여부를 판단해야 한다.[2]

한편 형사소송법은 공소가 제기된 범죄가 판결의 확정 없이 공소를 제기한 때로부터 25년을 경과하면 공소시효가 완성된 것으로 간주하므로(법249②) 이 경우에도 면소판결을 통하여 형사절차를 종결해야 한다.[3]

(4) 범죄 후의 법령개폐로 형이 폐지되었을 때

형의 폐지는 법령상 명문으로 벌칙이 폐지된 경우뿐만 아니라 법령에 규정된 유효기간이 경과하거나 전법과 후법의 저촉에 의하여 실질적으로 법규의 효력이 상실된 경우를 포함한다.[4]

범죄 후의 법령개폐라는 면소판결의 사유와 관련하여 '범죄 후'의 기준이 중요하다. 범죄 후에 형이 폐지되었으면 면소판결의 대상이 됨에 반하여 범죄 전에 형이 폐지되었다면 무죄가 된다. 결과발생을 요하는 결과범의 경우에 '범죄 후'는 결과발생시점 이후가 아니라 실행행위시점 이후로 보아야 한다.

---

1) 2015. 5. 21. 2011도1932 전원합의체 판결, 공 2015하, 920, 『고등군사법원 재심개시결정 사건』.
2) 2001. 8. 24. 2001도2902, 공 2001, 2146, 『병록지 절취 사건』.
3) 1981. 1. 13. 79도1520, 총람 249조, 12번, 『정치인 명예훼손 사건』.
4) 2003. 10. 10. 2003도2770, 공 2003, 2211, 『원동기 파쇄 사건』.

「헌법재판소법」 제47조 제3항 본문에 따르면 위헌으로 결정된 형벌에 관한 법률 또는 법률의 조항은 소급하여 그 효력을 상실한다. 한편 「헌법재판소법」 제47조 제3항 단서에 따르면 위헌으로 결정된 형벌에 관한 법률 또는 법률의 조항에 대하여 종전에 합헌으로 결정한 사건이 있는 경우에는 그 결정이 있는 날의 다음 날로 소급하여 그 법률 또는 법률의 조항이 효력을 상실한다.

종전 합헌결정일 이전의 범죄행위(예: 간통)에 대하여 위헌결정 있음을 이유로 재심개시결정이 확정되었는데 그 범죄행위에 적용될 법률 또는 법률의 조항(예: 구형법241)이 위헌결정으로 「헌법재판소법」 제47조 제3항 단서에 의하여 종전 합헌결정일의 다음 날로 소급하여 효력을 상실하였다면 범죄행위 당시 유효한 법률 또는 법률의 조항(예: 구형법241)이 그 이후 폐지된 경우와 마찬가지이므로 재심심판법원은 형소법 제326조 제4호에 해당하는 것으로 보아 면소판결을 선고해야 한다.[1]

형벌법령이 재심판결 당시 폐지되었다 하더라도 그 폐지가 당초부터 헌법에 위배되어 효력이 없는 법령에 대한 것이었다면 형소법 제325조 전단의 무죄사유에 해당하며, 형소법 제326조 제4호의 면소사유에 해당하지 않는다.[2]

5. 면소판결의 공시와 명예회복

면소판결의 경우에는 무죄판결에 준하여 판결공시와 명예회복제도가 마련되어 있다. 피고사건에 대하여 면소판결을 선고하는 경우에는 면소판결공시의 취지를 선고할 수 있다(형법58③). 무죄판결의 경우(동조② 본문)와 달리 면소판결의 공시는 법원의 재량에 속한다.

면소판결을 할 만한 사유가 없었더라면 무죄재판을 받을 만한 현저한 사유가 있었을 경우에 면소판결이 확정된 사람은 「형사보상 및 명예회복에 관한 법률」에 따라 무죄판결의 경우에 준하여 확정된 사건의 재판서를 법무부 인터넷 홈페이지에 게재하도록 청구할 수 있다(동법34① · ②).

제4 관할위반의 판결

1. 관할위반판결의 의의

피고사건이 법원의 관할에 속하지 아니한 때에는 판결로써 관할위반의 선고를 하여야 한

---

1) 2019. 12. 24. 2019도15167, 공 2020상, 396, 『간통죄 합헌 후 위헌 사건』.
2) 2010. 12. 16. 2010도5986 전원합의체 판결, 공 2011상, 259, 『긴급조치 위헌무효 사건』.

다(법319). 관할은 법원의 재판권을 전제로 한 개념이다. 피고인에 대하여 재판권이 없을 때에는 공소기각판결(법327ⅰ)을 선고해야 하지만(법327ⅰ), 피고사건에 대하여 관할이 없을 때에는 관할위반판결(법319)을 선고해야 한다. 그러나 소송행위는 관할위반인 경우에도 그 효력에 영향이 없다(법2).

관할위반의 판결은 관할의 부존재만을 유일한 사유로 하는 형식재판이다. 이 점에서 관할위반의 판결은 면소판결, 공소기각판결, 공소기각결정 등의 다른 형식재판과 구별된다. 그러나 기판력이 발생하지 않는 점은 공소기각판결이나 공소기각결정과 같다.

2. 관할위반판결의 사유

관할위반의 판결을 하는 사유는 피고사건이 법원의 관할에 속하지 아니하는 때이다(법319). 이때 관할은 사물관할과 토지관할을 모두 포함한다.[1] 관할권의 존재는 소송조건이므로 공소제기시는 물론 재판시에도 관할이 인정되어야 한다. 법원은 직권으로 관할의 유무를 조사해야 한다(법1).

(1) 사물관할의 부존재

사물관할의 유무는 공소장에 기재된 공소사실을 기준으로 판단해야 한다. 단독판사의 관할사건이 공소장변경에 의하여 합의부 관할사건으로 변경된 경우에 단독판사는 관할위반의 판결을 내릴 것이 아니라 결정으로 피고사건을 관할권이 있는 법원에 이송하여야 한다(법8②).

(2) 토지관할의 부존재

피고사건에 대해 토지관할이 존재하지 않는 경우에도 수소법원은 관할위반의 판결을 하는 것이 원칙이다. 토지관할은 법원간의 업무 배분이라는 기능과 방어권행사와 관련된 피고인의 이익보호 기능이라는 두 가지 측면을 가지고 있다. 토지관할의 부존재를 이유로 하는 관할위반의 판결에는 다소 제한이 가해지고 있다.

법원은 피고인의 신청이 없으면 토지관할에 관하여 관할위반의 선고를 하지 못한다(법320①). 피고인이 관할위반의 신청을 하려면 피고사건에 대한 진술 전에 하여야 한다(동조②). 이때 '피고사건에 대한 진술'은 피고인의 모두진술(법286)이 아니라 재판장의 쟁점정리(법287①)에 이은 피고인 측 의견진술을 가리킨다(동조②). 피고인과 변호인은 피고인의 모두진술 기회

---

1) 1999. 11. 26. 99도4398, 공 2000, 119, 『감금치상 단독판사 판단 사건』.

에 이익되는 사실 등을 진술할 수 있는데(법286②) 피고인의 이익을 위한 토지관할위반의 신청은 이 단계까지 할 수 있기 때문이다.

제 5 공소기각의 판결

1. 공소기각판결의 의의

(1) 무죄판결과의 관계

공소기각판결은 피고사건에 대한 형식적 소송조건이 결여된 경우에 판결로써 소송계속을 종결시키는 종국적 형식재판이다. 소송조건의 흠결을 이유로 공소기각판결(법327)을 선고해야 함에도 불구하고 법원이 무죄판결(법325)을 선고하는 것은 원칙적으로 허용되지 않는다. 하급심이 위법하게 무죄판결을 한 경우에는 상급심은 직권으로 판단하여 하급심판결을 파기하고 공소기각판결을 선고하여야 한다.[1]

이러한 원칙에 대해 판례는 일부 예외를 인정하고 있다. 「교통사고처리 특례법」 위반죄 사안에서 특례사유(동법3② 본문, 4① 본문)가 인정되어 공소를 제기할 수 없는 경우에 해당하면 법원은 공소기각판결(법327 ii, vi)을 선고하는 것이 원칙이다. 그런데 사건의 실체에 관한 심리가 이미 완료되어 특례배제사유(동법3② 단서, 4① 단서)가 없는 것으로 판명되고 달리 피고인이 과실로 교통사고를 일으켰다고 인정되지 않는 경우라면, 사실심법원이 피고인의 이익을 위하여 「교통사고처리 특례법」 위반의 공소사실에 대하여 무죄의 실체판결을 선고하였더라도 이를 위법이라고 볼 수는 없다.[2]

(2) 다른 형식재판과의 관계

공소기각판결의 사유는 형사소송법 제327조에 규정되어 있다. 공소기각판결은 기판력을 발생시키지 않는다는 점에서 면소판결(법326)과 구별된다. 형식적 소송조건 가운데 관할권 부존재를 이유로 하는 경우는 관할위반의 판결(법319)이 별도로 마련되어 있으므로 공소기각판결의 대상이 되지 않는다.

공소기각판결은 공소기각결정과 함께 형식적 소송조건이 결여된 경우에 대비한 종국재판의 형식이다. 공소기각이라는 형태로 형사절차를 종결시킨다는 점에서는 공통되지만 양자는 다음의 점에서 구별된다. 공소기각판결(법327)은 판결이므로 구두변론에 의하고(법37①)

---

1) 1994. 10. 14. 94도1818, 공 1994, 3035, 『중앙선 침범 무혐의 사건』.
2) 2015. 5. 14. 2012도11431, 공 2015상, 826, 『신호위반 공제가입 차량 사건』.

공판정에서 선고해야 한다(법42 본문, 43). 공소기각판결에 대한 상소방법은 항소(법357)와 상고(법371)이다.

이에 대해 공소기각결정(법328①)은 결정이므로 구두변론에 의하지 아니할 수 있고(법37②), 재판서등본의 송달 또는 다른 적당한 방법으로 고지할 수 있다(법42 본문). 공소기각결정에 대한 상소방법은 즉시항고(법328②)와 재항고(법415)이다.

2. 공소기각판결의 사유

(1) 피고인에 대하여 재판권이 없을 때

재판권은 원칙적으로 대한민국 내에 있는 내국인과 외국인 모두에게 미친다. 피고인에 대하여 재판권이 없을 때(법327 ⅰ)는 공소제기 후에 재판권이 없게 된 경우와 그 이전에 재판권이 없는 경우를 모두 포함한다.[1]

일반법원과 군사법원은 서로 재판권을 달리하므로 일반법원에 군사법원 심판사건이 기소된 경우에는 재판권 없음을 이유로 공소기각판결을 하는 것이 원칙일 것이지만, 우리 입법자는 일반법원에 공소가 제기된 사건에 대하여 군사법원이 재판권을 가지게 되었거나 재판권을 가졌음이 판명된 때에는 결정으로 사건을 재판권이 있는 같은 심급의 군사법원으로 이송하도록 함으로써 소송경제를 꾀하고 있다(법16의2 1문). 이 경우에 이송 전에 행한 소송행위는 이송 후에도 그 효력에 영향이 없다(동조 2문).[2]

(2) 공소제기의 절차가 법률의 규정을 위반하여 무효일 때

형소법 제327조 제2호는 공소기각판결의 사유로서 '공소제기의 절차가 법률의 규정을 위반하여 무효일 때'라는 일반조항을 두고 있다. 이에 해당하는 예로는 공소제기권한이 없는 자가 공소제기를 한 경우, 공소사실의 불특정(법254④ 참조)과 같이 공소장의 기재방식에 중대한 하자가 있는 경우,[3] 공소제기 당시에 소송조건이 결여된 경우, 공소장일본주의(규칙118②)에 위반하여 공소를 제기한 경우[4] 등을 들 수 있다.

그러나 공소장제출이 아예 없는 경우는 공소제기라는 소송행위의 본질적 요소가 결여되어 공소제기가 불성립한 것으로 되므로 공소기각판결을 내릴 수 없다.[5] 구두나 전보, CD

---

1) 1998. 11. 27. 98도2734, 공 1999, 87, 『통과여객 위장 사건』.
2) 2015. 5. 21. 2011도1932 전원합의체 판결, 공 2015하, 920, 『고등군사법원 재심개시결정 사건』.
3) 2006. 10. 26. 2006도5147, 공 2006, 2040, 『무거래 세금계산서 사건』.
4) 2009. 10. 22. 2009도7436 전원합의체 판결, 공 2009하, 1921, 『14쪽짜리 공소장 사건』.
5) 2003. 11. 14. 2003도2735, 공 2003, 2410, 『즉심기록 송부 사건』.

등 정보저장매체[1]에 의한 공소제기도 공소장제출이 없는 경우이므로 동일하게 취급해야한다.[2]

판례는 국회의원의 면책특권에 속하는 행위에 대해 공소가 제기된 사안에 대하여 공소권 없음에도 불구하고 공소가 제기된 것이라고 보아 공소기각의 판결을 선고하였다.[3] 나아가 판례는 위법한 함정수사가 개입된 사건에 대해 공소기각판결을 내리고 있다.[4]

「경범죄 처벌법」은 '경범죄 처벌의 특례'로서 범칙행위에 대한 통고처분(동법7), 범칙금의 납부(동법8, 8의2)와 통고처분 불이행자 등의 처리(동법9)를 정하고 있다. 경찰서장이 범칙행위에 대하여 통고처분을 하면 「경범죄 처벌법」이 범칙자에게 인정한 절차적 지위가 보장된다. 그리하여 통고처분에서 정한 범칙금 납부기간까지는 원칙적으로 경찰서장은 즉결심판을 청구할 수 없고, 검사도 동일한 범칙행위에 대하여 공소를 제기할 수 없다.[5] 통고처분에서 정한 범칙금 납부기간 내에는 특별한 사정이 없는 이상 경찰서장은 범칙행위에 대한 형사소추를 위해 이미 한 통고처분을 임의로 취소할 수 없다.[6]

검사가 범칙금 납부기간이 지나기 전에 범칙행위와 동일한 공소사실로 공소를 제기하였다면, 그 공소제기는 그 절차가 법률의 규정에 위반되어 무효인 때에 해당하여 공소를 기각해야 한다.[7] [8]

(3) 공소가 제기된 사건에 대하여 다시 공소가 제기되었을 때

공소가 제기된 사건에 대하여 다시 공소가 제기되었을 때(법327 iii)라 함은 동일한 피고사건에 대하여 국법상 동일한 법원에 이중으로 공소가 제기된 경우를 말한다. 한 개의 범죄사실에 두 개의 실체판결이 내려지는 것을 방지하기 위해 이 경우를 공소기각판결의 사유로 규정한 것이다. 동일한 사건이 국법상 서로 다른 법원에 이중으로 기소된 경우에는 공소기각결정의 사유(법328① iii)가 된다. 이중기소에 해당하는지 여부는 범죄사실의 동일성을 기준으로 판단한다.

피고인이 경찰서장의 청구에 따라 즉결심판을 받고 적법한 정식재판청구를 한 경우 경찰

---

1) 2016. 12. 15. 2015도3682, 공 2017상, 191, 『공소장 CD별지 사건』.
2) 전술 421면 참조.
3) 1992. 9. 22. 91도3317, 공 1992, 3038, 『국시 논쟁 사건』.
4) 2005. 10. 28. 2005도1247, 공 2005, 1899, 『공적사항 준비 사건 2』.
5) 2020. 4. 29. 2017도13409, 공 2020상, 1032, 『범칙금 납부기간 전 공소제기 사건』.
6) 2021. 4. 1. 2020도15194, [미간행], 『통고처분 취소 후 공소제기 사건』.
7) 2020. 4. 29. 2017도13409, 공 2020상, 1032, 『범칙금 납부기간 전 공소제기 사건』.
8) 후술 947면 참조.

서장의 즉결심판청구는 공소제기와 동일한 소송행위이다. 그러므로 관할법원은 공판절차에 따라 심판해야 한다.[1] 피고인이 즉결심판에 대하여 정식재판청구를 하였는데 검사가 관할법원에 사건기록과 증거물을 그대로 송부하지 않고 즉결심판이 청구된 위반 내용과 동일성 있는 범죄사실에 대하여 약식명령을 청구하는 경우가 있다. 이러한 경우 약식명령을 청구받은 법원은 공소가 제기된 사건에 대하여 다시 공소가 제기되었을 때에 해당한다는 이유로 공소기각판결을 선고해야 한다.[2]

이중기소가 된 경우에는 뒤에 기소된 사건에 대하여 공소기각판결을 해야 하는 것이 원칙이다. 뒤에 기소된 사건에 대해 판결선고가 있었다 하더라도 판결이 확정되기 전이라면 먼저 공소제기된 사건에 대해 심판해야 한다. 그리고 뒤에 기소된 사건에 대해서는 이후 상소절차를 밟아 공소기각판결(법363, 382)을 선고해야 한다. 그러나 뒤에 공소제기된 사건에 대하여 먼저 판결이 행해지고 그 판결이 확정되었다면 예외적으로 먼저 기소된 사건에 대해 공소기각판결을 선고해야 한다. 한 개의 피고사건에 두 개의 실체판결이 있을 수 없기 때문이다.

이중기소와 공소사실의 중복기재는 구별된다. 형소법 제327조 제3호에서 규정하고 있는 '공소가 제기된 사건에 대하여 다시 공소가 제기 되었을 때'라 함은 이미 공소가 제기된 사건에 대하여 다시 별개의 공소장에 의하여 이중으로 공소가 제기된 경우를 뜻한다. 하나의 공소장에 범죄사실이 이중으로 기재되어 있는 경우까지 포함하는 것은 아니다.

하나의 공소장에 수 개의 범죄사실이 이중으로 기재되어 있는 경우에는 공소제기의 전후를 구별할 수 없다. 이중기소에 대하여 공소기각판결을 하도록 하는 형소법 제327조 제3호의 취지는 하나의 사건에 대하여 이중판결의 위험을 막자는 데 있다. 이중판결의 위험은 별개의 공소장에 의하여 공소가 제기된 경우에 생길 수 있는 것이다.[3]

하나의 공소장에 동일한 사건이 중복 기재되어 있는 경우는 이중기소의 문제가 아니라 단순한 공소장 기재의 착오 문제이다. 그러므로 법원으로서는 석명권을 행사하여 검사로 하여금 이를 정정하게 하거나 법원이 스스로 판결이유에 그 착오사실을 정정 표시하여 줌으로써 족하다. 주문에 별도로 공소기각판결을 할 필요는 없다.[4]

상습범에 있어서 공소제기의 효력은 공소가 제기된 범죄사실과 동일성이 인정되는 범죄사실 전체에 미친다(법247②). 또한 공소제기의 효력이 미치는 시적 범위는 사실심리의 가능성이 있는 최후의 시점인 판결선고시를 기준으로 삼는다. 검사가 일단 상습사기죄(A사건)로 공

---

1) 2019. 11. 29. 2017모3458, 공 2020상, 229, 『날인 없는 정식재판청구서 사건』.
2) 2019. 11. 29. 2017모3458, 공 2020상, 229, 『날인 없는 정식재판청구서 사건』.
3) 1983. 5. 24. 82도1199, 공 1983, 1033, 『부정수표 중복기재 공소장 사건』.
4) 1983. 5. 24. 82도1199, 공 1983, 1033, 『부정수표 중복기재 공소장 사건』.

소제기한 후 그 공소의 효력이 미치는 위 기준시(판결선고시)까지의 사기행위 일부를 별개의 독립된 상습사기죄(B사건)로 공소제기하는 것은 비록 그 공소사실(B사건)이 먼저 공소제기를 한 상습사기(A사건)의 범행 이후에 이루어진 사기 범행을 내용으로 한 것일지라도 공소가 제기된 동일사건에 대한 이중기소에 해당되어 허용될 수 없다.[1]

다만 검사의 추가기소(B사건)에는 전후에 기소된 각 범죄사실 전부를 포괄일죄로 처벌할 것을 신청하는 취지가 포함되었다고 볼 수 있어 공소사실을 추가하는 등의 공소장변경과 절차상 차이가 있을 뿐 그 실질에 있어서 별 차이가 없다. 그러므로 석명에 의하여 추가기소(B사건)의 공소장의 제출이 포괄일죄를 구성하는 행위로서 먼저 기소된 공소장(A사건)에 누락된 것을 추가 보충하는 취지의 것으로서 1개의 죄에 대하여 중복하여 공소를 제기한 것이 아님이 분명하여진 경우에는, 위의 추가기소(B사건)에 의하여 공소장변경이 이루어진 것으로 보아 전후에 기소된 범죄사실 전부에 대하여 실체판단을 하여야 하고 추가기소에 대하여 공소기각 판결을 할 필요는 없다.[2]

(4) 제329조를 위반하여 공소가 제기되었을 때

공소취소(법255)에 의한 공소기각결정(법328① ⅰ)이 확정된 때에는 공소취소 후 그 범죄사실에 대한 다른 중요한 증거를 발견한 경우에 한하여 다시 공소를 제기할 수 있다(법329). 형소법 제329조를 위반하여 공소가 제기되었을 때에는 공소기각판결(법327 ⅳ)로 절차를 종결해야 한다.

재기소의 요건으로서 '다른 중요한 증거가 발견된 때'라 함은 공소취소 전에 검사가 가지고 있던 증거 이외의 증거로서 공소취소 전의 증거만으로는 증거불충분으로 무죄가 선고될 가능성이 있으나 새로 발견된 증거를 추가하면 충분히 유죄의 확신을 가지게 될 증거가 발견된 때를 말한다. 다른 중요한 증거가 발견되지 않았음에도 불구하고 공소가 제기되면 공소기각의 판결을 통하여 소송계속을 종결시켜야 한다.

공소취소로 인한 공소기각결정이 확정된 후에 종전의 범죄사실을 변경하여 재기소하려면 변경된 범죄사실에 대해 다른 중요한 증거가 발견되어야 한다.[3]

(5) 고소가 있어야 공소를 제기할 수 있는 사건에서 고소가 취소되었을 때

고소가 있어야 공소를 제기할 수 있는 범죄를 친고죄라고 한다. 친고죄 사건에서 유효한

---

1) 1999. 11. 26. 99도3929, 공 2000, 114, 『사기 기소 후 상습사기 추가기소 사건』.
2) 1999. 11. 26. 99도3929, 공 2000, 114, 『사기 기소 후 상습사기 추가기소 사건』 참조.
3) 2009. 8. 20. 2008도9634, 공 2009하, 1582, 『세금계산서 합계표 사건』.

928 제 3 편 공판절차

고소의 존재가 인정되어 공소가 제기되었으나 제1심 판결선고 전까지 고소가 취소된 때(법232
①)에는 공소기각판결로써 당해 사건을 종결시켜야 한다. 간통죄(구형법241조)와 관련한 고소
취소 간주규정(법229)은 간통죄가 폐지됨에 따라 의미를 상실하였다. 항소심판결이 대법원에
서 제1심법원으로 파기환송된 후 제1심 판결선고 전에 친고죄의 고소가 취소되면 제1심법원
은 공소기각판결(법327 v)을 내려야 한다.[1]

공소기각판결 사유로서의 고소취소는 유효한 고소를 전제로 한다. 공소제기 당시에 처음
부터 유효한 고소가 없었던 때에는 '공소제기의 절차가 법률의 규정을 위반하여 무효일 때'에
해당하여 형소법 제327조 제2호에 의하여 공소기각판결을 해야 한다.

(6) 반의사불벌죄에서 처벌을 원하는 의사표시가 없거나 철회되었을 때

피해자의 명시한 의사에 반하여 공소를 제기할 수 없는 범죄를 반의사불벌죄라고 한다. 반
의사불벌죄 사건에서 피해자가 처벌을 원하지 아니하는 의사표시를 하거나 처벌을 원하는 의
사표시를 철회하였을 때에는 공소기각판결로써 당해 사건을 종결시켜야 한다. 이 경우 처벌을
원하지 않는다는 의사표시의 표명이나 처벌을 원한다는 기존의 의사표시의 철회는 제1심 판
결선고 전까지 이루어져야 한다(법232③ · ①).

공소제기 전에 처벌을 원하지 않는다는 의사표시가 있었음에도 불구하고 공소가 제기된
경우는 형사소송법 제327조 제2호에 의한 공소기각판결로써 처리해야 한다.[2]

제 6 공소기각의 결정

1. 공소기각결정의 의의

공소기각결정은 형식적 소송조건의 흠결이 중대하고 명백한 경우에 결정의 형식으로 공판
절차를 종결시키는 재판을 말한다. 형소법 제328조 제1항은 공소기각결정의 사유를 규정하고
있다. 공소기각판결(법327)과 공소기각결정(법328①)의 차이점에 대해서는 앞에서 설명하였다.
공소기각결정에 대한 불복방법은 즉시항고(법328②)와 재항고(법415)이다.

공소기각결정의 사유에는 (가) 공소가 취소되었을 때(법328① ⅰ), (나) 피고인이 사망하거
나 피고인인 법인이 존속하지 아니하게 되었을 때(동항 ⅱ), (다) 형소법 제12조 또는 제13조의
규정에 의하여 재판할 수 없는 때(동항 ⅲ), (라) 공소장에 기재된 사실이 진실하다 하더라도 범

---

1) 2011. 8. 25. 2009도9112, 공 2011하, 1975, 『환송 후 고소취소 사건』 참조.
2) 1983. 2. 8. 82도2860, 공 1983, 547, 『항소심단계 화해 사건』.

죄가 될 만한 사실이 포함되지 아니한 때(동항iv)의 네 가지가 있다.

2. 공소기각결정의 사유

(1) 공소취소

'공소가 취소되었을 때'란 적법하게 공소가 취소된 경우를 말한다. 범죄사실(공소사실)의 동일성이 인정되는 범위에서 공소사실을 일부 철회하거나 변경하는 것은 공소장변경(법298)이 며 공소취소(법255)가 아니므로 공소기각결정을 할 수 없다.[1]

(2) 피고인의 사망 등

'피고인이 사망하거나 피고인인 법인이 존속하지 아니하게 되었을 때'란 공소제기 후에 이러한 사유가 발생한 경우를 말한다.[2] 공소제기 전에 피고인 사망 등의 사유가 발견된 경우에 공소기각판결(법327ⅱ)을 해야 한다고 보는 견해가 있다. 그러나 다음의 이유로 공소제기 전 사망 사유가 발견된 경우에도 공소기각결정을 하는 것이 타당하다고 본다.

유죄의 선고를 받아 확정된 자가 사망한 경우에 그 배우자, 직계친족 또는 형제자매가 재심을 청구하는 경우가 있다(법424ⅳ). 이 경우 재심청구 이후 재심개시결정에 따라 열리게 된 재심사건의 심판절차에서는 사망자에 대한 공소기각결정이 인정되지 않는다(법438②ⅱ). 재심 심판절차에서는 이미 사망하였음이 확인된 사람에 대해 '공소기각결정'이 배제된다. 이를 반대해석하면 이미 사망하였음이 확인된 사람에 대해서도 공소기각결정으로 절차를 종결해야 한다는 결론에 이른다.

(3) 중복기소

동일사건이 수 개의 국법상 의미의 법원에 중복기소되는 경우가 있다. 이때 동일사건이 사물관할을 달리하는 수 개의 법원에 계속된 때에는 법원합의부가 심판하여야 한다(법12). 이때 심판을 할 수 없게 된 단독판사는 공소기각결정을 통하여 소송계속을 종료시켜야 한다(법328①ⅲ).

같은 사건이 사물관할이 같은 여러 개의 법원에 계속된 때에는 원칙적으로 먼저 공소를 받은 법원이 심판한다(법13 본문 · 단서 참조). 이때 심판을 할 수 없게 된 후소법원은 공소기각결정을 통해 소송계속을 종료시켜야 한다(법328①ⅲ).

---

1) 2003. 10. 9. 2002도4372, 공 2003, 2204, 『교육청 특별감사 사건』.
2) 2016. 8. 30. 2013도658, 공 2016하, 1564, 『판결선고 후 피고인 사망 사건』.

(4) 범죄사실 불포함

'공소장에 기재된 사실이 진실하다 하더라도 범죄가 될 만한 사실이 포함되지 아니하는 때'(법328① iv)란 공소장 기재사실 자체에 대한 판단만으로 그 사실 자체가 죄가 되지 아니함이 명백한 경우를 말한다.[1]

따라서 범죄의 성립 여부에 대해 다소라도 의문이 남는 경우 또는 공소장의 보정이나 공소장변경에 의하여 그 공소가 유효하게 될 가능성이 있는 경우에는 공소기각결정을 할 수 없다.

제 4 절 소송비용 및 기타 절차

제 1 소송비용의 부담

1. 소송비용의 의의

소송비용이란 형사절차에 관하여 지출된 비용으로서 「형사소송비용 등에 관한 법률」이 규정한 것을 말한다. 「형사소송비용 등에 관한 법률」은 형사소송법에 의한 소송비용으로서 (가) 증인·감정인·통역인 또는 번역인의 일당·여비 및 숙박료, (나) 감정인·통역인 또는 번역인의 감정료·통역료·번역료, 그 밖의 비용, (다) 국선변호인의 일당·여비·숙박료 및 보수를 들고 있다(동법2).

소송비용은 형벌이 아니다. 그러나 피고인에 대한 소송비용의 부담은 재산적 이익의 박탈이라는 점에서 벌금형과 유사한 성질을 가지고 있다. 고소인 또는 고발인이나 그 밖에 피고인 아닌 자에 대한 소송비용의 부담은 부당한 고소·고발이나 상소·재심의 청구에 대한 제재로서의 성질을 가지고 있다.

형사소송법은 무죄판결이 확정된 경우에 국가가 당해 사건의 피고인이었던 자에 대하여 그 재판에 소요된 비용을 보상하도록 하는 장치를 도입하고 있다(법194의2 이하 참조). 무죄판결에 대한 비용보상은 형사보상과 구별된다. 「형사보상 및 명예회복에 관한 법률」에 의하여 이루어지는 형사보상은 미결구금이나 형집행에 대한 보상임에 대하여 형사소송법에 따른 비용보상은 재판에 소요된 비용 자체에 대한 보상이다.

---

1) 2014. 5. 16. 2012도12867, 공 2014상, 1254, 『당비 납부 교원 사건』.

2. 소송비용의 부담기준

형사소송법은 형사절차에 관한 모든 비용을 일단 국고에서 지급하도록 하고 그중 일정한 비용만을 소송비용으로 지정하여 일정한 요건하에 피고인이나 제삼자에게 부담시키는 구상을 취하고 있다.

검사는 국가기관이므로 검사의 책임으로 인하여 발생한 소송비용은 국가가 부담하며 특별히 소송비용부담의 문제를 발생시키지 않는다. 검사만 상소 또는 재심의 청구를 한 경우에 상소 또는 재심의 청구가 기각되거나 취하된 때에는 그 소송비용을 피고인에게 부담하게 하지 못한다(법189).

(1) 피고인의 소송비용부담

형을 선고하는 때에는 피고인에게 소송비용의 전부 또는 일부를 부담하게 하여야 한다(법186① 본문). 다만, 피고인의 경제적 사정으로 소송비용을 납부할 수 없는 때에는 그러하지 아니하다(동항 단서). '형의 선고를 하는 때'에는 형의 집행유예가 포함되지만(법321②) 형의 면제나 형의 선고유예는 여기에 해당하지 않는다(법322).

한편 형을 선고하지 아니하는 때라 할지라도 피고인에게 책임지울 사유로 발생된 비용은 피고인에게 부담하게 할 수 있다(법186②). 예컨대 피고인이 정당한 사유 없이 출정하지 아니한 결과 소환된 증인을 공판기일에 신문할 수 없게 되어 발생한 비용은 여기에 해당한다.

공범의 소송비용은 공범인에게 연대부담하게 할 수 있다(법187). 여기에는 임의적 공범뿐만 아니라 필요적 공범도 포함된다.

(2) 제삼자의 소송비용부담

고소·고발에 의하여 공소를 제기한 사건에 관하여 피고인이 무죄 또는 면소의 판결을 받은 경우에 고소인·고발인에게 고의 또는 중대한 과실이 있는 때에는 그 사람에게 소송비용의 전부 또는 일부를 부담하게 할 수 있다(법188). 고소인·고발인에 대한 소송비용부담은 무죄 또는 면소에 한하므로 형의 면제, 형의 선고유예, 공소기각판결이나 공소기각결정의 경우에는 소송비용을 부담시키지 못한다.

검사 아닌 자가 상소 또는 재심을 청구한 경우에 상소 또는 재심의 청구가 기각되거나 취하된 때에는 그 자에게 그 소송비용을 부담하게 할 수 있다(법190①). 여기에서 검사 아닌 자에는 피고인도 포함된다. 피고인 아닌 자가 피고인이 제기한 상소 또는 재심의 청구를 취하한 경우에도 그 자에게 그 소송비용을 부담하게 할 수 있다(동조②). 그러나 변호인이 피고인을 대리하여 상소 또는 재심의 청구를 취하한 때에는 피고인을 대리하여 행위한 것이므로 변호인에게 소송비용을 부담하게 할 수 없다.

3. 소송비용부담의 재판

(1) 재판으로 소송절차가 종료되는 경우

재판으로 소송절차가 종료되는 경우에 피고인에게 소송비용을 부담하게 하는 때에는 법원은 직권으로 재판하여야 한다(법191①). 이 경우 주로 피고인에 대한 형 선고의 판결에서 소송비용부담에 관한 주문이 선고된다(법186① 본문). 소송비용부담의 재판에 대하여는 본안의 재판에 대해 상소하는 경우에 한하여 불복할 수 있다(법191②). 여기에 '본안의 재판'이란 피고사건에 대한 종국재판 일반을 말하며 형식재판인가 실체재판인가는 묻지 않는다. 판례는 소송비용이 형벌이 아니라는 이유로 소송비용부담의 재판에 대한 상소에는 불이익변경금지의 원칙이 적용되지 않는다는 입장을 취하고 있다.[1]

재판으로 소송절차가 종료되는 경우에 피고인 아닌 자에게 소송비용을 부담하게 하는 때에는 직권으로 결정을 하여야 한다(법192①). 이 결정에 대하여는 즉시항고를 할 수 있다(동조②).

(2) 재판에 의하지 아니하고 소송절차가 종료되는 경우

재판에 의하지 아니하고 소송절차가 종료되는 경우에 소송비용을 부담하게 하는 때에는 사건의 최종계속법원이 직권으로 결정을 하여야 한다(법193①). 재판에 의하지 아니하고 소송절차가 종료되는 예로는 상소취하(법349), 재심청구의 취하(법429①), 정식재판청구의 취하(법454, 즉결심판법14④) 등을 들 수 있으며, 피고인에게 소송비용을 부담시키는 경우와 제삼자에게 부담시키는 경우를 모두 포함한다. 소송비용부담의 결정에 대하여는 즉시항고를 할 수 있다(법193②).

(3) 소송비용부담액의 산정과 집행

소송비용의 부담에 관한 재판을 할 때 법원은 부담시킬 소송비용의 액을 산정하여 표시할 수도 있고, 추상적으로 부담자 및 부담부분만을 지정하여 표시할 수도 있다. 법원이 소송비용의 부담을 명하는 재판에 그 금액을 표시하지 아니한 때에는 집행을 지휘하는 검사가 그 비용을 산정한다(법194). 소송비용부담재판의 집행을 받은 자 또는 그 법정대리인이나 배우자는 검사의 비용산정이 부당함을 이유로 재판을 선고한 법원에 이의신청을 할 수

---

1) 2001. 4. 24. 2001도872, 공 2001, 1300, 『성폭력범 자수 사건』.

있다(법489 참조).

소송비용의 재판은 검사의 명령에 의해 집행한다(법477①). 검사는 소송비용의 재판을 집행하기 위해 필요한 조사를 할 수 있다. 이 경우 검사는 공무소 기타 공사단체에 조회하여 필요한 사항의 보고를 요구할 수 있다(동조⑤, 199②).

소송비용 재판의 집행에 관한 검사의 명령은 집행력 있는 집행권원과 동일한 효력이 있다(법477②, 민사집행법 부칙7②). 소송비용재판의 집행에는 「민사집행법」의 집행에 관한 규정을 준용한다. 단, 집행전에 재판의 송달을 요하지 않는다(법477③ 본문·단서). 「민사집행법」에 따른 집행의 원칙에 불구하고 소송비용의 재판은 「국세징수법」에 따른 국세체납처분의 예에 의하여 집행할 수 있다(동조④). 소송비용의 분할납부, 납부연기 및 납부대행기관을 통한 납부 등 납부방법에 필요한 사항은 법무부령으로 정한다(동조⑥).

소송비용부담의 재판을 받은 자가 빈곤으로 인하여 이를 완납할 수 없을 때에는 그 재판의 확정 후 10일 이내에 재판을 선고한 법원에 소송비용의 전부 또는 일부에 대한 재판의 집행면제를 신청할 수 있다(법487).

제2 무죄판결에 대한 보상

1. 형사소송법상의 비용보상

(1) 비용보상의 의의

국가는 무죄판결이 확정된 경우에 당해 사건의 피고인이었던 자에 대하여 그 재판에 소요된 비용을 보상하여야 한다(법194의2①). 무죄의 확정판결에 대한 비용보상제도는 국가의 잘못된 형사사법권 행사로 인하여 피고인이 무죄를 선고받기 위해 부득이 변호사 보수 등을 지출한 경우에 국가로 하여금 피고인에게 그 재판에 소요된 비용을 보상하도록 하는 제도이다.

무죄판결의 비용보상제도는 국가의 형사사법작용에 내재한 위험성 때문에 불가피하게 비용을 지출한 비용보상청구권자의 방어권 및 재산권을 보장하려는 데 그 목적이 있다.[1]

(2) 주문 무죄와 비용보상

판결 주문에 무죄가 선고된 경우 국가는 그 재판에 소요된 비용을 보상하여야 한다(법194

---

1) 2019. 7. 5. 2018모906, 공 2019하, 1594, 『전처 보복폭행 이유무죄 사건』.

의2①). 그러나 (가) 피고인이었던 자가 수사 또는 재판을 그르칠 목적으로 허위의 자백을 하
거나 다른 유죄의 증거를 만들어 기소된 것으로 인정된 경우, (나) 한 개의 재판으로써 경합범
의 일부에 대하여 무죄판결이 확정되고 다른 부분에 대하여 유죄판결이 확정된 경우, (다) 형
법 제9조 및 제10조 제1항의 사유에 의한 무죄판결이 확정된 경우, (라) 그 비용이 피고인이
었던 자에게 책임지울 사유로 발생한 경우의 어느 하나에 해당하는 경우에는 재판비용의 전
부 또는 일부를 보상하지 아니할 수 있다(법194의2②).

(3) 이유 무죄와 비용보상

무죄판결의 비용보상청구는 판결 주문에서 무죄가 선고된 경우뿐만 아니라 판결 이유
에서 무죄로 판단된 경우에도 가능하다.[1] 이유 무죄의 경우 비용보상청구권자는 재판에
소요된 비용 가운데 무죄로 판단된 부분의 방어권 행사에 필요하였다고 인정된 부분에 관하
여는 보상을 청구할 수 있다. 다만 법원은 이러한 경우 경합범의 일부유죄, 일부무죄의 경우
에 관한 규정(법194의2② ii)을 유추적용하여 재량으로 보상청구의 전부 또는 일부를 기각할
수 있다.[2]

(4) 비용보상의 절차와 범위

무죄판결이 확정된 경우의 비용보상은 피고인이었던 자의 청구에 따라 무죄판결을 선고
한 법원의 합의부에서 결정으로 한다(법194의3①). 이 청구는 무죄판결이 확정된 사실을 안 날
부터 3년, 무죄판결이 확정된 때부터 5년 이내에 하여야 한다(동조②).

무죄판결 확정에 따른 비용보상의 범위는 피고인이었던 자 또는 그 변호인이었던 자가 공
판준비 및 공판기일에 출석하는 데에 소요된 여비·일당·숙박료와 변호인이었던 자에 대한
보수에 한한다. 이 경우 보상금액에 관하여는 「형사소송비용 등에 관한 법률」을 준용하되, 피
고인이었던 자에 대하여는 증인에 관한 규정을, 변호인이었던 자에 대하여는 국선변호인에 관
한 규정을 준용한다(법194의4①).

비용보상청구, 비용보상절차, 비용보상과 다른 법률에 따른 손해배상과의 관계, 보상을 받
을 권리의 양도·압류 또는 피고인이었던 자의 상속인에 대한 비용보상에 관하여 형사소송법
에 규정한 것을 제외하고는 「형사보상 및 명예회복에 관한 법률」에 의한 보상의 예에 따른다
(법194의5).

---

1) 2019. 7. 5. 2018모906, 공 2019하, 1594, 『전처 보복폭행 이유무죄 사건』.
2) 2019. 7. 5. 2018모906, 공 2019하, 1594, 『전처 보복폭행 이유무죄 사건』.

2. 형사보상법상의 구금에 대한 보상

(1) 형사보상의 헌법적 근거

헌법 제28조는 "형사피의자 또는 형사피고인으로서 구금되었던 자가 법률이 정하는 불기소처분을 받거나 무죄판결을 받은 때에는 법률이 정하는 바에 의하여 국가에 정당한 보상을 청구할 수 있다."고 규정하고 있다. 헌법 제28조는 (가) 형사피고인으로서 구금되었던 자가 무죄판결을 받은 경우뿐만 아니라 (나) 형사피의자으로서 구금되었던 자가 불기소처분을 받은 경우에도 형사보상청구권을 인정하고 있다.

일련의 형사사법절차 속에서 상당한 기간 동안 구금되었던 사람이 최종적으로 무죄판단을 받는 경우가 있을 수 있다는 점은 형사사법절차에 불가피하게 내재되어 있는 위험이다. 형사사법절차를 운영하는 국가는 그 위험으로 인한 부담을 개인에게 지워서는 안 되고, 그로 인한 손해에 대응한 보상을 하지 않으면 안 된다.[1] 헌법 제28가 규정한 형사보상청구권은 이를 실현하기 위한 장치이다.

(2) 피고인에 대한 형사보상

(가) 미결구금 「형사보상 및 명예회복에 관한 법률」(형사보상법)은 먼저, 무죄재판을 받아 확정된 사건의 피고인이 (가) 미결구금이나 (나) 형 집행을 당하였을 때 국가에 대하여 그 구금에 대한 형사보상을 청구할 수 있도록 하고 있다.

형사보상의 대상이 되는 피고인의 미결구금은 (가) 형사소송법에 따른 일반 절차 또는 재심이나 비상상고 절차에서 무죄재판을 받아 확정된 사건의 피고인이 당해 절차에서 '미결구금'을 당하였을 때(형사보상법2①), (나) 상소권회복에 의한 상소, 재심 또는 비상상고의 절차에서 무죄재판을 받아 확정된 사건의 피고인이 원판결에 의하여 '[미결]구금'되었을 때(동조②)의 두 가지 경우에 인정된다.

(나) 형 집행 한편 형사보상법은 (다) 상소권회복에 의한 상소, 재심 또는 비상상고의 절차에서 무죄재판을 받아 확정된 사건의 피고인이 원판결에 의하여 '형 집행'을 받았을 때(형사보상법2②)에도 형사보상을 인정하고 있다. (다)의 경우 자유형 집행정지에 따른 구치(법470③)와 형집행장에 의한 구속(법473 내지 475)은 형의 집행으로 본다(형사보상법2③).

(다) 면소 · 공소기각 재판 무죄판결에 갈음하여 형사보상법이 피고인에게 형사보상을 인정하는 경우가 있다. 즉, (가) 형사소송법에 따라 면소 또는 공소기각의 재판을 받아 확정된

---

1) 2022. 2. 24. 2018헌마998, 헌공 305, 435, 『초과구금 보상 입법부작위 위헌 사건』.

피고인이 면소 또는 공소기각의 재판을 할 만한 사유가 없었더라면 무죄재판을 받을 만한 현저한 사유가 있었을 경우(형사보상법26① i), (나) 「치료감호 등에 관한 법률」 제7조에 따라 치료감호의 독립 청구를 받은 피치료감호청구인의 치료감호사건이 범죄로 되지 아니하거나 범죄사실의 증명이 없는 때에 해당되어 청구기각의 판결을 받아 확정된 경우(동항 ii)가 그것이다. (가)와 (나)의 경우 보상에 대하여는 무죄재판을 받아 확정된 사건의 피고인에 대한 보상에 관한 규정이 준용된다(형사보상법26②).

(라) 원판결의 초과구금   형사보상법 제26조 제1항은 소송법상 이유 등으로 무죄재판을 받을 수는 없으나 그러한 사유가 없었더라면 무죄재판을 받을 만한 현저한 사유가 있는 경우 그 절차에서 구금되었던 개인 역시 형사사법절차에 내재하는 불가피한 위험으로 인하여 신체의 자유에 피해를 입은 것은 마찬가지이므로 국가가 이를 마땅히 책임져야 한다는 고려에서 마련된 규정이다.[1]

특별법상의 가중처벌규정이 형법의 특별구성요건과 동일하면서 법정형만을 높여 규정한 것이라면 이는 평등원칙에 위반되는 형벌법규로서 위헌무효가 된다.[2] 이 경우 「헌법재판소법」 제47조 제4항에 기하여 재심절차가 개시되었으나, 재심판결에서 선고된 형을 초과하는 구금이 원판결에 의하여 이미 이루어진 상태가 생길 수 있다. 이러한 상태라면 그 초과 구금은 위헌적인 법률의 집행으로 인한 과다 구금으로서 형사사법절차에 내재하는 위험으로 인하여 피고인의 신체의 자유에 중대한 피해 결과가 발생한 것으로 볼 수밖에 없다.[3]

그런데 재심심판절차에서 적용법조를 특별법상의 가중처벌규정에서 형법상의 일반처벌규정으로 바꾸는 공소장의 교환적 변경을 통해 피고인이 무죄재판을 받지 못하고 원판결보다 가벼운 형만을 선고받는 경우가 발생할 수 있다. 2023년 개정 전 형사보상법 제26조 제1항은 이러한 경우에 대한 형사보상을 규정하고 있지 않았다. 2022년 헌법재판소는 이러한 입법부작위의 문제점을 지적하여 형사보상법 제26조 제1항에 대해 헌법불합치결정을 내렸다.[4]

2023년 입법자는 헌법재판소의 헌법불합치결정을 반영하여 형사보상법 제26조를 개정하였다. 입법자는 "「헌법재판소법」에 따른 재심 절차에서 원판결보다 가벼운 형으로 확정됨에 따라 원판결에 의한 형 집행이 재심 절차에서 선고된 형을 초과한 경우"를 형사보상법 제26조 제1항에 의한 형사보상의 세 번째 유형으로 명문화하였다(형사보상법26① iii). 다만, 이 경우

---

1) 2022. 2. 24. 2018헌마998, 헌공 305, 435, 『초과구금 보상 입법부작위 위헌 사건』.
2) 2015. 2. 26. 2014헌가16, 헌집 27-1, 13, 『특가법 상습범 가중규정 위헌 사건』.
3) 2022. 2. 24. 2018헌마998, 헌공 305, 435, 『초과구금 보상 입법부작위 위헌 사건』.
4) 2022. 2. 24. 2018헌마998, 헌공 305, 435, 『초과구금 보상 입법부작위 위헌 사건』.

재심절차에서 선고된 형을 초과하여 집행된 구금일수를 형사보상법 제5조 제1항에 따른 구금일수로 본다(형사보상법26① 단서).

이 경우 보상에 대하여는 무죄재판을 받아 확정된 사건의 피고인에 대한 보상에 관한 규정을 준용한다(동조②). 재심절차와 관련한 보상청구의 경우에 법원은 재량으로 보상청구의 전부 또는 일부를 기각할 수 있다(동조③).

(3) 피의자에 대한 형사보상

헌법 제28조는 형사피의자로서 구금되었던 자가 법률이 정하는 불기소처분을 받은 때에도 법률이 정하는 바에 의하여 국가에 정당한 보상을 청구할 수 있도록 하고 있다. 형사보상법은 피의자로서 구금되었던 자 중 검사로부터 불기소처분을 받거나 사법경찰관으로부터 불송치결정을 받은 자는 국가에 대하여 그 구금에 대한 보상을 청구할 수 있다고 규정하고 있다(동법27① 본문). 다만, (가) 구금된 이후 불기소처분 또는 불송치결정의 사유가 있는 경우 (나) 해당 불기소처분 또는 불송치결정이 종국적인 것이 아닌 경우, (다) 해당 불기소처분이 기소유예처분(법247)인 경우에는 피의자보상을 청구할 수 없다(동항 단서).

피의자보상에 대하여 형사보상법 제2장에 특별한 규정이 있는 경우를 제외하고는 그 성질에 반하지 아니하는 범위에서 무죄재판을 받아 확정된 사건의 피고인에 대한 보상에 관한 형사보상법 제2장의 규정을 준용한다(형사보상법29①).

(4) 형사보상의 제한과 배제

(가) 피고인보상 피고인에게 형사보상의 대상이 되는 미결구금이나 형 집행이 있더라도 (가) 형사미성년자(형법9) 및 심신상실(형법10①)의 사유로 무죄재판을 받은 경우(1호), (나) 본인이 수사 또는 심판을 그르칠 목적으로 거짓 자백을 하거나 다른 유죄의 증거를 만듦으로써 기소, 미결구금 또는 유죄재판을 받게 된 것으로 인정된 경우(2호), (다) 1개의 재판으로 경합범의 일부에 대하여 무죄재판을 받고 다른 부분에 대하여 유죄재판을 받았을 경우(3호)의 어느 하나에 해당하는 때에는 법원은 재량으로 보상청구의 전부 또는 일부를 기각할 수 있다(형사보상법4).

판결 주문에서 경합범의 일부에 대하여 유죄가 선고되더라도 다른 부분에 대하여 무죄가 선고되었다면 형사보상을 청구할 수 있다. 그러나 그 경우라도 미결구금 일수의 전부 또는 일부가 유죄에 대한 본형에 산입되는 것으로 확정되었다면, 그 본형이 실형이든 집행유예가 부가된 형이든 불문하고 그 산입된 미결구금 일수는 형사보상의 대상이 되지 않는다. 그 미결구금은 유죄에 대한 본형에 산입되는 것으로 확정된 이상 형의 집행과 동일시되는 것이므로, 형

사보상할 미결구금 자체가 아닌 셈이기 때문이다.[1]

형사보상은 판결 주문에서 무죄가 선고된 경우뿐만 아니라 판결 이유에서 무죄로 판단된 경우에도 청구할 수 있다.[2] 판결 이유에서 무죄로 판단된 경우에는 미결구금 가운데 무죄로 판단된 부분의 수사와 심리에 필요하였다고 인정된 부분에 관하여 형사보상을 청구할 수 있다. 이 경우 형사보상법 제4조 제3호를 유추적용하여 법원의 재량으로 보상청구의 전부 또는 일부를 기각할 수 있다.[3] 그런데 미결구금 일수의 전부 또는 일부가 선고된 형에 산입되는 것으로 확정되었다면 경합범의 경우와 마찬가지로 그 산입된 미결구금 일수는 형사보상의 대상이 되지 않는다.[4]

(나) 피의자보상　　　피의자보상이 제한되는 경우가 있다. (가) 본인이 수사 또는 재판을 그르칠 목적으로 거짓 자백을 하거나 다른 유죄의 증거를 만듦으로써 구금된 것으로 인정되는 경우(1호), (나) 구금기간 중에 다른 사실에 대하여 수사가 이루어지고 그 사실에 관하여 범죄가 성립한 경우(2호), (다) 보상을 하는 것이 선량한 풍속이나 그 밖에 사회질서에 위배된다고 인정할 특별한 사정이 있는 경우(3호)의 어느 하나에 해당하는 경우에는 피의자보상의 전부 또는 일부를 지급하지 아니할 수 있다(형사보상법27②).

(5) 형사보상의 청구기간

형사보상법 제8조는 "보상청구는 무죄재판이 확정된 사실을 안 날부터 3년, 무죄재판이 확정된 때부터 5년 이내에 하여야 한다."고 규정하고 있다. 형사보상법 제8조는 면소 또는 공소기각 재판의 경우(동법26②) 및 피의자보상의 경우(동법29①)에 준용된다.

면소 또는 공소기각의 재판을 받아 확정되었으나, 그 면소 또는 공소기각의 사유가 없었더라면 무죄재판을 받을 만한 현저한 사유가 있음을 이유로 구금에 대한 보상을 청구하는 경우(형사보상법26① i)에 보상청구는 면소 또는 공소기각의 재판이 확정된 사실을 안 날부터 3년, 면소 또는 공소기각의 재판이 확정된 때부터 5년 이내에 하는 것이 원칙이다.[5]

다만 면소 또는 공소기각의 재판이 확정된 이후에 비로소 해당 형벌법령에 대하여 위헌·무효 판단이 있는 경우 등과 같이 면소 또는 공소기각의 재판이 확정된 이후에 무죄재판을 받을 만한 현저한 사유가 생겼다고 볼 수 있는 경우에는 해당 사유가 발생한 사실을 안 날

---

1) 2017. 11. 28. 2017모1990, 공 2018상, 236, 『폭처법 유죄 성폭법 무죄 형사보상 사건』.
2) 2016. 3. 11. 2014모2521, 공 2016상, 549, 『특가법 상습절도 이유 무죄 사건』.
3) 2016. 3. 11. 2014모2521, 공 2016상, 549, 『특가법 상습절도 이유 무죄 사건』.
4) 2017. 11. 28. 2017모1990, 공 2018상, 236, 『폭처법 유죄 성폭법 무죄 형사보상 사건』.
5) 2022. 12. 20. 2020모627, 공 2023상, 294, 『유신 반대 집회 공소취소 형사보상 사건』.

부터 3년, 해당 사유가 발생한 때부터 5년 이내에 보상청구를 할 수 있다.[1]

제5절　재판의 확정과 효력

제1　재판의 확정

1. 재판확정의 의의

재판이 보통의 상소방법이나 기타 불복방법으로 더 이상 다툴 수 없게 되어 그 내용을 변경할 수 없는 상태에 이른 것을 가리켜서 재판의 확정이라고 한다. 그리고 이러한 상태에 있는 재판을 확정재판이라고 한다. 재판은 확정되어야 그 본래의 효력이 발생한다. 이 점에서 재판확정의 유무와 그 시기는 소송법적으로 매우 중요한 의미를 갖는다.

재판이 본래의 효력을 발생하려면 재판이 확정되어야 한다. 재판의 확정시기는 재판에 불복이 허용되는가 아닌가에 따라서 달라진다.

2. 재판확정의 시기

(1) 불복이 허용되지 않는 재판

불복이 허용되지 않는 재판은 재판의 선고 또는 고지와 동시에 확정된다. 법원의 관할 또는 판결 전의 소송절차에 관한 결정에 대하여는 특히 즉시항고를 할 수 있는 경우 외에는 항고를 하지 못하므로(법403①) 여기에 해당하는 결정은 원칙적으로 그 선고 또는 고지와 동시에 확정된다.

대법원의 재판에 대해서는 불복이 허용되지 않으므로[2] 상고기각판결은 선고와 함께 확정되고, 상고기각결정(법380① · ②, 381) 등은 송달 등 고지와 함께 확정된다.[3] 대법원의 판결에 대해서는 판결정정제도(법400, 401)가 마련되어 있으나 대법원판결의 정정은 오기, 오산과 같이 예외적인 경우에 그 판결내용의 오류를 바로잡기 위한 장치라는 점에 비추어 볼 때 대법원판결은 선고와 동시에 확정되는 것으로 보아야 한다.[4]

---

1) 2022. 12. 20. 2020모627, 공 2023상, 294, 『유신 반대 집회 공소취소 형사보상 사건』.
2) 1987. 1. 30. 87모4, 공 1987, 678, 『재항고 후 재항고 사건』.
3) 2012. 1. 27. 2011도15914, 공 2012상, 720, 『석유사범 상고기각결정 사건』.
4) 1967. 6. 2. 67초22, 총람 459조, 1번, 『'선고로 확정' 사건』.

(2) 불복이 허용되는 재판

불복이 허용되는 재판은 그 불복의 가능성이 소멸된 때에 확정된다. 먼저, 불복신청의 기간이 경과하면 재판은 확정된다. 제1심판결(법358) 및 항소심판결(법374)은 판결이 선고된 날로부터 7일의 상소기간을 경과하면 판결이 확정된다. 약식명령(법453 본문)이나 즉결심판(즉결심판법14① · ②)의 경우에는 재판을 고지받은 날로부터 7일을 경과하면 재판이 확정된다.

2019년 입법자는 즉시항고(법405)의 기간을 종전의 3일에서 7일로 연장하였다. 따라서 즉시항고의 경우에도 7일을 경과하면 재판이 확정된다. 보통항고가 허용되는 결정은 그 항고기한에 제한이 없으므로 그 결정을 취소하여도 실익이 없게 된 때에 확정된다고 볼 것이다(법404 본문 · 단서).

다음으로, 재판은 불복신청의 포기 또는 취하에 의하여 확정된다. 검사나 피고인 또는 기타 항고권자(법339)는 원칙적으로 상소의 포기 또는 취하를 할 수 있다(법349 본문). 단, 피고인 또는 항고권자(법339)는 사형 또는 무기징역이나 무기금고가 선고된 판결에 대하여는 상소의 포기를 할 수 없다(법349 단서).

약식명령에 대한 정식재판의 청구는 제1심판결 선고 전까지 취하할 수 있다(법454). 단, 피고인은 정식재판청구를 포기할 수 없다(법453① 단서). 즉결심판에 대해서는 정식재판청구의 취하뿐만 아니라 포기도 가능하다(즉결심판법14④). 이러한 경우에는 상소의 포기 · 취하 또는 정식재판청구의 포기 · 취하에 의하여 재판이 확정된다.

제2 재판확정의 효력

1. 형식적 확정력

재판이 확정되면 그 재판의 본래적 효력이 발생한다. 확정된 재판의 효력은 형식적 확정력과 내용적 확정력으로 나누어 볼 수 있다.

재판이 통상적인 불복방법에 의하여 다툴 수 없게 된 상태에 이른 것을 가리켜 재판의 형식적 확정이라고 하며, 확정재판의 이러한 불가쟁적 효력을 형식적 확정력이라고 한다. 재판의 형식적 확정력은 절차면에서의 효력이므로 종국재판인가 종국전 재판인가, 실체재판인가 형식재판인가를 묻지 않고 발생한다.

형식적 확정력의 불가쟁적 효력은 소송관계인의 입장에서 볼 때 재판에 대한 불복이 불가능함을 의미한다. 이에 대하여 재판을 행한 법원 자신이 재판의 내용을 철회하거나 변경할 수 없는 것을 가리켜 불가변력이라고 한다.

재판의 형식적 확정력은 다시 다음의 형태로 구체화된다. 첫째로, 종국재판의 경우 재판이 형식적으로 확정되면 당해 사건에 대한 소송계속이 종료된다. 둘째로, 재판의 형식적 확정은 재판집행의 기준시점을 제공한다(법459). 셋째로, 유죄판결의 형식적 확정은 누범가중(형법 35), 선고유예의 실효(형법61), 집행유예의 실효(형법63) 등에 관한 기준사유가 된다. 네 번째로, 재판의 형식적 확정은 재판의 내용적 확정력 발생의 전제가 된다.

2. 내용적 확정력

(1) 내용적 확정력의 의의

재판은 법원 또는 법관의 공적 판단으로서 의사표시이다. 재판이 형식적으로 확정되면 그에 따라 재판의 의사표시내용이 확정되는데 이를 재판의 내용적 확정이라고 한다. 재판이 내용적으로 확정되면 그 판단의 내용에 따라서 일정한 법률관계가 확정된다. 이 때의 효력을 가리켜 재판의 내용적 확정력이라고 부른다.

재판의 내용적 확정력은 실체재판, 형식재판을 가리지 않고 발생한다. 그런데 유죄·무죄의 실체판결의 경우에는 피고사건에 대한 구체적 형벌권의 존부 및 범위가 확정된다. 또한 실체면과 밀접한 관련을 가지는 면소판결의 경우에도 구체적 공소권의 유무가 확정된다. 이와 같이 피고사건의 실체와 관련된 내용적 확정력을 가리켜 실체적 확정력이라고 부른다. 재판에 실체적 확정력이 발생하면 동일한 사건에 대하여 재소가 금지되는 특수한 효과가 발생한다. 이러한 효력을 가리켜 일사부재리의 효력 또는 기판력이라고 한다.

(2) 내용적 확정력의 대내적 효과

재판이 확정되면 원칙적으로 집행력이 발생한다(법459). 재판이 형 선고의 유죄판결(법 321)인 경우에는 형벌집행권이 발생한다. 재판의 집행력은 당해사건 자체에 대한 효력이라는 의미에서 내용적 확정력의 대내적 효과라고 한다. 재판의 집행력은 재판의 확정에 의하여 발생하는 것이 원칙이지만 예외적으로 재판의 확정 전에도 집행력이 인정되는 경우가 있다. 결정 및 명령의 재판은 즉시항고(법405, 409 본문)가 허용되는 경우를 제외하고는 원칙적으로 고지에 의하여 집행력이 발생한다. 또한 벌금의 가납재판도 확정 전에 즉시 집행할 수 있다(법334).

재판의 집행력은 실체재판, 형식재판을 가리지 않고 집행을 요하는 확정재판에 기하여 발생한다. 확정된 실체재판 가운데 무죄판결은 집행력을 발생시키지 않는다. 이에 반하여 확정된 형식재판 가운데 보석허가결정(법95, 96)이나 구속영장의 발부(법73, 201) 등은 집행력이 있다.

(3) 내용적 확정력의 대외적 효과

재판이 확정되면 그 표시된 판단내용은 후소법원을 구속한다. 그리하여 후소법원은 동일한 사정과 동일한 사항에 대하여 원래의 재판과 상이한 판단을 할 수 없게 된다. 후소법원에 대하여 발생하는 이러한 효과를 가리켜서 재판의 내용적 구속력이라고 한다. 내용적 구속력은 확정재판이 다른 법원에 대하여 발휘하는 효과를 의미한다는 점에서 내용적 확정력의 대외적 효과라고 부를 수 있다. 확정재판의 내용적 구속력은 형식재판의 경우와 유죄판결, 무죄판결, 면소판결의 경우로 나누어 살펴볼 필요가 있다.

관할위반판결(법319), 공소기각판결(법327), 공소기각결정(법328①) 등 형식재판이 확정되면 다른 법원은 동일한 사정 및 동일한 사항에 관하여 다른 판단을 할 수 없다. 예컨대 갑 법원이 친고죄에 관하여 적법한 고소가 없음을 이유로 공소기각판결(법327ⅱ)을 하고 그 판결이 확정된 경우에 적법한 고소가 없음에도 불구하고 동일한 범죄사실로 재차 을 법원에 공소가 제기되었다면 을 법원은 갑 법원의 판단을 무시하고 실체판단을 행할 수 없다.

그러나 형식재판에 있어서 내용적 구속력은 사정변경이 있는 경우에까지 적용되는 것은 아니다. 예컨대 친고죄인 모욕죄(형법311, 312①)로 기소된 피고사건에 대하여 적법한 고소가 없음을 이유로 한 공소기각판결(법327ⅱ)이 확정된 경우에 반의사불벌죄인 명예훼손죄(형법307①, 312②)의 범죄사실이 밝혀진 경우에는 다시 공소를 제기하는 것이 허용되고 후소법원은 명예훼손죄에 대해 실체판단을 행할 수 있다.

유죄판결(법321, 322), 무죄판결(법325) 및 면소판결(법326)이 확정되면 그 대외적 효력으로서 동일사건에 대하여 후소법원의 심리가 금지되는 효과가 발생한다. 이때 유·무죄의 실체재판 및 면소판결에 부여되는 재소금지의 효력을 가리켜 기판력 또는 일사부재리의 효력이라고 부른다. 확정판결의 효력이 부여되는 약식명령(법457)이나 즉결심판(즉결심판법16)에도 같은 효력이 발생한다.

제3 기 판 력

1. 기판력의 의의

(1) 헌법 제13조 제1항

헌법은 제13조 제1항에서 "모든 국민은 … 동일한 범죄에 대하여 거듭 처벌받지 아니한다."고 규정하여 이른바 이중처벌금지의 원칙 내지 일사부재리의 원칙을 선언하고 있다. 이는 한번 판결이 확정되면 그 후 동일한 사건에 대해서는 다시 심판하는 것이 허용되지 않는다는

원칙을 말한다.[1]

여기에서 '처벌'이라고 함은 원칙적으로 범죄에 대한 국가의 형벌권 실행으로서의 과벌(科罰)을 의미하는 것이고, 국가가 행하는 일체의 제재나 불이익처분이 모두 여기에 포함되는 것은 아니다.[2]

(2) 기판력과 일사부재리의 효력과의 관계

기판력(旣判力)은 현재 다양한 형태로 정의가 시도되고 있는 개념으로서 통일적인 개념파악이 불가능한 실정이다. 이와 같은 개념의 혼란은 대륙법 계통의 소송법학에서 사용되던 기판력의 개념이 영미 형사소송법의 주요개념인 이중위험금지의 법리를 그 내용으로 포섭하고자 하는 데에서 발생하고 있다.

학계에서는 피고인보호를 충실화하기 위한 이론적 시도로서 이중위험금지의 법리를 도입하면서 이 법리에 기초한 재소금지의 효력을 일사부재리의 효력이라고 부르고, 이에 대하여 종래의 통상적인 소송법적 효과를 기판력의 개념으로 표현하려는 시도가 나오고 있다. 이러한 시도와 관련하여 일치설, 구별설, 포함설 등이 제시되고 있다.

(가) 일치설   일치설은 기판력과 일사부재리의 효력을 동일한 개념이라고 보는 입장이다. 전통적으로 기판력은 이미 판단된 사건(res judicata)의 효력이라는 의미로 이해되어 왔다. 고유한 의미에서의 기판력은 유죄·무죄의 실체판결이 확정된 경우에 동일사건에 대하여 다시 심리와 재판이 행해지지 않는다는 효력을 말한다. 일치설은 기판력이 이와 같이 재소금지의 효력으로 파악되는 경우에 이를 일사부재리의 효력(ne bis in idem)이라고 표현함으로써 양자를 동일시하고 있다.

(나) 구별설   구별설은 기판력과 일사부재리의 효력을 전혀 차원을 달리하는 개념이라고 보는 견해이다. 구별설의 입장에서는 영미법상의 이중위험금지의 법리에 주목한다. 이중위험금지의 법리(double jeopardy)란 국가기관의 소추활동으로 처벌의 위험에 직면하였던 피고인은 동일한 행위로 거듭 처벌의 위험에 놓이지 않는다는 이론을 말한다. 구별설에 따르면 기판력은 재판의 내용적 확정력 가운데 대외적 효과를 의미하는 소송법적 개념임에 반하여 일사부재리의 효력은 피고인의 불안정한 상태를 제거하려는 이중위험금지의 법리에서 유래한 것으로 기판력과 관계가 없는 것이라고 한다.

(다) 포함설   재판이 확정될 때 그 표시된 판단내용이 후소법원을 구속하는 대외적 효과를 가리켜서 내용적 구속력이라고 한다. 포함설은 형식재판, 실체재판을 가리지 아니하고

---

1) 2017. 8. 23. 2016도5423, 공 2017하, 1836, 『가정폭력 2차 고소 사건』.
2) 2017. 8. 23. 2016도5423, 공 2017하, 1836, 『가정폭력 2차 고소 사건』.

재판의 내용적 구속력을 기판력이라고 부르고 실체재판에 있어서 동일사건에 대한 재소금지의 효과를 가리켜서 일사부재리의 효력이라고 지칭하는 견해이다.

(3) 학설의 검토

생각건대 기판력과 일사부재리의 효력을 둘러싼 용어사용에 대해서는 고유의 기판력과 일사부재리의 효력을 동일한 의미로 파악하는 것이 타당하다고 본다. 원래 이중위험금지의 법리는 배심재판을 전제로 한 것으로서, 이 법리에 의하여 피고인은 배심원의 유죄·무죄의 평결이 있을 때 다른 형사절차로 인하여 거듭 처벌받지 않는다는 보장을 받는다. 이때 이중위험금지의 법리는 배심원의 평결이 있을 때뿐만 아니라 평결에 이르기까지 피고인이 '특정된 배심원단'에 의하여 자신의 형사사건에 대한 심리가 종결될 것을 요구하는 권리까지도 보장한다는 의미를 가지고 있다.

이중위험금지의 법리에 의하면 일단 배심원단이 구성되면 국가 측은 유·무죄평결이 내려지기 전에 형식재판으로 형사절차를 종료해 놓고 피고인을 재차 기소할 수 없다. 재차 기소가 행해지면 동일 배심원단에 의하여 심리받을 권리가 침해된 피고인은 이중위험의 금지를 들어 재소에 대한 항변을 제출할 수 있게 된다. 이와 같이 이중위험금지의 법리는 유죄·무죄의 실체판단을 전제로 하지 않고서도 논의될 수 있는 개념이다. 이렇게 볼 때 유죄·무죄의 실체판결이 확정됨을 전제로 그 내용적 확정력의 대외적 효력을 검토하는 경우에 그 근거를 이중위험금지의 법리로 설명하는 것은 무리가 있다.

이상의 분석에 비추어 볼 때 실체재판의 내용적 확정력 가운데 대외적 효력을 나타내는 개념으로서 고유한 의미의 기판력과 일사부재리의 효력을 혼용하는 전통적 견해가 타당하다고 생각된다. 다만 고유한 의미의 기판력이라는 개념을 사용한다고 하더라도 헌법적 형사소송법의 관점에 비추어 볼 때 기판력이 소송법상의 기술적인 개념을 넘어서서 헌법상 보장된 일사부재리의 원칙(헌법13① 후단)을 구체적으로 실현하는 피고인보호 장치라는 점을 간과해서는 안 될 것이다.

(4) 기판력 인정의 필요성

유죄·무죄의 실체판결과 면소판결이 확정되면 피고사건에 대한 형사절차는 그것으로 종결되고 동일사건에 대한 재차의 심리나 판결은 금지된다. 형식재판에 비하여 유죄·무죄의 실체판결이나 면소판결에 기판력이 인정되는 이유로는 다음의 몇 가지 점을 들 수 있다.

첫째로, 국가는 확정판결의 기판력을 통하여 무용한 형사재판의 반복을 방지함으로써 형사사법기관의 업무와 비용을 절약할 수 있다. 만일 확정판결에 대하여 이와 취지가 다른 확정판결이 있다는 이유만으로 다툴 수 있다면 분쟁의 종국적 해결이 지연되거나 불가능하게 되어 소송경제에 반하거나 심급제도 자체가 무의미하게 되는 결과가 초래되고, 재판을 통한 법질서의 형성과 유지도 어렵게 될 것이다.[1]

둘째로, 동일한 사건에 대하여 전후 모순되는 판결이 행해지는 상황을 기판력을 통하여 방지함으로써 재판이라는 공적 판단의 권위를 유지할 수 있다.

셋째로, 국가는 확정판결에 기판력을 부여함으로써 형사사건과 관련된 불분명한 법률상태를 해결하고 일반인으로 하여금 새로운 법생활의 수립을 가능하게 한다.

끝으로, 실체판결에 기판력을 부여하는 가장 큰 이유는 방대한 조직과 법률지식을 갖춘 국가기관이 일개 시민에 대하여 형사소추를 거듭 행함으로써 그에게 정신적·물질적 고통을 가하거나 무고한 시민을 범죄자로 몰아가는 것을 방지하려는 데에 있다. 우리 헌법이 "모든 국민은 … 동일한 범죄에 대하여 거듭 처벌받지 아니한다."고 규정하여(헌법13① 후단) 형사재판의 기판력을 특히 헌법적 차원에서 확인한 것은 바로 이러한 점을 밝힌 것이다.

2. 기판력의 본질

유죄판결(법321, 322), 무죄판결(법325), 면소판결(법326)에 기판력이 부여된다고 할 때 그 본질이 무엇인가 하는 문제가 있다. 이 기판력의 본질론은 특히 피고사건에 대하여 실체적 진실에 반하는 유죄판결이 확정되었을 때 그 법적 효과를 어떻게 평가해야 할 것인가를 둘러싸고 논의된다. 이 문제에 대해서는 실체법설, 구체적 규범설, 소송법설, 신소송법설 등이 제시되고 있다.

실체법설은 확정판결에 부여되는 기판력의 본질이 실체법률관계를 형성·변경하는 효력에 있다고 보는 견해이다. 실체법설에 따르면 유죄판결의 경우 판결의 실체적 진실 여부를 불문하고 기판력에 의하여 범죄가 성립되고 국가의 형벌권이 새로 발생하기 때문에 오판의 문제는 발생하지 않는다고 보게 된다.

구체적 규범설은 실체법의 일반적·추상적 규범이 형사절차를 통하여 개별적·구체적인 법률관계로 형성되도록 하는 힘을 기판력이라고 보는 견해이다. 즉 당해 피고사건에 대한 구체적 실체법을 형성하는 힘이 기판력이라는 것이다.

소송법설은 기판력을 후소법원의 실체심리를 차단하는 소송법적 효력이라고 보는 견해이다. 이에 따르면 기판력은 피고사건의 실체법률관계에 아무런 영향을 미치지 않는, 확정판결 고유의 소송법적 효력을 의미하게 된다.

---

1) 2022. 12. 29. 2018도7575, [미간행], 『'2차 희망버스' 관련사건 확정판결 사건』.

신소송법설은 기판력의 근거를 국가 내지 법원의 권위성이라는 관점으로부터가 아니라 소추 측 당사자의 모순행위금지라는 관점에서 구할 수 있다고 보는 견해이다. 이 입장에서는 확정된 실체판결이 후소법원을 기속하는 힘은 검사의 금반언(estoppel)에서 비롯된다고 본다. 금반언(禁反言)이란 종전에 행한 말과 어긋나는 말을 할 수 없다는 뜻이다. 일단 피고인에게 이익된 판단이 내려진 이상 소추 측은 이후 그것과 모순된 주장을 할 수 없게 되는데 이 효력이 바로 기판력이라는 것이다.

생각건대 기판력의 본질은 일단 전통적인 소송법설에 입각하여 이해하는 것이 타당하다고 본다. 기판력은 일차적으로 피고사건의 실체와 관련하여 이미 법원의 판단이 행해졌음에도 불구하고 후소법원이 다시 심판을 함으로써 발생하는 판결의 모순·저촉을 방지하기 위한 장치라고 생각된다. 그러나 기판력을 이와 같이 소송법상의 기술적 장치로 생각하게 되면 자칫 법원 본위의 국가권위주의 사고에 빠지기 쉽다. 이 점에 대비하여 우리 헌법은 일사부재리의 원칙을 국민의 기본권으로 규정하여(헌법13① 후단) 확정판결의 기판력이 피고인보호를 위한 장치임을 분명하게 밝히고 있다.

3. 기판력이 인정되는 재판

(1) 기판력이 인정되는 경우

기판력은 동일한 피고사건에 대해 후소법원의 새로운 심판을 금지하는 효력이다. 기판력은 원칙적으로 유죄판결(법321, 322), 무죄판결(법325), 면소판결(법326)이 확정된 경우에 발생한다. 또한 그 밖에 입법자가 일정한 재판에 대해 확정판결의 효력을 부여함으로써 기판력이 인정되는 경우가 있다.

(가) 유죄 및 무죄의 확정판결   유죄판결 및 무죄판결의 실체재판이 확정된 경우에 기판력이 발생하는 점에는 의문이 없다. 피고인이 무죄판결(법325)을 선고받고 그 판결이 확정된 경우에 다시 피고인의 처벌을 구하여 검사가 공소를 제기하거나 법원이 심판을 행하는 것이 피고인보호에 반하는 것임은 물론이다.

나아가 피고인에 대한 유죄판결(법321, 322)이 확정된 경우에 다시 새로운 처벌을 위하여 재차 심판을 행하는 것도 피고인의 이익을 해치는 일이다. 우리 헌법은 특히 후자의 경우에 주목하여 "모든 국민은 … 동일한 범죄에 대하여 거듭 처벌받지 아니한다."는 표현을 사용하고 있다(헌법13① 후단).

(나) 면소의 확정판결   면소판결(법326)은 관할위반판결(법319), 공소기각판결(법327), 공소기각결정(법328①) 등과 함께 형식재판에 속하면서도, 후자의 재판들과는 달리 재판이 확정되어도 다시 공소시효를 진행시키지 않는다(법253①). 면소판결은 형식재판이면서도 재소금지

의 기판력이 발생하기 때문이다. 면소판결은 단순한 소송조건의 흠결을 이유로 하는 것이 아
니라 소송추행의 이익이나 필요성을 소멸시키는 중대한 소송장애사유이다.

(다) 기타의 확정판결   입법자가 경미사건의 신속한 처리를 위하여 일정한 재판에 확정
판결과 동일한 효력을 부여하는 경우가 있다. 약식명령(법457)[1]이나 즉결심판(즉결심판법16)[2]
이 확정된 경우에는 확정판결과 동일한 효력이 생긴다. 이 때에는 확정판결의 효력으로 형집
행을 위한 집행력이 발생할 뿐만 아니라 재소금지의 기판력이 인정된다. 약식명령이나 즉결심
판은 법관이 심리하는 절차에서 이루어지는 것이기 때문이다.

(라) 범칙금 납부   「도로교통법」은 일정한 범칙행위에 대해 경찰서장에 의한 범칙금 납
부의 통고처분(동법163)을 규정하면서, "범칙금을 낸 사람은 범칙행위에 대하여 다시 벌 받지
아니한다."고 규정하고 있다(동법164③). 이때 '다시 벌 받지 아니한다' 함은 확정판결의 효력
에 준하는 효력이 인정된다는 취지이다.[3]

「경범죄 처벌법」은 일정한 범칙행위에 대해 경찰서장 등에 의한 범칙금 납부의 통고처분
(동법7① 본문)을 규정하면서, "범칙금을 납부한 사람은 그 범칙행위에 대하여 다시 처벌받지
아니한다."고 규정하고 있다(동법8③). 여기에서 '다시 처벌받지 아니한다' 함은 확정판결의 효
력에 준하는 효력이 인정된다는 취지이다.[4]

「도로교통법」이나 「경범죄 처벌법」상의 범칙금제도는 형사절차에 앞서 경찰서장 등의 통
고처분에 의하여 일정액의 범칙금을 납부하는 기회를 부여하여 그 범칙금을 납부하는 사람에
대하여는 기소를 하지 아니하고 사건을 간이하고 신속, 적정하게 처리하기 위하여 처벌의 특
례를 마련해 둔 것이다. 이 점에서 법원의 재판절차와는 제도적 취지 및 법적 성질에서 차이
가 있다.[5]

그런데 범칙금의 납부에 따라 확정판결에 준하는 효력이 인정되는 범위는 (가) 범칙금 통
고의 이유에 기재된 당해 범칙행위 자체 및 (나) 그 범칙행위와 동일성이 인정되는 범칙행위
에 한정된다. 범칙행위와 같은 시간과 장소에서 이루어진 행위라 하더라도 범칙행위의 동일성
을 벗어난 형사범죄행위에 대하여는 범칙금의 납부에 따라 확정판결에 준하는 일사부재리의
효력이 미치지 않는다.[6]

예컨대 「도로교통법」상의 범칙행위(예컨대 신호위반)를 하였음을 이유로 범칙금의 통고를

1) 2009. 4. 9. 2008도5634, 공 2009상, 682,「10억 원 합의서 날인 사건」.
2) 1996. 6. 28. 95도1270, 공 1996, 2424,「담배집 마당 사건」.
3) 2002. 11. 22. 2001도849, 공 2003, 267,「범칙금 납부 후 업무상과실치상 기소 사건」.
4) 2003. 7. 11. 2002도2642, 공 2003, 1747,「기계상점 강제집행 행패 사건」.
5) 2012. 9. 13. 2011도6911, [미간행],「주차시비 16주 상해 사건」.
6) 2012. 9. 13. 2011도6911, [미간행],「주차시비 16주 상해 사건」.

받고 그 범칙금을 납부한 경우 범칙행위와 같은 때, 같은 곳에서 이루어진 행위라 하더라도 범칙행위와 별개의 형사범죄행위(예컨대 업무상 과실치상)에 대하여는 범칙금의 납부로 인한 불처벌의 효력이 미치지 않는다.[1]

또한 「경범죄 처벌법」상의 범칙행위(예컨대 인근소란행위)를 하였음을 이유로 범칙금의 통고를 받고 그 범칙금을 납부한 경우 범칙행위와 같은 때, 같은 곳에서 이루어진 행위라 하더라도 범칙행위와 별개의 형사범죄행위(예컨대 중상해)에 대하여는 범칙금의 납부로 인한 불처벌의 효력이 미치지 않는다.[2]

경찰서장이 범칙행위에 대하여 통고처분을 하면 통고처분에서 정한 범칙금 납부기간까지는 검사도 동일한 범칙행위에 대하여 공소를 제기할 수 없다. 검사가 이미 통고처분이 이루어진 범칙행위와 동일성이 인정되는 공소사실로 공소를 제기하였다면 이는 공소제기의 절차가 법률의 규정을 위반하여 무효인 때(법327① ii)에 해당하여 공소기각판결의 대상이 된다.[3]

공소사실이나 범죄사실의 동일성 여부는 사실의 동일성이 갖는 법률적 기능을 염두에 두고 피고인의 행위와 그 사회적인 사실관계를 기본으로 하면서 규범적 요소 또한 아울러 고려하여 판단해야 한다.[4] 범칙금이 납부된 범칙행위(예컨대 신호위반, 인근소란행위)와 별개의 형사범죄행위(예컨대 업무상 과실치상, 중상해 등)는 보호법익과 죄질이 달라서 서로 별개의 행위로서 양립할 수 있는 관계에 있다. 사회적인 사실관계와 함께 보호법익이나 죄질과 같은 규범적 요소를 아울러 고려하면 범칙행위와 별개의 형사범죄행위는 기본적 사실관계가 동일한 것으로 평가할 수 없다.[5]

(마) 통고처분 이행　　범칙금 납부의 효력범위를 제한적으로 해석해야 한다는 법리는 「조세범 처벌절차법」이나 「관세법」의 경우에도 적용될 것이다. 「조세범 처벌절차법」은 세무관청의 통고처분을 받은 자가 통고대로 이행하였을 때에는 동일한 사건에 대하여 '다시 조세범칙조사를 받거나 처벌받지 아니한다'고 규정하고 있다(동법15③). 또한 「관세법」은 관세범인이 통고의 요지를 이행하였을 때에는 '동일사건에 대하여 다시 처벌을 받지 아니한다'고 규정하고 있다(동법317).

「조세범 처벌절차법」이나 「관세법」에 의한 통고처분 이행의 효력은 통고처분의 이유에 기재된 당해 범칙행위 자체 및 그 범칙행위와 동일성이 인정되는 범칙행위로 한정된다. 범칙

---

1) 2007. 4. 12. 2006도4322, 공 2007, 738,『자동차용품점 앞 교통사고 사건』.
2) 2012. 9. 13. 2011도6911, [미간행],『주차시비 16주 상해 사건』.
3) 2023. 3. 16. 2023도751, [미간행],『경찰서장 통고처분 성명모용 사건』.
4) 1994. 3. 22. 93도2080 전원합의체 판결, 공 1994, 1368,『장물취득 대 강도상해 사건』.
5) 2012. 9. 13. 2011도6911, [미간행],『주차시비 16주 상해 사건』.

행위와 같은 때, 같은 장소에서 이루어진 행위라 하더라도 범칙행위와 별개의 형사범죄행위에 대하여는 통고처분 이행으로 인한 불처벌의 효력이 미치지 않는다.[1] [2]

(2) 기판력이 부정되는 경우

(가) 확정판결 이외의 제재　확정판결의 효력으로서 기판력은 형사사건에 대한 재차의 실체심리를 금지한다는 의미를 갖는다. 헌법은 제13조 제1항에서 "모든 국민은 … 동일한 범죄에 대하여 거듭 처벌받지 아니한다."고 규정하고 있다. 여기에서 '처벌'은 원칙적으로 범죄에 대한 국가의 형벌권 실행으로서의 과벌을 의미하는 것이다. 국가가 행하는 일체의 제재나 불이익처분이 모두 여기의 '처벌'에 포함되는 것은 아니다.[3]

형사사건 이외의 사건을 대상으로 하는 과태료 납부[4] 등 행정벌은 면소판결의 사유가 되지 않는다. 세무공무원 등이 발한 통고처분의 이행은 기판력이 제한되어 면소판결의 사유가 되지 않는다고 보아야 할 것이다.

(나) 보호처분　「소년법」은 「소년법」상의 보호처분을 받은 소년이 있을 때 그 심리결정된 사건에 대해 '다시 공소를 제기할 수 없다'고 규정하고 있다(동법53 본문). 「가정폭력범죄의 처벌 등에 관한 특례법」(가정폭력처벌법)은 가정폭력처벌법에 따른 보호처분이 확정된 경우에 '그 가정폭력행위자에 대하여 같은 범죄사실로 다시 공소를 제기할 수 없다'고 규정하고 있다(동법16 본문).

그러나 「소년법」이나 가정폭력처벌법에 따른 보호처분은 확정판결이 아니므로 기판력이 인정되지 않는다. 보호처분을 받은 사건과 동일한 사건에 대해 다시 공소제기가 되었다면 이에 대해서는 면소판결(법326 i)을 할 것이 아니라 공소제기의 절차가 법률의 규정을 위배하여 무효일 때에 해당하여 공소기각판결(법327 ii)을 해야 한다.[5]

「소년법」이나 가정폭력처벌법에 따른 보호처분에 기판력이 인정되지 않는 것과 마찬가지로, 보호처분을 하지 않기로 하는 불처분결정에도 기판력이 인정되지 않는다. 가정폭력처벌법에 따른 불처분결정(동법37①)이 확정된 후에 검사가 동일한 범죄사실에 대하여 다시 공소를 제기하였다거나 법원이 이에 대하여 유죄판결을 선고하였다고 하더라도 이중처벌금지의 원칙 내지 일사부재리의 원칙에 위배된다고 할 수 없다.[6]

---

1) 2012. 9. 13. 2011도6911, [미간행], 『주차시비 16주 상해 사건』 참조.
2) 2023. 3. 16. 2023도751, [미간행], 『경찰서장 통고처분 성명모용 사건』 참조.
3) 2017. 8. 23. 2016도5423, 공 2017하, 1836, 『가정폭력 2차 고소 사건』.
4) 1992. 2. 11. 91도2536, 공 1992, 1074, 『옥내주차장 불법전용 사건』.
5) 2017. 8. 23. 2016도5423, 공 2017하, 1836, 『가정폭력 2차 고소 사건』.
6) 2017. 8. 23. 2016도5423, 공 2017하, 1836, 『가정폭력 2차 고소 사건』.

4. 기판력이 인정되는 부분

판결은 주문과 이유로 구성된다(법43 참조). 이때 주문에 대하여 기판력이 인정된다는 점에는 이론이 없다. 그런데 기판력이 인정되는 부분을 확정판결의 주문으로 한정할 것인가 아니면 이유부분에 기재된 사실판단에 대해서도 인정할 것인가 하는 문제가 있다.

생각건대 판결의 이유부분에 대해서까지 기판력을 인정하려는 시도는 영미법상 이중위험금지의 법리에서 도출되는 부수적 금반언(collateral estoppel)의 이론을 우리 형사소송법의 기판력이론에 접목하려는 시도라고 보인다. 부수적 금반언은 본안에 대한 판단을 내리면서 그에 부수하여 판단한 내용에 반하는 내용을 판시하지 못한다는 뜻이다.

그러나 우리 법체계에서는 '동일한 범죄'(헌법13① 후단)에 대한 '확정판결'(법326 i)의 존부를 기준으로 일사부재리의 효력을 결정한다는 점과 종전의 재판에서 밝혀진 피고인에게 유리한 사항은 별개 사건의 심리과정에서 증거로 제출될 수 있다는 점 등에 비추어 볼 때 피고사건의 이유부분에 대해서까지 기판력을 부여하려는 시도는 찬성할 수 없다.

5. 기판력의 주관적 범위

유죄·무죄의 실체재판 및 면소판결에 인정되는 일사부재리의 효력은 공소가 제기된 피고인에 대해서만 발생한다. 공소의 효력은 검사가 피고인으로 지정한 자에게만 미치기 때문이다(법248①). 따라서 공동피고인의 경우에도 한 피고인에 대한 확정판결의 효력은 다른 피고인에게 영향을 미치지 않는다.[1]

피고인이 타인의 성명을 모용한 경우에 판결의 효력이 피모용자에게 미치지 않음은 물론이다. 다만 약식명령을 송달받은 피모용자가 정식재판을 청구하였다면 피모용자에게는 검사의 공소제기가 없어도 사실상 소송계속이 발생한다. 이 경우에는 피모용자 을에게 적법한 공소제기가 없었음을 밝혀주는 의미에서 법원은 공소기각판결(법327 ii)을 선고해야 한다.[2] 한편 위장출석한 사람에 대해서는 사실상의 소송계속이 발생하므로 그 소송계속을 종결하기 위한 종국재판이 필요하게 된다.[3]

이와 같이 성명모용의 경우에 피모용자나 위장출석한 피고인에 대하여 판결이 선고되어 확정된다면 그 판결의 기판력은 피고인으로 취급된 자에게 미치게 된다.

---

1) 2006. 9. 22. 2004도4751, 공 2006, 1853, 『육영재단 임대사업 사건』.
2) 1993. 1. 19. 92도2554, 공 1993, 783, 『수현·재현 도박 사건』.
3) 전술 447면 참조.

6. 기판력의 객관적 범위

기판력의 객관적 범위에 관하여는 심판대상의 문제와 관련하여 여러 가지 견해가 제시되고 있다.

(1) 학설의 개관

(가) 이원설   이원설은 법원의 심판대상을 현실적 심판대상과 잠재적 심판대상으로 나누는 견해이다. 이원설의 입장에서는 공판절차에서 법원의 심리활동은 검사가 공소장에 기재하여 심판을 구한 공소사실(즉 현실적 심판대상)에 국한된다고 본다.

그런데 기판력은 공소장 자체에 기재하거나 또는 공소장변경을 통하여 현실적 심판대상으로 되지 아니한 부분(즉 잠재적 심판대상)에 대하여도 발생한다. 이원설은 법원이 현실적으로 심판하지 아니한 부분에 대하여 일사부재리의 효력을 인정하는 근거를 어떻게 설명할 것인가 하는 문제에 봉착하게 된다.

이에 대해 이원설은 현실적 심판대상과 잠재적 심판대상의 특성에 착안하여 기판력의 범위확장을 설명한다. 잠재적 심판대상은 언제든지 현실적 심판대상으로 전환할 수 있는 가능성이 있는 부분이므로 설사 국가기관이 현실화의 가능성을 활용하지 아니하였거나 또는 이를 간과하였다고 할지라도 피고인보호를 위하여 기판력이 인정된다는 것이다.

(나) 소인대상설   소인이란 검사가 구체적 사실을 특별구성요건에 대입하여 재구성한 범죄사실이다. 소인대상설은 법원의 심판대상을 소인으로 한정시키는 견해이다. 소인대상설의 입장에서는 원칙적으로 확정판결의 기판력을 소인에 국한시키게 될 것이지만, 여러 가지 이유에서 공소사실과 동일성이 인정되는 전체범죄사실에 대해서 기판력을 인정하는 데에 견해가 일치되어 있다. 소인설 또한 이원설과 마찬가지로 현실적으로 심판되지 아니한 부분에 대하여 기판력이 미치는 이유를 어떻게 설명할 것인가 하는 문제에 봉착한다.

이에 대해서는 검사에게 전체범죄사실에 대한 동시소추의 의무가 부과된다는 점을 들어 그 의무가 미치는 전체범위에 대하여 기판력이 미친다고 설명하는 견해, 또는 실체법상 일죄라고 파악되는 경우에는 한 개의 형벌권이 인정되므로 소인에 대한 확정판결의 효력은 전체범죄에 미쳐야 한다고 설명하는 견해 등이 소인설의 진영에서 제시되고 있다.

(다) 범죄사실대상설   범죄사실대상설은 형사소송법 제248조 제2항에 의하여 공소제기의 효력이 미치는 전체범죄사실이 심판대상이라고 보는 견해이다. 범죄사실대상설의 입장에서는 이 심판대상 전체에 대해 법원의 심판이 이루어지기 때문에 기판력 또한 전부에 미친다고 본다.

(2) 사 견

생각건대 범죄사실대상설이 기판력을 설명하는 근거로서 타당하다고 본다. 우리 형사소송법은 심판대상을 소인 개념을 통하여 세분화하려는 구상을 채택하지 않고 있다. 오히려 공소불가분의 원칙을 명시함으로써(법248②) 법원의 심판대상을 공소제기 단계로부터 판결이 확정될 때까지 통일적으로 획정해 놓고 있다. 법원의 현실적 심판대상은 처음부터 범죄사실 전부에 미친다. 설사 검사가 공소장에 범죄사실의 일부만을 공소사실로 기재하더라도 공소의 효력은 범죄사실 전부에 미친다(법248②).

검사의 공소장변경신청(법298①)은 잠재적 심판대상을 현실적 심판대상으로 전환시키기위한 장치가 아니라 이미 제시된 심판대상의 초점변경에 대비하여 피고인에 방어의 기회를부여하기 위한 장치이다. 이렇게 볼 때 확정판결의 기판력이 범죄사실의 전체에 미치는 것은 공소불가분원칙(법248②)의 당연한 귀결이며 특별히 인위적인 논리구성을 필요로 하지않는다.

확정판결의 기판력이 범죄사실과 단일성·동일성이 인정되는 범위 내에서 법원이 실제로심리를 행하지 아니한 부분에까지 미치는 경우가 있다. 이러한 경우는 법원이 자신에게 주어진 실체심리의 권한과 의무를 충분히 활용하지 않았기 때문에 빚어진 것으로서 그 책임은 국가가 져야 할 것이며 피고인에게 이를 전가할 수 없다. 따라서 법원이 실제로 심리하지 아니한 부분에 대해서까지 피고인이 기판력에 의하여 보호받는 것은 당연하다고 할 것이다. 헌법제13조 제1항이 "모든 국민은 … 동일한 범죄에 대하여 거듭 처벌받지 아니한다."고 규정한것은 바로 이러한 점을 나타낸 것이다.

7. 기판력의 객관적 범위의 구체적 검토

기판력의 객관적 범위는 범죄사실의 단일성과 동일성을 기준으로 판단된다. 형사소송절차에서 두 죄 사이에 공소사실이나 범죄사실의 동일성이 있는지는 기본적 사실관계가 동일한지에 따라 판단해야 한다. 범죄사실의 단일성·동일성에 대한 설명은 공소제기 및 공소장변경의 항목에서 설명한 것과 같다.[1] 범죄사실의 단일성·동일성과 관련하여 문제되는 점을 몇가지 살펴본다.

(1) 범죄사실의 단일성

(가) 포괄일죄   포괄일죄의 경우에 확정판결의 기판력은 실제로 법원의 심리대상이 되

---

1) 전술 453면 참조.

지 아니한 부분행위에까지 미치는 것이 원칙이다. 그런데 이렇게 되면 기판력의 범위가 지나치게 확장되어 범죄인이 과도한 보호를 받게 될 우려가 있다. 판례는 이러한 점을 고심하여 여러 가지 형태로 기판력을 제한해 왔다.

첫째로, 중간범행에 대한 확정판결로 기판력의 범위를 제한하는 방법이 있다. 즉 포괄일죄로 포괄될 수 있는 같은 종류의 범행들(A, B, C사실) 가운데 '동일성이 인정되는' 중간범행(B사실)에 대하여 확정판결이 있는 경우에 그 확정판결(B사실)에 의하여 원래 포괄일죄로 묶일 수 있었던 일련의 범행(A, C사실)은 그 확정판결(B사실)의 전후로 분리된다. 이와 같이 분리된 각 사건(A, C사실)은 서로 동일성이 없으므로 확정판결(B사실)의 기판력은 분리 후의 범행(C사실)에 미치지 않는다.[1]

그러나 동일성이 인정되어 포괄일죄로 묶이는 개개의 범죄행위(A, C사실)가 '동일성이 없는' 다른 죄(B죄)의 확정판결 전후에 걸쳐 행하여진 때에는 그 죄(A, C사실)는 두 죄로 분리되지 않고 확정판결(B죄) 후인 최종 범죄행위(C사실) 시점에 완성된다.[2] 따라서 포괄일죄의 일부(A사실)에 대해서만 확정판결이 있다 하더라도 그 확정판결의 효력은 포괄일죄 전체(A, C사실)에 미친다. 포괄일죄(A, C사실)는 그 중간에 '동일성이 없는' 다른 죄(B죄)에 대한 확정판결이 끼어 있어도 그 때문에 포괄적 범죄가 둘로 나뉘는 것은 아니다. 이 경우 포괄일죄(A, C사실)는 '동일성이 없는' 다른 죄(B죄)에 대한 확정판결 후의 범죄로서 다루어야 한다.[3]

그런데 중간의 확정판결에 의하여 기판력의 범위를 제한하는 접근방법은 중간범행에 대해 확정판결이 있었다는 우연한 사정에 의존하는 문제점이 있다.

둘째로, 대법원은 포괄일죄의 기판력이 지나치게 확대되는 것을 방지하기 위하여 전원합의체 판결로 새로운 판단기준을 제시하였다. 대법원의 다수의견은 상습사기죄(형법351, 347)의 범인이 포괄일죄의 기판력을 인정받으려면 범인이 처음부터 상습사기죄로 기소되어 확정판결을 받아야 한다고 판시하였다.[4]

대법원은 그에 대한 논거로 다음의 점들을 들었다. (가) 확정판결의 기판력이 미치는 범위를 정함에 있어서는 그 확정된 사건 자체의 범죄사실과 죄명을 기준으로 하는 것이 원칙이다. (나) 비상습범으로 기소되어 판결이 확정된 이상 그 사건의 범죄사실이 상습범 아닌 기본구성요건의 범죄라는 점에 관하여 기판력이 발생하였다고 보아야 한다. (다) 뒤에 드러난 다른 범

1) 2011. 3. 10. 2010도9317, 공 2011상, 785, 『공익요원 무단결근 사건』.
2) 2015. 9. 10. 2015도7081, 공 2015하, 1581, 『동네 후배 통장 갈취 사건』.
3) 2023. 7. 13. 2023도4371, [미간행], 『선고기일 앞당겨 판결선고 사건』.
4) 2004. 9. 16. 2001도3206 전원합의체 판결, 공 2004, 1684, 『신공항 사기범 사건』.

죄사실이나 그 밖의 사정을 부가하여 전의 확정판결의 효력을 검사의 기소내용보다 무거운 범죄유형인 상습범에 대한 판결로 바꾸어 적용하는 것은 형사소송법의 기본원칙에 비추어 적절하지 않다.

이제 변경된 판례의 기준에 의할 때 단순사기죄(형법347① · ②)로 기소되어 유죄판결이 확정된 범인은 상습성을 매개로 상습사기죄(형법351, 347)의 포괄일죄로 파악되는 여타의 사기범행에 대해 기판력을 주장하지 못한다. 동일한 법리는 상습범을 가중처벌하고 있는 다른 범죄들에도 적용된다.

셋째로, 상습범의 경우와 동일한 구조의 법리는 가중처벌을 규정하고 있는 특별법 위반사건에도 적용된다. 예컨대 「조세범 처벌법」 위반행위가 영리를 목적으로 단일하고 계속된 범의 아래 일정기간 계속하여 행해지고, 그 행위들 사이에 시간적 · 장소적 연관성이 있으며, 범행의 방법 간에도 동일성이 인정되면 이들 행위는 포괄일죄로 파악된다.[1] 그러나 범의의 단일성과 계속성이 인정되지 아니하거나 범행방법 및 장소가 동일하지 않은 경우에는 각 범행은 실체적 경합범에 해당하며,[2] 포괄일죄의 법리는 적용되지 않는다.

한편 「조세범 처벌법」 위반행위의 대상 금액이 일정액을 초과하면 「특정범죄 가중처벌 등에 관한 법률」(특가법)에 의하여 가중처벌된다(동법8, 8의2 참조). 포괄일죄를 이루는 「조세범 처벌법」 위반범죄의 일부에 대해 확정판결이 있었으나 이후의 위반행위와 합하여 특가법의 적용대상에 이르게 된 경우 일부 「조세범 처벌법」 위반범죄에 대한 확정판결의 효력은 특가법 위반 범죄사실에 미치지 않는다. 확정판결의 기판력이 미치는 범위는 그 확정된 사건 자체의 범죄사실과 죄명을 기준으로 정하는 것이 원칙이기 때문이다.[3]

(나) 저작재산권 침해범죄   「저작권법」은 저작재산권 침해 범죄를 친고죄로 규정하면서(동법140 본문), 영리를 목적으로 또는 상습적으로 일정한 저작재산권 침해범행을 한 경우에는 고소가 없어도 공소를 제기할 수 있도록 규정하고 있다(동조 단서 ⅰ).

그런데 「저작권법」은 상습으로 저작재산권 침해 범죄를 저지른 경우를 가중처벌한다는 규정을 따로 두고 있지 않다. 따라서 수회에 걸쳐 저작재산권 침해 범죄를 범한 것이 상습성의 발현에 따른 것이라고 하더라도 이는 원칙적으로 경합범으로 보아야 하는 것이지 하나의 죄로 처단되는 상습범으로 볼 것은 아니다.[4]

저작재산권 침해행위는 저작권자가 같더라도 저작물별로 침해되는 법익이 다르므로 각각

1) 2015. 6. 23. 2015도2207, 공 2015하, 1105, 『허위 세금계산서 확정판결 사건』.
2) 2020. 5. 14. 2020도1355, 공 2020하, 1144, 『성매매건물 임대 약식명령 사건』.
3) 2015. 6. 23. 2015도2207, 공 2015하, 1105, 『허위 세금계산서 확정판결 사건』.
4) 2013. 9. 26. 2011도1435, 공 2013하, 2014, 『영화 불법 다운로드 사건』.

제5장 재   판   **955**

의 저작물에 대한 침해행위는 원칙적으로 각각 별개의 죄를 구성한다. 다만 단일하고도 계속
된 범의 아래 동일한 저작물에 대한 침해행위가 일정기간 반복하여 행하여진 경우에는 포괄
하여 하나의 범죄가 성립한다.[1]

   (다) 과형상 일죄   과형상 일죄의 경우에 부분사실에 대한 확정판결의 기판력은 나머지
부분에 대해서도 미친다. 상상적 경합관계에 있는 수 개의 죄는 과형상 일죄를 이룬다. 상상
적 경합범의 경우 그중 1죄에 대한 확정판결의 기판력은 다른 죄에 대하여도 미친다.[2]

   상상적 경합관계에서 1개의 행위라 함은 법적 평가를 떠나 사회관념상 행위가 사물자연
의 상태로서 1개로 평가되는 것을 의미한다.[3] 예컨대 수 개의 사기죄가 상상적으로 경합하는
경우에 과형상 일죄의 일부 사기죄에 대한 확정판결의 기판력은 다른 사기죄 부분에 대하여
도 미치고,[4] 배임죄와 사문서위조죄가 상상적 경합관계 있는 경우에 사문서위조죄에 대한 확
정판결의 기판력은 배임죄 부분에까지 미친다.[5]

   포괄일죄 관계인 범행의 일부에 대하여 판결이 확정되었는데 그 사실심 판결선고 시를 기
준으로 그 이전에 이루어진 범행이 포괄일죄의 일부에 해당할 뿐만 아니라 그와 상상적 경합
관계에 있는 다른 죄에도 해당하는 경우에는 확정된 판결의 기판력은 상상적 경합관계에 있
는 다른 죄에 대하여도 미친다.[6]

   (라) 사후의 결과발생   판결이 확정된 후 사건의 내용에 변경이 생긴 경우에 기판력의
객관적 범위가 문제된다. 예컨대 단순폭행죄의 유죄판결이 확정된 후 피해자가 사망한 경우에
폭행치사 부분에 대해 기판력이 인정될 수 있는가 하는 물음이 여기에 해당한다. 그러나 범죄
사실의 단일성과 동일성은 과거에 일어난 삶의 한 단면으로서 일반인의 자연적 생활경험에
비추어 그 여부를 결정한다는 점에 비추어 볼 때 기판력은 확정판결 후에 변경된 부분에 대해
서까지도 인정된다.[7]

(2) 범죄사실의 동일성

   (가) 학 설   기판력의 객관적 범위는 범죄사실의 단일성과 동일성을 기준으로 판단된
다. 범죄사실의 동일성에 대한 판단기준은 앞에서 살펴본 공소장변경의 허용한계에 대한 판단

---

1) 2013. 9. 26. 2011도1435, 공 2013하, 2014, 『영화 불법 다운로드 사건』.
2) 2017. 9. 21. 2017도11687, 공 2017하, 2058, 『원푸드 사무실 행패 사건』.
3) 2009. 4. 9. 2008도5634, 공 2009상, 682, 『10억 원 합의서 날인 사건』.
4) 1990. 1. 25. 89도252, 공 1990, 589, 『낙찰계 파계 사건』.
5) 2009. 4. 9. 2008도5634, 공 2009상, 682, 『10억 원 합의서 날인 사건』.
6) 2023. 6. 29. 2020도3705, 공 2023하, 1404, 『인스타그램 '남자들' 비방글 사건』.
7) 1990. 3. 9. 89도1046, 공 1990, 913, 『송림동 포장마차 사건』.

기준과 같다. 범죄사실의 동일성에 관한 판단기준으로는 기본적 사실관계동일설, 죄질동일설, 구성요건공통설, 소인의 주요부분공통설, 범죄행위동일설 등이 제시되고 있다.

(나) 판 례   판례는 종래 순수한 형태의 기본적 사실관계동일설에 입각하여 범죄사실의 동일성 여부를 판단해 왔으나 1994년의 대법원 전원합의체 판결[1]을 전환점으로 규범적 요소도 기본적 사실관계동일설의 실질적 내용의 일부를 이루는 것으로 보고 있다. 이와 관련하여 판례는 다음의 기준을 제시하고 있다.[2]

첫째로, 공소사실이나 범죄사실의 동일성 여부는 사실의 동일성이 갖는 법률적 기능을 염두에 두고 피고인의 행위와 그 사회적인 사실관계를 기본으로 하되 그 규범적 요소도 고려에 넣어 판단해야 한다.

둘째로, 확정된 판결의 공소사실과 공소가 제기된 공소사실 간에 그 일시만 달리하는 경우에 사안의 성질상 두 개의 공소사실이 양립할 수 있다고 볼 사정이 있는 경우에는 그 기본인 사회적 사실을 달리할 위험이 있다 할 것이므로 기본적 사실은 동일하다고 볼 수 없다.

셋째로, 확정된 판결의 공소사실과 공소가 제기된 공소사실 간에 그 일시만 달리하는 경우에 일방의 범죄가 성립되는 때에는 타방의 범죄의 성립은 인정할 수 없다고 볼 정도로 양자가 밀접한 관계에 있는 경우에는 양자의 기본적 사실관계가 동일하다고 봄이 상당하다.

위의 세 번째에 해당하는 사례의 하나로 동일한 집회에서의 참가와 주최의 관계를 들 수 있다. 「집회 및 시위에 관한 법률」(집시법)은 공공의 안녕질서에 직접적인 위협을 끼칠 것이 명백한 집회에 참가하는 행위를 처벌하고 있다(동법5① ii, 22②). 또한 집시법은 금지통고된 집회를 주최하는 행위를 처벌하고 있다(동법8, 22②). 동일한 집회에 뜻을 같이하여 단순히 참가하였음에 불과한 참가자는 그 집회의 주최자와는 구별된다. 집회의 주최자가 동일한 집회의 참가자도 되는 경우란 개념적으로 상정하기 어렵다. 즉 동일한 집회를 주최하고 참가하는 행위는 서로 양립할 수 없는 관계에 있다.[3]

질서위협 집회 참가로 인한 집시법 위반죄의 확정판결이 있은 후 동일한 집회에 대해 금지통고된 집회 주최로 인한 집시법 위반죄로 기소된 경우를 생각해 본다. 이 경우 주최로 인한 집시법 위반죄(후행의 공소사실)와 참가로 인한 집시법 위반죄(선행 확정판결의 공소사실)는 모두 공공의 안녕질서 등을 보호법익으로 한다는 점에서 각 행위에 따른 피해법익 역시 본질적으로 다르다고 할 수 없다. 따라서 그 사회적인 사실관계와 함께 위와 같은 규범적 요소를 아울러 고려하면, 후행의 공소사실과 선행 확정판결의 공소사실은 기본적 사실관계가 동일한

---

1) 1994. 3. 22. 93도2080 전원합의체 판결, 공 1994, 1368, 『장물취득 대 강도상해 사건』.
2) 2012. 5. 24. 2010도3950, 공 2012하, 1167, 『양평군 임야 중개 사건』.
3) 2017. 8. 23. 2015도11679, 공 2017하, 1831, 『촛불집회 참가 대 주최 사건』.

것으로 평가된다.[1]

8. 기판력의 시간적 범위

상습범, 영업범,[2] 계속범 등과 같이 부분행위가 포괄적으로 결합하여 행해지는 포괄일죄의 경우에 일련의 행위가 확정판결 이후에도 계속하여 행해지는 경우가 있다. 이때 기판력을 어느 시점의 행위에까지 인정할 것인가 하는 문제가 있다. 이에 대해서는 변론종결시설, 판결선고시설, 판결확정시설을 각각 생각해 볼 수 있다.

원래 이 문제는 사실심리가 가능한 최후의 시점을 기준으로 판단해야 할 것이지만, 변론의 재개(법305)가 인정되고 있는 형사소송법의 해석에 있어서는 사실심 판결선고시를 표준으로 기판력의 범위를 결정해야 한다.[3] 이 경우 판결선고 후의 포괄일죄는 판결선고 전의 포괄일죄와 분리하여 별개의 범죄사실을 구성하게 된다. 상고심의 파기환송에 의하여 포괄일죄가 항소심에 다시 소송계속이 되었다면 그 판결의 기판력 범위는 사실심리가 가능한 환송 후 항소심의 판결선고 시점을 기준으로 결정해야 한다.

약식명령의 경우에는 약식명령의 송달시점이 아니라 발령시점이 기판력의 기준시점이 된다.[4] 포괄일죄 관계인 범행의 일부에 대하여 약식명령이 확정된 경우에는 약식명령 발령 시를 기준으로, 그 이전에 이루어진 범행에 대하여 확정판결의 기판력이 미친다.[5] 포괄일죄 관계인 범행의 일부에 대하여 약식명령이 확정되었는데 그 약식명령 발령 시를 기준으로 그 이전에 이루어진 범행이 포괄일죄의 일부에 해당할 뿐만 아니라 그와 상상적 경합관계에 있는 다른 죄에도 해당하는 경우에는 확정된 약식명령의 기판력은 상상적 경합관계에 있는 다른 죄에 대하여도 미친다.[6]

9. 기판력의 배제

확정판결의 기판력은 피고인의 보호를 꾀하고 공적 판단의 권위유지를 통한 법생활의 안정을 도모하기 위하여 인정된다. 그런데 이러한 요청만을 강조하여 실체적 진실에 반하는 판결의 효력을 고집한다면 정의의 실현이라는 형사재판의 본질적 요청에 배치될 경우가 있다. 여기에서 형사소송법은 확정판결의 기판력을 배제하기 위한 예외적 장치로서 상소권회복(법

---

1) 2017. 8. 23. 2015도11679, 공 2017하, 1831, 『촛불집회 참가 대 주최 사건』.
2) 2014. 7. 24. 2013도12937, 공 2014하, 1705, 『병원 건물 리모델링 사건』.
3) 2014. 1. 16. 2013도11649, 공 2014상, 444, 『무면허 필러 시술 사건』.
4) 1984. 7. 24. 84도1129, 공 1984, 1466, 『술집행패 상습범 사건』.
5) 2023. 6. 29. 2020도3705, 공 2023하, 1404, 『인스타그램 '남자들' 비방글 사건』.
6) 2023. 6. 29. 2020도3705, 공 2023하, 1404, 『인스타그램 '남자들' 비방글 사건』.

345 이하), 재심(법420 이하), 비상상고(법441 이하)의 제도를 마련하고 있다.

상소권회복은 판결의 확정 그 자체가 현저히 부당한 경우에 재판의 확정을 저지하기 위하여 마련된 구제장치이다. 상소권이 회복되면 확정판결 자체가 존재하지 않게 된다. 재심과 비상상고는 일단 확정판결이 존재함을 전제로 한다는 점에서 상소권회복과 구별된다. 재심은 확정된 유죄판결의 토대를 이루는 사실관계 인정에 개입된 오류를 바로잡아 유죄의 확정판결을 받은 자의 불이익을 구제하는 장치이다. 이에 대하여 비상상고는 확정판결에 적용된 법령위반을 시정하여 법령해석의 통일을 기하는 제도이다.

제 4 편   상소와 그 밖의 절차

제1장 상 소

제1절 상소 통칙

제1 상소의 의의와 종류

1. 상소의 의의

상소란 미확정의 재판에 대하여 상급법원에 그 구제를 구하는 불복신청제도를 말한다. 상소제도는 원심재판의 오류를 상급법원에 의하여 바로잡게 함으로써 법령적용의 정확성과 통일을 기하고 피고인의 불이익을 구제하기 위하여 마련된 법적 장치이다.

형사소송법은 상소의 형태로 항소(법357 이하), 상고(법371 이하), 항고(법402 이하)를 규정하고 있다. 원래 재판이 외부적으로 성립하면 불가변력이 발생하여 재판을 행한 법원은 이를 스스로 변경할 수 없는 것이 원칙이며, 예외적으로 사소한 오기나 오류에 대한 재판서의 경정(규칙25)만 가능하다. 따라서 외부적으로 성립한 재판의 내용적 오류를 바로잡기 위해서는 형사소송법이 예정하고 있는 각종의 불복방법에 의하지 않으면 안 된다. 상소는 이러한 불복방법 가운데 가장 전형적이고 중요한 것이다.

상소는 법원의 재판에 대한 불복방법이라는 점에서 검사의 불기소처분에 대한 검찰항고(검찰청법10)나 재정신청(법260), 검사 또는 사법경찰관의 구금·압수 또는 압수물의 환부에 관한 처분과 변호인의 접견교통 및 피의자신문참여 등에 관한 처분에 대한 준항고(법417)와 구별된다. 또한 상소는 미확정의 재판에 대한 불복방법이라는 점에서 확정판결에 대한 비상구제절차인 재심(법420 이하)이나 비상상고(법441 이하)와 구별된다.

한편 상소는 상급법원에 구제를 신청하는 불복방법이라는 점에서 당해 법원이나 동급법원에 구제를 구하는 이의신청이나 정식재판청구와 구별된다. 예컨대 증거조사에 대한 이의신청(법296), 재판장의 처분에 대한 이의신청(법304), 대법원판결에 대한 정정신청(법400)은 동일한 법원에 대한 불복방법이라는 점에서, 약식명령이나 즉결심판에 대한 정식재판의 청구(법453, 즉결심판법14)는 동급법원에 대한 불복방법이라는 점에서 각각 상소에 해당하지 않는다.

재판장 또는 수명법관이 일정한 재판을 고지한 경우에 그 법관 소속의 법원에 재판의 취소 또는 변경을 청구하는 준항고(법416)도 엄밀한 의미에서 상소가 아니다. 그러나 형사소송법은 입법의 편의상 재판장 또는 수명법관의 재판에 대한 준항고(법416)와 검사 또는 사법경찰관의 처분에 대한 준항고(법417)를 상소의 일종인 항고의 장에 함께 규정하고 있다.

2. 상소의 종류

(1) 항 소

항소는 제1심판결에 대한 상소이다. 제1심법원의 판결에 대하여 불복이 있으면 지방법원 단독판사가 선고한 것은 지방법원 본원 합의부에, 지방법원 합의부가 선고한 것은 고등법원에 항소할 수 있다(법357).

(2) 상 고

상고는 제2심판결에 대한 상소이다. 제2심판결에 대하여 불복이 있으면 대법원에 상고할 수 있다(법371). 상고심은 대법원으로 한정되어 있다. 상고는 (가) 지방법원 단독판사와 지방법원 본원 합의부(일정한 지방법원 지원 합의부 포함)를 거쳐 대법원에 제기하는 경우와 (나) 지방법원 합의부와 고등법원을 거쳐 대법원에 제기하는 경우가 있다(법원조직법14 i).

상고는 제2심판결에 대한 불복방법이지만 예외적으로 제1심판결에 대하여도 상고가 허용되는 경우가 있다. 즉 (가) 원심판결이 인정한 사실에 대하여 법령을 적용하지 아니하였거나 법령의 적용에 착오가 있는 때, (나) 원심판결이 있은 후 형의 폐지나 변경 또는 사면이 있는 때의 두 경우에는 제1심판결에 대하여 항소를 제기하지 아니하고 곧바로 상고를 할 수 있다(법372). 이를 비약적 상고 또는 비약상고라고 한다.

(3) 항 고

항고는 법원의 결정에 대한 상소이다. 법원의 결정에 대하여 불복이 있으면 형사소송법에 특별한 규정이 있는 경우를 제외하고는 항고를 할 수 있다(법402 본문 · 단서). 항고는 보통항고(법402)와 즉시항고(법405)로 나누어진다. 보통항고와 즉시항고 사이에는 항고의 대상, 항고기간, 항고의 효력 등에서 차이가 있다.

항고법원, 고등법원 또는 항소법원의 결정에 대하여는 재판에 영향을 미친 헌법, 법률, 명령 또는 규칙의 위반이 있음을 이유로 하는 때에 한하여 대법원에 즉시항고를 할 수 있다(법415, 법원조직법14 ii). 대법원에 제기하는 즉시항고를 가리켜서 재항고라고 한다.

지방법원 단독판사의 결정에 대한 항고사건은 지방법원 본원 합의부 또는 일정한 지방법원 지원합의부가 제2심으로 심판하며(법원조직법32②), 지방법원 합의부의 제1심결정에 대한 항고사건은 고등법원이 심판한다(동법28 i). 항고법원, 고등법원 또는 항소법원의 결정에 대한 재항고사건은 대법원이 종심으로 심판한다(법415, 법원조직법14 ii).

항고와 유사한 것으로서 준항고가 있다. 준항고는 재판장 또는 수명법관의 재판에 대하여 불복이 있는 경우(법416)와 검사 또는 사법경찰관의 구금 등에 관한 처분에 대하여 불복이 있는 경우(법417)에 인정되는 구제방법이다. 준항고는 상급법원에 대한 불복방법이 아니므로 엄밀한 의미에서 상소에 속하지 않는다. 그러나 형사소송법은 입법의 편의상 준항고에 대하여 항고에 관한 규정들을 준용하고 있다(법419).

수사절차에서 지방법원판사가 행하는 각종 영장청구에 대한 재판[1]이나 구속기간연장신청에 대한 재판[2]은 (가) 형소법 제402조에 의하여 항고의 대상이 되는 '법원의 결정'에 해당되지 아니하고, (나) 형소법 제416조 제1항에 의하여 준항고의 대상이 되는 '재판장 또는 수명법관의 구금 등에 관한 재판'에도 해당되지 않아 불복이 허용되지 않는다.

제 2 상 소 권

1. 상소권의 의의와 발생

상소권이란 형사재판에 대하여 상소할 수 있는 소송법상의 권리를 말한다. 상소권은 재판의 선고 또는 고지에 의하여 발생한다(법343②). 그러나 상소가 허용되지 않는 재판은 선고 또는 고지가 있더라도 상소권이 발생하지 않는다.

법원의 관할 또는 판결 전의 소송절차에 관한 결정에 대해서는 특히 즉시항고를 할 수 있는 경우 외에는 항고를 하지 못한다(법403①). 피고인에게 소송비용을 부담시키는 재판도 본안의 재판에 관하여 상소하는 경우에 한하여 불복할 수 있다(법191②).

2. 상소권자

검사 또는 피고인은 상소를 할 수 있다(법338). 검사와 피고인은 소송주체로서 원심재판에 관여하였기 때문이다. 이 경우 검사는 공익의 대표자(검찰청법4①)로서 피고인의 이익을 위하여도 상소할 수 있다.[3]

검사 또는 피고인 아닌 자로서 법원의 결정을 받은 자는 항고를 할 수 있다(법339). 여기

---

1) 2006. 12. 18. 2006모646, 공 2007, 172, 『4차 구속영장기각 준항고 사건』.
2) 1997. 6. 16. 97모1, 공 1997, 2218, 『연장불허 불복 검사 사건』.
3) 1993. 3. 4. 92모21, 공 1993, 1182, 『추징금 9억원 사건』.

에 해당하는 예로는 과태료나 감치의 결정을 받은 증인(법151① · ② · ⑧, 161① · ②) 또는 과태료의 결정을 받은 감정인(법177, 151, 161) 등을 들 수 있다.

피고인의 법정대리인은 피고인을 위하여 상소할 수 있다(법340). 또한 (가) 피고인의 배우자, 직계친족, 형제자매, (나) 원심의 대리인(법276 단서, 277 2문), (다) 원심의 변호인은 피고인을 위하여 상소할 수 있다(법341①). 피고인의 법정대리인은 피고인의 명시한 의사에 반하여도 상소할 수 있음에 반하여(법340), 그 밖의 상소권자는 피고인의 명시한 의사에 반하여 상소하지 못한다(법341②).

3. 상소제기기간

(1) 상소제기의 기간

상소권은 상소제기기간 내에 행사되어야 한다. 상소제기기간이 경과하면 상소권은 소멸한다. 상소의 제기기간은 재판을 선고 또는 고지한 날로부터 진행된다(법343②).

판결은 재판장이 공판정에서 선고한다(법42, 43). 판결의 경우에는 판결등본이 당사자에게 송달되는 여부에 관계없이 공판정에서 판결이 선고된 날로부터 상소기간이 기산된다. 이는 피고인이 불출석한 상태에서 재판을 하는 경우에도 마찬가지이다.[1]

판결 이외의 재판은 고지한다. 고지는 공판정에서 하거나 재판서등본의 송달 또는 다른 적당한 방법으로 한다(법42 본문). 공판정에서 재판이 고지된 경우에는 재판이 고지된 날로부터 상소기간이 기산된다. 공판정 외에서 재판서등본이 송달된 경우에는 송달된 날부터 상소기간이 기산된다.

상소제기기간은 항소(법358), 상고(법374) 및 즉시항고(법405)의 경우에는 7일이다. 보통항고의 경우에는 항고기간에 제한이 없지만(법404 본문), 원심결정을 취소해도 실익이 없게 된 때에 상소권이 소멸하는 것으로 보아야 한다(동조 단서 참조). 상소가 제기된 때에는 법원은 지체 없이 상대방에게 그 사유를 통지하여야 한다(법356).

2019년 개정 전 형사소송법 제405조는 즉시항고의 기간을 3일로 규정하고 있었다. 2018년 헌법재판소는 개정 전 형소법 제405조에 대해 헌법불합치결정을 내렸다. 개정 전 형소법 제405조가 즉시항고 제기기간을 지나치게 짧게 정함으로써 입법재량의 한계를 일탈하여 재판청구권을 침해하는 규정이라는 것이 그 이유였다.[2] 2019년 입법자는 형소법 제405조를 개정하여 즉시항고 제기기간을 7일로 연장하였다.

---

1) 2002. 9. 27. 2002모6, 공 2002, 2649, 『항소심 대 고등법원 기록송부 사건』.
2) 2018. 12. 27. 2015헌바77, 헌집 30-2, 642, 『3일 즉시항고기간 헌법불합치 사건』.

(2) 상소제기기간의 계산

상소제기기간은 일(日) 단위로 계산하므로 재판이 선고·고지된 초일을 산입하지 않고 익일부터 계산해야 한다(법66① 본문 후단). 상소제기기간의 말일이 공휴일 또는 토요일에 해당하는 날은 상소제기기간에 산입하지 않는다(법66③ 본문).

상소제기기간을 산정함에 있어서 법정기간의 연장에 관한 형사소송법 제67조에 주목할 필요가 있다. 법정기간은 소송행위를 할 자의 주거 또는 사무소의 소재지와 법원 또는 검찰청 소재지와의 거리 및 교통통신의 불편 정도에 따라 대법원규칙으로 이를 연장할 수 있기 때문이다(법67). 형사소송규칙 제44조는 법정기간의 연장 기준에 대해 규정하고 있다.

교도소 또는 구치소에 있는 피고인이 상소 제기기간 내에 상소장을 교도소장·구치소장 또는 그 직무를 대리하는 자에게 제출한 때에는 상소 제기기간 내에 상소한 것으로 간주된다(법344①). 이 경우에 피고인이 상소장을 작성할 수 없는 때에는 교도소장 또는 구치소장은 소속공무원으로 하여금 대서하게 하여야 한다(동조②). 이러한 특례를 가리켜서 재소자 특칙이라고 한다.

경찰서에 설치된 유치장은 미결수용실에 준하므로(「형의 집행 및 수용자의 처우에 관한 법률」 87) 유치장에 있는 피고인에 대해서도 재소자 특칙이 적용된다. 그러나 재정신청 기각결정에 대한 즉시항고(법262④ 전단)에 대해서는 명문의 규정이 없으므로 재소자 특칙이 적용되지 않는다.[1]

4. 상소의 포기

(1) 상소포기의 의의

상소포기는 상소취하와 함께 상소권을 소멸시키는 주요한 사유이다. 상소권의 소멸사유로는 그 밖에 상소제기기간의 도과, 피고인의 사망 등을 생각할 수 있다.

상소포기는 상소권자가 상소제기기간 내에 상소권행사를 포기한다는 의사를 표시하는 소송행위이다. 상소포기는 원심법원에 대한 소송행위이다(법353 본문). 상소포기는 상소제기기간 경과 전에 재판을 확정시킬 수 있고 이를 통하여 형집행 시기를 앞당길 수 있다는 점에서 실제적인 의미가 있다.[2]

(2) 상소포기권자

검사나 피고인 또는 항고권자(법339)는 상소포기를 할 수 있다(법349 본문). 그러나 피고인

---

1) 2015. 7. 16. 2013모2347 전원합의체 결정, 공 2015하, 1300, 『전주교도소 재소자 재항고 사건』.
2) 1999. 5. 18. 99모40, 공 1999, 1435, 『자포자기 상고포기 사건』.

또는 기타 상소권자(법341)는 사형, 무기징역이나 무기금고가 선고된 판결에 대하여는 상소포기를 할 수 없다(법349 단서).

법정대리인이 있는 피고인이 상소포기를 할 때에는 법정대리인이 이에 동의하는 취지의 서면을 제출하여야 한다(법350 본문, 규칙153①). 단, 법정대리인의 사망 기타 사유로 인하여 그 동의를 얻을 수 없는 때에는 예외로 한다(법350 단서). 피고인의 법정대리인 또는 기타 상소권자(법341)가 상소포기를 할 때에는 피고인이 이에 동의하는 취지의 서면을 제출하여야 한다(법350 본문, 규칙153②).

(3) 상소포기의 시기와 방식

상소포기는 상소제기기간 내이면 언제든지 할 수 있다. 상소포기는 원심법원에 하여야 한다(법353 본문). 상소의 포기는 서면으로 해야 한다. 다만 공판정에서는 구술로써 할 수 있다(법352① 본문·단서). 구술로써 상소의 포기를 한 경우에는 그 사유를 조서에 기재하여야 한다(동조②). 상소포기가 있는 때에는 법원은 지체 없이 상대방에게 그 사유를 통지하여야 한다(법356).

상소포기에는 재소자 특칙이 적용된다(법355). 교도소 또는 구치소에 있는 피고인이 상소포기서를 교도소장 또는 구치소장 또는 그 직무를 대리하는 자에게 제출한 때에는 상소포기서를 제출한 것으로 간주한다(법355, 344①). 이 경우에 피고인이 상소포기장을 작성할 수 없는 때에는 교도소장 또는 구치소장은 소속공무원으로 하여금 대서하게 하여야 한다(법355, 344②).

(4) 상소포기의 효력

상소포기가 있으면 상소권이 소멸한다. 따라서 상소를 포기한 자 또는 상소포기에 동의한 자는 그 사건에 대하여 다시 상소하지 못한다(법354). 형소법 제354조는 '상소를 취하한 자'만을 규정하고 '상소를 포기한 자'에 대하여는 언급하고 있지 않으나 상소포기에 의하여 상소권은 소멸하므로 재상소가 금지되는 것은 당연하다.[1]

원심변호인은 상소권이 있다(법341①). 그런데 원심변호인의 상소권은 대리권에 불과하므로 피고인이 상소권을 포기한 경우에는 원심변호인의 상소권도 소멸한다. 따라서 피고인이 상소권을 포기한 후에는 원심변호인은 상소할 수 없다.[2]

---

1) 1999. 5. 18. 99모40, 공 1999, 1435, 『자포자기 상고포기 사건』.
2) 1998. 3. 27. 98도253, 공 1998, 1264, 『포기서·상고장 동시제출 사건』.

항소를 포기하였으나 상대방이 항소를 제기한 결과 항소법원이 판결을 내린 경우에 항소를 포기한 자가 항소심판결에 대하여 상고를 할 수 있는지가 문제된다. 상소의 포기에 의하여 소멸하는 상소권은 당해 심급의 상소권에 한정된다고 생각되므로 상대방의 항소에 기한 항소심판결에 새로이 불복하여 상고하는 것은 상소의 이익이 있는 한 가능하다고 볼 것이다.

5. 상소의 취하

(1) 상소취하의 의의

상소취하는 일단 제기한 상소를 철회하는 소송행위이다. 상소취하는 상소법원에 대한 소송행위이다(법353 본문). 단, 소송기록이 상소법원에 송부되지 아니한 때에는 상소의 취하를 원심법원에 제출할 수 있다(동조 단서). 상소포기가 상소제기 이전의 소송행위임에 대하여 상소취하는 상소제기 이후의 소송행위이다.

(2) 상소취하권자

검사나 피고인 또는 항고권자(법339)는 상소취하를 할 수 있다(법349 본문). 법정대리인이 있는 피고인이 상소취하를 할 때에는 법정대리인이 이에 동의하는 취지의 서면을 제출하여야 한다(법350 본문, 규칙153①).[1] 단, 법정대리인의 사망 기타 사유로 인하여 그 동의를 얻을 수 없는 때에는 예외로 한다(법350 단서). 피고인의 법정대리인 또는 기타 상소권자(법341)가 상소취하를 할 때에는 피고인이 이에 동의하는 취지의 서면을 제출하여야 한다(법350 본문, 규칙153②).

원심변호인이 상소할 수 있는 것(법341① · ②)과 마찬가지로 원심변호인은 피고인의 동의를 얻어 상소를 취하할 수 있다(법351, 341). 변호인의 상소취하에 피고인의 동의가 없으면 상소취하의 효력은 발생하지 않는다. 변호인이 상소취하를 할 때에는 피고인은 이에 동의하는 취지의 서면을 제출해야 한다(규칙153②).

피고인은 공판정에서 구술로써 상소취하를 할 수 있다(법352① 단서). 그러므로 변호인의 상소취하에 대한 피고인의 동의도 공판정에서는 구술로 할 수 있다. 상소를 취하하거나 상소취하에 동의한 자는 다시 상소를 하지 못하는 제한을 받게 되므로(법354) 변호인의 상소취하에 대한 피고인의 구술 동의는 명시적으로 이루어져야 한다.[2]

---

1) 2019. 7. 10. 2019도4221, 공 2019하, 1596, 『국선 취소 후 사선 기록접수통지 사건』.
2) 2015. 9. 10. 2015도7821, 공 2015하, 1586, 『뇌물죄 변호인 상소취하 사건』.

(3) 상소취하의 시기와 방식

상소취하는 상소심의 종국재판이 있기 전까지 가능하다. 상소취하는 상소법원에 해야 한다(법353 본문). 다만 소송기록이 아직 상소법원에 송부되지 아니한 때에는 상소취하를 원심법원에 할 수 있다(동조 단서). 상소취하는 서면으로 해야 하지만(법352① 본문). 공판정에서는 구술로써 할 수도 있다(동항 단서). 구술로써 상소취하를 한 경우에는 그 사유를 조서에 기재하여야 한다(동조②). 상소취하가 있는 때에는 법원은 지체 없이 상대방에게 그 사유를 통지하여야 한다(법356).

상소취하에는 재소자 특칙이 적용된다(법355). 교도소 또는 구치소에 있는 피고인이 상소취하서를 교도소장 또는 구치소장 또는 그 직무를 대리하는 자에게 제출한 때에는 상소취하서를 제출한 것으로 간주한다(법355, 344①). 이 경우에 피고인이 상소취하서를 작성할 수 없는 때에는 교도소장 또는 구치소장은 소속공무원으로 하여금 대서하게 하여야 한다(법355, 344②).

(4) 상소취하의 효력

상소취하가 있으면 상소권이 소멸한다. 따라서 상소를 취하한 자 또는 상소취하에 동의한 자는 그 사건에 대하여 다시 상소하지 못한다(법354).

항소를 취하하였으나 상대방이 항소를 제기한 결과 항소심이 판결을 행한 경우에 항소를 취하한 자가 항소심판결에 대하여 상고를 할 수 있는지가 문제된다. 항소포기의 경우와 마찬가지로 상대방의 항소에 기한 항소심판결에 새로이 불복하여 상고하는 것은 상소의 이익이 있는 한 가능하다고 볼 것이다.

6. 상소절차속행의 신청

상소포기 또는 상소취하가 부존재 또는 무효임을 주장하는 자는 상소포기 또는 상소취하 당시 소송기록이 있었던 법원에 절차속행의 신청을 할 수 있다(규칙154①). 일단 개시된 상소절차가 재판 없이 종결처리된 상황에서 이용할 수 있는 장치가 상소절차속행이다. 상소포기나 상소취하가 없음에도 불구하고 있는 것으로 오인되거나, 상소포기·상소취하의 효력이 없음에도 불구하고 그 효력이 있는 것으로 간과되어 재판 없이 상소절차가 종결처리된 경우에 이용되는 절차이다.

상소절차속행신청(규칙154①)은 상소권회복청구(법345)와 구별된다. 상소권회복청구는 상소제기가 없는 상태에서 상소제기기간이 경과한 경우에 대한 구제방법이다. 이에 대하여 상소절차속행신청은 일단 상소가 제기된 상태에서 상소포기나 상소취하를 이유로 재판 없이 상소

절차가 종결된 경우에 대비한 구제방법이다.[1]

7. 상소권회복

(1) 상소권회복의 의의

상소권회복이란 상소제기기간의 경과로 소멸된 상소권을 법원의 결정에 의하여 회복시키는 것을 말한다. 상소권자가 책임질 수 없는 사유로 상소제기기간이 경과한 경우에 구체적 타당성의 관점에서 재판의 확정을 저지하고 상소권자에게 상소의 기회를 주기 위하여 마련된 장치가 상소권회복제도이다.

상소권회복은 상소권자가 자신 또는 그 대리인이 책임질 수 없는 사유로 상소 제기기간 내에 상소를 하지 못한 경우에 허용된다(법345). '상소권자 또는 그 대리인이 책임질 수 없는 사유'라 함은 상소권자 본인 또는 그 대리인에게 귀책사유가 없음을 말한다. 이 경우 귀책사유가 없다 함은 상소불능의 사유가 상소권자 또는 그 대리인의 고의·과실에 기하지 아니한 것을 의미한다.

상소권회복청구사유는 상소권자 또는 그 대리인에게 귀책사유가 전혀 없는 경우는 물론, 본인 또는 대리인의 귀책사유가 있더라도 그 사유와 상소제기기간의 도과라는 결과 사이에 다른 독립한 원인이 개입된 경우에도 인정된다.[2]

「소송촉진 등에 관한 특례규칙」 제18조 제1항에 따라 재판장은 피고인에 대한 인정신문(법284)을 마친 뒤 피고인에 대하여 그 주소의 변동이 있을 때에는 이를 법원에 보고할 것을 명하고, 피고인의 소재가 확인되지 않는 때에는 피고인의 진술 없이 재판할 경우가 있음을 경고하여야 한다. 피고인이 소송이 계속 중인 사실을 알면서도 법원에 거주지 변경 신고를 하지 않았다면 이는 피고인의 귀책사유에 해당한다.

그렇지만 잘못된 공시송달에 터잡아 피고인의 진술 없이 공판이 진행되고 피고인이 출석하지 않은 기일에 판결이 선고되었다면 이는 피고인이 자기 또는 대리인이 책임질 수 없는 사유로 인하여 상소제기기간 내에 상소를 하지 못한 것이 된다.[3]

(2) 상소권회복청구절차

상소권 있는 자(법338 내지 341)는 상소권회복청구를 할 수 있다(법345). 상소권회복을 청구할 때에는 형소법 제345조의 사유가 해소된 날로부터 상소 제기기간에 해당하는 기간

---

1) 1999. 5. 18. 99모40, 공 1999, 1435, 『자포자기 상고포기 사건』.

2) 2006. 2. 8. 2005모507, 공 2006, 452, 『휴대폰번호 2개 사건』.

3) 2014. 10. 16. 2014모1557, 공 2014하, 2219, 『인도네시아 무단 출국 사건』.

내에 서면으로 원심법원에 제출해야 한다(법346①). 상소권회복을 청구할 때에는 형소법 제345조의 책임질 수 없는 사유를 소명하여야 한다(동조②). 상소권회복을 청구한 자는 상소권회복청구와 동시에 상소를 제기하여야 한다(동조③). 상소권회복청구 및 상소가 있는 때에는 법원은 지체 없이 상대방에게 그 사유를 통지해야 한다(법356).

상소권회복청구에는 재소자 특칙이 적용된다(법355). 교도소 또는 구치소에 있는 피고인이 상소권회복신청서를 교도소장이나 구치소장 또는 그 직무를 대리하는 자에게 제출한 때에는 상소권회복청구기간 내에 청구한 것으로 간주한다(법355, 344①). 이 경우에 피고인이 상소권회복신청서를 작성할 수 없는 때에는 교도소장 또는 구치소장은 소속공무원으로 하여금 대서하게 하여야 한다(법355, 344②).

상소권회복청구를 받은 법원은 청구의 허부에 관한 결정을 해야 한다(법347①). 이때 법원은 그 결정을 할 때까지 재판의 집행을 정지하는 결정을 할 수 있다(법348①). 재판의 집행정지결정을 한 경우에 피고인의 구금을 요하는 때로서 구속사유(법70)의 요건이 구비된 때에는 구속영장을 발부하여야 한다(법348② 본문 · 단서). 상소권회복청구에 대한 법원의 허부 결정에 대하여는 즉시항고를 할 수 있다(법347②).

상소권회복청구를 인용하는 결정이 확정된 때에는 상소권회복청구(법346①)와 동시에 행한 상소제기(동조③)가 적법 · 유효하게 되며, 일단 발생하였던 재판의 확정력이 배제된다.

(3) 상소권회복청구의 가능시점

상소권회복청구(법346①) 및 그와 동시에 제기하는 상소(동조③)는 상소심판결이 선고되기 전에 이루어져야 한다. 예컨대 검사만이 항소하여 진행된 항소심절차에서 그동안 항소하지 않았던 피고인이 항소권회복청구 및 항소제기를 하려면 항소심 판결선고 전까지 하여야 한다.

일단 항소심판결이 선고되면 항소법원은 원칙적으로 다시 항소심 소송절차를 진행하여 판결을 선고할 수 없다. 그 결과 제1심판결에 대한 항소권은 소멸한다. 항소심 판결선고 후에 이루어지는 제1심판결에 대한 항소권회복청구와 항소는 적법하지 않다.[1] 이러한 사정은 제1심 재판 또는 항소심 재판이 「소송촉진 등에 관한 특례법」이나 형사소송법 등에 따라 피고인이 출석하지 않은 가운데 불출석 재판으로 진행된 경우에도 마찬가지이다.[2]

제1심판결에 대하여 피고인 또는 검사가 항소하여 항소심판결이 선고되면 상고법원으로부터 사건이 환송되는 경우 등을 제외하고는 항소법원이 다시 항소심 소송절차를 진행하여 판결을 선고할 수 없다. 그러므로 항소심판결이 선고되면 제1심판결에 대하여 당초 항소하지

---

1) 2017. 3. 30. 2016모2874, 공 2017상, 933, 『불출석 항소심판결 후 항소권회복청구 사건』.
2) 2017. 3. 30. 2016모2874, 공 2017상, 933, 『불출석 항소심판결 후 항소권회복청구 사건』.

않았던 자의 항소권회복청구도 적법하다고 볼 수 없다. 따라서 항소심판결이 선고된 사건에 대하여 제기된 항소권회복청구에 대해 법원은 항소권회복청구의 원인에 대한 이유 유무의 판단에 나아갈 필요 없이 형사소송법 제347조 제1항에 따라 결정으로 항소권회복청구를 기각하여야 한다.[1]

제3 상소제기의 방식과 효력

1. 상소제기의 방식

상소제기는 상소제기 기간 내에 서면으로 해야 한다(법343①). 상소장은 원심법원에 제출해야 한다(법359, 375, 406). 상소장을 상소법원이 아닌 원심법원에 제출하도록 한 것은 재판의 확정 여부를 신속하게 알 수 있도록 하기 위함이다.

항소(법358), 상고(법374)의 및 즉시항고(법405)의 제기기간은 7일이다. 보통항고는 항고의 실익이 있는 한 언제든지 할 수 있다(법404 본문·단서).

상소제기를 할 때에는 법률상의 방식과 상소제기기간을 준수하여야 한다. 상소제기가 법률상의 방식에 위반하거나 상소권 소멸 후인 것이 명백한 경우에는 원심법원이 상소기각결정을 하거나(법360①, 376①, 407①) 상소법원이 상소기각결정을 한다(법362①, 381, 413).

교도소 또는 구치소에 있는 피고인이 상소제기기간 내에 상소장을 교도소장이나 구치소장 또는 그 직무를 대리하는 자에게 제출한 때에는 상소제기기간 내에 상소한 것으로 간주한다(법344①). 피고인이 상소장을 작성할 수 없는 때에는 교도소장 또는 구치소장은 소속공무원으로 하여금 대서하게 하여야 한다(동조②).

2. 상소제기의 효력

상소장의 제출이 있게 되면 그 때로부터 상소제기의 효력이 발생한다. 상소제기의 효력에는 정지의 효력과 이심(移審)의 효력 두 가지가 있다.

(1) 정지의 효력

상소제기에 의하여 원심재판의 확정과 집행이 정지된다. 이를 정지의 효력이라고 한다. 재판확정에 대한 정지의 효력은 항소, 상고, 항고를 가리지 않고 언제나 발생하지만 집행정지의 효력에는 예외가 인정된다.

---

[1] 2023. 4. 27. 2023모350, 공 2023상, 999, 『항소심판결 선고 후 항소권회복청구 사건』.

우선, 항고는 즉시항고(법409 본문)를 제외하고는 재판의 집행을 정지하는 효력이 없다(법 409 본문). 다만 원심법원 또는 항고법원은 결정으로 항고에 대한 결정이 있을 때까지 재판의 집행을 정지할 수 있다(동조 단서).

다음으로, 무죄, 면소, 형의 면제, 형의 선고유예, 형의 집행유예, 공소기각 또는 벌금이나 과료를 과하는 판결이 선고된 때에는 구속영장은 효력을 잃는바(법331), 그 효력은 그 재판에 불복하는 상소제기에 의하여 영향을 받지 않는다.

한편, 법원은 벌금, 과료 또는 추징의 선고를 하는 경우에 판결의 확정 후에는 집행할 수 없거나 집행하기 곤란한 염려가 있다고 인정한 때에는 직권 또는 검사의 청구에 의하여 피고인에게 벌금, 과료 또는 추징에 상당한 금액의 가납을 명할 수 있다(법334①). 가납 재판은 상소제기 여부에 관계없이 이를 즉시로 집행할 수 있다(동조③).

(2) 이심의 효력

상소제기가 있으면 피고사건에 대한 소송계속은 원심법원으로부터 상소심으로 옮아가게 된다. 상소제기의 이러한 효력을 가리켜 이심의 효력이라고 한다. 상소는 상소법원에 의한 구제적 재판을 목적으로 하는 제도이므로 이심(移審)의 효력은 상소제기의 본질적 효과에 속한다.

(가) 이심의 기준시점　　　상소제기에 의한 이심의 효력이 구체적으로 어느 시점에 발생하는지 문제된다. 이에 대해서는 원심법원이 판결을 선고하는 시점에 원심의 소송계속이 종결함과 동시에 상소법원에 소송계속이 이전된다고 보는 원심판결기준설, 상소를 제기하는 시점에 소송계속이 이전한다고 보는 상소제기기준설, 원심의 소송기록이 상소법원에 송부되는 시점에 소송계속이 이전한다고 보는 소송기록송부기준설이 각각 제시되고 있다. 판례는 상소제기기준설을 취하고 있다.[1)]

생각건대 상소제기에 의한 이심의 효력은 상소제기 시점을 기준으로 결정하는 것이 타당하다고 본다. 우선, 원심판결기준설은 판결선고 이후에 상소포기나 상소기간도과에 의하여 소송계속이 상소법원에 이전되지 않고 종결되는 경우를 설명하지 못한다. 다음으로, 소송기록송부기준설은 소송계속의 이전이라는 중대한 소송법적 효과의 발생을 소송기록 도달의 신속 또는 지연이라는 우연한 사정에 맡기는 흠이 있다.

원심법원이 상소제기 후에도 일련의 재판을 행하는 경우가 있다(법105 참조). 이러한 원심법원의 재판은 원심법원에 피고사건의 소송계속이 남아 있기 때문에 가능한 것이 아니라 상소법원에 소송계속이 있음을 전제로 상소법원의 권한을 원심법원이 대행한 결과라고 설명할

---

1) 1985. 7. 23. 85모12, 공 1985, 1308, 『판결선고 후 재구속 사건』.

수 있다.

(나) 상소후 피고인구속　　원심법원이 불구속으로 재판하여 유죄판결을 선고하였던바 피고인이 상소한 상황에서 소송기록이 상소법원에 도달하기 전에 원심법원이 피고인을 구속할 수 있겠는지 문제된다. 상소제기기준설의 입장에서는 기본적으로 원심법원의 피고인구속을 불허하게 될 것이다.

그렇지만 형소법 제105조 및 형소규칙 제57조 제1항을 근거로 원심법원이 상소법원의 구속을 대행할 수 있다고 본다. 상소제기 후 소송기록이 상소법원에 도달하기 전에 원심법원이 피고인에 대한 보석을 취소하는 경우에도 동일한 설명이 가능하다.

(다) 상소후 구속기간갱신　　상소제기와 이심의 효력에 관한 논의는 특히 구속기간갱신과 관련하여 구체적 실익이 나타난다. 원심법원에 의한 마지막 차수의 구속기간갱신이 종료되기 직전에 상소제기가 있고 그 소송기록이 아직 상소법원에 도달하지 아니한 상황에서 피고인에 대한 구속기간갱신을 원심법원이 또 다시 할 수 있는가 하는 문제가 있다.

생각건대 원심법원에 상소장을 제출하여 상소를 제기하는 순간 상소법원에 소송계속이 발생한다. 이때 원심법원은 형사소송법 제105조 및 형사소송규칙 제57조 제1항에 기하여 상소법원의 권한을 대행하여 구속기간갱신을 행한다. 이렇게 하여 피고인에 대한 인신구속의 폐단을 방지하려고 상소심의 구속기간갱신 회수를 제한하고 있는 현행법의 구조(법92② 단서)를 충실히 유지할 수 있다.

제4 상소이익

1. 상소이익의 의의

상소는 원심재판에 대하여 불복이 있을 때 제기할 수 있다(법357, 371, 402). 불복은 재판의 주문에 관한 것이어야 하고 단순히 재판의 이유만을 다투기 위하여 상소하는 것은 허용되지 않는다.[1] 상소에 의하여 원심재판에 대한 불복을 제거함으로써 얻게 되는 법률상태의 개선이나 변화를 상소이익이라고 한다. 상소이익이 없음에도 불구하고 제기된 상소는 상소기각재판의 대상이 된다.

상소이익은 상소이유와 구별되는 개념이다. 상소이익은 상소에 의하여 제거할 불만이 존재하는가를 따지는 문제이다. 이에 반하여 상소이유는 원심재판의 사실인정, 법령적용, 양형 등에 있어서 구체적인 오류가 개입하고 있는가를 따지는 문제이다.

---

1) 1993. 3. 4. 92모21, 공 1993, 1182, 『추징금 9억원 사건』.

상소제기는 상소법원에 대해 원심재판으로 인한 불이익의 구제를 구하는 취효적 소송행위이다. 따라서 상소는 그 전제로서 상소제기의 적법요건과 이유요건의 구비가 각각 요구된다. 이때 상소이익은 상소권 유무나 상소제기방식과 함께 상소제기의 적법요건을 이룬다. 이에 반하여 상소이유는 상소제기의 이유요건에 해당한다. 결국 상소이익은 상소이유 유무를 판단하기 위한 전제조건이 된다.

상소이익은 검사, 피고인 그리고 그 밖의 상소권자가 위치한 입장에 따라서 의미내용과 판단기준이 달라진다.

2. 검사의 상소이익

검사는 공익의 대표자로서 법원에 대하여 법령의 정당한 적용을 청구할 직무와 권한을 가진다(검찰청법4① iii). 이때 검사는 단순히 법령의 정당한 적용을 청구할 뿐만 아니라 그 법령의 적용대상이 되는 사실관계의 정확한 규명을 청구할 수 있다. 이와 같은 검사의 직무와 권한에 비추어 볼 때 검사는 원심판결이 피고인에게 유리한 것인가 불리한 것인가를 가리지 않고 원심재판에 오류가 개입하였다고 판단되면 상소를 제기할 이익을 갖는다.

이에 따라 검사는 피고인에게 불리한 원심재판의 경우에도 오류가 개입했다고 판단할 경우 그 재판에 불복하여 상소할 수 있는 상소이익을 가진다. 형사소송법은 이 점에 대한 명문의 규정을 두고 있지 않으나 판례는 피고인의 이익을 위한 검사의 상소제기를 인정하고 있다.[1] 만일 검사를 피고인에 대립하는 반대당사자라고만 본다면 피고인의 이익을 위한 검사의 상소제기란 생각할 수 없을 것이다.

원심재판에 대한 불복은 재판의 주문에 관한 것이어야 하고 재판의 이유만을 다투기 위하여 상소하는 것은 허용되지 않는다. 원심법원이 피고인에 대하여 공소사실 전부를 유죄로 인정한 상황에서 검사가 원심법원이 일부 증거의 증거능력을 부정한 판단에 불복하여 상소하는 것은 부적법하다. 원심법원이 피고인에 대한 공소사실 전부를 유죄로 판단한 이상 검사의 상소는 원심판결의 주문이 아니라 이유만을 다투기 위한 것임이 명백하여 허용될 수 없다.[2]

3. 피고인의 상소이익

(1) 상소이익의 판단기준
피고인을 위한 상소는 하급심법원의 재판에 대한 불복으로서 피고인에게 불이익한 재

1) 1993. 3. 4. 92모21, 공 1993, 1182, 『추징금 9억원 사건』.
2) 2023. 12. 14. 2021도2299, 판례속보, 『조합장 선거 상대방 휴대폰 녹음 사건』.

판을 시정하여 이익된 재판을 청구함을 그 본질로 하는 것이다. 그러므로 하급심법원의 재판
이 피고인에게 불이익하지 아니하면 이에 대하여 피고인은 상소권을 가질 수 없다.[1]

피고인은 유리한 원심재판을 불리한 내용으로 변경할 것을 구하여 상소할 수는 없다. 이
경우에는 피고인에게 상소이익이 없기 때문이다. 그런데 피고인의 상소이익 여부를 검토함에
있어서 그 이익의 유무를 어떠한 기준에 의하여 판단할 것인지가 문제된다.

이에 대해서는 피고인 본인의 주관을 기준으로 삼는 주관설, 사회윤리적 입장에서 사회통
념을 기준으로 삼는 사회통념설, 그리고 순수히 객관적 표준을 기준으로 삼는 객관설 등을 생
각해 볼 수 있다.

생각건대 상소제도의 기능이 피고인의 불이익 구제라는 점뿐만 아니라 오판으로 인한 법
령적용의 오류도 방지한다는 점에 있다고 볼 때 객관설이 피고인의 상소이익 판단에 있어서
운용가능한 객관적 척도를 제시하여 타당하다고 본다. 객관설의 입장에 의하면 형의 경중을
정한 형법 제50조와 불이익변경금지원칙을 규정한 형사소송법 제368조가 상소이익의 판단을
위한 주요 척도로 등장하게 된다.

(2) 유죄판결에 대한 피고인의 상소

형 선고의 유죄판결(법321)은 피고인에게 가장 불리한 재판이다. 그러므로 피고인이 무죄
를 주장하거나 경한 형벌의 선고를 구하여 상소하는 경우에 상소이익은 당연히 인정된다. 그
러나 형 선고 판결에 대해 상소를 구하는 취지가 보다 무거운 형의 선고를 요구하는 데에 있
는 경우[2]에는 피고인에게 상소이익을 인정할 수 없다.

형면제의 판결(법322) 및 형의 선고유예 판결(법322)은 유죄판결의 일종이다. 따라서 피고
인이 이들 재판에 대하여 무죄를 주장하여 상소를 제기하는 경우에 상소이익이 인정됨은 물
론이다.

피고인이 벌금형을 선고한 원심판결에 대해 집행유예가 인정되는 징역형을 구하여 상소
하는 것은 허용되지 않는다.[3] 그러나 피고인이 벌금형을 선고한 원심판결에 대해 집행유예가
가능한 500만원 이하의 벌금형(형법62①)을 구하여 상소하는 것은 당연히 허용된다.

피고인에게 포괄일죄를 인정한 원심판결에 대해 그 범죄사실 중 일부가 실체적 경합범에
해당한다고 주장하여 피고인이 상소하는 경우가 있다. 이 경우 일부 범죄사실을 포괄일죄가
아니라 실체적 경합범에 해당한다고 볼 경우 죄수가 증가하고 처단형이 높아져서 오히려 피

---

1) 2005. 9. 15. 2005도4866, [미간행], 『공소기각판결 후 검사 항소 기각 사건』.
2) 2016. 10. 13. 2016도8347, 공 2016하, 1736, 『파산법 대 채무자회생법 사건』.
3) 2005. 3. 31. 2004헌가27, 헌집 17-1, 312, 『'차라리 집행유예' 사건』.

고인에게 불이익하게 된다면 이를 상소이유로 삼을 수 없다.[1]

(3) 무죄판결에 대한 피고인의 상소

무죄판결은 피고인에게 가장 유리한 재판이므로 원심의 무죄판결에 대해 피고인이 상소를 제기할 이익은 인정되지 않는다.[2] 따라서 피고인이 무죄판결에 대하여 유죄판결을 구하는 것은 물론 면소판결, 관할위반의 판결, 공소기각의 판결이나 공소기각의 결정 등을 구하여 상소하는 것은 허용되지 않는다.

(4) 형식재판에 대한 피고인의 상소

(가) 형식재판   면소판결, 관할위반의 판결, 공소기각의 판결, 공소기각의 결정 등 형식재판이 선고된 경우에 피고인이 무죄를 구하여 상소할 수 있는지 문제된다. 형식재판에 대하여 피고인이 상소를 제기한 때에는 상소이익의 결여를 이유로 원심법원(법360①, 376①) 또는 상소법원(법362①, 381①)이 상소기각결정을 하는 것이 타당하다고 본다.

형식재판이 무죄판결에 비하여 피고인을 형사절차에서 빨리 해방시킨다는 점과 무죄추정의 권리에 의하여 형식재판과 무죄판결 사이에 별다른 차이가 없다는 점을 상소이익 부인의 논거로 제시할 수 있을 것이다.

판례는 공소기각판결에 대해 무죄판결을 구하는 상소에 대하여 상소이익이 없다는 이유로,[3] 면소판결에 대해 무죄판결을 구하는 상소에 대해 실체판결청구권이 없다는 이유로,[4] 각각 피고인에게 무죄를 구하는 상소를 허용하지 않고 있다. 또한 판례는 검사의 항소를 기각한 항소심판결은 피고인에게 불이익한 판결이 아니어서 상고의 이익이 없다는 이유로 상고권을 인정하지 않는다.[5]

(나) 면소판결   면소판결에 대해 예외적으로 무죄를 구하여 상소할 수 있는 경우가 있다. 형벌법령이 위헌으로 판단된 경우 당해 형벌법령을 적용하여 공소가 제기된 피고사건에 대하여는 형소법 제325조에 따라 무죄를 선고해야 한다. 그런데 당해 형벌법령이 먼저 폐지되고 이후에 위헌으로 판단되는 경우가 있다. 이러한 경우에는 면소판결이 아니라 무죄판결을 선고해야 한다.

---

1) 2017. 12. 5. 2017도11564, 공 2018상, 132, 『직접 시공 골프장 회사 사건』.
2) 2022. 6. 16. 2022도364, 공 2022하, 1403, 『피해자진술 영상녹화물 사건』.
3) 2008. 5. 15. 2007도6793, 공 2008상, 878, 『공소기각판결 상고 사건』.
4) 1984. 11. 27. 84도2106, 공 1985, 113, 『야간폭행 뒤 야간상해 사건』.
5) 2005. 9. 15. 2005도4866, [미간행], 『공소기각판결 후 검사 항소 기각 사건』.

면소판결에 대하여 무죄판결인 실체판결이 선고되어야 한다고 주장하면서 상고할 수 없는 것이 원칙이지만, 위헌법령의 경우에는 면소를 할 수 없고 피고인에게 무죄의 선고를 해야 하므로 면소를 선고한 판결에 대하여 예외적으로 상소가 가능하게 된다.[1]

(다) 공소기각판결   「교통사고처리 특례법」 위반죄(동법3①)로 기소된 사안에서 사건의 실체에 관한 심리가 이미 완료되어 특례배제사유(동법3② 단서, 4① 단서)가 없는 것으로 판명되고, 달리 피고인이 과실로 교통사고를 일으켰다고 인정되지 않는 경우에, 피해자가 처벌을 원하지 않는다는 의사표시가 있거나(동법3② 본문) 가해차량이 보험·공제에 가입한 사실(동법4① 본문)이 있으면 공소기각판결(법327 ii)을 하는 것이 원칙이다. 판례는 이러한 경우에 사실심법원이 피고인의 이익을 위하여 「교통사고처리 특례법」 위반의 공소사실에 대하여 무죄의 실체판결을 선고하였더라도 이를 위법이라고 볼 수는 없다는 입장을 취하고 있다.[2]

그러나 이 판례를 근거로 「교통사고처리 특례법」 위반죄 사안에서 공소기각판결로 종결된 원심판결에 대해 무죄판결을 구하여 피고인이 상소할 수는 없다고 본다. 위의 판례는 당해 심급의 심리절차에서 피고인의 이익을 도모한 것이지만, 상소심과의 관계에서는 형식적·객관적 관점에서 상소이익을 논해야 하기 때문이다.

제5 일부상소

1. 일부상소의 의의

(1) 일부상소의 허용
상소는 재판의 일부에 대하여 할 수 있다(법342①). 이때 재판의 일부에 대한 상소를 일부상소라고 한다. 일부상소는 재판의 객관적 범위의 일부에 대한 상소를 말한다. 공동피고인 중 일부가 상소하는 경우와 같이 주관적 견련관계(법11 ii, iii, iv)에 있는 사람들 가운데 일부 사람만 상소하는 것은 일부상소에 해당하지 않는다.

일부상소는 잔여부분에 대한 재판의 확정을 촉진하여 법적 안정성을 꾀하고 상소법원의 심판범위를 축소함으로써 심리의 신속·정확과 소송경제를 도모하기 위하여 허용된다.

(2) 일부상소의 불허
일부상소는 과형상 수죄를 전제로 하는 개념이다. 따라서 소송법적으로 하나인 피고사건

---

1) 2010. 12. 16. 2010도5986 전원합의체 판결, 공 2011상, 259, 『긴급조치 위헌무효 사건』.
2) 2015. 5. 14. 2012도11431, 공 2015상, 826, 『신호위반 공제가입 차량 사건』.

에 대하여 그 일부분만 분리하여 상소하는 것은 허용되지 않는다. 단순일죄 또는 과형상 일죄 등이 상소에서 불가분으로 취급되는 것을 가리켜 상소불가분의 원칙이라고 한다.

그런데 형사소송법은 일부에 대한 상소는 그 일부와 '불가분의 관계'에 있는 부분에 대하여도 효력이 미친다고 규정하여(법342②) 과형상 일죄의 범위를 넘어서는 일부 영역에 대해서도 상소불가분의 원칙을 확장하고 있다.

상소불가분의 원칙이 적용되는 일부상소는 (가) 피고사건의 주위적 주문과 불가분적 관계에 있는 주문에 대한 것, (나) 일죄의 일부에 대한 것, (다) 경합범에 대하여 1개의 형이 선고된 경우에 경합범의 일부 죄에 대한 것 등으로 나누어 볼 수 있다.[1]

2. 일부상소의 허용 여부

(1) 주위적 주문과 부수적 주문

(가) 몰수·추징　　뇌물이나 마약류 등의 경우에 몰수·추징이 필수적으로 부과된다(형법134 참조). 필요적 몰수·추징은 범죄행위로 인한 이득의 박탈을 목적으로 하는 것이 아니라 징벌적인 성질을 가지는 처분으로 부가형(형법49)으로서의 성격을 띠고 있다.

그러므로 필요적 몰수·추징은 (가) 피고사건 본안에 관한 판단에 따른 주형 등에 부가하여 한 번에 선고되고, (나) 본안에 관한 주형과 일체를 이루어 동시에 확정되어야 하며, (다) 본안에 관한 주형 등과 분리되어 이심되어서는 안 되는 것이 원칙이다. 필요적 몰수·추징 사건의 주위적 주문과 몰수·추징에 관한 주문은 상호 불가분적 관계에 있어 상소불가분의 원칙이 적용된다.[2]

(나) 소송비용부담　　소송비용부담 부분에는 상소불가분의 원칙이 적용된다. 소송비용부담 부분은 본안 부분과 한꺼번에 심판되어야 하고 분리 확정될 수 없는 것이다. 그러므로 상급심이 하급심의 본안 부분을 파기하는 경우에는 마땅히 소송비용부담 부분까지 함께 파기해야 한다.[3]

(다) 부수처분　　「아동·청소년의 성보호에 관한 법률」(동법49, 50, 56, 61 참조) 및 「성폭력범죄의 처벌 등에 관한 특례법」(동법47, 49 참조) 등은 일정한 성범죄 피고인에 대해 신상정보 공개명령, 신상정보 고지명령, 취업제한명령, 보호관찰 등의 선고를 규정하고 있다. 이 경우 신상정보 공개명령 등은 당해 성범죄 사건의 유죄판결과 동시에 선고하는 부수처분으로서 상소불가분의 원칙이 적용된다. 따라서 신상정보 공개명령 등이 위법한 경우에는 나머지 피고

---

1) 2008. 11. 20. 2008도5596 전원합의체 판결, 공 2008하, 1817, 『향정의약품 매매 알선 사건』.
2) 2008. 11. 20. 2008도5596 전원합의체 판결, 공 2008하, 1817, 『향정의약품 매매 알선 사건』.
3) 2009. 4. 23. 2008도11921, 공 2009상, 795, 『태안 기름유출 사건』.

사건 부분에 위법이 없더라도 그 부분까지 전부 파기된다.[1]

(라) 보안처분   「치료감호 등에 관한 법률」에 따른 치료감호 대상범죄의 피고사건 판결에 대해 상소가 있을 때에는 치료감호청구사건의 판결에 대하여도 상소가 있는 것으로 본다(동법14②). 「전자장치 부착 등에 관한 법률」에 따른 특정 범죄사건의 판결에 대하여 상소가 있는 때에는 전자장치 부착명령 청구사건의 판결에 대하여도 상소가 있는 것으로 본다(동법9⑧).

피고사건에 대한 공소제기와 함께 치료감호나 전자장치부착 등의 보안처분이 함께 청구된 경우에 피고사건에 대한 상소는 보안처분청구사건에 대해서도 미친다.[2] 상소법원이 원심의 피고사건에 대한 판단이 위법하다고 판단하여 원심판결을 파기하는 경우 그 피고사건과 함께 심리되어 동시에 판결이 선고된 보안처분청구사건 역시 파기해야 한다.[3]

(2) 일죄와 일부상소

(가) 상소불가분   단순일죄,[4] 포괄일죄,[5] 과형상 일죄[6] 등 일죄의 경우에는 일부에 대한 상소가 허용되지 않는다. 상소불가분의 원칙에 따라 일죄의 일부에 대한 상소는 그 일부와 불가분의 관계에 있는 부분에 대하여도 효력이 미치기 때문이다(법342②). 예컨대 과형상 일죄의 일부에 대해 무죄판결이 선고된 경우에 검사만 상소하였다 하더라도 그 상소의 효력은 유죄부분을 포함하여 과형상 일죄의 전부에 미친다.[7]

주위적·예비적 공소사실의 일부에 대한 상소제기의 효력은 나머지 공소사실 부분에 대하여도 미친다. 동일한 사실관계에 대하여 서로 양립할 수 없는 적용법조의 적용을 주위적·예비적으로 구하는 경우에 예비적 공소사실만 유죄로 인정되고 그 부분에 대하여 피고인만 상소하였다고 하더라도 예비적 공소사실 외에 주위적 공소사실도 함께 상소심의 심판대상에 포함된다.[8] 상고심이 예비적 공소사실에 대한 원심판결이 잘못되었다는 이유로 원심판결을 전부 파기환송한다면, 환송 후 원심은 예비적 공소사실은 물론 이와 동일체 관계에 있는 주위적 공소사실에 대하여도 이를 심리·판단하여야 한다.[9]

---

1) 2011. 4. 14. 2011도453, 공 2011상, 980, 『공개명령 부칙 확대실시 사건』.
2) 2011. 8. 25. 2011도6705, 공 2011하, 1991, 『치료감호 상소이익 사건』.
3) 2011. 4. 14. 2011도453, 공 2011상, 980, 『공개명령 부칙 확대실시 사건』.
4) 1990. 1. 25. 89도478, 공 1990, 590, 『해고 관련 무고죄 사건』.
5) 2004. 10. 28. 2004도5014, 공 2004, 1992, 『위사감지기 실용신안권 사건』.
6) 1990. 1. 25. 89도252, 공 1990, 589, 『낙찰계 파계 사건』.
7) 2005. 1. 27. 2004도7488, 공 2005, 369, 『후보자 홈페이지 사건』.
8) 2006. 5. 25. 2006도1146, 공 2006, 1217, 『조합장 3억 수수 사건』.
9) 2023. 12. 28. 2023도10718, 공 2024상, 322, 『계약직 직원 인감증명 '본인' 발급 사건』.

(나) 상소이유 판단제한 　포괄일죄[1] 또는 과형상 일죄[2]에 대한 상소임에도 불구하고 예외적으로 상소심의 판단범위가 제한되는 경우가 있다. 예컨대 원심에서 상상적 경합관계에 있는 수죄에 대하여 모두 무죄가 선고되었고, 이에 검사가 무죄 부분 전부에 대하여 상소하였으나 그중 일부 무죄 부분에 대하여는 이를 상소이유로 삼지 아니한 경우가 여기에 해당하는 예의 하나이다.

이러한 경우에는 상소불가분의 원칙(법342②)에 따라 상소이유로 삼지 아니한 무죄 부분도 상소심으로 이심된다. 그러나 상소이유로 삼지 아니한 부분은 이미 당사자 간 공격방어의 대상으로부터 벗어나 사실상 심판대상에서부터도 이탈하게 되는 것이므로 상소심으로서는 그 무죄 부분에까지 나아가 판단할 수 없다. 그 결과 상소심은 무죄 부분에 대하여 다시 심리·판단하여 유죄를 선고할 수 없다.[3] 이러한 경우에는 포괄일죄 또는 과형상 일죄에 대한 상소불가분의 원칙을 깨뜨리지 않으면서도 일부상소가 허용된 것과 비슷한 외관이 나타난다.

이러한 현상은 피고사건에 대한 본안판단과 부수처분의 관계에서도 찾아볼 수 있다. 본안판단에 대한 상소의 효력은 상소불가분원칙에 따라 부수처분에도 미치지만 부수처분에 대해 상소이유를 제시하지 않은 경우에 상소법원은 부수처분 부분을 심리·판단할 수 없다.[4]

(3) 1개 주문의 동시적 경합범과 일부상소

판결이 확정되지 아니한 수 개의 범죄사실에 대해 판결을 선고하는 경우가 있다. 이 경우를 가리켜서 동시적 경합범이라고 한다. 형법 제37조 전단의 경합범이 여기에 해당한다. 동시적 경합범의 사안에서 형이 하나의 주문으로 선고되는 경우가 있다(형법38① ⅰ·ⅱ). 이러한 경우에는 과형상 수 개의 죄가 존재하지만 주문이 하나이므로 이들 수 개의 죄 사이에 형소법 제342조 제2항이 규정한 '불가분의 관계'를 인정할 필요가 있다.

그 결과 하나의 형이 선고된 과형상 수죄는 소송상 일체로 취급되어 일부 범죄사실에 대한 상소의 효력이 다른 범죄사실에 대해서도 미치며, 일부 범죄사실에 관하여 원심판단에 위법이 있는 이상 다른 범죄사실 부분까지 함께 파기를 면할 수 없다.[5]

경합범의 관계에 있는 범죄사실 전부에 대하여 원심법원이 무죄를 인정하고 이를 하나의 주문으로 기재하는 경우가 있다. 그러나 이 경우 무죄의 주문은 각 범죄사실 별로 행해진 것이므로 경합범 범죄사실들 사이에 '불가분의 관계'를 인정할 수 없다. 그리하여 검사가 일부

---

1) 2004. 10. 28. 2004도5014, 공 2004, 1992, 『위사감지기 실용신안권 사건』.
2) 2008. 12. 11. 2008도8922, 공 2009상, 72, 『중대장 심의기구 무고 사건』.
3) 2008. 12. 11. 2008도8922, 공 2009상, 72, 『중대장 심의기구 무고 사건』.
4) 2011. 6. 24. 2011도4451, 공 2011하, 1509, 『편의점 앞 여아 사건』.
5) 2009. 4. 23. 2008도11921, 공 2009상, 795, 『태안 기름유출 사건』.

범죄사실만을 한정하여 상소하는 것은 당연히 허용된다.

(4) 수 개 주문의 동시적 경합범과 일부상소

(가) 기본원칙   경합범은 소송법상 수죄를 이룬다. 동시적 경합범에 있어서 각 범죄사실 별로 다른 주문이 선고된 경우에는 상소불가분의 원칙이 적용되지 않는다. 이러한 경우에는 일부 주문이 선고된 부분에 한정하여 상소를 제기하는 것이 허용된다(법342①).

여기에 해당하는 사례로서는 원심법원이 동시적 경합범 관계에 있는 수 개의 범죄사실에 대하여, (가) 일부에 대해서는 유죄를, 다른 부분에 대해서는 무죄, 면소, 관할위반판결, 공소기각판결, 공소기각결정 등을 선고한 경우, (나) 일부에 대해서는 형의 선고를, 다른 부분에 대해서는 형의 면제나 형의 선고유예를 한 경우, (다) 일부에 대해서는 징역형을, 다른 부분에 대해서는 벌금형을 선고하는 등 형이 병과된 경우[1] 등을 들 수 있다.

(나) 상소불가분원칙의 확장시도   그런데 수 개의 주문이 선고된 동시적 경합범 사안임에도 불구하고 상소불가분의 원칙을 확대적용하려는 시도가 있다. 예컨대 일부 유죄, 일부 무죄의 주문이 선고된 동시적 경합범 사안에서 원심법원이 심리를 올바르게 하였더라면 전부 유죄가 되어 형법 제38조 제1항의 경합범 처벌례에 따라 하나의 주문이 선고될 수 있었던 경우가 있다.

이와 같은 경우에 무죄 부분에 대한 일부상소에 대해 예외적으로 동시적 경합범 전체에 대해 상소불가분의 원칙을 확대적용할 수 있을 것인지 문제된다. 이에 대해서는 전부파기설과 일부파기설이 대립하고 있다.

(다) 전부파기설   하나의 주문이 선고될 가능성이 있는 일부상소에 대해 상소불가분원칙의 확대적용을 긍정하는 견해이다. 이 입장에 따르면 유죄 주문과 무죄 주문이 각각 있는 동시적 경합범 사안이라도 일부상소에 의하여 경합범 사안 전부가 상소심으로 이심되고, 상소심법원은 경합범 사안 전부를 파기해야 한다고 본다.

(라) 일부파기설   원심에서 하나의 주문이 선고될 수 있었다는 가능성만 가지고 수 개 주문의 동시적 경합범 사안에 대해 상소불가분원칙을 확대적용하는 것에 반대하는 견해이다. 이 입장에 따르면 수 개 주문의 동시적 경합범 사안에서 일부상소가 있으면 상소된 부분만 상소심으로 이심되고, 상소심법원은 이심된 일부상소 부분에 대해서만 파기해야 한다고 본다.

(마) 판례의 입장   판례는 다음과 같은 판단을 제시하여 일부파기설의 입장을 취하고

---

1) 2009. 4. 23. 2008도11921, 공 2009상, 795, 『태안 기름유출 사건』.

있다.[1] [2]

(가) 동시적 경합범으로 기소된 사건에 대하여 일부 유죄, 일부 무죄를 선고하는 등 판결주문이 수 개일 때에는 그 1개의 주문에 포함된 부분을 다른 부분과 분리하여 일부상소를 할 수 있고, 당사자 쌍방이 상소하지 아니한 부분은 분리 확정된다.

(나) 동시적 경합범 중 일부에 대하여 무죄, 일부에 대하여 유죄를 선고한 원심판결에 대해 검사만이 무죄 부분에 대하여 상소를 한 경우, 피고인과 검사가 상소하지 아니한 유죄판결 부분은 상소기간이 지남으로써 확정되어 상소심에 계속된 사건은 무죄판결 부분에 대한 공소 뿐이다.

(다) 그에 따라 상소심에서 이를 파기할 때에는 무죄 부분만을 파기하여야 한다.

(바) 경합범규정의 개정   종래 판례가 상소불가분원칙의 적용범위를 확장하려고 하였던 데에는 경합범 가중례가 하나의 요인으로 작용하고 있었다. 동시적 경합범(형법37 전단)의 경우에는 동종 법정형의 경우 원칙적으로 가장 무거운 죄에 대하여 정한 형의 장기 또는 다액에 그 2분의 1까지만 가중된다(형법38① ii 참조). 이에 대해 금고 이상의 형에 처하는 확정 판결이 있어서 수 개의 범죄가 사후적 경합범(형법37 후단)으로 되는 경우에는 형의 2분의 1까지만 가중되는 혜택을 받을 수 없었다. 상소불가분의 원칙을 확장하려는 시도는 경합범 관계에 있는 일부 범죄에 대한 판결의 확정을 차단하여 동시적 경합범의 혜택을 연장하려는 것이었다.

입법자는 2005년 사후적 경합범의 처벌례를 규정한 형법 제39조를 개정하여 형의 감경 및 면제를 허용하였다. 개정된 형법 제39조 제1항은 "경합범중 판결을 받지 아니한 죄가 있는 때에는 그 죄와 판결이 확정된 죄를 동시에 판결할 경우와 형평을 고려하여 그 죄에 대하여 형을 선고한다. 이 경우 그 형을 감경 또는 면제할 수 있다."고 규정하고 있다. 사후적 경합범의 사안에 대해서도 동시적 경합범에 준하여 형의 완화를 도모한 것이다. 이 개정에 따라 상소불가분원칙의 확대적용을 둘러싼 전부파기설의 설득력은 크게 줄어들었다고 할 수 있다.

(5) 수 개 주문의 동시적 경합범과 전부상소

수 개 주문의 동시적 경합범에 대해 일부상소가 있는 경우와 구별해야 할 것으로 수 개 주문의 경합범 사례에서 전부상소가 이루어지는 경우가 있다. 이 때에는 다음과 같이 판단하여야 한다.

---

1) 1992. 1. 21. 91도1402, 공 1992, 951, 『부녀매매죄 사건』.
2) 2010. 11. 25. 2010도10985, 공 2011상, 78, 『공무방해 마약사범 사건』.

먼저, 동시적 경합범 관계에 있는 공소사실 중 일부 유죄, 일부 무죄를 선고하여 판결주문이 수 개일 때 검사가 판결 전부에 대하여 상소하였는데 상소심에서 이를 파기할 때가 있다. 이 때에는 유죄 부분과 파기되는 무죄 부분이 형법 제37조 전단의 경합범 관계에 있어 하나의 형이 선고되어야 하므로, 유죄 부분과 파기되는 무죄 부분을 함께 파기하여야 한다.[1]

그러나 위와 같이 하나의 형을 선고하기 위해서 파기하는 경우를 제외하고는, 동시적 경합범의 관계에 있는 공소사실이라고 하더라도 개별적으로 파기되는 부분과 불가분의 관계에 있는 부분만을 파기하여야 한다. 예컨대 제1심법원이 동시적 경합범 관계에 있는 A, B 두 개의 사기죄 공소사실 중 A 사기 부분을 주문 무죄로, B 사기 부분을 주문 공소기각으로 각각 판단하였고, 검사가 제1심판결 전부에 대하여 항소한 경우를 상정해 본다. 이 경우 검사가 제1심판결 전부에 대하여 항소하였다고 하더라도 제1심판결 전체가 불가분의 관계에 있다고 볼 수 없다. 그러므로 항소법원으로서는 각 부분에 관한 항소이유를 개별적으로 판단하여야 한다.[2]

(6) 수 개 주문의 사후적 경합범과 일부상소

수 개의 공소사실(A, C사실)이 금고 이상의 형에 처한 확정판결(B판결) 전후의 것이어서 법원이 형법 제37조 후단, 제39조 제1항에 의하여 (가) 각기 따로 유죄(A사실)와 무죄(C사실)를 선고하거나, (나) 각 공소사실(A사실, C사실) 별로 따로 형을 정하여 판결주문이 수 개일 때가 있다. 이러한 경우에는 그 1개의 주문에 포함된 부분을 다른 부분과 분리하여 일부상소를 할 수 있고(법342①), 이때 당사자 쌍방이 상소하지 아니한 부분은 분리 확정된다.[3]

제1심법원이 확정판결(B판결) 전의 공소사실(A사실)과 확정판결(B판결) 후의 공소사실(C사실)에 대하여 따로 유죄를 선고하여 두 개의 형을 정한 판결을 선고하였는데, 그 제1심판결에 대하여 피고인만이 확정판결(B판결) 전의 유죄판결(A사실) 부분에 대하여 항소하는 경우가 있다.

이러한 경우에 피고인과 검사가 항소하지 아니한 확정판결(B판결) 후의 유죄판결(C사실) 부분은 항소기간이 지남으로써 확정된다. 이제 항소심에 계속된 사건은 확정판결(B판결) 전의 유죄판결(A사실) 부분뿐이고, 그에 따라 항소심이 심리·판단하여야 할 범위는 확정판결(B판결) 전의 유죄판결(A사실) 부분에 한정된다.[4]

---

1) 2022. 1. 13. 2021도13108, 공 2022상, 396, 『유치원 학부모 피해자 특정 사건』.
2) 2022. 1. 13. 2021도13108, 공 2022상, 396, 『유치원 학부모 피해자 특정 사건』.
3) 2018. 3. 29. 2016도18553, 공 2018상, 847, 『사기죄, 산지관리법위반죄 분리 선고 사건』.
4) 2018. 3. 29. 2016도18553, 공 2018상, 847, 『사기죄, 산지관리법위반죄 분리 선고 사건』.

3. 일부상소의 방식과 효력

상소불가분의 원칙(법342②)이 적용되지 않는 경우에는 일부상소(법342①)가 허용된다. 일부상소를 함에는 상소장에 일부상소를 한다는 취지를 명시하고 불복 부분을 특정해야 한다. 상소장에 불복 부분을 특정하지 않고 이유에서 일부상소의 취지로 상소한 경우는 재판의 전부에 대해 상소한 것으로 취급된다.[1]

적법한 일부상소(법342①)가 있으면 상소제기된 부분만 상소심에 소송계속이 이전하고 상소 없는 부분에 대해서는 재판이 확정된다. 따라서 상소심법원은 일부상소된 부분만 심판할 수 있고 확정된 부분에 대하여는 심판하지 못한다.[2] 상소심의 파기환송에 의하여 피고사건을 환송받은 법원도 일부상소된 부분에 대해서만 심판해야 하고 확정된 부분에 대해서는 판단할 수 없다.

그러나 상소불가분의 원칙(법342②)이 적용되는 영역에서는 불가분의 관계에 있는 부분사실에 대해 일부상소의 방법으로 소송계속이 분리되지 않는다.

제 6 불이익변경금지의 원칙

1. 불이익변경금지원칙의 의의와 근거

(1) 불이익변경금지원칙의 의의

불이익변경금지의 원칙이란 피고인이 상소한 사건이나 피고인을 위하여 상소한 사건에 관하여 상소심이 원심판결의 형보다 무거운 형을 선고하지 못한다는 원칙을 말한다. 위치추적 전자장치 부착명령과 같은 보안처분을 불리하게 변경하는 것은 형의 변경이 아니므로 불이익변경금지원칙에 저촉되지 않는다.[3]

불이익변경금지의 원칙은 피고인에게 불이익한 일체의 변경을 금지하는 원칙이 아니라 원심판결의 형보다 무거운 형을 선고할 수 없도록 하는 원칙이다. 이 점에서 중형변경금지의 원칙이라고 부르는 것이 보다 정확하다고 할 수 있다.

이처럼 불이익변경금지의 원칙은 형의 선고와 관련이 있기 때문에 항소심과 관련된 부분에 해당 조문이 위치하고 있다(법368). 상고심은 법률심이므로 형의 선고와 직접 관련이 없

---

1) 2014. 3. 27. 2014도342, 공 2014상, 996, 『무죄판결 양형부당 사건』.
2) 1980. 8. 26. 80도814, 공 1980, 13135, 『'검사만 상소' 사건』.
3) 2011. 4. 14. 2010도16939, 공 2011상, 972, 『'친딸이라는 이유' 사건』.

다. 그리하여 상고심과 관련된 부분에는 불이익변경금지에 관한 독자적 조문이 없다. 그러나 대법원이 예외적으로 파기자판(법396①)을 하여 형을 선고하는 경우에는 불이익변경금지의 원칙(법368)을 따라야 한다(법396②).

(2) 불이익변경금지원칙의 이론적 근거

불이익변경금지원칙의 이론적 근거를 어떻게 파악할 것인가 하는 문제가 있다. 이에 대해서는 피고인보호를 지향하는 당사자주의의 귀결이라고 보는 견해, 검사의 상소가 없는 한도에서 상대적 확정력이 발생하기 때문이라고 보는 견해, 피고인보호를 위한 정책적 배려라고 설명하는 견해 등이 제시되고 있다.

그러나 불이익변경금지의 원칙은 피고인으로 하여금 중형변경의 위험이라는 심리적 위축상태로부터 벗어나서 충분히 자신의 상소권을 행사할 수 있도록 하기 위하여 마련된 법적 장치로서 헌법이 규정한 적법절차원칙(헌법12① 후단)의 구체적 표현이라고 보아야 할 것이다.

2. 불이익변경금지원칙의 적용범위

불이익변경금지의 원칙(법368)은 (가) 피고인이 상소한 사건과 (나) 피고인을 위하여 상소한 사건에 대하여는 원심판결의 형보다 무거운 형을 선고하지 못한다는 내용을 갖는다. 그러나 (다) 피고인과 검사 쌍방이 상소한 사건에 대하여는 이 원칙이 적용되지 않는다.[1]

(1) 피고인이 상소한 사건

불이익변경금지의 원칙은 우선 피고인이 상소한 사건에 대하여 적용된다(법368). 이때 '피고인이 상소한 사건'이란 피고인만 상소한 사건을 의미한다. 이에 대해 (가) 검사만 상소한 사건이나, (나) 검사와 피고인이 모두 상소한 사건[2]에 대해서는 불이익변경금지원칙이 적용되지 않는다.

그러나 피고인과 검사 쌍방이 상소하였으나 검사가 상소부분에 대한 상소이유서를 제출하지 아니하여 결정으로 상소를 기각해야 하는 경우,[3] 또는 상소심이 양형이 지나치게 가볍다는 검사의 상소를 이유 없다고 배척하여 상소를 기각하는 경우[4]에는 실질적으로 피고인만

---

1) 2006. 1. 26. 2005도8507, 공 2006, 374, 『단말기 거액송금 사건』.
2) 2018. 4. 19. 2017도14322 전원합의체 판결, 공 2018상, 1002, 『심리전단 트위터 사건 2』.
3) 1998. 9. 25. 98도2111, 공 1998, 2640, 『참깨 위장수입 사건』.
4) 1976. 10. 12. 74도1785, 공 1976, 9397, 『선고유예 벌금 사건』.

상소한 경우와 같게 되므로 불이익변경금지원칙이 적용된다.

피고인만 항소하였으나 검사가 항소심판결에 불복하여 상고하였을 때 상고심의 판결에 불이익변경금지원칙이 적용될 수 있는지가 문제된다. 상고심이 원심판결을 파기하여 환송하면 환송 후의 항소심은 불이익변경금지원칙을 적용받게 된다. 그런데 상고심이 스스로 판단하여 형을 선고하는 경우에 검사만 상고하였다는 이유로 불이익변경금지원칙을 적용하지 않는다면 상고심이 환송하느냐 자판하느냐 하는 우연한 사정에 의하여 피고인의 지위가 영향을 받게 된다. 이와 같은 불합리를 배제하려면 상고심은 제1심판결이 선고한 형보다 무거운 형을 피고인에게 선고할 수 없다고 보아야 한다.[1]

불이익변경금지의 원칙은 '원심판결의 형보다 중한 형'으로의 변경만을 금지하고 있을 뿐이다. 상소심은 원심법원이 형을 정함에 있어서 전제로 삼았던 사정이나 견해에 반드시 구속되지는 않는다. 피고인만이 상소한 사건에서 상소심이 원심법원이 인정한 범죄사실의 일부를 무죄로 인정하면서도 피고인에 대하여 원심법원과 동일한 형을 선고하였다고 하여 그것이 불이익변경금지 원칙을 위반하였다고 볼 수 없다.[2]

(2) 피고인을 위하여 상소한 사건

불이익변경금지의 원칙은 피고인을 위하여 상소한 사건에 대하여도 적용된다(법368). '피고인을 위하여 상소한 사건'이란 고유의 상소권자(법338)가 아닌 자, 즉 피고인의 법정대리인(법340), 피고인의 배우자, 직계친족, 형제자매 또는 원심의 대리인이나 원심의 변호인 등(법341) 형사소송법에 의하여 상소권이 인정된 자가 상소를 제기한 사건을 말한다.

그런데 검사가 피고인의 이익을 위하여 상소한 경우에 이를 피고인을 위하여 상소한 사건으로 보아 불이익변경금지원칙을 적용할 것인가 하는 문제가 있다. 이에 대해서는 적극설과 소극설이 제시되고 있다.

생각건대 검사는 피고인의 단순한 반대당사자가 아니라 공익의 대표자로서 피고인의 정당한 이익을 보호하기 위하여 상소하는 것이므로 피고인에게 결과적으로 불이익을 초래하는 상소제기는 배제하지 않으면 안 된다. 또 검사가 피고인의 이익을 위한다는 취지를 표시하면서 상소하는 경우를 피고인 이외의 자가 피고인의 이익을 위하여 상소하는 경우와 달리 취급할 이유도 없다. 이러한 점에 비추어 볼 때 검사가 피고인의 이익을 위하여 상소한 경우에 불이익변경금지원칙을 적용하는 적극설이 타당하다고 본다.

---

1) 1957. 10. 4. 4290형비상1(57오1), 집 5-3, 형20, 『취득세 감세청탁 사건』.
2) 2021. 5. 6. 2021도1282, 공 2021하, 1209, 『환송 후 항소심 불이익변경금지 사건』.

(3) 소송비용사건 및 재심사건

불이익변경금지의 원칙은 피고인의 상소권행사를 보장하기 위하여 마련된 법적 장치이므로 그 적용대상은 원칙적으로 상소사건에 한정된다(법368, 396②). 판례는 소송비용이 형벌이 아니라는 이유로 소송비용부담의 재판에 대한 상소에는 불이익변경금지의 원칙이 적용되지 않는다는 입장을 취하고 있다.[1]

그런데 재심사건은 상소사건이 아니지만 불이익변경금지원칙이 적용된다(법439). 이는 확정판결의 오류로부터 피고인의 이익을 보호하려는 이익재심(법420, 421①)의 본질에서 나오는 것으로서 상소사건에 적용되는 불이익변경금지의 원칙(법368)을 넘어서는 의미를 갖는다.[2] 이에 대해서는 재심 관련 항목에서 후술하기로 한다.[3]

(4) 정식재판청구사건

(가) 개정전 상황   불이익변경금지원칙은 상소사건을 그 대상으로 하므로 약식명령에 대한 정식재판청구(법453)나 즉결심판에 대한 정식재판청구(즉결심판법14)가 있은 후 통상의 공판절차에 의하여 심판이 행해지는 경우에는 이론상 이 원칙이 적용되지 않아야 할 것이다. 원래 정식재판은 약식명령이나 즉결심판을 실효시킨 후 새로이 진행되는 제1심 공판절차를 의미하기 때문이다.

그런데 1995년 입법자는 형소법 일부개정을 통해 정식재판청구사건에 대해서도 불이익변경금지원칙을 도입하였는데, "피고인이 정식재판을 청구한 사건에 대하여는 약식명령의 형보다 중한 형을 선고하지 못한다."고 규정한 형사소송법 제457조의2의 신설이 그것이었다. 판례는 형소법 제457조의2를 즉결심판에 대한 정식재판청구사건에도 확대 적용하였다.[4]

정식재판청구사건에 대해 불이익변경금지원칙을 도입한 것은 피고인의 정식재판청구권을 두텁게 보장하기 위한 것이었지만 그로 인한 폐해도 적지 않았다. 특히 영업범 등 포괄일죄의 경우에 남상소(濫上訴)의 폐단이 두드러졌다. 포괄일죄인 영업범의 기판력을 시간적으로 최대한 연장하기 위하여 정식재판을 청구하고 이어서 항소와 상고를 제기하는 사례들이 빈발하였는데, 그 이면에는 약식명령의 형보다 무거운 형이 선고되지 않는다는 불이익변경금지원칙(법457의2)이 중요한 계기로 작용하였다.

(나) 형소법 개정   2017년 입법자는 정식재판청구권 행사를 보장하면서도 동시에 남상

---

1) 2001. 4. 24. 2001도872, 공 2001, 1300, 『성폭력범 자수 사건』.
2) 2015. 10. 29. 2012도2938, 공 2015하, 1832, 『군 사령관 뇌물수수 사건』.
3) 후술 1079면 참조.
4) 1999. 1. 15. 98도2550, 공 1999, 320, 『즉심 두배 벌금 사건』.

소의 폐단을 방지하기 위하여 형소법 제457조의2를 형종 상향금지원칙으로 개정하였다. 형종 상향금지원칙은 넓은 의미에서 불이익변경금지원칙에 속한다.

먼저, 피고인이 정식재판을 청구한 사건에 대하여는 약식명령의 형보다 중한 종류의 형을 선고하지 못한다(법457의2①). 이제 불이익변경금지의 대상이 '중한 형'에서 '중한 종류의 형'(형법41, 50 참조)으로 변경됨에 따라 법원은 약식명령으로 선고된 벌금형보다 더 무거운 벌금형을 정식재판절차에서 선고할 수 있게 되었다. 그러나 벌금형보다 무거운 징역형이나 금고형 등은 여전히 선고할 수 없다.

다음으로, 피고인이 정식재판을 청구한 사건에 대해 약식명령의 형보다 중한 형을 선고하는 경우에 법원은 판결서에 양형의 이유를 적어야 한다(법457의2②). 불이익하게 벌금형을 변경하려고 할 때 재판부로 하여금 신중을 기하도록 한 것이다.

(다) 적용범위　　　형소법 제457조의2가 규정한 형종 상향금지의 원칙은 피고인이 약식명령에 불복하여 정식재판을 청구한 사건에서 약식명령의 주문에서 정한 형보다 중한 종류의 형을 선고할 수 없다는 것이다. 죄명이나 적용법조가 약식명령보다 불이익하게 변경되었다고 하더라도 선고된 형의 종류가 약식명령과 같거나 약식명령보다 가벼운 경우에는 불이익변경 금지원칙에 위배된 조치라고 할 수 없다.[1]

약식명령에 대하여 피고인만이 정식재판을 청구한 사건에서 검사의 공소장변경신청이 허가되어 법정형에 유기징역만 규정되어 있는 범죄사실이 인정되더라도 '중한 종류의 형'으로의 변경을 금지하는 형종 상향금지원칙이 적용되어 법원은 벌금형을 선고할 수 있다.[2]

(5) 환송·이송 후의 사건

상소심법원이 피고인의 상소를 이유 있는 것으로 받아들여 원심판결을 파기하고 피고사건을 원심법원에 환송(법366, 393, 395)하거나 또는 그와 동등한 다른 법원에 이송(법367, 394)할 경우에 환송 또는 이송받은 법원의 심판절차에 있어서도 불이익변경금지의 원칙이 적용되는가 하는 문제가 있다. 원심법원과 환송법원 내지 이송법원은 같은 심급의 법원이기 때문에 의문이 제기되는 것이다.

상소심이 파기자판(법364⑥, 396①)하는 경우에는 불이익변경금지원칙을 적용하고 파기환송 또는 파기이송하는 경우에는 이를 부인한다고 하면 상소심법원의 판단형식에 따라서 불이익변경금지원칙의 적용이 좌우되는 불합리가 발생한다. 또 피고인 측의 상소에 의하여 원심판결이 파기된 경우에 환송법원 또는 이송법원이 원심법원의 판결보다 더 무거운 형을 선고하

---

1) 2013. 2. 28. 2011도14986, 공 2013상, 609, 『타인 행세 이동통신 가입 사건』 참조.
2) 2013. 2. 28. 2011도14986, 공 2013상, 609, 『타인 행세 이동통신 가입 사건』 참조.

는 것은 피고인의 상소권을 보장하려는 불이익변경금지원칙의 취지에 반한다. 따라서 상소심의 파기자판(법364①, 396①) 자체는 물론 환송이나 이송을 받은 법원의 판단에 있어서도 불이익변경금지원칙이 적용된다.[1] [2]

3. 불이익변경금지원칙의 내용

(1) 불이익변경금지의 대상

(가) 형 벌   불이익변경금지원칙에 의하여 금지되는 것은 원심판결의 형보다 무거운 형을 선고하는 것이다. 따라서 새로이 선고하는 형이 무겁게 변경되지 않는 한 사실인정, 법령적용, 죄명선택 등 판결내용이 원심재판보다 중하게 변경되었다 할지라도 불이익변경금지의 원칙에 반하지 않는다.

형의 선고와 동시에 선고되는 형의 집행유예(법321②), 노역장 유치기간(동항) 등을 불이익하게 변경하는 것은 형 선고의 불이익변경과 마찬가지로 금지된다. 같은 이유에서 추징(형법48②)도 불이익변경이 금지된다.[3]

(나) 수강명령 · 이수명령   불이익변경금지의 원칙은 형의 선고가 불이익하게 변경되는 것을 금지하고 있는데, 여기에서 형은 반드시 형법이 규정하고 있는 형의 종류(형법41)에 한정되지 않는다. 상소권보호라는 불이익변경금지원칙의 취지에 비추어 볼 때 피고인에게 실질적으로 형벌과 동일한 불이익을 주는 처분은 모두 이 원칙의 적용대상이 된다고 보아야 한다.

「성폭력범죄의 처벌 등에 관한 특례법」(성폭력처벌법)은 이 법률이 규정하는 성폭력범죄(동법2 참조)에 대해 유죄판결을 선고하는 경우에는 500시간의 범위에서 재범예방에 필요한 수강명령 또는 이수명령을 병과하도록 규정하고 있다(동법16② 본문). 성폭력처벌법에 따라 병과하는 수강명령 또는 이수명령은 이른바 범죄인에 대한 사회 내 처우의 한 유형으로서 형벌 그 자체가 아니라 보안처분의 성격을 가진다.[4]

그렇지만 수강명령 또는 이수명령은 의무적 강의 수강 또는 성폭력 치료프로그램의 의무적 이수를 받도록 함으로써 실질적으로는 신체적 자유를 제한하는 것이 된다. 그러므로 항소심이 제1심판결에서 정한 형과 동일한 형을 선고하면서 새로 수강명령 또는 이수명령을 병과하는 것은 전체적 · 실질적으로 볼 때 피고인에게 불이익하게 변경한 것이므로 허용되지

---

1) 1992. 12. 8. 92도2020, 공 1993, 496, 『음화판매죄 파기환송 사건』.
2) 2021. 5. 6. 2021도1282, 공 2021하, 1209, 『환송 후 항소심 불이익변경금지 사건』.
3) 2006. 11. 9. 2006도4888, 공 2006, 2125, 『맹지 사전구입 사건』.
4) 2018. 10. 4. 2016도15961, 공 2018하, 2140, 『이송 후 항소심 수강명령 부과 사건』.

않는다.[1]

(다) 취업제한명령　　「아동·청소년의 성보호에 관한 법률」(동법56)과 「장애인복지법」
(동법59의3)은 성범죄자에 대한 취업제한명령을 규정하고 있다. 취업제한명령은 범죄인에 대한
사회내 처우의 한 유형으로서 형벌 그 자체가 아니라 보안처분의 성격을 가지는 것이지만, 실
질적으로 직업선택의 자유를 제한하는 것이다. 따라서 항소심이 제1심판결에서 정한 형과 동
일한 형을 선고하면서 제1심에서 정한 취업제한기간보다 더 긴 취업제한명령을 부과하는 것
은 전체적·실질적으로 피고인에게 불리하게 변경한 것이므로, 피고인만이 항소한 경우에는
허용되지 않는다.[2]

그러나 제1심이 선고한 징역형을 항소법원이 단축하면서 제1심보다 더 긴 기간 동안 장
애인복지시설에 대한 취업제한을 명하는 것은 항소심판결이 제1심판결보다 전체적·실질적
으로 피고인에게 더 불이익한 판결이라고 할 수 없다.[3]

(2) 불이익변경의 판정기준

형의 선고가 불이익하게 변경되었는가 아닌가를 판단하는 기준에 대하여 형사소송법은
명문의 규정을 두고 있지 않다. 불이익변경 여부의 판단기준에 대해서는 형식설과 실질설이
제시되고 있다.

형식설은 전후 판결의 두 주문을 놓고 형의 종류(형법41) 및 형의 경중(형법50)에 관한 형
법의 규정을 기준으로 불이익 여부를 판단하려는 입장이다. 이에 대하여 실질설은 원심판결과
상소심 판결의 두 주문을 전체적·종합적으로 고찰하여 어느 형이 실질적으로 피고인에게 불
이익한가를 판단하려는 입장이다.

생각건대 형법이 제시하는 형식적 기준을 사용하는 방법은 법원의 자의·전단을 방지하
는 장점이 있지만 자칫 불이익변경금지원칙의 경직된 운용을 가져올 우려가 있다. 따라서 형
법의 규정을 참작하면서 최종적으로는 상소권 보장이라는 불이익변경금지원칙의 취지를 실현
하는 관점에서 피고인의 실질적 불이익을 고려하도록 하는 실질설이 타당하다고 본다. 판례
또한 실질설의 입장을 취하고 있다.[4][5]

이 경우 실질적 불이익의 발생 여부는 형에 관하여 비교 판단되어야 한다. 그 형이 선고

---

1) 2018. 10. 4. 2016도15961, 공 2018하, 2140, 『이송 후 항소심 수강명령 부과 사건』.
2) 2019. 10. 17. 2019도11540, 공 2019하, 2168, 『장애인 복지시설 5년 취업제한 사건』.
3) 2019. 10. 17. 2019도11540, 공 2019하, 2168, 『장애인 복지시설 5년 취업제한 사건』.
4) 2013. 12. 12. 2012도7198, 공 2014상, 212, 『벌금 병과 누락 사건』.
5) 2018. 10. 25. 2018도13367, 공 2018하, 2305, 『취업제한명령 5년 추가 사건』.

됨으로 말미암아 다른 법규에 의해 초래될 수 있는 법적·경제적 불이익은 고려의 대상이 되지 않는다.[1]

제1심이 선고한 '징역 1년 6월'의 형과 항소심이 선고한 '징역 1년 6월에 집행유예 3년'의 형만을 놓고 본다면 제1심판결보다 항소심판결이 가볍다고 할 수 있다. 그러나 항소심이 제1심에서 선고되지 아니한 벌금을 병과하였다면 집행유예의 실효나 취소가능성, 벌금 미납 시의 노역장 유치 가능성 및 그 기간 등을 전체적·실질적으로 고찰할 때 항소심이 선고한 형은 제1심이 선고한 형보다 무거워 피고인에게 불이익하다.[2]

금고와 징역을 선택하여 경합범 가중을 하는 경우에는 형법 제38조 제2항에 따라 금고와 징역을 같은 종류의 형으로 보아 징역형으로 처벌해야 한다. 그럼에도 불구하고 제1심이 이를 간과한 채 피고인에 대하여 '금고 5월'의 실형을 선고한 위법이 있고 이에 대해 피고인만이 항소한 사건에서, 항소심이 피고인에 대하여 형기의 변경 없이 금고형을 징역형으로 바꾸어 집행유예를 선고하는 것은 불이익변경금지의 원칙에 위배되지 않는다.[3]

1심에서 부정기형을 선고받은 소년범 피고사건에서 소년범만 항소하여 항소심 과정에서 소년범이 성인이 되었다면 항소심은 제1심판결을 파기하고 정기형을 선고해야 한다. 이 경우 불이익변경금지원칙을 적용할 때 1심이 선고한 부정기형의 단기(예컨대 징역 7년)와 장기(예컨대 징역 15년) 중 어느 형을 상한으로 삼아야 하는지가 문제된다. 종래 판례는 제1심의 부정기형 중 최단기형(예컨대 징역 7년)과 항소심의 정기형을 비교해야 한다는 입장을 취하고 있었다. 2020년 대법원은 판례를 변경하여 항소심이 선고할 수 있는 정기형의 상한은 부정기형의 장기와 단기의 정중앙에 해당하는 중간형(예컨대 11년)이 기준이 된다는 입장으로 전환하였다.[4]

제7 파기재판의 기속력

1. 기속력의 의의

「법원조직법」제8조는 "상급법원 재판에서의 판단은 해당 사건에 관하여 하급심을 기속한다."고 규정하고 있다. 상소법원이 원심재판을 파기하여 사건을 하급심으로 환송 또는 이송하는 경우에 상소심이 행한 판단은 환송 또는 이송을 받은 하급심을 기속한다. 이와 같이

1) 1999. 11. 26. 99도3776, 공 2000, 111, 『장교 선고유예 사건』.
2) 2013. 12. 12. 2012도7198, 공 2014상, 212, 『벌금 병과 누락 사건』.
3) 2013. 12. 12. 2013도6608, 공 2014상, 217, 『무보험 차량 교통사고 사건』.
4) 2020. 10. 22. 2020도4140 전원합의체 판결, 공 2020하, 2206, 『소년범 정기형 변경 사건』.

상소법원의 파기재판이 하급심을 구속하는 효력을 가리켜 파기재판의 기속력이라고 한다.

　기속력(羈束力)을 발생시키는 재판은 원칙적으로 상소심의 '파기판결'이다. 그런데 대법원의 재항고심(법415)에서는 결정에 의한 파기환송 또는 파기이송이 가능하다. 따라서 하급심에 대한 기속력은 대법원의 '파기결정'이 있는 경우에도 발생한다.

　파기재판의 기속력은 재판의 일반적 효력인 재판의 구속력과 구별된다. 전자는 상소법원의 파기재판이 하급법원을 기속하는 효력임에 반하여 후자는 재판을 행한 법원이 재판 후에 스스로 그 재판을 철회 또는 변경할 수 없는 효력으로서 당해 법원에 대한 효력을 의미한다.

2. 기속력의 근거

　상소심의 파기재판이 기속력을 가지는 근거에 대하여 법령해석의 통일이라는 상소제도의 관점에서 설명하는 견해, 심급제도의 유지라는 법원조직의 관점에서 설명하는 견해, 그리고 양자의 종합이라고 보는 견해가 각각 제시되고 있다.

　생각건대 파기재판의 기속력은 하급심이 상급법원의 판단에 기속되지 않을 때 사건의 종국적 해결이 불가능하게 되는 문제점을 해결하기 위하여 마련된 법적 장치라고 보아야 할 것이다. 파기재판의 기속력을 인정하지 않는다면 하급심과 상급심 사이에 벌어지는 사건의 무한한 왕복을 통하여 심급제도는 그 기능을 잃게 되고 결국에는 사법제도의 존립 자체가 위태롭게 될 것이다.

3. 기속력의 범위

(1) 기속력을 발생시키는 재판

　기속력을 발생시키는 재판은 상소심의 파기재판이다. 파기재판인 한 원심법원에의 환송인가 원심 동급법원에의 이송인가를 묻지 않는다. 기속력은 파기재판이 있으면 발생한다. 상고법원의 파기판결뿐만 아니라 항소법원의 파기판결에도 원칙적으로 기속력이 발생한다. 그러나 우리 형사소송법상 항소법원은 파기자판하는 것이 원칙이므로(법364⑥) 항소법원의 파기판결이 기속력을 가지는 경우는 매우 제한된다. 대법원의 재항고심(법415)에서는 결정에 의한 파기도 가능하다.

(2) 기속력의 상대방이 되는 법원

　「법원조직법」 제8조는 "상급법원 재판에서의 판단은 해당 사건에 관하여 하급심을 기속한다."고 규정하고 있다. 상고심으로부터 형사사건을 환송받은 하급심 법원은 환송 후의 심리과정에서 새로운 증거가 제시되어 기속력 있는 판단의 기초가 된 증거관계에 변동이 생기지 않는 한 그 사건의 재판에서 상고법원이 파기이유로 제시한 사실상·법률상의 판단에 기속된다.[1]

제1심과 제2심을 거쳐 상고심에 이르렀던바 상고법원이 제2심판결을 파기하여 사건을 제1심에 환송하는 경우가 있다. 환송 후 제1심법원이 환송된 사건을 재판하였으나 그 재판이 불복 항소되었다면 환송 후 항소법원은 해당 사건에 관하여 하급심에 해당한다. 따라서 환송 후의 항소법원은 종전의 상고심 판단에 당연히 기속된다.

파기판결의 기속력이 해당 사건의 하급심에 미치는 것은 분명하지만, 파기판결을 행한 상급법원 자신까지도 기속하는가 하는 문제가 있다. 환송 후의 하급심이 파기환송한 상급심의 판단에 따라 사건을 재판하였는데 그 결과에 대해 피고인 또는 검사가 다시 상고를 제기하여 상고법원에 환송 후의 하급심판결의 변경을 구하는 것이 여기에 해당하는 예이다.

생각건대 이 경우 하급심의 재판은 이미 상급심의 판단에 따른 것이므로 위법하다고 할 수 없고 또 환송 후에 내려진 하급심재판의 변경을 허용할 때에는 불필요한 절차가 반복될 우려가 있다. 따라서 이러한 경우에는 파기판결이 상급법원 자신까지도 기속한다고 보아야 한다.[2] 따라서 위의 예에서 상고법원은 하급법원의 판결을 변경할 수 없다.

그러나 대법원이 전원합의체재판으로 종전에 내린 환송·이송재판의 법률상 판단을 변경한 경우에는 예외적으로 자신이 내린 파기재판에 기속되지 않는다.[3]

(3) 파기재판의 기속력이 미치는 판단의 범위

상급법원이 파기재판에서 내린 판단이 해당 사건에 관하여 하급심을 기속한다고 할 때(법원조직법8) 그 판단의 기속력이 어디까지 미치는지가 문제된다.

첫째로, 파기판결의 기속력은 파기의 직접적 이유로 된 부분, 즉 원심재판에 대한 소극적·부정적 판단 부분("……의 인정은 잘못이다")에 대하여 미친다.

둘째로, 법령해석의 통일이라는 관점에서 볼 때 법령의 해석과 적용에 관하여 상급법원이 내린 판단이 하급법원을 기속함은 분명하다.

셋째로, 상급법원이 내린 사실판단이 하급심을 기속하는지가 문제된다. 이 문제는 특히 법률심인 상고법원의 판단이 사실심인 하급법원을 기속할 수 있겠는가 하는 형태로 구체화된다. 법률심을 원칙으로 하는 상고심은 형소법 제383조 또는 제384조에 의하여 사실인정에 관

---

1) 2018. 4. 19. 2017도14322, 전원합의체 판결, 공 2018상, 1002, 『심리전단 트위터 사건 2』.
2) 2001. 3. 15. 98두15597 전원합의체 판결, 공 2001, 890, 『제방부지 보상 사건』.
3) 2001. 3. 15. 98두15597 전원합의체 판결, 공 2001, 890, 『제방부지 보상 사건』.

한 원심판결의 당부에 관하여 제한적으로 개입할 수 있는 것이므로 조리상 상고심판결의 파기이유가 된 사실상의 판단도 기속력을 가진다.[1]

상고심으로부터 사건을 환송받은 법원은 그 사건을 재판함에 있어서 상고법원이 파기이유로 한 사실상 및 법률상의 판단에 대하여 기속되는 것이 원칙이다. 그러나 환송 후의 심리과정에서 새로운 증거가 제시되어 기속적 판단의 기초가 된 증거관계에 변동이 생기는 경우에는 상급심 재판의 기속력이 미치지 않는다.[2]

제2절 항 소

제1 항소심의 의의

항소란 제1심판결에 불복하여 제2심법원에 제기하는 상소이다(법357). 항소제기에 의하여 진행되는 항소법원에서의 심리절차를 항소심이라고 한다. 항소심은 또한 항소법원 자체를 의미하는 경우도 있다. 항소는 제1심판결에 대한 불복방법이므로 결정이나 명령에 대해서는 항소할 수 없다. 판결인 한 유죄, 무죄, 공소기각, 관할위반 등 그 내용을 가리지 않는다.

항소심은 원심판결에 포함된 법령위반, 사실오인, 양형부당 등의 오류를 바로잡기 위하여 마련된 심급이다. 항소심은 사실오인과 양형부당까지 다룬다는 점에서 법령위반의 문제를 중점적으로 다루는 상고심과 구별된다. 제1심판결에 대하여 법률심이 원칙인 대법원에 바로 상소하는 것을 가리켜 비약적 상고(법372)라고 한다. 비약적 상고는 상고이며 항소에 해당하지 않는다.

제2 항소심의 구조

1. 항소심의 구조에 관한 입법모델

(1) 복심구조

항소심을 복심구조로 파악하는 입법례가 있다. 복심(覆審)이란 원심판결을 전부 무로 돌리고 처음부터 새로 재판하는 것을 말한다. 복심구조 모델에 따르면 제1심판결에 대한 불복신청

이 있으면 항소법원은 원심판결을 전부 무시하고 처음부터 사실심리를 새로이 시작하여 법령적용과 양형을 행하게 된다. 우리나라는 1961년까지 복심구조 항소심을 시행한 바 있다.

복심구조 항소심은 제1심법원이 경솔하게 피고사건의 심판을 행하는 경우에 충실히 대비할 수 있다. 복심구조는 사실인정, 법령적용, 양형의 전 분야에 대해 철저한 재심리를 할 수 있다는 점에서 실체적 진실발견과 피고인의 이익보호에 기여하는 장점이 있다. 그러나 복심구조는 제1심법원의 심리결과를 전면적으로 무용화함으로써 제1심법원의 심판절차를 경시하게 된다. 나아가 항소권남용으로 인하여 발생하는 소송지연 때문에 형사사법의 효율적 운용과 소송경제의 요청에 반하는 흠이 있다.

(2) 사후심구조

사후심이란 원심판결 자체를 심판대상으로 삼아 그의 적법 여부를 심사하는 것을 말한다. 항소심을 사후심구조로 파악하는 대표적인 입법례로 미국의 경우를 들 수 있다. 중죄사건에 대하여 배심재판을 원칙으로 하는 미국의 경우에는 제1심법원이 사실심(trial court)으로서 피고사건에 대한 사실판단을 전담한다.

제1심의 유죄판결에 대한 항소는 직업법관으로 구성된 항소법원에 대하여 행해지는데, 항소법원은 원심판결에 적용된 법령의 적정 여부만을 판단한다. 항소법원은 원심판결 자체를 심판대상으로 삼아 그의 적법 여부를 심사한 후 위법임을 확인한 때에는 원심판결을 파기하고 사실심법원에 사건을 환송한다. 이때 환송받은 법원은 새로운 배심원단을 구성하여 피고사건에 대한 사실판단을 행하게 된다.

사후심구조는 제1심법원의 판단결과를 바탕으로 그 타당성 여부만을 검토한다. 이 때문에 사후심구조 항소심은 절차가 신속하게 진행되고 항소법원의 업무량을 크게 절감할 수 있다는 장점이 있다.

그러나 사후심구조는 그 전제로 제1심법원의 경솔한 재판을 방지할 수 있는 장치가 완비되어야 한다. 이를 위하여 제1심 재판부의 인적 구성을 강화하고 사실심리의 철저화를 위한 제1심 공판절차의 집중심리가 요구된다. 이러한 담보장치가 선행되지 않으면 사후심구조 항소심은 실체적 진실발견을 소홀히 하기 쉽고 피고인을 오판으로부터 구제한다는 항소제도의 기능을 충분히 수행하지 못하게 된다.

(3) 속심구조

복심구조와 사후심구조의 중간에 위치하는 것으로 속심구조의 항소심이 있다. 속심은 제1심법원의 심리결과를 토대로 하면서 항소심이 새로운 사실과 증거를 추가하여 판단을 내리는 것이다. 속심구조 항소심에서는 마치 제1심법원의 변론이 재개된 것과 같은 형태로 항소심절차가 진행되게 된다.

속심구조 항소심은 복심구조 및 사후심구조의 장점을 골고루 취하기 위하여 고안된 절충형이라고 할 수 있다. 속심구조는 원심판결의 자료를 그대로 인수함으로써 소송경제를 도모할 뿐만 아니라 원심판결 이후에 발생한 새로운 사실이나 증거도 판단자료로 활용함으로써 실체적 진실발견과 피고인보호에 기여할 수 있다는 장점을 가지고 있다.

그러나 속심은 자칫 복심과 사후심의 약점을 모두 가질 위험도 있다. 속심구조에 의하게 되면 항소심이 제2차 사실심으로 변질되어 제1심절차가 무의미해진다. 또한 사실조사 때문에 항소법원에 지나친 업무부담을 지울 우려가 있다. 한편 항소심절차에서 새로운 증거를 제출할 수 있다는 점을 이용하여 소송관계인이 제1심절차의 경과를 지켜 본 후 증거제출 여부를 결정하는 등 피고사건의 심리과정에 의도적인 조작을 가할 염려가 있다.

2. 항소심구조론

(1) 입법연혁과 속심구조

항소심 구조에 관한 복심, 사후심, 속심의 모델 가운데 우리 형사소송법이 어느 것을 채택하였는가 하는 점에 대해 학설상 논란이 많다. 생각건대 우리나라 형사항소심은 원칙적으로 속심구조를 가지고 있으며 예외적으로 사후심적 제한이 가해지고 있다. 그 이유를 점검하기 위하여 먼저 입법연혁을 살펴본다.[1]

(가) 복심구조   우리 형사소송법은 1954년 제정 이래 1961년 개정 때까지 복심구조 항소심을 취하고 있었다. 복심구조하에서는 원심판결을 무시하고 새로 재판하게 되므로 (가) 항소장 이외에 항소이유서를 별도로 제출할 필요가 없고, (나) 항소심 심판대상에 제한이 가해지는 일이 없으며, (다) 항소심절차는 유죄·무죄의 자판(自判)으로 종결되었다.

(나) 사후심구조   그러나 사건의 적체로 인한 소송지연이 심각해지자 입법자는 사후심구조의 항소심으로 전환하여 항소법원의 부담을 경감하려고 하였다. 그 방법은 제1심판결의 잘못된 부분을 지적하게 하여 그 부분만을 항소법원이 심판하게 하는 것이었다. 이를 위하여 도입된 규정들을 보면, (가) 항소이유의 법정(법361의5), (나) 항소이유서제출의 의무화(법361의3), (다) 항소이유서를 중심으로 한 항소심 심판대상의 원칙적 제한(법364①), (라) 명백한 항소이유 없음을 이유로 한 무변론 항소기각판결(동조⑤) 등을 들 수 있다. 그러나 사후심의 특징인 파기환송판결은 원칙으로 채택하지 않았다.

---

1) 신동운, 상소제도의 개편에 따른 문제점과 개선방안, 한국형사정책연구원(2006) 참고 바람.

(다) 속심구조   1961년 형소법 개정에 의한 사후심구조로의 전환은 재야법조계로부터 강력한 반발을 야기하였다. 항소심의 소송경제를 도모하는 나머지 피고인의 방어권을 부당하게 제한한다는 것이 그 이유였다. 그리하여 1963년에 형사소송법이 다시 개정되면서 엄격한 사후심구조는 속심구조 쪽으로 대폭 완화되었다.

(2) 현행법의 항소심 구조

(가) 속심적 요소   현행 형사소송법이 항소심을 원칙적 속심구조로 파악하고 있다는 사실은 다음의 몇 가지 점에서 확인할 수 있다. (가) 제1심법원에서 증거로 할 수 있었던 증거는 항소법원에서도 증거로 할 수 있다(법364③). (나) 항소심에서 증거조사(규칙156의5)를 실시하여 그 심리결과를 종합하여 항소이유의 유무를 판단한다. (다) 항소이유가 인정되는 경우 항소법원은 원칙적으로 파기자판을 한다(법364⑥). (라) 원심에서 사건의 실체에 대한 심리가 이루어지지 않은 경우에만 파기환송(법366) 또는 파기이송(법367)을 하여 제1심의 실체적 심리를 받도록 한다.

(나) 사후심적 요소   현행 형사소송법과 형사소송규칙은 예외적으로 사후심적 요소를 규정하고 있다. 이를 보면 다음과 같다. (가) 제1심판결에 대하여 항소하려면 항소이유서를 제출해야 한다(법361의3①). (나) 항소이유서가 제출되지 않은 때에는 항소기각결정을 해야 한다(법361의4①). (다) 항소이유 없음이 명백한 경우에 무변론 항소기각판결을 인정한다(법364⑤). (라) 항소심에서의 증인신문은 예외적으로만 허용된다(규칙156의5②). (마) 항소심에서의 피고인신문은 항소이유의 당부를 판단함에 필요한 사항에 한하여 허용된다(규칙156의6①).

(3) 형사재판의 실제와 속심주의

현재의 형사재판 실무를 보면, 업무량의 폭주와 구속기간의 제약 때문에 제1심법원에서 구두변론주의나 직접심리주의에 의한 심리가 충분히 이루어지지 못하여 실체적 진실발견에 부족함이 있다. 또한 피해배상이나 합의 등과 같이 양형에 영향을 줄 사유가 제1심판결 이후에 발생하는 경우가 적지 않아 피고인의 이익을 도모할 필요도 있다. 이와 같은 현실적 사정 때문에 항소심은 아직까지 원칙적 속심구조를 취하고 있다.

판례는 항소심은 제1심에 대한 사후심적 성격이 가미된 속심으로서 제1심과 구분되는 고유의 양형재량을 가지고 있다고 보고 있으며,[1][2] 형사소송법상 항소심이 사후심적 성격이

---

1) 2015. 7. 23. 2015도3260 전원합의체 판결, 공 2015하, 1322, 『형량 5배 가중 사건』.
2) 신동운, "양형판단과 형사항소심의 구조 – 대법원 2015. 7. 23. 선고 2015도3260 전원합의체 판결에 대한 평석 –", 서울대학교 법학 제57권 제4호(2016), 197–224면 참고 바람.

가미된 속심이라는 이유로 항소심에서 공소장변경을 할 수 있다는 입장을 취하고 있다.[1]

(4) 사후심적 요소의 강화

항소심의 속심구조를 지나치게 강조하게 되면 사실심 재판이 불필요하게 이중으로 행해지는 폐단을 막을 수 없다. 국민참여재판의 실시를 계기로 제1심 공판중심주의가 강조되고 있다. 배심원의 재판참여를 계기로 형사재판에 집중심리주의(법267의2)가 강화되면서 적시의 증거신청(법266의13①, 294② 참조) 및 소송관계인의 협조(법150의2②)가 형사소송법상으로 요구되고 있다.

형사소송규칙이 항소심에서 증인신문(규칙156의5②)을 예외적으로 허용하거나 피고인신문(규칙156의6①)에 제한을 가하고 있는 것은 실질적 직접심리주의 원칙에 따라 진행된 제1심 공판절차의 결과를 존중하기 위함이다.[2][3] 배심원이 참여하는 제1심 공판절차의 중요성이 높아지면서 이제 형사 항소심은 사후심적 구조로 무게중심이 전환되는 단계에 이르렀다고 생각된다. 이러한 관점에서 판례의 새로운 경향이 주목된다.

항소심이 그 심리과정에서 심증의 형성에 영향을 미칠 만한 객관적 사유가 새로 드러난 것이 없음에도 불구하고 제1심의 판단을 재평가하여 사후심적으로 판단하여 뒤집고자 할 때에는, (가) 제1심의 증거가치 판단이 명백히 잘못되었다거나, (나) 사실인정에 이르는 논증이 논리와 경험법칙에 어긋나는 등으로 (다) 그 판단을 그대로 유지하는 것이 현저히 부당하다고 볼 만한 합리적인 사정이 있어야 한다. 그러한 예외적 사정도 없이 제1심의 사실인정에 관한 판단을 함부로 뒤집어서는 안 된다.[4]

특히 공소사실을 뒷받침하는 증거의 경우에는, 증인신문 절차를 진행하면서 진술에 임하는 증인의 모습과 태도를 직접 관찰한 제1심이 증인 진술의 신빙성을 인정할 수 없다고 판단하였음에도 불구하고, 항소심이 이를 뒤집어 그 진술의 신빙성을 인정할 수 있다고 판단하려면, 진술의 신빙성을 배척한 제1심의 판단을 수긍할 수 없는 충분하고도 납득할 만한 현저한 사정이 나타나는 경우이어야 한다.[5]

제1심과 비교하여 양형의 조건에 변화가 없고 제1심의 양형이 재량의 합리적인 범위를 벗어나지 아니하는 경우에 항소심은 이를 존중함이 타당하다. 제1심의 형량이 재량의 합리적

---

1) 2014. 1. 16. 2013도7101, 공 2014상, 427, 『공천 브로커 사건』.
2) 2009. 1. 30. 2008도7917, [미간행], 『잠든 청소년 항거불능 사건』.
3) 2010. 3. 25. 2009도14065, 공 2010상, 844, 『금목걸이 강취 참여재판 사건』.
4) 2009. 1. 30. 2008도7917, [미간행], 『잠든 청소년 항거불능 사건』.
5) 2023. 1. 12. 2022도14645, 공 2023상, 474, 『피투약자 자백 수사보고서 사건』.

인 범위 내에 속함에도 항소심의 견해와 다소 다르다는 이유만으로 제1심판결을 파기하여 제
1심과 별로 차이 없는 형을 선고하는 것은 자제함이 바람직하다.[1]

국민참여재판에서 (가) 배심원이 증인신문 등 사실심리의 전 과정에 함께 참여한 후 증인
이 한 진술의 신빙성 등 증거의 취사와 사실의 인정에 관하여 만장일치 의견으로 내린 무죄평
결이 (나) 재판부의 심증에 부합하여 그대로 채택된 경우라면, 이러한 절차를 거쳐 이루어진
증거의 취사 및 사실의 인정에 관한 제1심의 판단은 실질적 직접심리주의 및 공판중심주의의
취지와 정신에 비추어 (ㄱ) 항소심에서의 새로운 증거조사를 통해, (ㄴ) 그에 명백히 반대되
는, (ㄷ) 충분하고도 납득할 만한, (ㄹ) 현저한 사정이 나타나지 않는 한 항소심에서 한층 더
존중되어야 한다.[2]

나아가, (가) 국민참여재판으로 진행한 제1심 법원에서 배심원이 만장일치의 의견으로 내
린 무죄의 평결이 (나) 재판부의 심증에 부합하여 그대로 채택된 경우라면, 그 무죄판결에 대
한 항소심에서의 추가적이거나 새로운 증거조사는 형사소송법(법364③, 법266의13①)과 형사소
송규칙(규칙156의5②) 등에서 정한 바에 따라 증거조사의 필요성이 분명하게 인정되는 예외적
인 경우에 한정하여 실시하는 것이 바람직하다.[3] [4]

제3 항소이유

1. 항소이유와 직권조사사유 · 직권심판사항

(1) 항소이유

형사소송법은 항소인 또는 변호인에게 항소이유서를 항소법원에 제출하도록 규정하고 있
다(법361의3①). 항소를 제기함에는 항소법원에 불복하는 이유를 제시해야 하는데, 이때 항소
권자 및 변호인이 적법하게 항소를 제기할 수 있는 법률상 이유를 가리켜 항소이유라고 한다.
항소이유서제도는 원래 사후심구조에서 유래한 것이다. 항소이유서 미제출은 원칙적으로 항
소기각결정의 사유가 된다(법361의4① 본문). 피고인에게 불이익한 결과를 초래하는 주장은 피
고인 측에서 항소이유로 삼을 수 없다.[5]

항소이유는 원칙적으로 항소이유서를 통하여 제시되어야 한다(법361의3①). 다만, 예외적

1) 2015. 7. 23. 2015도3260 전원합의체 판결, 공 2015하, 1322, 『형량 5배 가중 사건』.
2) 2010. 3. 25. 2009도14065, 공 2010상, 844, 『금목걸이 강취 참여재판 사건』.
3) 2024. 7. 25. 2020도7802, 판례속보, 『화물트럭 20대 구입비용 사건』.
4) 전술 569면 참조.
5) 2016. 10. 13. 2016도8347, 공 2016하, 1736, 『파산법 대 채무자회생법 사건』 참조.

으로 항소장에 항소이유를 기재할 수 있다(법361의4① 단서 후단). 피고인이나 변호인이 항소이유서에 포함시키지 아니한 사항을 항소심 공판정에서 진술한다고 하더라도 그러한 사정만으로 그 진술에 포함된 주장과 같은 항소이유가 있다고 볼 수는 없다.[1]

항소이유는 항소심의 판단대상을 제한하는 기능을 가지고 있다. 제1심에서 상상적 경합관계에 있는 수죄에 대하여 모두 무죄가 선고되었고, 이에 검사가 무죄 부분 전부에 대하여 항소하였으나 그중 일부 무죄 부분에 대하여는 이를 항소이유로 삼지 않은 경우가 있다. 이러한 경우에 항소이유로 삼지 아니한 무죄 부분도 상고심에 이심된다. 그렇지만 항소이유로 삼지 아니한 부분은 이미 당사자 간의 공격방어의 대상으로부터 벗어나 사실상 심판대상에서부터도 이탈하게 되는 것이므로 항소심으로서는 그 무죄 부분에까지 나아가 판단할 수 없다.[2]

(2) 직권조사사유와 직권심판사항

(가) 직권조사사유　　　항소이유와 구별되는 것으로 항소법원의 직권조사사유가 있다. 일반적으로 직권조사사유란 상소인이 상소이유로 주장하지 않았다고 하더라도 원심판결의 잘못을 시정하기 위하여 상소법원이 직권으로 심리를 해야 하는 사유를 말한다.

형사소송법 제361조의4 제1항은 "항소인이나 변호인이 전조(항소이유서와 답변서) 제1항의 기간 내에 항소이유서를 제출하지 아니한 때에는 결정으로 항소를 기각하여야 한다. 단, 직권조사사유가 있거나 항소장에 항소이유의 기재가 있는 때에는 예외로 한다."고 규정하고 있다. 이 경우 '직권조사사유'라 함은 법령적용이나 법령해석의 착오 여부 등 당사자가 주장하지 아니하는 경우에도 법원이 직권으로 조사하여야 할 사유를 말한다.[3]

직권조사사유는 항소이유와 무관하게 조사하는 사유이다. 예컨대 관할(법1)과 같은 소송조건은 전체로서의 소송을 생성·유지·발전시키기 위한 기본조건이므로 직권조사사유에 해당한다. 직권조사사유에 대해서는 그것이 판결에 영향을 미쳤는지 아닌지를 묻지 않고 법원이 직권으로 조사해야 한다. 예컨대 반의사불벌죄에서 처벌불원의 의사표시의 부존재는 소극적 소송조건으로서 직권조사사유에 해당하므로 당사자가 항소이유로 주장하지 않았더라도 항소심은 이를 직권으로 조사·판단해야 한다.[4]

(나) 직권심판사항　　　형사소송법 제364조 제2항은 "항소법원은 판결에 영향을 미친 사

---

1) 2007. 5. 31. 2006도8488, 공 2007, 1006, 『주권발행 당일 제권판결 사건』.
2) 2008. 12. 11. 2008도8922, 공 2009상, 72, 『중대장 심의기구 무고 사건』.
3) 2006. 3. 30. 2005모564, 공 2006, 777, 『당원집회 대 선거운동기간 사건』.
4) 2019. 12. 13. 2019도10678, 공 2020상, 297, 『피해자 국선변호사 고소취소 사건』.

유에 관하여는 항소이유서에 포함되지 아니한 경우에도 직권으로 심판할 수 있다."고 규정하고 있다. 이 경우 법원이 직권으로 조사하는 사항을 가리켜서 직권심판사항이라고 한다. 직권심판사항에서 '직권으로 심판할 수 있다' 함은 '직권으로 심판하여야 한다'는 의미이다.

직권심판사항은 항소이유와 관련을 맺고 있는 조사사유이다. 직권심판사항은 구체적 타당성을 도모하기 위한 상소법원의 후견적 기능에서 도출되는 것으로서 항소이유에 대하여 보충적 지위에 있다. 직권심판사항은 직권조사사유와 달리 항소법원이 그 사유가 판결에 영향을 미쳤다고 판단할 때 비로소 심사하는 사유이다.

직권심판사항은 항소심과 상고심 사이에 차이가 있다. 항소심의 직권심판사항은 법령위반[1] 외에 사실오인까지 포함한다. 그러나 양형부당은 포함하지 않는다.[2] 이에 대해 상고심의 직권심판사항(법384 2문)은 원칙적으로 법령위반을 대상으로 한다.[3] 사실오인이나 양형부당은 상고심의 직권심판사항에 포함되지 않는다. 상고심은 법률심이기 때문이다.

직권조사사유와 직권심판사항은 모두 항소법원이 직권으로 조사해야 하는 사유라는 점에서 공통된다. 직권조사의무 및 법령위반·사실오인의 직권심판사항을 간과한 항소심판단은 이후 상고심에서 파기의 대상이 된다.

(다) 항소이유와의 관계　　항소법원은 직권조사사유에 관하여는 항소제기가 적법하다면 항소이유서가 제출되었는지, 항소이유서에 포함되었는지를 가릴 필요 없이 반드시 심판해야 한다.[4]

직권조사사유가 아닌 사유에 관하여는 그것이 항소장에 기재되었거나 소정 기간 내에 제출된 항소이유서에 포함된 경우에 한하여 심판의 대상으로 할 수 있다(법364①).[5] 다만 판결에 영향을 미친 사유는 직권심판사항으로서 항소이유서에 포함되지 아니하였다 하더라도 직권으로 심판할 수 있다(동조②).[6]

항소이유는 항소권자가 권리로서 주장할 수 있는 사유이다. 이에 반해 직권조사사유 및 직권심판사항은 항소권자의 주장과 관계없이 항소법원이 반드시 판단해야 하는 사유이다. 항소인은 원심의 직권조사사유 및 직권심판사항의 간과를 다툴 수 없다.

(라) 직권조사의무 위반사례　　항소심의 직권조사의무 위반 사례를 몇 가지 들어본다. 제1심이 실체적 경합범 관계에 있는 공소사실 중 일부에 대하여 재판을 누락한 경우에 항소

---

1) 1983. 9. 13. 83도1709, 공 1983, 1544, 『실제구금 95일 사건』.
2) 2015. 12. 10. 2015도11696, 공 2016상, 163, 『양형부당 항소장 사건』.
3) 2002. 3. 15. 2001도6730, 공 2002, 942, 『이란인 보따리장수 사건』.
4) 2007. 5. 31. 2006도8488, 공 2007, 1006, 『주권발행 당일 제권판결 사건』.
5) 2007. 5. 31. 2006도8488, 공 2007, 1006, 『주권발행 당일 제권판결 사건』.
6) 2007. 5. 31. 2006도8488, 공 2007, 1006, 『주권발행 당일 제권판결 사건』.

심으로서는 당사자의 주장이 없더라도 직권으로 제1심의 누락 부분을 파기하고 그 부분에 대하여 재판하여야 한다.[1] 다만, 피고인만이 항소한 경우라면 불이익변경금지의 원칙에 따라 제1심의 형보다 무거운 형을 선고하지 못한다.[2]

제1심이 공소기각사유가 있음에도 불구하고 이를 간과하고 무죄판결을 한 경우에 항소법원은 직권으로 판단하여 제1심판결을 파기하고 공소기각판결을 선고하는 것이 원칙이다. 다만 사건의 실체에 관한 심리가 이미 완료되었다면 제1심법원이 피고인의 이익을 위하여 공소사실에 대해 무죄의 실체판결을 선고하였더라도 이를 위법이라고 볼 수는 없다.[3]

피고인의 국민참여재판 받을 권리를 침해하여 진행된 제1심법원의 소송절차상 하자는 직권조사사유에 해당한다. 그러므로 항소법원으로서는 비록 피고인이 이러한 점을 항소사유로 삼고 있지 않다 하더라도 이를 살펴 직권으로 제1심판결을 파기해야 한다.[4]

귀책사유 없이 제1심과 항소심의 공판절차에 출석할 수 없었던 피고인에 대해 항소법원이 유죄판결을 선고하여 확정된 경우 이는 상고이유 가운데 원심판결에 재심청구의 사유가 있는 때(소송촉진법23의2, 법383ⅲ)에 해당한다.[5] 피고인의 상고에 따라 파기되는 사건을 환송받아 다시 항소심 절차를 진행하는 항소법원으로서는 재심청구사유(소송촉진법23의2, 법361의5 ⅹⅲ)가 있어 직권파기사유에 해당한다고 보고, 다시 공소장 부본 등을 송달하는 등 새로 소송절차를 진행한 다음 새로운 심리 결과에 따라 다시 판결을 하여야 한다.[6]

동일한 피고인에 대한 수 개의 범죄사실 중 일부에 대하여 먼저 공소가 제기되고 나머지 범죄사실에 대하여는 별도로 공소가 제기됨으로써 이를 심리한 각 제1심법원이 공소제기된 사건별로 별개의 형을 선고하였으나, 그 사건이 모두 항소되어 항소법원이 이를 병합심리하게 되는 경우가 있다. 이때 병합심리하게 된 수 개의 범죄가 형법 제37조 전단의 동시적 경합범 관계에 있게 되는 경우라면 위 범죄 모두가 경합범에 관한 법률규정에 따라 처벌되어야 한다. 그러므로 공소제기된 사건별로 별개의 형을 선고한 각 제1심판결에는 사후적으로 직권조사사유가 발생하였다고 보아야 한다. 따라서 이와 같은 경우 피고인이 어느 사건에 대하여 적법한 기간 내에 항소이유서를 제출하지 않았다고 하더라도, 항소법원은 제1심판결을 모두 파기하고 피고인을 형법 제37조 전단의 경합범에 대한 처벌례에 따라 다스려야 한다.[7]

---

1) 2013. 3. 14. 2011도7259, [미간행], 『요양병원 의료기기 사건』.
2) 2009. 2. 12. 2008도7848, 공 2009상, 356, 『세신업자 고소 사건』.
3) 2015. 5. 14. 2012도11431, 공 2015상, 826, 『신호위반 공제가입 차량 사건』.
4) 2011. 9. 8. 2011도7106, 공 2011하, 2184, 『7일 전 공판 진행 사건』.
5) 2015. 6. 25. 2014도17252 전원합의체 판결, 공 2015하, 1112, 『항소심 불출석재판 재심 사건』.
6) 2015. 6. 25. 2014도17252 전원합의체 판결, 공 2015하, 1112, 『항소심 불출석재판 재심 사건』.
7) 1998. 10. 9. 98모89, 공 1998, 2809, 『고등법원 병합심리 사건』.

2. 상대적 항소이유

(1) 상대적 항소이유의 의미

항소이유는 절대적 항소이유와 상대적 항소이유로 나누어 볼 수 있다. 상대적 항소이유란 객관적으로 오류가 존재하더라도 그것이 판결에 영향을 미쳤음이 확인되는 경우에 비로소 원심판결을 파기하도록 하는 항소이유를 말한다.

예컨대 구법(예; 10년 이하 징역)이 형이 가벼운 신법(예; 10년 이하 징역 또는 1억원 이하 벌금)으로 대체되는 과정에서 부칙이 구법을 적용하도록 규정한 사안에서 제1심법원이 형이 가벼운 신법을 잘못 적용한 위법이 있더라도 피고인에게 불리한 영향을 미쳤다고 할 수 없으므로, 제1심법원의 그러한 잘못은 피고인 측이 항소이유로 삼을 수 있는 판결에 영향을 미친 법령위반에 해당하지 않는다.[1]

또다른 예로, 피고인의 거짓 신고로 소방관들이 출동한 사안에서 피고인의 행위는 「경범죄 처벌법」 위반죄(동법3③ ⅱ; 60만원 이하 벌금, 구류 또는 과료)와 위계에 의한 공무집행방해죄(형법137; 5년 이하 징역 또는 1천만원 이하 벌금)에 해당할 여지가 있으나 두 죄는 법조경합의 관계에 있다. 이 경우 제1심법원이 두 죄에 대해 상상적 경합관계를 인정하였다면 법령위반의 상소이유에 해당한다. 그러나 두 죄의 처단형 계산(5년 이하 징역 또는 1천만원 이하 벌금)에 차이가 없으므로 제1심의 법령위반은 판결에 영향을 미친 위법에는 해당하지 않는다.[2]

이에 대하여 판결에 영향을 미쳤는가를 묻지 않고 바로 원심판결을 파기하도록 하는 항소이유를 절대적 항소이유라고 한다. 예컨대 피고인의 자백이 그 피고인에게 불이익한 유일의 증거인 때에는 이를 유죄의 증거로 하지 못한다(법310). 보강증거 없이 피고인의 자백만을 근거로 공소사실을 유죄로 판단한 경우에는 그 자체로 판결결과에 영향을 미친 위법이 있는 것으로 보아야 한다.[3] 따라서 제1심이 자백보강법칙에 위반하여 유죄판결을 하였다면 그 사유는 절대적 항소이유에 해당한다.

상대적 항소이유의 경우에는 객관적 오류와 판결결과 사이에 규범적 인과관계가 존재해야 한다. 이때 인과관계의 정도는 그 객관적 오류가 없었더라면 판결결과가 달리 나오게 되었을 것이라는 가능성이 인정되면 족하다. 규범적 인과관계가 인정되어 판결결과에 영향을 미친 때라 함은 판결내용에 영향을 미친 경우를 말한다. 판결의 내용에는 주문뿐만 아니라 이유도 포함된다.

---

1) 2016. 10. 13. 2016도8347, 공 2016하, 1736, 『파산법 대 채무자회생법 사건』.
2) 2022. 10. 27. 2022도10402, [미간행], 『119 화재긴급전화 허위신고 사건』.
3) 2007. 11. 29. 2007도7835, 공 2008상, 2086, 『불법 비자 모집 사건』.

상대적 항소이유는 다시 법령위반, 사실오인, 양형부당으로 나누어진다. 이 세 가지 항소
이유 사이에는 법령위반, 사실오인, 양형부당의 순으로 우선순위가 부여된다. 항소이유로 양
형부당만을 다툰 경우에는 이후 상고심에서 상고이유로 법령위반이나 사실오인을 주장할 수
없다. 항소심에서 사실오인만을 다투었다가 철회한 경우에는 이후 상고심에서 법령위반을 주
장할 수 없다.[1]

(2) 법령위반

형사소송법 제361조의5 제1호는 '판결에 영향을 미친 헌법, 법률, 명령 또는 규칙의 위반
이 있는 때'를 상대적 항소이유로 규정하고 있다. 법령위반의 사유는 항소이유 이외에도 상고
이유(법383ⅰ) 및 재항고이유(법415)로 된다는 점에서 상소제도 전반에 걸쳐서 중요한 의미를
가지고 있다. 법령위반 가운데에는 판결에의 영향이 현저하거나 또는 영향 여부의 입증이 곤
란한 사유에 대해 입법자가 이를 절대적 항소이유로 설정하는 경우가 있다.

상대적 항소이유를 이루는 법령위반은 다시 실체법령 위반과 소송절차에 관한 법령위반
으로 나누어 볼 수 있다. 실체법령위반은 원심판결이 인정한 사실관계를 전제로 형법 등 실체
법규의 적용을 하지 않았거나 그 해석 및 적용에 오류가 있는 것을 말한다. 여기에서 법령이
라 함은 헌법, 법률, 명령, 규칙을 모두 포함한다.

소송절차에 관한 법령위반은 원심의 심리 및 판결절차가 소송법규에 위반한 경우를 말한다.
이때 소송법규는 형사소송법의 규정에 한정하지 않고 헌법, 법률, 명령, 규칙을 모두 포함한
다. 대법원규칙이 여기에 포함됨은 물론이다. 소송절차의 법령위반은 단순히 원심법원의 공판
절차나 공판준비절차의 진행에 잘못이 있는 경우뿐만 아니라 법원이 자신에게 부과된 실체적
진실발견의 의무(법295 후단)를 다하지 아니하여 발생하는 심리미진의 위법을 포함한다.[2]

판결내용 자체가 아니고 다만 피고인의 신병확보를 위한 구속 등 소송절차가 법령에 위반
된 경우에는, 그로 인하여 피고인의 방어권이나 변호인의 조력을 받을 권리가 본질적으로 침
해되고 판결의 정당성마저 인정하기 어렵다고 보이는 정도에 이르지 않는 한, 그것 자체만으
로는 판결에 영향을 미친 위법이라고 할 수 없다.[3]

소송절차의 법령위반은 원심절차에 관한 법령위반을 의미한다. 따라서 수사절차에 관한
법령위반은 그 자체로는 항소이유로 되지 않는다.[4] 다만 위법수집증거배제법칙(법308의2)을

---

1) 2011. 2. 10. 2010도15986, 공 2011상, 610, 『'양형부당 남기고 철회' 사건』.
2) 2005. 5. 12. 2005도890, 공 2005, 991, 『공익위원 배제 사건』.
3) 2019. 2. 28. 2018도19034, [미간행], 『사전청문절차 없는 구속영장 사건』.
4) 1996. 5. 14. 96도561, 공 1996, 1965, 『포승 사용 사건』.

근거로 증거능력 부분의 위법을 다투는 것은 별문제이다.

(3) 사실오인

사실의 오인이 있어 판결에 영향을 미친 때(법361의5 xiv)에는 이를 원심판결에 대한 항소이유로 삼을 수 있다. 사실오인이란 원심법원이 인정한 사실과 객관적 사실 사이에 차이가 있는 것을 말한다. 항소심의 기능이 피고인의 불이익을 구제하는 점에 있다고 볼 때 범죄사실을 넘어서서 피고인보호를 위하여 엄격한 증명이 요구되는 사실까지도 사실오인의 항소이유에 해당한다고 새겨야 할 것이다.

따라서 범죄구성사실, 객관적 처벌조건을 이루는 사실, 형의 가중감면의 이유되는 사실, 범죄성립조각사유 및 인적 처벌조각사유에 해당하는 사실 등은 사실오인의 대상이 된다. 그렇지만 단순한 소송법적 사실이나 양형에 관한 사실은 여기에 포함되지 않는다.

(4) 양형부당

형의 양정이 부당하다고 인정할 사유가 있는 때(법361의5 xv)에도 이를 항소이유로 삼을 수 있다. 형의 양정은 법정형, 선택형, 처단형, 선고형의 각 단계를 거쳐서 구체화된다. 양형부당은 원심판결의 선고형이 구체적인 사안의 내용에 비추어 너무 무겁거나 너무 가벼운 경우를 말한다.[1] 법정형이나 선택형, 처단형의 범위 자체를 벗어나서 형을 선고하는 것은 양형부당이 아니라 법령위반(법361의5 i)에 해당한다.

양형부당의 사유는 법령위반이나 사실오인의 사유에 비하여 부차적 지위를 갖는다. 제1심 판결에 대하여 양형부당만을 이유로 항소한 경우에는 이후 법령위반이나 사실오인을 주장하여 상고할 수 없다.[2] 양형부당만을 주장한 경우는 사실인정이나 법률적용에 불복이 없음을 스스로 인정한 것이 되기 때문이다.

3. 절대적 항소이유

판결에 영향을 미쳤는지 여부를 묻지 않고 바로 원심판결을 파기하도록 하는 항소이유를 절대적 항소이유라고 한다. 형사소송법은 8개의 절대적 항소이유를 규정해 놓고 있다.

(1) 판결 후 형의 폐지나 변경 또는 사면이 있는 때

판결 후 형의 폐지나 변경 또는 사면이 있는 때(법361의5 ii)에는 절대적 항소이유가 인정

[1] 2015. 7. 23. 2015도3260 전원합의체 판결, 공 2015하, 1322, 『형량 5배 가중 사건』.
[2] 2000. 11. 10. 2000도3483, 공 2001, 91, 『다단계 금융사기 사건』.

된다. 이 경우 사면은 일반사면만을 가리킨다.[1] 특별사면은 이미 형을 선고받아 집행중인 사람을 대상으로 하기 때문이다(사면법3ⅱ, 5①ⅱ).

형의 폐지·변경 및 일반사면의 사유는 원심판결이 선고된 이후에 발생한 사유라는 점에 특색이 있다. 만일 원심판결이 지연되었더라면 이러한 사유의 발생으로 인하여 면소판결을 선고하거나(법326ⅱ·ⅳ) 경한 형을 선고했어야 할 것인데(형법1②) 원심재판의 신속이나 지연이라는 우연한 사정에 의하여 재판결과가 달라지는 것은 불합리하기 때문이다.

(2) 관할인정 또는 관할위반의 인정이 법률에 위반한 때

관할인정 또는 관할위반의 인정이 법률에 위반한 때(법361의5ⅲ)에는 절대적 항소이유가 인정된다. 이 경우는 소송절차에 관한 법령위반이지만 절대적 항소이유로 되어 있다. 관할에는 토지관할과 사물관할[2]이 모두 포함된다.

다만 토지관할의 경우에는 하자가 치유되는 경우가 있다. 법원은 피고인의 신청이 없으면 토지관할에 관하여 관할위반의 선고를 하지 못하며(법320①), 피고인이 관할위반의 신청을 하려면 피고사건에 대한 진술 전에 해야 하기 때문이다(동조②).

(3) 판결법원의 구성이 법률에 위반한 때

판결법원의 구성이 법률에 위반한 때(법361의5ⅳ)에는 절대적 항소이유가 인정된다. '판결법원'이란 판결 및 그 기초가 된 심리를 행한 법원, 즉 소송법적 의미의 법원을 말한다. 합의부법원이 법적 구성원수를 충족하지 못하는 경우, 결격사유 있는 법관이 재판부의 구성원이 된 경우 등은 판결법원의 구성이 법률에 위반한 예이다.

(4) 법률상 그 재판에 관여하지 못할 판사가 그 사건의 심판에 관여한 때

법률상 그 재판에 관여하지 못할 판사가 그 사건의 심판에 관여한 때(법361의5ⅶ)에는 절대적 항소이유가 인정된다. '재판에 관여하지 못할 판사'란 제척사유(법17) 있는 판사, 기피(법18) 또는 회피(법24)의 신청이 이유 있다고 결정된 판사를 말한다. '사건의 심판에 관여한 때'라 함은 판결의 내부적 성립에 관여한 경우를 가리킨다. 판결의 선고에만 관여한 경우는 여기에 해당되지 않는다.

---

1) 1995. 12. 8. 94도1531, 공 1996, 436, 『원인불명 차량화재 사건』.
2) 1999. 11. 26. 99도4398, 공 2000, 119, 『감금치상 단독판사 판단 사건』.

(5) 사건의 심리에 관여하지 아니한 판사가 그 사건의 판결에 관여한 때

사건의 심리에 관여하지 아니한 판사가 그 사건의 판결에 관여한 때(법361의5 viii)에는 절대적 항소이유가 인정된다. '그 사건의 판결에 관여한 때'라 함은 판결의 내부적 성립에 관여한 경우를 말하고 판결의 선고에만 관여한 경우는 포함하지 않는다.

(6) 공판의 공개에 관한 규정에 위반한 때

공판의 공개에 관한 규정에 위반한 때(법361의5 ix)에는 절대적 항소이유가 인정된다. 헌법과 「법원조직법」은 공개재판의 원칙을 규정하고 있다(헌법27③ 2문, 법원조직법57). 판결의 선고를 공개하지 아니한 경우, 심리비공개의 결정 없이 심리를 비공개한 경우, 심리비공개의 결정에 이유가 없는 경우 등은 공판의 공개에 관한 규정에 위반하여 절대적 항소이유가 된다.

(7) 판결에 이유를 붙이지 아니하거나 이유에 모순이 있는 때

판결에 이유를 붙이지 아니하거나 이유에 모순이 있는 때(법361의5 xi)에는 절대적 항소이유가 존재한다. '이유를 붙이지 아니한 때'란 이유가 없거나 불충분한 경우를 말한다. '이유에 모순이 있는 때'란 주문과 이유 사이 또는 이유와 이유 사이에 모순이 있는 경우를 말한다. 이유모순은 이유불비의 일종이다.

(8) 재심청구의 사유가 있는 때

재심청구의 사유가 있는 때(법361의5 xiii)에는 절대적 항소이유가 인정된다. 유죄의 선고를 받은 자에 대하여 무죄를 인정할 명백한 증거가 새로 발견된 때와 같은 재심사유(법420 참조)가 존재함에도 불구하고 항소를 허용하지 않고, 재판이 확정되기를 기다린 다음 재심을 청구하도록 하는 것은 피고인보호와 소송경제의 이념에 반한다.[1]

귀책사유 없이 제1심 공판절차에 출석할 수 없었던 피고인에 대해 제1심법원이 유죄판결을 선고하여 확정된 경우 피고인은 「소송촉진 등에 관한 특례법」(소송촉진법) 제23조의2에 따라 정해진 기간 내에 제1심법원에 그 유죄판결에 대한 재심을 청구할 수 있다. 그런데 피고인이 제1심법원에 재심을 청구하지 않고 항소법원에 항소권회복신청과 함께 항소를 제기하여(법346① · ③) 소송촉진법상의 재심사유를 항소이유로 주장하는 경우가 있다. 이러한 경우는 원심판결에 '재심청구의 사유가 있는 때'에 해당하여 적법한 항소이유로 인정된다.[2]

---

1) 1990. 10. 26. 90도1753, 공 1990, 2479, 『오토바이 바꿔타기 사건』.
2) 2015. 6. 25. 2014도17252 전원합의체 판결, 공 2015하, 1112, 『항소심 불출석재판 재심 사건』 참조.

제4 항소심의 절차

1. 항소의 제기

제1심법원이 형을 선고하는 경우 재판장은 피고인에게 항소할 기간과 항소할 법원을 고지하여야 한다(법324). 이 경우 재판장은 항소장을 제출해야 할 원심법원(법359)도 함께 고지해야 한다. 이 경우 '원심법원'이란 항소심의 판단대상이 되는 판결을 선고한 제1심재판부가 소속한 국법상 의미의 법원을 가리킨다.

제1심법원의 판결에 대해 불복이 있으면 지방법원 단독판사가 선고한 것은 지방법원 본원 합의부에 항소할 수 있고, 지방법원 합의부가 선고한 것은 고등법원에 항소할 수 있다(법357).

항소의 제기기간은 7일이다(법358). 항소의 불복대상은 제1심판결이다. 판결은 공판정에서 선고한다(법42, 43). 판결의 경우에는 판결등본이 당사자에게 송달되는 여부에 관계없이 공판정에서 판결이 선고된 날로부터 상소기간이 기산된다. 이는 피고인이 불출석한 상태에서 재판을 하는 경우에도 마찬가지이다.[1]

항소를 함에는 항소장을 원심법원에 제출해야 한다(법359). 원심법원에 항소장을 제출하도록 한 것은 원심법원이 판결의 확정 여부를 신속하게 알 수 있도록 하기 위함이다. 교도소 또는 구치소에 있는 피고인이 항소 제기기간 내에 항소장을 교도소장 또는 구치소장 또는 그 직무를 대리하는 자에게 제출한 때에는 항소의 제기기간 내에 항소한 것으로 간주된다(법344①).

항소장에는 항소를 제기한다는 취지와 항소의 대상인 판결을 기재하면 족하고 항소이유를 기재할 필요는 없다. 그러나 항소장에 항소이유를 기재하는 것은 무방하다(법361의4① 단서 후단 참조).

2. 항소심 공판기일 전의 절차

(1) 원심법원에서의 절차

항소제기가 법률상의 방식에 위반하거나 항소권소멸 후인 것이 명백한 때에는 원심법원은 항소를 기각하여야 한다(법360①). 이 결정에 대하여는 즉시항고를 할 수 있다(동조②). 항소기각결정을 하지 않는 경우에는 원심법원은 항소장을 받은 날부터 14일 이내에 소송기록과

---

1) 2002. 9. 27. 2002모6, 공 2002, 2649, 『항소심 대 고등법원 기록송부 사건』.

증거물을 항소법원에 송부하여야 한다(법361).

(2) 항소법원에서의 기각결정

항소제기가 법률상의 방식에 위반하거나 항소권소멸 후인 것이 명백한 때에는 먼저 원심인 제1심법원이 결정으로 항소를 기각해야 한다(법360①). 원심법원이 항소기각결정을 하지 않았다면 이제 항소법원이 결정으로 항소를 기각한다(법362①). 이 결정에 대하여는 즉시항고를 할 수 있다(동조②).

항소법원은 (가) 공소가 취소되었거나, (나) 피고인이 사망하거나 피고인인 법인이 존속하지 아니하게 되었거나, (다) 동일사건이 이중계속되어 다른 법원이 심판하게 된 때이거나, (라) 공소장에 기재된 사실이 진실하다 하더라도 범죄가 될 만한 사실이 포함되지 아니하는 등 공소기각결정(법328①)에 해당하는 사유가 있는 때에는 결정으로 공소를 기각하여야 한다(법363①). 위의 사유 가운데 (가)의 공소취소는 제1심에서의 공소취소를 가리킨다. 공소취소는 제1심판결 선고 전까지만 할 수 있기 때문이다(법255①).

공소기각결정의 사유가 있으면 항소법원은 공판절차를 거칠 필요도 없이, 또한 원심판결을 파기할 필요도 없이 곧바로 결정으로 공소를 기각하게 된다. 공소기각결정에 대하여는 즉시항고를 할 수 있다(법363②).

(3) 항소법원의 국선변호인 선정

원심인 제1심에서 선임된 변호인은 항소제기로 제1심법원의 소송계속이 종료함과 동시에 그 권한이 종료된다(법32① 참조). 따라서 필요적 변호사건(법282, 33)이나 국선변호가 신청된 사건(법33②)의 경우에는 항소심에서 새로이 변호인의 선임이나 선정이 필요하다.

기록의 송부를 받은 항소법원은 필요적 변호사건(법33①)에서 변호인이 없는 경우에는 지체 없이 변호인을 선정해야 한다(규칙156의2①). 항소법원은 항소이유서 제출기간이 도과하기 전에 피고인으로부터 국선변호인 선정청구(법33②)가 있는 경우에는 지체 없이 그에 관한 결정을 해야 한다(규칙156의2②). 원심인 제1심에서 피고인의 청구 또는 직권으로 국선변호인이 선정되어 공판이 진행된 경우에는 항소법원은 특별한 사정변경이 없는 한 국선변호인을 선정함이 바람직하다.[1]

(4) 항소법원의 소송기록접수통지

(가) 통지의 방식　　　항소법원이 기록의 송부를 받은 때에는 즉시 항소인과 상대방에게

---

1) 2013. 7. 11. 2013도351, 공 2013하, 1548, 『포터 화물차 보험사기 사건』.

그 사유를 통지해야 한다(법361의2①). 통지는 법령에 다른 정함이 있다는 등의 특별한 사정이 없는 한 서면 이외에 구술 · 전화 · 모사전송 · 전자우편 · 휴대전화 문자전송 그 밖에 적당한 방법으로도 할 수 있고, 통지의 대상자에게 도달됨으로써 효력이 발생한다.[1] 통지는 보다 강화된 고지방법인 송달의 형태로도 할 수 있다.

(나) 피고인에 대한 통지   항소법원이 기록의 송부를 받은 때에는 즉시 항소인에게 그 사유를 통지하여야 한다(법361의2①). 피고인이 항소한 경우(법338①)에는 피고인에게 소송기록접수통지를 해야 한다. 피고인의 배우자 등이 피고인을 위하여 항소한 경우(법341①)에도 소송기록접수통지는 항소인인 피고인에게 해야 한다.[2]

신체구속된 피고인에 대한 소송기록접수통지가 송달의 방식을 취하는 경우가 있다. 교도소 · 구치소 또는 국가경찰관서의 유치장에 체포 · 구속 또는 유치된 사람에게 할 송달은 교도소 · 구치소 또는 국가경찰관서의 장에게 하여야 한다(법65, 민사소송법182). 그렇지 않고 피고인이 수감되기 전의 종전 주소 · 거소에 송달하였다면 그 송달은 부적법하여 무효이다.[3] 법원이 피고인의 수감 사실을 모른 채 종전 주소 · 거소에 송달하였다고 하여도 마찬가지로 송달의 효력은 발생하지 않는다.[4]

교도소 · 구치소 또는 국가경찰관서의 장에게 송달하지 않고 교도소 등에 수감된 피고인을 송달받을 사람으로 한 송달은 적법한 것이 아니어서 소송기록접수의 통지는 효력이 없다.[5]

(다) 사선변호인에 대한 통지   소송기록접수통지를 하기 전에 피고인이 사선변호인을 선임한 경우 항소법원은 사선변호인에게도 소송기록접수통지를 해야 한다(법361의2②). 항소법원이 피고인에게 소송기록접수통지를 한 후에 사선변호인이 선임되는 경우 항소법원은 별도의 소송기록접수통지를 하지 않는다.

형사소송규칙 제156조의2 제3항은 국선변호인 선정결정을 한 후 항소이유서 제출기간 내에 피고인이 책임질 수 없는 사유로 그 선정결정을 취소하고 새로운 국선변호인을 선정한 경우 그 변호인에게 새로이 소송기록접수통지를 하도록 규정하고 있다. 그러나 이 규정은 소송기록접수통지를 한 후에 사선변호인이 선임되는 경우에 유추적용되지 않는다.[6] 국선변호인은 법원의 재판에 의하여 선정된다. 국선변호사건의 경우에는 법원이 피고인에게 변호인의 조

1) 2017. 9. 22. 2017모1680, 공 2017하, 2060, 『구치소 재감자 상대 소송기록접수통지서 사건』.
2) 2018. 3. 29. 2018모642, 공 2018상, 856, 『호주 출국인 국내 배우자 항소 사건』.
3) 1995. 6. 14. 95모14, 공 1995, 2667, 『'집으로 송달' 사건』.
4) 2017. 11. 7. 2017모2162, 공 2017하, 2362, 『긴급체포 소송기록접수통지서 같은 날 사건』.
5) 2017. 9. 22. 2017모1680, 공 2017하, 2060, 『구치소 재감자 상대 소송기록접수통지서 사건』.
6) 2018. 11. 22. 2015도10651 전원합의체 결정, 공 2019상, 95, 『국선 후 사선 기록접수통지 사건』.

력을 받을 권리를 보장해 주어야 할 의무가 있지만, 피고인이 사법상 위임계약에 따라 사선변호인을 선임하는 과정에는 법원의 관리·감독 의무가 발생할 여지가 없다.

(라) 국선변호인에 대한 통지   항소법원은 국선변호인을 선정한 경우에 그 변호인에게 소송기록접수통지를 해야 한다(규칙156의2① · ② 참조). 국선변호인 선정결정을 한 후 항소이유서 제출기간 내에 피고인이 책임질 수 없는 사유로 그 선정결정을 취소하고 새로운 국선변호인을 선정한 경우에는 그 변호인에게도 소송기록접수통지를 해야 한다(동조③).

국선변호인이 선정된 경우에 항소법원이 국선변호인에게 소송기록접수통지를 하는 것은 그 변호인이 통지를 받은 날로부터 소정의 기간 내에 피고인을 위하여 항소이유서를 작성·제출할 수 있도록 하여 변호인의 조력을 받을 피고인의 권리를 보호하기 위함이다.[1]

청구국선(법33②)의 경우에 피고인이 항소이유서 제출기간이 도과한 후에야 비로소 국선변호인 선정청구를 하고 법원이 국선변호인 선정결정을 한 경우에는 국선변호인에게 소송기록접수통지를 할 필요가 없다.[2]

(마) 상대방에 대한 통지   항소법원이 기록의 송부를 받은 때에는 즉시 항소의 상대방에게 그 사유를 통지해야 한다(법361의2①). 송달의 형식에 의할 경우 검사에 대한 송달은 서류를 소속검찰청에 송부해야 한다(법62).

피고인이 교도소 또는 구치소에 있는 경우에 원심인 제1심법원에 대응한 검찰청 검사는 소송기록접수의 통지를 받은 날로부터 14일 이내에 피고인을 항소법원 소재지의 교도소 또는 구치소에 이송해야 한다(법361의2③).

(5) 항소이유서 제출기간의 계산

소송기록 접수통지는 소송관계인에 대한 안내의 의미와 함께 20일의 항소이유서 제출기간(법361의3① 1문)을 기산시키는 효력이 있다. 항소이유서 제출기간은 피고인, 사선변호인, 국선변호인에게 소송기록 접수통지가 이루어지는 시점으로부터 각각 계산된다. 기간의 말일이 공휴일 또는 토요일에 해당하는 날은 항소이유서 제출기간에 산입하지 않는다(법66③ 본문). 임시공휴일은 공휴일에 해당한다.[3]

형사소송규칙은 국선변호인 선정청구와 관련하여 항소이유서 제출기간에 대한 특칙을 규정하고 있다. 항소법원이 피고인의 국선변호인 선정청구를 기각한 경우 피고인이 국선변호인 선정청구를 한 날부터 선정청구기각결정등본을 송달받은 날까지의 기간을 항소이유서 제출기

---

1) 2014. 8. 28. 2014도4496, 공 2014하, 1952, 『2급 시각장애인 국선변호 사건』.
2) 2013. 6. 27. 2013도4114, 공 2013하, 1433, 『뒤늦은 국선변호 선정 사건』.
3) 2021. 1. 14. 2020모3694, 공 2021상, 556, 『광복절 대체공휴일 사건』.

간에 산입하지 않는다(규칙156의2④ 본문). 다만, 피고인이 최초의 국선변호인 선정청구기각결
정을 받은 이후 같은 법원에 다시 선정청구를 한 경우에는 그 국선변호인 선정청구일로부터
선정청구기각결정등본 송달일까지의 기간에 대해서는 그러하지 않다(동항 단서).

　피고인이 항소이유서 제출기간이 도과한 후에 비로소 국선변호인 선정청구를 하고 항소
법원이 국선변호인 선정결정을 한 경우가 있다. 이러한 경우에는 항소법원이 국선변호인에게
소송기록접수통지를 할 필요가 없다. 이러한 경우 설령 국선변호인에게 통지를 하였다고 하더
라도 국선변호인의 항소이유서 제출기간은 피고인이 소송기록접수통지를 받은 날로부터 계산
된다.[1]

(6) 항소이유서의 제출

　항소인 또는 변호인은 항소법원으로부터 소송기록 접수통지를 받은 날로부터 20일 이내
에 항소이유서를 항소법원에 제출해야 한다(법361의3① 전단). 다만, 항소장에 항소이유의 기재
가 있는 때에는 예외로 한다(법361의4① 단서 후단). 항소이유서란 원심판결에 대한 불복의 이유
를 기재한 서면을 말한다.

　항소이유서의 제출에 대해서는 재소자 특칙이 인정된다(법361의3① 2문, 344). 따라서 구속
된 피고인은 항소이유서 제출기간 내에 항소이유서를 교도소장이나 구치소장 또는 그 직무를
대리하는 자에게 제출하면 항소이유서 제출기간 내에 제출한 것으로 간주된다(법344① 참조).

(7) 항소이유서 제출기간의 보장

　항소심은 피고인 또는 변호인이 법정기간 내에 제출한 항소이유서에 의하여 심판하는 구
조를 가지고 있다. 항소법원은 항소이유서가 제출되었더라도 항소이유서 제출기간의 경과를
기다리지 않고는 항소사건을 심판할 수 없다. 항소이유서 제출기간 만료 시까지 항소이유서를
제출하거나 수정·추가 등을 할 수 있는 변호인의 권리는 보호되어야 하기 때문이다.[2]

　항소이유서 제출기간 내에 변론이 종결되었는데 그 후 제출기간 내에 항소이유서가 제출
되었다면, 특별한 사정이 없는 한 항소법원으로서는 변론을 재개하여 그 항소이유의 주장에
대해서도 심리를 해 보아야 한다.[3] 항소법원이 항소이유서 제출 후 공판기일을 열어 피고인
에게 변론할 기회를 부여하는 등의 절차를 거치지 아니한 채 그대로 판결을 선고하는 것은
항소이유서 제출기간 만료 시까지 항소이유서를 제출하고 이에 관하여 변론을 한 후 심판을

1) 2013. 6. 27. 2013도4114, 공 2013하, 1433, 『뒤늦은 국선변호 선정 사건』.
2) 2014. 8. 28. 2014도4496, 공 2014하, 1952, 『2급 시각장애인 국선변호 사건』.
3) 2015. 4. 9. 2015도1466, 공 2015상, 713, 『병합심리 항소이유서 사건』.

받을 수 있는 기회를 피고인으로부터 박탈하는 것으로서 위법하다.[1]

(8) 항소이유서 미제출과 항소기각결정

항소이유서의 제출기간은 20일이다(법361의3① 전단). 20일의 항소이유서 제출기간 내에 항소이유서를 제출하지 아니한 때에는 항소법원은 결정으로 항소를 기각한다(법361의4① 본문). 다만, 직권조사사유가 있거나 항소장에 항소이유의 기재가 있는 때에는 예외로 한다(동항 단서).

20일의 항소이유서 제출기간은 법정기간이다. 법정기간은 소송행위를 할 자의 주거 또는 사무소의 소재지와 법원 또는 검찰청 소재지와의 거리 및 교통통신의 불편정도에 따라 대법원규칙으로 이를 연장할 수 있다(법67). 형사소송규칙 제44조는 법정기간의 연장에 대해 규정하고 있다.

항소이유서 제출 없음을 이유로 항소기각결정을 하기 위해서는 항소인이 적법한 소송기록접수통지서를 받고서도 정당한 이유 없이 20일 이내에 항소이유서를 제출하지 아니하였어야 한다.[2] 피고인의 항소대리권자인 배우자가 피고인을 위하여 항소한 경우(법341①)에도 소송기록접수통지는 항소인인 피고인에게 해야 한다(법361의2①). 피고인이 적법하게 소송기록접수통지서를 받지 못하였다면 항소이유서 제출기간이 지났다는 이유로 항소기각결정을 하는 것은 위법하다.[3]

국선변호인이 선정된 사건에서 피고인과 국선변호인이 모두 법정기간 내에 항소이유서를 제출하지 아니하였다고 하더라도, 국선변호인이 항소이유서를 제출하지 아니한 데 대하여 피고인에게 귀책사유가 있음이 특별히 밝혀지지 않는 한, 항소법원은 항소기각결정을 해서는 안 된다. 이 경우 항소법원은 종전 국선변호인의 선정을 취소하고 새로운 국선변호인을 선정하여 다시 소송기록접수통지를 해야 하며, 새로운 국선변호인으로 하여금 소송기록접수통지를 받은 때로부터 20일의 기간 내에 피고인을 위하여 항소이유서를 제출하도록 해야 한다.[4]

그런데 항소법원이 종전 국선변호인의 선정을 취소하고 새로운 국선변호인을 선정하여 소송기록접수통지를 하기 전에 피고인 스스로 변호인을 선임하는 경우가 있다. 이 경우에도 항소법원은 항소이유서 미제출을 이유로 항소기각결정을 해서는 안 된다. 항소법원은 사선변호인에게 다시 소송기록접수통지를 해야 하며, 새로운 사선변호인으로 하여금 소송기록접

---

1) 2018. 4. 12. 2017도13748, 공 2018상, 939, 『항소이유서 제출 후 바로 선고 사건』.
2) 2017. 11. 7. 2017모2162, 공 2017하, 2362, 『긴급체포 소송기록접수통지서 같은 날 사건』.
3) 2018. 3. 29. 2018모642, 공 2018상, 856, 『호주 출국인 국내 배우자 항소 사건』.
4) 2012. 2. 16. 2009모1044 전원합의체 결정, 공 2012상, 480, 『국선변호인 항소이유서 미제출 사건』.

수통지를 받은 때로부터 20일의 기간 내에 피고인을 위하여 항소이유서를 제출하도록 해야한다.[1]

(9) 답변서의 제출

항소이유서의 제출을 받은 항소법원은 지체 없이 그 부본 또는 등본을 상대방에게 송달해야 한다(법361의3②). 항소이유서 부본이나 등본의 송달은 항소한 소송관계인의 상대방으로 하여금 방어준비를 할 기회를 주기 위함이다.

항소이유서의 부본 또는 등본을 송달받은 상대방은 송달일로부터 10일 이내에 답변서를 항소법원에 제출하여야 한다(법361의3③). 답변서란 항소이유서에 대해 상대방이 반론을 기재한 서면을 말한다.

(10) 무변론 항소기각판결 등

(가) 무변론 항소기각판결   항소법원은 항소이유 없음이 명백한 때에는 항소장, 항소이유서 기타의 소송기록에 의하여 변론 없이 판결로써 항소를 기각할 수 있다(법364⑤). 다만 판결의 선고는 공판기일에 하여야 한다(법42 본문).

무변론 항소기각판결은 무분별한 항소를 방지하기 위한 장치이다. 변론 없이 판결을 선고한다는 점에서 현행 항소심의 사후심적 요소를 보여주고 있다.

(나) 공판기일 지정 등   항소이유서와 답변서의 제출 및 부본송달이 끝나면 항소법원은 공판기일을 지정하여 피고인을 소환하고, 검사, 변호인 등에게 공판기일을 통지하며 공판기일 전의 증거조사준비 등을 행한다.

3. 항소심 공판기일의 절차

특별한 규정이 없으면 제1심 공판절차에 관한 규정은 항소의 심판에 준용된다(법370). 형사소송규칙의 제2편(제1심) 중 공판(제3장)에 관한 규정은 항소법원의 공판절차에 준용된다(규칙159). 따라서 항소심절차는 제1심 공판절차에 준하여 진행된다. 형사소송법과 형사소송규칙은 몇 가지 특례들을 항소심절차에 인정하고 있다.

(1) 피고인의 소환과 출석

피고인의 출석은 항소심의 공판개정 요건이다(법370, 276 본문). 공판기일에는 피고인, 대표

---

1) 2019. 7. 10. 2019도4221, 공 2019하, 1596, 『국선 취소 후 사선 기록접수통지 사건』.

자 또는 대리인을 소환해야 한다(법370, 267②). 피고인을 소환함에는 소환장을 발부해야 하며
(법73), 소환장은 송달해야 한다(법76①).

다만 (가) 피고인이 기일에 출석한다는 서면을 제출한 경우(법76②), (나) 출석한 피고인
에 대하여 차회기일을 정하여 출석을 명한 경우(동항), (다) 구금된 피고인에 대하여 교도관
을 통하여 소환통지를 한 경우(법76③), (라) 법원의 구내에 있는 피고인에 대하여 공판기일
을 통지한 경우(법268) 등은 소환장의 송달과 동일한 효력이 있다.

피고인과 달리 공판기일 출석의무가 없는 검사·변호인 등의 소송관계인에 대해서는
소환을 하는 대신 공판기일을 통지한다(법370, 267③). 피고인에 대한 공판기일 소환은 형사
소송법이 정한 소환장의 송달 또는 이와 동일한 효력이 있는 방법에 의하여야 한다. 그 밖
의 방법에 의한 사실상의 공판기일의 고지 또는 통지 등은 적법한 피고인 소환이라고 할
수 없다.[1]

(2) 피고인의 불출석과 불출석 재판

피고인이 항소심 공판정에 출정하지 아니한 때에는 다시 기일을 정하여야 한다(법365①).
피고인이 정당한 사유 없이 다시 정한 기일에 출석하지 아니한 때에는 피고인의 진술 없이
판결을 할 수 있다(동조②). 피고인이 불출석한 상태에서 그의 진술 없이 판결할 수 있기 위해
서는 피고인이 적법한 공판기일 통지를 받고서도 2회 연속으로 정당한 이유 없이 출정하지
않아야 한다.[2] 피고인이 출석과 불출석을 반복하여 2회 불출석한 경우 항소법원은 피고인 불
출석 상태로 공판기일을 개정할 수 없다.[3]

형사소송법 제365조 제2항이 규정한 '적법한 공판기일 통지'란 소환장의 송달(법76) 및 소
환장 송달의 의제(법268)의 경우에 한정되는 것이 아니라 적어도 피고인의 이름·죄명·출석
일시·출석장소가 명시된 공판기일 변경명령을 송달받은 경우(법270)도 포함된다.[4]

법원이 피고인에게 휴대폰 문자메시지로 공판기일 변경 사실을 통보한 것은 적법한 피고
인 소환방법이 아니므로 피고인이 기일에 불출석하더라도 정당한 이유 없이 출정하지 않은
경우로 볼 수 없다.[5]

피고인이 재판권이 미치지 아니하는 장소에 있는 경우에 다른 방법으로 송달할 수 없는

---

1) 2018. 11. 29. 2018도13377, 공 2019상, 253, 『사임 변호인 주소 소환장 송달 사건』.
2) 2012. 6. 28. 2011도16166, 공 2012하, 1365, 『정식재판 항소심 불출석 사건』.
3) 2019. 10. 31. 2019도5426, 공 2019하, 2295, 『제3회, 제5회 항소심 불출석 사건』.
4) 2022. 11. 10. 2022도7940, 공 2023상, 88, 『제2회 공판기일 변경명령 공시송달 사건』.
5) 2019. 5. 10. 2018도18934, 법률신문 2019. 5. 27. 『공판기일 변경명령 문자 전송 사건』.

때에는 공시송달을 할 수 있다(법63②). 피고인이 재판권이 미치지 아니하는 외국에 거주하고 있는 경우에는 형사소송법 제65조에 의하여 준용되는 「민사소송법」 제196조 제2항에 따라 첫 번째 공시송달은 실시한 날부터 2개월이 지나야 효력이 생긴다. 외국 거주 피고인이 항소법원의 공시송달에 의한 소환을 받고서도 2회 연속 불출석하였다고 인정하기 위해서는 첫 번째 공시송달을 한 날로부터 2개월의 기간이 지난 시점 이후에 진행된 2회의 공판기일에 연속하여 불출석하여야 한다. 첫 번째 공시송달일로부터 2개월의 기간이 지나기 전의 시점에 열린 공판기일에 피고인이 2회 연속 불출석하자 항소법원이 형사소송법 제365조 제2항을 적용하여 피고인의 진술 없이 공판을 진행하고 피고인이 출석하지 않은 기일에 판결을 선고하는 조치는 형사소송법 제365조에 어긋나고, 피고인의 출석권(법370, 276)을 침해한 것으로서 소송절차가 법령에 위배되어 판결에 영향을 미친 잘못에 해당한다.[1]

한편 약식명령에 대하여 피고인만이 정식재판청구(법453)를 하여 항소심에 이른 경우라면 형소법 제370조에 의하여 준용되는 형소법 제277조 제4호에 따라 항소법원은 지정된 공판기일에 피고인이 출석하지 아니한 상태에서 곧바로 판결을 선고할 수 있다.[2] 이 경우에는 2회 연속 불출석을 기다리지 않는다.

(3) 항소심 공판기일의 진행순서

(가) 모두절차   제1심 공판절차에서는 피고인에 대한 진술거부권고지(법283②), 인정신문(법284), 검사의 모두진술(법285), 피고인의 모두진술(법286), 재판장의 쟁점정리(법287①) 및 검사·변호인의 증거관계 등에 대한 진술(동조②) 등의 순서로 공판기일이 진행된다. 이러한 공판순서는 원칙적으로 항소심에도 준용될 것이지만(법370), '검사의 모두진술'과 '피고인의 모두진술'은 '항소인의 항소이유 진술'과 '상대방에 의한 답변 진술'의 형태로 전환된다.

이러한 항소심의 특성에 따라 형사소송규칙은 다음과 같은 특칙을 규정하고 있다. 항소인은 그의 항소이유를 구체적으로 진술하여야 한다(규칙156의3①). 상대방은 항소인의 항소이유 진술이 끝난 뒤에 항소이유에 대한 답변을 구체적으로 진술하여야 한다(동조②). 피고인 및 변호인은 이익이 되는 사실 등을 진술할 수 있다(동조③). 항소법원은 항소이유와 답변에 터잡아 해당 사건의 사실상·법률상 쟁점을 정리하여 밝히고 그 증명되어야 하는 사실을 명확히 하여야 한다(규칙156의4).

항소이유는 공판정에서 구두변론의 형태로 제시되어야 한다. 검사가 공판정에서 구두변

---

1) 2023. 10. 26. 2023도3720, 판례속보, 『베트남 출국 피고인 공시송달 사건』.
2) 2012. 6. 28. 2011도16166, 공 2012하, 1365, 『정식재판 항소심 불출석 사건』.

론을 통해 항소이유를 주장하지 않았고 피고인도 그에 대한 적절한 방어권을 행사하지 못하는 등 검사의 항소이유가 실질적으로 구두변론을 거쳐 심리되지 않았다고 평가될 경우 항소법원이 이러한 검사의 항소이유 주장을 받아들여 피고인에게 불리하게 제1심판결을 변경하는 것은 허용되지 않는다.[1]

항소이유서를 제출한 사람은 항소심의 공판기일에 항소이유서에 기재된 항소이유의 일부를 철회할 수 있다. 항소이유를 철회하면 이후 이를 다시 상고이유로 삼을 수 없게 되는 제한을 받을 수도 있으므로 항소이유의 철회는 명백히 이루어져야만 그 효력이 있다.[2]

(나) 증거조사   항소이유진술 및 답변진술이 끝나고 항소법원의 쟁점정리가 이루어지면 항소심 사실심리의 첫 단계로서 증거조사가 행해지게 된다. 제1심 공판절차에 관한 규정은 특별한 규정이 없으면 항소의 심판에 준용되므로(법370) 항소법원은 증거조사(법290)에 이어서 피고인신문(법296의2)을 진행해야 한다.

형사소송법이 채택하고 있는 실질적 직접심리주의의 취지, 형사재판 항소심 심급구조의 특성, 증거조사절차에 관한 형사소송법령의 내용 등을 종합하여 보면, 항소심에서의 증거신청 및 증거조사는 제1심에서보다 제한된다.[3]

제1심법원에서 증거로 할 수 있었던 증거는 항소법원에서도 증거로 할 수 있다(법364③). 즉 제1심 법원에서 증거능력이 있었던 증거는 항소심에서도 증거능력이 그대로 유지되어 재판의 기초가 될 수 있고 다시 증거조사를 할 필요가 없다.[4] 항소심 재판장은 증거조사절차에 들어가기에 앞서 제1심의 증거관계와 증거조사결과의 요지를 고지하면 된다(규칙156의5①).

피고인의 출정 없이 증거조사를 할 수 있는 경우(법365① · ② 참조)에 피고인이 출정하지 아니한 때에는 형소법 제318조 제1항의 증거동의가 있는 것으로 간주한다. 단, 대리인 또는 변호인이 출정한 때에는 예외로 한다(법370, 318② 본문 · 단서).

재판장은 증거조사절차에 들어가기에 앞서 제1심의 증거관계와 증거조사결과의 요지를 고지해야 한다(규칙156의5①). 기본적으로 속심구조를 취하고 있는 현행 항소심구조에 비추어 볼 때 항소심절차에서 새로운 증거조사가 가능함은 물론이다. 따라서 항소법원은 새로운 증거신청과 증거결정에 기하여 추가적인 증거조사를 할 수 있다. 그러나 증거조사의 범위는 제한된다.

(다) 증인신문의 제한   형사소송규칙은 제1심의 공판중심주의 강화에 주목하여 항소심

1) 2015. 12. 10. 2015도11696, 공 2016상, 163, 『양형부당 항소장 사건』.
2) 2011. 6. 24. 2011도4451, 공 2011하, 1509, 『편의점 앞 여아 사건』.
3) 2024. 7. 25. 2020도7802, 판례속보, 『화물트럭 20대 구입비용 사건』.
4) 2024. 7. 25. 2020도7802, 판례속보, 『화물트럭 20대 구입비용 사건』.

절차의 사후심적 요소를 보다 강화하였다. 그 내용은 특히 항소심절차에서의 증인신문 제한에서 나타난다.

항소심 법원은 다음 각호의 어느 하나에 해당하는 경우에 한하여 증인을 신문할 수 있다(규칙156의5②).

① 제1심에서 조사되지 아니한 데에 대하여 고의나 중대한 과실이 없고, 그 신청으로 인하여 소송을 현저하게 지연시키지 아니하는 경우 (1호)

② 제1심에서 증인으로 신문하였으나 새로운 중요한 증거의 발견 등으로 항소심에서 다시 신문하는 것이 부득이하다고 인정되는 경우 (2호)

③ 그 밖에 항소의 당부에 관한 판단을 위하여 반드시 필요하다고 인정되는 경우 (3호)

형사소송규칙 제156조의5 제2항은 형사재판의 사실인정에 있어서 제1심 법원과 항소심 법원의 역할 및 관계 등에 관한 입법 취지 등에 비추어 항소심에서의 증거조사는 필요 최소한에 그쳐야 한다는 점을 반영한 것이다. 이를 고려하면, '그 밖에 항소의 당부에 관한 판단을 위하여 반드시 필요하다고 인정되는 경우'를 규정한 형사소송규칙 제156조의5 제2항 제3호는 비록 포괄적 사유이기는 하지만 항소심 법원에 증인신문에 관한 폭넓은 재량을 부여한 것으로 볼 것이 아니라 제1, 제2호가 규정한 사유에 준하는 '예외적 사유'로 보아야 한다.[1]

따라서 실체적 진실발견이라는 형사소송의 이념에 비추어 항소심에서의 추가적인 증거조사가 필요한 경우가 있음을 긍정하더라도, 피해자가 범죄의 성격과 다양한 사정에서 비롯된 심리적 부담 등으로 인하여 제1심 법원에 증인으로 출석하지 못하거나 제대로 증언할 수 없었던 경우 등과 같은 특별한 사정이 없는 이상, 항소심 법원으로서는 형사소송규칙 제156조의5 제2항의 규정 취지와 내용에 유념하여야 한다.[2]

제1심에서 피고인에 대하여 무죄판결이 선고되어 검사가 항소한 후, 수사기관이 항소심 공판기일에 증인으로 신청하여 신문할 수 있는 사람을 특별한 사정 없이 미리 수사기관에 소환하여 작성한 진술조서나 피의자신문조서는 피고인이 증거로 삼는 데 동의하지 않는 한 증거능력이 없다.[3] 참고인 등이 나중에 법정에 증인으로 출석하여 위 진술조서 등의 진정성립을 인정하고 피고인 측에 반대신문의 기회가 부여된다 하더라도 위 진술조서 등의 증거능력을 인정할 수 없음은 마찬가지이다.[4]

---

1) 2024. 7. 25. 2020도7802, 판례속보, 『화물트럭 20대 구입비용 사건』.
2) 2024. 7. 25. 2020도7802, 판례속보, 『화물트럭 20대 구입비용 사건』.
3) 2020. 1. 30. 2018도2236 전원합의체 판결, 공 2020상, 545, 『문화계 블랙리스트 사건』.
4) 2020. 1. 30. 2018도2236 전원합의체 판결, 공 2020상, 545, 『문화계 블랙리스트 사건』.

참고인 등이 법정에서 위와 같이 증거능력이 없는 진술조서 등과 같은 취지로 피고인에게 불리한 내용의 진술을 한 경우, 그 진술에 신빙성을 인정하여 유죄의 증거로 삼을 것인지는 증인신문 전 수사기관에서 진술조서 등이 작성된 경위와 그것이 법정진술에 영향을 미쳤을 가능성 등을 종합적으로 고려하여 신중하게 판단하여야 한다.[1]

(라) 증언의 신빙성 판단 제한   제1심법원에서 증거로 할 수 있었던 증거는 항소법원에서도 증거로 할 수 있다(법364③). 따라서 제1심법원에서 한 증인의 진술은 항소법원이 증거로 할 수 있다. 그러나 공판중심주의에서 유래하는 실질적 직접심리주의에 따라 항소법원은 증인이 한 진술의 신빙성을 판단할 때 다음과 같은 제약을 받는다.

첫째로, 항소심에서 추가적 증거조사가 없는 경우[2]이다. 제1심판결 내용과 제1심에서 증거조사를 거친 증거들에 비추어 제1심 증인이 한 진술의 신빙성 유무에 대한 제1심의 판단이 '명백하게 잘못되었다고 볼 특별한 사정이 있는 예외적인 경우'가 아니라면, 항소심으로서는 제1심 증인이 한 진술의 신빙성 유무에 대한 제1심의 판단이 항소심의 판단과 다르다는 이유만으로 이에 대한 제1심의 판단을 함부로 뒤집어서는 안 된다.[3] [4]

특히 공소사실을 뒷받침하는 증거의 경우에는, 증인신문 절차를 진행하면서 진술에 임하는 증인의 모습과 태도를 직접 관찰한 제1심이 증인 진술의 신빙성을 인정할 수 없다고 판단하였음에도 불구하고, 항소심이 이를 뒤집어 그 진술의 신빙성을 인정할 수 있다고 판단하려면, 진술의 신빙성을 배척한 제1심의 판단을 수긍할 수 없는 충분하고도 납득할 만한 현저한 사정이 나타나는 경우이어야 한다.[5]

둘째로, 항소심에서 추가적 증거조사가 이루어진 경우[6]이다. 제1심의 증거조사 결과와 항소심 변론종결 시까지 추가로 이루어진 증거조사 결과를 종합하면 제1심 증인이 한 진술의 신빙성 유무에 대한 제1심의 판단을 그대로 유지하는 것이 '현저히 부당하다고 인정되는 예외적인 경우'가 아니라면, 항소심으로서는 제1심 증인이 한 진술의 신빙성 유무에 대한 제1심의 판단이 항소심의 판단과 다르다는 이유만으로 이에 대한 제1심의 판단을 함부로 뒤집어서는 안 된다.[7] [8]

---

1) 2020. 1. 30. 2018도2236 전원합의체 판결, 공 2020상, 545, 『문화계 블랙리스트 사건』.
2) 2022. 5. 26. 2017도11582, 공 2022하, 1309, 『내과 전공의 환자 추행 사건』.
3) 2009. 1. 30. 2008도7917, [미간행], 『잠든 청소년 항거불능 사건』.
4) 2019. 7. 24. 2018도17748, 공 2019하, 1692, 『2대 주주 유상증자 반대 사건』.
5) 2023. 1. 12. 2022도14645, 공 2023상, 474, 『피투약자 자백 수사보고서 사건』.
6) 2009. 1. 30. 2008도7917, [미간행], 『잠든 청소년 항거불능 사건』.
7) 2009. 1. 30. 2008도7917, [미간행], 『잠든 청소년 항거불능 사건』.
8) 2019. 7. 24. 2018도17748, 공 2019하, 1692, 『2대 주주 유상증자 반대 사건』.

(마) 국민참여재판 항소심의 증거조사   국민참여재판에서는 공판준비기일을 필수적으로 거치게 된다(국민참여재판법36①). 공판준비기일을 필수적으로 거친 다음 국민참여재판으로 진행한 제1심 법원에서 (가) 배심원이 만장일치의 의견으로 내린 무죄의 평결이 (나) 재판부의 심증에 부합하여 그대로 채택된 경우라면, 그 무죄판결에 대한 항소심에서의 추가적이거나 새로운 증거조사는 형사소송법과 형사소송규칙 등에서 정한 바에 따라 증거조사의 필요성이 분명하게 인정되는 예외적인 경우에 한정하여 실시하는 것이 바람직하다.[1]

그럼에도 항소심이 위에서 언급한 점들에 관한 충분한 고려 없이 증거신청을 채택하여 증거조사를 실시한 다음 가령 제1심 법원에서 이미 고려하였던 사정, 같거나 유사한 취지로 반복된 진술, 유·무죄 판단에 관건석이라고 보기 어려운 부수적·지엽적 사정들에 주목하여 의미를 크게 둔 나머지 제1심 법원의 판단을 쉽게 뒤집는다면, 그로써 증거의 취사 및 사실의 인정에 관한 배심원의 만장일치 의견의 무게를 존중하지 않은 채 앞서 제시한 법리에 반하는 결과가 될 수 있으므로 이를 경계할 필요가 있다.[2]

(바) 피고인신문   증거조사가 끝나면 피고인신문이 이루어지게 된다. 검사 또는 변호인은 항소심의 증거조사가 종료한 후 항소이유의 당부를 판단함에 필요한 사항에 한하여 피고인을 신문할 수 있다(규칙156의6①). 항소심에서 피고인신문을 항소이유 판단에 필요한 사항에 '한하여' 할 수 있도록 한 것은 제1심재판의 충실화를 전제로 항소심의 사후심적 요소를 강화한 것이라고 할 수 있다.

같은 맥락에서 항소심 재판장은 검사 또는 변호인이 피고인신문을 실시하는 경우에도 제1심의 피고인신문과 중복되거나 항소이유의 당부를 판단하는 데 필요 없다고 인정하는 때에는 그 신문의 전부 또는 일부를 제한할 수 있다(규칙156의6②). 재판장은 필요하다고 인정하는 때에는 피고인을 신문할 수 있다(동조③).

재판장은 피고인신문을 실시할 때 그 신문의 전부 또는 일부를 제한할 수 있지만 변호인의 본질적 권리를 해할 수는 없다. 변호인의 피고인신문권은 변호인의 소송법상 권리이다. 재판장은 변호인이 피고인을 신문하겠다는 의사를 표시한 때에는 피고인을 신문할 수 있도록 조치해야 한다. 변호인이 피고인을 신문하겠다는 의사를 표시하였음에도 변호인에게 일체의 피고인 신문을 허용하지 않는 것은 변호인의 피고인신문권에 관한 본질적 권리를 해하는 것으로서 소송절차의 법령 위반에 해당한다.[3]

---

1) 2024. 7. 25. 2020도7802, 판례속보, 『화물트럭 20대 구입비용 사건』.
2) 2024. 7. 25. 2020도7802, 판례속보, 『화물트럭 20대 구입비용 사건』.
3) 2020. 12. 24. 2020도10778, 공 2021상, 326, 『변호인의 피고인신문 불허 사건』.

(사) 최종진술   항소심의 증거조사와 피고인 신문절차가 종료한 때에는 검사는 원심판결의 당부와 항소이유에 대한 의견을 구체적으로 진술하여야 한다(규칙156의7①). 재판장은 검사의 의견을 들은 후 피고인과 변호인에게도 원심판결의 당부와 항소이유에 대한 의견을 진술할 기회를 주어야 한다(동조②).

(아) 공소장변경   판례는 형사소송법상 항소심은 사후심적 성격이 가미된 속심이라는 이유로 항소심에서도 공소장변경을 할 수 있다는 입장을 취하고 있다.[1] 검사의 공소장변경신청이 가능한 시점은 항소심 변론종결시까지이다.[2]

(자) 항소심의 심판범위   항소법원은 항소이유에 포함된 사유에 관하여 심판하여야 한다(법364①). 형사소송법 제364조 제1항이 규정한 항소법원의 ‘심판’은 사실을 조사하여 판단하는 것을 가리킨다.

항소법원은 판결에 영향을 미친 사유에 관하여는 항소이유서에 포함되지 아니한 경우에도 직권으로 심판할 수 있다(직권심판사항)(법364②). 판결에 영향을 미친 직권심판사항에는 법령위반과 사실오인이 포함된다. 그러나 양형부당은 포함되지 않는다.[3]

항소이유에 포함된 사유에 ‘관하여’ 판단하도록 한 것은 사후심적 성격을 나타낸 것이지만, 항소이유 이외의 사유에 대해 직권으로 심판할 수 있게 한 것은 제정형사소송법이 취하였던 복심구조의 잔영을 드러내는 것이라고 할 수 있다.

(차) 항소심의 판결선고   최종진술이 끝나면 판결선고가 있게 된다. 항소심에 특별규정이 없으므로 항소심판결의 선고도 변론을 종결한 기일에 하는 것이 원칙이다(법370, 318의4① 본문). 다만, 특별한 사정이 있는 때에는 따로 선고기일을 지정할 수 있다(법370, 318의4① 단서). 항소심의 판결선고는 기록의 송부를 받은 날부터 4월 이내에 하여야 한다(소송촉진법21).

재판장은 공판기일을 정하거나 변경할 수 있는데(법267, 270), 공판기일에는 피고인을 소환하여야 하고, 검사, 변호인에게 공판기일을 통지하여야 한다(법267② · ③). 다만 이와 같은 규정이 준수되지 않은 채로 공판기일의 진행이 이루어진 경우에도 그로 인하여 피고인의 방어권, 변호인의 변호권이 본질적으로 침해되지 않았다고 볼 만한 특별한 사정이 있다면 판결에 영향을 미친 법령 위반이라고 할 수 없다.[4]

그러나 항소심에서 판결선고기일을 변경하는 경우에는 사정이 달라진다. 항소심에서 양형

1) 2014. 1. 16. 2013도7101, 공 2014상, 427, 『공천 브로커 사건』.
2) 1986. 10. 14. 86도1691, 공 1986, 3075, 『선고기일 고지 후 변경신청 사건』.
3) 2015. 12. 10. 2015도11696, 공 2016상, 163, 『양형부당 항소장 사건』.
4) 2023. 7. 13. 2023도4371, [미간행], 『선고기일 앞당겨 판결선고 사건』.

자료 제출 기회는 방어권 행사의 일환으로 보호될 필요가 있다. 또한 형사소송법 제383조에 의하면 10년 미만의 형이 선고된 사건에서는 양형이 부당하다는 주장은 적법한 상고이유가 될 수 없으므로 피고인에게는 항소심판결의 선고기일이 양형에 관한 방어권을 행사할 수 있는 마지막 시점으로서 의미가 있다. 그러므로 항소법원이 변론종결시 고지되었던 선고기일을 피고인과 변호인에게 사전에 통지하는 절차를 거치지 않은 채 급박하게 변경하여 판결을 선고하는 것은 피고인의 방어권과 이에 관한 변호인의 변호권을 침해하여 판결에 영향을 미친 잘못에 해당한다.[1]

(카) 항소심의 구속기간　피고인이 구속된 경우 구속기간은 2개월이다(법92①). 항소법원은 특히 구속을 계속할 필요가 있는 경우에는 2개월 단위로 2차에 한하여 결정으로 갱신할 수 있다(동조② 본문). 다만, 항소심은 피고인 또는 변호인이 신청한 증거의 조사, 항소이유를 보충하는 서면의 제출 등으로 추가 심리가 필요한 부득이한 경우에는 3차에 한하여 갱신할 수 있다(동항 단서). 이와 같이 피고인이 구속된 경우에는 항소법원이 구속기간을 최장 3차까지 갱신할 수 있으므로 판결선고기간은 6개월까지 연장될 것이다.

제5 항소심의 재판

1. 항소기각과 공소기각

항소는 항소법원의 판결을 구하는 법률행위적 소송행위로서 취효적(取效的) 소송행위에 해당한다. 따라서 항소법원의 판단을 얻기 위해서는 먼저 항소의 적법요건이 충족되고 이어서 항소에 이유 있음이 인정되지 않으면 안 된다. 이러한 판단구조에 입각하여 다음의 재판형식들이 도출된다.

첫째로, 항소제기의 적법요건이 불비된 경우에 항소법원은 결정으로 항소를 기각한다. 항소의 제기가 법률상의 방식에 위반되거나 항소권 소멸 후인 것이 명백한 경우(법362①, 360①), 항소이유서가 제출되지 아니한 경우(법361의4① 본문) 등이 여기에 해당한다. 일단 항소이유서가 법정기간 내에 제출되었다면 항소이유서에 항소이유를 특정하여 구체적으로 명시하지 않았다고 하더라도 결정으로 항소를 기각할 수는 없다.[2]

둘째로, 공소기각결정의 사유(법328① i ~iv)가 있을 때에 행하는 항소법원의 공소기각결정이 있다(법363①). 공소기각결정은 원심판결의 당부에 대한 것이 아니라 피고사건 자체와 관련

---

1) 2023. 7. 13. 2023도4371, [미간행], 『선고기일 앞당겨 판결선고 사건』.
2) 2006. 3. 30. 2005모564, 공 2006, 777, 『당원집회 대 선거운동기간 사건』.

된 판단이다.

셋째로, 항소의 적법요건이 전부 구비되었더라도 항소이유 없음이 명백한 때에는 항소법원은 항소장, 항소이유서 기타의 소송기록에 의하여 변론 없이 판결로써 항소를 기각할 수 있다(법364⑤). 이를 가리켜 무변론 항소기각판결이라고 한다. 판결은 구두변론(법37①, 275의3)에 의거하여 내려지는 것이 원칙이며, 법률에 다른 규정이 있을 때만 그 예외가 인정된다(법37①). 무변론 항소기각판결은 여기에 해당하는 법률상의 예외이다.

넷째로, 공판기일에 변론을 열어 심리하였으나 항소가 이유 없다고 인정한 때에는 항소법원은 판결로써 항소를 기각하여야 한다(법364④).

2. 원심판결의 파기

(1) 파기판결의 종류

공판기일에 변론을 열어 심리한 결과 (가) 항소가 이유 있다고 인정하거나(법364⑥) (나) 항소이유에는 포함되지 않았으나 판결에 영향을 미친 사유가 있다고 판단한 때(동조②)에는 항소법원은 판결로써 원심판결을 파기해야 한다. 파기 이후의 재판형식에는 파기자판(법364⑥), 파기환송(법366), 파기이송(법367)이 있다. 형사소송법 제364조 제6항은 "항소이유가 있다고 인정한 때에는 원심판결을 파기하고 다시 판결을 하여야 한다."고 규정하여 항소법원의 원칙적인 판단형식을 파기자판(破棄自判)으로 설정하고 있다.

항소심을 사후심으로 파악하는 입법례에서는 항소법원이 원심판결을 파기하면서 다시 재판을 하도록 피고사건을 하급심에 환송하거나 이송한다. 이 경우에는 항소심의 파기재판과 환송법원 내지 이송법원의 새로운 심판 사이에 시간적 간격이 발생한다. 그런데 파기자판에는 이와 같은 시간적 간격이 생기지 않으므로 신속한 재판에 도움이 된다.

파기자판은 파기 후에 자판을 하는 것이 아니라 파기와 동시에 자판이 행해지므로 파기와 자판 사이에는 입증활동과 같은 소송활동이 개입할 여지가 없다.

(2) 파기자판

(가)의 의   항소가 이유 있다고 인정한 때에는 항소법원은 원심판결을 파기하고 다시 판결을 해야 한다(법364⑥). '원심판결을 파기하고 다시 판결한다' 함은 원심판결을 없었던 것으로 돌리고 원심 및 항소심의 심리결과를 총결산하여 새로이 판결하는 것을 말한다. 항소법원의 이러한 판단을 가리켜 파기자판이라고 한다.

파기자판의 요건 가운데 '항소이유 있다고 인정한 때'에는 항소이유로 주장된 사항(법364①)이 정당하다고 인정되는 경우 이외에 항소법원의 직권조사 결과 판결에 영향을 미친 사유(동조②)가 있다고 판단되는 경우를 포함한다.

판례는 제1심 공판중심주의를 강조하면서도 항소심이 원칙적 속심이라는 이유로 고유의 양형재량권을 인정하고 있다. 항소심은 (가) 제1심의 양형심리 과정에서 나타난 양형조건 사항과 양형기준 등을 종합해 볼 때 제1심의 양형판단이 재량의 합리적인 한계를 벗어났다고 평가되거나, (나) 항소심의 양형심리 과정에서 새로이 현출된 자료를 종합하면 제1심의 양형판단을 그대로 유지하는 것이 부당하다고 인정되는 등의 사정이 있는 경우에 형의 양정이 부당한 제1심판결을 파기해야 한다.[1]

(나) 파기의 범위   항소심의 파기범위는 상소불가분의 원칙(법342②)이 미치는 범위를 한도로 한다.

제1심 판결과 동시에 선고되는 부수처분이 있는 경우에는 주된 판결과 부수처분이 전부 파기된다. 예컨대 성범죄 피고사건에서 제1심의 신상정보 공개명령의 전부 또는 일부가 위법한 경우 나머지 피고사건 부분에 위법이 없더라도 그 부분까지 전부 파기된다.[2]

소송비용부담 부분은 본안 부분과 한꺼번에 심판되어야 하고 분리 확정될 수 없는 것이므로 1심 본안 부분을 파기하는 경우에는 소송비용부담 부분까지 함께 파기하여야 한다.[3]

(다) 파기자판의 형태   항소법원이 파기자판에 의하여 선고하는 재판에는 유죄판결, 무죄판결, 면소판결, 공소기각판결, 공소기각결정이 있다. 제1심 판결 선고 후 피고인이 사망하였다면 항소법원은 형소법 제328조 제1항 제2호에 따라 피고인에 대해 공소기각결정을 해야 한다.[4]

항소법원이 형 선고의 판결을 하는 경우에는 불이익변경금지원칙이 적용된다. 피고인이 항소한 사건과 피고인을 위하여 항소한 사건에 대하여는 원심판결의 형보다 무거운 형을 선고하지 못한다(법368). 항소심이 파기자판하여 무죄, 면소, 형의 면제, 형의 선고유예, 형의 집행유예, 공소기각 또는 벌금이나 과료를 과하는 판결을 선고하는 경우 피고인에 대한 구속영장은 효력을 잃는다(법370, 331).

항소법원이 공판기일에서 구두변론을 열지 않고 파기자판의 재판을 할 수 있는가 하는 문제가 있다. 이에 대해 원심이 소송조건의 불비를 간과하여 실체판결을 한 경우 또는 원판결의 하자가 원심의 소송기록에 의하여 명백한 경우에 무변론 파기자판을 인정하자는 견해가 있다. 그러나 파기자판의 경우에는 무변론 항소기각(법364⑤)의 경우와 달리 무변론 재판을 허용하

1) 2015. 7. 23. 2015도3260 전원합의체 판결, 공 2015하, 1322, 『형량 5배 가중 사건』.
2) 2011. 4. 14. 2011도453, 공 2011상, 980, 『공개명령 부칙 확대실시 사건』.
3) 2009. 4. 23. 2008도11921, 공 2009상, 795, 『태안 기름유출 사건』.
4) 2016. 8. 30. 2013도658, 공 2016하, 1564, 『판결선고 후 피고인 사망 사건』.

는 규정이 없으므로 반드시 구두변론을 거쳐야 한다.[1]

(3) 파기환송

원심판결 파기와 함께 항소법원이 취할 수 있는 재판의 형태는 자판, 환송 및 이송의 세 가지이다. 공소기각 또는 관할위반의 재판이 법률에 위반됨을 이유로 원심판결을 파기하는 때에는 항소법원은 판결로써 사건을 원심법원에 환송하여야 한다(법366). 이를 파기환송이라고 한다.

파기환송을 받으면 원심법원에 피고사건에 대한 소송계속이 부활한다. 원심법원에서의 변호인 선임은 파기환송이 있은 후에도 효력이 있다(규칙158).

제1심법원이 필요적 변호절차를 위반하였음에도 항소법원이 파기자판을 하게 되면 제1심에서 변호인의 조력을 받을 기회가 사라진다. 피고인이 제1심에서 변호인의 조력을 받으려면 항소법원은 원심판결을 파기환송해야 한다. 그런데 형소법 제366조는 공소기각 또는 관할위반의 재판이 법률에 위반됨을 이유로 하는 경우에만 파기환송을 인정하고 있다. 여기에서 형소법 제366조가 피고인의 심급의 이익을 부당하게 박탈하여 헌법 제12조 제1항의 적법절차원칙에 위배되는 것이 아닌가 하는 의문이 제기된다.

이에 대해 헌법재판소는 형소법 제366조가 속심제 항소심 구조하에서 재판의 적정·신속 및 소송경제의 이념을 합리적으로 조화시키기 위한 것으로 입법형성권의 재량이 불합리하거나 자의적으로 행사되었다고 볼 수 없다고 판단하여 형소법 제366조를 합헌으로 선언하였다.[2]

(4) 파기이송

관할인정이 법률에 위반됨을 이유로 원심판결을 파기하는 때에는 판결로써 사건을 관할법원에 이송하여야 한다(법367 본문). 이를 파기이송이라고 한다. 다만 항소법원이 그 사건의 제1심 관할권이 있는 때에는 제1심으로 심판하여야 한다(동조 단서). '관할인정이 법률에 위반되었다' 함은 원심법원이 사건에 대하여 관할권이 없음에도 불구하고 관할위반의 선고를 하지 않고 사건에 대하여 실체판결을 행한 경우를 말한다.

파기이송을 받으면 이송받은 법원에 피고사건에 대한 소송계속이 연결된다. 원심법원에서의 변호인 선임은 파기이송이 있은 후에도 효력이 있다(규칙158).

---

1) 1981. 7. 28. 81도1482, 공 1981, 14226, 『'변론 흔적 없음' 사건』.
2) 2010. 2. 25. 2008헌바67, 헌공 161, 505, 『파기자판 위헌 시비 사건』.

(5) 공동피고인을 위한 파기

항소법원이 피고인을 위하여 원심판결을 파기하는 경우에 파기의 이유가 항소한 공동피고인에게 공통되는 때에는 그 공동피고인에 대하여도 원심판결을 파기하여야 한다(법364의2). 이것은 항소를 제기한 공동피고인 상호간에 공평을 도모하기 위함이다.[1] 여기에서 항소한 공동피고인이라 함은 제1심의 공동피고인으로서 (가) 자신이 항소한 경우는 물론 (나) 그에 대하여 검사만 항소한 경우까지도 포함한다.[2] 항소심에서도 공동피고인으로 병합심리되었는지는 묻지 않는다.

공동파기 사례의 하나로 부적법한 변호인 선임의 경우를 들 수 있다. 변호인의 선임은 심급마다 변호인과 연명날인한 서면을 제출하는 방식으로 하여야 한다(법32①). 항소심에서의 변호인 지위는 항소법원에 변호인선임서를 제출할 때 발생한다. 제1심의 공동피고인 갑과 을이 함께 항소한 사안에서 갑이 변호인 선임서를 제출하지 아니한 채 항소이유서(법361의3①)만을 제출하고 항소이유서 제출기간이 경과한 후에 비로소 변호인선임서를 제출하였다면 갑의 항소이유서는 적법·유효한 항소이유서가 될 수 없다.[3]

그런데 함께 항소한 제1심 공동피고인 을의 항소이유를 받아들여 항소법원이 제1심판결을 파기하는 경우에, 그 파기의 이유가 항소한 제1심 공동피고인 갑에게 공통되는 때라면 항소법원은 갑에 대해서도 제1심판결을 파기해야 한다.[4]

(6) 항소심재판서의 기재방식

항소법원의 재판서에는 항소이유에 대한 판단을 기재해야 하며 원심판결에 기재한 사실과 증거를 인용할 수 있다(법369). 원심판결을 파기하여 형을 선고하는 경우에는 판결이유에 범죄될 사실, 증거의 요지와 법령의 적용을 명시하여야 한다(법370, 323①).

검사와 피고인 양쪽이 항소를 제기한 경우, 어느 일방의 항소는 이유 없으나 다른 일방의 항소가 이유 있어 원판결을 파기하고 다시 판결하는 때에는 이유 없는 항소에 대해서는 판결이유 중에서 그 이유가 없다는 점을 적으면 충분하다. 반드시 주문에서 그 항소를 기각해야 하는 것은 아니다.[5]

---

1) 2003. 2. 26. 2002도6834, 공 2003, 950,『상가개점 준비위 사건』.
2) 2022. 7. 28. 2021도10579, 공 2022하, 1816,『국정원 차장 지시 탄원서 사건』.
3) 2014. 2. 13. 2013도9605, 공 2014상, 657,『고춧가루 분광분석 사건』.
4) 2014. 2. 13. 2013도9605, 공 2014상, 657,『고춧가루 분광분석 사건』.
5) 2020. 6. 25. 2019도17995, 공 2020상, 1559,『강제추행 유죄 특수강제추행 이유무죄 사건』.

제3절 상 고

제1 상고심의 의의

상고란 판결에 대한 대법원에의 상소를 말한다. 상고는 제2심판결에 대하여 불복이 있을 때 대법원에 제기하는 것이 원칙이다(법371). 따라서 (가) 지방법원 합의부의 제1심판결에 대한 고등법원의 항소심판결이나 (나) 지방법원 단독판사의 판결에 대한 지방법원 본원 합의부 (일부 지원합의부 포함)의 항소심판결이 대법원에의 상고대상이 된다. 그러나 예외적으로 제1심판결에 대하여 항소를 제기하지 아니하고 곧바로 대법원에 상고하는 것이 허용되는 경우도 있다(법372). 이를 비약적 상고라고 한다. 상고제기에 의하여 대법원에서 진행되는 심리절차를 상고심이라고 한다.

상고로 대법원에 불복할 수 있는 재판은 판결에 한정된다. 결정이나 명령은 재판에 영향을 미친 헌법, 법률, 명령 또는 규칙의 위반이 있음을 이유로 하는 경우에 한하여 즉시항고의 형태로 대법원에 불복할 수 있을 뿐이다(법415, 419). 대법원에 제기하는 즉시항고를 가리켜서 재항고라고 한다(법원조직법14 ii). 재항고는 재차의 항고라는 뜻을 가지고 있지만 항소법원이나 고등법원의 결정에 불복하여 제기하는 경우에는 첫 번째의 항고가 된다.

제2 상고심의 구조

1. 법 률 심

(1) 상고심의 기능

상고심의 기능은 (가) 법령해석의 통일성 확보와 (나) 판결의 구체적 타당성을 통한 피고인의 구제라는 두 가지 점에서 찾아볼 수 있다. 상고심의 주된 임무는 사실심인 제1심 및 항소심의 판단이 행해진 후에 진행되는 법률심으로서 법령해석의 통일을 기하는 데에 있다. 동시에 상고심은 오판으로부터 피고인을 구제하여 구체적 정의가 실현되도록 할 책무도 있다.

우리 입법자는 상고심에 부여되는 법령체계의 통일성 확보와 구체적 정의의 실현이라는 두 가지 요청을 조화하는 과정에서 상고심을 원칙적으로 원심판결에 대한 사후의 법률심으로 파악하고 있다. 다만 입법자는 사형, 무기 또는 10년 이상의 징역이나 금고가 선고된 사건의 경우에 (가) 중대한 사실오인이 있거나, (나) 현저한 양형부당이 있는 원심판결에 대해 예외적으로 사실심으로서의 기능을 부여하고 있다(법383 iv).

(2) 채증법칙위반과 법령위반

상소심에 있어서 법률심은 하급심의 법령적용의 잘못을 심사하는 판단작용이다. 이에 대해 상소심에 있어서 사실심은 하급심의 증거취사와 사실인정의 잘못을 심사하는 판단작용이다. 양자의 한계선상에 있는 것으로 채증법칙위반이 있다.

형사소송법 제308조는 "증거의 증명력은 법관의 자유판단에 의한다."고 규정하여 자유심증주의를 천명하고 있다. 자유심증주의의 한계를 이루는 논리칙과 경험칙을 가리켜서 채증법칙이라고 한다. 그리고 논리칙과 경험칙에 위반하는 판단을 내릴 때 이를 가리켜서 채증법칙위반이라고 한다. 채증법칙위반은 법률심의 판단대상이다. 그러나 단순한 사실오인은 사실심인 항소심의 판단대상에 속하여 원칙적으로 법률심인 상고심의 대상이 되지 못한다.

하급심이 행한 증거의 증명력에 대한 판단과 증거취사의 판단에 그와 달리 볼 여지가 상당한 정도로 있는 경우라고 하더라도 하급심의 판단이 논리칙이나 경험칙에 따른 자유심증주의의 한계를 벗어나지 아니하는 한 그것만으로 바로 법령위반에 해당한다고 단정할 수 없다. 하급심의 구체적인 논리법칙 위반이나 경험법칙 위반의 점 등을 지적하지 아니한 채 단지 하급심의 증거취사와 사실인정만을 다투는 것은 특별한 사정이 없는 한 사실오인의 주장에 불과하다.[1]

(3) 심리미진과 법령위반

사실심법원이 범죄의 유무 등을 판단하기 위한 논리적 논증을 하는 데 반드시 필요한 사항에 대한 심리를 다하지도 아니한 채 합리적 의심이 없는 증명의 정도에 이르렀는지에 대한 판단에 섣불리 나아가는 것은 채증법칙위반의 경우와 마찬가지로 실체적 진실발견과 적정한 재판이 이루어지도록 하려는 형사소송법의 근본이념에 배치되는 것으로서 위법하다.[2]

그러므로 사실심 법원으로서는 형사소송법이 사실의 오인을 항소이유로는 하면서도 상고이유로 삼을 수 있는 사유로는 규정하지 아니한 데에 담긴 의미가 올바르게 실현될 수 있도록 주장과 증거에 대하여 신중하고 충실한 심리를 하여야 한다. 그에 이르지 못하여 자유심증주의의 한계를 벗어나거나(채증법칙위반) 필요한 심리를 다하지 아니하는(심리미진) 등으로 판결 결과에 영향을 미친 때에는, 사실인정을 사실심 법원의 전권으로 인정한 전제가 충족되지 아

---

1) 2008. 5. 29. 2007도1755, 공 2008하, 946, 『검찰청 소변검사 사건』.
2) 2023. 12. 21. 2022도13402, 판례속보, 『아스팔트 회사 가공거래 사건』.

니하는 것이므로 당연히 상고심의 심판대상에 해당한다.[1]

2. 사 후 심

(1) 원칙적 사후심

형사소송법은 상고심을 사후심으로 규정하고 있다. 이 점은 항소심이 속심구조를 가지고 있는 것과 크게 구별된다. 항소심의 경우에는 항소이유에 포함된 사유와 항소이유에 포함되지 않더라도 판결에 영향을 미친 사유는 전반적으로 판단대상이 된다(법364① · ②).

이에 반하여 상고심의 경우에는 원칙적으로 상고이유서에 포함된 사유에 관하여 심판해야 한다(법384 본문). 상고이유서에 포함되지 않은 사유는 (가) 판결에 영향을 미친 법령위반, (나) 판결 후 형의 폐지나 변경 또는 사면, (다) 재심청구사유라는 세 가지 경우에 한하여 예외적으로 상고심의 심판대상이 된다(동조 단서).

상고심이 원심판결에 대한 사후심의 성질을 갖는다는 점에서 다음과 같은 상고심의 특징을 발견할 수 있다. 첫째로, 상고심은 원심의 소송자료만을 기초로 삼아 원판결의 당부를 판단해야 하므로 상고심에서는 새로운 증거에 대하여 증거조사를 신청하거나 새로운 사실의 발생을 주장하지 못한다. 둘째로, 상고심에서는 원칙적으로서 사실판단이 허용되지 않으므로 검사의 공소장변경신청(법298①)은 인정되지 않는다.

(2) 예외적 속심

상고심은 사후심을 원칙으로 하지만 예외적으로 원심판결 이후에 나타난 사실이나 증거를 사용함으로써 속심적 성질을 가지는 경우가 있다. 즉 (가) 판결 후 형의 폐지나 변경 또는 사면이 있는 때(법383 ii) 또는 (나) 원심판결 후에 재심청구의 사유가 판명된 때(동조 iii)에는 원심판결 후에 발생한 사실이나 증거가 상고심판단의 대상이 되므로 이러한 경우에는 상고심이 속심으로 파악될 여지가 있다.

이와 같이 원심판결 이후에 발생한 사실이나 증거를 상고심의 판단자료로 삼게 한 것은 (가) 형의 폐지나 변경, 사면 등과 같은 사유가 원심판결의 신속이나 지연과 같은 우연한 사정이 원심판결에 영향을 미치는 것은 피고인의 보호를 위하여 바람직하지 않다는 점과 (나) 재심사유의 경우 판결이 확정되기를 기다려 재심의 절차를 밟도록 하는 것은 피고인의 신속한 권리구제와 소송경제의 요청에 반한다는 점을 고려한 것이다.

---

1) 2023. 12. 21. 2022도13402, 판례속보, 『아스팔트 회사 가공거래 사건』.

(3) 상고이유 제한의 법리

상고심은 항소법원 판결에 대한 사후심이다. 그러므로 항소심에서 심판대상이 되지 않은 사항은 상고심의 심판범위에 들지 않는다. 여기에서 항소인이 항소심에서 항소이유로 주장하지 아니하거나 항소심이 직권으로 심판대상으로 삼은 사항 이외의 사유에 대하여 이를 상고이유로 삼을 수는 없다는 제한을 가리켜서 상고이유 제한의 법리라고 한다. 상고이유 제한의 법리는 형사소송법에 명문의 근거가 없으나, 그동안 대법원의 확립된 판례로 인정되어 왔다. 2019년 대법원은 전원합의체 판결을 통하여 상고이유 제한의 법리를 계속 유지하는 쪽으로 입장을 정리하였다.[1]

제 3 상고이유

1. 상고이유의 검토

(1) 현행 상고이유의 특색

형사소송법 제383조는 상고이유로서 다음의 네 가지를 들고 있다. 이 가운데 앞의 세 가지 사유는 항소이유의 경우와 동일하며 그 내용은 항소이유에 대하여 설명한 것과 같다.

① 판결에 영향을 미친 헌법, 법률, 명령 또는 규칙의 위반이 있는 때[2] (1호)

② 판결 후 형의 폐지나 변경 또는 사면이 있는 때[3] (2호)

③ 재심청구의 사유가 있는 때[4] (3호)

④ 사형, 무기 또는 10년 이상의 징역이나 금고가 선고된 사건에 있어서 (가) 중대한 사실의 오인이 있어 판결에 영향을 미친 때 또는 (나) 형의 양정이 심히 부당하다고 인정할 현저한 사유가 있는 때 (4호)

피고인에게 불이익한 결과를 초래하는 주장은 피고인 측에서 상고이유로 삼을 수 없다.[5] 위의 상고이유 가운데 '재심청구의 사유가 있는 때'(3호)에는 특별법에 의한 재심청구사유도 포함된다.

귀책사유 없이 제1심과 항소심의 공판절차에 출석할 수 없었던 피고인에 대해 항소법원이 유죄판결을 선고하여 확정된 경우 피고인은 「소송촉진 등에 관한 특례법」(소송촉진법) 제

---

1) 2019. 3. 21. 2017도16593-1 전원합의체 판결, 공 2019상, 917, 『상고이유 제한법리 확인 사건』.
2) 전술 1004면 참조.
3) 전술 1005면 참조.
4) 전술 1007면 참조.
5) 2016. 10. 13. 2016도8347, 공 2016하, 1736, 『파산법 대 채무자회생법 사건』.

23조의2에 정해진 기간 내에 항소법원에 그 유죄판결에 대한 재심을 청구할 수 있다.[1] 이 경우에 피고인이 재심을 청구하지 않고 상고권회복청구와 함께 상고(법346① · ③)를 제기하여 소송촉진법상의 재심사유를 상고이유로 주장한다면, 이는 원심판결에 '재심청구의 사유가 있는 때'(법383ⅲ)에 해당하여 적법한 상고이유가 된다.[2]

(2) 중대한 사실오인과 현저한 양형부당

일반적인 사실오인이나 양형부당 주장은 상고이유에 해당하지 않는다. 대법원은 법률심이기 때문이다. 원심의 양형심리 및 양형판단 방법에 양형조건에 관한 심리미진으로 죄형균형 내지 책임주의 원칙을 위반한 위법이 있다는 취지의 주장은 결국 양형부당 주장에 해당한다.[3] 형을 정하는 것은 법원의 재량사항이다. 사실심법원이 양형의 기초사실에 관하여 사실을 오인하였다거나 양형의 조건이 되는 정상에 관하여 심리를 제대로 하지 않았다는 주장은 원칙적으로 적법한 상고이유가 아니다.[4]

그러나 사실심법원의 양형판단에도 내재적 한계가 있다. 사실심법원이 증명되지 않은 별도의 범죄사실을 핵심적인 형벌가중적 양형조건으로 삼아 형의 양정을 하는 것은 피고인에 대하여 사실상 공소가 제기되지 않은 범행을 추가로 처벌한 것과 같다. 이러한 경우는 단순한 양형판단의 부당성을 넘어 죄형 균형 원칙이나 책임주의 원칙의 본질적 내용을 침해하는 것이다. 따라서 그 부당성을 다투는 피고인의 주장은 이러한 사실심법원의 양형심리와 양형판단 방법의 위법성을 지적하는 것으로서 적법한 상고이유에 해당한다.[5]

한편 형사소송법은 사형, 무기 또는 10년 이상의 징역이나 금고가 선고된 사건에서 중대한 사실오인이나 현저한 양형부당을 상고이유로 인정하고 있다(법383ⅳ). 이 점은 상고심이 법률심이라는 점에 비추어 보면 매우 이례적이다.

우리 입법자가 중대한 사실오인이나 현저한 양형부당을 상고이유로 인정한 것은 구체적 정의의 관점에서 피고인의 이익을 구제하기 위함이다. 따라서 이 상고이유는 피고인의 이익을 위해서만 주장할 수 있다. 사형, 무기 또는 10년 이상의 징역이나 금고가 선고된 사건에서 검사가 사실오인 또는 양형부당을 이유로 상고하는 것은 허용되지 않는다.[6][7] 또한 검사는 원

---

1) 2015. 6. 25. 2014도17252 전원합의체 판결, 공 2015하, 1112,『항소심 불출석재판 재심 사건』.
2) 2015. 6. 25. 2014도17252 전원합의체 판결, 공 2015하, 1112,『항소심 불출석재판 재심 사건』.
3) 2016. 12. 15. 2016도16170, 공 2017상, 200,『불특정 마약 추징 사건』.
4) 2020. 9. 3. 2020도8358, 공 2020하, 2058,『별건 '판매' 범행 양형고려 사건』.
5) 2020. 9. 3. 2020도8358, 공 2020하, 2058,『별건 '판매' 범행 양형고려 사건』.
6) 1994. 8. 12. 94도1705, 공 1994, 2321,『카센터 주인 살해 사건』.
7) 2022. 4. 28. 2021도16719, 공 2022상, 1077,『아동학대치사 양형부당 상고 사건』.

심이 양형의 전제사실을 인정하는 데 자유심증주의의 한계를 벗어난 잘못이 있다는 사유를 상고이유로 주장할 수 없다.[1]

법원은 피고인에게 1년 이하의 징역이나 금고, 자격정지 또는 벌금의 형을 선고할 경우에 형법 제51조의 사항을 고려하여 뉘우치는 정상이 뚜렷할 때에는 그 형의 선고를 유예할 수 있다(형법59① 본문). 형법 제51조의 사항과 뉘우치는 정상이 뚜렷한지 여부에 관한 사항은 형의 양정에 관한 법원의 재량사항에 속한다.[2]

상고심으로서는 형사소송법 제383조 제4호에 의하여 사형·무기 또는 10년 이상의 징역·금고가 선고된 사건에서만 형의 양정의 당부에 관한 상고이유를 심판한다. 상고심은 선고유예에 관하여 형법 제51조의 사항과 개전의 정상이 현저한지 여부에 대한 원심판단의 당부를 심판할 수 없다.[3]

(3) 상대적 상고이유의 문제점

우리 형사소송법은 상고이유를 기본적으로 상대적 상고이유로 규정하고 있다. '판결에 영향을 미친다'는 규범적 인과관계 요건이 부과되고 있기 때문이다. 위의 상고이유 가운데 (나)의 형의 폐지, 변경이나 사면 또는 (다)의 재심청구사유의 경우에는 '판결에 영향을 미친다'는 요건이 부과되고 있지 않다. 그러나 (나)의 형의 폐지, 변경이나 사면은 원심판결 이후에 발생한 사유이어서 원심법원의 잘못을 탓할 수 없는 경우이다. 또 (다)의 재심청구사유의 경우에는 재심절차라는 우회적 통로를 생략하기 위하여 정책적 배려에서 인정된 사유이다. 이 두 가지 예외적 사유를 제외하면 형사소송법이 인정한 상고이유는 모두 상대적 상고이유라고 할 수 있다.

이와 같이 상고이유를 사실상 전부 상대적 상고이유로 규정한 것은 1963년의 형사소송법 개정 때부터이다. 그 전까지는 다수의 절대적 상고이유들이 규정되어 있었다. 우리 형사소송법이 절대적 상고이유를 전부 폐지한 것은 상고법원의 업무량을 고려한 고육책으로 보인다. 그렇지만 절대적 상고이유를 명문으로 규정하여 하급법원의 재판준칙을 뚜렷이 제시하고 있는 외국의 경우와 비교해 볼 때 우리 형사소송법은 매우 낙후된 입법례라고 할 수 있다. 절대적 상고이유의 설정과 확대는 우리 형사소송법의 선진화를 위한 입법적 과제라고 할 것이다.

---

1) 2022. 4. 28. 2021도16719, 공 2022상, 1077, 『아동학대치사 양형부당 상고 사건』.
2) 2003. 2. 20. 2001도6138 전원합의체 판결, 공 2003, 876, 『반성 없는 선고유예 사건』.
3) 2003. 2. 20. 2001도6138 전원합의체 판결, 공 2003, 876, 『반성 없는 선고유예 사건』.

2. 상고이유와 직권조사사유 · 직권심판사항

상고이유와 대비되는 것으로 상고법원의 직권조사사유와 직권심판사항이 있다. 항소이유와 직권조사사유 및 직권심판사항의 관계에 대해서는 항소심 항목에서 검토하였다.

상고심에서 직권조사사유란 상고인이 법령적용이나 법령해석의 착오 등을 상고이유로 주장하지 않았다고 하더라도 원심판결의 잘못을 시정하기 위하여 상고법원이 직권으로 조사를 해야 하는 사유를 말한다.[1] 직권조사사유는 판결에 영향을 미쳤는지를 묻지 않고 직권으로 조사해야 하는 사유이다.

상고심의 경우 상고법원은 최종심이므로 직권조사사유는 별다른 의미가 없다. 직권조사의 무를 강제할 상급심이 존재하지 않기 때문이다. 이에 대해 상고이유와 관련을 맺고 있는 직권심판사항은 상고법원에도 의미가 있다.

상고법원은 (가) 판결에 영향을 미친 헌법 · 법률 · 명령 또는 규칙의 위반이 있는 때(소위 법령위반)(법383 i),[2] (나) 판결 후 형의 폐지나 변경 또는 사면이 있는 때(동조 ii), (다) 재심청구의 사유가 있는 때(동조 iii)에는 상고이유서에 포함되지 않더라도 직권으로 심판할 수 있다(법384 2문).

위의 세 가지 직권심판사항 가운데 (나)와 (다)의 경우는 판결에 영향을 미쳤는가를 묻지 않는다. 앞에서도 검토한 바와 같이 (나)와 (다)의 직권심판사항은 상고심에 예외적으로 속심적 성격을 부여하고 있다.

이에 대해 (가)의 법령위반의 경우는 판결에 영향을 미쳤을 때에 비로소 직권심판사항이 된다. 항소심의 경우에는 판결에 영향을 미친 사유 가운데 법령위반과 사실오인이 직권심판사항에 해당한다(법364② 참조). 양형부당은 항소심의 직권심판사항에 포함되지 않는다.[3] 그러나 상고심의 경우에는 법령위반, 사실오인, 양형부당 가운데 법령위반[4]만 직권심판사항에 포함된다. 상고심은 법률심이기 때문이다.

피고인이 제1심판결에 대해 항소하면서 항소이유로 양형부당만을 주장한 경우에 피고인은 이후 상고심에서 원심판결(항소심판결)에 법령위반 내지 법리오해의 위법이 있다는 주장을 할 수 없다. 이 경우 법령위반 내지 법리오해의 주장은 적법한 상고이유가 되지 못한다.[5]

---

1) 2006. 3. 30. 2005모564, 공 2006, 777, 『당원집회 대 선거운동기간 사건』 참조.
2) 2002. 3. 15. 2001도6730, 공 2002, 942, 『이란인 보따리장수 사건』.
3) 2015. 12. 10. 2015도11696, 공 2016상, 163, 『양형부당 항소장 사건』.
4) 2002. 3. 15. 2001도6730, 공 2002, 942, 『이란인 보따리장수 사건』.
5) 2016. 12. 15. 2016도16170, 공 2017상, 200, 『불특정 마약 추징 사건』.

그러나 이 경우 법령위반 내지 법리오해를 주장하는 상고이유는 상고법원에 직권발동을 촉구하는 의미를 가질 수 있다. 상고법원은 원심판결에 형소법 제383조 제1호 내지 제3호의 사유가 있는 경우 형소법 제384조에 의하여 상고이유서에 포함되지 아니한 때에도 직권으로 심판할 수 있기 때문이다.[1]

제4 상고심의 절차

1. 상고의 제기

제2심판결에 대하여 불복이 있으면 대법원에 상고할 수 있다(법371). 상고 제기기간은 7일이다(법374). 상고의 불복대상은 제2심판결이다. 판결은 공판정에서 선고한다(법42, 43). 판결의 경우에는 판결등본이 당사자에게 송달되는 여부에 관계없이 공판정에서 판결이 선고된 날로부터 상소기간이 기산(起算)된다. 이는 피고인이 불출석한 상태에서 재판을 하는 경우에도 마찬가지이다.[2]

상고를 함에는 상고장을 원심법원에 제출해야 한다(법375). 원심법원에 상고장을 제출하도록 한 것은 판결의 확정 여부를 신속하게 알 수 있도록 하기 위함이다. 상고장의 제출에는 재소자에 대한 특칙이 적용되므로 구속된 피고인이 상고장을 교도소장 등에게 제출한 때에는 상고의 제기기간 내에 상고한 것으로 간주한다(법344①).

2. 비약적 상고

(1) 비약적 상고의 사유

제1심판결에 대해 항소를 제기하지 아니하고 곧바로 대법원에 상고하는 것이 허용되는 경우가 있다. 이러한 경우를 가리켜 비약적 상고 또는 비약상고라고 한다. 형사소송법 제372조는 비약적 상고가 허용되는 상황으로 두 가지 경우를 규정하고 있다.

첫째는 원심판결(제1심판결)이 인정한 사실에 대하여 법령을 적용하지 아니하였거나 법령적용에 착오가 있는 때(법372 i)이다. 이 가운데 '법령적용의 착오가 있는 때'라고 함은 제1심판결이 인정한 사실이 올바르다는 것을 전제로 해 놓고 그에 대해 법령의 적용을 잘못한 경우를 말한다. 둘째는 원심판결(제1심판결)이 있은 후 형의 폐지나 변경 또는 사면이 있는 때(동조 ii)이다.

---

1) 2016. 12. 15. 2016도16170, 공 2017상, 200, 『불특정 마약 추징 사건』.
2) 2002. 9. 27. 2002모6, 공 2002, 2649, 『항소심 대 고등법원 기록송부 사건』.

(2) 비약적 상고의 실효

비약적 상고는 제2심절차를 생략함으로써 판결의 신속한 확정에 도움이 되지만 반대로 상대방은 심급의 이익을 상실할 우려가 있다. 이에 대비하여 형사소송법은 제1심판결에 대한 상고는 그 사건에 대한 항소가 제기된 때에는 효력을 잃도록 하고 있다(법373 본문). 단, 항소의 취하 또는 항소기각의 결정이 있는 때에는 예외로 한다(동조 단서). 여기에서 '그 사건에 대한 항소'란 비약적 상고를 제기한 자의 상대방이 제기한 항소를 가리킨다. '항소취하' 또는 '항소기각의 결정'의 항소 또한 상대방이 제기한 항소를 의미한다.

형사소송법 제373조가 상대방의 항소제기로 비약적 상고를 효력을 잃게 한 취지는 (가) 당사자 일방의 비약적 상고로 상대방이 심급의 이익을 잃지 않도록 하고 (나) 아울러 동일 사건이 항소심과 상고심에 동시에 계속되는 것을 막기 위하여 당사자 일방의 비약적 상고가 있더라도 항소심을 진행한다는 것이다.[1]

종래 판례는 상대방으로부터 항소가 제기된 때에는 비약적 상고는 효력을 잃게 되어 상고는 물론 항소로서의 효력도 인정되지 않는다는 태도를 취하고 있었다.[2] [3] 따라서 이 경우에는 별도의 항소제기가 필요하였다. 그러나 대법원은 2022년 전원합의체 판결을 통하여 판례를 변경하였다.

변경된 판례에 따르면, 제1심판결에 대하여 피고인은 비약적 상고를, 검사는 항소를 각각 제기하여 이들이 경합한 경우 피고인의 비약적 상고에 상고의 효력이 인정되지는 않더라도, (가) 피고인의 비약적 상고가 항소기간 준수 등 항소로서의 적법요건을 모두 갖추었고, (나) 피고인이 자신의 비약적 상고에 상고의 효력이 인정되지 않는 때에도 항소심에서는 제1심판결을 다툴 의사가 없었다고 볼 만한 특별한 사정이 없다면, 피고인의 비약적 상고에 항소로서의 효력이 인정된다.[4] 대법원은 피고인의 재판청구권 보장과 함께, 비약적 상고를 제기하는 피고인의 의사에는 비약적 상고가 검사의 항소 제기로 상고의 효력을 잃게 되는 경우 '항소' 등 가능한 다른 형태로 제1심판결의 효력을 다투는 의사도 포함되어 있다고 보는 것이 합리적이라는 이유를 제시하고 있다.[5]

---

1) 2022. 5. 19. 2021도17131 전원합의체 판결, 공 2022하, 1199, 『비약상고 후 검사 항소 기각 사건』.
2) 1971. 2. 9. 71도28, 집 19-1, 형53, 『집행유예 중 횡령 사건』.
3) 2005. 7. 8. 2005도2967, [미등록], 『(내용 불명)』.
4) 2022. 5. 19. 2021도17131 전원합의체 판결, 공 2022하, 1199, 『비약상고 후 검사 항소 기각 사건』.
5) 2022. 5. 19. 2021도17131 전원합의체 판결, 공 2022하, 1199, 『비약상고 후 검사 항소 기각 사건』.

3. 상고법원에서의 변론 이전의 절차

상고심절차는 특별한 규정이 없는 한 항소심에 관한 규정이 준용된다(법399). 상고심절차의 주요한 사항을 살펴보면 다음과 같다.

(1) 원심법원에서의 절차

상고제기가 법률상의 방식에 위반하거나 상고권소멸 후인 것이 명백한 때에는 원심법원은 결정으로 상고를 기각하여야 한다(법376①). 이 결정에 대하여는 즉시항고를 할 수 있다(동조②). 상고를 기각하는 경우 외에는 원심법원은 상고장을 받은 날로부터 14일 이내에 소송기록과 증거물을 상고법원에 송부하여야 한다(법377).

(2) 상고심의 상고기각과 공소기각

소송기록과 증거물을 송부받은 상고법원은 상고제기가 법률상의 방식에 위반하거나 상고권소멸 후인 것이 명백한 경우로서 원심법원이 상고기각의 결정을 하지 아니한 때에는 결정으로 상고를 기각하여야 한다(법381). 이 경우에는 상고기각결정에 의하여 원심판결이 확정된다.

공소기각결정의 사유(법328① i~iv)가 있는 때에는 상고법원은 결정으로 공소를 기각하여야 한다(법382). 공소기각결정은 원심판결의 당부에 대한 것이 아니라 피고사건 자체와 관련된 판단이다. 상고법원의 공소기각결정에 의하여 피고사건의 소송계속은 확정적으로 종결된다.

(3) 상고심에서의 변론준비절차

(가) 소송기록접수통지　　상고법원이 소송기록의 송부를 받은 때에는 즉시 상고인과 상대방에 대하여 그 사유를 통지하여야 한다(법378①). 상고법원의 통지 전에 변호인의 선임이 있는 때에는 변호인에 대하여도 그 통지를 하여야 한다(동조②).

원심에서 선임된 변호인은 상고제기에 따른 원심법원의 소송계속 종료와 함께 그 권한이 종료된다(법32①). 상고심에서 사선변호인을 선임하는 경우에는 변호사 아닌 자를 변호인으로 선임하지 못한다(법386). 상고심은 원칙적으로 법률심이므로 법률에 관하여 전문지식을 가진 변호사에게 변호를 한정시킨 것이다.

(나) 국선변호인 선정　　기록의 송부를 받은 상고법원은 필요적 변호사건(법33① i~vi)에 있어서 변호인이 없는 경우에는 지체 없이 변호인을 선정한 후 그 변호인에게 소송기록접수통지를 해야 한다(규칙164, 156의2①). 그 밖에 국선변호인 선정과 관련된 절차는 항소심의 경

우에 준한다(규칙164, 156의2).

(다) 상고이유서 제출　　　상고인 또는 변호인은 상고법원으로부터 소송기록접수의 통지를 받은 날로부터 20일 이내에 상고이유서를 상고법원에 제출해야 한다(법379① 1문).

20일의 상고이유서 제출기간은 법정기간이다. 법정기간은 소송행위를 할 자의 주거 또는 사무소의 소재지와 법원 또는 검찰청 소재지와의 거리 및 교통통신의 불편정도에 따라 대법원규칙으로 이를 연장할 수 있다(법67). 형사소송규칙 제44조는 법정기간의 연장에 대해 규정하고 있다.

검사가 상고한 경우에는 상고법원에 대응하는 검찰청(대검찰청) 소속 검사가 소송기록접수통지를 받은 날로부터 20일 이내에 그 이름으로 상고이유서를 제출하여야 한다. 다만 상고를 제기한 검찰청(지검 또는 고검) 소속 검사가 그 이름으로 상고이유서를 제출하여도 유효한 것으로 취급되지만, 이 경우 상고를 제기한 검찰청이 있는 곳을 기준으로 법정기간인 상고이유서 제출기간이 형사소송법 제67조에 따라 연장될 수는 없다.[1]

상고이유서의 제출에는 재소자 특칙이 인정된다. 구속된 피고인이 상고이유서 제출기간 내에 상고이유서를 교도소장, 구치소장 또는 그 직무를 대리하는 자에게 제출하면 상고이유서 제출기간 내에 제출한 것으로 간주한다(법379① 2문, 344①).

상고인이나 변호인이 상고이유서 제출기간 내에 상고이유서를 제출하지 아니한 때에는 결정으로 상고를 기각하여야 한다(법380① 본문). 다만 상고장에 이유의 기재가 있는 때에는 예외로 한다(동항 단서).

(라) 상고이유의 제한　　　상고심은 항소법원 판결에 대한 사후심이다. 그러므로 항소심에서 심판대상이 되지 않은 사항은 상고심의 심판범위에 들지 않는다. 항소심에서 항소이유로 주장하지 아니하거나 항소심이 직권으로 심판대상으로 삼은 사항 이외의 사유는 피고인이 이를 상고이유로 삼을 수 없다. 항소심이 심판대상으로 삼지 아니한 사항에 관하여 피고인이 상고심에 이르러서 비로소 상고이유로 내세우는 것에 지나지 않기 때문에 적법한 상고이유가 될 수 없다.[2] [3]

상고심에서 원심판결이 파기되어 환송·이송된 경우에 상고심에서 상고이유가 없다고 하여 파기되지 아니한 부분은 그 판결 선고와 동시에 확정된다. 이 부분에 대하여는 피고인은 더 이상 다툴 수 없고, 환송·이송받은 법원으로서도 이와 배치되는 판단을 할 수 없다.[4] 피

---

1) 2023. 4. 21. 2022도16568, 공 2023상, 878, 『해군 군검사 상고 후 기간도과 상고이유서 사건』.
2) 2013. 4. 11. 2013도1079, [미간행], 『불출석 피고인 상고 사건』.
3) 2019. 3. 21. 2017도16593-1, 공 2019상, 917, 『상고이유 제한법리 확인 사건』.
4) 2022. 12. 29. 2018도7575, [미간행], 『'2차 희망버스' 관련사건 확정판결 사건』.

고인의 상고이유 주장이 이미 상고심의 환송판결에 의하여 그 주장이 이유 없다고 배척되었다면, 그 부분에 대해서는 확정력이 발생한 것이다. 그러므로 피고인이 동일한 사유를 환송·이송 후의 원심판결에 대한 상고이유로 주장하는 것은 적법한 상고이유가 될 수 없다.[1]

(마) 상고이유서의 방식   상고이유서는 형소법 제383조 각 호에 규정된 상고이유를 포함하고 있는 서면을 말한다.[2] 상고법원은 상고이유에 의하여 불복신청한 한도 내에서만 조사·판단할 수 있다(법384 1문). 그러므로 상고이유서에는 상고이유를 특정하여 원심판결의 어떤 점이 법령에 어떻게 위반되었는지에 관하여 구체적이고도 명시적인 이유설시가 있어야 한다.

상고이유서에는 소송기록과 원심법원의 증거조사에 표현된 사실을 인용하여 그 이유를 명시해야 한다(법379②). 항소이유서에 기재된 항소이유를 그대로 원용하는 것은 적법한 상고이유가 될 수 없다. "기존에 제출된 서면을 그대로 원용한다."는 취지의 주장은 상고이유로서 부적법하다.[3]

상고인이 제출한 상고이유서에 구체적이고도 명시적인 이유설시 없이 상고이유로 단순히 "원심판결에 사실오인 내지 법리오해의 위배가 있다."라고만 기재한 경우는 (가) 어느 증거에 관한 취사조치가 채증법칙에 위배되었다는 것인지, (나) 어떠한 법령적용의 잘못이 있고 어떠한 점이 부당하다는 것인지 전혀 구체적 사유를 주장하지 아니한 것이어서 적법한 상고이유서가 제출된 것이라고 볼 수 없다.[4]

상고장 및 상고이유서에 기재된 상고이유의 주장이 형소법 제383조 각 호의 어느 하나의 사유에 해당하지 아니함이 명백한 때에는 상고법원은 결정으로 상고를 기각하여야 한다(법380②). 상고이유서의 부적법을 이유로 한 상고기각결정은 2014년 형소법 일부개정시에 신설된 것으로 남상고(濫上告)에 대한 견제장치로서 중요한 의미를 갖는다. 상고기각결정은 송달 등에 의하여 고지된 때 확정된다.[5]

(바) 답변서 제출   상고이유서의 제출을 받은 상고법원은 지체 없이 그 부본 또는 등본을 상대방에게 송달해야 한다(법379③). 상대방은 상고이유서의 송달을 받은 날로부터 10일 이내에 답변서를 상고법원에 제출할 수 있다(동조④). 답변서의 제출을 받은 상고법원은 지체 없이 그 부본 또는 등본을 상고인 또는 변호인에게 송달해야 한다(동조⑤).

---

1) 2022. 12. 29. 2018도7575, [미간행], 『'2차 희망버스' 관련사건 확정판결 사건』.
2) 2010. 4. 20. 2010도759 전원합의체 결정, 공 2010상, 1054, 『벌금 감액 요청 사건』.
3) 2016. 8. 30. 2013도658, 공 2016하, 1564, 『판결선고 후 피고인 사망 사건』.
4) 2009. 4. 9. 2008도5634, 공 2009상, 682, 『10억 원 합의서 날인 사건』.
5) 2012. 1. 27. 2011도15914, 공 2012상, 720, 『석유사범 상고기각결정 사건』.

4. 상고심에서의 변론절차

(1) 상고심재판부의 구성

대법원의 심판권은 대법관 전원의 3분의 2 이상의 합의체에서 행사하며 대법원장이 재판장이 된다(법원조직법7① 본문). 다만 다음의 경우를 제외하고 대법관 3명 이상으로 구성된 부에서 먼저 사건을 심리하여 의견이 일치한 경우에 한정하여 그 부에서 재판할 수 있다(동항 단서).

대법원의 부에서 재판할 수 없는 사건은 (가) 명령 또는 규칙이 헌법에 위반된다고 인정하는 경우, (나) 명령 또는 규칙이 법률에 위반된다고 인정하는 경우, (다) 종전에 대법원에서 판시한 헌법·법률·명령 또는 규칙의 해석 적용에 관한 의견을 변경할 필요가 있다고 인정하는 경우, (라) 부에서 재판함이 적당하지 아니함을 인정하는 경우이다(법원조직법7①단서).

대법관전원합의체에서 본안재판을 하는 사건에 관하여 구속, 구속기간의 갱신, 구속의 취소, 보석, 보석의 취소, 구속의 집행정지, 구속의 집행정지의 취소를 함에는 대법관 3인 이상으로써 구성된 부에서 재판할 수 있다(규칙162).

(2) 상고심에서의 변론

(가) 공판기일　　상고법원이 공판기일을 열어 상고이유에 대한 변론을 듣기로 결정한다면 공판기일을 지정해야 한다. 검사와 변호인은 상고이유서에 의하여 변론하여야 한다(법388). 상고이유서에 기재되지 않은 사항에 관하여 변론하는 것은 허용되지 않는다.

변호인의 선임이 없거나 변호인이 공판기일에 출정하지 아니한 때에는 검사의 진술을 듣고 판결을 할 수 있다(법389① 본문). 단, 필요적 변호사건(법283)에 해당한 경우에는 예외로 한다(동항 단서).

상고심의 공판기일에는 피고인의 소환을 요하지 않는다(법389의2). 피고인은 상고심의 공판기일에 출석하더라도 변론능력이 없다. 상고심에서는 변호인이 아니면 피고인을 위하여 변론하지 못한다(법387). 피고인은 공판기일에 출석하더라도 적극적으로 이익사실을 진술하거나 최종의견을 진술할 수 없다. 다만 수동적으로 재판부의 질문에 대한 답변은 할 수 있을 것이다.

상고법원은 필요한 경우에는 특정한 사항에 관하여 변론을 열어 참고인의 진술을 들을 수 있다(법390②). 상고심의 참고인진술은 상고법원의 판단에 필요한 전문가의 의견을 듣기 위한 장치이다.

(나) 서면심리의 허용　　판결은 구두변론에 의하는 것이 원칙이다(법37①). 이론상 상고심

에서의 변론도 공판기일에서 하는 것이 원칙이다(법389①) 참조). 한편 입법자는 예외적으로 상고심 변론에 서면심리 방식을 허용하고 있다. 상고법원은 상고장, 상고이유서 기타의 소송기록에 의하여 변론 없이 판결할 수 있다(법390①).

상고심의 실제를 보면 상고법원이 공판기일을 열어 변론을 듣는 경우는 대단히 드물다. 상고심의 서면심리는 상고를 기각하는 경우와 원심판결을 파기하는 경우에 모두 가능하다.

(다) 상고심의 심판범위   상고법원은 상고이유서에 포함된 사유에 관하여 심판해야 한다(법384 1문). 그러나 (가) 판결에 영향을 미친 헌법·법률·명령·규칙 위반(법383 i), (나) 판결 후 형의 폐지나 변경 또는 사면이 있는 때(동조 ii), (다) 재심청구의 사유가 있는 때(동조 iii)에는 상고이유서에 포함되지 아니한 때에도 직권으로 심판할 수 있다(법384 2문). 이를 직권심판사항이라고 한다. 상고이유와 직권조사사유·직권심판사항의 관계에 대해서는 앞에서 설명하였다.[1]

제 5   상고심의 재판

1. 상고심재판의 종류

(1) 형식판단

상고는 법률행위적 소송행위 가운데 취효적 소송행위에 속하므로 상고법원의 실체판단을 받기에 앞서 먼저 적법요건을 구비하고 있어야 한다. 적법요건이 갖추어지지 아니한 경우에 대해서는 (가) 원심법원의 상고기각결정(법376), (나) 상고법원의 상고기각결정(법381), (다) 상고법원의 공소기각결정(법382) 등의 재판이 행해진다는 점은 항소심재판의 경우와 비슷하다.

상고인이나 변호인이 상고이유서 제출기간 내에 상고이유서를 제출하지 아니한 때에는 결정으로 상고를 기각해야 한다. 단, 상고장에 이유의 기재가 있는 때에는 예외로 한다(법380① 본문·단서). 상고장 및 상고이유서에 기재된 상고이유의 주장이 형소법 제383조 각 호의 어느 하나의 사유에 해당하지 아니함이 명백한 때에는 결정으로 상고를 기각하여야 한다(동조②). 상고기각결정의 등본이 피고인에게 송달되는 등의 방법으로 고지되면(법42①) 원심판결은 확정된다.[2]

---

1) 전술 1000면 참조.
2) 2012. 1. 27. 2011도15914, 공 2012상, 720, 『석유사범 상고기각결정 사건』.

(2) 실체판단

(가) 기각과 파기　　　상고제기의 적법요건이 구비되었으나 상고가 이유 없다고 인정한 때에는 상고법원은 상고기각판결을 선고한다(법399, 법364④). 이에 대해 상고가 이유 있는 때에는 판결로써 원심판결을 파기하여야 한다(법391).

상고법원이 원심판결의 어느 부분를 파기하고, 나머지 부분에 대해 상고이유가 없다고 하여 파기하지 아니한 경우가 있다. 이러한 경우에 상고심에서 상고이유가 없다고 하여 파기되지 아니한 부분은 그 판결 선고와 동시에 확정된다. 파기되지 아니한 부분에 대하여는 피고인은 더 이상 다툴 수 없고, 환송·이송받은 법원으로서도 이와 배치되는 판단을 할 수 없다.[1]

피고인의 이익을 위하여 원심판결을 파기하는 경우에 파기의 이유가 상고한 공동피고인에게 공통되는 때에는 그 공동피고인에 대하여도 원심판결을 파기해야 한다(법392).[2][3] 이 경우 상고한 공동피고인이란 항소심의 공동피고인으로서 (가) 자신이 상고한 경우는 물론 (나) 그에 대하여 검사만 상고한 경우까지도 포함한다.[4] 상고심에서 반드시 공동피고인이어야 할 필요는 없다.

원심판결을 파기하는 경우에 상고법원이 행하는 재판에는 환송, 이송, 자판의 세 가지 형식이 있다. 상고심에서 원심판결을 파기한 때에는 원칙적으로 판결로써 사건을 원심법원에 환송하거나 그와 동등한 다른 법원에 이송하여야 한다(법397 참조). 상고심은 기본적으로 사후심이기 때문이다.

(나) 파기환송　　　적법한 공소를 기각하였다는 이유로 원심판결 또는 제1심판결을 파기하는 경우에는 판결로써 사건을 원심법원 또는 제1심법원에 환송하여야 한다(법393).

관할위반의 인정이 법률에 위반됨을 이유로 원심판결 또는 제1심판결을 파기하는 경우에는 판결로써 사건을 원심법원 또는 제1심법원에 환송하여야 한다(법395).

(다) 파기이송　　　관할의 인정이 법률에 위반됨을 이유로 원심판결 또는 제1심판결을 파기하는 경우에는 판결로써 사건을 관할 있는 법원에 이송하여야 한다(법394).

(라) 파기자판　　　상고법원은 원심판결을 파기한 경우에 그 소송기록과 원심법원과 제1심법원이 조사한 증거에 의하여 판결하기 충분하다고 인정한 때에는 피고사건에 대하여 직접 판결을 할 수 있다(법396①). 상고법원이 원심판결을 파기하면서 직접 재판하는 것을 가리켜서

---

1) 2022. 12. 29. 2018도7575, [미간행], 『'2차 희망버스' 관련사건 확정판결 사건』.
2) 2000. 11. 10. 2000도3483, 공 2001, 91, 『다단계 금융사기 사건』.
3) 2014. 2. 13. 2013도9605, 공 2014상, 657, 『고춧가루 분광분석 사건』.
4) 2022. 7. 28. 2021도10579, 공 2022하, 1816, 『국정원 차장 지시 탄원서 사건』 참조.

파기자판이라고 한다.[1]

상고법원이 파기자판을 하는 경우에는 불이익변경금지원칙이 적용된다. 따라서 피고인이 상고한 사건과 피고인을 위하여 상고한 사건에 대하여는 원심판결의 형보다 무거운 형을 선고하지 못한다(법396②, 368).

검사와 피고인 양쪽이 상고를 제기한 경우, 어느 일방의 상고는 이유 없으나 다른 일방의 상고가 이유 있어 원판결을 파기하고 다시 판결하는 때에는 이유 없는 상고에 대해서는 판결이유 중에서 그 이유가 없다는 점을 적으면 충분하다. 반드시 주문에서 그 상고를 기각해야 하는 것은 아니다.[2]

2. 상고심의 판결선고

상고법원의 재판서에는 상고이유에 관한 판단을 기재하여야 한다(법398). 이것은 법령해석의 통일이라는 상고심의 기능에서 요구되는 것이다. 대법원 재판서에는 합의에 관여한 모든 대법관의 의견을 표시하여야 한다(법원조직법15).

상고심에서 상고이유의 주장이 이유 없다고 판단되어 배척된 부분은 그 판결선고와 동시에 확정력이 발생하여 이 부분에 대해 상고인은 더 이상 다툴 수 없게 된다. 또한 피고사건을 환송받은 법원으로서도 상고이유에 대한 판단과 배치되는 판단을 할 수 없다(법원조직법8).[3]

3. 상고심판결의 정정

상고법원은 그 판결의 내용에 오류가 있음을 발견한 때에는 직권 또는 검사, 상고인이나 변호인의 신청에 의하여 판결로써 이를 정정할 수 있다(법400①). 원래 상고심판결은 최종심의 판결로서 그 선고와 함께 확정되므로 이를 정정할 수 없는 것이 원칙이다. 그러나 상고심판결의 내용에 오류가 있음이 분명한 때에도 확정판결이라는 이유로 이를 방치한다면 판결의 적정이라는 관점에서 불합리하다. 그리하여 상고법원이 이를 자체적으로 시정할 수 있는 길을 마련한 것이다.[4]

형소법 제400조에서 '판결내용의 오류'라 함은 판결의 내용에 계산 잘못, 오기 기타 이와 유사한 것이 있는 경우를 의미한다. 판결정정은 판결내용의 오류를 정정하는 데 그치는 것이므로 판결의 결론이 부당하다고 하여도 판결정정의 방법으로 이를 바로잡을 수는 없

1) 2005. 10. 7. 2004도8672, 공 2005, 1807, 『폴리또치킨 사건』.
2) 2020. 6. 25. 2019도17995, 공 2020상, 1559, 『강제추행 유죄 특수강제추행 이유무죄 사건』.
3) 2006. 6. 9. 2006도2017, 공 2006, 1305, 『특가법 범죄인인도 사건』.
4) 1979. 11. 30. 79도952(79초53관련), 공 1980, 12378, 『단기 4월 장기 10월 사건』.

다.[1] 이 때에는 재심(법420 이하)이나 비상상고(법441 이하)의 방법에 의하여 구제해야 할 것이다.

상고심판결의 정정은 오산, 오기 등과 같은 판결내용상의 오류를 정정하는 것에 지나지 않으므로 상고심의 일반적 성격에 따라서 상고심판결은 그 선고와 동시에 확정된다.[2]

제 4 절 항 고

제1 항고의 의의와 대상

1. 항고의 의의

항고는 법원의 결정에 대한 상소를 말한다. 결정은 수소법원이 판결에 이르는 과정에서 문제되는 절차상의 사항에 관하여 행하는 재판이 일반적이지만, 공소기각결정(법328①)과 같이 종국재판인 경우도 있다. 법원의 결정에 대해 불복이 있으면 원칙적으로 항고를 할 수 있다(법402 본문).

지방법원 단독판사의 결정에 대한 항고법원은 지방법원 본원 합의부(일부 지원합의부 포함)이다(법원조직법32②). 지방법원 합의부의 제1심결정에 대한 항고법원은 고등법원이다(동법28 ⅰ). 항고법원, 고등법원 또는 항소법원의 결정에 대한 재항고법원은 대법원이다(동법14 ⅱ).

2. 법관의 명령과 준항고

법관이 행하는 재판을 명령이라고 한다. 형사소송법은 법관이 행하는 명령에 대하여는 불복방법을 인정하고 있지 않다. 그리하여 검사의 각종 영장청구에 대한 지방법원판사의 재판,[3] 검사의 구속기간연장신청에 대한 지방법원판사의 재판[4] 등에 대해서는 불복이 허용되지 않는다.

법관의 재판인 명령 자체에 대해서는 불복이 인정되지 않지만, 법관이 재판부의 구성원으

---

1) 1981. 10. 5. 81초60, 공 1982, 52, 『'무죄판결로 정정을' 사건』.
2) 1967. 6. 2. 67초22, 총람 459조, 1번, 『'선고로 확정' 사건』.
3) 2006. 12. 18. 2006모646, 공 2007, 172, 『4차 구속영장기각 준항고 사건』.
4) 1997. 6. 16. 97모1, 공 1997, 2218, 『연장불허 불복 검사 사건』.

로서 내리는 판단에 대해서는 일정 부분 불복이 가능하다. 재판장 또는 수명법관이 일정한 재판을 고지한 경우에 불복이 있는 사람은 그 법관 소속의 법원에 재판의 취소 또는 변경을 청구할 수 있다(법416). 이러한 경우의 불복방법을 가리켜서 준항고라고 한다. 그러나 준항고는 상급법원에 대한 불복신청이 아니라는 점에서 엄밀한 의미에서 항고에 포함되지 않는다.

검사 또는 사법경찰관의 구금, 압수 또는 압수물의 환부에 관한 처분과 변호인의 접견교통 및 피의자신문참여(법243의2)에 관한 처분에 대하여 불복이 있으면 그 직무집행지의 관할법원 또는 검사의 소속검찰청에 대응한 법원에 그 처분의 취소 또는 변경을 청구할 수 있다(법417). 이 경우의 불복방법을 가리켜서 수사절차상 준항고라고 한다. 수사절차상 준항고도 하급법원의 재판에 대하여 상급법원에 불복을 세기하는 것이 아니므로 항고에 해당하지 않는다.

재판장 또는 수명법관의 재판에 대한 준항고(법416)와 수사절차상 준항고(법417)에는 항고에 관한 절차가 대부분 준용된다(법419). 이 점에서 이들 준항고는 항고와 같은 장에 규정되어 있다.

제2 일반적 항고

1. 항고의 종류

(1) 즉시항고

(가) 의 의   항고는 즉시항고와 보통항고로 대별할 수 있다. 즉시항고는 제기기간이 제한되어 있는 항고이다(법405). 즉시항고는 (가) 당사자의 중대한 이익에 관련된 사항이나 (나) 소송절차의 원활한 진행을 위하여 신속한 결론을 얻는 것이 필요한 사항을 그 대상으로 한다.[1] (가)와 관련해서 보면, 즉시항고의 대상이 되는 결정은 당사자에게 중대한 영향을 미치는 경우가 많다. 결정의 집행이 이루어질 경우 항고인에게 회복할 수 없는 손해가 발생하는 것을 방지하기 위한 장치가 즉시항고이다.[2]

즉시항고는 법률에서 개별적으로 허용하는 경우에만 인정된다. 즉시항고는 공소기각결정과 같은 종국재판으로서의 결정을 대상으로 하는 경우(법328②, 363②)와 보석조건 위반시의 감치결정(법102④), 증인에 대한 감치결정(법151⑧) 등과 같은 종국전 결정을 대상으로 하는 경우가 있다. 검사의 불기소처분에 대한 재정신청을 기각하는 고등법원의 결정에 대해서는 재항고(법415) 방식으로 대법원에 즉시항고를 할 수 있다(법262④ 1문 전단).

---

1) 2018. 12. 27. 2015헌바77, 헌집 30-2, 642, 『3일 즉시항고기간 헌법불합치 사건』.
2) 2018. 12. 27. 2015헌바77, 헌집 30-2, 642, 『3일 즉시항고기간 헌법불합치 사건』.

(나) 제기기간   즉시항고의 제기기간은 7일이다(법405). 2019년 입법자는 헌법재판소의 헌법불합치결정[1] 취지에 따라 즉시항고 제기기간을 종전의 3일에서 7일로 연장하였다. 즉시항고의 제기기간은 결정을 고지한 날로부터 기산한다(법343②). 즉시항고는 불복 대상이 된 결정이 아직 고지되지 않았더라도 결정이 내부적으로 성립하는 시점, 즉 결정의 원본이 법원사무관 등에게 교부되었을 때부터 제기할 수 있다.[2]

즉시항고의 종기(終期)는 결정을 고지한 날로부터 기산하여(법343②) 초일 불산입(법66① 본문 후단)한 후의 7일째가 된다. 즉시항고 기간의 말일이 공휴일 또는 토요일에 해당하는 날은 기간에 산입하지 아니한다(동조③ 본문).

(다) 집행정지효력   즉시항고는 보통항고와 달리 그 제기기간 내에 제기가 있는 때에는 재판의 집행이 정지된다(법410). 즉 (가) 즉시항고의 제기기간 동안은 물론이고, (나) 즉시항고가 제기된 경우 그 항고심의 재판이 확정될 때까지 원심재판의 집행은 일률적으로 정지된다.[3] 그러나 보통항고의 경우에도 법원의 결정으로 집행정지가 가능한 점(법409 단서)을 고려하면, 집행정지의 효력이 즉시항고의 본질적인 속성에서 비롯된 것이라고 볼 수는 없다.[4]

형소법 제415조는 "고등법원의 결정에 대하여는 재판에 영향을 미친 헌법·법률·명령 또는 규칙의 위반이 있음을 이유로 하는 때에 한하여 대법원에 즉시항고를 할 수 있다."라고 규정하고 있다. 형소법 제415조가 고등법원의 결정에 대한 재항고를 즉시항고로 규정하고 있다고 하여 당연히 즉시항고가 가지는 집행정지의 효력이 인정된다고 볼 수는 없다. 고등법원의 보석취소결정에 대해 대법원에 즉시항고를 하더라도 보석취소결정에 대한 집행정지의 효력은 발생하지 않는다.[5]

그 밖에 즉시항고이면서도 집행정지의 효력이 발생하지 않는 경우가 있다. 예컨대 기피신청에 대한 간이기각결정에 대해서는 즉시항고를 할 수 있으나(법23①, 416 i①), 통상적인 즉시항고와 달리 재판의 집행을 정지하는 효력이 없다(법23②). 증인에 대한 감치명령에 대해서는 즉시항고를 할 수 있으나 집행정지의 효력이 없다(법151⑧, 410).

(2) 보통항고
보통항고는 즉시항고를 제외한 항고를 말한다. 법원의 결정에 대하여 불복이 있으면 항고

---

1) 2018. 12. 27. 2015헌바77, 헌집 30-2, 642, 『3일 즉시항고기간 헌법불합치 사건』.
2) 2014. 10. 8. 2014마667 전원합의체 결정, 공 2014하, 2159, 『고지 전 즉시항고 사건』.
3) 2012. 6. 27. 2011헌가36, 헌집 24-1하, 703, 『모친상 구속집행정지 사건』.
4) 2020. 10. 29. 2020모633, [미간행], 『고등법원 보석취소결정 효력 사건』.
5) 2020. 10. 29. 2020모633, [미간행], 『고등법원 보석취소결정 효력 사건』.

를 할 수 있다(법402 본문). 단, 형사소송법에 특별한 규정이 있는 경우에는 예외로 한다(동조 단서). 보통항고가 허용되지 않는 결정으로는 다음과 같은 경우들이 있다.

법원의 관할 또는 판결 전의 소송절차에 관한 결정에 대하여는 특히 즉시항고를 할 수 있는 경우 외에는 항고를 하지 못한다(법403①). 관할에 관한 결정이나 판결 전의 소송절차에 관한 결정은 종국재판을 향해 나아가는 절차의 일부이므로 종국재판에 대하여 상소하면 족하고 별도로 독립한 항고를 인정할 필요가 없기 때문이다.

그러나 구금, 보석, 압수나 압수물의 환부에 관한 결정 또는 감정하기 위한 피고인의 유치에 관한 결정에 대해서는 보통항고가 허용된다(법403②). 이러한 결정은 피고인에게 인신구속이나 재산권행사의 제약을 초래하는 경우이므로 신속한 구제를 가능하게 하기 위하여 항고가 허용되고 있다.

체포 · 구속된 피의자 등이 체포 · 구속적부심사를 청구한 경우에 그에 대하여 내려진 기각결정이나 인용결정에 대해서는 항고가 허용되지 않는다(법214의2⑧). 그러나 형소법 제214조의2 제5항에 기한 기소 전 보증금 납입조건부 석방결정(소위 피의자보석)에 대해서는 항고가 가능하다는 것이 판례의 입장이다.[1]

성질상 항고가 허용되지 않는 결정이 있다. 대법원의 결정은 최종심의 결정이므로 항고가 허용되지 않는다.[2] 또 항고법원, 고등법원 또는 항소법원의 결정에 대하여는 재판에 영향을 미친 헌법, 법률, 명령 또는 규칙의 위반이 있음을 이유로 하는 때에 한하여 대법원에 즉시항고가 허용될 뿐이므로(법415) 여기에 해당하지 않는 항고법원, 고등법원, 항소법원의 결정은 항고의 대상이 되지 않는다.

2. 항고의 절차와 재판

(1) 원심법원에서의 절차

항고를 제기하려면 항고장을 원심법원에 제출해야 한다(법406). 항고장의 기재사항에 관해서는 아무런 규정이 없고, 항소나 상고와 달리 항고장 제출 이후 항고이유서를 제출하는 절차가 따로 마련되어 있지 않다. 실무상으로는 항고장 자체에 항고이유를 기재하거나 즉시항고 이유서를 제출하고 있다.

항고는 즉시항고 외에는 언제든지 할 수 있다(법404 본문). 단, 원심결정을 취소하여도 실익이 없게 된 때에는 항고를 제기할 수 없다(동조 단서).

---

1) 1997. 8. 27. 97모21, 공 1997, 3191, 『노조간부 긴급체포 사건』.
2) 1987. 1. 30. 87모4, 공 1987, 678, 『재항고 후 재항고 사건』.

즉시항고는 제기기간이 7일로 한정된다(법405). 즉시항고의 대상은 결정이다. 결정은 고지한다(법38 단서). 고지는 공판정에서 하거나 재판서등본의 송달 또는 다른 적당한 방법으로 한다(법42 본문). 공판정에서 결정이 고지된 경우에는 결정이 고지된 날로부터 7일의 즉시항고 기간이 계산된다. 공판정 외에서 재판서등본이 송달된 경우에는 송달된 날부터 즉시항고 기간이 계산된다.

즉시항고도 상소의 일종이므로 재소자특칙(법344①)이 적용된다.[1] 따라서 교도소 또는 구치소에 있는 피고인이 즉시항고의 제기기간 내에 즉시항고장을 교도소장 또는 구치소장 또는 그 직무를 대리하는 자에게 제출한 때에는 즉시항고의 제기기간 내에 즉시항고한 것으로 간주된다.

항고의 제기가 법률상의 방식에 위반하거나 항고권소멸 후인 것이 명백한 때에는 원심법원은 결정으로 항고를 기각하여야 한다(법407①). 이 결정에 대하여는 즉시항고를 할 수 있다(동조②).

원심법원은 항고가 이유 있다고 인정한 때에는 결정을 경정하여야 한다(법408①). 결정을 경정한다 함은 원결정 자체를 취소하거나 변경하는 것을 말한다. 항소의 경우에도 항고(법406)와 마찬가지로 항소장을 원심법원에 제출한다(법359). 그런데 항소의 경우에는 원심법원이 항소가 이유 있다고 판단하더라도 판결을 경정할 수 없다. 이에 반해 항고의 경우에는 원심법원이 스스로 원결정을 경정할 수 있다. 이를 가리켜서 원심법원의 재검토라고 한다. 원결정의 신속한 수정을 통해 절차진행을 촉진하기 위함이다.

항고는 즉시항고 외에는 재판의 집행을 정지하는 효력이 없다(법409 본문). 따라서 원심법원이 재판을 고지하면 바로 집행기관에 의하여 그 집행이 개시된다. 그러나 원심법원은 결정으로 항고에 대한 결정이 있을 때까지 원결정의 집행을 정지할 수 있다(동조 단서).

원심법원은 항고의 전부 또는 일부가 이유 없다고 인정한 때에는 항고장을 받은 날로부터 3일 이내에 의견서를 첨부하여 항고법원에 송부하여야 한다(법408②). 또 원심법원이 필요하다고 인정한 때에는 소송기록과 증거물을 항고법원에 송부하여야 한다(법411①).

(2) 항고법원에서의 절차

항고의 제기가 법률상의 방식에 위반하거나 항고권소멸 후인 것(법407)이 명백한 사건에 대하여 원심법원이 항고기각결정을 하지 아니한 때에는 항고법원은 결정으로 항고를 기각해야 한다(법413). 보통항고가 제기된 경우에 원심법원이 집행정지결정을 하지 않은 때에는 항

---

1) 2022. 10. 27. 2022모1004, 공 2022하, 2371, 『집행유예취소 즉시항고 재소자특칙 사건』.

고법원은 결정으로 항고에 대한 결정이 있을 때까지 원결정의 집행을 정지할 수 있다(법409 단서).

원심법원은 소송기록과 증거물을 항고법원에 송부할 수 있지만(법411①) 원심법원이 소송 기록을 송부해 오지 않은 경우 항고법원은 소송기록과 증거물의 송부를 원심법원에 요구할 수 있다(동조②).

원심이 소송기록을 송부한 경우와 항고법원이 원심법원에 소송기록의 송부를 요구한 경 우에 항고법원은 소송기록과 증거물의 송부를 받은 날로부터 5일 이내에 당사자에게 그 사유 를 통지해야 한다(법411③). 그 취지는 당사자에게 항고에 관하여 이유서를 제출하거나 의견 을 진술하고 유리한 증거를 제출할 기회를 부여하려는 데 있다.[1]

항고법원은 항고인이 그의 항고에 관하여 이미 의견진술을 한 경우 등이 아니라면 원칙적 으로 항고인에게 소송기록접수통지서를 발송하고 그 송달보고서를 통해 송달을 확인한 다음 항고에 관한 결정을 하여야 한다.[2] 항고인에게 소송기록접수통지서가 송달된 날에 항고법원 이 곧바로 항고인의 항고를 기각하는 것은 당사자에게 의견진술의 기회를 부여하지 아니한 것으로서 위법하다.[3]

항고심은 결정을 위한 심리절차이므로 구두변론에 의거하지 않을 수 있다(법37②). 항 고법원은 결정을 함에 필요한 경우에는 사실을 조사할 수 있다(동조③). 검사는 항고사건 에 대하여 의견을 진술할 수 있다(법412).

항고법원은 항고가 이유 없다고 인정한 때에는 결정으로 항고를 기각하여야 한다(법 414①). 항고가 이유 있다고 인정한 때에는 결정으로 원심결정을 취소하고 필요한 경우에 는 항고사건에 대하여 직접 재판을 하여야 한다(동조②).

제3 재 항 고

1. 재항고의 의의와 대상

(1) 재항고의 의의

재항고란 대법원에 제기하는 항고를 말한다(법415). 항고법원, 고등법원, 항소법원의 결정 에 대하여는 대법원에 재항고할 수 있다(법원조직법14ⅱ 참조). 형사소송법 제415조는 항고법원

---

1) 2018. 6. 22. 2018모1698, 공 2018하, 1428, 『즉시항고 소송기록 송부 당일 기각 사건』.
2) 2023. 6. 29. 2023모1007, 공 2023하, 1417, 『집행유예기간 경과 후 집행유예 취소 사건』.
3) 2008. 1. 2. 2007모601, 공 2008상, 247, 『송부 즉일 항고기각 사건』.

또는 고등법원의 결정만을 재항고 대상으로 규정하고 있으나 「법원조직법」 제14조에 의하여 항소법원의 결정도 재항고의 대상이 될 수 있음은 분명하다.[1] 또한 준항고에 대한 관할법원 (법416, 417)의 결정에 대해서도 대법원에 재항고할 수 있다(법419).

재항고(再抗告)라는 표현은 항고법원의 결정에 대한 재차의 항고라는 의미를 가지고 있다. 그러나 고등법원 또는 항소법원의 결정은 그 자체가 제1심으로서의 결정이면서 대법원에 의하여 심판되므로 재항고의 의미내용이 확장되고 있다.

재항고는 원심결정의 재판에 영향을 미친 헌법, 법률, 명령, 규칙의 위반이 있음을 이유로 하는 때에 한하여 제기할 수 있다(법415). 사실오인을 이유로 하는 재항고는 허용되지 않는다. 이와 같이 재항고이유를 법령위반으로 제한한 것은 법령해석의 통일성 확보라는 대법원의 권한을 존중함과 동시에 그 업무부담을 경감하기 위함이다.

(2) 재정신청 기각결정과 재항고

2007년의 형사소송법 개정을 통하여 입법자는 재정신청제도를 전면적으로 개편하였다. 이와 관련하여 2007년 형사소송법 제262조 제4항 제1문은 재정신청에 대한 고등법원의 재정결정에 대하여 '불복할 수 없다'고 규정하고 있었다. 여기에서 '고등법원의 결정'에 대해 대법원에 즉시항고를 할 수 있도록 규정한 형소법 제415조와 형소법 제262조 제4항의 관계가 문제되었다.

이에 대해 헌법재판소는 고등법원의 재정신청 기각결정에 대해 일률적으로 불복을 불허하는 것은 대법원의 최종심판권(헌법107②) 및 다른 절차들과의 균형 등에 비추어 재정신청인의 재판청구권을 침해하는 것이라고 판단하였다. 그리하여 헌법재판소는 2007년 형소법 제262조 제4항의 '불복할 수 없다'는 부분에 형소법 제415조의 재항고가 포함되는 것으로 해석하는 한 형소법 제262조 제4항은 헌법에 위반된다고 판단하여 문제를 해결하였다.[2]

2016년 형소법 일부개정 시에 입법자는 헌법재판소의 판단에 따라 형소법 제262조 제4항 제1문을 "제2항 제1호의 결정(기각결정)에 대하여는 제415조에 따른 즉시항고를 할 수 있고, 제2항 제2호의 결정(공소제기결정)에 대하여는 불복할 수 없다."로 개정하였다.

(3) 고등법원의 보석취소결정과 재항고의 효력

형사소송법 제415조는 "항고법원 또는 고등법원의 결정에 대하여는 재판에 영향을 미친 헌법 · 법률 · 명령 또는 규칙의 위반이 있음을 이유로 하는 때에 한하여 대법원에 즉시항고를

---

1) 2008. 4. 14. 2007모726, 공 2008상, 715, 『미결구금일수 과다산입 사건』.
2) 2011. 11. 24. 2008헌마578, 헌공 182, 1868, 『형소법 262조 4항 한정위헌 사건』.

할 수 있다.”고 규정하고 있다. 즉시항고의 경우에는 즉시항고의 제기기간 내와 그 제기가 있는 때에는 재판의 집행이 정지된다(법410). 그러나 고등법원의 보석취소결정에 대해서는 대법원에 재항고를 하더라도 집행정지의 효력은 발생하지 않는다.

제1심법원의 보석취소결정(법102②)에 대해서 불복이 있으면 보통항고를 할 수 있다.[1] 이는 결정과 동시에 집행력을 인정함으로써 석방되었던 피고인의 신병을 신속히 확보하기 위함이다. 이 점은 당해 보석취소결정이 제1심 절차에서 이루어졌는지 항소심 절차에서 이루어졌는지 여부에 따라 그 취지가 달라지지 않는다. 따라서 고등법원의 보석취소결정에 대해 대법원에 재항고를 하더라도 즉시항고의 집행정지효력은 발생하지 않는다.[2]

2. 재항고심의 절차와 재판

재항고는 즉시항고의 일종이므로(법415) 재항고제기기간은 7일로 한정된다(법405). 재항고가 제기되면 재판의 집행이 정지된다(법410). 재항고 절차에 관하여는 형사소송법이 아무런 규정을 두고 있지 아니하므로 그 성질상 상고에 관한 규정이 준용된다.[3]

재항고를 함에는 재항고장을 원심법원에 제출해야 한다(법375 참조). 재항고 대상이 아닌 원심법원의 결정에 대해 재항고가 제기된 경우는 재항고 제기가 법률상의 방식에 위반한 것이 명백한 때에 해당하므로 원심법원은 결정으로 이를 기각해야 한다(법376① 참조).[4]

위의 경우를 제외하고는 원심법원은 재항고장을 받은 날부터 14일 이내에 소송기록과 증거물을 재항고법원에 송부해야 한다(법377 참조). 소송기록과 증거물을 송부받은 재항고법원은 재항고 제기가 법률상의 방식에 위반한 것이 명백한 때에 해당한 경우로서 원심법원이 재항고 기각결정을 하지 아니한 때에는 결정으로 재항고를 기각하여야 한다(법381 참조).

재항고심의 심리는 구두변론을 요하지 않으므로(법37②) 서면심리의 형태를 취한다(법390 참조). 재항고법원은 재항고가 부적법한 경우 또는 이유 없다고 인정하는 경우에는 결정으로 재항고를 기각하여야 한다(법380 참조).

재항고를 이유 있다고 인정한 때에는 결정으로 원심결정을 취소하고 필요한 경우에는 재항고사건에 대하여 직접 재판을 해야 한다(법414② 참조). 피고인의 이익을 위하여 원심결정을 파기하는 경우에 파기의 이유가 재항고한 공동피고인에게 공통되는 때에는 그 공동피고인에 대하여도 원심결정을 파기해야 한다(법392 참조).

---

1) 2020. 10. 29. 2020모633, [미간행], 『고등법원 보석취소결정 효력 사건』.
2) 2020. 10. 29. 2020모633, [미간행], 『고등법원 보석취소결정 효력 사건』.
3) 2012. 10. 29. 2012모1090, 공 2012하, 2062, 『공소제기결정 재항고 사건』.
4) 2012. 10. 29. 2012모1090, 공 2012하, 2062, 『공소제기결정 재항고 사건』.

제4 준 항 고

1. 준항고의 의의

준항고란 통상의 항고에 비하여 간이한 형태의 불복방법을 말한다. 형사소송법은 두 가지 형태의 준항고를 규정하고 있다. 하나는 법관의 일정한 재판에 대한 준항고이며(법416) 다른 하나는 수사기관의 일정한 처분에 대한 준항고이다(법417). 준항고는 상급법원에 대한 불복신청이 아니라는 점에서 상소가 아니다.

법관의 재판에 대한 준항고의 경우 상급법원에 의한 것은 아니지만 강화된 재판부에 의하여 심사를 받는다는 점에서 실질적으로 항고에 준하는 성질을 가진다. 수사기관의 처분에 대한 준항고 또한 재판에 대한 불복방법이 아니라는 점에서 상소에 포함되지 않는다. 그러나 관할법원이 판단한다는 점에서 재판에 대한 불복방법에 준하여 규율되고 있다. 준항고에는 항고에 관한 여러 규정들이 준용되고 있다(법419). 준항고는 항고의 경우와 달리 그 사유가 엄격하게 제한되어 있다.

2. 재판장·수명법관의 재판에 대한 준항고

(1) 준항고의 대상

형사소송법 제416조는 재판장 또는 수명법관의 재판에 대한 준항고에 대하여 규정하고 있다. 법관이 재판장 또는 수명법관으로서가 아니라 수소법원으로서 행한 재판에 대해서는 준항고가 허용되지 않는다. 1인 재판부인 단독판사의 재판은 수소법원으로서 행한 재판이다.

재판장 또는 수명법관의 재판에 대하여 준항고가 허용되는 경우로 형사소송법은 다음의 네 가지 경우를 들고 있다(법416①).

① 기피신청을 기각한 재판 (1호)

② 구금, 보석, 압수 또는 압수물환부에 관한 재판 (2호)

③ 감정하기 위하여 피고인의 유치를 명한 재판 (3호)

④ 증인, 감정인, 통역인 또는 번역인에 대하여 과태료 또는 비용의 배상을 명한 재판 (4호)

준항고는 재판장 또는 수명법관이 합의부의 일원으로서 행한 재판을 대상으로 한다. 여기에서 몇 가지 제한이 도출된다.

첫째로, 기피신청을 기각한 재판(1호)은 형소법 제20조 제1항에 의한 간이기각결정 가운데 합의부의 일원으로서 재판장 또는 수명법관이 내린 간이기각결정을 가리킨다.

둘째로, 구금에 관한 재판(2호)은 형소법 제80조에 따라 행하는 재판장 또는 수명법관의 요급처분을 가리킨다. 다만 구속당한 피고인은 구속취소청구권, 보석청구권이 있으므로 일반적으로 항고나 준항고를 할 실익은 별로 없다.[1]

수사단계에서 검사의 청구에 의하여 피의자를 구속하거나 구속영장청구를 기각하는 재판은 '판사의 명령'으로서, 이는 형사소송법 제416조의 '재판장 또는 수명법관의 명령'에도 해당하지 아니하므로, 이에 대하여는 준항고의 방법으로 불복할 수 없다.[2]

셋째로, 압수에 관한 재판(2호)은 형소법 제136조에 따라 수명법관이 행한 재판을 가리킨다.

넷째로, 보석에 관한 재판(2호) 및 압수물의 환부에 관한 재판(2호)은 준항고의 대상으로 되는 경우가 없다. 보석에 관한 재판(법95 이하) 및 압수물환부에 관한 재판(법133, 218의2②)은 재판장이 아니라 법원의 권한에 속하므로 준항고(법416)의 대상이 아니라 일반적인 항고(법402 이하)의 대상이 된다.

다섯째로, 감정유치의 재판(3호)은 형소법 제172조 제7항 본문에 따라 재판장이 행하는요급처분(법80) 또는 형소법 제175조에 의하여 수명법관이 하는 재판을 가리킨다.

여섯째로, 증인 · 감정인 · 통역인 · 번역인에 대한 과태료 또는 비용배상의 재판(4호)은 형소법 제167조에 의하여 수명법관이 증인신문을 할 때 행한 재판 또는 형소법 제177조에 의하여 수명법관이 감정인신문을 할 때 행한 재판을 가리킨다.

(2) 유치명령과 준항고

즉결심판절차에서 판사는 구류의 선고를 받은 피고인이 일정한 주소가 없거나 또는 도망할 염려가 있을 때에는 5일을 초과하지 아니하는 기간 경찰서유치장에 유치할 것을 명령할 수 있다(즉결심판법17① 본문). 유치명령은 이론상 '법원'의 재판이어서 준항고의 대상이 될 수 없다. 그런데 항고의 절차를 따를 경우 최장 5일의 유치기간이 도과할 염려가 있다. 신속한 판단을 통해 피고인의 이익을 도모하기 위하여 실무상 유치명령에 대해 준항고가 허용되고 있다.

(3) 준항고의 절차

재판장 또는 수명법관의 재판에 대한 준항고는 서면으로 관할법원에 제출해야 한다(법418). 이때 관할법원은 재판장 또는 수명법관이 소속한 법원이 된다(법416①). 이 경우 '소속한 법원'은 국법상 의미의 법원을 가리킨다. 국법상 의미의 지방법원과 그 지원에는 (가) 지방법

---

1) 2006. 12. 18. 2006모646, 공 2007, 172, 『4차 구속영장기각 준항고 사건』.
2) 2006. 12. 18. 2006모646, 공 2007, 172, 『4차 구속영장기각 준항고 사건』.

원판사에 대한 제척·기피사건(법원조직법32① iv) 및 (나) 다른 법률에 따라 지방법원 합의부의 권한에 속하는 사건(동항 v)을 제1심으로 심판하는 합의부가 설치되어 있다(법원조직법32① iv, v 참조). 지방법원 또는 지방법원 지원이 준항고의 청구를 받은 때에는 해당 합의부에서 결정을 하여야 한다(동조②).

준항고의 청구는 재판의 고지가 있는 날로부터 7일 이내에 해야 한다(법416③). 2019년 입법자는 형소법 제416조 제3항을 개정하여 준항고 제기기간을 종전의 3일에서 7일로 연장하였다.

증인·감정인·통역인·번역인에 대한 과태료 또는 비용배상의 재판(4호)은 7일의 청구기간 내와 청구가 있는 때에는 그 재판의 집행이 정지된다(법416④). 그 밖의 준항고는 재판의 집행을 정지하는 효력이 없다. 단, 준항고법원은 결정으로 준항고에 대한 결정이 있을 때까지 재판장 또는 수명법관이 한 재판의 집행을 정지할 수 있다(법419, 409).

준항고의 절차 및 재판의 형태에 관하여는 일반적인 항고의 규정들이 준용된다(법419). 준항고의 제기가 법률상의 방식에 위반하거나 준항고권 소멸 후인 것이 명백한 때에는 준항고법원은 결정으로 준항고를 기각해야 한다(법419, 413). 준항고를 이유 없다고 인정한 때에는 결정으로 준항고를 기각해야 한다(법419, 414①). 준항고를 이유 있다고 인정한 때에는 결정으로 재판장 또는 수명법관의 재판을 취소하고 필요한 경우에는 준항고사건에 대하여 직접 재판을 해야 한다(법419, 414②).

준항고법원의 결정에 대하여는 재판에 영향을 미친 헌법·법률·명령 또는 규칙의 위반이 있음을 이유로 하는 때에 한하여 대법원에 즉시항고를 할 수 있다(법419, 415).

3. 수사기관의 처분에 대한 준항고

(1) 수사기관의 처분에 대한 준항고의 의의

형소법 제417조는 "검사 또는 사법경찰관의 구금, 압수 또는 압수물의 환부에 관한 처분과 제243조의2에 따른 변호인의 참여 등에 관한 처분에 대하여 불복이 있으면 그 직무집행지의 관할법원 또는 검사의 소속검찰청에 대응한 법원에 그 처분의 취소 또는 변경을 청구할 수 있다."고 규정하고 있다. 입법자는 형사소송법 제417조를 통하여 수사기관의 압수수색영장집행 등에 대한 사후적 통제수단 및 피압수자의 신속한 구제절차로 준항고 절차를 마련하고 있다. 형사소송법 제417조에 따른 준항고 절차는 항고소송의 일종으로 당사자주의에 의한 소송절차와는 달리 대립되는 양 당사자의 관여를 필요로 하지 않는다.[1]

---

1) 2023. 1. 12. 2022모1566, 공 2023상, 480, 『검찰 내부망 영장 없는 압수 준항고 사건』.

수사기관의 구금, 압수 등의 각종 처분에 대한 형사소송법 제417조의 준항고는 검사 또는
사법경찰관이 수사 단계에서 압수물의 환부 등에 관하여 처분을 할 권한을 가지고 있을 경우
에 그 처분에 관하여 제기할 수 있는 불복절차이다.[1] 압수물 환부·가환부의 경우 공소제기
이전의 수사 단계에서는 압수물 환부·가환부에 관한 처분권한이 수사기관에 있으나 공소제
기 이후의 단계에서는 위 권한이 수소법원에 있다. 그러므로 공소제기 후에는 검사의 압수물
에 대한 처분에 관하여 형사소송법 제417조의 준항고로 다툴 수 없다.[2]

(2) 수사기관의 처분에 대한 준항고의 세부유형

형소법 제417조에 따른 준항고는 여러 가지 세부유형으로 나누어 볼 수 있다.

(가) 구금처분에 관한 준항고 검사 또는 사법경찰관의 구금처분에 대하여 불복이 있으
면 그 직무집행지의 관할법원 또는 검사의 소속검찰청에 대응한 법원에 그 처분의 취소 또는
변경을 청구할 수 있다. 수사기관의 구금처분 가운데에는 접견불허처분(법200의6, 209, 91)이
주목된다. 준항고의 대상이 되는 수사기관의 구금처분은 적극적인 처분뿐만 아니라 소극적인
부작위도 포함된다.[3]

검사 또는 사법경찰관이 구금된 피의자를 신문할 때 보호장비 사용을 정당화할 도주, 자
해, 다른 사람에 대한 위해 등(형집행법97 참조)의 예외적 사정이 존재하지 않음에도 구금된 피
의자에 대한 교도관의 보호장비 사용을 용인한 채 그 해제를 요청하지 않는 것은 형소법 제
417조에서 정한 '구금에 관한 처분'에 해당한다.[4]

(나) 압수처분에 관한 준항고 검사 또는 사법경찰관의 압수에 관한 처분에 대하여 불복
이 있으면 그 직무집행지의 관할법원 또는 검사의 소속검찰청에 대응한 법원에 그 처분의 취
소 또는 변경을 청구할 수 있다.

수사기관이 압수수색영장을 집행할 때 피압수자 측으로부터 영장 내용의 구체적인 확인
을 요구받았음에도 압수수색영장의 내용을 보여주지 않는 것은 '압수에 관한 처분'으로서 피
압수자 측은 형소법 제417조에 기하여 준항고를 할 수 있다.[5]

수사기관의 압수처분에 대한 준항고는 특히 정보저장매체에 대한 압수절차에서 중요한
의미를 갖는다. 전자정보가 저장된 정보저장매체의 경우 준항고인이 전자정보의 내용에 관하

1) 2024. 3. 12. 2022모2352, 공 2024상, 689, 『몰수 없는 선고 후 준항고 사건』.
2) 2024. 3. 12. 2022모2352, 공 2024상, 689, 『몰수 없는 선고 후 준항고 사건』.
3) 1991. 3. 28. 91모24, 공 1991, 1324, 『주자파출소 접견불허 사건』.
4) 2020. 3. 17. 2015모2357, 공 2020상, 851, 『보호장비 해제요구 거부 사건』.
5) 2020. 4. 16. 2019모3526, 공 2020상, 947, 『영장 확인요구 거부 사건』.

여 사생활의 비밀과 자유 등의 법익 귀속주체로서 해당 전자정보에 관한 전속적인 생성·이용 등의 권한을 보유·행사하는 실질적 피압수자이자 피의자인 경우가 있다. 이러한 경우에 준항고인이 참여의 기회를 보장받지 못하였다는 이유로 압수·수색 처분에 불복할 때에는 준항고인으로서는 불복하는 압수·수색 처분을 특정하는 데 한계가 있을 수밖에 없다.[1] 특히나 제3자가 보관하고 있는 전자정보에 대하여 수사기관이 압수·수색을 실시하면서 전자정보의 실질적 피압수자이자 피의자인 준항고인에게 통지조차 하지 아니한 경우에는 더욱 그러하다.[2]

이러한 경우 준항고법원으로서는 (가) 준항고인이 준항고취지에 압수·수색 처분의 주체로 기재한 수사기관뿐만 아니라, (나) 준항고취지에 기재된 기간에 실제로 압수·수색 처분을 집행한 것으로 확인되거나 추정되는 수사기관, (다) 사건을 이첩받는 등으로 압수·수색의 결과물을 보유하고 있는 수사기관 등의 압수·수색 처분에 대하여도 준항고인에게 석명권을 행사하는 등의 방식으로 불복하는 압수·수색 처분을 개별적, 구체적으로 특정할 수 있는 기회를 부여하여야 한다.[3]

나아가 (가) 압수·수색 처분을 한 특정 수사기관과 (나) 준항고인이 준항고취지에 기재한 수사기관이 일치하지 않는 경우 준항고법원은 준항고인에게 준항고취지의 보정을 요구하는 등 절차를 거쳐 이를 일치시키는 방식으로 준항고취지를 보다 명확히 한 다음, 해당 압수·수색 처분이 위법한지 여부를 충실하게 심리, 판단하여야 한다. 준항고인이 준항고취지에서 압수·수색 처분을 한 주체로 지정한 수사기관이 압수·수색 처분을 한 사실이 인정되지 않는다는 이유만으로 준항고를 배척할 것은 아니다.[4]

준항고인이 정보저장매체 또는 그 복제물에 대한 전체 압수·수색 과정을 단계적·개별적으로 구분하여 각 단계의 개별 처분에 대해 취소를 구하는 경우가 있다. 그렇다고 하더라도 준항고법원으로서는 특별한 사정이 없는 한 구분된 개별 처분의 위법이나 취소 여부를 판단할 것이 아니라 당해 압수·수색 과정 전체를 하나의 절차로 파악하여 그 과정에서 나타난 위법이 압수수색절차 전체를 위법하게 할 정도로 중대한지 여부에 따라 전체적으로 압수수색 처분을 취소할 것인지를 가려야 한다.[5]

(다) 압수물환부에 관한 준항고   형소법 제417조는 검사 또는 사법경찰관의 압수물의

1) 2023. 1. 12. 2022모1566, 공 2023상, 480, 『검찰 내부망 영장 없는 압수 준항고 사건』.
2) 2023. 1. 12. 2022모1566, 공 2023상, 480, 『검찰 내부망 영장 없는 압수 준항고 사건』.
3) 2023. 1. 12. 2022모1566, 공 2023상, 480, 『검찰 내부망 영장 없는 압수 준항고 사건』.
4) 2023. 1. 12. 2022모1566, 공 2023상, 480, 『검찰 내부망 영장 없는 압수 준항고 사건』.
5) 2015. 7. 16. 2011모1839 전원합의체 결정, 공 2015하, 1274, 『제약회사 저장매체 압수수색 사건』.

환부에 관한 처분에 대하여 불복이 있는 사람에게 수사절차상의 준항고를 허용하고 있다. 한편 형소법 제218조의2는 별도로 압수물의 환부·가환부에 관한 규정을 두고 있다. 여기에서 양자의 관계가 문제된다.

형소법 제417조는 위법하게 압수된 압수물의 환부에 관한 규정이다. 이 점은 형소법 제417조가 '압수물의 환부에 관한 처분에 불복이 있을 때'를 요건으로 규정하고 있는 점에서 확인할 수 있다. 이에 대해 형소법 제218조의2는 적법하게 압수된 압수물의 환부·가환부에 관한 규정이다.

압수절차가 위법함을 이유로 수사기관의 압수처분에 불복하여 압수물의 환부를 청구하는 경우로는 압수영장을 제시하지 않고 이루어진 압수,[1] 피압수자 측의 참여를 허용하지 않고 이루어진 압수,[2] 관련성 없는 별건증거에 대한 압수[3] 등의 경우를 들 수 있다. 이러한 경우에 피압수자 측은 형소법 제417조에 기하여 위법한 압수처분의 취소를 구하면서 압수물의 환부·가환부를 청구할 수 있다.

형소법 제417조는 "검사 또는 사법경찰관의 … 압수 또는 압수물의 환부에 관한 처분…에 대하여 불복이 있으면 그 직무집행지의 관할법원 또는 검사의 소속검찰청에 대응한 법원에 그 처분의 취소 또는 변경을 청구할 수 있다."고 규정하고 있다. 검경 수사권의 조정에 따라 경찰공무원인 사법경찰관에게 일차 수사권이 인정되고 검사에게는 제한된 범위에서만 직접 수사를 개시할 수 있는 권한이 부여되었다(검찰청법4① 단서). 이에 따라 형소법 제417조도 검경 수사권 조정에 맞추어 새롭게 해석할 필요가 있다.

먼저, 사법경찰관의 압수처분 또는 압수물의 환부에 관한 처분에 대하여 불복하는 사람은 사법경찰관의 직무집행지의 관할법원에 그 처분의 취소 또는 변경을 청구할 수 있다(법417).

다음으로, 검사의 압수처분 또는 압수물의 환부에 관한 처분에 대하여 불복하는 사람은 검사의 직무집행지의 관할법원 또는 검사의 소속검찰청에 대응한 법원에 그 처분의 취소 또는 변경을 청구할 수 있다(법417).

(라) 변호인접견에 관한 준항고   검사 또는 사법경찰관은 피의자 또는 그 변호인·법정대리인·배우자·직계친족·형제자매의 신청에 따라 변호인을 피의자와 접견하게 하여야 한다(법243의2①). 이 경우 '변호인'에는 신체구속된 피의자의 변호인 및 변호인이 되려는 자(법34)뿐만 아니라 불구속피의자의 변호인 및 변호인이 되려는 자도 포함된다.[4] 신체구속 여부

---

1) 2023. 1. 12. 2022모1566, 공 2023상, 480, 『검찰 내부망 영장 없는 압수 준항고 사건』.
2) 2023. 1. 12. 2022모1566, 공 2023상, 480, 『검찰 내부망 영장 없는 압수 준항고 사건』.
3) 2015. 7. 16. 2011모1839 전원합의체 결정, 공 2015하, 1274, 『제약회사 저장매체 압수수색 사건』.
4) 2004. 9. 23. 2000헌마138, 헌집 16-2상, 543, 『총선시민연대 사건』.

를 떠나 모든 피의자·피고인에게 변호인선임권 및 변호인과 상담하고 조언을 구할 권리가
인정되어야 함은 법치국가원리 및 적법절차원칙에 비추어 당연한 이치이기 때문이다.[1]

변호인과의 접견교통에 관한 검사 또는 사법경찰관의 처분에 대하여 불복이 있으면 그 직
무집행지의 관할법원 또는 검사의 소속검찰청에 대응한 법원에 그 처분의 취소 또는 변경을
청구할 수 있다.

(마) 변호인 신문참여에 관한 준항고　　검사 또는 사법경찰관은 피의자 또는 그 변호인·
법정대리인·배우자·직계친족·형제자매의 신청에 따라 정당한 사유가 없는 한 피의자에
대한 신문에 변호인을 참여하게 하여야 한다(법243의2①).

검사 또는 사법경찰관의 부당한 신문방법에 대한 변호인의 이의제기(법243의2③ 단서)는
고성, 폭언 등 그 방식이 부적절하거나 또는 합리적 근거 없이 반복적으로 이루어지는 등의
특별한 사정이 있는 경우에만 허용되지 않는다. 그러한 특별한 사정이 없는 한 검사 또는 사
법경찰관의 부당한 신문방법에 대한 이의제기는 원칙적으로 변호인에게 인정된 권리의 행사
에 해당하며, 신문을 방해하는 행위로는 볼 수 없다.[2]

검사 또는 사법경찰관의 변호인 참여에 관한 처분에 대하여 불복이 있으면 그 직무집행지
의 관할법원 또는 검사의 소속검찰청에 대응한 법원에 그 처분의 취소 또는 변경을 청구할
수 있다.

(3) 준항고 절차

형소법 제417조에 따른 수사기관의 처분에 대한 준항고의 관할법원은 검사 또는 사법경
찰관의 직무집행지의 관할법원 또는 검사의 소속검찰청에 대응한 법원이다(법417).

피압수자 등 수사기관의 처분을 받은 사람은 준항고인의 지위에서 (가) 불복의 대상이 되
는 압수 등에 관한 처분을 특정하고, (나) 준항고취지를 명확히 하여, (다) 청구의 내용을 서면
으로 기재한 다음, 이를 관할법원에 제출하여야 한다(법418).[3]

다만 준항고인이 불복의 대상이 되는 압수 등에 관한 처분을 구체적으로 특정하기 어려운
사정이 있는 경우에는 법원은 석명권 행사 등을 통해 준항고인에게 불복하는 압수 등에 관한
처분을 특정할 수 있는 기회를 부여하여야 한다.[4] 형사소송법 제417조에 따른 준항고 절차는
항고소송의 일종으로 당사자주의에 의한 소송절차와는 달리 대립되는 양 당사자의 관여를 필

---

1) 2004. 9. 23. 2000헌마138, 헌집 16-2상, 543, 『총선시민연대 사건』.
2) 2020. 3. 17. 2015모2357, 공 2020상, 851, 『보호장비 해제요구 거부 사건』.
3) 2023. 1. 12. 2022모1566, 공 2023상, 480, 『검찰 내부망 영장 없는 압수 준항고 사건』.
4) 2023. 1. 12. 2022모1566, 공 2023상, 480, 『검찰 내부망 영장 없는 압수 준항고 사건』.

요로 하지 않는다. 따라서 (가) 준항고인이 불복의 대상이 되는 압수 등에 관한 처분을 한 수사기관을 제대로 특정하지 못하거나 (나) 준항고인이 특정한 수사기관이 해당 처분을 한 사실을 인정하기 어렵다는 이유만으로 준항고를 쉽사리 배척할 것은 아니다.[1]

형사소송법 제419조는 형사소송법 제417조의 준항고에 관하여 형사소송법 제409조의 보통항고의 효력에 관한 규정을 준용하고 있다. 따라서 형사소송법 제417조의 준항고는 항고의 실익이 있는 한 제기기간에 아무런 제한이 없다.[2]

수사기관의 처분에 대한 준항고에는 법률상 이익이 있어야 한다. 그러므로 (가) 준항고 계속 중에 준항고로써 달성하고자 하는 목적이 이미 이루어졌거나, (나) 시일의 경과 또는 그 밖의 사정으로 인하여 그 이익이 상실된 경우에는 준항고는 그 이익이 없어 부적법하게 된다.[3]

수사기관의 처분에 대한 준항고의 절차와 재판에는 보통항고의 규정들이 준용된다(법419). 준항고의 제기가 법률상의 방식에 위반하거나 준항고권 소멸 후인 것이 명백한 때에는 준항고법원은 결정으로 준항고를 기각하여야 한다(법419, 413). 준항고를 이유 없다고 인정한 때에는 결정으로 준항고를 기각하여야 한다(법419, 414①). 항고를 이유 있다고 인정한 때에는 결정으로 수사기관의 해당 처분을 취소하고 필요한 경우에는 준항고사건에 대하여 직접 재판을 하여야 한다(법419, 414②). 준항고법원의 결정에 대하여는 재판에 영향을 미친 헌법·법률·명령 또는 규칙의 위반이 있음을 이유로 하는 때에 한하여 대법원에 즉시항고를 할 수 있다(법419, 415).

---

1) 2023. 1. 12. 2022모1566, 공 2023상, 480, 『검찰 내부망 영장 없는 압수 준항고 사건』.
2) 2024. 3. 12. 2022모2352, 공 2024상, 689, 『몰수 없는 선고 후 준항고 사건』.
3) 2015. 10. 15. 2013모1970, [미간행], 『서버데크 반환거부 준항고 사건』.

제2장 비상구제절차

제1절 재   심

제1 재심의 의의와 기능

1. 비상구제절차의 의의

피고사건에 대한 종국재판이 확정되면 확정력이 발생하고 더 이상 그 재판의 당부를 다툴 수 없게 된다. 그러나 아무리 신중한 재판을 하더라도 인간의 불완전성으로 인하여 확정판결에 오류가 개입하는 상황을 배제할 수 없다. 여기에서 예외적으로 확정판결의 효력을 깨뜨려서 재판의 오류를 바로잡는 법적 장치가 필요한데 이를 비상구제절차라고 한다. 비상구제절차의 방법에는 재심(법420 이하)과 비상상고(법441 이하)가 있다.

확정판결에 오류가 개입하는 사례로는 피고사건의 사실인정이 잘못된 경우와 피고사건의 법령적용에 오류가 개입한 경우를 생각할 수 있다. 재심은 확정판결에 내재하는 사실인정의 잘못을 바로잡는 구제장치이다. 이에 대하여 비상상고는 확정판결에 내재하는 법령위반을 시정하는 구제장치이다.

항소, 상고, 항고 등 통상의 상소방법은 재판이 확정되기 전에 그 재판의 오류를 제거하는 일반적인 구제장치임에 반하여 재심과 비상상고는 확정판결의 오류를 시정하는 비상구제절차라는 점에서 구별된다.

2. 재심의 대상과 구조

(1) 재심의 대상

재심의 대상이 되는 것은 (가) 유죄의 확정판결(법420)과 (나) 항소기각판결 또는 상고기각판결(법421)이다. 재심의 대상이 되는 판결을 가리켜서 원판결(법420 참조) 또는 재심대상판결이라고 한다.

형사소송법은 이익재심만을 인정하고 있다(법420, 421①). 재심대상판결은 원칙적으로 유죄의 확정판결에 한정된다(법420). 이 경우 확정판결은 검사의 공소제기가 있고 공판절차에서 심리와 판단이 행해진 정규의 유죄판결(법321, 322)과 확정판결의 효력이 부여되는 약식명령(법457) 및 즉결심판(즉결심판법16)을 모두 포함한다.

특별사면으로 형 선고의 효력이 상실된 유죄의 확정판결도 재심대상판결에 포함된다.[1] 2015년 대법원은 다음의 이유를 들어서 종래 불허설로부터 허용설로 판례를 변경하였다.[2]

첫째로, 유죄판결 확정 후에 형 선고의 효력을 상실케 하는 특별사면(사면법5① ii 단서)이 있었다고 하더라도, 형 선고의 법률적 효과만 장래를 향하여 소멸될 뿐이다. 확정된 유죄판결에서 이루어진 사실인정과 그에 따른 유죄 판단까지 없어지는 것은 아니므로, 유죄판결은 형 선고의 효력만 상실된 채로 여전히 존재한다.

둘째로, 재심사유(법420 참조)가 있는 피고인으로서는 재심을 통하여 특별사면에도 불구하고 여전히 남아 있는 불이익, 즉 유죄의 선고는 물론 형 선고가 있었다는 기왕의 경력 자체 등을 제거할 필요가 있다.

셋째로, 특별사면으로 형 선고의 효력이 상실된 유죄판결이 재심청구의 대상이 될 수 없다고 한다면, 이는 특별사면이 있었다는 사정만으로 재심청구권을 박탈하여 명예를 회복하고 형사보상을 받을 기회 등을 원천적으로 봉쇄하는 것과 다를 바 없어서 재심제도의 취지에 반한다.

약식명령은 정식재판의 청구에 의한 판결이 있는 때에는 그 효력을 잃는다(법456). 약식명령에 대하여 정식재판 청구가 이루어지고 그 후 진행된 정식재판 절차에서 유죄판결이 선고되어 확정된 경우에 재심사유가 존재한다고 주장하는 피고인 등은 효력을 잃은 약식명령이 아니라 유죄의 확정판결을 대상으로 재심을 청구해야 한다.[3]

무죄판결, 면소판결,[4] 공소기각판결, 관할위반판결 등은 설사 그 판결에 중대한 사실오인이 있다고 하더라도 재심의 대상으로 되지 않는다. 다만 위헌무효인 법령의 폐지를 이유로 인한 면소판결은 재심대상이 된다.[5] 판결이 아닌 재판에 대해서도 재심이 인정되지 않는다. 공소기각결정(법328①), 항고기각결정(법407①, 413, 414①), 재정신청기각결정(법262② i) 등은 재심의 대상에서 제외된다.[6]

재심은 확정된 유죄판결뿐만 아니라 항소 또는 상고를 기각한 판결도 그 대상으로 한다(법421①). 여기에서 '항소기각판결' 또는 '상고기각판결'은 그 판결에 의하여 확정된 하급심판

---

1) 신동운, "특별사면과 재심청구의 대상", 형사판례의 연구(II)(지송 이재상 교수 화갑기념 논문집)(2002), 441-461면 참고 바람.

2) 2015. 5. 21. 2011도1932 전원합의체 판결, 공 2015하, 920, 『고등군사법원 재심개시결정 사건』.

3) 2013. 4. 11. 2011도10626, 공 2013상, 901, 『약식명령 재심청구 사건』.

4) 2018. 5. 2. 2015모3243, 공 2018상, 1111, 『긴급조치 해제 면소판결 재심청구 사건』.

5) 2013. 4. 18. 2011초기689 전원합의체 결정, 공 2013상, 978, 『긴급조치 형사보상청구 사건』.

6) 1986. 10. 29. 86모38, 공 1987, 265, 『재정신청기각 재심청구 사건』.

결을 의미하는 것이 아니라 하급심판결을 확정에 이르게 한 항소기각판결 또는 상고기각판결 자체를 의미한다.[1] 항소기각판결 또는 상고기각판결은 유죄판결 자체는 아니지만 그 확정에 의하여 원심의 유죄판결도 확정된다는 점에서 유죄판결과는 별개의 재심대상으로 인정되고 있다.

(2) 재심절차의 구조

재심은 재심대상판결에 일정한 사실오인의 흠이 있다고 판단되는 경우에 피고사건을 다시 심판하는 절차이다. 재심은 재심대상판결에 일정한 사실오인의 흠이 개입되고 있는가를 판단하는 사전절차와 사실오인의 흠이 판명된 경우에 진행되는 재차의 심판절차로 구성된다. 이때 전자를 재심청구절차 또는 재심개시절차라 하고 후자를 재심심판절차라고 한다.

재심청구절차는 결정(법433 내지 435)의 형식으로 종료됨에 반하여 재심심판절차는 통상의 공판절차에서와 같이 유죄·무죄 등의 판결 형식으로 종결된다.

제 2 재심사유

1. 재심사유의 개관

(1) 형사소송법상의 재심사유

형사소송법 제420조는 유죄의 확정판결에 대한 재심사유로 일곱 가지 경우를 열거하고 있다. 또한 형소법 제421조는 항소기각판결 또는 상고기각판결에 대한 재심사유로 유죄의 확정판결에 대한 재심사유 가운데 세 가지 사유를 인정하고 있다.

형사소송법상의 재심사유는 여러 가지 관점에서 분류할 수 있다. 형사소송법상의 재심사유는 재심의 실제운용에 있어서 자주 주장되는 새로운 증거의 발견을 이유로 하는 경우와 그 밖의 경우로 나누어 볼 수 있다.

(2) 특별법상의 재심사유

(가) 소송촉진법   재심사유는 특별법에 의하여 인정되기도 한다. 「소송촉진 등에 관한 특례법」(소송촉진법)에 따르면 제1심 공판절차에서 피고인에 대한 송달불능보고서가 접수된 때부터 6개월이 지나도록 피고인의 소재를 확인할 수 없는 경우에는 대법원규칙으로 정하는 바에 따라 피고인의 진술 없이 재판할 수 있다(동법23 본문). 다만, 사형, 무기 또는 장기 10년

---

[1] 1984. 7. 27. 84모48, 공 1984, 1519, 『무고재심 청구기각 사건』.

이 넘는 징역이나 금고에 해당하는 사건의 경우에는 그러하지 아니하다(동조 단서).

소송촉진법에 따르면 이 법률에 따른 불출석재판으로 유죄판결을 받고 그 판결이 확정된 자가 책임을 질 수 없는 사유로 공판절차에 출석할 수 없었던 경우에 재심청구권자(법424)는 그 판결이 있었던 사실을 안 날부터 14일 이내에 제1심법원에 재심을 청구할 수 있다(소송촉진법23의2①). 재심청구인이 책임을 질 수 없는 사유로 위 기간에 재심청구를 하지 못한 경우에는 그 사유가 없어진 날부터 14일 이내에 제1심법원에 재심을 청구할 수 있다(동항).

소송촉진법 제23조의2는 제1심의 불출석재판에 대한 재심사유만을 규정하고 있다. 그런데 소송촉진법 제23조의2에 따라 진행된 제1심의 불출석재판에 대하여 검사만 항소하고 항소심도 불출석재판으로 진행한 후에 제1심판결을 파기하고 새로 유죄판결을 선고하거나 또는 다시 유죄판결을 선고하여 그 유죄판결이 확정된 경우가 있다. 판례는 이러한 경우에도 소송촉진법 제23조의2를 유추 적용하고 있다. 즉 귀책사유 없이 제1심과 항소심의 공판절차에 출석할 수 없었던 피고인은 소송촉진법 제23조의2가 규정한 14일의 기간 내에 항소법원에 그 유죄판결에 대한 재심을 청구할 수 있다.[1]

소송촉진법에 따른 재심의 절차는 소송촉진법이 규정하고 있다. 소송촉진법 제23조의2 제1항에 따른 재심청구가 있을 때에는 법원은 재판의 집행을 정지하는 결정을 하여야 한다(동법23의2②). 재판의 집행을 정지하는 결정을 한 경우에 피고인을 구금할 필요가 있을 때에는 구속영장을 발부해야 한다(동조③ 본문). 다만, 형소법 제70조(구속사유)의 요건을 갖춘 경우로 한정한다(동항 단서).

재심청구인은 재심청구서에 송달장소를 적고, 이를 변경하는 경우에는 지체 없이 그 취지를 법원에 신고해야 한다(소송촉진법23의2④). 재심청구인이 송달장소의 기재 또는 신고를 하지 아니하여 송달을 할 수 없는 경우에는 형소법 제64조에 따른 공시송달을 할 수 있다(동조⑤).

재심개시결정이 확정된 후 공판기일에 재심청구인이 출석하지 아니한 경우에는 다시 기일을 정해야 한다(소송촉진법23의2⑥, 법365①). 피고인이 정당한 사유없이 다시 정한 기일에 출정하지 아니한 때에는 피고인의 진술 없이 판결할 수 있다(소송촉진법23의2⑥, 법365②). 소송촉진법에 따른 재심에 관하여는 형사소송법의 재심에 관한 주요 규정들이 준용된다(소송촉진법23의2⑦ 참조).

(나) 헌법재판소법 제47조   「헌법재판소법」은 제47조에서 위헌으로 결정된 형벌법규의 소급효를 규정하고 있다. 즉, 위헌으로 결정된 형벌에 관한 법률 또는 법률의 조항은 그

---

1) 2015. 6. 25. 2014도17252 전원합의체 판결, 공 2015하, 1112, 『항소심 불출석재판 재심 사건』.

결정이 있는 날부터 소급하여 그 효력을 상실한다(동법47③ 본문). 다만, 해당 형벌법규에 대하여 종전에 합헌으로 결정한 사건이 있는 경우에는 그 결정이 있은 날의 다음 날로 소급하여 효력을 상실한다(동항 단서). 위헌으로 결정된 형벌법규에 근거한 유죄의 확정판결에 대하여는 재심을 청구할 수 있다(동조④). 이 경우 재심절차에 대하여는 형사소송법을 준용한다(동조⑤).

「헌법재판소법」 제47조 제3항은 위헌으로 결정되어 실효된 형벌법규의 소급효를 규정하고 있다. 위헌으로 결정되어 실효된 형벌법규의 소급효 여하에 따라 재심이 허용되는 범위도 달라진다. 이와 관련하여 논의되는 문제상황을 몇 가지 살펴본다.

어느 법률조항의 개정이 자구만 형식적으로 변경된 데 불과하여 그 개정 전후 법률조항들 자체의 의미내용에 아무런 변동이 없고, 개정 법률조항이 해당 법률의 다른 조항이나 관련 다른 법률과의 체계적 해석에서도 개정 전 법률조항과 다른 의미로 해석될 여지가 없어 양자의 동일성이 그대로 유지되고 있는 경우가 있다.

이러한 경우 '개정 전 법률조항'에 대한 위헌결정의 효력은 그 주문에 개정 법률조항이 표시되어 있지 아니하더라도 '개정 법률조항'에 대하여도 미친다.[1] 따라서 이 때에는 '개정 법률조항'을 적용한 유죄의 확정판결은 위헌결정으로 인하여 효력을 상실한 형벌법규를 적용한 것으로서 '위헌으로 결정된 법률 또는 법률의 조항에 근거한 유죄의 확정판결'에 해당하므로 이에 대하여 재심을 청구할 수 있다.

이와 달리 '개정 법률조항'에 대한 위헌결정이 있는 경우에는, 비록 그 법률조항의 개정이 자구만 형식적으로 변경된 것에 불과하여 개정 전후 법률조항들 사이에 실질적 동일성이 인정된다 하더라도, '개정 법률조항'에 대한 위헌결정의 효력이 '개정 전 법률조항'에까지 그대로 미친다고 할 수는 없다.[2] 이 때에는 '개정 전 법률조항'을 적용한 유죄의 확정판결은 위헌결정으로 인하여 효력을 상실한 형벌법규를 적용한 것이 아니므로 '위헌으로 결정된 법률 또는 법률의 조항에 근거한 유죄의 확정판결'에 해당하지 아니하여 이에 대해 재심을 청구할 수 없다.[3]

위헌으로 결정된 형벌법규가 「헌법재판소법」 제47조 제3항 단서에 의하여 종전의 합헌결정이 있은 날의 다음 날로 소급하여 효력을 상실하는 경우 그 합헌결정이 있은 날의 다음 날 이후에 유죄판결이 선고되어 확정되었다면, 비록 범죄행위가 그 이전에 행하여졌다 하더라도 그 판결은 위헌결정으로 인하여 소급하여 효력을 상실한 형벌법규를 적용한 것으로서 '위헌으

---

1) 2020. 2. 21. 2015모2204, 공 2020상, 749, 『개정 후 법률규정 위헌결정 소급효 사건』.
2) 2020. 2. 21. 2015모2204, 공 2020상, 749, 『개정 후 법률규정 위헌결정 소급효 사건』.
3) 2020. 2. 21. 2015모2204, 공 2020상, 749, 『개정 후 법률규정 위헌결정 소급효 사건』.

로 결정된 법률 또는 법률의 조항에 근거한 유죄의 확정판결'에 해당하므로 이에 대하여 재심을 청구할 수 있다.[1]

(다) 헌법재판소법 제75조   「헌법재판소법」제68조 제2항은「헌법재판소법」제41조 제1항에 따른 법률의 위헌 여부 심판의 제청신청이 기각된 때에는 그 신청을 한 당사자는 헌법재판소에 헌법소원심판을 청구할 수 있다고 규정하고 있다. 나아가「헌법재판소법」제75조 제7항은「헌법재판소법」제68조 제2항에 따른 헌법소원이 인용된 경우에 해당 헌법소원과 관련된 소송사건이 이미 확정된 때에는 당사자는 재심을 청구할 수 있다고 규정하고 있다. 이 경우 형사사건에 대한 재심에는 형사소송법이 준용된다(헌법재판소법75⑧).

이와 관련하여 소위 한정위헌결정이 재심사유로 인정될 것인지 문제된다. 한정위헌결정이란 헌법재판소가 법률의 위헌 여부를 심사할 때 (가) 법률의 문언 자체는 그대로 둔 채 (나) 법률이 적용되는 일부영역을 한정하여 (다) 합헌적인 영역 밖에 있는 경우에까지 법률의 적용범위를 넓히는 것은 위헌이라고 선언하는 결정을 말한다. 헌법재판소는 한정위헌결정도 일부위헌결정이므로「헌법재판소법」제47조 제4항 또는 제75조 제7항에 따라 당사자는 재심청구를 할 수 있다는 입장을 취하고 있다.[2]

이에 대하여 대법원은 법률조항 자체는 그대로 둔 채 그 법률조항에 관한 특정한 내용의 해석·적용만을 위헌으로 선언하는 한정위헌결정은 규범통제가 아닌 구체적 사건에서의 법원의 법률의 해석·적용 권한에 대한 통제라고 본다. 그리하여 대법원은 한정위헌결정에 대해「헌법재판소법」제47조가 규정하는 위헌결정의 효력을 부여할 수 없고, 그 결과 한정위헌결정은 법원을 기속할 수 없어서 재심사유가 될 수 없다는 입장을 취하고 있다.[3]

(라) 기타 특별법   「군사법원법」은 형사소송법에 준하여 재심사유를 규정하고 있다(동법469 이하 참조). 그 밖에도 특별법에 의하여 재심사유가 인정되는 경우가 있다. 소위 특별재심이 그것이다.「5·18민주화운동 등에 관한 특별법」(동법4 참조),「제주4·3사건 진상규명 및 희생자 명예회복에 관한 특별법」(동법14 참조) 등은 특별재심을 규정한 예이다.

2. 신증거형 재심사유

(1) 새로운 증거의 의미와 자격

형사소송법 제420조가 규정하고 있는 재심사유는 (가) 신증거형 재심사유와 (나) 오류형 재심사유로 나누어 볼 수 있다.

---

1) 2016. 11. 10. 2015모1475, 공 2016하, 1952,『간통죄 재심청구 사건』.
2) 2022. 6. 30. 2014헌마760, 헌집 34-1, 604,『제주도 재해영향평가 심의위원 '공무원' 한정위헌 사건』.
3) 2014. 8. 11. 2013모2593, [미등록],『(내용 불명)』.

형사소송법 제420조 제5호는 (가) 유죄를 선고받은 자에 대하여 무죄 또는 면소를, (나) 형의 선고를 받은 자에 대하여 형의 면제 또는 원판결이 인정한 죄보다 가벼운 죄를 인정할 명백한 증거가 새로 발견된 때를 유죄의 확정판결에 대한 재심사유로 규정하고 있다. (가)의 경우 '원판결이 인정한 죄보다 가벼운 죄를 인정할 경우'라 함은 원판결에서 인정한 죄와는 별개의 가벼운 죄를 말하고, 원판결에서 인정한 죄 자체에는 변함이 없고 다만 양형상의 자료에 변동을 가져올 사유에 불과한 것은 여기에 해당하지 않는다.[1]

판례는 공소기각판결을 인정할 증거가 발견된 때는 형소법 제420조 제5호의 재심사유에 해당되지 않는다는 입장이다.[2] 명백한 신증거의 발견을 이유로 한 재심사유는 항소기각판결 또는 상고기각판결에 대한 재심사유(법421①)로는 되지 않는다.

재심사유로 인정되기 위해서 요구되는 새로운 증거가 어느 범위의 사실에 대하여 어느 정도의 자격을 갖춘 것이어야 하는가 하는 문제가 있다. 형사소송법이 이익재심만을 허용하고 있다는 점(법420①)과 재심을 가능한 한 폭넓게 인정할 필요가 있다는 점에 비추어 볼 때 새로운 증거는 반드시 증거능력을 가질 필요는 없으며, 좁은 의미의 범죄사실에 관한 것뿐만 아니라 증거의 증거능력과 증명력에 관한 사실까지도 모두 포함하는 것으로 새겨야 할 것이다.

(2) 증거의 신규성

발견된 증거가 재심사유로 인정되기 위해서는 그 증거가 새로운 것이어야 한다. '증거가 새로 발견된 때'라 함은 (가) 재심대상이 되는 확정판결의 소송절차에서 발견되지 못하였던 증거로서 이를 새로이 발견한 때와 (나) 재심대상이 되는 확정판결의 소송절차에서 발견되기는 하였지만 제출할 수 없었던 증거로서 이를 비로소 제출할 수 있게 된 때를 말한다.[3]

재심사유로서의 새로운 증거에는 (가) 원판결 당시에 이미 존재하고 있었으나 감추어져 있던 것이 그 후에 새로이 발견된 경우, (나) 원판결 후에 새로 생긴 증거, (다) 원판결 당시 증거의 존재는 알고 있었으나 그 제출이나 조사가 불가능하였던 증거로서 그 후 제출이나 증거조사가 가능하게 된 경우가 모두 포함된다.

형벌에 관한 법령이 당초부터 헌법에 위반되어 법원이 위헌·무효라고 선언한 때는 무죄 등을 인정할 '증거가 새로 발견된 때'에 해당한다.[4] 조세 부과처분을 취소하는 행정판결이 확

1) 2017. 11. 9. 2017도14769, 공 2017하, 2401, 『피해회복자료 불고려 주장 사건』.
2) 1997. 1. 13. 96모51, 공 1997, 688, 『고소취소장 미접수 사건』.
3) 2009. 7. 16. 2005모472 전원합의체 결정, 공 2009하, 1390, 『무정자증 강간범 사건』.
4) 2013. 4. 18. 2010모363, 공 2013상, 976, 『긴급조치 9호 재심청구 사건』.

정된 경우 및 조세심판원이 재조사결정을 하고 그에 따라 과세관청이 후속처분으로 당초 부
과처분을 취소한 경우도 '증거가 새로 발견된 때'에 해당한다.[1]

(3) 신규성의 판단기준

새로운 증거는 우선 법원의 입장에서 볼 때 새로운 것이어야 한다. 따라서 유죄를 인정한
원판결의 증거로 되었던 자백이나 증인의 증언 또는 공동피고인의 진술이 이후 단순히 번복
되었다는 것만으로는 새로운 증거라고 할 수 없다.

그런데 증거의 신규성이 피고인에게도 요구되는가 하는 점에 대해서는 견해가 나뉘고 있
다. 이에 대해서는 법원뿐만 아니라 피고인에게도 증거가 새로운 것임을 요한다고 보는 필요
설, 법원에게만 새로운 증거이면 족하고 피고인에게까지 신증거의 요건을 요구해서는 안 된다
는 불필요설, 피고인에게는 원칙적으로 증거의 신규성을 요구하지 않지만, 피고인이 증거가
있음을 알면서 고의 · 과실 등 귀책사유로 인하여 증거를 제출하지 아니한 경우에는 예외적으
로 그 증거를 재심사유로 삼을 수 없다고 보는 절충설 등이 제시되고 있다. 판례는 절충설을
취하고 있다.[2]

공범자 사이에 동일한 사실을 놓고 유죄와 무죄의 모순된 판결이 있는 경우에 유죄의 확
정판결을 받은 공범자가 이후에 내려진 다른 공범자의 무죄 확정판결을 가지고 무죄를 인정
할 새로운 증거로 삼을 수 있겠는가 하는 문제가 있다. 이에 대해서는 형사사법의 권위가 훼
손되는 것을 막기 위하여 모순되는 판결을 재심사유에 포함시켜야 한다고 보는 긍정설과 이
를 반대하는 부정설이 있다. 판례는 부정설을 취하고 있다.[3]

(4) 증거의 명백성

새로운 증거의 발견이 형소법 제420조 제5호의 재심사유에 해당하기 위해서는 그 증거가
(가) 유죄의 선고를 받은 자에 대하여 무죄 또는 면소를, (나) 형의 선고를 받은 자에 대하여
형의 면제 또는 원판결이 인정한 죄보다 가벼운 죄를 인정할 명백한 증거이어야 한다. 증거의
명백성을 판단함에 있어서 새로 발견된 증거만을 기준으로 할 것인가 기존의 구증거도 함께
고려의 대상으로 삼아야 할 것인가를 놓고 견해가 나뉘고 있다.

단독평가설은 새로 발견된 증거만을 독립적 · 고립적으로 고찰하여 그 증거가치만으로 재
심의 개시 여부를 판단해야 한다는 견해이다. 전면적 종합평가설은 새로 발견된 증거와 재심

---

1) 2015. 10. 29. 2013도14716, 공 2015하, 1839, 『외주공사비 손금 처리 사건』.
2) 2009. 7. 16. 2005모472 전원합의체 결정, 공 2009하, 1390, 『무정자증 강간범 사건』.
3) 1984. 4. 13. 84모14, 공 1984, 1044, 『국보위법 단체행동 사건』.

대상 확정판결이 그 사실인정시에 채용한 모든 구증거를 함께 고려하여 종합적으로 평가·판단해야 한다는 견해이다.

제한적 종합평가설은 재심대상이 되는 확정판결을 선고한 법원이 사실인정의 기초로 삼은 증거들 가운데 새로 발견된 증거와 유기적으로 밀접하게 관련·모순되는 것들만을 함께 고려하여 평가해야 한다는 견해이다. 판례는 종래 단독평가설을 취하고 있었으나 제한적 종합평가설로 입장을 변경하였다.[1]

제한적 종합평가설에 의하여 증거의 명백성을 판단할 때에는 새로 발견된 증거와 유기적으로 밀접하게 관련·모순되는 구증거를 함께 고려해야 한다. 따라서 재심청구법원은 확정판결 선고법원의 심증에 구속되지 않고 새로 발견된 증거와 유기적으로 밀접하게 관련·모순되는 구증거 전체를 재평가해야 한다. 구증거와 신증거를 함께 고려하여 증거의 명백성을 판단함에 있어서는 고도의 개연성이 인정되는 정도의 심증이 요구된다.[2]

3. 오류형 재심사유

(1) 유죄의 확정판결에 대한 재심사유

(가) 의 의   형소법 제420조는 유죄의 확정판결에 사용되었던 증거 자체가 부정확하여 사실관계의 확정에 오류가 개입되는 경우를 재심사유로 설정하고 있다.

오류형 재심사유에서 문제되는 원판결의 증거는 원판결의 이유 중에서 증거로 채택되어 범죄사실을 인정하는 데 인용된 증거를 뜻한다. 그 증거는 원판결의 범죄사실과 직접·간접으로 관련된 내용의 것이어야 한다.[3] 예컨대 증인이 위증죄로 처벌되어 그의 증언이 허위인 것으로 증명되었다는 것만으로는 오류형 재심사유로 충분하지 않다.[4]

(나) 사 유   형사소송법 제420조는 오류형 재심사유로 여섯 가지를 열거하고 있다.

① 원판결의 증거가 된 서류 또는 증거물이 확정판결에 의하여 위조되거나 변조된 것임이 증명된 때 (1호)

② 원판결의 증거가 된 증언, 감정, 통역 또는 번역이 확정판결에 의하여 허위임이 증명된 때 (2호)

③ 무고로 인하여 유죄를 선고받은 경우에 그 무고의 죄가 확정판결에 의하여 증명된 때 (3호)

---

1) 2009. 7. 16. 2005모472 전원합의체 결정, 공 2009하, 1390, 『무정자증 강간범 사건』.
2) 2009. 7. 16. 2005모472 전원합의체 결정, 공 2009하, 1390, 『무정자증 강간범 사건』.
3) 1997. 1. 16. 95모38, 공 1997, 689, 『부루스타 사건』.
4) 1999. 8. 11. 99모93, 공 1999, 2261, 『녹음테이프 감정의뢰 사건』.

④ 원판결의 증거가 된 재판이 확정재판에 의하여 변경된 때 (4호)

⑤ 저작권, 특허권, 실용신안권, 디자인권 또는 상표권을 침해한 죄로 유죄의 선고를 받은 사건에 관하여 그 권리에 대한 무효의 심결 또는 무효의 판결이 확정된 때 (6호)

⑥ 원판결, 전심판결 또는 그 판결의 기초가 된 조사에 관여한 법관, 공소의 제기 또는 그 공소의 기초가 된 조사에 관여한 검사나 사법검찰관이 그 직무에 관한 죄를 지은 것이 확정판결에 의하여 증명된 때. 다만, 원판결의 선고 전에 법관, 검사 또는 사법경찰관에 대하여 공소가 제기되었을 경우에는 원판결의 법원이 그 사유를 알지 못한 때로 한정한다. (7호)

(다)증 명   오류형 재심사유의 경우에는 확정판결로써 오류의 원인사실을 증명해야 하는 경우가 대부분이다. 확정판결로써 범죄가 증명됨을 재심청구의 이유로 할 경우에 그 확정판결을 얻을 수 없는 때에는 그 사실을 증명하여 재심의 청구를 할 수 있다(법422 본문). 단, 증거가 없다는 이유로 확정판결을 얻을 수 없는 때에는 예외로 한다(동조 단서).

확정판결에 갈음하는 사실증명의 예로 검사의 불기소처분을 들 수가 있다. 검사의 불기소처분으로 확정판결을 얻을 수 없게 되었으나 그 불기소처분에 의하여 오류의 원인된 범죄사실의 존재가 적극적으로 입증되는 경우는 사실이 증명되는 경우에 해당한다.[1]

형소법 제420조 제7호의 재심사유 가운데에는 공소의 제기 또는 그 공소의 기초된 조사에 관여한 검사나 사법검찰관이 그 직무에 관한 죄를 범한 것이 확정판결에 의하여 증명된 경우가 포함되어 있다.

수사기관이 영장주의를 배제하는 위헌적 법령에 따라 영장 없는 체포·구금을 한 경우 법체계상 그러한 행위를 곧바로 직무범죄로 평가하기는 어렵다. 그러나 이러한 경우에도 불법체포·감금의 직무범죄(형법124)가 인정되는 경우에 준하는 것으로 보아 형소법 제420조 제7호의 재심사유가 있다고 보아야 한다. 영장주의를 배제하는 위헌적 법령에 따라 영장 없는 체포·구금을 당한 국민에게 이러한 유추적용을 통해 재심의 문을 열어놓는 것은 헌법상 재판받을 권리를 보장하는 헌법합치적 해석에 해당한다.[2]

(2) 항소기각판결·상고기각판결에 대한 재심사유

형사소송법 제421조 제1항은 항소기각판결 또는 상고기각판결에 대하여 별도로 재심사유를 규정하고 있다. 유죄를 선고한 원심판결 자체에는 재심사유가 없더라도 항소기각판결 또는 상고기각판결 자체에 재심사유가 개입될 수 있기 때문이다. 이러한 경우에는 상소를 기

---

1) 1997. 2. 26. 96모123, 공 1997, 1024, 『29시간 불법감금 사건』.
2) 2018. 5. 2. 2015모3243, 공 2018상, 1111, 『긴급조치 해제 면소판결 재심청구 사건』.

각한 판결 자체의 확정력을 제거하여 피고사건을 상소심에 소송계속된 상태로 복원시킴으로써 피고사건의 실체를 계속 심판할 수 있다.[1]

항소기각판결 또는 상고기각판결에 대하여는 위의 오류형 재심사유 가운데 세 가지만 인정된다.

① 원판결의 증거가 된 서류 또는 증거물이 확정판결에 의하여 위조되거나 변조된 것임이 증명된 때 (1호)

② 원판결의 증거가 된 증언, 감정, 통역 또는 번역이 확정판결에 의하여 허위임이 증명된 때 (2호)

③ 원판결, 전심판결 또는 그 판결의 기초가 된 조사에 관여한 법관, 공소의 제기 또는 그 공소의 기초가 된 수사에 관여한 검사나 사법경찰관이 그 직무에 관한 죄를 지은 것이 확정판결에 의하여 증명된 때. 다만, 원판결의 선고 전에 법관, 검사 또는 사법경찰관에 대하여 공소가 제기되었을 경우에는 원판결의 법원이 그 사유를 알지 못한 때로 한정한다. (7호)

위의 세 가지 재심사유의 경우에는 확정판결로써 오류의 원인사실을 증명해야 한다. 확정판결로써 범죄가 증명됨을 재심청구의 이유로 할 경우에 그 확정판결을 얻을 수 없는 때에는 그 사실을 증명하여 재심의 청구를 할 수 있다(법422 본문). 단, 증거가 없다는 이유로 확정판결을 얻을 수 없는 때에는 예외로 한다(동조 단서).

제1심 확정판결에 대한 재심청구사건의 판결이 있은 후에는 항소기각판결에 대하여 다시 재심을 청구하지 못한다(법421②). 제1심 또는 제2심의 확정판결에 대한 재심청구사건의 판결이 있은 후에는 상고기각판결에 대하여 다시 재심을 청구하지 못한다(동조③). 이 경우 '재심청구사건의 판결'은 재심청구절차에 의한 재심개시결정(법435①)이나 재심청구기각결정(법433, 434①)이 아니라 재심개시결정에 의하여 개시된 재심심판절차(법438 참조)에서 내려진 판결을 의미한다.

형벌에 관한 법률조항에 대하여 헌법재판소의 위헌결정이 선고되어 「헌법재판소법」 제47조 제4항에 따라 재심을 청구하는 경우가 있다. 대법원은 이 경우에 대해, 그 재심사유는 '유죄의 확정판결'(제1심의 유죄판결과 상소심에서 파기자판에 의한 유죄판결)을 대상으로 하는 것인데, 형벌법규에 대한 위헌결정은 항소기각판결 또는 상고기각판결에 대한 재심사유를 규정한 형소법 제420조 제1호, 제2호, 제7호 어느 것에도 해당하지 않는다는 이유로 항소기각판결 또는 상고기각판결을 재심대상으로 삼은 재심청구는 법률상의 방식을 위반한 것으로 부적법하

---

1) 1984. 7. 27. 84모48, 공 1984, 1519, 『무고재심 청구기각 사건』.

다는 입장을 취하고 있다.[1]

제 3 재심청구절차와 재심심판절차

1. 재심청구절차

(1) 재심절차의 선후 구조

형사소송법상 재심절차는 재심청구에 따라 재심개시 여부를 심리하는 재심청구절차와 재심개시결정이 확정된 후의 재심대상사건에 대한 재심심판절차로 구성된다. 재심청구절차는 재심개시를 목표로 진행되므로 재심개시절차라고도 한다.

재심청구절차에서는 형사소송법 등에서 규정하고 있는 재심사유가 있는지 여부만을 판단한다. 재심청구절차에서는 재심사유가 재심대상판결에 영향을 미칠 가능성이 있는가의 실체적 사유를 고려해서는 안 된다.[2]

재심청구절차에서는 재심청구를 받은 법원이 재심의 심판에 들어가기 전에 (가) 재심청구가 적법하거나 이유 있는지 여부를 가려 형소법 제433조 또는 제434조에 의하여 이를 기각하거나, (나) 형소법 제435조에 의하여 재심개시의 결정을 하여야 한다. 재심개시결정이 확정된 뒤에 비로소 법원은 형소법 제438조에 의하여 재심대상인 사건에 대하여 그 심급에 따라 다시 심판을 하게 된다.[3]

(2) 재심청구사건의 관할

재심의 청구는 원판결의 법원이 관할한다(법423). 여기에서 '원판결'이란 재심청구인이 재심사유 있음을 주장하여 재심청구의 대상으로 삼은 확정판결을 말한다. 따라서 재심청구인이 제1심의 유죄판결(법321, 322)을 재심청구대상으로 하는 경우에는 제1심법원이, 항소심의 파기자판판결(법364⑥)을 대상으로 하는 경우에는 항소법원이 각각 재심청구사건의 관할법원이 된다. 항소기각판결(법364④) 또는 상고기각판결(법399, 법364④)을 대상으로 하는 경우에는 항소법원 또는 상고법원이 각각 재심청구사건의 관할법원이 된다.

군사법원의 판결이 확정된 후 피고인에 대한 재판권이 더 이상 군사법원에 없게 된 경우에 군사법원의 판결에 대한 재심사건의 관할은 원판결을 한 군사법원과 같은 심급의 일반법

---

1) 2022. 6. 16. 2022모509, 공 2022하, 1420, 『위헌결정 음주운전죄 항소기각판결 재심청구 사건』.
2) 2019. 6. 20. 2018도20698 전원합의체 판결, 공 2019하, 1485, 『재심판결 사후적 경합범 감경 사건』.
3) 2011. 2. 24. 2010헌바98, 헌공 173, 415, 『재심청구 변호사 위헌제청 사건』.

원에 있다.[1] 여기에서 '군사법원과 같은 심급의 일반법원'은 법원조직법과 형사소송법에 규정된 추상적 기준에 따라 획일적으로 결정해야 한다.[2]

일반법원의 심급구조를 보면, (가) 사형, 무기 또는 단기 1년 이상의 징역 또는 금고에 해당하는 사건 이외의 사건에 대한 제1심 재판은 지방법원 또는 지방법원 지원의 단독판사가 관할하며(법원조직법7④), 지방법원 또는 지방법원 지원의 단독판사가 선고한 제1판결에 대한 항소심은 지방법원 본원합의부가 관할한다(법357 전단). 이에 대해 (나) 사형, 무기 또는 단기 1년 이상의 징역 또는 금고에 해당하는 사건의 제1심 재판은 지방법원 또는 지방법원 지원의 합의부가 관할하며(법원조직법32① iii), 지방법원 또는 지방법원 지원 합의부가 선고한 제1심판결에 대한 항소심은 고등법원이 관할한다(법357 후단).

이에 대해 군사법원의 심급구조를 보면, 군사법원에서는 군판사 3명을 재판관으로 하는 합의부가 재판한다(군사법원법22①). 그러나 약식절차에서는 군판사 1명을 재판관으로 한다(동조②). 2021년의 군 사법제도 개혁에 의하여 「군사법원법」이 개정되었고, 이에 따라 2022년 7월 이후 평시 고등군사법원이 폐지되었다.

일반법원과 군사법원의 심급구조를 비교할 때 재심사건의 관할은 다음과 같이 정해진다. 폐지되기 전 고등군사법원의 항소심판결에 대한 일반법원의 재심사건 관할은 (가) 사형, 무기 또는 단기 1년 이상의 징역 또는 금고에 해당하는 사건 이외의 사건의 경우에는 지방법원 본원 합의부에, (나) 사형, 무기 또는 단기 1년 이상의 징역 또는 금고에 해당하는 사건의 경우에는 고등법원에 각각 존재한다.[3]

(3) 재심청구권자

재심을 청구할 수 있는 자는 (가) 검사, (나) 유죄의 선고를 받은 자, (다) 유죄의 선고를 받은 자의 법정대리인, (라) 유죄의 선고를 선고받은 자가 사망하거나 심신장애가 있는 경우에는 그 배우자, 직계친족 또는 형제자매이다(법424). 검사 이외의 자가 재심의 청구를 하는 경우에는 변호인을 선임할 수 있다(법426①). 이 경우 변호인의 선임은 재심의 판결이 있을 때까지 그 효력이 있다(동조②).

사망자나 회복할 수 없는 심신장애인을 위하여 재심을 청구하는 경우라 할지라도 재심청구절차에는 국선변호인 선정이 없다. 국선변호인 선정에 관한 형소법 제438조 제4항은 재심심판절차에만 적용되기 때문이다.

---

1) 2020. 6. 26. 2019모3197, 공 2020상, 1560, 『3년 이하 징역 계엄포고위반죄 재심관할 사건』.
2) 2020. 6. 26. 2019모3197, 공 2020상, 1560, 『3년 이하 징역 계엄포고위반죄 재심관할 사건』.
3) 2020. 6. 26. 2019모3197, 공 2020상, 1560, 『3년 이하 징역 계엄포고위반죄 재심관할 사건』.

재심청구는 피고인 측뿐만 아니라 공익의 대표자인 검사도 피고인의 이익을 위하여 할수 있다(법420, 424 i).[1] 다만, 원판결, 전심판결 또는 그 판결의 기초가 된 조사에 관여한 법관, 공소의 제기 또는 그 공소의 기초가 된 수사에 관여한 검사나 사법경찰관이 그 직무에 관한 죄를 지은 것이 확정판결에 의하여 증명된 때를 재심사유로 하는 경우(법420 vii)에 유죄의 선고를 받은 자가 그 죄를 범하게 한 경우에는 검사가 아니면 재심청구를 하지 못한다(법425).

(4) 재심청구의 시기와 방법

재심청구의 시기에는 제한이 없다. 형의 집행 중에는 물론이지만, 재심청구는 형의 집행을 종료하거나 형의 집행을 받지 않게 된 때에도 할 수 있다(법427). 재심청구 제기기간에 제한을 두고 있지 않으므로, 법률상의 방식을 위반한 재심청구라는 이유로 기각결정이 있더라도, 청구인이 이를 보정한다면 다시 동일한 이유로 재심청구를 할 수 있다.[2]

재심청구는 확정판결을 선고받은 자가 사망한 경우에도 가능하다. 확정판결을 선고받은 자가 사망한 경우에는 그 선고를 받은 자의 이익을 위하여 사망자의 배우자, 직계친족 또는 형제자매가 재심을 청구할 수 있다(법420, 424 iv). 사망자를 위한 재심청구를 허용한 것은 무죄판결의 공시(법440)를 통하여 명예를 회복할 수 있고 형사보상을 위시하여 집행된 벌금, 몰수된 물건이나 추징금의 환수 등과 같은 사실상·법률상의 이익이 있기 때문이다.

사망자를 위한 재심청구와 재심청구인의 사망은 구별해야 한다. 재심청구가 받아들여져서 재심심판절차를 진행하던 도중에 유죄의 선고를 받은 자가 재심의 판결 전에 사망하였다면 피고인의 출정 없이 변호인이 재심심판절차를 속행할 수 있다(법438② ii·③).

그러나 재심청구인이 재심청구를 한 후 그 청구에 대한 결정이 확정되기 전에 사망한 경우 형사소송법이나 형사소송규칙에 재심청구인의 배우자나 친족 등이 재심청구인의 지위를 승계하는 규정이 없다. 또한 형소법 제438조와 같이 절차를 속행할 수 있는 규정도 없다. 결국 재심청구절차는 재심청구인의 사망으로 당연히 종료하게 된다.[3] 다만 이 경우 배우자나 친족 등이 사망자를 위하여 별도의 재심청구를 하는 것(법424 iv)은 별개의 문제이다.

재심청구를 함에는 재심청구의 취지 및 재심청구의 이유를 구체적으로 기재한 재심청구서에 원판결의 등본 및 증거자료를 첨부하여 관할법원에 제출해야 한다(규칙166, 28). 유죄판결을 선고받은 자가 교도소 또는 구치소에 있는 경우에는 재심청구서를 교도소장이나

---

1) 2020. 6. 26. 2019모3197, 공 2020상, 1560, 『3년 이하 징역 계엄포고위반죄 재심관할 사건』.
2) 2022. 6. 16. 2022모509, 공 2022하, 1420, 『위헌결정 음주운전죄 항소기각판결 재심청구 사건』.
3) 2014. 5. 30. 2014모739, 공 2014하, 1372, 『범인은닉죄 재심청구인 사건』.

구치소장 또는 그 직무를 대리하는 자에게 제출한 때에 재심을 청구한 것으로 간주한다(법430, 344①).

(5) 재심청구의 효과 및 재심청구의 취하

재심청구는 형의 집행을 정지하는 효력이 없다(법428 본문). 단, 관할법원에 대응한 검찰청 검사는 재심청구에 대한 재판이 있을 때까지 형의 집행을 정지할 수 있다(동조 단서). 재심청구는 취하할 수 있다(법429①). 재심청구를 취하한 자는 동일한 이유로써 다시 재심을 청구하지 못한다(동조②).

2. 재심청구사건에 대한 심리와 재판

(1) 재심청구사건의 심리

재심청구절차는 재심청구의 형식요건을 심사하는 단계와 형식요건의 구비가 확인된 후에 진행되는 실질요건을 심사하는 단계로 나누어 볼 수 있다.

재심청구법원은 재심청구가 법률상의 방식에 위반하거나 청구권의 소멸 후인 것이 명백한 때에는 결정으로 청구를 기각해야 한다(법433).

재심청구인이 재심청구를 한 후 그 청구에 대한 결정이 확정되기 전에 사망한 경우에는 재심청구절차가 재심청구인의 사망으로 당연히 종료하게 되며,[1] 별도의 결정을 요하지 않는다. 재심청구사건에 있어서 재심대상이 되는 사건은 제척사유의 하나인 전심재판(법17 vii)에 해당하지 않는다.[2] 재심대상사건과 재심청구사건 사이에는 소송계속의 이전을 통한 절차의 연결성이 인정되지 않기 때문이다.

재심청구사건에 대한 심리는 결정의 형태로 종결되므로(법433 내지 435 참조) 판결의 경우와 달리 반드시 구두변론에 의할 필요가 없으며(법37②) 공개할 필요도 없다(법42 본문). 또한 필요한 경우에는 사실을 조사할 수도 있다(법37③). 이 경우 사실조사는 공판절차에 적용되는 엄격한 증거조사 방식에 따라야만 하는 것은 아니다.[3]

재심의 청구를 받은 법원은 필요하다고 인정한 때에는 형소법 제431조에 의하여 직권으로 재심청구의 이유에 대한 사실조사를 할 수 있다. 그러나 소송당사자에게는 사실조사신청권이 없다. 재심청구인이나 검사는 사실조사를 신청할 수 없고 사실조사에 대해 의견을 진술할 수 있을 뿐이다(법432 본문). 당사자가 재심청구의 이유에 관한 사실조사신청을 한 경우에도

---

1) 2014. 5. 30. 2014모739, 공 2014하, 1372, 『범인은닉죄 재심청구인 사건』.
2) 1982. 11. 15. 82모11, 공 1983, 134, 『전심판사 재심청구 관여 사건』.
3) 2019. 3. 21. 2015모2229 전원합의체 결정, 공 2019상, 889, 『여순사건 군법회의 판결 재심청구 사건』.

이는 단지 법원의 직권발동을 촉구하는 의미밖에 없다. 그러므로 법원은 이 신청에 대하여 재판을 할 필요가 없고, 설령 법원이 이 신청을 배척하였다고 하여도 당사자에게 이를 고지할 필요가 없다.[1]

재심청구를 받은 법원은 필요하다고 인정한 때에는 합의부원에게 재심청구의 이유에 대한 사실조사를 명하거나 다른 법원판사에게 이를 촉탁할 수 있다(법431①). 이 경우에는 수명법관 또는 수탁판사는 법원 또는 재판장과 동일한 권한이 있다(동조②).

재심의 청구에 대하여 결정을 함에는 청구한 자와 상대방의 의견을 들어야 한다(법432 본문). 단, 유죄의 선고를 받은 자의 법정대리인이 재심을 청구한 경우에는 유죄의 선고를 받은 자의 의견을 들어야 한다(동조 단서). 재심을 청구한 자와 상대방에게는 의견진술의 기회를 주면 족하고 반드시 의견진술이 있어야 할 필요는 없다.[2]

(2) 무죄추정의 문제

재심청구절차에서 무죄추정의 권리(헌법27④)가 인정되는가 하는 문제가 있다. 이에 대해 이미 유죄판결이 확정되었으므로 무죄추정의 권리는 인정되지 않는다고 보는 견해가 있다. 그러나 형사소송법이 유죄판결받은 자의 이익을 위해서만 재심청구를 인정하고 있는 점(법420, 421)과 유죄판결받은 자의 이익을 위하여 검사에게도 재심청구권을 인정하고 있는 점(법424 i) 등에 비추어 볼 때 재심청구사건에 대한 판단에 있어서도 "의심스러울 때에는 피고인에 유리하게"(in dubio pro reo)의 법원칙을 존중해야 할 것이다.

재심청구절차는 재심청구의 형식요건을 심사하는 단계와 형식요건의 구비가 확인된 이후에 진행되는 실질요건의 심사단계로 나누어 볼 수 있다. 이 가운데 실질심사 단계에서는 무죄추정의 권리를 인정하여 "의심스러울 때에는 피고인에게 유리하게"의 원칙을 적용해야 할 것이다.

(3) 재심청구사건에 대한 재판

재심청구가 기각되는 경우는 (가) 재심청구가 부적법한 경우, (나) 재심청구가 이유 없는 경우, (다) 재심청구가 경합하는 경우로 나누어 볼 수 있다.

(가) 기각결정   재심청구가 법률상의 방식에 위반되거나 청구권의 소멸 후인 것이 명백한 때에는 결정으로 이를 기각하여야 한다(법433). 이 결정에 대하여는 즉시항고를 할 수 있다(법437). 형사소송법은 재심청구 제기기간에 제한을 두고 있지 않다. 그러므로 법률상의

---

1) 2021. 3. 12. 2019모3554, 공 2021상, 824, 『재심청구인 문서송부촉탁 배척 사건』.
2) 1982. 11. 15. 82모11, 공 1983, 134, 『전심판사 재심청구 관여 사건』.

방식을 위반한 재심청구라는 이유로 기각결정이 있더라도, 청구인이 이를 보정한다면 다시 동일한 이유로 재심청구를 할 수 있다.[1)]

재심청구가 이유 없다고 인정한 때에는 결정으로 그 청구를 기각하여야 한다(법434①). 이유 없음을 이유로 한 기각결정이 있는 때에는 누구든지 동일한 이유로써 재심을 청구하지 못한다(동조②). 이유 없음을 이유로 한 기각결정에 대하여는 즉시항고를 할 수 있다(법437).

항소기각의 확정판결과 그 판결에 의하여 확정된 제1심 유죄판결에 대하여 각각 재심청구가 있고, 제1심법원이 재심청구를 받아들여 재심의 판결을 한 때에는 항소법원은 결정으로 재심청구를 기각하여야 한다(법436①). 이 결정에 대하여는 즉시항고를 할 수 있다(법437).

제1심 또는 제2심의 유죄판결에 대한 상고기각의 판결과 그 판결에 의하여 확정된 제1심 또는 제2심의 유죄판결에 대하여 각각 재심청구가 있는 경우에 제1심법원 또는 항소법원이 재심청구를 받아들여 재심의 판결을 한 때에는 상고법원은 결정으로 재심청구를 기각하여야 한다(법436②). 상고법원의 결정에 대하여는 즉시항고를 할 수 없다(법437 참조).

상급심에 제기한 재심청구를 기각하도록 한 것은 하급심의 유죄판결에 대해 재심판결이 있으면 재심청구의 목적을 달성한 것이 되어 상소심판결에 대한 재심청구가 무의미해지기 때문이다.

(나) 재심개시결정　　재심청구가 적법요건을 갖추면 이유 유무에 대한 판단에 들어간다. 법원은 재심청구의 이유를 판단함에 있어서 청구한 자의 법률적 견해에 구속받지 않는다. 법원은 재심청구가 이유 있다고 인정한 때에는 재심개시결정을 하여야 한다(법435①). 이 경우 법원은 결정으로 형의 집행을 정지할 수 있다(동조②). 재심개시결정으로 인하여 형의 집행이 당연히 정지되는 것은 아니다.[2)] 재심개시결정에 대하여는 즉시항고를 할 수 있다(법437).

재심개시결정은 재심심판절차를 진행시키는 효력만 있을 뿐 원판결의 확정판결 효력에 아무런 영향을 미치지 않는다. 확정된 원판결은 여전히 존재하며 재심심판절차의 재판이 확정될 때 당연히 소멸한다. 재심개시결정에 따른 형집행정지가 임의적인 것(법435②)은 원판결의 효력이 지속되기 때문이다.

(4) 재심개시결정의 확정과 그 효력

재심개시결정(법435①)에 대해서는 즉시항고가 가능하다(법437). 따라서 재심개시결정은 7일의 즉시항고기간(법405)을 경과하거나 즉시항고가 기각됨으로써 확정된다. 재심개시결정이 확정되면 법원은 그 심급에 따라 다시 심판을 해야 한다(법438①).

---

1) 2022. 6. 16. 2022모509, 공 2022하, 1420, 『위헌결정 음주운전죄 항소기각판결 재심청구 사건』.
2) 2019. 6. 20. 2018도20698 전원합의체 판결, 공 2019하, 1485, 『재심판결 사후적 경합범 감경 사건』.

'심급에 따라 다시 심판을 한다' 함은 (가) 제1심의 확정판결에 대한 재심의 경우에는 제1심의 공판절차에 따라, (나) 항소심에서 파기자판된 확정판결에 대해서는 항소심절차에 따라, (다) 상고심에서 파기자판된 확정판결에 대해서는 상고심절차에 따라,[1] (라) 항소기각 또는 상고기각의 확정판결에 대해서는 항소심 또는 상고심의 절차에 따라 각각 다시 심판하는 것을 의미한다.

경합범 관계에 있는 수 개의 범죄사실(A, B사실)을 유죄로 인정하여 1개의 형을 선고한 불가분의 확정판결에서 그중 일부의 범죄사실(A사실)에 대하여 재심청구의 이유가 있는 것으로 인정된 경우에는 형식적으로는 1개의 형이 선고된 판결에 대한 것이어서 그 판결 전부(A, B사실)에 대하여 재심개시의 결정을 하지 않으면 안 된다.[2]

이 경우 재심대상판결(A, B사실) 전부에 대해 재심개시결정을 하는 것이 재심사유 없는 범죄사실(B사실)에 대해 거듭 심판하게 하는 것이어서 헌법상 이중처벌금지의 원칙(헌법13①후단)을 위반한 것이 아닌가 하는 의문이 제기될 수 있다. 그러나 재심심판법원은 재심사유가 없는 범죄(B사실)에 대해 새로이 양형을 해야 하므로 재심대상판결 전부(A, B사실)에 대해 재심개시의 결정을 하는 것이 이중처벌금지의 원칙을 위반한 것이라고 할 수 없다. 다만, 이 경우 불이익변경금지원칙(법439)이 적용되어 재심심판법원은 원판결의 형보다 무거운 형을 선고하지 못한다.[3]

3. 재심심판절차

(1) 재심심판절차의 내용

(가) 재심심판의 의미   재심개시결정이 확정되면 그 사건에 대하여 법원은 그 심급에 따라 다시 심판을 하여야 한다(법438①). 법원이 재심대상판결에 대하여 그 심급에 따라 다시 심판하는 절차를 재심심판절차라고 한다.

재심심판절차에서 '다시 심판한다'는 의미는 원판결(재심대상판결)의 당부를 심사하는 것이 아니라 원판결과는 별도로 피고사건을 처음부터 새로이 심판하는 것을 말한다.[4] 그러므로 다시 심판한 결과 원판결과 동일한 결론에 이르는 상황도 배제할 수 없다. 원판결은 재심심판 사건에 대해 제척·기피사유의 요건인 전심재판(법17 vii, 18① i)에 해당하지 않는다.[5]

---

1) 2011. 1. 20. 2008재도11 전원합의체 판결, 공 2011상, 508, 『조봉암 재심판결 사건』.
2) 2010. 10. 29. 2008재도11 전원합의체 결정, 공 2011상, 63, 『조봉암 재심청구 사건』.
3) 2018. 2. 28. 2015도15782, 공 2018상, 657, 『간통죄 재심판결 벌금형 사건』.
4) 2015. 5. 14. 2014도2946, 공 2015하, 917, 『유서대필사건 재심 사건』.
5) 1982. 11. 15. 82모11, 공 1983, 134, 『전심판사 재심청구 관여 사건』.

제1심법원이 반의사불벌죄로 기소된 피고인에 대하여 「소송촉진 등에 관한 특례법」(소송촉진법) 제23조에 따라 피고인의 진술 없이 유죄를 선고하여 판결이 확정된 경우에, 피고인이 책임을 질 수 없는 사유로 공판절차에 출석할 수 없었음을 이유로 소송촉진법 제23조의2에 따라 제1심법원에 재심을 청구하여 재심개시결정이 내려지는 경우가 있다. 이 경우 피해자는 그 재심의 제1심판결 선고 전까지 처벌을 원한다는 의사표시를 철회할 수 있다.[1)]

(나) 사실판단   재심대상판결이 상소심을 거쳐 확정되었더라도 재심심판사건에서는 재심대상판결의 기초가 된 증거와 재심심판사건의 심리과정에서 제출된 증거를 모두 종합하여 공소사실이 인정되는지를 새로이 판단해야 한다.[2)]

재심심판사건의 공소사실에 관한 증거취사와 이에 근거한 사실인정은 다른 사건과 마찬가지로 그것이 논리칙 · 경험칙에 위반하거나 자유심증주의의 한계를 벗어나지 않는 한 사실심으로서 재심심판사건을 심리하는 법원의 전권에 속한다.[3)]

(다) 적용법령   재심이 개시된 사건에서 범죄사실에 대하여 적용해야 할 법령은 재심판결을 내리는 시점의 법령이다. 원판결(재심대상판결) 당시 적용되었던 법령이 이후 수 차례 변경된 경우에는 그 범죄사실에 대하여 가장 경한 법령을 적용해야 한다(형법1① · ②).[4)]

재심대상판결에 적용된 법령이 당초부터 위헌이라면 이를 적용할 수 없어 형소법 제325조에 따라 무죄를 선고해야 한다.[5)] 재심대상판결에 적용되었던 당시의 법령이 재심판결을 내리는 시점에 이미 폐지된 경우에는 형소법 제326조 제4호를 적용하여 그 범죄사실에 대해 면소를 선고하는 것이 원칙이다. 그러나 재심대상판결에 적용된 법령이 폐지된 경우에도 그 범죄사실에 관하여 적용할 법령이 당초부터 위헌이라면 이를 적용할 수 없어 형소법 제325조에 따라 무죄를 선고해야 한다.[6)]

(라) 절차진행   제1심사건을 다시 심판할 경우 원칙적으로 진술거부권고지(법283의2②), 인정신문(법284), 검사의 모두진술(법285), 피고인의 모두진술(법286), 재판장의 쟁점정리(법287①), 검사와 피고인의 증명과 관련된 의견진술(동조①), 증거조사(법290), 피고인신문(법296의2), 검사의 구형(법302), 피고인 및 변호인의 최종진술(법303) 등의 절차가 전부 새로 실시된다. 재심심판절차는 다시 심판하는 절차이므로 피고인은 유죄의 판결이 확정될 때까지는 무죄로 추정된다(헌법27④, 법275의2).

---

1) 2016. 11. 25. 2016도9470, 공 2017상, 63, 『재심청구 대신 항소권회복청구 사건』.
2) 2015. 5. 14. 2014도2946, 공 2015하, 917, 『유서대필사건 재심 사건』.
3) 2015. 5. 14. 2014도2946, 공 2015하, 917, 『유서대필사건 재심 사건』.
4) 2011. 1. 20. 2008재도11 전원합의체 판결, 공 2011상, 508, 『조봉암 재심판결 사건』.
5) 2018. 11. 29. 2016도14781, 공 2019상, 232, 『부마항쟁 계엄포고령위반 재심판결 사건』.
6) 2010. 12. 16. 2010도5986 전원합의체 판결, 공 2011상, 259, 『긴급조치 위헌무효 사건』.

원판결법원이 작성한 공판조서의 증거능력은 형소법 제311조가 아니라 형소법 제315조 제3호의 기타 특히 신용할 만한 정황에 의하여 작성된 문서로 보아야 한다. 원판결법원과 재심심판법원의 관계는 심급이 전후로 연결된 관계가 아니라 병렬적으로 존재하는 관계이기 때문이다.

(2) 재심심판사건의 심리절차에 관한 특칙

재심개시결정이 확정되면 법원은 형소법 제436조(청구의 경합과 청구기각의 결정)의 경우 외에는 그 심급에 따라 다시 심판을 하여야 한다(법438①). '그 심급에 따라 다시 심판을 한다'고 하더라도, 일반 절차에 관한 법령은 비상구제절차인 재심의 취지와 특성에 반하지 않는 범위 내에서 재심심판절차에 적용될 수 있다.[1]

(가) 사망자 · 심신장애인　　형사소송법은 재심심판사건의 특수성에 비추어 사망자나 심신장애인에 대한 특칙을 인정하고 있다.

재심사건의 심판에 관하여 (가) 사망자를 위하여 재심의 청구가 있는 때 및 (나) 유죄의 선고를 받은 자가 재심의 판결 전에 사망한 때에는 피고인이 사망한 때에 내려야 할 공소기각결정(법328①ⅱ)에 관한 규정을 적용하지 않는다(법438②).

재심사건의 심판에 관하여 (가) 회복할 수 없는 심신장애인을 위하여 재심의 청구가 있는 때 및 (나) 유죄의 선고를 받은 자가 재심의 판결 전에 회복할 수 없는 심신장애인으로 된 때에는 심신장애인 등에 대한 공판절차정지(법306①)에 관한 규정을 적용하지 않는다(법438②).

이러한 경우에는 피고인이 출정하지 아니하여도 심판을 할 수 있다(법438③ 본문). 그러나 변호인이 출정하지 아니하면 개정하지 못한다(동항 단서). 사망자나 심신장애인과 관련된 재심청구의 경우에 재심을 청구한 자가 변호인을 선임하지 아니한 때에는 재심심판법원의 재판장은 직권으로 변호인을 선정하여야 한다(동조④).

(나) 공소장변경　　재심심판절차에서 공소장변경이 허용되는지 문제된다. 생각건대 재심심판절차는 사실심을 원칙으로 하는 것이므로 공소장변경은 기본적으로 가능하다고 본다.

그러나 재심의 취지와 특성, 형사소송법의 이익재심 원칙과 재심심판절차에 관한 특칙 등에 비추어 볼 때 재심심판절차에서는 특별한 사정이 없는 한 검사가 재심대상사건과 별개의 공소사실을 추가하는 내용으로 공소장을 변경하는 것은 허용되지 않는다.[2]

(다) 병합심리　　재심의 취지와 특성, 형사소송법의 이익재심 원칙과 재심심판절차에 관한 특칙 등에 비추어 보면, 재심심판절차에서는 특별한 사정이 없는 한 재심대상사건에 일반

---

1) 2019. 6. 20. 2018도20698 전원합의체 판결, 공 2019하, 1485, 『재심판결 사후적 경합범 감경 사건』.
2) 2019. 6. 20. 2018도20698 전원합의체 판결, 공 2019하, 1485, 『재심판결 사후적 경합범 감경 사건』.

절차로 진행 중인 별개의 형사사건을 병합하여 심리하는 것은 허용되지 않는다.[1]

(라) 공소취소　　제1심의 유죄판결에 대해 재심심판절차를 진행하는 경우에 검사가 공소취소(법255①)를 할 수 있는지 문제된다. 재심심판사건은 최소한 제1심판결이 선고되어 확정된 재심대상판결(원판결)을 전제로 하고 있다. 재심심판절차는 확정판결이 있음을 전제로 진행되는 절차이므로 제1심판결에 대한 재심심판이라고 해도 공소취소는 할 수 없다.[2]

(3) 재심심판사건과 불이익변경금지원칙

(가) 의 의　　재심심판절차에서는 원판결의 형보다 무거운 형을 선고할 수 없다(법439). 이것은 형사소송법이 채택하고 있는 이익재심(법420, 421①)의 본질에 비추어 볼 때 당연한 규정이다. 불이익변경금지원칙은 검사가 재심을 청구한 경우(법424 i)에도 마찬가지로 적용된다.

재심심판절차에서의 불이익변경금지원칙은 실체적 정의를 실현하기 위하여 재심을 허용하지만 피고인의 법적 안정성을 해치지 않는 범위 내에서 재심이 이루어져야 한다는 취지를 갖는다. 따라서 재심심판절차에서의 불이익변경금지원칙은 재심심판절차에서 전의 판결보다 무거운 형을 선고할 수 없다는 원칙을 넘어서서 이익재심의 본질에 맞게 해석해야 한다.[3]

(나) 특별사면　　유죄의 확정판결을 받은 후 특별사면(사면법5① ii)된 사람에 대해 재심심판절차를 진행하는 경우에 재심심판법원은 면소판결을 할 수 없다. 앞서 면소판결의 항목에서 살펴본 바와 같이 면소판결 사유로서의 사면(법326 ii)은 일반사면만을 의미하기 때문이다.

그러므로 특별사면된 사람에 대해 재심심판절차를 진행하는 법원은 그 심급에 따라 다시 심판하여 실체에 관한 유·무죄 등의 판단을 해야 하며, 특별사면이 있음을 들어 면소판결을 해서는 안 된다.[4]

(다) 형선고 효력상실 특별사면　　특별사면은 (가) 형의 집행만 면제되는 특별사면(사면법5① ii 본문)과 (나) 형의 집행면제와 함께 이후 형 선고의 효력을 상실하게 하는 특별사면(동호 단서)으로 나누어진다. 재심심판절차에서 불이익변경금지원칙(법439)이 가지고 있는 특수성은 특히 피고인이 재심대상판결(원판결) 이후에 형 선고의 효력을 상실하게 하는 특별사면을 받아 형사처벌의 위험에서 벗어나 있는 (나)의 경우에 뚜렷이 나타난다.

피고인이 재심대상판결(원판결) 이후에 형 선고의 효력을 상실하게 하는 특별사면을 받아 형사처벌의 위험에서 벗어나 있는 경우라면 재심심판법원은 재심심판절차에서 형을 다시 선

1) 2019. 6. 20. 2018도20698 전원합의체 판결, 공 2019하, 1485, 『재심판결 사후적 경합범 감경 사건』.
2) 1976. 12. 28. 76도3203, 공 1977, 9841, 『재심 공소취소 사건』.
3) 2015. 10. 29. 2012도2938, 공 2015하, 1832, 『군 사령관 뇌물수수 사건』.
4) 2015. 5. 21. 2011도1932 전원합의체 판결, 공 2015하, 920, 『고등군사법원 재심개시결정 사건』.

고함으로써 특별사면에 따라 발생한 피고인의 법적 지위를 상실하게 하여서는 안 된다. 특별사면으로 형 선고의 효력이 상실된 유죄의 확정판결에 대해 재심심판법원이 그 심급에 따라 다시 심판할 때 선고해야 할 판단형식을 살펴보면 다음과 같다.

먼저, 다시 심판한 결과 무죄로 인정되는 경우라면 재심심판법원은 무죄를 선고해야 한다.

다음으로, 다시 심판한 결과 유죄로 인정되는 경우라면 재심심판법원은 "피고인에 대하여 형을 선고하지 아니한다."는 주문을 선고해야 한다. 피고인에 대하여 다시 형을 선고하거나 피고인의 항소를 기각하여 제1심판결을 유지시키는 것은 이미 형 선고의 효력을 상실하게 하는 특별사면을 받은 피고인의 법적 지위를 해치는 결과가 되어 이익재심과 불이익변경금지의 원직에 반하기 때문이다.[1]

(라) 재심대상판결 집행유예와 재심 벌금형　　경합범 관계에 있는 수 개의 범죄사실(예컨대 간통과 상해)을 유죄로 인정하여 한 개 형의 집행유예가 선고된 확정판결이 있는데, 집행유예기간 경과 후에 피고인이 재심을 청구하는 사안을 생각해 본다. 이 사안에서 재심청구를 받은 법원이 재심대상판결(원판결)의 일부 범죄사실(간통)에 대해서만 재심청구의 이유(위헌결정)가 있는 것으로 인정하였으나 재심대상판결(원판결)이 형식적으로는 1개의 형이 선고된 판결에 대한 것이어서 그 판결 전부(간통, 상해)에 대하여 재심개시결정을 하였다고 상정해 본다. 이러한 경우에 집행유예기간이 경과했음에도 불구하고 재심심판법원이 재심사유 없는 범죄사실 부분(상해)에 대해 벌금형을 선고할 수 있을 것인지 문제된다.

판례는 새로운 벌금형의 선고를 긍정하면서 다음의 설명을 제시한다. 재심심판절차는 재심대상판결(원판결)의 당부를 심사하는 종전 소송절차의 후속절차가 아니라 사건 자체를 처음부터 다시 심판하는 완전히 새로운 소송절차이다. 재심판결이 확정되면 재심대상판결(원판결)은 당연히 효력을 잃는다. 재심판결이 확정되면 재심대상판결(원판결)이나 그 부수처분의 법률적 효과가 상실된다. 형 선고가 있었다는 기왕의 사실 자체의 효과도 소멸한다. 이러한 변화는 재심의 본질상 당연한 것이다. 재심대상판결(원판결)의 효력(집행유예기간 경과) 상실 그 자체로 인하여 피고인이 어떠한 불이익을 입는다 하더라도 이를 두고 재심에서 보호되어야 할 피고인의 법적 지위를 해치는 것이라고 할 수는 없다.[2]

(4) 재심판결과 재심대상판결의 관계

(가) 재심대상판결의 실효시점　　재심사건의 진행과정을 보면, 선행범죄 발생, 재심대상판결(원판결), 후행범죄 발생, 재심판결(선행범죄), 재심판결 확정의 순서로 진행되는 경우가 많

---

1) 2015. 10. 29. 2012도2938, 공 2015하, 1832, 『군 사령관 뇌물수수 사건』.
2) 2018. 2. 28. 2015도15782, 공 2018상, 657, 『간통죄 재심판결 벌금형 사건』.

다. 이러한 진행과정 가운데 재심심판절차는 재심대상판결(원판결)의 당부를 심사하는 종전 소송절차의 후속절차가 아니다. 재심심판절차는 사건 자체를 처음부터 다시 심판하는 완전히 새로운 소송절차이다.[1] 재심심판절차에서 재심판결이 선고된 후 그 재심판결이 확정될 때 그 시점에 유죄의 재심대상판결(원판결)은 당연히 그 효력을 잃는다.[2]

재심대상판결(원판결)의 실효시점과 관련한 몇 가지 논점을 살펴본다.

(나) 누범가중   선행범죄 발생, 재심대상판결(원판결), 후행범죄 발생, 재심판결(선행범죄), 재심판결 확정의 순서로 진행된 재심사건 사안에서 재심판결의 확정에 의하여 실효된 재심대상판결(원판결)은 후행범죄와의 관계에서 누범가중사유가 되는 3년 내의 확정판결(형법35①)에 해당하지 않는다.[3]

(다) 집행유예의 실효   피고인이 재심대상판결(선행범죄)에서 정한 집행유예 기간 중 다른 범죄사실(후행범죄)로 금고 이상의 실형을 선고받아 그 판결이 확정됨으로써 재심대상판결(선행범죄)의 집행유예가 실효되어(형법63) 피고인에 대하여 유예되었던 형이 집행되는 경우가 있다.

이러한 경우에 재심대상판결(선행범죄)에 대한 재심심판절차에서 재심심판법원이 피고인에게 또다시 집행유예를 선고할 경우 재심판결 집행유예 기간의 시기(始期)는 재심대상판결의 확정일이 아니라 재심판결의 확정일이 된다.[4] 재심판결(선행범죄)의 확정일로부터 집행유예 기간이 시작됨에 따라 다른 범죄사실(후행범죄)로 인한 집행유예실효(형법63)의 효과는 발생하지 않는다.[5] 이는 재심판결이 확정될 때 재심대상판결(원판결)이 당연히 효력을 잃게 된다는 재심의 본질상 당연한 결과이다.

(라) 상습범   상습범으로 유죄의 확정판결(선행범죄)을 받은 사람이 그 후 동일한 습벽에 의해 범행(후행범죄)을 저질렀는데 유죄의 확정판결(선행범죄)에 대하여 재심심판절차가 개시된 경우가 있다. 이 경우 선행범죄 발생, 재심대상판결(원판결), 후행범죄 발생, 재심판결(선행범죄), 재심판결 확정의 순서로 재심사건 사안이 진행된다. 재심판결의 시점에서 보면 선행범죄에 대해 재심판결을 할 때 후행범죄를 함께 심판할 가능성이 있었으므로 선행범죄에 대한 재심판결이 확정된 후 재심판결의 기판력이 후행범죄에도 미치지 않는가 하는 의문이 생길 수 있다.

---

1) 2018. 2. 28. 2015도15782, 공 2018상, 657, 『간통죄 재심판결 벌금형 사건』.
2) 2017. 9. 21. 2017도4019, 공 2017하, 2042, 『재심판결 확정과 누범사유 소멸 사건』.
3) 2017. 9. 21. 2017도4019, 공 2017하, 2042, 『재심판결 확정과 누범사유 소멸 사건』.
4) 2019. 2. 28. 2018도13382, 공 2019상, 835, 『집행유예 실효 후 재심판결 집행유예 사건』.
5) 2019. 2. 28. 2018도13382, 공 2019상, 835, 『집행유예 실효 후 재심판결 집행유예 사건』.

이에 대해 판례는 동일한 습벽에 의한 후행범죄가 선행범죄에 대한 재심판결 선고 전에 저지른 범죄라 하더라도 재심판결의 기판력은 후행범죄에 미치지 않는다는 입장이다.[1] 판례는 그 이유로 재심심판절차에서는 공소사실을 추가하는 공소장변경이나 변론의 병합이 인정되지 않아 선행범죄에 대한 재심판결을 할 때 후행범죄를 함께 심판할 가능성이 없다는 점과 재심판결 당시에는 아직 재심대상판결(원판결)이 확정판결로서의 효력을 유지하고 있으므로 선행범죄와 후행범죄가 별개의 사건으로 분리된다는 점을 들고 있다.

(마) 사후적 경합범   금고 이상의 형에 처한 판결이 확정된 죄와 그 판결 확정 전에 범한 죄를 형법 제37조 후단 경합범이라고 한다. 형법 제39조 제1항은 형법 제37조 후단 경합범 중 판결을 받지 아니한 죄가 있는 때에는 그 죄와 판결이 확정된 죄를 동시에 판결할 경우와 형평을 고려하여 그 죄에 대한 형을 선고하도록 하되, 그 형을 감경 또는 면제할 수 있도록 하고 있다. 형법 제37조 후단 경합범으로서 형법 제39조 제1항에 의한 형의 감면을 인정하려면 판결을 선고한 법원에게 선행범죄와 후행범죄를 동시에 심판할 수 있는 가능성이 있어야 한다.

판례는 판결이 확정된 죄가 재심판결로 확정된 죄인 경우에는 형법 제39조 제1항의 감경 규정이 적용되지 않는다는 입장이다.[2] 선행범죄 발생, 재심대상판결(원판결), 후행범죄 발생, 재심판결(선행범죄), 재심판결 확정의 순서로 진행되는 재심사건 사안을 생각해 본다. 이 사안의 경우 선행범죄에 대한 재심대상판결(원판결)의 기판력은 재심판결 선고 당시는 물론이고 재심판결이 확정될 때까지 유지되고 있다. 그 결과 재심판결 선고 시점에 재심심판법원에는 선행범죄와 후행범죄를 동시에 심판할 수 있는 가능성이 존재하지 않는다. 그리하여 재심심판법원은 형법 제37조 후단 및 형법 제39조 제1항에 따른 형의 감경 또는 면제를 할 수 없다.

(바) 형집행   재심판결이 확정되었다 하더라도 재심대상판결(원판결)에 의한 형의 집행까지 무효로 되는 것은 아니다. 따라서 재심대상판결(원판결)에서 자유형이 선고된 경우에 그 자유형의 집행 부분은 재심판결에 의한 자유형의 집행에 통산된다(법482①, 형법57① 참조).

(5) 재심심판사건과 무죄판결의 공시

재심심판절차에서 무죄를 선고한 때에는 그 판결을 관보와 그 법원소재지의 신문지에 기재하여 공고해야 한다(법440 본문). 유죄선고를 받은 자의 명예회복을 위한 조치이다.

2016년 입법자는 이해관계인의 명예보호를 위하여 무죄판결의 공시를 일부 제한하였다. 즉, (가) 검사, 유죄의 선고를 받은 자, 유죄의 선고를 받은 자의 법정대리인이 재심을 청구한

때에는 재심에서 무죄를 선고받은 사람(법440 단서 i)이, (나) 유죄의 선고를 받은 자가 사망하거나 심신장애가 있어서 그 배우자, 직계친족 또는 형제자매가 재심을 청구한 때에는 재심을 청구한 그 사람(법440 단서 ii)이 무죄판결의 공시를 원하지 아니하는 의사를 표시한 경우에는 무죄판결을 공고하지 않는다(법440 단서).

제2절 비상상고

제1 비상상고의 의의

1. 비상상고의 의의와 대상

비상상고란 확정판결에 대하여 그 심판의 법령위반을 바로잡기 위하여 인정되는 비상구제절차이다. 비상상고는 확정판결의 오류를 시정하기 위한 제도라는 점에서 미확정판결의 시정방법인 상소와 구별된다. 비상상고(법441)는 확정판결에 대한 비상구제절차라는 점에서 특히 대법원에의 상고(법371) 및 비약적 상고(법372)와 구별된다.

비상상고는 확정판결의 오류를 시정하기 위한 비상구제절차라는 점에서 재심(법420 이하)과 공통된다. 그러나 비상상고는 (가) 신청의 이유가 확정재판의 법령위반이라는 점(법441), (나) 신청권자가 검찰총장에 국한된다는 점(법441), (다) 관할법원이 원판결을 한 법원이 아니라 대법원이라는 점(법441, 442), (라) 신청을 기각할 때 결정이 아니라 판결로 한다는 점(법445, 446), (마) 비상상고절차에 의한 판결의 효력이 원칙적으로 확정판결이 선고된 자에게 미치지 않는다는 점(법447) 등에서 재심과 구별된다.

비상상고의 대상은 재심의 경우와 달리 유죄의 확정판결에 한정되지 않는다. 비상상고는 확정된 재판을 대상으로 한다. 형사소송법 제441는 '판결'이 확정된 때를 요건으로 규정하고 있지만 판결 이외의 종국재판도 포함한다. 유죄판결, 무죄판결, 면소판결, 공소기각판결, 관할위반판결은 모두 비상상고의 대상이 된다.

공소기각결정, 항소기각결정, 상고기각결정 등은 결정의 형식을 취하지만 그 사건에 대한 종국재판이라는 점에서 비상상고의 대상이 된다.[1] 확정판결의 효력이 인정되는 약식명령(법457)과 즉결심판(법16)도 비상상고의 대상이 된다.

---

1) 1963. 1. 10. 62오4, 집 11-1, 형1, 『백미 31가마 소훼 사건』.

2. 비상상고의 목적

상소나 재심이 피고인 또는 유죄의 확정판결을 받은 자의 불이익을 구제하는데 중점을 두고 있음에 반하여 비상상고는 법령체계의 통일이라는 법률적 이익을 유지하는 데 주된 목적이 있다. 법령적용에 관하여 지도적 역할을 담당하는 대법원으로 하여금 문제된 확정판결에 법령적용상의 위법이 있음을 선언하게 함으로써 법령체계의 해석·적용에 통일을 기하려는 것이 비상상고제도의 핵심적 임무라고 할 수 있다.

한편 우리 입법자는 법령위반의 원판결이 피고인에게 불이익한 때에는 원판결을 파기하고 피고사건에 대하여 다시 판결을 하도록 함으로써(법446ⅰ 단서) 비상상고제도에 대해 피고인의 불이익을 구제하는 기능을 일부 수행하도록 하고 있다.

비상상고제도에 있어서 피고인의 불이익 구제에 어느 정도의 비중을 부여할 것인가 하는 문제가 있다. 형사소송법은 유죄의 확정판결이 선고된 자의 이익을 위하여 검사가 재심을 청구할 수 있도록 하고 있으므로(법420, 421①, 424ⅰ) 공익적 관점에서 요청되는 피고인의 보호는 재심제도의 활용으로 어느 정도 그 목적을 달성할 수 있을 것으로 보인다.

이에 대하여 비상상고는 공익의 대표자인 검사(검찰청법4①)를 대표하는 검찰총장이 법령해석의 최종판단자인 대법원에 신청하여 법령적용의 위반을 바로잡도록 하는 장치이다(법441). 그리고 비상상고의 판결은 그 효력이 원칙적으로 피고인에게 미치지 않는다(법447). 이러한 점에 비추어 볼 때 비상상고의 주된 기능은 확정판결의 법령위반을 바로잡는 데에 있으며 피고인의 구제는 부차적이라고 새기는 것이 타당하다고 본다.

제2 비상상고의 이유

비상상고는 '판결이 확정한 후 그 사건의 심판이 법령에 위반한 것을 발견한 때'에 이를 이유로 제기할 수 있다(법441). 이때 '판결'은 확정재판을 의미하며, '그 사건의 심판'이란 확정재판에 이르게 된 심리와 재판을 가리킨다. '사건의 심판이 법령에 위반하였다' 함은 사건의 심판에 절차법상의 위반이 있거나 실체법의 적용에 위법이 있는 것을 말한다.

비상상고는 원판결의 심판이 법령에 위반하였음을 이유로 하므로 원판결에 사실오인의 흠이 있다는 이유만으로는 비상상고를 제기할 수 없다. 그런데 사실오인의 불가피한 결과로 법령위반의 오류가 발생한 경우에 이러한 법령위반을 이유로 비상상고를 할 수 있는지가 문제된다. 이 문제에 대해서는 전면부정설, 전면긍정설, 절충설 등의 견해를 생각할 수 있다.

전면부정설은 비상상고가 원판결의 심판이 법령에 위반하였음을 이유로 하는 경우에만 허용된다는 점을 이유로 제시한다. 전면허용설은 피고인의 이익을 위해서는 되도록 비상상고의 범위를 넓혀야 된다는 점을 강조한다. 절충설은 실체법상의 사실과 소송법상의 사실을 구별하여 실체법상의 사실에 대해서는 원판결법원의 사실인정에 구속되지만, 소송법상의 사실에 대해서는 이를 바로잡아 그 사실에 기초하여 법령위반의 유무를 심사해야 한다고 주장한다.

판례는 전면부정설의 입장을 취하고 있다. 판례는 비상상고제도가 법령 적용의 오류를 시정함으로써 법령의 해석·적용의 통일을 도모하려는 데에 주된 목적이 있다는 점을 강조한다. 판례는 형소법 제441조의 '그 사건의 심판이 법령에 위반한 것'이라고 함은 확정판결에서 인정한 사실을 변경하지 아니하고 이를 전제로 한 실체법의 적용에 관한 위법 또는 그 사건에 있어서의 절차법상의 위배가 있음을 뜻하는 것이라고 본다.[1]

판례는 단순히 법령적용의 전제사실을 오인함에 따라 법령위반의 결과를 초래한 경우는 법령의 해석적용을 통일한다는 목적에 유용하지 않으므로 '그 사건의 심판이 법령에 위반한 것'에 해당하지 않는다고 판단한다. 판례는 원판결 선고 전에 피고인이 이미 사망하였는데 원판결법원이 그 사실을 알지 못하여 실체판결을 한 사안에 대해, 원판결법원이 공소기각결정(법328① ii)을 하지 않고 실체판결에 나아감으로써 법령위반의 결과를 초래하였다고 하더라도, 이는 형소법 제441조에 정한 '그 심판이 법령에 위반한 것'에 해당한다고 볼 수 없다고 판단하여 비상상고를 허용하지 않고 있다.[2]

무효인 훈령에 근거하여 소위 부랑인을 강제수용한 피고인의 특수감금 행위에 대해 법원이 형법 제20조의 법령에 의한 행위에 해당한다는 이유로 피고인에게 무죄를 선고하여 판결이 확정되었다. 이 확정판결(원판결)에 대한 비상상고에 대해 대법원은 문제의 훈령이 상위법령에 저촉되어 무효임을 원판결이 간과하였다는 점은 형법 제20조의 적용에 관한 전제사실을 오인하였다는 것에 해당하고, 그로 말미암아 피고인의 특수감금 행위에 형법 제20조를 적용한 잘못이 있더라도 이는 형법 제20조의 적용에 관한 전제사실을 오인함에 따라 법령위반의 결과를 초래한 경우에 불과하다고 판단하였다.[3]

생각건대 사실오인과 비상상고의 관계는 절충설의 입장에 따라서 해결하는 것이 타당하다고 본다. 형소법 제444조 제2항은 비상상고절차에서 법원의 관할, 공소의 수리와 소송절차에 관하여 사실조사를 허용하고 있다. 이러한 특칙은 소송법적 사실에 대한 오인과 심판된 사

---

1) 2005. 3. 11. 2004오2, 공 2005, 629, 『판결전 사망 부지 사건』.
2) 2005. 3. 11. 2004오2, 공 2005, 629, 『판결전 사망 부지 사건』.
3) 2021. 3. 11. 2018오2, 공 2021상, 783, 『형제복지원 비상상고 사건 2』.

건의 법령위반 사이에 밀접한 관계가 있음을 입법자가 인정하였기 때문이다. 따라서 친고죄의 고소나 고소취소에 관한 사실의 오인, 이중기소사실의 오인, 피고인 사망사실의 오인 등은 소송법적 사실의 오인으로서 비상상고의 이유에 해당한다고 보아야 할 것이다.

제3 비상상고의 절차

1. 비상상고의 청구와 심리

비상상고의 신청권자는 검찰총장이다. 검찰총장은 판결이 확정한 후 그 사건의 심판이 법령에 위반한 것을 발견한 때에는 대법원에 비상상고를 할 수 있다(법441). 비상상고를 함에는 그 이유를 기재한 신청서를 대법원에 제출해야 한다(법442). 비상상고의 신청에는 시기의 제한이 없다.

비상상고사건을 심리하려면 대법원은 공판기일을 열어야 한다. 형소법 제443조가 비상상고사건의 심리와 관련하여 검사로 하여금 공판기일에 신청서에 의하여 진술하도록 규정하고 있기 때문이다. 공판기일에는 검사만 출석한다. 피고인은 출석할 권한이 없다. 그러나 피고인은 변호사인 변호인을 선임하여 의견을 진술하게 할 수 있다(법386, 387 참조).

대법원은 비상상고의 신청에 대하여 조사를 한다. 이때 대법원은 신청서에 포함된 이유에 한하여 조사해야 한다(법444①). 대법원은 법원의 관할, 공소의 수리와 소송절차에 관하여는 사실조사를 할 수 있다(동조②). 대법원은 필요하다고 인정한 때에는 합의부원에게 비상상고의 이유에 대한 사실조사를 명하거나 다른 법원 판사에게 이를 촉탁할 수 있다(법444③, 431①). 이 경우 수명법관 또는 수탁판사는 법원 또는 재판장과 동일한 권한이 있다(법444③, 431②).

2. 비상상고에 대한 재판

(1) 기각판결과 파기판결

비상상고가 이유 없다고 인정한 때에는 대법원은 판결로써 이를 기각해야 한다(법445). 대법원은 비상상고의 신청이 부적법한 경우에도 기각판결을 해야 한다. 상급심의 파기판결에 의해 효력을 상실한 재판은 비상상고의 대상이 될 수 없다. 상급심의 파기판결에 의해 효력을 상실한 재판의 법령위반 여부를 다시 심사하는 것은 무익할 뿐만 아니라, 법령의 해석 · 적용의 통일을 도모하려는 비상상고 제도의 주된 목적과도 부합하지 않기 때문이다.[1]

비상상고가 이유 있다고 인정할 때에는 대법원은 해당 확정판결의 법령위반 부분을 파기

---

1) 2021. 3. 11. 2019오1, 『형제복지원 비상상고 사건』.

하게 된다. 이때 파기판결은 파기의 사유에 따라서 그 모습을 달리 한다.

첫째로, 원판결이 법령에 위반된 때에는 원칙적으로 그 위반된 부분을 파기해야 한다(법 446 ⅰ 본문). 이 경우에는 원판결의 일부분에 대한 파기가 일어난다. 예컨대 「경범죄 처벌법」 에는 형의 면제에 관한 규정이 없다. 그런데 법관이 「경범죄 처벌법」 위반죄를 인정하면서 형 면제를 선고한 즉결심판을 내린 경우에 그 즉결심판에 대해 형면제의 주문 부분만을 파기하 는 것이 여기에 해당하는 사례이다.[1] 이 경우 원판결은 부분적으로 파기된다.

둘째로, 원판결이 법령에 위반함을 이유로 파기하는 경우에 원판결이 피고인에게 불이익 한 때에는 대법원은 원판결을 파기하고 피고사건에 대하여 다시 판결을 하여야 한다(법446 ⅰ 단서). '피고인에게 불이익한 때'라 함은 새로이 내리게 될 판결이 원판결보다 이익된다는 점 이 명백한 경우를 말한다. 피고인에게 불이익한 경우에는 원판결의 전부파기가 일어난다. 파 기자판을 할 때에는 원판결의 시점을 표준으로 하여 자판한다.

「전자장치 부착 등에 관한 법률」에 따르면 부착명령 청구사건의 판결은 특정범죄사건의 판결과 동시에 선고해야 한다(동법9⑤). 법원이 특정범죄를 범한 자에 대하여 형의 집행을 유 예할 때에는 법원은 집행유예와 함께 보호관찰을 받을 것을 명하는 때에만 전자장치 부착을 명할 수 있다(동법28①).

그런데 원판결이 피고인에 대하여 형의 집행을 유예하면서 보호관찰을 받을 것을 명하지 않은 채 전자장치 부착을 명한 경우가 있다. 이러한 경우는 법령에 위반한 것으로서 피부착명 령청구자에게 불이익한 때에 해당한다. 이러한 경우에 비상상고법원은 형소법 제446조 제1호 단서에 의하여 원판결 중 부착명령사건 부분을 파기하고, 이 부분에 관하여 다시 판결하여 부 착명령청구를 기각하는 판결을 해야 한다.[2]

파기자판의 재판은 법령해석 및 법령적용의 통일을 기한다는 비상상고제도 본래의 목적 과는 거리가 있지만 구체적 정의의 실현이라는 관점에서 피고인의 불이익을 구제하기 위하여 마련된 예외이다. 따라서 파기자판의 경우에는 불이익변경금지의 원칙이 적용되는 것과 비슷 한 효과가 발생한다.

셋째로, 원심소송절차가 법령에 위반한 때에는 그 위반된 절차를 파기한다(법446 ⅱ). 이 경우에는 원판결 자체가 파기되는 것이 아니라 위반된 절차만 파기된다. 이와 같이 비상상고 의 판결이 부분파기를 원칙으로 하는 것은 비상상고의 목적이 법령해석 및 법령적용에 통일 을 기하려는 데에 있기 때문이다.

---

1) 1994. 10. 14. 94오1, 공 1994, 3042, 『도로교통법 형면제 사건』.
2) 2011. 2. 24. 2010오1, 공 2011상, 696, 『보호관찰 밖 부착명령 사건』.

(2) 파기판결의 효력

비상상고의 판결은 원판결이 피고인에게 불이익하여 파기자판되는 경우(법446ⅰ 단서)를
제외하고는 그 효력이 피고인에게 미치지 않는다(법447). 즉 확정판결의 위법부분에 대한 일
부파기가 있는 경우(법446ⅰ 본문) 또는 원심소송절차의 위법한 부분을 파기하는 경우(동조ⅱ)
에도 확정판결 자체는 그대로 유지되며 종결된 소송계속은 부활하지 않는다. 이와 같이 비상
상고에 대한 판결은 원칙적으로 이론적 효력이 있을 뿐이다. 이 때문에 비상상고의 파기판결
에 대하여는 '재판의 옷을 입은 학설'이라는 평가가 나오고 있다.

그러나 피고인에게 불이익함을 이유로 파기자판하는 경우에는 예외적으로 확정되었던 원
판결이 파기되고, 비상상고에 대한 판결의 효력이 피고인에게 미치게 된다(법447, 446ⅰ 단서).

제3장 특별절차

제1절 약식절차

제1 약식절차의 의의

1. 약식절차와 약식명령

약식절차란 공판절차를 거치지 아니하고 서면심리만으로 형을 선고하는 간이한 형사절차이다. 형사소송법은 피고인에게 벌금, 과료 또는 몰수를 과하는 경우에 약식절차를 인정하고 있다(법448①). 약식절차에서는 추징 기타 부수처분을 할 수 있다(동조②).

약식절차에 의하여 재산형을 과하는 재판을 약식명령이라고 한다. 약식절차는 서면심리를 원칙으로 하는 절차이다. 이 점에서 약식절차는 피고인이 공판정에서 자백한 때에 행해지는 간이공판절차(법286의2)와 구별된다. 또 약식절차는 검사의 청구에 의하여 진행된다는 점에서 경찰서장의 청구에 의하여 진행되는 즉결심판절차(즉결심판법3①)와 차이가 있다.

약식절차는 경미사건을 신속하게 처리함으로써 형사사법의 역량을 보다 중한 범죄와 복잡한 사건에 투입할 수 있도록 하는 장점이 있다. 피고인보호의 관점에서 보더라도 우리 형사소송법은 피고인에게 정식재판청구권을 보장할 뿐만 아니라(법453① 본문), 정식재판청구권을 포기할 수 없도록 하고 있다(동항 단서). 우리 입법자는 피고인이 정식재판을 청구한 경우에 "약식명령의 형보다 중한 종류의 형을 선고하지 못한다."는 형종 상향금지원칙을 규정하여(법457의2①) 제한된 형태이기는 하나 불이익변경금지원칙까지 인정하고 있다.

2. 형사절차전자문서법

「약식절차 등에서의 전자문서 이용 등에 관한 법률」(약식전자문서법)은 약식명령을 청구할 수 있는 사건 중 일정한 사건에 대해 피의자가 전자적 처리절차에 따를 것을 동의하는 것을 조건으로 형사사법정보시스템(동법2ⅲ 참조)을 통하여 약식절차를 진행할 수 있도록 하고 있었다(동법3 참조). 대상사건은 처음에 일정한 「도로교통법」 위반죄로 한정되었으나(약식전자문서법3① i, ii), 2016년 약식전자문서법의 개정에 의하여 「교통사고처리 특례법」에 의하여 공소를 제기할 수 없음이 명백한 사건에까지 확대되었다(약식전자문서법3②).

약식전자문서법은 2024년 10월 20일부터 시행된「형사사법절차에서의 전자문서 이용 등
에 관한 법률」(형사절차전자문서법)로 대체되었다. 형사절차전자문서법은 형사사법절차 전반에
걸쳐서 전자문서의 이용 및 관리 등에 관한 기본 원칙과 절차를 규정하고 있다(동법1 참조).[1]

제2 약식절차의 진행

1. 약식명령의 청구와 관할

약식명령을 청구할 수 있는 사건은 지방법원의 관할에 속하는 사건으로서 피고인을 벌금,
과료 또는 몰수에 처할 수 있는 사건이다(법448①). 법정형으로 징역이나 금고 등 자유형만
규정되어 있는 사건이나 또는 이들 형과 벌금, 과료 또는 몰수를 병과해야 하는 사건에 대해
서는 약식명령을 청구할 수 없다. 그러나 벌금, 과료 또는 몰수의 형이 단독이나 선택적으로
선고될 수 있는 사건이면 지방법원 합의부의 사물관할에 속하는 사건도 약식명령청구의 대상
이 된다.

약식명령의 청구는 공소제기와 동시에 서면으로 해야 한다(법449). 검사는 약식명령의 청
구와 동시에 약식명령을 하는데 필요한 증거서류 및 증거물을 법원에 제출해야 한다(규칙170).
약식절차에는 공소장일본주의(규칙118②)가 적용되지 않는다.[2]

약식명령이 청구된 사건은 사건의 경중에 따라 지방법원 합의부 또는 지방법원 단독판사
의 관할에 속하게 된다(법원조직법32①, 7④). 약식명령의 청구는 경미한 사건의 신속한 처리를
목적으로 하므로 약식명령이 청구된 사건은 주로 단독판사의 사물관할에 속하게 될 것이다.
그렇지만 사물관할을 달리하는 수 개의 사건이 관련사건(법11)을 이루어 법원합의부가 병합관
할하는 경우(법9)와 같이 지방법원 합의부가 관할법원으로 되는 경우도 없지 않다.

2. 약식절차의 특징

약식명령의 청구가 있으면 법원은 검사가 그 청구와 함께 제출한 증거서류 및 증거물을
토대로 약식명령의 발부를 위한 심리를 행하게 된다. 법원은 공판절차에 의하지 않고 서면심
리에 의하여 약식명령의 발령 여부를 결정한다.

약식절차에서는 증인신문, 검증, 감정 등 통상의 증거조사, 피고인신문 또는 압수·수색
등의 강제처분은 허용되지 않으며, 약식절차의 본질에 반하지 않는 한도에서 간단한 절차로

---

1) 전술 500면 참조.
2) 2007. 7. 26. 2007도3906, [미간행], 『멱살잡이 상해 사진 사건』.

확인할 수 있는 조사만 허용된다. 약식절차는 공판절차와 본질을 달리한다는 점에 비추어 볼 때 약식절차 내에서의 공소장변경(법298)은 인정되지 않는다고 할 것이다.

약식절차는 공판절차에 의하지 않고 서면심리의 형태를 취하므로 공판절차에서 요구되는 엄격한 증명의 법리(법307①)가 제한되지 않을 수 없다. 직접심리주의 및 전문법칙(법310의2)은 공판절차에서 이루어지는 직접신문과 반대신문을 전제로 하는 것이므로 '성립의 진정'을 요건으로 하여 그의 예외를 규정한 형사소송법 제311조 이하의 규정은 약식절차에서는 적용되지 않는다.

그러나 위법수집증거배제법칙(법308의2), 자백배제법칙(헌법12⑦, 법309) 및 자백보강법칙(헌법12⑦, 법310)은 위법수사의 배제와 자백편중의 수사관행 타파라는 정책적 고려에서 특별히 마련된 법적 장치이므로 약식절차에도 그 적용이 있다. 약식절차에서 자백보강법칙이 적용되는 것은 즉결심판절차에서 자백보강법칙의 적용이 배제되는 것(즉결심판법10 참조)과 크게 구별되는 부분이다.

3. 공판절차회부

(1) 공판절차회부 사유

법원은 약식명령의 청구가 있는 경우에 그 사건이 약식명령으로 할 수 없거나 약식명령으로 하는 것이 적당하지 않다고 인정한 때에는 공판절차에 의하여 심판하여야 한다(법450). '약식명령을 할 수 없는 때'라 함은 법정형에 벌금이나 과료가 규정되어 있지 않거나 벌금이나 과료가 다른 형의 병과형으로 규정되어 있는 경우, 소송조건이 결여되어 면소판결, 관할위반판결, 공소기각판결, 공소기각결정 등을 해야 할 경우, 무죄나 형면제의 판결을 해야 할 경우 등을 말한다.

'약식명령으로 하는 것이 적당하지 아니한 때'라 함은 법률상으로는 약식명령을 하는 것이 가능하지만 사건의 성질상 공판절차에 의한 신중한 심리가 필요한 경우 또는 벌금, 과료, 몰수 이외의 형을 과하는 것이 적당하다고 인정되는 경우를 말한다.

(2) 공판절차의 진행방식

법원이 약식명령 청구사건을 공판절차에 의하여 심판하기로 함에 있어서는 사실상 공판절차를 진행하면 되고, 특별한 형식상의 결정을 할 필요는 없다.[1] 법원사무관 등은 약식명령의 청구가 있는 사건을 공판절차에 의하여 심판하기로 한 때에는 즉시 그 취지를 검사에게

---

1) 2003. 11. 14. 2003도2735, 공 2003, 2410, 『즉심기록 송부 사건』.

통지해야 한다(규칙172①). 통지서를 받은 검사는 5일 이내에 피고인 수에 상응하는 공소장부본을 법원에 제출하여야 한다(동조②). 법원은 공소장부본이 제출되면 제1회 공판기일 전 5일까지 이를 피고인에게 송달하여야 한다(동조③, 법266).

그런데 이러한 절차를 이행하지 아니한 채, 검사와 피고인이 공판기일에 출석하여 피고인을 신문하고 피고인도 이에 대하여 이의를 제기하지 아니하고 신문에 응하고 변론을 하였다면 이러한 절차상의 하자는 모두 치유된다.[1]

4. 약식명령의 발령

법원은 검사의 약식명령청구를 심사한 결과 공판절차에 회부할 사유가 없다고 판단되면 약식명령을 발하게 된다. 약식명령은 그 청구가 있은 날로부터 14일 내에 이를 하여야 한다(규칙171).

약식명령에 의하여 과할 수 있는 형은 벌금, 과료, 몰수로 한정된다(법448①). 약식명령을 할 경우에는 추징 기타 부수처분을 할 수 있다(동조②). 2016년의 형법 일부개정에 의하여 5백만원 이하의 벌금을 선고할 경우에 집행유예가 가능하게 되었다(형법62①). 약식명령에 의하여 5백만원 이하의 벌금을 선고할 경우에도 집행유예가 가능하다고 본다. 약식명령에 의하여 무죄, 면소, 관할위반, 공소기각의 재판을 할 수는 없다.

약식명령의 고지는 검사와 피고인에 대한 재판서의 송달에 의해야 한다(법452). 약식명령에는 범죄사실, 적용법령, 주형, 부수처분과 약식명령의 고지를 받은 날로부터 7일 이내에 정식재판의 청구를 할 수 있음을 명시해야 한다(법451). '범죄사실'이란 유죄판결의 이유에 설시할 '범죄될 사실'(법323①)과 같은 의미이다. 그러나 통상의 유죄판결과 달리 증거의 요지를 기재할 필요는 없다.

약식명령은 정식재판청구기간이 경과하거나 그 청구의 취하 또는 청구기각의 결정이 확정된 때에는 확정판결과 동일한 효력이 있다(법457). 확정된 약식명령은 유죄의 확정판결과 동일한 효력을 가지므로 집행력과 기판력을 발생시킨다. 확정된 약식명령은 재심(법420) 또는 비상상고(법441)에 의해서만 구제가 가능하다.

약식명령의 기판력이 미치는 범위는 약식명령의 송달시가 아니라 약식명령의 발령시를 기준으로 판단해야 한다. 기판력의 시적 범위를 통상적인 판결절차와 달리해야 할 이유가 없으므로 판결선고 시점에 대응하는 약식명령의 발령시점을 기준으로 하는 것이다.[2]

---

1) 2003. 11. 14. 2003도2735, 공 2003, 2410, 『즉심기록 송부 사건』.
2) 1984. 7. 24. 84도1129, 공 1984, 1466, 『술집행패 상습범 사건』.

제3 정식재판의 청구

1. 정식재판청구의 의의와 절차

(1) 정식재판청구의 의의

정식재판청구란 약식명령이 발해진 경우에 그 재판에 불복이 있는 자가 통상의 절차에 의한 심판을 구하는 소송행위를 말한다. 정식재판청구는 동일심급의 법원에 대하여 원재판의 시정을 구한다는 점에서 상소가 아니지만, 원재판인 약식명령의 변경을 구하는 불복방법이라는 점에서 상소와 유사하다. 형사소송법은 상소에 관한 규정의 일부를 정식재판청구에 준용하고 있다(법458).

(2) 정식재판청구와 형종 상향금지원칙

정식재판청구권의 행사를 보장하기 위해 우리 입법자는 1995년 형소법 일부개정시에 형소법 제457조의2를 신설하여 불이익변경금지원칙을 도입하였다. 2017년 형소법 일부개정이 이루어지기 전까지 약식명령과 관련된 불이익변경금지원칙은 '약식명령의 형보다 중한 형을 선고하지 못한다'는 형태를 취하고 있었다. 그러나 이로 인해 무분별한 정식재판청구와 그 이후 이어지는 항소·상고의 폐단이 노정되었다.

2017년 입법자는 이러한 폐단을 제거하기 위하여 불이익변경금지의 정도를 '약식명령의 형보다 중한 종류의 형을 선고하지 못한다'는 형태로 제한하였다(법457의2①). 형종 상향금지원칙에 따라서 약식명령의 벌금형보다 무거운 징역이나 금고 등의 형을 선고할 수 없지만(형법 41 참조) 벌금형을 중하게 변경하는 것은 가능하게 되었다.

입법자는 그와 동시에 정식재판절차에서의 불이익변경에 신중을 기하도록 하기 위하여 양형이유 기재방식을 도입하였다. 피고인이 정식재판을 청구한 사건에 대하여 약식명령의 형보다 중한 형을 선고하는 경우에 법원은 판결서에 양형의 이유를 적어야 한다(법457의2②).

(3) 정식재판 청구절차

검사 또는 피고인은 약식명령에 대하여 정식재판을 청구할 수 있다(법453① 본문). 정식재판청구권자가 피고인에 한정되지 않고 검사도 포함한다는 점은 주목된다. 정식재판의 청구는 약식명령의 고지를 받은 날로부터 7일 이내에 해야 한다(법453① 본문).

1094 제4편 상소와 그 밖의 절차

약식명령에 대한 정식재판의 청구는 서면으로 제출하여야 한다(법453②). 피고인이 작성하는 정식재판청구서는 공무원 아닌 사람이 작성하는 서류에 해당한다. 공무원 아닌 사람이 작성하는 서류에는 (가) 연월일을 기재하고 (나) 기명날인 또는 서명하여야 하고, 인장이 없으면 지장으로 한다(법59). 피고인의 정식재판청구서에 청구인의 기명날인 또는 서명이 없다면 법령상의 방식을 위반한 것으로서 법원은 그 청구를 결정으로 기각하여야 한다. 이는 정식재판의 청구를 접수하는 법원공무원이 청구인의 기명날인이나 서명이 없음에도 불구하고 이에 대한 보정을 구하지 아니하고 적법한 청구가 있는 것으로 오인하여 청구서를 접수한 경우에도 마찬가지이다.[1]

그런데 피고인이 자기 또는 대리인이 책임질 수 없는 사유로 기간을 도과한 때에는 정식재판청구권회복청구를 할 수 있다(법458, 345). 법원공무원이 청구인의 기명날인이나 서명이 없음에도 불구하고 이에 대한 보정을 구하지 아니하고 적법한 청구가 있는 것으로 오인하여 청구서를 접수한 잘못으로 인하여 적법한 정식재판청구가 제기된 것으로 신뢰한 피고인이 그 정식재판청구기간을 넘기게 되었다면, 이때 피고인은 자기가 '책임질 수 없는 사유'로 청구기간 내에 정식재판을 청구하지 못한 때에 해당하여 정식재판청구권의 회복을 구할 수 있다.[2]

피고인이 책임질 수 없는 사유로 약식명령이 고지된 사실을 알지 못한 경우에는 약식명령이 고지된 사실을 안 날로부터 7일 이내에 서면으로 정식재판청구권의 회복청구를 함과 동시에 정식재판청구도 하여야 한다.[3]

약식절차에서 피고인은 정식재판청구권을 포기할 수 없다(법453① 단서). 그러나 검사가 정식재판청구권을 포기하는 것은 무방하다(법458, 349). 검사와 피고인 또는 기타 정식재판청구권자는 정식재판청구를 취하할 수 있다(법458, 349). 이때 정식재판청구의 취하는 제1심판결 선고 전까지 할 수 있다(법454). 정식재판청구를 취하한 사람은 그 사건에 대하여 다시 정식재판을 청구하지 못한다(법458, 354).

약식명령 청구사건을 심사한 법관이 공판절차에 회부된 사건의 심판에 관여하는 것이 가능한가 하는 문제가 있다. 약식명령청구의 심사는 통상재판에 대한 전심절차에 해당하는 것이 아니므로 법관의 제척사유(법17 ⅶ)로는 되지 않는다.[4] 그러나 경우에 따라서 기피사유(법18 ⅱ)로 될 수는 있을 것이다.

---

1) 2023. 2. 13. 2022모1872, 공 2023상, 630, 『성명만 있는 정식재판청구서 사건』.
2) 2023. 2. 13. 2022모1872, 공 2023상, 630, 『성명만 있는 정식재판청구서 사건』.
3) 1983. 12. 29. 83모48, 공 1984, 294, 『'정재권 회복만 청구' 사건』.
4) 2002. 4. 12. 2002도944, 공 2002, 1197, 『인터넷 다단계판매 사건』.

2. 정식재판청구사건에 대한 심판

(1) 정식재판절차의 진행

정식재판의 청구가 법령상의 방식에 위반하거나 청구권의 소멸 후인 것이 명백한 때에는 결정으로 청구를 기각하여야 한다(법455①). 이 결정에 대하여는 즉시항고를 할 수 있다(동조②).

정식재판의 청구가 적법한 때에는 공판절차에 의하여 심판해야 한다(법455③). 공판절차에 의하여 심판할 경우 공판법원은 약식명령에 구애받지 않고 사실인정, 법령적용, 양형의 모든 부분에 대하여 자유롭게 판단할 수 있다. 정식재판은 약식명령의 당부를 사후에 심사하는 것이 아니기 때문이다.

(2) 정식재판절차의 특수문제

(가) 불출석재판　　피고인이 정식재판청구에 기하여 열린 공판기일에 출정하지 아니한 때에는 다시 기일을 정해야 한다(법458②, 365①). 피고인이 정당한 사유 없이 다시 정한 기일에 출정하지 아니한 때에는 피고인의 진술 없이 판결할 수 있다(법458②, 365②).

피고인이 불출석한 상태에서 그 진술 없이 판결할 수 있기 위해서는 피고인이 적법한 공판기일 통지를 받고서도 2회 연속으로 정당한 이유 없이 출정하지 아니한 경우에 해당하여야 한다.[1] 이 경우 공판법원은 「소송촉진 등에 관한 특례법」(동법23, 동규칙19)이 정하고 있는 사유, 즉 피고인에 대한 송달불능보고서가 접수된 때로부터 6개월이 지나도록 피고인의 소재를 확인할 수 없는 경우에까지 이르지 아니하더라도 공시송달의 방법에 의하여 소환장을 송달한 후 피고인의 진술 없이 재판할 수 있다.[2]

불출석재판의 특례는 피고인만 정식재판청구를 한 경우에 더욱 확장된다. 피고인만이 정식재판청구(법453①)를 하여 판결의 선고를 하는 경우에는 피고인의 출석을 요하지 아니한다. 이 경우에 피고인은 대리인을 출석하게 할 수 있다(법277 iv).

(나) 성명모용　　갑에 의하여 성명이 모용된 을에게 약식명령이 송달되자 을이 정식재판을 청구한 경우에 그 처리방법이 문제된다.

이 문제를 고찰하기에 앞서서 먼저 통상재판에서의 성명모용 사안에 대해 살펴본다. 형사소송법 제248조에 의하여 공소는 검사가 피고인으로 지정한 이외의 다른 사람에게 그 효력이

---

1) 2012. 6. 28. 2011도16166, 공 2012하, 1365, 『정식재판 항소심 불출석 사건』.
2) 2013. 3. 28. 2012도12843, 공 2013상, 890, 『교통사고 시비 폭행 사건』.

미치지 아니하는 것이므로, 공소제기의 효력은 검사가 피고인으로 지정한 자에 대하여만 미친다. 피의자(갑)가 다른 사람(을)의 성명을 모용한 탓으로 공소장에 피모용자(을)가 피고인으로 표시되었다 하더라도 이는 당사자의 표시상의 착오일 뿐이다. 검사는 모용자(갑)에 대하여 공소를 제기한 것이므로 모용자(갑)가 피고인이 되고 피모용자(을)에게 공소의 효력이 미친다고는 할 수 없다. 따라서 검사가 공소장의 피고인표시를 정정하여 바로잡은 경우에는 처음부터 모용자(갑)에 대한 공소의 제기가 있었고, 피모용자(을)에 대한 공소의 제기가 있었던 것은 아니므로 법원은 모용자(갑)에 대하여 심리하고 재판을 하면 될 것이지, 원칙적으로는 피모용자(을)에 대하여 심판할 것은 아니다.[1]

그런데 약식절차에서는 다소 사정이 달라진다. 약식절차는 서면심리에 의하므로, 수사절차에서 피의자(갑)가 다른 사람(을)의 성명을 모용한 결과 약식명령이 피모용자(을)에게 고지되는 성명모용의 사안이 일어나기 쉽다. 자신의 성명을 모용당하여 약식명령을 고지받은 피모용자(을)가 정식재판을 청구하여 피모용자(을)를 상대로 심리하는 과정에서 피고인(갑)의 성명모용사실이 발각된 경우에 법원의 처리방법이 문제된다.

먼저, 피모용자(을)에 대한 처리방법을 본다. 피모용자(을)가 약식명령을 송달받고 이에 대하여 정식재판의 청구를 하여 피모용자(을)를 상대로 심리를 하는 과정에서 성명모용 사실이 발각되고 검사가 공소장을 정정하는 등 사실상의 소송계속이 발생한 상황에서는 피모용자(을)가 형식상 또는 외관상 피고인의 지위를 갖게 된다. 그리하여 법원으로서는 피모용자(을)에게 적법한 공소의 제기가 없었음을 밝혀주는 의미에서 형사소송법 제327조 제2호를 유추적용하여 공소기각의 판결을 함으로써 피모용자(을)의 불안정한 지위를 명확히 해소해 주어야 한다.[2] [3]

다음으로, 모용자에 대한 처리방법을 살펴본다. 약식명령의 성명모용 사안에서 진정한 피고인인 모용자(갑)에게는 아직 약식명령의 송달이 없다. 검사는 공소장의 인적 사항의 기재를 정정하여 피고인의 표시를 바로잡아야 한다. 피고인표시의 정정은 피고인의 표시상의 착오를 정정하는 것이지 공소장을 변경하는 것이 아니므로, 형사소송법 제298조에 따른 공소장변경의 절차를 밟을 필요는 없고 법원의 허가도 필요로 하지 않는다.[4] 법원은 검사의 피고인표시정정에 따라 약식명령의 피고인 표시를 정정하여 (가) 본래의 약식명령과 함께 (나) 이 경정결정을 모용자(갑)인 피고인에게 송달하면 이때야 비로소 그 약식명령은 적법한 송달이 있

1) 1997. 11. 28. 97도2215, 공 1998, 198, 『저인망 어선 사건』.
2) 1993. 1. 19. 92도2554, 공 1993, 783, 『수현·재현 도박 사건』.
3) 1997. 11. 28. 97도2215, 공 1998, 198, 『저인망 어선 사건』.
4) 1993. 1. 19. 92도2554, 공 1993, 783, 『수현·재현 도박 사건』.

게 된다. 이 약식명령에 대하여 소정의 기간 내에 정식재판의 청구가 없으면 이 약식명령은 확정된다.[1]

약식명령의 성명모용 사안을 심리하는 정식재판청구법원이 피고인이 특정되지 않았다는 이유로 모용자(갑)에 대해 공소기각판결(법327 ii)을 하는 것은 허용되지 않는다. 모용자(갑)인 피고인에게 (가) 약식명령과 (나) 경정결정이 송달되지 않았으므로 피고인의 정식재판청구가 있었다고 볼 수 없고, 따라서 정식재판청구법원이 재판할 대상이 없기 때문이다.[2]

(다) 형종 상향금지원칙   피고인이 정식재판을 청구한 사건에 대하여는 형종 상향금지 원칙이 적용된다. 법원은 피고인이 정식재판을 청구한 사건에 대하여는 약식명령의 형보다 중한 종류의 형을 선고하지 못한다(법457의2①). 피고인이 정식재판을 청구한 사건에 대하여 약식명령의 형보다 중한 형을 선고하는 경우 공판법원은 판결서에 양형의 이유를 적어야 한다 (동조②).

형종 상향금지원칙은 피고인이 정식재판을 청구한 사건과 다른 사건이 병합·심리된 후 경합범으로 처단되는 경우에도 정식재판을 청구한 사건에 대하여 그대로 적용된다.[3] 약식명령에 불복해 정식재판을 청구한 사건과 일반사건이 병합된 경우에는 따로 분리 선고해야 한다. 정식재판청구사건은 형종 상향금지원칙에 따라 약식명령에서 선고받은 형보다 높은 형종을 선고해서는 안 된다. 이 때문에 정식재판청구사건과 일반사건을 병합해 하나의 징역형을 선고하는 것은 위법하다.[4]

검사가 정식재판을 청구한 경우나 피고인이 정식재판을 청구하였더라도 정식재판에서 사건이 병합된 경우에는 형종 상향금지원칙이 적용되지 않는다.[5] 약식명령은 정식재판의 청구에 대한 판결이 있는 때에는 그 효력을 잃는다(법456). '판결'에는 공소기각결정(법328①)도 포함되며, '판결이 있을 때'란 판결이 확정된 때를 가리킨다.

---

1) 1997. 11. 28. 97도2215, 공 1998, 198, 『저인망 어선 사건』.
2) 1997. 11. 28. 97도2215, 공 1998, 198, 『저인망 어선 사건』.
3) 2020. 3. 26. 2020도355, 공 2020상, 866, 『징역형, 약식명령 벌금형 병합 사건』.
4) 2020. 1. 9. 2019도15700, 공 2020상, 510, 『약식명령 3백만원, 추가 8건 병합 사건』.
5) 2003. 5. 13. 2001도3212, 공 2003, 1392, 『지상주차장 재침입 사건』.

제2절 즉결심판절차

제1 즉결심판절차의 의의

즉결심판이란 즉결심판절차에 의하여 행해지는 재판을 말한다. 즉결심판절차를 규율하기 위하여 「즉결심판에 관한 절차법」(즉결심판법)이 제정되어 있다. 즉결심판법은 범증이 명백하고 죄질이 경미한 범죄사실을 신속·적정한 절차로 심판하게 하기 위하여 마련된 절차법으로서(즉결심판법1 참조) 형사소송법에 대한 특별법을 이룬다.

즉결심판은 경미사건을 신속하게 심판하기 위한 절차라는 점에서 약식절차(법448 이하)와 성격 및 기능이 유사하다. 그러나 즉결심판은 (가) 청구권자가 검사가 아니라 경찰서장이라는 점(즉결심판법3①), (나) 즉심청구사건의 심리가 서면심리의 형태를 취하지 않고 원칙적으로 공개된 법정에서 판사가 피고인을 직접 신문하여 이루어진다는 점(동법7①), (다) 약식절차에서는 재산형의 부과만 가능하지만 즉결심판절차에서는 1일 이상 30일 미만의 구류형(형법46) 선고가 가능하다는 점(즉결심판법2), (라) 즉결심판절차에서는 무죄, 면소, 또는 공소기각의 재판도 할 수 있다는 점(즉결심판법11⑤) 등에서 차이가 있다.

그렇지만 양자는 경미사건의 신속처리라는 목적을 위하여 확정판결과 동일한 효력이 부여된다는 점(법457, 즉결심판법16), 피고인보호를 위하여 정식재판청구권(법453, 즉결심판법14)이 보장되고 있다는 점 등에서 비슷한 구조를 가지고 있다.

제2 즉결심판의 청구

1. 즉결심판 대상사건

(1) 즉결심판 대상사건과 선고형

즉결심판절차에 의하여 처리할 수 있는 사건은 20만원 이하의 벌금 또는 구류나 과료에 처할 범죄사건이다(즉결심판법2). 이때 즉결심판절차의 대상은 선고형을 기준으로 결정된다. 즉결심판절차는 일종의 사물관할에 준하는 성질을 가지지만, 사물관할의 결정은 법정형을 기준으로 함에 반하여 즉결심판절차의 대상은 선고형을 기준으로 한다.

즉결심판대상으로 주목되는 사건으로는 「경범죄 처벌법」 위반죄와 「도로교통법」 위반죄를 들 수 있다. 그러나 즉결심판은 반드시 이러한 범죄에 한정되지 않으며 벌금, 구류 또는 과료가 단일형 또는 선택형으로 규정되어 있으면 일반 형사범의 경우에도 가능하다.

(2) 범칙행위 통고처분과 즉결심판절차

(가) 범칙금제도 「경범죄 처벌법」은 경범죄 처벌의 특례로서 범칙행위에 대한 통고처분 및 범칙금 납부제도를 규정하고 있다(동법7 이하 참조). 「도로교통법」은 이 법률 위반행위 가운데 일정한 경미범죄를 범칙행위로 규정하고 이에 대해 통고처분 및 범칙금 납부제도를 규정하고 있다(동법162 이하 참조). 두 법률이 규정한 내용은 거의 동일하므로 아래에서는 이를 묶어서 함께 설명한다.

범칙금제도는 범칙자가 통고처분을 불이행하였더라도 기소독점주의의 예외를 인정하여 경찰서장의 즉결심판청구를 통하여 공판절차를 거치지 않고 사건을 간이하고 신속·적정하게 처리함으로써 소송경제를 도모하되, 즉결심판 선고 전까지 범칙금을 납부하면 형사처벌을 면할 수 있도록 함으로써 범칙자에 대하여 형사소추와 형사처벌을 면제받을 기회를 부여하고 있다.[1] 경찰서장이 범칙행위에 대하여 통고처분을 할 경우, 범칙자에게 형사소추와 형사처벌을 면제받을 수 있는 절차적 지위를 보장하기 위하여 몇 가지 특례가 인정된다.

(나) 통고처분 경찰서장은 범칙자에 대해 범칙금 납부통고서로 범칙금을 낼 것을 통고할 수 있다(경범죄처벌법7①, 도로교통법163①). 특별한 사정이 없는 이상 경찰서장은 범칙행위에 대한 형사소추를 위하여 이미 한 통고처분을 임의로 취소할 수 없다.[2]

경찰서장으로부터 범칙금 통고처분을 받은 사람은 통고처분서를 받은 날부터 10일 이내에 범칙금을 납부하여야 한다(경범죄처벌법8①, 도로교통법164①). 통고처분에서 정한 범칙금 납부기간까지는 원칙적으로 경찰서장은 즉결심판을 청구할 수 없다.[3] 통고처분에서 정한 범칙금 납부기간까지는 검사도 동일한 범칙행위에 대하여 공소를 제기할 수 없다.[4] 범칙행위자가 범칙금을 납부하여 형사처벌을 면제받을 수 있도록 하기 위함이다.[5] 이때 검사가 공소를 제기할 수 없는 범칙행위는 통고처분 시까지의 행위 중 (가) 범칙금 통고의 이유에 기재된 당해 범칙행위 자체 및 (나) 그 범칙행위와 동일성이 인정되는 범칙행위에 한정된다.[6]

경찰서장이 범칙행위에 대하여 범칙금 납부 통고처분을 하였는데 범칙금 납부기간이 지나기 전에 범칙행위와 동일한 공소사실로 검사가 공소를 제기하였다면, 그 공소제기는 공소제

---

1) 2021. 4. 1. 2020도15194, [미간행], 『통고처분 취소 후 공소제기 사건』.
2) 2021. 4. 1. 2020도15194, [미간행], 『통고처분 취소 후 공소제기 사건』.
3) 2021. 4. 1. 2020도15194, [미간행], 『통고처분 취소 후 공소제기 사건』.
4) 2021. 4. 1. 2020도15194, [미간행], 『통고처분 취소 후 공소제기 사건』.
5) 2020. 4. 29. 2017도13409, 공 2020상, 1032, 『범칙금 납부기간 전 공소제기 사건』.
6) 2023. 3. 16. 2023도751, [미간행], 『경찰서장 통고처분 성명모용 사건』.

기의 절차가 법률의 규정을 위반하여 무효일 때에 해당하여 공소기각판결의 대상이 된다.[1]

(다) 즉결심판청구   10일의 범칙금 납부기간에 범칙금을 납부하지 않은 사람에 대하여 경찰서장은 지체 없이 즉결심판을 청구하여야 한다(경범죄처벌법9① ii, 도로교통법165① ii). 검사는 동일한 범칙행위에 대하여 공소를 제기할 수 없다.[2]

통고처분서를 받은 날부터 10일 이내에 범칙금을 납부하지 않은 사람은 위 기간의 마지막 날의 다음 날부터 20일 이내에 통고받은 범칙금에 20/100을 더한 금액을 납부하여야 한다(경범죄처벌법8① · ②, 도로교통법164① · ②).

경찰서장이 즉결심판을 청구하였더라도 그 선고 전까지 피고인이 통고받은 범칙금에 50/100을 더한 금액을 납부하고 그 증명서류를 제출하였을 경우에는 경찰서장은 즉결심판 청구를 취소하여야 한다(경범죄처벌법9②, 도로교통법165②).

(라) 범칙금납부의 효력   통고받은 범칙금을 납부한 사람은 그 범칙행위에 대하여 다시 벌받지 않는다(경범죄처벌법8③, 9③, 도로교통법164③, 165③). 범칙금의 납부에 따라 확정판결에 준하는 효력이 인정되는 범위는 (가) 범칙금 통고의 이유에 기재된 당해 범칙행위 자체 및 (나) 그 범칙행위와 동일성이 인정되는 범칙행위에 한정된다. 범칙행위와 같은 시간과 장소에서 이루어진 행위라 하더라도 범칙행위의 동일성을 벗어난 형사범죄행위에 대하여는 범칙금의 납부에 따라 확정판결에 준하는 일사부재리의 효력이 미치지 않는다.[3] [4]

(마) 통고처분과 성명모용   공소는 검사가 피고인으로 지정한 이외의 다른 사람에게 그 효력이 미치지 않는다(법248). 공소제기의 효력은 검사가 피고인으로 지정한 자에 대하여만 미친다. 피의자(갑)가 다른 사람(을)의 성명을 모용한 탓으로 공소장에 피모용자(을)가 피고인으로 표시되었더라도 이는 당사자의 표시상의 착오일 뿐이고, 검사는 모용자(갑)에 대하여 공소를 제기한 것이므로 모용자(갑)가 피고인이 되고 피모용자(을)에게 공소의 효력이 미친다고는 할 수 없다. 이와 같은 법리는 「경범죄 처벌법」이나 「도로교통법」에 따른 경찰서장의 통고처분의 효력에도 마찬가지로 적용된다.[5]

피의자(갑)가 다른 사람(을)의 성명을 모용한 탓으로 범칙금 통고처분에 피모용자(을)가 피고인으로 표시되었더라도 이는 당사자의 표시상의 착오일 뿐이고, 경찰서장은 모용자(갑)에 대하여 통고처분을 한 것이다. 통고처분에서 정한 범칙금 납부기간까지는 검사가 이미 통고처

---

1) 2020. 4. 29. 2017도13409, 공 2020상, 1032, 『범칙금 납부기간 전 공소제기 사건』.
2) 2021. 4. 1. 2020도15194, [미간행], 『통고처분 취소 후 공소제기 사건』.
3) 2012. 9. 13. 2011도6911, [미간행], 『주차시비 16주 상해 사건』.
4) 전술 947면 참조.
5) 2023. 3. 16. 2023도751, [미간행], 『경찰서장 통고처분 성명모용 사건』.

분이 이루어진 범칙행위와 동일성이 인정되는 공소사실로 모용자(갑)를 기소하는 것은 허용되지 않는다. 만일 검사가 이미 통고처분이 이루어진 범칙행위와 동일성이 인정되는 공소사실로 공소를 제기하였다면 법원은 공소제기의 절차가 법률의 규정을 위반하여 무효인 때에 해당한다고 보아 공소기각판결을 선고해야 한다(법327 ii).[1]

2. 청구권자 및 청구의 방식

즉결심판의 청구권자는 관할 경찰서장 또는 관할 해양경찰서장이다(즉결심판법3①). 아래에서는 즉결심판청구권자를 단순히 '경찰서장'으로 통칭하여 서술한다(즉결심판법3① 참조). 즉결심판 청구권자는 경찰서장이 되지만 일선 경찰관은 경찰서장의 대리인으로 즉결심판을 청구할 수 있다. 경찰서장의 즉결심판청구권은 검사의 기소독점주의(법246)에 대한 예외를 이룬다.

즉결심판은 관할 경찰서장 또는 관할 해양경찰서장이 관할법원에 청구한다(즉결심판법3①). 지방법원 또는 그 지원의 판사는 소속 지방법원장의 명령을 받아 소속 법원의 관할사무와 관계없이 즉결심판청구사건을 심판할 수 있다(동법3의2). 시·군법원은 20만원 이하의 벌금 또는 구류나 과료에 처할 범죄사건에 대해 즉결심판을 한다(법원조직법34① iii, ③).

즉결심판을 청구함에는 즉결심판청구서를 제출해야 한다. 즉결심판서에는 피고인의 성명 기타 피고인을 특정할 수 있는 사항, 죄명, 범죄사실과 적용법조를 기재해야 한다(즉결심판법3②). 약식절차의 경우와 달리 즉결심판절차에 의하여 선고할 형량은 기재대상이 되지 않는다. 즉결심판을 청구할 때에는 사전에 피고인에게 즉결심판의 절차를 이해하는 데 필요한 사항을 서면 또는 구두로 알려주어야 한다(동조③).

경찰서장은 즉결심판의 청구와 동시에 즉결심판을 함에 필요한 서류 또는 증거물을 판사에게 제출해야 한다(즉결심판법4). 즉결심판절차는 간이한 절차에 의하여 사건을 신속하게 처리함을 목적으로 하므로 약식절차의 경우와 마찬가지로 공소장일본주의(규칙118②)가 적용되지 않는다.[2]

제3 즉결심판청구사건의 심리와 재판

1. 기각결정 및 사건송치

판사는 사건이 즉결심판을 할 수 없거나 즉결심판절차에 의하여 심판함이 적당하지 않다

---

1) 2023. 3. 16. 2023도751, [미간행], 『경찰서장 통고처분 성명모용 사건』.
2) 2011. 1. 27. 2008도7375, 공 2011상, 519, 『정재청구 후 조서작성 사건』.

고 인정할 때에는 결정으로 즉결심판의 청구를 기각해야 한다(즉결심판법5①). 약식절차의 경우에는 사건이 약식명령으로 할 수 없거나 약식명령으로 하는 것이 적당하지 않다고 인정한 때에는 법원은 공판절차에 의하여 심판해야 한다(법450). 정식재판절차에 회부하는 것이다. 이에 반해 즉결심판절차에서는 즉결심판청구를 기각해야 한다.

즉결심판청구기각결정은 경찰서장의 정식재판청구(즉결심판법14② 1문)의 대상이 아니다. 경찰서장의 정식재판청구는 관할법원이 즉결심판에 임한 후 본안에 대하여 내린 재판을 대상으로 하기 때문이다.

즉결심판청구기각결정이 있는 때에는 경찰서장은 지체 없이 사건을 관할 지방검찰청 또는 지청의 장에게 송치해야 한다(즉결심판법5②). 판사의 즉결심판청구기각결정이 있은 사건에 대해 검사는 적법하게 공소를 제기할 수 있다. 공소를 제기할 때에는 반드시 공소장을 법원에 제출해야 한다.[1] 즉결심판 관할법원이 처음부터 즉결심판청구기각결정을 내린 사건에 대해서는 검사의 공소제기만 가능하다.

2. 즉결심판사건에 대한 심리의 특칙

즉결심판법은 즉결심판사건의 간이·신속한 처리를 위하여 여러 가지 특칙을 마련하고 있다. 즉결심판절차에는 즉결심판법에 특별한 규정이 없고 그 성질에 반하지 아니하는 한 형사소송법의 규정을 준용한다(즉결심판법19).

(1) 심리의 시기와 장소

즉결심판청구가 있는 때에는 판사는 즉결심판청구를 기각하는 경우(즉결심판법5①)를 제외하고는 즉시 심판을 해야 한다(동법6). 따라서 공소장 부본의 송달(법266), 제1회 공판기일의 유예기간(법269) 등과 같이 통상의 공판절차에서 요구되는 준비절차들은 생략된다.

약식절차와 달리 즉결심판절차에 의한 심리와 재판의 선고는 공개된 법정에서 이루어지는 것이 원칙이다. 즉결심판의 법정은 경찰관서 외의 장소에 설치되어야 한다(즉결심판법7①). 즉결심판 법정은 판사와 법원사무관 등이 열석하여 개정한다(동조②).

판사는 상당한 이유가 있는 경우에는 공판정 개정 없이 피고인의 진술서와 경찰서장이 즉결심판의 청구와 동시에 제출한 서류 또는 증거물에 의하여 심판할 수 있다(즉결심판법7③ 본문). 다만 피고인을 구류에 처하는 경우에는 공개된 법정에서 심판해야 한다(동항 단서).

---

1) 2003. 11. 14. 2003도2735, 공 2003, 2410, 『즉심기록 송부 사건』.

(2) 피고인출석의 요부

공개된 법정에서 즉결심판절차를 진행하는 경우(즉결심판법7①)에 피고인이 기일에 출석하지 아니한 때에는 원칙적으로 개정할 수 없다(동법8). 그렇지만 피고인 불출석이 허용되는 경우가 있다.

먼저, 벌금 또는 과료를 선고하는 경우에는 피고인이 출석하지 아니하더라도 심판할 수 있다(즉결심판절차법8의2①).

다음으로, 피고인 또는 즉결심판출석통지서를 받은 자는 법원에 불출석심판을 청구할 수 있고, 법원이 이를 허가한 때에는 피고인이 출석하지 아니하더라도 심판할 수 있다(즉결심판절차법8의2②).

(3) 심리의 방식

즉결심판절차에는 그 성질에 반하지 않는 한 형사소송법의 규정이 준용되므로(즉결심판법19) 공개법정에서 즉결심판절차를 진행할 경우 구두주의(법275의3)에 의한 심리가 요구된다. 그러나 변론주의는 제한된다.

즉결심판절차에서는 즉결심판사건의 신속한 처리를 위하여 판사에 의한 직권심리가 기본이 된다. 판사는 피고사건의 내용과 함께 진술거부권(법283의2)이 있음을 피고인에게 알리고 변명할 기회를 주어야 한다(즉결심판법9①). 판사는 필요하다고 인정할 때에는 적당한 방법에 의하여 재정하는 증거에 한하여 조사할 수 있다(동조②). 변호인은 기일에 출석하여 재정 증거의 증거조사에 참여할 수 있으며 의견을 진술할 수 있다(동조③).

(4) 증거조사의 특칙

신속처리를 도모하는 즉결심판절차에서 증거조사가 통상의 증거조사방법에 의하지 않음은 물론이다. 증거조사의 객체는 경찰서장이 즉결심판청구와 함께 제출한 서류 또는 증거물 및 그 밖에 재정하는 증거에 한정된다(즉결심판법9② 참조). 즉결심판절차에는 신속한 심리를 달성하기 위하여 증거법칙에 일정한 특례가 인정되고 있다.

첫째로, 즉결심판절차에는 자백보강법칙(헌법12⑦, 법310)이 적용되지 않는다(즉결심판법10). 즉심판사는 보강증거가 없더라도 피고인의 자백만으로 유죄판결을 선고할 수 있다. 종래 즉결심판절차에서 자백보강법칙을 배제하는 것이 헌법에 반하는 것이 아닌가 하는 논란이 있었으나 현행 헌법은 제12조 제7항에서 '정식재판에 있어서 피고인의 자백이 그에게 불리한 유일한 증거일 때'를 자백보강법칙의 요건으로 명시함으로써 위헌의 소지를 배제하였다.

둘째로, 즉결심판절차의 심리에는 사법경찰관이 작성한 피의자신문조서에 대하여 증거능력을 제한한 형소법 제312조 제3항이 적용되지 않는다(즉결심판법10). 따라서 피고인이나 변호인이 내용을 부인하더라도 사경작성 피의자신문조서에 증거능력이 인정된다.

셋째로, 각종 서류의 증거능력을 제한한 형소법 제313조가 적용되지 않는다(즉결심판법10). 2007년 개정전 형소법에 의하면 사경작성 참고인진술조서는 형소법 제313조의 적용대상이었다. 2007년 형소법 개정으로 사경작성 참고인진술조서에 대해 형소법 제312조 제4항에 새로이 근거규정이 마련되었다. 여기에서 사경작성 참고인진술조서가 즉결심판절차에서 증거능력을 가질 것인지 문제된다. 생각건대 즉결심판절차의 증거법 특칙이 종래와 달라질 이유가 없다는 점에 비추어 볼 때 형소법 제312조 제4항도 즉결심판절차에서 적용되지 않는다고 보아야 할 것이다.

이상의 증거법 특칙(즉결심판법10)에 따라서 사경작성 피의자신문조서는 피고인이 즉결심판절차에서 그 내용을 부인하더라도 유죄의 증거로 사용될 수 있으며, 사경작성 참고인진술조서나 그 밖의 진술서도 원진술자가 공판정에서 진정성립을 인정하지 않더라도 증거능력이 인정된다.

그러나 즉결심판절차에는 기본적으로 형사소송법이 준용된다(즉결심판법19). 그러므로 (가) 위법수집증거배제법칙(법308의2), (나) 자백배제법칙(헌법12⑦, 법309), (다) 형소법 제312조 제3항·제4항과 형소법 제313조를 제외한 전문법칙(법310의2) 및 그 예외규정은 즉결심판절차의 심리에 그대로 적용된다.

(5) 즉결심판청구의 취소

「도로교통법」(동법162 이하)이나 「경범죄 처벌법」(동법6 이하)은 일정한 경미범죄에 대해 범칙금 제도를 도입하고 있다. 경찰서장으로부터 범칙금 통고처분을 받은 사람은 일정한 기간 내에 범칙금을 납부하여야 한다(도로교통법164, 경범죄처벌법8). 범칙금을 납부하지 않은 사람에 대하여 경찰서장은 지체 없이 즉결심판을 청구해야 한다(도로교통법165① 본문, 경범죄처벌법9① 본문). 즉결심판이 청구된 피고인은 즉결심판의 선고 전까지 일정액을 더한 범칙금을 납부하면 형사처벌을 면할 수 있다(도로교통법165②, 경범죄처벌법9②). 이 경우 범칙금을 납부한 사람은 그 범칙행위에 대하여 다시 처벌받지 않는다(도로교통법165③, 경범죄처벌법9③).

3. 즉결심판의 선고와 효력

(1) 즉결심판의 선고 및 고지

즉결심판절차에서는 유죄의 선고(즉결심판법11①)뿐만 아니라 무죄, 면소, 또는 공소기각의 선고 또는 고지를 할 수 있다(동조⑤). 무죄, 면소 또는 공소기각의 재판까지 선고할 수 있다는 점에서 즉결심판은 벌금, 과료, 몰수 등 형의 선고만 가능한 약식명령과 구별된다. 즉결심판절차에서 가능한 형의 선고는 20만원 이하의 벌금, 구류 또는 과료이다(즉결심판법2).

공판정에서 즉결심판으로 유죄를 선고할 때에는 형, 범죄사실과 적용법조를 명시하고 피고인은 7일 이내에 정식재판을 청구할 수 있다는 것을 고지해야 한다(즉결심판법11①).

공판정을 열지 않고 심판하는 경우(즉결심판법7③, 8의2①) 및 피고인의 불출석이 허가된 경우(동법8의2②)에는 법원사무관 등은 7일 이내에 정식재판을 청구할 수 있음을 부기한 즉결심판서의 등본을 피고인에게 송달하여 고지한다(동법11④ 본문). 다만, 불출석재판을 허가한 경우(동법8의2②)에 피고인 등이 미리 즉결심판서의 등본송달을 요하지 아니한다는 뜻을 표시한 때에는 그러하지 아니하다(동법11④ 단서).

유죄의 즉결심판서에는 피고인의 성명 기타 피고인을 특정할 수 있는 사항, 주문, 범죄사실과 적용법조를 명시하고 판사가 서명·날인해야 한다(즉결심판법12①). 피고인이 범죄사실을 자백하고 정식재판의 청구를 포기한 경우에는 관련 기록작성(동법11 참조)을 생략하고 즉결심판서에 선고한 주문과 적용법조를 명시하고 판사가 기명·날인한다(동법12②).

(2) 유치명령과 가납명령

판사는 구류의 선고를 받은 피고인이 일정한 주소가 없거나 또는 도망할 염려가 있을 때에는 5일을 초과하지 아니하는 기간 경찰서유치장(지방해양경찰관서의 유치장 포함)에 유치할 것을 명할 수 있다(즉결심판법17① 본문). 다만 이 기간은 구류형의 선고기간을 초과할 수 없다(동항 단서). 이 경우 집행된 유치기간은 본형의 집행에 산입한다(동조②).

원래 선고된 구류형은 재판이 확정된 후에만 집행할 수 있는 것이지만(즉결심판절차법19, 법459) 재판의 확정을 기다릴 경우 피고인이 도망함으로써 집행이 불가능해지는 것을 방지하도록 한 것이다. 유치명령이 있는 구류가 선고된 경우에는 정식재판을 청구하더라도 피고인은 석방되지 않는다. 유치명령에 대해서는 형소법 제416조에 따라 준항고를 할 수 있다.

판사가 벌금 또는 과료를 선고하는 경우에 판결의 확정 후에는 집행할 수 없거나 집행하기 곤란한 염려가 있다고 인정한 때에는 피고인에게 벌금 또는 과료에 상당한 금액의 가납을 명할 수 있다. 가납의 재판은 벌금 또는 과료의 선고와 동시에 선고해야 하며 그 재판은 즉시로 집행할 수 있다(즉결심판법17③, 법334). 가납명령이 있는 벌금 또는 과료를 납부하지 않을 때에는 노역장유치를 명할 수 있다(형법69①).

(3) 즉결심판의 확정과 형의 집행

즉결심판은 정식재판청구기간의 경과, 정식재판청구권의 포기 또는 정식재판청구의 취하에 의하여 확정판결과 동일한 효력이 생긴다(즉결심판법16 1문). 정식재판청구를 기각하는 재판이 확정된 때에도 같다(동조 2문).

즉결심판이 확정되면 확정판결과 동일한 효력이 인정되므로 집행력과 기판력이 발생하게 된다. 따라서 확정된 즉결심판에 대한 불복은 재심이나 비상상고와 같은 비상구제절차에 의해서만 가능하다.[1] 즉결심판에 의한 형의 집행은 경찰서장이 하고 그 집행결과를 지체 없이 검사에게 보고해야 한다(즉결심판법18①).

구류는 경찰서유치장·구치소 또는 교도소에서 집행하며 구치소 또는 교도소에서 집행할 때에는 검사가 이를 지휘한다(즉결심판법18②). 벌금, 과료, 몰수는 그 집행을 종료하면 지체 없이 검사에게 이를 인계해야 한다(동조③ 본문). 다만, 즉결심판 확정후 상당기간 내에 집행할 수 없을 때에는 검사에게 통지해야 한다. 통지를 받은 검사는 형소법 제477조(재산형 등의 집행)에 의하여 집행할 수 있다(동항 단서). 형의 집행정지는 사전에 검사의 허가를 얻어야 한다(동조④).

제4 정식재판의 청구

1. 정식재판청구의 절차

(1) 정식재판청구권자

판사의 즉결심판에 불복이 있는 피고인 또는 경찰서장(해양경찰서장 포함)은 정식재판을 청구할 수 있다(즉결심판법14① · ②, 3①).

(가) 피고인   피고인은 정식재판을 청구할 수 있다. 또한 피고인의 법정대리인(법340) 및 피고인의 배우자, 직계친족, 형제자매 또는 즉결심판절차의 대리인이나 변호인(법341)은 피고인을 위하여 정식재판을 청구할 수 있다(즉결심판법14④). 약식명령에 대해 피고인이 정식재판을 청구할 때 인정되는 형종 상향금지원칙(법457의2)은 피고인의 즉결심판에 대한 정식재판청구사건에 준용된다.[2]

정식재판을 청구하고자 하는 피고인은 즉결심판의 선고·고지를 받은 날로부터 7일 이내에 정식재판을 청구하여야 한다(즉결심판법14① 1문). 이 기간은 즉결심판이 공개법정에서

---

1) 1993. 6. 22. 93오1, 공 1993, 2191, 『34인 시위 사건』.
2) 1999. 1. 15. 98도2550, 공 1999, 320, 『즉심 두배 벌금 사건』.

선고된 경우에는 선고일로부터, 개정하지 않은 경우에는 심판서 등본이 피고인에게 송달된 날로부터 각각 기산된다. 피고인은 정식재판청구서를 경찰서장에게 제출하여야 한다(즉결심판법14① 1문).

공무원 아닌 자가 작성하는 서류에는 연월일을 기재하고 기명날인 또는 서명하여야 한다. 인장이 없으면 지장으로 한다(법59). 정식재판청구서에 피고인의 자필로 보이는 이름이 기재되어 있고 그 옆에 서명이 되어 있으나 피고인의 인장이나 지장이 찍혀 있지 아니한 경우에 적법한 정식재판청구로 볼 것인지 문제된다.

정식재판청구서에 피고인의 자필로 보이는 이름이 기재되어 있고 그 옆에 서명이 되어 있다면 그 서류가 작성자 본인인 피고인의 진정한 의사에 따라 작성되었다는 것을 명백하게 확인할 수 있고 형사소송절차의 명확성과 안정성을 저해할 우려가 없다. 그러므로 그 정식재판청구는 적법하다고 보아야 한다. 피고인의 인장이나 지장이 찍혀 있지 않다고 해서 이와 달리 볼 것이 아니다.[1]

정식재판청구서를 받은 경찰서장은 지체 없이 판사에게 이를 송부하여야 한다(즉결심판법14① 2문).

(나) 경찰서장   경찰서장은 즉결심판을 청구한 사건에 대하여 판사가 무죄, 면소 또는 공소기각을 선고·고지한 경우(즉결심판법11⑤)에 그 선고·고지가 있은 날로부터 7일 이내에 정식재판을 청구할 수 있다(동법14② 1문). 경찰서장에게 정식재판청구권을 인정한 것은 주목된다.

경찰서장이 정식재판을 청구하는 경우 경찰서장은 관할지방검찰청 또는 지청의 검사의 승인을 얻어 정식재판청구서를 판사에게 제출해야 한다(즉결심판법14② 2문). 경찰서장의 정식재판청구는 검사의 공소제기 없이 수소법원에 소송계속을 발생시킨다는 점에서 주목된다. 그러나 정식재판절차에서 공소유지는 검사가 담당한다.

(2) 정식재판청구 후의 절차

판사는 정식재판청구서를 받은 날로부터 7일 이내에 경찰서장에게 정식재판청구서를 첨부한 사건기록과 증거물을 송부한다. 경찰서장은 지체 없이 관할지방검찰청 또는 지청의 장에게 이를 송부해야 한다. 그 검찰청 또는 지청의 장은 지체 없이 관할법원에 이를 송부해야 한다(즉결심판법14③). 정식재판청구는 상소의 경우에 준하여 청구권의 포기나 청구의 취하가 인정된다(즉결심판법14④, 법340, 341, 349).

---

1) 2019. 11. 29. 2017모3458, 공 2020상, 229, 『날인 없는 정식재판청구서 사건』.

피고인이 즉결심판에 대하여 정식재판청구를 하였는데, 검사가 법원에 사건기록과 증거물을 그대로 송부하지 않고 즉결심판이 청구된 위반 내용과 동일성 있는 범죄사실에 대하여 약식명령을 청구하는 경우가 있다. 이러한 경우에는 법원은 공소가 제기된 사건에 대하여 다시 공소가 제기되었을 때(법327 iii)에 해당한다는 이유로 공소기각판결을 선고해야 한다.[1]

2. 공판절차에 의한 심판

정식재판의 청구가 적법한 때에는 원칙적으로 공판절차에 의하여 심판해야 한다. 경찰서장의 즉결심판청구는 공소제기와 동일한 소송행위이므로 관할 법원은 공판절차에 따라 심판해야 하는 것이다.[2]

공판절차에서의 심판은 제1심 공판절차가 새로 개시되는 것이므로 공판법원은 즉결심판의 결과에 구속받지 않는다. 정식재판청구에 기한 공판절차는 정식의 공판절차이므로 국선변호에 관한 규정(법33, 282, 283)이 적용된다.[3]

한편 약식명령에 대한 정식재판절차에 형종 상향금지원칙(법457의2)이 적용됨에 따라 즉결심판에 대한 정식재판절차에도 형소법의 규정을 준용하는 즉결심판법 제19조를 매개로 형종 상향금지원칙이 준용된다.[4] 그 결과 피고인이 정식재판을 청구한 사건에 대하여는 즉결심판의 형보다 중한 종류의 형을 선고하지 못한다(즉결심판법19, 법457의2①). 피고인이 정식재판을 청구한 사건에 대하여 즉결심판의 형보다 중한 형을 선고하는 경우에는 판결서에 양형의 이유를 적어야 한다(즉결심판법19, 법457의2②).

즉결심판은 정식재판의 청구에 의한 판결이 있는 때에는 그 효력을 잃는다(즉결심판법15). '정식재판의 청구에 의한 판결'이란 적법한 정식재판의 청구에 의하여 새로이 진행된 공판절차에서 행해진 판결을 가리킨다. 이 경우 '판결'에는 공소기각결정(법328①)도 포함된다. '판결'은 확정판결을 의미한다. 정식재판절차에서 선고된 형의 집행은 형사소송법의 재판집행에 관한 규정(법459 이하)에 따라 검사가 집행한다(법460① 본문).

---

1) 2019. 11. 29. 2017모3458, 공 2020상, 229, 『날인 없는 정식재판청구서 사건』.
2) 2019. 11. 29. 2017모3458, 공 2020상, 229, 『날인 없는 정식재판청구서 사건』.
3) 1997. 2. 14. 96도3059, 공 1997, 856, 『노인 즉심회부 사건』.
4) 1999. 1. 15. 98도2550, 공 1999, 320, 『즉심 두배 벌금 사건』 참조.

제4장 재판의 집행절차

제1절 재판의 집행

제1 재판집행의 의의

재판은 법원의 공권적 의사표시이다. 재판집행이란 재판의 의사표시내용을 국가의 강제력에 의하여 실현하는 것을 말한다. 국가의 강제력에 의한 재판집행 가운데 가장 강력한 것은 형의 집행이다. 형의 집행 가운데 징역형이나 금고형 등과 같은 자유형의 집행을 가리켜 특별히 행형이라고 부르기도 한다.

재판의 집행에는 형의 집행 이외에 (가) 추징이나 소송비용 등 부수처분의 집행, (나)과태료, 비용배상, 보증금의 몰수 등 형 이외의 제재의 집행, (다) 법원이나 법관이 발부한 각종 영장의 집행 등이 포함된다. 이러한 경우들은 형의 집행과 함께 넓은 의미에서 재판의 집행에 속한다.

형사절차에 있어서 재판의 집행 가운데 가장 중요한 것은 형의 집행이다. 형의 집행에 의하여 형사절차의 최종결론인 형벌권이 구체적으로 실현되기 때문이다. 형사절차를 통하여 얻어진 재판이라 할지라도 그 의사표시만으로 충분하고 그 내용을 국가의 강제력에 의하여 굳이 실현할 필요가 없는 경우에는 재판의 집행이 문제되지 않는다. 무죄, 관할위반판결, 공소기각판결, 공소기각결정 등의 경우가 그러하다.

제2 재판집행의 일반원칙

1. 재판집행의 시기

(1) 즉시집행의 원칙

재판은 형사소송법에 특별한 규정이 없으면 확정된 후에 집행한다(법459). 재판은 확정된 후 즉시 집행하는 것이 원칙이다. 이를 즉시집행의 원칙이라고 한다. 재판의 집행은 그 재판을 한 법원에 대응한 검찰청 검사가 지휘하는 것이 원칙이다(법460① 본문). 형 선고의 재판에 대해 형의 집행에 착수하지 않으면 형의 시효가 진행하게 된다. 형의 선고를 받은 자에게 형의 시효가 완성되면 형의 집행이 면제되는 효과가 발생한다(형법77). 재판의 즉시집행원칙에 대해서는 일정한 예외가 인정된다.

(2) 확정전의 재판집행

재판이 확정되기 전에 재판을 집행할 수 있는 경우가 있다. 먼저, 결정과 명령의 재판은 즉시항고(법410)나 일부 준항고(법416④) 등을 제외하고는 즉시 집행할 수 있다. 원칙적으로 결정이나 명령에 대한 불복은 즉시항고 이외에는 재판의 집행을 정지하는 효력이 없기 때문이다(법409 본문).

다음으로, 가납재판이 있는 경우에도 재판확정 전에 재판의 집행이 가능하다. 법원은 벌금, 과료 또는 추징의 선고를 하는 경우에 판결의 확정 후에는 집행할 수 없거나 집행하기 곤란한 염려가 있다고 인정한 때에는 직권 또는 검사의 청구에 의하여 피고인에게 벌금, 과료 또는 추징에 상당한 금액의 가납을 명할 수 있다(법334①). 이 가납판결은 즉시로 집행할 수 있다(동조③).

(3) 확정후 일정기간 경과후의 집행

재판이 확정한 후에도 즉시 집행할 수 없는 경우들이 있다.

(가) 소송비용부담의 재판은 소송비용집행면제(법487)의 신청기간 내와 그 신청이 있는 때에는 신청에 대한 재판이 확정될 때까지 그 집행이 정지된다(법472).

(나) 벌금과 과료는 판결확정일로부터 30일 내에 납입하면 족하므로(형법69① 본문) 벌금·과료의 미납으로 인한 노역장유치의 집행은 벌금·과료의 확정일로부터 30일 이내에는 집행할 수 없다.

(다) 사형의 집행은 법무부장관의 명령 없이는 집행할 수 없다(법463). 사형선고를 받은 사람이 심신의 장애로 의사능력이 없는 상태이거나 임신 중인 여자인 때에는 법무부장관의 명령으로 집행을 정지한다(법469①). 이에 따라 형의 집행을 정지한 경우에는 심신장애의 회복 또는 출산 후에 법무부장관의 명령에 의하여 형을 집행한다(동조②).

(라) 징역, 금고 또는 구류의 선고를 받은 자가 심신의 장애로 의사능력이 없는 상태에 있는 때에는 형을 선고한 법원에 대응한 검찰청검사 또는 형의 선고를 받은 자의 현재지를 관할하는 검찰청검사의 지휘에 의하여 심신장애가 회복될 때까지 형의 집행을 정지한다(법470①).

(마) 보석허가결정 가운데에는 보석금 납입 등 일정한 조건을 이행한 후가 아니면 집행하지 못하는 경우가 있다(법100①).

2. 재판집행의 지휘

재판집행의 지휘·감독은 공익의 대표자인 검사의 직무에 속한다(검찰청법4① iv). 재판의 집행은 그 재판을 한 법원에 대응한 검찰청 검사가 지휘하는 것이 원칙이다(법460① 본문). 단, 재판의 성질상 법원 또는 법관이 지휘할 경우에는 예외로 한다(동항 단서).

상소의 재판 또는 상소의 취하로 인하여 하급법원의 재판을 집행할 경우에는 상소법원에 대응한 검찰청 검사가 지휘한다(법460② 본문). 단, 소송기록이 하급법원에 있는 때에는 그 법원에 대응한 검찰청 검사가 지휘한다(동항 단서). 이 경우 '상소의 재판'은 원심판결을 확정시키는 항소기각 또는 상고기각의 재판을 말한다.

공판절차에서 구속영장은 검사의 지휘에 의하여 사법경찰관리가 집행하는 것이 원칙이지만, 급속을 요하는 경우에는 재판장, 수명법관 또는 수탁판사가 그 집행을 지휘할 수 있다(법81① 본문·단서). 공판절차에서 압수수색영장은 검사의 지휘에 의하여 사법경찰관리가 집행하는 것이 원칙이지만, 필요한 경우에 재판장은 곧바로 법원사무관 등에게 그 집행을 명할 수 있다(법115① 본문·단서).

재판의 성질상 법원이 이를 집행해야 하는 경우가 있다. 법원에서 압수한 물건으로서 현재 법원에 보관되어 있는 압수물의 환부·매각·보관 등(법133 이하, 333 참조)의 조치나 법정경찰권이나 소송지휘권에 의한 퇴정명령(법원조직법58②, 법281②) 등의 처분은 법원이 재판을 스스로 집행하는 경우에 해당하는 예이다.

3. 형집행을 위한 소환

사형, 징역, 금고 또는 구류의 선고를 받은 자가 구금되지 아니한 때에는 검사는 형을 집행하기 위하여 대상자를 소환해야 한다(법473①). 벌금형에 따르는 노역장유치는 실질적으로 자유형과 동일한 것으로서 그 집행에 대하여는 자유형의 집행에 관한 규정이 준용된다(법492). 대상자가 소환에 응하지 아니한 때에는 검사는 형집행장을 발부하여 구인해야 한다(법473②).

2024년 10월 20일부터 「형사사법절차에서의 전자문서 이용 등에 관한 법률」(형사절차전자문서법)이 시행되었다. 검사 또는 사법경찰관리는 피고인에 대한 형집행장이 전자문서로 발부된 경우에는 대법원규칙으로 정하는 바에 따라 전자문서를 제시하거나 전송하는 방법으로 형집행장을 집행할 수 있다(동법17① iv, 법473). 형집행장을 전자문서의 형태로 집행하는 것이 현저히 곤란하거나 적합하지 아니한 경우에는 전자문서로 발부된 형집행장을 전산정보처리시스템을 통하여 출력한 서면으로 집행할 수 있다(형사절차전자문서법17②).

사형 및 자유형의 집행, 그리고 노역장유치를 위한 형집행장에는 형의 선고를 받은 자의 성명, 주거, 연령, 형명, 형기 기타 필요한 사항을 기재해야 한다(법474①, 492). 형집행장은 구속영장과 동일한 효력이 있다(법474②).

형집행장의 집행에는 공판절차에 있어서 피고인의 구속에 관한 규정을 준용한다(법475). 여기서의 '피고인의 구속에 관한 규정'은 '피고인의 구속영장의 집행에 관한 규정'을 의미한다. 형집행장의 집행에 관하여는 구속사유에 관한 형소법 제70조나 구속이유의 고지에 관한 형소법 제72조가 준용되지 않는다.[1]

사법경찰관리가 형집행을 위하여 대상자를 구인하려면 검사로부터 발부받은 형집행장을 그 상대방에게 반드시 제시하여야 한다(법475, 85①). 형집행장을 소지하지 아니한 경우에 급속을 요하는 때에는 그 상대방에 대하여 형집행 사유와 형집행장이 발부되었음을 고하고 집행할 수 있다(법475, 85③ 참조). 이 경우 '급속을 요하는 때'라고 함은 애초 사법경찰관리가 적법하게 발부된 형집행장을 소지할 여유가 없이 형집행의 상대방을 조우한 경우 등을 가리킨다.[2]

사법경찰관리가 벌금 미납자에게 노역장유치의 집행을 하면서 상대방에게 형집행 사유와 더불어 벌금 미납으로 인한 지명수배 사실만을 고지하는 경우가 있다. 특별한 사정이 없는 한 그러한 고지를 두고 형집행장이 발부되어 있는 사실도 고지한 것이라거나 형집행장이 발부되어 있는 사실까지도 포함하여 고지한 것이라고 볼 수 없다.[3]

4. 형의 시효

형의 선고를 받은 자는 시효의 완성으로 인하여 그 집행이 면제된다(형법77). 형의 시효기간은 형법 제78조에 규정되어 있다. 2017년 입법자는 형법 제78조를 일부개정하여 형의 시효기간을 일부 연장하였다. 형의 경중에 따라 형의 시효를 단계적으로 규정함으로써 형 집행의 실효성을 높이고, 형법상 형의 시효(형법78)와 형사소송법상 공소시효(법249①) 간의 균형을 맞추기 위한 개정이다. 개정규정은 2017년 12월 12일 개정법 시행 후 최초로 재판이 확정되는 경우부터 적용된다(부칙2). 2023년 입법자는 형법을 일부 개정하여 형의 시효가 완성되면 집행이 면제되는 형에서 사형을 제외하였다. 형 집행의 공백을 방지한 개정이다.

형의 시효기간의 초일은 시간을 계산함이 없이 1일로 산정한다(형법85). 형의 시효는 형을 선고하는 재판이 확정된 후 그 집행을 받음이 없이 다음의 기간을 경과함으로 인하여 완성된다(형법78).

① 무기의 징역 또는 금고는 20년 (2호)

---

1) 2013. 9. 12. 2012도2349, 공 2013하, 1858, 『벌금미납자 도로상 단속 사건』.
2) 2013. 9. 12. 2012도2349, 공 2013하, 1858, 『벌금미납자 도로상 단속 사건』.
3) 2017. 9. 26. 2017도9458, 공 2017하, 2149, 『노역장유치 대상자 지명수배사실 고지 사건』.

② 10년 이상의 징역 또는 금고는 15년 (3호)

③ 3년 이상의 징역이나 금고, 또는 10년 이상의 자격정지는 10년 (4호)

④ 3년 미만의 징역이나 금고, 또는 5년 이상의 자격정지는 7년(개정 전 5년) (5호)

⑤ 5년 미만의 자격정지, 벌금, 몰수 또는 추징은 5년(개정 전 3년) (6호)

⑥ 구류 또는 과료는 1년 (7호)

형의 시효는 형의 집행의 유예나 정지 또는 가석방 기타 집행할 수 없는 기간에는 진행되지 않는다(형법79①). 형의 시효는 형이 확정된 후 그 형의 집행을 받지 아니한 자가 형의 집행을 면할 목적으로 국외에 있는 기간 동안은 진행되지 않는다(동조②). 형의 시효는 사형, 징역, 금고와 구류에 있어서는 수형자를 체포함으로, 벌금, 과료, 몰수와 추징에 있어서는 강제처분을 개시함으로 인하여 중단된다(형법80).

제3 형의 집행

1. 형집행의 순서

2개 이상의 형이 선고된 경우에는 그 집행의 순서를 정할 필요가 있다. 2 이상의 형을 집행하는 경우에 자격상실, 자격정지, 벌금, 과료와 몰수 외에는 무거운 형을 먼저 집행하는 것이 원칙이다(법462 본문). 형의 경중은 형법 제41조 및 제50조에 의하여 결정한다. 따라서 형은 사형, 징역, 금고, 구류의 순서로 집행된다. 다만, 검사는 소속 장관의 허가를 얻어 무거운 형의 집행을 정지하고 다른 형의 집행을 할 수 있다(법462 단서). 자격상실, 자격정지, 벌금, 과료와 몰수는 그 집행순위를 결정할 필요 없이 동시에 집행할 수 있다.

2. 사형의 집행

사형확정자는 교도소 또는 구치소에 수용한다(「형의 집행 및 수용자의 처우에 관한 법률」 11① iv). 사형을 선고한 판결이 확정된 때에는 검사는 지체 없이 소송기록을 법무부장관에게 제출해야 한다(법464).

사형은 법무부장관의 명령에 의하여 집행한다(법463). 사형집행의 명령은 판결이 확정된 날로부터 6개월 이내에 해야 한다(법465①). 이 6개월의 기간규정은 훈시규정이다. 상소권회복의 청구, 재심의 청구 또는 비상상고의 신청이 있는 때에는 그 절차가 종료할 때까지의 기간은 사형집행명령의 기간에 산입하지 않는다(동조②).

법무부장관이 사형의 집행을 명한 때에는 5일 이내에 집행해야 한다(법466). 사형은 교정시설 안에서 교수(絞首)하여 집행한다(형법66). 사형의 집행에는 검사와 검찰청서기관과 교도소장 또는 구치소장이나 그 대리자가 참여해야 한다(법467①). 검사 또는 교도소장 또는 구치소장의 허가가 없으면 누구든지 형의 집행장소에 들어가지 못한다(동조②). 사형의 집행에 참여한 검찰청서기관은 집행조서를 작성하고 검사와 교도소장 또는 구치소장이나 그 대리자와 함께 기명날인 또는 서명해야 한다(법468).

사형선고를 받은 자가 심신의 장애로 의사능력이 없는 상태이거나 임신 중인 여자인 때에는 법무부장관의 명령으로 집행을 정지한다(법469①). 형의 집행을 정지한 경우에는 심신장애의 회복 또는 출산 후 법무부장관의 명령에 의하여 형을 집행한다(동조②).

3. 자유형의 집행

(1) 자유형의 집행방법

자유형은 재판집행의 일반원칙에 따라 검사의 형집행지휘서에 의하여 집행한다(법460, 461). 징역은 교정시설에 수용하여 집행하며, 정해진 노역(勞役)에 복무하게 한다(형법67). 금고와 구류는 교정시설에 수용하여 집행한다(형법68). 자유형의 형기는 판결이 확정된 날로부터 기산한다(형법84①). 징역, 금고, 구류와 유치에 있어서는 구속되지 아니한 일수는 형기에 산입하지 아니한다(동조②). 형집행의 초일은 시간을 계산함이 없이 1일로 산정한다(형법85). 석방은 형기종료일에 하여야 한다(형법86).

(2) 미결구금일수의 산입

자유형의 집행에는 미결구금일수가 산입된다. 미결구금일수란 구금당한 날로부터 판결확정일 전까지 실제로 구금된 일수를 말한다. 2014년 형법 일부개정에 의하여 판결선고전의 구금일수는 그 전부를 유기징역, 유기금고, 벌금이나 과료에 관한 유치 또는 구류에 산입하게 되었다(형법57①). 일부 산입 부분에 대한 헌법재판소의 위헌결정[1]을 반영한 것이다. 법원은 판결에서 별도로 미결구금일수 산입(법321②)에 관하여 판단할 필요가 없다.[2]

형소법 제482조는 상소절차와 관련된 구금일수의 산입 방법을 규정하고 있다. 형소법 제482조는 2015년 형소법 일부개정 시에 헌법재판소의 위헌결정[3]을 반영하여 개정되었다. 판결선고 후 판결확정 전 구금일수(판결선고 당일의 구금일수를 포함한다)는 전부를 본형에 산입한다(법482①). 상소기각결정 시에 송달기간이나 즉시항고기간 중의 미결구금일수는 전부를 본

---

1) 2009. 6. 25. 2007헌바25, 헌집 21-1하, 784, 『형법 57조 위헌결정 사건』.
2) 2009. 12. 10. 2009도11448, 공 2010상, 193, 『양형기준 소급적용 사건』.
3) 2009. 6. 25. 2007헌바25, 헌집 21-1하, 784, 『형법 57조 위헌결정 사건』.

형에 산입한다(동조②). 위의 경우에 구금일수의 1일은 형기의 1일 또는 벌금이나 과료에 관한 유치기간의 1일로 계산한다(동조③). 무죄가 확정된 다른 사건에서의 미결구금일수는 유죄가 확정된 사건의 형기에 산입되지 않는다.[1]

형법 제7조는 "죄를 지어 외국에서 형의 전부 또는 일부가 집행된 사람에 대해서는 그 집행된 형의 전부 또는 일부를 선고하는 형에 산입한다."고 규정하고 있다. 형사사건으로 외국 법원에 기소되었다가 무죄판결을 받은 사람은 설령 그가 무죄판결을 받기까지 상당 기간 미결구금되었더라도 이를 유죄판결에 의하여 형이 실제로 집행된 것으로 볼 수는 없다. '외국에서 형의 전부 또는 일부가 집행된 사람'에 해당한다고 볼 수 없으므로 외국 법원에 기소되었다가 무죄판결을 받은 사람의 미결구금 기간은 형법 제7조에 의한 산입의 대상이 되지 않는다.[2]

(3) 자유형의 집행정지

일정한 사유의 발생에 의하여 자유형의 집행이 정지되는 경우가 있다. 자유형의 집행정지는 필요적 집행정지와 임의적 집행정지로 나누어 볼 수 있다.

(가) 필요적 집행정지　　징역, 금고 또는 구류의 선고를 받은 자가 심신장애로 의사능력이 없는 상태에 있는 때에는 형을 선고한 법원에 대응한 검찰청 검사 또는 형의 선고를 받은 자의 현재지를 관할하는 검찰청 검사의 지휘에 의하여 심신장애가 회복될 때까지 형의 집행을 정지한다(법470①).

형의 집행을 정지한 경우에는 검사는 형의 선고를 받은 자를 감호의무자 또는 지방공공단체에 인도하여 병원 기타 적당한 장소에 수용하게 할 수 있다(법470②). 형의 집행이 정지된 자는 병원수용 등의 처분이 있을 때까지 교도소 또는 구치소에 구치하고 그 기간을 형기에 산입한다(동조③).

(나) 임의적 집행정지　　징역, 금고 또는 구류의 선고를 받은 자에 대하여 아래의 어느 하나에 해당하는 사유가 있는 경우에는 형을 선고한 법원에 대응한 검찰청 검사 또는 형의 선고를 받은 자의 현재지를 관할하는 검찰청 검사의 지휘에 의하여 형의 집행을 정지할 수 있다(법471①). 이 경우 검사가 형집행정지의 지휘를 함에는 소속 고등검찰청검사장 또는 지방검찰청검사장의 허가를 얻어야 한다(동조②). 해당 사유는 다음과 같다.

① 형의 집행으로 인하여 현저히 건강을 해하거나 생명을 보전할 수 없을 염려가 있는 때 (1호)

1) 1997. 12. 29. 97모112, 공 1998, 549, 『타사건 미통 불산입 사건』.
2) 2017. 8. 24. 2017도5977 전원합의체 판결, 공 2017하, 1887, 『필리핀 무죄 미결구금 사건』.

② 연령 70세 이상인 때 (2호)

③ 잉태 후 6개월 이상인 때 (3호)

④ 출산 후 60일을 경과하지 아니한 때 (4호)

⑤ 직계존속이 연령 70세 이상 또는 중병이나 장애인으로 보호할 다른 친족이 없는 때 (5호)

⑥ 직계비속이 유년으로 보호할 다른 친족이 없는 때 (6호)

⑦ 기타 중대한 사유가 있는 때 (7호)

형의 임의적 집행정지 사유 가운데 실무상 주목되는 것은 1호의 '형의 집행으로 인하여 현저히 건강을 해할 염려가 있는 때'이다. '형의 집행으로 인하여 현저히 건강을 해할 염려가 있는 때'에 해당하는지에 대한 판단은 검사가 직권으로 한다. 검사의 판단과정에 의사가 진단서 등으로 어떠한 의견을 제시하였다고 하더라도 검사는 그 의견에 구애받지 아니하며, 검사의 책임하에 규범적으로 형집행정지 여부의 판단을 행한다.[1]

(다) 심의위원회　　형집행정지에 대한 신뢰도와 투명성을 제고하기 위하여 각 지방검찰청에 형집행정지 심의위원회가 설치되었다. 형집행정지 심의위원회는 2015년 형소법 일부개정에 의하여 도입된 것이다.

위의 ①의 사유, 즉 형의 집행으로 인하여 현저히 건강을 해하거나 생명을 보전할 수 없을 염려가 있을 때 행하는 형집행정지 및 그 연장에 관한 사항을 심의하기 위하여 각 지방검찰청에 형집행정지 심의위원회를 둔다(법471의2①). 심의위원회는 위원장 1명을 포함한 10명 이내의 위원으로 구성하고, 위원은 학계, 법조계, 의료계, 시민단체 인사 등 학식과 경험이 있는 사람 중에서 각 지방검찰청 검사장이 임명 또는 위촉한다(동조②).

4. 자격형의 집행

(1) 자격상실과 자격정지의 의의

자격형에는 자격상실과 자격정지가 있다. 자격상실이란 (가) 공무원이 되는 자격, (나) 공법상의 선거권과 피선거권, (다) 법률로 요건을 정한 공법상의 업무에 관한 자격, (라) 법인의 이사, 감사 또는 지배인 기타 법인의 업무에 관한 검사역이나 재산관리인이 되는 자격 등을 상실케 하는 형벌이다(형법43①). 형법은 자격상실을 주형으로 규정하고 있지만(형법41ⅳ) 개별 형벌법규에서 자격상실을 주형으로 규정한 경우는 없다. 자격상실은 사형, 무기징역 또는 무기금고의 판결을 받은 자에 대하여 자동적으로 부과된다(형법43①).

1) 2017. 11. 9. 2014도15129, 공 2017하, 2364, 『평가 부분 삭제 후 공소장낭독 사건』.

자격정지는 위의 (가) 내지 (라)의 자격을 전부 또는 일부 정지하는 것으로 그 기간은 1년 이상 15년 이하이다(형법44①). 자격정지는 개별 형벌법규에서 독립적으로 병과형 또는 선택형으로 부과된다. 예컨대 「공직선거법」상 검사 또는 경찰공무원의 선거의 자유방해죄(동법237②)에서 볼 수 있는 자격정지의 형은 필요적 병과형의 경우임에 대하여 공무원의 직무유기죄(형법122) 등에 있어서 자격정지형은 선택형으로 규정되어 있는 경우이다.

한편 유기징역 또는 유기금고의 판결을 받은 자에게는 그 형의 집행이 종료하거나 면제될 때까지 위의 자격정지 가운데 (가) 내지 (다)의 자격정지가 자동적으로 부과된다. 다만, 다른 법률에 특별한 규정이 있는 경우에는 그 법률에 따른다(형법43② 본문·단서). 다른 법률의 특별한 규정의 예로 「공직선거법」이 있다.

형법 제43조 제2항 단서는 2016년 형법 일부개정에 의하여 신설되었다. 유기징역 또는 유기금고의 판결을 받은 자에게 공직선거권을 일률적으로 정지하게 하는 것은 집행유예의 경우 위헌이고, 실형선고의 경우 헌법불합치라는 헌법재판소의 판단[1]을 입법적으로 반영한 것이다.

이와 관련하여 「공직선거법」은 1년 이상의 징역 또는 금고의 형의 선고를 받고 그 집행이 종료되지 아니하거나 그 집행을 받지 아니하기로 확정되지 아니한 사람은 선거권이 없다고 규정하고 있다(동법18① ii 본문). 그러나 형의 집행유예를 선고받고 유예기간 중에 있는 사람에게는 선거권이 인정된다(동호 단서).

(2) 수형인명부 및 수형인명표에의 기재

자격상실 또는 자격정지의 선고를 받은 자에 대하여는 이를 수형자원부에 기재하고 지체 없이 그 등본을 형의 선고를 받은 자의 등록기준지와 주거지의 시·구·읍·면장에게 송부해야 한다(법476). 이때 수형자원부란 「형의 실효 등에 관한 법률」(형실효법)이 규정한 수형인명부를 가리키는 것으로 이해된다. 수형인명부란 자격정지 이상의 형을 받은 수형인을 기재한 명부로서 검찰청 및 군검찰부에서 관리하는 것을 말한다(동법2 ii).

자격상실 또는 자격정지가 기재된 등본을 수형자의 등록기준지와 주거지의 시·구·읍·면장에게 송부하게 되면 이를 기초로 수형인명표가 작성된다. 수형인명표라 함은 자격정지 이상의 형을 받은 수형인을 기재한 명표로서 수형인의 등록기준지 시·구·읍·면 사무소에서 관리하는 것을 말한다(형실효법2 iii).

---

1) 2014. 1. 28. 2012헌마409, 헌집 26-1, 136, 『형법 제43조 위헌결정 사건』.

5. 재산형의 집행

(1) 재산형의 집행명령과 그 효력

벌금과 과료는 판결확정일로부터 30일 내에 납입하여야 한다(형법69① 본문). 벌금·과료·몰수·추징 등 재산형을 선고한 재판, 과태료·소송비용·비용배상 등 재산형에 준하는 기타 제재의 재판, 그리고 이들 재판에 대한 가납의 재판은 검사의 명령에 의하여 집행한다(법477①). 이 명령은 집행력 있는 집행권원과 동일한 효력이 있다(동조②, 민사집행법 부칙7).

재산형, 재산형에 준하는 제재, 그리고 그 가납재판의 집행에는 「민사집행법」의 집행에 관한 규정을 준용한다(법477③ 본문). 다만 집행 전에 재판의 송달을 요하지 않는다(동항 단서). 형사재판은 재판의 선고·고지로부터 바로 효력이 발생하기 때문이다. 「민사집행법」에 따른 집행의 원칙에도 불구하고 재산형 등의 재판은 「국세징수법」에 따른 국세체납처분의 예에 따라 집행할 수 있다(동조④).

검사는 재산형 등의 재판을 집행하기 위하여 필요한 조사를 할 수 있다. 이 경우 검사는 공무소 기타 공사단체에 조회하여 필요한 사항의 보고를 요구할 수 있다(법477⑤, 199②). 재산형 등의 재판집행비용은 집행을 받은 자의 부담으로 하고 「민사집행법」의 규정에 준하여 집행과 동시에 징수해야 한다(법493).

입법자는 벌금 등의 납부능력이 부족한 서민의 경제적 어려움을 덜어주기 위하여 2016년 형법 및 형사소송법 일부개정을 통해 500만원 이하 벌금의 집행유예(형법62① 참조) 및 벌금·과료의 분할납부(법477⑥) 등의 장치를 도입하였다. 법원이 벌금이나 과료 등을 선고한 경우에 벌금, 과료, 추징, 과태료, 소송비용 또는 비용배상의 분할납부, 납부연기 및 납부대행기관을 통한 납부 등 납부방법에 필요한 사항은 법무부령으로 정한다(동항).

「벌금 미납자의 사회봉사 집행에 관한 특례법」은 벌금 미납자에 대한 노역장유치를 사회봉사로 대신하여 집행할 수 있는 특례와 절차를 규정하고 있다. 경제적인 이유로 벌금을 낼 수 없는 사람의 노역장유치로 인한 구금을 최소화하여 그 편익을 도모하기 위한 장치이다(동법1 참조).

(2) 노역장유치의 집행

벌금과 과료는 판결확정일로부터 30일 내에 납입해야 한다(형법69① 본문). 단, 벌금을 선고할 때에는 그 금액을 완납할 때까지 노역장에 유치할 것을 명할 수 있다(동항 단서). 벌금을 납입하지 아니한 자는 1일 이상 3년 이하, 과료를 납입하지 아니한 자는 1일 이상 30일 미만의 기간 노역장에 유치하여 작업에 복무하게 한다(동조②). 판결선고전의 구금일수는 그 전부를 노역장유치기간에 산입한다(형법57①). 미결구금일수의 1일은 노역장유치기간의 1일로 계산된다(법482③).

벌금이나 과료를 선고할 때에는 이를 납입하지 아니하는 경우의 노역장 유치기간을 정하여 동시에 선고해야 한다(형법70①). 선고하는 벌금이 (가) 1억원 이상 5억원 미만인 경우에는 300일 이상, (나) 5억원 이상 50억원 미만인 경우에는 500일 이상, (다) 50억원 이상인 경우에는 1천일 이상의 노역장 유치기간을 정해야 한다(동조②).

벌금 또는 과료를 완납하지 못한 자에 대한 노역장유치의 집행에는 형의 집행에 관한 규정이 준용된다(법492). 노역장유치의 집행에 대해서는 형집행장과 관련하여 앞에서 설명하였다.[1]

6. 몰수형의 집행과 압수물의 처분

(1) 몰수 · 추징의 집행

몰수의 재판이 확정되면 몰수물의 소유권은 국고에 귀속된다. 몰수판결은 검사가 집행한다. 검사의 몰수판결 집행업무는 몰수를 명한 판결이 확정된 후 검사의 집행지휘에 의하여 몰수집행을 하는 것이다.[2]

재판확정시 몰수물이 이미 압수되어 있는 경우에는 점유가 국가에 있으므로 검사의 집행지휘만으로 몰수재판의 집행은 종료된다. 이에 대하여 몰수물이 아직 압수되어 있지 않다면 검사가 몰수선고를 받은 자에게 그 제출을 명하고, 이에 불응할 경우 몰수집행명령서를 작성하여 집행관에게 집행을 명하는 방법으로 몰수재판을 집행해야 한다.[3]

몰수물은 검사가 처분해야 한다(법483). 문서, 도화, 전자기록 등 특수매체기록 또는 유가증권의 일부가 몰수의 대상이 된 경우에는 그 부분을 폐기한다(형법48③). 몰수를 집행한 후 3개월 이내에 그 몰수물에 대하여 정당한 권리 있는 자가 몰수물의 교부를 청구한 때에는 검사는 파괴 또는 폐기할 것이 아니면 이를 교부해야 한다(법484①). 몰수물을 처분한 후 권리 있는 자의 교부청구가 있는 경우에는 검사는 공매에 의하여 취득한 대가를 교부해야 한다(동조②).

몰수 대상 물건을 몰수할 수 없을 때에는 그 가액을 추징한다(형법48②). 추징판결의 집행은 「민사집행법」의 집행에 관한 규정을 준용하거나(법477③), 「국세징수법」에 따른 국세체납

---

1) 전술 1111면 참조.
2) 1995. 5. 9. 94도2990, 공 1995, 2143, 『압수 선박 임의경매 사건』.
3) 1995. 5. 9. 94도2990, 공 1995, 2143, 『압수 선박 임의경매 사건』.

처분의 예에 따라 집행할 수 있다(동조④). 추징의 집행으로 「민사집행법」에 의한 집행이나 국세체납처분을 할 때에 '채무자가 사실상 소유하는 재산'이라는 이유로 제삼자 명의로 등기되어 있는 부동산에 관하여 곧바로 집행이나 체납처분을 하는 것은 허용되지 않는다.[1] 피고인이 제삼자 명의로 부동산을 은닉하고 있다면 적법한 절차를 통하여 피고인 명의로 그 등기를 회복한 후 추징판결을 집행하여야 한다.[2]

추징의 시효는 강제처분을 개시함으로써 중단된다(형법80). 추징은 검사의 명령에 의하여 (가) 「민사집행법」을 준용하여 집행하거나 (나) 「국세징수법」에 따른 국세체납처분의 예에 따라 집행한다(법477). 채권에 대한 압류의 효력은 (가) 압류채권자가 압류명령의 신청을 취하하거나 (나) 압류명령이 즉시항고에 의하여 취소되는 경우 또는 (다) 채권압류의 목적인 현금화 절차가 종료할 때(추심채권자가 추심을 완료한 때 등)까지 존속한다. 이처럼 채권압류의 집행으로 압류의 효력이 유지되고 있는 동안에는 특별한 사정이 없는 한 추징의 집행이 계속되고 있는 것으로 보아야 한다.[3]

추징의 집행을 채권에 대한 강제집행의 방법으로 하는 경우에는 검사가 집행명령서에 기하여 법원에 채권압류명령을 신청하는 때에 강제처분인 집행행위의 개시가 있는 것이므로 특별한 사정이 없는 한 그때 시효중단의 효력이 발생한다.[4] 추징에 대한 시효중단의 효력이 발생하기 위하여 집행행위가 종료하거나 성공할 필요는 없다. 수형자의 재산이라고 추정되는 채권에 대하여 압류신청을 한 이상 (가) 피압류채권이 존재하지 않거나 (나) 압류채권을 환가하여도 집행비용 외에 잉여가 없다는 이유로 집행불능이 되었다고 하더라도 이미 발생한 시효중단의 효력이 소멸하지 않는다.[5] 또한 채권압류가 집행된 후 해당 채권에 대한 압류가 취소되더라도 이미 발생한 시효중단의 효력이 소멸하지 않는다.[6]

(2) 압수물의 환부와 처분

압수한 서류 또는 물건에 대하여 몰수의 선고가 없는 때에는 압수를 해제한 것으로 간주한다(법332). 그러므로 이 경우에는 그 목적물을 정당한 권리자에게 환부해야 한다. 압수물에 대한 몰수의 선고가 포함되지 않은 판결이 선고되어 확정되면, 검사에게 그 압수물을 제출자나 소유자 기타 권리자에게 환부하여야 할 의무가 당연히 발생한다. 권리자의 환부신청에 대

1) 2021. 4. 9. 2020모4058, 공 2021상, 1006, 『제3자 명의 부동산 추징 사건』.
2) 2021. 4. 9. 2020모4058, 공 2021상, 1006, 『제3자 명의 부동산 추징 사건』.
3) 2023. 2. 23. 2021모3227, 공 2023상, 633, 『1만원 예금 추심명령 신청 사건』.
4) 2023. 2. 23. 2021모3227, 공 2023상, 633, 『1만원 예금 추심명령 신청 사건』.
5) 2023. 2. 23. 2021모3227, 공 2023상, 633, 『1만원 예금 추심명령 신청 사건』.
6) 2023. 2. 23. 2021모3227, 공 2023상, 633, 『1만원 예금 추심명령 신청 사건』.

한 검사의 환부결정 등 처분에 의하여 비로소 환부의무가 발생하는 것은 아니다.[1]

피압수자 등 환부를 받을 자가 압수 후 그 소유권을 포기하는 등에 의하여 실체법상의 권리를 상실하더라도 그 때문에 압수물을 환부하여야 하는 수사기관의 의무에 어떠한 영향을 미칠 수 없다. 또한 피압수자 등이 수사기관에 대하여 형사소송법상의 환부청구권을 포기한다는 의사표시를 하더라도 그 효력이 없어 그 의사표시에 의하여 수사기관의 필요적 환부의무가 면제된다고 볼 수는 없다.[2]

법원은 압수한 장물로서 피해자에게 환부할 이유가 명백한 것은 판결로써 피해자에게 환부하는 선고를 해야 한다(법333①). 이 경우에 장물을 처분하였을 때에는 법원은 판결로써 그 대가로 취득한 것을 피해자에게 교부하는 선고를 해야 한다(동조②). 검사는 이상의 환부판결의 집행을 지휘한다(법460① 본문).

위조 또는 변조한 물건을 환부하는 경우에는 그 물건의 전부 또는 일부에 위조나 변조인 것을 표시해야 한다(법485①). 위조 또는 변조된 물건이 압수되지 아니한 경우에는 그 물건을 제출하게 하여 위조 또는 변조표시의 처분을 해야 한다. 다만 그 물건이 공무소에 속한 것인 때에는 위조나 변조의 사유를 공무소에 통지하여 적당한 처분을 하게 하여야 한다(동조② 본문 · 단서).

압수물의 환부를 받을 자의 소재가 불명하거나 기타 사유로 인하여 환부할 수 없는 경우에는 검사는 그 사유를 관보에 공고해야 한다(법486①). 공고 후 3개월 이내에 환부의 청구가 없는 때에는 그 물건은 국고에 귀속한다(동조②). 이 기간 내에도 가치 없는 물건은 폐기할 수 있고 보관하기 어려운 물건은 공매하여 그 대가를 보관할 수 있다(동조③).

제 2 절   재판집행에 대한 구제방법

제 1   재판의 해석에 대한 의의신청

재판의 집행과 관련하여 불복이 있는 경우에 그 구제를 구하는 방법으로 의의신청(법488)과 이의신청(법489)이 있다. 양자는 모두 재판을 선고한 법원에 제기한다는 점에서 공통되지만, 재판집행에 대한 의의신청(疑義申請)은 확정재판에 있어서 주문의 취지가 불명확하여 주문

---

1) 2022. 1. 14. 2019다282197, 공 2022상, 341, 『오징어채 150박스 폐기처분 사건』.
2) 2022. 1. 14. 2019다282197, 공 2022상, 341, 『오징어채 150박스 폐기처분 사건』.

의 해석에 의문이 있는 경우에 제기하는 불복방법임에 대하여, 재판집행에 대한 이의신청(異議申請)은 확정재판의 집행기관인 검사가 그 집행과 관련하여 행하는 처분이 부당함을 이유로 제기하는 불복방법이라는 점에서 구별된다.

재판해석에 대한 의의신청(법488)은 확정판결에 기재된 판결주문의 취지가 불명확하여 주문의 해석에 의문이 있는 경우에 한하여 제기할 수 있다. 따라서 판결이유의 모순, 불명확 또는 부당을 주장하는 의의신청은 허용되지 않는다.[1]

형의 선고를 받은 자는 집행에 관하여 재판의 해석에 대한 의의(疑義)가 있는 때에는 재판을 선고한 법원에 의의신청을 할 수 있다(법488). 재판집행에 대한 의의신청에는 재소자 특칙이 인정된다(법490②, 344).

재판해석에 대한 의의신청의 관할법원은 재판을 선고한 법원이다(법488). 여기에서 '재판을 선고한 법원'이란 형을 선고한 법원을 의미한다. 재판해석에 대한 의의신청이 있으면 법원은 결정을 하여야 한다(법491①). 이 결정에 대하여는 즉시항고를 할 수 있다(동조②). 재판해석에 대한 의의신청은 취하할 수 있다(법490①). 신청의 취하에는 재소자 특칙이 인정된다(동조②).

제2 재판의 집행에 대한 이의신청

재판의 집행을 받은 자 또는 그 법정대리인이나 배우자는 집행에 관한 검사의 처분이 부당함을 이유로 재판을 선고한 법원에 이의신청을 할 수 있다(법489). 검사의 재판집행에 대한 이의신청은 확정판결에 대한 집행을 전제로 하는 것이 원칙이지만 재판확정 전에 검사가 형의 집행지휘를 하는 경우에는 확정 전에도 이의신청이 인정될 수 있다. 재판의 집행이 종료된 후의 이의신청은 아무런 실익이 없으므로 집행종료 후의 재판집행에 대한 이의신청은 허용되지 않는다.[2]

검사의 재판집행에 대한 이의신청은 검사의 집행처분이 부적법한 경우 외에 부당한 경우도 대상으로 한다(법489). 이의신청을 하면서 재판의 내용 자체의 부당을 주장하거나[3] 또는 현행 형벌제도를 비난하는 것은 이의신청의 대상이 되지 않는다.

재판집행에 대한 이의신청은 재판을 선고한 법원에 해야 한다(법489). 이 경우 '재판을 선고한 법원'은 형을 선고한 법원이다. 따라서 형을 선고한 판결에 대해 상소기각 판결이 있는

---

1) 1987. 8. 20. 87초42, 공 1987, 1532, 『'30일만 산입' 사건』.
2) 1992. 12. 28. 92모39, 공 1993, 767, 『벌금형 집행 불능 사건』.
3) 1987. 8. 20. 87초42, 공 1987, 1532, 『'30일만 산입' 사건』.

경우 이의신청 관할법원은 상소법원이 아니라 원심법원이 된다. 검사의 재판집행에 대한 이의 신청이 있는 때에는 법원은 결정을 해야 한다(법491①). 이 결정에 대하여는 즉시항고를 할 수 있다(동조②). 재판집행에 대한 이의신청은 법원의 결정이 있을 때까지 취하할 수 있다(법490 ①). 신청의 취하에는 재소자 특칙이 인정된다(동조②).

선고일자 색인

사건번호 색인

사건명 색인

사항색인

〔저자약력〕
서울대학교 법과대학 법학과 졸업, 동 대학원 졸업(법학석사), 독일 Max-Plank 국
제 및 외국형법연구소 객원연구원, 독일 프라이부르크 대학교 법학박사(Dr. jur.),
미국 워싱턴 주립대학교 로스쿨 방문학자, 일본 동경대학 법학부 방문학자, 국가인
권위원회 비상임 인권위원, 사법개혁위원회 위원, 사법제도개혁추진위원회 실무위
원, 법무부 형사법개정특별심의위원회 위원, 국민사법참여위원회 위원장, 경찰수사
제도개선위원회 위원장, 경찰수사정책위원회 위원장, 서울대학교 법과대학·법학
전문대학원 교수, 인하대학교 법학전문대학원 초빙교수, 서울대학교 명예교수, 대
한민국학술원 회원

〔저 서〕
Anklagepflicht und Opportunitätsprinzip im deutschen
    und koreanischen Recht (Dissertation)

형법총론 (제16판)   신판례백선 형법총론 (제2판)
판례분석 형법총론   형법각론 (제3판)
판례분석 형법각론 (증보판)   간추린 신형사소송법 (제16판)
판례분석 신형사소송법 Ⅰ, Ⅱ (증보판), Ⅲ (증보판)

〔역 저〕
입문 일본형사수속법 (三井誠·酒卷匡 저)

〔편 저〕
효당 엄상섭 형법논집 (신동운·허일태 공편저)
효당 엄상섭 형사소송법논집 (신동운 편저)
권력과 자유 (엄상섭 저, 허일태·신동운 공편)
재판관의 고민 (유병진 저, 신동운 편저)

신형사소송법 〔제6판〕

1993년 3월 25일   초판 발행
2007년 4월 30일   제4판 발행
2008년 1월 15일   개제(改題) 초판 발행
2009년 10월 10일   제2판 발행
2011년 2월 25일   제3판 발행
2012년 4월 10일   제4판 발행
2014년 3월 1일   제5판 발행
2024년 11월 10일   제6판 1쇄 발행

저 자   신   동   운
발행인   배   효   선

발행처   도서
         출판   法 文 社

주 소 경기도 파주시 회동길 37-29 ⓟ 10881
등 록 1957년 12월 12일 제2-76호(윤)
TEL (031)955-6500~6, FAX (031)955-6525
e-mail(영업) : bms@bobmunsa.co.kr
    (편집) : edit66@bobmunsa.co.kr
홈페이지 http://www.bobmunsa.co.kr
조 판 동 국 문 화

정가 70,000원   ISBN 978-89-18-91569-2